Peter Bamm *Werke*

Peter Bamm Werke

Droemer Knaur

Inhaber der Verlagsrechte an den Titeln
Kleine Weltlaterne, Ex ovo und *Anarchie mit Liebe*
ist die Deutsche Verlags-Anstalt, Stuttgart

Inhaber der Verlagsrechte an den Titeln
Die unsichtbare Flagge,
Frühe Stätten der Christenheit und *An den Küsten des Lichts*
ist der Kösel-Verlag, München

Die Aufnahme dieser Titel in die vorliegende Gesamtausgabe
erfolgt mit freundlicher Genehmigung der genannten Verlage

Gesamtherstellung: Druck- und Buchbinderei-Werkstätten
May & Co Nachf., Darmstadt
Umschlaggestaltung: Art & Media GmbH
Printed in Germany
SA · 1 · 15 · 75
ISBN 3-85886-041-7

FRÜHE STÄTTEN DER CHRISTENHEIT

»AM ANFANG SCHUF GOTT HIMMEL UND ERDE...«

Mit dem ersten Kapitel des ersten Buches Mosis beginnt nicht nur die Welt, sondern zugleich auch die Weltgeschichte. Adam ist eine historische Persönlichkeit.

Anderthalb Jahrtausende lang war es das Ziel der europäischen Wissenschaft, die Wahrheit der Bibel zu erforschen und ihre Wahrheiten mit der griechischen Philosophie in Übereinstimmung zu bringen. Aus Antike und Christentum ist Europa entstanden.

Die Bibel ist das am weitesten verbreitete und das am meisten gelesene Buch der Weltliteratur. Auch der Islam rechnet große Teile der Bibel zu seinen heiligen Schriften. Nach dem Propheten Mohammed sind der Menschheit einhundertundvier Offenbarungen zuteil geworden. Davon seien vier erhalten geblieben – der Pentateuch des Moses, die Psalmen Davids, das Evangelium Jesu und der Koran Mohammeds, Isa ben Mirjam, Jesus, Sohn der Maria, ist ein Prophet des mohammedanischen Glaubens.

Für eine Reise in die Vergangenheit des Abendlandes ist die Bibel als Quelle unersetzlich.

Die Religionen des alten Orient lassen den Kosmos aus dem Chaos entstehen. Der Kosmos, das Geordnete, entsteht aus etwas Vorhandenem, dem Chaos, dem Ungeordneten. Das Chaos gehört zur Natur. Im altbabylonischen Schöpfungsbericht ist das Chaos symbolisiert in Tiamat, einem weiblichen Drachen. Es ist ein Symbol von archaischer Schrecklichkeit. Tiamat wird von dem Gott Marduk erschlagen. Aus der Leiche Tiamats wird das Weltall geformt. Dieser Mythos bewahrt das Bewußtsein, daß im Kosmos das Chaos enthalten ist.

Diesem Bewußtsein entspricht die Annahme der modernen Physik, daß im Bereich der Atome absolute Unordnung herrsche und alle Ereignisse, die sich aus den Bewegungen von Atomen ergäben, ein Ergebnis des Zufalls seien. Der Marduk der Physik, der Ordnung in das Chaos bringt, ist die Wahrscheinlichkeitsrechnung, diejenige Mathematik, welche die Gesetze formuliert, denen der Zufall statistisch unterworfen ist. Zweifellos wäre der Gott Marduk eines Nobelpreises seiner Zeit wert gewesen.

Die altorientalischen Schöpfungsmythen gehen von der Voraussetzung aus, daß die Natur allumfassend sei und daß es außer der Natur im Kosmos nichts gebe. Der klassischen Naturwissenschaft des 19. Jahrhunderts lag die gleiche Idee zugrunde.

Nun besitzt aber die Menschheit seit alten Zeiten den Schöpfungsbericht des Alten Testamentes der Hebraeer. Er vermittelt uns die Überlieferung von einer Idee, welche höheren Ranges ist als die Schöpfungsberichte der anderen frühen Kulturen. Der Gott des Alten Testamentes ist ein transzendenter Gott, ein Gott, der die Natur transzendiert, sie »überschreitet«, sie als solche erst erschafft.

Es ist hier nicht die Frage zu erörtern, wie der Mensch zum Bewußtsein einer solchen »über seine Natur« hinausgehenden Idee kommen kann. Es soll hier nur festgestellt werden, daß die Idee eines transzendenten Gottes, der die Welt aus dem Nichts erschafft, höheren Ranges ist als jede abstrakte, wenn auch noch so umfassende Vorstellung von der Natur.

Eine überzeugende Theorie der Entstehung des Menschen hat die Naturwissenschaft heute nicht mehr zu bieten. Nur eine astrophysikalische Hypothese der Entstehung des Weltalls gibt es noch. Für die Astrophysik ist der Schöpfungsbericht der Bibel so aktuell wie je. Die letzten Ergebnisse dieser Sternphysik stehen mit den zwei ersten Worten der Bibel in unmittelbarem Zusammenhang.

Luther, dieser unübertroffene Meister der deutschen Sprache, übersetzt mit genialer Hellsicht »Am Anfang...«. Hieße es »Im Anfang...«, so wäre es, philologisch gesehen, nicht auszuschließen, daß der Akt der Schöpfung sich im Ablauf unserer irdischen Zeit vollzogen habe. Die Fassung »Am Anfang...« läßt offen, daß im Akt der Schöpfung unsere irdische Zeit miterschaffen worden ist. Genau das nimmt die neueste philosophische Forschung an. Die Einsteinsche Allgemeine Relativitätstheorie besagt, daß, wenn es vor der Schöpfung keine Materie gegeben habe, es auch keinen Raum gegeben haben könne. Unser Raum ist mit der Schöpfung zugleich erschaffen worden. Auch für die Zeit, jedenfalls für unsere irdische Zeit, muß man annehmen, daß sie erst mit der Erschaffung der Welt entstanden ist.

Die Welt ist endlich. Sie hat einen Anfang gehabt. Das lehrt die moderne Physik. Die Welt wird ein Ende haben.

Wie alt die Schöpfungsgeschichte ist, wissen wir nicht. Ein herrlich geschliffener, funkelnder Diamant von archaischer Schönheit, leuchtet dieser Bericht von der Erschaffung der Welt aus der ältesten Erinnerung des Menschen über alle Jahrtausende seiner Geschichte hinweg bis in unsere Zeit hinein.

Als im Jahre 1853 in Ninive die Bibliothek des Königs Assurbanipal im Tempel des Nabu, der ein Gott der Literatur war und als Symbol den Schreibgriffel hatte, ausgegraben wurde, entdeckte man in den Keilschrifttexten zahlreiche Parallelen zu den Berichten der Bibel. Die Parallelen zwischen den sumerischen, assyrischen und babylonischen Überlieferungen auf der einen Seite und den Überlieferungen der Bibel auf der anderen Seite nahm man zum Anlaß, der Bibel ihre Originalität abzusprechen. Sie sei ein literarisches Compositum, das keinen Wert für die Überlieferung einer Offenbarung haben könne. Das ging so lange, bis die Wissenschaft die Frage stellte, worin sich die Überlieferungen unterscheiden. Allein die Hebraeer hatten die Vorstellung, daß Gott der Schöpfer der Natur sei.

Diese Vorstellung ist vom ersten Augenblick, von dem an wir die Gottesidee in der hebraeischen Überlieferung kennenlernen, frei von Mythologie, frei von Symbolismus, monotheistisch. Das Althebraeische hat für »Göttin« nicht einmal ein Wort. Von allem Anfang an ist allein das hebraeische Volk im Besitz dieser Idee höchsten intellektuellen Ranges. Dazu waren die Juden nicht allein die Träger der Gotteslehre, sie waren auch die ersten, die Theologie getrieben haben. Dabei kommt das Wort »Gehirn« im ganzen Alten Testament nicht vor.

Niedergeschrieben wurde der Schöpfungsbericht wahrscheinlich am Anfang des ersten Jahrtausends vor Christi Geburt, also in der Zeit zwischen Moses und dem König David und nur etwa hundertfünfzig Jahre vor Homer. Doch besagt in diesen alten Zeiten das Datum einer Niederschrift nichts über das Alter einer Überlieferung. Es besteht sogar guter Grund, anzunehmen, daß schon bei der Niederschrift des uns überlieferten Schöpfungsberichtes ältere schriftliche Quellen vorlagen.

Die historische Wissenschaft, die durch das systematische Studium der Quellen so große Erfolge erzielt hat, neigt dazu, die schriftliche Überlieferung zu überschätzen.

Die mündliche Überlieferung war in Zeiten, in denen die Menschen im allgemeinen noch nicht schreiben konnten, von genau so großer, wenn nicht größerer Sicherheit als die schriftliche Überlieferung. Die schriftliche Überlieferung, die das Gedächtnis an die Ereignisse zu bewahren versucht, ist nicht zuverlässiger als die mündliche Überlieferung, die die Erinnerung an die Ereignisse bewahrt.

Noch heute gibt es im Orient Gelehrte, die nicht nur den ganzen Koran auswendig können, sondern dazu noch vielbändige Kommentare. In Bethanien, wo Jesus den Lazarus von den Toten auferweckte, hat sich der Name des Lazarus in dem arabischen Dorfnamen »el-'Azarîyeh« erhalten. Die Araber hielten das L von Lazarus für den Artikel. Im Nildelta, im Lande Gosen, wo das Volk der Hebraeer gesessen hat, bevor Moses es in die Wüste und in die Freiheit führte, ist ein Ortsname, San al-Hajar, erhalten geblieben, der unzweifelhaft hebraeischen Ursprungs ist. In Ma'lulah, einem kleinen Flecken tief in einem Tal des südlichen Antilibanon, sprechen, wohl als die letzten auf dieser Erde, die Bauern noch heute Aramaeisch, die Sprache, die Jesus gesprochen hat.

Auch Homer war, wie die Ausgrabungen in Mykene, im Palast des Agamemnon, und in Pylos, der Heimat Nestors, gezeigt haben, nicht etwa ein Poet, der nur phantasiert hat. Er war nüchtern, genau und hatte ein glänzendes Gedächtnis. Was er in der Ilias beschrieben hat, muß dreihundert Jahre lang in mündlicher Überlieferung weitergegeben worden sein. Daß Homer nüchtern und genau ist, ist eine Voraussetzung dafür, daß er einer der großen Dichter der Weltliteratur geworden ist.

Abraham, noch vor hundert Jahren eine ganz und gar legendäre Figur, für das Bewußtsein des 19. Jahrhunderts eine Art Rübezahl der Wüste, ist unterdessen zu einer scharf konturierten, klar aus der Vergangenheit heraustretenden historischen Persönlichkeit geworden. Doch dürften nur wenige Menschen sich dessen bewußt sein, daß der Erzvater Abraham aus einer Hafenstadt von hunderttausend Einwohnern stammte, welche am Persischen Golf gelegen war, daß er der Erbe einer über tausend Jahre alten Kultur war und daß man heute auf dem Ziegelpflaster einer Gasse entlanggehen kann, auf der er als Kind gespielt hat. Ich bin diese Gasse entlanggegangen.

Abraham hat in der ersten Häfte des zweiten Jahrtausends gelebt. So lange ist das also noch gar nicht her. Die Forschung hat hier den Schleier der Legende durchstoßen. Sie hat eine Welt, die bisher durch diesen Schleier nur in unbestimmten Umrissen zu erkennen war, mit den trigonometrischen Landmarken der Geschichtsforschung, mit Jahreszahlen abgesteckt. Die sumerischen Könige sind älter als Abraham. Der große babylonische Gesetzgeber, König Hammurabi, ist wahrscheinlich jünger.

Wie fern Abraham dem modernen Bewußtsein noch immer ist, kann man daraus ersehen, daß er, verglichen mit einem Apostel, kaum das Gefühl erweckt, ein sehr heiliger Mann zu sein. Noch nicht einmal bei Moses ist das der Fall. Auf sehr frühen Darstellungen sind Abraham und Moses zuweilen noch mit dem Heiligenschein dargestellt. Später erscheinen sie ohne Nimbus. Bei den Juden und bei den Muslimin haben Abraham und Moses das Numinosum der Heiligkeit niemals verloren.

Das Legendäre dieser frühen Gestalten beginnt sich aufzulösen. Je deutlicher sie aus dem Nebel der Vergessenheit heraustreten, um so mehr gewinnen sie den Charakter des Sanctum zurück.

Während der westliche Mensch in die Eiswüste der modernen Naturforschung starrt, fasziniert von jedem Punkt, den die Scheinwerfer der Wissenschaft in dieser Wüste aufleuchten lassen, haben die alten humanen Wissenschaften, Archaeologie und Geschichte, unserer Erinnerung ein ganzes Reich zurückerobert, in dem das Leben pulst, das Leben des Menschen in der Gloria seiner Siege und seiner Niederlagen. Dieses Reich ist unsere eigene Vergangenheit.

An welcher Stelle der biblischen Überlieferung werden Archaeologie und Geschichte auf die Grenze stoßen, die sie nicht mehr werden überschreiten können?

Wenn amerikanische Archaeologen heute am Berge Ararat die Arche Noahs suchen, ist das keineswegs mehr so phantastisch, wie es zunächst scheinen mag. Ich gebe zu, es ist nicht sehr wahrscheinlich, daß man Spuren der Arche finden wird, aber unmöglich ist es nicht. Es ist vorstellbar, daß man noch ein Stück der steinernen Gesetzestafeln findet, die Moses, als er vom Berge Horeb herabkam und das Volk um den goldenen Stier tanzen sah, zerschmettert hat. Die Wissenschaft besitzt Inschriften, die älter sind als die Tafeln vom Sinai.

Über die Erkenntnisse, die der Spaten der Gelehrten in künftigen Jahrzehnten aus der Erde graben wird, lassen sich keine Voraussagen machen. Wird Adams Grab gefunden werden? Gemäß einer Legende, die voll tiefen Sinnes ist, liegt Adams Grab unter dem Hügel von Golgatha. Als das Blut Christi durch eine Spalte des Felsens auf seinen Leichnam herabtropfte, ward er zum Leben erweckt.

Die archaeologische Entdeckung von Adams Grab ist zwar noch unwahrscheinlicher als die Entdeckung von Noahs Arche. Aber nach der Vertreibung aus dem Paradies ist der Mensch Adam irgendwo gestorben und irgendwo begraben worden. Es ist nicht unmöglich, daß sein Grab gefunden wird.

Die Verwirrung der Geister im 19. Jahrhundert ist kein Grund anzunehmen, daß zwischen Adam und Noah eine »Entwicklung«, etwa vom »Vormenschen« zum »Vollmenschen«, stattgefunden habe oder gar, daß Adam »ein Primitiver« gewesen sei. So besteht auch kein Grund zu der Annahme, daß der Mensch als historisches Wesen erst zwischen Adam und Noah angefangen habe. Auch wenn wir die Beweise, welche die Geschichtswissenschaft für den Nachweis der historischen Existenz Adams fordern müßte, nicht finden werden, das Fehlen dieser Beweise ist kein Beweis dafür, daß Adam als historische Persönlichkeit nicht existiert habe. Mit der Vertreibung aus dem Paradies fängt die Geschichte des Menschen an.

Was auch immer künftige Wissenschaft noch entdecken möge, was sie bisher schon entdeckt hat, ist eine unerhörte, großartige und aufregende Fülle von Tatsachen. Diese Tatsachen erlauben uns, von unserer geschichtlichen Vergangenheit uns ein Bild zu machen, das erhabener Züge nicht ermangelt. Wie sehr auch unser eigenes Zeitalter solcher Züge zu ermangeln scheint, wir wollen, wie Cyprian, der Bischof von Karthago in der Mitte des 3. Jahrhunderts, einer Zeit der unseren nicht unähnlich, zwischen den Trümmern aufrecht stehen und nicht am Boden liegen mit denen, die ohne Hoffnung sind.

AN DEN KÜSTEN DER AEGAEIS

»IHR MÄNNER VON ATHEN!«

Donnernd fegen die Propeller der viermotorigen Douglas der Koninklijke Luchtvaart Maatschappij den Staub des Flughafens von Rom über die Campagna. Die schwere Maschine hebt sich vom Boden ab. Ihr Ziel ist Athen. Nach zwanzig Sekunden kreuzt sie einen Aquaedukt, eine jener alten römischen Wasserleitungen, deren weite Bogen, hie und da von der Zerstörung der Jahrhunderte unterbrochen, sich von den Albaner Bergen durch die Landschaft schwingen.

Diese Aquaedukte haben die Marmorbäder des kaiserlichen Rom mit frischem Wasser versorgt. Technik und Luxus sind Geschwister. Zuweilen wurde mit einer Hand, der Hand eines Apostels voll dieses Wassers, an dessen Quellen Nymphen verehrt wurden, ein Heide zum Christen getauft.

Die Maschine steigt. Die perspektivische Verkleinerung der Landschaft infolge der zunehmenden Höhe des Flugzeugs verwandelt die Welt in den Spielzeugtraum eines Kindes. Einige Wolkenfetzen fliegen am Fenster der Kabine vorbei. Dann sind wir in dichtem Nebel. Nach wenigen Minuten bricht die Sonne durch. Die Fläche der Wolken, die Landschaft der Adler, glitzert weiß. Riesige Wolkentürme, bizarre Einfälle eines himmlischen Meisters des Barock, steigen leuchtend aus der weißen Landschaft auf – ein Anblick, den vor unserer Zeit kein menschliches Auge hat bewundern können. Der Schatten des Flugzeugs huscht über die Wolken dahin.

Der Pilot stellt den Kurs auf Athen ein. Ein Wolkenengel, eine bildhübsche Stewardeß, bringt mit einem ebenso bezaubernden wie sicherlich hochdotierten Lächeln einen wunderbaren Kaffee, dessen Aroma mit einem Genever sorgfältig unterbaut ist. Mir fällt ein, daß es erst sieben Jahre her ist, daß ich, um nach zehn Uhr abends auf der Straße nicht verhaftet zu werden, einen Curfew, einen Ausweis der britischen Militärregierung, in der Tasche haben mußte. Was ich jetzt in der Tasche habe, ist ein Paß mit zahlreichen Visen. Sie sind voll der Poesie der Fremde. Einige von ihnen kann ich nicht einmal lesen. Sie sind in arabischer Schrift geschrieben. Das offensichtliche Ende von sieben mageren Jahren ist geeignet, das Behagen, welches der Luxus der Technik hervorruft, vollkommen zu machen.

Nach zwei Stunden geht am imaginären Horizont der weißen Wolkenlandschaft die Sonne unter, ein verschwenderisches Orgelkonzert in allen Farben des Spektrums. Die Barocktürme verwandeln sich in purpurne Säulen. Der Himmel darüber nimmt eine smaragdgrüne Farbe an. Die Wolkenfläche beginnt, in einer Dämmerung von perlgrauer Transparenz zu versinken. Einsam zieht der gespenstische Aluminiumvogel durch die aeonenalte Pracht.

Über dem griechischen Festland reißt die Wolkendecke auf. Kurz vor Athen wird der Himmel klar. Auch unten auf der Erde ist die Nacht hereingebrochen. Kleine weiße Wolkeninseln, Wattebäusche des Abendfriedens, schweben über, neben und unter dem Flugzeug. In der Höhe leuchten die Sterne. In der Tiefe blitzt das Silberfiligran des Hafens Piraeus. Zahlreiche über die Toppen festlich mit Lichtern geschmückte Schiffe liegen in der Bucht.

Die Douglas, zur Landung ansetzend, zieht eine Kurve über Athen. Plötzlich taucht in meinem Kabinenfenster die Akropolis auf, der alte Burgberg von Athen, mit einem in geheimnisvollem weißem Licht erstrahlenden marmornen Säulenbau. Der aus der attischen Nacht aufleuchtende Parthenon, dieses Juwel in der Krone der Prinzessin Europa, schwebt über dem Lichtermeer der Stadt – für den Primaner eines sächsischen Gymnasiums, ein Menschenalter nach dem Abitur, ein feierlicher Augenblick.

Athen ist heute eine lebhafte und elegante Großstadt. Es ist eine Ville à femme. Von der ausgezeichneten Stellung, die, im Vergleich zu den Völkern des alten Orient, die griechische Frau in der Antike innehatte, hat die Tradition einen noblen Rest bewahrt. Die Frauen von Athen sind vermutlich nicht weniger tüchtig als die Frauen in anderen großen Städten der Welt. Aber sie legen keinen Wert darauf, dieserhalb aestimiert zu werden. Sie wollen schön sein.

Schönheit und Klugheit bezeugt den griechischen Frauen Homer. Ihren Charme zeigen die Vasenbilder. Ihre Offenheit zur Welt lobt das Neue Testament. Daß der Stiefelputzer Themistokles heißt, der Zeitungsverkäufer Sokrates und der Geldwechsler Odysseus, das freilich ist eine Tradition, die weniger auf die Antike als auf Lord Byron zurückgeht. Es ist ein liebenswürdiges Symptom der mit den Freiheitskriegen beginnenden Renaissance des Griechenvolkes nach den stumpfen und trostlosen Jahrhunderten der Türkenherrschaft.

Athen liegt, wie im Altertum, einige Meilen von der Küste entfernt in einem weiten, welligen Tal, das von Bergen begrenzt ist. Im Osten steigt der Hymettos auf, der berühmt war wegen seines Honigs, im Nordosten der Pentelikon, noch berühmter wegen seines Marmors. Aus dem herrlichen Stein des Pentelikon haben die Hellenen ihre Statuen und Tempel geschaffen. Nach Südwesten öffnet das Tal von Athen sich zum Saronischen Golf. In der blauen Ferne schwimmt wie ein Götterschiff auf dem Wasser die Insel Aegina. Die Berge ringsum sind über tausend Meter hoch. Sie waren in der Antike bewaldet. Heute sind die Hänge grau und kahl.

Aus dem Häusermeer von Athen erheben sich einige von Ruinen gekrönte Hügel, deren Felswände steil in die Tiefe stürzen. Der höchste dieser Hügel, der Lykabettos, dreihundert Meter hoch, liegt im Nordosten. Die weißen Häuser branden wie Schaumkronen gegen die dunklen Felsen. In der Mitte liegt die Akropolis, westlich davon der Areopag, die alte Gerichtsstätte der Athener.

Die Hochfläche der Akropolis ist dreihundertundzehn Meter lang und in der Mitte einhundertunddreißig Meter breit. Steigt man die Straße zum Burgberg an der südlichen Längsseite hinauf, kommt man an dem gut erhaltenen Theater des Dionysos vorbei. Das ist der Platz, an dem die ersten Dramatiker der Weltliteratur, Aischylos, Sophokles und Euripides, uraufgeführt worden sind.

Die sanft ansteigende Straße schwingt sich um die westliche Schmalseite des Berges hinauf zur Akropolis. Eine breite Marmortreppe führt in hohen Stufen zu den Propylaeen, dem Eingangstor, hinauf. Der Durchgang dieser Säulenhalle wird von je sechs Säulen gebildet, die in vier Reihen hintereinanderstehen. Mit einer feierlichen Fermate fangen die Propylaeen den mächtigen Schwung der Marmortreppe auf. Klar zeichnen sich die Konturen gegen den Himmel ab.

Das attische Licht! Es ist ein scharfes, helles, durchdringendes Licht. Es ist das Licht, in welchem der scharfe, helle, durchdringende Logos der Griechen seine schöpferische Leistung vollbracht hat. Die Sonne brennt vom Himmel des Oktober. Doch hat sie hier noch nichts von der sengenden Unerbittlichkeit, die sie in den Wüsten und Steppen im Süden und Osten jenseits des Meeres zum Feind des Menschen macht. Der Gott dieser attischen Sonne ist Apollon, der Herr der Musen.

Durch die Propylaeen hindurchschreitend gelangt man auf die Hochfläche des Burgberges. Der Parthenon ist nahe an die Südkante der Hochfläche gebaut. Seine Längsachse weicht in einem eigentümlichen, wohlberechneten Winkel von der Längsachse der Hochfläche ab. Das Bauwerk ist gewaltiger, als man es sich nach den Bildern, die man kennt, vorstellt. In seiner Majestät hat dieser Tempel etwas von dem Stolz seiner

Erbauer über die Zeiten bewahrt. Die Verwitterung der Jahrhunderte hat die weiße Farbe des Marmors vom Pentelikon in ein warmes Gelb verwandelt.

Die Harmonie der Maßverhältnisse des Parthenon ist berühmt. Er ist rings von Säulen umschlossen. Die Längsseite hatte siebzehn, die Giebelseite acht Säulen. Vom Mittelteil des Tempels ist ein Stück zerstört, so daß von einigen Säulen nur die Stümpfe stehen geblieben sind. Die Säulen sind eine Spur nach innen geneigt. Die Abweichung von der Senkrechten beträgt nur wenige Zentimeter. Die sich ergebende geringfügige Verjüngung des ganzen Baus nach oben ruft den Eindruck vollkommener Festigkeit hervor. Die horizontalen Linien erscheinen dem Auge von schwebender Gradheit. Tatsächlich verlaufen sie in sorgfältig berechneten, leicht nach außen gekrümmten Kurven. Durch diesen Kunstgriff werden die perspektivischen Verschiebungen aufgehoben, welche sonst bei der Betrachtung aus so geringer Entfernung entstehen würden. Diese Feinheiten in der Konstruktion und die erlesenen Maßverhältnisse geben dem Bauwerk jenes funkelnde Leben, das seit mehr als zweitausend Jahren die Bewunderung der Welt erregt.

Der Tempel war der Athene Parthenos geweiht, der eulenäugigen Tochter des Zeus, der jungfräulichen Göttin der Weisheit, der Schutzgöttin Athens. Begonnen wurde der Bau dreißig Jahre nach der Vernichtung der persischen Flotte in der Seeschlacht von Salamis und dem Landsieg über das persische Heer bei Plataiai.

Das Zeitalter des Perikles, in dem der Parthenon erbaut wurde, ist die glänzendste Epoche der hellenischen Kultur. Diese Epoche liegt zwischen der Bedrohung der griechischen Freiheit durch das asiatische Imperium der Perser und ihrer tatsächlichen Vernichtung als Folge des Zusammentreffens äußeren Unglücks mit der eigenen politischen Torheit der Griechen.

Während Pheidias aus Gold und Elfenbein die Statue der Athene für den Parthenon schuf, erklärte der Philosoph Protagoras, daß der Mensch das Maß aller Dinge sei.

Während die prunkenden Festzüge zu Ehren der Gottheit die Marmortreppe der Propylaeen hinaufzogen, wanderte Sokrates über die Agora von Athen und lehrte die Menschen, der Stimme ihres Gewissens zu gehorchen.

Während die Regierung Gesandtschaften nach Delphoi schickte, das heilige Orakel zu befragen, stellte Demokrit, der Begründer der theoretischen Physik, die Atomtheorie auf.

Während Hippokrates die Medizin auf eine wissenschaftliche Grundlage stellte, nahte sich aus der Tiefe Asiens eine Gefahr, die weit schrecklicher war als die persische Drohung. Das Zeitalter des Perikles wurde beendet durch eine Pest, die ein Viertel der Bürger Athens dahinraffte.

Das war die Zeit, als der Jude Nehemia mit Vollmachten des Perserkönigs aus dem babylonischen Exil nach Palästina zurückkehrte und in zweiundfünfzig Tagen die Stadtmauer von Jerusalem wieder aufbaute.

Auch die kühnste Phantasie dürfte nicht leicht auf den Gedanken kommen, zwischen den Griechen des perikleischen Zeitalters und den Juden des babylonischen Exils eine geistige Verwandtschaft festzustellen. Und doch schuf jedes dieser Völker eine Voraussetzung unserer Kultur. Die Griechen der klassischen Zeit schufen eine Weltbildung. Das babylonische Exil schloß im jüdischen Volk eine Entwicklung ab, in der die Grundlagen einer Weltreligion entstanden waren.

Hätte Sokrates seinerzeit den Nehemia auf der Agora getroffen und ihn in einen seiner berühmten und gefürchteten Dispute verstrickt, Nehemia wäre dem Sokrates keine einzige Antwort schuldig geblieben. Sokrates hätte von Nehemia erfahren können, worin das Geheimnis des menschlichen Gewissens bestehe. Nehemia hätte durch den Philosophen erfahren, daß ein Mann fromm sein könne, ohne etwas von der Lehre der Propheten zu wissen. Beide wären übereinander erstaunt gewesen.

Ein solcher Disput zwischen den beiden für den Fortgang der Geschichte entscheidenden geistigen Welten des Altertums hätte schon hundertfünfzig Jahre vor Sokrates und Nehemia stattfinden können. Solon, der Gesetzgeber Athens, hat zur gleichen Zeit wie der Prophet Jeremias am aegyptischen Königshof geweilt.

Dem Parthenon gegenüber liegt an der Nordseite der Akropolis das Erechtheion mit den berühmten Karyatiden, den Frauengestalten, die an Stelle von Säulen das Gebälk tragen. Der Name des Tempels stammt von Erechtheus, der nach der Sage der Begründer der Stadt Athen war. Eine Stelle, an der einst Poseidon, der Gott des Meeres, seinen Dreizack in den Fels gestoßen hatte, wurde respektvoll verehrt.

Blickt man vom Erechtheion hinunter auf die Stadt, sieht man die alte Agora von Athen liegen. Die Ausgrabungsstätte ist nicht mehr als ein Trümmerfeld zerbrochener Steine. Fleiß und Genie der Gelehrten haben die Steine zum Reden gebracht. Über diesen berühmtesten Marktplatz der Welt sind alle die Männer, die den Glanz des griechischen Namens ausmachen, dahingeschritten. Es ist derselbe Platz, auf dem die erste Begegnung der griechischen Weltbildung mit der in Juda entstandenen Weltreligion stattgefunden hat.

Von diesem Ereignis besitzen wir einen präzisen Bericht. Da die Heilige Schrift nicht auf jedes Christen Tische liegt, zitiere ich aus dem siebzehnten Kapitel der Apostelgeschichte.

»Die aber Paulus geleiteten, führten ihn bis gen Athen. Und nachdem sie Befehl empfangen an den Silas und Timotheus, daß sie aufs schnellste zu ihm kämen, zogen sie hin.

Da aber Paulus ihrer zu Athen wartete, ergrimmte sein Geist in ihm, da er sah die Stadt so gar abgöttisch. Und er redete zu den Juden und Gottesfürchtigen in der Schule, auch auf dem Markte alle Tage zu denen, die sich herzufanden. Etliche aber der Epikurer und Stoiker Philosophen stritten mit ihm. Und etliche sprachen: ›Was will dieser Lotterbube sagen?‹ Etliche aber: ›Es sieht, als wolle er neue Götter verkündigen.‹ Das machte, er hatte das Evangelium von Jesu und von der Auferstehung ihnen verkündigt.

Sie nahmen ihn aber und führten ihn zum Areopag und sprachen: ›Können wir auch erfahren, was das für eine neue Lehre sei, die du lehrst? Denn du bringst etwas Neues vor unsere Ohren. So wollten wir gerne wissen, was das sei.‹

Die Athener aber alle, auch die Ausländer und Gäste, waren gerichtet auf nichts anderes, denn etwas Neues zu sagen oder zu hören.

Paulus aber stand vor dem Areopag und sprach:

›Ihr Männer von Athen! Ich sehe, daß ihr in allen Stücken gar sehr die Götter fürchtet. Ich bin herdurchgegangen und habe gesehen eure Gottesdienste und fand einen Altar, darauf war geschrieben: ‚Dem unbekannten Gott.' Nun verkündige ich euch denselben, dem ihr unwissend Gottesdienst tut.

Gott, der die Welt gemacht hat und alles, was darinnen ist, Er, der ein Herr ist Himmels und der Erde, wohnt nicht in Tempeln mit Händen gemacht; sein wird auch nicht von Menschenhänden gepflegt, als der jemands bedürfe, so Er selber jedermann Leben und Odem allenthalben gibt. Und Er hat gemacht, daß von einem Blut aller Menschen Geschlechter auf dem ganzen Erdboden wohnen, und hat Ziel gesetzt und vorgesehen, wie lange und wie weit sie wohnen sollen; daß sie den Herrn suchen sollten, ob sie doch ihn fühlen und finden möchten; und fürwahr, Er ist nicht ferne von einem jeglichen unter uns. Denn in Ihm leben, weben und sind wir. Wie auch etliche Poeten bei euch gesagt haben: ‚Wir sind seines Geschlechts.'

So wir denn göttlichen Geschlechts sind, sollen wir nicht meinen, die Gottheit sei gleich den goldenen, silbernen und steinernen Bildern, durch menschliche Kunst und Gedanken gemacht. Und zwar hat Gott die Zeit der Unwissenheit übersehen; nun aber gebietet Er allen Menschen an allen Enden, Buße zu tun, darum daß Er einen Tag gesetzt hat, an welchem Er richten will den Kreis des Erdbodens mit Gerechtigkeit durch einen Mann, in welchem Er's beschlossen hat und jedermann vorhält den Glauben, nachdem Er ihn hat von den Toten auferweckt.‹

Da sie hörten die Auferstehung der Toten, da hatten's etliche ihren Spott; etliche aber sprachen: ›Wir wollen dich davon weiter hören.‹

Also ging Paulus von ihnen. Etliche Männer aber hingen ihm an und wurden gläubig. Unter welchen war Dionysos, einer aus dem Rat, und ein Weib, mit Namen Damaris, und andere mit ihnen.«

Der Berichterstatter ist offenbar ein Augenzeuge der Szene gewesen. Alles, was er erzählt, stimmt auf das genaueste mit den Verhältnissen, die damals in Athen herrschten, überein.

Eine Zeitlang ist die Frage erörtert worden, ob nicht die Rede des Paulus erst zu einer sehr viel späteren Zeit in den Text eingebaut worden sei. Adolf v. Harnack hat mit überzeugenden Gründen dargetan, daß die Rede ein ursprünglicher Bestandteil der Apostelgeschichte ist.

Athen war zu jener Zeit ein einzigartiger Platz. Politisch machtlos war es der Wallfahrtsort aller Gebildeten der griechisch-römischen Welt. Man muß sich von der Vorstellung lösen, daß damals noch die Verehrung der Olympischen Götter die einzige Form der Religion in Athen gewesen sei. Die Zeiten des Perikles und des Sokrates lagen vierhundert Jahre zurück. Die Mysterien, insbesondere der Geheimkult von Eleusis, der Athen benachbarten heiligen Stadt am Saronischen Golf, waren von immer größerer Bedeutung geworden. Die Verehrung der Olympischen Götter war zwar immer noch die Staatsreligion. Aber die Götter waren vor allem Träger nationaler Erinnerungen.

Die öffentlichen Gottesdienste in Athen hatten in dem gleichen Maß an Wert verloren, wie die Bedeutung der Mysterien zugenommen hatte. Alexander der Große hatte Asien erobert. Die griechische Kultur war bis Indien vorgedrungen. Zahlreiche asiatische Götterkulte waren in Athen eingeführt worden. So war die Stadt das bunteste Spiegelbild der Religionen des großen Römischen Reiches. Die alte Frömmigkeit der Athener hatte sich in abergläubische Götterangst verwandelt.

Andererseits gab es seit den ältesten Zeiten den Dienst eines ohne Standbild verehrten höchsten Gottes, des Zeus Hypsistos, des Vaters der Götter und Menschen. Die einfachen Feiertage dieses höchsten Himmelsgottes waren in Athen Volksfeste von ehrwürdiger Überlieferung.

Wer den Wert dieser Szene aus der Apostelgeschichte in ihrer wissenschaftlichen Bedeutung als historische Quelle verstehen will, lese, was Ernst Curtius, der gelehrte Kenner Athens, im Jahre 1893 in einer Sitzung der Preußischen Akademie der Wissenschaften berichtet hat.

Es hat sich hier nicht um eine Gerichtsverhandlung gehandelt. Im Griechischen steht das Wort Areopag. Luther übersetzt es mit »Gerichtsplatz«. Es ist aber nicht der Hügel des Areopag gemeint, auf dem sich die Richter an bestimmten Tagen des Monats versammelten, um unter freiem Himmel ihre Urteilssprüche zu fällen. »Areopag« ist in diesem Fall die Regierungsbehörde, die sich in der Königshalle an der Agora versammelte. Diese Behörde hat über Paulus nicht zu Gericht gesessen. Es ist ja auch kein Urteil gefällt worden. Der Berichterstatter hätte das bei der ihm eigenen Genauigkeit auf jeden Fall erwähnt. Die Regierungsbehörde wollte lediglich den Paulus anhören, um ihm gegebenenfalls das öffentliche Predigen zu verbieten. Aber auch das ist nicht geschehen.

Bei diesen Verhören war das Volk als Zuhörer und Zeuge zugegen. Es ist eine bunt gemischte Menge von Einheimischen und Fremden, die Paulus in seine Ansprache einbezieht. Insbesondere faßt er die Sophisten ins Auge, die sich der Menge zugesellt hatten, um ihrem liebsten, dem griechischsten aller Laster, ihrer Neugier einen Spaß zu bereiten.

Paulus beginnt seine Rede mit »Ihr Männer von Athen!«, denselben Worten, mit denen einst Sokrates seine Verteidigungsrede vor Gericht begonnen hatte.

Der nördliche Teil der Agora war der Marktplatz, auf dem die Geschäfte gemacht wurden, der südliche ein öffentlicher Versammlungsplatz. Auf dieser internationalen Bühne, auf der jede neue Lehre des Erdkreises ihre Probe bestehen mußte, spielt sich der Vorgang ab. Man muß sich das genau vorstellen – die von Säulenkolonnaden umgebene Agora, die bunte Volksmenge, den Lärm des Marktes, die würdigen Beamten der Kanzlei des Areopag, die eleganten Philosophen, mit erwartungsvollem Lächeln ihre gepflegten Fingernägel betrachtend, Pflasterliteraten, vornehme Fremde, Lastträger, die ihre Witze machen, neugierige Sklaven, einen Dandy mit seinem teuren Windspiel, dazu die Bauern vom Land mit ihren Eseln. Ihnen allen gegenüber steht der ärmlich gekleidete Jude aus Tarsos, dieser Mann, von dem die Überlieferung sagt, daß er zuweilen »wie ein Engel« ausgesehen habe. Das Reden fällt ihm nicht leicht. Er hat eine schwere Zunge. Aber er weiß, was er zu verkünden hat. Er ist allein, aber er hat die Zukunft der ganzen Welt im Herzen. Welch ein Augenblick!

Wer von den Leuten auf diesem Markt der Eitelkeiten hätte vermuten können, daß der alltägliche Vorgang, der sich da vor aller Augen und Ohren abspielte, von so großer Bedeutung war? Wer von ihnen hätte ahnen können, daß vor dem unbekannten Gott, den der Zeltmacher aus Tarsos verkündete, einmal die Imperatoren des Weltreiches ihr Knie beugen würden?

Paulus beginnt seine Rede mit urbaner Höflichkeit. Die Athener, von der ganzen Welt umschmeichelt, waren von der Einmaligkeit und Unübertrefflichkeit ihrer Stadt ebenso überzeugt, wie die Franzosen es im 19. Jahrhundert von Paris waren. So war eine kleine Schmeichelei eine diplomatische Notwendigkeit.

Von der Agora aus sieht man die Akropolis liegen. Während die Sonne in dem goldenen Helm der Athene des Pheidias aufblitzte, erklärte Paulus, daß die Gottheit nicht gleich sei den goldenen, silbernen und steinernen Bildern, durch menschliche Kunst und Gedanken gemacht. Der Ausdruck »durch menschliche Gedanken gemacht« ist die Übersetzung des griechischen Wortes »ἐνθυμήσεως – enthymeseos«. Damit kann Paulus nichts anderes meinen als die Gedanken, welche der Mensch in seine Werke legt. Neben der Technik der Herstellung sind sie die Quelle, der die Kunstwerke entspringen. Paulus benutzt das seltene und sehr gebildete Wort, um zu zeigen – vielleicht, daß er kein anatolischer Bauer sei, aber jedenfalls auch um zu zeigen, wie töricht es sei, Gegenständen, die einen menschlichen Gedanken zum Ausdruck bringen, göttliche Ehren zu erweisen.

Mit wohlüberlegter Einfühlung, fast listig, geht Paulus gegen seine Zuhörer vor. Aber eben, er weiß genug, um zu wissen, wie er vorzugehen habe. Er zitiert etliche ihrer Poeten, die bezeugen, daß die Sterblichen göttlicher Natur und Herkunft seien. Der wunderbare Satz »In Ihm leben, weben und sind wir« ist christlich in seinem Gefühl, in seinem Gedanken griechisch. Auch bei den Griechen ist der Vater der Götter und Menschen kein unfaßbares pantheistisches Wesen, sondern ein persönlicher Gott, jedem Einzelnen nahe und zu finden von dem, der ihn sucht. Mit dieser Formulierung trifft Paulus das Grundbewußtsein der Hellenen.

Ein Mann, der so fest im griechischen Geistesleben verwurzelt und so erfüllt von seiner Aufgabe war, eignete sich natürlich in hervorragender Weise dazu, das Euangelion, die frohe Botschaft, in der griechischen Welt zu verbreiten.

Den Semiten hatten die Griechen mehr zu verdanken, als sie damals wissen konnten. Die Phoiniker haben ihnen die Seefahrt und den Handel gebracht. Europa, die von Zeus geraubte Tochter des Königs Agenor von Tyros an der Küste des Libanon, war eine syrische Prinzessin. Die Phoiniker hatten den Griechen das Alphabet, das Kupfer, den Weinbau und die Olive gebracht. Zenon, der Begründer der stoischen Philosophie, war ein Semit aus Zypern. Paulus, dem Volk der Hebraeer entstammend, brachte die neue Weltreligion in hellenischer Zunge nach Hellas.

Die Welt war reif geworden für diese geschichtliche Begegnung.

Wir wissen, wie Paulus zumute war, während er zur Agora schritt, vorüber an den glänzenden Denkmälern der Vergangenheit, vorüber an den großen Erinnerungen an eine Geschichte, die die Zivilisation seines Zeitalters geschaffen hatte.

Sein Geist ergrimmte in ihm. Der Grimm dieses Geistes hat die Welt verändert.

AEONISCHE ASPEKTE

Ein Caféhaus, das am Ufer des Aegaeischen Meeres zwischen dem Olymp, dem alten Götterberg der Antike, und dem Athos, dem heiligen Berg der östlichen Kirche der Christenheit, liegt, ist ein würdiger Platz, ein wenig zu träumen.

Über die Bucht von Saloniki streicht eine leise Brise. Obgleich das Jahr schon weit vorgeschritten ist, ist die Sonne noch immer herrlich warm. Das Caféhaus liegt am Quai, auf dem sich ein lebhafter Verkehr abspielt. Saloniki, heute der Exporthafen für den berühmten Tabak von Makedonien, ist das Thessalonike der Apostelgeschichte. Der Name stammt von der Schwester Alexanders des Großen. Thessalonike war die Gemahlin des Königs Kassandros von Makedonien, der die alte Stadt Therma nach ihr benannt hat.

Um die Schiffe und Boote, die an der Pier liegen, ist ein fröhliches Gewimmel von Matrosen, Lastträgern, Fischern, Orangenverkäufern und nichtsnutzigen Knaben. Überall stehen bescheiden, friedlich und rührend anzuschauen diese entzückenden kleinen Eselchen herum, die alle so aussehen, als ob sie auf Renée Sintenis warteten. Zwischen den Männern, die eifrig tätig sind, treiben sich andere herum, die auf eine gelassene Weise nichts weiter tun als da zu sein. Existentialisten! Im ganzen Orient sind sie die pittoresken Randfiguren im großen Theater des öffentlichen Lebens. Der eine, mit einer alten Militärmütze auf dem Kopf, hat die Hände tief in die Taschen seiner zerrissenen Hose vergraben. Es ist nicht ganz sicher, ob da überhaupt Taschen sind. Sicher ist nur, daß, wenn sie da sein sollten, nichts drin ist. Ein anderer stelzt auf einer Krücke durch den Frieden der Sonne. Ein dritter steckt mit Behagen eine der köstlichen makedonischen Zigaretten an. So ärmlich die Kleidung aller dieser Männer ist, noch ihre Lumpen wissen sie mit Grazie zu tragen. Sie alle können sich rühmen, in der Bibel mit den Lilien auf dem Felde verglichen worden zu sein.

Auf Reede liegt, von vielen kleinen Booten umgeben, ein eleganter schneeweißer Passagierdampfer. In einer Stunde wird er nach Konstantinopel in See gehen. Die Möwen spielen um die Masten. Ein Flugzeug zieht brummend über die Bucht dahin. Da es aus Nordwesten anfliegt, wird es aus Belgrad kommen oder vielleicht sogar aus Frankfurt am Main.

Hinter diesem Bild fröhlicher Geschäftstüchtigkeit und heiterer Faulheit des Menschen erhebt sich im Südwesten, schneebedeckt, fast dreitausend Meter in den tiefblauen Himmel ragend, der alte Olymp. Auf der anderen Seite, im Südosten, wird die Bucht von Saloniki von den grünen Hügeln der Chalkidike begrenzt. Die Chalkidike hat drei etwa fünfzig Kilometer lange Halbinseln, die sich nach Süden ins Aegaeische Meer hinein erstrecken. Auf der äußersten Spitze der östlichsten der drei Halbinseln liegt hinter dem Horizont der Ὄρος ἱερὸν Ἄθως, der Heilige Berg Athos.

Schon immer hat die Frömmigkeit die großartigsten Landschaften des Erdballs zu ihrem Schauplatz gewählt. Auch wenn der Mensch in Frömmigkeit von der Welt sich abwenden will, muß er sich nicht von der Schöpfung abwenden. Um in Übereinstimmung mit Gott zu sein, braucht er nicht darauf zu verzichten, in Übereinstimmung mit der Natur zu sein. Zwischen der Schönheit der Schöpfung und der Frömmigkeit derer, die sie preisen, ist eine Harmonie möglich, die man auf dem Athos in eindrucksvoller Weise erleben kann.

Verlassen wir den träumerischen Caféhaustisch an der Pier von Saloniki! Brechen wir auf in das zehnte Saeculum nach Christi Geburt, das hundert Meilen von der großen Hafenstadt lebendig geblieben ist.

Auf dem Berg Athos bin ich zweimal in meinem Leben gewesen. Das erstemal habe ich ihn mit der Maschinenpistole betreten, das zweitemal mit Ehrerbietung. Die Biographien unseres Zeitalters haben eine allzu große Streuung.

Mein Reisegefährte, der auf den Namen des Bruders der Königin Thessalonike hört, spricht ausgezeichnet Griechisch. Wir beschlossen, den Landweg quer durch die Halbinsel Chalkidike zu nehmen.

Das erste Stück der Reise fuhren wir eine berühmte Straße entlang, die Via Egnatia. Sogleich nach der Eroberung Makedoniens hatten die Römer, die großen Straßenbauer, die Via Egnatia quer durch den Balkan gebaut von Dyrrhachium, dem heutigen Durazzo, nach Thessalonike. Später wurde die Straße bis zur Mündung der Maritza weitergeführt.

Teile des alten römischen Pflasters dieser Straße werden noch heute benutzt.

Große Feldherren, heimkehrend von Siegen oder Niederlagen, reiche Kaufleute aus aller Herren Ländern, hohe Verwaltungsbeamte mit wichtigen Staatsaufträgen für die entfernten Provinzen des Reiches sind diese Straße hoch zu Roß entlang gezogen. Veteranen, die in die Heimat zurückkehrten, Abenteurer und Vagabunden, die keine Heimat hatten, sind sie fürbaß gewandert in Hitze und Staub. Ihrer aller Spuren sind verweht. Nur eines Mannes Wanderschaft, dessen Heimat nicht diese Welt war, wird noch immer im Gedächtnis der Menschen bewahrt. Auf dieser Straße ist der Apostel Paulus von Osten, von Philippi kommend, nach Westen gezogen, um in Thessalonike angesichts des Olymp, auf dem nach dem Glauben der Hellenen die Götter thronten, die erste christliche Gemeinde auf europäischem Boden zu gründen. So hat Paulus allezeit eine große Liebe für die Thessaloniker gehabt. Seine Briefe an seine erste Gemeinde sind voll liebenswürdiger Freundlichkeit und warmer Herzlichkeit.

Den Athos zu besuchen, ist kein ganz einfaches Unternehmen. Man braucht, wenn man glücklicherweise keine Maschinenpistole mehr besitzt, eine Erlaubnis des griechischen Innenministers, und wenn man nicht als armseliger Strolch hinkommen will – es sei denn, man sei ärmer, aber seliger als ein Strolch, nämlich ein Pilger –, muß man ein Empfehlungsschreiben des Erzbischofs von Athen an den Heiligen Synod in Karyaes, der kleinen Hauptstadt der Mönchsrepublik, vorweisen können.

Kurz vor Sonnenuntergang hatten wir Saloniki verlassen. Die Nacht stieg über die Chalkidike herauf. Nach etwa zwanzig Kilometern erreichten wir das Cholmongebirge, das sich von Westen nach Osten quer durch die Halbinsel zieht. Es ging Hunderte von engen Kurven die Vorpässe des Cholmongebirges hinauf und hinunter. Einmal lag ein großer Feldstein mitten im Weg. Wir hielten an, um ihn für unsere Nachfolger wegzuräumen. Wir hätten ihnen keinen Gefallen damit getan. Fünf Meter hinter dem Feldstein fehlte eine Brücke. Sie war eingestürzt. Der Abgrund war achtzig Meter tief. Wir machten eine kleine Pause. Aus der Tiefe der Wälder erscholl ein fremdartiges heiseres, heulendes Gebell. Wölfe!

Gegen Mitternacht erreichten wir ein einsames Haus an der Straße. Es schien ein Gasthaus zu sein. Es war ein »Wirtshaus im Spessart«. Wir betraten den großen Raum. Um einen rotglühenden eisernen Ofen geschart saßen fünf Männer. Eine trübselig blakende Petroleumlampe hing von der Decke. Hinter einer Theke im Hintergrund hantierte ein griechisches Mädchen, schön wie ein Bild. Unseren Gruß erwiderten die Männer kaum. Alexander sah mich an. Die Männer waren Waldarbeiter. An der Wand lehnten ihre Äxte, dazwischen einige Gewehre. Die Männer waren ärmlich gekleidet. Sicher waren sie Partisanen gewesen. Der Bürgerkrieg war erst seit kurzem vorüber.

In einer solchen Lage darf man keinen Fehler machen. Das ist nicht schwer, wenn man die Spielregeln kennt. Die Spielregeln auf dem Parkett der Herzogin von Alba sind bekannt. Welches aber waren hier die Spielregeln?

Wir steckten uns eine Zigarette an. Man darf in diesem Land nicht sogleich eine Zigarette anbieten. Es macht einen schlechten Eindruck, weil es als aufdringlich empfunden wird. Anbieten darf man die Zigarette erst nach einer längeren Unterhaltung, wenn man zum Ausdruck bringen will, daß man den Partner des Gesprächs sympathisch finde. Alexander wußte das.

Wir bestellten einen Uso, den scharfen, griechischen Anisschnaps. Das schöne Mädchen, eine Nausikaa des Waldes, brachte zwei ziemlich große Gläser. Wir taten, als sähen wir das Mädchen nicht. Wir kippten den Schnaps hinunter. Alexander schüttelte sich kräftig und sah dabei, eine Aufforderung zum Lächeln in seinen Augenwinkeln, seinen bärtigen Nachbarn an. Der Bärtige war ein alter Mann. Er lächelte. Das Spiel war gewonnen.

Es entspann sich eine lebhafte Unterhaltung. Nichts in der großen Politik gab es, wozu diese Partisanen im Ruhestand nicht in ihrer temperamentvollen Art gescheite Meinungen geäußert hätten. Man erlaubte uns, zu einigen Usos einzuladen. Seit zehn Jahren hatten diese Männer Krieg geführt, legal und illegal. Seit zehn Jahren hatten sie nur Elend gesehen, das sie uns zu verdanken hatten. Sie hatten nichts dagegen, daß wir Deutsche seien. Die Griechen sind ein sehr altes Volk. Sie haben viel, allzuviel in ihrer Geschichte erlebt. Der bärtige Alte meinte, Vergessenkönnen sei eine weise Kunst.

Nun durften wir auch Nausikaa sagen, wie schön sie sei. Unsere Bewunderung nahm sie lächelnd entgegen. Die Waldmänner gaben uns die Schaffelle, die sie als Mäntel tragen. Zwischen den Äxten und den Gewehren schliefen wir ein paar Stunden. Als wir, noch vor dem Morgengrauen, aufbrachen, versammelten die Männer sich um das Auto. Einer fuhr ein Stück mit dem Wagen. Zum Abschied wurden wir zu Kaffee und Uso eingeladen. Armut ist nobel.

Die erste Morgenröte zieht von Osten herauf. Wir erreichen in tausend Meter Höhe den Hauptpaß des Cholmongebirges. Das Gebirge ist mit Wäldern bedeckt. Wir fahren an riesigen alten Nußbäumen vorbei, an Zypressen, lorbeerumwachsenen Steineichen, Kastanien, weitausladenden Platanen, bizarren Eukalyptosbäumen, Feigen- und Maulbeerbäumen. Dazwischen liegen weite Wiesen. Die Wälder durchzieht eine Macchia von Weißdorn, Koronilla, Myrten, Baldrian, Oleander, Limonien und wildem Rosmarin. Seit der Antike hat diese Landschaft sich nicht verändert.

Im Tal und weit aufs Meer hinaus liegt eine brauende Schicht morgendlichen Nebels. In der Tiefe tauchen zuweilen die Kuppeln einer Kirche auf. In der Ferne steigt, ein Wunder der Schöpfung, der Athos auf. Er zeichnet sich in einer unvergleichlich stolzen Linie gegen den Horizont ab. Wenn die Sonne aufgegangen ist, schwebt der alte heilige Berg wie eine in purpurnes Licht getauchte Pyramide über dem glitzernden Glast, der auf dem Meer liegt.

Seit einem Aeon findet Morgen für Morgen dieses erhabene Schauspiel in einer ungeheuren Verschwendung von Schönheit statt. Etwas von der Frische der Schöpfung schimmert durch die Pracht hindurch aus einer Sphäre, die unser Auge nicht erblicken kann, der Geist aber zu ahnen vermeint.

Eine halbe Stunde später, vor dem Kirchdorf im Tal, bremste Alexander. An der Straße stand ein Ortsschild: »Stageira«. Wir sahen einander an. Der Name kam uns merkwürdig bekannt vor, aber wir kamen nicht auf den Zusammenhang. So hielten wir vor der kleinen Dorfschenke, bestellten einen Kaffee und fragten den Wirt. Mit nicht geringem Stolz erklärte er: »In diesem Dorf ist Aristoteles geboren. Er war ein sehr kluger Mann.« In der Literatur wird der große Philosoph des Abendlandes gern der Stagirite genannt.

Wie oft mag Aristoteles in seinen jungen Tagen, wenn er mit den Buben des Dorfes oben auf den Hängen bei den Ziegenherden war, das Schauspiel des Sonnenaufgangs über dem Athos beobachtet haben. Schon für die Griechen der Antike ist der Athos ein heiliger Berg gewesen. Von seiner Spitze, von der Stelle, an der heute eine kleine Kapelle steht, blickte im Altertum das mächtige Standbild des Thrakischen Jupiter weit aufs Meer hinaus. In der Tragödie »Agamemnon« des Aischylos schildert Klytaimestra mit einer für eine Dame erstaunlichen geographischen Präzision den Weg des Feuertelegraphen, der den Fall der Festung Troia nach Argos meldete. Das Feuersignal, von Hephaistos auf dem Ida entflammt, nimmt seinen Weg über den Hermesberg auf der Insel Lemnos, den »Athoischen Steilfelsen des Zeus«, den Makistos auf Euboia, das Messapergebirge, den Kithairon und so weiter bis Argos. Die zentrale Stellung des Athosmassivs in der nördlichen Aegaeis wird in Aischylos' Versen sehr schön klar. Die genannten Bergkuppen sind tatsächlich jeweils in Sicht voneinander, so daß kein Zweifel bestehen kann, daß dieses glänzend organisierte Relais wirklich abgelaufen ist.

Vielleicht ist der Keim zu dem großartigen aeonischen Weltbild, das Aristoteles entworfen hat, angesichts eines Sonnenaufgangs über dem Athos in die Seele des Knaben gelegt worden. Die Naturwissenschaft unserer Tage wendet sich dem Weltbild des Aristoteles wieder zu.

Dem Sonnenaufgang und dem Stagiriten verdankten wir, daß wir unseren Dampfer verpaßten. Er geht nur zweimal in der Woche von Jerissos, einem großen, wohlhabenden Fischerdorf an der Ostküste, ab.

Wir brachten den Wagen bei der Polizeistation von Jerissos unter. Dann charterten wir eine Kaïki, ein Zehntonnenschiffchen mit einem kräftigen Dieselmotor. Das halbe Dorf brachte uns mit Lachen und fröhlichem Geschwätz an Bord.

Südlich des Dorfes sind noch heute die Reste eines Kanals zu sehen, mit dem der Perserkönig Xerxes 483 vor Christi Geburt die Landenge der Halbinsel Athos durchstechen ließ. Zehn Jahre vorher war die Flotte des Dareios unter dem Admiral Mardonios an den Felsen des Athos zerschellt. Es ist eine gefährliche Wetterecke, an der Stürme zuweilen aus heiterem Himmel losbrechen. Die Flotte des Xerxes kam heil durch den Kanal nach Attika. Sie kehrte nicht zurück. Bei Salamis, in jener berühmten Seeschlacht im Jahre 480, wurde sie von den Griechen vernichtet. Damals wurde, zum erstenmal, das Abendland vor der Eroberung durch ein Großreich des Ostens gerettet.

Wir saßen an Deck und tranken Retsina, den mit Harz versetzten griechischen Wein. Der Schiffer ließ sich nicht lange nötigen mitzuhalten. Die See war nur leicht bewegt. Kleine Wellen klatschten gegen die Bordwand. Zwei Delphine begleiteten das Boot mit ihren graziösen Spielen. Wacker tuckerte unsere Kaïki dicht unter Land an der Küste entlang. Die Sonne schien.

Nach einer Stunde tauchte das erste Kloster auf, eine auf einer Klippe am Ufer erbaute Festung. Massig und nackt steigen die Mauern vierzig Meter hoch. Sie sind gekrönt von einem Kranz von Fenstern. Kleine, gebrechliche, mit schrägen Hölzern abgestützte Altane, die wie Schwalbennester hoch oben an der Mauer kleben, gehen aufs Meer hinaus.

Hie und da blickt eine Ruine von einem Bergvorsprung melancholisch auf das blaue Wasser. Dann kamen die Klöster Pantokrator und Stavronikita in Sicht. Nach drei Stunden Fahrt gingen wir in dem kleinen Hafen des Klosters Iwiron an Land.

Wir betraten den Boden der tausendjährigen frommen Republik.

DER HEILIGE BERG ATHOS

Der Proigumenos Nikardos Lavriotes, Abt von La Grande Lavra, dem ältesten der Klöster auf dem Berge Athos, Protepistatis, Vorsteher des Heiligen Synods in Karyaes, dem Sitz der Regierung, betrat den einfachen Raum, in dem die Gäste der Republik empfangen werden. Dieser stattliche, hoch aufgerichtete Greis von sicher achtzig Jahren, mit seinen gemessenen Bewegungen, dem scharfen Blick aus hellen, offenen Augen, dem langen weißen Bart, in schwarzer Kutte, geschmückt mit einem kostbaren Kreuz und einem juwelenbesetzten Medaillon mit dem Bild der Muttergottes, die er an silbernen Ketten um den Hals trug, das schneeweiße Haupthaar bedeckt von dem hohen schwarzen Barett der byzantinischen Mönche, war ein Ehrfurcht gebietendes Bild der Würde. Es war die Würde eines Jahrtausends der Frömmigkeit. Wir verbeugten uns tief.

Der Abt war begleitet von einem älteren Mönch, der in der rechten Hand, als Zeichen, daß der Abt in seiner Eigenschaft als Regierender Protepistat auftrat, einen Ebenholzstab mit schwerem, silbergetriebenem Knauf trug.

Der Begleiter des Abtes forderte uns auf, Platz zu nehmen. Sein Benehmen war von ausgesuchter Höflichkeit. Manieren sind nicht ohne Bedeutung. Sie sind Ausdrucksformen der Sitte. Wir wollten warten, bis der Abt Platz genommen hätte, aber im Osten ist der Gast so hoch geehrt, daß uns das nicht erlaubt wurde. Nach einer gemessenen Zeit überreichten wir das Empfehlungsschreiben Seiner Herrlichkeit des Erzbischofs von Athen. Der ältere Mönch erhob sich ein wenig von seinem Sitz, als Alexander ihm das Schreiben übergab. Der Proigumenos ließ sich den griechischen Text des Schreibens Seiner Herrlichkeit vorlesen. Dabei betrachtete er seine Gäste.

Einer solchen Betrachtung standzuhalten ist nicht leicht. Der Abt hatte einen Blick von einer Art, der man in dieser Welt nicht oft mehr ausgesetzt ist. Schon der seltene Lidschlag des Greises bewies seine innere Ruhe und Überlegenheit. Sein Blick war freundlich, aber durchdringend bis auf den Grund der Seele. Man wird sich dabei der Weltlichkeit dieser Seele bewußt. Nicht alles an dieser Weltlichkeit ist geeignet, das Wohlgefallen eines Abtes vom Berge Athos zu erregen. Irgendwann schlägt man zwischendurch einmal das Auge nieder.

Die Gesichter dieser ehrwürdigen Väter, die vor einem Menschenalter, lange bevor man selbst geboren wurde, diese Welt von sich getan und dem Himmel sich zugewandt haben, zeigen einen Ausdruck, der weise und unschuldig und zugleich von einer eigentümlichen Transparenz ist. Wie das Gesicht Mosis erglänzte, als er aus der Wolke vom Berge Sinai herabkam, so liegt auch auf diesen Gesichtern ein Schimmer von dem Glanz, dem sie ein Leben lang in Askese und Gebet zugewandt waren.

Was mag sich der weise alte Mann über diese fragwürdigen Weltvögel für Gedanken gemacht haben?

Wir erklärten ihm, daß wir der Christenheit des Westens berichten wollten von dieser Stätte Athos, an der die Überlieferung der Christenheit des Ostens so treu über die Jahrhunderte bewahrt werde. Der Abt nickte voller Wohlwollen. Er meinte, das sei um so nützlicher, als der

Jüngste Tag nicht mehr allzu fern sei. Er sagte das sehr leise, aber er sprach vom Jüngsten Tag mit der natürlichen Selbstverständlichkeit, mit der man von einem Kalenderdatum von übermorgen redet. Sub specie aeternitatis ist es ja auch nicht viel mehr. Die Tatsache, daß heute schon ein schizophrener Narr der Atomphysik die Erde der Vernichtung preisgeben kann, gab der leisen Bemerkung des Abtes eine gewisse Aktualität.

Von einem Evzonen wurde ein Glas erfrischend kalten Wassers mit einem Löffel köstlichen Gelées gereicht, danach ein Mokka mit einem kleinen Schnaps. Die Evzonen sind eine kleine weltliche Truppe. Sie dienen dem Synod als Polizisten. Man bedarf ihrer Dienste selten zu mehr, als Gästen Gelée, Mokka und Uso zu reichen. Die Evzonen tragen noch immer die malerische griechische Volkstracht, die man auf den alten Stichen sieht aus der Zeit, als Lord Byron am Freiheitskampf der Griechen gegen die Türken teilnahm. Der Abt hob sein Gläschen mit heiterem Auge, gleichsam um Verständnis bittend dafür, daß er zu Ehren der Gastfreundschaft diese kleine Konzession an die diesseitigen Freuden der Welt mache.

Der Abt stellte die liebenswürdige Frage, wie es unserem Lande ergehe. Wir konnten ihm berichten, daß es auch bei uns zwischen Export und Import immer noch Christen gebe. Es schien ihn zu befriedigen. Er war von weltmännischer Herzlichkeit und, ohnbeschadet der Nähe des Jüngsten Tages, von amüsanter Neugier in bezug darauf, wie wohl die Ereignisse bis dahin sich gestalten würden. Das Gespräch verlor sich in die Weltpolitik.

Rußland, in der Person des Zaren noch vor einem Menschenalter der mächtige Beschützer der kleinen Republik, ist heute, nachdem die Barbaren des Hakenkreuzes verschwunden sind, der gefährlichste Feind des Glaubens und der Kirche. Der Abt wollte wissen, was die bolschewistische Revolution in China bedeute. Alexander, ein Kenner, machte zu diesem Thema einige treffende Bemerkungen.

Die Athosrepublik liegt am Rand der Geschichte. Aber die Wirkungen der internationalen Politik sind auch hier zu spüren. Der Abt Nikardos war in seinen jungen Jahren noch ein Untertan des letzten türkischen Sultans. In den Kriegen dieses Jahrhunderts haben die einstmals reichen Klöster den größten Teil ihrer Besitztümer in Rußland, in Anatolien, in Rumänien, in Bulgarien und sogar in Griechenland verloren. Aber es ist nicht die weltliche Tradition, die die Mönche auf dem Athos pflegen. Es ist die Überlieferung des Glaubens, die ihnen anvertraut ist seit den Tagen Konstantins XI., des letzten Herrschers auf dem byzantinischen Kaiserthron. Die alte Frömmigkeit von Byzanz, untergegangen vor fünfhundert Jahren bei der Eroberung der Stadt durch die Türken, auf dem Athos hat sie das Weltreich der Türken überdauert.

Wir bekamen einen Brief des Heiligen Synods an die Klöster, der uns als Brüder in Christo der Gastfreundschaft der Mönche empfahl. Noch immer wird dieser Brief mit einem Stempel versehen, der das Bild der Panagia, der Allerheiligsten Muttergottes, trägt. Zugleich ist es ein höchst demokratischer Stempel. Er besteht aus vier Teilen. Er ist erst gültig, wenn alle vier Epistaten ihren Stempelteil aufgedrückt haben.

Der Abt entließ uns, indem er, als Andeutung eines Segens, ein wenig die rechte Hand hob. Es war so, als ob er etwas von der Gnade des Himmels, die über seinem weißen Haupt schwebte, an seine Gäste weiterreichte. Ein kostbares Geschenk, das die fragwürdigen Weltvögel so leicht nicht vergessen werden! Der ältere Mönch geleitete uns mit vielen Höflichkeiten an die Pforte. Die Audienz bei Ihrer Majestät der Vergangenheit war beendet.

Die autonome Mönchsrepublik auf dem Berg Athos ist die älteste Demokratie der Welt. Für Thomas Morus' berühmte »Utopia« war sie einst das Modell. Das Gebiet der Republik erstreckt sich über die ganze etwa fünfundvierzig Kilometer lange und im Durchschnitt zehn Kilometer breite Halbinsel. Durch die Halbinsel zieht sich ein dichtbewaldeter Bergrücken. In Wellen von Norden nach Süden allmählich ansteigend, geht er in das nackte, felsige Marmormassiv der Athospyramide über, auf der die Adler horsten. Über diesen Bergrücken oder an seinem Hang entlang läuft ein Saumpfad durch den Wald. An den steileren Stellen ist der Pfad gepflastert. Die breiten Steinplatten sind von den Maultierhufen der Jahrhunderte glattgeschliffen. Von Zeit zu Zeit wird der Saumpfad von einer Treppe unterbrochen. Wagen können ihn nicht befahren. Auf der ganzen Halbinsel gibt es nicht ein einziges Motorfahrzeug. Zuweilen begegnet man einem Mönch, der auf seinem Maultier friedlich dahinzieht. Dann wird die Stille des Waldes für ein paar Minuten durch ein freundliches Gespräch über Woher und Wohin unterbrochen.

Vom Kamm des Bergrückens führen nach beiden Seiten Wege in die Seitentäler hinab. Unter weit ausladenden Bäumen spannen verträumte Brücken ihre graziösen Bögen über Bäche, die zwischen Weiden und Haselnußbüschen mit fröhlichem Gemurmel von Felsstufe zu Felsstufe zur Küste hinabspringen. Die Wälder sind von herrlicher Unberührtheit. Zuweilen öffnet sich bald links, bald rechts ein Blick auf das in der Sonne glitzernde Meer. Zuweilen taucht die blaue Kuppe des Athoskegels über den näheren grünen Hügeln auf. In dieser Verlorenheit zwischen Meer und Himmel erheben sich die Klöster mit bleigedeckten Dächern, ihrer zwanzig, mächtige Burgen Gottes, trotzige Festungen der Frömmigkeit. Ihre moosbewachsenen Mauern bewahren die Eirene, den Frieden der Herzen, inmitten des Friedens der Natur.

Einige der Klöster sind an der Küste erbaut und haben dann gewöhnlich einen kleinen Hafen. Andere sind mitten in der Einsamkeit der Wälder errichtet. Von ihren Zinnen aus sieht man die Aegaeis leuchten.

Die Klöster sind wirkliche Festungen. Im Lauf der Zeiten hatten sich in den Klöstern bedeutende Schätze angesammelt. Diese Kostbarkeiten waren es, die immer wieder die Habgier der Seeräuber des Mittelmeers aufstachelten. So wurden die Klöster auf hohe Felsen gebaut und mit starken Mauern geschützt.

Noch heute werden mit Sonnenuntergang die Tore geschlossen. Wer nach Sonnenuntergang ankommt, muß die Nacht im Freien verbringen.

Dieser Festungscharakter bringt es mit sich, daß die Räume sich nach dem Inneren der Anlage öffnen. Die Galerien und Treppen, die zu den oberen Stockwerken führen, sind fast ganz aus Holz und offen gebaut. Sie bieten einen malerischen Anblick. Das Katholikon, die Kirche, liegt in der Mitte der Klosteranlage. Die meisten der Klöster sind zufolge ihrer Armut ein wenig verwahrlost. Um so erstaunlicher ist die Pracht in den Kirchen dieser weltfernen Halbinsel. Silberne Ampeln hängen von der Decke. Goldene und silberne Gefäße schmücken den Altar. Der Ikonostas ist mit schönen alten Malereien, die Wände sind mit Fresken geschmückt. Zuweilen ist das kostbare alte Marmormosaik des Fußbodens noch erhalten. Diese Pracht steht in einem eigentümlichen Gegensatz zur Einfachheit und Bescheidenheit der Mönche.

Außer den zwanzig Klöstern sind über die Halbinsel noch vierzehn dörfliche Mönchsgemeinden verstreut. Sie werden Skitae genannt, nach der uralten Mönchssiedlung Skitis in Aegypten. Außerdem gibt es noch zahlreiche Gruppen von Mönchen, die, ohne klösterliche Ordnung, in kleinen Gemeinschaften leben. In den Schluchten der Felshänge des Athosberges hausen die Eremiten. Freilich, sogar das bescheidene Wort »hausen« ist zuweilen noch eine Übertreibung. Oft sind es nur Felshöhlen, in denen die Asketen ihre Tage verbringen bis zu ihrem mit Sehnsucht erwarteten irdischen Tod.

Der Heilige Synod, von dem die Republik regiert wird, ist aus den Delegierten der Klöster zusammengesetzt. Jedes Kloster hat das Recht, einen Vertreter in den Synod zu entsenden. Die Regierungsgeschäfte werden besorgt von vier aus dem Heiligen Synod jährlich neu gewählten Mönchen, den Epistaten. Unter ihnen ist der Protepistat der Primus inter pares. Das Gesetzbuch ist die Bibel.

Die Verfassung der Republik hat eine lange Geschichte. Sie beginnt mit einer Magna Charta, die auf eine Bockshaut geschrieben ist. Diese Urkunde heißt der »Tragos«. Sie stammt aus dem Jahre 972. Tragos ist das griechische Wort für Bockshaut. Der Tragos wird noch heute in Karyaes aufbewahrt. An seiner Echtheit besteht kein Zweifel. Die Unterschrift des Kaisers »Joannis, an Christus Gott gläubiger Kaiser der Römer« ist das früheste erhaltene Beispiel der eigenhändigen Unterschrift eines byzantinischen Kaisers. Urkunden und Unterschriften von Merowingerkönigen gibt es aus dem 7. Jahrhundert. Karl der Große unterzeichnete zwar eigenhändig, aber nur mit dem monogrammartigen Vollziehungsstrich in der von anderer Hand kunstvoll gemalten Signatur. Die früheste Urkunde mit voller Namensunterschrift eines Kaisers des Westens ist eine von Otto III. unterzeichnete Papsturkunde aus dem Jahre 998.

Der Anlaß zur Magna Charta des Tragos war die Errichtung des ersten Klosters La Grande Lavra an der Südspitze der Halbinsel unmittelbar am Fuß des eigentlichen Athosberges. Das Kloster wurde auf Wunsch des Kaisers Nikephoros Phokas von Byzanz gegründet von seinem Freund, dem Mönch Athanasios aus Trapezunt, der später heiliggesprochen wurde. Im Hof des Klosters steht eine von Athanasios gepflanzte Zypresse. Sie ist, wie die Botaniker feststellen konnten, in der Tat etwa tausend Jahre alt. In unzähligen Gewittern an der Wetterscheide dieses Vorgebirges ist dieser Baum niemals vom Blitz getroffen worden.

Die Gebeine des heiligen Athanasios sind in La Grande Lavra beigesetzt. Das Grab ist in der ganzen östlichen Christenheit berühmt. Viele Wunder werden ihm zugeschrieben. Es liegt in einer Ecke des Katholikon, der Hauptkirche des Klosters, unter einer von einer antiken Säule getragenen Kuppel, von deren Rand kostbare Ampeln herabhängen. Die Wände der Nische des Grabes sind mit mittelalterlichen Fresken geschmückt. Die Pracht dieses Grabes und die über tausend Jahre bewahrte Erinnerung an den Heiligen stehen in einem merkwürdigen Gegensatz zu den ärmlichen windschiefen Holzkreuzen, unter denen die sterblichen Überreste der einfachen Mönche auf kleinen, von Gestrüpp überwachsenen Friedhöfen nach wenigen Jahren vergessen sind.

Das eine Fresko in der Grabnische des Athanasios stellt das Begräbnis des Heiligen dar. Es erinnert in seiner Komposition in vielen Einzelheiten an »Das Begräbnis des Grafen Orgaz«, Grecos Meisterwerk in Toledo in der Kapelle S. Tomé. Vielleicht hat der junge Greco das Fresko auf dem Athos gesehen. Greco ist in Kreta geboren, wo gegen Ende des 15. Jahrhunderts die kretische Malerschule eine letzte Blüte der byzantinischen Kunst heraufgeführt hatte. Dieser Schule entstammt Greco. Die merkwürdige Überlängung der Figuren auf Grecos Bildern ist nicht sein persönlicher Stil, sondern eine Überlieferung des östlichen Mittelmeers.

Es ist Greco gewesen, der nach Spanien verschlagene Grieche Domenikos Theotokopulos, der als Träger der byzantinischen Überlieferung zum Mitschöpfer des Barock, der letzten großen Stilepoche Europas, wurde. Bis an sein Lebensende hat der Maler die Signatur auf seinen Bildern in griechischen Lettern gemalt.

Die Errichtung des Klosters La Grande Lavra hatte zu Streitigkeiten Anlaß gegeben. Seit vielen Jahrhunderten schon lebten Mönche als Eremiten auf dem Athos. Die ersten dieser Einsiedler sind wahrscheinlich schon im 4. Jahrhundert nach Christi Geburt in diese Einsamkeit gezogen. Doch sind die Nachrichten darüber spärlich. Die asketischen Eremiten wehrten sich heftig gegen das vom Kaiser Nikephoros reich mit Mitteln ausgestattete Kloster. Sie schickten eine Delegation nach Byzanz und beschwerten sich beim Kaiser. Die Eremiten hielten die Pracht dieser Gründung für einen Angriff des Teufels auf die alte Frömmigkeit.

Der Tragos, der kaiserliche Erlaß, regelte diese Streitigkeiten. Er gab den Mönchen eine für damalige Zeiten ungewöhnliche demokratische Selbstverwaltung. Gleichzeitig stellte er den Heiligen Berg unter den besonderen Schutz des Kaisers.

Unter vielen Schwierigkeiten haben die Mönche diese Verfassung über die Zeiten bewahrt. Noch vor dem Fall Konstantinopels übernahmen die türkischen Sultane als Nachfolger der byzantinischen Kaiser das Protektorat über den Athos. 1430 hatten sich die Mönche dem Sultan Murad II. unterworfen. Mit ihrem Respekt vor dem Heiligtum ihrer christlichen Untertanen haben die türkischen Sultane sich ein schönes Denkmal der Toleranz gesetzt. Schutzbriefe der Sultane werden in verschiedenen Klöstern noch immer mit Dankbarkeit aufbewahrt. Heute steht die Mönchsrepublik auf dem Berg Athos unter dem Protektorat Seiner Majestät des Königs von Griechenland.

Der Streit freilich, der den Kaiser Joannis zur Abfassung des Tragos veranlaßt hatte, ist auf dem Athos niemals ganz verstummt. Noch heute gibt es zwei Arten von Klöstern auf dem Heiligen Berg. In den einen, den koinobitischen Klöstern, herrscht die altüberlieferte Armut und Askese. Die Mönche wählen auf Lebenszeit einen Abt, dem sie bedingungslos zu Gehorsam verpflichtet sind. Sie haben kein Eigentum. Die kärglichen Mahlzeiten werden gemeinsam unter Lesungen aus den heiligen Schriften in der Trapeza eingenommen.

Die Wände dieser Speisesäle sind mit Fresken geschmückt, welche die Vergänglichkeit des Irdischen darstellen. Ein bevorzugtes Motiv ist die Szene, in der ein Patriarch neben dem geöffneten Marmorsarkophag Alexanders des Großen steht und mit spöttischer Miene auf die kläglich grinsende Mumie zeigt, in die der Eroberer der Welt sich verwandelt hat.

In den anderen, den idiorhythmischen Klöstern, ist die Disziplin weniger streng. Den Mönchen ist eine gewisse persönliche Freiheit gewährt. Sie haben Eigentum. Nur die Gottesdienste sind gemeinsam. Ihre kleinen Wohnungen sind zuweilen recht behaglich eingerichtet, insbesondere mit bunten Kissen, die von ergebenen Tanten gestickt wurden. Fast alle diese Wohnungen haben einen Altan mit einem Blick aufs Meer hinaus. Die frommen Väter lieben es, auf diesen Altanen hin und wieder eine Stunde der Meditation in der warmen Sonne zu verbringen. Eine Katze oder ein Wellensittich leistet ihnen dabei Gesellschaft.

Das östliche Mönchtum hat einen anderen Charakter als das des Westens. Als es im 3. Jahrhundert entstand, vereinigte sich die Weltmüdigkeit der späten Antike mit der Weltabgewandtheit des unter Verfolgungen stehenden jungen Christentums. Die Neigung, von der Welt sich abzuwenden, ist nichts ausgesprochen Christliches. Sie entspricht einem weit verbreiteten Bedürfnis der menschlichen Natur. Schon als der heilige Antonius das erste Kloster der Christenheit in der Wüste am Roten Meer gründete, baute er auf einer alten Überlieferung auf. Eremiten, die hohe Staatsstellungen am Hofe des Pharao aufgegeben hatten, um die Macht ihrem Schicksal zu überlassen und in der Wüste ihr Leben zu beschließen, hat es in Aegypten schon seit den frühesten Zeiten gegeben.

Der östliche Mönch bemüht sich noch heute, so zu leben, wie nach der Überlieferung die Urchristen gelebt haben. Er widmet sich der Askese, der Abtötung der Sinnlichkeit, der Ablösung von der Welt, der inneren Versenkung. Er ist ganz dem Himmel zugewandt. Die östliche Kirche kennt keine Mission. Nur wenige Mönche sind geweihte Priester. Das mönchische Leben besteht aus der immerwährenden Hingabe an die allgegenwärtige Kraft des Hagion Pneuma, des Heiligen Geistes.

Bei allen Gegensätzen, die diese Haltung gegenüber der tätigen, weltzugewandten, missionarischen Haltung der westlichen Christenheit aufweist, sollte nicht vergessen werden, daß die *civiltà*, diese vom lateinischen *civilitas* herkommende wunderbare Wortschöpfung Dantes, in der der Begriff dessen, was die deutsche Sprache Kultur nennt, ihren reinsten Ausdruck gefunden hat, die Forderung enthält nach der *vita felice*, dem glücklichen Leben, welches in der Übung der eigenen Tugend und in der Betrachtung Gottes besteht.

Das Mittel des östlichen Mönchtums, das Ziel der Vereinigung der menschlichen Seele mit Gott zu erreichen, ist die immerwährende Hinwendung zur Herrlichkeit der Herrschaft des Himmels im immerwährenden Gebet. Die Form, innerhalb derer das immerwährende Gebet lebendig ist, ist die Liturgie der östlichen Kirche. Sie ist von sublimer Symbolik, in der in einer Art sakraler Poesie alle Einzelheiten des Ritus zu den Ereignissen der Heilsgeschichte in Beziehung gesetzt sind. Diese Liturgie auch nur zu verstehen, bedürfte es eines Studiums von Jahren. Sie in allen Einzelheiten zu erleben, bedürfte es der Übung eines ganzen Menschenlebens.

Das östliche Mönchtum hat in der Geschichte des byzantinischen Reiches eine bedeutende Rolle gespielt. Die Macht der Mönche beruhte auf dem Glauben der östlichen Christen, daß ein Mönch um so heiliger sei, je vollständiger er sich von der Welt abgewandt habe, und daß, je heiliger er sei, um so wirksamer seine Gebete seien. Die Macht der Mönche war ursprünglich eine geistige Macht. Es war die große Heiligkeit der Väter vom Athos, die dazu führte, daß die fern der Welt liegende, schwer erreichbare Mönchsrepublik der geistige Mittelpunkt der östlichen Kirche wurde.

Es gibt auf dem Heiligen Berg griechische, serbische, bulgarische, rumänische und russische Klöster. So ist der Athos noch heute ein getreues Spiegelbild der Völker und Jahrhunderte, in denen die Lehre des Evangeliums im Osten lebendig war.

In der östlichen Kirche sind orientalische Überlieferungen erhalten geblieben, die auf dem Kulturboden des Westens niemals hätten Wurzel schlagen können. Daraus erklärt es sich, daß es den Frauen von jeher verboten war, den Boden der Mönchsrepublik zu betreten. Auf dem Athos wird man nicht geboren. Auf dem Athos stirbt man.

Die Legende, die in der magischen Welt des östlichen Christentums noch heute den Charakter voller Realität hat, erzählt, daß Mara, die Tochter eines serbischen Fürsten, die mit Sultan Murad II. verheiratet worden war, als Herrin des Reiches das Kloster Agiu Pawlu, ein serbisches Kloster auf dem Athos besuchen wollte, um den Mönchen die Gaben der Heiligen Drei Könige, Gold, Weihrauch und Myrrhen, als Geschenk zu bringen. Als Mara in die Nähe des Klosters kam, hörte sie eine Stimme: »Gehe nicht weiter! Hier herrscht eine andere Königin als du. Hier herrscht die Königin des Himmels.«

Die Myrrhen der Heiligen Drei Könige, welche die serbische Prinzessin auf dem türkischen Thron zum Athos gebracht hatte, werden noch heute, in Gold gefaßt, im Kloster Agiu Pawlu aufbewahrt.

Während den Frauen das Betreten des Athos verboten ist, wird die Panagia, die Allerheiligste Muttergottes, kaum irgendwo auf der Welt höher verehrt als in dieser Republik der Asketen.

Die Mönche des Ordens haben niemals der Kirche gedient. Schon daß die byzantinische Kirche den Kaiser auf dem Thron Konstantins des Großen als weltliches Oberhaupt anerkannte, hinderte sie daran. Eher kann man sagen, daß die Mönche versucht haben, die Kirche zu beherrschen.

Die byzantinischen Herrscher haben gewöhnlich nicht darauf verzichten wollen, mit Hilfe der Gebete der Mönche die Bilanz ihrer Verbrechen, jener Verbrechen, welche die Mächtigen der Erde so gern die Notwendigkeiten der Politik nennen, um ein Geringes auszugleichen. Die Mönche haben den kaiserlichen Bitten immer entsprochen. Es war ihre christliche Pflicht. Aus Dankbarkeit haben die Herrscher bei Lebzeiten oder bei ihrem Tode den Klöstern Kostbarkeiten und Besitztümer vermacht. Der Kaiser Andronikos Palaiologos, der von 1282 bis 1328 regiert hat und erst 1332 gestorben ist, hat sein Leben wahrscheinlich auf dem Athos beschlossen. Zweihundert Jahre später folgte Kaiser Karl V. im Kloster von San Yuste seinem Beispiel. Auf seinem Sterbebett hat Kaiser Andronikos sein Gebetbuch mit einer eigenhändigen Widmung dem Kloster der Iberer auf dem Athos vermacht. Dieses kaiserliche Vermächtnis befindet sich noch heute in der Bibliothek des Klosters.

So haben sich im Lauf der Jahrhunderte in den Athosklöstern Schätze angesammelt, die zu beschreiben es vieler Bände bedürfte. Zu diesen Schätzen gehören einige der ältesten und ehrwürdigsten Reliquien der Christenheit. Das Kloster Vatopedi bewahrt den Gürtel der Heiligen Jungfrau, den Maria bei ihrer Himmelfahrt dem Jünger Thomas in die Hände fallen ließ. Er ist ein einfaches Leinenband. Er wird in einem juwelengeschmückten, mit Emailminiaturen verzierten goldenen Reliquiar aufbewahrt. Diese Reliquie befand sich ursprünglich in Byzanz. Sie wird schon um 450 in Urkunden im Besitz der heiligen Pulcheria, Kaiserin von Byzanz, erwähnt.

Auf dem Athos befinden sich die schönsten Tafelbilder der byzantinischen Kunst. Das Bild der berühmten Iberischen Muttergottes, der Madonna Portaïssita, der Madonna am Tor, ist der kostbarste Besitz des Kloster Iwiron. Die Legende erzählt, daß, als beim Bildersturm in Konstantinopel ein Soldat seinen Dolch in das Bild gestochen habe, die Stelle, die sein Dolch getroffen hatte, zu bluten begann. Der Soldat habe daraufhin das Bild, um es vor weiterer Profanierung zu bewahren, dem Meer anvertraut. Er gab sein blutiges Handwerk auf und wurde Mönch. Am Ende eines langen Lebens kam er auf den Athos. Als er nach seiner Ankunft auf dem Heiligen Berg am Ufer stand und über die Wasser der Aegaeis blickte, wurde das Bild von den Wellen an Land getragen.

Nikon, Patriarch von Moskau, der Reformator der russischen Kirche in der Mitte des 17. Jahrhunderts, befahl einst, von der Madonna Portaïssita von Iwiron eine Kopie herzustellen. Diese Kopie wurde als Madonna Iwerskaja eines der berühmtesten Heiligenbilder Rußlands. Zar Alexei Romanoff schenkte im Jahre 1648, dem Jahr des Westfälischen Friedens, als kaiserlichen Dank den Mönchen von Iwiron ein Kloster in

Moskau. Noch im Jahre 1928 habe ich vor der Madonna Iwerskaja, die damals in einer kleinen Kapelle am Tor zum Roten Platz in Moskau stand, für eine russische Freundin eine Kerze aufgesteckt.

Alte Ikonen werden auf dem Athos aufbewahrt, darunter einige der hervorragendsten Stücke der seltenen frühen, aus kleinsten Steinchen hergestellten Mosaikikonen. In den Bibliotheken findet sich, in alten Bibeln und Liturgien, eine Fülle herrlicher Miniaturen. Dazu sind die Klöster, in deren Einsamkeit die Frommen sich zurückzogen, um von der Welt Abschied zu nehmen, jahrhundertelang zu Ehren des Himmels mit Mosaiken und Fresken von großer Schönheit ausgeschmückt worden. Die Kunsthistoriker unserer Zeit haben meistens vergessen, daß die mittelalterlichen Bilder, deren Schönheit wir mit so viel Recht bewundern, nicht nur von guten, sondern auch von frommen Malern gemalt worden sind.

Das einflußreiche Monopol, das die Mönche hatten, indem sie eine Verbindung zwischen den kaiserlichen Sünden und der Gnade des Himmels herzustellen vermochten, haben die Mönche nicht unausgewertet gelassen. Der Versuchung der Macht hat auf Erden nur Jesus Christus selbst widerstanden. Zu manchen Zeiten gab es im byzantinischen Reich kaum einen Bischofsstuhl, der nicht mit einem Mönch vom Athos besetzt gewesen wäre. Die Mönche zahlten keine Steuern. Sie waren vom Kriegsdienst befreit. Die ungeheuren Reichtümer, die sich allmählich in ihren Händen angesammelt hatten, fingen an, gefährlich zu werden. Auch standen diese Reichtümer in einem schwer zu ertragenden Gegensatz zu der ewigen Geldnot des Staates. Die Mönche waren politisch nicht zu überwachen. Sie waren empfindlich und litten unter Anfällen von Fanatismus. Einzelne byzantinische Kaiser haben versucht, sich mit gewalttätigen Mitteln des Mönchtums zu entledigen. Es ist keinem gelungen.

Hingegen hat es innerhalb des Mönchtums immer Reformatoren gegeben, welche die Ideale des Urchristentums wieder zur Geltung brachten. Die Mönche selbst kehrten aus den Händeln der Politik zu ihrer Weltabgeschiedenheit zurück. Von Jahrhundert zu Jahrhundert hat das religiöse Leben auf dem Athos sich erneuert.

Auf der Weltabgeschiedenheit der byzantinischen Mönche beruht ihre Abneigung gegen das Wissen. Die europäischen Gelehrten, die den Athos besuchen, sprechen gern mit einem nicht eben christlichen Hochmut von der Unbildung der Mönche und ihrem Mangel an wissenschaftlicher Neugier für die Kostbarkeiten ihrer Bibliotheken und ihrer Kunstschätze. Die Mönche haben darauf eine einfache Antwort. Sie sagen: »Am Jüngsten Tag wird Gott dich nicht fragen, was du weißt. Er wird dich fragen, was du getan hast.«

Die Kunst auf dem Athos ist im Lauf der Geschichte museal geworden. Das Wissen der Jahrhunderte, das in den Bibliotheken ruht, ist verstaubt und verschollen. Westliche Gelehrte allein machen sich die Mühe, es der Vergessenheit wieder zu entreißen. Lebendig geblieben auf dem Heiligen Berg ist allein die Leidenschaft der Frömmigkeit. Das Gebet der Mönche ist noch von dem gleichen feurigen Eifer erfüllt wie an dem Tag, als der heilige Athanasios das Katholikon von La Grande Lavra in der ganzen Pracht des zehnten Saeculum einweihte.

Wir verbrachten die Nacht in dem in der Nähe von Karyaes gelegenen Kloster Kutlumusi. Der fremdartige Name wird schon in einer Urkunde aus dem Jahre 1169 erwähnt. Er stammt von dem Gründer des Klosters, einem Prinzen aus der Familie des Seldschukenfürsten Kutelmish. Die Wiege des Prinzen hatte in einem Zelt in der Steppe Turkestans gestanden. Nach einem Leben voll wilder und tapferer Kämpfe trat der Prinz aus Turkestan zum christlichen Glauben über, um auf dem Athos friedlich und tapfer zu sterben.

Als wir am Klostertor ankamen, blieben die Maulesel von selber stehen. An einer Klosterpforte vorüber oder durch sie hindurch reitet kein frommer Christ. Die Maulesel auf dem Athos wissen das.

Der Gastpfleger empfing uns mit großer Freundlichkeit. Kutlumusi ist ein Kloster der strengen, der koinobitischen Observanz. Der Gastpfleger wies uns ein Zimmer an. Er bereitete uns einen Mokka. Dann kochte er uns Eier. Ein Ei auf dem Athos ist nach zwölf Vaterunsern weich. Die Einteilung der Zeit ist noch immer die des Alten Testaments. Der Tag hat von Sonnenaufgang bis Sonnenuntergang zwölf Stunden, deren Länge natürlich, je nach der Jahreszeit, wechselt.

Die Nacht war hereingebrochen. Es fing an, kalt zu werden. Der Gastpfleger brachte uns viele Decken. Wir konnten den reizenden Mann mit dem Präsent einer neuen Zeitung erfreuen, die wir aus Saloniki mitgebracht hatten. Eine Stunde noch saßen die Gefährten der Reise in die Vergangenheit am behaglichen Kamin des Bruders Pförtner beisammen, die Ereignisse des Tages, von den Partisanen bis zum Abt Nikardos, noch einmal vorüberziehen zu lassen. Die Eirene, der Frieden des Klosters, umgab uns. Um diese Stunde schlafen die Mönche in ihren Zellen. Kein Laut stört die Stille.

Gegen Mitternacht ertönte die Simantra, ein ehernes Gerät, das zu Beginn der Gebetsstunden mit dem Hammer angeschlagen wird. Wir erwachten. Wir traten ans Fenster. Wir schauten auf den dunklen Klosterhof hinab. Die Umrisse der Gebäude waren nur eben zu erkennen. Aus den Fenstern der Kirche leuchtete schwach das Licht einiger Kerzen.

Der Mond war noch nicht aufgegangen. Nur die Sterne strahlten vom Himmel. Der eherne Laut in dieser tiefen Stille mahnte mit einer für unser Ohr unerhörten Eindringlichkeit an die Vergänglichkeit der Welt. Über die Treppen und Galerien des Klosters huschten Lichter, in deren Schein wir die schwarzen Gestalten der Mönche erkennen konnten, die sich mit Laternen in der Hand zum Gottesdienst begaben. Vor fünfundzwanzig Jahren habe ich diese nächtliche Szene schon einmal im Hsi-tien-mu-shan erlebt, dem Kloster im Westlichen Berg des Himmelsauges in der Provinz Chekiang. Damals waren es chinesische Mönche, die, mit Windlichtern aus ihren Zellen kommend, im Tempel des Buddha zum Gebet sich versammelten.

Aus dem Licht des Katholikon von Kutlumusi stieg durch die stille Nacht zu den Sternen an der Peripherie des aristotelischen Aeon der feierliche Gesang der Mönche auf, Gott zu loben und zu preisen in den alten ergreifenden Klängen der byzantinischen Liturgie, gesungen von einer Schar von Männern, die vor langer Zeit ihre Schiffe verbrannt hatten, um in der Verlorenheit der Zeit die Ewigkeit zu erwarten.

BYZANTINISCHES MOSAIK

Konstantinopel ist eine Stadt ersten Ranges. Wenige Städte kommen ihm gleich. Nur von einer wird es an Bedeutung übertroffen.

Die Welt verdankt Konstantinopel die Überlieferung der griechischen Literatur, die Erhaltung des römischen Rechts, einen grundlegenden Beitrag zur christlichen Theologie, einige Errettungen Europas vor den Mächten des Orient, die Bewahrung des antiken Humanismus.

Hellas hat die griechische Literatur geschaffen. Aber nachdem Athen von den Römern erobert war, sank es im Laufe weniger Jahrhunderte zu einer unbedeutenden Provinzstadt herab. Erst als politische Hauptstadt des neuen Griechenland hat Athen im letzten Jahrhundert wieder eine Rolle zu spielen begonnen. Die Gelehrten von Byzanz haben die Überlieferung von Hellas ein Jahrtausend lang bewahrt. Als noble Geste des Abschieds hat Byzanz bei seinem Untergang dem Westen den Humanismus vererbt.

Rom war die Hauptstadt des Römischen Weltreichs. Obwohl der politische Schwerpunkt des Imperium sich vom 4. Jahrhundert an nach dem Osten verlagert hatte, wurde der Primat des römischen Episkopats weiterhin allgemein anerkannt. Rom wurde zum Mittelpunkt der Christenheit. Hinter dem Schutzwall der byzantinischen Macht konnten die Völker des Nordens in Ruhe die Antike zerstören, um aus den Trümmern der Vergangenheit jene kräftigen Staaten aufzubauen, aus denen Europa entstanden ist. Hätte nicht Byzanz in elf Jahrhunderten ununterbrochener Kämpfe die Wacht im Osten gehalten, Rom wäre ein persisches oder arabisches Dorf geworden wie Karthago und der Bischof von Rom ein Dorfprälat, so ehrwürdig auch immer die Überlieferung des Stuhles Petri geblieben wäre.

Kaiser Justinian hat das römische Recht in jenem großen Sammelwerk, das die Wissenschaft heute *Corpus iuris civilis* nennt, zusammengefaßt. Damit hat Byzanz die kostbarste Errungenschaft des Römischen Imperium der Welt erhalten und dem Abendland, in dem dieses Recht geschaffen wurde, zurückgegeben.

Byzanz hat Roma Aeterna, die Ewige Stadt, davor bewahrt, eine ewige Erinnerung zu sein.

Es gibt nur eine Stadt auf Erden, welche Athen, Rom und Konstantinopel an Alter und Bedeutung übertrifft. Der Name dieser Stadt erscheint als Urusalim, »Stadt des Friedens«, zum erstenmal im 14. Jahrhundert vor Christi Geburt in den Archiven der Pharaonen. Seitdem ist ihre Überlieferung niemals mehr unterbrochen gewesen. Drei Weltreligionen ist diese Stadt heilig. Sie ist die einzige Stadt auf Erden, von der Menschen glauben, daß sie das Abbild einer himmlischen Stadt sei. Älter als Athen, heiliger als Rom, lebendiger als Konstantinopel ist Jerusalem.

Wenn das Schiff vom Aegaeischen Meer in die Dardanellen einbiegt, fährt es zwischen dem Grab des Achilleus, der im Trojanischen Krieg gefallen ist, und den Gräbern der türkischen, deutschen und englischen Soldaten, die im ersten Weltkrieg auf Gallipoli gefallen sind, hindurch. Es fährt hindurch zwischen Szylla und Charybdis des Heroismus. Aber wie es bei den Gräbern an Backbord um die politische Herrschaft im Vorderen Orient und um die Baghdadbahn ging, hat es sich auch bei dem Grab an Steuerbord nicht nur um ein Heldenlied gehandelt. Schon das Troia des Königs Priamos hat die Dardanellen bewacht, die das Mittelländische Meer mit dem Marmarameer und dem Schwarzen Meer verbinden. Es ist mehr als wahrscheinlich, daß der Trojanische Krieg, der nur ein Menschenalter später als der Auszug des Moses aus Aegypten stattgefunden hat, nicht nur um der Schönheit der griechischen Königin Helena willen geführt wurde. Schon damals dürften Exportinteressen des griechischen Handels nach dem Schwarzen Meer eine wichtige Rolle gespielt haben.

Das erste Schiff, von dem wir wissen, daß es die Dardanellen passierte, war die »Argo«, die unter Kapitän Jason nach Kolchis fuhr, das Goldene Vlies zu holen. Der Kern der Sagen, mit denen die Argonautenfahrt umwoben wurde, ist die alte Erinnerung an eine der ersten großen Entdeckungsreisen der griechischen Geschichte. Die Gelehrten datieren die Argonautenfahrt noch vor den Trojanischen Krieg. Dem Kurs der »Argo« folgend, gründeten Dorer um 660 vor Christi Geburt die Kolonie Byzantion am Bosporos. Weitere griechische Stadtgründungen auf der Krim und an den Küsten des Schwarzen Meeres folgten.

Wenn das Schiff das Marmarameer durchkreuzt hat und sich dem Bosporos nähert, jener Meerenge, die das Marmarameer mit dem Schwarzen Meer verbindet, schließt sich, Europa zur Linken, Asien zur Rechten, das vor dem Auge aufsteigende Land am Horizont zusammen.

Der Bosporos verläuft fast genau von Süden nach Norden. An seinem südlichen Eingang, auf der linken, der europäischen Seite, öffnet sich eine Bucht ins Land hinein. Diese Bucht ist das Goldene Horn, der Hafen von Konstantinopel, einer der schönsten Häfen der Welt. Der südlich dieser Bucht gelegene Teil der Stadt ist das alte Byzanz. Im nördlichen Teil, auf der anderen Seite der Bucht, erstrecken sich die neueren Handelsviertel Galata und Pera. Das ganze Konstantinopel liegt vollständig auf europäischem Boden.

Die Einfahrt in den Hafen von Konstantinopel ist ein großartiges Schauspiel. Wenn das Schiff der Stadt sich nähert, gleiten an Steuerbord die grünen Prinzeninseln vorüber, mit Wald und weißen Villen bestanden. Dann steigt Byzanz aus dem Meer herauf.

Die Stadt ist, wie Rom, auf sieben Hügeln erbaut. Die mächtigen Kuppeln der Moscheen, überragt von schlanken Minaretten, setzen sich gegen den blauen Himmel ab. Die Sonne blitzt auf goldenen Dächern. Die Fahrt des Schiffes wird langsamer. Zur Linken, am Eingang des Hafens, gleiten die Gebäude des alten Serail vorüber, des Palastes der türkischen Sultane mit Gärten und Pavillons.

Über dem Serail erhebt sich, ein mächtiges Steingebirge, der gedrungene Bau der Hagia Sophia, der Kirche der Heiligen Weisheit. Auch sie ist von vier Minaretten umgeben. Auf der anderen Seite des Goldenen Horns ragt ein gewaltiger genuesischer Wachtturm zum Himmel. Gegenüber, auf der asiatischen Seite der Meerenge, liegt auf einem Hügel Skutari mit seinen ausgedehnten Kasernen.

Diese Kasernen sind seit dem Krimkrieg in den fünfziger Jahren des 19. Jahrhunderts ein Denkmal der Nächstenliebe. Während in der Britischen Botschaft in Pera, diesem Kastell der Diplomatie, von dem aus hundert Jahre lang das sterbende Reich der Osmanensultane beherrscht wurde, die Frau des englischen Botschafters ihre Fünfuhrtees gab, kämpfte auf der anderen Seite des Bosporos, in den Kasernen von Skutari, Florence Nightingale, der Engel des Krimkrieges, in Schmutz, Gestank und Verzweiflung ihren heldenhaften Kampf um eine vernünftige Versorgung der verwundeten und kranken Soldaten von Sewastopol, einen Kampf, den sie schließlich, zum Ruhm des 19. Jahrhunderts, gegen die Grausamkeit des Kriegsgottes und den Stumpfsinn der Militärbürokratie gewann.

Nur wenige Menschen werden sich erinnern, daß der Streit zwischen Frankreich und Rußland, welche der beiden Großmächte den ersten Anspruch auf den Schutz der geweihten Stätten im Heiligen Land habe, eine der Ursachen des Krimkrieges war.

Etwas südlich von Skutari liegt der kleine Hafen Haidar Pasha mit dem Bahnhof, in dem die Anatolische Bahn beginnt. Sie führt hinab zum Taurosgebirge. Von Konia an hat sie den in der Politik so berühmt gewordenen Namen Baghdadbahn. An beiden Ufern des Bosporos ziehen sich Villen und Schlösser, Gärten und alte Burgen dahin. Über allem der blaue Himmel, die strahlende Sonne und ein frischer Wind aus Nordost.

Große Schiffe liegen auf Reede oder an der Pier. Ein fröhliches Gewimmel von Motorbooten, Lastkähnen, Prähmen und schneeweißen Passagierbooten, die mit großer Geschwindigkeit das Wasser durchpflügen, füllt den Hafen bis zu der vorderen der beiden Brücken, die in mächtigem Schwung die Ufer des Goldenen Horns miteinander verbinden. Auf den Dückdalben hocken die Kormorane. Tausende von Möwen beleben mit weißen Schwingen und hellen Schreien das Bild. In Rauch und Lärm umfängt den Fremdling die unbeschreibliche, von den tausend Gerüchen der Ferne gesättigte Atmosphäre eines der großen Häfen der Welt.

Dieses glanzvolle Bild ist zu allen Zeiten von den Reisenden aller Völker gerühmt worden. Nur, daß dem Glanz das Elend gegenübersteht. Die Geschichte lehrt, daß der Mensch Prunk und Schönheit der Herrschaft über die Welt mit Strömen von Blut bezahlen muß. Diese wunderbare und märchenhafte Stadt liegt an einem der empfindlichsten Punkte der weltpolitischen Geographie.

Die wichtigsten Daten in der Geschichte der Stadt am Goldenen Horn spiegeln sich in den sieben Namen, welche sie hat. Auch darin ist diese Stadt einzigartig, daß alle ihre Namen in all den wilden Ereignissen ihrer Geschichte lebendig geblieben sind. Sie ist ebensogut Byzanz wie Konstantinopel wie Istanbul. Witzigerweise soll auch Istanbul, der dritte, der türkische Name der Stadt, aus dem Griechischen entstanden sein: »εἰς τὰν πόλιν, eis tan polin – hinein in die Stadt«. Der vierte Name der Stadt ist Nova Roma, das Neue Rom. Seit Konstantin der Große die Stadt als das Neue Rom gegründet hat, führt seine Heiligkeit, der Alloikumenische Patriarch von Konstantinopel, den Titel eines Novae Romae

Archiepiscopus in seinem Siegel. Der fünfte Name der Stadt ist eine Jahrhunderte alte Drohung. Alle slawisch sprechenden Völker nennen die Stadt des Kaisers Konstantin Zarigrad, die Kaiserstadt. In früher Zeit hat Konstantinopel als sechsten Namen den heidnisch priesterlichen Geheimnamen »Anthusa – die Blühende» gehabt. Mit dem siebenten Namen nennen die Araber sie »Dar el-Saadat – Stätte der Glückseligkeit«.

Die eigentümliche geschichtliche Beständigkeit der Stadt am Goldenen Horn spiegelt sich in ihrem Symbol, dem Halbmond. Zur Zeit Philipps von Makedonien, des Vaters Alexanders des Großen, wurde die Stadt einmal vor einem makedonischen Angriff durch ein Licht gerettet, durch welches die Göttin Hekate das sich nahende feindliche Heer den Bewohnern von Byzantion anzeigte. Aus Dankbarkeit wurde der Halbmond, das Zeichen der Göttin Hekate, zum Stadtzeichen von Byzantion gemacht. Durch alle Wechselfälle der Geschichte hindurch ist der Halbmond das Symbol von Konstantinopel geblieben – ein denkwürdiges Wappen, eines der ältesten der Welt. Die Kraft dieses Symbols zeigte sich zum letztenmal, als die Türken von der Hagia Sophia das Kreuz herabholten und den Halbmond aufpflanzten. Damals wurde nicht das alte Konstantinopel osmanisch, sondern das neue Osmanenreich wurde byzantinisch.

Es ist der weltpolitischen Einsicht Napoleons zu danken, daß die Stadt nicht schon seit hundertfünfzig Jahren allein noch Zarigrad heißt. Diese Einsicht hat Napoleon auf dem nutzlosesten seiner vielen nutzlosen Feldzüge gewonnen.

1807, beim Friedensschluß von Tilsit, nannte Napoleon Byzanz weltbeherrschend und weigerte sich, es an ein Rußland abzutreten, das durch den Verlauf seiner Ströme dazu bestimmt sei, nach der Beherrschung dieser Stadt zu streben. Außer der Donau, diesem alten ostwestlichen Graben der Völkerwanderungen, sind es der Dnjestr, der Bug und der Dnjepr, die ins Schwarze Meer, der Don und der Kuban, die ins Asowsche Meer münden. Schon im Jahre 860 nach Christi Geburt war die erste russische Flotte ins Marmarameer eingefahren.

Vom Westen her sind diese Dinge nicht so leicht zu überschauen. Der Bürger, der auf seinem Osterspaziergang sagte:

> »Wenn hinten weit in der Türkei
> die Völker aufeinanderschlagen…«,

hatte den Blick für Weltpolitik verloren. Aber Napoleon war neun Jahre vor Tilsit in Aegypten und Syrien gewesen. Dort hatte er die Probleme des Orient kennengelernt.

Der imperiale Blick Napoleons ging so weit, daß er auf seinem Feldzug nach Rußland in seinem Gepäck einen Ornat für seine Krönung als Kaiser von Byzanz mit sich führte. Napoleon war kein Alexander. Eine Eroberung der Welt durch Frankreich im 19. Jahrhundert nach Christus hatte nicht den gleichen geschichtlichen Sinn wie die Ausbreitung der hellenischen Kultur in Vorderasien im 4. Jahrhundert vor Christus. Napoleon hat, und vielleicht aus diesem Grunde, keinen Erfolg gehabt. Nicht einmal seinen Bewunderern ist es eingefallen, ihn Napoleon den Großen zu nennen.

Konstantinopel ist ein Grenzposten Europas gegen den Osten. Diese Aufgabe liegt so fest, daß sogar die Türken, die doch ein asiatisches Reitervolk sind, nachdem sie von Osten kommend die Stadt erobert haben, ihren Besitz gegen den Osten verteidigen müssen. Freilich ist es die ganze Geschichte hindurch das merkwürdige Schicksal von Byzanz gewesen, daß es immer auch gegen den Westen hat kämpfen müssen.

Während Byzanz mit den anatolischen Seldschuken, dem ersten türkischen Volk, das nach Kleinasien gekommen war, im Krieg lag, bewog der Doge Dandolo von Venedig die fränkischen Ritter des vierten Kreuzzugs dazu, Konstantinopel zu überfallen, zu erobern und zu plündern. Das war im Jahre 1204. Als erster setzte der alte Mann seinen Fuß vom Schiff an Land, um mit diesem einen unüberlegten Schritt nicht nur die Macht von Byzanz, sondern auch die Macht von Venedig zu zerstören. Dieser Schlag hat Konstantinopel so geschwächt, daß es schließlich in die Hände der Türken fiel. Mit dem Verlust des östlichen Mittelmeeres und der Zerstörung des Handels mit dem Orient verfiel auch die Macht des seebeherrschenden Venedig.

In allen Schatzkammern Europas werden die Kostbarkeiten aufbewahrt, die die Kreuzfahrer, des von den Muslimin zurückeroberten Jerusalem vergessend, als Beute mit nach Hause nahmen. Noch das sterbende Byzanz hat mit dem, was ihm geraubt wurde, der erwachenden Kunst des Westens einen außerordentlichen Auftrieb gegeben.

Vom Fenster meines Zimmers in Pera blicke ich über die Stadt, diese Landschaft der Erinnerungen, in der der Mensch den Gedanken der Unendlichkeit mit steinernen Konturen in den Himmel gezeichnet hat. Noch die Trümmer, auf denen die Hütten der Armen stehen, sind Schutt einer großen Vergangenheit. Allen Glanz der Erde hat diese Stadt gesehen und all ihr Elend. Immer bedroht, immer in Gefahr, hat Byzanz, in der Herrlichkeit der Kulturen, deren Mitte es war, im Schmutz des Lebens ungezählter Generationen, in den Lastern und Tugenden seiner Herrscher und seines Volkes, hundertmal die Verzweiflung durch die Hoffnung besiegt. Byzanz, diese Stadt an der Grenze Europas, ist ein Denkmal der Tapferkeit des menschlichen Herzens. Es kann uns daran erinnern, daß dieser Kontinent im Lauf der letzten zweitausend Jahre immer wieder in geschichtliche Situationen geraten ist, die gefährlicher und aussichtsloser waren als die Lage, in der wir uns heute befinden.

Wandert der Fremdling durch die Straßen von Istanbul, so trifft er auf eine reizvolle Mischung von Orient und Okzident, von Morgenland und Abendland. Die Inschriften sind türkisch, aber alle in lateinischer Schrift. Man kann sie lesen, aber man versteht kein einziges Wort. Das Türkische ist keiner europäischen Sprache verwandt. Man kennt keines seiner Wörter. Der Name der Hauptstraße von Pera, auf der ein lebhafter Verkehr an den eleganten Läden, den Caféhäusern und den Kinos vorbeiflutet, ist Istiklâl Çadessi. Man braucht drei Tage, bis man diesen Namen gelernt hat, und noch einmal drei Tage, bis man ihn so aussprechen kann, daß ein Türke ihn versteht. In den Caféhäusern sitzen, wie zur Zeit Sultan Solimans des Prächtigen, würdige Türken, friedliche Nachfahren der Janitscharen, und rauchen die Nargile, die alte Wasserpfeife. Freilich, die Türken tragen heute nicht mehr den Fez, die rote Kopfbedeckung des rechtgläubigen Moslem, sie tragen europäische Hüte. Entschieden, der Fez war kleidsamer als der Hut. Schon der Oberst v. Moltke nahm sich als Andenken an die Jahre, die er im Dienst der Hohen Pforte gestanden hatte, einen echten Fez mit nach Berlin. Dort freilich stellte sein Bursche an einem kleinen Stempel fest, daß der echte Fez aus Pulsnitz in Sachsen stammte.

Des großen Soliman sollten wir uns allezeit mit Herzlichkeit erinnern. Die Welt verdankt ihm nicht nur eine neue Stadtmauer für Jerusalem, einige in der türkischen Literatur hochgeschätzte Gedichte und ein großzügiges, von Toleranz getragenes Edikt, welches das Los der Christen in seinem Reich erleichterte zu derselben Zeit, als die Inquisition ihre Scheiterhaufen zu schichten begann, diesem Sultan verdankt die Welt auch das Caféhaus.

Auf Kaffeesäcken, die im Lager der Türken vor Wien gefunden wurden, gründete ein Levantiner, der mit der Sache Bescheid wußte, das erste Wiener Caféhaus. Zweifellos wäre die neuere europäische Literatur ohne die kleine grüne Bohne dieser Rubiazee aus Aethiopien anders geworden, wenn es weder in Wien noch in Paris noch in Berlin Caféhäuser gegeben hätte. Wie meine Biographie ohne Caféhaus überhaupt hätte ablaufen können, kann ich mir platterdings nicht vorstellen.

Wandert man, hügelauf, hügelab, durch die alten Straßen von Byzanz auf der Südseite des Goldenen Horns, geht man noch immer auf Pfaden, die vor tausend Jahren begangen wurden. Der Bebauungsplan der Stadt ist durch die Bodenverhältnisse festgelegt. Der Serail steht auf den Grundmauern des alten Kaiserpalastes. Der Hippodrom ist all die Zeiten hindurch niemals bebaut gewesen. Wo die Hagia Sophia steht, hat die Akropolis der alten griechischen Kolonie Byzantion gestanden. Wo heute Mietshäuser stehen, hat immer schon das Volk gewohnt. Manchmal, zwischen zwei solchen hohen Häusern, steigt steil eine uralte Treppe mit uralten Stufen einen Hügel hinan. Mit ihren glatt und rund geschliffenen Steinen schauen diese Treppen wahrhaftig ehrwürdig drein. Man hat das Gefühl, sie seien alt genug, daß allein die sanften Pfoten der Katzen, der jeweils zehntausend antiken, byzantinischen oder türkischen Katzen genügt haben könnten, die Kopfsteine glatt und rund zu schleifen. Unter diesen struppigen Katzen mag manche in ihrem Stammbaum einen Ahnen haben, der von einer römischen Kaiserin gestreichelt worden ist.

Zuweilen gerät man bei diesen Spaziergängen in verlorene Ecken, in denen türkische Holzhäuser mit schön geschnitzten Haremsfenstern erhalten geblieben sind. Obwohl Kemal Atatürk den Schleier der türkischen Frau aufgehoben hat, ziehen die Frauen das Kopftuch vor den Mund und halten es mit den Zähnen fest. Alte Sitten und neue Gesetze sind von jeher schwer miteinander zu vereinen gewesen.

Die Stadt Byzanz hat unterirdische Zisternen, auf Granit- oder Porphyrsäulen ruhende mächtige Gewölbe. Eine der Zisternen ist seit der Zeit Konstantins im Gebrauch. Zwei der alten Aquaedukte, der eine vom Kaiser Valens, der andere vom Kaiser Justinian gebaut, bringen noch immer frisches Wasser aus den Bergen in die Stadt.

Der Basar ist eine kleine Stadt für sich. Man betritt diese Burg des Handels durch ein großes steinernes Tor. Viele Meilen lang ziehen sich die überdachten Gassen kreuz und quer dahin. Sie sind ein wenig düster, dafür im Sommer schattig und kühl. Es ist gemütlich in diesem Basar. Überall sitzen, mit untergeschlagenen Beinen, die Händler auf Teppichen auf dem Boden. Sie rauchen Zigaretten und trinken Mokka, den kleine barfüßige Knaben auf einem an drei Ketten hängenden Messingtablett, graziös durch die Menge schwebend, herbeitragen. Dazu schwätzen die Männer uferlos. Bleibt man stehen, um eine Stickerei, ein Kupfergefäß, eine Emailarbeit zu betrachten, wird man sogleich liebenswürdig in das Geschwätz einbezogen und bekommt eine Tasse Mokka angeboten. Liebenswürdiges Geschwätz ist sicher eine der friedlichsten Möglichkeiten, von der Sprache Gebrauch zu machen. Aber zuweilen haben sich aus dem liebenswürdigen Geschwätz des Basars welterschütternde Aufstände des Volkes entwickelt, die bei den großen Rennen im Hippodrom zum Ausbruch kamen und in Strömen von Blut erstickt werden mußten.

In den engen, gewölbten Kaufläden, Höhlen, die gegen die Basargasse offen sind, brennen Ampeln. Mehr als ein dutzendmal ist dieser Basar abgebrannt. Aber immer noch liegt er in derselben Gegend, in der einst die Hofdamen des Kaisers Andronikos Palaiologos chinesische Seide, Bernsteinschmuck, arabische Parfums, Türkise aus Ceylon, Pelze aus Rußland, Teppiche aus Buchara gekauft haben. Als eine Erinnerung an das blühende Handwerk der frommen Stadt, die einmal die halbe Christenheit mit Kostbarkeiten für Kirchen, Paläste und schöne Frauen versorgt hat, sind in den Gassen der Juweliere noch immer die goldenen und silbernen Armreifen zu Bergen getürmt wie in den Zeiten, als Byzanz den Handel der Welt beherrschte.

Kaiser Konstantin, der Byzanz zur Hauptstadt des Imperium gemacht und das Christentum staatlich anerkannt hat, trägt das ihm von der Geschichte verliehene Epitheton »der Große« zu Recht. Doch hat seine Größe nichts Lichtes, nichts Helles, nichts von jener antiken Heiterkeit, die den Marcus Aurelius so liebenswert macht. Konstantin ist auf dem Balkan geboren. Sein Leben ist überschattet von jener düsteren Anschauung der Welt, die die Hellenen seit jeher an den nördlichen Barbaren erschreckt hat.

Aus Portraitbüsten wissen wir, wie Konstantin ausgesehen hat. Dieses Gesicht mit der etwas niedrigen Stirn, den weit geöffneten Augen, in denen die Furcht vor den Dämonen flackert, der gewaltigen Nase, dem energischen Kinn und dem streng geschlossenen Mund, dessen Winkel ein wenig herabgezogen sind, dieses Gesicht, das selten gelächelt hat, ist wie eine von den furchtbaren Kämpfen der Macht zerrissene Landschaft.

Die Anerkennung des Christentums hat trotz der schönen Stories, mit denen diese weltgeschichtliche Aktion geschmückt wurde, mit Politik nicht weniger zu tun als mit christlicher Frömmigkeit. Die Gründung des Neuen Rom war in der Tat ein Entschluß von überlegener politischer Klugheit. Konstantin wollte das Numinosum seiner Macht von der alten heidnischen Überlieferung lösen, um es mit der dem Jenseits zugewandten Metaphysik der neuen Religion zu verbinden. So schuf er als Kristallisationspunkt einer neuen Welt eine neue Hauptstadt. In Nova Roma war die Überlieferung des Heidentums zu schwach, um der inneren Kraft der neuen Lehre wirksam widerstehen zu können. Um sich vollständig durchzusetzen, hat das Christentum in Rom länger gebraucht als in Konstantinopel.

Nichts hat dieser große Herrscher halb getan. Sogar von seinen Verbrechen kann man das sagen.

Nachdem er das Christentum staatlich anerkannt hatte, berief er Bischöfe aus allen Teilen des Reiches zum ersten oikumenischen Konzil nach Nicaea. Auf diesem Konzil wurden unter seinem Vorsitz »von den Vätern«, wie es in den alten Berichten heißt, die theologischen Grundsätze des christlichen Glaubensbekenntnisses formuliert. So ist es verständlich, daß über die Fehler dieses Kaisers von den christlichen Geschichtsschreibern seiner Zeit duldsam hinweggesehen wurde. Für den historischen Erfolg des Christentums ist Konstantin der Große entscheidend gewesen.

Die politische Absicht, die Konstantin hatte, als er am 11. Mai des Jahres 330 nach Christi Geburt Nova Roma zur Hauptstadt erhob, hat er erreicht. Das römische Kaisertum ging ohne Erschütterung in das byzantinische über. Man muß sich klar machen, daß, als Kolumbus geboren wurde, noch immer ein Nachfolger des Kaisers Augustus auf dem Thron von Byzanz saß.

Den Platz für seine Hauptstadt hat Konstantin mit genialem geographischem und politischem Scharfblick gewählt. Darin hat er sogar Alexander den Großen übertroffen. Als die Türken am Abend des 29. Mai 1453 die Stadtmauer von Byzanz erstürmt hatten, war das Jahrtausend zu Ende, in welchem die Stadt des Kaisers Konstantin die Hauptstadt des griechisch-byzantinischen Weltreichs gewesen war. Am Lendemain seiner schrecklichsten Niederlage erwachte Konstantinopel als Hauptstadt des islamisch-türkischen Weltreiches, die es bis auf unsere Tage bleiben sollte. Dieser Vorgang ist einzig in der Geschichte.

Die Stadtmauer von Byzanz, hundert Jahre nach Konstantin vom Kaiser Theodosius II. erbaut, ist eine der großartigsten Ruinen, die es gibt. Die Mauer verläuft in einer Länge von sieben Kilometern halbmondförmig vom Ufer des Marmarameeres bis zum Ufer des Goldenen Horns. Sie schließt die Stadt vollständig nach Westen ab und ist noch heute ihre Grenze.

Das mächtige Festungswerk besteht aus zwei hintereinander gelegenen Mauern. Vor der etwas niedrigeren äußeren Mauer verläuft ein mit senkrechten Böschungen gemauerter Wassergraben von achtzehn Metern Breite. Beide Mauern sind mit Türmen gekrönt, sechsundneunzig auf der äußeren, sechsundneunzig auf der inneren Mauer. Die Türme der äußeren Mauer werden von denen der inneren Mauer, gewaltigen Bastionen, überragt. Von der Zinne der Mauer geht der Blick weit in das hügelige Land hinein auf verstreute Akazienwäldchen, auf Felder, auf mauerumgürtete Villen und friedliche Dörfer. Die Mauer wird von zehn mächtigen Toren unterbrochen. Durch diese Tore sind im Lauf der Jahrhunderte ebenso oft siegreiche Heere im Triumph eingezogen, wie geschlagene Feldherrn sich in den Schutz der Mauer gerettet haben. Die gewaltige Doppelkette der Stadtmauer von Byzanz, die von Wasser zu Wasser durch die Landschaft zieht, war tausend Jahre lang der Schutzwall der Zivilisation gegen die Barbarei.

Am Tor des heiligen Romanos, das noch heute steht, kämpfte Konstantin XI. aus dem Hause der Paleologen seinen letzten Kampf gegen die Eroberer. Die Endphase dieses Kampfes ist von einer Dramatik, die das Herz bewegt.

Am Vorabend der Eroberung entzündeten die Türken entlang der ganzen Stadtmauer riesige Feuer. Dieser feurige Halbmond, das uralte Symbol der Stadt, erleuchtete die letzte Nacht der tapferen Verteidiger. Die Stadt kann damals nicht mehr als höchstens noch hunderttausend Einwohner gehabt haben. Das Rückgrat der Verteidigung waren fünftausend bewaffnete Griechen, zweitausend Fremde und vierhundert Genuesen. Die Fremden und die Genuesen waren die letzte Hilfe des Abendlandes für das Bollwerk der Christenheit im Osten.

Am anderen Morgen, einem Freitag, empfing Kaiser Konstantin XI. mit seinen Getreuen in der Hagia Sophia das Herrenmahl. Sultan Mehmet Fehti II. griff mit der ganzen Macht seines Heeres an. Zwei schwere Attacken hatten die Verteidiger schon abgeschlagen, als ein erstaunliches Ereignis eintrat. Wäre es den Verteidigern gelungen, auch den dritten Angriff noch abzuschlagen, hätte wahrscheinlich auch Mehmet, wie so viele seiner Vorgänger, die Belagerung aufgeben und auf den stolzen Beinamen Fehti, der Eroberer, verzichten müssen. Eine Geringfügigkeit führte zu einer weltgeschichtlichen Wende. Die Kerkoporta, ein Tor, das vom Kaiser Isaak Komnenos vor langen Jahrhunderten verschlossen worden war, um der Prophezeiung zu begegnen, daß Kaiser Friedrich Barbarossa durch dieses Tor in die Stadt einziehen werde, war während der Verteidigung aus taktischen Gründen geöffnet worden. Da seit je jedermann wußte, daß dieses Tor nicht passierbar sei, hatte der örtliche Befehlshaber vergessen, es durch eine Wache zu schützen. Fünfzig Türken stahlen sich durch die Kerkoporta in die Stadt. Sie wurden stracks niedergemacht, aber das Gerücht, die Türken seien in der Stadt, lief als Schrei des Schreckens die Linien der Verteidiger entlang. Eine Panik brach aus. Mehmet griff noch einmal an.

Als Kaiser Konstantin sah, daß seine Sache, die Sache eines Weltreiches, verloren war, schrie er mit gewaltiger Stimme: »Wo ist ein Christ, der mich tötet?« Dann stürzte er sich in die Feinde und fiel unter den Schwertern der Osmanli.

Groß bis zum letzten Atemzug ist der letzte römische Kaiser, der letzte Herrscher dieses ersten Imperium christlichen Glaubens, zugrunde gegangen. Am nächsten Morgen wurde sein verstümmelter Leichnam unter einem Haufen Erschlagener gefunden, kenntlich nur noch an den Purpurschuhen an seinen Füßen.

Die alte Stadt am Bosporos gewährt einen Ausblick in alle vier Richtungen der Windrose der Nachdenklichkeit. Die westliche Christenheit hat vergessen, daß die ersten Jahrhunderte ihrer Geschichte sich im Raum des Aegaeischen Meeres und in Nordafrika abgespielt haben. Es ist die Grenze des heutigen Europa, von wo aus wir nach Süden und Südwesten auf die christlich-griechische Welt jener frühen Jahrhunderte blicken. Das war Syrien mit den heiligen Stätten in Palästina. Das war Kleinasien, wo der Apostel Johannes die Sieben apokalyptischen Gemeinden gründete. Das war Aegypten, wo in Alexandreia die christliche Gelehrsamkeit eine ihrer berühmtesten Lehrstätten fand, dieses Aegypten, in dessen Wüsten die ersten Klöster der Christenheit gebaut wurden. Das war Nordafrika, wo der heilige Augustin in Hippo, in der Nähe Karthagos, lehrte und wirkte. Die Länder, in denen Geist und Kultur des Abendlandes ihre erste große Blüte erlebten, die Länder, in denen das Zeitalter des Glaubens begann, gingen dem Westen politisch verloren. Aber noch immer ist die Stadt am Bosporos ein Spiegel der alten Herrlichkeit eines Europa, das viele Male in seiner Geschichte großartig und hoffnungslos zugrunde ging, um ebenso oft großartig und hoffnungsvoll wieder aufzuerstehen. Die Geschichte dieser Stadt spiegelt alle Widersprüche dieses unglaublichen Kontinents – seine Pracht, seine Torheit, seine Verzweiflung, seinen Glanz und seinen unerhörten Willen, sich zu behaupten.

Blickt man über die Dächer Konstantinopels, Dächer von Kirchen und Grandhotels, Dächer von Moscheen und Ambassaden, Dächer von Bankhäusern und Basaren, erstreckt sich hinter diesem Bild kostbarer Gegenwärtigkeit der Horizont der Jahrhunderte – im Osten die Krim, Kolchis, der Kaukasus, das Kaspische Meer, das alte Asien; im Süden Ephesos, Tarsos, Antiochia, Jerusalem, Alexandreia; im Südwesten Troia, Athen, Mykene; im Westen Philippi, der Berg Athos, Rom.

Der Teppich der Geschichte liegt ausgebreitet zu den Füßen des Fremdlings. Wie alt ist dieser Kontinent! Diesseitige Macht und jenseitige Sehnsucht, Furcht und Frömmigkeit, Herrschsucht und Nächstenliebe, Blut, Tränen und Schweiß, Hochmut und Ritterlichkeit, der Glanz der Kunst, das Lächeln der Madonna, das Brausen von Orgeln und das Brausen von Düsenflugzeugen – was für eine Welt! Und wie wird diese Welt in tausend Jahren, in hundert Jahren, in zehn Jahren, wie wird sie übermorgen aussehen?

Wir wissen es nicht, und so können wir nichts weiter tun, als tapfer festzuhalten an jenem Mut zu leben, dem dieser Kontinent so viele bewundernswerte Denkmäler gesetzt hat.

Die Hagia Sophia, die Kirche der Heiligen Weisheit, ist eines der berühmtesten Bauwerke der Welt. Als der Patriarch von Konstantinopel am dritten Weihnachtstag des Jahres 537 nach Christi Geburt in einer feierlichen Zeremonie das in einer Bauzeit von nur fünf Jahren errichtete Gotteshaus konsekrierte, trat Kaiser Justinian, der große Justinian, allein an den Altar, hob die Hände und rief in einer glänzenden imperialen Attitüde von römischem Stolz und christlicher Demut:

»Ruhm und Ehre dem Allerhöchsten, der mich für würdig hält, ein solches Werk zu vollenden! O Salomo, ich habe dich übertroffen!«

Über der südlichen Tür des Narthex, der in einer Breite von zehn Metern und einer Länge von sechzig Metern der Westseite der Kirche vorgelagerten Eingangshalle, ist in einer Höhe von etwa fünfzehn Metern ein Mosaik, das von den Türken übermalt gewesen war, wieder freigelegt worden. In diesem Mosaik hat ein unbekannter Meister den Horizont erhellt, unter welchem das erste Baudenkmal des christlichen Glaubens, das Weltbedeutung gewann, errichtet wurde.

Auf dem Mosaik thront in der Mitte die Himmlische Majestät der Madonna mit dem Kind. Zu beiden Seiten stehen, ein wenig niedriger, die irdischen Majestäten des Kaisers Konstantin und des Kaisers Justinian. Konstantin bringt der Madonna auf seiner kaiserlichen Hand die neue Hauptstadt Nova Roma dar, Justinian auf der seinen die neue Kirche der Heiligen Weisheit.

Dieses Mosaik ist ein Hauptwerk der byzantinischen Kunst. Es ist von vollkommener Schönheit. Byzanz hat die Kunst des Mosaiks auf eine niemals wieder erreichte Höhe geführt. Dieses Mosaik hat die Einfachheit und Vollkommenheit, die ein Merkmal aller hohen Werke einer neuen Epoche ist. Die Farben sind in den Jahrhunderten verblaßt. Aber noch immer umleuchtet der Goldgrund die Madonna, welche die zärtliche Geste einer Mutter mit der Hoheit der Himmelskönigin vereint. Dieser Goldgrund gibt dem Werk etwas archaisch Strenges. Das wechselnde Spiel des Lichtes belebt die große Fläche auf eine Weise, die das Auge entzückt. Die Mosaiksteine bilden verschiedene Flächen, die geringfügig gegeneinander geneigt sind, so daß das Licht in verschiedenen Auffallwinkeln die Flächen trifft und entsprechend verschieden reflektiert wird. Die Figuren in ihren feierlichen, etwas steifen Gewändern, die Häupter der Kaiser in Verehrung der Madonna zugeneigt, sind in die Fläche hineinkomponiert in einer Vollendung, wie nur die größten Meister des Westens sie erreicht haben. Die einfache Allegorie der Darstellung erzählt zweihundert Jahre Weltgeschichte.

Die Erhebung von Byzanz zur Hauptstadt des Weltreichs durch Konstantin den Großen war eine politische Aktion gewesen. Um die Stadt zu einer wahren Großstadt zu machen, hatte Konstantin mit despotischer Herzlichkeit Zehntausenden seiner Untertanen aus den verschiedensten Teilen des Reiches das Glück verschafft, die Pracht seiner Regierung mit eigenen Augen bewundern zu dürfen. In zweihundert Jahren war Byzanz zur beherrschenden Weltstadt des Imperium geworden. Das hatte nur gelingen können, weil es eine große geschichtliche Möglichkeit gewesen war, die durch die Gründung der Stadt zur geschichtlichen Wirklichkeit erhoben wurde.

Die Eroberung von Hellas durch die Römer hatte zur Folge gehabt, daß Rom hellenisch geworden war. Die Eroberung des Ostens durch die römischen Legionen hatte noch viel weiter gehende Folgen gehabt. Die Legionen hatten von ihren Feldzügen nicht nur den Reichtum des Ostens an Gold und Edelsteinen, sondern auch seinen Reichtum an Ideen mit nach Hause gebracht.

Cornelius Gurlitt, der sächsische Jacob Burckhardt, hat mit der ihm eigenen Clarté diese verworrenen Zusammenhänge erhellt. Der letzte hinter all den wüsten Kämpfen um die römische Kaiserwürde in der Spätantike zu erkennende geschichtliche Inhalt sei die Befruchtung der geistigen Welt von Indien und Persien her, das Ringen des hellenisch-semitischen Geistes gegen Rom, das Ringen Baals gegen Jupiter, der Triumph der Priester des syrischen Emesa, die in Heliogabal dem Römischen Reich einen Herrn nach ihrem Herzen gaben, einen vergötterten Sultan von priesterlichen Launen, das Ringen des Mithraskultes und des persischen Gnostizismus gegen die antike Weltanschauung und endlich der Sieg Jesu Christi.

Im Reich des Kaisers Augustus, zur Zeit der Geburt Jesu von Nazareth, gab es vier Weltstädte. Die Weltstädte der Antike waren Rom in Italien, Alexandreia in Aegypten, Ephesos in Kleinasien und Antiochia in Syrien. Von diesen vier Städten lagen drei nicht innerhalb der Grenzen dessen, was wir heute Europa nennen. Alexandreia und Antiochia waren zu jener Zeit erst wenig über dreihundert Jahre alt. Nur Ephesos war so alt wie Rom. Und nur Rom lag in Europa. Die fünfte Weltstadt wurde Byzanz. Bald war es die bedeutendste – bis auf einen einzigen Punkt.

Byzanz war zur Hauptstadt des größten und beständigsten Reiches der Welt geworden. Es war der Sitz der glänzendsten Hofhaltung des frühen Mittelalters. Es war das Versailles des Ostens. Während die byzantinischen Kaiser mit den Persern Krieg führten, übernahmen sie das prunkvolle Hofzeremoniell der persischen Großkönige. Eine letzte Spur dieser morgenländischen Tradition ist die Salbung mit heiligem Öl. Noch in unseren

Tagen, bei der Krönung der Königin Elisabeth von England, wurde dieser feierliche Akt vollzogen, vor den Augen der Zuschauer durch einen Vorhang verborgen. Byzanz war die erste Handelsstadt der Welt geworden. Hier war das neue Milion aufgestellt worden, der goldene Meilenstein, von dem aus die Entfernungen auf den Straßen des ganzen weiten Reiches gerechnet wurden.

In Byzanz trafen griechische, römische und orientalische mit christlichen Wirkkräften zusammen. Verschiedenartige Volks- und Kulturelemente auf dem toleranten Pflaster einer Großstadt im Rahmen eines lebendigen Staatsgebildes – das führt gewöhnlich zu großartigen Resultaten, so wie das Zusammentreffen des germanischen und des slawischen Geistes im preußischen Staat die Weltstadt Berlin geschaffen hat.

Kaiser Justinian wurde als Sohn illyrischer Bauern in der Nähe des heutigen Sofia geboren. Man kann ihn den letzten römischen Imperator nennen. Die Kriege, die seine Feldherrn Belisar und Narses mit viel Glück im ganzen Orbis terrarum führten, brachten die Macht und den Glanz des Imperium noch einmal zurück. Das Gesetz des Kaisers galt vom Euphrat bis zu den Säulen des Herakles, von den Katarakten des Nil bis zur Donau. Er herrschte über vierundsechzig Provinzen mit fast tausend Städten. Seine Goldmünzen galten in Arabien, in Ceylon, in Irland.

Er war ein großer Staatsmann. Er gab der Welt zum letztenmal die Pax Romana, den Römischen Frieden, zurück.

Er war ein großer Theologe. Unter seiner Herrschaft hatten die Auseinandersetzungen um die Zweinaturenlehre ihren Höhepunkt erreicht. Justinian erzwang die Anerkennung der Lehre des Konzils von Chalcedon, daß Christus wahrer Gott *und* wahrer Mensch ist.

Er war ein großer Architekt. Er baute viele Kirchen und, als die Krönung seines Lebenswerkes, die Hagia Sophia.

Er war Kenner, Verehrer und Bewahrer des römischen Rechts. Er war ein frommer Mann. Er dichtete Kirchenlieder. Er errichtete Spitäler für die Kranken und Asyle für die Armen. Die Zahl seiner Verbrechen erreichte nicht das unter den spätrömischen Kaisern üblich gewordene Maß.

Dieser vielseitige und bedeutende Mann war außerdem noch ein Kavalier. Er heiratete seine Geliebte. Theodora war die Tochter eines syrischen Bärenwärters. Sie war Schauspielerin gewesen. Da das Gesetz den Mitgliedern des Senats verbot, mit Schauspielerinnen eine Ehe zu schließen, ließ Justinian dieses Gesetz außer Kraft setzen, um Theodora heiraten zu können. Bis an ihr Lebensende hat er sie aufs zärtlichste geliebt. Prokop, der Geschichtsschreiber der Zeit Justinians, hat zu seinen Lebzeiten für Theodora nur Worte des Lobes gehabt. Nach seinem Tod wurde ein von ihm stammendes Pamphlet veröffentlicht, das über das Vorleben der

Kaiserin skandalöse Enthüllungen machte. Dieses Büchlein hieß »Anekdota – Unveröffentlichtes«. Da Prokop als ein zuverlässiger Chronist gilt, können die Anekdoten nicht alle Fälschungen sein. Diese bedeutende Frau hat es zuwege gebracht, daß ihre Schönheit, ihr Charme, ihre Klugheit und ihre Tugenden feststehen. Um ihre Laster streiten sich seit dreizehn Jahrhunderten die Gelehrten.

Im Rahmen der politischen Macht, die Justinian wieder aufgerichtet hatte, führte das Zusammentreffen der Spätantike mit der christlichen Lehre in der Weltstadt Byzanz zur Entstehung einer neuen Kultur, jener, die wir die byzantinische nennen. Die Spannung zwischen imperialer Macht und christlicher Weltverachtung beherrscht das ganze Leben dieses Kaisers, beherrscht den ganzen weiteren Verlauf der Geschichte von Byzanz.

Kaiser Justinian gab der Stadt Kaiser Konstantins das Herz.

Das Herz Roms war die Kurie des Senats, das Forum und der Tempel des Jupiter Capitolinus gewesen. Das Herz von Byzanz wurden der Kaiserpalast, der Hippodrom und die Kirche der Heiligen Weisheit. So vollendete Kaiser Justinian die Schöpfung Konstantins. Byzanz wurde zur ersten vollständig christlichen Stadt des Erdkreises.

Nur in einem Punkt hat Byzanz Rom den Primat lassen müssen. Schon zur Zeit des Kaisers Konstantin, als der Verfall Roms weit fortgeschritten war und das Schwergewicht der Macht sich nach Osten zu verschieben begann, ist niemals und von niemandem in Frage gestellt worden, daß der Bischof von Rom der erste Bischof der Christenheit sei. Sogar Antiochia, wo der Apostel Petrus geweilt hat, ehe er nach Rom kam, hat diesen Anspruch nicht bestritten. Dabei sind in Antiochia die Anhänger Christi zum erstenmal Christen genannt worden.

Jerusalem war in den ersten nachchristlichen Jahrhunderten eine ganz und gar heidnische Stadt. Kaiser Hadrian hatte Jerusalem nach dem Namen seiner Familie Aelia Capitolina genannt und über dem Heiligen Grab einen Tempel der Venus errichtet. Der Bischof von Rom hingegen saß in der Hauptstadt des Römischen Reiches, von der die Welt seit Jahrhunderten gewöhnt war, daß sie auch der Mittelpunkt der Religion war. So führt der Bischof von Rom noch heute den Titel Pontifex maximus, den der höchste Priester des Jupiter so lange geführt hat.

Dieses zur Zeit Konstantins kaum sehr beachtete Privileg des Bischofs von Rom ist das Samenkorn, dem der mächtige Baum der katholischen Hierarchie entwachsen ist. Erst als die Patriarchen von Konstantinopel unter dem Schutz der byzantinischen Kaiser zu großer Macht gekommen waren, begannen sie, wider den Stachel von Rom zu löcken. Aber auch dann haben sie immer noch nicht den geistlichen Primat des Bischofs von Rom bestritten, sondern nur seinen politischen Einfluß bekämpft.

Die Spaltung der Christenheit in eine westliche und in eine östliche Kirche hat viele Ursachen und eine lange Geschichte. Das Schisma von 1054, das eine Trennung der beiden Kirchen für vorläufig neun Jahrhunderte herbeiführte, hatte nur einen geringfügigen Anlaß. Es war der Abschluß einer Entwicklung, die schon im 4. Jahrhundert begonnen hatte.

Man muß sich klar machen, daß es bis zum Jahre 1054 eine die ganze Christenheit umspannende Kirche gegeben hat. Die Auseinandersetzung zwischen Antike und Christentum, zwischen griechischer Philosophie und christlichem Glauben, die aus der Geschichte der oikumenischen Konzile abgelesen werden kann, hat zu einem großen Teil in dem Bereich stattgefunden, der heute zur östlichen Kirche gehört. Die christliche Überlieferung lebt ebenso von den Früchten der Arbeit der griechischen wie der lateinischen Kirchenväter. Zudem waren viele der großen Apostel des Christentums in Gallien, am Rhein und in England syrische Griechen.

Diesem Zusammenhang wird nicht gerecht, wer seine Haltung der griechisch-orthodoxen Kirche gegenüber auf das Jahr 1054 gründet. Heute unterscheidet sich die östliche Kirche von der westlichen. Bis 1054 gab es eine gemeinsame christliche Lehre, eine gemeinsame christliche Kultur des Orient und des Okzident.

Dieser Sachverhalt ist für jeden Europäer von Bedeutung. Er betrifft den Kern seines geschichtlichen Bewußtseins. In der Lehre bestehen nur einzelne Differenzen. Auch die Verschiedenheit der Kultformen ist nicht entscheidend. Was trennt, ist ein affektives historisches Moment. Die Vergangenheit der östlichen Kirche wird als fremd, als nicht zur Geschichte des wahren Glaubens gehörend empfunden. Diesem affektiven Moment fehlt jede Berechtigung.

Angesichts der Kirche der Heiligen Weisheit habe ich mit Erstaunen festgestellt, wie wenig wir uns bewußt sind, was diese Schöpfung christlichen Geistes bedeutet. Die Hagia Sophia ist Denkmal und Zeugnis unserer eigenen Geschichte.

Ich habe das Heiligtum viele Male besucht. Südlich der Kirche ist ein großer freier Platz, die Stelle, an der einst der Hippodrom lag. Der Hippodrom war der Zirkus der inneren Politik. Einige Sitzreihen der Ränge sind erhalten geblieben. Jahrhundertelang haben sich hier die heftigsten innerpolitischen Kämpfe abgespielt. Die Parteien waren die Blauen und die Grünen. Es zeugt von großer praktischer Vernunft, Parteien einfach durch Farben zu unterscheiden. Auch gewinnt Politik an Frische, wenn sie sich unter freiem Himmel abspielt.

Auf der Spina, der alten Mittelmauer des Hippodrom, erheben sich zwei Monumente. Sie sind ebenso merkwürdig ihrer Verschiedenheit wie ihres Alters wegen. Das eine ist eine acht Meter hohe bronzene Säule, die aus drei sich umeinander windenden Schlangenleibern besteht. Diese Säule ist der Rest einer Weihgabe der Griechen an das Heiligtum in Delphoi zum Dank für den Sieg bei Plataiai über die Perser im Jahre 479 vor Christi Geburt. Kaiser Konstantin versetzte die Säule nach Konstantinopel. Auf ihr sind noch heute die Namen der einunddreißig griechischen Städte zu lesen, die an dem Kampf zur Verteidigung des Abendlandes teilgenommen haben.

Noch merkwürdiger ist das andere Monument. Es ist ein dreißig Meter hoher Obelisk aus aegyptischem Granit, dessen Seiten mit großflächigen, formvollendeten Hieroglyphen bedeckt sind. Den Obelisk hatte Julianos Apostates, der letzte heidnische Kaiser auf dem Thron, nach Konstantinopel geholt. Theodosios der Große hat ihn aufrichten lassen. Seitdem steht er an dieser Stelle. Er ist unterdessen drei Meter in die Erde versunken. Neuerdings wurde der Fuß des Obelisken wieder ausgegraben. Er ruht auf vier Kupferwürfeln. Dank dieser Konstruktion ist der Obelisk bei keinem der vielen Erdbeben, die die Stadt trafen, umgestürzt.

Der Obelisk steht im Hippodrom von Konstantinopel seit anderthalbtausend Jahren. Doch war er, als Theodosios ihn aufstellen ließ, schon zweitausend Jahre alt. Zum erstenmal wurde er, wie die Hieroglypheninschrift besagt, von Thutmosis III. fünfzehnhundert Jahre vor Christi Geburt in Heliopolis, der Stadt der Sonne in Unteraegypten, errichtet. Das war zu der Zeit, als das Volk Israel im Lande Gosen im Nildelta lebte und jener fernen Vergangenheit gedachte, da Joseph nach Aegypten gekommen war.

Weitere solche Obelisken stehen in Paris, vor der Peterskirche in Rom, in London, in Sanssouci. In diesen Denkmälern erkennt die Welt noch immer die Herrschaft der Pharaonen an, auch wenn es nur eine Herrschaft der Schönheit ist.

Von dem Obelisken des Theodosios aus sieht man auf der einen Seite die Moschee liegen, die von Sultan Achmed I. zwischen 1608 und 1614 errichtet wurde. Sie ist ein Bauwerk von rokokohafter Leichtigkeit, Heiterkeit und Helligkeit, überragt von sechs eleganten Minaretten, innen geschmückt mit köstlichen blauen Fayencen. Auf der anderen Seite erhebt sich, umgeben von vier Minaretten, die Hagia Sophia.

Auf den ersten Blick, der aus der Entfernung das Bauwerk umfängt, wirkt es schwer auf der Erde lastend, abweisend, fremd und streng. Die zum Himmel strebende Leichtigkeit der Minarette vermag nicht, dem Bau von seiner Strenge etwas zu nehmen.

Die Kuppel und die Minarette rufen beim Betrachter zunächst den Eindruck hervor, als stehe er nicht vor einer christlichen Kirche, sondern vor einer Moschee. Die Hagia Sophia hat auf die türkischen Eroberer einen solchen Eindruck gemacht, daß sie zweihundert Jahre lang versucht haben, die Pracht und Großartigkeit ihrer Konstruktion zu übertreffen. So hat diese christliche Kirche die Entwicklung der türkischen Moschee entscheidend beeinflußt.

Ἡ Ἁγία Σοφία – he hagia sophia, das ist »Die Heilige Weisheit«. Der Begriff stammt aus der hebraeischen Philosophie. Schon im 8. Kapitel der Sprüche Salomonis tritt die Weisheit als personifizierte Eigenschaft Gottes auf. Es ist der schöpferische Logos, dem die Kirche geweiht ist.

Während die Namen der Erbauer unserer großen mittelalterlichen Kathedralen in geheimnisvolles Dunkel gehüllt sind, sind die Erbauer der Hagia Sophia bekannt. Es sind Anthemios von Tralleis und Isidoros von Milet. Es hat sich hier um ein ganz modernes Team gehandelt, das Team eines Architekten und eines Ingenieurs. Anthemios von Tralleis war der berühmteste Baumeister seiner Zeit. Er war der Künstler dieses Teams. Von Isidoros von Milet wissen wir nicht allzuviel, auf jeden Fall aber, daß er ein großer Mathematiker war. Das, was uns von den mathematischen Werken des Archimedes überliefert ist, kennen wir nur aus einer Bearbeitung, die Isidoros von Milet herausgegeben hat. Er ist der Ingenieur des Teams gewesen.

Das konstruktive Problem, das Anthemios und Isidoros zu lösen hatten, war die Vereinigung zweier Bautypen, die Vereinigung des Kuppelbaus mit der Basilika. Beide Bautypen hatten eine lange Geschichte. Der quadratische, mit einer Kuppel überwölbte Bau ist seit den Anfängen der Baukunst im Orient heimisch gewesen. Die Basilika, der langgestreckte Bau mit einem oder drei Schiffen, war die Kirche des frühen Christentums. Die Durchdringung des alten orientalischen Kuppelbaus mit dem neuen christlichen Langbau war die Aufgabe, vor die die Architekten sich gestellt sahen.

Kaum je in der Geschichte der Architektur ist einem Baumeister eine anspruchsvollere Aufgabe gestellt worden. Antike und Orient hatten seit Jahrhunderten einander durchdrungen und waren mehr und mehr miteinander verschmolzen. Dieses Endstadium des Römischen Weltreiches, die Spätantike, nunmehr mit dem Christentum durchdrungen und in einer höheren Einheit verschmolzen zu haben, ist das, was das Wesen der byzantinischen Kultur ausmacht. Kaiser Justinian stellte den Architekten die Aufgabe, den geschichtlichen Vorgang der Durchdringung von Spätantike und Christentum in einem großen Bauwerk, das den orientalischen Kuppelbau mit der christlichen Basilika vereinen sollte, darzustellen. Es war eine klare Aufgabe. In der Hagia Sophia ist sie in kristallener Schönheit gelöst worden.

Umwandert der Betrachter die Kirche, bringt ihn auch der Eindruck aus der Nähe zunächst in Verlegenheit. Gewiß wirkt das Bauwerk aus der Nähe noch mächtiger, aber es ist das Bild eines riesigen und schier ungeordneten Steingebirges. Die Kuppel wirkt auf dem breit ausladenden Unterbau mit seinen großen Steinmassen eher flach und gedrückt als groß. Der Grund liegt darin, daß der Bau durch mehrere enorme, zwischen acht und zwölf Meter breite, aus Ziegeln gebaute Strebemauern abgestützt werden mußte. Der Sockel dieser Stützkonstruktionen ist viele Meter tief. Sie enden, erst allmählich sich verjüngend, in zwei Drittel Höhe an der Außenmauer der Kirche. Indem sie die Konturen des ursprünglichen Baus verhüllen, rufen sie den Eindruck gedrungener Massigkeit hervor. Sie sind in späteren Zeiten angebaut worden, um das Gebäude vor dem Einsturz zu bewahren. Das hatte sich als notwendig herausgestellt, nicht etwa wegen eines Konstruktionsfehlers der Erbauer, sondern um das Gebäude gegen die häufigen Erdbeben zu sichern.

Ich bin viele Male um das Steingebirge herumgewandert. Allmählich gelang es mir, die ursprüngliche architektonische Form in den Blick zu bekommen, so daß ich schließlich die Kühnheit des ersten Entwurfes zu erkennen vermochte. Der Eingang in das Innere der Kirche führt durch den Narthex. Das äußere Tor ist durch eine bronzene Tür aus dem 6. Jahrhundert verschlossen, eine kostbare, mit Silber eingelegte ornamentale Arbeit, das letzte in Konstantinopel erhaltene Stück byzantinischen Kunstgewerbes aus so früher Zeit. Über dem inneren Tor leuchtet aus der Höhe das Mosaik, welches die Muttergottes mit Kaiser Konstantin und Kaiser Justinian darstellt.

Aus dieser hohen, weiträumig und großzügig angelegten Halle, deren Wände mit Marmor verkleidet sind, führen neun Türen in das Innere der Kirche. Die mittelste war die Kaiserpforte. Hier empfing an hohen Feiertagen der Patriarch die Majestäten. Die Flügel dieser Pforte waren in alter Zeit mit Silber beschlagen.

Die Kaiserpforte gewährt den ersten Blick in den Hauptraum. Das Düstere und Kolossalische des Äußeren der Kirche steht in überraschendem Gegensatz zur lichten Weite und Spiritualität ihres Innenraums.

Auf vier gewaltigen Pfeilern, die in den Ecken des Mittelquadrates des Grundrisses stehen, ruhen vier gewaltige Bogen. Die Pfeiler sind aus Kalksteinblöcken gemauert, deren Fugen mit Blei auf Lehm ausgegossen sind. Über den vier Bogen erhebt sich die Kuppel zu einer Höhe von sechsundfünfzig Metern. Dieses Mittelquadrat mit der Kuppel ist das orientalische Bauelement. Die Wände im Norden und Süden sind bis zum Scheitel der Bogen hochgemauert. Sie sind von Säulenreihen durchbrochen, die Durchblicke in die Seitenschiffe gewähren.

Die beiden anderen Bogen schweben frei. Sie grenzen mächtige, aus kleineren Apsiden aufwachsende Halbkuppeln gegen das Mittelquadrat ab. Das christliche Bauelement, die Basilika, durchbricht den orientalischen Kuppelbau von Westen nach Osten. Die beiden Bauelemente sind in vollkommener konstruktiver Durchsichtigkeit zu einem Raum verschmolzen, der sich in schwebender Leichtigkeit nach allen Seiten erweitert und erhebt, hinauf zu der von Licht durchfluteten Kuppel, aus deren Höhe das strenge Antlitz des Christos Pantokrator herabsieht. Es ist, in der Harmonie und Kühnheit seiner Maße, ein irdischer Raum, der in den himmlischen übergeht. Mit einem Blick umfaßt das Auge die Geistigkeit dieses Raumes, in welchem tausend Jahre lang die Christenheit in Glanz und Not, in Sieg und Niederlage, in Hoffnung und Verzweiflung gebetet hat.

Es sind die tausend Jahre, welche die Hagia Sophia früher als St. Peter in Rom erbaut wurde. Die Menschen des 6. Jahrhunderts waren der Meinung, Gott selbst habe seine Hand schützend über diesen Bau gehalten und Engel hätten bei seiner Errichtung geholfen.

Die Kirche ist heute leer. Ihre Schätze sind in alle Welt verstreut. Sie wird nicht mehr als Moschee und auch nicht wieder als Kirche verwendet. Kemal Atatürk hat sie zum Museum erklärt.

Aus überlieferten Nachrichten und den Berichten berühmter Reisender können wir uns ein Bild von der ursprünglichen Pracht dieses Gotteshauses machen. Sein Ruhm verbreitete sich über die ganze Welt. Der Bau hat 320 000 Pfund Gold gekostet. Das sind nach heutiger Währung etwa 130 Millionen Dollar. Justinian hinterließ der Nachwelt seinen Ruhm, den Erben seines Thrones einen Staatssäckel, der leer war.

Vierzig silberne Leuchter hingen vom Rand der Kuppel herab. Das ganze Innere der Kirche war mit Kostbarkeiten aus allen Gegenden der Welt geschmückt. Grüne Marmorsäulen vom Artemision in Ephesos, rote Porphyrsäulen aus dem Sonnentempel in Baalbek waren nach Konstantinopel gebracht worden. Der Marmorboden ahmte in den Linien des Geäders die Wellen des Meeres nach. Ein früher Beschreiber hat gesagt, die Buntheit des Marmors der Kirche erwecke den Eindruck einer Blumenwiese.

Decken und Gewölbe waren geschmückt mit Mosaiken von einer Pracht und Größe, wie man sie noch nie gesehen hatte. Gold, Silber, Elfenbein und Edelsteine wurden in unvorstellbaren Mengen verschwendet. Der Thronsessel des Patriarchen war aus massivem Silber, der mit Edelsteinen reich geschmückte Altar aus Gold. Ganz Arabien wäre damals, ein Menschenalter vor der Geburt des Propheten Mohammed, nicht reich genug gewesen, um auch nur den Altar der Hagia Sophia auszustatten.

Kein Bauwerk auf Erden vereint soviel Pracht mit soviel Geschmack und beides mit soviel Frömmigkeit.

Die Erbauung der Kirche ist von zahlreichen Legenden umwoben, deren schönste berichtet sei. In einer Mittagspause erschien einem Knaben, den die Maurer mit der Bewachung der Geräte beauftragt hatten, ein Engel in leuchtend weißem Gewand. Der Engel fragte den Knaben, warum in der Arbeit an dem heiligen Werk eine Pause gemacht werde. Er befahl ihm, die Maurer herbeizuholen. Der Knabe erklärte, er könne nicht weggehen, weil er die Geräte bewachen müsse. Der Engel versprach ihm, bis zu seiner Rückkehr dazubleiben. Der Knabe lief, die Arbeiter zu rufen. Es gab eine große Aufregung. Der Knabe wurde zu Anthemios gebracht und mußte erzählen, was sich ereignet habe. Die Erscheinung eines Engels dünkte ihnen allen so wichtig, daß der Kaiser benachrichtigt wurde. Justinian erwies sich als ein Meister himmlischer Diplomatie. Der Engel hatte versprochen, bis zur Rückkehr des Knaben in der Kirche zu bleiben. So verbot Justinian dem Knaben, zurückzukehren. Er behielt ihn im Palast und ließ ihn später, reich beschenkt, nach einer Insel in der Aegaeis bringen. So hütet seitdem ein an sein Wort gebundener Engel die Kirche der Heiligen Weisheit.

Als die Türken die Stadt besetzten, verschwand der Priester, der gerade die Messe zelebrierte, in einer Säule. Er wird die Messe erst beenden, wenn wieder das Kreuz die Kuppel der Hagia Sophia schmückt. Im griechischen Volkslied ist die Klage um die alte Herrlichkeit des Heiligtums noch heute nicht verstummt.

Im glänzenden Rahmen der Kirche der Heiligen Weisheit hat neunhundert Jahre lang die irdische Macht des byzantinischen Kaisertums die Glorie des Himmels gefeiert. Der erste Weg Mehmet Fehtis, nachdem er die Stadt erobert hatte, führte in die Hagia Sophia, in die ein Teil der verängstigten Bevölkerung sich geflüchtet hatte. Die Überlieferung zeigt an einer der alten Säulen eine Stelle, an der die arabische Stute des Sultans ein Stück Marmor mit dem Huf herausgeschlagen habe. Die Ungläubigen respektierten die Heiligkeit des Ortes. Die Christen in der Hagia Sophia wurden gerettet. Nach drei Tagen gebot der Sultan dem Morden, Rauben und Zerstören in der Stadt Einhalt. Den Christen wurde Leben und Glauben verbürgt. Ein neuer Patriarch wurde eingesetzt. Sein Nachfolger residiert noch heute in Istanbul.

Das Kreuz wurde von der Hagia Sophia herabgeholt. An seiner Stelle wurde der Halbmond aufgesteckt. Es war ein Tag der Trauer für die ganze Christenheit. Am dritten Tag nach der Eroberung wurde in der Hagia Sophia zu Allah gebetet. Den ehrwürdigen Namen, den das Heiligtum fast tausend Jahre lang als christliche Kirche getragen hatte, hat es für ein weiteres halbes Jahrtausend als Moschee behalten. Mehmet Fehti, der türkische Sultan, hat, ein rechtgläubiger Moslem, gemäß der Lehre des Propheten die Weisheit Salomonis nicht geringer geachtet als Kaiser Justinian.

ANATOLISCHE IMPRESSIONEN

Nichts kann auf Reisen so nützlich sein wie ein gründlicher Irrtum. Von Konstantinopel aus wollte ich nach Ephesos. Glücklicherweise wußte ich nicht, wo Ephesos liegt. Ich studierte das Kursbuch. Ephesos steht zwar in der Bibel, im Lexikon und im Geschichtsbuch meiner Tochter, aber im Kursbuch steht es nicht.

Was mag dieses Ephesos heute für eine Stadt sein?

Als ich es schließlich nach vier Tagen erreicht hatte, erfuhr ich, daß ich es in vier Stunden hätte erreichen können. Doch sind »die Facilitaeten der öffentlichen Communication«, als welche Goethe die modernen Verkehrsmittel charakterisiert hat, nicht unbedingt auch ein Mittel, die Länder, durch die man reist, kennenzulernen. Zwei Tage in der Anatolischen Eisenbahn gewähren einen Blick in das Land, zwei Stunden im Flugzeug nur einen Überblick, der alle feineren Unterschiede mühelos übersieht.

Meinen Irrtum verdankte ich der Flotte der Vereinigten Staaten von Amerika und einem Mann, der einen berühmten Namen trägt, ohne von dem Ruhm dieses Namens das geringste zu wissen.

Fremde Kriegsschiffe sind für die alte Hafenstadt am Goldenen Horn kein ungewöhnlicher Anblick. Im 5. Jahrhundert vor Christi Geburt warf die erste persische Flotte Anker vor Byzantion. Im Jahre 750 nach Christi Geburt kreuzte die erste arabische Flotte am Bosporos auf. 860 erschien die erste russische, 1204 die erste venezianische, 1420 die erste türkische, 1807 die erste englische und 1953 nach Christi Geburt die erste amerikanische Flotte vor Konstantinopel.

Kriegsschiffe im Marmarameer sind immer eine hochpolitische Angelegenheit gewesen. Auch für den Besuch der amerikanischen Flotte mit Flugzeugträgern und Kreuzern in Istanbul traf das zu. Er diente dazu, jedermann, den es angeht, deutlich zu machen, daß der Präsident der Vereinigten Staaten von Amerika ein Freund des türkischen Volkes sei.

Diese alte Stadt hat soviel erlebt – die griechische Kultur, die Macht der persischen Großkönige, das Weltreich Alexanders des Großen, das Imperium Romanum, den Glanz des byzantinischen Kaiserhofes, die Herrschaft der Sultane über den Orient, die Herrschaft Englands im

Mittelmeer. Macht und Verfall, Splendeur et Misère, Siege und Niederlagen sind in ewigem Wechsel über Byzanz dahingegangen. In diese alte Stadt ergossen sich zweitausend amerikanische Matrosen, junge, frische, gesunde Boys, tadellos rasiert, in sauberen Uniformen, beschützt von einem Regiment Militärpolizisten in weißen Gamaschen und weißem Koppelzeug – die Macht der Vereinigten Staaten von Amerika.

Ich saß in einer Bar am Hafen, um mir das anzusehen. Die Dollars häuften sich auf der Theke. Der Barwirt, ein weißhaariger Mann mit einem jener uralten, ledernen orientalischen Gesichter, aus welchen man das Leid von Jahrhunderten ablesen kann, nahm mit seiner schlanken, feingliedrigen Hand die Scheine gelassen an sich. Im Lauf des Abends konnte ich feststellen, daß die türkische Währung sich schnell und reibungslos der Höhe des amerikanischen Dollars anpaßte. Über einem Hundertdollarschein, der gerade den Ozean gekreuzt hatte und nun die Theke kreuzte, tauschte der Barwirt einen Blick mit mir. So kamen wir ins Gespräch. Der Wirt sprach französisch.

Im Orient ist es höflich, nach dem Woher und Wohin zu fragen. So fragte ich ihn, was für ein Landsmann er sei.

»Armenier.«

»Armenier in Konstantinopel?« Ich dachte an all das Unglück in der langen Geschichte dieses unglücklichen Volkes.

»Nun ja«, meint er, »einige bleiben immer übrig!«

Wie er heiße.

»Saroyan.«

»Saroyan?«

Ich fragte ihn, ob er einmal etwas von einem amerikanischen Schriftsteller William Saroyan gehört habe. Er hob ein wenig die linke Hand mit einer Bewegung, so leicht und so souverän, wie das nur ein alter Orientale kann: »Ach, wissen Sie, Armenier in Amerika? Die können alle kein Armenisch mehr, und Armenisch ist doch die schönste Sprache, die es auf Erden gibt!«

Später fand ich durch einen Zufall bei William Saroyan die Bemerkung, sein Vater sei ein großer Schriftsteller gewesen; er blättere zuweilen in seinen Manuskripten, aber er könne sie nicht mehr lesen; sie seien armenisch geschrieben.

So berührten sich an dieser Whiskytheke in Byzanz eine sehr alte und eine sehr neue Zeit.

Wenn auch meinem armenischen Freund der Ruhm seines Namens in Amerika unbekannt war, so wußte er doch, daß das Königreich Armenien der erste Staat in der Geschichte gewesen ist, der noch vor Byzanz das Christentum zur Staatsreligion erhoben hat.

Wie viele von den frischen blonden Boys an der Theke von Mr. Saroyan mögen gewußt haben, daß das Genie eines ihrer großen Schriftsteller seinen Ursprung in den kargen Bergen im Osten Anatoliens hat? Und wie viele mögen gewußt haben, daß eines der kostbaren frühen Bibelmanuskripte in armenischer Sprache in der Bücherei des Amerikanischen Kongresses in Washington aufbewahrt wird?

Diesen armenischen Gentleman fragte ich nach Ephesos und wie ich dahin käme. Er empfahl mir den Schlafwagen nach Smyrna. Als ich mich am nächsten Morgen nach der Abfahrtszeit dieses Schlafwagens erkundigte, wurde mir gesagt, daß er jeden Mittwoch fahre.

Es war eine köstliche Fahrt. Die Anatolische Eisenbahn verbindet nicht nur Konstantinopel mit Smyrna, sie verbindet auch Nicaea mit Ephesos. Auf dem Konzil von Nicaea wurde die Frage entschieden, ob Christus Gott wesensähnlich oder wesensgleich sei. Auf dem Konzil von Ephesos wurde die Frage entschieden, ob Maria die Gottesgebärerin sei.

Daß so diffizile theologische Probleme damals die ganze Welt in Unruhe versetzt haben, zeigt, wie lebendig der Glaube in jenen Tagen war. »Diese Stadt«, schrieb Gregor von Nyssa um das Jahr 380 von Byzanz, »steckt voller Handwerker und Sklaven, von denen ein jeder ein Philosoph ist, die in den Werkstätten und auf der Straße predigen. Wenn du einem Mann ein Silberstück wechseln willst, setzt er dir auseinander, worin sich der Vater vom Sohn unterscheide; fragst du nach dem Preis eines Brotlaibs, dann bekommst du zu hören, daß der Sohn geringer sei als der Vater; und wenn du dich erkundigst, ob dein Bad bereitet sei, erhältst du zur Antwort, der Sohn sei aus dem Nichts gezeugt...«

Wie dem auch sei, auf jeden Fall ist die Frage nach der Natur Christi von größerem Gewicht als die Frage nach der Natur des Atoms, die unsere Welt in Unruhe versetzt.

Nicaea liegt – auch das hat man uns in der Geographiestunde nicht gelehrt – etwa hundert Kilometer südöstlich von Konstantinopel auf dem kleinasiatischen Festland, fünfundzwanzig Kilometer von der nächsten Station der Anatolischen Bahn entfernt. Es hat heute den Namen Isnik. Bei Isnik beginnt ein sich von Osten nach Westen erstreckender großer See, der früher eine schiffbare Verbindung zum Meer hatte. In der Antike war Nicaea ein großer Hafen und der Kreuzungspunkt wichtiger Straßen. Der Ort ist sehr alt und hat eine bedeutende Geschichte. Schon die römischen und später die byzantinischen Kaiser hatten dort eine Sommerresidenz. Eine Zeitlang war Nicaea in der Hand der Seldschuken. 1097 wurde es auf dem ersten Kreuzzug von Herzog Gottfried von Bouillon zurückerobert. Während der fünfzig Jahre des lateinischen Kaisertums, das die fränkischen Kreuzfahrer nach der Eroberung von Konstantinopel im

Jahre 1204 am Goldenen Horn errichtet hatten, war Nicaea der Sitz des byzantinischen Hofes und des Patriarchen von Konstantinopel. Ein Menschenalter nach dem Ende der Kreuzzüge fiel die Stadt in die Hand der Türken, unter deren Herrschaft sie bis heute steht.

Auch diese Stadt habe ich auf eine vollständig verkehrte Weise besucht. Von der östlich gelegenen Eisenbahnstation aus ist sie ohne Schwierigkeiten zu erreichen. Ich habe es von Westen her versucht. Daß ich mich auch in dieser Sache, statt auf Thomas Cook, auf die Landkarte und einen türkischen Oberkellner verlassen hatte, weil derselbe sich bei der Erforschung der türkischen Speisekarte als äußerst brauchbar erwiesen hatte, wurde belohnt mit einer herrlichen Fahrt, die fast einen Tag lang südlich um den See von Isnik herumführte durch Wälder und Berge, durch Dörfer, Obstgärten und Olivenhaine, begrüßt von freundlichen Bauern und Hirten, über unwahrscheinliche Straßen mit Kurven, die sogar ein türkischer Chauffeur mit Hilfe von Kupplung und Bremse allein nicht bewältigen kann. Es gibt Strecken auf diesen Bergstraßen zwischen Fels und Abgrund, wo es einfach nicht passieren darf, daß ein Fahrzeug entgegenkommt. Solche Strecken sind nur mit Allahs Hilfe zu überwinden.

Am späten Nachmittag hatten wir die Höhe des Gebirges südlich von Isnik erreicht. An einer Kurve öffnet sich der Blick auf den See unten im Tal, auf die gegenüberliegenden Berge und auf den alten Platz Nicaea. Von der Höhe sieht man nichts weiter mehr als den an der Seespitze gelegenen unregelmäßigen doppelten Ring der gewaltigen Stadtmauer mit einhundertacht mächtigen Türmen auf der Innenmauer und einhundertdreißig kleineren Rundtürmen auf der Außenmauer. Das Gebiet innerhalb der Mauer ist bestelltes Feld. In der Mitte liegt ein kleines, zwischen Akazien und Maulbeerbäumen malerisch sich erstreckendes Dorf.

An dieser Mauer haben über tausend Jahre lang ein Dutzend Kaiser gebaut. Zahlreiche antike Reliefs sind in späterer Zeit aus verfallenden Prachtbauten herausgebrochen und in die Mauer hinein verbaut worden. Da und dort ist noch der Rest einer kaiserlichen Inschrift erhalten. Die Tore, durch die einst die Bischöfe der Christenheit in Nicaea einzogen, sind halb in die Erde versunken. Während ich an dem steinernen Bogen den Namen »Flavius« entziffere, drängt sich eine Herde von Schafen durch das Tor. Nur in der verfallenden Kirche »He Koimesis tes Panagias«, der Kirche des Entschlafens der Muttergottes, die aus dem 11. Jahrhundert stammt, ertönt zuweilen noch an hohen Festtagen die Liturgie in türkischer Sprache.

Hier wurde 325 nach Christi Geburt die Haeresie des Arios, Presbyters aus Alexandreia, durch Athanasios, den späteren Patriarchen von Alexandreia, zu Fall gebracht. Daß der Sohn dem Vater wesensgleich sei, wurde als Dogma im nicaenischen Glaubensbekenntnis ausgesprochen. Der Arianismus hat zwar seine Verurteilung auf dem Konzil von Nicaea lange überlebt, am längsten in Spanien, wo die Westgoten ihm anhingen, bis König Rekkared Ende des 6. Jahrhunderts ihren Übertritt zum katholischen Glauben erzwang. Im Konzil von Nicaea ist die Einheit des Glaubens und der Kirche gerettet worden.

Es handelt sich bei dem arianischen Streit nur um einen einzigen Buchstaben, ein Jota. Das griechische Wort für wesensgleich ist ὁμοούσιος = homoousios, für wesensähnlich ὁμοιούσιος = homoiousios. Wenn einer von seiner Meinung nicht um ein Jota abweichen will, ist es auch heute immer noch das Jota, um das es damals in Nicaea ging.

Die Pracht der Stadt ist vergangen. Der Pflug geht über sie dahin. Über den Mauern in der Sonne dieser friedlichen Landschaft liegt der melancholische Schimmer der Vergangenheit. Das Glaubensbekenntnis, das die Väter in diesen Mauern abgelegt haben, wird immer und überall noch verkündet.

Im Schlafwagen waren nur wenige Abteile besetzt. Der türkische Schlafwagenschaffner, ein stattlicher, grauhaariger Mann mit intelligentem Gesicht, war von jener weltweiten Höflichkeit, die jeden Fremdling wie einen Freund empfängt. Dieser Schlafwagenschaffner ist eine internationale Persönlichkeit. Erfahren in der Kunst, mit einem Blick die Diagnose einer ganzen Biographie zu stellen, ist er in den vier Dezennien, die er auf Achse ist, ein Kenner der Welt und der Menschen zwischen dem Schwarzen und dem Roten Meer geworden. Exzellenzen und Sheiks, Lords und Maharajas, Paschas und Pilger, Gelehrte und Millionäre sind sein tägliches Brot. Schon dem Freiherrn v. d. Goltz-Pascha, schon Sven Hedin, schon Geheimrat Dörpfeld hat er Mokka serviert.

Er war bereit, sich in elf Sprachen mit mir zu unterhalten, und größere Douceurs nahm er sicherlich in doppelt so vielen Währungen. Da ich von seinen elf Sprachen höchstens drei kannte, haben wir deutsch miteinander gesprochen. Dieser elf Sprachen wegen hatte er während des zweiten Weltkrieges bei mindestens fünf Nationen im Verdacht gestanden, Spion zu sein. Da er es für keine gewesen war, hatte er seine Stellung verloren. So war er, ohnbeschadet des Stolzes auf die ruhmreiche Vergangenheit seines Volkes, von pazifistischer Verständigkeit. Flugzeugträger erweckten in ihm nur die Skepsis jahrhundertelanger schlechter Erfahrungen.

Ich packte meine Bücher aus und verteilte meine Sachen in dem behaglichen Abteil. Der Zug hatte keine übertriebene Geschwindigkeit. Alle paar Stunden hielt er auf einer kleinen Station. Wo der Zug hält, ist er das Ereignis des Tages, zu welchem jedermann, der Zeit hat, auf den Bahnsteig kommt. Im Orient hat jedermann jederzeit Zeit.

Für geringes Geld kann man auf dem Bahnsteig ein auf dem Rost bratendes Huhn kaufen, eine schöne Stickerei, wunderbare Äpfel, ausgezeichneten Tee und, wenn man will, ein lebendiges Schaf. Der Tee ist eine Erinnerung an die Jahrhunderte vor dem Aufbruch der Türken nach dem Westen, als dieses alte Reitervolk seine Herden noch in den Steppen am Aralsee weidete. Den Mokka haben die Türken mit der Lehre des Propheten von den Arabern übernommen. Die Türkei ist das einzige Land auf der Welt, in welchem es sowohl guten Kaffee als auch guten Tee gibt.

Die Bauern des anatolischen Hochlandes sind arm. Das Land gibt wenig her. Wald ist selten. In weiten Horizonten ziehen sich die felsigen Gebirge in karger Schönheit dahin. Nur in den Tälern mit ihren bescheidenen Flüssen wächst ein wenig Gras. Die in grauen Steinen erbauten Häuser der Dörfer scharen sich um einfache Minarette. Schafe sind Reichtum; denn Schafe sind anspruchsvoll. Sie setzen Weideland voraus. Das Haustier der Armut ist die Ziege. Die Ziege erhält die Armut. Der Bauer lebt von ihr, aber gleichzeitig fressen die Ziegen alles, was wachsen will, immer wieder auf. Der Bauer müßte fünf Jahre ohne Ziegen leben, um ohne Ziegen leben zu können. Mein elfsprachiger Freund verriet mir ein Sprichwort der anatolischen Bauern: »Wenn du das Schaf nicht findest, sagst du zum Ziegenbock: ›Çelibi! – Gnädiger Herr!‹«

Die türkische Regierung unternimmt große Anstrengungen, das Los der Bauern zu verbessern. In den letzten Dezennien hat sie bei dieser Bemühung schöne Erfolge erzielt.

Diese Bauern sind eine zähe Rasse. Sie sind anspruchslos, fleißig, gastfreundlich und voller Humor. Die Geschichten und Streiche Nasr-eddin Hodschas, des türkischen Eulenspiegels, stehen bei ihnen in hohem Ansehen. Einer seiner Streiche sei erzählt.

Hodscha wurde von einem bösen Nachbarn auf das heftigste um sein Haus beneidet. Eines Tages ging er zu dem Nachbarn hinüber, um ihm das Haus zu einem geringen Preis zum Kauf anzubieten. Hodscha stellte nur die Bedingung, daß ein Nagel im Wohnzimmer des Hauses sein Eigentum bleibe. Der Nachbar ging erfreut auf den Handel ein und bezog das Haus. Am nächsten Morgen klopfte Hodscha an die Tür. Der Nachbar öffnete freundlich: »Guten Morgen! Guten Morgen! Allah sei gelobt! Und was willst du?« Hodscha erklärte, daß er nur seine Hose zum Trocknen an den Nagel hängen wolle, der sein Eigentum sei. Der Nachbar ließ ihn gewähren. Am nächsten Morgen klopfte Hodscha wieder an die Tür. Wieder öffnete der Nachbar, freilich etwas weniger freundlich schon: »Guten Morgen! Allah sei gelobt! Und was willst du?« Hodscha erklärte, daß er ein Bündel Knoblauch an den Nagel hängen wolle, der sein Eigentum sei. Und so geht die Geschichte in behäbiger Breite weiter, bis natürlich eines Tages der verzweifelte Nachbar das Haus zurückgibt, ohne einen Pfennig seines Kaufpreises wiederzubekommen.

Wenn der Zug eine Viertelstunde Aufenthalt gehabt hat, ertönt eine Glocke. Sie ertönt in kurzen Abständen dreimal hintereinander. Nach dem dritten Mal beenden die Reisenden ihre Geschäfte mit den Bauern und begeben sich würdig und gemessen wieder in den Zug. Nach einer Weile fährt er dann auch ab.

Meine Lektüre war von einer den Absichten der Reise angemessenen Zusammenstellung. Es war die Bibel, der Baedeker und »Die Verteidigung des Christentums«, das »Apologeticum« des Tertullian, das ein kluger Freund mir auf dem Münchener Hauptbahnhof noch ins Abteil gereicht hatte. Immer wieder wird in den Baedekern des Vorderen Orient die Bibel zitiert, in Anatolien die Apostelgeschichte, in Syrien das Alte Testament, in Palästina die Evangelien.

Die Schrift Tertullians ist noch am Ende des 2. Jahrhunderts nach Christi Geburt geschrieben. Es ist die geistreiche Verteidigung des Christentums gegen Angriffe der Philosophie der Antike, die gründlichste, die wir besitzen. Ihre Erkenntnisse sind noch heute gültig. Auch gehört das Apologeticum zu jenen wertvollen Quellen, aus deren sorgfältiger Argumentation wir erfahren, was in den sorgfältig vernichteten Schriften der Gegner gestanden hat. Als lateinischer Schriftsteller der Väterzeit wird Tertullian nur von Augustin übertroffen. Das Apologeticum entwirft ein Bild der geistigen Landschaft der beiden ersten nachchristlichen Jahrhunderte.

Die erste Zeit des Christentums ist erfüllt von der Auseinandersetzung mit dem Judentum. Diese Auseinandersetzung ist schon von Paulus entschieden worden. Das Evangelium wird als eine Botschaft an alle Völker erkannt.

So war es eine natürliche Aufgabe der ersten beiden Jahrhunderte, dieser Botschaft in der geistigen Welt des Römischen Reiches Widerhall zu verschaffen. Diese geistige Welt war von der griechischen Philosophie bestimmt.

Die Spuren des Judenchristentums verlieren sich nach der Zerstörung Jerusalems im Jahre 70 sehr bald. Aber auch dieses Samenkorn des Heils ist nicht gänzlich verlorengegangen. Judenchristliche Gemeinden haben noch jahrhundertelang im Ostjordanland und merkwürdigerweise auch in Arabien bestanden. Es läßt sich nachweisen, daß der Prophet Mohammed vieles von der Überlieferung der Judenchristen in seine Lehre übernommen hat.

Das Christentum wäre kaum zu seiner weltgeschichtlichen Bedeutung aufgestiegen, wenn es sich nicht mit den Ergebnissen der jahrhundertelangen Denkarbeit der griechischen Philosophie auseinandergesetzt hätte. Umgekehrt drang, zufolge dieser Auseinandersetzung, christliches Gedankengut in die griechische Philosophie ein.

Keine Religion, die auf Weltgeltung Anspruch erhebt, kann die griechische Philosophie ignorieren. Auch der Islam ist dieser Auseinandersetzung nicht ausgewichen. Ibn Sina, der große persische Philosoph Avicenna, hat den Versuch unternommen, den Glauben des Islam mit den Ergebnissen der griechischen Philosophie in Einklang zu bringen. Es ist ein Mangel der Theologie des Islam, daß es bei einem Versuch geblieben ist.

Dafür hat der Islam, weit gründlicher als das Christentum, sich mit der großen Kunst, der vornehmen Kultur und dem geistigen Gedankengut des alten Persien beschäftigt. So ist uns vieles von der persischen Überlieferung erhalten geblieben, was ohne die Arbeit der islamischen Gelehrten verlorengegangen wäre.

Während das Christentum sich mit der griechischen Philosophie auseinandersetzte, bildeten sich die Anfänge der hierarchischen Ordnung der Kirche. In der ersten Zeit hatte es nur Gemeinden gegeben, diese allerdings sehr früh in allen Teilen des Römischen Reiches. Aber nicht nur mußte das Christentum sich mit der griechischen Philosophie auseinandersetzen, auch die griechische Philosophie konnte nicht umhin, sich mit der christlichen Lehre zu befassen.

Welche Natur kommt dem Mensch gewordenen Sohne Gottes zu? Der in vielen Jahrhunderten des Denkens geschulte griechische Geist stellte Fragen über Fragen. Die christlichen Denker sahen sich der Notwendigkeit gegenüber, diese Fragen aus den heiligen Schriften zu beantworten. Es kann in dieser Sache keine Meinungen geben. Es kann nur Wahrheit geben! Die Erkenntnis der Wahrheit wurde von der Kirche in Dogmen, in Glaubenssätzen, niedergelegt. Das geschah auf den großen Konzilen, deren erstes Konstantin der Große nach Nicaea einberufen hatte. Die Christen glaubten, nicht fehlzugehen, wenn sie darauf vertrauten, daß eine Versammlung der ältesten und weisesten Bischöfe der Christenheit der Erleuchtung durch den Heiligen Geist teilhaftig sei. Der Auseinandersetzung mit der griechischen Philosophie verdanken viele christliche Dogmen ihre philosophische Präzision.

Es wäre falsch, sich die Beziehung zwischen christlicher Lehre und griechischer Philosophie als eine grundsätzliche Feindschaft vorzustellen.

Christliche Lehre und klassische Naturwissenschaft waren einander viel fremder, als es christliche Lehre und griechische Philosophie je hätten sein können. Die Menschen, die in den ersten Jahrhunderten sich taufen ließen, gehörten der griechisch-römischen Kultur an. Gerade die besten Köpfe unter ihnen waren in der griechischen Philosophie erzogen. Sie brachten bei ihrer Bekehrung die Weisheit von Hellas als Morgengabe mit. Adolf v. Harnack sagt in seiner »Geschichte des Dogmas«, das dogmatische Christentum sei ein Werk des griechischen Geistes auf dem Boden des Evangeliums.

Der Zug hat die Pässe des anatolischen Gebirges überwunden. Er wendet sich nach Westen hinab zur Küste des Mittelmeers. Es wird wärmer. Das Land wird fruchtbarer. Reisfelder tauchen auf. Auf den Bahnhöfen werden Äste mit frischen Orangen angeboten. Der Zug fährt durch ein malerisches Flußtal im Glanz eines späten Herbstabends. Über dem Mittelmeer geht die Sonne unter. Wir sind in Smyrna angekommen.

Smyrna ist eine moderne Hafenstadt, die in einer Bucht der kleinasiatischen Westküste liegt. In einer Bucht sechzig Kilometer südlich von Smyrna liegt Ephesos.

Was mag dieses Ephesos heute für eine Stadt sein?

»GROSS IST DIE DIANA DER EPHESER!«

Daß eine Großstadt so vollständig von der Erde verschwinden kann, daß nur in Sagen und Legenden Spuren der Erinnerung an sie übrigbleiben, ist eine aufregende Sache. Große Städte entstehen aus einem Zusammentreffen historischer, politischer, geographischer und wirtschaftlicher Voraussetzungen. Doch hat der Mensch selten der poetischen Versuchung widerstehen können, die Gründung einer Stadt einem einzelnen Menschen zuzuschreiben, der entweder ein Genie des Weitblicks war oder im Auftrag der Götter handelte.

Wenn eine oder zwei der angeführten Voraussetzungen zu bestehen aufhören, können große Städte zu kleinen Provinzorten werden. Wenn alle vier Voraussetzungen zu bestehen aufhören, können Millionenstädte in die Erde versinken.

Die historische Voraussetzung von Ephesos war die Herrschaft der Griechen im Mittelmeer. Ephesos war eine Polis, einer dieser selbständigen Stadtstaaten, deren Macht auf der Freiheit und den Rechten seiner Bürger beruhte. Das war die politische Voraussetzung. Ephesos war ein Hafen. Das war die geographische Voraussetzung. Wirtschaftlich war Ephesos der Ausgangspunkt der Persischen Königsstraße nach den Ländern des Nahen und Mittleren Ostens.

Die Herrschaft der Griechen im Mittelmeer war mit der Eroberung Griechenlands durch die Römer beendet. Die Freiheit der Polis war schon von den Perserkönigen bedroht worden. Doch hatten ihre Grundbedingungen durch Verträge gerettet werden können. Mit der Eroberung durch die Römer fand die Freiheit der Polis ihr Ende. Der Hafen ist im Lauf der Jahrhunderte versandet. Wir sind uns gewöhnlich dessen nicht bewußt, daß sich der Erde festgefügter Grund schon innerhalb geschichtlicher Zeiträume, die, gemessen an den Jahrmillionen der Perioden der Erdgeschichte, nur Sekunden sind, merkbar verändern kann. Infolge der zunehmenden Versandung des Hafens und der Tatsache, daß die Staatsgründungen der türkischen Völker den Okzident von den Ländern des Ostens abschnitten, verlor auch die Persische Königsstraße ihre kommerzielle Bedeutung.

So entvölkerte sich Ephesos im Lauf der Jahrhunderte. Es verfiel. Es wurde schließlich von seinen letzten Einwohnern verlassen. Es sank, vom Winde verweht, dahin. Erst die Archaeologen unseres Jahrhunderts haben seine Trümmer wieder zutage gefördert.

Ephesos war eine der Großstädte der Antike. Zur Zeit seiner höchsten Blüte, zur Zeit der Apostel, hat es mindestens eine Viertelmillion Einwohner gehabt.

Wahrscheinlich war Ephesos schon im 10. Jahrhundert vor Christi Geburt eine griechische Stadt. Das war zu der Zeit, als das Heer König Davids die Philister besiegte und die Stadt Peking in China gegründet wurde. Schon damals stand an diesem Platz ein Heiligtum der Astarte, der großen Naturgöttin der Asiaten, die nachmals von den Griechen der Artemis gleichgesetzt wurde. Bei den Römern hatte die Göttin Artemis den Namen Diana.

Später wurde Ephesos eine der zwölf Städte des Ionischen Städtebundes. In Ephesos stand der, wenn auch vielleicht nicht schönste, so doch größte und prächtigste Tempel der Antike, das der Göttin Artemis geweihte Artemision. Das Artemision war eines der Sieben Weltwunder. Es wurde um das Jahr 700 vor Christi Geburt errichtet.

700 vor Christi Geburt war die Zeit, als König Asarhaddon von Assyrien durch die Eroberung Aegyptens das Assyrerreich auf den Höhepunkt seiner Macht führte. König Manasse von Juda gliederte sein Reich dem assyrischen Imperium an. Der Dienst Baals mit seinen Menschenopfern wurde in Juda wieder eingeführt. Es waren die letzten Jahre des Propheten Jesaja. Zarathustra gründete in Persien die erste Religion, die Weltgeltung erlangte. Zum erstenmal in der Geschichte der Kunst erscheinen

auf assyrischen Reliefs geflügelte gute Geister in Menschengestalt – heidnische Engel. Griechen und Chinesen prägten die ersten Münzen der Weltgeschichte. In Babylon wurde der Anbau von Baumwolle eingeführt.

Das Artemision hat fast tausend Jahre bestanden. Es ist eine der großen Kultstätten des religiösen Lebens der griechischen Welt gewesen. Im Jahre 262 nach Christi Geburt wurde das Artemision von einer Horde schweifender Goten zerstört.

Wir haben von der Ausdehnung und den Schwerpunkten der griechischen Welt in der ersten Hälfte des ersten Jahrtausends vor Christi Geburt eine Vorstellung, die von der heutigen Namensgebung beeinflußt ist. Heute heißt nur noch das Land westlich der Aegaeis Griechenland. Das Land östlich der Aegaeis heißt Kleinasien. Tatsächlich waren die in Kleinasien gelegenen Städte Ephesos und Milet viele Jahrhunderte lang schon blühende Städte, politische Kraftzentren und Mittelpunkte von Kunst und Wissenschaft, als Athen noch eine unbedeutende und politisch wenig einflußreiche Provinzstadt war.

Das Aegaeische Meer war in der ersten Hälfte des ersten Jahrtausends vor Christi Geburt ein griechisches Binnenmeer.

In Ephesos ist Heraklit geboren, der gewöhnlich »der Dunkle« genannt wird. Durchaus im Gegensatz zu diesem Namen ist er der erste große Meister der Geist und Welt bewegenden griechischen Philosophie, von dem wir mehr als seinen Namen wissen, der erste, von dessen Person und Werk wir eine Vorstellung haben.

In Ephesos hat Homer, der Vater der Dichtkunst, gelebt. Vielleicht ist er sogar dort geboren. Eine Wiese am Kaÿstros, dem Fluß, an dem Ephesos liegt, wird bei Homer mit dem Namen Asia erwähnt. Diese Wiese hat dem größten Kontinent unserer Erde den Namen gegeben.

Als Herostratos, um sich Ruhm zu verschaffen, den Tempel der Artemis in Brand steckte, war das in der Nacht, in der Alexander der Große geboren wurde. Welche poetische Kraft, fünfhundert Jahre nach Homer, strahlt eine Legende aus, die die Fackel eines brennenden Tempels über einem Erdteil aufleuchten läßt in der Nacht, in der der Eroberer dieses Erdteils geboren wird!

Ephesos ist, tausend Jahre nach König David, eine bedeutende frühe Stätte der Christenheit. Dieses Ephesos, damals die Hauptstadt der römischen Provinz Asia, war eine der Sieben apokalyptischen Gemeinden. In Ephesos ist der Apostel Johannes begraben und vielleicht auch Lukas. Vieles spricht dafür, daß Ephesos die Stadt ist, in deren Nähe die Mutter Jesu die letzten Jahre ihres Lebens verbrachte.

In Ephesos hat Onesimos gelebt. Onesimos ist noch als Sklave geboren.

Er lernte Paulus in Rom kennen und wurde von ihm zum Christentum bekehrt. Später wurde er Bischof von Ephesos. Er war der erste Verleger der Briefe des Apostels Paulus, die er schon im Jahre 110 herausgegeben hat. Wenn man erwägt, welche Wirkung der Apostel Paulus mit seinen Schriften ausgeübt hat, ist es nur recht und billig, auch des Onesimos, des bescheidenen Verlegers und Dieners am großen Werk, zu gedenken.

In Ephesos hat 431 nach Christi Geburt das Konzil stattgefunden, das die Lehre Nestorios', des Patriarchen von Konstantinopel, verwarf. Er hatte gelehrt, daß Maria nur die Mutter der menschlichen Natur Jesu sei; sie könne nicht auch die Mutter der göttlichen Natur Jesu sein, da Gott nicht von einem menschlichen Wesen geboren werden könne. Es sei richtiger, sie χριστοτόκος – christotókos, Mutter Christi, zu nennen.

Sein großer Gegner war Kyrill, der Patriarch von Alexandreia. Zu Kyrills Zeit ist es gewesen, daß die Philosophin Hypatia, die letzte bedeutende Heidin der griechischen Kultur, anläßlich eines Volksaufstandes in Alexandreia ermordet wurde. Kyrillos verwarf die Lehre des Nestorios als Ketzerei. Maria sei zwar nicht die wahre Mutter der göttlichen Natur Jesu an sich, wohl aber die Mutter des fleischgewordenen Logos, des Wortes, das sowohl die göttliche als auch die menschliche Natur Christi enthalte. So sei also Maria tatsächlich θεοτόκος – theotókos, gottgebärend, also Mutter Gottes.

Die frühe Christenheit ist lange Zeit hindurch nahe daran gewesen, den Glauben an die Göttlichkeit der Person Jesu Christi preiszugeben. Auf dem Konzil von Nicaea ist die Wesensgleichheit des Sohnes mit dem Vater zum Dogma erhoben worden. Dieses Dogma hat sich im Lauf des nächsten Jahrhunderts durchgesetzt. Seine Wichtigkeit erklärt die Erbitterung, mit welcher in dieser Sache um die Wahrheit gestritten wurde.

Nachdem die Wesensgleichheit als Wahrheit erkannt war, stellte sich die Frage nach der Funktion der Mutter Jesu ganz von selbst. Diese Frage wurde auf dem Konzil von Ephesos entschieden. Die These Kyrills wurde als wahr erkannt. Das Konzil von Chalcedon bestätigte zwanzig Jahre später die Lehre von Ephesos. Die in unseren Tagen von der Kirche zum Dogma erhobene Assumptio Mariae ist der Endpunkt einer Lehrentwicklung, die in Nicaea und Ephesos begonnen hatte.

Die Lehre Nestorios' hat ihre Verurteilung auf den Konzilen von Ephesos und Chalcedon um viele hundert Jahre überlebt. Noch heute gibt es Nestorianer in Kurdistan. In der Syrischen Kirche lebt die Theologie des Nestorios weiter.

Die nestorianische Lehre hat sich weit nach Asien hinein verbreitet. In der Mitte des 7. Jahrhunderts unternahm der nestorianische Mönch Olopön eine Missionsreise nach China. Der Kaiser T'ai-tsung der T'ang-

Dynastie, eine der bedeutendsten Gestalten der chinesischen Geschichte, empfing den syrischen Mönch mit großen Ehren. Er legte der Missionstätigkeit Olopöns keine Beschränkung auf, er förderte sie. So kam es von der Mitte des 7. bis zur Mitte des 9. Jahrhunderts zu einer Blüte des nestorianischen Christentums in China. Fast in allen großen Städten des chinesischen Reiches hat es damals christliche Kirchen gegeben.

Von dieser Mission Olopöns ist ein merkwürdiges Denkmal erhalten geblieben. Im Jahre 1623 wurde beim Ausschachten eines Hauses in der Stadt Si ngan-fu in Nordwestchina eine große Steintafel gefunden, die in chinesischer und syrischer Schrift ausführliche Nachrichten über das Christentum im China der T'angzeit enthält. Die Tafel ist gekrönt von einem aus Greifen und Drachen bestehenden Halbrelief.

Die Tafel ist auf das Jahr 781 nach Christi Geburt zu datieren. Ihre Bedeutung wurde damals von dem Jesuitenpater Trigault sofort erkannt. Die Nachricht von einer Ausbreitung des Christentums im China des frühen Mittelalters war so sensationell, daß man die Jesuiten der Fälschung bezichtigte. Diesem Irrtum ist, allzu aufgeklärt, auch der große Voltaire verfallen. Aber die Tafel ist echt. Von dem T'angkaiser sagt sie:

»Als T'ai-tsung, der leuchtende Kaiser, seine glückliche Regierung in Ruhm und Glanz begann, indem er sein Volk erleuchtet und weise beherrschte, lebte im Königreich Syrien ein Mann von großer Tugend namens Olopön, der, weissagend aus leuchtenden Wolken, die heiligen Schriften herbeibrachte. Er bestand die Schwierigkeiten und Gefahren der Reise, indem er die Harmonie der Winde beobachtete.

Im neunten Jahre Cheng-kuan kam er nach Chang-ngan. Der Kaiser sandte seinen Staatsminister Herzog Fang hüan-ling an der Spitze einer Eskorte in den westlichen Vorort, um den Besucher zu empfangen und zu geleiten. Die Schriften Olopöns wurden in der kaiserlichen Bibliothek übersetzt. Als seine Lehren in den kaiserlichen Privatgemächern geprüft wurden, erkannte der Kaiser ihre Richtigkeit und Wahrheit und ordnete an, sie sollten gepredigt und verbreitet werden.«

Der beste Kenner dieser Materie ist ein japanischer Gelehrter. Professor Saëki meint, daß das China der T'angzeit zwar nicht de jure, aber de facto unter christlichem Einfluß gestanden habe.

Das Christentum ist aus dem Reich des Konfuzius wieder verschwunden, ohne daß wir viel von diesem Vorgang wissen. Allerdings hat die chinesische Zivilisation in ihrem überquellenden Reichtum das dem Buddhismus verwandte christliche Gedankengut nur insofern zum Verschwinden gebracht, als sie es in sich aufgenommen hat. Man kann sagen, daß die vier großen Weltreligionen geistig viele Gemeinsamkeiten haben. Das bedeutet, daß der Humanismus eine Weltgrundlage hat.

Wenn man Ephesos besichtigen will, muß man in einer anatolischen Stadt, in deren Nähe die Ausgrabungen liegen, übernachten. Dieses Städtchen, das man ebensogut ein großes Dorf nennen könnte, heißt Selçuk. Viele dieser Plätze haben die verwirrende Eigenschaft, zwei oder auch drei Namen zu haben – einen türkischen, einen griechischen und zuweilen auch noch einen armenischen oder sogar einen hethitischen. Der Name Selçuk kommt von den Seldschuken, einem früh nach Kleinasien gekommenen türkischen Volk, das schon im 11. Jahrhundert in Südanatolien ein großes und blühendes Reich mit der Hauptstadt Konia, dem alten Ikonium, das Reich Rum, gegründet hatte. Ein Name wie Ajasoluk hingegen ist, so schön türkisch er klingt, entstanden aus dem griechischen Hagios Theologos. Das ist der Evangelist Johannes. So bewahrt noch jeder kleine mohammedanische Bauernjunge dieses Dorfes eine Überlieferung, die wir Christen des Westens vergessen haben.

Es ist jedesmal von prickelndem Reiz, die eingefahrene Bahn des Tourismus, die Sicherheit und den Komfort der Grandhotels zu verlassen und nun in einem Land, dessen Sprache man nicht spricht, in die wahre Fremde zu geraten. Ich stand mit meinem Koffer auf dem Bahnsteig des Hagios Theologos. Über den Bahnhofsplatz ziehen sich zwanzig Bogen eines byzantinischen Aquaeduktes, der teilweise aus antiken Werkstücken besteht. Der Zug fuhr ab. Eine Menge Türken standen umher und betrachteten mich mit zurückhaltender Neugier. Auch hier kommt nur einmal am Tag ein Zug, das Ereignis, zu welchem der ganze Ort sich versammelt.

Ein Fremder ist für einen rechtgläubigen Moslem eine Gabe Allahs. Offenbar hat dieser Mensch Geld; aber statt daß er sich, um sich Allahs Güte würdig zu erweisen, vor sein Haus in die Sonne setzt oder sich eine zweite Nebenfrau nimmt, was doch auch schon genug Ärger macht, reist dieser Mensch umher. Die Rechtgläubigen ziehen daraus den vernünftigen Schluß, daß Allah diesem Menschen den Sinn verwirrt und ihn seinen Kindern geschickt habe, damit sie sich an ihm bereichern. Ist der Fremde geizig, so werden die Kinder Allahs böse, aber keineswegs, weil sie habgierig, sondern weil sie fromm sind. Hat der Fremde hingegen mit dem Bakschisch eine leichte Hand, ist Allahs Weisheit Genüge getan, und der Fremdling wandelt auf einem Blumenteppich orientalischer Liebenswürdigkeit durch das Land.

In einer Lage wie der, in der ich mich auf dem Bahnsteig befand, muß man sich einen Protektor verschaffen. Ich wählte dazu einen würdigen Mann mit weißem Bart. Ich sprach ihn geradenwegs an. Jede beliebige Sprache der babylonischen Sprachverwirrung ist dazu geeignet. Man kann ruhig bei einer solchen Gelegenheit einen Vers aus Schillers Glocke zitieren. Der Alte fühlte sich durch die Ansprache geehrt und damit auch sogleich für mich verantwortlich.

Es ist unglaublich, was alles man mit Gesten ausdrücken kann. Ich wies auf meinen Koffer und legte die flache Hand an die Backe, den Kopf zur Seite neigend – die Geste des Schlafens. Einige der Umstehenden machten, um zu zeigen, daß sie mich verstanden hätten, die Geste nach, und einer begann sogar – man kann nie wissen, wie dumm ein Fremder ist – zu schnarchen. Alles lachte. Der Alte nahm mich freundlich unter den Arm. Irgend jemand ergriff meinen Koffer. So zogen wir alle zusammen in eine Herberge, in der unten ein kleines Caféhaus war. Dort wurden einige dreißig oder vierzig Tassen Mokka getrunken, zu denen ich einladen durfte. Unter meinen Gästen befand sich ein Invalide, der sein Bein in den Kämpfen um die Dardanellen verloren hatte. Der Kamerad der Weltgeschichte bestand darauf, daß zum Mokka ich sein Gast sei.

Es dauerte auch nicht mehr lange, daß der deutschsprechende Mann des Ortes erschien. Immer gibt es in jedem noch so kleinen türkischen Dorf einen weitgereisten Mann, der entweder deutsch oder französisch oder englisch spricht, und der natürlich jeweils glücklich ist, mit seiner Weltkenntnis sich ein großes Gesicht zu machen. In Ajasoluk war es ein liebenswürdiger Offizier der türkischen Armee. Sein Deutsch hatte er auf der Militärakademie gelernt. Er nahm sich meiner in der rührendsten Weise an. Wir wurden Freunde.

Der Komfort der Herzlichkeit ist schöner als der Komfort aller Grandhotels der Welt. Hier war es die feinste Form der Délicatesse du cœur, die Herzlichkeit der Armut. Die Bauern leben von der Baumwollkultur. Die Preise sind schlecht. Rešat Pars, mein türkischer Freund, sagte: »Die Bauern weinen Blut.«

Der Pressechef der türkischen Regierung hatte mir freundlicherweise einen Brief mitgegeben, in dem in türkischer Sprache stand, wer ich sei und was ich vorhabe. Diesen Brief reichte ich dem Wirt. Er ließ ihn die Runde machen. Der Stempel der Regierung rief bei den Bauern viele achtungsvolle Rufe hervor, nicht viel anders, als es in früheren Zeiten ein Ferman des Sultans getan haben mag. So wurde ich im Lauf des von Tabakwolken und behäbigem Geschwätz erfüllten Abends ihr Fremder. Das sollte mich noch vor einem Unheil bewahren.

Am nächsten Morgen machte ich mich auf in die Vergangenheit. Zunächst erstieg ich einen in der Nähe des Dorfes gelegenen Hügel, dessen Spitze von den Ruinen eines osmanischen Kastells gekrönt ist. Vom halben Hang dieses Hügels geht der Blick nach Westen auf die auf beiden Seiten von Bergen eingefaßte, breit zum Meer sich öffnende

Mündungsebene des Kaÿstros. In der Ferne, etwa acht Kilometer weit, endet der Blick an einem feinen hellen Streifen am Horizont. Das ist die Küste. Die Berge zur Rechten sind niedrig. Zur Linken, in etwa vier Kilometer Entfernung, erhebt sich, etwa zweihundert Meter hoch, der Bülbül Dag, der Nachtigallenberg. Hinter dem Bülbül Dag ragt ein etwa sechshundert Meter hoher, langgestreckter, von tief eingeschnittenen Tälern abgeteilter Bergrücken auf, der Ala Dag. Am Fuß des Bülbül Dag, von meinem Standort aus eine gute halbe Stunde Weges, zwischen dem Hügel und dem Meer, liegen die Ruinen von Ephesos. Aus dieser Entfernung sind die Überreste der antiken Großstadt nicht mehr als einige helle Flecke in der Landschaft. Der Bülbül Dag ist kahl. Er muß aber, wie aus seinem Namen hervorgeht, einmal bewaldet gewesen sein. Der hinter dem Bülbül Dag aufragende Ala Dag ist in seinen oberen Regionen bewaldet. Die Wälder erstrecken sich, wie im Altertum, weit in die dahinter liegenden Täler hinein. An einer Stelle sieht man die noch frischen Böschungen einer neuen Straße, die in scharfem Zickzack den steilen Hang des Ala Dag hinaufklettert. Diese Straße führt zur Panaja Kapoulü. Panaja ist das griechische Wort Panhagia, die Allerheiligste, nämlich die Allerheiligste Jungfrau. Kapoulü ist das türkische Wort für Stätte. Das Haus der Heiligen Jungfrau liegt hinter dem Kamm des Ala Dag mitten in den Wäldern. Vor uns ist das Land bis zum Meer hin eben, ein nur hie und da von Äckern unterbrochener, mit Schilf und Strauchwerk bestandener Sumpf.

Im Umkreis von wenigen hundert Metern von der Stelle, an der ich stehe, befinden sich die Stätten von vier bedeutenden Bauwerken aus vier Epochen der Geschichte. Das erste Bauwerk ist das Artemision. Das zweite ist die Kirche, die Kaiser Justinian, der Erbauer der Hagia Sophia in Konstantinopel, im 6. Jahrhundert über dem Grab des heiligen Johannes errichten ließ. Das dritte ist die Isa Bey-Dschami, eines der frühesten und schönsten alttürkischen Bauwerke auf anatolischem Boden. Die Isa Bey-Dschami ist eine Moschee, die von dem Seldschukensultan Isa Bey am Ende des 14. Jahrhunderts errichtet worden ist. Das vierte Bauwerk ist das osmanische Kastell aus dem 17. Jahrhundert.

Zur Zeit des Artemision brandete das Meer noch an den Fuß des Hügels, auf dem ich stehe. Die Marmormauer des Plateaus, auf dem das Artemision stand, war die Quaimauer des Hafens. Zur Zeit Kaiser Justinians war das Meer schon zwei Kilometer entfernt. Zur Zeit des Seldschukenfürsten Isa Bey waren es fünf Kilometer, heute sind es acht Kilometer vom Kastellhügel bis zum Strand. In vielfachen Windungen schlängelt sich der Kaÿstros durch die Sumpfebene, die er im Lauf von zweitausend Jahren selbst angeschwemmt hat.

Homer, um darzustellen, wie die Griechen vor Troia von ihren Schiffen und Zelten in den Kampf sich stürzen, in die Ebene zwischen der Küste und der Stadt Troia, durch welche der Skamander floß, wählt ein Bild, das ihn in seiner Jugend in Ephesos beeindruckt hat.

> Dort, gleichwie der Gevögel unzählbar fliegende Scharen,
> Kraniche oder Gäns' und das Volk langhalsiger Schwäne,
> Über die asische Wies', um Kaÿstrios' weite Gewässer
> Hierhin flattern und dort, mit freudigem Schwange der Flügel,
> Dann mit Getön absenken den Flug, daß weit das Gefild hallt:
> So dort stürzen die Scharen von Schiffen einher und Gezelten
> Auf die Skamandrische Flur...

Die Gabe des Vaters der Dichtkunst, die Natur zu beobachten und zu beschreiben, kann man sich noch heute bestätigen lassen von den Scharen der Nachkommen jener Schwäne und Kraniche, die Homer auf der asischen Wiese in seiner Jugend gesehen und im zweiten Gesang der Ilias unsterblich gemacht hat. Nirgendwo in der Welt können Schwäne sich eines Stammbaumes rühmen, der älter ist als der Stammbaum irgendeines lebenden Menschen auf Erden.

Die Ausgrabungsstelle des Artemision liegt etwa dreihundert Meter vom Fuß des Kastellhügels entfernt. Sie sieht aus wie eine Baugrube, ein Rechteck von zweihundertfünfzig mal hundert Metern, etwa fünfzehn Meter tief. Die Grube steht halb voll Grundwasser. Einige Säulenreste liegen im Sumpf.

In der Apostelgeschichte wird der Aufstand in Ephesos, den der Goldschmied Demetrios bei der Anwesenheit des Apostels Paulus entfesselte, beschrieben. Die Juweliere der Stadt machten damals ein glänzendes Geschäft mit kleinen silbernen Artemistempeln, die den Pilgern als Andenken verkauft wurden.

Demetrios, der in dieser Industrie eine Art Holdinggesellschaft geleitet zu haben scheint, berief eine Gewerkschaftsversammlung der Goldschmiede in das große Theater von Ephesos und wiegelte seine Zunftgenossen gegen den Apostel Paulus auf.

Lukas beschreibt uns das ganz genau. Es ist amüsant zu sehen, wie wenig die Welt sich ändert.

Lukas schreibt: »Es erhob sich aber um diese Zeit eine nicht kleine Bewegung über diesem Wege. Denn einer mit Namen Demetrios, ein Goldschmied, der machte silberne Tempel der Diana und wandte denen vom Handwerk nicht geringen Gewinst zu; dieselben und die Beiarbeiter des Handwerks versammelte er und sprach: ›Liebe Männer, ihr wisset, daß wir großen Gewinn von diesem Gewerbe haben; und ihr sehet und höret, daß nicht nur zu Ephesos, sondern fast in ganz Asien dieser Paulus viel Volks abfällig macht, überredet und spricht: ‚Es sind nicht Götter, welche von Händen gemacht sind.‘ Aber es wird nicht allein unserem Handel dahin geraten, daß er nichts gelte, sondern auch der Tempel der großen Göttin Diana wird für nichts geachtet werden und wird dazu ihre Majestät untergehen, welcher doch ganz Asien und der Weltkreis Gottesdienst erzeigt.‹ Als sie das hörten, wurden sie voll Zorns, schrien und sprachen: ›Groß ist die Diana der Epheser!‹ Und die ganze Stadt ward voll Getümmels.«

Fairerweise muß man zugeben, daß Demetrios, zweifellos ein prominentes Mitglied der Handelskammer von Ephesos, mit seiner Befürchtung, daß die neue, von Paulus verkündete Lehre auf lange Sicht den Umsatz in artemisischen Devotionalien beeinträchtigen werde, so unrecht nicht gehabt hat. Demetrios war durchaus das, was man einen weitschauenden Kaufmann nennt. Die idealistische Verbrämung von Fragen der Umsatzsteigerung ist keine Erfindung unserer Zeit.

Aus dem Bericht des Lukas über den Aufstand der Goldschmiede von Ephesos geht noch etwas anderes hervor. Die Verkündigung des Evangeliums ist schon zur Zeit der ersten Apostel eine Sache gewesen, die sich keineswegs im Verborgenen abgespielt, sondern von Anfang an eine beträchtliche Publicity gehabt hat. Auch in Thessalonike organisierten die Juden gegen Paulus sogleich einen Aufstand der Massen. Sie machten vor den Obersten der Stadt Paulus und seinen Begleitern lärmende Vorwürfe: »Diese, die den ganzen Weltkreis erregen...«

Der Berichterstatter der Apostelgeschichte, dieser ausgezeichnete Schriftsteller, den zum Schutzheiligen ihres Berufes zu nehmen die Journalisten der ganzen Welt guten Grund hätten, ist in hundert nachprüfbaren Einzelheiten so genau, daß nicht der geringste Zweifel an der Genauigkeit auch dieses Berichtes besteht. So ist das gewesen.

Der Gründe dafür, daß das Evangelium von allem Anfang an als eine Sensation auf die damalige Welt wirkte, sind viele. Es war nicht die erste der aus dem Orient stammenden Religionen, die Erfolg hatte. Der aegyptische Isiskult, der persische Mithraskult waren im Römischen Reich weit verbreitet. Aber das Christentum war höheren metaphysischen Ranges. Es gibt von den vorzüglichen Gelehrten des 19. Jahrhunderts admirable kulturhistorische Untersuchungen über die geistige Bereitschaft der Antike für die neue Lehre, über die schon von der Philosophie gestellten hohen Anforderungen an ein Leben voll menschlicher Würde. Dem Vergil, dem Vater des Abendlandes, wie das Mittelalter ihn nannte, wird eine *anima naturaliter christiana,* eine von Natur aus christliche Seele zugesprochen. Seine berühmte vierte Ekloge wirkt in der Tat erschütternd.

Nun ist gekommen die letzte Zeit nach dem Spruch der Sibylle;
Neu entspringt jetzt frischer Geschlechter erhabene Ordnung.
Schon kehrt wieder die Jungfrau, Saturn hat wieder die Herrschaft;
Schon steigt neu ein Erbe herab aus himmlischen Höhen.
Sei nur dem nahenden Knaben, mit dem die eisernen Menschen
Enden, und allen Welten ein goldenes Alter erblühet –
Gnädig sei ihm, du Helferin, Reine! Schon herrscht dein Apollo!
Während du, o Pollio, führest, beginnt dieses Aeons
Herrlichkeit, fangen an die hohen Jahre zu schreiten,
Die unsres Frevels Spuren, wenn solche noch blieben, vernichten,
Die aus unaufhörlichen Ängsten erlösen die Länder.

Aber das ist keine Verkündigung. Es ist das poetische Finale der Zeit, die erfüllet war. Bildung, Gelehrsamkeit, Staatsorganisation und Kunst hatten die Möglichkeiten, die dieser Welt offenstanden, bis in die letzten Nuancen hinein erschöpft. Es gab keine Fortsetzungen mehr. Es gab nur noch Ausklänge. Alles, was die heidnische Antike von da an noch hervorbrachte, hat nie wieder den alten Rang erreicht. Der bildenden Kunst ist kein Praxiteles mehr erstanden, der Poesie kein Sophokles, der Wissenschaft kein Aristoteles, der Rhetorik kein Cicero, der Politik kein Cäsar.

Alle diese im 19. Jahrhundert, der späten Nachblüte der antiken Kultur, von den gelehrten Humanisten erarbeiteten Einsichten betreffen nur die Voraussetzungen der Sache, nicht diese selbst. Ein Haufen Heu unter trockenen Dachsparren in glühender Sonne – das gibt noch keinen Brand. Das sind nur Voraussetzungen eines Brandes. Der Brand entsteht durch einen Funken. Der Funke, der die antike Welt in Brand steckte, war das Ärgernis des Evangeliums.

Die Männer, welche die neue Lehre verkündeten, müssen in den glänzenden Großstädten der Antike freilich aufgefallen sein. Jüdische Fischer vom See Genezareth, bescheidene Handwerker aus kleinen syrischen Landstädten zogen bettelarm durch das blühende Imperium. Sie weigerten sich, an den Errungenschaften der Zivilisation teilzunehmen. Sie verkündeten einen neuen Aeon.

Nun waren Propheten neuer Lehren, die aus dem schier unerschöpflichen Asien kamen, in der Antike nichts Ungewöhnliches. Was die Männer aus Syrien auszeichnete, war die Furchtlosigkeit, mit der sie auftraten. Wer den Tod nicht fürchtet, ist mächtig in einer Welt der Angst. Die Furchtlosigkeit ist der Lohn der Wahrheit. Ihr Preis ist der Tod.

Das sind Gedanken, die einem Pilger des 20. Jahrhunderts kommen, der auf den Marmortrümmern der Kirche des Apostels Johannes in Ephesos sitzt und auf die Wassergrube hinabblickt, an deren Stelle einst das Artemision stand.

Das Heiligtum der Antike war so völlig verschollen, daß I. T. Wood, der große englische Archaeologe der Mitte des vorigen Jahrhunderts, den Platz des Tempels zu entdecken sieben Jahre gebraucht hat. Er fand ihn schließlich mit Hilfe einer römischen Inschrift aus der Zeit des Kaisers Trajan. Das ist etwa fünfzig Jahre später, als Paulus in Ephesos war. Die Inschrift ordnet an, auf welchem Weg das Standbild der Göttin bei ihrem jährlichen Fest ins Theater der Stadt gebracht werden solle. Dieser Anweisung folgend, fand Wood die Stelle des Tempels.

Die Ausgrabungen haben nur die Trümmer von Trümmern freilegen können. Der Tempel ist jahrhundertelang als Steinbruch benutzt worden. Glücklicherweise hat die Spätantike noch die Trümmer des Artemision für so kostbar gehalten, daß einige davon für den Bau christlicher Kirchen verwendet wurden. So haben acht Marmorsäulen des Artemision tausend Jahre lang das Echo der Liturgie in der Hagia Sophia zurückgeworfen. Drei herrliche Marmorplatten aus dem Tempel in Ephesos verkleiden die Wand des Altarraumes der Kirche der heiligen Katharina am Fuß des Berges Sinai. Diese Marmorplatten werfen das Echo der Liturgie noch heute an jedem Morgen, an dem die Sonne über der Wüste aufgeht, zurück.

Der über dem Wasser schwebende Tempel muß einen großartigen Anblick geboten haben. Schon von weitem leuchtete den Schiffern, die in die Bucht von Ephesos einliefen, das in der Sonne liegende Heiligtum entgegen. Der Trümmer sind genug, und die Beschreibungen des Weltwunders sind so zahlreich, daß es möglich war, das Artemision in allen Einzelheiten zu rekonstruieren.

Der Tempel stand auf einer breit ausladenden marmornen Plattform. Er war einhundertfünfundzwanzig Meter lang, fünfzig Meter tief und hatte mehr als hundert Säulen von zwanzig Metern Höhe aus Porphyr oder Marmor. In ganz alter Zeit war das Idol nur die hölzerne Statue der Astarte gewesen. Die Göttin, die zur Zeit des Paulus in diesem Tempel verehrt wurde, war aus Gold und Elfenbein. Sie wurde geflügelt zwischen zwei Tieren, die sie führte, dargestellt. Es war die sogenannte persische Artemis, eine Verschmelzung der griechischen mit der asiatischen Göttin.

Das zweite Bauwerk liegt auf halber Höhe des Kastellhügels. Es sind die Reste der Kirche, die Kaiser Justinian über dem Grab des heiligen Johannes errichtet hatte. Der heilige Johannes leitete von Ephesos aus die benachbarten Gemeinden, darunter die sechs anderen apokalyptischen Gemeinden Smyrna, Pergamon, Thyateira, Sardeis, Philadelphia und Laodi Reia. Alle diese Plätze liegen im Umkreis von wenigen hundert Kilometern um Ephesos herum. Der Aufenthalt des Apostels Johannes in Ephesos ist historisch gesichert. Ebenso besteht kein Zweifel darüber, daß das heute leere Grab, über dem Justinian seine Kirche errichtete, historisch ist.

Diese Kirche ist ein mächtiges Bauwerk gewesen, von dem heute nur noch die Wände ausgegrabener Grundmauern stehen. Diese Grundmauern lassen einen klaren kreuzförmigen Grundriß erkennen. Die Kirche war einhundertundvierzig Meter lang. Sie war von sechs großen Kuppeln überwölbt. Das Baumaterial war antiker Marmor, der wohl zu einem Teil aus den Trümmern des Artemistempels stammte.

Nach den Nachrichten, die wir besitzen, war diese Kirche kaum weniger prächtig ausgestattet als die Hagia Sophia in Konstantinopel. Sie war in der Zeit der Kreuzzüge und bis tief ins späte Mittelalter hinein das Ziel frommer Pilger aus ganz Europa. Heute liegen die Ruinen einsam. Ein paar schwarzäugige türkische Kinder spielten zwischen den Mauern. Im Altarraum weideten Ziegen.

Das dritte Bauwerk, die Isa Bey-Dschami aus dem Jahre 1375, am Fuß des Kastellhügels gelegen, ist noch leidlich erhalten. Sie ist eine Kuppelmoschee von wohltuend einfachen Proportionen mit einem Hof, der mit antiken Säulen geschmückt ist. Neben dem Eingang ragt ein verfallendes Minarett empor. Die Fassade ist eine große, vollständig mit Marmorplatten verkleidete Fläche. Das von einem breiten Marmorrahmen eingefaßte Portal ist leider verschlossen. Zu dem Portal schwingen sich von rechts und links zwei Treppen empor, die sich auf einer Plattform treffen. Auffallend ist die Farbe der in der Sonne leuchtenden Marmorplatten. Es ist ein dunkelgetöntes warmes Gelb. Nur eine jahrhundertelange Verwitterung vermag eine solche Nuance hervorzubringen.

So liegen auf engstem Raum beieinander ein verschollener griechischer Tempel, eine verfallene christliche Kirche, eine langsam zur Ruine werdende seldschukische Moschee und ein zerstörtes türkisches Kastell – das alles am Rand eines Sumpfes, der einmal eine von Schiffen fröhlich belebte Meeresbucht gewesen ist. Der Wind streicht über die Vergangenheit dahin, und nur die Schwäne Homers haben sich in den Jahrtausenden nicht verändert.

So wandere ich nachdenklich über die Äcker, hinüber nach dem Ruinenfeld der Stadt Ephesos. Ich steige über die niedrigen Wälle, mit denen die Bauern ihre Felder abgeteilt haben. Sie sind Schotter aus antikem Marmor. Zuweilen findet man dazwischen ein bearbeitetes Stück.

Durch einen breiten Hohlweg hinaufsteigend, komme ich zum Coressischen Tor. Dahinter links, in den Hang eines Hügels hineingebaut, liegt das antike Theater, das erstaunlich gut erhalten ist. Ich steige die Stufen hinan. Das Theater hat sechsundsechzig Sitzreihen übereinander. Ich setze mich auf den obersten Rang. Die ganze Stadt ist zu übersehen. Am Fuß des Hügels zieht sich nach links eine marmorgepflasterte Straße entlang. Sie führt zur Agora. Geradeaus auf das Meer zu verläuft die Arkadiane, eine vom Kaiser Arkadios von Byzanz um 400 erbaute Prachtstraße, auf deren beiden Seiten die Überreste zahlreicher Marmorbauten noch gut zu erkennen sind. Die Arkadiane endet am Hafen in der Nähe des Kastells, des Gefängnisses, in dem der Apostel Paulus gesessen hat.

Aus meiner Vogelperspektive sind ganz deutlich die Grenzen des antiken, heute völlig versumpften, mit Schilf bestandenen Hafenbeckens zu erkennen. Rechts neben der Arkadiane stehen, bis zu halber Höhe erhalten, die Reste der Marienkirche, in der das Konzil von 431 abgehalten wurde.

Die Ruine der Kirche, in der das Grab des Evangelisten Lukas verehrt wurde, habe ich nur von weitem betrachten können. Drei anatolische Schäferhunde, eine Sorte von Tieren, die von Wölfen noch nicht sehr weit entfernt sind, brachten alle meine Versuche, an die Ruine heranzukommen, mit wütendem Gebell zum Scheitern.

Auf diesem weiten Feld zerstörter Pracht war von meinem Sitz im Theater aus nicht ein einziger Mensch zu sehen. Nur zwei Adler zogen ihre Kreise hoch im Blau des Himmels. Ohne die Neugier der Wissenschaft wäre diese Landschaft der Vergangenheit nur ein Haufen von Schutthügeln, mit Gestrüpp und kärglichem Gras bewachsen, gerade genug, eine Herde Ziegen zu ernähren. Die wichtigsten Ausgrabungen in Ephesos sind von 1896 bis 1908 vom Kaiserlich Königlich Österreichischen Archaeologischen Institut in Wien gemacht worden. Die vielen wertvollen Skulpturen, die dabei ans Tageslicht gefördert wurden, stehen im Belvedere in Wien.

Die alte Agora macht einen fast intimen Eindruck. An ihrer Südseite liegt die noch recht gut erhaltene Celsusbibliothek, die ein ehrerbietiger Sohn zum Gedächtnis seines Vaters errichtet hat. Auf zehn Stufen steigt man in den Bibliothekssaal hinauf, in den der Himmel hineinschaut. An der Rückwand des Lesesaales befindet sich eine Nische. Sie diente nicht der Dame, die die Aufsicht über die Studenten führte. Die Dame, die in dieser Nische thronte, war Pallas Athene, die Göttin der Weisheit selbst. Um die Wände mit den Büchernischen vor Feuchtigkeit zu schützen, war dahinter ein breiter Umgang. Unter der Bibliothek steht in einer kleinen Kammer noch immer der prächtige Sarkophag des Tiberius Julius Celsus, zu dessen Ehren die Bibliothek erbaut wurde. Den Zweck seiner großmütigen Stiftung hat der Sohn Tiberius Julius Aquila jedenfalls erreicht und mindestens ebensosehr zu seiner wie zu seines Vaters Ehre.

An der Balustrade der Celsusbibliothek ist, eine Ironie des Zufalls, ein steinernes Menetekel erhalten geblieben. In den Stein sind das griechische Wort »ΣΟΦΙΑ« – SOPHIA, Weisheit, und daneben das Haupt der Medusa eingemeißelt. Die Weisheit und das Haupt der Medusa, vereint auf der Agora der Vergänglichkeit, sind ein zweitausend Jahre altes Symbol dafür, daß alles Wissen und alle Weisheit dem Menschen nicht mehr einzubringen vermögen als einen Blick in das dämonische Antlitz der schlangenhaarigen Göttin mit den leeren Augenhöhlen, einen Blick in den Schrecken des Nichts.

Auf der Straße vom Theater zur Agora gehe ich über die gleichen Steinplatten, auf denen im lebhaften Verkehr, im internationalen Gewimmel der großen Hafenstadt, vorbei an den mit den Schätzen der Welt ausgestatteten Verkaufsläden, zwischen Griechen und Juden, zwischen Aegyptern und Phoinikern, zwischen Persern und Römern die Apostel Johannes und Paulus dahingeschritten sind.

In einer Nische der Agora hatte sich, ein Sendbote der Gegenwart in der erhabenen Umgebung der Vergangenheit, ein Türke niedergelassen, der Mokka braute. Diese Tasse mit dem köstlich heißen bitteren Trank Arabiens auf dem alten Marktplatz von Ephesos, auf den Marmorstufen der Bibliothek des Celsus, im Schatten einer Sykomore unter dem Himmel Anatoliens, in dem die Adler kreisten, ist der nachdenklichste Mokka gewesen, den ich in meinem langen und bewegten Leben zu mir genommen habe.

Die Reiche dieser Epoche sind zerfallen. Die festgegründeten Marmorbauten jener Zeit sind Trümmer. Die Göttin Artemis, welcher doch ganz Asien und der Erdkreis Gottesdienst erzeigt hatten, ist eine ferne Legende.

»Groß ist die Diana der Epheser!« – das wird heute nur noch Abend für Abend von zehntausend Fröschen in einer verfallenen Baugrube den Schwänen des Kaÿstros verkündet.

PANAJA KAPOULÜ

Nichts auf Erden schmeckt der Neugier Europas so gut wie der Staub der Fremde. Der nahrhafte Lößstaub, der zwischen den Zähnen knirschende Karststaub, der mit ein wenig Kamelmist gewürzte Staub der Wüste, der bittere Staub der Salzsteppe, der Pulverstaub der Landstraßen, das alles sind Varianten des irdischen Staubes, den zum Gegenstand des Studiums zu machen deswegen nicht als abwegig verurteilt werden sollte, weil uns allen hienieden zu ihm zurückzukehren bestimmt ist.

Die Kleinigkeiten sind es, die die Fremde fremd machen. Menschen fremder Länder haben gewiß eine andere Kunst, andere Gesetze, eine andere Religion. Aber vor allen Dingen haben sie eine andere Art, den Kopf zu neigen, eine andere Art zu lächeln, eine andere Art, Geld auf den Tisch zu zählen, eine andere Art, den Reis zu kochen. Sie haben anderen Wein und anderes Brot.

Auch die Tiere sind anders. Kamele sind etwas entzückend Fremdartiges. Noch auf dem Asphalt haben sie die Aura der Oase um sich. Wenn am Straßenrand statt Krähen Geier sitzen, bekommt die Landschaft einen anderen metaphysischen Charakter. Ein Esel in Korsika ist etwas anderes als ein Esel in Syrien. Den korsischen Esel hat der Philosoph Seneca geritten, als Kaiser Claudius ihn auf die schöne Insel verbannt hatte. Der syrische Esel hat der Jungfrau Maria gedient, als sie nach Aegypten emigrieren mußte. Der stoische Esel Korsikas ist niemals Gegenstand der Kunst gewesen. Der christliche Esel Syriens ist von den größten Künstlern des Abendlandes immer wieder gemalt worden.

Einmal fuhr ich mit einem syrischen Chauffeur eine Landstraße entlang. Er war ein ausgezeichneter Fahrer. Die tadellos asphaltierte Straße lief in einem weiten Tal glatt und übersichtlich zwischen Bäumen entlang auf einen in der Ferne sichtbaren Gebirgszug zu. Nichts kam uns entgegen. Gleichwohl ließ der Syrer alle paar hundert Meter die Hupe ertönen. Schließlich fragte ich ihn, warum er das tue. »Ach«, meinte er, »wissen Sie, ich bin dreißig Jahre meines Lebens Eseltreiber gewesen, und wenn man den Esel nicht von Zeit zu Zeit durch einen Zuruf ermuntert, bleibt er stehen!«

Zwischen den tausend Kleinigkeiten der Fremde, die wie die runden Kieselsteine eines Gebirgsbaches Auge und Herz entzücken, blitzt eines Tages der Diamant einer Überraschung auf. Das, was man nicht erwartet hat, entdeckt man, als ob niemals eines Menschen Auge je vorher es erblickt hätte.

Eine der großen Überraschungen meiner Reise zu den Frühen Stätten der Christenheit war ein Haus, von dem ich niemals etwas gehört hatte. Es war die »Panaja Kapoulü«.

Daß es bei Ephesos ein Haus der Heiligen Jungfrau gebe, ein Haus also, in dem nach der Überlieferung die Muttergottes gewohnt habe, erfuhr ich zum erstenmal bei der Lektüre des Baedeker im Anatolischen Expreß.

Der alte gute, so unbeschreiblich zuverlässige Baedeker! Er bringt nur eine kleine Anmerkung. Sie lautet: »In zweieinhalb Stunden kann man von Ajasoluk aus zu Pferde einen Ausflug in südlicher Richtung zu der wohl frühmittelalterlichen Kirche Panagia Kapoulü auf dem Ala Dag machen. Sie gilt seit 1891 als Haus der heiligen Maria. Weite Aussicht!« Ob es sich da nicht doch nur um eine der vielen frommen Legenden handelt, an denen die Poesie des Christentums so reich ist?

Dieses Haus ist der Gegenstand eines Streites, dessen Ursprung bis ins 5. Jahrhundert zurückgeht. Was ist von der Sache zu halten?

Als ich nach der Rückkehr von meiner Reise mit einem gelehrten Benediktinerpater über das Problem sprach, warnte er mich voller Wohlwollen, diese Frage überhaupt anzurühren. Sie sei allzu kompliziert. Angesichts der aufregenden Tatsache, daß es noch heute ein Haus gibt, in dem die Muttergottes gewohnt haben soll, wage ich nicht, die Sache zu übergehen.

Den Vormittag hatte ich in den Ruinen von Ephesos verbracht. Gegen Mittag war die warme Herbstsonne verschwunden. Eine leichte Bewölkung war aufgekommen. Ich bat meinen Freund Rešat Pars, mir einen Wagen zu besorgen. Ich wollte auf den Ala Dag hinauffahren, um die Panaja Kapoulü zu besuchen. Rešat Pars kam nach einer halben Stunde ins Caféhaus zurück. Die Chauffeure lehnten es ab zu fahren. Es habe schon ein paar Tage geregnet; die Straße sei noch im Bau; wenn es wieder zu regnen anfange, müsse man befürchten, daß der Wagen vom Berg nicht wieder herunterkomme. Ich beschloß, auf dem Maultier hinaufzureiten. In Kürze hatte Rešat Pars einen Treiber mit einem solchen Tier beschafft.

Anatolische Maultiere sind ziemlich unwahrscheinliche Geschöpfe. Man hat den Eindruck, daß schon ihre Entelechie, der Plan, nach dem sie erschaffen sind, eine Karikatur ist. Etwas Pferd und etwas Esel sind miteinander vermischt, aber die Mischung gibt kein eigentlich neues, kein so recht glaubhaftes Geschöpf. Es ist eine künstliche Mischung. Dazu sehen diese Maultiere alle aus, als ob sie von Motten zerfressen seien. Sie sind ein Skandalon der Natur.

Die Steigbügel waren Stricke. Die Tiere tragen weder eine Trense noch gar eine Kandare. Sie werden am Halfterband geführt. Mein Maultier, als ich es, nach Art der Reiter, durch ein freundliches Klopfen des Halses begrüßen wollte, schnappte sogleich nach meiner Hand. Ein liebes Tier!

Doch hat auch dieses Tier einen klassischen Vorgänger. Es ist jenes berühmte Maultier, das in Athen beim Bau des Parthenon durch Schleppen von Marmorblöcken sich Verdienste erworben hatte. Als dieses Maultier alt und arbeitsunfähig geworden war, erließen die Athener, dieses witzige Volk, ein eigenes Gesetz, das den Händlern verbot, das Maultier vom Parthenon von ihren Getreideraufen zu vertreiben.

Rešat Pars, der rührende Mann, eilte noch in seine Wohnung und holte ein rotes, gesticktes Sofakissen, das er fürsorglich auf den Holzsattel legte – eine Art zu reiten, die für einen Mann, der das Reiten bei einem königlich preußischen Rittmeister der Kavallerieeitschule Hannover gelernt hat, ziemlich merkwürdig war. Aber diese Maultiere sind im Gebirge trittsicher. Was dem Maultier an Freundlichkeit abging, ersetzte es durch Nützlichkeit. Die Freundlichkeit hatte der Treiber. Er war ein vielleicht vierzig Jahre alter anatolischer Bauer von gedrungenem, ungemein kräftigem Körperbau. Er hatte einen prachtvollen dicken schwarzen Haarschopf, der ihm ein wenig in die Stirn hineinwuchs. In seinem wettergebräunten Gesicht blitzten, wenn er lachte, seine weißen Zähne. Er lachte gern, mit einem von liebenswürdiger List sprühenden Auge. Wir mochten einander.

Das halbe Dorf stand herum, während ich versuchte, elegant aufzusitzen. Doch fiel ich sogleich mit dem ganzen Sattel auf der anderen Seite des ziemlich steil abfallenden Maultiers wieder herunter. Sogleich trat das liebe Tier nach mir. Aber ein kräftiger, von einem herzhaften pädagogischen Zuruf begleiteter Schlag des Treibers in die Schnauze des Maultiers hinderte es, seinen Gefühlen einen für mich allzu schmerzhaften Ausdruck zu geben. Die umherstehenden Türken verzogen bei dieser Szene keine Miene. Die Türken sind, wie alle alten Völker, von unerschütterlicher Höflichkeit.

Einige der Bauern warfen bedenkliche Blicke zum Himmel, an dem die Wolken etwas schneller dahinzuziehen begannen. Aber ihr verrückter Fremder ließ sich durch ihre Bedenken nicht abhalten loszureiten. Allah sei mit ihm!

So zogen wir selbdritt durch die Landschaft von Ephesos. Bis zum Fuß des Ala Dag war es etwa eine Stunde. Ich hatte Zeit, ein wenig nachzudenken. Wenige Sitze auf Erden sind zum Nachdenken so geeignet wie der Sattel eines anatolischen Maultiers in der Ebene von Ephesos.

Hier in Ephesos also hatte im Jahr 431 unter der Regierung des Kaisers Theodosios II. das große Konzil stattgefunden, das sich mit der nestorianischen Ketzerei auseinandersetzte. Zu meiner Rechten taucht das Magnesische Tor auf, durch das damals die Patriarchen, Erzbischöfe und Bischöfe aus aller Welt mit großer Pracht eingezogen sind.

Was war das für eine Welt, in der die Menschen solche Fragen für die wichtigsten des Lebens hielten! Zweihundertfünfzig Jahre vorher hatte Tertullian die erste große Streitschrift gegen die Philosophie des Heidentums geschrieben. Fünfzig Jahre vorher war das Christentum als Religion im Römischen Reich anerkannt worden. In dem Jahrhundert seit Konstantin dem Großen waren in Jerusalem, in Rom, in Antiochia, in Ephesos viele Kirchen errichtet worden. Es war eine Zeit großer Heiliger und großer Theologen. Ein Jahr vor dem Konzil von Ephesos war Augustin, umstrahlt vom Glanz der Heiligkeit und Gelehrsamkeit, in Hippo, seinem Bischofssitz in der Nähe von Karthago, gestorben. Von seinem unbedeutenden Städtchen aus hatte Augustin die Welt in Bewegung gesetzt. Er ist es gewesen, der die geistige Auseinandersetzung zwischen Christentum und Heidentum endgültig zugunsten des Christentums entschied. Die Größe dieses Mannes, der ein Punier war, haben schon seine Zeitgenossen erkannt.

Die Bischöfe der Weltstädte wurden mit der politischen Macht, die ihnen zuzuwachsen begann, zu Kirchenfürsten. Leo der Große nannte sich zum erstenmal in der Geschichte »Vater der Christenheit«. Augustin hatte die CIVITAS DEI, den Gottesstaat, gegen den weltlichen Staat gestellt. Irland war vom heiligen Patrick zum Christentum bekehrt worden. Aethiopien war christlich geworden.

Die Wallfahrt zu dem von der Kaiserin Helena, der Mutter Konstantins des Großen, wiederentdeckten Heiligen Grab war eine Sitte der Zeit geworden. Von allen Weltgegenden her zogen Pilger ins Heilige Land. Das Christentum, das sich seit der Zeit der Apostel seiner Weltsendung bewußt gewesen war, hatte Weltgeltung erlangt.

Geistesgeschichtlich war das Jahrhundert von der Gründung Konstantinopels bis zum Konzil von Ephesos ein glänzendes Jahrhundert des Glaubens. Politisch war diese Welt von furchtbaren Gefahren umwittert.

Zwanzig Jahre vor dem Konzil von Ephesos hatten die Goten unter König Alarich Rom erobert und geplündert, jenes Rom, das seit achthundert Jahren keinen Feind mehr in seinen Mauern und nur einmal Hannibal vor seinen Toren gesehen hatte. Augustin war gestorben, während die Vandalen Hippo belagerten, das sie kurz nach seinem Tod eroberten. Das Perserreich war unter der Dynastie der Sasaniden zum zweitenmal in der Geschichte mächtig geworden. Zum zweitenmal bedrohte es die griechische, nun christlich gewordene Kultur des Mittelmeers. Attila, König der Hunnen, regierte in Ungarn. Sogar Byzanz war ihm tributpflichtig. Es mußte jährlich siebenhundert Pfund Gold an den Hunnenkönig zahlen. Und noch ahnte niemand etwas von der Gefahr, die in den menschenleeren Wüsten Arabiens lauerte, wo damals nur einige wilde Beduinenstämme mit ihren Kamelen durch den unendlichen Sand zogen und Kriege um Oasen führten.

In dieser politisch zerrissenen Welt stritten sich die Menschen um die sublime theologische Frage der Funktion Marias. Es ist oft darüber gespottet worden, daß die Glaubensstreitigkeiten der Christen untereinander weit mehr Menschenleben gekostet hätten als alle Christenverfolgungen durch die römischen Kaiser. Das ist richtig. Aber die Wahrheit ist unteilbar. Nur die Köpfe, in die sie nicht hineingeht, können gespalten werden.

Als das oikumenische Konzil in Ephesos die Lehre des Kyrillos durch allgemeinen Beschluß bestätigt hatte, wurde Nestorios als Patriarch abgesetzt und obendrein exkommuniziert. Viele Bischöfe waren damit nicht einverstanden. Als Person war Nestorios ein untadeliger Mann. Aber Kyrillos war von unerbittlicher Härte gegen seinen Widersacher. Die Bevölkerung von Ephesos brach in Freudenkundgebungen aus. Das Ergebnis des Konzils wurde mit einem Volksfest gefeiert. Das war nicht unbedenklich. Die Zerstörung des Tempels der Diana durch die Goten lag erst einhundertundsiebzig Jahre zurück. Volk hat ein langes Gedächtnis. Dieses Fest muß Erinnerungen an die großen ephesischen Dianafeste wachgerufen haben. Aber die Kirche hat es immer verstanden, heidnische Bäche in den Strom der christlichen Frömmigkeit zu leiten. Es war Ephesos, in dem eine der ersten Kirchen zu Ehren der Muttergottes erbaut wurde. In dieser Kirche war das Konzil zusammengetreten. Es muß schon damals eine marianische Überlieferung in Ephesos gegeben haben.

Während der Himmel immer dunkler wurde und die Wolken immer schneller über die Landschaft dahinjagten, erreichten wir den Fuß des Ala Dag. Es ging auf der neuen Straße im Zickzack den Berghang hinauf. Einmal saßen drei dieser gefährlich angriffslustigen anatolischen Schäferhunde, die mich schon dem heiligen Lukas ferngehalten hatten, am Wege. Sie empfingen uns mit furchtbarem Gebell. Der wackere Treiber zog ruhig seines Weges fürbaß. Als wir auf zehn Meter an die Hunde herangekommen waren, rief er ihnen mit rauher und strenger Stimme ein paar Worte zu. Zu meiner Verblüffung zogen die Tiere die Schwänze ein und machten sich knurrend davon. Ohne Zweifel, ich war bei diesem Mann in guter Hut.

Kann die Mutter Jesu in Ephesos gewesen sein?

Die heiligen Schriften überliefern uns nichts vom Leben Mariae nach der Himmelfahrt Christi. Auch die ersten drei Jahrhunderte der christlichen Zeitrechnung bewahren über ihr Schicksal und ihren Tod tiefes Schweigen. Ein gelehrter Theologe hat die feinsinnige Bemerkung gemacht, daß der Grund dieses Schweigens vielleicht im Willen Gottes gelegen habe; die antike Welt sei noch außerstande gewesen, das Außerordentliche der Persönlichkeit Marias zu begreifen. Die Gefahr, daß sie zu einer vom Volk verehrten Göttin geworden wäre, war in Asien mit seinen großartigen, tief wurzelnden matriarchalischen Überlieferungen immer gegeben.

Über die letzten Lebensjahre der Mutter Jesu gibt es zwei Überlieferungen. Die eine besagt, daß sie Jerusalem niemals verlassen habe. Sie habe in dem Haus gewohnt, in dem Jesus mit seinen Jüngern das Letzte Abendmahl gefeiert habe. Sie sei zwölf Jahre nach der Himmelfahrt des Herrn in Gegenwart aller Apostel gestorben und von ihnen in einem Felsengrab beim Garten Gethsemane beigesetzt worden. Erst nach ihrem Tode seien die

Apostel in die Welt hinausgezogen. Die andere Überlieferung besagt, daß Maria mit dem Apostel Johannes nach Ephesos gezogen, dort gestorben und begraben worden sei. Nach beiden Überlieferungen ist sie kurz nach ihrem Tode »*anima et corpore*«, mit Seele und Leib, in den Himmel aufgenommen worden.

Die Jerusalemthese hat zwar ein ehrwürdiges Alter, aber doch geht sie nicht vor die Mitte des 5. Jahrhunderts zurück. Sie kann älter sein. Aber dafür gibt es keinen Beweis. Hingegen spricht vieles dafür, daß sie erst im 5. Jahrhundert entstanden ist. Der Besuch der Kaiserin Helena in Jerusalem fällt in das Jahr 326. Alle damals bekannten heiligen Stätten wurden von ihr mit Kirchen geschmückt. Obwohl wir über den Aufenthalt der Kaiserin in Jerusalem ausführliche Nachrichten haben und die Wiederentdeckung des Heiligen Grabes in allen Einzelheiten bekannt ist, wird kein der Muttergottes geweihter Platz erwähnt. Auch der Kirchenvater Hieronymus, der die heiligen Stätten beschrieben hat, erwähnt nichts von einem Grab Marias. Schriftliche Zeugnisse der Jerusalemthese gibt es erst aus späterer Zeit.

Wir wissen, daß Christus am Kreuz seine Mutter seinem Lieblingsjünger Johannes anvertraute.

»Weib, siehe, das ist dein Sohn.« Und zu dem Jünger: »Siehe, das ist deine Mutter.« Und von der Stunde an nahm sie der Jünger zu sich.

Wir wissen ferner, daß nicht lange nach dem Ereignis auf Golgatha die Juden in Jerusalem die Jünger Christi zu verfolgen begannen. Dabei hat der Bruder des Johannes den Märtyrertod erlitten. Der Apostel Petrus ist ins Gefängnis geworfen worden. Es ist also keine unwahrscheinliche Annahme, daß Johannes mit Maria die gefährliche Stadt verließ. Daß Johannes sich von Maria je wieder getrennt habe, nachdem der sterbende Christus sie ihm anvertraut hatte, ist nicht anzunehmen.

Es ist sicher und wird von niemand bezweifelt, daß Johannes im Jahre 66 in Ephesos war. Aber diese Jahreszahl ist für die Entscheidung der Frage wertlos, weil Maria im Jahre 66 kaum noch gelebt haben kann. Sie war, als Jesus geboren wurde, wahrscheinlich fünfzehn Jahre alt. Im Jahre 66 wäre sie also achtzig gewesen. Nach der Überlieferung ist sie aber mit dreiundsechzig Jahren gestorben. Allerdings ist der wahre Zeitpunkt der Geburt Jesu jedenfalls nicht das Jahr 1 gewesen. Doch ist die Abweichung vom Jahre 1 auf keinen Fall so groß, daß die Diskrepanz zwischen dreiundsechzig und achtzig Jahren damit überbrückt werden könnte.

Nun gibt es in der Biographie des Johannes eine Epoche zwischen 37 und 48, von der wir nicht wissen, wo er gewesen ist. Die Frage spitzt sich also darauf zu, ob Johannes in dieser Zeit in Ephesos gewesen sein kann. Ich kann nicht alle Argumente dieses dreihundertjährigen wissenschaftlichen Streites anführen. Viele sprechen dafür. Keines schließt die Möglichkeit aus.

Ein von den Gelehrten, die die Ephesosthese verfechten, für besonders wichtig gehaltenes Argument ist sehr merkwürdiger Art.

Als das Konzil von Ephesos gegen Nestorios, den Patriarchen von Konstantinopel, entschieden hatte, schrieben die Prälaten einen Brief an den Klerus und das Volk von Konstantinopel. Dieser Brief ist in den Akten des Konzils erhalten geblieben. In diesem Brief kommt ein Satz vor, der uns wenigstens die Sicherheit gäbe, daß man damals, also im Jahre 431, allgemein angenommen hat, Johannes und Maria hätten in Ephesos gelebt – wenn nicht hier ein grammatisches Unglück passiert wäre. Die Prälaten waren wegen der Exkommunizierung des Patriarchen von Konstantinopel so aufgeregt, daß sie in diesem wichtigen Satz das Verbum vergessen haben. Die berühmte Stelle lautet: »Nestorios ist durch die Sentenz der Bischöfe als Haeretiker verdammt worden in der Stadt, in welcher der Theologe Johannes und die Gottesgebärerin, die Heilige Jungfrau...« An dieser Stelle fehlt das Verbum. Vernünftigerweise kann es nur »gelebt haben« heißen. Aber es gibt eine ganze Reihe von Vorschlägen, was alles noch es heißen könne. So expliziert zum Beispiel Joseph Nirschl, der gelehrte Domdechant von Würzburg, daß es durchaus Sprachgebrauch gewesen sei, den Namen eines Heiligen zur Bezeichnung einer ihm geweihten Kirche zu verwenden. »In Rom, wo St. Peter...«, das könne sehr wohl bedeuten: »...wo die Kirche St. Peter steht...«. Es ist ein Vergnügen, diese Diskussion in ihren skurrilen Finessen zu verfolgen. Was die Historiker durch scharfsinniges Vergleichen vorhandener Quellen herauszufinden vermögen, ist erstaunlich. Die Frage bleibt offen. Der gelehrte Papst Benedikt XIV., dessen Pontifikat von 1740 bis 1758 dauerte, hat zwar der Ephesosthese zugeneigt, sich aber nicht endgültig für sie entschieden.

Der Wind hatte weiter zugenommen. Es wurde empfindlich kühl. Nachdem wir ungefähr die Hälfte des Berges erstiegen hatten, fing es an zu regnen. Ein ferner Donner grollte. Das Tal von Ephesos füllte sich mit Wolken und Nebel. Ich rief meinen Maultiertreiber an. Wir blieben stehen. Ich wies mit fragendem Blick zum Himmel und dann hinunter nach Ajasoluk, ob wir nicht umkehren sollten. Aber der Wackere lachte nur freundlich und zog das Maultier weiter. Auf meinen Reisen im Orient habe ich die Erfahrung gemacht, daß man gut tut, sich den Einheimischen zu fügen. Die Leute kennen ihr Land. Auch hier sollte sich diese Erfahrung bewähren, freilich auf eine andere Weise, als ich es mir hätte vorstellen können.

Wenn auch in diesem wissenschaftlichen Streit die Annahme, daß

Maria mit Johannes in oder bei Ephesos gelebt habe und gestorben sei, nicht weniger wahrscheinlich ist als die andere Überlieferung, daß sie in Jerusalem ihr Leben beendet habe, ist doch in den ersten vier Jahrhunderten in Ephesos nur das Grab des Johannes bekannt gewesen und verehrt worden. Ein Platz, der mit der Person der Muttergottes in Zusammenhang gebracht wurde, ist nicht bekannt.

Im Jahre 1891 nahmen zwei Lazaristenpriester aus Smyrna sich der Visionen der Katharina Emmerick an. Sie war eine Augustinernonne, die in ihren Visionen das Haus der Maria und ihr Grab in Ephesos in allen Einzelheiten beschrieben hatte. Clemens Brentano war mit ihr befreundet und hat fünf Jahre lang ihre Visionen aufgezeichnet. Von diesen Aufzeichnungen gab er selbst noch im Jahre 1833, neun Jahre nach dem Tod der Nonne, den ersten Teil heraus. Der zweite wurde 1852 aus seinem Nachlaß publiziert. An Hand der Angaben, die Katharina Emmerick in ihren Visionen gemacht hat, fanden die beiden Priester in den Wäldern des Ala Dag die gut erhaltene Ruine einer kleinen Kirche, auf die die Beschreibung der Nonne in erstaunlichen Einzelheiten zutraf. Man kann diese Übereinstimmung noch heute nachprüfen. Außerdem erfuhren die Priester, daß bei den griechisch-orthodoxen Bauern dieser Gegend seit alten Zeiten diese Kirche Panaja Kapoulü hieß und als das Haus der Heiligen Jungfrau galt.

Die archaeologische Untersuchung hat ergeben, daß die kleine von den Lazaristen gefundene Kirche aus dem Anfang des 4. Jahrhunderts stammt und über dem Rest eines Hauses errichtet worden ist, das aus der ersten Hälfte des 1. Jahrhunderts stammen dürfte. Diese Datierung hat große Wahrscheinlichkeit für sich, weil zahlreiche Vergleichsmöglichkeiten der Bauweise mit sicher datierten Bauten in Ephesos gegeben sind. So läßt sich auch von archaeologischer Seite her kein ernster Einwand dagegen erheben, daß die Panaja Kapoulü die Stelle sein kann, wo die Muttergottes ihre letzten Jahre auf Erden verbrachte.

Das Wetter hatte unterdessen endgültig die Wendung zum Schlechten genommen. Der Wind war zum Sturm geworden. Das Gewitter war über den Kamm des Ala Dag heraufgekommen. Der Regen peitschte mir ins Gesicht. Bei der nächsten Kehre durchnäßte er mich von hinten. Nach zehn Minuten hatte ich keinen trockenen Faden mehr am Leib. Ununterbrochen fuhren die Blitze krachend um uns herunter. Durch den herabströmenden Regen konnte man keine fünfzig Meter weit sehen. Der Aufstieg hatte schon reichlich zwei Stunden gedauert. Der Tag begann, sich zu neigen. Nur mein Treiber schritt ruhig dahin, wobei er das Maultier den Berg mehr hinaufzog als führte. Plötzlich bog er von der Straße ab und ging den Steilhang hoch mitten durch die

Macchia, das dichte Gestrüpp des Unterholzes. Er schien da einen Pfad zu kennen.

In der Nacht von diesem Berg wieder herunterzukommen, würde eine ziemlich bedenkliche Sache werden. Es war kein Mond. Bei den tiefhängenden Wolken würde es stockdunkel sein. Ich fror erbärmlich auf meinem Maultier. Der Berg schien kein Ende zu nehmen, und angesichts meines Zieles konnte ich nicht einmal fluchen.

Ich stieg ab, um durch Klettern wieder warm zu werden. Aber der Wind pfiff eiskalt vom Berg herunter. Aus dem Saumpfad wurde ein Rinnsal. Nach weiteren zehn Minuten war das Rinnsal zu einem knöcheltiefen Sturzbach geworden. Auf den glatten Felssteinen rutschte ich immer wieder aus. Die Donner krachten. Nur auf den Treiber und sein Maultier schien diese Wetterkatastrophe keinen Eindruck zu machen.

Aber schließlich, durch Geradeausgehen kommt man immer irgendwo an. Wir erreichten die Straße wieder. Der Wind ließ nach. Die Blitze wurden seltener. Ich bog um eine scharfe Kurve. Es bot sich mir ein Anblick, der mich aufs äußerste verblüffte. Mitten auf dieser Straße, die hier oben im Gebirge endet, stand ein Militärjeep, daneben ein junger Mann, der mir eifrig winkte. Es schien, daß ich davor bewahrt werden sollte, die Nacht im Wald zu verbringen. In meiner Lage war ich nicht mehr weit davon, an ein kleines Wunder zu glauben.

Der Fahrer, ein junger Bursche mit einem offenen Gesicht, packte mich und schob mich in seinen Wagen hinein. Verständigen konnte ich mich nicht mit ihm. Aber die Sache schien ihre Ordnung zu haben; mein Maultiertreiber, der unterdessen herangekommen war, steckte seinen Kopf durch die Plane, lachte, schüttelte mir die Hand und verschwand. Da er seinen Lohn noch nicht bekommen hatte, war ich sicher, daß ich ihn wiedersehen würde.

Der Bursche fuhr los. Nun kann man mit so einem vierradangetriebenen geländegängigen Wagen allerlei anstellen; aber so etwas hatte ich noch nicht erlebt. Der Fahrer galoppierte sozusagen mit dem Wagen über die noch im Bau befindliche, höchstens halbfertige Straße, vorbei an tollen Abgründen in einem Tempo, daß es mir den Atem verschlug. Er tat das mit wahrhaft souveräner Sicherheit und Gleichgültigkeit. Er war ein Meister des Volants.

So kam ich schließlich an mein Ziel. Wir hielten an einer neuen, noch im Bau befindlichen Kirche. Ich stieg aus. Es hatte zu regnen aufgehört. Der Himmel klarte auf. Ich ging um einen kleinen Bergvorsprung herum die zweihundert Schritte bis zu dem alten Haus.

Von der Plattform vor dem Haus der Maria fällt der Hang sanft ins Tal hinab. Einige Stufen führen zu einer in einen Brunnen gefaßten Quelle, deren leises Murmeln durch die Stille tönt. Der Blick schweift weit über waldige Gebirgszüge, die sich einer hinter dem anderen erheben. Durch eines der Täler lief einst die Persische Königsstraße von Ephesos nach Susa. Ephesos, die Welt der Menschen, lag weit hinter dem Berg. Nichts stört den Frieden dieses Platzes. Mächtige Eichen, von Efeu umrankt, geben der Stätte eine natürliche Feierlichkeit.

Das Haus ist an den Hang gebaut. Das Mauerwerk, aus grauen Steinen und roten Ziegeln sorgfältig gefügt, ist verwittert. Der Bogen der Eingangstür öffnet den Blick auf einen niedrigen Altar mit einer Statue der Muttergottes an der Hinterwand des Hauses. Alles ist von einer Einfachheit, die ans Herz rührt. Über dem Haus rauschen die Bäume. Ein später Vogel huscht vorbei, sein Nest zu suchen. Der Brunnen singt sein Lied.

Es ist eine Stätte hienieden. Daß die Mutter Christi hier gelebt hat, die Aura des Platzes läßt es möglich erscheinen.

An dem Tag und zu der Stunde, da in der Basilika des Apostels Petrus in Rom die Himmelfahrt Mariae zum Dogma erhoben wurde, haben einige Christen, nach einer beschwerlichen Reise, vor dem kleinen Altar dieses Hauses einen Gottesdienst abgehalten – Kreuzfahrer unserer Zeit.

Es war dunkel geworden. Ich ging zu meinem netten Fahrer zurück. Neben der im Bau befindlichen Kirche stand eine Bretterbude, in der die Bauarbeiter wohnten. Dort brannte ein Feuer. Die guten Kerle gaben mir heißen Tee und halfen mir, mich an dem Feuer zu trocknen. Dann fuhr ich in wilder Fahrt in einer halben Stunde wieder ins Tal hinab. Strahlend empfingen mich meine im Caféhaus versammelten Bauern. Es stellte sich heraus, daß sie, in Sorge darum, ihr Fremder müsse vielleicht die Nacht auf dem Berg verbringen, den Bürgermeister mobil gemacht hatten. Er hatte einen Militärjeep hinaufgeschickt, um mich heil herunterzuholen. Es war also wirklich, als ob die Panagia ein kleines Wunder der Menschlichkeit in den Herzen der freundlichen anatolischen Bauern vollbracht habe.

VON TARSOS NACH ALEPPO

Der Jude Saulus, nachmals der Apostel Paulus, war der Sohn eines Zeltmachers aus Tarsos. Er besaß durch Geburt das römische Bürgerrecht. Das war ein wertvolles Privileg. Es gab zu jener Zeit außerhalb Italiens nicht allzuviele Städte, die dieser Ehre teilhaftig waren.

Die Römer haben sich niemals viel um die Religion der von ihnen beherrschten Völker gekümmert. Sie waren vor allem darauf bedacht, in den besetzten Gebieten dem Recht Geltung und Respekt zu verschaffen.

Darin sind die Engländer ihre Erben. Als Paulus in Caesarea in Untersuchungshaft saß, wurde er von Festus, dem römischen Gouverneur, gefragt, ob er bereit sei, nach Jerusalem zu gehen und sich dem Gericht des Hohenpriesters zu stellen. Für religiöse Delikte war das Gericht des Hohenpriesters die zuständige Instanz. Da Paulus die Klagen der Juden gegen sich als unberechtigt empfand, lehnte er ab und erklärte, daß er sich auf den Kaiser berufe.

Jeder römische Bürger hatte das Recht, in letzter Instanz an den Kaiser zu appellieren. Paulus hat mit dieser Erklärung die römische Exzellenz in nicht geringe Verlegenheit gebracht. Es ist fraglich, ob es klug von Paulus war, daß er von seinem Appellationsrecht Gebrauch machte. Der Gouverneur war ihm wohlgesinnt. Ein guter jüdischer Rechtsanwalt hätte Paulus wahrscheinlich abgeraten, sich auf den Kaiser zu berufen. Aber gute jüdische Rechtsanwälte hat es damals noch nicht gegeben.

Die Berufung auf den Kaiser war ein Rechtsakt. Damit war ein Verfahren eingeleitet. Solange dieser *appellatio ad imperatorem* nicht stattgegeben war, schwebte das Verfahren. Der Gouverneur konnte nicht einmal dem König Agrippa, der sich von Paulus die Lage auseinandersetzen ließ und von der Persönlichkeit des Apostels beeindruckt war, die kleine Aufmerksamkeit erweisen, Paulus freizugeben. Soweit ging weder das Recht des Gouverneurs noch das königliche Gnadenrecht, daß in ein schwebendes Verfahren hätte eingegriffen werden können. So kam Paulus nach Rom.

Was war dieses Tarsos, aus dem Paulus stammt, für eine Stadt?

In Tarsos haben Antonius und Kleopatra den Honeymoon ihrer Liebe gefeiert. Das Schiff, daß die Fracht der königlichen Schönheit unter Purpursegeln von Alexandreia nach Tarsos trug, war seiner Pracht wegen eine Sensation für alle Dandies der Zeit. Was auf das Schiff zutraf, galt auch für die Königin. Ein englisches Sprichwort sagt: »A beautiful woman is like a ship with too much sail.«

Cicero hat in Tarsos als Gouverneur regiert und dank der Talente seines Bruders, eines ausgezeichneten Generalstabsoffiziers, sogar kriegerische Lorbeeren geerntet.

Der Stoiker Athenodoros, ein Freund des Geographen Strabo und der Lehrer des Kaisers Augustus, stammte aus Tarsos. Die Stadt hatte eine hervorragende Universität. Zur Zeit des Paulus gehörte sie zu den Großstädten der Antike.

Wo liegt Tarsos? Auf der Karte findet man es irgendwo im Süden Kleinasiens. Man muß die Stadt, die heute dreißigtausend Einwohner hat, besuchen, um zu verstehen, daß an ihrer Stelle einst eine antike Großstadt gestanden hat. Noch heute betreiben einige Hundert der Einwohner das schwierige Gewerbe der Zeltmacherei, und noch heute sind die Zeltmacher von Tarsos, ohnbeschadet dessen, daß sie Muslimin sind, stolz auf ihren großen Zunftgenossen.

Tarsos liegt südlich des Taurosgebirges, das sich mit dem östlich anschließenden Antitauros von der Südwestecke Kleinasiens fast tausend Kilometer nach Osten bis nach Kurdistan hinein erstreckt. Die höchsten Erhebungen erreichen dreitausendfünfhundert Meter. Dieser mächtige und unwegsame Gebirgswall war für Syrien und Mesopotamien seit je ein starker, freilich nicht immer wirksamer Schutz gegen kriegerische Einfälle aus dem Norden.

Das Taurosgebirge hat, außer einigen Saumpfaden, keine Pässe. Es ist dem Menschen feindlicher als die Alpen. Nur an einer Stelle, fünfzig Kilometer nördlich von Tarsos, hat das Gebirge einen geologischen Einbruch. Das sind die Pylae Ciliciae, die berühmten Kilikischen Tore. An dieser Stelle überquerte die Baghdadbahn, die Fortsetzung der Anatolischen Bahn, mit zahlreichen Tunnels und Viadukten das Gebirge. Von Natur waren die Kilikischen Tore ungangbar. Aber welches Gebirge hätte der Mensch nicht bezwungen! Die erste Alpenstraße über den Gotthard ist zur Zeit des heiligen Franz von Assisi gebaut worden. Die Straße durch die Kilikischen Tore ist schon die Königin Semiramis entlanggezogen.

Tarsos lag am südlichen Ausgangspunkt dieses Passes, auf dem die Straße von Byzanz und Ephesos über das Gebirge kam. Fünfzig Kilometer östlich von Tarsos teilt sich die Straße. Die eine Fortsetzung führt über Aleppo zum oberen Euphrat und nach Baghdad, die andere nach Antiochia, Damaskos, Jerusalem und Alexandreia.

Tarsos liegt fünfundzwanzig Kilometer vom Meer entfernt. Es war im Altertum mit dem Meer durch eine Lagune verbunden, an deren Ende sich ein ausgezeichneter Hafen befand. Mit einem guten Hafen am Vereinigungspunkt der wichtigsten Handelswege des Ostens gelegen, war es Tarsos bestimmt, eine blühende Stadt mit großer Geschichte zu werden. In Tarsos nahm Alexander der Große Quartier, ehe er zur Schlacht von Issos aufbrach.

An ihrer engsten Stelle sind die Pylae Ciliciae wirklich ein Tor, ein Felsentor von zwanzig Metern Breite, dessen Wände steil und düster einige hundert Meter emporsteigen. Diese Schlucht hat kaum Platz für den Tschakytfluß, der durch sie hindurchbraust. Die Kunst des Menschen hat es zuwege gebracht, durch dieses Felsentor eine Straße zu bauen. In der Antike lief der Pfad, zum Teil eingetieft, zum Teil auf Balken vorgebaut, an der östlichen Felswand entlang. Die heutige Straße ist in die westliche Felswand eingesprengt.

Durch diese Schlucht ist um 800 vor Christi Geburt die assyrische Königin Samuramat, das geschichtliche Urbild der sagenhaften Semiramis, gezogen, um nördlich des Tauros, in der Salzsteppe von Lykaonien, Tuana zu gründen. Von dieser Stadt ist, auf einem Hügel mitten in der Salzsteppe, eine einzige Marmorsäule erhalten geblieben. Sie heißt noch heute die Säule der Semiramis. So zuverlässig sind Legenden. Zuweilen sind Legenden auch liebenswürdig. Den Ruhm dieser großen Dame, die zu ihrer Zeit eine bedeutende Rolle spielte, haben ihre Gärten länger bewahrt als ihre kriegerischen Taten.

Zur selben Zeit gründete eine andere hervorragende Frau eine Stadt, in deren Sternen eine große Zukunft und ein schreckliches Ende standen. Königin Dido, die Schwester des phoinikischen Königs Pygmalion von Tyros, mußte einer Affaire d'amour wegen vor dem Zorn ihres königlichen Bruders flüchten. An der Küste Nordafrikas gründete sie die Stadt Karthago. Königin Dido stammt aus derselben Stadt wie die einst von Zeus geraubte und nach Kreta entführte Prinzessin Europa. Königin Dido ist es, der Aeneas – *Infandum, regina, jubes renovare dolorem* – den Untergang Troias erzählt. Auch der Untergang Troias hatte mit der Liebesgeschichte einer Königin angefangen. An den Küsten der Aegaeis hat die Schönheit der Frauen Geschichte gemacht.

Dreihundert Jahre später zog Dareios der Große von Persien auf seinem Feldzug gegen die Skythen durch die Kilikischen Tore. Das war das Jahrhundert, in dem Solon in Athen, Konfuzius in China, Buddha in Indien die Menschen lehrten.

Solon lehrte Europa, die soziale Ordnung durch das Gesetz zu sichern. Konfuzius lehrte China, das Zusammenleben der Menschen unter die Herrschaft der Sitte zu stellen. Buddha lehrte Indien, auch die geringste Kreatur zu lieben. Keine der Lehren dieser großen Männer aus dem fernen 6. Jahrhundert vor Christi Geburt hat aufgehört, in der Welt zu wirken.

Zweihundert Jahre nach König Dareios zog Alexander der Große durch die Kilikischen Tore. Das war die Zeit der letzten Lebensjahre Euklids, der die mathematischen Grundlagen der Geometrie geschaffen hat. Aristoteles, der Lehrer Alexanders des Großen, bewies aus dem Phaenomen der Mondfinsternis die Kugelgestalt der Erde. Um diese Zeit kam zum erstenmal über Indien und Persien chinesische Seide nach Europa.

Viele Heere der byzantinischen Kaiser sind in den Feldzügen gegen die Araber durch die Kilikischen Tore gezogen. Um 800 nach Christi Geburt marschierte Harun al-Raschid, Aaron der Aufrechte, durch die Pylae Ciliciae nach Kleinasien, um dem Kaiser Nikephoros von Byzanz Tributzahlungen aufzuzwingen. Das Baghdad Harun al-Raschid's ist der Schauplatz der Märchen aus Tausendundeiner Nacht, die wir noch immer mit Entzücken lesen. Niemals wird Hollywood Sheherezade ersetzen können.

Harun al-Raschid schickte eine Gesandtschaft an Karl den Großen nach Aachen. Bei dieser Gelegenheit erschien, zum erstenmal wieder seit Hannibals Zeiten, ein Elephant nördlich der Alpen. Die Gesandtschaft des Kalifen von Baghdad brachte Geschenke, deren Kostbarkeit die Bewunderung der Franken erregte. Unter den Gegengaben Kaiser Karls befanden sich zwei fränkische Löwenköpfe aus Bronze. Sie sind von einem späteren Kalifen einem chinesischen Kaiser geschenkt worden. So sind sie nach Peking gelangt. Diese prachtvollen frühmittelalterlichen Plastiken habe ich vor dreißig Jahren in den kaiserlichen Sammlungen in der Verbotenen Stadt in Peking noch gesehen.

Dreihundert Jahre später zogen die ersten Kreuzfahrer unter Gottfried von Bouillon durch die Kilikischen Tore, um Jerusalem zu erobern.

Das letzte Heer, das hier vorüberkam, war am Ende des ersten Weltkrieges die Armee der verbündeten Türken und Deutschen auf dem Rückzug vom Suezkanal. Tausende von Flüchen siegreicher und besiegter Soldaten, Tausende von Gebeten frommer Pilger sind durch diese Schlucht gehallt. Die nassen Felswände der Pylae Ciliciae sind vom Moos der Geschichte überwachsen.

Alle diese Könige und Feldherren, die durch die Kilikischen Tore marschiert sind, waren in Tarsos. Dieses Tarsos liegt heute unter sieben Metern Schwemmland begraben. Aus alter Zeit erhalten geblieben sind nur zwei Dinge – der prachtvolle Blick von der Stadt auf das Taurosgebirge, auf dem der Schnee bis in den Mai hinein liegen bleibt, und die Güte der Wolle der auf dem Tauros weidenden Ziegen, aus der die Zelte gemacht werden. Die Ausgrabung des alten Tarsos wird einmal eine Sensation sein.

Schon Xenophon, der griechische Feldherr und Geschichtsschreiber, erwähnt um 400 vor Christi Geburt Tarsos als große und blühende Stadt. Unter den Nachfolgern Alexanders des Großen wurde die Stadt griechisch und entwickelte sich zu einem Mittelpunkt der Wissenschaft. Im Jahre 64 wurde Tarsos von Pompeius zur Hauptstadt der Provinz Kilikien erhoben.

In dieser reichen Stadt, in der Seeleute aus allen Häfen des Mittelmeers, Kaufleute aus Gallien, Spanien, Persien und Aegypten, berühmte Gelehrte und die hohen Beamten der römischen Verwaltung sich trafen, hat Paulus seine Jugend verbracht. Paulus war von Alexander dem Großen zeitlich nicht weiter entfernt als wir vom Großen Kurfürsten. Viele Geschichten wird sein Vater ihm erzählt haben; und auch dieser Vater wird nicht darauf verzichtet haben hinzuzufügen, was seit Adam alle Väter ihren Söhnen erzählen, wieviel schöner es in der guten alten Zeit gewesen sei. Adam jedenfalls hat damit recht gehabt.

Paulus' Vater hat den Marcus Tullius Cicero noch erlebt, den berühmtesten Rechtsanwalt Roms, den letzten Republikaner, den elegantesten Stilisten der lateinischen Sprache. Paulus' Vater ist ein amüsierter Zuschauer der Liebesgeschichte des Antonius und der Kleopatra gewesen. Der römische Feldherr und die aegyptische Königin haben ihre Liebe mit dem Untergang bezahlt. Doch war diese Liebe immerhin Shakespeare ein Drama wert. Paulus' Vater hat auch den berühmtesten Sohn der Stadt gekannt, Athenodoros, den Philosophen, der aus Tarsos auszog, um in Rom der Lehrer des Octavianus Augustus, des ersten römischen Kaisers, zu werden. Wie hätte der Vater des Paulus ahnen können, daß es sein lebhafter und ungebärdiger Sohn sein werde, der den Namen Tarsos für alle Zeiten in das Buch der Geschichte eintragen werde!

Um die Gestalt des Apostels Paulus zu verstehen, ist es nützlich, sich klarzumachen, daß er in einer Weltstadt aufgewachsen ist. Der Horizont eines internationalen Hafens, der Glanz der Zivilisation des Imperium Romanum zur Zeit seiner Blüte, die Bildung dieser hellen und aufgeklärten hellenisch-römischen Welt haben die Jugend des Paulus geprägt. Er war sich der Auserwähltheit seines Volkes bewußt. Er war ein frommer Jude. Die Juden waren älter als die Römer, älter als die Griechen. Paulus sprach hervorragend Griechisch. Er war stolz darauf, ein *Civis Romanus*, ein römischer Bürger, zu sein.

Antonius hatte Tarsos zur freien Stadt gemacht. Augustus hatte der Stadt ihre Rechte bestätigt. Wenn die Generosität des Antonius gegen Tarsos nur die Dankbarkeit für Flitterwochen mit einer Königin war, bei Augustus war es die Dankbarkeit für die Weisheit seines Lehrers Athenodoros.

Paulus, ein Mann von durchdringender Intelligenz, ein glänzender Menschenkenner, weit in seinem Leben gereist, war ein urbaner Mann, ein Mann von Welt. In einer apokryphen Apostelgeschichte wird er beschrieben. Er sei ein Mann von kleiner Statur gewesen, mit schütterem Haar, von kräftigem Körperbau, mit zusammenstoßenden Augenbrauen und scharf gebogener Nase. Er sei ein Mann voller Charme gewesen. Zuweilen habe er den Ausdruck eines Engels gehabt.

Auf der Fahrt nach Antiochia habe ich das Schlachtfeld von Issos besucht. Es liegt an der nordöstlichen Ecke der Bucht, an der die von Westen nach Osten verlaufende Südküste von Kleinasien nach Süden umbiegt. Das Schlachtfeld ist ein nur wenige Kilometer breiter Streifen zwischen Meer und Gebirge.

Dieser schmale Streifen ist eine öde, nur spärlich bebaute, größtenteils versumpfte Marsch. Kümmerliche Wäldchen sind über die Landschaft verstreut. Armselige Dörfer liegen in der Sonne. Ein Aquaedukt aus der

Römerzeit zieht quer durch die Landschaft. Überall durchbricht der nackte Fels die Hänge der Berge. Hie und da wächst dürftiges Gestrüpp. Im Licht des Morgens blitzt und glitzert das nahe Meer. Die Akteure der Schlacht waren auf der einen Seite der dreiundzwanzigjährige König Alexander von Makedonien mit einer Armee von dreißigtausend gut bewaffneten Soldaten. Auf der anderen Seite stand König Dareios III. von Persien mit einem Heer von zweihunderttausend Mann. Alexander gewann die Schlacht. Der persische Gegner kam auf dem engen Schlachtfeld nicht dazu, seine Streitmacht operativ zu entwickeln. Eine bayerische Gebirgsjägerdivision hätte den Perserkönig retten können. Aber bayerische Gebirgsjäger sollten dieses Schlachtfeld erst zweiundzwanzig Jahrhunderte später zu Gesicht bekommen. Die Schlacht endete mit der Vernichtung der persischen Streitmacht. Die Flucht des Königs Dareios nach Babylon ist die längste Flucht, die je ein Feldherr geflohen ist.

Der Harem des Dareios wurde von den Makedonen gefangengenommen. Alexander behandelte die Damen mit chevaleresker Höflichkeit. Kein Haar wurde ihnen gekrümmt außer denen, die sie sich von dem Hoffriseur des Siegers krümmen ließen.

Dareios bot Alexandern als Preis des Friedens den ganzen Westen seines Reiches an. Nach einer legendären Überlieferung äußerte Alexanders Feldherr Parmenion, daß, wenn er König Alexander wäre, er dieses Angebot annehmen würde. Alexander antwortete: »Und ich, wenn ich Parmenion wäre, würde es auch annehmen.« Bis in die Sahara, bis nach Kabul in Afghanistan, bis zum Indus ist Alexander gelangt.

Auf diesem Stück unscheinbaren Marschbodens wurde die Jahrhunderte währende Herrschaft der griechischen Kultur in Westasien errichtet. Auf dem von Griechen umgepflügten Acker Asiens hat sich die Geschichte des frühen Christentums abgespielt. Über das leere Land, auf dem nur Ziegen weiden, blickt von der Höhe eines Berges die Ruine einer Kreuzritterburg.

Antiochia, die heutige türkische Stadt Antakiyah am Unterlauf des Orontes, liegt fünfzig Kilometer südlich von Alexandrette. Seleukos I. Nikator, Feldherr Alexanders des Großen, hat die Stadt im Jahre 301 vor Christi Geburt an der Stelle eines Altars, den Alexander dem Zeus geweiht hatte, gegründet. Zur Zeit der Apostel war Antiochia die Hauptstadt der römischen Provinz Syria. Damals war sie eine der vier größten Städte des Reiches. In der Geschichte des Christentums hat Antiochia eine bedeutende Rolle gespielt. Auch in diesem Falle habe ich mich verwundert gefragt, warum die Stadt an einer so merkwürdigen Stelle mitten im Gebirge, zwanzig Kilometer von der Küste entfernt, gegründet wurde. Sieht man es sich an, bekommt alles sogleich einen Sinn. Aus der fruchtbaren Ebene des Orontes war die Stadt gut zu versorgen. Die Berge waren die Verteidigungswälle gegen Angriffe, die aus der Syrischen Wüste oder von der Küste her kamen. Gleichzeitig hatte Antiochia durch den Orontes eine gute Verbindung zu seinem Hafen, der an der Mündung dieses Flusses ins Meer lag. Aus den Quellen des Gebirges konnte die Stadt mit Wasser versorgt werden. An diesem wohlgeschützten und gut zu verteidigenden Platz endete die große Karawanenstraße, die vom Euphrat über Aleppo und den Antilibanon kam.

Antiochia muß eine eigenartige Stadt gewesen sein. Sie war weder eine griechische noch eine römische Gründung. Sie war eine makedonische Stadt. Ihre ersten Bewohner waren die harten, kriegsgewohnten Veteranen Alexanders des Großen, Männer, die die Welt erobert hatten.

Zur Zeit der Apostel war Antiochia eine prachtvolle Stadt, geschmückt mit herrlichen Tempeln, luxuriösen Bädern und meilenlangen Kolonnaden. Der Circus von Antiochia, im Jahrhundert vor Christi Geburt erbaut, war der größte im Römischen Reich. Die gepflasterten Straßen von Antiochia waren nachts mit Lampen hell erleuchtet.

In Antiochia wurde griechisch, syrisch, phoinikisch, persisch, aramaeisch und lateinisch gesprochen. Es gab eine große und wohlhabende jüdische Gemeinde. Künstler, Gelehrte, Schiffskapitäne, Kaufleute, Kameltreiber, Kokotten, Matrosen, Soldaten und Sklaven füllten die lebhaften Straßen. Die Antiochier müssen genau das gewesen sein, was wir heute Levantiner nennen. Juvenal, der römische Schriftsteller, der etwa von 60 bis 140 gelebt hat, bezeichnet die Antiochier als rastlos, begierig, stolz, turbulent und zur Satire geneigt. Das Abenteurerblut der Soldaten ist in dieser Stadt nie ganz zur Ruhe gekommen.

In Antiochia wurden alle Religionen des Westens und des Ostens gepflegt. Das hat sicher zur religiösen Toleranz, aber kaum zur Festigung der Sitten beigetragen. Laster und Tugenden sind in den verschiedenen Religionen verschieden. Juvenal beklagt, daß »ein Strom von Aberglaube und Unmoral aus dem Orontes in den Tiber fließe«.

Dem unruhigen Charakter der Bevölkerung entsprach die bewegte Geschichte der Stadt. Häufig haben Erdbeben Antiochia heimgesucht. 83 vor Christi Geburt wurde die Stadt vom König Tigranes von Armenien erobert, zwanzig Jahre danach von den Römern. Caesar, zu dem die Stadt nach der Schlacht von Pharsalos mit fliegenden Fahnen überging, belohnte ihre Untreue gegen Pompeius mit einem eleganten neuen Theater und einem prächtigen Bad. Außerdem fügte er den berühmten Boulevards von Antiochia einen neuen hinzu.

Mein türkischer Chauffeur fuhr mich durch Antakiyah hindurch, eine steile schmale Straße hinauf, ungefähr acht Kilometer ins Gebirge hinein. Ich ließ es geschehen, obgleich ich nicht wußte, wohin er wollte. Nichts auf der Welt lohnt sich so sehr wie gute Trinkgelder, und wenn man dreißig Jahre lang gute Trinkgelder gibt, sieht man schließlich aus wie ein Mann, der dreißig Jahre lang gute Trinkgelder gegeben hat. Das hatte sich mein Dragoman wohl auch gesagt, und so kam ich nach Daphni, von dem ich nichts wußte. Ohne die Tüchtigkeit meines türkischen Kilometerfreundes hätte ich es, da ich von dieser Gegend keinen Baedeker besaß, nicht zu sehen bekommen.

Daphni war der Sommeraufenthalt der römischen Beamten und der reichen syrischen Kaufleute. Die Villen und Bäder gruppierten sich um ein einzigartiges Naturphaenomen. An einem steilen, vielleicht hundert Meter hohen Berghang, unter Lorbeerbäumen, Zypressen, Eichen und Eukalyptosbäumen entspringen aus dem Felsen zwanzig armdicke Quellen. In einem zarten Silberfiligran vereinigen sich die Quellbäche, trennen sich wieder, bilden kleinere und größere Wasserfälle, um sich schließlich in einem Becken zu sammeln, aus dem ein mächtiger Wasserfall zum Orontes hinabstürzt. Die Sonne scheint durch das Laub der alten Bäume und überschüttet das Bild mit zitternden Lichtreflexen. Hin und wieder bilden sich unter dem Laubdach aus Sonne und Sprühregen kleine Regenbogen.

An dieser Stelle wurde die Nymphe Daphne, als sie, wie es in Unterprima so schön hieß, von dem lüsternen Apollon verfolgt wurde, auf ihr Flehen hin von Zeus in einen Lorbeerbaum verwandelt. Dieser bezaubernde, für Apollon freilich etwas enttäuschende Vorgang hat sich eigentlich in Thessalien abgespielt. Die Makedonen haben die Sage mitgenommen. Es ist ein Zeichen ihrer kulturellen Kraft, daß sie imstande waren, den Lobeerbaum der Sage auf dem eroberten Boden Syriens zum Grünen zu bringen. Die Spanier des 16. Jahrhunderts haben in Mexiko noch Legenden geschaffen. Die Engländer des 18. Jahrhunderts in Nordamerika waren dazu nicht mehr imstande.

Dem von Zeus geprellten Gott zum Trost wurde in Daphni ein großer Apollontempel errichtet. Dieses Heiligtum gewährte den von den Gerichten Verfolgten Asyl. So dürfte es schon im Baedeker der Antike drei Sterne gehabt haben. Man kann sich vorstellen, wie sich unter dem Schutz des Asylrechts die internationalen Hochstapler des Römischen Reiches am Lorbeerbaum der geretteten Unschuld versammelten, um bis zur nächsten Amnestie zu jeuen, Gelage abzuhalten und einander zu betrügen. Zu dem schlechten moralischen Ruf, den Antiochia damals in der Welt hatte, dürfte das Asylrecht des lüsternen Gottes nicht wenig beigetragen haben.

In Daphni hat sich der römische Feldherr Germanicus von den Strapazen seiner Feldzüge gegen unsere kriegerischen Vorfahren erholt. In dieser Umgebung verführerisch heidnischer Schönheit verfaßte Julianos Apostataes, der letzte römische Kaiser, der noch einmal den Kampf gegen das Christentum aufnahm, seine berühmte Streitschrift gegen die neue Lehre in einem Winter, in dem er einen Feldzug gegen die Perser vorbereitete. Der letzte große Heide war ein hochgebildeter Mann. Henrik Ibsen hat in seinem Drama »Kaiser und Galilaeer« der Tragik dieses Lebens ein großartiges Denkmal gesetzt. Ibsen selbst hat das Stück für sein bestes Werk gehalten.

Von Daphni fuhr ich nach Antiochia zurück. Vom halben Hang aus hat man einen weiten Blick auf die von Bergen eingeschlossene Ebene bis zum fernen See von Antakiyah. Hie und da blitzt in der Sonne eine Schleife des Orontes auf, der sich in zahlreichen Windungen durch die fruchtbare Landschaft schlängelt. Der Umfang der antiken Stadt ist aus dieser Vogelperspektive noch zu erkennen.

Hier, in Antiochia, hat es die erste von der Synagoge unabhängige christliche Gemeinde gegeben. Hier wurden die Jünger Christi zum erstenmal Christen genannt. Hier ist Petrus gewesen. Die Christen von Antiochia verehren ihn als den ersten Bischof der Stadt. Auf diese Überlieferung gründete Antiochia später seinen Anspruch, in der Hierarchie der Stätten der Christenheit seinen Platz unmittelbar nach Rom einzunehmen. In Antiochia hat das Werk des Apostels Paulus begonnen. Hier hatte der Heilige Geist gesprochen: »Sondert mir aus Barnabas und Saulus zu dem Werk, dazu ich sie berufen habe.«

Zwischen der Mitte des 3. und dem Anfang des 6. Jahrhunderts haben in Antiochia dreißig große kirchliche Veranstaltungen stattgefunden. Schon 325, auf dem Konzil von Nicaea, wurde Antiochien Mittelpunkt und Auge des Christentums genannt. Es war ein Platz der christlichen Gelehrsamkeit, führend in historischer und grammatischer Bibelkritik und Exegese, während die Schule von Alexandreia mehr dem Mythos und der Allegorie zugeneigt war.

Wie in Byzanz und in Ephesos errichtete Kaiser Konstantin auch in Antiochia eine prachtvolle Kirche. Der Glanz des Namens Antiochia ist so groß, daß der Titel eines »Patriarchen von Antiochia« noch immer von vier Kirchen vergeben wird. Es gibt einen römischen, einen griechischen, einen maronitischen und einen syrischen Patriarchen von Antiochia. Keiner von ihnen residiert heute mehr in der Stadt.

Im 5. Jahrhundert begann der Verfall der Stadt. Im Jahre 526 gab es ein Erdbeben, bei dem eine Viertelmillion Menschen ums Leben kamen. Hundert Jahre später wurde die Stadt von den Arabern erobert. 1098, während des ersten Kreuzzuges, gründete der Normanne Bohemund, Fürst von Tarent, Robert Guiscards Sohn, das erste lateinische Herzogtum in Syrien. Bohemund nannte sich Fürst von Antiochia. Dieses Herzogtum sollte hundertundfünfzig Jahre bestehen. Um diese Zeit war ein großer Teil der christlichen Kirchen noch vorhanden. Bis zu den Kreuzzügen führten die Araber ein tolerantes Regiment. Von all den alten, kostbaren und herrlichen Dingen sind heute nur noch Trümmer übrig. Auch die Ausgrabung von Antiochia wird eine Sensation werden.

Ich fuhr hinab in die Stadt. Mein Fahrer hielt vor einem modernen, bemerkenswert schönen Gebäude, vor dessen Eingang zwei antike Plastiken stehen. Der Wackere bedeutete mir hineinzugehen. Zu meiner Verblüffung befand ich mich in einem Museum, erstaunlicher, als ich je eines gesehen. Das Museum beherbergt ein halbes Hundert großer römischer Mosaiken in vortrefflichem Zustand. Sie stammen aus dem 1. Jahrhundert nach Christi Geburt. Sie wurden in den römischen Villen in Daphni ausgegraben. Sie lassen etwas ahnen von dem Luxus und der Pracht der antiken Stadt, die sich rühmen konnte, daß für die Wasserversorgung ihrer Bäder drei römische Kaiser, Caligula, Trajan und Hadrian, Aquaedukte gebaut hatten. Die Mosaiken stellten Szenen aus der griechischen Mythologie dar – das Urteil des Paris, den Wettstreit im Trinken zwischen Herakles und Dionysos, aber auch Jagd- und Trinkszenen aus der Zeit. Manche der Gesichter sind von einer Lebendigkeit, die den Betrachter erschreckt.

Das Museum enthält eine Anzahl der noch immer sehr seltenen hethitischen Plastiken, dazu eine Münzsammlung mit Stücken von großer Schönheit. Die Münzen reichen von den Achaimeniden bis zum letzten türkischen Sultan.

In demselben Saal, in dem die Münzen die wohlbekannte Geschichte der letzten dreitausend Jahre erzählen, hängt an der Wand ein Kasten, der die unbekannte Geschichte der dreitausend vorhergehenden Jahre erzählt. Er ist nicht größer als die Kästen der Schmetterlingssammler. Die Sammlung, die er enthält, ist schlechthin unvergleichlich. Es handelt sich um nichts weiteres als um eine Anzahl kleiner Siegelzylinder. Sie sind nicht größer als ein Daumen. Jedem Siegel ist sein Abdruck in Wachs oder Ton beigefügt. Alle diese Siegel stammen aus dem Açana Höyügü. Das ist ein kleiner, etwa zwanzig Kilometer nördlich von Antiochia im Tal des Orontes gelegener Hügel.

Eines Tages erschien im Museum ein Bauer mit dem Stück einer Tonvase. Die Bauern wissen, daß es sonderbare Leute gibt, die Scherben mit Geld bezahlen. Die Scherbe war beim Pflügen auf einem Acker am Hang des Açana Höyügü zum Vorschein gekommen. Diesen Hügel haben dann mit Unterstützung der türkischen Regierung die Archaeologen vom Oriental Museum in Chicago mit einem Graben durchschnitten. Sie fanden vierzehn archaeologische Schichten. Die älteste ist auf das Jahr

4500 vor Christi Geburt zu datieren. Das ist älter als die älteste bekannte Dynastie Aegyptens, älter als die Kultur der Sumerer, die in Ur in Chaldaea ausgegraben wurde. In jeder dieser vierzehn Schichten sind Siegelzylinder gefunden worden. Die der ältesten Schicht zeigen geometrische Muster. Sie entzücken durch ihre graphische Phantasie. Um 3800 beginnen die figürlichen Darstellungen. Sie sind in den Abdrücken genau zu erkennen. Sie zeigen in Zeichnung und Komposition die Feinheit und Köstlichkeit antiker Gemmen. Von einigen Siegeln kennen die Gelehrten noch nicht die Kultur, zu der sie gehören. Doch ist es nur eine Frage weiterer Grabungen und Forschungen, daß das herausgefunden und geklärt wird.

Nachdem ich, auf der Fahrt von Antiochia nach Aleppo, das Tal des Orontes verlassen habe, beginnt die Wüste. Es ist eine Steppenwüste, in der nur hie und da eine Distel, ein Dornbusch oder ein Grashalm wächst. Alle dreißig, vierzig Kilometer treffen wir auf ein kleines, aus Lehmhütten bestehendes Dorf. Wir begegnen einer Schar von Zigeunern. Durch diese Welt des Sandes ziehen auch die Zigeuner nicht mehr mit Wagen. Die Zelte werden von Kamelen getragen.

Die türkisch-syrische Grenzstation liegt in einem kleinen Gebirgsstock, der sich mitten in der Wüste erhebt. Als ich aus dem Paßbüro wieder herauskomme, ist mein Koffer verschwunden. Nun ist es in der Wüste nicht möglich, bestohlen zu werden. Man kann nur beraubt werden. Wollte ein Dieb einen Koffer davontragen, man sähe ihn fünf Stunden lang durch den Sand stapfen. So ist nicht zu stehlen bei den Beduinen keine Tugend. Nur ein Räuber, der eine Waffe hat, kann sich erlauben, sich etwas anzueignen. Schließlich stellt sich heraus, daß ein liebenswürdiger Italiener meinen Koffer einfach in seinen Wagen verladen hat. Er kommt auf mich zu und lädt mich ein, als sein Gast nach Aleppo mitzufahren. Der zweite Gast, dessentwegen der Italiener an die Grenze gekommen ist, stammt aus Baden. Er hat es sich zur Lebensaufgabe gemacht, den Beduinen Nähmaschinen zu verkaufen.

Die Familie des Italieners war 1460 aus Venedig nach Aleppo gekommen. Seitdem sitzt sie in dieser Wüstenstadt und treibt Handel. Offenbar ist man dabei reich geworden. Als ich später bei dem reizenden Mann zu Gast geladen war, entdeckte ich an der Wand des Speisezimmers einen Carpaccio. Einer der Ahnen hatte das Bild im Atelier des Meisters in Venedig gekauft und in die Wüste mitgenommen. Vor der liebevoll gemalten Fassade von S. Marco stehen, in Turban und orientalischem Gewand, einige Muslimin, die aus Aleppo dahin gekommen sein mögen. Dank der trockenen Luft haben die Farben die volle Frische behalten, die der Meister ihnen einst gegeben hatte. Diese Überraschung wurde durch eine generöse Gastfreundschaft in sympathischer Weise ergänzt. In Aleppo habe ich einen Freund.

Die Straße war, wie an allen Grenzen, zunächst schlecht. Dann wurde sie ausgezeichnet. Die Länder des Vorderen Orient haben das Eisenbahnzeitalter übersprungen. Dafür haben sie gute Autostraßen. Wir fuhren durch die eintönigen Sandhügel der Syrischen Wüste, Welle auf, Welle ab. Vom Kamm einer solchen Sandwoge sieht man unendlich weit, aber was man sieht, ist das Nichts. Die Landschaft ist nackt. Der Horizont ist leer. Er ruft das Gefühl der Grenzenlosigkeit hervor. Plötzlich, als wir aus einem Wellental wieder auftauchen, liegt Aleppo vor uns. Es ist mit scharfen Rändern gegen die Wüste abgesetzt, ein sandgelbes Häusermeer in strahlender Sonne. Man sieht zahlreiche Kuppeln und Minarette, aber in dem ganzen Bild keinen einzigen Baum. Aus dem Häusermeer ragt auf einem Hügel mit steilen Hängen die Zitadelle auf. Ungeheure Steinmassen sind auf diesen Kegel getürmt, als hätten vorweltliche Riesen sich eine Burg gebaut.

Das ist Aleppo, von den Arabern Haleb genannt. Dreihunderttausend Menschen wohnen in dieser Wüstenstadt. Haleb ist alt. Schon Abraham hat in einem Brunnen auf der Zitadelle seine rote Kuh getränkt. Die Muslimin haben ihm an diesem Brunnen eine Moschee errichtet.

Ich habe das Gefühl, wirklich in der Fremde zu sein. Die Muslimin tragen den Fez oder den Turban. Die Frauen tragen schwarze Schleier. Freilich, nur bei den Bäuerinnen sind diese Schleier undurchsichtig. Bei den eleganten Araberinnen sind sie aus zarten Geweben. Sie ermöglichen eine sittenstrenge Form der Koketterie. Am Abend sind Frauen auf der Straße kaum zu sehen. Die Koketterie der Frauen, die noch zu sehen sind, ist mit Sittenstrenge nicht sehr genau bezeichnet. In den unzähligen Caféhäusern sitzen nur Männer.

Als Gilbert Keith Chesterton das erstemal von seinen Freunden abends auf den Broadway geführt wurde, blieb er stehen, sah sich die Lichtreklamen an und meinte: »Wie schön wäre das, wenn man Analphabet wäre!« In Aleppo in der Syrischen Wüste hätte er das haben können. Alle Inschriften ohne Ausnahme, auch die Lichtreklamen, sind in arabischer Schrift geschrieben. Es sieht zauberhaft aus. Besonders für Neonröhren ist die arabische Schrift wie geschaffen. Doch ist es zuweilen schwierig, sich zurechtzufinden. Als ich ein Telegramm aufgeben wollte, mußte ich lange suchen, bis ich das Postamt entdeckte. Ich wollte nach »Garmisch-Schmölz« telegraphieren. Aber der rechtgläubige Moslem bezweifelte, daß es auf der Welt einen Platz mit einem so ungewöhnlichen Namen gebe. Bei »München« ließ er sich überzeugen. Doch wollen wir keinen geographischen Hochmut zeigen. Shakespeare läßt im Macbeth das gute Schiff »The Master of the Tiger« in den Hafen von Aleppo einlaufen.

Die Geschichte von Haleb geht bis ins 3. vorchristliche Jahrtausend zurück. Es sind immer dieselben Völker, die als Eroberer dieser alten Städte auftreten – Amoriter, Hethiter, Assyrer, Aegypter, Babylonier, Griechen, Araber, Mongolen und Türken. Auf aegyptischen Monumenten ist Haleb schon vor viertausend Jahren erwähnt.

In der Nähe von Aleppo, mitten in der Wüste, liegt das Kloster des heiligen Symeon des Styliten. Vierzig Jahre seines Lebens hat Symeon auf einer Säule verbracht und den Menschen gepredigt. In der Liebe zur geringsten Kreatur hat er vielleicht sogar Buddha übertroffen. Als einst aus einer seiner Wunden ein Wurm herausfiel, hob er ihn auf, setzte ihn wieder in die Wunde und sagte: »Iß, was dir Gott gegeben hat!« Um die Stelle, an der seine Säule stand, wurde im 5. Jahrhundert eine Kirche gebaut. Sie gehörte zu den ersten Kirchen, deren Grundriß die Form eines Kreuzes hatte. Ihre Ruinen sind noch zu sehen.

Die Dschami Cakariya, die große Moschee von Aleppo, wurde von den Umayyaden, der ersten arabischen Dynastie in Damaskos, an der Stelle einer Basilika der Kaiserin Helena errichtet. Die Dschami Cakariya birgt das Grab des Zacharias, des Vaters Johannes' des Täufers. Die Moschee wird von einem viereckigen Minarett überragt. Es ist sehr früh, von schöner Einfachheit, mit kostbaren Ornamenten geschmückt.

In der Synagoge der Soferim in Aleppo wird eine bemerkenswerte Handschrift aufbewahrt, der Codex des Ben Asher. Es ist eine hebraeische Handschrift des Alten Testaments aus dem 10. Jahrhundert. Der »Urtext«, aus dem Luther übersetzt hat, war recht jungen Datums. Es war die Textausgabe des Gerson ben Mose, die 1494 in Venedig erschien. Die unter Mitarbeit vieler Fachgelehrter in unserer Zeit geschaffene Biblia Hebraica, die heute als maßgebend gilt, bietet den Text einer Petersburger Bibelhandschrift. Diese geht auf den Codex des Ben Asher zurück, den der Rabbi von Aleppo aufbewahrt.

Die Zitadelle ist ein kyklopisches Befestigungswerk. Die Steilhänge des Hügels, auf dem sie erbaut ist, sind gepflastert. Arabische Schriftsteller versichern, daß der Hügel künstlich sei und die Zitadelle auf achttausend Säulen ruhe. Den tiefen Graben überschreite ich auf einer Brücke, die in ein hohes, mit zwei großartigen Löwen geschmücktes Tor mündet. Sie erinnern an die Löwen am Tor von Mykene. Der eine Löwe lacht, der andere ist traurig. Unzählige Geschichten knüpfen sich an die konträren Gemütslagen des Königs der Wüste, der das Symbol so vieler Könige der Geschichte war und also gleich gute Gründe hat, zu lachen oder zu weinen. Gewaltige Mauern, sichere Brunnen, große unterirdische Vorratsräume, riesige Türme machen dieses Festungswerk fast uneinnehmbar. Nur die Hethiter haben es einmal mit Waffengewalt genommen. Die Kreuzritter haben von Antiochia aus vergeblich versucht, Aleppo zu unterwerfen. Zwar mußten die Einwohner Tribut an die Franken zahlen, aber die Eroberung der Zitadelle ist den Kreuzrittern nicht gelungen.

Von der Zinne der Zitadelle geht der Blick weit über die Wüste in eine sehr ferne Vergangenheit. Hier beginnt Syrien, das Land jener Kulturen, die den farbigen Teppich bilden, in den die Geschichte des Volkes Israel verwoben ist. Noch heute sind die Figuren, welche die Kinder von Aleppo für ihre Spiele mit Kreide auf den Asphalt malen, Männer mit assyrischen Bärten. Im Museum der Stadt steht eine Plastik, der Gute Hirte, der das Lamm trägt, dieses in der abendländischen Kunst so gern behandelte Motiv. Die Plastik von Aleppo ist sumero-babylonisch. 2. Jahrtausend vor Christi Geburt, gefunden in Tel Hariri am Euphrat.

Der Blick von der Zitadelle von Aleppo über die Stadt in die sonnenüberglänzte Wüste hat sich nicht verändert, seitdem Abraham von Mesopotamien gezogen kam, um Canaan in Syrien zu erreichen, das Land, in dem unsere Überlieferung ihren Ursprung, unsere Kultur ihre Wurzel hat.

ZWISCHEN EUPHRAT UND NIL

SYRISCHE HORIZONTE

Die Weltgeschichte scheint aus nichts zu bestehen, als aus Kriegen, blutigen Grausamkeiten, Verrat, Ruhmsucht und der Erschaffung von Reichen, die zum Untergang bestimmt sind. Das Ergebnis scheint kein anderes zu sein als Erschlagene, an deren Gräbern Tränen fließen, Flüchtige, deren Ziel die Verzweiflung ist, und die Zerstörung alter, herrlicher und kostbarer Dinge. Mit dem verlorenen Paradies hat die Weltgeschichte angefangen. Mit der Spaltung des Atoms ist sie bei der Möglichkeit ihres Endes angekommen. Aber alte, herrliche und kostbare Dinge hat es von den frühesten Zeiten an gegeben. Zwischen Verzweiflung und Zerstörung, aus Schweiß, Blut und Tränen wurde immer neu geschaffen, was nach Jahrhunderten wieder zu alten, herrlichen und kostbaren Dingen geworden war.

Die Geschichte Syriens ist ein ungeheures Spektakel des Welttheaters.

Die Spuren des Menschen in diesem Winkel der Erde reichen bis in die Altsteinzeit. Sie sind also hundertundfünfzigtausend Jahre alt. Damals war das Klima in diesen Landstrichen noch tropisch feucht und heiß. Die ältesten Funde menschlicher Knochen in Syrien sind hunderttausend Jahre alt. Sie wurden in der Nähe des Sees Genezareth gemacht. Die frühesten Siedlungen, deren Spuren erlauben, Kulturen zu unterscheiden, gehen bis in den Anfang des 5. Jahrtausends vor Christi Geburt zurück.

Von den drei Weltreligionen, die nur einen Gott verehren, sind die jüdische und die christliche in Syrien entstanden. Der Islam hat in Syrien seine höchste Blüte erlebt. Die Gläubigen der drei Religionen blicken aus allen Teilen der Welt nach den Heiligtümern, die über Syrien verstreut sind.

In Syrien war es, wo zum erstenmal in der Geschichte ein Reich des Geistes errichtet wurde, wo zum erstenmal eine Idee ihre Herrschaft über alle Macht und alle Herrlichkeit der Erde begründete. Es war die Idee, daß die Welt von Gott erschaffen und der Mensch das Ebenbild Gottes sei.

In Syrien war es, wo zum erstenmal verkündet wurde, daß der Mensch des Menschen Bruder sei. Syrien ist der moralische Lehrer der ganzen Menschheit. Mit Recht sagt Philipp K. Hitti, der Historiker des Landes, daß jeder gebildete Mensch auf Erden zwei Vaterländer habe – sein eigenes und Syrien.

Dieses Syrien, das in der Geistesgeschichte einen so hohen Rang einnimmt, ist gleichzeitig das ungeheuerlichste Schlachtfeld der Historie. Es gibt kaum einen Fußbreit Bodens in diesem Land, der nicht das Grab eines Helden oder eines armen Teufels ist.

In Zeiten des Friedens war Syrien immer ein Land des Welthandels, dessen Export und Import schon im frühesten Altertum von China bis Spanien, vom Nil bis zur Ostsee reichten. In Palmyra wurde aus einem Grab aus der Zeit des Augustus neben einem Stück chinesischer Seide eine mykenische Keramik aus dem 2. Jahrtausend ausgegraben.

Die Syrer haben das Alphabet erfunden. Sie haben das Kupfer in Gebrauch genommen. Wahrscheinlich ist Syrien das Land, in dem der Mensch zum erstenmal Getreide angepflanzt und Erde zu Ton gebrannt hat. Aus dem benachbarten Mesopotamien stammen der Pflug, das Rad, der Wagen.

Wenn ich von Syrien spreche, ist damit nicht der heutige Staat gemeint, dessen Grenzen ein Ergebnis des ersten Weltkrieges sind. Gemeint ist, was im Altertum darunter verstanden wurde. Dieses Syrien wird im Osten vom Euphrat begrenzt, im Norden vom Taurosgebirge, im Westen von der Küste des Mittelmeers, im Süden von der Halbinsel Sinai.

Für die Geistesgeschichte Syriens war es entscheidend, daß das Land zwischen der sumero-babylonischen Kultur im Zweistromland im Osten und der aegyptischen Kultur im Süden lag. Daß Syrien immer der Schauplatz großer Ereignisse war, hat geographische Gründe.

Das Land ist so zerrissen, daß es niemals zu einem straff organisierten Staatswesen zusammengefaßt werden konnte. Seine ausgedehnten Grenzen waren niemals zu verteidigen. So wurde es immer wieder zur Beute jedes Eroberers, der es begehrte. Die strategische Position zwischen den historischen Kontinenten Asien, Afrika und Europa setzte Syrien unzähligen Überfällen aus. Babylonier und Assyrer, Amoriter und Phoiniker, Aegypter und Hethiter, Aramaeer und Hebraeer, Griechen, Perser, Makedonen, Parther, Römer, Armenier, Araber und Mongolen sind in dieses Land eingefallen. In Syrien hat sich das Drama der Kreuzzüge abgespielt. Schließlich wurde das Land von den Türken erobert.

Am Ende des 18. Jahrhunderts zog Napoleon nach Syrien. Später überfielen europäische Mächte erneut das alte Land. In beiden Weltkriegen wurde dort gekämpft, und auch heute herrscht nur Waffenstillstand. Dieses unglaubliche Land hat mehrfach in der Geschichte eine weltpolitische Rolle gespielt, aber fast immer nur unter der Herrschaft von Eroberern.

Im 11. Jahrhundert vor Christi Geburt herrschten in Nordsyrien die Aramaeer. Sie waren ein den Hebraeern nahe verwandtes Volk, das aus den Wüsten Nordarabiens über Mesopotamien nach Syrien gekommen war. Der aramaeischen Sprache war bestimmt, in der Geschichte eine bedeutende Rolle zu spielen. Nicht nur Jesus und seine Jünger haben aramaeisch gesprochen, sondern wahrscheinlich schon die Erzväter der Juden, ehe sie im Gelobten Land auch dessen Sprache annahmen. Das Hebraeische ist ein phoinikischer Dialekt. Sowohl Rebekka als auch Lea und Rahel, Jakobs Frauen, waren vermutlich Aramaeerinnen.

Im 10. Jahrhundert schuf König Salomo sein mächtiges Reich.

Im Jahre 301 vor Christi Geburt hatte Seleukos Nikator I. die Stadt Antiochia am Orontes gegründet und zur Hauptstadt Syriens gemacht. Die Herrschaft der Seleukidendynastie dauerte bis zum Jahre 64 vor Christi Geburt.

In der zweiten Hälfte des 3. Jahrhunderts nach Christi Geburt hat eine Herrscherin syrischen Geblüts dem Land eine Großmachtstellung erobert. Das war die Königin Zenobia. Die Hauptstadt ihres Reiches, Palmyra, lag mitten in der Wüste.

Die letzte weltbedeutende Glanzzeit Syriens war, nach der Eroberung durch die Araber, das Kalifat der Umayyaden mit Damaskos als Mittelpunkt. Die Herrschaft der Umayyaden hat von 661 bis 750 nach Christi Geburt gedauert.

Heute gibt es auf dem Gebiet des alten Syrien vier selbständige Staaten, die Republik Syrien mit der Hauptstadt Damaskos, die Republik Libanon mit der Hauptstadt Beyrouth, das Hashemitische Königreich Jordanien mit der Hauptstadt Amman und den Staat Israel. Die Halbinsel Sinai gehört zu Aegypten. Das einzige, was allen vier Staaten gemeinsam ist, ist die Syrische Wüste.

Der Mensch liebt es, sich des Glanzes zu erinnern und das Elend zu vergessen. Was haben diese Völker gelitten in den siebzig Jahrhunderten, durch die wir ihre Geschichte verfolgen können! Ein weiser Jude hat nach den Menschenverfolgungen unserer Tage das beschwörende Wort gesprochen: »Gottes Güte möge den Menschen davor bewahren, erleiden zu müssen, was er ertragen kann.«

Die Geschichte der Leiden eines der Völker Syriens erzählt uns das Alte Testament. Das Alte Testament ist eine zuverlässige historische Quelle. Viele im Alten Testament geschilderten Vorgänge kommen auch in anderen Dokumenten vor. Allerdings werden weltpolitische Ereignisse nur dann erwähnt, wenn sie das Volk Israel betreffen.

Als die Juden aus Aegypten auszogen, blühte das Mykenische Reich. Zahlreiche mykenische Gefäße sind in Aegypten gefunden worden. Sie galten als Kostbarkeiten. Daß Moses, dieser gebildete, am Hof des Pharao als aegyptischer Prinz erzogene Mann, von dieser Kultur, deren Rang Homer bezeugt, nichts gewußt habe, ist ausgeschlossen. Das Alte Testament erwähnt nichts davon.

Homer muß gewußt haben, wer König Salomo war. Homer hat nur hundertundfünfzig Jahre nach Salomo gelebt. Das Reich König Salomos war eine Großmacht. Küsten verbinden. Schiffe machen an Küsten wohnende Völker zu guten Nachbarn, wenn sie sie nicht zu Feinden machen. Aber auch den Feind kennt man. Daß Homer vom Ruhm König Salomos und vom Glanz seiner Hauptstadt, von dem sogar die Königin von Saba im Süden Arabiens gehört hatte, nichts gewußt habe, ist unvorstellbar. Von Homer erfahren wir nichts über König Salomo, von den Propheten nichts über Homer. Erst die Geschichte Syriens vom Ende des 13. Jahrhunderts vor Christi Geburt an setzt uns darüber ins Bild, in welcher Umwelt das Volk der Juden gelebt hat.

Umgeben von unerbittlichen Feinden, immer wieder besiegt, seiner staatlichen Selbständigkeit beraubt, verschleppt, ständig in der Versuchung, an Jahwe zu zweifeln und den mächtigen Göttern der Sieger zu dienen, haben die Juden das historische Meisterstück zuwege gebracht, zu überleben, allen Anfechtungen zum Trotz am Gesetz Mosis festzuhalten und den Propheten zu glauben, bis erfüllt war, was sie geweissagt hatten.

Eine Stunde vor Sonnenuntergang, Ende November, fahre ich aus Homs nach Osten in die Wüste hinein. Homs ist ein kleines Landstädtchen am östlichen Rand des nördlichen Libanon. Es ist das alte Emesa, das in der Spätantike ein Mittelpunkt des syrischen Baalskultes war.

Mein Ziel ist Tadmor, eine Oase in der Syrischen Wüste, hundertundachtzig Kilometer östlich von Homs. Tadmor wird schon im 18. Jahrhundert vor Christi Geburt auf Inschriften erwähnt. Unter dem Namen Palmyra, die Palmenstadt, wurde es die blühende Hauptstadt des Reiches der Königin Zenobia. Noch heute wird Palmyra von den Arabern die »Braut der Wüste« genannt.

Palmyra wurde im Jahre 273 nach Christi Geburt vom Kaiser Aurelian zerstört. Was übrigblieb, ist, von Sand und Wind verweht, das größte uns bekannte Ruinenfeld einer späten hellenischen Stadt.

Man könnte von gut erhaltenen Ruinen sprechen. Seit der Zerstörung der Stadt ist auf ihrem Gebiet nicht wieder gebaut worden. Es gab niemand, der die Ruinen als Steinbruch hätte benutzen können. Palmyra war rings von der schweigenden Wüste umgeben. Nur einige Beduinen hausten in der Oase.

Im Jahre 1173, zur Zeit der Kreuzzüge, besuchte der mittelalterliche Reisende Rabbi Benjamin von Tudela den Platz. Wir verdanken diesem gelehrten spanischen Juden zahlreiche wertvolle geschichtliche Informationen. Rabbi Benjamin fand in Palmyra eine kleine jüdische Kolonie. Dann geriet die Stätte vollkommen in Vergessenheit. Am Ende des 17. Jahrhunderts wurde sie von einem englischen Arzt in Aleppo, Dr. William Halifax, wiederentdeckt.

Hundertundachtzig Kilometer sind für ein Auto in der Wüste keine Entfernung. Auf der Piste ist, wenn man Glück hat, diese Distanz leicht in zwei Stunden zurückzulegen. Hier gab es eine Art Straße. Sie hatte, zufolge des ständigen Windes, die Oberfläche eines Wellblechs bekommen. Die Streifen verliefen quer zur Fahrtrichtung. Es gibt dann zwar immer noch eine bestimmte Geschwindigkeit, etwa zwischen fünfundsechzig und fünfundsiebzig Stundenkilometern, mit der man über das Wellblech hinweghuschen kann, aber dabei kann leicht eine Feder brechen. Das wollte mein Fahrer nicht riskieren. Wir hätten auch neben der Straße fahren können, zumal unterdessen der Vollmond, eine dicke gelbrote Orange, über den Horizont heraufgestiegen war. Aber dabei kann man sehr beträchtlich vom Wege abkommen. Das wieder wollte ich nicht riskieren.

So fuhren wir Stunde um Stunde dahin in dem verzweifelten Tempo von zwanzig Kilometern. Der Fahrer klagte um seinen schönen Wagen. Ich versprach ihm etwas mehr Geld. Aber Geld hat in der Wüste keinen rechten Klang. Nach zwei Stunden begegnete uns ein Lastwagen, ein gezähmter Dinosaurier in einer ungeheuren Staubwolke. Beide Fahrer gaben heftig und freudig Signal – ein fast menschlicher Laut.

Es fing an, empfindlich kalt zu werden. Mit dem steigenden Mond wurde das Licht weiß. Rechts und links des Weges, in einer Entfernung von acht bis zehn Kilometern, schwangen sich Hügelketten in silberner Einsamkeit am Horizont dahin.

Der ratternde Wagen, ein junger Syrer aus einem alten Volk, ein alter Franke aus einem jungen Volk in der menschenleeren Wüste, verloren in das funkelnde Universum – es war, als zögen wir durch die kalte, unheimliche Schönheit eines anderen Sterns dahin.

So ist seit Jahrtausenden der Mensch mit seinen Karawanen durch die Wüste gezogen von einem Ufer der Fruchtbarkeit zum anderen, durch das Sandmeer der Verlassenheit, der Einsamkeit, der Gefahr.

Die Wüste ist die eigentliche metaphysische Landschaft. Berge bringen Götterwelten hervor. In Wäldern hausen Trolle, Feen, Zwerge. Das Meer macht die Dämonen der Tiefe lebendig. Nichts dergleichen ist in der Wüste möglich. Weder Götter noch Geister noch Dämonen können in der Leere der Wüste ein Dasein haben. Die Wüste ist die wahre Landschaft Gottes. Die Erleuchtung, daß die Welt von Gott erschaffen sei, konnte dem Menschen nur in der Wüste zuteil werden. In der Wüste ist sie ihm zuteil geworden.

Es ist die Wüste, durch welche Abraham von Haran in Mesopotamien nach Canaan zog. Es ist die Wüste, in welcher der Berg des Gesetzes aufragt. Es ist die Wüste, durch welche die heilige Familie vor dem Zorn des Königs Herodes nach Aegypten floh.

Die Karawanen brachten die Kostbarkeiten Indiens und Chinas nach dem Westen und die Kostbarkeiten der kunstverständigen Völker des Mittelmeers nach dem Osten.

Wichtiger als die Kostbarkeiten, die der Welthandel von fernen Völkern zu fernen Völkern brachte, war die schwerelose Fracht der Karawanen, die Fracht der Ideen.

Durch die Syrische Wüste ist der Mönch Olopön nach Osten gezogen, um in China das Christentum zu verbreiten. Um die gleiche Zeit ist aus dem Osten die Kunde vom Prinzen Gautama Buddha bis in ein einsames Kloster am Toten Meer gedrungen.

Im Kloster St. Sabas, das am Toten Meer liegt, hat ein Mönch namens Johannes die Lebensgeschichte des indischen Prinzen Josaphat aufgezeichnet. Dieser Prinz ist von der Kirche heiliggesprochen worden.

Die Kunde vom Leben des Prinzen Josaphat muß der Mönch Johannes aus Indien gehabt haben. Wie die Gelehrten feststellen konnten, stimmt die Geschichte, die der Mönch Johannes erzählt, in allen Einzelheiten mit der Geschichte des Lebens Buddhas überein.

Daß ein Prinz, der die Liebe zu aller Kreatur gelehrt und ein Leben der Gnade geführt hat, nur ein Christ sein könne, war für den Mönch am Toten Meer selbstverständlich. So ist, eine bezaubernde historische Arabeske, zufolge der Frömmigkeit eines gelehrten Mönches, wenn auch nicht Buddha selbst, so doch der Geist seiner Lehre heiliggesprochen worden.

Unterdessen mußten wir nach meinen Kilometerberechnungen eigentlich in Palmyra sein. Aber da wir die Straße mit der Wellblechoberfläche schließlich doch verlassen hatten, konnten wir uns um einige Winkelgrade in der Richtung geirrt haben. Es war zehn Uhr abends geworden.

Ein Licht tauchte auf. Ein Licht in der Wüste! Ein kleines, freundliches, rötliches Licht! Es kommt aus einem Zelt. Jemand kommt gelaufen. Es ist ein Sergeant der syrischen Armee, ein großer, breitschultriger Mann von etwa dreißig Jahren mit dickem, wirrem schwarzem Haar und dem offenen Gesicht, wie einfache Soldaten es haben. Er strahlt vor Entzücken darüber, daß Menschen vorbeikommen. Er lädt uns ein, sein Zelt zu betreten. Eine kräftige Herzlichkeit geht von ihm aus. Irgendwann hat er bei den Franzosen gedient. Er spricht gut Französisch.

Wenn ein Araber in der Wüste einen Fremdling in sein Zelt einlädt, erwirbt der Fremde in einem Augenblick die Privilegien einer jahrtausendealten Tradition, der Tradition der Gastfreundschaft der Wüste. Darin hat Karl May die Beduinen richtig geschildert. In der Wüste ist der Mensch des Menschen Feind, oder er ist sein Bruder.

Der Gruß, mit dem der Sergeant den Franken mitten in der Nacht auffordert, Platz zu nehmen, ist ein schönes Beispiel für den Zauber der arabischen Sprache. Der Sergeant lädt mich ein mit den Worten: »Meine Hütte ist arm und schmutzig. So sitze nieder im Glanz meiner Augen.«

Die Araber haben ein Sprichwort, daß Allah beim Menschen drei Dinge zur Vollendung habe gelangen lassen – die Hand des Chinesen, das Hirn des Franken, die Zunge des Arabers.

Für den Franken schiebt der gastfreundliche Mann noch eine Kiste herein, die er sorgfältig mit seinem Lammfellmantel bedeckt. Hätte man uns doch in unserer Jugend, statt uns Kniebeugen üben zu lassen, gelehrt, auf der Erde zu sitzen! Wie wir uns da niederlassen, ist es das köstliche Gefühl, Anker zu werfen im uralten Hafen der Brüderlichkeit.

Es läßt sich bei diesem Syrer, einem Mann aus einem so alten Volk, einem Volk zwischen den Völkern, nicht entscheiden, ob die Brüderlichkeit auf den Erzvater der Juden, den indischen Prinzen oder den arabischen Propheten zurückgeht. Unter diesem Zelt wohnen Abraham, Buddha und Mohammed friedlich beieinander. Der treffliche Mann macht sich sogleich daran, Mokka zu bereiten. Nach so vielen Stunden Staubes schmeckt er herrlich. Liebenswürdige Redensarten werden getauscht. Wir genießen zwischen Vergangenheit und Zukunft einen glücklichen Augenblick. Kain hat nie gelebt.

Ich kann meinen Gastgeber durch ein Geschenk erfreuen, das in der Wüste wertvoll ist. Es ist die Gabe des Prometheus, eine Schachtel Zündhölzer. Nach einem heiteren Palaver nehmen wir Abschied unter dem silbernen Mond der Wüste. Der Sergeant weist uns noch den Weg. Wir geben uns die Hand. Niemals werden wir einander vergessen.

Zehn Minuten später fahren wir, entlang der Säulenkolonnade des Grand Boulevard von Palmyra, an dem mächtigen Sonnentempel vorbei. Der Marmor leuchtet gespenstisch weiß. Endlich landen wir wohlbehalten im kleinen Wüstenhotel »Zur Königin Zenobia«.

Wüste und Ackerland, Beduine und Bauer, dieser Gegensatz beherrscht seit grauer Vorzeit die Geschichte des Landes. Seit siebentausend Jahren wird in Syrien der niemals endende Kampf zwischen den schweifenden Nomaden und den seßhaften Bauern geführt. Unter guten Regierungen wird der Wüste Acker abgewonnen. In Zeiten der Anarchie begräbt der Wind den Fleiß des Bauern unter dem Sand. Nicht immer haben die fremden Eroberer schlecht regiert. Unter den Pharaonen, unter den römischen Kaisern, unter den Kalifen hat das Land lange Zeiten des Friedens und der Blüte erlebt.

Syrien, das von so vielen fremden Herrschern regiert worden ist, ist der Welt auch diese Herrscher nicht schuldig geblieben.

Um das Jahr 200 nach Christi Geburt gibt es auf dem römischen Kaiserthron eine syrische Dynastie. Die Gründerin der Dynastie war die Kaiserin Julia Domna. Sie stammte aus Homs, von wo ich am Nachmittag weggefahren bin. Sie heiratete den Septimius Severus, den sie als kommandierenden General einer Legion in Syrien kennengelernt hatte. Im Jahre 193 bestieg Septimius Severus den Thron. Er war der einzige römische Kaiser, der aus Afrika gebürtig war. Er hat, ein Trost für alle Sextaner der Weltgeschichte, sein Leben lang nie richtig Latein gelernt.

Julia Domna war eine der schönen Frauen der Weltgeschichte. Ihre Münzen und Portraitbüsten zeigen es. Sie war auch eine der unglücklichsten. Caracalla, Julia Domnas Sohn, ermordete, um seine grausame

Herrschaft antreten zu können, seinen Bruder Geta in den Armen seiner Mutter. Bei diesem Attentat durchbohrte Caracalla mit seinem Dolch die Hand seiner Mutter, die ihren Sohn Geta zu schützen versuchte. Gibbon, der englische Historiker des Römischen Reiches, hat zu diesem Verbrechen bemerkt, daß Julia Domna dazu verdammt war, das Leben des einen Sohnes ebenso beweinen zu müssen wie den Tod des anderen.

Zu dieser Dynastie gehörte Heliogabal, der mit dreizehn Jahren das Amt des Hohenpriesters Baals in Emesa geerbt hatte und mit vierzehn Jahren den römischen Kaiserthron bestieg. Nach einer dreijährigen prunkvollen Regierung, deren orientalische Ausschweifungen selbst den Römern zuviel geworden waren, wurde er ermordet.

Zwanzig Jahre später sitzt wiederum ein Syrer auf dem römischen Kaiserthron. Es ist Philipp der Araber. Der römische Kaiser, der das Fest des tausendjährigen Bestehens der Stadt Rom zu feiern hatte, war, ein Witz der Weltgeschichte, ein Araber, dem für seine Siege an der Donau der Titel Germanicus Maximus verliehen worden war. Die Spätantike war eine Welt ohne Vorurteile.

Vom 4. bis zum Anfang des 7. Jahrhunderts war Syrien ein christliches Land. So hat dieses erstaunliche Volk auch auf den byzantinischen Thron einen großen Herrscher entsandt, den Kaiser Heraklios von Byzanz. Er stammte aus Edessa. Wie Antiochia ein geistiges Zentrum des griechischen Christentums, so war Edessa das geistige Zentrum des syrischen Christentums. Heraklios stellte die vom Perserkönig Chosroes zerstörte Grabeskirche in Jerusalem wieder her. Als Heraklios am 14. September des Jahres 629 das wahre Kreuz Christi in Jerusalem wiederaufrichtete, jubelte die Christenheit. Dieser 14. September wird noch heute als Feiertag begangen.

Der Syrer Heraklios unternahm noch einmal einen Versuch, den die Christenheit verheerenden Streit über die Frage, ob Christus eine oder zwei Naturen habe, durch die Lehre des Monotheletismus zu entscheiden. Nach dieser Lehre hat Christus nur einen Willen.

Aber die Schlacht von Yarmuk stand bevor. Syrien sollte arabisch werden.

Mit jeder neuen Eroberung hat der politische Blickwinkel Syriens gewechselt. Er hat die Windrose durchwandert über alle Horizonte hin. So ist es ein weltoffener Blick geworden.

Dreimal hat dieses Land seine Sprache gewechselt. Bis zu Alexander dem Großen wurde in Syrien Aramaeisch gesprochen. Von da an bis zur Eroberung durch den Islam war die führende Sprache Griechisch. Dann wurde Arabisch die Sprache des Landes. Sie ist es bis heute geblieben. Das alte Syrisch, ein Abkömmling des Aramaeischen, ist in der Liturgie der syrischen Kirche erhalten geblieben. Syrische Übersetzungen der Bibel gibt es schon in sehr früher Zeit.

Was für ein Land! Was für ein Volk!

Bei Sonnenaufgang betrete ich das weite Feld der Ruinen von Palmyra. Die Säulenkolonnade der Hauptstraße ist erhalten. Sie führt mitten durch das Ruinenfeld hindurch, vorbei an dem Amphitheater, das gerade aus dem Sand gegraben wird. Durch den Triumphbogen am Eingang des Grand Boulevard sieht man das nackte Wüstengebirge liegen, das Palmyra gegen den Norden schützt. Auf einer seiner Spitzen blitzen in der Sonne die Zinnen einer aus dem Mittelalter stammenden türkischen Festung. Steil und drohend ragt das Kastell in den Himmel. Auf der anderen Seite, nach der Ebene zu, liegt der mächtige Sonnentempel, von dem sogar noch Teile des Dachs erhalten sind. Ein großes Portal führt auf einen Hof, ein gewaltiges Trümmerfeld. Die Farbe des Steins ist ein leuchtendes, rötliches Gelb. Die Konturen des Tempels zeichnen sich mit äußerster Feinheit gegen den Himmel ab. Ein paar schwarz gekleidete Beduinenfrauen mit Wasserkrügen auf dem Kopf schreiten dahin wie eh und je. Hinter dem Sonnentempel erstrecken sich Wälder von Dattelpalmen.

Dann beginnt mit einem scharfen Schnitt sogleich wieder die Wüste. Viele Stunden wandere ich durch die Ruinen, bis zu den merkwürdigen Steintrümmern in den Seitentälern, den Türmen des Schweigens, in denen die Toten in vielen Stockwerken übereinander bestattet wurden.

Die Stadt hat mehr als hunderttausend Einwohner gehabt. Wie konnte eine solche Großstadt mit ihrem Luxus, ihrer Pracht und ihrem Reichtum mitten in der Wüste entstehen?

Es ist reichlich Wasser da. Wasser in der Wüste bedeutet quellende Fruchtbarkeit. Das war der eine Reichtum. Der zweite Reichtum war der Handel. Die Karawanenstraße von Osten nach Westen hat im Lauf der Zeit einige Male ihre Trace gewechselt. Viele hundert Jahre lang ging sie über Petra, die Felsenstadt im Süden Jordaniens. Dann ging der gesamte Handel zwischen Osten und Westen ebenso lange über Palmyra.

Die Stadt war so etwas wie ein Hafen in der Wüste. Der Reichtum Palmyras war der Reichtum einer Hafenstadt. Politisch lebte Palmyra von der Eifersucht seiner großen Nachbarn, von der Spannung zwischen dem Römischen Reich und dem von den Römern nie besiegten Reich der Parther jenseits des Euphrat. Unter der letzten Herrscherin, der Königin Zenobia, hatte sich das Palmyrenische Reich über ganz Syrien und Mesopotamien bis nach Aegypten ausgedehnt. Zenobia war eine bedeutende Frau. Sie sprach Arabisch, Griechisch und Aramaeisch. Sie schrieb eine Geschichte des Ostens. Griechische Philosophen wurden an ihrem Hofe geehrt. Auch sie muß, nach den erhaltenen Münzen, eine schöne Frau gewesen sein.

Königin Zenobia wurde vom Kaiser Aurelian besiegt. Sie floh auf einem Kamel durch die Wüste nach Osten, wurde aber mitten in der Nacht, bei dem Versuch, über den Euphrat zu entkommen, gefangengenommen. Im Glanz ihrer Edelsteine und Perlen schmückte sie den Triumphzug des Siegers in Rom. Doch war der Kaiser durchaus chevaleresk zu seiner schönen Feindin. Er soll ihr eine Villa in Tivoli in der Nähe Roms geschenkt haben. In dem üppigen Park dieser Villa mag die Königin Zenobia von Palmyra zuweilen von der kargen und erhabenen Schönheit der Wüste geträumt haben.

Wie ein Meteor über den Himmel zieht, so hat der Glanz Palmyras für kurze Jahrhunderte in der Wüste geleuchtet. Solcher Plätze hat es in diesem unwahrscheinlichen Syrien viele gegeben. Die meisten sind vom Erdboden verschwunden. Allmählich erst bringt der Spaten der Archaeologen sie wieder ans Licht.

Die zahlreichen in Palmyra erhalten gebliebenen Fresken bilden die kunsthistorische Brücke zwischen der altsemitischen Kunst Syriens und den Anfängen der christlichen Kunst. In der am Euphrat gelegenen Festung Dura Europos, der Grenzfestung des Palmyrenischen Reiches gegen Osten, ist eine sehr frühe Kirche ausgegraben worden. Sie stammt aus dem Jahre 232 nach Christi Geburt. In ihr sind einige Gemälde erhalten geblieben, darunter eine Darstellung Adams und Evas. Wenige hundert Meter neben dieser christlichen Kirche in Dura Europos stand eine Synagoge aus etwa der gleichen Zeit. Ihre Fresken sind die frühesten uns bekannten bildlichen Darstellungen von Themen aus der Biblischen Geschichte. Sie befinden sich heute im Museum in Damaskos.

Palmyra, die Braut der Wüste, hat, dank der Gunst der Umstände, von der Glorie ihrer goldenen Tage einen letzten Glanz auf Erden zurückgelassen. Die Schönheit der alten Bauten in der leuchtenden Sonne Syriens preist das Genie und die Tapferkeit des Menschen unter dem erhabenen Horizont der Wüste, welche die Schönheit der Schöpfung preist.

Fünfundvierzig Kilometer westlich von Homs, dem Emesa der Kaiserin Julia Domna und des Heliogabal, steht in den nördlichen Ausläufern des Libanon eines der merkwürdigsten Denkmäler, die Europa im Orient errichtet hat. Es ist das »Krak des Chevaliers«, die größte mittelalterliche Burg, die ich je gesehen habe. »Krak« ist das türkische Wort für Burg. »Les chevaliers« sind die Kreuzritter. Der arabische Name ist Husn el-Akrâd. Er bedeutet Kurdenfestung.

Beim Verlassen von Homs weht uns ein starker Westwind entgegen, der sich während der Fahrt zum Sturm steigert. Der Sturm treibt die Wolken vom Meer her in die Syrische Wüste. An den Gipfeln des Libanon sind die Wolken in Fetzen gerissen worden. Es fängt an zu regnen. Mein kleiner freundlicher Fahrer blickt bedenklich zum Himmel. Er hält es für eine ausgemachte fränkische Narretei, daß einer bei einem solchen Wetter auf einen Berg hinauf will.

Ein Stückchen müssen wir durch libanesisches Gebiet. Sogleich wird, der Grenze wegen, die Straße schlecht. Das Gebirge hat begonnen. Die Erhebungen sind sechshundert bis achthundert Meter hoch. An den tieferen Hängen sind Reste von Wald erhalten geblieben. Auf den Kuppen hat der Regen den Felsen herausgewaschen. An einer Wegbiegung taucht das Krak des Chevaliers in einer Entfernung von acht Kilometern Luftlinie auf. Die Burg liegt auf einer vorspringenden Bergnase. Von dem runden Bergrücken hebt sie sich als scharfe geometrische Kontur gegen die düsteren, grauen Wolken ab. Um die Strecke von acht Kilometern Luftlinie zu überwinden, brauchen wir drei Stunden.

Zunächst halten wir beim Zollamt an. Das Zollhaus ist eine windige Bretterbude, in der ein paar frierende Zöllner sitzen. In einem Kupferbecken brennt ein Holzkohlenfeuer. Der Holzkohle ist trockener Kamelmist beigemischt. Der Rauch dieses Feuers ist scharf und beizend, aber nicht unangenehm. Es ist einer jener Gerüche, welche, selbst wenn viele Jahre vergangen sind, ehe sie einem wieder begegnen, ganze Welten aus der Erinnerung hervorzaubern. Wir bekommen einen Mokka. An den Tassen wärmen wir uns die Finger. Die Syrer sind reizende Leute. Ihre Freundlichkeit, ihre natürliche, herzliche Gastfreundschaft, ihre behagliche Neigung zu einem Palaver vom Wetter bis zur großen Politik gewinnen schnell das Herz jedes Fremden, der eines hat.

In dieser kleinen Zollbude wird ein wegekundiger Führer angeworben. Die zum Krak des Chevaliers fast um den ganzen Berg herum sich steil hinaufwindende Straße besteht bis heute nur aus dicken Basaltbrocken. Sie sind vom Regen spiegelglatt. Glücklicherweise hat der Fahrer keine

Nerven. Mit graziöser Leichtigkeit steuert er den rutschenden Wagen die Serpentinen hinauf. Der Hang stürzt neben der Straße mehrere hundert Meter in die Tiefe. Von Zeit zu Zeit drückt ein Sturmstoß den Wagen ein wenig aus der Bahn. Je höher wir steigen, um so großartiger wird der Ausblick. Sicher ist dieser Weg nur für Maultiere. Käme ein Wagen entgegen, es entstünde ein unlösbares Problem. Der Prophet war mit dem Fahrer. Die Engel waren mit mir. Es kam kein Wagen.

Plötzlich, hinter einer Wegbiegung, steigt die Burg, nur hundert Meter entfernt, vor uns auf, eine riesige, in den Himmel ragende Festung. Die Kuppe, auf der sie liegt, stürzt nach Süden, Osten und Norden steil in die Tiefe. Nach Westen läuft sie in einen kleinen Bergsattel aus. In der Mulde des Sattels liegt ein Dorf. Zwischen den schwarzäugigen Kindern, die unseren haltenden Wagen umringen, ist eines mit weizenblondem Haar und hellblauen Augen.

Wir überschreiten eine Brücke, die über einen tiefen, mit fast senkrechten Wänden gemauerten Graben führt, und treten in das düstere Torgewölbe ein. Von hier aus führt ein gepflasterter, von gemauerten Rundbogen überdachter Weg dreihundert Meter lang in einem flachen Bogen in leichtem Anstieg nach oben. Alle dreißig Meter ist in der Mauer ein Durchbruch, der einen Blick in die Tiefe und in die Ferne freigibt. Eine ganze Schwadron könnte diesen Torweg in geschlossener Viererformation hinaufreiten. Für die übertriebenen Dimensionen der Burg hat vielleicht der Ehrgeiz, die Zitadelle von Aleppo übertrumpfen zu wollen, eine Rolle gespielt. Endlich kommt man in weite, freie Höfe.

Der Saal, in dem die Ritter tafelten, ist erhalten. An seinem Eingang sind zwei Wappen in den Stein gemeißelt, der einzige im Bereich der Burg noch vorhandene ornamentale Schmuck. Gegenüber dem Rittersaal liegt die Burgkapelle. Auch ihre Mauern stehen noch.

Zwischen dem Rittersaal und der Burgkapelle ist ein Platz, auf dem an Steintischen zuweilen im Freien gezecht wurde. Wir dürfen uns vorstellen, wie eines Tages auf der Burg ein Ritter aus Frankreich, soeben auf dem Kamm des Libanon, am Rand der Wüste eingetroffen, die neueste literarische Sensation vortrug – die Legende vom Heiligen Gral, die Chrétien de Troyes gerade in dichterische Form gefaßt hatte.

In den unteren Stockwerken liegen die Räume für Mannschaften und Vorräte. Ich bin ein alter Quartiermacher und verstehe etwas von diesem Geschäft. In dieser Burg wären fünftausend Mann leicht unterzubringen. Der Backofen, ein Ding von unwahrscheinlichen Ausmaßen, ist noch vorhanden. Ganze Reihen von halb in den Boden eingelassenen, mannshohen Tongefäßen dienten zur Aufbewahrung enormer Mengen von Olivenöl. Die Burg war für eine lange Belagerung eingerichtet.

Der Kommandant des Platzes wohnte in einem Turmzimmer mit einer flachen Terrasse als Dach. Da von der Terrasse aus der Grund, auf dem die Burg steht, nicht zu sehen ist, erregt sie das schwindelerregende Gefühl, der Turm schwebe frei in der Luft. Nach Norden und Süden blickt man in das kahle Gebirge, im Westen, bei klarer Sicht, bis zum Meer, im Osten in die Wüste, die sich beinahe sechshundert Kilometer weit bis zum Euphrat erstreckt.

Die Anlage ist großartig, pathetisch, phantastisch. Aber sie macht zugleich einen barbarischen Eindruck. Es gab in Syrien ein System solcher Burgen. Ihre Plätze waren so ausgewählt, daß immer wenigstens zwei Burgen in Sichtweite voneinander lagen. So konnte man sich mit Leuchtsignalen verständigen. Das strategisch wohldurchdachte System beherrschte die von Norden nach Süden führende Küstenstraße, den von Westen nach Osten, von der Küste nach Homs führenden Gebirgspaß und die alte Karawanenstraße, die zwischen Gebirge und Wüste, von Tarsos, Antiochia und Aleppo kommend, nach Damaskos, Jerusalem und Aegypten führt.

In dieser Burg haben von 1180 bis 1271 europäische Ritter gehaust, Männer, deren Heimat die Champagne, die Pfalz, Toskana oder Cornwall waren.

Was hatten die Ritter hier zu suchen? Was war das für eine Welt, aus der die Männer kamen, die so mächtige Bauten in einem Land errichteten, in dem keiner von ihnen und keiner ihrer Vorfahren geboren war?

Das plötzliche Auftreten der schwerbewaffneten europäischen Ritterheere in Syrien am Ende des 11. Jahrhunderts muß auf die Araber und Türken wie eine Naturkatastrophe gewirkt haben. Viereinhalb Jahrhunderte vorher waren in ähnlicher Weise die Araber aus ihren Wüsten hervorgebrochen und mit schlagkräftigen Armeen in Europa erschienen.

Um genau zu sein, dürfte man hier freilich nicht von Europa sprechen. Als Mohammed zu lehren begann, gab es das, was wir heute Europa nennen, noch nicht. Dieses Europa entsteht erst in den Jahrhunderten zwischen dem Eroberungszug des Halbmondes und dem des Kreuzes. Die Organisation des Lehnswesens war die erste gesellschaftliche Ordnung, welche die nördlichen Völker sich nach ihren großen Wanderungen schufen. Es ist bemerkenswert, daß diese Ordnung keine nationale war. Die europäische Hocharistokratie ist bis auf den heutigen Tag international geblieben.

In der gleichen Zeitspanne, in der Europa sich konsolidierte, haben die Araber, wilde Wüstenbeduinen, die nichts hatten als ihren neuen Glauben, ihre unerschütterliche Tapferkeit und ihre kostbare Sprache, den bezaubernden Garten der arabischen Zivilisation zum Blühen gebracht. Feurig und empfindlich wie ihre Pferde, zäh und geduldig wie ihre

Kamele eroberten sie die Welt. Das Reich der Umayyaden mit Damaskos als Hauptstadt, das von 651 bis 750 dauerte, reichte von Spanien und Frankreich bis Indien und bis zu den Grenzen Chinas in Innerasien. Es war größer als das Römische Reich zur Zeit seiner größten Ausdehnung. Der Gründer der Dynastie, die Damaskos zu einer der glänzendsten Metropolen der Welt machte, ist der Kalif Mu'awiyah.

Mu'awiyah gehörte zur alten Familie der Quraish, die von Mohammed aus Mekka vertrieben worden war, bei den Eroberungszügen nach dem Tod des Propheten aber wieder zur Macht kam. Mu'awiyah hat einmal gesagt: »Ich brauche mein Schwert nicht, solange meine Peitsche genügt, und meine Peitsche nicht, solange meine Zunge genügt. Und wenn auch nur ein Haar mich an einen Mitmenschen bindet, so lasse ich es nicht reißen. Wenn er zieht, lasse ich nach. Wenn er nachläßt, ziehe ich.« Er war kein Politiker. Er war ein Diplomat. Sein Weg zur Macht war weniger blutgerötet als der der meisten Gründer neuer Dynastien.

Im Lauf der folgenden Jahrhunderte hat der arabische Genius das griechische Erbe der Antike und die persische Kultur mit der Lehre Mohammeds zu einer neuen Einheit verschmolzen. Der Glanz dieser Schöpfung verdient noch heute unsere Bewunderung.

Auf diese Zivilisation stießen die Kreuzritter, als sie das Heilige Grab von den Ungläubigen befreien wollten. Sie kamen aus einem Europa, das im Lauf der vorhergehenden drei Jahrhunderte seiner selbst sich bewußt geworden war. Dieses Bewußtsein war ein christliches. Ihm war es noch gegenwärtig, daß Europas Religion aus dem Orient stammt.

Als die Kreuzzüge begannen, hatten die Normannen gerade Sizilien von den Arabern zurückerobert. Robert Guiscard, der große Normannenherzog, hatte sich schon aufgemacht, Byzanz zu erobern, als er an der Pest verstarb. Sein Sohn, der Graf Bohemund von Tarent, wurde Fürst von Antiochia.

In Deutschland war das Leben Heinrichs IV. zu Ende gegangen, jene dramatische Biographie, die in Canossa einen tragischen Höhepunkt erreicht hatte. Um diese Zeit wurden in Deutschland die arabischen Ziffern eingeführt. Familiennamen kamen in Gebrauch. Die Burg Drachenfels wurde erbaut. Freiburg im Breisgau erhielt das Stadtrecht. Albrecht der Bär schuf die Mark Brandenburg.

In England wurde der Tower als normannische Zwingburg errichtet. Westminster Hall entstand. In England gab es damals drei Millionen Menschen.

In Frankreich hatte Abaelard in seinen Schriften den ersten Versuch unternommen, die Übereinstimmung von Vernunft und Glauben nachzuweisen.

In Spanien eroberte Rodrigo Diaz de Vivar, der Cid, der Held der Maurenkriege, die Stadt Valencia zurück. Juda Halevy, der in Toledo geborene spanische Dichter, Theologe und Arzt, einer der bedeutendsten jüdischen Gelehrten des Mittelalters, wanderte am Ende seines Lebens nach Palästina aus – der erste Zionist!

Als die Kreuzzüge vorüber waren, schrieb Dante seine Göttliche Komödie. Giotto, der Begründer der europäischen Malerei, malte seine frommen und zarten Träume. Thomas von Aquin, »Allgemeiner Lehrer der Christenheit«, schrieb sein Hauptwerk »Summa Theologica«. Roger Bacon in England tat die ersten Schritte ins Reich der modernen Naturwissenschaft, indem er Experiment und Erfahrung für die Grundlagen der Wissenschaft erklärte.

Die Norweger nahmen das Christentum an. Die Sebalduskirche in Nürnberg wurde gebaut. Die erste Leipziger Messe wurde eröffnet.

Eduard II. von England vertrieb die Juden aus seinem Land und berief die ersten Bürger ins britische Parlament.

Von den Genuesen wurden die Canarischen Inseln entdeckt. Marco Polo, der venezianische Reisende, berichtete von seinem langjährigen Aufenthalt in China. In Peking war wieder eine christliche Kirche dem Gottesdienst übergeben worden.

In den zweihundert Jahren, die die Kreuzzüge gedauert haben, wurde die Alpenstraße über den St. Gotthard gebaut. Florenz schuf sich eine Goldwährung. Der heilige Franziskus von Assisi pries die Armut. Die Kathedralen von Reims und Burgos wurden errichtet.

Moskau wurde gegründet.

Tannhäuser kam zum Sängerwettstreit auf die Wartburg. Die Universitäten Paris und Damaskos öffneten ihre Tore. Rudolf von Habsburg regierte. Die Mongolen führten ihren Eroberungskrieg. Ins Lateinische wurden übersetzt Euklid, Aristoteles und der Koran.

Das ist der Hintergrund, auf dem die Kreuzzüge sich abspielten. Was haben sie bedeutet? Sind sie eine verschollene romantische Legende? Waren sie eine großartige Manifestation des Glaubens und der Tapferkeit? Waren sie ein imperiales Geschehen oder nur die letzten Beutezüge der Völker des Nordens, die aus Neugier, Naivität und Raublust die Ordnung der Welt, das Imperium Romanum, zerstört hatten?

Die Kreuzzüge sind alles das und noch einiges mehr. Ihnen voraus geht ein jahrhundertelanger theologischer Disput zwischen Christentum und Islam. Als die Lehre des Propheten bekannt wurde, haben die Christen sie zunächst nicht als eine neue Religion empfunden, sondern eher als eine Sekte. Mohammeds Lehre ist ebenso streng monotheistisch wie die

Lehre der Juden. Mit dem Begriff der Dreieinigkeit allerdings sind die Muslimin dialektisch niemals fertig geworden. Sie erschien ihnen als Polytheismus. Jesus wurde als Prophet des Glaubens vom Islam anerkannt. Auch hat der Prophet große Teile nicht nur der jüdischen, sondern auch der christlichen Überlieferung in den Islam übernommen.

Die Muslimin selbst fühlten sich der christlichen Lehre so nahe verwandt, daß ein Kalif von Damaskos einen Kaiser von Byzanz aufforderte, mit ihm gemeinsam ein Konzil abzuhalten, um festzustellen, welches die wahre Lehre sei. Als ich aus Damaskos zurückkam, habe ich einem unserer hervorragendsten Theologen die Frage vorgelegt, ob Gott und Allah denn nun identisch seien. Der große Theologe erklärte mir mit leisem Lächeln, das sei eine Frage, auf die er die Antwort nicht aus dem Ärmel schütteln könne. Ich hoffe, ihn wiederzusehen.

Sultan Saladin ließ, als er sich, in den Wechselfällen des Krieges, einmal Jerusalem näherte, einer Delegation der Kreuzritter sagen: »Ich glaube, daß Jerusalem das Haus Gottes ist, wie ihr auch glaubt. Ich will es weder belagern, noch im Sturm nehmen.« Daß die Unvernunft der Christen ihn zwang, die Stadt doch zu stürmen, war nicht seine Schuld. Die Behandlung, die er der eroberten Stadt angedeihen ließ, war human, verglichen mit den Massacres, die die Kreuzritter bei der ersten Eroberung Jerusalems unter Heiden und Juden veranstaltet hatten.

In der romantischen Welt des kraftstrotzenden europäischen Lehnsrittertums wurden die Kreuzzüge als eine Art Gottesurteil aufgefaßt. Der theologische Disput sollte nunmehr durch das Schwert entschieden werden. Die romantische Bereitschaft, für das große Ideal des Glaubens in den Kampf zu ziehen, wurde durch geographische Kenntnisse nicht sonderlich getrübt.

Daß die Entscheidung zu Ungunsten des Christentums ausfiel, hat die Gemüter der Frommen lange Zeit bewegt, schließlich aber dazu beigetragen, daß bei den Völkern des Nordens die primitive puritanische Auffassung, daß Gott seinen Kindern Erfolg auf dieser Welt schuldig sei, allmählich einer tieferen und geistigeren Auffassung wich. Eine letzte Erinnerung an die Kreuzzüge hat sich bis in unsere Tage erhalten. Wer von uns vor dem ersten Weltkrieg geboren ist, ist noch Zeitgenosse des letzten Königs von Jerusalem gewesen. Seine Apostolische Majestät, Kaiser Franz Joseph von Österreich, führte unter den vielen Titeln, die er hatte, auch den Titel eines Königs von Jerusalem.

Den Kreuzzügen lag ein ganzes Bündel von Motiven zugrunde. Das Vordringen der Seldschuken in Anatolien, die Gefahr, die in der Schwächung des byzantinischen Reiches lag, die Hoffnung der italienischen Handelsstädte Pisa, Genua, Venedig und Amalfi, die Küsten des östlichen Mittelmeeres zurückzuerobern und den Vorderen Orient dem Handel wieder zu erschließen, haben in gleicher Weise die Kreuzzüge verursacht.

Daß al-Hakim, der wahrscheinlich geisteskranke Kalif von Cairo, im Jahre 1010 die Grabeskirche in Jerusalem hatte zerstören lassen, hatte die gesamte Christenheit in ungeheure Aufregung versetzt. Damals tauchte der Gedanke, die heiligen Stätten in Palästina mit Waffengewalt von den Ungläubigen zu befreien, zum erstenmal auf.

Die entscheidende Figur in der Vorgeschichte der Kreuzzüge ist Papst Urban II. Er war ein Staatsmann ersten Ranges. Er hatte den Plan, das europäische Rittertum für ein einheitliches Ziel unter seiner Führung zusammenzufassen. Wenn ihm das gelang, konnte er weiterhin hoffen, die Pax Romana unter der Herrschaft der Kurie wieder aufzurichten. So traf der Hilferuf, den Kaiser Alexios von Byzanz, vor dessen Toren die Seldschuken standen, an Urban II. und das Konzil von Piacenza richtete, bereitwillige Ohren.

Der Papst berief eine Versammlung nach Clermont in der Auvergne. Die Ansprache, die er dort hielt, fiel wie Feuer in das trockene Reisig frommer Bereitschaft. Sie hatte weltweite Folgen. Die Geschichte kennt nur wenige Reden, die als solche historische Tatsachen sind. Ich zitiere das wichtigste Stück.

Aus allen Teilen Europas waren so viele Menschen herbeigeströmt, daß die Versammlung trotz der späten Jahreszeit im Freien abgehalten werden mußte. Der Heilige Vater sprach:

»Die Wiege unseres Heils, das Vaterland des Herrn, das Mutterland der Religion ist in die Gewalt eines gottlosen Volkes gefallen. Das gottlose Volk der Sarazenen bedrückt mit seiner Tyrannei die heiligen Stätten, auf denen der Herr gewandelt ist, und hält die Gläubigen in Knechtschaft und Unterwerfung. Hunde sind ins Heiligtum gekommen. Das Allerheiligste ist entweiht. Das Volk, das dem wahren Gott dient, ist erniedrigt. Das auserwählte Volk erleidet unwürdige Bedrückung... Bewaffnet Euch, meine Brüder, mit dem Eifer Gottes! Gürtet Eure Schwerter! Rüstet Euch und seid Söhne des allmächtigen Gottes! Besser ist es, im Kampf zu sterben, als unser Volk und die Heiligen leiden zu sehen! Wer Eifer hat für das Gesetz Gottes, schließe sich uns an! Wir wollen unseren Brüdern helfen. Ziehet aus, und der Herr wird mit Euch sein! Wendet die Waffen, mit denen ihr in sträflicher Weise Bruderblut vergießt, gegen die Feinde des christlichen Namens und Glaubens! Die Diebe, Räuber, Brandstifter und Mörder sollen das Reich Gottes nicht besitzen. – Erkauft Euch mit wohlgefälligem Gehorsam die Gnade Gottes, daß er Euch Eure Sünden, mit denen Ihr seinen Zorn erweckt habt, um solch frommer Werke und der vereinigten Fürbitten der Heiligen willen schnell vergebe! – Wir aber erlassen, durch die Barmherzigkeit Gottes und gestützt auf die heiligen Apostel Petrus und Paulus, allen gläubigen Christen, die gegen die Heiden die Waffen nehmen und sich der Last dieses Pilgerzuges unterziehen, alle die Strafen, welche die Kirche für ihre Sünden über sie verhängt hat. – Und wenn einer dort in wahrer Buße fällt, so darf er fest glauben, daß ihm Vergebung seiner Sünden und das ewige Leben zuteil wird!«

In mächtigen Kaskaden, biblisch im Stil, hallte die Rede des Papstes über die erregten Häupter dahin. Aus der Menge erhob sich der Ruf: »Dieu li volt! – Gott will es!«

Dieser Ruf sollte zweihundert Jahre lang über die Welt erschallen.

Schrecklicherweise begannen die Kreuzzüge mit grausigen Judenmassacres, die von einem ersten Pöbelhaufen, der das Rheinland hinaufzog, begangen wurde. Die kirchlichen Autoritäten versuchten, diesen Massacres Einhalt zu gebieten. Sie hatten nur wenig Erfolg. Dafür war die Führung des ersten Heeres der Ritter eine erlesene Blüte der europäischen Hocharistokratie. Zu den ersten Kreuzrittern gehörten Robert Guiscards Sohn, der Graf Bohemund von Tarent, sein Enkel Tankred von Hauteville, der Held von Tassos »Befreitem Jerusalem«, und Raimund Graf von Toulouse. Raimund hatte schon in Spanien gegen die Ungläubigen gekämpft. Er ist eine Vorfahre des Malers Henri Toulouse-Lautrec. In Konstantinopel stießen zum Heer der Kreuzritter Herzog Robert von der Normandie und Graf Stephan von Blois, dessen Schloß noch heute zu den schönsten Bauwerken an der Loire gehört. Dem Grafen Stephan von Blois hatte Papst Urban in Lucca das Banner St. Petri anvertraut. Er starb in sarazenischer Gefangenschaft. Der Feldherr des ersten Kreuzzuges war Herzog Gottfried von Bouillon. Die Ruine seiner Burg steht in einem Flußtal der Ardennen nordöstlich von Sedan. Schwert und Kreuz Gottfrieds von Bouillon hängen noch heute in der Grabeskirche zu Jerusalem. Der erste Kreuzzug führte zur Eroberung von Jerusalem.

Der zweite Kreuzzug stand unter Führung König Ludwigs VII. von Frankreich und Kaiser Konrads III. Er endete mit einem vollständigen Desaster.

Auf dem dritten Kreuzzug war es, daß Kaiser Friedrich Barbarossa im Flüßchen Salef am Fuß des Tauros ertrank. Der weitere Verlauf dieses Kreuzzuges brachte die mehr romantische als politische Auseinandersetzung zwischen Sultan Saladin und König Richard Löwenherz von England.

Der vierte Kreuzzug führte zu nichts als zur Eroberung Konstantinopels durch die Franken.

Ein letzter Erfolg wurde Europa noch einmal beschieden, als Kaiser Friedrich II., von Sizilien aus, nach dem Orient aufbrach. Dieser Fürst hatte ein Kreuzzugsgelübde abgelegt. Da er zu lange gezögert hatte, es zu erfüllen, war er mit dem Kirchenbann belegt worden. Schließlich brach er doch noch auf. Er überraschte die Araber durch seine Bildung und seine Kenntnis der arabischen Sprache und verblüffte Europa damit, daß er, nach einem Jahrhundert christlicher Mißerfolge, mit dem Kalifen al-Kamil 1229 einen vernünftigen Vertrag abschloß, der den Christen freien Zutritt zu den heiligen Stätten gewährte. Nur der Felsendom in Jerusalem, der an der Stelle des Tempels Salomonis steht, blieb den Muslimin vorbehalten.

Der diplomatische Erfolg Friedrichs II. war nicht von langer Dauer. Die europäische Position war, zufolge der Uneinigkeit der Christen untereinander und der heftigen, von verzehrendem Neid erfüllten Konkurrenz zwischen Venedig und Genua, nicht mehr zu retten. 1291 wurden die letzten Kreuzritter aus Syrien vertrieben.

Der Feldherr, der Syrien von den Kreuzrittern befreite, war der Mamelukensultan Baybars, Sohn einer Sklavin und Gründer einer machtvollen aegyptischen Dynastie. Während Baybars gegen die Kreuzritter kämpfte, brachen die Mongolen in Syrien ein. Baybars schlug den Mongolengeneral Kitbugha in der Schlacht von Ayn Jaluk aufs Haupt. Schon einmal war auf diesem Feld nahe bei Nazareth ein übermächtiger Riese vom Mut eines entschlossenen Mannes besiegt worden. Ayn Jaluk ist die Quelle Goliaths. Mit Kitbugha war nach siebenhundert Jahren der Mönch Olopön in seine syrische Heimat zurückgekehrt. Der Mongolengeneral Kitbugha war ein nestorianischer Christ.

Kitbugha fiel auf dem Felde Goliaths. Es war die erste Niederlage, die die Mongolen erlitten. Europa weinte und jubelte. Es weinte über die Niederlage der Kreuzritter. Es jubelte über die Niederlage der Mongolen. Die Mongolen waren von der Tatsache, daß sie überhaupt besiegt werden konnten, so verblüfft, daß sie sich wieder nach Asien zurückzogen. Wahrscheinlich hat der Mamelukensultan Baybars, der die Kreuzritter aus Syrien vertrieb, bei Nazareth Europa vor den Mongolen gerettet.

Auf der Höhe der Terrasse des Bergfrieds im Krak des Chevaliers kann man sich vorstellen, wie diese Ritter, nach Menschenaltern harter Kämpfe in einem verzehrenden Klima, eingeschlossen in ihrer mächtigen Burg, rings auf ein feindliches Land hinunterblickend, schließlich von einer Art historischen Schwindels ergriffen wurden. Die Burg ist ohne Kampf an Baybars übergeben worden.

Die Kreuzzüge haben das Bild der Welt verändert. Die geschichtliche Wirklichkeit des frühen Christentums war Europa an den heiligen Stätten wieder ins Bewußtsein gedrungen. Die schreckliche Plünderung Konstantinopels führte unter dem Einfluß der geraubten, nach Europa verbrachten Kostbarkeiten zu einer bedeutsamen Belebung der europäischen Kunst. Man hatte im Orient gelernt, buntes Glas herzustellen. In den Kirchenfenstern der gotischen Kathedralen schuf Europa dem in Gefahr geratenen Glauben Werke von hoher Schönheit und Frömmigkeit.

Graf Godefroy von Villehardouin, Marschall der Champagne, ein großer Herr, ein Ironiker und Dandy, schuf sich nach dem Verlust Syriens ein Herzogtum auf der Peloponnes. Seine Burg lag auf dem Hügel von Mistras im Tal des Eurotas, ohnweit der Stelle, wo das alte Sparta gestanden hat. Dieser Chevalier hat ein Kriegstagebuch hinterlassen. Die dialektische Spannung, die zwischen seinem Bericht und den Geschehnissen nachzuweisen ist, ist die gleiche, die allen Kriegstagebüchern, die je geschrieben wurden, eigen ist. Der Versuch, der Wahrheit die Ehre zu geben, wird durch poetisches Talent beeinträchtigt. Mit diesem Kriegstagebuch begründete der Graf von Villehardouin die französische Prosaliteratur. Der literarische Ahnherr Montaignes, Flauberts und Prousts ist ein Kreuzritter.

Die arabische Zivilisation hatte sich der europäischen nicht nur in Bildung, Toleranz, Feinheit der Sitte und Weite des Horizontes überlegen gezeigt, sondern vor allem auch in dem, was Europa von jeher am leichtesten überzeugt hat, in der Kriegskunst. Mit dieser Zivilisation war Europa bekannt geworden.

Die fränkischen Buben jener Zeit haben zwischen den Haselbüschen auf den Wiesen Europas »Saladin und Löwenherz« gespielt. Ein biederer Chronist staunt bei der Charakterisierung Saladins, dieses vornehmen Mannes, der von Geburt ein Kurde war, daß ein so falscher Glaube einen so ausgezeichneten Mann hervorbringen könne.

Die höfische Kultur, die die Troubadours der Provence im 13. Jahrhundert schufen, war eine brillante Synthese der ritterlichen Überlieferungen Europas und Arabiens. Der Wappenspruch des Troubadours »Prou et courtois – stolz und höflich« stammt aus der Wüste, ein Geschenk der arabischen Zivilisation an Europa.

Die Tradition der Troubadours haben die deutschen Minnesänger in unvergänglichen Liedern fortgesetzt. Das damals geschaffene Ideal der Ritterlichkeit hat durch das ganze Mittelalter hindurch bis in unsere Zeit hinein die Grausamkeit der europäischen Kriegführung immer wieder gemildert. Der erste Weltkrieg hat auch dieser Überlieferung den Garaus gemacht.

Die politischen Folgen der Kreuzzüge waren bedeutend. Das byzantinische Kaisertum wurde so geschwächt, daß es nach wenig mehr als zweihundert Jahren eine Beute der Türken wurde. Das religiöse Erbe der byzantinischen Kaiser traten die Zaren von Rußland an. Die französische Krone erfuhr eine Stärkung ihrer Macht und ihres Reichtums. Der 1190 in Akkon an der Küste Syriens gegründete Deutschritterorden zog nach dem rauhen Nordosten und eroberte das Baltikum.

Das wichtigste Ergebnis der Kreuzzüge ist, daß die arabische Zivilisation das von ihr übernommene und bewahrte Erbe der griechischen Antike an Europa weitergegeben hat. Ohne die Kreuzzüge wäre Europa niemals das geworden, was es werden sollte.

Die gewaltigen Mauern des Krak des Chevaliers, da unten fern in Syrien auf dem Kamm des Gebirges zwischen Meer und Wüste, sind nicht ohne Sinn gebaut worden. Die klirrenden Tritte der Ritter in den weiten Hallen sind verklungen. Der Sturm, der an dem alten Gemäuer rüttelt, ist der Sturm der Geschichte.

IM SCHATTEN DES LIBANON

Die Zeder vom Libanon ist ein berühmter Baum des Altertums, Geschichte gewordene Botanik wie der Weinstock Noahs und der Ölbaum der Athene. Ihrer Schönheit und Seltenheit wegen ist die Zeder, ein immergrüner Baum, seit alters ein Symbol des Glücks. Im 92. Psalm heißt es: »Der Gerechte wird grünen wie ein Palmbaum; er wird wachsen wie eine Zeder vom Libanon.«

Der Tempel Salomonis, dessen Pracht die Bibel schildert, war verschwenderisch mit dem Holz der Zeder ausgestattet. Der Ruhm des Tempels Salomonis ist dreitausend Jahre alt. Der Ruhm der Zeder ist älter.

König Salomo hat von 972 bis 932 regiert. Schon eineinhalbtausend Jahre früher schmückte Pharao Snefru die Tempel und Paläste seines Reiches mit dem Holz der Zeder vom Libanon. Wir wissen das aus einer Hieroglypheninschrift aus dem Jahre 2750 vor Christi Geburt. Sie ist zugleich die früheste Nachricht von einer Verbindung des Alten Reiches der Aegypter mit Syrien. Die Zedern für Pharao Snefru kamen aus Gubla in Phoinikien. Dieser Ort hieß später und heißt noch heute Byblos.

Während einer langen Periode der Geschichte waren die Masten der Schiffe auf dem Mittelmeer, von der Küste Phoinikiens bis zu den Säulen des Herakles am Atlantischen Ozean, Zedern vom Libanon. Und immer noch fährt die Zeder zur See. Die vor wenigen Jahren wiedererrichtete Republik Libanon führt in ihrer Flagge die Zeder – das friedfertige Symbol eines Staates, dessen Volk zugleich eine der jüngsten und eine der ältesten Nationen der Welt ist.

Die dichten Zedernwälder, mit denen im Altertum der Libanon bedeckt war, sind verschwunden. Nur an einer einzigen Stelle ist eine Gruppe der alten Bäume erhalten geblieben.

Das Libanongebirge erstreckt sich als durchgehender Gebirgszug die phoinikische Küste entlang. Es beginnt im Norden querab Cypern und endet im Süden an der nördlichen Grenze des Staates Israel. Der Gebirgszug ist etwa dreihundert Kilometer lang. In seine Flanken sind tiefe Täler eingeschnitten. Die Flüsse auf der Westseite führen das ganze Jahr hindurch Wasser. In seinem nördlichen Teil steigt der Gebirgskamm bis zu einer Höhe von dreitausend Metern an.

Östlich des Libanon liegt die gutbewässerte und fruchtbare Hochebene von el-Bika, im Altertum Coelesyria genannt. Auf el-Bika, an der Quelle des Orontes, steht die gewaltige Ruine des Sonnentempels von Baalbek. Östlich von el-Bika, parallel zum Libanon, verläuft der Antilibanon. Er endet im Süden im Berge Hermon, auf dem der Jordan entspringt. Vom Gipfel des Hermon sieht man den See Genezareth liegen. Der Antilibanon ist die Westgrenze der Syrischen Wüste.

Die Zedern zu besuchen, fuhr ich eines Morgens von Beyrouth in nördlicher Richtung die Küste hinauf. Die kunstvoll und gut gebaute, wenn auch schmale Straße führt am Meer entlang. Rechterhand über dem Libanon steigt die Sonne herauf. Sie erwärmt langsam die frische Morgenluft. Linkerhand blicke ich auf das Meer hinaus. Es ist von einer leichten Brise mit Schaumkrönchen geschmückt. Ein paar von Möwen begleitete Fischerboote sind unterwegs. Ein weißer Dampfer mit dicker Rauchfahne steuert in guter Fahrt den Hafen von Beyrouth an.

Der Streifen, den die Natur zwischen Gebirge und Meer dem Menschen belassen hat, ist schmal. Zuweilen öffnet sich dem Blick ein Tal. Das Klima ist, da der Libanon die kalten Winde aus dem Norden und Osten abwehrt, fast subtropisch. Oliven, Wein und Feigen wachsen in Fülle. Felder wechseln mit dichten, schattig kühlen Orangenhainen ab. Die Früchte leuchten gelb und verführerisch aus dem satten Grün. Sie sind reif zur Ernte.

Ich fahre die älteste Küste der Geschichte entlang. Wahrscheinlich sind Oliven und Feigen an dieser Küste zum erstenmal angebaut worden. Das Wort für Wein in der altaegyptischen Sprache, also am Ende des 4. Jahrtausends vor Christi Geburt, ist phoinikischen Ursprungs. Die Phoiniker müssen älter sein als die Aegypter.

An diese Küste hat der Fisch den Jonas ausgespien. Die Fischer von Sidon zeigen noch heute den Platz, an dem dieses bemerkenswerte Ereignis sich abgespielt hat. Schon von jeher hat der Prophet im Bauch des Fisches den Zoologen mehr Schluckbeschwerden gemacht als dem Fisch.

Man kann die Zoologen auch nicht damit trösten, daß es eine ferne Legende sei. Die Geschichte hat sich zu einem historisch ziemlich späten Zeitpunkt abgespielt. Der Prophet Jonas hat in der ersten Hälfte des 8. Jahrhunderts gelebt. Ein später Zeitpunkt ist das, verglichen mit dem jener bezaubernden Story, die sich keine fünfzig Meilen südlich von der ungewöhnlichen Landung des Jonas abgespielt hat. Zeus taucht in Gestalt eines Stiers aus dem Meer auf bei einer Wiese am Strand, auf der die Prinzessin Europa, die Tochter des Königs Agenor von Tyros, mit ihren Freundinnen spielt. Europa besteigt den Rücken des Stiers und wird von ihm über das Meer nach Kreta entführt. Dort bringt sie den König Minos zur Welt. Wollte man diese Sage datieren, müßte man sie um mindestens zweitausend Jahre früher als den Propheten Jonas ansetzen.

Der Kern dieser Sage ist die Entstehung des Minoischen Reiches. Seine Kultur ist die bisher älteste uns bekannte, welche als europäisch bezeichnet werden kann. Die Ausgrabungen fördern immer neue Überraschungen zutage. Nachdem es endlich auch gelungen ist, wenigstens die Linear B, eine der drei kretischen Schriften zu entziffern, sind weitere Überraschungen zu erwarten. Keine Überraschung wird es bedeuten, wenn die Archaeologen feststellen werden, daß die minoische Kultur aus Syrien stammt. Die Sage sagt es. Nach zwei Stunden Fahrt mit ständig wechselnder Kulisse biegt der Fahrer nach Osten hinein ins Gebirge ab. Es geht durch steile Schluchten aufwärts. Vorbei an malerischen Dörfern, die, zuweilen vom Turm einer maronitischen Kirche überragt, an den Hängen liegen, klettert die Straße in Serpentinen ins Gebirge hinauf. Glitzernd und blitzend steigt das Meer am Horizont hoch. Nach drei Stunden haben wir zweieinhalbtausend Meter Höhe erreicht.

Die Trace der Straße folgt einem Flußtal. An den Hängen ist jeder Quadratmeter Erde bebaut. Die von Steinmauern gestützten Terrassen, die sich eine über der anderen erheben, sind, von oben betrachtet, eine eindrucksvolle Landkarte bäuerlichen Fleißes. Zuweilen passieren wir eines der schönen Sommerhäuser der reichen phoinikischen Kaufleute aus Beyrouth.

Der Baum der tieferen Lagen ist der Maulbeerbaum. An den Steilhängen wächst Eichengestrüpp, dazwischen stehen Buchen und Kiefern. Zuweilen stürzt eine Felswand schroff zu dem in der Tiefe dahinbrausenden Fluß hinab. Bei den unzähligen Windungen der Straße wechselt immer wieder tiefer, kühler Schatten mit heller, warmer Sonne, deren Steigen den durch die zunehmende Höhe verursachten Temperaturverlust immer wieder ausgleicht. Raffinierte Bewässerungsanlagen verteilen das kostbare Wasser, das der jährliche Schnee dem Libanon bringt, bis in die letzte Ecke. Es ist eine zugleich wilde und kultivierte Landschaft. Die

Klimagegensätze in diesem Winkel unserer Welt sind so groß, daß es in einem Umkreis von achtzig Kilometern von der Küste, an der man baden kann, Bananenpflanzungen, Skiplätze und Oasen in der Wüste gibt.

Wir treffen nur wenige Wagen, dafür aber viele Esel. Unverdrossen trägt der Esel, das treue Tier, der alte Freund des Menschen, die Last des Handels und dazu gewöhnlich noch seinen Herrn oder seine Herrin auf seinem geduldigen Rücken durch den Staub der Landstraße.

Die Zedern, nur etwa vierhundert Bäume noch, die unter dem Kamm des Gebirges erhalten geblieben sind, gäbe es heute auch nicht mehr, wenn sie nicht an einer so schwer zugänglichen Stelle stünden, daß es für keine Habgier je gelohnt hat, sie zu fällen.

Cedrus Libani wird nicht sehr hoch. Selbst die ältesten Bäume sind nicht höher als dreißig Meter. Die im Himalaya wachsende indische Zeder, im Sanskrit Devadaru, Baum der Götter, genannt, erreicht eine Höhe von sechzig Metern. Wälder von Zedern gibt es noch heute im Taurosgebirge und im Atlas.

Die Zeder streckt, nach oben sich verjüngend, ihre breiten, fächerartigen Äste weit nach allen Seiten aus. Ihre Kontur ist ein fast gleichseitiges Dreieck. So wirkt sie wie eine Pyramide. Jeder Baum steht für sich allein, den Nachbarn nur da und dort mit einem besonders weit ausladenden Ast berührend. Die letzten Zedern sind Aristokraten.

Der größte der Bäume beschattet ein steingefaßtes Brunnenbecken mit köstlich erfrischendem Quellwasser. Daneben steht eine maronitische Kapelle. Der Priester begrüßt uns freundlich. An hohen Feiertagen zelebriert er an einem Altar neben dem Brunnen die Messe im Freien.

Über das Alter der Bäume habe ich nichts Zuverlässiges herausfinden können. Ich tröste mich damit, daß das Herrn Baedeker vor vierzig Jahren auch nicht gelungen ist. An einem abgesägten Baum von fünfzig Zentimetern Durchmesser habe ich zweihundertzweiundachtzig Jahresringe gezählt. Da der Veteran am Brunnen einen Stammumfang von sechzehn Metern hat, ist es möglich, daß er zur Zeit König Salomos zu grünen angefangen hat.

Die Bäume bilden eine feierlich wirkende, dunkle Gruppe. Sie stehen vor einem nackten, grauen, von Geröll bedeckten Abhang, an dem eine schmale Straße sich zum wenige hundert Meter höher gelegenen Kamm des Gebirges hinaufwindet. Auf dem Kamm liegt noch der Schnee vom letzten Winter.

Die Zedern sind Zeitgenossen einer bewegten Epoche der Geschichte, in der unzählige Kriege und Glaubenskämpfe durchgefochten wurden, große Reiche entstanden und wieder zerfielen. Das Strandgut der Katastrophen wurde von den Wogen der Ereignisse in die einsamen Täler des

Libanon geschwemmt. Er ist das Fluchtgebirge der Geschichte des Vorderen Orient, das Gebirge der verlorenen Angelegenheiten.

Es gibt im Süden des Libanon Dörfer, die noch heute von Samaritanern bewohnt werden, den letzten Resten jenes Volkes, zu dem der barmherzige Samariter der Bibel gehört. Sie haben bis heute an ihrer Religion festgehalten.

Die Samaritaner spielen eine große Rolle in der Textkritik des Alten Testaments. Ursprünglich haben sie zum Volk Israel gehört. Wann die Trennung stattgefunden hat, ist nicht genau bekannt. Von Alexander dem Großen haben die Samaritaner die Erlaubnis bekommen, ihren Tempel auf dem heiligen Berge Garizim in Palästina zu errichten. Die Trennung muß also vor 330 vor Christi Geburt erfolgt sein.

Bei der Abspaltung vom Volke Israel nahmen die Samaritaner als einziges heiliges Buch den Pentateuch, die fünf Bücher Mosis, mit. Diesen »samaritanischen Pentateuch« haben sie treu über die Jahrhunderte bewahrt. Auch haben sie ihre alten Bräuche bis in unsere Zeit hinein gerettet. Bis zum ersten Weltkrieg noch haben sie ihre religiösen Feste unter einem Hohenpriester gefeiert, dessen Amt in einer Familie des Stammes Levy erblich war. Jedes Jahr zum Passahfest wurden, nach dem Gesetz Mosis, sieben weiße Lämmer geopfert. Ob dieses Ritual die Wirren der beiden Weltkriege überlebt hat, vermag ich nicht zu sagen.

Der samaritanische Pentateuch ist, da die Samaritaner von den Juden streng getrennt lebten, außerhalb des Einflusses der hebraeischen Schriftgelehrten geblieben. So stellt er die Form dar, die die fünf Bücher Mosis im 4. Jahrhundert vor Christi Geburt bei den Juden hatten.

Der Text des samaritanischen Pentateuch ist ein wichtiger Beweis für die Genauigkeit der Textüberlieferung des Alten Testaments. Zwar zeigt er etwa sechstausend Abweichungen gegenüber dem Text, den Luther für seine Übersetzung benutzt hat. Doch sind die Abweichungen überwiegend stilistischer und orthographischer Art. Ein Altes Testament in dem Sinne, wie wir das Wort heute gebrauchen, gibt es erst etwa seit dem Jahre 200 vor Christi Geburt. Durch den samaritanischen Pentateuch erfahren wir, daß die Festlegung der kanonischen Form der Bücher Mosis schon mit dem Ende der babylonischen Gefangenschaft, also um die Mitte des 6. Jahrhunderts, im wesentlichen abgeschlossen war.

Im Libanon gibt es noch Nosairier. Sie sind eine islamische Sekte und führen ihre Abstammung auf Ismael, den Sohn Abrahams von der Hagar, zurück.

Im Gebiet des Hermon leben die Drusen, auch sie eine islamische Sekte. Die Drusen haben die drei besten Dinge, die es auf Erden gibt, zum Gegenstand des Fanatismus gemacht. Sie sind fanatisch fromm, fanatisch freiheitsliebend und fanatisch gastfreundlich. Eine weitere Besonderheit ist, daß sie den Kalifen göttliche Ehren erwiesen. Der Prophet Mohammed selbst hat niemals den Anspruch erhoben, göttlicher Abkunft zu sein.

Im Libanon gibt es noch Assassinen, Überlebende jener geheimnisvollen und schrecklichen Mördersekte aus dem Tauros, die vor mehr als tausend Jahren den Mord als Waffe des Terrors in die Politik einführte. Vom Namen dieses Volkes ist das französische Wort für Mörder abgeleitet. Assassin – ein Wort, das blitzt wie ein niederfahrender Dolch.

In einzelnen Ortsnamen des Libanon leben verschollene Kulturen weiter, von deren Existenz wir überhaupt erst durch die neuesten Forschungen der Archaeologie etwas erfahren.

Von den verlorenen Angelegenheiten ist eine aus den Gebirgstälern des Libanon in die Welt zurückgekehrt. Während der langen Jahrhunderte der arabischen Herrschaft saß der Patriarch der maronitischen Kirche in dem Bergkloster Kannôbin in einem Hochtal des Libanon. Dieses Kloster ist schon von Kaiser Theodosios I. am Ende des 4. Jahrhunderts gegründet worden. Das Oberhaupt der maronitischen Kirche trägt den Titel eines Patriarchen von Antiochia. Heute steht die maronitische Kirche wieder unter der Oberhoheit des Papstes. Sie hat das Privileg, die Liturgie in syrischer Sprache zu feiern, behalten. Auch dürfen die Priester der niederen Ränge verheiratet sein. Der Patriarch residiert heute in Beyrouth.

Nördlich von Damaskos, im Antilibanon, liegt das Dorf Ma'lula. Die Bauern von Ma'lula sprechen noch heute aramaeisch, die Sprache, die Jesus gesprochen hat. Ich habe das Dorf besucht. Es liegt abseits der Straße tief im Gebirge. Als wir uns von Osten her, von der Straße aus, die von Aleppo durch die Syrische Wüste nach Damaskos führt, durch das hügelige Vorgelände dem Gebirgsstock näherten, schien der Weg an einer steilen Felswand zu enden. Erst dicht vor der Felswand öffnete sich ein Spalt, durch den wir in das kurze Tal, in dem das Dorf liegt, einfahren konnten. Am Fuß dieser Felswand, etwa dreihundert Meter hoch, bot sich uns ein seltenes Bild. Die von Schnee bedeckte Syrische Wüste, die zu unseren Füßen lag, war überbraut von wogenden Nebeln, aus denen hie und da eine Hügelkette auftauchte. Durch die Nebel leuchtete schwach an einzelnen Stellen die Sonne, das Gewölk in Purpur tauchend. Die unregelmäßig konturierten Purpurflecke wanderten in den brauenden Nebeln über das Land wie Strahlenemanationen unsichtbarer Geister. In der Höhe wölbte sich, tiefblau, der Himmel der Wüste.

Das Dorf ist mit weißen Häusern an den steilen Hängen des Tales hochgetürmt, gekrönt von einem Kloster der heiligen Thekla. Die Bauern, freundliche Leute, boten Mokka an. Dann unterhielten sie sich über die Fremdlinge. Und das eben taten sie in aramaeischer Sprache.

Aramaeisch ist eine dem Hebraeischen nahe verwandte semitische Sprache. Zum gleichen Sprachstamm gehören das Akkadische oder Assyro-Babylonische, das Canaanitische oder Phoinikische, das Arabische und das Aethiopische. Ursprünglich haben sich diese Sprachen nur wie Dialekte voneinander unterschieden. Erst im Lauf der Jahrhunderte haben sie sich weiter differenziert.

Das Aramaeische hat eine merkwürdige Rolle in der Geschichte gespielt. Es wurde von Dareios I. zur Staatssprache des Perserreiches erhoben. Dareios, dem die Geschichte das Prädikat »der Große« zubilligt, ist, zusammen mit Kyros dem Großen, der Schöpfer des Perserreiches.

Von der Mitte des 11. bis zur Mitte des 8. Jahrhunderts hat es einen aramaeischen Staat mit Damaskos als Hauptstadt gegeben. Dieses Damaskos wurde von König David einmal erobert. Aber schon zweihundert Jahre vor Dareios wurde dieses Reich durch Tiglat Pileser III., König von Assyrien, vernichtet. So wurde zur Lingua franca des persischen Weltreiches eine Sprache, die ursprünglich von den Gründern dieses Reiches nicht gesprochen worden war und auch keine imperiale Macht mehr hinter sich hatte. Dieser Vorgang ist ohne Beispiel in der Geschichte.

Einige Zeit, nachdem die Israeliten aus der babylonischen Gefangenschaft zurückgekehrt waren, nahmen sie das Aramaeische als Umgangssprache an. Das Hebraeische blieb Sprache der Priester und Schriftgelehrten. Teile der zeitlich jüngsten Bücher des Alten Testaments, der Bücher Esra und Daniel, sind schon in aramaeischer Sprache geschrieben. So wurde Aramaeisch die Sprache, die Jesus, seine Jünger und die Juden seiner Zeit gesprochen haben.

Die früheste aramaeische Inschrift, die wir kennen, stammt aus dem 9. Jahrhundert vor Christi Geburt. Sie wurde gefunden in Tell-Halaf im nördlichen Syrien. Eine der frühesten schriftlichen Erwähnungen von Christen, die es überhaupt gibt, ist in aramaeischer Sprache, aber in lateinischen Buchstaben geschrieben. Sie ist auf die Wand eines Hauses in Pompeii gekritzelt in einem Raum, der vermutlich eine Hauskapelle war. Das ist also vor dem Jahre 79 nach Christi Geburt, dem Jahr der Zerstörung Pompeiis, gewesen.

An der Küste des Libanon hat das erste große Seevolk der Geschichte gesessen, die Phoiniker. In der Bibel heißen sie Canaaniter. Sie waren auch das erste große Handelsvolk der Welt. Von ihnen stammt das Alphabet. Sie haben den Atlantischen Ozean entdeckt.

Schon um das Jahr 1000 vor Christi Geburt wurde von den Phoinikern an der Straße von Gibraltar Cadiz gegründet. Um 850 folgte Karthago an der nordafrikanischen Küste. Von den Phoinikern hat Homer erfahren, daß es den Okeanos, den Ozean, wirklich gibt. Palermo in Sizilien,

Cordoba in Spanien, Tarsos am Fuß des Taurosgebirges stehen auf alten phoinikischen Städten.

Zur Zeit des Pharao Necho, der von 609 bis 593 regiert hat, umsegelten phoinikische Seeleute Afrika. Sie fuhren vom Roten Meer über das Kap der Guten Hoffnung zur Straße von Gibraltar, dann durch das Mittelmeer nach Aegypten zurück. Für ihre Fahrt brauchten sie drei Jahre. Zweimal gingen sie an Land, säten, ernteten und segelten weiter.

Woher wissen wir das? Selbst die Tatsache, daß Herodot es berichtet, bedeutet nur, daß er aufgeschrieben hat, was er gehört hatte. Dabeigewesen ist er nicht. Aber zuweilen leistet sich die Überlieferung den Scherz, den Beweis einer Wahrheit selbst zu liefern.

Herodot schreibt: »Und dann haben sie erzählt – wer immer das glauben mag, ich jedenfalls glaube es nicht –, sie hätten bei ihrer Fahrt rund um Afrika die Sonne zur Rechten gehabt.«

Gerade das, was Herodot zweifeln ließ, ist für uns der Beweis, daß die mutigen Seeleute wirklich dort, wo die Sonne mittags im Norden steht, auf der südlichen Halbkugel, gewesen sind. Glücklicherweise haben die Heimgekehrten das, weswegen sie am meisten befürchten mußten, als Lügner verschrieen zu werden, der Wahrheit gemäß erzählt.

Strabo, der Geograph zur Zeit Christi, berichtet, daß die Phoiniker schon zu Hannibals Zeiten in Cornwall in England gewesen seien, um das wertvolle Zinn zu holen. Strabo erzählt die köstliche Story von jenem phoinikischen Kapitän, dem römische Schiffe in der Absicht folgten, in seinem Kielwasser den Seeweg zum Zinn zu erfahren. Der Phoiniker setzte entschlossen sein Schiff an der atlantischen Küste Spaniens auf den Strand und reiste über Land nach Karthago zurück. In seiner Heimatstadt angekommen, stellte er dem karthagischen Senat das Ansinnen, ihm dafür, daß er das Zinnmonopol gerettet habe, Schiff und Verdienstausfall zu ersetzen. Seine Bitte wurde vom Senat erfüllt. Das ist der früheste Fall einer Vollkaskoversicherung, den die Geschichte kennt.

Ein Beweis für eine sehr frühe Verbindung mit dem Norden sind ein Paar goldene Ohrringe, die der Aegyptologe Flinders Petrie in einem Grab in Gaza fand. Lange hat der berühmte Forscher diese Ohrringe, die er in keiner der drei Dutzend ihm bekannten Kulturen unterbringen konnte, in der Tasche mit sich herumgetragen, bis er durch einen glücklichen Zufall in seinem Club in London auf einen Gelehrten stieß, der von der Kultur, zu der diese Ohrringe gehörten, soviel verstand wie Petrie von Aegypten. Dieser Kenner konnte ihm sagen, daß die Ohrringe aus dem Irland des 2. Jahrtausends vor Christi Geburt stammten. Mit dem Alter des Grabes, in dem die Ohrringe gefunden worden waren, stimmte diese Datierung vortrefflich überein.

Auch von dem Handel der Phoiniker an der Westküste Afrikas erzählt Herodot amüsante Einzelheiten. Den Phoinikern, die vor der Küste auf Reede lagen, gelang es häufig nicht, mit den Eingeborenen in persönlichen Kontakt zu kommen. Die Phoiniker gingen mit Booten an Land, legten ihre Waren im Sand nieder und zogen sich wieder auf ihre Schiffe zurück. Nach einer gemessenen Weile kamen die Eingeborenen aus dem Busch. Sie legten so viel Gold neben die Ware, wie sie zu geben bereit waren, um sogleich wieder zu verschwinden. Dann kamen die Phoiniker wieder. Wenn es ihnen Goldes genug war, nahmen sie es mit. Wenn es ihnen nicht genug war, ließen sie Ware und Gold liegen und gingen wieder auf die Schiffe zurück, bis die Eingeborenen mehr Gold gebracht hatten. Herodot bemerkt, daß keiner den anderen betrogen habe. Freilich fügt er mit leiser Ironie ein »On dit« hinzu.

Lange Zeit hindurch hat man von den Phoinikern nur aus zweiter Hand gewußt. Noch Egon Friedell in seiner »Kulturgeschichte Aegyptens und des alten Orient« bezeichnet sie als ein geschicktes Händlervolk ohne schöpferische Kräfte. Diese Meinung läßt sich nicht aufrechterhalten. Der Spaten der Archaeologen hat den Gegenbeweis erbracht. An vielen Plätzen an der phoinikischen Küste wurden die unglaublichsten Dinge aus der Erde geholt.

In Ra's al-Shamrah, etwas südlich des heutigen Hafens von Alexandrette, stieß man beim Graben auf eine Stadt, die ein gänzlich verschollenes Stadium canaanitischer Kultur repräsentiert. Diese Stadt hieß Ugarit. Danach wird diese ganze Kultur die ugaritische genannt. Die Stadt ist etwa von 1400 bis 1200 reich und blühend gewesen. Im Ugaritischen taucht um 1400 zum erstenmal das Wort »Syrien« in der Schreibweise »Shryn« auf. In der Architektur von Ra's al-Shamrah fanden sich aegyptische und hethische Motive. Die Hethiter hatten ihr Reich in Kleinasien und ihre Hauptstadt östlich von Ankara, der heutigen Hauptstadt der Türkei. Es fand sich aber auch Tonware von der Insel Cypern und sogar aus Mykene, dem Reich des Agamemnon auf der Peloponnes. Es fanden sich Schwerter der Hyksos, eines merkwürdigen Volkes noch unbekannter Herkunft, das etwa zur Zeit Josephs in Aegypten regierte. Diese ganze Kultur von Ugarit oder Ra's al-Shamrah verschwindet um 1200 aus der Geschichte. Wahrscheinlich ist Ugarit von den sogenannten Seevölkern zerstört worden, von denen Nachrichten vorliegen, daß sie sogar von den Aegyptern nur mit großer Anstrengung an der Eroberung ihres Landes gehindert werden konnten.

Zwei Spuren hat die ugaritische Kultur auf der Erde zurückgelassen. Die eine ist nicht mehr als der Name eines Dorfes im Libanon ohnweit der Stelle, an der die Stadt Ugarit stand. Das Dorf heißt Furzul. Furzul ist das ugaritische Wort für Eisen, dessen Bearbeitung die Ugariten schon zu einem sehr frühen Zeitpunkt gekannt haben müssen. Die andere Spur sind einige Perlen der ugaritischen Literatur. Sie sind uns in Teilen der Sprüche Salomonis und der Psalmen erhalten geblieben.

Die eindrucksvollste der phoinikischen Ausgrabungsstätten ist die Stadt Byblos. Sie liegt von Beyrouth eine Autostunde entfernt. Bei der Ankunft in der kleinen Stadt, auf der Suche nach der fünftausend Jahre alten phoinikischen Vergangenheit, trifft man zunächst auf eine herrliche frühromanische Kirche. Sie wurde im 11. Jahrhundert von den Seigneurs de Gibelet, den französischen Herren von Byblos zur Zeit der Kreuzzüge, erbaut. Die Kirche ist gut erhalten. Den Gottesdienst versehen maronitische Priester. Doch fangen die Überraschungen von Byblos damit erst an. Zum Meer hin ragt eine gewaltige, von einem tiefen Graben umgebene Mauer auf. Sie gehört zu der Burg, die die Herren von Gibelet hier errichtet haben. Diese Kreuzritterburg mit ihren meterdicken Mauern ist ein gewaltiges Festungsbauwerk. Sie muß hohen strategischen Wert gehabt haben. Sie beherrschte den Hafen in gleich sicherer Weise wie die wichtige Küstenstraße. Von der Innenausstattung der Burg ist nichts erhalten, aber ihre Mauern sind nur zum kleineren Teil zerstört. Vom hohen Belfried sieht man weit aufs Meer hinaus. Zu Füßen der Burg stehen einige Säulen eines Jupitertempels, am Absturz zum Meer hin ein leidlich erhaltenes römisches Amphitheater. Ohnweit davon liegen, einige Meter tiefer, die ausgegrabenen Grundmauern eines phoinikischen Tempels aus dem 18. Jahrhundert vor Christi Geburt. Hundert Meter davon, wieder um einige Meter tiefer, ist der Grundriß eines phoinikischen Tempels aus dem 28. Jahrhundert vor Christi Geburt gut erkennbar. Noch ist der Altar zu sehen, auf dem jenem Gott, den die Bibel als Moloch kennt, Menschenopfer dargebracht wurden.

Auf dem Weg hinab zu den Ausgrabungsstätten stoße ich auf einige in der Erde belassene, vorgeschichtliche Skelette. Die Menschen wurden in großen Tongefäßen begraben. Die Gräber stammen aus dem 5. Jahrtausend vor Christi Geburt.

Während ich einen der auffallend schmal und fein gebauten Schädel betrachte, hallen die Glocken der Kreuzritterkirche über Vergangenheit und Vergänglichkeit dahin. Hoch darüber zieht das Kursflugzeug nach Konstantinopel durch den Himmel.

In den phoinikischen Königsgräbern von Byblos sind kostbare Schätze entdeckt worden. Sie stehen heute im Museum in Beyrouth. In dem Tempel aus dem 28. Jahrhundert wurde eine Alabastervase mit dem Siegel eines Pharao gefunden, das die Datierung des Bauwerks ermöglichte. Eine vergoldete Bronzestatuette aus der Zeit um 2000 vor Christi Geburt zeigt eine Haartracht, die noch heute im Libanon vorkommt. Ein Elfenbeinrelief stellt den Kampf eines Stiers mit einem Löwen und einem Greifen dar. Eine Sphinx aus vergoldeter Bronze hat, was man ein semitisches Profil nennt. Neben einem von vergoldeten Blättern eingerahmten Silberspiegel kann man kannelierte goldene Trinkgefäße von klassischer Form und eine aus einem einzigen eigroßen Bergkristall geschnittene Portraitplastik bewundern. Alle diese Gegenstände sind von erlesener Schönheit. Das Überraschendste an ihnen ist, daß sie durchaus nicht fremdartig wirken. Die Waffen waren aus Gold oder Elektron. Elektron ist eine Legierung von Gold und Silber. Unter den mit Ornamenten in eingelegter Arbeit geschmückten Streitäxten sind Stücke, die geradezu elegant genannt werden müssen.

Aus einem Grab des 13. Jahrhunderts, das in zwölf Metern Tiefe lag, haben die Archaeologen den Sarkophag des Königs Ahiram von Byblos ausgegraben. Ahiram ist ein Zeitgenosse Mosis. Der Sarkophag ruht auf vier Löwen. Er ist mit Reliefs geschmückt. Das eine der Reliefs zeigt König Ahiram auf seinem Thron. Diese Abbildung ist kunsthistorisch von großer Wichtigkeit.

Der Thron für König Salomo ist von phoinikischen Künstlern verfertigt worden. Wir können annehmen, daß er dem des Königs Ahiram ähnlich war. Der Thron ist von zwei Sphinxen flankiert.

Die Seitenwand des äußeren steinernen Deckels des Sarkophags trägt eine Inschrift. Sie ist eine der ältesten bekannten Alphabetinschriften.

Das Alphabet ist um 1600 vor Christi Geburt von einem phoinikischen Bergmann in den Türkisminen der Pharaonen im Sinaigebirge geschaffen worden. Die geniale phoinikische Schöpfung ist über die Griechen und Römer zu allen Kulturvölkern des Westens und über die Aramaeer und Perser bis zu den Indern gelangt. Was alles hat das Alphabet in dreitausend Jahren bewirkt! Allein diese Überlegung macht die Inschrift zu einem bedeutenden Dokument. Der Zufall will, daß auch ihr Inhalt bedeutend ist.

Die Inschrift lautet:

»DIESER SARKOPHAG WURDE GESCHAFFEN VON ITHOBAL, SOHN DES AHIRAM, KÖNIGS VON BYBLOS, FÜR AHIRAM, SEINEN VATER. MÖGE ER FÜR DIE EWIGKEIT GESCHAFFEN SEIN! UND WENN EIN KÖNIG UNTER DEN KÖNIGEN, EIN STATTHALTER UNTER DEN STATTHALTERN GEGEN BYBLOS ZU FELDE ZIEHT UND DIESEN SARKOPHAG DER ERDE ENTREISST, MÖGE DAS SZEPTER SEINER MACHT ZERBROCHEN UND SEIN KÖNIGLICHER THRON GESTÜRZT WERDEN! DER FRIEDE MÖGE IHN MEIDEN! SEIN ANDENKEN MÖGE AUSGELÖSCHT SEIN FÜR IMMER!«

Wie das Grollen eines Gewitters tönt dieser Fluch aus der Vergangenheit der Jahrtausende mit voller Kraft in unseren Tag hinein. Noch nichts konnte Ithobal, der Sohn des Königs Ahiram, davon ahnen, daß nicht Eroberer den Sarkophag seines Vaters ans Licht bringen würden, sondern Gelehrte. Ob der Fluch des Königssohnes auch die Neugier der Wissenschaft trifft?

Im jahrtausendealten Schatten der Zedern vom Libanon ist es unsere Aufgabe, auch davon uns Rechenschaft zu geben.

DAMASKOS

Mit dem ersten gebrechlichen Kahn, mit dem der Mensch sich in die unbekannte Einsamkeit des Wassers hinauswagte, reiste eine vornehme alte Dame mit. In ihrem Dienst stand auch die erste Karawane, die sich in die unbekannte Einsamkeit des Sandes hinauswagte. Die vornehme alte Dame ist die Geschichte. Die Spur, die die Karavelle des Kolumbus durch den Atlantik gezogen hat, sind einige Schaumwirbel im Wasser gewesen. Die Spur, die die Geschichte im Sand der Wüste zurückläßt, sind die Knochen derer, die nicht ans Ziel kamen.

Als ich das erstemal Damaskos besuchte, kam ich von Aleppo. Ich saß in einem großen amerikanischen Wagen, der mit hundert Stundenkilometern die Straße von Aleppo nach Damaskos entlangfegte. Es war sieben Uhr morgens. Die von der Sonne mit einer blitzenden Aura vergoldete Zitadelle von Aleppo versank hinter dem Horizont.

Wir waren sieben Passagiere. Bei der Abfahrt hatte ein würdiger weißbärtiger Beduine dem Franken höflich seinen Platz neben dem Fahrer angeboten.

Wir waren erst wenige Kilometer unterwegs, als mein wohlwollender Gönner das einzige arabische Wort, das ich verstehe, aussprach. Er sagte »Radio«. Der Fahrer stellte das Gerät an, und zwar sogleich auf maximale Lautstärke, für die Nerven ein starkes Stück. Eine Frauenstimme fing an zu singen. Es war eine schöne Stimme. Sie sang einen für unser Ohr eintönigen arabischen Song, der sich über viele Stunden hinzog. Ich hatte das Gefühl, daß die Sängerin ihre Ballade um fünf Uhr morgens mit Noahs Taube angefangen habe und so gegen Mittag bei der Flucht Mohammeds aus Mekka anlangen werde. Der Wagen fuhr, des Staubes wegen, geschlossen.

Diese Balladen sind eine alte Tradition. Schon vor der Zeit Mohammeds traten auf den Märkten Arabiens die Poeten der Beduinenstämme miteinander in Wettbewerb. Die Gedichte wurden, von Instrumentalmusik begleitet, gesungen. Die preisgekrönten wurden, in goldenen Lettern auf Seide gemalt, an der Kaaba in Mekka aufgehängt.

Die Poesie hat die arabische Sprache zu der Leichtigkeit und Biegsamkeit, der Eleganz und dem Reichtum entwickelt, welche die Araber, nachdem sie den Orient erobert hatten, dazu befähigte, die besiegten Kulturen sich anzueignen. Fast immer wird der kräftigere, aber barbarische Sieger dazu neigen, die höhere Kultur des Besiegten zu der seinen zu machen. Nicht immer wird er dazu imstande sein.

Die Straße, die entlangfahrend wir dem Happyend der Geschichte von Noahs Taube lauschen, führt, tadellos asphaltiert, durch die Wüste. Die Wüste ist steinig. Zuweilen taucht hinter den Sandhügeln zur Linken ein fernes Felsengebirge auf, dessen Konturen in der Sonne flimmern. Einmal erscheinen zur Rechten die schneebedeckten Kuppen des Antilibanon.

Auf dieser Straße ist vor undenklichen Zeiten die vornehme alte Dame gereist. Sargon, König von Akkad, ist sie am Ende des 3. Jahrtausends vor Christi Geburt entlanggezogen. In einer Inschrift erzählt König Sargon, daß seine Mutter geringer Herkunft gewesen sei und ihn nach seiner Geburt in einem mit Pech abgedichteten Weidenkörbchen auf dem Euphrat ausgesetzt habe. König Akki, der den friedlichen Beinamen »der Bewässerer« trug, habe ihn aufgenommen und großgezogen.

Dreihundert Jahre später, in der Mitte des 20. Jahrhunderts, zog Abraham diese Straße auf seinem Weg von Haran in Mesopotamien über Aleppo nach Canaan hinab. Um 1500 kam der Pharao Thutmosis III., als er Syrien eroberte, hier vorbei. Sein Obelisk steht in Konstantinopel. Um 1250 kam Moses die Straße vom Sinai herauf. 597 zog Nebukadnezar sie entlang, um Jerusalem zu erobern und den König Jojachim von Juda und einen Teil seines Volkes nach Babylon in die Gefangenschaft wegzuführen. Diese Wüstenstraße ist ein Highway of History.

Nach drei Stunden Fahrt überquerten wir den Paß, der über den Antilibanon führt. Eine weite Ebene breitet sich vor uns aus. Über dem Horizont steigt der schneebedeckte Hermon an der Grenze Palästinas auf. Plantagen von Aprikosen- und Orangenbäumen, Weingärten, Zypressen, Pappeln und Weiden beleben das Bild. Im Schatten der Bäume liegen alte Bauernhöfe. In den Hecken blühen die letzten Rosen des Jahres. Mit einem Schlag hat sich die unfruchtbare Wüste in einen blühenden Garten verwandelt. Kein Wunder, daß den Beduinen diese Oase wie ein Paradies erscheint.

Ich bin in Damaskos, das im Lauf der Geschichte die Hauptstadt so vieler Reiche war, das so viele Male erobert, zerstört und wieder aufgebaut wurde. Die Syrer feiern gerade den Jahrestag ihrer Befreiung von der französischen Mandatsherrschaft.

Viele Beduinen sind aus der Wüste in die Stadt gekommen. Sie tragen ihre schöne Tracht, den weitfallenden weißen Burnus, der um den Kopf mit einer Silberschnur zusammengehalten wird. Immer wieder gehen – ein bezauberndes Bild – drei oder vier junge Beduinen, schöne Männer mit mageren Gesichtern, scharf geschnittenen kühnen Nasen und ihren dunklen tausendjährigen Wüstenaugen Hand in Hand mitten auf der Straße. Keinem Autofahrer würde es einfallen, eine solche Kette der Freundschaft trennen zu wollen. Es könnte ihm geschehen, daß er dabei erschlagen würde. Zwischen den fröhlichen Menschen und den Autos suchen sich viele lustige Esel mit ihren kleinen trippelnden Schritten und würdige Kamele, in würdigem Paßgang hochmütig über die Menge hinwegsehend, ihren Weg.

Die Kolonialherrschaft Englands und Frankreichs im Orient war von kurzer Dauer. Da diese Politik auf wenig mehr beruhte als darauf, daß die Kanonen des Okzident besser schossen als die des Orient, haben ihre Erfolge nicht einmal hundert Jahre vorgehalten. Die Geschichte des Menschen ist nicht die Geschichte seiner Waffen und auch nicht die Geschichte seines Exports, sooft auch immer der friedfertige Handel das Gold seiner Gewinne in Waffen verwandelt hat. Die Geschichte des Menschen ist eine Geschichte von Ideen.

In weiten Gebieten, die einst blühende Domänen des Christentums waren, hatte der Islam seine Herrschaft angetreten. Nur in Syrien konnten die maronitische und die syrische Kirche und in Aegypten die koptische Kirche die christliche Überlieferung bewahren. Nach Jahrhunderten einer glorreichen und zivilisierten Herrschaft ist das Reich der Araber im Orient, an den afrikanischen Küsten des Mittelmeers und in Spanien wieder zerfallen.

Was wir heute in den arabischen Ländern erleben, ist eine Renaissance, eine echte Wiedergeburt. Die arabische Sprache wird in einem außerordentlich weiten Gebiet gesprochen und verstanden. Dieses Gebiet reicht von Mesopotamien bis Marokko. Im Inneren Afrikas ist Arabisch seit der Mitte des 18. Jahrhunderts die Sprache des Handels. In allen Ländern, in denen Arabisch gesprochen wird, ist die herrschende Religion die Lehre des Propheten. Diese Welt, die einerseits aus zahlreichen Nationalstaaten besteht, andererseits nur eine Überlieferung, eine Schrift und eine Religion hat, ist nicht so sehr dem heutigen Europa ähnlich als vielmehr der Welt des späten Mittelalters, als Latein, Humanismus und Christentum eine Einheit geschaffen hatten, innerhalb deren der Nationalismus erst anfing, eine Rolle zu spielen.

Man darf sich bei der Betrachtung dieser Entwicklung nicht dadurch verwirren lassen, daß der wiedererwachende arabische Geist nach den langen Zeiten der Unterdrückung durch Türken, Franzosen und Engländer im Gewand eines übertriebenen Nationalismus auftritt. Der Nationalismus hat sich als ein zwar äußerst börartiges, aber jedenfalls sehr wirksames Mittel der Politik erwiesen. Die Araber geben heute an Europa zurück, was sie im letzten Jahrhundert der Unterdrückung von ihm gelernt haben. Ich finde, daß sie das auf eine höchst zivilisierte Weise tun. Der Nationalismus ist für die Völker der arabischen Welt ein Durchgangsstadium. Wenn alte Völker aus dem Leid der Geschichte etwas lernen, ist es die Weisheit der Toleranz.

Die Damaszener lieben zu sagen, daß Damaskos die älteste Stadt der Welt sei. Auf jeden Fall ist ihr Name Dimashq nicht semitischen Ursprungs. Die Stadt Dimashq muß es schon vor der Zeit der Amoriter gegeben haben, also vor der Mitte des 3. Jahrtausends, als die Amoriter als erste aus Arabien kommende semitische Völkerwelle erobernd in Syrien einbrachen. Ausgrabungen bestätigen das hohe Alter des Platzes.

Ich wohne im Hotel zur Königin Semiramis. Vom Fenster der Königin Semiramis sehe ich den Djebel Kasyun liegen. Er erhebt sich am nördlichen Stadtrand von Damaskos. Er ist dreizehnhundert Meter hoch. Nach der Überlieferung der Muslimin ist der Djebel Kasyun der Berg, auf dem Abraham die Erleuchtung zuteil wurde, daß es nur einen, den Allmächtigen Gott gibt.

Die arabischen Mohammedaner leben in den Ländern, in denen die Biblische Geschichte sich abgespielt hat. So hat dieses seinem innersten Wesen nach poetische Volk viele bezaubernde Legenden geschaffen. Sie haben ihren guten Sinn. Nicht selten erhellen sie Zusammenhänge, die aus der Bibel nicht ersichtlich sind. Die Erleuchtung Abrahams wird im Alten Testament nicht erwähnt.

Auf halber Höhe des Djebel Kasyun, des Berges Abrahams, liegt die Mastabe el-Imperator, die Terrasse des Kaisers. Sie wurde von den höflichen Damaszenern erbaut, um dem deutschen Kaiser Wilhelm II., als er auf seiner Orientreise Damaskos besuchte, die Stadt zeigen zu können. Die Orientalen hatten Sinn dafür, daß seine Majestät mit seinem ganzen Gefolge auf der Terrasse Platz haben müsse. So ist es eine großzügige Anlage geworden. Wenn man auf der Mastabe el-Imperator steht, während im Westen die Sonne hinter dem Libanon in großer Glorie untergeht, im Osten die tiefrote, übergroße Scheibe des Mondes über der Wüste aufsteigt und nun zwischen den weißen Villen in den weit sich erstreckenden Gärten der Oase Damaskos die Lichter aufflammen, hat man Grund, die Schönheit der Welt zu preisen.

Der letzte deutsche Kaiser ist der letzte europäische Monarch gewesen, der noch einmal einen allerdings höchst friedlichen Kreuzzug unternommen hat. Bei dieser Fahrt zum Heiligen Grab wandelte Kaiser Wilhelm auf den Wegen seiner Vorfahren, der Markgrafen Johann und Albrecht von Brandenburg, die im Jahre 1435 von Berlin-Cölln aus eine Pilgerfahrt nach Jerusalem antraten. Ein gebildeter Medicus, der Leibarzt des Markgrafen Johann, Dr. Hans Lochner, hat über diese Reise einen erbaulichen Bericht verfaßt. Auf der Insel Rhodos wurde den Pilgern von den Tempelrittern einer der dreißig Silberlinge gezeigt, um die Judas den Herrn verraten hat. Bei der Landung in Palästina wurden sogar die Markgrafen, ehe sie die sieben Dukaten, die jeder Pilger an den Sultan bezahlen mußte, abgeliefert hatten, von den türkischen Zöllnern unfreundlich und demütigend behandelt. Die Herren nahmen es geduldig als eine Schickung des Himmels hin. Man sollte sich daran ein Beispiel nehmen. Kaiser Wilhelm II. hat sich über den Empfang, den ihm die türkischen Behörden bereiteten, nicht beklagen können.

Das geschichtliche Urteil über Wilhelm II. ist reif für eine Revision. Die Methode, einen einzelnen Mann für die Untugenden eines ganzen Zeitalters verantwortlich zu machen, indem man es nach ihm benennt, und die Tugenden, die er gehabt hat, zu verspotten, ist weder fair noch historisch. Auf die Araber jedenfalls hat dieser entzückend pittoreske Monarch einen ungewöhnlichen Eindruck gemacht. In den Zelten der Beduinen in der Wüste spricht man noch heute von ihm wie von Sultan Saladin oder von König Richard Löwenherz. In Jerusalem hat der Kaiser eine Kirche und ein Hospital, das nach der Kaiserin Auguste Viktoria benannt wurde, gestiftet. Für Saladins Mausoleum in Damaskos hat er den Arabern einen kostbaren Marmorsarkophag geschenkt. Als Kunstwerk ist dieser Sarkophag nicht gerade neben die Werke des perikleischen Zeitalters zu stellen, doch hält er den Vergleich mit spätrömischen Sarkophagen aus. Die Araber haben dem Monarchen nicht vergessen, daß er in seiner Ansprache einmal erklärte, daß sie immer damit rechnen könnten, im deutschen Kaiser einen Freund zu haben. Wenn die Syrer, ein Volk mit aeonenalten Erfahrungen in der Politik, die Haltung des vornehmen großen Herrn, der vor fünfzig Jahren auf dem deutschen Kaiserthron saß, mit der Kolonialpolitik der anderen europäischen Mächte vergleichen, haben sie guten Grund, ihm ein ehrenvolles Andenken zu bewahren.

Der Basar von Damaskos, der mit vielen Straßen und Gassen ein ganzes Stadtviertel ausmacht, ist nach dem türkischen Sultan Abdul Hamid benannt. Der Souk Hamidiye ist einer der ältesten Plätze des Handels der Welt. Des heißen Klimas wegen ist der Basar überdacht.

In lebhaftem und fröhlichem Gewimmel drängt sich das Volk. An den Ecken sitzen die öffentlichen Schreiber. Diese Schriftsteller sind die Meister in der schwierigen Kunst, die arabische Schrift schön zu schreiben. Man kann den Badern zusehen, wie sie Köpfe und Kinne rasieren. Die Bäckerjungen laufen durch die Basargassen und rufen Allah um Kunden an: »Allah ist der Ernährer! Kaufe mein Brot!«

Das Feilschen gilt als ein Vergnügen des Daseins, bei dem Händler und Kunde in einem Dutzend Sprachen einander zu überlisten versuchen. Der Teppich, auf dem man Mokka trinkend beisammensitzt, ist ein Turnierplatz des Witzes. Um einen Shawl oder eine Kupferkanne zu kaufen, muß man bereit sein, eine Freundschaft fürs Leben zu schließen. Bei dem nächsten Händler, der einen Silberling billiger ist, darf man sie wieder vergessen.

Ein sympathisches Phaenomen ist, daß es unter den Händlern keinen Neid gibt. Kauft man bei dem Nachbarn und wirft vielleicht einen entschuldigenden Blick zu dem ersten Händler zurück, kommt er sogleich herbeigeeilt, um tröstend zu versichern: »Allah hat meinem Nachbarn einen guten Käufer geschickt. Zur rechten Zeit wird er auch mir einen schicken!« Wie weise ist das! In den arabischen Ländern gewinnt man den Eindruck, daß die Muslimin die Moral, die der Koran sie lehrt, freudiger befolgen als die Christen die Moral, die die Bibel lehrt. Kommt man gelegentlich wieder an einem Stand vorbei, an dem man einmal etwas gekauft hat, wird man begrüßt wie ein Bruder, der aus der Wüste kommt. Der Orientale versteht etwas von dem schweren Geschäft, das Leben leichtzunehmen:

Plötzlich hört das Dach über der Basarstraße auf. Drei mächtige korinthische Säulen, von schmiedeeisernen Reifen umschlossen, steigen weit über die Höhe der Dächer empor. Sie tragen den Rest eines Gemäuers. Zwischen den Säulen zeichnet sich die elegante Kontur eines Minaretts gegen den blauen Himmel ab, ein von der Antike gerahmtes arabisches Kunstwerk des 8. Jahrhunderts.

Die korinthischen Säulen sind der Rest des Tempels des Jupiter Damascenus. Der Tempel stand an der Stelle eines Heiligtums, das dem syrischen Gott Hadad geweiht war. Die Embleme Hadads auf den alten Reliefs sind Blitz und Donner. Der Donner wird durch einen Hammer symbolisiert. Zuweilen steht Hadad auf einem Stier, dem mediterranen Symbol der schöpferischen Kraft. Hadad war der canaanitische Wettergott. In späterer Zeit wird er mit Jupiter zu einer Gottheit verschmolzen.

Dem Jupiter Damascenus hat zur Zeit des Kaisers Augustus, im Jahre 4 vor Christi Geburt, ein hoher römischer Beamter, der Legat der Provinz Syria, ein Opfer dargebracht, ehe er aus dem warmen Süden aufbrach, um einen neuen Posten im unwirtlichen Norden zu übernehmen. Das Opfer war vergeblich. Der Legat stürzte sich nach einer verlorenen Schlacht in sein eigenes Schwert. Es war Publius Quintilius Varus, der in der Schlacht im Teutoburger Wald mit seinen Legionen der Partisanentaktik unserer Väter zum Opfer fiel.

Kaiser Theodosios I. hat den Jupitertempel in eine Kirche umgewandelt. Sie wurde Johannes dem Täufer geweiht. In der griechischen Kirche hat Johannes der Täufer den Namen Johannes Prodromos. Das heißt der Vorläufer. Die Kirche wurde später von Kaiser Justinian vergrößert und verschönert. Sie hatte ein denkwürdiges Schicksal.

Bei der Belagerung von Damaskos durch die mohammedanischen Araber 635 nach Christi Geburt gelang es dem arabischen Heerführer Khalid ibn-Walid, in die Stadt von Osten her einzubrechen. Als die Damaszener dessen gewahr wurden, übergaben sie eiligst den Westteil der Stadt freiwillig an den auf der anderen Seite liegenden arabischen Heerführer Abu Ubeida. Die arabischen Heerführer begegneten einander bei der Kirche des Johannes Prodromos.

Für uns, die soviel an Barbarei erlebt haben, klingt, was geschah, fast unglaublich. Der Ostteil der Stadt galt als erobert und wurde geplündert. Der Westteil galt als übergeben und wurde geschont. Die in der Mitte liegende Kirche des Johannes Prodromos wurde den Muslimin und den Christen gemeinsam zur Verfügung gestellt. Sie betraten das Heiligtum durch das gleiche Portal. Die Muslimin beteten im Ostteil zu Allah, die Christen im Westteil zum Dreieinigen Gott. Siebzig Jahre später errichtete der Kalif Walid I. auf den Grundmauern der Kirche des Kaisers Justinian die Umayyadenmoschee.

Walid I., unter dessen Regierung im Jahre 711 Spanien, im Jahre 712 Samarkand in Innerasien erobert wurden, dichtete, komponierte und musizierte. Er hörte sich, obwohl er doch der mächtige Kalif war, sogar die Werke anderer Dichter geduldig an. Er muß ein großer Geist gewesen sein.

In dieser Zeit lebte in der Metropole des arabischen Reiches der letzte der griechischen Kirchenväter, der heilige Johannes von Damaskos. Die Zeitgenossen gaben ihm, seiner Beredsamkeit wegen, den Beinamen Chrysorrhoas, »goldener Strom«. Er war ein großer Gelehrter. Er war ein großer Theologe. In seinen Werken baute er ein auf den Lehren der Väter und der Konzile der Zeit vom 4. bis zum 7. Jahrhundert beruhendes System der Theologie auf. Thomas von Aquin nennt ihn eine Quelle der Weisheit. Johannes Damascenos war bis zum Jahre 724 Premierminister des Kalifen von Damaskos. Diese Welt ist wahrhaftig eine Welt freier Geister gewesen.

Johannes hat nicht nur auf das Christentum, sondern auch auf den Islam einen bedeutenden Einfluß ausgeübt. Seine wissenschaftliche Systematik hat eine Bewegung des Rationalismus in der Theologie des Islam ausgelöst. Sie ist freilich nur von kurzer Dauer gewesen. Doch hat der enge geistige Kontakt und die freie Diskussion der Probleme zwischen den beiden Religionen dazu geführt, daß vieles von der christlich-griechischen Überlieferung der frühen Jahrhunderte in den Islam einging.

Johannes Chrysorrhoas beschloß sein Leben als Mönch im Kloster St. Sabas am Toten Meer. Er wurde von der griechischen und von der römischen Kirche heiliggesprochen.

Johannes Damascenos ist, kaum hundert Jahre nach dem Tod Mohammeds, der Augenzeuge eines der phantastischsten Triumphzüge der Geschichte geworden. Es war der Triumphzug des Feldherrn Mousa, der nach der Eroberung Spaniens in Damaskos einzog, in seinem Gefolge vierhundert blondgelockte westgotische Prinzen, in seiner Beute einen silbernen, mit Kilogrammen von Edelsteinen geschmückten Tisch aus der Kathedrale von Toledo.

An den Pyrenaeen war der Eroberungszug der Araber zum Stillstand gekommen, nachdem sie in der Schlacht von Tours und Poitiers an den Ufern der Loire geschlagen worden waren. In der Schlacht von Yarmuk, hundert Jahre vorher, als die Araber an einem heißen Augusttag des Jahres 636 das Heer des Kaisers Heraklios von Byzanz besiegten, um damit Syrien zu erobern, war es ein Sandsturm gewesen, der die Araber gegen die Griechen, die sich gegen dieses Naturphaenomen nicht zu schützen wußten, mit Allahs Hilfe die Schlacht hatte gewinnen lassen. Bei Tours und Poitiers waren es die Wolfspelze der Franken, die in der den Arabern ungewohnten eisigen Kälte Karl Martell, dem Feldherrn der Franken, mit Gottes Hilfe zum Sieg verhalfen und Frankreich vor der Eroberung durch den Islam retteten. Sand und Kälte, Burnus und Wolfspelz haben an den entgegengesetzten Enden der damaligen Welt zwei historische Entscheidungen herbeigeführt.

Vom Tempel des Jupiter Damascenus aus besuchte ich die Moschee der Umayyaden. Sie ist ein Meisterwerk früher arabischer Architektur. Ich zog die Schuhe aus und betrat den Hof der Moschee. Er ist einhundertundvierzig Meter lang und vierzig Meter tief. Schon die Maßverhältnisse dieses Hofes rufen ein Gefühl der Feierlichkeit hervor. Der Hof ist mit Marmor gepflastert und auf drei Seiten von einer Säulengalerie umgeben. Die lange Südseite wird von der Moschee eingenommen. In der einen Hälfte des Hofes steht ein steinerner Brunnen, gegenüber, in der anderen Hälfte, ein Schatzhaus, das frei auf zwölf aus dem alten Jupitertempel stammenden Säulen ruht.

In den Galerien, in denen die Gelehrten der Jugend den Koran erklärten, sind einige frühe arabische Mosaiken erhalten geblieben, Landschaften und Bilder von hochgebauten Städten, die an Benozzo Gozzoli erinnern. Das Grün, Blau und Gold zeigt Valeurs von nuancierter Kostbarkeit, die Komposition zeichnerische Finesse – an die Wand geworfene Träume, Erinnerungen an die Fata Morgana der Wüste.

Von den drei Minaretten, die vom Hof der Moschee aus zu sehen sind, ist eines bemerkenswert als ein Meisterwerk des arabisch-aegyptischen Stils. Von der Galerie dieses Turms rief der Muezzin in getragen melancholischem Sang über die Dächer der Stadt hin die Gläubigen zum Gebet. Das gegenüberliegende Minarett heißt Madinet Isa, das Minarett Jesu. Nach dem Glauben der Muslimin ist die Spitze des Madinet Isa die Stelle, an der Jesus, der Prophet, am Beginn des Jüngsten Gerichts die Erde wieder betreten wird.

Es ist ein eigentümlich fremdartiges Gefühl, ohne Schuhe über die Marmorplatten und über die Teppiche der Moschee zu gehen. Die Moschee selbst hat einen langgestreckten, hohen, rechteckigen Mittelbau und zwei rechts und links sich anschließende kleinere, ebenfalls rechteckige Flügel. Der Bau ist einhundertsechsunddreißig Meter lang und siebenundzwanzig Meter breit. Durch die ganze Länge ziehen sich zwei Reihen durch hohe Bogen miteinander verbundener korinthischer Säulen. Teile der Decke sind noch goldinkrustiert. Einige bunte Fenster stammen aus dem 12. Jahrhundert. Der Boden ist vollständig mit Teppichen bedeckt. Ihr Zahl wird mit dreitausend angegeben. Unter ihnen sind herrliche, viele hundert Jahre alte Stücke. Der Gesamteindruck des Raumes ist der einer lichten Weite. Pracht und Reichtum der Ausstattung treten gegenüber den harmonischen Verhältnissen des Ganzen zurück. Da und dort kniet ein Gläubiger, sein Gebet verrichtend, am Boden.

Fast in der Mitte der Moschee steht eine Kapelle mit einer Kuppel. Sie ist rechteckig. Ihre Seitenwände sind schlanke Marmorsäulen, zwischen denen vergoldete Gitter sich spannen. In dieser Kapelle ruht nach der Überlieferung in einem von Damaszener Brokaten bedeckten Marmorsarkophag seit der Zeit des Kaisers Theodosios das Haupt Johannes' des Täufers.

Damaskos ist die Stadt, in der Saul von Tarsos Christ wurde.

Ich wandere zum alten Judenviertel der Stadt. Der Weg führt durch unzählige krumme, mit Steinplatten gepflasterte, saubere Gäßchen von der Moschee der Umayyaden zur Derb el-Mustakim. Das ist »die Gerade«, von der die Apostelgeschichte spricht. Die Gerade Gasse zieht sich von

Osten nach Westen durch die ganze Stadt. Zur Römerzeit hatte sie Säulenkolonnaden, deren Reste an vielen Stellen ausgegraben wurden. Das Judenviertel liegt zweifellos noch an derselben Stelle wie zu jener Zeit, als Paulus in Damaskos weilte.

Der Herr forderte den Ananias auf, den erblindeten Saul zu besuchen: »Steh auf und geh in die Gasse, die da heißt die Gerade, und frage in dem Hause des Judas nach einem namens Saul von Tarsos.« Ein viele Meter in den Boden gesunkenes Haus aus dem 1. Jahrhundert wird das Haus des Ananias genannt. Es ist heute eine Kapelle.

Das Tor, an dem die Gerade Gasse endet, steht ebenfalls noch an der gleichen Stelle wie zur Römerzeit. Teile der alten römischen Stadtmauer sind erhalten geblieben.

Tausend Dinge haben diese Steine gesehen seit jenem Tag, da ein Mann mit Blindheit geschlagen wurde. Sie haben den Übermut siegreicher Heere vieler Völker, sie haben die Tränen der Besiegten gesehen. Unzählige Karawanen sind durch dieses Tor gezogen. Sie brachten Seide und Weihrauch, die Kostbarkeiten des Ostens. Sie brachten Sklaven für die Bergwerke und Galeeren, Sklavinnen für die Harems der Satrapen und Paschas. Diese Steine haben den Karren gesehen mit der Million Goldstücke, mit denen die Damaszener sich von Timur, dem Mongolenkhan, loskauften. Sie haben das Wehklagen der in der Welt berühmten Waffenschmiede der Stadt gehört, die Timur Mann für Mann nach Samarkand und Khorasan verschleppte, um in Sibirien ein neues Rüstungszentrum zu schaffen. Heerführer und Gelehrte, Heilige und Künstler, Mönche, Kaufleute, Beduinen, Sklaven und Reisende aus aller Welt sind durch das Tor von Damaskos aus- und eingegangen seitdem, fast zweitausend Jahre lang. Nichts gibt diesen alten Steinen soviel Bedeutung, als daß sie Zeugen waren, wie ein blinder Mann, von einem Gefährten an der Hand geführt, vorüberschwankte, von dem hochmütigen römischen Wachtposten kaum beachtet.

Der Blinde hatte ein Gesicht gehabt. Jesus Christus war ihm erschienen, ihm, der mit soviel Zorn und Eifer die verfolgt hatte, welche Christus verkündigten.

Welche Gedanken mögen diesen jungen ehrgeizigen Mann aus der großen Stadt Tarsos bewegt haben, als er durch dieses Tor hindurchschritt? Die Nacht der Blindheit umfing ihn. Als er hier vorbeikam, geschlagen von einer überirdischen Macht, wußte er noch nicht, wie bald er das Licht seiner Augen, und mehr als das, wiedererlangen werde.

Ich glaube, daß niemand, der eines Menschen Angesicht trägt, das Osttor von Damaskos zu durchschreiten vermag, ohne im Herzen bewegt zu sein.

Paulus hat die Stadt nicht durch dieses Tor verlassen. Die Juden rotteten sich zusammen, um ihn zu töten. Die Jünger ließen ihn bei Nacht in einem Korb über die Mauer hinab. Am Fuß dieser Mauer begann der Weg, der den Paulus, nachdem er der Welt das Evangelium verkündet hatte, nach Rom führte, wo er als Zeuge Christi starb.

UR IN SUMER

Ur liegt zwanzig Kilometer westlich des Unterlaufs des Euphrat, im Süden der mesopotamischen Wüste. Es ist zweihundert Kilometer von der Küste des Persischen Golfs entfernt. Als die Geburtsstadt des Erzvaters Abraham ist Ur die früheste Stätte der Christenheit auf Erden.

Unsere Kenntnis der Historie reicht weit über die Zeit Abrahams in die Vergangenheit zurück. Sogar für die Sintflut sind wir heute nicht mehr allein auf das Zeugnis der Bibel angewiesen. Aus den sumerischen Königslisten kennen wir die Namen einer Reihe von Herrschern, die vor der Sintflut in den Städten im Süden Mesopotamiens regiert haben. Abraham ist die erste biblische Persönlichkeit, deren in der Genesis überlieferte Biographie durch geschichtliche Kenntnisse aus nichtbiblischen Quellen ergänzt werden kann.

Von Damaskos liegt Ur mehr als tausend Kilometer entfernt. Ur zu besuchen kostete viel Zeit und viel Geld, aber die Überraschungen dieser Fahrt wurden nur noch von denen übertroffen, welche mich bei dem Besuch des Horeb, des Berges des Gesetzes auf der Halbinsel Sinai, erwarteten.

Der Omnibus nach Baghdad fährt um fünf Uhr nachmittags in Damaskos ab. Kurz vor Sonnenuntergang kam ich auf den großen Bahnhof, an dem man einsteigt. Das Vehikel, das uns durch die Syrische Wüste bringen soll, ist ein mächtiges Ding. Es besteht aus einer starken Zugmaschine, an die mit einer beweglichen Achse ein Pullmancar auf Reifen gekoppelt ist. Der ganze Zug ist mit geripptem Aluminium verkleidet. Der Prospekt hatte den Bus als »airconditioned« gepriesen. Es stellte sich heraus, daß es wichtiger war, daß der Bus nachts gut geheizt, als daß er am Tage gut gekühlt war. Die Sitze ließen sich zum Schlafen zurückklappen. Sie waren bequem wie in einem Flugzeug.

Bei der Abfahrt gibt es eine kleine Verzögerung. Der Anschlußbus, der die Passagiere von Beyrouth bringen soll, hat infolge frühzeitigen Schneefalls auf dem Paß des Libanon eine Stunde Verspätung.

Unter den Passagieren aus Beyrouth ist eine schöne indische Dame in kostbarem seidenen Sarong. Sie reist mit fünfzehn Koffern auf dem

Landweg durch Persien nach Karachi, der Hauptstadt von Pakistan. Neben mir nimmt ein vornehmer Beduine in weißem Burnus Platz. Er wird mitten in der Nacht mitten in der Wüste aussteigen. Man darf sich vorstellen, daß ein paar hundert Kilometer von hier einige Beduinen seines Stammes auf ihren Sheik warten. Während die elektrischen Bogenlampen von Damaskos aufflammen, sitzen sie um ein Lagerfeuer, dessen roter Schein unter dem weißen Mond der Wüste die gespenstischen Schatten der lagernden Kamele in den Sand zeichnet.

Zunächst geht es eine gute Asphaltstraße entlang. Nach einer Stunde kommt die Zoll- und Paßkontrolle. Sie liegt nicht an der geographischen Grenze des Landes, die eine imaginäre Linie in der Wüste ist, sondern an der Grenze des bewohnten Gebietes. Die Wüste ist Niemandsland. Im Zollhaus gibt es einen ausgezeichneten Tee. Dann beginnt die Piste. Unser Benzinuntier fährt ein Tempo von achtzig bis hundert Stundenkilometern. Der Drachenschwanz einer mächtigen Staubwolke wird von den Rädern hochgewirbelt.

Der biblische Bericht vom Leben Abrahams ist lebendig und farbig. Wieweit mag dieser Bericht den Ereignissen, die sich tatsächlich abgespielt haben, entsprechen?

Der Streit um die Wahrheit der biblischen Überlieferung hat schon zu Jesu Zeiten die Geister bewegt. Philo, der jüdische Philosoph, der im Jahre 10 vor Christi Geburt in Alexandreia geboren ist, hat den Satz aufgestellt: »Alles, was im Alten Testament steht, ist Wahrheit. Alles, was Wahrheit ist, steht im Alten Testament.« Die frühen Kirchenväter haben den Versuch unternommen, diese Behauptung als für die ganze Bibel gültig zu erweisen.

Ich stelle nicht die Frage nach der Wahrheit der Offenbarung, sondern die Frage nach der Zuverlässigkeit der Bibel als Quelle der Überlieferung. Die Behauptung der klassischen Naturwissenschaft, daß die Wahrheit der Offenbarung mit den Ergebnissen der Wissenschaft nicht zu vereinen sei, hatte unmerklich zur Folge gehabt, daß in der allgemeinen Meinung die Bibel auch als geschichtliche Quelle für gering erachtet wurde.

Archaeologische und historische Forschung zeigen immer deutlicher, daß die Bibel eine zuverlässige historische Quelle ist. Die Zahl der von ihr berichteten Tatsachen, die von der Forschung auf anderen Wegen als richtig bestätigt werden, wächst von Jahr zu Jahr. Das ist nicht verwunderlich. Es gibt in der ganzen Geschichte der Menschheit kein Dokument, dessen Text über eine so lange Zeit mit einer solchen Genauigkeit überliefert worden ist wie der Text des Alten Testaments. Die wissenschaftliche Textkritik hat, in einer ungeheuren philosophischen

Arbeit, als Ergebnis eines ganzes Jahrhunderts gelehrten Fleißes feststellen können, daß der uns heute vorliegende Text sich gegenüber dem kanonischen Text zu Jesu Zeiten nicht wesentlich geändert hat.

Bis vor kurzer Zeit war das älteste uns erhaltene Beweisstück für diese wissenschaftliche Erkenntnis ein aus dem Sand Aegyptens gegrabener Papyros. Es ist der berühmte Papyros Nash, der in der Universitätsbibliothek von Cambridge aufbewahrt wird. Er ist im Jahre 1902 publiziert worden. Er enthält in hebraeischer Schrift die Zehn Gebote und den Text aus dem Deuteronomium Kapitel 6, Vers 4 und 5.

Papyroi waren seit den ältesten Zeiten das Schreibmaterial Aegyptens. Seit dem Eroberungszug Alexanders des Großen und der Errichtung der Dynastie der Ptolemaeer durch einen Feldherrn Alexanders war die offizielle Sprache in Aegypten Griechisch. So groß die Zahl griechischer Papyroi ist, die der trockene Sand der Wüste unserer Neugier erhalten hat, hebraeische Papyroi sind in Aegypten selten. Der Papyros Nash ist eine Kostbarkeit ersten Ranges.

Die beiden Verse des Papyros Nash sind Worte Mosis aus den Aussprüchen, in denen er vor seinem Tode dem Volk noch einmal die Gesetze vom Berg Horeb erläutert.

»Höre, Israel, der Herr, unser Gott ist ein einiger Herr. Und du sollst den Herrn, deinen Gott, liebhaben von ganzem Herzen, von ganzer Seele, von allem Vermögen.«

Vom Standpunkt der Forschung aus ist das an Text nicht viel. Aber dieses Papyrosfragment stammt, wie sich aus Schrift und Material nachweisen läßt, aus dem 2. vorchristlichen Jahrhundert. Mit diesem Vers des Moses antwortet Jesus dem Schriftgelehrten, der ihn fragt, welches von allen Geboten das vornehmste sei. Markus berichtet diese Szene im 12. Kapitel seines Evangeliums. Dies ist eine der 862 Stellen, an denen das Alte Testament im Neuen Testament zitiert wird.

Im Jahre 1947 entdeckten Beduinen in einer schwer zugänglichen Höhle am Toten Meer mehrere Buchrollen, die, in Leinen eingeschlagen und mit Pech gegen die Feuchtigkeit geschützt, in Tonkrügen lagerten.

Diese umständliche Form der Aufbewahrung mag sonderbar erscheinen. Aber nicht nur, daß sie uns diese außerordentlich kostbaren Rollen wohl erhalten hat, diese Form der Aufbewahrung ist uralt. Jeremias, nachdem er nach der Rückkehr aus Babylon den Acker gekauft hat, befiehlt dem Baruch: »Nimm diese Briefe, den versiegelten Kaufbrief samt dieser offenen Abschrift, und lege sie in ein irdenes Gefäß, daß sie lange bleiben mögen.« Das treue Festhalten an den altmodischen Gewohnheiten der Vorfahren vermag zuweilen großen Nutzen für die Nachfahren zu stiften.

Diese Rollen aus der Höhle am Toten Meer enthalten unter anderem den Propheten Jesaja, Stücke aus Daniel, einen Kommentar zu Habakuk. Aus der Art der Schriftführung ist zu schließen, daß es sich um Dokumente aus vorchristlicher Zeit handelt.

1949 und noch einmal in allerjüngster Zeit sind weitere Rollen entdeckt worden. Unglücklicherweise haben die Beduinen unterdessen begriffen, welche Werte diese Schriftrollen darstellen. So verbergen sie sie zunächst sorgfältig irgendwo in der weiten Wüste.

Eine Jagd, die Legionäre der Arabischen Legion einmal auf eine Gruppe von Beduinen veranstaltet haben, von denen man wußte, daß sie Schriftrollen gefunden hatten, verlief wortwörtlich im Sande. So ist manches vorläufig verschwunden. Da diese Dokumente viel Geld wert sind, werden sie im Lauf der Zeit wieder auftauchen.

Eine der beiden Rollen des Jesaja ist veröffentlicht. Sie besteht aus siebzehn aneinandergenähten Pergamentblättern, auf denen in vierundfünfzig Kolumnen der ganze Jesajatext geschrieben steht.

Dieser Text, der siebenhundert Jahre älter ist als die ältesten bisher bekannten Texte, die 1890 bei Umbauten in der alten Synagoge von Kairo gefunden wurden, enthält zwar zahlreiche Abweichungen in der Wortwahl, in der Grammatik und vor allem in der Rechtschreibung, aber es finden sich keine größeren Textverschiedenheiten, weder an Zusätzen, noch an Auslassungen, noch an Umstellungen. Der Prophet Jesaja hat um 700 vor Christi Geburt gelebt. Man kann es nicht wissenschaftlich beweisen, aber es ist eine erlaubte Annahme, daß, wenn das Erbe der Väter in späterer Zeit mit soviel Sorgfalt behandelt worden ist, in der frommen alten Zeit die heiligen Schriften der Propheten erst recht mit Treue bewahrt wurden.

Die moderne Textforschung nimmt heute allgemein an, daß die erste Niederschrift des Pentateuch, der fünf Bücher Mosis, im 10. oder 9. Jahrhundert vor Christi Geburt erfolgt ist. Es gibt viele gute Gründe anzunehmen, daß sogar schon dieser Niederschrift ältere schriftliche Quellen zugrunde lagen. Allein die schriftliche Überlieferung überbrückt also dreitausend von den viertausend Jahren, die uns vom Erzvater Abraham trennen.

Über diesem beruhigenden Gedanken bin ich eingeschlafen. Gegen zwei Uhr morgens haben wir einen Stop. Eines der gewaltigen Räder unseres Benzinuntiers muß ausgewechselt werden.

Ich steige aus und gehe ein paar hundert Meter ins Gelände hinein. Der Vollmond scheint. Trotz seines hellen Lichts funkeln die Sterne mit einer Leuchtkraft, wie ich das noch nie gesehen habe. Der Himmel erscheint dadurch höher und weiter als in unseren Breiten. Der Sand unter meinen Füßen ist hart. Hie und da wächst eine kümmerliche Distel. Kamele fressen sogar dieses trockene Gestrüpp. Da sie eine lebendige Pflanze ist, enthält sie Spuren von Wasser, aber es gehört das Gebiß eines Kamels dazu, dieses Wasser für den Durst mobil zu machen.

Vor mir liegt eine kleine Kette von Sandhügeln. Nach allen anderen Seiten erstreckt sich eine silberglänzende Unendlichkeit. Von hier nach Süden reicht die Wüste zweieinhalbtausend Kilometer weit durch die ganze arabische Halbinsel bis zur Küste von Hadramaut am Indischen Ozean. Um diese Küste von hier aus mit dem Kamel zu erreichen, würde man über hundert Tage brauchen. Viele Meilen im Umkreis gibt es höchstens ein paar Beduinen, die die wenigen Wasserstellen kennen. Vielleicht gibt es auch noch ein paar Springmäuse oder einen einsamen Schakal, und irgendwo mag ein Geier, auf einem Felsblock hockend, seine Nacht verbringen. Der Rest ist Schweigen.

Wenn die Sonne nach alter Weise im Wettgesang der Brudersphären tönt und ihre vorgeschriebene Reise mit Donnergang vollendet, der Mond schweigt.

»Seul le silence est grand. Tout le reste est faiblesse.« Nur das Schweigen ist groß, der Rest ist Schwäche. Ich fand diese gewiß ausgezeichnete Bemerkung von Alfred de Vigny, dem Freund Balzacs, im Gästebuch des Hotels der Königin Zenobia in Palmyra, der Ruinenstadt im Norden der Wüste. Die einzige Schwäche dieses Ausspruchs über das Schweigen ist, daß er schweigend nicht gemacht werden konnte.

Die Kälte des Universums, die aus den funkelnden Sternen herabstürzt, fordert den Trotz des Menschen heraus. Die Erhabenheit der Wüste macht ihn einsam. In ihrer Schönheit fühlt er sich verloren. Das ungeheure Schweigen stellt an den Menschen eine große Frage.

Noch vor dreißig Jahren hat man für die Reise von Damaskos nach Baghdad dreiundzwanzig Tage auf dem Rücken des Kamels gebraucht. Tag für Tag das grandiose Schauspiel des Sonnenaufgangs, die Hitze des Tages, das grandiose Schauspiel des Sonnenuntergangs, Nacht für Nacht die niederfallende Kälte, der silberne Mond über dem Schweigen der Wüste, das alles erzeugt eine ungeheure Spannung. Die Unendlichkeit des Diesseits zwingt den Menschen, die Brücke zur Unendlichkeit des Jenseits zu betreten.

Der Reifen ist montiert. Die Männer rufen nach mir mit fernherklingenden, gespenstisch echolosen Stimmen. Ich kehre zum Bus zurück. Den zerfetzten Schlauch, den der Monteur weggeworfen hat, wird morgen der Geier mit bösen Schnabelhieben zerhacken.

Durch das kleine, staubbedeckte Kabinenfenster sehe ich Meile für

Meile die Wüste vorüberziehen. Die leeren Blechkanister, die alle hundert Meter die Piste markieren, leuchten im Licht der Scheinwerfer auf. Die im Halbschlaf erwachte Phantasie verwandelt die vorbeihuschenden Felsen in tolle Fabeltiere. Nach Stunden wird der Himmel vor uns hell. Es ist ein Gefühl der Erleichterung, wie das Erwachen aus einem schweren Traum.

Die Sonne geht auf.

Das Schauspiel beginnt mit einem ersten Schimmer von blassem Rosenrot. Dieses blasse Rot der Rose wird von Minute zu Minute tiefer, bis es zu leuchtendem Purpur geworden ist. Die ersten hellen Töne vom Blau des Himmels werden sichtbar. Dann kommen neue Farben, die sich allmählich zu einem tollen Crescendo des ganzen Prismas steigern. Es ist ein kosmisches Orgelkonzert. Man meint, die Vox coelestis eines himmlischen Johann Sebastian durch die Sphären tönen zu hören. Die Strahlen der Sonne beginnen zu wärmen. Sie beginnen zu blenden. Es ist Tag geworden.

Wie hätten nicht in frühen Zeiten die Menschen die Sonne als Gottheit verehren sollen!

Unterdessen hat der Autobus wieder bewohntes Gebiet erreicht. Palmen und ein paar vereinzelte Häuser tauchen auf. Der Autobus hält an der Paß- und Zollkontrolle des Staates Iraq. Der heiße Tee schmeckt wieder köstlich. Wir fahren über den Euphrat. Eine mächtige Brücke verbindet die hohen Dämme auf beiden Seiten des Flusses miteinander. Der Euphrat ist hier so breit wie der Rhein bei Basel. Langsam und majestätisch wälzt er den Schlamm des Taurosgebirges hinab zum Persischen Golf, vorbei an unzähligen Plätzen, die zu den ältesten Stätten der Geschichte gehören.

Pünktlich um zehn Uhr morgens haben wir den Tigris erreicht. Wir sind in Baghdad. Ein Arc de Triomphe, ein gewaltiges Tor, steht auf einem freien Platz. Riesige, geflügelte Stiere mit Menschenhäuptern schmücken es. Sie sind den Portaltieren am Palast des Königs Assurbanipal in Ninive nachgebildet.

Von der alten Pracht der Stadt des Kalifen Harun al-Rashid, dem Baghdad aus Tausendundeiner Nacht, ist nicht viel erhalten geblieben. Dieses Baghdad haben im 13. Jahrhundert die Mongolen zerstört. Nur das Hotel, in dem ich wohne, hat in seinem Namen das Gedächtnis Sindbads, des Seefahrers, bewahrt. Die Quaimauer besteht noch heute aus Ziegeln mit dem Stempel Nebukadnezars.

Das Bemerkenswerteste in Baghdad sind für den Fremden die Museen. An zwanzig Ausgrabungsstätten in Mesopotamien werden Jahr für Jahr unglaubliche Dinge aus allen Zeitaltern der Menschheit ans Tageslicht gefördert. Das Iraqi-Museum ist eine Schatzkammer von

Kostbarkeiten. Es ist überfüllt, aber vortrefflich geordnet. Auch sind die Objekte klar und gut beschriftet. Der Bau ist veraltet. Er reicht in keiner Weise mehr für das aus, was das Museum heute alles besitzt. Es sind Schätze, wie sie in dieser Fülle weder das Britische Museum noch der Louvre hat.

Von Baghdad nach Ur sind es dreihundertundsechzig Kilometer nach Südosten. Zunächst führt eine Asphaltstraße nach Hilla. Unterwegs zweigt nach Westen die Straße ab nach Kerbela, der heiligen Stadt der Shi'iten. In Kerbela wird Hussein, der Enkel Mohammeds, der in Kämpfen um die Kalifenwürde fiel, verehrt. Die Moschee darf noch heute niemand betreten, der nicht rechtgläubiger Moslem ist. Es hat etwas Beruhigendes, daß es auf der Welt Plätze gibt, zu denen man nicht einmal mit einer Pressekarte zugelassen wird.

Eine Weile später tauchen, etwas abseits von der Straße, die Wälle von Babylon auf. Das Land ist überall bewässert und bebaut, freilich auf eine sehr primitive Weise. Unternähme man es, nur das Bewässerungssystem aus der zweiten Blütezeit Babylons im 7. Jahrhundert vor Christi Geburt wiederherzustellen, niemand in diesem Land litte Not.

Die irakische Regierung hat mit dem Bau eines Staudamms im Norden begonnen. Es ist ein Bewässerungsprojekt von hundert Millionen Dollar. Man schätzt, daß auf dem Boden des Zweistromlandes zwanzig Millionen Menschen ernährt werden können. Hundert Kilometer südöstlich von Hilla überschreiten wir bei Samawa auf einer Schiffsbrücke den Euphrat. Auf der anderen Seite des Flusses fährt der Wagen durch eine schmale, halbüberdachte Basarstraße. Wir können nur langsam fahren. Die Kupferschmiede hämmern auf der Straße. Die Zeltmacher sitzen vor ihren Türen. Ein Hammel wird geschlachtet. Kinder spielen. Männer trinken voller Würde ihren Mokka. Die Weiber werfen hinter ihren Schleiern neugierige Blicke auf den Wagen. Fremde sind hier selten.

Diese Basarstraße dürfte vor hundert oder dreihundert, ja vielleicht vor tausend Jahren kaum anders ausgesehen haben als heute. Sie ist fröhlich, gesellig, schmutzig, voller Lärm und Leben. Die Bewohner sind seßhaft gewordene Beduinen. Dieses unzerstörbare, geduldige und fleißige Volk trägt seine Armut mit Würde. Gern spottet es über sich selbst und über seine Obrigkeiten. Es ist hilfsbereit und gastfreundlich. Von Zeit zu Zeit erhebt es sich zu jähen Revolutionen. Das Volk ist es, über das die Geschichte dahingeht, nicht achtend seines Schweißes, seines Blutes, seiner Tränen.

Dann kommt wieder die Wüste. Von hier an ist sie vollständig flach. Soweit man sehen kann, gibt es auch nicht die kleinste Bodenwelle.

Es ist das Schwemmland des Euphrat, auf dem wir noch einmal hundert Kilometer zurücklegen. Wir begegnen keinem Wagen mehr.

In jedem Jahrhundert rückt die Küste um zwei bis zweieinhalb Meilen ins Meer hinaus. Zur Zeit Abrahams reichte das Meer bis Ur. Heute ist die Küste zweihundert Kilometer von Ur entfernt. Abraham hat im 20. Jahrhundert gelebt, genau so lange vor Christi Geburt wie wir danach. In Ur in Chaldaea ist Abraham geboren. Dort hat er seine Jugend verbracht. Dort auch hat er Sarah geheiratet. Von Sarahs Herkunft wissen wir nichts. Wahrscheinlich ist sie eine Sumererin gewesen.

»Ur in Chaldaea« ist eine für Abrahams Zeit noch nicht gültige Bezeichnung. Für ihn muß es heißen »Ur in Sumer«. Die Chaldaeer kommen erst ein paar hundert Jahre nach Abraham dorthin. Dem späteren biblischen Chronisten ist es nicht zu verdenken, daß er die geographische Bezeichnung wählte, die zu seiner Zeit gültig war.

Die Familie blieb nicht in Ur. Im 11. Kapitel der Genesis heißt es: »Da nahm Tharah seinen Sohn Abram und Lot, seines Sohnes Haran Sohn, und seine Schwiegertochter Sarai, seines Sohnes Abram Weib, und führte sie aus Ur in Chaldaea, daß er ins Land Canaan zöge; und sie kamen gen Haran und wohnten daselbst.«

Haran liegt im nördlichen Mesopotamien, genau in der Mitte zwischen Euphrat und Tigris. Der Vater starb in Haran. Als Abraham auf Gottes Geheiß nach dem Lande Canaan weiterwanderte, ist er durch die Syrische Wüste gezogen.

Die Beständigkeit der Überlieferung im Orient ist daraus zu ersehen, daß es noch heute in Haran zahlreiche Legenden von Abraham gibt. Die Einwohner von Ain el-Khalil betrachten sich als unmittelbare Nachkommen des Erzvaters. Sie nennen sich »Söhne Abrahams«. Von den Mohammedanern wird Abraham ebenso verehrt wie von den Christen. Mohammed hat einmal erklärt, es sei die Religion Abrahams, die er wiederherstellen wolle. Er nennt ihn »Halil Allah, den Freund Allahs«.

Sogar den Brunnen der Rebekka gibt es noch, ein Denkmal der Geschichte der Brautwerbung Eliesers, des Knechtes Abrahams, für Isaak, Abrahams Sohn, dieser bezaubernden Geschichte, die uns in all ihrer patriarchalischen Schönheit das 24. Kapitel der Genesis erzählt.

Die amüsanteste der mohammedanischen Legenden um Abraham knüpft sich an einen Teich in Urfa. In Urfa, ohnweit Haran, gibt es einen baumumstandenen Weiher mit heiligen Karpfen. Nimrod, der nicht nur ein gewaltiger Jäger war, sondern auch König von Assur, feuerte mit seinem Katapult glühende Holzkohle auf Abraham. Die Kohle fiel von dem heiligen Mann ab. Es wurde ein Weiher daraus. Aus den

Funken wurden Fische. Bis zum heutigen Tag sind diese Fische heilig und werden nicht gegessen. In Abrahams Schoß kann sogar ein Karpfen glücklich werden.

Während des letzten Stücks der Fahrt nach Ur erscheint auf der linken Seite am Horizont zuweilen ein dunkler Strich, die Dattelpalmenwälder am Ufer des Euphrat. Zwanzig Kilometer vor dem Ziel taucht an dem vollkommen ebenen Horizont eine gezackte Kontur auf. Das ist die Ziggurat, der Tempelturm von Ur.

Ur war eine Hafenstadt an der Meeresküste. Sie hatte mehr als hunderttausend Einwohner. Ur hat Abraham das Erbe einer tausendjährigen Kultur mitgegeben, die Kultur Sumers, dessen Blüte vom Jahre 3000 bis zum Jahre 1900 vor Christi Geburt gedauert hat. Um sich von dieser Zeitspanne einen Begriff zu machen – sie ist ebenso groß wie die von Karl dem Großen bis zu uns.

Die Sumerer hatten hervorragende Kenntnisse in Mathematik und Astronomie. Die Zwölfstundeneinteilung unserer Uhr ist eine Ordnung der Zeit, die in Ur vor fünftausend Jahren geschaffen wurde. Die Sumerer hatten eine bedeutende Kunst. Sie hatten eine hochentwickelte Religion.

Die schriftlichen Zeugnisse dieser Kultur gehen bis ins Jahr 2000, also bis in Abrahams Zeit zurück. Wenn es auch nicht gerade wahrscheinlich ist, es wäre durchaus möglich, daß der Ziegel gefunden würde, in den der Vertrag über den Verkauf von Abrahams Vaterhaus eingeritzt ist. Ein Kaufvertrag über einen Ochsen und ein anderer über ein Feld an einen Namensvetter Abrahams in Babylon aus der gleichen Zeit, der Zeit Ammizalugas, des zehnten Königs aus der ersten Dynastie in Babylon, sind auf uns gekommen. Man könnte die Frage stellen, welcher Grad von Verehrungswürdigkeit diesem Ziegelstein, würde er gefunden, zukäme. Ich wüßte gern, was die Theologen auf diese Frage für eine Antwort haben.

Es kommt darauf an, Abraham nicht in einer unbestimmten legendären Atmosphäre zu sehen. Man muß versuchen, ihn als eine scharf konturierte geschichtliche Persönlichkeit in den Blick zu bekommen. Ohne Zweifel ist er das. Er ist ein Grandseigneur gewesen. Der Pharao in Aegypten hat ihn empfangen. König Melchisedek hat ihn empfangen. In der Bibel ist er mit vielen, bezaubernd humanen Schwächen gezeichnet. Er ist nicht irgendeine Idealfigur. Er ist ein lebendiger Mensch gewesen.

Ich besteige die Ziggurat, den Tempelturm. Sein Mauerwerk besteht aus Ziegeln, die in Asphalt eingebettet sind. Der Tempelturm ist auf einem Rechteck von sechzig mal fünfundvierzig Metern errichtet. Die Wände sind schräg geneigt. Ihre Grundlinien sind auf allen vier Seiten leicht nach innen, die Flächen dagegen ein wenig nach außen gewölbt. Dieses architektonische Prinzip ist auch beim Parthenontempel auf der Akropolis angewendet worden.

Von vorn auf die Längsseite zu führt, aus dem alten Material rekonstruiert, im Neigungswinkel von fünfundvierzig Grad eine Treppe von etwa hundert Stufen auf die erste Terrasse hinauf. Ursprünglich hatte die Ziggurat drei Terrassen. Auf der obersten, in einundzwanzig Meter Höhe, stand ein Kultgebäude. Auf den Terrassen waren Gärten angelegt. Das ist eine Erinnerung der Sumerer an das Land ihrer Herkunft. Sie stammen wahrscheinlich aus irgendeinem Gebirge Mittelasiens. Sie sind über See hierhergekommen. Sie waren gewohnt, ihre Götter auf Bergen zu verehren.

Außer der mittleren, auf die Ziggurat zuführenden Treppe führten noch zwei weitere Treppen im gleichen Neigungswinkel von fünfundvierzig Grad, rechtwinklig zu der mittleren Treppe, von rechts und von links an der Mauer empor zum Hauptportal auf der ersten Terrasse. Wenn die Prozessionen der Priester diese Treppen hinauf- und hinabstiegen, muß das ein malerischer Anblick gewesen sein. Sir Leonard Woolley, der Archaeologe der sumerischen Kultur, äußert die geistreiche Vermutung, daß Jakobs Traum von der Himmelsleiter, auf der die Engel auf- und niedersteigen, eine Erinnerung Jakobs an Erzählungen seines Großvaters aus dessen Jugendtagen in Ur sei.

Die Autorität der alten sumerischen Gottheiten, die mythische Naturmächte verkörperten, war so groß, daß noch eineinhalbtausend Jahre, nachdem Ur seine politische Macht verloren hatte, die Götter Urs in Babylon und Ninive verehrt wurden. Ur war die Jahrhunderte hindurch eine heilige Stadt. Die sumerische Sprache war die Kultsprache der babylonischen Priester. So ist sie uns erhalten geblieben.

König Nabonid, der letzte König des neubabylonischen Reiches, hat, ehe der Perserkönig Kyros der Große im Jahre 538 sein Reich zerstörte, die heiligen Stätten von Ur noch einmal vollständig wiederaufgebaut. So ist die Ziggurat, auf der ich stehe, nicht die aus Abrahams Zeit. Die alte, die erste Ziggurat steckt in der heutigen drin. Man könnte sie freilegen, aber das wäre nur möglich, wenn man die Zerstörung der erhalten gebliebenen Anlage aus neubabylonischer Zeit in Kauf nähme.

Die Sonne beginnt sich zu neigen. Von der Höhe der Ziggurat blicke ich nach Westen in die wasserlose, unbewohnte Wüste. Dieser Ausblick hat sich seit Abrahams Zeiten nicht geändert. Rings um die Ziggurat breitet sich das Feld der archaeologischen Ausgrabungen aus. Tempelanlagen aus allen Epochen, ein Mausoleum mit gut erhaltenen Wänden, ein riesiger Friedhof, Paläste und Wohnhäuser aus verschiedenen Schichten und Jahrhunderten. Die beiden Hafenbecken von Ur sind an einer etwas dunkleren Färbung des Erdreichs deutlich zu erkennen.

In dem Friedhof entdeckte Woolley die berühmten sumerischen Königsgräber. Einige der Gräber waren noch nicht geplündert. Er fand herrliche Goldgefäße, goldene Hauben, einen kunstvoll ziselierten Dolch, eine mit Lapislazuli und Elfenbein eingelegte Leier mit dem Kopf eines Stiers aus Gold. Er fand ein kleines Silberschiff, ein genaues Modell der Fahrzeuge, welche die Fischer im Shatt el-Arab noch heute benutzen. Er fand den ganzen prachtvollen Goldschmuck der Königin Shub-ad. Königin Shub-ad ist nach Eva die fünfte Frau der Weltgeschichte, deren Namen wir kennen. Die zweite, dritte und vierte sind Ada, Zilla und Naema, die Weiber Lamechs aus dem Geschlecht Kains, die im 4. Kapitel der Genesis erwähnt werden. Die Schönheit der ausgegrabenen Kostbarkeiten, die heute im Iraqi-Museum in Baghdad aufbewahrt werden, bezeugt den hohen Stand der Kultur, aus der Abraham stammt.

Zweihundert Meter südlich der Ziggurat ist ein Stück der Stadt aus der Zeit um 2000, also aus Abrahams Zeit, ausgegraben worden. Es sind gepflasterte Gassen, die ich entlanggehe. Die Häuser scheinen nicht ohne Luxus gewesen zu sein. Sie hatten innen eine Galerie. Die Archaeologen schließen das aus den im Boden gefundenen verkohlten Resten der Holzbalken, welche die Galerien trugen.

Ohnweit dieser Ausgrabungsstelle ist eine tiefe Grube. Hier hat Woolley, durch unendliche Massen des Schutts der Jahrtausende hindurchstoßend, so lange in die Tiefe gegraben, bis die Arbeiter auf eine Lehmschicht stießen, die jungfräulicher Boden zu sein schien.

Nichts hätte näher gelegen, als den Spaten wegzulegen. Das ist nicht geschehen. Es war ein großer Augenblick der Archaeologie. Sein wissenschaftlicher Instinkt sagte Woolley, daß hier etwas nicht stimme. Am Abend des Tages, an dem seine Arbeiter auf die Lehmschicht gestoßen waren, stand Sir Leonard nachdenklich vor der fast vierzig Meter tiefen Grube. War er tatsächlich am Boden der Geschichte angekommen?

Am nächsten Morgen ergriff er den Theodoliten und stellte durch Messungen fest, daß der Boden der Grube mehrere Meter über der Höhe lag, die geologisch zur Zeit der vermuteten ersten Besiedlung zu erwarten gewesen wäre. Nur mit großer Mühe brachte Woolley seine Beduinen durch das Versprechen eines zusätzlichen Lohnes dazu, weiterzugraben. Nach eineinhalb Metern stießen sie auf einen fossilen Tierknochen, den der Fluß vom Gebirge herabgeschwemmt hatte. Nach drei Metern kamen neue Schichten von Siedlungen ans Licht. Sie stammen aus vorsumerischer Zeit. Aber auch hier schon fanden sich Reste von fest gebauten

Häusern, Spuren eines zivilisierten Volkes, von dem man freilich vorläufig noch keine genauen Vorstellungen hat. Vielleicht gehören diese Völker zur Hassunakultur, die, dreieinhalbtausend Jahre vor Abraham, auf 5300 vor Christi Geburt datiert wird. Diese Lehmschicht zwischen den Siedlungsschichten kann auf keine andere Weise als durch eine große und lang anhaltende Überschwemmung entstanden sein. Als geologisches Dokument der Sintflut, wie man ursprünglich angenommen hat, kann man sie freilich nicht betrachten. In benachbarten Plätzen ist sie nicht gefunden worden. Doch war für die frühen sumerischen Geschichtsschreiber die Sintflut ein im Gedächtnis wohl bewahrtes historisches Ereignis, das die sumerische Königsliste unterbricht. Die zehn Königsnamen, die diese Liste aus der Zeit vor der Sintflut nennt, entsprechen den zehn Patriarchen der Bibel von Adam bis Noah.

Die Goldstücke, die Sir Leonard in die Grube von Ur geworfen hat, haben sich gelohnt.

So bin ich eine Gasse aus des Erzvaters Jugendtagen entlanggeschritten über ein viertausend Jahre altes Pflaster. Kurz nachdem Tharah mit seinem Sohn Abraham, seiner Schwiegertochter Sarai und seinem Enkel Lot die Stadt Ur verlassen hatte, traten große kriegerische Ereignisse ein. Es handelt sich um eine der vielen Völkerwellen, die immer wieder erobernd aus Arabiens Wüsten hervorbrachen. Glanz und Größe des alten Königreichs Ur gingen zugrunde. Man fühlt sich versucht zu sagen – rechtzeitig, um die Überlieferung zu bewahren, habe Abraham das bedrohte Ur verlassen.

Diese Feststellung kann aber so nicht getroffen werden. Die goldenen Schätze der sumerischen Königsgräber, die Gasse Abrahams, die Spuren einer Sintflut, das alles hat Sir Leonard Woolley aus der Erde gegraben. So eindrucksvoll diese Enthüllungen sind und so sehr Historie und Archaeologie unseren Blick für die frühe Biblische Geschichte schärfen, eine Frage bleibt offen. Es ist die Frage, welche Überlieferung Abraham aus Ur nach Haran und Canaan mitgenommen hat.

Im 4. Kapitel des Buches Genesis, bei der Erwähnung des Enos, der ein Enkel Adams war, heißt es: »Zu der Zeit fing man an, zu predigen von des Herrn Namen.« Als Gott mit Noah den Bund schloß und den Regenbogen als Zeichen dieses Bundes setzte, war es das letztemal vor Abraham, daß Gott zu einem Menschen sprach. Dann spricht Gott noch einmal, ehe er beim Turmbau zu Babel die Sprache verwirrt. Zu wem Gott die Worte des 11. Kapitels der Genesis gesprochen hat, wird nicht erwähnt. Aber nicht nur, daß Gott dann nicht mehr zu den Menschen sprach, auch die Überlieferung, daß »gepredigt wurde in des Herrn Namen«, muß unterbrochen gewesen sein. Wir wissen, daß Abrahams

Vorfahren, und sogar noch sein Vater, den Göttern Sumers gedient haben. Das wird in der Bibel ausdrücklich gesagt. Im 24. Kapitel des Buches Josua heißt es: »Josua versammelte alle Stämme Israels gen Sichem und berief die Ältesten von Israel, die Häupter, Richter und Amtleute. Und da sie vor Gott getreten waren, sprach er zum ganzen Volk: ›So sagt der Herr, der Gott Israels: Eure Väter wohnten vorzeiten jenseits des Stroms, Tharah, Abrahams und Nahors Vater, und dienten andern Göttern.‹«

Das 12. Kapitel der Genesis fängt unvermittelt mit dem Satz an: »Und der Herr sprach zu Abraham: ›Gehe aus deinem Vaterlande und von deiner Freundschaft und aus deines Vaters Hause in ein Land, das ich dir zeigen will.‹«

Wenn wir nicht wüßten, daß Abrahams Vorfahren den heidnischen Göttern gedient haben, wäre die Sache nicht schwierig. Dann könnten wir, auch ohne daß das ausdrücklich in der Bibel gesagt wird, eine mündliche Überlieferung annehmen. Aber die Überlieferung ist unterbrochen gewesen. Wir wissen nichts darüber, wie Gottes Wort von Noah zu Abraham weitergegeben worden ist.

Von Abraham an wird die Überlieferung der Offenbarung nicht mehr unterbrochen. Er ist der Erzvater. Was Abraham nach vielleicht vielen Jahrhunderten heidnischer Götterverehrung befähigt hat, Gottes Wort zu hören und zu verstehen, ist eine Frage, auf die das Alte Testament keine Antwort gibt. Ich vermute, daß diese Frage zu beantworten auch die Wissenschaft so leicht nicht imstande sein wird.

Nach tausend Meilen, die ich durch die Wüste gefahren bin, bin ich auf der Ziggurat von Ur auf ein Problem gestoßen, das ich, hätte ich die Bibel ein wenig fleißiger gelesen, zu Hause hätte entdecken können.

AN DEN WASSERN VON BABYLON

Babylon – das ist Bab-ilu, das Tor Gottes. Dieser stolze heidnische Name hat durch die Ereignisse, die als eine großartige Prozession durch das Tor Gottes gezogen sind, mythische Bedeutung bekommen.

Früh am Morgen, vorbei am Triumphbogen mit den geflügelten Löwenmenschen aus Ninive, verlasse ich Baghdad. Die Sonne ist eben aufgegangen. Noch ist der Morgen frisch. Rötlich leuchtende Nebelstreifen ziehen über das herbstliche Land. Dieses Land zwischen Euphrat und Tigris ist der älteste Boden, dem der Mensch durch Bewässerung und Ackerbau Frucht abgewonnen hat. Immer wieder kreuzt die Straße auf kleinen überhöhten Brücken wasserführende Kanäle. Einer der

Kanäle trägt nach dem Mann, der ihn vor viertausend Jahren gebaut hat, den Namen »Hammurabis Glück des Volkes«. Ein Denkmal der Dankbarkeit im Herzen der Bauern.

Von Zeit zu Zeit fahre ich an einem Stück Land vorbei, auf dem feine parallele Striche zu erkennen sind, die flachen Furchen, die der Bauer mit seinem Holzpflug gezogen hat. Dieses Netz feiner Parallelen ist die Geometrie der Kultur. Im Land zwischen Euphrat und Tigris ist der Pflug erfunden worden. Die Holzpflüge der Bauern sehen noch heute genau so aus, wie die Bildhauer vor Tausenden von Jahren sie in die Reliefs, auf denen die Fruchtbarkeit der Erde gepriesen wird, einmeißelten.

Die Felder liegen voller Steine. Man meint, es müßte möglich gewesen sein, im Lauf von mehr als hundert Generationen bäuerlichen Fleißes diese Steine allmählich wegzuräumen. Mein kenntnisreicher Fahrer, selbst der Sohn eines Bauern aus dieser Gegend, erklärt mir, der Bauer lasse die Steine liegen, weil sie in ihrem Schatten ein wenig Feuchtigkeit festzuhalten vermögen. Beim Pflügen rollt der Holzpflug die Steine still und bescheiden aus seinem Weg. Ein Eisenpflug wäre nach einer Furche so schartig, daß er nicht mehr zu gebrauchen wäre.

Der Euphrat ist einer der Flüsse, die aus dem Strom des Paradieses kommen. »Es ging aus von Eden ein Strom, zu wässern den Garten, und teilte sich von da in vier Hauptwasser.« Eines dieser Hauptwasser ist der Euphrat.

Babylon ist die erste Stadt, die im Alten Testament mit Namen genannt wird. In der Völkertafel des 10. Kapitels der Genesis heißt es von Nimrod, daß der Anfang seines Reiches Babel, Erech, Akkad und Chalne im Lande Sinear gewesen seien. Diese Plätze sind Namen uralter Städte, von denen wir heute wissen, wo sie gelegen haben. Der Erzählung von der Sintflut folgt die Geschichte vom Turmbau zu Babel und von der Verwirrung der Sprache, die bei der Ausgießung des Heiligen Geistes zum erstenmal wieder gelöst wird. Die Zeit der Gründung Babylons ist im Nebel einer undurchdringlichen Vergangenheit verborgen.

Babylon hat zwei große Blütezeiten erlebt. Das altbabylonische Reich hat von 1830 bis 1550 vor Christi Geburt gedauert. Sein bedeutendster Herrscher ist König Hammurabi, der erste große Gesetzgeber der Geschichte. Er nennt das zweite Jahr seiner Regierung »das Jahr, in dem ich die Gerechtigkeit begründete«. Seine Gesetzgebung war auf alten sumerischen Überlieferungen aufgebaut. Sie hat in Babylon tausend Jahre lang gegolten. Im Jahre 1901 wurde in Susa eine Dioritsäule gefunden, auf der die Gesetze des Hammurabi in kalligraphisch vollendeter Keilschrift eingemeißelt sind. Auf dieser Säule steht der Satz, daß der Gesetzgeber die Pflicht habe, den Schwachen vor dem Starken zu schützen. Zwischen dem Codex des Hammurabi und den späteren Gesetzen der Hebraeer bestehen viele, bis in Einzelheiten gehende Übereinstimmungen.

Die zweite Blütezeit Babylons beginnt mit König Nebukadnezar II. Sie dauert fort unter Kyros dem Großen, dem ersten König des Perserreiches, und reicht bis zu Alexander dem Großen. Alexander schlug nach seinen glänzenden Feldzügen seine Residenz in Babylon auf. Während der Vorbereitungen zu einer Expedition, die den Seeweg vom Persischen Golf zum Roten Meer erforschen sollte, starb er in Babylon an einer Malaria. Die zweite Blüte Babylons hat dreihundert Jahre gedauert.

Vom Babylon der zweiten Blütezeit besitzen wir eine ausführliche Beschreibung aus der Feder eines ausgezeichneten Schriftstellers. Es ist Herodot, der in der Mitte des 5. Jahrhunderts Babylon besuchte. Zahlreich sind die Zeugnisse über Babylon aus Inschriften und Ziegelsteinbibliotheken.

Die Ruinen Babylons sind um die Jahrhundertwende von der Deutschen Orientgesellschaft unter Leitung von Robert Koldewey ausgegraben worden. Heute trifft auf diese glanzvolle Stätte menschlicher Geschichte zu, was der Prophet Jesaja geweissagt hat.

»Also soll Babel, das schönste unter den Königreichen, die herrliche Pracht der Chaldaeer, umgekehrt werden von Gott wie Sodom und Gomorra, daß man hinfort nicht mehr da wohne... sondern Wüstentiere werden sich da lagern und ihre Häuser voll Eulen sein... und Feldgeister werden da hüpfen und wilde Hunde in ihren Palästen heulen und Schakale in den lustigen Schlössern... Und ich will Babel machen zum Erbe der Igel und zum Wassersumpf... spricht der Herr.«

Diese Weissagung, die Jesaja zu einer Zeit machte, als Babylon die mächtigste Stadt des Erdkreises war, dieses Babylon, das der Prophet selbst einmal »Du Zarte und du Üppige« nennt, ist in schauerlicher Weise in Erfüllung gegangen. Die Ausgrabungen sind ein wüstes und schwer zu durchdringendes Trümmerfeld. In der Einsamkeit der Nacht muß dieses Feld eine unheimliche Stätte ruheloser Geister der Vergangenheit sein.

Der Kamelhirte, der sich meiner unerbittlich annahm, konnte nur ein paar Brocken Englisch. Er hatte nicht viel Ahnung. Nachdem ich ihn durch ein vernünftiges Trinkgeld losgeworden war, kletterte ich, beladen mit Karte, Kompaß, Baedeker, Grundrissen und Rekonstruktionszeichnungen, in der zunehmenden Hitze hügelauf, hügelab durch das ausgedehnte Gelände.

Herodot gibt den Umfang der Stadt zur Zeit seines Besuches mit vierhundertundachtzig Stadien an. Das sind etwa fünfundsiebzig Kilometer. Babylon war also damals so groß wie heute Paris. Die Wälle seien über hundert Meter hoch und fünfundzwanzig Meter breit gewesen. Zur Zeit Alexanders des Großen, also etwa hundert Jahre später, war die bewohnte Stadt auf einen Umfang von fünfundzwanzig Kilometern zusammengeschrumpft. Das ist der Umfang der heutigen Ausgrabungen. Man stelle sich vor, was da noch unter der Erde liegt!

Inmitten der Reste von Ziegelmauern und alten Türmen steht, ein bemerkenswertes heidnisches Symbol männlicher Herrschgewalt über die weibliche Erde, ein mächtiges Steinmonument auf einem neuen Postament, der berühmte über einer liegenden Frauengestalt stehende babylonische Löwe.

Die Monumente der Ausgrabungen in Mesopotamien sind nicht so eindrucksvoll wie die Denkmäler Aegyptens oder Griechenlands. Das Baumaterial ist all die Jahrhunderte hindurch in diesem Land ohne Steine, ohne Holz und ohne Metall der bescheidene Ziegelstein gewesen. Er war nur in der Sonne getrocknet.

Nach Zerstörungen wurden die Trümmer eingeebnet und auf ihnen die neuen Bauten errichtet. So wuchsen diese mesopotamischen Städte im Lauf der Jahrtausende zu Hügeln bis zu hundert Metern Höhe an. Was die Archaeologen freilegen können, sind fast immer nur Fundamente. Will man zu älteren Schichten vordringen, muß man die jüngeren zerstören. Dazu kommt, daß die Bauern die Ziegel dieser Trümmerstätten, ihrer vorzüglichen Qualität wegen, jahrhundertelang für ihre eigenen Bauten verwendet haben. Es bedarf der Übung, um an Hand der Trümmer und der Pläne das Bild von einst wiedererstehen zu lassen.

Das erste Babylon, das Babylon Hammurabis in der ersten Hälfte des 2. Jahrtausends, ist von außerordentlicher Bedeutung für die Geschichte der Entstehung des Alten Testaments. Dieses erste Babylon mit all seinen kostbaren Schätzen und Tempeln aus alter Zeit wurde im Jahre 689 vollständig zerstört. Das war kurz vor der Aufrichtung des neubabylonischen Reiches. Der Zerstörer war der Assyrerkönig Sennacherib.

Die Assyrer müssen ein schreckliches Volk gewesen sein, gewalttätig, böse, herrschsüchtig, ohne eine Spur von Humor. Wie alle Tyrannen hatten sie eine Vorliebe für überdimensionale Bauten. Schon in der Antike haben sie eine schlechte Presse gehabt. Sie auch waren es, die das »Ausreißen« von Völkern als Terrormethode in die Politik eingeführt haben.

Zur Zeit der Könige, im Jahre 932, hatte sich das jüdische Volk in zwei Königreiche geteilt, das nördliche Israel mit der Hauptstadt Samaria und das südliche Juda mit der Hauptstadt Jerusalem. Israel wurde im Jahre 722, also etwas über hundert Jahre vor der babylonischen Gefangenschaft, von dem assyrischen König Shalmaneser erobert. Sein Nachfolger Sargon eroberte Samaria. Die Methode des Ausreißens einer ganzen Bevölkerung wurde in diesem Fall so erfolgreich angewendet, daß Israel, der zweite jüdische Staat, und seine aus Syrien verschleppten Bewohner spurlos verschwunden sind. Daß dem anderen jüdischen Staat, dem Reiche Juda, das nur einmal, unter David und Salomo, eine Großmacht war, trotz seiner zahlreichen Kriege mit fast allen Nachbarn, trotz seiner leidenschaftlich leichtfertigen Revolten gegen die mächtigen Herrscher von Ninive und Babylon, Torheiten, vor denen die politisch klarblickenden Propheten immer wieder gewarnt haben, nicht das gleiche Schicksal wie seinem nördlichen Bruderstaat Israel zuteil geworden ist, daß dieses Juda alle Wechselfälle der Geschichte bis zur Geburt Jesu Christi überlebt hat, ist ein Phaenomen, das seinesgleichen in der Geschichte nicht hat. Mit den gewöhnlichen historischen Kategorien kann dieses Phaenomen nicht erklärt werden.

Die Zerstörung durch Sennacherib war so gründlich, daß die Ausgrabungen vom Babylon des alten Reiches nur Spuren zutage gefördert haben. Was wir vom alten Babylon wissen, stammt größtenteils aus der Bibliothek des Königs Assurbanipal, der um das Jahr 700 vor Christi Geburt in Ninive regierte. Dieser König war ein Liebhaber und Kenner der Literatur. Die Entzifferung der Keilschrifttafeln seiner Bibliothek hat neues Licht auf die Geschichte der Entstehung des Epos der Schöpfung geworfen.

Die Chaldaeer, wie die Bibel die Babylonier nennt, hatten eine auf sumerischen Überlieferungen beruhende Geschichte der Schöpfung, die in vielen wichtigen Punkten mit dem Bericht der Bibel übereinstimmt. Da Europa bis zu den Entdeckungen der Archaeologie unserer Zeit für seine Kenntnis des Volkes Israel auf die Bibel angewiesen war, hat es die Geschichte der Juden nur aus der Perspektive der biblischen Chronisten gesehen. Die Archaeologen haben gezeigt, daß die hebraeische Kultur tief in die geistige Welt Westasiens eingebettet war, daß die Juden Anteil an den Überlieferungen Babylons und Sumers hatten. So ist die Neigung der Juden, von Jahwe abzufallen und fremden Göttern zu dienen, historisch verständlich.

Worin die Juden sich von ihrer geistigen Umwelt unterschieden, ist die allen Erklärungen sich entziehende Tatsache, daß sie von Anfang an die Idee des allherrschenden Gottes hatten. Der Versuch, den Sachverhalt so darzustellen, als sei die jüdische Gottesidee auf einen beduinischen Stammesgott zurückzuführen und habe dann eine Entwicklung zur Transzendenz durchlaufen, läßt nicht nur das Zeugnis der in ihren Aussagen so verläßlichen Bibel außer acht, er scheitert am Wesen der Sache.

Eine Idee so hohen Ranges wie die Idee Gottes als eines Wesens, das unsichtbar und unerkennbar ist, eines Wesens, dessen Eigenschaften nicht nur unbekannt sind, das vielmehr Eigenschaften in der Art, wie der irdische Mensch oder irdische Dinge Eigenschaften haben, gar nicht haben kann, wird dem Menschen nicht durch einen Prozeß fortschreitender Erkenntnis zuteil. Auch die fortgeschrittenste Erkenntnis wird dieses Wesen niemals begreifen. Nicht der Mensch ist, irgendwie biologisch, auf der Welt und kommt auf rationalem Wege allmählich hinter das Geheimnis seiner Existenz. Gott hat den Menschen erschaffen und läßt es ihn wissen.

Ich finde nicht einmal, daß man fromm sein muß, um das zu verstehen. Die Entwürfe früher Kulturen, das Geheimnis der menschlichen Existenz mythologisch zu erklären, befriedigen durch ihre Poesie. Die Versuche, die Transzendenz unseres Daseins naturwissenschaftlich zu erklären, sind in einem solchen Maße unbefriedigend und genügen selbst den bescheidensten intellektuellen Ansprüchen so wenig, daß die Hypothese einer Creatio ex nihilo dagegen eine einfache und überzeugende Sache ist.

Es entspricht in vollkommener Weise der Unvollkommenheit der menschlichen Natur, daß Gott sich immer wieder offenbart. Die Bibel erzählt die Geschichte der Propheten, der Männer, die dazu ausersehen waren, neue Offenbarungen in geschichtlicher Zeit zu verkünden. Petrus, in seiner Pfingstpredigt, nennt schon David einen Propheten. In der Geschichte der Menschheit gibt es nichts, was den Propheten in Israel vergleichbar ist. Die Propheten waren es, die im Volk Israel, das durch seine ganze Geschichte hindurch ständig leiblich und geistig bedroht, ständig von Gefahren umwittert war, die Idee Gottes als des Schöpfers des Himmels und der Erde aufrechterhielten, bis daß die Zeit erfüllet war.

Der letzte dramatische Höhepunkt der Geschichte der Erkenntnis Gottes im Volk Israel fällt in das glanzvolle zweite Babylon. Das Babylon, das durch die Ausgrabungen Koldeweys zutage gefördert wurde, ist das Babylon des jüdischen Exils.

Der Begründer des zweiten, des neubabylonischen Reiches war, zusammen mit seinem Vater Nabopolassar, König Nebukadnezar von Babylon. Als Kronprinz besiegte Nebukadnezar den durch Syrien bis zum Euphrat vorgedrungenen Pharao Necho in der berühmten Schlacht von Carchemish. Dieser selbe Nebukadnezar war es, der den König Jojachim von Juda besiegte und die Juden in die babylonische Gefangenschaft führte.

Es war nicht das ganze jüdische Volk, das weggeführt wurde, sondern nur die, die man seitdem die »Oberen Zehntausend« nennt. Die

Weingärtner und Ackerleute wurden von den klugen Babyloniern im Land gelassen. Sie hatten für die Besatzungskosten aufzukommen.

Die Babylonier verfuhren mit ihren Feinden human. Jeremia schreibt einmal in einem Brief nach Babylon:

»So spricht der Herr, der Herr Israels, zu allen Gefangenen, die ich habe von Jerusalem wegführen lassen gen Babel: ›Bauet Häuser, darin ihr wohnen mögt; pflanzet Gärten, daraus ihr Früchte essen mögt; nehmt Weiber und zeugt Söhne und Töchter... suchet der Stadt Bestes, dahin ich euch habe lassen wegführen, und betet für sie zum Herrn. Denn wenn's ihr wohlgeht, so geht's euch auch wohl.‹«

Dem Jeremia wurde, auf ausdrückliches Geheiß des Königs Nebukadnezar, freigestellt, ob er in Juda bleiben oder mit nach Babylon kommen wolle. Der Prophet entschied sich dafür, die zurückgelassene arme Bevölkerung im besetzten Gebiet nicht zu verlassen. Er wurde der beratende Prophet bei Gedalja, dem babylonischen Hochkommissar in Jerusalem. Aus Daniel wissen wir, daß die jungen jüdischen Männer dem König dienten. Nehemia war eine Exzellenz am Hofe in Susa. Er hatte das Amt des königlichen Mundschenks inne. König Jojachim wurde, freilich erst nach einer Gefangenschaft von siebenunddreißig Jahren, begnadigt. Von da an hat er bis an sein Lebensende eine königliche Pension bezogen.

Beim Betreten der Ausgrabungsstätte stößt man zunächst auf das berühmte Ishtartor. Ishtar war die Göttin der Fruchtbarkeit. Sie verschmolz später mit der griechischen Demeter. Das Ishtartor ist eine ausgedehnte Anlage, tief in der Erde liegend. Ich schreite zwischen sieben bis acht Meter hohen Ziegelmauern dahin, an deren Rohziegeln überlebensgroße Stiere, Fabeltiere und Löwen noch zu erkennen sind. In sorgfältig bemessenen Abständen sind sie über die großen Flächen verteilt. Die Reliefs sind mit leuchtend bunten, emaillierten Ziegeln verkleidet gewesen. Diese ganze Pracht wurde vor fünfzig Jahren nach Berlin gebracht.

Ein Teil des Ishtartores wurde von Nebukadnezar selbst zugeschüttet, um eine höher gelegene Prozessionsstraße bauen zu können. Die herrlichen Emailreliefs der heiligen Tiere Irrush, Stier und Löwe wurden, ehe man sie zuschüttete, sorgfältig eingemauert. So sind sie in gutem Zustand erhalten geblieben. Es liegt hier der Fall vor, daß die Frömmigkeit der Wissenschaft gedient hat.

Die mit großen Steinplatten gepflasterte Prozessionsstraße des Königs Nebukadnezar ist zum größten Teil freigelegt. Sie ist mehrere Kilometer lang. Sie beginnt am Ishtartor und endet an der Ziggurat, dem Turm, auf dessen Spitze ein kleiner Tempel für Marduk, den Gott Babylons, stand. Auf dieser Straße wurden in prunkenden Prozessionen die Statuen der Götter von den Priestern entlanggetragen. Die heilige Straße war auf beiden Seiten von Palästen eingerahmt, von deren Größe wir uns nach den ausgegrabenen Grundmauern ein Bild machen können. Die Straße muß einen Eindruck gemacht haben wie die Champs Elysées in Paris zwischen dem Louvre und dem Arc de Triomphe.

Herodot beschreibt den Besuch, den er dem Tempel auf dem Ziggurat abstattete. Der Turm hatte acht Stockwerke. Der Pfad, der hinaufführte, wand sich um den Turm herum. Auf den mit Gärten bepflanzten Terrassen standen Bänke, auf denen der antike Tourist sich ausruhen konnte. Im Tempel standen neben dem Bild des Gottes eine reichgeschmückte Lagerstatt und ein Tisch aus purem Gold. Der Zutritt scheint für jedermann frei gewesen zu sein.

An den großen Festtagen standen die in Babylon in der Verbannung lebenden Juden am Rand der heiligen Straße, während die fremden Götter in Glanz und Gold und Pracht an ihnen vorübergetragen wurden. In dem allgemeinen Jubel durften sie ihre Trauer nicht zeigen. Diese Tage der großen Götterfeste waren es, an denen die Juden, während das ganze Volk feierte, zu den stillen, verlassenen Ufern des Euphrat hinabgingen, an den Wassern von Babylon saßen und weinten.

Es war eine harte Prüfung, die Jahwe den Juden auferlegt hatte. Zudem war es eine große Versuchung.

Die fremden Götter hatten ihren Gläubigen die Macht gegeben, Jahwes heilige Stadt Jerusalem zu erobern, seinen Tempel zu zerstören, das auserwählte Volk in die Gefangenschaft zu führen. Sie hatten die Macht, ihr Volk reich, frei und glücklich zu machen. Sie waren älter als Moses, älter als Abraham. Die Babylonier hatten eine heilige Stadt, Ur, die schon zu Abrahams Zeiten tausend Jahre alt gewesen war. Das babylonische Epos der Schöpfung ging, wie der Schöpfungsbericht im Buche Genesis, bis an den Anfang der Welt zurück.

Wir wissen aus der Geschichte, wie anfällig das jüdische Volk jederzeit für fremden Götzendienst war. Selbst nach den Wundern, die Gott beim Auszug aus Aegypten an den Kindern Israel getan hatte, opferten sie am Berge Sinai dem Goldenen Stier. Sogar Aaron, der Bruder Mosis, ein Mann der geistigen Elite, war an diesem Abfall nicht ganz unschuldig.

Dazu muß die gepflegt dekadente Kultur der Weltstadt Babylon auf ein geistig so empfängliches Volk, wie die Juden es waren, einen außerordentlichen Eindruck gemacht haben. Babylon war immer schon ein Zentrum der Wissenschaft, der Religion, der Philosophie gewesen. Zu der religiösen Versuchung, die Macht der fremden Götter anzubeten, trat eine intellektuelle Versuchung, die nicht minder gefährlich war.

Hier in Babylon, zur Zeit des Königs Nebukadnezar, fand das erste Zusammentreffen zweier Mächte statt, die seitdem nicht aufgehört haben, miteinander zu streiten. Hier in Babylon trafen die Juden auf die hochentwickelte chaldaeische Wissenschaft. Hier zum erstenmal trafen Glaube und Wissenschaft aufeinander.

Die Babylonier waren in der Mathematik weit fortgeschritten. Sie waren hervorragende Astronomen. Die Sterne wurden durchaus nicht von Gott bewegt. Sie bewegten sich nach festen mathematischen Gesetzen, von denen ein chaldaeischer Galilei schon damals einige gefunden hatte. Nach diesen Gesetzen konnte man die Bewegungen der Gestirne berechnen. Die chaldaeische Astrologie stand hoch über der heutigen. Wir haben allen Grund anzunehmen, daß die Chaldaeer noch Kenntnis von uralten Weisheiten hatten, die der Menschheit unterdessen verlorengegangen sind. Die Lehrstätten der Wissenschaft standen den jungen gebildeten Juden offen. Wenige Jahrhunderte später bemächtigten die Juden sich mit Eifer und Erfolg der griechischen Wissenschaft. Im Exil von Babylon haben sie der Versuchung Lucifers widerstanden.

Etwas südlich der großen Prozessionsstraße wurde der Palast Belsazars ausgegraben. Belsazar war ein Sohn des großen Nebukadnezar. Ich stehe auf den großen, glatten Steinplatten des Saales, in dem das berühmte Fest stattfand, das im 5. Kapitel des Buches Daniel beschrieben ist. Belsazar hatte die goldenen Gefäße aus dem Tempel Salomos, die Nebukadnezar aus Jerusalem geraubt hatte, herbeibringen lassen, um seine Tafel damit zu schmücken. Die Flammenschrift erschien an der Wand des Festsaals. Der König erbleichte. Die lärmende Gesellschaft verstummte. Keiner der chaldaeischen Magier vermochte die Flammenschrift zu deuten. Daniel wurde geholt. Er, der machtlose, gefangene Jude, hielt dem mächtigen König von Babylon eine Rede, in der noch, wie der Nachhall eines Gewitters, etwas von dem Zorn Mosis über die falschen Götter grollt. Daniel hielt Belsazar das Beispiel des großen Nebukadnezar vor, der sich vor Gott gedemütigt hatte.

»Und du, Belsazar, sein Sohn, hast dein Herz nicht gedemütigt... sondern hast dich wider den Herrn des Himmels erhoben, und die Gefäße seines Hauses hat man vor dich bringen müssen, und du, deine Gewaltigen, deine Weiber und deine Kebsweiber, habt daraus getrunken, dazu die silbernen, goldenen, ehernen, eisernen, hölzernen, steinernen Götter gelobt, die weder sehen, noch hören, noch fühlen. Den Gott aber, der deinen Odem und alle deine Wege in seiner Hand hat, hast du nicht geehrt. Darum ist von ihm gesandt diese Hand und diese Schrift, die da verzeichnet steht. Das ist aber die Schrift, allda verzeichnet: Mene, Mene, Tekel, U-pharsin.

Und sie bedeutet dies: Mene, das ist: Gott hat dein Königreich gezählt und vollendet. Tekel, das ist: man hat dich in einer Waage gewogen und zu leicht gefunden. Peres, das ist: dein Königreich ist zerteilt und den Medern und Persern gegeben.«

Der König war großmütig genug, den Deuter des Geheimnisses mit einer goldenen Kette zu belohnen und zu erklären, daß er von nun an der Dritte Mann im Königreich sei. Dann kommt in der Bibel nur noch der eine Satz:

»Aber in derselben Nacht ward der Chaldaeer König Belsazar getötet.«

Wenig später nahm Kyros der Große Babylon ein. Kyros schritt die Prozessionsstraße zum Tempel des Gottes Marduk entlang. Er ergriff die Hände des Götterbildes. Das Volk war überzeugt, der Gott Marduk selbst habe Kyros zum König von Babylon bestimmt.

Die Perser waren keine Assyrer mehr. Die vornehme iranische Kultur war sogar der babylonischen an Humanität überlegen. Kyros schickte die verschleppten Völker in ihre Heimat zurück. Er befahl sogar, die heiligen Geräte aus dem Tempel Salomos wieder nach Jerusalem zurückzubringen. Dort blieben sie, bis der römische Feldherr Titus im Jahre 70 nach Christi Geburt Jerusalem zerstören mußte. Auf seinem Triumphbogen auf dem Forum in Rom sind einige der Geräte abgebildet. Wir wissen, wie der siebenarmige Leuchter Salomos ausgesehen hat.

Seit der Zeit des Titus geht kein rechtgläubiger Jude durch den Triumphbogen des Mannes, der Jerusalem zerstört hat. Die nach Rom verbrachten Geräte aus dem Tempel von Jerusalem sind erst bei der Plünderung Roms durch die Vandalen verschwunden. Vielleicht besitzt die koptische Kirche noch etwas von diesen Kostbarkeiten. Man sagt, daß bis vor kurzem noch in den Gewölben der Grabeskirche in Jerusalem einiges vom Schatz des Königs Herodes aufgehoben worden sei. Darunter hätten sich die letzten erhaltenen Geräte aus Salomos Tempelschatz befunden. Wo diese Gegenstände, die der kriegerischen Verwicklungen in Palästina wegen in Sicherheit gebracht wurden, heute sind, ist unbekannt.

Die Großmut des Perserkönigs Kyros hat nichts daran ändern können, daß der Staat Juda sich von der Eroberung durch Nebukadnezar jahrhundertelang nicht erholen konnte. Der Neubau des Tempels unter Zerubabel war mit der Pracht des salomonischen Tempels nicht mehr zu vergleichen. Traurig wie zu allen Zeiten sprachen die alten Leute vom Glanz der Vergangenheit.

Das Exil hat die Juden gezwungen, sich auf das zu besinnen, was in der Welt zu verwirklichen ihre Aufgabe war. Erst in der babylonischen Gefangenschaft, nachdem sie Heimat, Eigentum, Vaterland und die heilige Tempelstätte Jahwes verloren hatten, machten die Juden endgültig zu ihrem festen Besitz, was an die ganze zivilisierte Menschheit weiterzugeben ihr geschichtlicher Auftrag war – ihren altüberlieferten Glauben an den einen, allherrschenden Gott.

Das einzige, was sie ins Exil hatten mitnehmen können, war dieser Glaube und das Gesetz Mosis gewesen. Nicht einmal ihre Feste konnten sie in der Verbannung feiern. Sie konnten nicht opfern. Jahwe nimmt nur die Gaben des verheißenen und gelobten Landes. Damals bekam der Sabbat bei den Juden die Bedeutung, die er seitdem hat. Damals wurden die Juden zum »Volk des Buches«, wie noch Mohammed sie nennt. In diese Zeit auch gehen die Anfänge des Talmud zurück, des großen theologischen Kommentars zum Alten Testament.

An den Wassern von Babylon wurde eine der großen Schlachten in der Geschichte des menschlichen Geistes geschlagen. Es waren Heimatlose, Verschleppte, ihrer Freiheit Beraubte, die im Unglück die Hoffnung nicht aufgaben, daß die alten Weissagungen sich erfüllten. Während Babylon zum Erbe der Igel und zum Wassersumpf wurde, hat die Menschheit das Erbe dieser Hoffnung angetreten.

DER WEG NACH JERUSALEM

In der Nacht ist Schnee gefallen. Es ist Ende November. Der Djebel Kasyun, der Berg Abrahams am Nordrand von Damaskos, blitzt in der Morgensonne. Der Tag, der unvergleichliche Tag, an dem ich Jerusalem sehen soll, ist gekommen.

Ob ich mein Ziel erreichen werde, ist bei der Abfahrt von Damaskos noch nicht sicher. In Palästina herrscht Krieg. Der Waffenstillstand ist ständig in Gefahr. Vor wenigen Tagen erst hat es an der Demarkationslinie der Vereinten Nationen einen ernsten Zwischenfall gegeben.

Durch Jerusalem läuft die Front. Das alte, von der Stadtmauer Sultan Solimans umschlossene Jerusalem, in dem Golgatha und das Heilige Grab liegen, ist in arabischer Hand. Der neue Teil der Stadt ist im Besitz der Israelis. Auf der westlichen Stadtmauer stehen die Soldaten der Arabischen Legion. Sie blicken in das Niemandsland, das sie von ihren Feinden trennt.

Das jordanische Visum zu bekommen war recht schwierig. Ich habe das nicht als Mangel an Gastfreundschaft empfunden. Ein Fremder, der auf dem Landweg von Damaskos nach Jerusalem will, fährt durch die arabische Etappe. Auch wenn er ein Pilger ist, kann man ihm nicht ansehen, ob er sich nicht für militärische Dinge interessiert. Die Leidenschaften der Kriegführenden sind erregt. Auf beiden Seiten herrscht ein finsterer, gnadenloser Haß. So konnte es, bei einer plötzlichen Veränderung der Lage, leicht eintreten, daß ich trotz meines Visums an der Grenze nicht durchgelassen würde.

Wir fahren durch die Gärten, Palmenwälder und Felder der Oase Damaskos. Dann beginnt wieder die Wüste. Die gut asphaltierte Straße verbindet Damaskos, die Hauptstadt Syriens, mit Amman, dem alten Philadelphia, der Hauptstadt des Hashemitischen Königreichs Jordanien.

Schon an der syrischen Grenzstation ist die Kontrolle zwar höflich, aber genau. An der jordanischen Grenzstation betrete ich das Gebäude, in dem die Pässe visiert werden. Im Office sitzt ein dicker, freundlicher Mann, der Typ eines Sergeanten. Er trägt die Uniform der von dem Engländer Glubb-Pascha aufgebauten Arabischen Legion. Noch jeden Sergeanten in jeder Armee der Welt hat es gefreut, als Kapitän angesprochen zu werden. Eine kleine List kann auch hier nicht schaden. »Morning, Captain!« Der dicke, freundliche Mann springt auf und begrüßt mich herzlich. »Morning, Sir!«

Was war? Er, fast immer als Sergeant angesprochen, war wirklich Kapitän. Er lud mich zu einem Mokka ein. Ich bekam meinen Stempel.

Als wir weiterfuhren und ich mich gerade befriedigt in meinen Sitz zurücklehnen wollte, durchfuhr mich ein kleiner Schreck. Fast wäre es ein Schwindel gewesen, mit dessen Hilfe ich das Heilige Land betreten hätte. Aber schließlich, die transjordanische Wüste ist noch nicht das Heilige Land, und der freundliche dicke Mann war ja wirklich Kapitän.

Bevor wir nach Amman kommen, passieren wir eines der vielen Lager, in denen die aus Palästina geflohenen oder vertriebenen Araber hausen. Die Vereinten Nationen stellen für ihre Ernährung vier Dollar pro Kopf und Monat zur Verfügung. Die Behausungen der Flüchtlinge bestehen aus leeren Ölkanistern, der Schale dessen, was der Reichtum des Vorderen Orient ist.

Amman liegt in einem tief eingeschnittenen Tal. Neben dem römischen Amphitheater der alten Stadt Philadelphia stehen Hochhäuser am Rand der Wüste. An den Berghängen wechseln die Villen der Vornehmen mit Höhlen, in denen die Armen wie in der Steinzeit hausen. Auf der Hauptstraße parken Hunderte von Autos. Meistens sind es große amerikanische Wagen. Vor den Caféhäusern drängen sich zwischen Zeitungsjungen, Straßenverkäufern, Lastträgern und jenen orientalischen Figuren, die zum Lobe des Daseins immer Zeit haben, Pferde, Esel und Kamele. Es herrscht ein unbeschreiblicher Lärm. Dieser Lärm hat etwas Fröhliches, etwas von der überquellenden Lust des Lebens. Es scheint, als hätten diese alten Völker keine Nerven. Allmählich vergißt auch der Franke, daß er Nerven hat.

Das Auto, mit dem ich gekommen bin, ist samt seinem Fahrer verschwunden. Ich habe keine Ahnung, ob und wie die Fahrt weitergehen wird. In der Tasche habe ich ein zerrissenes Stück Papier mit ein paar arabischen Zeilen, die ich nicht lesen kann. So bleibt mir Zeit, die schmalen, scharfgeschnittenen Gesichter der Beduinen, die ihre Kamele die Straße entlangtreiben, zu betrachten. Bei dem wunderbaren Lärm huscht mir der Gedanke durch den Kopf, ob Beduinen Neurosen bekommen können. Es ist ein vollständig lächerlicher Gedanke.

Nach einer Stunde klopft mir ein freundschaftlicher Mann, den ich noch nie gesehen habe, auf die Schulter und schiebt mich in ein Auto. Es stellt sich heraus, daß wir so lange gewartet haben, bis sieben zahlende Passagiere beieinander sind. Nur wenn jeder Platz im Auto besetzt ist, lohnt sich die Fahrt. Bei diesem Warten hätte es geschehen können, daß ich die ganze Fahrt durch das Jordantal im Dunkeln hätte machen müssen. Ich habe Glück. – Einer der Beduinen im Auto hat ein Schäfchen auf dem Schoß.

Hinter Amman beginnen die so schmerzlich wohlbekannten Erscheinungen der Etappe – Brückenwachen unter Gewehr, Betonbunker an der Ausfallstraße, Stacheldrahtverhaue, Verpflegungslager, Feldküchen und herumlungernde Soldaten. Viele Männer, wenig Frauen. In der Tasche ein Billett für zwanzig Dollar, fahre ich durch den Krieg.

Der Wagen klettert aus dem Tal von Amman heraus. Am Horizont taucht eine Hügelkette auf. Es sind die Berge von Moab, die Hauptverteidigungslinie der Araber östlich des Jordan, die Berge, von denen aus Moses, ehe er sterben mußte, einen Blick in das Gelobte Land tat.

Jerusalem ist eine sehr alte Stadt. Bei Hesekiel, Kapitel 16, Vers 3 sagt der Herr von der Stadt Jerusalem, daß ihr Vater aus dem Geschlecht der Amoriter und ihre Mutter aus den Hethitern sei. Die älteste geschichtliche Nachricht, die wir von Jerusalem besitzen, ist zweihundert Jahre älter als die Eroberung der Stadt durch die Juden. Diese Nachricht findet sich in den Briefen, die Abd-Khiba, ein in Jerusalem residierender Vasall des Pharao Amenophis IV., an den aegyptischen Hof schrieb. Amenophis IV. Echnaton ist der Begründer des Sonnenkultes in Aegypten. Seine Gattin war die Königin Nofretete.

Diese berühmt gewordenen Briefe sind im Archiv des Pharao in Tell el-Amarna gefunden worden. Danach werden sie die Amarnabriefe genannt. Sie sind in Keilschrift in babylonischer Sprache um die Wende des 15. zum 14. Jahrhundert geschrieben. In diesen Briefen bittet Abd-Khiba immer wieder um Hilfe gegen die Feinde des Pharao. Sie scheint nicht gewährt worden zu sein. Von dem Namen Abd-Khiba ist die erste Hälfte das semitische Wort für Sklave, die zweite der Name einer hethitischen Gottheit. Es gibt gute Gründe anzunehmen, daß Abd-Khiba der Repräsentant einer hethitischen Aristokratie gewesen ist, die damals in Mittelpalästina herrschte. Unter König Davids Paladinen sind zwei Hethiter. So wäre also die Angabe in Hesekiel 16, 3 wörtlich zu nehmen. Schon zur Zeit Abd-Khibas war Jerusalem eine alte Stadt.

Der Name Jerusalem in den Amarnabriefen ist Urusalim. Dieser Name ist zur Hälfte sumerisch, zur Hälfte semitisch. Er bedeutet »Stadt des Friedens«.

Als die Juden ins Land kamen, war Jerusalem eine Festung der Jebusiter. Die Jebusiter waren Semiten. Die Eroberung Canaans durch die Juden ist ein Vorgang, der sich über mehr als zweihundert Jahre erstreckte. Es war nicht eine rein militärische Eroberung. Lange Zeiten hindurch haben die Juden verhältnismäßig friedlich zwischen den alten Einwohnern des Landes gelebt. Dabei haben sie die eingesessene Bevölkerung unterwandert. Erst mit der Eroberung Jerusalems durch König David traten die Juden die volle Herrschaft an.

König Salomo baute den Tempel in Jerusalem. Die Bundeslade, die so lange durch die Wüste getragen worden war, fand eine feste Statt. Neben dem Tempel errichtete Salomo einen prunkvollen Palast. Unter ihm ist die Stadt aufgeblüht. Es war die Zeit, in welcher die Juden, die als Wüstenbeduinen nach Canaan gekommen waren, die überlegene phoinikische Kultur übernahmen.

Jerusalem ist in seiner Geschichte unzählige Male erobert und viele Male zerstört worden. Seine Glanzzeiten waren kurz, seine Elendszeiten lang und fürchterlich.

Die Stadt ist heute drei Weltreligionen heilig. Seit der Eroberung durch König David und dem Bau des Tempels Salomos ist Jerusalem die heilige Stadt der Juden. Sie wird es immer bleiben. Seit der Messias auf Golgatha ans Kreuz geschlagen wurde, ist Jerusalem ein Heiligtum der Christenheit. Seit der Eroberung durch den Islam und der Errichtung des Felsendomes ist Jerusalem eine heilige Stadt der Mohammedaner, deren Rang nur von Mekka übertroffen wird.

Den Kamm der Berge von Moab zu erreichen, braucht die Straße nur wenige hundert Meter anzusteigen. Dann geht es wieder ins Tal hinab, das Tal des Jordan. Die Straße folgt einem vielfach gewundenen kleinen

Fluß. Über den springenden Wassern des Flüßchens hängen Weidenzweige. Trotz der späten Jahreszeit sind sie grün. Die Hänge sind kahl und steinig. Das Bild erinnert an die Täler, die vom Kamm der Alpen nach Süden hinabführen.

An der Straße steht ein großes Schild mit der Aufschrift: »Sea Level«. Wir befinden uns auf Meereshöhe. Von jetzt an habe ich das Gefühl, daß die Straße unaufhaltsam in die Tiefe stürzt. Nicht nur, daß ich das weiß, innert einer halben Stunde wird es im Wagen heiß. Wir öffnen die Fenster. Die hereinströmende Luft ist angenehm warm. Die Weiden verschwinden. Palmen tauchen auf. Daß eine ganze bewohnte Landschaft vierhundert Meter unter dem Meeresspiegel liegt, gibt es nur an dieser einzigen Stelle der Erde.

Der Wagen biegt um eine vorspringende Bergnase. Vor meinen Augen öffnet sich das Jordantal. Links liegt die tief dunkelblau leuchtende Fläche des Toten Meeres. An der Mündung des Jordan ins Tote Meer treten die Berge von beiden Seiten hart an die Ufer heran. Das Tote Meer hat die doppelte Größe des Genfer Sees.

In den schroffen Klüften am Westufer des Toten Meeres liegt Mâr Sâbâ, ein Kloster, in welchem der heilige Sabas gelebt hat und gestorben ist. Seine Gebeine wurden von einem um den Ruhm seiner Vaterstadt besorgten Venezianer nach Venedig gebracht. Dort ruhen sie neben den sterblichen Überresten des Apostels Markus, die aus Alexandreia nach Venedig überführt wurden. Im Kloster St. Sabas wurde die Geschichte des indischen Prinzen Josaphat aufgeschrieben. Hier ist der heilige Johannes Chrysorrhoas von Damaskos gestorben und begraben.

Wir nähern uns dem Jordan. Ein schmaler Fluß, dessen Lauf von Gärten, Feldern und Palmenhainen begleitet ist. Auf dem anderen Ufer liegt ein Landstädtchen. Dahinter steigt steil der zerklüftete Westrand des Jordantales auf. Hinter diesen nackten, wüsten Bergen liegt Jerusalem. Die Sonne schickt sich an, hinter dem Gebirge unterzugehen. Die Felszacken der Osthänge beginnen, sich mit einer ersten abendlichen Röte zu färben.

Während ich noch in das Bild der Landschaft versunken bin, stößt mich mein freundlicher syrischer Nachbar an. Er scheint in der Biblischen Geschichte gut Bescheid zu wissen. Er weist auf das Städtchen und sagt lächelnd: »Jericho!«

Nichts kann bewegender sein, als wenn sich ein Name, der schon die Phantasie des Knaben beschäftigt hat, in einem Augenblick in eine geographische Realität verwandelt. Wie großartig ist das, was die Bibel über die Eroberung der Stadt durch Josua erzählt!

Sechs Tage lang umwandeln die Juden, jeden Tag einmal, die unersteigbaren Mauern der Stadt. Vorweg ziehen die Bewaffneten. Es folgen die Priester mit den Posaunen. Dann kommt die Bundeslade. Den Beschluß macht der Haufe des Volkes. Von den Mauern herab verhöhnen die Feinde diesen unglaublichen Zug. Am siebenten Tag wird die Stadt siebenmal umwandelt. Dann werden die Posaunen geblasen. Das Volk erhebt ein Feldgeschrei. Die Mauern von Jericho stürzen ein.

Jericho ist die älteste Stadt, die es auf der Welt gibt. Archaeologie und Vorgeschichte haben in gemeinsamer Arbeit nachgewiesen, daß dieser Platz seit dem 6. vorchristlichen Jahrtausend ununterbrochen besiedelt war. Das Posaunenkonzert Josuas hat also, obwohl es eines der frühesten musikalischen Ereignisse der Weltgeschichte ist, in einer für Jericho späten Zeit stattgefunden. Bei den Ausgrabungen sind einige der Steine von den Mauern, die vor Josuas Augen zusammenstürzten, zutage gefördert worden.

Wir halten vor der Brücke. Nachdem die Soldaten, die die Brücke bewachen, umständlich unsere Papiere geprüft haben, fahren wir über den Jordan. Um diese Jahreszeit hat der Fluß nicht viel Wasser, aber immer noch eine schnelle Strömung.

Ohnweit dieser Brücke ist die Stelle, an der Johannes Jesum taufte.

Während wir in Jericho einen kleinen Halt machen, kommen die arabischen Legionäre aus dem Etappenkino, wo sie sich an Marilyn Monroes Tugend erfreut haben. Dann fährt der Wagen wieder ins Gebirge hinein.

Auf der vielfach gewundenen Straße, die immer wieder einen Blick ins Jordantal freigibt, steigen wir ebenso schnell, wie die Sonne sinkt. Die Felswände des Ostufers haben sich in ein rotglühendes Band verwandelt. Die Farbvaleurs erinnern an Alpenglühen. Nur sind die Töne satter und leuchten kräftiger. Die Fläche des Meeres ist in ein totes Schwarz zurückgesunken. Nach einer halben Stunde erreicht die Straße den Kamm des Gebirges südlich des Ölbergs.

Vor mir liegt Jerusalem, von diesem Punkt aus, wie auf einem Bild, vollständig zu übersehen. Der Eindruck ist einfach und großartig. Was ich sehe, ist »die hochgetürmte Feste Zion«. Das Bild entspricht den Darstellungen frühmittelalterlicher Maler.

Gelegen auf einer Felsplatte, umgeben von tiefeingeschnittenen Tälern mit steil abstürzenden, grauen Hängen, eingefaßt in eine gewaltige, von großen Toren unterbrochene Stadtmauer, innerhalb der eng und steil Paläste und Häuser, Kirchen mit mächtigen Kuppeln, Türme und Minaretten sich drängen, ein Menschenwerk, aufsteigend aus einer wilden und zerklüfteten Berglandschaft, von den letzten Strahlen der untergehenden Sonne als Silhouette in den Horizont gezeichnet, ragt die alte heilige Stadt gen Himmel.

Mag dieses Bild im Lauf der Geschichte immer wieder sich verändert haben, selbst als Trümmerhaufen hat Jerusalem auf seiner Felsenhöhe seit König Davids Zeit niemals aufgehört, die Feste Zion zu sein, von der Jesaja sagte, daß der Herr da wohne. Nichts scheint bei diesem Anblick einleuchtender, als daß diese irdische Stadt das Abbild eines himmlischen Jerusalem ist.

Durch viele, viele Jahrhunderte hindurch haben Pilger, nach den Mühsalen der Fahrt zum Heiligen Land, ergriffen vor diesem das Herz bewegenden Anblick gestanden. Manch fromme Seele mag, wenn in ihrer letzten Stunde die Schönheit des irdischen Jerusalem aus der Erinnerung auftauchte, die Hoffnung geschöpft haben, der Schönheit des himmlischen Jerusalem ansichtig zu werden.

Als ich zurückflog, habe ich das Bild Jerusalems noch einmal gesehen, wie die Adler es seit König Davids Zeit gesehen haben. Aus dieser Perspektive ist Jerusalem eine drohende Festung in einer zerrissenen Mondlandschaft von erhabener Verlassenheit, ein Werk des Menschen inmitten der Schöpfung. Man kann sich keinen adaequateren Schauplatz vorstellen für jene Ereignisse, welche vor zweitausend Jahren die Peripetie der Geschichte herbeigeführt haben und nicht aufhören werden, auf der Welt zu wirken, solange sie währt.

Die Fahrt endet in der Dämmerung am Damaskostor, dem nördlichen Tor der Stadtmauer von Jerusalem. Unmittelbar neben dem Toreingang beginnen die Drahtverhaue der Front.

DIE HEILIGEN STÄTTEN

Durch das Damaskostor betrete ich am nächsten Morgen die Stadt Jerusalem. Der Tag ist trüb und kalt. Es regnet. Die Gassen sind eng und dunkel. Die Häuser sind aus Stein erbaut. Der Stein ist von einer dem Auge angenehmen dunkelgrauen Farbe. Ab und zu spannt sich ein gemauerter Bogen über den Weg. In den Gewölben sitzen Handwerker und Händler. Häufig sind die Gassen von Treppen unterbrochen. Deshalb gibt es innerhalb der Stadtmauer keine Automobile. Ich fühle mich um Jahrhunderte in die Vergangenheit zurückversetzt.

Im ganzen alten Jerusalem gibt es zur Zeit keinen einzigen Juden. Das ist in der Geschichte schon mehrere Male vorgekommen. Sowohl nach der Eroberung der Stadt durch Titus als auch unter Hadrian wurde den Juden das Betreten der Stadt bei Todesstrafe verboten.

Den Christen ist nach der endgültigen Rückeroberung Jerusalems durch die Araber am Ende der Kreuzzüge im Jahre 1291 der Zutritt zu den heiligen Stätten sehr bald wieder gestattet worden. Nur das von den Arabern aufgehobene römische Patriarchat von Jerusalem wurde nicht wieder zugelassen. Von 1291 an residierte der römische Patriarch von Jerusalem fünfhundert Jahre lang in Rom. 1847 wurde er in Jerusalem wieder eingesetzt. Mit dem Amt des Patriarchen ist das Amt des Wächters des Heiligen Landes verbunden. Dieses Amt wird vom Haupt der Franziskaner Syriens, Palästinas und Aegyptens versehen. Die Franziskaner sind der einzige Orden, der ohne Unterbrechung seit der Zeit der Kreuzzüge an den heiligen Stätten tätig war.

Während ich nachdenklich die Gasse entlangschreite zwischen Händlern, Eseln und Soldaten, zwischen Beduinen und Armeniern, zwischen aethiopischen und griechischen Mönchen, sehe ich an einer Ecke eine Nonne und ein junges Mädchen knien. Sie beten vor einer Marmortafel mit der Inschrift

HIC CRUX AD SYMONEM CYRENAEUM IMPONITUR

An dieser Stelle wurde das Kreuz dem Symon von Kyrene aufgelegt. Es ist die fünfte Station der Via Dolorosa, der Schmerzensstraße der Passion. Die Via Dolorosa endet in der Kirche des Heiligen Grabes.

Jerusalem ist seit den Tagen Jesu zehnmal erobert und dabei fünfmal vollständig zerstört worden. Schon bei der Belagerung durch Titus, 70 nach Christi Geburt, gingen Stadt und Tempel in Flammen auf.

Sechzig Jahre danach gründete Kaiser Hadrian auf den Trümmern eine neue Stadt, die er nach dem Namen seiner Familie Aelia Capitolina nannte. Das Heilige Grab wurde mit einer Terrasse übermauert. Auf dieser Terrasse wurde ein Tempel der Venus errichtet. Doch wurde die Stadt schon kurz danach, bei der Niederwerfung des Aufstandes Bar Kochbas, den Rabbi Akiba für den Messias erklärt hatte, wiederum vollständig zerstört. Danach versinkt für zwei Jahrhunderte die Geschichte Jerusalems in undurchdringliches Dunkel.

Dann kam die Kaiserin Helena nach Palästina. Sie baute Kirchen an fast allen Plätzen, die mit dem Leben und dem Tod Jesu in Zusammenhang stehen. Das Heilige Grab wurde wiederentdeckt.

Eusebius von Caesarea, der Kirchenhistoriker, der zu jener Zeit lebte, schreibt mit der ganzen Skepsis des Gelehrten, daß das Heilige Grab »wider alle Erwartung« gefunden worden sei.

Mit dieser Feststellung des Eusebius beginnt der wissenschaftliche Streit um die Echtheit des Heiligen Grabes. Er ist seitdem weder zur Ruhe gekommen, noch konnte er entschieden werden.

Der Einfall, daß der einzige überlebende Zeuge des Todes Jesu, Ahasver der Ewige Jude, der Kaiserin Helena im Traum erschienen sei und ihr die

Stelle des Grabes gezeigt habe, ist nicht weniger geistreich als der Hinweis des Honourable Reverend George Finlay, daß es für Kaiser Konstantin ein leichtes gewesen sein müsse, die Lage des Grabes aus den Tabellen des römischen Census feststellen zu lassen. Das Grab hatte zum Privatbesitz des Josef von Arimathia gehört. Der römische Fiskus ist in der Vermessung und Besteuerung von Grundstücken von geradezu moderner Präzision gewesen. Aber Ahasver ist kein archaeologisches Argument, und die Tabellen des römischen Census wurden, wie Sueton und Tacitus uns versichern, bei den Bränden Roms unter Nero und Vespasian vernichtet.

Im Jahre 614 wurde Jerusalem vom Perserkönig Chosroes zerstört. 637 wurde es vom Kalifen Omar, 1072 von den Seldschuken, 1099 von den Kreuzfahrern erobert. 1187 nahm Sultan Saladin den Franken Jerusalem wieder ab. 1517 fiel es in die Hände der osmanischen Türken. 1917 zog die englische Armee in Jerusalem ein. In unserer Zeit eroberten es die Araber von den Israelis. Selbst diese Liste des Schreckens enthält noch nicht alles Unglück, das die Stadt seit dem Tode Jesu getroffen hat.

Nach den Erfahrungen der Archaeologie liegt die Stadt Jerusalem, in welcher Jesus gelebt hat, unter wenigstens zwanzig Metern Schutt. Nun ist aber Jerusalem auf einer von Schluchten zerrissenen Felskuppe erbaut. Zwar sind sogar diese Schluchten im Lauf kriegerischer Ereignisse gelegentlich mit Schutt gefüllt worden, aber einige der Felskuppen ragen aus den Schuttmassen heraus. Da gerade die Felskuppen historisch wichtige Plätze sind, ist die Bestimmung archaeologischer Punkte auf wenige Möglichkeiten beschränkt.

Wir wissen, wo die Burg Davids stand. Wir wissen, wo der Tempel Salomos stand. Wir wissen, daß die Kirche zum Heiligen Grab an derselben Stelle steht, an der Kaiser Konstantin die erste Basilika erbaute. Wir wissen sogar, wie die Basilika ausgesehen hat. Die Archaeologen haben ihr Bild rekonstruiert. Die an das Langschiff sich anschließende Rotunde, in der die Kapelle des Heiligen Grabes steht, ist in St. Michael in Fulda nachgebildet worden. Auch sind heute die Archaeologen und Historiker überwiegend der Meinung, daß der Felsen, über dem die Grabeskirche steht, tatsächlich Golgatha ist.

Golgatha lag »außerhalb der Mauer, nahe bei der Stadt«. Archaeologisch handelt es sich um die Frage, ob die von Nehemia nach der babylonischen Gefangenschaft erbaute Mauer zur Römerzeit noch immer die Stadtmauer gewesen ist. Der Verlauf der Mauer Nehemias ist bekannt. Sie läuft südlich von Golgatha entlang. Wenn die Mauer Nehemias zur Römerzeit noch immer die Stadtmauer war, ist der Felsen unter dem Dach der Grabeskirche das historische Golgatha.

Die Archaeologie Jerusalems füllt Bibliotheken. Es kann kein aufregenderes und auch kein wichtigeres Thema geben. Nur sollte diese vortreffliche Wissenschaft, wenn sie eine Frage in anderthalbtausend Jahren nicht hat entscheiden können, es vermeiden, von frommem Betrug zu sprechen, wo geglaubt wird, was sie nicht weiß.

Die Skepsis der Wissenschaft ist nicht fähig, und freilich auch nicht befugt, Symbole zu verstehen. Die Via Dolorosa hat, wie aus den Berichten der Pilger hervorgeht, im Lauf der Jahrhunderte ihren Ort mehrfach gewechselt. Aber die Passion hat in Jerusalem sich ereignet. Anderthalbtausend Jahre frommer Verehrung sind auch eine historische Tatsache. Es ist nicht anzunehmen, daß Verehrung dem Himmel weniger wohlgefällig ist als wissenschaftlicher Streit. Ein vortrefflicher Archaeologe des 19. Jahrhunderts hat gesagt: »In Jerusalem ist alles historisch.« Die Kirche zum Heiligen Grab in ihrer heutigen Gestalt stammt aus der Zeit der Kreuzzüge. Sie ist seitdem vielfach beschädigt worden. Sie ist ständig durch Erdbeben gefährdet. Im Jahre 1808 wurde sie von einer schweren Feuersbrunst heimgesucht.

In der Mitte der ausgedehnten Anlage liegt die eigentliche Grabeskirche, umgeben von einem Kranz von Kapellen, die zur Heilsgeschichte in Beziehung stehen. Eine dieser Kapellen ist über dem Felsen von Golgatha errichtet. Um den Mittelteil der Anlage gruppieren sich Klosterzellen verschiedener Mönchsorden, die Sakristeien der christlichen Bekenntnisse, die Residenz des griechisch-orthodoxen Patriarchen und eine Anzahl weiterer Kapellen, darunter die der Auffindung des Kreuzes. Insgesamt mögen es hundert Räume sein.

Unter dem Dach der Kirche zum Heiligen Grab sind, an dieser einzigen Stelle der Welt, alle christlichen Bekenntnisse vereinigt. Die Zwiste, die dabei zuweilen entstanden, braucht man nicht allzu ernst zu nehmen. Das Motiv dieser Streitigkeiten war immer die Übertreibung einer Tugend, der Tugend der Frömmigkeit. Den Spott der Muslimin freilich haben diese Zwiste oft genug herausgefordert.

Die Kirche ist von keiner Stelle aus in ihrem Gesamtbild zu übersehen. Nur vor dem Südportal, durch das man sie betritt, ist ein freier Platz. Der Eindruck der aus grauen Steinen gemauerten Fassade ist der einer frühromanischen Kirche. Am Eingang ist ein Tribut an Sultan Saladin zu entrichten. Die Bewachung der Grabeskirche ist ein Privileg, das seit dem Ende der Kreuzzüge in einer Moslemfamilie vom Vater auf den Sohn vererbt wird.

Im großen Vorraum der eigentlichen Kirche liegt der Stein, auf dem Joseph von Arimathia und Nikodemus den Leichnam Jesu gesalbt und in Linnentücher gehüllt haben. Der Stein gehörte im 15. Jahrhundert den

Kopten, im 16. Jahrhundert den Georgiern. Später kam er unter den Schutz der griechisch-orthodoxen Kirche.

Den letzten fünf Stationen der Passion folgend, wende ich mich nach rechts, steige etwa zwanzig Stufen hinauf und komme in eine Doppelkapelle. In der ersten Kapelle ist der Ort, wo Jesus ans Kreuz geschlagen wurde. Die zweite Kapelle ist über dem Felsen Golgatha errichtet. Eine in Silber gefaßte Vertiefung im Stein ist die Stelle, an der das Kreuz gestanden hat.

Unter der Kapelle von Golgatha liegt, in den Felsen gehauen, eine Höhle, in der, nach einer tiefsinnigen Überlieferung, Adam begraben war. Als das Blut des Erlösers durch eine Felsspalte auf Adams Leichnam hinabtropfte, sei er zum Leben erwacht. »... Die Gräber taten sich auf und standen auf viele Leiber der Heiligen, die da schliefen, und gingen aus den Gräbern nach seiner Auferstehung und kamen in die Heilige Stadt und erschienen vielen.«

Das Innere der Grabeskirche ist düster. Zum Schutz gegen einen möglichen Artilleriebeschuß sind Bogen und Wände mit starken Holzgerüsten abgestützt.

Frei unter der Kuppel der Kirche steht eine Marmorkapelle. Sie hat einen kleinen Vorraum, die Kapelle der Engel. In ihr steht der Stein, den die Engel vom Eingang des Grabes wälzten. Dahinter liegt das Heilige Grab. Die Tür ist niedrig. Wer auch immer diesen Raum betreten will, muß sein Haupt beugen. Die Wände sind aus Marmor. Weihrauch füllt den Raum. Von der Decke hängen dreiundvierzig kostbare Ampeln herab. Alle Konfessionen der Christenheit verharren in Verehrung vor dem Stein, auf dem der Leichnam des Erlösers im Grab gelegen hat. Mönche und Nonnen knien oder liegen, tief ins Gebet versunken, auf dem Boden.

Kein Platz auf der Welt ist so lange Zeit ohne Unterbrechung im Bewußtsein der Menschen lebendig gewesen, an keiner Stätte hienieden sind so viele Gebete zusammengeströmt wie hier an der vierzehnten, der letzten Station der Via Dolorosa, dem Ende des Leidensweges Christi.

Während hier sein Leichnam lag, war er niedergestiegen zum Totenreich. Hier ist er auferstanden.

Nicht einmal die Jünger hatten das Wunder glauben wollen. Davon ist ein alter Brauch geblieben. Wenn am Tage der Auferstehung die Priester den um die Grabkapelle versammelten Gläubigen das

»Χριστὸς ἀνέστη – Christós anéste«

zurufen, antwortet die Gemeinde:

»Ἀληθῶς ἀνέστη – Alethos anéste«.

Christus ist auferstanden!
Wahrhaftig, er ist auferstanden!

Am Fuß des Ölbergs, jenseits des Baches Kidron, liegt der von einer Mauer umgebene Garten Gethsemane, daneben eine Kirche und ein Kloster der Franziskaner. Aus Berichten von Pilgern wissen wir, daß Gethsemane schon im 4. Jahrhundert an dieser Stelle angenommen wurde. Die Lage stimmt mit den Angaben der Bibel überein.

Vom Garten Gethsemane aus sieht man Jerusalem liegen. Aus dieser Tiefe gesehen, steigt es drohend in den Himmel hinauf. Zu Jesu Zeiten ragte der Tempel über die Stadtmauer empor. Durch das Goldene Tor der Mauer war Jesus, von der jubelnden Menge begleitet, am Palmsonntag in Jerusalem eingezogen. Sie riefen: »Hosiannah! Gelobt sei, der da kommt in dem Namen des Herrn, der König von Israel!« Noch glaubten die Juden, daß das Reich, das Jesus aufrichten werde, ein Königreich irdischer Macht und irdischer Herrlichkeit sei.

Bis ins 8. Jahrhundert zog alljährlich der griechische Patriarch von Jerusalem, auf einer Eselin reitend, durch das Goldene Tor in Jerusalem ein. Im Jahre 810 wurde es von den Arabern zugemauert. Es gab bei ihnen eine alte Prophezeiung, durch dieses Tor werde an einem Freitag ein christlicher Eroberer in die heilige Stadt einziehen. Diese schlichten Seelen meinten, durch eine Ziegelmauer den Lauf der Geschichte aufhalten zu können.

Daß Jesus, der von der Polizei des Hohenpriesters gesucht wurde, so nahe bei Jerusalem blieb, brauchte die Jünger nicht zu verwundern. Es müssen unglaubliche Massen von Menschen gewesen sein, die zum Passahfest in Jerusalem zusammenströmten. Ein römischer Gouverneur ließ einmal die zur Opferung im Tempel bestimmten Passahlämmer zählen. Es waren, wie der Geschichtsschreiber Josephus berichtet, zweihundertsiebzigtausend.

Im Garten Gethsemane stehen acht Ölbäume. Es sind mächtige, gedrungene, von tiefen Rissen und Schrunden zerfurchte Stämme. Viele Male mag der Blitz in sie gefahren sein. Sie sehen wie verwitterte Felsen aus, nur, daß ihnen die frischen Zweige mit den glatten, blaugrünen, lanzettförmigen Blättern entsprießen. Die Bäume sind von außerordentlichem Alter. Der älteste von ihnen hat einen Umfang, der größer ist als der des berühmten, als historisch geltenden Ölbaums des Plato an der Straße von Eleusis nach Athen. So ist es wohl möglich, daß dieser graue alte Baum ein überlebender Zeuge des Geschehens jener Nacht ist, in der Jesus der menschlichsten seiner Anfechtungen, der Furcht des Herzens, preisgegeben war.

Nur zwei Wegstunden von Jerusalem entfernt liegt Bethlehem, die Stadt, in der das Zeitalter, in welchem wir leben, begonnen hat.

Der Name Bethlehem ist alt. Er bedeutet »Platz des Brotes«. Über Jahrtausende hat der Name sich unverändert erhalten. Als Jesus von sich sagte, daß er das Brot des Lebens sei, mögen seine Jünger an den Ort seiner Geburt gedacht haben.

In Bethlehem hat sich die bezaubernde Liebesgeschichte zwischen Ruth und Boas abgespielt, die uns im Buche Ruth berichtet wird. Ruths und Boas' Sohn Obed ist der Großvater König Davids. Da Joseph aus Davids Stamm war, war Bethlehem der Ort, an den er sich zu der vom Kaiser Augustus befohlenen Volkszählung zu begeben hatte. So ist es gekommen, daß Jesus auf der Wanderschaft geboren wurde.

Bethlehem ist ein bescheidenes Landstädtchen. Da die Straße von Jerusalem nach Bethlehem durch israelisches Gebiet führt, haben die Jordanier eine Umgehungsstraße gebaut. So nähert man sich heute der Stadt vom Osten, vom Tale her.

Hingebreitet über einen vorspringenden Bergsattel, dessen Hänge, von Gärten und Olivenhainen bestanden, sanft abfallen, ist Bethlehem eine heitere Stadt. Dank den Pilgern, die aus aller Welt hierherkommen, ist das Städtchen von freundlicher Wohlhabenheit. Seine Bewohner sind Bauern und Hirten.

Über der Grotte, in der Jesus geboren wurde, hat Kaiser Konstantin im Jahre 330 eine herrliche Kirche errichten lassen. Obwohl auch Bethlehem einige Male zerstört worden ist, ist die Kirche erhalten geblieben. Sie ist eine der ältesten der Christenheit.

Im Lauf der Jahrhunderte wurden an die Basilika Konstantins zahlreiche Gebäude angefügt. So ist das ursprüngliche Bild der Kirche von außen heute nicht mehr zu erkennen. Das Innere ist im wesentlichen in der ursprünglichen Form erhalten geblieben.

Die den Geist der Gelehrten und das Gemüt des Pilgers auch hier fesselnde Frage, ob dies nun der historische Platz der Geburt Jesu sei, ist nicht so schwierig gelagert, wie das bei solchen Fragen in Jerusalem der Fall ist. In den Evangelien wird zwar nichts von einer Grotte gesagt. Lukas erzählt, Maria habe das Kind in eine Krippe gelegt, denn sie hatten sonst keinen Raum in der Herberge. Diese Krippe kann sehr wohl in einer Grotte gestanden haben. In der Umgebung Bethlehems gibt es zahlreiche solche Höhlen. Die Hirten retten sich bei plötzlichen Gewittern mit ihren Schafen und Ziegen in ihren Schutz. Heute werden diese Grotten von arabischen Flüchtlingen bewohnt.

Die erste Erwähnung der Geburtsgrotte verdanken wir Justin, dem Märtyrer. Das ist im Jahre 155. Einhundertundfünfzig Jahre sind eine Zeitspanne, die im gewöhnlichen Leben durch mündliche Überlieferung leicht überbrückt wird. Es sind nicht mehr als drei Generationen. In dem

Haus, in dem mein Urgroßvater 1773 geboren wurde, habe ich als Knabe meine Ferien verbracht.

Der Kirchenvater Origenes erörterte, etwa um das Jahr 200, ausführlich die Frage der Echtheit des Platzes. Er sagt, sogar die Feinde des Glaubens gäben zu, daß dies die Grotte der Geburt Jesu sei.

Der heilige Hieronymus hat vom Jahre 386 bis zu seinem Tode im Jahre 420 in Bethlehem gelebt. Hieronymus hat die Bibel ins Lateinische übersetzt. Er ist uns wohlbekannt durch den entzückenden Stich Dürers »Der heilige Hieronymus im Gehäuse«. Zu den Füßen des Heiligen liegt ein Löwe. Niemals auf Erden wieder hat es einen Löwen gegeben, der so lieb ausschaut wie dieser treue Zellengenosse Hieronymi. Der Kirchenvater versichert, der Platz sei historisch. Jedenfalls ist diese Überlieferung eine der ältesten in der Geschichte des Christentums.

Im Jahre 614 verwüstete der Perserkönig Chosroes ganz Palästina. Die Grabeskirche in Jerusalem ging in Flammen auf. Chosroes kam nach Bethlehem, um auch die Kirche der Geburt zu zerstören. Auf einem Mosaik an der Außenwand der Kirche, auf dem die Anbetung der Drei Weisen aus dem Morgenland dargestellt war, entdeckte Chosroes, daß einer der Weisen in persische Gewänder gekleidet war. Er ließ die Kirche unberührt.

Vor der Kirche der Geburt ist ein weiter, freier, mit Steinplatten ausgelegter Platz. An der Längsseite türmen sich festungsartige Mauern. Die Schmalseite wird von der Fassade des Atriums der Kirche eingenommen. Die Portale sind bis auf eine niedrige Tür zugemauert. Die Längsachse der Kirche verläuft von Westen nach Osten.

Die Kirche der Geburt ist gemeinsamer Besitz der griechischen, der armenischen und der römischen Kirche. Auf ihrer Nordseite erhebt sich eine mit einem Franziskanerkloster verbundene römische Kirche, die der heiligen Katharina geweiht ist. Auf der Südseite schließen sich das armenische und das griechische Kloster an die Kirche an.

Die Geburtskirche ist im Inneren von schöner Einfachheit. Ihr Grundriß ist ein Kreuz. Der Langbau hat fünf Schiffe. Das Mittelschiff wird von zwei Reihen alter Säulen mit korinthischen Kapitellen begrenzt. An diesen Säulen finden sich Spuren mittelalterlicher Malereien. In der Höhe, an den Wänden über den Säulen, sind einige Mosaiken aus dem 12. Jahrhundert erhalten geblieben, auf denen die Apostel ohne Heiligenschein dargestellt sind.

Die Grotte der Geburt liegt unter dem reichgeschmückten Altar. Zwei Treppen rechts und links des Altars führen durch Marmorportale hinab in die Tiefe, hinab in die Höhle, in der Jesus Christus das Dunkel der Welt erblickt hat.

Die eigentliche Geburtsgrotte ist klein und niedrig. Wände und Fußboden hat man mit Marmor verkleidet. In einer Nische steht an der Stelle der Geburt ein Altar, unter dem ein silberner Stern in den Boden eingelassen ist mit der Inschrift

HIC DE VIRGINE MARIA JESUS CHRISTUS NATUS EST.

Wie in der Kapelle zum Heiligen Grab, hängen von der Decke kostbare Ampeln herab, in deren Bedienung die verschiedenen christlichen Bekenntnisse sich teilen. Vor dem silbernen Stern knien zwei Nonnen, neben ihnen, auch er im Gebet, ein Beduine.

Von der Grotte der Geburt führt ein Gang nach Westen. An seinem Ende ist eine Aushöhlung im Felsen, aus der zum Gebrauch der Heiligen Familie eine Quelle entsprang. Seit dem 15. Jahrhundert wird erzählt, daß der Stern, der die Weisen aus dem Morgenland geführt hatte, in diese Quelle gefallen sei, aber nur von Jungfrauen gesehen werden könne. Was auch immer die Skeptiker sagen mögen, keine fromme Jungfrau hat je hineingeblickt, ohne den Stern zu sehen.

Der Gang biegt dann nach Westen um zu der Stelle, an der der Engel des Herrn dem Joseph im Traum erschien und ihm befahl, mit Maria und dem Kind nach Aegypten zu fliehen.

Die Art, wie in dieser Grotte jedem einzelnen Ereignis, das in der Bibel erwähnt wird, sein Platz zugewiesen ist, hat in ihrer Einfalt etwas Rührendes.

In einem weiteren Seitengang liegt das Grab des heiligen Hieronymus und dahinter die Zelle, in der er, von seinem Löwen bewacht, die Bibel übersetzte und seine zahlreichen Briefe in alle Welt schrieb. Die ganze unterirdische Anlage liegt im Bereich des Chors der Kirche.

Vom Kirchplatz aus sieht man in das Tal hinunter, in dem den Hirten die Geburt des Heilands verkündet wurde.

Seit der Zeit des Kaisers Konstantin ist in Jerusalem gebaut worden. Durch alle Jahrhunderte hindurch hat die Christenheit in dieser Stadt immer wieder Kirchen, Klöster, Hospize und Herbergen errichtet. In der Zeit der Kreuzritter kamen noch Befestigungswerke hinzu. Immer wieder sind die Bauten der Zerstörung anheimgefallen. An manchen Stellen ist an ein und demselben Platz mehrere Male hintereinander eine neue Kirche auf den Trümmern der alten errichtet worden.

In einer Stadt, die so vielen Religionen heilig ist, haben es die Archaeologen schwer. Nur selten dürfen sie da graben, wo sie graben möchten. An einer Stelle haben sie eine Ausgrabung gemacht, die, so einfach sie zwischen all der Pracht und Großartigkeit der Bauten Jerusalems erscheinen mag, merkwürdig und erregend ist. Es ist die Treppe, die zum Teich von Bethesda hinabführt. Der Teich von Bethesda wird im 5. Kapitel des Johannesevangeliums erwähnt.

»Darnach war ein Fest der Juden, und Jesus zog hinauf gen Jerusalem. Es ist aber zu Jerusalem bei dem Schaftor ein Teich, der heißt auf hebraeisch Bethesda und hat fünf Hallen, in welchem lagen viele Kranke, Blinde, Lahme, Verdorrte, die warteten, wann sich das Wasser bewegte. Denn ein Engel fuhr herab zu seiner Zeit in den Teich und bewegte das Wasser. Welcher nun zuerst, nachdem das Wasser bewegt war, hineinstieg, der ward gesund, mit welcherlei Seuche er behaftet war. Es war aber ein Mensch daselbst, achtunddreißig Jahre lang krank gelegen. Da Jesus ihn sah liegen und vernahm, daß er so lange gelegen hatte, spricht er zu ihm: ›Willst du gesund werden?‹ Der Kranke antwortete ihm: ›Herr, ich habe keinen Menschen, wenn das Wasser sich bewegt, der mich in den Teich lasse; und wenn ich komme, so steigt ein anderer vor mir hinein.‹ Jesus spricht zu ihm: ›Stehe auf, nimm dein Bett und gehe hin!‹ Und alsbald ward der Mensch gesund und nahm sein Bett und ging hin.«

Das ummauerte Wasserbecken, an dem diese Szene sich abspielte, und die Treppe, die zu ihm hinabführt, sind von den Archaeologen ausgegraben worden. Wie zu erwarten war, liegt das Becken zwanzig Meter unter der Oberfläche der heutigen Stadt. So schwer es in Jerusalem ist, einen Platz zu finden, der zuverlässig als historisch gesichert betrachtet werden kann, hier ist das der Fall. Hier ist eine Stelle, an der Heilsgeschichte, Überlieferung und Archaeologie re vera zur Übereinstimmung kommen.

Drei Stufen der Treppe, die zum Teich von Bethesda hinabführen, sind aus Mörtel gemauert, der mit dicken, glattgeschliffenen Kieselsteinen gemischt ist. Von diesen drei Stufen läßt sich mit Sicherheit sagen, daß sie zu der Treppe gehören, die zu Jesu Zeiten zum Teich von Bethesda hinabführte.

Diese drei alten Steinstufen, vom Regen glänzend, im Lauf einer langen, langen Zeit von Tausenden von Füßen geglättet, diese drei alten Steinstufen in der Stadt Jerusalem ist Jesus Christus, der Sohn Gottes, hinabgeschritten.

HARAM ESH-SHERÎF

Als Abd-Khiba, der Fürst von Urusalim, seine höflichen Briefe an den mächtigen Pharao Amenophis IV. nach Tell el-Amarna schrieb, saßen die Juden im Nildelta im Lande Gosen. Es ist die Zeit, in der die alten

Privilegien der Juden aus der Zeit Josephs und seiner Brüder langsam in Vergessenheit gerieten. Die Sklaverei, aus der erst Moses das Volk Israel befreite, hatte begonnen.

Tell el-Amarna ist heute eine Stätte der Ruinen und Schakale wie Babylon. Jerusalem ist so lebendig, so faszinierend, so leidenschaftlich umkämpft wie eh und je. In dem Kampf zwischen den Arabern und den Israelis, der in unseren Tagen entbrannte, geht es nicht um den politischen Besitz irgendeines Platzes. Immer noch ist es die heilige Stadt, um die gekämpft wird.

So wie die Juden, eingebettet in die geistige Welt Westasiens mit ihren ungezählten Überlieferungen, eine Fülle von Elementen der sumerischen, aegyptischen, babylonischen und phoinikischen Kultur übernommen haben, so mußte sich der Islam, gegen Ende des 6. Jahrhunderts in der Wüste Arabiens entstanden, mit der griechischen, jüdischen und christlichen Welt auseinandersetzen.

Die neue Weltreligion traf auf Kulturen, die nicht mehr frühe magische Welten waren wie die Kulturen, auf die die Juden gestoßen waren. Sie waren achtzehn Jahrhunderte früher als der Islam nach Syrien gekommen. Was der Islam vorfand, als er den Vorderen Orient eroberte, waren späte, reife, aufgeklärte Welten. Das mag einer der Gründe für den praktischen Realismus dieser Religion sein. Die metaphysischen Geheimnisse, ohne die keine Religion Herzen und Geister gewinnen kann, entnahm Mohammed in souveräner Weise der jüdischen und christlichen Überlieferung.

Der Ruf, mit dem der Muezzin von der Höhe des Minaretts die Gläubigen auffordert, ihr Gebet zu verrichten, beginnt mit der Formel »Allah akbar!« Der erste Muezzin des Propheten war ein Neger. Dieser glückliche Umstand bereicherte den Islam um ein weiteres Element der Toleranz. »Allah akbar!« heißt nicht, wie es gewöhnlich übersetzt wird, »Allah ist groß«, es heißt »Allah ist größer!« Was auch immer du denken magst – Allah ist größer! Was auch immer deine Augen an Pracht und Herrlichkeit der Welt sehen mögen – Allah ist größer! Wie groß du dir auch immer ihn vorstellen magst – Allah ist größer!

Den hohen Rang der transzendenten Gottesidee der Juden hatte Mohammed begriffen. Er versuchte, mit seiner Gottesidee diesen Rang zu erreichen. Zu Mohammeds Zeiten gab es in Medina eine große und reiche jüdische Kolonie. So hatte Mohammed Gelegenheit, das Alte Testament kennenzulernen.

Mohammed schloß seine Lehre an die jüdische Überlieferung vom Erzvater Abraham und vom König David an. Aus dem Neuen Testament übernahm er Johannes den Täufer und Jesus als Propheten. In der Nähe des Goldenen Tores ist in die Stadtmauer von Jerusalem eine Säule eingebaut, von der, nach dem Glauben der Muslimin, am Jüngsten Tage ein Seil zur Spitze des Ölbergs gespannt werden wird. An der Säule wird Jesus sitzen, auf dem Ölberg der Prophet Mohammed. Die vom Tode Auferstandenen müssen über das Seil gehen. Die Gerechten werden, von Engeln beschützt, das Seil leichten Schrittes entlangeilen, während die Sünder in den Abgrund der Hölle stürzen werden. Die früheste Nachricht über eine solche »Brücke der Entscheidung« findet sich in der alten persischen Religion.

Die Stadt Jerusalem war für die Beduinen des 7. Jahrhunderts so faszinierend, daß Mohammed seinen Gläubigen befahl, beim Gebet das Antlitz gen Jerusalem zu wenden. Erst später änderte er das ab und bestimmte als den Ort der Gebetsrichtung Mekka. Während der Streitigkeiten zwischen seinen feudalen ersten Nachfolgern kam es so weit, daß dem Kalifen von Damaskos der Zutritt zur heiligen Stadt Mekka verweigert wurde. Es hat wenig gefehlt, daß damals die Umayyaden Jerusalem zum Mittelpunkt des Islam gemacht hätten.

Das große Heiligtum des Islam in Jerusalem ist der Felsendom. Er steht auf dem Haram esh-Sherîf, dem »Erhabenen Heiligtum«. Der Haram esh-Sherîf ist ein heiliger Bezirk der Mohammedaner in der Südostecke des alten Jerusalem. Um diesen Platz betreten zu dürfen, bedarf es einer besonderen Erlaubnis der geistlichen Behörden. An hohen Feiertagen wird sie nur gläubigen Muslimin erteilt.

Der Haram esh-Sherîf ist ein großer freier Platz, im Süden und Osten von der Stadtmauer Sultan Solimans begrenzt, im Norden und Westen von Gebäuden und Kolonnaden umgeben. Seine Länge von Norden nach Süden beträgt dreihundert Meter, seine Breite von Osten nach Westen zweihundert Meter. In der Mitte, auf einer erhöhten steinernen Estrade, zu der breite, schwingende Treppen hinaufführen, steht, frei nach allen Seiten, überwölbt von einer mächtigen Kuppel, der Felsendom. Bis zur Höhe der Fenster ist seine Außenseite mit Marmorplatten verkleidet, von da an nach oben mit Porzellanziegeln des persischen Stils. Die leuchtenden Farben der Ziegel, blau und weiß, an den Ecken grün und weiß, geben dem Bau einen prunkend festlichen Charakter. Koransprüche in geschwungenen Schriftzeichen führen als Fries um das Gebäude herum. Sultan Soliman, der den Dom mit diesem Schmuck versah, hat seinem Beinamen »der Prächtige« Ehre gemacht.

Die Muslimin haben Grund, auf die Schönheit des Felsendoms, der neben der von Abraham in Mekka errichteten Kaaba ihr zweites großes Heiligtum ist, stolz zu sein. Der Felsendom steht an der Stelle, von der einst der mit Gold verkleidete Tempel Salomos seinen Glanz in die Welt hinausstrahlte.

Am Südrand des Platzes steht eine zweite große Moschee, die Mesjid el-Aksâ. Das Goldene Tor liegt etwa in der Mitte der östlichen Mauer, von der aus der Ölberg zu sehen ist. Südlich davon steht der Stumpf der Säule des Jüngsten Gerichts.

Der Felsendom ist um das Jahr 700 erbaut worden. Er wird zuweilen auch die Omarmoschee genannt. Aber der Erbauer war nicht Omar, der Eroberer Jerusalems, sondern 'Abd el-Malik, der »Diener Gottes«, Kalif von Damaskos. Der Einfluß der Hagia Sophia auf die Gestaltung dieses Kuppelbaus ist unverkennbar. Auch seine Ausstattung zeigt byzantinischen Stil. Um diese Zeit waren die Araber bei der Errichtung solcher Prachtbauten noch von griechischen Baumeistern abhängig.

Der Grundriß des Doms ist ein regelmäßiges Achteck. Das Innere ist von großer Pracht. Eine hohe auf Säulen ruhende Galerie zieht sich um den ganzen Dom herum. Die Säulen sind durch ein schmiedeeisernes Gitter miteinander verbunden. Dieses Gitter ist eine französische Arbeit des 12. Jahrhunderts.

Die Kreuzritter waren, als sie Jerusalem eroberten, der Meinung, der Felsendom sei der alte Tempel Salomos. Zur Zeit des lateinischen Königreiches Jerusalem war der Felsendom in ein Templum Domini, einen Tempel des Herrn umgewandelt. Nach dem Vorbild dieser arabischen Moschee haben die Tempelritter in London, Laon und Metz Kirchen gebaut.

Die Glasfenster des Felsendoms, die ebenfalls aus der Zeit Sultan Solimans stammen, hüllen das Innere des Doms in gedämpftes Licht. Über dem Mittelteil der Moschee wölbt sich die Kuppel. An einer Stelle schaut der Himmel durch ein Loch herein. Es rührt von einer Granate her, von der die Kuppel jüngst getroffen wurde. Um die Galerie zieht sich ein breites blaues Band mit goldenen Lettern der ornamentalen kufischen Schrift. Es sind Verse aus verschiedenen Suren des Koran. Hier unter dem Halbmond auf der Kuppel des Felsendoms, der hinüberblickt nach dem Kreuz auf der Kirche zum Heiligen Grab, an der Stelle, an der einmal der Tempel Salomos stand, sagt der Koran, daß Jesus zwar das Wort der Wahrheit, aber nicht Gottes Sohn, sondern nur der Sohn der Maria und der Gesandte Gottes und seines Wortes sei.

Das Ziel des alttestamentarischen Glaubens, die messianische Botschaft, hat Mohammed verfehlt.

Von den Portalen des Felsendoms heißt eines Bâb el-Jenneh, das Tor des Paradieses, ein anderes Bâb el-Dâûd, das Tor Davids.

In der Mitte der Moschee ragt zwei Meter über den Fußboden ein natürlicher Fels auf. Er hat einen unregelmäßigen Grundriß von etwa zwanzig mal fünfzehn Metern. Das ist der heilige Felsen, nach dem die

Moschee benannt ist. Über diesen Felsen ist ein dichter Schleier gebreitet, den hebraeische Jahrtausende und arabische Jahrhunderte aus Geschichte, Überlieferung und Legende gewoben haben.

Nach dem Talmud liegt der Felsen über dem Eingang zu einem Abgrund, in welchem noch immer die Wasser der Sintflut rauschen. Abraham habe hier den Altar errichtet, auf dem er seinen Sohn Isaak opfern wollte. Der König Melchisedek habe hier geopfert. Jakob habe den Stein gesalbt. Jeremias habe bei der Zerstörung Jerusalems die Bundeslade unter dem Felsen verborgen. Nach hebraeischem Glauben befindet sie sich noch heute an dieser Stelle.

Die Muslimin glauben, daß unter diesem Stein das Bir el-Arwâh sich befinde, der Schacht der Seelen, in welchem zweimal in jeder Woche die Geister der Toten sich zum Gebet versammeln.

Jesus habe, auf diesen Felsen geschrieben, den großen und unaussprechlichen Namen Gottes entdeckt. Das habe ihn instand gesetzt, seine Wunder zu vollbringen.

Mohammed hat einmal gesagt, ein Gebet an diesem Felsen wiege mehr als tausend Gebete irgendwo sonst in der Welt. Er selbst hat hier gebetet. Von hier ist er auf dem Rücken seines wunderbaren Rosses el-Burak zum Himmel geritten. Die Stelle im Felsen, wo sein Haupt geruht hat, wird gezeigt. An einer anderen Stelle ist der Abdruck der Hand des Engels, der den Felsen festgehalten habe, welcher im Begriff gewesen sei, dem Propheten auf seiner Reise zum Himmel zu folgen. Hier werde am Jüngsten Tag die Trompete zum Gericht geblasen werden, und Gottes Thron werde auf dem Felsen stehen.

In den Boden eingelassen ist ein Jaspis, der Deckel von König Salomos Grab. In dieses Grab habe der Prophet neunzehn goldene Nägel geworfen. Am Ende jedes Zeitalters falle ein Nagel heraus. Wenn alle herausgefallen seien, werde das Ende der Welt gekommen sein. Eines Tages habe der Teufel das Grab aufgebrochen und begonnen, die Nägel zu zerstören. Da Gold mit gewöhnlichen Mitteln nicht zerstörbar ist, muß der Teufel sich atomarer Kräfte bedient haben. Als nur noch dreiundeinhalber Nagel übrig waren, habe der Engel Gabriel den Teufel bei seiner Arbeit entdeckt und ihn vertrieben.

Mit großer Ehrerbietung zeigt mir mein arabischer Führer die Stelle, wo die grüne Fahne des Propheten aufbewahrt wurde. Mit einer gewissen behaglichen Skepsis zeigt er mir dann eine riesige Flasche, in der, wie er sich ausdrückte, das aufbewahrt werde, bei dem die meisten Meineide der Welt geschworen worden seien. In der riesigen Flasche sind drei Haare vom Barte des Propheten.

Dieses bezaubernd poetische Gewirr von Legende, Überlieferung und

Geschichte entzieht sich einer kritischen Beurteilung. Erregender sind die sicheren Daten der Geschichte, die mit diesem Platz verbunden sind.

Es besteht Grund anzunehmen, daß die Tenne Aravnas, des Jebusiters, auf der, wie es im zweiten Buche Samuelis im 24. Kapitel steht, David seinen Altar errichtete, dieser Felsen war. Wir wissen, daß hier der Tempel Salomos stand, und daß der Tempel, den König Herodes in großer Pracht errichten ließ, genau an der Stelle des Tempels Salomos erbaut wurde.

Vom Tempel König Salomos ist nichts erhalten geblieben. Doch kennen wir, durch die Beschreibung im Alten Testament, kaum ein Bauwerk des Altertums so genau wie diesen Tempel. Die Grundmauern des Tempels Salomos könnten freigelegt werden, wenn die Archaeologen den Spaten im Haram esh-Sherîf ansetzen dürften. Das ist unmöglich. Es fragt sich, ob es ein Nachteil ist, daß es auf Erden noch einige Stellen gibt, wo der Neugier der Wissenschaft Grenzen gesetzt sind.

Den Tempel des Herodes beschreibt Josephus. Außerdem gibt es noch eine Beschreibung im Kodashim des babylonischen Talmud aus dem 2. Jahrhundert. Wahrscheinlich stand der Altar vor dem Tempel des Herodes auf dem heiligen Felsen. Das Heiligtum selbst war aus weißem Stein erbaut. Josephus gibt für die Größe der einzelnen Steine zwölf Meter mal zwei Meter mal sechs Meter an. Das waren also enorme Blöcke. Die Front des Baus war ebenso breit wie hoch, etwa fünfzig Meter im Geviert. Sie war ganz und gar mit Gold überzogen. Wenn der erste Strahl der über den Bergen von Moab aufgehenden Sonne das goldene Dach des Tempels traf, muß das ein grandioser Anblick gewesen sein. Das ganze Dach war mit goldenen Spitzen bedeckt, damit die Vögel den Bau nicht verunreinigen konnten.

Das Allerheiligste des Tempels wurde vom Hohenpriester nur einmal im Jahr zum Fest der Versöhnung betreten. Als Pompeius die Stadt erobert hatte, begab er sich, zum Schrecken der Juden, sogleich in den heiligen Tempelbezirk. Das war jedem, der nicht gläubiger Jude war, bei Todesstrafe verboten. Eine Tafel, auf der dieses Verbot in griechischer Sprache eingemeißelt steht, ist erhalten. Sie befindet sich heute im Museum in Konstantinopel.

Der Schrecken der Juden verwandelt sich in vollständige Verwirrung, als Pompeius das Heiligtum selbst betritt. In dieser Szene, ein halbes Jahrhundert vor der Geburt Jesu Christi, treffen zwei Weltalter aufeinander. Der große Pompeius, Herr des Ostens, der als mächtiger Triumvir mit Cäsar und Crassus das Römische Weltreich beherrschen sollte, er, der das Genie Cäsars, aber nicht sein Glück hatte, ein hochgebildeter Mann, als glänzender Feldherr tief beeindruckt von der unglaublichen Tapferkeit dieses kleinen jüdischen Volkes, das gegen das Weltreich rebelliert hatte, war während der Belagerung zu der Überzeugung gekommen, daß es der Glaube an den Gott Jahwe war, der diesem Volk die Kraft gab, gegen alle Widerstände an seinem Gesetz, der Thora, festzuhalten. Pompeius will wissen, wer dieser Gott ist.

In der glänzenden Rüstung eines römischen Patriziers schreitet Pompeius mit seinem streng gefurchten, von Saturn gezeichneten Gesicht durch die abgerissene, ärmliche, halbverhungerte Menge der Besiegten. Unter dem schweigenden Entsetzen der Juden betritt er das Tempelgebäude und hebt den Vorhang vor dem Allerheiligsten.

Das Allerheiligste ist leer.

Gott ist unnahbar, unverletzbar, unnennbar, unvorstellbar, unsichtbar.

Der Blitz Jahwes hat nicht eingeschlagen, aber der römische Feldherr in seiner glänzenden Rüstung, der schweigend durch die schweigende Menge das Heiligtum verläßt, ist nicht mehr der Sieger. Der Feldherr Pompeius ist, lange bevor das Römische Weltreich den Höhepunkt seiner Macht erreicht, der erste Römer, dem eine Ahnung aufging, daß ein neues Zeitalter heraufziehe. Auf den Glanz seines Ruhmes war der erste Schatten gefallen.

Pompeius war von seinem Erlebnis so beeindruckt, daß er die Schätze des Tempels unberührt ließ. Kurz danach erschien der tüchtige und habgierige Crassus in Jerusalem. Er plünderte den Tempel. Wenig später verlor Crassus seinen Krieg gegen die Parther und kam dabei zu Tode.

Hundert Jahre später wurde der Tempel, den König Herodes unterdessen erbaut hatte, bei der Eroberung Jerusalems durch Titus zerstört. Seitdem betritt kein rechtgläubiger Jude mehr den Tempelbezirk, aus Furcht, er könne die Stelle entweihen, an der das Allerheiligste gestanden hat. Im Bewußtsein der gläubigen Juden hat das Allerheiligste des Tempels noch immer eine reale Existenz.

Von der Grundmauer des Tempels ist an der nach der Stadt zu gelegenen Seite ein Stück stehengeblieben. Das ist die Klagemauer, an welcher die Juden das Schicksal Zions seit Jahrhunderten beweinen. Schon der Pilger von Bordeaux, der im Jahre 333 in Jerusalem war, berichtet von dieser Sitte. Zur Klagemauer steigt man viele Stufen hinab. Die alten Steine sind glattgeschliffen von den Händen, die sie gestreichelt, von den Lippen, die sie geküßt, von den Stirnen, die sich schmerzvoll gegen sie gelehnt haben. Heute ist an diesen allerletzten Steinen, die von der Herrlichkeit der Vergangenheit übriggeblieben sind, die Klage der Juden um Zion verstummt.

Namen haben Patina. Namen leuchten von den Spuren der Zeit, die über sie hinweggegangen ist.

Sinai! Was für ein Wort! Dieser Berg tritt nur ein einziges Mal in einem ganzen Erdzeitalter aus der namenlosen Natur in die Namhaftigkeit der Geschichte. Ein einziges Ereignis gibt dem Namen Sinai den dunklen Glanz, mit dem er durch die Jahrtausende leuchtet.

Gott sprach zu Moses...

Auf dem Sinai hat die Menschheit die Gebote empfangen, die zu erfüllen noch heute ihre ungelöste Aufgabe ist.

Ein paar Jahre nach dem ersten Weltkrieg bin ich als junger Mann durch den Suezkanal ins Rote Meer gefahren. Wir hatten Glück damals. Als der Sinai querab Backbord lag, war es sechs Uhr morgens. Ich stand auf der Brücke. Die Sonne ging auf. Aus den Morgennebeln enthüllte sich in der Ferne der mächtige, als Pyramide steil aufsteigende Gebirgsstock. Mit goldenen Rändern zeichnete die Sonne den von Schnee bedeckten Berg des Moses scharf in den östlichen Himmel hinein. Ich habe dieses Bild aus meinen jungen Tagen niemals vergessen.

Ein Menschenalter später stehe ich in Suez in der Morgendämmerung am Kanal. Wir warten auf die Überfahrt. Es beginnt, hell zu werden. Hundert Meter weiter werden die Konturen eines Minaretts sichtbar. Die Dattelpalmenhaine der Oase Suez erstrecken sich bis an den Kanal.

Vier große Überseedampfer, hell erleuchtet, ziehen, gespenstisch geräuschlos, langsam, in großen Abständen an uns vorüber. Wo mögen sie hinfahren? Nach Colombo, Calcutta, Soerabaya, Hongkong, Sidney? Mein Ziel ist das 13. Jahrhundert vor Christi Geburt.

Die Schiffe dürfen nicht mehr als vier Meilen Fahrt machen, damit nicht die Bugwelle die Sandufer des Kanals unterspült. Bei vier Meilen Fahrt in dem ruhigen Wasser vernimmt man von den mächtigen Schiffen nichts als das leise Rauschen der Schiffsschraube. Hie und da lehnt ein Matrose an der Reling. Der Schiffskoch eines Öltankers wischt sich mit seiner weißen Mütze den Schlaf aus dem Gesicht, gähnt einmal laut, spuckt in Richtung Afrika ins Wasser, dreht sich um und verschwindet in seiner Kombüse. Zuweilen hört man das Kommando eines Lotsen, vom Rudergänger wie ein Echo wiederholt.

Der Himmel fängt an sich zu röten. Wiederum geht die alltäglich ewige Großartigkeit eines Sonnenaufgangs in der Wüste über die Szene. In die tiefe Stille hinein ertönt, langsam einsetzend, allmählich anschwellend, die singende Stimme des Muezzin, der vom nahen Minarett die Gläubigen zum Gebet ruft: »Allah akbar! Allah akbar!«

In ihrer klagenden Melodie gemahnt die Stimme an die Vergänglichkeit des Menschen inmitten der Schönheit der Natur.

Die Halbinsel Sinai liegt zwischen Afrika und Arabien. Der Golf von Suez trennt sie vom afrikanischen Festland. Die nördliche Spitze des Golfs ist durch den Suezkanal mit dem Mittelmeer verbunden. Der Golf von Akaba trennt die Halbinsel von Arabien. Sie ist ein Dreieck, dessen Spitze nach Süden ins Rote Meer hineinweist. Fast an dieser Spitze liegt der Berg Sinai. Eigentlich ist er ein Gebirgsstock mit drei Spitzen – dem Djebel Serbal, dem Djebel Mousa und dem Djebel Katharina. Die höchste der drei Erhebungen ist der Djebel Katharina mit 2600 Metern.

Hundert Kilometer südlich der Stelle, an der wir auf die Überfahrt über den Kanal warten, liegt, in dem Wüstengebirge zwischen dem Nil und dem Golf von Suez, ein koptisches Kloster. Es wurde am Ende des 3. Jahrhunderts gegründet.

Die koptische Kirche führt ihre Geschichte bis auf den Apostel Markus zurück. Die Kopten sind die echten Nachkommen der Aegypter aus der Zeit der Pharaonen. Die koptische Sprache ist eine Tochter der alten aegyptischen Sprache.

Severus ibn al-Muqaffa, ein koptischer Gelehrter, der am Ende des 10. Jahrhunderts in Aegypten gelebt hat, berichtet die Geschichte von der Entstehung der ersten christlichen Gemeinde am Nil.

Als der Apostel Markus in Alexandreia landete, kam er in eine reiche, blühende und durch ihre Gelehrsamkeit berühmte Weltstadt. Während er durch die volkreichen Straßen dahinschritt, gab es in dieser Weltstadt außer ihm selbst nur einen einzigen Christen. Das war der Apostel Petrus. Dem Markus riß der Schuh. Er ging zu einem Schuster. Der Schuster flickte den Schuh. Dabei bohrte er sich mit der Ahle in die Hand. Erschrocken rief er aus: »Gelobt sei Gott!« Der Apostel, überrascht und erfreut, den Namen Gottes in dieser Heidenstadt zu vernehmen, heilte des Schusters Hand und beschloß, in Alexandreia zu bleiben. Der Schuster Annainos, der erste christliche Aegypter, der erste koptische Christ, wurde der Nachfolger des Apostels Markus auf dem Bischofsstuhl von Alexandreia.

Das Christentum verbreitete sich in Aegypten schnell. Die Aegypter haben immer an ein Leben nach dem Tode geglaubt. Sie waren seit den frühesten Zeiten ein Volk von hoher Moral und großer Strenge der Sitten. So war die Strenge der Sitten, die die neue Religion befahl, ihnen nichts Fremdes. Die wunderbare Klarheit der neuen Botschaft muß ihnen wie ein strahlendes Licht erschienen sein, das den Wirrwarr der alten Götterwelt im Schatten versinken ließ.

Im Jahre 451 fand das berühmte vierte Oikumenische Konzil von Chalcedon statt. Es hatte die Frage zu entscheiden, ob die Lehre des Eutyches, eines koptischen Christen, anzunehmen oder zu verwerfen sei. Eutyches lehrte, daß die menschliche Natur Christi von seiner göttlichen Natur nicht getrennt werden könne, daß Christus also nur eine Natur habe: μόνην φύσιν – monen physin. Davon kommt der Name Monophysiten. Das Konzil beschloß, daß die Lehre des Monophysitismus zu verwerfen sei. In Christus seien zwei Naturen, die göttliche und die menschliche, vereint. Die Kopten sind bei der Lehre des Eutyches geblieben. Seitdem bilden sie eine eigene Kirche, der sich die aethiopischen Christen angeschlossen haben.

Der Gründer des koptischen Klosters in der Wüste am Roten Meer war der heilige Antonius. Anachoreten, Einsiedler in der Wüste, hat es in Aegypten seit den ältesten Zeiten gegeben. Der heilige Antonius war der erste Christ, der sich von der Welt zurückzog, um sich der Betrachtung Gottes hinzugeben. Andere Einsiedler scharten sich um ihn. Es entstand ein Kloster, das erste Kloster der Christenheit.

Antonius ist einhundertundvier Jahre alt geworden. Er starb im Jahre 356. Andere Klöster entstanden. Hundert Kilometer nördlich von Luksor gründete Pachomios das Kloster von Tabanesse. Seit dem Jahre 323 versammeln sich dort zweimal im Jahr die Mönche der koptischen Kirche. In Tabanesse hat Pachomios die Regel für die Klöster Aegyptens erlassen. Es war eine strenge, eine asketische Regel. Noch zu Antonius' Lebzeiten machte Athanasios, Patriarch von Alexandreia, auf seiner Reise nach Rom im Jahre 340 den Westen mit dem Klosterwesen des Ostens bekannt.

Das Kloster des heiligen Antonius blüht seit seiner Gründung im 3. Jahrhundert ohne die geringste Unterbrechung. Durch keine Tat hätte Antonius die Welt mehr verändern können als dadurch, daß er auf die Tat und auf die Welt verzichtete. Er war der erste Mönch der Christenheit, »und so wurde er, kinderlos, der Vater eines unermeßlichen Geschlechts«.

Wir setzen über den Kanal. Auf der anderen Seite ist die aegyptische Paß- und Zollkontrolle. Hier beginnt die Wüste, deren auch heute noch niemand Herr ist. Wir müssen angeben, an welchem Tag wir aus der Wüste zurück sein wollen. Wenn wir vierundzwanzig Stunden überfällig sind, wird man uns suchen. Gegenüber dem Zollhaus ist ein Detachement des aegyptischen Kamelreiterkorps untergebracht. Zwanzig der rassigen grauen Reitkamele liegen im Sand. In ihrem wunderbaren, der Wüste so angemessenen Hochmut würdigen sie unseren Wagen keines Blickes. Wir müssen für die ganze fünftägige Reise nicht nur

Benzin und Verpflegung mitnehmen, sondern auch das Wasser. Wenn wir Pech haben und steckenbleiben, werden diese Kamele uns suchen.

Die Fahrt geht an der Küste des Roten Meeres entlang. Es ist eine recht gute Asphaltstraße. Sie endet nach etwa sechzig Kilometern bei einem kleinen Hafen. Er dient der Verladung des Manganerzes, das heute auf der Halbinsel Sinai gewonnen wird. Zur Zeit der Pharaonen war die geologische Kostbarkeit des Sinai der Türkis. Hinter dem Hafen wird die Straße zur Wüstenpiste. Plötzlich, gänzlich unvermutet, biegt der Fahrer von dieser Piste nach links ab, quer durch das Gelände auf das Gebirge zu. Für die siebzig Kilometer von hier bis zum Kloster der heiligen Katharina am Fuß des Djebel Mousa braucht das Auto neun Stunden. Der Fahrer ist ein Sudanese, ein prachtvoller und zuverlässiger Bursche. Über seine linke Backe ziehen sich zwei regelmäßige Narben, die Abzeichen seines Stammes. Die Geschwindigkeit übersteigt selten die Grenze von fünfzehn Stundenmeilen. Zuweilen gibt der Sudanese Gas und geht auf achtzig oder neunzig, um über Flugsandstrecken hinwegzuhuschen. Diese kleinen Becken von Flugsand sind wie Sümpfe, in denen man bei langsamer Fahrt hoffnungslos steckenbleibt.

Im Wagen sitzt noch ein dänisches Fräulein, das der Manager der Reise mir als Hostess mitgegeben hat. Von ihr erfahre ich endlich etwas Authentisches über die Schlittenhunde der Eskimos. Sie war zwei Jahre als Krankenschwester in Grönland. Der Vierte im Wagen ist ein Novize des Klosters, ein junger Grieche, den mitzunehmen mich der Erzbischof hatte bitten lassen. Er ist ein netter junger Mann, freundlich, von angenehmer Höflichkeit und Bescheidenheit. Seine Eltern sind im griechischen Bürgerkrieg umgebracht worden. Was alles mag der junge Mann schon erlebt haben, daß er zu dem Entschluß gekommen ist, in ein Kloster in der Wüste zu gehen! Freilich, nachdem er schon Abschied von der Welt genommen hat, um sein Leben in der Wüste zu verbringen, setzt ihn der Satan noch einmal für zwei Tage neben ein hübsches Mädchen, das ihn auf der ganzen Fahrt in der reizendsten Weise verwöhnt.

Das Kloster, zu dem wir fahren, liegt am Fuß des Djebel Mousa, an der Stelle, an der Moses den Dornbusch brennen sah. Der Djebel Mousa, der Berg Mosis, ist der Horeb. Schon im 3. Jahrhundert haben christliche Eremiten in dieser Wüste gehaust. Der erste dieser Eremiten, den wir mit Namen kennen, ist der heilige Onophrios. Die Kaiserin Helena, die so viele Kirchen in Jerusalem gestiftet hat, hat auch am Horeb eine Kirche gebaut. Dazu ließ sie einen Wachtturm errichten, in dem die Eremiten Zuflucht vor den Beduinen, ihren Feinden, nehmen konnten.

Im Jahre 460 war die spanische Nonne Etheria auf dem Sinai. Ihr Reisebericht ist erhalten. Von ihr wissen wir, daß es schon damals an dieser

Stelle ein Kloster gab. Die Nonne muß eine sehr energische Dame gewesen sein. Mit großer Anschaulichkeit beschreibt sie in einem Brief an ihre Klosterschwestern daheim den mühsamen Aufstieg auf eine der drei Spitzen des Sinai.

561 errichtete Kaiser Justinian eine neue Kirche an der Stelle des Brennenden Dornbuschs. Dazu baute er eine feste Mauer um Kirche und Wachtturm. Im Jahre 630, also knapp siebzig Jahre später, nimmt der Abt des Klosters den Titel eines Bischofs vom Sinai an. Die ganze Halbinsel ist heute ein Erzbistum der griechisch-orthodoxen Kirche. Der Erzbischof residiert in Kairo. An hohen Feiertagen besucht er das Kloster, um das Pontifikalamt zu zelebrieren. Auf dem Rückweg nahm ich, da vierzehn Tage lang kein Kamel gegangen war, auf Bitten des Abtes einen Brief an den Erzbischof nach Kairo mit. Die Adresse des Briefes lautete:

À sa Béatitude
L'Archevêque du Couvent de Ste. Catherine
Monseigneur Porphyrios III.
Seiner Herrlichkeit
dem Erzbischof des Klosters der Heiligen Catharina
Monsignore Porphyrios III.

Die heilige Katharina, nach der das Kloster heute benannt ist, war eine Christin aus Alexandreia. Sie erlitt unter dem römischen Kaiser Maximinus im Anfang des 4. Jahrhunderts den Märtyrertod. Nach der Überlieferung wurden ihre sterblichen Überreste von Engeln auf den Berg Sinai gebracht, wo sie etwa fünfhundert Jahre später entdeckt wurden. Reliquien der Heiligen werden noch heute in kostbaren byzantinischen Schreinen im Kloster aufbewahrt.

Wir fahren durch ausgetrocknete Flußtäler tiefer und tiefer ins Gebirge hinein. Das Kloster liegt 1200 Meter über dem Meeresspiegel. Die Kühle des Morgens ist verflogen. Es wird heiß. Die Landschaft ist von einer wilden Großartigkeit. Hier läßt nur hin und wieder einmal ein Mensch oder ein Kamel eine schnell verwehende Spur im Sand zurück. Hier ist die Natur mit sich allein. Wenn die Natur mit sich allein ist, spielt sie mit ihren Möglichkeiten. Die geologischen Formationen wechseln schnell. Einmal sind es gezackte, zerrissene Felsabstürze, unter denen wir entlangfahren. Dann wieder kommen steile Kuppen, über die meilenlang schwarze Streifen entlangziehen, die wie Mauern aussehen – in das Gestein eingesprengte Schichten von Asphalt. Allmählich werden die Täler enger. Zuweilen fahren wir auf eine hohe Felswand zu, in der erst im letzten Augenblick ein kleiner Durchgang sich öffnet. Einmal taucht am Ende eines Tales eine Reihe von zwanzig unförmigen, vielleicht fünfzig Meter hohen Säulen auf, die aussehen wie die Ruinen eines von Kyklopen gebauten Heiligtums. Sie sind im Lauf von einer halben Million Jahren vom Regen ausgewaschen worden. Gewaltige Felsbrocken liegen, wie vergessenes Riesenspielzeug, in den Tälern umher. Zuweilen fahren wir über große Felsplatten, die der Sand blank- und glattgeschliffen hat. Die fast vegetationslose Landschaft ist in lebhafte Farben getaucht. Weißer Kalk, grauer Granit, schwarzer Asphalt, grüner Porphyr wechseln miteinander ab. Über allem wölbt sich der wolkenlose Himmel, von dem die Sonne herabbrennt. Stunde um Stunde geht es durch immer wechselnde Täler aufwärts. Durch diese Landschaft hat Moses die Kinder Israel zum Berge Horeb geführt.

Das Wüstengebirge ist nicht ganz ohne Leben. Hier und dort stehen ein paar Dornbüsche, gelegentlich auch einmal ein halbvertrockneter Baum. Von einem Felsblock blickt ein einsames Kamel zu uns herüber. Bei einem kleinen Halt, um den der Fahrer bittet, sehe ich zum Himmel auf. Gegen die Sonne blitzt ein Schneegestöber von hunderttausend Lichtern, die Flügel der Heuschrecken eines Schwarms, der soeben einfällt. Viele Meilen lang fahren wir über die Leiber ungezählter und unzählbarer Heuschrecken hinweg. Der Schwarm kommt, wie der Sudanese mir sagt, aus Südarabien. Er ist hier eingefallen, fern von menschlichen Siedlungen, fern von jeder Nahrung. Hier werden die Tiere verhungern. Millionen von Lebewesen aus dem unermeßlichen Reichtum der Natur, die sie in unermeßlicher Gleichgültigkeit zugrunde gehen läßt.

Gegen Mittag sehen wir auf einem nahen Hügel einen einsamen Beduinen stehen. Die Wüste in all ihrer unerbittlichen Unnahbarkeit ist dennoch eine humane Landschaft. Wenn man nach vielen Meilen und vielen Stunden in dieser unerhörten Verlassenheit auf einen Menschen trifft, ist es unmöglich, an ihm vorüberzufahren. Wir halten. Der Beduine kommt langsamen Schrittes auf uns zu. Wir begrüßen uns herzlich. Er ist ein junger Mann, aufgewachsen in der Wüste, braungebrannt, mit scharfem Profil, ein Bild der Anmut, der Armut und der Freiheit. Er lacht uns mit prachtvollen weißen Zähnen an. Er bittet um etwas Wasser. Nie habe ich das Wasser so als eine Gabe des Himmels empfunden wie hier, da ich den Beduinen mit langsamen, kleinen Schlucken trinken sehe. Nach einer Weile kommen seine Weiber, tief verschleiert, und ein halbes Dutzend Kinder. Sie alle wollen ihren Durst stillen. Diese Kinder, die kaum mehr als ein zerrissenes Hemd anhaben, sind schlechthin bezaubernd. In ihren glänzenden schwarzen Augen mischen sich auf die heiterste Weise Verlegenheit und Neugier. Zwei Mädchen von vielleicht zehn Jahren strahlen uns an mit jener Genialität kindlicher Koketterie, die Frauen später niemals wieder erreichen. Die Eskimodame aus Grönland ist so entzückt, daß sie unsere ganze Schokolade unter die kleinen Wüstenengel verteilt.

Nach weiteren zwanzig Meilen machen wir erneut einen Halt. Wir stehen am Fuß eines Felsens, dessen schräge Platte viele Meter hoch mit zahlreichen merkwürdigen Zeichen bedeckt ist.

In dieser verlassenen Wüste hat eines der großen unbekannten Genies der menschlichen Geschichte mit diesen in den Felsen gemeißelten Zeichen ein ungewöhnliches Denkmal hinterlassen. Es sind Inschriften. Sie wurden im Jahre 1904 von Flinders Petrie entdeckt. Der Platz hat den Namen Serabit el-Khadem.

Diese Inschriften sind die ersten bekannten Versuche einer rein alphabetischen Schrift. Sie werden als protosinaitisch bezeichnet, zum Unterschied von Inschriften im Sinai, die aus einer späteren Zeit stammen. Diese Alphabetinschriften sind aus Hieroglyphen entstanden. Ihr Verfasser ist ein Phoiniker, der in den Türkisminen der Pharaonen auf dem Sinai gearbeitet hat. Dieses Felsenalphabet ist Grundlage und Ausgang aller Literatur und Wissenschaft, die auf der Welt je in Buchstabenschrift geschrieben wurde.

Die Sprache, in der die Inschriften abgefaßt sind, ist ein sehr altes Semitisch. Die Inschriften lassen sich genau datieren. Sie stammen aus der Zeit der 12. aegyptischen Dynastie. Sie sind viertausend Jahre alt. Die 12. Dynastie wurde gegründet von Pharao Amenemhet I. Sie hat zweihundert Jahre geherrscht. Ihre Regenten eroberten Nubien bis zum zweiten Katarakt des Nil. Sie legten Türkisminen im Sinai an. Sie bauten einen Kanal vom Nil zum Roten Meer. Das war im 20. Jahrhundert vor Christi Geburt, zur Zeit des Erzvaters Abraham. Als Moses hier vorbeizog, waren die Inschriften mehr als ein halbes Jahrtausend alt.

Am Nachmittag um fünf Uhr beginnt es, dunkel zu werden. Wir haben den 7. Dezember. Wir biegen aus einer breiten Mulde in ein enges Felsental ein. Nach zehn Minuten hält der Wagen auf der breiten Rampe am Fuß der Mauer des Klosters der heiligen Katharina. Die Mauer, aus Granitblöcken erbaut, ist zwischen zwölf und fünfzehn Metern hoch. Das Kloster ist ein großes Rechteck, vollständig von der Mauer eingeschlossen. Noch bis zur Mitte des vorigen Jahrhunderts hatte die Mauer kein Tor. Die Besucher wurden in einem Korb auf die Mauer hinaufgehißt. Nur wenn Seine Herrlichkeit der Erzbischof das Kloster besuchte, wurde eine Pforte in die Mauer gebrochen. Nach seinem Einzug wurde sie sofort wieder zugemauert. Heute stehen die Beduinen der Gegend im Dienst der Mönche.

In jedem griechisch-orthodoxen Kloster gibt es einen Gastpfleger, einen Mönch, der für die Fremdlinge sorgt. Hier ist es Vater Damian, ein besonders liebenswürdiger und freundlicher Mann. Im Kloster gibt es köstlich frisches Wasser aus einer Gebirgsquelle. Für Verpflegung muß man selber sorgen. Die Gastzimmer liegen in einer Galerie, die sich nach dem Innern des Klosters öffnet. Die Galerie gewährt einen Blick auf zahlreiche Höfe und Gebäude, die durch Treppen und vielfach verschlungene Gänge miteinander verbunden sind. Jahrhunderte haben hier gebaut.

In der Mauer läuft ein wohlerhaltener Wehrgang mit Schießscharten um das ganze Kloster herum. Alles ist von außerordentlicher Sauberkeit. Nur einige der Gebäude beginnen zu verfallen. Die Zahl der Mönche ist nicht mehr groß. Die grobe Arbeit, früher von Novizen und Laienbrüdern verrichtet, wird heute von Beduinen getan. Das Kloster ist nicht arm. Seine Besitzungen in Rumänien hat es zwar verloren, aber die Liegenschaften in der Türkei sind den Mönchen erhalten geblieben.

In der Mitte des Klosterbezirks, fast wie in einem Trichter, ganz in der Tiefe, halb schon im Boden versunken, steht eine von außen ziemlich unscheinbare Kirche aus grauem Granit. Es ist die Kirche, die Kaiser Justinian in den Jahren 561 bis 565 hier errichten ließ. Sie ist seitdem unversehrt erhalten geblieben. Nur der Dachstuhl wurde einmal erneuert.

Von der Zinne der Mauer werfe ich noch einen Blick auf die letzte Röte des Sonnenuntergangs. Die Berghänge stürzen steil von beiden Seiten auf das Kloster herab. Sie sind kahler, zerklüfteter Felsen. Nur hie und da steht im Tal ein Dornbusch oder eine Tamariske. Der südliche Berghang gehört schon zum Horeb, dem Berg des Gesetzes. Groß und leuchtend geht der Mond über der einsamen Szene auf. Er übergießt die unwahrscheinliche Verlassenheit mit einer Flut von Silber.

Als Gäste des Klosters sind außer uns noch fünf entzückende alte Weiblein da. Es sind griechische Pilgerinnen aus Kairo, die die Mühe der Reise nicht gescheut haben. Sie alle haben den schönen Namen Katharina. Es ist der Vorabend des Festes ihrer Heiligen, das am nächsten Tage in einer feierlichen Messe begangen werden soll.

Wir sitzen in einer Küche mit einem riesigen rußigen Kamin, auf dessen Holzfeuer die Beduinen Mokka bereiten. Wir, das sind die Eskimo-Schwester, der Sudanese mit den heidnischen Narben auf der Backe, Mousa, der islamische Sheik der Beduinen dieser Gegend, Vater Damian, unser freundlicher Gastpfleger, den wir durch eine neue griechische Zeitung erfreut haben, die fünf reizenden huckligen, eifrig miteinander plappernden schwarzen Katharinen, ein englischer Captain von den Grenadier Guards, der vor acht Jahren Hamburg erobert hat, ein Leutnant von den Coldstream Guards, der wie Lord Byron aussieht, und, wie man sowohl auf sächsisch als auch auf arabisch sagen darf, meine Wenigkeit. Ein Kaffeepalaver in einer solchen Gesellschaft, in fünf oder sechs verschiedenen Sprachen, gehört zu den erlesensten Vergnügungen, die das Leben zu bieten hat. Wir sind glücklich.

Die Nacht war kalt. In dieser Höhe und Jahreszeit bringt sie einige Grade Frost.

Am Morgen standen wir um fünf Uhr auf und stiegen in die Kirche hinab. Der Gottesdienst hatte schon um Mitternacht begonnen.

Unter dem Gesang der Mönche betreten wir das Heiligtum. Der Augenblick ist feierlich und überraschend zugleich. Inmitten dieser kahlen Berglandschaft, an diesem äußersten Platz der Welt, rings umgeben von der einsamen Wüste, ist der Anblick des Inneren der Kirche von reiner Schönheit und großer Pracht.

Die Kirche ist eine Basilika mit zwei Reihen von Säulen. Goldene und silberne Ampeln hängen von der Decke herab. Die Decke ist eine flache Holzdecke mit einem Himmel goldener Sterne. Der Ikonostas, die Bildwand, die in den griechisch-orthodoxen Kirchen den Altar vom Kirchenschiff trennt, ist aus dem 16. Jahrhundert. Sie ist mit Heiligenbildern bemalt. Nichts in dieser Kirche ist neueren Datums als 1800.

Die Kuppel der Apsis, die man über dem Ikonostas sieht, ist mit einem Mosaik aus der Zeit des Kaisers Justinian geschmückt. Es stellt den Christos Pantokrator, Christus den Allherrscher, dar. Er hat ein strenges Gesicht von furchterregender Majestät. Vier Propheten umgeben ihn. Darunter schweben zwei Engel. Sie erinnern an Michelangelos Engel in der Sixtinischen Kapelle. In der trockenen Wüstenluft hat das Mosaik seine leuchtenden Farben behalten. Die Wand unter dem Mosaik ist mit Marmorplatten verkleidet, ein Geschenk Kaiser Justinians an das Kloster. Sie stammen aus dem Tempel der Artemis zu Ephesos. Zur Zeit der Erbauung des Klosters waren sie schon über tausend Jahre in religiösem Gebrauch. Um die Wand der ganzen Kirche zieht sich ein handbreites silbergesticktes Band, an dem eine Anzahl kostbarer alter Ikonen aufgehängt sind.

Der herbe Duft des Weihrauchs erfüllt den Raum. Die Väter, würdige Greise mit weißen Bärten, stehen in den Chorstühlen. Sie sind, zum Fest der heiligen Katharina, mit goldgestickten Gewändern angetan. Ein Stück aus der Bibel wird von der Kanzel verlesen. Über hundert Kerzen brennen. Sie hüllen den Raum in warmes Licht. Leise bricht, durch die Fenster unter dem Dach, das Tageslicht in den Raum. Der Vorsänger, Dikon Eleias, ist ein jüngerer Mönch. Sein Bart ist noch dunkel. Sein Gesicht, mit den großen braunen Augen, ist bleich. Sein Ausdruck ist von tiefem Ernst. Er hat eine wunderbar wohlklingende, an Schaljapin erinnernde Stimme. Zuweilen gedämpft, zuweilen ruhig und kräftig durch den Raum hallend, zuweilen ekstatisch sich erhebend, verbindet sich die

Stimme des Dikon Eleias mit den Stimmen der anderen Mönche zum Lobgesang Gottes.

Der Gottesdienst dauert viele Stunden. Anschließend werden die Reliquienschreine in feierlicher Prozession um die Kirche getragen. Die Schreine sind alte, mit Juwelen und Email verzierte Goldarbeiten. In jeder der vier Richtungen der Windrose wird noch einmal ein kurzer Gesang angestimmt. Die Sonne ist unterdessen am Himmel hochgestiegen. Sie scheint in die tiefen, steingrauen Gänge, durch die die Patres gemessen dahinschreiten. In den Strahlen der Sonne blitzen das Gold der Gewänder und die Edelsteine der Reliquienkästen. Über die Mauerbrüstungen herabschauend, betrachten die Beduinen schweigend das altehrwürdige, feierliche Bild.

Wie fern ist diese Frömmigkeit den Händeln dieser Welt! Seit dem Jahre 565 nach Christi Geburt ist kein Tag vergangen, an welchem nicht das Lob Gottes gesungen wurde in einem Ritus, der sich seit den Tagen des Kaisers Justinian kaum verändert hat, in dieser Kirche, die als frühe Stätte der Christenheit am Fuß des Berges errichtet wurde, von welchem vor dreitausend Jahren Gott den Menschen das Gesetz gegeben hat.

DER BERG DES GESETZES

An die Basilika des Kaisers Justinian im Kloster der heiligen Katharina am Fuß des Berges Mosis, des Berges des Gesetzes, ist eine Kapelle angeschlossen. In dieser Kapelle steht ein Altar. Er steht an der Stelle, von der im 2. Buch Mosis im 3. Kapitel erzählt wird.

»Mose aber hütete die Schafe Jethros, seines Schwiegervaters, des Priesters in Midian, und trieb die Schafe hinter die Wüste und kam an den Berg Gottes, Horeb.

Und der Engel des Herrn erschien ihm in einer feurigen Flamme aus dem Busch. Und er sah, daß der Busch mit Feuer brannte und ward doch nicht verzehrt; und sprach: Ich will dahin und beschauen dies große Gesicht, warum der Busch nicht verbrennt. Da aber der Herr sah, daß er hinging, zu sehen, rief ihm Gott aus dem Busch und sprach: ›Mose, Mose!‹ Er antwortete: ›Hier bin ich.‹ Er sprach: ›Tritt nicht herzu, zieh deine Schuhe aus von deinen Füßen, denn der Ort, darauf du stehst, ist ein heilig Land!‹«

Dies ist, inmitten der Wüste, inmitten dieser kahlen Felsenberge, die seit der Zeit der Schöpfung dazustehen scheinen, ein Platz, der an Würde auf Erden nicht seinesgleichen hat. Es ist der einzige Ort auf Erden, den Gott selbst heilig genannt hat. Hier berief der Herr den Moses, die Kinder

Israel aus Aegypten ins Gelobte Land zu führen, das Land, in dem Jesus von Nazareth geboren werden sollte. Das war den frühen Christen Grund genug, ein Heiligtum zu errichten, mochte dieser Platz noch so verloren »hinter der Wüste« liegen.

Wo sonst als hinter der Wüste hätte der Platz liegen können!

Moses war am aegyptischen Hofe von einer Tochter des Pharao aufgezogen worden. Er hatte den Rang eines aegyptischen Prinzen. Auch sein Name ist aegyptisch. Es ist lächerlich, daran zu zweifeln, daß Moses eine historische Persönlichkeit ist. Wenn die Juden sich einen nationalen Heros hätten schaffen wollen, hätten sie ihm nicht einen aegyptischen Namen gegeben.

Ohngeachtet seiner hohen Stellung als Prinz am Hofe des Pharao hatte Moses angefangen, sich für die soziale Lage des Volkes, dem er entstammte, zu interessieren. Die Juden leisteten damals Fronarbeit für den Pharao. Moses hatte einen aegyptischen Aufseher, der einen der hebraeischen Arbeiter ungerechterweise mit der Peitsche bearbeitet hatte, im Zorn erschlagen. Nach dieser Tat floh er aus Aegypten in die Wüste Midian. Dort hatte er die Tochter des Priesters Jethro zum Weibe genommen und lebte als Beduine, der seine Herden weidete. Bei den Wanderungen von einer der seltenen Wasserstellen der Halbinsel Sinai zur anderen hatte er Gelegenheit, das Land, durch das er später mit dem Volke Israel ziehen sollte, kennenzulernen.

Nach dem Gottesdienst am Morgen des 8. Dezember, dem Tag der heiligen Katharina, führte uns Vater Damian in die Kapelle des Brennenden Dornbuschs. Am Eingang dieser christlichen Kapelle bat er uns, was man sonst nur am Eingang zu mohammedanischen Moscheen zu tun genötigt ist, die Schuhe auszuziehen. Seit der Zeit des Kaisers Justinian im 6. Jahrhundert hat niemand diese Kapelle betreten, ohne sich des Schuhwerks zu entledigen. Tausende von Pilgern durch alle Jahrhunderte hindurch haben den ehrerbietigen Ritus vollzogen vor dem Platz, von dem Gott gesagt hat, er sei heiliges Land.

Die Kapelle ist ein bescheidener Raum. Die Wände sind mit Fresken bemalt. Über der Stelle des Brennenden Dornbuschs liegt eine Silberplatte, in welche Darstellungen aus der Biblischen Geschichte eingehämmert sind. Darüber ist ein Altar errichtet. An bestimmten Tagen wird die Messe an diesem Altar zelebriert.

Daß der Brennende Dornbusch tatsächlich an der Stelle gestanden hat, die heute von der Silberplatte bedeckt wird, ist in hohem Grade wahrscheinlich.

Das Tal des Klosters liegt am Fuß des Horeb. Nur am Grund des Tals stehen einige wenige Dornbüsche und einzelne Tamarisken. Die Berghänge sind nackter Fels. Aus dem Berghang sprudelt eine Quelle. Sie ist die einzige weit und breit. Es ist klar, daß Moses mit seiner Herde an dieser Quelle gelagert hat.

Daß ein Dornbusch brennt und dennoch nicht verzehrt wird, kann ein menschliches Auge höchstens auf dreihundert bis vierhundert Meter Entfernung erkennen. Genau so weit ist die Kapelle von der Quelle entfernt.

Die Berufung Mosis am Brennenden Dornbusch ist ein bedeutendes Ereignis der Geschichte. Merkwürdig, daß die machtvolle Figur Mosis keinen Dichter ersten Ranges zur Darstellung angeregt hat. Michelangelo hat eine Marmorstatue von ihm geschaffen. Hier hat die Leidenschaft eines großen Künstlers in strenger Disziplin der Leidenschaft eines großen Mannes Gerechtigkeit widerfahren lassen. Neuerdings hat Schalom Asch in seinem mächtig dahinflutenden Roman »Moses« den größten Heros seines Volkes dargestellt. Arnold Schönberg hat, in einem unvollendeten Alterswerk, die Ereignisse am Berge Sinai zum Gegenstand einer Oper von großem Wurf gemacht.

Wir verbringen den Tag der heiligen Katharina in heiteren, die Dinge der Welt und die Anliegen des Himmels betreffenden Gesprächen mit den Patres. In dem alten Vorbau auf der Mauer, in den früher mit dem Seilkorb die Besucher heraufgezogen wurden, sitzt Dikon Eleias unter vielen Körben mit kleinen Broten, die am Tage vorher gebacken und geweiht worden sind. Unten an der Mauer sind an die fünfzig Beduinenkinder versammelt. Unter Jubel, Scherzen und fröhlichem Geschrei werden die Brote an sie verteilt. Jedes der Kinder hat irgendeine Hülle mitgebracht. Diese Hüllen werden in Bündeln mit dem Seil heraufgezogen. Darunter sind alte englische und sogar noch einige deutsche Brotbeutel aus dem ersten Weltkrieg. Zuweilen ist es auch nur ein Fetzen Stoff oder ein Stückchen Teppich. Der Dikon zeigt oben eine Hülle vor. Unten meldet sich das zu der Hülle gehörige Kind. Es werden so viele Brote eingewickelt, wie die Familie Mitglieder hat. Dann wird das Bündel zugeschnürt und hinuntergeworfen. Meistens wird es geschickt aufgefangen. Dikon Eleias ist der liebenswürdigen Meinung, daß die geweihten Brote den kleinen Moslemkindern nur gut bekommen könnten.

Innerhalb der Mauern des Klosters steht eine kleine Moschee, deren Minarett neben dem Turm der Kirche bescheiden hervorlugt. Die Araber erzählen, einst habe der Prophet Mohammed das Kloster besucht. Dieser Besuch ist zwar nirgends überliefert, aber schließlich, die Berge von Hedshas mit dem etwas südlicheren Medina liegen der Küste der Halbinsel Sinai gegenüber. Es ist sehr wohl möglich, daß Mohammed, für den Moses ein ebenso heiliger Mann war wie für die Christen, den Sinai einmal besucht hat. Mohammed habe den Beduinen verboten, die frommen Patres weiterhin zu belästigen. Als die Mönche höflich fragten, was sie ihm zu Danke tun könnten, habe er um die Errichtung einer kleinen Moschee an dem heiligen Platz gebeten.

Der Abt lädt uns ein und zeigt uns einiges von den Schätzen des Klosters. Wir dürfen die goldenen, mit Juwelen geschmückten Reliquienschreine betrachten. Er zeigt uns einige der schönsten Ikonen, herrliche Stücke, von denen das älteste, aus kleinsten Mosaiksteinen zusammengesetzt, Maria mit dem Kind darstellt. Es stammt aus dem 8. Jahrhundert. Der Abt zeigt uns einen goldenen Kelch, den König Karl VI. von Frankreich dem Kloster geschenkt hat, dazu einige der elfenbeinernen Bischofsstäbe aus früherer Zeit.

Vater Damian führt uns in die Bibliothek. Hier wurde eines der kostbarsten Bücher der Christenheit, der Codex Sinaiticus, entdeckt.

Der Codex Sinaiticus ist eine griechisch geschriebene Bibel. Von ihren ursprünglich 730 Blättern sind 390 erhalten, darunter das vollständige Neue Testament. Das Manuskript ist um 350 geschrieben. Wahrscheinlich stammt es aus Aegypten. Es gibt nur noch ein so vollständiges griechisches Bibelmanuskript von gleich hohem Alter, den Codex Vaticanus, der in der Vatikanischen Bibliothek aufbewahrt wird.

Der Codex Sinaiticus wurde im Kloster der heiligen Katharina im Jahre 1859 entdeckt. Der Entdecker ist Constantin von Tischendorf, der bedeutendste Kenner und Entzifferer alter Manuskripte, den die Wissenschaft des 19. Jahrhunderts hervorgebracht hat. 1859 war das Jahr, in dem Charles Darwin »Die Entstehung der Arten« herausgab. Schon bei einem früheren Besuch hatte Tischendorf einige Blätter gefunden, die er unter dem Patronat König Friedrich Augusts von Sachsen 1846 als Codex Friderico-Augustanus in Leipzig herausgab. Das 1859 entdeckte Manuskript gelangte in die Hand des Zaren Alexander von Rußland. Die Transaktionen, die zu der Übereignung an den Zaren führten, sind kompliziert und nicht ganz durchsichtig. Das Kloster hat vom Zaren einen Betrag von zwölftausend Rubel für das Manuskript erhalten, aber der Erzbischof von Sinai bewahrt noch heute in seinem Safe einen Brief Tischendorfs auf, der Cairo, 16./28. September 1859 datiert ist, den Daten des griechischen und des lateinischen Kalenders. In diesem Brief verspricht Tischendorf, das Manuskript der Heiligen Bruderschaft des Berges Sinai nach einer vereinbarten Zeit zurückzugeben. Die Rückgabe ist nie erfolgt. Die Mönche erheben noch heute den Anspruch, daß das Manuskript ihr Eigentum sei. Durch die russische Oktoberrevolution 1917 fiel das Manuskript in die Hände der Bolschewiki. Ihre Habgier war größer als ihr Glaube an ihren Unglauben. Sie verkauften das Manuskript im Jahre 1933 an das British Museum in London. Das war eine Weltsensation. Der

Verkaufspreis betrug zwei Millionen Mark. Das ist der höchste Preis, der jemals, seit es Bücher gibt, für ein Buch bezahlt worden ist. Der größte Teil der riesigen Summe war durch kleine und kleinste Spenden in England zusammengebracht worden. Das Manuskript wird im British Museum aufbewahrt.

Tischendorf hat die wissenschaftliche Herausgabe des Manuskripts noch selbst vorgenommen. Er gibt nicht weniger als 14 800 Stellen an, an denen Verbesserungen vorgenommen wurden. Diese Verbesserungen sind zwischen dem 4. und dem 12. Jahrhundert in das Manuskript eingetragen worden.

Der Zar ließ in Leipzig, in der berühmten Druckerei von Giesecke & Devrient, dreihundert Faksimiles, genaue graphische Nachbildungen des Originalmanuskriptes, auf kostbarem Pergament herstellen. Eines dieser Faksimileexemplare schenkte der Zar dem Kloster der heiligen Katharina. In der Bibliothek des Klosters wird dieses Dokument noch gezeigt.

Auf dem Titelblatt nennt Tischendorf das Manuskript »Codex Bibliorum Sinaiticus Petropolitanus«. Das heißt Sinaitischer Petersburger Bibelkodex. Dann kommen die beiden lateinischen Bemerkungen »ex tenebris protraxit, in Europam transtulit«. Er habe es aus dem Schatten gezogen und nach Europa gebracht. Dieser Schatten war der Schatten des Berges Horeb. Es war der Schatten der Frömmigkeit, der das heilige Buch über eineinhalb Jahrtausende bewahrt hat.

Din Joaquim, der Vater Bibliothekarios, lächelt, als der englische Captain und ich in edlem Wettstreit zwischen dem Eton College und dem Bautzener Gymnasium den lateinischen Text des Titelblattes entziffern.

Die wissenschaftliche Auswertung des Codex Sinaiticus hat als wichtigste Tatsache ergeben, daß die Überlieferung außerordentlich genau ist. Wir sind im Besitz des authentischen Textes der Evangelien in der Form, in welcher sie zuerst niedergeschrieben worden sind.

Am Morgen des nächsten Tages machen wir uns auf, den Djebel Mousa, den Berg Horeb, zu besteigen.

Im Morgengrauen brechen wir auf. Vater Damian begleitet uns. Es geht zunächst etwa zwei Stunden einen gewundenen, nicht allzu steil ansteigenden Pfad hinauf. Das Kloster liegt auf 1200 Meter Höhe. Der Berg ist 2300 Meter hoch. Der Blick über die bergige Landschaft weitet sich. Durch die Täler laufen Kamelpfade. Einmal sehen wir unten in der Tiefe einen einsamen Beduinen, der seines Weges dahinzieht von einem Platz der Verlassenheit zum anderen. Die Sonne steigt. Es wird wärmer.

Als Moses mit den Kindern Israel durch diese Wüste zog, um am Berge Horeb ein Opfer darzubringen, führten die Juden mit sich das uralte

Erbe ihres Glaubens an den einen Gott. Den schrecklichsten Abfall seines Volkes vom Glauben der Väter hat Moses erlebt. Als er mit den Gesetzestafeln, die von Gottes Hand beschrieben waren, den Berg herabkam, denselben Berg, den zu ersteigen wir im Begriff sind, tanzten die Juden in einer wilden Orgie um den Goldenen Stier. Der gewaltige Mann zerschmetterte in seinem Zorn die Gesetzestafeln auf dem Felsen zu unseren Füßen. Das Israel, das er aus Aegypten geführt hatte, war ein Volk von Sklaven. Es mußte erst vierzig Jahre durch die Wüste ziehen, bis von den Sklaven des Pharao keiner mehr am Leben war, bis das ganze Volk aus freien Beduinen bestand, tapferen Söhnen der Wüste, die fähig waren, die Aufgaben zu bewältigen, die Gott dem Volk Israel auferlegte. Josua und Kaleb sind die einzigen, die, noch in Aegypten geboren, den Jordan überschritten haben. Aaron mußte sterben, und selbst Moses durfte das Gelobte Land nur von weitem erblicken, das von ehrfurchtgebietender Tragik umwitterte Ende eines außerordentlichen Mannes.

Der Pfad läuft eine Meile entlang einer achtzig Meter hohen, senkrechten Wand und verschwindet dann zwischen den Felsen. Von dieser Stelle aus geht ein Pfad, aus mächtigen steinernen Stufen bestehend, noch etwa fünfhundert Meter zur Spitze des Berges hinauf. Er führt, den Felsspalten folgend, steil nach oben, wie es schon die frühen Ikonen darstellen.

Es ist eine mühsame Kletterei. Zuweilen führt die Stufentreppe über einen Grat. Steil stürzen die Hänge nach beiden Seiten in die Tiefe. Bei jedem Halt wirkt die Landschaft gewaltiger. Nirgends weit und breit eine menschliche Behausung.

Endlich erreichen wir die Kuppe des Berges, eine glatte Felsplatte von zwanzig mal dreißig Metern Fläche. Da man die Hänge der Pyramide, deren Spitze die Felsplatte ist, nicht sehen kann, hat man das Gefühl, auf eine unwahrscheinliche Weise zwischen Himmel und Erde zu schweben. Auf dieser Felsplatte hat Moses in der Wolke geweilt.

An einer Stelle bildet eine Felsenhöhle eine natürliche Zisterne. Sie enthält klares, eiskaltes Wasser. Diese Zisterne, vom Schnee und Regen des Winters gefüllt, hat es Moses ermöglicht, vierzig Tage und Nächte hier zu bestehen, hier, wo das Unerhörte sich ereignet hat, das Gespräch eines Menschen mit Gott.

Ich habe vieles auf Erden gesehen. Ich kenne nichts, was so einsam, so erhaben, so großartig ist wie der Blick vom Gipfel des Berges Horeb auf die Welt hinab. Im Süden liegt rechterhand der Djebel Katharina in einer Entfernung von zehn Meilen. Auf dieser Seite liegt der Golf von Suez. Dahinter erscheint in dunkelblauem Glast ein Hochgebirgszug, der bis Aethiopien reicht. Gerade voraus sind ein paar Inseln an der Spitze der

Halbinsel Sinai ins Rote Meer gestreut. Linkerhand der Golf von Akaba, dahinter in einem helleren Blau das Hedshasgebirge, das Randgebirge Arabiens, hinter dem die Arabische Wüste und die heiligen Städte Mekka und Medina liegen. Weiße Wolkenschiffe ziehen langsam über den Himmel dahin. Das Meer erglänzt in der Sonne. So hat die Erde am fünften Tag der Schöpfung ausgesehen. Keine Stätte könnte ein würdigerer Schauplatz des Ereignisses gewesen sein, das sich auf dieser Felsplatte zwischen Himmel und Erde vor dreitausend Jahren abgespielt hat.

Bedenkt man, daß die Gesetzgebung auf dem Sinai ein Ereignis ist, das zwischen der Schöpfung und der Vollendung ihres Sinnes mitteninne steht, so sind, selbst für uns Menschen, deren Leben dahinschwindet, als flögen wir davon, diese dreitausend Jahre nur eine kleine Weile.

AN DEN KÜSTEN DES LICHTS

VARIATIONEN
ÜBER DAS THEMA AEGAEIS

»Deiner Inseln ist noch,
der blühenden, keine verloren...«

DAS MEER DER MEERE

Die Aegaeis ist das Meer der großen Horizonte. Wenn Eos, die safrangewandete, rosenfingrige Göttin der Morgenröte, die alten Inseln, die blühenden, aus der Nacht heraufsteigen läßt, erhellt sie eine Bühne, auf der in der letzten Szene des letzten Aktes eines aeonenalten Erddramas die Geschichte der europäischen Kultur begonnen hat. Die Inseln der Aegaeis sind die Spitzen der Gebirge eines ins Meer versinkenden Landes.

Es ist oft genug gesagt worden, daß, gemessen an den Jahrmillionen der Erdgeschichte, die wenigen Jahrtausende, die wir den Menschen als geschichtliches Wesen kennen, nicht mehr als ein flüchtiger Augenblick seien. Dieser berühmte Vergleich ist zu naheliegend, um mehr als eine berühmte Banalität zu sein. Wir dürfen so bescheiden nicht sein. Man kann nicht die Jahre der Arbeit des Goldschmieds mit dem Augenblick vergleichen, in welchem dem König die Krone aufs Haupt gesetzt wird. Durch diesen einen Augenblick erst gewinnt die Mühe des Meisters ihren Sinn.

Der die Welt betrachtende und erforschende Geist hat Natur und Geschichte zum Gegenstand von Wissenschaften gemacht. Man sollte meinen, daß es die Aufgabe dieser Wissenschaften sei, danach zu forschen, welcher Sinn in Natur und Geschichte verborgen stecke. Kepler sagt im fünften Buch seiner »Kosmischen Harmonie«: »Indem ich mich daran gemacht, dem menschlichen Verstande mit den Hilfsmitteln des geometrischen Kalküls in Gottes Schöpfungsweg Einblick zu verschaffen...« Ranke beginnt seine Weltgeschichte mit der Epoche, in der die Pyramiden erbaut worden sind. Was vorher gewesen, sei »vom Schleier göttlichen Geheimnisses bedeckt«.

Die Naturforscher haben im Lauf der letzten hundert Jahre das Ziel, mit ihrer Forschung den Sinn im Geschehen der Natur zu entdecken, aus dem Auge verloren – Goldschmiede, die an einer Krone hämmern für einen König, den sie schon enthauptet haben. Warum eine Blume schön sei, ist keine wissenschaftliche Frage mehr.

Die Historiker haben den Sinn, der hinter dem Gegenstand ihrer Forschung stecken könnte, nicht aus dem Auge verloren. Aber seit langem machen sie bei weitem nicht so große Anstrengungen, diesen Sinn herauszufinden, als uns zu beweisen, daß es keinen gebe. Die Schönheit ist aus dem Reich der Naturwissenschaft verbannt worden. Der Sinn der Geschichte ist im Begriff, der Schönheit ins Exil zu folgen.

Unterdessen hat der Morgenwind sich aufgemacht. Die wiedererwachte Brandung schäumt gegen die felsigen Küsten. Die über den Horizont heraufsteigende Sonne hat den Kynthos, den heiligen Berg des delischen Apollon, mit Gold übergossen.

Wenn wir verstehen wollen, warum bei den Griechen nur ein Gott der Urheber dieses Wunders sein konnte, müssen wir uns noch ein wenig mit der Problematik der Wissenschaften beschäftigen.

Die klassische Physik hat zu beweisen versucht, daß der Kosmos ein ununterbrochener Ablauf von mechanischen Ursachen und Wirkungen sei. Die Evolutionstheorie hat zu beweisen versucht, daß auch der Mensch eine Entwicklung gehabt habe, in der, bei den einzelligen Lebewesen beginnend, eine Kette von mechanischen Ursachen und Wirkungen über tierisch-menschliche Zwischenstufen zur Entstehung des Homo sapiens geführt habe. Beide Versuche können als gescheitert betrachtet werden.

Man kann die Naturwissenschaft zwar von der Geisteswissenschaft trennen; aber das ist nur möglich, weil die Wissenschaft von einer Sache etwas anderes ist als die Sache selbst. Natur und Geschichte sind von Anfang an untrennbar ineinander verwoben. Eine Geschichtswissenschaft, deren Objekt von Gott geschaffen ist, muß notwendigerweise eine andere sein als eine Geschichtswissenschaft, deren Objekt vom Affen abstammt.

Die Historiker, welche die Hypothese der klassischen Physik annahmen, gerieten in eine von hintergründiger Ironie überschattete Lage. Sie beschäftigten sich damit, nach dem Sinn eines geschichtlichen Geschehens zu forschen, das sich innerhalb eines Kosmos abspielte, der seinerseits in mechanischer Sinnlosigkeit ablief. Schon diese Lage war nicht sonderlich befriedigend. Unerträglich wurde sie, als die Evolutionstheorie so in Mode gekommen war, daß die Historiker der Frage, ob auch sie diese Theorie als eine Voraussetzung ihrer Wissenschaft annehmen müßten, nicht länger ausweichen konnten. Die Historiker wählten einen Ausweg. Sie schufen eine beschreibende Geschichtswissenschaft, eine Morphologie der Kulturen. Der Ablauf der Kulturen wird in derselben Weise beschrieben, in der die Naturwissenschaft das Leben einer Pflanze beschreibt. Diese Art der Geschichtsschreibung hat mit der Frage, ob das historische Geschehen einen Sinn habe, so wenig zu tun, wie die Frage, warum eine Blume schön sei, mit der modernen Naturwissenschaft zu tun hat. Methodisch ist die Kulturmorphologie durchaus wissenschaftlich. Geistig beruht sie auf dem merkwürdigen Versuch, die Metaphysik, welche doch der wichtigste Gegenstand aller Kulturen und damit der historischen Forschung ist, aus ihren eigenen Voraussetzungen zu entfernen. Die heroischen Versuche, welche der Mensch in jeder Kultur unternimmt, das Geheimnis von Gottes Schöpfungsweg, das Geheimnis seiner eigenen Existenz zu ergründen, hält diese Wissenschaft einer Betrachtung für wert. Die Frage, ob es ein solches Geheimnis überhaupt gebe, stellt sie nicht.

So hat die Wissenschaft zu der Schönheit der Natur und dem Sinn der Geschichte auch noch des Menschen unsterbliche Seele ins Exil geschickt. Als die drei sich in der Fremde wiedersahen, stellte sich heraus, daß ihr Exil des Menschen wahre Heimat ist.

Unterdessen haben die Avantgardisten der Naturwissenschaft selbst schon die Evolutionstheorie, nachdem sie ihren Dienst getan hat, in jenem ehrwürdigen Museum angemeldet, in welchem die Gelehrten, zum höheren Ruhm der Forschung, die Wahrheiten von gestern aufheben. Die Historiker können, wenn sie mit den Ergebnissen der Naturwissenschaft Schritt halten wollen, künftighin nicht mehr die Geschichte dessen schreiben, der vom Affen abstammt. Wessen Geschichte also schreiben sie?

Die Sonne hat unterdessen den Zenit erreicht. Der Wind hat sich gelegt. In der Stille des Mittags breitet sich das Meer spiegelglatt in seiner eigenen Farbe, Aquamarinblau, bis zum Horizont. Nur die Strömungen im Wasser sind in großen, in der Schattierung ein wenig wechselnden Bereichen in die flimmernde Fläche eingezeichnet. Mit weißem Gischt zerstäuben letzte kleine Brecher an den Klippen, die die felsigen Küsten säumen. Die Inseln sind in einen Schleier graublauen Dunstes gehüllt. Das Graublau wird mit wachsender Entfernung lichter. Aber immer sind, auch bei den fernsten Inseln, die sich vom Blau des Himmels nur eben noch abheben, die Konturen mit haarfeinen Linien in den Himmel gezeichnet. Delphine, die glänzenden Leiber in graziösem Spiel in die Sonne schnellend, nichts als Geschöpfe, ziehen durch das Wasser. Das Segel eines Fischerbootes hängt bewegungslos am Mast. Der Schrei einer Möwe, die sich in die Luft wirft, vollendet die Stille.

Apollon blickt hinab auf das von den bergigen Kykladen umgebene Delos, das einmal die heilige Mitte einer ganzen Welt gewesen ist. Auf dem kleinen, heute von Marmortrümmern bedeckten Felseneiland ragte der Tempel auf, in dem die Menschen ihm mit frommem Sinn ihr Opfer brachten.

»Denn es ruh'n die Himmlischen
gern an fühlenden Herzen ...«

Welch ein Gedanke, den Hölderlin in diese Form gegossen hat! Nach der Genesis des Alten Testaments ist der Mensch nach dem Bilde Gottes erschaffen. Haben die Griechen ihre Götter nach dem Bild des Menschen geschaffen?

Die klassische griechische Götterwelt hat in der Vollkommenheit ihrer Schönheit unsere eigenen Klassiker so sehr fasziniert, daß sie sie für eine ideale Gegebenheit genommen haben. Die Erforschung der Frühzeit der griechischen Religion zeigt aber, daß die vollkommene Schönheit dieser Göttergestalten eine lange, wechselvolle Geschichte hat. Die älteste Mythologie der Griechen ist von der gleichen unmenschlichen Furchtbarkeit wie die frühen Mythologien Vorderasiens. Uranos, der Himmel, verschlingt die Kinder, die er mit Ge, der Erde, gezeugt hat. Medusa, die schlangenhaarige, die aus einer Verbindung von Ge, der Erde, mit Pontos, dem Meer, stammt, zeugt mit Poseidon eine Nachkommenschaft, die wahrhaft schreckenerregend ist – Kerberos, den Höllenhund, die Lernaeische Hydra, die männerverschlingende Thebanische Sphinx, den furchtbaren Nemeïschen Löwen.

Dabei ist diese frühe mythologische Welt von einer eigentümlich gegensätzlichen Wertigkeit. Aus dem Blut der gleichen Medusa, die eine so schaurige Nachkommenschaft hatte, entspringt, als Perseus sie tötet, der Pegasos, das geflügelte Roß Bellerophons. Die gleiche Ge, aus deren Verbindung mit Pontos in der zweiten Generation Medusa stammt, bringt aus einer Verbindung mit Uranos ein Göttergeschlecht hervor, dessen dritte Generation Apollon und Artemis sind. Medusa ist also, im Licht der olympischen Genealogie betrachtet, eine Tante Apollons.

Die frühen mythologischen Ungeheuer sind bis in die historische Zeit hinein im Bewußtsein der Griechen lebendig gewesen. Herakles, der Heros, hinter dem sich ganz sicher eine geschichtliche Persönlichkeit verbirgt, tötet schließlich die meisten dieser Ungeheuer. Den Kerberos, den vielköpfigen Höllenhund »mit der bronzenen Stimme«, der den Eingang zur Unterwelt bewacht, bringt er gefesselt an die Oberwelt. Die frühe Mythologie der vorderasiatischen Religionen hat länger gelebt. Der Baalskult mit seinen Menschenopfern ist bis ins zweite vorchristliche Jahrhundert hinein die Religion der Phoiniker gewesen. Erst nach der Zerstörung Karthagos durch die Römer im Jahre 146 vor Christi Geburt konnte sich die hellenische Gesittung ungehindert über die ganze antike Welt verbreiten.

Immer wieder sind aus dem Osten neue Götter, neue Kulte, neue Religionen in die griechische Welt eingedrungen. Wie das Beispiel Iphigenie zeigt, hat es auch bei den Griechen in frühen Zeiten Menschenopfer gegeben. Die Forschung macht es immer deutlicher, wie groß der Anteil asiatischer Götterkulte an der griechischen Religion gewesen ist. Die Bilder der klassischen griechischen Gottheiten lassen die älteren asiatischen Göttervorstellungen noch deutlich erkennen. Diese alten asiatischen Gottheiten sind dämonisch, monströs, menschenfern. Die olympischen Götter dagegen haben etwas in hohem Maße Menschliches. Sie sind großmütig, eifersüchtig, zornig. Sie überlisten einander. Sie freien einander. Sie treten in Liebesbeziehungen sogar zu sterblichen Menschen. Freilich, sie unterstehen nicht den griechischen Moralgesetzen. Denn andererseits sind diese Götter übermenschlich, unsterblich, geheimnisvoll, in ihren Entschlüssen unberechenbar, durch Opfer versöhnbar oder ewig unversöhnlich. Dabei sind sie, wie in der Ilias erzählt wird, doch sogar verwundbar! Durch die ganze griechische Götterwelt, durch die ganze griechische Religion schimmert etwas vom Glanz einer Wesenheit hindurch, welche hinter den Göttern steht und dem menschlichen Geist unerkennbar ist. Sie ist das höchste Geheimnis des Kosmos.

Den Heiligen und den Engeln in jenen hierarchischen Welten, die in der christlichen Religion zwischen Gott und dem Menschen ihren Platz haben, kommt das Merkmal der Vollkommenheit zu. Die griechischen Götter, die ihre olympische Herrschaft in dem Bereich ausüben, der sich zwischen der Welt der Sterblichen und jenem höchsten Geheimnis erstreckt, haben dieses Merkmal nicht.

Wenn der Mensch nach dem Ebenbild Gottes erschaffen ist, dann sind seine Maße göttlichen Ursprungs. Das gilt aber nur für die Zeit vor dem Sündenfall. Im Sündenfall hat der Mensch die Vollkommenheit verloren. Sollten sich die Griechen ihre Götter nach diesem unvollkommenen Maß geschaffen haben?

Die griechischen Götter sind mehr als nur eine zweite vergrößerte Garnitur Mensch. Die Welt der Olympier ist nicht nur eine Erweiterung, nicht nur eine poetische Überhöhung der Welt des Menschen. Ihr Reich grenzt auf der anderen Seite an das große Geheimnis jener höchsten Wesenheit, die auch die Schicksale der Götter bestimmt. Welch rätselhafter Zug ihres Wesens, daß sie überhaupt Schicksale haben! Die griechischen Götter und die griechischen Menschen sind beide nach einem tragischen Urmaß des Menschlichen gemacht, tragisch deswegen, weil es nicht das letzte, das endgültige, das wahre Maß ist, jenes Maß Gottes, das im Sündenfall verlorenging.

Eine Ahnung davon, daß des Menschen Maß von Gott kommt, ist tief im griechischen Bewußtsein verankert. Aus dieser Ahnung heraus wehrt sich der griechische Geist, der Geist eines seiner innersten Natur nach frommen Volkes, gegen die asiatischen Gottheiten, die in ihrer Monstrosität weder nach göttlichem noch nach menschlichem Maß gemacht sind. Die Griechen haben die Monstrosität Asiens, die sie als eine Bedrohung empfanden, immer von neuem bekämpft. Sie haben diese monströsen Gottheiten immer wieder, man möchte sagen, in olympische Maße umgeschmolzen. Es gab einen in der Sitte verankerten Kanon des Verhaltens gegenüber den olympischen Göttern. Wer im Übermut die Grenze überschritt, zog sich ihren Zorn zu. Für diese Art des Übermuts hatten die

Griechen ein eigenes Wort, das Wort »Hybris«. Hybris konnte schon etwas sein, was zwar das Maß im Verhalten gegenüber den Göttern überschritt, aber noch nicht Gotteslästerung zu sein brauchte. Die Hybris wurde aber nicht nur von den Göttern bestraft. Die Griechen sind das einzige Volk der Geschichte, bei dem Hybris, Übermut gegenüber dem Schicksal, ein Verbrechen war, das vom Gesetz, und zwar mit Strenge, bestraft wurde.

Es ist eine niemals unterbrochene Anstrengung des schöpferischen Geistes der Griechen gewesen, dieser immerwährenden Bedrohung, der die griechische Gesittung durch die chthonischen, die dunklen Mächte der Tiefe ausgesetzt war, immer wieder entgegenzutreten, immer wieder die Anarchie, die am Grund der Welt schlummert und so leicht erwacht, zu überwinden. Die strenge Schönheit der frühen archaischen Plastik hatte kein aesthetisches Motiv. Sie war das magische Mittel, die dunklen, maßlosen Mächte der Tiefe zu bannen und die lichten, maßvollen Gottheiten der Oberwelt zu beschwören. Es ist eine alte aegaeische Überlieferung, die besonders deutlich in Kreta in Erscheinung tritt, daß die Aufstellung heiliger Symbole – der Doppelaxt, der Säule, des Stierkopfes – die Bedingung der Epiphanie, die Bedingung für das Erscheinen der Gottheit ist. Das Götterbild bei den Griechen ist nicht selbst ein Gott wie noch bei den Sumerern, sondern ein Träger der göttlichen Macht. Welches Mittel, die Gottheit zu beschwören, hätte wirksamer sein können als die Schönheit des vollkommenen Maßes!

Der Gedanke der Überlegenheit des Maßes über die Maßlosigkeit hat durch mehr als ein Jahrtausend hindurch die Kulturgeschichte bestimmt.

Woher stammt dieser Gedanke? Woher nahmen fünfzig Generationen die Kraft und die Standhaftigkeit des Geistes, in den maßlosen Wirren der Welt unbeirrbar am Maße festzuhalten? Man kann in der Geschichte der griechischen Mythologie verfolgen, wie dieser Gedanke sich durchsetzt, wie er von Jahrhundert zu Jahrhundert kräftiger wird, um schließlich ein Merkmal des hellenischen Lebens zu werden.

Als die Griechen an den Küsten des Lichts erschienen, stießen sie auf die alten Kulturen der Aegaeis. Was sie von diesen Kulturen übernommen haben, ist natürlich vor allem das gewesen, was ihnen gemäß war. Die Auswahl der Dinge, deren sie sich bemächtigten, beweist, daß sie zu diesem Zeitpunkt den Sinn für Maß schon besessen haben. Offenbar ist das eine alte indoeuropäische Begabung, die die Griechen aus ihrer ersten Heimat mitgebracht haben. Dieses Talent wird uns bezeugt durch das Löwentor von Mykenai, dessen Erbauer aus orientalischen Stilelementen das früheste uns erhaltene europäische Bauwerk auf griechischem Boden errichtet haben. In seiner Klarheit und seiner einfachen Größe ist es eines der bedeutendsten Werke der Weltarchitektur. Es wird uns das auch bezeugt durch die Goldfunde Schliemanns in den Königsgräbern, die das Löwentor bewachte. Freilich eben, die Griechen fanden, als sie auf die alten, reichen Kulturen an den Küsten der Aegaeis stießen, eine Fülle von Dingen vor, deren sich zu bemächtigen ihr Sinn für Maß sie reizen mußte. Unsere Kenntnis dieser vorgriechischen Kulturelemente der Aegaeis ist durch die Frühgeschichte in den letzten Jahrzehnten in erstaunlicher Weise erweitert worden.

Der Sinn für Maß, diese eigentümliche Begabung für Harmonie, gehört zum Wesen der griechischen Kultur. Er ist ein nicht weiter zurückführbarer Charakterzug des griechischen Menschen, der sich durch seine ganze Geschichte hindurch nicht geändert hat. Er ist das Vermächtnis des begabtesten Volkes der Geschichte an alle Kulturen, die nach ihm gekommen sind, und an eine jede künftige Kultur, die als solche wird auftreten können.

Das ist nicht die Behauptung eines Romantikers, der einer Welt nachtrauert, die durch Wissenschaft und Technik vernichtet worden ist. Gerade die neue Großmacht der Wissenschaft, die moderne Physik, ist es, die uns zeigt, daß der Mensch nicht in Widersprüche gerät, wenn er sein antikes Privileg, die Mitte der Welt zu sein, zurückfordert.

Die Welt ist, nach der Allgemeinen Relativitätstheorie, zwar grenzenlos, aber endlich. Wir leben nicht, wie die klassische Physik glaubte, in einem unendlichen euklidischen Raum. Wir leben in einem endlichen gekrümmten Raum. So ist auch die Masse der Materie, die nach Ansicht der heutigen Sternphysiker ursprünglich gleichmäßig im Weltraum verteilt gewesen ist, zwar sehr groß, aber nicht unendlich groß. Die Zahl der Bedingungen, welche die Voraussetzung für ein organisches Leben im Kosmos sind, ist so groß, daß es jenseits aller Wahrscheinlichkeit liegt, daß die endliche Zahl der möglichen Variationen von Himmelskörpern zu dem Zeitpunkt, als die Materie noch gleichmäßig im Raum verteilt war, die Möglichkeit einer Erde mehr als einmal enthalten hat. Das bedeutet, daß die Natur, die sonst so verschwenderische, sich zur Hervorbringung der Erde des sparsamsten möglichen Mittels bedient hat – eines einzigen Kosmos nämlich. Der für die Entstehung der Erde erforderliche Mindestaufwand war das Weltall. Der für die wenigen Jahrtausende der Historie erforderliche Mindestaufwand waren Jahrmillionen der Erdgeschichte. So verbindet den Menschen noch mit den feinsten Spiralnebeln eine nicht nur physikalische, sondern eine durchaus humane Beziehung. Mindestens haben diese fernsten Sternkörper die Bedeutung, eine mathematisch-statistische Voraussetzung der Existenz des Menschen zu sein, und mindestens haben die Jahrmillionen der Erdgeschichte die

Bedeutung, eine geologisch-biologische Voraussetzung der Möglichkeit von Geschichte zu sein.

Helios' Feuerwagen braust zum Okeanos hinab. Über dem Horizont schwimmen, mächtig geballt, weiße Wolkenschiffe, deren Ränder golden blitzen. Sie geben dem Gott das Geleit. Der Abendwind weht über das Wasser. Die Brandung beginnt wieder, ihr altes Lied zu singen. In brennendem Rot flammen noch einmal die Inseln, die blühenden, auf, ehe die Nacht ihre blauen Schatten über die Bühne breitet, auf welcher die Geschichte unserer Kultur begonnen hat.

DER LÖWE BLICKT GEN OSTEN

Die Kirche San Marco in Venedig ist in ihrem Kern eine Schöpfung des 11. Jahrhunderts. In derselben Epoche, in der die ersten romanischen Gotteshäuser entstanden, hat Venedig zu Ehren seines Stadtheiligen, des Evangelisten Markus, eines der letzten großen Bauwerke der byzantinischen Kunst errichtet. Die Romanik ist ein Anfang gewesen. Zum ersten Mal seit dem Untergang des Römischen Reiches kam das Gefühl der Einheit des zum Christentum bekehrten Europa in einem den ganzen Westen erfassenden architektonischen Stil zum Ausdruck. San Marco dagegen ist ein Ausklang. Mit der Pracht dieser Kirche verabschiedet sich der griechische Geist von den Küsten des westlichen Mittelmeers.

Für den Pilger der Kreuzzugszeit, der sich in Venedig nach dem Orient einschiffen wollte, war die Fassade von San Marco der erste Gruß des Ostens. Auf den östlichen Kaufmann, der in Venedig an Land ging, hat der Bau einen vertrauten Eindruck gemacht. Die Basilika der Zwölf Apostel in Konstantinopel, die das Grabmal Kaiser Konstantins des Großen barg, ist das Vorbild gewesen, nach dem die venezianische Kirche erbaut wurde. Die sterblichen Überreste des Evangelisten Markus sind ursprünglich in einer Kirche in Alexandreia beigesetzt gewesen. Aber es gab eine alte Legende. Markus sei, als er predigend die Küste der Adria von Hafen zu Hafen entlangzog, von einem Sturm zwischen die damals noch unbewohnten Inseln in der Lagune getrieben worden. Ein Engel sei erschienen und habe ihm verkündigt, daß an dieser Stelle mitten im Meer eine große Stadt zu seinen Ehren entstehen werde. Als nach der Eroberung Aegyptens durch die Araber die Markuskirche in Alexandreia verfiel, fühlten sich die Venezianer berechtigt, die Gebeine des Jüngers Jesu nach Venedig zu holen. Das war im Jahre 828. Damals wurde für Markus zunächst eine kleine Holzkirche errichtet. Er wurde der Schutzheilige Venedigs. Der Löwe des Evangelisten wurde zum Wahrzeichen der Stadt.

Es gab in Venedig ein Gesetz, das jeden Venezianer verpflichtete, von Handelsfahrten oder Kriegszügen nach dem Orient eine Kostbarkeit zum Schmuck von San Marco mitzubringen. Die großartigste dieser Kostbarkeiten ist das Gespann der vier gewaltigen Bronzepferde, die von der Empore des Gotteshauses auf die Piazza hinabblicken. Dieses Viergespann ist von Kaiser Theodosios am Ende des 4. Jahrhunderts aus Chios nach Konstantinopel gebracht worden. Es hat dann den Hippodrom im kaiserlichen Byzanz geschmückt, bis es 1204 von Venedig geraubt wurde. Aber Habgier und Kunstverstand, diese für große Handelsherren so charakteristische Mischung, haben das Meisterwerk eben nicht nur geraubt, sondern auch gerettet. Es ist das einzige Viergespann aus der Antike, das uns erhalten geblieben ist. Aus welcher Werkstatt es stammt, weiß man nicht genau. Das venezianische Gesetz jedenfalls hat erreicht, daß die prächtigste orientalische Kirche, die es heute auf der Welt gibt, nicht im Orient, sondern im Okzident steht. In späteren Zeiten dann, als die byzantinische Pracht San Marcos von der gotischen Strenge des Palazzo Ducale und den gelassenen Harmonien der Renaissancefassaden umrahmt war, brauchte die Stadt im Meer sogar den Vergleich mit dem Glanz der Residenz am Goldenen Horn nicht zu scheuen. Dieses Venedig, ob es Handel trieb oder Krieg führte, ob es neue Kunstwerke schuf oder alte plünderte, ob es räuberisch eroberte, glänzend verwaltete oder heldenmütig verteidigte, hat immer eine Mittelstellung zwischen Ost und West eingenommen. Der bronzene Löwe, der von seiner Säule auf der Piazzetta aufs Meer hinaus gen Osten blickt, stammt aus Persien. Der heilige Theodor, der auf seinem Krokodil auf der Säule daneben steht, ist in Kleinasien geboren. Er ist der Vorgänger des Evangelisten Markus als Schutzheiliger Venedigs. Er war ein gewöhnlicher Soldat. Unter Kaiser Maximian wurde er nach dem Pontos geschickt. In Amasia hat er, ein frommer Herostratos, den Tempel der Kybele, der alten Muttergöttin Asiens, in Brand gesteckt. Dieser Tat wegen erlitt er den Märtyrertod. Sein Kult wurde von griechischen Söldnern nach Rom und Venedig gebracht. Eine Reliquie des Heiligen wird noch heute in San Marco aufbewahrt. Auch hat es seinen guten Sinn, daß es am Ende des 13. Jahrhunderts ein Venezianer war, der am weitesten von allen Europäern nach Osten vordrang – Marco Polo, der bis an den Hof des Mongolen-Kaisers Kublai Khan in Peking gelangte. Und selbst wir heute noch, wenn wir uns nach Athen oder Konstantinopel begeben wollen, gehen in Venedig an Bord. Aber zunächst einmal geht man in dieser Stadt natürlich an Bord einer der eleganten Gondeln.

Es ist ein heißer Tag gewesen. Im Westen, im Okzident, verglüht das Abendrot. Vom Osten, vom Orient her, senkt sich gelassen die Nacht hernieder. Wie überall im Süden erwacht um diese Zeit das Leben aus der Lethargie der Tageshitze zur lärmenden Heiterkeit der Abendbrise, die vom Meer her Kühlung bringend die Stadt durchweht und das Wasser des Canale Grande zu kleinen Wellen kräuselt. In den Wellen glitzern die Lichter der Stadt. Die Sterne sind klein und fern.

Geschickt steuert der Gondoliere sein Boot durch den Verkehr. Er steht auf dem Heck. Ein einziges Ruderblatt genügt ihm zum Rudern und zum Steuern. Das Boot liegt immer ein wenig geneigt und etwas schräg zu seiner Fahrtrichtung im Wasser. Die Gondel ist eine Spur schneller, als ein Fußgänger geht. Dieses so humane Tempo ruft das eigentümliche Gefühl hervor, daß man die Zeit überhole.

Nach wenigen Minuten biegt unser kräftiger Freund in einen kleinen Seitenkanal ein. Noch ein Ruderschlag, und die Welt ist verwandelt. Über dem nur spärlich erleuchteten Kanal funkeln die Sterne wieder. Irgendwo hinter den hohen Dächern scheint der Mond. Mit seinem Licht verhüllt er, noch immer ein zärtlicher Liebhaber der Königin der Meere, die Verwitterung, die Häßlichkeit der Bretter in den Fensterhöhlen, den Rost der schmiedeeisernen Balkongitter, diese ganze Melancholie des Verfalls. Mächtig ragen die Paläste zum nächtlichen Himmel auf. Von Zeit zu Zeit nennt der Gondoliere einen der großen Namen, die im Libro d'Oro, dem Goldenen Buch der Patrizier von San Marco, verzeichnet sind. Von Zeit zu Zeit leuchtet, ein wenig unheimlich, im Tor eines Palastes eine trübselige Lampe auf. Der Blick fällt in eine marmorgeschmückte Eingangshalle, deren Gewölbe von Säulen getragen ist. Während das Wasser mit müdem, schlappendem Geräusch gegen die Dückdalben schlägt, stellt man sich vor, wie auf einmal diese Eingangshalle von Fackeln erleuchtet wird, mit denen herbeieilende Diener die von einem Maskenball heimkehrende Herrin des Hauses ehrerbietig empfangen.

Alle diese Paläste waren heimliche Festungen, streng vergittert und grimmig bewacht. Es waren die Bastionen der Herrschaft einer Oligarchie, deren Mitglieder, einig nur darin, über das Volk zu herrschen, untereinander erbitterte Fehden um die Macht führten, während sie gleichzeitig selber von der Macht des »Rates der Zehn« bedroht waren, der Signoria mit ihrer eigenen Geheimpolizei und ihren eigenen unerforschlichen Ratschlüssen.

Der Hintergrund der Atmosphäre dieser Stadt im Wasser, dieser Atmosphäre stummer Macht mit ihren immerwährenden Bedrohungen, war überstrahlt von der Pracht unermeßlicher, aus der ganzen Welt zusammengetragener Schätze, vom Glanz rauschender Feste und von der Schönheit der Schöpfungen der ersten Künstler Italiens. Carpaccio, Giorgione, Tizian, Veronese, Sansovino, Tintoretto haben in Venedig gelebt und gearbeitet.

Auf die Spuren dieses Venedig stößt man an vielen Küsten. Auf der Höhe seiner Macht während des 13. und 14. Jahrhunderts beherrschte Venedig die Inseln und Küsten der Adria, die Inseln des Ionischen Meeres, im Aegaeischen Meer Kreta, die Kykladen, die Sporaden und einen Küstenstreifen in Thessalien. An den Küsten des Marmarameers und des Schwarzen Meers hatte Venedig Stützpunkte. Dazu kamen die Niederlassungen in allen Häfen Syriens und bedeutende Handelsprivilegien in Aegypten. Venedig hatte über die griechische Welt den Löwen von San Marco gesetzt. Es wird nützlich sein, über die Stadt im Meer noch ein wenig nachzudenken. Dieser Aufgabe sich zu widmen, kann es keinen geeigneteren Platz geben als das Café Florian auf der Piazza San Marco. Es ist ein markanter Punkt auf der Landkarte Europas. Fast alle bedeutenden Männer der letzten hundert Jahre haben einmal an einem seiner Marmortische gesessen und meditiert. Ein wenig vom Flair des alten Caféhauses aus der Mitte des 19. Jahrhunderts hat man unter den Arkaden der Prokuratien pietätvoll bewahrt. Lassen auch wir uns nieder – *à la recherche du temps perdu!*

Die Demarkationslinie, die das östliche vom westlichen Mittelmeer, den Orient vom Okzident trennt, geht mitten durch meinen Marmortisch hindurch. Ich erwäge einen Augenblick die Tatsache, daß im Herbst 1882 an einem dieser Marmortische Richard Wagner sein »Schälchen Heißen« geschlürft hat, nachdem er während des Sommers die ersten sechzehn Aufführungen des »Parsifal« in Bayreuth dirigiert hatte. Ob wohl der Meister aus Dresden mit der Weltoffenheit, die dem sächsischen Genie eigen ist, sich darüber Gedanken gemacht hat, daß San Marco schon hundert Jahre stand, als die keltische Sage vom Heiligen Gral durch Chrétien de Troyes und Wolfram von Eschenbach zum ersten Mal aufgezeichnet wurde? Dabei ist diese Kirche nach einem Vorbild erbaut worden, das noch einmal über ein halbes Jahrtausend älter war!

Wie alt ist Venedig?

Vom Westen aus gesehen ist es eine alte Stadt. Als Venedig seinen ersten Dogen wählte, wurde gerade das Kloster Salzburg auf den Ruinen einer von den römischen Legionen vor langer Zeit verlassenen Stadt gegründet, während der heilige Bonifatius sich aus England aufmachte, unsere Väter zu lehren, was seit siebenhundert Jahren die Welt bewegte.

Vom Orient aus gesehen ist die Stadt jung. Als Venedig sich aus den Lagunen zu erheben begann, hatte Rom schon seit dreihundert Jahren aufgehört, die Hauptstadt des Römischen Reiches zu sein. Als San Marco erbaut wurde, war aus dem Tempel auf der Akropolis, wo die Göttin

Athene mehr als ein Jahrtausend lang verehrt worden war, eine christliche Kirche geworden. Übrigens geschah es zu der Zeit, als die Venezianer mit dem Ritterheer des Vierten Kreuzzuges von Galata aus Konstantinopel bedrohten, daß bei einem Aufstand in der Stadt der Mob die von Pheidias geschaffene Goldelfenbeinstatue der Athene in Stücke schlug. Bis dahin hatte sie auf dem Forum von Byzanz gestanden. Der Grund, warum der Pöbel das Götterbild attackierte, war, daß Athene nach Westen blickte und mit ihrem ausgestreckten Arm die Eindringlinge einzuladen schien. Und eine venezianische Kanone ist es gewesen, aus der ein Leutnant aus Lüneburg die verhängnisvolle Granate abgefeuert hat, die das türkische Pulvermagazin im Parthenon in die Luft sprengte. Mit dieser Explosion sank der schönste der griechischen Tempel in Trümmer. Sicherlich hat der Richtkanonier als Belohnung für diesen Meisterschuß eine Flasche Rum bekommen. Es war Freitag, der 26. September 1687, 7 Uhr abends.

Die erste Erwähnung Venedigs findet sich in einem Brief des Cassiodorus aus dem Jahre 523 nach Christi Geburt. Cassiodorus, Historiker, Staatsmann und Mönch, war der Chef des Zivilkabinetts Theoderichs des Großen. Venedig bestand damals aus einem Dutzend kleiner Fischerdörfer, die, wie Cassiodorus sich ausdrückt, wie Seevogelnester auf dem Wasser schwammen. Der erste Doge, Paolo Lucio Anafesto, wurde 697 nach Christi Geburt vom Kaiser ernannt. Von 726 an wurden die Dogen gewählt. Die Geschichte der Macht und Größe Venedigs fängt mit Salzfisch an und endet mit der Entdeckung des Kaps der Guten Hoffnung durch den portugiesischen Seefahrer Bartolomeu Diaz de Novães.

Papst Gregor II., der von 715 bis 731 auf dem Stuhle Petri saß, war ursprünglich ein loyaler Anhänger des Oströmischen Reiches gewesen. Zu seiner Zeit herrschte Byzanz noch über Rom, Ravenna und Teile Italiens. Später geriet Gregor mit Kaiser Leo dem Isaurier in Streit. Es waren zwei Punkte, die den Sinneswandel des Papstes herbeigeführt hatten. Er fand die Steuern der byzantinischen Majestät zu hoch, und er war Gegner der kaiserlichen Parteinahme für die Ikonoklasten, die Bilderstürmer. Damals gerade hatte diese östliche Bewegung, die den Gebrauch von Bildern in der Kirche verwarf, begonnen.

Um Byzanz einen Schlag zu versetzen, forderte Gregor den Langobardenkönig Liutprand auf, Ravenna zu besetzen. Das tat der König. Doch dann nahm er sich sogleich noch ein Stück der päpstlichen Besitzungen hinzu. In der Politik ist vornehme Gesinnung kaum je eine gängige Währung gewesen. Diesmal freilich sollte die schlechte Manier den Langobardenkönig teuer zu stehen kommen.

Gregor II. entschloß sich, die Franken zu Hilfe zu rufen. Dieser Entschluß hat für Jahrhunderte die Geschichte Europas bestimmt. Durch den

Sieg bei Poitiers über die Araber im Jahre 732 war Karl Martell der mächtige Beschützer der Kirche nördlich der Alpen geworden. Nun warteten die Franken darauf, diese Rolle auch in Italien zu übernehmen. Pippin, der jüngere Sohn Karl Martells, eilte auf den Ruf des Papstes freudig herbei, besiegte Liutprand und nahm den Titel eines Königs von Italien an. Als solcher forderte er die Venezianer auf, sich zu unterwerfen. Und nun geschah etwas ganz Unglaubliches. Dieser kleine Haufen von Seevogelnestern bot den Franken Trotz und erklärte sich für den Kaiser in Byzanz.

Man muß sich die Lage Venedigs in diesem Augenblick vorstellen, um zu begreifen, wie tapfer dieser Trotz einer Handvoll armer Fischer war. Nur aus der Legende konnten sie etwas von der Zukunft ahnen, die aus ihrer Liebe zur Freiheit erblühen sollte. An den gegenüberliegenden Küsten des Festlandes, nahe genug, um den Rauch seiner zahlreichen Lagerfeuer erkennen zu können, lag der Feind, der soeben seinen großen Sieg über die Langobarden errungen hatte, und fern da hinten, irgendwo an der Küste des Marmarameers, nur in tagelanger gefährlicher Seefahrt zu erreichen, lag Byzanz.

Der Preis der Freiheit ist immer hoch gewesen. Wer nicht sein Leben für sie aufs Spiel zu setzen bereit ist, geht ihrer bald verlustig. Dafür ist die Liebe zur Freiheit die stärkste Waffe des Menschen in dem alten Kampf um seine Würde. Die Venezianer besaßen die Liebe zur Freiheit, und sie hatten den Salzfisch. Am Rialto war das Glück auf seiten des Salzfischs.

Pippin griff das an, was damals Venedig war; aber eben, er hatte kein Glück. Die Venezianer hatten bei Beginn des Angriffs die Zisternen voll Regenwasser. Quellen gab es in Venedig damals so wenig wie heute. Die Nahrung der Venezianer war getrockneter Salzfisch, dem die Sommerhitze nichts anhaben konnte. Pippin und seine Männer hingegen wurden durch diese Hitze, die Mosquitos in den sumpfigen Lagunen und die von den Mosquitos übertragene Malaria, den Durst, die unzulängliche Versorgung des Heeres mit Nahrungsmitteln und die verzweifelte Hartnäckigkeit der Venezianer gezwungen, die Belagerung aufzugeben und sich wieder auf das Festland zurückzuziehen. Die Freiheit war gerettet. Die Taufpaten dieser Freiheit waren zwei Kaiser. In einem feierlichen, im Jahre 810 abgeschlossenen Vertrag zwischen Kaiser Karl dem Großen und Kaiser Nikephoros von Byzanz wurde Venedig als Teil des Oströmischen Reiches anerkannt. Durch ihre Tapferkeit hatten sich die Venezianer den nahen Herrn im Okzident vom Hals geschafft. Ihrer Klugheit machte der ferne Herr im Orient keinen Kummer. Den Salzfisch aber, der so viel zur Freiheit beigetragen hatte, begannen die Venezianer nunmehr zu exportieren. Der unerhörte Reichtum, zu dem Venedig emporsteigen sollte, hat bescheiden angefangen.

Als die Kreuzzüge begannen, war Venedig schon eine Seemacht. Mit jedem Kreuzzug wuchsen der Herrschaftsbereich, die Privilegien und der Handelsumsatz der Stadt. Venedig begann, auswärtige Besitzungen zu erwerben. So wurde allmählich dieser immer mächtiger werdende Staat eine Drohung, zunächst für den großen Rivalen Genua, schließlich aber auch für Konstantinopel selbst. In mehreren furchtbaren Kriegen wurde Genua besiegt. Schließlich gelang auch der Sieg über Byzanz. Aber dieser Sieg ist es gewesen, der den Sieger endlich ins Verderben stürzte.

Um die Mitte des 12. Jahrhunderts soll es in Konstantinopel ungefähr zweihunderttausend Venezianer gegeben haben. Ihr Hochmut und ihre Unbotmäßigkeit riefen den Groll Kaiser Manuels hervor. Ihr Reichtum verführte ihn dazu, das Quartier der Venezianer zu schließen, ihnen den Handel zu verbieten und ihre Vermögen zu beschlagnahmen. Der ständige Abfluß von gemünztem Gold nach dem Fernen Osten zur Bezahlung der Luxusimporte von Seide und Spezereien aus Indien und China hatte zu einer Inflation geführt. Seit Jahrhunderten litt die byzantinische Staatskasse Not.

Für die Venezianer war es ein harter Schlag, dessen offensichtliche Ungerechtigkeit es ihnen nicht leichter machte, ihn zu ertragen. Enrico Dandolo, der spätere Doge, war zur Zeit dieses Ereignisses neunundfünfzig Jahre alt. Vierunddreißig Jahre lang wartete er auf Rache. Aber Rache, fürwahr, ist die kurzsichtigste aller Leidenschaften.

Im Jahre 1202 hatte sich das Heer des Vierten Kreuzzuges in Venedig versammelt. Etwa 35 000 Ritter und Gefolgsleute mit 5000 Pferden lagerten damals auf dem Lido. Die Kreuzritter vermochten den zwischen dem Grafen Geoffroy de Villehardouin und der Stadt Venedig vereinbarten Preis von 85 000 Kölnischen Silbermark für den Schiffstransport nach Syrien nicht aufzubringen. Der Doge Dandolo benutzte diese Lage zu einer Erpressung. Er sicherte den Kreuzfahrern zu, ihnen den Betrag zu stunden, wenn sie sich dazu entschlössen, die dalmatinische Stadt Zara für Venedig zu erobern. Dandolos Absicht dabei war, Ungarn, das Zara vor kurzem in Besitz genommen hatte, wieder von der Adriaküste zu vertreiben. Die Kreuzfahrer ließen sich auf diesen Handel ein. Papst Innozenz war so erzürnt darüber, daß die zu einem Kreuzzug versammelten Christen sich zu einem Angriff auf Ungarn, das eine christliche Macht war, hergegeben hatten, daß er das ganze Heer mit der Exkommunikation bestrafte.

Aber der Zwischenfall von Zara war erst der Anfang der Intriguen Dandolos. Durch unendliche Listen brachte er es dazu, daß das Kreuzfahrerheer sich nach Konstantinopel einschiffte. Dandolo, der damals dreiundneunzig Jahre alt war, hatte nichts im Sinn als die Erweiterung der Macht

Venedigs. Dieses Ziel war ihm sogar die Vernichtung von Byzanz wert. Aber die Schlauheit eines Fuchses wird nicht dadurch zur Weisheit, daß der Fuchs alt wird. Vierhundert Jahre Besitz der Macht hatten die Venezianer für Weisheit verdorben. Es gelang Dandolo, die Kreuzfahrer im Jahre 1204 dazu zu bewegen, Konstantinopel anzugreifen und zu erobern.

Diese Heldentat ist zugleich eine der größten Barbareien und eine der erstaunlichsten Dummheiten der neueren Geschichte. Sie war der Anfang vom Untergang des griechischen Geistes in der Welt.

Byzanz wurde geplündert. Diese Kreuzfahrer müssen eine merkwürdige Gesellschaft gewesen sein. Sie hatten das Gelübde getan, gegen die Ungläubigen zu kämpfen und die heiligen Stätten in Palästina von ihnen zu befreien. Für dieses Ziel waren sie bereit, unendliche Strapazen auf sich zu nehmen und sogar den Tod zu erleiden. Aber in Konstantinopel haben sie mit Mord und Brandschatzung gegen ihre christlichen Glaubensgenossen schlimmer gewütet, als die Türken es jemals fertigbringen sollten. Dieselben Menschen, deren Gläubigkeit die Wunder der romanischen Baukunst geschaffen hat, haben in Byzanz Werte zerstört, die zu den größten Schätzen der Welt gehörten. Was neunhundert Jahre gesammelt hatten, wurde in wenigen Tagen vernichtet.

Die Zerstörung hat die Kirchen ebenso betroffen wie die Paläste und die Bibliotheken. Unübersehbares, Unersetzbares ist damals verlorengegangen, insbesondere auch an Manuskripten antiker Schriftsteller. Es ist nur ein geringer Trost, daß einige dieser Kostbarkeiten als Beute in den Westen gelangten und sowohl auf die Kunst als auch auf die Geistesgeschichte Europas eine breite Wirkung ausübten.

Die Zerstörung der Werke der ältesten Kultur der Zeit war die eine Folge der sinnlosen Eroberung. Eine weitere Folge war, daß zufolge der Verbitterung der Griechen über die Schändlichkeiten der westlichen Kreuzfahrer das Schisma von 1054, die Trennung der Christenheit in eine östliche und eine westliche Kirche, vollständig, endgültig und unheilbar wurde. Am schlimmsten aber waren die politischen Folgen des von Venedig so leichtfertig unternommenen Abenteuers.

Das griechische Kaisertum wurde zwar, nach einem verhältnismäßig kurzen lateinischen Interregnum, wiederhergestellt. Aber die Eroberung Konstantinopels durch die Kreuzritter hatte das Oströmische Reich so geschwächt, daß es nicht mehr die Kraft besaß, den Türken auf die Dauer wirksamen Widerstand zu leisten. 1453 fiel Konstantinopel in die Hand der Osmanli. Zugrunde gerichtet worden ist Byzanz von demselben Europa, das nur unter seinem Schutz überhaupt hatte entstehen können.

Zwischen den Osten und das Mittelmeer schob sich das neue Weltreich. Mehr und mehr blockierten die Türken den Handel mit Persien, Indien und dem Fernen Osten. Und als dann noch das Kap der Guten Hoffnung und damit der Seeweg nach Indien 1488 von den Portugiesen entdeckt wurde, war das Schicksal Venedigs besiegelt. Die einst so heldenhaft erkämpfte Freiheit wurde schließlich von Napoleon I. in Campoformio mit einem Federstrich beseitigt.

Die Piazza San Marco ist leer geworden. Das Volk des Südens ist schlafen gegangen. Der Mond hat die Bronzepferde in drohende Silhouetten verwandelt. Während der Löwe von San Marco gelassen über die Wellen blickt, die der Wind aus dem Osten über die Lagune gegen die Kaimauer der Piazzetta treibt, wollen wir noch einen Augenblick bei dem Gedanken verweilen, um wieviel schöner die Welt wäre, wenn Europa sich die Mühe gemacht hätte, nicht erst Wien, sondern schon Konstantinopel vor der Eroberung durch die Türken zu bewahren. Niemals hätte es ein türkisches Pulvermagazin im Parthenon gegeben, und noch heute müßte jeder europäische Student, der den Ehrgeiz hätte, in den Geist der Antike einzudringen, einige Semester an der Universität Byzanz studieren. Aber offenbar muß Europa immer erst in den Zustand äußerster Gefahr geraten, ehe es sich entschließt, das zu tun, was notwendig ist, um am Leben zu bleiben.

MOSES UND HOMER

Um die Wende vom 13. zum 12. Jahrhundert vor Christi Geburt hätte die Spanne eines Menschenlebens genügt, um in der Jugend den Auszug der Kinder Israel aus Aegypten, im Alter den Trojanischen Krieg zu erleben. Ob es einen Menschen gegeben hat, der Augenzeuge beider Ereignisse war? Der zeitliche Abstand zwischen dem biblischen und dem klassischen Geschehen ist nicht größer als der zwischen der Französischen Revolution und der Schlacht von Waterloo.

Die Szene, wie Moses vor Troia vom hohen Bug eines der an Land gezogenen Schiffe den staunenden Achaiern die Zehn Gebote verkündet, wäre auf jeden Fall wert gewesen, von Homer geschildert zu werden. Sicherlich hätte Odysseus zu dieser Predigt gelächelt. Er ist immer Pazifist gewesen. Achilleus hätte kein Wort verstanden. Wir können uns zwar ganz gut einen phoinikischen Kaufmann vorstellen, der, nachdem er sich in seinen jungen Jahren an dem von den Juden in Aegypten zurückgelassenen Besitz bereichert hatte, in seinen alten Tagen der achaischen Belagerungsarmee vor Troia Waffen, Wein und Lebensmittel lieferte. Der Handel dieser Epoche hat größere Entfernungen überwunden als die zwischen dem Golf von Suez und den Dardanellen. Aber Moses vor Troia wäre ein Ereignis gewesen, das zu dieser Zeit noch keinen Sinn gehabt hätte. Was im Pentateuch berichtet wird, sollte seine Bedeutung für die Welt, deren Anfänge Homer beschreibt, erst zu einem späteren Zeitpunkt bekommen. Es bedurfte eines ganzen Jahrtausends, ehe griechische Philosophen und jüdische Propheten die Welt so weit verwandelt hatten, daß ein toleranter Nachfahr des Achilleus, König Alexander von Makedonien, im Tempel Jahwes Opfer darbringen ließ, und tolerante Nachfahren Mosis, gelehrte Rabbiner in Alexandreia, der hellenischen Welt die Weisheit des Alten Testaments in griechischer Sprache vorlegten.

Troia und Sinai haben mehr miteinander zu tun, als es auf den ersten Blick scheinen mag. Man kann auch nicht mehr sagen, daß es im 13. Jahrhundert vor Christi Geburt keine Berührungspunkte zwischen Achaiern und Juden gegeben habe. In einer kleinen Schrift ›Homer und die Bibel‹ unternimmt Cyrus H. Gordon den Versuch zu beweisen, daß in den Darstellungen des heroischen Zeitalters der Hebraeer im Alten Testament und der Griechen in Ilias und Odyssee eine beiden gemeinsame ostmediterrane literarische Überlieferung in Erscheinung trete. Zur Unterstützung der Annahme, daß es eine solche ostmediterrane Grundüberlieferung gegeben habe, dienen ihm Entdeckungen, die bei der Entzifferung der in Ugarit gefundenen Literatur gemacht wurden. Das nördlich von Beyrouth an der Küste gelegene Ugarit ist phoinikisch gewesen. Es wurde um 1200 vor Christi Geburt zerstört, um die gleiche Jahrhundertwende also, zu der Exodus und Trojanischer Krieg stattgefunden haben. Gordon weist eine Fülle von Analogien in der Darstellung von Gebräuchen des heroischen Zeitalters bei den Juden und bei den Achaiern nach. Zwei charakteristische Beispiele seien zitiert.

Solange Moses den »Stab Gottes« emporhielt, siegten die Kinder Israel. Wenn er ihn sinken ließ, siegte Amalek. In gleicher Weise sicherte Apollon einen Sieg der Troer, indem er die »Aegaeis« hochielt, den Schild des Zeus mit dem von Hephaistos geschmiedeten Haupt der Gorgo.

Ein großes Blutbad zwischen zwei Heeren dadurch zu vermeiden, daß zwei hervorragende Helden miteinander kämpfen und die Heere Sieg oder Niederlage der Zweikämpfer jeweils für sich anerkennen, kommt ebenso in der Bibel wie bei Homer vor. In der Ilias fordert Menelaos den Paris zu einem Zweikampf heraus, der den Krieg entscheiden soll. In der Bibel nimmt David die Herausforderung Goliaths an.

Viele Beispiele dieser Art sind bekannt und in der Literatur auch immer wieder erwähnt worden. Sieht man sie aber einmal mit denen zusammengestellt, die sich bei einer systematischen Durchforschung beider Quellen nach solchen Ähnlichkeiten noch finden lassen, ist das Resultat ebenso überraschend wie überzeugend. Gordon bringt über hundert Beispiele.

Das ist mehr, als durch Zufall oder durch die Annahme, daß dasselbe zweimal an verschiedenen Orten entstanden sei, erklärt werden kann. Seine These ergänzt und erweitert Gordon durch weitere Beispiele aus der ugaritischen Literatur. Das Ergebnis seiner Forschung faßt er in der Feststellung zusammen: »Wir können nicht länger bei der Annahme bleiben, daß Griechenland das hermetisch versiegelte ›Olympische Wunder‹ sei, noch können wir fürderhin Israel als das im Vakuum schwebende ›Wunder vom Sinai‹ betrachten. Es ist richtiger, die griechische und die hebraeische Zivilisation als Parallelerscheinungen zu betrachten, die aus dem gleichen ostmediterranen Zivilisationsbereich heraus sich entwickelt haben.«

Den Gelehrten von Alexandreia und später denen von Byzanz war Moses ebenso vertraut wie Homer. Das gleiche gilt für die Renaissance, die damit begann, daß das christliche Mittelalter die griechische Antike wiederentdeckte. Erst im Zeitalter der Aufklärung haben sich im Bewußtsein der Gebildeten biblisches und klassisches Geschehen voneinander getrennt. Innerhalb der Universitas des 19. Jahrhunderts schließlich, in der die Theologische Fakultät den Pentateuch entmythologisierte, die Philosophische Fakultät den Verfasser der Ilias für wissenschaftlich nicht existierend erklärte und die Naturwissenschaftliche Fakultät auf Glauben und auf Bildung verzichtete, hatten Moses und Homer nichts mehr miteinander zu tun. Im Zeitalter des Atoms sind sie sich wieder ein wenig nähergekommen.

Es scheint ungenau, den Trojanischen Krieg mit Homer gleichzusetzen. Als Homer geboren wurde, gab es schon seit ein paar hundert Jahren keine Achaier mehr. Es liegt aber hier die entzückende Paradoxie vor, daß die poetische Darstellung des Ereignisses eine größere geschichtliche Wirkung gehabt hat als das Ereignis selbst. Mit Homers Trojanischem Krieg hat eine Epoche begonnen, die noch nicht zu Ende ist. Die Verse, die der Dichter vom Zorn des Achilleus gesungen hat, haben in der Welt gewirkt, haben die Welt verändert, bis in unsere Tage hinein.

Xerxes opferte vor seinem Übergang über den Hellespont der Athene von Troia tausend Ochsen. Alexander der Große veranstaltete, nachdem er die Meerenge in der umgekehrten Richtung überschritten hatte, in Ilion mehrere Tage dauernde Kampfspiele. Damals wurde noch der Schild des Achilleus im Tempel gezeigt. Übrigens führte Alexander ein von Aristoteles korrigiertes Exemplar der Ilias immer bei sich.

Caesar hat erwogen, Ilion zur Hauptstadt der Welt zu machen, und Konstantin der Große hatte, ehe er sich für Byzanz entschied, in Troia sogar schon zu bauen begonnen. Die Römer führten ihre Abstammung auf die Troer zurück. Noch das ganze Mittelalter hindurch galt eine Herkunft aus Troia als der glänzendste Anfang einer Ahnenreihe.

Das tatsächliche Geschehen des Trojanischen Krieges dagegen hat in der griechischen Geschichte keine besonderen historischen oder politischen Folgen gehabt. Der gewaltige, über die Welt hallende Ruhm der Eroberung Troias hat nichts daran zu ändern vermocht, daß schon kurz nach diesem Sieg die Königreiche der Achaier von über Hellas hereinbrechenden Eroberern überwältigt wurden. Wir hören noch von den Söhnen der Könige – von Agamemnons Sohn Orestes, von Achilleus' Sohn Neoptolemos, von Odysseus' Sohn Telemachos. Aber dann bricht die Überlieferung ab. Die mykenische Kultur verschwindet von der Oberfläche der Geschichte. Nur in der Erinnerung der Besiegten lebt sie weiter, bis nach langer, langer Zeit die Poesie ihren Glanz neu erstrahlen läßt.

Wie lange alte Überlieferungen eines Volkes in der Verborgenheit der Erinnerung lebendig bleiben können, hat Luschey einmal in einer eleganten Arbeit gezeigt. Alte archaische Bildzeichen, die aus einer seit Jahrhunderten verschollenen dämonischen Welt stammten, treten plötzlich in der attischen Grabmalkunst des 4. Jahrhunderts wieder auf.

Die Überlieferungen vom Sinai und vom Trojanischen Krieg haben die dreitausend Jahre, die zwischen uns und den Ereignissen liegen, auf eine sehr unterschiedliche Weise überdauert. Die biblische Überlieferung ist sehr genau und war niemals ernsthaft bedroht. Die klassische Überlieferung ist vielen Einflüssen ausgesetzt, vielen Veränderungen unterworfen gewesen. Sie ist ziemlich ungenau, und zeitweise war sie sogar höchst gefährdet. Es ist fraglich, ob wir heute noch einen griechischen Homertext besäßen, hätte sich nicht der lateinische Westen auf die griechische Tradition Europas besonnen, bevor das Byzantinische Reich unterging. Noch Petrarca hatte einem jungen Schüler abgeraten, in Byzanz griechische Literatur zu studieren, da er dort nur »erstarrte Tradition und wenig Gelehrsamkeit« vorfinden werde. Den großen Dichtern hat das gleiche Vorurteil verwirrt, dem fast die gesamte Geschichtsschreibung des 19. Jahrhunderts verfallen war. Dabei ist in Byzanz Homer immer Schullektüre gewesen. Noch nicht einmal Goethe hat in der Schule den Homer im Urtext kennengelernt. Lessing allerdings ist dieses Vorzugs teilhaftig geworden. Er hat seine Erziehung auf der Fürstenschule St. Afra in Meißen erhalten, und das ist ein sächsisches Gymnasium.

In Byzanz ist die Verbindung mit der literarischen Bildung der Antike tatsächlich niemals unterbrochen gewesen. Während der Westen seine Kreuzzüge gegen die Muslimin führte, veröffentlichte Eustathios, Bischof von Thessalonike, im Jahre 1192 seinen gewaltigen Homerkommentar, der eine noch heute nicht ausgeschöpfte Quelle der Philologie ist. Die wichtigste Periode der byzantinischen Altertumskunde liegt sogar noch später. Sie fällt in die Zeit der Herrschaft der Palaiologen, die von 1261 bis 1453 dauerte. Eine byzantinische Renaissance ist der italienischen Renaissance vorausgegangen und hat einen bedeutenden Einfluß auf sie ausgeübt.

Während die Christen durch Jahrhunderte hindurch zeitgenössische Tatsachen und Sachverhalte immer wieder durch Legenden zu verschleiern liebten, haben sie über den gleichen Zeitraum hinweg in ihrem heiligen Buch das, was Europa in seinen Anfängen dem Orient zu verdanken hat, mit historischer Treue bewahrt. Es entbehrt nicht einer gewissen Ironie, daß die Gelehrten, nachdem sie im 19. Jahrhundert die meisten Überlieferungen des Alten Testaments als Legenden abgetan hatten, im 20. Jahrhundert sogar in den Legenden den historischen Kern erkennen. Die Ereignisse vom Berg Horeb liegen im Licht der Geschichte. Moses ist weder eine mythologische noch eine legendäre Figur. Er ist eine historische Person.

Der Trojanische Krieg dagegen spielt sich in jener Morgendämmerung des europäischen Bewußtseins ab, in der mythologische, legendäre und historische Elemente kaum voneinander zu trennen sind. Als Homer lebte, war diese Morgendämmerung vorüber. Gerade das ist die poetisch wie intellektuell gleich bedeutende Leistung des Dichters, daß er es auf eine so überzeugende Weise verstanden hat, die Welt des Mythos mit den historischen Überlieferungen zu einer Einheit zu verschmelzen.

Die Gesetzgebung auf dem Berge Horeb ist ein spätes Ereignis in der Geschichte des jüdischen Volkes. Für Moses war der Erzvater Abraham so weit in die Vergangenheit entrückt wie für Karl den Großen der Kaiser Augustus oder für uns die Kreuzzüge. Demgegenüber scheint der Trojanische Krieg ein Anfang zu sein. Aber ein Anfang ist er nur kraft Homers. Die Ausgrabungen am Hügel von Troia haben ergeben, daß schon etwa tausend Jahre vor Priamos ein früheres Troia, das ebenfalls mit gewaltigen Mauern befestigt war, erobert, geplündert und niedergebrannt wurde. Es ist das Troia der Schicht Blegen VIIa. Auch diese Stadt schon war mit der weiten Welt verbunden. Bernsteinfunde weisen auf Handel mit der Ostsee hin. Prunkäxte dieser Schicht sind verwandt mit Stücken, die in Südrußland gefunden wurden. Aber den Helden, die damals um Troia gekämpft haben, ist kein Homer erstanden. Und sollte es einen Sänger gegeben haben, der ihren Ruhm verkündet hat, dann ist sein Lied untergegangen im Wirbel der Ereignisse, die sich schon in diesen frühen Zeiten an den Küsten des Lichts abgespielt haben.

Eine ebenso ehrwürdige Vorgeschichte wie die Besiegten hatten die Sieger. Tatsächlich gehört der Trojanische Krieg der Endphase einer aegaeischen Epoche an, die bei ihrem Untergang ein hohes Alter hatte. Ein Unterschied zwischen Sinai und Troia liegt darin, daß im Falle Sinai das Alte Testament die früheren Überlieferungen bewahrt hat, daß es dagegen dokumentarische Zeugnisse, die über den Trojanischen Krieg hinaus in die Vergangenheit zurückreichen, bis vor kurzem nicht gab. Was wir bisher von dieser Vorgeschichte wußten, hatten wir dem Spaten der Archaeologen zu verdanken. Erst die Auswertung der in Pylos, Mykenai und Knossos ausgegrabenen Tontäfelchen hat neue und überraschende Einsichten erbracht.

Was Homer bewogen hat, von den Ereignissen der Vergangenheit gerade die Belagerung von Troia durch die Achaier zum Gegenstand seiner Dichtung zu machen, wissen wir nicht. Schließlich ist, bevor Homer sein Epos verfaßte, der Kampf um Troia nicht mehr als ein beliebiges Ereignis gewesen, ein Ereignis unter Hunderten, das weit zurücklag, irgendein Krieg, so schmutzig, töricht und überflüssig wie alle Kriege auf dieser Erde. Moderne Autoren haben sich gelegentlich das Vergnügen gemacht, die Banalitäten dieses Krieges zu verspotten. Daß die Satire ihrer Darstellung nur auf dem Hintergrund Homer überhaupt Satire ist, wird leicht übersehen.

Der Zeit des Dichters um ein gutes Jahrhundert näher als der Trojanische Krieg ist die Eroberung von Hellas durch die Dorer gewesen. Sicherlich doch darf man dieses strategisch so erfolgreiche Unternehmen als eine heroische Aktion betrachten. Dazu hat dieser Kriegszug weitreichende politische Folgen gehabt. Aber er ist niemals Gegenstand der Poesie geworden. Eine Zeitlang hat man vermutet, daß die Kernfigur, um die der Mythos von Herakles sich kristallisiert hat, ein Führer der Dorer gewesen sei. Es sind aber, wie sich herausgestellt hat, die Dorer selbst gewesen, die ohne irgendein Recht, aber mit so großer Geschicklichkeit den Herakles für sich in Anspruch genommen haben, daß auf die Usurpation sogar moderne Gelehrte hineingefallen sind. Siegreiche Feldherren sind gewöhnlich nicht weitblickend genug, sich in ihren Stäben eine Planstelle für den Poeten offenzuhalten, der doch als Einziger ihren Ruhm zu sichern vermöchte. Homer freilich hat schon deshalb wenig Grund gehabt, den Dorern ein Epos zu dichten, weil er selbst zu den Besiegten gehörte. Daß es die Ostküste der Aegaeis war, an der er, irgendwo im Bereich Aioliens, zur Welt kam, hatte seinen Grund darin, daß seine Vorfahren von den Dorern vom griechischen Festland vertrieben worden waren und auf die Inseln der Aegaeis und an die Küsten Anatoliens hatten flüchten müssen.

Die Griechen der klassischen Zeit haben die Achaier als die Väter der hellenischen Kultur betrachtet. Die Ethnologen haben gelegentlich aufgrund ihrer Schädelmessungen bestritten, daß die Achaier Griechen gewesen seien. Aber schon die Dichtung Homers wäre ein zureichender Grund, sie als die Vorfahren der Hellenen anzusehen. Es ist die Ilias gewesen, die die Griechen gelehrt hat, daß die alte Kultur Mykenais ihre eigene großartige Vergangenheit sei. Weitere Beweise dafür, daß schon die Alten mit ihrer Auffassung recht hatten, ergeben sich aus der überraschenden Entdeckung, daß die Tontäfelchen von Pylos und Mykenai eine sehr frühe Stufe der griechischen Sprache wiedergeben, in Mykenai also griechisch gesprochen worden ist.

Die Dorer konnten in Homer keine Begeisterung erwecken. Sind sie doch, als sie nach Hellas kamen, noch wenig zivilisiert gewesen. Sie haben die Königreiche der Achaier zerstört. Zwischen Mykenai und Homer liegen lange Jahrhunderte. Allmählich erst begann das alte Spiel der Eroberung des Siegers durch den Besiegten. Allmählich erst blühte jene neue Kultur auf, deren bedeutendste Erscheinung Homer selbst werden sollte. Gerade die Ferne der alten mykenischen Kultur, gerade das Geheimnis, das sie umwitterte, gerade ihre Verschollenheit haben es dem Dichter möglich gemacht, Mythos und Geschichte in so bedeutungsvoller Weise ineinander zu verschränken. Dadurch daß Homer kraft seines Genies eine der gewöhnlichen Realitäten des Lebens in die Sphäre der Poesie erhob, dadurch daß er dem Mythos Gestalt gab und die Realität in ihn aufnahm, dadurch daß er die Schönheiten der untergegangenen Kultur Mykenais in seiner Dichtung der Nachwelt bewahrte, wurde er, der Poeta, für die hellenische Welt der Schöpfer ihres geschichtlichen Bewußtseins.

Angesichts dieser Leistung scheint die Frage, ob Homer wirklich gelebt habe, eine Narretei zu sein. Aber die Frage ist gestellt worden. Generationen von Gelehrten haben auf ihre Lösung ein solches Maß von Scharfsinn verschwendet, daß man das Problem nicht einfach ignorieren kann. Auch darf man sich nicht davon abschrecken lassen, daß wissenschaftliche Intelligenz zuweilen so durchdringend ist, daß sie sogar die Vernunft durchbohrt.

Naheliegend ist der Vergleich des Problems Homer mit dem gelehrten Streit, der um die Person Shakespeares entstanden ist. Im Fall Shakespeare ist man sich darüber einig, daß, wenn es nicht Shakespeare war, der das strittige Oeuvre geschrieben hat, es doch jedenfalls jemand anders gewesen sein müsse. Wenn nun Homer wirklich nicht gelebt hätte, wäre die nächste Frage doch offenbar die, wer denn dann der Verfasser der Ilias und der Odyssee sei. Aber so einfach liegen die Dinge nicht. Es gibt Gelehrte, die so weit gehen, zu behaupten, daß die Epen eine Person als Schöpfer überhaupt nicht gehabt hätten, sondern allmählich aus der

Kollektivleistung einer anonymen Sängergilde entstanden seien. Diese Auffassung zu stützen, gibt es zahlreiche Argumente.

In beiden Gedichten lassen sich eine Menge Widersprüche nachweisen. Von den Gebräuchen, die in der Ilias und in der Odyssee geschildert werden, gehören einige einer sehr alten Vergangenheit an. Den Göttern werden noch keine Tempel gebaut; sie werden an Altären verehrt, die unter freiem Himmel stehen. In der Ilias wird noch kein Fisch gegessen. Die Helden haben noch keine Feldpostbriefe geschrieben. Auch gibt es keine Geldmünzen, die übrigens Homer selbst vielleicht noch nicht gekannt hat. Von anderen Gebräuchen dagegen läßt sich feststellen, daß sie überhaupt erst im 6. Jahrhundert entstanden sind.

Im sechzehnten Gesang der Ilias, als der grollende Achilleus Zeuge der Niederlage der Griechen wird, erhebt er Klage, warum Agamemnon nicht, damit er wieder mitkämpfen könne, Sühne für die ihm angetane Beleidigung anbiete. Dabei besteht der ganze neunte Gesang darin, daß erzählt wird, wie Agamemnon, um dem Point d'honneur Genüge zu tun, diese Sühne anbietet und Achilleus sie zurückweist. Auch hat, um ein anderes Beispiel zu nennen, das Schiffslager der Griechen vor Troia zuweilen einen Wall, zuweilen nicht. Weiterhin lassen sich Stücke nachweisen, die offenbar aus anderen Dichtungen stammen. So schildert der berühmte Schiffskatalog im zweiten Gesang der Ilias nicht den Bestand der Flotte vor Troia, sondern den nach abgeschlossener Mobilmachung im Sammelhafen der Achaier in Aulis. Aber die Episode Aulis kommt in der Ilias gar nicht vor.

Die homerische Sprache ist ein literarischer Sonderfall. Sie ist so, wie wir sie aus den beiden Epen kennen, überhaupt nie wirklich gesprochen worden. Es ist eine Sprache, die für die Zwecke der Dichtung weitgehend den Bedürfnissen des Versmaßes, also des Hexameters oder doch mindestens des Daktylos, angepaßt war. Zugrunde liegt ein von ionischem Griechisch überlagerter aiolischer Dialekt, der später attisch beeinflußt wurde. Es waren also an der homerischen Sprache, wie sie uns heute vorliegt, beide Küsten der Aegaeis beteiligt. Dazu sind in den Epen Elemente eines sehr alten Griechisch enthalten, das in der klassischen Zeit nicht nur nicht mehr gesprochen, sondern nicht einmal mehr verstanden wurde. Spuren dieses alten Griechisch hat man nur noch in Zypern und in Arkadien nachweisen können. Aus der Abgelegenheit dieser Vorkommen – das eine auf einer Insel, das andere in verlorenen Gebirgstälern der Peloponnes – hat man den Schluß gezogen, daß es sich dabei um das alte, ungeteilte Griechisch handle, wie es vor seiner Aufspaltung in Dialekte gesprochen wurde. Die verschiedenen Sprachschichten weisen darauf hin, daß die Komposition der Epen in ihrer heutigen Form sich über einen langen Zeitraum erstreckt hat. Namen wie Atreus, Paris, Helena, Odysseus sind sogar noch nicht einmal griechisch. Sie entstammen einer vorgriechischen aegaeischen Sprache. Vielleicht sind in die Ilias und in die Odyssee sogar Mythen vorgriechischer aegaeischer Kulturen aufgenommen worden.

Zweifellos sind die Werke auch willkürlichen Überarbeitungen ausgesetzt gewesen. Die vollständige Ausmerzung der Menschenopfer aus den Texten ist ein Hinweis auf eine Zensur späterer, zivilisierterer Zeiten. Die Tortur des besiegten lebenden Hektor ist in eine Schändung seines Leichnams umgewandelt worden. Nur die Opferung der zwölf troischen Edlen am Grab des Patroklos war den Griechen zu vertraut, als daß eine Zensur sie hätte eliminieren können. Doch folgt dem Bericht darüber sogleich ein verschämter halber Vers, welch »schlimme Dinge« Achilleus in seinem Herzen bewahre.

Dergleichen Unzulänglichkeiten ließen sich noch manche anführen. Doch fühlt man sich angesichts ihrer eher versucht, den Dichter um so mehr zu bewundern. Was können all die Veränderungen, denen die Dichtung im Lauf der Jahrhunderte ausgesetzt war, anderes erreicht haben, als den ursprünglichen Glanz des Werkes zu verdunkeln! Die Theorie, daß die Entstehung der beiden Epen sich über einen sehr langen Zeitraum erstreckt habe, erklärt zwar die Widersprüche, die der Scharfsinn der Gelehrten aufgedeckt hat. Aber sie erklärt in keiner Weise, woher diese widerspruchsvolle Dichtung, in der sich so viele Fehler, so viele Unzulänglichkeiten, so viele Überflüssigkeiten finden, den gewaltigen Atem hat, kraft dessen sie den Stil einer ganzen Kultur bestimmt, über Jahrtausende hinweg ihre Frische bewahrt, die Bewunderung der spätesten Nachwelt findet.

Schon die Antike hat sich mit der Person Homers eingehend beschäftigt. Man kann sagen, daß die Homerphilologie bei den Griechen mit ihrer Prosa beginnt. Es gab einige antike Texte, die ein Leben Homers wiedergaben. Einer davon lief sogar unter dem Namen Herodots. Er ist aber nicht der Verfasser gewesen. Leider läßt sich nichts darüber aussagen, wieweit diese Texte ältere Überlieferungen enthalten haben. Es scheint, als ob ihr sachlicher Inhalt im wesentlichen auch nur auf Schlüssen beruht hat, die man aus den Werken Homers gezogen hatte.

Von den sieben Plätzen, die im Altertum den Anspruch erhoben, der Geburtsort Homers zu sein, kommen aus den erwähnten philologischen Gründen nur diejenigen in Frage, an denen der ionische Dialekt den aiolischen überlagerte. Das sind Smyrna, Kolophon und Chios. Die Angaben der antiken Gelehrten über das Geburtsdatum Homers schwanken zwischen 1159 und 658 vor Christi Geburt. Herodot glaubte nicht, daß Homer und Hesiod, die Schöpfer des griechischen Pantheon, mehr als vierhundert Jahre vor ihm gelebt hätten. Das wäre also um das Jahr 830. Die Gelehrten von heute setzen Homer um etwa hundert Jahre später an und betrachten als seinen Geburtsort Chios oder Smyrna. Das ist alles, was sich über seine Person sagen läßt. Er ist auch darin literarisch einmalig, daß er ausschließlich als Verfasser seiner Werke auf die Nachwelt gekommen ist. Macht man sich, statt gelehrte Abhandlungen über Homer zu studieren, an das ungewöhnliche Unternehmen, ihn zu lesen, steigt schon nach wenigen Versen der Dichter aus der Tiefe der Zeit ans Licht unserer Tage.

Von welch faszinierender Lebendigkeit sind seine Gestalten! Wer trauerte nicht mit Andromache, wenn sie von Hektor Abschied nimmt! Wessen Herz würde nicht ergriffen von der ehrwürdigen Gestalt des greisen Priamos, wenn er in der Nacht das Zelt des Achilleus aufsucht, um von seinem Feind die Leiche seines Sohnes zu erbitten! Hier endlich auch fügt die Hand des Meisters in das Bild des Achilleus jene zarteren Züge ein, die uns schließlich diesen wilden Kerl, dem noch so viel von einer barbarischen Vorzeit anhaftet, doch noch sympathisch machen.

Was für ein Einfall ist es, daß der Dichter den Odysseus, den irrenden Menschen, das Ziel der Wanderschaft eines ganzen Lebens schlafend erreichen läßt!

Wie glänzend sind die Charaktere gezeichnet: der hochmütige Agamemnon; der intelligente, skeptische, rücksichtslose Odysseus; Paris, der zuweilen ein wenig lächerliche Homme à femme; Helena, die Grande Dame; Hektor, der Gentleman!

Es ist ein eigentümlich humaner Zug des großen Poeten, daß er Freund und Feind in gleicher Weise in sein großes Herz schließt. Zuweilen hat man sogar den Eindruck, daß er die Troer liebevoller behandelt als seine Achaier. Diese Bevorzugung ist ein Ausdruck des Respekts, den die Griechen von allem Anfang an vor den alten Kulturen des Orient hatten. Noch bei Herodot tritt das deutlich in der Art und Weise, wie er das Perserreich beschreibt, in Erscheinung. Und wenn Voß die eleganten Troerinnen die »saumnachschleppenden Weiber« nennt, hat er seinen Homer nicht ganz verstanden. Schleppen sind eben im zehnten Kriegsjahr in Troia die große Frühjahrsmode gewesen, und natürlich hat der Kummer Andromache nicht gehindert, sich elegant anzuziehen. Die Knaben am Beginn unseres Jahrhunderts sind in ihren Spielen den Sympathien Homers gefolgt. Man war lieber Hektor als Achill! Ob der Vater der Dichtkunst auch dafür verantwortlich zu machen ist, daß es mehr Hunde gibt, die »Hektor« heißen, als solche, die auf »Achill« hören, muß offengelassen werden.

Die Schilderungen sowohl der Ereignisse wie der Gestalten in der Ilias und in der Odyssee sind überwiegend von einem so hohen Rang, daß man, wollte man wirklich bei der Theorie der kollektiven Entstehung der Gedichte bleiben, annehmen müßte, die Griechen hätten schon in frühester Zeit ein gutes Dutzend Homere hervorgebracht.

Der Kern der Ilias und der Kern der Odyssee sind das Werk eines Mannes. Und dieser Mann ist ein Genie gewesen, was immer man darunter verstehen mag. Die Frische einer Frühzeit, die ihrer Zukunft sicher ist, der Reichtum einer Phantasie, die sich selbst erst kennenlernt, die Gestaltungskraft einer Epoche, die noch den ganzen Elan des großen Anfangs hat, verbindet sich mit einer unnachahmlichen natürlichen Würde der Darstellung. Diese Frische, dieser Reichtum, diese Gestaltungskraft, diese Würde sind es, die dem Werk Homers den großen Atem geben. Dabei ist dieser Mann von so einfacher Menschlichkeit, daß wir ihn als unserem Herzen vertraut empfinden. Er lehrt Ehrfurcht vor dem Alter, Großmut gegen Bittende, Güte gegen Witwen und Waisen. Der Gastfreund ist heilig. In Hellas ist er es noch heute. Mit der ersten großen abendländischen Dichtung schon wird das Ideal der Humanität dem Bewußtsein Europas eingeprägt. So lebendig klingt die Stimme Homers in unseren Ohren, als säßen wir noch zu seinen Füßen, zu den Füßen eines alten Mannes, den die Götter erblinden ließen, weil er ihre Geheimnisse erraten hatte!

Welch ein Zauberer! Es ist eine ganze Welt, das heroische Zeitalter seines Volkes, das er vor dem Vergessenwerden rettet. In einem gewaltigen Fries stellt er seine großartigen Helden dar, diese Männer, die nur durstig nach Taten, Wein und Ruhm waren und die Lieder liebten, in denen das alles besungen wurde. Ein zeitgenössischer aegyptischer Schreiber, der wahrscheinlich pensionsberechtigt gewesen ist, sagt in boshafter Weise von ihnen, daß sie »kämpften, um täglich ihren Bauch zu füllen«. Selbst Nestor in der Weisheit seines Alters spricht am liebsten von der Zeit, da er noch, statt Rat zu geben, Taten tat. In dieser wilden Welt der Schlachten und Gelage, der prunkenden Reden, der Streitsucht und der Prahlerei, der Furcht vor der Unterwelt und der Sucht nach der Unsterblichkeit im Ruhm herrschen allein die Götter. Ein feinsinniger Philologe hat einmal festgestellt, daß diese Helden niemals lügen. Er meint, das habe seinen Grund darin, daß sie sich vor nichts fürchteten. Aber man kann auch deshalb niemals lügen, weil man die Götter fürchtet.

In der ersten Blüte der klassischen Epoche der griechischen Kultur überreicht der Vater der Dichtkunst seinem Volk als Morgengabe die wieder zum Leben erweckte Überlieferung vom Heldenzeitalter von Mykenai. Welch ein Geschenk! Und wie würdig dieser Gabe haben die Griechen sich erwiesen!

Welches nun ist der gefahrenumwitterte Weg gewesen, auf dem all diese Herrlichkeiten schließlich auf uns gekommen sind?

Die erste sichere Tatsache in der Literaturgeschichte der homerischen Dichtung ist ein athenisches Gesetz aus der zweiten Hälfte des 6. Jahrhunderts vor Christi Geburt. Der Tyrann Peisistratos befahl, daß die Ilias und die Odyssee bei den Panathenaien, dem alle vier Jahre zu Ehren der Stadtgöttin Athene abgehaltenen Fest, öffentlich vorzulesen seien. Es gab und gibt außer der Ilias und der Odyssee noch eine ganze Anzahl poetischer Werke der Frühzeit, die Homer zugeschrieben werden. Peisistratos bestimmte, daß kein anderer Dichter als Homer und von seinem Werk, wie umfangreich auch immer es gewesen sein mag, nur die Ilias und die Odyssee zu rezitieren seien.

Die Vorlesung erstreckte sich über mehrere Tage. Die Ilias zu deklamieren nimmt zwanzig Stunden in Anspruch. Da die Vorlesung einer bestimmten Ordnung folgte, muß der Text schriftlich fixiert gewesen sein. Beide Epen waren durch die gesetzliche Bestimmung über ihre Verlesung bei den Panathenaien zu einer Art Besitztum der Polis geworden. So sind sie wahrscheinlich auch in dem für Staatsdokumente üblichen alten attischen Alphabet, einer unbeholfenen archaischen Schrift, niedergeschrieben gewesen. Das führte dazu, daß die panathenaischen Texte allmählich von einem »Sanctum« umhüllt wurden. Und so ist es gekommen, daß die Griechen, deren Religion keine heiligen Schriften kannte, in ihrer Literatur zwei kanonische Epen besessen haben. Die Genauigkeit der Textüberlieferung dieser kanonischen Poesie ist freilich sehr viel geringer gewesen als die der kanonischen Bücher der Juden und der Christen. In dieser Sache haben sich die Schriftgelehrten als den Philologen überlegen erwiesen.

Der Text, der bei den Panathenaien verlesen wurde, ist nicht erhalten geblieben. Die früheste Erwähnung der von Peisistratos verfügten öffentlichen Rezitation Homers findet sich im 4. Jahrhundert vor Christi Geburt bei einem gewissen Dieuchidas, einem Literaten aus dem Athen benachbarten Megara. Man muß sich darüber klar sein, daß die erste sichere Nachricht über einen Text Homers durch einen Zeitraum von über vierhundert Jahren vom Dichter, durch einen Zeitraum von über achthundert Jahren von den in den Gedichten beschriebenen Ereignissen getrennt ist. Friedrich August Wolf, der Begründer der klassischen Philologie, der, im selben Jahr wie Schiller geboren, Professor in Halle war, nennt in seinen berühmten »Prolegomena zu Homer« die Überlieferung des Dieuchidas die *vox totius antiquitatis*. Es sei schlechthin die Stimme des Altertums. Trotz der außerordentlichen Erweiterung unserer Kenntnisse über die Welt, die Homers Thema war, ist seitdem über den Dichter selbst keine ältere Nachricht bekanntgeworden.

Der nächste Gewährsmann für die panathenaische Überlieferung ist, um die Mitte des 2. Jahrhunderts vor Christi Geburt, der Homerforscher Krates. Er war ein ionischer Grieche. König Attalos II. von Pergamon schickte ihn als Führer einer Gesandtschaft nach Rom. Daß Krates sich auf dem Pflaster der Großstadt Rom das Bein brach, hat eine Folge gehabt, unter der die Gymnasiasten der ganzen Welt noch heute zu leiden haben. Ans Lager gefesselt schrieb Krates, seine Langeweile zu vertreiben, das erste Lehrbuch der lateinischen Grammatik.

Die panathenaischen Texte müssen sich erheblich von der Fassung unterschieden haben, die wir heute kennen. Aristoteles zitiert fünf Stellen aus Homer, die uns unbekannt sind. Dasselbe gilt von den zahlreichen Zitaten in den Schriften des Hippokrates, des berühmten Arztes aus Kos. Im Gegensatz dazu hat sich herausgestellt, daß sich die meisten Homerzitate, die bei Platon vorkommen, in unseren Texten auffinden lassen. Das hat seinen Grund wahrscheinlich darin, daß Platons Bibliothek nach Alexandreia kam und dort für wissenschaftliche Studien zur Verfügung stand. Das nächste Ereignis in der Geschichte der homerischen Überlieferung ist nämlich die große textkritische Ausgabe einer Schule von Gelehrten in Alexandreia, deren wichtigster Aristarchos von Samothrake war. Wir wissen von ihm, daß er als Direktor der Bibliothek im Jahre 137 vor Christi Geburt zurückgetreten ist.

Die Ausgabe dieses großen Philologen mit ihren Anmerkungen, Hypomnemata genannt, entspricht durchaus den Anforderungen moderner Forschung. Aus den Hypomnemata geht hervor, daß zur Zeit des Aristarchos die zur Verfügung stehenden Homertexte sich durch »wilde« Differenzen voneinander unterschieden. Übrigens hat nicht einmal mehr Aristarchos, obwohl die von den Ptolemaiern großzügig dotierte Bibliothek von Alexandreia Homermanuskripte in der ganzen griechischen Welt aufkaufte, ein Exemplar auftreiben können, das auf die Zeit vor Peisistratos zurückgegangen wäre.

Wir besitzen nur elf Papyrosfragmente homerischer Dichtungen, deren Niederschrift vor 150 vor Christi Geburt, also vor Aristarchos, erfolgt ist. Das Alter dieser Papyroi entspricht also dem Alter der Schriftrollen vom Toten Meer. Aus diesen Fragmenten wäre, selbst wenn man die uns bei antiken Schriftstellern erhaltenen Homerzitate hinzunähme, nur ein schwaches Bild der Dichtung zu gewinnen.

Das Alexandreia der Ptolemaier, in dem Aristarchos lebte, konnte, zu unserem Glück, seine Überlieferungen ohne Bruch an Byzanz weitergeben. So ist von Aristarchos an bis ins hohe Mittelalter hinein der Text von den byzantinischen Gelehrten getreu weitergereicht worden.

Die griechische Sprache ist in Europa nach dem Untergang des Weströmischen Reiches nicht so vollständig in Vergessenheit geraten, wie neuere Gelehrte eine Zeitlang angenommen haben. In Süditalien und Sizilien – *Magna Graecia* – ist die Bevölkerung noch jahrhundertelang überwiegend griechisch gewesen. Am Hof Karls des Großen haben irische Mönche, die alle Griechisch konnten, eine Rolle gespielt. Der Kaiser selbst hat Griechisch gesprochen. In der Kirche ist das Interesse am Griechischen schon im Hinblick auf den Text der Heiligen Schrift immer lebendig geblieben. Homer freilich war in Italien langsam dem Gedächtnis der Gebildeten entschwunden. Die in klassischem Latein verfertigten Übersetzungen waren verlorengegangen. An Homers Stelle war Vergil als »Vater des Abendlandes« getreten. Die Römer betrachteten sich als Nachkommen der Troer. Sie führten ihre Abstammung auf den troischen Prinzen Aeneas, den Sohn des Anchises und der Aphrodite, zurück. Diese Legende ist nachhomerisch. Vielleicht ist sie sogar erst von König Attalos II. von Pergamon geschaffen worden, um den Römern, die in diesem alten Osten immer etwas als Parvenus angesehen wurden, einen Gefallen zu tun. Vergil hat in seinem Epos »Aeneis« dieser nationalen Überlieferung der Römer ein herrliches Denkmal gesetzt.

Es muß an dieser Stelle noch kurz zweier heute ziemlich vergessener Werke gedacht werden, deren Bedeutung darin liegt, daß aus ihnen das ganze Mittelalter seine Kenntnis des troischen Sagenkreises geschöpft hat. Als Verfasser des einen wird der Kreter Diktys von Knossos angegeben. Er war der Kriegsgefährte des Idomeneos. Er wäre also ein Zeitgenosse des Geschehens gewesen und hätte lange vor Homer gelebt. Das Manuskript dieses Werkes, das in phoinikischer Schrift geschrieben war, wurde auf Befehl Kaiser Neros ins Griechische übertragen. Erhalten ist nur eine zweifelhafte lateinische Übersetzung aus dem 4. Jahrhundert nach Christi Geburt. Das andere Werk ist das des Dares von Phrygien, der, wie aus Homer hervorgeht, Priester des Hephaistos in Troia war. Dares schildert also den Untergang Ilions vom Standpunkt der Troer aus. Dieses Werk ist aber aller Wahrscheinlichkeit nach überhaupt erst im 5. Jahrhundert nach Christi Geburt entstanden.

Mit dem Beginn der Renaissance kommen zunächst einzelne griechische Homermanuskripte nach Italien. Petrarca, der gegen die literarische Bildung in Byzanz so mißtrauische Dichter, schickte Handschriften der Ilias und der Odyssee an Boccaccio, der sie mit Hilfe seines griechischen Lehrers ins Lateinische übertrug. In Florenz erschien 1488 die berühmte *Editio Princeps* des Demetrios Chalkondyles. Es ist die erste Homerausgabe, die gedruckt worden ist. Ein florentinischer Edelmann, Bernardo de Nerli, hatte die Mittel für dieses große wissenschaftliche Unternehmen zur Verfügung gestellt. Er ließ alle erreichbaren Homermanuskripte aufkaufen, um durch Textvergleichung zu einem philologisch möglichst einwandfreien Wortlaut zu kommen. Zwanzig dieser Manuskripte befinden sich noch heute in der Biblioteca Laurenziana in Florenz. Von den etwa 350 in griechischer Sprache auf uns gekommenen Homerhandschriften, von denen 122 Papyroi sind, bewahrt die meisten der Vatikan. Das dürfte damit zusammenhängen, daß die griechische Tradition im Vatikan niemals ganz unterbrochen war. Die wichtigsten der anderen Manuskripte verteilen sich auf die Bibliothèque Nationale in Paris, die Ambrosiana in Mailand, Oxford, den Escorial, Wien und das Britische Museum.

Der bedeutendste Handschriftensammler jener Zeit ist der Kardinal Bessarion gewesen. Er hat eine Biographie gehabt, die sogar in unserem Jahrhundert mit seinen beiden Weltkriegen nicht aufregender hätte sein können. Bessarion wurde 1403 in Trapezunt am Südufer des Schwarzen Meers geboren. Trapezunt war damals noch ein eigenes Kaiserreich, das am Ende der Kreuzzüge gegründet worden war. Der kaiserliche Hof von Trapezunt war berühmt für die mit hoher Bildung verbundene Schönheit seiner Prinzessinnen. Sie haben byzantinische und deutsche Kaiser, russische Großfürsten, seldschukische und türkische Prinzen geheiratet. Trapezunt verlor seine Freiheit erst acht Jahre nach dem Fall Konstantinopels. Der Kardinal hat den Untergang seines Vaterlandes um fast zwei Jahrzehnte überlebt.

Bessarion wurde Priester und später Erzbischof von Nikaia. Als kaiserlicher Gesandter reiste er mehrere Male nach Rom. Papst Eugen IV. ernannte ihn zum Kardinal. Von da an lebte er in Italien. Der Papst weihte ihn zum Bischof von Frascati. Zwei Jahre später wäre er selbst fast zum Papst gewählt worden. Er unterlag gegen Enea Silvio Piccolomini. Dieser Sproß einer alten sienesischen Adelsfamilie bestieg 1458 als Pius II. den päpstlichen Thron. Er hat noch einmal einen Kreuzzug gegen die Ungläubigen gepredigt, aber damit bei den europäischen Fürsten keinen Beifall mehr gefunden. Den Kreuzzug mit eigenen Mitteln zu führen, hinderte ihn der Tod.

Bessarion muß ein politisch weitschauender Mann gewesen sein. Noch bevor die Türken Konstantinopel eroberten, hatte er seine kostbare Bibliothek nach dem Westen gebracht. Nach 1453 hat er dann alles, was er an griechischen Manuskripten auftreiben konnte, aufgekauft. Er borgte sich berühmte Bücher und ließ sie kopieren. Er war ein so hervorragender Kenner, daß er niemals von einem Fälscher, deren Gewerbe zugleich mit der Nachfrage nach Manuskripten aufzublühen begann, betrogen worden ist. Seine Bibliothek, an der der Kardinal ein Leben lang gesammelt hatte, schenkte er noch zu Lebzeiten der Stadt Venedig. 1469 kamen die Schätze auf fünfzehn Maultieren in Venedig an. Unter den Manuskripten befanden sich zwei berühmte Codices der Ilias, heute als »MS Ven 453« und »MS Ven 454« bezeichnet. Im allgemeinen Gebrauch werden sie Codex Venetus A und Codex Venetus B der Biblioteca Marciana genannt. Bei Codex Venetus A ist die Herkunft aus der Bibliothek des Kardinals Bessarion nicht ganz gesichert, da die erste Seite, die im Venetus B die Signatur Bessarions trägt, bei Venetus A verlorengegangen ist.

Der Codex Venetus A enthält Scholien, antike gelehrte Erklärungen, die zum Teil noch auf Aristarchos zurückgehen. Der französische Gelehrte Villoison hat ihn 1788 herausgegeben. Dieser Text ist es, der noch heute der in unseren Schulen gebrauchten Ilias zugrunde liegt.

1797 nahm Napoleon das wertvolle Manuskript und eine Anzahl anderer Bücher aus der Marciana mit nach Paris. Zum Glück für Venedig kehrten die Schätze nach dem Wiener Kongreß in ihre angestammte Bibliothek zurück. Ein braver Bibliothekar hat die kriegerische Irrfahrt der Ilias in den Codex Venetus A eingetragen.

In Deutschland hat man sich zunächst mit der 1474 in Brixen in lateinischer Prosa erschienenen Ilias begnügt. Allmählich erst verbreitete sich in Deutschland die Kenntnis des Griechischen wieder. Melanchthon hat während seiner akademischen Laufbahn viermal eine Vorlesung über Homer gehalten. Wie sehr das Griechische damals in den Hintergrund getreten war, kann man daraus ersehen, daß erst in unseren Tagen wieder die griechische Aussprache der Eigennamen an die Stelle der bisher üblichen lateinischen tritt.

Die erste Homerübersetzung in deutscher Sprache ist die Odyssee des Münchener Stadtschreibers Simon Minervius Schaidenraisser von 1537. Diesem frühen Versuch sind im Lauf der Zeit zahlreiche andere gefolgt. Klassischen Rang nehmen die Übertragungen der Ilias und der Odyssee von Johann Heinrich Voß ein. Hier hat sich, durchaus ähnlich wie im homerischen Original, die deutsche Sprache bis zu einem gewissen Grad dem Hexameter angepaßt. So hat Homer sogar noch auf unser Deutsch von heute eingewirkt.

Das sind die verschlungenen Pfade, die das Schicksal gewählt hat, dem Abendland das Werk seines größten Dichters zu erhalten.

So viele Kostbarkeiten der antiken Literatur sind verschollen. Leicht hätte das auch der Ilias und der Odyssee zustoßen können. Nehmen wir an, die Gedichte wären wirklich verlorengegangen, und nun würden, im siebenten Jahrzehnt des 20. Jahrhunderts nach Christi Geburt, durch einen glücklichen Zufall irgendwo im Sand Aegyptens vollständige Manuskripte der homerischen Epen, von denen wir nur die Titel und einige Zitate kennten, gefunden. Nehmen wir weiterhin an, das gleiche Schicksal wäre dem Pentateuch zugestoßen. Es ist durchaus vorstellbar, daß das junge Christentum auf das Alte Testament verzichtet hätte und daß es auch den Juden in den vielen Verfolgungen, denen sie ausgesetzt waren, verlorengegangen wäre. Und nun würden, im siebenten Jahrzehnt des 20. Jahrhunderts nach Christi Geburt, unter am Toten Meer entdeckten Schriftrollen die Bücher Mosis, deren Text wir, außer den Zitaten im Neuen Testament, nicht kennten, gefunden.

Es lohnt sich, einen nachdenklichen Augenblick auf die Überlegung zu verwenden, ob Moses oder Homer die größere Sensation wäre.

MEDITATIONEN IN EINEM HAFENCAFÉ

Der Piraeus ist heute wieder, wie im Altertum, einer der großen Häfen des Mittelmeers. Hier beginnen und enden die Schiffahrtslinien, die die hundert Inseln Griechenlands mit der Hauptstadt verbinden. Hier geht man an Bord, wenn man nach Konstantinopel, nach Alexandria, nach Neapel oder Marseille will. Der Piraeus ist Athens Tor zur Welt.

Bis zu den Perserkriegen hat den Athenern für ihren Überseehandel der Sandstrand von Phaleron genügt. Themistokles überredete sie, eine etwas weiter nordwestlich gelegene, tiefer ins Land einschneidende Bucht zu einem befestigten Hafen auszubauen. Später wurde der neue Hafen durch eine von Mauern geschützte Straße mit dem fünf Meilen landeinwärts gelegenen Athen verbunden.

Perikles beauftragte den Architekten Hippodamos von Milet, die Stadt Peiraieus zu errichten. Es ist derselbe Künstler, der auch den Plan für Rhodos entworfen hat. Hippodamos hat die neue Hafenstadt nach einem so klaren und zweckmäßigen Grundriß angelegt, daß noch heute die Straßen den damals gezogenen Trassen folgen. Große freie Plätze setzen sich mit weiträumiger Eleganz in den spiegelnden Wasserflächen der Hafenbecken fort. Auf den großen Boulevards, von denen die Hafenbecken eingerahmt werden, wechseln auf der einen Straßenseite die Kontore der Reedereien, der Makler, der Agenten, der Schiffshändler mit Caféhäusern und Kneipen ab. Die andere Straßenseite ist die Pier, an der die Schiffe zum Löschen festmachen. Der Piraeus ist ein Hafen nach dem Herzen eines Seefahrers.

Im Schatten der Marquise eines dieser Caféhäuser am Rand des Weltverkehrs habe ich Anker geworfen. Im Süden sind die Caféhäuser die Proszeniumslogen des Daseins. Vor meinen Augen spielt sich das grandioseste Schauspiel ab, das es auf Erden gibt, das Drama des alltäglichen Lebens. Es ist jener wunderbare Augenblick des frühen Nachmittags, in dem bei schon länger werdenden Schatten die Mittagshitze nachzulassen beginnt und ein allererster Hauch als Vorbote der Abendbrise die Luft bewegt.

Die Menge flutet vorüber. Große Autos, laut mit ihren Hupen lärmend, teilen sie, wie eine Barkasse das Wasser teilt. Kleine Eselchen bahnen sich bescheiden und höflich ihren Weg. Ein Hirt treibt ein paar Schafe über den Asphalt. Matrosen der Königlichen Marine mit flatternden Mützenbändern bummeln durch die Sonne und schauen den Mädchen nach. Bauern aus den stillen Dörfern im Gebirge schieben sich mit schwerem Schritt durch das Gewühl. Bettler in allen Stadien des öffentlichen Elends heischen von den Vorübergehenden eine Gabe. Ein Mönch in schwarzem Gewand, weißhaarig, auf dem Haupt das hohe Barett der orthodoxen Geistlichkeit, schreitet, eine alte Würde aufrecht tragend, durch die Menge, einem Kind, das mit kleinen graziösen Sprüngen zu ihm hineilt, seine Hand zu küssen, im Weitergehen seinen himmlichen Segen erteilend.

Ein schneeweißer Dreißigtausendtonner dreht, von Schleppern bugsiert, langsam im Hafenbecken. Es ist die »Olympia«, der Stolz der griechischen Handelsflotte. Auf dem Promenadendeck geht der Reichtum mit der Langenweile spazieren. Im Zwischendeck hockt die Armut neben der Hoffnung. In der Enge des Hafenbeckens ist das Schiff kaum mehr als ein Stück Eisen. In der Weite der See wird es zu einer ozeanischen Schönheit, die von den Seeleuten auf den Sieben Meeren bewundert wird. Zum Abschied vom Heimathafen läßt der Kapitän – »Dreimal lang mit beiden Flöten!« – die Sirenen brummen. Über Dächer und Masten hinweg dröhnt die Stimme des Welthandels aufs Meer hinaus.

Dieser aus lauter Tätigkeit zusammengesetzte Lärm hat etwas Fröhliches. Die in der Sonne flimmernde Hafenluft ist ein mit hundert Aromen gesättigter Cocktail der Ferne – Duft von Orangen, Parfum von fremden Schönen, Geruch von Säcken, Rosinen, Schweiß, Fisch, Ruß und frischem Kistenholz, Geruch von der Wolle der Schafe und dem Fell der Esel. Über allem und mit allem vermischt schwebt das ein wenig faulige Odeur des Brackwassers im Hafenbecken. Das Leben flutet vorüber, das wunderbare, gefährliche, verzweifelte, herrliche Leben mit Erinnerungen und Hoffnungen, mit Wünschen und Enttäuschungen, mit seinem Mut und seiner Habgier, mit Schweiß und Schmutz, mit Hohn und Mitleid, mit seinem Lachen und mit seinen Tränen.

Schon die Alltäglichkeit, die an meiner Loge vorüberzieht, ist von erhabener Poesie. Betrachtet man sie auf dem Hintergrund ihrer Vergangenheit, wird noch der letzte Bettler des Szenariums zum Erben versunkener Herrlichkeiten, zu einem Aristokraten, dessen Stammbaum bis zu den Göttern reicht.

Zweimal in seiner Geschichte hat Athen es zustande gebracht, eine Weltstadt zu werden, das erstemal im 5. Jahrhundert vor Christi Geburt, im Glanz der in den Perserkriegen errungenen Siege, und noch einmal, vierundzwanzig Jahrhunderte später, im Besitz der von den Türken zurückeroberten Freiheit.

Als im Jahre 1832 Prinz Otto von Bayern als erster König der Hellenen nach Griechenland kam, war Athen ein Dorf am Fuß der Akropolis mit nicht mehr als fünftausend Einwohnern. Fast wäre damals Nauplia auf der Peloponnes die Hauptstadt Griechenlands geworden. Aber bei dem gebildeten Prinzen, dessen Vater der große Philhellene König Ludwig I. war, überwog der klassische Glanz des alten Namens so stark, daß König Otto Athen, obwohl es keineswegs immer der Mittelpunkt der griechischen Welt gewesen war, zur Residenz machte.

Wenn einer sagt, daß er von Athen nach Konstantinopel, nach Alexandria, nach Neapel oder Marseille wolle, bedeutet das heute, daß er nach der Türkei, nach Aegypten, nach Italien oder nach Frankreich will. Bei jemandem, der das vor zweieinhalbtausend Jahren sagte, war die Sachlage anders. Mit all diesen Zielen blieb ein Reisender damals innerhalb der Welt, in der die griechische Kultur herrschte und die griechische Sprache gesprochen wurde. Konstantinopel, Alexandria, Neapel, Marseille sind von den Griechen gegründet worden und die ganze Antike hindurch griechische Städte gewesen. Die Griechen sind, wie der alte Voß sich wohl ausgedrückt hätte, ein städtegewaltiges Volk gewesen. Mit ihrer Leidenschaft für die Polis, den Stadtstaat der griechischen Welt, haben die Hellenen allerdings nur eine alte Tradition übernommen. Die Aegaeis ist lange schon, bevor die Griechen die Küsten dieses Meeres zu besiedeln begannen, eine Welt urbaner Kulturen gewesen.

Diese städtegewaltigen Griechen haben sich aber keineswegs damit begnügt, Athen zweimal groß zu machen. Die Leistung, eine Weltstadt ersten Ranges ins Leben, ins Leben der Alltäglichkeit zu rufen, haben sie siebenmal in der Geschichte zustande gebracht.

Weltstädte ersten Ranges sind selten. Die Größe allein ist kein entscheidendes Merkmal. Von einer Weltstadt kann man nur sprechen, wenn ein Platz über eine längere Zeitspanne hinweg die maßgebende, unverwechselbare, weithin wirkende Mitte eines größeren Kulturbereiches ist oder gewesen ist. Dieser Bereich kann auch politisches Gewicht haben; aber Jerusalem zum Beispiel, entschieden eine Weltstadt ersten Ranges, hat außer zu König Davids und König Salomos Zeiten niemals größere politische Bedeutung gehabt. Die Unbestimmtheit der Definition dessen, was eine Weltstadt ersten Ranges ist, macht diese Frage hervorragend geeignet, sich heftig über sie zu streiten. Von den Weltstädten, die die

Griechen gegründet haben, ist die älteste ein paar hundert Jahre älter als der Trojanische Krieg. Die jüngste gab es noch in voller Lebendigkeit, als Kolumbus schon geboren war. Die Reihenfolge dieser Weltstädte ersten Ranges der Griechen von 1600 vor Christi Geburt bis 1453 nach Christi Geburt ist Mykenai, Miletos, Athen, Ephesos, Alexandreia, Antiocheia, Konstantinopel.

Als George Grote seine »History of Greece« zu schreiben begann, nahm er zum Ausgangspunkt das Jahr 776 vor Christi Geburt, das Jahr der ersten Olympischen Spiele. George Grote war ein englischer Gelehrter, der einer ursprünglich in Bremen ansässig gewesenen Bankiersfamilie entstammte. Man ist erstaunt zu erfahren, wie spät in unserer so geschichtsbewußten Welt der Versuch einer zusammenfassenden Geschichte Griechenlands unternommen worden ist. Grotes zwölfbändige Geschichte Griechenlands ist erst vor hundert Jahren erschienen.

776 stand die griechische Kultur in voller Blüte. Es ist etwa die Zeit, in der Homer seine Epen geschrieben hat. So ist also das Jahr 776 nicht der Anfang der griechischen Geschichte. Gehen wir einen Schritt weiter zurück, stoßen wir auf die Dorische Wanderung. Woher die Dorer gekommen sind, ist noch immer umstritten. Wahrscheinlich sind sie aus Illyrien und Thrakien nach Hellas eingewandert und haben, bevor sie dorthin kamen, in Niederbayern gesessen. In der zweiten Hälfte des 12. Jahrhunderts vor Christi Geburt sind sie dann bis zur Peloponnes gelangt. Begänne man die Geschichte Griechenlands mit der Dorischen Wanderung, hätte man den Vorteil, daß es sich um einen historisch gut gesicherten Vorgang handelte. Aber die Achaier, die von den Dorern besiegt wurden, haben, wie die neuerdings entzifferten zeitgenössischen Tontäfelchen beweisen, griechisch gesprochen. Also sind auch sie schon Griechen gewesen. Auf jeden Fall stellt ihre Kultur die Frühzeit Griechenlands dar. So muß man heute die Geschichte Griechenlands mit Mykenai beginnen. Der Zeitpunkt ist etwa das Jahr 1600 vor Christi Geburt.

Der Hügel von Mykenai ist schon lange vor den Achaiern besiedelt gewesen. Die ältesten Spuren, die gefunden wurden, stammen aus dem Beginn der Bronzezeit, also aus dem Anfang des dritten Jahrtausends. Die Herrschaft der Achaier in Mykenai wird von den Archaeologen in zwei Perioden geteilt. Die erste, von 1600 bis 1400 vor Christi Geburt, wird die frühmykenische genannt. Die zweite, von 1400 bis etwa 1150, ist die Zeit der homerischen Achaier. In das Ende dieser Zeit fällt der Trojanische Krieg. Kurz danach verschwindet die Herrlichkeit Mykenais nicht nur vom Erdboden, sondern auch aus dem Bewußtsein der

Menschen. Erst in der Poesie Homers erlebt sie ihre bis in unsere Tage hinein bewunderte Wiederauferstehung.

Wie sah die Welt aus, als Mykenai, die erste Weltstadt der griechischen Kultur, in Blüte stand?

Bemerkenswerterweise stimmt die Zeit Mykenais ziemlich genau mit der Epoche überein, welche als die Periode der Aegyptischen Weltherrschaft bezeichnet wird. Der Erdkreis hallte wider von den Eroberungskriegen, die Aegypten gegen Nubien und die Mächte Asiens führte. Die Königin Hatschepsut, die erste bedeutende Frau, die in der Geschichte auftritt, sendet eine Expedition nach Punt. Unter diesem Land ist wahrscheinlich Ostafrika zu verstehen. Die Schiffe dieser Expedition fuhren vom Nildelta durch einen frühen Suezkanal ins Rote Meer. Hatschepsut erbaute den Tempel von Dêr el-bahri, den wir noch heute bewundern. Auch einer der von ihr in Karnak errichteten Obelisken steht noch. Für alle künftigen Touristen tat die Königin den feierlichen Schwur, daß die neunundzwanzig Meter hohe Steinsäule aus einem Stück sei. Die Archive von Tell el-Amarna geben uns Auskunft über die auswärtigen Beziehungen der Pharaonen jener Epoche.

Es ist die Zeit, in der die Phoiniker aus einem Volk von Fischern zu einem Volk von Seefahrern wurden. Sie schufen eine Anzahl kleiner Reiche an der Küste Syriens, die uns Kunstwerke von hoher Qualität hinterlassen haben. Sie gründeten Kolonien in Zypern und Rhodos, auf dem griechischen Festland und wahrscheinlich auch schon in Spanien. In dieser Zeit auch haben sie das Alphabet erfunden.

Das Reich der Hethiter in Kleinasien stand auf dem Höhepunkt seiner Macht. Als eine Art Vortrupp der Perser drang eine Schar iranischer Krieger um 1500 vor Christi Geburt bis zum oberen Euphrat vor und ließ sich an seinen Ufern nieder.

In der zweiten Hälfte der mykenischen Epoche, als schon das Königsgeschlecht der Tantaliden, aus dem Agamemnon hervorgehen sollte, an der Herrschaft war, gab es in Aegypten die einzige Revolution der Weltgeschichte, die je von einem Herrscher entfacht worden ist. Es war die religiöse Revolution des Pharao Amenophis IV. Echnaton. Dieses rätselhafte Genie unternahm den Versuch, die Kulte der unzähligen Götter Aegyptens zu beseitigen, um an deren Stelle ein höchstes Wesen zu setzen, das durch die Sonne symbolisiert war. Echnaton scheiterte. Der amerikanische Aegyptologe Breasted hat ihn den ersten Idealisten der Weltgeschichte genannt.

Mit Mykenais letzten Tagen näherte sich das Bronzezeitalter seinem Ende. Schiffe kreuzten das Meer von Küste zu Küste. Der Handel blühte. Mykenische Gefäße sind in Aegypten und Babylon, in Kleinasien, in

Syrien, im westlichen Mittelmeer, aegyptische Gefäße in Mykenai und Knossos gefunden worden. Seeleute sind mitteilsame Naturen. Odysseus hat den Phaeaken eine Menge Geschichten erzählt. Was mögen die Völker an den Küsten des Mittelmeers damals voneinander gewußt haben? Die Archive von Tell el-Amarna lehren uns, daß es mehr war, als wir gemeinhin annehmen.

Miletos, die zweite der griechischen Weltstädte, ist schon im 11. Jahrhundert vor Christi Geburt von Ioniern gegründet worden, die von Dorern vom Festland vertrieben worden waren. Milet ist so alt wie Peking. Aber der Platz ist schon früher bewohnt gewesen. Man hat in Milet eine steinzeitliche Siedlung ausgegraben, die von Kreta, wo es eine Stadt gleichen Namens gab, ausgegangen ist.

Die Blütezeit Milets als Weltstadt beginnt im 7. Jahrhundert vor Christi Geburt. Um diese Zeit schon hatte die Stadt mehr als sechzig Kolonien an den Küsten des Mittelmeers und des Schwarzen Meers gegründet. Die auf der Krim gelegene, im zweiten Weltkrieg bekannt gewordene Stadt Kertsch, das alte Pantikapeion, ist eine Gründung Milets. Der Reichtum Milets war so berühmt und so groß wie seine Macht. Neuere Geschichtsschreiber haben die Stadt wegen des Zusammentreffens von Reichtum, Seemacht, Handel und Kultur das Venedig des Altertums genannt. Es war die Zeit, in der der Prophet Jeremias, der Fabeldichter Aisop, der Religionsstifter Zarathustra gelebt haben. Um diese Zeit taucht erstmals auch der Name eines bedeutenden Atheners auf, der Name des Gesetzgebers Solon.

Während um diese Zeit die Griechen, dieses alte Seefahrervolk, den Schiffsanker erfanden, gründete im Osten, in Ninive am Ufer des Tigris, der Assyrerkönig Assurbanipal seine berühmte Bibliothek, aus deren Tontäfelchen wir so viel über die alten Mythen Mesopotamiens erfahren haben. Im Westen, in Rom, bauten die Römer aus Pfählen und Brettern die erste Brücke über den Tiber und begannen, die Sümpfe zwischen den Hügeln der Stadt trockenzulegen. Karthago war um diese Zeit schon eine Großmacht des westlichen Mittelmeers.

Die Blütezeit der dritten Weltstadt, Athen, im 5. Jahrhundert ist das Zeitalter des Perikles. Es ist das Goldene Jahrhundert Griechenlands. Perikles teilt die Ehre, daß ein ganzes Zeitalter nach ihm benannt wurde, mit nur wenigen Persönlichkeiten der Geschichte. Es sind Augustus, Königin Elisabeth I., Königin Viktoria, Kaiser Wilhelm II. Unser Zeitalter nennen wir nicht mehr nach einem Menschen, sondern nach einem Ding, das noch dazu unsichtbar ist. Zur Zeit des Perikles unternahmen die Aegypter einen erfolglosen Aufstand gegen die persische Fremdherrschaft. In Westafrika begannen die Karthager, Kamerun und die

Goldküste zu kolonisieren. Die Juden, die nach dem Ende der Babylonischen Gefangenschaft nicht in Babylon bleiben wollten, kehrten in ihre Heimat Palästina zurück.

Die Blütezeit der griechischen Weltstadt Ephesos läßt sich nicht auf eine bestimmte Periode festlegen. Gegründet etwa zur selben Zeit wie Milet, war sie jahrhundertelang die wichtigste Stätte der Verehrung der Artemis. Zur Zeit, als die Apostel Paulus und Johannes in Ephesos weilten, hatte die Stadt eine Viertelmillion Einwohner. In der byzantinischen Zeit war sie der Mittelpunkt der Marienverehrung. Einige der großen Synoden sind in Ephesos abgehalten worden. Um 500 nach Christi Geburt begann ihr Niedergang.

Als Alexandreia, die fünfte der griechischen Weltstädte, von Alexander dem Großen gegründet wurde, hatten die Römer die Etrusker schon besiegt. Hannibal wurde geboren. Der erste Punische Krieg fand statt. Rom stieg zur Großmacht auf.

Durch viele Jahrhunderte hindurch ist Alexandreia die geistige Hauptstadt des Hellenismus gewesen, jener Epoche, in der griechische Philosophie in den Osten und östliche Ideen in die griechische Welt eindrangen. Die Bibliothek von Alexandreia hat in ihrer Glanzzeit mehr als vierhunderttausend Papyrosrollen besessen. Niemals wieder ist das Wissen eines ganzen Zeitalters so vollständig in einer Bibliothek vereint gewesen. Um dieses glänzende Monopol aufrechtzuerhalten, ist sogar einmal ein Verbot erlassen worden, Papyros aus Aegypten auszuführen.

Es ist die Epoche, in der das Alte Testament ins Griechische und die Odyssee ins Lateinische übersetzt wurden. Archimedes löste Gleichungen dritten Grades und entdeckte die Gesetze der Hebelkraft. Eratosthenes gab der Geographie einen außerordentlichen Auftrieb dadurch, daß er den Erdumfang mit großer Genauigkeit bestimmte. Aristarchos von Samos, ein früher Kopernikus, stellte die Drehung der Erde um sich selbst und um die Sonne fest. In Indien wurde um diese Zeit eine Gedenksäule an der Stelle errichtet, an der Buddha seine erste Predigt gehalten hatte. Ein Chinese erfand zur Freude aller Kinder aller künftigen Zeiten den Drachen, den man in die Lüfte steigen lassen kann. Kaiser Shi Huangti begann den Bau der Großen Mauer, die sich noch heute quer durch Asien zieht. Indem die Große Mauer die kriegerischen Vorstöße der mittelasiatischen Nomadenvölker aus ihrer bisher südlichen Richtung nach Westen ablenkte, wurde sie eine der Ursachen der Völkerwanderung.

Die sechste der griechischen Weltstädte war Antiocheia am Orontes, gegründet um 300 vor Christi Geburt von Seleukos Nikator, einem Feldherrn und Nachfolger Alexanders des Großen. Man muß allerdings, um genau zu sein, sagen, daß Antiocheia, da die ersten Siedler Veteranen gewesen sind, ebensosehr als eine makedonische wie als eine griechische Stadt zu betrachten ist. Antiocheia wurde der Ausgangspunkt der Seleukidischen Aera, einer Zeitrechnung, die im Vorderen Orient viele Jahrhunderte lang gegolten hat und noch bis in unsere Zeitrechnung hinein im Süden Arabiens in Gebrauch war. Im weiteren Verlauf der Geschichte haben Antiocheia und Alexandreia als geistige Zentren bedeutender theologischer Schulen eine wichtige Rolle in der Geschichte des jungen Christentums gespielt.

Um 330 nach Christi Geburt wurde endlich eine griechische Stadt zur Hauptstadt der mediterranen Welt. Das alte, von Dorern um 600 vor Christi Geburt gegründete Byzantion am Bosporos wurde von Kaiser Konstantin dem Großen zur *Nea Rome*, zum Neuen Rom, zur Residenz des Römischen Reiches gemacht. Es war die Zeit, in der das Christentum als Religion vom Staat anerkannt wurde. Die Grabeskirche in Jerusalem, die Geburtskirche in Bethlehem wurden erbaut. Der Buddhismus eroberte China, das ferne Land der Seide. Während Wulfila, der Missionar der Goten, die Bibel ins Gotische übersetzte, verfaßte der römische Schriftsteller Ausonius ein Feuilleton über eine weinfrohe Rhein-Mosel-Fahrt.

Dieses Konstantinopel, die letzte der griechischen Weltstädte des Altertums, hat länger als ein Jahrtausend, vom Konzil von Nikaia bis zur Eroberung durch die Türken, als Sitz der Macht, als Mittelpunkt von Kunst, Literatur, Wissenschaft, Bildung und Sitte eine wunderbare Blüte erlebt. Durch alle Jahrhunderte hindurch hat diese letzte der griechischen Weltstädte einen mächtigen Einfluß auf die geistige Entwicklung des Abendlandes ausgeübt.

Wo auf der Welt gibt es noch einmal ein Volk, das solcher Leistungen sich rühmen könnte?

Es ist aber nicht nur das Abendland gewesen, auf das der griechische Geist durch die ganze Geschichte hindurch gewirkt hat. Es ist die Welt gewesen! Wer heute in einem japanischen Hafen eine Buddhastatue kauft, wird kaum auf die Idee kommen, daß dieser Buddha auf ein griechisches Vorbild zurückgeht. Und doch ist das so. Die Diadochenreiche, die Nachfolgestaaten Alexanders, lagen nicht nur am Mittelmeer. Einer dieser Staaten, Baktrien, lag am Fuße des Hindukush.

Die griechischen Könige, die Alexander dem Großen folgten, haben sich jahrhundertelang in Afghanistan und Pakistan gehalten. Damals eroberte der Buddhismus diese Länder. Es gab nun Griechen, die Buddhisten geworden waren. Das ist nicht erstaunlich. Weniges ist dem griechischen Geist enger verwandt als der indische und chinesische Humanismus.

Verblüffend ist, daß der Buddhismus griechische Züge annahm. Die höchst spirituelle, höchst vergeistigte indische Religion des Buddhismus hatte, nach so vielen Jahrhunderten, noch nicht den Versuch unternommen, ein Bild Buddhas zu schaffen. Es gab nur vereinzelte Wiedergaben von Szenen aus seinem Leben. Einem Griechen schien es unerträglich, von seinem Gott keine Anschauung zu haben. So ist der erste, der es gewagt hat, eine Buddhastatue zu schaffen, ein griechischer Bildhauer gewesen. Wann dieses Ereignis stattgefunden hat, läßt sich nicht mit voller Sicherheit sagen. Am wahrscheinlichsten ist, daß es um die Wende vom 1. zum 2. Jahrhundert nach Christi Geburt war. Diese von einem Griechen geschaffene Buddhagestalt gelangte, langsam nur sich wandelnd, mit der neuen Lehre nach Zentralasien, nach China, nach Korea und Japan. Hackin hat eine dieser frühen Plastiken in Ostafghanistan ausgegraben. Sie steht im Musée Guimet in Paris.

Es ist ein ergreifendes Kunstwerk. Der griechische Kopf mit den indischen Zügen ist ein Apollon und ein Buddha zugleich. Seit anderthalbtausend Jahren sind ungezählte Millionen von Gebeten vor diesem griechisch-indischen Antlitz gebetet worden. Welch eine Wirkung, die die Welt einem einzigen griechischen Künstler zu verdanken hat! Grousset bemerkt zu diesem Sachverhalt: »Griechische Kunst, die höchste, die Europa hervorgebracht hat, prägt Buddha, die erhabenste Gestalt Ostasiens. Und so ist Buddha, der Apostel der Barmherzigkeit, wie der Ferne Osten ihn kennt, nicht nur ein indischer Weiser, sondern auch ein junger griechischer Gott.«

Angesichts dieser weltweiten Wirkung des griechischen Geistes wird die Frage brennend, was das Geheimnis dieser Aegaeis ist, dieses Meeres, von dem der Mythos berichtet, daß sogar eine Göttin ihm entstiegen sei. Woher stammt das alles? Wie ist es zu diesem unerschöpflichen Überfluß gekommen, der sogar unser Leben noch immer bereichert?

Die wichtigste der Frühkulturen, die Vorläufer der griechischen Kultur waren, ist in Kreta entstanden. Um die Wende vom 19. zum 20. Jahrhundert hat der englische Archaeologe Evans auf Kreta eine ganze große, bis dahin unbekannte Welt ausgegraben. Sie beginnt über tausend Jahre vor der Blütezeit Mykenais. Diese Kultur war so vollständig in Vergessenheit geraten, daß nichts von ihr übriggeblieben war als alte Sagen, Amulette, die von kretischen Frauen getragen wurden, und die Tatsache, daß der Besitzer des Ackers, unter dem Evans den Palast von Knossos fand, den Namen des Königs Minos trug, der viertausend Jahre zuvor in diesem Palast geherrscht hatte.

Gehen wir an Bord! Fahren wir hinüber nach der alten Insel, die so lange die Geheimnisse ihrer Vergangenheit zu bewahren gewußt hat!

An der Pier steigert sich die erhabene Alltäglichkeit zu einem wilden Furioso. Drängende Menschen, ein heftig gestikulierender Zahlmeister, Träger mit unglaublichen Lasten, Deckspassagiere, beladen mit riesigen Bettenbündeln, Kochtöpfen und platzenden Koffern, schreiende Zeitungsverkäufer, flatternde Geldscheine, Lärm, Lachen, Musik! Eine ganze Kompanie Soldaten geht an Deck, während eine entsprechend große Einheit von hübschen Mädchen ihnen von Land aus zuwinkt. In rasendem Tempo wird die letzte Fracht an Deck genommen. Während das Schiff schon von der Pier ablegt, kauft ein frommer, der Schiffsplanken ungewohnter Bauer noch schnell ein auf Glas gemaltes Bild des heiligen Christophoros.

Im Sonnenuntergang verlassen wir den Hafen Piraeus. Steuerbord gleitet die Insel Salamis vorüber, backbord der von Badenden bevölkerte Strand von Kalamaki, auf dem die Flugzeuge aus aller Welt landen und starten. Die Akropolis mit dem in der untergehenden Sonne weiß leuchtenden Parthenon zeichnet sich gegen den violetten Berghang des Hymettos ab. Vor uns taucht Aegina auf. Hinter Aegina erscheinen mit scharfen Konturen die Berge der Peloponnes. Die Sonne versinkt im Meer. Die Landschaft funkelt in hundert Farben, vom zartesten Blau bis zu majestätischem Purpurrot. Als wir Kap Sunion mit der Ruine des Poseidontempels auf der steilen Klippe passieren, ist die Nacht hereingebrochen.

Morgen früh werden wir in Kreta sein.

EIN KLEINER KONTINENT

I

Nach einer stürmischen Nacht auf hoher See nähert sich unser gutes Schiff »Karaiskakis« der Küste Kretas. Georgios Karaiskakis ist ein General gewesen, der im Krieg gegen die Türken nach langen Jahren tapferer Kämpfe fiel. Nun trägt das Schiff seinen Namen durch die Wogen des Meeres, für dessen Freiheit er sein Leben hingegeben hat. Welch schöne Ehrung für einen alten Soldaten!

In der Morgendämmerung bin ich an Deck geklettert in der Hoffnung, die Schneekuppe des Ida am Horizont auftauchen zu sehen. Sie erhebt sich 2498 m über den Meeresspiegel und liegt nur etwa dreißig Kilometer landeinwärts. Aber der Horizont ist von grauen Wolkenmassen verhängt. Ein steifer, kalter Südwest stäubt den Gischt der Brecher bis zur Brücke hinauf. Erst kurz vor Herakleion zeigt mir der erste Offizier hoch oben zwischen den Wolkenschatten eine feine Linie. Sie ist ein Stück der Kontur des Berges, auf dem Zeus seine Jugend verbracht hat. Dann tauchen vor uns die Bastionen eines Kastells auf. Wir passieren die Hafenmole. Das Kastell ist noch nicht wirklich alt. Vor siebenhundert Jahren erst ist es von den Venezianern erbaut worden. Vom hohen Sims der aus mächtigen Quadern errichteten Mauer blickt der Löwe von San Marco melancholisch auf einen Hafen hinab, in dem seit dreihundert Jahren kein Schiff mehr die venezianische Flagge gezeigt hat.

Kreta, nach Sizilien, Sardinien, Zypern und Korsika die fünftgrößte Insel des Mittelmeers, liegt gleich weit von Afrika, Asien und Europa entfernt. Sie ist 260 km lang und zwischen 60 und 12 km breit. An der Südküste fällt das Gebirge fast überall steil ins Meer ab. Der einzige Hafen an dieser Seite ist eine weite Bucht an der Stelle, an der sich die Messaraebene zum Meer hin öffnet. Die Unwirtlichkeit dieser Küste hat dazu geführt, daß die Insel durch ihre ganze Geschichte hindurch Afrika den Rücken gekehrt hat. Ganz im Anfang einmal ist ein Gott, der von Asiens Küste kam, in der Bucht von Messara an Land gegangen. Die Nordküste dagegen ist reich gegliedert und hat viele, wenn auch kleine, so doch brauchbare Häfen. Zur Aegaeis hin ist Kreta von alters her im Geben wie im Nehmen immer offen gewesen.

Nach diesem Kreta, nach der Bucht von Messara, wurde Europa von Zeus entführt.

Bevor man über den Zeitpunkt, an dem die Geschichte Europas beginnt, etwas festzustellen unternimmt, sollte man dieses mit tausend Facetten schillernde Phaenomen definieren. Aber wer könnte sagen, wo Europas Grenzen liegen? Dieses erstaunliche Gebilde, ebensosehr ein Begriff wie ein Kontinent, reicht vom Löwentor von Mykenai bis zum Arc de Triomphe, von Homer bis James Joyce, von Aristoteles bis Marx. Heilige Kronen und nüchterne Republiken, Klöster und Kolonien, Inquisition und Atomphysik, Düsenjäger und Kontrapunkt, Mikroskop und Zigarette, Karl der Große und Salvarsan – das alles ist Europa! Schon der Versuch, die Grenzen des Phaenomens abzustecken, stellt sich als ein höchst diffiziles Unternehmen heraus. Es kommt aber noch die Schwierigkeit hinzu, daß es den Geist dieses Kontinents in der Welt schon gab, bevor Europa selbst in Erscheinung trat.

Man kann in der Kulturgeschichte nicht verfahren, wie man in der Geographie verfährt. In der Geographie gilt von den Quellen, aus denen der Fluß entsteht, diejenige als sein Ursprung, welche am höchsten liegt. Der Anfang Europas ist nicht am Ort seiner ältesten Ursprünge zu suchen. Ursprünge der europäischen Kultur können wir in Aegypten bis ins vierte, in Sumer bis hinauf ins fünfte Jahrtausend verfolgen. Aber die alten Kulturen des Nildeltas und des Zweistromlandes sind nicht europäisch gewesen. Sie haben in bedeutsamer Weise und in einem Ausmaß, das weiter und tiefer reicht, als den meisten Europäern bewußt ist, zu unserer Kultur beigetragen. Aber als europäisch empfinden wir weder ihre Kunst, noch ihre Religion, noch ihre Literatur. Wenn alles wegfiele, was wir den Sumerern, den Aegyptern, den Babyloniern verdanken, gäbe es noch immer Europa. Wenn alles wegfiele, was wir den Griechen verdanken, gäbe es Europa nicht.

Ein Sonderfall von Anfang an ist jenes merkwürdige Beduinenvolk, das im dritten vorchristlichen Jahrtausend, aus den Wüsten Arabiens kommend, den Schauplatz der Geschichte betritt. Wenn alles wegfiele, was wir dem hebraeischen Volk zu verdanken haben, gäbe es Europa auch nicht. Aber kann man Abraham darum schon einen Europäer nennen?

Die Achaier dagegen waren, als sie in der ersten Hälfte des zweiten Jahrtausends vor Christi Geburt auf dem griechischen Festland erschienen, zwar sicherlich Europäer, aber man kann sie doch kaum schon als Träger europäischer Kultur bezeichnen. Herodot bemerkt, daß die Griechen »bildlos« nach Hellas gekommen seien. Etwas freilich, was bei der Entstehung Europas eine entscheidende Rolle gespielt hat, hatten die Barbaren aus ihrer Heimat mitgebracht. Das war ihr schöpferisches Genie. Es traf auf alte Kulturen, die in voller Blüte standen, als die Eindringlinge an den Küsten der Aegaeis erschienen. In dem, was diese alten Völker uns hinterlassen haben, gibt es so zahlreiche Elemente, die uns vertraut sind, daß wir die aegaeischen Frühkulturen in dem Jahrtausend, das dem Auftreten der Achaier vorausgeht, wenn auch noch nicht als europäisch, so doch schon als der Geschichte des europäischen Geistes zugehörig empfinden.

Die Begegnung der Achaier mit den Kulturen der Aegaeis ist einer der Glücksfälle der Historie. Unter der Fülle dessen, was die Eroberer vorfanden, trafen sie ihre Auswahl, und so schufen die wunderbaren Barbaren die Mykenische Kultur.

Die Elemente, deren sich die Achaier bemächtigten, stammten aus der Helladischen Kultur auf dem Festland, aus der Kykladischen Kultur auf den Inseln, aus den zahlreichen kleinen Kulturkreisen an der Küste Kleinasiens und aus der Minoischen Kultur auf Kreta. Und Kreta wiederum hat entscheidende Anregungen von den Phoinikern an der Küste Syriens empfangen.

Es entbehrt nicht einer ironischen Note, daß dieser verwickelte Sachverhalt, den die Wissenschaft erst vor etwa fünfzig Jahren zu durchschauen begonnen hat, den Griechen in der Form eines einfachen Mythos vertraut gewesen ist. Es ist der Mythos vom Raub der Europa durch Zeus. Die Ereignisse, die in diesem Mythos dargestellt sind, haben sich im Anfang des zweiten Jahrtausends vor Christi Geburt abgespielt. Die sonderbare Unwissenschaftlichkeit der Tatsache, daß sich ein mythologisches Ereignis zeitlich fixieren läßt und daß Mythos und Wissenschaft in dieser *magna res*, in dieser ersten »großen Sache« des Abendlandes, vollständig miteinander übereinstimmen, wird nur noch durch die Merkwürdigkeit übertroffen, daß der Geburtsort dieses Mythos und der Geburtsort dieser Wissenschaft an den Küsten der gleichen Aegaeis in einer Distanz von weniger als zweihundert Seemeilen einander gegenüberliegen. Während die Wissenschaft ihren mühseligen und steinigen Pfad durch die Jahrtausende wandelte, ist der Mythos so frisch geblieben, wie er zu der Zeit war, als es noch Menschen gab, für die er volle Wirklichkeit war. Europa hatte einen Namen, noch ehe es überhaupt zu existieren begonnen hatte.

Die Prinzessin Europa war eine Tochter des Königs Agenor von Tyros, das an der Küste Phoinikiens liegt. Zeus, der Vater der Götter und Menschen, wurde von Leidenschaft für das schöne Mädchen ergriffen. Um sie zu erobern, schickte er den Hermes aus, die Rinderherde des Königs auf eine Wiese am Ufer zu treiben, wo Europa sich mit ihren Freundinnen zu ergehen pflegte. Zeus nahm die Gestalt eines Stiers an. Der Stier war weiß bis auf einen schwarzen Stirnstreifen zwischen den kleinen, hohen Hörnern. Das schöne fremde Tier fiel der Prinzessin auf. Da es sanft wie ein Lamm zu sein schien, überwand sie ihre Furcht und begann, mit ihm zu spielen. Sie schlang ein Blumengewinde um seine Hörner. Der Stier ging in die Knie, als wolle er die Spielgefährtin auffordern, sich auf seinen Rücken zu setzen. Sie tat es. Langsam wandelte der Stier zum Strand hinunter. Plötzlich sprang er ins Wasser und schwamm ins Meer hinaus, die Jungfrau auf seinem Rücken. Entsetzt blickte Europa zurück zum Ufer Asiens, an dem ihre weinenden Freundinnen zusammenliefen. Immer weiter aufs Meer hinaus trug der Stier die Prinzessin, die sich mit der einen Hand am rechten Horn des Stiers anklammerte, während sie in der anderen noch immer einen Blumenstrauß hielt. So hat uns Ovid in den »Metamorphosen« die Szene geschildert.

Das Wasser benetzte wunderbarerweise die Prinzessin nicht. Sonst hätte die Geschichte unserer Kultur mit einem Schnupfen begonnen. Sicher in der göttlichen Obhut wurde Europa von Zeus übers Meer nach Kreta gebracht. An Land gekommen, verwandelte sich der Gott in einen Adler und trug die Jungfrau in ein von einer Platane überragtes Weidendickicht an einer Quelle. Die Platane blieb von da an ein immergrüner Baum. Noch in klassischer Zeit ist er den Fremden gezeigt worden.

Die Liebe hat den Göttervater lange in Bann gehalten. Europa gebar dem Zeus drei Söhne – den Minos, den Radamanthys und den Sarpedon. Als Geschenk hat Zeus der Geliebten das berühmte, von dem göttlichen Schmied Hephaistos verfertigte goldene Halsband überreicht, das seiner Trägerin unwiderstehliche Schönheit verlieh.

Wann wohl mag Europa dieses wunderbare Halsband verloren haben?

Die Darstellung der so pittoresken Szene des Raubes der Europa hat die großen Maler von jeher gereizt. Von Rubens, dem das Sujet natürlich besonders liegen mußte, gibt es das herrliche Bild im Prado. Tizians sehr dekorative Darstellung hängt – noch einmal ist Europa übers Meer entführt worden – in der Sammlung Gardiner in Boston. Auch Dürer hat die Szene verschiedene Male gezeichnet. Das bekannteste und schönste Bild ist die glanzvolle Komposition Veroneses im Dogenpalast in Venedig.

Die Darstellungen, welche die Antike uns hinterlassen hat, sind nicht zahlreich. Für Griechen und Römer hat der Name Europa noch nicht den Klang gehabt, den er für unsere Ohren hat. Doch ist das Thema immer lebendig gewesen. Das früheste erhaltene Beispiel ist eine griechische Terrakotte aus dem 6. Jahrhundert vor Christi Geburt. Dann gibt es eine Marmorgruppe im Vatikan, ferner die Metope von Selinunt, ein Relief vom Gebälk des Tempels, die heute in Palermo aufbewahrt wird, und die Metope vom Apollontempel in Delphoi. Auf Vasen ist die Szene häufiger dargestellt worden. Die eindrucksvollste antike Wiedergabe der Geschichte ist das prachtvolle Wandgemälde aus Pompeii, das sich heute in Neapel befindet.

Im Mythos vom Raub der Europa spiegelt sich in einer dem griechischen Geist höchst eigentümlichen Weise eine Fülle von Tatsachen, Verflechtungen und Zusammenhängen wider. Die Trümmer der Stadt Tyros, der Heimat Europas, liegen, halb im Sand vergraben, im Süden des heutigen Staates Libanon. Die Wiese, auf der sich die Story abgespielt hat, deren Happy-End wir selber sind, wird noch gezeigt. Übrigens liegt sie ohnweit der Stelle, an der der große Fisch den Propheten Jona an Land gespieen hat.

Schon der Stammbaum unserer Ahnherrin ist bemerkenswert. Ihr Vater, der König Agenor, ein Sohn des Meergottes Poseidon, ist aus Aegypten nach Syrien gekommen. Sein phoinikischer Name ist »Chnas«. Dieser Name erscheint in der Bibel als »Kanaan«. Der Name Phoinikien wiederum stammt von einem Sohn König Agenors, der Phoinix hieß. Einige Gelehrte vertreten sogar die erstaunliche Ansicht, daß die Kanaaniter oder Phoiniker, da viele ihrer Sitten auf Ostafrika hinwiesen, ursprünglich nicht einmal aus Aegypten stammen, sondern erst aus Uganda nach Aegypten gekommen seien.

Agenor sandte seine fünf Söhne aus, ihre Schwester Europa zu suchen. Keiner hat sie gefunden. Sie alle gründeten neue Reiche an den Küsten des Mittelmeers. Der eine von ihnen, Kadmos, gelangte zunächst nach Rhodos, dann nach Thera, das heute Santorin heißt. Dann besuchte er Delphoi. Das Orakel befahl ihm, die Suche nach seiner Schwester aufzugeben. Er gründete die Stadt Theben in Boeotien. Daß es eine Stadt gleichen Namens in Aegypten schon gab, ist ein Grund mehr, die Herkunft des Geschlechts des Königs Agenor in Aegypten zu vermuten.

Auch hier weist der Mythos auf tatsächliche Geschehnisse hin. Die Expeditionen der fünf Söhne König Agenors dürften in Wirklichkeit eine Flucht phoinikischer Stämme nach Westen im Anfang des zweiten Jahrtausends gewesen sein. Damals ist Korinth entstanden, von dem man durch die Ausgrabungen weiß, daß es von Phoinikern gegründet worden ist.

Die Geschichte von Zeus und Europa ist wohl auch eine alte Erinnerung an einen griechischen Raubzug an die Küste Syriens. Der Schriftsteller Johannes Malalas, der zur Zeit Kaiser Justinians in der Mitte des 6. Jahrhunderts nach Christi Geburt in Konstantinopel gelebt hat, erwähnt einen noch zu seiner Zeit in Tyros jährlich gefeierten »Abend des Übels«. Er wurde begangen zur Erinnerung an »Tauros« – das griechische Wort für Stier –, einen König von Kreta, der Tyros in Abwesenheit des Königs Agenor und seiner Söhne angegriffen und erobert hatte. Tauros nahm viele Gefangene mit, darunter Europa, die Tochter des Königs. Herodot erwähnt dieses Ereignis. Daß Zeus, dieser unasiatische, ganz und gar griechische Gott, Europa nach Kreta bringt, ist ein Hinweis für sehr frühe Beziehungen der Griechen zu dieser Insel. Auf der einen Seite ist die Geschichte vom Raub der Europa eine Erinnerung an einen griechischen Raubzug nach Phoinikien. Auf der anderen Seite weist die Tatsache, daß Europa aus Phoinikien stammt, auf die Rolle hin, die die Phoiniker für die griechische Kultur gespielt haben. Ihnen haben die Griechen das Alphabet zu verdanken, und wahrscheinlich auch noch die Kenntnis des Kupfers, des Weinbaus und der Olive.

Es ist ein zartes und wunderbares Geflecht von Dichtung, Frömmigkeit und Historie, das die Phantasie der Griechen über die Anfänge gebreitet hat. Nicht weniger bewundernswert ist der freilich auch auf griechische Tradition zurückgehende Scharfsinn der Gelehrten, die die Muster dieses Geflechts durch Vergleich Hunderter, ja Tausender einzelner Tatsachen zueinander in Beziehung gesetzt haben. Mit dieser unendlichen Geduld hat die Wissenschaft das Meisterstück zuwege gebracht, den Sinn des Mythos zu erhellen, Licht in die Anfänge zu bringen.

Von keinem Anfang freilich können wir wissen, ob er nicht zugleich das Ende einer großen Vergangenheit gewesen ist. Die schöne Frau auf dem Rücken des Stiers stellt eine Szene dar, die auch einen religiösen Aspekt hat. Die auf dem zum Opfer bestimmten Sonnenstier reitende Hohepriesterin des Mondes ist die Repräsentantin eines uralten Fruchtbarkeitskults, dessen Spuren in allen vorgriechischen aegaeischen Kulturen nachweisbar sind. Der Mythos von Zeus und Europa, der mit so schönem poetischem Pathos den Anfang der europäischen Kultur darstellt, ist gleichzeitig das letzte, auf geheimnisvolle Weise lebendig gebliebene Urbild einer verschollenen Religion.

2

Durch die Straßen von Herakleion weht eine frische Morgenbrise. Der Himmel ist blankgefegt. In der Sonne fängt es an, warm zu werden. Ich gehe in mein Stammcafé, wo ich mit Michael, meinem kretischen Freund, verabredet bin. Wir wollen nach Knossos hinausfahren zum Palast des Königs Minos.

Von meinem Platz aus sehe ich eine Straße entlang, auf der rechts und links der Markt zugange ist. Unter schattigen Markisen werden Früchte, Blumen, Gemüse, frischer Fisch und Geflügel feilgeboten. Nur die Fleischstände sind an anderer Stelle aufgebaut, in einer Gasse, die so eng ist, daß die Sonne nicht hineinscheinen kann.

Obwohl ich erst einen Tag in Herakleion bin, genieße ich doch schon in meinem Caféhaus die Rechte eines Stammgastes. In diesem Land begrüßt der Wirt den Xenos, den Fremdling, bereits, wenn er zum zweiten Male kommt, mit einer freundlichen Geste des Wiedererkennens. Mein Wirt ist ein großer, breitschultriger Mann. Das graue Haar trägt er kurz geschoren. Die rechte Augenhöhle ist eine Narbe. Sein anderes, schwarzes, funkelndes, ein wenig listiges Auge ist das Auge eines Kreters. Mit dem scharfen, ernsten Blick des Menschenkenners mustert er den Kömmling. Sein Urteil ist in einem Augenblick gefällt. Von diesem einen Augenblick kann in diesem Land des Mutes, der Freiheitsliebe und des Fanatismus gelegentlich sogar das Leben eines Fremdlings abhängen. Der bemerkenswerte Kerl trägt noch die alte Tracht, wie die Bauern auf dem Land sie tragen – hohe Stiefel und Pluderhosen, dazu die kurze, gestickte, vorn offene Jacke über dem weißen Hemd und die um den Leib geschlungene schwarze Schärpe, in der noch vor nicht allzulanger Zeit bei jedem freien Mann ein Dolch steckte und eine lange Pistole oder deren zwei.

Man kann stundenlang in so einem kleinen Caféhaus sitzen, ohne daß jemand nach einer Bestellung fragt. Das wird nicht nur dem Xenos erlaubt. Das kann jeder Bauer, jeder Fischer und auch jeder Bettler tun, der seine müden Glieder ein wenig ausruhen will. Der Wirt kommt erst, wenn man ihn ruft. Ein paar höfliche Worte werden getauscht. Es ist nicht schwer, das Wohlwollen eines Einäugigen zu erwerben. Die meisten Menschen starren fasziniert auf die Narbe, das Trauma des Schicksals, so daß es dem Einäugigen selten gegeben ist, einem Mitmenschen ins Auge zu schauen. Einem Einäugigen erscheint der, der wirklich den Blick mit ihm tauscht, als ein Bruder auf Erden. Ihn zu fragen, auf welche Weise ihm das Auge verlorengegangen sei, habe ich freilich nicht gewagt.

Die Höflichkeit des Kreters wird von einem Element vornehmer Zurückhaltung beherrscht. Aber die Frage nach dem Woher? ist auch ihm erlaubt. Nun also, ich bin ein »Germanos«. Das ist niemals nur eine einfache Feststellung, wenn man sich in einem Land befindet, in dem noch vor einem halben Menschenalter ein erbitterter Kampf zwischen Gewalt und Freiheit getobt hat. Durch ein kleines, nachdenkliches Achselzucken, durch eine ein wenig gehobene Augenbraue, durch ein leicht geseufztes »Ah, Germanos!« deutet der Frager an, daß er, als Sieger in diesem Kampf, nicht gewillt ist, seinem alten Feind die Unbill nachzutragen, die er durch ihn erlitten hat. Als ich einmal die kleine dämmrige Bude betrete, die der Bereitung des Mokkas dient, entdecke ich, daß die alte türkische Kaffeemühle auf einem guterhaltenen römischen Marmorsarkophag steht. Wir unterhalten uns über das prächtige Stück, dessen Wert dem Alten durchaus bewußt ist. Das Museum will den Sarkophag seit langem haben. Er lehnt es ab, ihn zu verkaufen. Er habe ihn von seinem Vater geerbt. Meine kräftige Akklamation zu diesem vortrefflichen Motiv führt dazu, daß er zwei Gläser auf den Marmor stellt, um durch einen kleinen Uso einen Separatfrieden zwischen der Vergangenheit und der Zukunft abzuschließen. Allmählich tut die Zeit, die alte Zauberin, ihr Werk.

Vor dem Caféhaus wartet schon der Stiefelputzer. Stiefel vertreten kein nationales Prinzip. Stiefelputzen ist eine Angelegenheit der Philosophie. Man sitzt in der Sonne. Man schlürft einen guten Mokka. Überall, wo einmal Türken geherrscht haben, ist der Mokka ausgezeichnet. Nicht jedes Weltreich hinterläßt der Menschheit eine so angenehme Errungenschaft. Mit Heiterkeit sieht man zu, wie der Staub des vergangenen Tages dem Glanz des neuen weicht. Und schon am frühen Morgen hat der Fremdling Gelegenheit, durch eine Drachme extra ein kleines Lächeln in die Welt zu zaubern.

Die Morgenbrise, die durch die Marktstraße weht, mischt den Duft der Macchia, den sie von den fernen Bergen mitbringt, mit dem Duft der Blumen und Orangen und dem Geruch des Fischs. So linde dieses Lüftchen daherkommt, sein Wehen hat Geschichte gemacht. Die Brise ist von wunderbarer Regelmäßigkeit, die darauf beruht, daß bei gleichmäßiger Sonnenbestrahlung das Land sich sowohl schneller erhitzt als auch schneller abkühlt als das Wasser. Steigt warme Luft vom Land auf, weht die Brise von See her. Steigt, wenn das Land abgekühlt ist, die Luft von der wärmeren See auf, herrscht ablandiger Wind.

Die seewärts gerichtete Brise setzt oft schon gegen neun Uhr abends, spätestens gegen Mitternacht ein und dauert bis etwa neun Uhr morgens. Die landwärts wehende Brise schlägt sich gegen Mittag ein und klingt spätestens gegen acht Uhr abends ab. So gehen die Fischer vor Mitternacht auf See und kommen mittags zurück. Auch mit einem kleinen Boot kommt man mit dem ablandigen Wind leicht aufs Wasser hinaus und mit der von der See her wehenden Brise leicht wieder in den Hafen zurück. Zweifellos ist es dieser meteorologischen Liebenswürdigkeit der Natur zu verdanken, daß sich die Inselbewohner schon früh aufs Wasser hinausgewagt haben. So haben sie gelernt, wenigstens im Sommer vom Fischfang zu leben. Ein zu bestimmten Jahreszeiten regelmäßig wehender Nordwind hat große Bedeutung für die Handelsschiffahrt nach Aegypten und Asien gehabt. Auch hat die genaue Kenntnis der Konstanz der Windverhältnisse in der Meerenge zwischen der Insel Salamis und dem Festland eine Rolle in Themistokles' taktischem Kalkül der Seeschlacht gegen die Perser gespielt. Der in seinen Überlegungen von ihm richtig angesetzte Wind hat, wie Plutarch berichtet, zum Sieg der Griechen bei Salamis entscheidend beigetragen.

So war auch in den frühen Zeiten der mächtigste Gott der Griechen der Beherrscher des Meeres, der »stranderschütternde Poseidon«. Zeus ist der jüngere Bruder Poseidons gewesen, der erst in fast schon geschichtlicher Zeit in den Vordergrund tritt. Professor Otto, der gelehrte Graezist, hat diesen Wechsel in der Herrschaft zweier Götter einmal in einen jener Sätze zusammengefaßt, in denen die Weisheit eines Kenners einen schwierigen Sachverhalt in einer einzigen kurzen Formel zum Ausdruck bringt. Er sagte: »Der Zorn Poseidons in der Odyssee klingt nur noch wie das Grollen eines abziehenden Gewitters.«

Als Michael kommt, unterbreite ich ihm meine morgendlichen Mokkameditationen. Er lächelt ein wenig und bemerkt nur, daß Platon das alles sehr viel weniger feierlich ausgedrückt habe, indem er von sich und seinen Landsleuten einmal spöttisch gesagt habe: »Wie Frösche um den Sumpf sitzen wir um das Meer herum.«

Der Palast von Knossos ist eine der großartigsten Ruinen, die es auf der Welt gibt. Als er noch in all seiner pittoresken Schönheit unter der Sonne lag, war er die Mitte einer der großen frühen Kulturen der Menschheit. Als ausgegrabene Ruine ist er das erstaunlichste Denkmal, das sich die jüngste Zivilisation der Erde, die Epoche der Technik, gesetzt hat. Man achtet meistens nicht darauf, daß die Altertumswissenschaft kein bißchen weniger modern ist als die moderne Naturwissenschaft. In einer eigentümlichen Parallelität haben sich diese beiden Wissenschaften entwickelt, ohne voneinander Notiz zu nehmen. Zwar haben sich die Geisteswissenschaftler durchaus für die Entdeckungen der Naturwissenschaftler und die Naturwissenschaftler für die Ergebnisse der historischen und kulturgeschichtlichen Forschungen interessiert; aber die einzelnen wissenschaftlichen Disziplinen gerieten unter der Wirkung der fortschreitenden Spezialisierung in eine immer stärkere Isolierung hinein. Die Naturwissenschaft verzichtete darauf, die Deutungen ihrer Ergebnisse einer philosophischen Prüfung zu unterwerfen. Sie wurde zur Dienerin einer Technik, die in primitiver Weise in eine Zukunft starrte, die durch sie nur schlimmer werden konnte. Unterdessen hatte der seiner selbst sich wieder bewußt werdende Geist Europas die Vergangenheit zu seinem Thema gemacht.

Das erste, was am Palast von Knossos auffällt, ist die Unscheinbarkeit seiner Lage. Von der Burg von Mykenai sieht man die von Bergen eingerahmte Ebene von Argolis bis zum fernen Meeresstrand ausgebreitet vor sich liegen. Delphoi, am Hang des Parnassos, gewährt ein See- und Gebirgspanorama, das einzigartig auf der Welt ist. Olympia liegt in einem weiten freien Tal, über das alle Sachsen, die es je besucht haben, sich einig sind, daß es als lieblich bezeichnet werden muß. Milets Horizont ist von einer Kette von Inseln begrenzt. Knossos dagegen liegt in einem kleinen Tal auf der Kuppe eines Hügels, der sogar noch von den niedrigen Höhenzügen, die das Tal begrenzen, ein wenig überragt wird. Obwohl das Meer nur ein paar Meilen entfernt ist, kann man es auch von den höheren Terrassen aus nicht sehen. Man weiß nur, daß kleine Schiffe von der Küste durch Treideln bis zum Palast gebracht worden sind.

Die Ruinen bedecken ein weites Gelände. Man steigt auf flachen Stufen wunderbar breite Treppen hinauf. Teile der Fassaden mit den charakteristisch kurzen, gedrungenen, nach oben sich verbreiternden Säulen sind wiederaufgerichtet worden. Von einer der Terrassen aus kann man das Ruinenfeld gut übersehen. Auf den ersten Blick ist es nicht möglich, in der Vielzahl dieser Kammern, Treppen, Durchgänge und Höfe eine Ordnung, einen Zusammenhang, einen Plan zu entdecken. So ist es nicht verwunderlich, daß die Griechen der Antike geglaubt haben, das seien die Trümmer des geheimnisvollen Labyrinths, in dem der Minotauros gehaust habe. Das einzig erkennbare, architektonisch ordnende Element ist ein mächtiger gepflasterter Hof. Er ist fast tausend Quadratmeter groß. Auf diesem Hof stand der Altar für die Opfer, die den Göttern gebracht wurden. Und hier wahrscheinlich auch haben die religiösen Tänze und Stierspiele stattgefunden, von denen die Fresken, die Vasenbilder und die Siegel erzählen.

Um diesen Hof herum sind eine Anzahl Gebäude von verschiedener Größe errichtet worden. Die vielen, lose aneinandergefügten Bauteile scheinen keinen inneren Zusammenhang untereinander zu haben. So sieht es also zunächst so aus, als sei das die Bauweise von Leuten gewesen, die es nicht besser verstanden hätten. Wir wissen aber, daß die minoische Kultur eine Welt von großer Differenziertheit war, und gerade die Architektur ist von allen Künsten diejenige, aus der man am meisten über das Wesen der Menschen erfahren kann.

Wenn man die Palastfronten von Knossos nach den archaeologischen Rekonstruktionen vor sich aufzubauen versucht, stellt sich nach einiger Zeit das Gefühl ein, daß die lose Aneinanderreihung der Bauteile doch nicht zufällig ist. Die minoische Architektur ist malerisch. Der große Platz in der Mitte wirkt nach allen Seiten der ganzen Anlage weiter, bindet die Bauteile aneinander. Gleichzeitig empfindet man diese pittoreske Unordnung, dieses Fehlen eines durch die ganze Anlage hindurchgehenden konstruktiven Prinzips als Ausdruck einer großen inneren Freiheit der Architekten, die diesen Palast im Lauf der Zeit errichtet haben. Sie müssen ausgeprägte Persönlichkeiten gewesen sein. So ist es sicherlich auch kein Zufall, daß die Überlieferung den Daidalos, als er eines Mordes wegen aus Athen fliehen mußte, beim König Minos auf Kreta Schutz finden läßt. Dieser geheimnisvolle Athener, der in seiner genialen Vielseitigkeit als Künstler und Ingenieur nur mit Leonardo da Vinci vergleichbar ist, galt den Griechen als der Erfinder der Bildhauerkunst. In seinem schönen Roman »Ich und die Könige. Projekte, Zwischenfälle und Resümees aus dem Leben des Ingenieurs D.« hat Ernst Schnabel mit der Souveränität eines gelehrten Poeten die faszinierende Persönlichkeit des Daidalos für uns wieder zum Leben erweckt.

Der Palast in Knossos ist die Bühne einer Welt des Traumes gewesen, und dieser Traum ist uns auf eine geheimnisvolle Weise vertraut.

Der an der Peripherie sich auflösenden Offenheit der Palastanlage entspricht die Tatsache, daß keine Spuren von Befestigungen gefunden worden sind. Die Archaeologen erklären das mit einer jahrhundertelang nicht bedroht gewesenen Seeherrschaft. Das Lebensgefühl dieser Menschen muß von einem Element existentieller Sicherheit und

Beständigkeit getönt gewesen sein. Blieben von den achtziger Jahren des 19. Jahrhunderts einer späteren Zeit nur die Bilder des Impressionismus erhalten, man würde von diesem Zeitalter einen ähnlichen Eindruck gewinnen, wie wir ihn von der Welt des frühen Kreta haben.

Nachdem in der spätminoischen Epoche die Achaier in Knossos zur Macht gekommen waren, änderte sich das. Die neuen Herren legten ein Netzwerk von durch Forts befestigten Straßen an, um eine Herrschaft zu sichern, die sie über die Kykladen bis Attika und vielleicht sogar bis Sizilien ausgedehnt hatten.

Der schon erwähnte Entdecker der kretischen Kultur, der englische Archaeologe Arthur Evans, hat in Oxford und Göttingen studiert. Von ihm stammt auch die Bezeichnung »Minoische Kultur«, die die Archaeologie unterdessen international akzeptiert hat. Unglaubliche Schätze sind es, die Evans in dem Palast ans Tageslicht gefördert hat. Goldener Schmuck wurde gefunden, Elfenbeinplastiken, herrliche Bronzewaffen, Kessel und Kultgegenstände, Vasen von großer Schönheit. Zu den Besonderheiten der kretischen Kunst gehören die Siegel. Ihre Gravierungen beginnen mit geometrischen Mustern, um später figürliche Darstellungen zu zeigen, die in ihrem künstlerischen Rang den vorzüglichsten Erzeugnissen antiker Gemmenkunst gleichzusetzen sind. Unter den figürlichen Themen dieser Siegel tritt sehr früh das Motiv des Löwentors von Mykenai auf.

Das Wunder des Palastes sind die Fresken, die in ihm trotz Feuer und Erdbeben erhalten geblieben sind. Während wir von der Malerei der Griechen nicht ein einziges Original kennen, besitzen wir in Knossos aus einer um ein Jahrtausend früheren Zeit so viel, daß wir uns von der Malerei der kretischen Welt ein Bild machen können.

Die Farben waren weiß, schwarz, rot, blau, gelb und hin und wieder auch grün. Da es sich, im Gegensatz zu der vorausgegangenen Epoche der aegaeischen Kunst, die ungegenständlich gewesen war, um eine gegenständliche Kunst handelt, kann man aus den Inhalten der Bilder eine Fülle von Schlüssen ziehen.

Die Originale dieser Fresken befinden sich heute, ihrer Kostbarkeit und Empfindlichkeit wegen, im Museum von Herakleion. Aber Evans, später Sir Arthur, ist ein reicher Mann gewesen. Er hat aus eigenen Mitteln einige Räume des Palastes wiederherstellen und an ihren Wänden nach den gefundenen Resten ergänzte Kopien anbringen lassen. Über seine Rekonstruktionen ist viel gestritten worden. Die Gelehrten sind nicht alle entzückt. Die Archaeologie schreitet in ihren Erkenntnissen fort. Es ist eine heikle Sache, eine wissenschaftlich hochaktuelle neue Wahrheit sogleich in Beton zu gießen. Im Gelehrtenstreit ist eine hochaktuelle Wahrheit bald überholt und wird von einer neueren, noch aktuelleren ersetzt. Beton aber kann man mit Argumenten nicht beseitigen. Doch ist vielleicht gerade das, was an überholten wissenschaftlichen Ansichten in Knossos so fest betoniert dasteht, geeignet, die Gelehrten an die Vergänglichkeit ihrer Wahrheiten zu erinnern. Der Laie jedenfalls, ein Individuum ohne Skrupel, erfreut sein Auge an den Wandornamenten im Badezimmer der Königin und an dem herrlichen Greifenfries, der sich hinter dem Alabasterthron des Fürsten an der Wand des Thronsaales entlangzieht.

In den Vorratskammern, teilweise in die Erde eingelassen, stehen noch riesige Tongefäße, in denen der wahre Reichtum des Herrschers, Getreide und Olivenöl, aufbewahrt wurde. Der ganze Palast hat eine vollständige, modernen Ansprüchen genügende Kanalisation gehabt.

Von der kretischen Kultur, die uns so vertraut erscheint, kann man sagen, sie liege in verschleierter Klarheit vor unseren Augen. Wir wissen aus den Fresken, wie diese Menschen ausgesehen, wie sie sich gekleidet haben. Wir kennen ihre Kunst. Wir können aus den Darstellungen viele ihrer öffentlichen Gebräuche ablesen. Wir können uns von ihrer Religion einen gewissen Begriff machen. Die in Hellas lebendig gebliebenen Überlieferungen dieser Kultur lassen sich in hundert Spuren nachweisen. Aber wir wissen nichts von dem geistigen Gehalt dieser Welt.

Zwar hat die geheimnisvolle, bisher stumme Zivilisation plötzlich zu sprechen begonnen. Im Jahre 1956 gelang es den beiden englischen Gelehrten Ventris und Chadwick, mit Hilfe mathematischer Methoden, die im zweiten Weltkrieg zur Dechiffrierung feindlicher Geheimcodes entwickelt worden sind, eine der kretischen Schriften, die Linear B, zu entziffern. Aber unglücklicherweise sind es nur die Zahlmeister, die zu sprechen begonnen haben. Die Tontäfelchen in Linear B, die in Knossos ausgegraben wurden, enthalten Verzeichnisse von Vieh, Waren und Magazinvorräten. Texte literarischen Inhalts wurden bisher nicht gefunden. Das hat seinen Grund wahrscheinlich darin, daß literarische Texte auf Papyros geschrieben wurden, ein Material, das zwar kostbarer, aber leider auch weniger haltbar als gebrannter Ton ist. Die überraschendste Feststellung, die sich aus der Entzifferung der Linear B ergeben hat, ist die, daß die Sprache dieser kretischen Schrift ein frühes Griechisch ist, und zwar ein aiolischer Dialekt. Allmählich lassen sich Vermutungen über die Art und Weise anstellen, wie die mykenische Kultur mit der in ihren Anfängen sicher nicht griechischen Kultur Kretas verflochten war.

Das Eigentümliche in der Art, in der die kretische Kultur sich uns darstellt, diese optische Klarheit hinter einem geheimnisvollen Schleier, kann man sich deutlich machen, wenn man einmal annimmt, wir hätten keine Kenntnis von der englischen Kultur des Mittelalters und verstünden auch die englische Sprache nicht, und jetzt hätten wir die Möglichkeit, ein Königsdrama Shakespeares zu sehen. Ungefähr so viel, wie wir aus dem schließen könnten, was wir auf der Bühne mit eigenen Augen zu sehen bekämen, können wir aus den kretischen Fresken schließen.

Die Menschen waren klein, schwarzhaarig, zierlich, die Frauen von grazilem Charme. Es ist ein Fresko ausgegraben worden, das die Ausgräber »La petite Parisienne« genannt haben. Nicht nur ist das entzückende Persönchen dieses Freskos so lebendig wiedergegeben, daß wir die Darstellung als ein Portrait empfinden, auch die Malweise wirkt modern. Man könnte das Bild für ein Werk Marie Laurencins halten.

Die Ethnologen sagen uns, daß die Kreter der minoischen Kultur keiner europäischen, sondern der urmittelländischen Rasse angehört haben. Echte Nachkommen dieses Volkes, sogenannte Eteokreter, gibt es noch heute auf der Insel.

Die minoische Kunst ist, wie schon bei der Architektur gesagt wurde, eine malerische, eine dekorative Kunst gewesen. Auch das wirkt modern. Großplastiken scheint es nicht gegeben zu haben. Dafür sind die Kleinplastiken von unerhörter Feinheit und Eleganz. Eine Schlangenpriesterin, ein goldener Stierkopf, ein Stierkämpfer aus Elfenbein sind Beispiele dafür.

Die Sammlung der Ausgrabungen der minoischen Kunst im Museum von Herakleion enthält eine Fülle herrlicher Keramiken. Durchwandelt man die Säle des Museums, scheint es einem, als ob ein Rausch von Formen und Farben jahrhundertelang in einer unerschöpflichen Fülle von Einfällen wie eine Woge über die irdenen Töpfe dahingegangen sei. Der überströmende Reichtum dieser wie musikalische Themen unendlich variierten heiteren Motive ruft beim Beschauer den Eindruck hervor, daß hier ein gewaltiger Hymnus das Lebensgefühl einer glücklichen Epoche ausdrückt. In dieser Sache freilich darf man mit den Schlüssen nicht zu weit gehen. Das Rokoko war das Prélude der Französischen Revolution.

Die Motive der Keramik sind Blumenmuster von großer Lebendigkeit, Seetiere und unendliche Variationen von Ornamenten. Auf den Fresken finden sich spielende Delphine, Jagdszenen, Vögel, springende Katzen und immer wieder der Stier. Es hat da eine spielerische Akrobatik gegeben, bei der ein Jüngling das Horn des stürmenden Stiers ergriff und einen Salto über den Stier hinweg machte, um von einem zierlichen Mädchen aufgefangen zu werden. Die erfahrensten spanischen Stierkämpfer, denen es schließlich weder an Mut noch an Geschicklichkeit gebricht, erklären, das sei ein Ding der Unmöglichkeit. Aber die Darstellungen sind so wirklichkeitsnah, so naturalistisch, daß wir die Sache doch wohl glauben müssen.

Zu den Gebräuchen der Feste gehörten neben den Stierspielen religiöse Tänze. In den Fresken, auf denen Szenen solcher Feste abgebildet sind, werden Volksmengen dargestellt, ein Motiv, das der ganzen antiken Kunst fremd ist. Bei den Tänzen bildeten sich Ketten von Tänzern, die einander an den Händen faßten. Diese Art des Tanzes, die auch Homer beschreibt, wird noch heute in Kreta und in Hellas geübt. Sie hat etwas so Verführerisches, daß sie einen nach dem anderen die Zuschauer und Zuschauerinnen in ihren Kreis zieht.

Es gab Erntedankfeste. Es gab feierliche Zeremonien zur Herbeirufung der Gottheit. Die Religion hat einen durchaus spirituellen Charakter gehabt. Es scheint, daß es Götterbilder, die verehrt wurden, nicht gab. Die immer wiederkehrenden Symbole – die Doppelaxt, die Säule, die heiligen Tiere Löwe, Stier und Greif – hatten die Bestimmung, einem Platz den Charakter ritueller Heiligkeit zu geben. Alle diese Symbole haben eine alte asiatische Geschichte. Die Aufstellung solcher Symbole war die Bedingung für die Epiphanie, die Bedingung für das Erscheinen der Gottheit. Auf einem Siegel findet sich die Darstellung einer solchen Epiphanie. Es ist die Darstellung einer Vision, etwas für eine so frühe Zeit ganz Außergewöhnliches. Das Thema kommt erst in hellenistischer Zeit wieder vor. Die Gottheit konnte auch die Gestalt eines Vogels annehmen. Das finden wir in der Odyssee wieder, wo Athene einmal als Schwalbe auftritt. In diesem Zusammenhang darf daran erinnert werden, daß der Heilige Geist in der christlichen Kunst durch eine Taube dargestellt wird. Daß die Seele des Menschen für unsterblich gehalten wurde, beweisen die Totenbräuche. Auf einem in Hagia Triada gefundenen Sarkophag ist ein Mann abgebildet, der am Eingang zu seiner Grabkammer einige Stück Vieh und ein Schiff in Empfang nimmt, während sein Weib der Gottheit ein Opfer spendet.

Ganz modern wirkt es auch, daß die Verehrung des Fürsten offenbar keine große Rolle gespielt hat. Darstellungen, die der Majestät des Herrschers huldigen, sind nicht gefunden worden. Die Fürsten von Knossos sind mächtig, aber human gewesen. Es fehlt jede Spur des sowohl im Orient wie später auch im Mittelmeer weitverbreiteten Brauches, den Fürsten nach seinem Tod in den Rang einer Gottheit zu erheben. Es hat keine Pyramiden, keine Ziggurats, keine monumentalen Gräber gegeben. Zu der Vermutung, daß die Herrscher einen sehr humanen Typ verkörpert haben, paßt es gut, daß Minos, der Sohn Europas, der erste König von Kreta, nach seinem Tod wegen seiner Weisheit und Gerechtigkeit zum Richter in der Unterwelt bestellt wurde.

Etwas freilich an der Kunst Kretas ist nicht »modern«. Die kretische Kunst war nicht saekularisiert, war nicht »L'art pour l'art«. Auch in ihren

Naturdarstellungen ist sie immer Ausdruck eines großen, die Welt und das Sein umfassenden religiösen Gefühls.

Die kretische Kultur macht den Eindruck größter Feinheit, ohne dekadent zu sein, größter Differenziertheit, ohne daß es dabei zu den starren Ritualen kam, wie sie, in fast dem gleichen Zeitraum, in Aegypten entstanden. Matz vergleicht einmal die minoische Welt mit der japanischen Kultur der Samuraizeit, die den gleichen dekorativen Naturalismus, den gleichen Mangel an monumentaler Architektur zeige. Vielleicht dürfen wir aus der außerordentlichen Feinheit der künstlerischen Leistungen dieses Volkes und der Eleganz seiner Frauen auf eine Feinheit der Sitten schließen, wie sie die Samuraizeit unter ähnlichen Voraussetzungen hervorgebracht hat.

Es hat da also in der Zeit vom Anfang des zweiten Jahrtausends bis in sein letztes Drittel hinein auf der Insel Kreta eine glänzende, geistig und künstlerisch hochentwickelte, von der Schönheit der Frauen erhellte, von einer Seemacht beschützte, Handel treibende Kultur gegeben. Die Achaier haben sich dieser Kultur, die sie teils übernommen, teils zerstört haben, mit soviel Respekt erinnert, daß ihr Mythos die Geburt ihres höchsten Gottes, des Zeus, nach Kreta verlegt hat. Es ist dieses Kreta, in dem die Geschichte des europäischen Geistes ihren glorreichen Anfang genommen hat.

Es sei, als eine nachdenkliche Marginalie, noch erwähnt, daß der Palast von Knossos auf einer sieben Meter mächtigen Schicht vorgeschichtlichen Schutts errichtet wurde. Da man ungefähr einen Meter auf tausend Jahre rechnet, sind diese sieben Meter Schutt die Reste einer bäuerlichen Steinzeit, in deren siebentausend Jahren keine Unterbrechung ihrer Kontinuität festgestellt werden konnte.

3

Eine Küste der Aegaeis entlangzufahren ist jedesmal ein erlesenes Vergnügen. Die Landschaft zieht am Auge des Reisenden vorüber wie ein Film, dessen Thema die Schönheit der Welt ist.

Der Wagen verläßt Herakleion durch einen Einschnitt in den Festungswällen, die von den Venezianern erbaut wurden. Fünfundzwanzig Jahre lang hat Admiral Francesco Morosini auf diesen Wällen die Stadt gegen die Türken verteidigt. 1669 mußte er kapitulieren. In Herakleion gibt es einen marmornen Löwenbrunnen, der zur Erinnerung an diesen Admiral den Namen Morosinibrunnen trägt. Wie hübsch es ist, wenn der Ruhm als klares Wasser auf einem Marktplatz plätschert und die Vögel darin baden!

Nachdem wir die Stadt verlassen haben, geht es zunächst eine gute, gerade Straße entlang. Wir wollen Gournia im Osten der Insel besuchen und dann zum Berg Dikte hinauffahren, zu der Grotte, in der Zeus von seiner Mutter Rhea zur Welt gebracht wurde.

Als wir die erste niedrige Bodenwelle hinter dem Flugplatz erklommen haben, liegt linkerhand vor unserem Auge die offene See. Eine zweimotorige Maschine, die soeben aufgestiegen ist, nimmt mit einer eleganten Kurve, in der Sonne aufblitzend, Kurs auf Athen. Hinter uns zeichnet der schneebedeckte Ida die Kontur seines breit hingelagerten Rückens in den hellen, nach dem Sturm der Nacht von Wolken freien Himmel. Vor uns erhebt sich ein kleines, ins Meer hinausspringendes Vorgebirge, um dessen Klippen die Brandung einen weißen Saum zieht. Die Straße schneidet die kleine Halbinsel ab. Das Meer verschwindet. Wir gleiten in ein enges, fruchtbares, baumbestandenes Tal hinein, an dessen steilen Hängen sich die mit Steinmauern abgestützten Terrassen der Äcker und Äckerchen in die Höhe ziehen. Ein Bach fließt durch das Tal. Am Eingang des Tals liegt eine byzantinische Kapelle. Der Führer hält an, um der Madonna eine Kerze zu weihen. Kurz darauf erreichen wir einen niedrigen Paß. Die See taucht wieder auf. Die Straße senkt sich zu einer tief ins Land einschneidenden Bucht hinab. Die Brandung schlägt gegen den Steindamm, auf dem die Straße keine zwei Meter über dem Wasserspiegel entlangführt. Wir umfahren die Bucht, um sogleich wieder ein anderes wohlbestelltes kleines Tal zu passieren. Dieser ständige Wechsel zwischen der bescheidenen bäuerlichen Landschaft und der weiten, offenen, in der Sonne leuchtenden See ist von großem, das Auge immer aufs neue erfreuendem Reiz.

Auf einem der nächsten Pässe machen wir eine kleine Pause. Eine Weile blicken wir in die Weite hinaus. Plötzlich dreht sich Michael zu mir um und schlägt mir mit jener rauhen Herzlichkeit, die für zarte männliche Seelen so charakteristisch ist, auf die Schulter. Ob ich verstehen könne, wie sehr er dieses karge Land liebe? Ob ich verstehen könne, daß er nirgends anders als auf dieser Insel leben möchte?

Michael ist ein großer, schlanker Mann von etwa vierzig Jahren. Er ist weit in der Welt herumgekommen. Mit seinen fünf Brüdern zusammen besitzt er ein Weingut am Hang des Ida. Der Vater, von dem er mir ein Bild zeigt, ist ein würdiger Greis mit weißem Haar und weißem Bart. Er trägt die alte kretische Tracht. Er hat noch – es ist wie eine Sage aus uralten Zeiten – in den heldenhaften Aufständen gegen die Türken gekämpft.

Jeder freie Kreter hat in jeder Generation Freunde, Brüder, Vettern gehabt, die für die Freiheit gefallen sind. Zuweilen ist es auch eine

Schwester oder eine Mutter gewesen. Und diese ebenso schreckliche wie noble Tradition geht bis ins Altertum zurück. Als ob es eine politische Angelegenheit von gestern sei, erwähnt Michael beiläufig, daß Kreta das einzige Stück griechischen Bodens sei, das Alexander der Große nie erobert habe. Für Michael ist Alexander noch heute ein makedonischer Usurpator, und so hat in Kreta tatsächlich Demosthenes, des Königs engster Feind, noch immer einen Anhänger.

Im Weinberg arbeitet Michael mit seinen Brüdern zusammen. Wenn die Fremden kommen, wird er Dolmetscher. Er ist ein hervorragender Kenner der Geschichte seiner Insel.

Nur die kargen Landschaften der Erde haben den wunderbaren Duft, der die Ursache des Heimwehs ist, jener süßen Trauer, deretwegen Helden Tränen vergießen dürfen, wie Homer uns von Odysseus berichtet.

In einer dieser Buchten, weit im Osten der Insel, liegt Gournia, das Ziel unserer Fahrt. An diesem Platz ist nicht ein Palast, sondern eine ganz gewöhnliche, unbedeutende kleine Stadt ausgegraben worden, von der nirgends in der Geschichte irgendwo irgend etwas berichtet wird. Es ist nicht ohne tiefere Bedeutung, daß diese Ausgrabung, die uns Eindrücke nur vom friedlichen Alltag vermittelt, von einer Frau durchgeführt worden ist. Es ist die amerikanische Archaeologin Miss Boyd.

Hekatompolis, »hundertstädtig«, wird Kreta von Homer genannt. Michael versichert mir, daß man von diesen hundert Städten ungefähr wisse, wo sie gelegen waren, und wahrscheinlich habe es ihrer noch mehr gegeben. Millionären, denen nichts einfällt, wenn sie darüber nachdenken, was sie mit ihrem allzuschnell verdienten Geld anfangen sollen, steht hier ein weites Feld zur Beruhigung ihres Gewissens offen.

Gournia, auf einem Hügel gelegen, an den das Meer mit einer seiner Buchten fast heranreicht, ist ein Hafen gewesen. Die ganze kleine Stadt ist vollständig freigelegt worden. Sie stammt aus spätminoischer Zeit, als schon die Achaier von der Peloponnes auf Kreta herrschten.

Wir steigen zwischen Mauerresten, die von lauter kleinen Häusern stammen, in engen, von Treppen unterbrochenen Gassen den Hügel hinan. Auf der Höhe des Hügels stoßen wir auf die gut erhaltenen Grundmauern eines größeren Gebäudes, in dem offenbar der Herr der Stadt residiert hat. Von hier führt eine Treppe von etwa zwanzig Stufen auf den Marktplatz hinab. Die Häuser waren, wie sich rekonstruieren läßt, kubisch geformt und hatten flache Dächer. Der Blick, der sich bot, wenn man aus dem Herrenhaus heraustrat, muß sehr hübsch gewesen sein. Der Phantasie fällt es nicht schwer, das Bild von damals wieder vor das Auge zu zaubern. Die Bauweise, an einem Hang kleine Häuser mit flachen Dächern eines hinter und über das andere so zu setzen, daß man von jedem Dach aus einen freien Blick auf die See hinaus hat, ist altaegaeisch. Man findet sie noch heute auf allen Inseln. Spuren beweisen, daß die Häuser von Gournia auch damals schon schneeweiß gekalkt waren. Um die Wende vom dritten zum zweiten vorchristlichen Jahrtausend ist in Alteuropa die Aegaeis der einzige Raum, in dem es eine Stadtkultur gegeben hat.

Das Leben an diesem kleinen Platz mit seinen engen Gäßchen muß bunt, bewegt und behaglich gewesen sein. Der Umkreis der bebauten Fläche hat einen Durchmesser von nur hundertsechzig Metern gehabt. In einem Haus hat man die Werkstatt eines Kupferschmieds, in einem anderen die eines Töpfers gefunden. Aber es hat nicht nur Kupferschmiede und Töpfer gegeben. Die Zahl der Berufe war überraschend groß. Wie man aus den Pylostäfelchen weiß, hat es Schneider, Böttcher, Jäger, Holzfäller, Zimmerleute, Schiffbauer, Bäcker und Ärzte gegeben. Zum Herrenhaus hinauf ertönte der fröhliche Lärm des Fleißes, und von da oben, aus einer nicht allzu hochmütigen Höhe, sah man auf die tüchtige kleine Stadt hinab, hinunter zum Hafen und zur See. Am Strand wurden Netze getrocknet, Boote kalfatert, Segel geflickt. Die Sammler der kostbaren Purpurschnecke zogen mit ihren Körben den Strand entlang. Rings auf den Hügeln arbeiteten Bauern auf den Äckern, in den Weinbergen, in den Olivenhainen und in den Obstplantagen. Über die vom Menschen kultivierte Landschaft erhoben sich die von Zypressen- und Zedernwäldern bestandenen Berge. Und damals wie heute goß die Sonne verschwenderisch ihr Licht über den Frieden dieser Küste aus.

Wir sitzen auf den heißen Quadersteinen der alten Mauer, die einst den Marktplatz umschloß. Eine Eidechse beäugt uns neugierig, um dann blitzschnell in einem Riß der Mauer zu verschwinden. Wir blicken hinab auf die Ruinen, in denen vor so langer Zeit das bescheidene Glück des Alltags gewohnt hat. Kinder haben da gespielt und den Esel, den lieben Esel, mit Blumen gefüttert. Hunde haben gebellt. Die Mutter hat gefegt, geputzt, gekocht und auf die zerrissene Hose ihres Jüngsten einen spätminoischen Flicken gesetzt. Gute und schlechte Ernten haben viele Generationen lang in undurchschaubarem Rhythmus einander abgelöst. Die Menschen wandelten im Schutz der Götter. Hier wurde mir klar, was Ranke meint, wenn er von den leeren Blättern im Buch der Geschichte spricht. Über Gournia hat die Geschichte nichts zu vermelden. Es ist ein glücklicher Platz gewesen.

Michael setzt ein tolerantes Lächeln auf, als ich mir aus einem großen Haufen Scherben, die in der Werkstatt des Töpfers herumliegen, einen mitnehme. Der Scherben zeigt einige schmale rötliche Streifen von der Hand eines Künstlers, der ein halbes Jahrtausend vor Homer gelebt hat.

Das Stück liegt jetzt auf meinem Kamin, den ein Künstler des 20. Jahrhunderts gebaut hat. Die grauen Kacheln des Kamins haben ein wunderschönes Craquelée. Dem Archaeologen, der nach weiteren dreitausend Jahren die Fragmente des Kamins mit dem Scherben aus Gournia zusammen ausgraben wird, werden einige Schwierigkeiten in der Datierung nicht erspart bleiben.

Wir werfen noch einen nachdenklichen Blick auf die Schönheit der Welt rings um uns. Dann fahren wir die Straße, die wir gekommen sind, zurück, bis sie nach Süden ins Gebirge abbiegt. In Serpentinen mit tollen Haarnadelkurven klettern wir an den Berghängen hoch. Die wenigen Waldstücke bleiben bald unter uns zurück. Die steilen Hänge der Berge sind von Felsen durchbrochen, zwischen denen nur niedriges Gestrüpp wächst. Selten nur, daß die Straße durch ein bescheidenes Dorf führt.

Auf einem Paß treffen wir auf einen Hirten mit seinen Ziegen. Es mögen an die hundert Stück sein. Ziegen sind merkwürdige Geschöpfe. Ihre gelbgrünen Augen haben etwas Rätselhaftes. Immer sehen diese Tiere aus, als seien sie auf dem Sprung, in die Freiheit auszubrechen. Eine Ziege mit dem entzückenden Namen Amalthea ist es gewesen, die das neugeborene Knäblein Zeus ernährt hat. Dieser vornehmen Herkunft dürfen sich die Ziegen Kretas rühmen.

Michael wirft mir einen Blick zu. Wir halten an. Der Hirt steht auf einer kleinen Anhöhe neben der Straße. Er hebt sich scharf gegen den Himmel ab. Ein steifer Filzmantel hüllt ihn ein. Er stützt sich auf seinen Stab. Sein Hund, ein lebhafter Spitz, bereit zu allem, was sein Herr ihm befehlen wird, sitzt neben ihm und schlägt mit dem Schwanz den Boden. Das dunkle, von einem weißen Bart umrahmte Gesicht des Hirten ist von der Sonne und dem Wind vieler Jahrzehnte gegerbt. Auf dem Kopf trägt er einen grandiosen alten Filzhut, der ihn wer weiß wie lange schon begleitet. Der Hut ist mit einer frischen Heckenrose geschmückt. Die Füße des Hirten sind mit Tüchern umwickelt, zusammengehalten von Stricken, die an einer Ledersohle befestigt sind. Mit großen, ruhigen, schwarzen, von hundert Fältchen umgebenen Augen sieht er uns an. Wir kommen aus einer Welt, die nicht die seine ist. So steht er da, ein Denkmal des Menschen, wie die Hirten auf diesen Bergen gestanden sind seit jenen Zeiten, in denen der Mensch lernte, das Tier zu zähmen. An diesen Hirten ist die Geschichte vorübergezogen, Jahrhundert um Jahrhundert. Sie haben sich nicht verändert, und sie werden sich nicht verändern, was auch immer noch kommen möge.

Würdig und gemessen steigt der alte Mann zu uns herab. Wir begrüßen einander. Wie in dieses alte, zerfurchte Gesicht vom Herzen her ein

Lächeln aufsteigt! Es ist das Lächeln eines Fürsten der Einsamkeit. Der, dem es gilt, fühlt sich beschenkt.

Wir teilen Brot und Oliven mit ihm. Aus seinem Beutel kramt er scharfen, herrlich würzigen Ziegenkäse hervor. Wir trinken harzigen Retsinawein, den Michael aus dem Wagen geholt hat. Auch der Hund bekommt sein Teil. Brot, Oliven, Käse und Wein sind die alten homerischen Speisen.

Als ich dem Alten eine Zigarette anbiete, nimmt er sie, bricht sie mit seinen hageren Fingern auseinander und stopft sie in seine Pfeife. Als wir uns verabschieden, nimmt der Greis seinen Filzhut vom Kopf. Der Wind weht durch sein weißes Haar. Er nimmt die kleine Heckenrose von seinem Hut und steckt sie mir ins Knopfloch. Es ist wie die Verleihung eines Ordens. Als wir weiterfahren, hebt der Alte ein wenig seinen Stab, das Königsszepter seines weiten Reiches.

Je höher wir kommen, um so ärmlicher werden die Siedlungen. Mit dampfendem Kühler halten wir endlich in einem kleinen Dorf am Fuß des Dikte, der sich als kahler Kegel vor uns erhebt. Das Dorf, in dem kein Mensch zu sehen ist, hat viele zerfallene Häuser. Die Armut springt ins Auge, und ein wenig auch klopft sie ans Gewissen.

Auf einem schmalen, steinigen Pfad klettern wir an der Flanke des kahlen Kegels hoch. Für den Fremdling ist es ein mühsamer Weg. Der Bauernjunge, der uns führt, springt die Felsen hinauf wie ein junger Ziegenbock. An einigen Stellen kann man noch den unter Geröll verschütteten Pfad erkennen, den in der Antike die hier aus allen Teilen der Welt zusammengeströmten Pilger hinaufgewandert sind. Heute ist das alles einsam, verfallen, verlassen.

Die taktische Lage der Höhle, in der Zeus geboren wurde, entspricht in verblüffend genauer Weise den mythologischen Erfordernissen.

Zeus ist ein Sohn des Kronos und der Rhea, die zu den Titanen gehörten, den Kindern des Uranos und der Ge. Die Titanen waren also die Kinder des Himmels und der Erde. Sie sind sehr alte Göttergestalten. Im historischen Griechenland hören wir nichts mehr von ihrer Verehrung. Selbst für die frühesten Griechen, von deren Religion wir etwas wissen, gehörten die Titanen einer grauen, nebelhaften Vergangenheit an. Nur für Kronos selbst, der seinen Vater Uranos gestürzt und dann die Herrschaft über die Welt angetreten hatte, ist in Athen, Rhodos und Theben ein Fest gefeiert worden, die Kronia. Sie sind ein Erntefest gewesen. Rhea ist, nach dem Stammbaum der Götter, sowohl die Schwester als auch die Gemahlin des Kronos. Sie ist Kybele, der asiatischen Muttergöttin, gleichzusetzen, die dann auch im späteren Rom als »Mutter der Götter« verehrt wurde. Auch verschmilzt Rhea vielfach mit einer anderen, ebenfalls sehr alten und weithin verehrten Macht der Fruchtbarkeit, die der vorgriechischen kykladischen Religion angehört.

In den Göttergestalten der klassischen Mythologie sind fast immer verschiedene Gottheiten zu einer verschmolzen gewesen. Die Erinnerung an frühere Kristallisationen ist niemals ganz verlorengegangen. So gibt es für jede der klassischen Göttergestalten mehrere Überlieferungen.

Kronos ist im Bewußtsein der späteren Griechen einfach der Vater des Zeus. Im geschichtlichen Ablauf der Religionsvorstellungen ist Kronos aber ein vorgriechischer Gott gewesen, den es offenbar schon gegeben hat, bevor die Griechen nach Hellas kamen. Dieser frühere, vorgriechische Gott bleibt der klassischen Zeit in der Rolle des Herrschers des »Goldenen Zeitalters« erhalten. Diese Überlieferung sowie der Mythos vom Aufstand des Zeus gegen Kronos und dem schließlichen Sieg des jüngeren über den älteren Gott sind Ausdruck der Tatsache, daß hier der Gott eines Siegervolkes an die Stelle des Gottes der Besiegten getreten ist. Diese Tatsache findet auch darin ihren Niederschlag, daß die Verehrung des jüngeren Gottes, des Gottes der siegreichen Herren, zur Staatsreligion wurde, während die Verehrung des älteren Gottes der Besiegten sich jahrhundertelang nur in den Volksbräuchen hielt.

Da die Griechen anschaulich dachten, sich ihre Götter als Personen vorstellten, konnte es nicht zu einer religiösen Dogmatik kommen. Die Gestalten der Götter waren lebendige Wesenheiten, die sich im Lauf der Jahrhunderte wandelten und wandelten. Man könnte die Frage aufwerfen, ob diese Götter jemals existiert haben und in welcher Schicht des Realen diese Existenz stattgefunden habe. Da es innerhalb der modernen Physik keine Beweise mehr gibt, mit deren Hilfe man ausschließen könnte, daß die Götter existiert haben, hat diese Frage die gleiche Berechtigung erlangt wie die wichtige theologische Frage nach der Existenz des Teufels.

Empedokles, Aischylos, Platon, Dichter und Philosophen der klassischen Zeit, haben nicht mehr an einen persönlichen Zeus geglaubt. Im »Agamemnon« sagt Aischylos einmal: »Zeus, wer immer er auch sein möge...« Diese großen Geister glaubten an eine höchste Macht im All, an ein Gesetz des Universums, an eine universale Vernunft. Schon um 500 vor Christi Geburt spottet Xenophanes der Eleat, daß die Nubier, stellten sie die Götter in menschlicher Gestalt dar, ihnen natürlich platte Nasen geben würden. So früh schon hat der Zweifel eingesetzt. Aber nicht das ist verwunderlich. Verwunderlich ist angesichts dieses frühen Zweifels, wie lange die Götter noch gelebt haben. Seit jeher sind die Atheisten dem Irrtum verfallen, schon damit, daß sie selbst existierten, sei bewiesen, daß Gott nicht existiere.

Die Kernstücke dieser verwickelten Mythologie, deren Verwandlungen die Wissenschaft erforscht und aufgeklärt hat, sind durchaus einfache Geschichten, die im religiösen Bewußtsein des griechischen Volkes stets gegenwärtig waren, Geschichten, die poetische Kraft und tiefere Bedeutung auf eine unübertreffliche Weise miteinander vereinten. Auch die Geschichte von der Geburt des Zeus ist einfach.

Dem Kronos, dem Vater des Zeus, war von seinem eigenen Vater Uranos geweissagt worden, daß so, wie er seinen Vater des Throns beraubt habe, eines dunklen Tages eines seiner eigenen Kinder auch ihn seiner Herrschaft berauben werde. So verschlang Kronos seine Kinder, sobald sie geboren waren. Als Rhea mit Zeus schwanger ging, beschloß sie, dieses Kind vor der Furcht seines Vaters zu retten. Sie brachte es heimlich in einer Höhle zur Welt. Dem Kronos gab sie statt des Kindes einen in Windeln gewickelten Stein.

Die Höhle, in der Rhea ihren Sohn zur Welt brachte, hat in vortrefflicher Weise ihrer Absicht, die Geburt geheimzuhalten, entsprochen. Aus dem Kegel des Dikte, etwa dreihundert Meter unter seinem Gipfel, wölbt sich, nur durch einen schmalen Sattel mit dem Hauptberg verbunden, ein Felsvorsprung heraus. In diesem liegt die Höhle; aber der Eingang ist dem Hang des großen Kegels zugekehrt, so daß dieser Eingang tatsächlich von nirgends her, auch nicht von einem der anderen Berge aus, eingesehen werden kann. Die Rampe, die, um den Felsenvorsprung herumlaufend, zum Eingang der Höhle führt, bietet einen großartigen Rundblick. Unter uns erstreckt sich eine fast kreisrunde Hochebene von etwa zwanzig Kilometer Durchmesser, die mit zahlreichen weißen Flecken übersät ist. Erst dachte ich, es seien blütenbedeckte Bäume. Michael erklärt mir lachend, daß es die weißen Flügel von ungefähr zwölftausend über die Ebene verstreuten Windmühlen seien. Mit ihrer Hilfe wird das Grundwasser, mit dem die Felder, Wiesen und Gärten bewässert werden, aus der Tiefe heraufgepumpt.

Die Berge, die diese Hochebene einschließen, sind felsig, wildzerklüftet, ohne Weg und Steg. Sie stürzen nach Süden zur Afrikanischen See, nach Norden zur Aegaeis ab. Mächtige Gebirgsmauern sind es, die den verlorenen Winkel schützen, in dessen Einsamkeit Zeus das Licht der Welt erblickt hat. Mehrere Male in der Geschichte ist diese Hochebene die letzte Zufluchtstätte der Freiheit Kretas gewesen. Die wenigen Pässe ließen sich mit einer Handvoll tapferer Männer verteidigen. Und diese steinige Hochebene hat, so karg sie ist, immer gerade noch genug hergegeben, daß die Freiheit nicht dem Hunger erlag. Die Erde selbst hat ihre Kinder beschützt.

Die Höhle besteht aus einer oberen Grotte, die auf gleicher Höhe wie die Rampe liegt. Von ihr führt ein steiler Steig hinab in eine zweite darunterliegende Grotte, von deren Decke Stalaktiten wie große Eiszapfen herabhängen. Bei Grabungen in dieser Höhle hat man eine mehrere Meter tiefe, mit Weihgeschenken durchsetzte Schicht gefunden. Die Weihgeschenke stammen aus mykenischer und zum Teil sogar noch aus vormykenischer Zeit. Viele Jahrhunderte hindurch ist die Höhle im Dikte ein Wallfahrtsort gewesen.

Wir klettern den Steilhang zu unserem kleinen Dorf wieder hinab. Unterdessen sind wir hungrig geworden. Unser netter Bauernjunge bereitet uns eine tüchtige Portion Spiegeleier. Dazu gibt es frisches, grobes Brot. Als wir ihm klargemacht haben, daß wir auch Durst haben, setzt er uns, mit einem kleinen listigen Lächeln, einen Krug einfachen, wunderbar herben rötlichen Landweines vor. Dazu gibt es wieder den berühmten kretischen Ziegenkäse.

Dieser Knabe hat nicht die glänzenden, schwarzen Augen, wie sie für Kreter so typisch sind. Seine Augen sind hellgrau. Nichts kann die Bewegtheit der Geschichte des kleinen Kontinents Kreta eindringlicher demonstrieren als das Grau der Augen dieses Bauernjungen am Fuß des Dikte. Dieses Pigment kann er ebensogut von einem Dorer aus der Zeit Homers geerbt haben wie von einem langobardischen Söldner aus dem Mittelalter. Die Venezianer haben während der Jahrhunderte, in denen sie Kreta besetzt hielten, ihre Veteranen mit Vorliebe auf dieser Insel angesiedelt, um die schwer zu beherrschende Bevölkerung mit loyalen Elementen zu durchsetzen.

4

Unzählbar sind die Ereignisse, die nach dem Glanz von Knossos und dem Frieden von Gournia über den kleinen Kontinent dahingegangen sind. Viele dieser Ereignisse erfüllen noch heute das Herz des Kreters mit Stolz. Viele haben Trauer und unendliche Tränen zur Folge gehabt.

Theseus erschien mit schwarzen Segeln vor Knossos, um Athen von dem jährlichen Tribut von Jungfrauen und Jünglingen zu befreien, die dem Minotauros, dem stierköpfigen Ungeheuer im Labyrinth von Knossos, zum Opfer gebracht wurden. André Gide hat die wunderbar poetische Möglichkeit erwogen, daß Theseus den Minotauros in der Mitte des Labyrinths schlafend findet und von der Schönheit dieses Fabelwesens, das halb Mensch, halb Stier ist, so ergriffen wird, daß er nicht vermag, seinen Vorteil wahrzunehmen und den Minotauros im Schlaf zu töten. Ariadne verläßt mit dem Schiff des Theseus ihr Vaterhaus, um aber von dem Geliebten, dem sie durch ihre List mit dem Wollknäuel den Rückweg aus dem Labyrinth möglich gemacht hatte, in Naxos verlassen zu werden. Dankbarkeit ist eines der sprödesten Motive für Liebe. Die Griechen selbst schon sind, worin spätere Gelehrte ihnen recht gegeben haben, der Meinung gewesen, daß sowohl Lykourgos, der Gesetzgeber der Spartaner, als auch Solon, der Gesetzgeber der Athener, sich einige ihrer juristischen Weisheiten aus Kreta geholt hätten. Auf der berühmten Mauer von Gortyn ist das Stadtrecht, unter dem dieser Platz in klassischer Zeit stand, aufgezeichnet. Diese Inschrift ist die wertvollste Quelle unserer Kenntnis des griechischen Rechts. Übrigens ist es die umfangreichste griechische Inschrift, die wir besitzen, und niemals hat es ein Gesetz gegeben, das sauberer war. Die Mauer von Gortyn ist lange Zeit hindurch die Ufermauer eines Bachs gewesen.

In den Perserkriegen hat Kreta keine Rolle gespielt. Weder an den Schlachten gegen den Feind aus Asien noch an den späteren schrecklichen Bürgerkriegen ist die Insel beteiligt gewesen. Unter den Römern hat sie die *Pax Romana* genossen. Einige der Barbareninvasionen, die Hellas in der Zeit getroffen haben, als Kreta zum Byzantinischen Reich gehörte, sind bis auf die Insel gelangt. Aber die Eindringlinge wurden immer wieder schnell vertrieben. Die Araber haben Kreta, das sie im 9. Jahrhundert erobert hatten, während der Zeit, die sie dort herrschten, zum größten Sklavenmarkt des Mittelmeers gemacht.

Die Eroberung Konstantinopels durch die Kreuzritter, die für das Byzantinische Reich ein so bitterer Schlag war, hat sich für Kreta als Glücksfall erwiesen. Der Marquis von Montferrat, der sich zum König von Saloniki gemacht hatte, verkaufte Kreta an die Venezianer. Vierhundert Jahre lang hat Venedig in Kreta geherrscht. Die Insel hat es unter der erfahrenen Verwaltung der Signoria zu hohem Wohlstand gebracht. Aus Herakleion wurden in guten Jahren 12 000 Fässer Wein verschifft. Der Wein aus Kreta kam bis Lübeck, und von den Portugiesen wurde er sogar nach Indien exportiert. Die Einnahmen Venedigs aus der Insel betrugen jährlich eine Million Dukaten. Doch scheint es nicht so, als ob die venezianischen Steuern das Land allzusehr bedrückt hätten. Doch wie auch immer das gewesen sein mag, den Kretern stand die Freiheit höher als die Prosperity. Von 1207 bis 1365 haben sie vierzehn Aufstände gegen die Venezianer entfesselt. Gleichwohl hat die bis 1669 dauernde venezianische Besatzung für Kreta einen unschätzbaren Vorteil gehabt. Sie ist nicht türkisch gewesen. In allen von Türken besetzten Ländern ist im Lauf der Jahrhunderte das geistige Leben zum Erliegen gekommen. Nur die griechisch-orthodoxe Kirche, die den Vorteil der Toleranz genoß, die den Islam in seinen großen Zeiten auszeichnete, hat, insbesondere auf dem

Balkan, Sprache und Überlieferung der unterdrückten Völker am Leben erhalten. In Kreta dagegen ist unter dem wenn auch unerwünschten Schutz Venedigs im 14. und 15. Jahrhundert eine Renaissance erblüht, die hinsichtlich der Literatur bemerkenswert, hinsichtlich der Malerei glänzend gewesen ist. Dieser kretischen Renaissance verdanken wir einen Maler, der einer der bedeutendsten Epochen der europäischen Malerei sein Siegel aufgedrückt hat.

Von der kretischen Literatur des 14. Jahrhunderts ist im Jahr 1953 ein Werk von Lionardo Dellaporta in der Bibliothek eines Klosters auf dem Athos entdeckt worden. Lionardo Dellaporta endete nach einem glanzvollen Leben im Dienst der Republik Venedig unschuldig im Gefängnis. Dort dichtete er in Versen einen ergreifenden Dialog zwischen dem Poeten und der Wahrheit. In dem Gedicht eines Unbekannten aus dem Ende des 15. Jahrhunderts, das den Fall Konstantinopels zum Thema hatte, ruft der Verfasser dazu auf, das Haupt des letzten Verteidigers von Konstantinopel, des Kaisers Konstantin XI. aus dem Haus der Palaiologen, nach Kreta zu überführen, um das heilige Erbe von Byzanz zu bewahren. Welch stolzes Bewußtsein von der Größe einer Tradition, die über die Zeiten lebendig zu erhalten die Kreter sich vom Schicksal berufen fühlten!

Die Gegenwärtigkeit der kretischen Malerschule des 15. Jahrhunderts wurde mir eindringlich klar, als Michael und ich am Nachmittag einen Spaziergang durch Herakleion unternahmen. Wir kletterten auf den riesigen alten Festungswällen umher. Wir streunten durch kleine, reizende Gassen. Wir erfreuten unser Auge an alten byzantinischen Kapellen. Schließlich kamen wir auf einen Platz, auf dem eine ganz neue, in weißem Marmor leuchtende griechisch-orthodoxe Kathedrale steht. Sie ist dem heiligen Titus geweiht, der als Begleiter des Apostels Paulus auf die Insel kam und der erste Bischof von Kreta war. Ich weiß, daß es zum feinen Ton gehört, solche weißen Marmorkirchen abzulehnen. Aber dieser Hochmut widerstrebt meinem sächsischen Gemüt. Ich habe mir erlaubt, die Kirche wunderschön zu finden.

»Gehen wir hinein!« sagte Michael. »Da hängen ein paar schöne Bilder von Michael Damaskinos.«

Vier Tafelbilder des Damaskinos werden in der Kathedrale des heiligen Titus aufbewahrt. Drei von ihnen sind signiert. Das vorzüglichste ist eine Anbetung der Heiligen Drei Könige. Es ist eine prachtvolle, lebendig bewegte Komposition. Das Schönste auf dem Bild sind drei herrliche Kamele. Der Maler hat wahrscheinlich nie ein Kamel gesehen. So hat er die platonische Idee des Kamels in ihrer ganzen Vornehmheit gemalt. Im Mittelpunkt der Tafel sieht man die drei Weisen aus dem Morgenland, deren einer, mit den Zügen eines persischen Aristokraten, in ein Gewand von leuchtendem Burgunderrot gekleidet ist. Kennte man den Maler nicht, man würde an Piero della Francesca denken.

Von dem Maler, der dieses Meisterwerk schuf, glauben die Kreter, daß er der Lehrer von Domenikos Theotokopoulos war, der in Europa El Greco, der Grieche, genannt wird. Greco ist einer der großen Meister am Beginn des Barock. Welch wunderbare späte Blüte, die da noch einmal dem alten Boden Kretas entsproß!

Nachdem wir die Kirche verlassen und uns zu einem Mokka niedergelassen haben, erzählt Michael ein wenig Caféhausklatsch aus dem 16. Jahrhundert.

»Wissen Sie, den Theotokopoulos haben die Venezianer zwar nach Venedig geholt, aber dort hat er sich natürlich nicht wohl gefühlt. Schließlich ist es ja die Besatzungsmacht gewesen! Da wurde er immer so ein bißchen über die Schulter angesehen, ein wenig von oben herab behandelt. Und dann eben – der Domenikos war doch so begabt! Die Venezianer haben immer gefürchtet, er werde ihren Tizian ausstechen. Und da ist Domenikos schließlich aus Venedig weggegangen, nach Toledo, in die Freiheit – zu König Philipp II. von Spanien!«

DIE SESKLO-LEUTE UND DER DIMINI-VORSTOSS

Das Bild vom »Dunkel der Vorzeit« ist eine jener Metaphern der Aufklärung, deren hochmütige Verkehrtheit eine Menge falscher Vorstellungen zur Folge gehabt hat. Als ob die Vorzeit sich in einer undurchsichtigen Dämmerung abgespielt und erst die Wissenschaft ihr etwas Helle gebracht habe! Als ob die Frühgeschichte der Menschheit nicht der Welt angehörte, in welcher aus Abend und Morgen der erste Tag ward! Dem Licht der Schöpfung hat der Mensch der Vorzeit näher gestanden als wir.

Die Wissenschaft, die sich mit dem vorgeschichtlichen Menschen beschäftigt, ist eine merkwürdige Mischung von Phantasie, Skepsis und Genauigkeit. Viele der heute in der praehistorischen Forschung anerkannten Tatsachen sind bei ihrem ersten Auftreten wilde und unglaubhafte Vermutungen gewesen.

Noch vor dem ersten Weltkrieg wurde in einem Grab in Mesopotamien ein kleiner, aus Stein gemeißelter Affe gefunden. Weder hat es in Mesopotamien je Affen gegeben, noch war es möglich, die Herkunft der Gesteinsart festzustellen, aus der die Plastik gefertigt war. Welche Überraschung, als sich ein Menschenalter später herausstellte, daß der Affe aus dem oberen Industal stammte, aus der bis dahin unbekannten, neu entdeckten Kultur von Mohenjo Daro, die im dritten vorchristlichen Jahrtausend geblüht hat!

Schliemann wurde für einen Narren gehalten, als er auf seiner Reise in die griechische Vergangenheit Homer wie einen Baedeker benutzte. Wissenschaftlich gesehen war das, was er unternahm, phantastisch. Aber sein Glaube an die Poesie erwies sich als eine Wünschelrute. Nicht nur, daß er im Hügel von Hissarlik einen Schatz fand, den der besorgte Besitzer so geschickt versteckt hatte, daß er viertausend Jahre lang nicht entdeckt wurde, der Kenner des Homers stieß tatsächlich auf Reste des »heiligen Ilion«. Nach der heutigen, von dem Amerikaner Blegen nach seinen jahrelangen Ausgrabungen in Troia vorgeschlagenen Einteilung wird die Schicht, welche als die des homerischen Troia gilt, als Schicht VIIa bezeichnet.

Funde wie das indische Äffchen in Mesopotamien bleiben zuweilen lange unerklärt liegen. Aber eines Tages verwandelt sich das Unerklärte im Blitz des genialen Einfalls eines Gelehrten in ein durchdringendes Argument. Solche Erleuchtungen können dadurch ausgelöst werden, daß eine Tonscherbe mit einem an sich bekannten Dekorationsmotiv an einer Stelle gefunden wird, an der niemand das erwartet hat; oder durch eine neue Deutung einer umstrittenen Stelle eines alten Schriftstellers; oder durch die Entdeckung, daß ein bisher unbekannter Name in einer Inschrift, auf einem Tontäfelchen oder in einem Papyros eine Interpretation zuläßt, durch die er zu dem einer bekannten Person wird. Der in hethitischen Inschriften vorkommende »Attarissyas« dürfte Atreus, unter den »Ahhijava« dürften die Achaier zu verstehen sein. Mit dem »Alaksandus von Uilusa« einer anderen Quelle könnte Alexandros von Ilion, der zweite Name des Paris, gemeint sein.

Manchmal handelt es sich darum, daß ein Gelehrter einen Zusammenhang sieht, für den es nicht den geringsten Beweis gibt. Dann macht er sich daran, für diesen Zusammenhang die Beweise zu suchen, eine Aufgabe, die zuweilen ein ganzes Leben in Anspruch nimmt. Manchmal liegen zueinandergehörige Argumente lange ungeordnet in der wissenschaftlichen Landschaft umher, ehe jemand darauf kommt, daß sie, geordnet miteinander verbunden, der Beweis für einen Zusammenhang sind, den nur noch niemand gesehen hat. Methodisch ist dieser Sachverhalt ganz ähnlich dem, der beim Stellen einer medizinischen Diagnose vorliegt. Im einen Fall hat der Arzt eine blitzartige Erleuchtung. Er stellt eine Diagnose »auf den ersten Blick«, um dann erst die Symptome zusammenzusuchen, die vorliegen müssen, wenn seine Entscheidung richtig war. Im anderen Fall sammelt er systematisch Symptome, um aus ihrer spezifischen Zuordnung zueinander die Diagnose zu ermitteln.

Die Entdeckung der frühkretischen Kultur hat darin bestanden, daß Evans einen Zusammenhang zwischen einer wissenschaftlich unerklärten und einer wissenschaftlich nicht vorhandenen Tatsache vermutet hat. Ursprünglich hatte er nichts in der Hand als eine Anzahl aus Kreta stammender alter Siegel mit einer noch nicht entzifferten Schrift. In dieser Schrift sah er den in Stein geschnittenen Beweis dafür, daß in Kreta eine frühe Kultur, die die Wissenschaft nur als Mythos gelten ließ, tatsächlich existiert hatte.

Der andere Fall ist Mykenai. Beweise für die Existenz von Mykenai hat es lange schon gegeben, bevor Schliemann den Platz ausgrub. Der mit König Otto I. nach Hellas gekommene Archaeologe Ross, einer der Pioniere der klassischen Altertumswissenschaft, hat schon in den dreißiger Jahren des 19. Jahrhunderts an Hand von Gemmen, die er, da er sie auf verschiedenen Eilanden der Aegaeis gefunden hatte, »Inselgemmen« nannte, darauf aufmerksam gemacht, daß es eine vorgeschichtliche Aegaeische Kultur gegeben haben müsse. Auf der Insel Santorin stieß man bei der Gewinnung von Pozzolana, einem vulkanischen Stoff, der für den Bau des Suezkanals gebraucht wurde, auf eine Siedlung mykenischen Ursprungs. Auch aus Jalyssos auf Rhodos und aus aegyptischen Gräbern ist Keramik bekannt gewesen, die aus Mykenai stammte. Sogar aegyptische Nachahmungen des mykenischen Stils hat es gegeben. Und es gab den Homer! Nur daß eben vor Schliemann niemand genug Phantasie gehabt hatte, das alles endlich einmal miteinander in Verbindung zu bringen.

Der dritte Fall endlich ist der, daß zwei Tatsachen wissenschaftlich anerkannt sind, aber der Zusammenhang zwischen ihnen nicht gesehen wird. Die Zerstörung des mächtigen Troia der Schicht IIg hat etwa um 2200 vor Christi Geburt stattgefunden. Die Zeit der Erbauung der ersten Paläste von Knossos liegt etwas später. Die eine Tatsache folgt zeitlich der anderen. In einen Zusammenhang zueinander treten die beiden Tatsachen dadurch, daß ein Archaeologe auf den Einfall kommt, das Aufblühen von Kreta könnte eine Folge der Zerstörung der Macht von Troia IIg gewesen sein. Geht er nun hin, die Fülle der bekannten Tatsachen daraufhin durchzumustern, wieweit er Argumente für seine neue Hypothese findet, kann es geschehen, daß alle Beweisstücke für die Richtigkeit seiner Vermutung schon existieren und nur bisher noch nicht methodisch einander zugeordnet worden sind.

Wenn es also, um ein Beispiel aus der Vorgeschichte zu nehmen, sicher ist, daß die keramischen Motive »Spirale« und »Maeander« rumpfeuropäisches Eigengut sind, dann kann gar kein Zweifel mehr darüber bestehen, daß »die Träger des Dimini-Vorstoßes der ostbandkeramischen Koinê ungarischer Prägung angehört haben und vom Donauraum über den Balkan in das Gebiet der Seskloleute eingedrungen sind«.

Dieser unverständliche, ein wenig komisch anmutende Satz beschreibt in der Fachsprache der Praehistoriker einen Vorgang, der für die Geschichte Griechenlands einschneidendere Folgen gehabt hat als etwa das Vordringen der römischen Legionen nach Thessalien, Makedonien und zur unteren Donau.

Menschen, die in einem neuen Raum eine neue Kultur zum Leben erwecken, wirken in allen in diesem Raum folgenden geschichtlichen Vorgängen weiter. Es ist der Stil der von ihnen geschaffenen Gesittung, der nicht untergeht. Dieser Stil entsteht aus der Art und Weise, in der Klima und Landschaft auf die Eigenschaften einwirken, die ein Volk in eine neue Umwelt mitbringt. Man wird die Inkas nicht verstehen, wenn man niemals die dünne Luft der Hochanden geatmet hat. Man wird die Beduinen nicht verstehen, wenn man niemals ein durstiges Kamel hat trinken sehen. Man wird die Griechen nicht verstehen, wenn man niemals an den Küsten der Aegaeis das Spiel des Lichts zwischen Meer und Gebirge erlebt hat.

Die vorübergehende Eroberung einer Kultur verändert ihre Oberfläche. Den Grundcharakter der besiegten Gesittung zu verwandeln vermag sie nicht. Ein thessalischer Bauer unserer Tage dürfte einem Bauern der Sesklokultur noch immer ziemlich ähnlich sein. Sein Haus baut er noch heute nach einem Plan, der vor fünftausend Jahren entworfen wurde. An diesem Bauern ist die römische Herrschaft vorübergegangen, ohne Eindruck auf ihn zu machen. Die Gene, die die Legionäre des Imperialismus bei den hübschen Mädchen Thessaliens zurückgelassen haben, sind unterdessen rezessiv geworden.

Als ein Scherz der Geschichte der Baukunst und als Beweis für die Lebenskraft eines Stils mag angemerkt werden, daß noch die säulengeschmückten Fassaden der Großbanken des 19. Jahrhunderts auf ein griechisches Modell zurückgehen, dessen Urzelle eine schöpferische architektonische Leistung der Diminileute aus dem Anfang des dritten vorchristlichen Jahrtausends ist.

Wenn Eroberer in dem von ihnen eroberten Raum bleiben, ändert sich das Bild. Sie unterliegen dann den gleichen Umwelteinflüssen, die vor langer Zeit die Alteingesessenen geformt haben. Sowohl diese Umwelteinflüsse als auch die unmittelbare Einwirkung der Alteingesessenen auf die Kömmlinge führen zu einer Angleichung der neu entstehenden Mischwelt an den vorhandenen überlieferten Stil.

Diese Angleichung tritt um so eher ein, als in den meisten Fällen Sieger zwar kräftiger, jünger und unbekümmerter sind als Besiegte, die Besiegten aber dafür gewöhnlich die feinere Gesittung haben. Da es die Frauen sind, die die Gesittung tragen, und die Eroberung der Frauen überhaupt erst nach dem Sieg beginnt, haben sich siegreiche Barbaren schon immer ziemlich bald bemüht, die guten Manieren der erschlagenen Männer nachzuahmen, um die Witwen damit zu trösten. Den »Kavalier der alten Schule« hat es schon in der Steinzeit gegeben.

Menschen vorgeschichtlicher Kulturen werden in der Wissenschaft häufig »Primitive« genannt. Das »Dunkel der Vorzeit« hat sich auch über diesen Begriff, der zunächst nicht mehr bedeutet als »ursprünglich«, »anfänglich«, gebreitet und ihn verfälscht. Lévy-Brühl in seinem epochemachenden Werk *»La mentalité primitive«* hat schon vor mehr als dreißig Jahren gezeigt, wie vielschichtig die seelische und geistige Seinsweise der Primitiven ist und daß sie wohl, verglichen mit der unseren, anders ist, aber nicht minderen Ranges. Dem Wort primitiv die Bedeutung von »roh«, »tierisch«, »plump« beizulegen, ist seitdem nicht mehr vertretbar. Und nun gar diese degenerierte Bedeutung von primitiv auf den vorgeschichtlichen Menschen anzuwenden, ist vollends unmöglich, weil wir von den geistigen Horizonten der Menschen praehistorischer Kulturen immer nur sehr wenig wissen. Das aber, was wir von ihnen kennen, ihre Kunst, ist fast immer von den Anfängen an hochstehend.

Niemand würde etwas dabei finden, wenn an dieser Stelle statt des Wortes »hochstehend« das Wort »hochentwickelt« stünde. Aber das Wort »hochentwickelt« enthält die Voraussetzung, daß die Kunst der Primitiven sich unbedingt vom Niederen zum Höheren entwickelt haben müsse. Auch das ist eine Suggestion. So wird zum Beispiel ohne weiteres unterstellt, daß die Erfindung der Töpferscheibe »natürlich« ein »Fortschritt« gewesen sei und daß sich daraufhin die Keramik zu höheren Formen »entwickelt« habe. Das klingt ganz schön, aber sachlich stimmt es nicht. Die vor der Erfindung der Töpferscheibe am Ende des vierten Jahrtausends vor Christi Geburt entstandene Kunst von Tell Halaf, die Oppenheim im nördlichen Mesopotamien ausgegraben hat, gehört zum Schönsten, was es an Keramik auf der Welt gibt. Die Selbstverständlichkeit, mit der überall Entwicklung vorausgesetzt wird, ohne daß ein Beweis für ihr Vorhandensein auch nur versucht wird, stammt aus dem reichen Schatz des naturwissenschaftlichen Aberglaubens des 19. Jahrhunderts. Doch gehört dieser Aberglaube heute schon so sehr zur allgemeinen Bildung, daß mit seinem baldigen Aussterben gerechnet werden kann.

Ein schönes und überzeugendes Symptom der Humanität der Primitiven der dunklen Vorzeit ist die Tatsache, daß vorgeschichtliche Landnahmen erstaunlich häufig ohne Krieg vor sich gegangen sind. An einem bestimmten

Zeitpunkt tritt ein neues Bevölkerungselement auf, ohne daß Spuren von Eroberung oder Brandschatzung aus der gleichen Zeit gefunden werden. Wie es scheint, ist der Vorstoß der Diminileute in das Gebiet der Sesklokultur eine solche unkriegerische Aktion gewesen. Übrigens sind solche friedlichen Landnahmen noch in der Zeit der Völkerwanderung vorgekommen. Als die Westgoten im Anfang des 5. Jahrhunderts nach Christi Geburt aus Aquitanien, der südwestlichen Provinz Galliens, in Spanien eindrangen, erschlugen sie die Bauern nicht, sondern verlangten von ihnen nur die Übergabe von zwei Dritteln des bebauten Bodens. Gewiß stand hinter dieser Forderung militärische Gewalt. Aber immerhin bezeichneten die Goten mit großer Höflichkeit die Bauern, denen sie ihr Land wegnahmen, als »Hospites«, als Gastgeber. Man vergleiche damit die Auseinandersetzung der Spanier mit den Indios in Mittel- und Südamerika, der Engländer mit den Indianern in Nordamerika und aller europäischen Nationen mit den Negern in Afrika.

Hätte man um die Jahrhundertwende einen gebildeten Europäer nach den Wurzeln der griechischen Kultur gefragt, hätte er wohl, mit dem müden Lächeln, das dem Fin de siècle so wohl anstand, geantwortet, die Griechen seien Indogermanen gewesen. Der Glaube an das Kulturbestimmende eines doch eher zur Physis als zur Geistseele des Menschen gehörenden Merkmals, wie es die Rasse ist, war zu damaliger Zeit unter der Suggestion der Naturwissenschaft schon so verbreitet, daß man begann, Rassezugehörigkeit für etwas Wichtiges zu halten. Wie wenig sie für das Element des Schöpferischen bedeutet, kann man daraus ersehen, daß Thales von Milet ein halber Phoiniker, Vergil ein halber Kelte, Dürer ein halber Ungar, Lessing ein halber Slawe war und Puschkin einen Aethioper zum Großvater hatte. Eher also ist es gerade die Mischung von Rassen, die eine für die Entstehung des Schöpferischen günstige Voraussetzung schafft.

Freilich, es ist auch eine indogermanische oder, wie man heute besser sagt, indoeuropäische Sprache gewesen, die die Griechen gesprochen haben, und sicherlich ist die Sprache ein Ausdruck der Geistseele des Menschen. Aber Rasse und Sprache sind erst zwei der Elemente, die bei der Entstehung einer Kultur in einem neuen Lebensraum eine Rolle spielen. Es kommt noch hinzu die von Klima und Landschaft mitbestimmte geistige Umwelt des Menschen, in die der Fremdling friedlich oder erobernd eindringt. Es ist nicht möglich, diesen verschiedenen konstitutiven Elementen einer neuen Kultur eine unterschiedliche Wertigkeit zuzumessen. Sie sind eines wie das andere in gleicher Weise wirksam.

Den Griechen der klassischen Zeit war durchaus bewußt, daß es vor ihnen eine aegaeische Kultur gegeben hatte. Für die vorgriechische Bevölkerung hatten sie, anderthalbtausend Jahre nach dem Beginn ihrer Einwanderung in Hellas, noch immer eigene Namen. Diese nicht indoeuropäischen, vorgriechischen Bewohner der Aegaeis heißen bei Herodot »Pelasger«, bei Thukydides »Tyrsener«. Die Pelasger, von denen Reste noch heute an einzelnen Plätzen im Norden der Aegaeis nachweisbar sind, gelten auch als die Stammväter der Etrusker, die selber ihre Herkunft auf Pelasger Thessaliens zurückführten. Kekrops, der mythische erste König von Athen, ist ein Pelasger gewesen. Ein Stück einer Mauer am Niketempel auf der Akropolis galt noch in klassischer Zeit als von ihm erbaut. Es wurde als heilig betrachtet.

Die Zeitpunkte, an denen unsere Kenntnis der verschiedenen konstitutiven Elemente der griechischen Kultur einsetzt, liegen weit auseinander. Am kürzesten kennen wir die Griechen selbst, nämlich erst seit ihrem Auftreten im aegaeischen Raum im Anfang des zweiten Jahrtausends vor Christi Geburt. Was sie vorher getan haben, woher sie gekommen sind, wo ihre Urheimat liegt, darüber gibt es nur Vermutungen. Es gibt auch keine anderen indoeuropäischen Quellen, die älter sind. Das älteste indoeuropäische geschichtliche Zeugnis, das wir kennen, ist in Anatolien gefunden worden. Es ist die Tafel von Alisar, deren Verfasser der Hethiterkönig Anitta von Kussara ist. Die Tafel wird etwa auf das Jahr 1800 vor Christi Geburt datiert. Der Zeitpunkt, an dem für die heutige Wissenschaft die Kenntnis der Aegaeis beginnt, liegt Jahrtausende vor dem Auftreten der Griechen. Ein praehistorischer Dandy könnte es sich leisten festzustellen, daß das Erscheinen der Griechen ein ziemlich spätes Ereignis in der Geschichte der Aegaeis sei.

Woher stammt die Sesklokultur? Woher sind die Diminileute gekommen? Wie war die Welt, in welche die Griechen einbrachen, beschaffen?

Betritt einer, ahnungslos aber mutig, das Feld der Vorgeschichte, stürzen von allen Seiten unbekannte Namen über ihn herein. Nehmen wir, zum Exempel, die Jahrhundertwende von 2900 vor Christi Geburt! Das ist, dreihundert Jahre vor der Erbauung der Pyramiden, der Zeitpunkt, an dem die Ereignisse in Aegypten gerade anfangen, geschichtlich zu werden. Vom Beginn der griechischen Einwanderung ist diese Jahrhundertwende noch durch fast ein Jahrtausend getrennt. In der Geheimsprache der Fachleute würde sie charakterisiert sein durch einen Bogen, der von Djemdet Nasr über Kum-Tepe, Frühminoisch I und Dimini bis Starcewo III, Gumelniza und Cucuteni A reicht. Das wären von Vorderasien über Troia, Kreta, Hellas, Serbien und Bulgarien bis zur Moldau die Plätze, an denen Funde, die aus dieser Zeit stammen, gemacht wurden.

Die Namensgebung der Praehistoriker ist nicht ganz einheitlich. Im allgemeinen wird eine neu in Erscheinung tretende Kultur nach dem Ort benannt, an dem sie entdeckt wird. Zuweilen aber benennt man sie auch nach einem besonderen Merkmal oder nach einem nur bei ihr vorkommenden Gegenstand. Sesklo- und Diminikultur sind nach zwei schlichten Dörfern in Thessalien benannt, die Bandkeramiker dagegen nach dem für sie typischen Dekor ihrer Tongefäße, die Streitaxtleute nach einem für sie charakteristischen Gegenstand.

Sesklokultur, Diminileute und Bandkeramiker gehören noch der jüngeren Steinzeit an. Das Auftreten der Streitaxtleute im aegaeischen Raum fällt in den Anfang der Bronzezeit.

Ganz kann die Wissenschaft ihre Benennungen, so objektiv sie sein mögen, nicht vor der Magie der Sprache schützen. Unter Bandkeramikern stellen wir uns unwillkürlich friedfertige Leute vor, die großen Spaß daran gehabt haben, zur Freude der Praehistoriker die Ornamente auf ihren Töpfen mannigfach zu variieren. Streitaxtleute machen auf uns von vornherein einen kriegerischen Eindruck. Daß beide Vorstellungen, wie sich allmählich zeigt, dem wirklichen Sachverhalt ungefähr entsprechen, ist ein amüsanter Zufall.

In der Tat ist so ein Name wie »Streitaxtleute«, sprachlich betrachtet, ein sehr sonderbares Phaenomen. Es hängt da sozusagen ein einzelnes Merkmal frei an einem Zweig der Vorgeschichte, wie ein Hut an einem leeren Garderobenständer hängt, und die Aufgabe ist nun die, sich zu dem Hut eine Person dazuzudenken. Aber eines Tages wird es wahrscheinlich, daß die Streitaxtleute Indoeuropäer gewesen sind. Schon bekommt das Wort eine erste, fast schon historische Aura. Dann stellt sich heraus, daß mit den Streitaxtleuten erstmals das Pferd in einem Randgebiet der Aegaeis, in Makedonien, auftauchte. Die Zähmung des Pferdes ist eine Sache, die den Streitaxtleuten eine sympathische Note verleiht. Dann findet man ihre Spuren an immer mehr und mehr Plätzen. Sie sind also »lebhaft schweifend« gewesen, Nomaden demnach oder Krieger. Jeder Fund trägt, als ein vom Menschen geschaffenes Produkt, Züge seines Schöpfers an sich. Ein keramisches Muster ist »von übersprudelnder Phantasie«, oder es ist »nüchtern«, und so ist sein Schöpfer eben auch von übersprudelnder Phantasie oder ein nüchterner Mensch gewesen. Mit dem sich vermehrenden Material füllen sich die zunächst leeren Bezeichnungen mit menschlichen Zügen. So bekommen die vorgeschichtlichen Namen allmählich Leben, und der Praehistoriker spricht schließlich von Bandkeramikern und Streitaxtleuten, wie andere von Skandinaviern und Kelten sprechen. Hat man dann noch Gelegenheit, einige der Ausgrabungen zu besuchen und sich die Landschaften anzusehen, in denen diese Menschen gelebt haben, werden sie einem endlich fast vertraut. Was sich im aegaeischen Raum abgespielt hat, bevor die ersten Griechen in Erscheinung traten, ist in seinen Grundzügen heute schon übersehbar.

Es gibt auf unserer alten Erde Landschaften, in denen das erste größere Ereignis der Jüngste Tag sein wird, und es gibt Landschaften, die dazu bestimmt sind, Schauplätze der Historie zu sein. Das Studium des von den Gelehrten zusammengetragenen vorgeschichtlichen Materials zeigt, daß das Gebiet der Aegaeis von allem Anfang an ein Spannungsfeld der Geschichte war, in das ununterbrochen Menschen und Ideen einströmten, das ununterbrochen den Kontrasten zwischen Morgenland und Abendland ausgesetzt war. Es zeigt sich auch, daß die Begriffe Orient und Okzident durchaus nicht etwa nur Kategorien unseres Denkens sind. Die reale Entsprechung dieser Begriffe hat von allem Anfang an bestanden. Schwankend war nur die Grenze. Zu einer Zeit gab es einen anatolisch-aegaeischen Kulturkreis, zu einer anderen bildete die Aegaeis zusammen mit Südeuropa eine Einheit. Zuweilen war sie mit der zwischen den beiden Küsten liegenden Inselwelt ein selbständiges Gebiet mit wechselnden Herrschaftszentren, zuweilen auch war der aegaeische Bereich in viele kleine, voneinander unabhängige Bezirke aufgesplittert. Immer wieder mußten die Kulturen dieser Insel- und Küstenwelt sich zur Wehr setzen, Erbe verteidigen, Neues aufnehmen, Altes abstoßen, sich bewähren. Siege verschleudernd, Niederlagen überlebend mußte das Leben tatsächlich allen Gewalten zum Trotz sich erhalten, und das rief schließlich die Götter herbei.

Dieses jahrtausendelange Existieren in einem Spannungsfeld, dieses Oszillieren zwischen Abwehr und Aufnahmebereitschaft führten dazu, daß sich im Bereich der Aegaeis eine gewisse kulturelle Unabhängigkeit und Selbständigkeit entwickelte. Es ist diese aus unzähligen und auch noch nicht vollständig übersehbaren Elementen zusammengesetzte aegaeische Welt, welche die eine Komponente jener Kultur darstellt, deren andere die Griechen sind.

Von Anfang an waren die Länder und Küsten der Aegaeis im Ausstrahlungsbereich der alten orientalischen Stadtkulturen gelegen. Schachermeyr stellt einmal kategorisch fest, daß aller künftige Anstieg im Mittelmeerbereich seinen Ausgang vom Orient, von Vorderasien und von den angrenzenden Teilen Nordafrikas genommen habe. Neueste Ausgrabungen südwestlich Ankaras, bei denen zahlreiche Kleinplastiken gefunden wurden, werden von dem ausgrabenden Archaeologen auf das Jahr 6000 vor Christi Geburt datiert. Diese Jahreszahl wirft alle bisherigen chronologischen Vorstellungen so vollständig über den Haufen, daß eine Bestätigung dieser Datierung abgewartet werden muß.

Schachermeyr hat vor einer Reihe von Jahren in einer umfassenden Untersuchung – der Fall der Diagnose auf den ersten Blick mit der nachfolgenden Zusammenstellung der beweisenden Symptome – gezeigt, daß der gesamte Typenschatz der beginnenden jüngeren Steinzeit, des Neolithikum, auf kilikische und nordmesopotamische Vorbilder zurückgeht. Unter Typenschatz versteht man die Gesamtheit einerseits der Formen der Gefäße, andererseits der auf Keramiken, Steingefäßen und später Metallgegenständen vorkommenden Ornamente.

Die jüngere Steinzeit im Bereich der Aegaeis hat mit einer über lange Zeiträume sich erstreckenden Kulturdrift begonnen, die von Kilikien, der Zypern gegenüberliegenden Südküste Anatoliens, und vom nördlichen Zweistromland ausgegangen ist. Man hat für dieses geschichtliche Phaenomen die Bezeichnung Drift gewählt, weil es ein allmähliches Einsickern, eine langsame Verbreitung, ein offenbar in unkriegerischer Weise sich abspielender Vorgang war, bei dem sowohl Menschen wie Errungenschaften wanderten. Damals ist die Kenntnis des Ackerbaus vom Orient nach dem Westen gelangt. Die Drift machte auch nicht auf dem griechischen Festland halt. Sie strömte nach Nordwesten weiter. So entstand schließlich eine Kulturprovinz, die vom fünften bis zum beginnenden dritten Jahrtausend vor Christi Geburt Vorderasien und Südosteuropa vereinigte. In unserer heutigen politischen Vorstellungswelt bestehen zwischen Budapest und Baghdad keine Beziehungen. Aber diese Koinê, dieses Zusammenleben einer Welt, die sich vom Euphrat bis zur Donau erstreckte, wurde noch zweimal in der Geschichte verwirklicht – unter der Herrschaft von Byzanz vor dem Einbruch des Islam und nach der Eroberung des Balkan durch die Türken am Ende des 15. Jahrhunderts.

Es hat sich noch eine zweite solche Kulturdrift nachweisen lassen, die, von Aegypten und Nordafrika ausgehend, über die Inseln des Mittelmeers und über Spanien das europäische Festland erreichte, um dort auf die Ausläufer der vorderasiatischen Kulturdrift zu stoßen. Die Großräumigkeit dieser vorgeschichtlichen Vorgänge hat etwas Atemberaubendes. Welch ein Augenblick, als zum erstenmal ein Gelehrter die Kühnheit hatte, zu so früher Zeit solche interkontinentalen Zusammenhänge zu vermuten!

Die Welt, die auf dem griechischen Festland als Ergebnis der vorderasiatischen Kulturdrift entstand, war die Sesklokultur, die sich mit einer sogenannten seskloiden Außenzone bis an die Donau, an einzelnen Stellen sogar über diese hinaus erstreckte.

Von dieser Kultur nunmehr ein farbenprächtiges Bild zu entwerfen, wäre ein ebenso verführerisches wie unsachliches Unternehmen. Die bis heute bekannt gewordenen Funde lassen das noch nicht zu. Es ist erst eine

Kontur, die sich abzuzeichnen beginnt. Die Vorgeschichte ist eine gestrenge Dame. Machen wir unsere Verbeugung vor ihrer Strenge und hören wir, was sie zu sagen hat.

Die Sesklokultur war agrarisch. Schiffahrt war bekannt. Handel hat es gegeben. Obsidian kam von der Kykladeninsel Melos, Feuerstein von den ionischen Inseln Leukas und Ithaka. Auf der Insel Skyros sind Spuren von Besiedlung gefunden worden. Die auf Steinfundamenten erbauten Häuser erreichten eine Ausdehnung bis zu 7,75 mal 6,75 Meter. Luftgetrocknete Ziegel wurden benutzt. Zahlreich gefundene kleine Plastiken sind Idole, die offenbar eine Fruchtbarkeitsgöttin darstellen. Die meisten sind aus Ton gebrannt. Es gibt aber auch solche, die aus Stein gemeißelt sind. Die Seskloleute hatten also diesen im Orient bis in die allerältesten Zeiten zurückverfolgbaren Kult übernommen. Vogel- und Stierstatuetten sind ausgegraben worden. Sie waren vermutlich Weihgeschenke. Es hat Knopfsiegel gegeben, von denen noch unklar ist, wie sie verwendet wurden. Schmuck, dessen Verwendungsart seit Eva klar ist, wurde gefunden, und natürlich Keramik in Mengen.

Diese Aufzählung ist zunächst genauso trocken wie die luftgetrockneten Ziegel der Seskloleute. Aber die Sache sieht anders aus, wenn man zusammenstellt, was das, was man weiß, bedeutet.

Die Zahl der Sesklosiedlungen im Peneiostal im nordgriechischen Thessalien war doppelt so groß wie die Zahl der Siedlungen heute. Die Seskloleute müssen also von der Ackerbestellung und vom Gartenbau eine Menge verstanden haben. Die Arbeit auf dem Acker für das Brot, daß die Menschen im Schweiße ihres Angesichts verzehrt haben, war von einem religiösen Kult, von einem Glauben überwölbt, und dieser Kult war mit einer mutterrechtlichen Gesellschaftsordnung verbunden. Räume von 7,75 mal 6,75 Meter Größe sind entschieden als repräsentativ zu bezeichnen. Sesklo, in dem diese Häuser standen, war eine kleine Stadt, eine Polis. Urban war diese Kultur also schon im dritten Jahrtausend vor Christi Geburt. Erst die Etrusker haben die Gewohnheit, in Städten zu siedeln, nach Italien, und erst die Römer haben die Urbanität über die Alpen zu uns gebracht. Der Handel über See weist auf mutige Männer hin, die in gebrechlichen Fahrzeugen den Gefahren des Meeres Trotz boten.

Die aus Ton gebrannten Idole sind von großer Mannigfaltigkeit der Darstellung. Es hat also künstlerische Freiheit gegeben. Die aus Stein gemeißelten Plastiken verraten eine hohe Kunstfertigkeit. Mit diesen Idolen beginnt die Geschichte der Skulptur in der Aegaeis. Von allem Anfang an steht die Plastik unter einem religiösen Aspekt, der erst in hellenistischer Zeit seine Wichtigkeit zu verlieren beginnt. Es ist eine unzulässige

Abstraktion, die griechische Plastik nur ihrer Schönheit wegen zu bewundern. Ihrem Wesen nach ist sie Ausdruck von Frömmigkeit.

Die Sesk1oplastik beginnt naturalistisch, um dann allmählich zu abstrakteren Formen überzugehen. Dieser Wechsel zwischen Naturalismus und Abstraktion wiederholt sich, erst in der Kunst Griechenlands und später in der Europas, immer und immer wieder. Der eine Stil ist geometrisch, ornamental, gegenstandsfeindlich, der andere gegenständlich, die Welt in der Fülle ihrer Erscheinungen darstellend. Beide Stilformen stehen in ständigem Kampf miteinander, um zuweilen, wie in der früharchaischen Epoche der griechischen Kunst, in der glücklichsten Weise einander zu durchdringen und zu ergänzen. Es ist bemerkenswert, daß ein aesthetisches Prinzip, das einen so großen Einfluß auf die Geschichte der abendländischen Kunst hatte und noch heute hat, zu so früher Zeit schon vollständig ausgebildet war.

In die Welt der Seskloleute brach der »Diminivorstoß« ein. Er ist archaeologisch erkennbar an einem plötzlichen Auftreten zweier besonderer dekorativer Elemente auf den Keramiken – der »Spirale« und des »Maeander«. Beide Elemente kommen ursprünglich im aegaeischen Bereich nicht vor. Sie stammen aus der Kultur der Bandkeramiker, die bis zum Aufbruch der Dimin1leute auf Rumpfeuropa beschränkt war. An bestimmten Besonderheiten ihrer Keramik läßt sich feststellen, daß die Dimin1leute aus dem Osten der bandkeramischen Welt, die sich von Belgien bis in die Gegend des heutigen Ungarn erstreckte, gekommen sind. Von ihren Spitzentrupps hat man festgestellt, daß sie bis in die nordöstliche Peloponnes vorgedrungen sind.

Nun ist es natürlich nicht so, als ob die Dimin1leute mit nichts als mit Spiral- und Maeandermustern tätowiert nach Hellas gekommen wären. Diese Muster sind nur das äußere Merkmal der bandkeramischen Koinê, aus der sie kamen. Sie brachten eine volle und sogar ziemlich alte Kultur mit. Es ist eben nur eine Eigenheit der Vorgeschichte, daß das erste und zuweilen lange Zeit Einzige, was sie in der Hand hat, die Scherbe mit ihren Ornamenten ist. Gebrannter Ton ist, außer daß er zerbrechlich ist, praktisch unzerstörbar. So sind es die von den Hausfrauen zerschlagenen und weggeworfenen Krüge und Töpfe, aus denen List und Geduld der Praehistoriker die vorgeschichtlichen Kulturbilder zusammensetzen. Die ersten blassen Schemata solcher Entwürfe, die dem Fachmann soviel Aufregung verursachen, sind natürlich für Laien nicht besonders attraktiv.

Aber ein einziges Merkmal schon kann einer solchen am Horizont der Vorgeschichte auftauchenden Gruppe Wichtigkeit verleihen. Es ist kaum möglich, sich die griechische Kultur ohne Tempel vorzustellen. Der klassische griechische Tempel ist aus dem mykenischen Megaron, einem

Haus mit Säulenvorhalle, entstanden. Den Urtyp dieses mykenischen Megaron haben die Diminileute nach Hellas mitgebracht. Sie ihrerseits verdanken dieses Modell der vorderasiatischen Kulturdrift, die sie noch vor ihrem Aufbruch nach Süden in ihrer alten südosteuropäischen Heimat erreicht hatte. Milojcic vermutet sogar aufgrund seiner Ausgrabung der Otzaki-Magula, daß die vorderasiatische Kulturdrift den Megarontyp zweimal nach Hellas gebracht habe, einmal über das aegaeische Meer und das zweitemal auf dem Umweg über die Diminileute. Das allererste Vorkommen des Haustyps des Megaron ist in Jericho schon in vorkeramischer Zeit nachgewiesen. Der griechische Tempel verdankt seine architektonische Würde nicht zuletzt dem außergewöhnlichen Alter der Tradition, aus der er hervorgegangen ist.

Der Diminiwanderung folgten am Ausgang des Neolithikum noch verschiedene Vorstöße nördlicher Stämme nach Hellas, von denen mindestens einer bis auf die Kykladen gelangte.

Am Übergang vom Neolithikum zur Bronzezeit, gegen die Mitte des dritten Jahrtausends vor Christi Geburt, beginnt die aus den geschilderten vorderasiatischen und südosteuropäischen Einflüssen gemischte Kultur der Aegaeis. Um sich von ihrer Ausdehnung ein Bild zu machen, haben die Gelehrten eine witzige detektivische Methode entwickelt. Es gibt in Griechenland zahlreiche Ortsnamen, die ihrem sprachlichen Charakter nach nicht griechisch sein können. Nach bestimmten linguistischen Merkmalen läßt sich feststellen, welche dieser Ortsnamen altaegaeisch sind. Zeichnet man alle diese Ortsnamen in eine Karte ein, ergibt sich die verblüffende Tatsache, daß diese Kultur nicht auf die Aegaeis beschränkt war, sondern sich über das ganze östliche Mittelmeer ausdehnte. Einzelne solcher Ortsnamen lassen sich sogar noch auf dem Balkan und in Sizilien nachweisen. Offenbar eben hat schon dieses aegaeische Urvolk auf dem Seeweg Kolonien gegründet.

Das Altaegaeische war keine indogermanische Sprache. Soweit sich überhaupt eine Verwandtschaft feststellen läßt, kommt nur das Sumerische in Frage, die Sprache, die Abraham in seiner Jugend in Ur gesprochen hat. Ein breiter Strom des Aegaeischen ist in das spätere Griechisch eingeflossen. Viele der Namen griechischer Götter entstammen ihm. Selbst wir sprechen noch eine Menge Aegaeisch. Wenn jemand für jemanden die Kastanien aus dem Feuer holt, sind das vorgriechisch-aegaeische Kastanien. Und wenn ein Jüngling unter einer Zypresse seiner Liebsten einen Strauß Narzissen oder eine Hyazinthe überreicht und ihr ein Lied auf der Gitarre spielt und nachher, wenn er einen Korb bekommen hat, zum Trost einen Absinth trinkt, dann ist er ein alter Aegaeer, älter als Zeus. Kyparissos–Zypresse, narkissos–Narzisse, hyakinthos–Hyazinthe, kithara – Gitarre, apsinthion – Absinth sind Wörter der aegaeischen Sprache.

In der frühen Bronzezeit treten dann auch die ersten indoeuropäischen Streitaxtleute im Bereich der Aegaeis auf. Im 20. Jahrhundert vor Christi Geburt erscheinen unter den Streitaxtleuten die ersten als solche erkennbaren Griechen.

Der Mythos der aegaeischen Religion ist so alt wie der Ackerbau. Der Urtyp des griechischen Tempels gehört der jüngeren Steinzeit an. Die Problematik der modernen Kunst kommt schon in der Sesskloplastik zum Ausdruck. Die Küsten des Lichts beginnen, ihre Geheimnisse preiszugeben.

›DAS ANTLITZ AGAMEMNONS‹

Der erfolgreichste Schatzgräber, den die Welt je erlebt hat, war der Sohn eines armen Landpfarrers in Mecklenburg. Doch hat die Armut den Vater nicht gehindert, seinem Sohn Verstand und Bildung auf den Weg ins Leben mitzugeben. Das dritte, dessen der Schatzgräber zu seinem Erfolg noch bedurfte, ein großes Vermögen, erwarb er sich selbst. Dieser Mann war Heinrich Schliemann.

Als Lehrling in einem Kolonialwarengeschäft hatte er angefangen. Auf einem Schiff nach Venezuela hatte er als Steward gearbeitet. Er erlitt Schiffbruch und beinahe wäre er ertrunken. Er war Buchmacher in Amsterdam gewesen und hatte es schließlich in St. Petersburg zum Kaufmann erster Gilde gebracht. Der Krimkrieg machte ihn reich. Unterdessen hatte er acht Sprachen gelernt. Altgriechisch und Neugriechisch beherrschte er in gleich vollkommener Weise.

Dieser ungewöhnliche Mann hatte eine fixe Idee. Sie unterschied sich von den anderen fixen Ideen durch drei Besonderheiten. Erstens war sie richtig. Zweitens hatte er sie schon im Alter von zehn Jahren feierlich verkündet. Und drittens saß sie in einem mecklenburgischen Dickschädel. Es war die Idee, daß die Epen Homers mehr seien als nur Poesie, daß in ihnen geschichtliche Ereignisse dargestellt seien, daß der Trojanische Krieg stattgefunden habe und daß es, wenn man nur den Angaben Homers folge, möglich sein müsse, Zeugnisse und Spuren dieser geschichtlichen Ereignisse aus der Erde zu graben.

So hatte Schliemann im Jahre 1870 den Ort von Troia richtig bestimmt, dort zu graben angefangen und seinen ersten Schatz gehoben. In Mykenai entdeckte er fünf Jahre später einen ganzen großartigen, bis dahin unbekannten Kulturkreis. Die erste Blüte dieser Kultur fällt in eine Zeit, die um ein halbes Jahrtausend dem frühesten bis dahin bekannten Ereignis der griechischen Geschichte, der Dorischen Wanderung, vorausgeht.

Der Höhepunkt der glänzenden Laufbahn Schliemanns war der Tag, an dem er das erste Grab innerhalb der Mauer von Mykenai fand. Es war unversehrt. Er öffnete es und entdeckte darin neben vielen anderen Kostbarkeiten eine goldene Gesichtsmaske, die Totenmaske eines Herrschers, der vor dreitausend Jahren die Welt verlassen hatte.

Es muß für den Entdecker ein überwältigender Moment gewesen sein. Nach Jahrzehnten der Hartnäckigkeit wurde ihm eine großartige Vermutung tatsächlich in einem einzigen Augenblick, in dem Blick auf die goldene Maske des toten Fürsten, bestätigt. Schliemann zeigte sich dem außerordentlichen Événement gewachsen. Um die gebildete Welt Europas von seiner Entdeckung in Kenntnis zu setzen, telegraphierte er am Abend an Seine Majestät den König der Hellenen: »Ich habe Agamemnon ins Antlitz geschaut!«

Diese Goldmaske befindet sich heute im Nationalmuseum in Athen. Selbst in dieser Sammlung der wunderbarsten Seltenheiten gibt es kaum ein Stück, das so aufregend ist wie dieses. Die Maske, ein Bildwerk von einer erschreckenden und hintergründigen Kraft und Strenge des Ausdrucks, verrät die Hand eines Meisters. Es handelt sich, ohngeachtet einer vereinfachenden Stilisierung, um ein Portrait. Der Dargestellte ist ein Mann von etwa vierzig Jahren. Er trägt einen Backenbart. Das Kinn ist ausrasiert. Die Oberlippe schmückt ein gepflegter, sehr männlicher Schnurrbart mit etwas aufwärts gebogenen Spitzen. Unter der Unterlippe trägt er eine sogenannte Fliege. Die Nase ist gerade und schmal. Die etwas engstehenden Augen mit den kräftigen, kurzen, nur wenig gebogenen Augenbrauen unter der nicht allzu hohen Stirn sind geschlossen. Die Lippen sind aufeinandergepreßt, die Mundwinkel ein wenig verächtlich nach unten gezogen. Obwohl dieses Gesicht den Eindruck aristokratischer Noblesse macht, geben die zu niedrige Stirn und der abweisend geschlossene Mund ihm etwas Unheimliches, das um so lebendiger hervortritt, je länger man die Maske betrachtet.

Wer war dieser Mann?

Man weiß heute, daß es nicht Agamemnon sein kann. Das Schachtgrab, in dem Schliemann die Goldmaske fand, gehört zu einer Gruppe von Gräbern, die aus der Zeit um 1600 vor Christi Geburt stammen. Der Trojanische Krieg findet vierhundert Jahre später statt.

In diesem Irrtum tritt, wahrhaftig in demselben Augenblick, da Mykenai entdeckt wird, das ganze Problem Homer noch einmal voll in Erscheinung. Schliemann hatte sowohl unrecht wie recht. Unrecht hatte er in der historischen Präzision. Recht hatte er in seinem Eindruck.

Der Mann, den diese Maske darstellt, könnte Agamemnon sein. So könnte der Fürst der Völker ausgesehen haben, und am ehesten in der ungeheuren Enttäuschung seines Todes.

Die Archaeologie hat ein Übermaß von Sorgfalt, Beharrlichkeit und Scharfsinn der Frage zugewendet, ob überhaupt und wie weit dann die Schilderungen der mykenischen Welt, die Homer gibt, den Verhältnissen, wie sie aus den Ausgrabungen rekonstruiert werden können, entsprechen. Vieles stimmt bis in Kleinigkeiten. Vieles stimmt nicht. Aber Homer ist weder ein Reporter noch ein Geschichtsschreiber gewesen. Er war ein Dichter. Durch die Kraft der Poesie hat er der von ihm dargestellten Welt eine so strahlende Existenz verliehen, daß die Realität seines Vorbildes dahinter im Schatten versank. Aber keine Ausgrabung hat irgend etwas zutage gefördert, was seinem Stil nach nicht in die von Homer geschilderte Welt hineinpaßte. Den größeren Reichtum der archaeologischen Entdeckungen gleicht die Poesie durch ihre größere Lebendigkeit aus.

Der Mann, den die Goldmaske darstellt, ist also sicher ein Herrscher von Mykenai, ein βασιλεύς, ein König gewesen, der in der Burg, an deren Fuß er begraben war, wirklich gelebt hat. Und ebenso, wie es sicher ist, daß es diesen Herrscher von Mykenai gegeben hat, ist es sicher, daß es Agamemnon gegeben hat und daß er ein Herrscher von Mykenai war. Vielleicht war der Mann, den die Goldmaske darstellt, ein Ahnherr Agamemnons. Er muß ein strenger und wohl auch gewalttätiger Mann gewesen sein. Züge differenzierter Intellektualität oder musischer Verfeinerung fehlen. Aber doch ist dieses Antlitz voll Hoheit und, bei aller Grimmigkeit, nicht ohne einen Zug von Strenge gegen sich selbst. Es ist barbarisch und großartig. Es ist das Gesicht eines Kriegerkönigs einer heroischen Frühzeit.

Die Burg, in der dieser Fürst geherrscht hat, liegt in einem verborgenen Winkel in der nordöstlichen Ecke der an drei Seiten von Bergen umschlossenen, an der vierten, der Südseite, zum Meer sich öffnenden Ebene der »rossenährenden Argolis«. Von Norden kommt über den niedrigen Paß von Derwenaki die Straße von Korinth. Der Weg zu diesem Paß führte in mykenischen Zeiten durch das Jagdgebiet des Nemeïschen Löwen, dessen Höhle noch gezeigt wird. Erst Herakles befreite das Land von diesem Ungeheuer. Es war die erste der zwölf ihm auferlegten Arbeiten. Das Fell, das Herakles in antiken Darstellungen über der Schulter trägt, ist das dieses Löwen. Hat man den Paß überschritten, öffnet sich dem Auge ein weiter Blick auf eine sonnenüberglänzte, baumbestandene, von Bergen begrenzte, bis zum Meer reichende Ebene. In eines der Täler weiter im Süden ist das Heilbad Epidauros mit seinem schönen Amphitheater eingebettet. Im Westen erstreckt sich ein hohes, unwegsames Felsengebirge, das die Argolis von Arkadien und von dem Tal trennt, in dessen südlichem Teil, am Eurotasfluß, Sparta liegt. Die eigentümliche geographisch-geologische Zerrissenheit der griechischen Landschaft ist eine der Ursachen dafür, daß das Land in langen Perioden seiner Geschichte in so viele kleine, voneinander unabhängige Staaten aufgesplittert war. In der Ferne, weit im Süden, ragt die weiße Akropolis von Argos auf. Neben ihr erscheint ein Streifen des Golfs von Nauplia. Linkerhand, von einer Bodenwelle fast verdeckt, kann man auf der Spitze eines Hügels ein paar unscheinbare Mauerreste erkennen. Das ist Mykenai!

Hinter Mykenai ragt ein pyramidenförmiger Berg auf, der heute dem heiligen Elias geweiht ist. Auf diesem Berg befand sich in mykenischer Zeit ein Kastell. Dieses Kastell war eine Signalstation, über die der Lichttelegraph den Fall der Festung Troia am Abend der Eroberung nach der Peloponnes gemeldet hat. In der Tragödie »Agamemnon« des Aischylos schildert Klytaimestra mit einer für eine große Dame erstaunlichen geographischen Sachkenntnis den Weg, den die Nachricht von der Nordwestspitze Kleinasiens nach Argos genommen hat. Das Feuersignal, vom Gott Hephaistos auf dem Berg Ida bei Troia entflammt, nahm seinen Lichtweg über den Hermesberg auf der Insel Lemnos, über »des Athos' zeusgeweihten Scheitel«, den Makistos auf Euboea, das Messapergebirge, den Kithairon und so weiter bis zum Kastell von Mykenai, dessen Feuer man sowohl in Mykenai wie in Argos sehen konnte. Die genannten Bergkuppen liegen tatsächlich jeweils in Sichtweite voneinander. Das beweist zunächst zwar nicht mehr, als daß Aischylos das gewußt hat. Aber das kann zu Agamemnons Zeiten sehr wohl auch schon bekannt gewesen sein. Das Feuerrelais dürfte historisch sein.

An der Stelle, an welcher der Wanderer von der großen Straße abbiegt, steht ein Wegweiser mit der Inschrift »Mykenai 4 km«. Die Inschrift könnte ebensogut lauten »Mykenai 4000 Jahre«. Jeder Schritt auf diesem Weg ist ein Jahr unserer Vergangenheit.

Eine schnurgerade Allee führt zu dem heutigen Mykenai, einem kleinen Ort auf dessen Marktplatz das Gasthaus *»Zur schönen Helena des Menelaos«* steht. Hier hat Schliemann gewohnt und nach ihm alle die großen Archaeologen, die sein Werk fortgesetzt haben. Der Wirt begrüßt mich und setzt mir einen Retsina, einen geharzten Wein von feinstem Duft vor. Dann fragt er mich nach dem Woher und Wohin. Ein Mann mit grauem Haar und jener tiefbraunen verwitterten Haut, wie Menschen sie haben, die ihr Leben im Freien verbringen, gesellt sich, als er hört, daß ich ein Deutscher sei, zu uns. Ich lade ihn zu einem Glas Wein ein, worauf er mir freudig erzählt, daß er »noch mit Professor Schliemann gegraben habe«.

Aber der vortreffliche Mann ist höchstens fünfzig Jahre alt. Offenbar wird die ehrfurchtgebietende biographische Tatsache, mit Professor Schliemann gegraben zu haben, als so wertvoll betrachtet, daß sie vom Vater auf den Sohn vererbt wird. Die Autogramme im Gästebuch des Wirtes reichen von Winston Churchill bis zu Theodor Heuss. Doch ist Mykenai schon im Altertum ein Ziel der Gebildeten der antiken Welt gewesen. Pausanias hat im zweiten Jahrhundert nach Christi Geburt einen Baedeker über Griechenland geschrieben, der eine Fülle von wertvollen Angaben auch über Mykenai enthält.

Vom Gasthaus aus steigt man einen kleinen Hügel hinan. Nach einigen hundert Metern erscheint hinter einer Biegung der Straße der Burgberg. Ein kleines Stück Weges weiter und vor mir ragt, aus mächtigen, roh behauenen Steinen kyklopisch geschichtet, acht bis zehn Meter hoch, die gewaltige Burgmauer auf. Und dann nur wenige Schritte noch, und ich stehe vor dem Löwentor!

Dies ist einer der großen Augenblicke, die die Antike ihren Verehrern zu bieten hat. Mit Rührung erinnere ich mich eines weit zurückliegenden Tages aus der Zeit nach dem ersten Weltkrieg, als ich gerade zu studieren angefangen hatte. An einem Maimorgen, schön wie dieser, hatte ich das anatomische Kolleg verlassen, um ein wenig bei den Kunsthistorikern zu hospitieren. An der Tafel des Auditoriums hing eine große Photogravüre des Löwentors. Der verehrte Geheimrat versuchte gerade, seinen unbedarften Scholaren begreiflich zu machen, was für ein eminentes Bauwerk dieses Tor sei, daß es zu den frühesten Denkmälern der abendländischen Kunst gehöre, daß es ein Werk der Weltarchitektur wie der Parthenon oder die Hagia Sophia sei, daß es als eine jener im tiefsten Grund unerklärlichen Schöpfungen betrachtet werden müsse, in denen der Geist sich der Materie bemächtige, in denen etwas Metaphysisches eine sichtbare Form annehme, in denen die Steine zu reden begännen. Der graubärtige Meister steigerte sich, ganz unwissenschaftlich, in eine Art zornige Begeisterung hinein. Seine funkelnden Augen durchbohrten unsere Ignoranz, und so hat die Ignoranz wenigstens an einer Stelle ein kleines Loch bekommen.

Das Löwentor ist eine Verteidigungsanlage. Sie ist mit großem taktischem Raffinement angelegt. Die Wand, in der das Tor selbst sich befindet, ist die Rückseite eines tiefen, nach außen offenen Vierecks. Der Angreifer, der dieses Tor zu stürmen versuchte, konnte von oben her und von drei Seiten zugleich beschossen werden. Nach links und nach vorn zwar deckte ihn sein Schild; aber von einem vorgeschobenen Turm aus konnte der Verteidiger seine Waffen auch auf die rechte, vom Schild nicht beschützte Seite des Angreifers wirken lassen.

Das Tor selbst ist ungefähr quadratisch. Die Länge einer Seite des Quadrats ist drei Meter. Es besteht aus vier riesigen Blöcken, je einer als Schwelle und als Türsturz und zwei als Seitenpfosten. Der größte Block ist der über der Tür. Er mißt 4,50 mal 2,10 mal 1,00 Meter. Er hat ein Gewicht von schätzungsweise zwanzig Tonnen. Die Erbauer dieses Tores müssen über beachtenswerte technische Kenntnisse verfügt haben, um mit so gewichtigen Massen umgehen zu können. Diesen zwanzig Tonnen dürfte es zu verdanken sein, daß das Bauwerk erhalten geblieben ist.

Über dem Türsturz ist in der Mauer ein Dreieck ausgelassen, das von einer Kalksteinplatte ausgefüllt wird. Zwei wie auf einem Wappen aufgerichtete Löwen stellen ihre Vorderpranken auf ein etwa einen halben Meter hohes steinernes Podest, auf dem zwischen ihnen eine Säule mit einem Kapitell steht. Die Köpfe der Löwen fehlen. Sie sind wahrscheinlich aus Bronze gewesen. Das Kapitell dürfte über die Köpfe der Löwen hinausgeragt haben. Diese Säule ist die älteste, die in Griechenland erhalten geblieben ist.

Auf eine eigentümliche Weise sind in dieser Architektur Taktik und Metaphysik miteinander verquickt. Die Verteidigungsanlage als solche ist rational durchdacht. Das Löwentor selbst ist eine Kultfassade. Diese militärische Verbindung von Defensive und Frömmigkeit hat es noch in der alten preußischen Armee gegeben. Das Schloß des Koppels, an dem das Bajonett, die Waffe für den Nahkampf, hing, trug die Inschrift »Gott mit uns«.

Kultfassaden sind eine Institution, die Mykenai von Kreta übernommen hat. Bestimmte Plätze wurden durch Zeichen, welche die magische Bedingung dafür waren, daß die Götter erschienen, zu Kultstätten erhoben. Das Löwenmotiv, das sehr früh auch schon auf kretischen Siegeln vorkommt, ist ein solches Zeichen. Das Tor, die in der Verteidigung empfindlichste Stelle, wurde unter den Schutz der Götter gestellt. Daß die Troer die um das Schiffslager der Griechen vor Troia errichtete Mauer durchbrechen konnten, hat nach Homer seinen Grund allein darin gehabt, daß bei ihrem Bau den Göttern nicht die gebotenen Opfer dargebracht worden waren.

Durch einen glücklichen Zufall ist in Arslantasch in Kleinasien ein phrygisches Felsengrab erhalten geblieben, dessen Vorderansicht ebenfalls eine Kultfassade ist. Sie zeigt als Relief dasselbe Motiv wie das Löwentor in Mykenai. In Arslantasch ist das Podest, auf das die Löwen ihre Vorderpranken stützen, der Eingang zur Grabkammer. Die beiden Reliefs dürften in ihrer Entstehung durch nicht mehr als zweihundert Jahre voneinander getrennt sein. Aber der Unterschied ist frappant. Gerade weil es sich um dasselbe Motiv handelt, wird deutlich, daß hier in Mykenai etwas vollständig Neues geschaffen wurde. Während bei der jüngeren kleinasiatischen Fassade das Format riesenhaft ist, übt schon der Meister des älteren Löwentors jenes Maßhalten, das von allem Anfang an die griechische Kunst von der des Orient unterscheidet. Während in Arslantasch die Löwen durch vage, bildhauerisch kaum ausgeführte Merkmale nur eben angedeutet sind, tritt hier in Mykenai etwas Naturhaftes in Erscheinung. In dieser Besonderheit zeigt das mykenische Kunstwerk eine gewisse Verwandtschaft mit der vorgeschichtlichen Kultur Alteuropas. Ob es schon die Diminileute waren, die dieses künstlerische Element einer darstellerischen Nähe zur Natur mitbrachten, oder ob erst die Griechen selbst das taten, oder ob überhaupt erst aus der Mischung der aegaeischen Bevölkerung mit den eingewanderten Indoeuropäern die so beschaffene schöpferische Darstellungskraft entstanden ist, das sind Fragen, die noch nicht beantwortet werden können. Jedenfalls ist das älteste auf uns gekommene Baudenkmal, das wir ohne Einschränkung als europäisch empfinden, unter der Sonne von Hellas entstanden.

Die Löwen von Mykenai sind die Wappentiere der abendländischen Kunst.

Der Anblick des Tors mit den gewaltigen Mauerblöcken, dem quadratischen, finster und gedrückt wirkenden Eingang, dem riesigen Türsturz und den darüber sich aufrichtenden Löwen macht selbst unter der Sonne der Peloponnes einen düsteren und feierlichen Eindruck. Sicherlich war dieser Eindruck in alten Zeiten gemildert durch die Kneipen vor dem Tor, durch schattenspendende Bäume, durch die Werkstätten der Handwerker und die Buden der Händler, durch wasserholende Weiber, durch Bettler, Maultiere und Esel; aber doch war dieses Tor nicht der Eingang zu einer Residenz voll heiteren Lebens wie in Kreta. Es war das Tor zu einer Burg. In ihren strengen Proportionen, in ihrer Monumentalität, in ihrer Mischung von militärischer Verteidigungstaktik und den Göttern geweihter Heiligkeit drückt diese Architektur herrscherliche Gewalt aus. Durch dieses Tor sind die trotzigen, wilden und leidenschaftlichen Männer, die Homer schildert, auf ihren Streitwagen ausgefahren, waffenklirrend und waffenfroh. Durch dieses Tor ist König Agamemnon ausgezogen, das mächtige Troia zu erobern.

Durch das Löwentor betritt man die Burg. Das erste, was man erblickt, ist ein von hochgestellten Steinplatten umgebenes Rund, innerhalb dessen die heute offenen Schachtgräber liegen. Fünf davon sind von Schliemann, das sechste ist später von Stamatakes entdeckt worden. Auch dieser Platz ist in alten Zeiten eine Kultstätte gewesen. Die Schachtgräber haben zu einer älteren Burg gehört, die sehr viel kleiner gewesen ist als die zweite, in der Agamemnon gelebt hat. Die Mauer, in der das Löwentor sich befindet, ist erst um 1400 vor Christi Geburt errichtet worden. Sie hat die Schachtgräber, die außerhalb der ursprünglichen Befestigung gelegen waren, einbezogen. Ein breiter Weg führt hinauf zu der auf dem Gipfel des Burgberges gelegenen Residenz. Homer erwähnt diese Einzelheit. Er nennt Mykenai εὐρυάγυια, das heißt »mit breiten Straßen«. Es gab eine gut funktionierende Kanalisation. Die Residenz mit einem Megaron, einem Thronsaal, einem Badhaus und verschiedenen Seitengebäuden war auf einem mit mächtigen Stützmauern künstlich erweiterten Felsplateau erbaut. Ein Stück dieses Plateaus ist bei einem Erdbeben in die Tiefe gestürzt. Auf seinem erhalten gebliebenen Teil sind die Grundmauern der Gebäude freigelegt.

Ich stehe auf dem Steinboden des Megaron, des Haupthauses des Palastes. Die Burg ist in ihrer Gesamtheit eine einheitliche architektonische Konzeption gewesen, vom Fuß des Burgberges mit seiner mächtigen Mauer kühn sich aufstufend bis zum Megaron auf dem Gipfel des Hügels. Das Megaron war von einer Laterne gekrönt, die das Bauwerk nach oben eindrucksvoll abschloß. Von der Ebene her muß die Burg einen großartigen, eben einen herrscherlichen Eindruck gemacht haben. In der Mitte des Megaron, umgeben von vier Säulen, welche die an den Seiten offene Laterne trugen, stand der Herd, dessen Stuckbemalung teilweise erhalten ist. Er war der Mittelpunkt des Hauses. Er war das Symbol der Familie. Er war heilig. Das ist eine alte indoeuropäische Überlieferung. Bei den Germanen war ein Mann, der keinen Herd hatte, ein ruchloser, nämlich ein rauchloser Mensch. Die Wände waren mit lebhaften Fresken geschmückt, in denen aber, im Gegensatz zu Kreta, überwiegend kriegerische Szenen dargestellt waren. Es ist charakteristisch für mykenische Architekten, daß ihre künstlerische Absicht in gleicher Weise auf die Gestaltung des Innenraums wie auf die Mächtigkeit des Baukörpers gerichtet war.

Vom Palast aus hat man in der Weite die Ebene bis zum Meer vor Augen. In der Nähe überblickt man das an den Hängen des Hügels gelegene, von der kyklopischen Mauer beschützte Gebiet mit den Häusern des Gefolges, der höheren Offiziere, der Verwaltungsbeamten und der Haussklaven. Die Bevölkerung lebte in kleinen Dörfern auf in der Nähe gelegenen Hügeln. Siedlungen konnten nur errichtet werden, wo ausreichend Quellen vorhanden waren.

Auch die Lage der Burg beweist, daß die Herrscher von Mykenai große Strategen gewesen sind. Sie liegt so weit landeinwärts, daß sie von der See her überraschend nicht angegriffen werden konnte. Dazu hatten diese klugen Krieger ein Straßennetz angelegt, das, radiär von Mykenai ausgehend, mit Hilfe von kleinen, in Sichtweite voneinander gelegenen Kastellen das ganze beherrschte Land mit einem System von Anlagen überzog, die sowohl der Überwachung als auch der Verteidigung dienten. Die Straßen hatten Brücken und Abzugskanäle. Das System der Befestigungen war ganz ähnlich dem, das zweieinhalbtausend Jahre später von den Kreuzrittern in Syrien angelegt wurde. Bei dem weiten Blick, der sich aus den Fenstern des Megaron bot, lag das ganze Land unter den Augen des Herrschers. Alles das macht es wahrscheinlich, daß die mykenischen Achaier eine Herrenschicht waren, die eine unterworfene Bevölkerung regierten. Vom Segen der Arbeit ist denn auch bei Homer nie die Rede.

Zu den vielen Dingen, in denen der Dichter der Ilias durch die Ausgrabungen bestätigt wird, gehört Mykenais Goldreichtum. Bei siebzehn Toten hat Schliemann über dreizehn Kilogramm Gold gefunden, und das, was man den Toten ins Grab mitgibt, ist schließlich immer nur ein Teil dessen, was vorhanden ist. So taucht die Frage auf, woher der Reichtum des Goldenen Mykenai stammte. In der Argolis wurde Pferdezucht betrieben. Die Pferde waren berühmt und sind wohl auch in andere Länder verkauft worden. Nun sind zwar Gestütsbesitzer und Pferdehändler niemals arme Leute; aber die Argolis ist zu klein, als daß der ganze Reichtum allein aus der Pferdezucht hätte stammen können. Auch der Handel kann nicht die Quelle gewesen sein; er lag in den Händen der Kreter. Vielleicht haben die mykenischen Achaier Kupferbergbau getrieben. Dieses Metall kommt neben Silber und Blei in den Bergen der Peloponnes vor. In der Nähe von Nemea ist ein altes Kupferbergwerk aus dieser Zeit wiederentdeckt worden.

Metalle sind von den frühesten Zeiten an so wertvolle und begehrte Rohstoffe gewesen, daß sie schon immer zu weltweiten Handelsbeziehungen geführt haben. Der Handel der Mittelmeerländer mit Zinn aus Irland und Cornwall läßt sich bis in die frühe Bronzezeit zurückverfolgen. Und sicherlich ist es der Handel gewesen, der auch die mykenische Keramik so weit über die Welt verstreut hat. Mykenische Gefäße hat man aus einem Grab in Palmyra mitten in der Syrischen Wüste ausgegraben. Man hat sie in Aegypten gefunden, in Makedonien, Thrakien, Anatolien, auf Rhodos, Zypern und Sizilien, sogar auf den Liparischen Inseln und auf Ischia.

Eine andere Vermutung, woher der Goldreichtum Mykenais stamme, geht dahin, daß die kriegslustigen und beutefrohen Herren der Burg sich als Condottieri an die vornehmen kretischen Handelsherren verdingt hätten. Die Kreter des 16. Jahrhunderts vor Christi Geburt sind wie die venezianischen Kaufleute des 16. Jahrhunderts nach Christi Geburt viel zu hochmütig, zu dekadent und auch zu intelligent gewesen, um am rohen Waffenhandwerk Freude zu haben. Es ist sogar denkbar, daß der ganze Trojanische Krieg die Intrige eines kretischen Dandolo war, der, in der gleichen Weise wie Venedig Byzanz eroberte, um durch den Bosporos freien Zugang zum Schwarzen Meer zu haben, Troias Macht am Eingang der Dardanellen niederwerfen wollte, um den Zugang zum Marmarameer zu erzwingen. So ist es wohl Raubgold gewesen, aus dem die in den Gräbern von Mykenai gefundenen Diademe, Masken, Halsketten, Ringe, Becher und der Schmuck der Waffen geschmiedet worden sind. Geld gab es in mykenischer Zeit noch nicht. Der Reichtum bestand damals in Land, Herden und Schätzen. Aber alle diese aus Beutegold verfertigten Gegenstände sind prachtvolle Werke der Goldschmiedekunst. Sie sind mit höchstem Geschmack und einer erstaunlich entwickelten handwerklichen Meisterschaft hergestellt. Mykenai ist die Frühzeit einer großen Welt.

Die Art und Weise, wie wir die Kultur Mykenais kennen, ist ohne Beispiel. Wie vertraut ist uns diese Welt und wie rätselhaft fern zugleich! Der Fülle der Kenntnisse, über die die Archaeologie verfügt, steht die Fülle der mythologischen Überlieferungen gegenüber. Die beiden Bereiche widersprechen einander nicht, aber zusammenschließen lassen sie sich auch noch nicht. Nur gelegentlich läßt sich zwischen Wissenschaft und Mythologie eine Brücke schlagen. Die Archaeologen können heute schon eine ziemlich ausführliche Darstellung der Geschichte Mykenais geben, und seine Menschen kennen wir aus Homer, aus der Sage und aus der griechischen Tragödie. Doch sind bisher noch keine Spuren gefunden worden, aus denen man auf die Verehrung der olympischen Götter schließen könnte. Auch ist noch kein Fundstück aufgetaucht, das als Beweis für die reale Existenz irgendeines der sagenhaften Helden dienen könnte. Bei den der Zeit Agamemnons angehörenden Gräbern, die später ausgegraben worden sind, stellte sich zum Kummer der Archaeologen heraus, daß sie schon geplündert waren. Die Habgier war der Neugier zuvorgekommen. Doch kann, auch wenn es dafür noch keinen unmittelbaren archaeologischen Beweis gibt, kein Zweifel darüber bestehen, daß die Überlieferung verläßlich ist. Die Burg von Mykenai ist der Herrschaftssitz der Atriden, der Söhne des Atreus, gewesen. Ihr Schicksal, zu dem der Trojanische Krieg nur den Hintergrund bildet, ist literarisch bis in unsere Tage lebendig geblieben.

Zunächst scheint es, als sei die Chronik dieses Geschlechts nichts anderes als eine Kette barbarischer Grausamkeiten und Verbrechen. Schon mit Tantalos, dem Ahnherrn des Hauses, fängt das an. Tantalos, ein König von Phrygien, war ein Sohn des Zeus. Als einmal die Götter bei ihm zu

Gast waren, setzte er ihnen, um ihre Allwissenheit zu prüfen, vielleicht aber auch nur, weil das Fleisch im Hause knapp war, seinen eigenen Sohn Pelops zum Mahl vor. Die Götter rührten die Speise nicht an. Nur Demeter, in der Trauer um ihre Tochter Persephone, die Hades in die Unterwelt entführt hatte, aß gramverloren das Fleisch der linken Schulter. Die Götter gaben Pelops das Leben zurück. Die fehlende Schulter wurde durch Elfenbein ersetzt. Tantalos wurde dieses und einiger anderer Verbrechen wegen in den Tartaros verbannt.

Pelops erbte den Thron seines Vaters und residierte einige Jahre in Enete an der Küste des Schwarzen Meeres. Von dort vertrieb ihn Ilos, der König von Troia. Nach dieser Überlieferung ist also die Feindschaft zwischen Agamemnon und Priamos ein alter Zwist der Herrscherhäuser von Mykenai und Troia gewesen. Die Herkunft des Pelops aus Kleinasien bedeutet vielleicht, daß ein Zweig der Achaier aus Anatolien stammt. Aus hethitischen Inschriften geht hervor, daß zwischen den Hethitern und den Achaiern Beziehungen bestanden haben. Die Hethiter haben die achaischen Fürsten anerkannt; allerdings haben sie ihnen nicht den gleichen Rang zugebilligt, den sie selbst beanspruchten.

Pelops verließ mit einer großen Gefolgschaft Anatolien und zog nach Elis, der Landschaft, in der Olympia liegt. Nach ihm ist die Halbinsel Peloponnes benannt. König Oinomaos von Elis hatte seine Tochter Hippodameia dem zur Frau versprochen, dem es gelänge, ihn im Wagenrennen zu besiegen. Der König startete immer erst einige Zeit nach seinem Gegner, jagte ihm nach und bohrte ihm, wenn er ihn eingeholt hatte, den Speer in den Rücken. Auf diese Weise hatte er schon zwölf Freier ins Verderben geschickt. Pelops versprach dem Myrtilos, dem Wagenlenker des Königs, der weit stärker als er selbst von Leidenschaft für Hippodameia erfaßt war, das halbe Königreich und die Brautnacht mit dem schönen Mädchen, wenn er ihm hülfe zu siegen. Myrtilos zog den Achsennagel aus dem Rad seines Herrn und ersetzte ihn durch Wachs. Die Szene vor dem Beginn des Wagenrennens war im Ostgiebel des Zeustempels von Olympia dargestellt. Die Skulpturen sind ausgegraben. Sie sind besonders gut erhalten. Sie stehen heute im Museum in Olympia. Kenner schätzen ihren künstlerischen Wert höher ein als den der Giebelfiguren des Parthenon.

König Oinomaos fand bei dem Rennen den Tod. Das dem Myrtilos gegebene Versprechen hielt Pelops nicht. Er warf den Wagenlenker des Königs ins Meer. In den Wellen versinkend verfluchte Myrtilos mit seinem letzten Atemzug den Pelops und sein Haus.

Eine eigentümliche Verbindung von Mythos und geschichtlicher Realität ist in dem sonderbaren Sachverhalt gegeben, daß der Name Myrtilos hethitisch ist.

Die beiden Söhne des Pelops, Atreus und Thyestes, waren Zwillinge. Aber die Brüder hatten, wie Esau und Jakob, schon im Mutterleib Streit miteinander. Thyestes stahl Atreus einen Widder mit goldenem Vlies, an dessen Besitz der Anspruch auf den Thron von Mykenai hing. Aber Atreus konnte sich mit Zeus' Hilfe als der rechtmäßige Besitzer ausweisen. Er verbannte seinen Bruder. Später entdeckte er, daß Aerope, sein Weib, von Thyestes verführt worden war. Atreus rächte den Ehebruch in schrecklicher Weise. Er versöhnte sich zum Schein mit seinem Bruder und lud ihn ein, nach Mykenai zurückzukehren. Nach seiner Ankunft ermordete Atreus die drei Söhne des Thyestes und setzte sie ihm, in Fortsetzung der von Tantalos begonnenen grausigen Familientradition, als Speise vor. Als Thyestes das Mahl beendet hatte, ließ Atreus die Köpfe der Kinder auf Schüsseln hereinbringen. Thyestes fügte dem Fluch des Myrtilos einen noch furchtbareren hinzu. Dann ergriff er die Flucht.

Um zu erfahren, wie er Rache nehmen könne, befragte Thyestes das Orakel in Delphoi. Dort wurde ihm die Weisung zuteil, mit seiner eigenen Tochter Pelopia, die eine Priesterin der Athene in Sikyon war, einen Sohn zu zeugen. Er überfiel Pelopia nachts, als sie im Teich des Tempels ihr Gewand reinigen wollte, und vergewaltigte sie. Pelopia erkannte ihn nicht, aber es gelang ihr, dem Unbekannten sein Schwert zu entwenden. Thyestes floh nach dieser Untat nach Phrygien, ins Land seiner Vorfahren.

Atreus hatte Aerope wegen des Ehebruchs mit Thyestes töten lassen. Immer auf der Suche nach seinem Bruder, dessen Rache er ständig fürchtete, kam er nach Sikyon. Er entbrannte in heftiger Leidenschaft für Pelopia und nahm sie zum Weib. Das Kind, dessen Vater Thyestes war, wurde geboren und erhielt den Namen Aigisthos. Atreus glaubte, daß er der Vater des Kindes sei.

Den nächsten Akt dieses Wirrsals von Verbrechen würde man für die Ausgeburt der Phantasie eines modernen Kriminalschriftstellers halten, wenn die Ereignisse nicht von Apollodoros in seiner βιβλιοθήκη, einem großen Werk über die griechische Mythologie aus dem Ende des 2. Jahrhunderts vor Christi Geburt, überliefert wären.

Aigisthos wuchs als Sohn des Atreus heran. Aber Atreus fürchtete noch immer seinen Bruder Thyestes. So schickte er Agamemnon und Menelaos, seine beiden Söhne aus der Ehe mit Aerope, auf die Suche nach seinem Bruder. Durch einen Zufall begegneten sie ihm in Delphoi, wohin er von Phrygien aus noch einmal gekommen war. Sie lockten ihn nach Mykenai. Atreus warf ihn ins Gefängnis und befahl dann dem Aigisthos, den Thyestes im Schlaf zu töten.

Aigisthos, fast noch ein Knabe, wollte den Befehl ausführen. Aber Thyestes erwachte, stürzte sich auf den Jüngling und entriß ihm das

Schwert. Zu seinem Erstaunen erkannte er, daß es sein eigenes war, das ihm in Sikyon abhanden gekommen war. Der Jüngling, zur Rede gestellt, woher er das Schwert habe, erwiderte, seine Mutter habe es ihm gegeben. Thyestes befahl ihm, die Mutter zu holen.

Pelopia erschien. Sie erkannte sogleich ihren Vater und weinte Tränen des Wiedersehens an seiner Schulter. Befragt, wie sie in den Besitz des Schwertes gekommen sei, erzählte Pelopia, sie habe es einem unbekannten Fremden, der sie nächtens in Sikyon überfallen habe, abgenommen. Thyestes gestand, daß er selbst der Fremde gewesen sei. Pelopia, von Schrecken erfaßt, ergriff das Schwert und tötete sich.

Thyestes enthüllte dem Aigisthos an der blutigen Leiche seiner Mutter, daß er sein Vater sei. Dann schickte er seinen Sohn zu Atreus mit dem Befehl, ihn mit dem blutigen Schwert, mit dem Pelopia sich umgebracht hatte, zu töten. Noch einmal regierte Thyestes für kurze Zeit in Mykenai, aber schließlich entriß ihm Agamemnon das Szepter.

Klytaimestra, Agamemnons Weib, war eine Tochter des Königs Tyndareos von Sparta und der Leda. Die schöne Helena ist ihre Schwester gewesen. Klytaimestra hatte viele Gründe, Groll gegen Agamemnon in ihrem Herzen zu tragen. In erster Ehe war sie einem König von Elis angetraut gewesen. In einem Krieg gegen ihn hatte Agamemnon nicht nur diesen König getötet, sondern auch dessen Sohn, den Klytaimestra, die Mutter, an ihre Brust gedrückt hielt. Dann hatte er sie zur Ehe gezwungen. Der zweite Grund für den Groll Klytaimestras war der vermeintliche Tod ihrer Tochter Iphigenie. Sie war in Aulis geopfert worden, damit die Götter günstige Winde für die Überfahrt der achaiischen Flotte nach Troia schickten. Iphigenie war ihre Lieblingstochter. Bei Aischylos spricht sie einmal von ihr als von »ihren liebsten Wehen«. Der dritte Grund ihres Grolls war die Eifersucht auf Kassandra, die Tochter des Priamos, die dem Agamemnon aus der Beute in Troia zugesprochen worden war. Er hatte sie zu seiner Geliebten gemacht. Es ist nicht verwunderlich, daß Klytaimestra in der zehnjährigen Abwesenheit des ungeliebten Mannes den Verführungskünsten des Aigisthos erlegen war. Sie ermordete den heimkehrenden Agamemnon. Später wurde sie selbst von Orestes, dem einzigen Sohn aus ihrer Ehe mit Agamemnon, getötet. Orestes, der Muttermörder, wurde, obgleich er auf Befehl Apollons gehandelt hatte, von den Erinyen, den Rachegöttinnen, verfolgt. Er befreite seine Schwester Iphigenie, die die Göttin Artemis vor dem Opfer in Aulis bewahrt und nach Tauris im Schwarzen Meer versetzt hatte, und kehrte mit ihr nach Griechenland zurück. Schließlich wurde er vom Areiopag in Athen, der unter dem Vorsitz der Göttin Athene tagte, entsühnt.

Es kann kaum ein Zweifel darüber bestehen, daß die Überlieferung dieses von einem Gott befohlenen Muttermordes eine Erinnerung an die heftigen Kämpfe ist, die sich bei dem Übergang von der alten mutterrechtlichen Gesellschaftsordnung der vorgriechischen aegaeischen Bevölkerung zur vaterrechtlichen der indoeuropäischen Griechen abgespielt haben müssen. Daß die Göttin, die den Orestes schließlich entsühnt, Athene ist, die, statt dem Schoß einer Mutter, dem Haupt des Zeus entsprungen war, unterstützt diese Vermutung.

Orestes übernahm als rechtmäßiger Erbe seines Vaters Agamemnon die Herrschaft in Mykenai. Es ist ein versöhnlicher Abschluß dieser Häufung furchtbarer Verbrechen, wenn berichtet wird, Orestes habe als alter Mann auf die Königswürde verzichtet und die letzten Jahre seines Lebens als Hirt in den Bergen Arkadiens verbracht.

Der Fluch des Myrtilos, des von Pelops betrogenen und ermordeten Wagenlenkers des Königs Oinomaos, ist die Ursache dafür geworden, daß wir ins Theater gehen. Er hat die Ereignisse zur Folge gehabt, die nachmals die Themen der großen Tragödien des ersten Dramatikers der Weltliteratur wurden. Aischylos hat das Schicksal Agamemnons und seines Hauses in den drei Stücken seiner Orestie dargestellt. Da es die tragischen Grundsituationen des Menschen sind, zu denen Aischylos die Ereignisse emporhebt, haben diese Themen die Dichter bis in unsere Tage hinein immer wieder zur Darstellung gereizt. Und, wie in einem Satyrspiegel, ist die Erinnerung an Klytaimestra, diesen furchtbaren Rachedämon ihres Geschlechts, sogar noch auf eine andere als die literarische Weise erhalten geblieben, nämlich im Gedächtnis des Volkes. Im Wallis, hoch oben in den Gebirgstälern an der deutsch-französischen Sprachgrenze, nennen die Bauern noch heute ein böses Weib eine »Chlütternischtere«.

Es ist zu erwarten, daß die Entzifferung der Tontäfelchen von Mykenai und Pylos die Zusammenschließung des archaeologischen mit dem mythologischen Bereich wieder um ein Stück fördern wird. Es würde genügen, daß einer der Zahlmeister, welche die auf den Tontäfelchen verzeichneten Inventarlisten geführt haben, ein einziges Mal seinen Namen mit eingeritzt hätte und daß dieser Name bei Homer vorkäme. Mit einem Schlag würde die erweisbare Geschichtlichkeit, nämlich die durch ein zeitgenössisches schriftliches Zeugnis erhärtete, um ein halbes Jahrtausend erweitert werden. Dieser Glücksfall würde dann gleichzeitig der einzige Fall der Weltgeschichte sein, daß ein Zahlmeister Weltgeschichte gemacht hätte.

Der Burgberg von Mykenai wurde zum ersten Mal im Anfang des dritten Jahrtausends vor Christi Geburt besiedelt. Das ist am Übergang von der

Steinzeit zur Bronzezeit, also sicherlich wesentlich früher als die nach der mythologischen Überlieferung durch Perseus, den Besieger der Medusa, erfolgte Gründung der Burg. Spuren der ersten Besiedlung wurden auf dem Gipfel, in der Nähe des Löwentors und auf dem kleinen, im Westen gelegenen Hügel von Kalkani, an dessen Fuß eine Quelle entspringt, gefunden. Der Aufstieg Mykenais beginnt in der mittleren Bronzezeit, deren Anfang die Praehistoriker auf etwa 2200 vor Christi Geburt festgesetzt haben. Das ist ungefähr die Zeit, in der das vorhomerische Troia zerstört wurde. Kurz danach wird der erste Palast von Knossos errichtet. Zweihundert Jahre später erscheinen die Griechen in Hellas. Etwa um 1800 vor Christi Geburt tritt Mykenai in Kontakt mit der Welt Kretas. Kunst und Sitten und viele der religiösen Gebräuche dieser so überlegenen Kultur werden von Mykenai übernommen. Seine Macht und sein Reichtum wachsen. Aus dem Ende dieser Periode stammt das älteste Schachtgrab, in dem Stamatakes zwei mit großer Pracht bestattete Prinzen gefunden hat.

Mit voller Sicherheit läßt sich freilich noch immer nicht sagen, auf welche Weise dieser kretische Einfluß in Mykenai wirksam geworden ist. Es ist durchaus möglich, daß die Kreter das Festland erobert und die herrschenden Schichten sich miteinander vermischt haben. Aber das Auftreten von »Crétoiserien« in Mykenai braucht natürlich eine Eroberung ebensowenig zu bedeuten, wie das Auftreten von Chinoiserien im Rokoko eine Eroberung Europas durch China bedeutet. Ebensogut ist es möglich, daß die mykenischen Fürsten Kreta überfallen und geplündert und dann dort Künstler geraubt haben, wie man in fortgeschritteneren Zeiten Atomphysiker und Raketenspezialisten raubt. Etwas später sind sicher Achaier die Herren von Kreta gewesen. Zweifellos hat dieser frühe Kontakt der kräftigen und begabten mykenischen Achaier mit der feinen Kultur Kretas dazu beigetragen, den griechischen Geist zu entfalten.

In den drei Phasen der späten Bronzezeit ging die glänzende Entwicklung Mykenais weiter. Die erste Phase ist die der Schachtgräberdynastie. Sie hat ungefähr hundert Jahre gedauert. Ihre Fürsten waren Zeitgenossen der Pharaonen der frühen 18. Dynastie. Damals schufen die Herrscher Aegyptens, die in Theben residierten, ein Reich, das sich von Nordsyrien und dem oberen Euphrat bis zum Vierten Nilkatarakt erstreckte. Der Handel mit Aegypten ist, wie die Ausgrabungen zeigen, etwas Alltägliches gewesen. Und übrigens haben die Funde aegyptischer Keramik in Mykenai den Archaeologen die Datierungen sehr erleichtert.

Um 1500 erfolgt ein Wechsel in den Bestattungsriten, aus dem man auf einen Wechsel der Dynastie schließt. Unter der neuen Dynastie erreicht der Einfluß Kretas auf die mykenische Kultur seinen Höhepunkt.

Am Beginn der dritten Phase, die von 1400 bis 1150 vor Christi Geburt dauerte, wurde die Macht Kretas gebrochen, wahrscheinlich durch eine mykenische Eroberung. Von diesem Zeitpunkt an findet man in Aegypten keine kretische Keramik mehr, sondern nur noch mykenische. Die Herrschaft Mykenais breitete sich über große Teile des Festlandes und der Inseln aus. Zu keiner Zeit ihrer Geschichte ist die aegaeische Welt so einheitlich gewesen wie unter dem Szepter Agamemnons.

In der letzten Phase, die sich im Mythos deutlicher abzeichnet als in den Funden, beginnt eine gewisse Dekadenz. Aber sie hat nicht zu einer Schwächung der lebendigen Kräfte geführt. Eine unterirdische Zisterne wurde angelegt; der Palast, der offenbar um diese Zeit einmal abgebrannt war, wurde erneuert, erweitert und mit schönen Fresken geschmückt, von denen einige erhalten geblieben sind. Die Oberhoheit des Herrschers von Mykenai dehnte sich über die meisten Stämme der Achaier aus. Dies ist der Zeitpunkt, in dem noch einmal alle politischen Kräfte der mykenischen Welt in dem Krieg gegen Troia zusammengefaßt wurden, um einen letzten großen Triumph zu erringen.

Am Ende des 12. Jahrhunderts verschwindet diese Herrlichkeit. Mykenai wird erobert, geplündert und zerstört. Wir wissen nicht, wer die Eroberer waren. Wir wissen auch nicht, wie das Ereignis vor sich gegangen ist. Nur soviel steht fest, daß es in den Beginn der Dorischen Wanderung fällt. Die Katastrophe, die die Stadt traf, muß furchtbar gewesen sein. Selbst die Ruinen blieben unbewohnt. Das Schicksal hatte niemanden übrig gelassen, das Unglück zu beweinen. Und Homer schweigt.

Erst Jahrhunderte später wurde der Platz wieder besiedelt. An der Stelle, an welcher der Altar des mykenischen Palastes gestanden war, wurde ein Heiligtum der Athene errichtet. Wace, der viele Jahre in Mykenai gegraben hat, weist in seinem Buch *»Mycenae. An Archaeological History and Guide«* darauf hin, daß, während sonst griechische Altäre ostwestlich orientiert sind, in diesem Heiligtum die alte mykenische Nordsüdrichtung erhalten geblieben sei.

Noch einmal tritt Mykenai in das Licht der Geschichte. Getreu der Überlieferung der alten Heldenzeit kämpfte ein Kontingent der kleinen Polis in den Schlachten gegen die Perser bei den Thermopylen und bei Plataiai. Ihr Name »ΜΥΚΑΝΗΣ« ist in die von den Griechen nach der Schlacht von Plataiai dem Heiligtum in Delphoi geweihte Schlangensäule eingraviert. Die Marmorbasis des Denkmals wurde in Delphoi gefunden. Die Säule selbst steht noch heute im Hippodrom von Konstantinopel.

Das Ende dieses späten kleinen tapferen Mykenai gehört zu jenen schrecklichen Ereignissen der griechischen Geschichte, die die Entstehung des Sprichworts »Der Grieche ist des Griechen Wolf« erklären. Zehn

Jahre nach den so ruhmvoll verlaufenen Perserkriegen wurde Mykenai von den benachbarten Argivern angegriffen, belagert und erobert. Die Einwohner flohen oder wurden ermordet. Die Sieger versuchten, die Festungswerke zu schleifen. Diesen Versuch freilich mußten sie aufgeben. Das Löwentor ist niemals verschüttet gewesen. Pausanias fand den Platz verlassen und öde, und so hat er unter der Sonne gelegen, bis der Pastorensohn aus Mecklenburg ihn zu neuem Leben erweckte.

Seit der Steinzeit sind in der Aegaeis die Kulturen einander begegnet. Erst aus der Fülle dessen, was in diesem Meer der Meere zusammenströmte, läßt sich die außerordentliche Mannigfaltigkeit der griechischen Welt verstehen. Es waren Einflüsse mesopotamischer, phoinikischer, aegyptischer, kretischer, anatolischer und schließlich nördlich kontinentaler Herkunft. In der mykenischen Kultur wurden alle diese Einflüsse zu einer Einheit verschmolzen, die zum ersten Mal in der Geschichte in ihrem Geist und in ihrem Stil europäisch ist.

Mit Mykenai hat das Abendland begonnen.

STÖRCHE, SCHILDKRÖTEN UND OLEANDER

Milet an der Küste Kleinasiens war im 7. Jahrhundert vor Christi Geburt die wichtigste Stadt des Erdkreises. Heute ragen seine Ruinen in einer Verlassenheit und Einsamkeit in den Himmel, daß man sich verwundert fragt, wie der Platz einst Mittelpunkt der Welt sein konnte. Dieses Stückchen Küste an der Mündung des Maiandros ins Aegaeische Meer liegt heute so hoffnungslos abseits jedes Verkehrs, daß es unmöglich war, in Athen auch nur zu erfahren, wieviel Zeit ein Besuch Milets in Anspruch nähme. Ein türkischer Freund, der die Gegend kannte, machte die rätselhafte Bemerkung: »Ein Esel ist schneller als ein Auto; aber wenn der Regen drei Tage vorüber ist, brauchen Sie von Smyrna nach Milet nicht mehr als einen Tag.« So konnte ich nur hoffen, mit meinem Aeroplan den Anschluß an den milesischen Esel nicht zu verpassen.

Das Flugzeug schraubt sich in Spiralen in den Himmel über Athen und nimmt seinen fast östlichen Kurs auf Smyrna. Wir überfliegen die schroffen Felsenberge Attikas, dann die Euboeas. Man sieht, wie von allen Seiten Meeresbuchten, von Inseln und Inselchen übersät, tief in das Land einschneiden. Die Zahl der Eilande in der Aegaeis wird auf etwa zweitausend geschätzt. Das sind gerade so viele, wie der Mensch Sterne mit bloßem Auge sehen kann. Der Seefahrer kann seinen Kurs von der griechischen zur kleinasiatischen Küste der Aegaeis so abstecken, daß er immer ein Stück Land im Auge behält.

In der Höhe von zweitausend Metern ist der Himmel ein einziger leuchtender Glast. Sein Blau geht ohne Grenze in das des Meeres über. Es gibt keinen Horizont mehr. Die Konturen der Küsten sieht man nur noch wie durch einen Schleier hindurch. Der Fliegende Teppich, der mich durch dieses grenzenlose in der Sonne flimmernde Blau trägt, bietet eine köstliche Chance, ein wenig zu träumen.

Etwa fünfzig Jahrhunderte der Geschichte der Aegaeis sind es, die wir heute überblicken. Helle und dunkle, verfallende und aufsteigende, großartige und furchtbare Saecula haben einander abgelöst. Aber welche dieser Epochen auch immer man betrachten mag, keine ist ohne Bedeutung für das Allgemeine gewesen. Noch der erste Weltkrieg ist in der Aegaeis entschieden worden. Der 1918 aus dem Brückenkopf Saloniki, dem Land der Seskloleute, angesetzte Vorstoß der Alliierten nach Norden in das Gebiet, in dem die Bandkeramiker gesessen waren, leitete den Zusammenbruch der Mittelmächte ein. Der folgenschwerste Fehler des zweiten Weltkrieges ist, daß er nicht in der Aegaeis entschieden worden ist, daß die Westlichen Alliierten nicht, wie ein Menschenalter zuvor, in Sofia und Bukarest einmarschiert sind. Irgendwann einmal sind da auf einer Akademie junger Strategen die Perserkriege nicht mit der nötigen Sorgfalt studiert worden.

Vor einer Reihe von Jahren habe ich schon einmal die Aegaeis umwandert. Damals war ich auf der Suche nach Frühen Stätten der Christenheit. Ich begann auf der Agora von Athen, wo der Apostel Paulus den »unbekannten Gott« verkündigt hat. Ich kletterte hinauf in die in den Himmel gebauten Felsenklöster von Meteora in Thessalien, die aus dem 14. Jahrhundert stammen. Ich pilgerte zum Heiligen Berg Athos, der ältesten Republik der Welt, in der noch heute das Gesetzbuch die Bibel ist. Von Philippi, dem Platz, an dem Paulus, aus Troia kommend, europäischen Boden betreten hat, über Konstantinopel mit dem Wunder der Hagia Sophia, und Ephesos, die Stadt der großen Synoden, erreichte ich schließlich Tarsos, Damaskos und Jerusalem.

Zwei Einsichten sind es, die sich mir damals aufgedrängt haben. Die erste war, wie sehr die Kultur des Volkes Israel vom Geist der alten Völker Asiens durchdrungen, die zweite, wie tief das frühe Christentum in die hellenistische Welt der Spätantike eingebettet war.

Das aus dem Volke Israel hervorgegangene Christentum und die aus der griechischen Kultur erwachsene Spätantike sind die Elemente, aus denen sich in der Epoche der Völkerwanderung das Europa von heute gebildet hat.

An diesem Geschehen war der Orient in immer sich wandelnden Formen beteiligt. Schon bei der Entstehung der mykenischen Kultur haben aus dem Osten stammende, in die Aegaeis einströmende Kräfte eine Rolle gespielt. Es waren die gleichen Kräfte, die auf die Anfänge des jüdischen Volkes eingewirkt haben. Nur waren es im ersten Fall aus den nördlichen Wäldern gekommene Indoeuropäer, an deren aegaeischem Strand sich die letzten Wellen der großen Kulturbewegungen des Ostens brachen, im zweiten Fall aus der Wüste gekommene Beduinen, die von der vollen Wucht dieser aus dem Zweistromland und von Aegypten her sie überflutenden Kultureinflüsse getroffen wurden. So ist Hellas in seiner Frühzeit nicht orientalisiert worden. Doch hat die Übernahme gewisser morgenländischer Elemente in die mykenische Kultur von Anfang an eine gewisse Aufgeschlossenheit für die Gedankenwelt des Ostens geschaffen. Immer sind die Griechen bereit gewesen, östliche Götter zu verehren, östliche Gebräuche und Lebensformen in ihre eigene Umwelt zu übernehmen.

In der nächsten Phase mußten sich die Städte, die nach der Dorischen Wanderung an der Küste und auf den der Küste vorgelagerten Inseln Kleinasiens gegründet worden waren, mit den kommenden und gehenden Großreichen des Ostens auseinandersetzen. Diese ganze Zeitspanne hindurch waren die Griechen den Ausstrahlungen der Kulturen der Lyder, Meder und Perser ausgesetzt. Man kann das im einzelnen noch nicht alles genau aufzeigen; doch muß man, zum Exempel, bei der Lehre von der Seelenwanderung des Pythagoras von Samos sogar an indische Einflüsse denken.

Wiederum haben, etwa bis zur Zeit der Babylonischen Gefangenschaft, viele dieser Einflüsse in gleicher Weise auf das jüdische Volk gewirkt. Christentum und Griechentum enthalten von vornherein zahlreiche einander entsprechende orientalische Elemente, die über lange Fristen wirksam waren, ehe die beiden Bereiche miteinander in Berührung kamen. Nachdem Alexander der Große die Länder Asiens bis zum Indus erobert hatte, wurde der Orient hellenisiert. Doch war die griechische Kultur ihrerseits für die Völker des Orients nicht etwas völlig Fremdartiges etwa in der Weise, wie unsere technische Zivilisation es für die Chinesen war. Schon vor der Zeit Alexanders hatte griechischer Geist in mancherlei Weise auf den Osten eingewirkt, auch wenn aegyptische Priester noch Solon wegen der Jugendlichkeit der griechischen Überlieferungen verspotteten. Die Priester hatten nicht ganz so recht, wie sie damals glauben durften. Es gab in der griechischen Kultur genug Brillantes, was auf diese alten gebildeten Völker des Morgenlandes einen so großen Eindruck machte, daß sie es bereitwillig aufnahmen. Die durch Alexanders Kriegszüge verursachte Begegnung zwischen dem Osten und dem Westen führte, wie es später in der Epoche der Kreuzzüge noch einmal der Fall war, zu gegenseitiger Anregung, Befruchtung und Bereicherung. Im Gegensatz dazu steht die Katastrophe, die aus der kolonialen Eroberung des Orients durch den Westen im 19. Jahrhundert entstand. Der Geist des von Alexander eroberten Ostens drang erneut in die griechische Welt ein, diesmal allerdings in einer so umfassenden Weise, daß das Ergebnis eine Orientalisierung des Griechentums gewesen ist. Auch diese geistige Wechselwirkung zwischen Orient und Okzident hat sich über eine lange Zeitspanne erstreckt. Die Tatsache, daß die Synthese schon vollzogen war, als sich die Apostel von Jerusalem aufmachten, der Welt das Evangelium zu verkünden, hat für die Ausbreitung des Christentums und sogar noch für die Auseinandersetzung der griechischen Kirchenväter mit der Theologie des Islam eine außerordentliche Rolle gespielt. Die Gelehrten nennen die den klassischen Jahrhunderten folgende Phase der griechischen Geschichte die Epoche des Hellenismus.

Das Christentum ist also nicht in die klassische perikleische Welt eingetreten, in der das östliche Element zwar ein Einschlag im Gewebe war, aber doch nicht das Bild bestimmte. Es traf auf die durch den Orient tief verwandelte Welt der Spätantike. Das, was wir heute unter Christentum verstehen, ist, vom Urchristentum deutlich sich absetzend, eigentlich erst in der dialektischen Auseinandersetzung mit der geistigen Welt des Hellenismus entstanden. In dieser Kontroverse, aus der auch die Dogmatik der Kirche hervorgegangen ist, sind also mehrere östliche Einflußströme aufeinandergestoßen, die, ursprünglich aus derselben Quelle stammend, jahrhundertelang getrennt voneinander gewirkt hatten – die hebraeische Überlieferung, die erste Orientwelle in der griechischen Frühzeit, die langfristige östliche Einwirkung auf das Griechentum Kleinasiens und endlich die zweite Orientwelle in der Epoche des Hellenismus. Und alles, was aus dem Morgenland nach Europa gelangte, ist über das Meer gekommen, über diese wunderbare Aegaeis, die glitzernd und flimmernd unter mir dahingleitet.

Daß in der Spätantike aus dem Zusammentreffen dieser vielen östlichen Wirkströme kein »Spätorient« entstanden ist, sondern Europa, verdanken wir dem, was die Griechen in den großen klassischen Jahrhunderten erdacht, geschaffen, erworben, erkämpft, verteidigt hatten. Diese klassischen Jahrhunderte haben in Milet begonnen. Das ist der Grund, warum ich auf dem Weg nach Kleinasien bin.

Gerade die durch nichts aus ihrer Bahn zu bringende innere Sicherheit, mit der die griechische Kultur, wie nach einem Kompaß, unbeirrbar auf das Goldene Jahrhundert, das Zeitalter des Perikles, zusteuert, ist eine der bedeutendsten Eigenschaften dieses genialen Volkes gewesen. Es ist, als ob eine Idee dessen, was das Ziel der Entwicklung sei, wie ein

Sternbild den Griechen vorgeschwebt hätte. Mit Aristoteles könnte man sagen, es ist, als ob es eine Entelechie, einen ideellen Entwurf dessen, was entstehen sollte, schon gegeben habe, ehe die Sache selbst in die Wirklichkeit der Geschichte eintrat. Solche finalen, solche auf ein Ziel gerichteten Wirkkräfte haben keinen Kurswert in einer wissenschaftlichen Welt, die das Kausalgesetz zu ihrem Leitgötzen gemacht hat. Freilich, man sollte sich immer darüber im klaren sein, daß die Denkschemen der kausalgeschichtlichen Welt nichts zu besagen haben, wenn das Jüngste Gericht zur Debatte steht. Die Anwendung kausaler Denkschemen auf ein endzeitliches Geschehen ist ein wissenschaftlich nicht zu verantwortendes Fehlgreifen in der Wahl der Methode.

Stellen wir noch einmal mehr die alte, müßige und doch so amüsante Frage »Was wäre gewesen, wenn..?«.

Was wäre gewesen, wenn Xerxes bei Salamis gesiegt hätte? Unter der Herrschaft eines persischen Satrapen wäre Athen eine Provinzstadt geworden. In dieser Provinzstadt hätten dauernd oder vorübergehend gelebt: Aischylos, Sophokles und Euripides, die Schöpfer des Dramas; der Bildhauer Pheidias; der Historiker Herodot; Themistokles, der besiegte Feldherr und Politiker des Dolchstoßes; der Philosoph Sokrates; der mythosfeindliche Atomphysiker Demokrit; Zenon aus Elea, der Intellektuelle; Perikles, der Staatsmann; Alkibiades, der Politiker, Dandy und Condottiere. Eine solche Zusammenballung von Genies ersten Ranges in einen so kurzen Zeitraum hat es außer im Athen des 5. Jahrhunderts nur noch einmal in der Geschichte gegeben, in der italienischen Renaissance. Welch merkwürdige Vorstellung, daß alle diese Genies sich nicht recht hätten entfalten können! Der erste Dramatiker der Weltliteratur wäre niemals aufgeführt worden; die Erregung vaterländischer Gefühle durch die poetische Beschwörung alter Heldenzeiten wäre dem persischen Satrapen ärgerlich gewesen. Niemand hätte Geld genug gehabt, Pheidias seine Meisterwerke in Auftrag zu geben. Perikles wäre im Weinhaus »Zur verlorenen Freiheit« gesessen, wie Lenin im Caféhaus in Zürich, und hätte mit Zenon dem Eleaten heftig diskutiert. Perikles hätte phantastische Gedanken über die Wiedervereinigung mit Ionien und über einen prachtvollen Ausbau der Akropolis entwickelt. Zenon, der die Athener wegen ihrer Großspurigkeit verachtete, hätte diese Ideen für nutzlose Hirngespinste gehalten. Er hätte nicht ahnen können, daß sie ausführbar waren. Herodot hätte für seine Reisen nie das Visum des Satrapen bekommen; er hätte eine Hauslehrerstelle bei einem Getreidehändler annehmen müssen. Alkibiades wäre als Collaborateur zugrunde gegangen.

Nur drei dieser Männer hätten ihren Beitrag zur Weltgeschichte ungestört leisten können – der Philosoph, der Intellektuelle und der Atomphysiker. Und vielleicht wäre auch noch Aristophanes, der erste Komödiendichter der Griechen und damit Europas, mit einigen Kabarettsongs in Erscheinung getreten. Aber niemals wäre daraus das »Goldene Jahrhundert« entstanden. Die Männer, die in den Schlachten von Marathon, Salamis und Plataiai so furchtlosen Geistes gegen das übermächtige asiatische Großreich angetreten sind, müssen von einer Ahnung bewegt gewesen sein, daß das, was sie verteidigten, eine große Zukunft war. Was sich begeben hat, trägt den Charakter innerer Folgerichtigkeit. Unsanft werde ich aus meiner inneren Folgerichtigkeit herausgerissen. Trotz des heiteren Himmels fängt das Flugzeug plötzlich heftig zu schwanken an. Es fällt in ein tiefes Luftloch. Erst allmählich habe ich das Gefühl, daß der Pilot die Maschine wieder in die Hand bekommt. Der Schreck ist nicht gering, aber seine Ursache ist einfach und harmlos. Wir überfliegen eine Insel. Die Wärme, die von dem von der Sonne erhitzten Land aufsteigt, hat die Luftwirbel hervorgerufen. Die Insel ist Chios. Von meinem Fliegenden Teppich aus kann ich gut das Tal erkennen, in dem ich ohnlängst, auf der Suche nach König Salomo, bei Philemon und Baucis zu Gast war. Träumen wir noch ein wenig!

Über die Schönheiten der Aegaeis mit ihren unendlichen Erinnerungen, von der Seeherrschaft des Königs Minos von Kreta bis zur Weltherrschaft der römischen Kaiser, ist wie ein Goldfiligran das byzantinische Jahrtausend gebreitet. Es hat vom Ende der Spätantike bis zur Entdeckung Amerikas gedauert. Sein Mittelpunkt war das griechische Konstantinopel. Überall im Bereich der Aegaeis finden wir die Kirchen jener Zeit im Schmuck ihrer wunderbaren Mosaiken. Überall in dieser Welt kretischer, mykenischer, griechischer und römischer Überlieferungen stoßen wir auf Erinnerungen an die Heiligen der frühen Zeit, an die Konzile mit ihren die Welt bewegenden Entscheidungen, an die Kirchenväter mit ihrer vom Heiligen Geist erleuchteten Gelehrsamkeit.

Die Baufreudigkeit dieser frommen Welt zu Ehren Christi und der Jungfrau Maria war nicht geringer als vordem die zu Ehren der Olympischen Götter. Auf eine ganz merkwürdige Weise haben wir aus unserem westlichen Bewußtsein verdrängt, daß die Menschen dieser byzantinischen Welt ohne jede Unterbrechung der Tradition die Nachfahren der Griechen sind, die den Parthenon gebaut haben. Die Frage, was aus der Kultur der Antike geworden wäre, wenn sie nicht zugrunde gegangen wäre, läßt sich beantworten. Wir wissen, was aus ihr geworden wäre, eben das nämlich, was aus ihr geworden ist – die Welt von Byzanz.

Der politische Untergang des Weströmischen Reiches hat nicht zum vollständigen Untergang der antiken Kultur geführt, wie die Gelehrten lange gemeint haben. Dieser Irrtum hat mit Edward Gibbon angefangen, dem großen englischen Historiker des 18. Jahrhunderts, der in seinem berühmten Buch »History of the Decline and Fall of the Roman Empire« die erste Darstellung vom Niedergang und vom Ende des Römischen Reiches gegeben hat. Gibbon hat sein Werk mit dem Satz kommentiert: »Ich habe den Triumph der Barbarei und der Religion beschrieben.« Der Satz ist richtig. Das hat er beschrieben. Was man aber hundert Jahre lang nicht bemerkt hat, ist, daß das, was Gibbon beschrieben hat, nur die eine Seite der Sache ist. Tatsächlich waren es die alten römischen Tugenden, die im Christentum eine glänzende Wiederauferstehung erlebten. Es war die Höhe griechischer Weltbildung, zu der sich die christliche Theologie erhob. Es war die Religion, die die Barbarei schließlich überwand. Und so entstand im Lauf der Jahrhunderte eine Zivilisation, die es Gibbon möglich machte, über ihre Grundlagen tiefschürfende Irrtümer öffentlich zu lehren.

Erst unser Jahrhundert erinnert sich wieder der Kostbarkeiten der byzantinischen Kultur und der Rolle, die Byzanz in der Geschichte Europas gespielt hat.

Zu den bedeutenderen Werken der byzantinischen Kunst, die erhalten geblieben sind, gehören die Mosaiken in der Kirche des Klosters Nea Moni auf Chios mit dem berühmten Purpur des Mantels König Salomos. Das Kloster wurde von Kaiser Konstantin IX. Monomachos 1042 nach Christi Geburt gegründet. Konstantin IX. hat nur zwölf Jahre, von 1042 bis 1054, regiert. Es war das Jahrhundert, an dessen Ende die Kreuzzüge begannen. Konstantin war in seinen jungen Jahren ein bedeutender und erfolgreicher Feldherr gewesen. In seinem Alter befahl er eine einschneidende Abrüstung der byzantinischen Streitkräfte, um von dem ersparten Geld prachtvolle Bauten zu errichten. Das Kloster Nea Moni auf Chios wurde in einem abgelegenen Waldtal erbaut. Da es ein Werk AD MAJOREM DEI GLORIAM war, schickte der Kaiser aus der Hauptstadt die besten Leute, die er hatte. Die Einsamkeit hat das Denkmal bis in unsere Tage hinein beschützt.

In der Luftlinie ist das Kloster nur etwa fünfzehn Meilen vom Hafen Chios entfernt, aber es liegt ein unwegsamer Gebirgszug dazwischen. Ich heuerte mir einen Mann an, der versprach, mich mit seinem Wagen nach Nea Moni zu fahren. Der Wackere war nicht selbstlos genug, mir zu verraten, daß ich besser daran getan hätte, mir ein Boot zu chartern. Und sicher hätte er auch sein Versprechen eingelöst, wenn nicht die Straße in dreiviertel Höhe des Berghanges plötzlich zu Ende gewesen wäre. Doch stellte sich heraus, daß das kein großes Unglück war. Für einen Griechen ist auch im Zeitalter des Automobils ein Xenos, ein

Fremdling, noch immer ein Mensch, den die Götter ihm anvertraut haben. So kletterte er mit mir auf einem kleinen Pfad den Rest des Berghanges hinauf. Von der Höhe aus hatten wir einen Blick in viele kleine, dicht bewaldete Täler. Er zeigte mir den Bergrücken, hinter dem, nach seiner Meinung, das Kloster in gar nicht großer Entfernung liegen müsse. Er versprach, auf meine Rückkehr zu warten.

Ich mache mich auf den Weg ins erste Tälchen hinab. Ein kleiner Fußpfad schlängelt sich zwischen Felsen hindurch an einem Bach entlang. Der Wald duftet nach dem frischen Harz der Kiefern. Der Pfad gabelt sich. Soll ich rechts oder soll ich links weiterziehen? Ich wähle den linken Weg, weil auf ihm Losung von Ziegen liegt. Ich komme mir bei dieser Entscheidung sehr scharfsinnig vor, aber mein Schluß ist falsch. Die Ziegenpfade führen irgendwohin in die Höhe, wo es Weide gibt. Dann hören sie auf. Die Spuren der Maultiere sind es, auf die man achten muß. Hätte ich mir ein Maultier genommen, es wäre von ganz allein zum Kloster gelaufen. So habe ich mich bald gründlich verirrt. Dafür werde ich reichlich belohnt. Auf der Suche nach König Salomo lerne ich Philemon und Baucis kennen.

Nach zwei Stunden erreiche ich einen freien Platz auf einem Bergkamm. Von da oben habe ich den Blick auf ein Tal, das breit am Strand einer blauen Meeresbucht beginnt, wo man leicht mit dem Boot hätte landen können. Das Tal, sich verengend und sanft ansteigend, endet am Berg. Der mir gegenüberliegende Nordhang des Tales ist bewaldet, der Südhang unter mir besteht aus vielen mit Mauern abgestützten Terrassen. Am Ende des Tales, etwa zweihundert Meter über dem Meeresspiegel, ragt inmitten der von einer hohen Mauer umgebenen Klostergebäude die graue Kirche von Nea Moni auf. Die Terrassen sind einst von den Mönchen bebaute Weinberge und Felder gewesen. Jetzt wächst auf ihnen nur noch Gras. Ölbäume sind über den Abhang verstreut.

Im Jahre 1908 hat der alte Herr Baedeker in diesem Kloster noch zwanzig Mönche getroffen. Von ihnen lebt heute keiner mehr.

Über viele Terrassen klettere ich hinunter zum Kloster. Bevor ich es erreiche, mache ich, um mich ein wenig abzukühlen, Rast im Schatten eines Maulbeerbaumes. Links unter mir zieht sich eine kleine Mauer hin, an deren andere Seite sich ein bescheidenes Häuschen lehnt. In der Mauer ist eine Pforte, von der ein schmaler gepflasterter Pfad zu einer Quelle führt, die steingefaßt aus dem Berg sprudelt. Die Sonne scheint. Der Brunnen plätschert leise. Kein Lüftchen bewegt sich. Die Hummeln summen. Die Zikaden singen. Hoch im Äther ziehen zwei Seeadler ihre Kreise. Während ich still dasitze, knarrt das Mauerpförtchen. Eine von der Last der Jahre und der Mühsal des Lebens gebeugte Bäuerin, tiefbraun gebrannt, tausend Fältchen im Gesicht, tritt aus der Pforte. Mit einem Tonkrug in der Hand geht sie langsam zum Brunnen. Sie läßt den Krug voll Wasser laufen und trägt ihn durch das Pförtchen wieder zurück.

Wie alt ist diese Szene! So ist Eva zum Brunnen gegangen, so Sara, so Rebekka, so Maria!

Nach einer Weile trete ich durch das Pförtchen in den kleinen Hof. Die Alte begrüßt mich. Ihre tausend Fältchen verklären sich zu einem strahlenden Lächeln. Während sie mir einen wackligen Stuhl herbeischleppt, kommt aus dem Ziegenstall der Bauer, um mir mit Herzlichkeit die Hand zu schütteln. Er ist der einzige Bauer in diesem Tal.

Die Alte bietet mir sogleich aus dem Tonkrug, den sie gerade vorhin gefüllt hat, eine Schale Wasser an und dazu ein Stück Brot. Die Kletterei hat mir kräftigen Hunger, die Hitze mächtigen Durst gemacht. Das Brot kommt aus einem Boden, der nie durch künstlichen Dünger verdorben worden ist. Gesät, geerntet und gedroschen von Philemon, gemahlen, gebacken, geschnitten und geboten von Baucis mit der Geste uralter Gastfreundschaft, dazu der Trunk klaren Wassers – es ist ein köstliches Mahl!

In einer Ecke des kleinen Hofes liegt die offene Feuerstelle. Über die niedrige Mauer hinweg sieht man auf der einen Seite den mächtigen grauen Bau des verlassenen Klosters liegen. Dahinter steigt ein kahler, felsiger Berg an. Nach der anderen Seite schweift das Auge bis zum Meer, einem von grünem Jade umrahmten blauen Spiegel. Die Schiffe, die klein und fern am Horizont entlangziehen, haben Kurs von einem Hafen der großen Welt zum anderen. Niemals mehr werden sie Anker werfen an dieser Küste der vollkommenen und wunderbaren Einsamkeit, in der Philemon und Baucis ihre alten Tage verbringen.

In dem bezaubernden Märchen, das Ovid in den Metamorphosen erzählt, sind es Zeus und Hermes, die als unbekannte Wanderer von Philemon und Baucis gastfreundlich aufgenommen werden. Zeus gibt sich zu erkennen und gewährt den beiden Alten einen Wunsch. Was wünscht sich ein greises, in Frieden miteinander lebendes Paar? Daß keiner den anderen überlebe, daß sie zusammen sterben möchten! So verwandelt der Gott, als ihre Zeit gekommen ist, Philemon in einen Nußbaum und Baucis in eine Linde. Es bedarf nur eines leisen Windhauchs, um beider Blätter miteinander flüstern zu lassen.

Im Kloster gibt es noch zwei alte Nonnen. Der Bauer geht mit. Er holt die eine. Mit einem riesigen Schlüssel sperrt sie die Kirchentüre auf. Was ich zu sehen bekomme, ist ein goldenes Wunder. Die Wände sind mit Schönheit wie mit einer Engelsschrift geschmückt.

Die Kirche ist durch ein jüngeres Erdbeben stark beschädigt worden. Die berühmten Mosaiken Kaiser Konstantins IX. haben dabei nicht unerheblich gelitten. Die griechische Regierung läßt die Kirche restaurieren. Mit unendlicher Liebe und Mühe werden die Mosaiken in alter Pracht wiederhergestellt.

Das Mosaik ist nicht ein einzelnes Bildwerk, wie unsere Tafelbilder oder unsere Gobelins es sind. Das ganze Innere der Kirche war vollständig mit Mosaiken ausgekleidet. Der größte Teil davon ist erhalten geblieben oder wiederhergestellt worden. Der Hintergrund der Mosaiken ist das mystische Gold. Es ist echtes Gold, das nach einer sehr schwierigen Technik mit Glas überzogen wird. Die Künstler verstanden es, durch Veränderung des Neigungswinkels der Steine gegen das einfallende Licht auch sehr großen Flächen eine überraschende Lebendigkeit zu geben. Auf diesem goldenen Hintergrund sind die alten heiligen Geschichten in leuchtenden Farben dargestellt. Es ist, als sei eine Woge frommer Verzückung durch den Raum der Kirche gerauscht.

Philemon und die Nonne warten geduldig, bis ich alles gesehen habe. In der Kuppel steht noch ein Gerüst. Es ist ein etwas wackliges Gestell. Aber ich kann es nicht lassen, die nie wiederkehrende Gelegenheit wahrzunehmen, einmal eines der Mosaiken aus nächster Nähe zu betrachten. Es ist eine Anastasis, eine Auferstehung Adams und Evas. Die Großzügigkeit ihrer Komposition ist ebenso bewundernswert wie die Feinheit der Arbeit und die Köstlichkeit der unter den Sonnenstrahlen aufleuchtenden Farben. Unter der Kuppel zeigt die eine Seite Christus, wie er Adam und Eva von den Toten auferweckt. Auf der anderen Seite sind König David und König Salomo in strenger Hoheit dargestellt. Der Purpur des Mantels König Salomos ist in der Tat unique.

Baucis, die Gute, hat unterdessen das Äußerste an großmütiger Verschwendung unternommen. Sie hat einen Mokka gebraut. Philemon begleitet mich noch den Berg hinauf und bringt mich auf den richtigen Weg. Unter einer Kiefer finde ich meinen Fahrer wieder. Er schläft. Einen halben Tag lang hat er treu auf mich gewartet.

Das Idyll versinkt im Fluge hinter uns. Vor uns tauchen die Berge des kleinasiatischen Festlandes auf.

Nördlich von Smyrna beginnend erstreckt sich entlang der Küste Anatoliens etwa hundertfünfzig Kilometer nach Süden ein vom Hinterland durch unwegsame Gebirge abgetrennter Küstenstreifen von zwischen fünfzig und zwanzig Kilometern Breite. Durch bis zum Meer reichende Vorgebirge wird er mehrfach unterbrochen. Der Küste ist eine Kette von Inseln vorgelagert. Dieser Küstenstreifen mit seinen Inseln hat bei den Historikern den Namen Ionien. Die bedeutendste Stadt Ioniens war

Milet. Sie ist die einzige der ionischen Städte, die von Homer mit Namen genannt wird. Um 1100 vor Christi Geburt ist sie gegründet worden.

Es sind drei verschiedene Wellen, in denen die Griechen im Lauf des 11. und 10. Jahrhunderts vor Christi Geburt vom festländischen Hellas aus nach der gegenüberliegenden anatolischen Küste der Aegaeis gelangten. Es gibt eine aiolische Wanderung im Norden, eine ionische in der Mitte und später noch eine dorische im Süden. Homer kennt die Trennung in Aioler, Ionier und Dorer noch nicht. Das Wesentliche dieser Unterscheidung ist die Abgrenzung der von den verschiedenen Stämmen diesseits und jenseits des Meeres gesprochenen Dialekte.

Die Ursache der beiden ersten, von Westen nach Osten verlaufenden Wanderungswellen ist der Einbruch neuer griechischer Stämme aus dem Norden gewesen. Sie haben die früher gekommenen übers Meer getrieben. Die letzte Welle war eine Fortsetzung der Dorischen Wanderung. Sie erreichte, von der Peloponnes ausgehend, über die südliche Inselkette der Aegaeis die Südwestspitze Kleinasiens.

Die Träger der aiolischen und der ionischen Wanderungen waren eine Elite. Die übers Meer gingen, waren diejenigen, welche die Freiheit in einer unbekannten Fremde, die sie erobern mußten, einer Unterwerfung unter neue Herren vorzogen. Als die Männer, denen es bestimmt war, Milet zu gründen, sich vor den eindringenden Siegern auf die Schiffe retteten, war alles, was sie in die Zukunft mitnehmen konnten, eine Handvoll Erde von dem Land, das ihre Väter so lange bestellt hatten, das Feuer vom Altar der Götter und die Erinnerung an Glanz und Größe der mykenischen Welt, in deren Trümmern sie ihre Frauen zurücklassen mußten.

Dieser verlorene Haufen von Emigranten, die die Freiheit gewählt hatten, landete in der Bucht von Latmos. Sie griffen die Einwohner, auf die sie trafen, an, verjagten sie, nahmen sich die Witwen der Erschlagenen und gründeten eine neue Stadt. An die felsige Küste sich anklammernd hatten sie im Rücken einen feindlichen Kontinent, der sie mit unbekannten Gefahren bedrohte, und vor sich das feindliche Meer, das sie mit ihren gebrechlichen Schiffen befahren mußten, wenn sie nicht zugrunde gehen wollten. Wahrhaftig, es müssen Kerle von ungeheurem Lebensmut gewesen sein! In dem kurzen Zeitraum von vierhundert Jahren entstand aus der kleinen Flüchtlingskolonie Milet das Venedig des Altertums, die wunderbare Weltstadt, in der Europas Philosophie und Wissenschaft geboren wurden.

Die aus der Peloponnes vertriebenen Ionier trafen im Golf von Latmos auf das Volk der Karer. Die Karer werden in der Ilias als Verbündete Troias erwähnt.

»Nastes führte die Karen, ein Volk barbarischer Mundart,
Welche Miletos umwohnt und das Waldgebirge der Phteirer,
Auch des Maiandros Flut und Mykales luftige Scheitel...«

Die Karer müssen, wie später die Milesier, reich gewesen sein. Von ihren Fürsten erzählt Homer:

»Nastes, der glänzende Held, und Amphimachos, Söhne Nomions;
Er, der mit Golde geschmückt, in die Schlacht einging wie ein Mägdlein,
Tor! Nicht konnte das Gold ihn befrei'n vom grausen Verderben,
Sondern ihn tilgte die Hand des aiakidischen Renners
Dort im Strom; und das Gold ward Raub des erhab'nen Achilleus...«

Homer nennt die Sprache der Karer barbarisch. In der Tat gehört sie weder zur indoeuropäischen noch zur semitischen Sprachfamilie. Sie ist eine kleinasiatische Ursprache. Die Gelehrten sind sich nur darüber noch nicht einig, ob die Karer diese Sprache von Anfang an gesprochen oder ob sie sie erst später übernommen haben. Karische Inschriften sind von Lepsius in Abu Simbel in Aegypten gefunden worden. Sie stammen von karischen Söldnern, die im Dienst des Pharao Psammetich I. standen, der in der zweiten Hälfte des 7. Jahrhunderts vor Christi Geburt regiert hat. Die Karer scheinen vorzügliche Soldaten gewesen zu sein. Sie haben auch die Leibwache der Könige von Lydien gebildet. Es gibt sogar eine antike Überlieferung, nach der sie bereits dem König Minos von Kreta gedient haben.

Auch für die Karer ist die Küste Anatoliens schon ein Zufluchtsort gewesen. Ursprünglich saßen sie auf den Kykladen und wahrscheinlich auch noch auf anderen Inseln der Aegaeis. Von den mykenischen Achaiern sind sie auf das kleinasiatische Festland verdrängt worden. Als Delos in klassischer Zeit von Gräbern gereinigt wurde, fand man, daß mehr als die Hälfte der Toten, wie Thukydides sich ausdrückt, »nach der Weise der Karer« begraben waren. Die antiken Schriftsteller haben, wie man sieht, archaeologische Beobachtungen gemacht und daraus ihre Schlußfolgerungen gezogen.

Die Karer haben die ionische Eroberung ihrer Küste überlebt. Zwar sind nicht wenige Männer erschlagen worden, und ihre Frauen, die von den Siegern geheiratet wurden, schwuren, sie würden sich mit ihren neuen Männern niemals an einen Tisch setzen. Diesen Schwur vererbten sie auf ihre Töchter, und tatsächlich gab es noch in klassischer Zeit in Milet die Sitte, daß die Männer an einer gemeinsamen öffentlichen Tafel speisten. Aber sonst ließ man einander leben. Ein karisches Fürstengeschlecht hat noch lange in Harlikarnassos, das eine Tagereise südlich von Milet liegt, geherrscht. Seine Macht hat sich auf die der Küste vorgelagerten Inseln Kos, Kalymnos und Nisyros erstreckt. In Halikarnassos baute Königin Artemisia ihrem verstorbenen Bruder und Gemahl, dem König Maussolos, das berühmte Grabmal, das zu den Sieben Weltwundern gehörte. Wenn wir von einem Mausoleum sprechen, gebrauchen wir noch heute einen karischen Namen.

Noch Alexander der Große übertrug nach der Eroberung von Halikarnassos, das von dem Satrapen Orontobates tapfer verteidigt worden war, die Herrschaft an Prinzessin Ada, ein Mitglied der eingeborenen karischen Dynastie. Prinzessin Ada adoptierte Alexander den Großen.

Wir wissen nicht, welche Bedeutung für die ein paar hundert Jahre nach der Eroberung so glanzvoll aufblühende Kultur Ioniens das karische Erbteil gehabt hat. Herodot, den die Griechen den Vater der Geschichte nannten, hatte sowohl dorisches wie karisches Blut. Geschrieben hat er in ionischem Dialekt. An dieser Küste der Begabungen ist sowohl der Dichter geboren worden, der durch die poetische Kraft seiner Epen den Griechen ihr geschichtliches Bewußtsein gegeben hat, als auch der Historiker, der durch die glänzende Darstellung der Perserkriege der griechischen Freiheitsliebe ein so großartiges literarisches Denkmal gesetzt hat. Nicht zu Unrecht wird Herodot von Longinus, dem spätantiken Rhetor, Philologen und Kritiker aus Emesa in Syrien, der »homerischste aller Historiker« genannt.

Das Flugzeug ist in Smyrna gelandet. Es ist fünf Uhr nachmittags. Ein Omnibus bringt mich in die Stadt. Um diese Zeit sind die Banken schon geschlossen, und da die Devisenvorschriften streng sind, finde ich in diesem Hafen, in dem Schiffe vieler Nationen liegen, niemanden, der mir auch nur einen einzigen Dollar wechseln mag. So bin ich ohne Geld.

Das Hotel, in das ich einziehe, wird von einem Chinesen betrieben. Ich begebe mich an seine Theke. Natürlich weiß er, daß ein Fremder, der nachmittags mit dem Flugzeug ankommt, in Geldverlegenheit ist. Ohne ein Wort zu verlieren, überreicht er mir höflich einen türkischen Geldschein, über dessen Wert ich mir allerdings nicht klar bin. In der Halle des Chinesen treiben sich fröhlich lärmende amerikanische Negersoldaten umher. Es ist eine Lobby der atomaren Weltpolitik. Der Chinese lächelt. Sein Lächeln ist älter als Moskau und Washington zusammen.

Ich suche mir am Hafen das Lokal, in dem die Kapitäne der kleinen Frachter verkehren. Die Speisekarte ist die internationalste, die ich je gesehen habe. Von wackeren Seeleuten hat der tüchtige Wirt die türkischen Namen der Speisen ins Norwegische, Irische, Spanische, Holländische, alles zusammen in zehn Sprachen übersetzen lassen. Was es zu essen gibt, ist ebenfalls von internationaler Güte. Noch nie sind mir so gute Scampi vorgesetzt worden. Dazu trinke ich eine Menge türkischen Landweins. Ihrer Vorzüglichkeit wegen esse ich eine zweite Portion Scampi. Als ich bezahlen will, stellt sich heraus, daß der Geldschein meines Chinesen nicht ausreicht. Neugierig, wie das ausgehen wird, lasse ich den Wirt rufen.

Ich überreiche ihm meinen zu kleinen Schein und erkläre ihm, daß ich mehr nicht hätte.

Er gibt mir den Schein zurück und meint gelassen, die Zeche könne ich auch morgen früh begleichen.

Wann er denn aufmache morgen früh?

Nun, so gegen zehn Uhr.

Ich, leider, führe schon um acht Uhr, wenn ich Geld auf der Bank geholt hätte, nach Milet und käme nicht nach Smyrna zurück.

Dann, meint er, solle ich morgen früh das Geld durch die Türritze schieben. Er zeigt mir, daß die Tür unten ein bißchen ausgefeilt ist. Offenbar kommt der Fall häufiger vor.

Damit schien die Sache erledigt. Aber nun folgte eine Geste des Wirts, wie man sie nur bei diesen alten Völkern mit ihren guten Manieren erlebt. Nachdem doch nun klar war, daß ich nicht bezahlen konnte, fragte der Wirt mich höflich, was ich noch zu trinken beliebte. Wie sollte man sich nicht wohlfühlen in einer Welt, die die alte Illusion, daß der Mensch gut sei, nach so vielen Jahrhunderten der Enttäuschung noch immer aufrechterhält!

Als ich am nächsten Morgen die Kneipe aufsuchte, um mein Geld durch den Schlitz für ehrliche Sailors zu schieben, saß vor der Tür ein Bettler auf der Steintreppe und sonnte sich. Freundlich und erwartungsvoll sah er mich an. Und wie ich da so zögernd stand, rückte er ein wenig zur Seite und zeigte, verständnisinnig lächelnd, auf den Schlitz. Wie hätte ich so herzlos sein können, ihn unbedankt zu lassen! So kam es, daß in dieser Welt einer, der sich des Lasters der Völlerei schuldig gemacht und dann auch noch die Zeche geprellt hatte, für seine weitere Reise des Segens Allahs teilhaftig wurde. In dieser Valuta ist das Konto eines levantinischen Bettlers so leicht nicht zu erschöpfen.

Mein türkischer Chauffeur war einer dieser vorzüglichen anatolischen Bauernburschen, die ich schon auf meinen früheren Reisen in der Türkei schätzen gelernt hatte. Diese alten Kameltreiber sind, eine aeonenalte Tradition der Steppe, von großartiger Zuverlässigkeit. Von dem sehr höflichen Leiter des amtlichen türkischen Reisebüros erfuhr ich, daß es lange nicht geregnet habe und daß man mit dem Auto nicht nur bis Milet, sondern sogar bis zum Apollontempel von Didyma auf dem Poseidonischen Vorgebirge fahren könne. Er setzte meinem Chauffeur, der nur

Türkisch sprach, alle meine Wünsche für die nächsten drei Tage auseinander. Als ich vorschlug, in den Ruinen von Milet zu übernachten, lachte mein Kameltreiber mich mit freundlicher Ironie und drei prachtvollen Goldzähnen an. Dann machte er, unnachahmlich überzeugend, mit dem Arm eine Schlange nach. Bei diesem Mann mit seinem fröhlichen Lachen war ich in guter Hut. Schon Hippokrates bemerkt einmal, daß Asiaten sanfter und herzlicher als Europäer seien. Wir fuhren los, in den frischen Morgen hinein.

Nach einer Stunde schneller Fahrt auf gut geteerter Straße erreichen wir das alte türkische Kastell Ajasoluk. An seinem Fuß besteht Gelegenheit, den ersten Mokka des Tages zu trinken und sich zum zweiten Mal die Stiefel putzen zu lassen. Einige Meilen später taucht linkerhand, einen Hügel sich hinanziehend, Ephesos auf. Ich werfe einen Blick hinüber nach der in einer Mulde liegenden Ruine des legendären Grabes des Evangelisten Lukas, wo ich einmal in einer wunderbaren Mittagsstunde das schönste Zikadenkonzert meines bewegten Lebens gehört habe. Die Straße läuft auf einem Damm durch das Tal des Kaÿstros, das noch immer von nichts anderem belebt ist als von den Vogelscharen Homers.

Die Straße wird schlechter, die Landschaft großartiger. Zwischen den Bergen taucht zuweilen das Meer auf. Ein Stück fahren wir an der felsigen Küste entlang. Aus der Ferne leuchtet die Insel Samos herüber. Wie ein Götterschiff liegt sie auf dem Wasser.

Hinter Soki verwandelt sich die Straße in eine sandige Piste. Wir nähern uns der Niederung des Maiandros. Hin und wieder teilt sich der Sandweg. Ich, der ich mich nur nach der Sonne und einer Karte in zu großem Maßstab orientieren kann, hätte schon ein paarmal an Scheidewegen die falsche Richtung genommen. Mein Kameltreiber erläutert mir in einer meisterhaften Pantomime, wie ich ohne ihn mit meinem Wagen im Sumpf versunken wäre. Wenn ich ihn fragend ansehe, lacht er. Seine Goldzähne blitzen. Er weiß Bescheid.

Mitten in dieser verlorenen Landschaft, in der uns nur noch hie und da ein Bauer auf seinem Esel begegnet, ragt, ein wenig windschief, ein kaum mannshoher Wegweiser aus dem Boden. Seine Inschrift weist nach »Myous«.

Der Name dieser Stadt, zusammen mit dem des etwas weiter nördlich gelegenen Magnesia, ist verbunden mit einer der listigsten und zweideutigsten Aktionen der Weltgeschichte, mit dem Brief nämlich, den Themistokles nach der Schlacht von Salamis dem Perserkönig Xerxes geschickt hat. Schon vor der Schlacht hatte er dem König in einem Brief Informationen zukommen lassen, die den Eindruck des Verrats machen sollten und auch machten. Xerxes nahm daraufhin die Schlacht an und verlor sie. Themistokles hat damit Hellas gerettet und einiges mehr. Wahrscheinlich ist das auch seine Absicht gewesen. Hätten aber die Perser die Schlacht gewonnen, hätte er sich ebensogut seine Belohnung als Verräter bei Xerxes abholen können.

Nach der Schlacht schrieb Themistokles einen zweiten Brief an den König, hinter dem eine ganz ähnliche geniale Doppellist steckte. Er informierte den König darüber, daß die Griechen die Absicht hätten, die von den Persern über den Hellespont geschlagene Brücke zu zerstören. Damit wäre den Persern, die nach Salamis keine nennenswerte Flotte mehr hatten, Nachschub und Rückzug abgeschnitten gewesen. Es ist nicht einmal sicher, ob die Griechen wirklich die Absicht gehabt haben, zum Hellespont zu segeln. Aber Themistokles hat mit diesem Brief sowohl sein vordergründiges wie sein hintergründiges Ziel erreicht. Xerxes marschierte mit seinen Truppen ab. So hat Themistokles mit seiner List Hellas ohne Schwertstreich von dem zu Land immer noch mächtigen Feind befreit. Als einige Jahre später die Athener den Feldherrn, der sie gerettet hatte, ächteten, flüchtete er nach Persien und erhob bei Artaxerxes, dem Nachfolger des Xerxes, den Anspruch, die persische Armee vor dem Untergang bewahrt zu haben. Niemals wird man erfahren, welche Absichten der geniale Stratege mit seinem Brief wirklich hatte.

Es gehört zum Beruf der Könige, Verräter zu belohnen, damit dieser Brauch nicht aus der Übung kommt. Artaxerxes schenkte dem Themistokles die Städte Myous und Magnesia am Maiandros und dazu noch, damit er keinen Mangel an Wein leide, die Stadt Lampsakos am Hellespont. Themistokles hatte sogar das Recht, Münzen zu prägen. Eines dieser Stücke aus Magnesia wird im Britischen Museum aufbewahrt. Die Tatsache, daß die Stadt Magnesia schon zweihundert Jahre vorher einmal von aus Südrußland gekommenen Kimmeriern zerstört gewesen war, ist ein beredtes Zeugnis für die Mannigfaltigkeit der geschichtlichen Ereignisse im Bereich der Aegaeis.

Wir fahren an einem Berghang entlang. Es ist die alte Mykale, ein bis zu 1360 Meter aufsteigender Marmorrücken, an dessen Spitze, der Insel Samos gegenüber, ein dem Meergott Poseidon geweihtes Heiligtum, das Panionion, gelegen war. Es war der Mittelpunkt des um 700 vor Christi Geburt gestifteten Ionischen Städtebundes, zu dem neben Milet, das die führende Rolle spielte, unter anderem Ephesos, Samos, Chios, Priene und Myous gehörten. Meilenweit am Berghang entlang zieht sich die in ausgezeichnetem Zustand befindliche antike Stadtmauer von Priene hin, das, malerisch wie Heidelberg, an einem Hang liegt, hinter dem sich ein mächtiger Felskegel, einst die Akropolis der Stadt, erhebt. Von Priene ab führt der Weg nach Milet durch das Schwemmland des Maiandros.

Der Blick auf diese Flußniederung ist einmalig auf der Welt. Meilenweit erstrecken sich blühende Oleanderbüsche, zwischen denen Hunderte von Störchen gravitätisch einherschreiten. Für Frösche muß diese Gegend ein ziemlich heroisches Gelände sein. Wunderbar, wie sich die schönen weißen Vögel mit den schwarz geränderten Flügeln vom Boden erheben und in weit ausschwingenden Kurven durch die Lüfte segeln!

Wir müssen unsere ganze Aufmerksamkeit den Schildkröten zuwenden, die über den Weg kriechen. Die berühmte Beweisführung Zenons des Eleaten, daß Achilleus eine Schildkröte niemals überholen könne, wenn sie nur einen auch noch so kleinen Vorsprung habe, scheint den Schildkröten zu Ohren gekommen zu sein. Sie haben es vollständig aufgegeben, sich noch zu beeilen. Auch Pontiac, der große Häuptling der Ottawaindianer, der Patron unseres Autos, der fast so berühmt für seine Schnelligkeit war wie Achilleus, kann eine Schildkröte nicht überholen. Eine Schildkröte zu überfahren bedeutet, daß der Reifen von dem splitternden Schildpatt auf irreparable Weise zerschnitten wird.

Der Weg biegt nach Süden um und erklettert einen Damm, der durch das Schwemmland führt. Die kleinen Furten sind trocken. Bei etwas Regen kommt der Esel noch hindurch. Bei größeren Regenfällen muß man mit einem Kahn übersetzen. Die Überschwemmungen des Frühjahrs verwandeln die ganze Niederung in einen einzigen großen See. Über den Hauptarm des Maiandros führt eine Brücke.

Wenige Kilometer hinter der Brücke taucht ein sonderbar gezackter Hügel auf. Es ist der ungeheure Torso des Amphitheaters von Milet. Es stammt aus der Römerzeit. Neben dem Colosseum in Rom ist es die größte antike Ruine, die bis in unsere Zeit erhalten geblieben ist. In einem alten Gewölbe stellt mein Chauffeur seinen Wagen in den Schatten und legt sich daneben zum Schlafen nieder. Ich steige in der glühenden Hitze des Mittags zum obersten Rang des Amphitheaters hinauf. Von der Höhe dieser Ruine aus hat der Wanderer einen Blick über Raum und Zeit, wie nur wenige Punkte des Erdkreises ihn zu bieten vermögen.

MILESISCHE HORIZONTE

Das Amphitheater in Milet hat einmal Platz für fünfundzwanzigtausend Zuschauer gehabt. Das Ausmaß der Treppen und Foyers demonstriert noch heute, daß die Prachtliebe der Spätantike die Harmonien der klassischen Zeit nicht mehr verstanden hat. Der Umgang des obersten Ranges ist fast einen halben Kilometer lang. Die Ruine ragt dreißig Meter über die Ebene empor. Beim Bau hat man es an Gründlichkeit nicht fehlen lassen. Cyriacus von Ancona, ein Kaufherr und Humanist, der Milet im Jahr 1446 besucht hat, berichtet, daß er das Theater in noch immer gutem Zustand vorgefunden habe. Die Werkleute, die den Bau errichtet haben, sind aber nicht nur sachverständig, sondern auch selbstbewußt gewesen. Eine Inschrift gibt Nachricht von einem Streik der Bauarbeiter. Er wurde auf eine Weise geschlichtet, die nicht mehr im Bereich unserer gewerkschaftlichen Möglichkeiten liegt. Eine Instanz wurde befragt, die von Arbeitnehmern und Arbeitgebern in gleicher Weise als verbindlich anerkannt wurde – das Orakel von Didyma. Es war Apollon, der den Streik beilegte.

Die Galerie, überall in der Welt der Rang der wahren Kenner, hat später als Steinbruch für ein Kastell gedient, das die Byzantiner errichteten. Erbaut, um das Erzbistum Milet gegen Araber und Türken zu schützen, liegen seine Mauern und Türme nun auch schon wieder seit fünfhundert Jahren in Trümmern.

Beim ersten Blick in die Ebene hinab stellt man, nicht ohne Befriedigung, fest, daß der Lauf des Maiandros tatsächlich mehrfach jenes Ornament bildet, das nach ihm Maeander genannt wird. In unzähligen Windungen durchzieht der Fluß das Schwemmland, das er selbst im Lauf von dreißig Jahrhunderten vom Gebirge herabgeführt hat. Vierzig Kilometer ins Land erstreckte sich einst die Meeresbucht, die der Maiandros in Land verwandelt hat. In der Mitte der Niederung ragt ein kleiner Hügel auf, der einmal eine Insel war.

Werfen wir einen Blick auf die verschiedenen Jahrhunderte der Geschichte, die die Horizonte der alten Stadt Milet bilden!

Im Osten erhebt sich in einer Entfernung von etwa dreißig Kilometern der Gebirgsstock des Latmos. Seine fünf Felsspitzen, deren höchste 1375 Meter hoch ist, heben sich scharf vom Himmel ab. Bei den Türken heißt der Latmos darum Besch Parmak Dag, Fünffingerberg. In einer Höhle dieses Gebirges schläft Endymion. Er war ein König von Elis, ein Jüngling von ungewöhnlicher Schönheit. Eines Nachts verliebte sich Selene, die Göttin des Mondes, in ihn. Sie erbat sich von Zeus Unsterblichkeit für ihren Geliebten. Zeus erfüllte ihre Bitte. Er mag dabei gelächelt haben. Es waren fünfzig Töchter, welche Selene der Unsterblichkeit ihres Liebhabers zu verdanken hatte. Dann versenkte sie ihn in einen tiefen Schlaf. Nur zuweilen noch besucht sie ihn in seiner Höhle, um seine Augenlider zu küssen. Die Geschichte ist lehrreich für junge Leute, die sich ewige Liebe schwören.

Doch ist Selene mit ihrem Wunsch nach Unsterblichkeit ihres Liebhabers noch immer besser gefahren als Eos, die Göttin der Morgenröte. Eos hat dem Astraios die Winde geboren. Astraios war ein Titan; aber das Wort bedeutet »der Gestirnte«. Die Winde sind die Kinder der Sterne und der Morgenröte. In dieser Überlieferung mischt sich, in einer für die griechische Mythologie charakteristischen Weise, präzise Naturbeobachtung mit liebenswürdiger Poesie. Eines Tages entdeckte Aphrodite, daß Eos den Ares, der ihr eigener Liebhaber war, verführt hatte. In eifersüchtiger Rache verzauberte sie Eos, daß sie von nun ab ständig von unstillbarem heftigem Verlangen nach immer wechselnden sterblichen jungen Männern geplagt wurde. In der Tat ist die Stunde der Eos eine Stunde des Begehrens.

Zu den Liebhabern der Eos gehörte irgendwann einmal Ganymed, der Sohn des Königs Tros von Troia. Zeus raubte der Eos den Ganymed, um ihn zum Mundschenk der Götter auf dem Olymp zu machen. Um sie über ihren Verlust zu trösten, gewährte Zeus ihr einen Wunsch. Sie bat ihn, ihrem nächsten Liebhaber, Tithonos, dem Bruder des Priamos, des späteren Königs von Troia, Unsterblichkeit zu verleihen. Unglücklicherweise hatte Eos vergessen, für ihren Liebhaber auch die ewige Jugend zu erbitten. So wurde Tithonos alt und dann, mit jedem Jahr seiner Unsterblichkeit, älter und immer älter, grauer und immer grauer, bis er gänzlich zusammengschrumpft war. Seine Stimme wurde hoch und schrill. Schließlich verwandelte Zeus voller Mitleid den Tithonos in eine Zikade, die Eos von da an in einem kleinen Elfenbeinkästchen mit sich herumtrug. Diese Geschichte ist lehrreich für junge Leute, die niemals daran denken, daß man nur kurze Zeit in seinem Leben jung, aber sehr lange alt ist.

Die höchst poetische, aber nicht eben züchtige Story von Selene und Endymion hat nicht gehindert, daß das einsame Latmosgebirge in den ersten Jahrhunderten des Christentums ein Zufluchtsort frommer Eremiten war. Im 10. Jahrhundert nach Christi Geburt wurde hoch oben im Gebirge das Kloster Stylos gegründet. Es wurde dem Apostel Paulus geweiht. In den Höhlen, die zahlreich in der Umgebung des Klosters liegen, sind byzantinische Wandmalereien erhalten geblieben, deren früheste aus dem 7. Jahrhundert stammen. Im Kloster Stylos hat der heilige Christodoulos gelebt. Anfang und Ende seines Heiligenlebens kann man vom Rang der Kenner aus durch eine Drehung um 180° ins Blickfeld bekommen. 1043 verließ Christodoulos das Kloster Stylos. Er ging nach Rom, um das abendländische Mönchswesen zu studieren. Er errichtete viele Klöster in Palästina und Syrien, von denen allerdings die meisten durch die Araber wieder zerstört wurden. 1088 gründete er im Auftrag des Kaisers Alexios Komnenos ein Kloster auf der Bergkuppe oberhalb der Höhle, in der Johannes die Offenbarung empfangen und niedergeschrieben hat. Fern am südwestlichen Horizont liegt in dem über dem Wasser flimmernden Dunst der Mittagshitze die Insel Patmos, wohin Kaiser Domitian den Jünger Jesu verbannt hatte. Das Kloster steht noch heute in voller Blüte. Das Fest des heiligen Christodoulos wird in der ganzen Ostkirche am 16. März gefeiert. Die Goldene Bulle, in der Kaiser Alexios Komnenos die Stiftung des Klosters ausspricht, ist noch vorhanden. Als das kostbarste Stück einer Bibliothek voller seltener Manuskripte ist sie von den Mönchen aus unzähligen Fährnissen gerettet worden und so bis in die Gegenwart erhalten geblieben.

Als Milet gegründet wurde, reichte das Meer noch bis zum Fuß des Latmosgebirges. Auf der anderen Seite des Golfs, der heute zum Land der Störche, der Schildkröten und des Oleander geworden ist, liegt in Richtung auf die nördlichste Spitze des Gebirges Myous, die Stadt des Themistokles. Von da zieht sich nach Westen bis zur Meeresküste hin die Mykale, aus der der steile marmorne Burgfelsen von Priene herausragt.

Nach dem Strand hin, inmitten des Schwemmlandes, liegt der Hügel, der einmal die Insel Lade war. Hier hat im Jahr 494 vor Christi Geburt eine große Seeschlacht stattgefunden, in der die Perser durch ihren Sieg über die vereinigte Flotte des Ionischen Städtebundes den Aufstand der kleinasiatischen Griechen gegen den Großkönig niederschlugen.

Der Blick von Milet über das blaue Wasser des Golfs hinüber nach den weißen Marmortempeln von Priene, die den Hang der Mykale in halber Höhe und den Gipfel der dahinter aufragenden Akropolis geschmückt haben, muß höchst pittoresk gewesen sein. In Priene hat, um 570 vor Christi Geburt, Bias, der Sohn des Teutamos, gelebt. Er gehört zu den Sieben Weisen Griechenlands. Sein Leben lang hat seine Sorge dem Glück seiner Heimat Ionien gegolten. Er hat dem Thema ein langes Gedicht geweiht. Bias ist ein »moderner« Mensch gewesen. Bei einer der unzähligen Bedrohungen der Freiheit, aus denen die Geschichte Ioniens besteht, machte er, wie Herodot berichtet, den Vorschlag, die Einwohner der zwölf ionischen Städte sollten geschlossen nach Sardinien auswandern, um dort eine panionische Stadt zu gründen. Die Gelehrten sind der Meinung, daß dieser Bericht Herodots durchaus ernstzunehmen sei.

Wie weltweit und kühn ist das Denken dieser frühen Zeit gewesen! Man möchte die Frage stellen, wie wohl die Geschichte verlaufen wäre, wenn die Ionier, der begabteste Stamm des genialen Griechenvolkes, im westlichen Mittelmeer ein mächtiges und blühendes Reich gegründet hätten. Aber Bias mußte allein aus seiner Vaterstadt flüchten. Bedauert, daß er all seine Habe zurücklassen müsse, faßte er das Unglück seiner Emigration in einem Bonmot zusammen, das die Zeiten überdauert hat. Von Bias stammt das Wort, das in seiner lateinischen Übersetzung bei uns ein Sprichwort geworden ist: »Omnia mea mecum porto«. Eine

Übersetzung, die diese unnachahmliche Mischung von Weisheit und Resignation zum Ausdruck brächte, müßte lauten: »Alles, was mir zugehört, trage ich bei mir.«

Später konnte Bias zurückkehren. Nach seinem Tod wurde er von seinen Mitbürgern durch ein großartiges Begräbnis geehrt.

Der antike Theaterbesucher der oberen Ränge konnte während des Spiels seinen Blick übers Meer schweifen lassen. Ganz rechts liegt Samos, die der Göttermutter Hera heilige Insel, auf der im Anfang des 6. Jahrhunderts Pythagoras geboren wurde. Er war Mathematiker, Philosoph und Begründer einer Lehre, aus der beinahe eine Religion entstanden wäre; es hat dann freilich nur zu einer Sekte gelangt. Weiter nach Südwesten hin liegen das kleine Eiland Tragia, auf dem im Jahr 76 vor Christi Geburt der junge Caesar auf dem Weg zur Universität Rhodos von Seeräubern gefangengenommen wurde, Patmos, die Insel der Offenbarung, und schließlich Leros, das für seine Schwämme berühmt war und ist.

Seit alten Zeiten gelten die Bewohner dieser kleinen Inseln als kühne Schiffer, verwegene Schmuggler und geschickte Taucher.

Zu Füßen des Hügels, in den das Amphitheater eingebaut ist, liegen die Ruinen, die Theodor Wiegand um die Jahrhundertwende ausgegraben hat. Es ist eine ganze Stadt mit Marktplätzen, Rathaus, Bädern, Stadion und mehreren Tempeln. Nur das Markttor fehlt. Es steht in Berlin.

Von der Höhe des Theaters aus kann man erkennen, daß es ursprünglich eine in die Bucht vorspringende Halbinsel war, auf der Milet lag. Seiner Häfen waren vier, einer davon weiträumig genug, eine ganze Flotte aufzunehmen. Auf der Agora der Stadt endete eine der ostwestlichen Karawanenstraßen, auf denen Waren aus Persien und Indien, aus Afghanistan, vom Tarimbecken und aus China kamen. Die Kamele auf dem Marktplatz und die Schiffe im Hafen sind die Wahrzeichen Milets gewesen.

Von der Agora aus führte durch das Südtor eine heilige Straße über einen kleinen Gebirgspaß zum Apollontempel von Didyma. An diesem Platz auf dem Poseidonischen Vorgebirge hat es ein Heiligtum gegeben, lange schon, bevor die ersten Griechen an der Küste Kleinasiens gelandet sind.

Unendlich wechselnde Aspekte der Geschichte umschließen rings den einsamen Wanderer, der in dem riesigen leeren Amphitheater auf einer heißen Marmorstufe hockt wie ein Vogel, der sich in einen Steinbruch verirrt hat. Von einer tieferen Stufe her äugt, über eine ganze Weile hin unbeweglich den Kopf hochreckend, eine armlange, grün und golden schillernde Schlange zu ihm hinauf. Schließlich verschwindet sie im Geröll des Foyers.

In der Zeit ihres Aufstiegs haben die Milesier zweihundert Jahre lang gegen die Könige von Lydien ihre Freiheit verteidigen müssen. Trotz aller Bedrohungen vergrößerte sich ihr Handel, wuchsen die Umsätze im Gewerbe, insbesondere in der Weberei, von Jahr zu Jahr. Gefahr macht kühn. Milesische Kaufleute schufen Kolonien bis hinauf ans Schwarze Meer. In ihrem Wagemut, in der weitschauenden, zugreifenden Politik der Gründung immer neuer Niederlassungen sind sie den großen Handelsherren der mittelalterlichen Hanse verwandt. Bis zum Beginn des 6. Jahrhunderts vor Christi Geburt waren es achtzig Kolonien, achtzig Partner für Export und Import, die diese kühnen Kaufleute ins Leben gerufen hatten. Auch gelang es den Milesiern schon in sehr früher Zeit, wahrscheinlich schon im 7. Jahrhundert, von den Aegyptern die Erlaubnis zu bekommen, eine Niederlassung für den Handel im Nildelta zu gründen. Dieses Naukratis scheint weitgehend exterritorial gewesen zu sein, ein Shanghai der Milesier im Land der Pharaonen. Ein Tempel der Aigineten, der dem Zeus, ein solcher der Samier, der der Hera geweiht war, und ein dem Apollon geweihter der Milesier konnten in Naukratis nachgewiesen werden.

Durch seine guten Beziehungen zu Aegypten, durch seine handelskräftigen Kolonien, durch seine entwickelte Textilindustrie und seine leistungsfähigen Reedereien, die einen großen Teil des Warenaustausches zwischen Asien und den Küsten des Mittelmeers vermittelten, wurde Milet im Lauf der Jahrhunderte unermeßlich reich. Die Milesier begannen, den Phoinikern den Rang abzulaufen. Milet wurde die volkreichste und mächtigste Stadt der griechischen Welt. Der Glanz von Mykenai kehrte an die Küsten des Lichts zurück. Im Schutz der Macht, in der Schönheit seiner Lage, im milden Klima seines Reichtums wurde Milet der erste große Mittelpunkt des klassischen Hellas, wurden in Milet die abendländische Philosophie und die Wissenschaft von der Natur geboren.

Eine Fülle großer Namen ist der Ruhm der Stadt. An der Spitze steht Thales, der Philosoph. Er ist der Erste in jener Weltrangliste der Weisheit, deren sieben Namen in Hellas jedes Kind kannte und kennt. Thales ist der Schöpfer der abstrakten Geometrie. Er ist der erste Mensch gewesen, der erkannt hat, daß es innerhalb der Mannigfaltigkeit der Natur konstante Abhängigkeiten einer Größe von einer anderen gibt. Mit dieser Erkenntnis ist er der Entdecker der Tatsache, daß es Naturgesetze gibt. Er ist der Schöpfer der Wissenschaft von der Natur. In der Schönheit dieser vor meinen Augen ausgebreiteten Natur hat zum ersten Male ein denkender Kopf der Menschheit das Unwahrscheinliche für möglich gehalten, daß in der Mannigfaltigkeit, in der kein Blatt eines Baumes einem anderen gleicht, ein System von Gesetzen verborgen stecke. Das kaum faßbare Etwas dieses unerhört neuen Gedankens hat die Welt von Grund auf verändert.

Europa sollte niemals vergessen, daß die Philosophie der Ursprung aller Wissenschaften ist. Die Griechen sind sich dessen immer bewußt gewesen. Für sie war die Philosophie die gestrenge Herrin, der alles Denken unterworfen war. In unserer Zeit haben sich die Wissenschaften von der gestrengen Herrin emanzipiert. Seitdem hat die Anarchie der Welt bemerkenswerte Fortschritte gemacht. David Hilbert, der Göttinger Mathematiker, der zu Beginn unseres Jahrhunderts die von Thales begonnene Axiomatik der Geometrie neu begründete, hat schon vor mehr als einem Menschenalter gesagt: »Die moderne Physik ist für die Physiker viel zu schwer!« Es wird Zeit, daß die Wissenschaften unter die Herrschaft der gestrengen Herrin zurückkehren, ehe der Kalkül der Elektronenroboter das Denken vollständigt verdrängt hat.

Schon zur Zeit ihrer Entstehung konnte die Wissenschaft auf praktisch sichtbare Erfolge nicht verzichten. Das hohe Ansehen des Thales unter den Griechen seiner Zeit gründete sich nicht so sehr auf ihr Verständnis für die Tiefe und Bedeutsamkeit seiner philosophischen Theorien als auf die Tatsache, daß er eine totale Sonnenfinsternis richtig vorausgesagt hatte. Neuere Berechnungen haben ergeben, daß es die Sonnenfinsternis vom 28. Mai des Jahres 585 vor Christi Geburt war.

Es ist eine amüsante Ironie der Weltgeschichte, daß dieselbe Sonnenfinsternis, die zum ersten Mal wissenschaftlich vorausgesagt wurde, ein Triumph des Glaubens an die Götter war. Die Sonnenfinsternis trat ein während einer Schlacht, die zwischen den Medern und den Lydern stattfand. Die kämpfenden Männer glaubten, daß sie ein Zeichen für den Zorn der Götter sei. Sie stellten die Feindseligkeiten ein. Ein Friede wurde geschlossen, der sogar von einer gewissen Dauer war. Vom Augenblick seiner Geburt an bringt das wissenschaftliche Denken den Konflikt zwischen Glauben und Wissen in die Welt.

»Wo jetzt nur, wie uns're Weisen sagen,
Seelenlos ein Feuerball sich dreht,
Lenkte damals einen gold'nen Wagen
Helios in stiller Majestät.«

Es ist eine schöne Welt gewesen, mit deren Zerstörung Thales begonnen hat. Bis in unsere Tage hinein hat es gedauert, ehe man zu begreifen begann, daß die Ratio den Mythos nicht zu ersetzen vermag, am wenigsten dann, wenn man, wie es im Zeitalter der Aufklärung geschah, aus der Ratio selbst einen Mythos machte. In der Antike bemühte sich die Philosophie zu zeigen, daß der Glaube an die Macht der Götter ein Aberglaube sei. Heute muß die Philosophie feststellen, daß der verheerendste Aberglaube der Geschichte der Glaube an die Macht der Wissenschaften ist.

Thales, der Philosoph, hat die Regierung von Milet auch in politischen Dingen beraten. Zu jener Zeit konnte es einem Denker und Gelehrten noch nicht zustoßen, daß man ihm sagte, er verstehe nichts von Politik. Ein so ahnungsloser Hochmut wäre im demokratischen Gelächter der Agora untergegangen. Auch der Demokratie wird es immer nützlich sein, die gestrenge Herrin als Autorität anzuerkennen.

Thales hat über die Wissenschaft von der Natur, der er den Namen Physiologie gab, ein großes Werk geschrieben, das leider verlorengegangen ist. Sein Schüler Anaximandros baute seine Lehre weiter aus. Er schon stellte eine Evolutionstheorie auf. Damit hat er einen Streit begonnen, der noch nicht zu Ende ist. Das eigentümlich Luciferische der Wissenschaft tritt von allem Anfang an in Erscheinung.

Zu den großen Denkern, in deren Köpfen die Philosophie erwacht ist, gehören von Milesiern noch Anaximenes mit seiner Theorie des Pneuma und Leukippos, der Lehrer des Demokrit von Abdera. Demokrit entwickelte eine Atomtheorie, welche wesentliche Elemente der modernen Atomphysik vorwegnimmt. Alle diese Philosophen werden unter dem Begriff der »Vorsokratiker« zusammengefaßt. Niemals ist eine größere Ehrung mit mehr Recht einem Philosophen zuteil geworden, als es diese Namensgebung für Sokrates ist. Er ist es gewesen, der die größte Entdeckung gemacht hat, die je einem Philosophen gelungen ist. Er entdeckte das Gewissen.

Zu den berühmten Namen von Milet gehört weiterhin der des Kadmos, der eine Chronik der Stadt Milet geschrieben hat. Es war das erste Mal, daß ein Stück Geschichte in Prosa abgefaßt wurde.

Nach Kadmos gewann Hekataios als Historiker Ruf und Namen. Er wird als ein Meister der Sprache gerühmt. Er hat die erste uns bekannte Landkarte entworfen. Sie war auf eine Bronzetafel geätzt. Mit dem Versuch, sich bei dieser Karte nur auf sachliche Angaben zu stützen, wurde Hekataios der erste wissenschaftliche Geograph.

Aus Milet stammt Hippodamos, der erste Architekt, der ein Städtebauer war. Er hat den Wiederaufbau von Milet nach der Schlacht von Lade nach einem Plan durchgeführt, der in Rechnung stellte, daß die Morgen- und Abendwinde die Straßen kühlten. Hippodamos kam so in Mode, daß er auch die Aufträge für den Piraeus, für Thurioi in Unteritalien und für Rhodos erhielt. Es sollte auch nicht vergessen werden, daß, als Kaiser Justinian ein Jahrtausend später die Hagia Sophia, eines der großartigsten Bauwerke der Christenheit, in Konstantinopel errichtete, der eine der beiden Erbauer, die er berief, der Architekt Isidoros von Milet war. Auch der andere, Anthemios, der Ingenieur des Projekts, war ein Ionier. Er kam aus dem nahen Tralleis.

Aus Milet stammte Aspasia, eine der gebildetsten und zugleich elegantesten Frauen der griechischen Geschichte. Sie war die Geliebte und später die Ehefrau des großen Perikles.

In Milet wurde das von den Phoinikern übernommene Alphabet vervollständigt. In Milet wurden um 700 vor Christi Geburt die ersten griechischen Münzen geprägt. Davor gibt es nur für die Könige von Lydien geprägte Münzen, deren Schöpfer aber auch schon Griechen waren. Die Veränderungen, die die geprägte Münze in die Welt gebracht hat, sind Gegenstand einer ganzen Wissenschaft. Am Rand sei vermerkt, daß die Münzprägung zur gleichen Zeit wie in Kleinasien noch einmal im Fernen Osten, in China, erfunden wurde. Die bildende Kunst jener Zeit hatte einen hohen Stand. Leider ist in Milet aus diesen Jahrhunderten des Anfangs so gut wie nichts erhalten geblieben. Doch können wir uns aus an anderen Stellen gefundener Plastik des 7. und 6. Jahrhunderts vor Christi Geburt ein Bild dieser künstlerisch so großartigen Epoche machen. Auch das, was wir von der Poesie jener Zeit noch besitzen, ist nur ein Bruchteil dessen, was geschaffen worden war. Das Erhaltene freilich, von Homer bis Terpander und Sappho, ist der Anfang der Literatur.

Der Höhepunkt der Geschichte Milets fällt in das Ende des 7. und den Anfang des 6. Jahrhunderts vor Christi Geburt, als die Stadt unter der Herrschaft des Tyrannen Thrasyboulos stand.

Das Wort Tyrann hat in jenen Zeiten dem Ohr anders geklungen, als es heute klingt. Die Geschichte der griechischen Städte an der Küste Kleinasiens beginnt gewöhnlich mit der Herrschaft einer landbesitzenden Aristokratie. Die Tyrannen sind dann die Vertreter des aufsteigenden Mittelstandes, der zu Reichtum gekommenen und später gebildet gewordenen Kaufleute. Unter den Tyrannen dieser frühen Zeit gibt es hervorragende Männer voller Großmut und Weitherzigkeit, mit politischem Weitblick und mit Liebe zu den Künsten und Wissenschaften.

Dem Tod des Thrasyboulos folgten schwere und blutige Bürgerkriege. Sie sind die andere Seite der Freiheit. Die Grausamkeit, mit der diese Kriege von den Trägern einer so hohen Zivilisation geführt wurden, gehört zu den vielen Unbegreiflichkeiten des menschlichen Charakters.

Durch die inneren Kämpfe wurde die Macht Milets und damit die des Ionischen Städtebundes allmählich geschwächt, so daß es schließlich Kroisos, dem König von Lydien, gelang, die griechischen Städte Kleinasiens zu unterwerfen. Bei Milet allerdings mußte er sich mit einem Bündnis begnügen. Mit dem Sieg Kyros' des Älteren über Kroisos im Jahr 546 vor Christi Geburt geriet Ionien unter persische Herrschaft. Das Regiment der Perser, die ein Volk von aristokratischer Gesinnung waren, ist im ganzen genommen so milde gewesen, daß das Verhältnis

Milets auch zum persischen Hof eher den Charakter eines Bündnisses hatte. Auch beim Propheten Jesaja erfreut sich Kyros großen Wohlwollens. 44,28 sagt der Herr von Kyros:

»..., der ist mein Hirte und soll all meinen Willen erfüllen.«

Und 45,1:

»..., den ich bei seiner rechten Hand ergreife...«

In diesen ruhmvollen Erwähnungen kommt die Dankbarkeit des Propheten zum Ausdruck für die elegante Leichtigkeit, mit der Kyros der Babylonischen Gefangenschaft der Juden ein Ende gemacht hatte. Noch heute ist der Name des Begründers der persischen Großmachtstellung in seiner lateinischen Form Cyrus ein in Amerika beliebter Vorname.

Zähigkeit und Beharrlichkeit des Aufstiegs der Ionier stehen in einem eigentümlichen Gegensatz zu ihrem politischen Wankelmut in der Zeit, in der der Reichtum und der Luxus, die zur geistigen Blüte der Stadt geführt hatten, im weiteren Verlauf der Ereignisse zur Ursache ihres Niedergangs wurden. Ein gutes Beispiel dafür ist Histiaios.

Die Könige von Persien haben den Plan, Griechenland zu erobern, ein halbes Jahrhundert lang verfolgt. Sie haben das Unternehmen mit bemerkenswertem strategischem Weitblick vorbereitet. Da das persische Heer auf dem Landweg über die Dardanellen und Thrakien nach Griechenland marschieren sollte, war es wichtig, die ausgedehnte rechte Flanke des Nachschubs zu schützen. Thrakien ist ein schmaler, fruchtbarer, von hohen Bergen begrenzter Küstenstreifen. Hinter den ziemlich unwegsamen Gebirgen lebten die freiheitsliebenden Skythen. Im Jahr 512, ein Menschenalter vor der Schlacht von Salamis, unternahm König Dareios I. einen Kriegszug in diese Gebiete. Er marschierte zunächst zur Donau. Die Skythen zogen sich nach Norden und Osten zurück. Dareios baute eine Brücke über den mächtigen Strom. Zu ihrer Bewachung ließ er das Korps seiner ionischen Hilfstruppen zurück, das unter dem Kommando des Histiaios, des Tyrannen Milets von persischen Gnaden, stand. Dann marschierte Dareios mit seinem Heer gen Osten. Er verschwand in den unendlichen Steppen, die der deutsche Soldat des zweiten Weltkrieges so beklagenswert gut kennenlernen sollte. Herodot berichtet, Dareios sei bis zum Oaros gekommen. Mit dem Oaros dürfte die Wolga gemeint gewesen sein.

Die ganze Geschichte ist nicht so unwahrscheinlich, wie sie zunächst klingt. An der Nordküste des Schwarzen Meeres lag die Kolonie Olbia. An der Einmündung des Don ins Asowsche Meer, an der Stelle des heutigen Rostow, lag Tanaïs, das eine milesische Kolonie war. Von Tanaïs bis zum Wolgaknie sind es nur noch etwa vierhundert Kilometer, eine Distanz, die eine Armee in zwei bis drei Wochen zurücklegen kann. Von den griechischen Häfen aus konnte Dareios sein Heer mit Nachschub versorgen. Immerhin bleibt die Feststellung, daß damals ein Perserkönig bis in die Gegend von Stalingrad vorgedrungen ist, erstaunlich.

Die strategischen Gesetzmäßigkeiten der Steppe scheinen sich in den letzten dreitausend Jahren nicht wesentlich geändert zu haben. Einmal mehr sind auf einer westlichen Akademie junger Strategen die Perserkriege nicht mit der nötigen Sorgfalt studiert worden. Während das persische Heer bei seinem Marsch durch die Steppe unter den Angriffen der schnellen skythischen Reiter, der Vorgänger der Kosaken, zu leiden hatte, versuchten die skythischen Hilfsvölker, die »Hiwis« der Perser, den Histiaios dazu zu überreden, die Brücke abzubrechen und, ledig des Feindes der griechischen Freiheit, in die Heimat zurückzukehren. Aber Histiaios harrte wacker aus. Rechtzeitig bevor die Schlammzeit einsetzte, kehrte der Perserkönig an der Wolga um. Seine Mäßigung ersparte ihm ein Stalingrad, die Treue des Histiaios das Schicksal Napoleons an der Beresina.

Derselbe Histiaios hat dann vom persischen Hof aus durch eine Botschaft an Milet den ionischen Aufstand entfesselt, der mit der Seeschlacht von Lade sein Ende fand. Es war eine der merkwürdigsten Botschaften der Weltgeschichte. Die Schrift wurde einem Sklaven in die Kopfhaut gebrannt, und nachdem sein Haar wieder gewachsen war, wurde er abgeschickt. Unentdeckt erreichte die Botschaft ihren Empfänger in Milet. Noch heute wüßte man gern, durch welche Versprechungen man den Sklaven davon abgehalten hat, das Geheimnis zu verraten. Das Komplott des Histiaios wurde gleichwohl später entdeckt. Der Großkönig ließ ihn hinrichten.

Viele ionische Städte haben den Persern im Kampf gegen das festländische Hellas Hilfe geleistet. Das ist nicht leicht zu verstehen. Aber für die Griechen ist die hellenische Koinê, dieser Lebenskreis gemeinsamer Sprache, Religion und Sitte, durchaus nicht eine Nation gewesen. Die verbindenden Elemente dieser über das ganze Mittelmeer von Spanien bis zum Kaukasus verstreuten Kolonien waren nicht so sehr politischer, als vielmehr religiöser Art. Die die ganze griechische Welt umfassenden Olympischen Spiele waren ein Fest zu Ehren der Götter. Auch politische Vereinigungen wie der Ionische Städtebund und der Delische Seebund haben immer als Mitte ein Heiligtum gehabt. Für den Ionischen Städtebund war es das Panionion an der Spitze der Mykale. Für den Delischen Seebund war es die dem Apollon und der Artemis heilige Insel Delos.

Als Mitglied des Delischen Seebundes gewann Milet nach den Perserkriegen seine Freiheit vorübergehend zurück. Nach wechselnden Schicksalen kam es schließlich unter die Herrschaft der Römer. In Milet hat der Apostel Paulus noch einmal zu den Ältesten der Gemeinde seiner geliebten Epheser gesprochen, die er aus der benachbarten Stadt herübergebeten hatte. Er war damals auf dem Weg nach Jerusalem, trüber Ahnungen voll. Er wußte, daß dort sein Schicksal der Vollendung entgegenging, daß er seine Freunde nicht wiedersehen werde. Hier hat er die ergreifenden Abschiedsworte gesprochen, die uns die Apostelgeschichte im 20. Kapitel überliefert.

In der Kaiserzeit blieb Milet ein wichtiger und wohlhabender Handelsplatz. Es erfreute sich des besonderen Wohlwollens des Kaisers Trajan. Was bei den Ausgrabungen gefunden wurde, stammt zum größten Teil aus dieser Zeit. Allmählich wurde die Stadt durch das Schwemmland, das der Maiandros bildete, vom Meer abgeschnürt. Sie hat lange Zeit zum Sterben gebraucht. Noch in seldschukischer Zeit, am Anfang des 14. Jahrhunderts nach Christi Geburt, war Milet ein wichtiger Handelshafen mit einem privilegierten venezianischen Konsul. Die Seldschukenfürsten von Mentesché hatten mit Venedig einen Handelsvertrag geschlossen. Die Stadt legte sich noch einen neuen Vorhafen an, aber schließlich mußte sie ihre beherrschende Stellung als führender Handelsplatz an der Ostküste des Aegaeischen Meeres an Smyrna abtreten.

Heute blickt der Wanderer auf eine verlassene, von der Malaria verseuchte Landschaft. Der Glanz ist erloschen. Die Herrlichkeiten von ehedem sind untergegangen. Armut hat sich niedergelassen über der in die Erde versunkenen Pracht, die einmal Milet war. Das türkische Dorf Balad, das am Rand der Ruinen von Milet liegt, ist eine trostlose Ansammlung windschiefer Hütten.

Wir verlassen Balad, um zum Tempel Apollons nach Didyma zu fahren. Zuvor allerdings müssen wir Allah unsere Reverenz erweisen. Kurz nachdem wir das Dorf verlassen haben, leuchtet zwischen hohen Bäumen hinter einer niedrigen, aus unbehauenen Steinen errichteten Mauer fünfzig Schritte seitlich der Straße ein Marmorbau auf. Der Stein hat einen warmen Ton. Dieses Rostbraun ist eine kostbare Nuance, die Marmor erst nach vielen Jahrhunderten der Sonne und des Regens annimmt. Er ist die Folge einer allmählichen Oxydation fein verteilter Spuren von Eisen im Stein.

Ich verlasse den Wagen und entdecke, nachdem ich über ein paar Zäune gestiegen bin, ein Minarett. Auf seiner Spitze hat ein Storchenpaar sein Nest gebaut. An einer niedrigen Stelle klettere ich über die Mauer. Ich stehe in einem schattigen, verträumten Garten, in dem es herrlich kühl ist. Als ich aufblicke, habe ich vor mir die Marmorfassade einer verlassenen Moschee, eines jener Denkmäler, die der Mensch zuweilen seiner unsterblichen Seele errichtet.

Die Moschee ist ein kostbarer und schöner Bau, ein frühes Meisterwerk der türkischen Architektur. Sie ist bis zum Dach wohlerhalten. Um 1400 nach Christi Geburt ist sie von den Osmanli unter dem Sultan Bajezid I. erbaut worden. Vor fünfzig Jahren hat man die Ruine einmal restauriert. Aber seit langem schon haben die Störche die Archaeologen wieder verdrängt. Viele Paare nisten auf dem Dach.

Der einfache Kuppelbau zeigt schöne Maßverhältnisse. Die Marmorfassade und die steinernen Rahmen der Fenster sind mit Ornamenten geschmückt. Durch die offenen Fenster des hohen Innenraumes, durch die Platanen ihre Äste hereinstrecken, streichen die Dohlen. Sie haben ihre Nester auf den Gesimsen. Die Gebetsnische mit ihren Verzierungen ist unversehrt erhalten geblieben. Für das Haus Allahs sind viele antike Werkstücke verwendet worden.

Leise Trauer erfüllt den verwunschenen Garten mit der marmornen Pracht seiner verlassenen Moschee, in der vor langer Zeit einmal erobernde Nomaden aus den Steppen Asiens den Gott der Arabischen Wüste verehrt haben an einem Platz, an dem ein Jahrtausend lang Apollon und danach ein weiteres Jahrtausend lang Christus geherrscht hatte.

Alte Steine erzählen alte Geschichten!

Die zunehmende Hitze hat unterdessen das Maß des Angenehmen überschritten. Der Wagen, auf den eine halbe Stunde lang die Sonne gebrannt hat, ist ein Backofen. Wir kommen an einem Brunnen vorbei, aus dem ein verlockender Wasserstrahl hervorsprudelt. Ich will anhalten, einen Schluck zu trinken. Das Wasser sieht klar und frisch aus. Aber mein Kameltreiber winkt ab. Mit seinem scharfen, erfahrenen Auge hat er eine oberhalb des Brunnens am Hang gelegene, reich mit Dung beschickte Viehtränke gesehen. Es wäre eine glänzende Gelegenheit gewesen, sich einen erstklassigen Typhus zu holen.

Im nächsten Dorf halten wir vor einem kleinen Gasthof. Es gibt wunderbaren Tee. Die Türken stammen aus Asien. Den Mokka haben sie erst mit dem Islam übernommen. Die Bauern, die sich alsbald zu uns setzen, lachen, als sich der durstige Fremdling das fünfte und sechste Glas bestellte.

In solch einsamen türkischen Dörfern findet man immer einmal wieder einen Helden von Gallipoli. Hier war es der Wirt. In dieser verlorenen Ecke Anatoliens ist der erste Weltkrieg schon heute zur Saga geworden. Zwischen dem Generalfeldmarschall von der Goltz-Pascha und dem Kaiser Barbarossa, die beide ein wenig weiter östlich von hier mit ihren Armeen vorbeigezogen sind, ist da schier kein Unterschied.

Hinter dem Dorf senkt sich die Straße zum Meer hinab. Wir fahren Meilen um Meilen durch leeres Land. Es ist eine über ein hügeliges Gelände sich hinziehende Heide mit einer wuchernden, duftenden Macchia. Sie ist mit Felsbrocken übersät. Hier und da steht eine Kiefer. Vom Wasser her weht eine Brise. Die im Licht blitzende Oberfläche des Meeres blendet das Auge. Die See ist leer. Ein paar Möwen tummeln sich über den Wellen. Inseln schweben am Horizont. Die Unberührtheit ist vollkommen. Die Schönheit ist makellos. Die Einsamkeit ist unendlich. Es ist eine Landschaft am Ende der Welt.

Nach einer weiteren Stunde Fahrt führt der Weg an einer Tränke vorbei. Hoch gegen den Himmel aufgerichtet steht auf dem Rand des Brunnens inmitten seiner Ziegen ein Hirt. Mit wirbelnden Bewegungen seiner sonnengebräunten Arme holt er in kräftigem Schwung den wassergefüllten Eimer aus der Tiefe und gießt ihn in den von den durstigen Tieren umdrängten Trog. Mein Fahrer gibt laut Signal. Die ganze Ziegenherde stiebt in einer Staubwolke davon, um erst hundert Schritte weiter zu verhoffen. Von dort aus äugen die Tiere neugierig herüber. Als der Hirt seine Herde davonstürmen sieht, hebt er die Arme und lacht. Wie der fröhliche, kräftige Kerl mit seinen weiß blitzenden Zähnen in den Himmel hineinlacht, ist er ein Bild sprudelnder Daseinsfreude. Natürlich halten wir an und setzen uns zu einem kleinen Palaver zusammen. Die Zigarette, die ich dem Hirten anbiete, nimmt er mit einer Geste in Empfang, aus der ich sehe, daß sie für ihn eine unverhoffte Gabe der Götter ist.

Eine Meile hinter dem Brunnen ist der Weg eine Strecke weit mit großen Steinplatten gepflastert. Das ist ein Stück der antiken heiligen Straße, die in alter Zeit von liegenden Löwen flankiert war. Die Löwen haben die Sonne der Einsamkeit verlassen müssen. Sie trauern unter dem grauen Dach eines nördlichen Museums.

Der Weg steigt ein wenig an. Vor uns taucht das Poseidonische Vorgebirge auf. Rechterhand haben wir noch einen Blick aufs Meer hinaus, auf die Inseln Leros und Kalymnos. Ganz in der Ferne sieht man als zarte Schatten die Berge von Kos und Rhodos liegen. Linkerhand tauchen, hinter einem langgestreckten Hügelrücken, drei hohe Säulen auf. Das ist der Tempel von Didyma.

Das große Fest des Apollon, das alljährlich hier gefeiert wurde, führte Menschen aus allen Gegenden der griechischen Welt zusammen. Die Gäste, die über das Meer kamen, landeten in einem kleinen, nur wenige Meilen von Didyma entfernten Hafen, wo sie vom Stammpublikum neugierig empfangen wurden. Der Tempel hatte das Asylrecht. Wer sich in seinen Bereich gerettet hatte, durfte von keiner weltlichen Behörde mehr verfolgt werden. So fanden sich Verbannte, Flüchtlinge, Hochstapler und Gauner aus aller Welt zusammen. Unschuldige und Missetäter retteten sich in gleicher Weise in den Schutz des toleranten Gottes. Doch waren, wie seit eh und je in der Welt, die Unschuldigen nicht so tolerant wie der Gott, der ihre Unschuld schützte. Die Unschuldigen blickten auf die Missetäter mit Verachtung herab, und die Missetäter lachten darüber.

Man betritt die Anlage, die heute von einem kleinen Dorf umgeben ist, durch eine Öffnung in der Mauer des alten Tempelbezirks. Der Tempel war von einem heiligen Hain umgeben. Er lag unter zehn Metern Erde. Der Bau, von dem die heute sichtbaren Ruinen stammen, wurde um 300 vor Christi Geburt begonnen. Mit seiner Ausgrabung hat Wiegand dem Lorbeer seines milesischen Ruhmes ein weiteres Blatt hinzugefügt.

Der Eindruck, den die Ruine macht, ist gewaltig. Die Plattform von Didyma hat das enorme Ausmaß von 109,5 mal 51,0 Metern. Die Plattform des Parthenon ist nur 70 mal 30 Meter groß. Der Tempel war von einem doppelten Säulenring umgeben. Im ganzen sind es hundertzweiundzwanzig Säulen von zwanzig Metern Höhe gewesen. Der innere Tempelraum hat hohe, glatte, aus mächtigen Quadern geschichtete Wände. Hier sprudelte die heilige Quelle. Hier grünte der heilige Ölbaum. Hier stand die berühmte Apollonstatue des Kanachos. Aus Wiedergaben auf milesischen Münzen wissen wir, wie sie ausgesehen hat. Hier sprach das Orakel durch den Mund einer Priesterin. Es steckt eine tiefe Weisheit in dem uralten, über die ganze Welt verbreiteten Brauch, daß der Wille der Götter dem Menschen durch den Mund einer Frau kundgetan wird.

Mehr als vierhundert Jahre lang wurde an diesem Haus Apollons gebaut. Es ist niemals fertig geworden. Plinius rechnete es unter die vier berühmtesten Tempel Griechenlands.

Didyma ist als heiliger Platz uralt. Die Ionier haben hier anstelle eines einheimischen karischen Kultes, der schon mit einer Orakelerteilung verbunden war, die Verehrung Apollons gesetzt. Das griechische Heiligtum wurde von den Persern zerstört. Das Orakel verstummte für hundertfünfzig Jahre. Auf Befehl Alexanders des Großen begannen die Götter wieder zu sprechen.

Der Tempel ist lange unversehrt dagestanden. Auch dieses Bauwerk hat Cyriacus von Ancona noch in der Mitte des 15. Jahrhunderts in seiner vollen Schönheit gesehen und bewundert. Erst danach wurde es durch ein Erdbeben zerstört. Nur die drei einsamen Säulen ragen, wie Leuchttürme der Zeit, noch immer in den Himmel hinein.

Die Blüte Milets muß für die Menschen, die sie erlebt haben, etwas Wunderbares gewesen sein. Die Fülle der wissenschaftlichen Entdeckungen und der künstlerischen Leistungen, welche die Stadt ihren genialen Söhnen verdankte, machte das Leben reich und erregend. Fremde aus aller Welt belebten die Agora. Sie brachten die so begehrten Neuigkeiten mit. Aus den Küstenstädten im Norden und im Süden, aus den Häfen der Sporaden, aus der ganzen Aegaeis, aus Phoinikien und Aegypten strömten Philosophen und Literaten, Staatsmänner und Kaufleute, Bildhauer, Maler und Goldschmiede zusammen. Hier war ein Treffpunkt der Verbannten und Flüchtlinge. Für sie war die Agora eine Börse der diplomatischen und politischen Intrigue.

Dazu gab es einen lebhaften Verkehr mit dem erwachenden Athen, das sich zum geistigen Mittelpunkt der auf dem Festland verbliebenen Ionier zu entwickeln begann. Die Aegaeis war zum hellenischen Raum geworden. Die Nachrichten, Menschen und Waren, die mit den Karawanen aus dem grenzenlosen und geheimnisvollen Osten kamen, vermehrten die Buntheit der Palette um eine exotische Nuance. Aus dieser Welt stammen unsere Wörter Philosophie, Theologie, Physik, Ethik und Politik, und schließlich auch das Wort Historie. In Milet sind das alles keine Fremdwörter gewesen.

In dieser weltoffenen Atmosphäre, unter diesem weiten Horizont, in dieser lichten Landschaft erlebte der Geist Europas seine erste Blüte. Hier hat er noch die ganze Frische seiner Jugend. Hier wird die Begeisterung für die Vernunft, hier die Liebe zur Freiheit geboren. Hier beginnt die Geschichte jener Eigenschaft des europäischen Menschen, die eine seiner größten Tugenden und zugleich eines seiner gefährlichsten Laster ist, die Geschichte seiner Neugier. Wie sie ihn treibt, die Welt zu erobern, verführt sie ihn, der Schöpfung ihre Geheimnisse zu entreißen. Unter der strahlenden Sonne an der Küste dieses wunderbaren Meeres stürzt sich der Mensch in das Wagnis, nach seiner Stellung im Kosmos zu fragen, unternimmt er es, das Mysterium seiner Existenz zu erforschen, macht er sich daran, den Sinn des Seins zu ergründen.

Es ist das grandioseste Abenteuer der Geschichte. Noch wissen wir nicht, wie es zu Ende gehen wird.

GRAUER FELS UND WEISSER TURM

Viele Wellen sind seit den alten Tagen der griechischen Freiheit über die Aegaeis dahingegangen. Nachdem sie makedonisch, römisch und dann byzantinisch geworden war, kamen die Araber, die Franken und die Sarazenen. Sie wurde venezianisch. Sie wurde türkisch. Engländer, Italiener und schließlich sogar Deutsche eroberten die Aegaeis. Das Wasser ist griechisch geblieben.

Die metaphysische Mitte dieses Meeres ist eine Insel aus Granit, aus deren Mitte ein hundertdreizehn Meter hoher grauer Felsen ragt. Das Eiland ist nur fünftausend Meter lang und mißt an seiner breitesten Stelle nicht mehr als dreizehnhundert Meter. Das ist Delos, die Insel Apollons, mit dem Kynthos, dem Berg des Orakels. Hier wurden in jedem dritten Jahr der Olympiade die »Delia«, die Delischen Spiele zu Ehren Apollons gefeiert.

Schon vom Schiff aus erblickt man das weite Feld der Ausgrabungen. Einzelne Säulen, Steintreppen, Mauerreste, Arkaden, freie Plätze, Tempel und Villen bilden eine ganze Stadt, die sich den Hang bis zur halben Höhe des Kynthos hinaufzieht. In alter Zeit muß das ein Bild großartiger marmorner Pracht gewesen sein. Heute ist Delos von den Göttern verlassen.

Wir laufen den antiken Hafen an, an dessen Quais sich einst die bunte, lärmende Menge gedrängt hat. Des sehr flachen Wassers wegen können wir nur geringe Fahrt machen. Der Hafen ist durch eine Mole geschützt. Hier haben die Schiffe, welche aus der ganzen griechischen Welt die Gaben für das Heiligtum brachten, Anker geworfen. Ein kräftiger Sturm bläst aus Nordost. Die Brandung schäumt gegen die Mole. Im zeitlosen Atem des Meeres wirkt die Verlassenheit des grauen Felsens nur um so eindringlicher.

Die Delia sind, nach der Überlieferung, von Theseus gestiftet worden. Noch in historischer Zeit war das Schiff, das die Athener nach Delos sandten, dasselbe, mit dem Theseus vordem nach Kreta gesegelt war, Athen von dem jährlichen Tribut an Jünglingen und Jungfrauen für den Minotauros zu befreien. Solange die Gesandtschaften zu den Delia unterwegs waren, durfte in keiner griechischen Polis ein Todesurteil vollstreckt werden. Diesem respektvollen Brauch ist es zu danken, daß das kostbare Leben des Sokrates um eine kurze Spanne verlängert wurde.

Die Reinheit der heiligen Insel lag den Griechen so sehr am Herzen, daß auf Delos niemand sterben durfte. In den Jahren 426/425 vor Christi Geburt wurden sogar die alten, auf Delos von früher her noch vorhandenen Gräber auf die gegenüberliegende Insel Rheneia verlegt. Es ist diese Gelegenheit, bei der Thukydides erwähnt, daß die meisten Toten »nach der Weise der Karer« begraben gewesen seien. Bemerkenswert ist, daß die Gräber der vor so vielen Jahrhunderten schon nach Anatolien vertriebenen Karer noch bekannt gewesen sind. Offenbar sind diese alten Totenstätten pietätvoll behandelt worden. Aber nicht nur zum Sterben mußte man die Insel verlassen. Auch zum Gebären gingen die Frauen nach Rheneia. Auf Delos, dem heiligen Delos, durften nur Götter geboren sein.

Die von Zeus geschwängerte Titanin Leto suchte auf der Flucht vor der grollenden Eifersucht Heras, der Gemahlin des Zeus, einen Platz für ihre Niederkunft. Aber nirgends fand sie eine Stätte, die ihr Schutz vor dem Zorn Heras gewährt hätte, bis sie nach Delos kam. Delos heißt »die Erscheinende«. Es war, wie Pindar erzählt, ein aus den Wogen geborener schwimmender Fels. Als Leto das Eiland betrat, befestigte Poseidon, der Herrscher der Wogen, den Felsen mit goldenen Ketten am Meeresgrund. An eine am Ufer eines kleinen Sees stehende Palme sich klammernd gebar Leto die Götterzwillinge Artemis und Apollon.

Apollon, entschieden der griechischste aller Götter, hat keinen griechischen Namen. Alle bisherigen Versuche, den Namen griechisch zu erklären, sind gescheitert. Vermutlich sind die Griechen, schon bevor sie nach Hellas kamen, diesem Gott an einem Ort, den wir nicht kennen, und zu einem Zeitpunkt, den wir nicht bestimmen können, begegnet und haben ihn übernommen. Als Begleiterin der Leto und dann des Apollon und der Artemis treten zwei »hyperboreische Mädchen« auf, Opis und Arge. Die Hyperboreer waren ein irgendwo höher im Norden lebender Volksstamm, der zwar viele Fabelzüge trägt, aber doch wohl existiert hat. Vielleicht ist Apollon einmal ihr Gott gewesen, und die Griechen haben ihn von diesem Volk übernommen. Jedenfalls berichtet Herodot, daß die Hyperboreer Gaben nach Delos schickten. Der Name dieses Volkes wurde später symbolisch für alle im kalten Norden lebenden Barbaren und damit auch für unsere germanischen Vorfahren.

Apollon ist die glänzendste Erscheinung des Olymp. Bei Homer ist er der Gott der Weissagung, der Gott mit dem silbernen Bogen und dem fernhintreffenden Pfeil, der Sender der Pest. Ihm war der Lorbeer heilig. Er ist der Gott der Hirten. Er hält die Wölfe von den Herden fern. Aber er ist auch der Musagetes, der Anführer der Musen. Beim Göttermahl auf dem Olymp spielt er die Leier. Er ist der Meister der Heilkunst. Asklepios war sein Sohn. Heilig sind ihm der Wolf, das Reh, der Rabe, die Schlange, die Zikade und der Greif. Er ist am siebenten Tage des Monats Thargelion geboren, der etwa unserem Monat Mai entspricht. Dieser Tag war ihm in der ganzen Antike geweiht.

Apollon war der erste Sieger der Olympischen Spiele. Im Wettlauf besiegte er Hermes, den schnellen Götterboten, im Boxkampf Ares, den gewaltigen Gott des Krieges. Dieser frühe Apollon ist immer von der Majestät des Todes umwittert. Er tötete Niobes Söhne, weil Niobe seine Mutter Leto beleidigt hatte. Dem Marsyas, einem phrygischen Faun, der ihn zum Wettkampf im Flötenspiel herausgefordert hatte, ließ er, nachdem er ihn besiegt hatte, die Haut bei lebendigem Leibe abziehen.

Ganz also entspricht der altgriechische Apollon nicht dem, was Nietzsche apollinisch nennt. Erst in späterer Zeit wird Apollon mit Helios gleichgesetzt und wird so zum Gott der Sonne und des Lichts.

Merkwürdig sind die vielen unglücklichen Liebschaften Apollons, zu dessen hervorragenden Eigenschaften doch gerade seine männliche Schönheit gehört. Die Nymphe Daphne, eine Gefährtin der Artemis, wurde, als Apollon sie nach langer Verfolgung einholte, auf ihr Flehen hin von ihrem Vater, dem Flußgott Peneios, in einen Lorbeerbaum verwandelt.

Um Marpessa, eine sterbliche Frau, kämpfte Apollon mit Idas, ihrem Bräutigam. Zeus griff ein und befahl dem Mädchen zu wählen. Marpessa wählte Idas, den sterblichen Mann, weil sie, eine kluge Person, fürchtete, daß der unsterbliche Gott sie, wenn sie alt würde, verlassen werde.

Apollon hatte auch eine unglückliche Liebe zu Kassandra, der Tochter des Königs Priamos. Er hatte ihr die Gabe verliehen, die Zukunft vorauszusagen. Aber sie widerstand seinen Werbungen. Nun kann ein Gott die Gabe, die er verliehen hat, niemals zurücknehmen. Wunder sind, was man in der Chemie irreversible Reaktionen nennt. Das ist eine eigentümliche Spielregel der Mythologie, aus der allein schon hervorgeht, daß hinter den Göttern eine Macht steht, die mächtiger ist als sie. Da Apollon die Gabe, die er verliehen hatte, nicht zurücknehmen konnte, bestimmte er, auf diese Weise sein Geschenk aus einem Segen in einen Fluch verwandelnd, daß Kassandras Prophezeiungen niemals geglaubt werden sollten.

Auch seine Liebe zu Hyakinthos, einem schönen Knaben aus Amyklai, nahm einen unglücklichen Verlauf. Zephyros, der Westwind, hatte sich ebenfalls in Hyakinthos verliebt. Als Apollon sich mit seinem anmutigen jungen Freund im Diskoswerfen übte, lenkte Zephyros die Scheibe Apollons so, daß sie Hyakinthos am Kopf traf und ihn tötete.

Glücklicher war Apollons Liebe zu Kyrene, einer thessalischen Nymphe. Als der Gott Kyrene zum ersten Mal sah, rang sie unbewaffnet mit einem Löwen. Apollon wurde von leidenschaftlicher Liebe zu dem mutigen Mädchen ergriffen. In einem goldenen Wagen entführte er die Nymphe nach jener Landschaft in Afrika, die noch heute ihren Namen trägt. Kyrenes Sohn Aristaios entdeckte, daß man Bienen züchten könne. Auch ist er der erste gewesen, der die Olive angebaut hat. Um jede der griechischen Gottheiten rankte sich eine unübersehbare Fülle von Geschichten, wie sie nur der unerschöpflichen poetischen Phantasie der Griechen entspringen konnte.

Die Marmorstatuen, die von Apollon erhalten geblieben sind, gehören zum Schönsten, was griechische Bildhauerkunst der Welt hinterlassen hat. Für ganze europäische Jahrhunderte sind sie der aesthetische Maßstab gewesen. Doch wird man diesen Bildwerken nicht gerecht, wenn man sie nur nach ihrer Schönheit bewertet. Die Tatsache, daß die griechischen Götter sich so vorzüglich zu poetischen Allegorien eignen und daß die griechische Mythologie die abendländische Kunst zweitausend Jahre lang zu den wunderbarsten Meisterwerken angeregt hat, darf nicht darüber hinwegtäuschen, daß diese Götter mehr sind als nur poetische Schöpfungen. Die Kunsthistoriker vergessen allzu leicht, daß es nicht begabte Artisten waren, die die Werke der griechischen Kunst geschaffen haben, sondern fromme Männer, die ein frommes Werk vollbrachten. Die Götterstatuen waren nicht nur symbolische Darstellungen. Sie waren Träger göttlicher Gegenwart und Macht. Das ist eine alte, tief verwurzelte ostmediterrane Überlieferung. Noch in dem großen Bilderstreit der byzantinischen Kirche im 8. und 9. Jahrhundert nach Christi Geburt hat diese Überlieferung eine Rolle gespielt. Das maßvoll Harmonische der künstlerischen Darstellung ist eine seelische Kraft gewesen, durch welche die dunklen, die chthonischen Mächte in Bann gehalten wurden. Diese Mächte der Unterwelt sind der immer gegenwärtige, immer drohende Hintergrund der »klassischen Klarheit«.

Die Geschichte von Kronos, der seine Kinder verschlingt, ist nicht minder schrecklich als der Mythos der Babylonier von dem Drachen Tiamat, den der Gott Marduk tötet, um aus seiner Leiche das Weltall zu formen. Welch schaurige Überlieferung, daß das Weltall aus der Leiche eines Drachen geformt sei!

Die Geburt Aphrodites aus dem Schaum des Meeres ist in der Kunst unzählige Male dargestellt worden. Aber wer weiß schon, was für ein Schaum das gewesen ist! Unsere würdigen, um unser Seelenheil besorgten Studienräte haben uns davon nichts erzählt. Wohl erfuhren wir – was für unser Seelenheil schon bedenklich genug war –, daß die Schaumgeborene, die Anadyomene, in göttlicher Nacktheit in einer von Delphinen gezogenen Muschel über die Wogen geglitten sei. Von der Vorgeschichte dieser Geburt erfuhren wir nichts.

Uranos hatte die mit Ge, der Erde, gezeugten Kyklopen in den Tartaros geworfen, eine dämmrige Region der Unterwelt, die so weit unter der Erde lag wie der Himmel über ihr. Ein fallender Amboß brauchte, um den Tartaros zu erreichen, neun Tage.

Um sich für die Verbannung ihrer Söhne zu rächen, überredete Ge die Titanen, sich gegen ihren Vater Uranos zu empören. Sie gab dem Kronos, dem jüngsten der sieben Titanen, eine gezackte Sichel aus Feuerstein. Kronos überraschte seinen Vater Uranos im Schlaf, schnitt ihm mit der Sichel die Geschlechtsteile ab und warf sie ins Meer, wo sie schäumend versanken. Es ist dieser Schaum, aus dem Aphrodite, die Göttin der Liebe, geboren wurde. Das ist eine sehr großartige, aber keine sehr liebliche Geschichte. Der Mythos ist uralter asiatischer Bestand. Er findet sich bei den Hethitern, und neuerdings hat man ihn auch bei den noch älteren Horitern entdeckt, die in der Genesis 14, 6 und 36, 20 mit ihrer Königsliste aufgeführt werden. Die Krieger der Gallas in Ostafrika nehmen noch heute in den Kampf eine kleine Sichel mit, um den besiegten Feind zu kastrieren.

Von Uranos' Blut fielen einige Tropfen auf die Erde. Aus diesen Tropfen entstanden die Erinyen Alekto, Tisiphone und Megaira. Sie verfolgten die Verletzungen der Gesetze der menschlichen Gesellschaft, den Bruch der Gastfreundschaft, den Meineid und vor allem den Mord. Orestes, der Muttermörder, wurde von ihnen um die halbe Welt gejagt.

Eine der Erinyen ist bis in unsere Zeit lebendig geblieben. Noch heute nennen wir ein böses Weib, das hinter seinen Nachbarn herfaucht, mit dem Namen einer Erinye eine Megaere.

Aus Blutstropfen derselben Herkunft, aus denen die Erinyen entsprossen sind, erwuchsen die Melien, die zarten Nymphen der Esche. Die Weltesche Yggdrasil ist der heilige Baum der germanischen Mythologie. Wie viele Zusammenhänge gibt es, die noch der Erklärung harren!

Auch die Geburt der Athene hat Hintergründe, die in Schulbüchern nicht erwähnt werden. Zeus war geweissagt worden, daß so, wie er seinen Vater Kronos vom Thron gestoßen habe, eines seiner Kinder ihn der Herrschaft berauben werde. So hatte Zeus die von ihm geschwängerte Metis verschlungen. Aber der Same des Gottes wuchs in ihm weiter. Als die Zeit gekommen war, spaltete Hephaistos mit einer Axt den Schädel des Göttervaters. Ihm entsprang in voller Rüstung Pallas Athene. Das Bild ist eine Allegorie der vom Blitz gespaltenen Gewitterwolke.

Artemis, die Schwester Apollons, ist zunächst, wie ihr Bruder, auch eine Gottheit des Todes, die mit Bogen und Pfeil dargestellt wird. Sie tötete die Töchter der Niobe. Weiterhin ist sie die durch die Wälder streifende Göttin der Jagd und die Herrin des Wildes. Ihr ist die Hirschkuh heilig.

Als Göttin der Keuschheit ist Artemis die Gegenspielerin Aphrodites. Sie beschützt die Unschuld der Jungfrauen und der Jünglinge. Nur einmal wird in dieser so humanen göttlichen Welt sogar die Göttin der Keuschheit von der Liebe erfaßt. Es ist Orion, der Sohn des Poseidon, der gewaltige Jäger, der das Herz der keuschen Göttin in Unruhe versetzt. Durch eine Täuschung bringt Apollon seine Schwester dazu, daß sie selbst mit einem Pfeil den Geliebten tötet. Orion wird als Sternbild an den Himmel versetzt. So fern muß ewig die Liebe der Keuschheit bleiben.

Die Geschichte von Artemis und Orion in dieser Form ist freilich nur eine der Überlieferungen. Eine andere ist, daß Orion die Opis, eines der hyperboreischen Mädchen, vergewaltigt habe und deshalb von Artemis getötet worden sei. Es gibt kaum eine mythologische Überlieferung der Griechen, die nicht mehrere Varianten hat, von denen oft genug eine der anderen widerspricht. Die Mythologie ermangelt durchaus der Systematik, und schon antike Schriftsteller beklagen sich bitter über die unübersehbare Fülle der mythologischen Figuren, und daß es mehr Götter auf der Welt gebe als Menschen.

Die zarte und keusche Göttin Artemis, entschieden die liebenswerteste Figur des Olympischen Pantheon, hat mit der Artemis von Ephesos, der »Diana der Epheser«, von der die Apostelgeschichte berichtet, fast nur den Namen gemein. Die ephesische Artemis ist eine asiatische Fruchtbarkeitsgöttin. Die Darstellungen, die es von dieser Göttin gibt, sind orientalische Bildwerke. Eines der eindrucksvollsten, das wir kennen, steht in Neapel.

Die Religion der Griechen ist ein vielschichtiges Gebilde gewesen. Götter verwandeln sich, werden miteinander verschmolzen, werden vergessen, verschwinden. Neue aus dem unerschöpflichen Asien hervortretende Gottheiten werden in die griechische Religion aufgenommen. Dionysos ist für Homer kaum ein Begriff gewesen. Und welche Rolle hat er später gespielt! Die Staatsreligion der Olympischen Götter wurde durch die Mysterien ergänzt, von denen besonders die von Eleusis von Bedeutung waren. Das Geheimnis von Eleusis ist gewahrt geblieben. Über die innersten Vorgänge des Kultes wissen wir so wenig, daß wir noch heute ein unenthülltes Geheimnis »Mysterium« nennen.

Die griechische Religion hat keine Bibel, keinen Koran, keine Dogmatik, keine schriftlich festgelegte Überlieferung gehabt. Sie hatte keine Märtyrer und keine Heiligen. Sie hat keine Furcht vor Gespenstern gekannt. Die Priesterschaft war duldsam. Es gab keine priesterliche Hierarchie. Nur durch die Orakel griffen die Diener der Götter in die Geschehnisse ein. Mit diesem Mittel allerdings haben sie große Wirkungen erzielt. So haben sie die Gründungen der Kolonien dirigiert, und das mit so viel Scharfblick und politischem Geschick, daß Europa noch heute den Nutzen davon hat. Die griechische Religion ist die Religion eines aufgeklärten Volkes gewesen. Sie hat eine hohe Moral hervorgebracht. Der Eid war heilig. Die Ehe war durch das Gesetz geschützt. Die griechischen Frauen genossen ein hohes Maß von Achtung und Freiheit. Wer den Bittenden, den Gast, den Armen, den Wanderer beleidigte, beleidigte die Götter. Die vorzüglichste Darstellung dieser Religion findet sich in Walter F. Ottos wunderbarem Werk »Die Götter Griechenlands«. Der Gelehrte zeigt, daß in Hellas die Götter Spiegelungen eines von den Griechen durch alle Schönheit, durch alle Poesie hindurch empfundenen echten

Göttlichen sind, welches geheimnisvoll und verehrungswürdig hinter den Dingen und hinter den Göttern steht.

In der sich neigenden Sonne des Nachmittags wandere ich durch die Ruinen von Delos. Die Ausgrabungen sind in einer über Jahrzehnte sich erstreckenden immensen Arbeit von französischen Archaeologen zum Teil schon im 19. Jahrhundert durchgeführt worden. Die Tempelstätte Apollons war eine weiträumige und großzügige Anlage. Es war eine ganz kleine Stadt von Heiligtümern. In der Mitte sind die Grundmauern des großen Apollontempels ausgegraben worden. Ihm gegenüber, durch die Feststraße getrennt, befand sich das Artemision. Entlang der nördlichen Seite der Feststraße lagen die Schatzhäuser der griechischen Stadtstaaten, die Mitglieder des Delischen Seebundes waren. In einer Halle stand ein ganzes Schiff, das dem Gott geweiht war. Das Amphitheater faßte fünftausend Zuschauer. Die Nordseite dieses Viertels wurde von einer langen Säulenhalle begrenzt. Nach Süden schlossen sich an den eigentlichen Tempelbezirk die Wohnhäuser der Priester, der Patrizier und der Kaufleute an. Nördlich des Tempelbezirks liegt der heilige, heute von Schilf überwachsene See, an dem Leto niederkam. Auf einer Terrasse über dem See stehen riesige steinerne Löwen. Es sind Plastiken des 7. Jahrhunderts. Auf ihre Pranken gestützt, die Hälse gereckt, die Rachen aufgerissen, sind sie von archaischer Majestät – mythische Geschöpfe, die einen Mythos bewachen. Auf einem der Plätze des Tempelbezirks liegt noch das Bruchstück einer riesigen Statue. Es ist der Rumpf eines Apollon aus dem grauen Marmor von Naxos. Die Venezianer haben die Statue einmal in zwei Stücke zersägt, um sie wegzuschleppen. Sie haben das Unternehmen aufgeben müssen. Der Koloß war zu schwer. Eine Hand dieser Statue befindet sich im Museum von Delos. Ein Fuß ist in London. Über die halbe Welt ist der Gott verstreut.

Eine gut erhaltene Statue Apollons von ähnlicher Größe wie die delische liegt noch auf der Insel Naxos. Sie war jedenfalls auch für Delos bestimmt, aber sie ist niemals vollendet worden. Ich habe sie mir einmal angesehen. Vom Hafen von Naxos aus muß man über das Gebirge nach Komiaki fahren, einem Dorf, das am Nordostende der Insel in etwa fünfhundert Metern Höhe am Berghang liegt. Von Komiaki führt ein steiler Pfad, halb ein Weg, halb eine Treppe aus roh behauenen Steinen, zum Ufer hinab. Unten, an einer Bucht mit hellem Sandstrand, auf dem die Brandung ausläuft, liegt ein kleines Fischerdorf. Als wir noch etwa fünfzig Meter über dem Meer waren, verließ mein Führer den Weg. Zwischen Ginsterbüschen und riesigen Marmorblöcken, die da in Mengen herumliegen, kletterten wir ein Stückchen den Hang wieder hinauf bis zu unserem

Ziel. Die riesige Statue des Apollon, die im 2. Jahrhundert vor Christi Geburt begonnen worden ist, liegt noch immer in dem Marmorbett, aus dem sie einst herausgemeißelt wurde. Sie hat eine Länge von 10,60 Meter. Die Breite der Brust ist 1,70 Meter, die Länge des Oberarms von der Schulter bis zum Ellenbogen 1,90 Meter. Der Kopf liegt etwas höher als die Füße. Der linke Fuß war ein wenig vorschreitend gedacht. Die Arme waren vom Ellenbogen an halb gehoben und vorgestreckt. Das Material ist der graue, wunderbare Marmor von Naxos. Er ist nicht so berühmt wie der von Paros, aber doch von fast gleicher Güte.

Unter den Landleuten der Umgebung hat sich bis auf den heutigen Tag die Überlieferung erhalten, daß das Bildwerk eine Statue Apollons sei. Ludwig Roß führt das auf eine Inschrift zurück, die er in der Nähe auf einer glatten Wand des ganz aus Marmor bestehenden Hügels fand.

Warum diese mächtige Plastik niemals vollendet wurde, wissen wir nicht. Über die Brust des Gottes zieht sich ein tiefer Sprung im Stein. Vielleicht ist das der Grund gewesen, warum man die Arbeit an der Statue eingestellt hat.

Aus seinem Steinbett am Hang des Marmorbergs blickt der unvollendete Gott hinaus auf die alte Aegaeis. Viele Jahrhunderte lang hat er noch die heiligen Schiffe vorüberziehen sehen, die von den Inseln nach Delos fuhren, die Weihgaben zu dem großen Fest zu bringen, das dort alle vier Jahre an der Stätte seiner Geburt zu seinen Ehren gefeiert wurde. Aber auch das hat vor langer, langer Zeit schon ein Ende genommen. Die Spuren der Verwitterung an dem ehrwürdigen Koloß sind erst gering. Heute, nach zweitausend Jahren, kennen wir den Namen des Gottes noch. Ob der alte Stein länger leben wird als die Erinnerung an das, was ihm einmal zu bedeuten bestimmt war? Im Jahre 478, zwei Jahre nach der Schlacht von Salamis, gründeten die Athener den attisch-delischen Seebund, zu dessen Mitte sie Delos machten. Es war ein Schutzbündnis gegen die Perser, das vor allem für die kleinasiatischen Griechenstädte von Bedeutung war. Es war das erstemal, daß sich die Ionier beider Küsten der Aegaeis zu einer politischen Gemeinschaft zusammenschlossen. Zur Flotte des Bundes hatten die Mitglieder Schiffe zu stellen. Später konnte diese Verpflichtung durch Geldzahlungen abgelöst werden. Diese Gelder kamen nach Delos, wo sie von athenischen Zahlmeistern verwaltet wurden. Auf diese Weise sammelte sich auf der heiligen Insel ein Schatz an, dessen Wert für damalige Zeiten unerhört war. Die Summen, die von antiken Schriftstellern genannt werden, gehen in die Millionen.

Die Athener, die als die stärkste Macht eine führende Stellung unter den Mitgliedern einnahmen, machten allmählich die ursprünglichen Bundesgenossen zu abhängigen Untertanen. Unter fadenscheinigen

Vorwänden holten sie schließlich auch den Tempelschatz nach Athen, um ihn für ihre eignen Zwecke zu verwenden. Diese Maßnahmen waren höchst kurzsichtig, und sie wurden dadurch nicht besser, daß sie in rücksichtsloser Weise durchgeführt wurden. Die Spartaner, die dem Bund nicht angehörten, konnten den Krieg gegen Athen unter der Parole eröffnen, daß sie für die Freiheit Griechenlands kämpften! Es war jener schreckliche Peloponnesische Krieg zwischen Sparta und Athen, der die glänzende Epoche des klassischen Hellas beendete und in seinen Folgen schließlich Griechenland seine Freiheit kostete. Die Makedonen wurden die führende Macht in der Aegaeis. In der zweiten Hälfte des 4. Jahrhunderts folgte die Eroberung des Ostens durch Alexander den Großen.

Als die Römer die Herrschaft in der Aegaeis angetreten hatten, machten sie Delos zum Freihafen. Das war im Jahre 168 vor Christi Geburt. Es war die Zeit, in der Judas Makkabaeus Jerusalem eroberte. Wenig später begann der Dritte Punische Krieg, der zur Zerstörung Karthagos führte. Um diese Zeit schrieb Apollodoros sein Buch »Über die Götter«, das für uns eine der wichtigsten Quellen unserer Kenntnis der griechischen Religion ist. Um die gleiche Zeit begann mit Heliodor die antike Erforschung der griechischen Altertümer.

Die Absicht der Römer war, den Handel von Rhodos, das Zölle erhob, nach Delos abzuziehen. Das gelang ihnen. Mit der Gründung des Freihafens Delos verlor Rhodos für einige Zeit seine Bedeutung. Berühmt war der Sklavenmarkt von Delos. Es wird berichtet, daß an manchen Tagen bis zu zehntausend Sklaven ihre Besitzer gewechselt hätten. Delos wurde noch einmal für hundert Jahre reich. Aus dieser Zeit stammen die prachtvollen Häuser der Sklavenhändler, von denen einige von den Franzosen ausgegraben wurden. So schöne Bodenmosaiken, wie sie in diesen Luxusvillen freigelegt worden sind, hat man nur noch in Daphni, dem Luftkurort Antiocheias, auf der Insel Kos und in Pompeii gefunden.

Im Jahre 88 vor Christi Geburt wurde Delos von König Mithridates VI. von Pontos verwüstet. Mithridates war der letzte Herrscher des Ostens, der der Errichtung der römischen Weltherrschaft Widerstand leistete. Zwanzig Jahre danach, im Seeräuberkrieg, den Pompeius nach heftigen Kämpfen gewann, erfolgte eine zweite Verwüstung, die das Ende der blühenden Handelsstadt bedeutete.

Pausanias traf zweihundertfünfzig Jahre später auf der Insel nur noch die Wächter der Tempel an. Dann begannen die Heiligtümer zu verfallen und in die Erde zu versinken. Der Marmor von Delos wurde von den Fischern der benachbarten Inseln zum Kalkbrennen verwendet.

Beim Aufstieg auf den Kynthos kommt man zuerst an der Börse, dann an einem Tempel der aegyptischen Götter Isis, Anubis und Serapis und schließlich am Tempel der syrischen Gottheiten vorbei. Man hat hier in einer ganz internationalen Welt gelebt.

Auf halber Höhe des Berges liegt die Grotte Apollons. Man erreicht sie auf einer festgemauerten Rampe. Sie ist ein breiter Felsspalt, der durch eine alte Mauer mit weiter Toröffnung abgeschlossen ist. Zehn mächtige Granitplatten bilden das Dach. Die Grotte ist das älteste Heiligtum der Insel. Sie ist wahrscheinlich schon in karischer Zeit eine Orakelstätte gewesen.

Auf der grauen Kuppe des Kynthos haben einst zwei Marmortempel gestanden, der eine dem Zeus Kynthios, der andere der Athene Kynthia geweiht. Die Höhe gewährt einen herrlichen Rundblick auf die weite, silberglänzende See mit den lichten blauen Inseln ringsum, von denen jede ein Stück Geschichte und jede ein anderes Stück zu erzählen hat.

Naxos mit seinem unvollendeten Gott erzählt, wie die Prinzessin Ariadne von einem Helden treulos am Strand zurückgelassen wird, um von einem Gott gefunden und getröstet zu werden.

Syros erzählt von den goldenen Zeiten um die Mitte des 19. Jahrhunderts, als alle Schiffe, die zwischen Westeuropa und Konstantinopel verkehrten, die Insel anliefen und der Handel seines Hafens größer war als der des Piraeus.

Seriphos erzählt die Geschichte von Perseus, der, mit seiner Mutter Danaë in einer Arche ausgesetzt, an das Ufer der Insel angeschwemmt wird und später den Polydektes, den König der Insel, der Danaë beleidigt hatte, indem er ihm das Haupt der Gorgo vorhält, in einen Stein verwandelt.

Siphnos erzählt von den fernen Tagen, als er mit seinen Goldbergwerken und Silberminen das reichste Eiland der Aegaeis war.

Paros erzählt seine Geschichte in eigenem Marmor. Im Jahre 1627 wurde auf der Insel eine Tafel gefunden mit einer in den Jahren 264/263 vor Christi Geburt verfaßten Inschrift von dreiundneunzig Zeilen in attischem Dialekt. Die Tafel hat dem Schulunterricht gedient. Sie wird als »Marmor Parium« bezeichnet. Die Tafel gibt einen Überblick über die griechische Geschichte von Kekrops, dem mythischen König von Athen, bis zu Diognetos, der im Jahr 264 vor Christi Geburt Archon in Athen war. Das kostbare Stück befindet sich heute in Oxford. Es ist ein amüsanter Beweis dafür, daß sogar die Kulturgeschichte, jene Form der Geschichtsschreibung, welche erst mit Gregorovius und Jacob Burckhardt beginnt, schon einmal von den Griechen erfunden wurde. Der Historiker der Parischen Chronik kümmert sich wenig um Schlachten und Politik. Er erzählt von den viel wichtigeren Daten, an denen die großen Festspiele begründet wurden, vom Beginn der verschiedenen Formen der

Dichtung, von Geburt und Tod der Dichter und von ihren Siegen in den Wettkämpfen der Poesie.

Man muß sich daran erinnern, daß einem Sieger in einem olympischen Wettstreit die Ehre zuteil werden konnte, daß Pindar ein Preislied auf ihn verfaßte. Man kann sich schwer vorstellen, daß Goethe ein Preislied auf den Turnvater Jahn gedichtet hätte oder Stefan George eines auf Nurmi. Vorstellen könnte man sich höchstens, daß Gottfried Benn den Hundertmeterläufer Jesse Owens expressionistisch gepriesen hätte. Insofern also stünde Gottfried Benn der griechischen Klassik näher als Goethe.

Der Kynthos ist vom dritten vorchristlichen Jahrtausend, also von der frühen Bronzezeit an besiedelt gewesen. Die Gründung des Heiligtums des Apollon wird auf den Anfang des ersten Jahrtausends vor Christi Geburt datiert. Die Verehrung Apollons in Delos hat begonnen, als König Salomo in Jerusalem regierte. Sie ging zu Ende an jenem 25. Dezember des Jahres 354, als dieser Tag in Rom zum erstenmal nicht als Fest der Sonne, sondern als Fest der Geburt Jesu Christi gefeiert wurde. Der letzte der das Orakel auf dem Kynthos befragt hat, ist Julianos Apostates gewesen, der letzte heidnische Herrscher auf dem römischen Kaiserthron. Julianos bereitete damals seinen Feldzug gegen die Perser vor, in dem er durch eine persische Lanze den Soldatentod finden sollte. Auf seinem Sterbelager wurde ihm von seinen Freunden ein Orakelspruch mitgeteilt, dessen Text uns erhalten geblieben ist:

»Wenn deinem Szepter du das persische Volk unterworfen
und es bis zu Seleukos' Stadt mit dem Schwerte gejagt hast,
dann wird dich zum Olymp der feurige Wagen entrücken,
der von der Windsbraut Wirbeln im Kreis gen Himmel bewegt wird.
Lösung wird er dir bringen von allen Leiden des Leibes
und dich führen zur Halle des Vaters im himmlischen Lichte,
die du voreinst verlassen, um Menschengestalt zu gewinnen.«

Im Meer der wunderbaren Inseln lag das Heiligtum des Poseidon nur fünfzehn Meilen von dem des Apollon entfernt. Auf Delos wurde Apollon Musagetes, der Herr der Musen, verehrt, auf Tinos der Herr der Nymphen, Poseidon Nymphagetes. Heute wallfahrtet das Volk von allen Küsten der Aegaeis am Tage Mariae Himmelfahrt nach Tinos zu dem wundertätigen Bild der Madonna Evangelistria.

Als wir Delos verlassen, ist die Sonne im Untergehen. Die Hänge des Kynthos färben sich purpurn. Das Blau, das mit der Nacht im Osten heraufsteigt, umspielt mit wechselnden Nuancen die vergehenden Farben des Tages. Die ersten Sterne leuchten auf. Beim Anblick dieser Symphonie des Raumes vermeint man, die Sphären erklingen zu hören.

Der Wind hat nach Südwesten gedreht. Der Kapitän setzt Segel. Mit frischer achterlicher Brise schießen wir durch die Wogenkämme dahin. Im Bug des Schiffes hockt ein Mädchen. Der Schaum umsprüht sie. Ihre Locken flattern. Da sie mit fünfzehn Jahren schon nach Athen getragen wurde, heißt sie das Eulchen. Das Eulchen hockt da ganz alleine, eine verlorene kleine Silhouette, und schaut. Es ist nicht der Gravitationskosmos der Physik, es ist die alte Welt der Schöpfung, deren Schönheit mit Macht in ihre junge Seele dringt. Obwohl der Mensch doch selbst ein Stück der Schöpfung ist, wurde ihm das großartige Privileg verliehen, ihre Schönheit schauen zu dürfen. Von dem Augenblick an, da er von diesem Privileg Gebrauch macht, kann er nie wieder aufhören, die Frage nach dem Sinn zu stellen, welcher hinter der Schönheit sich verbirgt. Die Schöpfungsgeschichte sagt über die Schönheit der Welt nur den einen Satz: »Und Gott sah alles an, was er gemacht hatte; und siehe da, es war sehr gut.«

Wir umrunden ein kleines Kap. Vor uns taucht der Hafen von Mykonos auf. Der Ort liegt im Halbkreis um eine Bucht herum. Berühmt sind die Windmühlen von Mykonos. Die Radblätter der Mühlen haben eine andere Form als bei uns. Die Flügel tragen an den äußeren Enden kleine dreieckige Segel, so daß sie sehr pittoresk, zugleich aber auch ein wenig bizarr aussehen. Die Bauart ist alt. Die Windmühlen von Mykonos sind heitere Denkmäler der List des Menschen in der Verteidigung seiner Faulheit. Aiolos, der Gott der Winde, wird sanft genötigt, des Menschen Arbeit zu tun.

In der sich herabsenkenden Kühle des Abends beginnt auf den alten Steinplatten des Hafenquais der Korso. Auf der einen Seite liegen die an den Bojen schwoienden Fischerboote und Segeljachten. Entlang der anderen Seite zieht sich die Häuserfront mit den Cafés, in denen die Männer ihren Mokka, und den Bistros, in denen sie ihren Wein trinken. Vor einem dieser Bistros nehme ich Platz. Stolz schreiten die Mädchen vorüber. Von Zeit zu Zeit wird die Fassade ihres Stolzes durch fröhliches Kichern und das Gelächter sorgloser Albernheit durchbrochen.

Der Korso ist eine Sitte, die man an allen Küsten der Mediterranie trifft. Sie ist von großer gesellschaftlicher Weisheit. Schon deshalb muß man annehmen, daß sie eine antike Überlieferung ist. Hier kann jedes schöne Kind, dem an der Wiege die richtigen Lieder gesungen worden sind, die Gaben Aphrodites spazieren führen. Hier kann der schüchterne Liebhaber seine Liebste bewundern, so lange es ihn freut. Hier haben auch alle Hundchen der Insel ihr tägliches Stelldichein. Hier trifft man seine Freunde. Aber man trifft auch seine Feinde. Jeder Streit des Tages kann in einem Glas kühlen Weines ertränkt werden, ehe die Sonne wieder aufgeht. Der Korso ist die alte Agora, der Markt der kleinen Eitelkeiten, die

Börse des amüsanten Klatsches, die Bühne der freundschaftlichen Intriguen. Hier ist jedermann guter Laune, was die alterprobte Regel bestätigt, daß man die Freuden des Lebens im eigenen Dorf suchen soll. Es ist der abendliche Korso, auf dem man sie findet. Was spazierengeht, ist ein glückliches Volk! Das will viel heißen bei einer Nation, über die noch in jüngster Zeit so schreckliche Ereignisse dahingegangen sind.

Der Sternenhimmel spannt sich über den Lichtern des Hafens. Drei Meilen von hier heben die heiligen Löwen von Delos ihre steinernen Mäuler stumm in die Nacht. Wir aber, viel umhergetrieben, rastlos und unruhig, unterwegs auf allen Meeren der Neugier, sitzen an diesem Abend wunschlos und glücklich unter dem heiteren Volk der Fischer und Bauern, die für jedermann ein freundliches und gastliches Lächeln haben. Diese Bauern und Fischer wissen nichts von Diogenes und wenig von Alexander dem Großen. Aber sie verstehen sich darauf, in jener Weisheit zu leben, die Alexander an Diogenes bewundert hat.

Mit aufgehender Sonne segeln wir in den frischen Tag hinein. Es sind nur fünfzehn Meilen hinüber zur Nachbarinsel Tinos. So wie sich im Süden eine Gebirgskette von der Peloponnes zum anatolischen Festland erstreckt, die nur ihre Bergspitzen Kythera, Kreta, Karpathos, Rhodos über die Meeresoberfläche erhebt, ist auch hier, etwas weiter im Norden, die Inselkette, die sich mit Euboea, Andros, Tinos, Mykonos, Ikaria und Samos vom griechischen zum kleinasiatischen Festland hinüberzieht, ein einheitlicher Gebirgszug. Für die Griechen war Delos der Mittelpunkt einer Welt. Für die Geologie ist es eine kleine Absprengung von Mykonos.

Alle diese Inseln haben die gleiche Struktur. Die südliche Küste wird von einem steil zum Meer abstürzenden Karstgebirge gebildet, das nach Norden in sanften Hängen absinkt. Auf diesen Hängen werden Wein und Oliven gezogen, und Getreide wird angebaut. Manche der Inseln sind fruchtbar und reich, manche karg und arm. In Tinos ist fast die gesamte, nicht sehr große landwirtschaftlich nutzbare Fläche in Terrassen gefaßt. Da die Insel für Viehzucht nicht geeignet ist, züchten die Tineser Tauben. Genau dessentwegen, weshalb in Venedig die sanften Tauben so gefürchtete Feinde der Architektur sind, sind sie in Tinos nützliche Helfer der Agrikultur.

Am Hafen von Tinos beginnt eine Basarstraße, die den Berg hinansteigt. Nach ein paar hundert Metern verbreitert sie sich. Schließlich verwandelt sie sich in eine prächtige Treppe, die zu einer schönen, alten byzantinischen Kirche hinaufführt. Weiß in den blauen Himmel ragend leuchtet ihr Turm hoch am Berghang über Stadt, Hafen und Meer.

Eine Wegstunde westlich vom Hafen sind von belgischen und französischen Archaeologen das Poseidonion, das Heiligtum des Poseidon, mit einem großen Altar, und ein Tempel der Amphitrite ausgegraben worden. Poseidon war der Bruder des Zeus und des Hades. Nachdem die drei Brüder ihren Vater Kronos vom Thron gestoßen hatten, losten sie um die Welt. Poseidon gewann die Herrschaft über die Meere. Sein Wohnsitz war ein goldener Palast in der Tiefe der See. Die Phantasie der Griechen ist so lebhaft und so realistisch gewesen, daß sie den Ort des goldenen Palastes an einer ganz bestimmten Stelle an der Küste Euboeas als vollständig existent imaginierten.

Poseidon wird mit dem Dreizack dargestellt. Als er sich mit Pallas Athene um die Herrschaft über Athen stritt, stieß er im Zorn seinen Dreizack in den Felsen, woraufhin aus dem Stein eine Quelle hervorsprudelte. Immer wieder muß man die poetische Kraft bewundern, die so prachtvolle Bilder schafft. So habe einst auch Poseidon seinen Dreizack in den Felsen gestoßen, und aus dem berstenden Stein sei das Pferd entsprungen. Welch ein Événement!

Der wilde, alte Gott Poseidon freilich schenkte der Welt das Pferd nur als Geschöpf. Athene war es, die den Zügel erfand. So erst konnte das Pferd zum Reittier des Menschen werden.

Das Weib des Poseidon, die mit dem Gott zusammen auf Tinos verehrt wurde, war Amphitrite, die Tochter des Okeanos. Poseidon entdeckte sie unter tanzenden Nymphen. Als er sich ihrer bemächtigen wollte, entfloh sie. Natürlich war das junge Ding schneller als der grimmige alte Gott. Doch sollte sie ihm nicht entgehen. Nun hat ein Meergott keinen Dackel, der ihm helfen könnte, eine flüchtige Schönheit zu verfolgen. Dafür fand sich ein schlauer Delphin, der sich an die Fersen der Nymphe heftete und dem Poseidon verriet, wo sie sich versteckt hielt. Zum Dank für diese Tat versetzte Poseidon den Delphin als Sternbild an den Himmel.

Jedem der griechischen Götter ist einmal eine der Inseln, der blühenden, geweiht gewesen. Heute hat Tinos seinen Poseidon vergessen. Es dient der Madonna Evangelistria.

Wir steigen die schöne alte Treppe hinan. Das Heiligtum der Madonna krönt blendend weiß die Kuppe des Hügels. In der Mitte steht die Kirche. Rechts und links schließen sich weite Hallen und Höfe für die Pilger an. Dahinter liegen die Gebäude des Klosters.

Am Tag vorher ist das Fest Mariae Himmelfahrt gewesen. Noch immer sind Tausende von Pilgern auf der Insel. Hunderte von Bettlern säumen den Weg. Manche von ihnen, blind, lahm, verkrüppelt, elend und von Schwären bedeckt, hätten wahrlich Grund, Hiob zu beneiden. Später erkundige ich mich bei dem Kapitän, wie diese Bettler auf die Insel gelangen. Sie ist schließlich nur über See zu erreichen, und die Preise der Schiffstickets, die an sich nicht hoch sind, bedeuten für einen Bettler eine

Menge Geld. Der Kapitän lächelt. »Die Bettler nehmen wir um der Madonna willen auf dem Achterdeck mit.«

Die weiten Hallen sind mit Marmor gepflastert. In den Nischen haben Pilger mit ihren Familien übernachtet. Hier und da sieht man in einer Ecke eine alte, schwarzgekleidete Frau am Boden hocken, die in einem Kupferkessel auf einem kleinen Feuer auf dem Marmorboden ihren Brei kocht.

Die Kirche stammt aus dem Mittelalter. Unter den goldenen Ampeln drängen sich die Pilger. Ein wenig Weihrauch vom morgendlichen Gottesdienst hängt noch in der Luft. Gläubige knien vor der Ikonostasis und beten. Zur offenen Kirchentür fällt breit der Sonnenschein herein. Vor dem Verlassen der Kirche küßt jeder Pilger das wundertätige Bild der Muttergottes. Es ist eine herrliche alte Ikone.

Daß eine brave Krankenschwester den Hauch des Glaubens sogleich mit einem Läppchen von der schützenden Glasscheibe wegwischt, ist der Beitrag des Zeitalters der Hygiene zur alten Frömmigkeit der Jahrhunderte. Die Wissenschaft vermag nicht, den Glauben wegzuwischen. Sie erreicht nur, daß das Wunder ein wenig nach Lysol schmeckt.

Tinos hat von 1390 an ohne Unterbrechung bis zum Jahre 1718 unter der Herrschaft Venedigs gestanden. Im Gegensatz zu anderen Inseln der Aegaeis, die mehrere Jahrhunderte lang unter türkischer Herrschaft zu leiden hatten, haben die Osmanli nur etwa hundert Jahre auf Tinos gesessen. Sitte und Glauben des Mittelalters sind hier unzerstört erhalten geblieben.

Das Orakel von Delos ist verstummt. Im Poseidonion werden keine Opfer mehr gebracht. Die Hymnen an die Madonna dagegen tönen noch immer hell und heiter durch die klare Luft. Doch sollten wir nicht vergessen, daß Grauer Fels und Weißer Turm in gleicher Weise unser Erbe sind.

DIE INSEL DER RITTER UND DER ROSEN

Angefangen hat es in der Geographiestunde der Untertertia. Es waren die Namen, die schon den Knaben fasziniert haben. Der Baikalsee! Korsika! Der Aconcagua! San Francisco! Sein halbes Leben verbringt der Mensch damit, den Bildern nachzujagen, von denen die Träume seiner Jugend erfüllt waren.

Rhodos! Welch schöner Name! Es ist die Insel der blühenden Rosen und der milden Lüfte. Es ist die Insel des Sonnengottes und der Ritter des heiligen Johannes. Zu manchen Zeiten ist sie ein Paradies des Friedens und der Schönheit gewesen, zu anderen ein Brennpunkt heftiger Kämpfe. Jahrhundertelang haben die Johanniter Rhodos gegen die Türken verteidigt. Ohne ihre Tapferkeit wäre Italien ebenso unter türkische Herrschaft geraten wie Griechenland. Rom wäre zu einem Dorf herabgesunken. Wahrscheinlich wäre dann auch der Angriff der Türken auf Wien erfolgreich verlaufen. Eine Elite von wenigen hundert Männern, die Blüte der Aristokratie Europas, hat das verhindert.

Die bedeutsame Rolle, die Rhodos in so vielen Epochen der Geschichte gespielt hat, beruht auf seiner geopolitischen Lage. Von der Südwestspitze des anatolischen Festlandes ist Rhodos nur durch eine Wasserstraße getrennt, die nicht breiter als zehn Meilen ist. Die Insel liegt weit im Osten, nahe jenem neuralgischen Punkt der Weltgeographie, an dem die machtpolitischen Kraftlinien der drei Kontinente Europa, Asien und Afrika sich schneiden.

Der Besitz der Landbrücke, die Afrika mit Asien verbindet, hat alle Machthaber von jeher gereizt. Von hier aus hat man auf der einen Seite Zugang zum Mittelmeer, auf der anderen Seite über das Rote Meer Zugang zum Indischen Ozean. Die großen Karawanenstraßen aus Arabien und Asien enden in den Häfen dieser Küste. Babylonier und Assyrer sind vom Euphrat bis Aegypten vorgestoßen. Die Aegypter haben mehrere Male Syrien bis zum Euphrat besetzt. Alexander der Große eroberte diese Landbrücke, um die Perser ihrer Häfen im Mittelmeer zu berauben und so eine sichere, über See versorgte Nachschubbasis für seinen Angriff auf Asien zu gewinnen. Dann besetzte er Aegypten, um seine Flanke zu sichern.

Von dieser Landbrücke aus haben die Araber, mit Damaskos als Hauptstadt, ihr Weltreich aufgebaut. Ihre Herrschaft reichte schließlich vom Fuß des Hindukush bis Toledo. Ihr Weltreich ist größer gewesen als selbst das Römische Reich in der Zeit seiner größten Ausdehnung. Von Syrien aus haben die Türken Afrika, Kleinasien, den Balkan und sogar Arabien erobert. Die Türken sind das einzige Volk, dem es je gelungen ist, die riesige Halbinsel der Wüsten und Oasen zu unterwerfen. Kämpfe um Syrien, Palästina, den Suezkanal und Aegypten sind in unseren Tagen wieder aufgeflammt. Zu allen Zeiten ist für diese Auseinandersetzungen der Besitz der das östliche Mittelmeer beherrschenden Inseln Kreta, Rhodos und Zypern von der größten politischen und strategischen Bedeutung gewesen.

Die Geschichte der Insel Rhodos geht bis in das vierte Jahrtausend vor Christi Geburt zurück. Die ersten Bewohner der Insel werden von Pindar »Söhne der Sonne« genannt. An der minoischen Kultur Kretas hat Rhodos, trotz der geographischen Nachbarschaft keinen wesentlichen Anteil gehabt. Um 1400 vor Christi Geburt tauchten die ersten Griechen auf der Insel auf. Es waren mykenische Achaier. Schon 1866, also neun Jahre bevor Schliemann in Mykenai zu graben anfing, hat das Britische Museum einige in Rhodos ausgegrabene mykenische Vasen erworben. Um 1000 vor Christi Geburt erschienen die Dorer in dieser Ecke der Aegaeis. Ihre erste Niederlassung war die Stadt Astypalaia auf Kos. Die Insel Kos liegt am Ausgang einer Bucht, die von zwei weit nach Westen vorspringenden Landzungen des anatolischen Festlandes gebildet wird. Auf der nördlichen dieser beiden Landzungen gründeten die Dorer Halikarnassos, auf der südlichen Knidos, weiterhin auf der Insel Rhodos die Städte Lindos, Jalyssos und Kameiros. Diese sechs Städte bildeten einen Bund, die dorische »Hexapolis«. Auch die Hexapolis hatte ein Heiligtum. Es lag am Krio, der steil ins Meer abfallenden Westspitze der Landzunge von Knidos.

Die dorische Hexapolis ist der letzte Ausläufer, sozusagen die letzte an der Südwestspitze Anatoliens aufschäumende Brandungswelle der Dorischen Wanderung. Die rhodischen Dorer ihrerseits legten schon um 700 vor Christi Geburt auf der Insel Lipari im Thyrrenischen Meer eine Niederlassung an. Rhodische Dorer gründeten Gela auf Sizilien und Rhoda in Nordostspanien. Auch an der »Hansestadt« Naukratis im Nildelta war die Hexapolis beteiligt.

Wenige Hinweise genügen, um zu zeigen, was so ein kleiner Bund eines halben Dutzends griechischer Städte in seiner Blütezeit bedeutet hat.

Aus Knidos stammte Sostratos, der Erbauer des Pharos, des Leuchtturms von Alexandreia, der zu den Sieben Weltwundern gehörte. »Pharos« ist noch heute in vielen Sprachen der Welt das Wort für Leuchtturm. Das Schatzhaus der Knidier in Delphoi war mit einem berühmten Gemälde des Polygnotos, des ersten der großen griechischen Maler, geschmückt. Über dieses Gemälde hat noch Goethe mit zwei Künstlern, die das Bild nach der Beschreibung des Pausanias rekonstruiert hatten, gestritten. In Knidos wurde die herrliche Statue der Demeter gefunden, die sich im Britischen Museum befindet. Hier stand einmal die Aphrodite des Praxiteles. Das Original ist verlorengegangen; eine Kopie ist im Besitz des Vatikanischen Museums in Rom. In Halikarnassos ist Herodot geboren. Aus Kos stammt Hippokrates, der Begründer der wissenschaftlichen Medizin. In Kos wurde im Jahre 308 vor Christi Geburt ein aegyptischer König geboren. Er stammte aus makedonischem Geschlecht und bestieg als Ptolemaios II. den Thron. Er war ein Liebhaber der Künste und ein freigebiger Gönner der Wissenschaften. Er muß ein sehr liebenswürdiger und sympathischer Mann gewesen sein, wie seine Portraitbüste zeigt, die man in Alexandreia noch immer sehen kann. Unter seiner Regierung und von ihm gefördert, wurde am Museion, der Universität von Alexandreia, das Alte Testament von jüdischen Gelehrten aus Jerusalem ins Griechische übersetzt.

Kos ist eine hübsche kleine Hafenstadt mit lebhaftem Handel in Wein, Feigen und Oliven. Die Melonen der Insel werden noch heute mit kleinen, schnellen Segelbooten nach Aegypten gebracht. Berühmt für seine Vortrefflichkeit ist der Salat von Kos.

In dieser kleinen Stadt stößt man auf Schritt und Tritt auf steinerne Erinnerungen. Die Johanniterritter, Byzanz, Rom, Hellas und sogar schon die Karer haben ihre Spuren hinterlassen.

Ohnweit der Stadt ist vor fünfzig Jahren das Heiligtum des Asklepios ausgegraben worden. Kos war zur Zeit seiner Blüte eine berühmte Heilstätte. Der Platz des Heiligtums war in Vergessenheit geraten. Er wurde wiederentdeckt am Nordabhang des Gebirgszuges, der sich oberhalb der Stadt Kos in etwa hundert Meter Höhe über dem Meer hinzieht. Drei übereinanderliegende Terrassen, durch breite Treppen miteinander verbunden, sind freigelegt worden. Man fand die Grundmauern mehrerer Tempel, die Reste von Altären, die Reste von Gebäuden, die zum Kurbetrieb gehört haben, und eine alte Heilquelle. Die weiträumige Anlage ist heute von Kiefernwäldchen umgeben. Der Blick über das tiefblau leuchtende Meer bis zu den in feinem Blaugrau schimmernden Gebirgszügen des gegenüberliegenden Festlandes gehört zu den Köstlichkeiten der Aegaeis.

Bei den Griechen war die Heilkunst eng mit der Religion verknüpft. Asklepios, der Gott der Heilkunde, war ein Sohn Apollons. In dieser vornehmen Ahnentafel kommt schon auf mythologische Weise zum Ausdruck, daß die Medizin nicht nur eine Wissenschaft, sondern auch eine Kunst ist.

Wie die Archaeologen herausgefunden haben, stammten die dorischen Siedler auf Kos aus Epidauros in der Peloponnes. Epidauros ist von den frühesten Zeiten an eine Tempelstätte des Asklepios gewesen. Im 5. Jahrhundert vor Christi Geburt war es ein berühmtes und elegantes Modebad. Damals ging man nach Epidauros zur Kur, wie man heute nach Vichy, Baden-Baden oder Spa geht. Die Kolonisten hatten, als sie übers Meer kamen, nicht nur die Hoffnung auf eine große Zukunft, sie hatten auch ihren alten Gott mitgebracht. Sie errichteten dem Asklepios in Kos einen herrlichen Tempel. Den von der heiligen Schlange umwundenen Stab prägten die Bürger von Kos auf ihre Münzen. Der Asklepiosstab ist das Symbol, das Ärzte und Sanitäter der meisten Armeen der Welt noch heute an ihrer Uniform tragen. Nach dem späteren lateinischen Namen des Gottes nennen wir das Abzeichen heute den »Aeskulapstab«.

Obwohl die Anfänge des Heiligtums des Asklepios noch vor der Zeit des Hippokrates liegen, hat man bei den Ausgrabungen keinen Hinweis auf den großen Mann entdeckt. Über seiner Person waltet ein Geheimnis. Quellenstudien haben ergeben, daß alle Nachrichten über ihn zweifelhafte Überlieferungen sind. Tatsächlich wissen wir von seinem Leben so gut wie nichts. Geboren etwa 460 vor Christi Geburt, soll er weit über achtzig Jahre alt geworden sein. Sicher ist nur, daß er in der ganzen antiken Welt der höchsten Verehrung für würdig erachtet wurde. Sowohl Platon wie Aristoteles erwähnen ihn mit Respekt. In Alexandreia galt er als der Meister der Meister, und sein Name war schon um 300 vor Christi Geburt hochgeehrt. Es gibt in der Geschichte der Menschheit nur wenige Männer, deren Lebenswerk über Jahrtausende hinweg so viel Nutzen bei so wenig Schaden gestiftet hat.

Hippokrates ist nicht nur der Begründer der wissenschaftlichen Heilkunst, er hat auch für die Moral des ärztlichen Standes die Richtlinien gegeben. Der Eid, den er seinen Schülern abverlangte, ist im Wortlaut erhalten. Er mutet überraschend modern an. Er ist noch heute in der ganzen Welt der moralische Maßstab für das ärztliche Handeln. Sogar für die Chirurgen der Roten Armee, mit denen zusammen ich nach der Eroberung von Sewastopol die zurückgelassenen verwundeten Russen operiert habe, war das Wort »Hippokrates« ein Zauberwort. In seinem Namen war es uns möglich, die russischen Kollegen zur Zusammenarbeit mit uns zu bewegen. Mancher Baschkire oder Karakalpake, der heute seine Herde in den Steppen Asiens weidet, verdankt die Rettung seines Lebens dem moralischen Prestige des großen Mannes von der kleinen Insel in der Aegaeis.

Von dem berühmten Corpus Hippocraticum, einer Sammlung medizinischer Abhandlungen, welche das Mittelalter dem Hippokrates zuschrieb, wissen wir heute, daß es eine spätere Zusammenstellung ist, deren verschiedene Verfasser in verschiedenen Jahrhunderten gelebt haben. Von den ältesten Manuskripten dieser Sammlung ist es möglich, daß das eine oder andere tatsächlich von Hippokrates stammt.

Der Archaeologe Ludwig Roß hat in den vierziger Jahren des 19. Jahrhunderts die Insel Kos mehrfach besucht. Das war zu einer Zeit, als die unter der Türkenherrschaft seufzenden Griechen die Erinnerung an ihre klassische Vergangenheit längst verloren hatten. Roß berichtet, daß er in einem kleinen Dorf auf Kos, in Palaionisi, in dessen Nähe sich größere Höhlen befinden, bei den Bauern auf die Überlieferung gestoßen sei, daß Hippokrates in einer dieser Höhlen seine Bücher niedergelegt habe. Diese Mär in dem schlichten Dorf ist sehr merkwürdig.

In dem kleinen, mit vielen Kostbarkeiten gefüllten Museum von Kos steht eine Statue, die als Statue des Hippokrates bezeichnet wird. Ich habe sie lange betrachtet. Sie ist kein zeitgenössisches Bild des Hippokrates. Sie ist etwas später. Was diese Statue in hervorragender Weise darstellt, ist das Geistige jener Humanität, jenes Pflichtbewußtsein, jene eigentümliche Mischung von wissenschaftlicher Kühle, menschlicher Güte und weiser Lebenskenntnis, die das Wesen eines Arztes ausmachen.

Die Statue ist etwas überlebensgroß. Sie ist gut erhalten. An eine Säule gelehnt, in einer ein wenig müden, ein wenig resignierten Haltung steht da in einem langen, fließenden Gewand ein Mann von vielleicht fünfzig Jahren. Seine Hand, eine wunderbar feingliedrige Hand, die Hand eines Chirurgen, die sowohl zart tasten wie kräftig zugreifen können muß, hat er auf seine Brust gelegt. Das Antlitz ist ernst. Zwei Falten ziehen sich von der Nase zum Mund. Die Backenknochen treten hervor. Die Schläfengruben auf beiden Seiten sind tief. Die Nase ist gerade. Die Stirn ist hoch. Es ist die Stirn eines Denkers.

Je länger man dieses Gesicht betrachtet, um so mehr enthüllt es. Ein Schleier von Melancholie liegt über dem Antlitz. Das Leid der Erde, das diesem Mann ein Leben lang entgegengetreten ist, hat die Schärfe seines durchdringenden Verstandes gemildert, hat sich wie in tausend feinen Schatten auf seinem Gesicht niedergelassen. Was für ein großartiger Meister der ärztlichen Kunst, was für ein verehrungswürdiger Lehrer muß dieser Mann gewesen sein! Hier hat ein bedeutender Künstler die Aufgabe gehabt, einen bedeutenden Menschen darzustellen, und so ist ein vollkommenes Kunstwerk entstanden – das Antlitz des Hippokrates.

Eine nette, intelligente kleine Amerikanerin, die sich, während ich vor dem ersten Gelehrten meiner eigenen Wissenschaft saß, in braver Beflissenheit auch das letzte römische Kapitell des Museums angesehen hatte, kam nach einer halben Stunde wieder vorbei.

»Was machen Sie denn hier so lange?«

»Nun, ich seh' mir den da oben an!«

»So? Wer ist denn das?«

»Madame, stellen Sie sich einmal vor, Sie sind krank und gehen zum Arzt. Sie sitzen eine Weile im Wartezimmer. Dann kommen Sie ins Sprechzimmer, und hinter dem Schreibtisch sitzt der Mann mit diesem Gesicht da oben! Was würden Sie da sagen?«

Ein Weilchen betrachtete die kleine Person aufmerksam das Antlitz des Hippokrates. Dann sagte sie schnell und mit etwas verlegenem Lächeln:

»Oh, ich glaube, da wär' ich gleich gesund!«

Wir laufen auf östlichem Kurs die Nordspitze der Insel Rhodos an. Langsam steigt mit der aufgehenden Sonne das Land aus dem Meer herauf. Steuerbord erscheint der Atabyros, der höchste Berg der Insel. Von seinem Gipfel aus kann man den Gipfel des Ida auf der Insel Kreta sehen. Backbord erstreckt sich eine felsige Landzunge des anatolischen Festlandes weit ins Meer hinaus.

Die Stadt kommt näher. Die Kontur der Burg der Johanniterritter von Rhodos beginnt sich abzuzeichnen. Neben den Türmen der Kirche ragen die Minarette der Moscheen in den Himmel. Aus dieser Tatsache allein schon ersieht man, wie weit östlich die Insel liegt. Auch hat der Himmel nicht mehr die kristallene Klarheit, die für die Aegaeis so charakteristisch ist. Wir befinden uns fast auf dem 36. Breitengrad. Die Luft über der Stadt flimmert. Hier ist die Grenze, an der die Sonne anfängt, des Menschen Feind zu sein. Im Süden liegt Afrika.

Bevor wir in den Hafen einlaufen, passieren wir steuerbord das berühmte, am Strand herrlich gelegene »Grandhotel des Roses«. Es stammt aus dem Fin de Siècle, dem zivilisierten Ende des 19. Jahrhunderts nach Christi Geburt, in welchem das Reisen eine Leidenschaft geworden war. Wie das Imperium Romanum von Damaskos bis Trier Marmorbäder, Legionärsgräber und Römisches Recht, so hat das Britische Weltreich von Gibraltar bis Shanghai eine Menge Respekt, etwas Haß und wundervolle Grandhotels zurückgelassen. Wir haben es nur zu Betonbunkern gebracht. In Rhodos allerdings bedeuten sie den Beginn der Freiheit. Nach einem Dutzend Fremdherrschaften, die die Jahrhunderte hindurch einander abgelöst hatten, ist am Ende des zweiten Weltkrieges das freie Rhodos zur freien Hellas zurückgekehrt.

Die hohen Mauern der Burg reichen bis an den Hafen heran. Wie mittelalterliche Stiche zeigen, ist zur Zeit der Johanniter das ganze östliche Hafenbecken in die Befestigungen einbezogen gewesen. Die Molen waren durch starke Türme geschützt. Durch eine eiserne Kette konnte die Einfahrt versperrt werden. In diesen Hafen einzulaufen, bedeutete Geborgenheit.

Die Stadt Rhodos ist erst im Jahre 408 vor Christi Geburt von den drei alten Städten Lindos, Jalyssos und Kameiros gemeinsam gegründet worden. Von Hippodamos von Milet wurde sie planmäßig, mit rechtwinklig sich kreuzenden Straßen, von vornherein für hunderttausend Einwohner angelegt.

Von antiken Resten ist auf Rhodos am meisten in Lindos erhalten geblieben. Sie uns anzusehen, brechen wir früh am Morgen auf. Die Straße führt am Meer entlang, das von der Morgenbrise mit zarten Schaumkrönchen geschmückt wird. Wir fahren durch Olivenpflanzungen, Orangenhaine und Weinberge. In höchst vielfältiger botanischer Mischung beleben Palmen, Zypressen und Aleppokiefern die Landschaft. Die Dörfer sind wohlhabend. Die Häuser sind weiß gekalkt. Einmal passieren wir ein türkisches Dorf mit einer Moschee, neben der sich ein zierliches Minarett erhebt. Moschee und Minarett werden von einer riesigen, beide überragenden Platane liebevoll beschattet.

Nach einer Stunde Fahrt entlang der Westküste biegen wir landeinwärts ab, um die Insel zu durchqueren. Die Landschaft ist trocken und staubig. Es ist glühend heiß. Einmal huscht eine Schlange, ein schwarzes, fast zwei Meter langes Tier, über den Weg. Sie verschwindet im Gebüsch zwischen den Felsen, die überall aus der Erde hervortreten. An den Hängen liegen viele kleine Äcker. Die kostbare Krume wird durch Wälle, die aus Feldsteinen und Felsbrocken aufgeschichtet sind, davor bewahrt, von den Regengüssen davongeschwemmt zu werden. Die Sonne steigt höher. Von Stunde zu Stunde wird es heißer.

Im letzten Tal, bevor wir die Ostküste erreichen, liegt ein kleines Dorf, hinter dem die Ruine eines Kreuzritterkastells aufragt. Das Dörfchen mit seinen weißen, um den Glockenturm der Kirche gescharten Häusern und der Silhoutte der alten Burg dahinter wirkt so malerisch, daß wir den Wagen verlassen, um ein Stück zu Fuß zu gehen. Es ist Sonntag. Wie überall hier im Osten hat auch das kleinste Dorf sein Caféhaus. Dieses hat ihrer zwei. Da die Dorfstraße genau von Norden nach Süden verläuft, hat das eine Café den Schatten am Vormittag, das andere am Nachmittag. Die Männer des Dorfes sitzen im »Caféhaus zum Morgenschatten«. Fremde, die kommen, sind von den Göttern geschickt als eine willkommene Abwechslung im Einerlei eines glücklichen Daseins. Bald sind wir mitten in der herzlichsten Unterhaltung. Die hübsche Wirtstochter tritt auf, eine Weile später der dicke Wirt. Der Fremdling wird über die Welt und über die große Politik ausgefragt. Man ist immer wieder überrascht, was für vernünftige Meinungen diese einfachen Bauern haben. Die alte griechische Institution des öffentlichen Versammlungsplatzes, des Marktes, der Agora und hier also des Caféhauses, in dem man etwas erfährt, in dem diskutiert wird, in dem man dem Spott ausgesetzt ist, trägt ihr Teil dazu bei, daß die Meinungen vernünftig bleiben. Als sich herausstellt, daß der Fremdling in Moskau, im Kaukasus und gar in Sibirien gewesen ist, wird die Teilnahme brennend. Nach einer kleinen Stunde scheiden wir unter den Beteuerungen der herzlichsten gegenseitigen Zuneigung. Das halbe Dorf winkt uns nach. Sicher haben die Bauern, nachdem wir weitergezogen waren, alles, was sich in dieser kleinen Stunde ereignet hat, noch einmal in einem gründlichen Palaver beredet. Glück ist einfach.

Wir kommen über die Höhe. Vor uns liegt Lindos. Vom Atabyros her zieht ein von Westen nach Osten sich erstreckender Bergrücken zur Küste hinab. Einen Sattel bildend endet dieser Bergrücken in einer steilen Felskuppe, die als Halbinsel ins Meer hinausspringt. In die Senkung des Sattels schmiegen sich die weißen Häuser von Lindos. Auf dem Plateau der Felskuppe erheben sich die mächtigen Ruinen einer Burg der Johanniter. Dahinter werden die Säulen der Propylaeen und des Tempels der Athene Lindia sichtbar. Die Felskuppe ist die alte Akropolis der Stadt. Links auf einer weit ins Meer hinaus sich erstreckenden niedrigen Landzunge steht ein rundes Bauwerk, das Mausoleum des Kleoboulos, des Tyrannen von Lindos, der zur Zeit Solons gelebt hat. Kleoboulos war einer der Sieben Weisen Griechenlands. Er ist der erste Philosoph gewesen, der sich für eine Verbesserung der Erziehung der Mädchen eingesetzt hat. Die Halbinsel der Akropolis und die Landzunge des Kleoboulos umfassen eine Bucht, die in der Antike ein ausgezeichneter Hafen gewesen ist. Dahinter dehnt sich weit das blaue Meer. Darüber wölbt sich in fast ebenso tiefem Blau der Himmel, an dem die feurigen Rosse des Helios dem Zenit entgegenbrausen.

Wir erreichen die kleine weiße Stadt am Fuß des Steilhanges ihrer alten Akropolis. Die Keramik von Lindos ist noch heute berühmt. Es sind köstliche Teller und Vasen mit einer eigentümlichen, aus Persien stammenden Ornamentik von Fischen, Blumen und Früchten. In Lindos stellte man einen besonders leichten Ziegelstein her, der für den Bau der Kuppel der Hagia Sophia in Konstantinopel verwendet wurde.

Ein paar Eseltreiber werden gechartert. Die Kinder mit ihren lustigen schwarzen Augen betrachten uns neugierig. Sie finden es ungemein komisch, wie ungeschickt wir uns anstellen, wenn wir, was doch die einfachste Sache von der Welt ist, einen Esel besteigen.

Wir reiten durch enge, blitzsaubere Gassen. Zuweilen kann man durch ein offenes Tor einen Blick in den Hof eines alten Bürgerhauses werfen. Man sieht einen Brunnen, eine Akazie, ein paar große Tontöpfe mit Blumen darin. Es ist schattig, kühl, behaglich, ein wenig maurisch. Dann langen wir am Fuß der Burg an. Vor uns steigt mit hundert Stufen eine steile Treppe zum Eingang hinauf. Links ist in eine Felswand das Relief eines antiken Ruderschiffes eingemeißelt.

Wir klettern in der vollen Glut der Sonne die Treppe hinan, ein wahrhaft hitziges Unterfangen. Dann nehmen die kühlen Räume der Burg uns auf. Die festgefügten Mauern sind zu einem Teil erhalten geblieben, zu einem Teil sind sie wiederhergestellt worden. Es sind weite Hallen, denen man anmerkt, daß sie von großen Herren errichtet wurden. Aus den romanischen Fenstern des Festsaales blickt man über die antike Landschaft hin.

Aus der kühlen Burg der Ritter treten wir in die blendende Sonne der Akropolis von Lindos hinaus. Eine Reihe von dorischen Säulen hebt sich gegen den Himmel ab. Sie gehören zu den Propylaeen. Man hat von den ursprünglich zweiundvierzig Säulen einen großen Teil aus den vorhandenen Trümmern wieder aufgerichtet. Zunächst steigt man eine Treppe zu dem Plateau der Propylaeen hinauf, einem festlich feierlichen Bauwerk, das sich von einer Seite der Felskuppe zur anderen erstreckt. Von den Propylaeen führt eine zweite, breit ausladende Treppe zum eigentlichen

Tempelplatz hinauf, einem spitzen Dreieck, dessen Basis von der Säulenreihe der Propylaeen gebildet wird. Der ganze Bezirk ist von einer Mauer umgeben. Das Dreieck liegt auf einer ins Meer hinausspringenden Felsnase, deren Seiten zweihundert Meter tief senkrecht ins Meer abstürzen. Auf dieser äußersten Spitze, auf dieser Bastion zwischen Himmel und Erde, steht der Tempel der Athene Lindia, der Schutzgöttin der Stadt. Im Rahmen der großartigen Gesamtanlage wirkt er bescheiden. Er hat auf der Vorder- und auf der Rückseite je vier Säulen. In seiner Einfachheit erinnert er an den Niketempel auf der Akropolis von Athen. Der rote Felsen, die grauen Mauern, die weißen Marmorsäulen geben mit dem blauen Meer zusammen einen außergewöhnlich reizvollen Akkord. Natur und Kunst sind miteinander zu vollkommener Harmonie verschmolzen.

Bemerkenswert ist der Ausblick von dieser Felsplatte über die Wogen und über die Zeiten hin. Auf der einen Seite liegt das Grabmal des weisen Kleoboulos, der mit Thales und Solon jene nicht endende Reihe glänzender philosophischer Köpfe eröffnet, die den griechischen Humanismus geschaffen haben. Auf der anderen Seite blickt man zu einem ganz kleinen Hafen hinunter, an dessen Rand ein winziges weißes Kapellchen steht. Dieser Hafen hat vor wenigen Jahren eine feierliche und glanzvolle Versammlung von Bischöfen, Metropoliten und Patriarchen gesehen, die aus der halben Welt zusammengekommen waren, um die neunzehnhundertste Wiederkehr des Tages zu feiern, an dem der Apostel Paulus an dieser Stelle der Küste von Rhodos an Land gegangen ist.

Der bedeutendste Sohn von Lindos war der Philosoph Panaïtios. Er gehörte der stoischen Schule an, die der von Zypern stammende Zenon von Kition begründet hatte. Panaïtios war ein Freund des jüngeren Scipio und hat ihn auf vielen Feldzügen und Reisen begleitet. In Rom verkehrte er in den Kreisen der römischen Aristokratie, die er für den Stoizismus gewann. Er hat lange Zeit in Rhodos gelebt. Später ging er nach Athen. Im Jahr 130 vor Christi Geburt hat Scipio seinen philosophischen Freund in Lindos besucht. Hier oben auf der Akropolis haben die beiden Männer gesessen und aufs Meer hinausgeblickt.

Panaïtios mag hinüber nach Alexandreia gedacht haben, wo in der Bibliothek die Bücher aufbewahrt wurden, welche Platon bei seinem Tode hinterlassen hatte. Scipio aber hat an Karthago gedacht. Siebzehn Jahre vorher hatte er die reiche und mächtige Stadt erobert, die schon reich und mächtig gewesen war, als Rom noch eine kleine Bauernrepublik in Latium war. In seiner vornehmen Seele hatte er nichts vom Rausch des Sieges verspürt. Der römische Senat hatte befohlen, die Stadt dem Erdboden gleichzumachen. Scipio hat diesen Befehl ausgeführt. Als er auf die rauchenden Trümmer blickte, ist er in Tränen ausgebrochen.

Panaïtios konnte ihn ein wenig trösten. Die wunderbare Kultur der Phoiniker mit ihren hervorragenden Schöpfungen ist von einer Religion des Menschenopfers überschattet gewesen. Um ihren schrecklichen Gott Moloch günstig zu stimmen, warfen die Karthager alljährlich eine Anzahl ihrer Kinder in einen feurigen Ofen. Diesem schaurigen, aus asiatischen Frühzeiten stammenden Kult hat die Zerstörung Karthagos ein Ende gesetzt. Die Welt war von einem Albdruck befreit. Die helle Philosophie der Griechen konnte sich mit dem hellen politischen Verstand der Römer verbinden, der Welt Frieden zu schenken.

Unter den griechischen Göttern gab es keinen Moloch. Sie waren der Philosophie zugetan. Schon hundert Jahre später versuchte der jüdische Stoiker Philo, das Alte Testament mit der griechischen Philosophie in Einklang zu bringen.

Diese Zukunft war es, in welche die beiden Freunde, der melancholische Feldherr und der gelassene Philosoph, hinausgeblickt haben über das Meer, hinüber nach jener phoinikischen Küste, von welcher die Sendboten ausziehen sollten, den Völkern des Mittelmeeres die Botschaft des Heils zu verkünden.

Die geographische Lage der Insel Rhodos und ihre Nähe zum Festland hatten, nachdem die Perser bis zur Küste Anatoliens vorgedrungen waren, dazu geführt, daß die Schiffe von Rhodos in der Schlacht von Salamis in der persischen Flotte kämpften.

Nach dem Tode Alexanders vertrieben die Rhodier die makedonische Garnison. Eine neue Blütezeit für die Insel brach an. Mit der von Alexander im Nildelta gegründeten Stadt Alexandreia teilte sich Rhodos in den Handel im östlichen Mittelmeer. Zum Dank für einen neuerlichen Sieg über die Makedonen errichteten die Rhodier Helios, dem Schutzgott ihrer Insel, ein von Chares von Lindos geschaffenes Bronzestandbild von vierunddreißig Metern Höhe. Die Technik des Bronzegusses ist in Rhodos hoch entwickelt gewesen. Wahrscheinlich stammen auch die vier Pferde der Fassade von San Marco in Venedig aus derselben Werkstatt wie der Helios. Dieses Standbild des Sonnengottes war der berühmte Koloß von Rhodos, ein weiteres der Sieben Weltwunder. Fünfzig Jahre nach seiner Errichtung stürzte bei einem Erdbeben das Götterbild zusammen. Noch Plinius hat dreihundert Jahre später die Trümmer bestaunt. Sie haben, ein Wunder des Antiquitätenhandels, beinahe neunhundert Jahre dagelegen, bis die Araber sie im Jahre 656 nach Christi Geburt als Altmetall verkauft haben. Der Händler, der sie nach einem Hafen der syrischen Küste brachte, brauchte, wie die arabischen Chroniken berichten, für den Abtransport nach Emesa eine Karawane von neunhundert Kamelen.

Als der Koloß von Rhodos errichtet wurde, stand Rhodos auf seinem Höhepunkt. Es war die seebeherrschende Macht des östlichen Mittelmeers. Mit dem Aufstieg Roms ging der politische Einfluß zwar zurück, aber Rhodos wurde nicht unterworfen. Es trat als Bundesgenosse in das Imperium Romanum ein. Es folgten zwei glänzende Jahrhunderte. Das rhodische Geld war damals der Dollar der Aegaeis. Aber Rhodos lag mit Alexandreia nicht nur im Wettstreit von Export und Import. Das rhodische Wirtschaftswunder trug köstlichere Früchte. Der Ruf des berühmten Museion von Alexandreia mit seiner noch berühmteren Bibliothek ließ den Ehrgeiz der Rhodier nicht ruhen. Auch Rhodos schuf sich eine Universität. Ihr Gründer war der Philosoph Poseidonios. Er war ein Syrer. Es ist nützlich, sich immer wieder klarzumachen, daß vor zweitausend Jahren die Welt zivilisiert und ohne Vorurteile war, und daß man sich in dieser Welt nach Belieben frei bewegen konnte.

Poseidonios hat sein halbes Leben auf Reisen verbracht. Er hat eine Geschichte der Welt in zweiundfünfzig Büchern geschrieben, von der leider nichts erhalten geblieben ist. Er hat versucht, die Entfernung der Sonne und ihre Größe zu berechnen und die Größe des Erddurchmessers festzustellen. Er hat ferner Berechnungen über den Einfluß des Mondes auf die Gezeiten angestellt.

Dieser weitgereiste und hochgebildete Mann ließ sich in Rhodos nieder. Er hat viel für die Ausbreitung der stoischen Philosophie im Römischen Reich getan. Daß Cicero sein Schüler war, gereicht ihm gewiß zum Ruhm, aber auch der Feldherr Pompeius ist zu den Füßen des Philosophen gesessen. Es ist eine liebenswürdige Analogie, daß der siegreiche General des zweiten Weltkrieges nach seinem Sieg keineswegs den Helm fester schnallte, sondern ein Barett aufsetzte und Rektor einer Universität wurde. Diese Magnifizenz freilich ist eine Prächtigkeit der Neuen Welt. Auch Gaius Julius Caesar ist an der Universität Rhodos immatrikuliert gewesen. Ebenso hat Tiberius, ehe er den römischen Kaiserthron bestieg, acht Jahre auf Rhodos verbracht. Noch im Besitz der höchsten Macht, die das Weltreich zu vergeben hatte, hat Tiberius in der Schönheit der Insel Capri der Schönheit der Insel Rhodos sehnsüchtig gedacht.

In gleicher Weise berühmt wie die Gelehrsamkeit der Universität von Rhodos war die Schönheit der Bildhauerwerke der rhodischen Schule. Noch heute steht im Museum von Rhodos eine vorzüglich erhaltene »Kniende Aphrodite«.

Der Museumsdiener sprach ausgezeichnet Deutsch, mit einem kleinen Berliner Akzent. Ich erkundigte mich, wo er es gelernt habe.

»In Köpenick!«

»In Köpenick?«

»Ja, im Krieg, in der Munitionsfabrik!«

Ich fragte ihn, ob es sehr schlimm gewesen sei. Mit einer großzügigen Geste meinte er: »Ach, reden wir nicht mehr davon!«

Am Ende des Rundgangs durch das nicht sehr große Museum fragte ich den Griechen aus Köpenick, ob das alles sei.

»Na ja«, meinte er, »die guten Sachen haben die Italiener jeklaut.«

»Die Italiener? Was denn zum Beispiel?«

»Na, den Laokoon!«

Diese berühmte Plastik steht heute im Vatikan. Plinius nennt drei rhodische Bildhauer, die als Schöpfer in Frage kommen – Agesander, Polydoros und Athenodoros. Wahrscheinlich ist das Bildwerk schon in der Antike nach Rom gekommen. Später ist es verlorengegangen. Seine Wiederentdeckung im Beginn der Renaissance war eine Sensation.

Mit dem Zerfall des Byzantinischen Reiches begannen auch für Rhodos jene Eroberungen, denen fast alle Inseln des östlichen Mittelmeeres ausgesetzt waren. Goten, Isaurier, Perser, Araber, Venezianer, Genuesen und schließlich eine Rückeroberung durch Byzanz gingen über Rhodos hinweg.

Mit dem Jahre 1308 beginnt eine neue Epoche des Glanzes. Nachdem das Heilige Land am Ende der Kreuzzüge den Christen verlorengegangen war, eroberten die Ritter des »Ordens vom Hospital des heiligen Johannes in Jerusalem« die Insel. Sie sind es, die die mächtige Burg von Rhodos errichtet haben. Die Italiener haben in der Zeit, als sie Rhodos besetzt hatten, große Teile der Burg, die zerstört war, nach alten Plänen wiederhergestellt.

Der »Orden vom Hospital des heiligen Johannes in Jerusalem« stammt tatsächlich aus einem Krankenhaus. All die Jahrhunderte hindurch haben die Johanniterritter den Schutz der Pilger und die Pflege der Kranken als ihre vornehmsten Aufgaben betrachtet. Im Gegensatz zu ihnen standen die Tempelritter, die ein militärischer Orden waren.

Immer schon, seit Jerusalem Ziel christlicher Pilger war, hat es im Heiligen Land Hospitäler zu ihrer Betreuung gegeben. Eines dieser Hospitäler in der Nähe von Jerusalem wurde im Anfang des 11. Jahrhunderts von Benediktinern übernommen und Johannes dem Täufer geweiht. Während das erste Kreuzritterheer 1099 Jerusalem belagerte, diente das Hospital unter der Leitung des Mönches Gerald als Hauptverbandsplatz. Dieser tüchtige und geschickte Mann benutzte die Dankbarkeit der Kreuzritter für die Dienste an den Verwundeten und Kranken dazu, nach der Eroberung der Stadt nicht nur den Besitz des Hospitals zu erweitern, sondern sich auch noch einige wertvolle Privilegien zu verschaffen.

Es wird berichtet, daß sich sogar eine Dame, eine vornehme Römerin, schon im ersten Kreuzzug der Pflege der Verwundeten und Kranken gewidmet habe. Diese Lady Agnes, eine frühe Florence Nightingale, ist die Stammutter aller Krankenschwestern der Welt. Sogar die heilige Elisabeth, Landgräfin von Thüringen, hat erst hundert Jahre später gelebt.

Für den Orden nahm Gerald die Ordensregel der Augustiner an. 1113 nahm der Papst Paschalis II. den Orden und seine Besitzungen unter seinen unmittelbaren Schutz. Damit wurde der Orden souverän. Er war der Eifersucht und den Streitigkeiten der europäischen Potentaten entzogen. Die Ritter legten das Gelübde der Armut, der Keuschheit und des Gehorsams ab. Der Orden hat eine hohe Moral vertreten. Wo die Ritter geherrscht haben, sind sie milde und gerechte Herren gewesen. Ein Stück der Küste Anatoliens und einige der benachbarten Inseln hatten sie in Besitz genommen. Unter ihrem starken Schutz hat Rhodos eine wunderbare Blüte erlebt.

Armut, Keuschheit und Gehorsam sind die Gelübde einer Elite. Sie haben den Orden zu seinen geschichtlichen Leistungen in der Verteidigung des Westens gegen die Türken befähigt. Diese Elite hat niemals aus mehr als fünfhundert Rittern bestanden. Sie stammten aus den vornehmsten Familien des europäischen Feudaladels. In der »Rue des Chevaliers« reiht sich ein herrlicher gotischer Bau an den anderen. Über den Torbögen der alten Häuser sieht man noch heute zahlreiche in Stein gemeißelte Wappen der Aristokratie des Abendlandes.

Der Orden wurde durch Eroberungen und Schenkungen außerordentlich reich. Er hatte ausgedehnten Grundbesitz in Frankreich und auf Zypern. Die Ritter selbst blieben arm. Wie vortrefflich die alten christlichen Tugenden der Demut und des Gehorsams bei den Johanniterrittern aufgehoben waren, erzählt uns auf eine köstliche Weise Schiller in seiner Ballade »Der Kampf mit dem Drachen«.

Der Drache lebte am Fuß des Hügels von Malpasos, an der Straße nach Trianda, wenige Meilen von Rhodos entfernt. Fünf Ritter des Ordens, die den Drachen zu töten versucht hatten, waren von ihm umgebracht worden. Daraufhin hatte der Großmeister weitere Kämpfe verboten. Ein junger Ritter übertrat das Verbot. Er fuhr auf Urlaub nach Frankreich. Wochenlang trainierte er mit Pferd und Hunden an einem Drachenphantom. Dann kehrte er heimlich nach Rhodos zurück und tötete das Untier. Aber die erwartete Ehrung erfolgte nicht. Der Großmeister ließ ihn hart an, daß er die Ordensregel des Gehorsams so arg verletzt habe. Doch bleibt das Happyend nicht aus. Als der Jüngling sich schweigend und voller Demut dem Spruch des Meisters beugt und still sein Gewand ablegt, wird er in Gnaden wieder aufgenommen.

Das Witzige an der Geschichte ist, daß sie sich ereignet hat. Im Jahre 1342 hat der Chevalier Dieudonné de Gozon unter dem Großmeister Hélien de Villeneuve tatsächlich einen Drachen erlegt. Die Überlieferung von dieser Heldentat hatte sich bis ins 19. Jahrhundert erhalten. Noch 1837 hing der Kopf des Drachens an der Porte d'Amboise in Rhodos, und noch 1875 beschreibt ein Reisender ein altes Fresko in einem der Häuser in der Rue des Chevaliers, auf dem der Kampf dargestellt war. Man muß nicht unbedingt annehmen, daß der Drache ein aus dem Tertiär übriggebliebener Dinosaurier, eine Art oberbayerischer Tatzelwurm in der Aegaeis, gewesen sei. Ein Dinosaurier, als reiner Vegetarier, fräße weder Schafe noch Hirten. Es wird ein Krokodil gewesen sein, das irgendwann einmal ein Seemann Kuddeldaddeldos als junges Tier seiner Braut vom Nil nach Trianda mitgebracht hatte. Schiller scheint die Geschichte genau gekannt zu haben. Der Drache hat bei ihm einen »Krokodilesrachen«. So begegnet man nach einem Menschenalter den gymnasialen Fabeltieren seiner Jugend unter dem Himmel Griechenlands. Der Chevalier de Gozon, der tapfere Drachentöter, hat es später so weit gebracht, daß er nicht mehr zu gehorchen brauchte. Er wurde Großmeister des Ordens.

Als Herren der Insel Rhodos standen die Johanniter inmitten der Machtkämpfe um das Mittelmeer. Zweihundert Jahre lang haben sie geherrscht, gebetet, gebaut und gekämpft. Zweihundert Jahre lang haben sie sich gegen Aegypter und Türken gewehrt. Es gelang den Osmanli nicht, die Aegaeis zu einem türkischen Gewässer zu machen. Das ist von großer Bedeutung für Europa gewesen. Solange Rhodos nicht in die Hand des Feindes fiel, war keine Rede davon, daß er sich hätte an die Eroberung des westlichen Mittelmeeres wagen können. Als die Ritter im Jahre 1523 nach der hartnäckigen Belagerung durch Sultan Soliman den Prächtigen, während deren sie sich außergewöhnlich tapfer verteidigt hatten, schließlich kapitulieren mußten und die Großmut des Sultans und sein Respekt vor der Standhaftigkeit der Verteidiger ihnen freien Abzug gewährten, machte Kaiser Karl v. die saekulare Randbemerkung: »Niemals fürwahr ist eine bessere Sache auf eine bessere Art verlorengegangen.«

Nach dem Fall von Rhodos beschlossen die Türken, den Vorstoß nach dem Westen endlich zu unternehmen. Aber die zweihundert Jahre, in denen Rhodos verteidigt worden war, hatten genügt, Spanien erstarken zu lassen. 1571 konnte Don Juan d'Austria die Seeschlacht von Lepanto für die Katholische Majestät von Kastilien gewinnen.

Noch immer ragt die alte Burg der »Ritter vom Hospital des heiligen Johannes in Jerusalem« in den Himmel über Rhodos, Noch immer dräuen gewaltig die riesigen Mauern mit ihren tiefen Gräben, auf deren Grund sich hier und da ein Hibiskusstrauch mit seinen leuchtenden Blüten angesiedelt hat. Es sind wahre Steingebirge, die der herrschsüchtige Wille der Großmeister zu dieser mächtigen Festung aufgetürmt hat. Aus der Auvergne, aus der Lombardei, aus Kastilien, aus Cornwall und vom Rhein sind die Ritter herbeigeströmt, den Glauben zu schützen. An seinen Grenzen ist das Abendland entstanden. An seinen Grenzen muß es verteidigt werden.

Es sind die Küsten des Lichts, an denen Europa zum Leben erwacht ist. Als der Mythos zu verklingen begann, wurde die Aegaeis zum Meer der Geschichte. Über die Inseln, die blühenden, zogen die Zeiten dahin. Helden und Kaufleute, Feldherren und Gelehrte, Seeräuber und Sänger, Matrosen, Pilger, Abenteurer, Apostel und Verbannte sind von Hafen zu Hafen gesegelt seit den ältesten Zeiten. Jason fuhr mit der Argo durch die Dardanellen ins Schwarze Meer. Agamemnon setzte mit dem Heer der Achaier von Aulis nach Troia über. Odysseus wurde weit umhergetrieben in diesem Wasser. Die Flotten der Perser und der Griechen haben die See zwischen Hellas und Ionien gekreuzt. Für Themistokles, für Pompeius, für Caesar, für Johannes und Paulus haben die Schiffskapitäne ihre Kurse nach den Inseln abgesteckt. Alexander, Rom, das Goldene Byzanz, Araber, Wikinger und Kreuzfahrer haben an diesen Küsten geherrscht. Weltreiche und Weltreligionen sind von Osten nach Westen, von Westen nach Osten über die Aegaeis dahingegangen. Dieses alte Wasser ist ein Meer großer Historie.

Der Mythos ist erloschen. Seine Poesie ist lebendig geblieben. Die Bauten sind zu Ruinen zerfallen; aber jede einsame Säule, die noch in den Himmel ragt, kündet von des Menschen hohem Mut, seine Seele höher zu setzen als seinen Hunger. Die Überlieferungen werden nur noch in staubigen alten Büchern in einsamen Bibliotheken aufbewahrt. Die Tatsachen, von denen diese Überlieferungen berichten, haben die Welt geschaffen, in der wir leben.

Die Aegaeis ist das Meer der Meere. Das Rauschen seiner Brandungen ist das Lied, das an der Wiege Europas erklungen ist. Wir neigen das Haupt und lauschen einer Melodie, mit der in unserer fernen Jugend Götter uns in den Schlaf gesungen haben.

ALEXANDER

ODER

DIE VERWANDLUNG DER WELT

Ohne Alexander wüßten wir wenig von den Griechen,
und das Wenige würden wir zu wissen nicht begehren.

Jacob Burckhardt

Alexander III. von Makedonien, der Sohn König Philipps II. und der Olympias, einer Prinzessin aus dem Hause der Fürsten von Epeiros, war zwanzig Jahre alt, als er im Jahre 336 vor Christi Geburt den Thron bestieg. Nur dreiunddreißig Jahre waren ihm vergönnt, sein königliches Leben zu führen. Er begann als der Herr eines kleinen Volkes von Hirten und Bauern. Am Ende seiner Laufbahn war er der mächtigste Mann des Erdkreises. Um unerhörter Ideen willen hat er unerhörte Taten vollbracht. Durch unerhörte Taten hat er unerhörten Ideen zu geschichtlichem Leben verholfen. Er hat eine Verwandlung der Welt bewirkt. Die Nachwelt nennt ihn Alexander den Großen.

So wunderbar das Leben Alexanders ist und so sehr die Betrachtung seines Ablaufs dazu verführt, ihn mit einem Meteor zu vergleichen, der aus dem Unbekannten kommt und im Aufleuchten sich verzehrt, die historischen Voraussetzungen seines Wirkens können aufgezeigt werden. Seine Leistung ist in keiner Weise zufällig und aus eben diesem Grund auch nicht allein sein Verdienst. Es gibt in den Gezeiten der Geschichte Flutwellen, die einen Mann, der die Zeichen zu deuten versteht, weit zu tragen vermögen. So ist der Angriff Alexanders auf das Weltreich der Achaimeniden kein willkürlicher Eroberungszug gewesen, wie manche Historiker es darstellen. Niebuhr noch nennt Alexander »einen prachtvollen Räuber«. Der Zug Alexanders nach Asien war die letzte Phase einer machtpolitischen Auseinandersetzung, die sich über nahezu zweihundert Jahre erstreckt hatte. In den Schlachten von Marathon, Salamis und Plataiai im Anfang des 5. Jahrhunderts vor Christi Geburt hatten die Griechen ihre Freiheit gegen die Perser verteidigen können. Doch gewannen auf dem Feld der Diplomatie die Gegner schon sehr bald ihre Überlegenheit zurück. Mit Hilfe des aus den Schatzkammern von Susa nach Hellas fließenden Goldes förderte der persische Hof den Partikularismus der hellenischen Stadtstaaten und beraubte so die Griechen allmählich wieder der meisten ihrer auf dem Schlachtfeld errungenen Vorteile. Freilich haben die Perser auf diese Weise selbst in Makedonien, das als Folge der Schwäche der Griechen kräftiger und kräftiger wurde, den Gegner großgezogen, der kurze Zeit später dieser Diplomatie ein Ende bereiten sollte.

Hellas war, schon als das 4. Jahrhundert begann, das Jahrhundert, in dessen zweite Hälfte das Wirken König Alexanders fällt, durch die immer wieder ausbrechenden Bruderkriege so ausgezehrt, daß es einem neuerlichen Angriff Persiens sicherlich erlegen wäre. Nicht einmal dem Angriff Makedoniens, das doch zur Zeit des Königs Dareios I. noch ein kleiner Vasallenstaat der Perser gewesen war, konnte Hellas widerstehen. In der Schlacht von Chaironeia, zwei Jahre bevor Alexander zur Regierung kam, ging die von Athenern und Thebanern verteidigte griechische Freiheit an Philipp II. verloren. Eine von Alexander angeführte Attacke der makedonischen Kavallerie entschied das Treffen.

Ein Marmorlöwe wacht seitdem auf dem Schlachtfeld von Chaironeia über dem Grab der Freiheit, über dem Ruhm der Helden und über dem Geheimnis, daß der Mann, der die Schlacht gegen die hellenische Freiheit gewann, derselbe war, der die in dieser Freiheit entstandene hellenische Gesittung über die Welt verbreiten sollte. Diese Gesittung war die klassische Kultur, die nach den Perserkriegen unter Perikles in Athen erblüht war. Nach ihm wird die Epoche das »Perikleische Zeitalter« genannt.

Die Vorliebe des 19. Jahrhunderts, des Jahrhunderts der humanistischen Bildung, für das klassische Hellas, das am Anfang unserer Zivilisation steht, hat dazu geführt, daß wir diese Epoche lange Zeit hindurch allzu isoliert gesehen haben. Immer wieder über Jahrtausende hin hat die Macht zwischen Ost und West gewechselt. In diesem Ablauf sind die Züge der Perserkönige nicht mehr als eine Episode. Wie tief auch immer die Praehistoriker in die Geheimnisse der Vergangenheit eindringen, es stellt sich heraus, daß die Ereignisse fast in allen Fällen entweder einer Ostwest- oder einer Westostbewegung angehören. Flut und Ebbe lösen in Intervallen von Jahrhunderten immer wieder einander ab.

Die jüngere Steinzeit hat im Bereich des Aegaeischen Meeres mit einer über einen langen Zeitraum sich erstreckenden Kulturdrift begonnen, die von Kilikien, der Kypros, dem heutigen Zypern, gegenüberliegenden Südküste Anatoliens, und vom nördlichen Mesopotamien ausgegangen ist. Damals ist die Kenntnis des Ackerbaus vom Orient nach dem Westen gelangt. Im Trojanischen Krieg ist die mykenische Kultur der zweiten Hälfte des zweiten Jahrtausends nach Asien vorgestoßen. Die Perserkriege stellen die erste Ostwestbewegung dar, die sich im Licht der Geschichte abspielt. Die Antwort auf die imperialistische Bedrohung durch den Osten war der Alexanderzug. Der Hellenismus bemächtigte sich Asiens. In seinen letzten Ausläufern drang er bis China, Korea und Japan vor. Das Christentum, im Osten ans Licht der Welt getreten, eroberte den Westen. Die Völkerwanderung ist in ihren Grundzügen eine Ostwestbewegung gewesen, die an der großen Mauer Chinas begann und bis zur Küste des Atlantik, ja bis nach Afrika gelangte. Ostwestbewegungen waren die Züge der Hunnen, der Mongolen, der Seljuken, der Osmanen. Der Islam zwar brach aus dem Süden in die alte mediterrane

Welt ein; aber nachdem Syrien und Mesopotamien zum politischen Mittelpunkt der arabischen Eroberung geworden waren, trafen die weiteren Vorstöße des Islam sowohl den Osten wie den Westen. Osten und Westen haben auf die arabische Aggression in unterschiedlicher Weise reagiert. Der Osten gewann ohne einen Schwertstreich die Überlegenheit über die aus der Wüste gekommenen Beduinen, die sich zu Herren des alten Iran gemacht hatten, zurück. »Die persische Kultur eroberte den Islam.« Der Westen antwortete auf die Bedrohung durch die Streiter Allahs mit den Kreuzzügen.

Im Beginn der Neuzeit stießen die Portugiesen, die Spanier, die Holländer und zuletzt die Engländer mit ihren kolonialen Eroberungen bis in den Fernen Osten vor. Die Russen unterwarfen sich, ebenfalls immer weiter nach Osten vordringend, Sibirien bis zum Pazifik und schufen so das größte Kolonialreich der Geschichte. Es folgte im 19. Jahrhundert der eigentümliche Siegeszug der technischen Zivilisation Europas, dem der Osten zunächst erlag. Und wir nun sind die Zeitgenossen und Zuschauer des weltbewegenden Schauspiels, wie Indien wieder eine Großmacht wird und China sich anschickt, wieder eine Weltmacht zu werden. Die Flut hat sich, einmal mehr, gewendet. In dieser weltgeschichtlichen Auseinandersetzung zwischen Ost und West spielt Alexander der Große die hervorragendste Rolle. Die Folgen seiner Taten reichen bis in unsere Tage hinein.

Was ist dieser Alexander für ein Mensch gewesen?

Alexander der Große ist eine der am heftigsten umstrittenen Persönlichkeiten der Weltgeschichte. Schon für seine Zeitgenossen war er von Geheimnissen umwittert, und noch heute ist er ebensosehr Mythos wie Geschichte. Es gibt keine historische Figur seines Ranges, von der wir gleichzeitig so viel und so wenig wissen. Wir wissen viel über seine Taten. Wir wissen wenig über den, der sie vollbracht hat. Seine Person ist hinter vielen Schleiern verborgen. Immer wieder entzieht sich sein Genie den Versuchen, es zu deuten.

Caesar hat, als er fünfzig Jahre alt war, vor dem marmornen Haupt Alexanders Tränen vergossen, weil jener mit dreiunddreißig Jahren die Welt schon erobert gehabt habe, während er mit fünfzig Jahren noch nicht einmal Herr in Rom sei. Diese Szene hat Pascal mit der Bemerkung kommentiert, man könne es zwar der Jugend Alexanders zugute halten, daß er seine Zeit damit vertan habe, die Welt zu erobern, aber Caesar sei alt genug gewesen – er hätte es wissen können!

Die christliche Kirche Aethiopiens hat Alexander zum Heiligen gemacht, der von vier Greifen zum Himmel getragen wird. Für die byzantinische Frömmigkeit war Alexander Symbol und Beweis der Vergänglichkeit alles Irdischen. In griechischen Klöstern stößt man auf die Darstellung der Szene, wie der Patriarch von Alexandreia vor dem geöffneten Sarg Alexanders steht, in dem nichts sich befindet als ein schäbiges Skelett. Mit souveränem Hohn weist der Kirchenfürst auf das hin, was von der irdischen Macht und Herrlichkeit übriggeblieben sei. Und hat er nicht recht? Zwar macht sich der fromme Mann kaum Gedanken darüber, was alles er Alexander zu verdanken hat. Allein die Tatsache, daß er überhaupt erfahren hat, auf welche Weise seine eigene unsterbliche Seele gerettet werden könne, ist mit eine Folge dessen, was das schäbige Skelett des Fürsten der Welt zu seinen Lebzeiten vollbracht hat. Aber was ist vergänglicher gewesen als Alexanders Herrlichkeit! Einem der mächtigsten Männer, die je hienieden wandelten, wurden, nachdem die Macht dahingegangen war, seine Mutter, seine Schwester, seine beiden Frauen und seine beiden Söhne ermordet. Makedonien, das er zur Weltherrschaft geführt hatte, ist, nach einer nur noch kurzen Zwischenzeit, nie wieder ein selbständiger Staat gewesen. Beständig ist nur der Streit um die Person Alexanders. In den Prospekten, die zum Besuch der alten Königspfalz Persepolis einladen, steht zu lesen, daß die Halle der hundert Säulen von einem »betrunkenen Barbaren« angezündet worden sei. Alexander ist der einzige Mensch der Antike, der so lebendig geblieben ist, daß noch heute politische Angriffe gegen ihn gerichtet werden. Und doch ist es schwierig, die Frage, was für ein Mann er gewesen sei, in befriedigender Weise zu beantworten.

Der Streit um Alexanders Persönlichkeit hat viele Ursachen. Er begann schon zu seinen Lebzeiten. Demosthenes, der Verteidiger der griechischen Demokratie und der athenischen Freiheit, dessen gegen Philipp II. gerichtete Reden noch immer als die glänzendsten Beispiele des klassischen Stils gelten, hat Alexander gehaßt. Aristoteles, gewiß der gescheiteste Mann des Jahrhunderts, hat von seinem königlichen Schüler eine ausgezeichnete Meinung gehabt. Die Aegypter machten Alexander zu ihrem Pharao und damit zu einem Gott. Das Volk auf der Agora von Athen hat für »den makedonischen Barbaren« selten mehr als Spott übriggehabt. Die Abneigung der Athener gegen Alexander wurde verstärkt durch die Tatsache, daß fast während seiner ganzen Regierungszeit in Hellas eine mehr oder weniger große Knappheit an Getreide herrschte. Während Alexander den Geist von Hellas über den Erdkreis verbreitete, hungerten die Hellenen.

Alexanders makedonische Generale waren als Gefolgsmannen treu wie Helden der Sage. Nur einer hat ihn verraten. Die Soldaten seines Heeres haben ihn glühend geliebt. Dareios III., der König der Könige, der Herrscher Asiens, hat tief in seinem Herzen den Mann, der ihn vernichtete, bewundert. Die Anekdote berichtet von Alexanders Humor, von seinem Witz, seiner Großherzigkeit, die Historie von seinen Grausamkeiten. Dabei ist er der einzige Staatsmann der Antike, der zuweilen Mitleid gezeigt hat, eine Regung des Herzens, die unter seinen Zeitgenossen als unmännlich galt.

Achilleus, von dem er mütterlicherseits, und Herakles, von dem er väterlicherseits abstammte, waren die Leitbilder seiner Jugend. Dieser Adel war nur wenig älter, als es heute in Europa der Kreuzzugsadel ist. Alexander selbst wurde das Leitbild des Fürsten für die griechisch-römische Welt. Weil Alexander sich rasierte, haben es fünfhundert Jahre lang alle Herrscher des Westens getan. Erst als die byzantinischen Kaiser mehr und mehr das persische Hofzeremoniell übernahmen, kam der Bart, der alte stolze Schmuck der Herrscher des Ostens, wieder in Mode.

In den Krieg nahm Alexander ein von Aristoteles kommentiertes Exemplar der Ilias mit. Nachts pflegte er es unter seinem Kopfkissen zu verwahren. Während er über dem Homer einschlief, dachte er darüber nach, wie er die von dem eroberten persischen Gold mit einer Inflation bedrohte Währung seines Landes vor dem Verfall bewahren könnte. Die geschickten Manipulationen, mit denen ihm das gelang, sind eines modernen Finanzministers würdig.

Alexander ist ein Mann von hohen Tugenden gewesen, aber er hat den Verrat fast ebenso oft belohnt wie die Treue. Hätte er ein Lehrbuch der Staatskunst verfaßt, Machiavelli hätte ganze Kapitel übernehmen können, mit Ausnahme dessen über die Macht. Alexander, entschieden doch ein Fachmann für die Macht, war zwar begierig nach ihr und ihrer ständigen Vermehrung, aber bedient hat er sich ihrer, entgegen allen über ihre Dämonie verkündeten Lehren, hauptsächlich, um großartige neue Ideen zu verwirklichen.

Wahrhaftig ein schwieriger Mensch!

Von den Quellen, auf denen unsere Kenntnis Alexanders beruht, ist die älteste, Diodoros, erst etwa zur Zeit Caesars, die wichtigste, Arrian, erst etwa zur Zeit des Kaisers Marc Aurel verfaßt worden. Die Geschichtsschreiber der römischen Kaiserzeit haben noch zeitgenössische, uns verlorengegangene historische Darstellungen der Taten Alexanders benutzen können. Eine der wichtigsten war die des Ptolemaios, des Sohnes des Lagos, der den ganzen Feldzug an hoher Stelle im Stab Alexanders oder als Truppenbefehlshaber mit großen selbständigen Aufgaben mitgemacht hatte. Sein Werk hat er in seinen späteren Jahren als König von Aegypten verfaßt. Alexander dürfte der einzige König gewesen sein, der sogar zum Biographen einen König hatte. Auch war es ein königlicher Zorn, der

Ptolemaios dazu veranlaßte, seine Erinnerungen niederzuschreiben. Es war der verständliche Zorn über den vielen Unsinn, der über Alexander schon damals in Umlauf gesetzt wurde. Von den Historikern dieser ersten Phase, die noch Zeitgenossen des Makedonenkönigs gewesen sind, waren einige Alexander feindlich gesinnt einfach deshalb, weil sie Griechen waren, andere deshalb, weil sie Peripatetiker waren, die glaubten, den Tod des Kallisthenes rächen zu müssen, jenes Neffen des Aristoteles, der ihrer Philosophenschule angehört hatte und in einem Hochverratsverfahren im Heerlager Alexanders zum Tode verurteilt worden war.

Der Streit um Alexander zieht sich durch das ganze Altertum hin. Viele seiner Taten wurden als Verbrechen angesehen. Manche sind es. Plutarch unternimmt es in einem Jugendwerk, einer Art Abiturientenaufsatz des großen Historikers, Alexander vor allem gegen den Vorwurf zu verteidigen, daß er nur Glück gehabt und dieses Glück nicht verdient hätte, durch den sorgfältigen Nachweis, daß dieses Glück nur auf Alexanders Tugenden beruht habe.

Die Beweisführung Plutarchs kann man nicht ohne eine gewisse humanistische Rührung lesen.

In ähnlicher Weise wie manche ihrer antiken Kollegen bezweifeln auch manche modernen Historiker, daß Alexander ein so großes Genie gewesen sei. Sie meinen, daß auch er nur das erfüllt habe, was ohnehin im Zuge der Zeit lag. Aber eben gerade das, »die Zeichen der Zeit erkennen«, ist eine Aufgabe, welche nur das Genie zu lösen vermag. Bismarck hat zu diesem Problem einmal bemerkt, daß man in der Politik zuweilen den Mantel Gottes vorbeirauschen höre und daß es nichts weiter gelte, als einen Zipfel des Mantels zu ergreifen. Bei Alexander hat man den Eindruck, daß er den Mantel der Götter mit beiden Händen erfaßt und sich selbst um die Schultern geschlungen habe.

In den meisten Lehrbüchern der Geschichte Indiens findet man die hochmütig und lässig hingeworfene Bemerkung, daß die Eroberung des Punjab, des Fünfstromlandes, durch Alexander nicht die kleinste Spur in der indischen Literatur zurückgelassen habe. Es liegt hier nichts anderes vor als eine Lücke in der indischen Literatur; aber die Bemerkung zeigt, wie feindselig die Geschichtsschreibung noch immer gegen Alexander ist. Chandragupta, der drei Jahre nach dem Tod Alexanders das Mauryareich, das erste Großreich im Nordwesten Indiens, gründete, hat Alexander in seinem Feldlager am Hydaspes besucht. Man erwäge, was für einen Eindruck die Persönlichkeit Alexanders auf einen Jüngling gemacht haben muß, welchem bestimmt war, selbst ein großer Staatsmann zu werden! Wie sehr mag Alexanders Erfolg Chandragupta zu seinen eigenen Taten angespornt haben! Seit jener Zeit gebrauchen die Inder griechische

Fachausdrücke in ihrer Astronomie, und griechische Künstler in der Nachfolge Alexanders sind es gewesen, die die Kunst des Buddhismus entscheidend mitgeformt haben. Herzfeld, der als Archaeologe des Iran Alexander nicht mit den Augen des siegreichen Westens, sondern mit denen der östlichen Besiegten betrachtet, sagt dazu einmal: »Es gibt keinen tieferen Einschnitt in die fünftausend Jahre der Geschichte des Alten Orient, als es der Erkundungszug Alexanders des Großen ist. Und es gibt kein nach diesem Ereignis entstandenes Objekt der Archaeologie, das nicht den Stempel seines Wirkens trüge.«

Die Geschichte des Christentums kann man sich ohne die Eroberung des Ostens durch Alexander und die darauffolgende Hellenisierung des Orient schlechterdings nicht mehr vorstellen. Aber gerade die Selbstverständlichkeit, mit der sich, für die christliche Betrachtung, Alexander in den Ablauf der Geschichte einfügt, wirft ein ganz neues, sehr eigentümliches, man möchte sagen, ein dialektisches Problem auf, das Jacob Burckhardt herausgestellt hat.

Immer wieder unternehmen es Gelehrte von Rang, den Menschen Alexander mit wissenschaftlicher Objektivität darzustellen. Immer wieder bemächtigen sich Poeten dieses Mannes und versuchen, ihn zu deuten. Hätte Shakespeare sich die Mühe gemacht, uns ein Bildnis Alexanders zu entwerfen, wir wüßten mehr über ihn, als alle Gelehrsamkeit der Welt je herausfinden wird. Denn gerade die Objektivität dieser Gelehrsamkeit ist ihr eigener Feind. Burckhardt meint, daß unser Gesamturteil über Alexander III. wesentlich bestimmt werde »durch die enorme Wünschbarkeit derjenigen Kontinuität der Weltkultur, welche ohne ihn nicht würde gewonnen sein«. Die Kontinuität ist, wenn man sie vom Standpunkt der objektiven Wissenschaft aus betrachtet, in der Tat geradezu ein Märchen. Die Griechen schenken in einem schöpferischen Reichtum, der seinesgleichen in der Geschichte nicht hat, der Welt die klassische hellenische Kultur. Sie erschaffen das Bild, die Imago des europäischen Menschen. Alexander verbreitet diese Kultur über den Osten. Die Epoche des Hellenismus beginnt. Die Römer erobern einen Teil dieses Ostens, aber der Hellenismus ist so lebendig und geistig so überlegen, daß die Eroberer ihn annehmen. So wird der Westen der mediterranen Welt zugleich hellenisiert und orientalisiert. Dieses hellenisierte und orientalisierte Imperium Romanum schenkt, nach unendlichen Kämpfen, der Menschheit die Pax Romana, den Römischen Reichsfrieden, von dem Tacitus gesagt hat, daß er von unermeßlicher Majestät sei. In diese zivilisierte Welt tritt das in dem durchaus auch hellenisierten Judentum entstandene Christentum ein. Und dieses Römische Reich lebt lange genug, um vollständig christianisiert zu werden, und diese christlich gewordene römisch-hellenische Welt wiederum ist lebendig und kräftig genug, ihre germanischen Eroberer zu zivilisieren und zum christlichen Glauben zu bekehren. Mit dem Übergang von der Spätantike zum frühen Mittelalter beginnt dann die Geschichte des Europa, in welchem wir noch heute leben.

Es ist ersichtlich, daß Alexander in dem Ablauf dieser Kontinuität die entscheidende Figur ist. Das wird noch klarer, wenn wir einen Augenblick an die Erwägung verschwenden, wie die Dinge sich entwickelt hätten, wenn er gescheitert wäre. Eines ist sicher! Ohne Alexander wären wir nicht die Enkel der Klassik. Wie Burckhardt an einer anderen Stelle sagt: »Ohne Alexander wüßten wir wenig von den Griechen, und das wenige würden wir zu wissen nicht begehren.«

Als Rom Hellas eroberte, war das Mutterland der Kultur so alt schon und so müde, daß seine Kräfte nicht mehr ausgereicht hätten, Rom zu hellenisieren. Und nur in einem Rom des Hellenismus hat die christliche Kirche die historischen Bedingungen vorgefunden, unter denen sie sich so sicher durchsetzen konnte. Die Kräfte, die Rom hellenisierten, kamen aus dem von Alexander geschaffenen frischen, sozusagen kolonialen hellenistischen Osten. Daß dieser Hellenismus des Ostens so viel Orientalisches nach dem Westen mitbrachte, hat den Reichtum der Palette nur vermehrt.

Es ist noch nicht einmal gesagt, daß es Hellas zu dem Zeitpunkt, als Rom stark genug geworden war, sich gen Osten zu wenden, überhaupt noch gegeben hätte. Jeden Tag konnte es geschehen, daß den persischen Königsthron ein kräftiger Herrscher bestieg, der den alten Traum Dareios' I., Griechenland zu erobern, verwirklichte. Sicherlich war diese Gefahr eine lebenslange Sorge des Vaters Alexanders, König Philipps. In seiner weitschauenden Politik traf er eine Anzahl Entscheidungen, die Voraussetzungen für den Erfolg Alexanders in seinem Angriff auf Persien waren.

Noch ein weiteres, freilich schwer faßbares Verdienst hat Alexander. Die kaum zu begreifende Verschwendung an Zeit, die er darauf verwendete, mit den Nomaden Zentralasiens einen endlosen Steppenkrieg zu führen, ist möglicherweise eine seiner folgenschwersten strategischen Maßnahmen gewesen. Sind nicht, und dies in gar nicht allzu großen Abständen, aus diesen Steppen Asiens immer wieder die furchtbaren Reiterstürme hervorgebrochen – Hunnen, Mongolen, Türken –, die jedesmal die ganze Existenz des Westens in Frage gestellt haben? Der gewaltige Stoß Alexanders in das Herz Asiens hinein hat diese wilden Völker für Jahrhunderte eingeschüchtert. Er selbst ist es gewesen, der seinen Nachfolgern die Ruhe verschafft hat, die sie brauchten, sein Erbe zu vertun. Aber so töricht auch immer die politischen und militärischen Kämpfe der

Diadochen untereinander gewesen sein mögen, das von Alexander geschaffene Weltreich blieb, auch wenn es politisch sogleich nach seinem Tode zerfiel, fast dreihundert Jahre lang bestehen als ein Commonwealth der Bildung und der Gesittung, der Wissenschaft, der Kunst und des Handels. Dies zu erreichen, hat Alexander sein königliches Leben gelebt. Und es ist keineswegs so, daß diese reiche Ernte ein zufälliges Ergebnis seiner kriegerischen Unternehmungen war. Die Idee, den Geist von Hellas über die Welt zu verbreiten, war die Leitidee Alexanders. Die Antike, aus welcher Europa entstand, ist die von Alexander begründete Welt des Hellenismus.

Was Alexander für die Geschichte der Zivilisation bedeutet, läßt sich auf keine Weise schöner aufzeigen als durch das Zitieren jenes kleinen Stücks funkelnder deutscher Prosa, in welchem Droysen, der Altmeister der Alexanderforschung, nach fünfzig Jahren der Beschäftigung mit der Materie, am Ende seines großen Werkes über den Hellenismus seine Meinung zusammenfaßte.

Vom Hochmut der Altphilologen gereizt, hat er einmal die ironische Bemerkung gemacht, das Gebiet des Hellenismus sei ein zwischen den Philologen und den Theologen gelegenes, unbestelltes und gern gemiedenes Feld. Sein Entzücken über diese wunderbar farbige, diese verwandelte Welt, deren bester Kenner er selber war, faßt der Gelehrte in folgender überzeugender Weise zusammen:

»Wie großartig, umfassend, an neuen, für immer bedeutenden Resultaten reich ist die wissenschaftliche Tätigkeit dieser Zeit, wie rasch und tief eindringend deren Beziehungen zu den Ansichten und Überzeugungen der Mitlebenden, in mannigfachster Abspiegelung erkennbar bis in die Alltäglichkeiten des geselligen Verkehrs und die Denkweise der Menge hinab; ja man wird behaupten dürfen, daß die geistigen Interessen überhaupt nie zuvor so verbreitet, so lebendig, von so persönlich und allgemein bedeutsamem Inhalt gewesen sind; sie sind ein Gemeingut der gesamten hellenistischen Welt geworden; sie scheinen nur um so lebendiger zu werden, je bunter das Kämpfen her und hin, je unruhiger und wechselvoller die Politik und ihre Resultate werden. Vergesse man in der Gesamtanschauung dieser Zeit über den dunklen Bildern von Bruderkriegen, Städtezerstörungen, blutiger Gewaltherrschaft, höfischer Verworfenheit nicht die lichteren Seiten – den Glanz unzähliger aufblühender Städte, die fröhliche Pracht mannigfaltigster künstlerischer Produktionen, die tausend neuen Genüsse, mit denen sich das Leben schmückt und bereichert, unter ihnen auch jene edleren, die der wachsende, belebende Umsatz einer ebenso geschmackvollen wie vielseitigen Literatur zu befriedigen wußte. Und alles dies in den weiten Gebieten, die der Hellenismus umfaßt, verbreitet und sie verbindend. Man denke sich jene Scharen dionysischer Künstler und ihr fröhlich wandernd Leben, jene Feste und Wettspiele der alten und neuen Griechenstädte bis in den fernen Osten hin, zu denen sich aus aller Ferne her die festlichen Theoren zur gemeinsamen Feier vereinen. Bis zu den Gründungen am Indus und Jaxartes hat man Verwandte, findet man Landsleute; der Kaufherr sucht am Serenturm die Waren für den Markt von Puteoli und Massilia, und der kühne Aitoler versucht am Ganges sein Glück. Die Männer der Wissenschaft durchforschen die Fernen, die Vergangenheiten, die Wunder der Natur; zum ersten Male erschließen sich der besonnenen Forschung die Jahrtausende rückwärts, der Wandel der Sterne, die Sprachen und Literaturen immer neuer Völker, die das stolze Griechentum sonst als Barbaren mißachtet, deren alte Monumente es unverstanden angestaunt hat; in den festen Lichtern des gestirnten Himmels findet die Wissenschaft zum ersten Male das Maß für die Erde, deren Fernen sie nun mißt, deren große Formen sie ordnend überschaut; die unvordenklichen Erinnerungen der Babylonier, der Aegypter, der Inder versucht sie verbindend zu ordnen und ausgleichend zu neuen Resultaten auszudeuten. All diese vereinzelten, teils versiegten, teils in wüster Uferlosigkeit hinschleichenden Ströme der Völkerbildung – in dem großen Becken der hellenistischen Bildung und Wissenschaft werden sie nun vereint und für alle Zeiten dem Gedächtnis bewahrt.«

Diese alte, wunderbare Welt ist aus einem vernachlässigten Grenzgebiet zwischen Theologie und Philologie zu einem Feld allgemeiner Aufmerksamkeit geworden. Wir heute begehren zu wissen, woher dieses Europa stammt. Wenden wir uns dem königlichen Leben eines Mannes zu, der durch seine Taten die Zivilisation des Westens in den Rang einer geistigen Weltmacht erhoben hat.

MORGENRÖTE

Die Geschichte lehrt uns, daß die Impulse, die zu den großen Neuerungen in der Welt führen, nicht von den Völkern ausgehen, welche, in den fruchtbaren Gebieten der Erde wohnend, reich und satt sind, sondern von denen, welche, in kargen Regionen hausend, ums tägliche Brot kämpfen müssen. Die Makedonen lebten in einem unwegsamen Gebirgsland. Die Schöpfer des Römischen Reiches waren arme Bauern, denen nur ein kleines unwirtliches und versumpftes Stück Land an der Küste Mittelitaliens gehörte, das keinen richtigen Hafen hatte. Die Beduinen, die die halbe Welt zu Allah bekehrten, kamen aus der Wüste, die Mongolen, die wie eine Sturmflut über die Zivilisation hereinbrachen, aus den staubigen Steppen

Sibiriens, die Wikinger, die eroberten, was ihnen gerade in den Sinn kam, aus dem kalten Norden. Auch darf man jene Hirten nicht vergessen, die das Spanische Weltreich gründeten. Sie kamen aus den steinigen Hochebenen Kastiliens, der Landschaft, die Burg und Herz Spaniens genannt wird.

Eines der wenigen Völker, die eine Kultur aus dem Überfluß geschaffen haben, sind die Aegypter. Zwar sind auch hier, wie die ältesten aegyptischen Sprachdenkmäler beweisen, in vorgeschichtlicher Zeit semitische Nomaden aus Asien eingeströmt, aber entstanden ist die aegyptische Kultur aus Nilschlamm und bäuerlichem Fleiß. Auf eine besondere Weise ist Aegypten seit den ältesten Zeiten von der Natur bevorzugt durch die jährlichen Überschwemmungen und auf eine besondere Weise geschützt durch Meer und Wüste. So konnte sich die Nilkultur über einen langen Zeitraum hin ungestört entfalten. Als spätere Eroberer über Aegypten hereinbrachen, besaß das Land schon jene stille Kraft, welche nur durch vollständige Verwüstung zerstört werden kann, die Kraft, den Eroberer zu verführen, ihn in die eigene, höhere Zivilisation aufzunehmen.

Ein wenn auch schreckliches, so doch lehrreiches Beispiel für die Wechselwirkung zwischen Siegern und Besiegten ist die Eroberung Afghanistans durch die Mongolen. Wenn man durch Afghanistan reist, trifft man immer wieder in der wasserlosen Steppe auf Trümmer von Städten, die die Mongolen zerstört haben. Fragt man, wie wohl eine solche Stadt früher inmitten der Einöde hat existieren können, erfährt man, daß die heute trostlose Landschaft vor der mongolischen Invasion ein reicher Garten war, der nur darum wieder versteppte, weil die Mongolen das ganze fein durchdachte, in Jahrhunderten aufgebaute Bewässerungssystem zerstörten. Diese Zerstörung ist zunächst ganz unverständlich. Afghanistan war ein Land, in dem die Mongolen bleiben wollten und auch geblieben sind. Djingis Khan ist ein bedeutender und großartiger Mann gewesen. Es ist darum nicht erlaubt anzunehmen, daß diese Zerstörung keinen Sinn gehabt hätte. Sie hatte einen! Die Überlegung des Steppenfürsten ging dahin, daß es klüger sei, die blühende urbane Kultur des eroberten Landes zu zerstören, als das Risiko einzugehen, daß die auf der überlieferten rauhen und wilden Lebensart beruhende Kampfkraft seiner Reiter in Gefahr geriete. Als dieselben Mongolen unter Djingis Khans Enkel Kublai Khan, der ein großer Kriegsherr, aber ein humaner Mann war, China eroberten, ohne das Land zu verwüsten, hat es keine hundert Jahre gedauert, und die verführerische Feinheit der Zivilisation des Reiches der Mitte hatte die Mongolen vollständig in Chinesen verwandelt.

Das Besondere und Einmalige an der Eroberung Asiens durch Alexander ist, daß es hier einmal der Eroberer war, der die höhere Gesittung und die überlegene Kultur mitbrachte.

Was für ein Land ist Persien gewesen?
Wer waren die Makedonen?

Das Weltreich, das Alexander eroberte, war das Reich der königlichen Familie der Achaimeniden. Ihre Heimat war die Landschaft Persis mit den alten Königsresidenzen Pasargadai und Persepolis. In der gleichen Landschaft liegen Shiras, die Stadt der Rosen, und Isfahan, die Stadt der blauen Moscheen. Die Persis ist die Kernprovinz des Hohen Iran. Man könnte die Persis, wie Kastilien in Spanien, Herz und Burg des Iran nennen. Aus der Persis aufbrechend hat Kyros der Große in der Mitte des 6. Jahrhunderts vor Christi Geburt das erste Reich der Perser, das Reich der Achaimeniden, geschaffen; auch König Ardashir I., der am Anfang des 3. Jahrhunderts nach Christo das zweite Perserreich, das Reich der Sasaniden, gründete, ist von der Persis ausgegangen. Und noch einmal, im 17. Jahrhundert, war diese Landschaft die Mitte eines Persischen Reiches, des Reiches Shah Abbas' des Großen mit Isfahan als seiner glänzenden Hauptstadt. Nach Berichten französischer und deutscher Reisender ist Isfahan zu jener Zeit die schönste Stadt des Erdkreises gewesen.

Die Sasaniden haben, nach mehr als einem halben Jahrtausend, die alte, von Alexander unterbrochene iranische Tradition wiederaufgenommen. In Naqsh-i-Rustam, unweit Persepolis, hat der Sasanidenkönig Shapur I. in einem der mächtigen Reliefs am Fuße der gleichen Felswand, aus welcher hoch oben die Grabkammern der alten Achaimenidenkönige herausgehauen sind, seinen Sieg über den römischen Kaiser Valerianus dargestellt. Man hat den Eindruck, König Shapur habe den Fürsten einer ruhmreichen Vergangenheit melden wollen, daß des Reiches alte Herrlichkeit nun endlich wiedergewonnen sei.

Zu allen Zeiten in der Geschichte des Iran haben geographische Lage und Klima eine bedeutende Rolle gespielt. Der Iran ist eine riesige, von Gebirgen durchzogene, von Wüsten durchsetzte Hochebene. Zwischen großen wasserlosen Flächen liegen Gebiete, in denen mit Hilfe eines ausgedehnten Kanalisationssystems das Wasser des schmelzenden Schnees der Gebirge auf die Felder geleitet wird. Zu den Salzwüsten abfallende, nicht ganz wasserlose Ebenen bieten im Frühjahr Weideplätze für Pferd und Rind. In den mittleren Lagen der Gebirge gibt es fruchtbare Täler, in den höheren weite Almen.

Zeitlos ziehen die Nomaden mit ihren Herden durch das Land, im Sommer nach dem Norden hinauf, im Herbst wieder zum Süden hinab. Doch ist es nicht Not allein, daß der Mensch dieses unstete, harte Dasein auf sich nimmt. Das Leben der Nomaden hat seine eigene Schönheit, seine eigene Würde und seine eigenen Gesetze. In Jahrtausenden ist es keinem Herrscher des Iran gelungen, die Nomaden seßhaft zu machen. Acker und

Steppe sind, wahrhaftig von Natur aus, einander feindlich gesinnt. Der Bauer haßt den Nomaden. Der Nomade verachtet den Bauern. In Zeiten der Not wird der Nomade zum Räuber, der Bauer zum Verteidiger der Kultur. Es hat seinen guten Sinn, daß das lateinische Wort *cultura*, von dem unser Wort Kultur abstammt, ursprünglich Ackerbau bedeutete.

Von den Distanzen in so fernen Gegenden der Erde haben wir gewöhnlich nur eine vage Vorstellung. Wenn wir uns wirklich einmal Karten eines anderen Erdteils ansehen, sind es Übersichtskarten im Maßstab eins zu zehn bis eins zu dreißig Millionen. Alexander hat dieses Land in seiner ganzen Ausdehnung von West nach Ost durchzogen. Wenn man diese schon rein marschmäßig gewaltige Leistung verstehen will, muß man versuchen, sich von der Größenordnung, in der der Alexanderzug sich abgespielt hat, eine einigermaßen zulängliche geographische Vorstellung zu verschaffen.

Die Hochebene des Iran hat von der irakisch-persischen bis zur persisch-afghanischen Grenze, gemessen von Westen nach Osten, einen Durchmesser von vierzehnhundert Kilometern. Das ist die Entfernung von Paris nach Belgrad. Das Persische Reich, welches Alexander angriff, reichte weiter. Von der Küste der Aegaeis bis zur Hauptstadt des Reiches im unteren Mesopotamien, die Strecke der persischen Königsstraße von Ephesos über Sardeis nach Susa, waren es zweitausend Kilometer. Und von Susa bis zur Ostgrenze des Achaimenidenreiches sind es dann noch einmal zweitausendsechshundert Kilometer. Das heutige Afghanistan gehörte damals zum Achaimenidischen Reich. Sogar der Punjab, das Fünfstromland mit dem Indus und seinen Seitenströmen, ist schon am Ende des 6. Jahrhunderts vor Christi Geburt, mehr als anderthalb Jahrhunderte vor Alexander, vorübergehend von den Persern besetzt gewesen. Die Herrschaft der Achaimeniden hat sich also zeitweise von Anatolien bis nach Indien über eine Entfernung von viertausendsechshundert Kilometern erstreckt. Das ist die Entfernung von Paris bis nach Murmansk an der Eismeerküste.

Im Westen und Norden ist der Iran durch Gebirgszüge, hohe, unwegsame Ketten geschützt. Die Küste des Indischen Ozeans im Süden ist unwirtlich und hat keine größeren Häfen. Den Südosten des Landes füllt die Wüste Lut, eine Salzwüste, in der es nur wenige Oasen gibt. Nach Norden zu läuft die Ostgrenze wiederum an hohen Gebirgszügen entlang. Dieser Wall wird durchbrochen vom Khyberpaß und vom Mullapaß, durch die alte Straßen in die Ebenen Indiens hinabführen. Nur im Nordosten hat das Land eine offene Stelle. Hier grenzt der Iran an das Steppengebiet Zentralasiens. Durch diese Völkerpforte ist alle paar Hundert Jahre großes Unglück über die Welt gekommen.

Dem Hohen Iran sind drei Flußsysteme vorgelagert, im Westen Mesopotamien mit Euphrat und Tigris, im Osten der Punjab mit dem Indus und seinen Nebenflüssen. Die ausgedehnte Steppe im Nordosten wird von Amu Darja und Syr Darja durchflossen, im Altertum Oxos und Jaxartes genannt. Beide Ströme münden heute in den etwa dreihundert Kilometer östlich des Kaspischen Meeres gelegenen Aralsee. Es ist möglich, daß der Oxos früher einen Arm hatte, der ins Kaspische Meer floß. Sein Spiegel lag zu Alexanders Zeit fünfzehn Meter höher als heute.

Welche dieser geographischen Tatsachen waren zu Alexanders Zeiten bekannt? Was von all diesen Zusammenhängen hat er gewußt?

Ohne Zweifel war ihm der ganze Bereich vertraut, in welchem es griechische Kolonien gab. In die Handelsschiffahrt teilten sich die Griechen im östlichen Mittelmeer mit den Phoinikern, im westlichen mit den Karthagern. Die am weitesten im Nordosten gelegene Gründung der Griechen, Tanaïs, lag an der Einmündung des Don ins Asowsche Meer. Die am weitesten im Westen gelegenen Kolonien waren Saguntum an der spanischen Ostküste, das seinen Namen bis in unsere Tage bewahrt hat, und Massilia, das heutige Marseille. Wahrscheinlich hat es schon in der Mitte des 4. Jahrhunderts vor Christi Geburt eine an der Mündung der Loire gelegene, von Massilia aus gegründete griechische Handelsniederlassung gegeben. Die Verbindung ging über Land, da die Straße von Gibraltar von den Karthagern gesperrt gehalten wurde. Es ist gerade etwa zur Zeit Alexanders gewesen, daß Pytheas von Massilia seine große Entdeckungsreise zu den Ländern im Norden, aus denen das Zinn und der Bernstein kamen, unternahm. Pytheas' wissenschaftliche Leistung für die Geographie läßt sich der Alexanders an die Seite stellen. Ganz Nordeuropa wurde von ihm dem Bewußtsein des Mittelmeermenschen erschlossen. Pytheas hat England umsegelt. Er ist bis nach Norwegen gelangt. Er ist der erste Grieche, der über 60° Nord, den Breitengrad von Oslo und St. Petersburg, hinausgekommen ist. Das Phaenomen der Gezeiten wurde von den Griechen zur gleichen Zeit an zweien der drei Weltmeere, am Atlantik und am Indischen Ozean, entdeckt, von Pytheas an der Westküste Spaniens, von Alexander im Mündungsgebiet des Indus. Die Schwankungen des Wasserstands im Roten Meer waren den Griechen schon früher bekannt; aber von dem großen ozeanischen Gezeitenwechsel, wie sie ihn am Indusdelta kennenlernten, waren sie doch überrascht.

Die Gleichzeitigkeit der Entdeckung der Gezeiten durch die Griechen an so entfernten Orten wie Spanien und Indien ist ein eindrucksvolles Zeugnis für den Elan, mit dem dieses erstaunliche Volk sich in jener Epoche über den Erdkreis verbreitete. Die antiken Schriftsteller erwähnen bei Alexander immer wieder eine Anwandlung, welche im Griechischen πόθος heißt. Nach dem Wörterbuch bedeutet »pothos« Sehnsucht, Verlangen, Wunsch. Aber es bedeutet auch Entbehren, Vermissen, ja geradezu Mangel. Bei Alexander ist es ein seltsamer Drang in die Ferne, welcher rational nicht zu erklären ist. Er hat auf seine Entschlüsse einen bedeutenden Einfluß ausgeübt. Doch hat Alexander dieses Verlangen offenbar nicht allein verspürt. Es ist ein Merkmal jener Zeit, daß die Ferne die Hellenen lockte. Vielleicht könnte man »pothos« mit »Fernweh« übersetzen. Dieser hellenische Drang in die Welt hinaus war eine Strömung, welche Alexanders Intentionen in hohem Maße zugute kam. Auch in den Osten hinein hatte die hellenische Expansion schon vor Alexander begonnen. Im Achaimenidischen Reich waren griechische Münzen gebräuchlicher als die eigenen persischen. In dem bei Kabul in Afghanistan ausgegrabenen, fünfzig Jahre vor Alexander der Erde anvertrauten Schatz von Chaman-i-Hazouri waren die meisten Münzen griechisch. So weit reichte schon damals griechischer Einfluß. An Clairvoyance in der wissenschaftlichen Ausdeutung des Phaenomens der Gezeiten hat Pytheas den Schüler des Aristoteles übertroffen. Pytheas erkannte richtig, wovon in den Alexanderquellen nichts erwähnt wird, daß Flut und Ebbe mit den Mondphasen zusammenhängen. Diese Beobachtung ist um so erstaunlicher, als jene Zeit noch nicht den geringsten Begriff vom Wesen der Schwerkraft hatte.

Pytheas hat über seine Reise einen Bericht veröffentlicht. Uns ist dieser Bericht leider verlorengegangen. Doch ist es, da Aristoteles seinen Schüler fortlaufend mit wissenschaftlicher Lektüre versorgte, nicht unmöglich, daß Alexander ihn zu Gesicht bekommen hat. Mit Sicherheit läßt sich das freilich nicht sagen. Wir kennen die Zeit, in welcher die Forschungsreise des Pytheas stattgefunden hat, nicht aufs Jahr genau. Es wäre sehr wünschenswert, daß wir das wüßten. Hätte Alexander von der Ausdehnung Europas nach Westen und Norden hin einen Begriff gehabt, wäre es leichter für uns, die Frage zu entscheiden, ob er wirklich an eine Weltherrschaft gedacht hat. Die moderne Alexanderforschung lehnt es ab, die in der Überlieferung als so feststehend geltenden Weltherrschaftspläne Alexanders für bewiesen zu halten. Dieser Träumer, der ein so kühler Realist war, dieser Realist, der so kühn träumte, hat sich niemals etwas vorgenommen, was nicht ausführbar gewesen wäre. Eine Eroberung des Nordens ist dreihundert Jahre später unter ungleich günstigeren Bedingungen, als Alexander sie je hätte erreichen können, nicht einmal den Römern gelungen.

Was die geographischen Kenntnisse vom Osten anbelangt, welche die Griechen bei Alexanders Regierungsantritt besaßen, so gilt als sicher, daß das Zweistromland ihnen vertraut war. Hinzu kommt, daß es immer einige Kaufleute gab, deren Handelsverbindungen weiter reichten. Da aber Kenntnisse von den reichen Ländern des Mittleren Ostens glänzende Gewinne bedeuteten, wurden sie geheimgehalten.

Bekannt war Alexander ferner die Existenz des Kaspischen Meeres. Schon Herodot hatte in klarer Weise mitgeteilt, daß es ein Binnenmeer sei. Alexander freilich hat, eine merkwürdige Lücke in seiner humanistischen Bildung, den Herodot nicht gelesen. Aber wenn auch Herodot zur Zeit Alexanders schon wieder in Vergessenheit geraten war, Aristoteles wußte vom Kaspischen Meer, und auch er hat es als Binnenmeer bezeichnet. Es gab zwar unter den Gelehrten der Zeit einige, die es seines Salzgehaltes wegen für eine Bucht des Okeanos hielten, der nach der Vorstellung der Griechen die Erdscheibe rings umfloß. Auch die Tatsache, daß es im Kaspischen Meer Robben gibt, wurde zur Unterstützung der Okeanostheorie herangezogen. Die Argumentation hatte etwas Einleuchtendes, aber Aristoteles hat sich ihr nicht angeschlossen. Noch kurz vor seinem Tod befahl Alexander, eine Flotte zu bauen, die das Kaspische Meer umfahren sollte, um den Verlauf seiner Küsten festzustellen und damit die Frage, ob es ein Binnenmeer sei oder nicht, zu klären.

Es dauerte vierhundert Jahre, ehe ein Europäer die Grenzen, bis zu denen Alexander in Zentralasien vorgedrungen war, überschritt. Wiederum war es ein Makedone, dessen mit gesundem Handelssinn gepaartes Fernweh der geographischen Wissenschaft zugute kam. Die Informationen des alexandrinischen Geographen Ptolemaios über den Weg der Karawanen, die Seide aus China ins Römische Reich brachten, stammten von dem makedonischen Kaufmann Maës Titanius, dessen Agenten als erste das zu des Maës Zeit unter chinesischer Oberhoheit stehende Tarimbecken bis an die Grenzen des eigentlichen China erforscht hatten.

Von der Geographie des Indus hat Alexander bei seinem Aufbruch nach dem Osten eine unzulängliche Vorstellung gehabt. Die Gelehrten seines Stabes hatten ihm versichert, daß man von den Höhen des Hindukush, von ihnen Kaukasos genannt, die Brandung des Okeanos erblicken könne.

Umstritten ist die Frage, ob Alexander bei seiner Umkehr am Hyphasis einen Begriff davon hatte, wie groß dieses Indien, das zu erobern er aufgab, in Wirklichkeit war. Da er mit indischen Fürsten verbündet, mit indischen Gelehrten befreundet gewesen ist, kann man sich nur schwer vorstellen, daß er von der hohen städtischen Zivilisation der Völker, die am Ganges lebten, nicht wenigstens einiges erfahren haben sollte. Ob Alexander schon nach seiner Ankunft in Susa die Gelegenheit wahrgenommen hat, sich aus dem persischen Reichsarchiv Informationen zu beschaffen, wissen wir zwar nicht, es ist aber anzunehmen. Keine Chance, seine Kenntnisse zu erweitern, hat er jemals ungenutzt vorübergehen lassen. In den Dispositionen, die er für den Nachschub seines Ostfeldzuges traf, hat er keinen Fehler gemacht. Dies wäre selbst einem so hervorragenden Heerführer nicht gelungen, wenn er nicht über die Verbindungswege im Iran und über die Entfernungen einigermaßen richtige Vorstellungen gehabt hätte. Der einzige Versager auf dem Gebiet des Nachschubs, den es in Alexanders Kriegszügen gegeben hat, war das Ausbleiben der Verpflegung bei dem Marsch vom Indusdelta durch die Gedrosische Wüste nach Karmanien. Aber das ist kein Fehler Alexanders gewesen. Er hatte befohlen, der Truppe von Westen her Verpflegung entgegenzuschicken. Die unerwartet verräterische Nachlässigkeit eines Etappenkommandanten hatte die Maßnahme sabotiert.

Wir dürfen nicht vergessen, daß Alexander selbst ein wissenschaftlicher Geograph von Rang gewesen ist. So gehörte zum Stabe des makedonischen Hauptquartiers eine Vermessungstruppe, die sogenannten Bematisten. Das Wort kommt von τὸ βῆμα, to bema, der Schritt. Die Bematisten waren Schrittzähler, die alle die riesigen von Alexander und seinem Heer zurückgelegten Entfernungen vermaßen und auf den Karten eintrugen. Diese Schrittmacher müssen hervorragende Marschierer gewesen sein. Es ist sehr schwierig, über zehn, zwanzig oder dreißig Kilometer Distanz hinweg den Schritt einer Truppe gleichmäßig lang zu halten. Wenn die Beine müde werden, wird der Schritt länger, der Mann fängt an »zu latschen«. Es müssen tüchtige Korporäle gewesen sein, die diese Trupps geführt haben. Soweit die von den Bematisten ermittelten Distanzen überliefert sind, stimmen sie mit neueren Messungen gut überein.

Alexander hat noch in dem goldenen Zeitalter gelebt, in dem alles, was Wissenschaft wußte, zur Bildung gehörte. Und natürlich ist der Schüler des Aristoteles ein Mann von Bildung gewesen. Auch hat er die beste Eigenschaft eines Forschers, die Neugier, in ungewöhnlich hohem Maße besessen. Schon als zwölfjähriger Knabe befragte er die Herren einer persischen Gesandtschaft, die der Großkönig an den Hof König Philipps in Pella geschickt hatte, in eindringlicher Weise über Land und Leute des Achaimenidischen Reiches.

Der Iran ist ein Land der Mitte, in welchem Indisches, Chinesisches, Mongolisches und Türkisches sich mit Sumerischem, Babylonischem und schließlich Griechischem, Römischem und Arabischem getroffen hat. In geschichtlicher Zeit waren die Makedonen das erste fremde Volk, das dieses Land der Mitte eroberte.

Was für ein Volk sind die Makedonen gewesen?

Glanzvoll treten sie mit Philipp II. und Alexander III. in die allgemeine Geschichte ein. Aber was war vorher? Wo kommen die Makedonen her?

Da taucht zunächst die Frage auf, ob die Makedonen Griechen gewesen seien oder nicht. Diese Streitfrage hat schon die antiken Gelehrten bewegt. Es ist gleichzeitig die Frage, ob Alexander der Große, also derjenige Mensch, der am meisten dazu beigetragen hat, die griechische Kultur über die Welt zu verbreiten, ein Grieche war. Alexander selbst dürfte sich als Hellene gefühlt haben. Herkunft und Erziehung berechtigten ihn dazu. Gleichzeitig war er der Heerfürst einer Schar todesmutiger, unbesiegbarer Männer, die noch halbe Barbaren waren. Als Hellene hat Alexander immer wieder versucht, sich Respekt und Zuneigung der Athener zu verschaffen. Er hat damit, im ganzen gesehen, bei diesem skeptischen Volk nicht viel Erfolg gehabt.

Man wird an Napoleon erinnert, der die »Gloire« zum Palladium Frankreichs erhob und dann doch, am Ende seines Lebens, in einem Satz seines Testaments, der heute seine Grabschrift im Dôme des Invalides ist, in feiner Weise andeutet, daß er sich niemals ganz als Franzose gefühlt habe: JE SOUHAITE D'ÊTRE ENTERRÉ AU BORD DE LA SEINE AU MILIEU DE CE PEUPLE FRANÇAIS QUE J'AI TANT AIMÉ!

Als ich meine liebenswürdige Dolmetscherin in Saloniki, die selbst eine Makedonin war, über das Problem, ob die Makedonen Griechen seien, konsultierte, sagte sie, ein wenig von oben herab:

»Aber ich bitte Sie! Wir haben doch immer schon an den Olympischen Spielen teilgenommen! Da wurden nur Griechen zugelassen!«

Das »immer« ist ein bißchen übertrieben. Anfangs des 5. Jahrhunderts führte ein makedonischer König vor den Priestern des Zeustempels von Olympia ausdrücklich den Nachweis, daß sein Geschlecht, die Argeaden, aus Argos auf der Peloponnes stamme.

Von den Gründen, die der Scharfsinn antiker Gelehrter und moderner Forscher zusammengetragen hat, um die Zugehörigkeit der Makedonen zum Griechentum zu beweisen, sind einige sehr amüsant. Schon im Altertum wurde Königin Eurydike, die Großmutter Alexanders, gerühmt, daß sie noch als Witwe, was sie übrigens aus eigenem Entschluß geworden war, lesen und schreiben gelernt habe. Diese Tatsache wäre von keinem griechischen Schriftsteller des Altertums als rühmenswert empfunden worden, wenn es Makedonisch gewesen wäre, was zu lesen und zu schreiben die königliche Mörderin zu lernen geruhte. Von der makedonischen Sprache ist kaum etwas erhalten geblieben. Es scheint, daß es ein älterer griechischer Dialekt war. Sicher ist jedenfalls, daß am Hof der makedonischen Könige Griechisch gesprochen wurde. Euripides hat bei seinem

Aufenthalt am Hof zu Pella nicht nur seine Tragödie »Die Bakchen« geschrieben, sondern auch noch eine verlorengegangene Tragödie »Archelaos« verfaßt. Sie diente der Verherrlichung des Königshauses der Argeaden. Als Schmeichelei hätte sie keinen Sinn gehabt, wenn sie nicht verstanden worden wäre, das heißt, wenn nicht wenigstens die führende Gesellschaftsschicht, also der Hof und der Landadel Griechisch gesprochen hätten.

Ein weiterer Beweis dafür, daß am Hof der Makedonenkönige eine sehr gepflegte Atmosphäre herrschte, ist der Spott, den Aristophanes, der Komödiendichter, über Agathon, den Tragiker, ausschüttet. Agathon war ein Freund des Euripides. Wie dieser war er eine Zeit lang Gast des Königs Archelaos in Pella. Aus dem Spott des Aristophanes erfahren wir, daß Agathon ein Mann von Welt, ein Dandy und ein Élégant war, der außerdem großen Wert auf eine gute Küche legte. Was wir sonst noch über diesen Dichter wissen, von dessen Werk nur Bruchstücke erhalten geblieben sind, ist, daß Platon sein »Symposion« im Hause des Agathon stattfinden läßt. Was wohl hätte ein Mann von Welt an einem Hof zu suchen gehabt, der nicht einiges an Geist zu bieten hatte!

Der Balkan ist die Region, durch welche, von Norden kommend, im Anfang des zweiten Jahrtausends vor Christo die erste Welle der Griechen die späteren Sitze der Makedonen erreicht. Weitere Wellen folgten in großen Abständen. Die späteste war die Dorische Wanderung im 12. Jahrhundert vor Christi Geburt, die schließlich zur Eroberung der Peloponnes führte und erst in einer über die südlichen Inseln der Aegaeis dahingehenden Woge an der Südwestecke Anatoliens endete. Die Makedonen sind entweder ein von einer dieser Wellen zurückgelassener Stamm, oder sie haben zu den letzten der nach Süden drängenden Nordvölker gehört. Unter den Granden Alexanders, die doch ursprünglich nur bescheidene Gutsbesitzer, kleine Landedelleute in Makedonien waren, finden wir so eindrucksvolle Figuren wie den späteren König Ptolemaios I. Soter von Aegypten und den König Seleukos I. Nikator, der zum Haupterben des Alexanderreiches wurde. Alle diese Männer waren kultivierte Leute, denen hellenische Bildung ganz gewiß kein Fremdland bedeutete.

Daß die Griechen gleichwohl so wenig Neigung zeigten, die Makedonen als Hellenen gelten zu lassen, hatte darin seinen Grund, daß ihre nördlichen Nachbarn sich in ihrem Charakter und in ihren Gewohnheiten noch immer stark von allen übrigen Griechen unterschieden. Es hat Feste am Hof König Philipps II. gegeben, bei denen es nach dem, was wir über sie erfahren, wüst zugegangen sein muß. Es steckte eben neben dem unverbraucht Bäuerlichen noch viel Barbarisches in diesem Volk. In ihrem Charakter und in ihren Tugenden waren die Makedonen den Persern ähnlicher als den Griechen. Sogar als die Makedonen in der Nachfolge der Perser die Weltherrschaft angetreten hatten, waren es persische Laster, denen sie verfielen, waren es persische Sünden, die schließlich zum Untergang auch der Makedonen führten. Junge Tugenden besiegen alte Laster immer nur, um selbst zu alten Lastern zu werden.

Das Todesjahr des Königs Archelaos, das Jahr 400/399 vor Christi Geburt, ist das älteste sichere Datum der makedonischen Königsgeschichte. Archelaos starb, nach den Quellen, im Todesjahr des Sokrates. Vor Archelaos sind die Namen von acht makedonischen Königen bekannt, die sich aber chronologisch nicht mehr genau festlegen lassen.

Der Unterricht in makedonischer Geschichte dürfte die Knaben zur Zeit Alexanders des Großen manchen Tropfen Schweiß gekostet haben. Es ist in dieser Geschichte kaum je vorgekommen, daß ein Sohn den Thron seines Vaters übernehmen konnte, bevor er nicht einige andere Prätendenten besiegt, vertrieben oder umgebracht hatte. Auch Alexander ist bei seiner Thronbesteigung gegen seine Nebenbuhler mit äußerster Rücksichtslosigkeit vorgegangen.

Die Einzelheiten der makedonischen Königschronik sind von keiner großen Bedeutung. Spannend hingegen ist es zu verfolgen, wie sich hier aus kleinsten Anfängen eine weltbewegende Kraft entwickelte. Ursprünglich hat den Makedonen nicht mehr gehört als zwei Gebirgstäler an der Grenze von Epeiros, die Landschaften Orestis und Elimiotis. In langwierigen und zähen Kämpfen arbeiteten sie sich zunächst einmal bis an den Rand des Gebirges vor, von dessen Kamm aus man in die Ebene hinab- und auf das Meer hinausschaut. Die See reichte damals noch mit einer tiefen Bucht weit ins Land hinein. Für die harten makedonischen Hirten und Bauern bedeutete die wunderbare wasserreiche Ebene, die von da an vor ihren Augen lag, Fruchtbarkeit und Reichtum, Dinge, von denen sie bisher kaum zu träumen gewagt hatten. Und die Küste gar und das Meer, das war die weite, große Welt.

Am Rand des Gebirges gründeten die Makedonen Aigai. Aigai blieb auch in späterer Zeit der geheiligte Mittelpunkt des Reiches. Hier wurden die Herrscher begraben. Es gab eine Prophezeiung, daß, wenn einmal ein König nicht in Aigai zur Ruhe gebettet würde, Makedonien aufhören werde, ein selbständiger Staat zu sein. Der erste nicht in Aigai begrabene makedonische Herrscher ist Alexander der Große gewesen. Die Prophezeiung ist in Erfüllung gegangen.

Im Anfang des 7. Jahrhunderts, zu der Zeit also, als die Stadt Milet an der kleinasiatischen Küste ihre erste große Blütezeit erlebte, begann von Aigai aus König Perdikkas I. die Eroberung der Küste. Am Ende des 6. Jahrhunderts schickte der Perserkönig Dareios I. den Satrapen Megabazos nach Makedonien zu König Alexander I. Dareios plante damals einen großen Feldzug gegen die Skythen im nördlichen Balkan diesseits und jenseits der Donau. Dieses Unternehmen gehörte seinerseits zu den Vorbereitungen, die für die seit langem schon beabsichtigte Eroberung Griechenlands notwendig waren. Der Nachschubweg von Kleinasien nach Hellas mußte gegen Bedrohungen von Norden her gesichert werden, ehe die Perser den Feldzug gegen die Griechen beginnen konnten. Hinter dem Rhodopegebirge, im heutigen Bulgarien, saßen zahlreiche Bergstämme, von denen man nie wußte, wann die Lust zu einem neuen Raubzug sie wieder einmal packen werde. In seinem Skythenfeldzug überschritt Dareiros I. zunächst die Donau und zog dann an der Nordküste des Schwarzen Meeres entlang bis in die Gegend von Rostow am Don. Wahrscheinlich ist er sogar bis zur Wolga vorgestoßen. Diese Leistung ist nicht so unwahrscheinlich, wie sie zunächst erscheinen mag. Dareios hatte die Möglichkeit, sein Heer über die griechischen Häfen an der Nordküste des Schwarzen Meeres zu versorgen. Die Aufgabe des Satrapen Megabazos war, die Etappe für den Feldzug seines Herrn zu sichern. Mindestens formal ist das Königreich Makedonien damals ein Vasallenstaat der Perser gewesen.

Gleichzeitig stellte sich Alexander I. mit den Athenern so gut, daß sie ihm, einem König, das Bürgerrecht verliehen. Das Resultat dieser geschickten Politik war, daß Alexander I. ohne kriegerische Verwicklungen die Chalkidische Senke besetzen konnte. Er war auch der erste makedonische Fürst, der, um 480 vor Christi Geburt, im Jahr der Schlacht von Salamis, eigene Münzen prägte. Er wählte den Münzfuß der in Thrakien gelegenen Stadt Abdera. Dieses Abdera ist berühmt geworden als die Geburtsstätte des Philosophen Demokritos, des Begründers der Atomphysik, und zugleich war es das Schilda der Antike. In seinem entzückenden Roman »Geschichte der Abderiten« hat der geistvolle Wieland die Spießbürger jener und aller künftiger Zeiten verspottet.

Endlich gelang den makedonischen Herrschern die Besetzung ganz Thrakiens. Das war von großer Bedeutung für die Zukunft. In Thrakien gab es Silber- und Goldbergwerke. Das Schiffsbauholz sowie Teer und Pech aus den Wäldern des Rhodopegebirges, das die thrakische Ebene im Norden begrenzt, waren wichtige Ausfuhrartikel. Arm sind die makedonischen Herrscher seitdem nicht mehr gewesen. Anläßlich eines olympischen Sieges stiftete Alexander I. dem Tempel des Apollon in Delphoi eine Bildsäule aus Gold. Dieser König nahm den Dichter Pindar gastfreundlich an seinem Hof auf. Auch gewährte er einem großen Teil der Bevölkerung von Mykene Asyl in seinem Land. Mykene war, trotz seiner Teilnahme an der Schlacht von Plataiai, in einem jener grausamen

Kleinkriege, an denen die griechische Geschichte so beklagenswert reich ist, von den Argivern zerstört worden.

Zu Beginn des Peloponnesischen Krieges, also gegen Ende des 5. Jahrhunderts, war Makedonien im Inneren geeinigt. Doch gab es an der Küste griechische Städte, die sich der makedonischen Herrschaft widersetzten. Das waren das später von Philipp II. zerstörte Olynth, das meistens mit Athen verbündet war, und Amphipolis an der Mündung des Strymon. Aber nicht nur Olynth und Amphipolis, auch Athen selbst, dazu die Spartaner und schließlich sogar die Perser blickten voller Mißtrauen auf diese Makedonen mit ihren diplomatisch und politisch so fähigen Herrschern, die mit einer so unerschütterlichen Zähigkeit von Generation zu Generation ihre Fortschritte machten. Viel bäuerliche Geduld, viel Verschlagenheit, viel List hat in dieser Zähigkeit gesteckt. Doch hieß es aufpassen! König Perdikkas II. mußte versuchen, sich aus den athenisch-spartanischen Wirren herauszuhalten, ohne dabei Schaden zu nehmen. Daß der makedonische Staat die Schwächung Athens und Spartas durch den Peloponnesischen Krieg ohne Teilnahme und ohne Einbuße überstand, war eine Voraussetzung dafür, daß Philipp II. schließlich Hellas unter seiner Oberhoheit zu befrieden vermochte.

Alexander der Große hat nicht nur auf dem aufgebaut, was sein Vater geschaffen, und das weitergeführt, was jener begonnen hatte; schon König Philipps Leistung hat auf der politischen Weitsicht, dem Klarblick, der Kraft und der Geschicklichkeit beruht, mit der die makedonischen Herrscher einhundertfünfzig Jahre lang ihr Volk durch alle Kriege, alle Feindschaften, alle wechselnden Bündnisse gesteuert hatten. Schließlich konnte Philipp mit seiner unerbittlichen Zähigkeit und seinem souveränen politischen Verstand Makedonien neben Athen, Sparta und dem Achaimenidischen Reich zur vierten Großmacht der Aegaeis erheben.

Unter Philipp II. war Makedonien eine Art von riesiger Festung, deren Zugänge im Norden gegen die Einfälle der Barbaren leicht verteidigt werden konnten, da die makedonische Heerführung den Vorteil der inneren Linie hatte. Auch die vollständige Besetzung der Küste war unter Philipp II. endlich gelungen. Makedonien reichte nunmehr von der Nordgrenze Thessaliens bis tief nach Serbien hinein. Es umfaßte das ganze heutige Bulgarien. Die Grenze im Norden war die Donau, im Osten die Küste des Schwarzen Meeres mit dem Bosporos, im Süden die ganze Nordküste des Marmarameeres mit Ausnahme der freien Stadt Byzantion und die Nordküste der Aegaeis mit Thrakien und der Halbinsel Chalkidike. Nur die Adriaküste erreichte Makedonien nirgends. Zu den Einflußgebieten, in denen Philipps Wort Gewicht hatte, gehörten Hellas außer Sparta, Epeiros und die Länder einer unbestimmten Zahl von tributpflichtigen

Barbarenstämmen jenseits der nördlichen Grenzen. Das Machtgebiet, das Philipp beherrschte, war von respekteinflößender Größe. Eine Schwäche des Makedonischen Reiches lag darin, daß es keine eigentliche Seemacht war. Es besaß dafür nicht genug Häfen und nicht genug seebefahrene Männer. Die ersten Jahre der Eroberungszüge Alexanders sind von den aus dieser Schwäche sich ergebenden strategischen Überlegungen bestimmt gewesen.

Von ihren Anfängen an waren die Makedonen eng mit den ihnen benachbarten, stammesverwandten Epeiroten verbündet. Epeiros lag zwischen Makedonien und der Adria an dem Stück der östlichen Adriaküste, dem Korfu, die alte Phaiakeninsel Kerkyra, vorgelagert ist. Die Epeiroten führten ihre Abstammung auf die Myrmidonen, das Volk des Achilleus, des Helden der Ilias, zurück.

Die Fürstenhäuser von Makedonien und Epeiros waren durch Heiraten mehrfach miteinander verbunden. Philipps II. erste Frau, Olympias, die Mutter Alexanders, war eine Prinzessin aus dem epeirotischen Königshaus. Die Ermordung König Philipps II. in Aigai geschah während der Hochzeit der Kleopatra, der einzigen voll ebenbürtigen Schwester Alexanders, mit dem Schwager Philipps, dem Bruder der Olympias, König Alexandros von Epeiros.

Dieser König Alexandros von Epeiros ist ein bemerkenswerter und bedeutender Mann gewesen. Wie Alexander der Große den Plan gefaßt hatte, den Griechen des Aegaeischen Meeres den Osten zu erobern, versuchte Alexandros von Epeiros, die Griechen Unteritaliens und Siziliens zu einer hellenischen Großmacht des westlichen Mittelmeers zusammenzuschließen. Der Plan mißlang. König Alexandros wurde ermordet. Bei der Nachricht von seinem Tod ordnete Alexander, der gerade im Begriff stand, von Ekbatana zur Verfolgung des Dareios aufzubrechen, eine allgemeine Heerestrauer an. Der politische Versuch des Königs Alexandros wurde kurze Zeit darauf von dem nur vier Jahre nach Alexanders des Großen Tod geborenen König Pyrrhos von Epeiros fortgesetzt. Pyrrhos, ein hervorragender Mann, war ein Großneffe Alexanders. Es waren die gleichen rauhen und kargen Berge, in denen die ersten Makedonen gehaust hatten, aus denen auch Pyrrhos auszog, eine Welt zu erobern. Auch sein Heer war dem des Gegners überlegen, und das sind die römischen Legionen gewesen. Aber Pyrrhos' Kräfte reichten nicht aus. Die Basis des Epeiroten war zu schmal. Er scheiterte. Er hatte keinen Philipp II. als Vater gehabt.

Die Zukunft lag im Osten.

Alexander ist geboren in der königlichen Residenz Pella, die seit dem Ende des 5. Jahrhunderts vor Christi Geburt der Mittelpunkt des bewegten politischen, gesellschaftlichen und geistigen Lebens Makedoniens war. Zwei Jahre nach seiner Geburt bestieg sein Vater als Philipp II. den Thron.

Wenn man, Saloniki in nordwestlicher Richtung verlassend, nach etwa dreißig Kilometern an der Stelle aus dem Auto steigt, an der einst Pella stand, befindet man sich inmitten einer Ebene, die sich mit Feldern und Gärten weit nach allen Seiten hin erstreckt. Hie und da liegt ein bescheidenes Dorf. Nicht die kleinste Landmarke irgendwo im Umkreis ist zu entdecken. Fern im Norden erhebt sich ein in seiner Kontur eben noch erkennbares Gebirge. Nach Süden verliert sich der Blick im flimmernden Glast eines Julitages. Da unten irgendwo ist die Küste. An dieser Stelle, an welcher sich heute zwei unbedeutende Straßen kreuzen, hat einer der größten und folgenreichsten Kriegszüge der Geschichte begonnen.

Niemals würde man, wenn man da steht und sich umschaut, auf die Idee kommen, daß hier einmal eine reiche und blühende Stadt gestanden haben könnte. Was für einen Sinn auch sollte es gehabt haben, eine königliche Residenz schutzlos mitten in einer Ebene anzulegen. Aber Pella hat damals nicht »mitten in einer Ebene« gelegen. Es lag an einer flachen Küste. So weit hat noch zu jener Zeit der Thermaïsche Meerbusen, an dessen östlichem Rand sich heute das moderne Saloniki ausbreitet, ins Land gereicht. Im Lauf der Jahrhunderte hat der Schlamm, den die Flüsse vom Gebirge herabbrachten, das Meer weiter und weiter zurückgedrängt. Freilich ist man erstaunt, daß das in zwanzig Jahrhunderten zwanzig Kilometer sein können. So hat man lange vergebens nach dem Platz von Pella gesucht. Schließlich setzte sich bei den Archaeologen die Ansicht durch, die einstige Königsstadt der Makedonen liege so tief unter dem Schwemmland, daß sie nur durch einen Zufall wiederentdeckt werden könne.

Der Zufall trat ein. Ein Bauer, der im Keller seines Hauses Rattenlöcher mit Zement verschließen wollte und zu diesem Zweck ein paar Spatenstiche in den Fußboden tat, stieß auf ein Säulenkapitell. Als er weitergrub, fand er zwölf Marmorsäulen. Das war der Zufall. Es ergab sich, daß das, was man tief in der Erde vermutet hatte, genau einen Meter unter der Erdoberfläche lag. Zweitausend Jahre lang ist der Pflug des Bauern nur ein paar Handbreit über den herrlichen Mosaiken dahingegangen, auf denen einmal die diplomatischen Empfänge der makedonischen Könige stattgefunden haben, auf denen Premieren des Euripides aufgeführt worden sind, auf denen Alexander mit seiner Schwester Kleopatra gespielt hat.

In den Jahren 1914/1915 wurde eine Zeitlang an der Stelle von Pella gegraben. 1957 wurden die Grabungen wieder aufgenommen. Was als erstes zutage trat, waren die Reste eines Palastes, der zum Besitz des makedonischen königlichen Hauses gehört hat. Die Dachziegel tragen die Inschrift ΠΕΛΛΗΣ, also »aus Pella«, und ΒΑΣΙΛΙΚΟΣ, was »königlich« heißt. Fragmente von Stuck in den Farben Purpur, Weiß, Schwarz und Gelb, große in Stein eingelassene Bronzezapfen, auf denen die Holztüren sich drehten, und die Mosaiken, die sowohl Gemächer wie Höfe schmückten, lassen ahnen, was für eine schöne und luxuriöse Anlage das einmal war. Die Ausgrabungen fördern immer neue Köstlichkeiten zutage. Eines der Mosaiken zeigt den Dionysos auf einem Gepard reitend, ein anderes Helena, wie sie, im Begriff mit Paris zu fliehen, die Rosse am Zügel hält. Der Gepard kann es an Eleganz mit dem Einhorn französischer Gobelins aufnehmen. Besonders fesselnd ist ein Mosaik, auf dem dargestellt ist, wie zwei mit einem losen Umhang bekleidete und mit kurzen Schwertern bewaffnete Männer mit einem Löwen kämpfen. Der Löwe hat seine Pranke schon auf den Fuß des einen gesetzt, muß aber, von hinten angegriffen, das Haupt wenden – eine Szene von aufregender Bewegtheit! Es ist die Darstellung eines Ereignisses, welches bei der Löwenjagd im Tierpark von Sidon tatsächlich stattgefunden hat. Krateros war es, der besonnene Freund Alexanders, der den König in seinem Ungestüm vor einem Unglück bewahrte. Dieselbe Szene, von Lysippos in Bronze gegossen, wurde später von Krateros' Sohn dem Apollon in Delphoi geweiht. Etwas sehr Entzückendes an diesen Mosaiken ist, daß sie aus naturfarbenen Steinen zusammengesetzt sind. Aber keineswegs wirken sie darum etwa primitiv. Sie gewinnen aus diesem einfachen Material einen Zug von Frische. In der Grazie der Attitude, die die Figuren zeigen, in der natürlichen Eleganz der Bewegungen der Tiere, in der Art, wie die Flächen kompositorisch gefüllt sind, geben die Darstellungen an Schönheit in nichts der Schönheit gleichzeitiger attischer Vasen nach. Und das wiederum ist der Beweis dafür, daß Pella nicht provinziell gewesen sein kann.

Das Land ringsum ist fruchtbar. Auf dem Wege nach Aigai werden die Getreidefelder von Orangenhainen, Melonenfeldern, Pfirsichgärten und Aprikosenplantagen unterbrochen. In den Dörfern sind die Hauptstraßen rechts und links mit alten Bäumen bestanden, welche köstlichen Schatten spenden. Den Durst kann man mit Melonen oder mit Pfirsichen stillen.

Zuweilen trifft man auf ein Dorf, dessen Bäume noch jung, dessen Häuser noch neu sind. Die Regierung hat einen großen Teil der kleinasiatischen Griechen, die nach dem ersten Weltkrieg von Kemal Atatürk aus Anatolien vertrieben wurden, in Makedonien und Thrakien angesiedelt. Manch einer dieser Griechen mag der Nachkomme eines Soldaten sein, der vor mehr als zweitausend Jahren mit Alexander dem Großen über den Hellespontos zog, Asien zu erobern.

Aigai, die ältere Residenz der makedonischen Könige, liegt, noch einmal zwanzig Kilometer in nordwestlicher Richtung, am Rand eines Bergrückens, der steil in die Ebene abfällt. Heute ist Aigai ein hübsches Landstädtchen, durch das ein klarer, von Forellen belebter Fluß dahinschießt, der dann in mächtigen Kaskaden sich einige hundert Meter in die Tiefe stürzt. Nach vielen vergeblichen Versuchen, die Gräber der Könige zu finden, vermuten die Archaeologen, daß sie in tiefen Stollen hinter dem Wasserfall im Berg liegen.

Von der Terrasse am Wasserfall blickt man über die Ebene, in der Pella liegt, bis hin zu den fernen Bergen der Chalkidike im Osten und zum schneebedeckten Olymp im Süden. Diesen verführerischen Horizont zu überschreiten ist ein Jahrhundert hindurch der Traum der makedonischen Könige gewesen. In dieser gesegneten Landschaft hat in heißen Sommern, in farbenfrohen Herbsten, in kalten Wintern Alexander seine jungen Tage verbracht.

Welcher Art ist in diesen Jahren die politische, gesellschaftliche und geistige Atmosphäre am Hofe zu Aigai und Pella gewesen?

In Makedonien gab es noch in der Mitte des 4. Jahrhunderts, als Alexander zur Welt kam, nur zwei Gesellschaftsschichten. Das waren eine Schwertaristokratie und der Stand der Hirten und Bauern. Ein Bürgertum, das eine Rolle hätte spielen können, existierte nicht. Das gesellschaftliche Leben von Hellas dagegen beruhte zu jener Zeit auf der Polis, dem Stadtstaat der Griechen, der ihre wichtigste politische Schöpfung überhaupt und zugleich die Welt gewesen ist, in der erst der griechische Geist sich zu seinem vollen Reichtum entfalten konnte. Es war eine tiefe Kluft, welche die bäuerliche Kultur der Makedonen von der urbanen Kultur der Hellenen trennte. Daran änderte auch nichts die Tatsache, daß der makedonische Adel durch das Leben am königlichen Hof mit der griechischen Bildung vertraut wurde. Die ritterliche Weise, in der dieser waffenfrohe Adel seinem König diente, war etwas den Griechen Fremdes. Gerade das Feudale dieser Welt ließ einem Hellenen die Makedonen eher den Persern ähnlich erscheinen.

Alexander ist sich der Unüberbrückbarkeit der Kluft zwischen Makedonen und Griechen immer bewußt gewesen. Später einmal, in Marakanda, als doch schon die Ergebnisse einer langen und erfolgreichen Zusammenarbeit zwischen Griechen und Makedonen vorlagen, hat er bei einem Gelage, bei dem es ziemlich wüst zuging, angesichts der Trunkenheit eines verdienten alten makedonischen Heerführers seine hellenischen

Tischnachbarn gefragt, ob es ihnen nicht vorkomme, als spazierten die Griechen unter den Makedonen einher wie Halbgötter unter wilden Bestien. Bildung ist eben, auch wenn sie diese nicht beeinträchtigt, kein integrierender Bestandteil soldatischer Tüchtigkeit.

Die Bauern und Hirten Makedoniens waren einfache Leute; aber sie waren stolz, zäh und nicht weniger im Gebrauch der Waffen geübt als die Herren vom Adel. Jeder erwachsene Makedone war zugleich Soldat. Das Verhältnis zwischen dem Stand der Bauern und Hirten und dem Königshaus war charakterisiert durch loyale Ergebenheit auf seiten der Untertanen, durch patriarchalische Fürsorge von seiten des Herrscherhauses. Jeder Soldat hatte ohne Schwierigkeiten Zutritt zu seinem Fürsten. Die Rechtsprechung befand sich, wie das gerade unter einfachen Verhältnissen oft der Fall ist, auf hohem Stand. Wir können das ebenso aus der Strenge schließen, mit der Alexander auch seine höchsten Beamten bestrafte, wenn sie »das Volk unterdrückt hatten«, wie aus den Vorwürfen, die seine makedonische Umgebung ihm machte, wenn er selbst allzu autokratisch regierte. Es gab in diesem Volk einige bemerkenswerte demokratische Überlieferungen. Nach der makedonischen Verfassung galt der König erst dann als legitimer Herrscher, wenn die in der Heeresversammlung vereinigten waffenfähigen Männer ihre Zustimmung zur Krönung gegeben hatten. Die Sitte, daß nur das Heer den König auf den Thron erheben konnte, ist noch weit bis in die hellenistische Zeit hinein lebendig geblieben. Später fand diese Sitte eine für die Geschichte des Römischen Reiches bedeutungsvolle Fortsetzung in dem bestimmenden Einfluß, den die Legionen auf die Wahl der römischen Kaiser nahmen. Auch die Gerichtshoheit in Hochverratsprozessen war ein Privileg der makedonischen Heeresversammlung. Die Art, wie solche Prozesse geführt wurden, macht ganz und gar den Eindruck einer alten Rechtstradition.

Herrscherliche Fürsorge einerseits, Loyalität andererseits, dieses Verhältnis zwischen den makedonischen Königen und ihrem Volk war eine politische Notwendigkeit. Es durfte da keiner dem anderen etwas schuldig bleiben. Als Makedonien sich längst zu einem kräftigen Staat entwickelt hatte, blieb seine Unabhängigkeit bedroht. Immer wieder brachen von Norden her wilde, kühne Barbaren in unvorhersehbaren Aktionen aus den Gebirgen hervor. Es ist ein kaum beachtetes Verdienst der Makedonen um die griechische Kultur, daß sie im Kampf um ihre eigene Existenz mehr als einmal durch ihre kriegerische Tüchtigkeit Hellas vor Einbrüchen aus dem Balkan kommender Eroberer bewahrt haben. Nur vierzig Jahre nach Alexanders Tod überrannten keltische Horden Makedonien und drangen bis Delphoi vor, das sie gründlich plünderten.

Ebenso wie im Norden waren die Makedonen von Süden her gefährdet. Hier waren es die wechselnden Konstellationen in der politischen, diplomatischen und militärischen Auseinandersetzung der um die Vorherrschaft in der Aegaeis kämpfenden Großmächte Athen, Theben, Sparta und Persien, welche Makedonien unablässig im Auge behalten mußte. Die ständige Gefahr, in der das Land sich befand, war ein Grundelement der Umwelt, in der Alexander aufwuchs. Vom Beginn seines politischen Bewußtseins an war die Gefahr die strenge Herrin, welche ihn die Wichtigkeit kriegerischer Stärke lehrte.

Zum erstenmal in der Geschichte tritt hier ein Volk in Erscheinung, auf das sich der eigentlich erst der neueren Zeit angemessene Begriff »Nation« anwenden läßt. Dieses in Jahrhunderten ständiger Bedrohung gewachsene Zusammengehörigkeitsgefühl hat nach der Eroberung Asiens eine bedeutende politische Rolle gespielt, und zwar im positiven wie im negativen Sinn. Die politische Tugend nationaler Solidarität wurde nach den unerhörten kriegerischen Erfolgen der Makedonen vom Laster hochmütigen Chauvinismus' abgelöst. Auf der einen Seite war der Nationalismus der Makedonen der Grund, warum das makedonische Wesen sich in den Weiten Asiens nicht einfach aufgelöst hat. Die mit militärischem Talent verbundene politische Begabung der Makedonen sorgte dafür, daß Alexanders Eroberungen nicht sogleich wieder an die Asiaten zurückfielen. Auf der anderen Seite war der Chauvinismus der Makedonen eines der Hindernisse, an denen Alexanders Idee der Erschaffung eines einzigen großen hellenisch-makedonisch-asiatischen Reiches scheiterte. Das makedonische Heer, das die Siege Alexanders erkämpfte, war nicht imstande zu begreifen, welchen Glanz Alexander diesen Siegen geben wollte. Aber wann je haben Soldaten gewußt, was die tatsächlichen Folgen ihrer Siege sein würden! Die Ideen Alexanders haben den Trotz seines Heeres überlebt!

Wenn also auch der Staat Makedonien und sein gesellschaftliches Leben bis zu Philipp II. bäuerlich-patriarchalisch waren, über das Leben bei Hofe war der glänzende Schleier hellenischer Bildung gebreitet. Von sehr frühen Zeiten an schon haben die Herrscher ihr Auge nach dem leuchtenden Süden gerichtet, nach Hellas, und vor allen Dingen nach Athen, dem Mittelpunkt des hellenischen Lebens, in welchem Künste und Wissenschaften so hoch in Blüte standen. Die makedonischen Könige holten sich aus Hellas und von den Inseln der Aegaeis an Künstlern und Gelehrten, was Geist und Herz zu erfreuen geeignet war. Insbesondere war König Archelaos, der die Residenz nach Pella verlegte, ein wahrer Freund der Musen. Er war ein tatkräftiger und gebildeter Mann. Er baute feste Plätze.

Er legte Straßen an. Er begann mit dem Aufbau jenes makedonischen Heeres, das später die Welt verwandeln sollte. Er stiftete gymnische Festspiele, die, nach Art der Spiele in Olympia auf der Peloponnes, in Dion am Fuß des Olymp abgehalten wurden. An seinen Hof holte er Dichter, Bildhauer und Maler. Die Paläste in Pella ließ er auf das prächtigste von Zeuxis ausmalen, der einer der berühmtesten Künstler seiner Zeit war. Euripides hat lange Zeit am makedonischen Hof gelebt und gearbeitet. Dort auch ist er im Jahr 406 vor Christi Geburt gestorben. So war die von Gefahren umgebene Welt, in der Alexander seine frühen Tage verbrachte, zugleich mit geistigen Spannungen geladen. Die mythischen Überlieferungen waren noch weithin lebendig; aber schon wurden die Gemüter durch Wissenschaft und Aufklärung heftig bewegt.

Durch seine Mutter Olympias stammte Alexander von Achilleus ab, dessen Zorn Homer in der Ilias besingt. Da die Mutter des Achilleus eine Meergöttin und Herakles, der zu den Ahnen seines Vaters gehörte, ein Sohn des Zeus war, konnte Alexander den Anspruch erheben, daß schon von seiner Abstammung her einige Tropfen Unsterblichkeit durch seine Adern flössen. Er hatte keinen Grund, die Echtheit seines Stammbaums zu bezweifeln. Der Trojanische Krieg lag für die damalige Zeit nicht weiter zurück als für uns die Kreuzzüge. In der Grabeskirche zu Jerusalem hängt das Schwert des Grafen von Bouillon, des Eroberers der Heiligen Stadt. Dieses Schwert ist für uns sogar noch hundert Jahre älter, als es für Alexander der Schild des Achilleus war, den er in Troia im Tempel der Athene fand und gegen den eigenen tauschte. Es war seines Ahnherrn Schild. Ausdrücklich wird berichtet, daß derselbe ziemlich zerbeult gewesen sei.

Welchen Eindruck muß es auf den mit so viel Phantasie begabten Knaben gemacht haben, wenn er, zu Olympias' Füßen sitzend, vernahm, daß seines Stammvaters Achilleus Mutter die Meergöttin Thetis sei, eine Nereïde, die neunundvierzig Schwestern habe, eine fröhlich geschwätzige, im Wasser spielende Schar sehr hübscher, meist verliebter Mädchen. Diese Mädchen waren die Töchter des Nereus, eines uralten Meergottes, der beim siegreichen Vordringen des aus Kreta stammenden Poseidonkultes in den Hintergrund gedrängt, aber nie ganz vergessen worden war. Die Mädchenschar ist das Symbol des plätschernden Wellenschlags eines von leisem Sommerwind bewegten Meeres. Zuweilen mag der Knabe Alexander, traumverloren, am Strande gestanden haben, den glühenden Wunsch im Herzen, daß eine seiner göttlichen Tanten, auf einem Delphin reitend, dem Spiel der Wellen entsteigen möge, ihn mit etwas Köstlichem zu beschenken. Noch heute spielen die Töchter des

Nereus als holde Feen in den Erzählungen griechischer Fischer ihre zarten und liebenswürdigen Rollen.

Das Erbe der Thetis war das lichteste und leichteste Element in Alexanders Erbgut. Daneben gab es viel Dunkles, Schwerblütiges, Dämonisches, das ihn im Lauf seines Lebens immer einmal wieder und gegen sein Ende, als seine große Mission erfüllt war, mehr und mehr überwältigte.

Mit der Schilderung der alten bäuerlich-patriarchalischen Grundlage der gesellschaftlichen Ordnung Makedoniens einerseits und der neuen, darübergebreiteten hellenischen Bildung andererseits ist aber die Umwelt des Prinzen Alexander noch keineswegs ausreichend charakterisiert. Diese beiden Elemente waren zwar der Rahmen; das Leben spielte sich zwischen der altehrwürdigen frommen Überlieferung und der vornehmen neuen philosophischen Aufgeklärtheit ab. Aber was für ein Leben ist das gewesen! Es war voller Leidenschaften, voller Schicksal, voller Verbrechen. Und das waren Verbrechen, die die alten Tragödien von Agamemnon, von Orestes, von Oidipous an Schrecklichkeit erreichten, an Ruchlosigkeit übertrafen. Nicht mehr wie in jenen Mythen, die die Dichter aufgezeichnet hatten, brachen über den Menschen die Ereignisse mit jener schicksalhaften Unerbittlichkeit und Unausweichlichkeit herein, welche das Geschehen als von den Göttern verhängt erscheinen ließen; es waren, sozusagen, nur noch ganz gewöhnliche Verbrechen.

Betrachten wir die Charaktere, die diese Verbrechen begingen! Trotz allem sind sie groß. Man muß sich stets vor Augen halten, daß »zu jener Zeit auch die größte Verworfenheit immer im Gewand feinster Bildung aufgetreten ist«.

Olympias, die Mutter, Philippos, der Vater, haben als zwei riesige Schatten die Jugend eines Knaben verdunkelt, der von seinen frühesten Tagen an und dann sein ganzes Leben hindurch einen hellen und scharfen Verstand mit einer Vorliebe für gelassene Heiterkeit und der Neigung zu träumen verband.

Olympias, die Mutter, muß ein Mädchen von außergewöhnlicher Schönheit gewesen sein. Philipp und Olympias haben sich, fast noch als Kinder, bei den Dionysischen Mysterienspielen auf der Insel Samothrake kennengelernt. Dort auch wurde einige Jahre später die Hochzeit glanzvoll gefeiert. Es war die Hochzeit einer Löwin mit einem Wolf. Mit der Löwin zu spielen ist sicherlich ein sehr großartiges Vergnügen. Aber wenn die Löwin in Wut gerät, beginnen unberechenbare Schrecknisse.

Olympias hatte einen starken Schuß illyrischen, also barbarischen Blutes. Jahr für Jahr zog sie zur Zeit der Dionysischen Mysterien, lebendige Schlangen schwingend, mit einer Schar von Frauen durch die Wälder, und es mag wohl vorgekommen sein, daß bei einem solchen Zug ein

Hirte, der zufällig unter die Schar der Frauen geriet, nach der alten Sitte des Menschenopfers von den Frauen bei lebendigem Leib zerrissen wurde, wie Euripides das in den »Bakchen« schildert. Immer hat diese merkwürdige Frau sich Schlangen gehalten. Wahrscheinlich auch hat sie durch geheimnisvolle Andeutungen in Alexander von Jugend an die Vermutung genährt, daß er vielleicht wirklich ein Sohn des Zeus sei. Dabei war sie von hoher Intelligenz. Als Alexander heranwuchs, begriff Olympias sehr bald, wes Ranges dieser Sohn, den sie da in die Welt gesetzt hatte, tatsächlich sei. Ihn jedenfalls hat sie, in einer Mischung von Stolz und Ehrgeiz, geliebt, und das auch dann noch, als er, König geworden, ihrer rasenden Gier nach Macht und Ruhm durchaus widerstand.

Plutarch spricht einmal schlicht »von dem widrigen Wesen Olympias', eines eifersüchtigen und zornigen Weibes«. Aber Zorn ist kein Einwand. Und Eifersucht muß milde beurteilt werden, wenn sie einen Grund oder sogar immer neue Gründe hat. Und daran, fürwahr, hat Philipp, der Wolf, es nicht fehlen lassen. Aber eben, es war eine Löwin, deren Stolz er kränkte. Alles spricht dafür, daß Olympias bei der Ermordung Philipps ihre Hand im Spiel hatte.

Die ganze barbarische Schrecklichkeit ihres dämonischen Charakters enthüllte Olympias erst nach dem Tod Alexanders. In furchtbarer Weise nahm sie Rache an allen, von denen sie je einmal gekränkt worden war, bis sie schließlich von den Verwandten der von ihr Ermordeten gesteinigt wurde, eine Szene, in der sie als alte Frau noch einmal ihre ganze königliche Würde zeigte, indem sie stumm, flammenden Auges ihre Widersacher musternd, das weiße Haar ordnete, sich dann in ihren Mantel gehüllt niederlegte und, von den Steinen getroffen, lautlos starb.

Von diesem stolzen, gewalttätigen, furchtbaren Charakter seiner Mutter hatte Alexander vieles geerbt. Daß er die dämonischen Tiefen seines Ich fast sein ganzes Leben hindurch beherrscht hat, gehört zu den am wenigsten beachteten, aber am meisten zu bewundernden Leistungen dieses außerordentlichen Mannes. Die wenigen Male, da die Leidenschaft die königliche Selbstbeherrschung durchbrach, wirken wie Ausbrüche eines Vulkans. Die moderne Psychologie erlaubt uns, diese Ausbrüche besser zu verstehen, als man das mit der anachronistischen Anwendung moralischer Kategorien einer späteren Zeit vermag.

Philippos, der Vater, ist ein großartiger Mann gewesen. Aber das Erbe, das er seinem Sohn mitgab, war nicht weniger schwierig als das, welches Alexander von seiner Mutter mitbekommen hatte. Auch von der Seite seines Vaters her hatte Alexander illyrisches Blut. Seine Großmutter väterlicherseits, Eurydike, war die Tochter eines Fürsten Sirrhas von Elimiotis. Was mag in der Seele dieses von Natur mit Edelmut begabten

Knaben vorgegangen sein, als er eines Tages erfuhr, daß die liebe Großmama eine mehrfache Mörderin sei! Eurydike hat zunächst versucht, ihren Ehemann, König Amyntas, zu vergiften. Dann begann sie eine Liebschaft mit ihrem Schwiegersohn und ließ, um darin ungestört zu sein, ihre Tochter umbringen. Schließlich ließ sie auch noch, um diesen ihren Liebhaber auf den Thron zu bringen, ihren ältesten Sohn ermorden. Dabei ist diese Eurydike eine gescheite und durchaus charmante Dame gewesen, nur eben mit ein wenig viel Blut an den Händen. Es ist immer wieder überraschend, wie oft hervorragende Begabungen mit unberechenbaren Lastern gekoppelt sind.

Wir wissen nicht, was Alexander über diese dramatische Familienchronik gedacht hat. Jedenfalls hat die Tatsache, daß so wenige makedonische Könige eines natürlichen Todes gestorben sind, auch ihn, als er mit zwanzig Jahren den Thron bestieg, veranlaßt, kaltblütig drei Kronprätendenten, die legitime Ansprüche erhoben oder erheben konnten, auszuschalten.

Philipp ist, auch für einen Jüngling vom Format Alexanders, ein gewaltiges Vaterbild gewesen. Diese Vaterimago hat Alexander niemals vollständig zu sublimieren vermocht. Philipp war ein körperlich sehr kräftiger Mann, noch in höherem Alter den unglaublichsten Strapazen gewachsen, hochintelligent, in außerordentlichem Maße mit politischem Talent begabt und dazu ein genialer Soldat. Die Griechen haben ihn nie begreifen können. Er war ebenso treulos, ebenso listig, ein ebenso großer Lügner, ebenso habgierig, machtgierig und rücksichtslos wie sie selbst. Nur in einem unterschied er sich von ihnen. Er war kein Phantast. Burckhardt, um ihn noch einmal zu zitieren, sagt von ihm: »Nach den Tugendidealisten, den Ruchlosen und den Narren kommt nun endlich in Gestalt Philipps von Makedonien der große Realpolitiker.«

Philipp war ein hervorragender Organisator. Er brachte das makedonische Heer auf einen so hohen Stand, daß es unter der Führung seines Sohnes das Persische Reich erobern konnte. Doch er selbst schon errang mit diesem von ihm geschaffenen Instrument große militärische Erfolge. Als Politiker brachte er ein Wunder zustande; er schaffte die Jahrhunderte alte griechische Zwietracht aus der Welt. Er war ein großer Trinker, ein Liebhaber der Musik, der Künste, der Wissenschaften, der Frauen und der Weiber. Auch Philipp begriff früh, von welcher Art dieser sein Sohn Alexander sei. Frei von jenem meist aus Unverständnis geborenen Neid, den Väter, die einen Größeren als Sohn heranwachsen sehen, gewöhnlich empfinden, gab er diesem seinem so begabten, so intelligenten Sohn die besten Lehrer, die er finden konnte.

Natürlich hat Philipp, als der Knabe Alexander dreizehn Jahre alt war, weder wissen können, daß es Alexander der Große sei, der da heranwuchs, noch daß Aristoteles einmal als einer der größten Gelehrten des Abendlandes gelten werde. Aber schließlich ist es eben doch König Philipp gewesen, der den Aristoteles zum Erzieher Alexanders gemacht hat. Das wird ihm zu ewigem Ruhme gereichen.

Aristoteles, derselbe Mann, der aus seinen Gedanken ein Haus baute so groß, daß die abendländische Wissenschaft zweitausend Jahre lang darin wohnen konnte, hat durch die Ideen, die er in den Knaben einpflanzte, das meiste dazu beigetragen, daß ein Abendland überhaupt entstand. Ohne Alexander wüßten wir von Aristoteles heute kaum mehr als den Namen. Ohne Aristoteles wäre Alexander niemals der Alexander geworden, den wir bewundern können.

Sieben Jahre verbrachte Aristoteles am Hofe zu Pella. Erst nach der Thronbesteigung Alexanders zog er sich zurück. Sein Vater Nikomachos war Leibarzt des Königs Amyntas III., des Vaters Philipps II., gewesen. Stageira, des Aristoteles Heimat, liegt, nicht allzuweit von Pella entfernt, auf der Halbinsel Chalkidike in einem lieblichen Tal, an dessen Hängen sich alte schöne Wälder hochziehen. Im Altertum bestanden diese Wälder aus mächtigen Nußbäumen, Zypressen, von Efeu umwucherten Steineichen, knorrigen alten Ölbäumen, Edelkastanien, hohen Platanen, Feigen- und Maulbeerbäumen. In neuerer Zeit sind die aus Australien stammenden riesigen Eucalyptusbäume hinzugekommen.

Von den Berghöhen, auf denen Aristoteles als Knabe die Schafe seines Vaters weidete, sieht man den hoch und weit ins Meer hinausragenden Berg Athos liegen, dessen Kontur allmorgendlich von der aufgehenden Sonne mit einer goldenen Aura umgossen wird. Schon den Griechen war der Athos heilig. Der Eindruck, den diese gewaltige Natur auf das jugendliche Gemüt des Aristoteles gemacht hat, dürfte einiges zur Entstehung seines aeonischen Weltbildes beigetragen haben, dessen die moderne naturwissenschaftliche Philosophie sich heute wieder zu erinnern beginnt.

Seine Heimat Stageira hat Aristoteles geliebt. Anläßlich eines Feldzuges gegen Olynthos war die kleine Stadt von den Truppen Philipps II. zerstört worden. Unter dem Bündel von Motiven, welche den Aristoteles veranlaßten, den Ruf nach Pella schließlich anzunehmen, mag nicht das unbedeutendste der Wunsch gewesen sein, seine Vaterstadt wiederaufgebaut zu sehen. Alexander erfüllte später seinem alten Lehrer diesen so verständlichen Wunsch.

Die ersten Jahre seines Aufenthalts in Makedonien verbrachte Aristoteles mit dem Prinzen Alexander und einigen jungen Adligen in Mieza auf dem Lande. Dort war man fern den Intrigen am Hofe Philipps, aber keineswegs fern seiner Politik. Aristoteles selbst war, als Schüler Platons, ursprünglich natürlich ein Anhänger des Idealstaates seines großen Lehrers gewesen. Ein Aufenthalt bei Hermias, dem Stadtfürsten von Atarneus in Kleinasien, der ihm seine Tochter Cynthias zur Frau gab, brachte Aristoteles in Kontakt mit der Großmachtpolitik im Raum des Aegaeischen Meeres. Jahre hindurch hat er aus seiner überlegenen Sicht heraus dem Thronfolger, der sich seiner königlichen Aufgabe sehr früh schon bewußt war, die kluge und erfolgreiche, aber höchst verwickelte Politik Philipps II. kommentiert. Es sind die Jahre gewesen, in denen Philipp Makedonien zur vierten Großmacht der Aegaeis erhob. In dieser Lehrzeit erwarb Alexander sich die souveräne Klugheit und Wendigkeit in der Lösung politischer Probleme, welche uns immer wieder so sehr an ihm in Erstaunen setzt. Ganz bewußt auch hat Aristoteles in seinen Schüler die Überzeugung eingepflanzt, daß, wenn Hellas einmal staatlich geeinigt sein werde, die Spannkraft des griechischen Geistes sich als mächtig genug erweisen werde, die Welt zu beherrschen. Auch wenn Alexander später in der Weite seiner Ideen sogar diesen Lehrer noch übertraf, bleibt bestehen, daß es Aristoteles war, von dem der zum Herrschen bestimmte und für diese Kunst so begabte Prinz politisch denken lernte. Wie modern Aristoteles war, ersieht man daraus, daß schon er die Dreiteilung der Gewalten in eine gesetzgebende, eine richterliche und eine ausübende gefordert hat.

Von größerer Bedeutung noch als die politische Erziehung war die geistige Bildung, welche Aristoteles seinem Schüler vermittelte. Das klassische Zeitalter Griechenlands lag mehr als hundert Jahre zurück. Es war also tatsächlich nunmehr klassisch geworden. Die intellektuelle Atmosphäre in der Mitte des 4. Jahrhunderts war erfüllt von Ideen, die sich aus der geistigen Leistung der Klassik entwickelt hatten. Aristoteles war der Mann, der, über alle seine Vorgänger hinausgehend, die philosophische Leistung der griechischen Klassik zu einem organischen Ganzen zusammenfaßte. Aber er bildete nicht nur Alexanders Geist, sondern auch seinen Charakter, indem er ihn lehrte, nach ἀρετή, Arete, zu streben, jener aus den Tugenden der Gelassenheit und der Selbstbeherrschung bestehenden gehobenen Form innerer Harmonie. In Alexander ist das Streben nach Arete sein ganzes Leben hindurch ein wirksames Gegengewicht zu den dunklen Mächten seines Erbes gewesen.

Als Aristoteles nach Pella kam, war er vierzig Jahre alt. Zwanzig Jahre lang war er der Schüler Platons gewesen. Wir kennen von verschiedenen Kopien nach zeitgenössischen Plastiken den strengen Ausdruck seines Gesichts. Hinter dieser Strenge verbarg sich, wie seine Biographie bezeugt, großzügige Menschlichkeit. Wie mag der gelehrte Mann, wenn er mit seinem Schüler durch die Alleen von Miëza wandelte, zuweilen gelächelt haben, wenn er aus dieses wohlgebildeten königlichen Knaben blauen Augen, von denen das eine ein wenig dunkler als das andere war, Lernbegier und Intelligenz blitzen sah und zuweilen natürlich auch ein Leuchten der Verehrung. Selten in der Geschichte sind Geist und Tat so Arm in Arm miteinander in einem Garten spazierengegangen. Mieza – das sind des Prinzen Alexander goldene Tage gewesen.

Alexander hat den Rang seines Vaters ebenso aestimiert wie der Vater den seinen. Beide waren sie schlechthin zu gescheit, um nicht zu begreifen, was sie aneinander hatten. Plutarch erzählt davon mehrere amüsante Anekdoten. So berichtete er, auf welche Weise Alexander, als er etwa zwölf Jahre alt war, zu seinem berühmten Leibpferd Boukephalos kam:

»Um jene Zeit führte Philonikos aus Thessalien den Boukephalos herbei und bot dieses Pferd dem Philippos um dreizehn Talente zum Kauf an.

Man begab sich ins freie Feld, um das Roß zu prüfen. Allein es schien schwer zu behandeln, ja völlig unbrauchbar zu sein, indem es weder einen Reiter aufsitzen ließ, noch die Stimme von irgendeinem aus Philipps Gefolge ertragen konnte, sondern sich gegen jedermann bäumte. Philippos wurde endlich unwillig und gab Befehl, das Tier fortzuführen. Da sagte Alexander, der gleichfalls zugegen war: ›Ach, was für ein Pferd geht da verloren! Sie können's nur nicht reiten, weil sie zu ungeschickt sind und Angst haben!‹

Im ersten Augenblick schwieg Philipp. Als jedoch der Knabe öfters in gleicher Weise dareinsprach und großen Schmerz verriet, so sagte er: ›Willst du ältere Leute tadeln, als verstündest du etwas besser oder könntest besser reiten?‹

›Ja‹, erwiderte der Kleine; ›auf diesem Pferd kann ich besser reiten als ein anderer!‹

›Wenn du es aber nicht reiten kannst, welche Strafe willst du aushalten für deinen Vorwitz?‹

›Dann zahl' ich das Pferd‹, sagte er. ›Ganz gewiß!‹

Alles lachte. Darauf machte man die gegenseitige Festsetzung hinsichtlich des Geldes. Im nächsten Augenblick lief der Knabe zu dem Pferde hin, faßte den Zügel und kehrte es gegen die Sonne. Er tat dies ohne Zweifel, weil er bemerkt hatte, daß es durch den Schatten scheu wurde, den es vorwärtsfallen und vor seinen Augen herumtanzen sah. Sodann trabte er eine kleine Strecke nebenher und streichelte das Tier. Und als er sah, wie ihm wieder das Feuer und der Mut anschwollen, ließ er sachte den Mantel fallen, schwang sich hinauf und setzte sich fest.

Zunächst hielt er es, ohne alles Schlagen oder Zerren, noch eine kleine Weile zurück, indem er die Stange mit den Zügeln leicht anzog. Dagegen wie er bemerkte, daß das Pferd seine Drohungen aufgegeben hatte und nur eben rennen wollte, so ließ er los und jagte es noch toller durch Zuruf und durch Stoßen mit dem Fuß. Das ganze Gefolge Philipps war anfänglich in einer tödlichen Angst. Man hörte keinen Laut mehr. Als aber Alexander regelrecht schwenkte und umkehrte, ganz stolz und vergnügt, da erhoben alle ein Jubelgeschrei. Sein Vater aber vergoß, wie man erzählt, vor Freude eine helle Träne, küßte ihn, nachdem er abgestiegen war, und sagte nur:

›Knabe, suche dir ein passenderes Königreich! Makedonien ist für dich zu klein!‹ «

Zu den dreizehn Talenten, die Philonikos als Preis verlangte, ist zu bemerken, daß das immerhin etwa sechzigtausend Goldmark waren. Man sieht, welche Rolle die Pferdezucht in dieser Welt spielte. Man sieht außerdem, in welch reizender Weise sich Strenge und Freimut in dem Verhältnis zwischen König Philipp und seinem Sohn Alexander mischten.

Boukephalos war ein großer Rappe mit weißem Kopf. Das Roß hat Alexander treu bis Indien gedient. Dort ist es gestorben. Es wurde mit hohen Ehren begraben. Sogar eine Stadt hat Alexander nach ihm benannt. Noch anderthalbtausend Jahre später erfuhr Marco Polo als Gast des Mir von Badakshan, eines Fürsten, dessen Reich in der Nordostecke des heutigen Afghanistan lag, daß der Herrscher des Landes seinen eigenen Stammbaum auf Alexander, den seiner Pferde auf den Boukephalos zurückführe. In der Nähe von Rawalpindi in Pakistan, in der Landschaft, in der Alexander Boukephala gründete, gibt es einen buddhistischen Stupa, der noch heute von den Eingeborenen als das Grab des Boukephalos verehrt wird. Es gibt in der ganzen Weltgeschichte kein Pferd, das so berühmt ist wie das Leibroß Alexanders des Großen.

Für die Hochschätzung und den väterlichen Stolz, die Philipp für seinen Sohn empfand, für das bedingungslose Vertrauen, das er zu seiner politischen Begabung hatte, gibt es mehrere Beweise. Den Sechzehnjährigen schon machte König Philipp, als er zur Belagerung von Byzantion aufbrach, zum Reichsverweser und vertraute ihm das Siegel des Reiches an. Philipp war klug genug, in dieser Sache Olympias, die Unberechenbare, zu übergehen. Und Olympias wieder waren alle Träume erfüllt, wenn Alexander die Herrschaft übernahm. Und was tat der junge Herr in der Zeit seiner Reichsverweserschaft? Den Aufstand eines thrakischen Stammes benutzte er dazu, mit der später an ihm so berühmt gewordenen Schnelligkeit seinen ersten eigenen Krieg zu führen. Als er ihn siegreich beendet hatte, schickte er Philipp mit der Nachricht von dem Aufstand zugleich die Nachricht seiner Niederwerfung. Mit sechzehn

Jahren! Mit achtzehn Jahren entschied Alexander an der Spitze der makedonischen Reiterei die Schlacht von Chaironeia, die das Ende der griechischen Freiheit bedeutete. Nicht nur neidlos, sondern, da er eben ein ganz souveräner Mann war, mit größtem Vergnügen sah Philipp zu, wie die Makedonen seinen Sohn, den strahlenden Jüngling, den künftigen Herrscher, liebten, ja geradezu vergötterten.

Was es für Alexander, bei allem Respekt, unmöglich machte, seinen Vater zu lieben, war die Behandlung, die Philipp der Olympias zuteil werden ließ. Schon wenige Jahre nach der Geburt der Kleopatra, der jüngeren Schwester Alexanders, zerbrach die Ehe Philipps mit Olympias. Es folgten mehrere Heiraten Philipps und zahlreiche Liebschaften. »Das ganze Reich mußte an dem Jammer des Frauengemaches mittragen.«

Als schließlich Philipp eine Ehe mit einer Aristokratin aus altem makedonischem Adel einging, wurde aus schwelendem Zwist offene Feindschaft. Es ist erschreckend zu erfahren, wessen Alexander, der doch in diesem Alter schon all die Eigenschaften, die ihn zum großen Staatsmann machen sollten, besaß, seinem Vater gegenüber fähig war, diesem Vater gegenüber, dessen Größe und Bedeutung ihm so sehr bewußt waren. Bei der Hochzeitsfeier forderte Attalos, der Oheim der Braut, die Gesellschaft auf, die Götter nunmehr um einen echten Thronfolger zu bitten. Damit war die Legitimität und zugleich die Thronfolge Alexanders in Frage gestellt. Der beleidigte Kronprinz schleuderte, aufs höchste erregt, einen Pokal nach Attalos mit den Worten: »Du Schurke! Bin ich ein Bastard?«

Philipp, der in einer seiner vielen Schlachten ein Auge verloren hatte, trug, die leere Augenhöhle zu verdecken, schräg über die Stirn gesetzt einen goldenen Lorbeerkranz. Mit dem ihm verbliebenen andern, vor Wut funkelnden Auge blitzte er seinen Sohn an, erhob sich, zog sein Schwert und rannte gegen Alexander. »Zum Glück für beide« glitt Philipp zufolge der Wirkung des Weines aus, stürzte hin und blieb liegen. Darauf sagte Alexander über einen Mann, der sein Vater war, über einen Mann, der ein König war, über einen Mann, der immer generös zu ihm gewesen war:

»Seht nur hin! Das ist der, der sich anschickte, von Europa nach Asien hinüberzugehen! Und wenn er von einem Tisch zum anderen will – fällt er hin!«

Welch grausamer Hohn! Und daß das jemand sagte, der nachher in seinem Leben unzählige Male Großmut zeigte, Verständnis hatte, Verzeihung gewährte, macht die Sache nur um so schlimmer.

Es ist keine glückliche Jugend gewesen, die der Prinz Alexander in Pella gehabt hat.

Alexander nahm seine Mutter Olympias aus der Residenz weg und brachte sie zu ihren königlichen Verwandten nach Epeiros. Selbst im

Zorn noch zeigte er seine politische Klugheit und sein diplomatisches Talent. Nachdem er seine Mutter in Sicherheit gebracht hatte, blieb er nicht in Epeiros. Das hätte eine Versöhnung mit seinem Vater, an der ihm natürlich trotz allem gelegen war, unmöglich gemacht. Er ging in einer Art von freiwilliger Verbannung nach Illyrien, dem Land, aus dessen Tiefen alles Unglück seiner Jugend stammte.

SPRUNG IN DIE ZUKUNFT

Das Vorspiel zu Alexanders Eroberungszug durch Asien, sein Übergang über den Hellespont, hat sich als eine pittoreske Szene vor einer Kulisse abgespielt, wie sie bedeutungsvoller nicht hätte sein können.

An einem strahlenden Frühlingsmorgen des Jahres 334 vor Christi Geburt überquerte Alexander die Meerenge, die Europa von Asien trennt. Noch in Europa hatte er am Grab des Protesilaos, das an der Spitze der Halbinsel Gallipoli liegt, geopfert. Protesilaos war bei Beginn des Trojanischen Krieges der erste Achaier, der nach dem Eintreffen der griechischen Flotte vor der Küste Troias an Land sprang. Er wurde, nachdem er mehrere troische Krieger im Zweikampf besiegt hatte, von Hektor erschlagen. Selbst Achilleus war nicht tapfer genug gewesen, der Erste sein zu wollen. Seine Mutter Thetis hatte ihm vorausgesagt, daß der, welcher als Erster an Land ginge, als Erster fallen werde. Es ist ein sympathischer Zug an diesem gewaltigsten der homerischen Helden, daß schon er, wie alle Helden nach ihm, Angst hatte. Frei von Angst sind nicht die Helden, sondern die Heiligen.

In der Mitte der hier nur vier Kilometer breiten Meerenge, die wir die Dardanellen nennen, spendete Alexander dem Poseidon, dem Herrscher des Meeres, ein Trankopfer. Die goldene Schale, die er dabei benutzte, warf er zum Abschluß der Zeremonie ins Meer.

Wir verdanken es der Freude Alexanders an der großen Geste, seiner Einsicht, wie wirksam Symbole sein können, seiner Begabung, den schlichten Gemütern seiner makedonischen Bauern und Hirten große Zusammenhänge sichtbar zu machen, daß wir den Beginn der neuen Weltepoche so genau nach Ort und Zeit kennen. Als Alexanders Schiff sich dem Strand von Troia näherte, stand der König am Bug, hoch aufgerichtet, in voller, in der Sonne funkelnder Rüstung, mit im Winde flatterndem weißen Helmbusch. Als der Kiel auf Grund lief, schleuderte Alexander mit mächtigem Schwung seinen Speer an Land. Tief bohrte sich die königliche Waffe in den Boden. Während der Schaft des Speers noch zitterte, sprang der junge Held an Land. Später befahl er die Errichtung eines Altars an der Stelle, an der sein Speer in den Boden Asiens gefahren war.

Oft genug in alter und neuer Zeit ist diese Szene verspottet worden als der allzu theatralische Einfall eines romantischen Jünglings. In der Tat war Alexander in diesem Augenblick erst einundzwanzig Jahre alt; aber dieser Jüngling eben war mit einundzwanzig Jahren mündig für die Weltgeschichte.

Hatte nicht Aristoteles ihn gelehrt, daß die Ilias die ehrwürdigste Überlieferung der Hellenen sei? Sogar in den Krieg hatte er dem jungen König ein von ihm kommentiertes Exemplar des Gedichtes mitgegeben. Welches Gewicht Homer zu jener Zeit hatte, versteht man leichter, wenn man bedenkt, wie einsam er ragte. Es gab noch keinen Vergil. Es gab noch keinen Dante. Hellas ist älter als Homer. Aber erst Homer, indem er mit seinem Epos vom Trojanischen Krieg das untergegangene Heldenzeitalter, das wir das Mykenische nennen, vor dem Vergessen bewahrte, gab den Griechen das Gefühl ihrer Zusammengehörigkeit, das Bewußtsein der Kontinuität ihrer Geschichte. Freilich konnte Aristoteles, als er den Prinzen Alexander mit Homer vertraut machte, nicht voraussehen, daß dieser Jüngling einmal bis ans Ende der Welt marschieren würde, daß der Glanz der alten Mythen der Aegaeis gen Osten hin ihm verblassen werde, daß andere, ältere Mythen aus der Tiefe Asiens an seinem Horizont auftauchen würden. Einige dieser Mythen haben nicht verfehlt, Alexander zu faszinieren. Einige davon faszinieren noch heute uns. Manche von Aesops Fabeln, manche Erzählungen aus Tausendundeiner Nacht, manche Geschichten aus Chaucers Canterbury Tales stammen aus indischen Quellen. In Indien traf Alexander mit gelehrten Brahmanen, traf der junge König mit der alten Weisheit Indiens zusammen.

Apollon begegnete Buddha.

In Asien kann man sich verlieren. In Asien kann man untertauchen, verschwinden, sich auflösen, ertrinken. In Asien kann man sogar den Frieden der Seele finden, wenn man darauf verzichtet, ein Mensch des Westens bleiben zu wollen. Die schwerste Aufgabe, die Asien stellt, ist die, sich zu bewahren. Angesichts dieser Aufgabe ist Alexander schließlich über seinen Lehrer Aristoteles hinausgewachsen.

Die Kulisse, vor der Alexanders Übergang nach Asien sich abspielte, war der Schauplatz der Ilias, die »Skamandrische Flur« mit Troia im Hintergrunde. Das gab der Szene ihren Sinn. Zudem war der Speerwurf eine Handlung von völkerrechtlicher Bedeutung. Damit, daß der König mit der Spitze seines Speers Asien berührte, erklärte er dieses Land für δορύκτητος, doryktetos, speererworben. Mit dieser einen Geste machte

Alexander sich von allem Anfang an zum legitimen Herrn dessen, was zu erobern er sich anschickte.

Der Hügel von Troia ist keine fünfzig Meter hoch. Er besteht aus einem Gewirr von Gräben, Wällen, Rampen, Bruchstücken von Festungsmauern und Resten von Häusern in vielen Schichten neben- und übereinander. Von der Kupferzeit an bis weit in die christliche Aera hinein ist dieser Hügel in dieser heute verlorenen Ecke der Welt bewohnt gewesen. Neun Siedlungen nacheinander wurden hier errichtet. Einige dieser Gründungen waren mächtige Burgen, meerbeherrschende Zentren politischer Macht. Andere waren kümmerliche, in die Ruinen untergegangener Größe eingebaute Hütten von Heimkehrern, die altem Glanz nachtrauerten. Es ist die Schicht VII A, in welcher die Archaeologen die Reste des Palastes des Königs Priamos, die Reste des Heiligen Ilion feststellten. Zu Alexanders Zeit stand auf dem Hügel von Troia ein Tempel der Athene, in dem der Schild des Achilleus aufbewahrt war, bis Alexander ihn gegen den seinen tauschte. Auf Athenens Tempel hat noch der Apostel Paulus einen Blick werfen können, ehe er nach Europa übersetzte.

An dem Tag, an dem Alexander den Hellespont überschritt, begann ein neuer Abschnitt in den Beziehungen zwischen West und Ost, zwischen Europa und Asien. Verschwenden wir einen Augenblick an die Überlegung, von welch geradezu erhabener Unwahrscheinlichkeit noch zur Zeit des Trojanischen Krieges die Entstehung eines machtpolitischen Gleichgewichts zwischen Europa und Asien war. Zum erstenmal, seitdem die Achaier Hellas erobert hatten, waren sie unter einem Oberbefehlshaber, dem König Agamemnon von Argos, vereint. Sie unternahmen einen Angriff auf Troia, die mächtige, jenseits des Meeres gelegene Stadt. Wenn wir lesen, was Homer in der Ilias über die Ereignisse berichtet, haben wir den Eindruck, daß die handelnden Personen Träger unserer Vergangenheit, Abendländer, Europäer sind. Was aber stand hinter den Achaiern, das uns berechtigt, sie Europäer zu nennen? Machtpolitisch gesehen war es ein schieres Nichts. Es gab nur diese wenigen achaiischen Fürstentümer, die sich über das Festland von Hellas und einige Inseln der Aegaeis und des Ionischen Meeres verteilten. Alles, was westlich dieses Bereichs lag, war politisch noch nicht geformt, war noch nicht »in die Geschichte eingetreten«. Aber damit ist die Unwahrscheinlichkeit der Anfänge noch nicht zulänglich gekennzeichnet. Es kommt hinzu, daß der Sieg in dem zehnjährigen Ringen zwischen den Achaiern und den Troern keine politischen Folgen gehabt hat. Für Asien war die Niederlage der Troer und die Zerstörung ihrer Stadt von keiner großen Bedeutung. Asien in seiner grenzenlosen, schillernden Mannigfaltigkeit lebte weiter. Bei den Griechen aber bricht sogar der Mythos ab. Wir hören eben noch dies und das von den Söhnen der Helden Homers. Über ihre Enkel ist Schweigen gebreitet. Die Welt dieser Helden, die Mykenische Kultur in Hellas, wurde kurz nach dem Trojanischen Krieg durch jüngere, aus dem Norden hereinbrechende Griechenstämme vernichtet. Das Epos dagegen, das diese so vergeblich verrichteten Heldentaten besingt, hat Geschichte gemacht. Am Anfang Europas steht ein Lied.

Hatte Alexander nicht recht, daß er, der König, der sich anschickte, eine Weltmacht zu werden, der Weltmacht der Poesie seine Reverenz erwies?

Homer berichtet nichts über die Hintergründe des Trojanischen Krieges. Das war nicht seine Sache. Doch wäre es töricht zu meinen, daß die an der Zufahrt zu einer der bedeutendsten Meerengen der Weltgeographie erbaute Festung Troia keine handelspolitischen Interessen gehabt hätte. In klassischer Zeit waren die Dardanellen ein Stück der wichtigsten Schiffahrtslinie Athens. Aus den fruchtbaren Ländern an der Nordküste des Schwarzen Meeres, der heutigen Ukraine, kam das billige Getreide für das damals übervölkerte Attika. Mit der Möglichkeit, diese Verbindung Athens mit seinen Getreidelieferländern zu unterbrechen, besaß Alexander ein stets zur Verfügung stehendes Druckmittel gegen die ihm nie freundlich gesinnte Stadt.

Immer ist der Hellespont ein Brennpunkt großer Politik gewesen. Caesar und vierhundert Jahre später Kaiser Konstantin der Große wollten an der Stelle von Troia die neue östliche Hauptstadt des Römischen Reiches errichten. Konstantin hatte sogar schon zu bauen begonnen. Erst später wählte er Byzanz. Die ersten arabischen Flotten sind im 8. Jahrhundert nach Christo in die Dardanellen eingedrungen. Friedrich Barbarossa auf dem Dritten Kreuzzug setzte hier sein Heer nach Asien über. Der Zusammenbruch des Byzantinischen Reiches in der Mitte des 15. Jahrhunderts erfolgte, als die Dardanellen in die Hände der Türken gefallen waren. Noch 1915 hoffte Churchill, durch die Eroberung der Halbinsel Gallipoli dem ersten Weltkrieg die entscheidende Wendung zu geben.

Blickt man über die Skamandrische Flur nach Gallipoli hinüber, sieht man fruchtbares Ackerland vor sich liegen, bestellt von Bauern, deren Vorfahren zu Alexanders Zeit noch als Nomaden durch die Steppen Innerasiens zogen. Am Horizont erkennt man das wie ein Tor gegen den hellen Himmel sich abzeichnende Denkmal, das die Türken ihren im ersten Weltkrieg gefallenen Soldaten errichtet haben. Während wir versonnen hinüberschauen, gleitet durch die schmale Durchfahrt, die die Aegaeis mit dem Marmarameer verbindet, der Flugzeugträger »Franklin Delano Roosevelt«, fünfundvierzigtausend Tons, grau, elegant, unheimlich, ein Meerungeheuer unserer Zeit, begleitet von einem schweren und zwei leichten Kreuzern. Im Siebenten Gesang der Ilias sagt Hektor, der einen achaiischen Helden zum Zweikampf herausgefordert hatte:

»... Doch der Erschlagene kehrt zu den schöngebordeten Schiffen,
Daß mit Pracht ihn bestatten die hauptumlockten Achaier
Und ihm das Grab aufschütten am offenen Hellespontos.
Dann aber spräche wohl einer im Volke der Spätgebornen,
Der im vielrudrigen Schiff auf dunkler Woge vorbeizieht:
Seht das ragende Grab des längst gestorbenen Mannes,
Der einst tapfer im Streit hinsank dem göttlichen Hektor!
Also redet man einst, und mein ist ewiger Nachruhm ...«

Während die Spätgebornen auf dunkler Woge vorübergleiten, berührt uns die Melancholie des Ruhms, die wie ein Hauch die Verse von Homer durchzieht.

Der Übergang über den Hellespont war mit einem erheblichen operativen Risiko verbunden. Auf See waren die Perser ihm überlegen. Zwar konnte Alexander in seiner Eigenschaft als Bundesfeldherr des von König Philipp II. nach seinem Sieg bei Chaironeia geschaffenen Korinthischen Bundes, dem außer Sparta alle griechischen Staaten angehörten, über die Flottenkontingente der Mitglieder des Bundes verfügen. Aber die meisten Städte standen ihm und seinem Unternehmen mit so viel Ablehnung gegenüber, daß er von dieser Möglichkeit nur beschränkten Gebrauch machte. Im Grunde war Alexanders Feldzug bis zu dem Augenblick, in dem er, nach der Eroberung Syriens, Aegypten besetzen konnte, der Krieg eines Landheeres gegen eine seebeherrschende Macht, der einzige in der Geschichte, der je gewonnen wurde. Zu den tieferen Gründen des Erfolges Alexanders gehört, daß er, der hervorragende Taktiker des Landkrieges, fähig war, maritim zu denken.

Wie leicht hätten die Perser den Übergang des makedonischen Heeres über den Hellespont stören können! Während der König bei Troia übersetzte, überschritt sein Heer die Meerenge zehn Meilen dardanelleneinwärts. Der Übergang wurde von Parmenion geleitet, dem ältesten und erfahrensten General der Armee. Das Heer bestand aus dreißigtausend Mann zu Fuß und fünftausend Reitern. Diese Masse von Menschen und Tieren auf die kleinen Schiffe der damaligen Zeit zu verladen muß Tage gedauert haben. Ein persisches Geschwader von einiger Stärke hätte damals Alexanders ganzen Ruhm in den Grund bohren können. Aber Dareios, mächtiger Herr eines Weltreiches, beging vom ersten Augenblick an den schwersten aller Fehler, er unterschätzte seinen Gegner.

Schon König Philipp hatte sich mit Asienplänen beschäftigt. Die oft gestellte Frage, wie Alexander überhaupt auf den Gedanken gekommen sei, einen Krieg gegen das Persische Weltreich zu entfesseln, beantwortet Tarn, der englische Alexanderforscher, mit trockenem Witz dahingehend, daß Alexander niemals auf den Gedanken gekommen sei, es nicht zu tun. Seine ganze Jugend war von dieser Idee erfüllt. In den letzten Jahren seiner Regierung hatte Philipp begonnen, die Vorbereitungen für den Feldzug gegen Persien ernsthaft voranzutreiben. Die moralische Begründung für das Unternehmen war, Hellas müsse die Perser für die Frevel gegen die Götter bestrafen, welche Xerxes mit der Zerstörung der Tempel auf der Akropolis begangen habe. Des Xerxes Frevel lagen mehr als anderthalb Jahrhunderte zurück! Das wahre Motiv Philipps war die Hoffnung, daß dieser Feldzug gegen Asien seiner Herrschaft über Griechenland den Schein einer Berechtigung verleihen werde. So hatte Philipp sein Heer nach Kleinasien geschickt. Er rechnete damit, daß die unter persischer Oberhoheit stehenden Griechenstädte an der Küste sich mit Makedonien verbünden würden.

Den kleinasiatischen Feldzug leitete, solange König Philipp regierte, sein Feldherr Parmenion. Während der Wirren, die bei dem Thronwechsel im Jahre 336 entstanden, hatte Alexander Parmenion, auf dessen Loyalität er zählen konnte, aus Kleinasien nach Pella zurückgerufen. Der Stellvertreter Parmenions wurde von dem Griechen Memnon aus Rhodos, einem ganz ausgezeichneten Mann, der im Dienst des Großkönigs stand, besiegt und auf die Küste des Hellespontos zurückgeworfen. Einen Brükkenkopf auf asiatischer Seite konnten die Makedonen halten. Am Hofe zu Susa glaubte man, daß mit dem Sieg Memnons der Angriff der Makedonen erledigt sei. So ging der Übergang des makedonischen Heeres über den Hellespont ohne Störungen von seiten der Perser vonstatten.

Auf die Soldaten seines Heeres hat die so eindrucksvoll in Szene gesetzte Landung ihres Königs an der Küste vor Troia natürlich mächtig gewirkt. Soldaten lieben nun einmal das Großartige. Läßt man die Heerführer der Geschichte an seinem Auge vorüberziehen – Hannibal, Caesar, Wallenstein, Prinz Eugen, Wellington, sie sind einer wie der andere prachtvolle Persönlichkeiten. Was für ein wunderbarer alter Mann war der Marschall Kutusow, der Napoleon zum Rückzug aus Rußland zwang! Tolstoj in »Krieg und Frieden« hat ihn uns gezeichnet. Was für eine vorzügliche Figur war der fromme und fröhliche alte Husar Feldmarschall Blücher. Er hielt nicht viel von Strategie, aber in seinen Schlachten pflegte er zu siegen. Für so einen Mann gingen die Soldaten durchs Feuer der Feinde. Alexander war ein hervorragender Menschenkenner. Er wußte, wie man die Herzen von Soldaten gewinnt.

Man stelle sich vor, wie an dem Abend des Tages, an dem der Übergang über den Hellespont beendet war, die Makedonen an ihren Lagerfeuern sitzen. Ihren ersten Sold haben sie beim Ausmarsch empfangen. Es gibt Wein. Beim Pokulieren wird von all den hundert Zwischenfällen gesprochen, die jedes militärische Unternehmen mit sich bringt. Palaver ist so alt wie Krieg. Es wird von den Persern, den Gegnern von morgen, gesprochen und von ihrer großen Macht. Einer aus der Gegend erzählt vom König Xerxes, wie er zwei Brücken über den Hellespont schlug, die aus vielen hundert Schiffen bestanden, und wie der König, als ein Sturm die Brücken zerstörte, das Meer peitschen ließ.

Der Abend ist lang. Einer von den Inseln berichtet von der mächtigen Flotte des Großkönigs, die hauptsächlich aus phoinikischen Schiffen bestehe und solchen von den Inseln Kypros und Mytilene. Ein wenig prahlt der junge hellenische Leichtmatrose mit seiner seemännischen Sachkenntnis vor den Bauernburschen aus dem Gebirge. Die Phoiniker seien doch, nach Meinung aller Kenner, die besten Seeleute der Welt. Noch im nachhinein läuft den der Seefahrt unkundigen Soldaten ein kleiner Schauer über den Rücken bei dem Gedanken, welchen Gefahren sie da eben entronnen sind. Und einer, der weit umhergekommen ist, kennt sogar Homers Geschichte vom Zorn des Achilleus und von der Eroberung des nahen Troia durch die Achaeer vor langer, langer Zeit. Während er davon erzählt, tritt an das Lagerfeuer ein verstaubter, von seinem Ritt noch erhitzter Soldat, der aus Troia kommt. Man reicht ihm einen Becher Wein. Und nun erzählt er die Mär von der Landung des neuen Achilleus. Offenen Mundes lauschen die Soldaten. Und diese wunderbare Geschichte ist nicht tausend und auch nicht hundert Jahre alt. Gerade soeben hat sie sich ereignet. Und dieser neue Achilleus ist ihr eigener junger König. Alexander wußte, warum er seine Landung so dramatisch gestaltete. Er vereinte das Genie des Feldherrn mit dem Talent des Truppenführers.

Die Auseinandersetzung zwischen Persien und Griechenland hat sich über einen langen Zeitraum erstreckt. Ihr Höhepunkt war die Sturzflut von Ereignissen, welche durch Alexanders Angriff auf Asien ausgelöst wurde. Die Epoche, die dabei ihr Ende fand, war etwa dreihundert Jahre alt. Dreihundert Jahre sind in der Geistesgeschichte keine so sehr lange Zeit. Das Zeitalter der Naturwissenschaften, in dem wir heute leben, hat mit der Anwendung des mathematischen Kalküls auf die Natur durch Kepler im Anfang des 17. Jahrhunderts begonnen. Was die Kraft des hellenischen Geistes im Jahrhundert Alexanders ausmachte, hat ebenso im 6. Jahrhundert seinen Anfang genommen wie das, was durch diese Kraft vernichtet wurde. In der Tat, Hellas und Persien zeigen in diesem Zeitraum eine gewisse Parallelität der Entwicklung. Die Bauwerke, welche die künstlerischen Höhepunkte der beiden Kulturen repräsentieren, die Akropolis in

Athen und die Königsburg Persepolis, wurden innerhalb zweier Menschenalter errichtet. Man kann weder den Persern noch den Hellenen gerecht werden, wenn man nicht den Ursprüngen einige Aufmerksamkeit zuwendet.

Werfen wir einen Blick auf das 6. Jahrhundert vor Christi Geburt! Es ist das merkwürdigste, bedeutendste und folgenschwerste Saeculum der ganzen Geschichte. Und das ist es nicht nur für Griechenland und Persien, sondern für eine alle Völker umfassende Menschheit, die als Idee erst dreihundert Jahre später im Kopf Alexanders des Großen Gestalt annehmen sollte. Es sind natürlich nicht politische Ereignisse, es sind die Gedanken und Taten einer ungewöhnlich großen Schar erlesener Geister, welche diesem Jahrhundert seinen Rang geben. Nur unter der Dynastie der T'ang in China und in der Renaissance in Italien hat es noch einmal eine solche Häufung von Genies gegeben. Aber in diesen beiden Fällen waren sie nicht in der Weise über die ganze Welt verteilt, wie das im 6. Jahrhundert der Fall war. Das 6. Jahrhundert vor Christi Geburt brachte in Hellas die Gelehrten hervor, die am Anfang der Wissenschaft stehen. Es waren Philosophen. Der erste in dieser Weltrangliste der Gelehrsamkeit, Thales von Milet, ist der Schöpfer der abstrakten Geometrie. Er erkannte außerdem, daß innerhalb der Mannigfaltigkeit der Natur konstante Abhängigkeiten einer Größe von einer anderen vorkommen. Damit ist er der Entdecker der Tatsache, daß es Naturgesetze gibt. Ihm folgte die große Zahl jener Philosophen, die man die Vorsokratiker nennt.

Das 6. Jahrhundert brachte den Mathematiker Pythagoras hervor, der von unserer Erde meinte, daß sie nur ein Stern unter Sternen sei. Sappho von Lesbos und Alkaios schenkten der Welt die lyrische Dichtung. Solon gab Athen Gesetze, deren Weisheit noch heute unser Staunen erregt.

Dem stand das 6. Jahrhundert Asiens gegenüber. Im Iran gründete Kyros der Große das Persische Weltreich. Alexander hat diesen Fürsten bewundert. Kyros ist der erste Herrscher der Weltgeschichte gewesen, der religiöse Toleranz übte. Das Persische Weltreich wurde das Vorbild für alle Imperien, die nach ihm entstanden. Zum erstenmal wurde es das für Alexander. Unter Kyros begann die Aufzeichnung der Lehre des Propheten Zarathustra im Avesta, dem heiligen Buch der persischen Staatsreligion. In Palästina stimmte Jeremia seine Klagelieder an, und Hesekiel erlebte das Strafgericht Gottes über Israel. In Indien begründete Prinz Gautama die erste der großen Weltreligionen, den Buddhismus. In China lehrte Laotse, dessen fromme Weisheit, lehrte Konfuzius, dessen staatspolitische Klugheit noch heute lebendig sind.

In diesem bemerkenswerten Jahrhundert haben sich abgespielt der Turmbau zu Babylon, die Erbauung des Artemistempels zu Ephesos, die

Erbauung des Apollontempels zu Delphoi, der Wiederaufbau des Tempels Salomonis zu Jerusalem, die Gründung der Stadt Odessa an der Küste der Skythen im Schwarzen Meer, die Gründung der Stadt Marseille an der Küste der Kelten im westlichen Mittelmeer. Es war das Jahrhundert, in welchem das Huhn als Haustier aus Kleinasien nach Hellas kam. Es war das Jahrhundert, welches das Ende der Pharaonen und die Geburt der Tragödie brachte.

Wir besitzen keinerlei Nachricht darüber, ob die Großen des 6. Jahrhunderts in West und Ost, ob Thales von Zarathustra, Solon von Konfuzius, Pythagoras von Buddha, Sappho von Laotse gewußt haben. Vielleicht haben Verbindungen bestanden. Aber erst Alexanders Eroberungszug hat dazu geführt, daß Lehren und Weisheiten des Westens und des Ostens miteinander in Kontakt kamen, einander beeinflußten, durchdrangen, bereicherten und dazu beitrugen, den Menschen ein wenig zivilisierter zu machen, als dieses intelligente und gelehrige Raubtier von Natur aus ist.

Der Altar, der an der Stelle errichtet wurde, an der der königliche Speer in den Boden gefahren war, ist verschwunden. Wäre Alexanders Sprung in die Zukunft nicht eines Denkmals am offenen Hellespontos wert?

MYTHEN UND POLITIK

Nachdem Alexander den Hellespontos überschritten hatte, brannte er vor Begier, den Feind zu treffen. Das gelang überraschend schnell. Nur zwei Tagemärsche von der Stelle entfernt, an der sein Heer den Boden Asiens betreten hatte, erwarteten ihn die Perser. Sie hatten ihre Streitkräfte am überhöhten Ostufer eines kleinen Flusses aufgestellt, von dem aus sie das gegenüberliegende, niedrigere Westufer beherrschten. Das Flüßchen strömte in raschem Lauf der nur wenige Meilen entfernten Küste des Marmarameeres zu; doch war es nicht tief genug, einen entschlossenen Gegner vom Angriff abzuhalten. Die Stellung war klug gewählt, die Verteilung der zu ihrer Verteidigung bereitstehenden Kräfte von bemerkenswerter Torheit. Am Ufer des Flusses hatten die Perser die Berittenen aufgestellt, auf einem Hügel ein Stück dahinter die Fußtruppe. Das war eine Formation von etwa zehntausend kampferprobten griechischen Söldnern. Nun können zwar Fußtruppen sowohl angreifen wie verteidigen; aber Kavallerie in der Schlacht ist eine reine Angriffswaffe.

Der Anlaß zu dieser taktisch falschen Aufstellung war der Hochmut der persischen Ritter, die sich den Söldnern zu Fuß an Tapferkeit überlegen fühlten. Dieser Hochmut ist alt. Er wurde zum erstenmal beobachtet, als zum erstenmal ein Mann sich auf den Rücken eines Pferdes schwang und nicht wieder herunterfiel. Doch entbehrte der Hochmut der persischen Ritter nicht einer gewissen Noblesse. Sie hatten beschlossen, Alexander in offener Feldschlacht, im Kampf Mann gegen Mann, zu töten.

Das Flüßchen, dessen Name durch die Ereignisse jener Tage so berühmt wurde, war der Granikos. Er entspringt auf dem Ida, einem Berg, der den Fluß an Ruhm noch übertrifft. Es ist der Berg, auf dem Paris seine Schafe weidete. An der Quelle des Granikos sitzend entschied der Prinz aus Troia den Streit zwischen Hera, Athene und Aphrodite um den Preis der Schönheit. Er überreichte den Goldenen Apfel der Aphrodite, der Göttin der Liebe. Aus dem Urteil des Paris entwickelten sich die Konflikte, die schließlich zum Trojanischen Krieg führten.

Sicherlich hat sich Alexander, als er auf dem Weg in die Schlacht am Fuß des Ida entlangritt, nicht nur dieser Szene erinnert, sondern auch jener anderen, von Homer beschriebenen, die sich wenig später auf dem gleichen Berg abspielte, der Szene, in der Hera, die Göttermutter, versuchte, durch zärtliche Liebesspiele Zeus von der Beobachtung des taktischen Verlaufs einer für die Griechen ungünstig sich entwickelnden Schlacht vor Troia abzuhalten. Welche Gottheit würde wohl sein Schlachtenglück lenken?

Es war nicht Aphrodite. Alexander gewann seine Schlacht. An Tapferkeit im Dienst ihres Königs hatten es die persischen Ritter nicht fehlen lassen. Es waren die taktischen Fehler der Aufstellung, auf denen Alexander den Plan aufbaute, der zu seinem Sieg führte. Fast hätte der noble Hochmut recht behalten. Während der Schlacht, im ärgsten Getümmel um den König, war die Streitaxt eines Satrapen schon erhoben, um Alexanders Haupt zu spalten, als einer der Getreuen des Königs mit einem Schwertstreich den Arm mit der Streitaxt abhieb. Der noble Hochmut verlor die Partie. Dem getreuen Mann hat Alexander später bei einer während eines Gelages entstandenen zornigen Auseinandersetzung einen Speer durch den Leib gerannt.

Nach dem Sieg am Granikos war die Besetzung Anatoliens, des Hellas gegenüberliegenden Teils des Achaimenidischen Reiches, nur noch eine Frage der Zeit. Die Welt begann aufzuhorchen. Nur Susa wiegte sich noch immer im Gefühl der Überlegenheit.

Alexanders Gegner war der König der Könige Dareios III., der Herrscher über das Persische Weltreich. Er gehörte dem Clan der Achaimeniden an, dessen Stammvater Kyros der Große das Reich gegründet hatte. Was Tugend, Vornehmheit der Gesinnung, Hoheit und Glanz der Person anbelangt, kann man den König der Perser dem König der Makedonen an die Seite stellen. Die männliche Schönheit des Dareios wird von den antiken Schriftstellern ebenso gerühmt wie das gewinnend Angenehme in der Erscheinung Alexanders. Der militärischen Begabung, dem politischen Scharfblick und dem Elan seines makedonischen Gegners war Dareios in keiner Phase ihrer Auseinandersetzung gewachsen. Vor allen Dingen aber, er hatte kein Glück. Das Schicksal war gegen ihn.

Dareios wurde um so unglücklicher, als die ersten Jahre seiner Regierung höchst glücklich gewesen waren. Im selben Jahr wie Alexander, nur wenig älter als er, hatte Dareios III. den Thron bestiegen. Unter seinem Vorgänger Artaxerxes III., dessen Regierung ungefähr in die gleiche Zeit fällt wie die Philipps II., war Aegypten zurückerobert worden. Während Makedonien seine neue Macht begründete, stellte Persien seine alte Macht wieder her. Gefährliche Satrapenaufstände waren niedergeschlagen worden. Dareios hätte in Frieden regieren können. Dazu war er glücklich verheiratet. Seine Töchter waren die schönsten Mädchen Asiens.

Über diesen Mann ist Unglück in einem Ausmaß hereingebrochen wie selten über einen Menschen. Er verlor seine Schlachten, sein Reich, seine Familie, seine letzten Anhänger und schließlich sein Leben. Nur seine Ehre rettete er. All sein Unglück ertrug er mit unerschütterlichem Mut und großer Würde bis zu jenem letzten Seufzer, mit dem der Sterbende seinen glücklicheren Gegner grüßen ließ.

Als Alexander in die Schlacht am Granikos zog, war Dareios noch glücklich. Er saß, zweitausend Meilen fern vom Schuß, in Susa, der im Lande Elam unweit der Mündung des Karoun in den Persischen Golf gelegenen Hauptstadt seines Imperium. Dareios' Verhalten beweist, daß er von dem Angriff des jungen Königs der Makedonen irgendwo da oben an den fernen Grenzen nicht sonderlich beeindruckt war. Das ist gewiß ein Fehler gewesen. Immerhin waren schon unter Dareios' eigener Regierung König Philipps Generale bis Ephesos und Milet vorgedrungen. Nun, man hatte sie geschlagen; man hatte sie auf ihre Ausgangsposition, den Hellespontos, zurückgedrängt.

Wir müssen uns vorstellen, wie, von Susa aus gesehen, so ein Krieg sich ausnahm, der an den Grenzen eines Reiches stattfand, das vom Jaxartes, vom Hindukush und von den Küsten des Kaspischen Meeres bis in den Sudan und zu den Oasen der Libyschen Wüste reichte. In einem Gebiet von solcher Ausdehnung und solcher Mannigfaltigkeit der unterworfenen Völker ist immer an irgendeiner Stelle die Ruhe gestört. Da gab es Einfälle von Nomaden aus den Steppen Innerasiens in die Satrapien Sogdiana und Baktrien, Raubzüge aethiopischer Stämme nach Oberaegypten, Aufstände im Kaukasos, Rebellionen unter den Bergvölkern im Zagros und unter den Beduinen in den großen Wüsten im Südwesten des Reiches. In einem so ausgedehnten Gebiet kann nicht bei Störungen des Gleichgewichts jedesmal sofort eine umfassende Mobilmachung befohlen werden. Während der Herrschaft der Achaimeniden war Persien niemals von außen her gefährdet. Es war nicht »das morsche Riesenreich«, als das es, allzu simpel, in den Schulbüchern bezeichnet wird. Dieser autokratisch regierte Staat hatte eine geordnete Verwaltung. Es gab ein vorzüglich ausgebautes Straßennetz. Die Perser sind die Erfinder der Post. Die Religionen der unterworfenen Völker wurden von der Regierung mit Toleranz behandelt. Bekannt ist das Ende der Gefangenschaft der Juden nach der Eroberung Babylons durch Kyros. In Kunstliebe und Bildungsfreudigkeit standen die persischen Könige hinter den griechischen Tyrannen des 5. und 4. Jahrhunderts nicht zurück. Die Verwaltung des Imperium lag in den Händen einer fähigen, royal gesinnten Aristokratie von hohen Ehrbegriffen, die nicht korrupter war, als es nach langen Perioden des Wohlstandes überall in der Welt zu sein pflegt. Wie hätte Dareios, der über unermeßliche Mengen von Gold und eine unübersehbare Fülle von militärischen Reserven verfügte, auf den Gedanken kommen können, daß das Dreißigtausendmannheer einer mittleren Großmacht imstande sein werde, eine Weltmacht wie die seine zu vernichten.

Die Frage liegt nahe, warum dieses mächtige Achaimenidische Reich seinem ersten und zweiten Angriff auf Hellas keinen dritten hat folgen lassen. Griechenland war seit dem Anfang des 5. Jahrhunderts, als es noch den Angriff Persiens abzuschlagen die Kraft hatte, durch Bürgerkriege mehr und mehr zerrüttet worden. Warum griff Persien nicht noch einmal an? Die Antwort ist einfach. Das Weltreich hatte es nicht nötig.

Der skythische Feldzug Dareios' I. und der griechische des Xerxes gehörten noch jener Phase aggressiver Expansion an, wie sie für die Jugend von Weltreichen charakteristisch ist. Diese Phase war für Persien vorüber. Das Auslaufen einer solchen Bewegung hat viele Gründe. Ein Gefühl der Sättigung tritt ein; die Nachschublinien werden zu lang; die exzentrische Verlagerung des Schwergewichts der Herrschaft führt zu Unruhen an entfernteren Stellen; vor dem Eroberer taucht eine nicht mehr überschaubare Wildnis auf. So entsteht schließlich eine Demarkationslinie, an der die Expansion zum Stillstand kommt. Für das spätere Römische Reich sollte das im Osten der Euphrat, in Europa der Limes werden. Die persischen Eroberungen endeten im Osten am Indus, nach Europa hin an den Küsten des Marmarameeres und der Aegaeis.

Marathon und Salamis bedeuten für die Perser etwas anderes als für uns. Für Hellas und alles, was im Lauf der Jahrhunderte aus der griechischen Kultur entstand, waren diese Schlachten geschichtliche

Entscheidungen ersten Ranges. Sie retteten die Freiheit, das Kernstück der Zivilisation des Westens. Unter einem persischen Satrapen in Athen wäre Perikles verbannt gewesen, und der Parthenon wäre niemals in dieser Schönheit erbaut worden. Theater hätte es vielleicht gegeben, aber ohne die klare Luft der Freiheit keinen der großen Poeten. Für die Perser dagegen waren ihre Niederlagen in Attika und an seiner Küste das Ende ihrer Expansion, ein Rückschlag an den Grenzen, der für ein Machtgebiet von der Ausdehnung ihres Reiches keine allzu große Bedeutung hatte. Nach zwei, drei Generationen hatte das Weltreich aus Erfolg und Überlieferung einen außenpolitischen Stil entwickelt, der, vornehm und ein wenig müde, die Mittel der Diplomatie der militärischen Gewalt vorzog. Hellas wurde vor einer Wiederholung des persischen Angriffs genau durch das geschützt, was alle Historiker ihm als beklagenswerten und unverzeihlichen Fehler vorwerfen, seine Zerrissenheit. Gegen ein geeintes und langsam immer mächtiger werdendes Hellas hätte Persien ebenso kämpfen müssen wie fünfhundert Jahre später die Sasanidenkönige gegen das Byzantinische Reich. Damals aber genügte es der persischen Diplomatie noch, durch Bestechung die Rivalitäten in Hellas lebendig zu erhalten, immer wieder Öl ins Feuer der politischen Eifersucht, Goldstücke in ausgestreckte Hände zu schütten. Philipp II. hat dieses Spiel mit der gleichen Eleganz betrieben wie Susa. Mit souveränem Zynismus hat er einmal die Bemerkung gemacht, daß ein mit Gold beladener Esel die steilste Festung erklimme. Die Perser haben Philipp besser durchschaut als die Griechen. Noch bei Chaironeia, dem letzten Kampf der Hellenen gegen Philipp II., waren die Perser die Alliierten Athens. Sie verbündeten sich mit den Griechen, ihre Schwäche verteidigen zu helfen. Als Philipp dann Hellas im Korinthischen Bund einigte, verwandelte sich freilich mit einem Schlag die ganze politische Lage in der Aegaeis von Grund auf. Und ehe die Perser richtig begriffen hatten, was diese völlig neue Situation für sie bedeutete, war alles schon vorüber.

Der erste Fehler des Dareios, die Unterschätzung der Gefährlichkeit der Lage, hatte sogleich einen zweiten zur Folge. Dareios hatte für den anatolischen Kriegsschauplatz keinen Oberbefehlshaber ernannt. Das Motiv war Rücksichtnahme auf das Ehrgefühl seiner kleinasiatischen Satrapen; denn der Mann, der allein für den Posten eines Oberbefehlshabers in Frage gekommen wäre, war ein Grieche, der Rhodier Memnon.

Dieser Gegenspieler Alexanders ist in mehr als einer Hinsicht eine fesselnde Persönlichkeit. Memnon war ein fürstlicher Herr im westlichen Kleinasien. Durch seine Heirat mit Barsine, der Tochter des Satrapen Artabazos, war er nicht nur mit dem iranischen Hochadel, sondern sogar mit den Achaimeniden verschwägert. Zu seinem Besitz gehörte ein Teil der Landschaft Troas. Außerdem war er der Hyparch, der von Dareios eingesetzte Hochkommissar der Griechenstädte an der Küste Anatoliens. Alexander kannte Memnon. Der an allen Dingen der Kriegführung interessierte Mann hatte eine Zeitlang am Hofe Philipps gelebt, vermutlich aus keinem anderen Grunde, als um sich über die bei den Makedonen eingeführten militärischen Neuerungen zu informieren. Memnon war Alexanders Gegner, weil er sich durch den makedonischen Angriff in seinem Besitz in Kleinasien bedroht fühlte. Dieser Grieche aus Rhodos, der etwas von einem Condottiere hatte, war als Stratege ein Alexander würdiger Gegner. Nur eben, er hatte den Satrapen Anatoliens gegenüber keine Befehlsgewalt. So konnte er im Kriegsrat nur Vorschläge machen.

Die Satrapen, die Stellvertreter des persischen Königs in den Provinzen, waren selber kleine Fürsten. Sie besaßen eine gewisse, durch Überlieferung geschützte Selbständigkeit. Viele von ihnen haben eigene Münzen geprägt, deren besondere Schönheit noch heute von den Kennern geschätzt wird. Die Vorschläge, die Memnon in diesem erlauchten Kreis von Aristokraten machte, waren zu modern, als daß sie Aussicht gehabt hätten, angenommen zu werden.

In den dreizehn Jahren seiner Kriegführung hat Alexander nur vier offene Feldschlachten geschlagen. Obwohl von diesen vier Schlachten die am Granikos die einzige ist, in dem das makedonische Heer an Stärke dem Gegner überlegen war, hat es keine Situation gegeben, in der sich Alexander so gefährlichen Risiken gegenübergesehen hat wie vor dieser Schlacht. Von diesen Risiken war das gefährlichste, daß die Schlacht nicht zustande käme. Bei aller Verschiedenheit der sonstigen Bedingungen ist es das gleiche Risiko, das schließlich Napoleons Angriff auf Rußland in einem so fürchterlichen Desaster enden ließ.

Mit sicherem Blick hatte Memnon das schwächste Element in Alexanders militärischer Situation erkannt. Es war das der Punkt mit dem geringsten Gehalt an farbenprächtigem Heldentum, die Frage des Nachschubs. Memnon schlug die Methode der »verbrannten Erde« vor. Er meinte, wenn die persischen Streitkräfte nach Osten in die weiten, von wilden Gebirgen durchzogenen Räume Kleinasiens auswichen, die Viehherden mitnähmen und nur zerstörte Dörfer und die Asche verbrannter Ernten zurückließen, werde Alexander bald erschöpft sein, und zwar, wie immer in solchen Fällen, schneller durch Mangel an Futter für die Pferde als durch Mangel an Verpflegung für die Leute. Allein schon aus der Rücksichtslosigkeit, mit der Memnon vorgehen wollte, kann man ersehen, daß er jedenfalls Alexander als Gegner nicht unterschätzt hat.

Weiterhin hatte Memnon den Plan, Alexanders Nachschub über den Hellespontos von See her zu unterbrechen. Und endlich wollte er, wenn

Alexander weit genug von seiner Basis weg in den Osten gelockt wäre, die Städte in Hellas zum Aufstand gegen den König bewegen. Memnons Methodik war, Alexanders Landmacht durch die Strategie des Seekrieges matt zu setzen. Hätten die Perser Memnons Plan ausgeführt, wäre für Alexander eine höchst bedrohliche Situation entstanden. Natürlich wissen wir nicht, welche überraschenden Gegenzüge das Genie Alexanders gegen Memnons Maßnahmen eingeleitet hätte.

Memnons Pläne wurden nicht ausgeführt. Die Satrapen hatten für die maritimen Überlegungen des Rhodiers kein Verständnis. Sie dachten kontinental. Auch waren sie Edelleute und keine Condottieri. Dem Kampf auszuweichen schien ihnen nicht ritterlich einem König gegenüber, von dessen heldenhafter Kühnheit sie schon so viel vernommen hatten. Dieser iranische Schwertadel hatte bei aller Unterwürfigkeit gegenüber dem Großkönig, der ein Despot des Ostens war, durchaus vornehme Manieren. Schon Herodot erzählt von der Erziehung der jungen persischen Adligen, daß man sie nur drei Dinge lehre – Reiten, Bogenschießen und die Wahrheit Sagen. So verbot es der Stolz den Satrapen auch, Land preiszugeben, ohne gekämpft zu haben. Sie taten Alexander den Gefallen, ihn zu einer Schlacht herauszufordern in jener Mischung von Ritterlichkeit des Denkens, kavalleristischem Hochmut und politischer Kurzsichtigkeit, die nicht nur für die persische Aristokratie charakteristisch ist.

Sogleich nach dem Sieg ging Alexander an die Aufgabe, die Häfen Anatoliens in seine Hand zu bringen. Wenn er die persische Flotte im Aegaeischen Meer eines Teils ihrer Stützpunkte beraubte, verminderte er die Wahrscheinlichkeit eines Aufstandes gegen die makedonische Herrschaft auf dem griechischen Festland.

Strahlend stand die Sonne am Himmel dieses Frühlings von 334. Hell leuchtete der Sieg. Der erste Schritt war getan. Nur am Hof zu Susa begriff man immer noch nicht, was sich da anbahnte, und auf der Agora von Athen spottete man. Sowohl in Susa wie in Athen hatte man für dieses Verhalten gute Gründe, so entgegengesetzter Art sie waren. Susa konnte sich mit einigem Recht sagen, daß das militärische Gewicht der Weltmacht Persien noch gar nicht in Erscheinung getreten sei. Und Athen war eine Seemacht. Was bedeutete schon so ein Sieg zu Lande da hinten weit im Osten, solange das Meer, das den Angreifer von seiner Basis trennte, vom Gegner beherrscht wurde. »Hinterland« hat für die Griechen nie eine politische Bedeutung gehabt. Sie wünschten nicht zu herrschen. Sie wünschten Handel zu treiben. Die Unabhängigkeit ihrer Kolonien sicherten sie sich durch Verträge mit den Fürsten der Länder, an deren Küsten sie Fuß faßten. Sie hatten keine Vorstellung davon, was Alexanders Eroberung dieser anatolischen Gebirgsprovinzen für einen Zweck haben könne. Athen wartete auf den Augenblick, in welchem ein Aufstand Aussicht auf Erfolg haben würde. Dareios überschätzte die Leistungsfähigkeit der persischen Landmacht. Die Athener überschätzten die Leistungsfähigkeit der persischen Seemacht. Beide unterschätzten Alexander.

Alexander hatte dreihundert der kostbaren Rüstungen von in der Schlacht am Granikos gefallenen persischen Rittern nach Athen geschickt. Die Dedikation lautete schlicht: »Alexander, Philipps Sohn, und die Griechen, mit Ausnahme der Lakedaimonier, von den Barbaren in Asien.«

Die Rüstungen sollten dem Tempel der Athene auf der Akropolis geweiht werden. Diese Gabe des Königs nahmen die Athener offiziell mit ernsten Gesichtern entgegen. Das Fragment eines Reliefs aus jener Zeit, auf dem der Künstler die Göttin Pallas Athene auf einem Haufen von Schilden sitzend darstellt, ist uns erhalten geblieben. Zwar hatte Alexander taktvoll sowohl darauf verzichtet, seinen Königstitel zu gebrauchen, als auch darauf, die Makedonen zu erwähnen; aber in dieser Stadt, in der Spott von jeher das feinste Vergnügen der Intellektuellen war, wirkte dieser halb politische, halb mythologische Aufwand altmodisch und provinziell. Die Geste entsprang Alexanders Bemühen, den Feldzug gegen Persien als eine allgemeine Sache der Griechen erscheinen zu lassen. Er folgte darin seinem Vater Philipp. So hatte er auch die am Granikos gefangengenommenen griechischen Söldner in Ketten nach Makedonien bringen lassen; dort sollten sie als Sklaven in den Erzbergwerken arbeiten. Das war an und für sich Kriegsrecht. Insofern bedurfte eine solche Maßnahme keinerlei Begründung. Wer im Kampf besiegt, also »speererworben« war, verlor alle seine Rechte und damit eben auch seine Freiheit. Es war ganz üblich, daß Griechen Bürger eroberter griechischer Städte in die Sklaverei verkauften. Dieses Kriegsrecht ist alt. Schon in Troia verloren die bezaubernden und vornehmen troischen Prinzessinnen mit der Gefangennahme alle ihre Privilegien und wurden zu Sklavinnen. Alexander hatte das Recht, die speererworbenen Söldner in die Bergwerke zu schicken.

Was den Spott der Agora herausforderte, war nicht die Tatsache, sondern die Begründung. Diese Söldner hätten, indem sie in den Dienst der Perser getreten seien, »die gemeinsame Sache von Hellas« verraten. Aber eine solche gemeinsame Sache von Hellas gab es nicht. In der Sprache, in der Literatur, in der Kunst, in der Religion und bei den zu Ehren der Götter abgehaltenen Spielen fühlten sich die Griechen durchaus als Einheit. Außerdem verband sie ihr Hochmut in der Verachtung der Barbaren. Eine Nation mit gemeinsamen politischen Zielen sind die Griechen im Altertum nicht gewesen. Und schließlich war es für einen gebildeten Hellenen jener Zeit kein so großer Unterschied, ob es nun ein König der Perser oder ein König der Makedonen war, der Hellas seiner Freiheit beraubte. In Milet war es der Perser und in Athen der Makedone. Gegen den Plan Alexanders, der griechischen Kultur Weltgeltung zu verschaffen, hat niemand sich so hartnäckig gesträubt wie die Griechen.

Alexander mit seinem feinen Ohr hat den attischen Spott wohl vernommen. Wenige Wochen später, in Milet, nahm er ein paar Hundert griechische Söldner, die ebenfalls im Dienst der Perser »gegen die gemeinsame Sache von Hellas« gekämpft hatten, unter ehrenvollen Bedingungen in seine Armee auf. Auch den Söldnern von Granikos hat er später großmütig die Freiheit zurückgegeben. Rostovtzeff, ein Kenner der Wirtschaftsgeschichte des Hellenismus, erwähnt rühmend, daß trotz der jahrelangen Kriege Alexanders die Preise auf den Sklavenmärkten in dieser ganzen Zeit nicht merkbar gefallen seien.

Während Athen spottete und Susa beriet, marschierte das Heer in glänzender Stimmung nach Sardeis. Die Gefallenen vom Granikos waren mit großen Ehren bestattet worden. Den Witwen und Waisen in Makedonien wurden alle Steuern erlassen. Es war Frühling. Einen Feind gab es nur noch irgendwo jenseits des Tauros, jenes riesigen, unwegsamen Gebirgszuges da weit voraus gen Mittag.

Fröhliche Gerüchte gingen von Mann zu Mann. Von Sardeis an sollte eine Straße nach Süden führen, die mit Metallplatten belegt sei. Da würde man nicht mehr soviel Staub schlucken müssen. Die Listigeren unter den schwerbewaffneten Hopliten mit ihren ungeheuren Sarisen, den langen Lanzen der Phalanx, hatten schon kleine Esel mitgehen heißen, die ihnen Teile ihres schweren Gepäcks tragen halfen. Die Ausrüstung eines Soldaten der Phalanx wog über siebzig Pfund. Die Offiziere mögen von dieser Methode nicht sehr entzückt gewesen sein. Aber was sollten sie machen nach solch einem Sieg? Das schönste Gerücht, das abends von Feuer zu Feuer ging, war, der König werde, wenn Anatolien vollständig in seiner Hand sei, die Jungverheirateten für den Winter nach Hause schicken. Sicherlich haben die älteren Korporäle zweifelnd ihre Häupter geschüttelt ob solch unglaublicher Neuerung. Sie sollten nicht recht behalten. Im Herbst schickte der junge König die junge Mannschaft auf Urlaub nach Makedonien.

Was nun war das für ein Land, das in Besitz zu nehmen diese gutgelaunte Armee sich anschickte? Damals gab es in Anatolien eine bunte Fülle von Völkerschaften; nur Türken gab es noch nicht. Heute ist es ein Land voll der großartigsten Denkmäler der griechischen Kultur, in dem es kaum noch einen Griechen gibt. Für die Soldaten Alexanders war es eine von Mythen erfüllte Welt. Diese Mythen waren, was ihrer Glaubwürdigkeit zugute kam, an feste Orte gebunden.

In einer Höhle des Latmosgebirges hinter Milet schlief Endymion. Er war ein König von Elis gewesen, in dessen jugendliche Schönheit sich Selene, die Göttin des Mondes, eines Nachts verliebt hatte. Von Zeus erbat sie sich für ihren Geliebten Unsterblichkeit. Zeus mag gelächelt haben, als er ihr die Bitte erfüllte. Fünfzig Töchter verdankte Selene der Unsterblichkeit ihres Liebhabers. Dann versenkte sie ihn in einen tiefen Schlaf. Nur zuweilen besucht sie ihn in seiner Höhle, um seine Augenlider zu küssen.

Tantalos, ein Freund des Zeus, der seinen Sohn Pelops den Göttern zum Mahl vorsetzte, war ein Phryger. Pelops, von Zeus dem Leben zurückgegeben, wurde der Begründer der Olympischen Spiele. Im Giebelfeld des Zeustempels zu Olympia war er dargestellt. Die Statue befindet sich heute im Museum von Olympia. Aus hethitischen Inschriften wissen wir, daß es im anatolischen Phrygien tatsächlich schon im 14. Jahrhundert vor Christi Geburt achaiische Könige gab. Mythen ranken sich fast immer um einen historischen Kern.

Die Hethiter waren vergessen. Nicht vergessen war König Midas. Von Dionysos, dem er eine Gefälligkeit erwiesen hatte, wünschte sich Midas, daß alles, was er berühre, zu Gold werde. Dionysos erfüllte ihm diesen Wunsch. Doch war der Gott, nachdem er sich eine Zeitlang darüber amüsiert hatte, daß Midas beinahe verhungert wäre, freundlich genug, ihn von der gewährten Gunst wieder zu befreien. Es ist derselbe Midas, der nach einem musikalischen Wettbewerb zwischen dem die Leier spielenden Apollon und dem die Flöte blasenden Pan tadelte, daß der Preis Apollon zuteil geworden sei. Götter haben die Möglichkeit, Kritik an Kritikern zu üben. Apollon fand, daß Midas seine Ohren nicht genug gespitzt habe. Er ließ ihm Eselsohren wachsen. Der Mythos ist eine Erinnerung daran, daß die Griechen die Kunst der Musik von den kleinasiatischen Phrygern übernommen haben.

Pelops hatte eine Schwester, Niobe. Sie hatte den König Amphion von Theben geheiratet. Das war also, etwa in der Mitte des 2. Jahrtausends vor Christi Geburt, die Heirat einer kleinasiatischen Prinzessin mit einem König in Hellas. Niobe schenkte sieben Söhnen und sieben Töchtern das Leben. Dieses Reichtums hatte sie sich Leto gegenüber gerühmt, die nur zwei Kinder geboren habe, Apollon und Artemis. Leto bat ihre Kinder, Niobe für ihre Hybris zu bestrafen. Mit sieben Pfeilschüssen tötete Apollon die Söhne und mit sieben anderen Pfeilschüssen Artemis die Töchter. Niobe floh zurück in ihre Heimat Kleinasien. Zeus hatte schließlich Mitleid mit ihrem unstillbaren Schmerz und verwandelte sie in Stein. Diese Niobe, eine Felsklippe am Berg Sipylos, die einer weiblichen Gestalt ähnelt, weint noch immer, wenn die ersten Strahlen der Frühlingssonne den Schnee auf ihrer Kappe schmelzen. An diesem Berg würden die Soldaten vorbeimarschieren.

Herakles war, als Buße für eine Untat, die er im Zorn begangen hatte, von Hermes als unbekannter Sklave an die Königin Omphale von Lydien verkauft worden. Nachdem er das Land von einigen Ungeheuern befreit und Königin Omphale ihn schließlich erkannt hatte, begann sie eine Liebschaft mit ihm. Doch auch der Gott Pan begehrte die schöne Frau. Um sich dieses lästigen Bewerbers zu entledigen, tauschten Omphale und Herakles ihre Kleider aus. Pan, der sich täuschen ließ, wurde von Herakles furchtbar verprügelt. Diese Geschichte dürfte bei den Soldaten um so mehr Beifall gefunden haben, als Herakles ein Ahn ihres Königs war. Für sie war Anatolien ein aus fabelhafter Wirklichkeit und poetischen Träumen bestehender Garten. Für Alexander waren all diese alten, schönen Geschichten nicht mehr von der gleichen Realität wie für seine Soldaten. Für ihn war dieses Land kein blühender Garten der Mythen. Für ihn war es ein steiniges Feld der Politik. Der schmale, zwischen Meer und Gebirge an der Westküste Kleinasiens von Pergamon im Norden bis zum Apollontempel von Didyma im Süden sich hinziehende Küstenstreifen mit der Kette der vorgelagerten Inseln von Lesbos bis Kos ist eine der schönsten Landschaften der Erde. Hier hatte der griechische Geist Jahrhunderte nach dem Untergang der Kulturen Mykenes und Kretas eine neue Epoche ins Leben gerufen. Auf Lesbos war Sappho geboren, die lorbeerumkränzte Meisterin der Lyrik, auf Chios Homer, auf Samos Pythagoras, auf Kos Hippokrates. In Milet waren Philosophie und Wissenschaft des Abendlandes ans Licht der Vernunft getreten. Ausziehend von diesem gen Westen blickenden Land, haben die Griechen im 8. und 7. Jahrhundert vor Christi Geburt Mittelmeer und Schwarzes Meer mit den Perlenketten ihrer Kolonien geschmückt. Es war die Welt dieser Tradition, mit der Alexander sich im Geist beschäftigte. Die Verhältnisse schienen hier für den Makedonenkönig günstiger zu liegen als auf dem hellenischen Festland. Während Philipp die Städte in Hellas ihrer Freiheit beraubt hatte, brachte Alexander den Städten Ioniens die Befreiung von einer persischen Herrschaft, die fast zweihundert Jahre gedauert hatte. Alexander konnte hoffen, freudig begrüßt zu werden. Doch sollte der junge Politiker bald erfahren, wie wirksam die alte persische Diplomatie dafür gesorgt hatte, daß die Dinge nicht ganz so glatt verliefen, wie Alexander es sich vorstellte, während er durch den wunderbaren smaragdgrünen anatolischen Frühling ritt.

Die Situation ist voller Spannungen. Noch weiß niemand, wie das alles weitergehen wird. Noch ist nicht entschieden, was die persischen Satrapen, die sich am Granikos so tapfer geschlagen haben, tun werden. Werden sie weiterkämpfen? Memnon verfügt über Gold genug, neue griechische Söldner anzuwerben. Oder werden sich die Gegner mit ihm, dem Sieger, verständigen? Sicherlich hat sich Alexander in dieser Situation der eleganten Art und Weise erinnert, in der der Perserkönig Artaxerxes I. den Themistokles, den Sieger von Salamis, den ärgsten Feind seines Landes, nach seiner Verbannung aus Athen aufgenommen hatte. Drei Städte schenkte er ihm, von denen eine nur bestimmt war, die Tafel des Flüchtlings mit Wein zu beschicken. Aber natürlich war Alexander sich auch darüber im klaren, daß die Großkönige sich oft und mit Nutzen solcher Flüchtlinge bedient hatten, um in Hellas persische Politik zu betreiben. Als erstes lernte Alexander vom Osten, daß Toleranz eine mächtige politische Waffe ist. Was ein ganzes Leben im Osten ihn nicht lehrte, war, daß die stärkste aller Waffen die Geduld ist. Ein kluges arabisches Sprichwort, das schon vor dem Erscheinen des Propheten galt, lautet: »Wenn du Geduld hast, wird man die Leichen deiner Feinde an deinem Zelt vorübertragen.« Ein weises chinesisches Sprichwort sagt: »Der Wind ist stärker als der Stein; denn der Wind bewegt das Wasser, und das Wasser höhlt den Stein.«

Bevor Alexander zur Küste marschieren konnte, mußte er sich der Stadt Sardeis bemächtigen. Sie war das Zentrum der persischen Macht und der Mittelpunkt der Verwaltung in diesem Teil der Welt. Der Platz lag nicht, was für die Kontinentalmacht Persien charakteristisch ist, an der Küste. Das Machtzentrum war keine Hafenstadt. Sardeis liegt, etwa auf der Höhe von Smyrna, ungefähr hundert Kilometer landeinwärts. Berühmt war seine alte Burg. Sie war erbaut auf einer isolierten, schroff abstürzenden Felsnase, die aus dem schneebedeckten, über zweitausend Meter hohen Tmolos hervorspringt. Die Feste galt als uneinnehmbar. Wie würde Sardeis die Sieger vom Granikos empfangen? Es war keine griechische, es war eine lydische Stadt. Alexander konnte nicht erwarten, daß diese Bevölkerung ihn als Befreier begrüßen werde. Sardeis war, als Residenz eines Satrapen, von den Ionischen Griechen bei einem Aufstand sogar schon einmal erobert und geplündert worden.

Was würden die nächsten Tage bringen?

Schon zur Zeit Alexanders hatte Sardeis eine lange Geschichte. Die ersten Siedler, deren Spuren sich auf dieser natürlichen Festung nachweisen lassen, waren Maioner indoeuropäischer Herkunft. Nach ihnen kam das begabte Volk der Lyder. Sie tauchten im 12. Jahrhundert vor Christi Geburt in Kleinasien auf. Ihre Herrscher führten ihr Geschlecht auf den assyrischen Sonnengott zurück, der später mit dem griechischen Herakles verschmolz. Auf diese Weise war Alexander mit dem alten Königsgeschlecht der Lyder gewissermaßen verwandt.

Gegen das Ende der Herrschaft der Herakliden in Lydien um die Wende vom 8. zum 7. Jahrhundert wurde eine Erfindung gemacht, die die menschliche Zivilisation ein großes Stück weiterbrachte. Lydische Griechen prägten für die lydischen Könige Gold zu Münzen. Diese Kunst verbreitete sich sehr bald weit nach Asien hinein. Merkwürdig ist, daß die Erfindung um die gleiche Zeit noch einmal in China gemacht wurde. Für das Geschenk der Goldprägung bedankten sich die Perser, die als erste Blumen gezüchtet haben, damit, daß sie die Rose nach dem Westen brachten. Vielleicht hat schon Jesaja den Duft der Rose genießen können. Vielleicht hat schon Homer zwischen seinen feinen Fingern prüfend eines der neuen Goldstücke bewegt.

Den letzten Herakliden, König Kandaules, ermordete Gyges, der dem altnationalen Geschlecht der Mermnaden angehörte. Das sind gut bezeugte historische Ereignisse. Gyges fiel, um das Jahr 657 herum, im Kampf gegen die Kimmerier. Dieses in seiner Zugehörigkeit noch nicht sicher bestimmte Volk stammte, wie einige erhaltene Namen beweisen, aus dem Iran. Es hat in seiner Ostwestbewegung das Schwarze Meer ganz umwandert. Ein Zweig brach in Anatolien ein. Der letzte aus dem Haus der lydischen Herrscherfamilie war König Kroisos, dessen Reichtum so unerhört war, daß sein Name noch heute in aller Welt ein Begriff ist. Es war Kroisos, dem der durch keinen Reichtum in seinem Urteil zu bestechende Solon gesagt hatte, daß niemand vor seinem Tode glücklich zu preisen sei. Kroisos begann, verführt durch ein zweideutiges Orakel aus Delphoi, leichtfertig einen Krieg gegen Kyros den Großen. Er wurde besiegt. Den Rest seines Lebens verbrachte er, ein Fachmann für königliche Fehler, als Berater zweier persischer Könige, bei Kyros, der ihn besiegt hatte, und bei dessen Sohn Kambyses, den er bei der Eroberung Aegyptens begleitete.

Sardeis bereitete Alexander eine Überraschung. Schon lange hatte die heranrückende makedonische Armee den Schneegipfel des Tmolos in der Sonne leuchten sehen. Allmählich auch wurde die Kontur der Burg von Sardeis erkennbar. Würde man diese schroffen, durch Mauern geschützten Steilhänge unter dem Hagel der feindlichen Geschosse, unter herabprasselnden Steinlawinen hinaufklettern müssen? Die Hetairoi, die hohen Offiziere, die zum engeren Stab Alexanders gehörten, kannten ihren jungen König gut genug, um sich sagen zu müssen, daß er auf keinen Fall einen festen Platz des Feindes in seinem Rücken zurücklassen werde. Zu groß wäre die Gefahr gewesen, daß Sardeis sich zu einem Kristallisationspunkt des Widerstandes entwickelt hätte. Zu leicht hätte der Feind von da aus den Nachschub, der noch immer über Thrakien und den Hellespontos ging, stören können.

Als die glänzende Kavalkade des Königs sich auf sieben Meilen der Stadt genähert hatte, öffnete sich ein Stadttor. Dem König entgegen kamen die Bürger von Sardeis, die Stadt ihm zu übergeben. Als man einander gegenüberstand, stellte sich heraus, daß die friedliche Prozession von dem persischen Befehlshaber von Sardeis, Mithrenes, Satrap von Lydien, angeführt wurde. Der Satrap war bereit, die Burg mit ihren Schätzen dem König kampflos zu übergeben.

Welch ein Wirbel von Gefühlen und Überlegungen, Einfällen und Erwägungen muß diese Szene in Alexanders beweglichem Geist hervorgerufen haben. Wie mußte er sich jetzt verhalten? Welche Wirkung würde Großmut, welche Wirkung würde Strenge haben? War dieser Mithrenes nicht schließlich ein Verräter seines Herrn und Königs? Würde nicht, wenn er ihn jetzt in Ehren aufnähme, der Verräter von heute auch der Verräter von morgen sein? Aber wenn er bedachte, wieviel Kräfte, wieviel Zeit dieser Mann ihm ersparte! Und war es nicht ein altes Geschäft der Könige, Verräter zu belohnen, damit dieses Gewerbe, den Herrschern so nützlich wie gefährlich, seinen Reiz nicht verlöre? Und war nicht dieser Mithrenes doch auch wieder ein ganz vernünftiger Mann, daß er aussichtsloses Blutvergießen vermied, das doch nur um des Prestiges willen sinnlos Menschenleben gekostet hätte?

Vielleicht auch ist in diesem Augenblick dem strahlenden Helden durch den Kopf geschossen, daß er kaum noch Geld in seiner Kasse hatte. Die Eroberung seines Weltreichs hatte er mit ganzen siebzig Talenten begonnen. Das ist kaum mehr als etwa dreihunderttausend Goldmark. Davon dürfte zu diesem Zeitpunkt nicht mehr viel übrig gewesen sein. Das Gold auf der Burg von Sardeis würde es ermöglichen, den Soldaten die nächste Löhnung zu zahlen.

Unruhig unter seinem Reiter tänzelte Boukephalos. Ein edles Pferd merkt die Erregung seines Herrn, auch wenn er noch so sehr sich zu beherrschen weiß. Voll ängstlicher Neugier betrachten die Bürger von Sardeis diesen merkwürdigen, so schönen, von so viel Glanz umstrahlten, so sympathisch aussehenden jungen Herrn, der im nächsten Augenblick schon über das Schicksal ihrer Vaterstadt entscheiden wird. Würdig, mit vollendeter östlicher Gelassenheit, wartet der persische Satrap auf das Urteil über seine Zukunft.

Hier erst ist die Entscheidung darüber gefallen, ob die Schlacht am Granikos ein Sieg war. Wie selten in der Geschichte haben Sieger es zuwege gebracht, in dem herrlichen, niemals wiederkehrenden Augenblick des sichtbaren Triumphes das Gefühl gerade dafür beiseite zu schieben.

Alexander war schließlich ein junger Mann. Selbst Caesar hat den Vercingetorix, seinen tapferen keltischen Gegner aus dem Bellum Gallicum, in seinem Triumphzug durch Rom in Ketten mitgeführt und ihn dann im Gefängnis erdrosseln lassen.

Die historische Bedeutung des Sieges am Granikos liegt nicht darin, daß Alexander das militärische Potential der Perser in Kleinasien zerstörte. Sie liegt in dem, was Alexander aus dem Sieg machte. Er erwies sich als einer der humansten Sieger, die die Geschichte kennt. Er nahm die Übergabe der Stadt Sardeis an. Er gab ihren Bürgern und den übrigen Lydern ihre Freiheit zurück. Er erlaubte ihnen, die Verfassung ihrer Väter wiedereinzuführen. An der Stelle des alten lydischen Königspalastes, der zerstört war, errichtete er einen Tempel des Zeus, der von da an, weithin in Marmor leuchtend, die berühmte Burg des Kroisos schmückte.

Nachdem Alexander die Verhältnisse in Sardeis geordnet hatte, wandte er sich der Küste zu. Den Mithrenes nahm er in seinen engeren Stab auf und verwöhnte ihn auf jede Weise. Wie mag diesem Mann zumute gewesen sein? Die großen Herrscher des Iran waren später für Alexander wertvolle Mitarbeiter, ohne die er sein in einem so kurzen Zeitraum erobertes Reich kaum hätte zusammenhalten können. Die Lage der persischen Aristokraten, die am Anfang zu Alexander übergingen, blieb so lange prekär, als es noch einen König aus dem Hause der Achaimeniden gab. Erst nach dem Tod des Dareios ergab sich für sie die Möglichkeit, den Verrat zu beenden, indem sie Alexander als den durch das Recht der Waffen legitimierten neuen Herrscher des Iran anerkannten. Für die persischen Granden hing eben alles davon ab, ob Dareios oder Alexander siegen werde. Auch damals schon war, wie später einmal Talleyrand feststellte, Hochverrat nur eine Frage des Datums.

ZWISCHEN DEN SCHLACHTEN

In Sardeis setzte Alexander den Asandros, einen Bruder Parmenions, zum Statthalter von Lydien ein. Dann wandte er sich wieder dem Meer zu. Den ganzen ihm jetzt offenstehenden Osten Anatoliens ließ er, so reiche Beute auch immer dort zu holen gewesen wäre, achtlos hinter sich. Sein Ziel war, Dareios und seine ganze militärische Macht herauszufordern und zu besiegen.

Die griechischen Siedlungen an der aegaeischen Küste Kleinasiens waren reiche, kunstliebende Handelsstädte. Alexander mochte wohl gehofft haben, daß sie ihn mit offenen Armen aufnehmen würden. Wenn schon die lydische Stadt Sardeis sich ihm so bereitwillig ergeben hatte, um wieviel mehr durfte er das von griechischen Städten erwarten. Aber je mehr Nachrichten über die Vorgänge in Ephesos und Milet Alexander auf seinem Marsch zur Küste erreichten, um so klarer wurde es ihm, daß die »Befreiung vom persischen Joch« so einfach nicht sein würde. Es ging nämlich diesen Griechenstädten unter der persischen Oberhoheit durchaus nicht schlecht. Schon die Tatsache, daß Memnon, der königliche Hochkommissar, selbst ein Grieche war, zeigt, wie weich das persische Joch gepolstert war. Von denen, die es trugen, betrachteten es keineswegs alle als erstrebenswert, es Alexander zuliebe abzuwerfen.

Die für die Perser wichtigen Tribute drückten diese wohlhabenden Gemeinden nicht. Und betrachtete man die Zahlungen statt vom politischen vom kaufmännischen Standpunkt aus, waren sie nicht mehr als eine Art Steuer, die der Erhaltung des Achaimenidischen Königsfriedens diente. Die Ordnung im Persischen Reich machte einen verhältnismäßig risikofreien, hohe Gewinne abwerfenden Handel bis tief nach Asien hinein möglich. Was diesen hohen Grad von Sicherheit für Handel und Verkehr gewährleistete, war das Netz der persischen Königsstraßen, die, von Susa ausgehend, auch die fernsten Teile des Reiches mit der Residenz verbanden. In Abständen von etwa dreißig Kilometern angelegte Relaisstationen, an denen stets frische Pferde bereitstanden, machten es den königlichen Kurieren möglich, auch große Entfernungen in erstaunlich kurzen Fristen zu überwinden.

Ebenso war bei irgendwelchen Unruhen Militär auf den guten Straßen immer rasch zur Stelle. Dieses System ausgezeichneter Verbindungen reichte zeitweise bis in das Industal. Unter den frühen Achaimeniden war der Punjab fester an den Iran gekettet als je zu Alexanders Zeit. In Baktrien, im Norden des heutigen Afghanistan, gab es Umschlagplätze für den Handel mit den Nomaden der Sibirischen Steppe und den Bewohnern der Oasen in den Wüstengebieten des Tarimbeckens. Es ist um diese Zeit, daß chinesische Seide im Westen auftaucht. Der Handel ging zwar noch über so viele Zwischenstationen, daß die, die am Anfang der Kette standen, nichts von denen wußten, bei denen sie endete, aber er begann doch schon Welthandel zu werden. Diese Entwicklung erhielt durch Alexanders Eroberungszug einen kräftigen neuen Antrieb. In einer Vitrine des Museums von Kabul befindet sich, aus dem gleichen Fund stammend, neben einem hellenistischen Glasgefäß und einer indischen Elfenbeinschnitzerei das Fragment eines chinesischen Lackkästchens.

Die Chinesen haben in ihrem weiten Land mit archaeologischen Ausgrabungen in großem Stil begonnen. Bald werden Beweise dafür, daß griechische Objekte schon vor Alexander in den Fernen Osten gelangt sind, aus der Erde Chinas ans Licht treten. Schließlich kommen irische

Goldarbeiten in aegyptischen Gräbern schon des 14. Jahrhunderts vor Christi Geburt vor. Kretische Bronzeäxte der Minoischen Kultur sind im Hafen von Falmouth an der Südwestspitze Englands, sumerische Tontafeln in Siebenbürgen gefunden worden. Daß es in Kabul überhaupt ein Museum gibt und daß die Chinesen eine so ausgesprochen humanistische Wissenschaft wie Archaeologie betreiben, ist einer der stillen Siege Europas auf dem Felde der ost-westlichen Auseinandersetzungen. Das Wort »Museum« leitet sich von einer Schöpfung Alexanders her, dem »Museion« in Alexandreia, das als Tempel der Musen eine Stätte der Bildung und der Kunst war und später durch seine großartige Bibliothek berühmt wurde.

Die Tribute also, die die griechischen Städte an die Perser zahlten, waren keine sehr schwer wiegende Belastung für sie. In religiöse Gebräuche hatten die persischen Könige, die sich der Toleranz als eines Mittels der Politik bedienten, nur selten eingegriffen. Ihre Vorgänger in der Herrschaft in Kleinasien, die Könige der Lyder, hatten sogar häufig die Orakel von Delphoi, Ephesos und Delos befragt. Von König Kroisos rühmt Herodot, daß er viele kostbare Gaben dem Apollon in Delphoi, der Artemis in Ephesos und anderen griechischen Göttern geweiht habe. Es scheint also, daß es sich in diesen Plätzen ganz gut hat leben lassen. Auf jeden Fall waren die unter persischer Hoheit stehenden Städte von den Bruderkriegen, die Hellas so lange verheert hatten, verschont geblieben.

Die Sicherheit und der Frieden des Achaimenidischen Reiches hatten natürlich, wie alles auf der Welt, ihren Preis. In jeder dieser griechischen Städte gab es eine demokratische und eine oligarchische Partei. Die demokratische Partei war die Partei der Werktätigen, die oligarchische die der großen Handelsherren. Die persische Diplomatie hatte es verstanden, im Lauf der Zeit überall der Partei der Oligarchen, deren Interessen sie Susa geneigt machten, zur Herrschaft zu verhelfen. Diesen für sie bequemen Status hielten die Perser aufrecht, indem sie die Routine der Ehrungen, Schmeicheleien und Bestechungen mit gelegentlichen brutalen Aktionen unterbrachen. Alexander mußte sich sagen, daß der Befreiung jedesmal ein Bürgerkrieg vorausgehen werde. Doch lagen die Verhältnisse überall ein wenig anders. In Halikarnassos zum Beispiel herrschte noch eine alte eingeborene karische Dynastie, die mit dem persischen Hochadel verwandt war.

Für die militärische Situation der griechischen Städte Anatoliens war es von Bedeutung, daß sie Hafenstädte waren. In jeden dieser Plätze konnten die Perser von See aus Verstärkung werfen. In einzelnen Fällen haben sie das nachher auch getan.

Bei diesen verwickelten Verhältnissen mußte Alexander sich genau überlegen, wie er vorzugehen habe, um die anatolischen Hellenen für seine Ziele zu gewinnen. Keinesfalls durfte bei ihnen der Verdacht aufkommen, daß nun er die soeben zurückgewonnene Freiheit bedrohe. Und was würden sie als Bundesgenossen wert sein? Nur allzu gut erinnerte sich der König von seiner Kronprinzenzeit her der Erfahrungen, die sein Vater Philipp mit der Wankelmütigkeit der hellenischen Städte des Festlandes gemacht hatte. Auch seine eigene Regierung hatte mit der Niederwerfung der Aufstände hellenischer Städte begonnen. Welche Schwierigkeiten, die sich vor dem jungen Sieger auftürmten! Nichts beweist überzeugender seine politische Begabung als die Tatsache, daß er für jeden dieser so verschiedenartigen Widerstände und für jedes dieser Hindernisse ein Mittel der Überwindung wußte.

Man kann bei Alexander nicht mit langen Perioden innerer Entwicklung rechnen. Nach dem Sieg am Granikos hatte er nur noch zehn Jahre zu leben. All das Großartige, das Alexander der Welt schenkte, hat er in dieser kurzen Zeit geschaffen. Angesichts der Fülle der Schwierigkeiten, denen er sich nunmehr gegenübersah, erwachte in ihm der Staatsmann.

Es mag auch zu diesem Zeitpunkt gewesen sein, daß Alexander den seinem Charakter so angemessenen Entschluß faßte, eine Politik des Großmuts zu betreiben. Was ihm völlig fehlte und auch späterhin nicht bei ihm in Erscheinung trat, war Zynismus, dieses Laster alter Männer, die glauben, die Welt zu kennen, während sie doch nur die Welt ihrer Enttäuschungen kennen. Nie erfährt der Zyniker, was Großmut für Wirkungen hervorzubringen vermag; denn nie je übt er diese Tugend aus.

Wir stehen zwar erst am Anfang der großen Geschehnisse. Doch wollen wir einen Augenblick darauf verschwenden, die vollkommene Vorurteilslosigkeit zu betrachten, mit der Alexander an die Dinge heranging. Ihm stand die Phantasie zur Verfügung, sich für die allerverschiedenartigsten Probleme die allerverschiedenartigsten Lösungen einfallen zu lassen. W. W. Tarn hat einmal zusammengestellt, von welch verblüffender Mannigfaltigkeit die staatsrechtlichen Beziehungen Alexanders zu den vielen am Ende seiner Laufbahn von ihm abhängigen staatlichen Gebilden waren. Nichts kann deutlicher demonstrieren, wie überlegen, wie hohen Ranges dieser Mann war und mit wieviel Recht die Römer ihn später »den Großen« nannten.

Tarn betrachtet dabei zugleich auch die Frage der Koordinierung des späteren Weltreichs Alexanders mit all den Ländern, welche, wenn auch nicht tatsächlich zu diesem Reich gehörend, so doch innerhalb seiner Macht- und Einflußsphäre lagen. Dieses Reich war, wie der Gelehrte ironisch feststellt, staatsrechtlich noch komplizierter als das British Empire.

In Aegypten war Alexander ein absoluter Herrscher und ein Gott. In Asien war er ein absoluter Herrscher, aber kein Gott. In Hellas war er ein Gott, aber kein absoluter Herrscher. In Makedonien war er weder ein absoluter Herrscher noch ein Gott, sondern ein halbkonstitutioneller König, demgegenüber sein Volk sich einiger überlieferter Privilegien erfreute. Die phoinikischen Könige waren unterworfene Verbündete. Die Könige von Kypros waren freie Verbündete. Sie prägten Goldmünzen, was ein Zeichen der Hoheit ist. Der Hohepriester in Jerusalem regierte unter Alexanders Oberhoheit weiterhin Judaea nach dem Gesetz Mosis. Die Tempelstaaten Kleinasiens durften ihre seltsamen mutterrechtlichen und theokratischen sozialen Systeme unverändert beibehalten. In Lydien und in Babylon, seiner späteren Residenz, schränkte Alexander seine Rechte zugunsten einiger alter Gebräuche seiner neuen Untertanen freiwillig ein. In Karien behielt die alte Liga des Zeus Chrysaoros ebenfalls ihre Autonomie. Das Land selbst wurde von einer karischen Prinzessin, der Fürstin Ada, regiert, die Alexander selbst eingesetzt hatte und zu der er in der Beziehung eines Adoptivsohnes stand.

Seïstan, eine Landschaft im Osten des Iran, in der persische Nomaden ihre Herden weideten, war autonom. Zu den Völkern im Punjab hatte Alexander überhaupt keine Beziehungen; ihre tatsächliche Organisation war die Dorfgemeinschaft. Er war, und auch das nur kurze Zeit, der nominelle Souverän einiger Rajahs, die in diesen Gebieten herrschten.

Alexanders Beziehungen zur Welt der Griechen waren in gleicher Weise verwickelt. Philipp hatte einige selbständige griechische Kolonialstädte dem makedonischen Staat einverleibt. Alexanders neugegründete Städte waren mehr griechisch als makedonisch. Verschiedene griechische oder halbgriechische Städte in Pamphylien und Kilikien an der Südküste Anatoliens wurden seine Untertanen. Dagegen machte er die alten Griechenstädte Asiens entlang der Westküste der Aegaeis bis hinauf nach Kyzikos am Hellespontos zu seinen freien Verbündeten. Mit den Kolonien am Schwarzen Meer, in Sizilien und Italien unterhielt er überhaupt keine Beziehungen.

In Thessalien, der an Makedonien im Süden angrenzenden nordöstlichsten Landschaft von Hellas, wurde Alexander auf Lebenszeit zum Haupt der Thessalischen Liga gewählt. Der um das Heiligtum in Delphoi gruppierten Amphyktionischen Eidgenossenschaft gehörte er als ein Mitglied an, das in der Versammlung zwei Stimmen hatte. Im alten Hellas war er als Nachfolger seines Vaters der Bundesfeldherr des Korinthischen Bundes. Um Sparta, das sich in den ersten Jahren seiner Regierung neutral verhielt, kümmerte er sich nicht. Nachdem im Jahre 330 ein Angriff Spartas auf Makedonien abgeschlagen war, nahm er die Besiegten ohne weitere

Repressalien in den Korinthischen Bund auf. In den verschiedenen Städten dieses Bundes wurde er außerdem später zum Gott ernannt mit den juristisch schwer definierbaren Funktionen eines Gottes. Das alte Hellas gehörte staatsrechtlich nicht zu seinem Reich, aber auf der anderen Seite stand es nicht gänzlich außerhalb desselben, was viele Griechen zu ihrem Schmerz erfahren mußten. De facto gehorchte Hellas seinen Befehlen, und sein Stellvertreter in Makedonien, Antipatros, unterhielt weiterhin Philipps Garnisonen in Korinth, Chalkis und auf der Kadmeia, der erhalten gebliebenen Burg des von Alexander zerstörten Theben. Dabei bestand der technische, wissenschaftliche und künstlerische Stab des königlichen Hauptquartiers fast ausschließlich aus Griechen.

Als Staatsmann ist Alexander ein Vorbild gewesen. Seinen Namen, der ursprünglich von einem troischen Prinzen stammt, haben getragen ein römischer Kaiser, drei russische Zaren, ein König von Polen, drei Könige von Schottland, zwei Könige der Serben, ein König der Hellenen und acht Päpste, darunter der berühmteste der Päpste der Renaissance Alexander VI. Borgia. Der römische Kaiser war Alexander Severus, der letzte der aus Syrien stammenden Herrscher. In besonderer Weise setzte er die mit Kyros beginnende, von Alexander dem Großen übernommene Tradition religiöser Toleranz fort. In der Privatkapelle des kaiserlichen Palastes standen nebeneinander die Portraitbüsten von Abraham, Orpheus, Alexander dem Großen, Apollonios von Tyana und Jesus von Nazareth.

Tarn bemerkt am Ende dieser erstaunlichen Aufstellung der staatsrechtlichen Funktionen Alexanders, ihre Vielfalt sei ein Beweis dafür, daß er offenbar niemals eine Koordinierung dieser unglaublichen Masse von Rechten im Sinn gehabt habe; sonst hätte man wenigstens in späterer Zeit irgendeinen Ansatz dazu bemerken müssen. Tarn schließt daraus, und man muß ihm zustimmen, daß Alexander niemals einen Anspruch erhoben habe, der göttliche Herrscher der bewohnten Welt zu sein oder es werden zu wollen.

Das merkwürdige Staatsgebilde, welches Alexander geschaffen hatte, zeigte, als sein Träger abtrat, eine erstaunliche Lebenskraft. Ohne weiteres doch glaubt man annehmen zu können, daß eine staatliche Schöpfung, welche so ausgesprochen auf einen einzelnen Mann abgestellt war, bei dessen Ausscheiden auseinanderfallen müsse. Das war nicht der Fall. Zwar blieb das Alexanderreich in der Einheit, die es am Ende von Alexanders Leben hatte, nicht erhalten. Es fiel politisch in drei Bereiche auseinander. Aber das geschah mit dem Reich Karls des Großen auch. Merkwürdig ist höchstens, daß so viele Historiker Alexandern das zum Vorwurf machen, was Karl von allen verziehen wird. In der Nachfolge Karls entstand die Epoche der Romanik. In der Nachfolge Alexanders entstand die Epoche des Hellenismus. Ein Beispiel selbst noch aus unserer bewegten Zeit für die Langlebigkeit, die politische Schöpfungen haben können, ist die Verwandlung des Weltreichs der Königin Victoria, Kaiserin von Indien, in das Commonwealth of Nations.

Kehren wir zurück zu den Ereignissen des Sommers 334. Die Besetzung von Ephesos, die Eroberung von Milet, die Einnahme von Halikarnassos waren drei Modellfälle der Verhältnisse in Anatolien. Jeder dieser Fälle erforderte andere Maßnahmen. In Ephesos kam es zum Aufstand der auf Alexanders Seite stehenden Demokraten gegen die persisch gesinnten Oligarchen. In Milet wurde sinnloser Widerstand geleistet, der mit der Eroberung der Stadt endete. In Halikarnossos verzichtete Alexander auf die Mühe, ein Kastell zu erobern, das für seine weiteren Pläne nicht mehr gefährlich war. Um die Halbinsel Knidos, die Südwestecke Anatoliens, die vom Festland durch unwegsames Gebirge getrennt ist, kümmerte er sich überhaupt nicht. Alle diese so verschiedenen Aktionen hatten nur das gemeinsam, daß sie wohlüberlegt waren und mit Entschlossenheit und Präzision durchgeführt wurden.

Die erste wichtige Stadt, die Alexander erreichte, war Ephesos, damals die Königin unter den Ionischen Städten. Hier hatten die Perser wenige Jahre vorher eine ihrer brutalen Aktionen durchgeführt. Es war im Jahre 338, als die Bürger von Ephesos gegen die Perser aufstanden. Im einfachen Volk war die Liebe zur Freiheit niemals ganz erloschen. Die Aufständischen hatten gehofft, das zur Großmacht emporgestiegene Makedonien Philipps werde der Stadt helfen. Die Hoffnung trog. Autophradates, der Feldherr des Perserkönigs, war mit einem Heer vor der Stadt erschienen und hatte die Behörden zu Unterhandlungen aufgefordert. Als sie dieser Aufforderung gutgläubig nachkamen, nahm er sie gefangen und überfiel die Stadt. Viele Bürger wurden getötet. Die Stadt bekam wieder eine persische Besatzung. Die öffentliche Gewalt wurde an den Führer der Oligarchen, Syrphax, übertragen. Dieser Aufstand war noch nicht vergessen.

Als die Nachricht von der für die Perser verlorenen Schlacht am Granikos in Ephesos eintraf, drohte der Aufstand erneut aufzuflammen. In diesem Augenblick erschien Memnon der Rhodier auf seiner Flucht vom Granikos zur Küste mit einer offenbar noch kampffähigen Truppe vor der Stadt. Syrphax und seine Partei waren noch einmal gerettet, aber nur für eine Atempause. Alexander, der Sieger, war schon im Anmarsch. Obwohl also die Herrschaft der Oligarchen nur noch kurze Zeit dauern konnte, spielte sich in Ephesos etwas ab, was so bar jeder Vernunft war, daß man dem Bericht keinen Glauben schenken würde, hätten wir nicht selber Ähnliches erlebt.

Die Oligarchen öffneten dem Memnon die Tore der Stadt. Dann begannen sie eine Orgie des Hasses und des Mordens. Wessen sie habhaft werden konnten von den Führern der Volkspartei, den brachten sie um. Gräber wurden geschändet. Tempel wurden geplündert. Die Bildsäule König Philipps wurde umgestürzt. Die verblendeteten Oligarchen taten alles, um den Haß, der doch in Kürze zu Rache werden mußte, zu einer lodernden Flamme zu schüren. Es geschah, wie Droysen in einer seiner trefflichen Formulierungen bemerkt, alles, was den Untergang einer Gewaltherrschaft noch mehr als ihren Beginn zu schänden pflegt.

Als Memnon mit seinen Truppen seine Flucht nach Halikarnassos fortsetzte, brach der Aufstand los. Syrphax und seine Leute flüchteten sich in die Tempel. Sie wurden von den Altären weggerissen und gesteinigt.

Das Morden wäre auf die entsetzlichste Weise noch lange weitergegangen, hätte nicht Alexander durch sein Erscheinen den Greueln ein Ende gemacht.

So politisch nützlich der Aufstand des Demos für Alexander war, die Grausamkeit, mit der er ablief, hat ihn sehr betroffen. Doch brauchte er, wenn die Epheser zuverlässige Bundesgenossen werden sollten, ihre Sympathie. Er traf eine jener Entscheidungen, die so charakteristisch für seinen Einfallsreichtum sind. Er erließ den Ephesern zwar nicht, wie sie erwartet hatten, die Tribute, die sie bisher an die Perser gezahlt hatten. Um aber der Sache den politischen Charakter zu nehmen, bestimmte er, daß die Zahlungen, die bisher an die Perser geleistet worden waren, nunmehr an den Tempel der Artemis abzuführen seien. Gewissermaßen verurteilte Alexander also die Epheser dazu, an sich selber Tribute zu zahlen. Durch diese Maßnahme gewann der König das Wohlwollen der mächtigen Priesterschaft, und dazu kam noch der ökonomische Vorteil, daß das Geld im Lande blieb.

Der Tempel der Artemis in Ephesos war in derselben Nacht, in der Alexander geboren wurde, in Flammen aufgegangen. Über dem alten Asien hatte eine Fackel geleuchtet, welche sein Schicksal ankündigte.

Der Tempel war schon in der Mitte des Jahrhunderts zum Teil wieder aufgebaut. Alexander erklärte sich bereit, das für die vollständige Wiederherstellung notwendige Geld zu stiften. Er knüpfte daran nur die eine Bedingung, daß am Tempel sein Name angebracht werde. Die Epheser wiesen die Bitte ab.

Diese Episode ist aus zwei Gründen sehr aufschlußreich. Erstens einmal zeigt sie, daß Alexander das Laster der Tyrannen vermied, Dinge, deren Wert in ihrer Freiwilligkeit liegt, zu erzwingen. Zweitens zeigt sie, daß er, damals noch ein ganz armer Mann, der seinen Soldaten noch nicht einmal eine lohnende Plünderung hatte bieten können und deshalb die Löhnung sehr pünktlich zahlen mußte, schon zu diesem Zeitpunkt eine höchst optimistische Meinung von seinen künftigen finanziellen Möglichkeiten hatte.

Der Artemistempel in Ephesos zählte zu den Sieben Weltwundern. Aus den vielen antiken Beschreibungen, die es von ihm gibt, wissen wir ziemlich genau, wie er ausgesehen hat. Er wurde am Hafen auf einer marmornen Plattform errichtet. An der Mauer der Plattform brachen sich die Wellen. Der Tempel hatte über einhundert Marmorsäulen von zwanzig Meter Höhe. Einige dieser Säulen stehen noch heute in der Hagia Sophia in Konstantinopel. Die Göttin, die in diesem Tempel verehrt wurde, war zur Zeit Alexanders noch die sogenannte persische Artemis, die geflügelt zwischen zwei Tieren dargestellt wurde.

Die berühmte »Diana der Epheser«, die eine so große Rolle bei dem Aufenthalt des Apostels Paulus in Ephesos spielte, war eine asiatische Fruchtbarkeitsgöttin aus hellenistisch-römischer Zeit, die zahlreiche Brüste hatte. Daß diese asiatische Artemis, von der ein besonders schönes Standbild in Neapel zu sehen ist, die aegaeische Artemis verdrängte, gehört zu den Symptomen der ostwestlichen Umkehrung der durch Alexander in Gang gesetzten westöstlichen Drift.

In Ephesos konnte Alexander den Maler Apelles begrüßen. Er kannte ihn. Der berühmte Meister war eine Zeitlang Gast König Philipps am Hofe zu Pella gewesen. Mehrfach hatte er Philipp gemalt. Es muß das für ihn eine zwar höchst reizvolle, aber auch sehr schwierige Aufgabe gewesen sein. Eine erhalten gebliebene, in der Ny Carlsberg Glyptotek in Kopenhagen stehende Portraitbüste Philipps zeigt eines dieser großartigen und unheimlichen Gesichter, die wie eine Landschaft des Schicksals sind von jener Art, von der Lichtenberg einmal gesagt hat, daß sie der wohl interessanteste Teil der Erdoberfläche sei.

Alexander verbrachte mit Apelles im Atelier und an der Tafel viele anregende und fröhliche Stunden. Es ist immer wieder erstaunlich festzustellen, wie maßvoll und ausgeglichen der König in seinem alltäglichen Verhalten war. So oft wie nur möglich unterbrach er die kriegerischen Aktionen durch die Veranstaltung gymnischer und künstlerischer Wettkämpfe. Er ging gern auf die Jagd. Er war ein vorzüglicher Reiter. Die Leibesübungen waren eine so wichtige Angelegenheit, daß im Hauptquartier lederne Zelte von über dreihundert Meter Länge mitgeführt wurden. Auf diese Weise konnte man auch in heißen Gegenden im Schatten trainieren. Gern saß Alexander, ein für seine Liebenswürdigkeit berühmter Gastgeber, mit seinen Freunden, des heiteren Gesprächs pflegend, beim Wein. Seine Fähigkeit zu schlafen war schlechthin bewundernswert.

Keine noch so gespannte Lage konnte ihn hindern, sich zu entspannen. Am Morgen der Schlacht von Gaugamela, während beide Heere schon kampfbereit einander gegenüberstanden, schlief der König noch immer in seinem Zelt. Von dem ganzen durch den Aufbruch der Armee im Lager entstandenen Lärm hatte er nichts gehört. Schließlich, damit die Weltgeschichte weitergehen konnte, weckte Parmenion ihn. Alexander besaß, wie man heute sagen würde, gute Nerven.

Die Behauptung, daß der König in späteren Jahren der Trunksucht verfallen sei, steht auf schwachen Füßen. Sicher überliefert ist eine Volltrunkenheit Alexanders nur in einem Fall. Das war in Marakanda, als er den Kleitos tötete. Auf der anderen Seite wird berichtet, daß der König nach Gelagen zuweilen sechsunddreißig Stunden geschlafen habe. Einem Trinker ist das unmöglich. Das kann nur ein gesunder Mann, der gelegentlich das Maß überschreitet. Im Vergleich zu dem klinischen Bild, das Alexander bietet, sei noch einmal auf Napoleon hingewiesen. Auch von ihm wird berichtet, daß er in jeder Lage und zu jeder Tageszeit habe schlafen können und daß er, geweckt, stets sofort hellwach gewesen sei; aber als er einmal sechsunddreißig Stunden geschlafen hat, war das nach der Schlacht von Aspern, seiner ersten Niederlage. Diese Reaktion auf die Zerstörung des Nimbus seiner Unbesiegbarkeit ist klinisch als »Flucht ins Unbewußte« aufzufassen.

Apelles hat einen Teil des Feldzuges durch Asien mitgemacht. Das berühmteste der Bilder, die er im Lauf der Jahre von Alexander malte, war eine Darstellung des Königs als Zeus mit dem Blitz in der erhobenen Hand. Alexander weihte dieses Bild dem Tempel der Artemis in Ephesos. Ein letzter Abglanz dieses Meisterwerkes ist uns erhalten geblieben in einer römischen Darstellung Alexanders als Zeus, die im Hause der Vettier in Pompeii gefunden wurde. Alexander ließ dem Künstler für dieses Bild zwanzig Talente überreichen. Das ist das höchste Honorar, das je ein Maler für ein Bild erhalten hat. Nur die viertausend Goldflorins, für die König Franz I. von Frankreich von Leonardo da Vinci die Mona Lisa erwarb, lassen sich mit Alexanders Honorar für Apelles vergleichen.

Wie eng und herzlich die Freundschaft zwischen dem König und dem Künstler war, bezeugt eine Anekdote. Pankaste, eine Hetaere des Königs, wahrscheinlich die überhaupt erste Frau, zu welcher Alexander Beziehungen hatte, stand Apelles Modell für eines seiner Hauptwerke, »Die Geburt der Aphrodite aus dem Schaum des Meeres«. Während der Sitzungen verliebte sich der Maler in sein schönes Modell. Als Alexander davon erfuhr, schenkte er Pankaste seinem Freund.

Alexander opferte der Artemis, hielt eine glänzende Parade ab und brach zur Eroberung Milets auf. Milet erteilte Alexander eine strategische Lehre, die er nicht mehr vergessen sollte.

Die Entfernung von Ephesos nach Milet beträgt nur etwa fünfzig Kilometer. Auf der guten Straße, die die beiden volkreichen Städte miteinander verband, waren das für die Truppe höchstens zwei Tagemärsche. Auf die aus ihren kargen Bergen kommenden makedonischen Hirten muß dieses wunderbar fruchtbare Land mit seinen reichen Dörfern, seinen Gärten, seinen Weinbergen und Olivenhainen einen Eindruck gemacht haben wie die Riviera auf einen aus einem Hochalpental kommenden Gebirgsbauern. Dazu ist diese Landschaft, die sich von Smyrna bis Halikarnassos über etwa hundertfünfzig Kilometer hinzieht, gesättigt von geschichtlichen Überlieferungen.

Der Streifen ist zwischen zwanzig und fünfzig Kilometer breit, im Osten vom übrigen Festland durch hohe Gebirge getrennt, die ihn gegen die kalten Nordost- und Ostwinde abschirmen. Durch von Osten nach Westen bis zum Meer reichende Ausläufer dieser Gebirgszüge wird der Streifen mehrfach unterbrochen. Zwischen dem feinen Graublau der Gebirgszüge, die bis zu fünfzehnhundert Meter hoch sind, und dem leuchtenden Blau der See windet sich die Straße in vielen Kurven durch sanfte Hügelketten. Nur gelegentlich muß ein kleiner Paß überwunden werden. Für die Gründung griechischer Kolonien war das eine geradezu ideale Landschaft. Und so haben es alle diese Gründungen denn auch zu hoher Blüte gebracht.

Den Milesiern war es unter den Persern besser ergangen als den Ephesern. Die demokratische Verfassung war ihnen belassen worden. Diese Toleranz der Perser hatte beim Auftauchen Alexanders einen witzigen Widerspruch zur Folge. Der Befehlshaber der persischen Streitkräfte in Milet, ein Grieche namens Hegesistratos, der wahrscheinlich sogar ein Bürger von Milet war, hätte eigentlich ein Gegner Alexanders sein müssen. Doch hatte er dem König sogleich nach der Schlacht am Granikos die Übergabe der Stadt schriftlich angeboten. Der Demos dagegen, den Alexander für seinen natürlichen Verbündeten halten durfte, schickte nach Athen, Hilfe gegen Alexander zu erbitten. Als Alexander schon im Anmarsch war, traf in Milet die Nachricht ein, daß die persische Flotte, vierhundert Segel stark, herannahe. Daraufhin verwarfen beide milesischen Parteien ihre ursprüngliche Disposition. Hegesistratos entschloß sich zu kämpfen. Der Demos dagegen hätte nunmehr gern die Stadt kampflos an Alexander übergeben. Alexander lernte aus diesem plötzlichen Wechsel der Lage, der allein durch das Auftauchen der persischen Flotte am Horizont hervorgerufen wurde, daß keine der Hafenstädte der Aegaeis, weder an den Küsten noch auf den Inseln, für ihn ein sicherer Besitz sei, solange es eine persische Flotte gab.

Seine eigene Flotte bestand aus nicht mehr als hundertsechzig Schiffen. Nikanor, seinem Admiral, war es gelungen, noch vor der persischen Flotte Milet zu erreichen. Fast zur gleichen Zeit erschien Alexander unter den Mauern der Stadt.

Die von Osten nach Westen sich erstreckende Bucht von Latmos, in die vom Gebirge im Osten kommend der Maiandros mündete, öffnete sich breit ins Meer hinaus. An ihrem Südufer lag Milet. Die Nordseite der Bucht wurde von dem bis ans Meer reichenden Vorgebirge Mykale gebildet, auf dessen Südhang in einer höchst malerischen Lage mit dem Blick auf das gegenüberliegende Milet Priëne sich ausbreitete. Vor der Bucht lag die Insel Samos, in ihrer Mitte die kleine Insel Lade. Bei dieser Insel hatte, noch vor dem Beginn der Perserkriege des 5. Jahrhunderts, jene Seeschlacht stattgefunden, in der die Perser die Flotte der Vereinigten Ionischen Städte besiegten. Heute ist durch den Schlamm, den der Mainadros im Laufe der Jahrhunderte vom Gebirge heruntergebracht hat, die ganze Bucht zu Land geworden. Nur als unbedeutender Hügel noch hebt sich Lade aus dem mit Rhododendren dicht bewachsenen Schwemmland heraus.

Es ergab sich folgende, militärisch groteske Situation. Alexander besetzte sofort nach seinem Eintreffen die äußeren Bezirke und zwei der vier Häfen Milets. Danach begann er die Belagerung der inneren Stadt. In den Häfen fand Nikanor mit seinen Schiffen Schutz. Die persische Flotte ging am Vorgebirge Mykale vor Anker. Sie hatte die klare Aufgabe, der persischen Besatzung von Milet Hilfe zu bringen. Dazu hätte sie natürlich zunächst Nikanors Streitkräfte vernichten müssen. An Land angreifen konnten die Perser ihn nicht; dafür war Alexander militärisch zu stark. Auf dem Wasser war Nikanor nicht zu fassen. An jedem Morgen lief die Flotte des Weltreichs in Paradeformation aus in der Hoffnung, der makedonische Admiral werde sich zur Schlacht verleiten lassen. Der aber rührte sich nicht. Abends kehrte die persische Flotte auf ihren Ankerplatz am Vorgebirge Mykale zurück. Es war eine höchst lächerliche Lage, aus der aber wohl nicht einmal Admiral Nelson dem persischen Flottenchef einen Ausweg hätte zeigen können.

Im Hauptquartier Alexanders gab es Abend für Abend Diskussionen über die Frage, ob man die Seeschlacht annehmen solle oder nicht. Sogar der vorsichtige Parmenion war für den Angriff, mit der Begründung, daß man nichts riskiere; verlöre man die Seeschlacht, sei die Situation nicht verschlechtert; ohnehin ja hätten die Perser die unbestrittene

Seeherrschaft in der Aegaeis; gewönne man, sei es ein großer Schritt vorwärts im Kampf gegen das Perserreich.

Parmenions Gründe waren gewiß wohlerwogen; aber richtig waren seine Schlüsse nur vom rein militärischen Standpunkt aus. Eine Niederlage zur See hätte zwar die militärische Lage der Makedonen gegenüber den Persern nicht wesentlich verschlechtert, wohl aber die Wirkung der Person Alexanders auf die Welt. In allen seinen militärischen Unternehmungen, angefangen bei den Feldzügen, die er nach seiner Thronbesteigung zur Wiederherstellung des auseinandergebrochenen Reiches Philipps II. hatte unternehmen müssen, bis zu seinem Übergang nach Asien und der Schlacht am Granikos, war Alexander, ohne einen einzigen Rückschlag, erfolgreich gewesen. Die Aura der Unbesiegbarkeit begann sich um ihn zu bilden. Diese »Gloire« war es, die Alexander nicht aufs Spiel setzen wollte.

Es ist unwahrscheinlich, daß der junge König seine hintergründigen Überlegungen über Risiko und Ruhm seinen alten Generalen mitgeteilt hat. Sie hätten ihn nicht verstanden. Allerdings ist es genau ebenso unwahrscheinlich, daß er seine intellektuelle Überlegenheit diesen verdienten Männern gegenüber auf so taktlose Weise zum Ausdruck gebracht hätte, wie manche Anekdoten das darstellten. Zu viele Beispiele bezeugen, daß der König ein Mann von guten Manieren war.

Alexander also lehnte die Seeschlacht ab. Es gab eine sichere Methode, die persische Flotte auszuschalten, ohne eine Niederlage gegen einen so hoch überlegenen Gegner zu riskieren. Alexander mußte versuchen, alle Häfen der Küste des östlichen Mittelmeers vom Land her zu besetzen oder zu erobern, bevor die persische Überlegenheit zur See das Kriegsglück der Perser wenden konnte.

In dieser Lage hatte Alexander einen gescheiten, auf scharfer Beobachtung beruhenden Einfall. Es war eine Idee, die es ihm möglich machte, die persische Flotte aus der Bucht von Latmos zu vertreiben, ohne dabei ein einziges Schiff aufs Spiel zu setzen. Man kann sich vorstellen, mit welchem Behagen der König die Befehle für die Durchführung eines Planes gab, durch dessen Gelingen er Parmenion beweisen konnte, daß man mit Infanterie eine Seeschlacht gewinnen könne.

Vor Priëne, am Vorgebirge Mykale, wo die persische Flotte lag, gab es kein Trinkwasser. Die Perser mußten abends, wenn sie von der großen und lächerlichen Parade ihrer Macht unverrichteterdinge zurückgekehrt waren und wieder vor Priëne ankerten, Landungstrupps losschicken, Trinkwasser für die Schiffsbesatzungen aus dem Maiandros zu holen. Der König wußte das. Offensichtlich hatte er die feindliche Flotte am gegenüberliegenden Ufer der Bucht von Spähern beobachten lassen. Er war eben zugleich Stratege, Taktiker, Truppenführer und, trotz seiner Jugend, ein listiger alter Soldat. In der Dämmerung schickte er Truppen an den Maiandros mit dem Befehl, die persischen Matrosen am Wasserholen zu hindern.

Was für ein Vergnügen muß eines Morgens dem König die Meldung bereitet haben, daß die persische Flotte nach Samos abgesegelt sei! Und was wohl mögen abends die alten Korporäle für pompöse Redensarten geführt haben, wie sie allein durch Schwerterklirren einen Sieg über die mächtige Flotte des Dareios erfochten hätten. Sie kehrte nicht zurück. Den Fall Milets hat sie nicht verhindern können.

Alexander verzichtete nach der Eroberung der Stadt weise auf alle Bestrafungen. Sogar die griechischen Söldner, die im Dienst der Kaufleute von Milet gegen ihn gekämpft hatten, nahm der Sieger unter ehrenvollen Bedingungen in seine Armee auf. Dann aber tat er etwas, was von einer völlig unglaublichen Unwahrscheinlichkeit ist. Er tat, was zu dem gleichen Resultat führte, als hätte er die Seeschlacht gegen die Perser angenommen und verloren. Er löste die Flotte auf.

Außer den Überlegungen Alexanders über Risiko und Ruhm gab es für diesen Entschluß freilich auch noch eine Reihe von sachlichen Gründen. Die persische Flotte bestand überwiegend aus Schiffen, die die phoinikischen Städte und die Könige von Kypros gestellt hatten. Sie waren bemannt mit den besten Seeleuten der damaligen Welt. Alexanders eigene Besatzungen dagegen waren ungeübte, meerfremde Makedonen oder unwillige Festlandshellenen. Diese Flotte, mit der er gegen die Perser doch nichts ausrichten konnte, kostete ihn an Löhnung über fünfzig Talente im Monat, die er durchaus nicht besaß. Durch die Auflösung der Flotte gewann er eine beträchtliche Anzahl Soldaten für sein Heer.

Der Perserkönig tat später etwas Ähnliches wie Alexander. Er befahl, die griechischen Söldner, die als Seesoldaten bei der persischen Flotte dienten, an Land zu schicken, um mit ihnen sein Heer zu verstärken. Diese Maßnahme schränkte die Möglichkeit der Perser zur See erheblich ein. Sie war für Dareios ebenso falsch, wie Alexanders Maßnahme für ihn richtig gewesen war. Der Entschluß des Dareios erklärt sich am ehesten daraus, daß das Persische Reich eben doch eine kontinentale und keine maritime Macht war.

Daß das Ende der makedonischen Flotte durch ein königliches Auflösungsdekret weit weniger dramatische Folgen hatte, als wenn sie in einer Seeschlacht vernichtet worden wäre, ist ein Problem, das zur Psychologie der Politik gehört. Von dem Augenblick an, da Alexander seine eigene Flotte aufgelöst hatte, war sein einziges Kriegsziel die Ausschaltung der persischen Flotte. Alles, was er von jetzt an unternahm, richtete sich auf dieses und nur auf dieses Ziel, bis es nach zwei Jahren härtester Kämpfe erreicht war.

In Kleinasien beschränkte sich Alexander auf das unbedingt Notwendige. Von Milet aus zog er nach dem weiter im Süden gelegenen Halikarnassos. Dort stieß er wieder auf seinen großen Gegenspieler Memnon. Und wieder hatte Alexander Gelegenheit festzustellen, wie gefährlich und einfallsreich dieser Mann war. Doch sollte er das nur noch kurze Zeit sein. Im Frühjahr, noch ehe der Feldzug von 333 richtig begonnen hatte, starb Memnon.

Halikarnassos wurde erobert und zerstört. Allerdings gelang es der persischen Besatzung, sich auf die fast uneinnehmbare Hafeninsel zurückzuziehen. Alexander wollte seine Zeit nicht nutzlos vertun. Er ließ eine starke Truppenmacht unter des Ptolemaios Befehl in Halikarnassos zurück. Erst im nächsten Sommer konnte, nach einer schweren Schlacht, Orontopates, der persische Befehlshaber von Halikarnassos, endgültig aus Karien vertrieben werden.

Während der wenigen Monate, die Memnon blieben, brachte er es noch einmal fertig, Alexander in Gefahr zu bringen. Nachdem der König Halikarnassos verlassen und sich der Südküste Anatoliens zugewendet hatte, machte sich Memnon daran, die Inseln der Aegaeis eine nach der anderen zu besetzen. Je weiter er damit gelangte, um so größer wurde die Gefahr, daß Athen von Alexander abfallen werde. Der König hatte die Nerven, dieses Risiko während seines ganzen Winterfeldzuges bestehen zu lassen, ohne sich darum zu kümmern. Seine beste Waffe in diesem Nervenkrieg war seine Urteilskraft. Er schätzte die Unentschlossenheit der athenischen Führung völlig richtig ein. Er traute den Athenern einen Entschluß nicht zu, der die Gefahr ihrer vollständigen Vernichtung einbeschloß. Der Schrecken, den die Zerstörung des aufständischen Theben gleich im Beginn der Regierung Alexanders hervorgerufen hatte, wirkte noch immer nach. Der König sollte recht behalten. Ehe Memnons Erfolge in der Aegaeis sich auswirken konnten, starb der Rhodier. Athen blieb ruhig. Doch wird Memnons Tod Alexander sicherlich gelegen gekommen sein. Erst Jahre später, in Baktrien, traf der König wieder auf einen Gegner, der ihm gewachsen war. Es war der Fürst Spitamenes, von dem Alexander die Bedingungen des Steppenkrieges erst erlernen mußte.

Ein sehr merkwürdiges Zusammentreffen von Umständen hat dazu geführt, daß Alexander zwei Jahre später Barsine, die Witwe Memnons, morganatisch heiratete. Eigentlich war es König Dareios, der den Anlaß dazu gegeben hatte. Als Dareios den Oberbefehl zur See in der Aegaeis auf Memnon übertrug, verlangte er, daß Barsine, als eine Art Unterpfand für die Treue Memnons, sich an den Hof von Susa begebe. So fiel sie bei der Besetzung von Damaskos in die Hand des Siegers von Issos. Barsine war königlichen Geblüts. Ihr Vater, der Satrap Artabazos, war ein Enkel des Königs Artaxerxes II. Es war Parmenions Rat, auf den hin Alexander Barsine heiratete. Sie gebar ihm, später in Baktrien, einen Sohn, dem der König den Namen Herakles gab. Dieser Prinz wurde, als er das Alter erreichte, in dem sein Vater den Thron bestiegen hatte, mit seiner Mutter zusammen ermordet.

Nach Halikarnassos teilte Alexander sein Heer. Parmenion mit dem größten Teil des Trosses schickte er zur Überwinterung nach Gordion, das in Zentralanatolien ungefähr hundert Kilometer westlich des heutigen Ankara liegt. Er selbst machte sich mit einer kleinen mobilen Truppe auf, die Häfen der Südküste Kleinasiens zu besetzen, damit auch sie der persischen Flotte nicht mehr als Stützpunkte dienen könnten. Außerdem wollte er den unbotmäßigen Bergvölkern des westlichen Tauros ein wenig Respekt vor der makedonischen Macht beibringen. Hier zum erstenmal unternahm er es, den Krieg gegen ein Bergvolk im Winter zu führen, weil es dann in den Tälern bleiben muß und nicht, wie im Sommer, in die schützenden Berge flüchten kann.

Während Alexander seinen Winterkrieg in Pamphylien und Lykien führte, teilte ihm der treue Parmenion mit, daß er einen Anschlag auf das Leben des Königs entdeckt habe. Der Verräter, Alexandros der Lynkestier, gehörte einer vornehmen makedonischen Adelsfamilie an, die sogar gewisse Ansprüche auf den Thron erhob. Zwei der Brüder des Alexandros waren in das Attentat auf König Philipp verwickelt gewesen und hingerichtet worden. Dem Alexandros, dessen Teilnahme an jener Verschwörung, obwohl sie sicher stattgehabt hatte, sich nicht beweisen ließ, war von Alexander nicht nur verziehen worden; er hatte ihm sogar hohe Kommandos anvertraut, zuletzt noch die als große Ehre geltende Führung der Thessalischen Ritterschaft. Und nun hatte Parmenion einen Boten abgefangen, den Dareios dem Alexandros geschickt hatte. Aus dem Geständnis dieses Boten erfuhr Parmenion von dem Mordplan.

Die Entdeckung der Verschwörung muß das noble und große Herz Alexanders schwer getroffen haben. Er war ein Mann, der von Natur dazu neigte, Vertrauen zu schenken. Das war es auch, was es ihm jederzeit so leicht machte, selbst die schwierigsten Aufgaben anderen zu übertragen. Kleine Leute wollen immer alles selber machen. Große Herren sind fähig, Verantwortungen gelassen zu delegieren. Alexander wußte, daß bei tüchtigen Leuten mit zunehmender Verantwortung die Fähigkeiten wachsen. So mochte er gehofft haben, daß der Reiz großer Aufgaben den Ehrgeiz des Lynkestiers befriedigen werde. Darin sah er sich jetzt getäuscht. Die Entdeckung der Verschwörung verschaffte Alexander die Einsicht, was für eine bittere Sache es ist, Herr aller Anderen zu sein.

Der König konnte sich nicht entschließen, Alexandros hinrichten zu lassen. Jahrelang führte er ihn als Gefangenen im Hauptquartier mit, bis er ihn, im Zusammenhang mit einer anderen Verschwörung, schließlich doch dem Henker übergab.

Nachdem der König fast den ganzen Winter in Pamphylien und Kilikien, teils kämpfend, teils marschierend, verbracht hatte, ging er schließlich über einen Paß des westlichen Tauros nach Norden zurück, um sich in Gordion wieder mit Parmenion zu vereinigen.

Das große Jahr 333 war gekommen.

RISIKO UND RUHM

Die Erfolge Alexanders im ersten Jahr seines Feldzuges dürften seinen Zeitgenossen nicht besonders großartig erschienen sein. Auch wir neigen dazu, unsere Bewunderung bis Susa, Persepolis oder Samarkand zu verschieben. Die Zeitgenossen machten den Fehler, das Gewicht der Ereignisse zu unterschätzen. Wir machen den Fehler, die Größe der Leistungen zu unterschätzen.

Daß Alexanders anatolischer Feldzug des Jahres 334/333 den Zeitgenossen keinen so tiefen Eindruck machte, hatte viele Gründe. Diese Art der Kriegführung sprengte noch nicht den Rahmen dessen, was die Welt jener Tage gewohnt war. Persische Satrapen hatten immer einmal wieder eine Niederlage hinnehmen müssen. Insofern war ein Sieg wie der am Granikos nichts Überraschendes. Auch war Anatolien mit seinen vielen Kolonien der griechischen Welt zu vertraut, als daß Alexanders Unternehmen die Faszination »Abenteuer in der Ferne« hätte haben können. Schon siebzig Jahre vorher hatte sich Xenophons Söldnerheer, nach dem Tod Kyros' des Jüngeren plötzlich auf sich selbst gestellt, von Mesopotamien aus ziemlich unbehelligt nach Trapezunt an der Südküste des Schwarzen Meeres durchschlagen können. Manchem Soldaten Alexanders mag ein Großvater, der an der Anabasis der Zehntausend teilgenommen hatte, schöne Geschichten davon erzählt haben. Xenophon hatte auf seinem Marsch nach Norden sein Heer eine Route geführt, die sogar noch östlich der von Alexander besetzten Gebiete verlief.

Der Charakter des Abenteuers wäre weit eher den Kriegszügen Philipps II. zugekommen. Sie hatten sich über größere Entfernungen erstreckt als Alexanders bisheriger Feldzug. Sie hatten bis zur Donau und gelegentlich darüber hinaus geführt. Philipp war bis in Gegenden vorgedrungen, die den immer nur an den Küsten entlangfahrenden, selten in ein Land eindringenden Griechen unbekannt waren. Das hatte die Phantasie angeregt. Vor allem aber konnten die zeitgenössischen Betrachter der Lage im Frühling des Jahres 333 vor Christi Geburt nicht wissen, welche Folgen dieses anatolische Unternehmen haben würde. Sie wußten nicht einmal, ob das Ergebnis des Feldzugs beständig sein, ob Alexander seine Eroberungen werde halten können, kurz, sie wußten nicht, daß es Alexander der Große war, der diesen Feldzug führte. Wir hingegen unterschätzen die Leistung. Wir wissen, daß dies alles nur ein Anfang war, daß das bisher Erreichte nicht wieder verlorengehen würde. Mit diesem anatolischen Feldzug Alexanders begann die Eroberung des Ostens durch den Westen, begann die Verwandlung der Welt.

Jede Geschichtsbetrachtung neigt dazu, aus der Rückschau heraus die Ereignisse so erscheinen zu lassen, als ob sie gar nicht anders hätten verlaufen können. Den Tatsachen stehen da nur Möglichkeiten gegenüber, denen, da sie niemals Wirklichkeit wurden, nur eine imaginäre Existenz zukommt. Aber bevor die Entscheidungen fallen, sind fast alle Möglichkeiten Gefahren. Gefahren, die drohen, sind etwas, was der Mensch als real empfindet. Wenn man jahrelang nur wenige Meilen westlich einer siegreich immer weiter gen Westen vorrückenden Armee geschlafen hat, weiß man, was »drohende Gefahr« bedeutet.

Die Fähigkeit, drohende Gefahren vorauszusehen, ist eine Funktion der Phantasie. Phantasie ist eine wichtige Eigenschaft des Genialen. Es ist die schöpferische Fähigkeit, sich etwas vorzustellen, was noch nicht in die Sphäre der Realität eingetreten ist. Es ist klar, daß ein Genialer mit seiner reicheren Phantasie mehr Gefahren sieht als ein phantasiearmer Mensch. Ob aber nun eine Gefahr, die von der Phantasie »imaginiert« wird, eine Möglichkeit ist, die tatsächlich eintreten kann, oder ob die Gefahr »nur in der Einbildung« besteht, vermag allein eine starke Urteilskraft zu entscheiden, und zuweilen auch diese nicht. Alexander jedenfalls hatte eine ungewöhnliche Begabung, Gefahren richtig einzuschätzen, und eine freilich noch ungewöhnlichere Begabung, ihnen wirksam zu begegnen.

Abends in seinem Zelt, vor dem Einschlafen, wenn die Sorgen den Menschen überfallen, hatte Alexander Gelegenheit, seine Phantasie spielen zu lassen. Es ist ein hartes Lager gewesen, auf welchem des Königs junger Ruhm ruhte. In Makedonien hatte Alexander als Statthalter Antipatros zurückgelassen. Er hatte ihm die volle Regierungsgewalt anvertraut. Wir heute wissen, daß Antipatros ein ganz ausgezeichneter Mann war, der sich allen Aufgaben, die an ihn herantraten, gewachsen zeigte, der auftauchender

Opfer für die Götter wurden zugleich von hellenischen Sehern und iranischen Magiern dargebracht. Der König trank mit seinen Soldaten aus demselben Mischkrug. Sein Trinkspruch, »das Gebet von Opis«, war ein Anruf an die Götter, in dem Alexander etwas von dem zum Ausdruck brachte, was er sich von der Zukunft erhoffte. Leider ist gerade in dieser wichtigen Sache die Überlieferung unvollständig. Sicher ist, daß Alexander die Götter bat, alles Heil zu gewähren, damit die Makedonen mit den Völkern seines Reiches in Frieden und Eintracht leben könnten.

Droysen sagt an dieser Stelle: »Das Werk war fertiggeworden, und über seine Art und Weise gab es keine Fragen mehr. Was auch die Zerwürfnisse und Verwirrungen der nächstfolgenden Zeit an den äußeren Formen dieses Reiches gerüttelt und zerstört haben, das hellenistische Leben, die große Einigung der hellenischen und der asiatischen Welt mit allem Segen und Unsegen, den sie in sich trug, war für Jahrhunderte gegründet.«

Das Fest von Opis war der Höhepunkt und zugleich der letzte glückliche Augenblick in Alexanders Leben.

Es war Alexander nicht vergönnt, sein Werk auszubauen. In Ekbatana wurden im Herbst des Jahres 324 die Dionysien gefeiert. Sie begannen, wie immer bei Alexander, mit feierlichen Opfern. Es folgten Kampfspiele, farbenfrohe Umzüge und künstlerische Wettbewerbe, umrahmt von rauschenden Festen. Da erkrankte Hephaistion an einem heftigen Fieber, dem er am siebenten Tag erlag. Für Alexander war dieser Tod ein furchtbarer Schlag. Hephaistion ist der einzige wirkliche Freund gewesen, den er in seinem Leben gehabt hat. An seiner Leiche mag der König sich erinnert haben, wie sie beide miteinander nach der Landung in Troia das Grab des Patroklos aufgesucht und bekränzt hatten. Für Alexander war, wie für Achilleus, der Tod des Freundes das Zeichen, daß auch seine Tage gezählt seien. Das Fest wurde abgebrochen. Leiern und Flöten verstummten. Heer und Volk trauerten mit Alexander. Die Magier löschten das heilige Feuer in den Tempeln, als ob ein König gestorben sei.

Auf dem Weg von der Sommerresidenz Ekbatana nach Babylon, durch die herbstliche Pracht der Hochebene mit den Bergen zur Linken, die schon von Schnee bedeckt waren, vorbei an dem gewaltigen Felsrelief von Bisutun, das hoch über der Straße den Ruhm Dareios' des Großen noch heute verkündet, machte Alexander halt für seine letzte militärische Aktion, einen Feldzug gegen die Kossaier. Da der Schnee schon weit in die Täler hinabreichte, konnten die Kossaier nicht mehr wie sonst, wenn

Antipatros zurückgelassen, sondern auch seine Mutter Olympias. Zwischen Mutter und Sohn wurden im Laufe der Jahre viele Briefe gewechselt. Leider ist keiner dieser Briefe erhalten geblieben, und auch über ihren Inhalt ist nur wenig bekannt. Als Hephaistion sich einmal, während Alexander einen Brief seiner Mutter las, neben ihn setzte und mitzulesen begann, ließ Alexander ihn zwar gewähren, drückte aber dem Freund, nachdem sie fertiggelesen hatten, schweigend seinen Siegelring auf die Lippen.

Eines ist bekannt. Unter den Briefen der Olympias dieses ersten Jahres war kaum einer, in dem sich die Königinmutter nicht über Antipatros beklagte, ihn verdächtigte, ihn verleumdete. Alexander kannte zwar seine Mutter und wußte, daß sie am liebsten selbst die Zügel der Herrschaft in die Hand genommen hätte. Aber schließlich wußte er auch, daß sie eine gescheite Frau war. Zwar hat er einmal über seinen Statthalter gesagt: »Antipatros ist von außen weiß gekleidet, aber innen ist er ganz von Purpur!« Doch konnte nicht auch wahr sein, was Olympias über Antipatros Unfreundliches schrieb? Was gehörte dazu, immer wieder Verdächtigungen anzuhören ohne ihnen Glauben zu schenken, wenn man so intelligent war wie Alexander, so viel Phantasie hatte und schon so viel Intrigue und Verrat erlebt hatte wie er in seinem jungen Leben!

Und was nun lag vor ihm auf seinem Weg nach Süden? Das erste Hindernis waren die berühmten Kilikischen Tore, der einzige aus dem Innern Anatoliens nach Syrien und Aegypten führende Paß über das westliche Taurosgebirge. Wenn der Paß sachgemäß verteidigt wurde, war er so gut wie unbezwingbar.

Und was würde Dareios unternehmen? Wo würde die große Schlacht der Entscheidung stattfinden? Über den Ausgang der militärischen Auseinandersetzung machte Alexander sich keine Sorgen, so vollständig war er von der taktischen Überlegenheit der makedonischen Phalanx und der strategischen Überlegenheit seiner eigenen Führung überzeugt. Und gerade darin sollte er sich getäuscht haben. Nur sehr wenig hat gefehlt, und die Schlacht von Issos wäre verloren gewesen, ehe sie überhaupt begonnen hatte.

Keine von all diesen Bedrohungen und Gefahren, so viele Möglichkeiten von Fehlentscheidungen sie auch immer enthalten mochten, hat Alexander seiner Ruhe beraubt. Er faßte seine Entschlüsse kühlen Herzens. Insofern ist es wirklich von weltgeschichtlicher Bedeutung, daß Alexander einen so gesunden Schlaf hatte. Denn wahrhaftig, nie in seinem Leben wieder sind die Gefahren, von denen er umgeben war, so zahlreich gewesen und die Risiken, die er eingegangen war, so hoch wie in diesem ersten Jahr seiner Kriegführung.

Das Problem des Risikos ist von Bedeutung, wenn man Alexander in seinen Maßnahmen wirklich verstehen will. Und die Risiken Alexanders wiederum sind auf das engste mit dem verknüpft, was man gemeinhin seine Ruhmsucht nennt.

Ein Risiko eingehen kann tapfer, mutig oder kühn sein. Es sind das drei verschiedene Verhaltensweisen. Tapfer kann einer sein, auch wenn er Angst hat. Mutig ist, wer seine Furcht zu überwinden weiß. Kühn ist, wer weder Angst noch Furcht kennt. Insofern ist Kühnheit auch keine eigentliche Tugend. Sie ist ohne Verdienst. Sie ist eine schöne Eigenschaft des Menschen. Darum wohl auch wird sie von den Göttern so selten nur verliehen. Achilleus war nicht kühn. Hektor war es nicht. Alexander der Große war es. In der ganzen Weltgeschichte ist dieses Prädikat nur einem Herrscher zugebilligt worden, Herzog Karl dem Kühnen von Burgund. Aber Karl der Kühne war der Repräsentant der untergehenden Welt des Feudalismus, war ein Mann, der scheiterte. Alexander war die Zukunft selbst.

Die deutsche Sprache, die alte Amme unserer Weisheit, kennt noch die Tollkühnheit. In diesem Begriff steckt eine wenn auch immer noch mit Bewunderung gemischte Abwertung. Tollkühn ist einer, der kühn und toll zugleich ist, der also ein Risiko nicht angemessen abzuschätzen versteht. Eine vernünftige Kalkulation des Risikos ist mit Kühnheit wohl vereinbar. Erst wer ein unvernünftiges Risiko eingeht, ist tollkühn. Dieser Vorwurf ist Alexander oft gemacht worden. Immer wieder habe Ruhmsucht ihn veranlaßt, in törichter Weise sein Leben und damit sein ganzes Werk aufs Spiel zu setzen. Diese Ansicht freilich wird eher von Gelehrten als von Soldaten vertreten.

Hören wir zunächst, was Fuller sagt. Fuller, der als Major die erste Tankschlacht der Geschichte, den Durchbruch der englischen Panzer bei Cambrai 1917, befehligte, ein Mann also, der vom Kriegführen etwas versteht, hat die Feldzüge Alexanders vom modernen militärwissenschaftlichen Standpunkt aus auf das sorgfältigste untersucht. Er sagt: »Obgleich Alexander einer der kühnsten Feldherrn der Geschichte ist, hat er die Risiken, die er einging, selten dem Zufall überlassen. Sie wurden sorgfältig erwogen und gemäß ihrer Wahrscheinlichkeit kalkuliert.«

Wer den persönlichen Mut, mit dem Alexander in Schlachten und bei Belagerungen immer wieder sein Leben aufs Spiel setzte, als unvernünftige Tollkühnheit betrachtet, versteht nichts von der Psychologie der Gefahr. Wenn der Feldherr den Befehl zur Schlacht gibt, gibt er Hunderten den Befehl zu sterben. Er verliert völlig seine Glaubwürdigkeit, wenn er nicht das, was er verlangt, auch zu geben bereit ist. Die moderne Form der Kriegführung, bei der ein anonymer General das militärische Geschehen aus dem Hintergrund lenkt, verschleiert diesen Sachverhalt. In dem räumlich engen Rahmen, in dem sich die Schlachten der Antike abspielten, war der Feldherr zu jedem Zeitpunkt des Kampfes für fast jeden Soldaten sichtbar. Schließlich heißt das Wort »Feldherr« nichts anderes als »Herr des Feldes«, nämlich des Schlachtfeldes. Und Alexander war sich dessen bewußt. Seinen auffallenden weißen Helmbusch trug er, seinen auffallenden Rappen mit dem weißen Kopf ritt er, damit seine eigenen Soldaten ihn sehen könnten, damit ihr Mut durch den seinen angespornt werde. Nichts war von Alexander sorgfältiger kalkuliert als gerade seine Kühnheit. Daß er den Kampf liebte, mag ihm das erleichtert haben. Aber er wußte, daß er aus seinen Soldaten das Äußerste nur herausholen konnte, wenn er in allem und eben auch im Todesmut ein von keinem übertroffenes Vorbild war. Die Kühnheit Alexanders hat keine Grenzen gekannt, aber Tollkühnheit war sie eben gerade nicht. Der beste Beweis dafür, wie recht Alexander hatte, daß er seiner Kühnheit keine Grenzen setzte, ist sein Gegner Dareios. Zweimal, bei Issos und bei Gaugamela, hat dem Perserkönig jenes kleine Mehr an Entschlossenheit gefehlt, das Alexander an seiner Stelle gehabt hätte. Beide Male hat Dareios, statt sich in dem Augenblick, als die Schlacht sich zu seinen Ungunsten zu wenden begann, mit äußerster Kühnheit auf den Feind zu stürzen, die Flucht ergriffen. Nur Kühnheit hätte das Schicksal wenden können. Dareios hatte sie nicht. Daß sie ihn wahrscheinlich das Leben gekostet hätte, ist ein schlechter Einwand. Durch die Flucht hat er es auch nicht gerettet.

Der Kalkül der Kühnheit geht aber bei Alexander noch weiter. Derselbe Mann, der bis zuletzt durch seine Priester die Eingeweide der Opfertiere über die Zukunft befragen ließ, war in seiner psychologischen Clairvoyance von einer Modernität, die etwas Unheimliches hat. Ganz bewußt hat Alexander die Goldene Aura um seine Person sowohl geschaffen als auch immer wieder in ihrem Glanz erneuert. Mit einer für seine Zeit unglaublichen Intuition erkannte er, daß »Gloire« nicht nur irgendein imaginärer Wert, sondern eine tragfähige *res politica* ist. Am Ende genügte es, daß er den Ruf der Unbesiegbarkeit hatte, um unbesiegbar zu sein. Daß Alexander sich solcher Zusammenhänge bewußt war, läßt sich zeigen. Er hat sich ihrer mit überlegener Klugheit bedient. Als Parmenion vor der Schlacht am Granikos aus wohlüberlegten und von Alexander auch als richtig anerkannten Gründen von einem sofortigen Angriff auf die zur Schlacht aufgestellten Perser abriet, begründete Alexander seine Ablehnung von Parmenions Vorschlag damit, daß er erklärte, ein Zögern stimme nicht zu seiner Art, einer Gefahr zu begegnen; die Perser würden Mut fassen, weil sie nicht sofort erführen, was sie fürchteten.

Welch treffsichere Psychologie!

Hätte der Glanz, der die Person des jungen Fürsten umgab, keine andere Funktion gehabt, als die königliche Eitelkeit zu befriedigen, wie vielen Irrtümern wäre Alexander verfallen! Nichts trübt die Urteilskraft sicherer als Eitelkeit. Aber nichts war bis zu des Königs letzten Tagen so ungetrübt wie gerade die Klarheit seiner Entscheidungen. Neuere Psychiater zwar erklären, der König habe in späteren Jahren zum Größenwahn geneigt. Man kann ihnen da nicht einmal widersprechen. In der Tat hat er sich eingebildet, Alexander der Große zu sein. Aber so auch hat er sich verhalten.

Es war der Ruf seiner Unbesiegbarkeit, die allgemeine Überzeugung, daß er ein Liebling der Götter und gegen die Tücken des Schicksals gefeit sei, welche es überhaupt erst möglich machten, daß Alexander so viele Jahre lang in den Steppen und Dschungeln Asiens Krieg führen konnte, ohne daß das ganze eben erst eroberte Reich der vollständigen Anarchie verfiel. Das Zentrum seiner Macht war zwar immer der Königliche Hof. Daß er sich nicht an einem festen Platz befand, bedeutete für die Ausübung der Regierung keine Schwierigkeit. In dieser Sache folgte Alexander der Gewohnheit der persischen Großkönige. Auch Karl der Große, auch die Sachsenkaiser, auch die Staufenkaiser sind mit ihren Hofhaltungen von Pfalz zu Pfalz gezogen. Ebenso waren die Residenzen der großen asiatischen Eroberer – der Mongolen, der Seljuken, der Osmanen – durch lange, und zwar gerade durch die erfolgreichsten Zeiten hindurch wandernde Zeltstädte. Dem Serail in Istanbul mit seinen eleganten Pavillons sieht man noch an, daß er aus einer Zeltstadt entstanden ist.

Alle Fäden liefen in der Residenz und damit in der Hand des Königs zusammen. Aber die Verwaltung der einzelnen Teile des riesigen Reiches und die ganze große Organisation der Versorgung der Armee mit ihren langen Nachschubwegen waren natürlich ortsgebunden. Die Unordnung, welche als Folge der langen Abwesenheit des Königs im Osten schließlich manchenorts entstand, ist zwar nicht gering gewesen, wurde aber zu keiner Zeit und in keiner Form bedrohlich für den Bestand der königlichen Macht.

Alexanders Gloire erstrahlte besonders hell, als er einmal in ernste Lebensgefahr geriet. Das Heer, schon auf dem Rückmarsch, zog den Indus hinab. Da wurde Alexander beim Angriff auf eine Stadt der Maller so schwer verwundet, daß man seinen Tod befürchten mußte. Nun gab es in dieser Armee doch wahrhaftig genug hervorragende Generale, die in vielen schwierigen Lagen ihre Tüchtigkeit und bei vielen schwierigen Aufträgen ihre Selbständigkeit immer wieder bewiesen hatten. Die Soldaten waren verwitterte, narbenbedeckte Krieger, harte, tapfere Männer von einer Kriegserfahrung, wie es sie kaum in der Geschichte wieder gegeben hat. Aber das ganze Heer war vollständig davon überzeugt, daß, stürbe Alexander, sie alle miteinander in diesem fremden heißen Land, in diesen moskitoverseuchten, von Schlangen wimmelnden, von Tigern bevölkerten Dschungeln verloren seien und keiner je die Heimat wiedersehen werde.

Daß die Wirkung, die Alexander auf Menschen ausübte, ganz außerordentlich gewesen sein muß, dafür gibt es viele Beweise. Schon im Altertum haben sich die Historiker darüber verwundert, wie merkwürdig blaß, ja unbedeutend des Königs Mitarbeiter neben ihm wirken. Und darunter befanden sich doch, wie uns die weiteren Ereignisse lehren, hervorragende Männer, denen vom Schicksal bestimmt war, große geschichtliche Leistungen zu vollbringen.

Von Natur hatte der König etwas Angenehmes in seinem Wesen. Es wird berichtet, daß er den Kopf immer ein wenig schief gehalten und daß sein Blick etwas Weiches gehabt habe. An dem im Museum in Konstantinopel stehenden Marmorkopf, der von einer in hellenistischer Zeit in Pergamon offenbar nach einem älteren Original geschaffenen Statue stammt, kann man das noch heute sehen. Aber dieser in seinem alltäglichen Umgang überaus liebenswürdige Mann hatte zuweilen Ausbrüche von Zorn, die von seiner Umgebung ihrer Heftigkeit wegen gefürchtet wurden. Doch sollte man bei der Beurteilung solcher Ausbrüche jeweils ihre Veranlassung in Betracht ziehen. Daß zum Exempel Dummheit einen gescheiten Mann in Zorn bringt, ist das Natürlichste von der Welt. Wer je das Opfer eines solchen Ausbruchs wurde, vergaß ihn niemals wieder.

Kassandros, der soeben aus der Heimat in Babylon eingetroffene Sohn des Reichsverwesers Antipatros, ließ sich, als er zum erstenmal Zeuge war, wie einige vornehme Perser dem König nach orientalischer Sitte ihre Ehrerbietung bewiesen, zu einem lauten Lachen hinreißen. Alexander, für den die Versöhnung der Perser mit dem neuen Regime, die Angleichung der Sitten der Sieger und der Besiegten eines der wichtigsten Probleme seiner inneren Politik war, wurde über die naive Dummheit dieses Gelächters so zornig, daß er Kassandros an den Haaren ergriff und seinen Kopf ein paarmal gegen die Wand schlug. Noch Jahre nach Alexanders Tod, als Kassandros, längst König von Makedonien, sich in Delphoi unvermutet einer Bildsäule des Königs gegenübersah, erschauerte er vor Schrecken und geriet völlig aus der Fassung.

In vielem aufschlußreich für die Beziehungen Alexanders zu den Menschen sind die Anekdoten, die über ihn im Umlauf waren. Die Anekdote, für die strenge Wissenschaft ein ewiges Skandalon, ist eine der großen Entzückungen des Geistes. Der Esprit sammelt die Symptome eines Menschen wie in einer Linse, um dann im gebündelten Strahl das Charakteristische aufleuchten zu lassen. Kaum eine Anekdote je hat sich so ereignet, wie sie erzählt wird. Ihre endgültige Form ist immer das Ergebnis eines schöpferischen Kollektivs. Es ist eine Art von höherer Wahrheit, die in der Anekdote zum Ausdruck kommt. Freilich, von welcher Art diese höhere Wahrheit ist, kann man daraus ersehen, daß von den Ereignissen, über welche die drei bekanntesten Alexander-Anekdoten berichten, zwei niemals stattgefunden haben und die dritte nicht so verlaufen sein kann, wie die Anekdote es erzählt.

Als Knabe sei Alexander einmal bei der Meldung von einem großen militärischen Erfolg seines Vaters Philipp in Tränen ausgebrochen und habe geklagt, sein Vater werde ihm zu erobern nichts mehr übriglassen. Sehen wir einmal ganz davon ab, daß diese Klage, hätte Alexander sie erhoben, ein höchst bedenkliches Licht auf die geographischen Kenntnisse des späteren Welteroberers würfe, die Anekdote kommt in keiner antiken Quelle vor. Sie tritt erst im späten Mittelalter auf. Das Ereignis hat nicht stattgefunden.

Die zweite dieser Geschichten kennt jedes Schulkind. Es ist die Geschichte von dem Besuch, den der König in Korinth dem Diogenes gemacht habe. Als der König den Philosophen, der vor seiner Tonne saß, gefragt habe, ob er etwas für ihn tun könne, habe Diogenes geantwortet: »Geh mir ein wenig aus der Sonne!« Und darauf soll Alexander zu seiner Umgebung geäußert haben: »Wäre ich nicht Alexander, möchte ich Diogenes sein!« Alexander ist nur ein einziges Mal, und zwar ganz im Anfang seiner Regierungszeit in Korinth gewesen. Hätte der König zu einem so frühen Zeitpunkt seiner Laufbahn von sich selbst wirklich gesagt »Wäre ich nicht Alexander...«, könnte man mit einem gewissen Recht den Vorwurf des Größenwahns erheben. Aber wir besitzen eine sichere Nachricht, daß Diogenes zu der Zeit, als Alexander in Korinth weilte, sich in Athen befand. Die beiden sind einander nie begegnet.

Die dritte Anekdote endlich, die so, wie sie erzählt wird, nicht stimmen kann, ist die vom Gordischen Knoten, den Alexander, als er ihn nicht habe lösen können, mit dem Schwert durchhauen habe. Dieser Knoten gehörte zum Geschirr eines seit Generationen in Gordion aufbewahrten Wagens, der dem König Midas oder, wie andere Quellen sagen, dem König Gordion gehört hatte. Der Knoten verband die Deichsel des Wagens mit dem Joch. Anfang und Ende des Knotens waren unsichtbar. Das Orakel verhieß dem, der den Knoten »lösen« werde, die Herrschaft über Asien. Hätte Alexander den Knoten, den das Orakel »gelöst« wissen wollte, mit dem Schwert durchhauen, wäre das nach den religiösen Vorstellungen jener Zeit eine Verhöhnung des Orakels und damit der Götter gewesen. Es ist nicht gesagt, daß Alexander das so empfunden hätte, aber sicher ist, daß jeder seiner frommen makedonischen Soldaten ob solchen Sakrilegs entsetzt gewesen wäre. Alexander hat während seines ganzen Kriegszuges die religiösen Riten streng respektiert.

Eine Analyse der Quellen dahin gehend, welche die Geschichte bringen und welche nicht, und eine weitere Analyse der Varianten, in denen die Geschichte wiedergegeben wird, machen es wahrscheinlich, daß es eine Story ist, die erfunden wurde, um Alexander als gottlos erscheinen zu lassen. Da bei uns das Gefühl für die religiöse Seite des Problems vollständig fehlt, wird die Geschichte als Exempel genialer Entschlossenheit unausrottbar weiterleben. Dabei ist die technische Seite des Problems noch ganz außer Betracht geblieben. Der Knoten bestand aus dem Bast der Kornelkirsche. Er umschlang das Joch und die Deichsel des Wagens. Eine Deichsel steht gewöhnlich frei oder wird höchstens von einer losen Deichselstütze gehalten. Sie gibt also bei einer Berührung bis zu einem gewissen Grade nach. Ein solch elastisch ausweichendes Kombinat von zwei durch Bast miteinander verbundenen Hölzern mit einem Schwert zu durchschlagen ist physisch eine Unmöglichkeit. Aber selbst wenn wir auf die Tränen des Knaben, die Tonne des Philosophen und den Knoten aus Bast verzichten müssen, bleiben genug Geschichten übrig.

Besonders zahlreich sind die Anekdoten, in denen Alexanders Freigebigkeit eine rühmliche Rolle spielt.

Dem Serapion, einem der jungen Leute, die mit dem König Ball spielten, schenkte er niemals etwas, weil dieser ihn niemals um etwas bat. Bei einem Spiel warf Serapion den Ball nie dem König zu, sondern immer nur anderen Mitspielern. »Mir gibst du den Ball nicht?« fragte endlich der König. »Natürlich nicht«, erwiderte Serapion, »du hast ja nicht darum gebeten!« Alexander war entzückt von dem Witz dieser Antwort und machte Serapion ein großartiges Geschenk.

Als einmal der Schauspieler Lykon bei Aufführung einer Komödie einen listigen Vers in seinen Text einschmuggelte, in dem er den König um ein Geschenk von zehn Talenten bat, ein Caruso-Honorar gewissermaßen, lachte Alexander und schenkte sie ihm. Er war ein König, der Humor hatte.

Dem Perillos, einem seiner Freunde, der ihn um eine Mitgift für seine Tochter gebeten hatte, ließ er fünfzig Talente auszahlen. Als Perillos meinte, zehn Talente wären auch genug gewesen, meinte der König: »Ja, für dich zu nehmen, aber nicht für mich zu geben!«

Als Knabe hatte Alexander beim Opfern den Göttern zuweilen Hände voll des kostbaren Weihrauchs gestreut. Leonidas, sein strenger Erzieher, verwies ihm das mit den spöttischen Worten: »So verschwenderisch kannst du räuchern, wenn du das Weihrauchland erobert hast!« Als

Alexander nachher in Susa über unbegrenzte Mengen von Weihrauch verfügte, ließ er dem Leonidas, Spott mit Spott vergeltend, einen Brief überbringen: »Ich schicke dir hundert Talente Weihrauch und duftende Kassia, damit du gegen die Götter nicht mehr so karg zu sein brauchst.«

Alexander hat sich zuweilen ritterlich benommen, zuweilen chevaleresk, zuweilen wie ein Gentleman. Diese Feststellungen sind keine Anachronismen. Bei dieser oder jener Gelegenheit nimmt Alexander mit schöner Freiheit die Noblesse späterer Jahrhunderte vorweg.

Mitten in dem großen und entsetzlichen Jammer, den die Zerstörung der Stadt Theben mit sich brachte, hatte ein Haufen Thraker das Haus einer angesehenen und tugendhaften Dame namens Timokleia erbrochen. Während die Soldaten plünderten, entehrte ihr Anführer die Frau zuerst mit Gewalt; dann fragte er sie aus, ob sie irgendwo Gold oder Silber versteckt habe. Sie bejahte diese Frage und führte ihn ganz allein in den Garten, wo sie ihm einen Brunnen zeigte. »Hier«, sagte sie, »habe ich bei der Einnahme der Stadt die Kostbarkeiten meines Hauses hinuntergeworfen.« Der Thraker beugte sich über den Brunnenrand, um hinabzuspähen. In diesem Augenblick gab sie ihm von hinten einen Stoß, so daß er in den Brunnen stürzte. Dann warf sie so lange Steine hinab, bis er tot war. Daraufhin wurde sie von den Thrakern gebunden vor Alexander geführt. Vom ersten Augenblick an erschien sie dem König durch ihren Blick und ihren Gang als eine Frau von Würde und hohem Sinn. Sie hatte nicht die mindeste Angst oder Bestürzung gezeigt, als sie den Soldaten folgen mußte. Der König fragte sie, wer sie sei. Sie erwiderte: »Ich bin Theagenes' Schwester, der für die Freiheit Griechenlands deinem Vater, König Philipp, bei Chaironeia als Feldherr gegenüberstand und gefallen ist.« Alexander war voll Bewunderung über diese stolze Antwort. In ritterlicher Weise gab er Befehl, sie mit ihren Kindern frei von dannen ziehen zu lassen.

Als Alexander nach der Schlacht von Issos zusammen mit seinem Freund Hephaistion die Königin Sisygambis, Dareios' Mutter, in ihrem Zelt aufsuchte, verwechselte die Königinmutter den Hephaistion mit Alexander und machte ihre Reverenz dem Falschen. Alexander war ja nicht sehr groß, Hephaistion ein schöner und stattlicher Mann. Als Sisygambis ihren Irrtum bemerkte, der nach orientalischen Begriffen eine schwere Beleidigung der Majestät war, erschrak sie tödlich. Alexander half ihr aus der Verlegenheit. Mit dem Esprit und der Eleganz eines großen Herrn des Ancien Régime sagte er, auf Hephaistion deutend, nur eben: »Auch dieser ist Alexander!«

Schier unglaublich ist die Geschichte von dem Simulanten Antigenes. Ein Transport von Kranken und Verstümmelten, die nach Makedonien zurückgebracht werden sollten, wurde zusammengestellt. Da entdeckte man, daß ein Mann namens Antigenes sich in die Krankenliste hatte eintragen lassen, ohne daß ihm irgend etwas fehlte. Vor Alexander geführt und von diesem befragt, warum er den Betrug veranstalte, gestand er, daß er das aus Liebe zu Telesippa getan habe, welche mit diesem Transport reisen wolle. Alexander fragte, wer diese Telesippa sei. Als er erfuhr, daß sie keine Sklavin, sondern eine Freigeborene sei, löste der König das Problem auf eine Art und Weise, daß man nur sagen kann, er habe sich wie ein vollendeter Gentleman benommen. Er wandte sich zu dem verliebten Simulanten: »Nun gut, mein Antigenes! Einer Freien mag ich nichts befehlen. So wollen wir beide versuchen, die Telesippa zu bereden, daß sie bei uns bleibe!«

Zu seinen Soldaten hatte Alexander ein besonders herzliches Verhältnis. Er verstand sich darauf, mit ihnen umzugehen. Vor der Schlacht am Granikos gab er den Befehl, die vorhandenen Vorräte in einem großartigen Festschmaus zu verbrauchen; denn am nächsten Tag werde man von den Vorräten des Feindes leben. Allein schon die Verzweiflung ihrer Zahlmeister über diese ungeheuerliche Verschwendung muß für die Soldaten ein köstlicher Spaß gewesen sein.

Nach jeder Schlacht suchte Alexander die Verwundeten auf. Bei jedem einzelnen erkundigte er sich, wie es zu seiner Verwundung gekommen war. Übrigens war Alexander medizinisch höchst interessiert. In Indien beschaffte er sich von eingeborenen Ärzten Kenntnisse über die Behandlung von Schlangenbissen und befahl dann, alle von Giftschlangen gebissenen Soldaten zur Behandlung zu ihm zu bringen. Während in England noch weit bis ins 19. Jahrhundert hinein der Glaube des Volkes dem mit dem heiligen Öl gesalbten König von Gottes Gnaden die Gabe zuschrieb, durch Auflegen der Hand Krankheiten heilen zu können, heilte Alexander, der sich zum Gott ernennen ließ, auf Grund empirischer naturwissenschaftlicher Erkenntnisse.

Ein Soldat trieb einen königlichen Maulesel, der schwer mit Gold beladen war. Das Tier drohte zusammenzubrechen. So nahm der Soldat die Last auf seine eigene Schulter und schleppte sie weiter. Der König sah, wie der Mann sich abquälte, und erkundigte sich, was da vor sich gehe. Als nun der Soldat seine Last gerade abwerfen wollte, rief ihm Alexander zu: »Nur nicht schlappmachen! Bring die Last bis zu deinem Zelt, und dann behalte sie für dich selber!«

Besonders reizend in ihrem feinen Witz ist eine Geschichte, die sich beim Übergang des makedonischen Heeres über den Hindukush ereignete. Da der Übergang zeitig im Frühjahr stattfand und über einen mehr als dreitausend Meter hohen Paß führte, hatten die Soldaten unter der Kälte und dem Schnee bitter zu leiden. Am Abend sitzt der König an einem Lagerfeuer auf einem kleinen, für ihn bereitgestellten Sessel. Während er sich die Hände an der lodernden Flamme wärmt, sieht er einen seiner Soldaten, schneeblind und halb erfroren, auf das Feuer zuwanken. Der König erhebt sich und läßt den Soldaten auf seinem Sessel Platz nehmen. Als der Soldat, auftauend, langsam wieder zu sich kommt, erkennt er plötzlich, neben sich im Schnee sitzend, seinen König. Ein Schreck durchfährt ihn. Er will aufspringen. Da sagt dieser liebenswerte junge Held zu dem alten, im Dienst seines Hauses ergrauten Veteranen: »Siehst du, wenn das jetzt der Sessel des persischen Großkönigs wäre, dann hättest du dein Leben verloren. Aber an diesem Feuer steht der Sessel Alexanders, und so ist dir dein Leben gewonnen.«

Das Gefühl, daß ihr Feldherr ein Herz für sie habe, hat dem König natürlich die Zuneigung seiner Soldaten eingetragen. Aber das bedingungslose Vertrauen in seine Fähigkeit als Stratege, der Respekt, den sie vor ihm hatten, der Todesmut, mit dem sie für ihn kämpften, war doch tiefer verankert. Daß der eigentliche Grund für die Wirkung Alexanders auf seine Soldaten der Kalkül der Kühnheit war, beweist die Meuterei, die in Opis, nach der Rückkehr des Heeres nach Mesopotamien, ausbrach. Der König, sich seiner Überlegenheit in kühler Selbstverständlichkeit bewußt, wagte es, vor die Meuterer hinzutreten und sie aufs heftigste zu beschimpfen. Nichts beweist die Echtheit seiner Rede überzeugender als gerade das Unwahrscheinliche ihres Inhalts. Kein Literat könnte erfinden, daß der Mann, gegen den gemeutert wird, den Meuterern seine Verachtung offen ins Gesicht schleudert, weil kein Literat, der nicht mindestens selbst einmal als Offizier vor einer meuternden Truppe gestanden hat, ein Urteil darüber hätte, daß Alexanders Vorgehen die wirksamste Methode ist, mit einer Rebellion fertigzuwerden. Arrian, der die Rede überliefert, mag in seiner eigenen bewegten militärischen Karriere ähnliches erlebt haben.

Diese Szene vollkommener Souveränität spielte sich freilich erst am Ende von Alexanders Laufbahn ab, als alle Abenteuer schon hinter ihm lagen. Damals in Anatolien träumte der König noch von der Ferne, die leuchtete und lockte, und von seinem jungen Ruhm.

Hätte Alexander bei diesem Stand der Dinge auf eine Fortsetzung seines Angriffs auf das Perserreich verzichtet, wären alle Voraussetzungen für die Gründung eines Aegaeischen Reiches gegeben gewesen. Er hätte sich dann natürlich wieder eine Flotte schaffen und noch Kreta dazuerobern müssen. Auch wäre es wünschenswert gewesen, daß das Schwarze Meer vollständig zu diesem Reich gehört hätte. Die Voraussetzungen dafür hatte schon König Philipp geschaffen. Dieses kleine, mit den makedonischen

Stammländern vereinigte Imperium wäre ein geschlossenes, leicht zu verteidigendes und darum stabiles Gebilde gewesen, welches zu gründen Isokrates, der athenische Philosoph und Politiker, schon seinem Freund Philipp geraten hatte. Philipp, der Realpolitiker, hätte sich, wäre sein Feldzug gegen Anatolien so glänzend verlaufen wie der seines Sohnes, mit diesem Imperium begnügt. Diese griechisch-makedonische Macht hätte einen sehr alten Anspruch vertreten, nämlich daß sie eine politische Konsolidierung der viele Jahrhunderte alten, von Hellas ausgegangenen kolonialen Expansion sei, derzufolge diese Küsten zu Alexanders Zeit eben doch alle schon griechisch waren. Es ist ein interessanter Aspekt, daß es bei Vorhandensein einer derart soliden Aegaeischen Macht zu einer Eroberung des östlichen Mittelmeers durch die Römer vielleicht gar nicht gekommen wäre.

Ein politisches Gebilde etwa von der Ausdehnung dieses Aegaeischen Reiches hat später lange Zeit bestanden. Es war das Reich von Byzanz in seinen letzten Jahrhunderten, in denen es Europa gegen die anbrandenden Völkerwellen Asiens so erfolgreich verteidigte. Dem jungen König Alexander war zu wenig, was dem alten König Philipp genügt hätte. Worin der Träumer Alexander den Realpolitiker Philipp übertraf, war die Kühnheit eines Gedankens, des Gedankens, die westliche und die östliche Welt miteinander zu verschmelzen. So war das Imperium, das Alexander im Sommer 333 besaß, nur ein Anfang. Das Schicksal trieb ihn, ein größeres zu erobern. Er schuf damit unermeßliche neue Risiken. Er erwarb damit unermeßlichen neuen Ruhm.

ISSOS UND DIE FOLGEN

Zwischen der Welt des Westens und der Welt des Ostens haben durch die Zeiten hindurch weder die Kämpfe der Macht noch die des Glaubens, weder der Wettstreit der Künste noch die Dispute der Denker jemals aufgehört. Ein Höhepunkt dieser Auseinandersetzung, die das älteste Thema der Geschichte ist, war der kriegerische Zusammenstoß des Westens mit dem Osten in der Schlacht von Issos im Jahre 333 vor Christi Geburt. Der Sieg fiel dem Westen zu. Die Folgen waren außerordentlich.

Die Schlacht fand im Monat November statt. Vor vielen Jahren bin ich einmal, und zwar zufällig um dieselbe Jahreszeit, in der das Ereignis sich abgespielt hat, über dieses Schlachtfeld geritten. Ich war auf dem Wege von Tarsos, der Stadt, in welcher der Apostel Paulus geboren ist, nach Damaskos und Jerusalem. Ganz in die Welt des frühen Christentums versponnen war ich fast ein wenig verblüfft, auf diesen Wegen wandelnd Alexandern zu begegnen! Zwar saß der unsterbliche Quartanervers von den drei Dreien in meinem Gedächtnis so fest wie in jedem anderen, das diesen erschütternden Reim jemals aufgenommen hat, aber ich hatte mir nie überlegt, wo Issos liegen könne. Noch weniger hatte ich mir Gedanken darüber gemacht, was für eine bedeutungsvolle Station auf dem Weg zum Christentum Issos ist.

Das Schlachtfeld liegt an der Küste des Mittelmeers ein wenig südlich jener Stelle, an der die Südküste Anatoliens in die Westküste Syriens, des Libanons und Palästinas umbiegt. Ein schmaler Streifen nur zieht sich hier zwischen Wasser und Gebirge hin, ein wenig Heide, ein wenig Moor. Nur hie und da begegnet man einem Hirten, der einem verwundert nachblickt. Das Land ist so karg, daß nicht einmal Schafe genug Futter finden. Es sind Ziegen, die hier weiden. In dem leisen Regen steht mitten in der Landschaft ein Esel, traurig und verloren, an einem Dornbusch knabbernd, in einer Einsamkeit so abgrundtief, als habe die Schöpfung ihr Geschöpf vergessen. Ein Stückchen weiter stoße ich in einer Senke auf eine Hütte. Ein Bauer haust darin. Ein aus dieser Einsamkeit flüchtender Bauer ist der Bote gewesen, der Dareios die Nachricht brachte, daß Alexander in der Nähe sei und sein Heer zum Angriff bereitstelle. Ein in Resten erhaltener Aquaedukt, der aus römischer Zeit stammt, zieht einen melancholischen Strich durch die Landschaft. Er kommt irgendwo von den Quellen in den Bergen her und endet an einer Stelle mitten im Gelände, an der ein kümmerlicher Hügel andeutet, daß hier einmal eine kleine antike Stadt gestanden hat. Mein Maulesel, störrisch wie diese Tiere sind, weigerte sich, den Hügel zu erklettern. Der Treiber hatte dafür nur eben ein Achselzucken übrig. So ließ ich mich aus dem Sattel gleiten und stieg zu Fuß die paar Meter in dem nassen Sand hinauf. Das Gelände ist so flach, daß man das Meer im Westen nur an dem weißen Streifen der Brandung erkennen kann. Landeinwärts im Osten wird der Horizont durch eine niedrige Hügelkette begrenzt. Die Entfernung vom Strand zum Fuß der Hügelkette beträgt nicht viel mehr als drei Kilometer. Die von kargem Kieferngestrüpp bedeckten Erhebungen dieser Kette sind höchst unscheinbar; kaum daß sie sich von dem grauverhangenen Himmel abheben. Und doch sind diese unscheinbaren Hügel an jenem kurzen Novembertag vor dreiundzwanzig Jahrhunderten von weltgeschichtlicher Bedeutung gewesen. Ob wohl noch manchmal in wilden Sturmnächten die Seelen der Toten, die zu Tausenden hier verscharrt liegen, über die Heide geistern?

Im Spätsommer des Jahres 333 vor Christi Geburt brach Alexander aus Anatolien auf. Er forcierte die Kilikischen Tore, die von den Persern erstaunlicherweise kaum verteidigt wurden. Dann besetzte er Tarsos, die Hauptstadt des fruchtbaren Kilikien. Sein Vormarsch war so schnell, daß er Tarsos erreichte, ehe die Perser ihre Absicht, die Stadt in Brand zu stecken, verwirklichen konnten. In Tarsos wurde Alexander durch eine heftige Krankheit für einige Zeit am Weitermarsch gehindert. Schließlich aber, Ende Oktober 333, setzte er seinen Weg nach Süden fort.

Alexander hatte erfahren, daß Dareios irgendwo in Syrien, zwischen dem Euphrat und der Küste, ein gewaltiges Heer sammle. An der Spitze des Heeres stand der Großkönig selbst. Alexanders Bestreben war, so bald wie irgend möglich die Hauptmacht des Gegners zu treffen. Daß er sie schlagen werde, daran zweifelte er keinen Augenblick. Dem taktischen Gedanken, unbedingt die Schlacht zu erzwingen, lag der operative Gedanke seiner maritimen Strategie zugrunde, mit dem Landheer nach Süden marschierend Hafen um Hafen zu besetzen, bis die persische Flotte jeder Basis im östlichen Mittelmeer beraubt sein würde. Irgendwo vorher die Schlacht gegen die Hauptmacht des Gegners zu schlagen, war deshalb eine vordringliche Aufgabe, weil Alexander sonst eine Hunderte von Meilen lange, dünne Nachschublinie gehabt hätte, welche das persische Heer von der Landseite, die persische Flotte von See her jederzeit hätten unterbrechen können. Es ist der irreparable Fehler des Dareios gewesen, daß er, als es ihm endlich möglich war, die Nachschublinie wirklich zu unterbrechen, das zu früh getan hat.

Alexander marschierte die Küste entlang nach Süden mit jenem Elan, der für ihn so charakteristisch ist. Er marschierte an den Amanischen Toren vorbei. Die Amanischen Tore sind ein niedriger Gebirgspaß in der Hügelkette, die sich, wie vorhin beschrieben, einige Kilometer vom Strand entfernt von Norden nach Süden hinzieht. Durch diesen Paß kommt von Osten, also von Aleppo her, eine Straße aus dem oberen Syrien. Sie endete an der Küste bei Issos. Alexander selbst hatte die Absicht, erst über den nächsten, zwei Tagemärsche südlich von Issos gelegenen Paß, die Syrischen Tore, die Gebirgskette in östlicher Richtung zu überschreiten, um das Heer des Dareios zu treffen. Aber ehe Alexander dazu kam, zum Marsch durch die Syrischen Tore aufzubrechen, hatte der Großkönig, die Amanischen Tore nach Westen passierend, mit seinen Truppen bei Issos die Küste erreicht. Er stand im Rücken Alexanders! Das makedonische Heer war vollständig von allen seinen Verbindungen abgeschnitten!

Der Fehler des Dareios war, daß er die Unterbrechung der Nachschublinie Alexanders zu einem Zeitpunkt vornahm, zu dem Alexander noch nahe genug war, dem Dareios die Schlacht aufzwingen zu können, ehe die von der Unterbrechung des Nachschubs zu erwartenden

Versorgungsschwierigkeiten eingetreten waren. Mit der souveränen Sicherheit seines operativen Genies hatte Alexander sofort erkannt, daß die Situation, in die er mit seinem Heer geraten war, zwar verzweifelt aussah, tatsächlich aber für ihn einen Glücksfall ohnegleichen bedeutete. Nie wieder würde es eine so günstige Gelegenheit geben, das persische Heer, das ihm zahlenmäßig immer überlegen sein mußte, auf einem Gelände zu stellen, auf dem, seiner Enge wegen, diese Überlegenheit nicht voll zur Geltung kommen konnte. Die unscheinbaren Hügel, an denen entlang er die letzten zwei Tage marschiert war, jetzt wurden sie wichtig. Während sie bisher zu seiner Linken gelegen hatten, mußten sie, nachdem das Heer sich mit seiner Front statt nach Süden nach Norden formiert haben würde, in seiner rechten Flanke das Schlachtfeld in einer für ihn nützlichen Weise begrenzen.

Die Situation, die mit dem unerwarteten Vormarsch der Perser zur Küste eingetreten war, ist in allen ihren Aspekten in höchstem Maße fesselnd. Wir haben hier die Gelegenheit, den Meister bei der Arbeit zu beobachten. Während die Schlacht von Issos in der Wirklichkeit verloren schien, ehe sie begonnen hatte, war sie in Alexanders Geist gewonnen, ehe der erste Pfeil von einer Sehne schwirrte. Freilich ist Alexander wohl der einzige Makedone gewesen, der die Lage richtig beurteilte. Das Heer sah nur das Verzweifelte der Situation. Es fühlte sich überrumpelt und abgeschnitten. Die Soldaten schienen Grund zu haben, die Führungsqualitäten ihres jungen Königs anzuzweifeln. In allen Armeen der Welt ist es schließlich so, daß die Korporäle den Generalen strategisch überlegen sind. Warum waren die Pässe hinter ihnen nicht genügend gesichert worden? Im Heer verbreitete sich das Gerücht, die in Issos zurückgelassenen Kranken seien von den Persern unter grausamen Martern umgebracht worden. Wie sich später herausstellte, war dieses Gerücht wahr gewesen. Und was sonst noch für Gerüchte mögen von Mund zu Mund gegangen sein! Wer je selbst die Erfahrung gemacht hat, was für ein empfindliches und labiles Gebilde der sogenannte Geist der Truppe ist, weiß, daß eine Panik vor dem Ausbruch stand. Eine Kleinigkeit hätte sie zur Explosion bringen können.

Die Art, wie Alexander dieser Gefahr begegnete, zeigt ihn im vollen Glanz seiner Fähigkeiten. Das erste, was er tat, war, der Nachricht über den Feind zu mißtrauen. Als ihm die Meldung überbracht wurde, daß Dareios in seinem Rücken Issos erreicht habe, schickte er einige Offiziere in einem schnellen Boot die Küste entlang nach Norden zurück zu erkunden, ob das feindliche Heer tatsächlich am Meer stehe. Es stand! Man darf den Wert einer solchen Erkundung, die zu nichts weiter führt als zu erfahren, daß statthat, was man schon weiß, nicht unterschätzen.

Man denke, wie lächerlich es gewesen wäre, hätte Alexander alle im folgenden geschilderten Maßnahmen ergriffen, und einige Zeit später wäre die Meldung gekommen, daß die Perser gar nicht in Issos stünden.

Nachdem die Feindlage geklärt war, befahl der König die Kommandeure der Truppen zu sich. Auch sie natürlich waren in Unruhe. Wer hat schon gern den Feind im Rücken! Auch sind es die Kommandeure, an denen sich die Erregung der Soldaten wie eine Brandungswelle bricht. Zwar ist es eines der ältesten Privilegien tapferer Krieger, über die Dummheit ihrer Offiziere zu fluchen, aber das hindert den Offizier nicht, sich mit seinen Soldaten verbunden zu fühlen. Und hier war doch ganz zweifellos irgend etwas schiefgegangen. Soldaten haben für solche Malheurs eine gute Nase.

Alexander hielt den versammelten Kommandeuren eine Ansprache, deren wichtigste Phrasen Arrian mitteilt. Der Kampf sei ja in Wahrheit nur ein Kampf zwischen denen, die schon einmal gesiegt hätten, und den von ihnen Besiegten. Als ob er nicht gewußt hätte, wie oft Zorn und Verzweiflung der Besiegten bei einer neuen Begegnung die Arroganz der Sieger bestraft hatten! Die Gottheit habe den Perserkönig verwirrt und ihn dazu verführt, sein Heer aus der weiten Ebene in ein enges Gelände zu bringen, wo die Makedonen überlegen seien. Alexander scheute sich nicht einmal, das »morsche Riesenreich« als Argument zu benutzen, dieses Reich, das zu erobern ihn noch fast ein Dezennium kosten sollte. Kurz, er schilderte alle Vorzüge der Lage, ohne ihre Nachteile zu erwähnen. Er malte die Folgen des Sieges farbig aus, ohne eine Niederlage überhaupt in Betracht zu ziehen. Und schließlich warf er mit unnachahmlicher Nonchalance die Bemerkung hin: »Und übrigens ist es Alexander, der sein Heer gegen Dareios führt!« Und dabei mag er, mit seinem weichen Blick, die Recken, die ihn umstanden, sanft angeschaut haben. Er wußte, daß sie dieser Suggestion nicht würden widerstehen können. Und während die sanfte Nonchalance zu wirken begann, fing er – ein alter Trick der Souveraine – damit an, einzelne auf irgendeine ihrer Heldentaten hin persönlich anzusprechen. Alexander hatte ein glänzendes Gedächtnis. Auf jeden, den der König in dieser Weise auszeichnete, wirkte das wie später die Verleihung eines Ordens. Des Menschen Eitelkeit ist ein mächtiges Werkzeug in der Hand dessen, der sich dieses Hebels zu bedienen weiß. Begeistert verließen die Kommandeure ihren strahlenden jungen Herrn. Ihre Aufgabe, das, was sie soeben vernommen hatten, und insbesondere natürlich ihre Begeisterung an die Truppe weiterzugeben, unterstützte Alexander durch einen Befehl, dessen Genialität nur noch von seiner Banalität übertroffen wird. Er befahl abzukochen. Durch nichts kann man Soldaten leichter davon überzeugen, daß die Lage nicht bedrohlich ist, als wenn man ihnen, die einen Alarm erwarten, den Befehl gibt, sich den Bauch zu füllen. Die Gefahr der Panik war gebannt. Wäre sie ausgebrochen, nicht einmal Alexander hätte ihrer Herr werden können. Die Perser mit ihren Massen von Kavallerie wären Welle nach Welle über die verwirrte Armee der stolzen Eroberer hereingebrochen. Kein einziger Makedone wäre am Leben geblieben.

Was für eine Situation! Einige Stunden lang hing der Verlauf der ganzen weiteren Weltgeschichte allein davon ab, daß ein einzelner Mann sein Selbstvertrauen nicht verlor! Derartige Zuspitzungen im Schicksal eines Menschen werden gern als Beweis dafür angeführt, daß die Historie keinen Sinn habe; aber es ist ersichtlich, daß genau der gleiche Sachverhalt als Beweis für die genau entgegengesetzte Ansicht dienen kann.

Die Schlacht selbst führte Alexander so glänzend durch, daß sie mit einer katastrophalen Niederlage des Dareios endete. Beinah wäre es dazu gekommen, daß die beiden Könige die Schwerter gekreuzt hätten. Aber als sie fast schon von Angesicht zu Angesicht einander gegenüberstanden, ergriff der Perserkönig die Flucht. Das in Pompeii gefundene Mosaik »Die Alexanderschlacht« stellt den Augenblick dar, in welchem Dareios sich zu seiner Niederlage entschließt.

Der Sieg Alexanders beseitigte die Bedrohung seiner Flanke von der Landseite her. Am Eingang zu den Syrischen Toren, bei denen er zunächst einmal hatte umkehren müssen, gründete er eine Stadt, Alexandreia, die noch heute als Alexandrette oder Iskenderun seinen Namen trägt. Alexander hat aber sofort gesehen, daß dieser großartige Sieg zunächst nur ein taktischer Gewinn war. Der Beweis dafür, daß er kühl genug war, das zu durchschauen, ist, daß er entgegen allen Regeln der Kriegskunst darauf verzichtete, die Verfolgung des Feindes aufzunehmen. Mit allen Kräften wandte er sich sofort wieder seinem strategischen Ziel zu, der Ausschaltung der persischen Seemacht durch die vollständige Besetzung der Küsten des östlichen Mittelmeers. Erst nachdem das gelungen war, traten die Folgen von Issos in ihrem vollen Umfang in Erscheinung.

Nach der Schlacht von Issos hatte Dareios einen Brief an Alexander geschrieben, in welchem er ihn aufforderte, ihm seine Gemahlin, seine Mutter und seine Kinder, die in Alexanders Hände gefallen waren, zurückzugeben. Dareios schlug Alexander vor, sie sollten, da das Kriegsglück gegen ihn entschieden habe, nunmehr Frieden miteinander schließen. Dieser diplomatische Schritt spricht für die politische Klugheit des Perserkönigs. Er hatte damit keinen Erfolg. Alexander antwortete ihm in einem hochfahrenden Schreiben, in dem er Dareios zunächst einmal alle Sünden der Perser wider Hellas vorhielt. Und deren waren es in der Tat nicht wenige. Freilich ließ er dabei außer Betracht, daß es eigentlich die Griechen gewesen waren, die um die Wende vom 6. zum 5. Jahrhundert durch Unterstützung des Aufstandes der Ionischen Städte gegen die Perser die Feindseligkeiten eröffnet hatten. Wahrscheinlich ist die Bedrohung Anatoliens durch die Festlandsgriechen sogar das Hauptmotiv der Perser gewesen für ihren Entschluß, Hellas anzugreifen. Dafür, daß Alexander für seine Antwort einen hochfahrenden Ton wählte, hatte er freilich einen guten Grund.

Wenn auch, nachdem die Expansion des Persischen Weltreichs zu einem gewissen Abschluß gekommen war, der Achaimenidische Königsfriede nun schon über hundert Jahre dauerte, hatten die Perser doch immer nur unterschieden zwischen Ländern, welche schon, und Ländern, welche noch nicht erobert waren. Eine völkerrechtliche Existenz anderer Staaten haben sie niemals anerkannt, zumindest nicht in der Theorie. Für sich selber also vertraten die Achaimeniden ganz entschieden den Anspruch auf Weltherrschaft. So ist es staatspolitisch bedeutungsvoll, daß Alexander am Schluß seines Schreibens den Dareios auffordert, ihn als »König von Asien« anzuerkennen, zu ihm zu kommen und sich ihm zu unterwerfen.

Der Titel »König von Asien« war neu. Es war nicht der Titel des Dareios. Dareios nannte sich »König der Könige«. Es wird sich nicht entscheiden lassen, ob Alexander damals noch nicht die Absicht hatte, in vollem Umfang die Nachfolge des Dareios anzutreten, oder ob er diese Absicht zu einem so frühen Zeitpunkt noch nicht enthüllen wollte. Den Titel »König von Asien« jedenfalls hat Alexander später ebensowenig angenommen wie den eines »Königs der Könige«. Tatsächlich hat er, zur Verzweiflung der Gelehrten, überhaupt niemals einen Titel geführt, der seine wirkliche Machtstellung zum Ausdruck gebracht hätte.

Der Großkönig konnte die Forderung des Königs der Makedonen, sich zu unterwerfen, natürlich nicht annehmen. Alexanders Botschaft ist ein schönes Beispiel für jene edle Verlogenheit der Diplomatie, vom Gegner mehr zu verlangen, als dieser, ohne sein Gesicht zu verlieren, leisten kann. Auch der große Alexander hat nicht auf dieses Mittel verzichtet. Obwohl die Entfesselung eines Krieges zu jener Zeit noch nicht als Verbrechen galt, haben die Politiker, die großen und die kleinen, schon damals versucht, die Schuld am Krieg möglichst immer dem Gegner zuzuschieben.

Als Folge der Niederlage am Granikos im Frühjahr 334 hatte Dareios Kleinasien mit seinen reichen griechischen Städten an der Küste Ioniens verloren. Nach der Niederlage von Issos im November 333 ging ihm nunmehr auch Syrien verloren.

Alexander also verzichtete auf jegliche Verfolgung. Er eilte nach Süden – Häfen! Häfen! Häfen! Und nun endlich erntete er den Lohn für seine operative Hartnäckigkeit. Die persische Flotte begann sich aufzulösen. Memnon, dessen Persönlichkeit diesen Verfall vielleicht hätte aufhalten können, war tot. So trennten sich die Schiffe der Könige von Kypros und die der phoinikischen Städte vom Gros und segelten nach Hause. Kapitäne von den Inseln boten, da die Perser zur See keine Chance mehr zu haben schienen, Alexander ihre Dienste an. Jedermann, in dem Bemühen, so glimpflich wie möglich davonzukommen, beeilte sich, mit dem Sieger Verbindung aufzunehmen. Fast wäre Alexander ohne Unterbrechung bis Aegypten gelangt. Auf halbem Wege jedoch traf er auf ein unerwartetes Hindernis. Während die meisten phoinikischen Städte an der Küste sich Alexander unterwarfen, weigerte Tyros sich, den Sieger in seinen Mauern zu empfangen. Alexander beschloß, den Trotz dieser stolzen Bürger zu brechen. Dieser Entschluß kostete ihn sieben Monate.

Tyros, die mächtigste und reichste der Städte Phoinikiens, war sehr alt. Die Phoiniker sollen, der mythologischen Überlieferung nach, die ersten gewesen sein, die die Weinrebe angebaut haben. Geschichtlich ist, daß sie um die Mitte des zweiten Jahrtausends vor Christi Geburt das Alphabet erfunden haben. Tyros ist die Heimat der Prinzessin Europa, die unserem Kontinent den Namen gab. König Hiram von Tyros hat König Salomo für den Bau des Tempels in Jerusalem das Zedernholz geliefert. In der Mitte des 7. Jahrhunderts gründete Dido, die Schwester des Königs Pygmalion von Tyros, an der Nordküste Afrikas die Stadt Karthago, welche im Lauf der Jahrhunderte mächtiger und reicher noch als ihre Mutterstadt wurde.

Tyros war der letzte Alliierte des Perserkönigs im Mittelmeer. Die Unterwerfung dieser Stadt war für Alexander so wichtig, weil Tyros den Persern eine große Flotte zur Verfügung gestellt hatte und natürlich auch weiterhin für sie bereithielt. Es war der phoinikische Handel zur See, der hier gegen den griechischen Handel zur See kämpfte. Da die mit mächtigen Mauern befestigte Stadt rings von Wasser umgeben war, nahm Alexanders Methode, seinen maritimen Krieg allein mit dem Heer zu führen, an dieser Stelle ein Ende. Zunächst zwar begannen die Makedonen damit, von Land aus einen Damm zur Stadt hin aufzuschütten. Als sie aber einen Rückschlag nach dem anderen erlebten, entschloß Alexander sich, wieder eine eigene Flotte aufzustellen. Sie gab in dem dramatischen Kampf den Ausschlag. Die Makedonen eroberten Tyros.

Die Belagerung hätte Alexander weit mehr Kummer gemacht und weit mehr Verluste gekostet, wenn Karthago mit seiner mächtigen Flotte und seinen unerschöpflichen Mitteln die Mutterstadt Tyros unterstützt hätte. Aber Karthago hatte keine Handelsinteressen im östlichen Mittelmeer. Sein Bereich war das westliche Mittelmeer. Es war Alexanders

Glück, daß schon zweihundert Jahre vorher Kambyses, der Sohn des großen Kyros, als aus dem Hochland stammend, für maritime Strategie keinen Sinn gehabt hatte. Sonst wären schon am Ende des 6. Jahrhunderts Karthago und das westliche Mittelmeer persisch geworden. Kambyses schickte, nachdem er Aegypten für Persien unterworfen hatte, ein Heer durch Libyen nach Westen, Karthago zu erobern. Dieses Heer ging in einem Sandsturm zugrunde. Kambyses, die Wichtigkeit der Sache nicht ahnend, verzichtete auf eine Wiederholung des Versuches. Wäre Karthago damals schon persisch geworden, hätte es jetzt Tyros zur See unterstützt. Die Belagerung hätte jahrelang gedauert. Nebukadnezar, der König von Babylon, hat Tyros dreizehn Jahre lang belagert, ohne es einnehmen zu können. Es mag Alexander nachdenklich gestimmt haben, daß in Tyros eine karthagische Gesandtschaft in seine Hände fiel. An und für sich lag nichts Subversives darin, daß Karthago sich um Tyros kümmerte. Als tyrische Kolonie unterstand Karthago nominell sogar der Herrschaft des Perserkönigs. Alexander jedoch entließ die Karthager, obwohl sie zu seinen Gegnern gehörten, in allen Ehren in die Heimat. Die Karthager dagegen schickten einen richtigen Spion an den Hof Alexanders. Es war ein Mann namens Amilkas. Vor den König gebracht erklärte er, daß er aus Karthago verbannt sei und in des Königs Dienste treten wolle. Er erwies sich als tüchtiger Kriegsmann. Jahrelang versorgte er Karthago mit Nachrichten über Alexanders Pläne.

Nach der Eroberung von Tyros eilte Alexander weiter nach Süden auf seinem Weg die Küste entlang. Gaza mußte noch im Sturm genommen werden, wobei er schwer verwundet wurde. Aegypten nahm ihn als Befreier auf. Hier war es vor allen Dingen die Wiederherstellung der religiösen Freiheit, welche ihm die Sympathien erwarb. Die Perser hatten nach der Eroberung dieses Landes auf die sonst von ihnen geübte Toleranz verzichten müssen, da die Religion der Aegypter auf das engste mit dem Pharao als dem Staatsoberhaupt verbunden war.

Im November 332 endlich, zwei Jahre nachdem Alexander in Milet seine Flotte aufgelöst hatte, war das große erste Ziel seiner Strategie erreicht. Er war der Herr des östlichen Mittelmeers. Die Perser hatten ihre Chance zur See verspielt. Und es ist wahrhaftig eine große Chance gewesen.

Es war während der Belagerung von Tyros, daß der Briefwechsel zwischen den beiden Königen seine Fortsetzung fand. Dareios, der Achaimenide, der Herr des Ostens, schickte noch einmal eine Botschaft an Alexander von Makedonien, den Herrn des Westens.

Betrachten wir die Lage!

Persiens Rolle als Seemacht im Mittelmeer war ausgespielt. Auch die Möglichkeit, Alexanders Nachschub mit maritimen Maßnahmen zu stören, diese Möglichkeit, die so lange bestanden und Alexander so gefährlich bedroht hatte, war vorbei. Andererseits war die persische Macht ihrer eigentlichen Fundierung nach kontinental asiatisch. Was die Perser bisher verloren hatten, waren Randgebiete ihres riesigen Reiches. Das ganze Mesopotamien, das Land zwischen Euphrat und Tigris, war noch in ihrem Besitz. Und selbst dieses Land mit der fast am Persischen Golf gelegenen Residenz Susa war nur ein Vorgelände, wenn der König der Könige es vom Kernland seiner Macht, vom Hohen Iran aus betrachtete. Und erst am Rande dieses Vorgeländes stand der Gegner! Und der Iran selbst war gegen den Westen durch das rauhe, fast wegelose Hochgebirge des Zagros geschützt. Das Kernland der zweihundert Jahre alten Weltmacht, die bis an den Jaxartes, den Oxos und den Indus reichte, war eine natürliche Festung, die, energisch und geschickt verteidigt, noch immer schwer einnehmbar war. Mit wieviel Erfolg haben später die Parther den Römern die Richtigkeit dieser These bewiesen! Auch waren die militärischen Reserven dieses von unzähligen Völkerstämmen gebildeten Reiches noch in keiner Weise erschöpft. Insbesondere die nordöstlichen Reitervölker aus den Steppen zwischen Aralsee und Karakorum waren in der Lage, dem Großkönig bedeutende Kontingente einer Kavallerie zur Verfügung zu stellen, die den berittenen Truppen Alexanders zumindest gleichwertig, wenn nicht überlegen war. Diese Steppenreiter haben später Alexander durch Jahre hindurch einen für die Makedonen verlustreichen Widerstand geleistet.

Alexander andererseits übte eine wirkliche Herrschaft nur im östlichen Mittelmeer aus. Syrakus und Massilia, das heutige Marseille, und die großen und reichen Handelsstädte in Unteritalien hatten keine imperialistischen Neigungen, wie sie nachmals Genua und Venedig zeigten. Sie alle schickten später, im Jahre 325, Botschaften an Alexander nach Babylon. Rom stand erst in seinen Anfängen. Es war zu jener Zeit kaum mehr als eine mittelitalische Bauernrepublik. Die einzige Macht im westlichen Mittelmeer zur Zeit Alexanders des Großen, die imperiale Ziele hatte, war Karthago. Aber Karthago hatte Tyros nicht geholfen.

So muß man, will man genau sein, doch feststellen, daß im Jahre 331, als die zweite Botschaft des Besiegten dem Sieger überreicht wurde, zwar Dareios III., der Achaimenide, noch immer der Herr des Ostens war, Alexander von Makedonien dagegen noch keineswegs vollständig der Herr des Westens.

In seiner zweiten Botschaft machte Dareios seinem großen Gegner Alexander den verständigen Vorschlag, sie sollten die Welt untereinander teilen. Die Grenze solle der Euphrat sein. Was westlich des Euphrat liege, solle Alexandern gehören, was östlich liege, solle ihm, dem Achaimeniden, verbleiben.

Das Vordringen und Zurückweichen der großen Mächte im östlichen Mittelmeer, dieses in Intervallen von Jahrhunderten immer wieder sich abspielende Kommen und Gehen einmal des Ostens, einmal des Westens, ist, wie schon früher gesagt, ein Urphaenomen der Geschichte. Im Trojanischen Krieg verteidigte der Osten die Dardanellen gegen einen Einbruch des Westens ins Schwarze Meer. Heute verteidigen die Türken den Bosporus gegen einen Einbruch der Russen in die Aegaeis. Und noch nicht einmal der Trojanische Krieg, der schließlich so weit zurückliegt wie der Auszug der Kinder Israel aus Aegypten, stellt die früheste Phase der Auseinandersetzung zwischen dem Osten und dem Westen dar. Die Wissenschaft hat den Beweis erbracht, daß diese Oszillation, dieses Hin und Her von Angriff und Verteidigung der Waffen und der Ideen, mindestens so alt ist, wie die Vorgeschichte reicht. Die Praehistoriker können zwar an Hand der Funde nicht mehr aufzeigen als die Fluktuation der Keramik und ihrer Dekors; aber diesem Künstlerisch-Handwerklichen entspricht natürlich ein allgemeiner Austausch von Gütern und Gedanken.

Im Verlauf späterer geschichtlicher Vorgänge ist der von Dareios als Grenze vorgeschlagene Euphrat die Grenze zwischen Ost und West mehrfach wirklich gewesen. Der Euphrat entspringt mit einem seiner Quellflüsse im Gebirge des armenischen Hochlandes westlich des Ararat, des Berges Noahs. Zur Zeit Alexanders mündete er noch in den Persischen Golf. An seinem Mittellauf liegt das alte Babylon, an seinem Unterlauf das noch ältere Ur, die Heimat Abrahams. Er ist ein Strom großer Geschichte. Schon in früher Zeit war er die Grenze zwischen dem Reich der Assyrer und der Hethiter. Hier war die Demarkationslinie zwischen dem Römischen Reich und dem Reich der Parther im 1., zwischen dem Oströmischen Reich und dem Sasanidischen Reich der Perser im 3. Jahrhundert nach Christi Geburt. Es war der Euphrat, der das Christentum vom Heidentum trennte. Das Reich mit dem Euphrat als östlicher Grenze war, schöner und größer als das erste, das zweite Imperium, welches das Schicksal dem König der Makedonen anbot.

Erwägen wir einen Augenblick, wie die Entwicklung verlaufen wäre, hätte Alexander das Angebot des Dareios angenommen. Er hätte die östliche Hälfte des Mittelmeers mit seinen Anliegerstaaten beherrscht, was genau derselbe Bereich gewesen wäre, den später das Oströmische Reich einnahm. In der westlichen Hälfte des Mittelmeers wäre der Kampf, den die Griechenstädte mit Karthago um ihre Freiheit führten, weitergegangen. Der Schwerpunkt dieser Auseinandersetzung war Sizilien. Nur hundert Jahre nach Alexander war diese Insel das Streitobjekt der furchtbaren Kriege zwischen Karthago und Rom. Es ist unwahrscheinlich, daß Alexander diesem Karthago erlaubt hätte, weiterzuexistieren. War er doch durch das während seines Aufenthaltes in Aegypten mit Kyrene geschlossene Bündnis schon der Nachbar der mächtigen Stadt. Zuviel maritime Sorgen hatten in den ersten Jahren des Feldzugs Alexanders Herz bedrückt, als daß er eine solche Großmacht zur See neben sich hätte dulden können. Nach einem Sieg über Karthago wäre Alexander im Mittelmeer Herr eines Griechischen Reiches gewesen, das etwa die Ausdehnung des Römischen Reiches gehabt hätte zu der Zeit, als Caesar seine Laufbahn begann.

So wenig Rom noch zu Alexanders Lebzeiten politisch bedeutete, ein Menschenalter später war zu erkennen, daß da eine neue Macht heranwuchs. Die Frage, was sich bei einem Konflikt zwischen Rom und einem Alexander, der dreißig Jahre älter geworden wäre, abgespielt hätte, wird von Livius, dem römischen Historiker der beginnenden Kaiserzeit, ausführlich erörtert. Was Livius in seiner Untersuchung über die Person Alexanders sagt, ist nicht besonders eindrucksvoll. Das Bild, das er vom König der Makedonen zeichnet, ist wenig objektiv. Fast alles, was über Alexander je Abfälliges oder Nachteiliges gesagt oder geschrieben worden war, trägt Livius, als ob er ein öffentlicher Ankläger wäre, zusammen. Man fragt sich, wie sich ein Mann, der wirklich so gewesen wäre, wie Livius Alexander zeichnet, auch nur ein Jahr auf dem Thron hätte halten können. Auch den Leistungen Alexanders wird er nicht gerecht. Und daß der Hellenismus die Hälfte der römischen Zivilisation ausmachte, war kein Thema für einen Historiker, der seine Aufgabe darin sah, in seinem Werk die Majestät Roms darzustellen. Auch Livius verzichtet nicht auf das »morsche Riesenreich«. Ebenso verkündet er, um Alexanders militärische Leistung herabzusetzen, unbekümmert das so oft widerlegte Vorurteil des Westens, daß die kriegerischen Tugenden asiatischer Völker zweiten Ranges seien. Interessant wird es erst, wenn er die Römer mit den Makedonen zu vergleichen und Fragen der Politik zu erörtern beginnt. Da mußte er sachlicher sein, weil seine Leser davon etwas verstanden. Livius weist in überzeugender Weise die Überlegenheit der Taktik und der Bewaffnung der römischen Legion gegenüber der makedonischen Phalanx nach. Er rühmt den Spaten als Waffe des römischen Legionärs in der Kunst der Errichtung von Verteidigungswerken. Ferner stellt er mit Stolz fest, daß Rom zwar viele Schlachten verloren, aber alle seine Kriege gewonnen habe. Er weist darauf hin, daß der Erste Punische

Krieg vierundzwanzig Jahre gedauert habe. Und verblüfft lauscht man, wenn der Civis Romanus, der Weltbürger, gelassen die Möglichkeit erwägt, daß bei einem Vordringen Alexanders ins westliche Mittelmeer Rom und Karthago sich miteinander gegen ihn verbündet hätten. Das allerdings wäre eine offene Partie gewesen!

Es ist zu dieser Auseinandersetzung nicht gekommen. Alexander wies den Vorschlag des Dareios zurück. So könnte man von Alexander sagen, daß er die ihm vom Schicksal angebotene Möglichkeit, Herr eines Imperium Romanum zu werden, abgelehnt habe. Freilich, dieses Imperium Alexandri hätte nicht gedauert. Kämpfe seiner Nachfolger, der Diadochen, wären im Westen ebenso unvermeidlich gewesen, wie sie es nachher im Osten waren. Gerade das ist es, was die Größe Roms ausmacht. Was es den Unterworfenen an Kultur zu bieten hatte, war überwiegend griechischen Ursprungs; aber Rom war fähig, seine Eroberungen zu konsolidieren. Es brachte den Völkern Frieden!

Wäre Alexander auf das Angebot des Dareios eingegangen, dieses königliche Angebot, er hätte mit Kriegführen aufhören können. Mit dem Beschluß, Mesopotamien anzugreifen, begab er sich dieser Freiheit. Wie Droysen es mit unnachahmlicher Treffsicherheit ausdrückt – von da an »schwelte der Sieg weiter«.

Von Memphis aus unternahm Alexander seinen berühmten Ritt durch die Libysche Wüste zum Tempel des Zeus Ammon in der Oase Shiwa. Dieser Besuch muß für ihn die Verwirklichung eines Wunschtraumes seiner Jugend gewesen sein. Schon immer hatte seine Mutter, ihm und anderen gegenüber, angedeutet, daß er nicht der Sohn König Philipps sei, sondern ein Sohn des Zeus. Es ist verständlich, daß Alexander den Versuch unternahm, sich in dieser Sache Gewißheit zu verschaffen. Mit dieser Absicht machte er sich auf den Weg. Die Priester des Ammon waren klug genug, den König von Makedonien als den neuen Pharao zu begrüßen. Damit war die Frage von Alexanders Göttlichkeit entschieden. In Aegypten wurde jeder Pharao, der zur Herrschaft kam, zum Sohn des Ammon Râ. Alexander beließ es dabei. Er hat es immer vortrefflich verstanden, auf die Phantasie der Völker zu wirken. Was das Orakel im Allerheiligsten des Tempels ihm verkündet hat, wissen wir nicht. Ob er seit seinem Besuch in Shiwa selbst an eine Abkunft von Zeus geglaubt hat, wissen wir auch nicht. Sicher ist nur die Überlieferung einiger Aussprüche, in denen er über seine Göttlichkeit spottet. Seiner Mutter schrieb er, er werde ihr das, was die Priester ihm verkündet hätten, erzählen, wenn er sie wiedersehe. Er hat sie nicht wiedergesehen. Er nahm das Geheimnis mit ins Grab.

Einen amüsanten Beitrag zum Problem der Göttlichkeit Alexanders hat Napoleon, der Kaiser der Franzosen, geliefert. Nach seiner Krönung in Nôtre-Dame sagte er zu einem Herrn seines Gefolges: »Ich gebe zu, daß meine Karriere nicht übel ist und daß ich meinen Weg gemacht habe. Aber welcher Unterschied gegen das Altertum! Als Alexander Asien erobert hatte, gab er sich als Sohn des Zeus aus, und das ganze Altertum, mit Ausnahme der Olympias, des Aristoteles und einiger athenischer Pedanten, schenkte ihm Glauben. Wollte ich mich heute für den Sohn des Allmächtigen erklären, ein jedes Fischweib würde mich auszischen. Die Völker sind eben gegenwärtig zu aufgeklärt, und es ist nichts mehr zu machen.«

Nach dem Besuch der Oase Shiwa konnte sich Alexander endlich wieder seinem eigentlichen Gegner Dareios zuwenden. Als Sieger von Issos hatte er der Versuchung widerstanden, die geschlagene Armee des Feindes zu verfolgen. Jetzt waren die Makedonen im vollen Besitz der Seeherrschaft im östlichen Mittelmeer. Sie hatten den Rücken frei. Ihr Nachschub war gesichert. Unter diesen Voraussetzungen war der Feldzug, zu dem Alexander nunmehr von Aegypten aufbrach, für Dareios ein weit bedrohlicheres Unternehmen, als es damals, vor zwei Jahren, ein vager makedonischer Vorstoß zum Euphrat gewesen wäre.

Bevor Alexander dem Westen den Rücken kehrte, gründete er Alexandreia in Aegypten. Die größte Wohltat, die der große Eroberer hienieden der Welt erwies, war ein Werk des Friedens, das lange dauern und weithin wirken sollte. Für die wichtigen Jahrhunderte der europäischen Geistesgeschichte, die der Aera des Christentums vorangingen, war Alexandreia der Mittelpunkt der Bildung, der theologischen und literarischen Gelehrsamkeit, der Kunst und des Welthandels. Alexanders Stadt wurde zur Metropole einer Epoche.

Es ist erstaunlich, wie schnell das, was wir heute Hellenismus nennen, die Geister ergriff. Nur ungefähr fünfzig Jahre nach Alexanders Tod wurde in Alexandreia das Alte Testament ins Griechische übersetzt. »Das glühende Erz« der Prosa der Propheten strömte in die hellenistische Literatur ein und verbrannte da in der Tat manches. Nur eine Stadt der damaligen Welt, Alexandreia in Aegypten, besaß genug geistige Unabhängigkeit, Schauplatz dieses literarischen Ereignisses zu sein, das über eine so lange Zeit hin auf Europa eine so tiefe Wirkung ausüben sollte.

Auch die Erhaltung der Werke Homers verdanken wir Alexandreia. Ohne die kritische Gesamtausgabe des Aristarchos von Samothrake, der um die Mitte des 2. Jahrhunderts vor Christi Geburt in Alexandreia einen Lehrstuhl für Homerologie innehatte, wären die Texte der Epen Homers niemals so vollständig auf uns gekommen. Daß einer der klarsten Köpfe der Alexandrinischen Wissenschaft von derselben mythischen Insel stammte, auf der die Dionysischen Mysterien eine ihrer ältesten Heimstätten hatten, zeigt, wie schnell die Verwandlung der Welt vor sich ging.

Die wissenschaftlichen Leistungen der Gelehrten Alexandreias gehören natürlich nicht mehr zu den Verdiensten Alexanders. Doch schulden wir ihm Dank nicht nur für die Gründung einer Stadt an einem Platz, der noch bei Homer nur von Robben bevölkert war; auch zu ihrem schnellen Aufblühen hat er selbst Entscheidendes beigetragen. Den Osten dem hellenischen Geist erschlossen, dem Westen den Seeweg nach Indien eröffnet zu haben sind zwei der noch von Alexander geschaffenen Tatsachen, die die Entwicklung seiner Gründung in außerordentlichem Maße beschleunigten. Alexandreia in Aegypten wurde das Schatzhaus, in welches die Geschichte die Ernte von Alexanders Taten einbrachte. Hier entstand in schöner Freiheit, in einer über einen langen Zeitraum sich erstreckenden Entwicklung, unter dem Schutz des makedonischen Herrscherhauses der Ptolemaier, was Alexander begonnen, aber zu seinen Lebzeiten nur in Anfängen hatte erreichen können. Hier wurde die Verschmelzung des Ostens mit dem Westen lebendige Wirklichkeit. Zwischen Athen und Rom, zwischen Rom und Byzanz steht, im Range fast ihnen gleich, Alexandreia in Aegypten.

Alexander ordnete die Angelegenheiten Europas. Im Sommer 331, im fünften Jahr seiner dreizehnjährigen Regierung, brach er auf, sein Imperium des Ostens zu gründen. Es war das zweite Weltreich der Geschichte.

DER RUF DES OSTENS

Die Residenz des Königs der Könige aus dem Hause der Achaimeniden, des Herrschers über das Weltreich des Ostens, war Susa. Der Name dieser Stadt hatte von den Perserkriegen bis zu Alexander dem Großen in den Ohren eines Makedonen einen Klang wie der Name Paris in den Ohren eines Russen im 19. Jahrhundert. Susa in der Epoche seines Glanzes bedeutete für die Zeitgenossen Mittelpunkt der Weltpolitik, Pracht einer königlichen Hofhaltung des Orient, Platz großer Überlieferungen, Treffpunkt von Künstlern aus Ost und West. Es bedeutete Schätze von Gold, Weihrauch, Purpurstoffen und Juwelen, herrliche Kunstwerke, Luxus und Verschwendung als eine Gewohnheit des täglichen Lebens. Aber es bedeutete auch Sorge um das Gleichgewicht der Mächte, Toleranz in den Dingen des Glaubens, Bewahrung des Friedens in der Welt. Und endlich bedeutete es Lebendigkeit alter elamischer, sumerischer, babylonischer

Gelehrsamkeit, Lebendigkeit alter Weisheiten der Menschheit. Auch war Susa seit jeher ein Refugium griechischer Politiker. Kein freier Grieche, und mochte er noch so viele Verdienste haben, war dagegen gefeit, von seinen Mitbürgern gelegentlich in die Verbannung geschickt zu werden. In souveräner Freizügigkeit gewährte der Großkönig jedem Fremdling, der sich unter seinen Schutz stellte, Asyl. Die Berühmtesten unter den Verbannten, die diesen Schutz in Anspruch nahmen, waren Themistokles und Alkibiades.

Mächtig wie Rom zur Zeit des Kaisers Augustus, märchenhaft wie Bagdad unter dem Kalifen Harun al-Rashid, strahlend wie das Paris König Ludwigs XIV., das war Susa in seiner Blütezeit.

Wenn man über Susa etwas erfahren will, muß man entweder nach Abadan, der Ölstadt am Persischen Golf, fliegen, oder nach Paris fahren, oder zu Hause das Alte Testament aufschlagen.

Von Rom ist es nach Abadan ebenso weit wie zum Nordkap oder nach Mekka, dreieinhalbtausend Kilometer. In Stunden überfliegt man Jahrhunderte. Delphoi! Welche Fülle von Schönheit! Im Flugzeug ist es gerade der Fünfuhrtee. Athen, von Perikles bis Paulus, von der Akropolis bis Aristoteles, ist ein Cocktail im Flughafen Kalamaki mit einem Blick durch das Fenster des Restaurants auf Salamis und Aegina. Damaskos, ein Lichterteppich in der Tiefe, die schönste Oase der Welt, die herrliche Stadt der ersten Kalifen, gibt nur die Zeit an für das Abendessen. Danach muß man sich Mühe geben, nicht einzuschlafen, während im groß aufgehenden Mond die Wüste in ihrer stummen Erhabenheit unter uns dahinzieht. Das Licht des Mondes ist so hell, daß man den Schatten des Flugzeugs über die Sanddünen huschen sieht. Irgendwo da unten liegt das Schlachtfeld von Gaugamela. Irgendwo da unten braust durch die Nacht mit hundert Kilometern in der Stunde, eine riesige Staubwolke hinter sich herziehend, Schakale und Geier aufscheuchend, der Wüstenomnibus von Damaskos nach Baghdad. Das Flugzeug läßt nur einen vom Mond versilberten Kondensstreifen hinter sich am Himmel zurück. Um Mitternacht landen wir in Abadan am Persischen Golf.

Seit ihrem Bestehen bringen die beiden Ströme Euphrat und Tigris mit dem jährlichen Hochwasser den Schlamm von den Gebirgen Anatoliens herab. Der Euphrat, der mit seinem mehr als zweitausendfünfhundert Kilometer langen Lauf zu den zehn größten Flüssen der Erde gehört, ist der westliche, der etwas kürzere Tigris der östliche der beiden Flüsse. Noch zu Alexanders Zeit sind die beiden Ströme getrennt ins Meer geflossen. Auch der Karoun, der durch einen Nebenarm mit Susa verbunden ist, hatte eine eigene Mündung ins offene Meer. Später haben sich Euphrat und Tigris in dem von ihnen selbst geschaffenen Schwemmland miteinander zum Shatt el-Arab vereinigt. Es sind über hundert Kilometer, um die die beiden Flüsse die Küste seit Alexanders Zeit ins Meer hinausgeschoben haben. Unter diesem Schwemmland hat man in neuerer Zeit große Erdölvorkommen entdeckt. Damit wurde dieser verlorene Küstenstreifen am Persischen Golf zu einer Wetterecke der Weltpolitik.

Von Abadan nach Susa führt eine Autostraße. Es hat ein Gewitter gegeben. Rechts und links der Straße erstrecken sich glitzernde Wasserflächen, riesige Pfützen, die weithin das tafelflache Land bedecken. Am östlichen Horizont erheben sich die Bergketten des Zagros, jenes mächtigen Gebirgswalles, von dem immer wieder Eroberer in das fruchtbare Zweistromland hinabgestiegen sind. Wahrscheinlich sind sogar schon die Sumerer im fünften Jahrtausend vor Christi Geburt über diese Berge gekommen. Die Praehistoriker sind sich darüber einig, daß eine Verbindung zwischen der vorgeschichtlichen Harappa-Kultur des Industales und der sumerischen Kultur bestand. Nur läßt sich noch nicht sagen, ob diese Verbindung über Land oder über See ging.

Es ist schade, daß wir die zwanzig Tage, die Alexander mit seiner Armee von Babylon nach Susa marschierte, nicht mit ihm teilen können. Es ist eine jener nachdenklichen Strecken seines Lebensweges, durch welche der Ablauf seiner Taten von Zeit zu Zeit unterbrochen wurde. Für diesen Genius der Strategie, der immer wach, immer aufmerksam, immer besorgt war, für diesen Mann, dessen Blick immer auf die Zukunft gerichtet war, muß es ein merkwürdiges Gefühl gewesen sein, wochenlang am Saum dieses Gebirges entlang zu marschieren, hinter dem das Land des Feindes doch recht eigentlich erst begann. Dazu hatte Alexander nicht die geringste Ahnung von dem, was sich hinter diesen Bergen zusammenbraute.

Der Sieg von Issos lag zwei Jahre, der von Gaugamela zwei Monate zurück. Zweimal hatte Alexander die von Dareios aufgestellte, in beiden Fällen sehr bedeutende militärische Macht vernichtet. Hätte man ihm, der doch zweifellos einer der begabtesten Schlachtenlenker der Geschichte war, damals gesagt, daß es von nun an, in sieben Jahren Krieg, nur noch eine einzige große offene Feldschlacht geben werde, er hätte das wohl nicht geglaubt. Doch ist die Art und Weise, wie Alexander vier Jahre später seinen Sieg über einen mächtigen indischen Rajah vorübergehen ließ, ohne ihn nach den langweiligen Gebräuchen gewöhnlicher Sieger auszunutzen, ein Beweis dafür, wie gut er das Wesen der neuen Strategie des Raumes verstanden hatte, welche ihm von den Weiten Asiens aufgezwungen wurde.

Nähert man sich dem Konglomerat brauner Schutthügel, aus denen Susa heute besteht, wird man zunächst überrascht von der bizarren Silhouette einer mächtigen Burg, die sich auf dem größten der Hügel erhebt. Der erste Eindruck ist, daß das ein Bau der Kreuzritter sei. Aber Kreuzritter sind niemals so weit in den Osten gelangt. Es ist eine Burg des 19. Jahrhunderts. Es ist die Feste, welche die Archaeologen sich zu ihrem Schutz aus elamischen, zum Teil beschrifteten Ziegelsteinen gebaut haben. Die großen Kampagnen der Archaeologie in Susa unter der Leitung des Franzosen Dieulafoy fanden in den neunziger Jahren des vorigen Jahrhunderts statt. Damals war das Land noch Domäne der Wüstenbeduinen, die das Eindringen von Ungläubigen in ihr Gebiet als eine Beleidigung Allahs empfanden. Dies war ein Nachteil für die Archaeologie. Dem stand der Vorteil gegenüber, daß man auf kleinen Frachtern, die in irgendeinem Hafen im Persischen Golf anlegten, all die Herrlichkeiten, welche man zutage förderte, bequem nach Frankreich bringen konnte.

Die Pracht des königlichen Palastes in Susa, den die Franzosen ausgegraben haben, wird im ersten Kapitel des Buches Esther ausführlich geschildert. Der König Ahasveros dieses biblischen Berichtes ist der persische König Xerxes, der von 485 bis 465 vor Christi Geburt regierte. Es ist derselbe, der den Kriegszug nach Hellas unternahm und in der Seeschlacht von Salamis besiegt wurde. Das im Buch Esther beschriebene Fest hat noch vorher stattgefunden. Wie es nach seinem Kriegszug um König Ahasveros bestellt war, schildert uns Aischylos in seiner Tragödie »Die Perser«.

Das Alte Testament erzählt: »Zu den Zeiten des Ahasveros, der König war von Indien bis an Mohrenland, über hundertundsiebenundzwanzig Länder, und da er auf seinem königlichen Stuhl saß zu Schloß Susan, im dritten Jahr seines Königreiches, machte er bei sich ein Mahl allen seinen Fürsten und Knechten, den Gewaltigen in Persien und Medien, den Satrapen und Kriegshauptleuten in seinen Ländern, daß er sehen ließe den herrlichen Reichtum seines Königreichs und die köstliche Pracht seiner Majestät viele Tage lang, hundertundachtzig Tage. Und da die Tage aus waren, machte der König ein Mahl allem Volk, das zu Schloß Susan war, Großen und Kleinen, sieben Tage lang im Hofe des Gartens am Hause des Königs. Da hingen weiße, rote und blaue Tücher, mit leinenen und scharlachnen Seilen gefaßt, in silbernen Ringen auf Marmorsäulen. Die Bänke waren golden und silber auf Pflaster von grünem, weißem, gelbem und schwarzem Marmor. Und das Getränk trug man in goldenen Gefäßen und immer andern und andern Gefäßen, und königlichen Wein die Menge, wie denn der König vermochte. Und man setzte niemand vor, was er trinken sollte; denn der König hatte allen Vorstehern in seinem Hause befohlen, daß ein jeglicher sollte tun, wie es ihm gefiele.«

Man muß es dem biblischen Chronisten lassen, daß er zu schildern versteht. Durch die Ausgrabungen wurden seine Angaben in weitem Umfang bestätigt. Als Luther die Stelle von dem Garten des Königs übersetzte, in dem sich die Palmen im Winde wiegten, in seiner Studierstube auf der Wartburg, von deren Fenstern aus er auf die grünen Wipfel des Thüringer Waldes blickte, was wohl würde er gesagt haben, hätte man ihm erzählt, daß man einmal diese Herrlichkeiten ausgraben und daß man einen solchen Goldpokal des Königs Ahasveros einmal werde in die Hand nehmen können? Schon der Prophet Nehemia ist Mundschenk des Perserkönigs in Susa gewesen. Vielleicht hat Nehemia den Wein für des Königs Tafel aus einem dieser goldenen Trinkgefäße gekostet, die man heute in den Museen in Paris und Teheran bewundern kann. Auch der Prophet Daniel ist in Susa begraben. Noch im 12. Jahrhundert nach Christi Geburt wurde dem spanischen Rabbiner Benjamin ben Jona von Tudela das Grab Daniels in Susa gezeigt. Vom 13. Jahrhundert an verschwindet Susa zuerst aus der Historie und dann allmählich vom Erdboden.

Die Geschichte von Esther und Mardochai, welche der biblische Chronist anschließend an das Fest im Palast von Susa erzählt, eine der hundert Geschichten der Weltliteratur von der Schönheit und der Macht der Frauen, ist in die Tradition des Iran eingegangen. In Hamadan, dem früheren Ekbatana, steht ein alter Bau, der nach der Überlieferung der Muslimin die Gräber dieser beiden jüdischen Aristokraten birgt. Die Geschichten des Alten Testaments sind eingebettet in das weite Feld des Alten Orient.

In dieses Susa mit seinen Herrlichkeiten ist Alexander eingezogen. Der Platz wurde gütlich übergeben und übernommen. Große Dinge waren vorausgegangen.

Aus Aegypten nach Syrien zurückgekehrt, stellte Alexander sein Heer neu auf. Dann trat er den Marsch gen Osten an. Er durchquerte den Nordteil der Syrischen Wüste. Er überschritt Euphrat und Tigris. Hinter dem Tigris traf er auf das neue gewaltige persische Reichsheer. Dieses Heer war dem Alexanders besonders an Kavallerie beträchtlich überlegen. Es kam zur dritten der großen Alexanderschlachten, der Schlacht von Gaugamela. In ganz ähnlicher Weise wie bei Issos war die Peripetie der Schlacht die zu frühe Flucht des Dareios. Auch nach diesem dritten Sieg verzichtete Alexander auf die Verfolgung. Er machte sich auf den Weg nach Babylon. Seine Sorge, daß er die gut befestigte Stadt nur durch eine langwierige Belagerung würde nehmen können, erwies sich als unbegründet. Der Satrap Mazaios, der über Babylon gebot, war von den Befehlshabern des Dareios derjenige gewesen, der bei Gaugamela am längsten und tapfersten gefochten hatte. Der Vorteil, tapfer gewesen zu sein, erlaubte ihm jetzt, vernünftig zu sein. Er übergab Babylon an Alexander. Die Tore öffneten sich. Der junge König zog auf einem Blumenteppich und unter dem Jubel der Bevölkerung in die Stadt ein wie seinerzeit Kyros der Große. Die Parallele hatte eine tiefere Bedeutung, als damals irgend jemand außer Alexander ahnen konnte.

Nach den Strapazen und Mühen von dreieinhalb Jahren Krieg stürzten sich die mit Ruhm und Narben bedeckten Veteranen in den Taumel morgenländischer Feste. Sie alle, mit Beute reich beladen, waren keine armen Teufel mehr. Die Schönheit der Stadt mit ihrer breiten Hauptstraße, die zwischen Palästen auf den hohen Tempelturm zuführte, kann man sich sogar in den ausgegrabenen Trümmern noch vorstellen. Der Luxus Babylons, das Sprachengewirr seiner internationalen Bevölkerung, der Reichtum der Bazare, all das muß auf die einfachen Gemüter der Makedonen einen ungeheuren Eindruck gemacht haben. Dazu kamen die alten und ehrwürdigen Überlieferungen, denen der Fremde hier auf Schritt und Tritt begegnete.

Selbst für Hellenen war Babylon eine außerordentliche Sache. Hochmütig hatten sie bisher alles, was nicht Griechisch sprach, als Barbaren verachtet. Hier bekamen sie Gelegenheit, eine Zivilisation Asiens kennenzulernen, die an Alter, Reichtum der Überlieferung und Feinheit der Lebensformen selbst Hellas übertraf. Denn die alte Freiheit, das, worin Hellas den Osten immer so glanzvoll übertroffen hatte, war den Griechen unterdessen verlorengegangen. Der Hochmut gegen die Barbaren verwandelte sich in Staunen. Es begann das alte Spiel der Eroberung des Siegers durch den Besiegten. Die Frauen, wie allerorts und zu allen Zeiten, nahmen sich der Sieger an. Alexander ließ Offiziere und Soldaten gewähren. Hier begann sie, jene Verschmelzung des Westens mit dem Osten, welche für so lange Zeit ein bestimmendes Element der fortschreitenden Geschichte bleiben sollte.

Nach dem Sieg von Gaugamela hatte Alexander noch vom Schlachtfeld aus eine Kavallerieabteilung unter Philoxenos nach Susa losgejagt in der Hoffnung, die Stadt besetzen zu können, bevor all ihre Schätze zerstört, verbrannt, geplündert oder nach dem Hohen Iran verschleppt wären. Im Wettlauf mit dem Gerücht des ungeheuren Sieges ritt Philoxenos gen Süden. Alexanders Hoffnung erfüllte sich. Nachdem König Dareios durch seine zweimalige Flucht sowohl Issos wie Gaugamela gegen sich entschieden hatte, fanden es die Satrapen, soweit sie dem Zugriff des Eroberers ausgeliefert waren, nicht mehr nötig, dem fliehenden Achaimeniden eine Träne nachzuweinen. Oder vielleicht eine Träne gerade noch! Aber dann begannen die großen Herren Politik zu machen, große Politik. In ihrer Lage hieß das, sich mit dem Eroberer arrangieren. Die weitschauende Maßnahme Alexanders, daß er seinerzeit den Satrapen Mithrenes, der ihm die Stadt Sardeis übergab, freundlich behandelt und in seinen engeren Hofstaat aufgenommen hatte, machte sich bezahlt. Die Milde Alexanders allen denen gegenüber, die ihm keinen Widerstand leisteten, erleichterte den Satrapen die Unterwerfung. Susa wurde übergeben. Im November des Jahres 331, fast vier Jahre nach dem Übergang über den Hellespontos, zog Alexander in die Hauptstadt des Persischen Weltreiches ein.

Vom Palast des Dareios, in dem Alexander Quartier nahm, sind die Grundmauern erhalten geblieben. Man sieht die mächtigen Basen der Säulen, zwischen denen beim Fest des Königs Ahasveros in silbernen Ringen die im Winde sich bauschenden farbigen Tücher ausgespannt waren. Sogar Bruchstücke dieser Säulen, von Ginster überwuchert, findet man hie und da im Schlamm. Alexander hat noch an Ort und Stelle die herrlichen Friese gesehen, auf denen in den leuchtenden Farben glasierter Ziegel Löwen und schreitende Krieger dargestellt sind. Man kann diese Meisterwerke der achaimenidischen Kunst im Louvre bewundern. Alexander ist auch noch umgeben gewesen von dem ganzen Luxus des königlichen Haushaltes, von dessen goldenen Kostbarkeiten die vor einigen Jahren in Europa gezeigte Ausstellung »Siebentausend Jahre Kunst im Iran« einen bescheidenen Eindruck vermittelte.

Während Alexander bereits anfing, sich als Fürst des Ostens zu fühlen, schickte er die von Xerxes in Athen geraubten Bronzestatuen des Harmodios und Aristogeiton, der Mörder des Hipparchos, Sohnes des athenischen Tyrannen Peisistratos, den Athenern zurück. Daß der Großkönig die Tyrannenmörder ihres Platzes an der Prozessionsstraße zur Akropolis hinauf beraubt hatte, war eine »magic captivity«, eine magische Gefangennahme gewesen, die nun schon hundertfünfzig Jahre gedauert hatte. Alexander schickte das ehrwürdige Kunstwerk, das die Freiheit pries, dahin zurück, wo es einmal zu ihrem Ruhm aufgestellt gewesen war. Der Mann, der selbst diese Freiheit bei Chaironeia beendet hatte, erwies in einer noblen Geste ihrem Symbol eine letzte Ehre. Was für Randbemerkungen wohl mag bei der Wiederaufrichtung dieses Denkmals einer den Athenern so teuren Erinnerung der bissige Witz der Agora zu dieser Geste des Makedonenkönigs gemacht haben! Den Sockel dieses Kunstwerkes, identifiziert durch die Inschrift, haben amerikanische Archaeologen vor wenigen Jahren bei ihren Grabungen in Athen gefunden.

Von der geschichtlichen Vergangenheit Susas, die bis in die jüngere Steinzeit zurückreicht, hat Alexander wahrscheinlich mehr und auf jeden Fall anderes gewußt, als wir vermuten. Uns, die wir das Zweistromland von Jugend auf aus der Bibel kennen, scheint dieses Land dem Westen zugewandt zu sein. Aber nicht ohne Grund sagt der Chronist des Buches Esther: »...der da König war von Indien bis Mohrenland...«. Der biblische Chronist ist in dieser Sache besser orientiert als wir. Mesopotamien liegt nicht am östlichen Rand des Westens, sondern am westlichen Rand des Ostens. Hier in Susa schon gab es, als Sendboten Indiens, Brahmanen und Elefanten. Hier kamen, nach monatelangen Märschen durch die Wüsten Arabiens, die Karawanen an, die Weihrauch und Myrrhe aus dem Jemen und aus Hadramaut brachten. Erst Susa hat dem großen Feldherrn die Möglichkeit geboten, sich ein Bild davon zu machen, was die vollständige Eroberung des Achaimenidischen Reiches nun tatsächlich für eine Aufgabe war. In Susa war Alexander das persische Reichsarchiv in die Hände gefallen. Für einen Schüler des Aristoteles ein unerhörter Fund! Zwar konnte Alexander die meisten Dokumente nicht lesen! Sie waren in persischer Keilschrift abgefaßt. Die Sprachen waren Elamisch, Altbabylonisch und Aramaeisch. Doch verfügte Alexander in seinem Stabe über genug gelehrte Leute, die die Auswertung der für ihn wichtigen Dokumente vornehmen konnten.

Die Vielfalt der Sprachen, in denen das Archiv des Achaimenidischen Reiches geführt wurde, bedarf einer Erläuterung, welche zugleich ein Licht auf die Mannigfaltigkeit und Lebendigkeit der vielen alten Kulturen wirft, die im Rahmen der Toleranz der persischen Herrschaft lebendiggeblieben waren.

Am Hof und im Verkehr mit den persischen Beamten gebrauchte man die persische Sprache, die in einer vereinfachten, nur aus sechsunddreißig Zeichen bestehenden Form der Keilschrift geschrieben wurde.

Das Elamische ist eine sehr alte Sprache. Schon in der Bibel hat die von der Stadt Susa beherrschte Provinz Susiana den Namen Elam. Die Geschichte Elams beginnt im vierten vorchristlichen Jahrtausend. Als König Sargon von Akkad anderthalbtausend Jahre vor dem Trojanischen Krieg Elam und seine Hauptstadt eroberte, war Susa schon eine befestigte Stadt. Statuen akkadischer Könige waren im Palast in Susa aufgestellt. Sie wurden als Symbole königlicher Macht mit großer Ehrerbietung behandelt. Keramik aus diesen frühen Zeiten, deren wissenschaftliche Bezeichnung »Susa I« die Augen der Kenner aufleuchten läßt, ist ausgegraben worden. Sie wurde fünfundzwanzig Meter unter dem Königspalast von Susa gefunden – für jedes Saeculum einen Meter! Diese frühe, hervorragend gearbeitete und bemalte Keramik ist von großer Schönheit.

Sie zeigt enge Verwandtschaft mit der iranischen Keramik Sialk III, was auf frühe Beziehungen zwischen dem Hohen Iran, Elam und Mesopotamien hinweist. Unter Sialk III sind aber eben, wie schon die Bezeichnung sagt, noch zwei Schichten gefunden worden, ehe die Forscher auf jungfräulichen Boden stießen. Dies bedeutet, daß die früheste im Tepe Sialk, dem Hügel von Sialk, nachgewiesene Siedlung älter ist als Susa, eine Tatsache, aus welcher die Gelehrten eine Menge für die Forschung aufregender Schlüsse ziehen.

Daß die Perser die elamische Tradition lebendigerhielten, indem sie bei Inschriften die elamische Sprache immer noch verwendeten, beweist, daß sie ein ausgeprägtes Geschichtsbewußtsein hatten. Auch waren es, offenbar auf Grund einer uralten Tradition, Elamiten, die bis ins 5. Jahrhundert hinein die Finanzen der achaimenidischen Könige verwalteten.

Ebenso war die sumerische Sprache, die in Ur zur Zeit Abrahams Umgangssprache war, bei den Priestern des Baal für religiöse Zwecke noch immer in Gebrauch. Berosos, ein zu Lebzeiten Alexanders geborener gelehrter Babylonier, der ein Priester des Baal war, hat in griechischer Sprache eine Geschichte Babylons geschrieben, in der er die chaldaeische Überlieferung von der Sintflut ausdrücklich erwähnt.

Weit bedeutsamer als das Elamische ist das Aramaeische. Schon seit der Assyrerzeit als Sprache des Handels und der Diplomatie im Gebrauch, wurde das Aramaeische im Laufe der Zeit zur *Lingua franca* des Persischen Reiches in einer ähnlichen Weise, wie das Lateinische die Amtssprache des Heiligen Römischen Reiches Teutscher Nation war. Es hat einmal irgendwo in der nordsyrischen Wüste, etwa in der Gegend von Aleppo, einen kleinen semitischen Stamm gegeben, dessen Angehörige die ursprünglichen Aramaeer waren. Aber sie spielten politisch niemals eine Rolle, die auch nur entfernt der zu vergleichen ist, welche ihre Sprache in der Geschichte spielen sollte. Jesus hat Aramaeisch gesprochen, und noch heute gibt es im Antilibanon ein Dorf, Ma'lula, hundert Kilometer nördlich von Damaskos, wo die Bauern neben Arabisch Aramaeisch sprechen und die Frauen ihre Kinder mit Liedern in den Schlaf wiegen, die schon zur Zeit Alexanders des Großen gesungen worden sind.

Das durch seine Verbreitung im Persischen Reich nach Osten gelangte Aramaeische ist durch sein Alphabet zur Grundlage zahlreicher Schriften Asiens geworden. Zu diesen Schriften gehören Pahlevi und Karoshti. Pahlevi ist das Altpersische, die Sprache, in der die heiligen Bücher der Religion Zoroasters geschrieben sind. Karoshti ist eine Schrift, in der verschiedene vom Sanskrit abstammende Dialekte geschrieben wurden. In Masar i-Sherif, einer Stadt, die zwischen dem Hindukush und dem Amu Darya in der turkmenischen Steppe liegt, konnte ich im Basar noch eine silberne Münze erwerben, die das Bild eines griechischen Königs Nikias trägt, der in Baktrien im dritten Jahrhundert vor Christi Geburt geherrscht hat. Diese Münze hat auf der einen Seite eine Inschrift in Griechisch, auf der anderen Seite eine solche in Karoshtischrift. Zu den im aramaeischen Alphabet geschriebenen Sprachen gehören noch das Uighurische, eine zentralasiatisch-türkische Sprache, das Mongolische und das Mandschurische. Da Alexander die persische Verwaltung übernahm, wurde das Aramaeische zur zweiten Amtssprache seines Imperium.

Durch das Studium des Reichsarchivs und die Befragung persischer Beamter hatte Alexander Gelegenheit, nicht nur sich über die Persis und den Hohen Iran zu informieren, sondern überhaupt darüber, was dieses Achaimenidische Reich bedeutete. Schließlich war Dareios I., der Große, schon lange vor den Perserkriegen einerseits bis zur Wolga, andererseits bis zum Jaxartes und zum Indus vorgedrungen. Aus dem Archiv erfuhr Alexander so charakteristische Einzelheiten wie die, daß der Stein für den Palast, in dem er wohnte, von sehr viel weiter hergekommen war, als wenn man attischen Marmor vom Pentelikon nach Susa geholt hätte. Die Zedern kamen vom Libanon, Sandelholz von der indischen Grenze. Das Gold stammte aus Baktrien, das Elfenbein aus Aethiopien, die Silberarbeiten aus Aegypten. Alexander erfuhr etwas über die Hunderte von Völkern, die dem Großkönig tributpflichtig waren und die für ihn natürlich alle zunächst einmal Feinde sein würden. Ein so kluger Mann wie Alexander, der so viel politisches Talent mit so viel militärischer Begabung in seiner Person vereinte, erkannte ziemlich schnell, daß die neue Phase seiner Strategie unter vollständig neuen Bedingungen stand.

Die erste Phase von Alexanders Strategie war die Eroberung Anatoliens. Es war das sozusagen noch ein konventioneller Krieg gewesen. In der zweiten Phase hatte Alexander durch die Eroberung Syriens und Aegyptens die persische Seemacht ausgeschaltet. Die dritte Phase war die Eroberung Mesopotamiens, das aber militärisch nicht mehr bedeutete als das westliche Glacis des Hohen Iran. Der Plan der vierten Phase, das Kernland des Gegners zu erobern, enthielt eine solche Fülle von entweder unbekannten oder unberechenbaren Faktoren, daß das Risiko sich dem Kalkül entzog. Das war bei Alexanders bisherigen Feldzügen nicht der Fall gewesen. In der vierten Phase seiner Strategie sah sich Alexander zwei höchst modernen Problemen gegenüber. Das erste war das des Unterschieds zwischen einer Großmacht und einer Weltmacht. Das zweite war das operative Problem des Raumes.

Die Theoretiker der Strategie sehen den Unterschied zwischen einer Großmacht und einer Weltmacht darin, daß die Hilfsquellen einer Großmacht sich definieren, das heißt berechnen lassen. Die Hilfsquellen einer Weltmacht sind nicht definierbar. Das Römische Reich war ebenso eine Weltmacht wie das British Empire. Die Vereinigten Staaten sind ebenso eine Weltmacht wie Rußland. Das Frankreich im Anfang des 19. Jahrhunderts war eine Großmacht. Den Krieg gegen Rußland hat Napoleon hauptsächlich deshalb verloren, weil er den Unterschied nicht begriffen hatte. Man darf in dieser Sache natürlich nicht französische Schulbücher konsultieren. Aber Tolstoj in »Krieg und Frieden« behandelt das Problem mit großer Genauigkeit. Feldmarschall Fürst Kutusow hielt sich, auf die undefinierbaren Reserven der Weltmacht Rußland vertrauend, mit unerschütterlicher strategischer Geduld von jeder Aktion so lange fern, bis er Napoleon ausmanövriert hatte und derselbe sich gezwungen sah, Moskau zu verlassen. Man lese noch einmal die grandiose Szene, wie der große Feldherr, als die Meldung kommt, der Feind habe den Rückzug nach dem Westen angetreten, nichts weiter mehr vermag, als sich der Ikone der Muttergottes zuzuwenden und zu beten. Die Lehrbücher der Strategie enthalten keine Vorschriften darüber, wie der Feldherr sich zu verhalten habe, wenn der Erfolg eintritt. Aber jedenfalls hat auch Alexander der Große nach einem Sieg immer zuerst den Göttern sein Dankopfer dargebracht.

Das Reichsarchiv von Susa lehrte Alexander, daß das Achaimenidische Reich eine Weltmacht war. Der Beweis dafür, daß der Makedonenkönig das begriffen hatte, ist, daß er kein Moskau erlebte. Sein Marsch am Ende des indischen Feldzugs von der Mündung des Indus durch die Wüste von Gedrosien nach Westen zurück war, bei aller äußeren Ähnlichkeit mit dem Rückzug Napoleons aus Moskau, ein militärisch ganz anderer Vorgang. Makedonien ist zwar bei Alexanders Regierungsantritt knapp eben eine Großmacht gewesen. Doch waren die Kriege jener Zeit noch keine totalen Kriege, in denen das Potential bis zum Äußersten ausgeschöpft wurde. Immerhin, selbst so moderne Begriffe wie »Taktik der verbrannten Erde« sind schon diskutiert worden. Einen totalen Krieg gegen Persien hätte Alexander nicht gewinnen können. Aber dazu hätte ihm ein anderer Mann gegenüberstehen müssen als Dareios III. Die großen Satrapen des Ostens, die Herren der Steppe, haben später auf ihren Territorien in Asien diesen totalen Krieg entfesselt. Er hat Alexander schwere Sorgen gemacht, und es hat einer enormen Anstrengung bedurft, diese militärisch tüchtigen und tapferen Feinde zu überwinden.

Das zweite Neue in der vierten Phase von Alexanders Strategie war das operative Problem des Raumes, über den die Persische Weltmacht verfügte. Dieses Problem war im wesentlichen von drei Elementen bestimmt. Das erste Element waren die geographischen Bedingungen.

Zwischen diesen weiten, von ungeheuren Gebirgen unterbrochenen Wüsten waren die bewohnten Gebiete – Oasen, Steppen, von der Schneeschmelze bewässerte Hochgebirgstäler und die Randgebiete der Schneegebirge mit ihren Flüssen – nur wie dazwischengestreut. Das zweite Element war die völlig neue Größenordnung der Distanzen. Das dritte Element waren die Nomaden, die die weiten Steppen bevölkerten und mit ihren Herden Jahr für Jahr über Tausende von Meilen wanderten auf Wegen, die niemand kannte und niemand überwachen konnte. Übrigens tun sie das noch heute, genau wie sie das zu Alexanders Zeiten getan haben. Diese Völker, deren Heimat die Weite ist, sind freiheitsliebend und unvernünftig. Ihr Verhalten ist unberechenbar. Da sie schon im Frieden ständig auf der Flucht sind, kann man sie nicht damit besiegen, daß man sie in die Flucht schlägt.

So sahen die Bedingungen aus, die Alexander erwarteten, wenn er das Zagrosgebirge überschritt. Der große Feldherr begriff, daß er mit den Methoden, welchen er seine bisherigen Erfolge zu verdanken hatte, die neuen Aufgaben nicht würde bewältigen können. Dieses Neue läßt sich in einen einzigen Begriff zusammenfassen. Es war zugleich das Uralte, es war Asien, der große, unbekannte Kontinent, in den einzudringen Alexander in dieser vierten Phase seiner Strategie sich anschickte.

Blickte Alexander aus seinem Palast in Susa in die Landschaft hinaus, sah er in der Ferne die schneebedeckten Berge des Zagros liegen. Dieser Gebirgswall, der Mesopotamien vom Hohen Iran trennt, hat eine Länge von zwölfhundert und eine Breite von zweihundert bis dreihundert Kilometern. Seine höchsten Spitzen erheben sich bis zu viertausend Metern. Die Alpen erstrecken sich über achthundert Kilometer und sind an keiner Stelle mehr als einhundertundfünfzig Kilometer breit. Hinter dem Zagros begannen die Geheimnisse des Ostens.

Über diesen Wall warf Alexander sein Herz!

Aber wie sehr ist gerade in diesem Augenblick der merkwürdige Mann ein moderner Europäer. Angesichts dieser Umwelt und angesichts dieses Horizontes überfällt ihn »οποϑος«, das Fernweh, mit unbezähmbarer Gewalt. Diese Weltneugier ist derselbe niemals zu stillende Forscherdrang, der Marco Polo, Pietro della Valle, Olearius, Engelbert Kämpfer, Sven Hedin, Richthofen, Pelliot, Le Coq, Sir Aurel Stein, Grousset und wie die großen Männer der Asienforschung alle heißen, in die Weiten des Ostens hinaustrieb, seine Geheimnisse zu enträtseln.

Alexander war der erste Europäer, der seine Macht über den Euphrat hinaus ausdehnte. Darum ist dieser Kriegszug von so eminenter Bedeutung für die Ostwestbeziehungen. Doch sind es nicht die Geschehnisse des Kriegszuges, die seine Bedeutung ausmachen, sondern seine Folgen.

Unter dem Anstoß des Alexanderzuges erreichten die ersten Griechen schon dreißig Jahre nach Alexanders Tod den Ganges. Wäre Alexander vierundsechzig Jahre alt geworden statt mit vierunddreißig zu sterben, hätte er wahrscheinlich selbst noch in Delhi einziehen können. Vergeblich fragt man sich, warum in der Beurteilung des Makedonenkönigs die Absicht, über den Hyphasis zum Ganges vorzustoßen, fast immer für absolut utopisch und töricht erklärt wird. In seiner Lage war, wie die spätere Entwicklung zeigt, diese Absicht nichts weiter als verfrüht. Darum wäre es sicherlich ein Fehler gewesen, hätte er sie ausgeführt. Er hat es nicht getan.

Aufschlußreich für den Stilunterschied, der zwischen Alexander und den Achaimeniden bestand, ist die Behandlung der Frage der Herrschaft zur See. Dareios der Große hatte zwar den Plan, Persien zur Ozeanischen Macht zu erheben. Aber die späteren Achaimenidenkönige sind ihm darin nicht gefolgt. Schon vor seinem Skythenfeldzug, wahrscheinlich um 518 vor Christi Geburt, schickte Dareios I., darin ein bewundernswerter Vorgänger Alexanders, einen Kapitän, Skylax von Karyanda, der wie Herodot aus Karien stammte, den Indus hinab mit dem weiteren Befehl, von dessen Mündung aus an der Südküste Persiens entlang nach Westen zu fahren. Dareios der Große wollte die Verbindung der Indusmündung mit der Euphratmündung zur See herstellen. Skylax, der tüchtige Seemann, ist angekommen. Allerdings hat er, im Gegensatz zu Alexanders Admiral Nearchos, die Einfahrt in den Persischen Golf verpaßt. So konnte er seine Reise erst in einem aegyptischen Hafen am Roten Meer beenden. Daß Skylax es fertigbrachte, allen Gefahren zu entgehen, welche einem fremden Seefahrer von den Küstenbewohnern Arabiens drohten, ist ein Wunder.

Schiffahrt von Südarabien nach Indien und dem Malayischen Archipel hat es sogar schon in der Mitte des zweiten Jahrtausends vor Christi Geburt gegeben. Die Träger dieses Überseehandels waren die Sabaeer, die im Jemen und in Hadramaut zu Hause waren, das Volk der späteren Königin von Saba, die König Salomo in Jerusalem besuchte. Von diesen kühnen Ozeanfahrern haben allerdings weder die Griechen noch die Perser mehr etwas gewußt.

Der Plan Dareios' des Großen, im Indischen Ozean eine persische Seeherrschaft zu errichten, wurde nicht in die Tat umgesetzt. Zur Zeit Alexanders waren die Einfahrten in den Euphrat und in den Tigris mit Sperren versehen als Schutz gegen den Einbruch von Flotten freilich gänzlich unbekannter Feinde, deren Auftauchen aus dem ungeheuren, geheimnisvollen Ozean man befürchtete. Die Perser liebten das Meer nicht. Das Meer liebte die Perser nicht.

Alexander nahm die Ideen Dareios' des Großen in vollem Umfang wieder auf. Nach seiner Rückkehr aus Indien, nach der wohlgelungenen Fahrt seiner Flotte unter dem Admiral Nearchos von der Mündung des Indus nach Susa, beschloß Alexander, die Küsten Arabiens und des Roten Meeres und die Ostküste Afrikas zu erkunden. Hier waren seine Vorläufer der König Salomo mit seiner Expedition zum Goldland Ophir, hinter dem man Ostafrika vermutet, und der Pharao Necho, der sogar schon achtzig Jahre vor Dareios I. phoinikische Seefahrer damit beauftragt hatte, vom Roten Meer aus Afrika bis zur Straße von Gibraltar zu umschiffen. Das Unternehmen dauerte drei Jahre, aber die mutigen Männer sind angekommen.

Die Pläne Alexanders, die auszuführen der Tod ihn hinderte, wurden im Laufe der nächsten Jahrhunderte erst von Aegyptern und Griechen, dann von Römern sämtlich verwirklicht. So durchaus utopisch können sie also nicht gewesen sein. Aber bevor Alexander sich diesen kühnen Ideen der Zukunft zuwenden konnte, mußte der Hohe Iran erobert und gesichert werden. Die Zeit war gekommen, zu neuen Taten aufzubrechen. Doch wäre es gänzlich falsch zu meinen, daß es nun, nach der Vernichtung des zweiten persischen Reichsheeres, eine einfache Sache gewesen wäre, das riesige Land in Besitz zu nehmen. Auch jetzt noch wäre der Hohe Iran für die Dynastie der Achaimeniden zu retten gewesen. Mit wieviel Erfolg haben, etwas später, die Parther ihn gegen die Römer verteidigt!

Alexander ordnete an, daß die Paläste in Susa der Königinmutter Sisygambis und der Königin Stateira mit einer ihrem Range angemessenen Hofhaltung zur Verfügung zu stellen seien. Endlich, im Dezember des Jahres 331, brach der König von Susa auf. Zunächst führte er noch einen kurzen Feldzug gegen die Uxier. Dieses Bergvolk hielt die westlichsten der Pässe, durch welche die Reichsstraße von Susa nach Persepolis führte, besetzt. Wie sie es von den Achaimeniden gewöhnt waren, wollten die Uxier auch Alexander den Durchzug nur gegen Geschenke gestatten, was natürlich nichts anderes bedeutete, als daß sie einen Tribut verlangten. In einem Überfall von vernichtender Gewalt belehrte Alexander sie, daß sie sich in der Wahl der Mittel vergriffen hätten. Was beim Großkönig möglich war, galt nicht für den König der Makedonen.

Nach diesem blutigen Zwischenspiel begann Alexander mit größter Kühnheit einen Winterfeldzug von äußerster Gefährlichkeit. Er griff den Ariobarzanes an, der den Hauptpaß des südlichen Zagros mit einer Felsenmauer gesperrt hatte. Die Perser verteidigten sich tapfer. Mit einem Umgehungsmanöver über das Gebirge, in der Nacht, im Schneesturm, durch froststarre Wälder, erzwang Alexander, dieser harte Soldat, den Durchbruch. Im Januar des Jahres 330 erreichte er Persepolis.

Persepolis, die hohe Königsburg in der Persis, und die Akropolis, der Burgberg von Athen, sind zwei der bedeutungsvollsten Ruinenstätten, welche die Antike der Nachwelt hinterlassen hat. Persepolis wurde vor den Perserkriegen von Dareios dem Großen, die Akropolis nach dem Sieg über Xerxes von Perikles erbaut. Zeitlich liegen die beiden Bauwerke um nicht viel mehr als ein Menschenalter auseinander.

Persepolis und die Akropolis sind Denkmäler von Hochkulturen, Meisterleistungen der Kunst. Beide sind Manifestationen der Macht. Die Mittel, mit denen Dareios seine Königsburg erbaute, stammten aus den Tributen, die die von den Persern unterworfenen Völker jährlich entrichteten. Perikles entnahm das Geld für die Verwirklichung der Pläne, die seine Berater, der Bildhauer Pheidias und seine beiden Architekten Iktinos und Kallikrates, entworfen hatten, dem Schatz des Delischen Seebundes, den er, der Proteste der Bundesgenossen nicht achtend, von der Insel Delos nach Athen hatte überführen lassen.

Als Cecil Rhodes, der als einer der Baumeister des Englischen Weltreichs von den Geheimnissen der Macht eine Menge mehr verstand als andere Leute, die Akropolis besichtigte, meinte er, Perikles habe durch die Schönheit der Kunst die lässigen Athener lehren wollen, an ihr Empire zu glauben.

Geschaffen wurden die Bauwerke der Akropolis von freien Künstlern mit berühmten Namen, denen gut behandelte Sklaven zur Seite standen. Belohnt wurden die Meister mit gestohlenem Geld. Die Architekten, die Persepolis bauten, sind unbekannt. Sie waren an königliche Befehle gebunden. Die Bildhauer waren Handwerker aus aller Welt.

Persepolis pries den Glanz des Königs der Könige aus dem Hause der Achaimeniden, des Herrschers über Asien. Die Akropolis war ein Denkmal zu Ehren der Freiheit. Beide Schöpfungen haben ihre eigentliche Bedeutung, den Sinn, der ihrer Erschaffung zugrunde lag, innerhalb eines einzigen Jahrzehnts durch ein und denselben Mann verloren. Mit der Schlacht von Chaironeia, die Kronprinz Alexander durch seinen Reiterangriff für die Makedonen entschied, war es in Europa mit der Unabhängigkeit der hellenischen Städte des Festlandes vorbei. Mit der Eroberung von Persepolis beendete Alexander in Asien die Herrschaft der Achaimeniden.

Persepolis dürfte Alexander tiefer beeindruckt haben als einen beliebigen Griechen seines Stabes. Es war der Platz, an dem der Großkönig seine Satrapen empfing. Hier wurden die jährlichen Tribute abgeliefert. In Persepolis wurde das Neujahrsfest, das höchste Fest des Jahres, gefeiert. Von den Geheimnissen und Wundern der Palaststadt auf hohem Felsen erzählten sich bis tief nach Asien hinein die Bauern in ihren Hütten und die Nomaden an ihren Lagerfeuern märchenhafte Geschichten. Persepolis dürfte in hohem Maße den Vorstellungen entsprochen haben, welche Alexander von der Würde und Hoheit des Herrschens hatte. Als Residenz eines Herrn über ein großes Reich ist Persepolis nur noch mit der Verbotenen Stadt der chinesischen Kaiser in Peking zu vergleichen.

Nur wenige Meilen von Persepolis entfernt sind die Könige begraben, die vor Dareios III. auf dem Throne der Achaimeniden saßen. Die Gräber sind hoch in eine senkrechte Felswand eingehauene Kammern mit Fassaden von wahrhaft imperialen Ausmaßen, dazu bestimmt, mit Darstellungen und Inschriften den Ruhm der Toten zu künden. Jahr für Jahr, seit vor fünfundzwanzig Jahrhunderten das letztemal ein König in dieser Felswand bestattet wurde, ziehen die Nomaden mit ihren Schafen und Kamelen, mit ihren Eseln, Pferden, Ziegen, Hühnern und Hunden, in eine gewaltige Wolke iranischen Staubes gehüllt, an diesen Stätten vorüber. Es ist das zeitlose Asien, das vorüberzieht.

Etwa siebzig Kilometer nördlich von Persepolis liegt Pasargadai, die älteste Residenz der Achaimeniden. Von hier zog Kyros der Große aus, das erste Weltreich der Geschichte zu gründen. Zu Alexanders Zeit war das zweihundert Jahre her, ein Zeitraum ausreichend, daß innerhalb seiner ein Reich wie das der Kaiserin Maria Theresia untergehen, ein Staat wie der von General Washington gegründete zur führenden Weltmacht aufsteigen konnte.

Pasargadai war der Platz, wo seit alten Zeiten die persischen Könige gekrönt wurden. Hier auch, inmitten eines heute verschwundenen Parks, in dem verstreut die königlichen Paläste lagen, hat Kyros sich sein Grabmal errichten lassen. Es ist ein kleiner aus Quadern gefügter Giebelbau mit Satteldach, der auf der Spitze eines in Stufen aufsteigenden etwa sechs Meter hohen Unterbaus steht. Bedenkt man, was Kyros in der Geschichte bewirkt hat, ist das Grabmal bescheiden zu nennen. Die Grabschrift lautete: »Ich, Kyros, der Achaimenide, der Sohn des Kambyses, der das Persische Reich gründete und Herr über Asien war, errichtete mir dieses Grabmal. Wenn Du, o Mensch, es hütest, wird der Segen Ahuramazdas auf Deinem Hause sein. Wenn Du es zerstörst, wird der Fluch des Gottes Dich treffen.«

Der Grabspruch war in Keilschrift geschrieben. Alexander ließ daneben eine Tafel mit der griechischen Übersetzung anbringen. Beide Tafeln sind verschwunden, und die Nomaden verehren heute, merkwürdigerweise, den einsam in der weiten Landschaft stehenden Bau als das Grabmal der Mutter König Salomos.

Die offenstehende, leere Grabkammer ist der einzige auf der Welt erhalten gebliebene Innenraum, von dem mit Sicherheit gesagt werden kann, daß Alexander der Große ihn betreten habe. So sind die Stufen dieses Grabmals der Vergänglichkeit ein geeigneter Platz, über das Verhältnis von Macht und Geist ein wenig nachzudenken. Die Triumphe der Macht sind nicht von Dauer. Die Idee der Freiheit hat Chaironeia, der Genius des Iran Issos und Gaugamela überlebt. Die Idee der Freiheit ist noch immer das Palladium der westlichen Welt. Dem Genius des Iran war es bestimmt, großartige Renaissancen zu erleben.

Wenn man die Absicht hat, sich ein Bild davon zu machen, wie die Welt des Iran den aus dem Westen gekommenen Eroberern erschienen sein mag, ist es sicherlich ein Fehler, den Weg von Susa nach Persepolis nicht auf dem Rücken eines Maulesels zurückzulegen. Wie gern hätte ich das getan! In achtzehn Tagen ist das zu schaffen. Dabei gewönne man einen Begriff davon, wie weit von der Welt des Mittelmeers der Hohe Iran in der Antike entfernt war. Die Griechen des 5. und 4. Jahrhunderts haben von Persepolis nichts gewußt. Susa gehörte eben noch zum Bereich dessen, was man kannte. Persepolis lag schon hinter dem Horizont. Mit dem Übergang über das Zagrosgebirge sprengte Alexander den Rahmen der den Griechen seit Homer vertrauten Welt des Mittelmeers. Das makedonische Heer betrat unbekannte Weiten.

Persepolis ist zwar von Susa nicht weiter als fünfhundert Kilometer entfernt. Aber diese fünfhundert Kilometer bedeuteten etwas ganz anderes als die Distanzen, welche Alexander bis dahin zurückgelegt hatte, obgleich es unterdessen von Pella in Makedonien bis Susa in Elam an die viertausend Kilometer geworden waren, welche die Eroberer bewältigt hatten. Fünfhundert Kilometer in einem wasserarmen, nur schwach besiedelten Gebirge, in dem es für die Truppe weder Quartiere noch etwas zu requirieren gibt, ist etwas anderes als dieselbe Entfernung in einem bevölkerten Land, noch dazu, wenn die Männer, die in den Hochtälern des Gebirges ihre Herden weiden, ebensogut Hirten wie Räuber sind, die nach dem Durchzug einer Armee den Nachschub durch Überfälle stören.

Der Flug von Abadan nach Shiras, der statt achtzehn Tagen nicht viel mehr als eine Stunde dauert, hat dem Maulesel gegenüber andere Vorzüge. Er gewährt einen Blick auf die Erde, wie ihn bis vor kurzem nur die Adler hatten. Man fliegt dahin über steil aufragende Felsschroffen, die von den tiefen Schluchten der Gebirgsbäche durchzogen sind. Mit ihrem weißen Gischt schäumen die Wasser so heftig dahin, daß man noch in fünftausend Meter Höhe meint, sie brausen zu hören. Man entdeckt, daß zwischen dem Karst, dessen Nacktheit gelegentlich von schütteren

Wäldern gemildert wird, Täler liegen, welche sogar jetzt im Hochsommer noch grün sind. Was man bei diesem Überblick nicht zu sehen bekommt, ist das historische, politische, militärische und zivilisatorische Grundphaenomen dieser Landschaft, die Nomaden.

Jahrtausende hindurch haben die wandernden Hirten mit ihren Herden auf den Lauf der Geschichte Einfluß genommen. Bei den Völkern, die in unserer Aera in den weiten Gebieten Mittelasiens so bewundernswerte Versuche unternehmen, moderne Staaten zu schaffen, ist der Nomade, trotz seiner uralten kulturellen Überlieferungen, das schwierigste Hindernis für die Entwicklung der neuen Zivilisation. Die auf seiner Ortsungebundenheit beruhende Beweglichkeit hat den Nomaden bisher vor dem Zugriff seiner Beherrscher geschützt. Es sind drei Dinge, durch welche seine Freiheit bedroht ist – der Durst seiner Schafe, das Benzin und das Alphabet. Der Herden wegen ist der Nomade an Wasserstellen gebunden. Die Wanderwege, deren Verlauf früher weitgehend unbekannt war, lassen sich mit Jeeps überwachen. In die Winterschulen, welche die Regierungen für die Kinder der Nomaden an vielen Orten einrichten, drängt sich eine in hohem Grade wißbegierige, neue Generation.

Vom militärischen Standpunkt aus betrachtet sind Nomaden erstens Pferdezüchter und zweitens, da sie selber alle beritten sind, Kavalleristen. In Turkmenistan reitet noch der Bettler auf einem Esel, und nur Esel und Frauen gehen zu Fuß. Für Alexander war das von der allergrößten Bedeutung. Die Waffe, die die Schlacht zum glücklichen Ende bringt, wenn die Phalanx die feindliche Linie durchbrochen hat, ist die Kavallerie. Und im Steppenkrieg ist Kavallerie schließlich fast die einzige Waffe. Das Fußvolk dient nur zur Sicherung befestigter Plätze. Nach dem Überschreiten des Zagrosgebirges hatte Alexander es in seinen militärischen Auseinandersetzungen fast nur noch mit solchen höchst kriegerischen Reitervölkern zu tun.

Fesselnd ist der zivilisatorische Aspekt des Nomadentums. Die Nomaden könnten sich ihr hartes Leben auf eine sehr einfache Weise bequemer gestalten, wenn sie Bauern würden. Daß sie sich seit jeher weigern, das zu tun, führt eine Theorie ad absurdum, die seit hundert Jahren ein verhätscheltes Lieblingskind der Kulturhistoriker ist. Nach dieser Theorie »entwickelt« sich der Mensch. Er fängt als Sammler wildwachsender Früchte an; dann wird er Jäger, dann Hirte und endlich Ackerbauer. Aus dem Ackerbau entsteht die Kultur. Aber die Hirtenvölker Asiens richten sich nicht nach diesem Schema der Wissenschaft. Der Nomade des Iran, Afghanistans, Turkmenistans ist älter als die Geschichte, die wir kennen. Und dieser Nomade ist keineswegs primitiver als ein Bauer. Ohne vom Hirtentum zum Bauerntum überzugehen, entwickelten die Nomaden differenzierte Gesellschaften von hohem moralischem Niveau, eine bedeutende ornamentale Kunst und köstliche Werke der Poesie. Architektur haben sie natürlich nicht entwickelt. Aber immer, wenn sie neue Länder alter Kulturen eroberten und seßhaft wurden, schufen sie in erstaunlich kurzen Zeiträumen in ihrem Range großartige architektonische, malerische, literarische und wissenschaftliche Werke.

Das Talent der Nomaden, zu aestimieren und weiterzubilden, was sie vorfanden, ist ein entscheidendes Element dieser plötzlich aufbrechenden Blütezeiten. So sind die Kulturen der Parther und der Araber, so ist die mongolische Epoche der chinesischen, so sind die seljukische, die osmanische Kultur entstanden. Gerade bei den Osmanen ist es amüsant zu sehen, wie die Sultane in Konstantinopel, angeregt und angespornt vom Anblick der Hagia Sophia, ihre Moscheen nach dem Vorbild byzantinischer Kirchen errichteten. Erobernde Ackerbauern dagegen wie die Römer und später die Germanen haben immer sehr viel länger als die Reitervölker gebraucht, bis sie in den von ihnen eroberten Ländern überlegener Zivilisationen neue Blütezeiten hervorzubringen vermochten.

Das Flugzeug zieht vor der Landung eine Kurve über den hell in der Sonne leuchtenden Kuppeln der Moscheen von Shiras. Es sollen ihrer mehr als fünfzig sein. Nach der Hitze in Abadan ist die frische Luft, mit der der Hohe Iran den Reisenden empfängt, ein Genuß. Der Dichter Hafiz hat diese herrliche Luft in vielen Gedichten gepriesen. Für die makedonischen Soldaten, von denen die meisten im Gebirge groß geworden waren, muß dieses Klima eine angenehme Überraschung gewesen sein. Noch im Dezember ist die Luft in Shiras milde. Die Stadt liegt in einer Höhe von siebzehnhundert Metern auf dreißig Grad Nord. Das ist der Grad von Kairo. Die tellerflache Hochebene, in deren Mitte Shiras liegt, ist rings von Felsgebirgen umgeben, deren Kuppen bis weit in den Sommer hinein von Schnee bedeckt sind. Blickt man sich in dieser Landschaft um, erscheint sie karg genug. Jetzt im Hochsommer, da die Felder abgeerntet sind, ist die Farbe der Landschaft Braun in Grau. Wer aber, nach achtzehn Tagen im Sattel eines Maulesels, Steilhänge hinauf- und hinabkletternd, auf die in der Tiefe bleichenden Knochen abgestürzter Tiere hinunterblickend, von Datteln lebend, nachts marschierend, am Tage im Zeltlager von Fliegen und Flöhen geplagt, bei aufgehender Sonne über den Paß kam und unten vor sich die Oase Shiras liegen sah mit dem Smaragdgrün ihrer von Lehmmauern beschützten Gärten und dem Blau und Gold der Kuppeln ihrer zahllosen Moscheen, hatte wahrhaftig guten Grund, in die Knie zu sinken, um Allah zugleich für die Schönheit der Welt und für seine Errettung zu danken.

Shiras ist tausend Jahre später als Persepolis gegründet, und ehe es seine volle Blüte erreichte, verging ein weiteres Jahrtausend. Die Zeit des höchsten Glanzes der Stadt fällt in das 14. Jahrhundert unserer Zeitrechnung. Damals stand Shiras mit Baghdad, Kairo und Damaskos im Wettstreit. Es war die Stadt der Paläste und der Gärten, der Rosen und der Nachtigallen. Es war die Stadt der Moscheen und der Poesie. Von der glänzenden Reihe persischer Dichter von Firdausi bis Omar Chaijam, die in die Weltliteratur eingingen, sind zwei, Sa'adi und Hafiz, in Shiras geboren und begraben. Ihre Mausoleen werden hochverehrt. Schöner ist, daß jeder Kameltreiber in diesem Lande ihre wunderbaren Verse abends am Feuer zu zitieren weiß.

Die Eroberung des Achaimenidischen Reiches durch Alexander den Großen ist eine dem Westen vertraute Epoche. Dann hat man noch etwas von dem den Persern verwandten Reitervolk der Parther gehört, die sich Philhellenoi, Griechenfreunde, nannten, den Römern aber schwer zu schaffen machten. Crassus wurde im Jahre 53 vor Christi Geburt in der Schlacht von Carrhae, dem Haran Abrahams, von den Parthern besiegt und getötet, obwohl er eine Streitmacht hatte, welche größer war als die, mit der Alexander ausgezogen war, ein Vielfaches des Partherreiches zu erobern. Dann hört man noch von einem Kaiser Valerianus, der von den Persern besiegt und gefangengenommen wurde und damit aus der Geschichte verschwindet. Das war im Jahre 260 nach Christi Geburt. Und schließlich weiß man noch von Iulianos Apostates, dem letzten Heiden auf dem römischen Kaiserthron. Auch er wurde von den Persern besiegt und starb, nur zweiunddreißig Jahre alt, noch auf dem Schlachtfeld. In einem Felsrelief in der Nähe von Kermanshah ist er dargestellt, unter den Füßen König Shapurs II. liegend, der triumphierend über seiner Leiche steht. Der Kopf dieses unglücklichen Kaisers macht den Eindruck eines Portraits. Jedenfalls hat sogar der Sieger ihn mit einem langen, feinen, durchgeistigten Gesicht dargestellt. Sein Sarkophag steht im Garten des Archaeologischen Museums von Konstantinopel. Aber was nun eigentlich die Parther und danach die sasanidischen Perser befähigt hat, römische Legionen zu besiegen, die doch an militärischer Leistungsfähigkeit der makedonischen Phalanx Alexanders des Großen eher überlegen waren, davon weiß man bei uns wenig. An dieser Stelle beginnt die Geschichte Persiens dem Blickfeld des gebildeten Europäers zu entschwinden.

Einer der Gründe für diesen Blickfeldausfall in unserem geschichtlichen Horizont ist die europäische Arroganz zu glauben, daß alle wichtigen Dinge sich bei uns ereignet hätten. Allerdings, im Rhythmus der Auseinandersetzung der Mächte des Westens mit den Mächten des Ostens hat der Iran einige Jahrhunderte gebraucht, bis er sich politisch von der Eroberung durch Alexander erholt hatte. Doch ist gerade diese Zeit geistesgeschichtlich für Persien von Bedeutung gewesen. Von Alexander bis zum Beginn der sasanidischen Renaissance gehörte der Iran zur hellenistischen Welt. Das persische Denken gewann jene Beweglichkeit, welche dazu beitrug, dieses Volk in seiner weiteren Geschichte zu immer neuen schöpferischen Leistungen höchsten Ranges zu befähigen.

In der gleichen Weise wie im Mittleren Orient hat der Hellenismus auf die Völker des Vorderen Orient gewirkt. Während jüdische Literatur ins Griechische übersetzt wurde, übertrugen syrische Gelehrte die Werke der griechischen Philosophen in ihre Sprache. Da Syrisch ein semitischer Dialekt ist, wurde es zur Brücke vom Griechischen zum Arabischen. Die Araber haben später ihren Aristoteles und viele andere griechische Werke nicht aus dem Griechischen, sondern aus dem ihnen leichter zugänglichen Syrischen ins Arabische übertragen. Bei dem Zusammentreffen des Islam mit der Tradition des Iran waren beide Partner, sowohl der semitische des Vorderen Orient, die Syrer und die Araber, als auch der indoeuropäische des Mittleren Orient, die Perser, vom Hellenismus tief geprägt.

Ausgehend von einer Wiederaufnahme achaimenidischer Überlieferungen und wiederum in der Landschaft Persis beginnend, entstand im 3. Jahrhundert nach Christi Geburt das Reich der Sasaniden, das bis zum 7. Jahrhundert dauerte. Mit den Sasaniden brach Asien erneut als Faktor der Macht in die Mittelmeerwelt ein. Byzanz hat schwere Kämpfe mit den Sasaniden zu bestehen gehabt. König Chosroës II. eroberte Palästina und raubte aus der Grabeskirche in Jerusalem das Kreuz Christi. Der Tag, an dem Kaiser Heraklios von Byzanz nach einem Sieg über Chosroës das Kreuz nach Jerusalem zurückbrachte, wird noch heute als Fest der Kreuzerhöhung sowohl in der Katholischen wie in der Griechisch-Orthodoxen Kirche gefeiert. Und übrigens erscheint erst von diesem Zeitpunkt an das Zeichen des Kreuzes auf den Münzen von Byzanz. Doch haben die nur selten unterbrochenen Kämpfe um die Macht weder die byzantinischen Kaiser noch die persischen Könige gehindert, sowohl einen lohnenden Handel als auch einen lebhaften Austausch geistiger Güter zu betreiben. So ist zum Exempel das persische Hofzeremoniell Vorbild des byzantinischen geworden und auf diesem Wege an die europäischen Höfe gelangt. Daß bei der Krönung der Königin Elisabeth von England der feierliche Augenblick, da sie mit dem heiligen Öl gesalbt wird, den Blicken der Zuschauer entzogen wurde, ist ein Tabu, das auf die Sasaniden, wenn nicht sogar noch auf die Achaimeniden zurückgeht.

Von der Sorge um die wachsende Macht der Perser wurde Byzanz erst durch die Araber befreit, welche Persien eroberten, wobei Byzanz freilich keinen anderen Gewinn hatte, als einen gefährlichen gegen einen noch gefährlicheren Gegner einzutauschen. Aber auch diese militärische Niederlage mit ihren Verheerungen, welche die durch Alexanders Eroberung verursachten weit übertrafen, haben die Perser in einer Pause von wiederum etwa dreihundert Jahren überwunden. Das Persische begann sich des Arabischen zu bemächtigen. Zahlreiche arabische Wörter drangen in die persische Sprache ein. Endlich ging man dazu über, das Persische in der arabischen Schrift zu schreiben. Der gar nicht abzuschätzende Vorteil dieser Maßnahme war, daß persische Bücher nunmehr von Spanien bis Indien gelesen werden konnten. So wie aus dem Einbruch der Antike in den Osten der Hellenismus entstand, entwickelte sich etwa zur Zeit Ottos des Großen, also zweihundert Jahre vor dem ersten Kreuzzug, aus dem Zusammenstoß zwischen dem arabisch-semitischen Islam und dem indoeuropäischen Iran die Blüte der persischen Kultur des Mittelalters, der wir so unendlich viel mehr zu verdanken haben, als wir aus unseren Schulbüchern jemals erfahren werden.

Das Persische gewann in der weiteren Entwicklung ein so großes Übergewicht über das Arabische, daß Richard Frye, der amerikanische Iranist, diesem Kapitel seiner Geschichte Persiens die schöne Überschrift gibt »Persien erobert den Islam«. Frye legt diesem Vorgang große Bedeutung bei. Die iranische Zivilisation habe für den Islam dieselbe Vermittlerrolle gespielt wie die griechische Zivilisation für das Christentum. Erst der Genius des Iran hat den Islam weltfähig gemacht.

Welche Rolle sogar in dem »von Persien eroberten Islam« das griechische Element noch immer spielte, mag ein Beispiel zeigen. Eine uns erhalten gebliebene Pharmakopoë, eine Arzneimittellehre des Abu Mansur Muvaffaq ibn Ali aus Herat in Afghanistan, wird in der Encyclopædia Britannica, einem doch gewiß höchst nüchternen wissenschaftlichen Werk, als ein Bindeglied zwischen der griechischen und der indischen Medizin bezeichnet. Auch die Medizin hatten die Araber von den Griechen übernommen, und diese griechisch-arabische Medizin wiederum übernahmen die Perser. Sie entwickelten sie weiter, und so gelangte schließlich auf dem Weg über Damaskos, Spanien und Sizilien altgriechisches Geistesgut an uns zurück.

Der kurze Blick auf das, was sich in dem von Alexander eroberten Iran in späteren Jahrhunderten abspielen sollte, zeigt, daß es für das Experiment einer Verschmelzung zwischen Ost und West gar kein besseres Feld hätte geben können als Persien. Es wäre von wenig Nutzen gewesen, wenn Alexander die hellenische Bildung in ein kulturloses Fellachenland gebracht hätte. Nur weil der alte Achaimenidische Iran selbst eine Hochkultur war, konnte jene Aera funkelnder Geistigkeit, jener Hellenismus entstehen, zu welchem der Osten ebensoviel beigetragen hat wie der Westen, der Besiegte ebensoviel wie der Sieger. Generationen lang war das, was der Sieger verwirklichte, der Traum der Besiegten gewesen. Alexander hat sich selbst auch durchaus als den historischen Erben der Achaimeniden empfunden. Diesem Gefühl gab er beim Tode des Dareios in einer ergreifenden Geste von königlicher Noblesse Ausdruck.

Persepolis ist von Shiras durch ein kleines Gebirge getrennt, das man auf einem etwa zweitausenddreihundert Meter hohen Paß überschreitet. Die neue Autostraße, die Shiras mit Isfahan und dem fernen Teheran verbindet, benützt bis Persepolis und Pasargadai, auf einer Strecke von ungefähr hundertachtzig Kilometern, den alten Karawanenweg. Aber Autos sind nicht, wie Schafe, an Wasserstellen gebunden. Der weitere Verlauf der neuen Straße führt streckenweise durch Gebiete, die früher kaum jemals eines Menschen Fuß betreten hat.

Hat man das Gebirge überschritten, gelangt man auf die Ebene von Mervdasht, an deren östlichem Rand Persepolis liegt. Die wasserreiche, fruchtbare Hochebene ist von Felsgebirgen umgeben, deren schroffe Konturen den Horizont begrenzen. Zuweilen erhebt sich, ein paar hundert Meter hoch, mitten in den Feldern ein steiler, gezackter, mit nur wenig Gebüsch bestandener grauer Fels. Leuchtend weiße Wolkenschiffe, scharf konturiert und zu barocken Formen geballt, ziehen vom Morgen bis zum Abend über den hohen Himmel, ihre Schatten über die Erde dahin. Das ist keine liebliche, das ist eine heroische Landschaft. Das ist die Persis, aus deren strenger Schönheit das erste Weltreich der Geschichte hervorgegangen ist.

Die Straße, die zur ehemaligen Residenz der Achaimeniden führt, ist so angelegt, daß man, von Westen kommend, die letzten Meilen schnurgerade auf den Berg zufährt, an dessen Fuß die Bauten von Persepolis auf ihrer Felsbastion liegen. Der Berg hat den beziehungsreichen Namen Kut i-Rahmat, »Berg der Gnade«. Auch hier wieder wäre es sicher ein Gewinn, nähme man ein Pferd, zwei Stunden lang dem Berg der Gnade entgegenzureiten. Zweihundert Jahre lang sind die Satrapen und Fürsten der unterworfenen Völker aus den südlichen Teilen des Reiches diesen Weg entlanggeritten, im Herzen zu Ahuramazda betend, der Großkönig möge ihre Gaben heiter, ihre Sünden leicht und ihre Ehrerbietung gnädig aufnehmen.

Im Näherkommen erkennt man die gewaltige Mauer, welche, von der Ebene aus hochführend, die Felsbastion von Persepolis rings begrenzt. Sie wird überragt von den noch stehenden dreizehn Säulen des Apadana, der Audienzhalle des Großkönigs. Links davon stehen die Reste eines mächtigen Tores, rechts die dunklen Wände des Palastes Dareios' des Großen. Der Platz ist vorzüglich gewählt, das zu verwirklichen, was Dareios' Absicht war, der Macht seines Weltreiches ein Denkmal zu setzen. Daß der Platz mit Absicht und Überlegung gewählt wurde, geht auch daraus hervor, daß die Archaeologen unter der achaimenidischen Schicht keine Spuren älterer Niederlassungen fanden, obwohl die Hochebene selbst, wie die Ausgrabungen vorgeschichtlicher Hügel in der Nähe von Persepolis ergaben, schon im 5. vorchristlichen Jahrtausend besiedelt war.

Die Felsbastion, auf der die Bauten von Persepolis errichtet wurden, ist dem Kut i-Rahmat vorgelagert. Sie hat etwa dieselbe Länge wie die Akropolis, ist aber drei- bis viermal so tief. Ursprünglich ist die Bastion wohl nur eine kleine Felskuppe gewesen. Durch die aus riesigen Blöcken gefügte Mauer und entsprechende Aufschüttungen wurde der Felsen in eine Festung mit drei Terrassen von verschiedener Höhe verwandelt. Der Zugang zu dieser Festung ist eine in die Mauer eingelassene majestätische Doppeltreppe. Die beiden Treppenläufe steigen von einer gemeinsamen Plattform am Fuß der Mauer rechts und links auf, wenden sich auf je einer kleineren Plattform auf halbem Wege und treffen sich wieder in Höhe des oberen Randes der Mauer auf einem Platz vor dem Tor des Xerxes, von dem noch die beiden mächtigen Seitenmauern stehen. Die Stirnseiten des Tores sind mit zwei Stieren geschmückt, die mit furchteinflößender Strenge den Besucher empfingen. Die Stufen der Treppe sind fast sieben Meter breit und achtunddreißig Zentimeter tief, aber nur zehn Zentimeter hoch. Sie angesichts der weiten Landschaft hinaufzusteigen vermittelt ein wunderbar schwebendes Gefühl. Es ist eine der großartigsten Treppen, die es auf der Welt gibt.

Vom Tor des Xerxes, an dessen Innenseite noch die niedrigen Marmorbänke erhalten sind, auf denen die Besucher des Königs, fröhlich oder besorgt, auf ihre Audienz warteten, geht man durch eine zur Seite sich öffnende Pforte über einen freien Platz auf die Audienzhalle, das Apadana, zu. Es liegt etwas höher als der freie Platz. Eine Treppe führt zu ihm hinauf. Alle Niveauunterschiede der drei vorhin erwähnten Terrassen werden durch solche Treppen überwunden. Auch diese Treppen, ebenfalls doppelläufig, sind großzügig angelegt, und deren Balustraden nun sind geschmückt mit jenen berühmten fortlaufenden Reliefs, Meisterwerken der achaimenidischen Kunst, in denen dargestellt ist, wie die unter der Herrschaft des Großkönigs stehenden Völker ihre Tribute aus allen Gegenden der Welt darbringen. In die Fläche der Dreiecke unter den Treppen rechts und links ist ein Stier eingemeißelt, der, von einem Löwen angesprungen, auf der Hinterhand zusammenbricht. Die Darstellung ist das Symbol eines alten asiatischen Mythos. Der Löwe des Sonnengottes besiegt den Stier der Finsternis.

Die einzelnen Figuren der Reliefs sind durch kleine Merkmale voneinander unterschieden, welche es dem Scharfsinn der Archaeologen möglich machten festzustellen, zu welcher Völkerschaft eine jede der Figuren gehört. Zählte man sie auf, es wäre eine eindrucksvolle Zusammenstellung. Es gibt dabei Einzelheiten, die recht amüsant sind. Die entfernteste der Völkerschaften, das an der Quelle des Nil wohnende Volk der Aethiopier, überbringt dem Großkönig ein goldenes Gefäß, den Stoßzahn eines Elefanten und eine Giraffe. Der Künstler, dem diese Szene zu meißeln aufgetragen war, hatte aber offenbar noch niemals eine Giraffe gesehen. Was er, auf Beschreibungen angewiesen, zustande brachte, ist denn auch nicht mehr als ein größerer, nach hinten schräg abfallender Esel mit einem etwas zu langen Hals. Die wirkliche Länge eines Giraffenhalses ist ja in der Tat auch einer der unglaublichsten Einfälle der Natur.

Die Reliefs, die die Treppen und die Wände der Paläste in Persepolis schmücken, stehen in ihrem künstlerischen Rang spätarchaischer griechischer Kunst in nichts nach. Sie sind von der gleichen strengen unpersönlichen Schönheit. Aber vom Ende des 6. Jahrhunderts an nahmen die Dinge in Hellas und im Iran einen überraschend unterschiedlichen Verlauf. In Hellas vollzieht sich der Übergang von der spätarchaischen zur klassischen Kunst, eines der großartigsten Phaenomene der ganzen Kulturgeschichte. Bei den Persern hingegen gibt es keine von der achaimenidischen Kunst von Persepolis ausgehenden Impulse. Der Grund ist, daß die Perser bei dem Aufbau ihres Weltreiches wohl einen eminenten politischen Elan aufbrachten, aber keinen in die Zukunft weisenden künstlerischen Elan entwickelten. Daß vierhundert Jahre nach dem Ende der achaimenidischen Plastik ihre Motive in der persischen Kunst wieder auftauchen, ist zwar ein Beweis dafür, daß die kulturelle Kontinuität niemals vollständig unterbrochen war, aber mit der sasanidischen Renaissance begann doch eine durchaus neue Epoche. Es ist interessant zu hören, was Herzfeld, der Iranist und Archaeologe, der sicherlich einer der wohlwollendsten Freunde der persischen Kultur ist, zu dieser Sache sagt: »Die Perser waren zu der Zeit, als sie in den Iran einwanderten, eine frische und junge Nation. Man würde erwarten, daß sie eine im Wesen noch junge und neue Kunst geschaffen hätten. Das ist aber nicht der Fall gewesen. Sie machten sich die Kunst des Alten Orient zu eigen, und zwar in der Phase, die im Iran am Beginn des ersten Jahrtausends vor Christi Geburt erreicht war. Sie folgten der Richtung, welche diese Kunst schon immer genommen hatte, und damit allerdings erreichten sie Resultate von unvergleichlichem Glanz. Aber das war keine junge Kunst, welche die Keime zu einer langen und großen Zukunft enthalten hätte; das war eine alte Kunst, die letzte fast der Entwicklung des Alten Orient, eine Kunst absolut ohne Zukunft.«

Betritt man das Apadana, ist man beeindruckt von seiner Größe. Auf der Fläche, die das Gebäude einmal einnahm, stehen die dreizehn Säulen, welche man von weitem schon sehen konnte. Sie haben die erstaunliche Höhe von zwanzig Metern. Die mittlere Höhe der Säulen des Parthenon in Athen beträgt nur knapp zehneinhalb Meter. Vor dem Apadana liegt ein geräumiger Vorplatz, der, beschützt von jetzt verschwundenen Seitengebäuden, von nirgendher eingesehen werden konnte. Von hier aus hatte der Großkönig einen weiten Blick über die Ebene bis hin zu den Bergen, welche sie im Süden begrenzen. Unten um die Mauer herum lag eine Stadt, welche, wie einige ausgegrabene Grundrisse von Palais und Villen zeigen, sehr prächtig gewesen sein muß. Die weite Ebene bot Platz genug, daß der Großkönig die Streitmacht des ganzen Reiches unter seinen Augen versammeln konnte.

Neben dem Apadana erheben sich die Reste des Palastes Dareios' I., dessen Front nach Süden gerichtet ist, dahinter die des Palastes des Xerxes. Hinter dem Apadana, durch einen weiten Hof getrennt, liegt die »Halle der Hundert Säulen«, in der die großen Feste gefeiert wurden. Von den hundert Säulen sind nur noch die Basen übriggeblieben, diese aber merkwürdigerweise in schöner Vollständigkeit.

Gewaltige Mengen Erde haben die Archaeologen wegschaffen müssen, um all diese Kostbarkeiten freizulegen. Wie aus einer auf Tontäfelchen festgelegten Abrechnung eines Zahlmeisters hervorgeht, waren die Arbeiter, die Persepolis bauten, ein wenig besser bezahlt als die, welche den Schutt der Jahrhunderte wieder wegräumten. Bei den Grabungen fanden die Archaeologen auch die in einen Steinkasten eingeschlossene 4998 Gramm schwere goldene Tafel, die Dareios der Große bei der Grundsteinlegung von Persepolis eigenhändig in die Tiefe versenkt hatte. Der Text, in Keilschrift geschrieben, ist in elamischer, altbabylonischer und persischer Sprache abgefaßt. Daß er noch heute lesbar ist, verdankt der Perserkönig dem König der Makedonen. Die Wissenschaft, die das Meisterstück zuwege brachte, die im Laufe der Jahrhunderte in Vergessenheit geratene Keilschrift zu entziffern, hat ihre Wurzeln in jener Welt des Hellenismus, in der so viele Gebiete der Forschung ihre erste große Blüte erlebten.

Diese ganze großartige alte Pracht eines Weltreiches hat Alexander der Große in Flammen aufgehen lassen. Ob er das nur zugelassen oder ob er es befohlen hat, ist eine Frage, die seit dem Altertum mit Erbitterung diskutiert wird. Bedeutung hat sie hauptsächlich für die Beurteilung von Alexanders Charakter.

Für die Perser ist Alexander »ein betrunkener Barbar«, der die Herrlichkeit der achaimenidischen Königsburg in Brand steckte. In dieser Strenge enthält die Meinung der Perser ein Körnchen geschichtlicher Ironie insofern, als der betrunkene Barbar gerade derjenige war, der es den Griechen abgewöhnte, die Perser als Barbaren zu betrachten. Aber man kann den Persern dieses Urteil nicht übelnehmen. Können sie sich dabei doch auf Plutarch berufen.

Plutarch erzählt, daß bei einem Gastmahl in der Halle der Hundert Säulen Thaïs, eine wunderschöne Athenerin, die Geliebte des Ptolemaios Lagou, die er später nach Aegypten mitnahm, in vorgeschrittener Stunde Alexander aufgefordert habe, den Palast des Königs Xerxes, der einst Athen und die alten Tempel auf der Akropolis verbrannt hätte, in Asche zu legen.

Daß der König der Makedonen in einer politisch so wichtigen Sache einer vom Wein erregten Hetaere gefolgt sei, mag sie noch so schön und gescheit gewesen sein, beweist allein schon, daß das eine Fabel ist. Die Quellenkritik hat denn auch nachweisen können, daß diese Schilderung des Vorfalls eine Legende ist, deren Entstehung in eine spätere Zeit fällt.

Sicher ist überhaupt nur eines, nämlich daß es gebrannt hat. Das Feuer ist so mächtig gewesen, daß einige der riesigen steinernen Säulenbasen in der Halle der Hundert Säulen gesprungen sind. Im benachbarten Palast des Dareios sind Brandspuren nicht festzustellen, ein Sachverhalt, welcher die Wahrscheinlichkeit erhöht, daß die Überlieferung, Alexander habe sehr bald zu löschen befohlen, der Wahrheit entspricht.

Freilich, auch in der Legende von der fackelschwingenden Hetaere Thaïs steckt, wie in jeder Legende, ein Körnchen Wahrheit. In der Tat hatte Xerxes Athen und die Tempel auf der Akropolis zerstört. Es galt also, die Götter zu versöhnen, und es galt, was fast ebenso wichtig war, die Toten im Hades zu versöhnen.

Man kann aus der Sicht einer saekularisierten Welt, die nicht mehr an Götter, sondern an Physikprofessoren glaubt, das Gewicht solcher Motive nur schwer bestimmen. Dem Motiv der Versöhnung der Götter und der Toten hätte natürlich eine Einäscherung von Susa ebensogut entsprochen. Nur hätte das nicht die gleiche Wirkung gehabt. Die seit zweihundert Jahren in den Seelen der Untertanen des Großkönigs verankerte Anhänglichkeit an das angestammte Herrscherhaus mußte einen vernichtenden Schlag bekommen, wenn durch die Lande die Kunde lief, Persepolis, die Stadt geheiligter Überlieferungen, die Gräber der großen Herrscher der Vergangenheit und Pasargadai, die Krönungsstadt, seien in der Hand des Feindes. Durch nichts hätte Alexander den Lauf des Gerüchtes mehr beschleunigen können als durch die unerhörte Sensation des Brandes.

Der Brand von Persepolis war die Fackel, die Alexander über Asien entzündete, den fernsten Völkern in den Steppen, Wüsten und Gebirgen des großen Reiches, die bisher dem König der Könige untertan gewesen waren, zu verkünden, daß Ahuramazda, der große Gott, dem Herrscherhaus der Achaimeniden seine Gnade entzogen habe, und daß er, Alexander von Makedonien, den Sieg errungen habe und der Erbe der Macht sei.

DAS ENDE DES DAREIOS

Nach dem Sieg von Gaugamela trat in den Entschlüssen Alexanders eine Verzögerung ein, die sich nicht ganz leicht erklären läßt. Alexanders Maßnahmen waren stets so scharf durchdacht und ihren Absichten so genau angepaßt, daß wir, wenn sie uns nicht angemessen und zweckmäßig erscheinen, Vermutungen darüber anstellen müssen, ob nicht Motive vorlagen, die zunächst für uns nicht erkennbar sind.

Alexander war, ehe er nach Susa aufbrach, vier Wochen in Babylon geblieben. Das mochte notwendig gewesen sein, damit die Truppe sich erholte. Aber auch in Susa ließ er eine ganze Zeit verstreichen, bevor er sich entschloß, das Zagrosgebirge zu überschreiten. Nicht nur, daß währenddessen der Winter immer näher kam und damit die militärischen Bedingungen für einen Übergang über das Gebirge von Woche zu Woche schlechter wurden, es war auch der schwierigste der möglichen Pässe, den Alexander für den Übergang wählte. Zudem wurde dieser Paß von einem fähigen und tapferen General des Dareios, dem Satrapen Ariobarzanes, verteidigt. Es wäre für Alexander einfacher gewesen, nach dem Norden zurückzukehren und von Babylon aus auf Ekbatana vorzustoßen. Die Passage von Bisutun, der Herzfeld den schönen Namen »Tor von Asien« gegeben hat, führt durch einen viel weniger schroffen, viel weniger schwierigen Teil des Gebirges. Sie wäre mit geringerer Anstrengung zu durchbrechen gewesen, als der Paß im Süden sie erforderte.

Vielleicht zögerte Alexander in Babylon und in Susa, weil er auf ein erneutes Friedensangebot des Dareios wartete. Die beiden ersten Angebote hatten unter Bedingungen gestanden, unter denen Alexander seinen eroberten Besitz nicht für ausreichend gesichert ansehen konnte. Das mächtige Zagrosgebirge als Grenze gegen das Persische Reich wäre für den Makedonenkönig akzeptabel gewesen. Für den Perserkönig war es nach Gaugamela eine weitaus dringlichere Angelegenheit, die Beziehungen zu dem schier unüberwindlichen Gegner friedlich zu regeln als nach Issos, zwei Jahre zuvor. Die Bedingung Alexanders, welche seinerzeit die Verhandlungen zum Scheitern gebracht hatte, daß Dareios sich ihm unterwerfen solle, war für den von seinen stolzen Satrapen umgebenen Großkönig nach wie vor unannehmbar. Aber Alexander konnte das so sicher nicht wissen. In den Vorstellungen, die seine großmütige Seele von der Anerkennung seiner Oberhoheit durch einen besiegten Feind hatte, gab es nichts, was die Ehre des Betroffenen gefährdet hätte. Später in Indien hat Alexander mit einem der mächtigen Rajahs des Punjab, König Poros, noch auf dem Schlachtfeld Freundschaft geschlossen. Alexander wäre souverän genug gewesen, mit dem Perserkönig ein ähnlich verständiges Arrangement zu treffen.

Die Frauen des Großkönigs waren von Alexander, ganz im Gegensatz zu den Kriegsbräuchen der Hellenen, mit Noblesse behandelt worden. Er hatte ihnen die Mittel zur Verfügung gestellt, die persischen Gefallenen ehrenvoll zu bestatten. Er überließ ihnen in Susa den königlichen Palast. Gegen die Bevölkerung war Alexander voller Wohlwollen. Die Truppe durfte sich keinerlei Ausschreitungen erlauben. Es mag nicht immer und überall fein zugegangen sein, aber wenn Alexander von Brutalitäten oder Vergewaltigungen erfuhr, strafte er streng. Die mit Krieg so unausweichlich gekoppelte Anarchie beseitigte der König in kürzester Frist. Dieser Sieger muß auf die Besiegten einen merkwürdigen Eindruck gemacht haben. Er dürfte ihnen etwas unheimlich vorgekommen sein, weil nicht »sofort eintrat, was sie fürchteten«. Auch in seinem Verhalten gegenüber den fremden Göttern zeigte Alexander eine des Kyros würdige Großmut. Er befahl, den von Xerxes zerstörten Tempel des Gottes Marduk in Babylon wieder aufzubauen. Vielleicht war Dareios überhaupt der erste, der Alexander mit Kyros, seinem eigenen großen Ahnen, verglich und bemerkte, welch eigentümliche Verwandtschaft zwischen den beiden Eroberern bestand. Daß Dareios eine hohe Meinung von Alexander hatte, geht aus einem uns überlieferten Ausspruch hervor, den der Perserkönig zu dem Soldaten machte, der ihn kurz vor seinem Tode fand. In keinem Punkt steht das, was Alexander nach der Besetzung Mesopotamiens und Elams unternahm, im Widerspruch zu der Annahme, daß er die Möglichkeit eines Kontaktes mit Dareios offenhalten wollte. Es mag auch dem Schüler des Aristoteles gelegentlich der Gedanke gekommen sein, ob nicht sein Wissensdrang von einem makedonisch-persischen Bündnis weit mehr zu erhoffen hatte als von einer in ihrer Zeitdauer nicht abzuschätzenden Fortsetzung des Krieges. Dareios hätte jeden Tag die Verbindung mit dem Makedonenkönig wiederaufnehmen können.

Er hat es nicht getan.

Während die graue Felslandschaft der Persis sich mit dem Grün des Frühlings zu schmücken begann, unternahm Alexander einen kleineren Feldzug zur Eroberung Karmaniens. Diese Satrapie lag zwischen der Persis im Westen und der Salzwüste Lut im Osten. Bei einem flüchtigen Blick auf die Karte sieht es aus, als ob es nicht viel Sinn gehabt habe, dieses Stück Land zu erobern, so abseits ist es gelegen. Da man aber bei Alexander sich nicht vorstellen kann, daß er um eines unbedeutenden Nebenzieles willen die große Entscheidung verschoben hätte, muß auch diese Aktion einen Grund gehabt haben. In der Tat, quer durch Karmanien ging ein Karawanenweg, der über den Mullapaß zum Unterlauf des Indus führte. Daß Alexander schon damals den Verlauf des indischen Feldzugs vorausgesehen hätte, ist natürlich unmöglich. Aber daß er eine Verbindung, die nicht mehr darstellte als eine vielleicht in irgendeiner Zukunft nützliche Chance, auf jeden Fall militärisch sicherte, ist wieder einmal der Beweis dafür, wie sehr Alexander auf Sicherheit ausging, wo immer ihm das möglich war. Einen Teil seines Heeres unter Krateros hat der König später tatsächlich von Indien aus über den so frühzeitig gesicherten Mullapaß nach Karmanien geschickt. Für ihn selbst wurde das Land zur Auffangstellung für den von ihm geführten Teil des Heeres, der vom Indusdelta aus, als Flankendeckung für die nach Westen segelnde Flotte des Nearchos in Küstennähe marschierend, durch die Wüste Makran nach Gedrosien und Karmanien zog.

Was sich während dieses Feldzugs im Frühjahr 330 am Hofe des Dareios abgespielt hatte, erfuhr Alexander später durch Melon, den griechischen Dolmetscher des Großkönigs, der während der Verfolgung des Dareios den Makedonen in die Hände fiel. Dieser Mann sagte nach seiner Gefangennahme aus, daß es der Plan der noch bei Dareios verbliebenen Fürsten sei, gegen die Zusicherung der Unabhängigkeit ihrer Reiche im Osten und Nordosten des Iran den Großkönig an Alexander auszuliefern. Die Intrigue, die schließlich zur Ermordung des Dareios durch seine letzten Anhänger führte, hatte in Ekbatana begonnen. Diese seine schon nicht mehr zuverlässige Umgebung dürfte es auch gewesen sein, die Dareios daran gehindert hat, noch einmal mit Alexander in Verbindung zu treten.

Im Juni 330 endlich schob Alexander alle politischen Überlegungen beiseite. Mit dem ausgeruhten Heer brach er nach Norden, nach Medien, auf. Seine Hoffnung war, unter den Mauern des Goldenen Ekbatana, von dessen Pracht und Herrlichkeit man sich die wunderbarsten Dinge erzählte, in einer letzten Schlacht die letzte Entscheidung herbeizuführen. Aber ein so glorreicher Abschluß des persischen Feldzuges stand nicht in den Sternen. Dareios hatte es, trotz der Atempause, die Alexander ihm vergönnt hatte, nicht zuwege gebracht, seine Streitkräfte soweit zu vermehren, daß er seinem furchtbaren Gegner auch nur mit einiger Aussicht auf Erfolg hätte entgegentreten können. Als Alexander vor der königlichen Residenz Ekbatana eintraf, erfuhr er, daß Dareios fünf Tage vorher die Stadt verlassen habe und gen Osten geflüchtet sei.

Was wohl hätte bei dem geringen Abstand zu dem flüchtenden Feind nähergelegen, als noch am selben Tag die Verfolgung aufzunehmen! Aber das, was jedermann hier erwartet, gerade das tat Alexander nicht. Er war von Persepolis nach Ekbatana aufgebrochen, die Entscheidungsschlacht zu liefern. Nachdem als Folge der unerwarteten Flucht des Dareios dieser Plan gescheitert war, hatte sich die gesamte operative Lage von Grund auf verändert. Alexander mußte damit rechnen, daß die Verfolgung des Dareios bis in die östlichsten Länder des Achaimenidischen Reiches führen werde. Er konnte nicht voraussehen, daß Dareios ermordet werden würde, bevor er Baktrien, die letzte Bastion, die ihm noch eine Verteidigung ermöglicht hätte, sein Reduit sozusagen, erreicht hatte. Auch mußte der König erwägen, daß er nunmehr sein junges Reich für lange Zeit würde allein lassen müssen. Er wäre nicht der große Meister der militärischen und politischen Strategie gewesen, wäre er aufgebrochen, ohne die Basis Ekbatana auf das sorgfältigste zu sichern. So ungestüm nachher die Verfolgung des Dareios war, Alexander besaß die Disziplin, den neuerlichen Aufbruch zu verschieben, bis alles Notwendige geregelt war.

Mit dem Abmarsch Alexanders von Ekbatana nach Osten begann die fünfte Phase seiner Kriegführung, die Phase der Vernichtung der Reste der achaimenidischen Macht. Es hieß, die Gebiete, die noch der Oberhoheit des Großkönigs unterstanden, zu besetzen und die letzten militärischen Kräfte des sterbenden Reiches auszuschalten. In ihrer operativen Idee war diese fünfte Phase einfacher, in ihrer Ausführung mühsamer als alles, was vorhergegangen war.

Schon mit der Eroberung der Persis und ihrer Königspfalzen war das Schicksal des Hohen Iran im Grunde entschieden gewesen. Was an Kriegführung noch folgte, war, so lange es auch immer dauerte, so groß die zu bewältigenden Räume, so mannigfaltig die erforderlichen Umwege sein mochten, nicht mehr als die konsequente Abwicklung einer Lage, aus der es niemals einen anderen Ausweg gab als den, welchen Alexander, man kann noch nicht einmal sagen wählte, man muß sagen, welchen einzuschlagen die Tatsachen ihn zwangen. Das, was man Alexander so gern als eine irreale, eine romantische Ausschweifung seiner Phantasie zum Vorwurf macht und was, nach Meinung der Kritiker, nur ungewöhnlicher

Glücksumstände wegen nicht zu Alexanders Untergang geführt habe, die Feldzüge in Mittelasien und die Eroberung der Länder am Indus, gerade das ist Realpolitik gewesen.

Napoleon spricht einmal » von der unerbittlichen Herrin «, der Macht der Tatsachen. Die Macht der Tatsachen, der sich Alexander ausgesetzt sah, läßt sich in ihrer Zwangsläufigkeit aufzeigen. Geschah doch, was er unternahm, zum zweitenmal in der Geschichte. Alexanders Aktionen zur endgültigen Zerstörung der achaimenidischen Macht stehen in einer bemerkenswerten Parallele zu den Aktionen, mit denen Kyros der Große diese Macht einst begründet hatte. Beide sahen sich denselben Problemen gegenüber.

Wenn zwei große Staatsmänner, bedeutende und erfolgreiche Feldherren, in vergleichbarer Lage dasselbe beschließen und damit erfolgreich sind, ist nicht anzunehmen, daß die Quelle ihrer Entschlüsse romantische Träume waren. Der gleiche Entschluß hat im einen Fall, im Fall des Kyros, zu einem zivilisierten Weltreich von zweihundert Jahren Dauer, im anderen Fall, im Fall Alexanders, zu einer über fast denselben Raum sich erstreckenden und sogar noch etwas länger dauernden blühenden Epoche hohen kulturellen Ranges geführt. Für beide hat Ekbatana, die Wächterin am Tor Asiens, eine entscheidende Rolle gespielt. Sowohl Kyros wie Alexander haben ihre wichtigsten operativen Entschlüsse in dieser Stadt gefaßt. Sie betrafen die Grenzen, die sie ihren Eroberungen setzen wollten. Es waren dieselben Grenzen. Das ist Grund genug, den Ort einer so merkwürdigen Übereinstimmung zwischen zwei durch einen so langen Zeitraum getrennten Männern einer eingehenderen Betrachtung zu unterziehen.

Ekbatana, das heute Hamadan heißt, hat, wie Shiras, ein berühmt gutes Klima. Die Stadt liegt auf achtzehnhundert Meter Höhe am Fuß eines kleinen Hügels, von dem aus man einen weiten Blick in die Ebene gen Osten hat. Hinter der Stadt erhebt sich ein von Nordwest nach Südost verlaufender Kamm des Zagrosgebirges mit dem dreieinhalbtausend Meter hohen Alvand. Die Kuppen der Berge sind bis zum Frühsommer mit Schnee bedeckt. Die tieferen Hänge des Gebirges sind noch heute mit gemischtem Wald bestanden, ein im Hohen Iran seltener Anblick. Der Ort selbst ist umgeben von Gärten, Feldern und Obstplantagen, die mit Mauern und grünen Hecken gegeneinander abgegrenzt sind.

Gärten! Unser Wort Paradies ist das persische Wort für Garten. In einem Land der Kargheit, des Karstes, des Sandes, der unerbittlich sengenden Sonne, eisiger Winde, des ewigen trostlosen Wassermangels sind Gärten ein Traum von Frieden und Geborgenheit. Die landschaftliche Schönheit und die Tatsache, daß auch im Sommer die Luft an diesem Platz frisch ist, hat ihm die Ehre eingebracht, siebenmal die Hauptstadt größerer oder kleinerer Reiche gewesen zu sein.

Die ersten, die Ekbatana zu ihrer Hauptstadt machten, waren in der zweiten Hälfte des 7. Jahrhunderts vor Christi Geburt die Meder. Schon sie haben den Iran gegen die im Zweistromland herrschenden Assyrer verteidigen müssen. Den Medern folgten hundert Jahre später die Perser. Zur Römerzeit war Ekbatana eine der Kapitalen des Partherreiches, das die Römer, ebenfalls von Westen her, allerdings vergeblich angriffen. Danach wurde Ekbatana eine der Sommerresidenzen der wieder persischen Dynastie der Sasaniden. Um das Jahr 1000 nach Christi Geburt war Ekbatana eine Zeitlang die Hauptstadt der aus Innerasien gekommenen türkischen Seljuken, die später nach Anatolien weiterzogen. Ein Khan der Mongolen wurde in dieser Stadt gekrönt. Davor, dazwischen und danach ist Ekbatana noch einige Male erobert und dabei meistens auch zerstört worden von Kriegsvölkern, die, wie die Araber, den Schwerpunkt ihrer Macht außerhalb des Hohen Iran hatten.

Was die Ehre, siebenmal Hauptstadt gewesen zu sein, in Wahrheit wert ist, hat am besten der arabische Historiker Hamdullah Mustaufi beurteilen können, der im 14. Jahrhundert Hamadan besuchte und die ganze alte Stadt noch als ein riesiges Trümmerfeld vorfand. Selbst die Trümmer hat unterdessen die Erde verschlungen, bis auf ein einziges, merkwürdiges Denkmal. Es ist der Torso eines gewaltigen steinernen Löwen. Das Denkmal steht auf einem kleinen Hügel vor der Stadt. Ursprünglich ist es ein sitzender Löwe gewesen. Er schmückte ein großes Tor, das im 10. Jahrhundert zerstört wurde. Dabei ist der Löwe arg zerstümmelt worden. Die Vorderpranken brachen ab, und so liegt er, ein wenig unglücklich, auf dem Bauch.

Dieser Löwe wird von den Einwohnern Hamadans seit unvordenklichen Zeiten als ein magisches Unterpfand des Glücks ihrer Stadt betrachtet. Von den Frauen wird er als Fruchtbarkeitszauber verehrt. Als ihn einmal ein Eroberer wegbringen lassen wollte, kam es fast zu einem Aufstand. Nach all dem, was die Stadt erlebt hat, ist das Vertrauen des Volkes in die Schicksalsmacht des steinernen Löwen wahrhaftig ein rührendes Beispiel der Tapferkeit des menschlichen Herzens, welches niemals aufhören will, an die Zukunft zu glauben.

Um den Löwen von Hamadan ist lange der Streit gegangen, wohin er einzuordnen sei. Die einen erklärten ihn für ein Kunstwerk der Meder. Dann würde er ins 7. Jahrhundert vor Christi Geburt gehören. Andere hielten ihn für ein Werk der Parther aus dem 2. Jahrhundert vor Christi Geburt. Es ist aber in neuerer Zeit bei Amphipolis in Thrakien in der Mündung des Strymon ein Löwe aus dem Sand des Flusses gegraben worden, welcher, nach dem Vergleich mit einem auf Münzen Philipps II.

abgebildeten Löwen, jedenfalls das Grabmal der bei der makedonischen Eroberung von Amphipolis Gefallenen war.

Luschey, mein archaeologischer Freund in Teheran, demonstrierte mir an Hand seines Photomaterials an Ort und Stelle seine erstaunliche Entdeckung, daß der Löwe von Hamadan ein Bruder des Löwen von Amphipolis ist und daß beide einen dritten Bruder haben – den Löwen von Chaironeia! Die Ausmaße und gewisse kunsthistorische Merkmale beweisen es.

Der Löwe von Hamadan stammt also aus der zweiten Hälfte des 4. Jahrhunderts vor Christi Geburt. Er ist das einzige steinerne Zeugnis, das aus der Zeit Alexanders des Großen im Hohen Iran erhalten geblieben ist. Geht man abends bei Sonnenuntergang »zum Löwen hinaus«, kann man feststellen, daß der Träger dieser ehrwürdigen Überlieferung ein Liebling der Kinder ist. Es gehört zu den großen Vergnügungen der Knaben von Hamadan, auf dem Löwen zu reiten. Nur, daß sie nichts von Alexander wissen!

Nun wäre Ruhm freilich ein allzu flüchtiges Ding, wenn er allein auf steinernen Zeugen beruhte. In Hamadan steht noch ein anderes Denkmal des Ruhmes, das Mausoleum des 'Abu Ali al-Husain Ibn 'Abdallah Ibn Sina, der 980 nach Christi Geburt bei Buchara in Turkmenistan geboren wurde und 1037 mit siebenundfünfzig Jahren in Hamadan starb.

'Abdallah Ibn Sina war der bedeutendste Philosoph und der größte Mediziner der persisch-arabischen Kultur. In Europa hat man den schwer zu behaltenden Namen zu Avicenna latinisiert. Die Kenntnis der von Avicenna verfaßten Enzyklopaedie der Medizin, die auf griechische Quellen zurückging, ist nicht lange nach seinem Tode etwa zur Zeit der Kreuzzüge durch die spanischen Mauren nach Europa gelangt. So wurde altes Erbe der Antike von einem großen Gelehrten des Morgenlandes dem Abendland zurückgereicht.

Was Avicenna mit Alexander verbindet, ist, daß beide, obgleich ein Dutzend Jahrhunderte sie trennen, den gleichen Lehrer hatten. Im Alter von siebzehn Jahren lernte Avicenna die Metaphysik des Aristoteles auswendig. Die Tiefe der philosophischen Einsichten und die Spannweite der naturwissenschaftlichen Erkenntnisse Avicennas beruhen auf den gleichen Lehren, denen im Alter von siebzehn Jahren Alexander gelauscht hat. Ohne Alexander freilich hätte Avicenna wahrscheinlich nicht einmal den Namen des Aristoteles je zu hören bekommen. So ist das moderne, künstlerisch sehr eindrucksvolle, von einem französischen Architekten entworfene und erbaute Mausoleum, mit dem die Perser das Andenken ihres größten Gelehrten ehren, zugleich ein Denkmal zu Ehren des größten Königs der Makedonen.

Die wichtigste Ursache für die so bewegte, so ruhmvolle und so schmerzliche Geschichte Ekbatanas, heute nur noch die bescheidene Kapitale eines Distrikts, ist seine Lage. Die Straße, die von Baghdad über Hamadan nach Osten führt, ist eine Hochstraße der Geschichte. Sie verbindet über einen bequemen Paß des Zagrosgebirges Mesopotamien mit dem Iran. Das aber heißt, daß sie die Welt des Mittelmeeres mit der Welt Asiens und Indiens verbindet. Es ist ein Stück jener Straße, die schließlich Rom mit Peking verbinden sollte – ein Stück der berühmten Seidenstraße.

Die großen Umschlagplätze des Handels an diesem uralten Pfad der Menschheit sind in der Verlorenheit der weiten Länder des Ostens mit ihren endlosen Wüsten, Steppen und Gebirgen so etwas wie Häfen. Und so muß man sie auch betrachten, wenn man dahinterkommen will, was sie strategisch bedeuten. Der Hohe Iran konnte nur dann mit einiger Aussicht auf Erfolg verteidigt werden, wenn man gleichzeitig alle seine Zugänge beherrschte. Unter diesen Zugängen gibt es keinen, von dem aus das Land nicht schon ein oder mehrere Male erobert wurde. Darum eben genügte es auch nicht, daß man nur die Pässe besaß, von denen aus der Iran bedroht ist, man mußte Herr der Länder sein, zu denen diese Pässe führen.

Als Kyros, von der Persis, seinem Stammland, ausziehend, Ekbatana in Medien erobert hatte, sah er seine nächste Aufgabe darin, sich des Vorgeländes im Westen, das heißt Mesopotamiens zu bemächtigen. Diese Aufgabe hatte Alexander, als er Ekbatana einnahm, schon hinter sich. Nachdem Kyros nicht nur Mesopotamien, sondern gleich den ganzen Westen bis zum Mittelmeer in seinen Besitz gebracht hatte, machte er sich auf, das Glacis des Nordostens, die Länder am Oxos und Jaxartes zu erobern, um einen Schutzwall gegen die Nomaden Zentralasiens zu schaffen. Dort in der Steppe ist der große Kyros in einer Schlacht mit den Skythen gefallen. Das Fünfstromland zu besetzen mußte er seinem Nachfolger überlassen. Dareios I. begann, sogleich nachdem er die Kämpfe um den Thron zu seinen Gunsten entschieden hatte, seinen Feldzug zur Eroberung des Punjab. Die von diesen weitblickenden ersten persischen Königen durchgeführte Besetzung der drei dem Hohen Iran vorgelagerten Flußgebiete ist der tiefere Grund für die zweihundertjährige Stabilität des Achaimenidenreiches.

Fünfhundert Jahre später trat das Unausweichliche in der strategischen Situation des Hohen Iran erneut in Erscheinung. Als die ersten Sasanidenkönige in der zweiten Hälfte des 3. Jahrhunderts nach Christi Geburt Persien wieder zu einer Großmacht erhoben, war das erste, was sie unternahmen, die Eroberung der Transoxiana, des Industals und Mesopotamiens. Wiederum fünfhundert Jahre später war es der Kalif Harun al-Rashid, der Freund Karls des Großen, der von Baghdad aufbrach, eine Rebellion in dem auch von den Arabern unterworfenen Stromgebiet des Oxos und Jaxartes niederzuschlagen. In Meshed, zwischen der Salzwüste Dasht i-Kevir und der Turkmenensteppe, starb Harun al-Rashid. In der schönsten und heiligsten Moschee Persiens ist er begraben.

Auch der geistigen Parallelen zwischen Kyros und Alexander gibt es genug. Die Idee der Toleranz zwar, die Idee einer gerechten Regierung, ist älter als Kyros. Unweit des Palastes Dareios' I. in Susa, in dem Alexander sich zum erstenmal auf einen Thron des Großkönigs setzte, hat man am Ende des 19. Jahrhunderts tief in der Erde jene berühmte Stele gefunden, auf der die Gesetze des Hammurabi, des großen Amoriterkönigs von Babylon, eingemeißelt sind. Es ist die älteste Proklamation der Menschenrechte, die wir besitzen. Im Louvre steht das steinerne Denkmal, auf welchem vor nunmehr beinahe viertausend Jahren ein Herrscher Gesetze verkündete, die den Schwachen gegen den Starken, den Armen gegen den Reichen, den Untertan gegen den Übermut der Beamten schützen sollten.

Wenn also auch die Idee der Toleranz in Asien uralt ist, war doch Kyros nach einer jahrhundertelangen Periode furchtbarer Kriege mit schrecklichen Städtezerstörungen und Verschleppungen ganzer Völker endlich wieder ein Herrscher, der als Sieger mild, als König gerecht, als Staatsmann weise war. Er führte eine Art von kulturellem und religiösem Selbstbestimmungsrecht der Völker in seinem weiten Reich ein. Dareios I. folgte ihm darin. Alexander hatte Kyros hoch verehrt, aber, was wichtiger ist, es gibt außer Aristoteles niemanden, von dem Alexander so viel gelernt hat wie von dem Begründer des Reiches, das zu zerstören ihm bestimmt war. Die wichtigsten konstitutiven Elemente des Weltreichs Alexanders waren schon von Kyros und Dareios I. geschaffen worden. Dazu gehörte in erster Linie die glänzend arbeitende persische Verwaltungsbürokratie, die Alexander im wesentlichen übernahm. Nur einige wenige für die Sicherheitsbedürfnisse des Siegers wünschenswerte Änderungen fügte er dem alterprobten System hinzu.

Kyros und Dareios waren es auch, von denen Alexander die Einsicht übernahm, daß, wenn der Besitz des Westiran nicht eine ganz vage Sache bleiben sollte, er den Wegen seiner Vorgänger bis zum Jaxartes und zum Oxos folgen mußte. Eine andere Frage ist, ob nicht Alexander in der Neugier seines Forscherdranges, der in seiner vielfältigen Seele eine so große Rolle spielte, über die realpolitische Notwendigkeit, bis »ans Ende der Welt« zu gehen, doch sehr entzückt war.

Was nun hieß für Alexander in Ekbatana »bis ans Ende der Welt«? Was bedeutete das? Was war hier Traum und was war Wirklichkeit?

Die alte Handelsroute, an der Ekbatana liegt, führt zunächst durch den ganzen Hohen Iran hindurch nach Herat im heutigen Afghanistan. Dort teilt sie sich. Die eine Trasse verläuft nördlich des Hindukush zum Oxos und Jaxartes, die andere südlich des Gebirges in einem großen Bogen entlang dem Verlauf des Hilmendflusses nach Kabul und von da aus über den berühmten Khyberpaß nach Indien. Diese Verkehrsverbindung war natürlich keine Straße, sondern ein Karawanenpfad. Durch die Art und Weise, in der unsere Landkarten gezeichnet sind, wird Bedeutung und Auswirkung eines Karawanenweges nicht erhellt, sondern verschleiert. Ein Karawanenweg stellt zwei Dinge sicher. Man kann sich nicht verirren, weil es immer genug Kameltreiber gibt, die die Piste kennen. Es gibt Wasser. Ein Karawanenweg läuft entweder an Flüssen entlang oder so, daß immer Brunnen sich finden in Abständen, die nicht größer sind, als daß Mensch und Tier sie in einem Tage- oder Nachtmarsch überbrücken können. Eine ganze Armee schöpft natürlich leicht einen Brunnen leer, der zu nicht mehr bestimmt ist, als den Durst von hundert Kamelen zu stillen. Alexander zwar verfügte über Pionierkommandos, die auf das schnelle Graben von Feldbrunnen spezialisiert waren. Gleichwohl ist in wasserarmen Ländern eine Armee in jedem Fall auf diese alten Wege angewiesen. Alexander hat sich auch immer an sie gehalten. Eine Ausnahme macht sein Marsch durch die Wüste Makran vom Indusdelta nach Karmanien. So gute militärische Gründe er für diesen Marsch hatte, er sollte ihn schwere Verluste kosten.

Die Makedonen waren von den persischen Reichsstraßen sehr angetan. In Griechenland gab es höchstens Saumpfade. Die Griechen waren nur durch Wasser miteinander verbunden, das allerdings über die ganze mediterrane Welt hin. Die Spärlichkeit der Kommunikationen zu Lande zwischen den einzelnen Poleis in Hellas selbst hing mit dem Unabhängigkeitsdrang der hellenischen Stadtstaaten zusammen. In der übrigen Welt war Straße ein unbekannter Begriff. Die Römer, nächst den Persern und den Inka die größten Straßenbauer der Geschichte, haben ihre erste Straße, die Via Appia, die doch zunächst nur Rom mit Capua verband, erst zehn Jahre nach Alexanders Tod gebaut.

Man versteht den Alexanderzug besser, wenn man auf der Karte des Iran nur die Verbindungen einzeichnet, die genügend Wasser hatten, den Marsch einer Armee zu ermöglichen. Auf dieser Karte erkennt man mit einem Blick, daß für eine erobernde Armee, die von Ekbatana aus nach dem Osten gelangen wollte, nur ein einziger Weg in Frage kam. Dieser Weg lief entlang des Südhanges des Elburzgebirges, das sich parallel der Südküste des Kaspischen Meeres hinzieht. Es ist der Weg, auf dem Dareios floh. Es ist der Weg, auf dem Alexander ihn verfolgte. Und freilich ist es auch der Weg, den zu allen Zeiten die Eroberer genommen haben, die aus dem Innern Asiens nach dem Westen aufgebrochen waren. Viele Male im Laufe der Jahrtausende haben sich auf dieser Piste geschichtliche Ereignisse höchsten Ranges abgespielt.

Der Marsch von Ekbatana nach Herat enthielt für Alexander in seinem ersten Drittel, das heißt auf einer Strecke von etwa sechshundert Kilometern, kein militärisches Risiko. Im Norden zog sich das Elburzgebirge entlang, dessen wenige Pässe sich leicht beherrschen ließen. Auch konnten sich in dem schmalen Küstenstreifen zwischen dem Nordhang des Elburz und der Südküste des Kaspischen Meeres größere Gefahren nicht entwickeln. Im Süden dieser Piste lag die Dasht i-Kevir, eine Salzwüste von solcher Trostlosigkeit, daß es da nicht einmal Nomaden gab. Dieses erste, militärisch risikofreie Drittel der Strecke Ekbatana – Herat endete in Hyrkanien, der an der Südostecke des Kaspischen Meeres gelegenen Satrapie. Von hier aus öffnete sich gen Nordosten hin die Steppe Turkmenistans, deren heutiger Name an eines der vielen geschichtlichen Ereignisse späterer Zeit erinnert. Hier sind vor ungefähr zwölfhundert Jahren die Vorhuten der Türken vorbeigezogen. Hier endete die Verfolgung des Dareios. Hier begannen die neuen Gefahren.

Der Osten des Hohen Iran, den Alexander zu besetzen sich anschickte, war eine leere Welt. Erstaunlich sind die Entfernungen. Von Ekbatana bis zu dem Platz, an dem Polystratos den sterbenden Dareios fand, sind es ungefähr siebenhundert Kilometer. Von Ekbatana bis zu jenem äußersten Punkt am Jaxartes, wo der König Alexandreia Eschate gründete, sind es zweitausenddreihundert Kilometer, und bis zum äußersten Punkt des Feldzuges in Indien sind es von Ekbatana aus dreitausendsechshundert Kilometer. Dagegen war die Nachschublinie Napoleons von Warschau bis Moskau mit ihren zwölfhundert Kilometern keine so enorme Distanz. Und doch hat ihre Länge zusammen mit dem Klima genügt, seine Armee zugrunde gehen zu lassen.

Von dieser leeren Welt des Ostens mit ihren riesigen Entfernungen gewinnt man einen ausgezeichneten Eindruck, wenn man sie vom Flugzeug aus betrachtet. Die Flugstrecke von Teheran nach Kabul, der Hauptstadt Afghanistans, hat eine Länge von achtzehnhundert Kilometern. Man startet sehr früh am Morgen, weil dann die Luft über der Wüste noch ruhig ist. Majestätisch zieht an Backbord der beinahe sechstausend Meter hohe schneebedeckte Kegel des Demavend vorüber, von dessen Gipfel aus man weit aufs Kaspische Meer hinausblickt. Die Wüste ist gebirgig, und wenn nach ein oder zwei Stunden die sonnenbestrahlten Hänge sich erwärmen, während die im Schatten liegenden kühl bleiben, entstehen leicht gespenstische Luftwirbel von wenigen Metern Durchmesser und vielen hundert Metern Höhe.

Immer wieder späht man hinunter, fasziniert von den ständig wechselnden Farben. Es ist eine Salzwüste, deren blendendes Weiß von den bunten Farben freiliegenden Gesteins mannigfaltig unterbrochen wird. Kein Tier lebt da unten, keine Pflanze gedeiht da.

Und die Erde war wüst und leer...

Während in Arabia deserta oder am Sinai immer einmal wieder eine Tamariske ihre trockenen Äste anklagend zum Himmel streckt oder ein einsames Kamel still an einem Dornbusch knabbert, ist hier unten alles tot. Diese Einöde wird, nach einem Ondit der Jäger, nur von einem einzigen Tier bewohnt, das in dieser leeren Welt ein legendäres Dasein führt, dem Onager, einem prachtvoll gewachsenen, pfeilschnellen Geschöpf, fast Wildpferd mehr als Wildesel.

Das Unheimliche, das Unmenschliche dieser Einöde wird vollends offenbar, wenn man in dieser Gebirgswüste plötzlich einen ganz kleinen grünen Fleck entdeckt und ein ganz kleines regelmäßiges Rechteck, das nur ein Haus sein kann, und dann nach einer Weile wieder so einen ganz kleinen grünen Fleck mit einem ganz kleinen regelmäßigen Rechteck. Mit Hilfe der Uhr und der Geschwindigkeit des Flugzeugs kann man ausrechnen, daß zwischen dem einen und dem anderen kleinen grünen Fleck fünfzig Kilometer liegen, zwei volle Tagemärsche! Was für Menschen mögen das sein, die unter so extremen Bedingungen, in die Erde gekrallt, ihr tapferes Dasein führen?

Hätte man Alexander von Susa aus über Persepolis, Ekbatana, Kabul nach Samarkand geflogen, eine Distanz, welche seine Armee im Lauf von zwei Jahren zu Fuß zurücklegen sollte, hätte Alexander gesehen, wie die Länder dieses Achaimenidischen Weltreiches in Wirklichkeit aussahen, er wäre in Susa geblieben.

Was also bedeutete »bis ans Ende der Welt«?

Die Gelehrten in Alexanders Stab hatten ihm gesagt, daß von den Höhen des Hindukush aus der die Erdscheibe umfließende Okeanos zu sehen sein werde. Welch vernünftiger Gedanke Alexanders, bis zu einer Grenze gehen zu wollen, jenseits derer es keine Feinde mehr gab! Auf keine andere Weise hätte er wenigstens diese eine Grenze seines Weltreichs endgültiger sichern können. So hatte Alexanders Vorsatz, den Okeanos der Gelehrten zu erreichen, wahrhaftig nichts Utopisches. Bis zu dem Punkt, von dem die Männer der Wissenschaft ihm versichert hatten, daß er da den Ozean finden werde, ist Alexander gekommen. Wie fast immer blieb die Wirklichkeit hinter dem Traum zurück. Doch sollte schließlich durch eines jener Wunder, welche das Studium der Geschichte so faszinierend machen, die Wirklichkeit den Traum weit überholen. Wenn es auch nicht König Alexander war, der den Ozean erreichte, so war es doch Apollon.

Hellenistische Künstler in den griechischen Königreichen, die das Erbe Alexanders in Asien antraten, haben der ersten der großen Weltreligionen, dem Buddhismus, das Bild ihres Stifters und Heiligen, des Gautama Buddha, geschaffen. Dieses Bild war zugleich ein indischer Heiliger und ein griechischer Gott. Mit der Ausbreitung des Buddhismus gelangte dieses griechische Bild Buddhas über Baktrien und die Oasen des Tarimbeckens nach China, Korea und Japan. So hat wenigstens ein Hauch jenes Geistes von Hellas, den der Makedone nach Mittelasien und Indien gebracht hatte, schließlich und endlich den Okeanos erreicht.

Von Ekbatana aus schickte Alexander die nicht mehr dienstfähigen Veteranen, reich beschenkt, in die Heimat zurück. Er ließ die Schätze von Persepolis und Pasargadai nach Ekbatana bringen und sorgte für ihre Sicherheit. Er ordnete die Verwaltung. Er bestimmte schon zu diesem Zeitpunkt, welche seiner Generale die Gebiete befrieden oder erobern sollten, die er auf seinem weiteren Marsch nach Osten rechts und links würde liegenlassen müssen.

Nach dieser genauen, sorgfältigen, alles bedenkenden Vorbereitung der Zukunft brach Alexander auf zur Verfolgung des Dareios, der unterdessen seinen Vorsprung beträchtlich hatte vergrößern können. Diese Verfolgung war hartnäckiger und bösartiger als irgendeine, welche die Geschichte kennt. Ihre Unerbittlichkeit, ihre Schnelligkeit, die Rücksichtslosigkeit, die Alexander gegen seine eigenen Verluste zeigte, alles das hatte vor allem den Effekt einer totalen Demoralisierung des fliehenden Gegners. Als Alexander die Perser erreichte, hatte er von seiner Armee unmittelbar bei sich nur noch eine kleine Gruppe Berittener. Die Granden, die Dareios begleiteten, hatten unter der Führung des Bessos den Großkönig gefangengesetzt. Schließlich, als eine Staubwolke am Horizont hochwirbelte, welche nur noch bedeuten konnte, daß die Verfolger sie erreicht hätten, wußten sich die Verschwörer nicht anders zu helfen, als daß sie den unglücklichen König zu ermorden beschlossen. Doch war die Hast, mit der sie diesen Entschluß in die Untat umsetzten, so groß, daß der unglückliche Dareios nur schwer verwundet wurde. Das ungeheuerliche Ende des Großkönigs, der, bevor Alexander in Erscheinung trat, eine kurze Zeit lang der mächtigste Mann auf Erden gewesen war, beschreibt Plutarch.

»Die Verfolgung des Dareios erwies sich als sehr beschwerlich und langwierig. Alexander mußte in elf Tagen nicht weniger als dreitausend Stadien reiten. Deshalb ermatteten endlich die meisten, namentlich infolge des Wassermangels. Da begegneten ihm einmal etliche Makedonier, welche auf Mauleseln einiges Wasser in Schläuchen von dem Flusse herbrachten. Sie erblickten Alexander, der, weil es bereits Mittag war, durch den Durst sehr zu leiden hatte. Demnach füllten sie rasch einen Helm und brachten ihn herbei. Auf seine Frage, für wen sie das Wasser geholt hätten, erwiderten sie: ›Für unsere Kinder! Aber wenn du nur am Leben bleibst! Die Kinder können wir schon verlieren. Wir bekommen wieder andere!‹

Kaum hatte Alexander dies gehört, als er den Helm in die Hand nahm. Er sah sich um. Er bemerkte, daß die Reiter in seinem Gefolge allesamt die Köpfe hängen ließen und nach dem Trunk hinschielten. Da gab er's zurück, ohne getrunken zu haben, nur mit einigen Worten der Anerkennung für seine Leute.

›Wenn ich allein trinke‹, sagte er, ›so verlieren diese den Mut!‹

Die Reiter, welche seine Beherrschung und seine Seelengröße sahen, riefen ihm jetzt mit lautem Geschrei die Worte zu: ›Mutig voran!‹ und peitschten ihre Pferde. Sie seien nicht müde, sagten sie, nicht müd' und nicht durstig. Der Tod selbst könne ihnen nichts anhaben, solange sie einen solchen König hätten!

Der gute Wille war nun zwar bei allen der gleiche; dennoch sollen nur noch sechzig Mann mit Alexander in das feindliche Lager eingedrungen sein. Hier sprengten sie über eine Menge von Gold und Silber, das auf dem Boden umherlag, hinweg. Auch eilten sie an vielen mit Kindern und Weibern beladenen Wagen vorbei, die von ihren Fuhrleuten verlassen waren und nach allen Richtungen auseinanderstoben. Sie wollten nur immer die Vordersten verfolgen, unter welchen sie den König vermuteten.

Mit großer Mühe gelang es, ihn aufzufinden. Sein ganzer Leib stak voll mit Wurfgeschossen. So lag er auf einem bedeckten Reisewagen, dem Tode nahe. Dennoch verlangte er noch zu trinken, und als er frisches Wasser getrunken hatte, sagte er zu Polystratos, der es ihm gab: ›Freund, das ist jetzt das Ärgste von meinem ganzen Elend, daß man mir Gutes getan hat, ohne daß ich es vergelten kann. Aber Alexander wird dir's lohnen! Und dem Alexander werden die Götter seine Freundlichkeit lohnen, die er meiner Mutter, meiner Gemahlin und meinen Kindern bewiesen hat. Diesen Händedruck gebe ich ihm durch dich!‹ Nach diesen Worten faßte er noch die Hand des Polystratos. Dann verschied er.

Als Alexander herbeikam, trat sein Schmerz über dieses traurige Ende seines Gegners deutlich hervor. Er nahm seinen Mantel von den Schultern und legte ihn über den Leichnam, um diesen zu bedecken.«

Es ist eine ergreifende Szene, wie der führerlose Ochsenkarren mit dem sterbenden Großkönig knarrend durch die Steppe zieht. Der Durst hatte die Ochsen schließlich zu einer Wasserstelle geleitet, wo Polystratos den Dareios fand. Zweimal in ihrem Leben hatten die Könige in der Schlacht einander gegenübergestanden. Jahrelang hatte einer des anderen Gedanken zu erraten versucht. Sie hatten einander gut gekannt. Sie waren ritterlich zueinander gewesen. Das Charisma seines Königtums hatte Dareios auch unter den äußersten Bedrohungen niemals verraten. In all seiner Schrecklichkeit war es ein edler Tod. Alexander hatte das begriffen. Durch nichts hätte er eindringlicher bezeugen können, daß er der wahre Erbe des Dareios in der Herrschaft über Asien war, als durch die Geste, den toten Feind mit seinem eigenen Königsmantel zu bedecken. Ein Soldat hat dem Dareios die letzte Liebe, ein König hat ihm die letzte Ehre erwiesen.

Die sterblichen Überreste des letzten Achaimeniden wurden, im königlichen Schmuck, an Sisygambis, seine greise Mutter, gesandt, damit sie ihren Sohn seinem Range gemäß bestatte.

Das Grab ist verschollen.

BITTRE FRUCHT ERFOLG

Nach dem Tode des Dareios brach eine verwirrende Fülle von Ereignissen über Alexander herein. Doch nahm von jetzt an die Bedeutung des kriegerischen Geschehens ab, während die politischen und kulturellen Probleme immer mehr Gewicht bekamen. Es ist nicht notwendig, die über die nächsten Jahre sich erstreckenden Feldzüge Alexanders in Mittelasien und Indien in allen Einzelheiten zu verfolgen. Ihr Ziel war, das eroberte Gebiet bis zu den Grenzen zu erweitern, welche Sicherheit und Stabilität zu gewährleisten versprachen.

Alexander blieb so lange in Hyrkanien, bis er die wirtschaftlich und militärisch wichtige Landschaft an der Südostecke des Kaspischen Meeres gesichert hatte. Dann brach er zur Verfolgung des Fürsten Bessos auf. Er betrachtete es als seine Pflicht, den Königsmörder zu bestrafen, so sehr empfand er sich als den rechtmäßigen Erben des Thrones der Großkönige, als den Nachfolger der Achaimeniden.

Bessos war ein persischer Patriot, der hoffte, den Nordosten des Reiches vor Alexander retten zu können. In den ihm verbliebenen Ländern verfügte er noch über beträchtliche Kampfreserven. Als Alexander etwa die Hälfte des Weges zwischen Kaspischem Meer und Hindukush zurückgelegt hatte, erreichte ihn die Nachricht, Bessos habe sich die Tiara, die persische Königskrone, aufs Haupt gesetzt und den Namen Artaxerxes angenommen. Er wäre der vierte Herrscher dieses Namens gewesen. Artaxerxes bedeutet »Der, dessen Reich wohlgeordnet ist«. Der Name hatte magische Funktion. Er sollte die Zukunft beschwören. Daß Fürst Bessos ein Achaimenide war, gab seiner Usurpation der Krone eine gewisse Legitimität. Alexander mußte ihn, wenn er in Persien Frieden haben wollte, vernichten. Doch bevor wir mit Alexander den Marsch zum Hindukush fortsetzen, müssen wir noch einmal den Blick zurück nach Hellas wenden. Dort hatten sich während dieses Sommers 330 die Verhältnisse aufs äußerste zugespitzt.

Der in Hellas seit dem Beginn des Feldzuges in Asien unter der Oberfläche schwelende Widerstand gegen die makedonische Oberherrschaft, die schleichende Revolution gegen Alexander, die in Athen von den alten Demokraten um Demosthenes geschürt wurde, hatte endlich in Agis, dem König von Sparta, einen entschlossenen Führer gefunden. Im letzten militärisch noch einigermaßen aussichtsreichen Augenblick unternahm er den Versuch, die makedonische Macht in ihrem Stammland zu vernichten. Niemals war Alexander in größerer Gefahr als in diesem Feldzug, auf dessen Verlauf er keinen Einfluß hatte.

Ein Krieg in Hellas hatte gedroht, seit Alexander Europa verlassen hatte. So muß es für den König geradezu eine Erlösung gewesen sein, daß der Konflikt endlich ausbrach. Die Ereignisse in Hellas freilich konnte er nicht mehr beeinflussen. Zu allem wäre er zu spät gekommen. Er vertraute auf Antipatros, auf König Philipps Armee und auf sein Glück. Sein Glück bestand allerdings hauptsächlich darin, daß er mit Antipatros den richtigen Mann an die richtige Stelle gesetzt hatte.

Antipatros verließ Makedonien und rückte auf die Peloponnes. Es kam zur Schlacht. Sie muß fürchterlich gewesen sein. Der unerschütterlichen Tapferkeit der Spartaner stand die nicht minder unerschütterliche Tapferkeit der Makedonen gegenüber. Es gab im Kampf Mann gegen Mann Tausende von Toten. Schließlich gewannen die Makedonen das Übergewicht. König Agis fiel.

Diese Schlacht hat den gleichen geschichtlich entscheidenden Charakter wie die Schlachten von Issos und Gaugamela. Und nicht Alexander hat sie gewonnen und auch nicht eigentlich sein Feldherr Antipatros, sondern im Grunde noch einmal Philipp II. Die Überlegenheit der Makedonen über die Spartaner bestand in den taktischen und waffentechnischen Neuerungen, die noch König Philipp in der Armee eingeführt hatte. Schon immer hatten die alten makedonischen Generale behauptet, es sei Philipps Armee, welche siege, und Alexander führe sie nur. Daß jetzt eine makedonische Armee ohne Alexander einen Sieg über die gefürchteten, den Persern doch weit überlegenen Spartaner errungen hatte, vermehrte natürlich die Skepsis der alten Haudegen in ihrer Beurteilung von Alexanders Verdiensten. Die Spannungen, welche im königlichen Hauptquartier aus diesen Streitigkeiten immer wieder entstanden, waren ein Problem der Generationen. Sie sollten sich bald darauf in einem schrecklichen Gewitter entladen.

Fast fünf Jahre war das nun her, daß der neue Achill, der strahlende Jüngling, nach der Überquerung des Hellespontos vom hohen Bug seines Schiffes aus seinen königlichen Speer an den Strand von Troia geschleudert hatte. Aber Alexander war kein strahlender Jüngling mehr. Er war ein Staatsmann geworden, der schwere Verantwortung trug. Die begeisterten jungen Männer, die mit ihm ausgezogen waren, entschlossen, dem geliebten König bis ans Ende der Welt zu folgen, waren Veteranen geworden, gezeichnet von Narben und Strapazen, tapfer wie eh und je, von unerhörter militärischer Erfahrung, aber hochmütig, durch Überfluß an Beute zu großartigen Verschwendern geworden und darum nach immer neuer Beute gierig. Dazu kam, daß diese harten, hochmütigen Männer immer mißtrauischer gegen ihren König wurden, je weniger sie seine durch den Fortschritt der Ereignisse bedingten, auf eine Gleichstellung der Perser mit den Makedonen hinzielenden Maßnahmen begriffen.

Dieses Mißtrauen war nicht auf die einfachen Soldaten beschränkt. Es fing an, auch bei den hohen Offizieren in des Königs Umgebung eine immer größere Rolle zu spielen. Die Generale, welche schon unter König Philipp gekämpft hatten und also nicht erst seit vier, sondern seit zwanzig Jahren im Feld standen, waren, wie es alte Offiziere mit Meriten zu sein pflegen, konservativ. Das ging soweit, daß sie in Alexanders Hofstaat fast so etwas wie eine Fronde bildeten. Allmählich änderte sich das Verhältnis Alexanders zu seinem Heer. Immer klarer wurde ihm, daß dieselbe vorzügliche Armee, der er seine militärischen Erfolge verdankte, der Schaffung seiner neuen, die Völker verbindenden Oikumene aller Voraussicht nach auch in Zukunft den hartnäckigsten Widerstand entgegensetzen werde.

Der erfolgreichste Feldherr der Geschichte, der Mann, der niemals eine Schlacht verloren hat, der niemals eine Belagerung anders als erfolgreich beendet hat, der seine Soldaten mit Beute und Geschenken verwöhnte, wie niemals wieder Soldaten verwöhnt worden sind, erlebte in seinem Heer zwei Meutereien, die erste in Indien im Augenblick der höchsten Gefährdung, die zweite in Mesopotamien in der Sicherheit des Friedens nach der Heimkehr. Alexander ist nicht nur mit den beiden

Meutereien fertig geworden, Szenen von Shakespearescher Großartigkeit, er hat beide mit unnachahmlicher Feinheit für seine Pläne auszunützen verstanden.

Die Folge des Sieges über Sparta war eine glänzende Verbesserung der gesamten strategischen und politischen Situation. Wäre die Schlacht verlorengegangen, hätte Alexander nach Europa zurückkehren müssen. Bessos hätte zwei oder vielleicht sogar drei Jahre Zeit gehabt, seine Verteidigungspositionen auszubauen. Alexander hatte schon in Susa befohlen, dreißigtausend junge Perser auszuheben, makedonisch zu bewaffnen und in der Taktik der Phalanx auszubilden. Wie leicht wäre es für den Fürsten Bessos, den Achaimeniden, gewesen, diese Elite für sich zu gewinnen. Wieder nach Asien zurückgekehrt hätte Alexander einem Perserheer von fast makedonischen Qualitäten gegenübergestanden. Nach dem Sieg in Hellas bekam Alexanders in Asien errungene Macht ein solches Gewicht, daß von nun an Hellas nichts mehr mit auch nur einiger Aussicht auf Erfolg gegen ihn unternehmen konnte. Es gab überhaupt keine denkbare Konstellation von Gegnern mehr, die er noch hätte fürchten müssen.

Die Siegesnachricht traf etwa zu dem Zeitpunkt ein, als die Armee Herat im Tal des vom Hindukush herabkommenden Heri-Rud erreichte. Es muß für Alexander ein wunderbarer Augenblick gewesen sein. Er, der junge König, hatte mit der Kühnheit seines Vorstoßes in den Hohen Iran recht behalten gegenüber der von Jahrzehnten kriegerischer Erfahrung getragenen Skepsis seines großen Generalstabschefs Parmenion und der alten konservativen Generale aus der Generation seines Vaters. Es handelte sich nun für ihn nur noch darum, den Osten des iranisch-afghanischen Hochlandes und die beiden Flußgebiete, Oxos und Jaxartes im Nordosten und Indus im Osten, in Besitz zu nehmen. Seine militärische Aufgabe, noch nach Issos ganz und gar vage und unüberschaubar, war kalkulierbar geworden. Was jetzt noch vor ihm lag, war mit den zur Verfügung stehenden Mitteln ohne weiteres zu bewältigen.

Über die Maßnahmen, welche Alexander als Nachfolger der Großkönige ergriff, ist viel gestritten worden. Der am schwersten wiegende Vorwurf, der ihm in dieser Sache schon von seinen antiken Kritikern gemacht wurde und seitdem immer wiederholt wird, ist, seine Neuerungen seien sehr ungriechisch gewesen.

Alexander übernahm bestimmte Elemente des persischen Hofzeremoniells. Der König konnte die persischen Granden, die er, ihre Loyalität voraussetzend, in seine Dienste nahm, nicht ständig daran erinnern, daß er der fremde Eroberer sei. Aus dem gleichen Grunde trug Alexander gelegentlich die sogenannte medische Tracht. Sie sah in der Tat sehr ungriechisch aus. Das können, da die Kleidung der Parther der medischen Tracht ähnlich war, sogar wir noch an der Bronzeplastik eines parthischen Fürsten in Teheran im Museum feststellen. Was an dieser Tracht besonders auffällt, sind plumpe, bis zu den Knöcheln reichende Hosen. Aber vielleicht hat Alexander diese Kleidung deshalb angelegt, weil sie für das Klima asiatischer Gebirge praktischer war als die auf ein mildes Meerklima zugeschnittene Kleidung der Griechen. So gewiß Alexander es als seine Aufgabe betrachtete, griechische Gesittung über die Welt zu verbreiten, gehörte doch dazu nicht unbedingt, daß er auch die griechische Kleidung zur allgemeinen Mode machte. Wenn einmal eine der vielen von ihm im Osten gegründeten Städte ausgegraben wird, werden wir erfahren, ob es nur makedonische Garnisonen waren oder kleine griechische Poleis mit Agora, Theater, Stadion, Gymnasion, Bädern, Prytaneion und Rathaus, wie es alle von Hellenen gegründeten Kolonialstädte sind. Dann erst wird man sagen können, wie griechisch oder ungriechisch in ihren äußeren Formen die von Alexander begründete Welt des hellenistischen Ostens war.

Die seit jeher am heftigsten kritisierte Maßnahme Alexanders war sein Versuch, die Proskynesis einzuführen. Die Beurteilung dieser Maßnahme wird dadurch erschwert, daß niemand genau weiß, worin die von Alexander verlangte persische Form der Begrüßung des Herrschers de facto bestand. Um der Sache, von der so viel Aufhebens gemacht wird, auf den Grund zu kommen, sei das Wörterbuch befragt.

»kynéo« heißt ich küsse und hat wohl denselben Stamm wie unser Wort Kuß. »proskynéo« bedeutet eigentlich ich küsse meine Hand und strecke sie dann gegen den aus, dem ich meine Verehrung bezeigen will. Danach erst kommen die übertragenen Bedeutungen – ich werfe mich nieder, verehre fußfällig, huldige kniend, begrüße ehrfurchtsvoll.

Behauptet man, was sich nicht beweisen läßt, die Proskynesis habe darin bestanden, daß der Betreffende sich vor dem Herrscher mit dem Gesicht nach unten habe zu Boden werfen müssen, ist es freilich nicht schwer, hinzuzufügen, daß Alexander damit seinen alten Generalen Unmögliches zumutete. Nun findet sich aber in der gesamten achaimenidischen Plastik der Paläste von Persepolis und Parsagardai, deren Hauptmotiv die Darstellung der Macht und der Würde des Großkönigs, des Königs der Könige, ist, nirgends eine Darstellung der Proskynesis in dieser Form. Hingegen trifft man immer einmal wieder auf die Figur eines Mannes, der sich vor dem Großkönig verbeugt und dabei die ausgestreckte rechte Hand mit dem Handrücken zum Herrscher bis in Gesichtshöhe hebt. Die Bedeutung dieser Geste, die geradezu einen graziösen

Eindruck macht, ist nicht sicher bekannt. Vielleicht ist sie diese »Kußhand« der ursprünglichen Bedeutung von proskynéo. Noch heute ist in vielen Ländern des Orient eine solche Geste der Begrüßung üblich. Jedenfalls hätte in einer solchen Form der Bezeigung der Ehrerbietung gegenüber dem Herrscher nichts Unzumutbares gelegen. Aufschlußreich bei der Betrachtung des Problems ist auch die kleine Geschichte von dem Griechen, der, um die Proskynesis zu umgehen, ein Goldstück fallen ließ. Um es aufzuheben, mußte er sich bücken. Dieses Bücken genügte offenbar, eine Proskynesis vorzutäuschen. Es kann sich also bei dieser Sache, wie es scheint, kaum je um mehr als das »kniend Huldigen« gehandelt haben.

Alexander, der nicht an unerbittlicher Konsequenz litt, löste das Problem durch einen verständigen Kompromiß. Von den Persern forderte er die Huldigung, von den Makedonen erwartete er sie.

Im Rahmen des für die persischen Mitglieder seines Hofstaates weiterhin geltenden achaimenidischen Zeremoniells behandelte Alexander seine neuen Untertanen mit betonter Freundlichkeit und gelegentlicher Auszeichnung. Das natürlich erregte die Eifersucht seiner alten makedonischen Mitkämpfer. Sie, die Getreuen, konnten immer wieder darauf hinweisen, wie des Königs Vertrauen von den nach ihrer Meinung so unverdient ausgezeichneten Persern nicht selten mißbraucht und enttäuscht werde. Was aber die Veteranen unter den Offizieren und Soldaten am meisten in Unruhe versetzte, war, daß Alexander dazu überging, immer mehr nichtmakedonische und nichtgriechische Kontingente in das Heer aufzunehmen.

Alexander hat sehr lange die Struktur der von Philipp II. geschaffenen Armee so belassen, wie er sie von seinem Vater übernommen hatte. Zwar begann er schon frühzeitig damit, persische Kader aufzustellen. Aber sie blieben selbständige Einheiten und wurden auch nicht zu kriegerischen Aktionen herangezogen. Erst allmählich änderte sich das. Alexander teilte persische Kontingente der kämpfenden Truppe zu. Diese Neuerung war nicht allein von taktischen Überlegungen bestimmt. Alexander hoffte, mit dieser Maßnahme die Entwicklung zur Gleichberechtigung der Makedonen und Perser zu fördern. Die Veteranen aber kränkte es, daß sie die so bequeme Verknüpfung von Stolz des Siegers mit Verachtung der Besiegten aufgeben sollten. Alexander dagegen war sich darüber klar, daß er von Gleichberechtigung nicht reden konnte, solange er seinen neuen Untertanen die Ehre, Waffen zu tragen, verweigerte.

Es blieb nicht bei der Aufstellung persischer Truppenteile. Im Lauf der Zeit nahm Alexander Kontingente fast aller von ihm unterworfenen

Völker in seine Armee auf. Natürlich wurde dadurch die Unruhe unter seinen makedonischen Soldaten größer und größer. Von dem Heer, mit dem Alexander drei Jahre später nach Indien aufbrach, wissen wir, daß sich unter den hundertundzwanzigtausend Kombattanten Perser, Phoiniker, Aegypter, Kyprer, Syrer, Baktrer und Inder befanden. In dieser Vielfalt der Völker war die Armee geradezu ein Modell des Reiches, welches Alexander zu schaffen im Begriff stand.

Eine Armee zieht nicht allein durch die Lande. Zu ihrer Versorgung gehört ein Train. Leider überliefern die Quellen so gut wie nichts über die Methoden der Versorgung des Alexanderheeres. Und die Versorgung der Truppe ist doch das wichtigste Problem jeglicher Taktik und sogar jeglicher Strategie. Helden sind hungrig, und wenn sie zu lange hungern müssen, hören sie auf, Helden zu sein. Durch Mangel an Verpflegung sind mehr Armeen zugrunde gegangen als durch Mangel an Tapferkeit. Trotz des Fehlens authentischer Informationen über die Organisation des Nachschubs können wir aus den Aktionen, welche die Armee durchzuführen fähig war, schließen, daß der Apparat umfangreich und leistungsfähig war. Eine Kleinigkeit demonstriert das. Nach einem Sieg über eines der Hirtenvölker im Swat-Tal, einem Hochtal am Hange des Himalaya, wurden die Herden der Besiegten zusammengetrieben. Die Überlieferung spricht von zweihundertdreißigtausend Stück Vieh. Alexander, als Prinz unter Hirten und Bauern groß geworden, suchte höchst persönlich die besten Tiere aus den Rinderherden heraus und schickte sie nach Makedonien zur Verbesserung der heimatlichen Zucht. Während er die Welt eroberte, dachte er an seine Bauern daheim. Wie mögen die asiatischen Bergbewohner einen Fürsten bestaunt haben, der ein so mächtiger Kriegsherr war und zugleich ein so guter und sachverständiger Landwirt! Und was für eine glänzend organisierte Nachschublinie muß das gewesen sein, auf der ein paar Hirten einige hundert Stück Vieh über Tausende von Meilen aus Indien nach Europa treiben konnten. Da Rinder ihrer Hufe wegen nicht viel mehr als sechs oder sieben Meilen am Tag laufen können, sind die Viehtreiber länger als ein Jahr unterwegs gewesen.

Die Armee mit ihrer umfangreichen Nachschuborganisation wurde ergänzt durch die Zivilverwaltung. Auch dieser Apparat kann nicht klein gewesen sein. Die Führung der Armee und die Leitung der Zivilverwaltung waren im Hofstaat des Königs zusammengefaßt. Zum Hofstaat gehörten noch die Gelehrten, die Poeten, die Musikanten und die Lehrer der jungen Aristokraten aus der Umgebung des Königs. Die hohen Offiziere und Beamten führten ihrerseits große Häuser oder vielmehr große Zelte. In der Üppigkeit ihres Aufwandes versuchten sie, die persischen Großen zu übertreffen.

Der Armee mit ihrem Train folgte ein Troß von Marketendern, Händlern, Geldwechslern, Wahrsagern, Quacksalbern, leichten Mädchen und Abenteurern aus aller Welt. Zum Troß gehörten Sklaven, Kriegsgefangene zumeist, welche die Soldaten sich hielten, ihre aus schnell rostendem Eisen bestehenden Waffen zu reinigen, ihre Esel zu füttern, ihre Beute zu bewachen. In ruhigen Zeiten mögen die Sklaven den Soldaten auch die Waffen getragen haben. Es galt, die Helden bei Laune zu halten. Freilich, der Troß war der Anfang der Etappe. Er enthielt eine Menge die Disziplin gefährdenden Sprengstoff – Korruption, Anarchie, Weibergeschichten, Habgier, Spielleidenschaft, alles eben, was Leben unter so wilden Bedingungen mit sich bringt.

Alexander hat, nicht anders als einer der großen Mongolenkhane oder einer der türkischen Sultane der Erobererzeit, fast ein Jahrzehnt lang in einer beweglichen Zeltstadt gelebt. Nur gelegentlich nahm er in einer achaimenidischen Residenz oder in einer Stadt Quartier. Die Armee ist seine Heimat gewesen. Um so bitterer war für den König der Augenblick, als er sich eingestehen mußte, daß keine Aussicht bestand, bei den älteren, aber darum eben doch um so verdienteren Militärs seines Hauptquartiers Verständnis für den Aufbau der neuen makedonisch-griechisch-persischen Welt zu finden, an der doch seinem Herzen so viel gelegen war. Zwischen ihm und seinen Generalen wuchs die Entfremdung. Es war der Geist seines Vaters, der in diesen alten Kriegern weiterwirkte und mit dem Alexander nicht fertig wurde. Soweit sich das noch erkennen läßt, haben von den großen Herren seines Hofstaates nur zwei, Hephaistion und Krateros, die Großartigkeit seiner Ideen wirklich begriffen. Um zwischen diesen beiden keine Eifersucht aufkommen zu lassen, hat er einmal gesagt, daß Krateros der Freund des Königs, Hephaistion der Freund Alexanders sei.

Man wird, auch wenn sich das nicht beweisen läßt, den Verdacht nicht los, daß Alexander die Umwandlung seiner makedonischen Armee in ein asiatisches Heer auch deshalb vorantrieb, weil er, Meister der Psychologie, frühzeitig vorausgesehen hat, wie die Stimmung unter seinen alten Mitkämpfern sich entwickeln würde. Niemals jedenfalls war ein Feldherr besser auf eine Meuterei vorbereitet als Alexander auf die in Opis nach der Rückkehr nach Mesopotamien. Der unmittelbare Anlaß war die Heimsendung einer großen Zahl von Veteranen. Sie argwöhnten, Alexander wolle sie loswerden. Als die Revolte ausbrach, verfügte der König über genug persische Reserven, der Meuterei wirksam zu begegnen. In ihrem Verlauf setzte er die vollständige Gleichberechtigung persischer Kontingente endgültig durch.

Im Herbst dieses Jahres 330 kam es in Alexanders Hauptquartier zu einer Verschwörung gegen das Leben des Königs. Philotas, der Sohn Parmenions, war auf eine so unglückliche Weise in diese Verschwörung verwickelt, daß er trotz der hohen Stellung seines Vaters von der Heeresversammlung des Hochverrats für schuldig befunden und von den Soldaten mit ihren Wurfspeeren getötet wurde.

Auf Grund des unter der Folter erpreßten Geständnisses des Philotas war auch Parmenion belastet. Der König schickte auf schnellen Dromedaren einen Trupp zuverlässiger Leute, von wegkundigen Eingeborenen geführt, unter zwei hohen Offizieren seines Stabes nach Ekbatana mit dem Befehl, den alten Feldherrn ohne Aufhebens zu töten. Alexander wagte es nicht, den verdienten Mann zu schonen. Parmenion war bei den Soldaten sehr beliebt. Die Gefahr, daß es bei seiner Absetzung oder Verhaftung zu einer Meuterei der ihm unterstellten Truppen käme, war ein Risiko, das er nicht übernehmen mochte.

Es ist müßig, nach Entschuldigungen für Alexanders Verhalten zu suchen. Das Vorgehen gegen Parmenion, mochte es sich formaljuristisch begründen lassen, war reiner Mord. Von dem alten makedonischen Gesetz, daß bei Hochverrat das Leben der ganzen Familie des Hochverräters verwirkt war, hatte Alexander schon früher keinen Gebrauch gemacht. Die Existenz der Armee, Alexanders ganze Zukunft, alle seine Pläne, sein Leben standen auf dem Spiel. Der König beugte sich der Macht dieser Drohungen. Ein Schatten fiel auf den Glanz seines Glücks. Dunklere Schatten sollten folgen.

Der Krieg, nach seinen unerbittlichen Gesetzen, ging weiter. Ohne Widerstand zu finden, nahm Alexander vom ganzen südlichen Afghanistan Besitz. Dann wandte er sich nach Norden ins Tal des Kabul, wo die Rast des Winters von 330 auf 329 gehalten wurde.

Das weite Hochtal, in dem Kabul, die heutige Hauptstadt Afghanistans, liegt, wird im Norden und Westen vom Hindukush abgeschlossen, dessen Berge zwischen fünftausend und siebentausend Meter hoch sind. Im Süden geht das Tal in Wüste über. Im Osten verbinden es nur von Wildbächen durchströmte schwer passierbare Gebirgstäler mit der übrigen Welt. Man sollte meinen, unter diesen Bedingungen müsse sich hier ein Refugium letzter Einsamkeit befunden haben. In Wirklichkeit ist das Tal von Kabul Kreuzungspunkt von Verkehrswegen ersten Ranges, die es zu einem Gebiet von hoher geschichtlicher Lebendigkeit werden ließen. Durch dieses Tal führt die in Balkh in Baktrien von der großen Ostweststraße nach Süden abzweigende Trasse der Seidenstraße nach Indien. Immer ist es ein wichtiger Stützpunkt oder sogar der Mittelpunkt großer Reiche gewesen, die von Griechen, Skythen, Indern, Mongolen, Arabern, Türken gegründet wurden. Die Eroberer aus Innerasien brachen von Norden in das Tal von Kabul ein und zogen nach Süden, Osten oder Westen weiter. Und schließlich hat sich eine Eroberung, die aus Indien kam und durch das Tal von Kabul nach Norden vordrang, über ganz Asien ausgebreitet. Sie gehört zu den schönen Eroberungen der Geschichte. Hundert Jahre nach Alexander wurde Afghanistan zu einem Zentrum des Buddhismus mit vielen Klöstern in den einsamen Bergtälern des Hindukush. Von hier aus gelangte die Lehre Prinz Gautamas, der Seidenstraße folgend, über das Tarimbecken nach China, Korea und Japan. Dabei nahmen die Karawanen auch alles das mit gen Osten, was sich in der Nachfolge Alexanders aus hellenischem Geist in den von ihm eroberten Ländern verbreitet und entwickelt hatte.

Mit dem Besitz Afghanistans südlich des Hindukush verfügte Alexander über eine sichere und unangreifbare Basis für das Vorgehen sowohl gegen das Glacis des Nordostens, das Flußgebiet des Okos und Jaxartes, als auch gegen das Glacis des Ostens, das Industal. Dieser kühne, in seinen Plänen so weit schweifende, dieser so phantasiereiche Mann war, was den Aufbau seines Reiches betraf, ein Pedant der Sicherheit.

Der Pedant der Sicherheit ging zuerst gegen Baktrien und den Fürsten Bessos vor. Noch ehe der Schnee geschmolzen war, überschritt Alexander mit seinem Heer den Hindukush, und zwar, um Bessos zu überraschen, auf dem östlichsten der Pässe, der der höchste und schwierigste ist. Dieser Übergang über das Hochgebirge, der fast noch im Winter stattfand, ist in seiner Kühnheit nur mit dem Übergang Hannibals über die Alpen zu vergleichen. Er dürfte sogar noch schwieriger gewesen sein. Die Paßhöhe beträgt mehr als dreitausend Meter. Es gelang Alexander, den Gegner so gründlich zu überraschen, daß es nach dem Überschreiten des Gebirges zunächst zu kriegerischen Handlungen überhaupt nicht mehr kam. Bessos floh über den Oxos nach Norden. Er wurde später von seinen Mitverschworenen an Alexander ausgeliefert. Der König schickte den Königsmörder nach Ekbatana zurück, wo man ihn, nach persischer Gewohnheit, kreuzigte.

Bessos' Flucht in die Sogdiana hatte zur Folge, daß ganz Baktrien, das reiche Land zwischen dem Hindukush im Süden und dem Oxos im Norden, ohne Widerstand von den Makedonen besetzt werden konnte. Um so größer waren die Schwierigkeiten nach Überschreiten des Oxos. Zunächst zwar konnte die Sogdiana bis zum Jaxartes ohne größere Kämpfe in Besitz genommen werden. Aber dann brach im Rücken des makedonischen Heeres ein Aufstand los, der die Eroberer in schwere Bedrängnis brachte. Die von Alexander eingerichteten

Garnisonen wurden überfallen und zum Teil genommen. Makedonische Abteilungen gerieten in Hinterhalte, erlitten schwere Verluste oder wurden aufgerieben. Das ganze Land befand sich in wildem Aufruhr.

Der Führer des Aufstandes war Fürst Spitamenes. Er war ein Soldat von hohen Fähigkeiten, ein Meister der beweglichen Kriegführung. Er tauchte mit schneller Kavallerie immer da auf, wo man ihn am wenigsten erwartete. Ebenso schnell verschwand er wieder in die im Westen und Nordwesten an die Sogdiana angrenzenden aus Steppe und Wüste bestehenden Weiten, in welche Alexander ihm nicht folgen konnte. Dort auch fand Spitamenes stets neue Verstärkungen unter den mit ihm verbündeten, nach Kampf gierigen, nach Beute lüsternen Skythen und Massageten.

Alexander schlug den Aufstand nieder, und da die Bevölkerung sich weitgehend beteiligt hatte, glaubte er sich berechtigt, ein besonders strenges Strafgericht abzuhalten. Eine nicht geringe Zahl von Menschen wurde umgebracht. Aber hier bewährte sich die Strenge als Mittel nicht. Wohl verhielt sich die Bevölkerung, vor Entsetzen stumm, eine Zeitlang ruhig. Aber dann brach mit nur um so größerer Wut der Aufstand von neuem los. Zwei Jahre brauchte Alexander, des Fürsten Spitamenes Herr zu werden. Schließlich wurde der tapfere Verteidiger seiner Heimat von eigenen Leuten ermordet, sein Kopf dem König überbracht. Apame, der Tochter des Spitamenes, war ein großes Schicksal bestimmt. Alexander verheiratete sie, später in Susa, mit seinem Feldherrn Seleukos. Die Tochter der Steppe wurde zur Ahnherrin eines Königsgeschlechtes, aus dem einige der bedeutendsten Herrscher des hellenistischen Zeitalters hervorgegangen sind.

Das ganze Gebiet von Oxos und Jaxartes wurde militärisch durch die Gründung zahlreicher neuer Städte mit makedonischen Garnisonen gesichert. Staatsrechtlich dagegen behandelte Alexander mit jener politischen Weisheit, die in einem so merkwürdigen, so einzigartigen, niemals zu erklärenden Gegensatz zu seiner Jugend steht, die Gebiete, die nördlich des Oxos lagen, sehr unterschiedlich von denen südlich des Flusses. Baktrien wurde eine fest zum Iran gehörige Satrapie. Die Transoxiana dagegen verknüpfte Alexander nur lose mit seinem Machtbereich. Aus den Aufständen hatte der König gelernt, daß diese wilden, freiheitsliebenden, kriegstüchtigen Völker in ihrem weiten schönen Land sich, wenn überhaupt, nur von ihren eigenen Fürsten regieren lassen würden. So zog er diese Fürsten an sich und schloß Bündnisse mit ihnen. Ihre Rivalitäten nutzte er dazu aus, ein gewisses Gleichgewicht der Kräfte unter ihnen aufrechtzuerhalten.

Zum Befehlshaber Baktriens hatte Alexander den Kleitos vorgesehen. Die Absicht des Königs, den schwierigen, ganz selbständigen Posten diesem verdienten alten General zu übergeben, war ein Beweis besonderen Vertrauens. Kleitos sollte diesen Posten niemals antreten.

Während des zweiten Herbstes des Feldzugs in der Transoxiana, als die Kämpfe zu einem gewissen Abschluß gekommen und nur noch einige Widerstandsnester im Gebirge übriggeblieben waren, entlud sich in Samarkand das schreckliche Gewitter, das sich durch die Spannungen im Hauptquartier schon seit langem angekündigt hatte. Während eines Gelages geschah die Ermordung des Kleitos durch Alexander. Das Ereignis ist mehr als eine Episode. Es enthält die dramatischen Elemente des immer unvermeidlichen Kampfes zwischen dem genialen Revolutionär, der weiß, daß er die Zukunft in seiner Hand hält, und der Gesellschaft, die ihren in Generationen geschaffenen Bestand verteidigt. Die Gesellschaft versteht den Revolutionär nicht. Sie sieht in ihm den Zerstörer. Der Geniale empfindet das Unverständnis der Gesellschaft als eine bösartige und sinnlose Erschwerung seiner Aufgabe.

Kleitos, in den Quellen der Schwarze Kleitos genannt, ist in diesem wüsten Handel der Repräsentant des alten konservativen, patriarchalischen Makedonien. Außerdem ist er hier noch Repräsentant seines alten eigentlichen Herrn, König Philipps II. Kleitos ist ein ganz hervorragender Mann gewesen. Berve charakterisiert ihn als einen echten Vertreter des makedonischen Adels, rauh, starrsinnig, tapfer, dazu von glänzender militärischer Tüchtigkeit. Und klassisch gebildet war er, wie der Bericht des Plutarch zeigt, jedenfalls auch. Er war der Bruder der Lanike, der Amme Alexanders. Als Führer der ILE BASILIKE, der Leibgarde, hatte der Schwarze Kleitos in der Schlacht am Granikos Alexander das Leben gerettet.

Motive und Hintergründe der Ermordung des Kleitos sind für die Beurteilung der Persönlichkeit Alexanders von Bedeutung. Glücklicherweise gibt uns Plutarch auch hier einen genauen Bericht darüber, wie die Dinge verlaufen sind. Da die Gelehrten die einsichtige Meinung vertreten, daß der Mann, auf den dieser Bericht sich stützt, ein Augenzeuge war, sei der vortreffliche Plutarch noch einmal zitiert:

»Es kamen einige Leute an, welche dem König griechisches Obst, vom Meer her, überbrachten. Der König, der sich über die Frische und Schönheit desselben wunderte, ließ den Kleitos rufen, weil er beabsichtigte, es ihm zu zeigen und ihm davon zu geben. Kleitos, der gerade opferte, ließ das Opfer stehen und machte sich auf den Weg. Drei Schafe, auf welche bereits das Trankopfer ausgegossen war, liefen ihm nach. Der

König, der dies hörte, teilte es den Wahrsagern mit, und zwar dem Aristander und dem Kleomantis aus Lakedaimon. Da diese ein schlimmes Zeichen in dem Vorfall sahen, befahl er, in aller Schnelligkeit ein Sühneopfer für Kleitos darzubringen. Denn er selbst hatte drei Tage zuvor im Schlafe einen mißlichen Traum gehabt. Es kam ihm vor, wie man erzählt, als sitze Kleitos mitten unter Parmenions Söhnen in schwarzen Gewändern, und alle seien tot. Dennoch wartete Kleitos das Ende des Opfers nicht ab, sondern begab sich alsbald zur Abendtafel, die sich an ein Opfer anschloß, welches der König den Dioskuren gebracht hatte.

Hier ging ein tolles Zechen los, wobei man Lieder eines gewissen Pranichos oder, wie einige auch sagen, eines gewissen Perion sang, Spottlieder auf die Feldherren, welche unlängst eine Niederlage von den Baktrern erlitten hatten. Die älteren Gäste wurden ungehalten und empörten sich über den Dichter und den Sänger. Alexander dagegen hörte mit seinen nächsten Freunden ganz vergnügt zu und verlangte die Fortsetzung.

Kleitos, bereits berauscht, überdies von Natur zum Jähzorn neigend und rücksichtslos, zeigte den größten Unwillen. Es sei nicht fein, erklärte er wiederholt, wenn Makedonen in einem Kreis von Fremden und Feinden verhöhnt würden, Makedonen, die weit besser seien als ihre Spötter, wenn sie auch ein Unglück gehabt hätten. Alexander erwiderte, daß Kleitos als sein eigener Anwalt rede, wenn er die Feigheit nur als ein Unglück hinstelle. Jetzt stand Kleitos auf und rief: ›Aber diese Feigheit hat dem Göttersohne das Leben gerettet, als er bereits der Waffe des Spithridates seinen Nacken darbot! Nur durch das Blut der Makedonen bist du so groß geworden, daß du dich dem Ammon aufdrängst und den Philippos verleugnest!‹

Entrüstet rief nun auch Alexander: ›Elender Gesell, meinst du, ich werde mir das immer gefallen lassen, daß du so von mir redest und die Makedonen verhetzest?‹

›Ei‹, sagte Kleitos, ›es gefällt uns jetzt auch wenig, Alexander, daß wir solch einen Lohn für all unsere Arbeit heimtragen! Wir preisen alle glücklich, die gestorben sind, ehe sie sehen mußten, wie man Makedonen mit medischen Ruten peitscht und wie wir einen Perser bitten müssen, daß wir zu unserem König dürfen!‹

Während Kleitos diese anmaßenden Reden ausstieß, erhoben sich Alexanders Freunde und wiesen ihn zurecht. Die älteren Gäste machten Versuche, den Tumult zu stillen. Alexander aber wandte sich an Xenodochos von Kardia und Artemios von Kolophon mit den Worten: ›Kommt es euch nicht so vor, als spazierten die Griechen unter den Makedonen umher wie Halbgötter unter wilden Bestien?‹

Kleitos gab indessen nicht nach. Er forderte den Alexander auf, nur öffentlich alles herauszusagen, was ihm beliebe. Oder er solle keine freien Männer mehr zu Gaste laden, welche die Offenheit liebten. Er solle dann mit Barbaren und Sklaven leben, die vor seinem persischen Gürtel und seinem rotweißen Rock den persischen Gruß vollzögen.

Jetzt war Alexander seines Zornes nicht mehr Meister. Er nahm einen Apfel von der Tafel, warf ihn dem Kleitos an den Kopf und suchte nach seinem Dolch. Weil aber einer von seinen Leibwächtern, Aristophanes, ihm denselben zuvor heimlich weggenommen hatte, auch die anderen ihn umringten und baten, so sprang er in die Höhe und rief auf makedonisch seine Waffenträger heraus. Dies war das Zeichen für einen großen, plötzlichen Aufruhr. Auch befahl er dem Trompeter, Signal zu blasen, und schlug mit den Fäusten auf ihn los, weil er, wie Alexander meinte, zu lange brauchte und nicht daran wollte. Späterhin jedoch fand dieser Mann die höchste Anerkennung, weil es vorzugsweise sein Verdienst war, daß nicht das ganze Lager in die wildeste Verwirrung geriet.

Den Kleitos, welcher durchaus nicht nachlassen wollte, hatten indessen seine Freunde mit vieler Mühe zum Saal hinausgedrängt. Aber er kam zu einer anderen Türe wieder herein und deklamierte im Tone der größten Verachtung und Anmaßung die Verse des Euripides aus der Andromache:

›Ach, welche schlimme Sitte herrscht in Griechenland!
Stellt auch das Heer die schönsten Siegeszeichen auf,
Schreibt man die Tat nicht jenen zu, die doch gekämpft,
Nein, nur der Feldherr trägt den ganzen Ruhm davon.
Der eine schwang den Speer mit andern Tausenden,
Tat nirgends mehr, als einer tut, und erntet doch
Den größten Teil an Ehren…‹

Auf dieses hin riß Alexander einem Trabanten die Lanze aus der Hand, und als Kleitos ihm entgegenkam und gerade bei dem Vorhang an der Türe vorüberging, durchbohrte er ihn. Kleitos sank mit Seufzen und Stöhnen zu Boden, und jetzt verließ den Alexander sogleich der Zorn, er kam wieder zur Besinnung, und wie er seine Freunde sprachlos dastehen sah, riß er zuerst die Lanze aus dem Leichnam heraus und wollte sich sogleich selbst einen Stich in den Hals versetzen. Aber man hielt ihn fest; die Trabanten faßten ihn an den Händen und um den Leib und brachten ihn mit Gewalt in sein Zimmer.«

Soweit Plutarch.

Ihm ist nicht viel hinzuzufügen. Nur eine geradezu ungeheuerliche Häufung von Mißgeschick konnte dazu führen, daß Alexander von seinem Zorn so vollständig überwältigt wurde. Man sollte darüber nachdenken, wie gewaltig die Spannungen in der Seele dieses Mannes waren. Man mag ihm diese oder jene Härte, diese oder jene Brutalität durchaus mit Recht vorwerfen, eher ist es verwunderlich, daß ein Temperament dieser Art die Schranken der Arete, der Tugend, so selten nur durchbrochen hat. Schließlich ist man doch überrascht, wie freimütig der Ton war, den der König an seiner Tafel duldete, und man müßte wohl lange in den Geschichtsbüchern blättern, bis man einen Herrscher fände, der sich so viel hätte sagen lassen, wie Alexander sich von Kleitos sagen ließ, ehe das Maß dessen, was er für erträglich hielt, überschritten war. Freilich, auch Kleitos dürfte keine Vorstellung davon gehabt haben, daß er die alte Wunde jener schmerzlichen Haßliebe wieder aufriß, die Alexander für seinen Vater Philipp empfunden hatte. In der Verwirrung des Weins, in der plötzlichen Furcht Alexanders, dem man doch sogar heimlich seinen Dolch weggenommen hatte, der ganze Vorgang sei der Ausbruch einer Verschwörung, floß vor seinem zornigen Auge das Bild des höhnisch lächelnden Kleitos mit dem des zynisch lächelnden Philipp zusammen. So ist es eben nicht nur Kleitos, es ist auch die Vater-Imago, es ist auch Philipp gewesen, welchen Alexander mit der Lanze durchbohrte. Dies mag das schier Unstillbare seiner Reue erklären.

Die Heeresversammlung stellte sich auf die Seite des Königs. Sie erklärte die Tötung des Kleitos für gerecht, und nur auf einen besonderen Befehl Alexanders hin ließ das Heer die Bestattung der Leiche des Kleitos überhaupt zu. Trotz dieser nachträglichen Rechtfertigung war es ein zweiter, noch tieferer Schatten, der auf das Glück Alexanders gefallen war.

Alexander scheute nicht die Mühe, ein halbes Dutzend unbedeutender Burgen in den abgelegenen Tälern des Karakorum zu erobern. Jeder dieser Bergbarone war ein kleiner König. Jeder von ihnen hatte das Zeug dazu, anderntags der Führer eines neuen Aufstandes, ein neuer Spitamenes zu werden. Daß einer von ihnen sogar das Zeug hatte, anderntags der Schwiegervater des Eroberers zu werden, war selbst für Alexander eine Überraschung. Hier freilich war eine Waffe im Spiel, gegen die auch der Schild des Achilleus keinen Schutz bot. Es war der Pfeil des Gottes Eros. Nach der Eroberung der Burg des Fürsten Oxyartes wurden die Gefangenen am König vorbeigeführt. Als Alexander der Rhoxane, Oxyartes' Tochter, ansichtig wurde, ergriff ihn übermächtige Liebe zu der gefangenen Prinzessin. Das Schicksal Andromaches, der Gattin Hektors, nach dem Fall von Troia mag ihm in den Sinn gekommen sein. Bedroht davon, in die Sklaverei verkauft zu werden, wurde Rhoxane in einem einzigen Augenblick zur Herrin des mächtigen Reiches. Sie muß ein wunderschönes

Mädchen gewesen sein. Die Chronisten erwähnen immer wieder, daß Rhoxane nächst der Prinzessin Stateira, der Tochter des Dareios, die schönste Frau gewesen sei, welche man in Asien sah. Wenn auch die Heirat mit Rhoxane nicht ganz frei von politischen Motiven war, ist es doch das einzige Mal, daß wir erfahren, Alexander habe eine Frau wahrhaft und von Herzen geliebt.

Rhoxane hat Alexander später einen Sohn geboren. Allerdings ist er erst nach dem Tode seines Vaters auf die Welt gekommen. Er erhielt den Namen Alexandros. Dieser Prinz hat eine Zeitlang die Aussicht gehabt, der Nachfolger seines Vaters auf dem makedonischen Thron zu werden. Aber so wie Rhoxane glanzvoll aus der tiefsten Tiefe des Unglücks zur höchsten Höhe aufgestiegen war, stürzte sie von ihrer königlichen Herrlichkeit in die Schlucht des Unglücks wieder hinab. Dreizehn Jahre nach dem Tod Alexanders wurde sie zusammen mit ihrem Sohn in Amphipolis in Thrakien von Kassandros, dem kaltherzigen Nachfolger Alexanders des Großen auf dem makedonischen Königsthron, aus politischen Gründen ermordet.

Auf die gewalttätigen, rauhen, trunkfesten, kampffrohen Männer der Steppe und der Berge hat ein Mann von der Art Alexanders natürlich einen außerordentlichen Eindruck gemacht. Er konnte mindestens ebenso gut trinken, reiten und schießen wie sie. Dazu war er noch vom strahlenden Glanz seiner königlichen Würde und seines weltweiten Ruhmes umgeben. Die Art, wie Alexander diese wilden Kerle behandelte, war von unübertrefflicher psychologischer Meisterschaft. Auf das geringste Symptom von Rebellion hin griff er sie an. Aber wenn er sie besiegt hatte, benahm er sich nicht, wie Sieger sich gewöhnlich zu benehmen pflegen. Er verzieh ihnen großmütig und machte sie, womöglich noch auf dem Gefechtsfeld, zu seinen Verbündeten, so daß bei diesen leidenschaftlichen, freiheitsliebenden Männern kein Gefühl der Schande und damit kein Haß zurückblieb. Man kann sich vorstellen, welche Begeisterung es bei den Aristokraten dieser wilden Welt auslöste, daß Alexander, der große ruhmreiche König, mit der Tochter eines der ihren eine legitime Ehe einging. Sogar aus dieser von seinem Herzen diktierten Handlung erwuchs Alexander politischer Erfolg.

Von der Mischung von Respekt, Bewunderung, Furcht und Zuneigung, die Alexander in Asien genossen hat, sind Spuren bis in unsere Tage hinein erhalten geblieben. Unter den kleinen Fürsten nördlich und südlich des Hindukush gibt es noch immer einige, die ihre Abstammung mit Stolz auf Alexander zurückführen. Reverend Joseph Wolff, der zwischen 1843 und 1845 durch Mittelasien reiste, um das Schicksal zweier in Buchara verschollener englischer Offiziere aufzuklären, entdeckte sogar in Kashgar, wohin Alexander nie gekommen ist, einen Fürsten, der glaubte, ein Nachkomme Alexanders des Großen zu sein.

An den Lagerfeuern der Nomaden ist Iskander, der sagenhafte Mann, immer lebendig geblieben.

DER WEG ZURÜCK

Der Kabul entspringt in den Schneefeldern des Hindukush. Durch wilde, vom Tosen seiner Wasser erfüllte Schluchten, durch weite Hochtäler, die er zu blühenden Landschaften macht, sucht er sich seinen Weg nach Osten, um am Ende dieses Weges, durch eine friedliche, sonnige Ebene breit und glatt dahinströmend, sich in den Indus zu ergießen. Hundert Meter vor dem Zusammenfluß steht auf dem Südufer des Kabul unter einer Gruppe von Kastanien ein aus einem Granitblock gemeißelter, von steinernen Bänken umgebener Tisch. Sich in der Mittagshitze des Hochsommers in den schützenden Schatten der alten Bäume zu setzen ist ein erlesenes Vergnügen. Die kühle steinerne Stabilität von Bank und Tisch steht in einem beruhigenden Kontrast zur Flüchtigkeit der Jahrhunderte, über welche man von diesem Punkte aus hinwegblickt.

Nach den Jahren endloser Kämpfe in den unwirtlichen Gebirgen und Steppen Mittelasiens muß dieses reiche, wohlbestellte Land auf die Soldaten Alexanders einen außerordentlichen Eindruck gemacht haben. Es war Frühling. 326, das achte Jahr des Alexanderzuges hatte begonnen. Ohne einen Schwertstreich war der Hauptteil des Heeres unter den Generalen Perdikkas und Hephaistion aus dem oberen Kabultal zum Indus hinabgezogen. Nachts im Biwak hörten die Soldaten die Affen schreien. Nicht gering auch mag das Staunen der welterfahrenen Veteranen gewesen sein, als ihnen die Eingeborenen die ersten tropischen Früchte anboten, Mangopflaumen vor allem und Bananen.

Alexander, auf dem Schild des Achilleus sitzend, eine Banane essend – welch ein Bild!

Doch hielt das Land für die Eindringlinge Überraschungen bereit, die nicht so harmlos wie das Geschrei der Affen, nicht so angenehm wie der Geschmack der Bananen waren. Es gab Mosquitos, Skorpione, Giftschlangen, Malaria, Tiger und Dysenterie. Es gab den tropischen Monsunregen, der alles Leder schimmeln, alles Eisen rosten ließ. Es gab eine Menge Krankheiten, an denen die Pferde zugrunde gingen. Nur mit der einen Hand gibt die Natur, mit der anderen nimmt sie.

Vom schattigen Platz unter den Kastanien schweift der Blick weit über das breite, von niedrigen Hügeln gesäumte Tal. Wenige Meilen stromaufwärts wurde die Brücke geschlagen, über welche Alexanders Armee den Indus überschritt. Technisch war das für die griechischen Pioniere keine schwierige Aufgabe. Der Indus ist hier über eine längere Strecke hin in mehrere Arme aufgeteilt, die durch von Buschwerk bestandene Sandbänke voneinander getrennt sind. Die Wasserarme sind nicht tief, und die Strömung ist nicht sehr stark. Nur, daß es Krokodile gibt!

In dieser von einem strahlend blauen Himmel überwölbten Ebene wurden die gymnischen Spiele abgehalten, die der König zur Weihe des Übergangs über den großen Fluß befohlen hatte. Über weniges in ihrem Leben dürften die Bewohner des Landes so erstaunt gewesen sein wie darüber, daß diese Armee grimmiger Eroberer so friedlich zu spielen verstand. Eine erste Ahnung davon, wes Geistes Kind diese hellenische Zivilisation war, ging ihnen auf. Die heitere Seite des griechischen Wesens, die Umgänglichkeit und Höflichkeit auch des einfachen Mannes, die vielen Freuden, welche der hellenische Way of Life mit sich brachte, all das war verführerisch. Mochten sich die Völker Asiens gegen die Eindringlinge aus dem Westen noch so erbittert gewehrt haben, die griechische Kultur, die griechische Sprache, die griechischen Gewohnheiten haben sie überall bereitwillig angenommen, freilich, um sogleich mit der ganzen Kraft und Lebendigkeit des Ostens dazu überzugehen, ihrerseits die Hellenen zu orientalisieren. Das Modell dieses Vorgangs war der König der Makedonen selbst. »In der ersten Hälfte seiner Regierung hat Alexander Asien erobert. In der zweiten Hälfte eroberte Asien Alexander.«

Während der Hauptteil des Heeres in bequemen kleinen Tagemärschen zum Indus marschierte, führte Alexander einen schwierigen Feldzug in den unwegsamen Gebirgen, die sich vom Westhang des Himalaya nach Süden und Südwesten zum Kabul hinabziehen. Der Pedant der Sicherheit erachtete es für notwendig, zur Deckung seiner linken Flanke die Bergvölker in diesen schwer zugänglichen Hochtälern zu unterwerfen. Die Verteidigungsanlagen waren nur kleine Kastelle. Eines davon, Ora im Tal des Swat, haben italienische Archaeologen ausgegraben. Der ganze Platz hat einen Durchmesser von höchstens dreihundert Metern, und man fragt sich, wo eigentlich die fünfundzwanzig dort von den Makedonen erbeuteten Elefanten sich befunden haben können. So klein diese Kastelle waren, so hartnäckig wurden sie verteidigt. Alexander eroberte sie eines nach dem anderen.

Der Indus ist einer der großen Ströme unserer Erde. Seine Quellen liegen in den Bergen Tibets. Die ersten achthundert Kilometer, eine Distanz gleich etwa der Strecke des Rheins von Basel bis zur Nordsee, fließt der

Indus, Kashmir passierend, von Südosten nach Nordwesten. Dann biegt er nach Süden um zu seiner langen Reise zum Indischen Ozean. Der Indus ist kein heiliger Fluß wie der Ganges. Er ist auch kein nationales Symbol wie die Wolga. Er ist ein politischer Fluß. Unter den Achaimeniden war er die Grenze des Perserreiches. Heute ist er die Lebensader Pakistans.

Sechzig Meilen nördlich der Einmündung des Kabul tritt der Indus aus dem Hochland heraus. Etwas südlich dieser Stelle liegt der Aornos, ein aus der Ebene aufragender Berg, der mit seinen schroffen Felsabstürzen eine natürliche, mit Wasser gut versorgte Festung bildete. Die Fläche dieser Festung war groß genug, soviel zu säen und zu ernten, wie zur Ernährung von Besatzung und geflüchteter Zivilbevölkerung erforderlich war. Theoretisch hätte diese Festung eine Belagerung jahrelang aushalten können. Alexander, vom Gebirge herabkommend, eroberte den Platz in einer phantastischen Mischung von überlegener Belagerungstechnik und wildem Ungestüm innerhalb von drei Tagen. Damit war der letzte Widerstand im Bereich des Oberen Indus zusammengebrochen.

Der Indus war den Griechen nicht unbekannt. Zumindest in der Mythologie waren sie schon einmal bis hierher vorgedrungen. Dionysos, der Gott des Weines und des Rausches, hatte auf seinem Zuge durch die Welt auch Indien erobert. Dieses Ereignis war im Bewußtsein der Antike von gegenwärtiger Lebendigkeit. In einem Tempel Kleinasiens wurden noch zur Zeit Alexanders Stoßzähne gezeigt von Elefanten, welche den Gott Dionysos aus Indien nach Anatolien begleitet hatten. Dieser Mythos ist vielleicht eine sehr alte Erinnerung daran, daß die zur Zeit Alexanders am Indus und am Ganges herrschenden Völker selbst Eroberer gewesen und mit den Griechen verwandt waren. Ihre Sprachen gehören zum gleichen indoeuropäischen Sprachstamm wie das Griechische und das Persische. Auch sind diese Indoeuropäer auf demselben Wege gekommen wie Alexander. Namen berühmter Brahmanenfamilien sind an den Ufern des Amu Darya als Ortsnamen erhalten geblieben.

Dem Gott Dionysos folgte die halb sagenhafte, halb historische Königin Semiramis von Babylon. Allerdings erobert hat sie Indien nicht. Am Indus kehrte sie um, als sie sah, wie die Kamele der westlichen Wüsten vor den Elefanten der östlichen Dschungel flohen.

Eine Meile südlich der Einmündung des Kabul verengt sich das Tal des Indus von neuem. Die Wasser strömen wieder schneller dahin. Auf dem Ostufer ragt die mächtige, über den Uferhang bis hinab zum Fluß sich hinziehende Festung Attock. Sie wurde erbaut im Jahre 1586 nach Christi Geburt vom großen Mogulkaiser Akbar. Zwei Jahre vorher hatten die Engländer Virginia, ihre erste Kolonie auf dem nordamerikanischen

Kontinent, in Besitz genommen. Zwei Jahre später besiegte die Flotte der Königin Elisabeth die Armada des Spanischen Weltreichs. Wenig später begannen die Europäer von See her in Indien einzudringen. Heute sind die Sahibs wieder verschwunden. Ihre Herrschaft hat ungefähr ebenso lange gedauert, wie die griechischen Reiche bestanden haben, welche in der Nachfolge Alexanders in Baktrien und Nordwestindien gegründet wurden. Als Erinnerung haben die Griechen das Bildnis Buddhas, die Sahibs eine Eisenbahnbrücke zurückgelassen. Das Bildnis Buddhas leuchtet über Asien. Die Eisenbahnbrücke verbindet unterhalb der Festung Akbars das Westufer des Indus mit seinem Ostufer.

Mit dem Übergang über den Indus begann Alexander die letzte Phase seiner militärischen Aktionen in Asien. Noch etwa fünfhundert Kilometer weit drang er auf dem indischen Kontinent nach Osten vor. Das ist die Entfernung vom Rhein bei Straßburg bis etwa Wien. Der Entfernung von da bis zur Mündung des Ganges würde, im Vergleich dazu, die Strecke von Wien bis zur Mündung des Don ins Asowsche Meer entsprechen. Doch war dieser Feldzug im Punjab nur noch eine abschließende Episode. Die Entscheidungen, in denen die Zukunft beschlossen lag, sind am Indus gefallen.

Wie so oft in Alexanders Biographie stehen einer moralisch erbaulichen Legende verwickelte politische und militärische Verhältnisse gegenüber. Die erbauliche Legende besagt, daß der übermütige, die Götter herausfordernde, unaufhaltsam gen Osten seinem offensichtlich unvermeidlichen Untergang zustürmende Welteroberer nur durch die Vernunft seiner wackeren, nach Weib und Kind und Heimat sich sehnenden Soldaten zu Einsicht und Umkehr gezwungen worden und nur so vor der Katastrophe bewahrt geblieben sei. Es ist erstaunlich, wie viele gescheite Leute auf das Ressentiment dieser Fabel schon hereingefallen sind.

Der Punjab, das Fünfstromland, war ein Gebiet von großer politischer Mannigfaltigkeit. Das Land wurde von selbständigen Fürsten regiert. Dazwischen gab es kleine Republiken, die Gebiete der Arattas, der Königslosen. Unter den Fürsten besaß Alexander Verbündete, ehe er das Land überhaupt betreten hatte. Schon nach Kabul hatten einzelne der Rajahs des Punjab Gesandte an den Hof Alexanders geschickt. Offenbar erwarteten sie, daß der Makedone demnächst zum Indus aufbrechen werde. Es ist klar, daß wer keinen Widerstand leisten wollte, diesen Verzicht dem Eroberer gar nicht früh genug zur Kenntnis bringen konnte. Außerdem mochten diese beflissenen kleinen Potentaten hoffen, sich bei dem gefürchteten und mächtigen König gegen gefährliche Nachbarn Rückendeckung verschaffen zu können.

Alexander fand im Punjab ganz ähnliche Verhältnisse vor wie in den Ländern südlich und nördlich des Oxos. Da seine politischen Absichten im Punjab genau die gleichen waren wie in Baktrien und in der Sogdiana, wählte er die gleichen Mittel, das neue Gebiet an sein Reich anzuschließen. Wie er dort den Oxos zur Demarkationslinie gemacht hatte, so tat er es hier mit dem Indus. Das große Gebiet auf dem rechten Ufer des Indus wurde in zwei Satrapien organisatorisch fest an das Reich angeschlossen. Für die Gebiete östlich des Indus dagegen begnügte sich Alexander mit einer Oberhoheit, die auf Freundschaften und Bündnissen beruhte. Wer sich dem König bei seinem weiteren Vordringen nach Osten unterwarf, den nahm er auf das freundlichste auf. Wer Widerstand leistete, wurde sofort angegriffen. So kam es am Hydaspes noch einmal zu einer großen Schlacht, die Alexander mit vielen Kriegslisten einleitete, um sie dann mit unwiderstehlichem Elan zu gewinnen. Sein Gegner war ein mächtiger Rajah, König Poros. Er hatte eine Streitmacht zusammengebracht, die der Alexanders ziemlich gleichwertig war. Dazu verfügte König Poros über eine stattliche Zahl von Elefanten. Die Makedonen allerdings hatten unterdessen eine Methode zur Bekämpfung der Elefanten entwickelt, die in verblüffender Weise an die Methode erinnert, mit geballten Handgranatenladungen gegen die Laufketten von Panzern vorzugehen. Alexander schickte einzelne, mit langstieligen Äxten bewaffnete Soldaten gegen die Elefanten vor, ihnen die Sehnen der Hinterhand zu durchhauen.

Noch auf dem Schlachtfeld versöhnte sich der Sieger mit dem Besiegten. Alexander vergrößerte das Reich des Poros und machte ihn damit zum anhänglichen Bundesgenossen, zur zuverlässigen Stütze seiner Herrschaft. Ebenso machte sich der König die meisten der Arattas zu Freunden, indem er ihnen ausdrücklich ihre alten Freiheiten bestätigte. Es war ein Gleichgewicht der Eifersucht, auf das Alexander seine Herrschaft im Punjab begründete. Dieses Gleichgewicht aufrechtzuerhalten genügten diplomatische Mittel. Die Form, die der Staatsmann Alexander für die diplomatische Organisation des Punjab wählte, gibt Aufschluß darüber, welche Absichten der Feldherr Alexander hatte.

Die Nachschublinie von Ekbatana zum Indus führte durch ein besiegtes Land, dessen Verwaltung wiederhergestellt, dessen Sicherheit durch viele makedonische Garnisonen gewährleistet war. Gleichwohl stellte schon die Eroberung des Punjab das Äußerste dar, was mit Ekbatana als Basis strategisch möglich war. Diese Nachschublinie noch einmal durch ein Gebiet, das zufolge seiner eigenen Dispositionen nur sehr locker an ihn gebunden war, um Tausende von Meilen zu verlängern, war eine operative Unmöglichkeit. Daß der Feldherr, der sich niemals in der Beurteilung einer militärischen Situation geirrt hat, hier plötzlich gegenüber allen Realitäten vollständig blind gewesen sein soll, ist eine unhaltbare Annahme.

Es hätte Alexander durchaus freigestanden, im Punjab eine neue Basis aufzubauen, wie er das zuerst in Anatolien, in Syrien, in Mesopotamien und im Westiran getan hatte. Von einer solchen Basis am Indus als Ausgangspunkt hätte Alexander das Gangesland nach seinem Belieben erobern können. Das spätere Vordringen der Griechen zum Ganges ging von einer konsolidierten Mark Baktrien aus, die staatsrechtlich sogar vom Seleukidenreich mit seinem Schwerpunkt am Mittelmeer unabhängig war. Aber der Staatsmann Alexander wählte für den Punjab von Anfang an die am leichtesten wiegende Form der Oberhoheit, das System der Bündnisse. Das besagt, daß die Pläne des Feldherrn Alexander schon am Indus über eine Eroberung des Punjab nicht hinausgegangen sind. Auch hat Alexander am Hydaspes, lange vor der Umkehr am Hyphasis, den Befehl gegeben, jene mächtige Flotte zu bauen, mit welcher er nachher den Indus hinabfuhr. Der Befehl wurde nach dem Sieg über Poros gegeben, zu einem Zeitpunkt also, zu dem ein gewisser Optimismus hinsichtlich der militärischen Entwicklung der Lage berechtigt gewesen wäre. Was aber hätte es für einen Sinn gehabt, am Hydaspes den Bau einer Flotte zu befehlen, wenn es nicht schon zu diesem Zeitpunkt in Alexanders Geist eine fest beschlossene Sache gewesen wäre, die Rückkehr und die Fahrt zum Okeanos nicht den Ganges, sondern den Indus hinab anzutreten.

Erstaunlich ist, über welch vorzügliche Informationen Alexander verfügte, daß er die Schiffe, die er von der Indusmündung über die offene See nach der Mündung des Euphrat in den Persischen Golf schicken wollte, aus Bäumen von den Hängen des Himalaya bauen ließ. Im Indusdelta gibt es kein Schiffsbauholz.

Es war das imperiale Problem der Grenzen, dem sich Alexander, als er den Indus erreicht hatte, gegenübersah. Die Versicherung seiner Geographen, daß man östlich des Hindukush auf die ideale Grenze, den Okeanos, stoßen werde, hatte sich als falsch erwiesen. Der Okeanos war, eine Fata Morgana der Wissenschaft, gen Osten entwichen, und niemand konnte ihm sagen wie weit. Auch im Norden hatte der König feststellen müssen, daß sich zwischen den alten Nordgrenzen des Persischen Reiches und dem nördlichen Okeanos ungeheure, unbekannte Weiten erstreckten, die von wilden, kriegerischen Völkern bewohnt waren. So hatte Alexander schon in Mittelasien eine Außenzone in Kauf nehmen müssen, aus der zu jeder Zeit unbekannte und unübersehbare Gefahren auftauchen konnten.

Caesar ist sein Leben lang von der gleichen Sorge beunruhigt gewesen. Sein Krieg in Gallien und sein Übergang über den Rhein hatten ihn gelehrt, wie hoch die militärische Stärke der Barbaren einzuschätzen sei. In Gallien zwar hatte er den Okeanos erreicht. Die Germanen aber hielt er für so gefährlich, daß er den Plan faßte, vom Schwarzen Meer aus entlang dem Westufer des Kaspischen Meeres nach Norden vorzustoßen und Germanien von Osten her anzugreifen. Wer weiß, was diese begabten Germanen für ein bezauberndes Volk geworden wären, hätten sie die mediterrane Zivilisation so frühzeitig kennengelernt wie ihre keltischen Nachbarn jenseits des Rheines.

Hätte Caesar diesen Plan erfolgreich durchgeführt, wäre die Steppe Nachbarin Roms geworden. An die Stelle der das Römische Reich bedrohenden Germanen wären zwar die ebenso bedrohlichen Skythen, Massageten und Hunnen getreten. Sicherheit durch Grenzen ist eine Utopie. Aber es hätte sich aus einer solchen römischen Position in Mittelasien auch ein früher und enger Kontakt zum China der Han-Zeit entwickelt. Die Verbindung mit Afghanistan hatten die Chinesen schon zur Zeit des Kaisers Wu-ti am Ende des 2. Jahrhunderts vor Christi Geburt hergestellt. Ausführliche Berichte dieser frühen chinesischen Forschungsreisenden sind uns erhalten geblieben.

Eine merkwürdige Ähnlichkeit mit Caesars Plan hatte ein Vorschlag, den Pharasmanes, König der Chorasmier, dem König der Makedonen in Zariaspa machte. Dieser Fürst der Steppe, der am Unterlauf des Oxos herrschte, war mit dem stolzen Gefolge von fünfzehnhundert Reitern an den Hof König Alexanders nach Baktrien gekommen. Er schlug Alexander vor, sie sollten gemeinsam alles Land vom Oxos bis zum Schwarzen Meer unterwerfen. Er kenne die Wege und er erbiete sich, für diesen Feldzug das Heer Alexanders zu versorgen. Ob Pharasmanes bei diesem Kriegszug das Kaspische Meer nördlich umgehen wollte oder ob er über eine Schiffsverbindung quer über das Kaspische Meer verfügte, erfahren wir zu unserem großen Kummer nicht. Daß Alexander den Pharasmanes danach gefragt hat, ist sicher, einmal seiner eigenen wissenschaftlichen Neugier wegen, dann aber auch, weil er doch dem Aristoteles über dieses aufregende Problem genau berichten mußte. Auch Könige verlieren ein ganzes Leben lang nicht den Respekt vor ihren alten Erziehern.

Alexander erklärte dem Pharasmanes, daß er zunächst Indien unterwerfen müsse. Er werde aber nach seiner Rückkehr in den Westen vom Hellespontos aus einen Zug nach Osten unternehmen, die Länder am Schwarzen Meer seinem Reich hinzuzufügen. Bis dahin möge Pharasmanes sich gedulden. Aus dieser Äußerung auf Weltherrschaftspläne Alexanders schließen zu wollen, wäre übertrieben. Der König dürfte nichts weiter im Sinn gehabt haben, als zu einem anderen mächtigen unabhängigen König höflich zu sein.

Die Unterwerfung Indiens endete am Hyphasis. Auch hier sah Alexander sich genötigt, eine Außenzone in Kauf zu nehmen, deren militärisches Potential er nicht übersehen konnte. Der Unterschied zu Mittelasien war nur der, daß hier die Außenzone nicht ein Land von Barbaren, sondern ein Gebiet hochentwickelter, blühender Kulturen war.

Alexander hat den Vorschlag des Chorasmierkönigs nicht vergessen. Kaum nach dem Westen zurückgekehrt, befahl er eine Expedition auszurüsten, die endlich klären sollte, ob das Kaspische Meer eine Bucht des Okeanos oder ein Binnenmeer sei.

Wie aber stand es nun wirklich um die im Fünfstromland nach Überschreiten des Indus weiter und weiter nach Osten marschierende Armee? Das für den Zug nach Indien aufgestellte Heer unterschied sich in seiner Struktur erheblich von der alten makedonischen Armee, mit der Alexander seine ersten Siege errungen hatte. Nur der Kern dieses Heeres war noch makedonisch. Bedeutende Kontingente der Völker seines neuen Reiches waren dazugekommen. Es muß Alexander mit Genugtuung erfüllt haben, daß dieses schon halbasiatische Heer sich in der Schlacht gegen Poros als ein brauchbares militärisches Instrument erwies. Für ihn bedeutete diese Probe, daß eine Verschmelzung von westlichen Elementen mit östlichen unter bestimmten Bedingungen möglich sei. Aber unterdessen hatte der Monsun eingesetzt. Wenn Regen nicht mehr aufhört, verfällt langsam alles der Aufweichung, am Ende sogar makedonische Disziplin. In einem Bericht, der von Kleitarchos, einem Feldzugsteilnehmer, stammt, heißt es: »Wenige von den Makedonen waren übrig und diese der Verzweiflung nahe. Durch die Länge der Feldzüge waren den Pferden die Hufe abgenutzt, durch die Menge der Schlachten die Waffen der Krieger stumpf und zerbrochen. Hellenische Kleider hatte niemand mehr. Lumpen barbarischer und indischer Beute, elend aneinandergeflickt, umhüllten die narbenbedeckten Leiber der Welteroberer. Seit siebzig Tagen waren die furchtbarsten Regengüsse unter Stürmen und Gewittern vom Himmel herabgeströmt.«

Daß die Helden unter diesen Bedingungen keine Begeisterung mehr dafür aufbrachten, einen neuen Kontinent von unbekannter Ausdehnung zu erobern, leuchtet ein. Aber ebensowenig kann einem so erfahrenen Truppenführer wie Alexander, der wie immer alle Strapazen und alle Gefahren mit seinen Soldaten teilte, entgangen sein, daß die Stimmung im Heer von Woche zu Woche, von Tag zu Tag, von Meile zu Meile sank. Der Widerstand gegen eine Fortsetzung der offensiven Operationen wuchs. Der König hat das alles ziemlich klar vorausgesehen. So war die zunehmende Erschöpfung der Truppe nichts, was ihn überraschte, und in gar keiner Weise war sie Anlaß, daß Alexander seine Pläne ändern mußte.

Der König hat sein Spiel mit großer Feinheit gespielt. Um den Ausbruch einer offenen Meuterei zu verhindern, gab er der Truppe Gelegenheit, durch hohe Offiziere, deren Verdienste jeden Zweifel an ihrer Loyalität ausschlossen, den Wunsch nach Rückkehr in die Heimat vorzubringen. Nach längerem Zögern gab der König nach. Der Widerstand seiner Soldaten bot ihm die wunderbare Möglichkeit umzukehren, ohne besiegt zu sein. Seine Pläne waren nicht betroffen. Die »Gloire« war gerettet: »Nur von Makedonen konnte Alexander besiegt werden.«

Am Ufer des Hyphasis, des östlichsten der von Alexander erreichten Nebenflüsse des Indus, errichtete das Heer zwölf mächtige Altäre. Es waren zwölf Denkmäler der Vernunft eines großen Mannes. Nach Opfern und Spielen begann der Weg zurück. Das Jahr 326 vor Christi Geburt ging seinem Ende entgegen.

So wohlüberlegt und den strategischen Bedingungen angemessen Alexanders Umkehr am Hyphasis war, der Entschluß dazu verwandelte seine Situation von Grund auf. Das Vergangene, das schon Geschaffene begann Forderungen an seinen Schöpfer zu stellen. Während Alexanders königliches Leben bis dahin mächtig und sicher dahingeflossen war, während er bis dahin mit gelassener Souveränität, alles genau vorbedenkend, nichts übereilend, eine große erfolgreiche Aktion an die andere angeschlossen hatte, bekommen die Ereignisse in dieser letzten Phase mehr und mehr etwas Hektisches. In Katarakten stürzt der Strom in die Tiefe.

Es ist schier unglaublich, was sich in den zweieinhalb Jahren, die Alexander noch blieben, ereignete, und auch weiterhin waren die Geschehnisse so großartig, daß die Zeitgenossen aus dem Staunen nicht herauskamen. Alexander selbst freilich wurde zuweilen von Melancholie ergriffen – ein Träumer, dem zu viele Träume in Erfüllung gegangen waren! Es ist, als habe er geahnt, daß nur noch eine kurze Frist hienieden ihm beschieden sei. So griff er in seinen Entschlüssen immer weiter aus. Nur darin blieb er der alte Realist, daß seine Pläne, mochten sie noch so phantastisch sein, des Kriteriums der Ausführbarkeit niemals ermangelten. Wie weltumfassend Alexanders geographische Vorstellungen waren, dafür ist charakteristisch, daß er am Ende seines siebenjährigen Zuges durch die Ländermassen Asiens auf den Gedanken verfiel, man könne vom Indus zum Euphrat auch auf dem Wasserwege gelangen. Die Welt hallte wider von den Axtschlägen, mit denen an den Hängen des Himalaya die Bäume gefällt wurden für die Schiffe, mit denen der König dann zum Okeanos hinabfuhr. Vom Indusdelta aus sollte eine kleine Hochseeflotte an der Südküste Persiens entlang die Mündung des Euphrat anlaufen, während Alexander selbst zur Deckung und Unterstützung des maritimen Unternehmens versuchen wollte, auf dem Landweg, zunächst entlang der Küste durch Gedrosien, dann über Karmanien und die Persis Susa zu erreichen. Der Sinn dieses Unternehmens war die Eröffnung des Seeweges von Indien zum Persischen Golf und zum Roten Meer, die Herstellung einer von den Gefahren und Mühen asiatischer Karawanenwege unabhängigen Handelsverbindung zwischen dem reichen Indien und der Welt des Mittelmeers. Das Unternehmen ist vollständig gelungen. Die Schiffahrt im Indischen Ozean wurde von Alexander für alle Zukunft in den Dienst des Welthandels gestellt.

Die Fahrt den Indus hinab ging nicht ohne Zwischenfälle vor sich. Die meisten Völker an den Ufern des mächtigen Stromes waren klug genug, das prächtige Schauspiel einfach an sich vorüberziehen zu lassen. Es waren an die tausend Schiffe! Die Vorsichtigen zogen sich in die Eroberern unzugänglichen Wüsten oder Dschungel zurück, bis das Spektakel den Strom hinabgeschwommen war. Einige zu den Arattas gehörende Stämme versuchten, von unversöhnlichen Brahmanen angefeuert, Alexander Widerstand zu leisten. Sie mußten es schwer büßen. Die Truppe, durch ihre Erfahrungen belehrt, war, und das wohl nicht mit Unrecht, besorgt, daß diese hartnäckigen Verteidiger ihrer Freiheit nach einer Niederlage nur den Abzug der Hauptstreitkräfte abwarten würden, um erneut gegen die Eroberer sich zu erheben. Das hätte, wie sie ihren König kannten, den Befehl zur Umkehr bedeutet. Dabei wäre viel Zeit verlorengegangen, und nichts fürchteten die Soldaten mehr, als noch einmal in die Regenzeit hineinzugeraten. So richteten sie nach einem schwer erkämpften Sieg über die Maller und Oxydraker ein Blutbad unter der Bevölkerung an, das einer Ausrottung dieser beiden Stämme ziemlich nahekam. Alexander konnte das Massaker nicht verhindern, weil er bei einem Sturm auf eine Burg der Maller schwer verwundet worden war. Die makedonischen Generale dürften mit den Soldaten einig gewesen sein.

Auf der Hälfte des Weges zum Okeanos schickte Alexander den größeren Teil der Armee mit den Elefanten, den Verwundeten und dem Troß über den Mullapaß nach Karmanien. Im Sommer des Jahres 325 erreichte der König mit der Flotte das Delta, das der Indus bei seiner Mündung ins Meer bildet. Hier war es, wo die Eroberer das ihnen noch unbekannte, gewaltige Phaenomen der Gezeiten eines Weltmeeres kennenlernten. Alexander unternahm zwei Erkundungsfahrten zum Okeanos, die eine den westlichen, die andere den östlichen Mündungsarm des Indus hinab. Er fuhr weit ins offene Meer hinaus, um auf hoher See dem Poseidon zu opfern. Dabei mag der König sich des Opfers erinnert haben, das er neun Jahre zuvor dem Herrscher der Meere bei seiner Überfahrt über den Hellespontos dargebracht hatte. Poseidon war gnädig und nahm das Opfer Alexanders an.

Der Weg zurück von der Mündung des Indus nach Persepolis ist eine der abenteuerlichsten Strecken des an Abenteuern so reichen Alexanderzuges. Nicht selten hört man Zweifel äußern, ob Alexander zu den wirklich großen Feldherren gehöre, da die wahre Größe eines Heerführers sich erst in der Niederlage enthülle und Alexander eine solche nie erlitten habe. Zweifellos ist Unglück als Maßstab für die Beurteilung eines Charakters zuverlässiger als Glück. Alexander hat in der Tat in vielen Jahren Krieg niemals eine Niederlage erlebt, aber im Unglück hat er sich bewährt.

Der Zug durch die Wüste Makran nach Karmanien wird von vielen Historikern zu jenen Tollkühnheiten gerechnet, die man Alexander nicht verzeihen könne. Schließlich habe es den Karawanenweg vom Indus über den Mullapaß nach Karmanien gegeben, den Krateros ohne Verluste zurücklegte. Antike Autoren erklären, Alexanders Motiv sei der Ehrgeiz gewesen, Herakles zu übertreffen. Sicherlich ist Herakles auch für seinen späten Enkel Alexander noch ein Vorbild unerschütterlichen Mutes gewesen. Aber Herakles hat weder über Welthandel noch über Monsune noch über das Problem, ob es eine Menschheit gebe, nachgedacht. Alexander lebte in einem Jahrhundert fortschreitender Aufklärung. Dem widerspricht nicht, daß es möglicherweise sogar der König selbst gewesen ist, der Herakles ins Spiel brachte. Seine Soldaten hingen noch an den alten Mythen. Schmeichler haben den Vergleich mit Herakles übernommen. Immerhin war es schwierig, überhaupt eine Figur zu finden, an der man Alexanders Größe aufzeigen konnte. Hannibal, Caesar, Napoleon hatten es leichter. Sie konnte man mit Alexander vergleichen.

Den Zug durch Gedrosien hat der Pedant der Sicherheit auf das sorgfältigste vorbereitet. Die Flotte für die Fahrt nach dem Westen bestand aus etwa hundert Schiffen. Zu ihrem Befehlshaber hatte Alexander den Nearchos ernannt, einen seekundigen Kreter. Die Schiffe konnten für vier bis fünf Tage Verpflegung, aber höchstens für zwei Tage Wasser an Bord nehmen. Von der Mündung des Indus in den Ozean bis zur Einfahrt in den Persischen Golf betrug die Entfernung etwa achthundert Seemeilen. Fünfhundert davon waren unbekannte Küste. Alexander wollte die Flotte zu Land begleiten, um die Eingeborenen dieser unbekannten Gebiete in Schach zu halten, damit Nearchos etwa vorhandene Häfen anlaufen könnte. Weiterhin hatte Alexander vorgesehen, überall am

Strand Brunnen für die Trinkwasserversorgung der Flotte zu graben. Um das Heer, das er selbst führte, zu versorgen, hatte er befohlen, Proviantdepots in der Wüste anzulegen.

Drei Gründe waren es, die seinen Versuch, die Risiken dieser Expedition zu verringern, zunichte machten. Die Sommerregen gerade dieses Jahres blieben aus. Sein Befehl, Verpflegungslager einzurichten, wurde nur teilweise ausgeführt. Die wenigen tatsächlich angelegten Depots wurden unter Verletzung des königlichen Siegels von marodierenden Soldaten aufgebrochen und geplündert. Nach so vielen Jahren Krieg gab es halt neben der regulären Truppe eine Menge Treibholz. Und endlich war es eine unvorhersehbare geographische Schwierigkeit, welche Alexander an der exakten Durchführung seines Planes hinderte. Das Heer stieß auf ein Gebirge, das ein weiteres Vorrücken am Wasser entlang unmöglich machte. Alexander mußte den Kontakt mit der Küste aufgeben und sich landeinwärts wenden. Mit achttausend Mann hatte er eine fast wasserlose Strecke von dreihundert Kilometern zu überwinden. Unerschüttert teilte er, wie in all den Jahren zuvor, jede Strapaze und jede Entbehrung mit seinen Soldaten. Der Hitze entging man, indem man nachts marschierte. Dem Durst entging niemand. Die Verluste der Truppe scheinen noch gar nicht einmal so schlimm gewesen zu sein. Schließlich war es eine Elite von Soldaten, die Alexander auf diesen Marsch mitgenommen hatte. Der Troß hingegen ist wohl zum größten Teil in der Wüste zugrunde gegangen.

Nearchos erreichte wohlbehalten einen Hafen an der Südküste Karmaniens. Nur vier Schiffe hatte er verloren. Das Ereignis, welches die Flotte am heftigsten erschreckte, war das Auftauchen einer Schule riesiger Walfische. Nearchos, der diese Tiere nicht kannte, ließ alle Trompeten blasen. Und dieser Lärm wiederum erschreckte die Wale, die weder Schiffe noch Trompeten kannten, so gewaltig, daß sie, als habe Poseidon selbst sie zurückgerufen, untertauchten und verschwanden. Als Alexander Nearchos endlich wiedersah und erfuhr, wie glücklich die Expedition verlaufen sei, tat der König eine Äußerung, die wert ist, berichtet zu werden. Daß die Flotte heil die Fahrt über den Okeanos bestanden habe, mache ihm eine größere Freude als alle seine Siege. Wäre Alexander länger am Leben geblieben, sein Ruhm als Forscher hätte vielleicht sogar noch den des Feldherrn übertroffen. Wie sehr Alexander sein Leben lang ein Schüler des Naturforschers Aristoteles blieb, erfahren wir aus einer unbedeutenden Kleinigkeit. Kleomenes, Satrap von Aegypten, der des Königs Ungnade zu fürchten hatte, versuchte die Gunst seines Herrn durch die Übersendung von Vögeln besonders seltener Arten zu gewinnen. Das hätte der kluge Grieche nie getan, wenn er nicht gewußt hätte, wie groß das Interesse des Königs an solchen Dingen war.

Die Götter zu ehren, die Freunde zu erfreuen, die Soldaten zu belohnen, befahl Alexander, noch in Karmanien ein großes Siegesfest mit Kampfspielen und künstlerischen Wettbewerben auszurichten. Der dreifach frohe Anlaß zu feiern war die Ankunft der Flotte am Eingang des Persischen Golfs, die Errettung aus der Wüste Makran und die Wiedervereinigung mit der von Krateros aus Indien herangeführten Heeresabteilung. Dann wurde der Marsch nach Westen fortgesetzt. Im Frühjahr 324, ein Jahr vor seinem Tod, erreichte der König mit dem Heer endlich Susa.

Etwas über sechs Jahre lag das nun zurück, daß Alexander von Susa nach Persepolis aufgebrochen war. Es war Zeit, daß er zurückkehrte. Das Reich bedurfte seiner. Einige der Satrapen hatten Söldner angeworben und so sich eine eigene Hausmacht geschaffen. Andere hatten die Abwesenheit des Herrschers dazu benutzt, sich unmäßig zu bereichern. In Medien hatten verschiedene höhere Offiziere, darunter die beiden Generale, die den Parmenion umgebracht hatten, Gewalttaten aller Art begangen. Die Alexander vorgetragenen Beschwerden gingen teils von der Bevölkerung, teils von der Truppe ein. Alle fanden beim König Gehör.

Die kostbaren Pferde der zahlreichen Herden des königlichen Gestüts in Nisaia waren zu einem großen Teil verschwunden. Harpalos, Fürst von Elimiotis, Alexanders eigener Schatzmeister, ein Freund aus den Tagen von Miëza, war mit fünftausend Talenten nach Hellas geflüchtet. Ihn zu bestrafen blieb Alexander erspart. Der fürstliche Defraudant wurde ermordet. Kleomenes, der Satrap von Aegypten, hatte sich eine höchst ungesetzliche Monopolstellung im aegyptischen Getreidehandel aufgebaut. Während Hellas unter seinen Wucherpreisen stöhnte und hungerte, scharrte er ein Vermögen von achttausend Talenten zusammen. Das waren Beträge, die sogar für den Erben der Schätze von Susa und Persepolis Bedeutung hatten. Der reichste Mann in Hellas wurde zu jener Zeit auf einhundertsechzig Talente geschätzt. Am heftigsten war Alexander darüber empört, daß sogar das Grab des Kyros in Pasargadai aufgebrochen und geplündert worden war.

Das Ausmaß dieser Unordnung ist nicht verwunderlich. Während Alexander, als er im Jahre 334 Pella verließ, Antipatros zu seinem Statthalter in Makedonien ernannte, hatte er, als er von Ekbatana nach Baktrien und Indien aufbrach, niemanden bestimmt, in seiner Vertretung die Regierung zu übernehmen. Die Satrapen, die er in Anatolien, Aegypten, Syrien, Mesopotamien und im Hohen Iran eingesetzt hatte, waren nur ihm, dem König, verantwortlich. Alexander hatte gehofft, den Westen des eroberten Landes von seinem Hauptquartier im Osten aus regieren zu können. Das war nur teilweise möglich gewesen. Nicht wenige der hohen persischen Beamten, die vom König in den ihnen von Dareios verliehenen Stellungen bestätigt worden waren, hatten, während Alexander an den Grenzen Krieg führte, eigene, den Reichsinteressen zuwiderlaufende Ziele verfolgt. Es gab viele Praetendenten, die nach dem Thron schielten. Aber weiter als bis zum Schielen brachte es keiner. Das Haupt einer umfassenden Verschwörung zu werden war von diesen kleinen Aufrührern keiner bedeutend genug.

Und nun war Alexander zurückgekehrt!

Es war eine Woge von Treulosigkeit, Habgier, Verrat und Dummheit, die gegen den Thron brandete. Vorbei war die Zeit der Großmut, die Alexander doch immer so gerne hatte walten lassen. Voller Kummer mag er seiner noblen alten Feinde gedacht haben, des Dareios, des Oxyartes, des Poros, die Großmut mit Großmut vergolten hatten. Jetzt mußte der König Exempel statuieren. Vorbei auch war die Zeit des unbedingten Vertrauens, das Alexander noch in Tarsos dazu vermocht hatte, einen Brief, in dem Parmenion ihn vor seinem Leibarzt warnte, diesem zu lesen zu geben, während er selbst den Becher mit der verschriebenen Medizin austrank. So leichten Sinnes durfte er nicht mehr sein. Der Loyalität der alten makedonischen Generale aus der Generation seines Vaters war er seit dem Tod des Parmenion nicht mehr sicher. Daß er sich auch auf seine Soldaten nicht mehr ohne weiteres verlassen konnte, bezeugt die Meuterei, die kurz darauf in Opis ausbrach. Die Bewunderung und Ergebenheit der persischen Granden hatte sich in politische Berechnung verwandelt. Vorbei auch war die Zeit, in der Alexander Untaten um alter Freundschaft willen hatte verzeihen können.

Verglichen mit dem, was wir von Alexanders Leben bis dahin wissen, hat das Strafgericht, mit dem der König die begangenen Verbrechen sühnte, etwas Düsteres. Einige der Schuldigen flüchteten vor des Königs Zorn. Sie gingen irgendwo elend zugrunde. Andere wurden hingerichtet. Gnade wurde nicht gewährt.

Auf Grund der Erfahrungen, die Alexander bei seiner Rückkehr gemacht hatte, nahm er verschiedene Veränderungen in der Organisation des Reiches vor. Er begann die Verwaltungseinheiten zu verkleinern. Dies war vielleicht der Anfang einer Reichsreform, die der König für später im Auge gehabt haben mag. Die Verkleinerung der Verwaltungseinheiten bedeutete natürlich auch eine Verringerung der Macht der belehnten Männer. Gleichzeitig trennte Alexander die militärische von der zivilen Gewalt. Die Satrapen bekamen strengen Befehl, unverzüglich ihre persönlichen Söldnertruppen zu entlassen. Dafür setzte Alexander neben jeden Satrapen einen Militärbefehlshaber, der nur ihm allein verantwortlich war. Er verließ sich darauf, daß zwei mächtige Männer, die für das gleiche Gebiet zuständig waren, sich, auch wenn sie verschiedene Aufgaben hatten, immer unausstehlich finden und darum einander in Schach halten würden. Während Alexander in den goldenen Tagen seiner Jugend die feine Kunst geübt hatte, der Menschen Tugenden in seine Dienste zu nehmen, waren es nunmehr die Laster, die er, sein Weltreich zu beherrschen, auszunützen nicht umhin konnte. Es ist oft gesagt worden, daß des Königs Maßnahmen in diesen letzten Jahren zuweilen brutal gewesen seien. Wer wollte ihm das verdenken! Die Menschen hatten ihn gezwungen, sie kennenzulernen.

Die Schatten wurden länger.

Doch beginge man einen Irrtum, wollte man glauben, daß Alexanders Charakter so sehr sich geändert hätte. Wohl war er genötigt, hart zu sein, aber es war die unerbittliche Herrin, die Macht der Tatsachen, die ihn dazu zwang. Großmütig ist er immer geblieben. Während der Olympischen Spiele im September 324 ließ Alexander vor zwanzigtausend Verbannten ein Dekret verlesen, das den Städten des Korinthischen Bundes befahl, die Verbannten mit ihren Familien wieder in die Gemeinschaft der Polis aufzunehmen. Man kann sich vorstellen, mit welchem Jubel dieses Dekret von denen begrüßt wurde, die so lange der Heimat hatten entbehren müssen. Das königliche Dekret war um so großzügiger, als doch in den meisten Städten an der Macht die Parteigänger Alexanders, die Verbannten aber seine Gegner waren. Staatsrechtlich war das Dekret eine bedenkliche Sache. Als dem Bundesfeldherrn des Korinthischen Bundes war es Alexander nicht erlaubt, sich in die inneren Angelegenheiten der Städte, die dem Bund angehörten, einzumischen. Tarn hat in überzeugender Weise dargetan, daß Alexander mit seinem Wunsch, in den griechischen Städten als Gott verehrt zu werden, den Vertragsbruch, den das Dekret darstellte, zu überspielen hoffte. Was er als Bundesfeldherr nicht tun durfte, als Gott konnte er es.

Ein merkwürdiges Menetekel in jener Zeit in Susa war der Tod des Kalanos. In Indien hatte Alexanders königliche Neugier der Versuchung nicht widerstehen können, drei berühmte, im Dschungel hausende Asketen aufzusuchen. Mit der Hoffart, die zum Wesen der Askese gehört, erklärten die heiligen Männer dem König, daß seine ganzen Eroberungen nichts wert seien und daß auch ihm nicht mehr gehöre als ihnen, das Stück Erde nämlich, auf dem ein jeder stehe. Man mag Asketen bewundern, aber mit ihrer Weisheit wurde in den letzten zweitausend Jahren nicht ein einziges der vielen Probleme Indiens gelöst. Einer der drei, Kalanos mit Namen, scheint für diese Seite der Sache Verständnis gehabt zu haben. Er verspürte asketische Neugier, tätiges Leben kennenzulernen.

Er nahm, von den beiden anderen heiligen Männern heftig beschimpft, Alexanders Aufforderung an, ihn zu begleiten. Alexander hat Kalanos offenbar geschätzt. Oft hat er sich mit ihm über philosophische Probleme des Hinduismus und des Buddhismus unterhalten. In Susa wurde Kalanos krank. Um sich nicht in die Hände griechischer Ärzte begeben zu müssen, beschloß er, sich zu verbrennen. Auch Alexander konnte den sonderbaren Mann nicht von seinem Vorhaben abbringen. Er schickte Kalanos kostbare Geschenke und befahl dem Heer, zu dem Schauspiel anzutreten. Der König selbst erschien nicht. Kalanos verteilte Alexanders Geschenke an seine Freunde und verabschiedete sich von ihnen. Dann bestieg er den Scheiterhaufen und ließ sich, während die Trompeten ertönten, während die Elefanten den königlichen Salut gaben und das Heer das Feldgeschrei erhob, von den Flammen verzehren. Von Alexander hatte er keinen Abschied genommen. Zu ihm hatte er nur gesagt: »In Babylon werden wir uns wiedersehn!«

In Susa feierte Alexander wiederum ein großes Fest. Achtzig seiner Offiziere verheiratete er mit Töchtern aus den vornehmsten Familien des iranischen Adels. Er selbst und Hephaistion heirateten Dareios' Töchter Stateira und Drypetis. Gleichzeitig heirateten zehntausend Soldaten persische Mädchen. Hier dürfte es sich in den meisten Fällen darum gehandelt haben, daß der feierliche Tag Konkubinen zu Ehefrauen machte. Gleichzeitig traf Alexander die Anordnung, daß die persischen Frauen nicht in die Heimat mitgenommen werden dürften. Er mochte hoffen, auf diese Weise bei den Soldaten die Bereitwilligkeit zu erhöhen, sich in einer der von ihm in Asien neugegründeten Städte niederzulassen.

Dem Hochzeitsfest in Susa folgte nur wenig später die Meuterei des Heeres in Opis. Es war ein großer dramatischer Akzent. Ausgelöst wurde das Ereignis durch das zufällige zeitliche Zusammentreffen zweier Maßnahmen Alexanders. Zehntausend Veteranen sollten unter ehrenvollen Bedingungen aus dem Heer entlassen werden, um unter Krateros' Führung in die Heimat zurückzukehren. Die Spannungen zwischen der Königinmutter Olympias in Pella und dem Statthalter Antipatros waren so unerträglich geworden, daß Alexander beschlossen hatte, Antipatros abzulösen und die Statthalterschaft dem Krateros zu übertragen.

Daß geschlossene Verbände gedienter Soldaten nach Makedonien zurückgeführt wurden, bedeutete nichts Ungewöhnliches. Allerdings war ihre Zahl noch nie so groß gewesen wie dieses Mal in Opis. Alexander pflegte solche Verabschiedungen feierlich zu gestalten. Dabei wurden die Veteranen reich beschenkt. Nun waren aber kurz zuvor jene dreißigtausend jungen Perser, die in der makedonischen Kriegskunst auszubilden Alexander vor Jahren befohlen hatte, dem Heer zugeführt und in die verschiedenen Waffengattungen eingegliedert worden. Zum erstenmal hatte der König dabei keinen Unterschied mehr zwischen Makedonen und Persern gemacht. Die Unruhe im Heer wuchs. Die Soldaten begannen zu begreifen, daß dieser Alexander nicht mehr derselbe war, der sie einst über den Hellespont geführt hatte. Aus dem Heerfürsten eines kleinen Landes war der Herrscher über ein Weltreich geworden. Ihre seit langem empfundene tiefe Unzufriedenheit mit der persischen Politik Alexanders begann sich in gefährlichen Trotz zu verwandeln. Doch muß man auch hier sich fragen, ob nicht Alexander, der erfahrene Truppenführer, wie schon zwei Jahre vorher am Hyphasis, die Entwicklung vorausgesehen hat.

Alexander trat vor die Heeresversammlung und erklärte den Soldaten, daß er, nachdem Asien erobert sei, so viele von ihnen wie möglich in die Heimat entlassen wolle. Darauf erhoben die Soldaten unter lautem Klirren der Waffen ein großes Geschrei. Jetzt, nachdem sie alt und verbraucht seien, werfe der König sie ihrem Vaterland und ihren Eltern zu, von denen er sie ganz anders bekommen habe. Der Tumult wurde ärger, und schließlich war, nach der eigentümlichen Gesetzlichkeit des Übergangs von Ordnung zu Anarchie, der volle Aufruhr da. In Minuten hatte sich die ruhmreichste und disziplinierteste Armee der Weltgeschichte in einen wilden Haufen verwirrter, ihrer Vernunft beraubter Männer verwandelt. Nichts hätte diesen Haufen daran hindern können, Alexander mit seinen wenigen Offizieren und dem kleinen Kontingent seiner Leibwache hinwegzufegen. Ein Zurückweichen vor dieser Drohung hätte die Katastrophe herbeigeführt. Alexander tat mehr als nur der Gefahr entgegentreten. Wie ein Löwe sprang er sie an. Er stürzte, obwohl unbewaffnet, von seiner Bühne herab, packte mit harter Faust diesen und jenen Schreier, bezeichnete andere der Leibwache und befahl, sie alle zum Tode abzuführen, dreizehn an der Zahl. Eisiger Schrecken verbreitete sich. Das Geschrei verstummte. Der König kehrte auf die Bühne zurück, um noch einmal und diesmal zu Meuterern zu sprechen. Er hielt ihnen vor, was sein Vater Philipp und er für sie getan, wie sie beide sie aus ihrer Armut herausgeholt hätten, wie er sie von Sieg zu Sieg geführt, wie er ihnen Ruhm, Ehren und Reichtümer verschafft und wie er alle Mühen der Feldzüge mit ihnen geteilt habe. Seine Narben wies er vor. Und dann tat Alexander, wie so oft in seinem Leben, das Überraschende. Während die Männer darauf warten mochten, daß der König an ihre Vernunft, ihre Treue, ihr Pflichtgefühl appellieren werde, schleuderte er, der unbewaffnete Mann, den Tausenden seine Verachtung ins Gesicht, indem er ihnen bewilligte, was sie zeternd gefordert hatten.

»... Ich hatte im Sinn, die Kampfesmüden unter euch zur Bewunderung und zum Stolz unserer Heimat zu entlassen. Ihr aber wollt alle gehen! So geht! Und wenn ihr zu Hause angekommen seid, erzählt, daß ihr euren König Alexander verlassen und, ihn zu schützen, den besiegten Barbaren übergeben habt. Das zu verkünden wird euch gewiß Ruhm vor den Menschen bringen und auch den Göttern fromm erscheinen lassen. Geht!«

Mit diesem Wort wandte er dem Heer den Rücken.

Die Verwirrung der Soldaten war unbeschreiblich, aber ihr Trotz war noch nicht gebrochen. Wieder spielte Alexander ein großes Spiel. Er benahm sich, als ob das Heer nicht mehr existiere. Er ließ sagen, daß ein jeder gehen könne, wann und wohin er wolle. Zwar war der wüste Haufen im Lager nicht mehr die Armee von Issos und Gaugamela. Aber gefährlich waren diese wilden Burschen immer noch. Und sie hatten noch immer ihre Waffen. Es waren Tage höchster Spannung. Noch einmal riskierte Alexander alles, um alles zu gewinnen. Überall ließ er Makedonen durch Perser ablösen. Die Meuterer wagten nicht, etwas dagegen zu unternehmen. Und als ihnen schließlich klarwurde, daß Alexander nichts von dem, was er zu ihnen gesagt hatte, zurücknehmen werde, brach ihr Trotz zusammen. Klagend und jammernd kamen sie in Rudeln zum Schloß gelaufen, legten ihre Waffen nieder und begehrten ihren König zu sehen. Tagelang warteten sie auf ein Zeichen seiner Gnade. Endlich ließ Alexander sich erweichen. Er trat unter sie. Es kam zur Versöhnung.

Was diese Versöhnung für Alexander bedeutete, ahnte keiner der Soldaten und von den Offizieren nur wenige. Voll verstanden hat ihn wohl nur Hephaistion. Daß Alexander aus dieser Auseinandersetzung mit seinem Heer als Sieger hervorging, war ein Schritt vorwärts auf dem Wege zur Homonoia, zur Eintracht zwischen den Völkern seines Reiches. Er, der Sieger, hatte den besiegten Persern die Gleichberechtigung erkämpft. Das Opfer, das er für dieses Ziel brachte, war bedeutend. Es war das alte makedonische Heer. Als Staatsmann von staunenswertem Weitblick zerbrach Alexander, um der Zukunft willen, selbst das Werkzeug, mit dem er sein Weltreich geschaffen hatte. Er war dessen sicher, daß dieses Reich einer Armee von Siegern nicht mehr bedürfe, daß dieses Reich in sich lebensfähig sei. Die Zukunft hat ihm recht gegeben.

Um der Versöhnung mit seinen Soldaten einen würdigen Abschluß zu geben, befahl der König, noch vor dem Aufbruch aus Opis ein großes Gastmahl auszurichten. An die neuntausend Gäste waren geladen. Die

Opfer für die Götter wurden zugleich von hellenischen Sehern und iranischen Magiern dargebracht. Der König trank mit seinen Soldaten aus demselben Mischkrug. Sein Trinkspruch, »das Gebet von Opis«, war ein Anruf an die Götter, in dem Alexander etwas von dem zum Ausdruck brachte, was er sich von der Zukunft erhoffte. Leider ist gerade in dieser wichtigen Sache die Überlieferung unvollständig. Sicher ist, daß Alexander die Götter bat, alles Heil zu gewähren, damit die Makedonen mit den Völkern seines Reiches in Frieden und Eintracht leben könnten.

Droysen sagt an dieser Stelle: »Das Werk war fertiggeworden, und über seine Art und Weise gab es keine Fragen mehr. Was auch die Zerwürfnisse und Verwirrungen der nächstfolgenden Zeit an den äußeren Formen dieses Reiches gerüttelt und zerstört haben, das hellenistische Leben, die große Einigung der hellenischen und der asiatischen Welt mit allem Segen und Unsegen, den sie in sich trug, war für Jahrhunderte gegründet.«

Das Fest von Opis war der Höhepunkt und zugleich der letzte glückliche Augenblick in Alexanders Leben.

Es war Alexander nicht vergönnt, sein Werk auszubauen. In Ekbatana wurden im Herbst des Jahres 324 die Dionysien gefeiert. Sie begannen, wie immer bei Alexander, mit feierlichen Opfern. Es folgten Kampfspiele, farbenfrohe Umzüge und künstlerische Wettbewerbe, umrahmt von rauschenden Festen. Da erkrankte Hephaistion an einem heftigen Fieber, dem er am siebenten Tag erlag. Für Alexander war dieser Tod ein furchtbarer Schlag. Hephaistion ist der einzige wirkliche Freund gewesen, den er in seinem Leben gehabt hat. An seiner Leiche mag der König sich erinnert haben, wie sie beide miteinander nach der Landung in Troia das Grab des Patroklos aufgesucht und bekränzt hatten. Für Alexander war, wie für Achilleus, der Tod des Freundes das Zeichen, daß auch seine Tage gezählt seien. Das Fest wurde abgebrochen. Leiern und Flöten verstummten. Heer und Volk trauerten mit Alexander. Die Magier löschten das heilige Feuer in den Tempeln, als ob ein König gestorben sei.

Auf dem Weg von der Sommerresidenz Ekbatana nach Babylon, durch die herbstliche Pracht der Hochebene mit den Bergen zur Linken, die schon von Schnee bedeckt waren, vorbei an dem gewaltigen Felsrelief von Bisutun, das hoch über der Straße den Ruhm Dareios' des Großen noch heute verkündet, machte Alexander halt für seine letzte militärische Aktion, einen Feldzug gegen die Kossaier. Da der Schnee schon weit in die Täler hinabreichte, konnten die Kossaier nicht mehr wie sonst, wenn sie angegriffen wurden, in ihre Berge flüchten. Gleichwohl setzten sie sich tapfer zur Wehr. Der Feldzug dauerte nur vierzig Tage. Dann war das letzte freie Volk im Zagrosgebirge unterworfen.

Alexander nahm Residenz in Babylon. Er hatte beschlossen, die große und reiche Stadt am Euphrat mit ihren nach allen Seiten hin ausgezeichneten Verkehrsverbindungen zur Hauptstadt seines Reiches zu machen. Während des Winters kamen Gesandtschaften aus vielen Teilen der mediterranen Welt nach der neuen Hauptstadt Babylon, dem mächtigen Herrscher über Asien ihre Huldigung darzubringen.

Alexanders nie ruhender Geist begann neue Pläne zu schmieden. Noch einmal war es das Problem, das ihn von jeher fasziniert hatte, das Problem des Okeanos, dem er seine wissenschaftliche Aufmerksamkeit zuwandte. Den Seeweg von Indien zum Persischen Golf hatte er dem Handel geöffnet. Der Seeweg vom Persischen Golf zum Roten Meer hingegen scheint zu Alexanders Zeit nicht mehr befahren worden zu sein. Jedenfalls war er keine regelmäßige Handelsroute. Da niemand eine Vorstellung hatte, wie groß dieses Arabien eigentlich sei, ließ Alexander unter dem Kommando des Kapitäns Anaxikrates ein Erkundungsschiff aus dem Golf von Suez auslaufen. An der Westküste Arabiens entlangsegelnd gelangte Anaxikrates bis zum Weihrauchland Jemen. Über die Meerenge, die das Rote Meer mit dem Golf von Aden verbindet, das heutige Bab el-Mandeb, ist Anaxikrates nicht hinausgekommen. Ein anderes Erkundungsschiff unter Hieron von Soloi, das den Auftrag hatte, von der Euphratmündung aus nach Suez zu segeln, gelangte nur bis Ras Musandam, dem Kap, bei dem der Persische Golf sich in den Indischen Ozean öffnet. Hieron meldete Alexander, daß Arabien ebenso groß sein müsse wie Indien.

Das Unternehmen der Umsegelung Arabiens wurde, nachdem die Erkundungsfahrten einen ersten Überblick über die zu erwartenden Gefahren erbracht hatten, mit aller nur möglichen Sorgfalt vorbereitet. Alexander hat dabei offenbar weit mehr an eine Forschungsexpedition als an einen Eroberungszug gedacht. Natürlich konnte er, da es unbekannte Länder waren, die er mit der Flotte anlaufen wollte, die Fahrt nicht antreten, ohne ein starkes militärisches Kontingent mitzunehmen.

Welch großartige Erweiterung hätte das antike Weltbild erfahren, wäre die afrikanische Ostküste damals ins Blickfeld der Griechen getreten. Sicher hätte ihre Neugier sie weiter und weiter nach Süden getrieben. Man stelle sich vor, was für uns heute eine Nachricht etwa über die Insel Madagaskar aus dem 4. Jahrhundert vor Christi Geburt wert wäre! Es sollte fast zweitausend Jahre dauern, bis endlich ein Europäer

Madagaskar zu Gesicht bekam. Es war der Portugiese Diogo Diaz. Der erste Europäer, der »Madeigascar« erwähnt, ist, etwa zweihundert Jahre früher, Marco Polo.

Charakteristisch für Alexanders weiten Horizont ist, daß er sich, bevor er zur Erforschung neuer großer Gebiete der Erde aufbrach, um die Deichbauten am Kanal von Pallakopas kümmerte. Der Kanal führte zu einem See, in den während des Frühjahrs das Hochwasser des Euphrat einströmte, um nach Ablauf der Flutwelle den Feldern der Bauern zugeführt zu werden. Dieses System funktionierte nicht in der wünschenswerten Weise. Auf Befehl des Satrapen von Babylon arbeiteten zehntausend Arbeiter an neuen Deichen. Nachdem Alexander den Platz besichtigt hatte, gab er Befehl, einen neuen Kanal an einer von ihm selbst gefundenen günstigeren Stelle durch den Fels zu sprengen. Dieser Befehl war eine seiner letzten Regierungshandlungen.

Nach der Rückkehr in die Residenz begann die Totenfeier für Hephaistion, den als Heros zu verehren das Orakel des Zeus Ammon erlaubt hatte. Dann wurde der Tag des Aufbruchs der Flotte festgelegt. Es sollte nicht mehr dazu kommen. Alexander erkrankte an einem heftigen Fieber, das wahrscheinlich eine Malaria gewesen ist. Nach wenigen Tagen schon war er so schwach, daß er sich nicht mehr von seinem Lager erheben konnte. Die alten Soldaten, die mit ihm kämpfend und siegend die halbe Welt erobert hatten, verlangten, noch einmal ihren König zu sehen. Von Schmerz und Trauer bewegt, zogen sie stumm in langer Reihe an seinem Lager vorüber. Der König war bis zuletzt bei vollem Bewußtsein, aber er vermochte, wenn er einen der alten Kämpen erkannte, nicht mehr zu tun als nur eben die Hand ein wenig zu heben.

Am 13. Juni des Jahres 323 vor Christi Geburt starb Alexander III. von Makedonien. Dreiunddreißig Jahre hat sein königliches Leben gedauert. Die Nachwelt nennt ihn Alexander den Großen.

TRAUM UND WIRKLICHKEIT

Alexander der Große hat bei seinem Tod der Welt die Idee der Menschenrechte, seinen Generalen einen eroberten Erdteil, seinem Hause den Untergang, der Wissenschaft Probleme vermacht.

Die Idee der Menschenrechte ist in den zweiundzwanzig Jahrhunderten seit Alexanders Wirken auf Erden niemals wieder in Vergessenheit geraten. Die Generale brachten durch unzählige sinnlose Kriege, die sie miteinander führten, viel Unglück über die Völker, die unter den Achaimeniden friedlich gelebt hatten. Das Haus der Argeaden, das mit Herakles und Achilleus begonnen und in Alexander einen so glänzenden Vertreter gefunden hatte, wurde im Verlauf einer einzigen Generation durch Mord ausgerottet. Über die dreizehn Jahre, die Alexander regiert hat, diskutieren seit sechzig Generationen die Gelehrten.

War Alexander ein romantischer Phantast, oder war er ein Realpolitiker? Wurde er, in seinen Anfängen der Fürst eines Volkes freier Bauern und Hirten und als Heerkönig ein konstitutioneller Monarch, nach seinen unerhörten Erfolgen ein Despot? Oder hat er nicht vielmehr die Macht eines Herrn über Asien als Mittel benutzt, seine neue und wunderbare Idee von der Gleichberechtigung der Völker seines Reiches geschichtliche Wirklichkeit werden zu lassen?

War es Zynismus oder Größenwahn, daß er von den aufgeklärten Hellenen verlangte, als Gott verehrt zu werden? Oder wollte er sich damit nicht vielmehr nur eine Position verschaffen, die es ihm gestattete, eine allgemeine Amnestie für die Verbannten der griechischen Städte durchzusetzen?

War er ein Psychopath, der in der Trunkenheit den Freund ermordete, den Bruder seiner Amme, der ihm in der Schlacht das Leben gerettet hatte? Oder war das nicht vielmehr die Tat eines von Natur leidenschaftlichen, bis aufs Blut gereizten, in seiner Ehre gekränkten Mannes, der »seiner selbst nicht mehr mächtig war«? Und sollte die wahrhaft königliche Reue, die nach der Tat seine Seele zerriß, gar nichts wert sein?

Hat er seinen alten General, den Freund seines Vaters, gewalttätig und gesetzlos umbringen lassen? Oder war nicht die Lage, in der er sich befand, eine weltgeschichtliche Zwangslage? Geht es an, eine Tat in der noch halb archaischen Welt des Makedonentums des 4. Jahrhunderts, in der Alexander doch nun einmal lebte und deren barbarische Bräuche, mochte er sie verachten, er nicht einfach ignorieren konnte, mit den Maßstäben einer christlichen Moral zu messen, welche es damals noch nicht gab, und nach welcher, als es sie schließlich gab, nur wenige Herrscher je sich gerichtet haben?

Wollte Alexander von allem Anfang an die Welt erobern, oder hat er, was sehr viel weniger ist, das Achaimenidische Reich erobern wollen?

Mußte er in Indien umkehren, weil er mit der Meuterei seines Heeres nicht fertigwurde? Oder kam nicht diese Meuterei im rechten Augenblick für ihn, den Unbesiegten, daß er umkehren konnte, ohne besiegt zu sein?

Sollte die Umsegelung Arabiens vom Persischen Golf zum Roten Meer ein neuer Eroberungszug werden? Oder lag nicht dieser Expedition doch die Absicht zugrunde, unbekannte Seewege zu erforschen, Häfen anzulegen, die Schiffahrt zwischen Aegypten, Mesopotamien, Persien und Indien zu fördern?

Kaum eine dieser Fragen wird sich je mit voller Sicherheit nach der einen oder nach der anderen Seite hin entscheiden lassen. Die Entscheidung wird immer ein wenig davon abhängen, für welche Antwort die Argumente zu suchen man auszieht. Kaum eines großen Mannes Charakterbild schwankt so sehr in der Geschichte wie das Alexanders des Großen.

Schon zu des Königs Lebzeiten hatten die Griechen für Alexanders Idee, den Völkern Asiens die hellenische Zivilisation zu bringen, wenig Begeisterung gezeigt. Aber selbst nachdem es sich ein oder zwei Generationen später herausgestellt hatte, welche die Welt verwandelnde Leistung Alexander vollbracht hatte, waren und blieben die Griechen ihm feindlich gesinnt. Hundertfünfzig Jahre nach seinem Tod war der Welteroberer aus der Literatur vollständig verschwunden. Der Schriftsteller, der Alexander der Verborgenheit entriß, ist dann allerdings ein Grieche gewesen, noch dazu in Chaironeia geboren, dem Platz, an dem einst Hellas' Freiheit blutig untergegangen war. Dieser Intellektuelle hatte den Hellenismus als Idee verstanden, und er hatte begriffen, daß Alexander sein Schöpfer sei. Nachdem der Schule der peripatetischen Philosophen, als Rache für den Tod des Kallisthenes, ein über Jahrhunderte hin wirksamer Rufmord an Alexander gelungen war, schreibt Plutarch in seinem schon erwähnten Jugendwerk DE ALEXANDRI MAGNI FORTUNA ET VIRTUTE, daß Alexander ein erfolgreicherer Lehrer als die Philosophen gewesen sei. Die Sache ist es wert, einige Sätze der Verteidigung eines allzu ungerecht behandelten Mannes zu zitieren:

»...Aber weil Alexander Asien die Kultur brachte, wurde der Homer das Lesebuch dieser Völker, und die Kinder der Perser, Susanier und Gedrosier sangen die Lieder aus den Tragödien des Sophokles und des Euripides. In Athen hatte der Denunziantenpöbel gegen Sokrates öffentlich Anklage erhoben wegen der Einführung fremder Götter. Alexander war es zu verdanken, wenn im Kaukasos und in Baktrien die Verehrung griechischer Götter eingeführt wurde. Platon hatte nur eine Verfassung entworfen, aber sie war so streng, daß er niemand dazu bewegen konnte, sich ihrer zu bedienen. Alexander gründete im Barbarenland über siebzig Städte. Er übersäte Asien mit Pflanzstätten griechischer Kultur und rottete die rohe Wildheit des Lebens aus. Platons Gesetze lesen nur wenige unter uns. Nach Alexanders Gesetzen lebten und leben noch heute ungezählte Tausende. Glücklicher also, wer Alexanders Macht unterlag, als wer ihr entfloh. Diesen befreite nun niemand mehr aus seinem Elend, den anderen aber zwang der Sieger zu einem glücklichen Leben. Als Themistokles in der Zeit seiner Verbannung nach vielen anderen reichen Geschenken vom Perserkönig den Steuerertrag von drei Städten zugewiesen erhielt, den einen für das Brot, den anderen für den Wein und den dritten für den Nachtisch, sagte er zu den Seinen: ›Oh, ihr Freunde, wir wären ganz gewiß verloren, wenn wir nicht schon verloren wären!‹

Dasselbe könnten wir mit größerem Recht noch von den Städten sagen, die Alexanders Macht unterlagen. Sie wären niemals gesittet geworden, wenn sie nicht unterlegen wären. In Aegypten gäbe es kein Alexandreia, in Mesopotamien kein Seleukeia, in Sogdiana kein Prophtasia, in Indien kein Boukephala und nicht eine griechische Stadt am Fuß des Kaukasos. Als sie aufblühten, erlosch die Wildheit, und die rohen Sitten wandelten sich zur Milde.

Wenn sich die Philosophen am meisten darauf einbilden, daß sie rauhe, ungebildete Herzen zur Milde erziehen, hat doch Alexander offenbar unzählige Völker umgeformt und unzählige Seelen aus ihrer Wildheit erlöst. So sollte er denn mit Recht auch als der größte Philosoph gelten.«

Sicherlich kann man einwenden, Plutarch habe hier in jugendlicher Begeisterung ein wenig übertrieben, aber es ist doch ganz aufschlußreich, daß ein gebildeter Hellene der frühen römischen Kaiserzeit von Alexander eine so gute Meinung hatte.

Die vollständige Rehabilitierung Alexanders erfolgte durch Arrian, der etwa fünfzig Jahre nach Plutarch lebte und schrieb. Arrian war in noch östlicheren Gefilden des Reiches geboren als Plutarch. Er stammte aus Kleinasien. So wurde er schon früh mit den verwickelten politischen Verhältnissen des Nahen und Mittleren Orient vertraut. Sein Buch über Alexander hat er glücklicherweise erst nach Abschluß seiner militärischen Karriere geschrieben. Als hoher römischer Offizier hatte er natürlich für die Probleme eines Weltreiches tieferes Verständnis als die griechischen Zeitgenossen Alexanders, deren politisches Talent es nie weiter als bis zur Organisation der Polis, des Stadtstaates, gebracht hatte.

Trotz Plutarch und Arrian ist aber Alexander durch alle Zeiten hindurch ein Objekt des Streites geblieben. So ist die letzte Frage die nach dem, was Alexander erreicht hat. Ist das Ergebnis die Opfer an Menschen wert gewesen? Man denkt an die Scharen gefallener Soldaten seines Heeres, an die größeren Scharen der im Kampf getöteten Feinde, an die schrecklichen Haufen erschlagener Männer, Frauen und Kinder, umgebracht in den vielen Strafexpeditionen, die zu Alexanders Politik der Befriedung gehört haben.

War der Traum diese Wirklichkeit wert? Haben die unerhörten Menschenopfer einen Sinn gehabt? Und was nun eigentlich war das Ergebnis von Alexanders Wirken? Hatte seine Verwandlung der Welt in der Tat jene »enorme Wünschbarkeit«, von der Burckhardt spricht? War Alexander ein Mann, der gescheitert ist, oder hat er ein Leben großer Erfüllung gelebt?

Es ist Alexander der Große gewesen, der durch die Eroberung des westlichen Asien die politischen Voraussetzungen für die jahrhundertelange Stabilität des Hellenismus geschaffen hat. Es war der Hellenismus, der, vom alten griechischen Begriff des freien Bürgers im freien Staatswesen ausgehend, die unantastbare Würde der menschlichen Person ein für allemal feststellte. Die Erinnerung daran ist selbst in den Zeiten der tiefsten Barbarei Europas niemals vollständig verlorengegangen. Noch die Heuchelei der modernen Tyrannen ist, wie man mit Chateaubriand sagen könnte, eine Verbeugung des Terrors vor dem Humanismus. »Der Humanismus wird«, wie Grousset ebenso geistreich wie treffend sagt, »seinen Wert auch künftig behalten. Was immer kommen mag, er ist die kollektive Erinnerung der Generationen an das Beste, was sie geschaffen haben. Er ist das Gewissen der intellektuellen und moralischen Elite aller Jahrhunderte.«

Über Alexanders Verdienst an der Entstehung und Verbreitung des Humanismus kann es keinen Streit geben. Sicherlich hat Caesar auf die Entwicklung Europas eine breitere und tiefere Wirkung ausgeübt als Alexander. Aber ohne Alexander hätte es eben niemals diesen Caesar gegeben. Erst unter dem Einfluß des hellenistischen Humanismus wurde aus der Militärmacht Rom die Kulturmacht Rom, deren Trümmer noch ausreichten, Europa zu bauen. Auch geht Caesars Wirkung nicht über den Bereich der mediterranen Oikumene hinaus, jener großen mittelmeerischen Gemeinsamkeit von Kultur, Handel, Steuern und Politik, welche die eigentliche und so bewundernswerte Schöpfung Roms ist. Das Imperium Romanum zwar erstreckte sich damals bis zum Euphrat, aber diese östlichsten der römischen Provinzen wandten ihr Gesicht dem Westen zu. Alexander hingegen hat Einfluß auf den ganzen Osten ausgeübt. Und seine Wirkung war keineswegs auf den Iran beschränkt. Sie reichte bis Zentralasien, bis Indien und schließlich sogar bis China, Korea und Japan.

Wie hat der Schüler des Aristoteles aus Pella in Makedonien auf China wirken können? Dem Buddhismus ist Alexander begegnet. Das wissen wir. Mit indischen Weisen hat er sich unterhalten. Kalanos hat ihn nach Susa begleitet. Ob Alexander je etwas von Kungfutse gehört hat, der ein Zeitgenosse des Themistokles war, wissen wir nicht. Die ersten in chinesischen Quellen auftauchenden Nachrichten über Kontakte zwischen China und dem Westen, die in Baktrien stattfanden, stammen erst aus der frühen Han-Zeit, also aus dem Anfang des 2. Jahrhunderts vor Christi Geburt. Das war etwas über hundert Jahre nach Alexander. Die Verbindung zwischen Indien und China ging damals über die Pässe des Hindukush. Eine Verbindung zur See zwischen Indien und China wird erst in römischer Zeit, um 200 nach Christi Geburt, hergestellt. In einem Grab in Indochina sind neben chinesichen Münzen römische gefunden worden.

Über die Frage der Auswirkungen des Alexanderzuges auf China zitiere ich eine gelehrte Autorität. Le Coq und Grünwedel haben in den ersten beiden Dezennien unseres Jahrhunderts in Chinesisch-Turkestan gegraben. Auf ihren verschiedenen Expeditionen entdeckten die Forscher eine bis dahin noch kaum bekannte Kunst graecobuddhistischen Charakters. In den Wüsten Zentralasiens stießen sie auf die Spuren von Hellas! Über diese Kunst sagt Le Coq:

»Die von den preußischen Turfan-Expeditionen in Chinesisch-Turkistan ausgegrabene, durchaus der religiösen Kunst angehörige Plastik ist buddhistisch, und da sie auf der ausgehenden Spätantike beruht, können wir sie – analog Herrn v. Sybels Bezeichnung der frühchristlichen Kunst als ›christliche Antike‹ – als die buddhistische Antike Asiens bezeichnen; denn sie bildet eines der Elemente, und zwar das wichtigste, aus denen sich die religiöse Kunst des indischen und des chinesischen Kulturkreises entwickelt hat. Der Vorgang ist analog jener Entwicklung, die im Westen die Kunst der europäischen Völker aus der verfallenden Antike entstehen ließ.

Der Einfall Alexanders des Großen in Indien war nicht bloß ein folgenloser Streifzug, sondern der Anfang eines für den ganzen Orient wichtigen Zeitalters. Seine Nachfolger, und nach ihnen kühne hellenische Abenteurer, gründeten in Baktrien und in Nordindien Königreiche, die hellenische Kultur und Kunst pflegten und deren letztes erst kurz nach Beginn unserer Aera – also kurz nach Christi Geburt – zugrunde gegangen ist.

Ganz analog den Vorgängen in Westeuropa, wo um dieselbe Zeit unter Umdeutung der antiken Formen die christliche Antike entstand, um später eine Grundlage für die Kunst der westlichen Völker zu werden, entstand hier aus denselben Elementen die buddhistische Antike, die die Grundlage werden sollte für die religiöse Kunst aller buddhistischen Völker Asiens einschließlich Chinas und Japans.«

Das Land, in dem Alexanders Hellenisierungsmaßnahmen am erfolgreichsten waren, ist Afghanistan. Während seine Versuche, den Besiegten in den von ihm eroberten Ländern die Gleichberechtigung zu verschaffen, von den Ptolemaeern niemals fortgesetzt, von den Seleukiden sehr bald aufgegeben wurden, haben die Euthydemiden, die griechischen Herrscher Afghanistans, Iranier ihres Landes in die Führungsschicht aufgenommen und zusammen mit ihnen regiert. König Euthydemos führte durch, was Alexander angestrebt hatte, und erbrachte damit zugleich den Beweis, wie realistisch und von wie großer politischer Wirksamkeit Alexanders Ideen gewesen sind.

Die indogriechischen und indoskythischen Könige bekehrten sich schließlich zum Buddhismus. Der berühmte buddhistische Text des Milindapanha erzählt von der Bekehrung des griechischen Königs Menandros. Menandros' Münzen gehören, ein weiterer Beweis für die kulturelle Kraft dieses hellenischen Reiches in Mittelasien, zu den schönsten, welche die Antike hervorgebracht hat. Hier in Mittelasien wurde Alexanders Traum Wirklichkeit. Hier entstand ein neues Hellas. Grousset nennt dieses Geschehen ein grundlegendes Ereignis der Kulturgeschichte.

Muß man nicht, wenn man das alles vernimmt, einen Augenblick lang den Atem anhalten?

Was für Perspektiven! Was für ein Volk, diese Griechen! Was für ein Mann, dieser Alexander! Welche Geheimnisse in den Zusammenhängen der Weltgeschichte!

Ost und West, West und Ost, das große Problem der Antike, ist das große Problem auch unserer Zeit.

Einen ebenso bedeutenden Einfluß wie auf die Kultur Asiens hat Alexander auf das Verhalten der Völker in dem weiten Gebiet zwischen dem Ural und der Wüste Gobi ausgeübt. Die schon nach Westen in Bewegung geratenen Reitervölker der Steppe wandten sich, erschreckt von den Siegen Alexanders in seinen Feldzügen in Baktrien und der Transoxiana, gen Süden, gegen China. Die furchtbare Bedrohung, welche die Hsiungnu für das schon damals sehr alte Kulturland China darstellten, veranlaßte den Kaiser Shi Huang-ti am Ende des 3. Jahrhunderts vor Christi Geburt die Große Mauer zu bauen. Die Mark Baktrien schützte den Iran, die Große Mauer China vor den Einbrüchen der ewig raublüsternen, beutegierigen, zerstörungswütigen Nomadenvölker. Erst als nach der langen und wunderbaren Blüte des griechischen Geistes in Mittelasien die hellenischen Kraftzentren erloschen, wandte sich die Steppe wieder gen Westen.

Die Wanderung der Völker begann.

Das erste der Völker, die im Iran auftauchten, waren die den Persern verwandten Parther. Aber sie waren immer noch und nannten sich auch

Philhellenoi, Griechenfreunde. Sie waren so vertraut mit der klassischen Bildung, daß sie nach der Schlacht von Carrhae das abgeschlagene Haupt des Crassus, des besiegten römischen Feldherrn, das in dem Augenblick in der Hauptstadt eintraf, als die Bakchen des Euripides aufgeführt wurden, sogleich als Requisit der Aufführung, als Haupt des Pentheus, verwendeten.

Schon machtpolitisch hätte ein Scheitern Alexanders des Großen unübersehbare Folgen für die Geschichte der Zivilisation gehabt. Noch bedeutsamer aber wären die geistigen Folgen gewesen. Wie Grousset an anderer Stelle sagt, stehe es jedem von uns frei, ob er den Ursprung des Humanismus auf dem Parthenon oder auf einem Berge Galilaeas suchen wolle. Der griechische und der jüdische Humanismus haben einander durchdrungen und sich dabei gegenseitig bereichert. Es ist die Philosophie dieses hellenistischen Humanismus, mit welcher das Christentum sich auseinandersetzen mußte. Die christliche Theologie ist, wie Harnack einmal sagt, eine Schöpfung des griechischen Geistes auf dem Boden des Evangeliums. Der erste wirklich große Denker des Westens, der heilige Augustinus, tritt erst dreihundert Jahre nach Christus in Erscheinung. Die schweren geistigen Kämpfe, in die das Christentum in seinen Anfängen verwickelt wurde, hätte es niemals erfolgreich bestehen können ohne die Begriffsklarheit, die die griechischen Philosophen von Sokrates bis Panaïtios und Poseidonios in jahrhundertelanger Denkarbeit geschaffen haben. Niemals hätten Gnosis, Manichaeertum, Neuplatonismus, Donatismus, alle diese verführerisch geistreichen Systeme, die in der Spätantike aus dem Osten in den Westen eindrangen, überwunden werden können, wenn nicht die Waffe des christlichen Glaubens durch den Geist der griechischen Philosophie so scharf geschliffen gewesen wäre. Selbst noch die Theologie des Islam ist eine Auseinandersetzung des arabischen Geistes mit der griechischen Philosophie über das in den Suren des Koran niedergelegte Offenbarungsgut – ein Disput der Wüste mit der Akademie von Alexandreia.

Die auf Alexanders Wirken beruhende Kontinuität der Weltkultur reicht bis in unsere Tage hinein. Ihre enorme Wünschbarkeit vermindert sich auch nicht dadurch, daß die Geschichtswissenschaft die Frage nach dem göttlichen Sinn im Weltgeschehen als außerhalb ihrer Kompetenz liegend betrachtet. Das Abendland könnte zwar aufhören, christlich zu sein. Es kann aber nicht aufhören, aus Antike und Christentum entstanden zu sein.

Der Begriff »Weltkultur« hat im 20. Jahrhundert seine alte Bedeutung zurückgewonnen. Weltkultur, das ist für uns in voller Lebendigkeit wieder die uralte Daseinsgemeinschaft, die den Westen mit dem Osten verbindet, jene große Europa und Asien umfassende Eurasische Oikumene, in der die Menschen, die Güter und die Ideen seit Jahrtausenden, in Krieg und Frieden, in Epochen ungeheurer Erschütterungen, in Jahrhunderten stiller Arbeit, über erstaunliche Distanzen hin- und hergewandert sind.

Wir sind dabei, diese alte große Welt wiederzuentdecken, diese alte große Welt, die von den Palästen der chinesischen Kaiser bis zu den Tempeln und Theatern der Antike, von den Heiligtümern Indiens und Burmas bis zu den Kathedralen Frankreichs und Spaniens, von den Felsreliefs der Achaimenidenkönige bis zu den Triumphbogen der römischen Imperatoren, von den arabischen Universitäten bis zu den Bibliotheken Englands reicht, diese alte große Welt, in der Kamelkarawanen die Seide von China durch Innerasien nach Syrien, den Weihrauch von Arabien durch die Wüste Sinai nach Alexandreia brachten und Segelschiffe anfingen, die Häfen des Fernen Ostens mit den Häfen am Roten Meer zu verbinden, diese alte große Welt, in der Mönche und Händler, Philosophen und Künstler die Ideen und die Schönheit verbreitet haben. Wir beginnen wieder, die Gemeinsamkeiten zu suchen und zu sehen, die, verborgen oder sichtbar, alle diese alten Kulturen in Kunst und Religion, in Staatslehre und Philosophie miteinander verbinden. Wir spüren nach den Quellen gegenseitiger Beeinflussung, gegenseitiger Befruchtung, nach den Wegen, die der Austausch genommen, nach den Spuren, die er hinterlassen hat. Einen griechischen Faltenwurf festzustellen an einem Specksteinbuddha, den ein kleiner japanischer Straßenhändler auf der Insel Hokkaido einem Touristen verkauft, ist nicht weniger erstaunlich und nicht weniger wichtig, als die indische Idee der Seelenwanderung bei Pythagoras, die Gedanken des Kungfutse bei Voltaire, die Weisheit der Jesuiten in den Schriften chinesischer Philosophen, die Poesie persischer Dichter bei Goethe wiederzufinden.

Die Beziehungen zwischen Ost und West fangen nicht mit Alexander an. Die Vorgeschichte lehrt uns, daß sie Jahrtausende älter sind. Aber wenn auch Alexander so früh nicht ist, auf dem ostwestlichen Felde ist er groß und unvergleichlich. Auf dem ostwestlichen Felde hat er die Zukunft der Weltkultur bestimmt.

DIE UNSICHTBARE FLAGGE

EIN BERICHT

Leuchtend weiße Wolkenschiffe, scharf konturiert und zu barocken Formen geballt, ziehen vom Morgen bis zum Abend über unseren Häuptern dahin. Sie ziehen über den Sommerhimmel der Ukraine, diesen ungeheuren Himmel, den Nikolaj Gogol in den »Toten Seelen« so wunderbar beschrieben hat. Sie ziehen dahin, eine himmlische Armada des Friedens, über eine Erde, auf der Krieg geführt wird. Die Schatten der Wolken fallen als ein unregelmäßiges Muster von hellen und dunklen Flecken auf eine hügelige, von kleinen Wäldchen durchsetzte Landschaft.

Am Rande eines dieser Wäldchen hält ein Panjewagen, auf welchem ein Weinfaß montiert ist. Das Faß enthält allerdings nicht Wein, sondern etwas viel Kostbareres, nämlich Wasser. Das Wasser ist aus einem etwa drei Kilometer entfernten kleinen Dorf geholt worden.

Blickt man vom Rand dieses Wäldchens nach Osten, sieht man die Hügelketten wie Theaterkulissen eine hinter der anderen hervortreten. Die dritte Hügelkette ist noch grün. Man kann auf ihr Einzelheiten noch unterscheiden. Die vierte liegt hinter einem feinen blauen Schleier. Zwischen diesen beiden Hügelketten ist Wasser. Das Wasser ist der Dnjestr. Hier und da tauchen ein paar Lastkraftwagen aus einer Senke auf, klettern über einen Hügelkamm und verschwinden wieder. Hier und da steigt aus einem Wäldchen eine Rauchsäule auf. Irgendwo hoch im Himmelsgewölbe surrt ein Flieger.

Diese leere Landschaft ist ein Schlachtfeld. Die deutschen Truppen sind im Begriff, den Dnjestr zu überschreiten. Sein Ostufer ist befestigt und wird von den Russen verteidigt. Man hört vom Rande des Wäldchens aus das Artilleriefeuer als ein dumpfes, fernes Grollen, obgleich die Entfernung bis zum Fluß nicht viel mehr als sechs Kilometer beträgt. Westwind!

In dem Wäldchen hat eine Sanitätskompanie ein paar Zelte aufgeschlagen. Sie sind oberflächlich mit Kiefern- und Akazienzweigen getarnt. Die Akazienzweige, obgleich erst in der Nacht montiert, fangen schon an, welk zu werden. Eines dieser Zelte ist ein Operationssaal. Auch er ist ein Schlachtfeld. Es ist dieselbe Wissenschaft, die hier mit äußerstem technischem Raffinement versucht, Leben zu retten, das sechs Kilometer weiter mit äußerstem technischem Raffinement zu vernichten unternommen wird.

Für die erfolgreiche Anwendung der Wissenschaft in der Vernichtung sowohl wie in der Errettung von Leben wurden die gleichen Orden verliehen.

Mit dem Wort »Operationssaal« verbindet sich eine bestimmte Vorstellung – ein weißer Steinfußboden, grüne Kacheln an den Wänden, ein großes Nordfenster mit einer fast die ganze Wand einnehmenden Milchglasscheibe, das blitzende Chrom des Operationstisches, darüber die große Lampe, die vernickelten Sterilisiertrommeln und der Tisch mit den Instrumenten. Ein Operationssaal ruft den Eindruck technischer Perfektion hervor. Der Sinn dieser technischen Perfektion ist eine vollkommene Keimfreiheit, in der Medizin Asepsis genannt. Mit der Wunde darf nichts in Berührung kommen, was nicht entweder ausgekocht oder durch andere Mittel desinfiziert worden ist. Ein Feldlazarett, das meistens etwas weiter entfernt von der Hauptkampflinie arbeitet, kann diese Asepsis gewöhnlich in einem an die wünschenswerte Perfektion ausreichend angenäherten Maße herstellen. Bei dem Hauptverbandplatz einer Sanitätskompanie ist das nicht so einfach.

Das Schicksal eines Verwundeten hängt von dem ersten Chirurgen ab, in dessen Hände der Verwundete gerät. Nun verschlechtern sich aber mit jeder Stunde, die zwischen einer Verwundung und der ersten chirurgischen Behandlung liegt, die Aussichten des Verwundeten in einer steil abstürzenden Kurve. Ein Bauchschuß, den in den ersten zwei Stunden zu operieren noch ganz aussichtsreich ist, ist nach zwölf Stunden ein fast hoffnungsloser Fall. Es kommt also darauf an, den Hauptverbandplatz so nahe wie möglich an die Hauptkampflinie heranzurücken. Dabei kann man das Risiko, daß der Hauptverbandplatz selbst noch unter Artilleriebeschuß gerät, nicht immer vermeiden. Aber natürlich ist es nicht sehr sinnvoll, einen Hauptverbandplatz mit heroischer Entschlossenheit so weit nach vorn zu legen, daß er durch feindliche Waffenwirkung ausfällt.

Im Anfang des Krieges wurde der Ort des Hauptverbandplatzes noch befohlen. Später hat man es gewöhnlich unserer Erfahrung überlassen, selbst die Entscheidung zwischen wissenschaftlicher Tapferkeit und militärischer Angst zu treffen. Man darf nicht vergessen, was es heißt, die diffizile und kniffliche Arbeit der Unterbindung eines größeren durchschossenen Gefäßes oder die Schließung eines Loches in der Brustwand vorzunehmen, während jeden Augenblick die Hauswand hereinkommen kann.

Im späteren Verlauf des Krieges, als die Rückzugschirurgie begann, mußte man es uns überlassen, wie lange wir es riskieren wollten zu operieren, indem wir riskierten, in Gefangenschaft zu geraten. Der Hauptverbandplatz liegt an einer Stelle, die bestimmt wird erstens von der taktischen Situation, das heißt also von der Kampflage, zweitens von der feindlichen Waffenwirkung, drittens von den Transportverhältnissen, und zwar sowohl von der Möglichkeit der Truppe und der Krankenkraftwagenzüge, die Verwundeten zum Hauptverbandplatz zu bringen, wie von der Möglichkeit, sie von da aus in chirurgisch versorgtem Zustand weiterzuleiten.

So muß der Apparat dieses mobilen Operationssaales vollkommen selbständig und unabhängig sein. Das einzige, was er braucht, ist Wasser. Die Divisionen hatten gewöhnlich eine motorisierte und eine pferdebespannte Sanitätskompanie. Die Mannschaften der pferdebespannten Kompanie waren teilweise mit Fahrrädern ausgestattet, teilweise marschierten sie zu Fuß. Zu einer solchen Kompanie gehörte ich.

Wenn man die Fahrzeuge einer pferdebespannten Sanitätskompanie, Planwagen, die aussahen, als ob sie vom Kriege anno siebzig übriggeblieben wären, mit ihren Rössern durch die Landschaft ziehen sah, wäre man niemals auf den Gedanken gekommen, daß sie in ihren Kisten ebenso viele Resultate wissenschaftlicher Forschung bargen wie der Messerschmittjäger, der über sie hinwegstrich.

In dem kleinen Wäldchen sechs Kilometer westlich des Dnjestr war der Fußboden des Operationsraumes nicht aus Stein, sondern aus schwarzer, ein wenig aufgeweichter ukrainischer Erde. Die schrägen Zeltwände waren mit Hunderten von Fliegen bedeckt. Das Milchglasfenster der Nordseite war ein dreieckiges Loch, durch das man, ein wenig gebückt, eben noch hindurchgehen konnte. Das Loch war der Fliegen wegen mit einer Decke verhängt. Das Auskochen wurde mit Spiritus vorgenommen. Die Operationslampe wurde mit Strom aus einem Akkumulator gespeist. Das Instrumentarium war das modernste, das man sich wünschen konnte. Der Apothekenwagen enthielt alle Medikamente, deren die moderne Chirurgie in der täglichen Praxis bedarf.

Der Mann, der den Apothekenwagen unter sich hatte, war der Feldwebel Kienzle. Kienzle war, trotz seines schwäbischen Namens, Braumeister einer Berliner Brauerei. Er war ein Meister der Organisation und ein Meister der Vorausschau. Weder auf Vormärschen noch auf Rückzügen, weder in Kesseln noch in Brückenköpfen, weder in der Fliegenhitze des russischen Sommers noch in der Schneekälte des russischen Winters ist es vorgekommen, daß Kienzle eines der lebenswichtigen Medikamente nicht bereit gehabt hätte. Man bedenke, was das für die Verwundeten bedeutete! Nichts konnten sie sich aussuchen. Unweigerlich landeten sie dort, wohin sie gebracht wurden. Kienzle hat keine einzige Heldentat vollbracht. Er war ein ordentlicher Mann. Er war ein Held der Humanitas. Und die, die ihm verdanken, daß ihnen die Schmerzen, welche die Chirurgie ersparen kann, tatsächlich erspart worden sind, wissen nicht einmal seinen Namen...

Drei Tage haben wir da operiert; denn drei Tage dauerte es, bis die Stalinlinie durchbrochen werden konnte. Wie primitiv erschien uns dieses kümmerliche Zelt in dem kleinen Wäldchen am Dnjestr! Und doch – ich habe oft darüber nachgedacht – war dieser dreieckige Eingang zu dem Operationszelt, durch den die Krankenträger gerade ihre Trage hindurchbrachten, eine magische Pforte.

Ein Mann wird verwundet – ein Mensch. In dem Bruchteil der Sekunde, da das Geschoß ihn trifft, wird er aus der Bahn des Kämpfers herausgeschleudert. In einem Augenblick wird er ein Stück hilflose Kreatur. Bis dahin war seine gesamte Energie nach vorn gerichtet, auf den Widerstand des Gegners, der sich als eine imaginäre moralische Linie an einer noch unbekannten Stelle durch das Gelände zieht. In diesem Zustand war er so nach außen gerichtet, daß er kein Bewußtsein seiner selbst mehr hatte. Durch die Verwundung wird er auf sich zurückgeworfen. Angesichts seines Blutes wird er sich seiner selbst wieder bewußt. Während er noch eine Sekunde vorher sich damit befaßte, den Gang der Weltgeschichte zu ändern, ist er eine Sekunde später nicht einmal mehr in der Lage, sich selbst zu helfen.

Welch ungeheuerlicher Sturz!

Nach Stunden sinkt die Nacht hernieder. Die graue Angst beschleicht ihn. Wird er verbluten? Wird man ihn finden? Wird er noch einmal getroffen werden? Werden sie zurückgehen? Wird er in russische Hände fallen?

Welche Ewigkeiten sind das, bis ein paar Soldaten ihn ein Stückchen nach hinten schleppen! In einem Granatloch oder in irgendeinem primitiven Bunker sitzt der Vorposten der Wissenschaft, der hippokratische Held, der Truppenarzt. Hier bekommt er einen Verband, eine Schiene, eine Abschnürbinde, eine Injektion gegen seine Schmerzen. Dann liegt der Verwundete wieder irgendwo und weiß nicht, ob er je transportiert werden wird. Schließlich wird er wieder ein Stück getragen. Dann kommt er in ein Sanitätsauto. Dann liegt er wieder irgendwo zwischen vielen, vielen anderen Verwundeten in einem trüben Halbdunkel, in einer schrecklichen Stummheit, die nur von Seufzern unterbrochen wird.

Endlich nehmen sie ihn wieder auf. In dem Augenblick, in dem er in den Lichtkegel der Operationslampe kommt, verwandelt er sich aus einem Stück hilfloser Kreatur in einen *patiens*, einen Leidenden. Er kehrt ins menschliche Dasein zurück. Dieses zerschmetterte Stück schmutzige, blutige Kreatur, wenn es den Lichtkegel der Operationslampe wieder verläßt – es ist versorgt.

Vollbracht wird dieses kleine Wunder durch ein flaches Stückchen Chromstahl von nicht mehr als fünfzig Gramm Gewicht. Das flache Stückchen Chromstahl ist das Skalpell, das Messer der Chirurgie, das Messer des Aristoteles. Was auf dieses Messers Schneide steht, ist wahrhaftig Schicksal. Das Skalpell ist das Instrument einer kühnen Idee, der Idee nämlich, in den menschlichen Körper einzudringen bis zu jeder Stelle, an der ein Schaden repariert werden muß.

Dazu bedarf es einer Technik. Diese Technik ist entwickelt worden in Jahrhunderten unendlichen wissenschaftlichen Fleißes, angefangen bei den ersten Entdeckungen der griechischen Naturforscher bis zu den letzten Errungenschaften der modernen Chirurgie.

Dazu bedarf es einer Hand, die das Skalpell zu führen versteht. Das Skalpell zu führen ist ein Handwerk, das bei den alten Meistern zu erlernen die Scholaren ein Jahrzehnt und mehr ihres Lebens aufwenden müssen.

Dazu bedarf es eines Apparates. Der Apparat umfaßt Asepsis, Narkose, Nachbehandlung, Unterbringung, Transport und Ernährung der Verwundeten. Dazu bedarf es der Männer, die diesen Apparat sachverständig bedienen können. Die meisten dieser Männer stammten aus Berufen, die nichts mit Chirurgie zu tun hatten.

Dieser ganze Aufwand konzentriert sich in der Spitze dieses kleinen flachen Stückchens Chromstahl, in der Verwirklichung der kühnen Idee, unter allen Umständen bis an den Ort des gesetzten Schadens vorzudringen, um Leben zu retten, das ohne das Skalpell verloren wäre. Allerdings, das Skalpell muß da bereit sein, wo es gebraucht wird, auf dem Schlachtfeld nämlich.

Florence Nightingale, der Engel des Krimkrieges, Clara Burton, die im amerikanischen Sezessionskrieg »den Kanonen folgte«, Henri Dunant, der das weltumspannende Werk des Internationalen Roten Kreuzes begründete – das sind die großen Namen, denen unsere Zivilisation die Einsicht in die Verpflichtung verdankt, daß Verwundete im Krieg versorgt werden müssen.

Nur eben, die technische Wissenschaft, die den Menschen in ein Stück schmutziger, blutiger Kreatur verwandelt, stammt aus derselben aristotelischen Quelle wie die Wissenschaft, die ihm seine menschliche Würde zurückgibt. Über dem kleinen Zelt in dem kleinen Wäldchen am Dnjestr, unter dem ungeheuren Himmel der Ukraine, wehte eine unsichtbare Flagge, die Flagge der Humanitas.

Sollte es eine verlorene Flagge gewesen sein?

AM RANDE RUSSLANDS

Die Stalinlinie, die Bunkerbefestigung am Ostufer des Dnjestr, war durchbrochen worden. Die Deutschen hatten den Fluß überschritten. Einzelne Sanitätsautos waren von den Pionieren über den Fluß gesetzt worden. Die Verwundeten wurden mit diesen Wagen von der Hauptkampflinie an das östliche Flußufer gebracht, dann in Pionierpontons über den Fluß gesetzt, dann wieder in Krankenkraftwagen bis zum Steilhang des westlichen Flußufers gefahren, dort von einer großen Zugmaschine den Steilhang hinaufbefördert, dann erneut in Sanitätsautos verladen, bis sie endlich bei uns ankamen. Wir mußten, um den Weg abzukürzen, an den Fluß hinunter.

Ich sollte zum Divisionsstab fahren, um mich nach der Lage zu erkundigen. Ein Gewitterregen war niedergegangen. Fast alle motorisierten Fahrzeuge blieben im Schlamm stecken. Das war die erste Warnung, die Mütterchen Rußlands Erde uns erteilte. Noch freilich war Sommer. Die Sonne trocknete den Gewitterschlamm immer schon in wenigen Stunden wieder auf. Aber der Schlamm in allen seinen unwahrscheinlichen Möglichkeiten sollte sich als ein ebenso schlimmer Feind für die Verwundeten erweisen wie die Kälte. Von beiden ahnten wir damals noch nichts.

Ich nahm das Pferd. Unterwegs, an einer Waldecke vorüberreitend, sah ich den evangelischen Divisionspfarrer, abgesessen. Sein Pferd hatte er an einen Baum gebunden. Er schien etwas am Boden zu suchen. Ich stieg ab. Wir kannten uns schon und schätzten einander. In einer kleinen Kirche, 1940 in Frankreich, hatten wir uns zum erstenmal getroffen. In dieser Kirche war der Hauptverbandplatz für den Angriff auf den Chemin des Dames untergebracht gewesen. Die Kirche war aus den Trümmern des ersten Weltkrieges, zum Teil aus ihren alten Steinen, liebevoll wieder aufgebaut worden. Die alten Steine hatte man in den Wänden, mit neuen Steinen gemischt, noch sehen können. Wir hatten uns ausführlich über die mit Steinplatten gedeckten Rundtürme unterhalten, die die Apsis flankierten. Nicht ohne Ironie hatte der Naturwissenschaftler den Theologen darüber belehrt, daß diese Türme in der Kunstgeschichte als normannische Rundtürme bezeichnet werden und von Südengland bis Poitiers gefunden werden.

Es war immer ein eigentümliches und feines Vergnügen, jemanden, den man gut kannte, auf dem Gefechtsfeld zu treffen. Das erste, was man dabei empfand, war die Befriedigung, daß der Mann noch lebte. Das aeternale Numinosum schwebte ja ständig um eines jeden Haupt. Zweitens steckte man voll von Geschichten, die darauf warteten, geboren zu werden. Welcher Art ein Erlebnis ist, ob von der erhabenen oder von der lächerlichen Art, das erfährt man ja selbst erst, wenn eine Geschichte im Erzählen entsteht. Drittens hörte man bei einer Begegnung authentische Neuigkeiten. So begrüßten sich denn auch zwei Männer, die sich auf dem Gefechtsfeld trafen, wie die Athener sich begrüßten, wenn sie einander auf der Agora trafen: »Τί νεώτερον; Was gibt es Neueres?«

Wir setzten uns zusammen auf einen Baumstamm, nicht anders, als man sich in einem Boulevardcafé niederläßt.

Ein Chirurg hat guten Grund, den Pfarrer zu schätzen. Wo der Chirurg, des Menschen Diener, mit seiner Kunst zu Ende ist, weiß der Diener Gottes noch immer eine kleine Strecke weiter, jene kleine Strecke vom Achselzucken der Wissenschaft bis zur Pforte der Ewigkeit, eine Strecke, die mit Trost zu lindern es älterer Quellen bedarf, als Wissenschaft sie je zur Verfügung haben wird.

Der Verwundete, der auf dem Hauptverbandplatz stirbt, ist ja nicht ein Kranker im gewöhnlichen Sinn. Er ist ein gesunder, junger Mensch, der aus einem noch unerfüllten Leben herausgerissen wird. Das Elend einer solchen jungen Seele, die diese Welt in Stundenfrist verlassen muß, ist unermeßlich. All die Glorie, mit der die Welt den Tod des Helden umgibt, nimmt der jungen Seele nicht ein Gran ihres unermeßlichen Leides ab.

Da kniet, während an die anderen das Essen ausgegeben wird, der Pfarrer neben dem unermeßlichen Leid, nichts in der Hand als jenes alte Buch, das des Menschen letzter Trost ist. Ich habe die Diener Gottes oft bewundert; denn ich habe manche Seele erlebt, die getröstet war.

Von der Geschichte, die der Pfarrer zu erzählen hatte, weiß ich heute noch nicht, was von ihr zu halten ist. Am Tag vorher war ein Zahlmeister des Verpflegungsamtes bei mir eingeliefert worden. Eine verirrte Granate hatte ihm, weit im Hintergelände, den linken Arm abgerissen und das linke Knie zertrümmert. Er war sozusagen ein ganz harmloser Mann. Er hatte mit Bohnen und Speck zu tun gehabt und nichts mit Heldentum. Wir hatten den Armstumpf versorgt und das Bein amputiert. Er hatte gar nicht einmal viel Blut verloren. Bei einem solchen Abriß eines Gliedes rollt sich zuweilen die Wand des Hauptgefäßes nach innen und ermöglicht die Bildung eines Blutpfropfs, der das Gefäß, wenigstens für eine gewisse Zeit, verschließen kann. Aber der Patient, dieser friedliche Mann, der so plötzlich in die Gefahr hineingerissen worden war, hatte einen Schock erlitten.

Der Schock des Verwundeten ist ein wohldefinierter Zustand. Er ist eine Störung bestimmter unbewußter Regulationen der unwillkürlichen Muskulatur, des Blutkreislaufes, des Herzschlages und verschiedener anderer vegetativer Funktionen. Die Störung ist zentral bedingt.

Aus diesem Schock hatten wir den Zahlmeister mit allen Anstrengungen nicht herausbringen können. Als ich wegritt, lag der Patient im Sterben.

Dem Pfarrer gegenüber hatte er die Bitte geäußert, wir möchten seiner Frau die Uhr schicken. Er habe sie von ihr geschenkt bekommen. Sie müsse noch an seinem abgerissenen Arm sein. Er hatte dem Pfarrer genau die Stelle im Gelände beschrieben, an der er verwundet worden war. Es war die Waldecke, an der wir auf dem Baumstumpf saßen. Das also war die letzte Bitte einer armen Seele, die aus der Verpflegungsabrechnung in den Tod hineingeraten war.

Der Pfarrer und der Chirurg suchten gemeinsam den Granateinschlag, der an den Wunden der Bäume leicht auszumachen war. Auf dem Arm saß eine Krähe. Die Uhr tickte noch. –

Als ich zum Divisionsstab kam, saß der IA, der erste Generalstabsoffizier, auf einem kleinen Feldstuhl. Er aß aus dem Kochgeschirr sein Mittagessen – Bohnen und Speck. Ein Major im Generalstab war ein großer Mann. Aber der große Mann war sehr freundlich. Das hatte seine Gründe. Schließlich gab es niemanden, der wissen konnte, ob er nicht in der nächsten halben Stunde des Skalpells bedürfen würde. Ferner war, vom Standpunkt der taktischen Führung aus, eine gute chirurgische Versorgung der Verwundeten wichtig. Sie war, wie man das ausdrückte, von hohem Wert für die Moral der Truppe. Und schließlich wußte dieser kluge Mann, daß es niemanden gab, der gerade über die Moral der Truppe zuverlässigere Auskunft geben konnte als der Chirurg des Hauptverbandplatzes. Besonders der Leichtverwundete, erfüllt von dem mächtigen Geschehen, dem er soeben entronnen war, war von naiver Geschwätzigkeit. Aus den Fetzen der Berichte, die sich ja jeweils nur auf einen ganz kleinen Abschnitt bezogen, und aus der Art des Berichtens konnte der Erfahrene sich ein Mosaik der Stimmung leicht zusammensetzen. Darüber befragte mich der Major. Die Auskunft, die ich ihm geben konnte, war, im Sinne des IA, positiv. Der Elan des Vormarsches steckte nicht nur in den Knochen, sondern auch in den Herzen der Männer.

Dann befragte ich den Major über Holercani, das Dorf am rechten Flußufer, in das wir unseren Hauptverbandplatz verlegen wollten. Er lächelte befriedigt. Es liege genau in der Mitte des Brückenkopfes, den die Division gebildet habe. Er habe schon Befehl gegeben, an dieser Stelle eine Brücke zu schlagen. Dann sah er mich ein wenig ironisch an: »Aber da schießt der Timoschenko noch mit großen Kalibern hinein.«

In solchen Fällen erforderte es die gute Manier, daß man mit den Achseln zuckte: »Na, wenn schon!«

»Sagen Sie das nicht! Es ist eine Batterie von zwei 28-cm-Schiffsgeschützen. Das sind ganz beträchtliche Brocken.«

»Und warum schaltet man sie nicht aus?«

»Die Dinger stehen ungefähr dreißig Kilometer von hier und sind so glänzend getarnt, daß die Luftaufklärung sie nicht finden kann. Wir haben einen Schallmeßtrupp angefordert.«

»Na schön! Aber bitte, wer ist Timoschenko?«

So erfuhr ich zum erstenmal etwas vom Marschall Timoschenko, dem Heerführer, von dem es hieß, daß er an der Südfront der Russen das Kommando führe. Die Südfront reichte bis zur Küste des Schwarzen Meeres. Der Major kannte den Marschall aus der Zeit, in der er als Reichswehroffizier in Moskau gewesen war. Timoschenko sei ein glänzender Kopf. Er halte ihn für den besten Mann, den die Russen hätten. Mit der Naivität des kleinen Mannes, den die überwältigende Mächtigkeit der taktischen Ereignisse, deren Zeuge er täglich ist, unfähig macht, operativ zu denken, erwähnte ich, wie weit wir schon in Rußland eingedrungen seien, ohne einen wirklich ernsten Widerstand gefunden zu haben.

Der Major lachte: »Na ja, ein Globus gehört natürlich nicht zur Sanitätsausrüstung. Und der Widerstand? Warum soll der Russe ihn am Dnjestr leisten? Das kann er viel besser an der Wolga tun.«

Der Major zog eine Karte Eurasiens aus der Tasche. Was wir da im Schweiße unseres Angesichts in drei Wochen zusammenmarschiert hatten, war auf dieser Karte kaum zu sehen. Gegen Timoschenko ist tatsächlich keine entscheidende Kesselschlacht gelungen. Er hat seine Truppen im Lauf des Sommerfeldzuges 1941 bis hinter den Don zurückgebracht. Daß sie noch einigermaßen intakt waren, sollten wir im Winter zu spüren bekommen.

In Holercani stand ein altes Schulgebäude aus der Zarenzeit, mit festen Steinmauern, die uns wohlgefielen. Die Brückenkolonne, die das Dorf besetzt hatte, räumte die Schule bereitwillig für uns. Es gab einen alten Befehl, demzufolge Hauptverbandplätze bei der Belegung die Vorhand hatten. Diese Räumung geschah aus reiner Freundlichkeit. Der Kommandeur der Brückenkolonne war ein alter Freund von uns, Hauptmann Stubbe, ein Pionier des ersten Weltkrieges aus Pirna an der Elbe. Er war eine alte Kriegsgurgel. Er fühlte sich wohl im Krieg, weil er hier Gebrauch machen konnte von einigen hervorragenden männlichen Tugenden, die die Götter ihm in die Wiege gelegt hatten, für die er aber in seiner Papierfabrik in Pirna keine Verwendung hatte. Er erinnerte ein wenig an den Capitain Conan in Roger Vercels Buch vom ersten Weltkrieg.

Den Hauptmann Stubbe hatten wir in Bulgarien entdeckt. Wir hatten Befehl gehabt, in einem Tal im Rhodopegebirge, an der Südgrenze Bulgariens, Biwak zu beziehen. Wir waren bis zur Paßhöhe geritten und hatten uns dann niedergelassen, um mit dem Fernglas das Tal zu inspizieren. Wir hatten ein wunderbares Idyll entdeckt. Im Schatten eines großen Felsblocks am Flußufer, unter einer Akazie, an einem frisch gezimmerten Tisch, in Hosenträgern, saß ein dicker Mann und trank etwas, was wahrscheinlich Kaffee war. Wir kamen überein, daß dieser Mann etwas davon verstehen müsse, wie man sich's gut sein ließe. Wir ritten hin. Es war der Hauptmann Stubbe. Mit seinen kleinen Schweinsaugen betrachtete er uns mißtrauisch. Immerhin bot er uns einen neuen Kaffee an. Unseren Einwand, wir hätten nicht Zeit genug, auf das Kaffeekochen zu warten, entkräftete er damit, daß er seine Ordonnanz das Wasser mit einem Schneidbrenner in weniger als dreißig Sekunden zum Kochen bringen ließ. Wir konnten uns nur dadurch rehabilitieren, daß wir am Abend, bei seinem Gegenbesuch, den Wodka mit Narkosechloraethyl vereisten.

Stubbe war grob und hilfsbereit, ein Fuchs in allen Schlichen des Kommiß, von schönem Ehrgeiz in bezug auf Brücken und gleichgültig gegen Vorgesetzte und Orden. Sein wichtigster Vorzug war der Besitz von einem Dutzend 15-to-Zugmaschinen, enormen Raupenfahrzeugen, die die Pontons durch Rußland zogen und bei jedem Schlamm und bei jeder Schneelage bewegungsfähig blieben. In Fällen äußerster Transportverzweiflung riefen wir nach Hauptmann Stubbe. Er hat uns nie im Stich gelassen. Einmal hat er uns seine riesigen Maschinen hundertundfünfzig Kilometer weit geschickt, damit wir Verwundete transportieren konnten.

Am Ufer des Dnjestr sahen wir uns wieder, nachdem wir uns das letztemal im berühmten Restaurant »Cina« gegenüber dem königlichen Schloß in Bukarest getroffen hatten. Dort hatte Hauptmann Stubbe die Zigeunerkapelle mit Champagner traktiert. Hauptmann Stubbe war nicht nur aus Pirna, er war auch musikalisch.

Einer seiner Pontons war ins Wasser gekippt und wurde gerade mit einer fabelhaften Windenkonstruktion ans Ufer gezogen. In der Tat, wie der erste Generalstabsoffizier angekündigt hatte, schossen die Russen ins Dorf, immer zwei Schüsse in kurzem Abstand, dann eine Pause. Es waren gewaltige Detonationen. Das Kaliber stellten wir an einem Blindgänger auf dem Friedhof fest. Zwar ging der Beschuß nur in die obere, am Hang gelegene Hälfte des ziemlich ausgedehnten Dorfes. Er betraf uns also nicht unmittelbar. Aber einen Verwundeten da liegen zu lassen, wo es noch schießt, ist, wenn es nicht ganz und gar unvermeidlich ist, nicht nur eine Gemeinheit gegen den Verwundeten, sondern auch höchst schädlich für ihn.

Die Zugmaschine, die die Verwundeten den Steilhang des in den Lößboden der Ukraine tief eingeschnittenen Flußtales hinauffuhr, war von Hauptmann Stubbe zur Verfügung gestellt worden. »Die armen Ludersch« meinte er, und hundert Liter Benzin pro Stunde aus seinem schwarzen Reservebestand waren seinem sächsischen Gemüt »für die armen Ludersch« nicht zuviel.

Das Schießen der russischen Langrohrgeschütze während des Operierens war recht unangenehm. Zunächst versuchte ich, so zu tun, als ob ich es nicht bemerkte. Den Männern der Operationsgruppe, die alle noch keinen solchen Dauerbeschuß mitgemacht hatten, blieb nichts anderes übrig, als es mir nachzutun.

Die Haltung einer kleinen Gruppe hängt von der Haltung dessen ab, der für die Gruppe verantwortlich ist. Nun ist aber der Einschlag einer so schweren Granate, auch wenn er ein paar hundert Meter weit weg erfolgt, eine heftige physische Erschütterung. Man zuckt dabei zusammen. Das ist ein Reflex, gegen den man nichts machen kann. Dabei kann man mit dem Skalpell in den Verwundeten hineingeraten.

Von weither schon hörten wir die Granaten heranorgeln, etwa zwölf Sekunden lang. Ich unterbrach dann jedesmal die Operation, bis der Einschlag erfolgt war. »Pinzette, bitte!« ging es weiter. Hin und wieder hörten wir nach dem Einschlag einen größeren Splitter vorbeizischen. Die Fenster waren groß und reichten fast bis auf den Fußboden.

Die nächste Phase war die Überlegung, daß, wenn man schon aufhörte zu operieren, man schließlich ebensogut an der Steinmauer in Deckung gehen könne. Das tat ich endlich auch. Die Männer taten es mit. Dabei entstand – ganz und gar unvorhersehbar – eine vollendet groteske Situation. Feldwebel Gehrmann, der Operationsgehilfe, und ich, der Operateur, hockten an der Wand mit hochgestreckten Armen, um unsere aseptischen Gummihandschuhe mit nichts in Berührung zu bringen. Währenddessen war der Verwundete ohne Deckung gegen die Splitter. Dabei hatte er doch eben erst ein Vielfaches der Gefährdung, der wir ausgesetzt waren, hinter sich.

Gefreiter Kubanke – seines Zeichens Nachtkellner in einer Berliner Bar, ein Mann, gleichzeitig begabt mit dem Scharfblick des echten Asphaltberliners für das Komische und mit der berlinischen Fähigkeit, eine Situation auf eine präzise Formel zu bringen – Gefreiter Kubanke sagte nur: »Helden und Helfer!«

Wir lachten. Die Bemerkung war nicht weiter beschämend für uns. Gefreiter Kubanke, der die Sterilisierung, das Auskochen der Instrumente, überwachte, wie er früher die Flaschen auf den Tischen seiner Gäste überwacht hatte, stand in einer gut gesicherten Ecke. Bei den weiteren Einschlägen hielten Gehrmann und ich die Stellung am Operationstisch. Es blieb uns, wenn wir nicht unser Gesicht verlieren wollten, nichts anderes übrig.

Gegen Mittag war der Hauptverbandplatz leer. Im Nachströmen der

Verwundeten war eine Pause eingetreten. Die Brücke über den Fluß war fertig geworden. Schließlich hatte auch das Schießen aufgehört.

Ich rief den Meldegänger. Er wurde Sambo genannt. Auch er war, wie die meisten unserer Leute, Berliner. Ich muß sagen, wenn man schon Krieg führen muß, dann kann einem nichts Besseres passieren, als daß man es mit Berlinern tun muß. Diese Rasse ist, wie Goethe schon von ihnen gesagt hat, wahrhaftig verwegen. Aber das eben ist der Berliner nicht nur, wenn es ihm gut geht. Je bedrohlicher seine Lage wird, um so stärker wird bei ihm sowohl das Bedürfnis wie die Fähigkeit, die Distanz zu den Ereignissen und damit seine Überlegenheit zu bewahren.

Sambo repräsentierte als Berliner die Variante Münzstraße-Koppenplatz. Er war ein gedrungener, listiger, gutmütiger Kerl mit einem breiten slawischen Gesicht und einem Mund, der geradezu geschaffen schien für das Grinsen, mit dem ein alter Obergefreiter seinen Gemütsbewegungen Ausdruck zu verleihen pflegt. Er war ein Meister des Motors. Immer hatte er in den Seitentaschen seines Kraftrades irgendeine Beute. Immer gab er gern ab. Sogar das Kraftrad selbst war eine Beute. Es war eine schwere Harley-Davidson, die Sambo irgendwo in Frankreich von einer Hauswand entlehnt hatte. Sambo hatte die Augen offen. Immer war er es, der wußte, wo etwas, was gebraucht wurde, aufzutreiben war.

Die Fähigkeiten eines Meldefahrers sind für jede Truppe von lebenswichtiger Bedeutung. Was nützen die besten Befehle, wenn sie nicht ankommen! Man muß dabei bedenken, daß das System der höheren Befehlsstellen, das Hirn der Division, im Bewegungskrieg selbst häufig seinen Standort wechselt. Im Laufe der Jahre entwickelte Sambo vom Koppenplatz einen großartigen Instinkt, zwischen Bessarabien und dem Kaukasus sich zurechtzufinden. Eine Karte konnten wir ihm nur selten zur Verfügung stellen; aber Sambo hatte den Ehrgeiz, anzukommen – und Sambo kam an.

Diesmal war der Auftrag einfach. Ich schickte Sambo zum Hauptmann Stubbe, um ihn zum Mittagessen einzuladen. Wir saßen in der Sonne.

»Ich weiß nicht«, sagte Stubbe, »diese verdammten Langrohrdinger – mir gefällt das gar nicht!«

»Nun ja, mir auch nicht, aber was sollen wir denn machen?«

»Freilich«, meinte Stubbe, »aber die werden doch gleich nach dem Mittagessen auf uns ganz persönlich schießen.«

»Woher wollen Sie denn das wissen?«

»Mein lieber Doktor, überlegen Sie sich das doch einmal in aller Ruhe. Die Brüder da drüben essen jetzt ihren Borscht, und dann schießen sie auf der anderen Hälfte weiter.«

»Auf was für einer anderen Hälfte?«

»Vom Richtkreis! Das ist doch bei so einem Streubeschuß im indirekten Schießen immer so – erst die eine Hälfte zwei Stunden und dann die andere Hälfte wieder zwei Stunden.«

Diese Überlegung hatte ziemlich viel für sich. Feldwebel Gehrmann hatte die Unterhaltung mitangehört. Er mischte sich ein: »Der Sambo hat südlich des Ortes eine Ferme entdeckt, ungefähr sechshundert Meter von hier. Sie ist tadellos für einen Hauptverbandplatz geeignet, und der ganze Garten ist voll von reifen Kirschen.«

Meine Lage war recht lächerlich. Vermutlich würde Hauptmann Stubbe recht behalten. Der Beschuß würde uns das Arbeiten ziemlich erschweren. Natürlich hätte ich mich dahinter verschanzen können, daß, wenn ich umzog, ich es der Verwundeten wegen täte. Aber ich hatte keinen Befehl, und faktisch hatte ich ein unangenehmes weiches Gefühl in den Knien, jenes Gefühl, das man Angst nennt. Jeder wußte das, und jeder wußte das auch von allen anderen, obgleich darüber nicht gesprochen wurde. Angst war tabu. Schließlich siegte bei mir die Überlegung, daß es eine Idiotie wäre, um sein Gesicht nicht zu verlieren, den ganzen Kopf dranzugeben.

Ich ordnete an, den Hauptverbandplatz in die Ferme südlich des Dorfes zu verlegen. Dort aßen wir erst einmal soviel Kirschen, wie wir konnten. Dann kamen neue Verwundete. Wir operierten weiter. Eine Stunde später erschien Sambo im Operationsraum und verkündete: »Die Zarenschule im Dorf hat eben einen Volltreffer bekommen.«

Feldwebel Gehrmann und ich grinsten einander an. Die unmittelbare Reaktion auf eine eben überstandene Gefahr ist immer die, daß man eine Grimasse zieht. Dem Leben zurückgegeben ist der Mensch zuerst des Teufels.

Bei dem Volltreffer in die Zarenschule waren drei Pioniere von der Brückenkolonne ziemlich schwer verwundet worden. Dieses Ereignis hat eine Menge Männer vor dem Tode bewahrt. Die jüngeren Soldaten neigten dazu, den alten Soldaten des ersten Weltkrieges eine besondere Fähigkeit des Überlebens zuzutrauen. Der artilleristischen Intelligenz des Hauptmanns Stubbe verdankte ich den Ruf, einen sechsten Sinn für die Gefahr zu haben. Dieses Numinosum erlaubte mir, auch künftig bei der Wahl des Ortes für den Hauptverbandplatz taktisch vorsichtig zu sein. Meine Operationsgruppe war von soviel Vernunft verständlicherweise höchst erbaut. Es war auch vernünftig, aber diese Vernunft war nur Fassade. Das Motiv, das dahintersteckte, war fragwürdig. Selten hat ein so fragwürdiges Motiv soviel unmittelbaren Nutzen gestiftet.

Wir konnten nun auch, da wir ja nicht mehr beschossen wurden, diejenigen Verwundeten, für die ein Transport unmittelbar nach der Operation noch eine Belastung darstellte, einige Zeit bei uns lagern.

Von einer Feldartilleriebatterie kamen zwei Verwundete, die bei dem gleichen Granateinschlag getroffen worden waren. Der eine war ein netter junger Leutnant, dem das linke Ohrläppchen abgerissen worden war, der andere ein Obergefreiter mit einer Oberschenkelschußfraktur. Der Obergefreite hatte, bevor der Truppenarzt ihm eine Abschnürbinde am Oberschenkel oberhalb der Verletzung hatte anlegen können, einen beträchtlichen Blutverlust gehabt. Er war im Zustand des Kollapses.

Der Kollaps ist vom Schock verschieden. Er bedeutet vor allem ein vollständiges Darniederliegen des Blutkreislaufes, meist als Folge eines großen Blutverlustes. Für einen solchen Fall ist die Blutübertragung eine ideale Behandlungsmethode. Man nimmt die Blutübertragung vor der Operation vor. Ohne diese Maßnahme würde der Patient häufig genug die Operation gar nicht überstehen. Das Blut wird aus der Armvene des Spenders in die Armvene des Empfängers hinübergeleitet mittels einer ziemlich komplizierten Apparatur. Es muß vermieden werden, daß das Blut gerinnt, und auf keinen Fall darf Luft in den Mechanismus hineingeraten. Eine einzige Luftblase kann innerhalb von Sekunden zur Blockade eines wichtigen Gefäßes und damit zum plötzlichen Tod des Patienten führen. Man nennt das eine Luftembolie.

Es ist jedesmal sehr eindrucksvoll, wenn der bleiche, meist etwas gelblich aussehende und fast bewußtlose Patient im Laufe einer Viertelstunde langsam zu sich kommt. Das Herz, das nunmehr wieder genug Flüssigkeit zu pumpen hat, erholt sich. Der Mann bekommt langsam rote Backen. Schließlich wird er völlig klar. Man kann sich mit ihm unterhalten.

In diesem Fall erbot sich der junge Leutnant, für seinen Obergefreiten Blut zu spenden. Die Blutgruppe paßte. Auch diesmal kam der Patient mit der Oberschenkelschußfraktur schnell wieder zu sich.

Die Oberschenkelschußfraktur, bei der also der Knochen in Mitleidenschaft gezogen ist, wird von allen Kriegschirurgen gefürchtet. Sie gehört mit zu den gefährlichsten Verletzungen, hauptsächlich wegen der Gefahr des Gasbrandes. Mit einer Amputation ist das Leben des Verwundeten fast immer zu retten. Aber um welchen Preis! Entschließt sich der Chirurg, das Bein zu erhalten, und es geht gut, so ist das natürlich ein höchst befriedigendes Ergebnis. Aber wenn er nicht amputiert, und das Bein ist nicht zu retten, ist gewöhnlich auch das Leben des Patienten verspielt. Das also ist keine einfache Entscheidung, und vor dieser Entscheidung kann der Chirurg sich nicht drücken. Sie muß getroffen werden. Das sicherste Hilfsmittel für uns wurde schließlich unsere eigene große Erfahrung. Aber es gab dabei immer noch ein unbestimmtes Element, ein X in der Gleichung, das nicht aus der Überlegung, sondern aus dem Gefühl stammte. Es gab einfach Fälle, wo es einem gar nicht weiter schwerfiel, das Leben des Patienten für seinen Arm oder sein Bein zu riskieren, und es gab Fälle, wo man das nicht wagte.

Im Anfang waren wir noch sehr konservativ. Wir versuchten zu erhalten, was möglich war. Dabei haben wir manchen guten Mann verloren. Später, unter dem Zwang der ständig sich verschlechternden Bedingungen für die Verwundeten, wurden wir immer radikaler.

In diesem Fall war die Lage einfach. Die Inspektion der Wunde ergab, daß keine große Gewebszertrümmerung vorlag. Das ganze Wundgebiet ließ sich ohne Schwierigkeit anatomisch präparieren. Die Wunde wurde versorgt und ein großer Beckengipsverband angelegt. Der Gipsverband bekam ein Fenster, damit Verbandwechsel vorgenommen werden konnte, ohne daß der Gipsverband entfernt zu werden brauchte.

Am Abend erzählte der Krankenpfleger, welche seelischen Folgen unser Eingriff bei dem Verwundeten gezeitigt hatte. Der Verwundete sei aus der Narkose aufgewacht und habe sich erkundigt, was mit ihm geschehen sei. Natürlich sei er sehr glücklich gewesen, daß das Bein nicht amputiert worden sei. Als man ihm erzählte, daß sein eigener Leutnant Blut für ihn gespendet habe, meinte er gelassen: »So! So! Denn ha' ick ja Offiziersblut in de Adern. Denn muß ick ja wohl ooch befördert wer'n.«

Nach diesem Bonmot rauchte er eine Zigarette. Dann setzte er befriedigt den Schlaf der Genesung fort.

Ob der wackere Mann wohl noch am Leben ist? Vielleicht liest er diese Zeilen und erfährt dabei, wer sein Chirurg gewesen ist. Vielleicht ist er aber auch mit seinem wieder gesund gewordenen Bein zur Truppe zurückgekehrt und fällt heute Bäume am Eismeer oder liegt längst irgendwo in Rußland begraben.

ROBOTER DER NÄCHSTENLIEBE

Im Laufe der Zeit lernten meine Mitarbeiter, selbst die armseligste russische Steppenkate in einen brauchbaren Operationsraum zu verwandeln. Man kam sich dabei oft recht kümmerlich vor gegenüber der Geschicklichkeit und der Gabe der Improvisation, über die der einfache Mann verfügt. Eine große Schwierigkeit war immer die Verdunklung. Zwar wurde die russische Luftwaffe erst gegen Ende des Krieges wirklich gefährlich; aber die Russen ließen fast jede Nacht über der Landschaft einen alten, müden Vogel kreisen, der von Zeit zu Zeit irgendwo eine kleine Bombe abwarf. Die Männer nannten diesen Nachtflieger »die Nähmaschine«. Wir bedienten uns gegen die Nähmaschine der List einer Geräuschkulisse. Der Benzinbrenner für die Sterilisation und der Motor, mit dem wir später die Beleuchtung für den Operationsraum in Gang hielten, waren laut genug, das Geräusch eines Flugzeugs zu übertönen.

Die Verdunklung beim Verlassen und Betreten des Raumes, dessen Tür ja meist ins Freie ging, wurde durch eine aus Pferdedecken konstruierte Lichtschleuse erreicht, die natürlich groß genug für zwei Krankenträger mit Trage sein mußte.

Da wir immer bei künstlichem Licht arbeiteten, habe ich in der Erinnerung den Eindruck, wir hätten immer nachts gearbeitet. Zuweilen trat man aus der dicken, mit dem Geruch von Schweiß, Blut, Äther und Benzin gesättigten Atmosphäre der Operationshöhle einen Augenblick ins Freie, um Luft zu schöpfen. Es war dann immer sehr verblüffend, wenn die Sonne schien.

Gewöhnlich, wenn eine Operation beendet war und die geschickten Hände meiner Gehilfen den Verband anlegten, hockte der Chirurg auf einer kleinen Kiste, den Rücken an die Wand gelehnt, um das lahme Kreuz ein wenig zu entlasten. Er rauchte eine Zigarette. Die Zigarette wurde der Asepsis wegen in einer sterilen Kocherklemme gehalten. Neben ihm stand ein Sanitäter und gab ihm Kaffee zu trinken wie einem Kinde. Um sich nicht jedesmal von neuem die Hände waschen zu müssen, durfte der Chirurg den Trinkbecher nicht anfassen.

Dann wurde der Verwundete auf eine Trage gelegt. Das ist ein großes Kunststück. Der Patient soll dabei keine Schmerzen haben. Es machten das zwei erfahrene Krankenträger, die in genau gleichem Rhythmus sich bewegen mußten. Wir hatten bei der Gruppe den Feldwebel Maier. Er hatte irgendwo im Westen Berlins ein gutgehendes Geschäft betrieben und bisher nichts davon geahnt, daß er ein großartiges Talent für die Medizin besaß. Er war ein Meister des Verbandes. Insbesondere verstand er sich auf den Gipsverband. Er war ein großer, kräftiger Mann von unerschütterlichem Gleichmut und ein hervorragender Fußballspieler. Dazu war er von einer wahrhaft rührenden Anhänglichkeit. Als er einmal, vom Urlaub kommend, in eine Marschkolonne eingefangen worden und dabei zu einem anderen Truppenteil geraten war, desertierte er einfach, um zu uns zurückzukehren. Dabei war er schlau genug, in dem Durcheinander der fremden Schreibstube seine eigenen Papiere zu klauen und mitzunehmen. Der Name Maier stellte sich dabei als ein großer Vorteil heraus.

Feldwebel Maier stand wie ein Fels – stundenlang – tagelang. Ich habe ihn niemals müde gesehen. Er war so stark, daß er einen Verwundeten allein vom Tisch auf die Trage legen konnte. Ich sehe ihn noch vor mir, wie er das machte, energisch, schnell, kräftig und mit einer eigentümlichen, fast graziösen Zartheit. Wir nannten ihn den Roboter der Nächstenliebe.

Dann packte Gefreiter Kubanke – das gehörte zu seinen festen Aufgaben – den Stahlhelm, die Gasmaske und den Brotbeutel des Verwundeten auf die Trage. Die Männer machten, wenn der Patient einigermaßen bei sich war, gewöhnlich noch einen Scherz: »Grüß' deine Braut schön von uns! Und schreib mal 'ne Postkarte, wenn du in Berlin bist!« Wenn der Patient auf seiner Trage hinausgeschafft wurde – vielleicht gerettet und auf jeden Fall versorgt –, warf der Chirurg noch einen Blick auf ihn. Selten, daß er ihn wiedersah!

Nach einer Weile wurde der nächste Verwundete hereingebracht. Das ging Stunden um Stunden, Tage um Tage, Jahre um Jahre. Es war wie ein Fließband des Schicksals, auf dem der Ausschuß der Schlacht in die Reparaturwerkstätte für Menschen hineingeschleust wurde. Natürlich hatten wir kein Mitleid. Nicht nur, daß wir uns das gar nicht hätten leisten können – da wären wir bald erschöpft und für unsere Arbeit nicht mehr zu brauchen gewesen! Mitleid ist das natürliche Gefühl des Laien, der nichts weiter hat als das. Für uns war jeder Verwundete eine Aufgabe. Jedoch lag die Anstrengung dabei nicht in der körperlichen Leistung. Zwar ist Operieren eine Tätigkeit, die keineswegs nur Geschicklichkeit, sondern auch beträchtliche Körperkräfte erfordert; aber die eigentliche Anstrengung lag darin, daß jeder einzelne Verwundete den Anspruch darauf hatte, daß die Aufgabe, die er darstellte, auf die beste Weise gelöst werde. Der hundertste hatte diesen Anspruch so gut wie der erste. Jeder war ein Mensch. Dieser Aufgabe waren wir zuweilen nicht mehr gewachsen.

Von dem Leben dieser Männer wußten wir nichts. Sie danach zu fragen, hatten wir keine Zeit. Immer lagen einige draußen und warteten darauf, auf den Operationstisch zu kommen. Immer auch konnte ein neuer Transport mit bedrohlichen Fällen eintreffen, die man nicht warten lassen durfte.

Hatte dieser Mann eine Frau, die um ihn bangte? War er ein Künstler, der der Welt noch etwas zu geben hatte? War er ein Schurke, um den es – hätten wir sagen dürfen, um den es nicht schade war? Ein jeder war ein Mensch, und ihm mußte geholfen werden. Wir hatten keine Zeit, mitleidig zu sein.

Immer noch hockt der Chirurg auf seiner Kiste. Der Verwundete muß erst, soweit es für die Behandlung notwendig ist, seiner Kleidung entledigt werden.

Das wurde, wenn es zu seiner Schonung erforderlich war, mit der großen Kleiderschere gemacht. Stiefel wurden aufgeschnitten. Im späteren Verlauf des Krieges kam einmal der Befehl, daß das Aufschneiden der Stiefel nach Möglichkeit zu vermeiden sei. Daß den Verwundeten mehr Schmerzen zuzufügen seien, wurde nicht ausdrücklich mit angeordnet. Schließlich wurde noch befohlen, daß die Toten ohne Stiefel zu begraben seien. Denkmäler für gefallene Soldaten sind niemals zu kostspielig. Die Würde des Todes auf dem Schlachtfeld war in diesem Krieg nicht einmal ein Paar Stiefel wert.

Auch das Entkleiden der Verwundeten machte Feldwebel Maier in seiner schnellen, energischen und männlich liebevollen Art. Dazu hatte er eine unnachahmliche Manier, witzig-grobe Bemerkungen zu machen, die dem Verwundeten, eben ihrer Grobheit wegen, das beruhigende Gefühl vermittelten, daß es so schlimm um ihn nicht stehen könne.

Wie tapfer waren die Verwundeten! Wie selten, daß einer einen unterdrückten Schmerzenslaut von sich gab! Vielleicht ist es ja auch tröstlich, von lauter kräftigen, geschickten, helfenden Männerhänden umgeben zu sein. Hier konnte der Mensch, erlöst aus der schrecklichen Einöde des Schlachtfeldes und befreit von seiner Angst, verlorenzugehen, die alte zerschlissene Fahne der Hoffnung erneut am Maste seines Wracks hissen.

Der Operationsgehilfe ordnet die frisch ausgekochten Instrumente. Der Narkotiseur legt seine Narkosemaske zurecht. Der Internist des Hauptverbandplatzes sieht sich den Verwundeten daraufhin an, ob etwa eine Bluttransfusion erforderlich ist. Der Chirurg erhebt sich. Der Operationsgehilfe spannt ihm die innen gepuderten Gummihandschuhe auf. Mit einer drehenden Bewegung fährt er hinein, erst in den rechten, dann in den linken. Dann zieht er beide Handschuhe straff. Das alles sieht der Verwundete. Wie mag ihm zumute sein? Diese Kerle in ihren Gummischürzen sehen wie die Fleischer aus. Auch weiß der Verwundete noch immer nicht, wer von ihnen der Chirurg ist, der Mann, der sein Leben »in der Hand hat«.

Dann sieht sich der Chirurg den Verwundeten an.

»Wie alt sind Sie?«

»Wann sind Sie verwundet worden?«

»Wo sind Sie verwundet worden?«

Man kann nicht viel Redensarten machen. Dazu ist keine Zeit. Man kann ein paar freundliche Worte sagen. Aber im Grunde muß man sich darauf verlassen, ungefähr so auszusehen wie jemand, der Vertrauen verdient.

Der Verband wird abgenommen. Die Wunde wird inspiziert.

Zuweilen ist die Diagnose leicht. Einschuß und Ausschuß lassen sich an der Art der Wundränder feststellen. Zwar gehen die Projektile selten geradlinig durch den Körper. Am ehesten ist das noch bei nahen und demzufolge sehr rasanten Infanteriegeschossen der Fall. Aber auch das ist nicht sicher. Zuweilen machen die Projektile unglaubliche Wege im Körper. Ich erinnere mich eines Mannes, der einen einwandfreien, glatten

Infanterieeinschuß in der Mitte der Stirn und den Ausschuß tief am Hinterkopf hatte. Eigentlich mußte der Mann tot sein. Gleichwohl war nichts passiert. Der Schuß war unter der Kopfhaut über dem Schädelknochen entlanggelaufen – physikalisch ein Witz von einer nicht auszurechnenden Unwahrscheinlichkeit. Die Feststellung dieses physikalischen Witzes ergab denn auch ein großes Gelächter, in das der Verwundete zu meiner Erleichterung einstimmte. Wenn man Ausschuß und Einschuß hat, kann man sich ungefähr ausrechnen, welche Organe betroffen sein können.

Schwieriger schon ist der Steckschuß. Man versucht, aus der Richtung des Einschußkanals einen Schluß zu ziehen, wohin das Geschoß gegangen sein könnte. Aber wie tief geht es hinein? Das Sondieren der Wunde mit einer Metallsonde war aus einem mir noch heute unbekannten Grund verpönt. Trotzdem habe ich mich dieser Methode oft bedient. Wenn es gelang, mit der Sonde in der Tiefe das Metallstück zu treffen, ging jedesmal ein Lächeln wegen dieses glücklichen chirurgischen Augenblicks durch die ganze Operationsmannschaft. Das freilich gelingt nur selten, viel seltener, als man meinen sollte. Immerhin, solange das alles sich an den Extremitäten, den Gliedmaßen, abspielte, war es einfach. Man legte die Wunde frei. Auch dann fand man das Projektil nicht immer, aber die Wunde konnte wenigstens sachgemäß versorgt werden. Die Männer der Operationsgruppe, die die Untersuchung stets mit schweigender Aufmerksamkeit verfolgten, wurden im Laufe der Zeit großartige Diagnostiker.

Häufig freilich genügte ein einziger Blick auf ein zertrümmertes Glied, und die Anzeige zur Amputation war klar gegeben.

Wirklich schwierig war die Beurteilung der Grenzfälle. Ein Grenzfall lag vor, wenn es sich um große Wunden an den Extremitäten handelte. Erhalten oder amputieren? Das war die Frage, die der Chirurg dann entscheiden mußte. Am schwierigsten waren die Verwundungen der Bauchgegend, der Brustwand, des Rückens und des Halses. Hier war Sondieren fehl am Platz. Hier mußte der ganze große diagnostische Apparat angesetzt werden.

Das »Stellen einer Diagnose« ist ein höchst eigentümlicher Vorgang. Zunächst registriert der Chirurg alle Symptome, die offen zutage liegen – Einschuß, Ausschuß, Gesichtsausdruck, Schmerzempfindlichkeit, Bauchdeckenspannung, Atmungsstörungen und so weiter. Dabei gelangt er zu einer Vermutungsdiagnose. Nun sucht er die Symptome, die außerdem noch vorhanden sein müssen, wenn seine Vermutungsdiagnose richtig ist. Aus diesem Mosaik der Symptome setzt er die Diagnose zusammen. Dabei muß er den ganzen Horizont der Möglichkeiten gegenwärtig haben, und eine davon muß er wählen. Die Aufmerksamkeit, deren es hier bedarf, muß konzentriert sein, und zugleich muß sie durch das ganze Gebiet des chirurgischen Wissens schweifen wie ein Radargerät, das einen Flieger in der Stratosphäre sucht. Dies alles im Zustand körperlicher Ermüdung zwanzigmal in einer Nacht zu leisten, das ist die eigentliche Anstrengung der Chirurgie des Krieges. Vor nichts kann der Chirurg sich drücken. Sofort muß er handeln. Minuten später legt er mit dem Skalpell seinen eigenen Fehler bloß. Dieser Fehler kann das Leben eines tapferen Mannes kosten, der nicht einmal die Wahl hatte, sich dem Arzt seines Vertrauens anheimzugeben.

Glanz und Elend der Diagnose!

Wie dankbar habe ich in diesen elenden Lehmkaten, verloren in den weiten Steppen Rußlands, der strengen Zucht meines alten Meisters gedacht, bei dem ich das Handwerk der Chirurgie erlernt habe. Er hatte uns gelehrt, unerbittlich zu sein. Er hatte uns aber auch gelehrt, daß der Chirurg den Mut haben müsse, den gordischen Knoten zu durchhauen – daß er den Mut zu seinen Fehlern haben müsse.

»Narkose, bitte anfangen!«

DIE ANDERE HAND

Tausende von Verwundeten sind durch meine Hände gegangen. Nur wenige sind mir als Personen in Erinnerung geblieben. Der Verwundete taucht aus dem Dunkel des Schreckens in der Höhle der Wissenschaft auf. Nur ein paar Worte spricht der Chirurg mit ihm. Nur wenige Sekunden lang sieht er ihm ins Auge. Dann verschwindet der Patient unter der Narkosemaske und unter den Tüchern, mit denen das Operationsfeld abgedeckt wird. Damit wird er zu einem »Fall«. Damit gerät er unter den kalten Aspekt der Indikation. Die Notwendigkeit der Operation, die Indikation, wird festgestellt auf Grund von statistischen Überlegungen. Dabei muß der erste Gesichtspunkt sein, das Leben des Verwundeten zu retten. Die Aufgabe, dem Verwundeten soviel wie möglich von der Integrität seiner körperlichen Person zu erhalten, steht erst in zweiter Linie. Ich kann das am besten an der Frage erläutern, wann amputiert werden muß und wann nicht. Es gibt klare Fälle weitgehender Extremitätenzertrümmerung, bei denen amputiert werden muß. Es gibt klare Fälle einfacher Verletzungen, bei denen nicht amputiert werden darf, auch wenn ein Gelenk mitbeteiligt ist. Gelenke sind für Infektionen besonders empfindlich. Aber es gibt Grenzfälle, bei denen es, wenn man nicht amputiert, gutgehen kann oder nicht. Ein Chirurg, der radikal vorgeht, wird das Leben der meisten seiner Patienten retten; aber er wird eine Anzahl Glieder amputieren, die zu erhalten gewesen wären. Ein Chirurg, der konservativ ist, wird eine Anzahl Glieder retten, die der andere amputiert hätte; dabei wird er eine Anzahl Patienten verlieren, die zu retten gewesen wären.

Man kennt den Mann, der erzählt: »Die Ärzte wollten amputieren. Ich habe es abgelehnt. Und sehen Sie, hier ist mein Bein!« Diese Geschichte spricht immer gegen die Chirurgie. Die Kehrgeschichte, die für die Chirurgie spräche, kann nicht erzählt werden. Der Erzähler ist tot. Er hat die Amputation verweigert, und das hat ihn das Leben gekostet.

Gewiß, Lebensmut und Energie des Patienten sind mächtige Bundesgenossen des chirurgischen Handelns. Zuweilen kann der Chirurg es wagen, sich mit dem kühnen Optimismus seines Verwundeten zu verbünden. Aber es ist unfair, wenn der Chirurg versucht, seine Verantwortung auf den Verwundeten abzuwälzen. Die Verzweiflung über den Verlust eines Gliedes wird von der Zeit gemildert. Die Entschlossenheit, verstümmelt nicht weiterleben zu wollen, ist eine kurzfristige Reaktion. Der Tod bleibt.

Zu all diesen Überlegungen kommt noch ein Element hinzu, durch das sich die Chirurgie des Krieges von der Chirurgie des Friedens grundlegend unterscheidet. Die Frage der Indikation, die Frage also, ob operiert werden soll oder nicht, hängt nicht allein von medizinischen Überlegungen ab. Sie ist eine Frage, für deren Entscheidung die taktische Lage der Truppe in Betracht gezogen werden muß.

Eine Vormarschchirurgie sieht völlig anders aus als eine Rückzugschirurgie. Eine Sommerchirurgie sieht völlig anders aus als eine Winterchirurgie. Beim Vormarsch ist die feindliche Waffenwirkung im allgemeinend abnehmend. Der Gegner bringt seine Artillerie frühzeitig in Sicherheit. Seine Flugwaffe wird in der Feuerlinie gebraucht oder gegen den Nachschub eingesetzt. Man kann die Verwundeten an Ort und Stelle liegen lassen. Sie werden von den nachfolgenden Feldlazaretten übernommen, ganz ohne oder mit nur kurzdauernden Transporten.

Beim Rückzug verstärkt sich ständig die feindliche Waffenwirkung. Die Verwundeten müssen sofort abtransportiert werden. Der Hauptverbandplatz muß in jedem Augenblick geräumt werden können, damit man nicht in die verzweifelte Lage gerät, Verwundete liegenlassen zu müssen. Der Heroismus, in einem solchen Fall bei den Verwundeten zu bleiben, ist moralisch unantastbar. Praktisch kostet er Hunderte von Menschenleben. Eine Division, der einer ihrer beiden Hauptverbandplätze ausfällt, hat dafür keinen Ersatz. Die zweite Sanitätskompanie kann den Ausfall der ersten nicht ausgleichen, weil sie selbst bis zur Grenze ihrer Leistungsfähigkeit in Anspruch genommen ist.

Im Sommer ist es nicht so schwierig, ein verletztes Glied mit verminderter Durchblutung am Leben zu erhalten. Bei Kälte wird ein Glied, das bei Wärme einigermaßen ernährt ist, ohne weiteres brandig. Da der Abtransport aus den Sammelstellen der Armee nach hinten zeitweise völlig versagte, spielte das bei Massenanfall von Verwundeten eine große Rolle.

Ein groteskes Vorspiel zu dieser Situation der späteren Kriegsjahre erlebten wir schon damals. Während die Heeresgruppe Timoschenko, nachdem sie den Dnjestr nicht hatte halten können, sich in schnellen Märschen auf die nächste Verteidigungslinie am Dnjepr zurückzog, hatten wir einige Kilometer ostwärts des Dnjestr, noch einmal in Zelten, einen Hauptverbandplatz aufgemacht. Es regnete mehrere Tage. Praktisch blieb jeder Transport im Schlamm stecken. Wir meldeten aber täglich an den Korpsarzt siebzig bis hundert Abtransporte. Der Korpsarzt saß auf dem anderen Ufer des Dnjestr. Tagelang versuchte er, zu uns vorzudringen, um einen der üblichen Inspektionsbesuche zu machen. Er blieb aber jedesmal mit seinem Kraftwagen im Schlamm stecken. Wenn er dann zu Fuß wieder in sein Quartier zurückkam, fand er unsere Meldung über die Zahl der abtransportierten Verwundeten vor. Am dritten Tag endlich erschien er bei uns – ziemlich schlecht gelaunt. Unser Hauptverbandplatz war leer bis auf einen Patienten, den wir, damit uns nicht befohlen würde, ihn abzugeben, sorgfältig verbargen.

Es gehörte zur primitiven Psychologie des Militärs, daß der Chef unserer Kompanie der ausgezeichneten Transportleistung wegen keineswegs belobt wurde. Es gab im Gegenteil eine Fülle von Beanstandungen. »Es regnete Zigarren«, wie es im Jargon der Soldaten heißt. Der Korpsarzt fragte uns nach unseren Transportmitteln. Wir merkten, daß er uns unsere gemeldeten Transportzahlen nicht glaubte. Natürlich waren es die Zugmaschinen von Hauptmann Stubbe, die das kleine Schlammwunder vollbracht hatten. Aber wir hatten Hauptmann Stubbe versprochen, ihn nicht zu verraten. An dieses Versprechen hielten wir uns. Das war nicht nur ein Sacro Egoismo. Ganz klar ließ sich voraussehen: Hätten wir unsere Methode preisgegeben, würde der Korpsarzt versucht haben, vom Kommandeur der Pioniere die Zugmaschinen des öfteren für seine Zwecke anzufordern. Die Folge wäre gewesen, daß es Hauptmann Stubbe verboten worden wäre, uns seine Zugmaschinen weiterhin zur Verfügung zu stellen.

Unser Talent, Befehle, die offenbar unsinnig waren, nicht auszuführen, wuchs zwar im Laufe des Krieges in Rußland beträchtlich. Es wimmelte sozusagen von Homburgischen Prinzen. Aber damals hätte Hauptmann

Stubbe sich noch an den Befehl halten müssen. Wir hätten seine glänzende Hilfe verloren, ohne daß irgendjemand einen Nutzen davon gehabt hätte.

So schwiegen wir und steckten die »Zigarren« des Korpsarztes ein. Noch weit schlechterer Laune, als er gekommen war, verließ er uns. Zu unserem größten Vergnügen erfuhren wir einige Tage später, daß der Korpsarzt seinen Adjutanten in die Lazarette geschickt hatte, um nachprüfen zu lassen, ob die von uns gemeldeten Transportzahlen stimmten. Sie stimmten.

Hauptmann Stubbe war von dieser Geschichte so entzückt, daß er zwei Schweine schlachtete und die ganze Sanitätskompanie mit Wellfleisch traktierte. Dazu gab es Bier, wovon er von Bukarest her noch ein Fäßchen zur Verfügung hatte, das unter einem seiner riesigen Pontons die Reise mitgemacht hatte.

Dann wandten wir uns wieder unserem Patienten zu. Seine Geschichte ist mir noch in allen Einzelheiten in Erinnerung. Er war zu uns gekommen mit zahlreichen Minensplittern in beiden Unterarmen und in beiden Händen – eine ziemlich schwere Verwundung, allerdings ohne größeren Blutverlust. So war er auch zu Fuß gekommen, die Ärmel seiner Uniform aufgeschlitzt, beide Arme dick verbunden auf Drahtschienen.

Minensplitter verursachen infolge ihrer Größe und ihrer gezackten Unregelmäßigkeit besonders umfangreiche Gewebszerstörungen. Die Wundränder sehen immer wie zerfetzt aus. In diesem zertrümmerten Gewebe ist die Gefahr einer Gasbrandinfektion besonders groß. Der Erreger des Gasbrandes ist ein sogenannter Anaërobier, ein Bazillus, der nur unter Luftabschluß gedeiht. Er erzeugt Gas im Gewebe und eine schnell fortschreitende Fäulnis. Der Gasbrand ist diagnostisch dadurch charakterisiert, daß die tastende Hand des Arztes in dem von Gasbläschen aufgetriebenen Gewebe ein knisterndes Geräusch erzeugt. Bei Gasbrand wird das kranke Gewebe entfernt. Das gesamte Wundgebiet wird freigelegt. Alle Gewebstrümmer werden sorgfältig ausgeräumt. Überall muß Luft zutreten können. Man übergießt außerdem die Wunde mit Wasserstoffsuperoxyd, das in der Berührung mit dem Gewebe bakterienfeindlichen freien Sauerstoff entwickelt. Die Operation muß mit anatomischer Genauigkeit gemacht werden. Eine kleine Gewebstasche, die übersehen und nicht gesäubert wird, genügt als Ausgangspunkt für eine neue Gasbrandinfektion.

Es gab auch Gasbrandserum. Aber es war wenig wirksam. Am meisten erreichte man noch, wenn man es an Ort und Stelle einspritzte. Aber das störte wieder die Blutversorgung. In Griechenland, einige Monate vorher, in der eben eroberten Festung Hellas, einer Befestigung der Metaxaslinie an der thrakisch-türkischen Grenze, hatte uns ein griechischer Kollege um

Gasbrandserum gebeten. Nur, um nicht unhöflich zu sein, hatte Feldwebel Kienzle den halben Apothekenwagen ausgekramt. Er hatte genau gewußt, in welchem Kasten und in welchem Fach die planmäßigen fünf Ampullen Gasbrandserum stecken mußten. Der griechische Chirurg hatte das Serum einem seiner Verwundeten, der einen Gasbrand der Zunge hatte, in die Zungenwurzel gespritzt. Der Patient war gesund geworden.

Unser Patient in Rußland war ein junger Mann von zweiundzwanzig Jahren. Er war Student an einer technischen Hochschule im Süden Deutschlands. Gleich zu Beginn passierte mir das Malheur einer falschen Ansprache.

»Sie sind von der 6. Kompanie Regiment Reinhart? Ihr habt doch die Bunker auf Höhe 201 geknackt? Waren Sie dabei?«

»Ja!«

»Na, Respekt, mein Lieber! Ihr müßt ja ein toller Haufen sein!«

Diese Geschichte von der unerhörten Tapferkeit einer Handvoll alter Infanteristen war nach nicht ganz einem Tage schon eine Legende geworden.

Der Verwundete sah mich stumm an. Dann sah er auf seine unförmigen Verbände, von denen ich ja noch nicht einmal wußte, was darunter steckte. Ein Schreck durchzuckte mich. Selbst zur Truppe gehörend, geriet man unversehens immer wieder in diesen sozusagen sieggewohnten Jargon hinein. Der Verwundete hatte vielleicht keine Hände mehr.

Er hatte sie noch. Aber wie sahen sie aus!

Eine genaue, ziemlich schmerzhafte Untersuchung, die der Student mit stoischer Ruhe ertrug, ergab, daß eigentlich beide Hände so zerstört waren, daß jede für sich für eine Amputation indiziert gewesen wäre. Aber beide Hände! Ein Student! Und zweiundzwanzig Jahre alt! Mir schoß der Gedanke durch den Kopf, daß er nie wieder ein Mädchen würde streicheln können.

Der Student verfolgte aufmerksam meine Maßnahmen. Er verfolgte auch unser Mienenspiel mit jener Hellsichtigkeit, deren man in so extremen Situationen fähig ist. Feldwebel Gehrmann war längst im Bilde. Wir sahen uns kurz an. Obgleich wir keine Miene dabei verzogen – der Student wußte Bescheid.

Wir sagten ihm nichts weiter, als daß wir tun würden, was möglich sei. Er nickte. Dann begannen wir mit der Operation. Zunächst nahm ich den linken Arm vor. Er war, wie die Freilegung der Zerstörungen zeigte, hoffnungslos. Zwar sind die Durchblutungsverhältnisse der Hand besonders günstig, weil es hier zahlreiche Anastomosen, Querverbindungen zwischen den verschiedenen Arterienstämmen, gibt. Aber beide zuführenden Gefäße waren zerstört, und ein großes Stück fehlte, so daß nicht einmal eine in diesem Falle ohnehin kaum aussichtsreiche Gefäßnaht hätte vorgenommen werden können. Ich amputierte den linken Unterarm etwa in der Mitte.

Der rechte Arm sah etwas besser aus. Hier war wenigstens das eine der beiden zuführenden Gefäße erhalten. Wenn der rechte Arm allein verletzt gewesen wäre, hätte ich, bei dem Ausmaß der vorliegenden Zerstörung und der entsprechend großen Gefahr des Gasbrandes, ihn wahrscheinlich amputiert, zumal er mindestens zur Hälfte gelähmt bleiben würde. In diesem Fall war die Lage nicht ganz aussichtslos. Wir mußten versuchen, den Arm zu erhalten.

Der Patient erholte sich gut von der Operation. Nur blieb er in seine stumme Melancholie versunken. Unteroffizier Hermann betreute ihn. Hermann war ein Mann von natürlicher Menschenfreundlichkeit, alt genug, um des Studenten Vater zu sein, Krankenpfleger von Beruf und dazu einer, der etwas vom Handwerk der Chirurgie verstand. Einer gewissen Behäbigkeit wegen wurde Unteroffizier Hermann, entsprechend der altmodischen Langsamkeit der Transportmaschine Modell Junkers 52, »die alte Tante Ju« genannt. Aber diese behäbige Langsamkeit war nur der Ausdruck von Seelenruhe, Überlegenheit und Sicherheit in der Arbeit. Unteroffizier Hermann sorgte für den Studenten wahrhaftig wie für seinen eigenen Sohn. Die ganze Kompanie nahm Anteil an dem Schicksal des Patienten. Die Pferdepfleger, diese rauhe, aber biedere Gesellschaft, brachten Eier und Hühner, Sambo organisierte Honig und Wein. Der Kompaniechef ließ unseren Divisionspfarrer holen. Der Pfarrer kam und unterhielt sich lange mit dem Studenten. Mit ihm sprach der Student auch, aber sonst verharrte er weiterhin in seiner stummen Melancholie. Wir ließen ihn nicht abtransportieren. Während eines Transportes hätte es immerhin eintreten können, daß er für Stunden ohne ärztliche Aufsicht gewesen wäre.

Feldwebel Maier hatte beim Verbinden die Fingerspitzen freigelassen, damit die Durchblutung kontrolliert werden konnte. Am nächsten Tag waren die Finger warm, der Student konnte sie sogar ein wenig bewegen. Alles schien gutzugehen.

Am dritten Tag kam Unteroffizier Hermann mit der Schreckensnachricht, der Student habe mit Hilfe einer Handgranate einen Selbstmord versucht. Nur dem Handicap seiner derzeitigen Ungeschicklichkeit sei es zu verdanken, daß er die Handgranate nicht habe zur Explosion bringen können.

Am vierten Tag bekam er plötzlich hohes Fieber. Trotz aller Vorsicht – der gefürchtete Gasbrand war eingetreten. Nun mußten wir amputieren, und diesmal weit im Gesunden, hoch am Oberarm, um ein Leben zu retten, das seinem Träger nichts mehr wert war. Kurz danach kam der Abmarschbefehl. Wir mußten den Patienten abgeben. Ich habe nichts mehr von ihm gehört. An diesem Schicksal lernten die Männer der Operationsgruppe, daß hundert Erfolge der Chirurgie nichts bedeuten gegenüber einem einzigen solchen Mißerfolg.

Ob der Student sich doch noch umgebracht hat? Ob das Mädchen, das er nicht mehr streicheln kann, ihn mutig geheiratet hat? Ob sie ihren Mut bereut? Den Elan zernagt die Zeit.

Die ruhmvolle Legende von Höhe 201 wurde mit der Verzweiflung eines jungen Herzens bezahlt. Ob Höhe 201 auch für dieses junge Herz eine ruhmvolle Legende ist?

EIN GANZ KLEINER KÄFER

Der Chef unserer Sanitätskompanie, Stabsarzt Rombach, war ein noch ziemlich junger Mann. Er hatte die Kompanie im Herbst 1940 übernommen. Wir lagen damals in der Nähe von Posen. Zunächst hatte er uns ein wenig erschreckt durch jene Art des Auftretens, die man »zackig« nennt. Es stellte sich aber bald heraus, daß er sich auf sein Gewerbe, das militärische Sanitätswesen, ausgezeichnet verstand. Er war ein Meister in allen Schlichen und Listen des Apparates. Zudem war er ein guter Reiter und ein vorzüglicher Skatspieler.

In einer Armee, die eine Welt energischer und entschlossener Männer ist, muß man sich seiner Haut wehren, wenn man nicht zu kurz kommen will. In der Wehrmacht des zweiten Weltkrieges war das um so notwendiger, als die Leistungsfähigkeit der Truppe ständig überzogen wurde.

Stabsarzt Rombach sah vernünftigerweise seine Aufgabe darin, der Operationsgruppe ideale Arbeitsmöglichkeiten zu verschaffen. So relativ diese Idealität zuweilen war, diese Aufgabe hat er auch unter den unwahrscheinlichsten Bedingungen immer gelöst. Vor allen Dingen verstand er etwas von Taktik, so daß wir nicht ständig in Sorge zu sein brauchten, in russische Hände zu fallen. Oft genug haben wir bis zum letzten Augenblick operiert und sind doch immer noch mit einem blauen Auge davongekommen.

Damals waren unsere Sorgen entgegengesetzter Art. Der Ehrgeiz brannte noch. Es gab einen edlen Wettstreit zwischen den beiden Sanitätskompanien der Division, wer häufiger zum Zuge käme. Natürlich hielt jede Kompanie die andere für einen verlotterten Haufen und sich selber für eine großartige Truppe. Das gehört zu den Merkmalen der Umwelt des Soldaten.

Die motorisierte Kompanie war uns in der Beweglichkeit und Schnelligkeit zunächst natürlich über. Aber in den kleinen Schlammzeiten saß sie zuweilen mit den motorisierten Fahrzeugen schon fest, während wir mit unseren Rössern noch durchkamen.

Wir erbaten uns von unserem einsichtsvollen Divisionsarzt die Erlaubnis, uns einem der Infanterieregimenter anschließen und ohne besonderen Befehl, der Lage gemäß, den Hauptverbandplatz aufmachen zu dürfen. Der Kommandeur des Regiments, dem wir uns anschlossen, Oberst Reinhart, war ein alter Weltkriegssoldat.

In der neuen Wehrmacht bildeten die Kriegsfreiwilligen von 1914, die schon einen verlorenen Weltkrieg hinter sich hatten, eine Art von Loge. Sie begrüßten einander mit der Höflichkeit, mit der man sich auf den Schlachtfeldern von Agincourt und Crécy begrüßt hatte. Sie wußten, daß man sich aufeinander verlassen konnte. Sie waren gegeneinander von großzügiger Hilfsbereitschaft. Sie wußten aber auch, was ein Zweifrontenkrieg bedeutete. Sie wußten, was von gloriosen Anfangssiegen zu halten war. Vor allen Dingen aber wußten sie, daß es irgendwo im Hintergrund »die Anderen« gab, jene, die schon in Frankreich, in das sie überhaupt nur im Gepäckwagen der Armee hineingekommen waren, die alten Überlieferungen Europas in geborgten Kommißstiefeln zu zertreten begonnen hatten.

Die alten Soldaten, sie, die als bartlose Jünglinge die Helden von Verdun und von der Somme gewesen waren, versuchten als erwachsene Männer mit gelassener Skepsis, die ritterlichen Überlieferungen auch in diesem Kriege aufrechtzuerhalten. Die jungen Soldaten waren weniger skeptisch und darum tapferer. Aber sie waren nicht tapfer aus Haltung, sondern aus Begeisterung. Erst als wir zu begreifen begannen, daß die im Laufe der Jahre langsam, aber unerbittlich in die Armee eindringende Fäulnis, diese schleichende Thrombose der Moral, von der obersten Führung ausging, wurde uns klar, daß wir alle des Teufels waren.

Wir hatten mit dem ersten Generalstabsoffizier der Division, dem IA, eine Art Gentlemen's Agreement getroffen. Er begriff sofort, wie nützlich es wäre, wenn die Sanitätskompanie der fechtenden Truppe dicht auf den Fersen bliebe. So erklärte er sich damit einverstanden, daß wir ihn jederzeit stören durften, um uns von ihm sowohl über die Lage als auch über die Absichten der Führung genau ins Bild setzen zu lassen. Das war ein wertvolles Privileg; denn gewöhnlich tat Eile not. Eine Stunde Zeitverlust bedeutete, bei unserer langsamen Fortbewegungsart, vier bis fünf Kilometer Distanzverlust. Ohne dieses Privileg der unmittelbaren Verbindung zum Führungsstab hätten wir nicht halb so wirksam arbeiten können.

Wir hatten also nunmehr den Anschluß an die »fechtende Truppe«. Für uns galt – ein feiner Unterschied – nur die Bezeichnung »kämpfende Truppe«. Um die Beibehaltung der Bezeichnung »kämpfende Truppe« wurde die ganzen Jahre hindurch ein ununterbrochener, heftiger Papierkrieg geführt. Wir haben es der obersten Sanitätsführung immer hoch angerechnet, daß sie dieses Privileg der Bezeichnung durch den ganzen Krieg hindurch verteidigt hat. Für die Kompanie bedeutete es Kontingente in Butter, Zigaretten und Schnaps, und übrigens auch Kontingente in Orden.

Wir waren im Morgengrauen in ein Dorf einmarschiert und hatten in einem Gehöft am feindwärts gelegenen Rand des Dorfes abgeschirrt, um die strapazierten Pferde zu füttern und zu tränken. Vielleicht mußten wir auch den Hauptverbandplatz aufmachen. Wir wußten noch nicht, ob ein Angriff bevorstehe.

Aus einem etwa sechshundert Meter entfernten Wäldchen hörten wir Maschinengewehrfeuer. Die Hauptkampflinie konnte also nicht weit entfernt sein. Das hatte in diesem Zeitpunkt des Krieges nicht viel zu bedeuten. Gewöhnlich benutzten die Russen die Nacht, um sich zurückzuziehen. In der Frühe täuschten sie dann mit einigen zurückgelassenen Streifenkommandos einen Widerstand vor, der sich mit dem Morgennebel auflöste. So war die Truppe allmählich leichtsinnig geworden, und auf der Dorfstraße herrschte ein ziemliches Durcheinander von Fahrzeugen, an denen kleine Trupps von Soldaten vorbeizogen, müde, staubig und trotz der frühen Stunde schon von Schweiß bedeckt, mit hageren, ausdruckslosen Gesichtern, bepackt mit Waffen, die kleinen Karren mit den Granatwerfern hinter sich herziehend. Stabsarzt Rombach und ich saßen an einer Hauswand und genossen die Wärme der ersten Sonnenstrahlen. In einer Stunde schon würde die Sonne wieder unerbittlich auf uns herabbrennen.

Plötzlich entstand eine kleine Unruhe an dem nach Osten offenen Tor des Gehöftes. Durch das Sonnenblumenfeld, das sich zwischen dem Wäldchen, aus dem wir das Maschinengewehrfeuer gehört hatten, und dem Gehöft erstreckte, näherte sich langsam ein Mann. Er war in Uniform, aber er trug keine Waffen. So konnte es eigentlich nur ein Russe sein. Wo er durch das Feld ging, kamen die langstieligen Sonnenblumen ins Schwanken. Es sah aus, als ob ein Nachen durch ein gelbes Meer treibe.

Einer nahm sein Gewehr von der Hausmauer und entsicherte. Plötzlich fiel ihm ein, daß das Gewehr gar nicht geladen war. Alles fing an zu lachen. Und sogleich ergoß sich eine Flut bitteren Hohnes über den Eifrigen.

»Mensch! Der will det Ritta'kreuz va'dien'n!«

»Visier zwohundert! Feuer frei!«

»Du brauchst wohl'n Sonderurlaub?«

»Na, laß ihn doch! Vielleicht kriegt seine Braut 'n Kind!«

»Na, denn vielleicht det Vata'kreuz mit Eichenlaub und Schwerta'!«

Und plötzlich fingen sie das alte Lied zu singen an:

»Ein dreifach Hoch, ein dreifach Hoch, ein dreifach Hoch dem Lazarettgehilfen Neumann,

der,

's ist lange her...«

Der Russe war unterdessen herangekommen. Er muß uns für völlig verrückt gehalten haben. Für einen Mann, der sich ergeben will, ist die Zeit zwischen dem Verlassen seiner Truppe und dem Erreichen seines Gegners endlos lang. Er befindet sich ja »zwischen zwei Feuern«. In jedem Augenblick kann der Zorn von hinten auf ihn schießen, in jedem Augenblick das Mißtrauen von vorn.

Der Russe kam zum Tor herein. Er war ein Bursche von neunzehn Jahren, ein Bild von einem Kerl, groß, drahtig, mit einem breiten russischen Gesicht und jener weizenblonden Mähne, die für die Sibiriaken so charakteristisch ist. Er sah sich unsicher um. Da wir alle immer noch lachten, versuchte auch er ein kleines, zaghaftes Lächeln. Wenn so ein kleines zaghaftes Lächeln ankommt, bedeutet das, daß ein Leben gerettet ist. Irgend jemand schlug ihn auf die Schulter: »Na, Iwan, hast Du's satt?«

Der Russe lachte breit mit einem prachtvollen Gebiß. Dann sah er sich um und entdeckte einen Eimer, der noch zu einem Drittel mit Wasser gefüllt war. Er nahm den Eimer in beide Hände und setzte ihn wie einen Trinkbecher an. Niemals in meinem Leben habe ich einen Menschen eine solche Menge Flüssigkeit zu sich nehmen sehen. Er mußte seit Tagen gedurstet haben.

Der Feldkoch stellte den Russen sogleich zum Kartoffelschälen an. Von da an ist er vier Jahre bei uns geblieben. Er war einer der ersten von vielleicht einer Million russischer Soldaten, die schließlich bei den Deutschen dienten. Die Küche hatte ihn einfach behalten. Als wir das nach acht Tagen entdeckten, brachten wir es nicht mehr übers Herz, ihn wegzuschicken.

Kurz danach kam ein Feldgendarm, der als Verkehrspolizist eingesetzt war. Er meldete, an einer Ecke der Straße, die am Ende des Dorfes einen Knick nach Norden machte, lägen drei verwundete Russen.

Ich ging hin. Zwei von ihnen waren leichter verwundet, der dritte blutete nicht unerheblich aus einem Infanterieeinschuß im Rücken. Ich kniete, während die Fahrzeuge hinter mir durch den Staub der Dorfstraße rollten und einzelne Infanteristen über uns hinwegstiegen, neben ihm nieder und horchte die Lunge auf der verwundeten Seite ab. Ich konnte nichts Besonderes hören. Als ich den Verwundeten auf die Seite drehte, sah ich das

Blut in sichtbaren kleinen hellroten Stößen aus der Wunde kommen. Wahrscheinlich also handelte es sich um die Verletzung einer der Arterien, die am unteren Rande der Rippen entlanglaufen. Ich machte dem Verwundeten unter seinem zugeknöpften Waffenrock hindurch einen komprimierenden Verband. Als ich mich wieder erhoben hatte, stand der Divisionskommandeur hinter mir. Da ich mir die Hände blutig gemacht hatte, grüßte ich ihn nicht. Nicht gegrüßt zu werden ist für einen General etwas so Ungewöhnliches, daß er in einer Mischung von Verblüffung und Neugier ganz freundlich sagte:

»Warum grüßen Sie mich denn nicht?«

Ich wies meine blutigen Hände vor. Ich sah, wie ihm schlecht wurde.

»Sind Sie verwundet?«

»Nein, das ist von dem Russen hier, den ich soeben verbunden habe.«

Die beiden leichtverwundeten Russen saßen mit angezogenen Knien an der Mauer. Sie sahen unserem Gespräch mißtrauisch zu. Sie mochten erwägen, ob es sich wohl darum handle, daß der große Gospodin General sie erschießen lassen wolle. Der dritte Russe lag halb auf der Fahrbahn. Die Räder rollten dicht an ihm vorbei. Er konnte jeden Augenblick überfahren werden. Der General sah mich mit einem merkwürdigen Blick an. Dann sagte der Mann, der jetzt täglich Befehle gab, die Hunderte von Menschenleben kosteten: »Ich werde Ihnen den Feldgendarmen hier lassen. Er soll aufpassen, daß dem Russen... dem Verwundeten nichts passiert. Sie lassen ihn doch holen?«

»Jawohl, Herr General!«

Mit dem Verwundeten konnten wir uns nicht einmal russisch verständigen. Er war ein Burjäte, den es aus der kleinen Wüste Gobi, von seiner spitzen Filzjurte und von seinen Kamelen weg in den Krieg hineingerissen hatte. Er hatte tatsächlich einen Infanterieschuß, der gerade noch in der Rippe steckengeblieben war. Die Lunge war nicht verletzt. Wir nahmen ihm das zersplitterte Stück der Rippe heraus, unterbanden die blutende Arterie und nähten das Ganze zu.

Wir operierten nur wenige Stunden. Die Verluste waren gering. Timoschenko leistete keinen Widerstand. Am Mittag bat mich der Chef, die Verbindung zu Oberst Reinhart wieder aufzunehmen.

Ich fand ihn in einem verwilderten Steinbruch, der mit weißblühenden Büschen gefüllt war und von Hummeln schwirrte. Ein kleiner Sandweg führte von Westen in den Steinbruch hinein. Oben am Rand, gegen den Himmel sich abzeichnend, war ein Maschinengewehr postiert. Der Stab nahm gerade das warme Essen zu sich. Der Ordonnanzoffizier, wegen seines unglaublichen Berliner Mundwerks »Häuptling Schnelle Zunge« genannt, überschüttete mich mit einer Suada der Begeisterung.

»Die Russen laufen! Sie laufen wie die Besenbinder! Den Timoschenko haben wir ins Kreuz geschlagen. Weich ist er, weich wie Butter an der Steppensonne. Jetzt kommt der Dnjepr, dann kommt der Don, dann kommt die Wolga. Das Wolgalied muß von der Regimentskapelle noch geübt werden. Sie kennen doch den Ural, Doktor? Schöne Gegend? Ja? Das sind Sachen! Das sind Sachen!« Und er führte einen kleinen Krakowiak auf.

Der Oberst lud mich zum Essen ein. Dann steckten wir uns eine Zigarette an und tranken Kaffee. Ich konnte mich durch einen anständigen Cognac, den ich in der Feldflasche hatte, revanchieren. Häuptling Schnelle Zunge schrie: »Die Sanität soll leben!« Dann mußte er zu seinem Bataillon.

Der Oberst und ich saßen unter den Büschen im Schatten. Die taktische Lage war nicht bedrohlich. Wir hatten Zeit. Über uns kreiste ein mächtiger Raubvogel zwischen den weißen Wolkenschiffen am blauen Himmel der Welt. Die leuchtende Sonne, der süße Duft der Blüten, der Geruch der Erde, das Summen der Hummeln – es war eine jener Oasen des Friedens, wie sie in den wilden Wirbeln des Krieges dem Soldaten zuweilen geschenkt werden.

Ein ganz kleiner Käfer kroch über meine Hand. Sein schwarzer Chitinpanzer leuchtete golden in der Sonne. Ich ließ ihn. Es juckte. Der Oberst sah zu. »Es juckt noch«, fiel mir plötzlich ein. Ich sah den Oberst an. Wir hatten beide im gleichen Augenblick den gleichen Gedanken. Wann würden die Käfer über uns hinwegkriechen? Wir lachten ein wenig verlegen. Mit einem feinen Hauch war der wilde Wirbel schon wieder in unseren Frieden eingebrochen. Ich schüttelte den Käfer ab.

Wir sind beide davongekommen.

EIN GRAB AM BUG

Viele Wochen marschierten wir von Sonnenaufgang bis Sonnenuntergang durch die endlosen ernteschweren Felder der Ukraine. Meistens biwakierten wir. Es war bequemer. Wir gewannen dabei eine Stunde Schlaf. Auf einer Strohschütte unter dem Sternenhimmel schliefen wir ein. Zuweilen weckte uns die Kühle der Nacht, zuweilen auch die weiche Schnauze eines Pferdes, das sich losgerissen hatte und die Strohschütte zu fressen begann. Die Küche mußte schon um Mitternacht mit dem Kaffeekochen beginnen, denn schon im Morgengrauen ging es weiter. Das Tempo des Vormarsches war mörderisch. Zu Kämpfen kam es kaum noch, so daß wir nicht mehr viel zu tun bekamen. Die Pferde waren bis auf die Knochen abgemagert. Keiner von uns hatte noch ein Gramm überflüssigen Fettes. Nachzudenken hatten wir aufgehört. Aber Timoschenko war schneller als wir. Der Bug wurde überschritten. Der Dnjepr wurde erreicht.

Urtümlich und mächtig fließen diese großen Ströme durch den Süden Rußlands zum Schwarzen Meer. Von der Küste des Schwarzen Meeres holte einst Jason das Goldene Vlies. Iphigenie träumte über die dunklen Wasser des Pontos Euxeinos hin nach dem Land ihrer Sehnsucht. Die Griechen gründeten Städte an seinen Ufern. Olbia, an der Mündung des Bug, halb vom Wasser des Flusses überspült, kann einmal eine archaeologische Sensation wie Herculanum werden.

In der Nähe von Trapezunt an der gegenüberliegenden Küste endete die Anabasis des Generals Xenophon.

An den Ufern des Pontos Euxeinos herrschte König Mithridates VI., Eupator, König von Pontos. Seit Hannibal hatte Rom keinen gefährlicheren Feind gehabt, bis der große Pompeius ihn vernichtete.

Hier trauerte Ovid in der Verbannung um die Symposien mit seinen Freunden im fernen Rom. Noch immer bewahrt Ovidiopolis in seinem Namen die Erinnerung an den Verbannten.

Hier kämpften Skythen und Sarmaten in Schlachten, von denen kaum die Historiker noch etwas wissen. Hier auch liegt die Festung Otschakow, in die im russisch-türkischen Krieg der Oberst Freiherr von Münchhausen sich auf einer Kanonenkugel hineinschießen ließ. Hier erbaute Armand du Plessis, Herzog von Richelieu, im Auftrag des Zaren Alexander I. eine ganze Stadt in russischem Klassizismus: Odessa. Von seinem Denkmal blickt er die berühmte Treppe hinab, die in zweihundert Stufen zum Hafen hinunterführt. Auf ihr begann 1905 die russische Oktoberrevolution.

Vor Nikolajew, am Übergang über den Bug, entdeckten wir den ersten Beweis dafür, daß Timoschenko nicht so schnell gewesen war, wie er hatte sein wollen. Auf den Feldern am Fluß standen Tausende von Combineds, den Mähdreschern, mit denen auf Sowchosen und Kolchosen der Ukraine die Ernte eingebracht wurde. Die Russen hatten sie mitnehmen wollen. Sie hatten sie stehen lassen müssen.

Wir lagen in einem Dorf etwas nördlich von Nikolajew, westlich des Bug. Wir hatten nur wenige Verwundete. Sie waren von der Belagerung der Festung Otschakow zu uns gebracht worden. Es kam der Befehl, daß die Einheiten sich um die Landwirtschaft in ihren Bereichen kümmern sollten. Das Dorf gehörte zu einem Kolchos von etwa fünfzehntausend Morgen. Zunächst holten wir mit unseren Pferden eine Anzahl von Combineds von dem Flußübergang bei Nikolajew und veranlaßten die Bauern, die durch den Krieg unterbrochenen Erntearbeiten wieder aufzunehmen.

Dann traten die Bauern mit der Bitte an uns heran, das Weizendeputat für den Winter auszuteilen. Der Bauer denkt in Jahreszeiten. Sie befürchteten, daß in der allgemeinen Unordnung vergessen werden könnte, an ihren Hunger zu denken. Unter den Sowjets hatten ihnen je Mitglied der Familie sieben Pud Weizen zugestanden. Wir waren damals noch der Meinung, daß wir die Befreier des Landes seien. So gaben wir je Mitglied der Familie fünfzehn Pud Weizen aus.

Das nächste Problem war das Salz. Die Bauern hatten kein Salz mehr für das Vieh. Die meisten von uns erfuhren erst bei dieser Gelegenheit, daß Vieh ohne Salz nicht leben kann. Aber woher Salz nehmen?

Sambo? Wo ist Sambo? Sambo wurde mit einer Menge fabelhafter Ausweise ausgerüstet. Hätte ihn nämlich ein Feldgendarm außerhalb des Divisionsbereiches aufgegriffen und Sambo hätte erklärt, er suche Salz, so hätten wir ihn wohl nicht wiedergesehen, sondern nur nach Wochen einen Tatbericht »wegen unerlaubter Entfernung von der Truppe« bekommen. Nach zwei Tagen war Sambo zurück. Er hatte eine Salzsiederei an der Küste gefunden, wo der kostbare Stoff in Bergen lag. Wir holten ihn mit Lastkraftwagen. Daß wir uns bemüht hatten, das Salz herbeizuschaffen, machte auf die Bauern einen nachhaltigen Eindruck. Sie begannen, Vertrauen zu fassen.

Alle paar Tage hielten wir auf den Steinstufen vor dem Portal der Kirche eine Volksversammlung ab, auf der die Bauern ihre Wünsche und Beschwerden vorbrachten. Auch Rechtsfälle wurden uns auf dieser Versammlung zur Entscheidung vorgelegt. Eine Frau war ins Dorf zurückgekehrt, um ihr Haus wieder in Besitz zu nehmen. Ihr Mann war von der russischen Staatspolizei verhaftet und ohne Gerichtsverhandlung und ohne Urteil erschossen worden. Das Haus war beschlagnahmt worden. Ein Bauer hatte das Haus gekauft und darauf hundert Rubel angezahlt.

Wir erklärten zunächst die Erschießung ohne Urteil und die Beschlagnahme für ungesetzlich. Der Anspruch der Witwe auf das Haus bestehe zu Recht. Die Volksversammlung murmelte Beifall.

Der Bauer, der das Haus unterdessen gekauft hatte, machte geltend, daß er in gutem Glauben gehandelt habe. Das war richtig. Große Verlegenheit! Was soll geschehen?

Die Bauern sahen mich gespannt an. Ich sah Gehrmann an. Ich merkte, wie ihm ein Gedanke aufblitzte. Er griff in die Tasche, entnahm ihr einen Hundertmarkschein, überreichte ihn dem Bauern und sagte:

»Das zahlt die Kompaniekasse!« Alles lachte. Die Gerechtigkeit war gerettet.

Wir gingen dazu über, die Kühe als Eigentum an die Bauern zu verteilen. Auch das war ein Erfolg.

Ich sehe noch eine alte Bäuerin vor mir. Ihr Gesicht war von Wind und Sonne zu Leder gegerbt und von tausend Runzeln durchzogen. In diesem Gesicht standen ein paar helle, listige und freundliche Augen. Sicher hatte sie die Siebzig erreicht. An ihrem Rock waren noch Spuren jener alten Stickereien zu sehen, welche einmal zur farbenfrohen Tracht dieses schönen Landes gehört hatten. In ihrem Herzen mochte sie wohl ebensoviele alte russische Märchen bewahren, wie sie Runzeln im Gesicht hatte. Niemals, auch nicht zu den Zeiten von Väterchen Zar, hatte sie mehr als eine Ziege besessen. Wir schenkten ihr eine Kuh. Sie strahlte aus ihren tausend Runzeln. Sie besah sich ihre Kuh. Sie befühlte sachverständig das Euter. Dann nickte sie befriedigt und rief einen kleinen Knaben herbei. Der Knabe war höchstens vier Jahre alt, aber wie ein richtiger Bauer ergriff er den Strick und zog mit der Kuh von dannen. Es war ein so reizender Anblick, daß selbst die bärtigen alten Bauern zu lächeln und beifällig zu brummeln begannen. Mit der liebenswürdigen Geschwätzigkeit der Freude erzählte die Alte, daß sie drei Enkelkinder zu ernähren habe. Der Vater sei verhaftet und die Mutter, die auf die Suche nach ihm gegangen sei, verschollen.

Da stand sie, Mütterchen Rußland selbst, gebeugt von der Last der Jahre und vom Leid des Lebens, aber unverwüstlich in der Tapferkeit ihres Herzens und unerschütterlich in ihrem Vertrauen auf die Güte des Himmels. Sie verabschiedete sich mit einem kleinen Knicks vom Gospodin Kommandant und sagte: »Gott segne Euer Hochwohlgeboren!«

Die Bauern murmelten Beifall.

Am nächsten Tage begruben wir einen Fähnrich von siebzehn Jahren. Brustschuß. Ich erinnere mich seiner noch genau. Er war ein rührender Patient gewesen, obgleich er bald gemerkt hatte, daß wir ihm nicht helfen konnten. Als wir die Zeltbahn, unter der der Tote lag, abhoben, um seine Papiere und seine Wertsachen an uns zu nehmen, leuchtete uns das Gesicht eines Jünglings von der edlen Schönheit einer griechischen Grabstele entgegen. Hier hatte wahrhaftig ein Genius die Fackel gesenkt. Der Tod im Altertum ist schön gewesen. Das ganze Mittelalter hindurch war er ein beinernes Gerippe. Der Tod wurde häßlich.

An dem Begräbnis nahm das ganze Dorf teil. Die Frauen weinten um den Jüngling, als wäre er ihr eigener Sohn gewesen. Oberst Reinhart war zum Begräbnis gekommen. Er hatte den jungen Fähnrich sehr geliebt. Wir standen nebeneinander unter unseren Stahlhelmen in der heißen Sonne, von den schluchzenden Frauen umgeben, und Schweiß und Tränen liefen uns über das Gesicht, während der Pfarrer sprach. Bei der Ehrensalve brach unter den Bauern, denen diese Sitte unbekannt war, eine Panik aus. Doch konnten wir sie beruhigen. Die Bauern überhäuften das

Grab mit Blumen, die sie aus ihren Gärten zusammengesucht hatten. Sie versprachen uns feierlich, das Grab allezeit in Ehren zu halten.

Später erzählte ich dem Oberst von den Erfolgen unserer Befreiungspolitik. Er lächelte skeptisch. Er wußte mehr als ich.

Am Tag vor der Eroberung der Festung Otschakow besuchte uns ein reizender alter Rittmeister, ein früherer Gardefeldartillerist. Als junger Leutnant hatte er die Glanzzeiten des zweiten Kaiserreiches noch miterlebt. Er war seit drei Wochen bei der Division. Er war oft bei uns zu Gast gewesen. Wir hatten nie danach gefragt, was er eigentlich bei der Division für eine Funktion habe.

»Möchte mich verabschieden, Doktorchen, und mich sehr herzlich für Ihre Gastfreundschaft bedanken.«

»Wieso verabschieden? Morgen ist doch der Angriff auf die Festung. Wollen Sie sich da nicht mehr dran beteiligen?«

»Leider unmöglich!«

»Unmöglich – Warum?«

»Mein Urlaub ist zu Ende!«

»Ihr Urlaub?«

»Na ja, sehn Sie mal – ich habe da so 'ne stumpfsinnige Küstenbatterie an der holländischen Küste. Nun hab' ich Urlaub bekommen. Bin Junggeselle! Was soll ich machen? Kameraden alle im Felde! Da bin ich hierher gefahren, um mir mal den Krieg in Rußland anzusehen. Und heute ist mein Urlaub zu Ende.«

Natürlich haben wir uns eine Ehre daraus gemacht, diesen späten Nachfahren Don Quijotes geziemend abzufeiern.

Kurz darauf wurden wir nach Nikolajew verlegt. In diesen zwei Herbstwochen, die wir in Nikolajew lagen, ohne irgend etwas anderes zu tun als zu essen und zu schlafen, traten Ereignisse ein, die uns aus unserer Faulheit des Tuns und des Denkens herausreißen und uns nie wieder zur Ruhe kommen lassen sollten.

Im Jahre 1934 machte ein gescheiter und verdienter Soldat des ersten Weltkrieges, der in seinem alten Rang in die neue Wehrmacht eintrat, die Bemerkung: »Der Eintritt in die Armee ist die aristokratische Form der Emigration.« Das war die große Illusion.

In Nikolajew wurden die russischen Bürger, die jüdischen Glaubens waren, von einem Kommando der Anderen registriert, zusammengetrieben, ermordet und in einem Panzergraben verscharrt. Wir hörten davon durch Gerüchte, die wir erst nicht glauben wollten, aber schließlich glauben mußten. Ein Offizier vom Stabe des Armeeführers hatte die Szene photographiert. Der Generaloberst warf den Offizier aus seinem Stab hinaus. Wir warteten darauf, daß weiteres geschehen werde. Wir hielten es damals noch nicht für möglich, daß ein Armeeführer nicht die Macht besäße, solche offenbaren Verbrechen in seinem Bereich zu verbieten. Wenige Tage später stieß dem Generaloberst das Unglück zu, daß sein Fieseler Storch auf einer Mine landete. Der Generaloberst wurde zerrissen. Bei seinem feierlichen Begräbnis rutschte sein Nachfolger in das offene Grab. Diese beiden Ereignisse verwandelten sich in der Phantasie der Soldaten zu unheilschwangeren Vorzeichen. Wegen der Morde an den Bürgern von Nikolajew geschah nichts.

Zweifellos war die Empörung über die Massaker in der Armee allgemein. Jedermann empfand es als eine Schande, daß die Anderen die von tapferen Soldaten erkämpften Siege der Armee für ihre Ziele ausnutzen durften. Aber es war keine aus der Tiefe des Herzens kommende, lodernde Empörung der Humanitas. Das Gift des Antisemitismus hatte sich schon zu tief eingefressen. Eine heftige Reaktion der ganzen kämpfenden Truppe gegen das Verbrechen hätte die Massaker nicht verhindert, sondern nur dazu geführt, daß sie heimlicher vorgenommen worden wären. Aber von lodernder Empörung war nichts zu spüren. Der Wurm saß schon im Holz. Die moralische Korruption nach sieben Jahren Herrschaft der Anderen war schon zu weit fortgeschritten, auch bei denen, die das bei sich selbst damals noch heftig geleugnet hätten. Der einzelne war wehrlos, nicht weil er in Gefahr kam, wenn er sich gegen die Verbrechen zur Wehr setzte. Das hätten viele auf sich genommen. Es wurden Repressalien gegen seine Familie ergriffen. Ein Brief, in welchem ein Oberst der Division seiner eigenen Frau seine Empörung zum Ausdruck gebracht hatte, fiel der Zensur der Anderen in die Hände. Die Folge war, daß die Frau des Obersten verhaftet wurde. Die psychologische Situation wurde noch dadurch erschwert, daß auch die Sowjets Verbrechen begangen hatten. In den deutschen Dörfern am unteren Bug hatten die eindringenden Truppen Berge von Leichen gefunden. Die Sowjets hatten die Bewohner dieser Dörfer, die also Russen deutscher Herkunft waren, abtransportieren wollen. Als wegen des schnellen Vormarsches der Deutschen die Zeit nicht mehr gereicht hatte, hatte man diese Unglücklichen einfach zusammengeschossen.

Bei der Eroberung von Nikolajew hatten sich an den Straßenkämpfen viele Juden, die ahnten, was ihnen bevorstand, als Franktireurs beteiligt. Die Anderen begründeten die Erschießung der Juden in Nikolajew damit, daß sie sie als »Vergeltungsmaßnahme« bezeichneten. Die feindlichen, aber in ihrem Wesen ähnlichen totalitären Brüder spielten einander in die Hand. Jeder der beiden begründete seine Verbrechen mit den Verbrechen der Gegenseite. Jeder der beiden vertrat das Recht der Rache. Aber Rache ist nicht Recht.

Dazwischen stand der deutsche Soldat. Die brüchig gewordene große Illusion wurde durch eine noch brüchigere kleine Illusion ersetzt. Wenn die Armee erst einmal gesiegt habe, werde sie in der Lage sein, den Schändlichkeiten der Anderen Einhalt zu gebieten. Diese kleine Illusion war nicht so abwegig, wie es nachträglich scheinen mag. Nach dem Frankreichfeldzug waren die Anderen von der Bildfläche fast verschwunden gewesen. Aber sie lauerten im Hintergrund. Ein zu allem entschlossener Verbrecher ist einem anständigen Mann, der an Spielregeln glaubt, immer überlegen. Was die Anderen »den Führer« nannten, war eine von ihnen selbst erfundene Figur, die mit der Person, die diese Rolle spielte, nicht viel gemein hatte. Das war damals erst teilweise zu durchschauen.

Es folgte sogleich ein zweiter Schlag. Der Kommandeur der Panzerjägerabteilung der Division erschoß sich. Er war mein Freund. Er war ein hochdekorierter Soldat des ersten Weltkrieges und hatte sich auch im zweiten in Frankreich, Griechenland und Rußland soldatische Meriten erworben. Ich habe in zehn Jahren Krieg nur wenige Männer kennengelernt, die keine Furcht kannten. Er gehörte zu ihnen. Er liebte die Gefahr. Er war kühn. Dazu war er ein ausgezeichneter Taktiker und ein ruhelos um das Wohl seiner Soldaten besorgter Mann. Durch irgendeinen Zufall hatte sich herausgestellt, daß er sich in Bukarest von Freunden rumänisches Geld hatte geben lassen und die Beträge in Deutschland in deutschem Geld zurückgezahlt hatte. Das war ein Devisenvergehen. Juristisch galt der Soldat als Deviseninländer. Ein Delikt dieser Art wirkte in der damaligen Lage ziemlich lächerlich. Vermutlich wäre dieses Delikt durch eine Disziplinarstrafe, die der Divisionskommandeur als Gerichtsherr hätte verhängen hönnen, aus der Welt zu schaffen gewesen. Aber es kam etwas dazu. Im Stab des Majors hatte ein Leutnant monatelang die Bemerkungen aufgezeichnet, die der Major über das Regime gemacht hatte. Diese Notizen hatte der Leutnant, der zu den Anderen gehörte, an eine Parteidienststelle in Deutschland geschickt. Sie kamen auf dem großen Dienstwege zur Division zurück – »zur Stellungnahme und Meldung über Veranlaßtes«.

Das bedeutete Degradierung und Versetzung als Soldat zweiter Klasse zu einer Strafeinheit für einen Mann von fünfundvierzig Jahren, der ein makelloses Leben geführt hatte. Der Major erschoß sich. Die militärischen Ehren für sein Begräbnis wurden ihm verweigert. Nach den Vorschriften war sogar dem Pfarrer verboten, an seinem Grabe zu sprechen. Die Noblesse des Generals erlaubte gleichwohl eine würdige Bestattung. Dem Pfarrer ließ der General freie Hand.

Einer, der ein Jahr lang bei dem Major Truppenarzt gewesen war und ihm viel zu verdanken hatte, nahm nicht an dem Begräbnis teil.

Er gehörte nämlich – plötzlich erfuhr man es – zu den Anderen. Die Denunziation als Methode war in die Armee eingebrochen. Der Mann, der sie dann zu einem vollendeten System entwickelt hat, ist bei dem Attentat vom 20. Juli verwundet worden und an den Folgen der Verwundung gestorben.

Das Grab lag einsam auf der Kuppe eines Hügels an der Mündung des Bug. Die Panzerjäger hatten einen Findling, den sie von weither geholt hatten, auf das Grab gesetzt und es liebevoll geschmückt. Unten am Ufer des Flusses sah man die Ruinen Olbias liegen, der alten griechischen Stadt. Die Winde, die über das Grab wehten, kamen von der Wolga oder von der Küste Kleinasiens. Sie brachten den feinen, leisen Duft der Steppe oder den schweren, fernherkommenden Salzgeruch des Meeres. Unter diesem Stein lag mehr als die sterblichen Überreste eines alten Soldaten. Unter diesem Stein lag mit der Tapferkeit zusammen eine noble alte Tradition begraben.

Zwischen den Fronten der Rache standen wir. Aber die unsichtbare Flagge wurde hochgehalten. Den Leidenden zu helfen sind unzählige Heldentaten vollbracht worden. Tausende haben dafür ihr Leben gelassen. Ihre unbekannten Gräber in den weiten Ebenen des Ostens sind Denkmäler der abendländischen Überlieferung.

STEPPENPALAVER

Die Wissenschaft der Geographie zieht eine imaginäre Linie von der Nord-Ost-Ecke des Kaspischen Meeres den Uralfluß entlang zu den südlichen Ausläufern des Uralgebirges. Die Wissenschaft der Geographie bezeichnet diese Linie als die Grenze zwischen Europa und Asien. Aber die Grenze zwischen Europa und Asien geht durch die Seelen der Menschen. Peter der Große war Europäer. Wladimir Uljanow, den sie Lenin nennen, war Asiate.

Schon der Wind, der im Herbst den Regen über die Nogaische Steppe peitscht, ist Wind aus Asien. Wind, der über das Meer weht, wühlt Wogen auf, bläht Segel, bricht sich an felsigen Küsten. Wind, der über die Steppe weht, braust dahin ohne Anfang und ohne Ende, tagelang, wochenlang. Er bläst dem Menschen die Seele aus dem Leib.

Niemand, der es nicht mit eigenen Augen gesehen hat, kann sich vorstellen, bis zu welchem Grad von Ausdruckslosigkeit eine Landschaft herabsinken kann. Steppe im Herbst!

Nichts auf dieser Steppe würde sich bewegen, jagten nicht die Steppenhexen über das Land. Das Gras, von der Sonne des Sommers verdorrt, ist nur noch kümmerliche braune Narbe. Ein paar armselige Hecken spotten der Schönheit der Welt. Eine in Kugelform wachsende Strauchart reißt der Wind vom Boden los. Die Kugeln aus stacheligem Geäst sind, nach alter Überlieferung, Hexen. Im Zickzack jagt der Wind die Steppenhexen, in gespenstischem Spiel sie vereinend und wieder trennend, über das öde Land Hunderte von Meilen weit.

Zur Zeit der Zaren bewohnten den Süden Tauriens und der Nordkrim nur Verbannte des Reiches. Ein Jahrhundert lang haben ihre leeren Augen dem Tanz der Steppenhexen ohne Hoffnung nachgeschaut.

Und doch, auch dieses Land ist nicht von Gott verlassen. Spät im November, ehe der Schnee kommt, geschieht ein Wunder. Eines Morgens, wenn der Mensch ohne Hoffnung aus seiner Lehmhütte tritt, ist über die Steppe ein lichter, grüner Schleier gebreitet. Das Gras vom nächsten Jahr steckt seine ersten Spitzen aus der Erde. Geht man ein paar Schritte über den schlammigen, zähen Boden, entdeckt man nur mit Mühe hie und da ein kleines Hälmchen. Das Grün weicht zurück wie das Wasser vor Tantalus. Wer aber den Blick hebt, darf das durstige Auge am Anblick eines Horizontes laben, der leuchtet wie die Farbe des Smaragds, des edelsten der Edelsteine. Um dieses kostbaren Glanzes willen, um ihrer erhabenen Weite willen, um ihrer großartigen Einfachheit willen lernten wir in den Jahren, die wir dort leben mußten, die Steppe lieben. Schließlich wurden uns sogar die Steppenhexen eine vertraute Erscheinung.

Auf der Generalstabskarte der Landenge von Perekop, jener Enge, welche die Halbinsel der Krim mit dem Festland verbindet, sind die Höhenunterschiede so gering, daß sie in Zentimetern angegeben sind. Zwischen dem Faulen und dem Schwarzen Meere hebt sich das Land nur wenige Meter über den Meeresspiegel. Über die Landenge von Perekop zieht sich der Tatarengraben, eine nach Norden gerichtete Verteidigungsanlage, im Anfang des achtzehnten Jahrhunderts von den Tataren erbaut, nachdem sie auf die Krim zurückgetrieben worden waren. Hinter einem zehn Meter tiefen Graben erhebt sich ein zwölf bis fünfzehn Meter hoher Wall, der sich noch nach zweihundert Jahren als ein sogar für Panzer nicht zu überwindendes Hindernis erwiesen hatte. Es war die Infanterie, die ihn hatte nehmen müssen.

Anläßlich der Belagerung von Odessa war ich mehrere Wochen von der Kompanie abkommandiert gewesen. Als ich sie im November in einem Dorf etwas nördlich des Tatarengrabens wiedertraf, wurde mir die Veränderung, die seit dem Sommer in der Kriegführung vor sich gegangen war, sogleich vor Augen geführt. Mich hatte ein geländegängiger Wagen, ein sogenannter Kübel, zurückgebracht, ein offenes, sehr leistungsfähiges Fahrzeug mit Vierradantrieb. Dieses Gefährt hatte mir die Division für die Zeit des Kommandos zur Verfügung gestellt. Auf der Fahrt von Odessa über Nikolajew und Cherson zur Krim hatte ich bei dem regnerischen Wetter schon sehr gefroren. Ein paarmal mußten wir steckengebliebene kleinere Wagen aus dem Schlamm ziehen. So war es spät am Abend, als ich endlich ankam. Die Wolkendecke hing niedrig. Wir waren mit offenem Licht gefahren. Als wir im Dorf anhielten und den Motor abstellten, hörten wir ganz in der Nähe jemanden fürchterlich brüllen. Ich konnte nichts verstehen. Es war offenbar ein hochqualifizierter Anpfiff. Mein Fahrer drehte sogleich die Scheinwerfer ab. Es konnte immerhin sein, daß unser Licht die Veranlassung für das Gebrüll war. Es wurde stockfinster. Hinter den Wolken war kein Mond. Ich hörte das Geräusch eines Fliegers und im selben Augenblick auch schon das Zischen von Bomben. Wir warfen uns in den Schlamm. Es krachte auf allen Seiten. Schlammbatzen flogen uns um die Köpfe. Nach ein paar Sekunden war alles vorbei. Zweifellos waren es meine Scheinwerfer gewesen, die den Bombenabwurf veranlaßt hatten. Ich lauschte gespannt in das tödliche Schweigen, das nach jeder solchen Explosion stumm vom Himmel stürzt, ob irgendwoher jene elenden, wimmernden Laute ertönten, mit denen die getroffene Kreatur sich aus Angst und Schrecken ins Leben zurückklagt. Nichts rührte sich. Offenbar war kein Unglück geschehen. Es ist unglaublich, wieviel Vernichtung zwischen ein paar wehrlosen und zitternden Geschöpfen auf Erden Raum hat. Auf einmal brüllte die Stimme wenige Meter neben mir wieder los: »Ihr Idioten, ihr blödsinnigen! Ihr seid wohl vom Affen gebissen! Über den Haufen schießen sollte man solche Hornochsen wie euch!«

An der Stimme erkannte ich meinen Kompaniechef. In der Sache hatte er entschieden recht, in der Form weniger. Aus dem Dunkel heraus machte ich korrekt meine Meldung. Das wirkte so verblüffend, daß wir beide laut lachen mußten. Wir reichten uns die schlammigen Hände. Natürlich hatte auch er flach gelegen.

Als erstes erfuhr ich, daß der Abmarsch schon für morgen früh befohlen war. Am nächsten Tag sollten wir eingesetzt werden. Für mich hieß das, daß ich noch in der Nacht losreiten mußte, um einen Ort, in welchem wir den Hauptverbandplatz aufmachen konnten, zu erkunden. Seit Tagen hatte der Chef auf seinen Chirurgen gewartet. Beide waren wir froh, uns nach so langer Zeit wiederzusehen. Daß er, noch ehe er meiner ansichtig geworden war, so heftig über mich hergefallen war, war ein Grund mehr zu feiern. Der Chef hatte für meine Rückkehr eine Flasche Cognac aufgehoben. So beschlossen wir, ein Palaver abzuhalten. Wir beschlossen das, wie Mohren in Afrika so etwas beschließen. Es hätte nahegelegen, ein paar Stunden zu schlafen. Aber es war der Abend vor der Schlacht. Was der Lendemain für die Liebe, ist für die Schlacht der Abend vorher. Die Sprache hat dafür kein eigenes Wort. Wir hatten, ihn zu kennzeichnen, das Wort Lendesoir erfunden. Selten, daß man ihn wußte. Es handelte sich darum, einen weisen Gebrauch zu machen von der Erwägung, daß man möglicherweise am nächsten Abend tot sein würde.

Eine extreme Situation gelassen zu ertragen ist eine Frage der moralischen Standhaftigkeit. Die Alten hatten dafür das Wort »Virtus«, was soviel wie »Tugend« bedeutet. Die höchste Tapferkeitsauszeichnung, die Seine Majestät der König von Sachsen im ersten Weltkrieg zu vergeben hatte, der Militär-St.-Heinrichsorden, trug die Inschrift *»Virtuti in bello«*.

Eine extreme Situation zu genießen ist eine Frage der Lebenskunst. Die Lebenskunst ist nicht Sache des Snob, sondern Sache des Dandy. Schon Stendhal hatte Wert darauf gelegt, während des ganzen Rückzuges von Moskau täglich rasiert zu sein. Das mag zuweilen nicht möglich sein, etwa, wo Wasser fehlt. Aber wer an der Beresina keinen Wert darauf legt, rasiert zu sein, täte besser, sich für immer einen Vollbart wachsen zu lassen.

Am Lendesoir der Schlacht schlafen zu gehen, zeugt von Weisheit. Ein Palaver am Lendesoir der Schlacht ist eine der feinsten Blüten der menschlichen Geselligkeit.

Nicht anders, als die Soldaten Alexanders des Großen an ihren Lagerfeuern bei Issos gehockt und von der Sonne auf der Akropolis, von den Weinen auf Attikas Hügeln und von den schönen Mädchen am Strande der Aegaeis gesprochen haben, um am nächsten Tage den König Dareios zu schlagen und ein großes Reich zu zerstören, so hockten wir an unserem rotglühenden Kanonenofen und sprachen von der Sonne über den Havelseen, von den Kneipen am Oranienburger Tor und von den schönen Mädchen beim Blaskonzert im Stadtpark Treptow.

Der Beruf des Soldaten ist einer der ältesten Berufe der Welt. Wer könnte es dem Soldaten verwehren, das Grab, in das ihn morgen seine eigene Tapferkeit stürzen wird, im erhabenen Schatten der Geschichte liegen zu sehen!

Nur freilich, daß jeder Fluß, den wir überschritten, ein Halys und das Reich, das wir zerstören sollten, das Reich unserer Väter war. Eine Ahnung dieses Verhängnisses hatten fast alle. Selten nur wurde davon gesprochen. Wer ein Gewehr auf sich gerichtet sieht, muß handeln. Aber die Spannung war ständig da. Je länger der Krieg dauerte, um so unerträglicher wurde sie. Unterdessen versuchte man, sich zu seiner Umwelt adaequat zu verhalten; man versuchte, ein guter Soldat zu sein.

Wie jeden Abend um diese Zeit wurde Lili Marleen eingestellt. Hingebungsvoll lauschten wir dem sanften Sentiment unter der Laterne vor dem großen Tor. Bei der letzten Strophe kamen wieder ein paar Bomben irgendwo in der Nähe herunter. Wir lagen alle unter dem Tisch, während Lili ruhig weitersang.

Dann sprachen wir von anderem, sozusagen von den Familienangelegenheiten unseres Haufens – daß die Pferde wieder Haferbäuche hatten, daß Panje, ein vorzügliches Springpferd, Kolik gehabt und Futtermeister Harloff Panje eine ganze Nacht hindurch am Zügel geführt hatte, bis die Kolik vorübergegangen war. Eine ganze Menge äußerst dekorativer bulgarischer Orden war gekommen. Der Verteilungsschlüssel für die Orden bildete ein fast unerschöpfliches Thema. Oberst Reinhart hatte ein Fest gegeben und die Sanitätskompanie in weinbeschwingter Liebenswürdigkeit zur fünfzehnten Kompanie seines Regiments ernannt. Ich erzählte von der Tapferkeit der rumänischen Infanteristen vor Odessa und von der Gastfreundschaft ihrer Offiziere. Ich erzählte die groteske Geschichte, daß die Belagerung noch einen ganzen Tag, nachdem die Russen die Stadt verlassen hatten, fortgesetzt worden war. Ich erzählte von den Schönheiten Odessas, von der historischen Treppe der Revolution von 1905, vom Denkmal des Herzogs von Richelieu und von der unermeßlichen Beute in der berühmten alten Hafenstadt.

Dann wandte sich das Gespräch dem Morgen zu. Die Division war schon im Gefecht. Von vorn hörte man merkwürdige Dinge. Die Russen liefen nicht mehr. Sie kämpften wie die Teufel. Unsere Leute blieben im Schlamm stecken. Das Gelände sei so flach und werde so weit von den Russen eingesehen, daß man die Pferde eingraben müsse, um sie gegen Beschuß zu sichern. In die Deckungslöcher laufe das Grundwasser. Die Verluste seien hoch. Es herrschten starke Zweifel, ob es mit den zur Verfügung stehenden Kräften überhaupt gelingen werde, die Landenge zu durchbrechen. Nässe und Kälte standen uns bevor und lange Tage und Nächte am chirurgischen Fließband der leidenden Kreatur.

Die Tür, die nach Osten ging, sprang auf. Von der Steppe stob der Wind herein und blies die Kerzen aus. Im Schein des glühenden Ofens leuchteten unsere Gesichter, als säßen wir in der Hölle. Der Futtermeister meldete, die Pferde seien gesattelt. Wir tranken den Cognac aus. Wir zogen Mantel und Handschuhe an. Wir hängten Pistolen, Kartentaschen und Gasmasken um. Wir verließen den Raum. Die Tür blieb offen. Die Pferdepfleger nahmen den Pferden die Woilache ab. Es hatte aufgehört zu regnen. Wir schwangen uns in die Sättel und ritten in die Nacht hinaus. Hinter uns leuchtete durch das Dunkel die rote Glut des Ofens wie das Auge eines Zyklopen.

Das Dorf auf der Landenge von Perekop, von dem ich um drei Uhr morgens weggeritten war, lag einige Kilometer westlich der Nachschubstraße, die wir erreichen mußten. Ich hatte den Futtermeister Harloff mitgenommen. Er war ein schweigsamer, trockener und zuverlässiger Mann. Er war auf einem Gestüt in Pommern aufgewachsen. Sein ganzes Leben hatte er mit Pferden verbracht. Im Lauf der Jahre hatte er selbst eines dieser langen Pferdegesichter bekommen, wie man sie bei Menschen seines Berufes zuweilen findet. Er war ein ausgezeichneter Reiter, mit Napoleon, seinem Roß, wie verwachsen. Auf einer weiten Ebene im Tal des Prut, bei einer Erkundung am ersten Tag des russischen Feldzuges, hatte ein Jagdflieger uns beide als Übungsscheibe benutzt. Wir hatten uns gerettet, indem wir der anfliegenden Rata jedesmal in scharfem Galopp entgegenritten und jedesmal kurz vor dem Augenblick, in dem wir die Maschinengewehrgarbe des Fliegers erwarten mußten, in einem Haken aus seiner Schußbahn ausgebrochen waren. Der Flieger hatte schließlich aufgegeben. Wäre er ein Engländer gewesen, er hätte vielleicht eine Ehrenrunde für uns geflogen und uns zugewinkt. Er war ein Russe.

Schweigend ritten wir nebeneinander durch die Nacht. Man konnte nur so viel sehen, daß man gerade noch das Gefühl hatte, nicht blind zu sein. Plötzlich riß Harloff Napoleon die Kandare ins Maul. Napoleon stieg auf die Hinterhand und stand. Ich verhielt. Erst dachte ich, sein Gaul sei in ein Karnickelloch getreten. Aber Harloff saß ab, ließ sein Pferd stehen und ging einige Schritte unseren Weg voraus ins Gelände. Er verschwand. Panje, mein Pferd, kaute unruhig auf der Trense. Als Harloff zurückkam, sagte er nur: »Minen!«

Mir fiel ein, daß die Russen hier eine Stellung gehabt hatten. Mit seinen Luchsaugen hatte der Mann einen jener wenige Zentimeter über dem Erdboden an Drähten hängenden weißen Fetzen entdeckt, mit denen die Minenfelder markiert wurden.

Ich stieg ab. Wir führten die Pferde an dem Draht mit den kleinen weißen Fetzen entlang um das Minenfeld herum. Es lag neben unserem Weg, der übrigens aus nicht mehr als einigen Fahrspuren bestand. Wir brauchten keinen Umweg zu machen. Aber Minenfelder kamen nicht allein vor, und es gab keine Sicherheit, daß sie alle entdeckt und gekennzeichnet waren. Wir spähten ins Gelände. Vielleicht war auf dem Stück Erde zwischen uns und der Nachschubstraße die Stelle für unsere Gräber schon markiert.

Natürlich wäre es vernünftiger gewesen, zu Fuß weiterzustapfen. Aber vielleicht kamen auch gar keine Minenfelder mehr. Wenn man aus

Vorsicht überflüssige Anstrengungen auf sich nimmt, wird man komisch. Schon in den wenigen hundert Metern, die wir neben unseren Pferden hergegangen waren, hatten sich schwere Lehmklumpen an unseren Stiefeln angesetzt. Schritt um Schritt mußten wir die Füße aus dem zähen Schlamm herausziehen.

Was tun?

Ein alter Soldat besteht aus Vorsicht. Aber die Vorsicht kann zuweilen wie ein delphisches Orakel wirken, dem folgend der Mensch in das Unglück, das er vermeiden will, hineingerät. Stapften wir zu Fuß weiter, würden wir eine halbe Stunde Zeit verlieren. Der Verlust gerade dieser halben Stunde, um die der Schutz der Nacht sich verminderte, konnte uns im Licht des Morgens auf der dicht belebten Nachschubstraße einen Fliegerangriff einbringen. Die Gelassenheit alter Soldaten beruht auf dem Wissen, daß der Zukunft keine List gewachsen ist.

»Ja, Harloff, was tun wir?«

Einmal waren wir schon zusammen aus einer bedrohlichen Lage gut herausgekommen. Warum nicht ein weiteres Mal! In diesem Augenblick hob Napoleon, das alte Schlachtroß, seinen Kopf und brach in ein freudiges Wiehern aus. Panje antwortete. Am östlichen Himmel glomm das erste Licht des Morgens auf.

Es war ein Zeichen der Götter. Die dunkle Furcht vor unseren eigenen Gräbern da vorn im Gelände fiel von uns ab. Wir beschlossen aufzusitzen. Zunächst freilich kamen wir, wegen der Lehmklumpen an unseren Stiefeln, nicht in die Steigbügel hinein. Wir entfernten den Lehm mit den Händen. Nach einer halben Stunde hatten wir die Nachschubstraße erreicht.

Man kann eine solche Nachschubstraße nicht besser charakterisieren als mit einem alten Wort der deutschen Sprache. Es ist ein Heerwurm, der sich da entlangwälzt.

Jeden dieser Männer, jedes dieser Pferde, jedes dieser Fahrzeuge gibt es zweimal. Einmal in der Organisationsaufstellung der Befehlszentrale und einmal hier im Schlamm. In der Organisationsaufstellung der Befehlszentrale herrscht die vollkommenste Ordnung. Hier im Schlamm herrscht das vollkommenste Durcheinander. Einheiten sind auf Kilometer auseinandergerissen. Niemand kann etwas dagegen tun, daß sich eine neue Einheit in eine kleine Lücke der Marschkolonne von rechts oder links einschleust. Die sogenannte Straße ist nichts anderes als ein durch etwas Kies und ein paar Schottersteine flüchtig befestigter Fahrweg, den die leichten russischen Bauernwagen zur Not eben noch überwinden können. In der Steppe sind Steine eine Kostbarkeit. Der Nachschub einer Armee zermalmt so einen Bauernweg in wenigen Stunden. Diese Straße hat noch die besondere Tücke, rechts und links Gräben zu haben, die es fast unmöglich machen, auf freies Feld auszuweichen.

Irgendein pferdebespanntes Fahrzeug des meilenlangen Heerwurms rutscht mit dem Hinterrad in ein unter einer Wasserlache verborgenes Granatloch. Das Rad bricht. Die Deichsel steigt in die Luft. Die Pferde werden hochgerissen, scheuen und schlagen über die Stränge. Ein Strang reißt. Das nächste Fahrzeug versucht links zu überholen. Es kommt aber nicht richtig aus der tiefen Fahrspur heraus. Das rechte Hinterrad des zweiten Wagens verhakt sich in das linke Hinterrad des ersten Wagens. Die Pferde steigen und keilen nach allen Seiten aus. Es geht weder vorwärts noch rückwärts. Ein Munitionskraftwagen, der leer von vorn kommt, versucht, auf dem schmalen Rest der Straße an dem Knäuel vorbeizukommen. »Die Artillerie hat sich verschossen! Wir müssen durch!« Der Lastkraftwagen rutscht bei seinem Versuch zu passieren ganz langsam in den Graben. Er bleibt stehen. Es ist nur ein gewöhnlicher leichter Friedenslastkraftwagen. Allein kommt er nie mehr heraus.

Die Straße, die Nachschubstraße der Armee, ist verstopft. Jedermann wird von einer wilden Wut erfaßt. Alles brüllt sich gegenseitig an. Schwitzende, fluchende, mit Schlamm bedeckte Männer schlagen sinnlos auf schwitzende, zitternde, mit Schlamm bedeckte Pferde ein, denen der Schaum vor dem Maul steht. Plötzlich bricht der Exorzismus der Wut ab. Irgendeiner steckt sich eine Zigarre an. Irgendeiner ergreift die Initiative. Die Pferde werden ausgeschirrt. Der Lastkraftwagen wird von Pferden an einem Seil, an das eine Vorderbrake montiert ist, rückwärts aus dem Graben gezogen. Das Fahrzeug mit dem zerbrochenen Rad wird abgeladen. Höllisches Gelächter, wenn dabei eine leuchtend blaue Steppdecke oder ein paar lebende Gänse zum Vorschein kommen. Die Männer steigen in die Wasserlache. Das Wasser läuft ihnen von oben in die Stiefel hinein. Sie fassen in die schlammigen Räder und wuchten »hau-ruck! hau-ruck!« das leere Fahrzeug zur Seite. Das zweite Fahrzeug wird wieder eingeschirrt und fährt weiter. Der Lastkraftwagen passiert und knattert mit ein paar Fehlzündungen los, nach hinten zum Munitionsdepot.

Hundertmal an einem Tag spielt sich diese Szene ab in einer hoffnungslosen Monotonie. Aber jeden Abend sind zwanzig, zehn oder auch zuweilen nur fünf Kilometer zurückgelegt. An einer Stelle der Straße sind ein paar aus Ginster geflochtene Faschinen über den Graben gelegt. Der ganze Heerwurm krümmt sich zwanzig Meter auf das freie Feld hinaus. In der Mitte der Straße liegt eine Fliegerbombe. Auf das Feld rechts und links der Fahrstraße sind, wie die Überreste einer Überschwemmung, Gegenstände aller Art verstreut – Öfen, Melkschemel, Bettgestelle, Radioapparate, Munitionskästen, Lampen. Alle paar hundert Meter liegt ein zerbrochenes Fahrzeug, ein totes Pferd mit aufgeblähtem Bauch, manchmal auch ein toter Mensch. Die Krähen heben sich mit schwerem Flügelschlag. Die grauen Wolken jagen in Fetzen über lebende und tote Menschen und Tiere dahin. Träumte man von diesem Heerwurm – es wäre ein Zug von Verdammten, der mit wüstem Eifer sich der Hölle zuwälzt.

Wir waren schließlich querfeldein geritten. Nach zwei Stunden kamen wir beim Stab an. Er lag in Kart Kasak I, an der schmalsten Stelle der Landenge. Der erste Generalstabsoffizier begrüßte mich erfreut: »Ein Segen, daß ihr da seid! Wir warten seit Tagen auf euch!« Der Major erklärte mir die Lage. Bei Ishun, etwa sechs Kilometer weiter südlich, führe eine Brücke über den Tschetarlyk. Um diese Brücke herum hätten die Russen die Schlüsselstellung ihrer Verteidigung aufgebaut. Alle Versuche, diese Stellung in direktem Angriff zu nehmen, seien unter großen Verlusten gescheitert. Von dieser Brücke aus nach Westen verbreitere sich der Fluß, der eigentlich auch nicht mehr als ein armseliges Steppenrinnsal sei, zu einem Sumpfdelta, das ins Meer münde. Über den Sumpf hinweg könnten die Russen einen Angriff nicht vermuten. So seien auf der anderen Seite des Sumpfes Verteidiger nicht zu erwarten. Darum sei beschlossen worden, den Sumpf zu traversieren. Das sei nur möglich bei Frost, der nicht zu erwarten sei, oder mit Hilfe von Faschinen, mit denen man Übergänge über den Sumpf bauen wolle.

Unmittelbar am diesseitigen Ufer des Tschetarlyk den Hauptverbandplatz aufzumachen, war nicht möglich, da es erstens keine Häuser, zweitens keine Deckung gab. Südlich Kart Kasak I waren nur noch Kart Kasak II und Kart Kasak III auf der Karte eingetragen. In Kart Kasak III hatte der Führungsstab vorübergehend schon gelegen. Der Major meinte ironisch: »Für hiesige Verhältnisse, lieber Doktor, ist Kart Kasak III als durchaus komfortabel zu bezeichnen. Nur, die Eingeborenen haben die Fensterscheiben vergraben und die Hühner in die Steppe evakuiert.«

So kam also, wenn wir überhaupt operieren wollten, nur Kart Kasak II oder III in Frage. Ich beschloß, mir die beiden Dörfer anzusehen. Gleichzeitig mußte ich feststellen, was wir am diesseitigen Ufer des Tschetarlyk, also am Anfang des Faschinenweges, stationieren konnten. Ferner wollte ich wissen, wie die Truppe, wenn sie den Tschetarlyk überschritten hätte, die Verwundeten an das jenseitige Ende des Faschinenweges bringen würde. Das alles würde sich auf einem tellerflachem Gelände, wenige Kilometer vor den russischen Linien, die wir in der Flanke hatten, abspielen.

Wir ritten los. Kart Kasak II konnten wir überhaupt nicht finden. Dafür stießen wir mitten in der Steppe auf eine Grube, in der kleine Fensterscheiben lehnten, auf denen Hühner mit nassen Federn trübselig hockten.

Wir hätten eins mitnehmen können, aber das Ganze machte einen so kläglichen Eindruck, daß wir weiterritten.

In Kart Kasak III standen ein Dutzend Katen. Einige waren belegt von Kommandos, von denen man nicht so sehr den Eindruck hatte, daß sie wirkliche Aufgaben hatten, sondern vielmehr den, daß sie für Befehle unerreichbar geworden waren und versuchten, im dramatischen Geschehen der Schlacht unbemerkt über die Runden zu kommen. Nichts bewies das deutlicher als die Geringfügigkeit des Widerstandes, den die Leute aufbrachten, als wir ihnen erklärten, daß sie zu räumen hätten.

Wir brachten an allen Türen mit Kreide unser »H.V.P.«, das Zeichen des Hauptverbandplatzes, mit Datum und Uhrzeit an. Dann ritten wir zum Tschetarlyk. Russische Artillerie streute das Gelände ab. Glücklicherweise war es etwas neblig. Am Tschetarlyk bot sich uns ein unwahrscheinlicher Anblick. Ein Haufen von gut hundert Leuten stand dort beisammen. Dabei konnten die Russen kaum weiter als drei Kilometer entfernt sein. Einige Längen von dieser Versammlung saß ich ab und gab Harloff mein Pferd. Die Pioniere hatten schon etwa sechshundert Meter des Faschinenweges gelegt. Unter der Menge entdeckte ich einen Truppenarzt, der an dieser Stelle mit ein paar Tragen und einem Verbandkasten einen ärztlichen Stützpunkt aufgemacht hatte. Sein Gerät stand im Schlamm herum. Ich erfuhr von ihm, daß zwei Kompanien in einem tollkühnen Versuch schon über den Sumpf hinübergegangen seien und sich auf der anderen Seite eingegraben hätten, aber sie hätten keine Munition mehr. Nach seiner Meinung könne die Truppe ihre Verwundeten zunächst nur auf Tragen bis zu ihm bringen, und auch das erst, wenn der Faschinenweg fertig sei.

Irgendwo da drüben lagen sie also wieder, schmutzig auf der schmutzigen Erde dieser trostlosen Steppe, unter diesem trostlosen Himmel, durch den die Geschosse jaulten, und nichts schien ihnen übrig gelassen zu sein, als stumm und einsam zu sterben. Wie man Schiffbrüchigen ein Zeichen gibt, hätte man eine Rakete abschießen mögen, die als Stern der Hoffnung am Himmel ihrer Verlorenheit hätte aufgehen können. Aber eine solche Rakete gehörte nicht zur planmäßigen Ausrüstung der Armee.

Während ich an die kleinen Flämmchen der Hoffnung dachte, die hier und da noch in den Herzen der Verlorenen brennen mochten, erhob sich ein Sausen in den Lüften, ein unbekanntes, schlurfendes – ein apokalyptisches Geräusch. Die Männer blickten auf. Niemand wußte, was das war. Auf einmal gab es eine ungeheure Detonation. Etwa hundert Meter von der Gruppe entfernt stieg eine riesige Schlammfontäne in den Himmel. Eine mächtige Rauchwolke brodelte hoch. Der Luftdruck traf uns wie ein Schlag. Splitter sausten durch die Luft. Einige schrien. Einige warfen sich hin. Ein bleicher Schrecken verbreitete sich. Wir hatten den schlecht gezielten ersten Einschlag einer neuen Waffe erlebt, einer massierten Salve schwerster Minen. Diese neue Waffe bekam später den Namen Stalinorgel.

Ein einziger Mann hatte einen Schuß in den Oberschenkel bekommen. Er wurde auf eine der Tragen gelegt. Der Truppenarzt verband ihn. Ich informierte den Truppenarzt, daß wir in Kart Kasak III aufmachen würden. Über sein verstörtes Gesicht huschte ein kleines, glückliches Lächeln. »Ach, das ist schön, daß ihr kommt! Dann tu ich mich hier leichter.« Wenige Stunden später wurde der tapfere Mann selbst zu uns gebracht. Bei einer weiteren Salve der Stalinorgel hatte er einen Bauchschuß bekommen. Aus seiner zerschossenen Milz verblutete er sich nach innen. Die Operation kam zu spät.

Doch führten die wenigen Worte, die wir gewechselt hatten, dazu, daß er in dem Bewußtsein sterben konnte, wenigstens einen zu haben, der dafür zeugen konnte, daß er unter der unsichtbaren Flagge das Seine getan hatte.

KART KASAK III

Während die Pioniere über das Sumpfdelta des Tschetarlyk den Faschinenweg legten, auf dem die Division die Verteidigungsstellung der Russen an der Brücke von Ishun umgehen wollte, ritten Harloff und ich zurück nach Kart Kasak III.

Wo mochte die Kompanie sein? Kam sie vorwärts? Saß sie irgendwo im Heerwurm des Nachschubs fest? Nun, nachdem ich hatte verlauten lassen, daß in Kart Kasak III ein Hauptverbandplatz aufgemacht werden solle, würde ohne Verzug der Zustrom der Verwundeten einsetzen. So etwas sprach sich schnell herum. Man würde die Verwundeten einfach vor unserer Tür abladen. Es war unsere Sache, mit ihnen fertig zu werden.

Ich setzte Harloff die Lage auseinander und erklärte ihm das Gelände. Ein Drittel der Kriegführung ist gelerntes Handwerk. Das zweite ist gesunder Menschenverstand. Das letzte Drittel ist Glück. Auf dieser Einsicht beruhte die Bemerkung Friedrichs des Großen, daß er »Officiers, die keine Fortune haben«, nicht gebrauchen könne. Napoleon Bonaparte ging so weit zu sagen: »Glück ist eine Eigenschaft.« Harloff würde mit seinen pferdebespannten Krankenwagen in dieser Lage und in diesem Gelände weit wirkungsvoller arbeiten können als die Krankenkraftwagen, unter denen sich nur wenige halbwegs geländegängige Dreiachser befanden. Unser alter Freund, Hauptmann Stubbe, stand bei Cherson an einer Brücke, die er selbst über den Dnjepr geschlagen hatte. Mit ihm war nicht zu rechnen. Auch wären seine riesigen Zugmaschinen zu schöne Ziele gewesen, als daß die Russen sie nicht zerschossen hätten. Für das, was Mütterchen Rußland auf dem Sektor Schlamm zu bieten hatte, war die Armee von 1941 schlechter ausgerüstet als die Grande Armée von 1812.

Während ich mit Harloff eine kleine Bodenerhebung hinaufritt, um ihm ein paar Geländepunkte zu zeigen, an denen er sich später orientieren könnte, brüllte jemand vor den Hufen unserer Pferde los: »He! Ihr Nachtwächter! Hier sind Menschen!« Vor uns, in die Erde gegraben und mit etwas Steppengeäst getarnt, stand ein Scherenfernrohr. Ich beugte mich über den Hals meines Pferdes, um zu sehen, wer da Laut gab. »Was macht ihr denn da unten?«

Der Korporal am Scherenfernrohr war offenbar unterdessen zu der Überzeugung gekommen, daß Idioten, die so ahnungslos durch die Gegend ritten wie wir, nur von einem Stabe sein könnten. So meldete er: »Vorgeschobener Artillerie-Beobachtungsposten dritte Batterie!« Es war eine Batterie unseres eigenen Artillerieregiments.

»Wieso vorgeschoben?«

»Na, da drüben sitzt doch der Russe. Hier ist die H.K.L.«

Das war also die Hauptkampflinie. Unzweifelhaft waren wir komische Figuren. Nur – es war nicht zu vermeiden gewesen. Wir ließen uns von dem grinsenden Korporal den Weg weisen und ritten, mit einem äußerst unbehaglichen Gefühl im Rücken, wieder los. Der Nebel war verschwunden. Immerhin war es diesig. Nichts passierte. Das letzte Drittel der Kriegführung ist Glück!

Als wir uns Kart Kasak III näherten, sahen wir schon von weitem vor der südlichen Kate Stabsarzt Rombach, den Chef, stehen – mutterseelenallein. Er hatte auf uns gewartet. Wir versuchten noch einmal einen kurzen Galopp. Aber Napoleon und Panje lehnten ab.

»Wo ist die Kompanie?«

»Zwei Kilometer von hier! Vor einer halben Stunde von der Nachschubstraße abgebogen!« Rombach sagte das so muffig wie möglich. Natürlich – er wollte seinen Triumph genießen. Daß er hier stand, war eine gute Sache. Daß er auch die Kompanie schon in der Nähe hatte, war ein Meisterstück. Ich hatte ihm ja nicht einmal eine Nachricht geben können.

Man muß nicht denken, daß wir immerzu nur aus Humanitas und Pflichtgefühl bestanden und immerzu nur edle Helfer der Menschheit waren. Eine solche Attitude hätte auf die Dauer nur Fassade sein können. Wir mußten leben. So betrieben wir den Alltag des Krieges als Sport. Ich hatte eine einwandfreie Erkundung durchgeführt, eine Erkundung mit dem Ergebnis, daß wir wußten, was los war. Zwei zu null für mich! Rombach hatte eine unwahrscheinliche Marschleistung der Kompanie zustande gebracht.

Wir einigten uns auf drei zu zwei für ihn. Dann führte er mich wie ein Schloßherr einen lieben Gast in die Kate, in der etwas leuchtete, was jede Schloßbeleuchtung an Luxus übertraf – ein Feuer im Ofen. Er führte mich am Arm. Er tat das mit einer von ruppigen Bemerkungen verbrämten Zärtlichkeit, die man am ehesten mit einer Blüte auf einer der stacheligen Kakteen in der Wüste von Arizona vergleichen könnte.

Wir waren nun schon so weit von den Penaten des häuslichen Herdes entfernt, wir waren schon so lange auf der Wanderschaft, wir wußten so wenig davon, wohin der Weg führen werde, so viele waren schon gefallen, so viele waren schon verwundet worden, so viele waren schon in der *terra incognita* der Gefangenschaft verschwunden – wir begannen zu vergessen, was einmal gewesen war.

Es gibt keine Form des Daseins, die so vollständig Gegenwart ist wie das Dasein des Soldaten. Die Welt der Männer ging dazu über, sich ihre eigenen Gebräuche und ihre eigene Gesetzlichkeit zu schaffen. Einer dieser Gebräuche war die Kakteenzärtlichkeit.

Das Aufwärmen geht in Stufen vor sich. Erst leuchtet das Feuer nur. Dann strahlt die Wärme Hände und Gesicht an. Ganz allmählich erst werden die bis auf das Mark durchkälteten Knochen warm. Jede Zelle genießt die Wärme. Es ist ein Protoplasmagenuß.

Eine köstliche Stunde stand uns bevor. Wenn wir zu operieren anfingen, konnte es ebensogut drei Tage wie drei Wochen dauern. Aber bis die Kompanie eingetroffen und der Hauptverbandplatz aufgebaut war, hatten wir nichts zu tun. Durch einen glücklichen Zufall fand sich der evangelische Divisionspfarrer ein. Wir boten ihm an, in unserem Schlammschloß Quartier zu nehmen. Er nahm dankbar an. Es war vorauszusehen, daß er bei uns eine Menge zu tun bekommen werde. Wir beschlossen, ein kleines Palaver zu veranstalten.

Die Soldaten nannten den evangelischen Pfarrer den Esak, den katholischen den Kasak. Das waren die Abkürzungen für Evangelische Sünden-Abwehr-Kanone und Katholische Sünden-Abwehr-Kanone. Man ginge fehl, faßte man das als Blasphemie auf. Gerade in der Liebenswürdigkeit der Ironie drückte sich die Sympathie der Soldaten aus. So wurde zu Ehren unseres Gastes zunächst einmal Kart Kasak III feierlich in Kart Esak III umbenannt.

Das Marschproblem war von Stabsarzt Rombach gelöst worden, indem er die Hälfte der Fahrzeuge stehengelassen und die andere Hälfte vierspännig und sechsspännig in Marsch gesetzt hatte. Sechsspännig kamen diese leichten Fahrzeuge natürlich durch, nur daß dabei häufig Räder zu Bruch gingen. Gefunden hatte er uns, indem er genau dem Gang meiner Überlegungen erfolgt war. Dieser *consensus animorum* machte uns ein außerordentliches Vergnügen.

Von der Krim erzählte uns der Pfarrer märchenhafte Dinge. Im Jailagebirge, in einem Ort mit dem seltsamen und schönen Namen Bachtschissaraj, gebe es noch ein Schloß der Tatarenkhane, ganz aus Holz. Schlösser dieser Art seien auf der Welt nur zwei erhalten geblieben. Das andere stehe am Südhang des Kaukasus und blicke auf Tiflis hinab. In Tschufut Kale säßen Karaimen aus einem Charsarenstamm, der im achten Jahrhundert zum israelitischen Glauben übergetreten sei und ein bedeutendes hebraeisches Schrifttum besitze. Charsaren – das war etwas, wovon man in der Unterprima gehört hatte. Wir sollten sie zu sehen bekommen! An der Südküste der Krim, der Riviera Rußlands, stünden Schlösser über Schlösser, Villen über Villen. Palmen wüchsen da. Und zwischen Simferopol und Sewastopol sollte es sogar eine richtige Straße geben.

So tauchte Sewastopol zum erstenmal an unserem Horizont auf. Es sollte für lange Monate als drohender Schatten auf unser Leben fallen. Im Augenblick aber hing es noch vom Gelingen des Handstreiches im Sumpfdelta des Tschetarlyk ab, ob die Russen oder wir den Winter auf der Krim verbringen würden.

Zwanzig Verwundete waren schon eingetroffen. Feldwebel Gehrmann kam und meldete, wir könnten anfangen. Einer der ersten Patienten war Häuptling Schnelle Zunge. Er hatte einen glatten Infanteriedurchschuß durch beide Hinterbacken. Mit diesem Schuß war er zu Fuß gekommen. Das erlebten wir häufig. Die ungeheure Erregung des Kampfes blockiert in irgendeiner Schicht des Mittelhirns den Durchgang der von der Peripherie kommenden Schmerzempfindungen. Manchmal setzt der Schmerz erst nach Stunden ein. Als der Patient mit einer sprudelnden Fülle von Bemerkungen in unseren Operationssaal einbrach, schoß mir der Gedanke durch den Kopf, wie merkwürdig gut dieser Schuß zu dem liebenswürdigen Harlekin, der ihn bekommen hatte, zu passen schien. Aber Häuptling Schnelle Zunge, obgleich unerschüttert in seiner Berliner Schnoddrigkeit, war kein Harlekin mehr. Er war der Führer einer der beiden Kompanien, die als erste den Sumpf traversiert hatten.

»Mensch, Doktor, was sollten wir denn machen! Wir lagen da auf dem Präsentierteller. Die Russen hatten sich eingeschossen. Bei jeder Lage gab es Tote und Verwundete. Wir sind bloß nach vorn getürmt. Is 'n Ritterkreuz wert oder 'n Kriegsgericht! Weiß ich noch nicht! Wenn wir Boote gehabt hätten, wären wir außen herumgefahren. Dann wäre alles nur eine Gondelpartie gewesen.«

Sein Schuß war eines jener Probleme, für die man in keinem Lehrbuch eine Lösung findet. Bei einer solchen Verwundung reißt das Geschoß in jedem Fall ein paar Kleiderfetzen mit in den Schußkanal hinein. Theoretisch kann daraus ebensoleicht ein Gasbrand entstehen wie aus einer großen Wunde. Eigentlich müßte man den ganzen Schußkanal freilegen. Das hieße aber, an die Stelle einer geringfügigen Kampfverletzung eine umfangreiche Operationsverletzung setzen. Die Erfahrung hatte uns gelehrt, daß solche Schüsse, jeder Theorie zum Trotz, glatt ausheilten. So strichen wir also Häuptling Schnelle Zunge reichlich mit Jod an und klebten ihm zwei Pflaster auf.

An Hand der Berichte der Verwundeten konnten wir das Kampfgeschehen in allen Einzelheiten verfolgen. Die plötzliche unerhörte Verschlechterung der Kampfbedingungen hatte bei den Soldaten eine Art von stummer Wut erzeugt. Aus allen Berichten sprach eine in komische Empörung gekleidete Achtung vor der Widerstandskraft des Gegners. Daß sie alle seit mehr als einer Woche im Kampf waren und Tag und Nacht unter freiem Himmel verbracht hatten, davon wurde nicht gesprochen. Sie alle hatten vergessen, daß sie einmal Arbeiter, Bauern, Handwerker gewesen waren. Das war zu lange her. Sie waren hochqualifizierte Spezialisten des Nahkampfes geworden. Mit kalter Sachlichkeit tauschten sie ihre Erfahrungen aus. Die russischen Verwundeten zeigten sich ebenso unempfindlich gegen Schmerzen wie gegen Freundlichkeiten. Auch sie waren von der stummen Wut erfaßt. Jetzt erst begann der Krieg in seiner ganzen Härte.

Auch wir hatten die Distanz verloren. Gewiß, wir hatten eine vernünftige Beschäftigung. Aber das war nicht mehr als ein blasser Gedanke. Im Sumpfdelta des Tschetarlyk thronte die unerbittliche Herrin, wie Napoleon die Macht der Tatsachen genannt hat. Dort wurde auch für uns gekämpft. Schlug alles fehl, so konnte ein Gegenstoß der Russen innerhalb weniger Stunden über uns hinwegrollen. Es war nicht anzunehmen, daß die Vernünftigkeit unserer Beschäftigung uns vor der Wut des Feindes schützen werde. Hinterher erfuhr ich, daß die Kompanie die versorgten russischen Verwundeten sorgfältig aufgehoben und erst abtransportiert hatte, als die Gefahr vorüber gewesen war. Der Krieg löste sich von den Wurzeln, aus denen er entsprungen war. Er wurde selbständig.

Die ersten Verwundeten von jenseits des Faschinenweges kamen. Der Faschinenweg war fertig geworden. Leutnant Joachim, der Führer des Krankenkraftwagenzuges, einer selbständigen Einheit der Divison, war selbst mit einem Dreiachser hinübergefahren und hatte begonnen, die Verlorenen einzusammeln und zu uns zu bringen. In einer Pause, während welcher der Verwundete auf dem Tisch ausgewechselt wurde, tranken wir, nebeneinander auf meiner Kiste hockend, einen Kaffee. Joachim erzählte mir, daß die Pioniere ihn an der Abgangsstelle des Faschinenweges gebeten hatten, Infanteriemunition und Handgranaten mit hinüberzunehmen. Er hatte es nicht getan. Er fuhr unter dem Roten Kreuz. Aber die Russen hatten das Rote Kreuz unter Maschinengewehrfeuer genommen. Auf der zweiten Fahrt hatte er das weiße Feld, auf dessen Grund das rote Kreuz stand, mit Schlamm verklebt.

Dann erfuhren wir von einem verwundeten Pionier, daß Boote die Sumpfmündung des Tschetarlyk auf der Wasserseite umgangen hätten. Es gelang, den Brückenkopf zu halten, zu verstärken und von dort aus gegen die Brücke von Ishun vorzustoßen.

Viele hundert Verwundete gingen in diesen beiden Tagen und Nächten durch unsere Hände, ein Anfall, wie wir ihn noch nicht erlebt hatten. Der Divisionsarzt hatte uns einen zweiten Chirurgen mit einer eigenen Operationsgruppe geschickt. So konnten wir zuweilen eine Pause machen. Aber die Flut der Verwundeten war so überwältigend, daß wir nicht die Nerven aufbrachten, zwischendurch wirklich zu schlafen. Wir hatten ein gutes Dutzend Fliegerangriffe. Doch waren unsere Katen von einer so lächerlichen Kleinheit, daß nur ein Volltreffer ihnen etwas hätte anhaben können. Einige Pferde fielen den Bomben zum Opfer.

Unser Internist sortierte die Zugänge. Alles, was transportfähig und nicht dringlich war, wurde sogleich in die Feldlazarette nach Armjansk weitergeleitet. Manchmal mußten vier oder acht Verwundete eine Zeitlang im Freien liegen. Die Krankenwagen mußten immer sofort entladen werden. Die Katen waren überfüllt. Harloff arbeitete bis zur äußersten Grenze der Leistungsfähigkeit seiner Pferde. Er hatte sich schließlich mit Leutnant Joachim geeinigt und war über den Faschinenweg hinübergegangen, um mit seinen unscheinbaren und weniger beschußgefährdeten Wagen den Abtransport der Verwundeten von den Truppenärzten zum Faschinenweg zu übernehmen.

Eine Zeitlang bekamen wir nur Infanterieschüsse und Handgranatenverletzungen. Die russische Artillerie begann, sich zurückzuziehen. Dann traf der erste Verwundete ein, der direkt aus Ishun kam. Feldwebel Maier umarmte ihn. Die Brücke war von der Nachbardivison genommen worden.

Dann riß das Geschehen ab. Das Grollen der Artillerie verstummte. Die Fliegerangriffe hörten auf. Es kamen keine Verwundeten mehr. Eine ungeheure Stille legte sich auf die Landschaft. Der Krieg war weitergezogen und hatte uns zurückgelassen – uns und die mit Blut in die Landschaft geschriebenen Namen von ein paar armseligen Steppendörfern.

Ob diese Namen auch einmal ebenso vergessen sein würden wie die Namen, die mit dem Blute der Sarmaten und Skythen vor zweitausend Jahren in diese Landschaft geschrieben worden waren?

Am Rand des Ortes war ein Friedhof entstanden. In der Schreibstube lagen – säuberlich geordnet – die kleinen Häufchen von Gegenständen, die den Toten abgenommen worden waren – ein Spiegel, eine Brieftasche, ein rührendes Bild von ein paar pausbäckigen Kindern oder von einem kleinen Haus an einem Havelsee, manchmal eine Taschenuhr und manchmal ein paar mit Blut verschmierte Geldscheine.

Die zweite Operationsgruppe verließ uns. Sie wurde nach Ishun verlegt. Auf einmal tauchten im Dorf die Einwohner wieder auf. Niemand erfuhr je, wo sie während der ganzen Zeit sich verborgen gehalten hatten.

Im Laufe der Nacht arbeiteten wir auf, was an Verwundeten bei uns lag. Als wir schon mit allem fertig waren, wurde mir noch ein Mann mit einem vollständig zerfetzten Gesicht gebracht. Bei einer genauen Inspektion stellte sich glücklicherweise heraus, daß weder an den Augen noch an den Knochen etwas passiert war und daß vom Gewebe nicht viel fehlte. Ich machte mich daran, das Gesicht wiederherzustellen. Eine solche Operation muß man in örtlicher Betäubung machen oder vielmehr, um genauer zu sein, in Leitungsanaesthesie. Bei einer Narkose würde der Patient zu leicht Blut in die Lunge bekommen, was eine Lungenentzündung hervorrufen könnte. Der Pfarrer saß daneben und sah zu. Wir wogen in einem kleinen ironischen Streitgespräch den Wert der Geisteswissenschaften gegen den Wert der Naturwissenschaften ab. Auch die Gruppe hatte eine solche plastische Operation noch nicht gesehen. Es ist eine zeitraubende Angelegenheit, weil man anatomisch ganz exakt vorgehen muß und nur mit feinsten Fäden nähen darf. Allmählich entstand unter den Händen des Chirurgen das zerstörte Gesicht wieder. Es war das gute Gesicht eines Bauern. Nun kam die letzte Phase der Operation. Ich nähte dem Patienten den zweiten Mundwinkel zusammen. Dann richteten wir ihn auf. Ich sagte zu ihm: »So, nun sprechen Sie mal!« Infolge der örtlichen Betäubung hatte er noch keine Schmerzen.

Der Mann bewegte vorsichtig seine Lippen, und dann, mit einem kleinen Lächeln in die Runde, artikulierte er, ein wenig unbeholfen noch – »Danke schön!«

Der Winter war hereingebrochen. Vor Sewastopol hatte der Stellungskrieg begonnen. Wir saßen in Juchary Karales. Dieses Tatarendorf lag in einer Bergschlucht des Jailagebirges. Die Schlucht verlief quer zur Schußrichtung der schweren russischen Festungsgeschütze. Außerdem lag das Dorf ein wenig den Hang hinauf an der dem Feind zugekehrten Seite der Schlucht, so daß wir vor Beschuß sicher waren. In Juchary Karales lag, wegen des knappen Unterbringungsraumes, nur die Besatzung des Haupverbandplatzes. Der Rest der Kompanie mit dem Zahlmeister, der Schreibstube und dem Pferdetroß lag in einem Dorf an der Straße nach Simferopol. Es war tatsächlich eine richtige Straße, auf der noch ein Jahr vorher die Omnibusse des Intourist, des sowjetischen Reisebüros, entlanggerollt waren. Wenn wir nach hinten fuhren, gab es auf der Straße eine Stelle von etwa fünfhundert Meter Länge, an der jedesmal das Gespräch im Wagen verstummte. Diese Stelle war vom Feind eingesehen. Auf die durchkommenden Fahrzeuge schoß der Russe, wie man auf Wild schießt, das über eine Schneise wechselt. Die schweren Geschütze, mit denen er das tat, standen in zwei Panzertürmen. Die Panzertürme hießen Maxim Gorki I und Maxim Gorki II. Viele unserer Leute erfuhren erst durch die mächtigen Detonationen, wer dieser große russische Dichter gewesen war.

Die Häuser der Tataren waren keine Lehmkaten. Sie waren in einer sehr reizvollen Architektur in Holz gebaut. Bachtschissaraj, die alte Hauptstadt des Reiches der Krimtataren mit dem Schloß der Khane, mit seinen Minaretten und seinen einhundertsiebenundzwanzig Brunnen, machte selbst im Verfall noch den Eindruck einer Residenz.

Die Häuser der Tataren in Juchary Karales hatten gewöhnlich zwei Räume. Den einen belegten wir mit Soldaten, in dem anderen blieben die Tataren wohnen. Die Tataren sind ein altes Kriegsvolk. Sie verstanden sich gut mit den Soldaten. Seit Jahrhunderten sind sie Feinde Moskaus. Wir befreundeten uns mit ihnen. Sie hatten Nüsse und Tabak. Wir hatten Brot und Schnaps. Außerdem hatten sie noch etwas, was uns als ein unerhörter Luxus erschien: große runde Kupferwannen von zwei Meter Durchmesser mit einem schrägen, etwa einen halben Meter hohen Rand. In diesen Kupferwannen konnte man baden. Es war für unsere Leute sehr verblüffend, daß, wenn sie Anstalten machten zu baden, die Tatarenmutter erschien und darauf bestand, sie abzubürsten.

Auch sonst hatten die Tataren herrliche, zum Teil sehr alte Kupfergeräte. Das Kupfer stammte aus den Bergwerken von Kertsch, dem alten Pantikapaion der Griechen. Aus diesen Bergwerken ist schon in vorgeschichtlichen Zeiten Kupfer gewonnen worden. In den Häusern gab es keine Möbel. Nur rings an den Wänden entlang zog sich um den ganzen Raum herum eine niedrige Bank. Auf dieser Bank hockten wir tagsüber. Nachts schliefen wir darauf.

Die Katastrophennachrichten vom mittleren und nördlichen Teil der Ostfront überstürzten sich. Sie machten keinen Eindruck auf uns. Wir hatten selber Sorgen genug, obwohl der Winter da unten im Süden kein »russischer Winter« ist. An der Südküste der Krim kommt es nur selten zu Schneefall. Auf der Nordseite des Gebirges ist der Winter wie bei uns.

Ursprünglich hatten wir in Schuli gelegen. Das war ein mittelgroßes Dorf in einer Talsenke, die von russischer Artillerie laufend beschossen wurde. Dort hatten wir im Schulgebäude gearbeitet. Täglich gab es drei bis vier Feuerüberfälle. Der Operationsraum lag auf der Feindseite.

Diese Unterbringung war sowohl ein militärischer wie ein medizinischer Unsinn. Obgleich damals noch fast alle Kommandeure alte Weltkriegssoldaten waren, schienen auf eine rätselhafte Weise die Erfahrungen im Stellungskrieg, die wir im ersten Weltkrieg gemacht hatten, vollständig vergessen zu sein. Es wäre längst an der Zeit gewesen, mit dem Bau von Unterständen zu beginnen. Immer hatte es früher als besonders wichtig gegolten, wenigstens die Verwundeten einigermaßen gesichert unterzubringen. Es geschah nichts.

Der medizinische Unsinn lag darin, daß schwerer Verwundete, die wir operierten, tagelang im Beschuß liegen mußten. Der Verwundete, froh, kein Held mehr zu sein, verfügt über keine moralischen Reserven. Man muß sich nur vorstellen, was es heißt, unbeweglich und hilfslos auf einem Strohsack zu liegen und von einer Minute zur anderen auf die nächste Artilleriesalve zu warten. Kaum aus der Narkose erwacht, halb noch im Kollaps, mit niedrigem Blutdruck, fielen uns die Patienten immer wieder in den Kollaps zurück. Angst führt zu einer Kontraktion der kleinsten Gefäße und zu Störungen der Darmtätigkeit. Der Schreck führt zu einer Ausschüttung von Adrenalin aus der Nebenniere in die Blutbahn. Das unterbricht immer wieder die Rückkehr zu normalen Kreislaufverhältnissen. Wir verloren eine nicht geringe Anzahl von Patienten, die zu retten gewesen wären. Das Gräberfeld im Friedhof gegenüber der Schule wuchs mit erschreckender Schnelligkeit.

Während dieser Zeit wurde ein Hauptmann zu mir gebracht. Er hatte einen kleinen Minensplitter in der linken Seite, am Rande der unteren Rippe. Es war nicht festzustellen, ob der Splitter in die Bauchhöhle oder in die Brusthöhle eingedrungen war. Nur im oberen linken Quadranten der Bauchdecke fand ich eine geringfügige Spannung. Aber die konnte auch von einer Verletzung des Zwerchfells herrühren. Ich hatte ein schlechtes Gefühl. Auch fragte mich der Patient sogleich, wie lange er noch zu leben habe.

Chirurgisch das einzige Richtige wäre gewesen, eine Probelaparotomie zu machen, also die Bauchhöhle zu öffnen und die Diagnose durch direkte Besichtigung zu stellen. Das muß man in der Chirurgie zuweilen tun. Findet man eine Verletzung des Darmes oder eines großen Gefäßes, so ist die Öffnung der Bauchhöhle berechtigt gewesen. Findet man keine, näht man wieder zu. Das ist zwar immer noch ein schwerer Eingriff, aber er ist für den Patienten nicht lebensgefährlich. Operiert man nicht, und es liegt eine Verletzung des Darmes oder eines großen Gefäßes vor, geht der Patient mit Sicherheit zugrunde. Ich hatte mit einer abwartenden Haltung in gewissen Grenzfällen gute Erfahrung gemacht. Allerdings hatte ich als Bundesgenossen einen hervorragenden Internisten, der diese Fälle mit der größten Sorgfalt überwachte, so daß bei Verschlechterung des Zustandes immer sofort eingegriffen werden konnte.

Hier war aber eine diagnostische Öffnung der Bauchhöhle durchaus nicht ohne Lebensgefahr. Mit diesem an sich nicht lebensgefährlichen Eingriff tagelang im Beschuß zu liegen, war mehr, als man einem Patienten, der ohnehin mehr an seinen Tod als an sein Leben glaubte, zumuten durfte. Da der nächste Hauptverbandplatz nur eine knappe Transportstunde zurücklag, entschloß ich mich, den Hauptmann weiterzubefördern. Der Patient bekam, trotz der Schmerzen, die er hatte, kein Morphium. Für die Entscheidung des nächsten Chirurgen ist der Schmerz gerade bei Verdacht auf einen Bauchschuß ein wichtiges diagnostisches Hilfsmittel.

Am Nachmittag kam die Nachricht, der Hauptmann sei auf dem Transport gestorben. Der Schmerzen wegen hatte er den Krankenwagen immer wieder halten lassen, so daß der Transport fast zwei Stunden gedauert hatte.

Der Kompaniechef teilte mir mit, daß der Divisionsarzt ein Verfahren gegen mich eröffnen wolle. Ich überließ die Sache meinem Chef. Rombach hatte eine Fachausbildung in Gerichtsmedizin. Er vertrat dem Divisionsarzt gegenüber den Standpunkt, man könne die Unterlassung einer Operation so lange nicht als Schuld eines Chirurgen betrachten, als nicht durch eine Sektion die Todesursache festgestellt sei. Diese Sektion ist aus Gründen, die mir unbekannt geblieben sind, nicht vorgenommen worden.

Mir nützte das alles wenig. Die Todesursache ist wahrscheinlich eine Verletzung der Milz gewesen. Zweifellos hätte der Hauptmann eine Chance gehabt, am Leben zu bleiben, wenn ich sogleich operiert hätte. Ich war am Tod dieses Mannes schuld. Aber was für eine Schuld war das!

Am nächsten Tag – der Operationsdienst wechselte alle vierundzwanzig Stunden – machte ich mich auf den Weg zum Regimentsgefechtsstand von Oberst Reinhart. Er empfing mich mit der ganzen Herzlichkeit eines alten Freundes. Er hatte von der Sache schon gehört. Er tröstete mich. Vor allem aber tröstete mich seine Empörung darüber, daß in Schuli ein Hauptverbandplatz stationiert sei. Er konnte das Dorf von seinem Gefechtsstand aus liegen sehen. Bei den Einschlägen habe er oft an uns gedacht. Ich fragte ihn, ob er es als Feigheit ansehen würde, wenn wir uns an einen sichereren Ort zurückzögen. Er lachte, klopfte mir auf die Schulter und sagte: »Lassen Sie doch diesen Unsinn mit dem Heroismus! Das haben Sie doch hinter sich. Sie sind für ganz andere Aufgaben da. Ich werde mit dem General reden.«

Wir kletterten auf den Beobachtungsstand des Regiments. Oberst Reinhart zeigte mir im Scherenfernrohr Sewastopol. Man sah über einer Hügelkuppe nur einige hohe Häuser, die im Licht der untergehenden Sonne in silbrigem Glanz über einer Dunstschicht schwebten wie eine Fata Morgana. Da wir eine Verlegung des Hauptverbandplatzes nicht durchsetzen konnten, schritten wir zur Selbsthilfe. Rombach fand das Dorf Juchary Karales. Es war über einen kleinen Bergpaß, der allerdings gewisse Schlammschwierigkeiten bot, von Schuli aus in einer halben Stunde zu erreichen. Wir verlegten ohne Befehl, indem wir so taten, als hätten wir einen Teil des Trosses vorgezogen, einen Chirurgen mit einer ganzen Operationsgruppe nach Juchary Karales. Dorthin brachten wir die schweren Fälle. In Schuli beschränkten wir uns auf die Behandlung marschfähiger Verwundeter.

Eine Woche später besuchte uns der beratende Chirurg der Armee. Er sah die Unhaltbarkeit der Lage. Wir erhielten die Genehmigung, ganz nach Juchary Karales zu verlegen.

Das natürliche und verständliche Behagen, wieder einmal für einige Zeit aus der Gefahrenzone zu sein, war freilich nur von kurzer Dauer. Die Lage der ganzen Krim war mehr als bedrohlich geworden.

Unter außerordentlichen Anstrengungen hatten die Russen den östlichen Teil der Krim, die Halbinsel Kertsch, zurückerobert. In dem an der Südküste gelegenen Hafen Feodosia lief ein russischer Truppentransporter ein. Man entdeckte, daß Fischer aus Feodosia mit gestempelten Ausweisen der Ortskommandantur, die ihnen das Fischen in der Bucht erlaubt hatte, die Minensperren weggeräumt hatten. In einem Lazarett in dem eben zurückeroberten Feodosia hatten die Russen die Verwundeten aus den Fenstern in den Hof hinuntergeworfen und mit Wasser übergossen. Ich habe solche Geschichten immer mit dem größten Mißtrauen angehört. Schließlich hatten die Anderen in ihrer Zentrale eine besondere Dienststelle, die Greuel herstellte. Das war bekannt. Hier hatten die Russen den Anderen den makabren Gefallen getan, etwas zu vollbringen, was die Anderen zu erfinden kaum gewagt hätten. Es gab Zeugen, die diesen Vorgang überlebt hatten.

An der Landenge von Perekop wurde der Nachschub von russischen Störtrupps unterbrochen. Zum ersten Male tauchte das unheimliche Wort »Partisanen« auf. Schließlich landeten die Russen auch noch an der Westküste im Hafen von Eupatoria. Als diese Nachricht spät am Abend bei der Armee eintraf, hatte der Oberbefehlshaber gerade eine taktische Besprechung. Es waren keine frei verfügbaren Reserven mehr da. Die ganze Belagerung von Sewastopol hing in der Luft. Alle Möglichkeiten wurden erwogen. Niemand hatte den geringsten Einfall, was unternommen werden könnte. Schließlich wandte sich der Generaloberst an das jüngste Mitglied seines Stabes, einen eben in den Generalstab versetzten Hauptmann: »Fabricius, Sie sind doch als letzter von uns von der Kriegsakademie gekommen. Was hätten Sie vorgeschlagen, wenn Sie auf Kriegsakademie diese Lage bekommen hätten?« Der Hauptmann antwortete: »Solche Lagen kommen auf Kriegsakademie nicht vor!« Darauf sah der Oberbefehlshaber die Herren seines Stabes der Reihe nach an und sagte: »Wenn niemandem etwas einfällt, dann ist das Gescheiteste, wir gehen schlafen.«

Ausgezeichnete Nerven sind die erste Bedingung für eine ausgezeichnete Führung.

Unterdessen hatte eine schwache Aufklärungsabteilung den Befehl erhalten, die Russen in Eupatoria anzugreifen. Unter Führung eines Abteilungskommandeurs brach eine Handvoll Männer in die Russen, die bisher ungestört im Hafen ausgeladen hatten, mit einer solchen Wucht ein, daß eine Panik entstand. Die Boote des Gegners legten ab. Die schon an Land gegangenen Russen ergaben sich. Der Abteilungskommandeur fiel durch eine Garbe aus einer russischen Maschinenpistole.

Am 24. Dezember wurde eine taktische Umstellung der Belagerungstruppen durchgeführt. Ein schon angelaufener Angriff auf die Festung wurde eingestellt. Die frei werdenden Kräfte wurden zur Abwehr der russischen Angriffe im Osten der Krim eingesetzt. Es gelang, die Krim den Winter über zu halten.

Am Morgen des 25. Dezembers kam Oberst Reinhart, naß und schlammbedeckt, mit seinem Stabe bei uns durch. Wir luden ihn zum Frühstück ein. Wir frühstückten auf dem Operationstisch. Es war der einzige Tisch, den wir hatten. Der Tag war ruhig.

Während dieser Monate lernten wir jenes im Plexus solaris lokalisierte Unbehagen kennen, das uns in den späteren Kesseln und Brückenköpfen noch so verzweifelt vertraut werden sollte. Jedesmal, wenn man einen Grund hatte, sich behaglich zu strecken – morgens nach einem guten

Schlaf, oder wenn die Sonne die ersten warmen Strahlen sandte, oder nachmittags nach einer Tasse Kaffee –, fiel einem ein, daß hinter dem Horizont eine unbekannte Zukunft lauerte. Nichts war verständlicher, als daß die Armee versuchte, sich durch harte Schläge nach allen Seiten von diesem verzweifelten Gefühl zu befreien. Einmal sollte das noch gelingen.

Unterdessen war für uns ein Problem akut geworden, von dem kein Verfasser einer Dienstvorschrift sich je etwas hatte träumen lassen. Die Decken, die Krankendecken verließen die Krim.

Ich sehe den Raum noch vor mir, in dem wir in Juchary Karales unsere Verwundeten liegen hatten. Es mochte ein Turnsaal gewesen sein. Rechts lagen die versorgten Verwundeten. Links waren freie Plätze, auf die die Neueingelieferten gelegt wurden, alle auf Strohsäcken auf dem Boden. Trotz aller Listen unserer alten Obergefreiten haben wir diesen Raum nur einmal richtig warm bekommen – als die Kerzen auf dem Christbaum brannten. Es gab heißen Tee, sooft einer wollte. Außerdem bekam jeder Verwundete eine zweite oder dritte Decke.

Aber die Decken wurden knapp. Häufig fuhren wir Verwundete direkt zum Flugplatz Sarabus. Ein Abtransport über die Eisenbahn nach Cherson war mit großen Risiken verbunden. Mehrere Züge waren schon überfallen worden. Die Luftwaffe erklärte sich bereit, in den auf Rückflügen leeren Transportmaschinen Verwundete zum Festland mitzunehmen. Die Luftwaffe war gegenüber Verwundeten den ganzen Krieg hindurch von generöser Hilfsbereitschaft. Die meisten Flugzeuge flogen nach Bukarest. Dort gab es herrliche Lazarette. Für einen Verwundeten muß es ein wahres Wunder gewesen sein, aus unserer kalten Turnhalle in wenigen Stunden in ein warmes Bett und in die Obhut kenntnisreicher und tüchtiger Krankenschwestern zu kommen.

Aber dieser Transport war kein Dienstweg. Die Flugzeuge hatten keine Einrichtungen für Verwundetentransporte. Wir mußten Decken mitgeben. Da es kein Dienstweg war, kamen die Decken nicht zurück. Schließlich hatte die Krim keine Decken mehr.

Wir machten eine Alarmmeldung nach der anderen. Aber es kam nur jener für das Militär so typische Befehl: »Die Einheiten haben sich mit den ihnen zur Verfügung stehenden Mitteln zu behelfen.« Wir lachten grimmig. Die Verwundeten froren mit den ihnen zur Verfügung stehenden Mitteln.

Eines Tages kamen Obergefreiter Schurz und Obergefreiter Wotruba mit dem Vorschlag heraus, sie wollten nach Bukarest fliegen und Decken holen. Schurz war ein weltgewandter, weitgereister Mann. Er war lange Jahre Schiffskoch auf großen Überseedampfern gewesen. Wotruba war

Reisender in Staubsaugern. Die beiden gewitzten Burschen hatten sich überlegt, daß sie mit dieser ausgezeichneten Idee einmal für kurze Zeit aus dem Stumpfsinn des Stellungskrieges herauskommen könnten. Schon der Einfall bewies, daß die beiden die richtigen Manager eines solchen Unternehmens waren.

Wir fälschten eine hübsche Menge Ausweise. Wir gaben ihnen ein paar hundert Zigaretten mit. Es war das zuverlässigste Mittel, Wohlwollen und Bereitwilligkeit herbeizuzaubern. Dann suchten wir uns unter den Verwundeten einen erfahrenen alten Oberfeldwebel aus, den wir ins Vertrauen zogen. Er war der Mann, der wegen seiner gefährlichen Verwundung – es war ein glatter Oberschenkeldurchschuß – der Begleitung von zwei Sanitätsobergefreiten bedurfte. Dieses Trio flog nach Bukarest.

Nach acht Tagen waren die beiden Festlandfahrer wieder in Juchary Karales. Sie hatten eine Menge Cocktails in den Bars von Bukarest getrunken. Sie hatten – vermutlich – ihre alten Freundinnen vom Jahre 1940 wieder aufgesucht. Wir hatten damals als Lehrdivision in Rumänien gelegen. Aber sie hatten zwei ganze Transportflugzeuge voll Decken mitgebracht. Zunächst waren sie zu dem Chefarzt des Luftwaffenlazaretts in Bukarest gegangen. Er hatte volles Verständnis für ihr Anliegen und stellte ihnen die Decken zur Verfügung. Dann hatten sie mit ihren Zigaretten einen Lastkraftwagenfahrer gewonnen. Er fuhr ihnen die Decken zum Flugplatz. Dann waren sie zum Flugplatzkommandanten gegangen und hatten um ein Flugzeug gebeten. Der Flugplatzkommandant warf sie natürlich hinaus. Sie waren aber hartnäckig wiedergekommen. Dann fragte sie der Kommandant nach ihren Ausweisen. Sie konnten jeden Augenblick wegen unerlaubter Entfernung von der Truppe verhaftet werden. Der Kommandant betrachtete unsere schönen Papiere mit Mißtrauen. »Aber«, so erzählte Wotruba, »wir haben ein zackiges Ding hingelegt. Und dann sind wir auf die weiche Tour gegangen. Wie die Verwundeten da im Schnee lägen, und so weiter und so weiter, 'ne Träne ha' ick mir abjequetscht...«

Der Major mußte schließlich lachen. »Ihr alten Gauner!« Dann stellte er ihnen zwei Maschinen zur Verfügung.

Die Geschichte war zu schön, als daß sie sich nicht alsbald herumgesprochen hätte. Plötzlich bekamen wir höfliche Besuche von Chefs benachbarter Sanitätskompanien. Natürlich machten wir scheinheilige Gesichter. Aber da wir die Decken nicht alle brauchten, gaben wir ab, was wir entbehren konnten.

Dann dachten Rombach und ich uns noch eine schöne Story aus, mit der wir begründeten, daß den beiden alten Gaunern dafür, daß sie in Bukarest Cocktails getrunken hatten, ein Orden zustand.

Der Frühling brach zeitig herein. Die Truppe hatte mit einer bemerkenswerten Kraftanstrengung die Schwierigkeiten des Winters überwunden. Die Soldaten in der Kampflinie waren bis zur Grenze ihrer biologischen Leistungsfähigkeit in Anspruch genommen worden. Sie hatten es durchgestanden. Sie hatten sich einem schweren Rückschlag gewachsen gezeigt. Wir hörten in unserem Operationssaal unzählige Flüche. Klagen hörten wir nicht.

Die psychologische Situation war sehr merkwürdig. Die Truppe war seit Jahren durch Siege verwöhnt. Der Rückschlag – das war auch für die Soldaten klar – war auf Fehler der Führung zurückzuführen. Die Reaktion darauf war aber eher positiv. In der einfachen Sprache des Soldaten ausgedrückt hieß das etwa: »Na ja! Die da oben machen schließlich auch mal Dummheiten. Das müssen jetzt eben wir ausbaden.« Es war eine Art von Fairneß einer Führung gegenüber, über die der Soldat sich bisher nicht beklagen konnte.

Nichts ist je so mißverstanden worden wie diese Fairneß. Der primitive Mann an der Spitze, dem diese Fairneß zugute kam, hatte von der preußischen Disziplin eine Vorstellung wie ein Zauberer im Kongo von der medizinischen Wissenschaft. Er begriff nicht, daß die in der Katastrophe gegebenen Befehle, die unmöglich Erscheinendes möglich gemacht hatten, nicht deshalb ausgeführt worden waren, weil »es befohlen war«. Sie waren ausgeführt worden aus einer Haltung der Freiwilligkeit und der Bereitwilligkeit heraus. So verfiel er dem Irrtum, daß er nur zu befehlen brauche – und es werde geschehen. Der Soldat hatte ihm eine faire Chance gegeben. Diese Fairneß wurde mißbraucht, indem eine unter außergewöhnlichen Umständen vollbrachte außergewöhnliche Leistung der Truppe zur Norm erhoben wurde. Von da an wurde unmöglich Erscheinendes nicht mehr möglich gemacht. Befehle dieser Art wurden von nun an als das empfunden, was sie waren, als Ausfluß eines blöden Sinnes – als Blödsinn. Sie wurden nicht mehr ernst genommen.

Mit einem gewissen pathetischen Aplomb hatte der primitive Mann das Oberkommando des Heeres übernommen. Das schien zunächst ein ganz geschickter Zug zu sein. Es machte den Eindruck, als übernähme er persönlich die Verantwortung für das Desaster. Nur hatte er nicht bedacht, daß der Soldat ein kalter Realist ist. Durch diese Maßnahme wurde das Mißtrauen des Soldaten gegen die bisherigen Fachleute in den obersten Kommandostellen geweckt. Nichts konnte schlimmer sein.

Gleichzeitig begann die bevorzugte Beförderung junger Stabsoffiziere, die sich aus Überzeugung oder aus Berechnung offen zum System der

Anderen bekannten. Diese entschlossenen und ehrgeizigen Leute wußten alle, daß sie sich damit von der alten Tradition der Armee abwandten. Aber zunächst hatten sie den Gewinn einer Gewissenserleichterung. Bekannte man sich zu diesem in seiner ganzen Konstruktion ahumanen System, wurden die Massenmorde an russischen Bürgern aus einer Gewissensfrage zu einer politischen Maßnahme, wurde Rache zu Recht. Schon dieser Versuch, moralische Grundlagen zu verschieben, ist ein Symptom, das klinisch als »Verhältnisschwachsinn« aufgefaßt werden muß. Eine Anzahl dieser nicht mehr nach ihren Fähigkeiten, sondern nach ihrer politischen Stellungnahme ausgesuchten Leute brachten es binnen kurzem zum goldbestickten Rockaufschlag. Aus dieser Schicht gingen jene Generalstypen hervor, die im letzten Kriegsjahr mit ihrer paranoiden Geltungssucht die Hysterie des primitiven Mannes an der Spitze auf eine so wirksame Weise ergänzten.

Dann hatten sie sich noch etwas ausgedacht. Wir haben uns merkwürdigerweise nie klargemacht, welch ungeheure Wut die Russen über den Überfall auf ihr Land gehabt haben müssen. Zwar die Russen, mit denen wir zu tun bekamen, waren alle nette Leute. Die Bevölkerung auf dem flachen Land war bar jeder Feindseligkeit. Die russischen Gefangenen waren zum größten Teil bereit, gegen die Sowjets zu kämpfen. Aber im Laufe des Krieges führten die Sowjets den Patriotismus in ihrem Land wieder ein. Ihre wirksamsten Argumente bezogen sie aus dem Verhalten ihrer Feinde. Für einfache Russen war natürlich jeder Deutsche ein Vertreter des Systems. Kämpfte er doch dafür. So sind von den Sowjets ohne Zweifel viele Grausamkeiten begangen worden.

Das nun wurde in Propaganda umgesetzt. Der kleine Mann, der die Intelligenz des Systems vertrat, glaubte, daß der deutsche Soldat, wenn man ihm suggerierte, die Gefangenschaft sei keine Chance für ihn, weil die Russen ihre Gefangenen totschlügen, bis zum letzten Atemzuge kämpfen würde. Gerade das war falsch. Die Suggestion gelang. Es waren genug Gefangene umgebracht worden. Aber der Soldat zog einen anderen Schluß. Er kämpfte nur noch bis zum »vorletzten« Atemzuge, nur so lange nämlich, als er noch eine Chance hatte, sich zurückzuziehen. Diese Entscheidung war ihm überlassen. Damit wurde die Widerstandskraft der zerstörenden Wirkung ständiger Erwägungen ausgesetzt. Der Mensch ist fähig, tapfer zu sein. Zum Selbstmord hat er kein Talent. Der kleine Mann, der die Intelligenz des Systems vertrat, war nie Soldat gewesen. Auf die intelligenteste Weise von der Welt hatte er sich völlig verrechnet. Was er hatte erhalten wollen, gerade das zerstörte er.

Im Grunde war das alles nur folgerichtig. Das System war auf Gewalt aufgebaut. Nur mit den Methoden der Gewalt konnte es sich behaupten.

Alle Fehler, die der primitive Mann an der Spitze während des Krieges gemacht hat, sind nicht etwa ebensogut vermeidbar gewesen. Diese Fehler ergaben sich mit Notwendigkeit aus den Defekten seines Charakters. Das bißchen Dämonie, dem er seine Erfolge im Frieden verdankte, wurde zwischen den Mühlsteinen des Krieges bald zermahlen.

Der Prozeß, in dem alle diese Fehler sich auswirkten, nahm einen langsamen Verlauf. Zunächst kamen wieder Erfolge. Feodosia wurde zurückerobert. Von der Halbinsel Kertsch wurden die Russen wieder vertrieben. Nur tief in der Erde, in den alten Bergwerken, die sich wie Katakomben unter der Stadt Kertsch hinziehen, hielten sich noch russische Widerstandsnester. Sie hielten sich zwei Jahre lang, bis im Frühjahr 1944 die Krim endgültig verlorenging. Die Tapferkeit dieser Männer verdient um so mehr Bewunderung, als die Russen über die wiedergekehrte Schlagkraft der Deutschen verzweifelt gewesen sein müssen. Nicht einmal dieser Winter hatte den Deutschen das Kreuz gebrochen. Als der Vormarsch in den Kaukasus begann, hatte der östliche Fatalismus seine Herrschaft schon wieder so weit ausgebreitet, daß ganze Regimenter resigniert die Waffen streckten. Es ist kein Zweifel, daß es die politischen Kommissare der Sowjets, die Politruks, gewesen sind, die den Widerstand der Russen aufrechterhalten haben. Der primitive Mann hatte das begriffen. Er beschloß, politische Offiziere in der deutschen Armee einzuführen. Der Fehler, den er beging, war, nicht zu bedenken, daß dabei das System der preußischen Disziplin, dem er seine bisherigen Erfolge verdankte, zum Teufel gehen mußte. Ferner bedachte er nicht, daß man nicht in einem Kriegsjahr einen Menschentyp aus dem Boden stampfen konnte, den die Sowjets sich in zwanzig mühevollen Revolutionsjahren herangezogen hatten.

Bei dem Angriff auf die russische Stellung bei Wladislawowka, der zur Rückeroberung der Halbinsel Kertsch führte, hatten wir einen Hauptverbandplatz in einem kleinen Dorf namens Petrowka eingerichtet. Der Angriff wurde des Wetters wegen mehrere Male verschoben. Zwar war es Frühling geworden, aber von Zeit zu Zeit gab es noch Regengüsse. Wir waren nun alle Schlammexperten geworden. Im Schlamm wollten wir nicht noch einmal steckenbleiben.

Bei einem vorbereitenden Teilangriff war eine frisch aus dem Westen zugeführte Panzerdivision eingesetzt worden. Die Panzerleute waren herrlich ausgerüstet. Sie brachten sogar Winterbekleidung mit. Auf unsere abgerissenen Infanteristen sahen sie ein wenig von oben herab. Forsch gingen sie an ihre Aufgabe, aber sie blieben in dem ihnen unbekannten Schlamm hoffnungslos stecken. Sie verloren eine Anzahl Panzer und mußten sogleich wieder herausgezogen und nach hinten verlegt werden, damit sie erst einmal wieder verwendungsfähig wurden. Die Infanteristen nannten sie die Eau-de-Cologne-Division – »kommt aus der Heimat und und verduftet schnell«. Dieses Scherzes wegen hätte es zwischen zwei Offizieren beinahe ein Duell gegeben. Durch Befehl wurde verboten, diesen Scherz zu erzählen. Auf diese Weise erfuhren ihn auch die, die ihn noch nicht kannten.

In Petrowka haben wir vierundfünfzig Stunden ohne Pause operiert – von morgens um fünf Uhr bis zum übernächsten Tag um elf Uhr. So etwas ist unter gewissen Bedingungen möglich. Die Bedingungen sind hochwertige Ernährung, positive Stimmungslage und genügend Kaffee. Ein einziger Schluck Cognac – und man bricht zusammen, als wäre man vollkommen betrunken. Dem anderen Chirurgen des Hauptverbandplatzes, der aus dem Frankreichfeldzug einen Unterschenkelschuß mit Peronaeuslähmung hatte, schwoll das Bein so an, daß ihm der Stiefel aufgeschnitten werden mußte. Es gibt bei einer solchen Dauerbeanspruchung ein Kräftefading, ähnlich wie bei einem Marathonlauf. Dieser tote Punkt liegt etwa in der sechsunddreißigsten Stunde.

Der Verwundetenzustrom hatte nachgelassen. Ich hatte mich hingelegt. In einem solchen Zustand schläft man nicht. Man operiert im Halbschlaf weiter. Ich erinnere mich noch an das Bettgestell, dessen Matratze eine flachgeklopfte Gießkanne war. Der Vorteil eines Bettgestells bestand darin, daß nicht immerzu Ratten über den Ruhenden hinwegliefen. Die Ratten waren auch der Grund, warum man lernen mußte, mit dem Kopf unter der Decke zu schlafen.

Nach einer unbestimmten Zeit – wie ich nachher feststellte, war es eine Stunde gewesen – kam der Chef herein. »Aufstehen! Zwei Lungenschüsse!«

Mit einem Götz von Berlichingen drehte ich mich auf die Seite. Plötzlich hörte ich eine scharfe Stimme: »Ich gebe Ihnen den dienstlichen Befehl, aufzustehen und weiterzuoperieren!« In meinem Halbschlaf wiederholte ich den Götz von Berlichingen. Plötzlich schoß durch mein wirres Gehirn die Gedankenreihe – dienstlicher Befehl – Verweigerung – Beleidigung eines Vorgesetzten – Kriegsgericht! Der Schreck hätte genügt, einen Menschen aus tiefstem Schlaf heraus hellwach zu machen. Ich kam aber einfach nicht aus meiner Müdigkeit heraus. Ich schaffte es nicht.

Erst geschah eine Weile nichts. Plötzlich knackte das Bettgestell. Jemand setzte sich auf den Rand des Bettes. Eine Hand legte sich auf meinen Arm. Die Stimme, die soeben noch scharf befohlen hatte, sagte: »Mensch, sei doch lieb! Steh' doch auf! Ich hab's doch nicht gelernt!«

Daraufhin bin ich aufgestanden. Es dauerte zehn Minuten, bis ich meine Knochen wieder beieinander hatte.

Als die vierundfünfzig Stunden vorbei waren, war es gegen elf Uhr vormittags. Ich kam aus der Operationshöhle herausgekrochen. Die Sonne schien. Auf der Dorfstraße gab es schon trockene Stellen. Ein leichter warmer Wind wehte. Eine Birke stand verloren zwischen zwei Häusern. Sie schimmerte in ihrem ersten Grün. Der Krieg war weitergerollt. Der Angriff war erfolgreich gewesen.

Ich bedachte das Ganze. Kaum ein Patient war mir im Gedächtnis haften geblieben. Ich wußte nur noch, daß ich zahlreiche Lungenschüsse operiert hatte. Wir hatten wegen der günstigen Transportverhältnisse alle Bauchschüsse direkt in das Feldlazarett der Division weitertransportieren können. Dafür hatten wir die Lungenschüsse selbst operiert.

Während ich in die Sonne blinzelte, schlurfte Unteroffizier Hermann, die alte Tante Ju, vorbei. Er hatte die Schwerverletzten, vor allem also die Lungenschüsse zu betreuen. Er kam langsam heran. Wie mochte das Ergebnis sein? Ich sprach ihn an: »Na, Hermann, wieviel Lungenschüsse waren es?«

»Vierundzwanzig!«

»Und wie viele leben noch?«

Unteroffizier Hermann machte eine Pause. Dann lächelte er und sagte: »Alle!«

Die Sonne lächelte. Die Birke lächelte. Die Chirurgie ist eine gute Sache.

Ich ging mit Unteroffizier Hermann durch die Katen. Bei den Lungenschüssen fragte ich, ob jemand einen Wunsch habe. Worauf einer dieser guten Kerle fröhlich sagte: »'ne Zigarre, Herr Doktor!«

Wir verlegten den Hauptverbandplatz in ein Fabrikgebäude am Strand des Schwarzen Meeres, einige Kilometer ostwärts Feodosias. Wir bekamen nicht mehr viel zu tun. Wir fingen kleine, sardinenartige Fische im flachen Wasser und brieten sie am offenen Feuer. Während einer der wenigen Operationen kam Feldwebel Gehrmann herin und meldete:

»Die Russen haben unser Benzin angezündet.«

»Welche Russen?«

»Die beiden Verwundeten, die Sie vor einer Stunde operiert haben.«

Ich beendete die Operation und ging auf den Hof. Der eine der beiden Russen hatte einen gewöhnlichen Infanterieschuß durch den Unterarm. Er trug den Arm in der Binde. Der andere hatte eine Knochenschußfraktur des Oberarms. Wir hatten ihm eines der großen Drahtgestelle anmontiert, auf denen der Arm, vom Körper abstehend, waagrecht liegt. In dieser Lage heilt der Knochen am besten wieder zusammen. In der Ecke des Hofes loderte noch das Feuer. Obergefreiter Wotruba machte den Dolmetscher. Ich verhörte die Gefangenen.

»Habt ihr das Benzin angezündet?«

»Ja!«

»Warum?«

Achselzucken.

»Seid ihr hier anständig behandelt worden?«

»Ja!«

»Habt ihr zu essen bekommen?«

»Ja!«

»Habt ihr Papyrossen bekommen?«

Sie rauchten noch.

Mit den Streichhölzern, die man ihnen zu den Zigaretten gegeben hatte, hatten sie das Benzin angezündet. Wahrscheinlich hatte der eine von ihnen die Streichholzschachtel gehalten und der andere das Streichhölzchen. Das Ganze war ein vollkommenes Rätsel. Sie hatten nach ihrer Tat keinen Fluchtversuch gemacht.

»Seid ihr bei der Gefangennahme mißhandelt worden?«

»Nein!«

»Wißt ihr, daß das Sabotage ist?« Sabotage ist in Rußland ein furchtbares Wort.

»Wißt ihr, was auf Sabotage steht?«

»Ja!«

»Was steht auf Sabotage?«

»Tod!«

Dabei zeigten sie nicht die geringste Gemütsbewegung.

»Was seid ihr für ein Volksstamm?«

»Usbeken!«

Also Mittelasien.

»Wißt ihr, daß ihr erschossen werdet?«

»Ja!«

»Und warum habt ihr es getan?«

Keine Antwort.

»Seid ihr Mitglieder der Kommunistischen Partei?«

»Nein!«

Das brauchte nicht wahr zu sein, aber sie wußten gerade eben, wer Stalin war. Sonst wußten sie so wenig, daß wir an ihrer Angabe nicht zu zweifeln brauchten. Wir zogen einen Experten zu. Es war ein Korporal unserer Kompanie, von dem wir alle wußten, daß er ein alter Rotfrontkämpfer war. Auch er konnte das Rätsel nicht lösen. Nun waren wir ebensogut Truppe wie Sanität. Nach keinem Militärstrafgesetzbuch der Welt stand auf das Delikt Sabotage im Kampfbereich etwas anderes als die Todesstrafe. Allmählich hatten sich einige Männer der Kompanie hinzugefunden. Unteroffizier Fuchs, der Narkotiseur, machte sogleich die fällige Berliner Randbemerkung.

»Da hätten wir den Äther sparen oder gleich 'n bißchen mehr geben können!«

Alles lachte. Die Usbeken verzogen keine Miene. Ich gäbe etwas darum, wenn ich je erfahren könnte, was sie sich bei unserem Gelächter gedacht haben.

Was tun? Wir brauchten das nur zu melden, und die beiden wurden erschossen. Der Schirrmeister, dem sein schönes Benzin, vierhundert Liter schwarzer Bestand, in die Luft gegangen war, hätte die Kerle am liebsten verprügelt. Aber man kann doch nicht Verwundete verprügeln.

Waren vierhundert Liter Benzin zwei Menschenleben wert?

Es gab auch keine Zwischenlösung. Entweder meldeten wir, und die beiden wurden erschossen, oder es geschah nichts. Unser schönes und und kostbares Drahtgestell – sollten wir es uns nach der Exekution wieder holen, um es erneut im Dienst der Humanitas zu verwenden? Und wenn es beschädigt wurde?

Unteroffizier Fuchs' alberne Bemerkung hatte den Usbeken das Leben schon gerettet. Sie hatte demonstriert, daß das alles nicht unsere Sache sei. Der Chef war nicht da. Aber das konnte ich auf meine Kappe nehmen. Gehrmann sah schon, wohin der usbekische Sabotagehase lief. Plötzlich schrie er die beiden an: »Pascholl!«

Die Usbeken zuckten zusammen. Er trieb sie zum Tor. Wahrscheinlich dachten sie, daß jetzt eine Hasenjagd auf sie veranstaltet werden solle. Am Tor schrie er sie noch einmal an: »Pascholl!«

Plötzlich fingen die beiden an zu rennen. Wir mußten alle lachen. Aber dieses Lachen durften wir uns leisten. Die Sonne schien. Das Meer rauschte. Uns war sehr wohl in unserer Haut.

Eine halbe Stunde später fuhr ich nach Feodosia. Auf halbem Wege sah ich die beiden Usbeken am Rand der Straße ihres Weges ziehen. Wir fuhren langsam. Sie blieben stehen. Aber wir rollten vorbei, und jetzt endlich erschien auch auf diesen asiatischen Gesichtern ein Lächeln.

Zwei Jahre später wäre ich wegen dieser Geschichte vor ein Kriegsgericht gestellt worden.

DAS FELD DES SEUFZENS

Nach der Rückeroberung der Halbinsel Kertsch wurde die Kompanie wieder nach Sewastopol in Marsch gesetzt. Die Krim wurde uns vertraut wie ein Truppenübungsplatz. Bei Scheich Eli gab es in der Steppe einen Baum, an dem man sich auf dreißig Kilometer im Umkreis orientieren konnte. Kirchtürme hatten diese Steppendörfer nicht. Über dem Siwasch, dem Faulen Meer, sah man zuweilen eine Fata Morgana. Diese seltsamen Luftspiegelungen waren wie Bilder blühender, von verschollenen Völkern vor Jahrtausenden gegründeter Städte. Durch die ganze Nordkrim von Kertsch bis Perekop lief eine Telegraphenlinie an Stahlmasten mit fünf wie ein Monogramm angeordneten Isolatoren. Es war der »Anglo-indische Telegraph«. Er lief von Kalkutta über Persien, den Kaukasus, durch das Schwarze Meer auf die Krim, dann irgendwo durch Rußland nach Dänemark und von da durch die Nordsee nach London. Zuweilen liefen die Gedanken an den Kupferdrähten entlang, die einmal die Kontinente miteinander verbunden hatten. London–Kalkutta! Würde es je wieder eine weite, große Welt geben, in die man nicht als Feind einbrach? Wie eine Schildkröte ihre Schale, so schleppt der Eroberer seine Umwelt mit sich herum. Es ist schwer, etwas von fremden Ländern zu erfahren, wenn man nur versucht, sie zu erobern.

Jahrzehntelang hatten die Kupferdrähte der weiten, großen Welt gedient. Börsenkurse und Glückwünsche, Trauerbotschaften und Nachrichten, vom Tode König Eduards VII. bis zur Kriegserklärung 1939, waren durch diese Drähte gelaufen. Jetzt hingen sie zerrissen herunter, und jedermann deckte aus den wirren Knäueln seinen Bedarf an Kupfer.

In einem zauberhaft schönen Tal am Rande des Gebirges, an einem klaren, von den Bergen herunterkommenden Bach, hatte ich Quartier für die Kompanie gemacht. Abends bekam ich Schüttelfrost und Fieber. Erst schien es eine Malaria zu sein. Aber es war ein Scharlach, den ich mir bei einem Bauernkind geholt hatte. Ich mußte ins Lazarett.

Die Erinnerung an die nächsten Wochen ist von einem febrilen Schleier verhangen. Erst am Tage der Eroberung von Sewastopol wurde ich aus dem Lazarett entlassen. Rombach ließ mich mit einem Wagen abholen. Vorbei an den Häusern, die ich im Winter im Scherenfernrohr auf dem Gefechtsstand von Oberst Reinhart gesehen hatte, fuhr ich hinunter zur Sewernajabucht, hinein nach Sewastopol.

Die Stadt war durch Artilleriefeuer schwer mitgenommen. Aber noch in den Trümmern zeigte sie ihre Schönheit. Nach ihrer ersten Zerstörung im Krimkrieg des neunzehnten Jahrhunderts war sie von den Zaren in den sechziger Jahren in einer Art Spätklassizismus wieder aufgebaut worden. Viele der imposanten Fassaden standen noch. Im Hafen lagen halbversenkte Schiffe. Die dem Hafen zugekehrte Wand des Elektrizitätswerkes war weggerissen. Man sah die großen Generatoren stehen. An vielen Stellen brannte es. In den Straßen schaufelten russische Kriegsgefangene Passagen für den Autoverkehr.

Das Bronzedenkmal des Generals von Totleben, des Verteidigers von Sewastopol im ersten Krimkrieg, stand noch. Nur der Kopf war abgeschossen und lag zu Füßen des Sockels. Später, als wir das Denkmal wieder instandsetzen wollten, stellte sich heraus, daß der Kopf verschwunden war. Einer der Regimentskommandeure der Division entdeckte auf seinem Urlaub durch einen Zufall das verschwundene Stück im Zeughaus in Berlin. Mit vieler Mühe wurde der schwere Bronzekopf wieder nach Sewastopol gebracht und auf die angestammten Schultern aufmontiert.

Das zerschossene Fort Malakow bewahrte noch die Erinnerung an den französischen Oberst MacMahon. Als Oberst MacMahon, nachdem er unter schweren Verlusten in das Fort eingedrungen war, den Befehl bekommen hatte, sich wieder zurückzuziehen, gab er die berühmt gewordene Antwort: »J'y suis! J'y reste!« Fünfzehn Jahre später verlor dieser Oberst die Schlacht von Sedan.

Die Ereignisse der Belagerung von Sewastopol im ersten Krimkrieg sind historische Erinnerungen. Nur eine dieser Erinnerungen ist noch heute von lebendiger Gegenwärtigkeit. Es ist die Erinnerung an »The lady with the lamp«, die Dame mit der Lampe, Florence Nightingale, diese wunderbare Frau, die, getrieben von der Großmut ihres Herzens, unter Strapazen, Entbehrungen und Widerständen sich des Schicksals der Verwundeten annahm. Sie reiste von England auf die Krim und setzte durch, daß, zum erstenmal in einem modernen Krieg, eine angemessene Versorgung der Verwundeten organisiert wurde. Wie ein Engel ist sie den Unglücklichen erschienen. In London wurde ihr später ein Denkmal gesetzt. Aber ergreifender als das Denkmal ist der unsterbliche Vers, mit dem Longfellow ihr den Lorbeer reichte, der Vers

> »von den Leidenden, die stumm zur Wand sich drehten,
> den Schatten zu küssen, der vorüberglitt«. –

Rombach war zum Feldstandortarzt der eroberten Festung ernannt worden. Wir standen der Gefahr von Seuchen gegenüber. Diese Gefahr war nicht gering. Die Wasserleitung war zerstört. Überall lagen noch Tote. Die Fliegenplage war unglaublich. In den Quartieren waren die Wände schwarz. Die Fliegen saßen in Schichten übereinander. Wenn man aß, mußte man vom Teller bis zum Mund die Fliegen vom Bissen wedeln. Trotzdem hat man noch manche Fliege verschluckt. Ob die Russen Seuchen gehabt hatten, wußten wir nicht. Unter unseren Leuten gab es zahlreiche Fälle von Ruhr. Malaria ist auf der Krim endemisch. In Sewastopol, das mit den Häfen im Kaukasus und in Kleinasien und mit Konstantinopel in Schiffsverbindung steht, kamen schon im Frieden immer wieder einzelne Fälle von Pest vor. Die Ratten hatten sich während der Belagerung ungeheuer vermehrt. Die einzige Epidemie, die es dann wirklich gegeben hat, war eine Viruserkrankung der Fliegen, die durch diese

Seuche fast ausgerottet wurden. Es waren Dutzende von Aufgaben, die gleichzeitig in Angriff genommen werden mußten.

Wir hatten uns schon gewundert, daß wir keine verwundeten Zivilisten zu sehen bekamen. Feldwebel Kienzle entdeckte sie in den Gewölben der Kathedrale von Sewastopol. Ich ging mit einigen Sanitätsgefreiten hin. Auf Strohschütten lagen alte Frauen, junge Frauen, Kinder und alte Männer durcheinander. Die Verwundungen waren chirurgisch gut versorgt. Nur die Verbände der Wunden waren dürftige Notverbände. Wahrscheinlich hatten die Russen kein Verbandmaterial mehr gehabt.

In einer Ecke auf dem Stroh kniete ein Priester der orthodoxen Kirche. In seiner erhobenen Hand hielt er das Kreuz. Das kümmerliche Licht der Kerze, das kaum bis zur Decke des Gewölbes drang, blitzte auf den Juwelen, mit denen das Kreuz geschmückt war. Der Priester murmelte ein Gebet. Vor ihm starb eine alte Frau. Eine ihrer knochigen, gichtischen Hände krallte sich in die Luft. Ihre Leidensgefährten murmelten die Gebete des Priesters mit. Die alte Frau röchelte noch einmal tief, dann hatte sie zu leben aufgehört. Der Priester erhob sich. Die Hand der alten Frau blieb in der Luft stehen.

Die Sanitätsgefreiten machten sich daran, die Verbände zu erneuern. Kienzle wurde beauftragt, ein Gebäude zu suchen, in das wir die Patienten verlegen könnten. Ein anderer wurde zur Feldküche geschickt, um Getränke und Verpflegung zu holen. In ihrer dumpfen Lethargie begannen die Unglücklichen zu merken, daß etwas für sie geschah. Der Pope schüttelte mir immer wieder voll Dankbarkeit die Hand. Aber eigentlich waren ja wir selber es, die diese leere Katakombe mit soviel Unglück angefüllt hatten.

Als ich ins Quartier zurückkam, das am Rande der Stadt über der Halbinsel Chersones lag, wartete Rombach schon auf mich. Ich wollte ihm erzählen, was ich eben gesehen hatte. Ich kam nicht dazu. Er sagte nur: »Kommen Sie mit!«

Wir fuhren einen Kilometer nach Süden aus der Stadt hinaus. In den Weinbergen am Südhang von Sewastopol, ohnweit der Stelle, von der aus Iphigenie einst über die Wasser des Pontos Euxeinos nach Hellas blickte, hatten die Russen ihre Verwundeten zurückgelassen.

Zu vielen Tausenden lagen sie zwischen den Weinstöcken über die Erde verstreut. Seit Tagen hatten sie nichts mehr zu essen, seit achtundvierzig Stunden nichts mehr zu trinken. Zum größten Teil waren sie chirurgisch unversorgt. Die Sonne brannte Stunde um Stunde auf sie herab. Über die Hügel strich ein Wind des Seufzens. Das Elend dieser vom Krieg zu Boden geschlagenen Männer schrie nicht gen Himmel, es ging nur wie ein Hauch über die Hügel dahin. Und im Tal sah man einige

Krale, in denen die etwa dreißigtausend Kriegsgefangenen, die nicht verwundet waren, zusammengepfercht auf ihr weiteres Schicksal warteten. Ein paar Schüsse gellten herauf.

Rombach und ich sahen uns an. Was konnte da geschehen? Man kann zehn, zwanzig, fünfzig, man kann hundert Operationen ausführen. Aber zwei- oder dreitausend Operationen? Das würde viele, viele Tage dauern. Darüber würden Hunderte sterben. Zudem waren sie alle dem Verdursten nahe.

Ein halbes Dutzend Aufgaben, von denen jede einzelne über unsere Kräfte hinausging, mußte gleichzeitig gelöst werden. Es gab keinen Mann in der Kompanie, der in den nächsten achtundvierzig Stunden auf die Idee gekommen wäre, auch nur eine einzige Stunde zu schlafen.

Rombach fuhr nach Simferopol, um bei der Armee alles, was an Zelten, an chirurgischem Instrumentarium, an Verbandstoffen und Medikamenten aufzutreiben war, herbeizuschaffen. Ich ging zum Kommandanten des Kriegsgefangenenlagers, um die unter den Gefangenen befindlichen russischen Ärzte und Feldschere zu unserer Unterstützung heranzuholen. Der Kommandant war ein liebenswürdiger Wiener. Er hatte ein Zelt unten bei den Kralen der Gefangenen. Ich stellte mich ihm vor und erklärte ihm, ich hätte Befehl, mich um die russischen Verwundeten zu kümmern, und wolle seine Hilfe in Anspruch nehmen. Mit freundlichem Lächeln fragte er: »Woll'n S' a Maschinengewehr?«

Ich konnte von der Liebenswürdigkeit nicht abgehen. Wenn der Kommandant nicht wollte, brauchte er die gefangenen Ärzte nicht herauszugeben. So erklärte ich ihm, wir seien ein bißchen altmodisch und wollten die Verwundeten versorgen. Ich bäte, mir die kriegsgefangenen russischen Ärzte zu überlassen. Auch er blieb bei der Liebenswürdigkeit. Er erklärte sich bereit, meiner Bitte zu entsprechen.

Durch Dolmetscher wurde in den Kralen durchgesagt, die Ärzte und Feldschere sollten heraustreten. Aber niemand meldete sich. Die Russen waren von Mißtrauen erfüllt. Schließlich fanden wir einen Chirurgen, dessen Vater noch Professor an der Universität von St. Petersburg gewesen war. Ihm konnte ich klarmachen, worauf das alles hinaus sollte. Er suchte uns die Ärzte zusammen. Es waren etwa dreißig. Dazu kamen noch fünfzig Feldschere. Die russischen Feldschere sind keine vollen Ärzte, aber sie haben eine gewisse medizinische Grundausbildung. Sie sind ein Mittelding zwischen Ärzten und Sanitätern. Unter den Ärzten waren sechs Frauen. Zwei von ihnen hatten eine volle chirurgische Fachausbildung. Ich ließ die Russen antreten. Die ungeheure Wucht des Zusammenbruchs einer Festung, die fast dreiviertel Jahre lang mit größter Tapferkeit und größter Erbitterung verteidigt worden war, wirft den

Einzelnen zu Boden. Der Besiegte ist immer demoralisiert. Die Russen standen völlig apathisch mir gegenüber. Alles, was ich sagte, schien in den Wind geredet. Aber der Wind war der Wind des Seufzens.

Die Medizin, die sie betrieben, war dieselbe Medizin, die wir betrieben. Charcot, der große Franzose, der die Wissenschaft von den Geisteskrankheiten begründet hat, war Ehrendoktor von Kiew gewesen, und Pawlow, der große Russe, der Begründer der modernen Physiologie, Ritter der Ehrenlegion. Die eine der beiden Chirurginnen, die übrigens eine Frau von großer Schönheit war, sagte schließlich ein paar Sätze zu den Russen, die mein Dolmetscher nicht verstand. Die Russen erklärten sich zur Mitarbeit bereit. Darauf erhielten sie zunächst Verpflegung und Zigaretten.

Rombach war schon nach wenigen Stunden mit einigen Lastkraftwagen wieder da. Die Pioniere halfen uns, die ersten Zelte aufzustellen. Es waren große Zelte, die mindestens hundert Verwundete aufnehmen konnten. Wir ließen die Zelte unten offen, damit ein leichter, kühlender Wind hindurchstreichen konnte.

Wir stellten immer zwei Zelte nebeneinander auf und verbanden die Eingänge mit einem Dach aus gewöhnlichen Zeltbahnen. Unter diesen Dächern wurden die Operationstische aufgestellt, so daß zwar im Freien, aber doch wenigstens im Schatten operiert wurde. Gegen Abend schon fingen die russischen Ärzte an zwölf Tischen zu operieren an. Noch an diesem ersten Tage wurden über hundert Amputationen gemacht.

Die brennendste Frage hieß – Wasser. Die Wasserleitung in Sewastopol war zerstört. Brunnen gab es nur wenige. Dazu ging das Gerücht, die Russen hätten die Brunnen vergiftet. Man kann sich zwar medizinisch darunter nichts Rechtes vorstellen, und das Gerücht stellte sich auch als Unsinn heraus. Aber viele Brunnen waren durch Beschuß verschüttet, in vielen lagen tote Menschen oder tote Tiere.

Einer der Feldwebel entdeckte einen intakten Brunnen in einer Entfernung von etwa einem Kilometer von den Weinbergen. Der Wasserspiegel war aber tiefer als sechsundzwanzig Meter. So konnte man nicht mehr mit der Hand pumpen. Ein Motor wurde benötigt. Die Männer montierten einen Standmotor, den sie irgendwo gefunden hatten, und legten eine Leitung bis an die Zelte. Die Leitung bestand aus Gasrohren, die sie in den zerschossenen Straßen abmontierten. Die Rohre wurden mit den aus Gummi bestehenden Schläuchen russischer Gasmasken miteinander verbunden.

Das war wenigstens ein Anfang. Doch langte der kleine kümmerliche Strahl, der warm und schmutzig aus dem Gasrohr lief, nicht entfernt, die Gefahr des Verdurstens von Hunderten abzuwenden. Die

Verwundeten begannen, Hoffnung zu schöpfen. Aber »Woda«, Wasser, konnten wir so schnell nicht herbeischaffen.

Alle Stunden suchte ich unter den Verwundeten nach ihrer Dringlichkeit die nächsten Operationsfälle heraus. Wenn ich durch die Zelte ging, drehten sich die Verwundeten mit erhobenen Händen zu mir, und wie ein Kielwasser rauschte es hinter mir auf: »Woda, Gospodin! Woda!«

Zuweilen, im Traum höre ich noch die Klage der verlorenen Kreatur: »Woda, Gospodin, Woda!«

Die Verwundeten begannen, am Durst zu sterben.

Wir überlegten, was wir unternehmen könnten. Unterdessen waren unten an der Sewernajabucht, etwa vier Kilometer weit, größere Brunnen in Gang gesetzt worden. Wir beschlossen, die Verwundeten, die laufen konnten, zum Wasser zu bringen. Mit dieser Maßnahme ließ sich die Zahl derer, die wir mit Wasser versorgen mußten, auf vielleicht zwölfhundert herabsetzen.

Erst ein kleiner Teil der Verwundeten lag in den Zelten. Der größere Teil lag noch immer im Freien. Wir hatten eine Anzahl von leichtverwundeten Russen zu unserer Unterstützung herangezogen. Sie trugen als Erkennungszeichen ein Stück Mullbinde am linken Arm. Diese Ordner schickten wir durch die Weinberge, um alle Verwundeten, die laufen konnten, aufzufordern, sich zu sammeln und zum Wasser hinunterzumarschieren. Die völlig apathischen Gefangenen rührten sich nicht. Darauf rissen die Ordner Rebstöcke aus dem Boden und sprangen schlagend und prügelnd zwischen den Verwundeten herum. Das endlich brachte alle die auf die Beine, die noch welche hatten. Wir standen da und sahen zu. Die Brutalität dieses Vorganges zu unterbrechen, wäre reine Sentimentalität gewesen. Diese durchgreifende Maßnahme rettete eine Anzahl von Schwerverwundeten vor dem Tode des Verdurstens.

Schleppenden Ganges, an Stöcken oder aufeinander gestützt, von Myriaden von Fliegen umschwärmt, zogen die Verwundeten mit ihren blutigen Verbänden dahin, ein langer, jammervoller Zug, unter der strahlenden Sonne der Krim, durch die Landschaft Iphigeniens, den Brunnen zu.

Sie würden ihren Durst stillen. Sie würden wieder ein wenig Kraft gewinnen – aber zu nichts als zur Fortsetzung ihres Leidensweges in die Etappe der Barbarei.

Und wir, wir waren die Front dieser Etappe.

Tapferkeit ohne Gerechtigkeit ist ein Hebel des Bösen. Der heilige Ambrosius hat es vor anderthalbtausend Jahren gesagt.

Im Verlauf einiger Tage gelang es uns, Herr der Lage zu werden. Nachdem wir alle marschfähigen Verwundeten zu den Brunnen an der Sewernajabucht hinuntergeschickt hatten, blieben uns etwa zwölfhundert Schwerverwundete übrig.

Die russischen Ärzte arbeiteten Tag und Nacht. Sie arbeiteten ausgezeichnet. Insbesondere die beiden russischen Chirurginnen waren von einer so bewundernswerten Unermüdlichkeit, daß zwischen ihnen und den Sanitätsfeldwebeln, die wir den Russinnen als militärische Autoritäten beigegeben hatten, schnell eine Art von Bündnis entstand. Diese alten Sanitätsfeldwebel hatten im Lauf der Feldzüge in Polen, Frankreich, Griechenland und Rußland beträchtliche chirurgische Sachkenntnisse erworben. Sie waren durchaus imstande, Indikationen zu beurteilen, das heißt, sie hatten im allgemeinen ein richtiges Bild davon, welcher Art der chirurgische Eingriff bei einer bestimmten Sachlage sein müsse. Am zweiten Tag kam Wotruba, der unterdessen Unteroffizier geworden war, zu mir. Anastasia Philippowna, seine Chirurgin, führe nicht alle von mir gegebenen Anweisungen aus. In einzelnen Fällen, in denen ich Amputationen angeordnet habe, sei die Amputation nicht vorgenommen worden.

Sabotage? Wir hatten so oft schon bei den Russen eine uns völlig unverständliche Denkweise gefunden, daß wir alles für möglich hielten. Nun war das aber gerade die Ärztin, die ihre russischen Kollegen dazu bestimmt hatte, die Zusammenarbeit mit uns aufzunehmen. Ich ging zu ihr und stellte sie zur Rede. Sie erschrak.

Mir wurde dabei klar, wie schrecklich jede Art von unbeschränkter Macht eines Menschen über einen anderen ist. Diese Gefangenen eines Krieges des zwanzigsten Jahrhunderts hatten weniger Rechte als ein römischer Sklave vor zweitausend Jahren. Der römische Sklave unterstand dem Gesetz. Es war ein hartes Gesetz, aber immerhin ein Gesetz. Hier herrschte Willkür. Ein unwilliges Stirnrunzeln von mir konnte die Zurücksendung in das Gefangenenlager bedeuten. Unglücklicherweise ist die seelische Konstitution, für welche unumschränkte Macht über andere ein Genuß ist, unter zivilisierten Völkern viel weiter verbreitet, als man gemeinhin annimmt. Dieser aus Minderwertigkeitskomplexen machtsüchtige Typ kommt in der Anarchie eines Krieges gut zum Zuge.

Bei einem Gespräch stellte sich eine ganz einfache Tatsache heraus. Die russischen Kriegschirurgen waren weit weniger radikal als wir. Sie hatten noch keine Erfahrungen über den Verlauf von Schußinfektionen unter so belastenden Bedingungen, wie sie hier für die russischen Verwundeten vorlagen. Während des Winters hatten die Russen ihre Verwundeten weit besser versorgen können als wir die unseren.

Nach der alten Überlieferung der Wissenschaft wäre es kümmerlich gewesen, wenn ich mich auf autoritäre Anordnungen beschränkt hätte. Es kam darauf an, die russischen Kollegen von der medizinischen Richtigkeit unserer radikalen Indikationsstellung zu überzeugen. Ich ging durch die Zelte und suchte zehn Patienten mit Infanteriekniesschüssen heraus, bei denen nicht amputiert worden war. Die Patienten wurden nach dem Datum ihrer Verwundung ausgesucht. Der erste war zwei Tage zuvor verwundet worden. Er war noch in ganz gutem Zustand. Die Verwundung des letzten lag zehn Tage zurück. Er lag im Sterben. Die Verwundeten ließ ich im Schatten eines Zeltes in eine Reihe nebeneinanderlegen. Die Verbände ließ ich abwickeln. Es war das eine Art Film mit Zeitraffer. Ich holte die russischen Ärzte herbei und führte sie an der Reihe entlang. Die Demonstration überzeugte die russischen Chirurgen von der Richtigkeit unserer Ansicht, daß man unter den vorliegenden Umständen weit radikaler vorgehen müsse, als sie es gewohnt waren. Wenn der letzte sogleich nach seiner Verwundung amputiert worden wäre, wäre er am Leben geblieben. Bei dem ersten war es noch möglich, diese Erfahrung zu verwerten. Als wir am Ende dieser Demonstration angekommen waren, bei dem letzten der Reihe, der im Sterben lag, brach Anastasia Philippowna in Tränen aus. Der arme Teufel, der da sein Leben aushauchte – für sie war er einer der tapferen Verteidiger von Sewastopol.

Nichts kann charakteristischer sein für die Welt, in der wir leben, als daß ich nach zehn Jahren es noch nicht wagen darf, den Namen eines dieser russischen Ärzte zu nennen, die uns so aufopfernd geholfen haben, unsere Aufgabe gegenüber dem besiegten Gegner zu erfüllen. Noch können sie – unter dem Vorwand der Zusammenarbeit mit dem Feind – dafür bestraft werden, daß sie unter der unsichtbaren Flagge gedient haben.

Wir beschlagnahmten das GPU-Gefängnis von Sewastopol und brachten im Lauf einer Woche unsere verwundeten Russen in diesem Steingebäude unter. Da war es wenigstens kühl. Dann richteten wir ein Krankenhaus für die russische Zivilbevölkerung ein, das wir mit Betten und mit einer Röntgenstation ausstatteten.

Das nächste Problem, das gelöst werden mußte, war der Status unserer russischen Helfer. Wir waren eine aktive Division. Es war klar, daß wir nicht lange auf der Krim bleiben würden. Auf das Schicksal der von uns aufgebauten medizinischen Versorgung von Sewastopol hatten wir dann keinen Einfluß mehr. Irgendeiner der Anderen, die sich schon anschickten, uns die Verwaltung des Landes aus der Hand zu nehmen, konnte mit einem Federstrich unsere ganze Arbeit zunichte machen. Es genügte nicht, daß wir die russischen Ärzte und Feldschere aus dem Gefangenenlager herausgeholt hatten. Wir mußten sie in Zivilisten verwandeln.

Das war nur möglich durch eine großzügige Fälschung, für die wir der Zustimmung des Kommandanten des Kriegsgefangenenlagers bedurften. Ein glücklicher Zufall kam uns zu Hilfe.

Dem Kommandanten des Kriegsgefangenenlagers fehlten etwa siebenhundert Gefangene. Ob sie nur in den Listen fehlten, also nur rechnerisch, oder ob sie tatsächlich verschwunden waren, konnte er nicht einmal sagen. Sicher war eine ganze Anzahl von Gefangenen geflüchtet. Sie hatten sich zu den Partisanen ins Jailagebirge gerettet. Diese Partisanen wurden von den Russen schon damals durch Flugzeuge mit Waffen, Munition und Verpflegung versorgt. Der Kommandant des Kriegsgefangenenlagers hatte natürlich die größten Schwierigkeiten mit seiner vorgesetzten Dienststelle zu erwarten, wenn dieser Fehlbetrag herauskam. So schlugen wir ihm vor, uns im Lauf einer Woche täglich auf dem Papier hundert Gefangene als Ruhrkranke zu überweisen. Wir konnten diese Zahl in unseren Nachweisen wieder loswerden, indem wir unseren zwanzig bis fünfundzwanzig Sterbefällen, die wir jeden Tag hatten, täglich hundert hinzufügten. Wir stellten die Bedingung, daß der Kommandant auf die uns zur Verfügung gestellten Ärzte und Feldschere verzichtete. Wir haben uns bei dem kalten Zynismus dieser Fälschung nicht das geringste gedacht. Es war eine Kriegslist, eine List in dem anderen Krieg, den wir führten, in dem Krieg gegen die Anderen.

Alles verlief planmäßig. Nur eines hatten wir nicht bedacht – daß unsere Listen an höherer Stelle von irgend jemand gelesen werden würden. Auf dem Papier war das Ganze natürlich eine Ruhrepidemie von gefährlichen Ausmaßen. Es gab einen Alarm. Für den nächsten Tag wurde der Besuch eines hohen Sanitätsoffiziers angesagt. Die Sache konnte für uns eine bedenkliche Wendung nehmen.

Aber der alte Haufen, wie die Kompanie sich gerne nannte, war großartig. Es wurde alles an Kranken und Verwundeten, was irgendwie ein bißchen darmkrank war, in einem Zelt zusammengelegt. In Stunden bauten die Männer eine fabelhafte, allen Dienstvorschriften streng entsprechende Musterlatrine. Sie verteilten zentnerweise Chlorkalk im Gelände, zogen Stacheldraht und brachten Warnungsschilder an.

Dann ging ich zu Major Fabricius, dem jungen Generalstabsoffizier aus dem Stab des Oberbefehlshabers, der unterdessen der erste Generalstabsoffizier unserer Division geworden war. Fabricius war ein Mann von Geist und Witz, ein Taktiker von bedeutendem Können, ein erbitterter Feind der Anderen, kurz ein Gentleman. Ich erzählte ihm die ganze Sache. Er lachte und erklärte, er wolle gern die Rolle des Ortskommandanten unseres wunderbaren potemkinschen Ruhrdorfes übernehmen. Die Gegenwart eines Majors im Generalstab bei der zu erwartenden Besichtigung war natürlich eine bemerkenswerte Hilfe. Fabricius erzählte die ganze Geschichte dem General. Der General erklärte sich bereit, die hohen Herren der Sanität zum Frühstück einzuladen.

Tatsächlich wurde das unsere Rettung. Zunächst traten bei der Besichtigung keine Schwierigkeiten auf. Insbesondere die Prachtlatrine wirkte überzeugend. Aber der inspizierende Herr, ein gelehrter Bakteriologe, ging immer mehr in Einzelheiten.

Allmählich begann die Situation für uns prekär zu werden. Plötzlich warf Major Fabricius einen erschreckten Blick auf seine Armbanduhr: »Der General erwartet die Herren. Wir sind schon zehn Minuten über die Zeit. Außerdem wollen wir nach dem Frühstück eine Rundfahrt durch den Hafen machen.« Einen General kann man nicht warten lassen. Wir waren gerettet.

Wir ließen die papierne Ruhrepidemie innerhalb weniger Tage abklingen. Ein paar Wochen später bekam Rombach, als Feldstandortarzt der Festung, für diese ausgezeichnete Leistung einen Orden. Unsere russischen Ärzte und Feldschere jedenfalls hatten wir in Zivilisten verwandelt. Bis zur Rückeroberung der Festung durch die Russen 1944 haben sie Sewastopol ärztlich versorgt.

Allmählich kamen Zeiten für uns, die wir als ruhig hätten bezeichnen können. Aber die Anderen waren nun langsam nachgerückt und hatten auch hier zu morden begonnen. In einem abgeschlossenen Teil des GPU-Gefängnisses, Mauer an Mauer mit uns, sammelten sie die Bürger Sewastopols, die jüdischen Glaubens waren, und töteten sie. Sie ließen die zum Tode Bestimmten in ein großes Kastenauto einsteigen. Die Tür wurde geschlossen. Der Motor wurde angelassen. Er brachte irgendeinen Gasmechanismus in Gang. Auch hier war die Technik die willige Dienerin des Verbrechens. Nach wenigen Minuten eines dumpfen, langsam verebbenden Polterns im Innern des Wagens fuhr der Fahrer los. Er fuhr nur noch Leichen, die draußen vor der Stadt in alten Panzergräben verscharrt wurden.

Wir wußten das. Wir taten nichts. Jeder, der wirklich protestiert oder etwas gegen das Mordkommando unternommen hätte, wäre vierundzwanzig Stunden später verhaftet worden und verschwunden. Es gehört zu den Raffinements der totalitären Staatskonstruktionen unseres Jahrhunderts, daß sie ihren Gegnern keine Gelegenheit geben, für ihre Überzeugung einen großen dramatischen Märtyrertod zu sterben. Den hätte vielleicht mancher auf sich genommen. Der totalitäre Staat läßt seine Gegner in einer stummen Anonymität verschwinden. Es ist gewiß, daß jeder, der es gewagt hätte, lieber den Tod zu erleiden als schweigend das Verbrechen zu dulden, nutzlos sein Leben geopfert hätte.

Damit will ich nicht sagen, daß ein solches Opfer moralisch sinnlos gewesen wäre. Es ist nur gesagt, daß es praktisch nutzlos gewesen wäre. Niemand von uns hatte eine Überzeugung, deren Wurzeln tief genug gingen, ein praktisch nutzloses Opfer um eines höheren moralischen Sinnes willen auf sich zu nehmen. –

Der große heiße Sommer des Südens war über die Krim hereingebrochen. In Jalta, an der Riviera Rußlands, wurden Erholungsheime eingerichtet. So kam es, daß Unteroffizier Wotruba, Obergefreiter Sambo und Unteroffizier Hermann, die alte Tante Ju, auf derselben Terrasse Skat spielten, auf welcher zwei Jahre später Churchill, Roosevelt und Stalin sitzen sollten.

Im Jailagebirge sperrten die Partisanen von Zeit zu Zeit der siegreichen Armee die über das Gebirge von Simferopol nach Jalta führende Straße.

In den Katakomben von Kertsch saßen russische Widerstandskämpfer.

Bei einem Essen, das der Oberbefehlshaber den Ritterkreuzträgern seiner Armee auf der Terrasse eines Schlosses an der Küste gab, machten die Russen einen Tieffliegerangriff. Die ganze Krim lachte darüber, mit welcher Geschwindigkeit die in Gefahren so erprobten Helden im Hechtsprung unter die Tische und in die Kellerluken verschwunden waren.

Wir verstanden nicht die Bedeutung der Zeichen, durch welche die Götter uns vor der alten Sünde des Übermutes, die Zeichen, durch welche die Götter uns vor der Hybris warnten.

Die deutschen Armeen stießen vom Don und vom Kuban zum Kaukasus vor. Sie erreichten die Küste des Kaspischen Meeres. Sie erreichten die Wolga. Der Name Stalingrad wurde genannt.

Wir waren voller Siegeszuversicht. Die ins Wandern gekommenen Germanen begannen davon zu träumen, auf der Krim sich anzusiedeln. Als ob das Land niemandem gehöre, steckten wir uns Claims ab wie die Goldgräber vom Klondyke, Claims, auf denen Schafe gezüchtet, Pfirsichplantagen angelegt, Mais gebaut werden sollte. Die Ostgoten standen hoch im Kurs. Daß ihre Spur aus der Geschichte verschwunden ist, davon wollte niemand etwas wissen. Der Traum von der Weltherrschaft fing an, auch auf besonnenere Gemüter seine faszinierende Wirkung auszuüben. Dann fuhren die sieggewohnten Ostgoten auf Urlaub nach Pankow, Lichterfelde-Ost und Meseritz. Als sie zurückkamen, enttäuscht von den hundert Fragwürdigkeiten des primitiven Reiches, über die sie auf Schritt und Tritt gestolpert waren, hatten sie entdeckt, daß sie zu Hause nicht mehr daheim waren, daß ihr Zuhause die Truppe, daß der Krieg ihr Leben geworden war.

Als die Herbststürme kamen und die Steppenhexen wieder in ihrem gespenstischen Zickzack über das leere Land rollten, nahm der furchtbare Kriegsgott seine letzte Maske ab. Die Schleusen des Verderbens wurden aufgezogen. Dahinschreitend über Trümmer, Träume und Tote, dahinschreitend über die Tränen der Leidenden und über den edlen Mut, den Leidenden zu helfen, dahinschreitend über verzweifelte Angst und über verzweifelte Tapferkeit nahm das Unheil seinen Lauf – den Lauf der Geschichte.

ADAMS ERSTE HÜTTE

Die Marschroute nach Krasnodar, dem früheren Jekaterinodar, führte am Asow'schen Meer entlang. Die Regenzeit war im Herbst 1942 früh hereingebrochen. Von neuem hatte der Kampf mit dem Schlamm begonnen. Vom Meer her wehte ein scharfer Nordnordost. Er trieb uns den mit Schnee vermischten Regen ins Gesicht. Da wir den ganzen Tag unterwegs waren, wurde die linke Gesichtshälfte allmählich kälter als die rechte. Immer tiefer fraß die Fahrbahn sich in den Schlamm hinein. Immer wieder versuchten wir, über das freie Feld vorwärts zu kommen. Immer wieder mußte umgeschirrt und vorgespannt werden. Immer wieder wurden die Fahrzeuge Meter für Meter mit Menschenkraft vorwärts gebracht. Immer wieder blieben wir in einer schier hoffnungslosen Weise stecken. An manchen Tagen legten wir nicht mehr als drei oder vier Kilometer zurück. Das Futter für die Pferde ging zu Ende. Kurze Zeit vorher, als der Regen noch nicht begonnen hatte, hätten wir auf der trockenen Steppe in einem Tage eine Strecke zurücklegen können, für die wir jetzt eine Woche benötigten.

Ich wartete an einer Stelle, an der die Fahrbahn mit einem Knick nach Süden die Küste verließ, auf die Kompanie. Ich hatte in dem menschenleeren Land eine Art von Quartier entdeckt. Es war ein großer Stall in einem verfallenen Gutshof. Die Fensteröffnungen des Stalles konnte man mit Decken verhängen. Ich mußte die Fahrzeuge an diesem Knick aus der Marschkolonne herausschleusen. Wenn sie weitergefahren wären, hätte es keine Möglichkeit gegeben, umzudrehen. Die Pferde hätten eine weitere Nacht auf freiem Feld verbringen müssen.

Wir hatten auf diesem Marsch besondere Sorgen. Unser Kontingent weit überschreitend, hatten wir mehr als die Hälfte unserer Leute auf Urlaub geschickt. Wenn das zutage kam, konnte die Lage für uns unangenehm werden. Als uns der Befehl zum Aufbruch in Simferopol erreichte, hatten wir nicht einmal genug Fahrer, die Fahrzeuge zu bemannen.

Es waren aufregende Tage gewesen. Feldwebel Gehrmann erschien bei uns im Quartier und fragte höflich an, ob das Unteroffizierskorps uns zu einem Essen einladen dürfe. Rombach sagte zu.

»Was gibt es denn?«

»Das Klavier!« antwortete Gehrmann, sein listiges Fuchsgesicht in ernste Falten legend.

»Nein, ich meine, was es zu essen gibt?«

»Das Klavier!«

»Nun reden Sie doch keinen Unsinn! Wir können doch nicht das Klavier zum Abendbrot verspeisen!«

»Doch!« meinte Gehrmann. »Wir haben das Kompanieklavier gegen drei Hammel getauscht.«

Die Korporäle hatten sich allmählich die Manieren russischer Bojaren angeeignet. Den Hammel gab es als Schaschlik am Spieß. Beim Essen erzählte Unteroffizier Klein, der Schreibstubenunteroffizier, der nie versagende Automat der Terminmeldungen, er habe seinen früheren Chef, den Inhaber eines Reisebüros, auf Urlaub besucht.

»Er hat mir angeboten, nach dem Krieg mit der Hälfte meines früheren Gehalts wieder anzufangen. Ich, natürlich erstaunt, fragte ihn: ›Warum nur mit der Hälfte?‹ ›Na‹, sagte dieser alte Gauner zu mir, ›weit gereist bist du ja nun. Aber du bist doch dämlich!‹ ›Ich? Dämlich? Wieso?‹ ›Na, daß du dämlich bist, das siehst du doch schon daran, daß du den Krieg von Anfang bis zu Ende bei der Truppe mitmachst.‹«

Wir lachten. Wir wußten, wie recht der tüchtige Geschäftsmann hatte. Aber wir waren nun durch drei Jahre Krieg miteinander verbunden. Jeder, der wegging, verließ ein Stück seines Lebens, verließ Treue, Zuverlässigkeit, Erinnerungen, Witz und Vertrautheit. Es ist etwas Eigentümliches um das Wissen, daß einer sich auf den anderen in allen Lagen verlassen kann. Die Romantik der Kameradschaft hat etwas Verführerisches. In der Tat, sie ist eine edle Blüte. Ein so umfassendes Phänomen wie der Krieg macht auch Tugenden mobil. Wenn eine Handvoll anständiger Männer in einen Krieg hineingerät, läßt ihnen ihr Charakter keine andere Möglichkeit als die der Kameradschaft. Aber wie grotesk ist eine Argumentation, die damit, daß im Krieg nicht alles schändlich ist, den Krieg verteidigen will.

Bei diesem Essen kamen auch die Sorgen mit den fehlenden, auf Urlaub geschickten Mannschaften zur Sprache. Einige der Korporäle erboten sich, im Mannschaftsrock auf den Fahrerbock zu klettern. Wotruba, der als Dolmetscher bei der Bevölkerung in gutem Ansehen stand, musterte zehn russische Zivilisten an. Alle Russen können mit Pferden umgehen. Die zehn fanden sich leicht. Sie bekamen Geld und Schnaps für sich und

Brot für ihre Familien. Wir zogen ihnen deutsche Uniformen an. Man mag daraus ersehen, wie groß noch immer das Vertrauen der russischen Bevölkerung zu den Soldaten war. Schließlich hatten die Anderen in Simferopol schon zu hausen begonnen. Die Russen erklärten sich bereit, auf eine Distanz von über dreihundert Kilometern mit uns zu ziehen, ohne daß wir ihnen die Rückführung nach Simferopol zusichern konnten. Die Russen unterschieden zwischen uns und den Anderen genauer als wir selbst. Das alles überdachte ich, während ich auf die Kompanie wartete.

Die Brandung donnerte über den Strand. Der Sturm raste über Meer und Land. Wolkenfetzen jagten über die Landschaft. Eine Möwe warf sich mit einem Schrei in den Wind. Seit Jahrtausenden trieb die Natur an dieser verlorenen Ecke des Erdballs ihr ungeheures Spiel. Ich konnte verfolgen, wie die letzten feinen Schaumränder der Wogen von Stunde zu Stunde den flachen Strand höher hinaufliefen. Das Asow'sche Meer hat keine Gezeiten. Der Sturm staute das Wasser gegen das Land – gegen ein wildes Land. Vielleicht stand hier in kurzem alles unter Wasser. Ich hatte das Gefühl, daß die Kälte mir langsam ins Knochenmark kroch. Gegen Frost kann man sich durch Bewegung wehren. Einem Regen bei Nulltemperatur ist der Mensch wehrlos ausgeliefert. In etwa zweihundert Metern Entfernung stand verloren mitten in der Landschaft eine kleine Bauernkate. Ich ging hin. Da mußte wenigstens eine Mauer sein, hinter der ich für ein paar Minuten Deckung gegen den Sturm nehmen und vielleicht eine Zigarette rauchen konnte.

Das Haus war bewohnt. Ich trat ein. Meine Brille beschlug. Ich versuchte, sie zu putzen. Die Finger waren so steif gefroren, daß die Brille mir herunterfiel. Ich hob sie auf. Die Kate hatte nur einen Raum. Auf einer Bank an der Wand hockten drei Soldaten. Sie machten ein paar schwankende Bewegungen, mit denen sie so etwas wie eine Ehrenbezeigung andeuten wollten.

Es wäre, gemäß der Routine, meine Sache gewesen, sie hart anzulassen. In der deutschen Armee war der militärische Gruß das Symbol der Disziplin. Von der Disziplin hing die Existenz der Armee ab. Dies aber war, inmitten des Aufruhrs der Elemente, die Situation des Menschen, der seit Anbeginn der erhabenen Gleichgültigkeit der Natur preisgegeben ist. Diese kleine Kate, dieses vom Sturm umtobte Refugium der Wärme, war Adams erste Hütte nach der Vertreibung aus dem Paradies. Ein natürlicher Takt hinderte die Soldaten, zu einem so frühen Zeitpunkt der menschlichen Geschichte ein so spätes Symbol der Lächerlichkeit preiszugeben.

An einem eisernen Ofen briet eine Frau in einer mächtigen Pfanne ein Dutzend Eier. Auf einem großen Lehmofen lag, zwischen Lammfellen, eine uralte Frau. Zwischen unseren Beinen krochen eine Menge Kinder herum, von denen die kleineren nackt waren. Sie spielten mit einem schwarzen, borstigen, aufgeregt in der Hütte umherrennenden Schwein. Ich weiß nicht, ob es im Paradies wie im Zoologischen Garten gerochen hat. In Adams erster Hütte stank es. Ich merkte es erst, als meine Nasenschleimhäute soweit aufgetaut waren, daß sie ihre Funktion wieder aufnehmen konnten. Es stank so barbarisch, daß ich mich immer erst eine halbe Stunde draußen in der tobenden Natur einfrieren lassen mußte, ehe ich es in der behaglichen Wärme wieder eine Weile aushalten konnte.

Das göttliche Licht ist nur ein schmales Band des elektromagnetischen Spektrums der Wellen. Zwischen dem absoluten Nullpunkt von minus 273 Grad, der Temperatur des Weltraums, und den Millionen von Graden im Inneren der Sonne sind es keine hundert Grade der Temperaturskala, innerhalb deren lebende Wesen existieren können. Im Spektrum der Möglichkeiten zwischen Natur und Barbarei ist der Ausschnitt, in welchem Kultur sich entfalten kann, nur ein schmales Band.

Aus dem Paradies ist der Mensch vertrieben worden. Nie wird er dorthin zurückkehren. Werden wir es nicht weiterbringen, als in den Gestank von Adams erster Hütte zurückzukehren?

Gegen Abend kam endlich die Kompanie. Nichts hat mir je wieder soviel Ansehen bei den Männern verschafft wie die Tatsache, daß ich in dieser Lage ein Quartier gefunden hatte. Wir legten uns in dem großen Stall zwischen den Pferden ins karge Stroh und schliefen, wie nur Soldaten schlafen können.

Am nächsten Morgen entdeckten wir einen Sandweg, der die Marschstraße auf eine Distanz von etwa zwölf Kilometern umging. Drei Tage später gab es Frost. Wir brachen mitten in der Nacht auf und marschierten so lange, bis die Wärme des Tages den Boden wieder aufgetaut hatte. Das brachte weitere zwanzig Kilometer. Dann verwandelte sich der Marschweg in eine Art von Straße. Sambo gelang es, mit seinem Motorrad bis Krasnodar vorzudringen. Er kam zurück mit der großartigen Nachricht, in Krasnodar läge unser alter Freund von der Brückenkolonne, Hauptmann Stubbe. Stubbe schickte uns sofort drei seiner wunderbaren Zugmaschinen. Die eine hatte er mit Heu beladen. Wir machten einen Rasttag, um die Pferde in Ruhe füttern zu können. Dann hängten wir unsere Fahrzeuge an die Zugmaschinen und zogen los. Die Fahrer auf den schweren Zugpferden mit dem umgehängten Geschirr galoppierten neben den Zugmaschinen her. So zogen wir, ein wilder Haufen von Zigeunern, in Krasnodar ein.

Die Kompanie ging in Privatquartiere. Hauptmann Stubbe hatte rührend vorgesorgt. Wie ein Vater nahm er seine alten Freunde auf. Wie immer hatte er alles. So aßen wir zum ersten Mal Kaviar aus Kochgeschirren. Der Kuban ist einer der Flüsse, die der Stör zum Laichen hinaufzieht.

In Krasnodar gab es noch einige Residuen aus der vorsowjetischen Zeit. Die totalitäre Organisation hatte diesen Platz noch nicht ganz nivelliert. Die Kosaken trugen noch immer ihre alte Tracht – die hohen Fellmützen aus kostbarem Persianer mit dem roten Einsatz und die sich auf der Brust kreuzenden Patronengürtel. Ein Hauch von Fremdheit, ein Hauch von Orient umwehte sie, wenn sie, kerzengerade auf ihren kleinen, struppigen, so unbeschreiblich zähen Pferden sitzend, in einem kurzen, merkwürdigen Trab durch die Straßen ritten. Es gab sogar noch Antiquitätenläden, in denen schwarzäugige, lebhafte Armenier altes Silber und Teppiche feilboten. Für ein Kochgeschirr voll Kaffee konnte man einen herrlichen Perserteppich erwerben. Zwar entwickelte sich ein lebhafter Handel zwischen den Soldaten und den Händlern. Aber wenn man, was man besitzt, selbst tragen muß, verliert Besitz an Reiz.

Als wir bei Hauptmann Stubbe saßen, und palaverten, meldete sich unser Zahlmeister vom Urlaub zurück. Der Zahlmeister war ein alerter junger Verwaltungsfachmann mit treuen blauen Augen, dem an nichts so sehr gelegen war wie daran, gut zu leben. Diese Schwäche verband sich bei ihm mit dem Wunsch, beliebt zu sein. Dieses Problem löste er sozusagen auf der höheren Ebene. Er sorgte dafür, daß die Kompanie ebensogut lebte wie er. Wir waren nicht schlecht mit ihm dran.

Der Zahlmeister hatte fünfunddreißig Leute der Kompanie bei sich. Als er von Cherson aus nicht mehr auf die Krim gelassen wurde, sondern Marschbefehl zum Terek bekam, hatte er eine seiner alerten Überlegungen angestellt. Es mußte natürlich bei der Division auffallen, wenn die halbe Sanitätskompanie von Urlaub kam. So war er in Krasnodar ausgestiegen, hatte ein paar Tage und ein paar Nächte auf dem Bahnhof verbracht und unsere Leute aus den Zügen herausgeholt. Dafür lag er jetzt bei dem hübschesten Mädchen von Krasnodar im Quartier. Freilich, so sagte er, und seine treuen blauen Augen blickten traurig, sie sei eine verbohrte Kommunistin und brächte ihm nichts als Verachtung entgegen.

Ich besuchte ihn, um mir das hübsche Mädchen anzusehen. Das Quartier lag in einem großen Haus, in dessen Hof innen Galerien entlangliefen, von denen aus man die Quartiere betrat. Auf dem Hof standen einige der Bewohner des Hauses beieinander. Einer erzählte eine Geschichte. Die anderen lachten. Eine magere Ziege und ein struppiger Köter standen dabei. Sicher war es eine dieser herrlichen Geschichten, wie sie Michael Sostschenko uns überliefert hat. Ich stieg die knarrende, ausgetretene

Treppe hinauf. Die Leute sahen mir neugierig nach. Eine alte Frau machte mir auf. Sie trug die unscheinbare, hundertmal geflickte Kleidung, die fast alle Frauen in Rußland trugen.

Der Zahlmeister setzte mir einen guten alten Armagnac vor. Dann brachte die Alte den Tee. Die Kanne war aus Silber, ein Stück besten russischen Barocks, alt und kostbar. Die Alte schenkte ein. Die Geste des Tee-Einschenkens ist eine Geste der Gastfreundschaft. Ich sah ihr zu. Die schönen, gepflegten Hände einer alten Dame, der Herrin eines Schlosses in Niederbayern, bei der ich oft zu Gast gewesen war, fielen mir ein. Die Alte hatte dieselben Hände, nur daß sie abgearbeitet waren. Auch die Art, wie sie einschenkte, war in der Feinheit der Bewegung der Herrin eines Schlosses würdig. Ich sah sie zum erstenmal richtig an. Die Spuren vergangener Schönheit waren in ihrem Gesicht noch zu erkennen. Natürlich! Sie war eine Bywschaja, »eine Gewesene«. Ich bedankte mich: »Mille mercis, Madame!«

Mit einem kleinen Aufschrei setzte sie die Teekanne hin. »Ah, Monsieur! Vous parlez français? Vous connaissez Paris? Vous…«

Und nun trat etwas sehr Merkwürdiges ein. Sie versuchte, mit der sprudelnden Lebhaftigkeit, mit der die Russinnen Französisch fast noch schneller als die Französinnen sprechen, ihrer Überraschung Ausdruck zu geben. Es gelang ihr nicht. Sie begann zu stottern. Sie rang nach Atem. Die Worte fielen ihr nicht ein. Sie hatte ihr Französisch vergessen. Sie weinte. Die Tochter trat herein. Sie mochte das Weinen ihrer Mutter gehört haben.

Tamara Michailowna trug einen russischen Kasack, der ihre Figur vorteilhaft zur Geltung brachte, dazu juchtenlederne Reitstiefel. Sie hatte schwarzes, kurz geschnittenes Haar, ausdrucksvolle dunkle Augen, ein großflächiges Gesicht mit fein gebauten Schläfen, zarten bräunlichen Teint mit einem leichten rosigen Schimmer und ein schneeweißes Raubtiergebiß. Sie war nicht so sehr hübsch als vielmehr eine Schönheit, eine wirkliche Grande Beauté, etwas, was man sehr selten auf der Welt zu sehen bekommt. Ich war betroffen. Sie mochte das gewohnt sein. Der alerte junge Verwaltungsfachmann sah etwas verlegen in die Runde.

Nach einigen Präliminarien tranken wir schließlich den Tee zu viert. Die alte Dame entstammte dem russischen Kleinadel. Sie war in ihren jungen Jahren reich gewesen. Sie hatte einen Besitz von dreißigtausend Deßjatinen im Ural, im Gouvernement Jekaterinenburg, gehabt. Sie war viel gereist. Sie kannte Europa.

Ihr Mann war während der Revolution als Offizier der Denikinarmee gefallen. Tamara Michailowna war in der Revolution aufgewachsen. Sie war Komsomolzin geworden und später Mitglied der Kommunistischen

Partei. Sie hatte nichts mehr von dem Glanz, in dem ihre Mutter aufgewachsen war, kennengelernt. Aber nicht nur, daß sie davon nichts mehr wußte, sie hielt auch die Erzählungen ihrer Mutter für lauter konterrevolutionäre Lügen.

Tamara Michailowna selbst sprach nicht Französisch, aber ganz gut Deutsch. Deutsch war bis zum zweiten Weltkrieg Pflichtfach in den russischen Mittelschulen.

Die alte Dame forderte mich auf: »Erzählen Sie ihr von Paris!«

Als erstes erzählte ich von der Metro in Paris. Ich wußte, daß die sowjetische Propaganda die Untergrundbahn in Moskau als einen großen Fortschritt des sozialistischen Staates propagierte. Tamara Michailowna wollte nicht glauben, daß es in Paris seit einem Menschenalter eine Untergrundbahn gebe.

Die alte Dame, glücklich, all ihre Lügen vor ihrer Tochter als Wahrheit bestätigt zu sehen, forderte mich zu immer weiteren Berichten auf. So saßen wir, und ich erzählte – vom Eiffelturm und von den kleinen Künstlerkneipen auf dem Montmartre, von den sieben Hügeln Roms und von St. Peter, dem Heiligtum der Christenheit, vom Trafalgar Square und vom Britischen Museum in der Hauptstadt des Empire, von Berlin und dem Schloß Sanssouci, von Madrid und vom Real Monasterio di San Laurenzo del Escorial.

Dem schönen Mädchen brach eine Welt zusammen. Ich baute eine neue vor ihrem lebhaften Geist auf. Sie begann, mich mit Fragen zu bestürmen. Allmählich kamen noch andere Bewohner des Hauses neugierig hinzu. Immer neuer Tee wurde eingeschenkt, und es begann, in drei verschiedenen Sprachen, einer jener herrlichen Abende, in denen die Russen so unübertreffliche Meister sind, einer jener Abende, die bis an den Rand gefüllt sind mit uferlosen Diskussionen, schrankenloser Bewunderung, temperamentvoller Begeisterung und liebenswürdigem Witz. So lernte der alerte junge Verwaltungsfachmann, nachdem er halb Rußland erobert hatte, endlich auch ein wenig von Rußland kennen.

Als ich spät in der Nacht mit dem schönen Mädchen auf der Galerie stand, strahlte der große kaukasische Mond vom Himmel. Wir sprachen von Rußland, von Mütterchen Rußland, vom heiligen, alten Rußland mit den großartigen Schönheiten seiner gewaltigen Natur und den liebenswerten Vorzügen seiner frommen und einfachen Menschen. Noch immer ist dieses alte Rußland nicht verloren. Dreißig Jahre Revolution haben die russische Frau nicht wirklich verändert. Wenn etwas diesen Exorzismus des politischen Intellekts überleben wird, dann wird es die russische Frau sein.

Nur der alte Mond mag in seinen Erwartungen über die Russin und den Deutschen, die da zu ihm aufschauten, enttäuscht gewesen sein. Ich war nicht Gast dieses Landes. Ich hatte noch eine Aufgabe zu erledigen. Ich mußte dem schönen Mädchen sagen, daß ihr Leben in Gefahr war. Sie war kommunistische Parteigenossin. Nur durch einen Zufall war sie bisher der Verhaftung entgangen.

Am anderen Morgen war Tamara Michailowna verschwunden.

PERIPETIE

Der Spätherbst 1942 war die Peripetie des großen Steppendramas. Wir saßen nicht mehr »am Rande Rußlands«. Wir näherten uns den Kraftzentren des Gegners. Wir hatten das riesige, schwerfällige Reich in Bewegung gebracht. Die Distanzen hatten kontinentale Ausmaße angenommen. Von Krasnodar, das zweitausend Kilometer von Berlin entfernt liegt, wurden wir im Eisenbahntransport sechshundert Kilometer nach Südosten gefahren. In Mosdok, kurz vor Wladikawkas, verließen wir den Transportzug. Wladikawkas, die Königin des Kaukasus, bewachte, von den Russen erbittert verteidigt, den nördlichen Zugang zur Paßstraße über das Gebirge nach Tiflis. Wir waren der Grenze Indiens näher als der unseres eigenen Landes.

Damals ging unsere Sonne über dem Kaspischen Meer auf. Asien, das große, geheimnisvolle Asien, war unser Horizont geworden. Das alte Tiflis mit dem wunderbar fremd und schön klingenden Namen, die Stätte so vieler historischer Ereignisse, einst die Hauptstadt der georgischen Könige, erobert von Arabern, Mongolen, Türken und Persern, der Sitz des Kadscharensultans Agha Mohammed, der Platz, an dem Josef Dschugaschwili seine politische Laufbahn begonnen hatte, 1918 schon einmal von den Deutschen besetzt – vielleicht war es das Quartier von morgen.

Von Komotini, dreihundert Kilometer westlich von Konstantinopel, bis Mosdok, zweihundert Kilometer nördlich von Tiflis, hatten wir das Schwarze Meer in seiner nördlichen Hälfte umkreist. Am Strand der Aegaeis, an der Küste von Alexandropolis, waren wir, auf den Spuren des Odysseus, in der Höhle des Polyphem gewesen. Bei Batum, im alten Kolchis, hätten wir das Land betreten, aus dem Jason das Goldene Vlies holte. Wir waren eine schweifende Horde von Kriegern geworden.

Es war nicht das Goldene Vlies, es waren nicht die Schätze der Phaeaken, die wir heimbringen sollten. Uns war bestimmt, an Haupt und Gliedern geschlagen zu werden, ehe wir in das Land unserer Väter zurückkehrten. Die einzige Beute sollten unsere Erfahrungen sein.

Für den Soldaten bedeutet ein Eisenbahntransport immer eine gute Zeit. Erfahren in der Technik, vermeidbare Unbilden zu vermeiden, hatten die Fahrer die Güterwagen, in denen die Pferde transportiert wurden, mit Öfen ausgestattet. Natürlich war das wegen der Gefahr, daß die Streu in den Wagen in Brand geriet, verboten. Wenn man die Türen schloß, spendeten die sechs Pferde, die in jedem Wagen standen, ausreichend Wärme. Aber die Fahrer wollten die Türen offen lassen. Sie wollten etwas von der Welt sehen. Der Feldgendarm auf dem Bahnhof von Krasnodar, der die Öfen beanstandete, ließ sich – durch eine Flasche Cognac – leicht davon überzeugen, daß eine Gefahr nicht bestand. Für den Personenwagen, in dem die Manschaften transportiert wurden, förderte Feldwebel Gehrmann einen Heizschlauch zutage, den er seit Rumänien in einer Kiste des Operationsbestecks mitgeführt hatte. Der Lokomotivführer wurde bewogen, den Personenwagen hinter die Lokomotive zu rangieren. Wir schlossen unseren Wagen mit dem Heizschlauch an die Lokomotive an. Sämtliche Wagen liefen auf europäischer Spur.

Wir fuhren tagelang. Wir passierten viele Orte, die noch vor kurzem in den Wehrmachtsberichten genannt worden waren. Wir setzten uns gern ein paar Stunden in einen Pferdewagen. Man sah mehr von der ständig wechselnden kaukasischen Landschaft mit ihren meilenweiten Maisfeldern und ihren herrlichen Nußbaumwäldern. Es ist eine Landschaft, deren Merkmale Weite und Großartigkeit sind. Unendliche Zeit stand zur Verfügung. Jedes Palaver konnte behaglich zu Ende geführt werden.

Den meisten unserer Leute hatte der Urlaub einen Schock versetzt. Das tiefe Unbehagen, das über Deutschland lag, hatte sie betroffen gemacht. Einige von ihnen hatten als Sanitäter Transportzüge begleitet, in denen in Sewastopol für die Kriegsindustrie angeworbene Russen, Männer und Frauen, nach Deutschland befördert worden waren. Diese Anwerbung hatte in Sewastopol, unter den Augen der Armee, noch den Charakter völliger Freiwilligkeit gehabt. Unsere Leute waren tief empört über die Rücksichtslosigkeit, mit der diese Zivilisten auf dem Transport behandelt worden waren. Wir hatten ja das Gefühl, mit den Russen befreundet zu sein. Die Männer führten das, was sie hatten mitansehen müssen, auf Mängel in der Organisation zurück. Daß diese Arbeiter und Arbeiterinnen einem rechtlosen Sklavendasein entgegenfuhren, davon wußten sie nichts.

Die Dinge ließen sich nicht mehr auf einen Nenner bringen. Die Befreiung des russischen Volkes von der Sowjetsklaverei wurde von den Anderen feierlich verkündet. Gleichzeitig führten sie in Kiew eine Posse mit einer ukrainischen Regierung auf, der sie nicht mehr erlaubten, als gerade eben sich zu konstituieren. Hunderttausende von Russen kämpften schon in der deutschen Armee mit derselben Tapferkeit, mit der sie vor kurzem noch in der Roten Armee gekämpft hatten. Sie kämpften für die Befreiung ihres Landes von dem System der Sowjets. Gleichzeitig ließ man andere Hunderttausende von Kriegsgefangenen, die ebenso bereit gewesen wären, den Kampf gegen die Sowjets aufzunehmen, in den Gefangenenlagern der Ukraine Hunger leiden. Auch das hatten unsere Leute aus den Berichten von Wachmannschaften, die sie gelegentlich in den Urlauberzügen getroffen hatten, erfahren.

Rittmeister Graf Würmb, ein nobler alter Kavallerieoffizier aus süddeutschem Hochadel, erzählte mir später von den Erfahrungen, die er als Kommandeur einer Abteilung von Kosaken gemacht hatte. Er hatte während des Sommerfeldzuges 1942 in der Elistasteppe drei Schwadronen Kosaken geführt. Er hatte für jede Schwadron nur einen oder zwei deutsche Offiziere und einige deutsche Wachtmeister zur Verfügung gehabt. Die Kosaken waren großartige Soldaten gewesen.

Eines Tages waren sie zu ihm gekommen – ihre Heimatdörfer lägen in der Nähe, sie wollten nach Hause reiten, neue Pferde und junge Mannschaft zu holen. Es war eine verteufelte Situation gewesen. Die Kosaken konnten verschwinden und am nächsten Tage wieder bei der Roten Armee sein. Graf Würmb hatte ihnen ohne Zögern die Erlaubnis gegeben, loszureiten. Er, ein Herr, wußte, daß man Tapferkeit nicht von Männern verlangen kann, denen man Vertrauen verweigert. Zwei Tage lang saßen die wenigen Deutschen allein in der Steppe. Am dritten Morgen waren die Kosaken wieder da. Nicht einer fehlte. Dreißig neue waren dazugekommen. Mit stolzer Geste meldete sich der Führer der Kosaken bei seinem deutschen Kommandeur zurück.

Der primitive Mann, der in Deutschland an der Spitze stand, war kein Herr. Die kleine Zahl überwertiger Ideen in seinem wirren Kopf projizierten sich in riesigen Vergrößerungen in die Wirklichkeit des Krieges. Mag immerhin das System des dialektischen Materialismus von falschen Voraussetzungen ausgehen, ein Jahrhundert lang ist es von scharfen Köpfen durchdacht worden. Dieses durchdachte System war den verwirrten Pseudomythen der Anderen schließlich überlegen. Die Tragödie der Armee des Generals Wlassow, der nicht einen Herrn, sondern den primitiven Mann zum Gegenspieler hatte, ist eine der trostlosesten dieser an Tragödien so reichen Jahre. Das Schicksal der Wlassowarmee ist in Deutschland kaum bekannt geworden.

Während wir zum Terek hinunterrollten, gingen merkwürdige Gerüchte um. Die Zersetzungserscheinungen der Roten Armee hatten Fortschritte gemacht, die den Sowjets Schrecken bereitet haben müssen.

Ganze Truppenteile schon waren geschlossen zu den Deutschen übergegangen. Bei den Russen bestand die Gefahr einer psychischen Epidemie. Es gingen Gerüchte über Waffenstillstandsverhandlungen. So etwas erfuhr man, wenn auch meist mit großer Verspätung. Churchill war in Moskau gewesen. Irgendwo in den geheimnisvollen Bereichen der Diplomatie spielten sich große Dinge ab. Hoffnungen blühten auf.

Wenn man Krieg führt, kann man schwer anders als in den Kategorien von Sieg und Niederlage denken. Auch das ließ sich nicht mehr auf einen Nenner bringen. Man konnte den Sieg nicht wirklich wünschen. Die Herrschaft des primitiven Mannes, der beschränkte Hochmut der Anderen nach einem Sieg – eine schreckliche Vorstellung! Noch viel schrecklicher aber war die Vorstellung einer Niederlage. Immer mehr verfiel der Soldat an der Front der überflutenden Gewalt, die die ungeheure Anstrengung von Hunderttausenden tapferer Männer auf einen jeden ausübte, der dazugehörte. Gegenüber der mächtigen Wirklichkeit einer kämpfenden Armee in den Wechselfällen des Krieges sind die Ergebnisse des Kampfes eine vage Vision hinter dem Horizont der Zukunft.

Niemand vermag die wirklichen Folgen eines Krieges vorauszusehen. Hatten einst die Tommies im Schlamm Flanderns dafür gekämpft, daß Mussolini in den Palazzo Venezia einzog? Tatsächlich aber war es eine Folge. Eine gepflegte Phantasie kann für alles Argumente erfinden. Von den harten Notwendigkeiten des Daseins bedrängt, hörte der Soldat auf zu denken. Er überließ sich der Gewalt der Wirklichkeit. Da er den Mut zur Niederlage nicht aufbrachte, entschloß er sich, für das schreckliche Risiko des Sieges zu optieren. Das tat er in dem gleichen Augenblick, in dem die Sowjets zum erstenmal ernsthaft sich bedroht fühlten, in dem gleichen Augenblick, in dem der primitive Mann an der Spitze durch die Hybris seiner Bedingungen Verhandlungen zum Scheitern brachte und die Niederlage einleitete. –

Wir luden in der Nähe von Mosdok aus. Dabei bekamen wir zu unserer größten Verblüffung Artilleriebeschuß. Die Russen konnten also nicht allzuweit entfernt sein. Der Bahnhofskommandant, den wir befragten, meinte resigniert: »Ja, das ist eine verrückte Gegend hier!«

Wir marschierten über den Terek und bezogen ein Quartier wenige Kilometer südlich des Flusses, in einem Ort, dessen Namen ich vergessen habe und den ich auch auf keiner Karte mehr finden kann. Wir richteten einen Hauptverbandplatz ein, aber wir lagen sehr weit hinten, und an der Front war es ruhig. Wir hatten nur sehr wenig zu tun.

Es war in der Tat eine »verrückte Gegend«. Die Sonne ging hier, auch im Dezember, um vier Uhr morgens auf. Mittags um halb zwei Uhr standen schon die Sterne am Himmel. Das lag daran, daß im gesamten von den Deutschen in Europa besetzten Gebiet die gleiche Uhrzeit galt. Gegen Bordeaux waren das aber drei astronomische Stunden Unterschied. Sonne und Sterne schimmerten nur trübe am Zenit durch den Nebel, der an der Wetterscheide des Kaukasus um diese Jahreszeit ständig die Landschaft einhüllt.

Eine weitere Überraschung war eine Mäuseplage von wahrhaft biblischen Ausmaßen. Saß man im Quartier, sah man ständig zwanzig bis dreißig Mäuse im Raum ihr Wesen treiben. Sie fraßen alles. Sie fraßen unsere Verpflegung. Sie fraßen das Papier von unseren Zigaretten. Sie fraßen nachts die Briefe, die in den Röcken steckten. Am Morgen fand man einen Haufen Krümel in der Tasche. Sie liefen über den Operationstisch. Sie liefen beim Operieren in die Wunden hinein. Die Küche führte einen verzweifelten Kampf. Blechkanister wurden eine Kostbarkeit. Nichts konnte so sehr den Eindruck hervorrufen, daß die Welt nicht in Ordnung sei, wie unsere Hilflosigkeit gegenüber der Masse dieser kleinen Nager. Ihr graues Gewimmel hatte etwas von der gleichen Unheimlichkeit wie die andere biblische Plage, die Heuschrecken.

Wir saßen oft im Dunkeln. Kerzen waren die andere Kostbarkeit. Niemand steht um drei Uhr morgens freiwillig auf, weil es hell wird. Niemand geht um zwei Uhr mittags schlafen, weil es dunkel wird. Es war in all seiner Schönheit ein fremdes Land, unheimlich und voller Dämonen. Dazu hatten wir keine Ahnung, wie die Lage war. Aus den Wehrmachtberichten konnten wir uns kein Bild davon machen, wie nun eigentlich die Front verlief. Daß es gar keine durchgehende Front mehr gab, ahnten wir nicht.

Es wurde beschlossen, daß ich am nächsten Tage zur Division reiten sollte, um bei Major Fabricius endlich zu erfahren, was los sei. Ich ritt um drei Uhr morgens los. Es sollte ein bemerkenswerter Tag werden.

LEMMINGE

Man kennt Pferde nicht, wenn man sie nicht in der Steppe erlebt hat. Sie ist ihre Heimat. Wenn das Pferd seinen Kopf hebt und die Nüstern bläht, um mit einem Wiehern den ersten Schimmer des Morgens zu begrüßen – es ist eine Fanfare aus uralter Zeit, berstend von Leben und wie dazu geschaffen, in der endlosen Weite ohne Echo zu verklingen.

Als wir gegen halb vier Uhr morgens losritten, lag dichter Nebel über der Landschaft. Es war nicht kalt. Der Kaukasus ist ein schmales Gebirge. Wir waren, da wir fast am Fuße des Gebirges entlangritten, von seinem

Kamm höchstens fünfzig Kilometer entfernt. Von jenseits des Gebirges brachte der Südwind mit dem Nebel zugleich Wärme mit. Chamidjia, wo ich den Major Fabricius zu treffen hoffte, lag nur sechs Kilometer westlich von unserem Quartier. Dazwischen war ein kleiner Flußlauf, der von Süden in den Terek mündete, auf der Karte eingezeichnet. Über diesen kleinen Fluß mußten wir hinüber.

Die Flüsse der kaukasischen Steppe sind mit unseren Flüssen nicht zu vergleichen. Was ein Fluß überhaupt ist, das lernten wir erst hier. Das Tal des Terek ist mehrere Kilometer breit. Die steilen Ränder, von denen das Tal gesäumt ist, sind dreißig bis fünfzig Meter hoch. Sie erzählen ein Stück Erdgeschichte. In gewaltigen Hochwasserkatastrophen hat das Wasser sich im Lauf der Jahrtausende in breitem Strom tief in den weichen Lößboden hineingefressen. In ruhigen Zeiten ist das Tal von lieblicher Schönheit. Zwischen Strauch- und Bauminseln, von unzähligen Vögeln belebt, schlängelt sich der Fluß in einem wunderbaren smaragdenen Grün in ständig wechselnder Richtung friedlich dahin. Es gibt viele Furten, durch die man ihn durchschreiten kann. Bei Hochwasser reißt er die Brücken weg.

Man muß zuweilen viele Stunden an den Steilrändern entlangreiten, ehe man eine Stelle findet, an der man zum Wasser hinuntergelangen kann. Ich hatte außer Harloff noch den Feldwebel Gehrmann mitgenommen. Er war als Reiter genau so tüchtig wie als Operationsschwester. Die Pferde hatten ein paar Tage gestanden. Sie waren kaum zu halten. Ihre morgendliche Unruhe, das leise Klirren des Zaumzeugs, das rhythmische Knirschen der Sättel, der Dampf, den die Rösser aus den Nüstern stießen, das Gefühl des Schutzes, das die Verhüllung der Landschaft durch den Nebel hervorrief, ein rötlicher Schimmer zu unseren Häuptern – das alles ließ uns die Welt herrlich erscheinen, voll von Geheimnissen und Gefahren, voll der Lust der Kreatur zu leben und voll der Allmacht des Himmels, das Schicksal der Kreatur zu bestimmen. Jeder der drei, die durch diesen Morgen ritten, wußte von den beiden anderen, daß sie ihr Schicksal mit ihm zu teilen bereit waren. Das kostbare Gefühl der Freundschaft ergriff Besitz von den Herzen der Männer. Ein Tabu, das es wahrscheinlich schon gegeben hat, als in grauer Vorzeit zum erstenmal Männer über diese Steppe geritten sind, schützte die Kostbarkeit dieses Gefühls vor dem Wort. Es war hell geworden. Der Weg zum Terek war gut zu erkennen. Wir brachten die Pferde in Trab.

Wir hatten beschlossen, zunächst zum Terek hinabzureiten. Dabei machten wir zwar einen Umweg, aber wir wußten wenigstens, wie wir den Steilhang hinunterkamen. Am Fluß entlang wollten wir bis zur Einmündung des kleinen Seitenarmes reiten und dann diesen hinauf, bis wir eine Furt fänden. Das mißlang. Der kleine Seitenarm mündete mit einem Sumpfdelta in den Terek. Es gelang uns nicht, über den Sumpf hinüberzukommen. In solch urweltlicher Landschaft kann es leicht geschehen, daß ein Sumpf Roß und Reiter verschlingt.

Wir ritten zurück. Über die Steppe erreichten wir unseren tückischen kleinen Fluß zum zweitenmal. Er war kaum mehr als ein bescheidener Bach. Aber wir kamen den Steilhang nicht hinunter. Wir mußten acht Kilometer nach Süden reiten, ehe wir einen Pfad zum Flußbett hinunterfanden. Der Pfad bröckelte unter den Hufen der Pferde ab, doch führte er auf der anderen Seite wieder auf die Steppe hinauf. In anderthalb Stunden konnten wir in Chamidjia sein. Es war unterdessen zehn Uhr morgens geworden. In vier Stunden würde die Nacht hereingebrochen sein. Da immer noch Nebel herrschte, mußten wir nach dem Kompaß reiten. Wir trabten los. Vor den Hufen der Pferde stoben Massen von Lemmingen auf, jene merkwürdigen, dem Hamster ähnlichen Tiere, die sich von Zeit zu Zeit zu Zügen von Zehntausenden sammeln und Hunderte von Meilen weit zur Küste ziehen, um sich dann über irgendeinen Felsen ins Meer zu stürzen. Die Tiere waren nicht besonders scheu. Sie machten nur ein paar Sätze, dann verhofften sie, hockten sich auf ihre Hinterbeine und sahen uns aus ihren jettschwarzen Augen an, bis wir vorübergeritten waren – ein kleines, komisches Spalier der Neugier. Einmal stöberten wir eine Schar Trappen auf. Wie Gespenster stoben die mannsgroßen Laufvögel im Nebel davon.

Plötzlich kam ein scharfer Windstoß. Der Nebel verflüchtigte sich. Aus seinen letzten Schleiern tauchte das Kaukasusgebirge vor unseren Augen auf. Es war, als werde in diesem Augenblick die Schönheit der Welt aus den Nebeln geboren. Funkelnd in der Sonne, in leuchtendem, unberührtem Weiß, phantastisch gezackt in den tiefblau gewordenen Himmel ragend, als sei die Weite der Steppe in einer ungeheuren Brandung erstarrt, so stand – einer der großen Horizonte der Welt – die Kette der Viertausender zwischen dem Kasbek und dem Elbrus vor unserem geblendeten Auge.

Unter dem Aspekt der Erhabenheit der Schöpfung scheinen des Menschen unendliche und verzweifelte Bemühungen nicht mehr Sinn zu haben als das graue Gewimmel der Steppe. Zuweilen scheint der Mensch von dem gleichen unheimlichen Wahnsinn, von der gleichen leidenschaftlichen Sehnsucht nach Vernichtung erfaßt zu werden, welche die Lemmingszüge ins Meer treibt. Harloff, der schweigsame Mann, ergriffen von dem Bild, das vor seinem Auge stand, streckte plötzlich in großer Geste seine harte, zerarbeitete Hand gegen die Pracht der Berge aus mit den Worten: »Und wir führen Krieg!«

So viele Denkmäler in Bronze und Stein der Mensch auch immer dem Ruhme setzen mag, in der Kaukasussteppe, vor dem Horizont der Schöpfung, stand für einen Augenblick das wahre Denkmal des Menschen, mit harter, zerarbeiteter Hand in die Zukunft weisend. Die Zukunft der unendlichen und verzweifelten Bemühungen des Menschen ist, dem zum Siege zu verhelfen, was ihn über die Lemminge erhebt, dem Licht der Vernunft, das ihm eingepflanzt ist von Anbeginn. –

Fabricius und ich begrüßten uns auf das herzlichste. Wir begannen, Freunde zu werden. Jeder wußte eine Menge neuer Geschichten. Jeder brannte darauf, sie dem anderen zu erzählen.

Der Bursche des Majors machte sich daran, ein Hühnchen zu braten. Wir entkorkten eine Flasche Cognac. Fabricius hatte Geburtstag gehabt. Die Ordonnanzen hatten, um ihn zu erfreuen, sich den Spaß ausgedacht, ihm eine Bar zu bauen, mit Theke und hohen Stühlen. So hockten wir uns in dieser lächerlichen Kate auf die Barstühle, quasi im Excelsior Palace Hotel Kaukasus, so, wie wir in einem früheren Leben an der Bar des Excelsior Palace Hotel Lido gehockt hatten. Vielleicht war unsere Kate noch nicht einmal so lächerlich wie der weiße Prachtbau am Strand von Venedig. Wir waren von heiterer Gelassenheit und unterhielten uns über Gott und die Welt, insbesondere über die Welt, in welche wir hineingeraten waren. Der Soldat kennt die chinesische Weisheit, daß es Glück auf Erden nicht gibt, daß man aber darauf achten muß, das nicht zu versäumen, was es auf Erden zuweilen gibt – den glücklichen Augenblick!

Ich erfuhr dabei, daß die Welt, in welche wir hineingeraten waren, weit dunkler aussah, als ich geglaubt hatte. Die Japaner hatten in Ostasien neue, unglaubliche Fortschritte gemacht. Bedeutete das Gutes oder Schlechtes? Ein Soldat, der den Eintritt der Vereinigten Staaten von Amerika in einen Weltkrieg schon einmal erlebt hat, ist skeptisch.

Fabricius zog eine Karte heraus und breitete sie auf dem Bartisch aus. Auch das war nicht viel anders, als hätten zwei reisende Freunde im Excelsior Palace am Lido eine Karte herausgezogen, um sich darüber klarzuwerden, ob sie ihre Fahrt in die Antike in Richtung Florenz oder in Richtung Ravenna fortsetzen sollten.

Sollten wir beschließen, Tiflis zu erreichen, oder sollten wir versuchen, die Japaner auf der Terrasse des Grand Hotel in Karatschi zu treffen? Bis Karatschi waren es nur noch zweitausendsiebenhundert Kilometer. Fabricius hatte noch nie Sake getrunken. Ich erzählte ihm von Tokio, das ich nach dem Erdbeben von 1923 gesehen hatte, und von Kyoto, der alten kaiserlichen Haupstadt mit seinen herrlichen Tempeln, seinen kostbaren uralten Schätzen, seinen unzähligen Priestern und den Telegraphendrähten, die sich über die Tempeldächer hinziehen.

Auf Fabricius' Karte waren merkwürdige Dinge eingezeichnet. Die taktischen Zeichen, die der Generalstab auf seinen Karten verwendet, waren mir bekannt. Ich sah die Karte eine Weile an. Fabricius betrachtete mich währenddessen mit ironischem Lächeln.

»Hm!«

»Jawohl! Hm!«

»Sagen Sie, Fabricius, ist das die Feindlage?«

»Natürlich! Was sonst!«

»Aber hören Sie, da sitzen wir doch schon in einem sozusagen fertigen Kessel drin! Den brauchen die Russen doch nur noch zuzumachen!«

»Finde ich auch!«

Dann erläuterte er mir die Karte: »Sehen Sie, hier! Hier haben die Russen fünf Divisionen über die Paßstraße aus Tiflis nach Wladikawkas gebracht. Unser Angriff auf Wladikawkas ist abgeschlagen worden. Hier im Norden, in der Elistasteppe, stehen Teile von mindestens sechs Divisionen. Die haben die Russen über das Kaspische Meer nach Machatsch Kale gebracht. Sie haben sogar hier, an der Küste entlang, in aller Eile eine Straße gebaut, die noch auf keiner Karte eingezeichnet ist.«

»Und wir?«

»Wir? Wir fahren auf Urlaub!«

»Und warum gehen wir nicht auf eine vernünftigere Linie zurück?«

Plötzlich wurde Fabricius pathetisch und begann: »Der deutsche Soldat gibt keinen Fußbreit eroberten Bodens...«

»Ach so! Aber schließlich kann das doch die Armee machen!«

»Die Armee kann gar nichts mehr. Die befehligen aus dem Hauptquartier jetzt schon ungefähr die Bataillone.« Dann fragte er mich: »Wo glauben Sie, müßte die Linie liegen, auf die wir uns vernünftigerweise und nach den Regeln der Kriegskunst zurückziehen müßten?«

Ich konnte ihm nicht antworten.

»Sehen Sie, hier!« Er fuhr mit dem Finger die Linie des Don entlang.

»Aber wir stehen doch schon an der Wolga!«

»Da werden wir nicht mehr lange stehen.«

Fabricius erklärte mir, die Sommeroffensive sei mißlungen. Als gelungen hätte sie nur betrachtet werden können, wenn der ganze nördliche Kaukasus erobert worden und fest in unserem Besitz wäre. Stalingrad sei nicht zu halten. Es müsse unverzüglich geräumt werden. Wahrscheinlich sei es dafür schon zu spät. Die ganze Heeresgruppe Süd müsse an den Don zurückgenommen werden.

»Wenn die Mut hätten da oben, dann würden sie auf den Dnjepr zurückgehen. Dann wären wir den russischen Druck den Winter über los.«

»Und wenn das nicht geschieht?«

Fabricius sah mich kalt an. Dann sagte er – ich erinnere mich dieses Satzes Wort für Wort: »Dann verlieren die eben ihren Krieg!«

Das Hühnchen zum Mittagessen war fertig. Wir sprachen von anderem. Unterdessen brach die Dunkelheit herein. Ich blieb die Nacht über beim Divisionsstab. Beim Essen fragte mich der General, den wir gern Väterchen Exzellenz nannten, ob ich nicht auf Urlaub fahren wolle. Fabricius und ich sahen uns kurz an. Ich bedankte mich bei Väterchen Exzellenz. Acht Tage später fuhr ich wirklich. Nach dem Essen zeigte mir der General einen Ehrensäbel, den der Ältestenrat der Karatschaier, eines kaukasischen Bergvolkes, das sich mit den Deutschen verbündet hatte, ihm feierlich überreicht hatte. Es war eine kostbare Goldarbeit aus der Mitte des achtzehnten Jahrhunderts.

Drei Monate später sollte ich den Männern des Ältestenrates, der Regierung eines Volkes, das seit Jahrhunderten um seine Freiheit gekämpft und nun seine letzte Hoffnung auf die Deutschen gesetzt hatte, auf der Halbinsel Kertsch wieder begegnen – auf dem Weg ins Exil. Schon dort, in dem grauen Gewimmel des Zeitalters der Lemminge, wußte kaum noch jemand, daß diese würdigen Männer mit ihren würdigen Bärten die Regierung eines freien Volkes gewesen waren. Heute gehen einige wenige Überlebende dieses Volkes in sibirischen Konzentrationslagern einem elenden Ende entgegen.

Kaum mit dem ersten Strahl seiner Morgenröte hat das Zeitalter der Vernunft den dunklen Horizont der Geschichte des Menschen erhellt. Kain und Abel sind eines Mannes Söhne. Wie könnte da der Mensch einen Sieg über den Menschen erringen? Noch nie war der Mensch des Menschen Bruder. Noch immer, wenn Hellas jubelte, weinte Troia. Noch immer können Sieg und Ruhm mit keiner anderen Währung erkauft werden als mit den Tränen der Unglücklichen und der Verzweifelten.

FERIEN VOM SCHICKSAL

Urlaub im Krieg ist eine der merkwürdigsten Gaben, die Pandora in ihrer Büchse hat. Man stelle sich vor, Odysseus wäre von Troia aus nach Ithaka auf Urlaub gefahren! Urlaub vom Krieg ist ein Phaenomen der Neuzeit, die sonderbare Konzession eines Apparates der Massenorganisation an die Person des einzelnen. Es ist der Versuch, mit dem Kriegsgott ein kleines Anzahlungsgeschäft zu tätigen. Der Kriegsgott läßt sich auf solche Geschäfte nicht ein.

Eines Tages hatte ich den Fahrschein nach Ithaka in der Hand. Das war vielleicht wirklich ein glücklicher Augenblick. Der vergessene Horizont dessen, was ich einmal gewesen war, tauchte aus der Erinnerung auf. Ich würde Penelope wiedersehen!

Ich würde unter den Olivenbäumen wandeln, die der ehrwürdige Laërtes in seinen jungen Tagen gepflanzt hatte. Ich würde nachdenklich am Kamin sitzen – *à la recherche du temps perdu.*

Aber schon kam Erich, der vielgewandte Bursche, mit der Frage nach etwas, was die Büchse der Pandora noch nicht enthalten hatte. In Deutschland gab es keine Zigaretten. Was würde man auf Urlaub rauchen?

Erich war Berliner, geboren am Oranienburger Tor. Obwohl es das Oranienburger Tor nur noch auf alten Stichen gibt, noch immer warf es seinen Schatten. Unteroffizier Fuchs hatte einmal bei einem Palaver den ironischen Vorschlag gemacht, die Kompanie sollte nach dem Krieg nicht durch das Brandenburger, sondern durch das Oranienburger Tor einziehen. Jahrelang arbeitslos, hatte Erich es zum Schuldiener in Zossen gebracht. Klein, listig und voller Witz, war er für den Sekundaner der pittoreske Mentor in den Künsten des Lebens gewesen, welche man nicht in der Schule lernt. Er war ein glänzender Schachspieler mit dem Gesicht eines Gelehrten, der mit wissenschaftlicher Skepsis das Leben studierte und sich nichts vormachen ließ. Er pflegte zu sagen: »Icke, die Stimme des Volkes, meene...«, und dann kam gewöhnlich einer jener goldenen Sprüche, die die Weisheit des Volkes über alle Wechselfälle der Geschichte hin bewahrt. Erich haßte jedes Ressentiment. Darin waren wir einig. Er haßte Stiefel. Darin waren wir nicht einig. Er liebte es, eine Art indianischer Schuhe zu tragen. So hatte er den Namen Mokassin bekommen. Mokassin hatte seit längerer Zeit für meinen Urlaub gespart und überreichte mir einen kleinen Vorrat an Zigaretten.

In Deutschland war die Verpflegung knapp. Man mußte sich also mit Lebensmitteln bepacken. So schleppte der miles gloriosus, der mit Ruhm bedeckte Held, eine kaukasische Gans zweitausend Meilen weit in ein Dorf in Tirol. Mokassin wußte auch, daß man dazu eines Lederriemens bedurfte, da man in den gutgeheizten Urlauberzügen ab Rostow die Gans außen am Wagen aufhängen mußte. Vom Dampf der Lokomotive wurde sie vereist. An jedem Urlauberzug hingen auf jeder Seite vierzig bis fünfzig solcherart vereister Gänse.

Ich verabschiedete mich von Rombach. Wir wußten nicht, ob wir uns je wiedersehen würden. Stalingrad war eingeschlossen. Da oben war der Winter, der unheimliche russische Winter, schon hereingebrochen. Bei uns war noch immer Herbst. Aber beide kannten wir die Lage. Natürlich hatte ich ihm berichtet, was ich bei Major Fabricius erfahren hatte. Vielleicht gerieten wir hier – ach nein, der Trennungsstrich war schon gezogen, vielleicht geriet er hier in ein zweites Stalingrad, und ich saß irgendwo dahinten in Europa in Sicherheit. Ebensogut konnte es geschehen, daß ich gerade rechtzeitig zurückkam, um in eine Katastrophe hineinzugeraten, während er auf Urlaub fuhr. Das Abzahlungsgeschäft mit dem Kriegsgott war ein reines Lotteriespiel.

Ich hatte das Gefühl, nicht fahren zu dürfen. Unsere wunderbare Zusammenarbeit wurde unterbrochen. Ein Chirurg weniger bei der Kompanie – wenn es größere Kampfhandlungen gab, würde mein Urlaub Menschen das Leben kosten. Aber freiwillig dableiben? Es ist eine alte Regel unter Soldaten, nichts freiwillig zu tun.

Rombach und ich sprachen über das alles nicht. Jeder wußte nur, wie in einer alten Ehe, daß der andere das gleiche dachte. Von seiten Rombachs war es eine Frage feinsten Taktes, meine Skrupel zu ignorieren. Ein Wort von ihm, und ich wäre wahrscheinlich dageblieben. Mokassin, mit dem ich die Sache beim Rasieren besprach, lachte mich einfach aus. Listig fragte er: »Sie wollen wohl noch 'n Orden haben, womöglich zum Halse raus? Und wat is' mit Madame Penelope? Die macht sich nischt aus Halsorden. Det können Se ihr ja wohl nich' antun?«

Ich ritt nach Mosdok am einundzwanzigsten Dezember morgens. Die Fahrt dauerte zehn Tage. Am einunddreißigsten Dezember abends traf ich bei fünfundzwanzig Grad Kälte in dem Tiroler Dorf ein, die hartgefrorene Gans am Lederriemen über der Schulter.

Im Haus waren Gäste. Ein paar Flieger, nette junge Kerle, und ein paar Unterseebootskommandanten, ernste junge Männer, feierten Silvester. Penelope hatte ihnen eine Handvoll hübscher Mädchen eingeladen. Die Gans, allerseits jubelnd begrüßt, taute an der Wärme des Ofens, das verkrustete Gemüt des miles gloriosus am Lächeln Penelopes auf.

Es stellte sich heraus, daß man, obgleich bis an den Rand mit Erlebnissen und Erfahrungen gefüllt, nichts erzählen konnte. Sollte man die Gefahren schildern, in die man doch morgen wieder zurückkehrte? Sollte man die Schrecken schildern dort, wo sie noch nicht hingedrungen waren? Sollte man seine Verdienste auf den Scheffel stellen? Schon vor zweitausend Jahren hatte Titus Maccius Plautus, der römische Komödiendichter, den bramarbasierenden Veteranen der Lächerlichkeit preisgegeben. Auch sah man, wofür alles noch man in der fernen Steppe so verzweifelt sich schlug – für den Lärm der kleinen Funktionäre des primitiven Reiches, für die Diffamierung nobler Seelen, die den unglücklichen Kriegsgefangenen ein wenig menschliches Gefühl entgegenbrachten, für die Evakuierung von Mitbürgern nach dem Osten in ein unbekanntes, aber sicher schlimmes Schicksal, und schließlich auch für die Sicherheit all derer, die der Gefahr aus dem Wege gingen und in Frankreich, Norwegen, Dänemark und auf dem Balkan Beute machten.

Aber es gab schließlich die Armee im Osten. Zu ihr gehörte ich. Dort draußen hatte ich eine vernünftige und nützliche Beschäftigung. Dort draußen saßen meine Freunde, die mir bei der vernünftigen und nützlichen Beschäftigung ihre wertvolle Hilfe leisteten. Wie mochte es ihnen gehen? Von Rombach bekam ich die Nachricht, daß er drei Tage nach meinem Weggang einen schweren Malariaanfall bekommen hatte und nach Rostow ins Lazarett gebracht worden war. Nun, ich würde ja wieder dahin zurückkehren, zu meinen Freunden und zu meinem Skalpell – unbedingt! So nahm ich Ferien vom Schicksal. Penelope war klug genug, auf ihren englischen Sender am Abend zu verzichten.

Die letzten Tage des Urlaubs wollte ich in Wien verbringen. Dabei gewann Penelope einen Tag. Da ich über keine Verbindungen verfügte, bestellte ich telegraphisch im Hotel Bristol in Wien ein Appartement. Es ist eine alte Reiseerfahrung, daß man dann wenigstens in dem Stoß der Zimmerbestellungen obenauf kommt. Als wir ankamen, war aber tatsächlich nur ein Appartement frei. Das Appartement hatte unzählige Birnen, die alle brannten.

Das Wunder des Appartements bewirkte weitere Wunder. Ich fragte den Portier, ob man Blumen bekommen könne. »Gewiß, Herr Doktor! Moment, Herr Doktor! Ich schicke Ihnen den Kommissionär.« Nach zehn Minuten erschien ein übereleganter Jüngling auf dicker Kreppsohle, mit einem schwarzen Schnurrbärtchen und Manieren, die irgendwo östlich der Theiß erworben waren. Er hatte alles, was man haben wollte, von Zigaretten über Whisky bis zu Chrysanthemen und Wildlederschuhen. Der Portier muß mich für einen geheimnisvollen Funktionär gehalten haben.

So etwas gab es also noch! Nun, was ging es mich an? Ich lachte und nahm die Gelegenheit wahr. Am letzten Tag des Urlaubs bestellte ich Karten für »Figaros Hochzeit« in der Staatsoper. Ich fing schon an, die Dinge daraufhin zu betrachten, wie sie sich wohl am Terek erzählen lassen würden.

Ich warf mich in den Waffenrock, dessen bunte Pracht ihm bei den Soldaten die Bezeichnung »Sarrasani-Gedächtnisrock« eingebracht hatte. Ich legte auch meine Dekorationen an, von denen sich im siebenten Kriegsjahr meines Daseins allmählich eine ganze Menge angesammelt hatte. Penelope legte ein Abendkleid an. Das Kleid war schön – ein golddurchwirkter schwarzer Brokat. Aber der Schrank, in dem es so viele Jahre gehangen hatte, war längst das Grab seines Flairs geworden. Man hätte ebensogut eine Krinoline hervorholen können. Wir betrachteten uns im Spiegel. Es war eine Maskerade. Wir intonierten den Song aus den Vier Nachrichtern:

»Gib her
den Speer,
Penelope!
Und weine nicht so sehr!
Wenn ich im Herbst dich wiederseh',
Dann weinst du noch viel mehr...«

Dann gingen wir zum Essen in den Speisesaal.

Um uns herum saßen die Funktionäre des primitiven Reiches. Es hatte fast etwas Rührendes, wie sie sich Mühe gaben, die Manieren der von ihnen so verachteten Welt von einst nachzuahmen. Als wir uns gerade gesetzt hatten, kamen die Nachrichten. Das Hotel war sehr taktvoll gegen seine Gäste. Der Lautsprecher war fast immer abgestellt. Aber die Nachrichten mußten durchgegeben werden. Es hatte sich der Brauch eingebürgert, daß, während der Wehrmachtbericht gesendet wurde, die Gäste in Restaurants ihre Unterhaltung einstellten. Ich wußte das nicht. Einige Leute sahen sich böse nach mir um. Es muß sehr ärgerlich für sie gewesen sein, daß sich gegen einen mit soviel Buntheit geschmückten Waffenrock nichts Rechtes unternehmen ließ. So saßen sie und lauschten devot dem Trichter an der Wand, verhexte Lemuren, zur Erstarrung gebracht durch eine Suggestion, die sie selbst erfunden hatten.

Erst kamen Nachrichten von Stalingrad. Wer den Stil kannte, in dem die Wehrmachtberichte verschlüsselt waren, wußte, daß es dort zu Ende ging. Die zum Entsatz eingeleitete Offensive mußte fehlgeschlagen sein. Aber warum brachen sie nicht aus? Oder war auch dieser Versuch schon gescheitert?

Dann kamen Nachrichten vom Terek. Ich traute meinen Ohren nicht. Die Russen hatten am Terek angegriffen. Wir hatten den Rückzug angetreten. Aber was für Orte wurden da genannt! Ich hatte die Karte einigermaßen im Kopf. Offenbar war die russische Offensive schon seit längerer Zeit im Gange. Ich überschlug im Geist die Entfernungen und die Zeit. Die Kompanie mußte in zehn Tagen dreihundert Kilometer marschiert sein. Das waren dreißig Kilometer am Tag. Unwahrscheinlich, daß die Pferde das bei Schlamm durchgestanden hatten. Vielleicht hatte es Frost gegeben. Mir schossen Fabricius' Worte durch den Kopf: »Dann verlieren die eben ihren Krieg!«

Die Lemuren waren wieder in Bewegung gekommen. Sie hatten nichts davon gemerkt, daß eben der Vorhang über dem letzten Akt der gespenstischen Pantomime ihrer Arriviertheit aufgezogen worden war. Da saßen sie in diesem Prunksaal in Weiß und Gold und aßen Kaviar vom Don. Aber sie wußten nicht, was dieser Fluß für sie bedeutete. Sie saßen in Belsazars Saal. Nur, daß sie Analphabeten waren in der Flammenschrift, die soeben über das Weiß und Gold der Wand gezüngelt war. Ob es, unter dem russischen Druck und in den Gefahren eines Winterrückzuges, gelingen würde, wenigstens den Don zu halten?

Mir schoß durch den Kopf, wie diese Lemuren wohl durcheinanderwirbeln würden, wenn jetzt jemand hereinstürzte und riefe: »Russische Panzer in Grinzing!«

So würden »die also ihren Krieg verlieren«. Im Saal der Lemuren erfüllte mich das mit einer Art von grimmiger Befriedigung. Aber was spielte sich dahinten im Kaukasus ab?

Penelope hatte die Flammenschrift verstanden. Sie sah mich fragend an. Ich sah sie plötzlich vor mir, mit einem Kopftuch im Schneesturm auf einem offenen Güterwagen hockend, wie ich so viele Frauen gesehen hatte, umhergetrieben, wie man nur in einem besiegten Land umhergetrieben wird, auf der Suche nach irgend etwas, das niemand genau benennen könnte. Nach den Verbrechen, die begangen worden waren, konnte man eigentlich kaum mit etwas anderem rechnen, als daß man sein Leben in einem sibirischen Bergwerk beschließen würde. Wir nannten das bei uns draußen »Magnetogorsk Schacht sieben«.

So gingen wir zu »Figaros Hochzeit«. Wir brauchten nur die Straße zu überqueren. Es schneite ein wenig. Penelope band ein Kopftuch um.

Wir nahmen Platz in einer Loge. Auch wir spielten eine Pantomime – die Pantomime des neunzehnten Jahrhunderts. Der alte Diener in Escarpins, der uns die Plätze anwies, erzählte mir auf meine Frage, daß er noch mit eigenen Augen Seine apostolische Majestät die kaiserliche Loge habe betreten sehen. Es war eine Saga aus verschollenen Zeiten.

Das Orchester stimmte die Instrumente. Die Atmosphäre wurde von der Erwartung in feine Schwingungen versetzt. Ob Harloff wohl vernünftigerweise die alten Sanitätswagen in den Graben geworfen und die Zugpferde von diesen Wagen als Vorspann verteilt hatte – auf den Operationswagen, den Apothekenwagen und vielleicht den Schmiedewagen... Der war besonders schwer. Rombach war nicht da. Wir hatten das alles genau miteinander besprochen. Die Zelte wegwerfen und Decken aufpacken statt dessen – das war das Wichtigste! Ob er das alles Feldwebel Gehrmann noch hatte sagen können? Der würde es ja kapiert haben. Kienzle würde sich lieber erschießen lassen, ehe er auch nur eine Flasche Äther wegwürfe. Der treue alte Haufen! Wie ich jetzt hier saß, während sie wahrscheinlich durch die Nacht marschierten! Quel monde! Ach, sie mißgönnten es mir nicht. Sie waren generös. Irgendwie würden diese großartigen Burschen schon durchkommen.

Der Dirigent hob den Taktstock. Penelope lächelte, wie Kalypso niemals hätte lächeln können. Die Geigen, zart und rasant zugleich, stürzten sich in die Ouvertüre. Ich dachte an Tamara Michailowna, das schöne Mädchen in Krasnodar. Ob sie wohl bei den Partisanen war? Ob sie jetzt wohl auf uns schoß? Ich dachte an manche große Première, die ich in meinem Leben mitgemacht hatte. Dies war eine Dernière. Der Vorhang hob sich. Es begann, in der vollkommensten Musik, die je komponiert worden ist, die bezaubernde Pantomime des achtzehnten Jahrhunderts. Auch sie war nur das Prélude gewesen zu den Tränen und dem Blut der Französischen Revolution. Aber hatte nicht die Musik des hilaren Meisters die Revolution überdauert? Was würde von Europa übrig sein, wenn dies alles einmal vorüber war?

Der hilare Meister, der große Zauberer, brachte die flüsternden Stimmen zum Schweigen. Er zwang den Kriegsgott noch einmal, ein letztes Mal, sein Antlitz zu verhüllen. Die gläsern klare Harmonie dieser wunderbaren Schöpfung des menschlichen Geistes rauschte wie in einem großen Atemzug dahin. Das Sextett am Ende der Pantomime des achtzehnten Jahrhunderts war auch das Finale der Ferien vom Schicksal.

Am nächsten Morgen fuhr ich über Przemysl zum Kaukasus zurück.

MÜCKEN UND MILZEN

Wieder war der Frühling gekommen. Aber der Wind, der aus Osten über die Steppe wehte, hatte den Duft der Ferne verloren. Die Wolga war wieder weit. An ihren Ufern moderten die Gebeine von Tausenden tapferer Männer, die ihr Leben in gutem Glauben dahingegeben hatten. Die Steppe war ein großes Grab geworden. Der Frühling schmückte es mit verschwenderischer Schönheit.

Es gab keine Frühjahrsoffensive mehr. Die Deutschen waren in die Verteidigung gedrängt. Die Division hatte den nördlichsten Abschnitt des Kubanbrückenkopfes übernommen. Dazu gehörte die Sumpflagune an der Mündung der Gurka, eines kleinen Flusses, der ins Asow'sche Meer mündet. Ursprünglich war dieser Abschnitt gar nicht verteidigt gewesen. Aber die Russen, diese unwahrscheinlichen Soldaten, hatten plötzlich mitten durch den Sumpf hindurch angegriffen. So hatte die Infanterie im Sumpf Stellung beziehen müssen. Auf Schilfbündeln und Flößen hockend, lebten die Soldaten halb im Wasser.

Die Front des Abschnittes war bis in den Herbst hinein ziemlich ruhig. Die Versuche der Russen, die Deutschen vom Kubanbrückenkopf zu vertreiben, fanden weiter im Süden statt. Die Kompanie hatte einen Hauptverbandplatz fünfzehn Kilometer ostwärts von Temrjuk, in einem am Strande sich hinziehenden Straßendorf namens Ssewernyje-Ssady, ohnweit derselben Straße, über die wir im Herbst als Zigeunerhaufen nach Krasnodar gezogen waren.

Der Rückzug vom Terek hatte den Männern einen heftigen Schock versetzt. Die Truppe hatte den Rückzug mit beträchtlichen Verlusten an Material, aber doch in guter Ordnung durchgeführt. Harloff hatte tatsächlich die vier Sanitätswagen, die mir in der Ouvertüre zu »Figaros Hochzeit« Sorge gemacht hatten, stehengelassen. Vier- und sechsspännig waren sie mit dem Rest gut durchgekommen. Das Hauptverbandplatzgerät war vollständig gerettet. Die Männer hatten sich auf herrenlosen Pferden, die in solchen Lagen überall herumstehen, beritten gemacht. So hatten sie die enormen Marschentfernungen überwunden.

Die Russen waren in der Taktik der Verfolgung noch vorsichtig gewesen. Aber im Rückzug gerät die Truppe immer wieder in die Anarchie der sich auflösenden Etappe hinein, die, für den Kampf nicht gerüstet, auf nichts bedacht ist als auf Flucht und dazu nicht einmal über ausreichende Transportmittel verfügt, sie geordnet zu bewerkstelligen. Die Führung hatte nicht mehr den Mut, der unerbittlichen Herrin, der Macht der Tatsachen, ins Auge zu sehen. So bekam die Etappe ihre Befehle immer viel zu spät. Ein paarmal hatte die Kompanie es erlebt, daß aus einem gefüllten Depot, vor dem sie ohne Benzin, ohne Futter und ohne Verpflegung gehalten hatte, jegliche Entnahme solange verboten war, bis das Depot wegen der nahenden Russen in Brand gesteckt wurde. Aus dem brennenden Depot hatten die Männer dann das, was sie brauchten, endlich herausholen dürfen. Bei einer solchen Gelegenheit war ein unglücklicher Zahlmeister, der den Befehlen gemäß in sein Depot niemand hineinlassen wollte, einfach erschossen worden.

Es war erstaunlich, wie schnell diese Dinge in Vergessenheit gerieten. Ich glaube auch nicht, daß es richtig wäre zu sagen, sie seien verdrängt worden. Die alten Soldaten nahmen die Rückschläge einfach hin. Unterdessen war, wie Mokassin sich ausdrückte, »die königlich preußische Ordnung« wiederhergestellt worden.

Die andere Sanitätskompanie der Division lag der Front um drei Kilometer näher im Dorf Kurtschanskaja. Sie bekam häufig Beschuß. Die russische Nachrichtenorganisation arbeitete so vorzüglich, daß jedesmal, wenn im Dorf das Soldatenkino aus war, die russische Feldartillerie einige Lagen vor das Kino schoß. Dabei gab es mehrfach Verletzte. Endlich entdeckte man den kleinen russischen Radiosender, der das Feuer gelenkt hatte, im Dorf selbst, in einem Haus neben dem Kino.

Rombach war aus dem Lazarett zurückgekehrt. Wir hielten es in dieser taktischen Lage nicht für notwendig, unter Beschuß zu arbeiten. Bei den glatten Sommerwegen kam es auf die drei Transportkilometer nicht an.

So drängten wir uns nicht zur Ablösung, und die andere Kompanie trug die Hauptlast der Verwundetenversorgung. Wir suchten uns andere Aufgaben.

Dieser Sommer auf dem Kubanbrückenkopf ist in meiner Erinnerung vor allem staubig. Der Staub lag zentimeterdick auf den Wegen. Jedes Fahrzeug, jeder Reiter, jeder einzelne Mann beim Gehen wirbelte eine dicke Staubwolke hoch. Wir waren ständig von Staub bedeckt. Wir schmeckten ihn auf der Zunge. Wir schluckten ihn in großen Mengen. Neugierig, wie Biologen sind, haben wir einmal ausgerechnet, daß jeder von uns im Monat ein Kilogramm Staub schluckte. Harloff tröstete uns damit, daß jedes Pferd zwei Pfund Sand im Darm haben müsse, um ordentlich verdauen zu können.

Wenn man abends nach Temrjuk hineinfuhr, geriet man häufig in eine heimkehrende Herde. Diese Herden bestanden aus vielen hundert Tieren. Der Staub, den ihre Hufe aufwirbelten, war so dick, daß man nicht weiterfahren konnte. Die schräge Sonne übergoß ihn mit einem rötlichen Licht. Aus der wirbelnden Brandung des Staubes, aus der man nur die Rufe der Hirten, das Brüllen der Rinder und das Kläffen der Hunde hörte, tauchten die großen Köpfe der Tiere mit ihren mächtigen Hörnern, sich aufbäumend, vor dem Kühler auf und verschwanden wieder – ein großartiges Bild vom Fleiß des Menschen, der im Schweiße seines Angesichts sein Brot verdient. Wie wenig ist es im Grunde, was der Erzengel an der Pforte des Paradieses dem Menschen auferlegt hat, im Vergleich zu dem, was er selber in seiner Verblendung sich antut!

Aber dieser Sommer auf dem Kubanbrückenkopf ist in meiner Erinnerung nicht nur staubig. Er ist von einem merkwürdig heiteren Licht überglänzt. Ich vermag das nicht genau zu erklären. Viele Jahre später erst habe ich herausgefunden, welchen Täuschungen man anheimfiel, wenn man sich bei einer sehr guten Truppe befand. Es ging da halt »anständig« zu. Die Russen flößten noch keine Furcht ein. Keine ihrer vielen Offensiven auf dem Kubanbrückenkopf führte zu einem Erfolg. Ihre Verluste waren erschreckend.

Von den Anderen ließ sich auf dieser exponierten Halbinsel kaum jemand blicken. Wenigstens im kleinen Kreis konnte man immer noch sagen, was man dachte. Wir lebten gewissermaßen außerhalb des primitiven Reiches. Als ich nach langen Wochen Fabricius wiedersah, begrüßte er mich: »Na, mein Lieber, was erzählt man sich in gepflegten Wiener Defaitistenkreisen? Was Neues von Old Winny?« Tatsächlich erfreute sich der großartige alte Löwe Winston Churchill bei uns einer ganz ansehnlichen Popularität. Wir hatten eine Sandwichschnitte erfunden, die aus Schweizer Käse, geräuchertem Störfleisch und Kaviar bestand. Wir nannten sie »Die kleine Blockadeschnitte« oder das »Winston-Churchill-Brot«.

Zuweilen kam ein junger Offizier der Nachrichtenabteilung zu mir, um die Probleme, die ihn seit dem Winter bewegten, ein wenig mit dem alten Doktor zu diskutieren. Er hatte einen höheren Rang in der Jugendorganisation des primitiven Reiches innegehabt. Ich wußte, wie glänzend er sich geschlagen hatte. Es gab ihrer viele in der Armee, und fast alle haben sich glänzend geschlagen. Mir blieb kaum etwas anderes übrig, als dem gewiß rührenden, aber verschwommenen Idealismus des Jünglings die Wirklichkeit entgegenzusetzen. Das hieß, sein ganzes Bild von der Welt vollständig zerstören. Dabei konnte es mir passieren, daß bei dem Jüngling ein Kurzschluß eintrat und er aus der echten Überzeugung, ich sei ein intellektueller Verräter an der guten Sache, mich den Schergen überlieferte.

Ich diente unter einer anderen Flagge. Die Konvention des dreizehnten Jahrhunderts, die Konvention der Ritterlichkeit, war abgelöst worden durch die Konvention des zwanzigsten Jahrhunderts, die des Erfolges um jeden Preis, auch wenn dieser Preis die Höhe von hunderttausend Menschenleben erreichte. Das waren schwierige Unterhaltungen.

Der liebenswürdige und tapfere junge Offizier bekam keinen Kurzschluß. Er versuchte, mit den Trümmern seiner Ideale sich zu arrangieren. Eines Tages kam er wieder vorbei und fragte mich geradezu, warum ich denn nun eigentlich noch mitmachte? Er war noch von der kompromißlosen Entschlossenheit, die ein so schönes und törichtes Merkmal der Jugend ist.

In der Tat, warum eigentlich machte ich noch mit? Ich war alt genug und hatte eine genügende Anzahl Rußlandjahre, um mich, sogar nach den Dienstvorschriften, jederzeit in ein Reservelazarett nach Deutschland versetzen zu lassen. Warum tat ich das nicht?

Die Handlungen des Menschen werden nicht von einzelnen Motiven bestimmt, sondern von Motivbündeln, die sehr wohl einander widersprechende Komponenten enthalten können. Das erste Motiv stammte vom Fürsten von Benevent, Herrn von Talleyrand-Périgord, Bischof von Autun, der unter drei verschiedenen Regimen Außenminister Frankreichs gewesen ist. Er hat einmal gesagt: »Dabeisein ist alles!« Das zweite Motiv war dialektischer Hochmut. Es war Göttingischen Ursprungs. Es entstammte dem philosophischen Seminar der Georgia Augusta. Argumente müssen hieb- und stichfest sein. Welche Argumente konnten diese Bedingung besser erfüllen als die, welche schon mit Artillerie beschossen worden waren. Das dritte Motiv war reine Neugier, die Leidenschaft jedes Naturwissenschaftlers, zu beobachten, dieselbe Leidenschaft, welche

Meteorologen in die Schneestürme des Himalaya, Geologen an den Rand feuerspeiender Berge, Ethnologen zu den Kopfjägern am oberen Amazonas treibt. Es muß Augenzeugen geben, die nachher sagen können, wie es gewesen ist.

»Lebe gefährlich!« sagte Nietzsche und nahm einen Ruf nach Basel an. »Lebe behaglich!« sagten wir und taten das unter den Mündungen der Kanonen der nunmehr mächtigsten Armee der Welt. Vielleicht war es dieser Mut zum Leben, der den Sommer auf dem Kubanbrückenkopf mit heiterem Licht überglänzte.

Allmählich begannen die Fachchirurgen, die Hauptverbandplätze zu verlassen. In die Lücke trat eine zweite Generation – Ärzte, die das Operieren überwiegend auf den Hauptverbandplätzen erlernt hatten. Man konnte es den Fachchirurgen nicht verübeln, daß sie zu dankbarerer Arbeit übergingen. Technisch ist die Chirurgie des Hauptverbandplatzes von armseliger Primitivität. Große Gebiete des Handwerks verlernte man geradezu. In den Kriegs- und Reservelazaretten vollbrachte die Wissenschaft der Chirurgie wahre Wunder in der Wiederherstellung zertrümmerter Menschen. Aber immer noch hing das Schicksal des Verwundeten ab von dem ersten Chirurgen, in dessen Hände er geriet. Auch hätten Rombach und ich es nicht übers Herz gebracht, den alten Haufen, den wir uns im Laufe der Jahre zu einem glänzend eingespielten Apparat herangezogen hatten, zu verlassen.

Wir nahmen die Bekämpfung der Malaria in Angriff. Sie erstreckte sich gleichzeitig auf die Truppe und auf die Zivilbevölkerung. Größere Reihenuntersuchungen hatten ergeben, daß, als Zeichen einer chronischen Malaria, bei einem großen Teil der russischen Zivilisten die Milz vergrößert war. Insbesondere die Kinder waren blasse, ausgemergelte Geschöpfe mit Froschbäuchen auf kleinen, dünnen Beinchen. Ohne viel Aufsehens ernährte die Truppe die wenigen Russen, die in ihren Dörfern verblieben waren, mit. Wir standen uns gut mit den Dorfbewohnern. Gleichwohl war es nicht leicht, sie dazu zu bewegen, die Atebrintabletten, von denen man nach einiger Zeit ein gelbliches Aussehen bekam, zu nehmen.

Wir mußten die Zivilbevölkerung registrieren, um sie kontrollieren zu können. Die Registrierung versetzte sie in Schrecken. Wir hatten alle Mühe, ihnen glaubhaft zu machen, daß hinter der Registrierung keine weiteren Absichten steckten.

Die Sanierung war befohlen worden. Das Plasmodium Laveran, der Mikroorganismus, der die Malaria hervorruft, macht keinen Unterschied zwischen Siegern und Besiegten. Die große Zahl der Malariafälle in der Truppe konnte nur herabgesetzt werden, wenn die Zivilbevölkerung mitsaniert wurde. Gleichzeitig lief ein Vernichtungsfeldzug gegen die Anophelesmücke, die das Plasmodium Malariae von Mensch zu Mensch überträgt. Untersuchungen der Hygieniker hatten ergeben, daß nur etwa jede zehntausendste Mücke infektiös war. Aber das schon genügte, um eine an die Grenze einer Epidemie heranreichende Zahl von Erkrankungen hervorzurufen.

Wir fanden unter fünfhundert untersuchten Zivilisten dreiundzwanzig Fälle von frischer Malaria und, zu unserem nicht geringen Schrecken, elf Fälle von Fleckfieber.

Das Fleckfieber wird von Kleiderläusen übertragen. Immer wieder fand man bei sich die eine oder andere Laus. Im Sommer ist die Läuseplage geringer als im Winter. So nimmt die Gefahr des Fleckfiebers im Sommer ab. Aber vorhanden ist sie immer. Wir errichteten an einer abgelegenen Stelle ein Seuchenlager für die Zivilisten. So vorsichtig wir auch waren, immer wieder steckte ein Arzt oder ein Krankenpfleger sich an. Die Sterblichkeit an Fleckfieber war hoch.

In diesem Feldzug der Hygiene hatten wir einigen Erfolg. Wir hatten uns die Mühe gemacht, unseren Leuten die wissenschaftlichen Grundlagen der Malaria und ihrer Prophylaxe genau auseinanderzusetzen. Die Männer waren mit Feuereifer bei der Sache. Sie warfen mit lateinischen Ausdrücken nur so um sich. Die Kinder in den Dörfern Ssewernyje-Ssady, Golubitzkaja und Starotiterowskoje, die damals fünf Jahre alt waren, sind heute fünfzehn Jahre alt. Ob das eine oder andere von ihnen sich wohl noch der freundlichen Männer erinnert, die ihre Schokolade hergaben, um die borstigen kleinen Wesen dazu zu bewegen, die gelbe, scheußlich schmeckende Tablette zu schlucken? Nun, in der Medizin darf man nicht nach Dank fragen. Unser Lohn war das feine Vergnügen, das uns die friedliche Kampagne gegen die Mücken und die Läuse innerhalb des mörderischen Kampfes der Menschen untereinander bereitete. Es gab noch weitere Vergnügungen unter der unsichtbaren Flagge, die wir uns mit List zu verschaffen wußten.

FRIEDLICHER ALLTAG

Die Hauptkampflinie der Division in den Sumpflagunen der Gurka auf dem Kubanbrückenkopf lag praktisch im Wasser. Die Soldaten lebten auf Schilfbündeln und Flößen, geplagt von Mücken, Fliegen, Flöhen und Läusen. Das unvermeidliche Kratzen führte zu Hautausschlägen, die bei dem Leben im Sumpf nicht ausheilen konnten, sondern sich ständig vergrößerten. Wir bekamen ganz unglaubliche klinische Bilder zu sehen, Leute, die an den Beinen keine heile Hautstelle mehr hatten. Die Patienten kamen nicht zu uns, wenn das Leiden anfing. Diese alten Obergefreiten waren harte Burschen, die sich nicht eher krank meldeten, als bis sie es überhaupt nicht mehr aushalten konnten. Dann aber war ihre Haut meistens in einem so desolaten Zustand, daß sie ins Lazarett verlegt werden mußten. So trat gerade das ein, was die Patienten hatten vermeiden wollen. Die Erfahrung hatte ihnen gezeigt, daß sie nirgends besser daran waren als bei ihrer angestammten Truppe. Dort kannte man ihre Verdienste, dort konnten sie sich auf den Nebenmann verlassen, und von ihm wußten sie, daß er sich auf das Handwerk des Infanteristen verstand. Dort waren die Offiziere, die seit Jahren die Strapazen der Feldzüge mit ihnen teilten.

Die alten Obergefreiten waren das Rückgrat der Armee. Sie waren kampferfahren, unerschütterlich in ihrer Haltung und souverän in ihrem Witz. Damals kam eine Geschichte auf, in deren Ironie ihr Witz sich spiegelte. Es war die Beschreibung vom siegreichen Einzug durch das Brandenburger Tor – vorweg die Kompanie der Feldmarschälle in gleichem Schritt und Tritt; dann der Weltmarschall, in schlichtem Gold, mit dem Mammutkreuz des Ritterkreuzes des Eisernen Kreuzes mit Lorbeerbäumen auf Selbstfahrlafette. Dann folgte eine unendliche Zahl spöttischer Karikaturen der Armee, die ich vergessen habe. Zum Schluß kam der uralte Obergefreite aus der Steppe, ein wenig abgerissen, mit ellenlangem Bart, bepackt mit Gasmaske, Schanzzeug, Zeltbahn, Kochgeschirr, Handgranate und Gewehr. Befragt, was er hier suche, antwortete er: »Nix ponemaju!« Er war so lange in Rußland gewesen, daß er sein Deutsch verlernt hatte.

»Ponemaisch?« heißt »Hast du verstanden?« Es kam vor, daß ein friesischer Fischer und ein Weinbauer aus der Steiermark sich am ehesten noch russisch miteinander verständigen konnten. Wir hatten einmal einen solchen steierischen Bauern auf dem Operationstisch. Er war ein großartiger, schwarzhaariger Bursche von ungeheuren Körperkräften. Wegen einer geringfügigen Verletzung hatte er einen Chloraethylrausch bekommen. Vier Männer hatten ihn kaum bändigen können. Meine Roboter der Nächstenliebe konnten dabei natürlich ihre Marginalien vom Wedding nicht lassen. Als der Steirer aus dem Rausch langsam wieder zu sich kam und ihm in seinem schweren Gehirn klar wurde, daß es Preußen waren, die ihm Unbill antaten, richtete er sich auf dem Operationstisch auf, sah uns der Reihe nach finster an und sagte: »Die Ostmark frißt ka' Saupreiß' net! Ponemaju?« Wir hatten verstanden. Wir lachten. Der Mann mit dem schweren Gehirn hat recht behalten.

Für die Patienten aus dem Schilf mußte etwas geschehen. Über nichts waren sich die alten Obergefreiten mit ihrem General so einig wie darüber, daß sie beieinander bleiben wollten. Der General, kühl, hager, drahtig, ironisch, mit vollendet guten Manieren, großzügig, immer in den Gräben oder im Sumpf unterwegs, hatte etwas von einem alten englischen Kolonialoffizier. Er hatte einen Schuß aus dem ersten Weltkrieg, demzufolge er ein wenig hinkte. Wenn er mit seinem ganz kleinen Stahlhelm, das Bein ein wenig nachziehend, eine Front abschritt, machte er den Eindruck eines vornehmen Mannes. Er war ein vornehmer Mann. Er war Junggeselle. Er trug ein goldenes Armband am linken Handgelenk. Das Armband muß das Residuum einer lange zurückliegenden, traurigen Geschichte gewesen sein. Er bat mich einmal, übrigens wenige Tage bevor er fiel, ich möchte dafür sorgen, daß sein Armband mit ihm begraben würde. Er war nicht eigentlich beliebt. Dazu war er zu kühl. Es war Respekt, dessen er sich bei den Soldaten erfreute.

Der General war sehr angetan von unserem Vorschlag, die alten Obergefreiten mit ihren Malariaanfällen und ihren Hautgeschwüren in einem divisionseigenen Lazarett im Hinterland des Brückenkopfes wieder gesundzupflegen. Auf diese Weise blieben diese alten Soldaten der Division erhalten.

Wir eröffneten ein Leichtkrankenlazarett am Strand des Asow'schen Meeres in Golubitzkaja, ein paar Kilometer westlich von Temrjuk. Es war ein malerisches kleines Fischerdorf mit weitverstreuten, von Akazienbäumen beschatteten Häusern unter einem Steilhang unmittelbar am Strand. Es erinnerte an die Fischerdörfer der Ostsee. In der Sonne im sauberen Sand des Strandes heilten die Geschwüre aus dem Sumpf überraschend schnell.

Diese Sache hat der ganzen Kompanie viel Freude gemacht. Wir verwöhnten die alten Soldaten nach Kräften. In Temrjuk gab es eine Fischfabrik. Eines Tages traf ich auf der Treppe dieser Fabrik einen Herrn mit steifem Hut, Regenschirm und Galoschen. Es konnte nur ein Hamburger sein. Ich grüßte ihn höflich, eigentlich nur, um einmal wieder zu sehen, wie einer einen Hut lüpft. Es war der Direktor der Fischfabrik. Er lud mich ein. Ich erzählte ihm von unseren Sumpfsoldaten. Sogleich erbot er sich, mir frischen Kaviar für meine Patienten zu liefern. So ging, in Eis verpackt, täglich ein Zehnpfundfäßchen des feinsten Malossolkaviars mit Spezialflugzeug ins Luftwaffenhauptquartier und eines auf einem Panjewagen zu den Obergefreiten aus dem Sumpf. Wir strichen den Kaviar fingerdick auf die Kommißbrotschnitten. Eines Tages freilich beschwerte sich einer der Helden, er wolle keine gesalzene Marmelade haben. Auch diesen Wunsch erfüllten wir – mit Pflaumenmus.

Wir verlegten den ganzen Troß nach Golubitzkaja. Täglich wurden die Pferde von den Fahrern in die Schwemme geritten. Der Strand war flach und hatte einen herrlichen Sand. Es war ein schönes Bild, wenn die braungebrannten Reiter, nackt auf den nackten Pferdeleibern sitzend, in den aufschäumenden Gischt der Brandung hineingaloppierten. Zuweilen kam ein russischer Jäger, eine Rata, und schoß einige Garben in das Badeleben hinein. Obgleich es, chirurgisch gesehen, weit weniger gefährlich war, in dem praktisch aseptischen Sand einen Schuß durch die unbedeckte Haut zu bekommen, als wenn das Projektil schmutzige Kleiderfetzen in die Wunde hineinriß, war es sehr merkwürdig, daß man sich nackt dem Beschuß gegenüber hilfloser fühlte, als wenn man in Montur war.

Die alten Obergefreiten machten sich einen Spaß daraus, am Strand die Ehrenbezeigung besonders exakt auszuführen. Des Vergnügens an der tiefen Komik eines nackten Mannes, der eine militärische Ehrenbezeigung macht, mußten wir sie freilich berauben. Wir schafften die Grußpflicht am Strand ab. So entwickelte sich ein friedlicher sommerlicher Alltag. Zu ihm gehörten neben der Malariabekämpfung die Entlausung der Truppe, der Bau von Badeeinrichtungen, Kurse für die Sanitätsdienstgrade der Truppe, die »Nähmaschine«, die allnächtlich die Straße entlangflog und hie und da eine Bombe fallen ließ, die Theateraufführungen in einem Freilichttheater, das am Rand von Temrjuk in einen Hang hineingebaut worden war, die Räude der Pferde und die Vorbereitung des Gaskrieges. Von Zeit zu Zeit konnten wir ein paar Leute auf Urlaub schicken. Feldwebel Gehrmann hatte auf dem Rückzug vom Kaukasus mehrere Zentner Kaffee erbeutet. Wir gaben jedem Urlauber ein Kilo Kaffee mit.

Die Räude der Pferde machte uns fast ebensoviel Mühe wie die Geschwüre der Schilfsoldaten. Wir bauten Kammern, in die die Pferde so hineingestellt wurden, daß sie nur mit dem Kopf aus einer Öffnung in der Mauer heraussahen. Die Öffnung wurde mit einer Gummiplane um den Hals der Pferde abgedichtet. Dann wurden die Leiber der Tiere mit Schwefel geräuchert. Auch dabei hatten wir schöne Erfolge.

Der Gaskrieg war ein Albdruck. Wäre er in Gang gekommen, der Krieg wäre eine grausige Groteske geworden. Gewisse Kampfstoffe, die man vom Flugzeug aus über den Gegner aussprengen kann, sind auch dann lebenbedrohend, wenn sie nur die Kleidung treffen. Eine Truppe auf dem Marsch, die von einer solchen Aussprengung betroffen worden wäre, hätte ihre Uniformen ausziehen müssen. Die Chemie hat Mittel, diese Stoffe zu vernichten. Aber der Materialverschleiß wäre unübersehbar angewachsen. Wir bildeten Entgiftungstrupps aus. Aber die Mittel, die dafür zur Verfügung gestellt wurden, waren nur behelfsmäßig. Im Ernstfall wären wir in einem massiven Gaskrieg hilflos gewesen, jedenfalls von dem Augenblick an, in dem der Gegner sich die Überlegenheit in der Luft gesichert gehabt hätte. Daß eine der wirksamsten Waffen der modernen Kriegstechnik in diesem technischen Kriege nicht angewandt worden ist, ist eines der Rätsel des zweiten Weltkrieges, dessen Lösung wir nicht kennen.

Der Alltag gehörte zum Krieg dazu. Er füllte die Zeiten zwischen den großen dramatischen Ereignissen. Der Eifer, mit dem der Soldat sich in ruhigen Zeiten daran machte, sein Werkzeug wieder instandzusetzen, seine Ausbildung zu verbessern, an die Zukunft zu denken und für sie zu sorgen, zu bauen, sein Leben behaglich zu gestalten, hatte etwas vom Eifer der Ameisen, die ihren durch den Stock eines Spaziergängers durcheinandergebrachten Bau wieder in Ordnung bringen. Man besuchte einander. Zuweilen gab es eine Bridgeparty. Die Kompanie feierte ein Fest. Dazu holten wir das Bier bei Oberst Reinhart, der unterdessen General und Festungskommandant von Dnjepropetrowsk geworden war. Es gab frische Brötchen und Bockwurst. Den Divisionskommandeur luden wir zu Gast. Er kam auf den liebenswürdigen Einfall, einige Orden für die Männer mitzubringen.

Der Ameiseneifer des friedlichen Alltags war um so bemerkenswerter, als der Spaziergänger der Kriegsgott selbst war. Die Fortschritte der Russen auf der anderen Seite des Asow'schen Meeres ließen es allmählich klarwerden, daß wir den Kubanbrückenkopf auf die Dauer nicht würden halten können.

Fabricius tippte auf den Oktober. Er behielt recht. Wir beschlossen, einen beschußsicheren Operationsbunker zu bauen. Es wurde daraus ein ganzes kleines, in den Boden gegrabenes Krankenhaus. Dieses Projekt warf zwei Probleme auf, das des Baumaterials und das der Arbeitskräfte. Das Baumaterial auf dem normalen Dienstweg zu bekommen, war ausgeschlossen. Man konnte es sozusagen nur auf dem schwarzen Markt beschaffen, gegen Benzin, Kaffee, Schnaps. Eine mächtige Hilfe war uns wieder der alte Freund Stubbe. Er war unterdessen Major geworden und lag in Starotiterowskoje. Mit ihm besuchten wir den Pionierpark des Korps. Major Stubbe kannte den Pionieroffizier, der den Park verwaltete. Während wir in den oberen Regionen, wie Feldwebel Gehrmann sich ausdrückte, »warmen Südwind machten«, bearbeitete er die Region der allmächtigen Oberfeldwebel. Wir bekamen, was wir an Zement und an T-Trägern brauchten. Die großen eisernen Träger, Typ NP 36, ließ uns Major Stubbe mit seinen Zugmaschinen bringen.

Es fehlten nur noch die Ziegel. Nun lagen wir in Ssewernyje-Ssady in einem großen Ziegelsteinbau, der weit und breit das einzige lohnende Bombenziel war. Es war klar, daß die russischen Flieger im Fall des Rückzuges dieses Gebäude in kurzem in eine Ruine verwandeln würden. Unser Antrag, es als Steinbruch für Ziegelsteine benutzen zu dürfen, der

Antrag also, aus dem Material eines für die Verwundeten nutzlosen Gebäudes ein nützliches zu bauen, wurde abgelehnt. Aber wir hatten ein paar tüchtige Maurer bei der Kompanie. Sie erboten sich, die benötigten Ziegel aus dem Bau herauszubrechen, ohne daß er geradezu zusammenstürzte. In die leeren Fensterhöhlen bauten wir Attrappen. Von der Straße aus war nichts zu sehen. Eines Tages ritt der General, der übrigens mit dem Verbot des Abbruchs nichts zu tun gehabt hatte, zufällig hinter dem Hause vorbei. Als er die angeknabberte Ruine sah, lachte er und schickte uns ein Kriegsverdienstkreuz zweiter Klasse für den Mann, dem der gute Einfall zu verdanken war. Drei Wochen später taten uns die Russen den Gefallen, das Gebäude durch Bomben zu zerstören.

Das Problem der Arbeitskräfte war weit schwieriger zu lösen. In so ruhigen Zeiten gibt es zahlreiche Abkommandierungen. Jeder Mann wird gebraucht. Aber auch das kam in Ordnung. Vierzehn Tage vorher war ein Bataillonskommandeur, Major Feldmann, bei uns zu Gast gewesen. Er hatte eine Aktion bei der Belagerung von Sewastopol geleitet, in deren Verlauf die Verteidigung der Festung an einer entscheidenden Stelle zusammengebrochen war. Er hatte uns erzählt, es würden ihm mehr Urlauberkarten zugeteilt, als er Leute schicken könnte, wenn er seine Stellung nicht völlig entblößen wollte. Wir hielten darüber ein Palaver ab. Schließlich stellten wir durch die alten Feldwebel eine Recherche bei den Mannschaften an, ob einige von ihnen bereit seien, sich freiwillig zum Bataillon Feldmann zu melden, damit ein paar Infanteristen mehr auf Urlaub fahren könnten. Die Stellungnahme des Haufens war sehr charakteristisch. Die Männer erklärten, sie hätten nichts dagegen, aber sie wollten sich nicht freiwillig melden. Sie wollten kommandiert werden. Der Divisionsarzt, den wir neu bekommen hatten, ein wohlwollender und gescheiter alter Rotweintrinker, der, da er zwischen den beiden Weltkriegen eine Praxis gehabt hatte, sogar etwas von Medizin verstand, willfahrte unserer Bitte und ordnete die Kommandierungen nach unseren Vorschlägen an.

Als Major Feldmann vierzehn Tage später wieder vorbeikam, erzählten wir ihm unsere Sorgen mit den Arbeitskräften. Drei Tage später meldete sich im Morgengrauen ein Feldwebel seines Bataillons – einen schönen Gruß vom Major Feldmann, und hier seien zwanzig Russen zum Bau des Operationsbunkers. Er hatte Gefangene gemacht. Statt sie zu melden, schickte er sie uns.

Wir konnten die Gefangenen nicht bewachen. Wir wollten es auch nicht. Wir wollten sie für uns gewinnen. Nur einer von ihnen ist geflüchtet. Die anderen sind bei der Kompanie geblieben. Sie wurden nach einiger Zeit Hilfswillige und bekamen deutsche Uniformen.

Eines Tages kam der Hauptfeldwebel mit dem Schreiben der Witwe eines Soldaten, der auf unserem Hauptverbandplatz gestorben war. Der Soldat war nachts um drei Uhr verwundet worden. Eine Stunde später war er bei uns gewesen. Er hatte einen Bauchschuß gehabt. Ich hatte ihn operiert. Er war nicht zu retten gewesen. Nach drei Tagen war er gestorben. Seine Nachlaßsachen hatten wir an seine Frau geschickt.

Die Witwe schrieb uns, sie habe einen Brief ihres Mannes, der am Abend vor seiner Verwundung geschrieben sei. In diesem Brief habe er ihr mitgeteilt, er wolle ihr am nächsten Tag vierhundert Mark ersparten Wehrsold schicken. Dieses Geld sei nicht eingetroffen, und bei den Nachlaßsachen sei nur ein Betrag von zwanzig Mark dabeigewesen.

Daß das Geld gestohlen war, war fast unmöglich. Bei der Truppe kam so etwas nicht vor. Der Krankenwagenfahrer, der den Patienten gebracht hatte, war einer unserer ältesten Leute. Der Sanitätsdienstgrad, der ihn gepflegt hatte, war Unteroffizier Hermann. Die Nachlaßsachen verwaltete Feldwebel Kienzle.

Wir teilten den Sachverhalt Major Feldmann mit. Der Patient hatte zu seinem Bataillon gehört. Major Feldmann ging der Sache nach. Es stellte sich heraus: der Soldat hatte den Brief an seine Frau geschrieben und dem Melder mitgegeben; dann hatte er die vierhundert Mark im Glücksspiel verloren; dann war er auf seine Patrouille gegangen und verwundet worden. Die Soldaten, die mit ihm gespielt hatten, stellten die von ihnen gewonnenen Beträge zur Verfügung. Sie wurden der Witwe geschickt.

Nach heißen Sommerwochen kamen kühlere Tage. Die feindliche Fliegertätigkeit nahm zu. Das war ein sicheres Zeichen dafür, daß die Russen etwas vorhatten.

Major Fabricius fuhr auf Urlaub. Der Gefechtsstand der Division lag nur drei Kilometer von uns entfernt auf der anderen Seite des Hügels, an dessen Fuß wir lagen. Man hatte vom Gefechtsstand der Division einen weiten Blick über das Schilf des Kubans mit seinen unzähligen Vögeln, über die herrliche Reiher königlich herrschten. Fabricius kam am frühen Morgen vorbei, um sich zu verabschieden. Wir saßen auf der kleinen Terrasse unserer Kate, zwei alte Freunde, die sich dies und das zu erzählen hatten. Der Verlauf des Sommers hatte es immer wahrscheinlicher gemacht, daß »die ihren Krieg verlieren würden«. Über das, was uns bevorstand, nachzudenken, wagten wir freilich damals noch nicht.

Fabricius erläuterte mir, daß das, was in diesem Sommer operativ in Rußland sich abgespielt hatte, die unerbittlichen Folgen der Fehler von 1941 und 1942 waren. Die neuen Fehler, die der primitive Mann an der

Spitze nunmehr ununterbrochen auf die alten häufte, ließen sich nur damit erklären, daß er den Mythos seiner strategischen Unfehlbarkeit nicht aufgeben wollte.

Vor uns lag der Friedhof der Division. Dahinter glitzerte in der Sonne die weite, von Vögeln belebte Wasserfläche des Kurtschanskj Liman. Wir erwogen, ob wir uns zurückziehen sollten. Es ging nicht. Was sollte aus unseren Leuten werden, wenn die alten Steppenwölfe, die wenigstens wußten, wie man Krieg führt, sie denen überließen, die das erst lernen mußten. Waren wir nicht bereit gewesen, zu gewinnen? Die Japaner in Karachi! Wir lachten. Schon Indien anzugreifen, hatten sie nicht mehr gewagt.

Aber sie sitzen doch in ganz Ostasien.

Ja, wie Fliegen auf dem Leim. China ist größer als Rußland.

Größer als Rußland...!

Mokassin, der ein Meister des türkischen Kaffees war, hatte tief in die Büchse gegriffen. Feldwebel Gehrmann mit seinem listigen Fuchsgesicht erschien, machte eine großartige Ehrenbezeigung, zog einen Zettel aus der Tasche und verlas mit vollendetem Ernst die Ernennung von Major Fabricius zum Ehrensanitätsgefreiten der Kompanie. Dann überreichte er das ihm nunmehr zustehende Kilo Urlauberkaffee. Fabricius bedankte sich lachend. Dann fuhr er ab. Er verschwand winkend in einer riesigen Staubwolke.

Mit dieser Staubwolke wirbelte der sommerliche Alltag davon. Drei Tage später begruben wir den General. Er war auf der Fahrt zur Hauptkampflinie mit seinem Wagen auf eine Mine geraten und in die Luft geflogen. Wir begruben ihn inmitten seiner Soldaten auf dem Friedhof am Kurtschanskj Liman. Das Begräbnis fand mit allen militärischen Ehren im Beisein des obersten Befehlshabers der Armee unter dem Schutz einer Staffel von Jagdflugzeugen statt.

Wenige Wochen später stand auf keinem der Gräber mehr ein Kreuz.

DER TAG X

Der Tag x war gekommen. Seit dem Spätsommer hatten sich die Gerüchte, daß der Kubanbrückenkopf geräumt werde, immer mehr verdichtet. Die Räumung war in allen Einzelheiten vorbereitet worden. Sie wurde planmäßig durchgeführt.

Die Lage war nicht einfach. Die Russen hatten beträchtliche Kräfte zum Angriff auf die deutschen Stellungen bereitgestellt. Die Deutschen sind mit ihrem Rückzug dem russischen Angriff wahrscheinlich nur um Tage zuvorgekommen. Es war klar, daß die russischen Truppen mit großer

Energie versuchen würden, die Planmäßigkeit der Aktion zu stören und in den Rückzug hineinzubrechen. Das ist ihnen nicht gelungen. Die Räumung war ein Meisterstück wissenschaftlicher Generalstabsarbeit. Noch heute wird jedes Jahr von der Frunse-Akademie in Moskau für die jungen russischen Generalstabsoffiziere auf dem Kubanbrückenkopf eine Übung abgehalten, in der ihnen dieses Stück wissenschaftlicher Generalstabsarbeit demonstriert wird.

Wenn so etwas vorbereitet wird, wird der Tag x eingeführt. Der Tag x ist der Tag, an dem die Aktion beginnt. Vom Tag x wird nach vorwärts x+ 1, x+ 2 und so weiter, nach rückwärts x—1, x—2 und so weiter gerechnet. x+ 1 ist also der Tag nach dem Tage x, x—1 der Tag vor dem Tage x. Das Datum des Tages x war geheim, eine sogenannte Gekados, eine geheime Kommandosache. Die alten Obergefreiten charakterisierten eine Gekados damit, daß sie sagten: »Eine Gekados ist so geheim, daß die Offiziere, die sie wissen, nachts in Panzerschränken schlafen müssen.«

In den letzten Tagen vor dem Beginn der Räumung hatten wir nicht nur zahlreiche Fliegerangriffe, sondern auch beträchtlichen Artilleriebeschuß. Die Russen hatten eine Batterie von modernen, weittragenden Geschützen vom Kaliber 8,8 auf Flößen im Sumpf montiert. Von da aus konnten sie uns erreichen. Aber der Ameisenfleiß des Sommers bewahrte uns vor Verlusten. Wir operierten in unserem Operationsbunker. Wir hatten da sogar fließendes Wasser aus einem Zementreservoir auf dem Dach des Bunkers. Am Tage x—2 übergaben wir den Bunker an die andere Kompanie, die in Kurtschanskaja wegen des dort viel stärkeren Beschusses nicht mehr arbeiten konnte. Das basse Staunen unserer Nachfolger über den kleinen Wunderbau entschädigte uns reichlich für die aufgewandte Mühe.

Wir eröffneten einen Hauptverbandplatz in Golubitzkaja westlich Temrjuk. Unser Leichtkrankenlazarett war vor einiger Zeit aufgelöst worden. Der gesamte Troß war nach der Krim verlegt worden. Wir hatten zwei Hauptverbandplatzgruppen gebildet. Sie mußten so beweglich wie möglich sein. So hatten beide nur das unbedingt erforderliche Gerät. Die beiden Gruppen waren voneinander unabhängig. Die eine wurde von unserem zweiten Chirurgen geführt, die andere von einem jüngeren Assistenzarzt. Ich hatte jeweils da einzuspringen, wo der größere Anfall war. Beide Gruppen waren auf Lastkraftwagen oder Krankenkraftwagen verladen. Nur der Sicherheit halber – jeden Tag konnte der Regen einsetzen –, hatten wir eine Anzahl bespannter Panjewagen bei uns behalten. Alles das war improvisiert. Die Improvisation hat sich bewährt. In ihr steckten unsere gesamten Erfahrungen.

Wir hatten in der Nacht nach Golubitzkaja verlegt. Im Morgengrauen hatten wir noch einmal in der Brandung gebadet. Ich saß mit Rombach beim Frühstück. Wir wußten, morgen war der Tag x. Wir warteten auf Sambo, der unterwegs war, die neuen Befehle von der Division zu holen. Nach einer Weile kam Sambo an, begleitet von Gehrmann, unterdessen Hauptfeldwebel der Kompanie, und Korporal Schwarzbach, der den Posten des Schreibstubenunteroffiziers an Stelle des zum Divisionsarzt versetzten Unteroffiziers Klein übernommen hatte. Wir hatten Klein ungern abgegeben. Er war ein Meister auf der komplizierten Klaviatur der militärischen Bürokratie gewesen. Aber es war für die Kompanie ein großer Vorteil, in der Schreibstube der nächsthöheren Dienststelle einen Vertrauten zu haben.

Gehrmann und Schwarzbach schoben jeder mit Mühe ein verrostetes Fahrrad auf den nackten Felgen durch den Sand. Es war ein komisches Bild. Wir wußten nicht, was dieser Unsinn sollte. Wir erfuhren es sogleich. Die auf Grund der Erfahrungen von zwei Jahren Rußlandkrieg ausgearbeitete neue Mobilmachungsaufstellung der pferdebespannten Sanitätskompanie war just an diesem Morgen eingetroffen. Nach dieser Aufstellung waren der Hauptfeldwebel und der Schreibstubenunteroffizier planmäßig mit einem Fahrrad ausgestattet. In Wirklichkeit hatte der Hauptfeldwebel ein Reitpferd und einen kleinen Personenwagen. Anders hätte er seine vielfältigen Aufgaben nicht bewältigen können.

Der Tag x verlief an der Front vollkommen planmäßig. Bei uns gab es Alarm. Die Russen hatten in der Nacht zwischen unserem Dorf und Temrjuk, knapp zwei Kilometer von uns entfernt, ein Kommando am Strand gelandet, das vermutlich die in Temrjuk über den Kuban führende Brücke zerstören sollte. Die Boote, die die Russen gelandet hatten, waren im Morgengrauen verschwunden. Die Russen hatten um ein Gehöft herum einen kleinen Igel gebildet. Sie unternahmen zunächst nichts.

Diese Lage machte auf uns einen höchst belustigenden Eindruck. Genau dieser Vorgang war vierzehn Tage vorher in einem kleinen, sogenannten Kampfspiel geübt worden. So wurde die berühmte Befehlsformel ausgegeben: »Alarmstufe III! Alte Leute wissen schon!«

Die Alarmgruppen der Kompanie gingen mit drei Maschinengewehren am östlichen Ortsrand in kleinen Gräben in Stellung, die bei dem Kampfspiel ausgehoben worden und unterdessen schon wieder halb zusammengefallen waren. Es fehlte uns eigentlich nur ein Generalarzt, der im Gelände umherstieg und uns lobte, daß alles so großartig klappte.

Unterdessen hatte die Hauptverbandplatzgruppe im Ort, bei der sich nur ein paar Leichtverwundete befunden hatten, abgebaut. Das hatte nicht länger als zweiundzwanzig Minuten gedauert – eine gute Zeit! Die zweite Gruppe war durch einen Hohlweg in den oberen, auf dem Steilhang an der großen Straße gelegenen Teil des Dorfes hinaufgezogen und hatte dort oben den Operationsbetrieb in Gang gebracht. Praktisch war die operative Tätigkeit nicht unterbrochen worden. Der Hauptfeldwebel vertrat mit ernstem Gesicht die Meinung, daß dieser glatte Ablauf einen Schluck Kaffee wert sei.

»Was meinen Sie?« fragte Rombach. »Ich finde, wir können unseren Hauptfeldwebel nicht kränken.«

Wir nahmen den Schluck aus der Flasche des Hauptfeldwebels, in der sich natürlich, vorschriftswidrig, Cognac befand.

Diese unscheinbaren kleinen Albernheiten sind immer das Symptom einer inneren Vibration. Sie sind die kleinen Hilfsmittel der Angst. War das jetzt eine lächerliche oder war es eine gefährliche Situation? Wir mußten das herausbekommen. Unterdessen war es hell geworden. Wir suchten das Gelände mit Gläsern ab. Aber man sieht da höchstens hier und da eine einzelne Figur, und meistens kann man nicht einmal unterscheiden, ob es sich um einen Gegner oder um einen von den eigenen Leuten handelt. Unsere Überlegungen liefen wieder einmal den gleichen Weg, ohne daß darüber gesprochen wurde. Der Kern der Kompanie waren alte Infanteristen. Ich selbst war ein kleiner Leutnant der Infanterie gewesen, wenn das auch schon ein Menschenalter her war. Ein kräftiger, schneller Stoß gegen den kleinen Russenigel mit zwei Maschinengewehren in der Flanke, die den Gegner niederhielten – die Russen hätten wahrscheinlich die Hände gehoben. Auch die Voraussetzung für den Gebrauch der Waffe durch die Sanität, die unmittelbare Gefahr, war gegeben. Da vorne im Sand lag ein kleiner Ruhm. Wir brauchten ihn nur aufzuheben. Wir sahen einander an. Sollten wir?

Ein paar Infanteriegeschosse pfiffen in der Nähe vorbei. Jetzt war es fast unmöglich zu verzichten. Jetzt hätte Verzicht wie Angst ausgesehen. In diesem Augenblick kam Sambo.

Sambo hatte sofort die Situation erfaßt. Er machte keine Meldung. Er holte aus der linken Satteltasche seines Motorrades ein paar Handgranaten heraus. In solcher Lage hatte Sambo eben keine Hühner in der Satteltasche, sondern Handgranaten.

Sambo grinste: »Na, die Brüder da drüben, die müßte man doch ausräuchern!«

»Sag mal, Sambo, wie sieht's denn oben im Dorf aus?«

»Der Assistenzarzt läßt fragen, ob die zweite Gruppe auch aufmachen soll. Es liegen vierzig Verwundete da.«

»Alsdann!« Die Frage, was zu geschehen habe, war entschieden.

Mit einem kleinen melancholischen Blick auf eine Chance, die nicht wiederkehren würde, nahm der kleine Leutnant von der Somme, nach einem Menschenalter, Abschied vom kleinen Ruhm.

Ich ratterte mit Sambo durch den Sand des Hohlwegs ins Dorf hinauf. Es waren nicht vierzig, sondern sechzig Verwundete. Zwanzig Russen kamen noch dazu. Ich fuhr Sambo an: »Sag mal, du alter Schurke, sind das vielleicht keine Verwundeten?« Sambo machte das steinerne Gesicht des alten Obergefreiten, der zu Recht einen Tadel bekommt. Nach einer halben Stunde kam er mit einer uniformierten Russin in den Operationssaal. Er hatte sie mit ein paar russischen Gefangenen am Straßenrand sitzen sehen. Sie war Ärztin. Er hatte sie gleich mitgenommen. Sie war völlig verblüfft, als sie schon zehn Minuten später damit beschäftigt war, die leichten Fälle unter den russischen Verwundeten zu verbinden.

Tag für Tag wurde die Hauptkampflinie um fünfzehn bis zwanzig Kilometer zurückverlegt. Es gelang den Russen nicht, die Absetzbewegung zu stören. Die Truppe gewann dabei ihr altes Selbstvertrauen zurück.

Als ich einmal bei Fabricius vorbeikam, zeigte er mir ein paar aufgefangene russische Funksprüche, die in offener Sprache gesendet worden waren.

»Der Oberbefehlshaber der 56. Armee an den Kommandanten der 414. Schützendivision: Wie können Sie zwanzig Kilometer Vormarsch melden ohne die geringste Beute?«

»Der Kommandant der 414. Schützendivision an den Befehlshaber der 56. Armee: Wie kann ich Beute machen, wenn die Deutschen jeden Sch...dreck mitnehmen!«

Das Wort Sch...dreck war in dem russischen Funkspruch deutsch.

Die Schwierigkeiten wuchsen mit dem Fortschritt der Räumung. Je mehr deutsche Einheiten den Brückenkopf verließen, um so größer wurde die russische Überlegenheit. Die Kubanhalbinsel hat nach Westen zwei Ausläufer, die beide bis auf wenige Meilen an die Halbinsel Kertsch heranreichen. Es wurde alles so angelegt, daß die Russen glauben mußten, die Deutschen würden als letzten Absprung den südlichen Landarm benutzen. Im letzten Augenblick wurde dann über den nördlichen Landarm zurückgegangen. Die Täuschung gelang. Die Russen stießen mit starken Kräften auf dem südlichen Landarm vor und fanden niemand. Bis sie umgruppiert hatten, war die Räumung über den nördlichen Landarm beendet.

Wir hatten noch einige Tage an der Stelle, an der die beiden Landarme sich teilten, einen Hauptverbandplatz. Der Armeearzt war bis zuletzt unser Gast. Der vortreffliche Mann hatte seine Aufgabe mit so viel Weitblick in Angriff genommen, daß er nunmehr, am Ende der Aktion, praktisch kaum noch Funktionen hatte. Es befanden sich nur noch wenige seiner Einheiten diesseits des Wassers. Er wollte aber bis zum Schluß dableiben. So erbot er sich, am Hauptverbandplatz mitzuarbeiten. Wir nahmen sein Angebot an. Der Nutzen, den er uns brachte, war aber ganz anderer Art. Er hatte es erreicht, daß uns Fieseler Störche zur Verfügung gestellt wurden. So konnten wir die Patienten mit Bauchschüssen mit diesem äußerst schonenden Transportmittel schon immer verhältnismäßig kurz nach der Operation auf die Krim verlegen. Ebenso konnten wir die Patienten mit Schädelschüssen transportieren. Der Schädelschuß verträgt es, lange auf die Operation zu warten. Ist er aber operiert, so verträgt er keinen Transport mehr.

Die Piloten der Fieseler Störche waren großartige Leute. Sie schlichen, um nicht von den russischen Ratas abgeschossen zu werden, mit unendlichen aviatischen Listen an den Pappelalleen entlang, fast am Erdboden hin, bis zu unserem Hauptverbandplatz. Sie flogen noch, als die Russen schon den Dorfanger, auf dem sie landeten, mit Artillerie beschossen.

Dies ist das einzige Mal in allen diesen Jahren gewesen, daß wir in einem Großkampf keine Patienten infolge der Unzulänglichkeit des Apparates verloren haben. Endlich einmal hatten die Verwundeten die Bedingungen, auf die sie Anspruch hatten. Endlich einmal hatten die Chirurgen Gelegenheit, zu zeigen, was moderne Kriegschirurgie auf dem Gefechtsfeld zu leisten vermag, wenn die Mittel der Technik dafür zur Verfügung stehen. Wir haben unseren Generalarzt hoch gepriesen.

Am Abend vor der letzten Nacht setzten wir über. Bei den letzten Jagdkommandos blieb ein ambulantes ärztliches Kommando der Kompanie zurück. Die Jagdkommandos trafen auf die Minute pünktlich an den Landungsstegen ein, wo Schnellboote der Marine auf sie warteten. Jedem Landungssteg waren zwei Pioniere zugeteilt, die, ehe abgelegt wurde, die Sprengladung am Steg anbrachten. An einem der Stege traf 3.10 Uhr morgens das letzte Jagdkommando ein. Das Schnellboot, das vor dem Landungssteg im Wasser kreuzte, legte an. Alles war in Ordnung, nur die Pioniere zum Sprengen waren nicht da. Nach einigem Suchen fand man sie. Sie hatten sich unter dem Steg zum Schlafen hingelegt.

Am Mittag standen wir auf der Straße, die am Hang der Küste entlang nach Kertsch hineinführt. Der Assistenzarzt unseres ambulanten Kommandos meldete sich bei Rombach zurück. Bei seiner Gruppe war Unteroffizier Wotruba gewesen. Rombachs Fahrer stellte das Radio im Wagen des Chefs an. Die Kompanie versammelte sich um den Wagen. Auf der anderen Seite des Wassers konnten wir die Kubanhalbinsel liegen sehen. Es kam der Wehrmachtsbericht: »Erhobenen Hauptes verließ in den frühen Morgenstunden des heutigen Tages der letzte deutsche Soldat den Kubanbrückenkopf . . .«

Den Kommentar dazu gab Wotruba: »Herr Stabsarzt! Det muß 'n Mann vom Ersatzbataillon jewesen sint. Wir sind alle uff'n Bauch jerobbt!«

So endete diese hervorragende militärische Leistung im schallenden Gelächter einer ganzen Kompanie.

»IM SCHWEISSE DEINES ANGESICHTS...«

Wir waren wieder auf der Krim. Wiederum kam der Herbst über die Steppe. Wiederum trieb Sturm aus dem Osten die Steppenhexen gespenstisch über das Land. Er trieb sie nicht mehr uns entgegen. Er trieb sie vor uns her.

Die Division hatte einen neuen General bekommen. Auch diesmal hatten wir ein gutes Los gezogen. Der neue Divisionskommandeur hatte ein Herz für seine Soldaten. Die Sanitätstruppe stand bei ihm in gutem Ansehen. Was immer wir an Wünschen für die Versorgung unserer Verwundeten hatten, der General hat sie erfüllt.

Gleichzeitig war ein neuer Divisionsarzt gekommen. Es war der zwölfte, den ich bei der Division erlebt habe. Welche Gründe diese Personalpolitik hatte, habe ich nie herausfinden können. Der Sache, der sie dienen sollte, hat sie wenig Nutzen gebracht. Der Neue war noch nicht in Rußland gewesen. So hatten wir eine Menge Befehle zu erwarten, die der Sachkenntnis ermangeln würden.

Im Abtransport der Verwundeten hatte es während der beiden letzten Winter große Versager gegeben. Trotzdem waren die Transportmittel der Truppensanität nicht auf einen den Notwendigkeiten entsprechenden Stand gebracht worden. In Simferopol fuhren neue dreiachsige, einigermaßen geländegängige Krankentransportwagen die Patienten auf den asphaltierten Straßen vom Kriegslazarett zum Bahnhof, während Leutnant Joachims uralte Karossen noch immer durch den Schlamm ächzten. Dabei hatten seine Wagen teilweise schon über hunderttausend Kilometer hinter sich, und zwar russische Staub-, Schlamm- und Schneekilometer. Major Stubbe war auf dem Kontinent. Ich habe ihn nicht wiedergesehen. Ich weiß nicht einmal, ob er noch lebt.

Wenn wir gleichwohl die Schwierigkeiten meistens überwinden konnten, so verdankten wir das Fabricius. Wenn wir Sambo zu ihm schickten, bekam er jedesmal eine Zigarre aus der in der ganzen Division berühmten Kiste des IA und so viele Fahrzeuge, wie wir erbeten hatten, es sei denn, daß gerade dringende Munitionstransporte vorlagen.

Wir hatten Quartier in einem Dorf in der Nordsteppe der Krim genommen. Das Dorf war von Bulgaren bewohnt. 1878 hatte Zar Alexander II. von Rußland die Bulgaren von der Türkenherrschaft befreit. Nach der Befreiung waren die Bauern unseres Dorfes einer Einladung des Zaren gefolgt. Sie hatten das Land urbar gemacht. Große, mit Sonnenblumen und Mais bestandene Felder umgaben das Dorf. Ihre Herden weideten auf der Steppe.

Wir wohnten im Hause des Starosten. Der Starost war ein kräftiger Mann mit einem mächtigen schwarzen Bart. Er sah aus wie ein Apostel auf einem mittelalterlichen Bild. Er genoß großes Ansehen sowohl bei seinen Bauern wie bei uns. Wir wiederum genossen seine Achtung, weil wir ihm am Tage unseres Einzugs versichert hatten, daß die Soldaten nicht plündern würden. Das hatte er, wie er uns später gestand, zunächst nicht geglaubt. Aber die Kompanie hielt sich streng an den gegebenen Befehl.

Die Erfahrung hatte gezeigt, daß, wenn man die Bauern gut behandelte und die Eier und die Hühner kaufte oder im Tauschhandel erwarb, die Quelle immer reichlich floß. Übrigens wohnten die Soldaten bei den Bauern im Quartier. Es war bei uns Brauch geworden, unsere Pferde für die Ernte zur Verfügung zu stellen. Die meisten Fahrer waren selber Bauern. Sie fanden es viel unterhaltender, bei der Ernte zu schwitzen als beim Exerzieren. Man vertrug sich vortrefflich miteinander.

Eines Tages kam der Starost zu uns und bat uns um die Erlaubnis, zusammen mit den Dorfältesten und den Starosten zweier benachbarter Dörfer in unserem Radio die Nachrichten vom Sender Sofia hören zu dürfen. Wir erteilten diese Erlaubnis gern. Jeden Nachmittag versammelte sich eine Gesellschaft würdiger Männer in der Wohnstube des Starosten, in der Rombach und ich wohnten. Wir ließen die Bauern dann immer allein. Gewöhnlich lud unser Starost am Ende der Sendung zu einem Trunk Wein ein, den die Bauern selbst kelterten. Eines Tages kam ich während der Sendung in den Raum, um mein Koppel zu holen. Ich hörte nur mit halbem Ohr auf die Sendung. Ich kenne die bulgarische Sprache nicht. Aber ich hörte ein paarmal das Wort »Krasnuj Army«. Ich holte Unteroffizier Wotruba. Die Bauern hörten den Sender Moskau.

Wir beschlossen, ihnen für den Streich, den sie uns gespielt hatten, wenigstens einen Denkzettel zu erteilen. Zu dritt betraten wir den Raum mit erhobenen Pistolen: »Hände hoch!« Die Bauern fuhren erschrocken herum und hoben die Hände. Nur der Starost ging ruhig an den Apparat und stellte ihn ab. Dann kam er mit einem feinen Lächeln auf Rombach zu: »Gospodin Kommandant! Was sollen wir machen? Wir sind in Gefahr. Wir haben Weiber und Kinder. Proschtschai! Verzeih!«

Er sagte das mit der Würde, mit der ein freier Mann zu freien Männern spricht. Freilich, weder er noch wir waren freie Männer. Immerhin – nichts könnte das Vertrauen der Bauern zu den deutschen Soldaten überzeugender beweisen als die Weigerung des Starosten, unsere Drohung mit den Pistolen ernst zu nehmen. Ein wenig beschämt schoben wir unsere Schießeisen in die Hosentasche.

Am Abend kam der Starost zu uns, um sich Rat zu holen. Aus dem Moskauer Sender wußte er, daß die Krim bedroht war. Von den Sowjets hatten die Bauern nichts Gutes zu erwarten. Es gab auch bei ihnen genug Denunzianten, die die sowjetische Staatspolizei über das gute Einvernehmen, das zwischen den Bauern und den deutschen Soldaten geherrscht hatte, ins Bild setzen würden. Außerdem waren sie, wenn auch keine Kulaken, so doch immerhin selbständige Bauern. Der Starost rechnete damit, daß die Männer des Dorfes in die sibirische Verbannung geschickt würden. So fragte er uns geradeheraus, ob die Krim deutsch bleiben werde, oder ob er mit dem Dorf gen Westen, nach Bulgarien, in die alte Heimat, trecken solle.

Die Frage brachte uns in nicht geringe Verlegenheit. Zweifellos war die Krim auf lange Sicht nicht zu halten. Doch konnten wir als Offiziere der Armee nicht gut dem Starost etwas zugeben, was wir nicht einmal unseren eigenen Leuten zugaben. Aber wir waren ja nicht nur Offiziere der Armee. Konnten wir diesen ehrlichen Mann, der uns sein Vertrauen schenkte, mit einem Ratschlag, der eine Lüge war, ins Verderben stürzen lassen?

Während Rombach und ich miteinander sprachen, brachte das Weib des Starosten eine Kanne Wein herein. Der Starost schenkte ein, hob sein Glas und trank es nach bulgarischer Sitte aus. Die Zelebrierung einer alten Sitte hat immer etwas Zwingendes. Wir taten ihm nach. Dann sah er uns unverwandt an, die Ellbogen auf die Knie gestützt. Von Zeit zu Zeit strich er seinen mächtigen Bart. In der Weltklugheit, die alten Bauern eigen ist, wußte er genau, was wir besprachen. Wir einigten uns auf einen Ausweg. Wir erklärten ihm, niemand könne die Wechselfälle eines Krieges übersehen. Kämen die Russen nicht, könne das Dorf jederzeit zurückkehren. Kämen sie, so sei es besser, zu trecken. Der Starost schüttelte uns die Hand.

Drei Tage bereiteten die Bauern ihren Treck vor, während die Front am Nordufer des Asow'schen Meeres langsam zu weichen begann. Sie beschlugen die Räder ihrer Leiterwagen neu. Sie schlachteten Hammel, kochten sie und pökelten sie in große Krüge ein. In dem Steinofen im Hof wurde Brot gebacken – Brot! Alles, was die Bauern taten, war vernünftig und wohlüberlegt. Alles wickelte sich in Ruhe und Besonnenheit ab. Es war, als ob sie nach einem uralten Plan handelten. So wie sie einst vor Generationen in dieses gelobte Land gekommen waren, so schickten sie sich nunmehr an, es wieder zu verlassen. Über ihrem Gebaren lag ruhige Würde.

Am letzten Tage brachte der Starost den achtzigjährigen Großvater zu uns. Wir sollten feststellen, daß er den Strapazen des Trecks nicht gewachsen sei. Diese Gewissenslast haben wir dem Starosten nicht abgenommen. Der alte Mann aber, nachdem er verstanden hatte, worum es sich handelte, erklärte, er wolle zurückgelassen werden. Wo er sein langes Leben gelebt habe, da wolle er auch sterben.

Wir übergaben dem Starosten einige Karabiner. Ohne Waffen hätten sich die Bauern nicht einmal gegen einen Wolf wehren können. Der General hatte unsere Bitte um eine Bescheinigung, daß die Männer Waffen führen dürften, großzügig erfüllt.

Im Morgengrauen des nächsten Tages wurde eingespannt. Das Vieh wurde aus den Ställen getrieben. Bei Sonnenaufgang versammelte der Starost seine Familie um sich. Sein ältester Sohn hielt die Ikone, das alte Heiligenbild, das der Urgroßvater aus Bulgarien mitgebracht hatte. Bis zu diesem Tage hatte es sie alle beschützt. Dann kniete die ganze Familie zum Gebet nieder. Der Starost betete ein letztes Vaterunser auf dem alten Hof. Sie knieten neben dem Steinofen, in dem so lange das tägliche Brot gebacken worden war. Der bärtige Mann küßte die alte Erde, in die er ein Leben lang seinen Schweiß vergossen hatte, diese Erde, die den Schweiß des Menschen mit Fruchtbarkeit vergilt. Er küßte die Ikone. Dann erhob er sich, kam auf uns zu, umarmte uns, gab auch uns den brüderlichen Kuß und wünschte uns den Segen Gottes. Dann setzte sich der Treck in Bewegung.

Langsam schwankten die Wagen aus dem Tor hinaus. Die Rinder und Schafe drängten sich, von den Hunden umkläfft, vorbei. Auf der breiten Dorfstraße schlossen sich die anderen Bauern mit ihrem Vieh an. Langsam zog der Treck in die Steppe hinaus. Gegen Mittag erst sahen wir die Staubwolke hinter dem Horizont verschwinden.

So zogen sie dahin, während der Kriegsgott die Fackel über ihnen schwang. So zogen sie dahin, unstet und flüchtig, wie der Mensch seit Jahrtausenden über die Erde dahinzieht. Ach, wäre doch dem Menschen nichts weiter auferlegt, als daß er sein Brot esse im Schweiße seines Angesichts!

Tage später, auf einer Erkundungsfahrt, traf ich den Treck noch einmal. In guter Ordnung zogen die Bauern dahin. Der Starost begrüßte mich wie einen alten Freund. Wir schenkten ihm, was wir noch an Tabak hatten. Die Landenge von Perekop haben die Bauern noch überschritten, den Dnjepr haben sie nicht mehr erreicht. In ihre alte Heimat Bulgarien sind sie nicht zurückgekehrt. In der Nogaischen Steppe wurden sie von russischen Vorausabteilungen überholt und in alle Winde zerstreut. Ihnen geht die Sonne nicht mehr über einer Zukunft auf. Das alte Dorf in der Steppe werden nur wenige wiedersehen, und auch diese vielleicht erst nach einem Menschenalter. Nur manchmal wird das gelobte Land, die goldene Krim, im Traum vor ihnen auftauchen. Dann werden sie mit Tränen in den Augen erwachen.

Einige Tage später verließ Rombach die Kompanie. Er war zum Divisionsarzt einer Infanteriedivision im mittleren Teil der Ostfront ernannt worden. Seine neue Division konnte sich freuen. Sie bekam einen Mann, der gelernt hatte, wie man Verwundete im Rußlandkrieg versorgt. Wir waren um so trauriger, als wir gehofft hatten, er werde unser Divisionsarzt. Auf derselben Dorfstraße, über die vor wenigen Tagen die Bauern ausgezogen waren, trat der ganze alte Haufen noch einmal an. Sogar die beiden Milchkühe, die wir für die Diätküche mit uns führten, zwei blökende Hammel und das Kompanieschwein hatten die Fahrer in der Front mit aufgestellt.

Rombach schüttelte jedem Mann die Hand. Er klopfte den Pferden, unseren treuen Helfern, den Hals. Er streichelte die Kühe, die Hammel und sogar das Schwein. Das gab ein großes Gelächter. Dann übergab er in einer kurzen, ein wenig heiseren Ansprache das Kommando an mich. Was alles hatten wir miteinander erlebt! Drei lange Jahre hatte die Kompanie unter seiner ausgezeichneten und umsichtigen Führung unter der unsichtbaren Flagge gedient. Selbst die Pferdepfleger, diese harten alten Burschen, schnieften bedenklich durch die Nase.

Zum Schluß setzte sich Rombach in seinen Wagen. Ich stellte mich auf das Trittbrett. »Achtung! Augen rechts!« Wir fuhren noch einmal zusammen die Front der Kompanie entlang. Am Ende der Front sprang ich ab. Ich hob die Hand an die Mütze. In einer eleganten Kurve verschwand der vortreffliche Mann in einer kleinen Staubwolke hinter einem Akazienwäldchen.

Fünf Jahre nach dem Krieg ist er aus russischer Gefangenschaft zurückgekehrt.

DES MENSCHEN HERZ IST EIN VERWORREN' DING

Die Division sollte nach Cherson verladen werden. Wir schickten ein Kommando mit wertvollen Vorräten an Medikamenten, Verbandstoffen, Kaffee und Zigaretten nach Odessa. Wir taten das ohne Befehl. Es waren die Erfahrungen aus dem Kaukasusrückzug, die uns dazu veranlaßten. Die meisten Einheitsführer hatten schwarze Aktionen laufen. Für die einzelne Einheit waren sie von Nutzen. Aber sicher hat die amorphe Pufferschicht solcher Kommandos die in der Etappe immer mehr sich ausbreitende Korruption vermehrt. Von Odessa hörte man unwahrscheinliche Dinge. Hunderte von Fahnenflüchtigen hielten sich in Odessa verborgen. Es gab einen schwarzen Markt, auf dem die russischen Partisanen ihren Bedarf an Waffen einkauften. Der Preis für ein Maschinengewehr betrug fünftausend bis achttausend Mark. Genährt von der Atmosphäre des Lasters und des Verbrechens, die in den Winkeln aller großen Häfen der Welt lauern, hatte in Odessa jener infernalische Karneval begonnen, der den Kampf der Truppe bis zum letzten Schuß begleiten sollte. Der Kriegsgott hatte sein letztes Arsenal geöffnet, das Arsenal der Anarchie. Willig strömten seine Helfershelfer herbei. Das einzige, was von dieser Anarchie nicht mehr behauptet werden konnte, war, daß daran die Juden schuld seien. Es gab sie nicht mehr.

Die Kompanie wurde auf dem Bahnhof von Wladislawowka verladen. Auf dem Bahnhof lag, ebenfalls zur Verladung bereit, ein Depot der Luftwaffe mit Winterbekleidung von so luxuriöser Güte, wie die Infanterie sie nie zu sehen bekommen hatte.

Der Leiter dieses Depots, ein Oberfeldwebel der Luftwaffe, kam dick, schwitzend und unglücklich zu mir, er werde von allen Seiten bestohlen; mit seinen wenigen Leuten könne er das Depot nicht mehr bewachen. Ich schlug ihm vor, ich wolle das Depot gegen Quittung übernehmen. Er war einverstanden. Die Männer begannen, die Sachen auf unseren Transportzug zu verladen. Nach einer Stunde tauchte ein von irgend jemand alarmierter Hauptmann der Feldgendarmerie auf dem Bahnhof auf. Gehrmann erschien, etwas blaß, und meldete mir, der Hauptmann wolle Tatbericht wegen Plünderung durch die Kompanie machen. Das war auf jeden Fall eine gefährliche Situation. Wenn der Feldgendarm bösartig war, konnte ich sehr schnell ein statuiertes Exempel werden. Ich wollte meinen Mantel anziehen.

»Nein, auf keinen Fall den Mantel!« warnte Gehrmann.

»Warum nicht?«

»Wegen des Lametta! Der Hauptmann hat genau so einen sächsischen Orden wie Sie.«

Mit Lametta bezeichneten die Soldaten die Sammlung der Orden, die einer auf der Brust oder im Knopfloch trug.

Wenn ich die Situation gerettet habe, so verdanke ich das der weiland hochseligen Majestät von Sachsen und der Intelligenz meines Hauptfeldwebels. Wenn zwei Offiziere in einer so gespannten Situation sich begegneten, so kalkulierten sie, noch ehe sie einander ins Auge sahen, mit einem kurzen Blick die Dekorationen des Kontrahenten. Der Hauptmann der Feldgendarmerie trug in der Tat denselben sächsischen Albrechtsorden zweiter Klasse mit Schwertern wie ich. Den meinen hatte ich einmal in Rethel bekommen, 1917, als ganz junger Ordonnanzoffizier beim Regimentsstab des königlich sächsischen Leibgrenadierregiments, für die Zusammenstellung eines Besichtigungsfrühstücks, über das sich Seine Exzellenz der kommandierende General äußerst anerkennend geäußert hatte. Wofür der Hauptmann seinen Albrechtsorden bekommen hatte, habe ich ihn nicht gefragt. Ich fragte ihn nach seinem Truppenteil im ersten Weltkrieg. Auf dieser Basis konnte es natürlich keinen Tatbericht wegen Plünderung mehr geben. Wir schlossen einen Kompromiß. Die Kompanie sollte die nach meiner Ansicht übernommenen, nach seiner Ansicht geplünderten Gegenstände auf dem Bahnsteig wieder zusammentragen. Glücklicherweise besaß der Zahlmeister einen Anweisungsschein auf Filzstiefel. Wir hatten sie noch gar nicht geholt. Aber Filzstiefel durften wir jedenfalls haben. Nachzählen konnte der Hauptmann nicht gut. Das wäre zu lächerlich gewesen. So behielten wir hundert Paar wunderbare Filzstiefel.

Am nächsten Tag gab es einen der damals häufigen blinden Alarme. Eine Landung der Russen an der Nordküste der Krim wurde täglich erwartet. Die noch auf dem Bahnsteig liegenden Sachen wurden mit Benzin übergossen und in Brand gesteckt. Der Vorfall hatte einige Wochen später ein ironisches Nachspiel.

Wir saßen da, spielten Skat und warteten darauf, daß der Transportzug sich nach Cherson in Bewegung setzte. Aber am Abend kam der Bahnhofskommandant: es sei Befehl gekommen, die Kompanie wieder auszuladen. Ich ging ans Telefon, um den Divisionsstab anzurufen. Die Division lag etwa zwanzig Kilometer südwestlich von uns in Scheich Eli, einem Steppendorf nordostwärts von Simferopol. Ich erreichte Hauptmann Varnhagen, den Ordonnanzoffizier von Fabricius.

Varnhagen war ein junger Dozent der Archaeologie, gescheit, skeptisch, immer zu tiefsinnigen Albernheiten aufgelegt, dazu ein vorzüglicher Offizier. Zur Zeit hatte er, wie er sich ausdrückte, Rückzugstaktik im Seminar für Fortgeschrittene bei Professor Fabricius belegt. 1940 hatten wir beide einmal mit dem Auftrag, Material für das Kriegstagebuch der Division zu sammeln, eine wunderbare Autoreise durch halb Frankreich gemacht. In Autun hatten wir die Kathedrale bewundert mit ihrem steinernen Baldachin über der großen Treppe des Portals und ihrer lichten Halle, die auf eine unwiederholbare Art die diesseitige Heiterkeit der Antike mit der jenseitigen Frömmigkeit der Gotik verbindet. Talleyrand, der Bischof von Autun war, hat diese Kathedrale nie gesehen. Man kann sagen, daß das der einzige Fehler ist, den er in seiner Biographie gemacht hat. Dann waren wir die Côte d'or, die Kette der berühmten burgundischen Weinorte, entlanggefahren. Im Herbst 1941 war Varnhagen in Kart Kasak III mit einem flachen Infanteriedurchschuß an der Hüfte mein Patient gewesen. Er war ganz entsetzt gewesen, als ich ihm unter örtlicher Betäubung den ganzen Schußkanal aufgespalten hatte.

Ihn also fragte ich, ob er nicht diesen Ausladebefehl rückgängig machen könne.

»Nein, der ist ganz in Ordnung!«

»Warum denn?«

»Gekados!«

»Du alter Idiot, meinst du, das wäre ein Spaß – rin in die Kartoffeln, raus aus den Kartoffeln?«

»Bleib lieber draußen!«

»Ja, aber warum denn?«

»Weißt du noch, wie du mir mal das Fell aufgerissen hast?«

»Natürlich weiß ich das noch!«

»Bei Philippi sehen wir uns wieder!«

Mit diesem albernen Tertianerzitat hängte er ab.

Was dieses Zitat zu bedeuten hatte, war nur allzu klar. Die sechste Armee befand sich seit einiger Zeit auf dem Rückzug. Die Deutschen würden die Landenge von Perekop, die sie vor zwei Jahren angegriffen hatten, jetzt in der umgekehrten Richtung zu verteidigen haben, wahrscheinlich auf derselben Linie wie damals die Russen. Es war eine kriegsgeschichtlich einzigartige Situation. Die Krim war zum Kessel geworden. Nun, die Krim war ein ziemlich großer Kessel. Die Deutschen würden ihn planmäßig räumen. Sie konnten das. Sie hatten das auf dem Kubanbrückenkopf soeben demonstriert. Diesmal freilich hatten sie nicht eine schmale Meerenge im Rücken, sondern das Schwarze Meer.

Ein Engländer fühlt sich auf dem Wasser zu Hause. Für den Kontinentalen ist das Wasser ein feindliches Element. In nichts unterscheidet sich der Engländer so sehr vom Kontinentalen. Auch die Russen sind keine Seefahrer. Der Graf von Tocqueville hat einmal gesagt: »La mer n'aime pas le Russe!« Was würde das Meer für die Deutschen sein? Würde es sie zum Festland tragen, oder würden Tausende in ihm versinken?

Ich kam zur Kompanie zurück. Die Männer warteten gespannt auf den Bescheid von der Division.

»Ausladen!«

Fluchend und schimpfend, mit wilden Axtschlägen, machten sich die Fahrer daran, die Holzklötze, die zur Sicherung der Fahrzeuge mit langen

Nägeln vor und hinter den Rädern unserer Fahrzeuge auf den Holzböden der Waggons befestigt waren, wieder loszuschlagen. Sie ahnten nicht, daß wir um vielleicht einen Tag den Anschluß nach Cherson, den Anschluß an den Kontinent verpaßt hatten. Es kann freilich ebensogut sein, daß der Ausladebefehl uns gerade eben davor bewahrt hatte, irgendeiner russischen Vorausabteilung in der Nogaischen Steppe in die Hände zu fallen.

Ich beschloß, zur Division zu fahren. Ich wollte genau wissen, was los war. Die Nacht begann heraufzukommen. Ich nahm einen offenen Volkswagen. Wegen der besseren Sicht klappten wir die Windschutzscheibe herunter, obgleich es ziemlich kühl war. In den Volkswagen lud ich eine Anzahl der erbeuteten Filzstiefel, um sie dem Divisionsstab als kleines Gastgeschenk zu überreichen.

Wir fuhren los. Die Sterne schienen. Der Mond war erst in einer Stunde zu erwarten. Im Westen verschwand der letzte Schein des Abendlichtes. Ich schleuste den Wagen aus dem Dorf hinaus ins Freie und gab dem Fahrer den Stern an, den er als Richtungspunkt nehmen sollte.

So fuhren wir unter dem hohen Nachthimmel der Steppe dahin. Nicht einmal eine Leuchtkugel irgendwo am Horizont unterbrach die feierliche Stille. Alle Fronten lagen hinter dem Horizont. Die sechste Armee also hatte die Myusfront auf der anderen Seite des Asow'schen Meeres nicht halten können. Es mußte eine ziemliche Katastrophe gegeben haben, wenn sogar schon die Landenge von Perekop bedroht war. Der Groll der Götter! Die sechste Armee – das war die Armee von Stalingrad gewesen! Der Name der sechsten Armee war das Symbol der bisher schwersten Niederlage des Krieges. In unbegreiflicher Hybris hatte der primitive Mann an der Spitze einer neuen Armee den gleichen Namen gegeben. Für Soldaten konnte er nur ein Symbol neuen Unglücks sein. Wahrhaftig, wen die Götter verderben wollen, den schlagen sie mit Blindheit. In Tertia war diese alte Weisheit eine Legende aus grauen Vorzeiten gewesen. Jetzt war sie eine Tatsache des Wehrmachtberichts.

Wir fuhren nach den Sternen. Waren es noch unsere Sterne, die über dem freien Land leuchteten? Ich dachte an die weite, große Welt, die ich ein Leben lang durchstreift hatte. Zuweilen verschwand der Wagen in einer Senke. Dann hob sich die nächste Bodenwelle wie eine mächtige dunkle Dünung gegen den Himmel. Ich dachte an den Sternenhimmel über der Karibischen See, wenn der Wind leise wie auf einer Harfe in den Verspannungen der Maste summte, während der fromme Gesang der Neger auf der Back durch die Dunkelheit zur Brücke herauftönte. Ich dachte an die blassen Sterne über dem Lichtermeer von Paris. Ich dachte an jene unheimliche Nacht, damals mitten im Frieden, als die

Lichter von Berlin verloschen und der Mond gespenstisch in die leeren Straßenschluchten schien.

Wahrscheinlich würde ich nichts von alledem je wiedersehen. Es war kein Gefühl des Schmerzes oder des Kummers, das mich bewegte. Es war nur eine leise Trauer über die Verworrenheit einer Welt, in der die Werke des Friedens nicht gedeihen wollen, einer Welt, in der der Mensch die wunderbaren Schöpfungen seines Geistes immer wieder zerstört.

Die Sterne haben dem verlorenen Haufen, der in den kleinen, weit über die Steppe verstreuten Dörfern den sorglosen Schlaf des Soldaten schlief, nicht mehr geschienen. Zu Tausenden wurden sie in den Tod, zu Hunderttausenden in das Elend der Gefangenschaft gejagt. Mit unerhörter Tapferkeit haben sie sich gegen ihr Schicksal lange und verzweifelt gewehrt, und gerade die Tapfersten unter ihnen wurden am grausamsten verraten.

Aber Tragödien der Geschichte haben einen Alltag, einen burlesken Alltag. Am Ende der Fahrt geriet ich mitten in ihn hinein. Beim Divisionsstab herrschte weder Schmerz noch Kummer noch Trauer. Es war der ganz ungewöhnliche Glücksfall eingetreten, daß dem Führungsstab infolge umfangreicher taktischer Verschiebungen im Augenblick keine Truppe unterstand. Er war nach vier Jahren Krieg zum erstenmal ohne Funktion und damit ohne Verantwortung. Ein Soldat kann, wie auch immer die große Lage sei, es sich nicht leisten, eine solche Gelegenheit ungenützt vorübergehen zu lassen. Ich trat mitten in die fröhlichste Geselligkeit ein. Die Verteilung meiner Filzstiefel war ein ebenso großer Erfolg wie die Geschichte, die ich dazu zu erzählen hatte. Sogar der Kriegsgerichtsrat ließ mit Vergnügen ein Paar der geplünderten Treter seinen juristischen Beinen verpassen. So saßen wir, die wir alle wußten, was gespielt wurde, die Feldbecher mit Krimwein schwenkend, im heiteren Gespräch bis tief in die Nacht hinein. Was uns bevorstand, war tabu. Darüber wurde nicht mit einem Wort gesprochen. Unter den vielen Abenden, die ich in einem langen Leben mit wohlmeinenden Freunden der liebenswürdigen Fee der Geselligkeit geopfert habe, war dieser einer der schönsten. Es handelte sich gewissermaßen darum, schiffbrüchig auf einer nach Süden schwimmenden Eisscholle sitzend, die Strahlen der Sonne zu genießen. Dieses Kunststück haben wir zustande gebracht.

Des Menschen Herz ist ein verworren' Ding.

Wir hatten Befehl, in Bromsawod einen Hauptverbandplatz aufzumachen. Bromsawod war eine Bromfabrik. Sie lag an der engsten, nur etwa fünf Kilometer breiten Stelle der Landbrücke von Perekop am Siwasch, dem Faulen Meer. Der Siwasch hat nur wenige Meter Tiefe. Bei Westwind tritt das Wasser weit zurück. In großen, am Strand gelegenen zementierten Bassins, in denen das Meerwasser in der Sonne verdunstet, lagen viele kleine Salzhügel. Sie waren das Material für die Gewinnung des Broms.

Die Gebäude der Bromfabrik waren bei dem Angriff vor zwei Jahren von Artillerie teilweise zerstört worden. Doch hatte unterdessen ein Landwirtschaftsführer in der Fabrik gelegen. Er hatte einiges wieder aufgebaut. Der Operationssaal war ein großer Raum in einem steinernen Gebäude. Das hatten wir lange nicht gehabt. Daneben, in einem Lagerhaus, war das Verpflegungsamt der Division. Daß wir mit seinem Leiter seit Jahren gut befreundet waren, war kein Nachteil für uns. Anderseits war die Ansammlung größerer Gebäude ein lockendes Ziel für die russischen Bomber.

Um den Aufbau des Hauptverbandplatzes brauchten die Chirurgen sich nicht zu kümmern. Das machten unsere erfahrenen Leute allein. Wir hätten sie dabei nur gestört. Diese Stunde, bevor das Fließband der zertrümmerten Kreatur wieder zu laufen begann, war wie eine Oase, in der man ausruht, ehe man wieder in die Wüste aufbricht. Wir benutzten diese Stunde immer dazu, noch einmal gründlich zu tafeln. Der Diätkoch lieferte Huhn à la Henri IV. Es hatte nämlich jeder Mann der Kompanie ein ganzes Huhn im Topf. Wir hatten mit dem Landwirtschaftsführer ein ausgezeichnetes Geschäft gemacht.

Der arme Mann saß mitten in einem Gelände, das morgen schon Hauptkampflinie sein konnte. Er hatte keinen Marschbefehl. Seine vorgesetzte Dienststelle hatte sich angesichts dessen, daß die Krim ein Kessel geworden war, aufgelöst. Ihn hatte man in der Aufregung vergessen. Machte er sich ohne Marschbefehl auf den Weg, konnte er an der nächsten Ecke als Deserteur aufgegriffen werden. Dann wurde er entweder erschossen oder zur Infanterie geschickt. Es war seit einiger Zeit üblich, die Versetzung zur Infanterie als Strafe auszusprechen. Wir besorgten dem braven Landwirtschaftsführer, der auf Heroismus nicht vereidigt war, einen Marschbefehl mit dem Stempel der Divison. Dafür vermachte er uns seine Vorräte – vierzig Kühe, zweihundert Schafe, ein paar hundert Hühner, viele Zentner Honig und einige Fäßchen aus Krimwein gebrannten Cognacs mit dem schönen Namen »Gotenkrone«.

Der Diätkoch war Orje aus Weißensee. Er hatte den unbestrittenen Ruhm, von allen Leuten der Kompanie sich am seltensten zu waschen. Selbst der Hauptfeldwebel hatte gegenüber Orjes orientalischer Abneigung gegen Wasser den Kampf aufgegeben. Orje berief sich darauf, daß Schmalz eine saubere Sache sei. So hatte er den Namen Schmalz-Orje bekommen. Schmalz-Orje war nichtsdestoweniger ein hervorragender Koch. In alle Feinheiten der medizinischen Diätküche hatte er sich eingearbeitet. Technische Schwierigkeiten gab es für ihn nicht. In Lagen, in denen man nachts kaum wagte, sich eine Zigarette anzuzünden, brachte Orje es fertig zu kochen. Immer und unter allen Bedingungen hatte Orje für die Verwundeten seinen heißen Tee bereit. Die Männer pflegten zu sagen: »Orje macht ooch mit Schnee noch Feuer.«

So war Schmalz-Orje ein wichtiger Mann und ein wertvoller Bundesgenosse der ärztlichen Kunst. Dazu war er eine treue Seele. Seine Braut, Lieschen, war eine populäre Figur in der ganzen Kompanie. Wenn Orje auf Urlaub gekommen war, um zu heiraten, hatte Lieschen jedesmal gerade ein Kind bekommen, das keineswegs von ihm war. Orje mußte jedesmal die Hochzeit verschieben. Aber treu hielt er an seinem Lieschen fest. Als er das letzte Mal vom Urlaub gekommen war und gefragt wurde, ob er nun endlich geheiratet habe, hatte Orje lakonisch gemeint: »Det ha'ck nu' uff 'n Endsieg va'scho'm.«

Während wir in unserer Oase saßen, palaverten und die Hühner verspeisten, mit denen sich der Landwirtschaftsführer seinen geordneten Rückzug erkauft hatte, kam der neue Divisionsarzt. Seine Unerfahrenheit zeigte sich darin, daß er sichtlich empört war, daß wir uns um nichts zu kümmern schienen. Aber bevor er etwas hatte sagen können, hatte Schmalz-Orje ihm schon ein ganzes Huhn hingeschoben und einen Feldbecher »Gotenkrone« dazugestellt. So entgingen wir einer nutzlosen Auseinandersetzung.

Eine halbe Stunde später begannen wir zu operieren. Wie immer, versuchten wir uns ein Bild von der Lage vorne zu machen. Das gelang uns nicht. Es schien da vollständige Verwirrung zu herrschen. An einer Stelle waren die Russen über den Tatarengraben herübergekommen. Wir bekamen slowakische, rumänische, georgische und ungarische Verwundete. Während wir von unseren Soldaten selten mehr als ein Stöhnen zu hören bekamen, klagten diese Hirten und Bauern aus der Pußta und aus den Karpathen ihr Leid laut gen Himmel. Aber sie beteten auch laut, und das wieder hörten wir von unseren Soldaten seltener.

Nach einigen Stunden kam ein Oberleutnant einer 8,8-Flakbatterie zu uns. Er war nur leicht verwundet. Da er keinen Arzt bei seiner Batterie hatte, wollte er sich bei uns verbinden lassen. Er erzählte, daß er ein ganzes Stück der Front, und zwar den an den Siwasch angelehnten Flügel, mit seiner Batterie allein verteidige. Nicht einmal Infanterie hatte er vor sich.

Freilich waren diese 8,8-Flakgeschütze eine moderne Schnellfeuerwaffe von hoher Treffsicherheit und darum im Erdkampf von großer Wirkung.

Die Verwundeten unserer eigenen Division waren völlig deprimiert. Die Stimmung der Truppe war auf den Nullpunkt gesunken. Wir bekamen hintereinander mehrere Handdurchschüsse, die die Soldaten sich selbst beigebracht hatten. Gewöhnlich sind bei diesen Nahschüssen die Wundränder in charakteristischer Weise zerfetzt, die Umgebung der Wunde ist von Pulverschmauch geschwärzt, die feinen Wollhaare der Haut sind verbrannt. Die meisten alten Soldaten wußten das. Auch warfen die Russen von Zeit zu Zeit Flugblätter ab, in denen Instruktionen erteilt wurde, wie man eine Selbstverstümmlung durchführen könne, ohne daß sie als solche erkennbar sei. In Wirklichkeit ist das kaum möglich. Der Gerichtsmediziner kann Selbstverstümmlungen durch eigene Waffenwirkung fast immer feststellen. Es bestand Befehl, solche Fälle zu melden. Die Folge war ein Kriegsgerichtsverfahren, das gewöhnlich mit Todesurteil endete.

Der erste dieser Patienten war ein junger Bauernbursche, der nach wenigen Wochen Ausbildung vor drei Tagen im Flugzeug aus Deutschland gekommen und in eine Kampflage hineingeraten war, der kaum die alten erfahrenen Infanteristen gewachsen waren. Ich sah mir die Wunde an. Die Wundränder waren zerfetzt und geschwärzt. Ich wischte mit einem Tupfer darüber. Es war kein Schmutz. Dann sah ich mir den Patienten an. Er war achtzehn Jahre alt. Er hatte noch nicht einmal einen richtigen Bart. Es war offenbar, daß er in seiner Verzweiflung über die Hölle, in die er hineingeraten war, einen seelischen Kurzschluß bekommen hatte. Noch klarer war seine Ahnungslosigkeit, daß der Handdurchschuß das von ihm selbst herbeigeführte Ende seines jungen Lebens bedeuten konnte. Einen Augenblick überlegte ich. Gehrmann sah mich aufmerksam an. Unteroffizier Fuchs, der Narkosemaske und Ätherflasche schon in der Hand hielt, hob seine berühmt große Nase und spähte über den Kopf des Patienten auf das Operationsfeld. Beide erkannten sofort, was für eine Verletzung das war. Ich zog die Augenbrauen hoch. Wenn eine psychische Epidemie in Selbstverstümmlungen ausbrach – was bei der Kampflage möglich war –, waren auch wir geliefert.

Fuchs und Gehrmann schlugen mich mit meinen eigenen Waffen. Vom Beginn des Feldzuges an hatte ich versucht, den Mitarbeitern der Operationsgruppe einen Begriff zu geben von der Würde der Wissenschaft, von ihrer alten humanistischen Überlieferung und von dem Gewicht, das ihre Arbeit aus der alten Überlieferung gewann. So pflegte ich das Messer der Chirurgie das Skalpell des Aristoteles zu nennen. Im

Laufe der Zeit hatten meine Leute sich diesen Ausdruck angewöhnt. Auch hatte ich ihnen ungefähr beigebracht, wer dieser große Mann gewesen war.

Der Operationsgehilfe und der Narkotiseur tauschten einen Blick. Dann sagte der Korporal Fuchs, während er sich mit der Narkosemaske seine große Nase rieb: »Das kann nur der Aristoteles in Ordnung bringen!« Er begann einfach seine Narkose. Gehrmann reichte mir das Messer. Ich entfernte alle gerichtsmedizinischen Beweismittel auf die einzig zuverlässige Art, nämlich operativ. Es wurde eine ziemlich große Wunde. So hat nach zweitausend Jahren der Philosoph aus Athen, der Lehrer Alexanders des Großen, einem jungen Bauernburschen in der russischen Steppe das Leben gerettet. In dieser Nacht blieben wir bei der aristotelischen Methode. Im weiteren Verlauf der Winterkämpfe wurde es unmöglich, sie beizubehalten.

Wir operierten mit kurzen Pausen die Nacht hindurch bis zum späten Nachmittag. Die Lage vorne wurde immer bedrohlicher. Zwischendurch schaute Joachim, der unterdessen Oberleutnant geworden war, kurz zu uns herein. Er kam von seinem Wagenhalteplatz am Tatarengraben. Auch er hatte seit drei Tagen nicht mehr geschlafen. Der frische, immer gutgelaunte, immer heitere Mann sah ernst aus. Ich sah, das war nicht nur Erschöpfung. Joachim stärkte sich aus dem Kaffeekanister, der ständig im Operationssaal stand. Wieder hockten wir auf der Kiste des Chirurgen.

Er wußte, daß ich von ihm erfahren wollte, wie es vorne stand. Er hätte mir gerne etwas Hoffnungsvolles gesagt. Aber es war klar, daß er mich, damit ich keine falschen Dispositionen traf, nicht täuschen durfte.

Durch die glänzende Arbeit der Fahrer der Krankenkraftwagen hatten wir alles, was operiert war, laufend abtransportieren können. Aber es lagen im allgemeinen vierzig bis sechzig unversorgte Verwundete in den Ställen um den Operationssaal herum. Oberleutnant Joachim meinte, wenn nicht ein Wunder geschehe, könne es vorne nicht mehr lange gutgehen. Die Russen hätten hinter dem Tatarengraben Panzer bereitgestellt. Wenn sie angriffen, würden sie in einer Stunde hier sein.

Ohne daß meine Operationsgruppe das Gespräch gehört hatte, wußten die Männer genau, was gesprochen worden war. Man kannte sich zu gut. Die Luft vibrierte von Spannung.

In diesem Augenblick kam Feldwebel Maier herein und meldete, auf dem an der Bromfabrik vorbeiführenden Eisenbahngleis sei ein Panzerzug vorgefahren. Wir alle wurden blaß. In die atemlose Stille hinein sagte Obergefreiter Kubanke: »Et wäre ja nu' ooch noch janz praktisch, wenn wa' noch wüßten, ob det een Russe is' oder eener von die unsrigen.«

Die Spannung löste sich in ein großes Gelächter. Glücklicherweise war es wirklich ein deutscher Panzerzug.

Ich ging zu dem Kommandanten des Panzerzuges hinüber. Der Abend brach gerade herein. Der Kommandant war ein junger Pionierleutnant. Ich fragte ihn, was er hier wolle. Das wisse er nicht. Er habe Befehl von der Divison, vor der Bromfabrik Aufstellung zu nehmen und sich feuerbereit zu halten.

War es wirklich vorne schon soweit? Handelte es sich vielleicht nur noch darum, daß die Division hoffte, mit dem Panzerzug den Engpaß der Landbrücke noch eine Weile halten zu können?

Ich rief Fabricius an.

»Sie haben mir einen Panzerzug geschickt. Schönen Dank!«

»Ach ja, wissen Sie, zu Oscar Wildes Zeiten schickte man seinen Freunden Orchideen. Ich habe keine Orchidee. Ich hatte aber gerade einen Panzerzug da. Da habe ich Ihnen den Panzerzug geschickt.«

»Reizender Einfall! Schönsten Dank! Und was hat er zu bedeuten?«

In dem liebenswürdigen Ton, in dem man sich mitteilt, daß man vielleicht nicht zum Abendessen kommen werde, weil das Wetter zu schlecht sei, sagte Fabricius: »Die Russen werden wahrscheinlich heute nacht auf der Schwarzmeerseite mit kleinen Booten bei Ihnen landen. Wenn die Boote da sind, dann haben Sie hinter dem Panzerzug noch gut zwei Stunden Zeit zum Abtransport.«

»Oh, vielen Dank! Das genügt reichlich. Und wie geht es sonst?«

»Aus-ge-zeich-net!«

Dann hängte Fabricius ab.

Wir bereiteten alles für eine schnelle Räumung des Hauptverbandplatzes vor. Dann operierten wir weiter. Es kam mich jedesmal hart an, einen länger dauernden Eingriff anzusetzen. Hornberg, der zweite Chirurg, bestätigte mir am anderen Morgen, daß es ihm die Nacht über genauso gegangen sei. Kam der Alarm, so konnte die halbe Stunde, die der Chirurg brauchte, um wenigstens fertig zu operieren, uns alle ins Verderben stürzen.

Wir stellten einen zweiten Tisch auf. Während am ersten Tisch operiert wurde, wurde auf dem zweiten der nächste Verwundete zur Operation vorbereitet. In dieser Lage konnten wir das den Verwundeten nicht ersparen. Wir arbeiteten mit dem höchsten Tempo, das technisch möglich war. Wir arbeiteten stumm und verbissen. Die kleinen Pausen, die kleinen Palaver, die Zigarette, das alles fiel in dieser Nacht aus. Der Abtransport lief ohne Unterbrechung. Gegen fünf Uhr morgens wurde der letzte Patient vom Tisch genommen.

So! jetzt können die Russen kommen! Aber sie kamen nicht. Wir gingen hinaus. Tiefe Stille. Die Artillerie war verstummt. Nur hie und da stieg eine Leuchtkugel in den Himmel. Ein feiner Nebel war über das Land gebreitet. In dieser Nacht war noch einmal alles klargegangen. Um diese Stunde pflegten die Russen nicht mehr anzugreifen. Aber der neue Tag, dessen erster Schimmer über den Siwasch heraufkam, was würde er bringen?

Die rosenfingrige Eos – welch wunderbares Bild! Aber schließlich, auch in der Frühe des Tages, an dem Troia unterging, hat Eos, das schöne Mädchen, auf ihre Maniküre nicht verzichtet.

Wir beschlossen, schlafen zu gehn.

EIN GESPRÄCH

Wir hatten einige Stunden geschlafen. Der Morgen am Tatarengraben war ruhig gewesen. Während des Vormittags kamen nur einzelne Verwundete. Ich fuhr zur Division.

Fabricius saß mit dem General zusammen in einer kleinen Kate am Rand des Dorfes. Von draußen kommend, trat man unmittelbar in das Kartenzimmer ein. Fabricius saß ein wenig zusammengesunken, an einem kalten Zigarrenstummel kauend, am Tisch und sah zum Fenster hinaus. Er hatte mich nicht bemerkt. Das Fenster sah nach Norden. Mit einem Blick konnte man die von vorne kommende Straße fast bis Bromsawod überschauen. Auf dem Fensterbrett stand eine Zimmerlinde. Hinter dem Topf der Zimmerlinde, halb versteckt, lag eine geballte Ladung Handgranaten. Eine geballte Ladung Handgranaten – das ist eine Stielhandgranate, um deren Kopf fünf weitere Handgranatenköpfe mit Draht befestigt sind. Mit dieser geballten Ladung kann man bei geschickter Handhabung und etwas Glück einen Panzer außer Gefecht setzen, wenn es gelingt, die geballte Ladung an der Raupenkette des Panzers zur Explosion zu bringen.

Ich meldete mich. Fabricius drehte sich langsam zu mir herum. Sein Gesicht war völlig ausdruckslos. Es war nicht ernst oder besorgt. Es war ohne jeden Ausdruck. Offenbar hatte er auch meine Meldung nicht gehört. Plötzlich erkannte er mich. Im gleichen Augenblick füllte sich sein Gesicht, wie ein Schlauch sich mit Wasser füllt. Er lächelte. Aber auch sein Lächeln war noch leer. Dann setzte das Großhirn bei ihm ein. Das Lächeln wurde vollendet liebenswürdig. Er mußte ganz und gar erschöpft sein.

Wir kamen nicht dazu, einander zu begrüßen. Der Kommandeur der Pioniere trat herein. Er kam von Kertsch. Auch diese Begrüßung ermangelte des fröhlichen Lärms, der bei alten Soldaten üblich ist, wenn sie sich nach langer Zeit wiedersehen. Fabricius drehte einfach das nun schon einmal aufgesetzte liebenswürdige Lächeln auf den Pionierkommandeur und fragte ihn: »Wo sind die Einheiten?«

»Eine Kompanie liegt zwei Kilometer von hier. Die andere kommt heute nachmittag.«

Zwei Kompanien Pioniere – das war immerhin etwas. Ich wartete, daß sich ein Seufzer der Erleichterung der Brust des IA entringen würde. Nichts dergleichen war festzustellen.

Fabricius erklärte dem Pionier die Lage auf der Karte. Die eine Kompanie sollte den Schutz der 8,8-Flakbatterie auf dem rechten Flügel übernehmen. Der anderen Kompanie wurde eine scheinbar sinnlose Stellung am Siwasch etwas weiter südlich ganz außerhalb der Front angewiesen. Der Pionierkommandeur sah den IA erstaunt an.

»Und was soll ich da?« fragte er. Fabricius lächelte liebenswürdig weiter: »Ich werde Ihnen morgen früh eine kleine russische Landung dahin bestellen. Die Russen werden sich sehr freuen, wenn Sie schon da sind.«

Am anderen Morgen in der Dämmerung erfolgte eine Landung der Russen genau an der Stelle, an der der IA die Pionierkompanie eingesetzt hatte. In den letzten Nächten hatten die Russen mit Hilfe deutscher Kriegsgefangener einen Damm durch das flache Wasser gebaut, dessen Fahrbahn zwanzig Zentimeter unter der Wasseroberfläche lag und infolgedessen am Tage nicht zu sehen war. Fabricius hatte den durch den Bau des Dammes hervorgerufenen nächtlichen Lärm mit militärischer Phantasie richtig gedeutet.

Der Pionierkommandeur fragte weiter: »Sagen Sie, Fabricius, das sieht hier ziemlich hoffnungslos aus? Wie?« Aber Fabricius ließ sich nicht herauslocken. Er spielte dem Frager eine glänzende Dreiminutenszene vor mit einigen taktischen Angaben, die er durch über die Karte gewischte Bewegungen unterstrich. Völlig beruhigt meldete der Pionier sich ab.

Diese Szene wiederholte sich mit weiteren Kommandeuren in kurzer Zeit dreimal. Aus einem geheimnisvollen Reservoir verteilte der erschöpfte Mann Vertrauen, Hoffnung und guten Mut. Schließlich, ein Generalstäbler weiß immer noch etwas mehr als ein Truppenkommandeur... Fabricius hatte viele Male schon schwierige Lagen genial gemeistert... Wenn der IA es sagte...

Aber wer tröstete ihn? Wer konnte ihn, der alles wußte, überhaupt trösten?

In diesem Augenblick kam der General herein. Er kam völlig verschlammt vom Tatarengraben, wo er die ganze Nacht bei den Bataillonsstäben herumgekrochen war. Er fragte mich, wie es mit der Verwundetenversorgung stehe. Ich konnte ihm melden, es sei alles in Ordnung.

»Na, wenigstens etwas, was in Ordnung ist! Und wie ist die Stimmung... Aber nein! Kommen Sie herein! Ich habe einen guten Cognac da.«

Er wußte ja selbst, wie es bei der Truppe aussah. Diese Frage konnte er mir nur unter vier Augen stellen. Er nahm mich unter den Arm. Wir gingen in die kleine Kammer nebenan, in der der General hauste. Er schenkte den Cognac ein. Wir tranken.

»Nun, Doktor, Sie haben doch auf dem Hauptverbandplatz immer ein ganz gutes Bild? Wie ist die Stimmung der Truppe?«

Ich saß ihm gegenüber, wie in der Nacht vorher Oberleutnant Joachim mir gegenüber gesessen hatte. Aber es war ein Unterschied. Ich hatte Informationen gebraucht, der General brauchte keine, er hatte sie. Das einzige, dessen er wirklich bedurfte, war das, was er ununterbrochen verteilen mußte, ohne daß es ihm selbst erteilt wurde – ein wenig Trost.

So sagte ich ihm, daß die Infanteristen zwar über den Mangel an Artillerie und die schlechte Versorgung verbittert seien, aber die Widerstandskraft sei unvermindert. Das war nicht wahr. Aber vielleicht war auch der General am Ende seiner Kraft. Mindestens gab es nur so lange eine Chance, als die Führung noch ein Fünkchen Hoffnung hatte. Der General tat das, was ich vergebens bei Fabricius erwartet hatte – er atmete auf.

»Das ist seit drei Tagen die erste gute Nachricht, die ich höre. Kommen Sie, trinken Sie noch einen.«

Ich hätte beschämt sein müssen. Aber ich nahm diesen Trunk, wie ein Arzt ihn von einem Patienten nimmt, dem er eine Badekur anrät, obwohl er weiß, daß der Patient am nächsten Tage tot sein wird.

»Die Kommandeure haben mir gemeldet, daß Selbstverstümmlungen sich häufen. Haben Sie etwas davon gesehen?«

»Nur einen!«

»Haben Sie ihn gemeldet?«

If you lie, stick to it.

Das war die Rache der Dämonen für den Hochmut, daß ich mich um Dinge gekümmert hatte, die mich nichts angingen. Ich mußte es riskieren –

»Nein, Herr General, ich habe ihn nicht gemeldet.«

»Und warum nicht?«

»Es ist ein junger Bauernbursche, der vor drei Tagen vom Ersatzbataillon gekommen ist. Er hat einfach einen Kurzschluß bekommen. Er hat keine Ahnung, was er da gemacht hat. Dieses Todesurteil zu unterschreiben, wollte ich dem Gerichtsherrn ersparen.«

Der Gerichtsherr war der General selbst. Er lächelte. »Sie sind ein listiger Schurke! Aber wenn ich nichts davon weiß, ist es mir schon recht.«

Dann erzählte ich dem General die schöne Geschichte von dem Landwirtschaftsführer. Einige der Hühner hatte ich gebraten mitgebracht.

Fabricius saß wieder einsam an seinem Kartentisch und sah auf die Dorfstraße hinaus. Ich setzte mich ihm gegenüber und zeigte auf die Zimmerlinde.

»Sehr geschmackvoller Fensterschmuck!«

Fabricius nahm mit einer nachdenklichen Bewegung die geballte Ladung in die Hand, etwa, wie man eine Plastik in die Hand nimmt, um sie genauer zu betrachten. Er schraubte die Kapsel am Stiel ab und spielte mit dem Drahtring, mit dem man die Zündung auslöst.

Ich sah ihn freundlich an. »Ja, wenn Sie meinen, dann ziehen Sie ruhig ab. Magnetogorsk, Schacht sieben, ich weiß nicht so recht...«

Er wehrte ab. »Nein, Nein! Ich bin doch alter Infanterist vom Regiment siebzehn. Einen Panzer nehme ich noch mit auf die Reise!«

»Kommen Sie, Fabricius, machen wir einen kleinen Spaziergang ums Haus!«

»Ausgezeichneter Gedanke!«

Wir gingen von der Kate, die am Dorfrand lag, ein paar Hundert Meter in die Steppe hinaus.

»Können Sie schweigen?«

Ich schlug die Sporen zusammen: »Wie ein Grab, Herr Oberstleutnant!«

»Ich auch!«

Mit diesem Scherz, den Friedrich der Große einmal mit einem neugierigen General gemacht hat, begann diese denkwürdige Unterhaltung:

»Also, was ist los!«

»Nichts mehr ist los!«

»Sie meinen, daß wir hier keine Chance mehr haben?«

»Nicht die geringste! Wir haben kaum noch Munition. Die Infanteristen sind völlig erschöpft. Die Russen haben Panzer bereitgestellt. Wenn sie antreten, können sie bis Simferopol durchfahren.«

»Sie müssen das ja wissen. Aber bisher ist es doch klargegangen. Die einzige Chance, die wir noch haben, ist die, daß Sie es nicht aufgeben, Colonel. Vor drei Tagen hat es schlimmer ausgesehen als jetzt.«

»Das hat es. Aber der Chef des Stabes ist mir über!«

»Der Chef des Stabes? An blödsinnige Befehle sind Sie doch gewöhnt, und das Korps hat Ihnen doch gar nichts zu sagen. Sie kennen den Oberbefehlshaber, und der weiß genau, wer Sie sind.«

»Der O. B. ist ein großartiger alter Rußlandpraktiker. Ich meine den Chef des Stabes drüben, den Russen. Das ist ein Könner!«

»Kennen Sie ihn denn?«

»Seit drei Tagen spiele ich mit ihm dieses Schachspiel mit Waffen und Menschen. Auf jede meiner Maßnahmen erfolgt sofort der richtige Gegenzug. Ich habe das Gefühl, daß da drüben auf der anderen Seite ein Kamerad von der Kriegsakademie sitzt.«

»Vielleicht ist es einer?«

»Wie meinen Sie das?«

»Einer vom Nationalkomitee?«

»Teufel auch! Daran habe ich noch gar nicht gedacht!«

Durch russische Flugblätter wußten wir, daß von den bei Stalingrad gefangengenommenen Offizieren einige sich zu den Sowjets geschlagen hatten. Nach einer nachdenklichen Pause sagte Fabricius:

»Eigentlich eine tolle Schweinerei!«

»Das Ganze ist eine tolle Schweinerei. Weder auf der einen noch auf der anderen Seite steht man in der richtigen Front.«

Wir gingen ein Stückchen durch den Schlamm. Fabricius blieb wieder stehen: »Sagen Sie mal, wie sind wir eigentlich in diese verdammte Lage hineingeraten? Sind wir denn solche Strohköpfe?«

»Ich gestatte mir, Herrn Oberstleutnant gehorsamst zu melden, daß Herr Oberstleutnant kein Strohkopf sind. Dafür gibt es Beweise.«

Fabricius lachte und sah mich an: »Man kann von Ihnen alles Mögliche behaupten, aber ein Strohkopf sind Sie auch nicht.«

»Kein Zweifel, Colonel, die Anderen haben uns hineingelegt. Da brauchen wir uns nichts vorzumachen. Aber jetzt lautet die Frage Magnetogorsk, Schacht sieben oder –«

»Was oder? Heldengrab?«

»Im Heldengrab wäre man in guter Gesellschaft!«

»Das wäre man in Schacht sieben auch.«

»Ich bin aber nicht neugierig auf Schacht sieben.«

»Ich auch nicht!«

»Wissen Sie, Colonel, daß man in einem Krieg fällt, ist ein natürliches Risiko. Aber daß wir beide hier auf der Steppe wie die Ratten erschlagen werden, das steht nicht in unseren Sternen.«

Fabricius sah mich nachdenklich an. »Nein... Eigentlich... Nein, das steht nicht in unseren Sternen!«

Er legte seinen Arm um meine Schulter, und so stapften wir selbander durch den Schlamm der verfluchten Steppe. Wir kamen an die Straße nach Bromsawod. In zweihundert Meter Entfernung sahen wir einen Melder kommen, der mühsam sein Motorrad schob.

»Passen Sie auf«, sagte Fabricius, »der bringt die Meldung, daß die russischen Panzer angerollt sind.«

»Sie Defaitist! Wetten, daß nicht...!«

Wir wetteten um eine Flasche »Gotenkrone«.

Wer ständig von der Gefahr der Vernichtung bedroht ist, lebt in einem früheren Zeitalter der Menschheitsgeschichte als das von der Zivilisation behütete Individuum. In solchen Lagen werden die Dämonen wieder lebendig. Der Mann, der da sein Motorrad durch den Schlamm schob, wurde, während wir auf ihn warteten, zum Boten eines delphischen Orakels. Fabricius nahm ihm die Meldung ab, las sie und gab sie mir. Es war der Vorschlag eines Kommandeurs, einem verdienten alten Korporal das Eiserne Kreuz erster Klasse zu verleihen. Es war ein wunderbarer Augenblick. Wir sahen uns an. Wir lachten. Wir waren gerettet.

Eine Stunde später ging das Eiserne Kreuz erster Klasse nach vorne. Die »Gotenkrone« verliehen wir dem Tapferen dazu.

Dann gingen wir beide wieder an die Arbeit. Eine halbe Stunde später flogen drei Bomber zum Tatarengraben und luden ihre Bomben auf die bereitgestellten russischen Panzer ab.

Drei Wochen später gestand mir Fabricius, daß der Bote des delphischen Orakels die Krim gerettet habe. Er hatte das Tau schon fahrenlassen wollen. Aber schließlich hatte er zum zwanzigsten Male versucht, Verbindung mit dem Flugplatz zu bekommen. Durch einen glücklichen Zufall hatte er den Geschwaderkommodore selbst sprechen können. Er hatte ihm einfach gesagt, auf einen Befehl zu warten, sei keine Zeit; wenn er nicht fliege, würden am Abend die russischen Panzer auf seinem Flugplatz vorrollen.

Zuweilen spitzt sich im Krieg eine Lage derart zu, daß das Schicksal eines ganzen Kriegsschauplatzes davon abhängt, ob ein einzelner Mann einen einzelnen Entschluß faßt – und damit Glück hat. Was man in diesen Tagen noch nicht wissen konnte, war, daß der Erfolg am Tatarengraben der Anfang des Endes einer ganzen Armee war.

»WANDERER, KOMMST DU NACH SPARTA...«

Ein paar Tage nach dem denkwürdigen Gespräch in der Steppe verlegte der Führungsstab sein Quartier auf die Landenge, nach Pjatichatka. Pjatichatka war eines dieser elenden kleinen Dörfer, in denen in der Zarenzeit Verbannte gehaust haben. Wegen der Gefahr der Bombenangriffe auf die festen Steingebäude der Bromfabrik bezogen wir mit dem Hauptverbandplatz die freigewordenen Quartiere der Division in Ishun. Das Standquartier der Kompanie verlegten wir nach Woronzowka, acht Kilometer südwestlich von Ishun.

Woronzowka hatte früher zu den Besitzungen der Fürsten Woronzoff gehört. Einer der Woronzoffs war um die Wende des achtzehnten Jahrhunderts ein Menschenalter lang kaiserlich russischer Botschafter am Hofe von St. James gewesen. Sein Sohn war in England aufgewachsen und hatte in Oxford studiert. Als er nach dem Tode seines Vaters nach Rußland zurückgekehrt war, hatte er an der Südküste der Krim eine Art Windsor Castle erbaut. Die mit Hunderten von kostbaren Roben gefüllten Kleiderschränke der letzten Fürstin wurden bei Besichtigungen immer noch als schreckliches Beispiel der Mißbräuche der herrschenden Feudalklasse vorgeführt. Im Schloß standen einige schöne hellenische Plastiken, die bei der Anlage des Gartens, der in Stufen bis ans Meer hinunterreichte, ausgegraben worden waren.

Immer mehr gingen wir dazu über, uns bei der Wahl unseres Standquartiers nach den taktischen Rückzugsmöglichkeiten zu richten. Der Abtransport der Verwundeten war einer der wichtigsten Gesichtspunkte unserer Tätigkeit geworden. Das Operieren wurde sinnlos, wenn wir nicht transportieren konnten.

1941, beim Durchbruch der Deutschen durch die Landenge von Perekop, waren die Russen in zwei Teile aufgespalten worden. Der eine hatte sich nach Sewastopol zurückgezogen, der andere nach Kertsch. Dieser Vorgang würde sich zweifellos wiederholen. Kertsch war nur für die Russen eine Rückzugsmöglichkeit gewesen. So hatten wir Woronzowka gewählt, das etwas südwestlich der Landenge lag. In Woronzowka konnten wir damit rechnen, nach Süden oder zum Meer abgedrängt zu werden und vielleicht Sewastopol zu gewinnen. Aus den Lehrbüchern der Kriegschirurgie konnte man über so entscheidende Dinge ebensowenig erfahren wie aus den Vorschriften des Heeressanitätsdienstes. Im weiteren Verlauf der Rückzüge wurde die Taktik schließlich wichtiger als die Chirurgie.

Innerhalb der nächsten vierzehn Tage kamen einige Verstärkungen. Die Front am Tatarengraben festigte sich. Der Alltag des Krieges begann von neuem. Aber die Truppe war nicht mehr von der gelassenen Ruhe, die sie noch im Sommer auf dem Kubanbrückenkopf gehabt hatte. Der Horizont war eine Drohung geworden.

Der Alltag einer Sanitätskompanie war ein gerüttelt Maß voll Arbeit. Die Kompanie hatte damals genau neunzehn Aufgaben.

Zunächst gab es den Hauptverbandplatz mit zwanzig Betten für Schwerverletzte, dazu eine Ortskrankenstube mit vierzig Liegestellen für Leichtverwundete und Leichtkranke. Dann gab es zwei Zahnstationen, vier Entlausungsanstalten, verbunden mit Entgiftungsanlagen für den Gaskrieg, eine Sanitätsmaterialausgabestelle für die Truppe, eine

Beobachtungsstation für Nervenkranke und Selbstverstümmlungen, einen Leichtkrankenzug.

Wir mußten Sanitätspersonal für vier Wagenhalteplätze des Krankenkraftwagenzuges stellen, der die Verwundeten von vorne zu uns brachte. Außerdem waren wir die Ersatzeinheit für die Sanitätsdienstgrade der fechtenden Truppe. Die Sanitätsdienstgrade der Truppe hatten eine noch höhere Verlustquote als die Infanterie. Die Bergung von Verwundeten ging ja immer im Rahmen von Kampfhandlungen vor sich. Wenn einer unserer alten Sanitätsgefreiten zur Truppe abkommandiert wurde, konnten wir fast sicher damit rechnen, daß er im Verlauf einiger Wochen als Verwundeter wieder zu uns kam. Die Männer haben das gelassen auf sich genommen.

Zu allen diesen Aufgaben kam die truppenärztliche Betreuung der Veterinärkompanie, der Werkstattkompanie, des Panzerzuges und eines georgischen Baupionierbataillons.

Einer unserer Ärzte war Abschnittsarzt für etwa dreitausend Zivilisten, die in unserem Bereich wohnten. Bei der Kompanie hieß er der Kassenarzt. Ein anderer war als Kampfkommandant für die örtlichen Verteidigungsmaßnahmen verantwortlich. Dazu hatten wir noch die Wache an der berühmten Brücke, die südlich Ishun über den Tschetarlyk führt. Im Hinterland beschaffte der Futtermeister zusätzlich Rauhfutter für unsere Pferde. Die Tätigkeit der Kompanie erstreckte sich über einen Bereich von dreißig Kilometern.

Nachdem die Russen bei Perekop den Überraschungserfolg nicht hatten erzielen können, ließen sie die Krim seitwärts liegen. Ihr Vormarsch kam zunächst am Dnjepr zum Stehen. Während eines Jahres hatte die Rote Armee den größten Teil dessen, was die Deutschen in den beiden Sommerfeldzügen 1941 und 1942 erobert hatten, zurückerobert. Die Entfernungen zwischen der Front und der Grenze des eigenen Landes waren zusammengeschrumpft. Die Sicherheit, die dem Gefühl entsprungen war, daß die riesige eroberte Landmasse eine unerschöpfliche strategische Reserve sei, war geschwunden. Das Gefühl der Überlegenheit, das der Soldat sich so lange bewahrt hatte, schmolz langsam dahin. Die Flut hatte umgeschlagen.

Das alles bedeutete eine Veränderung der psychologischen Situation des Soldaten im Osten. Eine Armee, die Niederlage auf Niederlage erleidet, wird allmählich in ihrer Kampfmoral erschüttert. Aber die Folge der Erfolge der Russen glich das wieder aus. Was auch immer die Ursache des Krieges gewesen sein mochte, der Krieg war im Gange und in seinem Verlauf nicht mehr aufzuhalten. Die Rote Armee rückte weiter und weiter nach Westen. Niemand konnte sagen, wo dieser Vormarsch zum

Stehen kommen werde. Als kein Zweifel mehr darüber bestand, was für eine politische Fehlrechnung die Entfesselung des Krieges im Osten gewesen war, bekam der Krieg für die Soldaten einen Sinn. Von nun an verteidigten sie ihr eigenes Land.

Je länger der Osten hielt, um so weiter würde der Westen vordringen können. Die Japaner in Karachi treffen zu wollen, war kindisch gewesen. Die Engländer an der Weichsel zu treffen, war eine vernünftige Hoffnung geworden. Das Bündnis, das sieben Jahre nach dem Krieg zwischen Europa und den Deutschen geschlossen wurde, hat in der russischen Steppe begonnen.

Die Motive des primitiven Mannes an der Spitze wurden immer weniger durchschaubar. Es gehört zum klinischen Bild der Hysteriker, vor allem der schizoiden Fanatiker unter ihnen, daß sie außerstande sind, Fehler zuzugeben. Während die weibliche Hysterie eine verhältnismäßig harmlose Bereicherung des Daseins ist, wird die männliche Hysterie oft zum blutigen Motiv der Geschichte. Daß die meisten Menschen nicht wissen, daß es Hysterie bei Männern gibt, macht die Störung nur um so gefährlicher. Nachdem der primitive Mann zehn Jahre lang Terror in dem von ihm beherrschten Land ausgeübt hatte, beklagte er sich, daß Terror Widerstand erzeugt hatte. Nachdem er sich zehn Jahre lang Feinde geschaffen hatte, beklagte er sich, daß er sie hatte. Er war kein Politiker.

Ich hatte eine Nacht in Woronzowka verbracht. Am Morgen rief mich der Kriegsgerichtsrat der Division an. Er war ein hervorragender Jurist, dazu ein hochgebildeter Mann, der das militärische Strafgesetzbuch so verständig und wohlwollend zu handhaben wußte, daß er in der ganzen Division hohes Ansehen genoß. Dazu war er dem Leben gegenüber von jener feinen Skepsis, die für die sächsische Intelligenz so charakteristisch ist. Wir hatten oft miteinander zu tun. Mit unseren Attesten über verminderte Zurechnungsfähigkeit, in deren Zuerteilung wir nicht kleinlich waren, hat er manchen verzweifelten Fall im Rahmen des Erträglichen in Ordnung gebracht. Er war alter Artillerist und einer der letzten Teilnehmer des ersten Weltkrieges, die noch bei der Division waren. Gegen mich, sagte er, liege ein Tatbericht wegen Plünderung vor.

Die Filzstiefel von Wladislawowka!

Der Ritter des Albrechtsordens hatte also sein Wort nicht gehalten. Vermutlich wollte er sich einen neuen Orden verdienen. Ich lachte. Der Kriegsgerichtsrat aber meinte, es sei nicht zum Lachen. Ich solle sofort zu ihm kommen.

Also ritt ich nach Ishun. Der Kriegsgerichtsrat empfing mich ganz freundlich; aber dann, als wir uns gesetzt hatten, wurde er ernst, ja beinahe streng. Er las mir den Tatbericht vor. Ich grinste ihn an und fragte ihn, ob er warme Füße habe. Ein wenig verwundert warf der strenge Jurist einen Blick auf seine Filzstiefel. Die kleine Szene in Scheich Eli hatte er vergessen. So hatte ich als Mittäter den Kriegsgerichtsrat, den General und den ersten Generalstabsoffizier.

Verzweifelt fuhr mein strenger Richter sich über die phrenologisch höchst bemerkenswerten Buckel seiner juristischen Glatze. »Teufel auch! Das ist ja eine schöne Schweinerei!«

Glücklicherweise hatte ich die Quittung des Oberfeldwebels der Luftwaffe über die Übergabe des Depots aufgehoben. Auch gab es Leute genug, die aussagen konnten, daß die Sachen am nächsten Tage verbrannt worden waren. Das wußte der Kriegsgerichtsrat noch gar nicht. Grimmig meinte er: »Diesem Feldgendarmen sollten wir einen Tatbericht wegen Sabotage an den Hals hängen!«

Die Filzstiefel verliefen im Sande.

Der Kriegsgerichtsrat forderte mich auf, mit ihm zum Divisionsarzt zu gehen. Der Divisionsarzt habe Geburtstag, und vielleicht gebe es da einen Schnaps. Auf dem Wege unterhielten wir uns darüber, ob die Russen uns wohl unsere Filzstiefel lassen würden, wenn wir demnächst miteinander nach Sibirien wanderten. Der Kriegsgerichtsrat meinte, damit könnten wir rechnen; die Russen hätten bessere Filzstiefel als wir.

Vor der Kate des Divisionsarztes saßen eine Menge fröhlicher Leute beisammen und tranken. Es war warm. Ein feiner Nebel lag über dem Land. Kein Wetter für Bombenflugzeuge! Der Divisionsarzt hatte im Tagesbefehl der Division eine Belobigung für seine Sanitätstruppen bekommen. Er lebte sich allmählich bei uns ein.

Während wir dasaßen und tranken, meldete sich ein junger Sanitätsfähnrich beim Divisionsarzt ab. Wir betrachteten den Fähnrich. Dieser blonde Junge war zu einem Kursus in die Heimat kommandiert und würde morgen den Krimkessel mit einem Flugzeug verlassen. Der Kriegsgerichtsrat saß neben mir. Der frische, hochaufgeschossene Junge war also gerettet. Wir sahen einander an. Sind wir neidisch? Dieser junge Mann hatte, nach seinem Knopfloch zu urteilen, keine militärischen Meriten. Er flog nach Deutschland, und wir beide, die wir nun bald das Spatium eines trojanischen Krieges im Felde waren, blieben hier im Kessel sitzen. Aber der Kriegsgerichtsrat meinte in seinem feinen höfischen Sächsisch: »Soll er fahren! Wir haben schon was vom Leben gehabt, und er hat noch alles vor sich. Von mir aus kann er fahren!« Wir tranken uns zu und beschlossen, nicht neidisch zu sein.

Der Divisionsarzt bot dem jungen Mann ein Glas an. Es mochte sein, daß es ihm zum Trinken noch zu früh war. Er war ein Jüngling.

»Schon wogen die Jünglinge hinab von ihren Hügeln, hinab ins Tal,
Wo keck herauf die Würger dringen...«

Aber der Jüngling konnte es, selbst zu dieser frühen Stunde, nicht gut ablehnen, auf das Wohl seines Divisionsarztes zu trinken. Mit sichtlichem Widerwillen nahm er das Glas. Gleichzeitig warf er einen Blick in die Runde, in dem sich seine Verachtung für alle diese alten Männer, die da Schnaps tranken, während das Vaterland in Gefahr war, deutlich verriet.

Der Kriegsgerichtsrat unternahm es als sächsischer Humanist, ihn auf feine Weise zu belehren, indem er die berühmte Inschrift auf dem Gedenkstein der Lakedaimonier an der Landenge von Thermopylae zitierte:

»Also, Fähnrich, wenn Sie nach Deutschland kommen...

... ἀγγέλειν Λακεδαιμονίοις, ὅτι τῆδε
κείμεθα τοῖς κείνων ῥήμασι πειθόμενοι.«

Der Fähnrich sah ihn verständnislos an.

»Verstehen Sie das nicht?«

»Nein, Herr Kriegsgerichtsrat!«

Daraufhin hob der Divisionsarzt sein Glas und wiederholte das Zitat lateinisch:

»Dic, hospes, Spartae nos te hic vidisse iacentes
Dum sanctis patriae legibus obsequimur.«

Aber der Jüngling verstand auch kein Latein. Der sächsische Humanist schloß die Szene mit der Bemerkung: »Ja, wenn er das auch nicht versteht, warum wird er denn dann eigentlich gerettet?« –

Einige Wochen später begann der Urlaub wieder. Die Urlauber fuhren von Sewastopol zu Schiff nach Odessa. Wer Glück hatte, kam mit einem Flugzeug auf den Kontinent. Die alten Obergefreiten meinten spöttisch, die Krim sei das modernste Gefangenenlager der Welt. Jahre später erfuhr ich, daß Churchill das von Kreta gesagt hatte. Auf Wegen, die mit den Methoden des Terrors nicht zu verstopfen waren, war das Bonmot des englischen Premierministers aus Westminster bis zu uns in die Steppe gedrungen.

Es kam das Weihnachtsfest, das dritte in Rußland. Der Traum vom Frieden überkam die Männer mit einer solchen Gewalt, daß sie es kaum noch ertrugen. Trübselig saßen sie bei ihren Kerzen und waren froh, als das vorüber war, was einmal ein Fest gewesen war.

Zuweilen machten wir einander noch Besuche, wie wir das all die Jahre hindurch getan hatten. In Pjatichatka hatte Varnhagen das Kunststück fertiggebracht, eine Kate als Badezimmer einzurichten. Die Badewanne war, da es häufig schoß, in die Erde eingegraben. Aber die Palaver waren nicht mehr, was sie gewesen waren. Die Zukunft war allzu bedrohlich geworden. Wir warteten darauf, daß die Vorbereitungen zur planmäßigen

Räumung der Krim begännen. Nichts dergleichen geschah. Nur das, was von den Anderen auf der Krim gewesen war, hatte den Kessel planmäßig verlassen.

Eines Tages fuhr ich nach Sewastopol. Die russischen Ärzte, die wir im Sommer 1941 eingesetzt hatten, waren noch tätig. Ich trank bei ihnen eine Tasse Tee. Als ich mich verabschiedete, begleitete mich der russische Chefchirurg zum Ausgang. Ich fragte ihn, ob er, wenn die Sowjets zurückkämen, wegen der Zusammenarbeit mit uns etwas zu befürchten habe. Er glaubte es nicht. Vermutlich hatte er sich längst mit den Partisanen im Jailagebirge in Verbindung gesetzt. Wer konnte es ihm verdenken! Es waren seine Landsleute.

Beim Abschied meinte er mit leisem Lächeln, auch die Russen wüßten gute Chirurgen zu schätzen, ich solle mir keine Sorgen machen. Wir reichten uns die Hand. Noch einmal reichten sich Charcot, der Ehrendoktor von Kiew, und Pawlow, der Ritter der Ehrenlegion, über alle Fronten hinweg die Hand. Beide waren wir Soldaten, die unter der unsichtbaren Flagge dienten. Ich bin sicher, der vortreffliche Mann hat nach der Rückeroberung Sewastopols Hunderten von deutschen Soldaten das Leben gerettet. Wir haben uns nicht wiedergesehen, aber vergessen werden wir einander nicht.

SLOGANS

Der Kern der moralischen Widerstandskraft des deutschen Soldaten im Osten im vierten Jahr des Krieges war die Einsicht, daß er in eine Lage hineinmanövriert worden war, in der er nunmehr sein eigenes Land gegen die Rote Armee verteidigte. Hätte er dabei das Gefühl gehabt, richtig geführt zu werden, er wäre so leicht nicht zu erschöpfen gewesen. Aber die Fehler der obersten Führung wurden allmählich so offenbar, daß sie dem Soldaten nicht mehr verheimlicht werden konnten. Das Gefühl, daß sein Leben nichts mehr wert sei, schlug sich in seiner Sprache nieder. Von einer Division, die gegen den Rat aller Erfahrenen nutzlos eingesetzt worden war, ihr Ziel nicht erreicht hatte und fast vernichtet worden war, sagten die Soldaten – sie sei »verheizt« worden.

Zynismus erzeugt Zynismus. Das Pathos, das hinterher über die Gefallenen ausgeschüttet wurde, die ohne Grab in der Steppe vermoderten, rief bei den Soldaten Hohn hervor. »Der erbitterte Widerstand im Kessel von X., ein Fanal deutschen Heldentums...« führte dazu, daß, als ich eines Morgens mit Mokassin vor die Tür trat, er seine Nase in die Luft hob und sagte: »Es riecht hier so komisch!«

»Nach was soll es denn riechen?«

»Ick kann ma' nich' helfen. Et riecht hier nach Fanal!«

Mokassin sollte auf eine schreckliche Weise recht behalten.

Im Herzen des Soldaten tauchte schließlich der Zweifel auf, ob nicht sogar die Opfer, die jeder für die nunmehr notwendig gewordene Verteidigung des eigenen Landes immer noch zu bringen bereit war, sinnlos waren.

Noch vor einem Jahr hatte ich überlegt, ob ich vor Beginn einer Offensive auf Urlaub fahren dürfe. Unterdessen war der Urlaub ein legitimes Mittel geworden, aus der Kette der Katastrophen wenigstens eine auszulassen. Ich war mit dem Pferd gestürzt und hatte mir irgend etwas an der Halswirbelsäule getan. Es konnte nicht festgestellt werden, worum es sich handelte. Die großen Röntgenapparate waren aus Simferopol schon abtransportiert. Schließlich gab mir der General die Erlaubnis, auf Urlaub zu fahren.

Ich schob den Urlaub von Woche zu Woche auf. Ein Urlaub, an dessen Ende man in einen zum Untergang verurteilten Kessel zurückkehren mußte – das waren zuviel Wolken über Ithaka. Lieber riskierte ich den ganzen Urlaub. Wenn die russische Offensive plötzlich losbrach, war es sicher, daß der Urlaub gesperrt würde. Doch gibt es für eine Offensive, die vorbereitet wird, eine Anzahl Symptome, die der Gegner auch bei sorgfältiger Geheimhaltung nicht zu verbergen vermag.

Auf diesen düsteren Hintergrund fiel noch einmal ein heiteres Licht. Es war die Geschichte mit dem Lokomotivchen.

Vorne am Tatarengraben standen zwischen den russischen und den deutschen Linien zwei Waggons auf einem Seitengleis der Eisenbahn nach Cherson. Eines Tages untersuchte eine Patrouille die beiden Waggons und fand darin die wahren Kostbarkeiten der Erde. Die Waggons waren bis unters Dach mit Zigaretten, Zigarren, Schokolade und Cognac gefüllt. Es wurde erwogen, die beiden Waggons zu bergen. Es gab eine Weiche, über die die Waggons auf das Hauptgleis rangiert werden konnten. Das Hauptgleis war bis zum vordersten Graben für den Panzerzug instandgesetzt. Die Weiche lag allerdings dicht vor dem russischen Drahtverhau. In mehreren stürmischen Nächten wurde sie von Pionierpatrouillen in Ordnung gebracht.

Dann suchte man einen erfahrenen Lokomotivführer. Er fand sich in Simferopol. Er war ein blauer Eisenbahner, also eigentlich kein Soldat, sondern ein Zivilist. Aber er war ein Pionier aus dem ersten Weltkrieg. Von damals hatte er das Eiserne Kreuz zweiter Klasse. Dazu trug er das Eichenlaub für fünfundzwanzigjährige Dienstzeit bei der Eisenbahn an seiner blauen Mütze. Dieser alte Experte wurde gefragt, ob er ein kleines

Lokomotivchen so lange mit verdecktem Feuer fahren könne, bis die beiden Waggons geborgen seien. Er erklärte, er traue sich das zu.

In einer mondlosen Nacht, bei bedecktem Himmel, fuhr das Lokomotivchen los. Es war ein braves Lokomotivchen aus Kassel, das mindestens schon fünfzig Jahre gedient hatte. Auf dem dem Gegner zugekehrten Stand des Lokomotivchens standen der Lokomotivführer und der junge Kommandant des Panzerzuges.

Vorsichtig fährt das Lokomotivchen über die Linie bis vor den russischen Drahtverhau. Die Weiche wird umgestellt. Das Lokomotivchen fährt auf das Seitengleis. Die Wagen werden angekoppelt. Vorsichtig rangiert das Lokomotivchen zurück. Die Weiche wird umgestellt. Vorsichtig fährt das Lokomotivchen auf dem Hauptgleis ab. Nichts rührt sich. Als dieser bemerkenswerte Güterzug sich der deutschen Linie nähert, sagt der Lokomotivführer zu dem Panzerleutnant: »Herr Leutnant, darf ich Pfeifsignal geben? Sonst macht mir die ganze Sache keinen Spaß!«

Der freche Leutnant befiehlt: »Los! Pfeifen Sie!«

So ertönte plötzlich hundert Meter vor dem russischen Stacheldrahtverhau das helle Pfeifen des Lokomotivchens. Die Russen haben wahrscheinlich geglaubt, es sei der Teufel selber gewesen, der da gepfiffen hat. Dann gab der Lokomotivführer Dampf und brauste ab. Noch ehe die Russen zu schießen angefangen hatten, war das Lokomotivchen in Sicherheit.

Die ganze Krim freute sich über die Geschichte. Der General kam auf den liebenswürdigen Einfall, dem vortrefflichen Lokomotivführer die Spange zum Eisernen Kreuz zu verleihen. Es gab sie aber nicht mehr. Verleihungen dieser Art kamen praktisch nicht mehr vor. Der Kriegsgerichtsrat stellte großmütig seine Spange zur Verfügung. Bei dem Versuch, sie ihm wieder zu beschaffen, machten wir die Entdeckung, daß diese Spange, mit der Soldaten, die das Eiserne Kreuz aus dem ersten Weltkrieg hatten, geehrt werden sollten, bei Kriegsausbruch in Massen vorhanden gewesen war. Sie war ursprünglich das Abzeichen für den Parteitag gewesen, der wegen des Kriegsausbruches nicht mehr stattgefunden hatte. Das Symbol der Ehre war transferiert worden.

Der Februar kam heran. Eines Morgens – ich schlief noch – kam Mokassin herein und fing an, meinen Koffer zu packen. Ich fragte ihn, was das solle. Er sah mich ernst an:

»Der Frühling kommt!«

»Woran hast du denn das gemerkt?«

»Die ersten Schwalben!«

»Mokassin, red' doch keinen Unsinn! Jetzt gibt's doch noch keine Schwalben!«

»Aber Ratas! Drei Ratas sind heute morgen über das Dorf geflogen. Die Russen werden munter. Unsere Zukunft liegt in der Luft!«

»Waren das nicht welche von uns?«

»Von uns? Det jlooben Se' wohl selba nich'! Wo soll'n die 'n herkommen? Det war'n Ratas. Ick packe!«

So fuhr ich auf Urlaub. Ich fuhr mit schlechtem Gewissen, aber ich fuhr. Als ich mich vom Kriegsgerichtsrat verabschiedete, sagte er: »Du bist mir ein schöner Lakedaimonier! Na, nun grüße wenigstens Sparta von mir! Hier will ich dich nicht wiedersehen!«

Auf dem Flugplatz in Sarabus bekam ich einen Platz in einem Flugzeug. Wir stiegen auf. Unter uns lag die Krim. Von fern grüßte in der Sonne funkelnd das Jailagebirge. Jedes Dorf, das wir überflogen, kannte ich. Noch einmal warf ich einen Blick auf die weiße Steppe, die das Grab so vieler Männer geworden war, die meine Freunde gewesen waren. Weit dehnte sie sich bis an den Horizont. Im Frühling würde sie wieder verschwenderisch blühen. Ich sollte sie nicht wiedersehen.

Zu meinem Glück war das Flugzeug keine »alte Tante Ju«, sondern ein Kampfflugzeug, eine Heinkel 111. Kaum waren wir über dem Schwarzen Meer, als die Maschine von zwei Ratas angegriffen wurde. Mit großartiger Gleichgültigkeit setzten sich die alten Bordschützen an ihre Maschinengewehre und Bordkanonen und feuerten aus allen Rohren. Die Ratas drehten ab.

Über dem Meer schien strahlend die Sonne. Als wir uns Odessa näherten, lag eine mehrere hundert Meter hohe Nebelschicht über dem Kontinent. Sie schnitt genau mit der Steilküste ab. Wir flogen Odessa an, aber es war unmöglich, zu landen. Die Wettermeldungen besagten, das Nebelgebiet erstreckte sich bis zu den Karpaten. Die Maschine flog dicht über dem Boden, über dem der Nebel teilweise aufgerissen war, entlang der gut erkennbaren Straße, die von Odessa nach Nikolajew führt. Da der Pilot nicht viel Brennstoff an Bord hatte, erwog er schon, zur Krim zurückzufliegen. Aber schließlich fand er über dem Flugplatz von Nikolajew ein Loch im Nebel und landete. Ich war auf dem Kontinent. Die Division oder vielmehr das, was von ihr übrigbleiben sollte, sah ich erst in Deutschland wieder.

Als ich mir in einer Klinik in München meine Halswirbelsäule röntgen ließ, kam der Chirurg mit der feuchten Röntgenplatte aus der Dunkelkammer und schrie ganz begeistert: »'s G'nack ham's Eahna brochn, Herr Kollege! 's G'nack!« Dabei schlug er sich, entzückt von dieser schönen Diagnose, auf sein Holzbein, das er schon vom ersten Kriege her hatte. Nun, ganz war das Genick nicht gebrochen, aber tatsächlich hatte ich einen Sprung im Knochen eines Wirbelkörpers, und einer der Dornfortsätze war abgerissen. Nach fünf Wochen bekam ich eine Blinddarmreizung. Unterdessen hatten die Russen ihren Angriff auf die Krim begonnen. Ich fuhr noch nach Wien. Aber ehe ich in den Zug nach Rumänien stieg, ging ich zum Bahnhofsarzt des Wiener Ostbahnhofs. Freundlich fragte mich der österreichische Kollege: »Sind Sie ausreisend oder heimkehrend, Herr Kollege?«

»Ausreisend!«

»Wohin?«

»Nach der Krim!«

Darauf meinte der liebenswürdige Mann mit einem kleinen sarkastischen Lächeln: »Merkwürdig, Herr Kollege! Sie glauben gar nicht, wieviel Blinddärme wir ausreisend haben. Und heimreisend keinen einzigen! Eigentümlich! Finden Sie nicht auch?«

Ich lachte. »Nun also – ob ich fahre oder nicht, das entscheiden Sie!«

Es war ein ganz reeller Blinddarm. Einige Anfälle hatte ich schon gehabt. Ich mußte am nächsten Tage operiert werden. Aber als Chirurg bin ich fest davon überzeugt, daß es nichts als ganz gewöhnliche Angst war, die sich diesen Locus minoris resistentiae, diesen Ort verminderten Widerstands im Organismus, aussuchte, um sich als Appendicitis zu manifestieren. So machte ich an mir selbst die bemerkenswerte chirurgische Entdeckung, daß man sogar Angst mit dem Skalpell operativ entfernen kann.

Während ich in Wien im Lazarett lag, kamen die ersten Verwundeten von der Krim. In den Lazaretten brach eine Fleckfieberepidemie und bei den höheren Sanitätsdienststellen eine Panik aus. Man hatte die Verwundeten von der Krim, die mit ihren Läusen das Fleckfieber mitbrachten, ohne sie vorher zu entlausen, wahllos auf die verschiedenen Lazarette verteilt. So saßen wir in Quarantäne. Anschließend wurde ich zum Ersatzbataillon nach Berlin versetzt.

Auf der Krim war es aus. Die siebzehnte Armee hatte aufgehört zu existieren. Es war eine Katastrophe gewesen, deren Ausmaße Stalingrad teilweise noch übertroffen hatten, jedenfalls in der Gleichgültigkeit der obersten Führung gegen das Leben der Soldaten. Aber die Katastrophe wurde verheimlicht.

Die Infanteristen, die bis zum Schluß die letzten Bootsanlegestellen verteidigt hatten, wurden einfach zurückgelassen. Als sie solcherweise sich verraten sahen, verschossen sie ihre letzte Munition auf die abfahrenden Boote. Dann warfen sie die Waffen weg und gingen in Gefangenschaft.

Die Felder von Verwundeten, die an den Landestellen zurückgelassen worden waren, riefen den letzten Booten in Sprechchören nach: »Wir sind die Ehrenbürger der Nation!«

Man hatte Grund, die Katastrophe zu verheimlichen.

Die Reste der Division trafen im Eisenbahntransport aus Rumänien in Deutschland ein. Unter den Verlusten der Kompanie war Feldwebel Maier. Er war mit seinem Kommando auf ein Schiff gekommen, das durch Flugzeuge vor Sewastopol versenkt wurde. Mit ihm gingen einige unserer besten Männer unter.

Die Division kam in der Nähe von Berlin in Quartier. Den Soldaten wurde durch Befehl verboten, über die Katastrophe auf der Krim zu sprechen. Es wurde ihnen sogar verboten, untereinander darüber zu sprechen. Die Lächerlichkeit dieser Maßnahme führte zu einer weiteren Zerstörung des Vertrauens. Gleichzeitig wurden alle Kommandeure der Division versetzt. Der Sinn dieser Maßnahme war schwer zu durchschauen. Vermutlich hatte man Angst vor einer Truppe, die so schändlich behandelt worden war. Mit unbeirrbarer Inkonsequenz zerstörte der primitive Mann das, was allein das Land vor dem Äußersten hätte bewahren können, die Armee, die es vielleicht vermocht hätte, die Sowjets vor den Grenzen aufzuhalten.

Die heitere Ruhe in den bezaubernden, völlig unzerstörten Landstädtchen und Dörfern der Mark dauerte nicht lange. Die Division wurde neu ausgestattet und dann verladen. Es begann der letzte Akt der Tragödie.

CHIRURGIE IM RÜCKZUG

Wieder saßen wir im Transportzug. Zuerst rollten wir nach Norden. Ein Gerücht flatterte auf, die Division komme nach Norwegen. Aber bald bog der Zug nach Osten ab. Irgendwo bei Minsk war die Rote Armee durchgebrochen und marschierte nach Westen. Der Transport kam nur langsam vorwärts. Auf den Bahnhöfen herrschte großes Durcheinander. Es gab zu wenig Lokomotiven. Oft saß ich Stunden bei den Transportoffizieren, um die Weiterfahrt des Zuges durchzusetzen. Ich mußte damit rechnen, daß die Division sofort eingesetzt worden war. Da wir noch auf der Strecke lagen, hatte sie keine eigene Sanitätsversorgung. Mit Beschwörungen, Flüchen und Bestechungen löste ich den Zug immer wieder aus irgendeinem Abstellgleis heraus. So näherten wir uns langsam der Front.

Einmal, als ich über unendliche Gleise stolpernd vom Bahnhofskommandanten zurückkam, war der Zug verschwunden. Einsam auf der Böschung hockte Sambo mit seinem Motorrad. Gehrmann, der Hauptfeldwebel, hatte ihn im letzten Augenblick mit seiner Maschine aus dem Zug geworfen. Wir fuhren auf dem Motorrad dem Zug dahin nach, wo ihn Sambo am Horizont hatte entschwinden sehen. Wir mußten auf und neben den Gleisen fahren. Es war eine Zirkusnummer, die Sambo improvisierte. Einmal kam eine Lokomotive hinter uns her. Wir mußten eilig das Rad aus den Schienen heben. Ich hob die Hand. Selbst Sambo, der durch nichts aus der Ruhe zu bringen war, war verblüfft, als die Maschine tatsächlich hielt. Der freundliche Lokomotivführer nahm uns zwanzig Kilometer weit mit. Gegen Abend endlich konnten wir unseren Zug auf einer Landstraße, die neben dem Gleis herlief, überholen. Der ganze Zug winkte lachend dem abgehängten Chef zu, der, von Schweiß und Staub bedeckt, auf dem Rücksitz von Sambos Motorrad über die Landstraße donnerte. Als ich endlich wieder in meinem Güterwagen saß, hatte ich das Gefühl, in meine Hütte zurückgekehrt zu sein. Seitdem bildeten wir, wenn ich auf einem Bahnhof Informationen einholte, eine Relaiskette von Soldaten, durch die ich mit dem Zug in Verbindung blieb.

Je mehr wir uns der Front näherten, desto zahlreicher wurden die Zeichen, daß es ein Desaster gegeben hatte. Viele versprengte Infanteristen kamen zu unserer Feldküche, um endlich einmal wieder warm zu essen. Sie erzählten, im Anfang sei es kein Rückzug mehr gewesen, sondern eine wilde Flucht.

Mehrfach hatte es sich schon ereignet, daß Transportzüge mit neuen Truppen mitten in die Russen hineingefahren waren. Das war nicht verwunderlich. Die Befehle, die eine Bahnhofskommandantur bekam, hatten einen so weiten Dienstweg, daß die Lage sich während der Laufzeit eines Befehls grundlegend ändern konnte.

Jetzt mußte ich also, ohne hinreichende Kenntnis der Lage, auch noch darauf achten, wann der Augenblick zur Beendigung des Transports gekommen war. Setzte ich ihn zu spät an, landeten wir bei den Russen. Setzte ich ihn zu früh an, hatte ich wegen Nichteinhaltung eines gegebenen Befehls mit Kriegsgericht zu rechnen.

Es gab keine Richtlinien dafür, wie weit in solchen Lagen die Befehlsgewalt des verantwortlichen Offiziers reichte. Es war ein Symptom der fortschreitenden Destruktion der Armee, daß niemand solche Richtlinien gab. Die unteren Dienststellen konnten es nicht tun, weil sie nicht dazu befugt waren. Die Führung wollte es nicht tun, weil dadurch klar geworden wäre, wie weit die Niederlage schon gediehen war.

Die Anderen weigerten sich zuzugeben, daß die Niederlage begonnen hatte. Das war charakteristisch für ihr Denken. Es war ein magisches Denken. Siegen kann man nur, wenn man an den Sieg glaubt. Also – wenn man an den Sieg glaubt, wird man siegen. Durch magische Beschwörungen versuchten sie, der Tatsachen Herr zu werden.

An eine verunglückte, auf dem Kopf stehende Lokomotive hatten die Soldaten mit Kreide den Spruch geschrieben: »Räder müssen rollen für den Sieg!« Die Verspottung einer magischen Formel ist ein Kapitalverbrechen. So war es innerhalb dieses magischen Denkens folgerichtig, daß, wer das Ritual der Beschwörungen störte, getötet wurde. Bei den Buschnegern in Australien ist das noch heute so.

So trat auch im militärischen Leben jene Spaltung ein, die das zivile Leben schon seit zehn Jahren beherrschte, die Spaltung in Tatsachen und Fassade.

Die Fassade wurde von einer russischen Panzergranate durchlöchert. Es war irgendwo ostwärts von Grodno. Durch den Treffer aus einer russischen Kanone, die den Lokomotivführer tötete, kam der Transportzug vor uns zum Stehen. Wir hatten Glück, daß wir an der Station, an der wir gerade hielten, eine kleine Rampe vorfanden. Die Männer entluden den Zug in Kompanierekordzeit. Wir hatten wieder, wie auf dem Kubanbrückenkopf, zwei behelfsmäßig motorisierte Operationsgruppen gebildet. Die eine Gruppe und den ganzen Troß schickte ich sofort zurück. Die andere Gruppe bezog ein Schloß zwei Kilometer nördlich der Bahnstation. Dort machte sie einen Hauptverbandplatz auf.

Auf dem Transportzug vor uns war eine Batterie pferdebespannter 15-cm-Haubitzen verladen gewesen. Die Ausladung hatte noch durch Infanterie gesichert werden können. Die Batterie war sofort auf dem Bahnhof in Stellung gegangen. Ihre eindrucksvollen Salven hielten die Russen eine Weile in Schach. Die Batterie wollte die Stellung wechseln. Dabei entdeckte man, daß die Zugseile, mit denen die Pferde an die Geschütze gespannt werden, fehlten. Die Batterie war verladen worden, ehe die Zugseile geliefert worden waren. Gegen Abend schon hatten die Russen die Geschütze umgedreht und beschossen das Dorf, das sich an unseren Schloßpark anschloß.

Ich machte mich auf den Weg, den Divisionsstab zu suchen. Das war nicht einfach. Ich hatte keine Ahnung, wo er liegen könne. Unmittelbar vor uns waren die Russen. So fuhr ich in etwas nordöstlicher Richtung los. Glücklicherweise besaß ich eine Karte. Ich hatte Gehrmann mitgenommen. Er hatte ein ausgezeichnetes Orientierungsvermögen und fuhr vorzüglich. Es ist angenehm, in unklaren Lagen einen erfahrenen Mann zu haben, mit dem man sich über das Für und Wider der Entschlüsse unterhalten kann. Wir fuhren einen kleinen schnellen Wagen. Wir hatten drei Maschinenpistolen bei uns. Sambo begleitete uns auf seinem Motorrad.

Das Land war unheimlich still. Die Erntearbeiten auf den Feldern hatten aufgehört. In einem Dorf, das wir durchfuhren, ließ sich nicht ein einzige Einwohner blicken. Zum zweiten Male in fünf Jahren ging der Krieg über dieses schöne, reiche und fruchtbare Land hinweg. Um das nächste Dorf zu erreichen, mußten wir durch ein größeres Stück dichten Waldes. Wir machten unsere Maschinenpistolen fertig und steckten die Läufe rechts und links durch die offenen Fenster unseres Wagens. Partisanen spielten hier oben im mittleren Teil der Ostfront in den riesigen Wäldern eine ganz andere Rolle als in der leeren und übersichtlichen Steppe. Wir fuhren durch den Wald, ohne daß irgend etwas sich ereignete. Wir erreichten das Dorf auf der anderen Seite. Es war belegt von einer Bäckereikompanie. Eilig zogen wir unsere martialische Bewaffnung aus den offenen Fenstern zurück. Am Nachmittag schon wurde Sambo, als er auf der gleichen Strecke zurückfuhr, beschossen. Er kam ohne Treffer durch.

Endlich fand ich den Stab. Varnhagen fiel mir um den Hals. Die alten Ordonnanzen, der Oberfeldwebel Birnbaum, der Schreiber des Stabes, den wir einmal feierlich zum Oberfeldwebel im Generalstab ernannt hatten – wir alle schüttelten einander die Hände. Diese alten vertrauten Gesichter! Man wußte, was man aneinander hatte. Nachdem man die Division ihrer erfahrenen Kommandeure, die ihr Handwerk so gut verstanden hatten, beraubt hatte, hielten wir um so fester zusammen.

Natürlich hatte ich eine Flasche mitgebracht. Das gehörte zu meinen humanen Verpflichtungen. Die Division war im Gefecht. Sie hatte keine eigene Sanitätsformation zur Verfügung. Die andere Kompanie, die vor uns verladen worden war, war auf dem Transport im Hinterland steckengeblieben. So war die Division auf die Hauptverbandplätze der benachbarten Divisionen angewiesen. Es gab keinen, der nicht überfüllt gewesen wäre.

Oberfeldwebel Birnbaum setzte sich sogleich an die Schreibmaschine: »Herr Hauptmann! Punkt 11 des Divisionsbefehls! Der Hauptverbandplatz befindet sich...« Ich zeigte Varnhagen auf der Karte, wo wir ausgeladen hatten. Es war weit außerhalb des Divisionsstreifens. Ich schickte Sambo zurück, die Operationsgruppe heranzuholen.

Von Varnhagen erfuhr ich nun endlich die Lage. Durch eine mächtige Offensive hatten die Russen die deutsche Front in einer Breite von mehreren hundert Kilometern aufgerissen. Wiederum war eine ganze Armee vernichtet worden. Es hatte eine Panik gegeben.

Ich fragte Varnhagen: »Wo glaubst du, wird das Ganze zum Stehen kommen?«

»Na, vielleicht am Njemen!«

»Also Grodno! Das waren noch hundertfünfzig Kilometer Rückzug! Und die Truppe?«

»Weißt du«, sagte Varnhagen, »man begreift es fast nicht mehr. Sie machen immer noch mit. Sie wehren sich wie die Teufel. Dabei kommen sie überhaupt nicht mehr zur Ruhe.«

»Und die Russen?«

»Die Russen? Die sind zur Zeit bei Laune. Sie haben jetzt ganze Artilleriedivisionen. Damit machen sie einen Feuerzauber, dem wir nicht mehr viel entgegenzusetzen haben.«

»Was ist der neue General für ein Mann?«

»Er kann was, aber er ist sehr unzugänglich. Reden kann man überhaupt nicht mit ihm.«

»Glaubst du, daß er ein wilder Mann ist, einer von den Anderen?«

»Das glaube ich nicht. Er sieht wie ein Gentleman aus. Außerdem ist er gescheit. Nein, das glaube ich wirklich nicht. Er ist nur sehr korrekt!«

»Na, mein Lieber, dann borg mir mal ein Paar von deinen archaeologischen Handschuhen. Ich muß mich bei ihm noch melden.«

Für eine Meldung beim General gehörte zum korrekten Dienstanzug immer noch der Handschuh. Er war das letzte Stück, das vom Ritter des dreizehnten Jahrhunderts übriggeblieben war.

In den nächsten Tagen des Rückzuges stellte sich heraus, daß es ein großer Vorteil für uns war, eine unserer beiden Operationsgruppen immer dorthin zu legen, wo der Führungsstab lag. Das war sehr viel weiter vorn, als es bisher üblich gewesen war.

Der Vorteil war, daß wir über die Hauptkampflinie immer genau im Bilde waren. Nicht nur, daß ich wußte, wo ungefähr sie verlief, ich erfuhr auch immer, wann sie zurückverlegt wurde. Die operativen Indikationen richteten sich nach der uns zur Verfügung stehenden Zeit.

Der Verwundetentransport wurde eine sehr komplizierte Angelegenheit. Die Krankenkraftwagen der Truppe konnten keine großen Strecken mehr zurücklegen. Die Rückzugsbewegungen gingen zwar im ganzen um diese Zeit schon wieder geordnet vor sich, aber der Rückzug war noch flüssig, und zuweilen wurden die Dispositionen vom Feind durchkreuzt. Die Zahl der Wagen, die der Truppe zusätzlich zur Verfügung gestellt werden konnten, war gering. Wir selbst hatten große Mengen von Verwundeten über teilweise sehr beträchtliche Entfernungen zu transportieren. Kam der Krankenkraftwagen nicht schnell zum Truppenverbandplatz zurück, kam er womöglich so spät, daß die Stellung schon aufgegeben war. Dann blieben die Verwundeten liegen. Waren die Verwundeten erst einmal bei uns, war die Gefahr, daß sie in Feindeshand fielen, schon sehr viel geringer. Ob die Russen unsere Verwundeten versorgten, wußten wir nicht.

Wir selbst behalfen uns damit, daß wir die zweite Operationsgruppe nicht allzuweit nach rückwärts verlegten. Wir konnten dann, wenn wir in Zeitnot gerieten, die Verwundeten der vorderen Operationsgruppe zunächst einmal in kurzen Pendeltransporten zur rückwärts gelegenen Gruppe befördern, um sie später von da aus weiterzutransportieren. Es ließ sich dabei nicht vermeiden, daß die Verwundeten zuweilen drei- bis viermal umgeladen wurden, ehe sie zur Behandlung kamen.

Dieses komplizierte System bewährte sich. Freilich, nur auf Befehl hin hätte es niemals funktionieren können. Es bewährte sich, weil es von lauter Männern gehandhabt wurde, die den Ehrgeiz hatten, keine Verwundeten liegenzulassen. Was die Krankenkraftwagenfahrer in diesen Wochen geleistet haben, ist um so bewundernswerter, als ihre Leistungen vollkommen freiwillig waren. Es gab keine Möglichkeit, sie zu kontrollieren. Immer waren sie allein unterwegs. Zum Schlafen kamen sie kaum. Bei Tag fuhren sie unter Beschuß. Nachts waren sie von Partisanen bedroht. Dazu kam, daß sie ständig in Gefahr waren, zufolge eines kleinen Wegirrtums beim Feind anzukommen. Sie fuhren Rekorde in Nächstenliebe.

Eines Nachts trat ich an einen eben angekommenen Wagen heran, um den Fahrer zu fragen, was er geladen habe. Im Blech der Tür zum Stand des Fahrers war ein großes Loch. Der Fahrer versuchte, die Tür zu öffnen. Plötzlich wurde er bewußtlos. Ich machte die Tür auf. Er fiel heraus, mir in die Arme. Sein linker Fuß war abgerissen. Zwei Kilometer vor dem Dorf hatte eine Granate neben dem Wagen eingeschlagen. Mit dem rechten Fuß auf der Kupplung war er noch zwei Kilometer gefahren. Im Wagen hatte er drei Schwerverletzte. Wäre er mit seinem Wagen stehengeblieben, die Verwundeten wären verloren gewesen. Eine halbe Stunde später standen die Russen am Dorfrand.

Wir legten eine Abschnürbinde um das verletzte Bein. Dann verluden wir den Tapferen als vierten zu den drei Verwundeten, die er gebracht hatte. Ein neuer Mann setzte sich an das Steuerrad und fuhr den Wagen nach hinten. Glücklicherweise war die Blutung nicht erheblich gewesen. Das Skalpell des Aristoteles konnte den Soldaten der Humanitas retten.

PAPYROSSA HIPPOCRATICA

Der Ehrgeiz des Menschen hat einen hervorragenden Bundesgenossen in seiner Anpassungsfähigkeit. Wir wurden Rückzugsspezialisten. Die Lagen wechselten schnell. Wir lernten, in Minuten umzudisponieren. Daß bei dem komplizierten System des Transports der Verwundeten mit seinen immer unzulänglichen Mitteln einzelne Verwundete den Anschluß nicht bekamen, war unvermeidlich. Räumten wir unsere Position zu früh, so vermehrte sich die Zahl dieser Unglücklichen. Räumten wir zu spät, so fiel die ganze Operationsgruppe in russische Hand. Das wäre für die Verwundeten, die mit ihr in Gefangenschaft geraten wären, nicht so schlimm gewesen. Die Russen ließen die deutschen Chirurgen im allgemeinen weiteroperieren. Sie brachten sogar, da sie selbst nicht genug Chirurgen hatten, ihre eigenen Verwundeten auf die in ihre Hand gefallenen deutschen Hauptverbandplätze. Aber die Division hätte eine Operationsgruppe verloren. Das hätte für viele den Tod bedeutet; denn erstens war die andere Gruppe selbst schon voll beschäftigt, zweitens konnten Versorgung und Transport eben nur im Zusammenspiel beider Gruppen einigermaßen bewältigt werden. Heroismus wäre töricht gewesen. Es bedurfte ganz anderer Eigenschaften, um dieses tägliche oder nächtliche Dilemma zu lösen.

Wir entwickelten ein seismographisch feines Gefühl für die Lage. Vieles, was wir zu ihrer Beurteilung wissen mußten, erfuhren wir, indem wir die Verwundeten befragten. Doch waren ihre Angaben nicht unmittelbar zu verwerten. Jeder frisch Verwundete ist infolge des Schocks, den er soeben erlitten hat, zu übertreiben geneigt. So kam es darauf an, einen »Schockquotienten« abzuziehen, um aus den Angaben der Verwundeten den realen Kern herauszuschälen. Ein zweiter Anhaltspunkt war die Straße. Solange auf der Straße noch irgend etwas fuhr, bestand keine unmittelbare Gefahr. Die Kette der Fahrzeuge war selbst ein Relais, an dem die Nachrichten schnell entlangliefen. Aber irgendwann riß die Kette ab. Die Stille auf der Straße war ein Warnsignal, daß die Hauptkampflinie sich näherte. Hinter der fechtenden Infanterie ist das Gelände leer. Von da an war für die Beurteilung der Lage der Gefechtslärm maßgebend. Ich könnte ein kleines Lehrbuch der Symptomatologie des Gefechtslärms schreiben. Wir lernten es, eigene und fremde Abschüsse und Einschläge bis auf die Kaliber genau zu unterscheiden. Das letzte Signal war der Lärm der Panzer und das Gewehrfeuer.

Am Westende eines kleinen polnischen Straßendorfes, das sich von Osten nach Westen erstreckte, hatten wir einen Hauptverbandplatz. Die Dorfstraße war von mächtigen Nußbäumen bestanden, unter denen unsere Fahrzeuge gegen feindliche Fliegersicht gut gedeckt waren. Wir waren im Begriff, den Hauptverbandplatz zu verlegen. Wir hatten noch dreißig Verwundete liegen. Chirurgisch waren sie versorgt. In der Mitte des Dorfes machte die Straße einen Knick. Vom Osteingang des Dorfes aus konnte man nur bis dorthin sehen. An dieser Biegung stand ich, nachdem die pferdebespannten Fahrzeuge sich in Marsch gesetzt hatten. Plötzlich rannte ein Pole aus dem Hintereingang eines Hauses an einer

Hecke entlang einem kleinen Wäldchen zu, das nicht mehr als hundert Meter querab lag. Ein paar Leute hoben die Gewehre. Da sie aber alle gleichzeitig: »Stoij! Stoij!« schrien, blieb der Pole stehen und hob die Hände.

Diese Geste hilfloser Ergebung ist ein schrecklicher Anblick. Ein Mensch, der mit erhobenen Armen dasteht, ist ein Denkmal unserer Zeit, ein Denkmal der zerstörten Würde seines Geschlechts.

Einige der Soldaten schrien zornig: »Ein Spion! Schießt den Kerl über den Haufen!«

Beim allerbesten Willen hätte man hier nichts ausfindig machen können, was Gegenstand von Spionage hätte sein können. Sogar meine vernünftigen Berliner hatten die Nerven verloren. Ich befahl, den Mann zu mir zu bringen. Bei seiner Befragung sagte er heftig gestikulierend immer nur: »Die Hühner, die Hühner!« Es ergab sich schließlich, daß er hinter dem Wäldchen, auf das er zugelaufen war, eine kleine Kate hatte, und daß ihm plötzlich eingefallen war, er müsse seine Hühner, die die deutsche Armee überlebt hatten, vor der russischen Armee in Sicherheit bringen.

Ich schenkte dem Polen eine Zigarette – eine der wenigen Gesten internationaler Verständigung, die immer noch einen gewissen Wert hatten. Dann schickte ich ihn zu seinen Hühnern. Langsam ging er wieder die Hecke entlang, vorsichtig ein paarmal sich umsehend. Wäre er schon beim erstenmal langsam gegangen, hätte ihn wahrscheinlich niemand beachtet. Plötzlich begann er doch zu rennen. Ein paar Infanteriegeschosse pfiffen durch die Luft, aber sie kamen aus der Richtung des Wäldchens. Auf dieser Seite also mußten die Russen schon auf der Höhe des Dorfes sein.

In der Tat, auch die Straße war schon leer. Der Gefechtslärm näherte sich. Nun war es nicht sehr wahrscheinlich, daß die Russen von dem Wäldchen aus, in das der Pole verschwunden war, auf das Dorf einschwenken würden. Aber ein russischer Panzer konnte jederzeit am östlichen Dorfeingang auftauchen.

Die pferdebespannten Fahrzeuge waren unterdessen in einem Hohlweg verschwunden, der am Westausgang des Dorfes begann. Vier neue Krankenkraftwagen waren gekommen. Sie wurden soeben beladen. Sie reichten für sechzehn Verwundete. Es blieben noch vierzehn. Ich gab Befehl, daß die vier Wagen bis zu einem kleinen Wäldchen, zwei Kilometer westlich des Dorfes zurückfahren, die Verwundeten unter den Bäumen ausladen und sofort zurückkehren sollten.

Ich ging wieder an den Knick der Dorfstraße. Nahe bei mir, nach Westen zu, postierte sich Sambo mit seinem Motorrad. Den Motor ließ er laufen. Ich konnte von meinem Standort aus sowohl den Osteingang wie auch den Westausgang des Dorfes übersehen. In Deckung gehen konnte ich nicht. Die Männer am Westausgang des Dorfes mußten mich sehen können. Solange ich da stand, konnten sie verladen. Die Verladegruppe führte Feldwebel Gehrmann.

Tauchte am Dorfeingang der russische Panzer auf, so hatte ich, wenn er nicht sofort schoß, eine Chance, mit einem schnellen Sprung auf Sambos Motorrad den Hohlweg am westlichen Dorfausgang zu erreichen, ehe der Panzer vom Knick der Dorfstraße aus erneut schießen konnte. Die gleiche Chance hatte ein etwa noch vor dem Hauptverbandplatz stehender Krankenkraftwagen. Die Männer mußten durch das Gelände zurückgehen. Dann konnten wir nicht anders, als die Verwundeten liegenzulassen.

Sambo und ich hörten auf den Gefechtslärm. Offenbar waren die Russen nun auch im Süden auf der Höhe des Dorfes. Vor uns war es still. Die Dorfeinwohner waren verschwunden. Eine einsame Kuh blökte einmal laut auf. Einen Augenblick lang verstummte das Schießen. Plötzlich drang das Summen der Bienen in den blühenden Bäumen über mir wie ein Brausen in mein Ohr. Die Stunde des Pan war gekommen.

Mußten wir die Verwundeten liegenlassen? Es war vernünftig. Jeder von uns war die Garantie für die Versorgung von Hunderten von Verwundeten. Aber war es nicht doch eine Flucht, eine armselige, wohlbegründete Flucht vor der letzten Verantwortung des Menschen, der Verantwortung für die Hilflosen und Leidenden? Sie wurden einem unbekannten Schicksal preisgegeben. Ich beneidete meine Männer. Zwar, die Gefahr teilten sie mit mir, aber sie konnten guten Gewissens dem Befehl zur Flucht folgen, wenn er gegeben wurde. Den Befehl geben mußte ich, ich, der ferne Nachfahr des Hippokrates von Kos am Knick einer Dorfstraße in Polen unter einem Baum, in dem die Bienen summten. Immerhin – solange ich hier stand, würde verladen werden.

Die vier Krankenkraftwagen kamen zurück. Einzeln fuhren sie vor. Exakt und schnell wurden die restlichen vierzehn Verwundeten in den Wagen gepackt. Einer nach dem andern fuhren die Wagen davon. Wir hörten, wie das Gewehrfeuer langsam sich dem östlichen Ortseingang näherte. Gehrmann trat auf die Mitte der Straße und hob – wir hatten es als Zeichen verabredet – beide Arme über den Kopf. Einen Augenblick lang sah er genau so aus, wie eine halbe Stunde vorher der Pole ausgesehen hatte. Dann sprang Gehrmann auf den letzten Krankenkraftwagen. Der Wagen setzte sich in Bewegung und verschwand im Hohlweg. Ein paar Infanteristen kamen über eine Wiese geschlendert und setzten sich am Dorfrand fest. Das Gewehrfeuer ertönte nun rings um uns.

Wir konnten fahren; wir hatten es geschafft. Die Spannung, die uns in der letzten Viertelstunde beherrscht hatte, hatte sich gelöst. Mich ergriff das köstliche Gefühl, einen kleinen Sieg errungen zu haben. Jetzt konnte der Panzer kommen.

Ich sah Sambo an. Er machte das gleichgültigste Gesicht der Welt.

»Na, Sambo, was meinst du? Wollen wir fahren?« Sambo warf einen Blick zum Himmel.

»Finde, es wird Zeit zum Mittagessen, aber eine Papyrosse sollte man sich noch genehmigen.«

Ich bot Sambo meine Schachtel an. Bedächtig nahm er eine Zigarette. Bedächtig rollte er sie zwischen den Fingern und klopfte sie auf dem Handrücken locker. Bedächtig nahm er Feuer. Dann sog er in einem langen und genußvollen Zug den Rauch ein, blies ihn in die Luft und sah ihm nach.

»Schönes Wetter heute!«

»Sehr schönes Wetter heute!«

»Und wie munter die Bienen sind!«

»Aber den Honig werden nicht wir zu essen kriegen.«

»Alsdann...?«

»Alsdann!«

Dieses Spatium, in dem Sambo und ich uns die Zigaretten anzündeten und in den blauen Himmel hinaufblickten, ist eines der wenigen Male in vielen Jahren Krieg gewesen, daß ich in der Gefahr keine Furcht empfand. Es war das wunderbare Gefühl vollkommener Souveränität.

Wir schauten noch einmal zum Ortseingang des Dorfes. Der Panzer ist nicht gekommen. Wir ratterten davon.

Drei Tage später bekamen wir einen bemerkenswerten Patienten. Es war ein hoher General mit einem alten preußischen Namen, der mit seinem Fieseler Storch in unmittelbarer Nähe unseres Hauptverbandplatzes hatte notlanden müssen. Das Flugzeug war in einen Teich geraten. Der General hatte den rechten Oberarm gebrochen. Dazu hatte er eine kleine Verletzung im Gesicht. Außerdem war er ins Wasser gefallen. Der alte Herr war triefend naß, aber völlig unerschüttert und sehr jovial. Wir erlaubten ihm, seine Zigarre weiterzurauchen, während wir ihm eine Armschiene anlegten. Da er ja sogleich ins Lazarett kam, war es klüger, den Gipsverband unter Röntgenkontrolle zu machen. Zur Schmerzbekämpfung bekam er eine starke aus Skopolamin, Eukodal und Ephetonin gemischte Spritze.

Wir hatten es in diesen Tagen leichter. Es stand uns eine Eisenbahnverbindung zur Verfügung, auf welcher der Abtransport der Verwundeten glatt vonstatten ging. So hatte ich etwas Zeit. Ich begleitete den General in seinem großen Wagen, der unterdessen herbeigeholt worden war, in das Luftwaffenlazarett, von dem aus er mit einem Flugzeug weitertransportiert werden sollte.

Während der Fahrt betrachtete ich den General. Er erfreute sich bei den Soldaten großen Ansehens. Wir wußten, daß er sich schon einmal geweigert hatte, eine Division an einem sogenannten festen Platz einschließen zu lassen. Die Verteidigung »bis zum letzten Mann« gehörte zu den überwertigen Ideen des primitiven Mannes an der Spitze. Vom Standpunkt der Kriegswissenschaft aus war diese Art der Verteidigung Unsinn. Aber es gehörte Mut dazu, einem gegebenen Befehl zu widersprechen. Diesen Mut hatte der Oberbefehlshaber gehabt.

Noch in seiner derangierten Verfassung zeigte der General gute Haltung. Auf einmal wurde er redselig. Mir fiel ein, daß das Skopolamin, das aus einer der Tollkirsche verwandten Solanacee gewonnen wird, zuweilen Rauschzustände hervorruft, in denen, ähnlich wie bei den sogenannten Aussagegiften, eine Verminderung der natürlichen Hemmungen eintritt. In diesem Zustand erzählte der General, er sei am Tag vorher im Hauptquartier zur großen Lagebesprechung gewesen. Der Rückzug solle nicht da zum Stehen gebracht werden, wo Varnhagen und ich vermutet hatten, sondern erst hundertfünfzig Kilometer weiter westlich an der Grenze von Ostpreußen.

Im Operationssaal des Luftwaffenlazarettes standen die Kollegen fasziniert um den General herum. Ein verwundeter General war ein Phaenomen, das ihnen offenbar klinisch neu war. Während sie neugierig den Patienten betrachteten, räumte ich von den Heizungen ein halbes Dutzend Paare der zum Trocknen ausgelegten Operationshandschuhe ab und steckte sie in die Taschen. Wir hatten schon lange keine neuen bekommen. Dann verschwand ich still.

Am nächsten Tag schickte uns der General seinen Adjutanten. Er ließ sich bei uns entschuldigen, daß er beim Abschied für die ihm zuteil gewordene Hilfe nicht gedankt habe. Es war die Geste eines Kavaliers aus verschollenen Zeiten.

Ich fuhr sofort vom Luftwaffenlazarett zu unserem Divisionskommandeur und berichtete ihm, was ich aus dem Hauptquartier erfahren hatte. Der General hörte mir ruhig zu. Er verzog keine Miene, obwohl es für ihn eine sensationelle Nachricht sein mußte. Dann sagte er: »Diese Verbrecher!« Woher er wußte, daß er mir das sagen konnte, habe ich nie erfahren. Dann entließ er mich.

Im Lauf der nächsten Tage verlagerte sich der Gefechtsstreifen der Division etwas nach Süden. Die Russen hatten uns im Norden überflügelt. Aber es gelang, die Division südlich von Grodno über den Njemen zu bringen. Die Fahrzeuge wurden auf einer wackligen Fähre übergesetzt. Die Soldaten durchquerten, bis zum Bauch im Wasser, den Fluß an einer Furt. Der General überwachte den Flußübergang. Er kannte die große

Lage. Er wußte, wo die Russen standen. Er wußte, wie knapp die Zeit war. Aber er wußte auch, was zu tun sei. Während das Schicksal der ganzen Division auf ihm lastete, trieb er an, befahl, tröstete und half, im Schlamm festgefahrene Wagen wieder flottzumachen. Als einer der Letzten erreichte er das andere, das rettende Ufer.

Wieder einmal hatten List, Umsicht, Beharrlichkeit und Tapferkeit eine Katastrophe, die als Folge der unsachlichen Befehle der Führung schon unvermeidlich schien, zu verhindern gewußt.

Wie lange würden die Soldaten das noch mitmachen?

ABSCHIED

Die Sommeroffensive der Roten Armee begann zu verebben. Der Widerstand der Deutschen versteifte sich. Das Tempo des Rückzuges wurde langsamer.

Es war in diesen Tagen, daß Claus Graf von Stauffenberg den Versuch unternahm, den Tyrannen zu töten. Das Ereignis blieb, gemessen an seiner geschichtlichen Bedeutung, merkwürdig blaß. Seit Wochen ließ die Spannung, unter der wir standen, bei Tag und Nacht keinen Augenblick nach. Schlaf gab es nur stundenweise. Wir waren erschöpft. Zudem war der Aufstand, als wir von ihm erfuhren, bereits niedergeschlagen.

Ich bin nicht imstande, zu sagen, welche Wirkung ein Gelingen des Attentats auf die Truppe gehabt hätte. Zwar lastete der primitive Mann wie ein Albdruck auf jedem einzelnen. Aber die wenigsten Soldaten hatten eine zulängliche Vorstellung davon, welche klinische Wirklichkeit sich hinter dem Bild verbarg, das die Propaganda von ihm entworfen hatte. Erst die hysterische Wut, mit der er auf die Erkenntnis reagierte, daß er nicht das Idol war, das zu sein er sich eingebildet hatte, und der rachsüchtige Sadismus, mit dem er gegen seine politischen Gegner vorging, machten klarer und klarer, was für eine Figur das eigentlich war. In einem bis dahin zivilisierten Volk hatte er den Mord als politische Methode eingeführt. Jetzt beklagte er sich, daß seine Gegner sich derselben Methode bedienten. Das machte einen kindischen Eindruck.

Die Orgie der Rachsucht, die der primitive Mann feierte, wurde ergänzt durch eine Orgie der Servilität, die seine Kreaturen feierten. Das alles stieß die Soldaten ab. Es war eine geschichtliche Folge des Attentats, daß es das Numinosum des Tyrannen zerstörte. Den Tyrannen hat die Bombe des Grafen Stauffenberg nicht getötet, aber das Idol, das die Anderen um ihn geschaffen hatten, das hat sie in der Tat zerfetzt.

Schon seit einem Jahr gab es die Einrichtung der politischen Führungsoffiziere. Niemand in der Armee hatte diese Einrichtung bisher ernst genommen. Jetzt wurden die Führungsoffiziere eine Macht. Es war charakteristisch, daß die Soldaten ihnen sogleich denselben Namen gaben, den die entsprechenden Funktionäre der Roten Armee hatten. Sie wurden einfach »die Politruks« genannt.

Im Rahmen der Orgie der Servilität wurde der Gruß mit dem ausgestreckten Arm in der Armee eingeführt. Bisher war er nur vorgeschrieben gewesen, wenn der Soldat keine Kopfbedeckung trug. Jetzt löste er alle anderen Grußformen ab. Auch hier trat das magische Denken in Erscheinung. Jeder ergebene Gefolgsmann des primitiven Mannes grüßte mit dem ausgestreckten Arm. Also – wenn jeder mit dem ausgestreckten Arm grüßen wird, wird jeder ein ergebener Gefolgsmann sein. Die Neueinführung war eine Fehlrechnung. Durch den neuen Gruß dem Parteigenossen, den er wenig achtete, gleichgesetzt, fühlte der Soldat sich deklassiert. Das eigentlich Destruktive aber war etwas, was niemand bedacht hatte – der neue Gruß wirkte im militärischen Alltag lächerlich. Von nun an trugen ganze Armeen, um den kaudinischen Gruß zu vermeiden, das Kochgeschirr in der rechten Hand.

Der General war am Tag nach dem Attentat zum Armeestab gefahren. Er kehrte nicht auf seinen Posten zurück. Durch einen Zufall hörten wir, er sei verhaftet worden. Erst nach dem Krieg erfuhr ich, daß er die Verhaftung überlebt hat.

Wieder kam ein ruhiger Herbst. Wieder begann der alte Ameisenfleiß, mit dem die Armee versuchte, die Schäden des Sommers zu reparieren. Es war nur ein kleines Ausruhen – wie auf einer Felsstufe, über deren Rand der Katarakt schon in die Tiefe stürzt. Die Alliierten waren in Frankreich gelandet. Jeder ihrer Fortschritte brachte die erschöpften deutschen Soldaten dem Ende des Krieges näher. Es konnte nicht mehr lange dauern.

Wir lagen noch ein paar Wochen in Polen. Dann überschritt die Truppe, von Osten kommend, die Grenze ihres eigenen Landes. Mit den Quartiermachern der Kompanie hielt ich auf dem Marktplatz eines kleinen ostpreußischen Städtchens. Es war einer jener weiten, immer ein wenig abschüssigen, mit Kopfsteinen gepflasterten Marktplätze, die für dieses Land charakteristisch sind. Auf dem Platz stand das Denkmal eines der vielen berühmten Männer, welche Ostpreußen der Welt geschenkt hat. Es stand inmitten eines Beetes blühender Astern. Am Rand des Beetes stak ein Schild in der Erde, auf dem geschrieben stand, daß das Abpflücken der Blumen bei drei Mark Strafe verboten sei.

Wir lasen das Schild. Auf einmal wurde uns klar, daß dieses Verbot auch für uns galt. Es war ein unbeschreibliches Vergnügen, ein polizeiliches Verbot zu übertreten, nachdem wir so lange hatten tun dürfen, was uns beliebte. Wir steckten jeder eine Aster ins Knopfloch. Als hätten wir einen Geist gerufen, stand plötzlich der Stadtpolizist vor uns. Während er in seinem kantigen ostpreußischen Schädel noch darüber nachdachte, ob sich gegen so wilde Rußlandsoldaten etwas unternehmen ließ, umringten wir ihn schon, um unseren Thaler an ihn abzuführen.

In diesen Tagen bekam die Division den neuen Kommandeur. Zu unser aller Überraschung war es unser alter General von der Krim. Die ganze Division freute sich. Für mich freilich kam es nur zu einem traurigen Abschied. Der Armeearzt hatte mich an ein Feldlazarett versetzt.

Am Tage, an dem die Versetzung im Divisionsbefehl stand, waren wir bei einem gastfreundlichen ostpreußischen Gutsbesitzer zu einem großen Gänseessen eingeladen. Gewaltige Mengen von Sliwowitz wurden geboten und getrunken. Das Land war reich und hatte alles noch in Hülle und Fülle. Der freundliche Gastgeber ließ es sich nicht nehmen, uns in seinem Krümper im Mondschein nach Hause zu fahren. Am Rand einer Sandgrube scheuten die Pferde. Wir rollten samt dem Wagen und den Pferden den Abhang hinunter. Aber nicht einmal den Pferden stieß dabei etwas zu. Nur mußte ich am nächsten Morgen feststellen, daß ich mir einen mächtigen Bluterguß im Kniegelenk zugezogen hatte. Damit konnte ich mich noch vierzehn Tage bei der Kompanie halten. Dann erschien der Armeearzt persönlich, um die Ausführung seines Befehls durchzusetzen.

Ich verließ die Kompanie. Sie konnte nicht mehr auf der Dorfstraße antreten. Ständig waren russische Flieger unterwegs. Deutsche Kampfflugzeuge standen an ruhigen Fronten nicht zur Verfügung. Unter einer Gruppe von hohen Kastanienbäumen trat die Kompanie an. Zwei Fliegerbeobachtungsposten wurden aufgestellt.

Der General hatte mir zum Abschied die Bitte erfüllt, für die Kompanie noch einige Dekorationen zur Verfügung zu stellen. Er selbst kam, sie zu verleihen. Die Kompanie war einhundertsechzig Mann stark. Ich konnte dem General zweiundfünfzig Mann vorstellen, die seit dem ersten Tag des Rußlandfeldzuges dabeigewesen waren. Auch Iwan, der durch das ukrainische Sonnenblumenfeld zu uns gekommen war, war angetreten. Er war Gefreiter geworden. Auch er erhielt einen Orden. Zur Operationsgruppe gehörten noch dieselben Männer, die 1941 im Zelt in dem kleinen Wäldchen am Dnjestr mit mir zu arbeiten begonnen hatten. Nur der Roboter der Nächstenliebe, Feldwebel Maier, fehlte.

Die Kompanie hatte während der vier Jahre eine Marschentfernung von zwölftausend Kilometern zurückgelegt. Auf ihren fünfzig Hauptverbandplätzen waren achttausend Operationen durchgeführt worden. Unendliche Strapazen hatten wir miteinander geteilt, unendliche Palaver miteinander abgehalten. Es war schwer gearbeitet, viel geschwitzt, schrecklich gefroren, gräßlich geflucht, fürchterlich geschimpft und viel und herzlich gelacht worden. Es gab unzählige Geschichten, die am Abend bei der Kerze immer wieder erzählt wurden. Die Ironie und die Souveränität des berlinischen Witzes hatte sich allen Lagen gewachsen gezeigt. Der berlinische Esprit war wie eine Machete gewesen, mit dem wir uns durch den trüben Dschungel des Nonsens hindurchgeschlagen hatten bis auf diesen Tag.

Bis zum Ende des Krieges hat die Kompanie unter der unsichtbaren Flagge ausgeharrt. Schwere Verluste mußte sie noch ertragen. So ist auch der wackere Sambo noch am letzten Tag des Kessels von Heiligenbeil durch Kopfschuß gefallen.

Das Feldlazarett, das ich übernahm, lag in einem Städtchen in der Nähe des Forstes von Rominten. Es war in dem recht modernen Kreiskrankenhaus untergebracht. Mokassin hatte ich mitgenommen. Als wir ankamen, wies man mir ein Zimmer an, in dem Bilder an den Wänden hingen. Wenn man den Schalter an der Tür drehte, flammte Licht auf. An das Zimmer schloß sich ein Baderaum an. Mokassin drehte spielerisch am Warmwasserhahn und verbrühte sich die Hand. Ernst sahen wir einander ins Steppenauge. Dann sagte Mokassin: »Det kann nich jut jeh'n!«

Das Lazarett hatte fast während des ganzen Rußlandfeldzuges in Minsk gelegen. Seine Unteroffiziere und Mannschaften waren Schlesier. Beim Lazarett befanden sich zehn russische Mädchen, die im klinischen Dienst verwendet wurden. Sie waren tüchtig, und sie waren nett. Alle stammten aus Minsk und hatten den Rückzug des Sommers mit dem Lazarett mitgemacht. Die Ärzte des Lazaretts waren, während sie in Minsk arbeiteten, nicht gezwungen gewesen, taktische Chirurgie zu treiben. Sie hatten klinische Chirurgie treiben können. Insbesondere der erste Chirurg, Dr. Mathiesen, ein großer, blonder Holsteiner, war ein ehrgeiziger Diagnostiker und ein guter Operateur. Er hatte sich bei den Tausenden von Operationen, die er in diesen Jahren ausgeführt hatte, wertvolle Erfahrungen erworben. Ich habe viel bei ihm gelernt. Es dauerte nicht lange, und wir wurden gut Freund miteinander. Wir teilten die Liebe zu Rußland und seinen weiten Steppen. Bis zum Ende des Krieges hat ein freundliches Geschick uns erlaubt, beieinander zu bleiben.

Die Hauptverbandplatzchirurgie, die ich ausgeübt hatte, war im allgemeinen mit dem Abschluß der Operation zu Ende gewesen. Hier konnte ich sie weiterverfolgen. Die glatten Amputationen, die chirurgisch so befriedigend waren, weil sie so sicher das Leben retteten, hier lagen sie oft mit wochenlangen Eiterungen, bis die Stümpfe so weit sich gereinigt hatten, daß sie in einer neuen Operation vernäht werden konnten.

Der Schock bei Lungenschüssen beruht darauf, daß Luft in den Brustraum, in dem normalerweise ein negativer Druck herrscht, eindringt. Die Lunge fällt auf der verletzten Seite zusammen. Die Organe im Brustraum werden verlagert. Die Herztätigkeit ist oft schwer gestört. Schließt man eine solche Wunde innert einiger Stunden nach der Verwundung, so stellen sich einigermaßen normale Druckverhältnisse im Brustkorb wieder her. Die Patienten erholen sich überraschend schnell. In diesem Zustand transportierten wir sie ab. Hier lagen sie mit wieder aufgegangenen Wunden, mit Lungenkomplikationen, mit Fisteln und Verwachsungen.

Ich lernte den Schrecken des Feldlazaretts, die plötzliche Nachblutung, kennen. Die kräftigen Seidenfäden, mit denen wir auf dem Hauptverbandplatz die größeren Gefäße abbanden, waren zuverlässig. Aber der Organismus stößt die Fäden nach einiger Zeit als Fremdkörper ab. Wenn der endständige Gerinnungspropf im Gefäß bis dahin nicht fest geworden ist, kann eine große Schlagader plötzlich zu bluten anfangen. Dann kommt es auf Minuten an.

Andrerseits stand im Feldlazarett die ganze Technik der großen Chirurgie zur Verfügung. Die Resultate der Operationen bei Bauchschüssen waren hier erheblich besser als auf dem Hauptverbandplatz. Sogar Schädeloperationen konnten vorgenommen werden. Die Ausbildung des Sanitätspersonals war hervorragend. Es gab einen Röntgenapparat. Wie oft war es vorgekommen, daß wir zu einer Bluttransfusion einfach nicht die Zeit gehabt hatten. In einem Feldlazarett bestand diese Gefahr nicht.

Alle diese Vorzüge sollten wir freilich nicht mehr lange genießen. Als Ostpreußen zum Kessel geworden war und dieser von den Russen mehr und mehr verengt wurde, schwand der Unterschied zwischen den Sanitätskompanien und den Feldlazaretten immer mehr. Nur daß die Feldlazarette, ihrer Gerätemengen wegen, schwerer beweglich waren, und die Männer, die alle älteren Jahrgängen angehörten, das Schießen nicht gewöhnt waren.

Außerdem gab es keinen Fabricius und keinen Varnhagen mehr, von denen man etwas über die Lage hätte erfahren können. Der Armeearzt war weit. Erreichte man ihn einmal, so fragte er gewöhnlich als erstes just das, was man ihn hatte fragen wollen: »Was ist los?«

Es mußten neue Kriegslisten erdacht werden.

Die schlesischen Männer betrachteten mich lange Zeit mit Mißtrauen. Erst, nachdem ich sie aus ihrem schönen Kreiskrankenhaus herausgeholt hatte, zwei Stunden bevor die Russen anfingen, es zu beschießen, wurden wir wärmer miteinander.

In einem Herbst von unerhörter Pracht nahm Ostpreußen Abschied von seiner achthundert Jahre alten Vergangenheit. Zwischen den flammenden Farben der Wälder lagen die silbernen Schilde der Masurischen Seen. Noch immer fuhren die Fischer aus den kleinen, an den Ufern zusammengedrängten Dörfern zum Fischfang hinaus. Die Herrensitze der alten Geschlechter, die einst dieses Land unter dem Zeichen des Kreuzes erobert und zur Blüte gebracht hatten, träumten unter den mächtigen Bäumen ihrer verwunschenen Parks. Schon waren – eine Folge des Krieges – die Schlösser ein wenig verfallen. Die Parks begannen zu verwildern. Aber immer noch jagten die Pferde aus den edlen Zuchten des Landes über die weiten Koppeln. Von den Türmen der alten Städte läuteten noch immer die Glocken, den Menschen an den Himmel zu gemahnen. Aber zuweilen schon wurde die alte Harmonie ihres Klanges durchbrochen vom Heulen der Sirenen, der Stimme der Technik, die anzeigte, daß sogar der Himmel eine Gefahr geworden war. Noch einmal war die Ernte von den fruchtbaren Feldern eingebracht worden. Sie sollte in naher Zukunft in Flammen aufgehen. In wenigen Jahren sollten die vom Fleiß des Menschen verlassenen Felder wieder zur Steppe geworden sein. Ein Schatten der Drohung, die über dem Land lag, fiel in jedermanns Herz.

Noch im Herbst hatten die Russen von Osten her einen gefährlichen Vorstoß gegen Ostpreußen unternommen. Zwar war er nach harten Kämpfen an den Masurischen Seen zum Stehen gebracht worden, aber die Russen würden ihn mit stärkeren Kräften wiederholen. Es hätte nahegelegen, angesichts dieser Lage eine Überlegung über das Schicksal der Bevölkerung anzustellen. Es hätte entschieden werden müssen, ob man sie den Russen überlassen oder ob man sie evakuieren wollte. Für die Evakuierung hätten mehrere Monate zur Verfügung gestanden. Der Fassadenheld, der an der Spitze der zivilen Verwaltung Ostpreußens stand, brachte etwas völlig Unwahrscheinliches zustande. Er verbot zunächst die Evakuierung. Als die große russische Winteroffensive begann, beschloß die Armee, von Ostpreußen aus durch die rückwärtigen Linien der weiter im Westen stehenden russischen Armee in Richtung Schlesien durchzubrechen. Nachdem diese Bewegung begonnen hatte und die gut ausgebaute Verteidigungsstellung an den Masurischen Seen aufgegeben worden war, befahl der Fassadenheld plötzlich die Evakuierung. Dann lief er aufgeregt zu seinem Meister und erreichte, daß der Armee der Durchbruch nach Südwesten verboten und ihr befohlen wurde, die Evakuierung der Bevölkerung zu decken. Diese Aufgabe war aber in diesem Zeitpunkt mit der militärischen Verteidigung gegen die Russen nicht mehr zu vereinbaren. So lief die Evakuierung zwischen den Kämpfen ab. Die Armee wurde vernichtet. Die Verluste der Bevölkerung erreichten eine bis heute noch unbekannte Höhe. Nur der Fassadenheld selbst, nachdem er noch ein bißchen herumkommandiert hatte, rettete sich mit so viel Umsicht, daß er erst Jahre nach dem Krieg gefunden wurde.

Kurz vor dem Herbstangriff der Russen besichtigte der Oberbefehlshaber das Lazarett. Er pflegte überraschend zu kommen. Jedoch der Ortskommandant, mit dem ich zuweilen Skat spielte, hatte es trotz strengen Verbots fertiggebracht, mir eine Vorwarnung zukommen zu lassen. Ich empfing den General am Eingang des Krankenhauses. »Ich möchte die Entlausungseinrichtungen sehen, die Küche, den Operationsraum und einen Saal mit Verwundeten!«

In diesem modernen Krankenhaus war das alles viel schöner, als ein Feldlazarett es je hätte darstellen können. Als wir das Zimmer mit den Verwundeten betreten hatten, ließ sich der General von seinem Adjutanten eine große Schachtel mit Zigaretten geben. Dann wandte er sich an die Verwundeten: »Für jede Laus, die mir einer vorweisen kann, bekommt er eine Zigarette.«

Ich stand hinter dem General. Ich hob die Hand mit ausgestrecktem Zeige- und Mittelfinger. Diese Bewegung bedeutete freilich nicht, was sie bei Churchill bedeutet hatte, als er Stalin in Jalta begrüßte – das V von Victory. Es bedeutete – für jede Laus zwei Zigaretten. Die Verwundeten begriffen sofort. Behaglich grinsend erklärten sie dem General, sie hätten keine Läuse. Am Nachmittag mußte ich mein V mit über zweihundert Zigaretten einlösen. Wie ich später erfuhr, hatten die Soldaten auch noch in den benachbarten Krankensälen Läuse aufgekauft. Nach ihren Wünschen befragt, beklagten sich die Verwundeten, daß ihnen ihre Post gar nicht oder mit großer Verspätung nachgeschickt würde. Am nächsten Tag stand eine Anweisung im Armeebefehl, es sei für die schnellere Nachsendung der Post der Verwundeten zu sorgen.

Als wir zum Ausgang schritten, erzählte ich dem General, daß ich seinen Vorgänger auf meinem Operationstisch gehabt hatte. Brüsk drehte er sich zu mir – aber dann mußte er doch lachen. Es war in der Tat leicht möglich, daß er, von irgendeinem Jagdflieger angeschossen, fünf Minuten später mit einer Verwundung wieder bei uns war. Der Chirurg hat einen Rang in der militärischen Hierarchie, aber das Skalpell ist nicht eingestuft. Der Oberbefehlshaber erklärte sich von der Besichtigung hoch befriedigt.

Während des Herbstangriffs der Russen wurde das Kreisstädtchen, in dem ich das Feldlazarett übernommen hatte, geräumt. Die Schwestern des Krankenhauses schlossen sich dem Feldlazarett an. Diese ostpreußischen Frauen habe ich bewundert. Sie hatten ebensoviel Herz wie Härte. Sie haben alle Strapazen des Winters mit uns geteilt. Sie haben im Dienst der Verwundeten wie die Ackerpferde geschuftet – unermüdlich, unerschütterlich und immer guter Laune. Und wenn sie einmal Zeit hatten, buken sie wagenrädergroße Buttercremetorten, die aufzuessen selbst die Soldaten sich anstrengen mußten.

Die Verlegung des Lazaretts brachte mich in Verzweiflung. Es war eine Art Umzug mit Möbelwagen. Mit Gram und Kummer dachten Mokassin und ich an unsere alte mobile Kompanie. Ich veranstaltete eine umfangreiche Vernichtung von überflüssigem Gerät und reduzierte das Gepäck auf das vorgeschriebene Maß. Mathiesen half mir dabei.

Im Zusammenhang mit dieser Aufklärung entdeckte ich, daß der Zahlmeister des Lazaretts nicht unbeträchtliche Mengen von Schokolade, Zigaretten und Alkohol teils verkauft, teils verschoben und teils in fröhlicher Gesellschaft verjubelt hatte. Es war ein ganz gewöhnlicher Korruptionsfall, für nichts besser geeignet, als ihn unter den Tisch fallen zu lassen. Die Kriegsgerichte waren teilweise schon so hektisch, daß ich damit rechnen mußte, daß der Zahlmeister, wenn ich den Vorgang meldete, vom Kriegsgericht zum Tode verurteilt würde. Die Anderen hatten für solche Fälle in ihrem magischen Sprachschatz das Wort »Sabotage« bereit. Sie bildeten sich viel auf ihre drakonischen Strafen ein. Eine so primitive Justiz konnte man nicht unterstützen. Anderseits mußte etwas geschehen. Wenn die Sache zutage kam und es sich herausstellte, daß ich sie nicht gemeldet hatte, wurde in dieser primitiven Justiz ich selbst für das Delikt verantwortlich gemacht.

Im neuen Quartier ließ ich sogleich den Zahlmeister kommen. Er stand mir an einem langen Tisch gegenüber. Er war ein kleiner, dicker Mann mit wässerigen blauen Augen, unbedeutend in jeder Faser seines Wesens, im Grunde nichts als ein leichtfertiger Dummkopf. Er gab alles zu. Ich war verständlicherweise zornig.

Ich fragte ihn: »Wissen Sie, was Sie zu erwarten haben?«

»Ja!«

»Was haben sie zu erwarten?«

»Kriegsgericht!«

»Und was glauben Sie, was für ein Urteil das Kriegsgericht fällen wird?«

Seine Lippen bebten: »Todesurteil!«

Nie hat sich ein Mensch so restlos in meiner Gewalt befunden. Ich begriff, warum die Sprache sagt, jemand weide sich an der Todesangst eines anderen. Aber man muß wohl eine psychopathische Komponente haben, um an so etwas Gefallen zu finden. Ich hatte kein Mitleid. Dafür war das alles zu kläglich. Ich war beschämt, daß ich es so weit hatte kommen lassen.

Den zuständigen Kriegsgerichtsrat kannte ich nicht. Es blieb nur die verminderte Zurechnungsfähigkeit. Ich rief den beratenden Psychiater der Armee an, Stabsarzt Regau. Auf meine dringende Bitte kam er noch am selben Nachmittag. Stabsarzt Regau war ein kleiner, drahtiger Mann mit unruhigen, scharf beobachtenden Augen in einem schmalen, energischen Gesicht. Er hatte eine intelligente Nase. Um die Mundwinkel hatte er einen spöttisch-sarkastisch-ironischen Zug. Es stellte sich bald heraus, daß er ein gescheiter und witziger Mann war. Er war Chef einer Sanitätskompanie der Gebirgsjäger, also einer ausgesprochenen Elitetruppe, gewesen. Er kannte den Kubanbrückenkopf. Einen Namen wie »Starotiterowskoje« sprach er fließend aus. Er war an der Eismeerfront gewesen. Aber das alles nützte mir nichts, wenn ich nicht herausbekam, ob er zu den Anderen gehörte. Wir lagen in der Nähe des Hauptquartiers. Jetzt, nach dem 20. Juli, konnte jedes falsche Wort gefährlich werden. Herauszubekommen, wes Geistes Kind er war, war eine Diagnostik, bei der man den Kopf riskierte.

Da Regau zu einem großen Stab gehörte, war er schlecht verpflegt. Ich ließ Buttercremetorte und Kaffee kommen. Später, als der Cognac seines Magens wegen ablehnte, ließ ich eine Flasche Sekt holen. Ich öffnete die Flasche und begann: »Wissen Sie, wir müssen einen kleinen Korruptionsfall klären.«

Er beugte sich höflich vor und fragte: »Betrifft es Sie selbst?«

»Bis zu einem gewissen Grade, ja! Ich möchte gern den Endsieg erleben.«

»Mit Sekt?«

»Sicher wird beim Endsieg Sekt getrunken werden – oder Champagner...«

»Ich ziehe den Champagner dem Sekt vor. Er ist auf die Dauer bekömmlicher. Aber Pfropfen müssen knallen für den Sieg. Das ist klar!«

»Die Wunderwaffen werden es schon schaffen.«

»Ja, wenn wir die nicht hätten, sähe es freilich trübe aus.«

So robbten wir langsam aufeinander zu. Sinn für Ironie war bei den Anderen selten. Nach weniger als einer Viertelstunde wußten wir, was wir voneinander zu halten hatten.

Ich erklärte Stabsarzt Regau den Fall des Oberzahlmeisters. Irgendwie müsse er den § 51, 2 für den Zahlmeister mobil machen. Ohnehin stamme die Flasche, die wir tränken, noch aus einer von dem Delinquenten verschobenen Kiste.

Ich brachte Regau zu seinem Patienten. Als er nach fast einer Stunde noch nicht zurück war, suchte ich ihn auf. Er kam aus der Tür. Strahlend schlug er mir auf die Schulter und sagte: »Sie werden es nicht glauben – der Mann ist verrückt!«

Der Patient hatte eine akute Psychose, wie sie zuweilen auf Grund eines spezifischen Infekts vorkommt.

Ich fuhr sofort zum Armeearzt. Er hatte von der Sache schon gehört. Er war hoch erfreut, daß er auf Grund des psychiatrischen Gutachtens vorschlagen konnte, auf die Eröffnung eines Verfahrens, das ein schlechtes Licht auf die Sanität geworfen hätte, zu verzichten. Wäre das Verfahren gleich eröffnet worden, es hätte seinen Lauf genommen. Niemand wäre dann auf die Idee gekommen, ein psychiatrisches Gutachten einzuholen. Dazu war die psychische Veränderung des Patienten zu gering. So habe ich einen Mord, an dem ich unschuldig gewesen wäre, nicht begangen. Statt dessen schrieb ich zwei Monate später unter ein Gesuch, das der Zahlmeister aus dem Heimatlazarett an seinen Feldtruppenteil gerichtet hatte: »Urlaub befürwortet!«

Die späten Stürme des Jahres brausten über das Land. Die großartig durch die klare Luft sich weit dahinschwingenden Girlanden der Alleen bedeckten sich mit einem raschelnden Teppich von gefallenen Blättern. In den Nächten gab es Frost. Die ersten Schneeflocken fielen. Weihnachten, das letzte des Krieges, nahte. Während wir unten im Land der Sarmaten und Skythen, wo jetzt die Steppenhexen wieder ihr einsames Spiel trieben, noch immer das Fest der Christenheit, die Geburt Jesu, gefeiert hatten, wurde es in diesem Jahr in dem einst von den Rittern des Deutschen Ordens gegründeten Städtchen ein heidnisches Fest.

Eines Tages bestieg ich den Turm der alten Kirche. Von ihrem Glockenstuhl aus konnte man an der nur zwanzig Kilometer weiter südlich verlaufenden Front das Aufblitzen des Artilleriefeuers beobachten. Von Zeit zu Zeit trug der Wind ein fernes Grollen herüber. Unten in den Straßen lebte das Städtchen seinen Alltag dahin – ein ahnungsloser Ameisenhaufen. So wohl sieht der Kriegsgott, der schreckliche Spaziergänger, eine Stadt, ehe er seinen Stock hebt, um im nächsten Augenblick die brave Ordnung in verzweifelte Verwirrung zu verwandeln. Die Bewohner waren gutmütige, fleißige und gastfreundliche Leute. Die Verwundeten wurden nach Kräften von ihnen verwöhnt. Aber sie waren von einer unbegreiflichen Ahnungslosigkeit. Sie wußten fast nichts von dem, was sich in den letzten Jahren hinter den Kulissen des Krieges abgespielt hatte. So standen die Anderen bei ihnen immer noch in Ansehen. Ich konnte es nicht verhindern, daß der örtliche Chef der Anderen sich der Weihnachtsfeier der Verwundeten bemächtigte.

Die Feier wurde in der großen Aula der Schule, in der das Lazarett untergebracht war, abgehalten. Die Schwerverwundeten lagen auf Tragen vor dem Katheder. Die leichter Verwundeten saßen auf Stühlen um sie herum. Ein Weihnachtsbaum brannte noch. Aber es stellte sich heraus, daß im Lauf der Zeit ein ganzes Ritual heidnischer Gebräuche, von denen wiederum wir keine Ahnung hatten, entwickelt worden war.

Einige dieser Gebräuche mochten vielleicht wirklich noch aus der Zeit der Pruzzen stammen. Schließlich hat das Christentum von der Maas bis an die Memel ein halbes Jahrtausend gebraucht. Aber die meisten dieser Bräuche waren von leerer Künstlichkeit. Chöre von jungen und hübschen Mädchen sangen Lieder, die ich niemals gehört hatte. Dann hielt von demselben Katheder, von dem aus Generationen lang das geistige Gut eines alten Kulturvolkes der Jugend weitergereicht worden war, der Chef der Anderen seine Rede. Die Botschaft, die er zu verkünden hatte, war den Menschen, die sie hören mußten, kein Wohlgefallen. Vier Wochen später war das Haus, in dem er gesprochen hatte, ein rauchender Trümmerhaufen.

EIN WIEDERSEHEN

Mit Schneestürmen und eisiger Kälte war der Winter in voller Wucht hereingebrochen. Die Russen hatten ihren Angriff begonnen. Die Armee von Ostpreußen setzte sich zum Durchbruch nach dem Südwesten in Bewegung. Schon lange hatten die Bewohner trotz aller Verbote begonnen, das Land zu verlassen. Von Woche zu Woche hatte der Strom der Flüchtlinge sich verstärkt. Als die Truppenbewegungen begannen, wurde die Flucht der Bevölkerung allgemein.

Ich dachte an die Flüchtlinge, die 1940 über die Landstraßen Frankreichs vor der deutschen Armee geflohen waren. Zwischen der Seine und der Loire waren sie von deutschen Truppen überholt worden. Schon damals war mir der Gegensatz aufgefallen zwischen der ruhigen Würde, mit der die Bauern mit ihren großen Leiterwagen, ihren Hühnern, ihrem Vieh und ihren Hunden dahinzogen, und der Hilflosigkeit der städtischen Flüchtlinge, die mit Betten bepackte Kinderwagen schoben oder mit ihren kläglich überladenen Automobilen ohne Benzin am Straßenrand saßen. Aber ihre Kranken waren unsere Patienten gewesen. Die Deutschen hatten sie verpflegt. Es war Sommer gewesen. Sie alle sind zurückgekehrt. Ich dachte an meine bulgarischen Freunde, wie sie aus ihrem alten Dorf in der Steppe der Nordkrim ausgezogen waren. Sie haben ihr Ziel nicht erreicht. Sie sind nicht zurückgekehrt. Aber wenigstens waren noch die Männer dabeigewesen. Die ostpreußischen Männer waren schon seit Jahren im Krieg. Die Frauen mußten alles allein bewerkstelligen. Die Tatkraft, die Haltung und die Tapferkeit der Frauen in diesen Wochen wären wahrhaftig einer besseren Sache würdig gewesen. Bei den Trecks, die sich auf den Straßen allmählich bildeten, waren oft genug die einzigen Männer französische Kriegsgefangene, die seit 1940 auf den Bauernhöfen gearbeitet hatten. Sie hätten zurückbleiben können. Ihnen brachten die Russen die Befreiung aus der Kriegsgefangenschaft. Sie haben die Gefahren des Trecks auf sich genommen, um in der großen Not die nicht zu verlassen, deren Knechte sie so lange gewesen waren. Auch sie waren Soldaten unter der Flagge der Menschlichkeit.

Die anfänglichen Erfolge der Russen hatten das Lazarett in Bewegung gebracht. Wir wurden in Richtung Königsberg in Marsch gesetzt.

In einem Dorf, in dem wir Quartier machen sollten, hatten die Quartiermacher nur noch eine große, kalte Scheune unbelegt gefunden. Als ich kam, schimpften sie fürchterlich über eine rüde Sanitätskompanie, die alle guten Quartiere beschlagnahmt hätte. Es stellte sich heraus, daß die rüde Kompanie mein eigener alter Haufen war. Natürlich ging Gehrmann, der Hauptfeldwebel, mit Vergnügen darauf ein, in fünf Minuten das gesamte Lazarett in warmen Privatquartieren unterzubringen. Es gab ein großartiges Wiedersehen und, wie Mokassin sich ausdrückte – ein Großpalaver 97 alter Art.

Am Nachmittag fuhr ich, wie früher so oft, zum Divisionsstab. Er lag in einem nur wenige Kilometer vom Dorf entfernten Kloster. Welch ein erlesenes Vergnügen ist es doch, unter solchen Umständen einen alten Freund wiederzutreffen! Ich ging gleich ins Kartenzimmer. Varnhagen blickte nur kurz auf und tat nicht dergleichen. Ich nahm mir einen Stuhl und fragte beiläufig:

»Kann man hier vielleicht einen Schnaps bekommen? Das Wetter ist noch immer sehr kühl.«

»Ordonnanz! Einen Schnaps für die Etappe!«

Dann fielen wir uns um den Hals. So erfuhr ich den streng geheimen Plan des Durchbruchs nach dem Südwesten. Im ganzen Stab der Armee hätte mir niemand ein Wort davon erzählt. Da ich keine auf diesen Durchbruch sich beziehenden Befehle bekommen hatte, war es klar, daß meine Einheit nicht mit von der Partie sein würde. Die Zahl der motorisierten Fahrzeuge mußte, da es unterwegs in der russischen Etappe kein Benzin geben würde, auf das äußerste beschränkt werden.

Varnhagen sagte freundlich: »Siehst du, mein Lieber! Warum bist du in die Etappe gegangen! Jetzt wirst du hier verheizt!«

Sollte ich es aufgeben? Ich war von Wladikawkas bis Warschkeiten gekommen. Nun wollte ich auch noch das Oranienburger Tor erreichen. Bis heute habe ich es nicht wiedergesehen.

Wir machten dem Abt des Klosters einen Besuch. Er empfing uns mit großer Liebenswürdigkeit. Die Patres betreuten ein Altersheim.

Allein der Kälte wegen hätten die gebrechlichen alten Leute nicht in Marsch gesetzt werden können. Der Abt und seine Patres hatten beschlossen, dazubleiben. Der fromme Herr mit seinen großen, hellen, aufmerksamen Augen in den tausend Fältchen seines ehrwürdigen Greisenantlitzes war von der gelassenen Heiterkeit eines Mannes von Welt. Er erzählte uns aus der vielhundertjährigen Geschichte des Klosters. Er war nicht der erste Abt des Klosters, der an dieser Stelle einem Einbruch aus dem Osten standhielt. Freilich führte er nicht mehr, wie seine streitbaren Vorgänger, das Schwert. Er wußte so gut wie wir, daß jedes Opfer nutzlos war. Aber er diente nicht nur unter der Flagge einer saekularisierten Humanitas – er diente unter dem Kreuz.

Das Kloster wurde kurze Zeit später von einer asiatischen Truppe erobert. Die frommen Patres und ihre gebrechlichen Schützlinge sind alle erschlagen worden.

In der Nacht vernichtete die Sanitätskompanie einen großen Teil ihres Gerätes. Drei Personenkraftwagen, die befehlsgemäß ebenfalls hätten vernichtet werden müssen, bekam ich als Abschiedsgeschenk. Dafür überreichte ich der Kompanie zur Fliegertarnung für den Marsch durch den Schnee einen großen Teil der Bettlaken des Lazaretts. Ich war ziemlich sicher, daß wir sie nicht mehr brauchen würden.

Mit Gehrmann, Sambo und den Männern meiner alten Operationsgruppe saß ich noch bis zum Morgengrauen beisammen. Sie also würden nach Schlesien marschieren. Ich mußte sehen, wie ich mit meinem Lazarett aus diesem Kessel herauskam.

Im Morgengrauen marschierte die Kompanie in den kalten Nebel hinaus, Pferde und Wagen mit unseren Bettüchern getarnt. Die Kolonne sah wie ein chinesischer Leichenzug aus. Zwei Tage darauf wurde der Durchbruchsbefehl rückgängig gemacht. Wenigstens hatte die Kompanie ihre Personenkraftwagen gerettet. Sie holte sie bei mir wieder ab. Einen behielt ich.

Teile der Hirschberger Jäger wurden von der Gegenorder nicht mehr erreicht. Sie kämpften sich fast ohne Verluste in Richtung Elbing durch die Etappe der russischen Armee hindurch. Sie erreichten zwar die Küste der Ostsee, wurden aber sofort wieder nach Osten in Marsch gesetzt. Wenig später waren sie wieder in unserem Kessel. Von denen, die im Kessel geblieben waren, wurden sie mit Spott und Gelächter begrüßt.

Ich fuhr sogleich noch einmal zum Divisionsstab. Varnhagen ging mit mir zum ersten Generalstabsoffizier. Wir holten auch noch den IC, den Nachrichtenoffizier. Die Experten diskutierten die Rückzugsmöglichkeiten. Aus dem bisherigen Verlauf der Kämpfe ließen sich die russischen Absichten schon deutlich ablesen. Wir kamen zu dem Ergebnis, daß

Königsberg wahrscheinlich eingeschlossen werden würde. So würde die letzte Absprungstelle des Kessels voraussichtlich nicht Königsberg sein, sondern Rosenberg, ein kleiner Fischereihafen am Frischen Haff. Ich hatte wieder eine klare Lage. Ich war glücklich.

Wir erhielten Befehl, in einem etwa zwanzig Kilometer westlich von Königsberg gelegenen Ort an der Küste des Haffs Quartier zu machen. Die Russen trieben einen Keil westlich Königsberg zur Küste vor, um den Kessel von Ostpreußen zu spalten. Die meisten Einheiten zogen sich nach Königsberg zurück. Trotz der schlechten Erfahrungen, die sie alle mit »festen Plätzen« gemacht hatten, hat eine große Stadt für Soldaten immer etwas Anziehendes. Da in der Verwirrung der taktischen Umdispositionen an den überraschendsten Stellen russische Panzer auftauchten, war die Lage für einige Tage völlig undurchsichtig. Befehle bekam ich nicht. Wir wichen nach Westen aus. Schließlich, als ich erfuhr, daß in Heiligenbeil Massen von Verwundeten eingeliefert würden, für deren Versorgung nicht genügend Sanitätseinrichtungen vorhanden seien, zog ich dorthin. Wir fanden eine Flugzeugfabrik, in der wir das Lazarett aufmachten. Niemand hat mich je gefragt, wer mich dahinbefohlen hatte.

Die Flugzeugfabrik war nicht mehr in Betrieb. Sie war eine ganz moderne Anlage. Wie wir später entdeckten, waren die Gebäude ausschließlich aus nichtbrennbaren Materialien errichtet. So waren wir trotz zahlreicher Bomben- und Artillerietreffer, die wir im späteren Teil der Kampfhandlungen bekamen, wenigstens gegen Brandgefahr gesichert.

Die Fabrik war eine Zeitlang als Durchgangslager für russische Kriegsgefangene benutzt worden. Sie war in einer solchen Weise verschmutzt, daß niemand den Mut gehabt hatte, hineinzuziehen. Zwei Tage lang machten wir sauber. Dann begannen wir mit der Arbeit. Zunächst brachten wir das Verwaltungsgebäude in Ordnung. Es hatte im Keller große, moderne Luftschutzräume, die einen vertrauenerweckend stabilen Eindruck machten. Sie haben bis zum letzten Tag gehalten. Doch lag Heiligenbeil damals noch außerhalb des Bereichs der russischen Artillerie. So nahmen wir diese Räume zunächst noch nicht in Gebrauch. Im Lauf der nächsten Tage trat eine Stabilisierung der Front ein. Es begann der zähe und erbitterte Endkampf um Ostpreußen. Viele Wochen sollte es dauern, bis der letzte deutsche Soldat aus Ostpreußen vertrieben war. Nach kurzer Zeit zeigte sich, daß die klugen Taktiker beim Stab meiner alten Division recht behielten. Der kleine Hafen von Rosenberg, wenige Kilometer nördlich von Heiligenbeil, das nicht an der Küste lag, wurde zum Nachschub- und Absprunghafen des westlichen Kessels.

Am gleichen Tag, an dem wir das Lazarett aufmachten, waren seine achtzig Betten voll belegt. Es setzte ein Zustrom von Verwundeten und

Kranken ein, wie ich ihn in all diesen Jahren noch nicht erlebt hatte. Zudem zog der Strom der Flüchtlinge bei Tag und bei Nacht durch den Ort. Noch war über Elbing die Verbindung nach Westen offen. Aber schon trieben die Russen auch an dieser Stelle einen Keil zur Küste vor. Kranke Frauen und Kinder wurden bei uns eingeliefert. Wieder einmal war Schlaf eine Kostbarkeit geworden. Unsere Krankenschwestern waren unermüdlich, aber wir mußten sie abgeben. Sie weigerten sich, uns zu verlassen. Schwester Ottilie erklärte, sie werde sich die Haare abschneiden und eine Soldatenuniform anziehen. Aber der Befehl mußte ausgeführt werden. Die Schwestern wurden im Flugzeug zu ihrem Mutterhaus nach Halle gebracht.

Eines Tages besuchte mich Stabsarzt Regau. Als beratender Psychiater hatte er zur Zeit nichts Rechtes zu tun. Außerdem war er bei seinem großen Stab schlecht verpflegt und kümmerlich untergebracht. Ich schlug ihm vor, zu uns zu kommen. Ich machte eine psychiatrische Abteilung auf. So konnten wir den Armeearzt dazu bewegen, Regau an mein Lazarett abzukommandieren.

Wir haben in diesem ersten Monat in Heiligenbeil die unglaubliche Zahl von dreizehntausend Verwundeten und Kranken durch das eine Lazarett, ich kann nur sagen hindurchgeschleust. Dreizehntausend – das bedeutet – daß wir jeden Tag zweihundert bis vierhundert Zugänge hatten. Aber wir mußten auch jeden Tag zweihundert bis vierhundert Patienten abtransportieren. Noch heute wundere ich mich, wie wir das zustande gebracht haben. Es war eine Frage der Organisation.

ORGANISATION

Die Entfernungen im westlichen Kessel von Ostpreußen waren nicht mehr groß. Die wichtigste Verbindung zur Außenwelt war der Hafen von Rosenberg. Von da gingen Prähme und Schiffe nach Pillau. Nach Swinemünde, Kiel und Kopenhagen wurden die Verwundeten auf Hochseeschiffen weitertransportiert. Die Verwundeten, die nach Heiligenbeil kamen, wurden von den Hauptverbandplätzen der Divisionen gebracht. Ein Lazarett nach dem anderen wurde nach Heiligenbeil verlegt. Schließlich waren mehr als zwanzig Sanitätseinheiten im Ort tätig. Die Lazarette waren ständig überfüllt. Die Verwundeten saßen auf Treppen und Gängen. Schon sie zu verpflegen, war ein äußerst schwieriges Problem geworden, wieviel mehr, sie chirurgisch zu versorgen. Und dieser gewaltige Strom nahm noch ständig zu. Die Fahrer der Krankenkraftwagen mußten oft Stunden von einem Lazarett zum anderen fahren, um ihre Verwundeten überhaupt loszuwerden. Regau und ich wußten aus eigener, bitterer Erfahrung, was es für die frontnahen und zum größten Teil unter Beschuß liegenden Hauptverbandplätze bedeutete, wenn sie so lange auf die Rückkehr ihrer Krankenwagen warten mußten. In unserer Flugzeugfabrik gab es einige Werkhallen und eine Anzahl Baracken, die sich noch als benutzbar erwiesen. Aber ein Feldlazarett ist eine sehr kleine Einheit mit nur etwa sechzig Mann. Uns fehlten Hilfskräfte.

Der Winter war streng wie seit Jahren nicht. Die Werkhallen und Baracken wurden von durchziehenden Trupps russischer Gefangener, die nur von wenigen Soldaten bewacht waren, ausgeplündert. Die Baracken wurden abgerissen und als Brennholz verwendet. Sogar eine Art von Leichtmetall, das in Massen in der Fabrik herumlag, wurde von den Gefangenen zum Feuermachen benutzt. Man konnte es den armen Teufeln nicht verdenken. Aber da wir die Gebäude für die Verwundeten brauchten, setzte ich es durch, daß die vorbeiziehenden russischen Kriegsgefangenen in einem Barackenlager gegenüber dem Fabrikeingang untergebracht werden sollten. Nur geschah das nicht.

Von den beiden russischen Ärzten, die dieses Durchgangslager zu versorgen hatten, war der eine aus Krasnodar. Er brach in Tränen aus, als ich ihm erzählte, daß ich die Stadt kenne. Wir richteten ihm eine Revierstube in unserem Lazarett ein und überließen ihm für seine Kranken Medizin und Verpflegung, soviel er haben wollte. Die auf dem Marsch durch Fliegerbomben Verwundeten nahmen wir bei uns auf.

Auch der russische Doktor konnte uns nicht dabei helfen, die Massen der Kriegsgefangenen von unserem Fabrikgelände fernzuhalten. Ich ging zum Ortskommandanten, einem alten Weltkriegssoldaten. Er hatte keinen Kaffee mehr. Ich bekam zwei Kompanien eines Armierungsbataillons zur Bewachung meiner Fabrik. Wir mußten zwanzig Doppelposten aufstellen, um die Bewachung des ausgedehnten Geländes einigermaßen wirksam zu gestalten. Wir richteten die sehr leistungsfähige Werkküche der Flugzeugfabrik wieder her. Wir nagelten die Barackenfenster, deren Glas gebrochen war, mit Brettern zu. Wir besorgten Lastwagen voll Stroh. Wir beschafften Dutzende von Öfen, um die Baracken heizen zu können.

Unser Verbrauch an Decken war beängstigend. Hundert bis zweihundert Decken verschwanden in jeder Woche spurlos. Wir mußten den Prähmen, die nach Pillau fuhren, Kommandos mitgeben, um unsere Tragen und unsere Decken wiederzubekommen. Jeden Morgen stellte Regau eine Einheit aus marschfähigen Verwundeten und Kranken zusammen. Dann suchte er aus den Verwundeten einen geeigneten Offizier oder einen alten Oberfeldwebel heraus, dem er das Kommando übergab.

Dann setzte er die Einheit nach Danzig in Marsch. Es war ein elender Anblick, wenn die Männer stumm und wütend, manchmal auch laut meuternd an uns vorüberzogen. Zuweilen nahmen wir auch den einen oder anderen, den ein allzu energischer Korporal zum Marschieren bestimmt hatte, aus der Marschkolonne wieder heraus. Das wirkte immer besänftigend. Wir hätten diese Wracks von Menschen auch kaum in Bewegung gebracht, wenn die Strapaze, die wir ihnen zumuteten, sie nicht aus dem Kessel hinausgeführt hätte.

Zunächst konnten diese Patienten noch über Elbing marschieren. Später, als die Russen einen Keil gegen Elbing vorgetrieben hatten, war Danzig nur noch über die Frische Nehrung zu erreichen. Die Einheiten des Elends mußten über das Eis des Haffs marschieren.

Der größte Teil der Patienten hätte transportiert werden müssen, aber dazu waren die Transportmittel nicht vorhanden. Um der schwerer Verwundeten willen mußten wir rücksichtslos gegen die leichter Verwundeten und gegen die Kranken sein. Ich möchte nicht wissen, wieviel tausendmal ich auf diesen Eismärschen verflucht worden bin.

Mit den marschfähigen Patienten wurde auch das Treibholz der Disziplin aus dem Kessel hinausgeschwemmt. Es wäre unsere Sache gewesen, die Schafe von den Böcken zu trennen. Aber diesem Ansturm waren wir nicht mehr gewachsen. Wenn solche Mengen von Menschen aus der Ordnung in die Unordnung geraten, werden sie zu einer Masse, deren Anarchie schließlich durch keine Organisation mehr zu bändigen ist.

Welchen Maßstab hätten wir auch anlegen sollen! Unter den Infanteristen gab es nicht einen einzigen, der nicht Anspruch darauf gehabt hätte, für einige Zeit aus der Kampflinie herausgezogen zu werden. Ihn zurückschicken hieß in unserer Lage nichts anderes mehr als ihn für die Dummheit der Anderen in den Tod jagen. Im übrigen brauchte ein Mann, der zur Truppe zurückgeschickt wurde, nur seinen Verwundetenzettel abzureißen und ins nächste Lazarett zu gehen. Von einem der zwanzig Lazarette, die in Heiligenbeil lagen, wäre er allemal weitergekommen.

Trotz all unserer Bemühungen wuchs die Zahl der Patienten, die bei uns lagen, immer mehr an. Ich erinnere mich, daß wir an einem Tage einmal einen Bestand von zwölfhundert Patienten hatten. Die Fliegerangriffe nahmen zu. Wir mußten von diesen großen Zahlen herunterkommen. Wir brauchten weitere Hilfskräfte. Regau und ich machten uns daran, Menschen zu fangen.

Wir hatten ein offenes Haus für jedermann. Vom Morgen bis zum Abend kochte Mokassin Kaffee und bereitete Sandwiches. Das sprach sich herum. So kamen allerlei Leute zu uns. Eines Tages tauchte die Chirurgengruppe einer Sanitätskompanie auf, die keine Division mehr hatte.

Die Division war in russische Gefangenschaft geraten. Die Chirurgen, die Gerät und Leute bei sich hatten, waren sofort bereit, bei uns zu helfen. Aber die Sache mußte irgendwie befohlen werden. Glücklicherweise war der Ortskommandant, der so gern Kaffee trank, unterdessen Kampfkommandant von Heiligenbeil geworden. Als solcher konnte er befehlen, was er wollte. Er befahl, daß die Chirurgengruppe beim Feldlazarett zu arbeiten habe. So wurde ständig an vier Tischen gleichzeitig operiert. Regau veranlaßte den beratenden Chirurgen der Armee, einen berühmten Meister des Skalpells, zu uns zu kommen. So gewannen wir noch einen hervorragenden Operateur. Freilich, er operierte mit den Methoden, die in großen Kriegslazaretten üblich sind. Wir aber waren unterdessen schon Hauptverbandplatz geworden. Für den Meister des Skalpells war die Woche, in der er den Weg von der klinischen zur taktischen Chirurgie durchlief, eine bittere Zeit.

Wir fingen eine führerlose Omnibustransportgruppe mit fünf großen Omnibussen ein. Die Gruppe war für irgendeinen Etappenstab tätig gewesen. Die Fahrer blieben gern bei uns. Es konnte ihnen in jedem Augenblick zustoßen, daß ihnen ihre Omnibusse weggenommen und sie selbst in eine neu zusammengestellte Kampfeinheit gesteckt wurden. Der Menschenfang war ein Sport geworden.

Zwei bildhübsche lettische Krankenschwestern, die bei uns nur ein wenig sich hatten aufwärmen und einen heißen Kaffee hatten trinken wollen, blieben drei Wochen und halfen unseren russischen Mädchen.

Eines Tages kam ein Obersturmführer vom Sicherheitsdienst zu mir. Er sehe, wie hier gearbeitet werde. Er habe keine Funktion. Ob er nicht helfen könne? Wir boten ihm Kaffee und Zigaretten an. Ja, er sei auch lange in Minsk stationiert gewesen. Sicherheitsdienst in Minsk! Der Teufel mochte wissen, was er dort zu tun gehabt hatte. Wir waren sicher, der Teufel wußte es.

»Unsere Panjes!« sagte Regau plötzlich.

Von Rosenberg nach Pillau gab es durch das Eis des Haffs eine Fahrrinne. Zuweilen war sie zugefroren. Dann war der Schiffsverkehr stillgelegt. Wir hatten für den Transport von Schwerverwundeten einen Pendelverkehr mit Panjefahrzeugen über das Eis eingerichtet. Die Fahrzeuge hatten wir uns von den Bauern aus den umliegenden Dörfern zusammengeholt. Auf jedem Wagen war Platz für zwei Liegende, dazu für höchstens zwei Sitzende. Wir verpackten die Liegenden in Papiersäcke und legten angewärmte Ziegelsteine um sie herum. Außerdem gaben wir Kanister mit heißem Tee mit. Die Fahrzeit bis Pillau betrug, wenn nicht gerade Schneestürme waren, sechs bis acht Stunden. Die Erfrierungen hielten sich in mäßigen Grenzen.

Anfangs ging es ganz gut. Aber dann machten die Bauern Schwierigkeiten. Wir erklärten die Sache dem Obersturmführer. Er begriff sofort. Er hat seine Aufgabe glänzend gelöst. Von da an standen Morgen für Morgen vierzig, manchmal sechzig Panjewagen vor dem Lazarett. Dem Mann vom Sicherheitsdienst machten die Bauern keine Schwierigkeiten.

Regau hat auf den von dem Obersturmführer zusammengetriebenen Panjewagen im ganzen zwölfhundert liegende Patienten transportiert. Die Erfrierungen mußten wir in Kauf nehmen. Die Patienten wären auf keine andere Weise weggekommen. So hat schließlich auch einmal der Terror unter der unsichtbaren Flagge gedient.

Viele Wochen lang zog der Strom der Flüchtlinge an unserem Lazarett vorüber. Wir hatten eine Abteilung für kranke und verwundete Frauen aufgemacht. Zuweilen war die Armee gezwungen, eine von Flüchtlingen verstopfte Straße für eine wichtige Truppenbewegung freizumachen. Es blieb dann nichts anderes übrig, als die Fahrzeuge der Flüchtlinge mit Panzern in den Straßengraben zu drücken. Dann mußten die Frauen ihre Kinder tragen. Wir erwarben einige Erfahrung darin, Säuglinge, die in den Armen ihrer Mütter halb erfroren waren, wieder zum Leben zu erwecken.

Allmählich verebbte der Strom der Flüchtlinge. Die Etappe der Armee begann, an uns vorüberzuziehen. Es war ganz unglaublich, was alles für Einheiten es da gab und wieviel Tausende von Männern in diesen Organisationen über den Krieg hinweggekommen waren, ohne je in größere Gefahren geraten zu sein. Einen Tag war der Verwundetentransport auf den Prähmen von Rosenberg nach Pillau vollständig gesperrt. Der noch im Kessel befindliche Stab einer Heeresgruppe setzte mit sämtlichen Fahrzeugen nach Pillau über, wo es praktisch keine Straße mehr gab, auf der die Fahrzeuge noch hätten fahren können. Wir haben fast eine Woche gebraucht, bis wir die Stauung im Abtransport der Verwundeten durch erhöhte Transporte mit unseren Panjekolonnen beseitigt hatten. Aber schließlich gab es im Kessel nur noch kämpfende Truppe.

Die Front näherte sich. Die Russen begannen, mit weittragenden Geschützen die Stadt zu beschießen. Die Fliegerangriffe nahmen zu. Wir zogen in die Luftschutzräume im Keller des Verwaltungsgebäudes. Infolge der Verkürzung der Front wurde die Zahl der Divisionen, die ihre Verwundeten nach Heiligenbeil schickten, allmählich kleiner. Der Zustrom der Verwundeten nahm den normalen Umfang des Großkampfes an. Doch hieß das immer noch, daß die Krankenpfleger des Lazaretts nur zum Schlafen kamen, wenn einmal für ein oder zwei Tage eine Kampfpause eintrat. Es wurde März. Die Kälte ließ nach.

Unsere größte Sorge waren die Patienten mit Schädelschüssen. Es hatte keinen Sinn, sie bei uns zu operieren. Die oberen Räume des Verwaltungsgebäudes hatten hin und wieder schon Artillerietreffer bekommen. Eine Ecke des Hauses war durch eine Fliegerbombe weggerissen. Es war klar, der Kessel war nicht mehr so lange zu halten, daß die bei Schädeloperationen notwendige wochenlange Nachbehandlung würde durchgeführt werden können.

Bisher hatten wir die Schädelverletzten mit Flugzeugen abtransportiert. Unmittelbar an die Flugzeugfabrik schloß sich ein Flugplatz an. Aber auch er lag nun unter Beschuß. Die Transportflugzeuge landeten, entluden in großer Eile und flogen so schnell wie möglich wieder ab. Bis wir, wenn ein Flugzeug gelandet war, unsere Verwundeten in Krankenkraftwagen geladen und hingefahren hatten, war das Flugzeug gewöhnlich schon wieder gestartet. Es bestand für die Flieger kein Befehl, Verwundete mitzunehmen. So etwas hätte nur auf dem Weg über das Oberkommando der Wehrmacht befohlen werden können; solche Befehle kamen nur schwer zustande. Die Flieger taten das freiwillig. Man konnte nicht verlangen, daß sie, um auf Verwundete zu warten, das Risiko eingingen, daß ihnen die Maschine zerschossen würde. Anderseits ließ es sich aus dem gleichen Grund nicht verantworten, die Verwundeten auf dem Flugplatz warten zu lassen.

Die Lösung fand schließlich unser ostpreußischer Zahlmeister. In einem kleinen Ort in der Nähe von Heiligenbeil hatte er in einer Zuckerfabrik ein paar hundert Zentner Zucker entdeckt. Er beschlagnahmte sie. Er bot dem Flugplatz für jeden Transport einen Zentner Zucker an. Die Transportflieger hatten in Deutschland Familien, die nicht genug zu essen hatten. Für einen Zentner Zucker konnte man schließlich, wenn es auf dem Flugplatz gerade nicht schoß, riskieren, daß es vielleicht noch weitere zehn Minuten nicht schießen würde. So lagen in den Krankenkraftwagen, die zum Flugplatz fuhren, immer drei Schädelverletzte und auf der vierten Trage ein Sack Zucker. Auf diese Weise haben wir unsere Schädelverletzten nach Innerdeutschland gebracht, bis der Flugplatz den Betrieb einstellte.

Eines Tages kam der Befehl, für jeden Verwundeten sei der Verwundetenzettel doppelt auszufertigen. Lange wußten wir nicht, was diese Maßnahme für einen Sinn hatte. Erst einer der Korporäle, die in Pillau Decken und Tragen holten, konnte uns den Sinn erklären. Ein ganzes Schiff mit zweitausend Verwundeten an Bord war, kurz nachdem es aus Pillau ausgelaufen war, von einem russischen Unterseeboot torpediert worden. Es war in Minuten untergegangen. Nur einige der Verwundeten waren gerettet worden. Es gab keine Möglichkeit, festzustellen, wer auf diesem Schiff gewesen war.

Von nun an wurde den Verwundeten beim Betreten des Schiffes das

Doppel des Verwundetenzettels abgenommen. Es dauerte nicht lange, und der doppelte Verwundetenzettel wurde von den Soldaten die »Torpedofahrkarte« genannt.

Meine Wachkompanie entließ ich wieder. Die Werkküche war durch den Volltreffer einer Fliegerbombe zerstört worden. Unter ihren Trümmern waren die Köche begraben worden.

Die Chirurgengruppe, die uns geholfen hatte, konnte des Beschusses wegen in ihrer Baracke nicht länger arbeiten. Sie verließ uns. Der Ortskommandant, der uns so wirksam unterstützt hatte, machte seinen Abschiedsbesuch. Hin und wieder war eine Telefonleitung zerschossen. Als das Eis zu tauen begann, mußten wir die Panjetransporte aufgeben. Der Obersturmführer ging nach Pillau. Die lettischen Schwestern treckten nach Danzig.

Wir waren wieder mit den Russen allein. Sie standen zwölf Kilometer vor der Stadt.

SPHÄRENMUSIK

Zu der Flugzeugfabrik gehörte ein Haus in der Nähe des Verwaltungsgebäudes, das der Direktor der Fabrik bewohnt hatte. Ihn hatten wir nicht mehr zu sehen bekommen. In der ersten Panik hatte er seine Fabrik verlassen. Nur von den Ingenieuren und Werkmeistern und von den alten Arbeitern waren einige dageblieben. Voll Trauer mußten sie zusehen, wie ihr Werk vom Krieg zerfressen wurde. Sie haben uns rührend geholfen.

Kaum hatte sich herausgestellt, daß Heiligenbeil nicht sogleich beim ersten Ansturm den Russen in die Hände gefallen war, schickte der Fabrikdirektor eine Kuriermaschine aus Deutschland nach Heiligenbeil mit dem Auftrag, das Angelgerät und die Schuhkoffer zu holen. Der Pilot kam zu mir. Er war über seinen Auftrag tief bekümmert. Er war ein reizender Mann. Wir trösteten ihn. Er ließ sich leicht bewegen, zwei Schädelverletzte mit seiner Maschine zurückzunehmen. Mit den in der Tat wundervollen Schuhen vom Meister Odebrecht in der Wilhelmstraße in Berlin haben wir französische Kriegsgefangene, die Trecks begleiteten, erfreut.

Regau ging hinüber, sich die direktoriale Villa anzusehen. Ganz entzückt kam er wieder.

»Da steht ein wunderbarer Radioapparat. Und heute ist Sonntag, und in einer halben Stunde spielen sie die d-moll-Symphonie von Bruckner. Wollen wir sie uns anhören?«

»In Magnetogorsk, Schacht sieben, werden sie uns keine Symphonien vorspielen. Hören wir sie uns an!« Wir fragten Mokassin, ob er mitkommen wolle. Mokassin bewaffnete sich mit Kaffee und Cognac. Wir zogen hinüber.

Das Zimmer war luxuriös und geschmacklos eingerichtet. An den Wänden hingen echte Ölgemälde. In meinem ganzen Leben hatte ich noch keinen so großen Radioapparat gesehen. Mokassin hatte in zwei Minuten die Kaffeemaschine des Hauses und große, dünnwandige Cognacgläser gefunden. Wir ließen uns in den Klubsesseln nieder und legten die Beine auf den Tisch. Niemand würde jemals mehr hier wohnen. Regau, der etwas von der Sache verstand, erläuterte Mokassin und mir die Musik, die wir sogleich zu hören bekommen sollten. Insbesondere wies er uns auf den vierten Satz hin, in dem das choralartige Bläserthema fast gleichzeitig mit einem tanzartigen Motiv eingeführt und ihm kontrapunktiert werde – eine sinnvolle Gestaltung des Satzes »Mitten wir im Leben sind vom Tod umfangen«. – Das Konzert begann.

Auf einmal war diese ganze wilde Welt von Blut und Eiter, Gestank und Gefahr, Angst und Erbsensuppe, Kälte und Tapferkeit, diese Welt, in der wir seit Wochen lebten, versunken. Mokassin, der gute, stand immer noch neben seiner Kaffeemaschine. Ich bedeutete ihm, sich einen Klubsessel zu nehmen. Mit einem behaglichen Seufzer ließ er sich nieder. Der erste Satz verklang.

Wir sahen einander an. Keiner sagte ein Wort. Wir tranken. Der zweite Satz setzte ein. So gefangen unser Ohr von der himmlischen Musik des frommen Meisters war, plötzlich richteten wir uns alle drei auf. Ein ferner, dumpfer Schlag war hinter der Musik aufgeklungen. Wir wußten, was das war. Es war der Abschuß eines weittragenden großkalibrigen Geschützes – mindestens achtzehn Zentimeter –, mit dem die Russen seit einiger Zeit die Stadt beschossen. Während das Adagio nach den strengen Gesetzen seiner Harmonik weiterlief, rauschte die Granate nach anderen, nicht weniger strengen Gesetzen durch den Himmel. Wir hörten nicht auf, der Musik zu lauschen. Aber gleichzeitig lauschten wir der Bahn des Geschosses. Man hörte es fast zwanzig Sekunden lang mit einem schrecklichen Crescendo heranheulen. Das Geschoß ging über das Haus hinweg und explodierte in ziemlicher Entfernung. Das Haus erzitterte ein wenig. Die Kaffeetassen klirrten. Wir nahmen einen großen Schluck.

Nach drei Minuten hörten wir den nächsten Abschuß. Der Einschlag lag diesmal etwas näher. Wieder sahen wir einander an. Alle drei waren wir alte Soldaten. Das Merkmal des alten Soldaten ist, daß er vermeidbare Risiken vermeidet. Es war Zeit, in den Keller zu gehen. Der zweite Satz ging zu Ende.

Sollen wir, oder sollen wir nicht? Mitten im dritten Satz hörten wir den dritten Abschuß.

Ich fragte Mokassin: »Willst du nicht lieber in den Keller gehn?«

Mokassin sah mich böse an: »Meen' Se, ick wär' nich' musikalisch?«

»Na, mein Tapferer, nicht gleich einschnappen! Prost!« Wir tranken. Mokassin schenkte wieder ein. Das Scherzo war zu Ende.

Regau sagte: »Jetzt kommt das schönste Stück Musik, das es auf der Welt gibt. Die Posaunenchöre im vierten Satz! Das ist wie von Engeln gespielt.«

Mokassin erklärte: »Da möcht' ick noch die Engel posaun'n hören, eh' ick se singen höre.«

Plötzlich richtete sich Regau auf: »Weißt du, mein Lieber – wenn wir jetzt in den Keller gehen, für wen hat dann eigentlich der alte Bruckner diese göttliche Musik komponiert?«

Der vierte Satz setzte ein. Es war, als werde ein purpurner Vorhang beiseitegeschoben, dem Menschen den Blick in einen Himmel freizugeben, durch den statt des Heulens der Granaten die Lobpreisungen der himmlischen Heerscharen tönen.

Wir haben die Symphonie zu Ende gehört. –

Als wir in unseren Bunkerkeller zurückkehrten, standen im Flur zehn französische Kriegsgefangene. Wir hatten schon einen Franzosen beim Lazarett. Er war Gehilfe bei einem Gärtner in Heiligenbeil gewesen. Als der Gärtner den Ort verlassen hatte, war der Franzose zu uns gekommen. Er hatte seine Landsleute gebracht. Ihre Bewachungsmannschaften waren ihnen weggelaufen. Sie mußten unbedingt Anschluß bekommen.

Ich hielt den Poilus eine kleine Ansprache und erklärte mich bereit, sie bei meiner Einheit zu behalten und sie zu behandeln und zu verpflegen wie meine eigenen Leute, wenn sie in der Verwundetenversorgung mitarbeiteten. Ihr Sprecher war ein bretonischer Marquis. Mit einer liebenswürdigen Bemerkung beglückwünschte er mich zu meinem Französisch und fragte, wo ich es gelernt hätte. Als ich ihm sagte, ich hätte zwei Semester an der Sorbonne in Paris studiert, lachten die Poilus. Zwischen den Panzern aus dem Osten und der Küste des Frischen Haffs, in dem Rest eines Kessels, in dem die Sieger von gestern die Besiegten, die Gefangenen die Sieger von morgen waren, gab es noch einmal ein kleines europäisches Gelächter.

Zum letztenmal war ich 1940 in Paris gewesen, wenige Tage, nachdem die Stadt von den Deutschen besetzt worden war. Die Kommandeure der Division, von denen nur einer Paris kannte, hatten mich gebeten, sie durch die Stadt zu führen. Die Stadt war leer. Kaum ein Schornstein rauchte. Der feine blaue Schleier, der im Frieden die Konturen der Stadt so zärtlich verhüllt, war verschwunden. Die Luft über Paris war klar. Das wird man nicht wieder sehen, außer vielleicht nach dem Atomkrieg. Aber dann wird es keine Konturen mehr geben.

Wir gingen zum Arc de Triomphe. Die Flamme am Grabmal des unbekannten Soldaten war vor Stunden wieder entzündet worden. Es lagen einige Narzissen auf dem Stein mit der berühmten Inschrift:

ICI REPOSE UN SOLDAT FRANÇAIS MORT POUR LA PATRIE.

Die Offiziere erwiesen dem unbekannten Soldaten den Ehrengruß, indem sie die Hand an die Mütze erhoben. Der Kommandeur der Pioniere legte einen Strauß Veilchen auf die Steinplatte. Der Leutnant von Verdun – er hatte daran gedacht! Die Veilchen blieben auf dem Wort »Patrie« liegen. Zwei Französinnen in Schwarz, die auf einer Bank neben der Steinplatte saßen, erhoben sich. Ein wenig verlegen grüßten wir. Die Frauen dankten.

Der Mythos vom unbekannten Soldaten ist der europäische Mythos des ersten Weltkrieges. Der zweite Weltkrieg hat keinen europäischen Mythos hervorgebracht. Vielleicht wird er Europa hervorbringen.

Die Poilus übernahmen die Verladung der Verwundeten in die Krankenkraftwagen während der Pausen, die zwischen den Feuerüberfällen eintraten. Die Pausen wurden immer kürzer. Schließlich konnten wir nur noch nachts verladen. Von unseren fünf Omnibussen fiel einer nach dem andern durch Artillerietreffer aus. Die Russen waren bis auf vier Kilometer an die Stadt herangerückt.

Am Nachmittag kam ein alter Oberfeldwebel in unseren Keller, um zu fragen, ob er Verpflegung bekommen könne. Er trug eine unglaubliche Menge der respektabelsten Tapferkeitsauszeichnungen. Ich fragte ihn nach seiner Einheit.

»Infanteriekampfschule der Armee!«

Regau und ich waren verblüfft.

»Was, das gibt es auch noch? Wem unterstehen Sie denn?«

Der alte Oberfeldwebel sah uns mißtrauisch an. Offenbar war ihm die Frage unangenehm. Irgend etwas stimmte nicht. Aber was sollte bei diesem ausgezeichneten Kämpen nicht stimmen? Ich lud ihn ein, sich zu setzen. »Kommen Sie, trinken Sie einen Schnaps. Für ihre Leute habe ich auch noch ein paar Flaschen. Sie können mir ruhig erzählen, was los ist. Wir sind ein Lazarett. Ich mache keinen Gebrauch davon. Also – wem unterstehen sie?«

Er sah mich finster an und antwortete lakonisch: »Ich bin doch nicht so dämlich, daß ich jetzt noch jemand unterstehe. Nur die Armee hat mir noch zu befehlen.«

»Und was machen Sie hier?«

»Ich führe Krieg. Russen sind ja genug da. Es soll keiner sagen, daß ich getürmt wäre.«

»Wie viele Leute haben Sie denn noch?«

»Dreißig Mann – die Lehrkräfte der Kampfschule. Alles alte Feldwebel!«

Ich schlug ihm vor, bei uns zu bleiben. Ich hatte noch einen etwas entfernter gelegenen Bunker frei, den ich ihm zur Verfügung stellte. Wenn die Russen kamen, durfte kein bewaffneter Soldat in meinem Lazarett sein. Es war bekannt, daß die Russen das sehr übelnahmen.

Wir engagierten die Kampfschule, wie man eine Artistengruppe engagiert. Sie waren Artisten! Sie waren Meister des Nahkampfs und, da sie glänzend bewaffnet waren, jeder russischen Infanterie überlegen.

In diesen Tagen war es nicht ganz einfach, über den Hof zu gehen. Man spähte immer erst lange von der obersten Stufe der Treppe aus ins Gelände, um sich zu überzeugen, ob die Luft einigermaßen rein sei. Ein alter Kavallerierittmeister, der einige Tage als Leichtverwundeter bei uns sich aufhielt, um dann zu seiner Einheit zurückzukehren, meinte:

»Ja, meine Herren! Da muß man zuerst das Herz über die Stange werfen!«

Eines Tages stand Regau auf der Treppe. Er hatte seinen weißen Mantel an und in der Hand den großen Perkussionshammer der Neurologen.

Mokassin kam gerade über den Hof zurück. Als er Regau in seinem weißen Mantel mit dem Hammer in der Hand stehen sah, fragte er:

»Na, Herr Stabsarzt? Wolln'n Se 'n Rest va'steija'n?«

Kein Shakespearescher Narr hätte die Lage treffender verspotten können.

In den nächsten Tagen drangen die Russen bis an den Stadtrand vor. Einzelne ihrer Infanterietrupps sickerten tagsüber ins Fabrikgelände ein. Die alten Nahkampfspezialisten warfen sie in der Dämmerung immer wieder hinaus. Sie machten das mit so viel Überlegenheit, daß sie keine Verluste hatten.

Am nächsten Tag kam ein junger Oberleutnant in unseren Bunker, um für den Gefechtsstand seiner Division in unserem Verwaltungsgebäude Quartier zu machen. Wir hätten Platz gehabt. Die Zahl der Verwundeten nahm ab. Je näher die Front rückte, desto kleiner wurde der Abschnitt, der seine Verwundeten bei uns einlieferte. Ich verweigerte dem Stab die Aufnahme. Dem jungen Oberleutnant schwoll der Kamm. Als ich mich auf die Genfer Konvention berief, derzufolge im Bereich des Roten Kreuzes keine fechtende Truppe sich aufhalten darf, wußte er nicht recht, was er dieser Begründung entgegnen sollte. Die Unterhaltung wurde gereizt. Doch löste sich die Spannung, als der Divisionskommandeur selbst erschien. Er war seinem Quartiermacher auf dem Fuß gefolgt. Der General staunte, daß sich an dieser Stelle immer noch ein Feldlazarett befand. Er war außerordentlich freundlich. Ihm war die Genfer Konvention ein

Begriff. Er erklärte sich sofort damit einverstanden, die unterdessen freilich schon stark ramponierte Villa des Direktors zu beziehen.

Wir luden den General zum Fünfuhrtee ein. Mokassin servierte mit einem Gesicht, als wäre er der Butler eines englischen Lords. Regau, Mathiesen und ich ließen uns, da wir nun schon in der Klemme saßen, wenigstens das Vergnügen nicht entgehen, so zu tun, als ob es die selbstverständlichste Sache der Welt wäre, mit Russen vor der Türe bei heiteren Gesprächen den Tee zu nehmen.

Während wir noch beieinander saßen, ertönte plötzlich ein Doppelschlag, der uns fast von den Stühlen warf. Sogar die Kerze, die wir an der Wand montiert hatten, erlosch. Zwei Geschütze einer 15-cm-Batterie waren unmittelbar hinter unserem Haus aufgefahren und schossen sich ein. Natürlich konnte der General seinen Gastgebern die Bitte nicht abschlagen, die Störung unseres Fünfuhrtees zu beseitigen. Die Batterie erhielt Befehl, die Stellung zu wechseln.

Am nächsten Tag schon wurde der Divisionsstab durch einen Regimentsstab abgelöst. Als man sich verabschiedete, sagte Mathiesen lächelnd: »Wenn die Herren gelegentlich wieder vorbeikommen – zum Tee sind Sie bei uns immer herzlich willkommen!« Aber die Herren gingen auf diese feinsinnige Bemerkung nicht ein. Feierlich, wie bei einem Begräbnis, drückten sie uns die Hand. Als sie den Bunker verlassen hatten, meinte Mokassin verächtlich: »Det sind Manieren! Als ob se von's Beerdijungsinstitut Pietät und Heimkehr wären? So wat!«

Am Abend, nachdem der General uns verlassen hatte, wurde ich zum Feldstandortarzt befohlen. Wir alle hatten die Hoffnung, es handle sich um den Abmarschbefehl. Ich fuhr mit dem letzten unserer Personenwagen, der noch nicht zerschossen war, mit der offenen Tür in der Hand, um schnell aus dem Wagen springen und Deckung nehmen zu können. Es schoß aber nicht. Nur ein paar Fliegerbomben fielen auf den schon stark zerstörten Ort.

Beim Feldstandortarzt waren etwa zwanzig Chefs von Feldlazaretten und Sanitätskompanien versammelt, die immer noch in Heiligenbeil lagen.

Der Feldstandortarzt war eine trockene alte Kriegsgurgel. Er hatte als Chef einer Krankentransportabteilung auf dem Rückzug von Minsk wahre Wunder der Organisation vollbracht.

Wir saßen alle um einen langen Tisch herum. Der Feldstandortarzt erhob sich und sagte kurz: »Meine Herren! Es besteht praktisch keine Aussicht mehr, daß Heiligenbeil solange gehalten wird, daß die Sanitätseinheiten noch abtransportiert werden können. Sie erhalten also den Befehl, an die Russen zu übergeben. Sie haben sich dabei nach den Bestimmungen der Genfer Konvention zu richten!«

Tiefes Schweigen trat ein. Einige Gesichter fielen zusammen. Die meisten zeigten gute Haltung. Es war soweit! Magnetogorsk, Schacht sieben! Ohne Befehl kam niemand aus diesem Restkessel heraus. Wenn nichts mehr funktionierte, die Überwachung der Schiffsanlegestelle in Rosenberg durch Feldgendarme funktionierte bestimmt noch. Nun, wenigstens war es nicht mehr tiefer Winter. Die meisten Herren entfernten sich schnell.

Wir setzten uns noch zu einem kleinen Palaver zusammen. Wenigstens wollte ich wissen, ob Aussicht bestand, einen Abmarschbefehl zu bekommen, wenn man seine Verwundeten alle transportiert hätte. Ich fragte den Oberstarzt. Er meinte, wenn wir wirklich räumen könnten, sollte ich noch einmal zu ihm kommen.

Ich kam in die Fabrik zurück. Regau, Mathiesen und der Hauptfeldwebel saßen in unserem kleinen Bunker und warteten auf mich. Mokassin braute Kaffee. Ich setzte mich. Ich sah sie der Reihe nach an. Während ich Zigaretten herumreichte und mir selbst eine aus der Schachtel nahm, wiederholte ich den Satz des Feldstandortarztes: »Meine Herren! Es besteht praktisch keine Aussichten mehr, daß Heiligenbeil so lange gehalten wird, daß die Sanitätseinheiten noch abtransportiert werden können. Wir verbleiben im Kessel und übergeben an die Russen...«

Ich hatte noch nicht zu Ende gesprochen, als Mokassin einen Fünfzigmarkschein aus der Tasche zog, ihn zusammenrollte, an der Kerze in Brand setzte und mit den Worten herumreichte: »Darf ich den Herren Feuer geben?«

Ohne eine Miene zu verziehen, nahm Regau ihm den Fidibus ab und gab ihn weiter. Dann brachen wir in schallendes Gelächter aus.

ZWISCHEN DEN FRONTEN

Für den Westen waren wir abgeschrieben. Der Vorhang war gefallen. Es war Churchill, der ihn zwei Jahre später den Eisernen Vorhang nannte. Man hätte etwas fleißiger Russisch lernen sollen. Der einzige von uns, der es gut sprach, war der Hauptfeldwebel.

In unserem kleinen Bunker waren wir in der Lage des Mannes aus dem Syrerland, der in den Brunnen gefallen ist. Über uns dräute das wilde Kamel Befehl, das uns von der Freiheit abschnitt. Unter uns saß der Drache Politruk, der uns verschlingen wollte. Die weiße Maus Tag und die schwarze Maus Nacht nagten an den Wurzeln des Busches, an dem wir hingen. Aber genau wie der Mann aus Syrerland entzückten wir uns an der Rose Gegenwart, die immer noch vor unserer Nase blühte. Jede Stunde, die uns blieb, wurde zu einer Kostbarkeit.

Plötzlich fuhr Mathiesen aus tiefem Schweigen auf und sagte: »Ich kann die ganze Glocke von Schiller auswendig.«

Regau lachte. Es ging ihm nicht gut. Er hatte seit ein paar Tagen Fieber. Er sprach nicht darüber. So nahmen wir an, es sei seine Malaria vom Kubanbrückenkopf. Regau meinte: »Ein ganz schöner Bestand! Sie waren wohl auf der Oberrealschule? Ich bin Humanist. Ich habe die ersten zweihundert Verse der Odyssee als Strafarbeit für den Religionslehrer auswendig lernen müssen.« Er begann, die göttlichen Verse des Vaters der Dichtkunst zu zitieren. Der Blinde, der alles gesehen hat, hat nie geirrt. Odysseus kehrte heim nach Ithaka! Welch ein Trost!

Ich erzählte die Geschichte eines sächsischen Unteroffiziers von der Brigade Pfeil, den ich 1924 in Shanghai getroffen hatte. Er hatte eine Flucht aus Sibirien über die Mongolei nach China hinter sich gehabt. Eine schöne Chinesin war seine Kalypso geworden. Ob er Ogygia je verlassen hatte?

Aber es war vielleicht besser zu versuchen, über den Kaukasus in die Türkei zu kommen. Wo aber wird man in Trapezunt das Geld hernehmen, nach Ithaka zu telegraphieren, daß man in die Welt zurückgekehrt sei?

Wie Knaben, die in einem nächtlichen Sturm in einem Zelt im Wald sitzen und nicht zugeben wollen, daß sie sich fürchten, malten wir uns die Freuden einer solchen Rückkehr aus. Was wir gerade eben verloren hatten, gab uns die Fee der Hoffnung, die große Zauberin, zurück. Paris, Penelope, Prado – alle Erinnerungen unserer Vergangenheit wurden zum Ziel einer fernen Zukunft.

»Ich bin nie in meinem Leben in Florenz gewesen!«

»Ich habe nie den Tristram Shandy zu Ende gelesen!«

»Ich habe nie Greta Garbo gesehen!«

»Ich habe niemals Toscanini in der Scala dirigieren hören!«

So warfen wir – Dandies des Nichts – einander die Fehler vor, die wir auf unserem europäischen Gewissen hatten.

Wir mußten unsere Dokumente vernichten. Ich riß Seite um Seite aus meinem Adressenbuch heraus und ließ meine Vergangenheit in den Flammen des Ofens aufgehen.

Antoinette! 1939 hatte ich sie in Paris noch besucht. 1940 hatte ich vor der verschlossenen Tür ihrer Wohnung am Mont Valérien gestanden. Die Concierge hatte mir verraten, daß Antoinette in den letzten Tagen vor Kriegsausbruch nach Amerika gegangen war.

Dr. Chao She-tsing! Wir hatten miteinander in Frankfurt studiert. In Peking war ich sein Gast gewesen. Die chinesischen Zeichen seiner Adresse würde ich vergessen. Aber das Haus in Peking würde ich wiederfinden! Die Familie wohnt dort seit dreihundert Jahren.

Kapitän Fink von Laboe! Mit ihm hatte ich meine erste Schiffsreise gemacht. In irgendeiner Hafenkneipe in Antwerpen oder La Gueira würden wir wieder übereinander stolpern.

Wir erzählten einander hundert Geschichten, die im Blitzlicht der Gefahr eine nach der anderen klar aus der Erinnerung herauftauchten. Mit einem Schlag hatten die Valeurs unserer Umwelt ihren Charakter gewechselt. Uhren waren wertlos geworden. Dafür zogen wir zwei Paar Strümpfe übereinander an. Mokassin zeigte uns, wie man auf jeder Seite einen dritten Strumpf um das Bein wickelt. Das war eine doppelte List. Erstens wärmte er, und zweitens hatte man ihn in Reserve.

Den Cognac mußten wir vernichten. Er durfte den Russen nicht in die Hände fallen. Wenn sie betrunken waren, wußte man nicht, was man von ihnen zu gewärtigen hatte. Wir gossen gut hundert Flaschen in ein Abflußsieb des Bunkers.

An der Treppe brachten wir ein großes Schild an, auf dem in Russisch das Wort »Lazarett« stand. Das war immerhin eine Chance, die eindringenden Russen davon abzuhalten, mit Salven aus Maschinenpistolen in unseren Keller zu kommen. Eines der Lazarette in Heiligenbeil hatten für kurze Zeit die Russen schon besetzt gehabt. Als es wieder befreit wurde, war den Verwundeten nichts geschehen, aber die Ärzte waren von den Russen mitgenommen worden. Wie man hörte, wurden die deutschen Ärzte sofort auf russischen Hauptverbandplätzen eingesetzt. Bei ihren enormen Verlusten reichten auch bei den Russen die Sanitätseinrichtungen nicht aus, den Anfall zu bewältigen.

Noch immer hatten wir zwanzig Patienten. Neue Verwundete kamen nur noch vereinzelt. Wir hatten fast keine Truppe mehr vor uns. In der zweiten Hälfte der Nacht verluden wir die zwanzig Patienten. Aber die Fahrer konnten nur zwölf von ihnen in Rosenberg verladen. Acht Verwundete brachten sie, nachdem sie mehrere Stunden am Hafen im Beschuß gewartet hatten, wieder zurück. Acht Verwundete – das war eine Zahl, die auf Tragen abzutransportieren wir genügend Leute hatten. Die Männer des Lazaretts benahmen sich großartig. Praktisch gab es in dieser Lage keine Disziplinargewalt mehr. Die Männer bemühten sich, durch besonders korrektes Benehmen zu zeigen, daß sie gute Soldaten seien.

Mokassin und ich besaßen beide eine rumänische Medaille mit der Inschrift »Kreuzzug gegen den Kommunismus«. Der König von Rumänien hatte sie uns verliehen. Getragen hatten wir sie nie. Ich hatte sie längst vergessen. Jetzt fiel sie mir wieder ein. Immerhin war es keine sehr souveräne Attitude, Orden wegzuwerfen. Ich fragte Mokassin. Mir war nicht wohl dabei. Mokassin grinste: »Ehrenvoll mit Cognac im Gully begraben!«

So war dank der berlinischen Vernunft meines Leibjägers wenigstens dieses Problem gelöst.

Der nächste Tag brachte einen Artilleriebeschuß, wie wir ihn noch nicht erlebt hatten. Das Haus hat an diesem Tage wenigstens zwanzig Treffer bekommen. Jeden Augenblick erwarteten wir, daß der erste Russe die Treppe herunterkäme. Regau lag, von Fieber geschüttelt, in einem Oberbett unseres kleinen Bunkers.

Wir hatten immer noch eine intakte Telephonleitung nach draußen. So erfuhren wir, daß die Russen am Nachmittag einen Großangriff gegen Heiligenbeil unternommen hatten. Sie waren abgeschlagen worden. Damit waren für uns noch einmal zwölf, vielleicht vierundzwanzig Stunden gewonnen.

In der Nacht kam ein Befehl, daß die »Beratenden« Heiligenbeil verlassen dürften. Ich hatte außer Regau, dem beratenden Psychiater der Armee, und dem beratenden Chirurgen auch noch den beratenden Pathologen als Gast bei mir.

Ich rüttelte Regau wach: »Mensch, los! Steh auf! Du kannst abhauen! Hier ist der schriftliche Befehl – Steuerbordkabine Rosenberg–Pillau.«

Mühsam kletterte Regau aus seinem Oberbett und sank auf einen Sessel. Seine Augen flackerten. Ich fühlte seinen Puls. Er hatte mindestens vierzig Grad Fieber. Er sah mich müde an: »Weißt du, mein Alter, wir haben so lange hier zusammen im Dreck gesessen, jetzt lasse ich dich nicht allein.« Diese Mischung von Edelmut und febriler Erschöpfung durfte ich nicht dulden. Ich redete ihm gut zu. Er blieb bei seinem Entschluß.

Unterdessen hatten die beiden anderen Herren ihre Rucksäcke gepackt. Ich sah mit Sorge, was alles sie sich aufluden in einer Lage, in der es schon viel bedeutete, das nackte Leben zu retten. Der eine war ein vorzüglicher Chirurg in Uniform, der andere ein vorzüglicher Pathologe in Uniform. Soldaten waren sie beide nicht.

Ich ging wieder zu Regau hinüber. Er saß am Tisch. Mokassin hatte ihm einen starken Kaffee gebraut. Ich fing an, Regau zu verhöhnen: »Jetzt läßt du die beiden Kriegstouristen einfach zu den Russen laufen. Die finden doch jetzt in der Nacht und bei dem Beschuß nie den Hafen! Bloß weil du zu faul bist!«

Regau sah mich wütend an. Ich höhnte weiter: »Aber das sag ich dir, mein Lieber – die beiden, wenn die nicht nach Pillau kommen, die hast du auf dem Gewissen! Da beißt die Maus kein' Faden ab!«

Diese Behauptung hatte den großen Vorzug, daß sie stimmte. Es ging wirklich nicht an, den Chirurgen und den Pathologen, die beide keine Geländeerfahrung bei Beschuß hatten, ihrem Schicksal zu überlassen.

Das Alarmgepäck hatten wir schon am Abend fertiggemacht. Regau stand auf, schnallte um und setzte seinen Stahlhelm auf. Mokassin schob ihm ein paar Schachteln Zigaretten in die Rocktasche. Regau schüttelte mir die Hand: »Alsdann, alter Schurke! Mach's gut!« Dann verschwand er mit den beiden anderen Beratenden in die feuerspeiende Nacht. Mathiesen und ich waren allein – sehr allein.

Am nächsten Tag wiederholte sich das Trommelfeuer. Wieder griffen die Russen an. Wieder wurden sie abgeschlagen. Auch die russische Infanterie war durch die wochenlangen Kämpfe an der Grenze ihrer Leistungsfähigkeit angelangt.

Am Abend trat Ruhe ein. Schon in der Dämmerung verluden wir den Rest unserer Verwundeten. Ich meldete dem Feldstandortarzt, daß das Lazarett leer sei. Der gänzlich unerwartete Gewinn von zwei Tagen, den wir der Tapferkeit der Reste der deutschen Infanterie verdankten, hatte die Transportlage soweit verbessert, daß wir die Erlaubnis zum Abmarsch bekamen.

Mathiesen hatte das Gerät für einen behelfsmäßigen Operationssaal zusammengestellt, mit dem, wenn auch keine Laparotomien, so doch wenigstens Amputationen gemacht werden konnten. Dieses Gerät verteilten wir auf die Rucksäcke unserer Mannschaften, unserer Franzosen und unserer russischen Mädchen. Ich befahl, jedes persönliche Gepäck zurückzulassen. So blieben sogar noch Träger für Medikamente und Verbandstoffe übrig. Wir bewaffneten uns mit Maschinenpistolen und Gewehren, die Verwundete bei uns zurückgelassen hatten. Wir verließen in kleinen Gruppen das Lazarett.

Wir zogen durch die gespenstisch zerschossene Landschaft, an den Trümmern der Stadt vorbei, durch unzählige Granattrichter, bis wir die Straße nach Rosenberg erreichten. Es herrschte vollkommene Ruhe. Die Russen hatten, nachdem ihr Angriff zweimal abgeschlagen worden war, eine Kampfpause eingelegt. Regau und die beratenden Herren wären wirklich besser daran gewesen, wenn sie mit uns marschiert wären. Aber sie waren nicht zurückgekehrt. Sie waren entweder tot oder in Pillau.

Auf dem ausgedehnten Hafengelände herrschte ein wüstes Durcheinander. Zwischen Massen von zerschossenen Fahrzeugen lagen Massen von toten Pferden. Im Dunkeln stolperte Mathiesen über die Leiche eines Soldaten.

»Verzeihung!« stotterte er verwirrt, blieb stehen und hob die Hand an die Mütze.

Meine Gruppen trafen eine nach der anderen ein. An den Anlegestellen der Prähme lagen zahlreiche Verwundete, von den Lazaretten dorthin gebracht. Sie lagen im Freien. Deckung gegen Beschuß hatten sie nicht.

Wenn Prähme eintrafen, wurden sie von den am Hafen wartenden Sanitätseinheiten mit Verwundeten beladen. Die verladende Einheit gewann mit der Verladung das Recht, auf dem beladenen Prahm sich selbst miteinzuschiffen. Die zurückbleibenden Verwundeten wurden der nächsten Sanitätseinheit überlassen.

Es gab mehrere heftige Feuerüberfälle auf das Hafengelände. Aber wir alle hatten längst jenen Zustand der Gleichgültigkeit erreicht, in dem nicht einmal mehr die Furcht eine Rolle spielt. Kaum daß wir noch vorübergehend Deckung nahmen.

Würden wir es schaffen? Würden wir noch wegkommen? Schon in der nächsten Nacht würde es wegen des russischen Feuers fraglich sein, ob die Prähme noch würden anlegen können. Es fing schon an zu dämmern. Endlich legte der für uns bestimmte Prahm an. Es dauerte keine zwanzig Minuten, und er war beladen.

Neben dem Prahm stand ein Major der Feldgendarmerie. Ich hatte versucht, mit ihm ins Gespräch zu kommen, aber er war nicht darauf eingegangen. Meine französischen Kriegsgefangenen wollten an Bord gehen. Da fragte der Major: »Was sind das für Leute?«

»Französische Kriegsgefangene, die im Lazarett als Helfer arbeiten.«

»Bleiben hier!«

Ich sah ein Unglück kommen. Die russischen Mädchen hatte der Major noch gar nicht gesehen. Ich erklärte ihm aufs höflichste, die Leute hätten mein Wort, daß ich sie mitnähme. Unmöglich könne er verlangen, daß ich mein Wort nicht einhalte.

Kalt wiederholte er: »Bleiben hier!«

Kein Argument verfing.

Ich konnte gegen ihn nichts machen. Zwar war er im gleichen Rang wie ich, aber als Feldgendarm im Dienst war er mein Vorgesetzter.

Die Franzosen dalassen – eine Gemeinheit!

Ihretwegen hierbleiben – eine Dummheit!

Den Kerl über den Haufen schießen – ein Mord!

Der Kapitän des Prahms wies seine Matrosen an, die Leinen loszuwerfen. Ihn ging dieser Handel nichts an. Ich war am Ende meiner Möglichkeiten.

Auf einmal brach an dem nächsten Prahm, zwanzig Meter weiter, ein fürchterlicher Krach los. Im gleichen Augenblick landete auf dem Hafengelände eine Salve schwerer Minen. Der Major ging halb in Deckung. Ich blieb stehen. In der Verlegenheit, in die ich ihn dadurch brachte, stürzte er zu dem Lärm am anderen Prahm. Die Franzosen, die russischen Mädchen sprangen auf das Schiff, das schon im Ablegen war. Ich sprang an Bord. Als ich mich umdrehte, war der Prahm bereits ein paar Meter vom Ufer entfernt. Durch das flache Wasser kam noch einer gestürzt. Wir zogen ihn an Bord – Mokassin!

»Wo kommst denn du her?«

Mokassin wies gelassen mit dem Daumen über die Schulter nach rückwärts: »Krach kommt nich' von alleene!«

Mit scharfem Blick hatte der gewitzte Bursche erkannt, daß ich die Diskussion mit dem Major der Feldgendarmerie verloren hatte. So war er zum Nachbarprahm gegangen und hatte dort den Krach inszeniert.

Im Morgengrauen lief der Prahm in Pillau ein. Wir waren im nächsten Kessel.

EPILOG AN BORD

Ich saß auf der Reling des Schiffes. Im Morgennebel dieses späten Apriltages war es aus Hela, dem Kriegshafen an der Bucht von Danzig, ausgelaufen. Es war ein gutes Schiff. Es lief achtzehn Meilen. Es fuhr nicht im Geleitzug. Es fuhr allein.

Auf den überfüllten Decks standen, lagen und hockten Verwundete und Kranke. Es waren vielleicht fünftausend Menschen an Bord. Unter Deck waren zweitausend liegende Verwundete untergebracht. Das Achterdeck war mit Flüchtlingen besetzt. Da saßen sie, die stummen Mütter eines ganzen Volkes, auf den Bündeln ihrer Habe, ihre hungernden Kinder auf dem Schoß – Trümmer des Krieges auf rettendem Schiff.

Die einzigen, die auch hier immer noch eine sinnvolle Tätigkeit ausübten, waren die Ärzte und ihre Helfer. Mathiesen hatte im ersten Zwischendeck einen Operationssaal aufgemacht. Der Stabszahlmeister des Lazaretts hatte das Kunststück fertiggebracht, in dem schon vom Hunger bedrohten Hela noch so viel Lebensmittel aufzutreiben, daß wir für die fünftausend Passagiere an Bord während der zwei oder drei Tage der Überfahrt drei warme Mahlzeiten ausgeben konnten. In einem Behelfsschuppen auf dem Vordeck waren drei große Kessel eingebaut. Die Küche hatte mit ihrer Arbeit begonnen.

Ich blickte zurück. Das Artilleriefeuer, mit dem die Russen von Oxhöft aus den Hafen von Hela beschossen, rollte nur noch leise in der Ferne. Der Nebel verwandelte sich in feinen Dunst, den die Sonne silbrig durchleuchtete. Der Dunst schützte gegen Flieger. Die Möven spielten um das Schiff. Nach dem Glauben der Matrosen auf den Sieben Meeren sind die Möven die Geister ertrunkener Seeleute. Ich dachte an die einsame Möve im Sturm an der Küste des Asow'schen Meeres – damals, vor so langer Zeit. In dem Schrei, mit dem sie sich in den Wind geworfen hatte, war die Drohung alles dessen, was seitdem über uns hereingebrochen war, auf eine unheimliche Weise enthalten gewesen.

Die See war leicht bewegt. Die Bugwelle rauschte mit ruhiger Gleichmäßigkeit unter mir vorbei. Jetzt gab es noch den feinen Schaumstreifen, der, aus dem silbrigen Dunst auf uns zulaufend, mit einem Schlag auch die Trümmer des Krieges noch im Meer versinken lassen konnte. Oben auf der Brücke standen erfahrene Männer, die mit ihren Gläsern das Wasser absuchten. Für sie gab es noch die Möglichkeit, dem Schaumstreifen durch ein geschicktes Manöver auszuweichen. Für mich gab es nichts mehr, was vorauszubedenken, anzustreben, mit List zu vermeiden meine Sache gewesen wäre. Die Zeit der List war zu Ende.

Das Letzte, das hatte bedacht werden müssen, hatte der kluge Mokassin bedacht. Als wir in Hela durch die Sperre der Feldgendarmerie in den Hafen rückten, um an Bord zu gehen, wurden Mannschaften und Offizieren ohne Ausnahme die Waffen abgenommen. Auf einem Schiff, das wenige Tage vorher aus Hela ausgelaufen war, hatten einige entschlossene Nahkämpfer die Brücke besetzt und den Kapitän mit der Maschinenpistole davon überzeugt, daß der beste Hafen, den er anlaufen könne, Stockholm sei.

So stand ich, als wir an Bord waren, ohne Waffe einer sich drängenden Menge gegenüber, die nur durch ihre Apathie an offener Meuterei verhindert wurde. Eine aus ihren Truppenverbänden gelöste Menge von Soldaten ist dazu praedestiniert, sich in eine Masse mit den ihr eigenen anarchischen Intentionen zu verwandeln. Mokassin hatte das vorausgesehen. Er zog mich in eine Ecke. Dort griff er mit einer unbeschreiblichen Bewegung von oben in seine Hose und zog eine gute Pistole heraus, die an ihrem Kolbenriemen zwischen seinen Beinen baumelte. So hatte er sie durch die Sperre geschmuggelt. Ich hängte den Kolbenriemen um den Hals und steckte die Waffe wie ein Cowboy offen in den Gürtel.

Wirksam war natürlich nicht die Waffe, sondern nur die Drohung ihres Vorhandenseins. Wir gaben Essen aus. Viele Soldaten trugen das Essen, das sie empfangen hatten, zu den Frauen auf das Achterdeck. Aber wir mußten, um eine geregelte Ausgabe des Essens durchführen zu können, das Deck in Kader einteilen. Dabei erwies sich das Vorhandensein der Waffe als nützlich. Von allen diesen Männern, die die unglaublichsten Gefahren hinter sich hatten, hatte kein einziger Lust, angesichts der nahen Rettung auch nur das kleinste Risiko noch auf sich zu nehmen. So hatte zu guter Letzt die einzige an Bord noch vorhandene Waffe einer einst ruhmreichen Armee keine andere Aufgabe mehr, als die geregelte Verabreichung einer Graupensuppe, in der ein wenig Pferdefleisch schwamm, sicherzustellen.

In den alten Zeiten, als Macht noch eine Selbstdarstellung des Menschen in großartigen überlieferten Symbolen war, waren Kriege nicht weniger grausam als in unserer Zeit. Aber damals konnten Kriege humaner beendet werden. Könige können sich besiegen lassen. Ein besiegter König ist immer noch ein Drama Shakespeares wert, ein Diktator nach seinem Sturz nicht einmal mehr einen Film. Der Diktator der Neuzeit, bei dem Macht zur technischen Beherrschung der physischen Welt herabgesunken ist, muß vernichtet werden. Das hatte sogar der primitive Mann begriffen. Es war folgerichtig, daß er sich weigerte, sich besiegen zu lassen. Da seine Macht für nichts Symbol war, blieb seinem Untergang alle Größe versagt, außer der Größe des Unglücks, das er über Unschuldige gebracht hat.

Im Samland hatte sich der Kessel von Heiligenbeil in einer Vervielfachung der Sinnlosigkeit wiederholt. Während im Kessel von Heiligenbeil noch eine ganze Armee zugrunde gegangen, tapfer zugrunde gegangen war, war die Zerschlagung des Kessels von Samland nur noch die grausame Versteigerung der Konkursmasse aus den Fehldispositionen der Führung. Das einzige, was unbesiegt blieb bis zum Ende, war der Widerstand der Führung gegen jegliche Vernunft.

Sinnlose Befehle, sinnlose Panik und schließlich auch sinnlos gewordene Tapferkeit führten in einem makabren Wirbel in wenigen Tagen zur Vernichtung der vom militärischen Standpunkt aus kindischen Improvisationen, die zur Verteidigung des Restes von Ostpreußen aufgebaut worden waren.

Dem Kessel von Heiligenbeil entronnen, kamen wir überhaupt nicht dazu, darüber nachzudenken, daß wir gerettet waren. Wir wurden sofort wieder eingesetzt. Als ich in meinem Quartier ankam, hatte der vortreffliche Stabszahlmeister, der schon einige Tage früher nach Pillau gekommen war, einen Haufen kleiner Fische bereitliegen. Er machte sich gleich daran, sie zu backen. Ich erfuhr, daß Regau in Pillau sei. Ich schickte einen Melder zu ihm. Trotz seines Fiebers kam er herüber. Er war unversehrt aus Heiligenbeil herausgekommen. Am nächsten Tag ging er an Bord. Er ist davongekommen.

Die zwei Stunden, die es dauerte, bis wir die Fische gegessen hatten, bewahrten das Lazarett davor, nach Königsberg verlegt und dort vernichtet zu werden. Als ich zu dem Korpsarzt kam, dem ich unterstellt worden war, begegnete ich auf der Treppe dem Führer einer Sanitätskompanie, der sich soeben den Befehl geholt hatte, nach Königsberg zu gehen. Eine halbe Stunde früher hätte ich diesen Befehl bekommen. Uns wurden die Torpedobunker der Kriegsmarine im Wald von Peyse, westlich Königsberg, zugewiesen. Dort konnten wir noch vierzehn Tage chirurgisch arbeiten. Aber wenige Tage, bevor der russische Angriff begann, wurden wir an die Küste des Samlandes nach Palmnicken verlegt. Dort übergab man mir ein Reservelazarett mit dreihundert Patienten. Ein Reservelazarett war eine Organisation des Heimatsanitätsdienstes. Obwohl seit Wochen Dutzende von russischen Fliegern am Himmel kreisten, war nicht ein einziger Luftschutzgraben gebaut worden. Es gelang uns, die dreihundert Patienten in zwei Tagen nach Pillau zu bringen. Es schien, als seien wir in Palmnicken endgültig festgefahren. Wir warteten auf den russischen Angriff. Meine Franzosen hatten sich einen Bunker am Steilhang des Strandes gesucht, wo sie ihre Verbündeten erwarten wollten. Ich ging mit Mathiesen in der Abenddämmerung noch einmal zu ihnen. Wir standen am Wasser. Drüben auf der anderen Seite der Ostsee lagen Stockholm, Europa, die Freiheit. Dort gingen die Leute jetzt zum Cocktail, tranken, flirteten, machten Geschäfte. Vielleicht stellten sie auch das Radio an, um zu hören, wie weit die Russen, wie weit die Amerikaner und Engländer, wie nahe das Ende des lästigen Krieges sei. Melancholisch blickten wir über das Wasser. Über dem Meer ging ein kleiner Stern auf.

Ein Stern!

Er hat uns geschienen. Zwar hatten wir von da an keine andere Funktion mehr als die, das Ziel russischer Bomben und Granaten zu sein. Das Lazarett hatte schwere Verluste. Aber in dem Schicksalsroulette, zu dem der Schiffstransport geworden war, setzten wir schließlich auf die richtige Farbe. Wir kamen nach Hela. Meine hartköpfigen schlesischen Männer schleppten die Rucksäcke mit dem Gerät für unseren behelfsmäßigen Hauptverbandplatz durch alle Fährnisse hindurch.

In Hela ging ich zu dem Transportoffizier, die die Verladung der Sanitätseinheiten auf die Schiffe anzuordnen hatte. Unsere Chance war nicht besonders gut. Wir waren spät gekommen. Viele Sanitätseinheiten warteten schon auf ihre Verladung.

Mathiesen und ich gingen lange vor der Baracke des Transportoffiziers auf und ab. Wir überlegten, was wir noch tun könnten. Es fiel uns nichts mehr ein. Schließlich gingen wir hinein. Der Transportoffizier, ein junger, sympathischer Stabsarzt, sprach mit einem grauhaarigen Oberfeldarzt. Mir fiel auf, wie höflich er war. Das nämlich hatte zu dieser Zeit niemand mehr nötig. Als der Oberfeldarzt sich verabschiedet hatte, kam der junge Stabsarzt mit einem liebenswürdig-ironischen Lächeln auf uns zu: »Die Herren möchten nach Kopenhagen?«

Er sagte das, als wäre er Mr. Thomas Cook persönlich. Ich hatte wieder viele Nächte nicht geschlafen. Aber so müde ich war – *sur un corsaire corsaire et demi!*

»Von möchten kann gar keine Rede sein! Wir müssen! Befehl der Armee!«

Zwei Minuten später saßen wir in seinem Zimmer bei einem Cognac. Er erzählte, daß ihm schon Tausendmarkscheine für eine Überfahrt geboten worden waren. Aber das war noch nicht das Schlimmste gewesen. Er hatte alte Männer weinen sehen.

Es gab noch genug Sanitätseinheiten. Aber es gab nicht genug, um die Schiffe mit Operationsgruppen zu bemannen. Viele der Einheiten hatten kein Gerät mehr. Da wir noch chirurgisch arbeiten konnten, bekamen wir für die nächste Nacht das gute Schiff, auf dem wir nun – westward bound – durch die See rauschten.

Immer noch war unser Schicksal unbestimmt. Immer noch konnte das Schiff Swinemünde anlaufen. Dann würden wir wieder in den makabren Wirbel hineingerissen werden. In der Nacht passierten wir die gefährliche Enge von Bornholm. Dann endlich wurde Kurs auf Moens Klint genommen. Am nächsten Morgen liefen wir in den Hafen von Kopenhagen ein.

Als die Türme der Stadt am Horizont auftauchten, wußte ich, daß ich zu denen gehörte, die davongekommen waren. Ich nahm mir vor, später einmal über das, was ich gesehen hatte, zu berichten.

Ich habe diesen Bericht aufgezeichnet allen denen zum Gedächtnis, die unter der unsichtbaren Flagge ihr Leben dahingegeben haben um der Liebe zu ihrem Nächsten willen. Über die halbe Welt sind ihre Gräber verstreut.

Der Kriegsgott entfesselt nicht nur die Dämonen. Er macht auch die Engel mobil. Die Dämonen lärmen. Die Engel verrichten still ihr Werk.

Es ist keiner von uns ganz schuldig am Ausbruch der Barbarei. Es ist aber auch keiner von uns ganz unschuldig. Wir sollten nicht vergessen, daß die, welche ihr Leben für ihren Nächsten dahingegeben haben, uns unsere Schuld ein wenig leichter tragen lassen. Das Licht, das von ihren Gräbern leuchtet, wirft einen hellen Schein auf den Weg des Menschen in die Zukunft. Die unsichtbare Flagge, unter der sie gefallen sind, ist keine verlorene Flagge gewesen.

So ist in ihrem Tod ein wenig Trost. –

Als die Leinen festgemacht waren, kam Mathiesen aus seinem Operationsraum an Deck. Die Sonne schien. Das Licht blendete ihn. Er stieß mich an, lachte und sagte: »Der kleine Stern von Palmnicken!«

Wir gingen an Land, uns um den Abtransport der Verwundeten zu kümmern. Wir gingen durch die Lagerschuppen des Hafens, am Zollhaus vorbei, zur Stadt. Hinter dem Hafen lag die alte, von Wällen umgebene Zitadelle. Es war Frühling. Die Wälle leuchteten in hellem Grün. Wir warfen einen unsicheren Blick zum Himmel. Aber Sonnenschein bedeutete nicht mehr Fliegerbomben, Frühling bedeutete nicht mehr Offensive.

Wir setzten uns auf eine Bank. Vor uns strahlte ein Beet blühender Tulpen. In den Büschen zwitscherten die Vögel. Zwei weißgekleidete Mädchen von vielleicht fünf Jahren kamen den Kiesweg entlang gewandelt, Hand in Hand, begleitet und beschützt von ihrer Nurse, die mit einem Sonnenschirm in der Hand hinter ihnen herging. Die Kinder musterten mit ängstlichem Blick die beiden verwitterten Gestalten, die da in ihren abgerissenen Monturen auf einer Bank in der Sonne saßen.

Wir schwiegen. Wir dachten nichts mehr. Wir brauchten nichts mehr zu denken. Nach einer langen Zeit legte der Kamerad so vieler harter Monate seine Hand auf meine Schulter und sagte:

»Alte Steppenwölfe – in der Sonne sitzend, ihre Wunden leckend.«

EX OVO

ESSAYS ÜBER DIE MEDIZIN

Die Sorge um das Schicksal seiner Völker hat Kaiser Karl v. in mancher Nacht des Schlafes beraubt. Er pflegte dann, in seine Pelze gehüllt, am Kamin zu sitzen. Die Sorge, in ihren saekularen Lumpen, saß ihm gegenüber, bis die Nacht vorüber war – zwei Majestäten, die miteinander Geschäfte hatten.

Ein halbes Gramm vom Natriumsalz der Diaethylbarbitursäure hätte den Herrscher der Welt von der Sorge befreien können. Ein halbes Gramm eines weißen Pulvers hätte die Sorge betäuben und dem Herrn des Abendlandes den Schlaf bringen können. Ein Geheimnis – ein Geheimnis, dessen Aufklärung zu damaliger Zeit als ein Wunder erschienen wäre – wurde durch den Fleiß von Jahrhunderten in ein kleines, weißes Häufchen Pulver gebannt. Es birgt eine der Gaben der Götter, die Quelle der menschlichen Verjüngung – den Schlaf. Der moderne Mensch schluckt das Pulver, schläft ein und denkt nicht darüber nach, daß er für wenige Pfennige haben kann, was der mächtigste Mann seiner Zeit für alle Schätze des Heiligen Römischen Reiches sich nicht hätte verschaffen können. Wenn das Natriumsalz der Diaethylbarbitursäure im Anfang des 16. Jahrhunderts schon bekannt gewesen wäre, Karl v. hätte viele Nächte, statt zu wachen, geschlafen. Manche seiner Entschlüsse wären anders ausgefallen. Vielleicht hätte er, bei der großen Disputation über Macht und Humanität 1536 in Salamanca, mit wachem Hirn die dialektische Hintergründigkeit der Beweisführung des Dr. Juan Ginés de Sepulveda durchschaut. Vielleicht hätte er dann dem Pater Bartholomé de las Casas, dem Vater der Indios, statt ihn zum Bischof von Chiapas zu machen, die Würde des Primas von Neuspanien verliehen. Heerscharen von Indios, die in den Bergwerken und auf den Plantagen zugrunde gingen, wären am Leben geblieben. Wir könnten heute noch die Schrift der Azteken lesen. Die Geschichte Mexikos hätte einen anderen Verlauf genommen.

Der Weltjahresverbrauch des diaethylbarbitursauren Natriums wird aber nicht nach Gramm, sondern nach Tonnen gemessen. Wenn man bedenkt, daß ein halbes Gramm genügt hätte, die Entschlüsse eines Kaisers zu verwandeln, welche Wirkung wohl übt eine Tonne von dem erstaunlichen Salze aus?

Unter der Wirkung des weißen Pulvers werden Hunderttausende von Nächten verschlafen, statt verwacht. So werden statt Hunderttausenden von wachen Gedanken, welche niemals gedacht werden, Hunderttausende von Träumen geträumt. Das Salz verwandelt Myriaden von Gedanken in Myriaden von Träumen.

Welch eine Veränderung der Welt!

Freilich, das Salz vermag nicht, die Sorge daran zu hindern, in den Träumen wieder aufzuerstehen. Hätte man es wagen dürfen, ein so merkwürdiges Geheimnis einem Kaiser als Heilmittel anzubieten? Darf man es wagen, Hunderttausenden einen Schlaf anzubieten, von dem man nicht recht weiß, ob es ein ehrlicher Schlaf ist? Läßt sich durch das Geheimnis, das die Forschung der Natur entrissen hat, die Sorge aus dem Felde schlagen? –

Sehen wir zu, wie der Mensch in den Besitz dieses merkwürdigen Geheimnisses gekommen ist. Versuchen wir herauszufinden, was dahintersteckt.

Es ist das 19. Jahrhundert, das uns heute, aus der Entfernung zweier Menschenalter, als das Jahrhundert der Naturwissenschaft erscheint. Seine Entdeckungen haben die Welt verwandelt. Die Naturwissenschaft selbst ist älter. Insbesondere die Mathematik, die Grundlage aller experimentellen Wissenschaften, ist so alt wie die Menschheit selbst. Ihr, der erhabenen Göttin des Maßes, dienten schon die Sumerer im dritten vorchristlichen Jahrtausend, die Aegypter der alten Dynastie und die sagenhaften Kaiser der chinesischen Vorzeit. Am Euphrat, am Nil und am Hoangho vermochte man vor Jahrtausenden schon den Lauf der Gestirne zu berechnen. Im Grunde ist der erste Mensch, der einen zentnerschweren Stein mit einem Baumstamm aus seiner Lage hebelte, schon ein durchaus wissenschaftlicher Kopf gewesen. Brachte er doch seine mathematischen Erfahrungen über die Gesetze der Hebelwirkung zur praktischen Anwendung.

Die Wissenschaft war nicht neu. Was trieb den mittelalterlichen Menschen dazu, die magische Umhüllung seines Daseins zu sprengen und sich in das unerhörte und unbekannte Land der Forschung zu wagen? –

Im Jahre 1623 wurde dem Kardinal Barberini, Kardinalpresbyter und Erzbischof von Nazareth, dem späteren Papst Urban VIII., die Akte Galilei vorgelegt. Er studierte sie sorgfältig und fand, daß der Professor der Mathematik an der Universität Pisa, Galileo Galilei, nicht nur die Behauptung des Nikolaus Kopernikus und des Johannes Kepler unterstützte, daß die Erde sich um die Sonne drehe, sondern daß er diese Behauptung auf eine neue und überzeugende Art bewies. Der Kardinal mag lange nachgedacht haben und sicherlich weniger über die ungeheuerliche Behauptung als über den ungeheuerlichen Beweis. Wenn er beschloß, die Akten der Inquisition zu übergeben, hat er das nicht getan, weil er glaubte, daß Galilei unrecht habe. Warum hätte man einen Verrückten verbrennen sollen? Er hat das getan, weil er überzeugt war, daß der Gelehrte recht hatte. Man verbrannte ja die Hexen, gerade weil man glaubte, daß sie zaubern könnten. In einer apokalyptischen Vision sah der Kardinal die fromme Welt des Mittelalters zerfallen. Vielleicht nur, weil der alte Mann der langweiligen Scheiterhaufen müde war, blieb Galilei am Leben, und die Forschung ging ihren Weg, der sie ins Innere des Atomkerns führte.

Die Anabasis des Menschen in das Land der Forschung war ein zweiter Sündenfall. Aus der frommen, alten Welt des Mittelalters hat niemand ihn vertrieben. Es war das Licht des Wissens, das den Menschen verführte. Der das Licht des Wissens vor ihm hertrug in das unbekannte Land, es war Luzifer. Luzifer, der Lichtbringer, ist ein gefallener Engel.

Wenn es die Neugier des Weibes war, die den Menschen aus dem Garten Eden vertrieb, ist es die Neugier des Mannes, die ihn verführte, das magische Paradies der mittelalterlichen Welt zu verlassen. Die Neugier des Weibes hat dem Menschen die Geheimnisse der Seele erschlossen. Die Neugier des Mannes hat den Menschen in die Geheimnisse des Weltalls hineingerissen.

Da der Mensch kein Gott ist, sind es nur Bruchstücke göttlicher Erkenntnis, deren er habhaft werden kann. Zwischen diesen erhabenen Fragmenten erhebt drohend die Anarchie ihr Haupt.

Betrachtet man den Weg, den die Forschung im Lauf der Jahrhunderte genommen hat, bis zu dem bedrohlichen Zustand, in den das menschliche Dasein in unseren Tagen geraten ist, kann man sagen, daß der Weg zur Anarchie mit Erfolgen gepflastert war.

Es wäre ein voreiliger Schluß, wollte man die Verantwortung für diese Entwicklung allein der Forschung aufbürden. Naturwissenschaftliche Entdeckungen sind theoretische Einsichten in Zusammenhänge, welche die Natur dem Primitiven vorenthält. Der Natur ihre Geheimnisse zu entreißen, bedeutet für den Menschen, die Grenzen seiner Macht erweitern. Unglücklicherweise enthalten die Erkenntnisse die Möglichkeit der praktischen Anwendung. Vorauszusehen, wohin praktische Anwendungen führen können, übersteigt die Fähigkeit menschlicher Einsicht.

Als Justus von Liebig die erstaunliche Tatsache fand, daß das Wachstum der Pflanzen durch Anreicherung des Bodens mit anorganischem Stickstoff gefördert werden könne, konnte er nicht ahnen, daß diese Entdeckung nach hundert Jahren dazu geführt haben würde, daß es eine Milliarde Menschen mehr auf der Welt gäbe.

Der große Bunsen noch hatte eine souveräne Verachtung für praktische Anwendungen naturwissenschaftlicher Erkenntnisse. Wenn einer seiner Schüler eine seiner chemischen Entdeckungen industriell verwerten wollte, schenkte er sie ihm. Wenn jener Millionen damit verdient hatte, hatte er bei seinem Meister damit nichts anderes erreicht, als daß dieser ihn nicht mehr zur Elite der Forscher rechnete und ihn seiner Millionen wegen ein wenig verachtete. Dieser kluge alte Mann hat noch Instinkt gehabt. Er hat vollkommen richtig gesehen, was es mit den naturwissenschaftlichen Entdeckungen auf sich habe. Im Besitz des Forschers dienen sie der Erkenntnis. Im Besitz des technischen Menschen führen sie zu praktischen Erfolgen. Diese Erfolge verwandeln das menschliche Leben in einem Ausmaß, das niemand zu beherrschen scheint.

Es hat zugleich etwas Rührendes und Groteskes, wenn heute die größten Geister unserer Zeit, die Genies der theoretischen Physik, besorgt um die Atombombe herumstehen. Mit den sublimen Methoden der abstrakten Mathematik, mit der List hinreißend raffinierter Experimente, nur an das Unerforschte glaubend, sind sie bis zu den Geheimnissen der letzten Bausteine der Materie vorgedrungen, um nunmehr zu ihrer Verblüffung feststellen zu müssen, daß sie die Vernichtung der Zivilisation entdeckt haben. Als die Menschen sich auf den Weg der Forschung machten, vergaßen sie, daß das Wissen sowohl Gottes wie des Teufels ist, daß Luzifer zwar ein Engel, aber ein gefallener Engel ist.

Nach ihrem ersten Sündenfall hat die Menschheit das Paradies ihrer Unschuld niemals aus dem Gedächtnis verloren. So hat sie auch niemals ganz die Hoffnung aufgegeben, dahin zurückzukehren. Nach dem zweiten Sündenfall hat sie die magische Welt, die sie verließ, vergessen. Sie vergaß die Humanitas als das Hauptstück der abendländischen Kultur. Der große holländische Gelehrte Johan Huizinga, ein legitimer Nachfahr des Erasmus von Rotterdam, hat uns in seinem »Herbst des Mittelalters« das magische Paradies noch einmal heraufbeschworen. Aber kein Machiavell hat jemals die Bedeutung naturwissenschaftlicher Erkenntnisse für die menschliche Gemeinschaft untersucht. Niemand hat erkannt, daß die Bewahrung von Staatsgeheimnissen eine belanglose Sache ist gegenüber der Frage, wie der Mißbrauch der Erkenntnis zu verhindern sei.

Unmöglich konnte man den Menschen hindern, seinem Erkenntnisdrang zu folgen. Aber die Forschung stellt der Menschheit eine Aufgabe, welche noch nicht einmal richtig gesehen worden ist. Die Forschung stellt der Menschheit die Aufgabe, sich ihren Ergebnissen gewachsen zu zeigen. Sie stellt ihr die Aufgabe, eine in anarchische Fragmente auseinandergefallene Welt so wieder aufzubauen, daß der Mensch in ihr nicht nur eine Existenz, sondern ein Dasein habe. Wir werden uns genötigt sehen, in dieser Sache demnächst einige Fortschritte zu machen, damit uns unser Untergang nicht mitten in unseren besten Bemühungen überrascht.

Es ist erstaunlich, aber nicht zu leugnen, daß von allen Wissenschaften zur Zeit diejenige die wichtigste ist, die in dem gloriosen Jahrhundert der großen Erfolge die geringste Rolle gespielt hat. Diese Wissenschaft ist die

Philosophie. Die Tausendkilometergrenze der Düsenflugzeuge hat für die Zukunft weniger Bedeutung als das Surren einer Fliege, das einem einsamen Denker in seiner einsamen Zelle den Gedanken eingibt, der uns davor bewahren wird, daß wir uns mit unseren Erfolgen begraben lassen müssen.

Nichts wird die Neugier des Menschen aufhalten. Schon steht er wieder am Rand der Erkenntnis und starrt hinaus in die großartige, unbekannte Weite, in die eisige Landschaft des Unerforschten, wo unverändert Luzifers Licht in seiner verführerischen Schönheit leuchtet.

Wir wissen nicht, ob wir dabei zugrunde gehen werden. Die Frage ist, ob wir versuchen sollen, es zu verhindern.

THERAPIE ALS MORALISCHES PROBLEM

Die Geschichte der Medizin ist die Geschichte eines Feldzuges, den die menschliche Intelligenz gegen die Übel führt, welche den Menschen peinigen, seitdem ihm auferlegt wurde, sein Brot im Schweiße seines Angesichtes zu verzehren.

Während die Theologen das Gebäude der Scholastik aufführten, um durch die Wissenschaft von Gott den Menschen mit dem Tode zu versöhnen, während die Prediger ihn durch die alten Überlieferungen von der Unsterblichkeit der menschlichen Seele zu trösten versuchten, während die Philosophen ihn Resignation und Weisheit lehrten, erklärte die Wissenschaft vom Leben den Tod zu ihrem Feind.

Dieses Vorhaben erscheint einleuchtend genug. Doch werden hier einige Voraussetzungen gemacht, die nicht so selbstverständlich sind, daß man sie übergehen könnte. Krankheit ist Schicksal. Indem die Medizin es unternimmt, Krankheiten zu heilen, trifft sie Entscheidungen, über die kaum jemals gesprochen wird.

Die Disziplinen der Biologie sind durch menschliche Neugier ausreichend motiviert. Alles, was wir über die chemische Struktur der Zelle, über die Seele der weißen Ameise, über die Physik unserer Sinnesorgane erfahren, erweitert unser Wissen, erweitert unsere Kenntnis der Welt. Wir könnten uns mit der Erkenntnis begnügen. Ihre praktische Auswertung ist zufälliger Natur. Mit dem Wesen der Erkenntnis hat sie keinen unmittelbaren Zusammenhang.

Das läßt sich am Schießpulver zeigen. Das erstemal wurde das Pulver im 12., das zweitemal im 13. Jahrhundert erfunden, das erstemal von einem Chinesen, das zweitemal von einem Franziskanermönch. Daß in Europa das Schießpulver von der Frömmigkeit erfunden wurde, hat nicht gehindert, daß dieser Fortschritt an Wirksamkeit die alten Pestepidemien schließlich weit übertroffen hat. In China war auch der technische Mensch ein Konfuzianer. So führte bei den Chinesen die Erfindung des Pulvers nicht dazu, Menschen zu töten, sondern dazu, die Gartenfeste der Kaiserlichen Majestät durch Raketenfeuerwerke zu bereichern. Chemisch war das franziskanische Pulver mit dem konfuzianischen Pulver vollkommen identisch. Verschieden war nur der Gebrauch, den Okzident und Orient von ihrer Entdeckung machten.

Bei der wissenschaftlichen Medizin ist die Erkenntnis mit ihrer Auswertung gekoppelt. Die Krankheiten veranlassen, ja zwingen die Medizin dazu, die Methodik der Forschung auf praktische Ergebnisse, auf Erfolge, auf Heilung zu richten.

Die medizinische Forschung kann sich nicht mit der Erkenntnis begnügen. Gewiß, die Erkenntnis ist ihre Aufgabe, wie sie Aufgabe jeder Wissenschaft ist. Aber die Medizin muß ihre wissenschaftlichen Erkenntnisse in die Praxis umsetzen. Mit ihren praktischen Erfolgen greift sie unmittelbar in das menschliche Leben ein.

Was eigentlich berechtigt sie dazu?

Es scheint ganz selbstverständlich zu sein, daß es ein Gewinn sei, eine Krankheit zu heilen. Ärzte und Patienten sind sich darin – in einer Art von Verschwörung – vollkommen einig. Aber so selbstverständlich ist das gar nicht. Läßt sich doch, zum Exempel, nicht leugnen, daß manche Krankheit die Eigenschaft hat, vorzüglich zu dem Patienten, der von ihr betroffen ist, zu passen.

Das Bild eines Staatsministers a. D. wird durch eine Gicht ebenso harmonisch abgerundet wie durch das Prädikat Exzellenz. Den Staatsminister a. D. von seiner Gicht zu heilen, ist zwar für einen Arzt ebenso befriedigend wie für ihn selbst. Aber ist es befriedigend, einen Zustand zu ändern, der durch seine Angemessenheit überzeugt? Würde doch dadurch die Welt ein wenig ungerechter werden. Zweifellos liegt eine gewisse Gerechtigkeit darin, daß die vielen guten Diners, die Seine Exzellenz im Dienst des Vaterlandes mit so vielem gutem Burgunder hinunterspülte, mit gewissen Beschwerden im großen Zeh bezahlt werden müssen. Schließlich müßte die Medizin, wenn sie einige philosophische Dignität beanspruchen will, doch zumindest das Prinzip angeben können, unter dem die Heilung eines Staatsministers a. D. von der Gicht unter allen Umständen berechtigt wäre.

Wie könnte dieses Prinzip wohl aussehen?

Auch muß man zugeben, daß ein Rheuma gut zu einer Waschfrau paßt. Worüber sollte sie nachmittags beim Kaffee mit der Portiersfrau klagen, wenn nicht über das Rheuma! Ihr Sohn schließlich ist gut geraten.

Geklagt muß sein. Entschieden klagt sich's besser über die Schmerzen in der Schulter und die Unzulänglichkeit von Bienengift als über die Lieblosigkeit des Sohnes und die Schwierigkeiten des vierten Gebotes. In diesem Falle mag, vom philosophischen Standpunkt aus, ein gewisser Trost darin liegen, daß das Rheuma der Waschfrau unheilbar ist.

Für jeden klugen Arzt kommt einmal die verblüffende Entdeckung, daß er mit einem großartigen Aufwand ein Ergebnis erreicht, das er nicht erreichen wollte. Er stellt die schwierige Differentialdiagnose eines durchgebrochenen rechtsseitigen Nierensteins. Er führt einen glänzenden chirurgischen Eingriff durch. Er opfert den Schlaf vieler Nächte, um seinen Fall durchzubekommen. Schließlich hat er es geschafft, um festzustellen, daß er einen ganz besonders widerlichen Kerl, einen Wucherer, dem Leben wiedergegeben hat. Wäre der Wucherer gestorben, seine Klienten wären gerettet gewesen, darunter einer vom Selbstmord. So wird der gerettete Patient aus seinen Wucherzinsen pünktlich das Honorar an den großen Chirurgen bezahlen, den Wohltäter der Menschheit, der mit seiner Wohltat die Existenz von ein paar Dutzend kleinen Leuten und das Dasein eines armen Mannes zerstört hat.

Gewöhnlich wird angenommen, daß ein bedeutender Mann, der eine Lues hat, seine bedeutenden Leistungen trotz seiner Krankheit leistet. Diese Annahme ist naiv. Es gibt dafür keinen Beweis. Mit einer Spritze Salvarsan kann man nicht nur auf der Haut die Ausschläge, sondern unter Umständen im schöpferischen Geist des Patienten eine ganze Symphonie auslöschen.

Die Wissenschaft der Medizin trifft in ihrem Kampf gegen den Tod Entscheidungen, ohne sich Gedanken über die Folgen zu machen, die ihre Entscheidungen nach sich ziehen. Die Wissenschaft der Medizin hat nur vage Vorstellungen von der Rolle, die die Krankheit in der Ökonomie des Daseins spielt. Sie hat keine rechte Verwendung für die Möglichkeit, daß eine Krankheit einen Menschen bessert, ihm Erleuchtungen bringt, seinen Charakter läutert, seinem biologisch so schlecht funktionierenden Herzen die Funktion der Güte beibringt, deren sein gesundes Herz niemals fähig war. Sie hat ein Begriffsschema der normalen Funktion des biologischen Individuums und lehrt, wie man diese normale Funktion wieder herstellen könne. Den Ursachen der Störung der normalen biologischen Funktion geht die Wissenschaft nur so weit nach, als sie in ihr sehr eng gezogenes Begriffsschema hineinpassen. Daß eine Krankheit eine Störung der Harmonie des ganzen Menschen ist, ist kein Problem der wissenschaftlichen Medizin, sondern ein Problem des Arztes, der sich nicht mit dem biologischen Individuum, sondern mit dem Menschen in der Vollständigkeit seiner Humanitas zu befassen hat.

So kann es der Medizin ebenso leicht geschehen, daß im Lauf der Zeit unter ihren Händen eine Welt von kerngesunden Schurken entsteht, wie es möglich ist, daß sie eines Tages mit einer einzigen Dosis eines wirksamen Serums jenes zarte Geschöpf am Leben erhält, welches der Descartes unserer Zeit werden kann.

Wenn man anfängt, über diese Sache nachzudenken, zeigt sich, daß sie nicht einfach ist. Es kann ja auch so kommen, daß der Staatsminister a. D., von den Schmerzen in seinem großen Zeh befreit, ein ausgezeichnetes Werk über Staatskunst verfaßt, das der Menschheit auf ihrem militanten Weg zum Frieden nützliche Dienste zu leisten geeignet ist. Auch ist es nie ganz ausgeschlossen, daß das Kamel wenigstens seinen Kopf durch das Nadelöhr zwängt und der Wucherer, vom Hauch der Ewigkeit gestreift, seine Zinsen von zwanzig auf fünfzehn Prozent herabsetzt. Der Chirurg kann das vorher nicht wissen.

Über die Gesundheit nachzudenken, hat auch die Theologie es an Eifer fehlen lassen. Jesus hat nicht nur Sünden verziehen. Er hat auch Krankheiten geheilt.

Die Sünden hat die Kirche, die ehrwürdige Matrone der Humanitas, unter ihrer Obhut behalten. Was die Krankheiten anbelangt, hat die Medizin der Kirche ihre alte Herrschaft entrissen. Zwar drückt noch immer, am Bett des Kranken, der Arzt dem Priester gern die Hand, aber doch nur, weil der Priester da noch weiter weiß, wo des Arztes Kunst zu Ende ist.

Die Kirche glaubt an die Wirksamkeit der Heilung von Gebresten durch die Macht der Heiligen, der Reliquien, der Gebete. Viele ihrer Wunder sind Heilungen gewesen. Kein Arzt, der etwas von den Geheimnissen der menschlichen Seele weiß, wird ihr darin widersprechen, so wenig wie ein Kardinal, der einen Diabetes hat, die Brauchbarkeit des Insulins bezweifeln wird. Aber die Art, wie die wissenschaftliche Medizin das Heilen betreibt, ist von der Theologie noch nicht ausreichend gründlich betrachtet worden.

An dieser Stelle zeigt sich die Anarchie unserer Zeit in der ganzen destruktiven Schönheit ihres zerrissenen Purpurs. Ein jeder von uns lebt in vielen Welten, über die kein Thomas, kein Descartes, kein Leibniz einen Himmel spannt, unter dem alle diese Welten in Harmonie miteinander vereinigt werden können. Es liegt eine tiefe Gerechtigkeit darin, daß auch die Wissenschaft selbst im Begriff steht, in Anarchie sich aufzulösen.

Der Feldzug, den die Forschung gegen den Tod führt, hat zu großartigen Erfolgen geführt. Eine Aufgabe, die noch ihrer Lösung harrt, ist, diese Erfolge in eine Ordnung einzubauen, die ihnen einen Sinn gibt. Die Fortschritte, die die Forschung Jahr für Jahr erringt, sind nicht nur bewundernswerte Siege über den Tod, sondern auch eine ununterbrochene Mahnung an die menschliche Gesellschaft, sich ihrer eigenen Fähigkeiten würdig zu erweisen.

DAS SCHICKSALSLEDER

Der Mensch ist von der Welt getrennt durch seine Haut. Sie ist der am stärksten strapazierte Teil der Erdoberfläche. Zwei Quadratmeter einer besonderen Art von Leder trennen seine hungrige Seele ebenso von den Schönheiten der Schöpfung, wie sie seine hungrigen Zellen von der Nahrung trennen, die in die Schönheiten der Schöpfung eingebaut ist.

Was alles geht über dieses Leder im Laufe eines langen Lebens dahin! Sonne und Regen, Schicksalsschläge und Masern, Hautcreme, Läuse und die zärtliche Hand der Geliebten! Es dürfte schwierig sein, einen Werkstoff ausfindig zu machen, der so verschiedenartigen Beanspruchungen in gleich vollkommener Weise zu entsprechen vermag. Während die Haut all diese Reize in ihrem ununterbrochenen und überraschenden Wechsel zu verarbeiten hat, muß sie gleichzeitig alle möglichen Schäden reparieren, sich erneuern, vor Anstrengung schwitzen, vor Schreck erblassen, vor Scham erröten. Hin und wieder kann und muß die Haut noch dem Ich das Gefühl bereiten, daß es sich in ihr wohl fühle.

Wie schwierig auch immer in Jahrtausenden des Nachdenkens den Philosophen das Problem erschienen sein mag, uns eine Erklärung der menschlichen Person zu geben, des Ich, der Seele, jenes vagen Etwas, von welchem wir noch nicht einmal wissen, sondern nur glauben können, daß es unsterblich sei, eines ist sicher – dieses unsterbliche vage Etwas wird von dem Schicksalsleder umschlossen. Man könnte einwenden, daß es übertrieben sei, die ganze Kosmologie auf die Haut zu beziehen; aber es ist nützlich, eine zuverlässige Grenze zu haben. Ganz sicher ist die Haut das, was den Patienten von seinem Arzt, den Schmerz von seinem Medikament, die Krankheit von der Heilkunde trennt.

Von diesem von seiner ledernen Hülle umschlossenen und begrenzten Ich geht eine Fülle von Erscheinungen aus. Für den beobachtenden Arzt werden diese Erscheinungen zu Symptomen, aus denen er Schlüsse auf das zieht, was im Inneren des Menschen vor sich geht.

Die Haut ist warm, kühl oder heiß, trocken oder feucht, rissig, glatt oder von irgendwelchen Ausschlägen bedeckt. Aus allen diesen Verhaltensweisen der Haut lassen sich Schlüsse auf Vorgänge im Körper ziehen, deren Symptome eben diese Variationen sind. Weiterhin hat der Mensch die Fähigkeit, durch Ausdruck und Miene etwas über das Befinden seines Ich »auszudrücken«. Freude leuchtet aus seinen Augen. Der Schmerz verzerrt die Züge. Er lächelt. Im Grunde sind diese Sendemöglichkeiten des Gemüts unfaßbare Wunder. Ein Kind schon sieht, daß ein Erwachsener zornig ist. Ja, ein Hund schon weiß den Ausdruck seines Herrn zu deuten. Dackel haben Sinn für Ironie.

Die Physiologie hat versucht, mit den Mitteln des Experiments dieses Wunder zu entschleiern. Sie sagt, der Ausdruck des Zorns, eine bestimmte Konstellation der Gesichtszüge also, werde durch Lichtwellen von 0,6 Mikron Länge mit einer Geschwindigkeit von 299796 Kilometern in der Sekunde auf eine Entfernung von anderthalb Metern auf die Netzhaut des Kindes übertragen. Dieser Netzhauteindruck wird von dem Kind seiner Großhirnrinde zugeführt. Die Großhirnrinde telegraphiert den Tränendrüsen, daß der Vater zornig sei. Die Drüsen fangen an, Flüssigkeit abzuscheiden. Die Träne fließt. Damit ist uns eine Menge von erstaunlichen Dingen über diesen Vorgang bekanntgeworden. Erklärt ist er damit nicht. Äußerungen des Ich können nur gedeutet werden. Das Mittel der Deutung gehört nicht mehr zum Begriffsschema der Wissenschaft der Physiologie. Der Arzt kann sich dieses Mittels bedienen.

Zum Verhalten der Haut, die der Arzt besichtigen und befühlen kann, zu den Gemütsbewegungen, die er deuten kann, zu den Ausscheidungen, die er untersuchen kann, kommen die Aussagen des Menschen. Der Mensch verfügt über das Mittel der Sprache. Ein Gott gab ihm zu *sagen*, was er leide. Die alten Ärzte haben über das, was vom Inneren des Menschen nach außen in Erscheinung tritt, Beobachtungen gemacht, die sowohl durch die Feinheit und Schärfe der Unterscheidung wie durch die Genauigkeit der Beschreibung bemerkenswert sind. Diese aus der Beobachtung abgeleiteten Symptome enthüllten von der inneren Natur des Menschen nur einen kleinen Teil, und diese Beobachtungen waren allen Irrtümern, denen einfache beobachtende Erfahrung unterliegt, ausgesetzt. Die Lücken zwischen den Beobachtungen füllte die mittelalterliche Medizin durch Spekulation. Diese Grundlage war unzulänglich. So entwickelte die spekulative Medizin große Lehrgebäude der Krankheitszeichen, welche ebenso geistvoll wie unsinnig waren.

Wenn wir eine solche Feststellung treffen, tun wir gut daran, uns klarzumachen, daß wir zum Hochmut keinen Anlaß haben. Der Arzt des ausgehenden Mittelalters muß vom Niveau seines Wissens eine sehr hohe Vorstellung gehabt haben. Er beherrschte die Fülle der Weisheit der antiken Philosophie, von ehrwürdigen Meistern bewahrt und an ihn weitergegeben. Er war der gelehrte Kenner all der subtilen Ergebnisse der wissenschaftlichen Arbeit der Scholastik, die sich jahrhundertelang mit der menschlichen Seele und ihren Beziehungen zur Umwelt der Schöpfung beschäftigt hatte. Wenn wir erwägen, daß die philosophischen Einsichten der großen Denker des Mittelalters auch heute noch nichts von ihrer Gültigkeit verloren haben, muß man sich fragen, wie der gelehrte Arzt des Mittelalters überhaupt auf den Gedanken kommen konnte, daß Fortschritte seiner Wissenschaft durch andere als die in anderthalb Jahrtausenden erprobte Methode des spekulativen Denkens erzielt werden könnten. Wie kamen diese ersten modernen Forscher dazu, sich von der Überlieferung freizumachen? Wie kamen sie zu der Vermutung, daß mit einem so niedrigen und so wenig Erfolg versprechenden Mittel, wie es zu damaliger Zeit das Experiment war, überhaupt etwas gewonnen werden könnte?

Man kann sich ein Bild von der Ungewöhnlichkeit dieser Wendung von der Gelehrsamkeit zur experimentellen Erfahrung machen, wenn man den Blick auf eine Wendung von der experimentellen Erfahrung zur philosophischen Spekulation richtet, die in unserer Zeit eine große Bedeutung gewonnen hat. Auch der moderne Naturwissenschaftler hat eine sehr hohe Vorstellung vom Niveau seines Wissens. Er ist sich bewußt, daß dieses Niveau nur durch einen jahrhundertelangen, folgerichtigen Ausbau der Systematik der experimentellen Erfahrung erreicht werden konnte. Wie soll er überhaupt auf den Gedanken kommen, daß durch andere Mittel als durch diese bewährte Methode der experimentellen Erfahrung in seiner Wissenschaft neue große Bereiche erschlossen werden könnten?

Der Fortschritt der modernen theoretischen Physik ist nicht durch experimentelle Erfahrungen erzielt worden. Die Experimente hatten die Physik allmählich in unlösbare Widersprüche verwickelt. Erst die philosophische Spekulation, erst das Nachdenken über das Wesen der neu gefundenen Tatsachen, erst die realontologische Deutung der experimentell gewonnenen Befunde machte es der modernen Wissenschaft möglich, diese Widersprüche aufzulösen und zu den Formen ihres neuen Denkens vorzustoßen.

Eines Tages begannen einige mittelalterliche Gelehrte, ohngeachtet ihrer profunden Kenntnis der menschlichen Seele, ohngeachtet der Autorität jener geistvollen und verwirrten Systeme, deren Beherrschung sie mit so viel Mühe und Gewissenhaftigkeit sich angeeignet hatten, von der bis dahin zufälligen Beobachtung zur systematischen Beobachtung, zum systematischen Experiment überzugehen. Die Großartigkeit dieses Unterfangens können wir uns nur mit Mühe überhaupt noch vergegenwärtigen. Wenn wir die Mittel erwägen, welche diesen ersten Forschern zur Verfügung standen, und die Belastung, die allein schon durch die Vorurteile und das Wissen ihrer Zeit gegeben war, ist das, was diese Männer sich vornahmen, ungefähr so, als ob man sich vornehmen wollte, den

Gaurisankar mit den Fingernägeln wegzukratzen. Der Mensch ist fähig, Großes zu vollbringen, und Großes hat er vollbracht.

Das Ziel seiner Neugier war, das Geheimnis des Lebens zu erfahren. Mußte es, wenn es gelang, das Geheimnis des Bios, des Menschen innerste Natur, vollständig aufzuklären, nicht gelingen, Mittel gegen den Tod zu finden? So setzten die Forscher das Seziermesser an und begannen, den Bau des menschlichen Körpers zu studieren. Die Kenntnis der Organe führte zur Frage nach der Art ihrer Tätigkeit, also nach ihren Funktionen. Die Kenntnisse über die Funktionen der Organe ermöglichten Einsichten in die Störungen dieser Funktionen. Funktionsgestörte Organe wiederum warfen die Frage auf, ob den gestörten Funktionen Störungen im Bau der Organe entsprächen. Diese Entsprechungen konnten, mit Hilfe des Mikroskops, bis in die feinsten Veränderungen der Zelle nachgewiesen werden. Die medizinische Forschung stellte sämtliche Zweige der Naturwissenschaft als Hilfswissenschaften in ihren Dienst. Jeder Fortschritt der Chemie, der Physik, der Botanik, der Zoologie wurde zu einem Fortschritt der Medizin. Die Stoffwechselvorgänge, die Steuerung der Lebensvorgänge durch die verschiedenen Nervensysteme einerseits, durch die Hormone andererseits, die Beziehungen dieser verschiedenen Steuerungssysteme untereinander, Geheimnis nach Geheimnis wurde enthüllt, eines immer überraschender und wunderbarer als das andere.

Krankheit und Konstitution, Krankheit und Milieu, Krankheit und Erreger, Krankheit und Ernährung, Frage auf Frage wurde gestellt, und eine nach der anderen konnte beantwortet werden.

Betrachten wir heute das Ergebnis des wissenschaftlichen Fleißes dieses halben Jahrtausends, müssen wir feststellen, daß unübersehbar geworden ist, was an erstaunlichen Sachverhalten in jenem Gebiet entdeckt worden ist, dessen Mitte das lebendige Ich, dessen äußere Begrenzung das alte Schicksalsleder ist. Es gibt keinen einzigen lebenden Gelehrten, der alles weiß, was man heute weiß. Aber wie weit ist die Forschung dem ursprünglichen Ziel, dem Rätsel des Lebens, nähergekommen?

Keine Belagerung ist jemals mit einer solchen Hartnäckigkeit geführt worden wie diese; aber die Natur verteidigt ihr Geheimnis mit einer Zähigkeit ohnegleichen. Was hinter der menschlichen Haut vor sich geht, das wissen wir heute bis in die feinsten Einzelheiten. Es gibt kaum ein Gewebe im Organismus, dessen Lebensäußerungen wir nicht in seinen Zusammenhängen kennten. Wir haben das Rätsel des Lebens bis in das Innere der Zelle hinein verfolgt. Wir kennen die chemische Zusammensetzung, sogar die wesentlichen Merkmale des molekularen Aufbaus des Protoplasmas, der wichtigsten Substanz der Zelle. Wir können uns schon eine Vorstellung machen vom molekularen, ja vom atomaren

Bau der Gene, die die Träger der Erbeigenschaften des Menschen sind. Wir kennen Virusformen, die außerhalb der Zelle wohldefinierte Kristalle, innerhalb der Zelle gefährliche Krankheitserreger sind. Das Problem der Lebendigkeit ist dadurch nur noch verwickelter geworden. Wir haben einige Vermutungen darüber, wie das Bewußtsein arbeitet; aber wir wissen nicht, wie das Bewußtsein im Menschen verankert ist. So haben wir keine Möglichkeit, das Bewußtsein daran zu hindern, den Anker zu lichten und den Menschen zu verlassen.

Wir kennen eine Fülle von Entsprechungen zwischen Körperbau und Charakter. Von den unterhalb des Bewußtseins liegenden tieferen Schichten der Seele haben Psychologie und Psychoanalyse weite Gebiete aufgehellt. Aber das Wesen der Person ist in seinem letzten Grund biologisch so wenig erklärt wie je. Der moderne Forscher weiß darüber nicht mehr, als der heilige Augustin und man kann es schon als einen Vorteil bezeichnen, wenn der moderne Forscher wenigstens das weiß.

Die neuere Physik ist bei ihren Untersuchungen im Bereich des unendlich Kleinen auf eine sehr merkwürdige Schwierigkeit gestoßen. Man fand nämlich, daß unterhalb einer gewissen Größenordnung das Objekt der Untersuchung gar nicht mehr als unveränderliches Objekt, das in beliebigen Abwandlungen untersucht werden kann, zur Verfügung steht. Unterhalb einer gewissen Größenordnung wird das Objekt durch das Experiment selbst verändert. Damit ist für das Experiment in der Physik eine Grenze gesetzt, die die physikalische Wissenschaft, der Natur der Dinge nach, nicht unterschreiten kann. Die erkenntnistheoretischen Folgen, die sich aus dieser Feststellung einer Grenze einer exakten Naturwissenschaft ergeben, sind noch ausführlich zu betrachten.

Die experimentelle Biologie ist im Begriff, sich die Erkenntnisse der Atomphysik zu eigen zu machen. Sie wird dabei auf dieselbe Grenze stoßen, auf die die Physik gestoßen ist. Man weiß, daß gewisse biologische Vorgänge sich innerhalb der Atome abspielen. Da das Experiment in der Biologie, genau wie in der Physik, auf eine im Wesen des Experimentes selbst liegende unüberschreitbare Schranke stoßen wird, ist zu erwarten, daß die experimentelle Biologie das Ziel ihrer Forschung, das Geheimnis des Lebens zu erklären, der Natur der Dinge nach niemals erreichen wird.

Es wäre ein sehr bedeutsames Ereignis, wenn die experimentelle Biologie zu einer solchen Feststellung käme. Es wäre das eine durch das Experiment gewonnene erkenntnistheoretische Einsicht hohen Ranges. Sie eröffnete einen Ausblick auf neue Fragestellungen, Fragestellungen freilich, die nicht mehr zum Zuständigkeitsbereich der experimentellen Biologie selbst gehörten. Am Ende einer Kette ununterbrochener Triumphe gewönne die biologische Forschung durch den Beweis, daß ihr Ziel notwendig unerreichbar sei, wieder den Anschluß an die Philosophie, von welcher sie ausgegangen und welche die wahre, ihres Ranges niemals verlustig gegangene Herrin aller Wissenschaften ist.

Welch kostbares Geschenk wäre dieser Beweis für die große Herrin! Wie bedeutend wären die Folgen! Besteht doch hier die Hoffnung, daß das wissenschaftliche Weltbild, das in verbindungslos nebeneinander stehende Fragmente auseinandergefallen ist, erneut in einen großen Gedankenbau zusammengefaßt werden könnte.

Es ist nichts damit gewonnen, wenn weise gewordene Biologen am Ende ihrer Tage immer wieder Versuche unternehmen, Systeme der Naturphilosophie zu entwerfen. Gerade das ist im Ansatz falsch. Es kommt darauf an, daß die Philosophie die Ergebnisse der Naturwissenschaft einer Prüfung durch die ihr allein zur Verfügung stehenden Methoden unterwirft.

Der Anfang dazu ist gemacht.

VON DER UMWELT DER WISSENSCHAFT

Der Patient, dem die Kunst des Arztes das Leben gerettet hat, schuldet seinem Retter zweierlei – Dankbarkeit und das Honorar. Die Dankbarkeit ist ein altes literarisches Motiv. Schon der Gesetzgeber auf dem Berge Sinai hatte keine große Meinung von der Bereitwilligkeit des Menschen, sich den Reizen dieser Tugend hinzugeben. So hielt er es für richtig, dasjenige der Gebote, welches dem Menschen Dankbarkeit befiehlt, das vierte Gebot nämlich, als einziges mit einer Belohnung auszustatten: »... auf daß dir's wohlgehe und du lange lebest auf Erden.« Eine sehr großzügig bemessene Belohnung! Und doch sagt ein altes bulgarisches Sprichwort, daß eine Mutter leichter sieben Söhne ernähre, denn sieben Söhne eine Mutter.

Der Patient wird gemeinhin glauben, daß er durch das Honorar seine Dankbarkeit ausdrücke. Aber da täuscht er sich. Die beiden Dinge haben wenig miteinander zu tun. Die Dankbarkeit ist eine christliche Tugend, und zwar diejenige, welche der Mensch auch dann noch für verbindlich hält, wenn er schon längst wieder ein vollkommener Heide geworden ist. Das Honorar hat in der Welt der Zivilisation noch etwas von seinem magischen Charakter als Opfer auf dem Altar des Asklepios behalten. Ein Patient kann sich selten ganz frei von der Befürchtung machen, daß die Heilmittel des Arztes bei einer neuen Erkrankung nicht so recht wirken werden, wenn das Opfer für die Heilung des vorhergegangenen Übels noch nicht dargebracht worden ist. Auch der Arzt hat sich ein wenig von ıieser alten Überlieferung bewahrt. Er gerät nicht in Verlegenheit, wenn ein Patient ihm ein Geschenk macht. Das gibt es in keinem anderen Beruf. Der Arzt nimmt das Geschenk entgegen, wie einst der Priester im Tempel die Gaben entgegennahm, welche für die Güte der Gottheit gespendet wurden.

Es ist das Problem der Umwelt, dem wir hier begegnen. Man sollte meinen, daß der Arzt, der seinem Patienten gegenübersitzt, mit ihm sich in der gleichen Umwelt befinde. Das ist nicht der Fall. Die Umwelt des Arztes und die Umwelt des Patienten sind so weit voneinander verschieden, daß sie fast nichts gemeinsam haben. Die Fähigkeit des Mannes der Wissenschaft, aus seiner wissenschaftlich rationalen Umwelt heraus sich in die magische Umwelt des von Dämonen geplagten Patienten zu versetzen, ist eines der Merkmale, durch die sich der Arzt vom Mediziner unterscheidet. Betrachten wir zuerst ein einfaches Beispiel. Betrachten wir das Verhältnis eines Arztes am Ende des 19. Jahrhunderts zu seinen schwarzen Patienten am mittleren Kongo.

Stellen wir uns einen Negerkraal im Urwald am großen Kongofluß vor, heimgesucht von der Schlafkrankheit, der Geißel Afrikas in alten Zeiten. Als erster Weißer kommt in diesen Kraal ein Arzt, ausgestattet mit Fliegengaze, Forschermut, Chinin, einer mittleren Gebrauchsdosis christlichen Mitgefühls mit den armen Mohren und dem Traum von der Goldenen Medaille der Royal Society of Tropical Diseases.

Die Mohren haben noch nicht einmal davon einen Begriff, daß sie Mohren sind. Für sie ist der weiße Mann eine merkwürdige Art von Albino, hinsichtlich dessen sie am meisten die Frage bewegt, was wohl ihre alteingesessenen Dämonen von ihm halten mögen.

Nicht etwa, daß sie für seine Maßnahmen kein Verständnis haben, sie haben nicht einmal die Möglichkeit dazu. Er wird ihnen erklären, daß die Tsetsefliege, Glossina palpalis, die Ursache ihrer Krankheit sei, daß diese Fliege einen unsichtbaren Erreger, Trypanosoma gambiense, in ihr Blut übertrage, und daß sie an der Vermehrung des Unsichtbaren in ihrem Blut zugrunde gingen.

Nun ist es keineswegs so, daß der Primitive keinen Zusammenhang zwischen Ursache und Wirkung kennt. Wenn er sich mit dem Hammer auf den Daumen haut, demonstriert der Schmerz die Grundgesetze der klassischen Physik am Kongo so überzeugend wie an der Elbe. Aber der Primitive, in diesem Falle weniger beschränkt als der Europäer, ist nicht davon überzeugt, daß alle Zusammenhänge zwischen Ursache und Wirkung dem Gesetz physikalischer Kausalität unterworfen sind. Darin übrigens stimmen die Mohren am Kongo mit den neueren Nobelpreisträgern der Physik überein.

Der Primitive kennt magische Zusammenhänge zwischen Ursache und Wirkung. Wenn er, bevor er auf die Jagd geht, das Jagdtier in den Sand zeichnet und mit seinem Speer durchbohrt, ist er davon überzeugt, damit das Jagdglück an seine Speerspitze gebannt zu haben. Es ist nicht ganz sicher, ob die moderne theoretische Physik einen sicheren wissenschaftlichen Beweis dafür erbringen kann, daß im Rahmen der Wahrscheinlichkeit, welche unter gewissen Bedingungen an Stelle des Kausalgesetzes tritt, nicht Dämonen durchaus Gelegenheit haben, ihr Wesen zu treiben.

In der Umwelt des Primitiven ist ebensowenig Raum für den Begriff der Diagnose wie für die moralischen Motive des merkwürdigen Albinos mit der Spritze. In der wissenschaftlich geordneten Umwelt des europäischen Forschers ist kein Raum für Dämonen. Gleichwohl muß der Primitive das Phaenomen, das ihm da aus einer unbekannten Ferne in seinen Kraal hineingeweht worden ist, in seine Umwelt einordnen. Die Beobachtungen, welche kluge Leute über diese Vorgänge gemacht haben, zeigen von seiten der Primitiven eine so bezaubernde Mischung von geistreichem Witz, odysseeischer List und einem tiefen, menschlichen Humor, daß die Aussichtslosigkeit der Bemühung etwas Melancholisches hat. Die Maßnahmen der Asepsis sind magischen Riten so ähnlich, daß der Primitive sie sich schließlich, nach genauer Beobachtung, in seiner Weise erklären und damit in seine magische Umwelt einordnen kann.

Der weiße Mann ist dem Primitiven durch seine Ratio überlegen. So gelang es ihm schließlich, die magische Welt des Kraals am großen Kongofluß zu zerstören. Er hatte wenig Grund, darauf stolz zu sein. Während er, als Albino mit der Spritze und als Fliegenzauberer, in der Umwelt der Mohren doch immerhin noch eine höchst poetische Rolle spielte, hatte er in der Welt des 19. Jahrhunderts dem seiner Magie beraubten Mohren keine andere Vakanz zu bieten als die Rolle des Hosenniggers.

Dem europäischen Arzt erscheint seine weitgespannte, rationale, wissenschaftliche Umwelt nicht nur ganz natürlich, sondern auch als die einzig mögliche. Füllt sie doch sein Bewußsein völlig aus, und läßt sich doch innerhalb ihrer alles definieren, was er zu definieren wünscht. In diesen Wünschen freilich ist er beschränkt. Da er das selbst nicht weiß, ist es auch nicht Beschränkung als ein Zeichen von Weisheit, sondern Beschränktheit als ein Zeichen von Naivität. Er hat nicht den Wunsch zu definieren, daß die Felszeichnungen afrikanischer Höhlenbewohner aus dem zwölften vorchristlichen Jahrtausend eine unbezweifelbare Verwandtschaft sowohl mit den Zeichnungen begabter Kinder als auch mit denen von Schizophrenen haben. Es sind Außenseiter der Wissenschaft, die auf solche Fragestellungen verfallen.

Aufschlußreich unter diesem Gesichtspunkt ist die Stellung der Wissenschaft zur Parapsychologie. Die Erscheinungen des Spiritismus, des zweiten Gesichts, der medialen Phaenomene wurden, solange die Erforschung dieser Gebiete noch im Anfang stand, als Humbug »abgelehnt«. Diese Ablehnung bedeutet nichts anderes als eben die Weigerung, dergleichen definieren zu wollen. Nachdem die Ergebnisse der parapsychologischen Forschung so weit gefördert worden waren, daß sie auch beim schlechtesten Willen nicht mehr als Humbug bezeichnet werden konnten, ging die Wissenschaft zu einem sehr primitiven Mittel der Abwehr über, sie ignorierte diesen Zweig der Forschung, daß heißt eben, sie weigerte sich, Parapsychologie in ihre Umwelt aufzunehmen. Der Freiherr von Schrenck-Notzing, der von der Wissenschaft herkam und sich der Parapsychologie zuwandte, wurde als eine Art von Verräter angesehen. Tatsächlich war er ein Verräter an der Gemütlichkeit der naturwissenschaftlichen Umwelt. Er hat sie gründlich gestört. Wenn er auch im Kampf gegen die Windmühlen des Schwindels unzählige Niederlagen erlitten hat, bewahrte er doch, wie Don Quichotte seine Ehre, auf eine bewundernswert hartnäckige Weise seine Unvoreingenommenheit, jene Eigenschaft, welche allein Neues zu finden den Forscher befähigt. Der Ruhm des Narren ist vielleicht bitter für den, welchen das Schicksal dazu ausersieht. Die Nachwelt hat immer Grund, den großen Narren dankbar zu sein, auch wenn es zuweilen lange dauert, bis sie sich dazu entschließt.

Ebenso merkwürdig wie das Verhältnis zur Parapsychologie ist das Verhältnis der Schulmedizin zur Homöopathie. Sie leben nebeneinander, ohne sich zu grüßen. Auch der verstockteste Schulmediziner wagt heute nicht mehr zu leugnen, daß die Homöopathie mit ihren Methoden überraschende Erfolge zu erzielen vermag. Andererseits denkt kein Homöopath, der sich selbst ernst nimmt, daran, der Schulmedizin ihre Meriten abzustreiten. Aber sie grüßen einander nicht. Ihre Umwelten haben keine Beziehungen zueinander.

Selbst als Geheimrat Bier, Chirurg von Weltruf seines Zeichens, dieses große Tabu durchbrach und anfing, in der Charité, dieser ehrwürdigen Stätte der Berliner medizinischen Forschung, homöopathische Methoden in die Chirurgie einzuführen, hat das, außer einem allgemeinen Schrecken, keine nachhaltigen Wirkungen hervorgerufen. Man grüßt einander auch heute noch nicht. Wenn bei einer Gesellschaft einmal ein homöopathischer und ein allopathischer Arzt zusammentreffen, verwandeln sich alle anwesenden Damen sogleich in Vestalinnen, die einen Gladiatorenkampf in offener Arena erwarten. Aber so alte Kämpen der Therapie wissen gewöhnlich, was eine gemütliche Umwelt wert ist. Sie ziehen es vor, sich über den Daviscup zu unterhalten oder über die blaue

Periode Picassos. Keine der anwesenden Hysterikerinnen, welche die Vestalinnen unserer Zeit sind, kommt zu dem Vergnügen, den Daumen zu senken, so daß ihnen nichts übrig bleibt, als am nächsten Morgen zur Kartenlegerin zu gehen.

Wie sehr solche Abwehrreaktionen wie die gegenüber der Parapsychologie oder der Homöopathie im Belieben der Wissenschaft stehen, ersieht man daraus, daß ein Gebiet wie die Umweltforschung selbst von der Wissenschaft mit anerkennendem Beifall begrüßt wurde, obgleich sich doch mit den Methoden der Umweltforschung sehr leicht nachweisen läßt, wie fragwürdig die Grenzziehungen der Wissenschaft sind. So erinnert dieser Beifall lebhaft an jenen Beifall, mit welchem die Trojaner das hölzerne Roß des Odysseus begrüßten.

Der Sieg der Umwelt des weißen Mannes über die Umwelt des Mohren, dieser Sieg der Ratio über die Magie, ist nicht geeignet, den naiven Hochmut des weißen Mannes zu erschüttern. Schwieriger wird seine Lage, wenn wir die rationale Umwelt des modernen Naturwissenschaftlers nicht der Magie des Primitiven gegenüberstellen, sondern der Umwelt eines konfuzianischen Gelehrten. Hier entfällt der Unterschied des Niveaus. Sowohl die Kultur als auch die Zivilisation der Chinesen sind der des Westens gleichwertig. Das Zusammentreffen der europäischen Ratio mit der von ganz anderen Aspekten bestimmten Kultur der Chinesen ist darum eine aufschlußreiche Angelegenheit.

Die dämonische Umwelt der Chinesen vermag sich in ihrer ganzen Hintergründigkeit gegenüber der europäischen Ratio zu behaupten. Obgleich das wissenschaftliche Europa mehr als hundert Jahre in China gewirkt hat, obgleich ganze Scharen von jungen Chinesen von der Ratio des Westens geschult worden sind, haben die Dämonen in China ihre Herrschaft verteidigen können. Weder Universitäten noch Missionare haben sie ihrer Lebenskraft berauben können.

Wie schön wäre es, wenn die verschiedenartigen Umwelten, die das schöpferische Genie des Menschen in den verschiedenen Kulturen hervorgebracht hat, nicht nur in zufälligen Beziehungen zueinander stünden, sondern, mittels eines Ordnungsprinzips, in eine Hierarchie, ein System ihrer Wertigkeit eingeordnet werden könnten. Sicherlich sind Umwelten von verschiedenem Range. Niemand wird einen Beweis dafür verlangen, daß die Umwelt eines konfuzianischen Gelehrten einen höheren Rang hat als die eines Hafenkulis. Aber das de argumento zu beweisen, wäre nicht so einfach. Andererseits ist es nicht ohne weiteres sicher, daß die Umwelt des weißen Mannes in der Hierarchie der Umwelten über der Umwelt des Kongomohren steht. Weil der Fuchs den Hasen gefressen hat, ist der Hase noch nicht von geringerem Range als der Fuchs.

Der Umweg über den Kongo wird bei der Untersuchung der Beziehungen, welche die Umwelt des Arztes und die Umwelt des Patienten zueinander haben, von Nutzen sein.

In den Hörsälen vernimmt man wenig von diesen Dingen. Hier lernt der Mediziner an Fällen, was der Arzt später auf Menschen anwenden muß. Ohnehin ist der in eine Klinik aufgenommene Patient des größten Teiles seiner eigenen Umwelt beraubt. Er ist hier ein Element der Umwelt anderer. An der Pforte des Operationssaales flüchten die Dämonen. Sie können den Aethergeruch nicht vertragen. Der Narkotisierte, eine Art von künstlicher Leiche, an welcher das Skalpell des Chirurgen die statistische Eleganz der Indikationen in überzeugender Weise demonstriert, ist bei seiner Heilung sozusagen gar nicht gegenwärtig, ein ideales Stück Bios, an welchem die naturwissenschaftliche Systematik sich bewähren kann, ohne von der Umwelt des Patienten gehemmt oder gestört zu werden. Aber das ist ein Sonderfall.

Die Medizin, welche der Arzt in der Praxis dem Kranken verschreibt, ist nicht nur in einem Glas Wasser zu nehmen, sondern auch mit drei Teelöffeln guten Glaubens an die Tüchtigkeit des Arztes, die Güte der Schöpfung und die Zuverlässigkeit der pharmazeutischen Industrie.

Aus Bedingungen entstanden, von welchen der Patient nur wenig weiß, auf ein Stück Leben angewendet, von welchem der Arzt nur eine lückenhafte Vorstellung hat, soll die in der wissenschaftlichen Vorstellungswelt des Arztes beschlossene Heilmaßnahme in der ganz anderen Welt des Kranken wirksam werden. So ist es vielleicht nicht ganz ohne Nutzen, die Zusammenhänge dieser beiden Umwelten ein wenig zu beleuchten.

TÄUSCHUNGEN

Das Sprechzimmer eines Arztes hat zwei Türen. Durch die eine betritt der Mensch, beladen mit seiner Krankheit, die Umwelt des Arztes. Durch die andere wird er, mit der Hoffnung auf Heilung, in seine eigene Umwelt wieder entlassen.

Welch ein Weg!

Naive und fröhliche Maler des 15. Jahrhunderts haben sich einen Spaß daraus gemacht aufzumalen, wie sie sich einen Jungbrunnen vorstellen. Auf der einen Seite klettern die mit allen Gebresten dieser Erde Behafteten mühsam in das zauberkräftige Wasser, auf der anderen Seite kommen sie verjüngt und alerten Schrittes wieder heraus, muntere Albernheiten miteinander und mit den Krücken, die sie nicht mehr brauchen, treibend.

Die Verwandlungen, die mit einem Menschen vor sich gehen, der die beiden Türen durchschreitet, sind, wenn auch nicht so sichtbar, so doch tiefergehend und erstaunlicher, als irgendein Jungbrunnen sie hervorzaubern könnte. Die beiden Türen sind magische Passagen.

Im Wartezimmer sitzen Lues, Rheuma, Mitralstenose, Rachitis und eine mäßig blutende Backe nebeneinander wie im Lehrbuch. Es sitzt da aber auch Herr Otto Kowalski, Reisender in Papierwaren, der nicht weiß, wo er sich das geholt haben könnte. Es sitzen da Frau Emmy Klose, die Gemüsehändlerin von der Ecke, die einen Schmerz im Knie und Sorgen um die Kundschaft hat, und Emil Wuttke, der seit dreißig Jahren Dienstmann ist und nicht begreifen kann, warum er im einunddreißigsten Jahre beim Tragen eines ganz leichten Koffers Herzklopfen und Schwindel bekommen hat. Es sitzt da Tante Pauline Krapf mit dem Kind Liebtraut, weil die Mutter keine Zeit hat. Es sitzt da der Taxifahrer Erich Strempel, der einen leichten Zusammenstoß hatte. Die Ursache des Zusammenstoßes war die offenbare Torheit eines Passanten und keineswegs die drei großen Steinhäger, die er getrunken hatte. Oft genug ja hatte er erprobt, daß er deren fünf ohne Schaden für seine Fahrkunst zu sich nehmen könne. Mit der gelassenen Skepsis des gewitzten Asphaltkenners besieht er von Zeit zu Zeit in seinem Taschenspiegel das Loch in seinem Schicksalsleder, bereit, sein eigenes Leiden mit der gleichen Ironie zu betrachten wie die Leiden seiner Gefährten in der Arche der Erwartung. Noch ist offen, ob es Glück oder Unglück ist, was hinter der magischen Pforte wartet.

Was sitzt da nun eigentlich? Personen oder Fälle, Schicksal oder Zufall, Geduld oder Empörung, Krankheit oder Einbildung, unschuldige Opfer oder schuldige Sünder? Frau Emmy Klose erzählt ihrer Nachbarin, daß an diesem Morgen nicht nur, als sie auf der Treppe ausrutschte, der Schmerz im Knie ganz plötzlich wieder aufgeflammt, sondern daß im gleichen Augenblick auch die Milch angebrannt sei. Tante Pauline Krapf nimmt dieses Zusammentreffen keineswegs wunder. Sie meint, daß ein Unglück selten allein komme. Offenbar sieht sie einen Zusammenhang zwischen den beiden Ereignissen. Ein Kausalzusammenhang liegt ohne Zweifel nicht vor. Was sollte für eine Verbindung zwischen dem Knie und dem Milchtopf bestehen? Wenn also ein Zusammenhang vorliegt, kann es nur ein magischer Zusammenhang sein. Kowalski und Wuttke stimmen bei und berichten über verschiedene, durch Erfahrung sicher belegte Häufungen von Malheurs.

Naive Überzeugung sieht Zusammenhänge, die sich durch keine wissenschaftliche Theorie beweisen lassen. Es sind Reste des alten Glaubens an die Allgegenwart der Dämonen, welche keine weitere Aufgabe haben, als den Menschen zu foppen oder zu plagen. Nur der Taxifahrer Strempel meint, ob nicht vielleicht der seit acht Tagen am Himmel stehende Komet für den Schmerz in Madame Kloses Knie verantwortlich zu machen sei.

Seine Ironie erweist ihn als Voltairianer. Aber was vermag der Versuch eines aufgeklärten Taxifahrers, die Dämonie ad absurdum zu führen, in einer Welt, in der jedermann lieber an Sterne glaubt, die an seinem Unglück schuld sind, als an seine eigene Dummheit, in einer Welt, in der jedermann die abergläubischen Vorurteile der Menge den einfachsten Einsichten der Vernunft vorzieht. Hat ja sogar Voltaire selbst einmal in äußerster Ironie gesagt, daß er zu aufgeklärt sei, um nicht abergläubisch zu sein.

Die Gültigkeit mittelalterlicher Vorstellungen in unserer modernen Welt läßt sich sehr schön am Beispiel der Sonne zeigen. Seit vielen Generationen lernen wir alle in der Schule, daß sich nicht die Sonne um die Erde, sondern die Erde um die Sonne drehe. Aber wir alle sagen, daß die Sonne aufgehe und am Himmel entlangwandere. Wenn wir dabei die Autorität der klassischen Physik gegen uns haben, so haben wir die der Poesie auf unserer Seite. Die Dichter lassen die Rosse Apollons noch heute an ihrem und an unserem Himmel feurig dahinziehen. Wenn wir bisher darauf verzichtet haben, Sachverhalte in ihrem Rang zueinander zu bestimmen, stellen wir doch die Poesie im Rang über die klassische Physik.

Keiner von uns zweifelt an der Gültigkeit des kopernikanischen Weltsystems. Aber für uns alle geht die Sonne unter. Der Mensch ist offenbar fähig, zwei einander widersprechende Umwelten in seiner so vieles bergenden Brust nebeneinander zu dulden. Es ist gut, daß er das kann. Denn gegenüber der Wissenschaft empfiehlt es sich zuzuwarten. Die spezielle Relativitätstheorie zum Beispiel ist schon wieder so weit, daß sie, ebensogut wie Kopernikus die Sonne zum Bezugspunkt des Systems nahm, die Erde dazu nehmen kann, und wenn sie Lust hat, sogar den zweiten Knopf von oben an der Weste von Erich Strempel. Das restliche Weltall dreht sich dann um Strempels zweiten Westenknopf. Die Formeln werden dann sehr kompliziert, aber die Sache läßt sich auch auf diese Weise darstellen. Die wissenschaftliche Formulierung dafür lautet, daß von zwei Bezugssystemen, die sich mit konstanter Geschwindigkeit relativ zueinander bewegen, keines vor dem anderen bevorzugt ist, und daß jedes Inertialsystem mit gleichem Recht als ein absolut ruhendes System betrachtet werden kann.

Es betritt nun das Sprechzimmer ein Patient, der »Wasser in den Beinen hat«. Er ist besorgt, weil auch der Vater und die Großmutter an der Wassersucht gestorben sind. Vertrauensvoll geht er zu seinem alten Hausarzt, welcher schon den Vater und die Großmutter bis zur Pforte der ewigen Seligkeit geleitet hat. Welch ein Vertrauen!

Aber der Patient denkt nicht statistisch. Er ist überzeugt, daß der alte, erfahrene Arzt nun ganz besonders gut über ihn Bescheid wissen werde, nachdem die Wassersucht doch offenbar »in der Familie liege«. Er schildert dem Arzt seine Beschwerden. Der alte Doktor blättert unterdessen in seinen Aufzeichnungen und findet beim Vater die Notiz: »Potat. stren. Chron. Nephr. † « und bei der Großmutter: »Tum. mal. ov. sin. Caput Medusae!! † « Er nickt: »Ja, ja, es liegt in der Familie!« Die Umwelt des Patienten und die Umwelt des Arztes scheinen in harmonischer und überzeugender Weise miteinander übereinzustimmen. Vielleicht ist die Medizin gar nicht so schwierig. Tatsächlich besteht die Übereinstimmung nur hinsichtlich der Kreuze. Die Wirklichkeit sieht folgendermaßen aus:

Die Schilderung des Patienten von seinen Beschwerden und ihrer Entstehung ist so charakteristisch, daß der Arzt ohne weiteres eine Vermutungsdiagnose stellen kann. Es handelt sich offenbar um einen Mangel in der Leistungsfähigkeit des Herzens. Welcher Art die Störung im Mechanismus des Herzens ist, wird die genaue Untersuchung ergeben. Die Notiz über den Vater besagt, daß er ein »Potator strenuus«, ein Hartsäufer, war und an einer chronischen Entartung beider Nieren zugrunde gegangen ist. Die Großmutter hatte einen »Tumor malignus ovarii sinistri«, eine bösartige Geschwulst des linken Eierstocks, also einen Krebs, und ein »Caput Medusae «, ein Medusenhaupt. Sollte die Großmutter wirklich einen Anblick geboten haben, der Helden in Schrecken versetzte? Ach nein, sie war eine würdige, weißhaarige Frau, welche ihr Leiden mit der stillen Ergebenheit des Alters als eine Fügung des Himmels hinnahm. Das Caput Medusae ist ein schon von Hippokrates beschriebenes, sehr eindrucksvolles klinisches Symptom. Geschwülste im Unterleib vergrößern sich zuweilen so stark, daß die Venen, welche das Blut aus den unteren Teilen des Körpers zum Herzen zurückbefördern, mehr oder weniger abgeklemmt werden. Der Körper hilft sich dann damit, daß er die durch die Bauchdecken führenden kleinen Umgehungsvenen enorm erweitert. So entsteht ein ungewöhnlicher Anblick, welchen die Alten mit dem Haupt der Medusa verglichen haben.

Der alte Arzt erinnert sich noch gut des eindrucksvollen Bildes. Auch hatte er schon bei Lebzeiten die Art der Geschwulst durch den Nachweis einer übermäßig großen Menge von Eierstockshormon im Harn der Patientin bestimmen können. Es war ein origineller diagnostischer Versuch gewesen, welcher nur selten Erfolg verspricht und für den Patienten nutzlos ist. Die medizinische Gesellschaft hatte ihm lebhaften Beifall gespendet, als er mitteilen konnte, daß das Mikroskop bei der Sektion ihm seine Diagnose bestätigt habe. All das geht dem alten Arzt durch den Kopf, während der Patient auf ein Orakel wartet, welches über sein Leben, seine Zukunft und das Glück seiner Kinder entscheiden wird. »Ja, ja, es liegt in der Familie!«

Die drei Krankheiten der drei Generationen haben nichts miteinander zu tun. Wassersucht ist überhaupt keine Krankheit. Wassersucht ist ein Zusammentreffen von Erscheinungen, ein Zustandsbild, welches bei den verschiedensten Erkrankungen als Ausdruck von Störungen im Wasserhaushalt des Körpers vorkommt. Ganz verschiedene Ursachen führen zu gleichen oder ähnlichen Erscheinungen, alle die Ursachen nämlich, die den Wasserhaushalt des Körpers in Unordnung bringen.

Wie verhält sich nun der Arzt gegenüber den so einleuchtenden wie unzulänglichen Vorstellungen seines Patienten? Er ist Psychotherapeut! Das ist ein sehr feierliches Wort für eine sehr einfache Sache, für die Toleranz des Arztes nämlich, ohne Hochmut auf die Umwelt seines Patienten einzugehen. Das ist aber nicht nur tolerant, es ist auch klug. Soll der Arzt dem Patienten die Zusammenhänge auseinandersetzen? Er würde ihn nur an all den Zweifeln teilhaben lassen, welche die Wissenschaft selbst unerbittlich gegenüber ihren eigenen verwickelten Vorstellungen hat. Sind diese Vorstellungen doch niemals endgültig. Wie oft hat es sich in der Geschichte der Medizin ereignet, daß man, nachdem man zwei Krankheitsbilder mühsam voneinander zu unterscheiden gelernt hatte, später eine ganz unvermutete gemeinsame Ursache für beide fand. Die Gehirnlues von der Paralyse genau zu unterscheiden, wieviel Mühe haben die Neurologen und Psychiater des 19. Jahrhunderts darauf verwendet, bis schließlich die Entdeckungen des 20. Jahrhunderts es ermöglichten zu zeigen, daß beide Krankheiten späte Formen der gleichen, gewöhnlichen Syphilis sind. So hält der Arzt sich klug zurück, dem Patienten Zusammenhänge zu erklären, welche für diesen ebenso unverständlich wie nutzlos sind. Diese Zurückhaltung erspart dem Patienten, die Lehren des alten Virchow in eine Umwelt einbauen zu müssen, in die sie sowenig hineinpassen, wie die Fliegentheorie des Spritzenalbinos in die Umwelt der Mohren hineinpaßte. Diese kluge Zurückhaltung ist die erste Täuschung, welche der Arzt dem Vertrauen seines Patienten zumutet. Die zweite Täuschung ist die über das Wesen und den Charakter seiner Heilmittel.

Nehmen wir den betrüblichsten und einfachsten Fall. Die Lage des Patienten ist aussichtslos. Die Wissenschaft verfügt über keinerlei Mittel, seine Krankheit zu heilen. Sie mag ihm vielleicht ein wenig seine Beschwerden lindern können. Sie kann einige Symptome bessern, aber sie kann nichts zu seiner Rettung tun. Gleichwohl verschreibt der Arzt ein Rezept. Wenn er dem zum Untergang Bestimmten keine Hilfe gewähren kann, wenigstens die Illusion der Hilfe will er ihm nicht verweigern. Darum wird der Arzt seinen Patienten der unbedingten und sicheren Wirkung der Medizin um so eindringlicher versichern, je wirkungsloser die Medizin ist. Er wird sogar, um den Patienten über den Ernst seiner Lage so wirksam wie möglich zu täuschen, einen Scherz machen.

Welch bitteres Kunststück!

Zuweilen, das ist gewissermaßen das andere Extrem, sieht sich der Arzt folgender Lage gegenüber: Die Untersuchung der Krankheitserscheinungen hat ihn bei seinem Patienten zu dem Ergebnis geführt, daß nur zwei Krankheiten in Frage kommen. Es spricht ebensoviel für und gegen die eine wie für und gegen die andere der beiden Möglichkeiten. Die Chancen stehen gleich. Es handelt sich um eine Unterscheidungsdiagnose, eine sogenannte Differentialdiagnose.

Es sei angenommen, es handle sich um eine Halsentzündung bei einem Knaben auf dem Land, welche sowohl eine Diphtherie wie eine gewöhnliche Mandelentzündung sein könnte. Es sei ferner angenommen, daß die Möglichkeit, den Erreger durch das Mikroskop zu bestimmen, aus irgendeinem Grund in diesem Fall nicht gegeben sei. Das einzige noch zur Verfügung stehende Mittel, die Lage zu klären, ist das Heilmittel selbst. Das Heilmittel selbst muß helfen, die Differentialdiagnose zu entscheiden. Führt die Einspritzung von Diphtherieserum zu einer sofortigen und überzeugenden Besserung des Zustandes, so ist die Diagnose einer Diphtherie »ex juvantibus« gesichert. »Ex juvantibus« bedeutet »aus den Hilfsmitteln«. Bleibt das Diphtherieserum wirkungslos und führt danach ein Versuch mit Chinin zum Erfolg, so wird die Diagnose sich für die Mandelentzündung entscheiden.

Die Einspritzung des Diphtherieserums in einem so gelagerten Fall ist ein Experiment am Krankenbett.

Wie wird der Arzt sich verhalten? Soll er den besorgten Eltern erzählen, daß er nicht weiß, an was der blonde Knabe, ihre Hoffnung und ihr Glück, erkrankt sei? Soll er ihnen erzählen, daß er mit dem Erben des Hauses, dem Träger der Überlieferungen so vieler Generationen, ein Experiment machen werde? Soll er ihnen die tragische Unzulänglichkeit seines Berufes auseinandersetzen? Ach nein! Das alles verschließt der alte Arzt in seiner Brust. Der Mann, der gegen den Tod kämpft, weiß, daß er seine Siege mit Niederlagen bezahlen muß. Die gestrenge Herrin, die Wissenschaft, hat ihn gelehrt, daß die Diphtherie die gefährlichere der beiden Erkrankungen ist. Versucht er es zuerst mit Chinin und ist es Diphtherie, ist der mögliche Schaden für den Knaben größer, als wenn er zuerst das Serum nimmt und sich die Krankheit doch als gewöhnliche Mandelentzündung erweist. Freilich, auch dieser »kleinere Schaden« kann zuweilen in schweren Herzschädigungen bestehen, und er kann sogar zum Tode führen. Aber das ist selten.

Hinter diesem kleinen Worte »selten« verbirgt sich ein umfangreicher Tatbestand. Obgleich die Chancen der Unterscheidungsdiagnose ganz gleich stehen, trifft der Arzt seine Entscheidung nicht wie ein Roulettespieler, der das Glück versucht, Rot das Leben und Schwarz der Tod. Diese Chance wäre nur fünfzig Prozent. Die Wissenschaft gibt ihm eine größere in die Hand und opfert dafür die Person des Kranken.

Die Entscheidung des Arztes ist eine statistische. Durch Generationen sammeln die Ärzte ihre Erfahrungen und teilen sie einander mit. Die Überlegungen, die der alte Arzt am Bett des blonden Knaben anstellt, sind sehr verwickelt. Sie lassen keinen Raum für Gefühle. Das Bild des blühenden Lebens, das in seine Hand gegeben ist, darf er nicht einmal sehen. Die gestrenge Herrin erlaubt es nicht. Es ist nicht der blonde Knabe, den er seiner Zukunft zurückgeben soll, es ist der Fall einer Differentialdiagnose zwischen Diphtherie und Mandelentzündung, welcher nach der Lehre entschieden werden muß. Die Überlegungen des Arztes sind folgende:

Man weiß, daß die Zahl der Todesfälle bei Diphtherie um ein Vielfaches größer ist als die Zahl der Todesfälle bei gewöhnlicher Mandelentzündung. Aber auch bei Mandelentzündungen kommen Todesfälle vor. Nimmt man nun einmal an, man übersähe eine große Zahl, etwa hundert Fälle, bei denen die Chance für Diphtherie und die Chance für Mandelentzündung völlig gleich wären und bei denen auch tatsächlich fünfzig der Fälle Diphtherie und fünfzig Mandelentzündungen wären. Aus der nach Zehntausenden von Fällen zählenden Statistik der ärztlichen Erfahrungen weiß man, daß man bei fünfzig Fällen von Diphtherie, welche rechtzeitig mit Serum behandelt werden, mit höchstens einem Todesfall zu rechnen hat. Bei fünfzig Fällen, welche unter gleichen Bedingungen nicht behandelt werden, würde die Zahl der Todesfälle neun sein. Bei der Mandelentzündung brauchte man, wenn sie mit Chinin behandelt wird, überhaupt mit keinem Todesfall zu rechnen. Denn bei mit Chinin rechtzeitig behandelter Mandelentzündung tritt nach der Statistik erst auf achthundert Fälle ein Todesfall ein. Bei der nichtbehandelten Mandelentzündung dagegen hätte man mit einem Todesfall zu rechnen.

Es spielt dabei keine Rolle, daß ein einzelner Arzt eine so große Zahl gerade so gelagerter Fälle selbst in einem langen Leben kaum erleben wird. Aber der einzelne Fall, der Fall des blonden Knaben, steht unter diesen Bedingungen. Um zu erfahren, wie er entschieden werden muß, bedient sich der alte Landarzt in dem einsamen Gutshaus der Erfahrungen aller Ärzte der Welt. Er bedient sich der Statistik.

Die Statistik faßt diesen ganzen verwickelten Sachverhalt zusammen in die einfache Feststellung: Bei der Differentialdiagnose Diphtherie – Mandelentzündung ist die durchschnittliche Mortalität bei Chininbehandlung 18 Prozent, bei Serumbehandlung 2 Prozent.

Was erscheint also klarer, als daß der alte Arzt das Serum nehme? Aber er kann nicht wissen, ob nicht der blonde Knabe gerade dieser eine Fall von den fünfzig ist, welcher an seiner unbehandelten Mandelentzündung zugrunde gehen wird.

Er gibt sein Serum, und dieser Knabe stirbt. Zuweilen verlockt den Arzt die verführerische Chance, es auf Glück ankommen zu lassen, auf Rot zu setzen, um das blühende Leben, das ihm in die Hand gegeben ist, zu retten. Aber die Wissenschaft kennt keine Gnade. Wenn der Arzt seinen Gefühlen Lauf läßt, wird er unexakt und schließlich unsicher werden. Für den einen Fall, den er durch eine nicht streng begründete Verschreibung rettet, wird er zwei andere verlieren, welche zu retten gewesen wären, wenn er in allen Fällen der Wisssenschaft gehorcht hätte.

So trifft er, souverän und gefühllos, über den Fall des blonden Knaben die Entscheidung, welche die wissenschaftliche Vernunft gebietet. Erst wenn er diesen Entschluß gefaßt hat, streichelt er freundlich des Knaben wirres Haar. Vielleicht erinnert er sich dabei für einen Augenblick der Träume, die er als Jüngling von der edlen Berufung, leidenden Menschen zu helfen, geträumt hat. Dann gibt er den Eltern eine hoffnungsvolle Versicherung über die Wirksamkeit eines Heilmittels, welches er anwandte auf eine Krankheit, die noch nicht einmal zu diagnostizieren möglich war. Dann trabt er, gebeugt ebenso von der Mühe seiner Erfolge wie von der Last seiner Mißerfolge, weiter auf dem steinigen Pfade, welchen die gestrenge Herrin ihm vorschreibt. Das Vertrauen seiner Patienten ist die noble Gloriole, die über seinem grauen Haupte schwebt. Wie könnten sie je verstehen, daß er im Recht war, als er zur falschen Diagnose das falsche Medikament gab! Er ist weise genug, das Vertrauen seiner Patienten, so ähnlich dem Vertrauen der Kinder in das größere Wissen und die längere Erfahrung der Erwachsenen, nicht mit all den Zweifeln zu belasten, die überflüssig sind, wenn die Sache gut ausgegangen ist, und nichts mehr retten, wenn es ein schlechtes Ende genommen hat.

Von der Vorstellung, daß zwischen der Umwelt des Arztes und der Umwelt des Patienten harmonische Beziehungen bestünden, ist keine Rede mehr.

Jeder Patient, der durch die Tür eines Sprechzimmers tritt, verwandelt sich bei seinem Durchgang durch diese magische Passage aus einem Menschen mit Schicksal oder Schuld, mit Geduld oder Empörung, mit zitternder Hoffnung oder dumpfer Verzweiflung in einen Fall, der nach der Lehre entschieden werden muß. Alles, was dieser Mensch an Persönlichem mitbringt, wird zum Bestandteil seines klinischen Bildes. Es wird zum Gegenstand der Untersuchung. So hat die wissenschaftliche Medizin es den jungen Scholaren gelehrt; aber diese strengen und einfachen Lehren muß er durchführen in einer Welt der Mannigfaltigkeit, in der die Krankheit mehr bedeutet als nur eine biologische Störung. Er muß sie gegenüber einem Patienten durchführen, der keine Vorstellung von dem Begriffsschema hat, das die wissenschaftliche Medizin auf ihn als Fall anwendet. Er muß die beschränkte Welt der medizinischen Wissenschaft, für die der Patient ein statistisches Individuum ist, und die überströmende Mannigfaltigkeit des Lebens, in der der Patient ein Mensch ist, miteinander in Übereinstimmung bringen. Das ist seine Aufgabe als Arzt. Die medizinische Wissenschaft lehrt ihn nicht, wie er das machen soll. Da er aber als Arzt den Patienten an den Wohltaten der Wissenschaft teilhaben lassen will, muß er eine Brücke schlagen über die Kluft, die zwischen der Lehre und dem Leben klafft. Die Wissenschaft ist gefühllos, und Gefühl ist unwissenschaftlich. So bedient er sich der Täuschung, um die Aufgabe zu lösen, leidende Menschen als statistische Fälle, streng nach der Lehre, von ihren Leiden zu befreien. Er muß das Vertrauen des Patienten, um es überhaupt erwerben zu können, täuschen. Worüber er den Patienten täuscht, ist nichts anderes als der eigentliche Mangel an Humanität, der der wissenschaftlichen Medizin als einer auf experimenteller Naturwissenschaft aufgebauten Disziplin eigen ist.

Die dritte Täuschung, mit welcher der Arzt das Vertrauen seines Patienten belastet, ist die merkwürdigste von allen. Das, was dem Patienten, wenn er den Arzt aufsucht oder ruft, am wichtigsten erscheint, ist weder der Name der Krankheit, die Diagnose, noch die Art der Behandlung, die Therapie. Das wichtigste für ihn ist der Ausgang der Krankheit. Er erwartet vom Arzt, daß er im voraus erkenne, ob die Krankheit heilbar sei, ob sie zum Tode führen werde, ob er seine Gesundheit wiederbekomme oder ob die Krankheit Schäden zurücklassen werde, die ihn in seinem Dasein beeinträchtigen werden. Schließlich will er wissen, wie lange die Krankheit dauern wird. Alles das faßt die Medizin unter dem Begriff der Vorauserkennung, der Prognose, zusammen.

Was die Prognose anbelangt, ist der Patient einem besonders verwickelten System von Täuschungen ausgesetzt. Diese Täuschungen werden um so gründlicher und sorgfältiger durchgeführt, je ungünstiger die Prognose ist, das heißt, je wahrscheinlicher es wird, daß der Kranke sterben muß. Die Ärzte sind dahin übereingekommen, daß man einem Patienten nicht sagen solle, daß er sterben müsse. Derjenige, demgegenüber das höchste Maß an List aufgewandt wird, um das System der Täuschungen wirksam zu gestalten, ist der Arzt selber, wenn er Patient geworden ist. Mit einem gewissen Respekt erzählen Ärzte einander, daß der berühmte Pathologe auf seinem letzten Lager genau gewußt habe, was gespielt wurde. Seine unbestechliche wissenschaftliche Vernunft hatte das Meisterstück zuwege gebracht, sich selbst zum Fall zu machen. Sie hatte ihm geholfen, nicht nur das System der Täuschungen zu durchschauen, sondern auch die Bereitwilligkeit zu überwinden, mit welcher die eigene arme Seele so gern sich täuschen läßt. Dieser letzte Sieg des alten Arztes ist wahrlich des Respektes wert. Das letzte Lächeln seines Intellekts ist ein Lächeln der Befriedigung darüber, daß er im Tode blieb, was er sein ganzes Leben lang gewesen war – klüger als seine Kollegen. Die Richtigkeit der Diagnose seines eigenen Falles bewies er sich, indem er, der Lehre gemäß, an ihr starb.

Ein argumentum ad personam! Aber diesen Einwand braucht er sich nicht mehr anzuhören. Er ist dort, wo ihm das Geheimnis des Bios endlich entschleiert werden wird. Den Himmel der wissenschaftlichen Medizin kann man sich nur vorstellen als eine riesige Bibliothek, in welcher geflügelte Geheimräte als brillentragende Engel an den Regalen auf und nieder schweben, um die Lösungen nachzuschlagen für all die Rätsel, die ihnen die Natur zu Lebzeiten aufgegeben hatte.

Dem Kranken seinen sicheren Tod verkünden bedeutet noch heute, ihn auf eine Insel ohne Hoffnung zu verbannen. Nur die Kirche kann es wagen, dem Menschen zu sagen, daß sein Ende gekommen sei. Sie sendet ihm ihren Priester und erklärt ihm, daß er seine Rechnung mit dem Himmel zu machen habe.

Freilich, der Priester und der Arzt befinden sich in einer sehr unterschiedlichen Lage. Bis zum letzten Augenblick sind beide der Möglichkeit ausgesetzt, daß die Prognose sich geirrt habe und daß der Patient am Leben bleiben werde. In einer so in der Schwebe befindlichen Lage kann die Entscheidung zuungunsten des Patienten allein dadurch zustande kommen, daß ihm eröffnet wird, daß er sterben müsse. Die Seele eines Schwerkranken ist ein empfindliches und flüchtiges Ding. Wenn der Arzt mit seiner ganzen Autorität dem Schwerkranken sagte, daß er sterben müsse, würde sein Lebenswille erlahmen. So träte der Tod schließlich nur deshalb ein, weil dem Kranken die Hoffnung genommen wurde.

Wenn die Waage des Todes noch in der Schwebe ist und das Erscheinen des Priesters zur letzten Ölung für den Patienten der Anlaß wird, sein Leben aufzugeben, sind die Folgen des priesterlichen Irrtums andere, als wenn diesen Irrtum der Arzt begeht. Der Irrtum des Priesters öffnet der armen Seele immer noch die Pforten des Himmels. Der Irrtum des Arztes öffnet dem Menschen nur den Sarg. Die Wissenschaft der Medizin hat für ihren Patienten keinen Himmel zur Verfügung.

Eine genaue Beobachtung der Vorgänge beim Sterben läßt der Vermutung Raum, daß die Natur nicht darauf besteht, daß das Ich bei der Trennung von seinem biologischen Aufenthaltsort mit vollem Bewußtsein dabeisein müsse. Das Bewußtsein ist gewöhnlich schon entschwunden, ehe die letzten Phasen des Sterbens vor sich gehen. Hier ist die Natur milde und macht es dem Menschen leicht. Die Ärzte, die dem Sterbenden keinen Himmel zu bieten haben, sind bescheiden genug, sich in dieser Sache nach der Natur zu richten. Wenn das Leben zu Ende ist, ist auch die Wissenschaft vom Leben an ihren Grenzen angelangt. Sie hat ihre Niederlage erlitten. Was danach kommt, untersteht nicht mehr ihrer Herrschaft. Die arme Seele zu trösten, bedarf es höherer Kategorien, als der Biologie zur Verfügung stehen. Sie hat kein Motiv, den Menschen mit seinem Ende zu konfrontieren. So sind die Ärzte übereingekommen, daß man den Patienten nicht auf die Insel der Verlorenheit verbannen dürfe, daß man ihm nicht sagen solle, daß er sterben müsse. Die dritte der Täuschungen, mit welchen der Arzt das Vertrauen seines Patienten belastet, hat keinen anderen Grund als wissenschaftliche Bescheidenheit.

Klugheit, Weisheit und Bescheidenheit sind die Motive, welche den Täuschungen zugrunde liegen. Der Patient ist ein Mensch und ein Fall. Ein Mensch für sich selbst, ein Fall für die Wissenschaft. Zwischen Mensch und Wissenschaft klafft ein Abgrund. Er ist durch die Lage gegeben. Der Arzt sieht diesen Abgrund, der Patient kann ihn nicht sehen. Dieser Gegensatz reizt zum Zynismus. Es ist ein Zynismus der Güte.

Es sollte nicht gesagt werden, daß diese Täuschungen immer und unter allen Umständen veranstaltet werden. Aber sie sind nicht zufälligen Charakters. Der Arzt, der in der Mitte zwischen der Ratio der Wissenschaft und dem Leid der Schöpfung steht, bedarf ihrer. Klugheit, Weisheit und Bescheidenheit gebieten sie. Sie ergeben sich aus dem Zusammenstoß einer geschlossenen wissenschaftlichen Vorstellungswelt mit der Mannigfaltigkeit des Lebens. Sie sind unvermeidlich, wenn bei der Anwendung der medizinischen Wissenschaft auf den lebenden Menschen den Geboten der praktischen Vernunft, der Güte und der Menschlichkeit Genüge getan werden soll. Es ist das Schicksal des Arztes, daß die Medizin trotz all ihrer wunderbaren Erfolge in ihrem Kampf gegen den Tod zuletzt immer besiegt ist. Auch das lädt der Arzt zu all den Lasten, welche sein Beruf ihm aufbürdet, auf seine Schultern. Darüber spricht man höchstens, wenn man unter sich ist. Wenn man unter sich ist, ist man zynisch.

Solange der Zynismus der Auguren zum Motiv die Güte hat, solange kann man dem Patienten zumuten, das Vertrauen in die Täuschungen, welchen er ausgesetzt ist, zu bewahren. Die Therapie braucht sein Vertrauen. Je fester der Patient auf die Gefühle vertraut, welche die Wissenschaft für ihn nicht hat, um so sicherer wird er als der Fall geheilt werden, welcher er nicht sein möchte. Darum ist für den Arzt der Sympathischste der Patienten der Taxifahrer Erich Strempel. Was könnte den Zynismus der Güte vollkommener ergänzen als die Ironie eines Voltairianers des Asphalts.

GLANZ UND ELEND DER DIAGNOSE

Im ersten Essay wurde versucht, den Punkt aufzuzeigen, an welchem sich die Neugier des Menschen vom Glauben und von der Frömmigkeit löste und dem Lichte Luzifers folgte, um zum Wissen zu gelangen. Es wurden die Ergebnisse betrachtet, die von diesem Punkt aus erreicht werden konnten. Es zeigte sich, daß dieser Weg ins Unbekannte führt. Es wurde die tiefe und feine Komik aufgezeigt, die entsteht, wenn das durch die Wunder des Verstandes entwickelte Wissen auf das Wunder des Lebens angewendet wird.

Die Unbekümmertheit, mit der das Wissen auf das Leben angewendet wird, entstammt nicht aus der gleichen Quelle wie das Wissen selbst. Sie entstammt nicht der Ratio. Sie ist naiv. Gerade diese Naivität in der Anwendung wissenschaftlicher Erkenntnisse auf das Leben hat Probleme geschaffen, welche die Menschheit erst langsam zu begreifen beginnt. Mit Ratio allein können sie nicht bewältigt werden.

Es wurde versucht, eine Skizze von dem Gegenstand der Medizin zu entwerfen, jener von ihrem Schicksalsleder umschlossenen Seele, welche sowohl der verschwenderischen Großmut wie der entschlossenen Naivität der medizinischen Wissenschaft ausgesetzt ist.

Dann hieß es, eine Brücke zu bauen. Es stellte sich heraus, daß die intellektuelle Transparenz der Naturwissenschaft die magische Poesie der Kongomohren nicht zu erleuchten, sondern nur zu zerstören vermochte. Ebenso stellte sich heraus, daß die wissenschaftliche Ratio die mittelalterlichen Dämonen des Wartezimmers nicht zu besiegen, sondern nur zu ignorieren imstande ist. Von der Magie zur Wissenschaft, von den Dämonen zur Ratio eine Brücke zu bauen, welch ein Vorhaben! Dieses Vorhaben wäre zum Scheitern verurteilt gewesen, wenn nicht der Begriff der Umwelt zur Verfügung gestanden hätte.

Es ist das Verdienst des Biologen Jakob v. Uexküll, gezeigt zu haben, daß die Bedeutung des Begriffes »Umwelt« weit über das hinausgeht, was der gewöhnliche Sprachgebrauch hinter dem Wort vermuten läßt. Mit Hilfe dieses fruchtbaren Begriffs konnten einige Aussagen über die Umwelt der Wissenschaft gemacht werden. Daß man dabei so schnell auf Grenzen der Wissenschaft stößt, die man so mitten im Leben gar nicht vermutet, dafür werden natürlich eher diejenigen dankbar sein, welche jenseits, als diejenigen, welche diesseits dieser Grenzen stehen. So konnten einige Abgrenzungen vorgenommen werden zwischen der sicheren Umwelt des auf die rationalistische Solidität seiner Wissenschaft vertrauenden Arztes und der vagen Umwelt des Patienten, in welcher er von immer noch äußerst agilen Dämonen geplagt wird, während er sich die Schienbeine an den erkaltet umherliegenden Meteorblöcken wundstößt, die irgendwann einmal aufleuchtend vom Firmament der Wissenschaft durch das Vermischte des Abendblattes in seine Umwelt herabgestürzt sind.

So wurde ein Bild von der geistigen Landschaft geschaffen, in welcher die Anwendung biologischer Erkenntnisse auf das Leben des gewöhnlichen Menschen sich abspielt. Dies wird vielleicht bei der Betrachtung des Wunderinstrumentes von Nutzen sein, ohne welches es weder vernünftige Überlegungen über Krankheiten noch vertretbare Anwendungen biologischer Erkenntnisse auf Kranke gäbe. Das Wunderinstrument, das das Tor zum Land der Therapie eröffnet, ist die Diagnose.

Was ist eine Diagnose?

Sie ist das Kreuz des Arztes und zugleich der feinste geistige Genuß, welchen die medizinische Wissenschaft dem Arzt zu bieten hat. In jeder Diagnose, welche richtig gestellt wird, versammelt sich wie in einem Brennspiegel das Licht vieler Jahrhunderte der Forschung, um, hic et nunc, das Schicksal eines Menschen, das in seiner Herkunft aus der Reihe seiner Ahnen älter als die Forschung und in der unendlichen Mannigfaltigkeit seines Milieus niemals auszuschöpfen ist, zu durchleuchten und seine Leiden den Wohltaten zu überliefern, welche die Wissenschaft zu vollbringen vermag.

Die Befriedigung, einen Kranken zu heilen, ist moralischer Natur. Die Befriedigung, eine Diagnose zu stellen, ist ein geistiges Vergnügen ersten Ranges. Eine Diagnose zu stellen, ist ein schöpferischer Akt. Vor der Diagnose gibt es keine Krankheit im wissenschaftlichen Sinn. Es gibt die Leiden des Patienten und ihre Symptome. Erst in dem Augenblick, in welchem der Arzt die Vielfalt der Symptome zueinander in Beziehung setzt, die in dieser ganz bestimmten Konstellation einander zugeordneten und einander entsprechenden Symptome auf eine einheitliche Ursache zurückführt, den Patienten einem ganz bestimmten Krankheitsbild zuordnet, ihn als »einen Fall von« definiert, in diesem Augenblick erst tritt die Krankheit aus der magisch dunklen und drohenden Kulisse der

Symptome in das Rampenlicht der Ratio. Jedesmal in diesem Augenblick verkündet der Arzt im Dienst der Pflichten, welchen er sich mit seinem hippokratischen Eide unterwarf, und kraft der Macht, welche die gestrenge Herrin seinem Wissen verlieh, einen Spruch des Schicksals.

Was alles steckt in einem solchen Spruch des Schicksals verborgen! In diesem wahrhaft brillanten Augenblick, in welchem durch den schöpferischen Akt der Diagnose die Krankheit konstituiert wird, tritt die ganze aufregende, großartige und grausame Poesie des Lebens mit einem Schlag in Erscheinung.

Was ahnt der patiens, der Leidende, davon, welcher Abenteuer des Geistes es bedurft hat, damit klargestellt werden kann, daß sein Leiden, seine Atemnot etwa, unter das Krankheitsbild der Mitralstenose fällt! Was weiß er davon, daß es da vor vielen Jahrhunderten einen Mann in Salamanca gegeben hat, der Arabisch lernte, um das ärztliche Wissen des Avicenna, das auf die Quellen des Altertums zurückgeht, der europäischen Neugier zugänglich zu machen. Der Mann in Salamanca erlitt den Märtyrertod der Wissenschaft, weil er seines heidnischen Wissens wegen den Frommen jener Zeit als Ketzer erschien. Was weiß der Patient von dem kühnen Mute jenes Amsterdamer Gelehrten, der die Leiche eines Pferdediebes vom Galgen stahl, um durch den Augenschein die Anatomie des Herzens kennenzulernen, des gesunden Herzens eines Schurken, das schließlich dank dem Genie und der Gelehrsamkeit des kühnen Mannes die Quelle unendlichen Segens geworden ist für die kranken Herzen von Vätern, Kokotten, Diplomaten, Boxern, Nonnen, Kapitänen, Versicherungsagenten, Kardinälen, Waschfrauen und Gelehrten. Wie souverän stellt das Schicksal seine Blumensträuße zusammen aus Wegerich, Orchidee und Digitalis purpurea. Kaum je wird ein Patient sich darüber Gedanken machen, in welch wahrhaft gemischter Gesellschaft er von der mächtigen Poesie des Lebens als letzter Fall verschlagen worden ist.

Auch wird er, wenn er das Fläschchen brauner Flüssigkeit, das der Arzt ihm verschreibt, dreimal täglich zwanzig Tropfen, geschluckt hat und seine Atemnot hinweggezaubert ist, kaum je erfahren, daß es eine alte keltische Kräuterhexe war, der ein englischer Gelehrter das Geheimnis des braunen Trankes entlockte.

So nimmt der Patient seine Diagnose in Empfang, diesen blitzenden Kristall der Ratio, dankbar vielleicht, aber doch ohne Ahnung davon, daß es ein Diamant von vielen Karaten ist. Lächelnd überreicht der Jünger der gestrengen Herrin dem Patienten das Wissen der Jahrhunderte als großmütiges Geschenk. Für den echten Jünger der Wissenschaft ist es ganz gleich, ob sein Diamant einem Fall von Staatsminister oder einem Fall von Waschfrau überreicht wird. Warum auch sollte er einen Unterschied machen! Schließlich wird auch der Staatsminister den Diamanten lieber in den Händen der Waschfrau als in seinen eigenen sehen, falls er das bewundernswerte spätantike Kunststück fertiggebracht hat, als Sohn einer Waschfrau Minister zu werden.

Was schließlich weiß der Arzt von dem Patienten, mit dem das Leben einen brillanten Augenblick lang ihn zusammentreffen läßt. Zwar ist seine Neugier nicht befriedigt, wenn er die Diagnose gestellt hat. Die Mitralstenose muß eine Ursache haben. Das kann eine feuchte Wiese sein, der Kuß einer schönen Frau, ein Gang zur Messe oder der lederne Haltering des Autobus Numero 12. Der Streptococcus viridans ist ein tückischer Geselle, der sich überall im Milieu herumtreibt. Es können aber auch die Sünden des Großvaters sein. Für die Ursache jeder Krankheit ist sowohl das Milieu des Kranken wie seine Konstitution von Bedeutung. Die Konstitution des Patienten beruht auf seinem Erbe, das vielleicht noch einen Faktor Dschingiskhan enthält oder zwei Faktoren Kaiser Rotbart lobesam, vielleicht aber auch noch ein Gen von jenem Pferdedieb, dessen totes Herz für sein lebendes von so großer Bedeutung wurde.

Angesichts dieser sowohl nach der Seite des Milieus wie nach der Seite der Konstitution unübersehbaren Möglichkeiten wird das Wunder der Diagnose immer erstaunlicher. Man wird sehen, wie der Arzt das Kunststück fertigbringt, seine scharf umrissene Diagnose aus der unendlichen Zahl der Erscheinungen und Möglichkeiten herauszuschneiden.

Zunächst muß ein Schritt zurückgegangen werden. Die Medizin beherrscht heute souverän die rationale Systematik der Diagnose, der Subsumierung varianter Symptome unter ein bestimmtes Krankheitsbild, aus welchem heraus sich die Ursache der Krankheit erklären läßt. Erst darauf ja läßt sich eine vernünftige Anwendung von Heilmitteln und Heilmethoden aufbauen. Diese rationale Systematik der Diagnose ist ein Ergebnis der wissenschaftlichen Forschung und kaum älter als hundert Jahre. Eigentlich hat erst Virchow mit der Systematik der Pathologie, der Lehre von den krankhaften Veränderungen der Zellen und Organe, die Grundlage geschaffen, auf der die Forschung zum erstenmal ein geschlossenes System von Krankheitsbildern aufbauen konnte.

Die Basis, von der Virchow ausging, sind die Forschungsergebnisse, die er vorfand, als er seine Arbeit begann. Wir können annehmen, daß er eine Vorstellung von dem Ziel, das er erreichen wollte, gehabt hat. Ebenso sicher kann angenommen werden, daß die Männer, die im Lauf einiger Jahrhunderte die Voraussetzungen schufen, ohne welche Virchows Erfolg nicht denkbar gewesen wäre, von diesem Ziel keine Ahnung gehabt haben.

Welch ein Rätsel! Schritt für Schritt arbeiteten im Lauf der Geschichte der Medizin die Gelehrten auf ein Ziel zu, das verborgen in der Zukunft lag. Ist es der menschlichen Neugier gelungen, sozusagen einen unsichtbaren Vogel im Fluge abzuschießen? Oder konnte die medizinische Forschung notwendig an keinem anderen Ziele ankommen als an dem, welches Virchow erreichte?

Vielleicht wird die Clairvoyance eines Historikers in fünfhundert Jahren diese Frage einmal entscheiden können. Der Ratio folgend, mußte wohl eines Tages alles das, was gefunden worden ist, gefunden werden. Aber was steckt hinter dem Ungestüm, mit welchem der menschliche Geist allein den Verlockungen der Ratio folgte? Oft genug ist dieses Ungestüm an Wegegabeln vorbeigebraust, an denen der Lauf der Forschung ein sehr anderer hätte sein können, wenn das Interesse des westlichen Geistes ein anderes gewesen wäre.

Die Chinesen haben ihr medizinisches Interesse auf ganz andere Punkte als die Europäer gerichtet. Mit der praktischen Vernunft, die ein so hervorstechendes Merkmal dieses gescheiten Volkes ist, haben sie immer wissen wollen, wie die Sache ausgeht. So haben sie mit einer der westlichen Wissenschaft bislang noch unzugänglichen wissenschaftlichen Systematik die Prognose, die Vorausschau der Krankheit, entwickelt. Ärzte der alten chinesischen Medizin vermögen das Stigma mortis, das dunkle Wehen der Flügel des Todes über einer menschlichen Seele, schon zu einem Zeitpunkt zu erkennen, der dem europäischen Mediziner unbegreiflich ist.

Ihre Wissenschaft der Prognose beantwortet ihnen die Frage, die ihre Neugier stellt. Damit begnügen sie sich. Aber ist nicht die Genügsamkeit der stille Teich, auf dem die Lotosblume der Weisheit blüht?

Auch in Europa waren jahrhundertelang die Krankheiten nichts anderes als Strafen Gottes für die Sünden der Menschen. Welche Blasphemie, die Strafen Gottes durch intravenöse Injektionen aus der Welt schaffen zu wollen! Und wie erfolgreich ist diese Blasphemie geworden!

Maeterlinck spricht einmal von der Schönheit der Krankheit und daß es nicht ausgemacht sei, daß die Krankheiten nicht die verschiedenen und authentischen Gedichte des Fleisches seien. Welch ein Aspekt! Was nützt es uns festzustellen, daß Hölderlin eine Schizophrenie hatte und vierzig Jahre in geistiger Umnachtung lebte, wenn doch das Licht, das in seiner Seele erlosch, die ganze Welt zu erleuchten vermocht hatte.

Es bleibe der Clairvoyance des Historikers in fünfhundert Jahren überlassen herauszufinden, warum die Ratio das Abendland so lange in Fesseln zu schlagen vermochte. Vielleicht wird die Menschheit bis dahin so weit gelangt sein, daß diese Fesseln von weisen Mönchen in stillen Klöstern aufbewahrt werden.

Kehren wir zurück zur Diagnose, zu ihrem Glanz und zu ihrem Elend. Glanz umschimmert ja nur die Diagnose, welche stimmt. Die Kette der

Irrtümer, die aus einer falschen Diagnose entstehen, umschlingt Arzt und Patienten in gleicher Weise und zieht sie beide ins Elend hinab. An nichts wird die wahre Würde des ärztlichen Berufes so sichtbar wie an den Irrtümern, welchen er ausgesetzt ist. Ist doch sogar der Irrtum des Arztes kein gewöhnlicher Irrtum, sondern ein Irrtum ersten Ranges. Das ist er nicht nur insofern, als ein Leben dabei in Gefahr gerät. Fast ebenso schlimm ist die Enttäuschung des Vertrauens, das der Leidende der Wissenschaft entgegenbringt.

Die Forderungen, die an den Arzt gestellt werden, gehen immer über das hinaus, was ein einzelner Mensch zu leisten vermag. Doch kann man darum nicht aufhören, Heilkunde zu treiben. Die eigentümliche Würde eines Berufes, dessen Material weder Stein noch Holz ist, sondern der lebende Mensch, tritt nirgends so eindrucksvoll in Erscheinung wie am Sektionstisch, wenn der Pathologe mit unerbittlicher Genauigkeit dem Kliniker seine Irrtümer nachweist. Wie verehrungswürdig erscheint dem jungen Studenten der alte Meister der Heilkunst, der, von keinem Erfolg je zur Hybris verführt, nicht achtend seiner Autorität, sich dem Richterspruch der gestrengen Herrin immer wieder stellt. Wo in dieser Welt gibt es noch diesen unbestechlichen Eifer, einen Irrtum unter allen Umständen erfahren zu wollen?

Da stehen sie einander gegenüber, der alte Kliniker, der listige Fuchs der Symptome, der Meisterschütze so mancher seltenen Diagnose, der Sieger in so vielen Schlachten. Ihm gegenüber der kühle Kopf der Pathologie, der gefunden hat, was der andere so lange suchte, der beweisen kann, daß er recht hat. Zwischen ihnen liegt der, um den es ging. Hier ist er nicht mehr der patiens, der Leidende. Er hat ausgelitten. Hier ist er nicht ein Vater, um den Weib und Kinder trauern, ein Mann, dessen Genie der Welt nichts mehr schenken wird, ein Christ, der seine Sünden nicht mehr bereuen kann, ein Mensch, den das Schicksal gefällt hat, hier ist er eine perikarditische Pseudoleberzirrhose. Diese von Friedel Pick gefundene Krankheit tritt klinisch unter dem Bild einer Leberschrumpfung auf. Tatsächlich aber beruhen ihre Symptome auf umfangreichen, entzündlichen Verwachsungen des Herzbeutels, des Perikards. Der alte Meister hat die Krankheit nicht erkannt! So klar ist jetzt auf einmal alles. So vieles, was nicht in das Bild hineinpaßte, wird jetzt verständlich. Man hätte daran denken sollen! Man hätte den Mann noch einige Jahre am Leben erhalten können. Man denke – am Leben! Am Irrtum ist er gestorben. Welch ein Elend!

Der junge Scholar, der neben seinem Meister steht, hat an die perikarditische Pseudoleberzirrhose gedacht. Er hat es nicht zu sagen gewagt. Respekt also kann ein Fehler sein. Diese Einsicht ist sein erster Schritt auf dem langen Weg, den er durchwandern muß, um selbst ein Meister zu werden.

Der kühle Kopf der Pathologie steht allem dem gelassen gegenüber, gelassen und nobel. Er weiß, was gespielt wird. Nichts von jenem Triumph, den der Mensch so leicht empfindet und so gern genießt, wenn er einem anderen einen Irrtum nachweisen kann, wenn er es besser weiß. Er weiß es nicht besser – er weiß es. Jene, die der Meister geheilt hat, kommen nicht unter sein Messer. Auf der Unerbittlichkeit, mit der der Pathologe dem Kliniker seinen Irrtum nachweist, beruht die Möglichkeit der Klinik dazuzulernen.

Schon wendet der alte Meister sich von dem stillen Toten wieder seinen Schülern zu und hält ihnen einen glänzenden Vortrag über das Elend seines Irrtums, ein luzides Kolleg über die perikarditische Pseudoleberzirrhose, Morbus Friedel Pickii. Zu ihm werden andere kommen, denen geholfen werden muß, Väter, deren alte Tage von Kindern und Enkeln geehrt werden sollen, Männer, deren Genie der Welt noch etwas zu sagen hat, Gläubige, die das Ziel ihrer Frömmigkeit noch erreichen sollen, Menschen, denen das Schicksal bestimmt hat, am Leben zu bleiben.

Der Fall von perikarditischer Pseudoleberzirrhose, dessen Diagnose von so schrecklicher Sicherheit ist, wird dem Wohl jener dienen, denen das Schicksal gnädig gestattet, noch leiden zu dürfen, nicht nur an ihren Krankheiten, sondern auch an den Irrtümern, welche über dieselben möglich sind.

Das, was Solon von Athen über des Menschen Glück gesagt hat, trifft auch für die Diagnose zu, welche diesem Glück ein Ziel setzt. Wie niemand vor seinem Tode glücklich zu preisen ist, so ist niemandes Diagnose vor seinem Tode sicher zu nennen. Aus dem Irrtum, welcher begraben wird, wächst der Baum der Erkenntnis, von dem die Früchte des Erfolges geerntet werden – Glanz und Elend der Diagnose.

DIE IDEE DES KRANKHEITSBILDES

Die mächtige Poesie des Lebens hat die Diagnose unter einen großen Aspekt gestellt. Was ist eine Diagnose?

Das Lexikon sagt: »Diagnose, vom griechischen διαγνῶσις. Hindurcherkennung – das Erkennen und Benennen einer Krankheit.«

Merkwürdigerweise ist von diesen beiden Aktionen, dem Erkennen und dem Benennen, die zweite ebenso wichtig wie die erste.

Krankheiten haben Namen. Einmal müssen sie diese Namen bekommen haben. Woher haben die Krankheiten ihre Namen?

Die Lepra, der Aussatz, ist so alt wie die Kultur. Sie gehört zu den sieben Leiden der Menschheit, und Hiobs Klage bewegt noch heute unser Herz. Als Robert Koch den Leprabazillus entdeckte, bestätigte er eine Diagnose, die schon die Propheten stellen konnten. Über die Diagnose Lepra sind Hiob und Robert Koch der gleichen Meinung gewesen.

Wie alt die Malaria ist, weiß man nicht. Man darf vermuten, daß sie ebenso alt wie die Lepra und die Kultur ist.

Die Symptome der Malaria sind so charakteristisch, daß es schon um 1500 möglich gewesen ist festzustellen, daß das Fieber, gegen das die Indios Chinarinde als Heilmittel verwendeten, die gleiche Krankheit war, an der die Königin von Spanien litt. So wurde Isabella von Kastilien, deren Malaria mit dem von Kolumbus aus der neuen Welt mitgebrachten Stückchen Chinarinde geheilt wurde, der erste europäische Fall einer spezifisch behandelten Infektionskrankheit. Ein königlicher Fall!

Wenn die moderne Medizin bei der Lepra mit Hiob in der Diagnose übereinstimmt, stimmt sie hinsichtlich der Malaria mit Kolumbus nur in der Therapie überein. Sicher haben die Gelehrten um 1500 einen gewissen Begriff davon gehabt, daß es sich bei dem Fieber, welches zufolge eines unerforschlichen Ratschlusses Gottes die heidnischen Indios ebenso heimsuchte wie die Katholische Majestät, um eine Krankheit eigener Art handle. Das Krankheitsbild, das wir heute mit dem Namen Malaria benennen, ist eine Schöpfung unserer Zeit. Die Lepra scheint mit ihrem Namen auf die Welt gekommen zu sein. Dafür mußte sie auf ein Heilmittel warten, bis die Bayerwerke in Leverkusen sich des Falles Hiob annahmen. Die spanische Königin konnte durch eine auf die Ursache spezifisch abgestimmte Droge geheilt werden dreihundertundfünfzig Jahre, bevor Laveran diese Ursache entdeckte.

Das hat seine Gründe.

Die Symptome der Lepra sind einzigartig. Sie sind fest umrissen und von vernichtender Großartigkeit. Sie kommen so bei keiner anderen Krankheit vor. Die Entdeckung des Erregers und sein Nachweis bei den verschiedenen Formen der Lepra konnte nichts klinisch Neues erbringen. Das ist ein Zufall, aber der Grund dafür, daß die feinsten diagnostischen Methoden zu nicht mehr führten, als daß sie die Ergebnisse der einfachen Beobachtung bestätigen. Das Bild dieser Krankheit und ihr Name liegen fest, seit es sie gibt.

Das entscheidende Symptom der Malaria ist Fieber, das in bestimmten, wohl charakterisierten Abständen auftritt. Aber Fieber kommt bei vielen Krankheiten vor, und bei nicht wenigen, von Malaria ganz verschiedenen Krankheiten kann der Ablauf des Fiebers dem Verlauf des Malariafiebers sehr ähnlich sein. Hier zu unterscheiden, was zum Bild der Malaria gehört und was nicht, war nicht eher möglich, als bis die Ursache der Krankheit erkannt war.

1880 entdeckte Laveran das Plasmodium malariae. Er wies nicht nur den Erreger im menschlichen Blut nach, er klärte auch den äußerst verwickelten Daseinsverlauf dieses Erregers auf, der einen Teil seiner Biographie im Menschen, einen anderen Teil in der Anophelesmücke verbringt. Es war eine großartige, überraschende und dramatische Entdeckung. Sie hatte außerordentliche Folgen. Sie hat ganze Völker von einer schrecklichen Drohung befreit. Sie hat Myriaden von armseligen Kindern zu einem menschenwürdigen Dasein verholfen. Die Gebiete, die Alexander der Große seinem Ruhm eroberte, sind lächerliche Provinzen gegenüber den weiten Ländern, welche als Folge der Entdeckung eines stillen Gelehrten für die menschliche Rasse bewohnbar gemacht werden konnten. Die wenigsten von denen, die Charles Louis Alphonse Laveran das Dasein und das Glück ihrer Gesundheit verdanken, haben den Namen dieses Mannes jemals gehört. Eine kleine Marmortafel im Königlichen Institut für Tropenmedizin in London gibt Kunde von seiner wissenschaftlichen Tat.

Zu den seit alters wohlbekannten Symptomen der Lepra wurde der Erreger entdeckt. Sein Vorhandensein als Ursache jedes einzelnen dieser wohlbekannten Symptome bewies, daß die Lepra eine Krankheit im Sinn der modernen Naturwissenschaft ist. Bei der Malaria ermöglichte erst die Entdeckung des Erregers festzustellen, ob ein Symptom von diesem Erreger verursacht sei und also zur Krankheit dazugehöre, oder ob es eine ganz andere Ursache habe. Dadurch erst konnte das Bild der Malaria nach allen Seiten hin abgegrenzt werden. Heute sind Lepra und Malaria, klinisch gesehen, in gleicher Weise wohl definiert.

Das Myxödem ist eine Krankheit, die infolge von Bilanzstörungen im Hormonhaushalt des Körpers zu eigenartigen und sehr charakteristischen Veränderungen des körperlichen und seelischen Wachstums führt. Daß es so etwas wie Hormone überhaupt gibt, wissen wir erst seit etwa fünfzig Jahren. So ist das Krankheitsbild des Myxödems allerjüngsten Datums. Und doch haben wir einen unwiderleglichen Beweis dafür, daß es schon vor dreihundert Jahren einen genialen Mann gegeben hat, der die Idee dieses Krankheitsbildes hatte und es mit bewundernswerter klinischer Genauigkeit beschrieb. Freilich beschrieb er nicht mit der Feder, sondern mit dem Pinsel. Der unwiderlegliche Beweis hängt im Prado in Madrid. Die Zwergin Maria Barbola, die Velazquez in den Vordergrund seines berühmten Bildes »Las Meninas« gemalt hat, ist ein klassischer Fall von Myxödem. Kaum vermag der Betrachter seinen ruchlosen Finger davon zurückzuhalten, einmal der Zwergin über das Gesicht zu streichen. Sogar die eigentümliche Trockenheit und Pelzigkeit der myxödematösen Haut hat der klinische Pinsel des Velazquez mit wundervoller Sorgfalt wiedergegeben. Der Leser möge, wenn er einmal nach Madrid kommt, nicht verfehlen, in den Prado zu gehen.

Offenbar hat der Maler durchaus ein Gefühl dafür gehabt, daß zwischen all den Abweichungen von der Norm, die er bei seiner Zwergin so genau aufmalte, ein notwendiger Zusammenhang bestand. Dieses Gefühl für die Zusammengehörigkeit ganz verschiedenartiger Symptome ist ein wissenschaftlicher Instinkt. So und nicht anders werden Krankheitsbilder »entdeckt«. Wir können also sehr wohl dem Velazquez die Ehre zubilligen, das Krankheitsbild des Myxödems entdeckt zu haben. Aber er hat es nicht benannt. Sein Genie zwar vollbrachte eine intuitive Leistung, zu der die Naturwissenschaft seiner Zeit noch nicht fähig war. Da er aber seine Entdeckung nicht benannte, konnte sie nicht einmal zu einer Aufforderung an die Forschung werden, den Symptomenkomplex der Zwergin der Frage zu unterwerfen, ob er als Krankheitsbild sich definieren lasse. Die Idee war da. Der Name nicht. *Habent nomina aliquid numinosi.*

Im Anfang des 16. Jahrhunderts tauchte in Europa eine neue Seuche, die Lues, auf. Ihres Ansteckungsmodus wegen wurde sie die Lustseuche genannt. Einige sind der Meinung, daß sie von den Matrosen des Kolumbus aus Westindien eingeschleppt worden sei. Andere glauben, schon an den Mumien Aegyptens luetische Veränderungen nachweisen zu können. Obgleich die Ärzte ziemlich frühzeitig im Quecksilber ein verhältnismäßig wirksames Heilmittel entdeckten, verbreitete sich die Lues über die ganze bekannte Welt.

In ihren jungen Tagen nahm die Seuche meistens einen foudroyanten Verlauf. Die Menschen starben innerhalb von Wochen oder Monaten an ihr. Die Ärzte wußten von der Ursache der Krankheit nicht viel mehr, als daß sie eben eine Seuche wäre. Schon im sprachlichen Begriff der Seuche ist die Ansteckung wohl definiert, lange bevor etwas darüber bekannt wurde, auf welche Weise die Ansteckung zustande kommt. Die Symptome der Lues waren einfach und übersichtlich. So hat sicherlich das Krankheitsbild, das die Ärzte sich von der Lues in den ersten Jahrzehnten ihres Auftretens gemacht haben, den Sachverhalt ziemlich richtig umfaßt und damit durchaus den Anforderungen entsprochen, die die Wissenschaft an ein Krankheitsbild stellen muß. Doch blieb es dabei nicht. Die Seuche begann, ihren Charakter zu verändern.

Daß Seuchen einen Charakter haben, ist eigentümlich genug, zumal die Sprache diesem Charakter unbekümmert moralische Eigenschaften zuteilt und von der Tücke, der Bösartigkeit, der Hartnäckigkeit einer Seuche spricht. Die Weisheit der Sprache nimmt damit eine Erkenntnis voraus, welche zu untersuchen erst neuerdings einige philosophische Köpfe der Biologie gewagt haben. Eine Seuche ist mehr als die Summe ihrer Fälle. Seuchen sind biologische Wesenheiten, die eigenen Gesetzen unterstehen. Eine Seuche befällt die Menschheit. Man bekämpft sie. Seuchen sind imstande, gegen wirksame Heilmittel wirksame Abwehrmaßnahmen in Gang zu setzen. Diese Abwehrmaßnahmen machen geradezu den Eindruck, als ob die Seuche um ihr Leben kämpfe. Man kann die Biographie einer Seuche schreiben. Den Raum zu bestimmen, in welchem etwa die Pest von 1328 oder die Grippe von 1921 sich abgespielt haben, diesen sowohl historischen wie biologischen Raum, ist eine Aufgabe sowohl der Geistesgeschichte wie der Naturwissenschaft und jedenfalls eine Aufgabe, welche ihrer Lösung noch harrt.

Die Lues begann nach den wilden Tagen ihrer Jugend milder zu werden. Sie entwickelte neben einem ersten und einem zweiten Stadium Spätformen, die erst nach vielen Jahren in Erscheinung treten. Diese Spätformen befallen alle Organe des Körpers in einer nahezu unbegrenzten Vielfältigkeit. Schließlich entwickelte die Seuche in ihren alten Tagen, in denen wir leben, Nachkrankheiten, die teilweise unter den Erscheinungsformen von Geisteskrankheiten verlaufen.

Es gibt fast kein klinisches Symptom, einschließlich des Ruhmes, das nicht gelegentlich auch von der Lues hervorgerufen werden kann. So taucht bei jeder ungeklärten Diagnose als letzter Hoffnungsschimmer des verzweifelten Klinikers immer wieder die ehrwürdige, alte Frage auf: »Haben Sie schon an eine Lues gedacht?«

Hier also besaß man ein wissenschaftlich zulängliches Krankheitsbild, aber die Krankheit wuchs über ihr eigenes Bild hinaus. Erst nachdem Schaudinn 1905 den Erreger der Lues, die Spirochaete pallida, diese blasse Teufelsspirale der Schöpfung, entdeckt hatte, konnte man sich daranmachen, den Veränderungen nachzuspüren, denen die Lues im Lauf der Jahrhunderte ausgesetzt gewesen war. In mühsamer Kleinarbeit wurde das Mosaik des neuen Krankheitsbildes zusammengesetzt.

So wie die Lues fast alle Symptome hervorzurufen vermag, so vermag die Hysterie fast alle Symptome vorzutäuschen. Die Schaffung des Krankheitsbildes der Hysterie ist die Leistung eines einzigen Mannes, des französischen Psychiaters Charcot. In der richtigen Erkenntnis, welch dominierende Rolle im Krankheitsbild der Hysterie die Sexualsphäre spiele, benannte Charcot seine Krankheit nach dem Hysteron, welches das griechische Wort für Uterus ist. Seine Leistung hatte keine besondere wissenschaftliche Voraussetzung. Es gab keine besondere Entdeckung, die erst hätte gemacht werden müssen, damit Charcot auf ihr hätte aufbauen können. Es bedurfte tiefer Menschenkenntnis, eines Instinktes für die verborgenen Möglichkeiten der menschlichen Seele und einer durch wissenschaftliche Strenge gebändigten künstlerischen Phantasie. Das Genie Charcots bestand darin, daß er so selten beieinander zu treffende Eigenschaften in sich vereinte. Im Grunde hätte seine in der Mitte des 19. Jahrhunderts vollbrachte Leistung schon Jahrhunderte früher vollbracht werden können. Geistesgeschichtlich freilich liegt sie an der richtigen Stelle. Erst nachdem man aufgehört hatte, Hexen zu verbrennen, konnte man anfangen, sie zu behandeln. Die Voraussetzung für die Arbeit Charcots war nicht das Mikroskop, sondern Voltaire.

Die Formen, unter denen die Hysterie in Erscheinung tritt, sind so mannigfaltig, daß es leicht wäre, zwanzig Fälle zusammenzustellen, von denen jeder naive Beobachter ohne weiteres annehmen würde, daß es zwanzig verschiedene Krankheiten seien. Die Symptome sind hier überhaupt nichts wert. Was Charcot entdeckte, war ein bestimmter weiblicher Konstitutionstyp, der dazu neigt, krank sein zu wollen. Dieser Krankheitssucht sind in extremen Fällen alle Mittel recht, zu Symptomen zu kommen. Dabei gehört es zum Wesen der Hysterie, daß in die hysterische Seele Sicherungen eingebaut sind, die vor der Einsicht in die eigene Krankheitssucht mehr oder weniger schützen.

Die eigentümliche Verlogenheit der Hysterikerin ist häufig nur eine scheinbare. Sie liegt an der Grenze zwischen Bewußtheit und Unbewußtheit. Die Sicherungen gegen die eigene Einsicht wirken um so zuverlässiger, je geringer die Intelligenz der Patientin ist. Je mehr Substanz da ist, um so pittoresker werden die Produktionen, und eine kluge Hysterika mit Krankheitseinsicht ist einfach eine charmante Frau.

Da die Hysterikerin die Symptome selbst produziert, wurde die Zahl der Symptome der Hysterie um so größer, je länger Charcot sich mit seiner neuen Krankheit befaßte. Wir wissen heute, daß er, in seinen berühmten Vorlesungen an der Sorbonne, Fälle vorgeführt hat, deren Symptome der große Mann durch die Suggestion, die er auf seine hysterischen Patientinnen ausübte, selbst erzeugt hatte. Die ins Uferlose wachsende Symptomatologie der Hysterie fiel schließlich in sich selbst zusammen. Charcot durchstieß diesen ganzen Wust und unternahm es, das neue Krankheitsbild der Hysterie von der seelischen Konstitution und ihren körperlichen Entsprechungen her abzugrenzen. Es war ein vollkommen neues Unterfangen. Dafür steht sein Ruhm nicht hinter dem Flauberts zurück, der in Madame Bovary für die Literatur dasselbe leistete, was Charcot für die Klinik geleistet hatte.

Nachdem es das Krankheitsbild der Hysterie einmal gab, entdeckten die Psychiater sehr bald auch die männliche Hysterie. Sie ist sogar unter Helden besonders häufig. Freilich haben die Männer, außer einigen kümmerlichen Renten, aus dieser Sache nicht das herauszuholen vermocht, was die Frauen aus ihr herausholen. Ein Hysteriker, selbst einer mit Krankheitseinsicht, ist ein um so größeres Ekel, je intelligenter er ist.

Wie amüsiert dagegen wird der alte Charcot gewesen sein, als er in seinem Himmel erfuhr, daß die mühevolle Arbeit, die die Welt ihm mit dem Ehrendoktor von Kiew, Würzburg und Boulogne gelohnt hatte, schon wieder vom Winde verweht ist und die ganze Menschheit mit fröhlicher Stupidität einer gemütsarmen, asozialen, frigiden Hysterika von mäßiger Intelligenz und fragwürdigem Charakter aufgesessen ist, nur weil sie sich mit ihren grünen Augen, ihren schwarzen Haaren und ihrer weißen Haut so gut auf das alte, billige Geschäft verstanden hat. Vielleicht wird der ehrwürdige Meister des Hysteron den Velazquez bitten, ihm Scarlett O'Haras Portrait zu malen, zumal dies wohl die einzige Möglichkeit ist, wie die schöne Schlange in den Himmel kommen könnte, in dem Madame Bovary so lange schon sich wohl fühlt.

Kehren wir aus der illustren Gesellschaft Hiobs, des Velazquez, Charcots, der Madame Bovary und all jener berühmten Männer, deren Lues auf die Geschichte der Menschheit einen so bedeutsamen Einfluß gehabt hat, zurück in das Sprechzimmer des Arztes unserer Tage.

»Der Nächste bitte!«

Liebe deinen Nächsten! Ein Arzt kann sich seine Patienten nicht aussuchen, oder jedenfalls hätte ein Arzt, der glaubt, seine Patienten sich aussuchen zu können, wenn nicht seinen Beruf, so doch seine Berufung verfehlt. Der Nächste will nur ein Rezept haben für »etwas Öl zum Einreiben«. Wenn der Arzt, voller Ironie und Güte, daraufhin *Oleum Olivarum purissimum* aufschreibt, weiß er, daß des Nächsten Weib mit dieser wundervollen Medizin wahrscheinlich am Abend den Kartoffelsalat anrühren wird. Der Würde der Wissenschaft tut das keinen Abbruch.

»Der Nächste bitte!«

Der Nächste bringt einen hübschen Haufen von Symptomen mit und dazu gleich noch seine eigene Diagnose.

Es wäre sicher nicht langweilig, die »Diagnostik des Nächsten« einmal zusammenzustellen. Man würde dabei erfahren, was sich von der Weisheit der alten Ärzte im Volk erhalten hat. Man würde weiter dabei erfahren, was das Volk vom Wissen der modernen Medizin übernommen hat. Wahrscheinlich dreht sich auch hier die Sonne noch immer um die Erde. Die Diagnose freilich, die der Nächste mitbringt, wenn er durch die magische Pforte das Sprechzimmer betritt, hat nichts mit der zu tun, welche er mit von dannen nehmen wird. Jeder Nächste, der nach dem Olivenöl für den Kartoffelsalat das Sprechzimmer betritt, kann der Anlaß dafür sein, die ganze große Dramaturgie der Diagnostik in Gang zu setzen.

Zwischen den Symptomen und ihrer Ursache klafft jener Abgrund, den zu überbrücken die Aufgabe der Diagnose ist. Aus Symptomen unmittelbar auf Krankheiten zu schließen, ist, wie an den Beispielen der Lues und der Hysterie gezeigt wurde, nicht möglich. Wenn man von einem Symptom unmittelbar auf eine Krankheit schließen könnte, wäre die Medizin sehr einfach. Dann könnte man sie mit einem kleinen Taschenlexikon erledigen. Es soll nicht geleugnet werden, daß das eine weitverbreitete Form ist, Heilkunde zu betreiben. Aber tatsächlich gibt es kaum ein Symptom, welches nicht bei einer großen Zahl verschiedener Krankheiten vorkäme, und wiederum gibt es kaum eine Krankheit, bei welcher die gleichen Symptome regelmäßig in der gleichen Zusammenstellung wiederkehrten.

Der Pfeiler, der die Brücke der Diagnose trägt, welche die Symptome und ihre Ursache miteinander verbindet, ist die Idee des Krankheitsbildes. Allein über diese Brücke führt der Weg aus dem drohenden Dunkel des Leidens in das weite, helle Land der Therapie.

Wir können nicht genau bestimmen, wie alt die Idee des Krankheitsbildes ist. Die Notwendigkeit der Schaffung eines Ordnungsprinzips der Symptome haben die Ärzte seit je empfunden. Instinktiv gehen ihre Bemühungen von alters her in dieser Richtung. Viele Wege sind versucht worden und werden noch heute versucht. Der Weg, welchen die naturwissenschaftliche Forschung gegangen ist, ist sicher nicht der einzige Weg, der hätte gegangen werden können, aber sicherlich ist es ein Weg, der zu überwältigenden Erfolgen geführt hat.

Es ist schwer zu sagen, wann die Idee des Krankheitsbildes zum leitenden Prinzip der klinischen Forschung wurde. Die Idee des Krankheitsbildes hat schon den Ärzten in Hellas vorgeschwebt. Nur war ein systematischer Fortschritt in dieser Richtung ihnen ebenso durch das verbaut, was sie zu wissen glaubten, wie durch das, was sie nicht wissen konnten.

Die Idee des Krankheitsbildes konnte erst in dem Augenblick in den Vordergrund treten, als das wachsende naturwissenschaftliche Wissen es möglich erscheinen ließ, mit Hilfe der Idee des Krankheitsbildes, als dem ordnenden Prinzip der Mannigfaltigkeit der Symptome, ein vollständiges System der Medizin aufzubauen. Es war die Cellularpathologie Rudolf Virchows, auf der zum ersten Male ein vollständiges System von Krankheitsbildern errichtet wurde.

Seinem Wesen nach ist ein Krankheitsbild etwas sehr Einfaches. Ein Krankheitsbild ist die zusammenfassende Beschreibung aller aus der Erfahrung bekannten Kombinationen von Symptomen, welche auf eine einzige Ursache zurückgeführt werden können.

Im Krankheitsbild der Lepra werden zusammenfassend alle Veränderungen des Körpers und der Seele beschrieben, welche mittelbar oder unmittelbar auf die Wirkungen des Leprabazillus zurückgeführt werden können. Das gleiche gilt bei der Malaria für das Plasmodium malariae, bei der Lues für die Spirochaete pallida. Das Krankheitsbild des Myxödems beschreibt alle Veränderungen, deren Ursache eine zu geringe Produktion an Schilddrüsenhormon ist, mit allen aus dieser Unterproduktion folgenden Störungen des übrigen Hormonhaushaltes und deren Folgen. Das Krankheitsbild der Hysterie beschreibt alle Symptomzusammenstellungen, welche eine bestimmte krankhafte Störung in der Grundkonstitution der Seele zur Ursache haben.

Diese Ursachen machen das eigentliche Wesen der Krankheit des einzelnen Falles aus. Von den Symptomen zu ihren Ursachen vorzudringen, das ist des Arztes Aufgabe. Selten freilich werden die Symptome, die der Patient dem Arzt mitbringt, ausreichen, diese Aufgabe zu lösen. Neben den subjektiven Symptomen, die der Patient selbst an sich entdeckt, kennt die Klinik eine Fülle von objektiven Symptomen, die nur mit den Mitteln der Chemie, der Physik, der Bakteriologie, der Röntgenstrahlen festgestellt werden können.

Zwar liegt das Wesen einer Diagnose darin, einen bestimmten Fall auf Grund seiner Symptome einem ganz bestimmten Krankheitsbild zuzuordnen, aber die Symptome muß der Arzt sich zum größeren Teil erst suchen. Es ist die Jagd nach einer Beute, die er noch nicht kennt. Darin liegt der eigentümliche Reiz des diagnostischen Vorgehens. Eines nach dem anderen fügt der Arzt Symptom zu Symptom. Mit diesem Bündel tastet er, wie mit einer Wünschelrute, das System der Krankheitsbilder ab. Mit jedem neuen Symptom, das zu dem Bündel hinzukommt, wird die Zahl der in Frage kommenden Krankheitsbilder kleiner, bis die Wünschelrute einen Ausschlag gibt. Von diesem Augenblick an ändert sich das Vorgehen. Von nun an sucht der Arzt nach den Symptomen, die noch vorhanden sein müssen, wenn das vermutete Krankheitsbild das richtige ist. Oft tappt er lange im Dunkeln. Aber wie kostbar ist dieser Augenblick des Einrastens, in dem das Symptombündel sich klar und eindeutig einem wohldefinierten Krankheitsbild zuordnen läßt. Die Diagnose ist gefunden! Die Ursache der Krankheit ist erkannt! Der Aufbruch ins Land der Therapie, über dessen Horizont der Stern der Heilung leuchtet, kann erfolgen.

Die Idee des Krankheitsbildes schuf das geistige Instrument, das Mittel, mit dessen Hilfe diese wirre Vielfalt sich ordnen läßt. Wenn man heute ein modernes Lehrbuch der Medizin aufschlägt, findet man die Krankheitsbilder klar, wohl definiert und übersichtlich aneinandergereiht, eine Kette glänzender geistiger Schöpfungen. Viele dieser Krankheitsbilder sind nach ihren Entdeckern benannt. Es gibt keine noblere Art des Ruhmes.

Die Dauer dieser Art von Unsterblichkeit freilich ist unzuverlässig. Das System der Krankheitsbilder ist in einer ständigen Wandlung begriffen.

In dem Versuch, ein geschlossenes System von Krankheitsbildern aufzustellen, steckt immer noch etwas von dem alten scholastischen Bedürfnis nach Vollständigkeit. Die Virchowsche Cellularpathologie bot zum erstenmal die Möglichkeit, ein solches System zu versuchen. So eindrucksvoll dieses System war und so umfangreich die Einsichten waren, die es der wissenschaftlichen Medizin in die Ursachen vieler Krankheiten brachte, ließ es sich doch auf die Dauer nicht halten. Solange Virchows Theorie eine wissenschaftliche Hypothese war, brachte der Versuch, die Krankheitsbilder auf die Virchowsche Cellularpathologie zurückzuführen, Fortschritte. Aber Virchows Theorie wurde zum Dogma, dem Dogma, daß jede Krankheit auf cellularpathologische Veränderungen zurückgeführt werden könne und müsse. Indem man dieses Dogma annahm, wurde das auf der pathologischen Anatomie aufgebaute System der Krankheitsbilder zu einem Begriffsschema, in das man nun auch die Krankheiten hineinzwängte, die aus der pathologischen Anatomie heraus nicht zu erklären sind.

Auf die vollständige Durchführung des Virchowschen Dogmas ist in der Medizin eine gewaltige Arbeit verwendet worden. Nicht viel geringer war die Arbeit, die dazu gehörte, das Dogma wieder zu beseitigen. Doch hat sich seit der Jahrhundertwende die Medizin allmählich von der ausschließlichen Herrschaft der Pathologie befreit und begonnen, Systeme von Krankheitsbildern aufzubauen, die andere Begriffsschemata als das der pathologischen Anatomie verwenden.

Ein einheitliches System von Krankheitsbildern gibt es seitdem nicht mehr. Es ist zwar unterdessen noch einige Male versucht worden, ein System von Krankheitsbildern unter anderem als cellularpathologischem Aspekt aufzubauen, aber diese Versuche mußten notwendig scheitern. Eine allein auf experimenteller Naturwissenschaft aufbauende Medizin ist dazu nicht imstande. Krankheit ist ihrem Wesen nach mehr als ihre biologischen Ausdrucksformen. Diesem Problem beginnt die wissenschaftliche Medizin mehr und mehr ihre Aufmerksamkeit zuzuwenden. So wird der Streit der Schulen niemals enden.

VIRCHOW UND DAS 19. JAHRHUNDERT

Rudolf Virchow wurde geboren am 13. Oktober 1821 als Sohn eines kleinen Beamten in Schievelbein in Pommern. Der Vater ging zum Pfarramt, um das Ereignis zu vermelden. Der Herr Pastor verfehlte nicht, dem Vater zur Geburt des Knaben seinen Glückwunsch auszusprechen.

Am 5. September 1902 wurde der Tod Seiner Exzellenz des Wirklichen Geheimen Rates, Prof. Dr. Dr. h. c. Rudolf von Virchow von Berlin aus in alle Welt gekabelt. Der Knabe aus Schievelbein war unterdessen Ehrenbürger nicht nur von Berlin, sondern sogar von Schievelbein geworden. Der Mann, dessen Hinscheiden die Welt aufhorchen ließ, war Präsident der Deutschen Gesellschaft für Anthropologie, Ethnologie und Urgeschichte, Mitglied der Berliner Akademie der Wissenschaften, Ehrendoktor der Juristischen Fakultät von Aberdeen, Ritter des Ordens POUR LE MÉRITE, Kommandeur der Ehrenlegion, ein Fürst der Wissenschaft und einer der berühmtesten Männer seiner Zeit.

Kaum je in der Geschichte der Wissenschaft hat ein einzelner Gelehrter mit einer einfachen wissenschaftlichen Theorie einen solchen Erfolg gehabt wie Virchow mit der Begründung der pathologischen Anatomie. Der Erfolg, den die Darwinsche Abstammungslehre hatte, war zwar noch größer. Aber während in der Pathologie Generationen von Gelehrten die Gedankengänge des Meisters immer besser zu verstehen suchten, hat der Erfolg des Darwinismus darauf beruht, daß die Darwinisten ihren Meister so gründlich wie möglich mißverstanden haben.

Virchows Erfolg war so blendend, daß für ein halbes Jahrhundert alles, was es daneben an anderen wissenschaftlichen Möglichkeiten in der Medizin gab, in den Schatten versank. Die Homöopathie hat sich bis heute noch nicht von der Aschenbrödelrolle erholt, in welche sie durch den Erfolg der Virchowschen Pathologie der Zelle gedrängt worden war.

Ein solcher Erfolg ist niemals das Verdienst eines einzelnen Mannes. Erfolge solchen Umfanges pflegen einzutreten, wenn eine wissenschaftliche Idee den Bedürfnissen einer bestimmten geistesgeschichtlichen Situation entspricht.

Die Bedürfnisse einer Situation entspringen nicht ihren Vorzügen, sondern ihren Mängeln. Wenn eine wissenschaftliche Theorie eines bestimmten Faches mit dem, was speziell an ihr wissenschaftlich wahr ist, geeignet erscheint, den Mängeln einer geistesgeschichtlichen Situation abzuhelfen, bemächtigt sich das Zeitalter einer solchen Theorie und weist ihr eine Rolle zu, die über ihr Fach hinausgeht.

Das Malheur, das sich dabei ereignet, ist, daß eine wissenschaftliche Theorie für eine allgemeine Wahrheit genommen wird. Eine wissenschaftliche Theorie ist immer eine sehr eng begrenzte Wahrheit. Sie ist begrenzt durch die Grenzen ihres Faches. Die Theologie kann zwar nicht beweisen, daß es Gott gibt, der Fromme glaubt an ihn. Aber noch weniger kann die klassische Physik beweisen, daß es Gott nicht gibt. Die Physiker kommen nur, bisher, in ihrer Wissenschaft aus, ohne die Annahme von der Existenz Gottes machen zu müssen, das heißt, sie haben eine vollständige Theorie des Weltalls, mit Hilfe derer sie alle durch Experimente festgestellten Tatsachen erklären können, ohne Gott in Anspruch nehmen zu müssen. Gerade in der Physik kommt es ja immer wieder vor, daß durch Experimente neue Tatsachen gefunden werden, welche sich mit der bisherigen physikalischen Theorie vom Weltall nicht erklären lassen. Die Physiker stellen dann eine neue physikalische Theorie auf, mit welcher auch die neu gefundenen physikalischen Tatsachen sich erklären lassen.

Das 19. Jahrhundert hatte sich des physikalischen Weltbildes bemächtigt. Es hoffte, damit dem Mangel seiner geistesgeschichtlichen Situation, seiner Gottlosigkeit, abzuhelfen. Aber die Wahrheit des physikalischen Weltbildes ist nur eine naturwissenschaftliche Wahrheit und nur im Rahmen und unter den Voraussetzungen der Physik gültig.

Gerade das machte den Erfolg der Darwinschen Theorie aus, daß man in ihr eine Methode zu besitzen glaubte, auch das Lebendige nach dem einfachen physikalischen Prinzip von Ursache und Wirkung vollständig erklären zu können. So gab man sich der Illusion hin, daß man, die Schöpfung zu erklären, auf Glaubenswahrheiten verzichten könne. Während die Physiker die durchaus wissenschaftliche Feststellung trafen, daß die Physik der Annahme der Existenz Gottes nicht bedürfe, stellten die Darwinisten sich die ganz und gar unwissenschaftliche Aufgabe, zu beweisen, daß es in der Schöpfung Gott nicht gebe.

Aber Glaubenswahrheiten widersprechen gar nicht den Wahrheiten der Naturwissenschaft. Sie liegen auf einer anderen Ebene. Allgemein beginnt die Vermutung sich durchzusetzen, daß es eine höhere Ebene sei.

Die Voraussetzungen der Naturwissenschaft zu ignorieren und eine engbegrenzte naturwissenschaftliche Wahrheit für eine allgemeine Wahrheit zu nehmen, führt zu einer höchst oberflächlichen Täuschung. Es ist der gewöhnliche Irrtum des Laien. Freilich, die Phalanx der Laien wird meist von Fachleuten angeführt. Gerade insofern einer Fachmann ist, ist seine Autorität an den Grenzen seiner Wissenschaft zu Ende. Jede Naturwissenschaft hat eine Anzahl von Voraussetzungen, welche nicht bewiesen, sondern angenommen sind. Wenn etwas über die geistesgeschichtliche Bedeutung einer Naturwissenschaft ausgesagt werden soll, so sind es diese unbewiesenen Voraussetzungen, die zur Debatte stehen. Gerade die Leute vom Fach neigen am ehesten dazu, die unbewiesenen Voraussetzungen einer Naturwissenschaft, mit der sie ihr Leben verbringen, zu vergessen, und das für bare Münze zu nehmen, was nur prolongierte Wechsel auf die Neugier des Menschen sind.

So betrachtet der Fachmann mit Mißtrauen den Philosophen, der das Haus unterminiert, in welchem er doch so behaglich wohnt. Fröhlich aus dem Fenster dozierend lädt er die Leute ein, das behagliche Haus zu betreten. Der gläubige Laie folgt seiner Neugier gewöhnlich erst, wenn schon der Wurm im Gebälk sitzt und ein Wirbelwind naht, der den fröhlichen Fachmann und den gläubigen Laien unter Trümmern begraben wird.

Immer wieder geschieht es, daß irgendein Zweig der Naturwissenschaft plötzlich ins allgemeine Bewußtsein rückt und jedermann sich seine Resultate zu eigen macht. So ging es mit dem Materialismus, so ging es mit der Abstammungslehre, so ging es mit der Psychoanalyse. So ging es mit der Physik. Sie kommen in Mode. Jedesmal gibt es dasselbe Malheur.

Die Ursache dieses Malheurs ist einfach genug. Sie liegt im Wesen der naturwissenschaftlichen Erkenntnis. Wenn, zum Beispiel, die Psychiatrie behauptet, das Gehirn sei der Sitz des Bewußtseins, ist diese Behauptung keine endgültige Tatsache. Sie ist eine Annahme, die so lange gilt, als alle bekannten Erscheinungen sich durch diese Annahme erklären lassen. Eines Tages findet ein Gelehrter eine Tatsache, die sich mit dieser Annahme auf keine Weise mehr erklären läßt. Es entsteht ein Widerspruch. Dieser Widerspruch muß gelöst werden. Wenn alle Versuche, die neue Tatsache mit der alten Annahme in Übereinstimmung zu bringen, scheitern, bleibt nichts anderes übrig, als die Annahme zu ändern. Das ist jedesmal eine schwierige wissenschaftliche Aufgabe. Sowie die neue Annahme, welche die neue Tatsache mit erklärt, aufgestellt wird, erhebt sich der wissenschaftliche Streit. Die neue Annahme wird von allen Seiten geprüft, ob sie der Forderung, alle bekannten Tatsachen zu erklären, auch wirklich entspricht. Zuweilen dauert es Jahre, bis die neue Annahme gesichert erscheint. Zuweilen einigt man sich nie. Aber niemals nimmt das wissenschaftliche Bewußtsein irgendeinen wissenschaftlichen Satz als endgültig an.

Das gerade ist der Fehler, den das allgemeine Bewußtsein immer wieder mit rührender Stupidität begeht. Es greift einen seinen geisteswissenschaftlichen Bedürfnissen entsprechenden Satz heraus und verkündet ihn als endgültige allgemeine Wahrheit. Die Wissenschaft hat ihn ja bewiesen!

Als wissenschaftliche Tatsache mag ein Satz bewiesen sein. Als allgemeine Wahrheit kann auch er nur geglaubt werden. Aus der Tatsache, daß er glaubt, erklärt sich auch der Fanatismus, mit dem der Laie das verteidigt, was er von wissenschaftlichen Tatsachen sich angeeignet hat. So entstehen die Sekten des historischen Materialismus, des Monismus, der Psychoanalyse, der Theosophie und schließlich der Welteislehre.

Die Welteislehre wäre eine höchst amüsante wissenschaftliche Theorie, wenn sie sich darauf beschränkte, eben eine Theorie zu sein. Ihre Annahmen sind durchaus nicht verrückter als die Annahmen der theoretischen Physik. Die Annahmen der Welteislehre als Glaubensthesen zu verkünden, das freilich ist wirklich verrückt. Aber die Annahmen der theoretischen Physik als allgemein gültige Wahrheiten zu verkünden, ist auch verrückt. Ein berühmter Physiker hat einmal, als, nach einem Vortrag über das Weltbild der theoretischen Physik, ein ernster Jüngling ihn befragte, wo denn nun Gott in diesem Weltbild untergebracht werden könne, die Antwort gegeben:

»Ja, ob das Ganze sich nun in einer Zigarrenkiste befindet, die der liebe Gott unter dem Arm hat, das weiß ich auch nicht. Da müssen Sie die Theologen fragen.« Der große Gelehrte hatte jedenfalls Sinn für Hierarchien.

Die von Virchow begründete pathologische Anatomie hatte als wissenschaftliche Grundlage eine These, welche ebenso einfach wie genial ist und welche heute, nach hundert Jahren, noch ebenso bewundert werden muß, wie sie von den Zeitgenossen bewundert wurde. Virchow stellte die Hypothese auf, daß jeder krankhaften Störung im lebenden Organismus eine von der Norm abweichende Veränderung von Zellen entspräche. Implicite heißt das, daß jede Krankheit an einen Ort im Körper gebunden sei, eben an die Zellen oder Zellsysteme, welche verändert seien. Die Veränderungen sind morphologischer Natur, also Veränderungen in der Form und im Aussehen der Zelle. Ihr Nachweis erfolgt durch das Auge, durch die Hand oder durch das Mikroskop. Das Auge stellt sichtbare Veränderungen der Organe, ihrer Form und ihrer Farbe fest. Die Hand prüft die Art der Konsistenz eines Gewebes, das heißt die Art seiner materiellen Beschaffenheit, ob es weich, hart, fest, schwammig, teigig ist. Das Mikroskop stellt die Veränderungen der Zelle fest. Dabei gibt es Veränderungen der Zelle, welche man unmittelbar durch das Mikroskop sehen kann. Andere Veränderungen der Zelle können erst dadurch sichtbar gemacht werden, daß man sie gewissen Färbeverfahren unterwirft und dann die Unterschiede in der Färbung gesunder und kranker Gewebe feststellt. Diese Untersuchungen können im allgemeinen erst an der Leiche und ihren Teilen vorgenommen werden.

Als Virchow sich daranmachte, seine Theorie anzuwenden, gab es einen Erdrutsch. Die Brauchbarkeit der Annahme, daß die Krankheit einen Ort im Körper habe, wurde durch seine experimentellen Untersuchungen auf eine geradezu überwältigende Art und Weise bewiesen. Eine bestürzende Fülle von Erkenntnissen und Einsichten über Art und Wesen der Krankheiten brach über ihn herein.

Über die Grenzen der Gültigkeit einer Annahme, die auf so vielfache Weise immer wieder als richtig sich erwies, hat Virchow sehr frühzeitig schon sich Gedanken gemacht, welche ebenso überraschend sind, wie sie beweisend für das Genie des Mannes sind. Warum er diesen Gedanken im weiteren Verlauf der Entwicklung nicht nachgegangen ist, ist eine für die Geistesgeschichte des 19. Jahrhunderts höchst wichtige Tatsache, auf welche noch eingegangen werden wird.

Gesichert erscheinende wissenschaftliche Erkenntnisse konnten zu Dutzenden in die Rumpelkammer geworfen werden. Die Leichen seiner wissenschaftlichen Gegner mußten schockweise beiseite geräumt werden. Mit unermüdlichem Fleiß trieb Virchow seine Arbeit voran. Eine Elite von Forschern unterstützte ihn. Für eine Krankheit nach der anderen konnte man die entsprechenden pathologisch-anatomischen Veränderungen an der Leiche nachweisen. Es ergab sich die großartige Möglichkeit, an der Leiche festzustellen, ob die Diagnose am Lebenden richtig gewesen war. Der erzieherische Nutzen für die Klinik war außerordentlich.

Wenn man heute die Geschichte der pathologischen Anatomie an sich vorüberziehen läßt, muß man sagen, sie hat ein großes Werk getan. In der Tat scheint es, als ob es Krankheiten gibt, welche an einen Ort im Körper gebunden sind. Ihre Zahl ist nicht klein. Viele Vorstellungen, welche die Ärzte früher gehabt hatten, konnten als phantastisch abgetan werden. Viele Zusammenhänge, von denen man vorher nichts geahnt hatte, wurden aufgedeckt. Die Klinik zögerte nicht, die neuen Erkenntnisse in ihre Krankheitsbilder einzubauen. Sie hatte dazu um so mehr Grund, als diese pathologisch-anatomisch definierten Krankheitsbilder sich der Heilbehandlung höchst zugänglich zeigten. Die Erfolge am Krankenbett wuchsen. Das war insbesondere bei der Chirurgie der Fall. Die moderne Chirurgie ist ohne die Virchowsche pathologische Anatomie nicht denkbar.

So ging die Klinik allmählich dazu über, ganze Krankheitsbilder, für welche man pathologisch-anatomische Entsprechungen nicht finden konnte, einfach aufzulösen. Dafür wurden neue Krankheitsbilder geschaffen, die sich durch pathologisch-anatomische Entsprechungen wohl definieren ließen. Man kann das besonders schön an der Entwicklung der Krankheitsbilder der Erkrankungen der Niere verfolgen.

Dies ist ein sehr bedeutungsvoller Augenblick in der Geschichte des 19. Jahrhunderts. Hier liegt sozusagen der pathologisch-anatomische Hund begraben. Er soll sogleich ans Licht befördert und seziert werden.

Es waren die Erfolge, welche die Medizin dazu verführten, schließlich allein auf die Karte der pathologischen Anatomie zu setzen und damit einen Irrtum zu begehen, der sich als folgenschwer erweisen sollte. Es war der alte Laienirrtum, eine wissenschaftliche Hypothese zu einer

Glaubensthese zu machen, welchem diesmal eine ganze Wissenschaft verfiel. Ein Krankheitsbild, für welches man keine anatomisch-pathologischen Entsprechungen finden konnte, stellte die Medizin der Ära Virchow vor ein Problem, das sie, von ihren Erfolgen geblendet, gar nicht mehr sehen konnte. Die ursprüngliche Annahme Virchows, daß jeder Krankheit eine Veränderung von Zellen oder Zellsystemen entspreche und damit jede Krankheit an einen Ort im Körper gebunden sei, war ja eben nur eine Annahme. Für so viele Krankheiten das zutreffen mochte, war sie doch nicht endgültig bewiesen, solange es Krankheiten gab, bei denen sie nicht zutraf. Die Klinik, auf dem Triumphwagen der pathologischen Anatomie davonbrausend, vergaß, daß die Hypothese eine Hypothese war. Sie erhob Virchows Hypothese zu einer Art von Glaubenssatz. Sie machte die wissenschaftliche Annahme zu einer allgemeinen Wahrheit. Sie löste die unbequemen Krankheitsbilder auf und, soweit das durchaus nicht zu machen war, etwa bei den seelischen Erkrankungen, ignorierte man sie oder tröstete sich damit, daß man ihre pathologisch-anatomischen Entsprechungen schon noch finden werde. Gewiß waren unter den aufgelösten Krankheitsbildern viele, die sich nicht halten ließen. Aber das klinische Wissen der alten Ärzte vom Menschen als lebendigem Wesen ging weit über das hinaus, was der an der Leiche sich orientierenden Medizin zugänglich ist.

Diesmal waren es wirklich nur die Fachleute, welche die Fahne des Irrtums hißten. Soll man sich wundern, daß schließlich die Masse der Laien dieser Fahne folgte! Es waren die geistesgeschichtlichen Mängel der Situation des 19. Jahrhunderts, denen nicht nur der Erfolg, sondern auch der Irrtum der pathologischen Anatomie aufs genaueste entsprachen.

Mag der junge Virchow noch ein getreuer Jünger der gestrengen Herrin gewesen sein, der seine Ausgangshypothese für nicht mehr hielt, als was sie war, eine Annahme nämlich, der alte Virchow hat sie für eine allgemeine Wahrheit gehalten.

Virchows Irrtum war kein individueller Irrtum. Es ist ein Irrtum des 19. Jahrhunderts. Richtig kann er nur auf dem Hintergrunde dieses Jahrhunderts des Fortschritts und der Zivilisation beurteilt werden, dieses Jahrhunderts, in welchem endlich die Vernunft ihre Herrschaft über die Welt anzutreten schien und die Wissenschaft sie angetreten hat.

Um 1800, als das Jahrhundert begann, dachte Goethe noch über die Wunder des Lichtes und der Farben nach.

Um 1900, als das Jahrhundert zu Ende ging, hatte das Licht seine Wellenlängen bekommen, und die Chemie zauberte die Wunder der Farben aus dem Steinkohlenteer. Unterdessen stammte der, der so stolz sich die Krawatte mit dem neuen Indigo färbte, vom Affen ab, und der Shintoschrein seines Glaubens war die Badewanne geworden.

Nun war vom Affen bis zur Badewanne gewiß ein Fortschritt. Aber der Mensch in der Badewanne war vom Glück weiter entfernt, als es der Mensch jemals gewesen ist, ehe die Wissenschaft die Welt eroberte. Man schuf den Komfort, aber man hatte nicht den Mut, ihn als Laster zu betreiben.

Merkwürdigerweise begnügte man sich nicht mit dem Fortschritt. Man bestand darauf, daß der Fortschritt dem Glück der Menschheit diene. Dabei war doch gerade das menschliche Glück das, was von der Zivilisation am sichersten zerstört wurde.

Alle alten Kulturen haben einen Zustand erstrebt, einen Zustand, in welchem der Mensch mit seinen vielen Lastern und seinen wenigen Tugenden die kurze Spanne seines Daseins unter erträglichen Bedingungen zu verbringen vermöchte. Die Zivilisation mit ihren Fortschritten ist kein Zustand, sondern ein Vorgang. Sie schreitet fort, und zwar fort von den alten Dingen, an denen des Menschen Seele so lange gehangen hat. Die Posaunen des Fortschritts bliesen die alten Mauern der Überlieferung um. Von dem Staub der Trümmer ließ sich leicht beweisen, daß er unhygienisch sei.

Um 1900 gab es in Europa nur die Unhappy Few, die nicht davon überzeugt waren, daß es Glück sei, in einer Karre zu sitzen, die mit wachsender Geschwindigkeit den Berg hinab einem unbekannten Ziel zurollte. Es waren nur wenige erlesene Geister, welche dem allgemeinen Optimismus widerstanden. Sie hielten nichts von den Ergebnissen des Fortschritts. Die Richtung, in der die Entwicklung ging, versetzte sie in Schrecken. Doch waren das überraschenderweise nicht die, die etwas von der Sache verstanden. Nicht die Männer der Ratio, die von Jahrzehnt zu Jahrzehnt in ein immer unheimlicher werdendes Tempo hineingerieten, waren diejenigen, die sich über die Zukunft Gedanken machten. Es waren die Diener der chthonischen Mächte, deren Instinkt von der Narkose des Erfolgs nicht eingeschläfert werden konnte.

Die Verteidiger der Zivilisation waren überzeugt, daß das Idol des Fortschritts zur Vollkommenheit führen müsse. Da sie nicht mehr fromm genug waren, die Vollkommenheit Gott zu überlassen, hätten sie mißtrauisch gegen ihre eigene Vollkommenheit sein müssen. Aber sie waren weder das eine noch das andere. Der Erfolg schien ihnen recht zu geben. Diese merkwürdige Zeit der Jahrhundertwende, in welcher das Radium entdeckt wurde, während die Königin Viktoria starb, schien zu beweisen, daß die menschliche Zivilisation einen Zustand der Vollkommenheit zu erreichen imstande sei. Nur haben die Leute nicht gemerkt, daß die chthonischen Mächte nicht mit von der Partie waren.

Während der Bürger sich noch behaglich die Hände am Komfort wärmte, jagte Dostojewski die Dämonen über Europa. Ein erster leichter Schauer rann über die allzu gebadeten Leiber. Während die Poeten noch in den Wolken der Nachromantik sich ikarischen Exerzitien hingaben, setzte Baudelaire den Spaten Pascals an und grub auf dem Grunde der Existenz eine Philosophie aus, die erst hundert Jahre später einen Namen bekommen sollte. Während die Gesellschaft sich bemühte, das, was ein Sakrament gewesen war, zu einer Konvention des Individualismus zu machen, jagte Strindberg die Caissons, auf denen diese Konvention im Sumpfe ihrer Fragwürdigkeit ruhte, in die Luft.

Schon die Malerei des 19. Jahrhunderts begann, die sichere Realität in Impressionen aufzulösen. Die Atomisierung der Welt haben schon 1905 Picasso und die Maler der Brücke auf die Leinwand gezaubert. Vor hundert Jahren schon haben die schöpferischen Genies begonnen, die Welt so zu sehen, wie sie geworden ist. Jedoch, recht zu haben, bevor es bewiesen werden kann, ist ein Verbrechen. Wann hätte die öffentliche Meinung in Cassandra jemals etwas anderes gesehen als eine Defaitistin. Schlagt sie tot!

Die Verteidiger der Zivilisation taten sich leicht. Sie verteidigten Resultate, und zwar nur diejenigen, welche ihnen in ihre Ideologie hineinpaßten. Man lebte von der Philosophie der Festreden. Man feierte das trojanische Pferd. Man vermied sorgfältig, den Bauch des Tieres einer Untersuchung zu unterziehen.

Aber tatsächlich haben die respektablen Geheimräte des 19. Jahrhunderts, die Tempelhüter des Fortschritts in ihren gut geschnittenen Gehröcken, ganze Horden von trojanischen Pferden auf die Koppeln unseres gloriosen Jahrhunderts gejagt.

Im Bauch des Hygienerosses fand sich der Bakterienkrieg. Um einen Kranken von der Pest zu heilen, wurde, achtlos und beiläufig, zugleich die Möglichkeit miterfunden, die ganze Menschheit durch Seuchen auszurotten. Der chemische Wallach brachte, zum Stickstoff aus der Luft, fröhlich über die neuen Kornfelder galoppierend, den Gaskrieg mit Levisit und anderen synthetischen Meriten. Der Physikhengst schließlich, alle unsere Städte durch das elektronische Funkeln seiner Augen hell erleuchtend, hatte, statt des nahrhaften Heus der Erkenntnis, die Atombombe im Bauch.

Vom Geheimrat zur Geheimwaffe war nur ein Sacculum.

Die Festredner sprachen immer nur von der einen Seite der Sache. Über die andere wurde geschwiegen. Aber man kann nicht die Münze spalten und nur mit dem Kopf bezahlen wollen. Die Geschichte hat diese Halbvaluta nicht konvertiert. Der Vogel gehört dazu. Es dürfte sich um einen Geier handeln.

Es muß die merkwürdige Feststellung gemacht werden, daß das, woran alle mit so stupendem Eifer arbeiteten, keiner je zu fordern gewagt hat. Die Zivilisation ist auf ihrer grandiosen Bahn dahingezogen, ohne daß je einer den Mut gehabt hätte, sich zu ihren Zielen zu bekennen. Ein Prophet, der um 1850 der Menschheit das zum Ziel gesetzt hätte, was sie bis 1950 erreicht hat, was für ein diabolisches Genie wäre das gewesen! Die schöpferischen Geister der Menschheit waren auf der anderen Seite der Barrikade. So ist das 19. Jahrhundert zum Jahrhundert der Festredner, zum Jahrhundert des schlechten Gewissens geworden.

Es gibt dafür ein wundervolles zeitgenössisches Zeugnis. Das ist die Festrede, die Pierre Curie am 6. Juni 1905 vor der Akademie der Wissenschaften in Stockholm hielt, als er für Marie Curie und sich den Nobelpreis für die Entdeckung des Radiums in Empfang nahm. Gegen das Ende seiner Rede sagte Pierre Curie zunächst:

»Wenn man bedenkt, daß das Radium in den Händen von Verbrechern sehr gefährlich werden kann, drängt sich einem die Frage auf, ob es für die Menschheit von Vorteil ist, die Geheimnisse der Natur kennenzulernen, ob sie reif dafür ist, sich ihrer zu bedienen, oder ob ihr diese Erkenntnis schädlich ist. Ein treffendes Beispiel dafür bieten gerade die Entdeckungen Alfred Nobels selbst. Die gewaltigen Explosivstoffe haben die Menschheit befähigt, bewundernswürdige Arbeiten auszuführen, aber sie sind auch ein fürchterliches Zerstörungsmittel in unberufenen Händen und dienen mittelbar den schlimmsten Verbrechern, die es gibt – jenen, die die Völker in den Krieg gegeneinander hetzen.«

Man kann also nicht sagen, daß der Festredner das Problem nicht gesehen habe, aber dann eben kommt der saekulare Satz:

»Ich aber bin mit Nobel der Ansicht, daß die Menschheit aus neuen Entdeckungen am Ende mehr Gutes als Schlechtes gewinnen wird.«

Die Schönheit dieses Satzes würde am eindrucksvollsten zur Geltung kommen, wenn man ihn auf eine Marmortafel meißelte und in Hiroshima aufstellte.

Man denke, ein Mann der Wissenschaft, ein Mann der Physik, der in seiner Wissenschaft auch nicht den kleinsten Schritt vorwärts getan hätte ohne die zuverlässige Hilfe des durch die Beweise der Mathematik gestützten Experiments, findet nichts dabei, eine so wichtige Frage wie die über die Folgen der naturwissenschaftlichen Entdeckungen für die Zukunft der Menschheit durch eine persönliche, durch nichts bewiesene Ansicht zu beantworten. Nicht nur das Radium, auch dieser Satz ist das Resultat einer Entwicklung, innerhalb derer die alte Herrin der Wissenschaft, die Philosophie, aus ihrem Reich vertrieben worden war.

Hätte unter den Festrednern an Virchows achtzigstem Geburtstag der

Advocatus cœli solche Gedanken vorgetragen, wäre er wohl hinausgeworfen worden. Gewiß, die Heilkunde als Ergebnis des wissenschaftlichen Fortschritts ließ sich leicht verteidigen. Aus dem allgemeinen System der Wissenschaften läßt sich auch die Heilkunde nicht herauslösen. Der Bakterienkrieg ist dafür Beweis genug.

Der Advocatus cœli kann mit sanftem Lächeln darauf hinweisen, daß Virchows Schöpfung, der pathologisch-anatomische Mensch, erst in dem Augenblick ins Blickfeld der Wissenschaft tritt, in welchem das Seziermesser sein Dasein eröffnet. Der Pathologe aber wird den Advocatus cœli in den Sektionsraum führen und ihm zeigen, daß nichts so sehr dem Leben dient wie der pathologisch-anatomische Mensch. Mit Mikroskop und Messer hat der Forscher ihm Geheimnisse entrissen, welche seit der Erschaffung der Welt nur immer begraben worden waren. Die Auswertung dieser entschleierten Geheimnisse hat es ermöglicht, Heerscharen von Leidenden von ihren Leiden zu befreien. Gleichzeitig haben diese Erfolge das Tempo beschleunigt, in welchem der von niemandem gesteuerte Triumphwagen der Zivilisation dem 20. Jahrhundert mit erhabenem Gerumpel entgegendonnerte.

So stehen sich der Erfolg und der Irrtum, der aus ihm entstand, unversöhnt und unversöhnlich gegenüber. Daß Virchow in seinen alten Tagen sein eigenes Genie mißverstanden hat, überschattet mit einem Hauch von Tragik einen Ruhm, welchen die Nachwelt ihm aus besseren Gründen schuldet, als es die waren, derentwegen er den Beifall seiner Zeitgenossen fand.

DER ADAM DER WISSENSCHAFT

Für den heiligen Augustin ist Krankheit eine von Gott gesandte Prüfung der Seele und somit eine Brücke, welche den Menschen mit dem Himmel verbindet.

Für Thomas Mann in seinem Dr. Faustus ist das Genie eine in Krankheit tief erfahrene, aus ihr schöpfende und durch sie schöpferische Form der Lebenskraft. Adrian Leverkühn, der Träger dieses Genies, verfällt dem Wahnsinn. Krankheit ist hier ein dämonisches Agens, welches den Menschen mit der Zerstörung der Seele bedroht und somit eine Brücke zur Hölle ist.

Für den pathologischen Anatomen ist Krankheit eine durch Färbung der Zellen im Mikroskop nachweisbare, genau bestimmbare morphologische Veränderung, welcher im lebenden Organismus bestimmte, wohldefinierte Störungen der Funktion entsprechen.

Sicher ist hier jedesmal von derselben Sache die Rede, nämlich von der Krankheit. Jedermann weiß, wovon gesprochen wird, auch wenn eine Definition dieses aufregend vielseitigen Phaenomens noch nicht gegeben ist.

Da der heilige Augustin nicht so unvorsichtig war, seine Meinung durch naturwissenschaftliche Argumente zu stützen, ist er durch solche auch nicht zu widerlegen. Man könnte es der Medizin als Plus anrechnen, daß sie einen solchen Versuch niemals unternommen hat, wenn Einsicht in ihre Grenzen ihr Motiv gewesen wäre. Aber es ist eine Art von Blindheit, welche sie daran hindert, mit der Ansicht des Kirchenvaters sich auseinanderzusetzen. Gewiß läge eine Ansicht für oder wider den heiligen Augustin nicht innerhalb der Zuständigkeit der Medizin. Aber das zu sehen und darüber nachzudenken, hat die Medizin sich die Mühe noch nicht allzuoft gemacht. Da die Meinung des heiligen Augustin in den letzten sechzehnhundert Jahren von der Medizin nicht widerlegt worden ist, kann keine Wissenschaft der Welt hindern festzustellen, daß sie noch gilt.

Thomas Mann sollte es schwieriger haben. Die Medizin schätzte ihn um eine Stufe niedriger als einen Kirchenvater ein. Was der Medizin auf der Brücke zum Himmel so leicht nicht zustoßen kann, auf der Brücke zur Hölle geschah es. Sie fühlte sich getroffen. Sie griff ihn an.

Dabei war es nicht von großer Bedeutung, welche Beweise und Gegenbeweise die Medizin herbeischaffte. So wie es die Medizin überschätzen hieße, wollte man annehmen, daß sie über ihre Beziehungen zum Himmel sorgfältig nachgedacht habe, hieße es, sie unterschätzen, wollte man annehmen, daß sie ihre Beziehungen zur Hölle noch nicht überprüft habe. Aus der Psychiatrie und aus der Psychoanalyse sind Thomas Mann mächtige Hilfstruppen erstanden. Geschichtliche Beispiele marschierten auf. Von Hutten bis Nietzsche wurde die Symptomatologie nicht gerade der Ideen, aber doch ihrer Entstehung zornig diskutiert. Es war eine wilde Schlacht der Geister, an der der zeitgenössische Meister der Fleurs du Mal unter der Sonne Zürichs eine Freude gehabt hat, die mehr als einen Nobelpreis wert gewesen ist.

Das Problem, das Thomas Mann aufgeworfen hat, ist nicht neu. Es bewegt denkende Köpfe der Medizin schon lange. In dem ausgezeichneten Werk von Lange-Eichbaum, »Genie, Irrsinn, Ruhm«, sind darüber höchst gescheite Feststellungen getroffen worden. Aber die Fragestellung Thomas Manns, in dieser konzisen literarischen Form, ist ein buchenswertes Ereignis. Es wird sich herausstellen, daß das Leben Adrian Leverkühns mehr ist als ein Argument.

Betrachtet man zwischen dem Advocatus cœli auf der einen und dem Advocatus diaboli auf der anderen Seite den Mann am Mikroskop, liegt die Versuchung nahe, ihn lächerlich zu finden. Aber Hochmut schießt immer am Ziel vorbei, sogar dann, wenn er nicht blind ist. Zumindest wäre diese Lächerlichkeit von der bewundernswerten Art, von jener Art nämlich, von der zum Erhabenen nur ein Schritt ist.

Es soll versucht werden, den Punkt herauszufinden, an welchem die drei Aspekte sich treffen.

Die Diagnose Carcinoma hepatis, Krebs der Leber, verliert nichts von ihrer Richtigkeit, wenn es ein Heiliger ist, bei welchem diese Diagnose gestellt wird. Die von Gott gesandte Krankheit zur Läuterung der Seele des Heiligen büßt nichts von ihrem Schicksalsaspekt ein, wenn sie pathologisch-anatomisch als Carcinom definiert wird. Nur eben, die Krankheit des Heiligen ist von jener Art Krankheit, wie sie Hiob und Lazarus zustoßen. Das pathologisch-anatomische Carcinoma hepatis dagegen ist von jener Art Krankheit, wie sie auch der Katze zustößt.

Die Krankheit des Heiligen steht unter dem Aspekt des Schicksals, das Carcinoma hepatis des Menschen wie der Katze dagegen unter dem Aspekt der Statistik. Thomas Mann hatte den tiefsinnigen Einfall zu zeigen, wie das statistische Malheur des Adrian Leverkühn, das ihm in einem Freudenhaus zustößt, zu Schicksal wird.

Die pathologische Anatomie in der Vollständigkeit ihres Systems der Krankheitsbilder bezieht sich nicht auf den Menschen in der Vollständigkeit seiner Humanitas. Das Wesen, an dem die pathologische Anatomie ihr System demonstriert, ist eine höchst eingeschränkte Fiktion vom Menschen, wie sie so in keiner Wirklichkeit vorkommt.

Dieses Wesen ist ein ähnliches Phaenomen wie der »Normalmensch«, von dem ein gescheiter und witziger amerikanischer Gelehrter einmal auf Grund eines riesigen statistischen Materials ausgerechnet hat, daß er einunddreißig Zähne habe und leicht schwachsinnig sei.

Nun ist es nicht etwa eine Unzulänglichkeit oder ein Mangel an Einsicht, daß die Wissenschaft der pathologischen Anatomie das Objekt ihrer Untersuchungen so weit eingeschränkt, so weit von der Humanitas abgesetzt hat. Der pathologisch-anatomische Mensch mit seinem statistischen Lebercarcinom ist eine jener notwendigen Schöpfungen der Ratio, welche zwar neben einem lebendigen Menschen sich höchst grotesk ausnimmt, aber solche Fiktionen sind Voraussetzungen von Naturwissenschaft überhaupt. Schief wurde die Sache erst in dem Augenblick, in welchem das allgemeine, nichtwissenschaftliche Bewußtsein des 19. Jahrhunderts sich dieser rationalen Fiktion bemächtigte und den pathologisch-anatomischen Menschen für ein lebendes Wesen, für einen möglichen Träger der Humanitas hielt. Die Pathologen natürlich waren nicht so beschränkt, daß sie nicht bemerkt hätten, daß »der Mensch« etwas mehr sei als jenes Wesen, an welchem sie ihre Untersuchungen anstellten. Aber was sie angesichts dieses Problems unternahmen, war höchst verblüffend.

Virchow hat einmal die lapidare Feststellung getroffen: »Zellen sind die Lebensherde.« Das ist sicher richtig. Ohne Zelle keine Humanitas. Aus einer einzigen Zelle entsteht der Mensch. Virchow konnte auch gut darauf verzichten, das Wesen des Lebendigen zu definieren. Das ist nicht Sache der pathologischen Anatomie. Seine Adepten freilich waren nicht von der gleichen einsichtsvollen und weisen Bescheidenheit. Sie versuchten zu zeigen, wie sehr Virchow als Wissenschaftler ein Vertreter der Biologie, also der Lehre vom Bios, vom Lebendigen, gewesen sei. Sie bemerkten nicht, daß es ein Irrtum der Gegner war, der sie veranlaßte, Virchow einer Sache wegen zu verteidigen, derentwegen man vernünftigerweise gar keinen Vorwurf gegen ihn erheben konnte.

Als die pathologische Anatomie nach ihren rauschenden Triumphen ein wenig zur Besinnung kam, stellte sich so etwas wie eine Ahnung ein, daß der pathologisch-anatomische Mensch, an welchem diese Triumphe errungen worden waren, als Phaenomen etwas Unbefriedigendes hatte. Diese Ahnung war eine Art von schlechtem Gewissen gegenüber der Humanitas. Insbesondere schien diesem pathologisch-anatomischen Menschen die rechte Lebendigkeit zu fehlen.

Anstatt jedoch zuzugeben, daß dieser Vorwurf zu Recht bestehe, oder vielmehr zu zeigen, daß das gar kein Vorwurf sei, machten sich Virchows Verteidiger daran zu zeigen, wie lebendig im Licht der Biologie dieses Monstrum doch eigentlich sei. Sie zeigten, wie genau den jeweils wie in Momentaufnahmen festgelegten pathologisch-anatomischen Zuständen die funktionellen, biologischen Abläufe entsprächen, wie die pathologische Anatomie in keinerlei Widerspruch zur Biologie, zur Wissenschaft vom Lebendigen, stünde, wie gewissermaßen in der Grundkonzeption der pathologischen Anatomie der biologische Mensch vorgesehen sei und sich aus dem pathologisch anatomischen Menschen entwickeln lasse.

Dieser Beweis läßt sich führen. Die Verteidiger haben ganz recht. Aber Virchow ist gescheiter nicht nur als seine Gegner, sondern sogar als seine Verteidiger. Die Grenzen der pathologischen Anatomie liegen nicht an dieser Stelle. Zur Biologie steht sie tatsächlich in keinerlei Widerspruch. Die Ergebnisse der Biologie kann man sehr wohl im pathologisch-anatomischen Menschen sich abspielen lassen. Aber es ist nichts damit gewonnen. Der biologische Mensch ist ebenso eine Fiktion, ebenso ein Fragment der Humanitas wie der pathologisch-anatomische Mensch. Die Verteidiger Virchows waren glücklich, daß es ihnen gelang zu beweisen, wie lebendig Virchows Fiktion sei. Sie bemerkten nicht, daß auch die Lebendigkeit der Biologie in keiner Wirklichkeit vorkommt, daß auch sie nur eine Abstraktion ist, daß diese Lebendigkeit nur die durch die Methodik der Biologie nachweisbaren Vorgänge und Abläufe umfaßt. So, wie das Carcinoma hepatis dasselbe Carcinom beim Menschen wie bei der Katze ist, genau so ist der intermediäre Leberstoffwechsel der Biologie nicht ein Phaenomen, welches den Schurken und den Gentleman betrifft, sondern es ist der Leberstoffwechsel sowohl des Menschen wie des Hammels. Dieser Mensch ist nicht der lebendige Mensch, welcher ein Trambahnbillett löst, heiratet oder Montag morgen grundlos traurig ist, sondern eine Fiktion, welche sich die Wissenschaft der Biologie geschaffen hat, um sämtliche biologischen Abläufe an ihr sich abspielen zu lassen, genau wie die pathologische Anatomie sich ihre Fiktion schuf, an welcher sämtliche pathologisch-anatomischen Zustände aufgezeigt werden können.

Es ist klar, daß eine Fiktion durch Hinzufügen einer anderen Fiktion keinen Hauch von Leben bekommt. Nach dieser Methode kann der pathologisch-anatomische Mensch beliebig erweitert werden. Und so ist man auch vorgegangen. In den mechanischen Apparat des anatomischen Menschen baute man den Verbrennungsmotor der Biologie ein. Dieser Roboter war schon imstande, Schlagsahne zu Kohlehydraten und Aminosäuren abzubauen und zu Glykogen in der Leber und Cerebrosiden in der Hirnrinde wieder aufzubauen. Aber er konnte noch kein Gedicht machen, und die warme gute Sonne konnte auf der Haut dieses Wesens kein Behagen erzeugen, sondern nur das Ergosterin in ihr in Vitamin D verwandeln.

Dies etwa ist Adam, bevor der Herr ihm seinen Odem einblies.

Auch die Wissenschaft hat geblasen. Die Psychiatrie hat diesem Wesen eine Seele eingeblasen, und zwar jene Seele, welche das Objekt der Wissenschaft der Psychiatrie ist. Dieser Adam der Wissenschaft kann denken, fühlen, träumen und sogar Gedichte machen.

So scheint diese Schöpfung dem großen Vorbild aus dem Garten Eden nicht viel nachzustehen. Dieses Wesen darf sogar die Stimmen der Engel hören. Freilich ist ihm das nicht zu empfehlen! Es kommt dann in die geschlossene Abteilung.

Doch fehlt diesem Wesen noch eines zur Vollständigkeit seiner Humanitas. Es kann nicht sündigen. Die Fiktion jenes seelischen Wesens, an welchem die Psychiatrie ihre wissenschaftlichen Erkenntnisse demonstriert, ist nicht moralischer Natur. Auch sie umfaßt noch nicht die Vollständigkeit der Humanitas. In der Psychiatrie steht eine Heldentat unter dem gleichen Aspekt wie ein Verbrechen, nämlich unter einem psychologischen. Der Psychiater kann die Tat eines Menschen moralisch beurteilen, im Gutachten zum Beispiel. Aber damit überschreitet er die

Grenzen seiner Wissenschaft. Bei den Urteilen, die er fällt, entnimmt er seine Begründung der Überlieferung, der Gewohnheit, der Sitte, dem Gesetz. Psychiatrisch im strengen Sinne kann ein moralisches Urteil niemals sein. Dies gilt nicht nur für die Psychiatrie, sondern für die gesamte Naturwissenschaft. Das Moralische gehört einer Kategorie an, an deren Grenze die Macht der Naturwissenschaft zu Ende ist.

Diese ganze wissenschaftliche Wiedererschaffung des Menschen hätte man sich sparen können, wenn man seinen Virchow gelesen hätte. Abgesehen von dem Vergnügen, beim Studium seiner Vorlesungen über die Cellularpathologie einen der glänzendsten Stilisten der deutschen Sprache zu genießen, hätte man eine Bemerkung gefunden, die vielleicht deswegen so wenig beachtet worden ist, weil ihre Einfachheit ihre Bedeutung nicht erkennen läßt.

Man kann, wenn man ein Leberpräparat unter dem Mikroskop betrachtet, die Leber einer Katze von der eines Menschen leicht unterscheiden. Ebenso leicht kann man ein Carcinom der Leber von einer Zirrhose, einer Schrumpfung der Leber, sowohl bei der Katze wie beim Menschen unterscheiden. Was man aber unter dem Mikroskop der pathologischen Anatomie nicht voneinander unterscheiden könnte, wäre die Leber Goethes von der Leber Sternickels. Es ist nicht ein Zell- oder Organsystem, welches die Gebote hält, Verbrechen begeht, Blumen züchtet und einen Dr. Faustus schreibt.

Auf dem Höhepunkt seiner wissenschaftlichen Erkenntnis stellt Virchow mit bewundernswerter Klarheit für ein Problem, welches nachher fast ein halbes Jahrhundert in Verwirrung gebracht hat, fest, daß die pathologische Anatomie keine Aussage über die Persönlichkeit machen könne.

Wenn man diesen Satz des Meisters sich vor Augen hält, sieht man ohne weiteres, daß der pathologisch-anatomische Mensch von seinem Schöpfer als genau das empfunden worden ist, was er de ratione ist, nämlich als eine wissenschaftliche Fiktion. Man sieht weiter, daß es nicht nur aussichtslos ist, diese Fiktion beleben zu wollen, sondern auch ganz überflüssig. Wenn man diese Belebung mit einiger Konsequenz durchführt, landet man, wie gezeigt wurde, mit den Engeln in der geschlossenen Abteilung.

Gerade die weise Beschränkung auf eine streng definierte Fiktion, deren von ihm selbst abgesteckte Grenzen der Schöpfer des pathologisch-anatomischen Menschen in seiner wissenschaftlichen Arbeit niemals überschritten hat, machte die Erfolge der pathologischen Anatomie erst möglich und gab ihnen jene rationale, wissenschaftliche Sicherheit, auf welcher die Medizin weiterbauen konnte, als sie sich jenen Ausweitungen der Forschung zuwandte, welche, weitab von der fruchtlosen Diskussion pro et contra Virchow, wirkliche neue Einsichten und Erkenntnisse, wirkliche Fortschritte brachte. Das war, aber eben auf der höheren Ebene des durch die pathologische Anatomie geschaffenen Wissens, die Rückkehr zur alten Humoralpathologie mit dem Vorstoß in das Gebiet der Hormone und schließlich der Vorstoß zur neuesten Problematik der Nervalpathologie, den Fragen der Steuerung der Lebensvorgänge durch das autonome, vom Bewußtsein unabhängige Nervensystem.

Was Virchow als Forscher geleistet hat, ist, daß er das Wesen der Krankheit in bezug auf Zellen und Organe geklärt hat. Was er nicht geleistet hat und auch gar nicht leisten konnte, ist eine Klärung des Wesens der Krankheit in bezug auf den Menschen als Person. In seinen jungen Jahren hat Virchow noch durchaus eine Vorstellung davon gehabt, daß die Wissenschaft der Pathologie eine solche Aufgabe gar nicht lösen könnte. Er hat sie auch nicht lösen wollen. Die tragische Ironie seines wissenschaftlichen Lebens liegt darin, daß er in seinen alten Tagen, unter der Suggestion der Zustimmung eines ganzen Zeitalters, seine eigene Wahrheit preisgegeben hat.

In einer seiner späten Universitätsreden sagt Virchow einmal hinsichtlich der pathologischen Anatomie, »daß es keiner besonderen Beweisführung bedarf, daß diese Art der Wissenschaft eine nützliche sei«.

Gewiß! Da hat er recht. Aber was ist schon nützlich!

Immerhin beschränkt er sich hier auf die Umwelt der Pathologie. An anderer Stelle spricht er von der Ablösung des »philosophischen Zeitalters«, des 18. Jahrhunderts nämlich, durch das »naturwissenschaftliche Zeitalter«, das 19. Jahrhundert. Als ob je Philosophie durch Naturwissenschaft ersetzt werden könnte! Er spricht von »unserer Zeit, die in ihrem wissenschaftlichen Gefühl so sicher und siegesfroh ist«. Hier eben unterliegt er der Suggestion seiner Zeit. Wohl hatte diese Zeit ein Gefühl dafür, daß nach der Zerstörung der mittelalterlichen Welt, in der die Humanitas eine Stätte und die Seele des Menschen ein Haus gehabt hatten, eine neue Welt gebaut werden müßte. Aber diese Zeit, in ihrem wissenschaftlichen Gefühl so sicher und siegesfroh, glaubte, daß diese neue Welt mit den Mitteln der Naturwissenschaft gebaut werden könnte.

Das ist das, was man den Irrtum des 19. Jahrhunderts nennen kann.

Die naturwissenschaftlichen Entdeckungen des 19. Jahrhunderts ermöglichten es zu zeigen, daß die Vorstellungen, die der heilige Augustin von der Natur der Krankheiten gehabt hatte, ein verwirrtes System von Irrtümern gewesen war. Stolz im Bewußtsein dieses Vorsprungs vor dem gelehrten Kirchenvater beging das 19. Jahrhundert nunmehr einen Irrtum, der viel verwirrter war, als es die Irrtümer des heiligen Augustin jemals gewesen sind. Man warf nämlich auch das über Bord, was Augustin über das Wesen der Krankheit in bezug auf die Person des Menschen gewußt hatte.

Das verwirrte System der Irrtümer Augustins betraf eben durchaus nicht den gesamten Umfang des Phaenomens Krankheit, es betraf nur seine naturwissenschaftliche Seite. So wenig es Virchows Aufgabe war, etwas über die Persönlichkeit auszusagen, so sehr war es die Aufgabe des Kirchenvaters, gerade darüber eine Meinung zu haben.

Was der heilige Augustin geleistet hat, ist, daß er das Wesen der Krankheit in bezug auf den Menschen geklärt hat. Was er nicht geleistet hat und was er weder leisten wollte noch konnte, war eine Klärung des Wesens der Krankheit in bezug auf Zellen und Organe. Freilich, diese Seite der Krankheit war für den Kirchenvater nicht von großer Bedeutung. Ob die Krankheit des Hiob eine Lepra, eine Pyodermie oder ein Lupus war, ist ohne Bedeutung für das, worauf es ihm ankam, nämlich, daß Hiob seine Leiden hinnahm und nicht aufhörte, Gott, den Herrn, zu preisen.

Wenn der heilige Augustin eine Kenntnis dessen gehabt hätte, was wir heute über die Natur der Krankheiten wissen, hätte er nichts von seinen Lehren zu ändern brauchen. Vielleicht hätte er sich dann des eigentümlichen Problems bemächtigt, was die Krankheiten der Tiere im Plan der Schöpfung für einen Sinn haben. Es ist nicht anzunehmen, daß das Carcinom der Katze keine andere Bedeutung als eine statistische im Rahmen der pathologischen Anatomie habe. Diesem Problem steht die gesamte Naturwissenschaft hilflos gegenüber. Die Tierpsychologie bietet keinen besseren Ausweg als die Menschenpsychologie. Der Hinduismus böte eine Lösung. Aber für den Westen ist der Hinduismus eine saekularisierte historische Erscheinung. Man kann ein gelehrter Indologe sein, ohne das geringste von dem zu glauben, was für den gelehrten Inder seit Jahrtausenden alte Wahrheiten sind. Darum sitzen ja auch unsere Indologen in Europa auf Lehrstühlen, statt in Indien auf Betschemeln zu knien.

Hier taucht die Frage auf, wo denn wohl die Grenze liege, bis zu welcher die Geschöpfe der Schöpfung zu lieben seien. Das ultravisible Virus des Fleckfiebers unter die Geschöpfe aufzunehmen, bereitet dem humanistischen Gemüt ein gewisses Unbehagen. Doch hat dieses Virus im Rahmen eines Schicksals die gleiche Aufgabe wie ein Wolf, der einen Menschen in der Steppe anfällt. Und sicher doch gehört der Wolf zu den Geschöpfen. Für die Lösung dieses Problems ist die Scholastik und nicht die Pathologie zuständig.

Das aus Zellen und Organen bestehende System des Organismus ist der Aspekt Virchows. Dieser Organismus ist existent nur als Lebewesen und als solches mehr als eine pathologisch-anatomische Wesenheit.

Die von ihrem Schicksalsleder umschlossene Seele des Menschen, welche sündigt und den Herrn preist, ist der Aspekt des heiligen Augustin.

Diese Seele ist beheimatet in einem Organismus, welcher nach den Gesetzen der Biologie funktioniert. In dieser konzisen wissenschaftlichen Determiniertheit geht die Naturwissenschaft über Augustin hinaus.

Thomas Mann setzt diese beiden Welten miteinander in einen überzeugenden Zusammenhang. Sein Aspekt umfaßt die eigentümliche statistische Exponiertheit des biologischen Organismus und beläßt damit der Krankheit ihren wissenschaftlichen Charakter. Aber gleichzeitig umfaßt er die in diesem Organismus beheimatete Seele, welche ja das eigentlich Betroffene ist. Der Erreger der Krankheit ist hier noch viel mehr der Erreger dieser Seele. In der Vereinigung der beiden Welten, der Welt der Naturwissenschaft und der Welt der Dämonie des Schicksals, tritt die Krankheit wieder unter den Aspekt der Humanitas. Damit gewinnt sie jene Würde zurück, deren das 19. Jahrhundert sie beraubt und welche die wissenschaftliche Medizin allein ihr niemals zurückzugeben vermöchte.

ÜBER DIE KRISE IN DER MEDIZIN

Als der Mensch die Obhut des Glaubens verlassen und sich unter die Obhut der Wissenschaft begeben hatte, war Therapie mit der gleichen Notwendigkeit ein moralisches Problem geworden, wie Moral aufgehört hatte, ein therapeutisches Problem zu sein.

In diesem Chassez-Croisez schon liegt die Wurzel dessen, was in gemessenen Abständen als Krise der Medizin in Erscheinung tritt. Diese Krise ist genau so alt wie die Medizin als Wissenschaft selbst.

Was hier, in jeder wissenschaftlichen Generation einmal, geschieht, ist, daß die Geister bewogen werden, einen Blick in den Himmel zu werfen. Es ist jener Himmel, in welchen die wissenschaftlichen Bäume nicht so hoch hinaufgewachsen sind, als man geglaubt hatte.

Daß es gerade die Medizin ist, in der diese Entdeckung immer wieder gemacht wird, unterscheidet sie vorteilhaft von jeder anderen Naturwissenschaft.

Die Atomphysik macht sich weiter keine Gedanken darüber, daß der Weg, der zur Spaltung des Atoms geführt hat, erst dadurch überhaupt frei wurde, daß das Universum vorher gespalten worden war.

Das Problem der Atombombe, welches heute die ganze Welt bewegt, ist kein Problem der Atomphysik, sondern gehört zu den Problemen, welche durch die Ergebnisse der Physik an Orten des Lebens entstehen, welche mit der Physik selber gar nichts zu tun haben. In der Medizin liegt die Sache anders.

Zunächst zwar sind auch die Ergebnisse der medizinischen Wissenschaft genauso eine Sache der reinen Gelehrsamkeit wie die Ergebnisse irgendeiner Naturwissenschaft. Aber die medizinische Wissenschaft befindet sich in der besonderen Lage, daß die Ergebnisse ihrer Gelehrsamkeit immer sogleich in das Handwerk des Arztes eingehen. Die Sprache nennt ihn den praktischen Arzt. Der große Kliniker ist immer zugleich Gelehrter und Arzt. Als Gelehrter verhält er sich ganz anders, als er sich als Arzt verhält. Aller Spott, mit welchem von Molière bis Bernard Shaw die Ärzte überschüttet worden sind, zielt auf diese Stelle. Welche Ironie liegt darin, daß Molière selbst als Eingebildeter Kranker nach einer Aufführung des Malade Imaginaire am Ende des Stückes hinter der Kulisse an einer Herzattacke starb.

Die Ergebnisse der Gelehrsamkeit der Medizin beziehen sich auf den Adam der Wissenschaft. Werden sie im Handwerk des Arztes angewendet, werden sie auf einen lebenden Menschen angewendet. Zunächst behilft sich der Kliniker damit, daß er den Kranken »als Fall« behandelt. Er versucht, die Seele in die Statistik einzumontieren. Mit diesem Trick läßt sich ziemlich viel erreichen. Was sich damit nicht erreichen läßt, bildet den Gegenstand der Krise. Aber die Krise betrifft nicht die Medizin als Wissenschaft, sondern die Medizin als Handwerk. Sie betrifft nicht den Gelehrten, sondern den Arzt.

Dem Arzt, der dem Patienten gegenübersteht, sind zwei Aufgaben gestellt. Die eine ist, den Patienten als Fall zu diagnostizieren und einer rationalen Behandlung zuzuführen. Diese Aufgabe stellt er sich selbst. Die andere ist, einem vom Schicksal der Krankheit betroffenen Menschen, einer Seele, zur Heilung, einer Heilung von Schicksal zu verhelfen. Diese Aufgabe stellt ihm der Patient. Für die erste Aufgabe steht dem Arzt die Schulweisheit von vier Jahrhunderten wissenschaftlichen Fortschritts zur Verfügung, für die zweite Aufgabe nur seine eigene Weisheit.

Mit der Zuordnung einer Krankheit zu einem Krankheitsbild ist die erste Aufgabe gelöst, nicht aber die zweite. Wenn der Arzt einen Kranken als Fall erfaßt hat, ist wohl der Wissenschaft Genüge getan, nicht aber dem Leben. Wenn der Arzt durch eine Salvarsankur eine Lues heilt, heilt er wohl den Schaden, den die Krankheit dem Körper zugefügt hat, nicht aber die Zerstörungen, die sie im Schicksal des Kranken angerichtet hat. Wenn, zum Beispiel, ein Kranker in Unkenntnis der Art seiner Krankheit verblödete Kinder in die Welt gesetzt hat, ist mit seiner eigenen Heilung erst das kleinste Unglück behoben, welches die Krankheit seiner Biographie zugefügt hat. Zu versuchen, hier irgendwo eine Linie zu ziehen, an der die Zuständigkeit des Arztes ihre Grenze hätte, scheitert an dem

Anspruch des Patienten, der ja die magische Pforte zum Sprechzimmer des Arztes zusammen mit seinem Schicksal durchschreitet.

Wie versucht die Medizin, mit dem Anspruch des Patienten fertig zu werden?

Das System der Krankheitsbilder ist ein System aller möglichen Symptome. In einem vollständigen System der Krankheitsbilder ist jedes mögliche Symptom jedes möglichen Individuums enthalten. Aber das vollständige System der Krankheitsbilder enthält keine einzige wirkliche Krankheit eines wirklichen Menschen. Der wirren Mannigfaltigkeit der Symptome steht die ebenso wirre Mannigfaltigkeit der Individuen gegenüber. Die wirre Mannigfaltigkeit der Symptome kann man durch ein vollständiges System von Krankheitsbildern ordnen. Was hat die Wissenschaft gegenüber der wirren Mannigfaltigkeit der Individuen unternommen?

Die Zuordnung eines individuellen Symptoms eines beliebigen Individuums zu einem Krankheitsbild ist ja zunächst gegen die Individualität gerichtet. Das gerade ist ja der Vorgang, der sich beim Stellen der Diagnose abspielt. Mit welch unendlicher Feinheit drückt die Sprache diesen Sachverhalt aus. Daß eine Diagnose »gestellt« wird, definiert das Künstliche des Vorgangs deutlicher, als alle Erklärungen es vermöchten. Das individuelle Symptom wird nicht länger in seinem biographischen Zusammenhang betrachtet. Ein Hautausschlag bei einer schönen Frau kann klinisch sehr harmloser Natur sein. In ihrem Schicksal kann er bedeuten, daß ihr Liebhaber sie deswegen verläßt. Auch mit der teuersten Chrysarobinsalbe holt sie ihn nicht zurück.

Das natürliche Symptom tritt unter den künstlichen Aspekt des Systems der Symptome. Unter diesem Aspekt ist sein biographischer Charakter nicht mehr von Bedeutung. Dieser Vorgang beschränkt sich nicht auf das Symptom. Der ganze Mensch tritt unter den Aspekt des Systems der Krankheitsbilder. Der schöpferische Akt der Diagnose konstituiert ihn ja gerade als »einen Fall von...«. Es ist das Wesen dieses Vorganges, daß er die Krankheit aus ihrem lebendigen, gewissermaßen aus ihrem natürlichen Zusammenhang herausnimmt und in einen anderen, einen künstlichen Zusammenhang hineinstellt, nämlich in den wissenschaftlichen Zusammenhang des Systems der Krankheitsbilder.

Aber damit, daß beim Stellen der Diagnose vom Menschen abgesehen wird, ist der Mensch ja nicht verschwunden. Ganz im Gegenteil! Jeder einzelne Fall bringt das Element seiner Persönlichkeit mit. Die klinische Beobachtung zeigt, daß es keine zwei gleichen »Fälle von...« gibt. Denn es gibt keine zwei gleichen Persönlichkeiten.

So ergab sich die Notwendigkeit, zur Ergänzung der Systematik der

Symptome eine Systematik der Persönlichkeiten zu schaffen. An Mut dazu hat es der Wissenschaft nicht gefehlt. Indem sie es unternahm, eine vollständige Systematik der Persönlichkeiten zu schaffen, unternahm sie es, die Mannigfaltigkeit der Krone ihrer Schöpfung, des Adams der Wissenschaft, in ein System zu bringen.

Das, merkwürdigerweise, schien zu gehen.

Die schicksalsmäßige Bedingtheit des Menschen ist von zwei Seiten her bestimmt. Die eine Seite ist das, was der Mensch an körperlichen und seelischen Eigenschaften und Möglichkeiten mit auf die Welt bekommt. Es ist das, was man seine Konstitution nennt. Die zweite Seite ist das, was an äußeren Einflüssen der Welt auf ihn einwirkt und ihn verändert. Es ist das, was man sein Milieu nennt. Eine Persönlichkeit läßt sich darstellen als ein System, dessen Ordinate die Konstitution, dessen Abszisse das Milieu ist.

Furchtbare Schlachten sind geschlagen worden zwischen der Konstitution und dem Milieu. Das ging so weit, daß ein ehrwürdiger Gelehrter, der immerhin einen Weltruhm aufs Spiel zu setzen hatte, sich eine Cholerakultur aufs Brötchen strich und sie mit Münchener Starkbier hinunterschluckte, um zu beweisen, daß Bakterien allein keine Infektion erzeugen, wenn nicht eine konstitutionelle Bereitschaft für den Infekt vorliegt.

Die Heroen der Argumente schauten die Welt nicht mehr an, sondern nur noch ihre Weltanschauungen. Schon früher einmal war eine Revolution in Gang gesetzt worden, um die natürliche Ungleichheit der Konstitution durch die Gleichheit des Milieus unwirksam zu machen. Politische Glaubenslehren entwickelten sich aus der Theorie, daß das Milieu des Menschen das einzige sei, was seinen Charakter, sein Befinden, ja sein Glück bestimme.

Die Forschung hat mit diesen Leidenschaften nichts zu tun. Für sie handelt es sich darum, zu finden, was man beweisen kann, und zu beweisen, was man gefunden hat.

Man untersuchte die Temperamente, welche schon die Antike unterschieden hatte. Man fand, daß an dieser Einteilung etwas sei. Man beobachtete und registrierte. Schließlich schuf die Psychologie im Bereich des Gesunden und die Psychiatrie im Bereich des Krankhaften ein System von Konstitutionstypen, in welches jede mögliche Persönlichkeit eingeordnet werden kann.

Diese Erkenntnisse wurden befestigt und vertieft durch das, was man durch die Vererbungslehre erfuhr.

Auf der anderen Seite machte man das Milieu zum Objekt der Forschung. Dies war zunächst eine Aufgabe der Hygiene, später der Soziologie.

So, wie es gelungen war, durch das System der Krankheitsbilder die wirre Mannigfaltigkeit der Symptome zu ordnen, so gelang es, durch die Lehren von der Konstitution und vom Milieu die wirre Mannigfaltigkeit der Persönlichkeiten zu ordnen.

Der Gewinn, der sich aus dieser Leistung der Wissenschaft für den Arzt ergab, war bedeutend. Ihn brauchte es auch nicht zu bekümmern, daß die wissenschaftlichen Disziplinen, die diese Resultate erarbeiteten, zum Teil gar nicht zur Naturwissenschaft gehörten. Sein Anliegen ist ein Anliegen des Lebens. Er ist ja, insofern er behandelt, kein Gelehrter, sondern eben ein Handelnder. Seine Aufgabe ist, die von der Wissenschaft erarbeiteten Kenntnisse, diese Symptomatologie der Persönlichkeiten, auf den einzelnen lebenden Menschen, seinen Patienten, anzuwenden.

In den langen Zug lädierter Humanitas, der täglich in seinem Sprechzimmer an ihm vorüberzieht, kann der Arzt mit Hilfe des Systems der Persönlichkeiten eine gewisse Ordnung bringen. Die Einsichten des Arztes in die Lage seines Gegenüber, des kranken Menschen, sind durch die Wissenschaft von der Konstitution und die Wissenschaft vom Milieu vertieft worden. Er kann jetzt, dank der wissenschaftlichen Aufklärung über die Bedingungen, unter denen die Existenz des Menschen steht, Zusammenhänge übersehen, welche der Einsicht vorher verschlossen waren. Die Verfeinerung sowohl seiner diagnostischen wie seiner therapeutischen Möglichkeiten aus diesem Zuwachs an Wissen ist beträchtlich. Was wurde dabei für ihn gewonnen für die zweite Aufgabe, die Aufgabe, welche der Patient ihm stellt, die Aufgabe, Schicksal zu heilen?

Da sitzt er, der patiens, der Leidende, dieses erstaunliche und bewundernswerte Wesen, das wie Prometheus an den Felsen seiner Konstitution geschmiedet ist, das wie Herakles täglich der Hydra des Milieus ihre Köpfe abschlagen muß, ohne sie jemals töten zu können, das wie Atlas das Himmelsgewölbe seines Schicksals auf den gebeugten Schultern trägt, dieses Kind der Schöpfung, das, wenn es die asphodelischen Blüten auf der Wiese des Lebens pflücken will, mit Maschinengewehren beschossen wird. Da sitzt er, dieser Leidende des Lebens, und während er den Frieden seiner Seele sucht, hat er Rheuma im Knie. Aber das, wessen er bedarf, ist eben nicht nur das Medikament. Er bedarf des Trostes.

Glücklicherweise ist nicht jedes rheumatische Leiden ein rheumatisches Schicksal. Nicht jeder Patient stellt an den Arzt die Forderung, daß er sich um seine Seele, um seine Heilung von Schicksal bekümmern solle.

Der Mensch, wenn er ein moderner Mensch ist, ein Mensch der Zivilisation, ein Mensch unserer Zeit, ist nicht so anspruchsvoll. Was sollte er auch beanspruchen für eine Seele, von der er selber nichts mehr weiß. Er ist ein »Fall von Mensch« so gut, wie er ein »Fall von Rheuma« ist.

Dieser Fall von Mensch ist vollkommen glücklich, wenn er als Fall von Rheuma geheilt wird. Die Schmerzen, die er leidet, sind keine augustinischen Schmerzen. Seine Heilung ist kein Wunder, sondern das kleine statistische Glück. Dank einem Zufall, für welchen er keine Gottheit hat, ihr Opfer im Tempel darzubringen, fällt sein Fall unter die heilbaren Fälle. Fällt er unter die unheilbaren Fälle, kann es leicht geschehen, daß dieser Fall, da er auch keine Gottheit hat, der er fluchen kann, seinen Arzt verflucht. Wer könnte es dem verfluchten Arzt verübeln, in solchem Fall den Fluch in das Honorar miteinzukalkulieren?

Dieser Fall von Mensch, der sein Schicksal an denselben Nagel hängt wie seinen Rock, der nicht verlangt, daß der Arzt sich um seine Humanitas bekümmere, der, in rührender Bescheidenheit und in tiefer Einsicht in die Grenzen der wissenschaftlichen Medizin, vom Arzt nicht mehr erwartet, als was zu leisten die Wissenschaft diesen gelehrt hat, nämlich die Heilung der Schäden, welche die Zivilisation dem Menschen zufügt, ist der Kassenpatient. Auf eine dieser geheimnisvollen und witzigen Arten, durch die das Leben in seiner tiefen Vernunft immer wieder die Schäden repariert, welche die Ratio ihm zugefügt hat, schuf es zur perfekten Medizin den perfekten Patienten.

Die Ärzte selbst haben sich hartnäckig gegen diese Entwicklung gesträubt. Sie empfanden, daß etwas von ihrer alten priesterlichen Würde dabei verlorenginge. Sie verstanden nicht, daß das, was ihnen da entglitt, nicht durch ihre eigene Schuld ihnen entglitt. Sie begriffen nicht, daß das, was da verlorenging, schon vor vierhundert Jahren verspielt wurde. Man schuf die schöne Formel, daß der Arzt der Beichtvater unserer Zeit sei. Welch eine Confession!

Man hielt es für etwas durchaus Würdevolles, Beichtvater zu sein. Man empfand nicht die Ironie, die über dem Stolz liegt, Beichtvater sein zu wollen, ohne einen Glauben zu haben, nach welchem Sünden sich in ein System ordnen lassen.

Die Ärzte konnten wohl die Sünden, die man ihnen brachte, in ihr schweigsames Herz nehmen. Sie konnten dem armen Kassensünder sogar bedeutend wirksamer von seinen Schmerzen helfen, als es der heilige Augustin jemals gekonnt hätte. Aber sie konnten keine Absolution erteilen.

Zweifellos wird einmal, und vielleicht bald, eine junge Generation von Ärzten heranwachsen, die sich, nachdem die alte Würde verschlissen ist, daranmachen wird, eine neue zu schaffen. Diese junge Generation, die aller Humanitas so vollständig beraubt wurde, wird sich eines Tages entschließen, den perfekten Patienten ohne die Vorurteile der Überlieferung zu betrachten. Sie wird dabei einige erstaunliche Entdeckungen machen. Wenn man schon im Besitze von Vorteilen gegenüber einem Kirchenvater ist, wird man eines Tages wohl so klug werden, aus diesen Vorteilen sich eine neue Rüstung zu schmieden, anstatt in einer hoffnungslosen Weise immer wieder zu versuchen, das Lendentuch des Lazarus der Statue der Wissenschaft um die kalten Marmorhüften zu drapieren.

Die Quelle, das moralische Grundgesetz, aus dem das mühselige und opfervolle Dasein des Arztes seine Kräfte bezieht, ist noch heute der Eid des Hippokrates.

Im Altertum wurde er beim Heilgott Apollon, bei Asklepios und bei Hygieia und Panakeia, den Töchtern des Asklepios, geschworen. Seine wichtigsten, noch heute in der ärztlichen Welt gültigen Sätze sind die folgenden:

»... Ich werde meine ärztlichen Verordnungen zum Nutzen der Kranken geben nach meiner Kraft und meinem Urteil. Was Verderben und Schaden bringt, will ich von ihnen fernhalten.

Ich werde niemandem ein tödlich wirkendes Gift verabreichen, auch auf Verlangen nicht. Ich werde auch keinen solch verwerflichen Rat erteilen. Ebensowenig werde ich einem Weibe ein Mittel zur Vernichtung keimenden Lebens geben.

Rein und gottgefällig will ich mein Leben und meine Kunst bewahren. Ich werde in alle Häuser, in die ich kommen mag, zum Heile der Kranken eintreten und mich jeden vorsätzlichen Vergehens und jeder schädlichen Handlung enthalten...«

Der alte Heide aus Kos würde wahrscheinlich noch im Hades darüber lächeln, daß sein Name auf eine so würdevolle Weise durch zwei Jahrtausende hindurch Sätze begleitet hat, die so im tiefsten Grunde christlich sind.

Wenn man sagt, daß jedes Leben lebenswert sei, ist damit nichts anderes gesagt, als daß jedes Lebewesen eine Seele habe und ein Geschöpf Gottes sei. Es ist nicht unsere Sache, darüber zu befinden, welche Gefäße die Schöpfung sich ausersieht, um Seelen in ihnen auf Erden wallen zu lassen. Obwohl es dafür keines Argumentes bedarf, gibt es einen Sachverhalt, der als solches verwertet werden könnte.

Kaum etwas ist so schwer zu finden wie ein »gesundes« Genie. Für die Entstehung dessen, was man Genie nennt, scheint – dessen ist man heute ziemlich sicher – ein bionegatives Element unentbehrlich zu sein. Dies ist sicher kein Gesetz, aber eine Regel, von der man freilich nicht zu sagen vermag, welch tieferer Sinn ihr in der Ökonomie des Lebens zugrunde liegt.

Der Vater der Heilkunst von der Insel Kos lächelt nicht im Hades. Man hat den Hippokrates der Vorteile wieder beraubt, die das Lethe, das älteste und zuverlässigste Narkotikum der Welt, ihm schon verschafft hatte. In der Divina Commedia begegnen wir ihm wieder in der Gesellschaft Ciceros, Senecas, Euklids, des Ptolemaeus und der beiden späteren großen Ärzte Galen und Avicenna. Mit Hippokrates also kann man nicht in den Himmel kommen, mit der Wissenschaft auch nicht. Was tun?

Ein sicher falscher Weg wäre es, den Eid des Hippokrates diskutieren zu wollen. Wohin man da gelangt, haben erst neuerdings die Verwirrungen einiger Ärzte, welche sich mit ihren Experimenten dem Experiment der Macht zur Verfügung gestellt hatten, auf eine schreckliche Weise gezeigt.

Man zitiert den Hippokrates, wo immer es möglich erscheint. Das zeigt, daß man das Bedürfnis hat, das Handeln des Arztes auf einen moralischen Grund zu stellen. Aus der medizinischen Wissenschaft, als einer auf Naturwissenschaft aufgebauten Lehre, sind keine moralischen Motive zu gewinnen. Sie lehrt die nützliche, aber banale Möglichkeit zu heilen. Einen Grund, warum man einen Kranken heilen soll, vermag die wissenschaftliche Medizin nicht anzugeben. Die Quelle des ärztlichen Wissens liegt in der medizinischen Wissenschaft. Die Quelle seines Handelns hat einen anderen Ort. Sie entspringt der Überlieferung der Humanitas, die in ihrem Grunde immer noch christlich ist. Die medizinische Wissenschaft als Naturwissenschaft des 19. Jahrhunderts hat zur Quelle des ärztlichen Handelns, zur Humanitas, keine Beziehungen. Diese beiden Sphären des Lebens in seiner Tätigkeit miteinander zu vereinigen, ist die Aufgabe, die dem Arzt gestellt ist.

Es gibt keine abendländische Humanitas, die ihre Quelle nicht im Christentum hat. Selbst da, wo das Christentum seine lebendige Wirksamkeit verliert, geht zu unserem Glück die lebendige Wirksamkeit der Humanitas nicht gleichzeitig, sondern erst ein wenig später verloren.

Sofern der Arzt dem Kranken zur Heilung von seinem Schicksal helfen will, vermag er das aus dieser Quelle immer noch zu leisten. Die Wissenschaft hilft ihm dabei nicht. Es gibt unter den zahlreichen Lehrstühlen für Medizin keinen Lehrstuhl für Schicksal. Da ist jeder Student sein eigener Geheimrat und jeder alte Doktor ein Ingenieur des Wunders mit der Spritze in der Hand.

Das Vertrauen, das ein Patient zu seinem Arzt hat, besteht aus zwei Komponenten. Darüber sind die wenigsten Patienten sich klar. Die eine Komponente ist das Vertrauen, welches der Patient zur technischen Perfektion des Arztes hat. Auf diesem Gebiet sind Forderungen des Patienten berechtigt. Die Techniken von Diagnose und Therapie sind, wie alle Ergebnisse von Wissenschaft, prinzipiell erlernbar.

Die andere Komponente ist das Vertrauen des Patienten in die Fähigkeit des Arztes, sein Schicksal in die Hand zu nehmen. In dieser Sache kann der Arzt nur so viel leisten, wie er selbst als Mensch wert ist.

Die klinischen Lehrbücher bekümmern sich nur darum, dem begierigen Jünger der Gelehrsamkeit die Perfektion der Technik der Wissenschaft beizubringen. Sofern einer der Wissenschaft sich mit Leib und Seele verschreiben will, geht er zu einem Meister. Bei ihm, sofern er wirklich ein Meister ist, wird er nicht nur in die Geheimnisse der Forschung, sondern auch in die Geheimnisse der menschlichen Seele eingeweiht werden. Die klinischen Lehrbücher enthalten über den methodischen Gebrauch der Güte keine Anweisungen.

Das Anliegen der Heilung von Leiden braucht das intellektuelle Vergnügen an dem Adam der Wissenschaft nicht zu beeinträchtigen. Wenn die Wissenschaft einmal der Frage nachgehen wird, wo dieses Adams Grenzen liegen mögen, wird man auf der anderen Seite der Demarkationslinie etwas anderes finden als die Eiswüste des Unerforschten. Man wird auf das köstliche philosophische Problem des Lebendigen stoßen.

Sicher jedenfalls ist, daß die Fähigkeit, Leiden zu heilen, eine Eigenschaft voraussetzt, die selten geworden ist. Man kann dieser Eigenschaft keinen anderen Namen geben als den der Frömmigkeit. Ein Mann, der Leiden heilen will, muß dem Leben gegenüber eine gewisse, sehr menschliche Frömmigkeit haben. Daß es eine christliche Frömmigkeit sein müsse, erscheint nach allem, was seit Kaiser Karls V. Zeiten sich ereignet hat, als eine übertriebene Forderung. Aber Humanitas allein ist kein Ersatz für Religion. Sie muß etwas mehr sein als nur eine Überzeugung. Dieses Mehr ist jenes selbe Etwas, das dem Menschen, der die Leiden des Prometheus täglich erleiden, die Taten des Herakles täglich verrichten, die Last des Atlas ein Leben lang auf seinen Schultern tragen muß, hilft, seine augustinischen Schmerzen zu ertragen, wenn sonst ihm keine Hilfe wird.

Die Krise in der Medizin ist die Krise unserer Zeit. Freilich, eine Lösung dieser Krise von den Fortschritten der Wissenschaft zu erwarten, diese billige Hoffnung wird man aufgeben müssen.

ATOM UND INDIVIDUUM

Der witzigste aller Dämonen, der Dämon der Sprache, hat der Wissenschaft einen Streich gespielt. Atom und Individuum sind Synonyma. Das eine wie das andere bedeutet »das Unteilbare«. Atom leitet sich von dem griechischen Wort τέμνειν, teilen, Individuum von dem lateinischen Wort *dividere*, teilen, ab.

Wir haben erlebt, wie weit das unteilbare Atom zerstrümmert werden konnte. Wir haben gesehen, was dabei mit zertrümmert wurde. So wird die Wissenschaft es uns nicht verdenken können, wenn wir, die atomgebrannten Kinder, die Unteilbarkeit des Individuums mit Mißtrauen betrachten.

Als die Sternphysik die Einheit des Universums gespalten hatte, wurde des Menschen Seele obdachlos. Das unendlich Große, das durch den Glauben faßbar war, wurde unfaßbar, und des Menschen Seele stürzte in das Nichts hinter den Spiralnebeln.

Auch die Ratio stürzte schließlich ins Nichts und verlor sich in den unendlichen leeren Räumen, die zwischen Elektron und Atomkern sich erstrecken. An dieser Sache ist das Erstaunliche, daß in den Atomen zwischen Größe und Entfernung der Teile die gleiche Verhältniszahl herrscht wie in den Sonnensystemen.

Diese Zahl ist das letzte Bindeglied zwischen der in das Nichts der Weltenräume gestürzten Seele und der in das Nichts der interatomaren Räume gestürzten Ratio. Eine erstaunliche Zahl!

Wer ist das nun, der ob dieser Zahl in Staunen gerät?

Es wäre verwunderlich, wenn der Mensch im Ablauf dieser großen Aktion von der Spaltung des Universums bis zur Spaltung des Atoms die Unverletzlichkeit seines Ich hätte hindurchretten können.

Wie das Universum, als die Wissenschaft es zum Objekt machte, seine Einheit verlor und in seine Bestandteile zerfiel, so zerfiel der Mensch. Unter dem Zugriff der Wissenschaft ist die Einheit des Menschen verlorengegangen.

Es war nicht nur die Biologie, die sich ihren eigenen Adam schuf. Jede Wissenschaft mußte sich aus dem Leben das Stück herausschneiden, das sie zum Objekt ihrer Untersuchungen machen wollte. So entstand neben dem biologischen Menschen der psychologische, der soziologische, der historische Mensch. In dem Maße, wie die Wissenschaft sich spezialisierte, wurde ihr Objekt spezialisiert. Das Objekt der inneren Medizin ist ein anderes als das Objekt der Chirurgie.

Gewiß sind alle diese Aspekte mögliche Aspekte des Menschen. Auf der vieltausendjährigen Reise, auf der der Mensch sich selbst zu entdecken versuchte, haben wir durch die Methoden der Wissenschaft eine Menge aufregender Dinge über uns selbst erfahren. Freilich, als man an den Versuch ging, diese Aspekte miteinander in Verbindung zu setzen, stellte sich heraus, daß sie sich nur addieren ließen. Es ließ sich keine Mitte angeben. Keiner der Disziplinen der Wissenschaft konnte man einen
[illegible] deren geben. Wie wir fanden, daß es keine Hierarchie
[illegible] so gibt es keine Hierarchie der Wissenschaften. Jede
[illegible] ich zur Mitte und alle anderen zu ihren Hilfswissen-

schaften machen. Allein die Philosophie ist den anderen Wissenschaften übergeordnet.

So haben im Zeitalter der Naturwissenschaft die einzelnen Fachgebiete ihre Verbindung untereinander immer mehr verloren. So stehen die Aspekte der verschiedenen Wissenschaften vom Menschen beziehungslos nebeneinander. Fügt man sie aneinander, zeigt sich, daß die Summe dieser Aspekte so wenig einen Menschen ergibt, wie die Summe der Scherben eines zerbrochenen Glases ein Glas ergibt.

Die Physiker erfanden, nachdem das Universum gespalten war, das Atom. Man nannte es den kleinsten Baustein der Materie und hoffte, daraus das Universum wieder aufbauen zu können. Das gleiche Unbehagen, welches die Physiker dazu veranlaßt hatte, das Atom zu erfinden, rief bei den Wissenschaftlern, die sich mit der Entdeckung des Menschen beschäftigten, das Bedürfnis hervor, dem Wesen ohne Mitte einen Namen zu geben.

Solange der Mensch nicht über den Menschen nachdenkt, ist seine Einheit nicht gefährdet. Sie wird gar nicht bemerkt. Es ging da so, wie es den Chinesen ging, bevor sie gezwungen wurden, über »den Chinesen« nachzudenken.

Die Chinesen hatten für ihr Land nicht einmal ein eigenes Wort. Sie nannten es Tien hsia – »Das, was unter dem Himmel ist«. Als sie von einigen von ihrer wissenschaftlichen Neugier unter ihren Himmel verschlagenen Dominikanermönchen darauf aufmerksam gemacht wurden, daß es außer ihnen noch mehr unter dem Himmel gebe, mußten sie ihrem Land einen Namen geben. Sie waren großzügig und nannten es Tschung guo – »Land der Mitte«.

Die Wissenschaft vom Menschen hatte es nicht so einfach. Sie mußte ja gerade ein Wesen, das keine Mitte hatte, benennen. So wurde das Individuum erfunden.

Das Individuum hat sich als das geduldigste Wesen herausgestellt, das jemals auf dieser Erde in Erscheinung getreten ist. Es steht ergeben wie ein Garderobenständer da, an welchem jede wissenschaftliche Disziplin ihren Hut aufhängen kann. Nur eben, es ist nichts so schwer unter einen Hut zu bringen wie siebzehn Hüte.

Die Unteilbarkeit des Individuums zeigt eine verzweifelte Ähnlichkeit mit dem Atom, der anderen Unteilbarkeit der Wissenschaft. Der Unterschied besteht eigentlich nur darin, daß das unteilbare Atom erfunden wurde, um gespalten zu werden. Das unteilbare Individuum dagegen war schon gespalten, ehe es erfunden wurde.

Dieses Wesen ohne Mitte ist einer näheren Betrachtung wert. Es wurde früher gezeigt, daß der biologische Mensch eine wissenschaftliche

Fiktion ist, die in keiner Wirklichkeit vorkommt. Ebenso sind natürlich der psychologische, der historische Mensch Fiktionen, welche für sich in keiner Wirklichkeit vorkommen. In der Wirklichkeit kommt nur der Mensch als Geschöpf vor.

So bescheiden er dastehen mag, dieser Mensch als Geschöpf, den die Wissenschaft nach ihrem Belieben zu ihrem Objekt macht, ohne daß er sich dagegen wehren kann, ist er doch ein unübersehbarer Vorwurf für diese, daß sie das große Vorbild aus dem Garten Eden noch nicht erreicht habe.

Mit dem Individuum hat die Wissenschaft vom Menschen ein Äußerstes versucht. Mit dem Individuum schuf sie die Krone ihrer Schöpfung. Auch das Individuum ist nur eine Fiktion, freilich die feinste und geistreichste, welche geschaffen werden konnte. Die Fiktion des Individuums ist umfassend genug, um alle anderen Fiktionen in ihr unterzubringen. Aber eben, dieses Wesen ist ein Mosaik. Es hat keine Mitte, und so hat es auch kein Schicksal.

Wes Geistes Kind das Individuum ist, läßt sich an einem sehr gewichtigen und an einem sehr leichten Beispiel zeigen.

In Deutschland nannte man nach dem ersten Weltkrieg die, welche von den Verwundungen des Krieges dauernde Störungen zurückbehalten hatten, die Kriegsverletzten. Man benannte damit den Vorgang im Perfektum. Man vermied es, zum Gegenstand der Benennung den Zustand zu machen, zu dem die Verletzung geführt hatte. Ob dies ein Ausfluß von Zartgefühl oder von schlechtem Gewissen war, bleibe dahingestellt. Der Zustand ist ohne Zweifel der Zustand der Verstümmelung. Die Italiener nennen die Verletzten des Krieges mutilati, die Verstümmelten.

Nach dem zweiten Weltkrieg werden die Verletzten in Deutschland Kriegsbeschädigte oder Kriegsversehrte genannt. Niemand bemerkt, daß die Zeitwörter »beschädigen« und »versehren« in der deutschen Sprache nur auf Sachen angewendet werden können, wobei das Wort »versehren« noch dazu immer eine leichte Beschädigung bedeutet. Die Wörter Kriegsbeschädigter und Kriegsversehrter sind nun ganz sicher nicht Ausfluß von Zartgefühl. Es ist eine Beleidigung der Würde des Menschen, das Unglück eines Schicksals zu benennen, als ob es eine Sache betroffen hätte. Diese Wörter wurden erfunden von jenen, die nicht den Mut hatten zuzugeben, was sie angerichtet hatten, oder andere über das täuschen wollten, was geschehen war, die Verstümmelung von Menschen nämlich. Sie werden angewendet von jenen, die sich täuschen ließen und sich noch immer täuschen lassen.

Man kann sagen »ein Amputierter«. Aber man kann nicht sagen »ein amputierter Mensch«. Ein »Mensch mit einer Amputation« ist ein Verstümmelter. Aber, ein »amputiertes Individuum«, das kann man sagen. Dies könnte merkwürdig erscheinen, wenn wir nicht schon wüßten, daß das Individuum ohnehin nur zusammengesetzt ist, daß es keine Mitte, kein Schicksal und damit auch keine Würde hat.

Das leichte Beispiel schwebt auf dem Schaum einer Maß Bier. In einem sprachlich so kräftigen Volke, wie die Bayern es sind, ist Individuum eine Kränkung an der Grenze der Beleidigung. Von einem grantigen Stammgast des Bräus kann man, wenn er eine fragwürdige Variante eines Zeitgenossen charakterisieren will, die Formel hören: »In meinen Augen ist düsser Mönsch ein Individium!«

In der Ausdrucksweise eines grantigen Stammgastes des Bräus ist Individuum also etwas, was in der Wirklichkeit vorkommt. Wenn die Sprache, die alte Zauberin, uns einen solchen Wink gibt, dann heißt es aufpassen. Sie pflegt nicht mit Zaunpfählen zu winken. Sie liebt die Nuance.

Gibt es Individuen? Wenn man damit fragen will, ob es Menschen ohne Mitte und ohne Schicksal gibt, muß man die Frage bejahen.

Schicksal ist das, was droht. Trefflich formuliert ist das in einer ebenso albernen wie tiefsinnigen Definition der Gesundheit: »Gesundheit ist ein provisorischer Zustand, der nichts Gutes verspricht.« Wenn die Philosophen von Kierkegaard bis Sartre auf dem Grund der Seele als entscheidendes Phaenomen die Angst gefunden zu haben glauben, haben sie zwar diffizilere Formulierungen, um das auszudrücken, aber kaum treffendere Beispiele.

Der Mensch kann sein Schicksal herausfordern. Einen solchen bewundert die Menge, wenn er Glück hat, und verachtet ihn, wenn er gescheitert ist. Für den Weisen ist er allemal ein Tor. Für die Griechen war die Sucht, das Schicksal herauszufordern, eine Sünde, für die sie einen eigenen Namen hatten. Es ist die Hybris. Die deutsche Sprache nennt es Übermut, also mehr, als zu Mut gehört. Von den Griechen unterscheiden wir uns dadurch, daß Übermut zwar schon eine Untugend, aber noch keine Sünde ist.

Der Mensch kann dem Schicksal gegenüber sich wappnen. Auch diesem Vorhaben ist Geistesstärke angemessener als der animalische Drang zum Hamstern.

Der Mensch kann sein Schicksal ertragen. Die ganze Historie besteht aus einer Beschreibung von Schicksalen, welche großartig oder kläglich ertragen wurden. Dabei scheinen die glücklichen Schicksale weniger anziehend als die unglücklichen zu sein. Augustus hat sein glückliches Schicksal mit ebensoviel Grazie ertragen wie Caesar sein unglückliches Ende mit Gelassenheit. Aber die Bewunderung für Caesar ist größer als die für Augustus. Selbst Shakespeare hat mit Augustus nichts anzufangen gewußt. Die letzte Möglichkeit endlich ist diejenige, welche uns angeht. Der Mensch kann versuchen, dem Schicksal auszuweichen.

Dieses ist eine Möglichkeit unserer Zeit. Man kann natürlich nicht dem Schicksal selbst ausweichen. Seine Schläge treffen so genau wie seit dem Tag, da Adam und Eva aus dem Garten Eden vertrieben wurden. Man versucht, die Wirkung des Schicksals durch eine List aufzuheben. Die Methode, den Wirkungen des Schicksals auszuweichen, ist die Versicherung. Sie geht im wesentlichen davon aus, nicht das Schicksal zu ertragen und nach seinem Sinn zu forschen, sondern ein Geschäft mit ihm zu machen.

Daß der Mensch sich fähig fühlt, mit dem Schicksal ein Geschäft zu machen, ist ein Fortschritt, den er noch nicht lange erzielt hat. Man stelle sich vor, was wohl Hiob zu einem Versicherungsagenten gesagt hätte, welcher ihn aufgefordert hätte, Kassenbeiträge zu zahlen, damit er für die Zeit seiner Leiden von der Allgemeinen Krankenversicherungsgesellschaft im Lande Uz Tagegelder ausgezahlt bekäme. Oder man stelle sich vor, daß Adam bei Lloyds eine Versicherung gegen Vertreibung aus dem Paradies abgeschlossen gehabt hätte. Wie verdutzt wohl wäre der Erzengel gewesen, wenn Adam, statt im Schweiße seines Angesichts sein Brot zu verzehren, behaglich seine Rente verzehrt hätte.

Der Versuch des modernen Menschen, mit dem Schicksal ein Geschäft zu machen, setzt eine eigentümliche Veränderung der Welt voraus, welche vorhergegangen sein muß, bevor die Idee der Versicherung gegen Schicksal ein so allgemeiner Erfolg werden konnte.

Die alerten Agenten der Angst, die uns gegen zwei Prozent Provision überreden wollen, unser Leben zu versichern, mögen uns die Aspekte ihrer Nützlichkeiten in noch so schillernden Farben vorführen, unseren Tod können sie nicht versichern. Der ist uns von höherer Stelle versichert. Vor kurzem noch konnte man an den erhabenen Ruinen jener Paläste vorbeigehen, welche die alerten Agenten in friedlicheren Zeiten aus den Ziegelsteinen der Angst des modernen Menschen aufgebaut hatten. Es war das Schicksal selbst, das aus den öden Fensterhöhlen schaute und von Zeit zu Zeit einen Ziegelstein ohne Provision dem gegen nichts mehr Versicherten auf den Kopf fallen ließ. Aus den erhabenen Ruinen sind erneut chromblitzende Fassaden erstanden.

Die Veränderung der Welt, welche der Idee der Versicherung vorausging und sie erst möglich machte, ist ihre Verwandlung in eine ökonomische Welt. Unter dem ökonomischen Aspekt ist Versicherung etwas ganz Vernünftiges. Denn sicher ist es vernünftig, dafür zu sorgen, daß ein Mensch, wenn er krank wird, nicht auch noch hungern muß. Aber es ist nicht der Mensch in der Vollständigkeit seiner Humanitas, den man versichert. Es ist das soziologische Individuum, welches versichert wird, und das soziologische Individuum ist eben nur eine der vielen möglichen Facetten des Individuums. Wenn man die Welt unter dem soziologischen Aspekt betrachtet, hat sie auch nur soziologische Schicksale. Die Folgen von soziologischen Schicksalen lassen sich mit Geld ausgleichen, aber eben nur diese.

Das soziologische Individuum mag nach der Bedeutung des Wortes Individuum unteilbar sein, aber es ist selbst nur ein Teil. Es hat an der Vollständigkeit der Humanitas nur einen Anteil, und zwar nur einen sehr kleinen. Es ist ohne Glauben, auch wenn es den Buddha der Versicherung mit tieferer Inbrunst anbetet, als jemals chinesische Mönche in einsamen Gebirgsklöstern den Prinzen Gautama angebetet haben. In Buddhas Bauch wohnt nach dem Glauben der Chinesen die Weisheit. Heute trägt den Bauch der Generaldirektor.

Das soziologische Individuum hat in der Kunst des Überlebens nur so lange eine Chance, als die ökonomische Welt besteht, in die es sich vor seinem Schicksal geflüchtet hat. Das Bemühen der Menschheit, solchen von ihr geschaffenen Welten Dauer zu geben, ist von der Geschichte bisher immer vereitelt worden.

Nachdem die Menschheit um 1500 im Glauben schwach geworden war und die mittelalterliche Welt auseinandergefallen war, hat die Wissenschaft sich bemüht, die Welt wieder zusammenzubauen. Wenn die Ratio dabei das Individuum schuf, die Fiktion des Unteilbaren, also die Fiktion gerade dessen, was verlorengegangen war, müssen wir uns fragen, ob sie damit nicht eine Aufgabe erfüllt hat, welche die List der Vernunft ihr gestellt hatte, ohne daß die Wissenschaft sich dessen bewußt geworden wäre.

Es geschah ja nicht nur, daß die wissenschaftliche Ratio den Begriff des Individuums schuf. Der Mensch, der sich dem Leben in seiner Fülle nicht mehr gewachsen fühlte, etablierte sich als Individuum.

Eines Tages begegnete das ökonomische Individuum dem biologischen Individuum. Es war eine Liebe auf den ersten Blick. Die wissenschaftliche Medizin hatte sich als das Wesen, an dem sie ihre Untersuchungen anstellte, das biologische Individuum geschaffen. Es ist ein Wesen ohne Schicksal. Das Leben hatte dem Menschen erlaubt, sich als ökonomisches Individuum zu etablieren. Auch das ökonomische Individuum ist ein Wesen ohne Schicksal. Beide sind aus derselben Ursache entstanden, der Obdachlosigkeit des Menschen als Geschöpf. So scheinen diese beiden Wesen geradezu füreinander bestimmt zu sein. So haben sie sich eines des anderen bemächtigt.

Jene, die noch immer mit so viel rührendem Aufwand das Lendentuch des Lazarus der Statue der Wissenschaft um die kalten Marmorhüften drapieren, wollen nichts Rechtes davon wissen. Aber das Leben in seiner tiefen Vernunft ist stärker als Vorurteile und Ansprüche.

Tatsächlich paßt die moderne biologische Medizin ausgezeichnet zu dem ökonomischen Individuum, welches sich ihr anvertraut.

Nachdem die wissenschaftliche Medizin das Schicksal mit so viel gelehrter Sorgfalt aus ihrem biologischen Individuum eliminiert hat, bietet ihr die Ironie des Lebens einen Patienten an, der ebenfalls vom Schicksalsaspekt der Krankheit sich aufs sorgfältigste durch Versicherung abgesetzt hat.

Vielleicht ist der Kassenpatient nicht der einzig mögliche, aber jedenfalls ist er ein geradezu idealer Patient der modernen biologischen Medizin. Es ist nicht ohne eine gewisse Komik zu sehen, wie wenig entzückt die Medizin von der Tatsache ist, daß der ihr in so idealer Weise adaequate Patient »nur« der Kassenpatient ist. So ertönen denn immer wieder von der Klagemauer der Romantik ergreifende Trauergesänge über die abhanden gekommene Würde des ärztlichen Standes. Die Priester der Würde bemerken nicht, daß sie, wenn sie das Phaenomen des Kassenpatienten, der ein ökonomisches Individuum ist, ablehnen, auch das Phaenomen des biologischen Individuums ablehnen müssen, welches doch die Grundlage ihrer ganzen Wissenschaft ist.

Die Kassenärzte unterdessen zeigen sich großmütig und leisten tüchtige Arbeit. Mag für Adrian Leverkühn die Salvarsanspritze keine Lösung sein, für den Kassenpatienten ist sie ein überzeugendes Beispiel der Leistungsfähigkeit der modernen wissenschaftlichen Medizin. Es ist nichts als ein romantisches Ressentiment, wenn immer noch die Partei der Klagemauer die Medizin der Kassenpraxis als eine mindere Medizin darzustellen versucht. Der moderne Kassenarzt hat, wenn er sich auf sein Handwerk versteht, die Möglichkeit, seinen Patienten an allen Vorteilen der modernen Diagnostik und Therapie teilnehmen zu lassen. Wenn der moderne Kassenarzt darauf verzichtet, das Schicksal des Patienten zum Gegenstand seiner Aufmerksamkeit zu machen, verzichtet er nur auf etwas, was der Patient selbst schon aufgegeben hatte, als er mit dem Schicksal ein Versicherungsgeschäft zu machen sich entschloß.

Die Schöpfung der Fiktion des biologischen Individuums durch die Wissenschaft ist so rechtzeitig erfolgt, daß, als das ökonomische Individuum der Wissenschaft in die Arme lief, sie seinen Bedürfnissen gerecht werden konnte. Die in ihrer Perfektion am weitesten fortgeschrittene Disziplin der wissenschaftlichen Medizin ist auch diejenige, welche die Klagemauer am weitesten hinter sich gelassen hat. Es ist die Chirurgie.

Mit einem Minimum an Ressentiment verbinden die Ingenieure des Skalpells ein Maximum an Effekt. Die Wunder, die sie verrichten, sind so, daß man nicht an sie zu glauben braucht, man kann sich von ihnen überzeugen. Die Chirurgie und ihr Patient ist das am weitesten entwickelte Beispiel für die erstaunlichen Entsprechungen zwischen den Möglichkeiten der Wissenschaft unserer Zeit und den Bedürfnissen des Individuums unserer Zeit.

Dieses Individuum freilich ist nicht dasjenige Wesen, welches über die Gleichheit der Maßverhältnisse in Atomen und Sonnensystemen in Erstaunen gerät. Glücklicherweise gehört das Erstaunen über die Wunder der Schöpfung nicht zu den Symptomen des Menschen, welche der wissenschaftlichen Behandlung bedürfen.

DAS SCHNUPFTUCH DES PARACELSUS

Erfolge vernebeln die Zusammenhänge. Darum pocht man auf Erfolge. Es ist aber nur der harte, etwas schmerzhafte Knöchel des Affektes, mit dem man auf Erfolge pocht. Der Wurm des Argumentes sitzt im Holz. Wenn er das Pochen hört, verhofft er eine Weile, um dann um so eifriger weiterzubohren.

Die Begeisterung, mit der das ökonomische Individuum sich des biologischen Individuums der Wissenschaft bemächtigte, war der Ausgangspunkt bemerkenswerter Erfolge.

Von dem, was die moderne wissenschaftliche Medizin zu leisten vermag, kann man eine Liste aufstellen, die den Ärzten wie der Wissenschaft in gleicher Weise zum Ruhm gereicht. Das Verschwinden fast aller großen Seuchen, die fortschreitende Ausrottung der Geschlechtskrankheiten, die Herabsetzung der Säuglingssterblichkeit, die Serumbehandlung der Infektionskrankheiten, das Insulin, die von Jahr zu Jahr wachsenden Erfolge im Kampf gegen den Krebs und als Folge von allem diesem die erstaunliche Verlängerung des Lebensalters des modernen Menschen, ist wahrhaftig eine Liste von Erfolgen, auf die man pochen kann. Sie läßt sich beliebig verlängern.

Die Sozialversicherung hochentwickelter Industrieländer schuf die experimentelle Möglichkeit, die Kranken einer ganzen ökonomischen Gemeinschaft ziemlich vollständig zu erfassen. In alten Zeiten wurde es einem berühmten Arzt immer hoch angerechnet, wenn er auch Arme behandelte. In der ökonomischen Welt entfällt diese Notwendigkeit der Caritas. Ein wenig vom alten Stil dieser Caritas haben noch die Polikliniken der großen Universitätskrankenhäuser bewahrt. Hier noch drängt sich die Menge der Leidenden in ewig zu kleinen, schlecht gelüfteten Räumen in der pauveren Atmosphäre der alten Spitäler, aber behandelt von der Elite der Wissenschaft, den besten Schülern der besten Lehrer. Was die Qualität der Therapie anbelangt, hat der bescheiden und geduldig im Auf und Ab des überfüllten Morgens auf seinem Schemelchen hockende Patient keinen Nachteil gegenüber dem im seidenen Schlafrock durch die gedämpften, mit Palmen bestandenen, mit Gummi belegten Flure der Privatstation wandelnden Luxuspatienten. Im Moralischen hat er große Vorteile.

Unter den Palmen wandelt der Zweifel. Auf dem Schemelchen hockt das Vertrauen. Freilich, der Zweifel zweifelt an einer Sache, zu der er ruhig Vertrauen haben könnte. Das Vertrauen wiederum vertraut auf eine Sache, an der sogar die Ärzte zweifeln sollten.

Der Zweifel zweifelt an der Tüchtigkeit der Ärzte, wozu wenig Grund vorliegt. Das Vertrauen vertraut auf die Zuverlässigkeit der Grundlagen der wissenschaftlichen Medizin, wozu noch weniger Grund vorliegt.

In seinem guten Glauben geht der kleine Mann auf seinem Schemelchen mit den Jüngern der Wissenschaft konform. Zur Belohnung wird er von ihnen geliebt. Es gibt keinen Arzt, der sich in der Skepsis seiner reiferen Jahre nicht mit einer gewissen Rührung des Mannes auf dem Schemelchen erinnerte, an dem er seine Wissenschaft erlernte.

Was hat es mit dem guten Glauben der beiden auf sich? Wenn ein Mensch krank ist, ist das, was eintritt, eine Störung im Kern des Lebendigen. Daß immer der Kern des Lebendigen betroffen ist, erhellt daraus, daß jede Krankheit die Möglichkeit des Verlöschens des Lebens enthält. Wenn man das Wesen des Lebendigen vollständig erklären könnte, wäre man in der Lage, auf optimale Weise dieses Lebendige gegen das zu beschützen und zu verteidigen, was es bedroht.

So ist das Problem des Lebendigen das große Anliegen der wissenschaftlichen Medizin.

Nun geht die Wissenschaft immer so vor, daß sie über eine Sache, von der sie noch keine wissenschaftlich einwandfrei zu begründende Vorstellung hat, eine Hypothese aufstellt. Hypothese bedeutet Unterstellung. Es ist in der Geschichte der Wissenschaft zuweilen vorgekommen, daß ein genialer Kopf an Hand von nur wenigen Tatsachen eine Hypothese aufgestellt hat, deren vollständige Richtigkeit erst nach generationenlanger Forscherarbeit sich endgültig beweisen ließ.

Es gibt dafür kein glänzenderes Beispiel als die Entdeckung der Spektralanalyse durch Bunsen und Kirchhoff in Heidelberg im Jahr 1859. Jakob von Uexküll beschreibt uns diese Szene, die im wahrsten Sinn des Wortes zu den lichtvollsten Augenblicken in der Geschichte der Naturwissenschaft gehört. Bunsen, der nachmals zu so großem Ruhm gelangte Chemiker, lag ausgestreckt auf seinem Sofa und rauchte eine Zigarre. Seine Gedanken weilten bei den Versuchen, die sein Freund Kirchhoff im anstoßenden Laboratorium soeben ausführte. Kirchhoff war damit beschäftigt, das linienförmige Spektrum des Natriumdampfes mit dem bandförmigen des Kalklichtes zu vergleichen.

Da öffnete sich die Türe, Kirchhoff trat herein und sagte: »Du, Bunsen, das Kalklicht löscht das Natriumspektrum aus.«

Bunsen blieb ruhig liegen und entwickelte, ohne einen Augenblick seine Zigarre ausgehen zu lassen, in klaren Worten die Gesetze der Emission und Absorption des Lichtes. Das Rätsel der Fraunhoferschen Linien im Sonnenspektrum sei nun gelöst. »Wir erhalten durch sie Nachricht vom Zustand der Sonne, deren weißglühender Kern umgeben ist von einer Menge von Stoffen in Dampfform, deren Vorhandensein im einzelnen wir jetzt mit Sicherheit feststellen können.« Die Spektralanalyse war gefunden.

Nur selten ist die Wissenschaft so glücklich gewesen. Aber es ist nicht von entscheidender Bedeutung, daß eine Hypothese sozusagen auf Anhieb stimmt. Wenn man eine Hypothese hat, wird man, wenn man darangeht, sie zu beweisen, finden, was an ihr nicht stimmt, und die Hypothese so lange verändern, bis sie mit sämtlichen bekannten experimentellen Tatsachen übereinstimmt.

Die großen humanistischen Ärzte des 17. und 18. Jahrhunderts waren noch philosophisch geschulte Köpfe. Die Vollständigkeit des aristotelischen Weltbildes war verlorengegangen, aber sie wirkte noch immer nach als das Bedürfnis, an die Stelle der verlorengegangenen scholastischen Vollständigkeit eine rationale, wissenschaftliche Vollständigkeit zu setzen. Dazu kam noch ein zweites Bedürfnis, das moralischer Natur war.

Therapeutische Maßnahmen auf einen Kranken anzuwenden ist doch jedenfalls ein kühnes Unterfangen. Insofern Krankheit eine Störung im Kern des Lebendigen ist, muß ja auch die therapeutische Maßnahme, wenn sie überhaupt einen Sinn haben soll, auf den Kern des Lebendigen gerichtet sein. Der Erfolg, der die Wirksamkeit einer therapeutischen Maßnahme oder eines Medikamentes bewies, war immer nur eine einzelne Erfahrung. Das erschien diesen alten Ärzten nicht als zureichende Begründung, Therapie zu betreiben. Sie hatten das ganz richtige Empfinden, daß die ausübende Medizin, wenn sie Wissenschaft sein wollte, ihren Anspruch, den Kern des Lebendigen zu behandeln, auf eine wissenschaftlich umfassende Weise müsse begründen können.

Daß das Problem des Lebendigen in diesem Stadium der Forschung noch nicht gelöst war – daran arbeitete man ja –, hätte dazu führen können, daß man auf das Anliegen einer umfassenden wissenschaftlichen Definition des Lebendigen verzichtet hätte. Aber Resignation in einer sowohl wissenschaftlich wie moralisch so wichtigen Sache erschien diesen philosophisch geschulten, humanistischen Köpfen unbefriedigend. Wenn das Problem des Lebendigen noch nicht gelöst war, mußte man doch wenigstens die bisher aus der Erfahrung oder aus dem Experiment bekannten Tatsachen zu einer Hypothese über das Wesen des Lebendigen zusammenfassen. So allein auch kam man zu einer moralisch zulänglichen Begründung für das kühne Unterfangen, auf den Kern des Lebendigen gerichtete therapeutische Maßnahmen in Gang zu setzen.

Die Geschichte der biologischen Theorien des 17. und 18. Jahrhunderts ist eine Kette geistvoller Schöpfungen.

In allen diesen Schöpfungen kam immer wieder das scholastische Bedürfnis zum Ausdruck, dem neuen, von der Neugier des Menschen entdeckten Kosmos der Naturwissenschaft jene alte Vollständigkeit zu geben, welche der Kosmos des Aristoteles gehabt hatte. Aber keine dieser geistvollen Schöpfungen ließ sich gegenüber den fortschreitenden Erkenntnissen der Biologie halten.

Je tiefer das biologische Wissen in die Geheimnisse der Natur eindrang, um so geringer wurde die Hoffnung, zu einer umfassenden Theorie vom Wesen des Lebendigen zu gelangen. Hier nun trat zu Anfang unseres Jahrhunderts etwas ein, was seit vierhundert Jahren sich nicht mehr ereignet hatte.

Die Neugier erlahmte.

Das war etwas in der Geschichte der Naturwissenschaft vollständig Neues. Während die tatsächlichen Erfolge der medizinischen Wissenschaft immer zuverlässiger wurden und sich auf immer neue Gebiete ausdehnten, wurde das Bedürfnis nach einer umfassenden Theorie des Lebendigen immer geringer.

Die Gründe dafür sind einfach. Nachdem um 1500 der Glaube in den Auflösungsprozeß der Saekularisierung geraten war, traf das gleiche Schicksal um 1900 den Humanismus, der, wenigstens im Bereich der Wissenschaft, die Nachfolge des Glaubens angetreten hatte. Die Scholastik war nach so vielen Jahrhunderten der naturwissenschaftlichen Erfolge schließlich in Vergessenheit geraten. Die Philosophie war eine historische Wissenschaft geworden. Man konnte ein großer und erfolgreicher Gelehrter der Wissenschaften vom Menschen sein, ohne ein philosophisch geschulter Kopf zu sein. Ein Philosoph wie Driesch zum Beispiel wirkte in der Biologie als Outsider. Seine solide fundierten wissenschaftlichen Experimente nahm die Wissenschaft ihm zwar ab, aber daß er auf diesen Experimenten, statt neue Experimente darauf aufzubauen, philosophische Überlegungen aufbaute, wurde nicht als Fortschritt der Biologie empfunden, sondern als eine zwar geistvolle, aber durchaus suspekte Angelegenheit.

Das moralische Bedürfnis, für ein so kühnes Unterfangen wie Anwendung von Therapie auf den Kern des Lebendigen eine zureichende moralische Begründung zu haben, verflüchtigte sich im Glanz der Erfolge. Es wurde Mode, hinsichtlich der Möglichkeit einer wissenschaftlichen Erklärung des Phaenomens des Lebendigen einen gewissen vornehmen Pessimismus zur Schau zu tragen. Als Du Bois-Reymond, einer der Begründer der experimentellen Physiologie, sein berühmtes und nachmals so viel zitiertes »Ignoramus! – Wir wissen es nicht!« aussprach, hatte er in seiner »in ihrem wissenschaftlichen Gefühl so sicheren und siegesfrohen Zeit« damit keine andere Absicht gehabt, als eine der Festreden des 19. Jahrhunderts wirkungsvoll abzuschließen. Dies aber wurde das bequeme Glaubensbekenntnis aller jener, die die Scholastik vergessen und das Bedürfnis nach moralischer Begründung ihrer Erfolge verloren hatten.

Dem entspricht auf die feinste Weise das plötzlich erwachende Interesse für die Geschichte der Medizin. Aber Interesse ist nicht Neugier. Dieses Interesse war ein Bildungsanliegen zweiter Hand. Man gab zwar mit nonchalanter Geste zu, daß die alten Ärzte nicht so ahnungslos gewesen seien, wie man geglaubt hatte, aber selber war man ganz ahnungslos, daß man gerade den Punkt, in welchem jene überlegen gewesen waren, nicht bemerkte.

So wurde es eine vornehme Gewohnheit, mit einem Aphorismus des Paracelsus wissenschaftliche Äußerungen einzuleiten, welche dieser alte Heros der Therapie wahrscheinlich für baren Unsinn gehalten hätte. Aus dem Wust unhaltbarer Vorstellungen des Paracelsus destillierte man jene Ahnungen, welche er zuweilen über biologische Zusammenhänge gehabt hat. So bewundernswert diese Ahnungen zu einem so frühen Zeitpunkt der Geschichte der Biologie sind, läßt sich doch nicht bestreiten, daß von seiner Therapie für uns so gut wie nichts mehr zu brauchen ist. Das einzige dagegen, worin er noch heute Vorbild ist, ist nicht Gegenstand der Diskussion. Mögen die Vorstellungen, mit denen er seine Theorie des Arkanum, des Lebensstoffes, aufbaute, noch so überholt sein, worauf es hier ankommt, ist nicht die Richtigkeit der Hypothese, sondern die Einsicht, daß alle Therapie in der Luft schwebt, wenn sie nicht, nachdem eine Erklärung des Lebendigen noch nicht möglich ist, wenigstens durch eine Hypothese über das Lebendige begründet werden kann.

Während man beim heiligen Augustin zusammen mit seinen biologischen Irrtümern seine theologischen Weisheiten vergaß, beschäftigte man sich bei Paracelsus zwar mit seinen biologischen Ahnungen, aber auch nur, um darüber seine humanistischen Weisheiten zu vergessen.

Die wissenschaftliche Medizin fühlte sich dabei ganz behaglich. Je ferner das Ziel rückte, eine Erklärung des Lebendigen mit den Mitteln der experimentellen Biologie zu erlangen, um so berechtigter erschien der vornehme Pessimismus hinsichtlich dieses Zieles. Wenn aber die Biologie das Ziel aufgibt, das Lebendige entweder zu erklären oder wenigstens eine Hypothese für seine Erklärung aufzustellen, verliert die wissenschaftliche Medizin, die sich auf die experimentelle Biologie stützt, die Basis ihres therapeutischen Handelns.

Wie denn glaubt man, therapeutische Maßnahmen, welche sich auf den Kern des Lebendigen richten, begründen zu können, wenn man zugibt, daß man keine Ahnung habe, was das Lebendige sei, und sogar darauf verzichtet, es erklären zu wollen. Die Begründung der Kühnheit des gegen den Kern des Lebendigen gerichteten therapeutischen Handelns allein mit den Erfolgen mag bescheidenen empirischen Köpfen genügen, aber es ist die Wiederherstellung einer Gesundheit, die man nicht einmal definieren kann.

Wenn sich die wissenschaftliche Medizin damit begnügt, zu sagen, daß der Mensch gesund sei, wenn seine biologischen Funktionen normal verlaufen, mag das ihren wissenschaftlichen Bedürfnissen genügen. Aber jedenfalls ist das eine sehr niedrige Art von Gesundheit. Es ist die Gesundheit, die auch die Katze oder der Hammel hat. Da der Mensch mehr ist als nur ein biologisches Individuum, ist natürlich auch seine Gesundheit mehr als eine nur biologische Gesundheit. Die Gesundheit des Menschen zu definieren, geht über die Möglichkeiten der wissenschaftlichen Medizin hinaus.

Nimmt man den vornehmen Pessimismus der Gelehrten hinsichtlich des Phaenomens des Lebendigen ernst, so befindet sich die medizinische Wissenschaft in der ironischen Situation, daß sie die Behandlung von Krankheiten weder wissenschaftlich noch moralisch begründen kann.

Das Schnupftuch des Paracelsus ist, diese Blöße der Wissenschaft zu bedecken, kaum geeigneter als das Lendentuch des Lazarus.

Die Ironie der Lage, in der sich die wissenschaftliche Medizin in diesem Punkte befindet, ist nicht so außergewöhnlich, wie es scheint. Die Technik der modernen Zivilisation ist in der gleichen Lage. Erst der Blick in den Abgrund, an den die ersten technischen Resultate der Atomphysik die Zivilisation geführt haben, hat die Fahnenträger des Fortschritts stutzig gemacht. Sie verhoffen zur Zeit, blicken melancholisch auf das Elektronengewimmel da unten im Abgrund des Nichts und denken wahrscheinlich über die Frage nach, ob sie nun mit der Fahne des Fortschritts einen falschen Weg gegangen sind, oder ob es vielleicht überhaupt eine falsche Fahne war.

In der wissenschaftlichen Medizin ist dieser Zustand des behaglichen Pessimismus vorüber. Das Problem des Lebendigen ist erneut zum Leben erwacht. Die wissenschaftliche Medizin ist aus ihrer Stagnation gerettet. Freilich, von ihren wunderbaren und nützlichen Erfolgen fasziniert, hat sie weder die Ironie ihrer Lage noch ihre wunderbare und nützliche Errettung daraus bemerkt. Es war die Philosophie, welche die aufregenden Erkenntnisse der Biologie über die physikalischen und chemischen Funktionen des Lebendigen zum Anlaß nahm, unter dem Aspekt eben dieser Erkenntnisse endlich wieder sich dem Wesen des Lebendigen zuzuwenden. Die bahnbrechenden Forschungen auf diesem Gebiet hat Hedwig Conrad-Martius geleistet.

So hartnäckig die Natur das Geheimnis des Lebens gegen die Neugier der Wissenschaft verteidigen mag, so wenig erlaubt sie ihr, hochmütig und auf empirische Erfolge pochend an diesem Geheimnis vorüberzugehen.

DER STEIN DER WEISEN

Das Lebendige war für den mittelalterlichen Menschen ein einfaches Phaenomen in einer einheitlichen Welt. Es ist die Wissenschaft der Physik, welche die Einheitlichkeit dieser Welt von der Mitte des 16. Jahrhunderts an zu zerstören begann. Zweihundert Jahre lang haben die gelehrten humanistischen Ärzte in dieser auseinanderfallenden Welt versucht, die Einheitlichkeit des Phaenomens des Lebendigen zu bewahren.

Die Geschichte dieses heldenhaften Geisteskampfes ist die Geschichte der biologischen Theorien des 17. und 18. Jahrhunderts. Im Grunde war dieser mit den Mitteln der Naturwissenschaft geführte Kampf um das Problem des Lebendigen der letzte Kampf der Scholastik gegen die Naturwissenschaft. Es wird der Medizin immer zum Ruhm gereichen, daß sie es war, die das Anliegen der Humanitas am längsten verteidigt hat. Die Irrtümer der Medizin des 18. Jahrhunderts waren menschlicher als die Wahrheiten der Medizin des 19. Jahrhunderts. Doch war der Versuch, die Einheitlichkeit des Lebendigen für die Biologie zu retten, von vornherein zum Scheitern verurteilt. Das trojanische Pferd befand sich schon innerhalb der Mauern.

Die faszinierenden Ergebnisse der Physik, welche noch dazu mathematisch so wohlbegründet waren, ließen nichts selbstverständlicher erscheinen, als daß die Biologie versuchte, sich der Erkenntnisse der Physik zu bemächtigen. Die Biologie ist die Wissenschaft vom Leben. Als das Lebendige in den Bereich seiner eigenen Wissenschaft geriet, wurde es jeder

Frage würdig. Das Fragwürdigste dabei war, daß die Biologie sich allmählich vollständig der Herrschaft der exakten Naturwissenschaften unterwarf.

Indem die Wissenschaft vom Leben sich der Methodik der exakten Naturwissenschaften bediente, gewann sie den Vorteil, denjenigen Aspekt des Lebendigen, welcher physikalischen Gesetzen unterliegt, mit der Sicherheit physikalischer Methodik untersuchen zu können. Die wunderbare Fülle der Einsichten in das Geheimnis des Lebens, welche sich dabei ergab, verhüllte vollständig die Tatsache, daß diese Erweiterung der Erkenntnisse durch eine Beschränkung erkauft wurde, die Beschränkung nämlich auf den Aspekt des Lebendigen, welcher der Erforschung durch die Methoden der exakten Naturwissenschaften zugänglich ist. Je ausschließlicher die Biologie das durch physikalische und chemische Methoden erfaßbare Lebendige für das Wesentliche hielt, um so weiter entfernte sie sich vom Wesen des Lebendigen.

Während die Biologen des 18. Jahrhunderts noch gewußt hatten, daß das Lebendige seinem Wesen nach eine metaphysische Wurzel habe, verloren die Biologen des 19. Jahrhunderts diese Grundtatsache immer mehr aus dem Auge, bis sie schließlich einer vollständigen metaphysischen Blindheit zum Opfer fielen. Die Physik, die dem Leben zum Schicksal wurde, wurde auch der Wissenschaft vom Leben zum Schicksal. Die Biologie setzte auf die Karte der Physik. Die Medizin, welche auf dieser Biologie aufbaute, gab sich als »Schulmedizin« einen eigenen Namen.

Daß immer weitere und immer diffizilere Einsichten in meßbare funktionale Zusammenhänge des Lebendigen immer weiter von der Einsicht in das Wesen des Lebendigen wegführen sollten, war ein Gedanke, der im 19. Jahrhundert als reine Narretei erscheinen mußte. So ist es verständlich, daß die Schulmedizin, welche durch eben diese exakte Methodik so große und so zuverlässige Ergebnisse erzielt hatte, sich lange Zeit heftig dagegen zur Wehr setzte, andere, nicht auf exakter Naturwissenschaft aufgebaute Methoden in der Erforschung des Lebendigen zuzulassen. Solche Versuche wurden mit affektgeladener Erbitterung bekämpft. In dieser Affektgeladenheit enthüllte sich die Unsicherheit über die Berechtigung des Anspruchs, daß die allein mit der Methodik der exakten Naturwissenschaften arbeitende Biologie die einzige wissenschaftlich mögliche Lehre vom Leben sei. Am Bett des Kranken steht die Medizin dem Phaenomen des Lebendigen in seiner physisch-metaphysischen Vollständigkeit gegenüber.

So wird die Schulmedizin seit langem schon von einer tiefen Unruhe bewegt. Ihre Sicherheit ist physisch. Ihre Unruhe ist metaphysisch. Das Gefühl dafür, daß man mit der Wissenschaft der modernen Biologie des

Lebendigen nicht habhaft werde, ist niemals erloschen. Daß dieses Gefühl richtig ist, wird der Medizin nicht nur von der modernen Physik, sondern auch von der modernen Philosophie auf das glänzendste bestätigt.

Die Schulmedizin hat ihr wissenschaftliches Schicksal mit dem Schicksal der exakten Naturwissenschaften verknüpft. So ist sie auch an den Einsichten beteiligt, die die Philosophie aus den Fortschritten der theoretischen Physik in den letzten fünfzig Jahren gewonnen hat. Die Physik hat eine Revision hinsichtlich der Verbindlichkeit, der objektiven Gültigkeit ihrer Aussagen, vornehmen müssen. In diesen Umsturz wird die Biologie unvermeidlich mit hineingezogen. Um die Wirkungen zu verstehen, welche die neuen Denkformen auf die Biologie ausüben werden, muß man sich mit diesen Denkformen vertraut machen.

Der mittelalterliche Mensch hatte es leicht, das Lebendige als einheitliches Phaenomen zu empfinden. Er besaß eine vollständig befriedigende Theorie über das Wesen des Lebendigen. Sie steht im 1. Buche Mosis. Wenn man die Schöpfungsgeschichte einmal betrachtet, als ob sie eine wissenschaftliche Hypothese sei, muß man feststellen, daß sie die Forderungen, die an eine wissenschaftliche Hypothese gestellt werden, in idealer Weise erfüllt. Erklärt sie doch alle Phaenomene des Lebendigen auf die vollständigste Weise und noch dazu aus einer einzigen Ursache heraus. Im Rahmen der Schöpfungsgeschichte als wissenschaftlicher Hypothese ist die Einheitlichkeit der Wissenschaft gesichert. Da es in diesem Rahmen für alle Dinge nur eine einzige Ursache gibt, hätten die Disziplinen der Wissenschaft keine andere Aufgabe, als die Phaenomene ihres Bereiches auf diese Ursache zurückzuführen. Das gälte für die Disziplinen der Naturwissenschaft genauso wie für die der Geisteswissenschaft.

Tatsächlich haben sich alle Anstrengungen der abendländischen Wissenschaft anderthalbtausend Jahre lang auf dieses Ziel gerichtet. Bis 1500 hat es keine wissenschaftlichen Erkenntnisse gegeben, die die Gelehrten nicht mit der Schöpfungsgeschichte in Übereinstimmung zu bringen versucht hätten. Sie hatten dabei den Vorteil, daß an der Schöpfungsgeschichte, wie sie das 1. Buch Mosis mitteilt, keine Zweifel bestanden. Dieser Vorteil der alten Gelehrten ist der Nachteil, den die Schöpfungsgeschichte vom modernen wissenschaftlichen Standpunkt aus hat. Sie kann nicht bewiesen werden, sie muß geglaubt werden. Anderthalb Jahrtausende waren bereit zu glauben. Keine wissenschaftliche Hypothese hat es je auf ein so ehrwürdiges Alter gebracht.

Was den Beginn des Zeitalters der naturwissenschaftlichen Forschung kennzeichnet, ist ein geistiger Vorgang, der die Quelle aller weiteren Problematik wurde.

Selbstverständlich kannte man auch vor 1500 schon Tatsachen, die sich mit der Schöpfungsgeschichte nicht in Einklang bringen ließen. Als erster hatte Abaelard im Anfang des Zeitalters der Kreuzzüge den Versuch unternommen, die Übereinstimmung zwischen Glauben und Vernunft zu beweisen. Thomas von Aquin hat dieser Aufgabe ein ganzes Leben gewidmet. Doch enstanden aus Widersprüchen zwischen Vernunft und Glauben, zwischen Wissenschaft und Offenbarung für einen Gelehrten jener Zeiten keine grundsätzlichen Schwierigkeiten. Wir können uns eben keine zulängliche Vorstellung mehr von der Sicherheit des Glaubens im Mittelalter machen. Man konnte immer annehmen, daß ein vorliegender Widerspruch nur scheinbar sei und seinen Grund in der Unzulänglichkeit der menschlichen Einsicht habe.

Gottesgelahrtheit unterschied sich von Menschengelahrtheit nur durch die Würde ihres Gegenstandes. Ein gelehrter Jünger der aristotelischen Naturwissenschaft der Scholastik zu sein, hinderte nicht, ein frommer Christ zu sein. Und doch war es dieser frommen Gelehrten Neugier, welche im Begriff stand, einen Pakt mit dem Teufel abzuschließen. Dieser Augenblick ist so aufregend, weil diese ersten Schritte es sind, aus denen mit einer Art grandioser Folgerichtigkeit die Anarchie unserer Zeit sich entwickelt hat.

Ob diese ersten modernen Forscher am Ausgang des Mittelalters eine Ahnung davon gehabt haben, was ihre Neugier im Ablauf der Geschichte für Folgen haben würde?

Irgendwann einmal im frühen Mittelalter muß angesichts eines Widerspruchs zwischen einer wissenschaftlich erkannten Tatsache und der Schöpfungsgeschichte einem gelehrten Hirn die Vermutung entsprungen sein, ob es nicht auch so sein könne, daß die wissenschaftlich erkannte Tatsache richtig und die Schöpfungsgeschichte falsch sei. Dieser Gedanke war nicht so naheliegend, wie es uns heute, aus unserem historischen Überblick heraus, erscheint. Jedenfalls ist dieser Gedanke, der die Welt mehr verändert hat als alle Kriege der Geschichte, später in die Welt gekommen, als es nach dem Stand der Forschung möglich gewesen wäre.

Die Entdeckungen des Kopernikus und die Entdeckungen Keplers über die Bewegungen der Planeten hätten ausgereicht, ernste Zweifel an der Schöpfungsgeschichte, wie sie in der Heiligen Schrift überliefert ist, zu begründen. Sie taten es aber nicht. Kepler hat keinerlei solche Zweifel empfunden. Ganz im Gegenteil glaubte er, dem Geheimnis der Sphärenharmonie nähergekommen zu sein. Diesen Glauben hat er in einigen bewundernswerten Sätzen im fünften Buch seiner kosmischen Harmonie niedergelegt.

»Indem ich mich nun darangemacht, dem menschlichen Verstand mit den Hilfsmitteln des geometrischen Kalküls in Gottes Schöpfungsweg Einblick zu verschaffen, möge der Urheber selbst der Himmel, der Vater aller Verstandeswesen, dem alle sterblichen Sinne ihr Dasein verdanken, er, der selber unsterblich ist, mir gnädig sein und mich davor bewahren, daß ich etwas über sein Werk berichte, das vor seiner Herrlichkeit nicht bestehen kann und unser Auffassungsvermögen in die Irre leitet, und er möge bewirken, daß wir der Vollkommenheit seiner Schöpfungswerke nacheifern durch Heiligung unseres Lebens...«

Diese Sätze verdienen, unter die großen Dokumente der Geschichte des europäischen Geistes aufgenommen zu werden. Die Versuchung der Erkenntnis ist an den Menschen herangetreten, ohne daß er etwas von ihrer luziferischen Hintergründigkeit geahnt hat. Als der Sohn Gottes auf dem Berg der Versuchung stand und alle Macht und Herrlichkeit der Erde erblickte, wußte er, daß es der Satan war, der sie ihm zeigte. Der Mensch, das spielende Kind der Schöpfung, hat nichts davon geahnt, daß der erste Kiesel, den es am Strand des großen Ozeans des Wissens aufhob, eine unvorstellbare Ballung des gefährlichsten Sprengstoffes war. Wenn auf irgendeine Weise der Entdecker der Gesetze der Planetenbewegungen Einsicht in die Auswirkungen hätte gewinnen können, die seinem neuen Wissen im Lauf der Geschichte bestimmt waren, welch ungeheurem Problem hätte er gegenübergestanden? Was wohl hätte der heilige Augustin dem Johannes Kepler für einen Ratschlag geben können, wenn Kepler mit dieser saekularen Sorge hätte zu ihm kommen können? Es scheint, als ob dieser Weg von vornherein uns auferlegt war. Wahrscheinlich hätte auch der heilige Augustin nicht gewußt, was er Kepler hätte sagen sollen. Schon der Apfel des Paradieses enthielt polymerisierte Glukosen und die l-Ascorbinsäure, das antiskorbutische Vitamin C.

Selbst wenn wir einmal annähmen, Kepler hätte, in klarblickender Einsicht in die geschichtlich zu erwartenden Folgen seiner Entdeckung, sein Wissen als Geheimnis mit ins Grab genommen, es hätte nichts genützt. Jene Neugier, die Kepler veranlaßte, das geometrische Kalkül auf die Erscheinungen der Natur anzuwenden, war eine Neugier seines Zeitalters. Schließlich ist die Lehre von den Atomen schon im 4. vorchristlichen Jahrhundert von griechischen Philosophen aufgestellt worden. Die Kugelgestalt der Erde war schon Aristoteles bekannt und um 200 v. Chr. mathematisch ziemlich genau berechnet worden. Roger Bacon, am Ende des Zeitalters der Kreuzzüge, hatte Experiment, Mathematik und Erfahrung als die Grundelemente der wissenschaftlichen Forschung bezeichnet.

Sogleich mit dem Beginn der modernen Forschung tritt eine Eigentümlichkeit naturwissenschaftlicher Erkenntnis zutage, die so allgemein ist, daß sie zu ihrem Wesen dazuzugehören scheint. Das ist ihre Anonymität. Mögen wir uns noch so rührend bemühen, mit historischer Sorgfalt den naturwissenschaftlichen Entdeckungen die Namen ihrer Entdecker zu verleihen, das ist nicht mehr als ein humanistisches Ressentiment. Ist eine naturwissenchaftliche Entdeckung einmal ausgesprochen, verliert der Entdecker jeden Einfluß auf sie. Vom Augenblick ihrer Mitteilung an steht sie jedermann zur Verfügung. So entstehen die Gebilde der Technik, die mit den Intentionen der Grundlagenforscher nichts mehr zu tun haben. Weder hat Heinrich Hertz, als er seine elektromagnetische Wellentheorie aufstellte, daran gedacht, das Radio zu erfinden, noch hat Max Planck, als er in der geheimnisvollen Zahl $h = 6{,}626 \cdot 10^{-27}$ erg. sec. eine allgemeine Naturkonstante fand, so etwas wie die Atombombe im Sinn gehabt.

Diese eigentümliche Anonymität naturwissenschaftlicher Entdeckungen liegt bei geisteswissenschaftlichen Entdeckungen nicht in der gleichen Weise vor. Bei einer geisteswissenschaftlichen Theorie verteidigt der Meister nicht nur die Theorie, sondern auch ihre Intentionen. Seine Schule setzt diese Verteidigung fort, wenn der Meister schon lange nicht mehr am Leben ist. So muß jeder neue Aspekt einer geisteswissenschaftlichen Theorie die Zensur ihrer orthodoxen Vertreter bestehen. Andererseits vermögen die orthodoxen Vertreter einer Schule einen Irrtum über viele Generationen aufrechtzuerhalten, während naturwissenschaftliche Fortschritte, wie Planck einmal bemerkt hat, sich durchzusetzen pflegen, indem die Vertreter der alten Ansicht aussterben und die Jüngeren sich von vornherein der neuen Wahrheit zuwenden.

Die Unkontrollierbarkeit der Verwertung naturwissenschaftlicher Erkenntnisse ist ein Dilemma, aus dem es keinen anderen Ausweg zu geben scheint als fromme Wünsche. Daß diese frommen Wünsche seit vierhundert Jahren nicht in Erfüllung gehen, läßt vermuten, daß es nicht die rechte Frömmigkeit ist, aus welcher sie entspringen.

Es läßt sich nicht genau sagen, wann zum ersten Male jener die alten Bindungen sprengende Gedanke aufgetaucht ist, daß ein Widerspruch zwischen einer naturwissenschaftlichen Erkenntnis und der Schöpfungsgeschichte durch Aufgabe der Schöpfungsgeschichte zugunsten der naturwissenschaftlichen Erkenntnis aufgelöst werden könne. Kepler entdeckte die Gesetze der Planetenbewegungen und glaubte, die Gesetze der Schöpfung Gottes gefunden zu haben. Galilei, fasziniert von der mathematischen Schönheit der Keplerschen Entdeckungen, baute diese Entdeckungen aus. Gleichzeitig mußte er erkennen, daß er die neuen

Entdeckungen mit der Schöpfungsgeschichte nicht mehr in Übereinstimmung zu bringen vermochte.

Der Widerspruch zwischen Glaube und Wissen, der aus der Anwendung des geometrischen Kalküls auf die Natur entsprang, scheint nicht des Menschen Schuld zu sein. Kepler wandte das Kalkül auf Gottes Schöpfung an. Es war unmöglich für ihn, auch nur zu ahnen, daß dieses Wissen in einen durch Jahrhunderte unüberbrückbaren Widerspruch zum Glauben geraten würde. Galilei konnte nur feststellen, daß dieser Widerspruch da war. Wem von beiden könnte man eine Schuld beimessen? Schon in ihren Anfängen tritt die Anonymität naturwissenschaftlicher Erkenntnis charakteristisch in Erscheinung. Dieses Phaenomen wird in dem Plädoyer, welches der Advocatus hominis sapientis am Jüngsten Tage zur Verteidigung des menschlichen Geschlechtes halten wird, zweifellos ein Argument von einiger Bedeutung sein.

So wurde, schon wenige Jahrzehnte nach Keplers Tod, der Widerspruch zwischen der naturwissenschaftlichen Erkenntnis und der Schöpfungsgeschichte das Problem eines großen Gelehrtendaseins. Die Wissenschaft hatte unterdessen Fortschritte gemacht. Heisenberg weist, mit einem Blick für kulturgeschichtliche Situationen, dessen Schärfe jedem Historiker zur Ehre gereichen würde, darauf hin, daß zur Zeit Keplers das neue kopernikanische System dem alten ptolemaeischen System noch nicht so besonders überlegen gewesen sei. Erst die zunehmende mathematische Durchdringung des kopernikanischen Systems machte seine physikalische Gültigkeit sozusagen evident. Damit war die Frage nach der physikalischen Struktur des Weltalls gestellt. Seit vierhundert Jahren hat diese Frage den forschenden Geist des europäischen Menschen nicht mehr ruhen lassen. Sie hat eine stupende Fülle von Erkenntnissen gebracht. Aber vierhundert Jahre lang wurde auch ein Irrtum mitgeschleppt, den erst die allerletzten erkenntnistheoretischen Einsichten der Atomphysik überhaupt zutage gefördert haben. Es ist der Irrtum über Wesen und Art der Gültigkeit physikalischer Aussagen. Die Gültigkeit physikalischer Aussagen hat, wie die Atomphysik zeigen konnte, nicht jenen Grad von Absolutheit, den die Schöpfer der klassischen Physik annahmen und annehmen mußten.

Für die Gründer der klassischen Physik war die Natur eine vorhandene Wirklichkeit, die der Mensch nur kennenzulernen brauchte. Sie hatten die metaphysische Hoffnung, durch ihre Wissenschaft den Halt am Ansichseienden zu gewinnen. In dieser Hoffnung lag die ganze Kraft der Ideen der klassischen Physik, und gerade diese Hoffnung wird sich, wie die philosophische Untersuchung der experimentellen Ergebnisse der Atomphysik zeigen konnte, niemals erfüllen. Sie beruhte auf dem Irrtum, daß der Geltungsbereich der Physik keine Grenzen habe. Es ist der fruchtbarste und zugleich gefährlichste Irrtum, dem der menschliche Geist jemals verfallen ist.

Die Aufdeckung dieses Irrtums ist ein geistesgeschichtliches Moment von der gleichen Bedeutung wie die Entdeckung des Widerspruchs zwischen Offenbarung und Physik. Die moderne theoretische Physik schließt jene Epoche der Naturwissenschaft ab, welche mit Kopernikus, Kepler und Galilei begonnen hat. Die Aspekte, welche dieser Abschluß für die Zukunft eröffnet, sind noch zu betrachten.

Zur Zeit des Galilei glaubten die Physiker, die Frage nach der physikalischen Struktur des Weltalls zu stellen, bedeute, die Frage nach der Wahrheit der Offenbarung zu stellen, Daß das gar nicht der Fall ist, weiß man, auf wissenschaftliche Weise, erst seit ganz kurzer Zeit. Es ist auch gar nicht möglich gewesen, daß der Mensch das eher hätte erfahren können. Daß die Physik Grenzen habe, konnte man nicht wissen, bis man auf diese Grenzen stieß.

Der Glaube hat den Anspruch der Physik, die Frage nach der Wahrheit der Offenbarung zu stellen, niemals anerkannt und natürlich auch niemals anerkennen können. Daß die Physik einmal von sich aus diesen Anspruch aufgeben würde, wer hätte das in dem hochmütigen »Jahrhundert der naturwissenschaftlichen Weltanschauung« vermuten können!

Ein Gefühl dafür, daß die Ansprüche der Naturwissenschaft gegenüber dem Glauben weiter gingen, als der Wissenschaft zustehe, ist bei den großen Geistern der abendländischen Forschung niemals verlorengegangen. Auch das möge der Advokatus hominis sapientis bei seinem Plädoyer nicht vergessen.

Schon bei Galilei tritt der Konflikt zwischen Wissen und Glauben ins hellste Licht in der Legende vom »Eppur si muove«.

Wir wissen, daß Galilei in späteren Jahren seine wissenschaftliche Unterstützung des kopernikanischen Systems und der Entdeckungen Keplers über die Drehung der Erde um die Sonne widerrufen hat. Das ist historisch gesichert. Die Legende behauptet, daß er auf seinem Totenbett den Widerruf widerrufen habe mit dem Satz: »Und sie bewegt sich doch!« Diese Legende ist historisch nicht gesichert. Aber die Schildbürger der objektiven Wahrheit hängen sehr an ihr. Galilei wird damit zu einem Heros der Aufklärung gemacht. Es fragt sich, ob er das wirklich war. Es wird immer als selbstverständlich angenommen, daß der große Mann seine wissenschaftlichen Erkenntnisse unter dem Druck der Drohungen der Inquisition widerrufen habe. Es kann aber sehr wohl sein, daß es göttliche Zweifel waren, welche seine Brust bewegten, Zweifel, ob Wissenschaft nicht eine Versuchung des Teufels sei. Die erste Frucht, die der Mensch vom Baum der Erkenntnis gepflückt hatte, war jedenfalls eine solche Versuchung gewesen. Woher hätte man zu damaliger Zeit wissen können, daß nicht auch die neuen Erkenntnisse des Teufels wären. Gab es doch bemerkenswerte Autoritäten, welche dieser Meinung waren. Die Kardinäle des Inquisitionstribunals waren durchaus keine orthodoxen Fanatiker, sondern höchst aufgeklärte und naturwissenschaftlich hochgebildete Leute. Drei von ihnen waren so gescheit und so unsicher im Glauben, daß sie in nobler Toleranz das Urteil gegen Galilei nicht mit unterschrieben haben.

Wenn also neuerdings die Alternative aufgestellt worden ist, daß die Inquisition Galilei in die Lage gebracht habe, entweder ein Märtyrer der Wissenschaft zu werden oder ihr Verräter, kann man dazu nur sagen, daß diese Alternative die Möglichkeit vernachlässigt, das Galilei wirkliche und echte Zweifel gehabt habe, ob die Physik des Himmels ihrer Sache so sicher sei, daß sie gegen die Wahrheit der Offenbarung auftreten könne.

Vielleicht hat schon Galilei eine Ahnung von den Folgen gehabt, welche entstehen könnten, wenn der Mensch die objektiven Wahrheiten der Erkenntnis, welche ein Plural sind, der Wahrheit der Offenbarung, welche ein Singular ist, entgegengestellt. Die Legende versucht, den Märtyrer der Wissenschaft zu retten. Aber die Ironie der Geschichte will es, daß Galileis Zweifel an der Objektivität der physikalischen Wirklichkeit ganz berechtigt gewesen wären. Die Konsequenzen der Quantenmechanik haben dazu geführt, auf die Erkenntnis einer objektiven physikalischen Wirklichkeit hinter den Erscheinungen zu verzichten. Damit hätten Galileis Zweifel einen quantenmechanischen Unterbau bekommen, den der große Italiener freilich zu damaliger Zeit so wenig voraussehen konnte wie Kepler eine gegen die Schöpfungsgeschichte gerichtete Folge seiner frommen Bemühungen.

Tatsächlich hätte ein moderner Atomphysiker begründetere Aussicht als Galilei, vor dem Inquisitionstribunal freigesprochen zu werden. Würde er doch, ohne Preisgabe der Theorie der Quantenmechanik, weniger behaupten, als Galilei seinerzeit behauptet hatte. Während die klassische Physik für die Möglichkeit der Offenbarung gar keinen Raum hatte, hat die moderne Physik ihre Grenzen so abgesteckt, daß sie zum Glauben nicht mehr in einem ausschließenden Widerspruch steht.

Es ist von nicht geringem Reiz, durch die Jahrhunderte zu verfolgen, wie die Ahnung von den Grenzen naturwissenschaftlicher Erkenntnis immer wieder auftaucht.

Wie aufschlußreich wäre es zu wissen, welche Gedanken den großen Lavoisier, den Schöpfer der modernen Chemie, an dem Tag bewegt haben, an dem er das Schafott der Französischen Revolution bestieg. Ob er wohl eine Vorstellung davon hatte, daß die Schöpfung der modernen Chemie und die Entstehung der Französischen Revolution die gleiche Wurzel hatten, daß sie beide erst möglich und zugleich unvermeidlich geworden waren, nachdem die Neugier den Menschen aus dem magischen Paradies der mittelalterlichen Welt in das Fegefeuer der Moderne gelockt hatte.

Wenn der große Kant, der die Theorie der Erkenntnis auf eine so hohe Stufe gehoben hat, schließlich von dem gestirnten Himmel über sich spricht, ist das ein anderer Himmel als jener, der nach dem Newtonschen Gesetz der Gravitation geordnet ist. Es ist nicht jener Himmel, welchen des Menschen Geist erforscht, jener Himmel, in dem schreckliche Massen von Materie in entsetzlichen Geschwindigkeiten unbekannten Katastrophen zurasen. Es ist jener Himmel, dessen Schönheit des Menschen Seele bewundert, jener Himmel, von dem ein Zeitgenosse des Theoretikers der Erkenntnis sagt: »Die Sonne tönt, nach alter Weise . . .«

Wenn der große Planck, der Schöpfer der Quantentheorie, am Ende seines bewundernswerten Gelehrtendaseins dazu gelangt, die durchgehende mathematische Harmonie des modernen physikalischen Kosmos mit Gott in einer Gleichung zu vereinigen, ist das zweifellos ein Beweis dafür, daß der große Planck keine geringere Seele hatte als der große Kant. Aber an den Grenzen des nichteuklidischen vieldimensionalen Kosmos ist die Autorität auch des größten physikalischen Genies unserer Zeit zu Ende. Die Wahrheit der Offenbarung kann aus der Wahrheit der Mathematik nicht bewiesen werden.

Welch ein Schauspiel! Der Mann, der die wissenschaftlichen Voraussetzungen zur Zerstörung der Erde geschaffen hat, versucht am Ende seines Lebens, die Ordnung des Himmels zu retten. Daß die Mittel, die er für diese Aufgabe aus seiner eigenen Wissenschaft zu gewinnen suchte, unzulänglich waren, ändert nichts daran, daß sein eigentliches Vermächtnis nicht die Atombombe ist, sondern eben diese Aufgabe, die wahre humanistische Aufgabe unserer Zeit.

Doch werden uns nicht diejenigen seiner Schüler weiterhelfen, die uns das artistische Kunststück vorexerzieren, wie man die Freiheit des Willens ganz bequem in der Diskontinuität der nicht mehr kausal gebundenen Atomreaktionen unterbringen könne. Dieses tiefe Problem der Scholastik, welches zugleich eine der Grundfragen der westlichen Zivilisation ist, läßt sich mit den mathematischen Tricks der Wahrscheinlichkeitsrechnung nicht lösen. Es wäre das nichts anderes als eine nur im Raffinement der Methode verbesserte Wiederauflage jenes billigen historischen Materialismus, der uns ein halbes Jahrhundert lang so unendlich gelangweilt hat.

Es ist ein Merkmal der Geistesgeschichte des 19. Jahrhunderts, daß dieses Jahrhundert immer wieder versucht hat, seine naturwissenschaftlichen Fortschritte in den Rang geisteswissenschaftlicher Einsichten zu erheben. Aber die naturwissenschaftlichen »Weltanschauungen« erweisen sich jedesmal nach einer kurzen Blüte der Popularität als Froschperspektiven. Das ist die große Lehre, die das 19. Jahrhundert uns erteilt, daß es nicht möglich ist, von der Basis naturwissenschaftlicher Erkenntnisse aus eine vollständige Anschauung der Welt, eine Weltanschauung zu gewinnen.

Der Prince de Broglie geht so weit zu sagen, daß er nicht einmal wisse, ob Wissenschaft an sich gut oder böse sei. Er bringt damit gelassen einen der tiefsten Zweifel unserer Zeit zum Ausdruck, und jedenfalls zeigt er, wie weit wir das 19. Jahrhundert hinter uns gelassen haben.

So ist die moderne Physik in fünfzig Jahren nicht nur von der Entdekkung des Radiums bis zur Kettenreaktion des Uranium 235 vorgedrungen. Sie hat auch den Weg zurückgelegt von dem Fortschrittsoptimismus Pierre Curies Anno 1905, »daß die Menschheit aus neuen Entdeckungen am Ende mehr Gutes als Schlechtes gewinnen wird«, bis zur Skepsis des Fürsten von Broglie Anno 1948, daß er nicht wisse, ob Wissenschaft gut oder böse sei.

Welch ein Weg! Der Weg des 20. Jahrhunderts! An seinem Anfang steht das ein wenig flache Behagen, mit dem die erfolgreichen Geheimräte des Fin de Siècle sich als Wohltäter der Menschheit feiern ließen. An seinem Ende steht das tiefe Unbehagen, das die Seele des großen Planck in seinen letzten Jahren bewegt hat.

So sehen wir, eine Ahnung davon, daß naturwissenschaftliche Erkenntnis Grenzen habe, den großen Geistern immer präsent war. Aber die List der Vernunft hat dazu geführt, daß der erkenntnistheoretische Fortschritt, wie er sich in den neuen Denkformen der theoretischen Physik darstellt, nicht aus diesen Ahnungen sich entwickelte, sondern mit der Anonymität naturwissenschaftlichen Fortschritts, man möchte fast sagen, von selbst aus den mathematischen und logischen Konsequenzen der Analyse des physikalischen Experiments sich ergab.

Physikalische Experimente waren es, welche von der Mitte des 16. Jahrhunderts an dazu führten, daß Zweifel an der umfassenden Gültigkeit der Offenbarung entstanden. Physikalische Experimente sind es, welche vierhundert Jahre später dazu führten, daß Zweifel an der umfassenden Gültigkeit der Naturwissenschaft entstehen. Damals kam man zu der Überzeugung, daß die Schöpfungsgeschichte die Erscheinungen der Welt nicht in einer für den menschlichen Verstand befriedigenden Weise erklären könne. In einer großartigen Bemühung machte der westliche Geist den Versuch, die Erscheinungen der Welt mit den Mitteln der

Naturwissenschaft zu erklären. Das Ergebnis ist, daß auf diesem Wege eine umfassende und befriedigende Erklärung der Erscheinungen der Welt auch nicht zu erreichen ist. Das entscheidend Neue an der Lage von heute ist, daß diese Einsicht nicht von außen in die Naturwissenschaft hineingetragen wurde, sondern mit ihren eigenen Methoden, und zwar mit den zuverlässigsten, mit den Methoden der Mathematik, gewonnen wurde.

Der technische Ausbau der Errungenschaften der modernen theoretischen Physik hat die Bedrohung der Welt auf die Spitze getrieben. Gleichzeitig hat die theoretische Physik eine neue Wahrheit gefunden, eine Wahrheit, die den Menschen zwar einer jahrhundertealten Hoffnung beraubt, ihn aber auch von einem jahrhundertealten Irrtum befreit.

Der Kieselstein der neuen Wahrheit, den das spielende Kind der Schöpfung am Strand des großen Ozeans des Wissens gefunden hat – vielleicht ist es der Stein der Weisen. Freilich, es ist nicht das Gold der Schatzkammern, das man mit dem Stein der Weisen gewinnen wird. Die Menschheit bedarf dessen weniger als des Goldes der Erkenntnis. Die neuen Denkformen, die die theoretische Physik aus ihren Experimenten gewonnen hat, werden mit der Sprengkraft des Gedankens neue Wege der Erkenntnis öffnen. Vielleicht, daß einer dieser Wege die Menschheit aus der Eiswüste der Forschung in fruchtbarere und friedlichere Gefilde führen wird.

VON ASSISI BIS BIKINI

Die Herrschaft des Menschen über die Natur reicht vom Wunder bis zum Experiment, von der vollkommenen Ergriffenheit des Herzens bis zur vollkommenen Kälte des Verstandes, von der Stunde in Assisi, da der heilige Franziskus den Vögeln predigte, bis zu dem Bruchteil jener Sekunde in Bikini, da eine Million der Geschöpfe Gottes im Meer zerrissen wurden. Der Bogen, der den heiligen Franziskus mit dem Commander-in-Chief of the Pacific verbindet, dürfte die Möglichkeiten des Menschen auf Erden überspannen.

Entschieden steht Johannes Kepler noch dem heiligen Franziskus näher als dem Oberbefehlshaber im Pazifik. Von Galilei kann man das schon nicht mehr sagen. Gewiß haben Galilei noch franziskanische Zweifel bewegt. Doch wußte er mit diesen Zweifeln nichts anzufangen. Das mittelalterliche Weltbild, das von der Offenbarung bestimmt gewesen war, zerbrach. Das Wesentliche an der Entdeckung, daß es mathematisch formulierbare Gesetze gab, denen die Natur zu gehorchen schien, waren nicht so sehr diese Gesetze selbst als die Folgen, die diese Entdeckung für das mittelalterliche Bewußtsein hatte. Auch das war nicht von entscheidender Bedeutung, daß diese Gesetze der Offenbarung zu widersprechen schienen. Das war von Wichtigkeit für diese frommen Männer. Aber schließlich durften sie annehmen, daß diese Widersprüche sich auflösen würden. Was war schon die bescheidene Einsicht eines Gelehrten in eine Verhaltensweise der Natur gegenüber der Autorität der Offenbarung, die zu erschüttern nicht in der Absicht dieser Forscher lag. Von entscheidender Bedeutung war etwas, was diese Forscher gar nicht übersehen konnten, daß sie nämlich einen großen Bereich der Wirklichkeit entdeckt hatten, der außerhalb der Welt des Glaubens lag. Die Widersprüche, in welche die klassische Physik zur Offenbarung geriet, lösten sich durchaus nicht auf. Sie vergrößerten sich in unaufhaltsamer Weise. Die Gültigkeit der Gesetzmäßigkeiten der klassischen Physik, so sicher auf den Grundlagen der Mathematik errichtet, schien unbezweifelbar. Die Gültigkeit der Offenbarung war unbezweifelbar. Der Widerspruch zwischen beiden konnte nicht überbrückt werden. Es entstanden zwei Welten, die sich nicht mehr miteinander vereinigen ließen.

Die Geschichte dieses Zwiespalts ist die Geschichte der westlichen Welt seit 1500. Die unheimliche Ironie dieser Entwicklung liegt darin, daß ihre Voraussetzung ein von Menschen gefundener Irrtum ist, den der Mensch in überzeugender Weise nicht auflösen konnte. Die Auseinandersetzung zwischen der Wahrheit der Offenbarung und den Wahrheiten der Wissenschaft ist eines der erstaunlichsten Schauspiele, welche die Geschichte des menschlichen Geistes jemals geboten hat.

Der Bereich der Wirklichkeit, den die klassische Physik entdeckt hatte, begann, das Interesse mehr und mehr in Anspruch zu nehmen. Unser tatsächliches Leben, unser Leben in Zivilisation und Technik, spielt sich in diesem Bereich ab. Die Masten der Hochspannungsleitungen zeichnen das Bild der Landschaft des modernen Menschen. Daneben ragen die Türme der Kirchen, zu denen der Mensch so lange im Frieden Gottes aufgeblickt hat. Immer noch weisen sie zum Himmel. Während sie den Zorn der Blitze zur Erde leiten, leiten sie, wie Lichtenberg tiefsinnig und witzig gesagt hat, die Frömmigkeit der Gebete zum Himmel. Zu den Hochspannungsmasten aufzublicken, hat keinen Sinn. Die Leitungen verlaufen quer zum Himmel. Sie bilden elektromagnetische Felder, die weder Furcht noch Hoffnung, weder Blitze noch Gebete durchlassen. Sie umspannen die Erde mit dem Netz der Macht des Menschen über die Natur.

Die alte Form der Naturwissenschaft war etwas von der experimentellen Naturwissenschaft grundsätzlich Verschiedenes. Die alte Naturwissenschaft beobachtete die Natur und suchte sie zu deuten. Das

Experiment stellt die Natur. Es zwingt sie zu Aussagen. Es entreißt ihr die Geheimnisse. Aber auch eben – es entreißt den Menschen seinem natürlichen Zusammenhang.

Diese grundsätzliche Verschiedenheit ist nirgends klarer zum Ausdruck gekommen als in dem Streit zwischen Newton und Goethe. Wohl ist Newton das Genie der Physik. Aber Goethe ist das Genie der Humanitas. Man kann den Gegensatz schon aus den Benennungen ersehen. Das eine ließ sich nur mit dem künstlichen Wort Optik benennen, das andere begnügte sich mit dem natürlichen Wort Farbenlehre. Würde man einen modernen Biologen mit dem schönen Wort Lebensforscher bezeichnen, was es doch heißt, so würde der zum Lebensforscher Ernannte vermutlich nicht besonders entzückt sein. Müßte er doch fürchten, für einen Vertreter des Mazdaznan oder einer anderen obskuren Geheimlehre gehalten zu werden. Die experimentelle Biologie verträgt keinen anderen Namen als den, welchen sie sich gegeben hat.

Die Farbenlehre ragt als ein merkwürdiges Menetekel am Beginn des Jahrhunderts auf, das das naturwissenschaftliche genannt wird. Die klassische Physik hat nichts damit anzufangen gewußt. Die Farbenlehre wurde abgelehnt. Das war zwar schwierig, denn die Beobachtungen des Weimarer Naturforschers waren richtig und hielten einer Nachprüfung stand. Allerdings, sie widersprachen der Newtonschen Optik. Die Überzeugungskraft der rationalen, mathematischen Physik war zu damaliger Zeit schon so groß, daß dieses Argument genügte. Man hätte dem entgegenhalten können, daß, wenn die Farbenlehre auch den wissenschaftlichen Wahrheiten der Newtonschen Optik widersprach, sie doch nicht der Wahrheit der Offenbarung widersprach. Die Farben, die Adam erblickte, als er am sechsten Tag der Schöpfung die Augen aufschlug, sind entschieden die Farben Goethes und nicht die Farben Newtons. Für das 19. Jahrhundert war das kein Argument mehr. Und doch hätte es eines sein können. Nicht als ein großes Menetekel, aber doch als einen kleinen Meilenstein der Erleuchtung setzte Ernst Friedrich Apelt, ein Schüler des großen Physiologen Jakob Friedrich Fries, vor hundert Jahren eine Bemerkung, die die Schlußfolgerungen der Atomphysik aus ihren neuesten Experimenten vorwegnimmt:

»Die Kritik der Vernunft zeigt uns die subjektive Nebenordnung mehrerer Erkenntnisweisen, von denen eine jede Ansprüche an objektive Gültigkeit hat. Jeder Mensch besitzt nebeneinander verschiedene Vorstellungen von den Dingen, die einander zum Teil widersprechen würden, wenn sie Ansprüche daran machten, rein der Dinge wahres Wesen zu zeigen.«

Das freilich hat auch Goethe nicht gewußt. Auch er lehnte Newton ab.

Die ganze Problematik des durch die experimentelle Physik in die Welt gekommenen Widerspruchs kann man aus den Verhaltensweisen der beiden Forscher ablesen. Newton hatte die Entdeckung gemacht, daß die Gesetze, unter denen die Bewegungen von Massen auf der Erde stehen, dieselben sind, welche die Bewegungen der Sterne im Himmelsraum beherrschen. Der Geltungsbereich der mathematischen Physik, die Erforschbarkeit des Kosmos waren schon vorher in weite Sternenräume vorgetragen worden. Was das Wesen der Newtonschen Entdeckung ausmacht, ist eine großartige Vermutung. Durch das Gravitationsgesetz war eine große Mannigfaltigkeit von Erscheinungen auf einige wenige mathematische Konstanten zurückgeführt worden. Newton durfte vermuten, daß es möglich sein müsse, die ganze Wirklichkeit in das mathematisch-physikalische System vollständig einzubeziehen. Zweihundert Jahre naturwissenschaftlicher Entdeckungen verwandelten diese Vermutung in eine immer größere Gewißheit. Wie hätte man von Newton erwarten können, daß ihm Zweifel an der absoluten Gültigkeit seiner physikalischen Wahrheiten hätten kommen können!

Newton war ein frommer Mann. Das Genie seiner Ratio, welche ihn zu so erstaunlichen Einsichten in die Geheimnisse der Natur befähigte, hat er als eine Gabe Gottes betrachtet. Den Raum, das letzte Geheimnis des Universums, nennt er das Sensorium Gottes. Für sein Gefühl war das Gravitationsuniversum in diesen Raum Gottes eingebettet. In dieser Ansicht ist wiederum ein Rest jenes aus der Physik niemals ganz verschwundenen Gefühls enthalten, daß der Kosmos hierarchisch gestuft sei. Insofern war Newton frommer als Goethe. Doch war es eine Frömmigkeit, die aus der Vergangenheit stammte. Daß in einer mathematisch-physikalisch vollständig determinierten dreidimensionalen Welt für Gott kein Raum ist, das hat er noch nicht gesehen.

Für Goethe war der Raum nicht das Sensorium Gottes. Aber es war nicht das, was ihn an der Newtonschen Optik abstieß. Sein Verstand war umfassend genug, die physikalische Theorie der Newtonschen Optik zu begreifen. Was ihn davon abhielt, das überhaupt zu versuchen, war ein genialer humanistischer Instinkt. Dieser Instinkt wies in die Zukunft. Goethe ist der erste westliche Mensch gewesen, der ein Empfinden für das eigentümlich Inhumane der modernen experimentellen Naturwissenschaft gehabt hat.

»Es ist ein Unglück, daß man durch Experimente die Natur vom Menschen abgesondert hat und bloß in dem, was künstliche Instrumente zeigen, die Natur erkennen, ja, was sie leisten kann, beschränken will.« Diese Bedenken hinsichtlich der Grenzen des Experimentes als eines Mittels der Erkenntnis hat die theoretische Physik Goethen bestätigt.

Durch das Experiment wird der Mensch gar nicht der Natur habhaft. Wessen er habhaft wird, ist eine durch die Bedingungen des Experimentes künstlich veränderte Natur. Die klassische Physik, und mit ihr Newton, waren außerstande, das einzusehen. Erst die moderne Physik fand heraus, daß das Experiment seinem Wesen nach Grenzen habe. Schon aus diesem Grund ist das Vorhaben, mit experimenteller Methodik die Natur vollständig erfassen zu wollen, zum Scheitern verurteilt.

Wie richtig hat der Weimarer Naturforscher gesehen! In einer physikalisch vollständig determinierten Welt findet schließlich auch des Menschen Seele keinen Raum mehr zu weilen. Nichts kann uns das deutlicher zeigen als die Verlorenheit des Menschen in einer auf den Grundlagen der Physik errichteten Welt der technischen Zivilisation.

Es gibt für diese Verlorenheit kein eindrucksvolleres Symbol als das Bild eines elektromagnetischen Gesamtspektrums in einem modernen Lehrbuch der Physik.

Könnte Newton es betrachten, tiefes Entzücken über die vollkommene mathematische Schönheit dieses Gebildes würde ihn überkommen. Es reicht, ausgedrückt in den Zehnerlogarithmen der Wellenlängen in Ångström-Einheiten, kontinuierlich von der harten Gammastrahlung der radioaktiven Stoffe bis zu den elektrischen Wellen des Radios. Irgendwo zwischen log 3 und log 4 findet sich eine kleine schraffierte Säule. Sie zeigt die Ausdehnung des sichtbaren Spektrums an.

Der Meister der Physik, der in diesem Buch die Jugend lehrt, bemerkt dazu: »Das Licht, welches unser Auge als solches wahrnimmt, ist nur ein sehr kleiner Ausschnitt aus dem gesamten elektromagnetischen Spektrum, dessen Grenzen durch den engen Empfindlichkeitsbereich des Auges gegeben sind.«

Der enge Empfindlichkeitsbereich des Auges zwar ist empfindlich für die Schönheit der Welt vom gestirnten Himmel bis zum Lächeln eines Kindes, von den Tränen der Engel auf den Bildtafeln des Simone Martini bis zum Glitzern einer Forelle, die sich aus dem kalten, klaren Wasser in die Sonne schnellt. Aber er ist es nicht in Ångström-Einheiten.

Der Weimarer Naturforscher sagt einmal:

»Wär' nicht das Auge sonnenhaft,
Die Sonne könnt' es nie erblicken…«

Die elektromagnetische Physik dürfte kaum zu bewegen sein, diese zwei Zeilen für eine wissenschaftliche Aussage zu halten, und doch liegt ihr ein eigentümlicher physikalischer Sachverhalt zugrunde. Diesen Sachverhalt drückt die Physik auf folgende Weise aus: Der optische Wirkungsgrad einer Lichtquelle ist um so größer, je höher ihre Temperatur ist. Das heißt, je wärmer ein Körper ist, um so größer ist derjenige Teil seiner Strahlung, der in das sichtbare Gebiet der Strahlen fällt. Von einer nicht sehr warmen Lichtquelle, wie es etwa die Drähte unserer elektrischen Glühlampen sind, fällt nur ein sehr kleiner Teil der Strahlung in das sichtbare Gebiet. Dieser Anteil der sichtbaren Strahlung einer Lichtquelle an der Gesamtstrahlung wird immer größer, je wärmer die Lichtquelle ist. Dieses Ansteigen des Anteils der sichtbaren Strahlung mit der Temperatur der Lichtquelle geht aber nur bis zu einer bestimmten Höhe der Temperatur. Mit weitersteigender Temperatur nimmt der Anteil der in den sichtbaren Bereich fallenden Strahlung wieder ab. Dieses Optimum, dieser höchste für das Auge mögliche Wirkungsgrad einer Lichtquelle liegt bei etwa 5000 Grad. Das ist ziemlich genau die Temperatur der Oberfläche der Sonne.

Die Physik vermag diesen Sachverhalt mit den Symbolen der Mathematik in einer einfachen Kurve auszudrücken. Was sie nicht vermag, ist, diesen Sachverhalt in seiner eigentümlichen, auf den Menschen bezogenen kosmischen Ökonomie zu deuten. Es ist ewig schade, daß kein Eckermann uns überliefern kann, was der Weimarer Naturforscher gesagt hätte, wäre ihm dieser Sachverhalt bekannt gewesen. Zweifellos ist da, in der Diskussion zwischen Optik und Farbenlehre, eine tiefsinnige Bemerkung verlorengegangen. So bleibt uns im Hinblick auf das elektromagnetische Gesamtspektrum nur der Trost, daß der Mensch wenigstens in den Benennungen noch eine letzte Bastion gehalten hat. Sowohl die ultravioletten wie die ultraroten Bereiche des elektromagnetischen Spektrums liegen immer noch diesseits und jenseits des Violett und des Rot, diesseits und jenseits der Grenzen der Goetheschen Farben, diesseits und jenseits des Menschen. In dieser Ausdrucksweise hält sich, den Physikern ganz unbewußt, ein letzter Rest von Erinnerung daran, daß auch die klassische Physik vom Menschen, der sie betreibt, nicht zu trennen ist.

So wenig Optik etwas mit der eigentümlichen Beziehung zwischen der Sonne und dem Auge des Menschen anzufangen weiß, so wenig weiß die Optik etwas mit den Valeurs der Farben anzufangen. Das Rot der Gewänder auf Masaccios Bild »Wochenstube der Florentinerin« ist das gleiche Rot wie das Rot der Strümpfe des Landknechts auf Grünewalds Tafel mit dem heiligen Mauritius. Aber Masaccios Rot strahlt Festlichkeit und Pracht der Nobili von Florenz aus, während das Rot Grünewalds in diese sacra conversazione hineinleuchtet, als wolle der Maler sagen, daß es trotz der Heiligen weiterhin eine Welt gebe, auf der noch Blut vergossen werde.

Die Deutung solcher Valeurs geht über die Möglichkeiten der Newtonschen Optik hinaus. Die Farbenlehre vermag sie zu leisten.

Die Physik lebt von dem Glauben an die sinngebende Kraft mathematischer Strukturen. Diese Grundvoraussetzung jeder exakten Naturwissenschaft überhaupt ist ein Glaube des Menschen. Dieser Glaube hat seinen Ursprung in der Entdeckung der mathematischen Bedingtheit der Harmonie.

Diese Entdeckung stammt schon aus der Antike. Sie wurde von der Schule des Pythagoras gemacht. Dem menschlichen Ohr erscheint eine Gesamtheit von Tönen dann sinnvoll und harmonisch, wenn in ihr einfache mathematische Beziehungen verwirklicht sind, obwohl diese Beziehungen dem Hörenden nicht bewußt werden. Mit Recht sagt Heisenberg, daß diese Entdeckung einer der stärksten Impulse in der Geschichte menschlicher Wissenschaft gewesen ist.

Für die klassische Physik ist es ohne Bedeutung, daß zwischen der Temperatur der Sonne und dem Empfindlichkeitsbereich des menschlichen Auges eine so verblüffende Beziehung besteht. Für die Physik ist das eben verblüffend, aber anfangen kann sie mit diesem Sachverhalt nichts.

Ebensowenig weiß die Physik etwas mit der Lage des Menschen im physikalischen Weltall anzufangen. Das moderne Lehrbuch der Physik sagt:

»Unsere Milchstraße besteht schätzungsweise aus einigen 10 000 Millionen Sternen und bildet im großen und ganzen eine flache Linse mit einem Durchmesser von 80 000 bis 100 000 Lichtjahren und einer größten Dicke von etwa 10 000 Lichtjahren. Die Sonne befindet sich weit außerhalb des Zentrums, etwa 30 000 Lichtjahre von ihm entfernt...« »Man schätzt, daß sich innerhalb der Reichweite unserer Fernrohre (etwa 500 Millionen Lichtjahre) rund 100 Millionen derartiger Milchstraßensysteme befinden.«

Daß angesichts eines solchen hoffnungslosen Grades von Verlorenheit die Menschheit aus Verzweiflung nicht Selbstmord begeht, wäre gar nicht zu begreifen, wenn der Aspekt der Sternphysik der einzig mögliche wäre. In diesem Rahmen ist das Vorhandensein der Erde mit ihrem organisch-biologischen Leben und dem Menschen an der Spitze mit seinem sonnenhaften Auge, seiner denkenden Vernunft und dem Glauben seines Herzens an die Güte der Schöpfung etwas vollkommen Unwahrscheinliches.

Es ist aber nicht nur unwahrscheinlich im naiven Sinn des Wortes, es ist auch unwahrscheinlich im mathematischen Sinn. Tatsächlich vertritt die moderne Sternphysik die Meinung, daß es nicht sehr wahrscheinlich sei, daß es unter den Milliarden von Himmelskörpern ein Gebilde wie die Erde im Kosmos noch einmal gebe.

Man kann sich das folgendermaßen klarmachen. In der graphischen Darstellung des elektromagnetischen Gesamtspektrums ist der Bereich, in dem das Wort des Herrn »Es werde Licht!« Geltung hat, immerhin noch eine, wenn auch schmale Fläche. Zeichnete man in etwa dem gleichen Größenverhältnis wie das Bild des elektromagnetischen Gesamtspektrums eine Linie der Temperatur vom absoluten Nullpunkt bis zu den höchsten im Kosmos vorkommenden Temperaturen von vielen Millionen Graden, so würde die auf dieser Linie eingetragene Strecke, innerhalb derer organisches Leben überhaupt möglich ist, nur ein erst in vielfacher Vergrößerung überhaupt sichtbar werdender Strich sein. Voraussetzung dafür, daß es irgendwo unter den Milliarden der Himmelskörper noch einen gäbe, auf dem organisches Leben möglich ist, ist also die Erfüllung der Bedingung, daß, wenigstens in gewissen Gebieten der Oberfläche dieses Himmelskörpers, die Temperatur, die dem organischen Leben nach oben und nach unten Grenzen setzt, niemals über- oder unterschritten wird. Schon diese Bedingung allein schränkt die Möglichkeit organischen Lebens im Kosmos außerordentlich ein. Es gibt aber dieser Bedingungen eine große Zahl. Gäbe es irgendwo in einem Spiralnebel einen unserer Erde völlig gleichen Himmelskörper, und es fehlte auf diesem Stern nur ein einziges der Schwermetallsalze, würde dieser Stern für ein organisches Leben wie auf unserer Erde schon nicht mehr in Betracht kommen.

Die Biologie kann eine große Zahl von Voraussetzungen für organisches Leben aufzählen, aber sicher gibt es ihrer eine größere Zahl, welche wir noch nicht kennen. Alle diese Bedingungen, sowohl diejenigen, welche wir kennen, als auch diejenigen, welche wir noch nicht kennen, sind jedenfalls zur Zeit für die Erde gleichzeitig und vollständig erfüllt. Das biologische Dasein des Menschen auf seiner Erde setzt die Erfüllung aller dieser Bedingungen voraus.

Macht man sich nun die Vorstellung der Physik zu eigen, daß im Anfang die Materie im Weltall gleichmäßig verteilt war und die Sternensysteme sich erst allmählich gebildet haben, dann ist in diesem Zustand des Weltalls der Grad der Wahrscheinlichkeit, daß einmal das Auge eines Menschen voller Ehrfurcht zu einem gestirnten Himmel über einer bewohnbaren Erde aufblicken würde, zwar nicht unendlich klein, aber jedenfalls so klein, daß sie für den menschlichen Verstand nicht mehr vorstellbar ist.

Die Physik verzichtet darauf, ihre kosmische Theorie mit der Ehrfurcht des Menschen in Beziehung zu setzen. Sie betrachtet das nicht als ihre Aufgabe. Aber der Aspekt der Physik ist nicht der einzig mögliche. Vom Aspekt der Physik aus ist das Dasein des Menschen und seiner

Ehrfurcht ein kosmischer Zufall, der sich einer physikalischen Deutung entzieht, ein Zufall, dem die Physik keinen Sinn zu geben vermag.

Betrachtet man aber einmal, durchaus im Rahmen der Vorstellungen der kosmischen Theorien der Physik, die Situation vom Menschen aus, dann ist sie einer Deutung zugänglich. Man könnte dann folgendes sagen:

Damit der Mensch auf Erden leben kann, hat sich die Natur, welche doch den Überfluß liebt, ausnahmsweise einmal des allersparsamsten Mittels bedient. Die Zahl der Bedingungen, die zusammentreffen mußten, damit eine Erde entstehen konnte, ist eine außerordentlich große Zahl. Das Laboratorium der Natur muß zu jenem Zeitpunkt, als die Materie noch gleichmäßig im Raum verteilt war, eine gewisse Größe gehabt haben. Je größer der Kosmos war, je größer die Masse der in ihm zunächst gleichmäßig verteilten Materie war, um so größer war die Zahl der Möglichkeiten künftiger Himmelskörper. Die Zahl dieser möglichen Variationen von Himmelskörpern mußte mindestens so groß sein, daß sie die Möglichkeit der Erde enthielt, die Möglichkeit des Zusammentreffens aller für eine Erde erforderlichen Bedingungen.

Diese Zahl am Anfang der Welt kann, nach den eigenen Lehren der Physik, nicht unendlich groß gewesen sein. Die moderne Sternphysik vertritt ja die Anschauung, daß der physikalische Kosmos endlich sei. So kann es also in ihm auch nur eine zwar über die Vorstellungskraft des menschlichen Verstandes hinausgehende, aber mathematisch doch nur endliche Zahl von Himmelskörpern geben. Wäre diese Zahl am Anfang der Welt, diese Zahl der möglichen Himmelskörper, so beschaffen gewesen, daß sie die Möglichkeit der Erde nicht enthalten hätte, hätte die Erde nicht entstehen können.

Kennten wir die Zahl der Bedingungen, welche die Voraussetzung für ein organisches Leben im Kosmos sind, könnten die Mathematiker ausrechnen, wie groß die Zahl am Anfang der Welt, die Zahl der möglichen Variationen von möglichen Himmelskörpern, gewesen sein muß, um die Wahrscheinlichkeit der Entstehung der Erde zu enthalten. Die Sternphysiker sind der Meinung, daß es nicht sehr wahrscheinlich ist, daß es im Kosmos noch eine zweite Erde gibt. Haben sie recht, so würde das besagen, daß die große Zahl am Anfang der Welt, die Zahl der möglichen Variationen von Himmelskörpern, die Erde nur einmal enthalten habe. Das wieder würde bedeuten, daß die Natur, um die Erde mit dem Menschen entstehen zu lassen, sich des sparsamsten möglichen Mittels bediente – eines einzigen Weltalls nämlich. Wenn es, wie die Sternphysiker glauben, die Erde nur einmal gibt, ist das Weltall der für ihre Entstehung erforderliche Mindestaufwand.

Natürlich gibt es umfassendere und tiefere Deutungen. Doch braucht sich schon unter dem eben entwickelten Aspekt der Mensch nicht mehr ganz so hoffnungslos verloren zu fühlen in einem Kosmos, dessen fernste Sternennebel sich in einer Fluchtbewegung von ihm entfernen sollen, deren Geschwindigkeit sich der Lichtgeschwindigkeit $c = 300\,000$ km in der Sekunde nähert. Selbst mit diesen fernsten Nebeln noch verbände ihn eine durchaus humane Beziehung. Mindestens hätten diese fernsten Nebel noch die humane Bedeutung, eine mathematisch-statistische Voraussetzung der Existenz des Menschen zu sein.

Der Physiker, der in seinem Fach steckt, mag über eine solche Betrachtungsweise lächeln. Doch wird er kaum etwas gegen sie einwenden können, solange sich die Deutung nicht in logische Widersprüche zu seinen mathematisch gesicherten Feststellungen verwickelt. Deutung ist etwas ihrem Wesen nach anderes als mathematisch-physikalische Erkenntnis. In einer Wissenschaft der Deutung kann diese Zahl am Anfang der Welt genauso bedeutend sein wie der Temperaturgrad der Sonne für das menschliche Auge, die Harmonie des Dreiklangs oder die Gleichheit der Maßzahlen für Masse und Entfernung in Atomen und Sonnensystemen.

Der Naturforscher in Weimar hätte dem Aspekt der fernen Spiralnebel als mathematisch-statistischer Voraussetzung der Existenz des Menschen sicherlich einige wohlwollende Augenblicke der Aufmerksamkeit gewidmet. Dieses Wohlwollen möge genügen.

Die Physiker am Ausgang des Mittelalters hatten eine neue Wirklichkeit entdeckt. Es war eine Entdeckung, deren Tragweite zu übersehen ihnen nicht gegeben war. Die wissenschaftliche Intention der Physik ging zunächst durchaus nicht in Richtung der Technik, sie ging in Richtung einer mathematischen Analyse der Natur unter dem Gesichtspunkt der Einheitlichkeit. Je umfangreicher die Kenntnisse über diese neue Wirklichkeit wurden, um so aussichtsvoller mußte der Versuch erscheinen, aus der Kenntnis des bekannten Teils der Welt ein Bild von ihren noch unerforschten Gebieten zu entwerfen. Diesen Versuch unternahm das Zeitalter der Naturwissenschaft. Aber die Kraft der Physik hat nicht ausgereicht, diesen Versuch gelingen zu lassen.

Es blieb nicht bei der Forschung. Der Weg der Entwicklung führte zur Technik. Wie ist es zustande gekommen, daß die Physik in der Welt Wirkungen so gewaltigen Umfanges, welche nichts mit den ursprünglichen Intentionen dieser Wissenschaft zu tun haben, in Gang gesetzt hat?

Noch einmal an dieser Stelle muß die Frage aufgeworfen werden, ob die Entwicklung so, wie sie sich abgespielt hat, unvermeidlich war. Schließlich hätte es sein können, daß der Geist Europas es vorgezogen hätte, sich der Farbenlehre statt der physikalischen Optik zuzuwenden. Dann wäre die physikalische Optik in Vergessenheit geraten, wie die Farbenlehre in Vergessenheit geriet. Ein solcher Vorgang ist geistesgeschichtlich vorstellbar. Gerade derjenigen wissenschaftlichen Theorie, die sich als so überaus fruchtbar erwiesen und dem Menschen eine so unerhörte Macht über die Natur gegeben hat, der Atomtheorie, ist es so ergangen.

Die Atomtheorie ist eine Schöpfung der Antike. Die wesentlichen Grundzüge der modernen Atomtheorie sind in der atomistischen Lehre des Leukipp und des Demokrit schon enthalten, die Überzeugung nämlich vom Aufbau der Materie aus kleinsten, unteilbaren Einheiten, den Atomen, denen nicht mehr die gewöhnlichen Qualitäten der Stoffe zukommen und der Glaube an die sinngebende Kraft mathematischer Strukturen. Leukipp und Demokrit sind niemals widerlegt worden. Ihre Theorie geriet in Vergessenheit. Der Geist der Antike, so wissenschaftlich aufgeklärt und so neugierig er gewesen sein mag, wandte sich von diesen Fragestellungen ab, um, nach der Saekularisierung der alten Götter, die Welt des Christentums aufzubauen.

Um 1800 scheint ein solcher Vorgang nicht mehr möglich. Der Meister der Farbenlehre zwar steht in der Mitte zwischen dem heiligen Franziskus und dem Commander-in-Chief of the Pacific, aber er wußte, daß er auf einem verlorenen Posten stand. Er hat das Zeitalter der Technik kommen sehen:

»Reichtum und Schnelligkeit ist es, was die Welt bewundert und wonach jeder strebt; Eisenbahnen, Schnellposten, Dampfschiffe und alle möglichen Fazilitäten der Kommunikation sind es, worauf die gebildete Welt ausgeht, sich zu übertreten, zu überbilden und dadurch in Mittelmäßigkeit zu verharren. Eigentlich ist es das Jahrhundert für die fähigen Köpfe, für leicht fassende, praktische Menschen, die, mit einer gewissen Gewandtheit ausgestattet, ihre Superiorität über die Menge fühlen, wenn sie gleich selbst nicht zum Höchsten begabt sind.

Wir werden, mit vielleicht wenigen, die letzten sein einer Epoche, die so bald nicht wiederkehrt.«

Aber vielleicht werden wir die ersten sein einer Epoche, in welcher der Mann, der die treffendste Charakteristik eines Jahrhunderts gegeben hat, welches doch gerade erst begonnen hatte, mehr sein wird als eine verstaubte Gipsbüste in einem Pantheon, durch dessen zertrümmertes Dach der Himmel der Gravitation hereinschaut.

Was den Menschen auf den Weg der Technik getrieben hat, ist das Experiment. Das Experiment hat dem Menschen etwas gegeben, was er vorher nicht besaß. Es gab ihm Macht über die Natur. Diese Macht über die Natur ist ihm schließlich nicht nur zum entscheidenden Antrieb, sondern auch zum letzten Beweis der Richtigkeit seines naturwissenschaftlichen Denkens geworden. Nun ist gerade das eingetreten, was am wenigsten zu erwarten war. Die konsequente Verfolgung der Prinzipien der klassischen Physik, deren Richtigkeit durch eine so überwältigende Fülle von Tatsachen bewiesen schien, hat zu der Einsicht geführt, daß alle diese Tatsachen kein Beweis für die Gültigkeit der naturwissenschaftlichen Deutung der Welt sind.

Die Hoffnung des Menschen, mit den Mitteln der experimentellen Naturwissenschaft des Ansichseienden, einer objektiven Wirklichkeit hinter den Erscheinungen habhaft zu werden, muß begraben werden. Mit ihr wird der Irrtum des 19. Jahrhunderts begraben, daß die experimentellen Naturwissenschaften Beweise führen könnten, deren Kraft so weit über die Grenzen der Naturwissenschaft hinausreichte, daß sie Anspruch auf Gültigkeit in der Welt des Glaubens erheben könnten, der Irrtum, daß eine auf den Grundlagen der experimentellen Naturwissenschaften errichtete Biologie den Menschen zum Gegenstand habe, der Irrtum, daß die auf der Biologie errichtete Medizin der Vollständigkeit der Humanitas gerecht werden könne. Aus den neuen Denkformen, die den Zusammenbruch dieses Irrtums herbeigeführt haben, ergibt sich für die Welt die Möglichkeit, aus ihrer Anarchie herauszukommen.

Wenn man das Alter dieses Irrtums betrachtet, fürwahr, es muß ehrwürdig genannt werden, und seine Geschichte ist eine Geschichte der Ironie der Vernunft. Auf der Jagd nach einer Hoffnung zerstört der Mensch eine Welt, um schließlich statt durch die Erfüllung seiner Hoffnung durch die Zerstörung dieser Hoffnung belohnt zu werden.

Wie sehr verdienen jene Bewunderung, deren Hoffnung durch vier lange Jahrhunderte die Zerstörung eben dieses Irrtums war. Ihre Beständigkeit ist belohnt worden. Es zeigt sich, daß die Gärten der Frömmigkeit keine Schrebergärten sind, sondern unter der Obhut der Engel stehende gerettete Paradiese.

Sicherlich führt kein Weg zurück vom Commander-in-Chief of the Pacific zum heiligen Franziskus von Assisi, auch wenn sogar das Experiment von Bikini noch einen Rest von Humanitas enthielt. Die erste der geworfenen Atombomben war mit dem Bildnis der Rita Hayworth, der schönsten Frau Amerikas, geschmückt, so daß man sagen kann, daß die Million der Geschöpfe Gottes, die getötet wurden, ein jedes durch ein Partikelchen der Schönheit unserer Zeit getötet wurde. Doch ist schon viel damit gewonnen, daß dieses Experiment von einer Wissenschaft durchgeführt wurde, welche heute bereit ist zuzugestehen, daß die Frömmigkeit des heiligen Franziskus einem Bereich der Welt angehört, in welcher die Gesetze der experimentellen Naturwissenschaft keine

Bedeutung haben. Daß in der Welt des heiligen Franziskus der Mensch seine Neugier befriedigen kann, ohne Gottes Geschöpfe zu töten, könnte den Oberbefehlshaber im Pazifik zum Nachdenken anregen.

Es kommt auf die Fragestellung an!

KRANKHEITSBILD DER TECHNIK

Die Atomphysik wird die Welt verändern. Diese Veränderung wird größer sein als jene, welche die klassische Physik seit 1500 hervorgerufen hat. Die Veränderung seit dem Ausgang des Mittelalters stellt sich dem modernen Menschen dar als der Fortschritt der technischen Zivilisation. An ihm wird die Veränderung gemessen. Es wird dabei gewöhnlich vergessen, daß die Technik ein Ergebnis und keine Ursache ist. Die eine Voraussetzung für die Entstehung der Technik waren die neuen Denkformen, zu denen die Schöpfer der klassischen Physik am Ausgang des Mittelalters vorgedrungen waren, jene neuen Denkformen, die dazu führten, die Natur nicht mehr zu betrachten und zu deuten, sondern durch das Experiment zu stellen und dadurch Macht über die Natur zu gewinnen.

Mit diesen neuen Denkformen befreite sich die Wissenschaft von der Herrschaft der Kirche. Es war aber nicht nur die Wissenschaft, welche sich von der Herrschaft der Kirche befreite. Auch die Wirtschaft wurde frei. Beide gerieten zunächst unter die Herrschaft des Staates. Max Scheler zeigt in seiner Soziologie des Wissens, wie Wissenschaft und Wirtschaft schließlich auch von der Herrschaft des Staates frei werden. Sie treten unmittelbar zueinander in Beziehung. Das ist die zweite Voraussetzung für die Entstehung der Welt der Technik. Die Technik ist das Kind eines wilden Zufalls, eines Konkubinats von Naturwissenschaft und Wirtschaft. Wie der Drang nach Wahrheit, die Forschung, die Tugend der Naturwissenschaft ist, ist der Drang nach Macht, die Technik, ihr Laster. In keinem Augenblick der Entwicklung hat die naturwissenschaftliche Forschung, welche humanistische Ziele zu vertreten behauptet, sich darum bekümmert, daß die Verwertung ihrer Ergebnisse jede Art von Humanität schließlich zerstören muß.

Nichts ist erstaunlicher als die eigentümliche Blindheit der Naturwissenschaft für die Frage ihrer Verantwortung. Erst als die Forscher bemerkten, daß sie mit der Atombombe voraussichtlich selbst mit in die Luft fliegen würden, begannen sie, der Frage ihrer Verantwortung eine gewisse Aufmerksamkeit zuzuwenden.

Wenn die Veränderungen, die die Atomphysik in die Welt bringen wird, erörtert werden, spricht man fast nur einerseits von den Gefahren, andererseits von den technischen Fortschritten, die die atomphysikalischen Erkenntnisse zur Folge haben werden. Auf dem Gebiet des technischen Fortschritts ist nichts zu erwarten, was Johann W. Goethe oder Jacob Burckhardt nicht genauso langweilen würde wie die technischen Resultate, die die Erkenntnisse der klassischen Physik hervorgebracht haben.

Als der Buchdruck erfunden wurde, war es doch immerhin die Heilige Schrift, die der erste Gegenstand der neuen Technik wurde.

Als das Radio erfunden wurde, hatte man nichts, was durch diese Erfindung zu verbreiten sich gelohnt hätte. Sogar was die Musik anbelangt, besteht der erzielte Fortschritt im wesentlichen darin, daß man früher sich rasierte, wenn man Beethoven hören wollte, jetzt Beethoven hört, wenn man sich rasieren will. Man mußte, weil man ein Mittel der Verbreitung erfunden hatte, einen Inhalt dazuerfinden. Man erfand das Radioprogramm.

Der Einfluß der Atomphysik auf die Technik wird nicht interessanter sein, als es der Einfluß der alten Physik war. Was hinsichtlich des Einflusses der Atomphysik auf die Technik von Bedeutung sein wird, ist ein ganz anderer Zusammenhang. Die Atomphysik ermöglicht es zum ersten Male, Grenzen der Entwicklung der Technik aufzuzeigen. Die moderne Physik hat entdeckt, daß es Grenzen gibt, die mit dem Mittel des Experimentes nicht mehr überwunden werden können. Damit macht sie klar, daß es für den Menschen Grenzen seines aktiven Verhaltens zur Natur gibt. Bis zu einem gewissen Grade kann die Physik schon sagen, wo diese Grenzen liegen.

Die Kenntnis der Welt der Atome wird zu einer vollständigen Übersicht über die auswertbaren Kräfte in der Natur führen. Physische Kräfte, welche über die inneratomaren Kräfte hinausgehen, gibt es in der Natur nicht. Schon die Ereignisse im Bereich der Mikrophysik greifen auf transphysische Bezirke über. Die Gesetzlichkeiten transphysischer Bezirke sind aber nicht mehr in mathematisch formulierbaren Naturgesetzen ausdrückbar. Damit liegen sie jenseits der Möglichkeit der Anwendung des geometrischen Kalküls auf die Natur, jenseits der Macht des Menschen über die Natur. Da das Wesen der Technik in der Beherrschung und Ausnutzung der physikalischen Kräfte der Natur liegt, ist damit eine Grenze der Möglichkeiten, die der Technik noch offenstehen, abgesteckt.

Daß die Möglichkeiten der Technik eine Grenze haben und daß die moderne Physik diese Grenze aufzuzeigen vermag, ist nicht zufällig. Der Rahmen, in dem Technik erst möglich wurde und sich entwickeln konnte, war die durch das Experiment erschlossene, neue, außerhalb des Glaubens liegende Welt der Physik. Solange die klassische Physik glaubte, daß diese Sphäre beliebig erweitert werden könne, solange konnte man annehmen, daß der Entwicklung der Technik keine Grenze gesetzt sei. Die moderne Physik hat ihren Geltungsbereich abgegrenzt und bestimmt. Damit ist der auf eben dieser Physik beruhenden Technik ihre Grenze mitgezogen.

Natürlich werden die praktischen Resultate der Beherrschung und Ausnützung der inneratomaren Kräfte gewaltig und sensationell sein. Aber diese Entwicklung wird nichts grundsätzlich Neues bringen, da in ihr nichts grundsätzlich anderes geschieht, als was im Bereich der Technik bisher schon geschehen ist, nämlich Beherrschung und Ausnützung der Kräfte der Natur. Grundsätzlich neu und einer der wichtigsten Züge der modernen Physik ist die Erkenntnis, daß die Entwicklung der Technik überhaupt eine Grenze haben kann. Die Hoffnung, die die Menschheit aus dieser Erkenntnis schöpfen kann, ist ein tröstlicher Ausgleich für die Furcht, die die Atombombe ihr einflößen muß. Wie das neue Denken der klassischen Physik von der Mitte des 16. Jahrhunderts an die Kultur zu zerstören begann, wird das neue Denken der modernen Physik von der Mitte des 20. Jahrhunderts an die technische Zivilisation zu zerstören beginnen. Hier die Fahne einer neuen Hoffnung zu hissen, ist wohlbegründet. Gründet diese Hoffnung sich doch auf eine der konstantesten Eigenschaften des Menschen, auf seine Neugier. Wenn das spielende Kind der Schöpfung die Möglichkeiten seines Spielzeugs Technik vollständig und nach allen Seiten hin durchgeprobt haben wird, dann wird es sich mit diesem Spielzeug zu langweilen anfangen. Dann wird es sich ein anderes suchen. Allein um dieser Hoffnung willen lohnt es sich weiterzuleben. Wenn der ungeheure Aufwand an Phantasie, Tatkraft, Intelligenz und Hartnäckigkeit, welchen der Mensch bisher auf die Entwicklung der Technik verschwendet hat, einmal einem anderen Gebiet sich zuwenden wird, sind auf diesem Gebiet erstaunliche Ergebnisse zu erwarten.

Man darf nicht vergessen, daß die ungeheuerlichen »Fortschritte«, die die Technik erzielt hat, eben doch nur Fortschritte im Rahmen der Sphäre der Technik waren. Die Technik war das Ergebnis eines neuen Gedankens, aber die Technik hat keinen neuen Gedanken als Ergebnis gehabt.

Die Fortschritte der Menschen in der Herrschaft über die Natur und ihre Kräfte, die »Erfolge«, die auf diesem Wege errungen wurden, festigten die Überzeugung, daß dieser Weg richtig sei, immer mehr. Genaugenommen – es wurde darüber gar nicht nachgedacht. Die fortschreitende Herrschaft des Menschen über die Natur förderte immer weiter den Irrtum, daß die Welt der Technik die einzig mögliche Welt sei. Erst nachdem die Zerstörung dieser Welt durch ihre eigenen Mittel eine unmittelbare Gefahr für den Menschen geworden ist, wird klar, daß an diesen Fortschritten irgend etwas nicht stimmt.

Immer einseitiger machte der Mensch die Naturwissenschaft zu seinem Lebensbereich. Je mehr er dabei seine Herrschaft über die Natur ausdehnte, um so mehr verlor er die Herrschaft über sich selbst. Die Welt ist heute nicht mehr weit entfernt von einer Lage, in der es möglich sein wird, daß ein einzelner Verbrecher den Planeten zum Untergang bringt.

Die Beschwörungen der Nächstenliebe, welche von allen Seiten in Gang gesetzt werden von denen, die sich niemals den leisesten Gedanken darüber gemacht haben, aus welcher Quelle Nächstenliebe stammt, machen einen höchst lächerlichen Eindruck. Es sind fromme Wünsche, denen nicht nur die Frömmigkeit, sondern auch Verstand fehlt. Die Möglichkeit des Mißbrauchs der Erkenntnis ist immer mit einer Handbewegung abgetan worden als eine Sache, mit der man nicht ernsthaft zu rechnen brauche. Dabei war nichts mit größerer Sicherheit zu erwarten als dieser Mißbrauch.

Der Glaube, der die Welt des Mittelalters beherrschte, beherrschte sie dadurch, daß er den Menschen beherrschte. Der wissenschaftliche Verstand, der der Nachfolger des Glaubens wurde, vermochte zwar die Herrschaft über die Natur anzutreten, aber die Herrschaft über den Menschen mußte er notwendig verlieren, da er sich von vornherein nur um einen ganz kleinen Ausschnitt der Möglichkeiten des Menschen bekümmerte. Die Herrschaft der Wissenschaft über den Menschen mußte um so schneller verlorengehen, je anarchischer der Bereich der Welt, der unter der Regie des wissenschaftlichen Verstandes stand, zu wuchern begann. Die harmonische Ordnung in der Seele des Menschen mußte dabei zum Teufel gehen. Solange der Mensch ausschließlich im Glauben lebte, gab es keine Anarchie. In der großartigen Welt, die auf dem Fundament des Glaubens errichtet worden war, in der Welt des Mittelalters, fühlte der Mensch sich aufgehoben. Die saekulare Sorge, die Kaiser Karl v. an seinem nächtlichen Kamin gegenübersaß, war die Sorge um den Bestand dieser Welt. Diese Welt ist nicht an den Fehlern, die sie in sich selbst enthielt, zugrunde gegangen, sondern an der wissenschaftlichen Neugier, die neu von außen in sie hereingebracht wurde.

Man möchte die Frage stellen, ob eine vollständige Rückkehr zum alten Glauben nicht eine Möglichkeit wäre, der Anarchie der Zivilisation wieder Herr zu werden. Aber das ist eine Utopie. Die Entdeckung der physikalischen Welt ist nicht wieder rückgängig zu machen. Sie kann, nachdem sie existent geworden ist, nicht wieder in den Zustand der Nichtexistenz zurückkehren. Sie könnte vielleicht in Jahrtausenden vergessen werden, aber auch dann würde sie, wie das erstaunliche Alter einiger Legenden der Menschheit zeigt, nicht im Zustand der Nichtexistenz sich befinden, sie würde dem Unterbewußtsein des Menschen angehören, aus dem sie immer wieder hervorbrechen würde.

Solange der Mensch im Glauben lebte, war sein Bewußtsein ungespalten. Auch Unglaube trieb den Menschen nicht aus der magischen Welt seiner Zeit hinaus. Die Negation spielte sich in derselben Sphäre wie die Bejahung ab. Wenn man nicht an Gott glauben wollte, glaubte man jedenfalls an den Teufel. Noch die Beziehungen des Geistes, der verneint, zum Herrn der Welten ist in ihrer sublimen Ironie ein letzter Glanz, den der letzte Großmeister des Humanismus auf die alte Welt des Mittelalters fallen läßt.

Erst als die physikalische Wirklichkeit entdeckt war, war diese Einheitlichkeit dahin. Von da an ist des Menschen Seele gespalten. Der Mensch hat zunächst gar nicht über die Mittel verfügt, dieser Lage Herr zu werden. Was ihm fehlte, war eine Kenntnis der Eigenschaften seiner erkennenden Vernunft. Daß der westliche Mensch in diesen vierhundert Jahren seiner Bewußtseinsspaltung nicht zugrunde gegangen ist, ist eines der Wunder der Geschichte.

Ordnungen menschlichen Zusammenlebens können nur auf moralischen Grundlagen errichtet werden. In einer geschlossenen, physikalisch-naturwissenschaftlich determinierten Welt ist aber für moralische Vorschriften gar kein Raum. Aus der technischen Welt der Zivilisation sind keinerlei Normen für das menschliche Zusammenleben zu gewinnen. Daß die Welt der technischen Zivilisation sich noch nicht vollständig in die ihr innewohnende Anarchie aufgelöst hat, hat sie nicht ihren eigenen Fortschritten zu verdanken, sondern der Tatsache, daß es ihr noch nicht gelungen ist, die alten, aus einer ganz anderen Welt stammenden Überlieferungen der Moral, die heute die Welt eben gerade noch zusammenhalten, völlig außer Kurs zu setzen. Sie ist aber auf dem besten Weg dazu.

Das Problem tritt sehr klar in der Problematik der Person des Forschers zutage. Zum ersten Male in der Geschichte der exakten Naturwissenschaft hat es sich ereignet, daß Männer der Wissenschaft davor zurückgescheut sind, weiter der Erforschung der wissenschaftlichen Wahrheit zu dienen. In den Vereinigten Staaten haben einige Atomphysiker sich geweigert, im Auftrag des Staates an der Entwicklung der Atomenergie weiterzuarbeiten.

Welch hinreißende Donquichotterie! Aber ein jeder, der darüber lächelt, lächelt über nichts anderes als über seine eigene Ahnungslosigkeit.

Diese Weigerung ist eine Fragestellung. Sie wirft die Frage nach der moralischen Position des modernen Naturforschers auf. Mit dem Hinweis auf die Fortschritte, denen sie dienen, können die Naturforscher niemanden mehr von der Unangreifbarkeit ihrer moralischen Position überzeugen. Im Fortschritt der Zivilisation sind die Dinge, die der Menschheit zum Besten dienen, auf eine notwendige und unvermeidliche Weise mit denen gekoppelt, die ihr zum Schlechtesten dienen.

Die Wahrheitsdienstverweigerer haben aus Einsicht in die notwendige und unvermeidliche Koppelung der menschlichen und der unmenschlichen Möglichkeiten, die sich aus den Fortschritten von Naturwissenschaft und Technik ergeben, eine höchst vernünftige Konsequenz gezogen. Sie sind die mutigen Avantgardisten einer Einsicht, die auf der Welt noch sehr erstaunliche Folgen haben wird. So bliebe den Forschern nur der Hinweis darauf, daß sie der Wahrheit dienten. Aber die wissenschaftliche Wahrheit der klassischen Physik von einer von ihr gefundenen objektiven Wirklichkeit, von einem durch die Gesetze der klassischen Physik darstellbaren Ansichseienden, der die Forscher durch so viele Jahrhunderte gedient haben, war ein Irrtum. Auf eine tiefsinnige Weise haben sie gleichwohl recht behalten. Indem sie sich nicht davon abbringen ließen, der Erforschung dieser Wahrheit, welche ein Irrtum war, zu dienen, mochten die Folgen ihrer Arbeit in der Welt welche auch immer sein, haben sie es zuwege gebracht, mit ihren eigenen Mitteln ihre eigene Wahrheit als einen Irrtum zu entlarven. Ein wahrhaft großartiger Vorgang!

Warum hat die Entdeckung der physikalischen Wirklichkeit zu Störungen von so außerordentlicher Tragweite geführt?

Die Disharmonie, in die des Menschen Seele auf dem Weg geriet, welchen die Forschung von 1500 an verfolgte, läßt sich am ehesten verstehen, wenn man versucht, sie als Krankheitsbild zu beschreiben.

Nachdem die alte Harmonie des mittelalterlichen Menschen, die auf der Einheitlichkeit des Glaubens beruht hatte, durch die Entdeckung der neuen Welt der Naturwissenschaft zerstört war, wäre die Aufgabe gewesen, einen neuen Gleichgewichtszustand zu finden, in welchem der Mensch eine neue Harmonie hätte erreichen können. Die Bemühungen der humanistischen Ärzte des 17. und 18. Jahrhunderts, das Lebendige umfassend zu definieren, den Menschen in der Vollständigkeit seiner Humanitas unter Regie zu behalten, gingen in dieser Richtung. Aber der Mensch, sozusagen in der Unvernunft seiner Vernunft, getrieben von seiner rasenden und ungeheuren Neugier, tat das Gegenteil von dem, was er hätte tun sollen. Er wandte sich, fasziniert von den unglaublichen und überraschenden Möglichkeiten der Physik, dieser mit einer solchen Vehemenz zu, daß er schließlich in ein Jahrhundert geriet, das Zeitalter der Naturwissenschaften, in dem diese Welt fast die einzige war, in der er lebte. Noch heute ragen fossile Mammutgebilde in das 20. Jahrhundert hinein, deren Existenz auf der Voraussetzung beruht, daß die naturwissenschaftliche Welt die überhaupt einzige sei, die der Mensch habe.

Worauf es, im Sinn des Krankheitsbildes des an seiner Welt kranken Menschen ankommt, ist das Mißverhältnis zwischen dem Geltungsbereich der physikalischen Wirklichkeit und ihrer Bedeutung für des Menschen Seele. Dieses Mißverhältnis zeigt sich schon in dem Ausmaß an Neugier, das der Mensch dieser Sphäre zuwendet. Es nimmt aber geradezu groteske Formen an durch die lawinenartige Zunahme der Facts, die diese Neugier schafft, der Facts der Welt unserer Technik.

So hat der moderne Mensch alle Neugier für die zauberhafte Mannigfaltigkeit der Möglichkeiten seiner Seele verloren. Seine naturwissenschaftliche Neugier, sein Drang, mit den Mitteln der Naturwissenschaft seine Herrschaft über die Natur und ihre Kräfte immer weiter auszudehnen, nimmt ihn so vollständig ein, daß die anderen Möglichkeiten, die der Schöpfer ihm gegeben hat, mehr und mehr verkümmern. Die Harmonie seiner Humanitas ist auf die vollständigste Weise gestört. Er ist ein Monstrum geworden, ein krankes Monstrum.

Der medizinische Aspekt dieser Krankheit ist die Neurasthenie des modernen Menschen. Sie hat einen Umfang in der Welt der Moderne angenommen, der bedrohlich ist. Sie ist zu einer der größten und wichtigsten Krankheiten unserer Zeit geworden. Der Umfang der Krankheit der Neurasthenie kann aufs deutlichste an dem Verbrauch abgelesen werden, den die moderne Zivilisation an Schlafmitteln hat. Während noch ein halbes Gramm vom Natriumsalz der Diaethylbarbitursäure genügt hätte, Kaiser Karl v. für eine Nacht von der Sorge um das Wohl seiner Völker, von der Sorge um den Bestand der Welt zu befreien, vermögen heute Tausende von Tonnen dieses Mittels den Menschen nicht mehr von seinen Ängsten zu befreien. Er muß die Myriaden seiner unruhigen Gedanken im Dunkeln erschlagen. Aber als Myriaden von unruhigen Träumen wachen sie wieder auf.

Die moderne wissenschaftliche Medizin kann mit dieser Krankheit nichts anfangen. Während sie es sonst verachtet, bei einer Krankheit nur die Symptome zu bekämpfen, hier weiß sie nichts Besseres. Während sie sonst ihren Stolz darein setzt, unter allen Umständen die Ursache einer Krankheit kennenzulernen, und nicht ruht, bis sie sie gefunden hat, hat sie in diesem Falle noch nicht einmal den Versuch dazu unternehmen können. Der Grund dafür ist mehr als witzig. Er ist von erhabener Komik. Gegenüber einer der wichtigsten Krankheiten unserer Zeit ist die wissenschaftliche Medizin außerstande, etwas zu unternehmen, weil sie als Bestandteil der Welt der Naturwissenschaft selbst ein Bestandteil der Krankheit ist. Als eine Medizin, welche auf der exakten Naturwissenschaft aufbaut, welche ihrerseits wiederum auf die klassische Physik sich gründet, gehört sie der physikalisch determinierten Welt so weitgehend an, daß sie natürlich eine Krankheit nicht behandeln kann, welche diese Eigenschaft als ihre wesentlichste mit ihr teilt.

Auch die Psychiatrie kann ihr da keine Hilfe gewähren. Glaube ist für die moderne Psychiatrie ein Symptomenkomplex und keine Wirklichkeit.

Wer aber helfen muß, das ist der Arzt. Die Quelle, aus der er die Kräfte zu helfen, beziehen kann, ist allein seine eigene Humanitas, seine eigene Frömmigkeit dem Leben gegenüber, seine eigene auf Erfahrung und Wissen, auf Beobachtung und Teilnahme beruhende Harmonie. Es hat etwas Rührendes zu sehen, mit welch erbitterter Hartnäckigkeit die Ärzte die naturwissenschaftliche Medizin verteidigen, von welcher sie an so entscheidender Stelle auf eine so notwendige und unvermeidliche Weise so vollkommen im Stich gelassen werden.

So schickt die Medizin den Neurastheniker zur Erholung aufs Land. Sie schickt ihn in sein eigenes Mittelalter zurück. Sie tut das aus dem richtigen Gefühl heraus, daß da, wo noch Hähne krähen und noch Kühe auf der Wiese mit sanftem, gutem Auge in die Abendsonne blicken, die Disharmonien unserer Welt so weit in der Entwicklung zurückgeblieben sind, daß der Neurastheniker seine aus dem Gleichgewicht geratene Seele wieder ein wenig instand setzen könne. Einen neurasthenischen Bauern kann man sich schlechterdings nicht vorstellen. Freilich muß man zur Harmonie des Landlebens noch ein halbes Gramm vom Natriumsalz der Diaethylbarbitursäure hinzufügen, sonst wird der Neurastheniker, das kranke Monstrum der Technik, vom Hahnenschrei zu früh geweckt, und das Läuten der Morgenglocken wird ihn so lange nervös machen, als es nicht auch für ihn wieder die Bedeutung bekommt, dem Schöpfer zu danken, daß er Licht werden ließ.

Die Technik ist eine Krankheit des Menschen, eine ungeheuerliche Störung seiner seelischen Harmonie, eine lächerliche Bevorzugung einiger verrückter Möglichkeiten, die sich aus seiner durch die Experimente der Physik errungenen Macht über die Natur ergeben haben. Die eigentümliche Vorliebe für Schnelligkeit, dieses Merkmal des modernen Menschen, zeigt die ganze Lächerlichkeit seines Prinzips in der Auswahl der Möglichkeiten. Schnelligkeit, ihrer Natur nach ja doch nur ein Mittel zu irgend etwas, wird zu einer Sache, die sich nur noch mit dem sinnlosen Begriff Selbstzweck begründen kann. Selbstzweck ist nicht einmal mehr eine Contradictio in adjecto, sondern ein Widerspruch im Kern des Begriffs.

Es ist merkwürdig genug, daß etwas so Sinnloses wie Selbstzweck dennoch einer Entwicklung fähig war. Es ist freilich nur die Entwicklung von einer beschränkten Sinnlosigkeit zu einer umfassenden Sinnlosigkeit, die Entwicklung vom Selbstzweck zur Selbstzerstörung. Dabei ist die beschränkte Krankheit der Neurasthenie zur umfassenden Krankheit der Angst des modernen Menschen geworden.

So groß die Erfolge sein mögen, die die wissenschaftliche Medizin durch ihre Beschränkung auf die Methodik der experimentellen Naturwissenschaft errungen hat, so notwendig muß sie einer Krankheit gegenüber versagen, die ihren tiefsten Grund in der gleichen Ursache hat, der die Medizin ihre Erfolge verdankt. Diese Ursache ist im Rahmen der wissenschaftlichen Medizin der Ausgangspunkt von großartigen Erfolgen geworden. Im Rahmen der Humanitas hat die gleiche Ursache, durch die kurzsichtige Einschränkung des Lebens allein auf die aus der Herrschaft über die Natur sich ergebenden Möglichkeiten einer naturwissenschaftlich-technischen Welt, die große Krankheit der Zivilisation ausgelöst.

Die Lage, die entstanden ist, muß der Forschung entweder ganz, oder sie kann ihr gar nicht angerechnet werden. Die Forschung hat Macht geschaffen, aber sie hat sich nie darum gekümmert, was mit dieser Macht geschah. Andere haben sich ihrer bemächtigt. Man kann aber nicht, wie die Geheimräte des 19. Jahrhunderts, sich als Wohltäter der Menschheit für die Ergebnisse der Forschung feiern lassen, welche die anderen überlassene Macht zum Wohl der Menschheit verwendet, und bescheiden sich zurückziehen bei Ergebnissen der Forschung, welche die anderen überlassene Macht zum Unheil der Menschheit verwendet.

Robert Koch ist einer der Schöpfer der modernen Bakteriologie. Wenn die wissenschaftliche Medizin das Verdienst für die Heilung von Millionen an Seuchen erkrankter Menschen für ihn in Anspruch nehmen will, muß sie ihm auch die Verantwortung für den Tod der Millionen aufbürden, die ein künftiger Bakterienkrieg vernichten wird.

Der gute Glaube, die Macht würde die Bakteriologie nur zur Heilung und nicht zum Töten benutzen, ist naiv. Er ist um so naiver, als die machtschaffende Naturwissenschaft ja nicht nur nicht sich darum bekümmert, was mit dieser Macht geschieht, sondern zu einem Zeitpunkt, in dem die Macht die von der Naturwissenschaft geschaffenen Mittel schon aufs ärgste mißbraucht und der Unfug, welchen der Mensch damit treibt, immer groteskere Ausmaße annimmt, liefert die Forschung immer neue Mittel zur Vermehrung dieser Macht.

Welche Verzweiflung würde den frommen Johannes Kepler überkommen, sähe er, wohin die Anwendung des geometrischen Kalküls auf die Natur geführt hat.

Angesichts dieses Circulus vitiosus scheint nichts übrigzubleiben, als sich nach einem guten Platz für die Teilnahme an einem Schauspiel umzusehen, das die Neugier der europäischen Ratio endgültig stillen würde, dem großartigen Schauspiel des Untergangs des Abendlandes.

Aber das spielende Kind der Schöpfung ist noch nicht verloren. Man verwerfe nicht zu früh die Autorität einer Wissenschaft, deren gläubige Anbetung durch das 19. Jahrhundert das 20. an den Rand des Verderbens gebracht hat. Dieselbe Forschung, deren Ergebnisse den Menschen in eine so verzweifelte Lage gebracht haben, hat im Lauf einer Generation genialer Physiker die Mittel zu seiner Errettung erarbeitet. Natürlich wird diese Errettung nicht auf dem Weg der Vermehrung der ausnutzbaren Energien der Natur zu einer weiteren Vergrößerung der Herrschaft der Technik über die Humanitas zu finden sein. Diese Errettung steht unter einem anderen Aspekt. Das neue Denken der Atomphysik, die erkenntnistheoretischen Ergebnisse der Analyse ihrer Experimente, durchbrechen den Circulus vitiosus. Sie beschränken den Grad der Gültigkeit der objektiven Wahrheiten der klassischen Physik. Sie beschränken die Autorität der exakten Naturwissenschaft auf einen Geltungsbereich, welcher durch die von der Physik definierten Grenzen bestimmt wird. Diese Grenzen sind eng.

Die Beschränkung von Naturwissenschaft und Technik durch die Definition der modernen theoretischen Physik gibt, nach vierhundert Jahren einer Entwicklung, die unaufhaltsam schien, den Weg frei, auf dem der Mensch aus der Eiswüste der Forschung zu der Aufgabe der Wiedergewinnung einer neuen Harmonie, zu neuen Möglichkeiten der Mannigfaltigkeit seiner unsterblichen Seele zurückkehren kann. Die westliche Welt schien dazu bestimmt, in der Verfolgung der Prinzipien der klassischen Physik das Opfer ihrer eigenen Ratio zu werden. Das neue Denken wird andere Folgen haben. Wenn die Ratio des Menschen die Möglichkeiten des neuen Denkens mit der gleichen Hartnäckigkeit verfolgen wird, mit der sie vor vierhundert Jahren sich darangemacht hat, die Anwendung des geometrischen Kalküls auf die Natur zu verfolgen, wird das Opfer des neuen Denkens nicht die Menschheit, sondern die Technik sein.

Mögen die neuen Gedanken der modernen Physik dem Bewußtsein der Welt der Technik noch so fern und unbekannt sein, die Geschichte lehrt, daß es keine irdische Macht gibt, welche nicht durch die Kraft von Gedanken zerstört werden kann. Es erscheint ja eher unwahrscheinlich, daß die Macht der Forschung, die mit einem einzigen Gedanken die Technik, diese Krankheit des Lebens, in Gang gesetzt hat, nicht imstande sein sollte, durch einen neuen Gedanken das Leben von dieser Krankheit wieder zu befreien.

Suchen wir uns einen guten Platz, um einem Schauspiel zuzusehen, das vielleicht nicht so großartig sein wird, wie es der Untergang des Abendlandes sein würde. Aber schließlich, auch der Untergang der Technik wird ein buchenswertes Ereignis sein, das Vorspiel zu einem größeren Schauspiel – der Renaissance der Humanität.

DAS NEUE DENKEN

Die Waffe der Physik in ihrem Kampf um die Erkenntnis ist das Experiment. Es beruht auf der schon beim spielenden Kind vorhandenen Neugier, zu sehen, »was dahintersteckt«. Aber das gebrannte Kind, welches von nun an das Feuer scheut, hat keine wissenschaftliche Erkenntnis gewonnen, sondern eine Erfahrung. Es ordnet die ihm bisher verdeckte und nunmehr entdeckte Eigenschaft des Streichholzes, zu brennen, in die Umwelt seiner Erfahrungen ein. Das ist der Weg, auf dem der Mensch sich Schritt für Schritt seine Kenntnis der Welt erwirbt.

Das Experiment der klassischen Physik geht weiter. Für den Forscher ist das Experiment das Mittel, eine Vorstellung zu einer Erfahrung zu machen. Für das Kind ist die Erfahrung, daß das Streichholz brennt, neu und überraschend. Der Forscher, um bei diesem Beispiel zu bleiben, befindet sich in einer anderen Lage. Er hat die Vermutung, daß dieses Ding Streichholz brennen wird. Er reibt es an einer Fläche und beweist die Richtigkeit seiner Vermutung durch die Ausführung eines Versuches, der das erwartete Ergebnis hat. Das ist das Grundgerüst des Experiments der klassischen Physik.

Ein sehr großer Teil der Entdeckungen der klassischen Physik ist auf diese Weise gemacht worden. Nun kommt es aber zuweilen vor, daß das Streichholz nicht anbrennt. Der Physiker untersucht diesen Sachverhalt und findet dabei, daß das Gelingen seines Experiments an Bedingungen, genauer an Gesetze, an Naturgesetze, gebunden ist. Daß das Streichholz nicht anbrennt, braucht nicht immer denselben Grund zu haben. Es kann daran liegen, daß es zu schwach gerieben wurde, daß es feucht war, daß in der Atmosphäre, etwa am Boden eines Raumes, der Kohlensäure enthielt, nicht genügend Sauerstoff vorhanden war. Indem der Physiker der Reihe nach alle Bedingungen seines Experiments untersucht, verschafft er sich eine Vorstellung davon, worauf der Vorgang der Entzündung eines Streichholzes beruht, eine Vorstellung von den Gesetzen der Natur, denen dieser physikalische Ablauf gehorcht.

Aber damit allein begnügt er sich noch nicht. Worauf es in der Physik ankommt, ist, die Vorgänge nicht nur zu beobachten, sondern auch zu messen, mit Hilfe des Experiments die zahlenmäßigen Beziehungen zwischen den physikalischen Größen festzustellen. Wo das gelingt, lassen sich die Naturgesetze mathematisch formulieren. Die Kenntnis des Vorgangs der Entzündung eines Streichholzes ist, physikalisch gesehen, erst vollständig, wenn alle daran beteiligten physikalischen Größen gemessen und quantitativ zueinander in Beziehung gesetzt sind. Aus dieser vollständigen Kenntnis eines physikalischen Vorgangs ergibt sich – man kann bei dem Beispiel des Streichholzes bleiben – als nächster Schritt eine Hypothese über das Wesen des Verbrennungsvorgangs. Es wird außer einer Anzahl bekannter und durch das Experiment bewiesener Tatsachen, welche wahrnehmbare Erfahrungen sind, auf einen Sachverhalt geschlossen, welcher nicht wahrnehmbar ist, das Naturgesetz nämlich, »das dahintersteckt«. Die Brücke vom Wahrnehmbaren zum Nichtwahrnehmbaren bildet das Denken. Ist die Hypothese vom Wesen des Verbrennungsvorgangs richtig, sind die Naturgesetze, denen dieser Vorgang gehorcht, gefunden, werden die Experimente, die man zum Beweis dieser Hypothese anstellen wird, alle das erwartete Ergebnis haben. Die Hypothese verwandelt sich immer mehr in bewiesene Erfahrung, in die Kenntnis eines Naturgesetzes, in eine Theorie, an deren Gültigkeit schließlich kein Zweifel mehr besteht.

Mit diesem im Grund sehr einfachen Prinzip wurde im Lauf der Jahrhunderte das ganze große Gebäude der klassischen Physik errichtet. Die einzelnen Zweige der Physik konnten allmählich lückenlos aneinandergeschlossen werden. Die überraschenden Übereinstimmungen, die sich dabei im Fortschreiten der Wissenschaft ergaben, überzeugten die Physiker immer mehr, daß man sich auf sicherem Grund befinde, daß dieses System von Theorien eine objektive Sicherheit habe, daß es die Welt nun zeige, »wie sie wirklich sei«. Daß in diesem System noch irgendwo ein Fehler stecken könne, das konnte man auf physikalische Weise nicht einmal ahnen. Und doch war es der einfachste Baustein dieses eindrucksvollen Palastes, in dem ein Faktor der Ungenauigkeit steckte. Die moderne Physik stieß auf ihn, als sie in die inneratomaren Vorgänge einzudringen begann.

Das Experiment stellt der Natur Fragen und zwingt sie zu Aussagen über das Wesen physikalischer Sachverhalte, über die Gesetze, welche in der Natur gelten. Die dabei gewonnenen Erfahrungen lassen sich umgekehrt dazu ausnützen, durch Herstellung bestimmter Versuchsbedingungen die Natur zu einer bestimmten Verhaltensweise zu zwingen. Man kann die Natur zwingen, gemäß ihren eigenen Gesetzen, deren Kenntnis man ihr durch das Experiment entrissen hat, sich so und so zu verhalten, so und so zu reagieren. Das ist die Macht, die das Experiment dem

Menschen über die Natur gibt. Diese Macht ist die Wurzel aller technischen Errungenschaften.

Sogleich der erste Mensch, der ein System physikalischer Gesetze entdeckt hatte, entdeckte auch die Macht, die die Kenntnis von Naturgesetzen dem Menschen gibt. Er gab dieser Entdeckung einen Ausdruck, der an Hybris in den zweitausend Jahren, seit dieser Ausspruch gefallen ist, noch nicht wieder erreicht worden ist. Nachdem Archimedes die Gesetze der Hebelwirkung entdeckt hatte, pries er nicht die Weisheit der Schöpfung, sondern erwog als erstes den Gedanken, die Welt aus den Angeln zu heben. Es war ein höchst moderner Gedanke.

Daß das Wesen der Technik, die ihr innewohnende Neigung, die Welt in Unordnung zu bringen, im Augenblick ihrer Entdeckung sogleich enthüllt wurde, hat die Menschheit nicht gehindert, sich mit Verve in alle erreichbaren Möglichkeiten der Anarchie zu stürzen.

Der Ausspruch des Archimedes entspricht nicht nur der innersten Natur des Menschen, er sagt auch etwas über das Wesen des Experiments aus. Es ist schwer zu sagen, warum die Antike, die die Grundlagen der klassischen Physik und sogar die Grundlagen der Atomtheorie gefunden hatte, nicht bis zu einer modernen experimentellen Naturwissenschaft vorgedrungen ist. Vielleicht liegt es einfach daran, daß der Mensch der Antike die anschaulichen Formen der Geometrie dem abstrakten Denken der höheren Mathematik immer vorgezogen hätte. In der Atomtheorie des Demokrit bezogen sich die Vorstellungen auf anschauliche geometrische Modelle. Die Schrödingersche Wellenfunktion, wie sie die moderne Mathematik zur Darstellung des Atoms benutzt, hätte Euklid wahrscheinlich nicht gefreut. Das Gehirn des Abendlandes ist unterdessen um mehr als zweitausend Jahre älter geworden. Die Antike vergaß das Experimentieren wieder.

Um 1500 brach das Experiment erneut in die Welt ein. Wiederum brachte es das ihm innewohnende Element der Anarchie mit. Aber es brachte noch etwas anderes in die Welt als nur seine Ergebnisse, eine neue menschliche Haltung nämlich. Die geringfügige Veränderung in der Haltung des Menschen, die eine Voraussetzung für die Möglichkeit zu experimentieren ist, hat zweifellos zu der Veränderung, der die Welt des Westens seit 1500 unterworfen ist, ebensoviel beigetragen wie die Ergebnisse des Experimentierens selbst.

Die Hybris des Physikers Archimedes steht in einem unüberbrückbaren Gegensatz zur Frömmigkeit der Antike. Um 1500 ist der Sachverhalt der gleiche. Das Experiment ist seiner Natur nach unchristlich. Karl Friedrich von Weizsäcker weist in einer wunderschönen und feinsinnigen Untersuchung über das Wesen des naturwissenschaftlichen

Experiments darauf hin, daß der Christ Subjekt unter Subjekten, der Forscher Subjekt den Objekten gegenüber ist. Die klassische Physik gelangte schließlich dahin, daß sie überhaupt nur noch die Beziehungen von Objekten untereinander untersuchte.

Der Hinweis Karl Friedrich von Weizsäckers auf das Unchristliche und damit Inhumane, das im Wesen des Experiments liegt, gewinnt seine größte Bedeutung in der Biologie und der auf ihr aufbauenden Medizin. Bevor jedoch auf diese Frage eingegangen werden kann, ist es notwendig, erst einmal zuzusehen, welche Schicksale dem Experiment im Lauf der Geschichte der modernen Physik zustießen.

Das 19. Jahrhundert, das das naturwissenschaftliche Weltbild zu schaffen versuchte, war vollkommen von der absoluten und umfassenden Gültigkeit der physikalischen Realität überzeugt. Daß Möglichkeiten des Menschen wie Glaube und Kunst in diesem naturwissenschaftlichen Weltbild keinen Raum hatten, hat das 19. Jahrhundert wenig gestört. Gewiß werden die Gelehrten ex cathedra erklären, daß dieser Standpunkt überwunden sei, aber überwunden ist er nur in cathedra. In der Welt, in der wir leben, ist der Irrtum des 19. Jahrhunderts so lebendig wie nur je.

Selbst einem philosophisch so gebildeten Mann wie Heisenberg unterläuft einmal die Bemerkung, daß die Naturwissenschaft die Aufgabe habe, durch eine wirkliche Einsicht in die Zusammenhänge der Natur dem Menschen die richtige Stellung in ihr zuzuweisen. Gerade das kann die Naturwissenschaft nicht. Unsere Dankbarkeit gegenüber der modernen Physik beruht ja gerade darauf, daß sie gezeigt hat, daß eine solche Aufgabe die Grenzen überschreitet, welche sie sich durch die Beschränkung des ihr zustehenden Bereichs gegeben hat. Wohl kann die Naturwissenschaft zeigen, wo im Bereich der physischen Wirklichkeit der Mensch sich befindet, aber eben doch nur, wo er sich physisch befindet. Die Stellung des Menschen ist aber nicht mit dem definiert, was er im Rahmen der Physis, im Rahmen der Natur, darstellt. Der Mensch ist eine Person, die letzten Endes in metaphysischem Grunde wurzelt.

Eine Wissenschaft, der wir die Berechtigung zubilligen könnten, dem Menschen seine Stellung in der Natur zuzuweisen, müßte doch jedenfalls die Grenzen ihrer Zuständigkeit so umfassend definiert haben, daß sie sowohl die physische Realität des Menschen als auch seine metaphysischen Bezüge umfaßte. Auch die Theologie als Wissenschaft vermag das nicht. Denn sie wiederum ist für die Physis nicht zuständig. So muß diese Wissenschaft also noch geschaffen werden. Über die genialen Anfänge dazu wird noch berichtet werden.

Es konnte durch die Jahrhunderte verfolgt werden, wie das Gefühl für die Fragwürdigkeit des Anspruchs der Physik auf Allgemeingültigkeit niemals verlorengegangen ist. Der wissenschaftliche Angriff auf diesen Anspruch hat erst zu einem sehr späten Zeitpunkt begonnen. Es hat etwas ungemein Tröstendes, daß es die Philosophie war, der der Ruhm gebührt, die erste Lanze in diesem Kampf um die Zukunft der westlichen Welt gebrochen zu haben. Der große Mann, der diesen Kampf begann, war Edmund Husserl, der Begründer der Phaenomenologie, ein Mann, der sechsundfünfzig Jahre alt werden mußte, ehe eine Universität ihm einen ordentlichen Lehrstuhl anbot.

Er war der erste, der zu Beginn des Jahrhunderts, als die Welt noch auf dem behaglichen, mit Kommoditäten gepolsterten Diwan ihrer Zivilisation ruhte, in seinen logischen Untersuchungen in einer niemals widerlegten, profunden Analyse der Krise der europäischen Wissenschaft die Ineinssetzung der physikalischen Realität mit der Realität an sich als nicht mehr vertretbar bezeichnete.

Die geistige Tat Husserls ist der erste Schritt auf einem neuen Weg gewesen, einem Weg, der der westlichen Welt die Aussicht eröffnet, aus ihrem Dilemma herauszukommen, der fortschreitenden Anarchie der Welt eine Schranke zu setzen, die physikalische Existenz des kranken Monstrums der Zivilisation wieder in ein menschliches Dasein zu verwandeln. Husserls Entdeckung, daß die Ineinssetzung der physikalischen Realität mit der Realität an sich nicht länger vertretbar sei, stand am Anfang des 20. Jahrhunderts. Das Experiment der Physik, das der Anlaß dazu wurde, diese Lebensfrage des Menschen auch von der Physik her aufzurollen, ist erstaunlicherweise schon im Jahre 1881 gemacht worden. Dieses Experiment, welches zum ersten Male einen klaren Widerspruch zwischen der experimentellen Erfahrung und dem Raum- und Zeitbegriff der klassischen Physik ergab, ist der berühmte Michelsonsche Versuch über das Verhalten der Lichtgeschwindigkeit bei einer sich bewegenden Lichtquelle. Sein Ergebnis war, daß sich das Licht relativ zur bewegten Erde wider alle Erwartungen der klassischen Physik in allen Richtungen gleich schnell fortpflanzt.

Dieses Ergebnis widersprach den bisherigen Grundvorstellungen der Physik, war etwas vollkommen Neues. Bisher hatte die Physik bei einem Widerspruch zwischen Experiment und Theorie niemals etwas anderes angenommen, als daß das Denken einen falschen Weg gegangen sei. Hier zum ersten Male mußte man der Vermutung Raum geben, daß der Fehler nicht im Inhalt des Denkens, sondern im Denken selbst steckte, daß an den Begriffen, die man so unbesorgt anwandte, etwas nicht in Ordnung sei. Diese Vermutung erschütterte zum ersten Male die Sicherheit der Physik über die Zuverlässigkeit ihrer Basis. Der Michelsonsche Versuch ist es, der das neue Zeitalter der modernen Physik heraufgeführt hat.

Lange noch hoffte man, daß der Fehler im Experiment stecke. Es wurde in allen möglichen Abwandlungen unzählige Male wiederholt. Es blieb bei dem ersten Ergebnis. Das Resultat des Experiments war unzweifelhaft richtig. Sein Ergebnis widersprach den Grundvorstellungen der klassischen Physik. Es blieb kein andrer Ausweg, als anzunehmen, daß etwas an den Grundvorstellungen nicht in Ordnung sei. Diese Annahme sollte sich als richtig erweisen.

Fast ein Vierteljahrhundert mußte der Michelsonsche Versuch auf seine Deutung warten. Gedeutet werden konnte er erst durch eine grundsätzliche Erweiterung der klassischen Physik, durch die von Einstein 1904 aufgestellte spezielle Relativitätstheorie. Einstein machte die Lichtgeschwindigkeit absolut konstant und ließ Zeitverlauf und Raum in bezug auf jedes Beobachtungssystem je und je anders werden. Bei der Bewegung verkürzte oder verlängerte sich die Materie.

Die spezielle Relativitätstheorie gehört noch zum alten Denken. Sie ist die glanzvolle Krönung des Gebäudes der klassischen Physik. Mit dieser Theorie erreichte Einstein die mathematische Beherrschung aller vorliegenden experimentellen Resultate einschließlich des Michelsonschen Versuchs. Das war aber nur möglich unter Verzicht auf eine Deutung der Natur. Denn die Frage, ob nun die Natur sich tatsächlich gemäß der speziellen Relativitätstheorie verhalte, blieb offen. Für das alte Denken der klassischen Physik ist diese Frage auch ohne Bedeutung. Kein Physiker würde je die Hand dafür ins Feuer legen, daß es »nun wirklich so sei«.

Die Physiker selbst sind sich, wenigstens in ihren lichten Momenten, durchaus darüber klar, daß es ihnen gar nicht darauf ankommt, die Natur zu deuten. Mit der Realität beschäftigen sie sich überhaupt nur, insoweit als sie diese in mathematische Formeln einfangen. Ihr Ziel ist die durchgehende mathematische Beherrschung der experimentellen Befunde. Was jenseits von Mathematik ist, interessiert sie nicht. Die Deutungen, die sie geben, nehmen sie selbst nicht ernst, und sie ändern sie ja auch ganz nach Belieben. Man nennt dieses ad libitum »den derzeitigen Stand der Wissenschaft«.

Mit der speziellen Relativitätstheorie war die Physik bis an die Grenzen der klassischen physikalischen Realität vorgedrungen. Metaphysische Sachverhalte waren unversehens in ihre mathematische Welt eingebrochen. So konnte sich die Physik nicht beklagen, daß die allein für die Metaphysik zuständige Philosophie sich in den Streit der Geister mischte.

Lange zuweilen nimmt die Vernunft sich Zeit, Früchte reifen zu lassen. Während das Fin de siècle noch mit seiner Décadence kokettierte, waren die neuen Dinge schon im Gang. Niemand ahnte, daß mit dem Début de siècle der westliche Geist schon wieder zu neuen Zielen aufgebrochen war.

Nachdem das Fin de siècle in seinem müden und luxuriösen Pessimismus verklungen war mit Renoir, dem Goldstandard, dem Tod der Königin Viktoria, dem Aspirin, dem Ruhme Virchows, den Klassikerausgaben, dem allgemeinen Ansteigen des Blutdrucks der Menschheit und der Seligsprechung des Anton Maria Claret, Erzbischofs von Kuba, brachte das Début de siècle das Radium, die russische Revolution, die Spirochaete pallida, die Bach-Renaissance, Schönberg, Kandinsky und Klee, die spezielle Relativitätstheorie, den Herero-Aufstand, Husserls Analyse der europäischen Wissenschaft, das Flugzeug, das Plancksche Wirkungsquantum und die Seligsprechung der Johanna von Lestonnac.

Wenn nicht der Himmel der Seligen das Fin de siècle und das Début de siècle überwölbte, gäbe es wenig Verbindungen zwischen ihnen, und diese beiden wilden Mannigfaltigkeiten könnten ebensogut durch ein Jahrhundert voneinander getrennt sein. Aber dieses Jahr 1900 war schon im Gefühl seiner Zeitgenossen ein Einschnitt, wie es das Jahr 1500 im Gefühl der Zeitgenossen Kaiser Karls v. war.

Während die Phaenomene des Fin de siècle kaum noch zueinander in Beziehung stehen, zeigt das Début de siècle trotz seiner Mannigfaltigkeit Zusammenhänge, welche in die Zukunft weisen und die Geschichte des 20. Jahrhunderts bestimmen werden.

Curie, Lenin, Einstein, Husserl, Planck, das sind die Namen der Zukunft.

Curie bedeutet die letzte bedeutende naturwissenschaftliche Entdeckung des 19. Jahrhunderts. Das Radium wird der Ausgangspunkt der Naturwissenschaft des 20. Jahrhunderts sein. Was Lenin tun wird, ist die Errichtung eines gewaltigen politischen Gebäudes auf den Grundlagen der Naturwissenschaft des 19. Jahrhunderts. Was Einstein, Husserl und Planck tun werden, ist die Auflösung der naturwissenschaftlichen Begriffswelt des 19. Jahrhunderts.

Indem Einstein, Husserl und Planck zusammen mit ihren Schülern eine neue Begriffswelt schufen, erweiterten sie die Möglichkeiten der erkennenden Vernunft des Menschen. Auf diese Erweiterung der Möglichkeiten der erkennenden Vernunft darf man die Hoffnung aufbauen auf eine Zukunft, welche der Vergangenheit der westlichen Welt würdig sein wird.

Es wurde früher gesagt, daß das Experiment es gewesen sei, das die Menschheit aus dem magischen Paradies der Seele, dem Mittelalter, vertrieben habe, und daß das Experiment es sei, das zu der neuen Begriffswelt der modernen Physik geführt habe. Doch wurde die neue Begriffswelt nicht eigentlich durch die Ergebnisse des Experimentierens erschlossen, sondern durch die Analyse des physikalischen Experiments, die Untersuchung über sein Wesen.

Welches sind die Ergebnisse, zu denen die moderne Physik dabei gelangt ist?

Die klassische Physik und mit ihr jeder Mensch nimmt an, daß es ohne weiteres einen bestimmten Sinn habe, zwei Ereignisse gleichzeitig zu nennen, auch wenn sie nicht am gleichen Ort stattfinden. Die Analyse des Michelsonschen Versuchs ergab, daß das nicht der Fall ist. Das ist einer der wesentlichen Gedanken der speziellen Relativitätstheorie.

Die moderne theoretische Physik fand heraus, daß der Raum im Großen eine andere Struktur besitzt, als es der unmittelbaren Anschauung entspricht. Es stellte sich heraus, daß man nicht in Unsinn geriet, wenn man behauptete: »Die Geometrie im Weltall hängt von der Verteilung der Materie ab.« Dies ist der wichtigste Gedanke der allgemeinen Relativitätstheorie.

Die moderne theoretische Physik fand ferner heraus, daß das inneratomare Geschehen in der Mikrophysik diskontinuierlich ist. Dies ist der wesentlichste Gedanke der Quantenphysik.

Damit schon ist das kontinuierliche Raum-Zeit-Schema der klassischen Physik zerbrochen. Das Universum ist nicht der unendliche dreidimensionale euklidische Raum. Dieser nach allen Seiten sich erstreckende unendliche Kontinuitätsraum enthielt keinerlei Stufung mehr. Er war mit seinen Inhalten, den Planeten, den Fixsternen, den Kometen und den Spiralnebeln von ein und derselben grundsätzlichen Beschaffenheit. Er war »ein Gefängnis ohne Mauern«. In diesem Raum verliert sich der Mensch nicht nur, er ist absolut in ihm eingefangen. Wie soll man je aus einem Grenzenlosen herauskommen? Nur da, wo es Geschlossenheit gibt, gibt es auch ein Draußen, das grundsätzlich erreichbar ist.

In der klassischen Physik war das kosmische All eingeebnet. So nennt auch die Physik den dreidimensionalen euklidischen Raum einen ebenen Raum. Aber der Raum unserer Welt ist ein dreidimensionaler gekrümmter, zwar grenzenloser, aber endlicher Raum. Dieser Raum ist kein Gefängnis mehr. Er hat grundsätzlich ein Außerhalb. Notwendig muß es eine Dimension geben, in die dieser dreidimensionale gekrümmte Raum eingebettet ist.

Diese Entdeckungen der modernen theoretischen Physik beseitigen den Albdruck von der durchgehenden allgemeinen Gültigkeit der Gesetze der klassischen Physik. Die Gesetze der klassischen Physik gelten nur, soweit der dreidimensionale euklidische Raum gilt, der ein Grenzfall des kosmischen Raumes ist. Schon Gauss hat, zum Gelächter seiner Kollegen von der naturwissenschaftlichen Fakultät, in der Umgebung

Göttingens immer wieder trigonometrische Messungen angestellt, um herauszufinden, ob die Winkelsumme im Dreieck wirklich 180 Grad sei. Es war eine geniale Ahnung, die den großen Mathematiker bewegt hat.

Es ist aufschlußreich zu beobachten, bis zu welchem Grad von Blindheit es führen kann, wenn man ausschließlich auf Mathematik vertraut. Durch mathematische Deduktionen sind die Physiker zu ihrem grenzenlosen, endlichen, gekrümmten Raum gelangt. Damit begnügen sie sich. Die wahrhaft grandiose Konsequenz ihrer eigenen Genialität interessiert sie nicht. Daß es zu diesem Raum ein »Außerhalb« geben *muß*, wird zwar von den Physikern nicht abgestritten. Aber was dieses »Außerhalb« nun eigentlich sein kann, was diese vierte Raumdimension nun ihrem realen Wesen nach sein mag, das ist eine Frage, die sie sich einfach nicht stellen. Ihre Rechnungen gehen auf. Damit sind sie grenzenlos, endlich und gekrümmt glücklich. Aber die Philosophie ist das nicht. An dieser Stelle fängt sie zu fragen erst an.

Auf keinen Fall darf man sich diese vierte Dimension anschaulich vorstellen. Das wäre ja nur wieder eine Erweiterung des ebenen euklidischen Raumes. Der dreidimensionale gekrümmte Raum ist in eine vierte Dimension eingebettet, analog wie die zweidimensionale, grenzenlose, aber endliche Oberfläche einer Kugel in den dreidimensionalen euklidischen Raum eingebettet ist. Und zwar ist jeder einzelne Punkt des gekrümmten dreidimensionalen Raumes von einer solchen vierdimensionalen Räumlichkeit umschlossen. An dieser Stelle, an der die sich aufstufenden Dimensionen die Grenzen des physikalischen Raumes übersteigen, zeichnet sich die Möglichkeit einer hierarchischen Stufung des gesamten Weltalls ab.

Diese vierte Dimension ist nun, nebenbei bemerkt, nicht etwa *das* Jenseits. Diese und die weiterhin sich aufstufenden Dimensionen sind völlig real. Freilich sind sie nicht mehr physischen, sondern transphysischen Charakters. Die Ontologie hat sogar herausgefunden, daß es da ein echtes »Oben« und ein echtes »Unten« gibt.

Die Konzeption des grenzenlosen endlichen gekrümmten Raums ist das Kernstück der ganzen modernen theoretischen Physik. In der Ausdeutung dieser Konzeption liegt die realontologische Möglichkeit verborgen, den gestuften Kosmos, die re vera hierarchische Welt wieder zu entdecken. Es ist wohl zu verstehen, daß es den Physikern dabei himmel- und höllenangst wird. Der Philosoph hingegen betrachtet mit ruhigem aristotelischem Auge das zeitlos kreisende Aeon.

Die große Frage ist nun, ob diese neue Theorie auch nur wieder eine beliebige Theorie ist, welche morgen durch eine andere ersetzt werden wird, oder ob es sich hier um eine Einsicht in das Wesen des kosmischen

Aufbaus handelt. Wichtig ist zunächst, daß die Vorstellung vom unendlichen euklidischen Gefängnis, dem Palast des Laplaceschen Dämons, der als seinen liebsten Gast den historischen Materialismus beherbergte, wenigstens nicht mehr damit verteidigt werden kann, daß sie wissenschaftlich sei. Das ist sie nicht mehr. Das ist ein ungeheurer geisteswissenschaftlicher Gewinn. Eine Rückkehr zu dieser alten klassischen Vorstellung ist nicht mehr möglich. Ob nun allerdings die neue Vorstellung vom gestuften Kosmos tatsächlich in der Natur verwirklicht ist, kann und soll nicht mit der gleichen Starre behauptet werden, wie die Naturwissenschaft des 19. Jahrhunderts die Gültigkeit der Vorstellung vom klassischen Gefängnis behauptet hat.

Die Physik wird ihre neue Theorie mit ihren Mitteln weiter verifizieren. Die Ablenkung des Lichtstrahls durch große Gravitationsmassen, als experimenteller Beweis für die Richtigkeit der allgemeinen Relativitätstheorie, konnte schon gezeigt werden. Es geschieht aber jetzt etwas ganz Neues. Die Wissenschaft der Metaphysik hat sich des Themas angenommen.

Die modernen Physiker haben es zwar im Verlauf einer Generation, in der eine geniale Leistung die andere jagte, zuwege gebracht, die neue physikalische Welt unter die Herrschaft der Mathematik zu bringen. Aber mit dem Durchstoß in Nichtkontinuitätsbezirke war die Denkwelt der klassischen Physik, die auf dem Kontinuum beruhte, so vollkommen zerbrochen, daß man ohne Metaphysik überhaupt nicht mehr auskam. Rechnerische Beherrschung, und wenn sie noch so genial erdacht ist, ist etwas anderes als Erfassung der Sache selbst. Genau wie Heisenberg völlig neue mathematisch-logische Denkformen forderte, um das diskontinuierliche Geschehen rechnerisch bewältigen zu können, genauso sind philosophisch neue Denkformen erforderlich, um dieses Geschehen realontologisch begreifen zu können.

Die Wissenschaft der Metaphysik kann zeigen, daß die neuen Vorstellungen in einer ganz anderen Weise dem inneren Wesen des kosmischen Aufbaus entsprechen, als das die Vorstellungen der klassischen Physik taten. Das bahnbrechende philosophische Genie von Hedwig Conrad-Martius hat hier das Tor zu neuen Wissenschaften weit aufgestoßen.

Die Philosophie ist zu dem Ergebnis gekommen, daß in der speziellen Relativitätstheorie, in der allgemeinen Relativitätstheorie und in der Quantentheorie Intuitionen verifiziert sind, die in einem letzten Sinn tatsächlich in der Natur verwirklicht sind. Die Konzeption einer grenzenlosen, aber endlichen Welt kann der menschliche Geist tatsächlich vollziehen, während man die Konzeption des unendlichen Kontinuitätsraumes nicht wirklich hat vollziehen können.

Es ist eine der merkwürdigsten Erscheinungen der Gespaltenheit des westlichen Geistes, daß, obgleich seit vierhundert Jahren jeder gebildete Europäer von der tatsächlichen Existenz des Planetensystems und der Drehung der Erde um die Sonne überzeugt ist, die Sprache sich weigert, diesen Tatbestand anzuerkennen. Der Sprache nach »geht noch immer die Sonne auf«. In den letzten vierhundert Jahren ist kein Poet bekannt geworden, der, ein anderer Klopstock, eine Ode an die Ekliptik gedichtet oder die Tatsache, daß sich am Morgen die Erde der Sonne entgegenwälzt, zum Gegenstand eines Gedichts gemacht hätte, obgleich sich doch nicht leugnen läßt, daß das ein Ablauf von erhabener Großartigkeit ist. Die Sonne tönt nach alter Weise. Die Anschauung weigert sich, das kopernikanische System zu vollziehen.

Conrad-Martius sagt dazu:

»Die Welt, wie sie erscheinungsmäßig um uns herum aufgebaut ist, die Welt mit der aufgehenden und untergehenden Sonne, mit dem Himmelsgewölbe, das am Tag in seiner blauen Herrlichkeit, zur Nacht mit dem Sternenheer in erhabene und uns unerreichbare Regionen hinaufgestuft zu sein scheint, diese Weltgestaltung, deren Mittelpunkt Erde und Mensch sind, entspricht bildhaft in einer sehr merkwürdigen Weise einem Kosmos, den schon Aristoteles gekannt hat und dessen reale Existenz wir heute wieder zu entdecken beginnen. Das Bedürfnis nach einer hierarchischen Ordnung des Kosmos ist deshalb so unausrottbar in der Sprache und im Gefühl des Menschen verankert, weil das der Wirklichkeit entspricht, weil die Welt tatsächlich eine Hierarchie ist.«

Der hierarchische Kosmos, den zu entdecken das neue Denken im Begriff steht, wird freilich nicht mehr sinnlich anschaulich sein.

Die Tragweite dieser Entdeckung ist noch in keiner Weise abzusehen. Daß die *matters of facts*, welche die moderne Physik entdeckt hat, mit Mathematik allein nicht mehr in einer die Vernunft befriedigenden Weise zu erfassen sind, daß die *matters of facts* selbst, um verständlich zu werden, die Anwendung des metaphysischen Kalküls erzwingen und damit auch die naturwissenschaftliche Erkenntnis auf eine außerhalb der Natur liegende, über die Natur hinausgehende Grundlage gestellt wird, ist etwas vollkommen Neues. Auch für die Naturwissenschaft ist die physikalische Realität der klassischen Physik nicht länger die einzig existente. Das 19. Jahrhundert ist zu Ende.

Aus den wissenschaftlichen Erkenntnissen der modernen theoretischen Physik hat die Philosophie die Waffen geschmiedet, mit denen der Kampf des 20. Jahrhunderts um die Befreiung des menschlichen Geistes vom Materialismus der klassischen Physik aufgenommen werden kann. Es ist der Kampf um eine neue Welt der Mannigfaltigkeit.

In dieser neuen Welt der Mannigfaltigkeit wird die Technik, diese alte Kokotte, welche Apollon zu lieben vorgibt und mit dem Kriegsgott schlafen geht, langweilig werden. Sie hat der Neugier des westlichen Geistes keine neuen Erkenntnisse mehr zu bieten. Was sie zu bieten hat, sind nur noch Sensationen für die Spießbürger der Zivilisation. Ihrer Langweiligkeit wegen wird die Technik aus der Mode kommen. Diese Hoffnung liegt zwar noch im weiten Feld. Aber schließlich, wenn Pyramoden aus der Mode gekommen sind, will man denn ewig telephonieren? Und was?

Nachdem das Wunder gelungen ist, den Laplaceschen Dämon vom Thron seiner Tyrannei zu stoßen, wird des Menschen Neugier sich aufmachen, seine neue Freiheit zu nutzen. Er wird aufbrechen in die fruchtbaren Gefilde der neuen Mannigfaltigkeit. Er wird neue Begriffsschemata erdenken, welche neue Wissenschaften schaffen werden zu Ehren der Schöpfung, deren unbegreiflich hohe Werke noch immer herrlich wie am ersten Tage sind.

DIE WISSENSCHAFT VOM LEBEN

Der moderne Biologe, überzeugt von der Zuverlässigkeit der Mathematik und der Genialität der modernen Physiker, sieht in der Annahme, daß ein dreidimensionaler Würfel im euklidischen Raum in jedem seiner Punkte in einer höheren Dimension eingebettet ist, keine unüberwindliche Schwierigkeit. Wenn man ihm aber vorschlägt, von der Fliege, die auf dem Würfel spazierengeht, das gleiche anzunehmen, gerät er in Schrecken. Obwohl doch kein Zweifel darüber herrschen kann, daß in der natürlichen Hierarchie des kosmischen Aufbaus das Lebendige eine höhere Stufe als das Unlebendige einnimmt, bereitet es der Biologie Unbehagen, dem Lebendigen höhere Bedingungen zuzubilligen. Dieses Unbehagen ist ein Rest aus jener Zeit, als in der Naturwissenschaft nur das als »wissenschaftlich« galt, was sich physikalisch und chemisch erfassen ließ.

Die experimentelle Biologie hat ein Jahrhundert des Fleißes darauf verwendet herauszufinden, wie weit die Gesetzmäßigkeiten der unbelebten Natur, also die Gesetze der Physik und der ihr zugeordneten Chemie, im Bereich der belebten Natur gelten. Man ist sich heute darüber einig, daß die Gesetzmäßigkeiten der Physik auch in der Biologie gelten. In allen bisher untersuchten biologischen Erscheinungen konnte nachgewiesen werden, daß sie sich nach den in der Physik gefundenen Naturgesetzen richten.

Die Biologie hat begonnen, die verfeinerten experimentellen Methoden, welche die Atomphysik geschaffen hat, auf ihr Gebiet anzuwenden. Schon das Elektronenmikroskop hat die Grenze der Sichtbarkeit der biologischen Untersuchungsobjekte so erweitert, daß man schon Abbilder besonders großer Moleküle herstellen konnte.

Eine bedeutende Rolle in der Untersuchung der Stoffwechselvorgänge spielen radioaktive Isotope in gewöhnlichen chemischen Stoffen, deren Durchgang durch den Körper mit einer Genauigkeit verfolgt werden kann, die man früher niemals hätte erhoffen können. Dieses Arbeitsgebiet ist schon zu einer eigenen Fachwissenschaft geworden.

Viele für den Organismus wichtige Erscheinungen spielen sich in Gebilden von interatomarer Feinheit ab. Die Tötung eines Bakteriums kann durch ein einzelnes Quant ultravioletten Lichts erfolgen. Ein einzelnes Quant kann auf ein einzelnes Atom in einem Molekül wirken. Die Wirkung von Röntgen- und Radiumstrahlen auf Krebszellen sind atomphysikalischer Natur. Die Änderungen von Erbeigenschaften, die sogenannten Mutationen, spielen sich ebenfalls im mikrophysikalischen Bereich ab. Mutationen kann man heute schon mit Hilfe besonders harter Strahlen experimentell erzeugen. Alle diese Einsichten sind eine Erweiterung der klassischen experimentellen Biologie. Aus ihr wird sich die neue Wissenschaft der Quantenbiologie entwickeln. Es werden sich hier ganz analoge Abgrenzungen wie in der Physik vollziehen. Die klassische experimentelle Biologie wird so weit reichen, wie das Kausalgesetz sinnvoll angewendet werden kann. In der Quantenbiologie werden neue, der Quantenmechanik analoge statistische Begriffsschemata erdacht werden müssen. Auf jeden Fall ist anzunehmen, daß der experimentellen Biologie in Kürze der Nachweis gelingen wird, daß auch die in der Atomphysik gefundenen Gesetzmäßigkeiten im Bereich des Lebendigen gelten.

Die Tatsache, daß die Gesetze der Physik im Bereich des Lebendigen vollständig gelten, und die Annahme, daß das auch für die Gesetze der Atomphysik statthaben wird, läßt noch einmal die Hoffnung aufflammen, das Phaenomen des Lebendigen im Rahmen der experimentellen Biologie vollständig definieren zu können. Eine solche Definition gibt uns der hervorragende Tübinger Botaniker Erwin Bünning.

Nach Bünning ist »das Leben im Sinne der experimentellen Biologie nichts anderes als die spezifische Gesetzlichkeit, nach der alle biologischen Faktoren innerhalb und außerhalb des Organismus zusammenwirken. Der Lebensvorgang ist das Resultat des Zusammenwirkens aller dieser gleich notwendigen Elemente«.

Mit dieser Definition ist zum Beispiel sehr schön das Verhalten erklärt, das man bei einigen Virusarten gefunden hat. Man hat lange geglaubt, hier einen Übergang vom Anorganischen zum Organischen, vom Unlebendigen zum Lebendigen, entdeckt zu haben. Es gibt Virusarten, die außerhalb des Körpers wohldefinierte anorganische Kristalle sind, innerhalb des Körpers aber als lebende Krankheitserreger wirken. Im Rahmen der Definition, die Bünning gibt, ist das gut zu verstehen. Solange das Virus im Reagenzglas ist, befindet es sich außerhalb der spezifischen Gesetzlichkeit des Zusammenwirkens der Faktoren. Es ist dabei gleichgültig, ob der Faktor Virus im Reagenzglas ein kristallisiertes Eiweiß oder ein weniger genau definierter Körper ist. Gelangt das Virus ins Protoplasma der Zelle, wird es zu einem wirkenden Faktor im Rahmen der spezifischen Gesetzlichkeit innerhalb des Organismus. Damit erst gerät es unter die Bedingungen, unter denen die Eigenschaft »lebendig« überhaupt in Erscheinung treten kann. Der Grenzfall Virus ist biologisch besonders aufregend. Er zeigt die Brauchbarkeit der von Erwin Bünning formulierten Definition.

Erfaßt diese Definition das Wesen des Lebendigen in philosophisch zulänglicher Weise?

Hier nun ist der geneigte Leser, dem der Autor für seine Geduld herzliche Dankbarkeit bezeugt, an einem entscheidenden Punkt in der Geschichte des westlichen Geistes angelangt. Der Autor hofft, daß der geneigte Leser, falls er noch vorhanden ist, sich durch das, was im folgenden aufgezeigt werden kann, für seine Geduld belohnt fühlen wird. Es ist ein Ausblick auf die Ergebnisse der philosophischen Lebensarbeit der wissenschaftlich bedeutendsten Frau unserer Zeit, die man die Madame Curie des 20. Jahrhunderts nennen könnte.

Es ist ein rätselhaftes Phaenomen, das in der Geistesgeschichte immer wieder beobachtet werden kann, daß, wenn die allgemeine wissenschaftliche Entwicklung auf einen Holzweg geraten ist, im stillen an anderem Ort Resultate erarbeitet worden sind, die der Forschung aus der Verlegenheit helfen. Große Ereignisse der Geistesgeschichte werfen ihr Licht voraus. Das Genie wirkt im stillen an anderem Ort.

Als die moderne Physik durch ihre experimentellen Forschungen die Vorstellung vom unendlichen euklidischen Raum als dem Raum unseres Weltalls zertrümmert hatte, stand sie vor der Frage, wie denn nun die Realität, in der wir leben, überhaupt beschaffen sei. Diese Frage war ein Problem, welches die Physik mit ihren Mitteln gar nicht zu lösen vermochte. Aber schon ein Menschenalter vorher hatte das weitschauende Genie Husserls in seinen Untersuchungen zur Krise der europäischen Wissenschaft den Weg gewiesen, der in der Lösung dieses Problems weiterführte. Es war kein Holzweg.

In der Biologie steht die Forschung heute vor einer ähnlichen Lage.

Die mit den Mitteln der experimentellen Naturwissenschaft erarbeitete Vorstellung vom Lebendigen erfaßt einen wohldefinierten Aspekt; aber sie erfaßt das Lebendige nicht in der Vollständigkeit seines wahren Wesens. Das ist mit den Mitteln und Methoden der Naturwissenschaft überhaupt nicht zu erreichen. Aber schon ein Menschenalter vorher hatte das weitschauende Genie von Hedwig Conrad-Martius einen Weg eingeschlagen, der in der Lösung dieses Problems weiterführt. Auch das war kein Holzweg.

Die entscheidende Schwierigkeit der modernen Naturwissenschaft liegt darin, daß sie an den Grenzen der physikalischen Realität angekommen ist, ja, diese an vielen Stellen bereits überschritten hat. Unversehens sind den Physikern und Biologen metaphysische Probleme sozusagen zwischen die Finger geraten. Sie behandeln schon lange nicht mehr allein Probleme der Natur. Sie sehen sich den Problemen der Schöpfung gegenüber. Physiker und Biologen versuchen, dieser metaphysischen Probleme Herr zu werden. Aber sie versuchen das mit ihren Mitteln. Dieser Versuch ist notwendig zum Scheitern verurteilt. Metaphysische Probleme sind nur mit den Mitteln der Wissenschaft der Metaphysik zu lösen. Die Metaphysik *ist* eine Wissenschaft. Wesensprobleme sind nur mit den Mitteln der Wissenschaft der Ontologie zu lösen. Die Ontologie *ist* eine Wissenschaft.

Natürlich muß das, was sich im Bereich der naturwissenschaftlichen Forschung als empirisch bewiesen herausgestellt hat, im philosophischen Bereich verbindlich sein. Aber auch das, was im philosophischen Bereich als Einsicht erarbeitet worden ist, ist verbindlich für die Naturwissenschaft. Wenn es für philosophische Thesen meistens keine empirischen Beweise gibt, die Philosophie also in einem bestimmten strengen Sinn keine empirische Bewahrheitung in naturwissenschaftlicher Bedeutung besitzt, besitzt die Philosophie doch eine in ihr selbst liegende Verifikation, und zwar eine ebenfalls exakt sachliche.

Daß die Naturwissenschaftler vom Berg ihrer empirisch bewiesenen Tatsachen ein wenig hochmütig auf die Philosophie, die ihre Thesen im allgemeinen nicht empirisch beweisen kann, herabblicken, ist sachlich ganz und gar unberechtigt. Die hypothetischen Entwürfe, mit denen die großen Physiker heute so souverän umgehen, sind im Grund nichts anderes als philosophische Spekulation. Die Physiker in ihren Spekulationen kümmern sich meistens sehr wenig um die exakt sachliche Begründung, die aus dem Wesen der Sache ontologisch gewonnen werden kann. Die Theorie des explodierenden Universums – »der derzeitige Stand der Wissenschaft« – ist genau so spekulativ wie das hierarchisch gestufte aeonische Weltbild des Aristoteles. Der einzige Unterschied liegt darin, daß Aristoteles das Wesen des hierarchisch aufgebauten Kosmos tiefer erfaßt hat als die ja doch immer nur ephemer gültige neueste Theorie der Physiker.

Die sachliche philosophische Unzulänglichkeit der modernen physikalischen und biologischen Spekulation hat eine lange Vorgeschichte. Nehmen wir ein Beispiel, das Conrad-Martius uns gibt:

»Jeder Gymnasiast kennt heute das Energieerhaltungsgesetz. Nirgends im physikalischen Geschehen kann Energie – heute sagt man Energie plus Masse – verlorengehen oder neu auftreten. Diese Erhaltung bezieht sich natürlich nur auf das Energiequantum. Qualitativ genommen geht ja die Energie gerade immer von einer Art in eine andere über – von chemischer Energie in Wärme, von Wärme in mechanische Energie, von mechanischer Energie in Strahlungsenergie. Es ist sehr bemerkenswert, daß Julius Robert Mayer, der Entdecker dieses fundamentalen Gesetzes der Physik, selber sich noch gedrungen fühlte, es metaphysisch zu erklären. Er nahm eine einzige Energiesubstanz an, eine Art ›Energie an sich‹, die in den jeweiligen Energiearten nur immer in einem neuen Gewand in Erscheinung trete. Julius Robert Mayer versuchte noch, dem, was Energie in eigenster qualitativer Beschaffenheit ist, direkt zu Leibe zu gehen. Wir würden heute sagen, er versuchte, das Wesen der Energie realontologisch auszudeuten.

Die physikalische Forschung nahm von dem philosophischen Husarenritt des großen physikalischen Arztes keine Notiz. Sie brauchte die ontologische Ausdeutung, ob sie nun richtig oder falsch war, nicht. Ihr ging es nur um das quantitativ so großartig erfaßte Universalgesetz. Die Energie selber, der gegenständliche Beziehungspunkt dieses Gesetzes, interessiert die Physik nur so weit, als sie in dieser oder irgendeiner anderen Relation eindeutig quantitativ faßbar ist.

$$E = m\frac{v^2}{2}$$

Energie ist gleich Masse mal dem halben Quadrat der Geschwindigkeit. Das eben nennt die Physik Definition.

Soll aber damit die Einsicht in das, was Energie nun wirklich ist, was sie selber und an sich ist, gleichgültig geworden sein? Müssen wir die ganze Erkenntnismöglichkeit auf das beschränken, was nun einmal für die exakte Naturwissenschaft ausschließlich wichtig geworden ist? Hier hat eine ganz eigentümliche Verschiebung stattgefunden. Was in der naturwissenschaftlichen Forschungsrichtung nichts bedeutet, wurde allmählich zu einem nicht Erkennbaren und schließlich zu einem überhaupt nicht Vorhandenen – eine ganz unrechtmäßige Einengung des Blickfeldes.«

Zu dieser unrechtmäßigen Einengung des Blickfeldes sagt die Philosophin an anderer Stelle: »Ich nenne es wesensblind, daß man nicht mehr sieht, daß jeder Bestand der Welt, in welcher Seinssphäre, in welcher

Seinsschicht, von welcher Kategorialität auch immer, ob Einzelding, ob allgemeiner Gegenstand, einen eigenen Seinsgehalt besitzt, der ihm zugleich eine letzte Seinsbedeutung, *seinen* Seinssinn innerhalb der Welt gibt. Es ist das keine Bedeutung, die vom Menschen hineingelegt wird oder hineingelegt werden müßte. Es ist das eine Bedeutung, die in der Sache selbst liegt, mit der sie, unabhängig von jeder menschlichen Erkenntnis, steht und fällt. Deshalb sage ich *Seins*bedeutung. Allerdings muß man, um diese Bedeutung sehen zu können, einen geistigen Sinn für das Wesen der Dinge haben, der ihnen analog so entspricht, wie der Gesichtssinn den Farben und der Gehörsinn den Tönen entspricht. Auch Wesenheiten sieht man oder man sieht sie nicht. Strenggenommen gibt es nicht nur keine philosophische, sondern überhaupt keine Erkenntnis, die nicht irgendwie durch das Wesen der Dinge bestimmt wird.

Jede echte sprachliche und begriffliche Unterscheidung, auch wenn etwa der Naturwissenschaftler von Energie oder Kraft oder Masse, von Leben oder Organismus, von Farbe oder Licht spricht, setzt ein mindestens unbewußtes Abzielen auf das Wesen der Sache voraus.«

Die Biologie untersucht das Phaenomen des Lebendigen in seinen meßbaren physikochemischen Zusammenhängen. Das ist ein vollkommen legitimes Unterfangen. Der Versuch, das Geheimnis des Lebendigen zu lösen, ist allerdings auf diesem Wege nicht gelungen. Bünning zeigt, daß in der historischen Folge der biologischen Theorien das Lebendige sich wie ein Kobold verhalte, der vor der Forschung immer weiter zurückweiche, erst in die Zelle, dann in den Kern, dann in das Eiweißmolekül, bis er zum Schluß auf einer Valenzbindung sitze und sich auflöse, wenn man seiner da habhaft zu werden versuche. Beim weiteren Vordringen der biologischen Forschung in das inneratomare Geschehen, das ja dem physikochemischen Geschehen im Lebendigen zugrunde liegen muß, wird sich schließlich das materiale Substrat der Biologie ebenso in Strahlung verflüchtigen, wie es das in der Physik getan hat.

Zweifellos will Bünning die Zelle als ein einheitliches Gebilde, aus dessen Getriebe man nichts herausnehmen kann, aufgefaßt wissen. Aber die Formulierung von »der spezifischen Gesetzlichkeit aller zusammenwirkenden Faktoren« sagt doch eigentlich, daß es vom Standpunkt der experimentellen Biologie aus kein Substrat gibt, welches selber das Lebendige darstellt.

Es ist eben so, daß die Biologie ja überhaupt nicht das Leben, sondern nur seine physikochemischen Bedingungsgrundlagen untersucht. Demzufolge ist in der Bünnigschen Definition nur das gefaßt, was als Bedingungsgrundlage gegeben sein muß, damit Leben überhaupt vorhanden sein kann.

Die experimentelle Biologie kann sich mit ihrer Definition vollkommen begnügen. Ihre Methode geht von vornherein nur darauf aus, die Natur in ihren beherrschbaren Grundlagen zu erfassen. Allerdings sind »die beherrschbaren Grundlagen der Natur« nicht die Natur selbst. So bedeutet die Bünningsche Definition sehr viel, insofern sie einerseits mit den biologisch bekannten Tatsachen übereinstimmt, andererseits über diese nicht hinausgeht. Sie bedeutete sehr wenig, wenn das alles wäre, was über das Geheimnis des Lebens zu sagen ist.

Schon im Rahmen der bisherigen Biologie genügten Physik und Chemie nicht, um das organismische Geschehen zu erfassen. Wenn auch die Gesetzmäßigkeiten der Physik im organismischen Geschehen gelten, ist doch lebendiges Geschehen vom unlebendigen Geschehen seinem Wesen nach verschieden. Schon das schöne Wort »belebt« zeigt, daß da etwas hinzukommt, etwas von außen hineinkommt, etwas seinem Wesen nach Immaterielles in die Materie einzieht, ja vielleicht sogar – admirabile auditu – in die Materie eingehaucht ist. Wenn schon der tote Würfel der höheren Dimension nicht entbehren kann, wieviel weniger die lebendige Fliege!

Schon lange wendet die Biologie, da sie mit dem physikalisch-chemischen Begriffsschema der belebten Natur nicht in befriedigender Weise Herr wird, Begriffe an wie Gestalt, Wachstum, Fortpflanzung, Anpassung, Heilungstendenz, Stoffwechsel. Diese nach den beobachtbaren Vorgängen in der belebten Natur gebildeten Begriffe setzen sich von dem physikalisch-chemischen Begriffsschema deutlich ab. Sie enthalten Tendenzen und Zweckmäßigkeiten. Sie setzen Entelechien voraus, unter denen sie ablaufen. Das, was sie von dem physikalisch-chemischen Begriffsschema unterscheidet, ist, daß sie für organismisches Geschehen charakteristisch sind.

Was steckt hinter der Tatsache, daß die Biologie mit dem physikalisch-chemischen Begriffsschema nicht auskommt?

Wenn Niels Bohr einmal die Erwägung anstellt, daß der Ablauf des Lebens physikalisch unerklärbar bleibe ohnbeschadet dessen, daß sich innerhalb des Organismus jedes physikalische Gesetz bei experimenteller Nachprüfung als richtig erweise, und aus dieser Erwägung heraus die Vermutung ausspricht, daß das Phaenomen des Lebens komplementär zur Kenntnis der Struktur der Eiweißkörper sei, erbringt der geniale Erfinder des Atommodells mit seinem Bemühen, ein metaphysisches Problem mit den Begriffen der Atomphysik zu lösen, vor allem den Beweis, daß er in seiner Jugend versäumt hat, ein philosophisches Seminar zu besuchen. Die Biologie selbst ist da bescheidener. Mit ihrer Definition des Lebendigen bleibt sie innerhalb der Grenzen, die sie sich als experimentelle Naturwissenschaft selbst gesteckt hat.

Zu der gleichen Zeit, als die Physik vor vierhundert Jahren sich aufmachte, durch die Anwendung des geometrischen Kalküls auf die Natur das Geheimnis der Sphärenharmonien zu entdecken, machte die Biologie sich auf, mit den Mitteln des Experiments das Geheimnis des Lebens zu entdecken. Beide Unternehmungen haben in unseren Tagen geendet. Physik und Biologie haben eingesehen, daß sie das Geheimnis der Schöpfung nicht enträtseln werden. Beide sind bis an die Grenzen der physischen Welt gelangt. Beide bedürfen ganz neuer Wissenschaften, um in der Lösung der Probleme, auf die sie im Fortgang der Forschung gestoßen sind, weiterzukommen.

Wie die klassische Physik mit dem Michelsonschen Experiment über die Lichtgeschwindigkeit unversehens über die Grenzen ihrer Wissenschaft hinausgeraten war, ist auch die klassische Biologie durch das Experiment in den Bereich der Metaphysik hineingestoßen worden.

Im Jahre 1891 veröffentlichte Hans Driesch sein berühmtes Experiment mit dem Seeigelei. Daß dieser Versuch, der die Geschichte der Wissenschaft in so entscheidender Weise beeinflußt hat, noch tief im 19. Jahrhundert angestellt wurde, ist ebenso nachdenklich wie die Tatsache, daß das entscheidende biologische Experiment von Driesch mit dem entscheidenden physikalischen Experiment von Michelson zeitlich zusammenfällt.

Driesch hatte das Ei eines Seeigels mechanisch in zwei Hälften geteilt. Es entwickelte sich aus jeder Hälfte ein ganzer Seeigel, der sich von einem normalen Seeigel nur dadurch unterschied, daß er kleiner war. Mit diesem Experiment war der Beweis geführt, daß das Ei nicht den Bauplan des Seeigels im kleinen, also nicht eine vorbereitete Struktur enthalten könne. Sonst hätten bei der mechanischen Teilung des Eies, wenn überhaupt etwas, nur zwei halbe Seeigel entstehen können. Aber mit diesem Experiment, das wahrhaft Epoche gemacht hat, war noch viel mehr erreicht. Hans Driesch war der erste, der zeigte, daß die inneren und äußeren Faktoren, die die Biologen in der experimentellen Forschung finden und untersuchen, grundsätzlich nicht genügen, alle organismischen Erscheinungen zu erklären.

Glücklicherweise war Driesch ein philosophischer Kopf. Er erkannte, daß es, um dieser neuen Sachlage gerecht zu werden, eines grundsätzlich neuen Schrittes bedürfe. Er führte einen neuen Begriff, den Begriff der Entelechie, in die Biologie ein. Um historisch genau zu sein – es war das ein neuer Begriff nur in der experimentellen Biologie. Der Begriff Entelechie stammt von Aristoteles. Er gebrauchte ihn, um das zu bezeichnen, was ein nur Potentielles, nur Mögliches realisiert, aktualisiert, in die Wirklichkeit bringt.

Oskar Kuhn hat sich zu dem Drieschschen Begriff der Entelechie ausführlich geäußert. Mit seiner Entelechie hat Driesch einen Werdeplan des Organismus gemeint. Die Entelechie Drieschs ist etwas Selbständiges, etwas Positives, was zur Materie hinzutritt und sich die Gesetzlichkeit der Materie zunutze macht. Man kann sie auffassen als ein Feld, analog etwa einem elektromagnetischen Feld, welches einen bestimmten, in seiner eigenen Struktur begründeten, außerhalb seiner selbst liegenden Wirkungsbereich hat. Dieses Entelechiefeld ist von der Materie unabhängig. Im Organismus ist Materie nicht mehr autonom. Driesch empfand die Notwendigkeit, diesen Faktor Entelechie dem Kausalgesetz zuliebe einzufügen. Es ist der »ganzmachende Kausalfaktor«. Dieser ganzmachende Kausalfaktor hat bei Driesch die Eigenschaft, daß er nicht in die Energieumsätze eingeht, sondern diese steuert. Das ist an sich für die klassische Biologie keine ungewöhnliche Annahme. Wir kennen schon aus der gewöhnlichen Chemie Vorgänge, bei denen ein Agens einen chemischen Vorgang steuert, ohne selbst in ihn einzugehen. Das ist zum Beispiel bei der Katalyse der Fall. Es werden also die Berechnungen der physikalisch-chemischen Energieumsätze von der Drieschschen Entelechie nicht betroffen. Man erfaßt jedoch mit allen Vergleichen, Analogien, Erklärungen den Vorgang nicht vollständig. Es war hier etwas ganz Neues geschehen.

Die naturwissenschaftliche Problematik liegt darin, daß mit der Entelechie ein Begriff eingeführt wird, der sich nicht mehr physikochemisch definieren läßt. Driesch hat gezeigt, daß zur Erklärung der von ihm untersuchten biologischen Phaenomene die Einführung eines *über*physischen Wirkfaktors notwendig ist. Das ist sein unzerstörbares Verdienst. Dieses Verdienst ist um so größer, als er zu dieser Feststellung auf dem Weg über das klassische biologische Experiment gekommen ist. Der Begriff der Entelechie war für Driesch ein methodisches Hilfsmittel. Er beruhigte das Kausalitätsgewissen. Wenn man über diesen Begriff nicht allzu scharf – also nicht mit der Methodik der exakten Philosophie – nachdachte, konnte man sich der Illusion hingeben, daß alles in schönster Ordnung sei.

So wurden auch, als immer mehr solcher physikalisch-metaphysischer Grenzprobleme auftauchten, dergleichen formale Begriffe weiterhin ziemlich unbekümmert eingeführt. Aber die wahllose Einführung solcher Begriffe verdeckte geradezu die eigentliche Problematik des Lebendigen.

Dies nun ist der Punkt, an welchem die philosophische Lebensarbeit von Hedwig Conrad-Martius einsetzt. Es ist eine bedeutende Leistung in der Geschichte der Geisteswissenschaft. Die forschende Naturwissenschaft ist an der Grenze angelangt, bis zu der sie die Natur mit ihren Mitteln legitim zu deuten vermag. Sie ist in metaphysisches Gebiet vorgestoßen.

Die Naturwissenschaft versucht, über ihr Dilemma hinwegzukommen, indem sie neue Begriffe einführt, mit denen sie formal die logischen Widersprüche zu überbrücken glaubt. Aber wesensblind, wie die Forschung im Lauf eines Jahrhunderts geworden ist, nimmt sie die neuen, sich als notwendig erweisenden Begriffe nicht wirklich ernst. Das tut die Philosophin.

In subtilen, über Jahrzehnte sich erstreckenden Untersuchungen von höchster philosophischer Dignität klärt die gescheiteste Frau unserer Zeit die Fragestellungen in ihrem metaphysischen Ernst. Sie zeigt das volle Gewicht der Probleme auf. Sie zeigt ihre gefährliche Wirklichkeit. Sie löst viele der Probleme und zeigt die Wege, auf denen weitere Fortschritte zu erwarten sind. Von der Entelechie sagt die Philosophin, daß sie von echter, freilich nicht mehr physischer, sondern transphysischer Realität sei. Sie ist eine Wirkmächtigkeit, die aber nicht blind wie die physischen Naturkräfte, sondern sinnentsprechend wie eine menschliche Handlung sei. Die Entelechie besitzt zugleich die Wirkmächtigkeit einer physischen Kraft *und* die »Vernünftigkeit« eines zielgerechten und sinnvollen Handlungsplans. Die Entelechie muß man vollkommen ernst nehmen. Es gibt sie de facto als einen zu gänzlich objektiver Wirkmächtigkeit gewordenen sinnvollen Plan. Ein körperliches Naturwesen ist nur dann lebendig zu nennen, wenn es eine letzte, nicht physikochemisch zu fassende Ursache in sich schließt, auf der seine Entstehung, seine Entwicklung und Gestaltung, sein Wachstum und alle seine sonstigen Lebenstätigkeiten beruhen. Und wenn dem gesamten physikochemischen Lebensgetriebe, das die Biologie in ihrer Weise so erfolgreich analysiert, ein Lebensprinzip als letzte Ursache zugrunde liegt, dann muß dieses Lebensprinzip den ganzen körperlichen Organismus in ihm selbst transzendieren, es muß ihn umfassen und durchfassen, um ihn beherrschen zu können. Der lebende Organismus umfaßt sich selber kraft seines überphysischen Lebensprinzips ganz und gar und durch und durch.

Es soll hier nicht der Versuch unternommen werden, das weitgespannte Werk der großen Philosophin mit wenigen Worten zu referieren. Wenn man es kennenlernen will, muß man sich die Mühe machen, es selbst zu studieren. In ihren beiden heute schon klassischen Abhandlungen »Naturwissenschaftlich-metaphysische Perspektiven« und »Bios und Psyche« hat Hedwig Conrad-Martius die Grundgedanken ihrer neuen Einsichten zusammengefaßt. Sie zeigt in diesen beiden Büchern, daß es eine ganze Hierarchie von entelechial wirksamen Prinzipien gibt, die durchaus exakt voneinander zu unterscheiden sind. Auch bleibe man auf halbem Wege stehen, wenn man nicht begreife, daß es zu den entelechial aktualisierenden Potenzen jeweils passive materiale Ermöglichungsgrundlagen geben müsse. Erst mit genaueren Einsichten in diese Sachverhalte wird es möglich sein, den ganzen konkreten Zusammenhang der vielseitigen entelechialen Beherrschung des Lebendigen mit den heute äußerst interessant, ja aufregend gewordenen biologischen Erfahrungsgegebenheiten aufzuzeigen. Es scheint an einzelnen Stellen heute schon möglich, gewisse biologische Versuche unter solchen metaphysischen Aspekten anzustellen. Man braucht dabei durchaus nicht sogleich zu metaphysischen Regionen im strengen Sinne überzugehen oder gar aus allem gleich einen Gottesbeweis zu machen. Es handelt sich hier um noch nichts weiter als um die wissenschaftliche Eroberung durchaus realer Kausalgründe und Seinsbezirke, die über unsere physische Raumzeitwelt unmittelbar hinausliegen, ohne dabei etwa »psychisch« zu sein.

Für die Erlösung, die die neuen Wissenschaften der Mannigfaltigkeit dem Menschen bringen werden, ist die »Metabiologie«, wie man diese naturwissenschaftlich-philosophische, neu geschaffene wissenschaftliche Disziplin nennen könnte, ein erstes hervorragendes Beispiel. In ihren neueren Arbeiten über die Probleme der Zeit und des Raumes ist die große Forscherin zu weiteren luziden Einsichten in das Wesen der Welt, in der wir leben, gelangt.

Es liegt eine tiefe Ironie darin, daß im 19. Jahrhundert, das sich das Zeitalter der Naturwissenschaft nannte, die einzelnen Disziplinen immer mehr auseinanderfielen, immer mehr Bereich von Spezialisten wurden. Der Verzicht auf eine »naturwissenschaftliche Weltanschauung« hat dazu geführt, daß die auseinandergefallenen Spezialdisziplinen sich wieder zu einem einheitlichen System zusammenzuschließen beginnen. Physik und Chemie sind heute schon keine verschiedenen Wissenschaften mehr, insofern die Chemie einen quantenmechanischen Unterbau bekommen hat. Die experimentelle Biologie wird sich an dieses System, wenn auch vielleicht nur mit einem großen Aufwand an wissenschaftlicher Mühe und Arbeit, aber doch ohne prinzipielle Schwierigkeiten lückenlos anschließen lassen.

Was aber nun vollständig neu ist, das ist, daß dieses ganze großartige System nach einer jahrhundertelangen Pause wieder unter die Herrschaft der gestrengen Herrin, der Königin aller Wissenschaften, der Philosophie zurückkehrt. Niemand wird dem Irrtum verfallen, nunmehr etwa das neue einheitliche Weltbild der Naturwissenschaft für das Bild der Schöpfung zu nehmen. Gerade weil die Physik die Grenzen ihres Geltungsbereichs von sich selbst aus abgesteckt hat, entsteht erst die Möglichkeit, in legitimer Weise ihre Ergebnisse der philosophischen Untersuchung auf ihre wahre Bedeutung und ihr wahres Wesen hin zu unterwerfen.

In einem großartigen Bogen kehrt die Forschung vom Newtonschen

Gravitationsgesetz und der Schroedingerschen Wellenfunktion zurück zum hierarchisch-aeonischen Weltbild des Aristoteles, der mindestens ebensosehr wie Vergil den Ehrennamen eines »Vaters des Abendlandes« verdient hat.

Die Lage, in welche die Biologie geraten ist durch die Einsicht, daß das Lebendige unter einer konkreten vielseitigen entelechialen Beherrschung steht, ist schon aufregend genug. Vollends dramatisch aber ist die Situation in der Heilkunde des Abendlandes geworden. Das Ziel dieser Heilkunde ist, in seinem Gleichgewicht gestörtes Leben wieder ins Gleichgewicht zu bringen.

Die wissenschaftliche Grundlage der Heilkunde ist die experimentelle Biologie. Wir wissen aber nun, daß die experimentelle Biologie zum Gegenstand ihrer Forschung gar nicht das Leben, sondern nur die physikochemischen Bedingungsgrundlagen des Lebens hat. Einer Therapie, die sich ausschließlich auf experimentelle Biologie stützt, sind nur diejenigen Störungen des Lebendigen zugänglich, welche Störungen der physikochemischen Bedingungsgrundlagen des Lebendigen sind. Der Arzt, der vor dem Patienten steht, kommt damit nicht aus.

Die metaphysische Unruhe, die seit einem Menschenalter die Heilkunde bewegt, entspringt der Tatsache, daß die wissenschaftlichen Grundlagen der modernen Medizin von vornherein nicht das umfassen, was die Heilkunde am Krankenbett vor sich hat. Der Arzt hat einen Patienten vor sich, in dessen gestörter Gesundheit die Transzendenz der Person des Patienten mit gestört ist. Von der Metabiologie aus scheint es möglich, eine echte Definition der Gesundheit zu geben. Die Medizin hat eine solche nicht. »Normaler Ablauf der Funktionen« ist offenbar nicht eine Definition, die das Wesen der kostbarsten Gabe, die dem Menschen in die Welt mitgegeben worden ist, in zulänglicher Weise beschreibt. Vielleicht ist Gesundheit der Zustand der Harmonie zwischen einem Lebewesen und seiner Entelechie. Nur eine Heilkunde, die das ganze, entelechial gesteuerte Lebendige in ihre Behandlung einbezieht, hat Aussicht, nicht nur gestörte biologische Funktionen wieder ins gleiche zu bringen, sondern tatsächlich kranke Menschen zu heilen. Faktisch tut das seit Hippokrates jeder Arzt.

Die Metabiologie, die wahre Wissenschaft vom Leben, eröffnet den großartigen Aspekt, der Transzendenz des Lebens in exakt sachlicher Weise so weit habhaft zu werden, daß rationale therapeutische Überlegungen und Maßnahmen auf der um diese Kenntnis erweiterten Basis der experimentellen Biologie ins Auge gefaßt werden können. Das glänzende neue Werk Victor von Weizsäckers »Pathosophie«, dieses Werk über die »Weisheit des Leidens«, ist ein eindrucksvolles Beispiel der metaphysischen Unruhe der modernen Medizin und ein bedeutender Schritt auf dem Weg in die Zukunft der Heilkunst.

Die eine Säule des Gebäudes der klassischen Physik war die Vorstellung von der durchgehenden Gültigkeit des Kausalgesetzes in einem von nur mechanischen Kräften betriebenen Universum. Die andere Säule war die Vorstellung vom ungestuften, unendlichen euklidischen Kontinuitätsraum, dem Gefängnis des Menschen. Wie Samson das Haus der Philister, brachte die klassische Physik, indem sie im Fortgang ihrer Forschung diese beiden Säulen zerbrach, das Haus des großen Irrtums zum Einsturz. Unter den Trümmern begrub sie sich selbst.

Auf diesen Trümmern kann ein neues geistiges Gebäude der Erkenntnis errichtet werden, der Erkenntnis, daß unsere Welt ihrem Wesen nach eine gestufte, hierarchische Welt ist und der Mensch in ihr seinen Ort hat.

DER WEG INS UNBEKANNTE

Ruhm und Glanz der modernen naturwissenschaftlichen Medizin stehen mit ihrem hervorstechendsten Mangel, dem Mangel an Humanitas, in einem eigentümlichen Zusammenhang.

Von dem ersten Patienten an, den der Arzt, vielleicht nicht ohne eine gewisse Rührung, durch die magische Pforte seines Sprechzimmers eintreten läßt, bis zu dem letzten Patienten, dessen leidende Seele er ihr gebrechliches biologisches Gehäuse verlassen sieht, wird sein Leben beherrscht von einer Spannung, die er allein mit seinen eigenen Kräften bewältigen muß. Es ist die Spannung zwischen den Anforderungen, welche der Patient an ihn stellt, und den Mitteln, welche die medizinische Wissenschaft ihm in die Hand gibt, diesen Anforderungen zu genügen.

Es handelt sich hier nicht darum, daß die wissenschaftliche Medizin dem Arzt nicht für jede Krankheit ein Heilmittel in die Hand geben kann. Es handelt sich hier auch nicht darum, sogenannte Mißstände aufzuzeigen. Ärztliche Tätigkeit reicht weit in alle Gebiete des Lebens hinein. Die mangelhafte Ordnung des Lebens tritt im Rahmen der ärztlichen Tätigkeit notwendig überall in Erscheinung. Infolge der hohen Anforderungen, die man an den ärztlichen Stand zu stellen sich gewöhnt hat, wird die mangelhafte Ordnung des Lebens in diesem Bereich immer besonders stark empfunden werden.

Es handelt sich auch nicht darum, die Leistungsfähigkeit der modernen Medizin anzuzweifeln. In diesen Essays ist oft genug darauf hingewiesen worden, wie bewundernswert all diese zauberhaft wirkenden Mittel und all diese scharfsinnig erdachten Methoden sind, mit denen die moderne wissenschaftliche Medizin dem Menschen hienieden die Mühen seines Erdendaseins erleichtert und verlängert.

Am wenigsten handelt es sich darum, die Autorität der Ärzte in Zweifel zu ziehen. Nichts ist törichter als diese larmoyanten und geschmacklosen Berichte, die jeder Arzt sein Leben lang mit höflicher Langeweile sich anhört, von jenem unfähigen Dr. X., der offenbar keine Ahnung hatte, was dem Unglücklichen fehlte, und alles mögliche ohne Erfolg versuchte, und dem wundervollen Dr. Y., der »auf den ersten Blick erkannte, was los war«. Was los war, ist in solchen Fällen gewöhnlich weiter nichts, als daß der Larmoyant ein alter Querulant und Hysteriker ist, den man am besten hinters eigene Licht führt.

Nichts braucht weniger bezweifelt zu werden als die Tüchtigkeit des modernen, wissenschaftlich geschulten Arztes. Auf eine witzige Weise ist sogar die allgemeine Empörung über den Kunstfehler eines Arztes ein Ausdruck der hohen Meinung, die man gerechterweise von der Tüchtigkeit des modernen Arztes hat. Jeder ist einverstanden, wenn man infolge schlechter Laune gelegentlich die Behauptung aufstellt, von zehn Menschen seien wenigstens sechs mittelmäßige Dummköpfe. Wenn die sechs Dummköpfe gerade anwesend sind, rechnen sie sich ja auf jeden Fall zu den anderen vier. Bei dieser Statistik findet niemand etwas dabei. Aber daß unter zehn Ärzten ein Dummkopf sei, wird durchaus als eine empörende Tatsache empfunden. Welch hohe Meinung vom Niveau des ärztlichen Standes!

Ganz anders sieht die Sache aus, wenn man die Frage nach den Quellen stellt, aus denen die Autorität des ärztlichen Standes gespeist wird. Für die Mehrzahl der Zeitgenossen ist sie in dem blinden Glauben an die Leistungsfähigkeit der modernen Naturwissenschaft gegründet. Dagegen braucht man nichts weiter zu unternehmen. Dieser Glaube ist, infolge Unkenntnis, kein Urteil, sondern ein Vorurteil. Durch Argumente ist er weder zu erschüttern noch zu verstärken.

Die Problematik der Lage tritt erst in Erscheinung, wenn der Arzt selbst seine Autorität auf die Leistungen der Naturwissenschaft zu begründen unternimmt.

Wenn der junge Student der Medizin die Universität betritt, betritt er die ehrwürdige Stätte einer sehr alten Überlieferung, welche sich selbst den Namen der Universitas gibt, der das Universum umfassenden Wissenschaft. Man verharre einen Augenblick, um die Würde dieses Wortes ein wenig zu bedenken. Müßte nicht an diesem Tor, in das der Scholar einzutreten sich anschickt, ein alter Philosoph mit grauem Bart stehen, der ihn belehrte, was dieses Wort bedeutet, der das ihm sagte, was der weise alte Johann Huizinga, der Jacob Burckhardt unserer verlorenen

Zeit, in seinem letzten Werk von der »Geschonden Wereld«, der Geschundenen Welt, auf so unübertreffliche Weise gesagt hat – daß der Begriff der Universitas in jener Reihe von Begriffen steht, in welchen die westliche Welt sich dargestellt hat, daß der Begriff der Universitas zu jener Sphäre gehört, in der die Urbanitas lebendig ist, der Humanismus, die französische *civilisation*, die englische *civilization*, das holländische *beschaving* und vor allem die *civiltà*, diese vom lateinischen *civilitas* herkommende wunderbare Wortschöpfung Dantes, in der der Begriff dessen, was die deutsche Sprache Kultur nennt, den reinsten Ausdruck gefunden hat, diese *civiltà*, die die Forderung enthält nach der *vita felice*, dem glücklichen Leben, welches in der Übung der eigenen Tugend und in der Betrachtung Gottes besteht.

Das alles müßte der alte Philosoph dem Scholaren erzählen, der, indem er die Universitas betritt, sich anschickt, ein Handwerk zu erlernen, das ihn befähigen soll, leidenden Menschen zu helfen.

Was aber lehrt die medizinische Wissenschaft den Scholaren? Sie lehrt ihn Physik, Chemie, Biologie, Zoologie, Botanik und eine vollständige Kenntnis der menschlichen Leiche.

Von Physik, Chemie, Biologie wurde gezeigt, daß sie Wissenschaften sind, die weder für die Schöpfung Gottes noch für die menschliche Seele, ja kaum für das Individuum Platz haben, geschweige denn für das Du, den Nächsten jener Welt des Humanismus, von der die Aufgabe, den Leidenden zu helfen, sich herleitet. Daß hier ein Prinzip vorliegt, eine Art Laplacesches Prinzip, kann man schon daran sehen, daß in der Zoologie und Botanik, die doch wenigstens die Natur zum Gegenstand haben, keinerlei Wert auf den betrachtenden und beschreibenden Teil dieser schönen Wissenschaften gelegt wird, sondern nur auf ihren systematischen Teil.

Ohne Zweifel braucht der Scholar solide Kenntnisse in all diesen Fächern, um sich später der klinischen Methodik der modernen naturwissenschaftlichen Medizin bemächtigen zu können. Aber niemand sagt dem jungen Scholaren, wie beschränkt der Ausschnitt der Wirklichkeit ist, der mit diesen wissenschaftlichen Disziplinen erfaßt wird. Niemand warnt ihn davor, dem Irrtum des 19. Jahrhunderts zu verfallen und diese physikalisch-biologisch-anatomische Realität mit der Realität an sich ineinszusetzen. Niemand zeigt ihm, wie er sich vor diesem Irrtum schützen könne. Niemand lehrt ihn, daß es die letzten und feinsten Erkenntnisse eben dieser Naturwissenschaft selbst sind, das neue, aus der Atomphysik entstandene Denken, das ihn vor dem Irrtum des 19. Jahrhunderts bewahren kann.

Sicherlich ist das Studium all dieser Wissenschaften eine ausgezeichnete

Vorbereitung für das klinische Studium. Aber ist es eine Vorbereitung für den Beruf des Arztes?

Mit den Betrachtungen in den ersten dieser Essays sollte die geistige Landschaft, in der Arzt und Patient unserer Zeit sich treffen, unter den Aspekt jener Welt gestellt werden, in der Begriffe wie Universitas und Humanitas noch lebendig sind. In diesen Betrachtungen wurde gezeigt, welche bedeutende, ja entscheidende Rolle das Vertrauen zwischen dem Arzt und dem Patienten spielt. Ist es wirklich eine so übertriebene Forderung an die Medizin zu erwarten, daß so, wie sie den jungen Scholaren die Beherrschung der technischen Mittel lehrt, sie ihm auch die Grundlagen verschafft für die Beherrschung der geistigen Mittel, die für die Ausübung seines Berufes unentbehrlich sind? Wie Huizinga sagt, ist »für jedes Vertrauensverhältnis eine geistige Übereinstimmung erforderlich, auf der das Vertrauen ruhen kann. Die physische oder biologische Welt erzeugt ein solches Vertrauen keineswegs. Lehrt uns doch die Natur oder die Materie nicht, einander zu vertrauen«.

Die wissenschaftliche Medizin lehrt den Scholaren diese Grundlagen nicht, aber nicht deshalb, weil sie darauf verzichtet, sondern aus dem sehr viel einfacheren Grund, weil sie gar nicht dazu imstande ist.

Natürlich haben die führenden Köpfe der Medizin den Irrtum des 19. Jahrhunderts hinter sich, nicht aber die schlechten Gewohnheiten dieses Saeculum des Unglücks. Denn wie geht es nun weiter?

Der junge Scholar betritt die klinischen Hörsäle mit seinem, durch Wissen, auf die physikalisch-biologische Realität eingeengten Blickfeld. Das ist die Vorbildung, die die Universitas ihm mitgibt, um die Behandlung von leidenden Menschen zu erlernen. So erlernt er die Beherrschung all jener erfolgreichen Mittel und Methoden, deren sich die moderne Medizin mit Hilfe der experimentellen Naturwissenschaften bemächtigt hat.

Wie sehen die Erfolge aus?

»Eine sorgfältige Statistik zeigt uns, daß wir mit dieser Methode in neunzig Prozent der Fälle eine vollständige Heilung erzielen können...«

Das ist in der Tat ein vorzügliches Ergebnis, insbesondere, wenn man in Betracht zieht, welche Mühe, welchen Aufwand an Genie, Scharfsinn, Fleiß und Hartnäckigkeit es gekostet hat, dieses vorzügliche Ergebnis zu erreichen. Aber was ist mit den anderen, den zehn Prozent?

Für den Arzt sind die zehn Prozent ebenso wichtig wie die neunzig Prozent. Die Geheilten verschwinden mit jener so natürlichen und angenehmen Undankbarkeit, die es dem Arzt erspart, die pathetische Rolle des Wohltäters der Menschheit zu spielen. Die zehn Prozent bleiben ihm. Die Wissenschaft kann mit ihnen nichts anfangen. Sie setzt zwar ihren wundervollen Mechanismus weiter darauf an, die zehn Prozent auf ein Prozent zu vermindern. Aber ein Rest wird immer bleiben, ein Rest, der unbeugsam dem Erfolg widersteht. Die Wissenschaft pflegt sich in diesem Fall sogar der Schöpfung zu erinnern und schickt diesen Rest nach Hause, versehen mit einigen tröstenden, pseudotheologischen Sentimentalitäten über die Unvollkommenheit eben dieser Schöpfung. Kann sie trösten?

Das eine Prozent, am Ende ist es vielleicht nur noch einer, ein Homo patiens. Aber dieser eine ist ein Mensch. Er fällt aus der Erfolgsstatistik heraus. Wo fällt er hin?

Wir wissen es. Er fällt auf den Haufen Lumpen, auf dem Hiob liegt, seine Schwären zu pflegen und Gottes Güte zu preisen.

Eine naturwissenschaftliche Medizin steht diesem Mann hilflos gegenüber. Wer ihm ein wenig helfen kann, das ist ein alter Arzt. Mag er als ein noch so vollkommener Mediziner seine Laufbahn begonnen haben, sein Leben zwingt ihn, ein Mensch zu werden. Irgendwo haben wir alle noch das Gefühl, daß ein alter Arzt besser sei als ein junger. Wir haben vor der Tüchtigkeit eines jungen Arztes Respekt. Wir sind zufrieden, wenn es ihm gelingt, uns in die neunzig Prozent einzumontieren. Einen alten Doktor lieben wir. Wir lieben ihn um seiner Weisheit willen und sind geneigt, ihm zu verzeihen, wenn wir bei ihm unter den zehn Prozent gelandet sind. Wir wissen, wieviel Leid er sehen muß, und fühlen uns bewogen, ihn über seinen Mißerfolg zu trösten, auch wenn wir selbst es sind, die dieser Mißerfolg betroffen hat. Und er, er wird uns trösten über die ausgezeichnete Gesellschaft, in die wir geraten sind, die Gesellschaft der zehn Prozent, die keinen Teil an den Erfolgen hat. Schließlich werden wir, die Gesellschaft der zehn Prozent, die anderen ja alle einmal wiedersehen auf jenem alten Acker vor den Toren der Stadt, der geduldig wartet, bis die wissenschaftliche Statistik die so befriedigende Vollständigkeit der hundert Prozent erreicht hat.

Die weisesten dieser alten Ärzte sind die großen, weltberühmten Kliniker, die, nachdem sie ein Leben lang junge Scholaren zu Medizinern erzogen haben, uns in ihren gescheiten Biographien am Ende ihres Lebens mit souveräner Skepsis in das Geheimnis einweihen, daß sie selbst nicht allzuviel von der Sache halten.

Die Fortschritte in den Erfolgen für die neunzig Prozent sind bei der wissenschaftlichen Medizin in guten Händen. Fortschritte bei den zehn Prozent, die aus der Erfolgsstatistik schon herausgefallen sind, sind mit den Mitteln der Wissenschaft nicht zu erreichen. Für sie gilt das, was Aldous Huxley in seinem Buche »Ends and Means« über den Fortschritt gesagt hat – »the only progress is the progress in charity«.

Fortschritt in der Nächstenliebe läßt sich in Prozenten nicht erfassen. Er ist der wissenschaftlichen Medizin verschlossen. Sie ist noch immer eine Wissenschaft des 19. Jahrhunderts. Wie wenig die wissenschaftliche Medizin imstande ist, aus dem engen Bereich ihrer im 19. Jahrhundert erarbeiteten Begriffsschemata herauszukommen, kann man an nichts besser sehen als an dem neuesten Fortschritt.

Das erste große, vollständig geschlossene System von Krankheitsbildern wurde auf der Cellularpathologie Virchows aufgebaut. Das primitive Denken des 19. Jahrhunderts machte in der Medizin diesem System von Krankheitsbildern gegenüber denselben Fehler wie die klassische Physik gegenüber den von ihr gefundenen Gegebenheiten. Man glaubte, wirkliche Krankheiten gefunden zu haben als etwas, das eine vollständige Realität habe. Man sah nicht, daß das System der Krankheitsbilder ein Begriffsschema war, das man auf die Häufigkeit des Vorkommens von Symptomen anwandte. Bei gewissen besonders häufig in bestimmter Weise einander zugeordneten Symptomen einigte man sich darauf, diesen Häufigkeitsvorkommen, diesen Symptomenkomplexen den Namen einer Krankheit zu geben.

Das Unzulängliche und etwas Grobe dieser Schematisierung wurde ausgeglichen durch eine scharfsinnige und sorgfältige Beschreibung der Übergangsstadien von einer als Krankheit benannten Häufigkeitsballung von Symptomen zu den benachbarten, wiederum als Krankheiten benannten Häufigkeitsballungen von Symptomen. Diese Differenzierungen wurden mit den Mitteln der Differentialdiagnose in einer für die praktischen Bedürfnisse ausreichenden Weise erfaßt.

Als man in den Vitaminen, Fermenten und Hormonen ganz neue, zur Zeit Virchows noch unbekannte Elemente biologischer Wirksamkeit entdeckte, entdeckte man natürlich auch neue Symptome. Teilweise gelang es noch, diese Symptome mit dem alten Begriffsschema der Virchowschen Cellularpathologie zu erfassen. Teilweise mußte man ganz neue Krankheitsbilder schaffen. Diese Krankheitsbilder waren große Entdeckungen. Aber vor allem deckten sie die Mängel auf, die das Begriffsschema der cellularpathologischen Krankheitsbilder enthalten hatte.

So entwickelte sich neben der alten Virchowschen Cellularpathologie eine neue Pathologie. Da sie nicht an Zellen gebunden war, sondern an die Saftströme des Körpers, empfand man sie als eine Pathologie der Flüssigkeiten und nannte sie nach einem alten Begriff Humoralpathologie.

Dieser Vorgang wiederholt sich zur Zeit. Man entdeckte wirksame Mechanismen, die sich in einer Regulierung biologischer Vorgänge durch das Nervensystem ausdrücken in einem Umfang, den man bisher nicht vermutet hatte. Diese neue, von Speranski geschaffene Nervalpathologie, die zur Zeit, man kann nicht anders sagen als in Mode gekommen ist, deckt nunmehr diejenigen Mängel auf, die sowohl das cellularpathologische wie das humoralpathologische Begriffsschema haben. Aber immer noch steckt man tief im Denken des 19. Jahrhunderts, daß man wiederum meint, man entdecke dabei neue Krankheiten als neue Realitäten, während man doch nur auf alte, neu erklärte Symptome ein neues Begriffsschema anwendet.

Moden haben etwas Suggestives, und so ist die Medizin in eine Epoche der Nervalpathologie geraten. Nur ist es eine Epoche, die keine Epoche machen wird. Die eigentlichen Aufgaben der Wissenschaft der Medizin liegen in unserer Zeit an anderer Stelle und auf anderer Ebene.

Das naturwissenschaftliche Experiment macht den Menschen zum Objekt. In der statistischen Betrachtungsweise der modernen wissenschaftlichen Medizin erscheint der Mensch nicht als Mensch, sondern als ein objektiviertes statistisches Individuum. Das ist eine Grundhaltung der wissenschaftlichen Medizin. Auch die klinische Betrachtungsweise »als ein Fall von...« macht ihn zum Objekt.

Schließlich ist jede Neueinführung eines Medikamentes, jede neue Operationsmethodik ihrem Wesen nach ein Experiment. Man braucht dazu moralisch keine Stellung zu nehmen. Die Risiken dieser Arbeitsmethode, wenn sie gewissenhaft angewendet wird, lohnen sich ganz offensichtlich. Nur sollte die Medizin nicht versuchen, darüber hinwegzutäuschen, daß sie am Menschen experimentiert.

Der wissenschaftliche Mediziner ist als Forscher Subjekt gegenüber seinem Fall, der Objekt für ihn ist. Darin liegt der Mangel an Humanitas. Der Mensch ist Subjekt unter Subjekten. Jede Denkform, die ihn dieser Eigenschaft als Subjekt beraubt, beraubt ihn seiner menschlichen Würde.

Wie man sieht, ist dieser Mangel der medizinischen Forschung an Humanitas bedingt durch dieselbe Methodik, welche ihr zu ihren Erfolgen verholfen hat.

Es sei sogleich noch auf einen Einwand eingegangen, der naheliegt. Die moderne wissenschaftliche Medizin hat, wird man sagen, eine eigene Disziplin, die sich mit der in dem biologischen Individuum irgendwie und auf eine rätselhafte Weise verankerten Seele beschäftigt.

Aber auch die Psychiatrie macht die Seele zum Objekt ihrer Wissenschaft. Auch der Psychiater als Forscher steht als Subjekt der Seele des Patienten als Objekt gegenüber. Dies trifft nicht zu für die Psychoanalyse. Welche Schwierigkeiten hat die Psychoanalyse gehabt, überhaupt als Wissenschaft von der Medizin anerkannt zu werden!

Die Psychiatrie kann keine Definition der seelischen Gesundheit des Menschen geben. Eine der Voraussetzungen seelischer Gesundheit ist, daß der Mensch moralisch gesund sei. Moralisch gesund werden aber kann er erst wieder, wenn er sich auf die jenseits der Physik liegenden, die methaphysischen Grundlagen seines Daseins besinnt. Diese Kategorien unterstehen nicht der Beurteilung der Psychiatrie. Sie ist eine psychologische und keine moralische Wissenschaft. Mit des Menschen unsterblicher Seele hat sie nichts zu tun. Die treffende Formel der englischen Sprache, von einem zu sagen, er sei »moral insane«, ist keine psychiatrische Feststellung.

Die medizinische Forschung wird sagen, eine wissenschaftliche Arbeit sei nicht möglich, wenn man das, was man untersuchen wolle, nicht zum Objekt mache. Darauf eben beruhten ihre Erfolge.

Nun gut! Aber eben nur die Erfolge. Wir haben gesehen, welche Folgen diese Haltung gehabt hat. Das ist ja das, was die Welt seit 1500 in eine immer weiter um sich greifende Verwirrung gestürzt hat, diese kleine Wandlung in der menschlichen Grundhaltung, diese Fähigkeit und Bereitwilligkeit, aus dem Zustand der Humanitas in jene Haltung des modernen Menschen, des Forschers hinüberzuwechseln, deren wesentliches Merkmal eben diese Abweichung von der Humanitas ist. Daß die Natur zum Objekt gemacht wurde, hat zur Folge gehabt, daß die Natur auf dieser Erde immer mehr und mehr zerstört wurde. Huizinga sagt: »Mit der Zerstörung der Landschaft verschwand viel mehr als ein idyllischer oder romantischer Hintergrund. Es ging ein Teil dessen verloren, was den Sinn des Lebens ausmacht.« Den Menschen zum Objekt zu machen, wird keine andere Folge haben, als ihn ebenfalls zu zerstören.

Die »Ganzheit« des Patienten, von der neuerdings so viel die Rede ist, ist nicht nur ein schauderhaftes Wort der deutschen Sprache, sie ist durchaus die adaequate Charakterisierung für den Zustand des Objekts der modernen naturwissenschaftlichen Medizin, das zuerst atomisierte und dann aus seinen Teilen wieder »ganz gemachte« Individuum.

Es ist nichts dagegen einzuwenden, daß die experimentelle Biologie sich aus dem Kosmos das biologische Individuum per definitionem herauslöst, um es zu untersuchen und zu sehen, wie es funktioniert. Aber die experimentelle Biologie stellt auch nicht den Anspruch, den Menschen zu ihrem Gegenstand zu haben.

Die moderne wissenschaftliche Medizin hingegen behauptet, daß es der kranke Mensch sei, den sie behandle. Er ist es nicht. Die wissenschaftliche Medizin zwängt den Menschen in ihr enges Begriffsschema und kümmert sich nicht darum, was ihm dabei angetan wird.

Der Mensch in der Vollständigkeit seiner Humanitas ist, wenn er krank ist, in seiner Harmonie gestört. Es ist von vornherein ausgeschlossen, mit einem so engen Begriffsschema, wie es das der wissenschaftlichen Medizin ist, dieses Menschen überhaupt habhaft zu werden.

Sagt die medizinische Forschung, anders als durch Objektivierung des Patienten, anders als indem man ihn unter einen bestimmten gut definierten Aspekt setze, könne man keine exakte Medizin betreiben, nun, so erlaubt das uns zu sagen, daß dann eben die wissenschaftliche Medizin unzulänglich sei. Der Arzt jedenfalls muß die Aufgabe meistern, des ganzen Menschen habhaft zu werden, um seine gestörte Harmonie wieder ins Gleichgewicht zu bringen.

Die biologische Heilung eines kranken Menschen ist eine sehr nützliche Unternehmung, aber sie ist banal. Ihre Grenzen sind eng gezogen, so eng, wie die Medizin selbst sie durch das beschränkte Begriffsschema zieht, unter welches sie den Menschen stellt.

Die experimentelle Biologie hat, nachdem sie in philosophischer Weisheit und Bescheidenheit erkannt hat, wo ihre Grenzen liegen, die Wahl, ob sie eine neue Wissenschaft der Mannigfaltigkeit, die einen vollständigeren Aspekt des Menschen umfaßt als den biologischen Ausschnitt, welchen sie jetzt zum Gegenstand ihrer Forschung hat, selbst schaffen oder ob sie das anderen überlassen will.

Die wissenschaftliche Medizin hat diese Wahl nicht. Sie könnte zwar dabei bleiben, den Menschen weiterhin in ihr zu enges Begriffsschema hineinzuzwängen, aber die Unzulänglichkeit dieses Bemühens ist allzu offenbar. Die Medizin wird, wenn sie in ihrer inhumanen Haltung verharren wird, zu einer Technik absinken, derer man sich als einer nützlichen Sache bedienen wird.

Der modernste Zweig der Chirurgie hat diesen unsentimentalen und nützlichen Zustand schon erreicht. Wo die Künste des Friseurs zu Ende sind, übergeben die Frauen unserer Zeit ihre Gesichter der kosmetischen Chirurgie. Die kosmetische Chirurgie repariert die Schäden, die das Leben in die Gesichter gezeichnet hat. Das Skalpell verrichtet da wahre Wunder. Ob freilich die neue Schönheit, die das Skalpell zaubert, den Pinsel Rembrandts, Renoirs oder Corinths verlockt hätte, die alte Schönheit des Lebens darzustellen, muß bezweifelt werden. Auch sind die Wunder des Skalpells nicht von der gleichen Dauerhaftigkeit wie die Wunder des Pinsels.

Man wird in einer Klinik sich seine kranke Leber reparieren lassen, wie man sich beim Okulisten seine gesprungene Brille reparieren läßt. Das Verdienst der Medizin an der biologischen Gesundheit, die sie einem wiedergibt, ist dann von der Art des Verdienstes, das der Okulist daran hat, daß man wieder sehen kann. Um die Würde des Berufes, leidenden Menschen zu helfen, würde der Arzt allein weiterkämpfen müssen.

Die Aufgabe, welche der Medizin durch das neue Denken gestellt wird, ist zu großartig, als daß man befürchten müßte, daß sie nicht in Angriff genommen werden würde. Die medizinische Forschung wird eine grundsätzliche Erweiterung der Humanitas ihrer Grundlagen vornehmen.

Sie wird sich auf ihre alten und ehrwürdigen Überlieferungen besinnen. Dabei wird ihre einzige geisteswissenschaftliche Disziplin, die bisher so bescheiden im Schatten der Erfolge leben mußte, ihr nützliche Dienste leisten. Die Geschichte der Medizin wird dann nicht mehr allein dazu dienen, die Modejournale der medizinischen Wissenschaft mit den Kupfern alter Ärzte zu schmücken. Auch wird man die geistvollen humanistischen Einfälle dieser alten Ärzte nicht mehr allein dazu verwenden, als kaum verstandene Sinnsprüche für die Publikationen des der Humanitas so fernen Denkens der wissenschaftlichen Medizin zu dienen. Man wird sich an die Aufgabe machen, diese humanistische Überlieferung wieder lebendig werden zu lassen.

Die biologischen Theorien des 17. und 18. Jahrhunderts, die romantische Naturphilosophie, sogar die Medizin der Chinesen, sie alle werden wissenschaftliche Bedeutung bekommen.

Es wird der medizinischen Wissenschaft dabei ähnlich ergehen, wie es der modernen Physik ergangen ist. Die Errungenschaften der klassischen Physik stellen sich im Rahmen der modernen Physik als Grenzfall dar. Nichts von den Ergebnissen der klassischen Physik braucht aufgegeben zu werden. Was das neue Denken leistet, ist die Einordnung der klassischen Physik in einen größeren Zusammenhang. Dabei wird die wissenschaftliche Medizin die gleichen Vorteile von der Tugend der Toleranz haben, wie die Atomphysik sie gehabt hat.

Die Medizin des neuen Denkens, die sich mit dem Menschen als einem transzendenten Wesen befaßt, bedarf einer metaphysischen Einordnung, damit sie ihrerseits die biologische Krankheit als Grenzfall in den größeren Zusammenhang der Störung der Harmonie des Menschen einordnen kann. In dieser neuen Medizin der Mannigfaltfgkeit werden Krankheiten wie die Neurasthenie dem Zugriff der Medizin zugänglich werden. In diesem Rahmen wird man ebenso »den technischen Menschen« als Krankheit kennen wie den »moral insane«, den »Radiohörer«, den »Standardkäufer«, den »Massenmenschen«, den »Verkehrsteilnehmer« und, seien wir kühn, vielleicht auch noch die hormonal nicht recht beeinflußbare »Atrophie der Reue«.

Der Mensch, der geschundene Mensch der geschundenen Welt des 20. Jahrhunderts, stellt der Wissenschaft der Medizin eine wunderbare Aufgabe, die Aufgabe, ihm seine wahren Leiden heilen zu helfen. Die kranke Leber ist nicht das, was an ihm krank ist. Es ist der Gram, der ihm die Galle zum Überlaufen gebracht hat.

Eine solche neue Wissenschaft der Mannigfaltigkeit wird man nunmehr auch den Scholaren anbieten können. Woher will man heute den Mut nehmen, zum Studium eine Wissenschaft anzubieten, die nur so schwache Versuche gemacht hat, von den Mängeln des 19. Jahrhunderts sich zu befreien. Wahrscheinlich wird man die Scholaren bitten müssen, ihr Vorphysikum bei der theologischen Fakultät abzulegen, damit sie nicht an der Leiche, sondern an der Seele erlernen, wer dieser Mensch ist, dem sie von seinen Leiden helfen sollen. Dafür wird in den Lehrsälen der Physik Platz für die Scholaren der Gottesgelahrtheit sein. Dort können sie sich das neue Denken aneignen, um gegen den Unglauben des 19. Jahrhunderts sogar mit naturwissenschaftlichen Argumenten antreten zu können.

Die Wissenschaft der Medizin kann an dieser Aufgabe, die das neue Denken des 20. Jahrhunderts ihr stellt, hochmütig vorübergehen. Dann wird die kommende Zeit der Mannigfaltigkeit die wissenschaftliche Medizin mit all ihren Ansprüchen hinter sich lassen.

Mit einem halben Gramm des Natriumsalzes der Diaethylbarbitursäure kann die Wissenschaft Kaiser Karl v. einen ehrlichen Schlaf nicht verschaffen. Diese Therapie wäre nicht mehr als der Versuch, die Sorge in Narkose zu versetzen. Nichts hindert die Sorge, in den Träumen der Majestät wieder aufzuwachen.

All die wunderbaren Geheimnisse, welche vierhundert Jahre experimenteller Forschung in dieses kleine weiße Häufchen Pulver gebannt haben, machen es doch nicht würdig, dem Herrscher der Welt als Heilmittel angeboten zu werden. Es fehlt dem kleinen weißen Häufchen Pulver noch ein minimes Geheimnis, das nur aus dem Stein der Weisen zu gewinnen ist. Es fehlt ihm noch ein halbes Milligramm Substantiae humanitatis.

Wenn die wissenschaftliche Medizin in der Lage sein wird, dieses letzte Geheimnis dem kleinen weißen Häufchen hinzuzufügen, dann wird sie es anwagen dürfen, dieses Pulver für die Sorge eines Kaisers zu verschreiben.

Verwenden wir weitere vierhundert Jahre darauf, diese Aufgabe zu lösen. Es ist der Stein der Weisen, mit dessen Hilfe diese Aufgabe sich wird lösen lassen, das neue Denken, die neue Toleranz, die neue Bescheidenheit, die neue Mannigfaltigkeit, die neue Humanitas.

Das Haupt Kaiser Karls v. an seinem nächtlichen Kamin, der Majestät der Sorge gegenüber, auf deren saekulare Lumpen schon das Grau der Dämmerung eines neuen Morgens fiel, war umhüllt von der Trauer um eine Welt, die unter seiner Herrschaft zu zerfallen begann.

Das Gesicht der großen Sphinx der Zukunft ist undurchdringlich. Unbewegt blickt ihr Auge in die untergehende Sonne des Abendlandes. Von ihren Löwenpranken ruht die eine auf der Atombombe, die andere auf dem Stein der Weisen. Das Schicksal der Welt wird davon abhängen, welches dieser beiden Dinge das spielende Kind der Schöpfung sich nehmen wird.

Niemals hat es eines Engels nötiger bedurft.

DIE KLEINE WELTLATERNE

ASPEKTE

UNTERWEGS

BEGEBENHEITEN

AN DER THEKE

Die Griechen hatten die ἀγορά. Wir haben die θήκη. Es hat durchaus seine Berechtigung, die Theke in griechischen Buchstaben zu schreiben. Erstens einmal könnte Theke gut und gern eine attische Göttin sein, eine der Jagdgefährtinnen der Artemis, die bei Gelegenheit einen Flirt mit Silen startet und mit den blumengeschmückten Thyrosstäben einhertanzt. Zweitens ist die Theke, wie die Akademie, eine Einrichtung von klassischer Würde, die zum Austausch geistiger Güter dient. Jedenfalls ist hierzulande die Tradition der Theke lebendiger als die Tradition der Akademie.

An der Theke treffen sich Männer, Männer mit bunten Halstüchern oder mit schneeweißer Edelbinde, Männer mit Coltrevolvern im Gürtel oder mit Orden im Knopfloch, Männer mit Hosen, an denen die Bügelfalten oder die Kalkspritzer blitzen, Männer mit Siegelringen oder mit Öl an den Fingern.

Frauen treffen sich an der Theke nicht. Sie werden mitgebracht. Damit wird eine Rangordnung angedeutet. Einige meinen, daß das noch eine letzte Erinnerung an jenes Konzil sei, wo die Frage, ob die Frauen eine Seele hätten, zugunsten der Frauen entschieden wurde. Diese Fragestellung ist uns im Lauf der Jahrhunderte zuweilen – übrigens selten genug! – verübelt worden. Sicher mit Unrecht! Wenn die Frauen eine Seele haben, so verdanken sie deren Anerkennung einer männlichen Majorität. Wieviel einfacher wäre es für uns gewesen... aber lassen wir das!

Man muß denen recht geben, die das Mitbringen von Frauen an die Theke für die Durchbrechung eines Prinzips halten. Da man Gesetze nicht brechen darf, andererseits aber durchaus etwas haben muß, was gebrochen werden kann, wurde das Prinzip eingeführt. Prinzipien sind diejenigen Gesetze, welche gebrochen werden dürfen.

Die Theke also ist ein männliches Prinzip. Darum wirken Frauen an der Theke so kühn. Darum auch fühlen sie sich, gemäß der im Grunde ihres Wesens schlummernden Neigung zur Anarchie, daselbst so wohl. Der einzige wirkliche Prinzipienreiter von Format ist die Frau. Ich möchte – ha! – das Prinzip sehen, das nicht bei Gelegenheit von einem hübschen Mädchen über alle Zäune hinweg mit Gelächter in den Bach geritten wird.

Das Brauchtum der Theke ist in den verschiedenen Kontinenten nicht sehr verschieden. Mag ein Indianer in Chemnitz noch so hilflos umherirren, wenn er eine Theke erblickt, wird er so gut wie ein Sachse in Indianapolis wissen, wie er sich zu benehmen hat.

Die Theke ist die Stätte zweier alter Freiheiten, der Freiheit zu reden und der Freiheit zu schweigen. Dazwischen, sozusagen zwischen zwei Gläsern, gibt es noch eine dritte Freiheit, die Freiheit zu knobeln.

Die Freiheit zu schweigen macht die Theke zu einem sicheren Hort jener echten Melancholie, welche der Grundzug des männlichen Wesens ist und aus welcher in souveräner Gleichgültigkeit die Entschlüsse zu allen großen Taten entspringen. Man beobachte die nicht etwa von oberflächlichem Takt, sondern von wahrer Ehrfurcht getragene Haltung eines Mixers gegenüber einem Gast, der schweigend an seiner Theke lehnt. Der Mixer schlägt Eier auf, rückt Gläser zurecht, wischt mit eilfertiger Geschäftigkeit den Tisch ab. Er würde sich eher den Finger abschneiden, als daß er das sakrosankte Schweigen der Theke bräche. Nach vier und einer halben Minute, die, geschwiegen, eine wahre Ewigkeit sind, sagt er einmal, mit unnachahmlicher Nonchalance seine Stimme in die Gegend des Ofens zerflattern lassend: »Kalt heute draußen?«

Der Gast kann das nehmen wie ein Raketenseil, das einem schiffbrüchigen Unbekannten von Land aus zugeschossen wird. Er kann es erfassen und seinen Untergang noch um einiges verschieben. Er kann es aber auch in den ewigen Ozean zurückfallen lassen. Dann darf er bis ans Ende seiner Tage weiterschweigen.

Die Freiheit zu reden macht die Theke zur Agora unseres Zeitalters. An der Theke darf man einen Mann nach einer Narbe fragen, die ihm quer übers Auge zieht. Dafür muß man jeder Geschichte, die er über diese Narbe erzählt, unbedingt Glauben schenken. An der Theke darf man die wildesten Behauptungen aufstellen. Man findet Hörer. Freilich muß man sich auch sagen lassen, daß man ein blutiger Ignorant, ein Greenhorn, ein Esel sei. In derlei Feststellungen liegt niemals die mindeste beleidigende Absicht. Nur wenn man schon einen in der Krone hat, dann darf man sogar übelnehmen, aber dann muß man sich an Ort und Stelle schlagen. Der Wirt sagt dann: »Kinder, seid vernünftig!« Das freilich heißt, den Steinen in der Oase predigen. Kinder sind nun einmal unvernünftig.

An der Theke kann man sich mit einem unbekannten Anhänger der Welteislehre oder des Briefmarkensammelns bis um vier Uhr in der Früh in bodenlose Gespräche verstricken. Während die Frauen die Prinzipien über die Zäune reiten, reiten die Männer ihre Steckenpferde auf dem Bartisch spazieren. Wenn sie sich durchaus nicht einig werden können, dann fragen sie den Sokrates des Schüttelbechers. So wie er für jede seelische Lage ein eigenes Rezept zu mischen weiß, so weiß er für jede Dummheit eine beschwichtigende Zustimmung.

Fruchten seine Bemühungen nicht, so stellt er zwischen die entflammten Geister den Knobelbecher. Wenn es viele Probleme gibt, die die Menschheit niemals lösen wird, das Problem, wer den nächsten Drink zu bezahlen habe, muß sofort gelöst werden. Wie Männer sind, lassen sie am liebsten das Glück entscheiden.

Es gibt Stehtheken und Sitztheken. Die Stehtheke ist ein Blechtisch, auf dem ein wenig Bier schwimmt. Rechts steht wie ein barockes Monument aus dem Park von Fontainebleau ein Aufbau von Zigarren, die gute »Montezuma« zu zwanzig, die »General Wrangel« zu dreißig. Wie viele Dichter haben wohl schon den Ehrgeiz gehabt, statt als Monument unter Bäumen als Zigarrenname an der Theke zu prangen? »Eine Däubler zu zehn!« oder »Eine George-Brasil!« Das wäre Nachruhm!

Links baut sich der Traum des Lamme Goedzack auf, ein Schinken, zehn Soleier, ein Hügel von kalten Bouletten und Eisbein in Sülze. In der Mitte steht der Wirt, breit und hemdsärmelig, und verteilt die guten Gaben. Noch in der Wüste würde man von ihm träumen, diesem Freund der Menschen, der sich für andere seine Leber ruiniert.

Die Sitztheke ist zivilisatorisch verfeinert. Sie wird gemeinhin Bar genannt. Die Bräuche sind dieselben. Die Stühle sind hoch und schwankend. Sie vermitteln einem schon durch die Art des Sitzens ein Gefühl für die Unsicherheit und Fragwürdigkeit des Daseins. Die Zahl der Drinks ist unendlich. An diesem ebenso wie an irgendeinem anderen Gegenstand kann man die Einsicht in die Unvollständigkeit menschlichen Wissens gewinnen.

Die Theke ist der Ort, wo der Tropfen Wermut in den Becher fallen darf, ohne daß man sich veranlaßt sieht, alsbald den ganzen Becher ins Meer zu werfen.

Die Theke ist der Rangierbahnhof der menschlichen Seele, ein Bebra des Gemüts auf der Fahrt von des Tages Mühe in den Frieden der Nacht. Schätzen wir uns glücklich, die Theke zu haben! Die Bahnhöfe des Lebens sind selten unseren Bedürfnissen in einer so komfortablen Weise angepaßt wie diese Oase zwischen Licht und Traum, aus deren Brunnen Korn und Pilsner sprudeln.

ANHÄNGLICHKEIT AN ALTEN HUT

Sie haben, gnädige Frau, jetzt, wo es in den Sommer geht, zweifellos mehr Anspruch darauf, etwas von neuen Hüten zu hören. Alter Hut, offenbar, ist nicht Hut einer Dame.

»Dame mit altem Hut«, das könnte höchstens das Sujet eines Malers sein. Man sieht auf diesem Bild eine leuchtende Frühlingslandschaft, im Vordergrund einen Hund mit weißem Fell. Die Dame, die zu diesem

Hund gehört, steht unter einer blühenden Kastanie und betrachtet ein merkwürdiges braungrünes Gebilde, das mitten auf der Wiese liegt. Ein Spatz hat sich daraufgesetzt, heiter und unbekümmert. Das braungrüne Gebilde ist ein alter Hut. Um einen solchen Hut handelt es sich hier.

In diesem Falle ist es sogar mein eigener. Noch liegt er nicht herrenlos auf der Wiese. Aber wer kann wissen, wie nahe schon er seinem heiteren Ende inmitten blühenden Frühlings ist. Es ist ein wunderbarer alter Hut. Er stammt aus der vornehmen Familie der Pleß. Es sind nicht die Fürsten Pleß. Aber die Hutmacher Pleß sind in Wien auch eine Aristokratie. Was Sacher für den Magen, das ist Pleß für die Glatze.

Als er jung war, dieser Hut – wie viele Jahre ist das schon her! – war er ein wahres Prachtstück. Zunächst einmal war er hellgrau, von jenem empfindlichen und aristokratischen Hellgrau, wie man es eigentlich nur an staubfreien, sonnigen Vorfrühlingstagen tragen sollte, wie sie manchmal über unwürdige Faschingshäupter ebenso prachtvoll wie unverdient hereinbrechen. Das Band war sogar noch um eine Nuance heller. Es grenzte nachgerade an Silbergrau.

Der Besitzer eines solchen Hutes, mag er im übrigen was auch immer auf sich herumtragen, qualifiziert sich als ein Gentleman von prätentiöser Lebenshaltung. Ein so hellgrauer Hut kann sein Cachet nur wenige Vorfrühlingstage halten. Ein einziger sanfter Märzschauer dunkelt ihn zu einem Hellgrau ab, das höchstens noch als gehobenes Mittelstandshellgrau gelten kann. Dann muß eigentlich ein neuer Hut her. Der neue kam natürlich nicht von selbst, ich hätte ihn holen müssen. Da fand ich zum ersten Male meinen alten Hut, wenn auch sein Alter nicht über einen halben März hinausging, schön.

Hier zeigte sich, dem Hute gegenüber, zum ersten Male diese merkwürdig irrationale, männliche Eigenschaft, die man nicht anders bezeichnen kann als eben mit Anhänglichkeit an alten Hut.

Das ist's auch, worüber die Lady auf unserem Frühlingsbild nachdenkt. Was muß das für ein Mann gewesen sein, der einen Hut so lange trug, bis er graugrün wurde und von der Natur nicht mehr zu unterscheiden war. Zuletzt war es natürlich ein Vagabund. Vagabunden sind die Aristokraten der Armut. Kein Hut scheint dieser Dame selbst für diese Aristokratie noch besser als so einer.

Vielleicht, gnädige Frau, können wir die Sache auf eine einfache Formel bringen. Treu nämlich sind die Männer nicht. Nein, das kann man beim besten Willen nicht behaupten. In ihren besseren Exemplaren sind sie anhänglich, anhänglich wie gute, große Hunde. Das ist in seiner Simplizität zweifellos ebenso sympathisch, wie es auch ein wenig lächerlich ist. Mißachten Sie das nicht!

Wenn der verehrte Herr Gemahl mit unerbittlicher Hartnäckigkeit an einem scheußlichen Aschenbecher festhält, den er aus stürmischeren Jahren in den, hoffen wir, Frieden seiner Ehe mitnahm, so bekämpfen Sie das nicht zu heftig. Sie bekämpfen eine seiner besten Eigenschaften.

Wo kämen die Frauen hin, wenn wir nicht so sympathisch anhänglich, so lächerlich anhänglich wären. Ganze Plantagen von Apfelbäumen haben wir mit ihnen abgeerntet seit jenem ersten faulen Apfel, der uns aus dem Paradies unserer Faulheit vertrieben hat. Von Apfel zu Apfel schaukelt die Geschichte der Menschheit unbekannten Zielen entgegen. Ja, weiß der Himmel, Äpfelchen, wohin du rollst.

Anhänglichkeit an alten Hut, Anhänglichkeit an Äpfelchen, das ist's, warum die ganze Sache weiterläuft. Sonst gäbe es auf der ganzen Erde nur noch Klosterruinen. Die Frauen, diese so bemerkenswerten Geschöpfe, wären aufgeschmissen. Was nützte ihnen der Apfel, wenn keiner ihn fräße?

Nicht wahr, jetzt begreifen Sie die Wichtigkeit von altem Hut? Ich darf annehmen, daß Sie künftig alte Hüte mit Wohlwollen, ja geradezu mit Zuneigung betrachten werden.

Das gehobene Mittelstandshellgrau war natürlich nur der Anfang des Abstiegs meines guten, alten Hutes. Später wurde er grün, dann braun, dann schwarz. In den letzten Jahren ist er wieder aufgeklart. Nun hat er schon lange die braungrüne Wiesenreife, die sein heiteres Alter einleitet.

Manche sehen verächtlich auf ihn herab. Er hat mehr erlebt als jene, die auf ihn herabsehen. Auch Schicksalsschläge blieben ihm nicht erspart. In Löbtau ist er von der Elektrischen überfahren worden. Bei Shanghai fiel er ins Gelbe Meer. Ich mußte ihn selbst herausholen. Chinesen können nicht schwimmen.

Auf dem Funkturm fiel er zu Huhn im Topf in den Topf. In Stockholm hat ihn mal ein Gaul angefrühstückt.

Annemarie hat ihn mit Sidol gereinigt. Kathrinchen hat das neue Leder eingenäht. Evelyne und Lucienne je ein neues Band. Mit Mary habe ich mich allein viermal des Hutes wegen verkracht, ganz abgesehen von der Sache damals mit dem Billett in Bellinzona. Das war in dem Jahr, als der Hut irisierte. Da war der Wein im Badischen so gut geraten, daß ich des Sprüchleins gedachte, welches die Bauern in solchen Jahren singen, wenn sie den Federweißen zum erstenmal probieren.

»Der Wein ist gut.
Ich kauf' mir keinen neuen Hut.
Ich setz' den alten auf –
und sauf'!«

Wir sind zwei alte Seefahrer des Daseins. So bald wird uns nichts trennen. Ich kann ihn schwenken, aufstülpen oder in die Tasche stecken. Er läßt sich alles von mir gefallen. Er hat ein Gesicht. Er ist ein Schlapphut, wenn ich traurig bin. Er thront keck, wenn ich Honorar bekommen habe. –

Und wenn ich wieder einmal Honorar bekomme, dann werde ich mir auch endlich einen anständigen Hut kaufen.

» ?«

Wie bitte? Ein Widerspruch? Aber nein, gnädige Frau! Die Äpfelchen rollen doch nur in die neuen Hüte, in die Hüte von jenem empfindlichen und aristokratischen Hellgrau, wie man es eigentlich nur an staubfreien, sonnigen Vorfrühlingstagen...

Alter Hut auf grüner Wiese, dann sieht die Lady nur den Hut. Neuer Hut auf grüner Wiese, dann sieht sie den Hut nicht mehr, sondern nur noch den Aristokraten der Armut, der ihn trägt.

Vielleicht lasse ich auch nur den alten Hut zu Hause. Von dem Ersparten könnten wir dann Kaffee trinken.

Sogar im Schranke noch muß alter Hut dem Guten zum Besten dienen.

REISE ZU ZWEIT

Wenn in der guten alten Zeit zwei Leute differenten Geschlechts das miteinander eingingen, was man mit so schöner poetischer Übertreibung den Bund fürs Leben nennt, so schickte man sie auf die Hochzeitsreise.

Dieser alte Brauch ist heutigen Tages kaum mehr im Schwange. Sicherlich deshalb, weil so viele Witze über die Hochzeitsreisenden gemacht worden sind, daß keiner mehr sich dem Gespött der Leute aussetzen will. Aber die alten Bräuche sind voll tiefer Weisheit. Wenn die Menschen die alten Bräuche aufgeben, so spricht das nicht gegen die Weisheit, die in den alten Bräuchen steckt. Es beweist die Dummheit, die in den Menschen steckt.

Wenn man anfängt, über den Sinn der Hochzeitsreise nachzudenken, findet man, daß sie ebensosehr über das Wesen der Liebe wie über das Wesen des Reisens Aufschluß gibt. Von einem Mann, der verliebt ist, sagt man, daß er den Verstand verloren habe. Nun ist das ohne Zweifel ein in hohem Maße begrüßenswerter Zustand. Wenn die Männer ihren Verstand beisammen haben, dann beschäftigen sie sich mit ihren eigenen Angelegenheiten und sind unerträgliche Egoisten. Wenn die Männer den Verstand verlieren, dann verlieben sie sich. Wenn dieser Zustand ernst genug ist und lange genug anhält, dann heiraten sie.

Die Frauen sind darauf angewiesen, daß die Männer den Verstand verlieren. Sonst würden im guten alten Europa nur noch Chinesen herumfahren und sich die prächtigen Klosterruinen ansehen, in denen die letzten verständigen Europäer gewohnt haben.

Ohne Zweifel ist ein verliebter Mann für alle Leute etwas Lächerliches – außer für die Frau, welche er liebt. Darum schickt man ihn auf die Hochzeitsreise, irgendwohin, wo keiner ihn kennt außer dem einzigen Menschen, für welchen er nicht lächerlich ist – seiner Geliebten. Bliebe er daheim, er würde Gefahr laufen, seine ganze Reputation zu verlieren. Der Mann ist so geartet, daß er eher aufhört zu lieben, als daß er anfängt, lächerlich zu sein. Von allen Helden ist Don Quichote unter Männern am seltensten zu finden. Fort mit ihm! Nach Venedig! Zum Taubenfüttern! Sonst findet er womöglich in der vertrauten Umgebung seinen Verstand wieder. Die Frau aber hat, was sie haben will und was sie auf keine andere Weise haben kann – vier Wochen lang ist sie die Geliebte und nichts als das.

Wann immer der Bund fürs Leben nun in die Brüche geht, die Tauben von San Marco werden durch den Himmel der Ehe flattern, solange noch eine freigebige Hand daran denkt, sie zu füttern. Der einzige sichere Besitz des Menschen ist die Erinnerung. Wenn Philemon und Baucis schließlich fünfzig Jahre später nach Reichenhall fahren, um das Rheuma mit linden Wässern zu behandeln, sie rollen dahin auf den Rädern der Erinnerung. Das Glück ihrer jungen Tage ist das Glück ihres Alters. Nur junge Liebespaare und alte Eheleute sind es wert, daß die Welt schön ist.

So, wie man mit seiner Geliebten nur reisen kann, so kann man reisen nur mit seiner Geliebten. Unter den neueren Skribenten herrscht der Hang zu einer Art von Abenteuern, die es gar nicht gibt. Sie lassen einen Mann in die Welt hineinreisen. Auf irgendeiner Hotelterrasse, gemeinhin an einer Meeresbucht und womöglich in Ceylon, sitzt das fabelhafte Wesen, dessen der Skribent bedarf, um seinen Leser zufriedenzustellen. Tatsächlich sitzen auf den Hotelterrassen von Colombo nur alte Engländerinnen, hervorragende Ladies, aber sicher schwerer zu erobern als Ceylon selber, und auch für den Leser gar nicht geeignet.

Oder sie setzen eine Frau auf das Promenadendeck eines Luxusdampfers in einen Longchair. Der Herr, der in Abenteuer reist, braucht nur die nächste Mondscheinnacht abzuwarten, um einsam-zweisam vorn am schäumenden Bug des Schiffes und so weiter und so weiter. Abgesehen davon, daß das Betreten der vorderen Back auch für Passagiere der ersten Klasse verboten ist, an Bord von Luxusdampfern sind so viele Zellulosekönige, Edeltenöre und Lebertranmagnaten mit solidem Gold in der Kehle, im Safe und im Gebiß, daß der Herr, der nichts anderes vertritt als seine eigene schwachsinnige Auffassung vom Leben, nicht die leiseste Chance hat.

Ein Mann allein, schließlich, reist überhaupt nicht. Er fährt höchstens irgendwohin. Versucht er, es den Skribenten recht zu machen, so beweist er, daß er von vornherein keinen Verstand hat. Tatsächlich, diese Abenteurer haben den Verstand verloren, noch ehe sie eine Frau gefunden haben, um die es sich lohnte, ihn zu verlieren. Dann wundern sie sich, daß sie in Edinburgh nur Nurses, in Alexandria nur Fischweiber und in Paris nur Midinetten zu sehen bekommen. Sie werden niemals begreifen, was für eine abenteuerliche Sache es ist, eine Frau, die man nur in Steglitz kennt, in Edinburgh, in Alexandria, in Paris zu erleben.

Reisen zu zweit, das heißt einer Frau die Welt erobern. Wenn Napoleon Marengo für Josephine gewann, so kann noch immer jeder Don Quichote, der den Verstand verloren hat, seiner Josephine aus Steglitz Venedig zu Füßen legen. Unter den lärmenden Faquinos, die sich mit bedrohlichen Gesten auf das Gepäck stürzen, einen zu wählen und ihm einen Befehl zu geben, das heißt eine Entscheidung treffen, eine Schlacht gewinnen, ein Mann sein.

Im Kursbuch einen Zug zu finden, der dann wirklich geht, wohin er soll, das gehört zu den Künsten eines Merlin, mit denen man eine Frau von heute leichter bezaubern kann als mit Minnesang.

Schließlich, wenn man im Trasimenischen See gebadet hat, muß man entscheiden, ob es nach Ravenna oder nach Ferrara gehen soll. Diese Entscheidung ist, wenn auch nicht so folgenschwer, so doch keineswegs leichter als die, welche Hannibal treffen mußte, nachdem er seine Elefanten in diesem See gebadet hatte. In Ravenna kann es regnen!

Wer hätte nicht schon die alten Meister gepriesen, wenn er Josephine aus Steglitz an ihnen entlangführt. Ein kurzer Blick auf die Tafel und man sagt »Ein Simone Martini«, so, als ob das Bild seit vierhundert Jahren im Besitz der Familie wäre.

Die Frauen, diese bezaubernden Wesen, lächeln dazu, dankbar und staunend. Sie nehmen die Welt geschenkt aus den Händen eines Mannes, der für sie nicht lächerlich ist. Sie sind souverän genug, nicht danach zu fragen, wie viele Feinde man erschlagen mußte, um die Kostbarkeiten der Erde vor ihnen ausbreiten zu können.

Zu zweit stehen sie im Lärm der Bahnhöfe. Zu zweit lauschen sie dem Rauschen der nächtlichen Brandung. Sie gehen durch den Krach des Lebens in den großen Städten und durch die verzauberte Stille abendlicher Fischerdörfer. Sie sitzen im feierlichen Schweigen der alten Kirchen und in der frohen Betriebsamkeit der alten Schenken.

Ein Mensch allein im Lärm der Welt ist hoffnungslos verloren angesichts der nicht zu bewältigenden Fülle des Daseins. Zu zweit gehört ihnen die ganze Erde, ein Abenteuer, das erst mit der letzten Lira sein Ende nimmt.

Die Fee der Ferne verzaubert die Welt mit einer Laterna magica des Herzens. Wenn man zu zweit reist, kann man sich sogar für die Fischweiber in Alexandria begeistern. Man braucht mit ihnen keine Abenteuer zu erleben. Man photographiert sie.

Der Mensch muß sein Herz bei sich haben. Wenn er es bei Josephine in Steglitz verloren hat, dann muß er Josephine mitnehmen. Herz, mein Herz, wann reisen wir?

»Zwei Dritter Braunlage!«

Wenn wir über'n Harz sind, dann kann die Konvention in Steglitz allein spazierengehen. Konventionen haben kurze Beine. Wer aber ein Herz hat, der folgt ihm bis ans Ende der Welt.

REGINA CASTRA

Ein neuer Morgen geht auf über dem Donautal. Ein wenig schon scheint der Himmel blauer als oben im Norden. Der neugierige Wanderer lenkt seine Schritte hinein nach Regina Castra, der alten Reichsstadt Regensburg. Das Gasthaus zu den Karmelitern grüßt freundlich herüber. Ein Schild verkündet, daß allhier täglich ein Schwein geschlachtet wird zu Nutz und Frommen derer, welche das Schweinswürstel zu den Gottesgaben rechnen. Das Karmeliterbräu hat seinen Ruf weithin durch die Lande. Mit den Schweinswürsteln lebt es in einer wahrhaft idealen Ehe, indem daß die Schweinswürsteln dazu dienen, Durst auf das Bier zu machen, und das Bier dazu dient, die Schweinswürsteln hinunterzuspülen. Mit welcher Dankbarkeit gedenkt man der frommen Väter, unter deren Namen so trefflich für der sündigen Erdenkinder leibliches Wohl gesorgt wird.

Der weitere Weg führt wiederum an einer Schenke vorbei. Sie ist nach Orlando di Lasso benannt. Hier ist es das Motiv edler Neugier, das den Gewissenhaften veranlaßt, vermittels einer Halben der Sache auf den Grund zu gehen. Orlando di Lasso klingt beinahe wie Torquato Tasso. Jedenfalls hat man den Eindruck, daß man eigentlich wissen müsse, wer das sei. Orlando di Lasso ist ein italienischer Kirchenkomponist. Nur der Himmel und der Herr Stadtarchivar wissen, wie die biedere Schenke zu diesem respektablen geistlichen Patron gekommen ist.

Dann kommt man zum Dom. Erhaben und feierlich ragt er in den blauen Himmel auf. Die Frömmigkeit dreier Jahrhunderte hat ihn zur

Ehre Gottes erbaut. Ein freundliches, schwarz gekleidetes Weiblein führt den ein wenig verschüchterten Besucher. Stolz zeigt sie das Grabmal des Albertus Magnus, der bei Gelegenheit seiner Heiligsprechung ein neues Gemälde bekommen hat. Sie zeigt den silbergetriebenen, vergoldeten Altar, der von einem Fugger im sechszehnten Jahrhundert gestiftet wurde. Ihre Hochachtung vor dem sagenhaften Reichtum dieses Augsburger Geschlechtes scheint dabei nicht geringer zu sein als die irgendeiner Urahne von ihr, die vielleicht bei diesem Fugger als Magd gedient hat. Die Jahreszahlen und die Stilgeschichte sind ihr so geläufig, daß es einen Kunsthistoriker vom Bau neidisch machen könnte. Schließlich führt sie den Besucher durch den alten Kreuzgang zur Allerheiligenkapelle. Es ist, als ob sie ein Geheimnis preisgäbe. In der Tat, diese kleine Kapelle in frühromanischem Stil ist ein Juwel der Baukunst, ein Meisterwerk von edelster Reinheit der Form und einer unbeschreiblichen Leichtigkeit und Grazie der Konstruktion.

Aus der Kühle des Domes tritt man wieder hinaus in die heiße Mittagssonne. Viele winklige Gäßchen geht der Weg auf und ab. Breite Plätze öffnen sich. An der Wand eines Hauses bekämpft ein riesiger kleiner David einen noch riesigeren großen Goliath. Schließlich landet man an einem kleinen Stück vom ältesten Teil der Stadtmauer. Während man immer noch im Historischen befangen ist, hört man von der anderen Seite der Mauer das Klappern von Gläsern. An die alte Stadtmauer, die solide das ganze Mittelalter überdauert hat, lehnt sich ein windiges Bretterbüdchen. Vor dem Bretterbüdchen stehen Bänke, die den Wanderer zur Ruhe und zur Labe laden.

Es sind schlichte Holzbänke nur. Aber sie sind ein prächtiger Sitz für einen Ausblick über die Geschichte des deutschen Mittelalters.

Vor dem Auge des Betrachters spannt sich über die Donau die alte Brücke, die Herzog Heinrich der Stolze vor genau achthundert Jahren zu bauen begonnen hat. Über diese Brücke zog Friedrich Barbarossa A. D. 1189, um von Regensburg zum Kreuzzug nach Palästina aufzubrechen. Über diese Brücke zogen die schwerbeladenen Wagen der reichen Regensburger Kaufleute. Über diese Brücke zogen die großen geistlichen und weltlichen Herren, die zum Reichstag nach Regensburg kamen. Sie sah Heere und Prozessionen, Fürsten und Bettler, Reichtum und Armut, Gelehrte und Gaukler, die Pracht des alten Reiches und die siegreichen Soldaten Napoleons. Das Auf und Ab der Jahrhunderte ist über sie hinweggezogen, während der zeitlose Strom unter ihr dahinfloß. Zwischen Süden und Norden spannt sie ihren edlen Bogen, das Land diesseits und jenseits miteinander zu verbinden. Die Bauwerke des Menschen prägen das Gesicht der Landschaft. Aber die Menschen vergehen, und nur ihre

Werke überdauern die Zeiten. Doch braucht man sich nicht ganz verloren vorzukommen angesichts von soviel Größe. Über allem strahlt die Sonne, und der Himmel spannt lächelnd sein blaues Dach über Fluß, Dom, Brücke und kleinem Menschen.

HINTERM FENSTERKREUZ

Ich sitze an einem Fenster. Rechts oben ist es ein wenig verdunkelt durch Wein, der an der Mauer wächst und gerade sich anschickt, jenen verwickelten Prozeß zu starten, der zum Schluß als Blume aus dem Glase steigt. Hinter mir steht ein gewaltiges Sofa, auf das ich von Zeit zu Zeit einen sehnsüchtigen Blick werfe. Es stammt noch aus der Väter Tagen und war einst die Basis jenes wahrhaft christlichen Seelenfriedens, welcher ein so hervorstechendes Merkmal der Predigten des hochseligen Pfarrers, weiland Superintendenten der churfürstlichen Haupt- und Residenzstadt war. Im Hinblick auf das Sofa fühle ich eine leichte Müdigkeit. Lenken wir unseren Blick von dem unerreichbaren Sofa und seinem Frieden zum Fenster hinaus, sehen wir auf der rechten Seite die Dächer einiger Bauernhäuser mit ihren Schornsteinen, aus deren einem ein stiller Rauch zum Himmel steigt, den Fleiß einer braven Hausfrau zu preisen, die zum nahen Mittagessen die Kartoffeln weich hat.

Ganz nahe zur Linken steht die alte Klosterkirche, in einem reinen und edlen romanischen Stil, geschichtet aus mächtigen Quadern, welche nahezu ein Jahrtausend lang der Frömmigkeit Schutz geboten haben und sicher noch ein weiteres Jahrtausend ragen werden, um zu beweisen, daß der Mensch nicht allein von der Kartoffel lebt.

Vom Turm der Kirche läutet die helle und freundliche Mittagsglocke. Der Fährmann an der Weser legt das Ruder nieder, um zu Mittag zu essen.

Es wäre nunmehr das Gegebene, sich weiter in die Reize des Landlebens zu versenken. Aber so leicht wird einem das Leben nicht gemacht. Vor dem Portal der Kirche, durch das so viele hundert Jahre die frommen Benediktinerinnen würdig und gemessen aus- und eingeschritten sind, steht ein Auto.

Auf den ersten Blick ist es ein ganz gewöhnliches Auto. Aber auf den ersten Blick ist jedes Mädchen zum Verlieben. Auf den zweiten Blick kommt es an.

Beim zweiten Blick sieht man unter dem linken Hinterrad einen sonderbaren gelben Wollknäuel hervorrollen, der sich bei näherer Betrachtung als ein Gössel in der Blüte seiner Jugend herausstellt. Schon auch kommt

Mutter Gans um den Kotflügel herumgeschwenkt, um sich zu überzeugen, daß das Gössel bei seinen Forschungsfahrten im Reich der Technik keinen Diätfehler macht. In diesem Augenblick ist die Poesie tatsächlich vollkommen.

Vollkommene Poesie währt niemals lange. Der Mann hinterm Fensterkreuz denkt an Martini und wie knusprig dann das Gössel in der Pfanne schmoren wird. Schon auch kommt Ponto geschossen, der Foxterrier, und will sich auf das Gössel stürzen. Dem rechtzeitigen Dazwischentreten einer Magd gelingt es, einen Mord zu verhindern, dem die Bratpfanne als moralische Unterlage gefehlt hätte.

Unschlüssig steht das Föxchen neben dem Auto. Auf den ersten Blick erscheint auch ihm ein Kotflügel eine Ecke zu sein wie jede andere. Aber ehe noch der Fox das Bein gehoben hat, ist er stutzig geworden. Er beschnuppert das Auto und wird immer nachdenklicher. Was er da in die Nase bekommt, ist Straußenwitterung, Antilopenlosung und der Ruch vom Gnu.

Natürlich weiß Ponto nicht, was ein Gnu ist. Aber der erste Europäer, der ein Gnu zu sehen bekommen hat, wußte ja auch nicht, daß es ein Gnu war. Ponto hat eine afrikanische Entdeckung gemacht. Er wird ohne Zweifel unter den Hunden des Dorfes ungemein an Ansehen gewinnen.

Das Auto auf den zweiten Blick nämlich kommt stracks aus der Wüste Kalahari. Wir wissen ja lange schon, daß so etwas möglich ist. Aber wenn die Kalahari so geradeswegs vor dem Tor der benediktinischen Frömmigkeit vorfährt, so geraten wir doch in nicht geringes Erstaunen.

Da ich an Neugier einem Foxterrier nicht nachstehe, habe ich einmal die Nabe berührt und bin dann mit dem Finger über das Papier gestrichen. Es ist also nicht zuviel gesagt, wenn ich behaupte, daß diese Betrachtungen im Staub der Wüste Kalahari geschrieben sind.

Morgen rollt das Kalahariauto wieder gen Süden, und ehe noch die Kirschen reif sein werden, wird es wieder den Staub der Wüste aufwirbeln. Ein mächtiger Schakal wird den Ruch des benediktinischen Gössels in die Nase und einen furchtbaren Hunger in den Hals bekommen. Aber das Gössel ist von einer weisen Vorsehung dem Enkel des weiland churfürstlich-hessischen Superintendenten aufgehoben. So wird der Schakal vor Wut in den Pneu beißen. Die gute benediktinische Frühlingsluft, die der Kalaharimann auf dem Klosterhof mit so viel Mühe in seinen Reifen hineingepumpt hat, wird mit einem leisen Pfiff durch die heiße Nacht der Wüste streichen. Ein einsamer Kaffer wird diesen tausendjährigen frommen Hauch einatmen. Das wird ihm an der Pforte des Himmels gewiß einmal von großem Nutzen sein. Einem Kaffern, der etwas vom

Hauche des heiligen Benedikt verspürt hat, muß doch wohl die ewige Seligkeit sicher sein.

Zweifellos ist es eine höchst oberflächliche Betrachtungsweise, über die Fazilitäten der Kommunikation gering zu denken. Die Methoden, deren die Vorsehung sich bedient, um dem Menschen Gutes zu erweisen, sind meistens viel zu delikat, als daß wir sie so ohne weiteres durchschauen könnten.

Wir begleiten das gelbe Gössel auf seinem Weg um den Misthaufen herum und unter den Beinen des Hengstes Heinrich hindurch mit viel Wohlwollen und mit vielen guten Wünschen. Wir folgen dem Klang der Glocken bis zu den nahen Bergen jenseits des Flusses, wo er im Walde verschwindet. Der ganze weiche Moosboden ist bedeckt mit einem wunderbaren Teppich frommer Klänge, die seit vielen, vielen Menschenaltern auf ihn herniedergefallen sind.

Wir folgen dem Kalaharimann nicht ohne leisen Neid. Wie gerne würden auch wir uns einmal das Verdeck von einem Vogel Strauß zerhacken lassen. So gerne steckt er den Kopf nämlich gar nicht in den Sand. Dafür wird der Kalaharimann mit leisem Neid an uns denken, wenn wir die frischen Kirschen von den Bäumen pflücken werden.

MATHEMATIK DER WEIBER

Der irische Erziehungsminister will den Mathematikunterricht für Mädchen abschaffen. Er hat erklärt, daß die Beschäftigung mit Mathematik für Mädchen Zeitverschwendung sei.

Diese Nachricht ist geeignet, auf den meisten männlichen Gesichtern ein maliziöses Lächeln hervorzuzaubern. Wenn irgendein Vorurteil fest gefügt ist, so ist es das, daß die Differentialrechnung eine Domäne männlichen Verstandes sei und die höhere Mathematik eine Sache, von der die nichts verstünden, die man in diesem Zusammenhang die Weiber zu nennen pflegt.

Nun, ich habe von je die Mathematiker bewundert, so wie ein kleiner dicker Mann mit Bauch von ebener Erde aus die Akrobaten auf dem hohen Seil bewundert. Der kleine dicke Mann weiß sich dabei frei von Minderwertigkeitskomplexen. Er hat durchaus das Gefühl, daß auch er sich mit Grazie auf dem hohen Seil bewegen könnte, wenn er es halbwegs zwanzig Jahre lang geübt hätte. Er ist zufrieden darüber, daß er das nicht getan hat. Die Produktionen auf dem hohen Seil nennt der Volksmund von jeher brotlose Künste.

Wenn man die Frage stellte, ob Männer etwas von Mathematik

verstünden – wie man die Frage stellt, ob Männer etwas vom Kartenspielen verstehen –, so würde sich herausstellen, daß es darüber keine feste Meinung gibt. Sicher ist nur, daß die Männer über die Mathematik der Weiber eine Meinung haben. Was von dieser Meinung zu halten ist, werden wir sogleich sehen. Als die berühmte Sonja Kowalewska auf einen ordentlichen Lehrstuhl für Mathematik nach Göttingen berufen werden sollte, gab es über diese Berufung im Senat einen langen Disput. Freilich wurden nicht die mathematischen Fähigkeiten der zu Berufenden diskutiert, sondern die Frage, ob es angängig sei, auf einen Göttinger ordentlichen Lehrstuhl eine Frau zu berufen. Diese ja würde in den Senat einziehen. Das war seit der Begründung der ehrwürdigen Georgia Augusta noch nicht vorgekommen.

Dieser Disput wurde beendet durch einen Zwischenruf von David Hilbert, der seines ostpreußischen Mutterwitzes wegen mindestens ebenso gerühmt zu werden verdient wie seines wissenschaftlichen Genies wegen. Hilbert schnitt die Auseinandersetzung über die weibliche Mathematik mit der Bemerkung ab: »Aber meijne Harren, wir sind doch eejn Senat und keejne Badeanstalt!« Die Herren Geheimräte schüttelten zwar unwillig die Köpfe, aber Sonja Kowalewska wurde berufen.

Zur Ehre der Mathematik sei's gesagt, der Zwischenrufer war der größte Mathematiker unserer Zeit. Wir können also sagen, daß wenigstens der Teil der Männer, welcher von Mathematik etwas versteht, der Frage der weiblichen Mathematik mit einer gewissen Objektivität gegenübersteht.

Gleichwohl bleibt fraglich, ob selbst die Mathematiker den hier vorliegenden Problemen genügend gründlich nachgegangen sind. Mit der sogenannten Milchmädchenrechnung haben sich zwar die Dichter abgegeben und ihren moralischen Grund untersucht. Aber dabei wurde immer als gegeben vorausgesetzt, daß der Milchtopf auf den Steinen zerschellt. Wenn man einmal annimmt, daß der Milchtopf ganz bleibt, dann stellt sich heraus, daß, vom mathematischen Standpunkt aus, die Milchmädchenrechnung vollständig richtig ist.

Wir verdanken Strindberg eines der schönsten Beispiele weiblicher Mathematik. Gewiß hat die Mathematik das Prinzip der geometrischen Reihe konzipiert. Aber das mathematische Prinzip, das in der folgenden Geschichte verborgen steckt, ist bislang von seiten der mathematischen Wissenschaft überhaupt noch nicht bemerkt worden.

Strindberg findet eines Morgens, während er am Frühstückstisch seiner Frau gegenübersitzt, bei der Post einen Brief, der offenbar die Rechnung einer Modistin enthält. Er reicht ihn seiner Frau, die ihn öffnet, aber nichts weiter dazu sagt.

Schließlich fragt er, ein wenig nervös:

»Wieviel ist es denn?« Wonach sie ihn auffordert, zu raten.

Er rät also:

»Hundert Kronen?«

»Nein, doppelt soviel.«

»Also zweihundert?«

»Nein, vierhundert!« –

Man könnte dies vielleicht das Prinzip der stereometrischen Reihe nennen. Man wäre von diesem Prinzip vollständig entzückt, wenn man nicht so traurig darüber sein müßte, daß Strindberg über diese Mathematik so böse geworden ist.

Ohne Zweifel gibt es weibliche Rechnungsarten, von denen unser wissenschaftlicher Verstand sich nichts träumen läßt. Nun wäre es nicht weiter schlimm, wenn unsere Vorurteile uns nur dazu führten, die Frauen um den Ruhm ihrer mathematischen Entdeckungen zu prellen. Frauen wissen zu genau, was für eine zweifelhafte Sache der Ruhm ist, als daß sie sich darüber sehr viel Kummer machten. Tatsache ist, daß die Fähigkeit der Frauen, aus hundert Kronen durch stereometrische Verdoppelung vierhundert Kronen zu machen, die Grundlage von unser aller Existenz ist.

Fern vom männlichen Verstand, fern von der mathematischen Forschung, fern vom wissenschaftlichen Ruhm spielt sich unter uns täglich tausendmal das unbeschreibliche Wunder jener weiblichen Mathematik ab, mit der noch kein Leibniz jemals sich befaßt hat. Es handelt sich um das mathematische Wunder, mit dem Haushaltgelde auszukommen.

Chesterton hat uns das schöne Bild entworfen von dem Mann, der vor des Hauses Tür steht und mit der Schaufel das Geld hineinschaufelt. Gewiß eine harte Arbeit, die Schweiß genug kostet, freilich auch eine Arbeit, die nicht nur des Schweißes der Edlen, sondern auch des Schweißes der Schlichten wert ist. Die Frau dagegen muß die hundert Mauselöcher bewachen, durch welche das Geld wieder von dannen rinnt.

Vielleicht kämen wir uns sehr großartig vor, wenn wir der Frau die Schaufel in die Hand drückten und dann feststellten, daß sie nicht so prächtig schaufeln könne wie wir. Aber dann müßten wir die hundert Mauselöcher bewachen. Und da würden wir bald nicht nur gänzlich außer Atem kommen, sondern auch in Kürze vollständig blödsinnig werden.

Die Frauen werden in einem ganzen Leben nicht blödsinnig davon. Die Mathematik der Mauselöcher, von der wir keine Ahnung haben, ermöglicht es der Frau, ein ganz behagliches Heim in Betrieb zu halten mit halb soviel Geld, als ein Mann bei vorsichtiger Kalkulation dafür brauchen würde.

Dafür lassen sie uns den Ruhm, daß wir etwas von Mathematik verstünden und sie nicht. Sie lächeln noch dazu und kaufen sich von ihrem Überschuß als Krone ihres Lächelns ein stereometrisches Frühjahrsmodellhütchen, welches, wenn man es mathematisch definieren wollte, die dreidimensionale Projektion eines vierdimensionalen Körpers ist.

Ich stimme mit dem irischen Erziehungsminister vollständig darin überein, daß die Beschäftigung mit Mathematik für Mädchen Zeitverschwendung ist.

In dieser Sache sind sie alle geborene Genies.

ÜBER DIE ALBERNHEIT

Der Kilometerzähler zeigte 29999 Kilometer. Noch einen Kilometer, und alle fünf Ziffern mußten auf einmal springen. Während ich gleichgültig vor mich hinsah, blickte Erich genau so gleichgültig auf die Landstraße, auf der er den Moritz II mit neunzig Sachen in der Stunde auf Spur hielt. In diesem Augenblick hätte die Gralsburg am Horizont auftauchen können, wir hätten ihrer nicht geachtet. Natürlich trauten wir einander nicht. Und richtig, als die fünf Ziffern sich gleichzeitig in Bewegung setzten, fingen wir, um auf diese erlesene kosmische Pointe einander aufmerksam zu machen, beide gleichzeitig wie die Indianer zu brüllen an: »Dreißigtausend! Dreißigtausend!« Erich trat in die Bremse. Wir lachten, als ob dreißigtausend Kilometer die grandioseste Sache von der Welt wären. Wir waren albern!

Aber die Götter waren auf unserer Seite. Als wir uns umsahen, hielt Moritz II genau vor einer Gralsburg. Wir wollen es dahingestellt sein lassen, ob sie für uns dahin gestellt war. Jedenfalls war es die altberühmte Kneipe »Zur guten Hoffnung«. Wortlos griffen wir beide unter den Sitz und holten eine ungeheuer verbeulte und verrostete Feldflasche hervor. Wir eilten in die Kneipe, füllten einen Jägerkorn in die Flasche und gossen diesen über den Kühler von Moritz II unter Absingung des Shanty:

»O take me to the merry land...« Und dann lachten wir, als ob wir die witzigsten Burschen von der Welt wären.

Leider, wie schon gesagt, waren wir nicht witzig, wir waren albern. –

Die Albernheit ist weit verbreitet in der Welt. Gleichwohl findet man sie weder in den Schriften der Alten noch bei den Scholastikern eingehender behandelt. Auch wird sie weder in der bildenden Kunst irgendwo dargestellt noch in der Poesie irgendwo gepriesen. Ja, man weiß nicht einmal, ob sie eine Tugend oder ein Laster ist. Sie ist eine apokryphe Eigenschaft des Menschen. Es wird Zeit, daß man sie in Betracht zieht.

Die Albernheit hat nichts mit der Narrheit zu tun. Die Narrheit ist für andere, eine Schutzhülle gegen die Umwelt. Die Albernheit ist für einen selber, eine Erholung von der Umwelt. Die Albernheit hat auch nichts mit der Torheit zu tun. Die sieben törichten Jungfrauen waren durchaus keine sieben albernen Jungfrauen. Sieben alberne Jungfrauen, das sind sieben Backfische. Backfische lachen nicht, Backfische kichern. Wenn der Ernst des Lebens in ihr Leben getreten ist, hören sie sowohl auf zu kichern, wie sie aufhören, Backfische zu sein. Und wenn sie auch noch aufgehört haben, Jungfrauen zu sein, dann sind sie derjenige Teil der Menschheit geworden, der zu sagen pflegt:

»Erich, sei nicht so albern!«

Während beim weiblichen Geschlecht die Albernheit nur in gewissen frustranen Frühformen auftritt, entwickelt sie sich beim Mann mit fortschreitender innerer Reife zu immer barockeren Formen.

Albernheit ist die Fähigkeit, über die allerdümmste Sache das allergroßartigste Gelächter anstimmen zu können. Gewiß gehört Sinn für Humor dazu, über eine komische Sache zu lachen. Zum Albernsein gehört mehr. Zum Albernsein bedarf es keines Grundes. Erst wenn man die Souveränität und Freiheit besitzt, da zu lachen, wo überhaupt kein Grund vorliegt, dann erst ist man albern. Die Albernheit ist ein Protest gegen die festgefügte und stumpfsinnige Ordnung der Welt, ein Aufstand der menschlichen Seele gegen das Gefängnis, das sie sich selber gebaut hat.

Ohne Zweifel haftet der Albernheit etwas Anarchisches an. Wenn Männer, die im Leben ihren Mann stellen, plötzlich aus heiterem Himmel ihren Mann nicht mehr stellen, sondern zu lachen anfangen, so bedrohen sie das Gleichgewicht des Daseins. Da sie keinen Grund haben, warum sie zu lachen angefangen haben, könnte es ja leicht eintreten, daß sie keinen Grund finden, zu lachen aufzuhören. Das alberne Gelächter ausgewachsener Männer ist immer der Anfang vom Untergang der Welt. Darum haben die Albernheiten der Männer für die Frauen etwas Unheimliches. So brauchen wir uns nicht zu wundern, daß es die Träger der Weltordnung sind, die gewesenen Jungfrauen, die uns zurückpfeifen aus dem schönen Land der Freiheit. »Erich, sei nicht so albern!« ist das Gralsmotiv der Alltäglichkeit, das Zeichen, daß das Jüngste Gericht noch zu verschieben und zunächst der Gasmann zu bezahlen sei.

Die Albernheit wird um so erhabener sein, je höher der Sockel ist, von dem der Mensch herabspringt. Man muß Geist haben, um ihn aufgeben zu können. Voltaires Albernheiten sind großartiger als die seines Dieners. Die Albernheiten der Götter sind erhabener als die der Satyrn.

Die Weisheit der Griechen fügte an die Tragödie das Satyrspiel. Die Komödien des Plautus stecken ebenso voller Albernheiten wie der

Sommernachtstraum. Goethe wäre nicht ein so großer Mann geworden, wenn er nicht fähig gewesen wäre, sich von sich selbst zu erholen bei einigen Albernheiten, die freilich für einen gewöhnlichen Menschen ausgereicht hätten, den Ernst seines Lebens davon zu bestreiten.

So neigen wir, je näher wir der Sache kommen, immer mehr dazu, die Albernheit für eine Tugend zu halten. Jedenfalls, wenn sie ein Laster wäre, so wäre sie ein geselliges Laster.

Zwar, der wahrhaft große Geist ist albern auch allein, besonders in der Badewanne. Aber am besten ist man albern zu zweit. Hier entdecken wir, daß die Albernheit, um betrieben zu werden, die beste Sache voraussetzt, die es in der Welt gibt – sie bedarf der Freundschaft.

Einem Kameraden hilft man. Einem Kollegen mißtraut man. Mit einem Freunde ist man albern. Das angeborene Mißtrauen der Frauen gegen den Freund des Geliebten beruht darauf, daß die Frauen fürchten, der Freund werde den Geliebten zur Tugend der Albernheit verführen. Und das fürwahr fürchten sie mit Recht. Mit dem Freunde erhebt sich der Geliebte in jene hohe Sphäre, in der zwischen Sternen nur noch Gelächter erschallt. Nichts mehr gilt da die Realität. Alles sieht flach aus von da oben. Wenn die Liebe nicht ein Gebirge ist, dann sieht man sie nicht mehr.

Die Albernheit ist eine männliche Tugend, die Geist voraussetzt, um ihn aufgeben zu können, und Ordnung, um sie umstürzen zu können. Sie ist der Prüfstein der Freundschaft sowohl als der Liebe. Nichts sollten die Frauen so ernst nehmen wie unsere Albernheiten. Über nichts sollten sie trauriger sein, als wenn wir nicht albern genug sind. Der menschliche Geist bedarf der Möglichkeit der Freiheit. Wenn wir nicht zwischen den Sternen Gelächter ertönen lassen können, können wir dem Gasmann gegenüber nicht ernst bleiben. Wenn wir nicht die Rechnungen des Lebens begleichen, sitzen die Frauen, die des Lichtes so sehr bedürfen, im Dunkeln. Endlos wohl, endlos bis zum Jüngsten Tage, wäre das Gelächter, das wir anstimmten, wenn aus diesem Dunkel eine Stimme ertönte:

»Erich, sei nicht so albern!«

EINE GALANTE ÜBERRASCHUNG

Als Balzac die *»Femme de trente ans«* schrieb, eroberte er einer ganzen Generation von Frauen ein volles Jahrzehnt zu ihrem Leben hinzu. Bis dahin herrschte die Meinung, daß ein Mädchen von fünfundzwanzig Jahren eine alte Jungfer und eine Frau von Dreißig passée sei.

Balzac besiegte dieses durch nichts begründete Vorurteil. Sein Sieg war allgemein. Die Dankbarkeit der Frauen hat ihm zum Ruhm verholfen.

Ist es dabei geblieben? Läßt sich nicht vielleicht noch einmal Ruhm erwerben durch Eroberung eines weiteren Jahrzehnts? Sehen wir uns nach festen Anhaltspunkten um! Wir werden dabei keinen Ruhm erwerben, aber eine galante Überraschung können wir den Frauen bereiten.

Um zu vermeiden, daß unsere festen Anhaltspunkte den Schwankungen zeitgenössischer Betrachtung ausgesetzt sind, gehen wir auf die Antike zurück. Es ist die Autorität des alten Vater Homer, welcher wir uns anvertrauen wollen.

Als Odysseus nach Ithaka zurückkehrte, fand er in seinem Haus zwei Dutzend Freier, die sich um Penelope bewarben. Wie alt war damals Penelope?

Sie hatte einen erwachsenen Sohn. Odysseus war zwanzig Jahre abwesend gewesen, zehn Jahre im Schützengraben und zehn Jahre auf der Heimreise. Penelope muß also doch bei Odysseus' Rückkehr etwa vierzig Jahre alt gewesen sein. Penelope, eine Frau von vierzig Jahren, fand also immerhin noch zwei Dutzend Männer, die das Leben mit ihr beginnen wollten.

Ein scharfsinniger Gegner könnte einwenden, daß es sich bei diesen Bewerbern kaum um Leute gehandelt habe, die eine Liebesheirat eingehen wollten. In der Tat war Penelope eine sehr vermögende Dame. Unter den Freiern, die alle den Trojanischen Krieg nicht mitgemacht hatten, mag sich mancher Speerfabrikant und Kriegsgewinnler befunden haben. Diesen scharfsinnigen Gegner vermögen wir leicht aus dem Sattel zu heben. Er wird sich verblüfft im Sande wiederfinden angesichts der Frage, wie alt denn nun eigentlich Helena war, als Paris sie entführte. Unser scharfsinniger Gegner wird uns von vornherein zugeben, daß ein so verrücktes Unternehmen nur aus Liebe geschehen konnte.

Ein witziger und im Homer trefflich beschlagener schwedischer Gelehrter hat das ausgerechnet. Niemand scheint dazu mehr geeignet als ein Landsmann jener Helena von Hollywood, um die schon längst ein Krieg entbrannt wäre, wenn Männer noch so galante Helden wären wie ehedem.

Helenas Schwester war Klytaimestra, die Gattin Agamemnons, des Königs von Mykene. Sie war nach Homers eigenen Angaben nur wenig älter als ihre Schwester Helena. Eines ihrer Kinder ist Iphigenie, die bei Ausbruch des Trojanischen Krieges zwanzig Jahre alt war. Klytaemestra war also damals mindestens vierzig Jahre alt und Helena, als sie geraubt wurde, vielleicht achtunddreißig oder neununddreißig, und, als sie nach Griechenland zurückkehrte, achtundvierzig Jahre.

Wir wissen nicht, ob es noch viele so schöne Frauen wie Helena in Griechenland gegeben hat. Es geht den Frauen mit der Schönheit wie den Feldherrn mit dem Ruhm. Gesichert ist ihr Gedächtnis nur dann, wenn sie einen finden, der sie in Stein oder Erz festhält oder sie auf ein wenig Leinwand malt oder ihnen einige flüchtige Verse widmet. Was wüßten wir noch von Colleoni, wenn Verrocchio ihn nicht in Bronze gegossen hätte. Wie vollständig hätten wir den Prinzen Eugen vergessen, wenn nicht ein Soldat am Lagerfeuer dem edlen Ritter einige unsterbliche Verse gedichtet hätte. Nicht jeder kann, wie Caesar, die Geschichte seines Ruhmes mit seinen eigenen Memoiren beginnen.

Selbst wenn es in Griechenland nur diese eine Frau von so edler Schönheit gegeben hätte, so wüßten wir doch, daß die Helden der Antike bereit waren, für eine Frau von vierzig Jahren Krieg zu führen, gewaltige Zweikämpfe zu veranstalten, einander die Schädel einzuschlagen.

Wahrscheinlich hätten sie das auch getan, wenn Helena erst zwanzig gewesen wäre. Aber bei Homer, dem Vater der Dichtkunst, ist nichts zufällig. Es kommt also für die Frauen nicht so sehr darauf an, daß sie zwanzig sind oder daß sie, wenn sie vierzig sind, wie zwanzig aussehen, sondern daß sie, wenn sie vierzig sind, einen finden, der bereit ist, eine abgründige Verrücktheit für sie zu begehen.

Für Helena haben das Leben und der Ruhm tatsächlich mit vierzig erst begonnen. Freilich, mit vierzig war auch ihr Glück zu Ende. Auf Heldengräbern schläft sich's schlecht, wofür unsere Zeit noch nicht das unbedeutendste Beispiel ist.

Die Frauen, die wir so angenehm überraschen konnten, haben den Gewinn, daß sie über ihre ersten grauen Haare nicht betrübt zu sein brauchen. Natürlich haben sie die Pflicht, nunmehr ein wenig im Homer zu lesen. Wenn sie sich bisher vor ihm gefürchtet haben, weil er so eminent klassisch ist, so müssen sie jetzt ihm dankbar sein. Es läßt sich nicht leugnen, daß Homer künftig zu den galanten Autoren gerechnet werden muß. Die Frauen dürfen es nicht dahin kommen lassen, daß es sich für Autoren nicht mehr lohnt, galant zu sein.

Denn, wenn sie fünfzig sind, wer soll sie trösten, wenn es nicht die Dichter sind!

IN MEMORIAM ROCKEFELLER

Rockefeller ist gestorben. Er soll von sich einmal gesagt haben, daß er, obwohl Herr über alles Öl der Welt, nicht genug habe, um seine Gelenke damit zu schmieren. Diese Äußerung des reichsten Mannes der Welt ist tiefsinnig und von wahrer Größe. Sie stellt ihn unmittelbar neben Diogenes. Das Tertium comparationis Rockefeller-Diogenes war bisher das Faß. Beide wählten das Faß für den Versuch, auf dieser Welt glücklich zu werden. Der eine füllte es mit Öl, der andere mit sich selber. Jetzt sind sie auch durch Weisheit miteinander verbunden.

Das hauptsächlichste Abfallprodukt der Ölfabrikation sind die großen wissenschaftlichen Entdeckungen, die durch die Rockefeller Foundation ermöglicht wurden. Dafür müssen wir Mr. Rockefeller dankbar sein. Für seine Weisheit müssen wir ihn bewundern.

Der reichste und der ärmste Mann der Welt, worin haben sie sich getroffen? In der Weisheit und in einem Faß. Wenn man jemals der Weisheit ein Denkmal setzen wollte, was freilich noch gute Weile hat, es müßte ein Faß sein. Ein Faß, mit Diogenes darin und Rockefeller darauf.

Jahrhunderte würden offenen Mundes dieses Monument bestaunen als die Sphinx unserer Zeit.

SEHENSWÜRDIGKEITEN

Die Sehenswürdigkeiten gehören zu den härtesten Pflichten, die die Kultur dem europäischen Reisenden auferlegt. Man zieht aus, um Land und Leute kennenzulernen. Wenn man heimkommt, hat man die Sehenswürdigkeiten gesehen.

Einige behaupten, die Sehenswürdigkeiten seien die Erfindung eines gewissen Herrn Baedeker. Aber Herr Baedeker hat nur die Sterne erfunden. Sie sind für einen Palazzo nicht bedeutungsvoller als für eine Cognacflasche. Daß einer dem Laster der Trunksucht verfällt, liegt nicht an der Flasche. In den Palazzo braucht man nicht hineinzugehen. Nein, Herr Baedeker, dieser hochverdiente Mann, ist unschuldig. In der Tat versieht er ja auch die Essenswürdigkeiten Westfalens, die Trinkenswürdigkeiten des Glottertals und die Schlafenswürdigkeiten manches guten Gasthofs mit seinen Sternen.

Eine Reise ist, wie die Liebe, eine Fahrt ins Unbekannte. Entdeckungen und Überraschungen warten unser. Niemand kommt auf die Idee, bevor er sich in das Abenteuer der Liebe stürzt, sich mit Rosamundes Führungszeugnissen, mit ihrem Horoskop und mit der Deutung ihrer Handschrift zu beschäftigen. Den Fehler, den Baedeker vor der Reise zu lesen statt hinterher, machen die meisten Menschen.

Wenn vordem Männer über die Alpen nach Süden zogen, lockte sie das Geheimnis der Ferne. Die alten Städte stiegen an ihrem Abendhimmel auf, aus Träumen geboren. Die erhabene Feierlichkeit fremder Kathedralen gab ihren Gebeten eine schöne Innigkeit. In den Burgen waren sie zu Gast oder sie mußten sie erobern. Den schiefen Turm zu Pisa bewunderten sie, nicht weil er aus dem zwölften Jahrhundert stammte, sondern weil er schief war. Den Bedürfnissen der menschlichen Seele entspricht es weit mehr, von der Spitze dieses Turmes einen Kieselstein in die Tiefe zu senden, als die Säulenbögen auf ihre Entstehungszeit zu betrachten. Der Blick auf die Säulenbögen geht zwischendurch ins Leere. Der Kieselstein fällt auf den fruchtbaren Boden der Erkenntnis.

Welch ein Gefühl, in einer fremden Stadt auf dem Platz vor dem Bahnhof zu stehen! Nur Haeretiker und Schismatiker, die weder zum Himmel noch zu sich selber Vertrauen haben, bringen es fertig, den Schleier der Erwartung mit plumper Hand zu zerreißen und den Schutzmann nach dem Weg zu fragen. Wer das nicht selbst herauszufinden vermag, welche von den drei Straßen die richtige ist, die Wilhelmstraße, die Bahnhofstraße oder der Bürgermeister-Müller-Ring, der ist nicht wert, die Fremde kennenzulernen.

Hat man den köstlichen Sieg über das Unbekannte errungen und im Café Central am Rathausplatz Anker geworfen, so versuche man, die umstehenden Gebäude auf ihren Verwendungszweck zu bestimmen. Es gibt untrügliche Merkmale, Finanzämter von Festspielhäusern zu unterscheiden. Finanzämter bevorzugen ganz allgemein eine besondere Art von Regierungsrenaissance, während Festspielhäuser sich eher klassizistisch geben. Trutzige Granitmauern mit burgartigen Erkern sind als Oberpostdirektionen anzusprechen. Bei schlichter Backsteingotik dagegen geht man selten fehl, wenn man auf ein früheres Generalkommando tippt. Großbanken treten im Stile griechischer Tempel auf, wohingegen frühromanische Formenstrenge auf ein Oberlandesgericht schließen läßt.

Hat man dergestalt die eigentlichen und wichtigen Sehenswürdigkeiten einer Stadt eine nach der anderen selber gefunden, so kann man sich dem zuwenden, was nicht den Einheimischen, sondern nur den Fremden angeht.

Keine Angst vor Museen! Wenn man wieder zu Hause sein wird, wird man an Hand seines Baedeker feststellen können, ob man hätte hineingehen sollen oder nicht. Auf jeden Fall sind Museen im Sommer kühl und im Winter warm. Außerdem gibt es in Museen eine Art von Sofas, wie man sie mit großer Mühe nur noch bei einer aussterbenden Gattung von Wirtinnen findet.

Das Wichtigste beim Besuch eines Museums ist zunächst nicht, daß man die Bilder betrachtet, sondern daß man persönliche Beziehungen zum Museumsdiener anknüpft. Der würdige Mann, der die Sixtinische Madonna bewachte, sah seit Jahrzehnten schon wie der Prophet Hesekiel aus. Er erinnerte sich, wie der Zar von Rußland da gestanden und bewundert hatte. Er hatte Rockefeller vor diesem Bilde gesehen, welches zu den zehn

Gegenständen auf der Welt gehörte, die Rockefeller sich nicht kaufen konnte. Er hatte die Pawlowa gesehen, den Herzog von Windsor und Caruso. Er sah auch mit Verachtung die Unzähligen, die da vorbeizogen, ohne zu wissen, daß dieses Bild sechsunddreißig Millionen Mark wert war. Man konnte das ausrechnen, wenn man die jährlichen Eintrittsgelder als fünfprozentige Verzinsung des Kapitals betrachtete. Dergleichen steht in keinem Baedeker. Man kann es nur vom Propheten Hesekiel erfahren.

Der Prophet Hesekiel stand an einem Brennpunkt des Fremdenverkehrs. Anspruchsloser, aber liebenswürdiger war der Führer durch das erzbischöfliche Palais in Bamberg. Er zeigte den Schreibtisch, an welchem Napoleon den Frieden von Tilsit unterzeichnete. Zum tausendsten Male genoß er dabei den feierlichen Schauer, der unsereinen erfaßt bei dem Gedanken, dem Korsen einen Augenblick lang so nahegerückt zu sein. Er kam sich vor, als habe er einem eine Audienz bei dem Herrscher Europas verschafft. Man dachte dabei an den Mann, der in Korsika das Haus Napoleons mit der Würde eines Hofmarschalls des alten Kaiserreichs bewacht.

In den Schlössern in Bruchsal oder in Würzburg mußte man Filzpantoffeln anziehen. Hier waren es die Genossen der Entdeckungsfahrt, die den Fremden erfreuten. Vor den Parketts solcher Schlösser ergreift Frauen ausnahmslos eine tiefe Achtung. Mein Gott, was machen die im Frühling, wenn Großreinemachen ist! Der Silberschatz der Großherzogin Luise erregt das gleiche Grausen.

Zu den Kuppeln Tiepolos wagten die Ehemänner kaum aufzublicken. Selbst ruchloser Einzelgänger bemächtigte sich eine gewisse Scheu angesichts von so viel malerischer Sinnenfreude. Daß alle diese schönen Nymphen, deren Schönheit durch nichts verborgen war, so unbekümmert betrachtet werden durften, erschien manch bravem Manne und manch bravem Weibe ein unerklärliches Rätsel der Kunstgeschichte. Ob es eigentlich erlaubt ist, die Träume der Künstler von einst mit den Realitäten des Beschauers von heute zu vergleichen, das weiß ohnehin niemand so recht.

Sehenswürdigkeiten sind besser als ihr Ruf. Sofern einer sie nicht abgrast unter dem Zwang einer Bildung, die er glaubt beweisen zu müssen, sind sie ebensogut dazu zu gebrauchen, die Welt kennenzulernen wie Bahnhofshallen, Schenken oder Wartezimmer. Der dicke freundliche Mann, dem vor dem Stilleben des Frans Snyders das Wasser im Mund zusammenläuft, erweist der Kunst keine geringere Reverenz als der königliche Kaufmann, den vor dem Jüngsten Gericht des Michelangelo das Grausen ankommt. Vor den Madonnen des Cimabue mag der Stefan-George-Jüngling in Andacht versinken. Den Colleoni wird jeder alte Husarenrittmeister seines tadellosen Sitzes wegen bewundern. Was schließlich schadet es dem Laokoon, wenn der Zehnkampfsieger der Olympischen Spiele ihn seiner Muskeln wegen beneidet?

Die Alten überließen uns das Erbe ihrer Kostbarkeiten. Scheuen wir uns nicht, unserer Bewunderung und unserem Staunen freien Lauf zu lassen. Gönnen wir den Kunsthistorikern und den gebildeten Mädchen des Fin de siècle ihr Wissen über das Besondere. Uns soll niemand die Freude verderben an dem, wovon wir nichts verstehen. Die Ferne bleibt die ewig Geliebte, solange sie uns überraschen kann. Die Sehenswürdigkeiten sind die Perlen und die Edelsteine, mit denen sie sich schmückt für uns.

ÜBER DIE SCHÖNHEIT

Die Gazetten bringen die Nachricht, daß in Kopenhagen eine Konkurrenz europäischer Schönheiten stattfinden soll, bei welcher nicht nur die Wohlgestalt der Bewerberinnen, sondern auch ihre Intelligenz zur Prüfung steht. Das ist ein durchaus neuer Einfall, der einer eingehenden Betrachtung unterzogen zu werden verdient.

Die Beziehungen zwischen Schönheit und Intelligenz sind niemals besonders glücklich gewesen. Ist es doch eine weitverbreitete Meinung, daß schöne Frauen meistens dumm und kluge Frauen meistens häßlich seien. Ich bin nicht so unvorsichtig, zu dieser weitverbreiteten Meinung mich zu äußern. Ich begnüge mich damit, ihre weite Verbreitung festzustellen.

Immerhin, wenn man bei den Frauen eine Umfrage veranstaltete, ob sie lieber schön und dumm oder klug und häßlich sein wollten, fürchte ich, daß die meisten die Schönheit der Häßlichkeit vorziehen würden. Auch muß man sich vorstellen, welche Wirkung es wohl hätte, wenn man eine schöne Frau, die ein bezauberndes neues Teagown angezogen hat, mit dem Kompliment begrüßte:

»Nein, meine Verehrteste, was sehen Sie heute wieder intelligent aus!«

Für die Frauen hat die Schönheit den Vorteil, daß sie sowohl auf dumme wie auf kluge Männer wirkt. Die Klugheit dagegen ist nur bei den klugen Männern zu gebrauchen. Und die sind selten!

Doch wollen wir nicht abschweifen, sondern hübsch der Reihe nach vorgehen. Wenn man nämlich bei den Männern eine Umfrage veranstaltete, ob sie lieber schön und dumm oder klug und häßlich sein wollten, so hoffe ich, daß die meisten die Klugheit der Dummheit vorziehen würden. Es müßte einer schon sehr weise sein, wenn er sich wünschte, dumm zu sein. Dann natürlich wäre er auch gleich weise genug, daß er häßlich sein wollte.

Jetzt müssen wir die Sache herumdrehen. Wenn man die Frauen fragte, ob sie die Männer lieber schön und dumm oder klug und häßlich haben wollten, so ist kein Zweifel, daß sie die Klugheit der Schönheit vorziehen würden. Eine kluge Frau kann sich unmöglich einen dummen Mann wünschen. Sie würde sterben vor Langeweile. Merkwürdigerweise ziehen auch die schönen Frauen die klugen Männer vor. Sie wissen, daß es ihnen besser steht. Tatsächlich ist keine Frau so dumm, daß sie nicht wenigstens wüßte, daß sie es ist. Da ein dummer Mensch damit, daß er erkennt, daß er dumm ist, den ersten Schritt auf dem Pfade zur Weisheit schon getan hat, müssen wir feststellen, daß es vollkommen dumme Frauen überhaupt nicht gibt.

Schreiten wir zum vierten Teil unserer Investigation. Das wäre die Frage an die Männer, ob sie sich die Frauen lieber schön und dumm oder klug und häßlich wünschen. Hier, leider, gibt es nur eine Stimme. Dumme sowohl wie kluge Männer ziehen die Schönheit der Klugheit vor. Einer schönen Frau kann man stundenlang zusehen, wenn sie spricht. Einer klugen Frau muß man zuhören. Das leider können wir alle nicht. Wir reden lieber selber. Leider halten selbst die klügsten Männer sich meistens nicht nur für klug, sondern für klüger als die anderen, welches ein sicheres Zeichen für ein gewisses Maß von Dummheit ist. So müssen wir feststellen, daß es vollkommen kluge Männer ebensowenig gibt wie vollkommen dumme Frauen.

Wir könnten uns nun der Frage zuwenden, ob vielleicht, da eine schöne Frau niemals vollkommen dumm sein kann, etwa ein schöner Mann dazu imstande wäre. Wir halten das für möglich. Aber es ist nicht wichtig. Viel wichtiger ist die Frage, was auf dem Kopenhagener Wettbewerb mit einem Preis gekrönt werden soll. Die Wohlgestalt natürlich ist in einem Schönheitswettbewerb preiswürdig. Die Frage ist nur, ob das vom Gremium der Preisrichter festgestellte Maß von Klugheit nun hinzugerechnet oder abgezogen werden soll.

Man hat da, wie so oft, die Wahl zwischen zwei Idealen. Ein vollkommener Schurke wird von der Menschheit fast ebenso bewundert wie ein vollkommener Gentleman. Will man diejenige vollkommen schöne Frau herausfinden, die klug ist, oder diejenige vollkommen schöne Frau, die dumm ist?

Wie dankbar könnte die Welt dem Preisrichterkollegium sein, wenn es sich der Mühe unterzöge, beide Ideale festzustellen. Wir würden sie nebeneinander auf einem Podest aufbauen und würden sie betrachten. Links stünde die vollkommen schöne und dumme Frau, rechts die vollkommen schöne und kluge Frau. Dann bekäme ein jeder von uns einen goldenen Apfel in die Hand, das Urteil des Paris zu fällen.

Dies natürlich könnte leicht der Ausgangspunkt eines neuen Trojanischen Krieges werden. Wie auch immer die Entscheidung fiele, die Menschheit würde alsbald in die zwei Teile zerfallen derer, die bereit wären, sich für die Dummheit zu schlagen, und derer, die bereit wären, sich für die Klugheit zu schlagen. Dieser Trojanische Krieg wird nicht stattfinden. Wenn wir die beiden Ideale lange genug betrachtet haben, werden wir den goldenen Apfel in die Tasche stecken und uns von dannen trollen. Wir werden uns in die Einsamkeit zurückziehen, um nachzudenken über die erstaunliche Einsicht, welche wir aus der gründlichen Betrachtung der beiden Ideale gewonnen haben, die Einsicht nämlich, daß die vollkommen schöne Frau, welche dumm ist, von der vollkommen schönen Frau, welche klug ist, überhaupt nicht zu unterscheiden ist.

Wie sehr auch immer wir für die Dummheit uns begeistern möchten, wie sehr auch immer wir die Klugheit zu fürchten Grund hätten, das einzige, was wir dabei gewinnen können, ist die Erkenntnis, daß die Schönheit ein Geheimnis ist, das durch Wettbewerbe nicht entschleiert werden kann.

ÜBER DAS LANDLEBEN

Die Vorzüge des Landlebens hat schon Ovid gepriesen. Er war ein Großstädter, ein Literat der Symposien der Metropole. Es ist die Zivilisation, welche Sehnsucht nach der Kultur hat. In der Tat bedarf die Zivilisation der Kultur, wenn sie leben will. Darin liegt ihre Schwäche. Die Kultur dagegen kann auf die Zivilisation verzichten. Darin liegt ihre Stärke. Die Zivilisation ist die Blüte an dem Baum, dessen Wurzel die Kultur ist. Die Zivilisation ist das Bewußte, die Kultur das Unbewußte. Man kann eine Blüte in einer Vase auf den Kamin stellen. Aber niemand kommt vernünftigerweise auf den Gedanken, mit einer Wurzel in einer Kristallschale das Pianoforte zu schmücken. Freigelegte Wurzeln verdorren.

Kultur ist schmutzig. Zivilisation ist sauber. Dreck ist ein Merkmal von Kultur. Dreck gehört zur Kultur wie Wasserspülung zur Zivilisation. Das entscheidende Element des Landlebens ist nicht das Radio in der guten Stube, sondern der Misthaufen vor dem Fenster. Welch betrüblichen Mißverständnissen ist der Dreck ausgesetzt zusammen mit der Kultur, an welcher er haftet. Es wäre eine verdienstvolle Aufgabe, würdig eines Preises der Akademie, eine Streitschrift zu verfassen zur Verteidigung des Drecks. Arbeit macht schmutzig. Sauber bleibt nur der Faulpelz. Ein Geck wäscht sich zehnmal am Tage. Ein Mann, der arbeitet, hat keine Zeit dazu.

Die edelste Form von Kulturschmutz ist der Kunstdreck, den wir nur deshalb als Dreck nicht wahrhaben wollen, weil wir ihn mit zivilisierter Verschämtheit Patina nennen. Man irrt sich, wenn man glaubt, uns vorhalten zu können, daß Rom den Augustus hatte, als wir noch in unseren Wäldern Eber jagten. Augustus war der zivilisierteste Herrscher, den die Welt jemals gesehen hat. Die Wurzeln der römischen Kultur aber stammen aus einer Zeit, da auch die Römer noch Eber jagten in den Wäldern des Apennin. Lesen und schreiben können die Bauern im Apennin heute noch nicht. Das heißt, die Zivilisation des Augustus hat sie noch nicht erreicht. Es kommt darauf an, auf was man stolz sein will.

Die eindrucksvollste Form von Kulturdreck ist der Misthaufen. Dieser Dreck ist so alt wie die menschlische Kultur überhaupt. Wenn ein Stück abgesprungen wäre von Pheidias' Statue des Apollon, wo sonst hätte man es hinwerfen können als auf den Misthaufen. Sauberkeit währt Stunden. Dreck ist aeonenalt.

Versunken stehe ich vor einem bayerischen Misthaufen und bemerke mit Verwunderung, wie aus ihm die Erkenntnisse wachsen. Der Bauer lädt Heu ab. Er entspricht nur wenig dem Bilde, welches manche neueren Dichter von ihm entworfen haben. Mag immerhin die Abendsonne den Giebel vergolden, tatsächlich bedarf der Giebel dringend einer Erneuerung, für die der Bauer kein Geld hat. Es ist einer der Hauptfehler der ländlichen Romane, daß in ihnen weder der Hypotheken, noch der Getreidepreise, noch der Hagelversicherung Erwähnung getan wird. Die seelischen Konflikte eines bayerischen Bauern mögen für viele von Bedeutung sein. Für einen jedenfalls sind sie ganz und gar ohne Bedeutung, für den bayerischen Bauern.

In der Scheune gackert eine Henne. Sie gackert mit jener naiven Freude am Erfolg, die es bedauerlich erscheinen läßt, daß dem Menschen eine ähnlich adaequate seelische Äußerungsmöglichkeit nicht zur Verfügung steht. Die Henne hat keine Ahnung, daß sie soeben ein genormtes Frischei gelegt hat, das nicht nur durch den Hals eines Genießers in einen Magen, sondern auch durch den Rechenstift eines Wissenschaftlers in die Produktionsstatistik rutschen wird. Der Bauer steht sowohl inmitten seines Hofes als auch inmitten der Weltwirtschaft. Wenn man seine Ernte in der Scheuer betrachtet, so muß man zugeben, daß sie nur zur Hälfte der Sonne, zur anderen Hälfte den Leunawerken zu verdanken ist. Es gehört zu den größten Taten der Wissenschaft, daß sie Mist aus der Luft zu produzieren vermag. Wenn einer sich vom Brot eine Scheibe abschneidet, sollte er daran denken. Auf diese Weise wird sowohl seine Achtung vor dem Mist wie seine Achtung vor der Wissenschaft steigen.

Freilich, der künstliche Mist, den die Wissenschaft macht, entbehrt jenes kulturellen Odems, den allein der echte Mist hat, den die Kühe produzieren. In diesem Punkte ist die Kuh den Leunawerken über. Der künstliche Mist ist nur ein Produkt der Zivilisation. Der natürliche Mist ist die Wachstumsbasis der Kultur.

Verfolgt man die Fäden, die vom Misthaufen eines Bauernhofes in die Welt hinauslaufen, so scheint es, als ob das Landleben für die Poesie keinen Platz habe. Dem scheint nur so. Freilich müßte ein jeder, der der Kuh poetische Girlanden um den Schwanz winden will, zuvor gehalten werden, vier Wochen lang eine Kuh zu melken, zu putzen und ihren Stall sauber zu halten. Dann könnten wir einige gelungene Distichen über die so sehr vernachlässigte Poesie des Mistes erwarten. Aber das Dorf braucht auf den Poeten nicht zu warten. Seitdem die Bauern von Krodebeck ihren Homer gefunden haben, bedürfen wir keines anderen mehr. Es wird so leicht keiner wieder gefunden werden, der die Hierarchie des Dorfes von der Häuslerin bis zum Schloßherrn in ihrer gewachsenen Selbstverständlichkeit, voller Mist und voller Poesie, so trefflich wird schildern können, wie Wilhelm Raabe es getan.

Wohl steht die Henne auf dem Hof in der Mitte zwischen den Leunawerken und dem Statistischen Reichsamt. Der Hof selber liegt in der Mitte zwischen Schenke und Kirche. Eine Straße führt an ihm vorüber vom Irgendwoher in das Irgendwohin. Die Strolche und die Automobile ziehen sie entlang. Ein Körnchen Staub aus Rom bleibt liegen. Ein Körbchen Staub wandert nach Kopenhagen mit. Auf der Straße zieht die Zeit entlang, das alte Bettelweib. Unser Leben lang geben wir ihm, aber doch überlebt es uns alle. Das Dorf liegt an der Zeit, die vorüberzieht.

Die Kirche bewahrt das Himmlische. Die Schenke bewahrt das Irdische. In der Schenke wird beim Tarock geflucht. Die Krüge klappern dazu. In der Kirche wird beim Klang der Orgel gebetet. Der Mensch ist weder ein Engel noch ein Teufel. Der Teufel möchte in der Kirche fluchen, und die Engel möchten vielleicht beim Tarock beten. Der Mensch, wenn er auch nicht so gut wie ein Engel ist, so ist er doch nicht so schlimm wie ein Teufel. Er ist eine Mischung von einem durch Kultur verdorbenen Engel und einem durch Zivilisation gezähmten Teufel, der sein Haupt zum Himmel erhebt, während er mit den Füßen im Misthaufen des Dorfes steht.

Das wahre Kaffeehaus hat gußeiserne Säulen, ist mangelhaft beleuchtet und riecht nach Tabak, Petroleum und nassen Kleidern. Es ist so scheußlich, daß man mit Gewalt niemanden hineinbringen könnte. Freilich, freiwillig darin zu sitzen gehört zu den feinsten und höchsten Genüssen des männlichen Daseins.

Die Absicht, das Kaffeehaus gemütlich zu gestalten, geht von vornherein an der kosmischen Intention dieser Einrichtung vorbei. Gerade das Unwirtliche ist es, was diesen Aufenthalt so reizvoll macht. Der Mann wünscht immer wieder zu beweisen, daß er der Anarchie der Dinge gegenüber sein autochthones Ich zu bewahren vermag.

Es muß deshalb streng gefordert werden, daß die Goldverbrämung der gußeisernen Säulen schadhaft sei. Die Dogmatiker des Kaffeehauses, sofern sie wirklich orthodox sind, sind auch nicht bereit, auf das Büfett zu verzichten, diesen goldenen Aufbau der Überflüssigkeit, der nur noch in tibetanischen Tempeln seinesgleichen hat.

Zu den Riten des wahren Kaffeehauses gehört weiterhin, daß man die Kellner beim Vornamen nennt, daß der Zeitungsknecht von selbst das richtige, noch nach dem Petroleum der Rotationsmaschine riechende Journal bringt und daß man immer dieselbe Bestellung macht durch mindestens ein Jahrzehnt hindurch.

Daß unbekannte Leute in einem solchen Kaffeehaus unwirsch behandelt und schlecht und unhöflich bedient werden, ist nach dem oben Gesagten nachgerade selbstverständlich. Daß das Vorkommen weiblicher Wesen in einem solchen Refektorium männlicher Weltverachtung als Sakrileg empfunden wird, leuchtet ohne weiteres ein.

Alle Kenner sind sich darüber einig, daß es dieses wahre Kaffeehaus nicht mehr gibt. Von allen Seiten haben Zivilisation und Gemütlichkeit das kalte Ideal der Junggesellen, dieser bedrängten Mönche des zwanzigsten Jahrhunderts, angeknabbert.

Nun, mit der Musik zum Beispiel konnte man sich aussöhnen. Es stellte sich heraus, daß sie einfach als Geräusch verwertet werden konnte und somit einen Skat nicht mehr zu stören brauchte als das Klappern der Löffel am Büfett. »Aus Verdis Zaubergarten« oder »Spaziergänge in Wagners Wunderreich«, in der Bearbeitung von Waldteufel, können einen wahren Philosophen in der Kritik der reinen Vernunft nur befördern. Wenn ich mir die Carmenouvertüre auf dem Grammophon vorspiele, pflege ich mit einer Kaffeetasse dazu zu klappern, weil mir sonst in dem Torerokampf geradezu etwas fehlt. Nur bei den munteren Märschen mit Trompete wird man gewöhnlich aufgescheucht, weil es dann entweder fünf Minuten vor sieben ist und man noch Rasierklingen besorgen muß, oder fünf Minuten vor zwölf und man überlegen muß, wie man es seinem Ober sagt, daß man wieder nicht bezahlen möchte.

Auch die weiblichen Wesen hat man schließlich in Kauf genommen. Nur das »Kännchen Mokka« ist und bleibt ein Gegenstand erbitterten Hasses. Wo es nicht die Tasse Kaffee mit zwei, drei Gläsern Wasser nach Belieben, sondern nur Mokka in Kännchen gibt, da hört der Begriff des Kaffeehauses auf und der Begriff der Lasterhöhle fängt an.

Ganz offensichtlich entspricht das Kaffeehaus einem allgemeinen Bedürfnis der menschlichen Seele. Tatsächlich, man findet es in allen Ländern der Welt und in den Biographien aller großen Männer. Die Lenker der Staaten hätten die Pflicht, mit weit größerer Sorgfalt, als es bisher geschah, sich um die Kaffeehäuser zu bekümmern. Die Kaffeehäuser sind es, in denen der Geist der Zukunft sich bildet.

Bis zu ihrem achtzehnten Lebensjahr sitzt die Blüte der Nation auf der Schulbank. Von ihrem dreißigsten Jahr an sitzt sie in der Ehe. Dazwischen aber sitzt sie im Kaffeehaus. Der Knabe gehört der Mutter. Der Mann gehört der Gattin. Der Jüngling in den besten Jahren seines Lebens gehört nur sich selber und der Büfettmamsell. Hier bildet sein Talent sich in der Stille und sein Charakter sich im Strom der Carmenouvertüre.

Vielleicht meinen die Frauen, daß darum das Kaffeehaus etwas ihnen Feindliches sei. Das wäre ein Irrtum. Hier erst bildet der Mann alle die Fehler und Untugenden aus, welche ihm abzugewöhnen für die Frauen nachher eine so reizvolle Aufgabe ist. Hier lernt er, sein Geld für gesundheitsschädliche Dinge auszugeben. Hier lernt er, die halbe Nacht bei Gesprächen zu sitzen, mit deren Ergebnissen man noch viel kompliziertere Dinge als unsere Welt in Ordnung bringen könnte. Hier lernt er, eine Meinung zu haben und sie hartnäckig zu verteidigen.

Ohne Kaffeehaus würde der Mann als ein fehlerfreies Wesen in die Ehe treten. Natürlich wäre er dann nicht nur von einer unbeschreiblichen Langweiligkeit, nein, auch die Frauen wären ihrer eigentlichen Aufgabe, Männer zu erziehen, beraubt.

Doch sind es nicht nur Fehler und Untugenden, welche der Mann im Kaffeehause lernt. Er lernt das Leben selber kennen. Das Leben kennenzulernen, gibt es zwei Methoden. Man läuft ihm überallhin nach. Das tun die Forscher. Man bleibt an einem Punkte sitzen und wartet, bis es vorbeigekommen ist. Das tun die Philosophen.

Man kann, zum Exempel, annehmen, daß jeder Pariser einmal im Jahr am Café de la Paix vorbeikommt. Wenn man ein Jahr dagesessen und beobachtet hat, dann hat man alle Pariser kennengelernt. Ohne Zweifel ist die Methode des Philosophen der Methode des Forschers überlegen.

Das Kaffeehaus ist der Sitzplatz, an dem der Film des menschlichen Gesichtes vorüberzieht. Passanten sehen dich an. Jeder Passant trägt ein Irgendwoher auf seinem Rücken. Seine Augen blicken in ein Irgendwohin. Jeder Passant ist ein Schicksal. In sein Gesicht stehen eingegraben die geheimen Zeichen, die der Weise zu deuten vermag. Da sind die Langsamen und die Eiligen, die Ehrgeizigen und die Bescheidenen, die Klugen und die Dummköpfe, die Gescheiten und die Toren, die Verliebten, die Traurigen, die Alten und die Gleichgültigen.

Keiner geht vorüber, der nicht auch im Gesicht des Betrachters eine minime Spur hinterläßt, die, in Jahren und Jahrzehnten addiert, den Ausdruck der Menschenkenntnis gibt.

Das Leben der großen Städte strömt durch die Straßen. Die Kaffeehäuser sind an ihren Rand gebaut für Angler, die ihre Haken auswerfen, Menschen zu fischen. Überall sind sie ein wenig anders, diese Angelplätze des Lebens, ein wenig dunkler oder ein wenig heller, ein wenig goldener oder ein wenig schmutziger, aber überall sind sie die Stätten, in denen der Mensch sich für den Menschen interessiert, in einer kühlen und distanzierten Form, die nicht mehr mitfühlen, sondern nur noch mitwissen will.

Die Kaffeehäuser sind die Tempel der menschlichen Neugier.

Es gibt Astronomen, die den Himmel absuchen, um noch irgendwo einen neuen Weltkörper zu entdecken. Was ist ein Stern am Himmel, verglichen mit dem Auge eines Menschen, aus dem die Erwartung oder die Hoffnung leuchtet! Es gibt Geographen, die um den ganzen alten Erdball fahren, um noch irgendwo eine neue Geländefalte zu entdecken. Was sind die Runen des Himalaya im Gesicht Asiens, verglichen mit den Runen im Antlitz eines alten Bettlers, der das Leid der Erde hinter sich hat!

Vom menschlichen Gesicht sagt Lichtenberg, daß es der wohl interessanteste Teil unserer Erdoberfläche sei. Wahrhaftig, sein Studium ist mit einem Leben im Kaffeehaus nicht zu hoch bezahlt. Freilich, der Würde dieser Wissenschaft werden rote Plüschsessel nicht gerecht. Das Leben ist zu aufregend, als daß man gemütlich darin herumsitzen dürfte.

Auf das Kaffeehaus können Männer nicht verzichten. Nur ungemütlich muß es sein!

JÄGERLATEIN

Das aufregendste Zeitalter in der Geschichte der Menschheit ist in vollkommenes Dunkel gehüllt. Wir wissen nicht, woher wir kommen. Wir wissen nicht, wann und wie die menschliche Kultur entstanden ist. Selbst die frühesten Funde menschlichen Lebens auf der Erde zeigen den Menschen im Besitz dessen, was wir Technik nennen, und dessen, was wir Kunst nennen. Die Zoologie betrachtet den Menschen als ein Säugetier. Ihr macht der Herr im Frack, der am Steuer seines Wagens sitzt, kein Kopfzerbrechen. Der Herr ist *Homo*, und Frack und Achtzylinder faßt die Zoologie unter dem Beiwort *sapiens* zusammen.

Freilich, selbst in den allerurweltlichsten Urzeiten, selbst an jenem Punkt, da der Mensch noch nicht im Besitz der Technik und noch nicht im Besitz der Kunst war – und diesen Punkt muß es ja einmal gegeben haben – selbst an diesem Punkt war er schon *sapiens*.

Wenn man genauer hinsieht, muß man feststellen, daß es kein Lebewesen gibt, das für den Daseinskampf der Urwelt so ungünstig ausgestattet war wie der Mensch. Er ist, das können wir an seinem Gebiß und an seinem Verdauungskanal feststellen, von vornherein als Omnivore, als Allesfresser, gebaut. Aber die Vegetabilien kann er unzubereitet nicht verarbeiten, und der Hackepeter, den er sich natürlich schon damals aus dem Filet einer Auerkuh hätte bereiten können, war ihm unzugänglich, weil die Auerkuh viel leichter in der Lage war, ihn umzubringen als er sie. Selbst wenn er sich mit einem Kaninchen hätte begnügen wollen, das Kaninchen wieder war viel schneller als er.

Es ist zwar sicher angenehm, daß wir heute nicht mehr mit den Krallen eines Löwen umherlaufen. Unsere Klavierliteratur hätte es dann wohl kaum bis zu Chopin gebracht, selbst wenn die Tasten mit Samt bezogen worden wären. Noch nicht einmal im Zirkus haben wir einen Löwen am Klavier zu sehen bekommen. Die Klavierlöwen, die Chopin spielen, haben keine Krallen, sondern eine Mähne. Aber der Urmensch hat den Löwen nicht um seine Mähne, sondern um seine Krallen beneidet. Aber eben, er war *sapiens*. Als er das erstemal aus Zorn über das lächerliche Gehoppel eines Kaninchens einen Stein ergriff und nach dem Kaninchen warf, hatte er die Technik entdeckt. Natürlich traf er vorbei.

Welches Glück für uns, daß wir für den Daseinskampf mit keinen anderen Waffen ausgestattet waren als mit unserer Schwäche und unserer Sapientia. Wären wir nämlich besser ausgestattet gewesen, wir säßen heute noch in Höhlen und fingen Kaninchen mit der Hand. Nachdem unser Zorn die Sache mit dem Stein entdeckt hatte, war der Weg über den Speer bis zur Winchesterbüchse sozusagen vorgezeichnet. Wir haben ihn brav und vorschriftsmäßig zurückgelegt.

Der Mann, der den ersten Stein warf, war noch kein Jäger. Das war erst ein Wilderer. Der erste Jäger war merkwürdigerweise derjenige Urmensch, der zum erstenmal den Stein nicht warf. Das Kaninchen war ein bißchen weit. Der Mann empfand so etwas wie den Wunsch, beim ersten Male zu treffen. Er sprang dem Kaninchen nach hinter den Busch. Da sah er das brave Tier, wie es mit den Ohren wackelte, umgeben von sieben Jungkaninchen, die nach Futter maunzten. Der Mann hob den Stein, aber er ließ ihn wieder sinken. Er rupfte einige frische Schachtelhalme und warf sie den Jungkarnickeln hin. Das Altkarnickel wackelte dankbar mit den Ohren.

Man sieht, daß es Wildhege gegeben hat, ehe das erste Tier von einem Jäger geschossen worden ist. Das mag denen zur Belehrung dienen, die die Jagd für ein grausames Vergnügen halten. Noch heute gibt es unter Jägern kaum eine verächtlichere Bemerkung, als wenn sie von einem sagen, er könne den Finger nicht gerade halten.

Als der Urmensch ohne Karnickel in seine Höhle zurückkehrte, saßen da freilich sieben Urkinder und maunzten nach Speise. Sein Weib machte ihm einen Krach. Es war ein Urkrach erster Klasse. Der Jäger, der erste Jäger der Menschheit, hat für sein waidgerechtes Verhalten nur wenig Dank geerntet. Leise vergrämt verließ er die Höhle wieder. Draußen traf er einen Miturmenschen, welcher gleichfalls mit seinem Weibe Unterschiede gehabt hatte. Sie gingen selbander wieder in den Wald, setzten sich unter einen Felsenvorsprung und kümmelten einen Urkorn.

Die erste Kneipe der Menschheit war eröffnet.

Um sich seelisch aneinander aufzurichten, erzählten sie sich die Ursachen ihres Grams. Der Miturmensch stellte sich sogleich auf seiten des Karnickels und wurde somit der zweite Jäger der Menschheit. So dunkel die Vorzeit immer sein mag, wir wissen jetzt, daß in der ersten Kneipe der Menschheit zwei Jäger gesessen haben. Das wollen wir den Jägern nie vergessen.

Dann begannen, um ihrer seelischen Aufrichtung weitere Stützen zu verleihen, die beiden Urkornbrüder einander tolle Geschichten zu erzählen von Auerochsen, Bären, Wölfen und Wildebern. Dieses war das erste Jägerlatein. Immer noch, wie nicht vergessen werden darf, ist kein einziges Tier auf der Jagd erlegt worden. Es ist von ungeheurer Tragweite gewesen, daß an den Geschichten dieser beiden Jäger nicht ein wahres Wort war. Im Zorn wurde die Technik entdeckt, im Mitgefühl die Jagd, im Gram die Poesie.

Die Geschichten dieser beiden Urkornbrüder sind uns nicht erhalten. Ohne Zweifel müssen sie noch über Homer gestellt werden. Als Homer begann, gab es die Poesie schon. Als diese beiden unter ihrem Felsvorsprung zu lügen begannen, erfanden sie die Poesie. Dies diene denen zur Belehrung, die glauben, sich darüber aufhalten zu müssen, daß in den Geschichten der Jäger die Realität keine ausschlaggebende Rolle spielt. Schon die Urkornbrüder wußten, daß Poesie einer höheren Wahrheit dient.

Durch Jahrtausende hindurch hat seitdem die Poesie den Menschen in seinem Gram getröstet. Nichts beweist die Großmut des männlichen Geschlechtes mehr, als daß es das weibliche Geschlecht an den Tröstungen der Poesie teilhaben läßt, obgleich das weibliche Geschlecht an der Erfindung der Poesie keinen Anteil hat. Immerhin müssen wir zugeben, daß, wenn wir hinsichtlich der Erfindung der Poesie den Weibern nichts, den Jägern alles zu verdanken haben, wir dem Urweib für seinen Krach danken müssen. Dieser Krach war es, der die Veranlassung zur Erfindung der Kneipe wurde.

Es ist zu bedauern, daß der Stein, den der erste Jäger der Menschheit angesichts der Karnickelmutter sinken ließ, in keiner Jagdausstellung mehr gezeigt werden kann. Aber die Verdienste der Jäger um die Entwicklung der menschlichen Kultur mußten endlich einmal ins rechte Licht gerückt werden. Daß der Mensch im ganzen das Beiwort der Weisheit immer verdient habe, das zu sagen wäre übertrieben! Aber den Jäger, der die Kneipe und die Poesie erfunden hat, ehe er auch nur einen einzigen Schuß abgegeben hatte, den dürfen wir wohl einen *Homo sapiens* nennen.

SEELISCHER BRÜCKENBAU

Jedermann wird damit einverstanden sein, daß einmal eindringlich darauf hingewiesen wird, um wieviel schneller und bequemer unsere Autobusse im Lauf der Jahre geworden sind. Leider, was wir für die Sitzfläche dazugewonnen haben, das haben wir für die Seele verloren. Um ebensoviel wie die Autobusse bequemer geworden sind, um ebensoviel geschlossener sind sie geworden. Wer erinnert sich nicht noch mit Sehnsucht jener Biedermeierkarossen, auf deren offenem Deck man abenteuerliche Reisen durch das Märchenland der großen Stadt machen konnte. Wer träumt nicht zuweilen von jenen mutigen Mädchen, die ihre sowohl duftigen als auch duften Fähnchen im Fahrtwind flattern ließen als Signale eines Frühlings, der immer und immer noch auf sich warten ließ.

Die Biedermeierkarossen verschwanden. Einem Gerücht zufolge sollen sie an eine kleine Stadt verkauft worden sein und allda noch wacker ihren Dienst tun. Vielleicht hat man Glück und begegnet eines Tages einem dieser freundlichen Elefanten, um mit ihm vom Neuen Tor zum Markt zu fahren und vom frühen zwanzigsten Jahrhundert zu träumen. Uns bleiben nur die hinteren Plattformen, sofern sie offen geblieben sind. Man kann, auf ihr Geländer gelehnt, eine Reise durch den Tiergarten machen, die an Naturschönheiten ihresgleichen sucht. Ob der Neuner oder der Neunzehner zu diesem Behuf oder zu diesem Bereif vorzuziehen sei, darüber sind die Kenner sich nicht einig. Einig sind sie sich über die Wichtigkeit des unmittelbaren Kontaktes mit der Natur durch eine Glasscheibe, die nicht vorhanden ist.

Steigen zwei einander fremde Menschen in den rollenden Glaskasten, so werden sie einander fremd bleiben, so lang auch das Stück ihres Lebensweges, das sie miteinander zurücklegen, sein möge. Sind sie aber durch die einige Millionen Kilometer entfernte Sonne miteinander verbunden, so haben sie die Möglichkeit, sich kennenzulernen. Die Brücke, die die fremdesten Menschen miteinander zu verbinden vermag, ist ein Gespräch über das Wetter.

Gib mir einen Stern, der uns beide bescheint, und ich will, o Mitmensch, eine Brücke von mir zu diesem Stern und von diesem Stern zu dir schlagen. Die konstruktiven Talente der menschlichen Seele sind denen unserer Ingenieure erheblich überlegen.

Daß Gespräche über das Wetter banal seien, hat man schon mehr als einmal gehört. Es ist eine banale Bemerkung. Der Abbé Leseigne hielt das Wetter für das feinste und schwierigste aller Gesprächsthemen. Darin war er mit Alexander von Humboldt einer Meinung.

Ich sehe ein, daß es nunmehr Zeit wird, einige technische Anweisungen zum seelischen Brückenbau zu geben. Vor allen Dingen muß man sich den Feind, den man zu seinem Freunde machen will, genau besehen. Solche von einer gewissen munteren Leibesfülle sind bessere Brückenpfeiler als die Hageren. Bietet ja auch der Dicke der Sonne eine weit größere Wirkungsfläche für ihre wohltuenden Strahlen als der Dünne. Ferner ist es wichtig, das erste Seil über den Abgrund der Fremdheit nur so ganz leichthin zu werfen, in einem Schnörkel, oder, um die Sache ganz präzis auszudrücken, auf eine Weise, die man in Sachsen »leschär« nennt.

Also zum Beispiel ist es nicht unangemessen zu sagen: »Na, da schiene sie mal wieder!«

Diesen unbeschreiblichen Satz wollen wir beschreiben. Es bedarf kaum der Erwähnung, daß es sich um ein Plagiat handelt. Meine schriftstellerischen Talente hätten niemals ausgereicht, eine so vollkommene sprachliche Schöpfung zustande zu bringen. Das Copyright dieses Satzes steht dem Autobusschaffner zu, dessen Neunzehner um elf Uhr einundvierzig die Corneliusbrücke passiert.

Dieser Konjuktiv »schiene« ist ein Musterbeispiel von Unverbindlichkeit und insofern ein Musterbeispiel von Verbindlichkeit. Die Feinheit dieses Satzes liegt darin, daß die Sonne nicht genannt wird. Damit wird die Gemeinsamkeit, die doch erst geschaffen werden soll, vorausgesetzt. Das »sie« setzt eine Vergangenheit voraus, in der die Sonne schon vorgekommen ist. Diese Vergangenheit ist das Paradies.

Daß es möglich sein soll, vermittels eines ungenannten Gegenstandes und eines Konjunktivs zwei Menschen vom Hinterperron eines Autobusses geradeswegs ins Paradies zu befördern, würde kaum glaubhaft erscheinen, wenn es nicht soeben bewiesen worden wäre.

Der wahre Wert unseres Satzes kommt aber erst zutage, wenn man die Antwort betrachtet, die er erheischt, obgleich er nicht einmal eine Frage ist. Es gibt da, wie bei der spanischen Eröffnung, nur eine beste Antwort. Sie lautet: »Ja, da scheint sie mal wieder.«

Mit diesem Indikativ kehrt der so stracks ins Paradies Beförderte wieder auf die Autobusplattform zurück. Natürlich sind nun diese beiden, die in einer kurzen Wechselrede eine so weite Reise zurücklegten, Freunde fürs Leben, auch wenn sie sich vor einer Minute noch nicht kannten und sich nach zehn Minuten niemals wiedersehen werden. Wie die spanische Eröffnung fortzusetzen sei, ist nicht so ohne weiteres zu sagen. Es gibt da mehrere Schulen. Da die Sonne heuer ungewöhnlich früh und ungewöhnlich warm scheint, ist die Frage, ob vielleicht das Klima sich ändere, durchaus nicht fehl am Platze. An der Bendlerstraße hört man schon den Golfstrom rauschen, der wärmer geworden sein soll, und wenn man sich den Linden nähert, fährt man unter der Sonne Neapels dahin.

Die Sonne scheint über Gerechte und Ungerechte. Wir können wenig dazu- und nichts davontun. Wenn wir unsere menschliche Aufgabe nicht vollständig mißverstehen wollen, ist es unsere Pflicht, ausführlich die Sache von allen Seiten zu bereden. Je alltäglicher wir dabei sein werden, um so tiefer werden wir in jene Schichten vorstoßen, in denen die einfachen und selbstverständlichen Dingen sich abspielen. Die Sonne ist alltäglich, aber dieses eben von aller Ewigkeit bis in alle Ewigkeit.

OBERFLÄCHLICHE BETRACHTUNG

Kaninchen sind sanfte Tiere. Die freundliche Hand des Schöpfers hat ihnen einen Ausdruck von Unschuld verliehen, der uns entzückt. Unsere Ansicht über die Unschuld der Kaninchen ist zwar sicher Unsinn. Ein Krokodil am Blauen Nil frißt einen Neger mit der gleichen Unschuld wie das Kaninchen sein Kohlblatt. Aber dieser Unsinn hat, wie fast jeder Unsinn auf der Welt, eine tiefere Bedeutung, und zwar eine moralische. Das menschliche Bedürfnis nach moralischer Ordnung ist so groß, daß wir sogar die Tiere in diese Ordnung einbeziehen. Als Beweis für diese Behauptung kann man nur einen Satz anführen, der für die Menschen so feststeht wie der Satz vom ausgeschlossenen Dritten. Es ist der Satz: »Der Löwe ist gelb und großmütig.«

Jedermann ist bereit, diesen Satz zu akzeptieren. Es wäre ja auch wahrhaftig ein ganz verdrehter Einfall, den Beweis dafür zu verlangen, daß der Löwe gelb sei. Aber tatsächlich kommt auch niemand auf die Idee, einen Beweis dafür zu verlangen, daß er großmütig sei. Der Löwe eben ist gelb und großmütig.

Die alten Maler haben das viel besser gewußt als die Naturalisten einer ungläubigen Zeit. Wenn sie den heiligen Hieronymus malten, so malten sie ihn nie ohne seinen vierbeinigen Begleiter. Die meisten von diesen Malern hatten niemals einen Löwen gesehen. Vom zoologischen Standpunkt aus können die vierbeinigen Begleiter des heiligen Hieronymus auf den alten Bildtafeln ebensowohl für ein kleines Kalb wie für einen großen Hund gehen. Aber eben nur vom zoologischen Standpunkt aus. Vom moralischen Standpunkt aus waren diese Tiere immer so ausgesprochen gelb und so überwältigend großmütig, daß es für einen gläubigen Betrachter niemals einen Augenblick des Zweifels geben konnte, daß ein Löwe gemeint sei.

Die moralischen Eigenschaften der Tiere sind beständig. Es ist merkwürdig genug, daß sie in allen Kulturen dieselben sind. Für die Beständigkeit der moralischen Eigenschaften des menschlichen Geschlechts dürfen wir darauf eine Hoffnung schöpfen. Auch die genialste Imagination wäre nicht imstande, sich die Tiere im Reineke Fuchs anders einzubilden, als der Dichter es getan hat. Der Adler ist immer ein edler Vogel und der Geier immer ein gemeines Tier. Welche Delikatesse entwickelt die Sprache allein schon in den Namen der Tiere.

Auch durch den Vers eines Gedichtes schwebt der Adler mit erhabenem Flügelschlage, während der Geier seinen scheußlich nackten Hals nur aus einem Hiatus hervorzustrecken vermag. Das Wort Löwe kann man überhaupt nur aussprechen in einer Art von majestätischem Gähnen.

Wenn man einem Taubstummen einen Begriff von dem Vokal u geben wollte, man zeigte ihm am besten ein Gnu. Wie wunderbar drückt sich die Mischung von Zartheit und Trampeltier im Charakter unseres größten Dickhäuters in seinem Namen Elefant aus.

Notwendigerweise gerät man in Besorgnis, wenn diese sichere Hierarchie der Werte ins Wanken gerät. Daß es gerade das Kaninchen ist, das in aller moralischen Unschuld an den Fundamenten dieser Hierarchie nagt, setzt einen noch besonders in Erstaunen. In einer unserer angesehensten Gazetten stand der Satz: »Auf einem Kaninchen wachsen zwei Pullover.« Dies, ohne Zweifel, muß als eine unmoralische Tatsache empfunden werden. Daß die Kaninchen Haare lassen müssen, ist nicht so schlimm. Das müssen die Lämmer sowohl als mancher von uns auch. Daß sie nur noch als eine Art von Oberfläche betrachtet werden, auf denen die Rohstoffe wachsen, die zur Erfüllung der leichtsinnigen Träume unserer jungen Mädchen benötigt werden, das heißt, den Kaninchen bitteres Unrecht tun. Damit beraubt man sie nicht nur ihrer Unschuld, sondern ihres immanenten Charakters als Geschöpfe. Es wäre so, als ob die Kaninchen unsere jungen Mädchen nur noch als eine Art von Oberfläche betrachteten, die dazu da ist, mit Kaninchenhaaren bedeckt zu werden. Auch wenn wir durchaus absehen von den Einwänden der kosmetischen Industrie, die diese Oberflächen zur Aufnahme ihrer Jahresproduktion beansprucht, wird jedermann zugeben, daß man den jungen Mädchen so nicht gerecht werden kann. Man mag die Oberfläche junger Mädchen betrachten, wie man will, auch für sie, als Geschöpfe des Himmels, ist das Äußere nur das Gefäß ihrer Seele.

Wenn man auf den Kaninchen statt Haaren Pullover wachsen läßt, so bedroht man nicht nur die Unschuld der Kaninchen, sondern auch die Unschuld der jungen Mädchen.

Was unserer Textilindustrie zu fehlen scheint, ist, wie man sieht, durchaus nicht der Absatzmarkt, sondern das Studium der Poesie und die Kenntnis der alten Fabeln.

Christian Fürchtegott Gellert, in Pullover gebunden, das wäre ein schönes Geschenk der Textilindustrie für die jungen Mädchen. Selbst wenn sie keinen Bücherschrank haben, so können sie das Werk in diesem Einband immer ruhig in den Kleiderschrank stellen. Dann haben sie jederzeit ein schönes Beispiel vor Augen, wie ein Pullover nicht nur einen oberflächlichen Inhalt, sondern einen tiefen Gehalt umhüllt.

Freilich, wenn ich ein Pullover wäre, würde ich die Oberfläche eines jungen Mädchens der Tiefe eines Fabeldichters vorziehen. So bleibt uns nur noch, nachdenklich das Schicksal des Kohlblattes zu betrachten. Wenn das Kohlblatt im Stall in der Ecke liegt, so kann ihm tatsächlich nichts Besseres zustoßen, als von einem Angorakaninchen gefressen zu werden. Wenn die Ziege es frißt, wird es als Käse in einem Vorstadtladen wieder zu sich kommen. Wenn das Kaninchen es frißt, wird es zu Angorawolle und kann an einem heiteren Nachmittag beim Fünfuhrtee als blauer Fleck auf einem Pullover in der Sonne leuchten. Der junge Mann, der das bewundert, weiß nichts davon, was für ein Kohl ihm da Eindruck macht und das es beinahe Ziegenkäse geworden wäre. Wie glücklich dürfen wir uns schätzen, so wenig von den Zusammenhängen auf dieser Welt zu wissen. Es gibt keine harmonischere Ehe als die zwischen Illusion und Ignoranz.

Keine einzige Entdeckung hat die Welt des Mittelalters so sehr erschüttert wie die Entdeckung der Tatsache, daß die Erde eine Kugel sei. Die Kardinäle, die den Galilei verbrennen wollten, hatten entschieden ein richtiges Gefühl dafür, wie gefährlich die Wissenschaft dieses Mannes wäre. Sie haben ihn nicht verbrannt. Dafür ist die Welt des Mittelalter in Flammen aufgegangen.

Karl v. hat sich im Gedächtnis der Menschen nicht so sehr durch die Erinnerung an seine großen Herrschertugenden gehalten als durch den Ausspruch, daß in seinem Reiche die Sonne nicht untergehe.

Unterdessen haben die Astronomen Millionen von neuen Sternen entdeckt und herausgefunden, daß das Universum sich im Zustand der Explosion befindet. Die Wirkung dieser Entdeckungen auf die menschliche Seele ist sehr merkwürdig.

Auch früher war die Welt ein Jammertal. Immerhin lag sie vor den Toren des Paradieses. Das Wichtigste, was es auf ihr gab, war die unsterbliche menschliche Seele. Damals hätten die Leute wohl Grund zu einigem Stolz gehabt. Die Sonne stand am Mittag zu ihren Häupten, und der Mensch war der Mittelpunkt des Kosmos. Aber die Leute waren bescheiden, dankten Gott und dachten an den Himmel. Heute, da wir zu wissen glauben, daß wir lächerliche Mikroben in einer unfaßbaren Unendlichkeit sind, heute haben wir den Himmel vergessen und sind hochmütig geworden. Wir haben allen Respekt vor den irdischen Gegebenheiten verloren und hantieren mit der Welt, als ob sie ein Spielzeug zu unserem Vergnügen wäre.

Ein italienischer Flieger hat mit seinem Flugzeug eine Geschwindigkeit von siebenhundertzehn Stundenkilometern erreicht. Wir sind also nicht mehr weit von den tausend Stundenkilometern entfernt. Das ist etwa die Geschwindigkeit des Schalls.

Mit tausend Stundenkilometern kann man so schnell fliegen, wie die Erde sich um sich selber dreht. Der Tausendkilometerflieger wird von sich sagen können, daß in seinem Flugzeug die Sonne nicht untergeht. Ach, und wie stolz werden wir dann alle sein! Dabei hätten wir höchstens Grund, ganz bescheiden zu sein. Welch ein Unterschied zu Karl v.! Um seinen Thron lagen nach Osten und nach Westen seine Reiche. Der Flieger hat nichts als den Sitz, auf dem er auch noch festgeschnallt ist. Das Weltreich des Habsburgers ist auf den Umfang einer Lederhosenhinterfläche zusammengeschrumpft, und darauf bilden wir uns etwas ein.

Und wie steht es um die unsterbliche Seele des neuen Sonnenmenschen mit der Lederhosenhinterfläche? Nicht einmal seinen eigenen Namen kann er hören. Wenn er sich selbst einen ermunternden Zuruf gönnen will, es ist vergebens. Er ruft sich »Peter!« zu, aber das Wort wird ihm vom Munde gerissen, und so saust er durch das All, verfolgt vom Schall seines eigenen Namens, der ihn nicht einholen kann, ein atonaler Schlemihl, ein würdiges Exempel unserer Zivilisation und ein herrlicher Beweis für das, was eine unsterbliche Seele alles zu vollbringen vermag.

So bleibt uns nur der eine kleine Trost, daß jeder Benzintank einmal leer wird. Der Sonnenmensch kehrt in Treuenbrietzen zur Erde zurück. Mitten in der Nacht steht er auf einem Kartoffelfeld. Der Motor schweigt. Die Hasen blicken stumm. Der Sonnenmensch wirft einen Blick zum milden Mond hinauf. Auf einmal kommt wie ein Vogel aus dem Samt der Ferne ein atemloser Schall geflogen, und mitten aus der schweigenden Nacht heraus ertönt es »Peter!«

Es ist die unsterbliche Seele, die sich selber ruft. Ihre Stimme wird ungehört verhallen.

AURORAS KLEINER FINGER

Es ist schön, bei offenem Fenster zu schlafen. Aber es ist nicht ganz leicht. Wenn einem so gegen ein Uhr die Zeitläufte allmählich aus dem Bewußtsein entschwinden und man in das Meer der Träume hinabsinkt, rüstet sich die Sonne schon zum Aufgang. So gegen drei Uhr beginnen die Vögel ihr Konzert. Es ist ohne Zweifel angenehmer, um drei Uhr durch ein Konzert als um sechs Uhr durch den Kundendienst geweckt zu werden. Auf der anderen Seite ist es betrüblich, wenn der aufgeregte Lärm der Sperlinge einen aus einem Traum aufstört, in dem man vielleicht gerade einen hohen Vorgesetzten als Schornsteinfeger auf dem Dach herumklettern sah.

Warum die Vögel schon in aller Frühe einen solchen Lärm machen, wissen wir nicht. Vielleicht empfinden sie es als ihre Pflicht. Vielleicht haben sie Hunger. Vielleicht haben die Poeten recht, welche meinen, daß sie es zum Preise der Schöpfung täten. Tatsächlich nennen wir ja die früheste Frühe die Herrgottsfrühe.

Aber der Mensch ist kein Engel. Daß er gleichwohl ein Geschöpf Gottes ist, davon macht er nur selten Gebrauch. So kann er denn nicht in aller Herrgottsfrühe aufstehen, wenn er erst in aller Teufelsspäte schlafen gegangen ist.

So dürfen wir uns glücklich schätzen, daß das menschliche Ingenium, so sehr auch seine Wege von den Intentionen der Schöpfung abweichen mögen, doch wenigstens seine irdische Verlorenheit komfortabel zu gestalten weiß. Die Nacht, welche von der Teufelsspäte bis zur Herrgottsfrühe reicht, ist kurz. Wir können sie künftig ruhig bei offenem Fenster verschlafen. Der heitere Lärm der Kreatur wird unsere Schornsteinfegerträume nicht mehr stören. Auf dem Fensterbrett gen Osten steht die Photozelle.

Sobald der erste Strahl der Morgenröte, sozusagen Auroras kleiner Finger, die Photozelle berührt, wird ein Kontakt ausgelöst, und vermittels eines sinnreichen Mechanismus schließen sich die Fenster elektrisch. Der Mensch und die Schöpfung werden auf diese Weise schalldicht voneinander getrennt. Der Morgenschlaf kann beliebig lange fortgesetzt werden. Vielleicht ist es sogar dem Himmel wohlgefällig, wenn wir wach und tätig nur in aller Teufelsspäte sind, in der Herrgottsfrühe aber uns im unschuldigen Zustand des Schlafens befinden. Selten ist es dem Menschen gegeben, auf eine so unschuldige Weise tätig zu sein wie die Vögel, wenn sie zwitschern.

L'ART POUR L'ART

Die Kunst des Feuilletons besteht nicht darin, über ein Thema zu schreiben, sondern über kein Thema zu schreiben. Statt des Themas gibt es einen Anlaß. Anlaß kann jeder Hosenknopf sein.

Wenn man den Knopf als Exempel nimmt, will man damit sagen, daß der Knopf etwas von Natur Unbedeutendes sei. Es kommt also darauf an, dem Unbedeutenden Bedeutung zu geben. Damit nun niemand sage, wir drückten uns vor unseren eigenen Maximen, wollen wir bei diesem Anlaß bleiben. Schreiben wir über den Knopf.

Sowie wir sein bescheidenes Rund ins Auge fassen, entdecken wir, welch bedeutsame Rolle dieser unbeachtete Gegenstand in unserem Leben spielt. Jeden Morgen durchschneidet prächtig und großartig die Scheibe der Sonne den Horizont. Mit genau derselben Regelmäßigkeit, mit welcher allmorgendlich die erhabene Scheibe der Sonne den Horizont durchschneidet, mit genau derselben Regelmäßigkeit durchschneidet allmorgendlich die bescheidene Scheibe des Hosenknopfs das Knopfloch. Zwischen der Sonne und dem Himmel besteht das gleiche Verhältnis der Angemessenheit wie zwischen dem Knopf und seinem Loch. Ja, wenn die Sonne, von Wolken verhangen, nicht in unseren Morgen tritt, so ändert das wenig an unseres Tages Lauf. Wenn aber der Hosenknopf sein Knopfloch verfehlt, ist unsere menschliche Würde in Gefahr. Wie blind waren wir bisher, einen Gegenstand gering zu achten, von dessen Wohlverhalten die Würde unserer Person abhängig ist.

Es wäre eine dankbare Aufgabe, nunmehr eine Untersuchung über die Würde anzuschließen, diese sonderbare Eigenschaft, die auf eine so metaphysische Weise mit den Hosenknöpfen in Zusammenhang steht. Niemand könnte uns daraus einen Vorwurf machen. Da wir kein Thema haben, dürfen wir beliebig schweifen. Halten wir uns an den Knopf.

Je fester wir uns an den Knopf halten, um so leichter wird er abreißen. Schon haben wir ihn in der Hand. Ein abgerissener Knopf ist geeignet, einen nachdenklichen Menschen melancholisch zu stimmen. Es gibt viele Symbole für die Vergänglichkeit des Irdischen. Wir lieben es, für die Darstellung dieses Sachverhalts erhabene Gegenstände in Anspruch zu nehmen. Das ist wohl auch der richtige Weg, wenn es darauf ankommt, durch sentimentalische Effekte das Gemüt in Schwingungen zu versetzen. Wenn es einem aber darauf ankommt, den Verstand zur Einsicht zu bringen, ist ein abgerissener Knopf ein brauchbareres Instrument als die schönste Reproduktion der Toteninsel.

Man könnte sich sehr wohl einen Philosophen vorstellen, der, wie andere sich Gemütswerte gerahmt an die Wand hängen, sich die Tapete mit Einsichten schmückte. Ein abgerissener Knopf im Goldrahmen über dem Schreibtisch wäre mehr als nur der Einfall eines Surrealisten. Es wäre ein Zeichen von Weisheit. Leichtlich ließe sich nunmehr abschweifen in eine Untersuchung über die verschiedenen Delektationen des menschlichen Geistes. Schon wären wir beim Wesen der Kunst und beim Unterschied von Kunst und Philosophie angelangt, aber wir wollen ja über den Knopf schreiben.

Es gibt Knöpfe, die an Stellen abreißen, wo man das nicht sieht. Sie sind wie heimliche Fehltritte, von denen niemand nichts weiß. Sie erzeugen ein Gefühl von schlechtem Gewissen. Da der Mensch über ein außerordentlich entwickeltes Talent verfügt, mit seinem Gewissen in erträglicher Symbiose zu leben, bleiben solche Knöpfe jahrelang abgerissen.

Ein Hosenträger, bekanntlich, setzt sechs Knöpfe voraus, denn er hat sechs Benzel. Beim alten klassischen Hosenträger ist das nicht so wichtig. Zur Not tut er seine Pflicht auch mit drei Knöpfen, denn beim klassischen Hosenträger sind die Benzel fest. Nun gibt es aber so eine verteufelte neuere Art von Hosenträgern, bei denen die Schlaufen locker sind und eigentlich dreimal zwei nicht abgerissene Knöpfe voraussetzen. Daß diese Hosenträger sich überhaupt eingeführt haben, müßte man als ein Zeichen des Verfalls des männlichen Geschlechts betrachten, wenn die Männer nicht einen Ausweg gefunden hätten, der beweist, daß ihre altüberlieferte Nichtsnutzigkeit noch ungebrochen ist. Es wird nämlich einfach die Schlaufe mit ihren beiden Benzeln auf einen Knopf geknöpft. Ist schon ein abgerissener Knopf eine Art von Symbol des schlechten Gewissens, so sind die beiden Benzel auf dem einen Knopf ein Symbol der menschlichen Moral. Solange niemand es sieht, scheut sich der Mensch nicht, zwei Benzel auf einen Knopf, zwei Handlungen an ein Motiv zu knüpfen, mit unzureichenden Voraussetzungen sich den Anschein von Ehrbarkeit und Solidität zu geben, kurz, den Schein über das Sein, die Lüge über die Wahrheit zu setzen. Das weite Feld der Moral liegt vor uns. Wie nahe läge es, den Spiegel zu putzen und ihn der Menschheit vorzuhalten. Aber wir wollen über den Knopf schreiben.

Nunmehr nämlich kommen die abgerissenen Knöpfe, die man sieht. Wenn man auf der Straße steht und mit einem Freund noch schnell, ehe der Autobus kommt, ein Welträtsel lösen muß, hat man den unbezähmbaren Drang, den anderen am Knopf zu fassen und an dem Knopf zu drehen. Über dieses Phaenomen ist schon viel nachgedacht worden. Es gibt eine Anzahl höchst geistvoller Theorien über diesen Drehdrang. Uns ist die Sache weder erstaunlich noch rätselhaft. Der Knopf hat, wie wir sahen, die unmittelbarsten und engsten Beziehungen zur Sonne, zur Würde des Menschen, zur Vergänglichkeit des Irdischen, zur Kunst, zur Philosophie und zur Moral. Warum sollte ein so bemerkenswerter Gegenstand nicht ebenso enge Beziehungen zur Logik haben?

Der logische Knopf, wenn oft genug an ihm gedreht ist, reißt, logischerweise, nach einiger Zeit ab. Hier geraten wir ins Gebiet der Charakterkunde. Es gibt kaum eine bessere Gelegenheit, den Charakter seiner Freunde kennenzulernen, als wenn man ihnen von ihrem neuen Mantel einen Knopf abdreht. Die Möglichkeiten der freundschaftlichen Reaktion sind mannigfaltig. Es bedarf keines Schiffbruchs, um zu erfahren, auf welchen seiner Freunde man sich verlassen kann. Es ist klar, daß es nur diejenigen sind, welche, wenn der Knopf ab ist, zu lachen anfangen.

Der aufschlußreiche Zusammenhang zwischen Lachen und Zuverlässigkeit – aber um Himmels willen, wo geraten wir hin! Die wirtschaftliche Bedeutung der Knopfindustrie, der angenähte Knopf, und zwar der angenähte Knopf schlechthin und das Annähen eines Knopfes als der Beginn einer glücklichen Liebe, die zu Ehe, Wohlstand, Kinder- und Enkelsegen führt – fürwahr, der Knopf ist rund und hat kein Ende. Er ist ein Welträtsel, ein Ding an sich, ein wahres Wunder des Lebens.

Ich bitte um Nachsicht, daß ich in der Vorrede steckengeblieben bin. Dies ist vielleicht der geringste Vorwurf, den man einem Literaten machen kann. Man befindet sich da in der besten Gesellschaft. Der Autor, ein Sisyphos des Hosenknopfs, verspricht, den Knopf noch weiter den Berg der Erkenntnis hinanzurollen. Wenn wir schließlich den Berg hinaufgekommen sind, dürfen wir hoffen, daß dort oben eine Fee uns empfangen und uns einen goldenen Knopf überreichen wird, den goldenen Knopf von Fortunas Mütze, der niemals mehr abreißt.

GOLDENE WORTE

Der großartigste und unheimlichste Zauber der menschlichen Geschichte ist das Gold. Ein einziger goldener Apfel aus den Gärten der Hesperiden in der Hand eines trojanischen Königssohnes erzeugte stärkere Spannungen im östlichen Mittelmeer als selbst das Mossulöl und führte zu einem zehnjährigen Weltkrieg, der seinesgleichen nicht hat. Die blendende Reportage des damals einzigen auf den Kriegsschauplatz entsandten Sonderberichterstatters lesen verdrehte Leute noch heute mit Begeisterung. Sie war zwar nicht in die Schreibmaschine diktiert. Die damals übliche Form der Berichterstattung war der Hexameter. Diese Berichterstattung wurde zwar nicht nach anderthalb Stunden von der ganzen Welt drahtlos mitgehört. Aber die damaligen Sendemethoden waren so hoch entwickelt, daß die Nachrichten in Hexametern noch nach zweieinhalbtausend Jahren auf der ganzen Welt mit Achtung und Aufmerksamkeit gehört werden. Übrigens hat man niemals wieder etwas von dem goldenen Apfel vernommen, der das ganze Unheil angerichtet und dem Sonderberichterstatter einen so homerischen Ruhm eingebracht hat.

Möglich ist es, daß in dem goldenen Ring an Ihrem Finger etwas von dem Gold enthalten ist, aus dem der Apfel des Paris gemacht war. Gold geht nicht verloren. Man darf annehmen, daß irgendein griechischer Held in den rauchenden Trümmern des Tempels der Aphrodite den zu einem goldenen Klumpen geschmolzenen Apfel entdeckt und in seinen Beutesack gesteckt hat. Vom Winde verweht ist er bei Zypern mit seinem Schiff untergegangen. Fischer haben Jahrhunderte später den Goldklumpen mit einem Netz aus dem Meer gezogen und ihn ehrerbietig und abergläubisch dem Statthalter abgeliefert, welcher ihn nach Alexandreia schickte.

Wissen wir, ob nicht der goldene Becher, in dem Kleopatra die in Wein gelöste Perle dem Antonius anbot, aus dem Gold des Hesperidenapfels gemacht war? Wir wissen es nicht, aber dem, der nur ein wenig an Schicksal zu glauben vermag, erscheint es jedenfalls in hohem Maße wahrscheinlich.

Man darf auch vermuten, daß Kleopatra, diese noble Lady, den Becher dem Antonius geschenkt hat. So ist er nach Rom gekommen, um im Nachlaß des Antonius versteigert zu werden. Der Vater des Quintilius

Varus hat ihn um billiges Geld gekauft. Quintilius Varus hat ihn, ein pietätvoller Zug, immer als Andenken an seinen Vater bei sich geführt.

Sowohl Arminius, der Fürst der Cherusker, wie der General der Kavallerie Exzellenz Segest haben zuweilen auf das Wohl des Kaisers Augustus daraus getrunken.

Es ergibt sich sozusagen von selbst, daß der Becher nunmehr im Teutoburger Walde verschwinden wird. Immer wieder kehrt das Gold in die Erde zurück oder in das Meer, woher es gekommen ist. Immer wieder, wie der Riese Antaios von seiner Mutter Gaea, holt es sich neue Kraft aus dem Dunkel, aus dem es stammt. Immer wieder, wie Aphrodite, die Schaum- und Meergeborene, richtet es neues unermeßliches Unheil an, wenn es aus der Tiefe wieder emporsteigt.

Gold ist Glück und Unglück zugleich. Gold hat Byzanz groß und reich gemacht und hat es ins Verderben gestürzt. Gold hat dem Reich des Montezuma seinen Glanz gegeben. Gold hat seinen Untergang herbeigeführt. Aus Gold macht der Mensch den edelsten Schmuck, die heiligen Meßgeräte, den Ring. Es ist dasselbe Gold, das in den Tresors der Staatsbanken als Kriegsschatz liegt und sich so leicht in Waffen, Unheil und Tod verwandelt.

Viele hundert Jahre liegt der Becher im Moor des Teutoburger Waldes wie vordem im Meer bei Zypern, bis fromme Mönche den Wald urbar machen und den Becher finden. Allabendlich trinkt der ehrwürdige Abt aus dem Becher der Kleopatra seinen Abendtrunk, und Noah lächelt al fresco von der Wand des Refektoriums zu diesem heidnisch-christlichen Zusammentreffen.

Als die Schweden schließlich das Kloster niederbrennen, wandert der Becher wieder in den Beutesack eines Soldaten. Dieser weiß zwar nichts von Aphrodite. Aber er läßt seiner Liebsten einen schönen Halsschmuck davon machen. Die ging ihm davon und freite einen Wirt im Spessart, der den Tand verkaufte und eine neue Scheune davon baute.

So kam der Apfel des Paris wieder in die Schmelze, und der Kurfürst von Hessen ließ Dukaten daraus schlagen. Einer dieser Dukaten geriet im Brustbeutel eines hessischen Soldaten in den amerikanischen Freiheitskrieg. Dem braven Hessen wurde im Gefecht am Red River das Bein zerschmettert. Er wäre wohl elend zugrunde gegangen, wenn ihn Onkel Tom nicht in seine Hütte genommen und wieder gesund gepflegt hätte. Der Soldat schenkte Onkel Tom den Dukaten.

Wiederum eine Zeit später ließ sich ein Nachfahre Onkel Toms aus dem unnützen Dukaten einen nützlichen Eckzahn bauen. Selbst in dieser niederen Stellung noch blieb der Zauber der Aphrodite ungebrochen. Alle schwarzen Mädchen von St. Louis fanden das goldene Lächeln des braven Negers unwiderstehlich. Aber die Liebe stürzte den schwarzen Paris in so unermeßliche Unkosten, daß er seinen goldnen Eckzahn verkaufen mußte.

Wiederum kam der Apfel Homers in die Schmelze und wurde zu dem Ring, den der Großvater der Großmutter von seiner Reise aus Amerika mitbrachte. So haben Sie den Apfel der Hesperiden, den Becher der Kleopatra, die Halskette der Wirtin aus dem Spessart, den Dukaten des Kurfürsten von Hessen, den Eckzahn von Onkel Toms Urgroßneffen an Ihrem linken kleinen Finger. Sehen Sie sich das kleine Stückchen hellen Glanzes genau an, und verfehlen Sie nicht, darüber nachzudenken, daß es noch immer glänzen wird, wenn Sie schon lange, lange ausgeglänzt haben werden.

MEDITATIONEN IN DER NACHT DES HEILIGEN SYLVESTER

Das Jahr pfeift auf dem letzten Loch – und wir mit ihm. So habe denn der Narr das Wort!

Es war ein guter Brauch in alten Zeiten, daß neben den Thronen der Könige die Narren hockten. Die Heruntergekommenheit unseres gloriosen Jahrhunderts kann man an nichts so deutlich sehen wie daran, daß die Narren aus unserer Zeit verschwunden sind.

Die Nacht des heiligen Sylvester, die letzte Nacht des Jahres, ist von jeher die Nacht der Narren gewesen. Der Heilige dieses Tages ist der Papst Sylvester I. Nach der Legende ist er der Mann, der den Kaiser Konstantin den Großen getauft hat. Damals ging in großem Glanze die Zeit des Heidentums zu Ende, damit in größerem Glanze das Abendland dem Christentum gewonnen werden konnte.

Eine Fülle von fröhlichen alten heidnischen Gottheiten, die in Stadt und Land ihr Wesen getrieben hatten, gingen in dieser neuen Welt ihres Ranges als Gottheiten verlustig. Aber sie waren nicht tot. Als muntere Teufel, als boshafte Dämonen, als witzige Kobolde tauchten sie wieder auf. Manch einer suchte sich zur Wohnstatt eine menschliche Seele, zog ein und machte sie zum Narren. Alle diese Teufel, Dämonen und Kobolde retteten sich unter den weiten Mantel gerade desjenigen der Heiligen, welcher ihrer Göttlichkeit den Garaus gemacht hatte. Der heilige Sylvester nahm sie alle mit einer großen Gebärde unter seinen Schutz. Unter dem Mantel eines Heiligen ist Raum für manch irdisches Ding. Wie könnten auch ein paar arme Teufel dem Himmel von seinem unendlichen Glanze etwas rauben. Die großen Feste des Jahres sind fromme Feste. In der Nacht des heiligen Sylvester erwacht noch einmal etwas von der alten Heiterkeit des Lebens, welche dem Menschen befiehlt, seiner Würde die Schellenkappe aufzusetzen und seinem Nächsten mit der Narrenklappe auf die Schulter zu schlagen.

Sollen wir Feste feiern, da wir es nur zwischen Gräbern tun können?

Welch eine Frage!

Als ob jemals Feste anders hätten gefeiert werden können als zwischen den Gräberfeldern, welche die unendliche Kette der Generationen seit Anbeginn über die alte Erde gebreitet hat.

Der Mensch, sofern er schlichten Gemütes ist, neigt nicht zur Philosophie. Wenn das alte Jahr im grauen Nebel der Vergangenheit versinkt und das neue Jahr uns aus dem Morgen der Zukunft entgegenkommt wie ein lächelnder Knabe, dann fallen wir einander um den Hals, als ob wir alle Brüder wären. Dazu sind wir meistens noch des Punsches voll.

Die seltsame und verrückte Heiterkeit, die sich der Menschen in der Nacht des heiligen Sylvester bemächtigt, scheint absurd. Wer hat schon einem alten Jahr viel Gutes nachzusagen, und wer, wenn er nicht des Punsches voll ist, wird ernsthaft von einem neuen Jahre viel erwarten! Die europäische Menschheit lebt in einer Epoche großer Geschichte. Das heißt, es ist ungemütlich geworden auf diesem alten Kontinent. Am Horizont zucken die Blitze. Erdbeben lassen den Boden unter uns erzittern. Die Götter haben den Olymp in Nebel gehüllt. Wir wissen nicht, was über uns beschlossen ist.

Die Heiterkeit ist nicht eine Folge des Punsches. Der Punsch ist eine Folge der Heiterkeit. Die seltsame und verrückte Heiterkeit in der Nacht des heiligen Sylvester ist ein Fest der Tapferkeit des menschlichen Herzens. Ein Gebirge von Leiden hinter sich, ein Gebirge von Sorgen vor sich, hebt der Mensch das Glas zum Himmel und lacht. Es ist das Lachen eines tapferen Herzens, das in den Hallen, an deren Wänden schon die Flammen hochzüngeln, die Feste zu Ende feiert.

Möge die Narrheit ihre Bocksprünge machen. Narren allein sind würdig, der Weisheit die Schleppe zu tragen. Die Narren hüpfen durch den Schmutz der Straße, damit der purpurne Mantel der Weisheit, dessen Schleppe sie in ihren Händen halten, nicht durch den Schlamm geschleift werde.

Wir haben dreihundertfünfundsechzig ernste Tage hinter uns, wir haben dreihundertfünfundsechzig ernste Tage vor uns. In dieser einen Nacht des heiligen Sylvester wollen wir tapferen Herzens das Punschglas zum Himmel heben und uns lächerlich machen um der Würde der menschlichen Seele willen.

Mögen die Götter uns gnädig sein!

UNTERWEGS

1928

AM BAIKALSEE UM FÜNF UHR FRÜH

Der Zug steht mitten in Sibirien auf einer kleinen Station am Rande des Baikalsees. Vor meinem Fenster steht einsam ein Soldat. Ach, was wissen die Leute von der Natur, ehe sie nicht drin Wache gestanden haben.

Großartig und unbegreiflich bricht die Morgenröte über den schon mit Schnee bedeckten Gipfeln in den Himmel ein. Vielleicht ist das die Stunde, in der die einsamen Hirten auf den Steppen ihre schlichten und ergreifenden Lieder gedichtet haben, welche auch uns in mancher Bar um fünf Uhr früh schon zu Tränen gerührt haben. Die leichten Nebel über dem See geben dem Soldaten eine gespenstische Kontur. Es ist diese Stunde, in der man über den Grabenrand spähen konnte auf die Stellung des Gegners am anderen Ufer der Aisne. Es schoß fast nie um diese Zeit. Es war praktisch gefahrlos. Aber es konnte schießen. Daß man bis zur Hälfte aus der Erde sah, daß man diese drei Züge frische Luft nur haben konnte gegen die Möglichkeit eines unvermuteten Heldentodes, gab einem ein unbeschreibliches Gefühl von Größe. Aus irgendeinem Grund dachte man an den Major Schill, bis man Kaffee kochen ging, solange als irgend noch der Rauch dieses kleinen Feuerchens für Nebel gelten konnte. Nicht wegen der Franzosen. Die konnten höchstens schießen. Vorsicht war nur nötig des Regimentsstabes wegen. Der schoß zwar nicht, aber das Kaffeekochen konnte er verbieten.

Billig wäre es, die Märchenwünsche des einsam wachenden Sibirjaken um den verstaubten Expreß zu ranken, der aus unbekannten Fernen kommt und in unbekannte Fernen entschwindet.

Dieser frierende Soldat denkt nur daran, ob Pjotr Ivanovitch, dieses Schwein, bald aufstehen wird, um den Tee zu kochen. Hier hindert ein Regimentsbefehl wegzulaufen, solange der verdammte Zug dasteht. Der einsame Soldat hat nur den einen Wunsch, dem Pjotr Ivanovitch märchenhaft ins Kreuz zu treten. –

Berge sehen sich in der ganzen Welt merkwürdig ähnlich. Bäume auch. Am ähnlichsten sehen sich Ebenen. Man muß schon sehr lange in den Berliner Salons verkehrt haben, ehe man in der Lage ist, von Pampa anders beeindruckt zu werden als von Tundra. Wenn mal wieder einer anfängt, von den unendlichen Ebenen Asiens zu reden, so weiß ich, daß er entweder lügt oder dritter Klasse gefahren ist. In der dritten Klasse sind die Fenster so blind, daß man sich alles dahinter denken kann. Durch meine komfortable Spiegelscheibe habe ich immer nur die ersten dreißig Meter gesehen. Dann kamen Birken. Immerzu Birken, eine Woche lang, in allen Stadien des Verblühens. Herbst mit Zeitlupe.

Begreiflicherweise habe ich mich lieber mit Seljanka beschäftigt. Seljanka! Welch ein Name! Man könnte sich darunter ein Mädchen vorstellen, ein einfaches Kind des Landes, der großen, wie gesagt, unendlichen Ebenen Asiens, die mit Kühen und Wölfen auf du und du steht und dennoch tief im Grunde zur unerhörten Leidenschaft des russischen Menschen fähig ist. Magie des Namens! Aber Seljanka, so magisch sie heißt, ist nur eine Fischsuppe. Jedoch, sie schmeckt nach Sibirien!

Ringsum ist alles vertraut. Die Birken, das Tischtuch, die Fahrgäste, die Bahnhofsuhr. Fremd sind nur die Gerüche. Leder, Seljanka, russischer Tabak und der Holzrauch der Lokomotive mischen sich zu einem jener besonderen Akkorde, die, auch nur in Einzeltönen nach Jahren einem begegnend, die Erinnerung herbeizaubern.

Karbol – denken Sie nicht an jene bangen Stunden, die Sie im Wartezimmer der Klinik saßen, während ihre Geliebte am Blinddarm operiert wurde?

Kerzen – denken Sie nicht an das Begräbnis Ihres würdigen Onkels, dessen Orden auf dem Sarge lagen und der nachher so viele Schulden – nun, lassen Sie sich lieber das Fest bei Frau v. S. einfallen, das mit Kerzenduft fast ein Bacchanal geworden wäre, wenn man nicht der unvorhergesehenen Hitze wegen um zwölf Uhr schon aufgebrochen wäre.

Ungeschrieben bliebe die aromatische Morphologie. Mir jedenfalls wird, wenn ich je wieder an Sydney oder auf der Knesebeckstraße Seljanka begegne, jenes langgestreckte Dorf einfallen, das da unter Führung einer Lokomotive sich aufgemachr hatte, von Moskau nach Wladiwostok zu wandeln, losgelöst von den Gemeinschaften der Menschen, nicht achtend eines ganzen Erdteils, gefüllt mit Schlaf, Hunger, Flirt, Grammophon, Skat und Langeweile, eine Arche Cook, in der sogar Noah nicht fehlte, durch einen bärtigen Methodisten würdig vertreten.

Da ist die Amerikanerin, die jeden Morgen die Eier zurückschickt, weil sie entweder zu hart oder zu weich sind. Kein Wunder, daß sie beim viertenmal den ganzen Jenissei verpaßte. Als ihr dann hinterher jemand erzählte, es sei der längste Fluß der Welt, sah sie schnell noch einmal zum Fenster hinaus, obwohl es gut zwei Stunden später war. Schließlich bezweifelte sie, daß dieser Weltrekord Amerika entgangen sein könnte, und plädierte eifrig für den Mississippi. Wer hätte da widerstehen können! So ungerecht kann selbst diese Erde nicht sein, daß sie ihren längsten Fluß ausgerechnet den Bolschewiki reserviert.

Dann kriecht da eine Yvonne zwischen den Stühlen herum, ein süßer Balg. Auch sie scheint, trotz ihres verhältnismäßig geringen Alters von zwei Jahren, das Wesentliche der Dinge im Geschmack zu sehen. Sie kaut an allem, was sie zwischen den Stühlen findet. Eine beneidenswerte Konstitution!

Durchaus erfreulich ist auch der Weltmeister. Man braucht nur ein bestimmtes Stichwort su sagen, so erfährt man die Geschichte von der Olympiamedaille, so oft man will. Ihm verdanke ich auch einen feinsinnigen Hinweis darauf, wo eigentlich man das Geistige im Sport zu suchen habe.

»Sähn Se mal, das Ganze is alles Gombination und Gefiehl. Ich sähe den Gegner schtarr ins Ooche, und der denkt nadierlich, nu gommt der Ball. Aber was de mei Freind Oswin is, der weeß schon lange, was's geschlaachen hat, wenn ich schtarr gucke. Schon hatt' er'n Ball un rin ins Goal, daß's nur so gracht. Das is ganz uhngerecht, wemmr immer saacht, där Schport wäre uhngeist'ch. Wemmr nich' so geistreich gombiniert hätt'n, hätt'n m'r nie gewinnen gönnen.«

Ergriffen lauschten wir den goldenen Olympiaworten des Heroen, der das bolivianische Team so glanzvoll zum Sieg geführt hatte. Ob die Amerikanerin alles verstanden hat, weiß ich nicht. Jedenfalls war sie am meisten ergriffen.

Unser Dorftrottel ist Karl, der Knecht des Speisewagens. Die Sowjetregierung hat, um allen Komplikationen vorzubeugen, in den Zug nur Bediente gesetzt, die keine fremde Sprache sprechen. Von Karl vermuten wir, daß er überhaupt keine Sprache spricht.

Das Bestellen nach der Karte hat sich zu einem beliebten Glücksspiel entwickelt, bei dem hohe Einsätze getätigt werden. Wenn man zum Beispiel Spiegeleier bestellt, bekommt man eingelegte Früchte oder Rotwein. Sie sehen ohne weiteres, welche Odds da möglich sind. Doch verteidige ich Karl gegen alle Angriffe. Erstens einmal sind Trottel überhaupt sympathisch. Zweitens, was ich auch bestelle, er bringt mir auf alle Fälle Rotwein, sogar wenn ich ihn bestellt habe. Gerade der Primitive zeigt oft eine erstaunliche Menschenkenntnis. Manchmal stolpert Karl über Yvonne. Yvonne, grundsätzlich, wenn sie nicht kaut, dann brüllt sie. Wenn Karl über sie stolpert und sie brüllt ohnehin schon, dann weiß sie immer noch ein Crescendo aus dem Lünglein zu holen, daß uns die Augen übergehen. Mama tut dann ihr Möglichstes und klebt ihrer Tochter nassen Keks in den Hals. Davon wird sie still, ich vermute, wegen Luftmangels.

Der Vater droht einer Lächerlichkeit anheimzufallen, die sein Heroismus vielleicht nicht verdient. Einige haben dann Mitleid, teils mit Karl, teils mit Yvonne, teils mit Papa. Manch gutes Wort über *Educational Problems* und die zarte Seele der Kinder fällt dabei ab.

Nur Miß Ann weht mir ein mokantes Lächeln herüber, das um so erstaunlicher ist, als sie sicher ein gutes Herz hat. Geben wir der Hoffnung Ausdruck, daß wir das Ziel der Reise erreichen, ehe Yvonne zertreten wird. Diese Ruhe wäre zu teuer erkauft. So zieht unser Leben in angenehmer Regelmäßigkeit auf dem fünfundzwanzigsten Breitengrad dahin. Dinge wie Ural und Irkutsk vermögen unsere gesetzte Ruhe nicht mehr zu stören. Nur nachher beim Frühstück wird man den See *awfully nice* finden.

Morgen blühen uns Kamele am Lebensweg und übermorgen die schauerliche Einöde der Wüste Gobi.

Allerdings, weil es nur die kleine Gobi ist, sind wir schon im vorhinein ennuyiert. Auch muß ich enttäuscht feststellen, daß wirklich überall in Sibirien Telegraphenstangen stehen, alle zwanzig Meter eine.

Dann wird unser Dorf zersprengt werden. Wenn wir einander aus Blickweite geraten sind, dann werden wir zu lügen anfangen von den unendlichen Ebenen Asiens, die wir nicht gesehen haben.

Wie beneide ich die, die heute abend am Kurfürstendamm die Wolgaschiffer klagen hören. Wie wird ihnen die Größe und Schönheit dieses Landes aufgehen, während ich mich nur rasiere am Baikalsee um fünf Uhr früh.

DIE LOBBY

Die Porta Westfalica ist das Tor der Völker, die nach Westen zogen, um Geschichte zu machen. Die Lobby ist die Halle der Gentlemen, die nach Osten zogen, um Geschäfte zu machen. Es ist die Halle des Hotels Astor House in Shanghai.

Es ist eine geradezu wunderbare Halle in einem teils barocken, teils maurischen Stil, mit Säulen und einem Glasdach in byzantinisch bunten Farben und jedenfalls von einer unerhörten marmornen Vornehmheit. An jeder Säule steht ein weißgekleideter Boy, sanft mit Mocassins beschuht, stets bereit, einen Cocktail herbeizuschweben, leise, gelb, aufmerksam und mit einem tausendjährigen Lächeln. Es gibt auch Boys, die keine zuständige Säule haben. Es ist von vornherein klar, daß es sich dabei um Boys minderer Sorte handelt.

In der Tat haben sie nicht das schöne Recht, Cocktails herbeizuschweben. Dem müssen sie von weitem zusehen. Wahrscheinlich ist es ihr Wunschtraum. Wenn es nicht Chinesen wären, würden sie vielleicht den Coko bekommen, den Cocktailkomplex, eine vermutlich sehr unangenehme Erkrankung. Davor sind sie in der wunderbarsten Weise geschützt. Nicht nur, daß Chinesen keine Komplexe haben, die chinesische Sprache hat nicht einmal ein Wort dafür. Ihre Struktur schützt sie auch davor, es jemals haben zu können. Komplex wird immer ein Fremdwort bleiben. Das ist in China ein Wort der Fremden, im vorhinein verdächtig.

So träumen sie höchstens im Privatleben von Cocktails, eine vermutlich durchaus nicht unangenehme Beschäftigung. Unterdessen üben sie die ihnen zustehenden Rechte aus, eine Zigarre anzuzünden, einen Handschuh aufzuheben, einen Stuhl zu rücken. Von diesen drei Rechten kann in diesem sonderbaren Land ein erwachsener Mann leben und noch sieben Kinder dabei großziehen. Aber selbst in diesen ihren Grundrechten sind sie nicht ganz selbständig. Vielmehr müssen sie es sich einfallen lassen, von den Säulenboys dabei mit Rippentrillern unterstützt zu werden. Doch braucht man sich darüber keine Sorgen zu machen. Irgendwo in den Hintergründen des Hotelpalastes lebt die niedrige Klasse der Stiefelkulis. An sie werden die Rippentriller weitergegeben. Und diese wieder? Ja, dem letzten trillern die Rippen. Das Leben ist kein Vergnügen.

Auch die Säulenboys haben die Triller aus zweiter Hand. Über ihnen thront, nur zuweilen aus seiner Tür hervortretend wie ein grimmer Himmelswächter, der Number One. Der Number One, ein Geheimrat unter den Boys, ist ein dicker Mann in einem langen, seidenen J-shang, würdig und angesehen, finster drohend, wenn ein Säulenboy in seine Sehachse gerät, wohlwollend und urban, wenn sein Blick auf einen Gentleman fällt. Vor der Windfangtüre steht ein Inder, ein Sikh, mit Turban und schütterer Bartkrause unter den Kinn. Er ist der Diktator der vierzig bis fünfzig Rikschakulis, die lärmend vor dem Haus auf der Straße warten. Er prügelt sie, und dafür nimmt er ihnen Geld ab. Manchmal nachts, wenn er allein nach Hause geht, prügeln sie ihn. Man sagte mir, daß er das unter Spesenkonto bucht. Die einzigen in diesem Lande, die weder prügeln noch geprügelt werden, sind die Gentlemen.

Die Gentlemen sitzen in der Lobby und trinken Cocktails. Man halte das nicht für Leichtsinn. Der Cocktail ist für das Geschäft so unentbehrlich wie die Kalkulation. Der Cocktail beseitigt Wiederstände. Aus Widerständen besteht das ganze Geschäft. Das ständige Beseitigen der Widerstände ist ein Opfer der Gentlemen auf dem Altar des Business.

In der Lobby kennt jeder jeden. Man weiß, der wohlbeleibte Herr bei Säule drei ist Colonel Fowler. Er hat einiges in den Kohlendistrikten von Südwales zu sagen. Wenn er hier sitzt, so bedeutet das, daß er auch in den Kohlendistrikten von Kailan ein bißchen mitreden will.

Mr. Sackville ist von der Imperial Chemical. Niemand zweifelt, daß er den Bauern in Honan ein wenig Stickstoff in die Ackerkrume mischen will. Mr. Sackville hat sich persönlich bemüht, weil es in Honan allein dergleichen Bauern an die vierzig Millionen gibt und entsprechend viele Ackerkrumen.

Dann gibt es die beiden Kategorien der Berater und der Reorganisatoren, Abenteurer zuweilen, zuweilen auch ganz solide Männer aus der Heimat, durch einen chinesischen Untermieter zum Abenteuer verführt. Diese allerdings nimmt niemand ernst, außer sie selbst. Wenn man etwas länger in der Lobby sitzt, sieht man nach durchschnittlich drei Monaten die Berater und nach durchschnittlich fünf Monaten die Reorganisatoren wieder dasitzen. Sie sehen dann etwas zerrupft aus und der Beratung und Reorganisation selber dringend bedürftig. Immerhin, sie haben etwas gelernt. Sie haben gelernt, was sie drei, beziehungsweise fünf Monate vorher ganz leicht in der Lobby hätten erfahren können, daß China ein sehr merkwürdiges Land ist.

Mr. Sackville und Colonel Fowler sitzen gerade bei Säule zehn, und ein Berater und ein Reorganisator, die morgen ins Innere wollen, entwickeln ihre phaenomenalen Projekte. Die Gentlemen lächeln. Ratschläge gibt hier niemand. Das gilt nicht als fein.

Gegen Mittag und so gegen sechs Uhr sieht man vereinzelte Chinesen zwischen den Säulen mit den Gentlemen plaudern. Es ist ganz außerordentlich schwer zu sagen, was diese Chinesen für Leute sind. Sie sehen sich alle ähnlich. Man weiß niemals, ob nicht ein Minister dabei ist oder gar Herr Hsü Hsi-tsing, der reichste Mann der Provinz Chekiang, der den Reishandel und die Schiffe in drei Provinzen beherrscht. Das alles weiß der Number One. Berater und Reorganisatoren pflegen ihm Krach zu machen, wenn der Cocktail zu lange auf sich warten läßt. Die Gentlemen der Lobby senden ihm Geschenke und lassen seiner Befehlenden Hauptfrau zehntausend Glückwünsche sagen zur Geburt ihres dritten Sohnes.

Wenn es einem morgen gelingt, den Number One zu einem Essen einzuladen, so kann man übermorgen schon wissen, was Herr Hsü Hsi-tsing über den Silberkurs und über den Aufstand in der Provinz Szechuan denkt. Herr Hsü Hsi-tsing weiß darüber mehr als alle Börsen der Welt.

Die großen Geschäfte werden in den Büros abgeschlossen, unterschrieben und gesiegelt. Die diplomatischen Praeliminarien, die Fühlungnahme, die Information, das alles spielt sich in der Lobby ab, unsichtbar und mit Delikatesse verhüllt, sichtbar und verständlich nur dem Eingeweihten. Dazwischen lärmen Schwärme von amerikanischen Touristen. Sie kommen heute mit dem Dampfer an, fahren übermorgen weiter und sind in China gewesen.

Dazu kommen jene Zeitgenossen, die alles so interessant finden und mit dem Boy, der sie dafür verachtet, Gespräche führen. Herrn Hsü Hsi-tsing halten sie für einen Fremdenführer und fragen ihn nach dem Friseur. Zu Hause schreiben sie ein Buch über die Probleme des Fernen Ostens.

Um fünf Uhr kommen die Damen der Shanghaier Gesellschaft zum Tanz, schön und märchenhaft elegant. Dazu Matrosen der britischen Marine, vornehme Chinesinnen in teuren Wagen und teuren Pelzen, die Clerks der großen Handelshäuser, Me Lanfang, der große chinesische Schauspieler, der französische Generalkonsul, Italiener, Portugiesen, Russen, alles dirigiert von dem eleganten Empfangschef im Cutaway. Früher einmal war er der Unteroffizier Z. von der Brigade Pfeil. Bei Tarnow geriet er in Gefangenschaft. Über Sibirien und die Mandschurei landete er hier.

Es ist eine bunte koloniale Welt, unsolide, traditionslos, zusammengewürfelt, eine Passage der Wünsche, Hoffnungen und Enttäuschungen, ein Markt der Eitelkeiten des zwanzigsten Jahrhunderts, anarchisch und aufregend, voller Möglichkeiten und voller Resignation – Europa ohne Hintergrund.

Schweigend, gelb und freundlich stehen die Säulenboys, von nichts erschüttert als von Cocktails. Plaudernd, weiß und ernst sitzen die Gentlemen und machen Weltwirtschaft, von Cocktails nicht erschüttert, in der Lobby im Astor House in Shanghai.

ODYSSEUS AUS RADEBEUL

Herr Nitschke hatte eine ziemlich große Nase. Selbst ein wohlwollender Betrachter hätte zugeben müssen, daß sie nicht nur groß, sondern auch rot war. Ja, dieses Rot hatte geradezu einen bläulichen Schimmer. Es blieb kaum etwas anderes übrig, als anzunehmen, daß diese spezifische Verfärbung vom Saufen komme. Und doch war dem nicht so. Herr Nitschke hatte seine Nase erfroren. Freilich würde mancher gerne seine Nase erfroren haben, wenn er sie überall dorthin hätte stecken können, wohin Herr Nitschke die seine gesteckt hatte. Aber Herr Nitschke war kein Snob. Daß er sich die Nase erfroren hatte, das kränkte ihn nach Jahren noch tief. Zu dieser Nase gehörte ein schöner, kugelrunder Schädel mit kurzgeschorenen, weißen Stoppeln und ein Gesicht, das von tiefem Frieden erfüllt war.

Herr Nitschke saß still vor einem kleinen Hellen in einer Kneipe im Hafenviertel von Shanghai. Schwitzende Chinesen bearbeiteten schlecht und recht die Saxophone. Von der Decke hingen Papiergirlanden wie beim Bockbierfest in der Heidemühle. Amerikanische Matrosen tanzten mit leicht verglasten Whiskeyaugen und verbissenem Ernst komplizierte Tangofiguren. Dabei schoben sie zuweilen ihre Mützchen vom einen Ohr auf das andere. Man hatte das Gefühl, daß sie sich Mühe gaben, die kleinen chinesischen Tanzgirls, die ihnen knapp bis zum Nabel reichten, in den Kurven nicht zu verlieren.

Dicker Tabakrauch hing wie wehende Geisterlaken um die Lampen. Von irgendwoher hörte man das Klappern von silbernen Dollarstücken. Es herrschte jene angestrengte und gewissenhafte Atmosphäre, welche sich immer da einstellt, wo Männer das Laster zu finden hoffen.

Der einzige, der sich an der allgemeinen Bemühung um die Erzeugung von Verworfenheit nicht beteiligte, war Herr Nitschke. Im Zustand vollkommenen Wohlbefindens saß er inmitten des von allen Seiten locker getriebenen Treibens als eine Insel der Seelenruhe. Offensichtlich hatte Herr Nitschke alle Emotionen einer allzu bemühten Zivilisation hinter sich. Die Frage war, ob er ein verspäteter Schüler des Laotse oder ob er nur einem milden Stumpfsinn verfallen war.

Keins von beiden hatte statt. Vielmehr, Herr Nitschke war aus Radebeul gebürtig. Durch die Wolken der Lasterhöhle im Hafenviertel von Shanghai sahen seine Augen die sanften Hügel, die sich am Ufer der Elbe entlangziehen. Fast vermeinte er, er sitze vor dem Tor seines Hauses, die fernen Türme von Dresden blitzten herüber, der Strom seiner Heimat spiegle sich im Abendsonnenschein und er höre die Drehorgel von dem Mann, der schon bei St. Privat sein Bein verloren hatte.

»Sei gegrüßt, du teure Heimat, teure Heimat sei gegrüüüßt...«

Herr Nitschke war um diese Zeit fünfundfünfzig Jahre alt. Seit fünfunddreißig Jahren war er der Heimat fern. Seit fünfunddreißig Jahren tauchte in seinen guten Stunden diese Vision vor ihm auf. Um sie zu verwirklichen, hatte er folgenden Weg gemacht.

Als junger Kerl war er zur Marine gegangen. Die Sachsen haben eine eingeborene Neigung für die Seefahrt. Im vierten Jahre seiner Dienstzeit war er mit dem deutschen Ostasiengeschwader nach dem Gelben Meer gefahren, ein kleines Stückchen China zu erobern für das damals stolze und mächtige deutsche Reich. So stand er eines Tages unter einem Haufen Chinesen, die ihn angafften, wie etwa ein Kamel in Radebeul begafft wird, und sagte:

»Eichentlich recht hibsche und umgängliche Leute, die Chinesen...«

Nach dieser Feststellung nahm er sein Erspartes und seinen Abschied und wurde ein Händler und Kaufmann in China. Die Sachsen haben eine eingeborene Neigung für den Welthandel.

Herr Nitschke, mit dem Ehrgeiz und dem Eifer, der seinem Stamme eigen ist, lernte Chinesisch. Herr Nitschke sprach das Chinesische sächsisch aus. Es ist ein vollkommenes linguistisches Rätsel, daß die Chinesen ihn verstehen konnten.

Aber nicht nur, daß sie ihn verstanden, allmählich begannen die Chinesen, Herrn Nitschke zu lieben. Er hatte keine Vorurteile. Wenn sie spuckten, dann regte sich der Obermatrose Nitschke aus Radebeul nicht weiter auf. Er spuckte mit. In seiner harmlosen Neugierde drang Herr Nitschke tiefer und tiefer in das Seelenleben der Chinesen ein. Heute ist er ein ethnologisches Lexikon mit Kenntnissen über dieses rätselhafte Land, welche in diesem Umfang nur wenige Europäer haben. Doch bald wurde an der Küste eine Stadt gebaut. Straßen wurden gelegt, Wasserleitungen, Eisenbahnen. Die Chinesen hörten auf zu spucken und setzten sich Eiersieder auf den Kopf. Eines Tages stand Herr Nitschke wieder einmal zwischen einem Haufen Chinesen. Aber sie begafften ihn nicht mehr. Herr Nitschke stellte traurig fest:

»Hier is' gar nich' mehr richt'ch chines'sch.«

So zog er fünfhundert Meilen ins Land hinein, wo die Chinesen wieder spuckten, keine Eiersieder trugen, ihn wieder begafften und liebten, kurz, wo wieder richtiges China war.

Herr Nitschke fühlte sich nur da wohl, wo die westliche Zivilisation schon aufgehört hatte. So gelangte er im Lauf der Jahrzehnte tief nach Asien hinein. Heute sitzt er in Tatienlu, an der Grenze zwischen Tibet und Szechuan, dem Land der vier Ströme, der reichsten und schönsten Provinz dieses reichen und schönen Landes.

Als die Chinesen 1917 an Deutschland den Krieg erklärten, schien auch Herr Nitschke bedroht. Aber es stellte sich heraus, daß Herr Nitschke von der Kriegserklärung ausdrücklich ausgenommen war. Er durfte friedlich weiter mit dem Dalai Lama handeln. So gehörte er zu den wenigen Deutschen, die nicht repatriiert wurden.

Herr Nitschke handelte mit Häusern, mit Ratschlägen und mit Salizylsäure. Er ist der Vertreter der größten Weltkonzerne und verkauft ihnen monatlich für hundert Dollar ihrer Ware. Wenn Sven Hedin in Lhasa einen Bleistift gefunden hat, so ist es sicher, daß er durch Herrn Nitschkes Hände gegangen ist. Er hat weisen Äbten, die in tausendjährigen Klöstern sitzen, Grammophone und Bügeleisen verkauft. Er hat die Frauen hoher Madarine mit Nähmaschinen versorgt. Herr Nitschke ist die Spitze Europas in Innerasien und ein Weltmeister der Primeurs. In Szechuan, das sechzig Millionen Einwohner hat, kennt ihn jedes Kind. Dort auch hat er sich im Gebirge, Alpen, die noch keinen Namen haben, die Nase erfroren in einer kühlen Mainacht bei fünfundzwanzig Grad Kälte.

Nach acht Jahren ist Herr Nitschke zum ersten Male wieder für vierzehn Tage nach Shanghai gekommen. Zu dieser Reise brauchte er sechs Wochen. Das ist so lange wie von Shanghai nach Radebeul und zurück. Nun sitzt er in der Kneipe des Morgens um halber vier. »Schlafen tu'ch cha nich'«, meint er, »das wär' ja schade um die Zeit.« Gelassen geht Herr Nitschke tagsüber seinen Geschäften nach und schließt Verträge mit Händlern und Agenten. Gelassen sitzt er nächtens in den Lasterhöhlen und träumt heiter in die Zukunft. Bald wird der Lohn ihm winken.

Er war im Begriff, das letztemal nach Tibet aufzubrechen. Nur noch einmal für kleine acht Jahre mußte er ins Innere. Dann würde er das Geld zusammenhaben, um seine Träume zu verwirklichen.

Herr Nitschke hat Peking gesehen und den Omishan, den heiligsten der heiligen Berge der Chinesen. Herr Nitschke hat die schwerste Sprache der Welt erlernt und unerreichte Meisterleistungen des Kommerzes vollbracht. Er hat in den verschiedensten Jahrhunderten der Menschheitsgeschichte gelebt.

Herr Nitschke hat die verschlossensten und merkwürdigsten Länder der Welt gesehen und die fremdesten Sitten erlernet. Aber dieser Odysseus aus Sachsen denkt nur an sein Ithaka an der Elbe, Radebeul bei Dresden, die süße, ferne Heimat.

Die Radieschen aus dem Beet im Garten, über dem eine blaue Glaskugel schwebt, sind ihm mehr wert als die kostbarsten Früchte der Tropen. Und die blaue Glaskugel seiner Träume gäbe er wohl nicht her für alle Schätze der chinesischen Kaiser.

Fünfunddreißig Jahre hat er ausgeharrt, der tapfere Sachse an der tibetanischen Grenze. Ob über dem Frieden seines Alters die Sonne der Heimat leuchten wird? Wenn man Herrn Nitschke gesehen hat unter den Bockbiergirlanden in der Hafenkneipe von Shanghai mit dem visionären Blick auf Radebeul, der freundlichen Stätte der Hoffnungen eines langen Lebens, dann weiß man, daß die Treue der alten Helden noch nicht ausgestorben ist. Nur tragen sie nicht mehr von Hephaistos geschmiedete Schilde, sondern schlichte Röllchen und einen eisernen Schlips. Irgendwann später einmal wird ein neuer Homer kommen, in leuchtenden Versen die Leiden und Taten dieser Helden zu besingen, die Leiden und Taten der Deutschen in den Urwäldern und Wüsten aller Kontinente.

Still im Untergrund unserer Seele schlummert, eine zarte Blüte, die ungestillte Sehnsucht nach der Mondänität. Die Titelblätter der Magazine beleben seit langem unsere Träume. Die Marmorsäulen, zwischen denen Adolphe Menjou sein diskretes Lächeln lächelt, vor welchem ganze Parketts von Ladies in Trance versinken, sie wünschen wir uns, um lasterhaft und sorglos mit unerhörten Frauen zwischen ihnen zu wandeln. Die Magazine und die Filme stellen uns das Leben dar, wie wir es uns wünschen, einfach und unlogisch.

Gaston de Percival, Marquis von Sieyès, dem, sehen Sie, möchte ich mal begegnen. Schloß an der Loire, ohne Hypotheken natürlich. Und nicht auf der Suche nach einer Dame aus Amerika, welche die Lilien des ehrwürdigen Wappens sich in die Badehandtücher sticken läßt. Aber entweder hat er die Hypotheken und muß die Getreidebörse sorgfältig verfolgen, und dann ist er kein richtiger Marquis mehr. Oder die Dame aus Amerika hat ihn, und das kann einem jeden Marquis verleiden. Das Vorkommen von magazinfähigen lebenden Marquis halte ich für eine reine Sage.

Oder Mister Morrison aus Sydney, den allgewaltigen Herrscher sämtlicher Hammel von Australien, der von Bord aus an seine Geliebte kabelt, achtzehn Dollar Gold das Wort: »Liebe Sylvia stop möchte Dir nur beiläufig mitgeteilt haben stop ...« Aber diese Mister Morrisons sind immer verheiratet, immer. Ich vermute, daß ein Mister Morrison allein nie auf die ja in der Tat ausgefallene Idee käme, sämtliche Hammel von Australien beherrschen zu wollen. Auf solche Ideen kommen nur die Mrs. Morrisons. Auch ist Mr. Morrison immer in Sorge, daß die Hammel sich nicht in wünschenswerter Weise vermehren. Auch Mister Morrison ist nicht magazinfähig. Er ist der erste Diener seiner Hammel.

Lange haben wir die Filmregisseure bekämpft. Wir haben ihnen zum Vorwurf gemacht, daß das Leben nicht so schön sei, wie sie es uns glauben machen wollen. Diese tapferen Männer haben auf ihrem Posten ausgeharrt, einfach und unlogisch. Sie werden recht behalten. Es liegt nicht an ihnen. Einen Vorwurf machen kann man einzig und allein der Realität. Sie ist defekt. Sie ist kompliziert und logisch. Wie sollen wir uns darin wohl fühlen?

Viele Jahre bin ich in den Jagdgründen der Erde auf der Suche gewesen nach einem kleinen Fleckchen wahrer Mondänität. Jetzt hat mich ein freundliches Geschick an die tausendjährigen Mauern von Peking verschlagen. Hier, auf den Trümmern einer erhabenen Vergangenheit, findet der Wunschtraum von hundert Millionen Kinobesuchern jeden Donnerstag um acht Uhr abends statt – Dancing Dinner in einem Grand Hotel.

Schon der Start entbehrte nicht eines gewissen bedeutenden Hintergrundes.

Ich dresse mich. Ich könnte mich ebensogut anziehen. Aber das ist ein Unterschied wie zwischen Speisen und Essen, Wandeln und Gehen. Das eine ist eine Handlung, das andere eine Zeremonie.

In demselben Spiegel, in welchem ich mein Schlipschen zu jenem letzten Flair kaum merkbarer Asymmetrie entfalte, der halbstündige Sorgfalt nicht mehr erkennen läßt, spiegelt sich der kaiserliche Palast. Schwarz stehen die Silhouetten gegen die Westberge, wo die Mingkaiser in ihren Gräbern ruhen, von Ausgrabung täglich bedroht. Der brennend rote Himmel des versinkenden Tages leuchtet um die glasierten Ziegel der Dächer, deren Ecken wieder aufwärts gehen, um zu beweisen, daß der Mensch sich immer so leicht und so souverän fühlen darf, wie Genie und Willkür ihm eingeben.

Ein Schleier liegt in der Luft. Er zeigt an, daß morgen ein Sandsturm diese architektonischen Kostbarkeiten in eine braune Wolke hüllen wird. Die Wolke wird ein wenig untermischt sein mit dem Mist der Kamele, den diese ehrwürdigen Vehikel des Handels und der Zivilisation dem Sand der Gobi jahrhundertelang fleißig beigemengt haben. Doch sind es höchstens 0,001 Prozent – für die Hygiene zu vernachlässigen.

Ein feierlicher Weg führt zur Stätte der zeitgenössischen Lustbarkeit. Es ist ein breiter Weg zwischen hohen Mauern. Alte Bäume strecken ihre Winteräste in den kalten Himmel. Frierende Posten stehen vor den Portalen der Legationen. Zwei großartige Löwen stoßen den Mann im Lackschuh um ein halbes Jahrtausend ins Praeteritum zurück. Ein turbantragender Inder hebelt ihn vermittels einer Windfangtüre wieder ins Praesens. Barzahlung, Ramona, siebzehn Gänge, Trinkgeld nach Belieben!

Es wäre zuviel gesagt, wenn man von den Wohlgerüchen Arabiens spräche. Aber die Wohlgerüche der Rue de la Paix sind alle vertreten.

Der Chef des Speisesaals ist mir persönlich behilflich hinsichtlich der Flüssigkeiten. Er weiß, einzeln auftretende Gentlemen sind meist ein wenig melancholisch. Die Melancholie behandelt der Gentleman nicht mit Veronal. Man tut das mit Burgunder.

Zwar das Monokel fiel mir in die Suppe, aber ich hatte noch ein zweites bei mir. Das habe ich an die Kette gelegt. Der Boy ahnte kaum, warum der Master die Suppe mißbilligend ablehnte. Noch weniger ahnte er, daß er mehr als seinen Wochenlohn geschliffen mit von dannen trug; denn ich bin astigmatisch.

Wenn ich das Monokel herausgefischt hätte, dann hätte ich es zwar wieder gehabt. Aber ich hätte mein Gesicht verloren. Wohin alsdann wohl hätte ich das Monokel klemmen sollen? Niemals!

Das Auge geht in die Runde. Das ist der kosmische Augenblick. Man sieht dreißig, vierzig, fünfzig Frauen. Bei diesem Rundblick, den man, hundertfach enttäuscht, schon gar nicht mehr vorzunehmen wagt, muß man zugeben, eine ist schöner als die andere. Die Nationen Europas geben sich ein Rendezvous. Sie bieten ihr Letztes auf, um ehrenvoll abzuschneiden.

Hermeline hängen gelassen von Stuhllehnen herab. Spitzenschals von deliziösem Alter werden achtlos um silbergestickte Taschen gewickelt. Die Eleganz vieler Metropolen wetteifert funkelnd und leuchtend. Oxfordboys plaudern, lässig, blond, charmant. Ihre Smokings sind Schöpfungen der Künstler von Saville Row.

Flirt, Hilarität, Koketterie geben der Atmosphäre Cachet. In einem braunen Schopf eine Agraffe. Was für ein moralischer Mut! Ohnweit sitzt eine Mandschuprinzessin. Man muß schon von einem halben Hummer aufblicken, um die Dignität zu haben, die allein einem erlaubt, eine Mandschuprinzessin zu betrachten. Ich gehe sicher nicht fehl, wenn ich annehme, daß sie auf einen Namen hört wie »Orangenblüte im Frühlingswind«.

Die vornehmen Chinesinnen haben aus ihrer alten Tracht eine entzückende Mode entwickelt. Sie sind nicht auf den Ehrgeiz verfallen, sich anzuziehen wie die europäischen Frauen. Sie haben bald gemerkt, daß es ihnen nicht steht. Sie tragen lange, enganliegende Seidengewänder in Schwarz, Gelb oder in einem leuchtenden Rot mit hohem, geschlossenem Kragen. So schweben sie grazil über das Parkett, immer ein wenig erstaunt, noch ungewohnt der neuen Freiheit. Die Schleppe der kostbaren Seide liegt neben dem Stuhl der Prinzessin wie eine kleine Katze. Eine Meile weiter stehen im Mondlicht die Paläste der gestürzten Dynastie.

Beschwingtes Gespräch schwebt durch die wechselnde Beleuchtung des weiten Raumes. Scherze, Gelächter, Konversation. Man erzählt von einer Bronze, die man gekauft, oder von einem Proust, den man gelesen hat. Dazu flimmert der alte Schmuck, den die Töchter der Lords schon zur Zeit der Königin Elisabeth trugen. Eine alte Mandarinenkette muß einem gebobbten Girl zur Verbesserung seiner ohnehin schon bewunderswerten Fassade dienen. Der alte Würdenträger, dem der Sohn des Himmels diese Kette einst verliehen hat, würde noch im Grab seine Freude haben, seine Würde so gut placiert zu sehen.

Es gibt hier Männer, die eine Flasche Pommery bestellen, als ob es ein kleines Helles wäre. Dazu berichten sie von der Marderjagd in Shansi, oder sie plaudern über einige Interieurs von der Krönung des Königs von Siam. Wo wären sie nicht dabei gewesen!

Ich schwebe durch einen Traum, der in Erfüllung gegangen ist. Nur das Bewußtsein eines vieljährigen makellosen Nichtstuns hält mich aufrecht. Der Boy in seinem langen Gewand umschleicht mich auf weicher Sohle und liest mir die Wünsche an den Augen ab. Ich werde bedient. Obgleich ich gerne von dem Boy manches erfragen möchte, was er vielleicht sich denkt, bin ich mir doch meiner Verantwortung bewußt. So zelebriere auch ich feierlich die Gebräuche dieser sakrosankten Lokalität.

Ein Silvergown schwebt vorüber und lächelt mir zu. Ein blondes Lächeln.

Währenddessen intoniert die Kapelle die Wolgaschiffer als Shimmy. Es ist das eine jener Transfigurationen, die dem zwanzigsten Jahrhundert vorbehalten blieben. Man kann nichts dagegen sagen. Vermutlich lassen sich die Schiffe im Onestep bedeutend schneller die Wolga hinaufziehen, als wenn sie auf jeder Fermate ein Stückchen wieder den Fluß zurückschwimmen. Das Saxophon gaukelt von dannen über das vergangene Asien, während die Söhne der Mandarine sich bemühen, die Bewegungen eines uralten Zeremoniells mit dem Rhythmus vom Broadway zu synkopieren.

Schließlich, in vorgeschrittener Nacht, hebelt der Mann im Turban den Fremdling gegen ein geringes Entgelt durch den Windfang aus dem High Life wieder ins Freie. Bleich steht er unter bleichen Sternen.

Es ist unmöglich, in diesem Augenblick zu sagen, wo Schein und Wirklichkeit sich schneiden. Sein oder Nichtsein, das ist keine Frage mehr. Doch sind der Windfangtüre gewisse magische Qualitäten nicht abzusprechen.

Sesam, drehe dich!

Der Seefahrer des Daseins schaukelt von dannen, ein schwarzes, etwas lächerliches, etwas verwirrtes Gespenst. Die Rufe der Wasserträger hallen durch die Nacht, vom Echo zwischen den alten Mauern vielfach wiederholt. Noch immer drohen die Löwen saekular, eine Straßenlaterne zu verschlingen.

Morgen werden wieder die Kamele der Alltäglichkeit gesattelt für den Marsch durch den Sand des Common Life – durch die sublime Atmosphäre von sublimiertem Kamelmist, neuen Oasen entgegen.

DER EINGESEIFTE TEUFEL

Richtig unterhaltsam wird das Reisen erst, wenn man morgens noch nicht weiß, ob man abends in einem Hotel, unter einem Nußbaum oder in der Gefangenschaft eines Räubers schlafen wird. Alle drei Modalitäten haben ihre Vorzüge. Das Hotel ist zweifellos das Komfortabelste. Nußbaum und

Räuber sind dafür romantischer. Von diesen beiden wiederum ist entschieden der Räuber das Vornehmere. Chinesische Räuber nennen sich gern General. Man kann dann vom Interview mit einem General erzählen. Allerdings wird einem dabei leicht ein Ohr abgeschnitten. Die Räuber haben die Gewohnheit, solche Abschnitte eines Gastes seinen Lieben daheim zu übersenden, um sie zu schnellerer Absendung des Lösegeldes zu ermuntern.

Man muß dabei sorgfältig darauf achten, daß man nicht in eine zu niedrige Taxe gerät. Es ist wenig ehrenvoll, schon für fünftausend Dollar seine Freiheit wiederhaben zu können. Da kann man leicht außer seinem Ohr auch noch sein Gesicht verlieren. Ich dürfte damals wochenlang für jeden besseren Räuber fünfzigtausend Dollar wert gewesen sein. Noch heute, nachdem mein Raubwert unter dem Schutz des Berliner Polizeipräsidenten auf Null gesunken ist, ist es mir angenehm, mich dieser wertvollsten Periode meines Daseins zu erinnern.

Geschäftliche Notwendigkeiten veranlaßten mich, eines Tages nach Tsinanfu, der Hauptstadt Shantungs, zu fahren. Unterwegs wollte ich am Grab des Konfuzius Station machen. Die Japaner hatten Shantung gerade geräumt, und es war noch unklar, ob Feng oder Chiang es besetzen oder ob sich bei dieser Gelegenheit ein kleiner Bürgerkrieg entwickeln würde. Dergleichen kann man am leichtesten auf dem Bahnhof erfahren.

Allerdings fragt man dort nicht:

»Wann geht der Zug?« Man begnügt sich mit der chinesischen Fahrplänen angemesseneren Frage:

»Geht heute ein Zug?«

Ich überschritt also den Jangtsekiang bei Nanking, und ich muß sagen, die gelbe Farbe des Wassers erinnerte lebhaft an den Halys.

In Pukow, auf der anderen Seite des Flusses, wurde die Abfahrt eines Zuges tatsächlich für vier Uhr nachmittags avisiert. So bezog ich Standquartier auf dem Bahnsteig. Dort traf ich einen früheren Fliegerhauptmann, einen alten Chinalöwen. Wir berieten die Chance. Er klopfte die Shagpfeife an seinem Holzbein aus. Dann beschlossen wir, Informationen einzuziehen. Nun gibt es unter den vielen merkwürdigen Dingen dieses Landes etwas, was ganz besonders rätselhaft ist und was zu entschleiern mir auf keine Weise gelungen ist. Es ist ganz außerordentlich schwer, genaue Nachrichten über irgendeinen Teil des Landes zu bekommen, wenn die Verhältnisse unruhig sind. Die kriegführenden Parteien lassen nur Nachrichten durch, die für sie günstig sind. Aber sonderbar, die gewöhnlichen Leute, die Kulis und Wasserträger, die Bootsleute auf den Flüssen, die Gepäckträger und Rikschas wissen Bescheid. Das gewöhnliche Volk hat irgendwelche unterirdischen Kanäle ausgebildet, durch welche die Nachrichten vermittelt werden. Dieses Nachrichtensystem arbeitet mit unerklärlicher Geschwindigkeit, und die Nachrichten sind immer richtig. Das Problem ist nur, wie man dieser Nachrichten habhaft wird.

Wir schickten also Kundschafter aus, der Hauptmann seinen Boykoch, ich meinen Dolmetscher. Diese Diener haben ein Interesse an der Integrität ihrer Herren. Zahlen tut der Master ja nur, solange er integer ist. Das wissen diese Knechte, und so geben sie sich Mühe.

Nach zwei Stunden kamen sie wieder und meinten, der Zug würde wahrscheinlich in Tsinanfu ankommen. Darauf schlossen wir über diesen Punkt noch eine Wette ab, um uns dann in Ruhe der Fahrkartenbeschaffung zuzuwenden.

Es ist nicht so sehr wichtig, daß man Gesandter von Peru ist. Das ist noch lange keine Garantie dafür, daß man einen Schlafwagenplatz bekommt. Viel wirkungsvoller ist etwa die Tatsache, daß der Boykoch einen Onkel hat, der Boykoch im Eisenbahnministerium ist. Der Boykoch hatte einen solchen Onkel. Wir bezahlten die Taxe und erfreuten uns von da ab des besorgten Wohlwollens des Stationsmeisters. Der Zug ging tatsächlich in der Nacht noch ab.

Das Gebiet der Truppenbewegungen durchfuhren wir ungefährdet. Auch der Zug wirft Taxen nur ab, solange er fährt.

Dieser Zusammenhang ist mehr wert, als eine militärische Eskorte. In China wissen die Leute, daß geschlachtete Kühe keine Milch geben.

In Chüfoo, sechs Stunden von Tsinanfu, stieg ich aus. Das ist ein sehr merkwürdiges Gefühl. Auf einmal ist man wirklich mutterseelenallein, allein in dieser weiten Landschaft, ein Mann mit weißer Haut unter den unermeßlichen Millionen der gelben Söhne des Han.

Auf den Schienen rollt der Komfort von dannen. Der Hauptmann winkt noch einmal mit der Shagpfeife. Schließlich kann ein alter Fliegerhauptmann, der elf Gegner abgeschossen hat, nicht mit dem Taschentuch winken. Vielleicht sehen wir uns einmal wieder – in Coney Island, am Titicacasee oder auf dem Tempelhofer Feld. Das kann man nie wissen. Auch müssen wir ja noch unsere Wette liquidieren. Wie ich den Hauptmann kenne, werden wir auf die Grundbedeutung von liquide zurückgehen. Die Grundbedeutung von liquide ist flüssig, aber das Wasser des Titicacasees wird uns nicht liquide genug sein. Ein Pfund Sterling sind ein Dutzend Whiskeys mit dem Trinkgeld. Das ist die einfachste Arithmetik der Welt.

Heiß scheint die Mittagssonne auf die vertrocknete Landschaft. Nichts Liquides weit und breit. Das sehr komfortable Hotel, das die deutschen

Erbauer der Bahn seinerzeit hierher gebaut hatten, ist nur noch als schwärzlich verrußter Grundriß vorhanden. Die Quadern sind mit deutscher Gründlichkeit gesetzt und werden sicher noch manches Jahrzehnt überdauern. Dafür haben sich im Kreise dreißig kleine Hansöhne und dreißig kleine Hantöchter versammelt und betrachten staunend den fremden Teufel. Diese Kinder sind entzückend. Sie haben fast nichts an, sind unvorstellbar dreckig und bohren sich begeistert in der Nase und haben die schönsten Kinderaugen der Welt, groß, schwarz, glänzend und von einem so abgründigen Staunen, wie man es selbst bei Frauen nur selten bemerkt.

Mein Dolmetscher führt mich wie einen Tanzbären durch die Landschaft in das nächste Dorf. Unterwegs wird die Eskorte immer größer. Allmählich auch geht sie zu munterem Lärmen über.

Nach längeren Verhandlungen mit dem Wirt einer kleinen Herberge erfolgte die Einigung auf der Basis von zweihundert Kupfercash für die Benutzung einer Ecke seines Hofes zwecks Aufstellung des Reisebetts. Also Nußbaum heute. Doch soll man die Nacht nicht vor dem Räuber loben. Wenn so fünfzigtausend Dollar im Freien herumliegen, kann man nicht wissen, was geschehen wird.

Zur Freude der Einwohnerschaft beginne ich, mich zu säubern. Als die Gummibadewanne mit der Dusche in Erscheinung tritt, wird sofort ein Bote ins Nachbardorf entsandt, um auch die dortigen Einwohner zu diesem Volksfest herbeizuholen. Für chinesische Dorfbewohner ist ein fremder Teufel eine unerschöpfliche Quelle der Komik und des Vergnügens. Kein Grock in der Scala kann das an Wirkung erzielen, was ich erreichte, einfach, indem ich mich rasierte.

Sich vor sechzig bis siebzig Zuschauern zu rasieren ist ein wunderbarer Genuß. Jede Bewegung gewinnt Ewigkeitswert, und endlich einmal hat man Zeit, sich wirklich gründlich einzuseifen.

Mein trefflicher Dolmetscher leitete umsichtig die Regie. Er war sehr stolz. In China ist es nicht nur ehrenvoll, ein großer Mandarin zu sein. Auch der Diener eines großen Mandarinen hat teil an dem Glanze, der von seinem Herrn ausgeht. Auch übernahm er, ein vigilanter Chekiangmann, die schwierige Aufgabe der Replik auf die zahllosen Scherzworte, zu welchen der eingeseifte Teufel das Volk begeisterte. Freude und Heiterkeit wollten schier kein Ende nehmen.

Dann wurde das Essen aufgetragen. Die chinesische Küche ist die vollkommenste Küche der Welt. Wer eine Schwäche für gutes Essen hat, dem sei dieses Land empfohlen. Auf allen meinen Reisen habe ich nirgends so hervorragend gegessen wie in China, nicht einmal in Frankreich. Das Raffinement und die Erfahrung chinesischer Köche sind so außerordentlich, daß noch das unmäßigste Diner von fünfundzwanzig oder dreißig Schüsseln einem glänzend bekommt.

Natürlich wurden in dieser kleinen Herberge keine Haifischflossen gereicht. Aber was der Wirt dieser schlichten Schenke für wenig Geld auffahren ließ, war vortrefflich.

Um dem außerordentlichen Eindruck, welchen der fremde Teufel gemacht hatte, den letzten Schliff zu geben, sang ich nach Beendigung des Diners den »Schwarzen Walfisch zu Askalon«. Zweifellos hielten sie das für eine rituelle Handlung. Wenn da je wieder ein Europäer essen wird, ohne nach Beendigung des Diners den »Schwarzen Walfisch zu Askalon« zu singen, wird er sein Gesicht verlieren.

Ich konnte mich mit einem ganz großen Gesicht am Abend unter dem Nußbaum zur Ruhe betten.

Die Sterne flimmerten. Der Nußbaum wuchs die ganze Nacht. Die Hunde bellten rings im weiten Land. Ein einsames Grautier gab von Zeit zu Zeit seine Meinung kund. Mit freundlichen Wünschen für das Wohlergehen der hochgeehrten Räuber schlief ich ein. Als ich am Morgen erwachte, lag ich, bare fünfzigtausend Dollar wert, immer noch im Bett. Nur die Nase war ein wenig kühler geworden. Doch ist mit einer kalten Nase die Freiheit sicher nicht zu hoch bezahlt.

WIR TAUCHEN UNTER

Ohne Zweifel ist die heroische Landschaft weniger geeignet populär zu werden als die liebliche. Auch China hat sein Heidelberg. Wehe dem Volk, das sein Heidelberg verachtet!

Das chinesische Heidelberg ist die altberühmte Stadt Hangchow, in welcher schon die Sungkaiser residiert haben. Sie liegt wenige Tagereisen – heute sogar nur wenige Eisenbahnstunden – südlich von Shanghai in der Provinz Chekiang, der reichsten, fruchtbarsten und friedlichsten von den Provinzen der chinesischen Küste.

Marco Polo erwähnt Hangchow in der anerkennendsten Weise und beschreibt mit ergriffener Feder die phantastischen Feste, welche die chinesischen Kaiser abzuhalten pflegten. Wenn man bedenkt, daß Marco Polo aus dem Venedig des dreizehnten Jahrhunderts kam, wo man doch an allerhand schöne Dinge gewöhnt war, so kann man sich vorstellen, was da geboten wurde.

Viele hunderttausend Pilger kommen jährlich nach Hangchow, um es sich anzusehen. So wie es der Wunsch eines jeden guten Deutschen ist, einmal in seinem Leben den Rhein hinunterzufahren, so ist es der Wunsch jedes guten Chinesen, einmal in seinem Leben mit Kind und Kegel einen Tag lang in einem Hausboot auf dem See von Hangchow spazierenzufahren, wunderbar gut zu essen und die siebzehn berühmten Perspektiven zu bewundern, über welche die chinesischen Lyriker immer wieder mit so viel Begeisterung so schöne Gedichte verfaßt haben.

Wir, der Professor und ich, sitzen auf der Galerie unserer Herberge am Seeufer. Diese Galerie ist gleichzeitig der Flur des Hotels. Die Zimmer münden alle auf diese Galerie. Die Tür besteht nur aus einem einfachen weißen Vorhang. Doch ist man, was Luxus anbelangt, durchaus auf der Höhe. An das Zimmer ist hinten ein Badezimmer angeschlossen. Wenn der Master ein Bad befiehlt, so erscheinen nach einiger Zeit in eiliger Kette sechs Kulis, welche das Dampfende in kleinen Eimerchen herbeischleifen, so daß man, ohne zu übertreiben, sagen kann, daß wir laufendes warmes Wasser haben.

Wir sitzen auf dieser Galerie und tafeln. Da wir beide schon über einige Erfahrung in der chinesischen Küche verfügen, so dauert das so ein, zwei Stündchen, und uns ist äußerst wohl dabei. Gemäß den Gewohnheiten des Landes schieben wir einander unter vielen Höflichkeitsbezeugungen prachtvolle Bissen in den Mund.

Gegenüber leuchten in der untergehenden Sonne die lieblichen Höhenzüge der Berge, die den See von Hangchow umgeben. Der See wimmelt von Booten aller Art. Von überallher ertönt die etwas sentimentale Musik chinesischer Geigen, dazu die Frauen mit hohen Stimmen die alten Lieder singen. Zwei fortgeschrittene Studenten lassen ein Grammophon ertönen, aus dem hervorgeht, daß sie gerne am Sonntag mit ihr angeln gehn, ein Tatbestand, der ja auch vor Edisons genialer Erfindung schon ziemlich international war.

Dazu reden wir beide in einer völlig unverständlichen Sprache. Der Professor ist auch aus Sachsen. Außerdem hat er einen wunderbaren Vollbart, ein Requisit, das in diesem Umfang in China absoluten Seltenheitswert hat und für die Chinesen eine unerschöpfliche Quelle kindlicher Heiterkeit ist.

Dieser Mann, fürwahr, ist ein Kenner Chinas. Vor zwei Jahren hat er sich einmal auf die sächsischen Socken gemacht und ist von Chungking, am Oberlauf des Jangtse, quer durch die Provinz Szechuan bis an die tibetanische Grenze gelaufen, ganz allein. Nur sein Boy hat ihn begleitet.

Während der Himmel langsam verblaßt und eben dieser Boy, mit unseren Gewohnheiten vertraut, ein neues Krüglein von dem trefflichen heißen Wein aus Shaohsing herbeischleppt, erzählt er behaglich von seinen Wanderungen auf und ab im »Lande unter dem Himmel«. Und wieder sind wir dem unbeschreiblichen Zauber Chinas verfallen.

Das sowohl Geistreiche wie Bizarre seiner Sitten, dieser unerhörte bunte Menschenteppich, die unvermuteten Liebenswürdigkeiten ebenso wie die überraschenden Bosheiten des täglichen Verkehrs, die Mannigfaltigkeit von Architektur und Landschaft, diese ganze Fülle von Erscheinungen schlägt den Fremden immer wieder in ihren Bann. Es gibt keinen Europäer, der nicht, wenn er länger in diesem Lande lebt, der Magie des chinesischen Lebens verfällt. So unglücklich diese Liebe ist, denn sie ist ganz und gar einseitig, der bohrende Forschertrieb des rationalen europäischen Gehirns findet hier immer wieder neue Dinge zu betrachten, zu belächeln, zu bewundern. Von allen Gesprächen, die Männer beim Wein führen, sind die schönsten die Gespräche alter Chinaleute über das unermeßlich große Land der Söhne des Han.

Der *»Call of the Far East«*, der Ruf des Ostens, sitzt tiefer im Blut als die Malaria. Es ist ein Heimweh nach der Ferne. Man könnte es Fernweh nennen. Vielleicht ist so den Vagabunden zumute, welche Abschied nehmen müssen von der geheimnisvollen Landstraße ohne Ende.

So saßen wir und sprachen und stießen schließlich auf das Paradoxon, daß, so unvollkommen die Kenntnis Chinas auch bei dem Erfahrensten immer sein wird, dennoch die Europäer eigentlich die einzigen sind, die das Land überhaupt kennen. Denn sie sind die einzigen, die es betrachten. Die Chinesen selbst nämlich, sie leben darin, aber sie betrachten es nicht.

Der Europäer bewundert die Manifestationen des menschlichen Geistes, wo immer er ihnen begegnet. Darin liegt einer der Vorzüge der abendländischen Kultur. Darin liegt auch eine ihrer Schwächen.

Der Chinese hat den Begriff Mensch als das, was vor aller Differenzierung liegt, und damit auch als das, was auf die göttliche Natur des Menschen, sozusagen auf seinen kosmischen Hintergrund bezogen ist, noch gar nicht konzipiert. An dieser Stelle scheitern alle Verständigungsversuche zwischen einem Chinesen und einem Europäer.

So einheitlich die Zivilisierung der heutigen Menschheit sein mag, hier steht noch ein Block einer alten Kultur, auf den noch ein kleines Jahrhundert europäischer Regen fallen muß, ehe er anfangen wird, zu verwittern.

Die Boote sind langsam heimgekehrt. Der Wein im Krug ist kalt geworden. Wir gehen schlafen.

Am Morgen besteigen wir ein Auto. Es ist eins von jenen Fahrzeugen, von denen man, wenn man das Kausalgesetz nicht beleidigen will, nicht mehr annehmen darf, daß es von Benzin getrieben wird. Diese alten Fordmodelle haben einen Privatteufel im Vergaser sitzen. Klappernd und dämonisch rasen sie durch die Landschaft.

Nach achtzig Kilometern endete die Landstraße in einem Reisfeld. Hier beginnen die Meilen. So weit ist die Zivilisation gekommen. Wo der Schritt anfängt, ist die Zivilisation keinen Schritt weitergekommen.

Ringsum stehen noch Reklametafeln für Zigaretten und Kindermilch. Das werden die letzten Reklamen sein, die wir für eine Woche sehen werden.

Der Boy geht und mietet die Träger. Es dauert eine Stunde, bis sie kommen.

Wunderbar, wie sie mit abgründigem Sachverstand die Last prüfen. Dann werden die Koffer, Decken und Mäntel verteilt. Jeder Kuli hat auf der Schulter eine Bambusstange, an deren Enden die Lasten hängen. Die Länge der Bambusstange wird so gewählt, daß ihr elastisches Auf und Nieder mit dem Schritt des Trägers in gleichem Rhythmus geht. Man erwäge, welche Fülle von Erfahrung dazu gehört, das mit einem Blick taxieren zu können.

Wir ziehen los durch die kleine Stadt. Unterwegs kaufen wir noch zwei chinesische Regenschirme, das Stück für dreißig Pfennige.

Durch den sinkenden Nachmittag wandern wir nach China hinein. Ein kleiner, gut gepflasterter Pfad führt in vielen Windungen durch die Felder. Hier gibt es keine Straße mehr, keine Automobile, kein Telephon und vielleicht auf hundert Meilen im Umkreis keinen einzigen fremden Teufel außer uns. Für die Zeitgenossen sind wir verschwunden. Das große China hat uns verschluckt.

Kurz vor Sonnenuntergang stehen wir vor der Pforte eines kleinen buddhistischen Klosters. Es ist rings von gelb gestrichenen Mauern umgeben. Dahinter zieht sich ein sanfter Hügel in die Höhe. In einiger Entfernung liegen große Bauernhöfe.

Ich hebe den schweren Messingklöppel und schlage an die Klosterpforte. Es hallt feierlich durch den stillen Abend. Laut und wütend schlagen die Hunde an. Dann öffnet ein Mönch in langer Kutte und fragt uns, was wir wünschen.

Wir haben keinen Wunsch, sondern einen Begehr. Dieser Begehr wird uns erfüllt. Wir dürfen eintreten und sind die Gäste des Klosters, das nach der Lehre des Buddha den Wanderern von der Straße ein Obdach für eine Nacht nicht verweigern darf. So saßen zwei Europäer von der Elbe einen Abend im Frieden des Klosters zur Grünen Jadequelle und tauschten Höflichkeiten mit einem Abt.

Europa war versunken.

Der Aufbruch aus dem Kloster zur Grünen Jadequelle erfolgte um fünf Uhr in der Früh. Verschlafen und ein wenig ungewaschen standen die Träger mit dem Gepäck im Klosterhof. Der eine hatte noch eine Schale Tee in der Hand, aus der er eifrig schlürfte. Die beiden anderen hatten eine kleine Auseinandersetzung über die Lastenverteilung. Als sie ihrer beiden Master ansichtig wurden, lächelten alle drei freundlich.

Schließlich erschien auch, von dem Lärm des Aufbruchs geweckt, der Gastpfleger des Klosters, um uns den Abschied zu geben. Wir überreichten ihm als Dank für die gewährte Gastfreundschaft ein Geschenk von zwei runden Silberdollars, das der Mönch aber erst nach langem Zureden und vielen höflichen Abwehrgesten in Empfang nahm. Endlich kamen auch noch die Klosterhunde, eine verwilderte Sorte von Biestern, die man am ehesten noch mit einem Spitz vergleichen könnte, und bellten uns den Abschied.

So machten wir uns, von Wünschen und Gebell begleitet, auf den Weg.

Der Weg war ein kleiner Saumpfad, mit Katzenköpfen gepflastert, etwa einen oder anderthalb Meter breit. Diese Saumpfade dienen in der Provinz Chekiang einem umfangreichen örtlichen Verkehr sowohl wie einem Handelsverkehr über große Entfernungen. Die Waren werden auf den Rücken von Trägern oder Maultieren befördert. An einem Sack Reis, der beispielsweise von Chinesisch-Heidelberg nach Chinesisch-Freiburg auf dem Rücken getragen wird, haben fünf bis sechs Träger teil. Da jeder Kuli eine blühende Familie mit einem Rudel Kinder hat, kann man sagen, daß dieser Sack Reis zwanzig bis dreißig Menschen ernährt, noch ehe er überhaupt aufgemacht wird.

Erfahrene Leute schätzen, daß ein Fünftel der chinesischen Bevölkerung vom Transportgewerbe lebt. Man kann daraus entnehmen, welche Wichtigkeit der Handel hat und wie fein die vorhandene Arbeitsmenge verteilt wird, um die riesige Bevölkerung auf engem Raum ernähren zu können.

Das Tragen ist eine so dominierende Funktion im Leben des Chinesen, daß er in seiner Sprache gar kein Wort für den allgemeinen Begriff tragen hat. Vielmehr unterscheidet er durch eine Reihe besonderer Wörter genau die verschiedenen Arten des Tragens auf dem Rücken, auf den Armen, auf der Schulter, auf dem Kopf.

Der Professor hatte es sich zur Gewohnheit gemacht, jeden Träger und jede Karawane nach Herkunft, Ziel und Ware zu fragen. Da er viele Jahre durch China kreuz und quer gewandert war, besaß er eine ins einzelne gehende Vorstellung von diesem bunten Durcheinander der Warenströme, welche die Ströme des Lebens sind.

Davon erzählte er, während wir durch die Reisfelder dahinwanderten. Von Zeit zu Zeit blieben wir stehen, um einem Raubvogel nachzusehen oder eines der vielen für den Nordeuropäer seltsamen und seltenen Gewächse zu betrachten, die der fruchtbare Boden und die heiße Sonne dieses subtropischen Gebietes in Fülle hervorbringen.

Nach einer Stunde kamen die Hügel auf beiden Seiten näher. Der Weg hob sich ein wenig. An einer Biegung wurde der Blick frei auf das sich verengende Tal, das in der Ferne von dem sechzehnhundert Meter hohen Berg des Himmelsauges abgeschlossen wird. Die Hügel standen in grünem Laub, das mit blühenden Magnolien untermischt war. Nach dem Fluß hinunter fielen in Terrassen die unter Wasser stehenden Reisfelder ab.

Auf dem Fluß, der sich bei dem niedrigen Wasserstand zwischen zwei grauen Bändern von Geröll hinzog, trieben in langen Reihen die Holzflöße talwärts. Eine Brücke spannte ihre graziösen Bogen, die Ufer miteinander zu verbinden. Verstreut im Tal lagen wie Inseln einzelne Bauernhöfe, von Bambushainen umgeben, friedlich mit ihren spitzen Dächern der Sonne sich freuend.

Während wir noch in Betrachtung versunken standen, überholte uns eine Reihe von Maultieren, von ihren barfüßigen Treibern durch mannigfachen Lärm ständig ermahnt. Alle grüßten sie freundlich und betrachteten nur ein wenig verwundert die fremden Teufel, die sich in ihre Landschaft verirrt hatten.

Die Träger baten um eine Pause. So setzten wir uns an einen Hang, der rot war von blühenden Azaleen, und sahen einem Bauern zu, der mit einem Wasserbüffel sein Feld umackerte. Wir sahen ihm lange zu.

Gegen Mittag erreichten wir eine kleine Stadt. Die Brücke über den Fluß mündete in die Stadtmauer. Die Leute nennen sie die Grüne Wolkenbrücke. Gleichwohl waren auf beiden Seiten der Brücke eine Anzahl kleiner Häuschen angebaut, welche man gemeinhin nicht im Brennpunkt des Verkehrs erwartet.

Durch diese sonderbare Schildwache erreichten wir das Stadttor und die einzige Straße der Stadt. Da sie fast völlig überdacht war, war es schön kühl. Wir suchten uns ein Speisehaus. Auf einfachen Holzbänken saßen überall Chinesen, die Tee tranken und redeten und die Tage und die Jahre vorüberziehen ließen, ohne diesem Ablauf eine allzugroße Wichtigkeit beizumessen. Der Wirt kam hinter seinen Kesseln hervor, fett, schlau und freundlich. Zum Essen gab es einen Tee von mehr als durchschnittlicher Qualität. Die rote Erde dieser Täler bringt besondere Sorten hervor. Der Wirt erzählte uns, daß Tee aus dieser Stadt früher an den Kaiserlichen Hof geliefert worden sei, und daß es Sorten gäbe, die hier an Ort und Stelle drei Dollar die Unze kosteten.

Am späten Nachmittag erreichten wir unser Ziel. Das Kloster am Berg des Himmelsauges ist eingebettet in ein Tal, welches etwa in halber Höhe des Bergmassivs beginnt. Wirklich, es ist eingebettet, angeschmiegt der Landschaft, in die es sich in einer unbeschreiblichen und feierlichen Weise einordnet. Die Hallen und Höfe liegen hintereinander, in Stufen den Berghang hinansteigend. In der letzten und höchsten Abteilung liegt die Wohnung des Abtes. Er ist ein heiliger Mann, und der Ruf seiner Gelehrsamkeit reicht weit über die Grenzen der Provinz hinaus.

Unter den Besuchern des Klosters entdeckten wir einen Mönch aus Birma. Er war ein freundlicher alter Mann, der zwei und ein halbes Jahr gewandert war durch ganz Hinterindien, Tibet und Szechuan, das Vierstromland, wo der Omishan, der heiligste von den fünf heiligen Bergen der Buddhisten, liegt.

Als sich im Gespräch ergab, daß auch der Professor den Omishan bestiegen hatte, wurden wir richtig gute Freunde, und der Alte erzählte uns dies und das.

Kein Chinese verweigert einem wandernden Mönch die Herberge. Aber der Pilgrim darf an einem Platz außerhalb der Klöster immer nur eine Nacht bleiben. So war er durch Asien gezogen. Die Räuber haben ihn nicht gestört. Er ist ärmer als der ärmste Räuber. Die Räuber zogen es vor, ihn um Segen für gute Geschäfte zu bitten.

Sein Vater war ein Gouverneur gewesen. Er aber hatte ein Gelübde getan, mit der Welt in Frieden zu leben statt in Feindschaft.

Die Nacht brach herein. Eine Stunde saßen wir noch vor unserem Tempel und hörten schweigend auf das Bellen der wilden Hunde ringsumher im Wald. Dann schliefen wir fest und schön auf den harten chinesischen Betten, während die goldene Statue des Bodhisatva durch das Dunkel des Raumes leuchtete.

DAS GRAB DES KONFUZIUS

Das Grab des Konfuzius liegt in Südshantung inmitten einer weiten Lößlandschaft in der Nähe eines kleinen Landstädtchens, etwa zehn Kilometer östlich der Eisenbahnlinie von Nanking nach Peking. Vom Zug aus bemerkt man von dieser Landschaft eigentlich nur den ungeheuren Staub. Es sieht alles ziemlich öde und trostlos aus. Das Fenster des Speisewagens ist nicht der Platz, von dem aus man sich China ansehen soll. Jegliche Transportgelegenheit, die sich schneller bewegt als ein Maulesel nach dem Mittagessen, gibt falsche Aspekte. Man muß heraus aus dem Komfort und hinein in den Staub. Erst wenn man wirklich vollständig eingedreckt ist und den Geschmack des Staubes auf der Zunge nicht mehr spürt und sich wie die Chinesen daran gewöhnt hat, einen Schluck heißen Wassers als den höchsten der Genüsse zu empfinden, dann sind die Voraussetzungen für den richtigen Aspekt gegeben. Dann wird einem klar, daß diese Landschaft einen ganz und gar heroischen Charakter hat. Freilich, es ist nicht der Heroismus der Schlachtfelder. Es ist der Heroismus der Humanitas. Man weiß natürlich nicht, ob man mit den mancherlei Kenntnissen, welche man hie und da aufgelesen hat, nicht eine Menge Vorurteile miterworben hat. Doch fühlt man, daß man hier auf einem der ältesten Äcker des menschlichen Geschlechtes steht. Gerade die ungeheure Weite und Leere dieser Landschaft, in welcher die menschlichen Siedlungen mit Himmel und Erde zu verschmelzen scheinen, vermittelt den Eindruck einer namenlosen Großartigkeit, unter deren Glanz die Historie tatsächlich einhundert Generationen von Bauern ackern, säen, ernten und sterben ließ.

Überall zwischen den Feldern liegen Grabhügel, grau, unscheinbar, mit ein wenig Gras bewachsen, ohne Steine und Schilder, Gräber von Bauern, die in dem gleichmäßigen Rhythmus von Saat und Ernte, Geburt und Tod über diese Felder gegangen sind, erhaben und einfach, wie die Sonne im Osten aufgeht und im Westen untergeht. So ist dieses Land ein großer Friedhof, zwischen dessen Gräbern die zufällig Lebenden ihre Äcker bebauen.

Inmitten dieser Gräber liegt das Grab des Konfuzius. Es ist ein weites Gelände, von einer Mauer umgeben. Ganz vergebens sucht man nach irgendwelchen größeren Baulichkeiten. Nichts als ein einfacher Stein bezeichnet die Stätte seines Grabes. Ringsumher liegen Tausende von Gräbern seiner unmittelbaren Nachkommen, welche innerhalb der Mauer begraben sind. Auch diese Mauer hat kaum die Funktion einer Trennung. Sie zeigt nur die Mitte eines Friedhofes an, der sich über einen Kontinent erstreckt.

Dieses Grab ist zweitausendfünfhundert Jahre alt. Einige Meilen weiter, in Chüfoo, residiert der Herzog Kung, ein Enkel des Konfuzius in der siebenundsiebzigsten Generation. Ohne Zweifel ist das die älteste Aristokratie der Welt. Es ist ein Streiflicht auf die geistige Verfassung der modernen Welt, daß man schon versucht hat, diesen Herzog zu expropriieren.

Konfuzius, der seinem Volk eine moralische Verfassung von beispielloser Haltbarkeit gegeben hat, hat die europäischen Geister immer wieder beschäftigt. Es gab Zeiten, in welchen man ihn als einen der größten Weisen feierte, und es gab Zeiten, in welchen man ihn als einen mittelmäßigen und langweiligen Moralisten bezeichnet hat.

Die Schwierigkeit, seine Bedeutung zu erfassen, liegt vor allem darin, daß aus seinen Schriften sehr wenig zu entnehmen ist. Er hat das zu seiner Zeit in der Überlieferung erhaltene geistige Gut seines Volkes zusammengefaßt und niedergeschrieben. Das wenige, was er selbst verfaßt hat, ergibt nur eine spärliche Ausbeute. Vor allem die von ihm verfaßten Frühlings- und Herbstannalen sind nicht mehr als eine Chronik und noch dazu eine ziemlich dürftige. Die europäischen Gelehrten haben die scharfsinnigsten und geistreichsten Theorien aufgestellt, um diese Diskrepanz zu überbrücken. Ich wage es nicht, über diese Dinge, die von bedeutenden Männern mit einem außerordentlichen Aufwand an Sachkenntnis und Gelehrsamkeit erforscht worden sind, ein Urteil abzugeben. Es soll nur, mit aller Vorsicht, einiges angedeutet werden.

Diejenigen Menschen, welche von der Gunst eines freigebigen Schicksals vor die Aufgabe gestellt wurden, den Gemeinschaften, denen sie angehörten, Verfassungen zu geben, hatten die Aufgabe, Normen für das Zusammenleben zu finden. In Europa ist bei solchen Gelegenheiten fast immer der Weg gewählt worden, Gesetze zu geben, deren Geltungskraft abhängig war von einer staatlichen Gewalt, welche diese Gesetze durchzuführen in der Lage war.

Die Chinesen haben einen anderen Weg gewählt. Sie haben für ihr Zusammenleben Normen der Sitte geschaffen. Der Unterschied zwischen Sitte und Gesetz liegt darin, daß die Anerkennung, daß die Sitte gelte, in einer tieferen Schicht der menschlichen Seele statthat. Ihre Geltung wird in einer vor oder unter dem Bewußtsein liegenden Schicht anerkannt, während die Gesetze im Bewußtsein befolgt oder nicht befolgt werden.

Nun behaupte ich nicht, daß es in China kein Recht und in Europa keine Sitte gäbe. Aber sicher haben wir Europäer unser Zusammenleben hauptsächlich auf die Grundlage des Rechtes, die Chinesen das ihre dagegen auf die Grundlage der Sitte gestellt.

Der Schöpfer dieser Grundlage der Sitte in China war Konfuzius. Ausgedrückt werden konnten diese Dinge nur in sehr einfachen moralischen Vorschriften oder zum Teil sogar nur in Vorschriften, welche als Riten diese Grundhaltung äußerlich symbolisieren. So kann es sehr gut stimmen, daß Konfuzius ein sehr langweiliger Moralist war – wenn man nämlich seine Vorschriften unter europäischem Blickpunkt betrachtet, wo das Moralische immer nur eine ideelle Geltung im Bewußtsein hat – und gleichzeitig ein großer Weiser, der sich über die Wirkungsmöglichkeiten dieser einfachen moralischen Vorschriften klar gewesen ist. Es ist ein solider Grund, den er den Chinesen gebaut hat. Zweieinhalb Jahrtausende lang ist die Lehre des Konfuzius die Grundlage gewesen, auf der eine Kultur von großem Reichtum und glänzender Mannigfaltigkeit sich abgespielt hat.

Die Verschiedenheit der geistigen Haltung der Chinesen und der Europäer läßt sich mit dieser Sache allein nicht vollständig erklären. Aber jedenfalls kann man mit dieser Sache viele schwierige Dinge in diesem schwierigen Land erklären.

Das, worauf sich die moralischen Vorschriften des Konfuzius hauptsächlich beziehen, ist die Familie. Der Mensch wurde zwiefach eingeordnet, einmal in die lebende Familie, nach einer strengen Rangordnung des älteren und jüngeren Bruders und des verehrungswürdigen älteren Onkels und so weiter, und dann in die Reihe der Generationen durch die Vorschriften über die Verehrung der Ahnen, welche auch nach ihrem Tode am Leben der Familie weiter teilnehmen.

Der Staat hat niemals eine starke, aktive administrative Gewalt ausgeübt. Er beschränkte sich im wesentlichen auf die Überwachung der Integrität der Sitte. Bei einem Vatermord zum Beispiel wurde nicht nur der Mörder bestraft, der ganze Clan des Mörders wurde bis auf den letzten Agnaten ausgerottet.

So war auch die vollständige Kenntnis der klassischen konfuzianischen Literatur, das heißt also die vollständige Kenntnis von der Wissenschaft der Sitte, die einzige Vorbedingung für die Erlangung einer Beamtenstelle. Ein großer Gelehrter und ein großer Beamter waren dasselbe.

Hauptsächlich an dieser Stelle liegen die Schwierigkeiten des heutigen China. Die Geltungskraft der Sitte hat an vielen Stellen nachgelassen, am meisten in den Hafenstädten, wo die europäische Zivilisation wie eine Stichflamme die alten Bindungen schmilzt. Es ist sehr beliebt geworden, das den Europäern zum Vorwurf zu machen. Es muß dem entgegengehalten werden, daß es hauptsächlich die europäisierten und amerikanisierten Chinesen selbst sind, die unter der Fahne des Fortschritts diesem Zerstörungswerk immer neue Menschen und neue Energien zuführen. Vielleicht ist das ein unvermeidlicher geschichtlicher Ablauf, aber man kann die Europäer nicht dafür verantwortlich machen, daß die Chinesen sich von uns hauptsächlich die Dinge aneignen, von denen wir selber nur wenig halten.

Die Sitte verliert ihre Geltung. Gesetze, die sie ersetzen können, sind nicht da. Soweit man sie angefertigt hat, fehlt der Apparat für ihre Anwendung. Die Folge ist eine erschreckende tatsächliche und geistige Anarchie. Dieses Phaenomen ist zunächst ein Randphaenomen. Je weiter man ins Land hineinkommt, mit um so größerer Bewunderung stellt man fest, wie viel von der alten kostbaren Substanz erhalten ist.

Es ist ziemlich klar, daß diese riesige Infektion, die heute erst im Anfangsstadium steckt, dieses Volk noch auf Jahrzehnte hinaus aufs schwerste mitnehmen wird. Niemand kann da eine Prognose stellen. Vielleicht wird der achtundsiebzigste oder neunundsiebzigste Herzog Kung wieder hochgeehrt sein, und die ehrwürdige Grabstätte des Konfuzius wird wieder das Heiligtum eines großen und bewundernswerten Volkes sein.

1931

HAFENMYTHOS

Genua hat von jeher den Horizont meiner Wünsche gefärbt wie die rosenfingrige Eos den Morgenhimmel der homerischen Helden. Es war ein goldener Tag, an dem das Glück mich in die alte Hafenstadt am Thyrrhenischen Meer verschlug.

In Genua gerät man in die alltägliche Gegenwart eines noch nicht erloschenen Mittelalters. Genua ist die Geburtsstadt des Kolumbus. Es wäre sonderbar, wenn die Historiker das nicht bezweifelt hätten. Aber die Legende stolpert nicht über plumpe Tatsachen. Nirgendwo anders als hier darf der Mann geboren sein, der den neuen Kontinent entdeckte, hier in dieser Stadt, deren kühne Befestigungen die Vermählung des Gebirges mit dem Meere feiern, hier in dieser Stadt, die der Nabel des *Mare Nostrum* ist. Mögen uns die Historiker immerhin beweisen, daß sie recht haben. Es kümmert uns nicht. Die Legende hat in diesem Fall die bessere Pointe.

Dicht drängen sich die hohen Häuser auf engem Raum. Die Straßen sind schmal und voll einer warmen Luft der Beweglichkeit, des Eifers, der Hilarität. Die unbestimmten Gerüche der Waren, die aus allen Teilen der Welt in den Speichern dieser Stadt zusammenströmen, geben der Atmosphäre das Geheimnisvolle der Ferne, des Unbekannten, des Kostbaren. Die Ausdünstungen der Säcke, des geteerten Holzes, der Häute mischen sich mit Yerba vom Parana, mit Salzfisch, Ananas und Reis aus Karachi und mit Kaffee aus Santos und Java zu einer Symphonia aromatica von köstlichem Reiz für den, der die Nuancen zu unterscheiden weiß. Über allem liegt der Geruch von Meerwasser, Öl und Ruß und diese wunderbare Hitze, in der die Früchte die Köstlichkeit der vollen Reife erreichen.

Die Fassaden der Renaissance- und Barockpaläste der alten Genueser Familien ragen aus dem Getümmel der Straßenschluchten mit ihren Giebeln bis in die Sonne hinauf. Die Reichtümer, die der Handel in die Stadt brachte, haben in diesen Fassaden ihre Wiederauferstehung gefeiert. Die stillen Höfe, in denen Palmen Springbrunnen beschatten, haben etwas vom Zauber maurischer Architektur. Hier wie Jahrhunderte früher in Byzanz traf der Orient mit dem christlichen Abendland zusammen. Der Mohammedaner, der in das Seitenportal von S. Matteo seine Datteln eingebaut hat, ist hier so zu Hause wie der griechische Agent, der armenische Shipchandler, der Heuerbaas aus Amsterdam und die Jollenführer von der Insel Korsika. Die hundert Sprachen der Mittelmeerküste schwirren durcheinander in dem unbegreiflich verwirrten und unbegreiflich simplen Hafenslang, in dem man sich über die Geschäfte verständigt, die das Money bringen, das bei irgendeinem Drink irgendeines Landes in einer der zahllosen kleinen Trattorias am Hafen zur Auszahlung gelangt und an einem Tage oft dreimal verdient wird.

Wenn die Dämmerung hereinbricht, geht man zum Hafenviertel hinunter und pendelt die Straße der Lustbarkeiten entlang, von der Sestiere di Pré bis zur Via di S. Pietro della Porta. Es ist nicht die Pforte des Himmels, welche der heilige Petrus bewacht, es ist die Pforte zu einem irdischen Paradies.

In kleinen Nischen stehen Gartenstühle. Hemdärmlige Wirte reichen die Drinks vom Palmschnaps bis zum White Horse, dem billigen Whiskey der Hafenkneipen.

»Let's have what Captain Cook had, when he landed in Australia.«

Der nämlich soll auf einem Schimmel ans Ufer geritten sein. Es ist zu seinem Gedächtnis, daß die Matrosen den White Horse trinken.

Sailors schreiten die Straße hinab, breitbeinig und in den Hüften sich wiegend. Das Schifflein ihres ungebrochenen Mutes schaukelt auf dem Monsun des Feierabends in den Hafen der Seligkeit. Mit dem Scharfblick alter Küstenkapitäne kreuzen sie an Würstelbude und lärmendem Orchestrion vorbei, diese Männer, die die Welt zusammenhalten im Taifun des Indischen Ozeans und in der Brandung von Haïti. Ihre Fäuste, groß wie Brote, haben sie in die Taschen vergraben. Ihre Knabenseelen leuchten aus ihren braunen und blauen und schwarzen Augen in Erwartung kindlicher Lustbarkeiten.

Die Mädchen lächeln heiter. Sie wissen, daß das Geld locker sitzt in den Taschen dieser großen Jungen, von denen mancher stolz sich rühmt, die Heuer von Hamburg nach Valparaiso, sechsundfünfzig Tage mit dem Segelschiff an Kap Hoorn vorbei, in drei Tagen auf dem Schiedamsche Deich in Rotterdam versoffen zu haben.

Aus einer kleinen Seitenstraße leuchtet ein Transparent. Nichts weiter als »Nr. 7«.

Aber wer kennte nicht Nr. 7!

In Coney Island, in Sankt Pauli, in Chinatown, in Frisco erzählt man sich von den gewaltigen Ereignissen, die sich in Nr. 7 schon abgespielt haben. Die größten Seeschlachten des zwanzigsten Jahrhunderts sind in Nr. 7 geschlagen worden. Zweiundfünfzigmal in einem Jahr mußte die Reihe etruskischer Vasen, die auf dem Bordbrett stehen, erneuert werden. Unerschütterlich hinter der Theke thront Signora Tullia Pietrangeli. Dieser Felsenengel hat mehr Dinge gesehen in seinem Leben als mancher alte Kapitän, der zwanzig Jahre an der chinesischen Küste auf eigene Rechnung fuhr.

Signora Tullia ist nur bis zur Taille sichtbar. So imponierend das schon ist, erfährt man, daß ihre Raumverdrängung unter der Wasserlinie des blechbeschlagenen Bartisches noch dreimal so groß sein soll. Gesehen hat das noch niemand. Seit zweiundzwanzig Jahren ist Signora Tullia nicht mehr hinter der Theke hervorgekommen. Das letztemal war es zu ihrer Hochzeit. Signor Tullio strandete an der Somaliküste und wurde umgebracht.

»Hallo, old boy, what do you seek for?«

»Komm längsseit!«

Die Würfel rollen über die Tischplatte, auf der die Ozeane neu sich bilden aus Muskateller, Bier und Saki. Die Seele breitet ihre Flügel aus. Die Dollarscheine flattern über die Tischplatte. Das Hirn hüllt sich in einen dichten Schleier. Die etruskischen Vasen beginnen zu schwanken. Signora Tullias erhabene Züge leuchten magisch durch den Nebel wie die Maske eines Buddhas in einem indischen Felsentempel.

Langsam und grollend beginnt das Meer Wogen zu schlagen. Die Männer erheben einen dröhnenden Song, der durch die Glastüre auf die Straße hinaushallt und neue Seefahrer in den bewegten Hafen lockt. Ein Beachcomber, der schwarz fuhr von Tampico bis nach Nr. 7, ist auf den Tisch gesprungen und dirigiert die kosmische Musik. Ein mystischer Bayer tanzt einen Schuhplattler, der sogar die Göttin im Hintergrund der Höhle in Erstaunen setzt.

Die Wände fallen auseinander. Das Dach fliegt davon wie der Himmelsdrache. Die Welt ringsum versinkt. Fünfundzwanzig Männer fahren in einer Tabakswolke in den Äther, getragen von dem mexikanisch-bayerischen Refrain, der durch astrale Räume grollt als ein Gewitter, das die Ohren der Menschen nicht mehr vernehmen können.

ÖLTANK UND MADONNA

Tropen sind Natur schlechthin. Es stellt sich heraus, daß Natur schlechthin im Grunde uninteressant ist. Ein Schneeberg irgendwo auf der Erde wird uns niemals etwas anderes entlocken als kalte Bewunderung.

In der Schule lernt man – Pik von Orizaba, 5650 Meter, der höchste Berg Zentralamerikas. Ein glücklicher Oktobertag verschlägt den Wanderer auf die Hochebene von Puebla de Los Angeles, die Stadt der Engel. Weiß und fern strahlt der Berg der Tertia am Horizont. Der Wanderer braucht sich nicht bei der kalten Bewunderung zu bescheiden. Die Sagen der Indios weben um den weißen Riesen, den sie Citlaltepetl, den Sternberg nennen.

Von See sieht man ihn weithin leuchten. Für die spanischen Seeleute des Mittelalters war er das Zeichen, daß die gefahrvolle Reise über den ungeheuren Ozean überstanden war. Mit schöner Bedeutung nannten sie den Berg »Die weiße Taube«. Die Hoffnungen von tausend tapferen Männern geben ihm einen mehr als natürlichen Glanz. Mancher gute Seemann hat nichts als das erhabene Bild dieses Berges mit in die Tiefe genommen, wenn er drei Meilen vor der Küste, wie es oft genug geschah, doch noch untergegangen ist. Flüche und Segenssprüche, Gebete und Furcht weben um diesen Gipfel.

Es ist der Mensch, der den Dingen ihren Sinn gibt.

In den eleganten Luxuswagen, die die Pulman Company auf den mexikanischen Bahnen fahren läßt, findet man eine Reklame:

»Why go to Egypt? There are pyramids in Mexiko! Why visit Reims and Cologne? There are cathedrals a plenty in Mexiko!«

In der Tat, there are cathedrals a plenty in Mexiko, aber daneben hat das imperiale und kapitalistische zwanzigste Jahrhundert seine Öltanks gebaut.

Dieses Land ist einst von den Spaniern erobert worden, erobert in einem furchtbaren Sinn. Im Hospital de Jesús in Mexiko City hängt das Bild des großen Cortez. Ein ernster Mann mit klugen Augen, melancholisch und nachdenklich, Krieger und Diplomat in einem. Mit sechshundert Mann und vierzehn Reitern ist er in Mexiko gelandet. Die Geschichte dieser Eroberung ist eines der ungeheuerlichsten Abenteuer der Historie.

Kaltblütig hat er die Schiffe verbrennen lassen. Allein stand er mit seinem Fähnlein Tapferer an der Küste eines Kontinents, der fast schon außerhalb der Welt lag. In schweren Panzern mußten sie durch die Fiebersümpfe der Küstenniederungen marschieren. Was für Männer!

Es ist nicht möglich, aus Cortez eine Heldengestalt zu machen. Verrat, Treubruch und die schmählichen Freveltaten seiner Landsknechte werfen einen allzu trüben Schatten auch auf ihn. Vieles gewiß mußte er seinen Soldaten erlauben, was andere Feldherren in anderer Lage ihnen hätten verbieten können. Die rauhen, wilden Kerle, welche mit ihm auf die rauchenden Trümmer der Schiffe blickten, die sie nicht mehr in die Heimat zurückbringen konnten, waren sicherlich von großartiger Tapferkeit. Aber als Lohn wollten sie Gold. Das mußte er ihnen verschaffen um jeden Preis. Als ein christlicher Held hätte er nur zugrunde gehen können. Die Geschichte wäre um eine Legende reicher gewesen. Er zog es vor, ein großer Politiker zu sein, und Spaniens Könige gewannen eine Welt.

Die Peripetie dieses Dramas ist die Nacht, in der Cortez nach der Ermordung des Kaisers Montezuma aus Tenochtitlan, dem heutigen Mexiko City, fliehen mußte. Unter einem uralten Ahuehuetebaum, dem Arbol de la noche triste, der noch heute einsam in der Landschaft steht, hat er gesessen und dem verlorenen Ruhm bittere Tränen nachgeweint. Das Schicksal war ihm günstig. Er durfte die Eroberung des Landes vollenden und wurde der erste Vizekönig von Neuspanien.

Schon Cortez legte in Cuernavaca, südlich von Mexiko City, eine Hazienda an. Man muß sein landwirtschaftliches Sachverständnis bewundern. Noch heute ist das Tal von Cuernavaca das fruchtbarste von ganz Mexiko und ein wahrer Garten Gottes. Die Spanier haben die Minen des Landes ausgebeutet. Selbst heute, da man die Vorkommen von Edelmetallen mit den modernsten Methoden feststellt, gibt es kaum eine Mine in Mexiko, in der nicht schon die Spanier gegraben hätten.

Das Erstaunlichste sind die Kirchen. Ihre Türme bestimmen das Bild der mexikanischen Landschaft. Vergeblich versucht man herauszufinden, warum ein Hochspannungsmast immer ein Fremdkörper in der Landschaft ist, auch wenn er aesthetische Bewunderung verdient. Die Kirchtürme sind auf rätselhafte Weise gewachsen. Sie sind mit der Erde verbunden und mit dem Himmel. Sie machen aus einer kalten Natur eine vom Menschen bewohnte Landschaft. In der Tat, wenn es der Mensch ist, der den Dingen ihren Sinn gibt, so ist es der Glaube, der dem Menschen seinen Sinn gibt.

Die wirtschaftliche Unvernunft, mit der die Spanier ihr neues überseeisches Weltreich verwaltet haben, ist grotesk. Tatsächlich, durch Reichtümer sind sie arm geworden. Aber sie haben diesem Volk die Religion gebracht. Die kulturelle Kraft der Spanier war so stark, daß sie sogar zur Legendenbildung auf dem neuen Boden ausreichte. Die Heilige Mutter Gottes von Gouadeloupe ist eine braune Madonna. Ihr Bild mit dem Strahlenkranze, vor dem heute die Indios knien, hat sie nach der Legende selbst gemalt.

Die noch in ihren Resten bewundernswerte aztekische Kultur hat Cortez in Mexiko zertrümmert. Aber der Indio glaubt heute an denselben Gott, den Cortez um Sieg für seine Waffen bat. Es gibt genug Leute, die über den Glauben des Mittelalters lächeln. Es sind gewöhnlich diejenigen, die an die alleinseligmachende Wirkung des Exports viel fanatischer glauben, als das Mittelalter jemals an das Kreuz geglaubt hat. Ihnen wurde unterdessen manche Lehre erteilt.

Das reiche Erbe Spaniens ist heute der wertvollste Besitz dieses Landes. Zur Mutter Gottes von Gouadeloupe werden die Mexikaner noch beten, wenn die Öltanks schon längst vom Rost zerfressen sind.

Die Türme der Kathedralen ragen in den blauen mexikanischen Himmel als stolze Zeichen mittelalterlicher europäischer Größe. Wahrhaftig, hier wurde der Anfang gemacht, die Erde für den Himmel zu erobern. Die Enkel haben es nicht weitergebracht, als sie für den Menschen zu verlieren.

Die Steine reden, aber der Mensch kann ihre Sprache nicht mehr verstehen.

FREMDER MANN IN FREMDER STADT

Seit dreißig Stunden rolle ich durch fremdes Land. Seit fünf Stunden ist es dunkel. Der letzte, mit dem mich noch menschliche Beziehungen verknüpfen, ist der Mann, der mir die Stiefel putzt. Jetzt bringt er mir von Zeit zu Zeit ein Agavenschnäpschen, schäumend und bitter wie Met. Der Pulmancar ist leer. Nur ein schwarzäugiges Mädchen sitzt in der andern Ecke. Sie ist schön und unnahbar wie Prinzessin Maisblüte. Sie bedarf meiner nicht. Prinzessin Maisblüte liest Lady's Home Journal. Seit dreißig Stunden.

Die Stadt, in die ich fahre, liegt 2300 Meter hoch. Sie hat eine Million Einwohner, und von dieser Million kenne ich nicht eine einzige Seele. Zudem verstehe ich von der Sprache auch nicht ein einziges Wort. Meine Lage entspricht etwa der eines Chinesen, der eine Woche seines Lebens nach Hamburg käme und für drei Tage nach Budapest führe. In Budapest wird der Chinese sich einsam vorkommen. Nun, ein Sachse in Tenochtitlan wird nicht weniger einsam sein.

Am Bahnhof überfallen mich die Kolliknechte, wilde Mestizensöhne, die aussehen, als ob sie einem nur die Wahl ließen, entweder die Koffer herzugeben oder das Leben. Ich habe gar keine Koffer. Zur Erforschung eines neuen Erdteils sind eine Aktentasche und ein Strohhut völlig ausreichend. So stehe ich denn bald allein auf einem großen Platz, auf dem ein steinerner General mutig in die Schlacht reitet, die ganze Nacht hindurch.

Eine Million fremder Menschen rings um mich herum! Sie arbeiten oder faulenzen. Sie lieben oder hassen. Sie stehen am Bett des neugeborenen Knaben oder am Bett des alten Mannes, der sterben will. Sie sind arm und glücklich oder reich und unglücklich, und vielleicht ist sogar ein reicher Mann dabei, der glücklich ist. Wie kann man das wissen? Das tausendfache Netz der menschlichen Gemeinschaft spannt sich über die nächtliche Stadt, und die Engel knüpfen die Fäden wieder, welche die Menschen am Tage zerrissen haben.

Der reitende General betrachtet mich mit Verwunderung. Ich winke ihm herzlich mit meinem Strohhut zu. Loyal grüßt er mit seinem Degen zurück. So habe ich, fremder Mann in fremder Stadt, nach einer Viertelstunde schon meinen ersten Freund. Wir werden einander wohlgesinnt bleiben bis am Ende unseres Lebens, obwohl wir voneinander nicht einmal die Namen wissen.

Dann gehe ich der Nase nach. Sie ist der beste Kompaß der Welt, wenn sie nur ein bißchen riechen kann. Die Leute, die noch auf der Straße sind, bleiben stehen und bestaunen die Butterblume auf meinem Haupt. Ohne Zweifel, in 2300 Meter Höhe ist sie eine botanische Rarität. Von Zeit zu Zeit grüße ich freundlich jemanden. Ich muß es den nächtlichen Passanten von Tenochtitlan lassen, es sind höfliche Leute. Sie grüßen alle freundlich wieder.

Der dicke Wirt hingegen staunt nicht. Seine Menschenkenntnis sagt ihm, daß ein Mann, der nachts mit Strohhut im Hochgebirge reist, wahrscheinlich Pesos reichlich hat. So führt er mich in das beste Zimmer seines Hauses. Das liegt oben auf dem Dach.

In undurchdringlichem Dunkel bin ich in dieses Hochtal eingefahren. Jetzt ist der Mond aufgegangen über den fernen Bergen und leuchtet über einer Landschaft, wie sie feierlicher und erhabener nicht gedacht werden kann. Auf der einen Seite liegen die Schneeriesen. Der eine ist der rauchende Berg, der Popocatepetl, der andere die weiße Frau, der Ixtaccihuatl. Die weiße Frau sieht man liegen unter ihrem Bahrtuch von ewigem Schnee. Die Sage geht, sie sei eine schöne Königstochter gewesen. Als sie starb, habe ihr Geliebter sich in den rauchenden Berg eingeschlossen. Wenn der Schmerz ihn überkommt, tanzt er den Tanz der dreizehn Steine in der Tiefe des Berges. Der Berg fängt an, Feuer zu speien, die niemals erlöschende Liebesglut eines Königssohnes nach Tausenden von Jahren.

Zwischen den beiden Bergen liegt die Stelle, von welcher aus Cortez zum ersten Male das Hochtal von Mexiko erblickte und Tenochtitlan, die Wasserstadt, die Königin der Städte, schön und stolz wie Venedig, eine Lagunenstadt, die von den Göttern für ihren Hochmut allzu hart bestraft werden sollte. Der See ist heute verschwunden. Von den stolzen Bauten der Azteken ist fast nichts mehr erhalten. An der Stelle des Schlangenbergtempels, wo dem Kriegsgott Huitzilopochtli die

Menschenopfer dargebracht wurden, manchmal zwanzigtausend Kriegssklaven in einem Jahr, erhebt sich heute die riesige Kathedrale von Mexiko City, die mit Gold und Glanz und Pracht den Heiden die Macht des Kreuzes beweisen sollte.

Jenseits des Sees von Texcoco, der als einziger von den Seen der Hochebene noch erhalten ist, liegt das Tal von Teotihuacan mit den Pyramiden aus der Toltekenzeit. Auch die Azteken schon haben eine hochentwickelte Kultur vorgefunden, als sie aus dem Norden hereinbrachen wie die Cimbern und Teutonen in die Ebenen Norditaliens. Kulturschicht über Kulturschicht bedeckt den Boden dieses Landes, eine geschichtliche Stätte der Menschheit. Sie hat den Jammer gesehen und die Macht, den blühenden Frieden und den unerbittlichen Krieg, die Tapferkeit der indianischen Helden und der spanischen Ritter, den Fleiß der Bauern und das Glück der Mütter. Sie hat den Jubel der Blumenfeste für die Götter gehört und das Angelusläuten der Kirchen, das den Menschen den Frieden bringen will.

Im Himalaya und in den Grenzgebieten Tibets gibt es Täler, welche noch nie eines Menschen Fuß betreten hat. Sie können nur Schauer erwecken. Hier hat der Mensch seine Spuren in das Gesicht der Erde eingegraben. Weit dehnt sich die riesige Stadt. Im Nebel der Ferne verschwinden die Vororte mit ihren steinernen Klöstern und ihren bescheidenen Indiohütten. Zwei niedrige Hügel nur heben sich aus dem weißen Schleiermeer. Den einen krönt der Friedhof von Tepayec, auf dem die Mönche ruhen, die der wundertätigen Madonna von Gouadeloupe ein Leben lang gedient haben. Der andere trägt das Schloß von Chapultepec. Hier thronte Montezuma, der »Zornige Herr«, der letzte Kaiser der Azteken. Dann wohnte Cortez da, dann die Vizekönige von Spanien, dann der Kaiser Maximilian, und heute residieren da die Präsidenten der Republik.

Zwischen den beiden Residenzen der göttlichen und der weltlichen Macht liegt die schlafende Millionenstadt mit ihren hundert Türmen, die sanft im sanften Mondlicht leuchten. Die Söhne der Azteken und die Söhne der Conquistadoren bauen heute ein neues Reich. Die letzten Nachkommen Montezumas aber, die an den spanischen Hof geholt und in den Adelsstand erhoben wurden, und der letzte König aus dem alten Hause Habsburg irren heimatlos umher in einer Welt, die aus den Fugen gegangen ist.

»Wie heißen Sie?«

»Rosinski.«

»Vorname?«

»Josef.«

»Alter?«

»Dreiunddreißig Jahre.«

»Was wollen Sie eigentlich hier an Bord?«

»Ich will nach Indien fahren.«

»Na ja, und was wollen Sie denn da?«

»Da soll was zu machen sein.«

Da steht also Josef Rosinski und will nach Indien. Er ist schwarz von oben bis unten. Man hat ihn eben aus dem Schornstein geholt. Er zittert an allen Gliedern vor Angst. Er meint, zunächst einmal werde er Prügel bekommen. Er weiß aus bitterer Erfahrung, wie rauh die Beförderungsgebühren sind, die das Leben fordert.

In der Tat, früher wurde jeder Einsteiger, der an Bord gefunden wurde, erst einmal gründlich vertrimmt. Das ist aus der Mode gekommen. Rosinski kommt langsam zu sich, als er merkt, daß er keine Prügel bekommen wird.

Er hat eine braune Manchesterhose an, ein Netzhemd und eine Jacke von einem grauen Konfektionsanzug, die ihm zu klein ist. In der Tasche hat er seine Arbeitspapiere. Der Erste Offizier nimmt sie in Verwahrung. Mit einer unsichtbaren Kette ist Rosinski an das Schiff gefesselt. Ohne Papiere kann er nicht wieder auskratzen. Ein Mensch ohne Papiere ist ein Paria, ein Ausgestoßener, im Zweifelsfall ein Mörder und immer verdächtig. Die Papiere von Rosinski sind in Ordnung.

Dieser Mann hat keinen Pfennig bares Geld in der Tasche. Nun will er nach »Indien«, weil da was zu machen sei. Man muß ihn sich genau betrachten. Aber vorher muß man ihn waschen.

Rosinski, gewaschen, steht da, breitbeinig, großer Kerl, gewachsen wie ein Licht, bärenkräftig, tadellos gesund. Man braucht da nichts mehr zu fragen. Der Kerl, der da steht, das ist ein Bauer. Man kann um ihn herumgehen wie um einen Berg. Freilich, er steht nicht auf einem Acker, sondern auf dem schwankenden Boden eines Schiffes, das über den Atlantik fährt.

Er hat ein richtiges Gesicht. Breite, kräftige Kinnladen, große anständige Nase, kleiner, gut geformter Schädel. Er sieht nicht unintelligent aus. Aber freilich, da ist noch etwas, was man schwer beschreiben kann. Etwas Unerwecktes, Dumpfes. Wahrscheinlich ist er gutmütig und von großer Langmut. Ebenso wahrscheinlich ist, daß er im Zorn seinen Feind nicht verklagen, sondern erschlagen wird. Das ist kein wacher Rationalist, sondern ein Mensch mit starken Instinkten, die in ihm wirken, ohne daß er viel davon weiß.

Drei Jahre war er Soldat. Er ist geboren in der Provinz Posen. 1917 eingezogen, 1918 Infanterist in Frankreich. Als er nach Hause kommt, ist seine Heimat polnisch geworden. Rosinski, der Infanterist Rosinski, weiß genau, was er zu tun hat. Er optiert für Deutschland.

»Warum?«

»Ja, das is man nix mit die Polen.«

Dann kommt er zur Reichswehr. Zwei Jahre Grenzdienst in Ostpreußen, dann wird er entlassen. Rosinski, Josef, dreiundzwanzig Jahre, muß wandern. Ein Ostdeutscher, der seine Heimat verloren hat, geht auf die Wanderschaft nach einem Ziel, von dem er selber noch nichts weiß. Wie viele Tausende sind es, die mit ihm wandern! Wer begegnet ihnen? Ich habe Josef Rosinski getroffen, und es soll genau und ordentlich darüber berichtet werden.

Im Anfang geht's ganz gut. Rosinski wird Heizer auf einem schwedischen Ostseedampfer, der zwischen Skandinavien und Danzig fährt. Nach zwei Jahren wird er entlassen.

»Warum?«

»Tja, da wurden viele arbeitslos in Danzig, und da war keine Arbeit mehr zu kriegen.«

In Genf sitzen sie und reden. Josef Rosinski aber hat seine Arbeit verloren. Er weiß nichts von Genf. Er hat Hunger.

Er findet einen Balten, der mit fünfzehn Mann nach Argentinien will. Josef Rosinski, der Knecht, hat wieder einen Herrn gefunden. Er ist glücklich. Da ist einer, der für ihn die schwierigen Sachen weiß, die ein Bauer aus dem Posenschen nicht wissen kann. Mit seinen großen Fäusten packt er zu. Viehhirt in den Pampas. Vierzehn Stunden Arbeit am Tag, knappe Kost, wenig Geld. Nachts schlafen sie auf dem harten Boden. Ehe sie mal ein Mädchen zu sehen bekommen, vergehen Monate. Das macht ihm nichts aus. Er kann wieder in der Frühe seinem Pferde Futter schütten. Der Bauer Rosinski tut wieder Bauernarbeit.

Er ist zufrieden. Sein guter Schweiß tropft in den Boden Argentiniens. Die da drüben dürfen sich wahrhaftig glücklich schätzen, daß sie den Rosinski haben. Aus dem Schweiß des Bauern wächst mehr als nur Exportüberschuß.

Doch über Rosinski waltet das Schicksal selbst. Schließlich ist er ein Deutscher. Eines Tages war es aus. Sie mußten weg.

»Warum?«

»Ja, der Herr konnte nichts mehr verkaufen, und da kamen sie aus der Stadt und haben alles übernommen.«

Weltkrise, Rohstoffbaisse, Kreditnot und wie das alles heißt. Rosinski weiß wenig davon. Er hat Hunger. Er sitzt arbeitslos in Buenos Aires, klettert auf ein Schiff und kommt irgendwo wieder an Land. Es war Spanien. Rosinski hat gar nicht gewußt, wo das Schiff hinging. Von Spanien schlug er sich durch nach Holstein. Er schlug sich durch. Das bedeutet Hunger, Staub auf der Landstraße, illegalen Grenzübertritt, einem Werber der Legion mit dem Handgeld durchgebrannt. Josef Rosinski wandert über den Kontinent seinem unbekannten Ziel entgegen. Er weiß nicht einmal, wie tapfer er ist.

In Holstein findet er wieder Arbeit beim Bauern. Aber dann soll er in die Partei eintreten, irgendeine Partei, die da gerade Macht hat. Der Bauer kann ihn nicht halten, wenn er sich dem Druck nicht fügt. Josef Rosinski, der Bauer aus dem Posenschen, der nicht weiß, wie tapfer er ist, weigert sich. Das paßt ihm nicht. Er nimmt seinen Hut und geht. Mehr als seinen Hut zu nehmen, hat er nicht. Hat dieser Kerl nicht etwas getan für die Freiheit und die Würde des Menschen?

Nun ist er arbeitslos.

»Wenn man betteln kann, dann geht's. Ich kann nicht betteln.«

Wer dürfte es auch wagen, diesem Berg von einem Menschen einen Groschen zu schenken? Er müßte sich schämen dabei.

Rosinski ist nun dreiunddreißig Jahre alt. Arbeit gibt's nicht mehr für ihn.

»Wie sind sie denn auf Indien gekommen?«

»Tja, zwei, die sind rüber mit der Nordmark. Die sind durchgekommen und haben geschrieben, da ginge es. Ich sollte auch kommen.«

Die »Nordmark« fährt nach Holländisch-Indien, dieses Schiff nach Zentralamerika. Josef Rosinski hat Ostindien mit Westindien verwechselt. Ein schauerlicher Witz! Jedenfalls hat er noch nie eine Landkarte gesehen. Es nützt ihm nichts, daß der gleiche lächerliche Irrtum vor vierhundert Jahren die Begründung des Spanischen Weltreiches zur Folge hatte.

So trabt dieser Mensch über die Kontinente und sucht. Er ist kein Abenteurer. Daß er etwas erlebt hat, weiß er gar nicht. Er ist ein thumber Tor, ein Deutscher aus dem Osten, der für sein Land getan hat, was von ihm verlangt wurde. Das Land kann es ihm nicht wiedergeben. Es ist arm und hat nichts. Josef Rosinski rechnet das nicht nach. Er sucht nicht das Geld und nicht den Erfolg. Er sucht nur das Stück Acker, in das der Mensch seinen Schweiß sät, um den Frieden der Seele zu ernten.

Zu Tausenden wandern sie so über die Erde und wissen nichts von den Heldentaten, die sie verrichten, unbekannte Soldaten in einem Kampf, wie die Geschichte ihn hartnäckiger kaum je gesehen hat. Tausende gehen vor die Hunde, werden verscharrt irgendwo in fremdem Lande. Ihre Gräber haben keine Kreuze.

Josef, der tapfere Mann, wird es schaffen. Er ist zäh wie ein Wasserbüffel und stark wie ein Bär im Gebirge. Einen ganzen verlorenen Krieg trägt er auf seinem breiten Buckel. Er ist ein Bauer aus dem Osten. Den kann man nicht irremachen.

So stapft er mit seiner Last durch den Dreck dieser Welt, bis er sein Ziel erreichen wird in Columbien, in Canada, irgendwo, ein deutscher Bauer und ein tapferer Soldat des Lebens, Rosinski, Josef, dreiunddreißig Jahre.

SEEMANNSTRÄUME

Ob ein Seemann eine Empfindung von der Schönheit des Meeres hat, habe ich niemals herausfinden können, obgleich ich viele Seeleute kenne und einige davon meine Freunde sind.

Seeleute sind gute Menschenkenner. In einem Alter, in dem andere noch nicht richtig sehen gelernt haben, haben sie schon beobachten gelernt. Infolgedessen sind sie vollkommen vertraut mit der Vorstellung, welche die Leute gemeinhin von den Seeleuten haben.

Der Seemann ist zartfühlend genug, rauh wie ein Seemann zu sein und seemännische Anschauungen zu haben. Es gibt über seemännisches Verhalten und seemännische Anschauungen eine umfangreiche literarische Überlieferung. Der Seemann braucht sich ihr nur anzupassen, um alle Vorstellungen zu befriedigen.

Wenn er das eine Weile betrieben hat, bekommt er nicht nur Übung, sondern er entdeckt auch, daß er unter diesem Mimikry seine Ruhe hat. Wie in aller Welt soll er einem Mann, der soeben bei Kap Finisterre seinen ersten ordentlichen Sturm hinter sich gebracht hat und nun die Sonne hinter den Azoren untergehen sieht, wie soll er dem begreiflich machen, daß der Anblick des goldenen Feuers, das Apollon über die Dünung, diese große epische Geste des Meeres, ausgießt, in ihm keinen anderen Wunsch auslöst als den nach einem friedlichen Kontorsessel, von welchem, um fünf Uhr nachmittags aufstehend, er nach Hause entschreiten kann zu Weib und Kind. Es ist unmöglich, das dem Bewunderer Apollons begreiflich zu machen. So schweigt der Seemann in die goldene Abendsonne, welche nur für Passagiere untergeht.

Aber da sind die Kanarienvögel, und die piepsen das Geheimnis nach Lee. Nach Luv können sie nicht piepsen, weil sie vor Zugwind sorgfältiger geschützt werden als kranke Säuglinge. Wenn man auf der windgeschützten Seite das B-Deck entlanggeht, hängt vor jeder zweiten Kabine ein Vogelbauer mit einem Kanarienvogel drin. Man geht durchaus fehl, wenn man annimmt, daß diese Vögel von den Kanarischen Inseln stammen, obgleich sie da auf den Bäumen wachsen und für ein Geringes zu erwerben sind.

Versuchen wir, das Geheimnis zu lüften. Betreten wir die Kabine des Schiffskochs. Man vergißt so leicht, daß die Seefahrt nicht nur aus Sturmlied, Nebelhorn und Delphinenspielen, sondern auch aus Frühstück, Mittagessen und Abendbrot besteht. Die Kabine des Schiffskochs atmet biedere Behaglichkeit. Es bedarf kaum der Erwähnung, daß der beste Whiskey an Bord beim Schiffskoch zu haben ist. Schiffsköche studieren die Völker vom Magen her. Außerdem finden sich schöne Kissen, saubere Vorhänge, eine gestickte Tischdecke und eine Pelargonie, welche mit Drähten gegen den Zorn Neptuns gesichert ist. Kurz, wir kommen uns vor wie im gemütlichen Heim eines Siedlers auf dem Lande. Der Anblick des glitzernden Meeresspiegels, den wir durch die Kabinentür genießen können, macht den Eindruck eines in den Farben übertriebenen, aber perspektivisch wohlgelungenen Wandgemäldes.

Der Schiffskoch verrät uns, daß die Kanarienvögel von den Kanarischen Inseln nicht besonders schön singen könnten und daß für einen Seemann, der auf sich hielte, nur ein echter Harzer Roller in Frage komme. Hier entdeckt man, daß auch der Seemann auf seine Weise mit der Natur verbunden ist. Die Umwege des menschlichen Herzens sind von jeher sonderbar gewesen. Doch sind die verwickelten Gefühle, die ein Seemann für seinen Kanarienvogel hegt, jedenfalls echter als die simplen Gefühle, die die Dichter bei ihm hinsichtlich der Majestät des Meeres vermuten.

Wir bleiben nicht allein. Auch der Zahlmeister und der Erste Offizier schätzen die gemütliche Atmosphäre bei unserem Wogensiedler, dessen kleines Weekendhaus durch den Atlantik schwimmt, fern von den Küsten der Menschen. Der Zahlmeister zeigt uns höchst kunstvolle Photographien, die er selbst gemacht hat und die wir gebührend bewundern. Es handelt sich allerdings nicht um Affen auf Mangrovenbäumen oder um den Palast eines Fullahkönigs an der Westküste, sondern um eine Kuh, die er zu Hause auf seiner Wiese in Holstein stehen hat. Eine Kuh...!

Träumerisch blicken die Männer vom Meere auf das Glitzernde hinaus. Das Geheimnis im sanften Auge einer Kuh erscheint ihnen tiefer und bedeutungsvoller als alle Geheimnisse in den Tiefen der Ozeane. Man sieht, daß Seeleute keineswegs frei von romantischen Vorstellungen sind.

Es muß schon ein sehr oberflächlicher Betrachter sein, der sich wundert, daß auch des Seemanns Träume sich nicht dort abspielen, wo der Seemann sich befindet.

Einmal Sydney zu sehen, das ist ein Traum. Aber wenn einer vierundzwanzigmal in Sydney war und jedesmal keine Zeit gehabt hat, an Land zu gehen, dann kann man von ihm nicht mehr verlangen, von Sydney zu träumen.

Als wir von Le Havre ausliefen, stand ich neben dem Ersten Offizier auf der Brücke. An dieser Stelle mündet die Seine ins Meer. Es war gegen Abend.

Die Flüsse sind hinsichtlich ihres Lebenslaufes bei der Schöpfung besser weggekommen als wir. Am Ende ergießen sie sich ins Meer. Diese noble Geste des Abgangs hat kein Fluß auf der Welt zarter zustande gebracht als die Seine. Sie tut es zwischen sanften Hügeln, über welche die Lichter menschlicher Behausungen einen Sternenteppich breiten. Sie tut es auf eine leise, unauffällige Art. Selbst das Kleid von smaragdenem Grün, das sie, weil sie ja schließlich eine Frau ist, für diese letzte Meile angelegt hat, ist diskret. Nur die Sonne läßt es noch einmal aufleuchten in großem Gold.

Dazwischen geht strichweise ein feiner Regen nieder. Ganz langsam schiebt sich das Schiff durch die mit Lichtern markierte Fahrrinne. Weit draußen auf der spiegelglatten Fläche liegen einige Fischerboote. Es scheint, als ob Engel den Himmel wie einen Baldachin an seinen Zipfeln über diese Stunde zwischen Hell und Dunkel halten. Wir alle betrachten schweigend diesen Traum von irdischer Vollkommenheit. Nur der Lotse gibt seine Kommandos in die Stille hinein.

Wenn ich ein Seemann gewesen wäre, hätte ich das Maul gehalten. Aber die Neugier plagt mich. So frage ich den Ersten Offizier:

»Nun, sagen Sie, ist das nicht wunderbar?«

»Was ist das? Wunderbar? Schiet is'! Regnen tut's, und die ganze neue Ölfarbe am Schornstein ist hin.«

Da war mir natürlich recht geschehen. Niemals wieder werde ich einen Seemann nach der Schönheit des Meeres fragen.

Später, wenn den Männern vom Meere ihre Träume in Erfüllung gegangen sind, wenn sie den »Job an Land« haben oder auf der Wiese in Holstein stehen und der Kuh ins sanfte Auge blicken, dann werden sie zu träumen anfangen von dem nächtlichen Himmel über dem Aequator, von den feierlichen Abendchorälen der Neger auf der Back, von dem Pfeifen des Windes in den Verspannungen der Maste, von dem erhabenen Bild der Sonne, die über dem Horizont heraufsteigt und hinter ihm hinabsinkt, von den Hafeneinfahrten in Rio, Hongkong und New York. Dann wird die alte Melodie des Ozeans durch ihren Schlaf rauschen und ihre Herzen mit Sehnsucht erfüllen. Dann auch wird ihnen eine Ahnung aufgehen, daß ihr Leben einen guten Sinn gehabt hat, auch wenn sie nichts wissen von einer Größe, um derentwillen sie zu bewundern wir so viel Grund haben.

QUARANTÄNE

Accra ist die Hauptstadt der Goldküste. Es hat sechzigtausend Einwohner. Es liegt malerisch an einem Berghang. Es wird im Osten flankiert von dem alten Schloß Christiansburg, das 1623 von den Portugiesen gegründet und später von den Dänen ausgebaut wurde, von denen es seinen Namen hat.

Diesen prächtigen Platz bekommt der Reisende diesmal nur von weitem zu sehen. Die Schiffe liegen draußen auf Reede. In der Stadt ist Gelbfieber vorgekommen. Wenn Europäer es bekommen, sterben sie fast immer daran. Aber Europäer bekommen es fast nie mehr, und Neger bekommen es nur noch sehr selten. In dem heldenhaften Kampf des weißen Mannes mit den Mikroben ist die Schlacht um das Gelbfieber eine seiner großartigsten Taten. Man mag diesem neunzehnten Jahrhundert vorwerfen, was man will, Pasteur und Robert Koch wird man ihm nicht zum Vorwurf machen können. Hier haben Genialität und die Macht der Wissenschaft der Natur eines ihrer furchtbarsten Geheimnisse entrissen. Dabei ist der Feind, den man so vollständig besiegt hat, noch heute unbekannt. Der Erreger des Gelbfiebers ist noch nicht entdeckt. Nur die Mücke, die die Infektion überträgt, ist bekannt. Sie allerdings kennt man bis in die letzten Falten ihres verderblichen Seelenlebens.

Der Mensch kann nur von einer kranken Mücke infiziert werden. Die Mücke wiederum kann nur an einem gelbfieberkranken Menschen sich infizieren. Das große Rätsel ist: Woher kommt eine Neuinfektion, wenn irgendwo lange keine Epidemie mehr gewesen ist? Woher können die Mücken sich infizieren, wenn irgendwo jahrelang gar keine Möglichkeit krankes Blut zu saugen, bestanden hat? Wo hält sich der Erreger in den Pausen zwischen den Epidemien auf?

Diese Jagd nach der letzten kranken Mücke, diesem Moskito des Teufels, der heute noch ganze Bevölkerungen vernichten könnte, wenn die Aufmerksamkeit der Wissenschaft auch nur einen Augenblick nachließe, diese Jagd ist aufregender als irgendeine Jagd auf dieser Erde.

Wenn ein solcher Moskito des Teufels es wagt, nach langer Pause einen Neger zu stechen, so ist diese Untat nach wenigen Tagen in Hamburg und New York so gut bekannt wie in Rio oder London. Die wissenschaftlichen

Institute, die Festungen, von denen aus die Feldzüge gegen die Wegelagerer unserer Gesundheit geleitet werden, bewachen die Ozeane, als ob es Petrischalen im Laboratorium wären.

Wie fehl am Platze wäre da Unmut darüber, eine schöne Stadt nicht gesehen zu haben. Die Forscher, diese stillen Männer hinter ihren Mikroskopen, haben die Herrschaft ihres Wissens über die ganze Erde ausgespannt. Unter ihrem wohltätigen und unsichtbaren Zepter blüht der Handel der Welt.

KOPF ODER KOLLI

Der Hafen von Takoradi an der Goldküste ist neu. Er verdankt seine Entstehung dem Mangan. In guten Jahren wurden jährlich dreihundert- bis vierhunderttausend Tonnen Manganerz verladen. Auch die Stadt ist neu. Sie soll eine tropische Musterstadt werden. Vorläufig freilich hat sie noch nicht einmal ein Hotel.

Das Löschen der Ladung geht mit einem wahrhaft amerikanischen Tempo vor sich. Die Winschen rasseln und machen einen unbeschreiblichen Lärm. Lärm kann poetisch sein. Wie das Rollen der D-Züge, wie das Brausen der Propeller ist das Rasseln der Winschen ein Lärm der Ferne und der Fremde, ein Weltgeräusch, der Pulsschlag des Handels, von dem die Völker dieser Erde leben.

Die Männer, die die Winschen bedienen, sind Künstler in ihrem Fach. Die Möglichkeit, das Kolli, das an seinem Haken hängt, beliebig in vertikaler oder horizontaler Richtung durch die Luft zu schwenken, beruht auf einem sehr geistreichen System von Rollen und Drahtseilen, von dem man den Eindruck hat, daß Archimedes es erfunden hat und daß man es in Tertia vielleicht kapiert hätte. Zu einer Gang gehören zwei Winschen. Die Harmonie dieser beiden gefährlichen Maschinen wird dirigiert durch die fast unmerklichen Handbewegungen eines dritten Mannes, der irgendwo an der Reling steht und von dem man niemals vermuten würde, daß er überhaupt dazu gehört. Dabei ist seine Aufgabe weit verantwortungsvoller als die des Dirigenten eines philharmonischen Orchesters. Wenn die Bässe vorbeihauen, gibt es höchstens einiges Entsetzen im Parkett. Wenn das Kolli vorbeihaut, dann liegen tausend Dollar im Bach, oder es gibt eine Leiche. Wenn das Kolli aus der Luft auf die Pier hinuntersaust, saust es auf einen Haufen Neger hinab, um dann freilich, wie durch ein Wunder, genau zwanzig Zentimeter über den Wollköpfen schweben zu bleiben. Stundenlang kann man diesem Zusammenspiel von Dampf, Mathematik und Lärm zusehen.

Leider – welcher Freund der Harmonie wüßte das nicht – auch Dirigenten haben schlechte Tage. So sah ich eines Tages, wie das Kolli zwanzig Zentimeter tiefer sauste, als es sollte, um auf dem Schädel eines Negers zu landen. Es gab ein eigentümliches Krachen, ein Geräusch, das sozusagen durch Mark und Bein ging.

Kopf oder Kolli – das schien hier die Frage. Aber der Neger schüttelte nur den Kopf wie ein Dackel, den man mit Wasser begossen hat. Wie sich herausstellte, war von der Kiste ein Brett in Bruch gegangen, und irgend etwas rieselte heraus.

Unter den Wollköpfen gab es ein großes Palaver über die Frage, ob sie sich des Herausrieselnden bemächtigen dürften. Unter den Weißen stritt man sich darüber, ob die Versicherung bezahlen werde oder nicht. Das einzige, was feststand, war, daß der Neger seinen Kopf durchgesetzt hatte.

BESUCH BEI EINER KÖNIGIN

In Takoradi wollte es ein günstiges Geschick, daß ich eingeladen wurde, an einem Besuch teilzunehmen, den der Herzog von M. der Königin von Princes machen wollte.

Die Autos fuhren los, ehe noch die Sonne ihre volle Kraft erreicht hatte.

Das Autofahren wird von den meisten Leuten zu den großen Annehmlichkeiten des Lebens gerechnet. Dabei wird freilich vorausgesetzt, daß die Straßen gut sind und daß es nicht staubt. Die Straßen waren ausgezeichnet, aber auch der Staub war hervorragend. Gleichwohl ist das Autofahren in den Tropen eine der größten Annehmlichkeiten des Lebens, und zwar wegen der gleichen Beigabe, die den europäischen Konstrukteuren so viel Kopfzerbrechen macht, nämlich des Fahrtwindes wegen, der einen auch bei der allergrößten Hitze einigermaßen kühl hält.

Nachdem wir zwei Stunden durch die wohlgeordneten Kakao- und Kokosnußpflanzungen der Eingeborenen gefahren sind, geht plötzlich mitten im Busch ein fürchterliches Geknalle los. Der Schreck, daß alle vier Reifen auf einmal geplatzt seien, findet keine Bestätigung. Es sind die Freudenschüsse der Mohren, mit denen der hohe Besuch von den Mannen der Königin begrüßt wird.

Hinter einer Biegung taucht das fröhliche Gewimmel auf, das zum Empfang einige hundert Meter vor der Schilfresidenz sich versammelt hat. Im Augenblick, da das Auto hält und der Fahrtwind aufhört, hat man das Gefühl, in ein überheiztes Badezimmer einzutreten. Ohne sich im geringsten zu bewegen, fängt man ganz von selbst mächtig zu schwitzen an.

Je weniger man, wenn man auf Reisen geht, von den Dingen weiß, denen man begegnen wird, um so sicherer ist man, wirklich etwas von ihnen zu erfahren. Ein Tamtam der Neger im Busch? O nein!

Die Königin ist eine Matrone von vielleicht fünfzig Jahren. Voller Würde und wahrer Majestät steht sie unter einem roten Baldachin, der von einigen Leibmohren getragen wird. Sie trägt sehr kostbare, schwere goldene Ketten um den Hals. Ein Mann neben ihr trägt das Signum ihrer Würde, einen Stab, der oben in einigen goldenen Zweigen endet, auf denen goldene Vögel sitzen. Zwei Mohrenknaben stehen vor ihr mit krummen Schwertern, alter schöner Schmiedearbeit, deren Griffe vergoldet und deren Klingen von alten magischen Zeichen durchbrochen sind.

Ein halbes Dutzend junger Mädchen, die ebensoviel Anmut haben, wie ihre Herrin Würde hat, stehen um die Fremdlinge herum und wedeln ihnen mit Fächern Kühlung zu. Man kann sich nicht enthalten, die Kühlung, die ein anmutiges Mädchen einem mit ihrem Fächer spendet, mit jener zu vergleichen, die die europäische Technik mit achtzig Pferdestärken soeben noch vermittelte. Ich glaube, daß die Menschheit besser wäre, wenn sie häufiger von anmutigen Mädchen und seltener vom Achtzigmeilenfahrtwind gekühlt würde.

Neben der Königin links steht der Prinzgemahl, ein riesiger Mann von großer männlicher Schönheit. Rechts von ihr steht, bucklig und mit Brille, der einzige in europäischer Tracht, der schwarze Dolmetsch. Die europäische Tracht macht, daß man das Gefühl hat, daß dieser Gelehrte auch gleichzeitig der Hofnarr Ihrer Majestät sei.

Ringsumher macht das Volk einen unbeschreiblichen Lärm von großer Fröhlichkeit. Eine Kapelle macht auf Trommeln und Holzzeug schwarze Musik, eine andere mit Flöten und Trompeten, dem Herzog zu Ehren, weiße Musik. Daß beide Kapellen gleichzeitig spielen, ist nicht mehr als ein angemessener Ausdruck für die Tatsache, daß die schwarze und die weiße Welt hier zu gleicher Zeit einander gleiche Höflichkeiten erweisen.

Als der Kammerjunker Otto Friedrich von der Groeben Anno 1684 auf seiner Guinesischen Reise an dieser Küste landete, mag das Bild kaum viel anders gewesen sein. Die königliche Würde, mit der die Herrscherin von Princes ihre Gäste heute empfängt, ist jedenfalls nicht geringer als die, mit der einer ihrer Ahnen den Abgesandten des Großen Kurfürsten empfangen hat.

Unter den Wällen eines Brandenburgischen Forts liegt friedlich das alte Dorf, malerisch zwischen Palmen eingebettet, an seinem weißen Strand. Es stellt sich heraus, daß die bescheidenen schilfbedeckten Lehmhütten der königlichen Residenz die Zeiten besser überdauert haben als die Steinquadern preußischer Tüchtigkeit.

Das Leben verteilt seine Gunst nach einem Gesetz, das wir nicht kennen. Wenn man die schrecklichen Schicksale bedenkt, die der Sklavenhandel über die Negervölker Afrikas gebracht hat, so hat man nicht den Eindruck, daß das Schicksal ihnen besonders wohl will. Es war das Mitleid eines frommen Priesters, des Paters Bartholomé de las Casas mit den unglücklichen Indios Mittelamerikas, das die Veranlassung gab, für die Bergwerke Neuspaniens Neger heranzuholen. Wie schlimm auch immer es den Negern zufolge dieses schrecklichen Mitleids ergangen sein mag, zugrunde gegangen sind sie nicht.

Wie auch könnte man sich eine Welt vorstellen, in der es keine Mohren gäbe! Haben die Mohren nicht einen uralten Anspruch auf die Gnade des Himmels? Wie die frommen Bilder unserer mittelalterlichen Meister uns beweisen, von den drei Weisen aus dem Morgenlande, die dem Stern von Bethlehem nachzogen, war der eine ein König der Mohren.

ROBINSON IST HEITER

Die wenigsten Menschen wissen genau, wo sie wohnen. Sie brauchen dabei durchaus nicht an einen Buschmann in der Kalahari zu denken, der von Afrika keine geographische Vorstellung hat. Sie sollen sich dabei an Ihre eigene geographische Nase fassen. Sie kennen zwar ihre Hausnummer, aber Sie wissen nicht, auf welchem Längen- und Breitengrad Sie wohnen. Vielleicht teilt seit langem schon eine dieser merkwürdigen Linien Ihr Bett in zwei Hälften und Sie legen sich östlich des zehnten Längengrades nieder, um westlich davon wieder aufzuwachen, nur weil Sie schlecht geträumt und sich auf die andere Seite gedreht haben, welche nicht nur die andere Seite Ihrer selbst, sondern auch die andere Seite der Erdkugel ist.

Wenn man durch das Weltmeer fährt, bekommen diese Linien eine geheimnisvolle Bedeutung. Es ist wirklich ganz unglaublich, wie groß ein Ozean ist. Ohne diese Linien wäre der Mensch völlig verloren. Sogar mit diesen Linien wäre die Sache ganz hoffnungslos, wenn es die Sterne und die Sonne nicht gäbe.

Es hat etwas ungemein Erhebendes, wenn man den Ort auf der Erde, an dem man sich befindet, nicht nach einer Litfaßsäule oder nach einem Zeitungskiosk bestimmt, sondern nach den Sternen. Wie die Leute auf der Brücke das machen, wird einem immer ein unerforschliches Geheimnis bleiben, aber da sie tatsächlich immer da ankommen, wo sie ankommen wollen, muß es wohl mit ihrer Sextantenzauberei seine Richtigkeit haben.

Glücklicherweise treten die Breitengrade nicht nur in mathematischen Formeln in Erscheinung, sondern auch in Köper. Köper ist der Stoff, aus dem das gemacht ist, was an Schiffsuniformen weiß ist. Der vierzigste Breitengrad tritt als weiße Mütze in Erscheinung, der dreißigste als weiße Hose und der zwanzigste als weißer Anzug.

Beim zehnten Breitengrad kommt der Tropenhelm. Der Tropenhelm macht den Eindruck, als ob er der poetische Einfall eines sächsischen Reisenden sei, welcher dem Phaenomen »heiß« einen sinnfälligen Ausdruck geben wollte. Tatsächlich ist er eine Notwendigkeit. Die Sonne, diese lebenspendende Gottheit, ist imstande, einen Menschen durch einen Filzhut hindurch zu töten. Man wird sich auf einmal bewußt, daß man zum Leben eines Hirns bedarf, was doch, wie weise Beobachter zugeben werden, eine nicht überall verbreitete Erkenntnis ist.

Kreuzt man endlich den Aequator, so wird die Sache aufregend. Wissen Sie eigentlich, wie der Aequator auf deutsch heißt?

Sie wissen es?

Wie schön!

Ich wußte es nicht. Glücklicherweise gab es einen Engländer an Bord, der durchaus gerne Deutsch lernen wollte und zu diesem Behuf, sozusagen als literarischen Kompaß, ein Nokixel bei sich trug. Ein Nokixel ist das seemännische Anagramm von Lexikon. Er überraschte uns mit der Mitteilung, daß wir den Erdgleicher gekreuzt hätten, wofür wir uns erkenntlich zeigten, indem wir ihn zum Schwanze eines Hahns einluden. Er wollte nicht recht, offenbar weil er eine teutonische Teufelei dahinter vermutete. Seine Höflichkeit wurde belohnt, als der Hahnenschwanz sich als Cocktail entpuppte.

Hinsichtlich des Erdgleichers gerät man in eine gewisse Verlegenheit. Man hat von Jugend auf Leute bewundert, die die Linie gekreuzt hatten. Man ist immer der Meinung gewesen, daß das eine höhere Klasse von Menschen sei. Man darf also füglich erwarten, daß man irgendwelche erhebenden Gefühle haben müsse in dem Augenblick, da man selbst in diese höhere Klasse von Menschen aufsteigt. Man empfindet nichts, rein gar nichts. Der Aequator ist diesbezüglich eine vollkommene Enttäuschung, selbst wenn man sich zu dem eulenspiegelschen Gedanken versteigt, daß man das erstemal in seinem Leben dem Südpol näher ist als dem Nordpol. Nach den Erfahrungen, welche man soeben gesammelt hat, muß man befürchten, daß man am Südpol eine nicht weniger erhabene Leere des Gemüts empfinden wird wie am Aequator.

So wendet man sich wieder dem Cocktail zu. Der Cocktail ist ein tragendes Element, sozusagen eine Säule der Geselligkeit an Bord. Es ist klar, daß eine Geselligkeit, welche sich in einer so heiteren Säulenhalle abspielt, heiter sein muß.

Jedes Schiff ist eine Arche Noah, die von der Sintflut übriggeblieben ist. Der vollständige Wegfall alles dessen, was sonst das Leben der Menschen erfüllt, macht den Reisenden zu einem Robinson Crusoe seines eigenen Gemüts. Ein jeder lebt mit sich selbst in einer unendlichen Zeit. An Bord hat ein Tag volle vierundzwanzig Stunden.

Im Deckstuhl zu liegen ist etwas ganz anderes als etwa am Strand in der Sonne zu liegen. Während man zwei Stunden döst, hat man ein Stück von dem geleistet, was dem Vasco da Gama, und mit Recht, als Heldentat angerechnet wurde, und was jedermann sonst zugute geschrieben wird, man ist nämlich vorwärts gekommen. Die ausgezeichnete Tatsache, daß das Schiff den Menschen seinem Ziele näher bringt, nimmt dem Nichtstun jede moralische Verwerflichkeit.

So ist das Nichtstun an Bord die unschuldige paradiesische Urform jenes schuldbewußten Nichtstuns, dem wir sonst so gerne uns hingeben. Es ist von höchster wissenschaftlicher Bedeutung, festzustellen, was der Mensch in diesem Zustand moralischer Unschuld anfängt.

Als gerechter Richter dieses sündhaften Geschöpfes müssen wir ehrlicherweise feststellen, daß es sich in erster Linie über die Sonne freut. Leider müssen wir sagen, in zweiter Linie trinkt es Cocktails.

Doch gibt es Unterschiede. Es gibt charakterfeste Leute, welche an dem Grundsatz festhalten, niemals vor elf Uhr vormittags einen Cocktail zu trinken. Dieser Heroismus wird weit in den Schatten gestellt von jenen, welche darauf bestehen, niemals vor fünf Uhr nachmittags einen zu genehmigen. Eine alte Sage, die in der Seefahrt umgeht, besagt, daß es Leute geben soll, welche vor sieben Uhr abends jede Einladung ablehnen. Das Vorkommen von Leuten, die überhaupt keinen Cocktail trinken, wird von allen Kennern der Sache aufs strikteste geleugnet.

Man würde den Menschen im Zustand seiner Unschuld unterschätzen, nähme man an, daß er nur so schlechthin seine Cocktails tränke. Er hat immer ein Motiv.

Das Motiv ist archaisch. Es erinnert an den schönen Brauch alter Zeiten, den Göttern zu spenden. So heißt der Cocktail um sechs Uhr nachmittags der Sundowner. Apollon wird damit angemessen geehrt. Der Sunriser gilt, wie begreiflich, als verwerflich. Wie wahrhaft poetisch aber ist der Moonshiner, den man um zehn Uhr abends nimmt. Wie einleuchtend schmeckt der Appetizer. Wie angemessen ist es, um Mitternacht zu einem Dayfinisher aufzufordern, an den sich ein Welldreamer zwanglos anschließen läßt.

Den Cocktail verliert man beim Knobeln. Man überläßt es der Göttin des Glücks zu entscheiden, wer bezahlen muß. Wer möchte nicht einen Mann preisen, der, wenn die Göttin des Glücks gegen ihn entschieden hat, keinen anderen Wunsch empfindet, als seinen Freunden etwas Gutes anzutun.

So klappern die Männer mit dem Glück im Lederbecher. Die Männer, die das Spiel so ernst nehmen, sind dieselben, die so gerne mit dem Leben spielen. Das Schiff trägt Ladung über das Meer und Schicksal von Ufer zu Ufer. Wer würde von jenem heiteren Mann, der mit so viel Charme eine Runde nach der anderen zu gewinnen weiß, vermuten, daß ihm einmal in einer Nacht die Heuschrecken die Arbeit von sechs Jahren aufgefressen haben. Wer würde glauben, daß jener Pechvogel, der immer bezahlen muß, in seinem Handkoffer eine ganze Menge Kilogramme guten reinen Goldes mit sich führt, das er mit eigener Hand aus einem Fluß im Inneren gewaschen hat.

Robinson ist heiter. Ob das Leben einem eine Deckskabine bestimmt hat oder ob man ins Zwischendeck geraten ist, das ist nicht eine Sache des Verdienstes. Ein Verdienst ist es, die heiteren Stunden heiter zu verbringen, auch wenn man von strengen Ufern zu strengen Ufern fährt. Wenn der Mensch heute ins Paradies zurückgeführt würde, er würde sich da nicht mehr wohl fühlen können. Abgesehen davon, daß ihm Sünde beklagenswerterweise so viel Vergnügen macht, wovon sollte er träumen? In den Archen des Friedens jedoch, in denen er zwischen zwei Sintfluten Passage bucht, vermag er auf kunstvolle Weise glücklich zu sein.

1939

BLICK AUF DIE LOIRE

Die Unvollkommenheit der Welt bringt es mit sich, daß ich versuchen muß, die zarten Valeurs der Loire, dieses Tales großer französischer Geschichte, einzufangen, während tatsächlich mein Auge über die Schneekonturen der Sierra de Gredos schweift, welche Altkastilien von Neukastilien trennt.

Die literarische Schwierigkeit, die darin liegt, wäre nicht so schlimm. Schwierigkeiten solcher Art werden von Literaten hochgeschätzt. Die Loire selbst ist ein Objekt langer literarischer Streitigkeiten. Es gibt keinen bedeutenden französischen Schriftsteller, der nicht über die Touraine seine Meinung geäußert hätte.

Diese Meinungen gehen weit auseinander. Stendhal, der sich nichts machte aus dem, was anderen Leuten gefiel, ging so weit, zu sagen *»La belle Touraine n'existe pas«*. Während Balzac in einem Brief an Alfred de Vigny sich dazu verstieg zu schreiben: »Fragen Sie mich nicht, warum ich die Touraine liebe. Ich liebe sie, nicht wie man eine Geliebte liebt, noch wie man eine Oase in der Wüste liebt, ich liebe sie, wie der Künstler die Kunst liebt.«

Unglücklicherweise ist Stendhal für uns eine ebenso große Autorität wie Balzac. Wir müssen uns daher auf unser eigenes Auge verlassen.

Von den Geschichtsschreibern sind die Horizonte niemals genügend berücksichtigt worden. Die fruchtbaren und glücklichen Länder haben unbedeutende Horizonte. Die großartigen Horizonte sind den kargen Ländern vorbehalten. Weltreiche entstehen aus dem Kargen. Die Latiner waren ein armes Bergvolk. Sie gründeten Rom. Die Araber hatten in ihren Wüsten nichts als Horizont. Sie eroberten die halbe Welt.

Die spanische Weltherrschaft kam nicht aus dem glänzenden Süden, sondern aus der Hochebene von Kastilien. Wen die zärtliche Nähe fesselt, der hat nichts übrig für die großen Aufgaben, welche die großen Horizonte stellen.

Schlösser schaffen Horizonte. Der Schiffer freilich, der die Loire hinauffährt, sieht nichts von dem Blick, den man auf ihn hat. Wo die Weite nicht weit genug war, stellte der Mensch seine großen Bauwerke hin, seine königlichsten Schöpfungen. So ist die Touraine das Land der Schlösser und das Land der Könige geworden, das Land der Renaissance und das Land der Geschichte des Hauses Valois.

Schlösser an der Loire sind zahlreich wie schöne Frauen. Man kann sie sammeln. Das Wesen des Horizontes wird man dabei nicht begreifen, so wenig man das Wesen schöner Frauen begreifen wird, wenn man schöne Frauen sammelt. Eine lieben – das bringt weiter. Treten wir also entschlossen hinaus auf das Dach des Turmes im Château d'Amboise.

Großartig, was vor uns liegt! Großartiger noch, was hinter uns liegt!

Was vor uns liegt, ist ein breites fruchtbares Tal mit sanften Hügelketten zu beiden Seiten. Der Fluß strömt langsam und majestätisch dahin. Der Westwind, der seine Oberfläche kräuselt, bringt ihm den ersten Gruß des Ozeans.

Hier könnte einer fragen, inwiefern der Fluß nicht träge dahinfließe. Diese Frage ist nicht so dumm, wie sie scheint. Sie läßt sich sogar beantworten. Daß die Loire schön erscheint, ist nicht die Folge davon, daß man ausgezeichnet gespeist hat in einem dieser berühmten Gasthäuser Frankreichs, die Sterne im Baedeker haben wie anderswo die Kathedralen. Der Jangtse fließt tatsächlich träge dahin. Landschaften haben Gesichter, und Gesichter haben Schicksale. Es gibt Landschaften, denen bestimmt ist, der Rahmen großer Geschichte zu werden, und es gibt Landschaften, in welchen das erste größere Ereignis der Jüngste Tag sein wird.

Das Tal der Loire ist schön, aber es ist auch ein wenig lieblich. Nirgends gibt es mehr Nachtigallen als hier. Mag sein, daß das Stendhal gestört hat. Nichts ist von hier aufgebrochen. Dieser Horizont ist weit, aber sanft verschleiert. Er lockt uns nicht aus einer köstlichen Gegenwart in eine unbekannte Zukunft. Er lädt ein, sich niederzulassen. Er lädt ein zu bleiben, wenn man die Türme hoch genug baut, um über die Hügel hinwegblicken zu können. Das sanfte Tal bekommt durch seine mächtigen Kastelle einen pathetischen Akzent. Die Herrschsucht der Burgen wird durch die zärtliche Luft gemildert. Diese wohlgelungene Harmonie zwischen Landschaft und Baukunst ist es, die den Zauber der Loire ausmacht und dieses Stückchen Erde in der Welt berühmt gemacht hat.

Drehen wir uns um, so sehen wir drei Dinge – einen Hof, einen von einem alten schmiedeeisernen Gitter umschlossenen Altan am Hauptgebäude des Schlosses und eine kleine Kapelle. Größe und Schrecken menschlicher Herrschaft liegen in diesen drei Dingen beschlossen. Auf diesem Hof empfing König Franz I. von Frankreich Kaiser Karl V. auf seiner Reise durch das Abendland. Beleben wir noch einmal die stillen Steinplatten mit all jenen großen Herren, die im Gefolge eines deutschen Kaisers dahinzogen, der durch seine Lande reiste von Madrid nach Regensburg. Ein kaiserlicher Händedruck bedeutete damals Friede für ein Menschenalter. Kaiserlicher Zorn lastete schwer auf denen, welche er traf. Karl V. war ein Herrscher, der sich aufs Herrschen verstand. Im Gefolge des Königs von Frankreich stand der junge Prinz von Condé, dieser glänzende Ritter, der zwanzig Jahre später in eben diesem Schlosse, bei der Verschwörung von Amboise, seinen Degen in das Blut seiner eigenen Gefährten tauchen mußte, um den Verdacht, der auf ihm lastete, zu zerstreuen. An dem schönen alten Eisengitter des Altans hing man die Häupter der Verschwörer auf.

In der Kapelle befindet sich das Grab eines der größten Menschen, den der europäische Geist hervorgebracht hat. Dieselben Könige aus dem Hause Valois, die ihre Herrschaft so oft unter so schrecklichen Umständen verteidigen mußten, waren große Maezene, prächtig und prachtliebend, von erlesenem Geschmack und immer bemüht, der Kunst gegenüber ihre königlichen Pflichten zu erfüllen.

Es ist das Grab Leonardo da Vincis, den König Franz I. an den Hof von Amboise gezogen hatte. Freilich, es ist nicht eigentlich sein Grab, sondern die Stelle, an der wahrscheinlich seine Gebeine liegen. Dasselbe rätselhafte Schicksal, das über dem Werk dieses Mannes liegt, hat auch seine sterblichen Reste getroffen. Die meisten seiner großartigen Arbeiten sind verlorengegangen – verbrannt, zerstört, geraubt, verdorben. Wir können nur ahnen, was dieser Mann der Welt gegeben hat. Es scheint geradezu, daß die Menschheit von irgendeiner Stelle, die darüber zu befinden hat, nicht für würdig erachtet wird, diese Offenbarungen zu besitzen.

So ist auch die Kapelle, in welcher er beigesetzt war, abgebrannt. Erst am Ende des neunzehnten Jahrhunderts wurde eine Inschrift für ihn gemeißelt. Wenn man in Erwägung zieht, zu welch erhabenen Sphären der Geist dieses großen Mannes sich erhoben hat, kann man nur mit einer gewissen Bewegung die Worte lesen, mit denen er auf seinem letzten Steine sich begnügen muß:

»Sous ce pierre reposent les ossements recueillis dans la
fouille de l'ancienne chapelle royale d'Amboise parmi lesquels
on suppose que se trouve la dépouille mortelle de
Léonard de Vinci
Né 1452 Mort 1519«

KASTILIEN

Stunde um Stunde sind wir gefahren durch die Tierra de Campos, die Hochebene des alten Königreichs Kastilien. Wie die Dünung eines Ozeans ziehen sich die Hügelketten bis an einen Horizont, welcher in unerreichbarer Ferne zu liegen scheint. Das Land ist leer. In weiten Abständen tauchen Dörfer auf, aus braunem Lehm auf brauner Erde gebaut. Jedes einzelne dieser Dörfer sieht wie eine Festung aus, vom Menschen gesetzt als Bollwerk gegen die überwältigende Einsamkeit dieser Landschaft.

Am Ausgang eines Dorfes liegt ein Kastell aus Lehm, uralt, mächtig, verfallen, ein Menetekel der Zeit. Verweht sind die Spuren derer, die es gebaut haben. Verweht auch die Spuren derer, die es schrecken sollte. Namenlose Erde. Geisterzinne, von Geistern errichtet.

Die Akteure dieser großartigen und tristen Bühne der Schöpfung sind die Hirten mit ihren Herden. Es sind biblische Hirten und biblische Herden. Der Mann, der da, auf seinen Stab gestützt, einsam in den Himmel ragt, dieser kastilische Hirte scheint dazustehen seit Erschaffung der Welt, ein Stück des Horizontes Gottes, ein Denkmal, errichtet zu Ehren des Menschen.

An diesen Hirten ist die Geschichte vorübergezogen seit Jahrtausenden. Ungeheure, unbekannte Dramen haben sich vor ihren Augen abgespielt. Völker sind gekommen und gegangen, wie eine Wolke vor der Sonne vorüberzieht. Alte Sagen gehen davon noch heute an den nächtlichen Feuern um. Kelten brachen von Norden, Karthager von Süden in das Land. Dann kamen Römer, dann kamen Goten, dann kamen Mauren. Sie alle haben gelebt, geherrscht, geliebt, gemordet, geschachert und gebaut. Kriege wurden gewonnen und gingen verloren. Weltreiche wurden gegründet und zerfielen wieder in nichts. Erbe wurde geschaffen und Erbe wurde vertan, Jahrhundert um Jahrhundert.

Die Hirten Kastiliens haben über ihre Herden hinweggeblickt in den traumhaften Horizont hinein bis zu jenem großen Augenblick, da die unendliche Ferne sie losriß von der braunen Tierra de Campos und sie aufbrachen über alle Grenzen hinaus, der abendländischen Menschheit die Erde zu erobern und das Reich zu errichten, in welchem die Sonne nicht mehr unterging.

Es gibt keine zureichende Erklärung für diesen ungeheuren Aufbruch der spanischen Nation, mit dem das Mittelalter zu Ende ging und die Neuzeit ihren Anfang nahm. Wir wissen, daß die alten Königreiche von Kastilien, Leon und Aragon die politischen Kernzellen Spaniens sind. Zwar Kolumbus war Genuese, aber die katholische Isabella, die ihm die Mittel zur Ausführung seiner kühnen Pläne zur Verfügung stellte, war Königin von Kastilien. Noch heute gründet sich der Stolz des Spaniers auf dieses großartige halbe Jahrhundert von Isabella bis zu Philipp II. Nichts beweist, allen Einwänden zum Trotz, die kulturelle Kraft des Spaniers von 1500 eindringlicher als die Tatsache, daß die Länder, welche damals von Spanien in der neuen Welt erobert wurden, obwohl sie politisch wieder verlorengingen, katholische Länder spanischer Sprache und spanischer Sitte geblieben sind.

Gegen Abend, während wir uns Salamanca nähern, taucht am Horizont die schneebedeckte Sierra auf, die Altkastilien und Leon von Estremadura und Neukastilien trennt. Wir fahren durch das Tal des Duero. Unendlich tröstend ist das Grün dieser kleinen Flußtäler. Von einer heimlichen und bescheidenen Schönheit nach all der schauerlichen Erhabenheit der Hochebene. Wunderbar die wie von Silber überstäubten Steineichen mit den Blüten des Ginsters im Unterholz! Die Natur, die harte Herrin der braunen Einöde, hier belohnt sie das einsame Herz. Wie sehr muß ein Mann, der Kastilien zur Heimat hat, diese Täler lieben, dieses Grün, dieses Silber, diesen leisen Ton, mit dem das Wasser unter der Brücke über die Steine springt. Dieses karge Land, das von lockenden Fernen rings umgeben ist, muß ein Land unendlichen Heimwehs sein für die, welche es verloren haben. Auf den asphodelischen Wiesen träumt der Mensch von den Disteln, die zwischen den Steinen seiner jungen Tage wuchsen.

Wenige Meilen vor Salamanca ist von der Stadt noch nichts zu sehen. Auf einmal liegt es vor uns im Schein der untergehenden Sonne mit seiner wunderbaren Silhouette, das alte Salmantica mit seinen prachtvollen Türmen und Palästen, der ehrwürdige Platz mittelalterlicher Gelehrsamkeit, die glanzvolle Stätte spanischer Königsherrlichkeit.

Wir sitzen auf der Plaza Mayor in einem urbanen Gewimmel von südlicher Lebhaftigkeit. Die vier Fassaden, welche den Platz rings umschließen und die Straßen durch Tore einlassen, sind strahlend erleuchtet, eine Architektur in Licht. Über den Platz zieht eine stille Prozession von Kindern. Sie tragen Kerzen in den Händen, um dem Himmel zu danken für eine Güte, die sie noch nicht verstehen. Ihre unschuldigen Gebete steigen mit dem Rauch der Kerzen zu den Sternen, die über den Lichtern der Menschen scheinen.

Die Haut brennt von der Sonne Kastiliens. Der Café negro labt die vom Staub der Geschichte ausgedörrten Kehlen. Wir sind nicht so verloren in diesem Gewimmel, wie es scheinen mag. Wir sind das jüngste Glied einer langen Kette von Generationen. Einige hundert Semester lang ist Europa nach dieser Stadt gepilgert, um von den Gelehrten der Hohen Schule zu Salamanca die Weisheiten Arabiens zu lernen und die Schätze der Antike zu übernehmen, welche arabische Wissenschaft über dunkle Zeiten hinweg bewahrt hatte. Nicht zufällig gibt es in Salamanca noch heute ein Irisches Priesterseminar. Irische Mönche und arabische Gelehrte teilen sich in die Ehre, die griechische Überlieferung Europa erhalten zu haben in jenen Jahrhunderten, da im Zerfall des Römischen Reiches auch das Wunder von Hellas der Vergessenheit anheimzufallen drohte.

Wunderliche Wege sind es, die die Geschichte nimmt, wenn sie zwischen Zerstören und Erhalten ihre undurchschaubare Entscheidung trifft. Während es noch zahlreiche römische, ja punische Reste in Spanien gibt, während die Felsbilder einer unvorstellbar lange vergangenen Epoche noch erhalten sind, ist die Spur der Westgoten auf eine unheimliche Weise fast vollständig verschwunden.

Doch was auch immer das Ergebnis menschlicher Bemühungen sein mag, ewig groß ist die unerschütterliche Standhaftigkeit des menschlichen Herzens, das in der Nacht vom Morgen träumt und nicht aufhört, den Göttern Trotz zu bieten.

DENKMAL EINER MEINUNG

So prächtig sich Salamanca bei der Ankunft bietet, so prächtig grüßt es den Fremdling beim Abschied. Das Auto, das Vehikel der Zivilisation, hat die unerwartete Eigenschaft, daß es den Reisenden wieder zurückführt auf die Straßen der Altvorderen, welche die Straßen der Kultur sind.

Da wir kein Croquis zur Hand haben, auch nicht genug von dieser Sprache wissen, um mit Nutzen fragen zu können, verlassen wir uns auf Karl.

Karl ist das Handbuch für Reisende. Obwohl vor mehr als dreißig Jahren erschienen, ist es das Zuverlässigste, was man sich denken kann. Offenbar besteht Karl aus zwei verschiedenen Persönlichkeiten. Der eine Karl befaßt sich nur mit Kathedralen, der andere nur mit der Küche. Kunstkarl ebenso wie Freßkarl bringen aber nicht nur Tatsachen, sondern auch Meinungen. Wenn man, da man doch Ferien hat, sich nicht die Mühe machen will, sich eine eigene Meinung zu bilden, so kann man ohne weiteres Karls Meinungen übernehmen. Man wird dann von der Welt den Aspekt haben, welchen ein distinguierter Fremder im Jahre 1912 von ihr hatte. Es ist zumindest fraglich, ob die eigenen Bemühungen einen weiterbringen würden.

Wir hatten die beiden Kathedralen besichtigt. In diesem glücklichen Fall hat man nicht die alte romanische Kirche abgerissen und die neue gotische an ihre Stelle gesetzt, sondern man hat die alte Kirche stehen gelassen und die neue daneben gebaut, Wand an Wand – für stilkritische Untersuchungen eine gedeckte Tafel. Kunstkarl gibt ganz genau an, von welcher Stelle aus man den besten Überblick über die Chorpartie der romanischen Kirche hat. Man sieht es richtig vor sich, wie Karl Anno zwölf im schwarzen Gehrock eine Viertelstunde lang in der Hitze umhergekrochen ist, ehe er sich bedächtig entschloß, Punkt X als denjenigen zu bezeichnen, »von welchem aus man den besten Überblick über die Chorpartie« hat.

Auch wir, treue Jünger und Verehrer Karls, begeben uns an Punkt X. Wenn wir schon in Salamanca sind und die alte Kathedrale besichtigen, wollen wir nicht nur die Chorpartie sehen, sondern natürlich auch den besten Überblick über sie haben.

Ich, der ich meine jungen Tage damit verbracht habe, ein Handwerk zu erlernen, bin in Dingen der feineren Bildung unzulänglich. Erich dagegen, mit dem ich die Reise mache, ist von Beruf und Natur Kunsthistoriker. So ist es kein Wunder, daß ich den goldenen Worten des Freundes allzeit voll tiefen Respektes lausche. Erich betrachtet lange »den besten Überblick über die Chorpartie«. Dann sagt er:

»Speyer! Vollkommen Speyer!«

Ich, leicht erschüttert, betrachte meinerseits die Tauben, die den besten Überblick frequentieren, und meinte:

»Venedig! Vollkommen Venedig!« Worauf Erich freundlich mich ansah und sagte:

»Idiotisch! Vollkommen idiotisch!«

Derartig starke Differenzen können sich entwickeln, wenn man sich seine eigene Meinung bildet, statt sich an Karl zu halten.

Im Inneren der Kirche wurden wir uns wieder völlig einig. Wie Kunstkarl auf Seite zweiundfünfzig ein für allemal festgestellt hat – »das vierundfünfzig Meter lange Innere zeigt schwere, aber harmonische Verhältnisse«.

Dem ist nichts hinzuzufügen. Siebenhundert Jahre lang hat die Kathedrale schwere, aber harmonische Verhältnisse gezeigt. Kein Hund hat sich darum gekümmert. Bis endlich Kunstkarl kam, Anno zwölf, im schwarzen Gehrock, und diese Feststellung traf. Von nun an wird die Kathedrale schwere, aber harmonische Verhältnisse zeigen, solange der Himmel ihr erlauben wird, zu seinen Ehren dazustehen.

Im Relicario der neuen Kathedrale steht das berühmte Kreuz des Cid, das von Jerónimo Visquio, dem Gefährten des Cid, nach Salamanca gebracht wurde. Es ist ein primitives Stück. Man würde ihm inmitten all dieser Pracht kaum Beachtung schenken, wenn man nicht wüßte... Dieser Christo de las Batallas ist, nach langen Jahrhunderten, aus welchen uns nichts erhalten ist, eine der ersten bekannten Skulpturen aus der Zeit der Reconquista. Mögen die Dinge noch so schön sein, erst das Wissen um sie gibt ihnen den vollen Glanz, dessen der europäische Geist bedarf, um genießen zu können. Karl ist der Mentor und Vermittler des Fleißes der Wissenschaft dort, wo man seiner bedarf, an Ort und Stelle.

So sei nunmehr die Geschichte mit der Westfassade berichtet. Hier nämlich hat Karl einen Satz geschaffen, welcher an sprachlicher Meisterschaft in nichts dem Kunstwerk nachsteht, dessen ornamentaler Meisterschaft er gewidmet ist.

Als wir die Kathedrale verlassen hatten und wieder in der heißen Sonne standen, eine Zigarette rauchten und die venezianischen Tauben von Speyer ins Lichtbild bannten, blieb uns noch die Universität. Dreihundert Jahre ist sie berühmt gewesen in der ganzen Welt. Nun hat sie, zum Lohn dafür, bei Karl einen Stern. Nach dem Plan mußte sie der Kathedrale gegenüberliegen. Aber da war kein Bauwerk, das einen Stern wert gewesen wäre. Wir fragten einen Salamankesen. Er zeigte uns ein Haus, welches wir als unbedeutend ansprechen mußten. Irgendetwas konnte nicht stimmen. Richtig! Besternt war nur die Westfassade.

Durch unendliche Gäßchen suchten wir die Westfassade, bis wir sie fanden, prächtig geschmückt und bequem zu betrachten von einem bezaubernden kleinen, stillen Platz aus mit einem Brunnen, auf dessen Rand wir uns niederließen.

Über diese köstliche Fassade hätte man mancherlei Betrachtungen anstellen können. Alle diese Betrachtungen wären einem lächerlich vorgekommen, wenn man hinterher erfahren hätte, was Karl zu ihr gemeint hat. Karl nämlich sagt: »Als Kleinod gilt die Westfassade der Universität; merkwürdig die Rücksichtnahme auf die perspektivische Verjüngung durch vergrößerte Dimensionen der Details nach oben.«

Wie die Fassade der Universität zu Ehren des sechzehnten Jahrhunderts dasteht, so wird dieser Satz immerdar dastehen zu Ehren Karls und der kunsthistorischen Wissenschaft.

Viel Gelehrsamkeit ist durch diese Pforte ein- und ausgegangen. Der Lärm wissenschaftlichen Streites tönte über Europa und der Lärm fröhlicher Studenten über diesen Platz. Hier kämpfte der gelehrte Dominikanerbruder Diego de Deza seinen heldenhaften Kampf gegen den Aristoteles, als er 1486 die Gelehrten von Salamanca für die Pläne des Kolumbus zu gewinnen suchte. Er hat ebensogut Amerika entdeckt wie der kühne Seefahrer selbst. Ohne die Hilfe dieses kühlen und klaren Kopfes wäre es Kolumbus niemals gelungen, seine große Fahrt in unsere Zeit hinein anzutreten.

Erhabener Vergangenheit voll wollten wir Salamanca über die alte Römerbrücke verlassen. Hier versagte Karl. Unversehens sahen wir uns der Notwendigkeit gegenüber, mit dem Wagen eine Treppe hinunterzufahren. Nur der Tatsache, daß Tausende von Studenten Jahrhunderte lang über diese Treppe gelaufen waren und ihre Stufen flach geschliffen hatten, verdanken wir es, daß wir heil unten ankamen.

Auf der anderen Seite des Flusses steigt die Straße langsam den Hang hinauf. Sanft hingebreitet am Ufer des Tormes liegt die Stadt. Die Landleute auf ihren Eseln, diesen klugen, stilläugigen Tieren, deren Ahnherr einst den Sancho Pansa durch die Fährnisse seiner Treue trug, reiten über die Römerbrücke in die Stadt hinein. Die Studenten des Lebens rollen von dannen, voll neuen Wissens und voller Fröhlichkeit. Einsam nur auf dem kleinen Platz vor der Westfassade der Universität steht, ein unsichtbares Denkmal, die Meinung des gelehrten Mannes im schwarzen Rock, Geheimrat Karls, des Kenners Spaniens und der Welt.

LÄNDLICHE SZENE

Das Salz des Reisens sind die glücklichen Zufälle.

Die gewöhnlichste Art von glücklichem Zufall ist die Reifenpanne. Herb und köstlich ist Kastiliens Luft. In den Reifen sind noch immer zwei Atmosphären Berlin. Ein Hufnagel, der sich, wie ein Argument der Philosophie, sanft und unerbittlich in den Pneu bohrt, gibt der gedrückten Berliner Luft Gelegenheit, ins Kastilische zu entweichen. Während sie in Berlin sich damit begnügen mußte, nach Benzin zu riechen, darf sie sich hier von einem ganz kleinen Esel ein- und wieder ausatmen lassen, um dann in der mächtigen Krone einer Steineiche zu weitem Umblick sich niederzulassen.

Der Hufnagel kostete uns den Escorial. Es war ausgeschlossen, daß wir mit der Verspätung, die die Reifenpanne verursachte, den Escorial noch mitnehmen konnten, wenn wir zum Five o'clock Madrid erreichen wollten. Darüber hätten wir uns ärgern können. Aber die Panne ist sozusagen die moralische Kehrseite der Geschwindigkeitsmedaille. Wir beschlossen, unsere Souveränität über die Technik wiederherzustellen durch die Annahme, daß wir in der übernächsten Kurve gegen einen Baum gefahren und in den Abgrund gestürzt wären, wo man uns nach Wochen erst als bleiche Skelette des Hochmuts gefunden hätte. Vor einem so jähen Ende durch einen ganz gewöhnlichen Hufnagel gerettet worden zu sein, war Anlaß genug, dem Hufnagel gegenüber eher Zärtlichkeit als Ärger zu empfinden.

Während Erich im Schweiße seiner Bescheidenheit das Reserverad montierte, hatte ich endlich Gelegenheit, ihn über den heiligen Laurentius ins Bild zu setzen. Zu Ehren dieses Heiligen ist der Escorial erbaut. Sein voller Titel lautet *» Real Monasterio de San Lorenzo del Escorial«*. Philipp II. hatte während der Belagerung von St. Quentin dem Heiligen ein Kloster gelobt, weil seine Artillerie eine seiner Kirchen hatte beschießen müssen. Dieser Heilige ist geröstet worden. So ist nach der Meinung des Volkes der Grundriß des Escorial ein Rost.

»... Wendet mich«, spricht St. Laurenz mit Lächeln.

»Auf der linken Seite bin ich gar ...«

Dieser fromme Vers aus der alten Legende hatte leider nicht die wünschenswerte Folge, Erich zur Bewunderung der glänzenden Haltung des frommen Mannes zu veranlassen. Vielmehr stieß er mich aus der Meditation an den Wagenheber, bis die Räder gewechselt waren.

Seit der Erfindung des Automobils ist das fünfte Rad am Wagen das wichtigste von allen. Es ist nämlich dasjenige, welches Beruhigung gibt. Wir hatten einen Hufnagel im fünften Rad. So rollten wir nur äußerst langsam und bescheiden weiter, gewissermaßen mit einem moralischen Nagel im philosophischen Hinterteil.

In einem kleinen, wirklich unbeschreiblich kleinen Ort trafen wir auf eine Anzahl von Camions, deren Vorhandensein in uns reparative Hoffnungen erweckte. Die Camions sind eine Art von Benzinarchen, die den Verkehr zwischen den weit auseinanderliegenden kleinen Orten vermitteln. Ein modernes Auto funktioniert nach dem Prinzip der Wahrscheinlichkeit. Die Benzinarchen scheinen auf dem Prinzip der Unwahrscheinlichkeit dahinzurollen. Doch sind beide als Mechanovehikel der gleichen schöpferischen Idee entsprungen.

Wir hielten an.

Das erste, was wir feststellten, war, daß sämtliche Archen vollbeladen und im Begriff waren, abzufahren. Schon wollten wir den Hufnagel aus dem Hinterteil ziehen und mit einem Fluch in den Graben werfen, als er aufs neue seine magische Kraft bewies. Weit entfernt, uns im Stich zu bleiben, wurde er vielmehr die Veranlassung zu einer Kette von Ereignissen, aus denen wir mehr über Spanien erfuhren, als das genaueste Studium des Escorial uns hätte vermitteln können. Die Leute umstanden uns. Ihre Mienen schienen völlig gleichgültig zu sein. So galt es, eine Schlacht zu gewinnen.

Wir wandten uns an einen alten Mann mit würdigem Bart und hellen Augen, wie Menschen sie haben, die viel beobachten und wenig sagen. Diese mehr spontane als bewußte Aktion stellte sich als diplomatisch richtig heraus. Die Achtung vor dem grauen Haupte ist eine alte Überlieferung der Kultur. Wir hatten gezeigt, daß wir, wenn auch Fremdlinge, so doch keine Barbaren waren. Die erste Bresche war geschlagen.

Der Alte verstand uns so wenig wie wir ihn. Da wir ihm Ehre erwiesen hatten, konnte er nicht umhin, sich zum Anwalt unserer Sache zu machen, so unbekannt auch immer sie ihm sein mochte. Er rief einen jungen Mann herbei, der auf der Tasche seines blauen Monteuranzuges ein eindrucksvolles Wappen trug, das einen geradezu amtlichen Eindruck machte. Mit diesem Mann verbanden uns schon legitime Beziehungen, diejenigen nämlich, welche der Alte durch seine Aufforderung an ihn hergestellt hatte.

Wir führten ein langes Gespräch voller herzlicher Ausrufe, reich geschmückt mit Versicherungen gegenseitigen Vertrauens und gegenseitiger Hochachtung, ohne daß einer auch nur ein Wort des anderen verstanden hätte. Die Entwicklung freundschaftlichen Wohlwollens, ja geradezu menschlicher Anteilnahme wurde nicht wenig gefördert durch die Tatsache, daß langsam die Fahrer der Camions sich hinzugesellten, langsam freilich, um keine unvornehme Neugier erkennen zu lassen, aber doch eben neugierig. Auch die Camions selber entleerten sich allmählich. Kinder, Weiber und Esel schlossen das Amphitheater.

Erich ergriff einen Schraubenschlüssel, die Kappe vom Reserverad abzuschrauben, um durch Vorweisung des moralischen Nagels die Klärung der Sachlage zu fördern. Dies sollte sich für ihn als nachteilig erweisen. Durch Verrichtung einer gewöhnlichen körperlichen Arbeit verlor er viel von seinem bisherigen Glanze, so daß der Alte mit dem grauen Bart, der Patriarch der Menge, weiterhin mich durch Ansprache häufiger auszeichnete als ihn.

Das Auftreten des Nagels rief ein allgemeines Entzücken hervor. Die Weiber faßten kichernd danach. Der Mann mit dem Wappen ging zu tröstenden Gebärden über. Kurz, es war klar, wir sind als Menschen alle gleich. Niemand ist vor dem Zorn der Götter sicher.

Der Mann mit dem Wappen montierte nunmehr, unter dem beifälligen Gemurmel der Menge, den Reifen ab und begann, mitten auf dem staubigen Dorfanger, ihn zu flicken. Er machte das schnell und geschickt. Daß sie alle schon eingestiegen gewesen waren, um sogleich abzufahren, das hatten sie, einer wie der andere, vollständig vergessen.

Zum Schluß sollte der Reifen aufgepumpt werden. Dabei erwies sich, daß der Ansatz der Pumpe auf das Ventil des Rades nicht paßte. Ein nördlicher Techniker hätte wahrscheinlich, schnell und geschickt, einen neuen Pumpenansatz gefräst. Der südliche Techniker nahm ein Stück Zeitung von der Straße, spuckte drauf und pappte es um Ansatz und Ventil – mit vollem Erfolg.

Wir waren lange im Zweifel, ob wir nun bezahlen sollten und wieviel. Schließlich kamen wir überein, uns lieber mit zuviel als zuwenig zu blamieren. Wir nahmen also einen etwas größeren Schein und boten ihn dem Manne mit dem Wappen.

Der Mann mit dem Wappen lehnte rundweg ab. Er tat es nicht unhöflich. Schließlich, woher sollten die Fremdlinge wissen, daß sie ihm zu nahe träten? Aber doch tat er es gemessen. Wir mußten den Rückzug antreten, aber wir wollten dabei unser Gesicht nicht verlieren.

So griffen wir zu jener Methode der Diplomatie, die in allen Lagen versöhnlich zu wirken geeignet ist. Wir luden zu einem Umtrunk ein. Dies wiederum konnte man uns nicht abschlagen, ohne uns zu kränken. So wurde die Humanitas besiegelt im Zeichen eines Trankopfers für Bacchus, den Gott brüderlicher Herzlichkeit. In den Jurten der Steppe, im Zelt in der Wüste, zwischen Freund und Feind ist der Trunk aus dem gleichen Becher das Siegel des Friedens.

Wir ließen die Vaterländer leben, den Frieden und die Güte des fröhlichen Gottes. Erich hatte den bezaubernden Einfall, den Hufnagel in den Becher zu werfen. Das Gelächter war allgemein.

Als Fremde waren wir gekommen. Als Freunde schieden wir. Hinter uns wurde der Fahrplan der Benzinarchen wieder in Betrieb genommen. Kleine Staubschlangen entfernten sich nach allen Seiten von der Stätte einer Komödie der Herzlichkeit, dem Anger eines ganz kleinen spanischen Gebirgsdorfes, der zur Bühne des Theatrum humanum wurde durch einen Hufnagel am rechten Platz.

Wer etwas tut, weil es gefährlich ist, ist kühn. Tapfer ist, wer etwas tut, obgleich es gefährlich ist. Kühnheit hat eine obere Grenze, jenseits derer sie zur Tollkühnheit wird. Die Grenze wird bestimmt durch die Angemessenheit des Risikos. Tolltapfer kann man nicht sein. Kühnheit ist eine Eigenschaft, die dem Menschen gegeben ist wie Stolz oder Schönheit. Tapfer kann man werden. Sogar der Ängstliche kann tapfer werden. Kühn kann der Ängstliche niemals werden.

Die Bewunderung für Tapferkeit ist eine moralische Bewunderung. Die Bewunderung für Kühnheit ist eine aesthetische Bewunderung. Das Turnier ist das Schauspiel der Gefahr, das Schauspiel der Kühnheit. Das letzte Turnier, das in Europa noch abgehalten wird, ist die Corrida, der spanische Stierkampf.

Die Überlieferung ist uralt. Stierkämpfe hat es schon in Kreta gegeben in der ersten spätminoischen Epoche. Die Regeln scheinen damals ungefähr dieselben gewesen zu sein wie heute. Es ist uns eine Darstellung erhalten geblieben, bei der der Kämpfer den Stier bei den Hörnern packt und sich in einer großartigen Kurve über ihn hinwegschwingt, wie es ähnlich die Banderilleros noch heute tun.

Der Lärm des Südens füllt die Arena bis zum Rande. Die Nachmittagssonne fällt schräg herein. Obgleich wir im Schatten sitzen, ist es drückend heiß. Die Luft ist voll eines gelben Dunstes, den man zu schmecken meint. Eine Kapelle spielt. In den Logen sieht man die schönen Frauen Spaniens, deren Ahnen einst den Stierkampf als ritterliches Vorrecht übten. Damals mußte der Caballero den Stier vom Pferd aus mit der Lanze erlegen. Auf den Steinstufen drängt sich das Volk, aus dessen Reihen heute die Toreros stammen.

Unten in der Arena stehen sie, die großen Akteurs der Gefahr, die Schauspieler der Kühnheit, mit ihren merkwürdigen, kurzen Zöpfen, die ein Abzeichen ihres Standes sind.

Plötzlich wird es still. Alle Blicke richten sich auf ein dunkles Tor in der Holzbalustrade, die die Arena umgibt. Aus diesem Tor kommt jetzt der Stier herausgeschossen. Geblendet bleibt er in der grellen Sonne stehen, schnaufend, zitternd vor Erregung, die Flanken schlagend, schwarz, drohend, die Hufe in den Sand gestemmt, ein wie vom Gotte gebanntes Monument ungeheuerlicher Kraft und ungeheuerlicher Lebendigkeit. Altes heiliges, mediterranes Tier! Reittier der Götter und vornehmstes Opfer zugleich! Auf Stieren sitzen in archaischer Zeit die Göttinnen der Fruchtbarkeit. In einen Stier verwandelte sich Zeus, als er Europa raubte. Auf der Balustrade des Niketempels in Athen reitet die Göttin des Sieges auf einem Stier. Freilich schon immer auch war er ein Tier des Kampfes. Am alten Athenetempel auf der Akropolis ist, in Stein gehauen, der berühmte Kampf zwischen dem Stier und dem Löwen dargestellt, in welchem der Stier den Löwen tötet.

Hier und heute freilich ist kein Sieg dem Stier beschieden. Die Weide wird er nicht mehr sehen. Dieses Leben, dieses ungeheuerliche, berstende, zitternde Leben ist dem Tod geweiht. Mit der Suerte de picar beginnt der Kampf.

Die Capeadores mit ihren bunten Tüchern reizen den Stier. Gesenkten Hauptes mustert er seine Feinde. Immer zögert er lange, um dann mit unvermuteter Schnelligkeit, wie ein vorwärtsgeschleuderter Felsblock, loszuspringen. Immer ist die Richtung seines Angriffs vollkommen gradlinig. Darin liegt die Chance der Kämpfer, im Ausweichen mit äußerster Kühnheit die äußerste Geschicklichkeit zu verbinden. Jeder Angriff des Stiers führt handbreit am Tod eines Menschen vorbei.

Die Männer mit den bunten Tüchern verlocken den Stier zum Angriff auf die berittenen Lanzenträger, die Picadores. Die Picadores nehmen oft den Ansturm des Stiers an. Sie bohren ihm die Lanze in den Nacken. Häufig genug rollen sie dabei in den Sand.

Der Stier beginnt, von den Lanzenstichen zu bluten. Seine Kraft und seine Wut scheinen unerschöpflich. Jetzt nämlich versuchen die Banderilleros, seine Aufmerksamkeit auf sich zu lenken. Sie halten spitze, mit Widerhaken versehene, oben mit Bändern geschmückte Stäbe in der Hand, in jeder Hand einen. Diese Stäbe haben sie dem Stier in den Nacken zu stoßen. Mit kurzen Stakkatobewegungen suchen sie ihn auf sich zu lenken. Zuweilen bleiben sie stehen, bis der Stier heran ist, um im letzten Augenblick zuzustoßen und sich mit einer unbeschreiblich schnellen Bewegung seitab zu drehen, so daß der Stier an ihnen vorbeibraust. Oder sie nähern sich dem stehenden Stier von vorn mit tänzelnden Schritten, um dann die letzten zehn Meter auf ihn zuzulaufen und, die Banderillos in seinen Nacken stoßend und gleichzeitig als Stütze sie verwendend, eine halbe Flanke über sein Horn hinweg zu machen. Diese Bewegung geschieht mit einer Grazie und einer Leichtigkeit, die bezaubernd wirken. Unendliche Feinheiten werden dabei unterschieden und von den Kennern bewundert und beklatscht.

Wenn der Stier drei Paare Banderillos im Nacken hat, gibt der Präsident das Zeichen zur Suerte de matar.

Der blutende, aufs äußerste gereizte Stier steht nunmehr allein dem Espada gegenüber, der nichts mehr als seine Kühnheit und seinen Degen hat. Der Stier ist schwerfälliger geworden. Die Vergeblichkeit seiner Angriffe hat ihn verwirrt. Mit dem scharlachroten Tuch lockt ihn der Espada.

Der Stier zögert länger, aber nur, um dann um so fürchterlicher sich in Bewegung zu setzen. Der Espada schwingt das Tuch zur Seite, und das Horn des Tieres scheint seine Brust zu streifen.

Dieses Spiel wiederholt sich viele Male mit unzähligen Abstufungen der Feinheit und der Kühnheit. Die Spannung wächst ins Ungeheure. Zwischen der Kraft und der Fürchterlichkeit des wilden, blutenden Tieres und der Grazie und Kühnheit des Espada spielt der Kampf sich ab. Schließlich wirft der Espada das Tuch weg. Er faßt den Degen. Er tritt vor den Stier hin. Er hebt den Degen mit ausgestrecktem Arm. Dann, mit einer letzten, leichten Bewegung, stößt er ihm die Klinge von oben ins Herz.

Die Kraft des Stieres ist so gewaltig, daß es lange, eine Ewigkeit lange, dauert, bis der Stoß seine Wirkung tut. Fester stemmt der Stier sich in den Sand, tiefer senkt er den Kopf, unerschütterlich scheint dieser Fels des Lebens. Dann bricht er, wie von einem unsichtbaren Blitz getroffen, krachend zusammen, so gewaltig in seinem Tode, wie er gewaltig im Leben war.

Die ungeheure Spannung löst sich in einem ungeheuren Jubel. Hunderte von Hüten und Kissen fliegen in die Arena. Der Espada geht den Kreis der Arena ab, grüßt, winkt, wirft die Hüte und die Kissen zurück, genießt den Sieg, die Sonne, das Leben und den Ruhm seiner Kühnheit, während der tote Stier von einem Maultiergespann durch den Sand der Arena hinausgeschleift wird.

Man sinkt, erschöpft von der Erregung, auf seinen Steinsitz nieder. Es ist grausam, mit dem Tode zu spielen. Es ist kühn, mit dem Leben zu spielen. Der Mensch hat solche Spiele seit den Zeiten der alten Götter immer geliebt.

Während wir noch nachdenken über diese fremde, archaische Welt, über das Spiel und den Menschen und die Welt und den Tod, hat sich das dunkle Tor aufs neue geöffnet, und in der grellen Sonne steht, schnaufend, zitternd vor Erregung, die Flanken schlagend, schwarz, drohend, die Hufe in den Sand gestemmt, ein neuer Stier in der Arena, ein neues Monument, vom Gotte gebannt, und das Spiel zwischen Leben und Tod beginnt von neuem.

ABSCHIED VON SPANIEN

Wir verlassen Spanien, wie man eine schöne Frau verläßt, die man nicht lange genug geliebt hat. Haben wir viel gesehen? Haben wir wenig gesehen? Wir wissen es nicht. Diese schöne Frau ist ein Geheimnis, das niemals jemand ganz ergründen wird.

Der Spanienkenner wird über uns lächeln. Vielleicht hat er recht damit. Aber wenn einer zehn Jahre mit einer Frau verheiratet ist, kennt er sie dann besser als einer, der sie drei glückliche Wochen geliebt hat? Preisen wir die Gunst eines Schicksals, das uns zu Amateuren bestimmte.

Wir haben wenig gesehen. Katalonien, das Mittelmeer, den Süden erreichten wir nicht. Wir haben Kastilien gesehen – »Burg und Herz Spaniens«. Versuchen wir herauszufinden, welchen Eindruck davon wir behalten werden.

Das menschliche Gedächtnis, glücklicherweise, ist schlecht. Sonst würde man lauter Dinge sich merken, die zu merken sich nicht lohnt. Die menschliche Erinnerung, glücklicherweise, ist glänzend. Von dem Baum, unter dem man der Geliebten zum erstenmal die Hand küßte, kennt man im Alter noch jeden Zweig. In uns wirkt ein merkwürdiges Prinzip der Auswahl, das dieses unserer Erinnerung einprägt und jenes uns vergessen läßt.

Wir haben vor vielen köstlichen Plastiken gestanden, unübertrefflichen Meisterwerken der Bildhauerei, deren Meisterschaft zu erkennen gleichzeitig sie zu genießen bedeutete. Wir werden sie fast alle vergessen, so sehr wir sie bewundert haben. Jenen Sancho Pansa aber, auf seinem braven Esel auf der alten Brücke von Salamanca, den werden wir nicht vergessen. Wir haben ihn nur einen kurzen Augenblick gesehen, während wir vorüberfuhren. Er lachte so fröhlich. In Ewigkeiten werden sich unsere Bahnen nicht mehr kreuzen. Den einen kurzen Augenblick, den das Schicksal uns einander nahe brachte, wir haben ihn nicht versäumt. Wir haben die Brücke von Stern zu Stern geschlagen. Wir haben uns zugelacht. Vielleicht wird Sancho Pansa auch uns nicht vergessen.

Kastilien – das ist strahlendes Licht, unabsehbare Weite, ein verwitterter Baum und ein einsamer Hirte auf dem Felde.

Wir haben viel gesehen. Wir haben die Städte gesehen, die in dieses Land gebaut sind. Es sind Gebirge von Stein, Monumente eines gewaltigen Willens, deren Silhouetten übermenschlich in den Himmel ragen. Ein fremdes, strenges Geschlecht hat sie gebaut.

Avila, ein drohender Traum von Mauern, Türmen und Toren. Toledo, ein zerklüfteter Felsenwürfel in der Wüste. Salamanca, eine Festung aus Palästen und Kathedralen. Madrid, Königin auf dem Hügel, wie aus dem Innern der Erde hervorgebrochen und als Lava auf den Hängen erstarrt. Der Escorial, eine riesige Kaserne der Frömmigkeit von erschreckender Strenge.

Und doch, wie hat dieses fremde, strenge Geschlecht die Schönheit geliebt. Avila, der drohende Traum, wird erhellt durch die tröstende Zartheit der Madonna am Portal von S. Vicente. In dem zerklüfteten Felsenwürfel von Toledo saß Greco und malte seine flammenden Visionen. In

Salamanca, der Festung der Paläste und Kathedralen, fand die Wissenschaft für Jahrhunderte eine noble Stätte. In Madrid, der Lavastadt auf dem Hügel, wurden die erhabensten Meisterwerke der Malerei in einer wahrhaft Königlichen Sammlung bewahrt. Im Escorial, der Kaserne der Frömmigkeit, wurden Gott und die Engel gepriesen durch die Kunst. Hier wahrhaftig scheint die Schönheit das Brot der Seele zu sein.

Die Gegensätze, die scharfen, unvermittelten Gegensätze sind es, die Kastilien ausmachen. Die heiße Sonne und der eiskalte Wind, der von den Schneegebirgen herabkommt, die schönen Frauen und die strengen Sitten, Don Quichote und Sancho Pansa, Liebe zum Leben und Verachtung des Todes, Stolz und Grausamkeit, unerhörter Reichtum und unerhörte Armut, Genie und Tatenlosigkeit, Goya und Velasquez, Inquisition und Frömmigkeit, Weltherrschaft und Bürgerkrieg – das ist Spanien.

Es mag gefährlich erscheinen, solche Formeln zu prägen. Aber man prägt sie ja gar nicht. So treten die Dinge einem entgegen. Wo noch in der Welt gibt es ein Kloster im Gebirge, vor dessen Tor ein Kaiser seinen Purpurmantel niederlegte, dieser Kaiser, dessen letzte Worte, die er als Herrscher sprach, nachdem er feierlich in Brüssel im Kreise seiner Großen seine Abdankung vollzogen hatte, die Worte waren:

»Und nun, Ihr Herren, beachtet es nicht weiter, wenn mir altem, müden Manne jetzt die Tränen kommen ...«

Höchste Würde und höchste Menschlichkeit im selben Atemzuge! Vielleicht war dieser Habsburger, der kein Spanier war, in keinem Augenblick seines Lebens spanischer, als da er die Krone Spaniens von seinem Haupte nahm.

Der Reichtum Spaniens an alten Überlieferungen ist unerschöpflich. Vielleicht ist es auch seine Kraft, sie zu nutzen. In diesem Land ist jeder Stein, auf den der Fuß tritt, historischer Boden. Diese alte ehrwürdige Geschichte ist von überwältigender Gegenwärtigkeit. Der Krieg, der schreckliche Vater aller Dinge, hat diesen alten Boden umgepflügt. Aber Blut ist – die Erfahrung erlaubt uns nicht, an dieser traurigen Wahrheit vorüberzugehen – immer wieder der Dünger gewesen, aus dem die großen Werke des Friedens entsprossen sind. Spaniens Genie hat dem Abendland köstliche Geschenke gemacht. Vielleicht wird eine neue große Saat aufgehen in diesem Land, dessen alte Schönheiten die Fremdlinge aus dem Norden dankbar genossen haben.

DAS PROBLEM VON CANDELO

Auf einer Burg in Oberitalien hat sich ein äußerst aufregender Vorfall abgespielt. Es handelt sich um eine Burg, die schon seit zweihundert Jahren keinen Burgherrn mehr hat. Sie gehört, seit der letzte Burgherr das Zeitliche gesegnet hat, den Bauern der Umgebung, die sie dazu benutzen, ihre Weinvorräte in den gewaltigen Verliesen sicher aufzuheben.

Auf dieser Burg brach Feuer aus. Als die Bauern, von den Flammenzeichen geweckt, herbeieilten, ihren Wein zu retten, entdeckten sie zu ihrem Entsetzen, daß als erstes die Holzverschalung des Brunnens ein Raub der Flammen geworden war und die in den Brunnen hineingestürzten Balken es vollkommen unmöglich machten, Wasser heraufzuholen. Die Burg brannte, und es war nur Wein da, den Brand zu löschen. Löschte man den Brand nicht mit dem Wein, war der Wein verloren; denn die Mauern würden über den Fässern zusammenstürzen und sie zertrümmern. Nahm man den Wein zum Löschen, so war er auch verloren. Und doch, das Feuer zu löschen hatte nur einen Sinn, wenn man den Wein damit retten konnte. Die Bauern standen da wie viele Esel Buridans, die, welches Heubündel sie auch fressen würden, auf alle Fälle eine Kolik davon bekommen würden.

Wir haben hier den außerordentlichen Fall, eine allgemein menschliche Situation vor uns zu sehen, für welche es in der ganzen Antike keine Fabel, keine Metapher, kein Beispiel, kein Exempel, keinen Fall gibt. Selbst die Bibel läßt uns da im Stich, dieses Buch, in dem zwei Jahrtausende genug fanden, ihre Weisheit daraus zu schöpfen.

Sollen die Bauern löschen oder nicht? Löschen sie, so ist ihr Wein dahin. Löschen sie nicht, so ist er auch dahin. Selbst die Sophisten in Alexandreia haben sich niemals so verteufelte Situationen ausgedacht.

Das Problem von Candelo – so ist der Name dieser sophistischen Burg – wird so interessant werden wie die Antinomien der Vernunft, der Fermatsche Satz, der Wettlauf des Achilleus mit der Schildkröte und die Quantentheorie.

Man könnte vielleicht einen Augenblick der Meinung sein, daß es eine große und erhabene Haltung sei, zuzuschauen, wie das Wüten der Elemente den Wein vernichtet. Aber Wein ist nicht nur etwas Materielles. Der Wein hat einen eigenen Gott. Der Zorn des Bacchus wäre nicht weniger furchtbar als der Zorn des Poseidon, der den Seefahrer des Lebens nicht in seine Heimat gelangen läßt. Der Zorn Bacchus' würde vielleicht einen olympischen Durst bedeuten, den ein Odysseus der Kneipe zwanzig Jahre lang nicht stillen könnte. Ein wahrhaft furchtbarer Gedanke!

Tatsächlich, das Problem von Candelo ist das Problem der Leidenschaft. Will der Mensch das Feuer seiner Leidenschaft löschen, so kann er es nur mit seinem Blute tun. Wenn er das Feuer gelöscht hat, ist er dahin. Wenn er es brennen läßt, dann verzehrt es ihn, und er ist auch dahin.

Die Bauern von Candelo haben ihren Wein in das Feuer der Götter gegossen. Es ist des Menschen Pflicht auf dieser Welt zu verschwenden, was er behalten möchte.

Als die Bauern am Morgen die rauchenden Trümmer durchsuchten, fanden sie in einem Gewölbe, das der Zusammensturz erst geöffnet hatte, ein Faß, das niemandem gehörte. Es war unversehrt. Sie öffneten das Faß und jeder von ihnen nahm sich einen Becher von dem Wein, der uralt war und schwer und herrlich. Der letzte Burgherr noch hatte ihn gekeltert.

Seien wir keinen Augenblick traurig über das Problem von Candelo. Denken wir daran, daß es in einer menschlichen Welt, die die Verschwendung von uns fordert, unsere Pflicht ist, wie jener Mann zu handeln, der um 1750 ein Faß verschloß, damit die Enkel um 1950 davon trinken könnten.

Möge ein jeder seinen Nachfahren, welche er niemals kennen wird, Gutes erweisen, auf daß er wert sei, aus dem Becher der Ahnen, welche er niemals gekannt hat, zu trinken.

EIN SELTENER GLÜCKSFALL

Das Glück ist von jeher schon ein Sachverhalt gewesen, der den Menschen erstrebenswert erschien. Nur der Weise gibt sich keinen Illusionen hin. Weiß er doch, was für einen Grad von Glück es schon bedeutet, nicht ausgesprochen unglücklich zu sein, so wie die Gesundheit hauptsächlich darin besteht, nicht ausgesprochen krank zu sein. Aber auch der Weise wird das Glück der Menschen immer gerne als eine Sache anerkennen, über die nachzudenken sich lohnt.

Fälle von ausgesprochenem Glück sind selten. Selbst Sauerbrodt mußte es erleben, daß sein böses Weib nur scheintot gewesen war. Hingegen ist der Fall des Xaver Hinterstoißer, Dienstmann Nr. 11 vom Stachus in München, als ein Fall von chemisch reinem Glück anzusprechen.

Um Xaver stand es seit langem schlecht. Er befand sich in der unangenehmen Lage eines Mannes, dem der Arzt zwar das Biertrinken verboten hatte, der aber über keinerlei Mittel verfügte, dieses Verbot zu übertreten. Eines Tages fiel ihm aus der Lotterie ein Gewinn von tausend Mark zu.

Xaver hätte nun die verschiedenen Möglichkeiten gehabt, sein Leben neu zu gestalten. Er hätte sich eine Parzelle kaufen können, er hätte etwas für seine Gesundheit tun können, er hätte das Glück auf Raten in zehn Monaten zu hundert Mark langsam verbrauchen können.

Aber Xaver, der alte Adam, tat nichts dergleichen. Hatte er deshalb fünfundvierzig Jahre als Hallodri gelebt, um in seinen letzten Tagen wie eine Betschwester mit dem Pfennig zu fuchsen? Ein Oktoberfest, gelebt im Paradiese, ist nicht zu teuer mit – nun, wir werden sehen, womit Xaver Hinterstoißer die Zeche beglich. Jedenfalls zahlte er in bar.

Er zahlte im Augustiner und im Thomas und im Paulaner. Er soff sich bei Aposteln und Kirchenvätern der Reihe nach herum. Niemals verfehlte er, die erste Halbe auf die großen Schutzpatrone zu leeren, die ihm beim Glückskonsum behilflich waren.

Am siebenten Tag seiner Fahrt traf ihn auf einer Bank im Englischen Garten der Schlag. Xaver Hinterstoißer besaß noch drei Mark und mußte auf Gemeindekosten beerdigt werden, dritter Klasse.

Sechs Tage war er reich. Sechs Tage soff er mehr, als alle Ärzte von München ihm hätten verbieten können. Sechs Tage lud er seine Spezis ein wie früher an manchem schönen Feierabend und starb, mit einem Taler in der Tasche, als ein reicher Mann. Mit tausend Mark war er seiner Lebtag im Glück, und mit drei Mark hat er noch sechs halbe übrig gelassen. Nun, die werden ihn nicht reuen. Bis er diesen Rausch ausgeschlafen hat, ist der Jüngste Tag schon angebrochen.

Das Glück ist apoplektisch und tausend Mark ein Geld, wenn man es nur nicht überlebt. Xaver Hinterstoißer hatte die Ökonomie des Daseins begriffen.

Friede seiner Asche!

GEBURT DER VENUS

In der großen Ausstellung der Royal Academy of Arts ist ein Bild ausgestellt, das aus dem Rahmen fällt. Freilich fällt es nicht auf das Parkett, sondern in die Seele des Beschauers hinein, um sie in Erstaunen zu setzen. Es ist das die Aufgabe, die Bilder auf der Welt haben. Wie selten auf dieser Welt erfüllt etwas die Aufgabe, die es hat.

Das Bild zeigt das Deck eines kleinen Heringsdampfers, der irgendwo zwischen Aran und den Lofoten herumschwimmt. Es ist gut, daß es keine Yacht ist, sondern ein Heringsdampfer. Von einer Yacht kann man träumen. Aber Yachten haben etwas Unsolides. Entweder gehören sie Millionären, die man nicht kennt, oder sie kommen in jenen Romanen vor, die wir deshalb so gerne lesen, weil sie so schlecht sind, daß wir sie selber hätten geschrieben haben können. Keiner von uns hat jemals wirklich lustgekreuzt, aber einen Hering ißt man zuweilen zum Abendbrot, und zwar besonders dann, wenn man zufrieden ist und ein gutes Gewissen hat. So erregt der Anblick eines Heringsdampfers ein Gefühl von Vertrautheit, Menschlichkeit und Alltäglichkeit. Ich glaube, daß es die Absicht des Malers war, gerade diese Atmosphäre in uns wachzurufen, um dann jenes wunderbare Ereignis eintreten zu lassen, das auf dem Bilde dargestellt ist.

Dieses wunderbare Ereignis ist nicht mehr und nicht weniger als die Geburt der Venus. Die Heringsfischer haben das Netz an Deck gezogen. Als sie es ausbreiten, enthüllt sich ihnen in unerhörter Reinheit und Keuschheit die Anadyomene, aus dem Schaum der Nordsee geboren.

Mit dem Ausdruck verzauberten Erstaunens betrachten die Fischer ihren Fang. Auf ihren Gesichtern liegt ein Ausdruck vollständiger Unschuld. Nur der erste Bootsmann, der wahrscheinlich ein Wesleyaner ist, hält die Mütze vors Gesicht. Mit dieser einen kleinen Geste puritanischer Verzagtheit ist alles in nuce angedeutet, was die Geburt der Göttin in dieser Welt für Folgen haben wird.

Wir haben keinen Anlaß, auch nur einen Augenblick daran zu zweifeln, daß sich das Ereignis morgen so abspielen kann, wie es heute gemalt worden ist. Fischer haben sich seit Jahrtausenden nicht geändert, und dem Meer ist noch keine halbe Minute seiner Ewigkeit verflossen, seit die erste Venus seinem Schaum entstieg. Auch damals war eine Zeit, da Venus nicht auf Erden weilte. Freilich, die Menschen waren voller Unschuld und warteten darauf, daß die Göttin der Liebe erscheinen solle. Als sie emporstieg aus dem Schoß des Meeres, gehörte ihr die Welt. Es war nicht das schlechteste Zeitalter, als die Menschen der Venus dienten.

Die Venusfischer des Heringsdampfers der königlichen Akademie werden in arge Verlegenheit geraten. Es ist anzunehmen, daß der wesleyanische Steuermann Venus alsbald in seinen Mantel hüllen wird, wodurch sie viel von ihrer königlichen Unschuld verlieren wird. Außerdem muß er den Vorgang ins Logbuch eintragen. Dabei wird er in stilistische Schwierigkeiten geraten. Ohnehin hat Poesie im Schiffsjournal nichts zu suchen. Zudem graust ihm ein wenig vor den Schwierigkeiten mit der Hafenbehörde. Es ist jedem Schiff erlaubt, mit einigen Leuten weniger heimzukommen, als es beim Auslaufen an Bord hatte. Daß Leute ins Meer fallen, ist eine anerkannte und erlaubte Sache. Daß irgendwelche Personen aus dem Meer aufsteigen, dafür gibt es keine gesetzlichen Unterlagen.

Die Immigrationsbehörde wird sich in die Sache einmischen. Da die Dame in dem wesleyanischen Steuermannsmantel keine Nationalität hat, wird Venus möglicherweise aus England ausgewiesen werden. Der wesleyanische Steuermann wird außerordentliche Schwierigkeiten mit seiner Gattin bekommen, wenn sie Venus in seinem Mantel, mit dem ihr so wohlbekannten Flicken am Ärmel, von Bord gehen sieht. Aber da kein Strahl aus dem Auge der Göttin sie treffen wird, wird auch künftig die Liebe ihr Leben nicht beunruhigen. Venus, die Schaumgeborene, aber wird etwas erleben, was ihr neu ist. Wenn sie vor den strengen Herren der Hafenbehörde stehen wird, wird sie sich das erstemal genieren. Dabei wird sie nicht einmal wissen, was das eigentlich ist. Dann werden die Reporter kommen und sie für die Londoner Abendblätter interviewen.

Die Reporter, die gewohnt sind, Radschas aus Singapore und Negerkönige von der Goldküste zu interviewen, werden nicht in Verlegenheit geraten. Mit einem alten Homer bewaffnet, werden sie so antik sein, wie Reporter sein können. Schließlich werden sie irgendwo einen levantinischen Schiffskoch auftreiben, der außer Armenisch, Arabisch und Aegyptisch auch noch ein paar Brocken Griechisch spricht.

Dann wird Venus für die neue Revue am Oxford Circus ein glänzendes Angebot bekommen. Die Tillergirls werden sich über ihre vollschlanke Linie mokieren. Das wird sie nicht stören. Aber einige Lords werden ihr einen Heiratsantrag machen. Das wird zuviel sein für die Göttin. Eines Tages wird Venus verschwunden sein. Bei Sonnenuntergang ist sie hinter Falmouth aufs Meer hinausgeschwebt und in den feurigen Wagen Apolls gestiegen, um mit ihm hinter dem Horizonte unterzutauchen. Die wesleyanische Ordnung ist wiederhergestellt. Das aus dem Rahmen gefallene Bild in der Königlichen Akademie kehrt wieder an seinen Platz zurück.

Nur der Schiffsjunge des Heringsdampfers wird niemals mehr aufhören können, von der schaumgeborenen Göttin zu träumen. Sein Knabenherz war der einzige Zufluchtsort, den Venus in England hätte finden können. Sie wußte, daß dieses Herz ihr nicht gehören sollte. So ließ sie ihm nur die Sehnsucht. Dieser Schiffsjunge wird als alter Mann seinen Enkelkindern von der Geburt der Venus erzählen. So wird, wenn Venus schon lange wieder verschwunden ist, die Wahrheit zu einem Märchen geworden sein, das unschuldige Herzen erfreuen wird.

SCHORNSTEINENTSCHLÜSSE

Es ist ein feiner Trick der Natur, daß man nach seinem Tode nicht mehr am Leben ist. Der Leser, der glaubt, über die Banalität dieses Satzes lachen zu dürfen, wird zugleich bemerken, daß er sich blamiert hat. Es ist ein außerordentlich tiefsinniger Satz. Ich bin nicht wenig stolz darauf, ihn in dieser lapidaren Kürze als erster niedergeschrieben zu haben.

In einer kleinen Stadt in Sachsen hat sich ein merkwürdiges Ereignis zugetragen. Dorten beschloß ein Mann, der mit dem Leben fertig zu sein glaubte, sich umzubringen. Er stand nur noch vor der Wahl, auf welche Weise er das bewerkstelligen sollte.

Dieses in der Tat ist eine Schwierigkeit. Wenn ein Mensch beschließt, eine Ewigkeit nichts mehr fühlen zu wollen, sind ihm gewöhnlich auch drei Sekunden Schmerz vorher noch zuviel.

Der Gedanke, sich jederzeit von hinnen begeben zu können, gibt dem Menschen das Gefühl der Freiheit. Aber zufolge des oben erwähnten Tricks der Natur ist es unmöglich, von dieser Freiheit irgendeinen vernünftigen Gebrauch zu machen. Der Selbstmord ist die Möglichkeit kat'exochen. Möglichkeiten in Wirklichkeiten umzusetzen, ist zwar eine der aufrichtigsten Bemühungen des Menschen, aber jedenfalls auch diejenige, welche ihm im Leben die meisten Enttäuschungen einbringt. Sich mit der Möglichkeit des Selbstmordes zu beschäftigen ist ein Zeichen von Weisheit. Ihn auszuführen ist eine geradezu erstklassige Dummheit. Bei einem so klugen Volke, wie die Hellenen es waren, wurde der Selbstmord mit dem Tode bestraft. In der Tat weiß man von keinem einzigen Philosophen, welcher den Selbstmord gepriesen hat, daß er sich wirklich umgebracht habe. Die Philosophen, sofern sie nicht hervorragende Dummköpfe waren, haben niemals den Selbstmord gepriesen, sondern immer nur die Möglichkeit des Selbstmords.

Jener Mann in der kleinen Stadt in Sachsen kam nach langen Überlegungen zu dem Entschluß, auf einen Fabrikschornstein seiner Vaterstadt zu klettern und sich von da ins Nichts hinabzustürzen. Der Ablauf dieses Unternehmens war lächerlich genug. Es war diese Art von Lächerlichkeit, von der aus zum Erhabenen nur ein Schritt ist. Als er oben angekommen war, verließ ihn sowohl der Mut vor dem Tode, wie die Feigheit vor dem Leben. Er fing an, so lange zu brüllen, bis die Leute auf ihn aufmerksam wurden und die Feuerwehr ihn herunterholte.

Daß die Brücke vom Tod zum Leben eine schräge Feuerwehrleiter ist, ist überraschend. Den Dichtern sollte das Veranlassung geben, statt des Mondes und der Blumenwiesen die Feuerwehrleitern zu besingen.

Dem Mann auf dem Schornstein kann man jedenfalls das zubilligen, daß er seinen Entschluß reifen lassen wollte. Wenn man eine Eignungsprüfung für Entschlüsse einführen wollte, man müßte die Entschlüsse auf Schornsteine setzen.

Als der gute Mann, der sich ins Nichts stürzen wollte, hinabsah, bemerkte er, daß das Nichts ein ziemlich häßlicher Fabrikhof, also jedenfalls etwas war. Selbst wenn man sich ins Etwas stürzen will, sucht man sich dazu nicht einen häßlichen Fabrikhof aus.

Als er weiter umherblickte, sah er die Straßen, auf denen er als kleiner Knabe seine Dummheiten getrieben hatte. Dann erblickte er das Wirtshaus, in dem er noch einige Schulden hatte. Es war ihm unangenehm. Schließlich wurde ihm klar, daß von all den Gefühlen des Bedauerns und vielleicht auch der Reue, welche bei den Nächsten und Fernsten zu erzeugen er dieses Unternehmen gestartet hatte, er niemals irgend etwas erfahren würde. Es wurde ihm klar, daß er nach seinem Tode nicht mehr am Leben sein werde. In diesem Augenblick siegte die Neugier. Es schien ihm immer noch interessanter zu erfahren, was die Leute über seinen Versuch sagen würden, als niemals zu erfahren, was sie zu seiner Ausführung gesagt hätten.

Man sieht, die Spitze eines Schornsteins ist ein hervorragender philosophischer Punkt. Er ragt dreißig bis fünfzig Meter über alle übrigen philosophischen Punkte hervor. Wenn man andere retten will, braucht man meistens nur ein wenig freundlich zu ihnen zu sein. Wenn man sich selbst retten will, steigt man am besten auf einen Schornstein.

Entschlüsse soll man nicht mehr auf die Waage legen, sondern auf die Schornsteinspitze hinauftragen. Über die Feuerwehrleiter wieder in die Ebene der Menschen hinabgelangt, sind Schornsteinentschlüsse geeignet, manches Gute im Leben zu stiften.

MOMENT MUSICAL

Geschwindigkeit ist der Stolz unserer Zeit. Wenn einer mit hundert Kilometern über die Landstraße braust, bläht er sich ein wenig auf, als ob es sein Verdienst wäre, daß es so schnell geht. Freilich, wenn sich ein Ochse über den Weg stellt, dann ist es aus mit dem Stolz, und die hundert Pferde müssen vor dem einen Ochsen halten. Automobilfahrer fangen dann an, über den Ochsen zu schimpfen. Sie ahnen nicht, daß der Ochse ein Wink des Himmels ist, der sie an die Unvollkommenheit nicht der Landstraße, sondern des Lebens erinnern soll. Man möchte meinen, wenn der Himmel mit einem Ochsen winkt, müßte das zu sehen sein. Aber die Menschen sind blind bis zu dem Baumstamm, an welchem Hoffart und Geschwindigkeit so leichthin in einem Haufen Blech und Knochen ihr Ende nehmen. Der Zeitgenosse, der mit dem D-Zug über die Schienen eilt, ist besser dran. Irgendwo zwischen Marktredwitz und Weiden kreischen plötzlich die Bremsen und der D-Zug hält. Der Reisende liest noch sieben Zeilen des Leitartikels in seiner Zeitung. Dann sieht er auf, öffnet das Fenster und blickt hinaus.

Es ist halb sieben Uhr abends.

Die Sonne schickt sich soeben an, in großer Pracht und Herrlichkeit über blauen, fernen Hügelketten unterzugehen. Ein weißer Streifen Abendnebel zieht langsam vom Bach herauf. Eine Kuh blickt mit ihrem großen, seelenvollen Auge still und nachdenklich den D-Zug Berlin-Rom an und wedelt mit dem Schwanz. Man braucht nicht anzunehmen, daß sie sich bewußt ist, zwischen Rom und Berlin zu stehen, sowenig als sie weiß, daß ihr Schwanz zwischen Paris und Moskau hin und her pendelt. Sie steht auf einer Wiese, welche älter ist als Rom, Moskau und Paris zusammen. Sie steht schlechthin. Der Zeitgenosse, der bis zum Kreischen der Bremsen nur ein lächerliches Partikel der Zivilisation war, erblickt aus dem haltenden Zug plötzlich eine uralte Wiese. Er blickt auf die Astern im Garten des Bahnwärterhauses. Er sieht eine Katze, einen Mann, ein Kind. Er sieht Rauch aus einem Schornstein steigen und riecht Bratkartoffeln. Sofern er das nur alles wirklich bemerkt, ist er schon ein Mensch. Es ist ein Moment musical der Philosophie. Wenn der Himmel mit einer Aster winkt, dann möchte jedermann Bahnwärter werden. Der Mann, der später die Bratkartoffeln essen wird, gibt die Strecke frei, die Strecke nach Rom. Vielleicht ist er hungrig.

Die Bremsen lockern sich. Der Zug rollt an. Der Mensch wird aus der Stille der Betrachtung wieder in den rasenden Strom der Geschwindigkeit hineingerissen.

LORD NELSONS LETZTER BRIEF

Der letzte Brief, den Lord Nelson an Lady Hamilton geschrieben hat, war seit Jahrzehnten verschwunden. Jetzt hat man erfahren, wie er abhanden gekommen ist. Lady Llangyattock hatte ihn kurz vor dem Krieg auf einer Auktion für über tausend Pfund Sterling erworben. Um ihn sicher aus London hinaus auf ihr Schloß zu befördern, wandte sie Vorsicht an. Ihre Art von Vorsicht erinnert an die Maßnahmen, welche die Alten zu ergreifen pflegten, wenn sie den Folgen eines delphischen Spruches entgehen wollten.

Hätte sie den Brief in ihrer Handtasche mitgenommen, wäre nichts weiter mit ihm passiert. Lady Llangyattock wandte eine so komplizierte Art von Vorsicht an, daß der Brief notwendig verlorengehen mußte. Sie beauftragte ihren Haushofmeister, den Brief zwischen Seidenpapier in einer Hutschachtel zu verpacken und auf das Schloß zu schicken. Sie selbst hatte unterwegs einen Radbruch und mußte sich einen Tag in einem verlassenen Dorf aufhalten. Als sie mit Verspätung endlich auf ihrem Schloß eintraf, war die Hutschachtel mit der gewöhnlichen Post schon angekommen gewesen. Der Hut war von der Zofe ausgepackt und fein säuberlich in den Schrank gelegt worden. Das Seidenpapier war verbrannt worden und mit ihm der Brief.

Lady Llangyattock hat sich so sehr geniert, durch ihre Vorsicht die englische Nation um ein so kostbares Gut gebracht zu haben, daß diese ganze Geschichte erst nach ihrem Tod bekannt wurde.

Sicher müßten wir alle traurig sein, den Brief dieses großen Mannes, der den Schlußstein in den Bau des Englischen Weltreiches setzte, nicht zu kennen. Man ginge wohl nicht fehl in der Annahme, daß er einige bedeutende Äußerungen enthalten habe. Was für ein Kummer, dieses letzte Dokument aus dem Briefwechsel eines der edelsten Liebespaare, das die Welt gesehen hat, nicht zu kennen. Sogar unser Kummer entbehrte nicht einer gewissen Erhabenheit.

Freilich, er ist verfrüht. Wir haben nicht mit der vollen weiblichen Vorsicht der Lady Llangyattock gerechnet. Bevor sie den Brief des Mannes, der im Donner der Schlacht für ein Weltreich sein Leben ließ, in die Hutschachtel verpackte, nahm sie eine Abschrift. Deren Inhalt erfahren wir nun.

Wahrhaftig, dieser Brief ist ein Dokument menschlicher Größe, wie es nur wenige gibt. Es steht nämlich so gut wie gar nichts in dem Brief. Das heißt, man kann auch sagen, es steht alles darin. Es steht alles darin, was eine geliebte Frau von dem Mann, den sie liebt, wissen will, nämlich, daß er immerzu an sie denke, daß er er sich nach ihr sehne, daß er fragt, ob der letzte Brief, in dem genau dasselbe drin stand, angekommen sei, daß er bald wiederzukommen hoffe.

Genaugenommen, es könnte der Brief irgendeines Matrosen an seine Braut in Bristol sein.

Welche Größe liegt darin, zugleich ein großer Admiral und ein Mann von einfachem Herzen zu sein. Wenn er immerzu an die Geliebte denkt, tut er das, während er auf Nachrichten vom Feinde wartet. Wenn er sich nach ihr sehnt, tut er das, während er seekrank ist. Wenn er nach dem Verbleib seines letzten Briefes fragt, tut er das, während England um eine Botschaft von ihm zittert. Wenn er bald wiederzukommen hofft, kann er das nur, wenn er die Schlacht gewonnen haben wird, die noch keinen Namen hat und das Schicksal eines Jahrhunderts entscheiden wird. Ein Brief, zwischen dessen Zeilen die Geschichte Englands steht, ohne mit einem Wort erwähnt zu werden, der Brief eines Helden.

Wie glücklich ist die Frau zu preisen, an die dieser Brief gerichtet war.

In Edinburgh hat ein Mann seinen achtzigsten Geburtstag gefeiert, der über eine einzigartige, die ganze Welt umfassende Sammlung verfügt. Obwohl er eine der besten Sachen, die es überhaupt auf unserer Erde gibt, gesammelt hat, gilt er für einen Narren. So ist es eine lohnende Aufgabe, über diesen Mann und sein Steckenpferd zu berichten.

Das Sammeln ist des Knaben früheste Leidenschaft. Was die Hosentasche eines Mannes im Alter von vier Jahren alles enthalten kann, davon kann sich eine erwachsene Phantasie keinen Begriff machen. Nicht nur, daß eine solche Hosentasche die allermerkwürdigsten und allerverschiedenartigsten Gegenstände enthalten kann, jeder einzelne dieser Gegenstände ist ein Abenteuer, eine Entdeckung, ein Symbol, ein Stück eroberter Umwelt. Einer jener magischen Sachverhalte, deren Ursprung in die Urzeiten des menschlichen Geschlechtes zurückreicht, hat dazu geführt, daß Mädchen keine Hosentaschen haben. Man sieht ohne weiteres, wie sehr sich eine Welt, die man in die Tasche stecken kann, von einer Welt, die in ein Körbchen gepackt wird, unterscheiden muß.

Das Gehirn eines erwachsenen Mannes ist von der Hosentasche seiner Knabenzeit nicht sehr verschieden. Er bewahrt darin die allermerkwürdigsten und allerverschiedenartigsten Dinge, die der Zufall des Lebens an seinem Periskop vorübergeschwemmt hat. Dazu ist er der festen Überzeugung, daß gerade das die wichtigsten Dinge von der Welt seien.

Die Hosentasche des erwachsenen Knaben weitet sich. Das Sammeln ist die früheste Leidenschaft des Knaben und die letzte Freude des alten Mannes. Wenn die Männer alle Dinge des Lebens mit so viel Sachkenntnis, Aufopferung und Begeisterung betrieben wie das Sammeln, würde die Welt vermutlich sich bedeutend angenehmer präsentieren, als sie es derzeit tut.

Männer sammeln Briefmarken, Raffaels, Spazierstöcke, Glimmerschiefer und Goethebriefe, je nachdem. Zweifellos sind diese Gegenstände nicht von gleichem Range. Es ist nicht ratsam, sich mit ihren Sammlern über diesen Rang zu streiten. Von allen edlen Pferden auf dieser Welt ist das Steckenpferd das edelste.

Der Mann in Edinburgh hat weder Glimmerschiefer noch Goethebriefe gesammelt. Er sammelte etwas, das wir alle zum Leben brauchen, etwas, dem die Landschaft ihr Grün und die Speisekarte ihren zweiten Gang verdankt, etwas, das Reichtum auf seinem Rücken trägt und jedem Armen gehört, etwas, das wir im Winter beschreiten, um uns im Sommer hineinzustürzen. Der Narr in Edinburgh sammelte das Wasser von Flüssen.

Es ist nicht einzusehen, warum man nicht vor einer Kelle Wasser aus den Fluten des heiligen Nil ebenso in erhabene Betrachtungen versinken sollte, wie vor einem Stein von den Pyramiden oder einer Goldspange aus einem Pharaonengrab. Der Nil ist älter und heiliger als alle Denkmäler Aegyptens.

Ein Tropfen Wasser aus dem Mississippi, dem *Old man river*, kann einem mehr von der Geschichte Amerikas erzählen als ein Dutzend Schulmeister. Vielleicht hat ihn Onkel Tom schon im Munde gehabt und wieder ausgespuckt, und die Infusorien in seinem weltallgroßen Rund haben den frommen Negerliedern gelauscht, die durch sie hinbrausten wie die Fanfaren des Jüngsten Gerichts.

Wasser aus der Donau, Wasser aus dem Ganges, Wasser aus dem Jangtsekiang... Wahrhaftig, dieser Narr in Edinburgh hat in einer tiefsinnigen Weise die Welt auf Flaschen gezogen. So spaziert er in warmen Filzschuhen die Flüsse entlang, die die Scharen der Völker hinabgezogen sind unter den Wolken, die bergwärts zogen.

Wenn er tot sein wird, wird man alle Flüsse der Welt in einen Eimer gießen und das Steckenpferd, das keinen Herrn mehr hat, darin ersäufen. Das Steckenpferd wird um seinen Tod nicht trauern. Wir aber sollten daran denken, uns ähnlich buntgezäumte Tiere in den Stall unseres Feierabends zu stellen. Wenn die Narrheit nicht dafür sorgt, daß die Welt bunter wird, dann wird sie vor Vernunft so grau werden, daß sie keinem Weisen mehr gefallen kann.

DAS GESCHENK DES MAHARADSCHA

Maharadschas sind die wandelnden Märchenfiguren unserer Zeit. Wir müssen diesen liebenswürdigen indischen Despoten das Zugeständnis machen, daß sie sich ihrer märchenhaften Verpflichtungen immer in der nobelsten Weise entledigen. Immer wieder einmal heiratet ein Maharadscha eine arme Pariser Modistin, und jeder von uns hat die Vorstellung, daß, wenn ein Maharadscha in einem Berliner Grandhotel sich die Nägel schneiden läßt, er niemals verfehlen wird, das Maniküremädchen mit einer Perlenkette zu beschenken.

Wir wollen auch nicht auf jenen tückischen Statistiker hören, der uns vorzurechnen versucht, daß Perlen keine Zinsen trügen und sehr im Wert gesunken seien, und daß ein mecklenburgischer Viehgroßhändler weit wohlhabender sei als ein Maharadscha. Es kommt uns ja bei dem Maharadscha nicht auf die Perlen an, die er behält, sondern auf die, die er verschenkt.

Nun hat vor einiger Zeit der Maharadscha von Kashnapur auf einer Autofahrt von Marseille nach Paris einen Beutel mit Perlen und Brillanten im Werte von zweiundfünfzig Millionen verloren. Es ist dabei ganz gleichgültig, ob es zweiundfünfzig Millionen Pfunde, Dollars oder Pfennige sind. Es ist jedenfalls eine märchenhafte Summe.

Den Beutel hat ein Bauer gefunden, der vom Feld nach Hause zog. Natürlich hat er ihn beim Maire abgegeben. So kam der Maharadscha leicht und bequem wieder zu seinen Kostbarkeiten. Da er sich seiner Verpflichtungen bewußt war, schenkte er dem Bauern einen Diamanten im Werte von einer Million.

Der Bauer zog nach Hause, an der rechten Hand seinen braven Gaul, der ihm seinen Acker umpflügen hilft, in der linken einen blitzenden Kieselstein, geeignet, jedem Kind helle Freude zu bereiten.

Weiter hat man von diesem Bauern nichts mehr gehört. Wahrscheinlich sind später die Pariser Juweliere bei ihm erschienen und haben ihm die unglaubhaftesten Summen für seinen Kieselstein angeboten. Wenn der Bauer Glück gehabt hat, dann hat sein Jüngster den Kiesel in den Teich geworfen, und er lebt arm und glücklich weiter. Wenn er Pech gehabt hat, hat er den Kiesel günstig verkauft und lebt nun in Paris in einem scheußlichen Haus ohne Misthaufen und ohne Hühner auf der Diele und ist reich und unglücklich.

Wenn Maharadschas sozial dächten, dann hätte wohl dieser dem Bauern ein zweites Pferd geschenkt. Das wäre sicher ein reichlicher Dank gewesen für die Ablieferung eines Beutels durchsichtiger Kieselsteine. Aber der Herrscher von Kashnapur dachte nicht sozial, und so ist der Bauer jedenfalls ziemlich hereingefallen.

Was den Bauern von uns allen unterscheidet, ist, daß ihm ein Glück in den Schoß gefallen ist, das er gar nicht gesucht hatte. Das kann unsereinem so leicht nicht zustoßen.

Ein Bauer hat vom Glück eine sehr präzise Vorstellung. Daß es regnet, wenn die Saat kommt, daß die Sonne scheint, wenn er das Heu einbringen will, das ist Glück. Daß die Kuh gesund bleibt, und Weib und Kinder auch, das ist Glück. Daß der Sohn kräftig wird und ein guter Bauer, das ist Glück.

Wir, die wir von der Zivilisation angefressen sind, haben vom Glück nur sehr verworrene Vorstellungen. Das alte Märchen von der Fee mit den drei Wünschen würde heute nicht anders verlaufen als dazumal.

Schwerlich würde die Fee jemanden finden, der sich wünschte, in der Sonne zu sitzen, nichts zu tun zu haben und eine Zigarette, die nicht ausginge. Schwerlich auch würde sie jemanden finden, der Fischer an der Küste von Sizilien sein möchte, obgleich diese Fischer zu den wenigen

Leuten auf unserem kleinen Erdball gehören, die nachweisbar nicht nur glücklich sind, sondern sich auch so fühlen.

Wir wissen alle, was Unglück ist. Wir wollen es gerne vermieden sehen. Was Glück ist, das wissen wir alle miteinander nicht genau.

So wandert die Fee über unsere Gefilde. Sie schenkt den Diamanten von einer Million einem Bauern. Sie spielt eine kostbare Ausgabe des Aristoteles einem in die Hände, der nur Detektivromane liest. Sie sendet einen Mann nach der Märcheninsel Bali, dessen Lebensziel es ist, Nähmaschinen zu verkaufen.

Freilich, zuweilen auch läßt die Fee dem Bauern Sonne auf sein Heu scheinen. Vielleicht wird der Mann mit dem Aristoteles noch einen Satz entziffern können. Das wäre wahrhaftig ein Glück für ihn. Die Weisheit eines griechischen Philosophen vermag selbst über ein Leben mit Detektivromanen hinwegzutrösten. Selbst der Mann mit den Nähmaschinen wird sicher einmal irgendwann vom Zauberstab der Fee berührt werden und wird eine Minute lang vor einem Tempel der Kwanyin stehen, der großen Göttin des Mitleids, und eine Minute lang wird er etwas von dem Glück empfinden, das die Betrachtung der Kunst dem Menschen zu vermitteln vermag.

Ackern wir weiter, lesen wir Detektivromane und verkaufen wir Nähmaschinen. Schließlich, die Welt lebt nicht vom Glück. Wenn wir den Diamanten geschenkt bekommen im Werte von einer Million, dann wollen wir nicht kleinlicher sein als der Maharadscha des Schicksals, von dem wir ihn bekommen haben. Wir wollen den Diamanten nicht an die Juweliere verschachern, sondern wir wollen ihn als Kieselstein einem kleinen rotznäsigen Knaben schenken. Eine weggeschmissene Million ist nicht schlecht, wenn man weiß, daß es eine Million war. Ein Vermögen in den Teich zu werfen, von dem man nicht einmal weiß, daß es ein Vermögen war, das ist Größe.

Ein Karpfen wird den Diamanten schlucken. Der Viehhändler Theobald Polykrates aus Waren an der Müritz wird ihn an einem Sonntag auf die Gabel spießen.

Möge er ihm wohl bekommen!

DIE GÖTTLICHE PFERDEFLIEGE

In Jütland ist eine schreckliche Pferdefliegenplage ausgebrochen. Die Behörden haben sich der Sache angenommen. Da es nicht zur Ausbildung von Verwaltungsmännern gehört, über Pferdefliegen Bescheid zu wissen, verschrieb man sich einen Hygieniker aus des Reiches Hauptstadt.

Dieser Mann natürlich war entzückt. Wenn man viele Jahre seines Lebens damit zubringt, im Laboratorium hinter Bouillonröhrchen und Petrischalen zu sitzen, ist eine solche Aufgabe wie die, die Pferdefliegen von Jütland auszurotten, so, als ob man aus der Etappe an die Front gerufen würde.

Ein ganzes Leben lang hatte dieser Mann sich mit der Schädlichkeit von Parasiten befaßt. Er kannte diese Biester in allen ihren Größen und Ordnungen besser als irgend etwas auf der Welt. Es bedeutete für ihn keine Schwierigkeit, die Hinterbeine einer Pferdefliege in fünfzigfacher Vergrößerung mit dem Finger an ein beschlagenes Fenster zu malen. Er kannte alle ihre Teufeleien. Er kannte sogar die Läuse, die den Pferdefliegen im Pelz sitzen. Wenn man ihn darum gebeten hätte, hätte er aus dem Darm einer Laus, die einer Pferdefliege im Pelz sitzt, noch ein ganz gefährliches Bacterium coli züchten können, das auf Agar-Agar in grünen Sternen wächst.

Nichts war diesem Mann selbstverständlicher, als daß man Parasiten ausrotten müsse. Er verfügte über die profundesten Kenntnisse dahin gehend, wie man diese Ausrottung am gründlichsten und vollständigsten vornehmen könnte.

So fuhr er, mit Begeisterung und Wissen ausgestattet, nach Jütland, den Pferdefliegen ein Cannae zu bereiten.

Er hatte sich auf allerhand Widerstände gefaßt gemacht. Er wußte, die Pferdefliegen würden auch ihrerseits Maßnahmen ergreifen, etwa in Richtung einer maßlosen und ungeheuerlichen Vermehrung. Aber er scheiterte nicht an den Pferdefliegen, sondern an der Frömmigkeit des Bauern Jens Pedersen.

Der Krieg gegen die Pferdefliegen wäre für diese bald verloren gewesen. Schier überall wurde so rigoros gegen sie vorgegangen, daß sie sich auf keinen Fall hätten halten können. Aber auf dem Hofe von Jens Pedersen fanden sie Zuflucht und immer wieder neu die Möglichkeit, sich zu vermehren, worin Pferdefliegen sehr Bedeutendes zu leisten vermögen.

Jens Pedersen schlug keine Pferdefliegen tot. Der Hygieniker ließ es sich nicht verdrießen, Jens Pedersen persönlich aufzusuchen. Er hatte einen verbohrten, hartnäckigen und bösartigen Mann erwartet. Statt dessen empfing ihn ein äußerst freundlicher Mann milden Gebarens. Der Hygieniker richtete seine Batterie aus, um Jens Pedersen unter einen Hagel von unwiderleglichen Argumenten zu setzen. Es schien schlecht um das letzte Bollwerk der Pferdefliegen zu stehen.

Jens Pedersen ließ den Hygieniker gar nicht zu Worte kommen. Er erklärte ihm, daß die Pferdefliegen Geschöpfe Gottes seien und daß niemand ein Recht habe, sie totzuschlagen.

So saßen sich bei einem Teepunsch in einer jütländischen Bauernstube die Jahrhunderte milde, aber unversöhnlich gegenüber. Eine übergroße Pferdefliege fiel in des Hygienikers Tasse. Er betrachtete eine Weile ihre Schwimmversuche, dann fischte er sie vorsichtig heraus und setzte sie auf die Decke. Als sie sich erholt hatte, flog sie dem Manne, der sein Cannae gefunden, auf die Glatze und spazierte dorten des längeren auf und ab.

Die Wissenschaft schwieg, ein wenig verlegen, und Jens Pedersen lächelte ein mildes Lächeln dazu.

EINE NACHRICHT

Beim Angeln am Landwehrkanal des Lebens ist ein Adverbium am Haken hängengeblieben. Dieses Adverbium nötigt uns, uns endlich einmal mit dieser bescheidenen Sorte von Wörtern zu befassen. Dabei werden wir entdecken, daß die Adverbien, ohne viel Aufhebens zu machen, einen beträchtlichen Teil unserer Welt besetzt haben. Das haben sie so geschickt gemacht, daß wir nicht das geringste davon gemerkt haben. Man würde sich daher kein bißchen wundern, wenn die Adverbien Feminae wären von der Art der Hausdamen oder Privatsekretärinnen. Tatsächlich ist das Adverbium ein ebenso unverbindliches Neutrum wie das Mädchen. Nur die Art, wie sie beide die Verben verbindlich machen, ist eben durchaus nicht unverbindlich.

Das Adverbium an unserer Angel fand sich in folgender Nachricht aus aller Welt:

»Ein plötzlich irrsinnig gewordener Mann hob in Saloniki (Griechenland) sein gesamtes Bankkonto von 25 000 Drachmen ab und verteilte es an einer Straßenecke. Passanten und Straßenjungen rissen sich um das Geld, bis die Polizei dem Treiben ein Ende machte.«

Wir haben es hier mit einem wahren Meisterwerk einer Nachricht zu tun. Aus dieser Nachricht auch nur eine Anekdote zu machen, hieße, sich einer unziemlichen Breite bemüßigen. Man könnte darüber eine Abhandlung in sieben Hauptabschnitten mit dreiundzwanzig Kapiteln schreiben. Das Vollkommene ist unbegrenzt kommentierfähig. Das kann man am Corpus Juris Romanum sehen, das an Klarheit vollkommen, oder an der griechischen Architektur, die an Schönheit vollkommen, oder an Shakespeare, der an Tiefe vollkommen ist. An jede Vollkommenheit schließt der Kommentar sich an, weil ja nichts auf Erden vollkommen sein kann.

Es beruhigt uns, daß es 25 000 Drachmen sind und nicht 250 000. Denn 25 000 Drachmen fangen gerade erst an, so etwas wie ein Vermögen zu sein. 250 000 Drachmen ließen sich vermutlich auch nicht verteilen, ehe die Polizei dem Treiben ein Ende macht.

Daß der Mann »plötzlich« irrsinnig geworden sein soll, das natürlich nehmen wir nur mit Zurückhaltung entgegen. Es kann sehr wohl sein, daß der Prozeß, dessen dramatisches Ende wir miterleben, sich in vielen Jahren langsam entwickelt hat. Vielleicht hat das, was bei der fünfundzwanzigtausendsten Drachme zum Ausbruch kam, mit der ersten Drachme schon angefangen. Wir sind nur nicht imstande, die Folgerichtigkeit einer Entwicklung zu sehen, deren Beweggründe wir nicht kennen. Das Verhalten der Passanten steht zu dem der Straßenjungen in einem scharfen moralischen Gegensatz, obgleich sie sich beide um das Geld rissen. Es ist sicher das gute Recht von Straßenjungen, herumzulungern und sich etwas in den Schoß fallen zu lassen, und sei es das Glück. Es läßt sich also nicht das geringste gegen die Straßenjungen sagen, daß sie das, was ihnen geboten wurde, ergriffen. Schließlich warten sie ja immer auf irgend etwas, was unvermutet ihnen zufällt, einen Zigarettenstummel, eine Orange, eine Backpfeife, einen Dukaten. Sie leben, um das Unerwartete als ein Geschenk der Götter hinzunehmen. Nicht so die Passanten! Jeder von ihnen ist ein ordentlicher Mensch, der von irgendwoher kommt und irgendwohin geht. Jeder von ihnen lebt nach dem Grundsatz, daß eine Krähe die andere wasche und jeder Arbeiter die Hälfte seines Lohnes wert sei. Jeder Passant, der sich ins Gewühl der Straßenjungen stürzt, irrt um des schnöden Mammons willen vom Wege ab.

Keiner der Straßenjungen kommt nur einen Augenblick auf den Gedanken, darüber nachzudenken, was den Mann veranlaßt haben könnte, sein Geld zu nehmen und unter die Leute zu verteilen. Jeder der Passanten ist im Augenblick, da er die Situation erfaßt, der Überzeugung, daß es sich um einen plötzlich irrsinnig Gewordenen handelt. Im selben Augenblick schon ist er bereit, in schäbiger Weise die Situation auszunutzen.

Es wäre nunmehr an der Zeit, daß wir anfingen, darüber nachzudenken, was wohl den Mann veranlaßt haben kann, also seinem Vermögen Ziel und Ende zu setzen. Doch kann ich es mir nicht versagen, vorher noch auf eine Feinheit in dieser Nachricht hinzuweisen, die entdeckt und aufgezeigt zu haben mir, wie ich hoffe, den Ruf eines vollkommenen Kommentators einbringen wird. Der Mann, der da angeblich plötzlich irrsinnig geworden ist, wählte, um sein Geld zu verteilen, nicht die Straße schlechthin, sondern eine Straßenecke. Kein Dichter könnte sich die Szenerie wirkungsvoller ausdenken. Wie der leichte Wind um die Ecke streicht, wie ein Hundertdrachmenschein auf einen Balkon hinaufweht, um einem glutäugigen Kind des Südens die Erfüllung eines Traumes zu bringen, wie »von allen Seiten« die Gier herbeistürzt, und wie schließlich der Schauplatz nach diesem unwahrscheinlichen Vorgang sich entleert, dieser ganze Ablauf wird mit einer wahrhaft poetischen Prägnanz durch die Ecke vor unserem Auge heraufbeschworen.

Nun aber ist alles vorbei. Die Straßenjungen eilen glücklich mit ihrer Beute davon. Die Passanten drücken sich hastig ins Gewühl, Krähenblicke voll schlechten Gewissens verstohlen um sich werfend. Der Mann sitzt auf der Polizeiwache und ist glücklich. Er hat die Absicht gehabt, sein Geld loszuwerden. Das ist ihm gelungen. Ein Psychiater wird ihn begutachten. Natürlich wird der Psychiater zu dem Ergebnis kommen, welches der Shakespeare der Nachricht aus aller Welt durch das bescheidene Adverbium irrsinnig schon vorweggenommen hatte, ehe wir überhaupt etwas bemerkt haben. Aber wie wäre es, wenn man solche Leute nicht dem Psychiater, sondern dem Philosophen zur Begutachtung vorführte. Der Philosoph würde bei diesem Mann vermutlich tiefe Einsichten in das Wesen des Geldes entdecken. Die Nachricht würde dann nur um ein bescheidenes Adverbium anders aussehen. Wie sehr möchte man sich wünschen, in einer Welt zu leben, in der diese Nachricht lautete:

»Ein plötzlich einsichtig gewordener Mann... hob sein gesamtes Bankkonto... ab und verteilte es an einer Straßenecke...«

DER KÖNIG VON TABOR

Der König von Tabor hat abgedankt. Man braucht nicht bekümmert zu sein, wenn man nicht weiß, wo Tabor liegt. Man wird es sogleich erfahren.

Tabor ist eine Südseeinsel, die in unseren Gesichtskreis tritt, weil der abgedankte König von Tabor der schwedische Matrose Karl Petersen aus Söderhamn ist. Vor zwei Jahrzehnten ging sein Schiff in der Nähe der Insel Tabor unter. Als einziger Überlebender wurde er an Land gespült. Als er sich am Strand aufrichtete, war er sich darüber klar, daß, wenn er nicht das Glück gehabt hatte, auf einem unbewohnten Atoll gestrandet zu sein, er von den Kanaken am Grill geröstet werden würde.

Für die Kanaken, die auf der Insel wohnten, lag die Sache anders. Mitten aus dem unendlichen Meer war ein Mann aufgetaucht, der einen Kopf größer war als sie alle und zudem weiße Haut, blaue Augen und blondes Haar hatte. Sie nahmen den Leichtmatrosen Karl Petersen aus Söderhamn als ein Geschenk des kanakischen Poseidon in Empfang und machten ihn zum König von Tabor.

Zwanzig Jahre hat er als ein glücklicher König über ein glückliches Volk geherrscht. Er hat ein Kanakenweib geheiratet und acht Kinder gezeugt.

Nun aber hält ihn nichts mehr. Er will seine Krone niederlegen. Er will Tabor verlassen. Er will heim nach Söderhamn.

Von Caesar ist uns die Äußerung überliefert, daß er lieber in irgendeinem Dorf der Erste als in Rom der Zweite sein wolle. Man weiß nicht recht, ob man diese Bemerkung bewundern soll. Es ist wahrhaftig keine schlechte Sache, in Rom der Zweite zu sein, wenn man ein Römer ist. Es wäre Zeit, daß die Historiker sich daranmachten, diese Äußerung ins Reich der Fabel zu verweisen. So wie es, nach einem Wort Liebermanns, die Aufgabe der Kunsthistoriker ist, die schlechten Bilder eines großen Malers als Fälschungen zu verwerfen, ist es die Aufgabe der Historiker, die albernen Bemerkungen großer Männer als apokryph zu enthüllen.

Ich habe die sehr viel schwierigere, aber auch dankbarere Aufgabe, die Legenden zu schaffen, mit denen die Historiker sich nachher herumärgern müssen. So fasse ich meine Eindrücke von der Abdankung des Matrosen Petersen aus Söderhamn zusammen in den bemerkenswerten Ausspruch König Karls des Letzten von Tabor: »Ich will lieber in der Heimat der Letzte als in der Ferne der Erste sein.«

Dieser Ausspruch des Königs von Tabor ist dem Ausspruch Caesars insofern überlegen, als der König von Tabor ihn wahr machte und sich das eine Krone kosten ließ.

Zwanzig Jahre hat der Matrose Petersen in Tabor gesessen und Heimweh nach Söderhamn gehabt. Zwanzig Jahre wird der König von Tabor in Söderhamn sitzen und Fernweh nach seinen Kanaken haben. Das bemerkenswerte Schicksal dieses merkwürdigen Mannes hat ihm, so viele Erfüllungen es ihm geboten hat, die Erfüllung seiner Sehnsucht nicht gebracht. Uns bringt das Schicksal dieses Mannes die Erkenntnis, daß die Sehnsucht hinter fernen Meeren wohnt und die Seele des Menschen von ihm selber durch einen Ozean getrennt ist.

Der Meergott nimmt den Kanaken wieder weg, was er vor zwei Jahrzehnten so großmütig ihnen schenkte. Sie sehen ihren König entschwinden hinter dem Horizont, über den er heraufkam. Man darf sie glücklich preisen, daß sie diesen Horizont nicht zu überschreiten vermögen. Was hätten sie davon, wenn sie, auf der Suche nach dem Götterhimmel, in den ihr König entschwand, nach Söderhamn kämen!

Wir aber wollen uns aufmachen nach Söderhamn und dort im »König von Tabor« bei Karl Petersen anfangen, Whiskey zu trinken. Ein Whiskeyfaß ist am ehesten noch geeignet, als Fahrzeug zu dienen, wenn der Mensch den Ozean durchkreuzen will, der ihn von seiner Seele trennt. Ach, wie selten ist unter diesen Seefahrern auf dem Meer der Sehnsucht einer zu treffen, der als sein eigener Kolumbus am anderen Ende der Welt sich selbst entdeckt.

Gaunerstreiche sind, natürlich, etwas Verwerfliches. Aber der Mensch, leider, ist so gebaut, daß er vom Moralischen keine Notiz nimmt, wenn es etwas zu lachen gibt. Mag das bedenklich erscheinen, so steckt doch in dieser Neigung zum Gelächter ein tiefes Bedürfnis der menschlichen Seele. Das Gelächter gilt ja nicht dem Unmoralischen, sondern der List, jenem odysseeischen Talent des Menschen, das Gewalt durch Klugheit, den starken Arm durch das stärkere Köpfchen besiegt.

Die Gaben dieser Welt sind ungleich verteilt. Wir haben wenig Möglichkeiten, an dieser Verteilung etwas zu ändern. Der eine ist 1,92 groß, der andere 1,48. Dieser Unterschied ist so unabänderlich wie das Schicksal selbst. Immer und ewig ist der Große halt größer als der Kleine. Aber wenn nun der Große sich den Kleinen langen will und der läuft ihm unversehens zwischen den Beinen durch und davon, so müssen wir lachen, weil die Unabänderlichkeit auf einmal herumgedreht ist. Der Kleine ist halt immer kleiner als der Große, und der Große kann ihm das nicht nachmachen. Die List des Odysseus ist jedermanns List und damit auch jedermanns Trost. Beim Gaunerstreich sind wir immer auf seiten des Gauners. Seit des blinden Sängers großem Lied hat wohl noch nie irgend jemandes Sympathie auf seiten des Polyphem gestanden. Homer hat seine Leser gekannt.

Wenn ein einzelner Mann mit der Regierung der Vereinigten Staaten anbandelt, so ist das Kräfteverhältnis noch ungünstiger als das zwischen Odysseus und Polyphem. So verdient es, angemerkt zu werden, daß ein einzelner Mann den Staatspolyphem k. o. geschlagen hat.

Der einzelne Mann hatte bei Simone Martini angefangen und ihn zu reproduzieren versucht. Das war ihm gut gelungen. Er ist dann durch viele Jahrhunderte gewandert und hat die Werke der großen Maler nachgebildet. Dabei entwickelte er eine bemerkenswerte Geschicklichkeit und Genauigkeit und eine Reihe graphischer Methoden, die ihresgleichen nicht hatten.

Eines Tages kam er auf den etwas abseits gelegenen Einfall, seine Aufmerksamkeit einem so hoch entwickelten graphischen Erzeugnis, wie es die Hundertdollarnoten des Schatzamtes der Vereinigten Staaten sind, zuzuwenden. Zu seiner größten Überraschung, ja man muß sagen zu seinem Schrecken, entdeckte er, daß er eine Hundertdollarnote mit seinem Verfahren in der vollkommensten Weise nachzubilden imstande war. Nicht einmal er selbst konnte die echte Note von der falschen unterscheiden, so daß er, ein vorsichtiger Mann, aus beiden einen Fidibus drehte und sich damit eine Zigarre der Nachdenklichkeit entzündete.

Es ist ein erregender Augenblick. Wohl im Leben jedes Menschen kommt er einmal vor. Alles Vergangene tritt da auf einmal hell ins Licht. Die Schriftsteller lassen in solchen Lagen gütige Großmütter, energische Girls, Geldbriefträger, langjährige Freunde oder den Famulus Wagner an die Türe pochen. Ich begnüge mich damit, ein zartes, weißes Federchen zum Fenster hereinschweben zu lassen. Dieses Federchen erinnerte den einzelnen Mann an einen Schwan und brachte ihn auf den Gedanken, angeln zu gehen.

So saß der einzelne Mann mehrere Tage am Ufer des oberen Potomac wie der amerikanische Präsident, wenn er ein neues Stückchen Politik aufs richtige Gleis bringen will. In den wirklich aufregenden Lagen des Lebens muß vollkommene Ruhe herrschen.

Unser einzelner Mann hatte keine Neigung, Verbrecher zu werden, aber eine kleine Gaunerei schien ihm nicht fehl am Platze. Die Nachahmung von Banknoten ist ein schweres Verbrechen, aber die Herstellung von Banknoten ist eine legitime Funktion des Staates, und warum sollte man staatliche Funktionen nicht verbessern wollen. So ging er hin und bot dem Schatzamt der Vereinigten Staaten seine gesamten Patente an als ein neues und verbessertes Verfahren zur Herstellung von Banknoten.

Der staatliche Polyphem erhob ein dröhnendes Gelächter, klatschte sich auf seine Säulenschenkel und verhöhnte den einzelnen Mann. Der kleine Mann duckte sich, lief dem Polyphem zwischen den Beinen hindurch, setzte sich auf einen Haufen Goldbarren und lächelte. Polyphem drehte sich langsam herum und betrachtete mißtrauisch den lächelnden Mann. Ob er etwa daran dächte, auf eigene Rechnung Banknoten zu drucken? Das könnte ihm schlecht bekommen. Da er schon so dumm gewesen sei herzukommen, kenne man ihn jetzt. Man werde ihn bewachen lassen.

Der einzelne Mann lächelte und meinte, Polyphem könne ihn ja gern für dumm halten. Aber er sei nun einmal kein Verbrecher. Darum sei er ja hergekommen. Wenn man ihn nicht haben wolle, dann sollten die Leute doch wenigsten erfahren, wie er die staatlichen Methoden habe verbessern wollen. So werde er sein Verfahren, da es doch für ihn nichts wert sei, in allen Einzelheiten der Öffentlichkeit mitteilen, damit jeder gute Bürger sehen könne, wie leicht es sei, die staatlichen Banknoten nachzumachen.

Dies war für den Nußknacker Polyphem eine harte Nuß. Wenn ihn das Mißfallen aller guten Bürger wenig gestört hätte, der Beifall aller schlechten Bürger bedeutete eine nicht zu unterschätzende Gefahr. So konnte der einzelne Mann seine gesamten Patente für teures Geld an das Schatzamt der Vereinigten Staaten verkaufen, damit weder die guten noch die schlechten Bürger erführen, wie leicht es sei, Hundertdollarnoten herzustellen. Der einzelne Mann hatte es nicht nötig, Verbrecher zu werden. Um nicht ohne Verdienst ehrlich zu bleiben, genügte es, daß es eine Menge anderer Leute gab, die bereit waren, mit Verdienst unehrlich zu werden. Er brauchte keine einzige Banknote zu fälschen, weil es genug andere Leute gab, welche das jederzeit übernommen hätten. Er ließ sich dafür bezahlen, ein Verbrechen nicht zu begehen, das er niemals hatte begehen wollen. Er hatte auch keinen anderen dazu verführt, etwas Unrechtes zu tun. Das heißt man wirklich, die Schlechtigkeit der Menschen zum Guten wenden, auch wenn das Gute nur das eigene Beste ist.

So sitzt der einzelne Mann bieder, lächelnd und ehrlich wieder am oberen Potomac. Die Fische kommen von allen Seiten, um sich den ehrlichen Gauner genau zu besehen. Ihm natürlich gehen sie jederzeit gern an die Angel, während dem Polyphem die Gräte noch im Halse steckt. Wollen auch wir einerseits uns entrüsten, andererseits angeln gehen. Ein guter Einfall ist eine Gabe der Götter. Freilich fallen die Gaben der Götter nur denen in den Schoß, die sich Zeit nehmen, darauf zu warten.

MONDFUNK

Die Neger im Urwald nennen das Radio »Wolkenstimme«. Sicherlich glauben sie ehrlich, daß das, was der große Trichter flüstert, singt und redet, wirklich aus den Wolken komme. Man sollte dieses Irrtums wegen nicht über die Neger lächeln. Viel angemessener ist es, sie wegen ihrer Begabung für Poesie zu bewundern. Höchstens könnte man sie bedauern wegen der Vorstellungen, die sie sich allmählich über die Wolken gebildet haben müssen. Aber schließlich, der Himmel ist weit, und eine jede Wolke red't ja nicht.

Unser Ehrgeiz geht über die Wolken hinaus. Professor Appleton in London beabsichtigt, vermittels Radiowellen mit dem Mond in Verbindung zu treten. Zunächst handelt es sich nur darum, Radiowellen, die als Echo vom Mond zurückkommen, auf der Erde wieder aufzufangen.

Ohne Zweifel, das Unternehmen entbehrt nicht der Größe. Professor Appleton wird von einem Riesensender aus den Mond anfunken. Rings um ihn herum bis an den Horizont sitzen die Mitarbeiter, die versuchen werden, die vom Mond reflektierten Wellen wieder aufzufangen.

Bei der hohen Entwicklung unserer Technik kann keinen Augenblick ein Zweifel darüber bestehen, daß es gelingen wird, Wellen zum Mond zu werfen. Sicher wird der Mond sie zurückwerfen, sei es aus Hochmut, sei es aus Langeweile, sei es aus Gekränktheit. Denn natürlich ist bei diesem Unternehmen das Wichtigste vergessen worden.

Während die Röhren knattern, während eine unerhört präzise Organisation zum Empfang des Mondechos aufgezogen wird, während die Zeit vermittels eines Differentials in ihre allerkleinsten Bestandteile zerlegt wird, während die Meßapparate vor Aufregung zittern, hat man vergessen, darüber nachzudenken, was man denn zum Mond hinauffunken soll.

Denken wir daran, wie viele Jahrmillionen der Mond in seiner gelassenen Manier um unsere Erde kreist. Denken wir daran, wie viele Seelen er zur Trauer und zur Freude bewegt hat. Denken wir daran, was alles unter seinem silbernen Strahl sich begeben hat seit dem zweiten Tag der Schöpfung. Sicher war der Mond das erste, was den Menschen getröstet hat, als er aus dem Paradies vertrieben war. Wenn wir uns die letzten Gräber dieser Erde vorstellen wollen, so sehen wir sie im Schein eines bleichen Mondes liegen.

Nun werden wir zum erstenmal mit ihm in Verbindung treten. Kein Zweifel, es ist eine Ehrensache der Menschheit, daß die Form ihrer Äußerung des Anlasses würdig ist.

Auf Appletons Schultern ruht die Verantwortung für die Reputation, die wir in künftigen Jahrmillionen beim Mond genießen werden. Ein andrer Atlas, trägt er das Gewölbe unseres himmlischen Ansehens. Wenn es zusammenbricht, werden wir unter den Trümmern einer aeonalen Blamage begraben werden.

Was, beim Silberstrahl des Mondes, möchte würdig erscheinen, bei dieser Premiere dem Monde mitgeteilt zu werden?

Natürlich könnten wir die Neunte Symphonie funken oder auch die Achte. Aber woher soll der Mond wissen, daß wir Beethoven so hoch schätzen? Hat er doch mit seinem sanften Strahl so viele große Männer beschienen, die ihn als einzigen Zeugen ihrer Größe hatten.

Wir könnten einen Vers funken von Milton oder Homer. Freilich, uns würde das schon ehren. Aber ehrt es auch den Mond genug?

Wir könnten SOS funken, insofern wir als Menschheit so ziemlich am Rande sind. Aber kann man jemanden, dem man sich gerade erst vorstellt, sogleich um die Gefälligkeit bitten, unsere Seelen zu retten?

Wir könnten ihm das Datum funken. Aber daraus würde er nur ersehen, daß wir nach der Sonne rechnen und nicht nach ihm. Er würde künftig nur noch über den Batakern scheinen wollen, die nach dem Mond rechnen, und wir müßten eines Mondscheinspaziergangs wegen nach Sumatra fahren.

Schließlich bestände noch die Möglichkeit, daß wir ihm die Formel funkten, nach der er sich um uns dreht. Aber erstens ist es nicht fein, jemanden auf seine Abhängigkeit hinzuweisen, und zweitens natürlich sind sich die Astronomen über diese Formel in keiner Weise einig.

In der nächsten Woche werden wir erfahren, mit welchem Bonmot Appleton sich in das Weltall hinausgewandt haben wird. Der Appletonsche Versuch wird ein Markstein werden in der Geschichte unserer Beziehungen zum Mond.

Doch wie auch immer der Mond verärgert werden mag durch Funkappeal, schlimmstenfalls wird er seinen Schein von der Wissenschaft zurückziehen. Sie wird dann völlig im Dunkeln liegen. Wer ihn nicht gerade anfunkt, sondern schlicht das Auge zu ihm aufhebt, wird ihn freundlich strahlen sehen auch fürderhin, den Mond, den Freund der Einsamkeit, der großen Gedanken und der Liebe.

MILLIONÄR MIT VERZÖGERUNG

Bei Rochefort an der bretonischen Küste steht der Leuchtturm von St. Pierre. Die Brandung des Ozeans rauscht um die Klippen zu seinen Füßen. Man könnte die Brandung um die Klippen auch donnern lassen. In einer solchen Sache hat der Literat die vollkommenste Freiheit. Zu dem, was im folgenden gesagt werden soll, paßt Rauschen besser als Donnern. So wollen wir dem Rauschen lauschen.

Es ist ziemlich einsam da. Ein Leuchtturm ist wie ein großer Weiser. Er verbreitet Licht nach allen Seiten. Ein jeder kann seinen Kurs nach ihm richten. Aber wer der Weisheit zu nahe kommt, dessen Schiffchen zerschellt.

Auf dem einsamen Leuchtturm sitzt der einsame Leuchtturmwächter. Ich habe oft, nächtens an der Reling lehnend, über die einsamen Leuchtturmwächter nachgedacht. Sicher ist es ein erhabener Beruf. Einsamkeit gibt jeder Sache und jedem Menschen Größe. Käse ist sicherlich keine besonders erhabene Angelegenheit. Der einsame Käse, den der einsame Robinson sich bereitet, ist ein Glanzstück in einem großen Roman der Weltliteratur.

Man unterwirft die Menschen heutzutage psychotechnischen Prüfungen. So raffiniert diese Prüfungen ausgedacht sein mögen, keine einzige könnte so streng sein wie die Prüfung durch Einsamkeit. Solche Prüfungen werden denn auch nicht veranstaltet. Das zeigt wieder einmal, wie sinnvoll die Welt eingerichtet ist. Wenn man so weit wäre, über einen Stamm von Leuten zu verfügen, die die große und schwere Prüfung durch Einsamkeit mit Auszeichnung bestanden hätten, dann wüßte man nicht, was man mit diesen wertvollen Leuten anfangen sollte. Sie ins Gefängnis zu sperren, nur damit sie von ihren Tugenden Gebrauch machen können, erscheint nicht übermäßig sinnvoll. Ganz offensichtlich gibt es Tugenden, die für den Menschen ohne Wert sind, solange er nicht Leuchtturmwächter ist oder mit den Gesetzen kollidiert.

Mögen die Leuchtturmwächter wie auch immer ihre Tage verbringen, mögen sie die Bibel lesen oder Radio hören, von dem Leuchtturmwächter von St. Pierre de Rochefort wissen wir, womit er sich seit vorigen Samstag die Zeit vertreibt. Im Mai hat er seinen Leuchtturm bezogen und damit die Verpflichtung übernommen, ein Jahr auf seinem Posten zu bleiben. Am vorigen Samstag hat er eine Million Franken in der Lotterie gewonnen.

Vertrag ist Vertrag. Selbst wenn der Gute seinen Vertrag gar nicht halten wollte, es käme keiner, ihn abzuholen. Nun, wir haben keinen Grund, einen braven Mann zu verdächtigen, nur weil er in der Lotterie gewonnen hat. Sicherlich ist er in jedem Fall entschlossen, seine Pflicht zu tun. So haben wir die merkwürdige Erscheinung eines armen Mannes, welcher reich ist, oder auch eines reichen Mannes, welcher arm ist. Worüber der Leuchtturmwächter von St. Pierre zur Zeit nachdenkt, das ist ohne Zweifel die Million und ihre Verwendung.

Selten wird einem Menschen eine so wunderbare Gelegenheit geboten, sich an sein Glück zu gewöhnen. Die freudige Überraschung unseres Robinson, der das große Los gewonnen hat, wird natürlich in einigen Wochen einer ruhigeren Betrachtung Platz machen. In dieser Zeit wird Robinson sich die ganze Welt kaufen. Da er seine Million kein einziges Mal wirklich los wird, kann er sie beliebig oft ausgeben. Robinson wird also einmal in einer Lustyacht um die Erde segeln. Einmal wird er alle armen Fischer in seinem Dorf zu wohlhabenden Leuten machen. Von ihrer Dankbarkeit allein kann er drei gute Wochen auf seinem Leuchtturm leben.

Einmal wird er alle Leuchttürme der Welt mit neuen Bibeln oder neuen Radioapparaten ausstatten, je nachdem. Einmal wird er in Paris den großen Mann spielen, Geschäfte machen und aus der einen Million fünf Millionen machen. Dies ist einer der liebsten Gedanken aller neuen Millionäre. Er wirft ein aufschlußreiches Leuchtturmlicht auf die Beschaffenheit der menschlichen Seele. Aber die Sonne geht alle Morgen auf und alle Abende geht sie unter. Bald wird Robinson merken, daß das Reichsein auf die Dauer auch nicht unterhaltender ist als das Armsein. Hingegen wird unser Robinson nun Sorgen bekommen.

Während er bisher heiter den Klängen lauschte, die vom Tanztee des Ritzhotels in London herübertönten, wird er nunmehr die Devisenkurse einstellen und anfangen, sich mit der Wirtschaftskrise zu beschäftigen. Eines Tages hat unser Millionär eine beträchtliche Vermögenseinbuße erlitten. Das hat eine Menge unerwarteter Folgen. Die Lustyacht schrumpft um tausend Tons. Die Ziegeldächer auf den Häusern der armen Fischer verwandeln sich in Strohdächer. Die australischen Leuchttürme bekommen keine Bibeln mehr.

Die Kurse, leider, fallen weiter. Mit ihnen schrumpfen die Yacht sowohl wie die Hütten der Gottwohlgefälligkeit. Auch die afrikanischen Leuchttürme müssen nunmehr auf neue Bibeln verzichten. Unser Robinson, der noch niemals in seinem Leben sich den geringsten Gedanken über seine Armut gemacht hat, wird nun, nachdem er reich geworden ist, alle Bitternisse zu spüren bekommen, die fortschreitender Vermögensverlust mit sich bringt. Unser Robinson, der arm ist, wird Angst bekommen, arm zu werden. Unseren Robinson wird der Geiz packen.

Aber die Sonne geht alle Morgen auf und alle Abende geht sie unter, und noch ist es ein halbes Jahr, daß Robinson auf seinem Leuchtturm sitzen muß. Über kurz wird Robinson, anständig wie alle armen Leute sind, sich seines Geldes schämen, und in seinen Träumen wird immerzu ein Kamel sich durch ein Nadelöhr zwängen. Der Anblick des Kamels, wenn ihm dieser Vorsatz zur Hälfte gelungen ist, wird Robinson, der von Berufs wegen nachdenklich ist, noch nachdenklicher stimmen.

Durch einen glücklichen Zufall kommt eines Tages ein Kutter längs, der Robinson einen großen Sack Post auf die Klippen wirft. Er findet vierzehnhundertzweiundsechzig Bettelbriefe darin. Da er Zeit hat – in diesem Punkte ist er immer von märchenhaftem Reichtum gewesen und darum daran gewöhnt –, nimmt er sich etwas von ihr und addiert die Wünsche seiner Mitmenschen. Es stellt sich heraus, daß er, um sie alle zu erfüllen, etwa zwei Millionen Franken brauchte. Erfüllt er sie nicht, wird er vierzehnhundertzweiundsechzig Feinde bekommen, er, ein Mann, der noch nie im Leben einen Feind gehabt hat außer dem Nordsturm.

Robinson ist von diesem Gedanken so erschüttert, daß er den Rest seiner Leuchtturmzeit damit verbringt, darüber nachzudenken, wie er wohl auf unauffällige Weise seine Million wieder loswerden könne. Für jemanden, der ihm etwa in diesem Punkte behilflich sein will, ist die Zeit gekommen, Vorschläge zu machen.

Glück mit Verzögerung verwandelt sich in Unglück. Natürlich erhebt sich alsbald die Frage, ob etwa Unglück mit Verzögerung sich in Glück verwandelt. Betrüblicherweise sitzen richtige Millionäre in dem Augenblick, da sie ihr Vermögen verlieren, nicht mit Jahreskontrakten auf Leuchttürmen. Das ist von den Millionären sehr unvernünftig. Wenn man sich vorstellt, daß Robinson auf seiner Insel durch irgendeinen göttlichen Zufall, das Radio etwa, erführe, daß sein Vermögen weg sei, würde ein wohlgelungener Käse ihn leicht über diesen imaginären Verlust hinwegtrösten. Wenn man es sich nur einrichtet, ist ein Käse mehr als eine Million wert. Wenn man diesen kostbaren Käse an den Mann bringen will, so ist auch dieses Problem schon gelöst durch das Sprichwort, das für alle Robinsons der Welt gilt:

»Selbst ist der Mann!«

DIONYSISCHE PALAEONTOLOGIE

Am Viktoriasee haben sie einen alten Herrn ausgegraben. Er hatte einen wundervoll ausgebildeten Unterkiefer und eine prachtvoll hohe Stirn. Die Ausgrabung wäre nicht weiter aufregend, wenn dieser alte Herr nur einfach so in der Erde gelegen hätte. Aber er lag nicht nur einfach so in der Erde. Er lag in einer geologischen Schicht.

Die Praehistoriker stürzten sich, mit den Geologen vereint, auf den Kinnladen und vereinbarten auf Grund der bei ihnen gültigen Konventionen, daß dieser alte Herr zweihundertfünfzigtausend Jahre alt sei. Ich persönlich bin der Meinung, daß das übertrieben ist. Nach den vorliegenden Beschreibungen gebe ich diesem Ehrengreis der Vorgeschichte höchstens zweihundertvierzigtausend Jahre.

Die Entwicklungstheorie gerät durch diesen Fund in eine ganz verzweifelte Lage. Der älteste Affe, den man kennt, ist nämlich nur siebzigtausend Jahre alt. Es ist schade, daß Affen für Wissenschaft nichts übrig haben. Es würde sich jetzt beweisen lassen, daß der Mensch nicht vom Affen abstammt und also der Affe auch nicht für ihn verantwortlich gemacht werden kann. Da die Affen ihrerseits vermutlich keinen Wert darauf legen, von uns abzustammen, könnte man diese alte Streitfrage endlich begraben. Aber leider, leider, Affen haben für Wissenschaft nichts übrig. Ihre Methode, die Schöpfung zu preisen, ist zu naiv, als daß sie ernst genommen werden könnte. Affen schaukeln auf Lianen seit siebzigtausend Jahren. Mögen wir immerhin am Klettertau des Logos auf und nieder flitzen, wir werden niemals die geschichtliche Stabilität der Affen erreichen.

Die Ursache dafür läßt sich schon bei dem alten Herrn vom Viktoriasee nachweisen. In seiner geologischen Schicht fand man, keinen Meter von ihm entfernt, ein ehemals hölzernes Trinkgefäß. Unterdessen ist es versteinert. Die Versteinerung hat uns das Gefäß bewahrt und die Tatsache, daß es mit einem Muster geschmückt war. Es ist klar, der alte Bursche hat gesoffen. Mitten in der Palaeontologie hat ihn der Schlag getroffen, so daß sein Gebein nicht begraben wurde, sondern mit den Jahrtausenden in die Tiefe sank.

Dieser vorzeitliche Schlaganfall war, gewissermaßen, eine frühzeitige Warnung an das Menschengeschlecht. Sie hat nichts genützt. Bisher waren wir der Meinung, daß wir seit dreißigtausend Jahren söffen. Jetzt wissen wir, daß wir es schon seit mindestens zweihundertundvierzigtausend Jahren tun.

Der alte Herr vom Viktoriasee war der erste, der vom Zweck zum Selbstzweck überging und uns damit einen so ungeheuren Vorsprung vor dem Ichthyanodon verschaffte. Die Urviecher tranken, weil sie Durst hatten. Der Mensch zerbrach diesen Zusammenhang. Er verschaffte sich Durst, um trinken zu können. Damit zum erstenmal wurde eine biologische Funktion in den Bereich der Moral gerückt. Daß der Mensch dabei mit dem Unmoralischen anfing, liegt in seiner Natur. Vom Unmoralischen zum Moralischen ist nur ein Schritt, so selten er auch getan wird. Vom Biologischen zum Unmoralischen, das war ein Sprung in die Zukunft, ein Sieg, der die Grenzen des Animalischen zerbrach und erstmals der Kultur die Tür öffnete. Es war die Tür der Schenke.

Das Trinken ist neuerdings in Verfall geraten. Es gibt zu viele trübe Apostel, die von den Schäden an der Gesundheit reden. Man sollte sie mit dem Kinnbacken vom Viktoriasee erschlagen. Wenn wir die letzten zweihundertundvierzigtausend Jahre davon nicht zugrunde gegangen sind, werden wir es wohl auch in Zukunft noch eine Weile aushalten.

Der Verfall des Trinkens ist nicht von den Aposteln der Mäßigkeit verursacht. Mit ihren Angriffen haben sie eine Festung erobert, die von ihrer Besatzung schon verlassen war. Der Verfall des Trinkens geht mit dem Verfall der Moral Hand in Hand.

Die Menschen sind im Lauf des letzten Jahrhunderts so durch und durch demoralisiert worden, daß sie nicht mehr die Notwendigkeit empfinden, besondere Einrichtungen zu haben, in denen das Unmoralische gepflegt wird. Der Nachteil für das öffentliche Wohl liegt auf der Hand. Anstatt daß die Unmoral nach festen Riten gepflegt wird an Stätten, die dafür geeignet sind, hat sie sich in gänzlich anarchischer Weise über weite Gebiete des Lebens verbreitet, wo sie nichts zu suchen hat. Der Verfall der Schenken ist für das öffentliche Wohl ein nahezu ebenso bedenkliches Zeichen wie der Verfall der Familie. Das Saufen, anstatt ein Laster zu sein, ist eine Gewohnheit geworden, bei der niemand mehr etwas findet. Die Familie, anstatt eine Tugend zu sein, ist eine Gewohnheit geworden, an der jedermann etwas findet.

Das Saufen war so weit seines wahren Charakters als einer unmoralischen Handlungsweise beraubt, daß es als eine Krankheit betrachtet wurde. So kam es, daß Trunkenheit vor Gericht als mildernder Umstand galt, eine Beleidigung für jeden, der die Molle ernst nimmt.

Wenn wir die Aufgabe übernehmen, die Familie wieder zu einer moralischen Institution zu machen, so dürfen wir an der Schenke nicht achtlos vorübergehen. Niemand wird ehrlich glauben, daß die Menschen von Natur gut sind. Zur Tugend muß man sie zwingen. Zum Laster braucht man sie, dem Himmel sei's geklagt, nicht zu zwingen. Man muß nur dafür Sorge tragen, daß es die richtigen Laster sind. Das vortrefflichste Laster, das ein Mann haben kann, der für seine Familie sorgt, ist, daß er zuweilen in die Schenke geht.

Gedenken wir mit Ehrfurcht jenes wichtigen Potators vom Viktoriasee! Sorgen wir, daß auch unsere Trinkgefäße noch nach zweihundertundvierzigtausend Jahren einer Betrachtung wert sind. Als Prometheus die kalte Welt betrat, trug er in der rechten Hand eine Fackel, die der Menschheit die äußere Wärme schenkte, in der linken eine Flasche Korn, der wir die innere Wärme verdanken. Wenn es die Kultur war, die zur offenen Tür der Schenke hereinkam, ist der Weg, den der Mann beschreitet, wenn er aus der Schenke hinaustritt, der Weg nach Hause.

Seien wir stolz auf unsere Tugenden. Hinsichtlich unserer Laster wollen wir vom Stolze absehen. Wir wollen uns ihrer freuen. Auf dem schmalen Pfad, der die Schenke mit dem Heim verbindet, läßt sich ein Leben abtraben, das eines ehrlichen Begräbnisses würdig ist.

Von der Tugend allein kann man nicht leben. Vom Laster allein kann man nicht sterben.

»Herr Ober! Einen großen Korn!«

Auch im Frack ist Dionysos ein Gott.

DAS ATTENTAT

Im Städelschen Kunstinstitut in Frankfurt am Main hat ein Mann ein Attentat begangen. Ich bediene mich des alten Brauches, von einem Städelschen Kunstinstitut in Frankfurt am Main zu sprechen, obgleich es dergleichen gar nicht gibt. Das Städelsche Kunstinstitut nämlich liegt auf der anderen Seite des Mains, in Sachsenhausen. Der Main ist schon seit sechzig Jahren keine Trennungslinie mehr zwischen den Norddeutschen und den Süddeutschen. Aber die Frankfurter und die Sachsenhäuser wird er trennen bis ans Ende der Tage. Das Städelsche Kunstinstitut liegt für die Frankfurter »dribb der Bach«. Schopenhauer hat sein Leben lang hinübergeblickt. So braucht es uns nicht zu verwundern, daß das Idyll eines Frühromantikers in der Sehachse dieses Pessimisten noch so viele Jahre nach seinem Tode zum Ballungspunkt eines Dramas wurde. Es hängt dorten von Johann Anton Koch ein Gemälde, das darstellt, wie fünf Nymphen einen Mann aus dem Wasser ziehen. Ein bis dato unbekannter Attentäter hat die Nymphen eine wie die andere mit einem Messer schwer lädiert.

Ein oberflächlicher Berichterstatter glaubt das Motiv der Tat darin erblicken zu können, daß die Nymphen nackt seien. Diese Erklärung ist zu billig, als daß wir uns mit ihr begnügen könnten.

Der Attentäter hatte zweifellos etwas gegen die Frauen. Vielleicht sind es gerade fünf Frauen, die ihn ruiniert haben. Es hat ihn die Ironie gereizt, daß fünf Frauen einen Mann sollten erretten können. In der Tat ist das ungewöhnlich. Fünf Frauen stürzen einen Mann ins Unglück. Es ist immer nur eine, die ihn herauszieht. Der Attentäter hat eine Affekthandlung begangen. Affekthandlungen sind fast immer ebenso ehrenwert wie blödsinnig. Hätte der Gute, der von fünf Frauen ins Unglück gestürzt wurde, nachgedacht, hätte ihm nichts auf der Welt eine so vollständige Genugtuung geben können wie dieser ungewöhnliche Einfall eines Frühromantikers, der fünf Frauen einen Mann retten läßt. Am Ende jeder moralischen Fabel pflegt sich des Zuhörers eine gewisse Befriedigung zu bemächtigen. Das Gute hat gesiegt. Aber Voltaire hat glänzende Beispiele dafür gegeben, daß man Fabeln weitergehen lassen muß, um zu erfahren, ob an der Moral der Fabel etwas dran ist.

So könnte einen der Anblick des von den fünf Frauen geretteten Mannes befriedigen. Aber es ist ein allgemeiner Irrtum, daß die Romantik naiv gewesen wäre. Sie war im höchsten Grade ironisch, freilich nicht auf eine oberflächliche, sondern auf eine tiefsinnige Weise.

Es genügt, sich vorzustellen, wie die Geschichte mit dem Mann und den fünf Frauen weitergehen wird. Jede wird ihn für sich haben wollen. Das Bild, das vor unsere Phantasie tritt, ist von einem Frühromantiker nicht mehr zu malen. Man sieht nur, leicht zerrupft, die fünf Frauen wieder im Wasser liegen und den Mann nachdenklich davorstehen.

Dieses Bild ist nicht geeignet, uns jenes Gefühl der Weltverbundenheit zu vermitteln, das das Wesen der echten Kunst ausmacht. Nur den Attentäter dürfte es befriedigen.

Es bleibt uns noch, darüber nachzudenken, was der Mann am Nymphenteich nun machen soll. Holt er sie alle fünf heraus, ist die Lage so verzwickt wie vorher. Holt er nur eine für sich heraus, so wird er ohne Zweifel die falsche erwischen und sein Leben lang den vier anderen nachtrauern müssen. Läßt er sie alle fünf im Teich und läuft davon, handelt er zwar nicht ohne Klugheit, aber er ist kein Gentleman.

Die einzige Lösung, die wirklich gentlemanlike ist, ist die, daß er sie alle fünf rettet und sich sofort wieder in den Teich stürzt, um sich nunmehr nicht noch einmal retten zu lassen. Ich muß gestehen, daß mich diese

Lösung nur wenig befriedigt. Doch können wir aus dieser Geschichte die Lehre ziehen, daß man sich aus dem Teich, in den man gefallen ist, auf keinen Fall von mehr als einer Frau retten lassen soll.

ELEFANTASTISCHE TRAGIKOMÖDIE

Einen Elefanten hinter einem kleinen Hütejungen herlaufen zu sehen, wird immer ein Bild sein, das einen in Verwunderung versetzt. Niemals wird man ganz begreifen, welche List es eigentlich ist, auf die der Elefant hereinfällt. Die Sache ist um so erstaunlicher, als ja der Elefant von Zeit zu Zeit auf den Einfall kommt, sich zur Wehr zu setzen. Wir sind nicht wenig überzeugt von unserer Intelligenz. Aber wenn man irgendeinem von uns einen wilden Elefanten in die Hand drückte mit der Aufgabe, ihn zu zähmen, würden wir nicht wenig in Verlegenheit geraten. Doch kann die entgegengesetzte Aufgabe zu noch weit größerer Verlegenheit führen.

Der Radscha von Patialah besaß seit alters eine der Würde seines fürstlichen Namens entsprechende Menge von Elefanten. Es waren so an die hundertundachtzig Stück. Diese wackeren Tiere würden selbst den Reichtum eines Radschas langsam aufgefressen haben, wenn sie zu nichts weiter als zur Würde gedient hätten. Sie mußten sich ihr täglich Heu selbst verdienen. So zogen sie Morgen für Morgen als Traktoren auf die Felder hinaus, Würde und Nutzen auf diese Weise trefflich vereinend.

Eines Tages kehrte der Radscha von einer Reise aus Amerika zurück und brachte, statt Eindrücken, Traktoren mit nach Hause. Ein amerikanischer Ingenieur hatte ihm vorgerechnet, wieviel billiger Traktoren wären als Elefanten. Zudem hätten Traktoren noch den Vorteil, daß sie niemals so wütend werden könnten wie wütende Elefanten.

Die Elefanten wackelten traurig mit den hundertjährigen Häuptern und hoben die Rüssel zum Himmel als erhabene Fragezeichen.

Die Traktoren funktionierten ausgezeichnet. Der Radscha war höchst zufrieden, bis eines Tages irgend jemandem einfiel, daß die Traktoren das Benzin und die Elefanten das Heu fräßen. Mit den Elefanten mußte etwas geschehen.

Zunächst wollte man sie verkaufen. Leider stellte sich heraus, daß die meisten andern Radschas auch schon Traktoren besaßen und der internationale Elefantenmarkt zur Zeit auf Baisse lag. Elefanten – Brief gestrichen.

Hundertundachtzig Elefanten besitzen und sie loswerden müssen, damit sie einen nicht auffressen, das ist kein kleines Problem. Zuerst wurde der Hofweise befragt. Er zog sich in die fürstliche Bibliothek zurück, um die Frage in den Schriften der Alten zu studieren.

Dann wurde der Hofjägermeister befragt, ob man sie nicht erschießen könnte. Der Hofjägermeister war ein Mann von Ehre. Er lehnte es ab, auf zahme Elefanten zu schießen. Zudem meinte er, daß die fürstliche Tiefbauabteilung noch nicht genügend entwickelt sei. Diese dunkle Bemerkung klärte sich später dahin gehend, daß der Wackere über die Beschaffenheit der Grube nachgedacht hatte, in der hundertundachtzig tote Elefanten liegen könnten, ohne zu stinken.

Schließlich und endlich wurde auch der Hofnarr befragt. Der kam zur allgemeinen Verblüffung auf einen sehr einfachen Gedanken. Er meinte, man müsse doch die Elefanten wieder dahin zurücktun können, wo man sie herhabe. So wurde unter allgemeinem freudigem Aufatmen beschlossen, die hundertundachtzig Elefanten im Dschungel auszusetzen.

Zwar war das Gewissen des Radschas nicht ganz rein. Aber sein alter Großwesir meinte, daß doch, da man den Elefanten die Freiheit genommen habe, sie jetzt ihnen wiederzugeben geradezu eine großmütige Handlung sei.

Die hundertundachtzig kleinen Hütejungen trabten fröhlich los, und die hundertundachtzig Elefanten trabten ebenso fröhlich hinterdrein in Richtung Dschungel.

Bis dahin ging alles gut. Die Elefanten fanden den Dschungel so lustig wie wir eine Welt im Sommer. Aber als die kleinen Hütejungen sich nun leise und listig davonschlichen, schlichen die Elefanten noch ein wenig leiser und noch ein wenig listiger hinterdrein. Zum guten Schluß standen alle dreihundertundsechzig wieder vor dem Palast des Radschas, die Hütejungen klein und häßlich, die Elefanten groß und schön.

Das ist der augenblickliche Stand der Dinge. Die Traktorenchauffeure haben die Hütejungen verhöhnt. Aber gegen Hütejungen ist wenig zu machen. Hinter jedem kleinen Boy steht ein großer Elefant. Der Hofweise gräbt sich täglich tiefer in die alten Schriften hinein. Der Großwesir hat nach Amerika gekabelt und um einen Sachverständigen gebeten. Nur der Hofnarr geht ziemlich unerschüttert unter den Elefanten umher und füttert sie mit Zuckerrohr.

Ich bin überzeugt, daß diese Geschichte eine tiefsinnige Moral hat. Doch läßt sich darüber wenig sagen, solange wir nicht wissen, wie die Sache ausgehen wird. Sicherlich verschenken auch wir oft genug und in großmütiger Weise etwas, was wir nicht mehr haben wollen. Wenn man sich heraussuchen dürfte, welche Rolle man in dieser elefantastischen Tragikomödie spielen wollte, so möchte man wohl am wenigstens der Radscha sein. Am ehesten vielleicht möchte man der Narr sein, von dem man vermutet, daß er in seinen weiten Taschen noch irgendwo einen Zauberkiesel hat, mit dem sich diese ganze Frage einfach und glänzend lösen läßt. Wir haben eine Konstellation entdeckt, in der sogar ein Radscha nicht zu beneiden ist. Doch dürfen wir nicht vergessen, daß jeder von uns einer ist. Denn schließlich, vor jedermanns Tür stehen Elefanten, die nicht in den Dschungel zurück wollen.

SPENSERS GRAB

Begeben wir uns zurück in das Jahr des Herrn 1599. Das Jahr des Herrn 1599 tritt auf eine sehr bemerkenswerte Weise mit unserer Zeit in Beziehung. Die Brücke ist eine Grabplatte in Westminster Abbey.

Das Betrachten von Gräbern ist eine für die menschliche Seele nützliche Beschäftigung. Es empfiehlt sich, mit dem Tod auf gutem Fuß zu stehen. Der Tod ist die einzige Sache im Leben, die völlig sicher ist. Zudem steht die Zeit, die wir leben, in einem beklagenswerten Mißverhältnis zu der Zeit, die wir tot sind. Es hat weise Zeitalter gegeben, welche es vorgezogen haben, dieses Mißverhältnis zu beachten und die Zeit, die wir leben, darauf zu verwenden, über den Tod nachzudenken. Es hat schöne Zeitalter gegeben, welche es vorgezogen haben, dieses Mißverhältnis zu verachten und die Zeit, die wir leben, darauf zu verwenden, den Göttern des Lichtes zu opfern. Das Jahr 1599 fällt in eine Epoche, welche gleichzeitig christlich und heidnisch war, gleichzeitig fromm und von diesseitiger Heiterkeit. In der Renaissance wurde unter dem Zeichen des Kreuzes die Antike wiedergeboren. In dieser Epoche, in der der Tod weder so trostlos war wie bei den Griechen noch so tröstlich wie bei den Märtyrern, wurde er poetisch genommen.

Als der Dichter Edmond Spenser 1599 in Westminster Abbey beigesetzt wurde, waren alle großen zeitgenössischen Dichter an seinem Grab versammelt. Jeder von ihnen warf ein Pergament in die offene Gruft, auf dem ein Gedicht stand zum Preise des schon zu seiner Zeit sehr berühmten Toten. So wurde die Schönheit mit dem Leben begraben. Man kann sich keine zartere und zugleich trauervollere Geste denken als die eines Poeten, der mit einem Freund zusammen ein Werk begräbt. Nichts Endgültigeres gibt es, als daß ein Grab geschlossen wird.

Nun hat man allen Grund anzunehmen, daß bei dieser Versammlung Shakespeare anwesend war. Wenn er anwesend war, ist es sicher, daß er ein Pergament in die Gruft geworfen hat, um eines seiner unsterblichen Werke sterblich zu machen. Das muß uns mit um so größerer Betrübnis erfüllen, als wir von diesem Mann nicht ein einziges Manuskript besitzen.

Das vollständige Verschwinden aller unmittelbaren Zeugnisse vom Leben dieses Mannes hat zu jener merkwürdigen Kontroverse geführt, in der die Frage diskutiert wurde, ob es diesen Mann überhaupt gegeben habe. Dabei gibt es genug Künstler, so groß wie Shakespeare, die unter Hinterlassung noch viel umfangreicherer Werke spurlos und namenlos verschwunden sind. Das sind die Erbauer unserer frühen mittelalterlichen Kathedralen. Die meisten sind uns unbekannt.

Der Streit um Shakespeares Person ist ein Philologenstreit. Er ist längst beendet durch eine Bemerkung von Mark Twain, der, um seine Meinung in dieser Sache befragt, die unbeschreiblich amerikanische und unbeschreiblich gescheite Äußerung tat: »Shakespeares Werke sind nicht von Shakespeare, sondern von einem andern Manne gleichen Namens.«

Auch wenn wir nicht daran zweifeln, daß Shakespeare Shakespeare ist, so ist es uns doch erlaubt, hinsichtlich dieses Mannes brennend wißbegierig zu sein. So ist es kein Wunder, daß vor einiger Zeit einige Leute auf die Idee kamen, Spensers Grab zu öffnen und die damals in die Gruft geworfenen Pergamente herauszuholen. Von dem einzigen erhaltenen Shakespearemanuskript trennen uns nur zwei Hindernisse. Das ist eine vier Zoll dicke Marmorplatte. Das andere ist unser Nichts durchbohrendes Gefühl. Merkwürdigerweise werden wir mit der vier Zoll dicken Marmorplatte viel leichter fertig als mit jenem vagen Etwas frommer Scheu.

Vergegenwärtigen wir uns noch einmal den Augenblick, da Shakespeare sein Poem in die Gruft seines Freundes warf. Damals war er ein berühmter Mann. Seine Stücke wurden viel gespielt. Niemand hätte auf die Idee kommen können, daß seine Manuskripte jemals verschwinden könnten. Höchstens hätte ein nachdenklicher Mann, der dieser Trauerversammlung beiwohnte, erwägen können, daß das Manuskript, welches der Dichter soeben in die Grube warf, endgültig und unwiederbringlich verloren sei. Nun ist es so geworden, daß gerade dieses endgültig und unwiederbringlich verlorene Pergament das einzige ist, was wahrscheinlich erhalten ist. Leichtlich kann man daraus ersehen, welcher Wert der menschlichen Voraussicht zukommt.

Außer allem Zweifel steht die Absicht, die Shakespeare hatte, als er das Gedicht in das Grab warf. Er wollte seinem Freund eine letzte Ehre erweisen. An die Philologen unserer Zeit hat selbst dieser Mann mit seiner Clairvoyance nicht gedacht. Nur eine Armlänge trennt uns von dem kostbaren Schriftstück. Es ist klar, daß, wenn wir das einzige erhaltene Manuskript Shakespeares in unsere Hand bringen wollen, wir das nur erreichen können, wenn wir gegen den ausdrücklich bekundeten Willen des großen Mannes handeln.

Noch schwebt das Geheimnis um das Grab in Westminster Abbey. Doch ist nicht jede Hand, die ein Geheimnis lüftet, eine frevle Hand? Wir haben die Wahl, neugierig und frevelhaft zu sein oder uns zu bescheiden. Sollte man noch im letzten Augenblick eine Umfrage veranstalten, ob das Grab geöffnet werden soll oder nicht, so sollte man nicht nur G. B. S. fragen, der in dieser Sache eine Shawsche Meinung hat, sondern auch P. B., der in dieser Sache eine Shakespearesche Meinung hat.

ANARCHIE MIT LIEBE

DIE DAME EVA

»RIEN NE VA PLUS!«

ARABESKEN

DIE DAME EVA

SPIEGELFECHTEREIEN

Eva gehört noch zu den jüngeren Frauen. Sie ist gerade sieben Jahre alt geworden. Eines Tages gerät sie vor den Spiegel. Zunächst blickt sie ruhig hinein. Dann beginnt sie, sich zu drehen, erst ein wenig nach rechts, dann ein wenig nach links. Sie spreizt sich. Sie räkelt sich. Auf einmal lächelt sie. Sie lächelt etwas an. Die gewöhnliche Theorie ist, daß Eva sich anlächle, daß Eva eitel sei. Davon ist keine Rede. Der Sachverhalt ist sehr viel schwieriger.

Wenn die kleine Dame Eva mit sieben Jahren das erstemal mit Bewußtsein in den Spiegel blickt, entdeckt sie ebensowenig sich selbst, wie das ein Pudel tut, der unversehens vor einen Spiegel gerät. Der Pudel fängt sofort zu bellen an. Er bellt nicht sich an. So ein dummer Hund ist der Pudel nicht. Es ist das Phaenomen Pudel, das er anbellt. Ebensowenig lächelt Eva sich an. So dumm sind Frauen nicht. Es ist das Phaenomen Schönheit, das sie anlächelt. Es ist eine der großen Premieren des Lebens, *un grand moment musical du cœur!*

Wenn Eva vor dem Spiegel die Schönheit entdeckt hat, fühlt sie sich vom ersten Augenblick an mit ihr verbündet. Dieser Augenblick ist die Ursache der wunderbaren Harmonie, in der die Frauen mit der Welt leben. Wenn Emil in den Spiegel blickt, sieht er zwar sich selbst. Er sieht aber nicht nur sich selbst, sondern auch seine abstehenden Ohren. Was gibt es da zu lächeln! Lächelt er dennoch, ist er ein eitler Fant, ein Spiegelfechter, dümmer als ein Pudel.

In der Tat, die meisten Emils, wenn sie in den Spiegel sehen, fangen zu knurren an. Irgend etwas mißfällt Emil, wenn er sich betrachtet. Seine Persönlichkeit spaltet sich. Sie spaltet sich in das, was sie ist, und in das, was sie sein möchte. Hier liegt die Ursache dafür, daß die Männer mit der Welt in Unfrieden leben. Hier liegt die Quelle der Unruhe, des Fortschritts, der Wissenschaft, der Technik und schließlich der Anarchie. Hätte Adam seine abstehenden Ohren nie gesehen, hätte er nie sich gespalten. Und natürlich wäre er dann auch nie auf die Torheit verfallen, Atome zu spalten.

Emil, der auf dem steinigen Pfad der Selbsterkenntnis sozusagen über seine eigenen abstehenden Ohren gestolpert ist, kommt sehr bald zu der Einsicht, daß es nur drei Dinge gibt, für die er etwas tun kann. Das sind sein Charakter, sein Wissen und seine Brieftasche.

Gewöhnlich fängt Emil mit der Vervollkommnung seiner Brieftasche an. Da er bald herausgefunden hat, daß Wissen ein dafür brauchbares

Mittel ist, nimmt er das Lernen in Angriff. Die Vervollkommnung des Charakters hat Zeit. Auf diese Weise hat Emil von seinen Jünglingsjahren an eine ständig aufsteigende Linie vor sich. Blickt Emil, nach zwanzig Jahren, gelegentlich einmal wieder in den Spiegel, entdeckt er, daß eine tadellos sitzende Foulardkrawatte, ein erstklassiger Haarschnitt und ein intelligenter Gesichtsausdruck durch abstehende Ohren eher gewinnen als verlieren. So kann er sich in Ruhe an die Vervollkommnung seines Charakters machen.

Wie aber ergeht es Eva? Die Vollkommenheit der Schönheit kann durch nichts vollkommener gemacht werden. Höchstens kann man sie ein wenig variieren.

Diesem Geschäft gibt sich Eva mit Aufmerksamkeit und Sachkenntnis hin. Die ganze kosmetische Industrie, die ganze Modeindustrie sind ihr, mit echter Begeisterung für das Schöne, dabei behilflich. Armeen von Coiffeuren, Divisionen von Schneiderinnen, Regimenter von Mannequins, Kompanien von Schönheitsköniginnen und die Generalität der großen Mode- und Parfumschöpfer stehen zu ihrer Verfügung. Diese militaristische Ausdrucksweise für eine so pazifistische Beschäftigung wie Strategie und Taktik des Make-up ist mit vollem Bedacht gewählt worden. Sie charakterisiert die Art von Aufrüstung, welche entsteht, wenn der Mensch sich in großer Harmonie mit der Welt befindet, im Gegensatz zu der Art von Aufrüstung, welche entsteht, wenn der Mensch in Unfrieden mit der Welt lebt.

Um all das bezahlen zu können, pflegen die Evas sich ziemlich bald mit der Brieftasche eines Emils zu verbünden. Damit wird jedermann einverstanden sein. Der Inhaber der Brieftasche tut etwas für den Frieden. Zum Lohn dafür wird er durch die unerschöpflichen Variationen der Schönheit erfreut.

Nun erblickt eines Tages, nach zwanzig Jahren, schließlich auch Eva einmal, wenn sie in den Spiegel sieht, nicht nur ihr Make-up, sondern zum erstenmal sich selbst. Das kann *un moment très mauvais* sein. Da nichts auf der Welt beständig ist, kann Schönheit, die ihrer Vollkommenheit wegen nicht zunehmen kann, nur abnehmen. Das nun hat sie in den letzten zwanzig Jahren getan.

Damals, als die Schönheit noch vollkommen war, war sie ein köstlicher Schleier. Dieser Schleier hatte nur den einen Fehler, daß er zu dicht war. Niemand vermochte hindurchzusehen. Niemand, auch Eva nicht, vermochte den Charakter zu erblicken, über den dieser Schleier gebreitet war. Der Schleier des Make-up dagegen ist durchsichtig. Es ist von jeher ein großes Thema der Literatur gewesen, den vom Schleier der Schönheit verdeckten Charakter zu enthüllen.

Vielleicht waren die zwanzig Jahre gefüllt mit Güte, Witz, Liebe, Zärtlichkeit, Aufopferung, Generosität. Dann wird Eva unterdessen das bekommen haben, was man Liebreiz, Anmut, Charme nennt. Sollte Eva aber – nun ja, Bosheit! Eifersucht! Verschwendung! Habgier! – nein, wir wollen das so genau nicht ausmalen!

Wir können aus diesem Sachverhalt nur einige Schlußfolgerungen ziehen. Während der Jüngling Emil keiner Sache so sehr zu entbehren schien wie der Schönheit, stellt sich heraus, daß sie mit seiner Brieftasche verbündet ist. Während die Jungfrau Eva des Charakters wenig zu bedürfen schien, stellt sich heraus, daß nichts für sie wichtiger war.

Die Russen hatten ein Sprichwort, das ungefähr soviel besagte wie »Nicht lieb wegen Schönsein, sondern schön wegen Liebsein…« So ist das ideale Ziel für Eva jene anmutige, graumelierte, lebenskluge Dame, die jedermann durch ihren Charme bezaubert.

BRIEF AN SYLVIA

Mein liebes Kind!

Du bist achtzehn Jahre alt geworden. Ich habe Dich erzogen. Ich halte nicht viel davon. Disziplin und Manieren sind das einzige, was man einem Kind beibringen kann. Beides besitzt Du in hervorragendem Maß. Nun hast Du Dein Abitur gemacht und willst »ins Leben hinaus«. Das ist ein gefährliches Unternehmen. Die meisten Leute erleiden dabei Schiffbruch, die einen, indem sie es zu nichts bringen, die anderen, indem sie es zu etwas bringen, was sich nicht lohnt. Dein alter Vater zieht an seiner Zigarre und denkt darüber nach, was er in dieser Sache für Dich tun könnte.

Wir hatten in unserem sächsischen Gymnasium einen alten französischen Lehrer, der in Grenoble studiert hatte. Das war in unserer östlichen Kleinstadt Anlaß genug, ihn glühend zu bewundern. Er pflegte in die Lektüre Racines Ratschläge einzufügen: »Wenn Sie mal im Lääben draußen…« Als ich ihn nach meiner dritten Materialschlacht vom Lazarett aus einmal besuchte, sagte er immer noch: »Wenn Sie mal im Lääben draußen…« Du verstehst, daß, wenn auch seine Beharrlichkeit eine gewisse klassische Würde hatte, ich mit seinen Ratschlägen nicht viel anfangen konnte. Sie bezogen sich auf ein Leben, das es nicht mehr gab.

Wenn ich mir die Ratschläge überlege, die ich Dir geben könnte, wird mir klar, daß sie ebenso nutzlos wären wie die des Mannes aus Grenoble. Ratschläge beruhen auf Erfahrungen. Erfahrungen sind die Einsichten, die man aus den Dummheiten gewinnt, die man begangen hat. Die

Dummheiten meiner Jeunesse d'or waren hervorragend. Entsprechend hervorragend sind meine Erfahrungen. So sehr ich hoffe, daß Deine Dummheiten ebenfalls hervorragend sein werden, ist es doch ganz sicher, daß es ganz andere Dummheiten sein werden als die, welche die Erinnerungen Deines Vaters mit so viel Glanz vergolden. Übrigens bin ich, mein liebes Kind, keineswegs sicher, daß die Dummheiten meiner Vieillesse verte weniger zahlreich sein werden. Ich fürchte nur, sie werden weniger hervorragend und nicht so golden in ihrem Glanz sein.

Immerhin, den Ratschlag kann ich Dir geben – keine Angst vor Dummheiten! Es gibt keine andere Möglichkeit! Sonst wirst Du weder Dich noch das Leben kennenlernen. Du kannst es nämlich nicht wissen! Der Kater ist der Preis für das Risiko der Neugier. Als stellungsloser Kandidat ein verwöhntes junges Mädchen aus reichem Haus zu heiraten, dem noch dazu der Vater mit Enterbung drohte, nun, das war ja wohl eine erstklassige Dummheit. Damals! Ein Menschenalter später ist sogar Deine Mama der Meinung, daß es das einzige Gescheite gewesen sei, was Dein Vater jemals getan habe. Das Leben ist eine langatmige Angelegenheit und Geduld die stärkste aller Waffen. Ich meine natürlich die Geduld, die Deine bezaubernde Mama mit mir hatte.

Die Männer also... Nein, da muß ich Dir vorher eine Geschichte erzählen, eine Geschichte von einem Vater, der sich in der gleichen Lage befand wie ich, nur daß es ein Sohn war, der auf die Universität zog. Dieser Vater sprach also:

»Mein lieber Junge! Du gehst jetzt auf die Universität. Ich kenne das Leben. Du kennst es noch nicht. Du bist ein gescheiter Bursche, und und ich teile Deine Skepsis gegen die ältere Generation. Ich will Dich also nicht belästigen. Immerhin, drei Ratschläge möchte ich Dir auf den Weg mitgeben!

Erstens, mein lieber Junge, unterschreibe niemals Blankoschecks! Zweitens, merke Dir, nichts auf der Welt lohnt sich so sehr wie gute Trinkgelder! Und drittens...«

Dabei betrachtete er nachdenklich den frischen, gut gewachsenen und nett aussehenden Boy.

»... und drittens – ach, das hat ja doch keinen Zweck!«

Ich würde Dir natürlich sehr gern sagen, wie die Männer sind. Ich weiß es leider nicht. Sicher sind Männer von Natur schüchtern, intelligent, treu und rücksichtsvoll. Wenigstens sind sie das mit sechzehn Jahren. Man kann natürlich auch sagen, Männer seien frech, gerissen, treulos und brutal. Wenigstens sind sie das mit vierzig Jahren. Die Frage, welches das magische Agens ist, durch das sie so verwandelt werden, möchte ich unerörtert lassen.

Wahrscheinlich trifft man im Leben nur auf das, auf was zu treffen man bereit ist. Sieh Dir die Sache an! In zwanzig Jahren wirst Du es wissen. Vergiß nicht, mir dann Bescheid zu sagen! Die Sache hat schon immer meine Neugier beschäftigt. Doch vermute ich, daß die Enttäuschungen, die ein Ideal notwendig erleidet, menschlicher sind als die Befriedigung, immer nur seine Skepsis bestätigt zu sehen.

Eines jedenfalls ist sehr merkwürdig. Liebe ist nicht mit Qualität gekoppelt. Es gibt ein paar unglaublich törichte Gänse, in die sich verliebt zu haben Deinen alten Vater noch heute mit Staunen erfüllt. Liebe ist zwar nicht vollständig blind, aber sie ist blind für eine Eigenschaft des Menschen, auf die man meist zuletzt kommt. Wenn eine Frau sich über den Charakter eines Liebhabers nicht klarwerden kann, sollte sie sich immer die Frage vorlegen: »Ist er vielleicht dumm?« Es gibt keine größere Erleichterung im Leben als die, daß die Antwort auf diese Frage Verzweiflung in Gelächter auflöst. Nur auf die Fragestellung kommt es an! Auf keinen Fall sollte eine Frau einem Mann ihr Jawort geben, ehe sie sich diese Frage gestellt hat. Dummheit ist unfähig zu Geduld. Ein wenig Klugheit ist für eine Ehe unentbehrlich. Denk' daran, was ich Dir immer gesagt habe, daß Intelligenz und Dummheit sich wohl miteinander vertragen.

Damit sind wir also bei der Universität. Bedenke, daß Wissen nicht Bildung ist. Unser Dorfschuster, der am Sonntag in seiner Bibel liest, ist ein gebildeter Mann, auch wenn er wenig Wissen hat. Die Fachspezialisten unserer Wissenschaften sind, wenn ihr Wissen sich auf ihr Fach beschränkt, ungebildete Leute. Ein Physiker, der sich über Religion äußert, redet gewöhnlich ebensoviel Unsinn wie ein Theologe, der über Atomphysik spricht. Bildung kann die Universität Dir nicht vermitteln, nur das Material dazu. Auch die Philosophen sind, bis auf wenige goldene Ausnahmen, nicht die Lehrer der Weisheit. Sie sind die Fachleute des Denkens. Es ist natürlich ein großer Vorzug für Dich, richtig denken zu lernen. Aber die Weisheit des Lebens mußt Du Dir selbst erwerben.

So gebe ich Dir den Ratschlag – sei faul! Nichts ist schrecklicher als diese Sprinter des Hundertmetergedächtnisses, die auf der vorgezeichneten Aschenbahn des Wissens dem Zielband des Examens zurasen. Sei faul! Es ist das Gescheiteste, was Du tun kannst. Bummle durch das phantastische Museum der Theorien, mit denen die Wissenschaft versucht hat, eine bessere Erklärung der Welt zu geben als die, welche Du als Kind aus dem Buche Genesis gelernt hast. Keine einzige hat sich bisher als zulänglich erwiesen. Betrachte Dir die zoologischen Gärten der Wissenschaft und sieh' Dir an, was die Ratio des Menschen alles entdeckt hat. Es ist eine verblüffende Fülle von erstaunlichen und aufregenden Dingen von der Spaltung der Seele bis zur Spaltung des Uran, vom

Familienleben des Neandertalers bis zur Farbe, die der Bart des Propheten hatte! Du wirst finden, daß Dir die Biologie nach vierhundert Jahren großartiger Entdeckungen nicht sagen kann, was Leben ist. Du wirst finden, daß die Geisteswissenschaften die diffizilen Probleme der modernen Naturwissenschaft im allgemeinen damit erledigen, daß sie sich nicht darum bekümmern.

Verliere zwei oder drei Semester, und dann wähle, was Dir Spaß macht! Kein Mensch kann, ohne Schaden an seiner Seele zu nehmen, auf die Dauer einen Beruf ausüben, an dem er keinen Spaß hat. Aber erst, wenn Du ein wenig faul gewesen bist, wirst Du unabhängig genug sein, das, was geeignet ist, Dir Spaß zu machen, wirklich herauszufinden. Und wenn Du Dein Examen gemacht hast – aber das hat ja doch keinen Zweck! Bis dahin hast Du längst geheiratet. Und ich kann die Ratschläge, die ich Dir noch geben wollte, aufheben, bis Deine Tochter achtzehn Jahre alt sein wird. Für die Ratschläge, die wir beide zusammen ihr dann geben werden, wird sie uns beide zusammen auslachen.

So habe ich Dir nur noch Grüße von Onkel Felix zu bestellen. Er war einige Tage bei uns zu Gast. Er hat Kummer mit seinem Sohn. Kim will heiraten! Dabei hat der Lümmel noch nicht einmal sein Staatsexamen. Wie froh bin ich, daß ich eine Tochter habe!

Mama läßt Dir sagen, sie habe bei Kerschbaumer den blauen Stoff besorgt, damit Du Dein hübsches Leinenkleid verlängern kannst. Ich lege Dir einen kleinen Hundertmarkschein bei, falls Du Dir lieber ein neues Fähnchen kaufen willst. Aber das braucht Mama nicht zu wissen. Sie wollte sich nämlich selbst eins kaufen.

Es umarmt Dich zärtlich, mein liebes Kind,

Dein alter Vater.

LUSTIGES PUZZLESPIEL

Es gibt Damen, Frauen und Weiber, und es gibt Herren, Männer und Kerle. Damen und Herren, Frauen und Männer, Weiber und Kerle – das macht die ganze erwachsene Menschheit aus. Mit diesen sechs Snips kann man die lustigsten Puzzlespiele veranstalten. Wollen wir sehen, was dabei herauskommt!

Eine Dame wird von einem Herrn immer erwarten dürfen, daß er höflich zu ihr ist. Einen Mann wird sie heiraten, und mit einem Kerl wird sie jederzeit fertig werden. Eine Frau wird einen Herrn immer als ein wenig lächerlich empfinden. Einem Mann gegenüber wird sie selbständig sein, und vor einem Kerl wird sie Angst haben.

Bei dem dritten Paar dagegen gerät man in Schwierigkeiten. Natürlich, die Weiber werden von den Kerlen geprügelt, und von den Männern werden sie nicht ganz ernst genommen. Aber das sind Plurale. Eine Zeitschrift »Der Herr und das Weib« ist schwer vorstellbar. Sollte es dennoch jemandem gelingen, sich diese Zeitschrift vorzustellen, darf er sicher sein, daß seine Vorstellungen durch keine noch so loyale Zensur hindurchgelassen werden könnten.

Ohne Zweifel gibt es eine Frauenfrage. Aber warum gibt es keine Damenfrage und noch weniger eine Weiberfrage? Die Weiber sind ohne Frage keine Frage.

Die Tatsache, daß es ein Problem Frau gibt, ist die Voraussetzung dafür, daß man eine Ausstellung »Die Frau« machen kann. Natürlich kann man nicht, außer auf dem Sklavenmarkt, eine Frau ausstellen. Kein Herr würde das tun. Kein Mann würde das tun. Kein Kerl würde das tun. Ausstellen kann man nur das Problem Frau.

Diese Ausstellung ist ein außergewöhnlich merkwürdiges Phaenomen, insofern als das Objekt der Ausstellung auf der ganzen Ausstellung nicht zu finden ist. Nicht *eine* Frau ist ausgestellt, sondern ausgestellt ist *die* Frau. Heiraten aber kann ein Mann nicht *die* Frau. Heiraten kann er nur *eine* Frau. Aber das ist nicht das einzig Merkwürdige. Die Ausstellung »Die Frau« wird von Damen veranstaltet, und die Kerle laufen in Scharen hinein.

Wir müssen uns nunmehr fragen, wer eigentlich befugt ist, die Frauenfrage zu lösen. Die Frauen selber kommen dafür nicht in Betracht. Sind sie doch das Objekt der Untersuchung. Damen interessieren sich zwar zuweilen für die Frauenfrage, aber eine Dame ist ihrer Natur nach wenig geeignet, Probleme zu lösen. Auf keinen Fall kann man die Lösung der Frauenfrage den Weibern überlassen.

Soll sich also vielleicht der Herr um diese Frage bemühen? Aber ich glaube, Herren sind zu höflich und zu wohlerzogen, als daß sie jemals den Versuch unternehmen würden, in bezug auf die Frauen die Wahrheit herauszufinden. Und was müßte das für ein Kerl sein, der es fertigbrächte, die Frauenfrage zu lösen? Es bleiben also nur die Männer.

Freilich, auch da sehe ich nur wenig Hoffnung. Männer können Frauen lieben oder hassen. Sie können für sie sorgen oder sie verlassen. Sie können von ihnen abhängig oder unabhängig sein.

Tatsächlich beschäftigen sich die Männer ihr ganzes Leben hindurch mit den Frauen. So bleibt ihnen keine Zeit, sich mit dem Problem Frau zu beschäftigen.

Wenn eine Frau einen Mann fragt: »Liebst du mich?«, kann er antworten: »Wahnsinnig!« Oder er kann sagen: »Frag doch nicht so blöd!«

Jede Frage der Frau wird eine Antwort finden. Die Frauenfrage dagegen wird ewig ohne Antwort bleiben.

Nun gibt es, so gut wie es ein Problem Frau gibt, natürlich auch ein Problem Mann. Angesichts dieser Feststellung scheint nichts näher zu liegen, als eine Ausstellung »Der Mann« zu veranstalten. Freilich, ob man Herren finden wird, die diese Ausstellung zu veranstalten bereit sind, ist zweifelhaft. Die Kerle werden nicht in Scharen hineinlaufen. Aber für die Frauen dürfte diese Unternehmung doch von Interesse sein.

Die Ausstellung »Der Mann« hätte die Aufgabe, die Taten und Leistungen der Männer darzustellen. Zu diesem Zweck würde man am besten am Eingang der Ausstellung die Pyramiden von Gizeh aufbauen, rechts davon die Akropolis, links davon das Kapitol. Beliebig kann man diesen Kreis dann schließen – mit der Bavaria, der Hagia Sophia, dem Kolosseum, dem Nürburgring oder dem Funkturm.

Besonders zur Analogie anregend in der Ausstellung »Die Frau« ist jene hessische Bäuerin, die 131 000 Schweine fütterte und 23 400 Brote buk. An dieser Stelle würde man in der Ausstellung »Der Mann« einen Kerl sitzen sehen, der von den statistischen Haufen seines männlichen Daseins umgeben wäre:

18 000 leere Bierflaschen
72 000 Zigarren
111 000 Zigaretten
47 Pfeifenköpfe
42 Kartenspiele

und was sonst so alles noch ein normaler Mann im Lauf eines langen Lebens verkonsumiert.

Daneben würde man einen Globus sehen, auf dem der Weg zum Büro in fünfundvierzig treuen Amtsjahren hin und zurück eingezeichnet wäre. Dieser Weg geht elfmal um den Aequator herum.

Außergewöhnlich aufschlußreich für das Wesen der männlichen Seele ist die Rundfrage, von wem die Männer erfahren, woher die Kinder kommen. 115 Männer wurden gefragt.

12 erfuhren es vom Vormundschaftsgericht
3 von der Großmutter
1 aus Homer
1 aus Intuition
87 hatten es sich selber gedacht
11 verweigerten die Auskunft.

In einer Glasvitrine aus unzerbrechlichem Schutzscheibenglas sähe man dann, in Elfenbein geschnitzt, ein Plancksches Wirkungsquantum liegen, daneben, auf schwarzem Samt, den ersten Röntgenstrahl.

Ein besonderer Raum wäre der Philosophie zu widmen. Die surrealistische Plastik einer Platonischen Idee würde geeignet sein, die Frauen über die Bedeutung dieses großen griechischen Philosophen aufzuklären. Zenons alte Schildkröte würde täglich nachmittags um vier Uhr mit einem Sprinter um die Wette laufen. Wenn dann ein vakanter Philosophieprofessor den Leuten bewiese, daß der Augenschein tröge und aus Gründen der Logik der Sprinter die Schildkröte nicht einholen könne, würde vielleicht in einigen Köpfen die Erkenntnis zu dämmern beginnen, daß unlösbare Widersprüche der Vernunft so alt sind wie die Vernunft selbst und daß es aus diesem Grunde sehr unwahrscheinlich ist, daß wir gerade heute ein Problem lösen werden, das schon in der Genesis eine so große Rolle gespielt hat.

COCKTAIL IM RASTHAUS

Unsere Zeit ist erfüllt vom Aberglauben an das Gegenständliche. Aber selbst etwas so Gewöhnliches wie der Gegenstand Staubsauger ist nur die Folge der Idee Staubsauger. Was für eine Idee!

Ein Auto ist im Grunde nichts weiter als eine Blechkiste. Diese Blechkiste ist in ihrer Existenz abhängig von einem Faszinosum, das magischer Natur ist. Es gibt Autos überhaupt nur, weil es ein Wunschtraum des Menschen ist, schnell zu sein. Wäre der Mensch nicht ein Narr der Geschwindigkeit, hätte er es nicht nötig, der Narr einer Blechkiste zu sein.

Doch ist zuweilen ein Traum mächtiger als alle Geschwindigkeiten, die ein Narr in seiner Blechkiste erreichen kann. In die Welt des Aberglaubens an den Gegenstand bricht von Zeit zu Zeit der Traum der Liebe ein. In der Tat, die Liebe ist geschwinder als der schnellste Narr. Im Vorüberflitzen vermag sie den Funken zu zünden, der in der Seele des Narren jenen Vergaserbrand hervorruft, dem er durch keine Geschwindigkeit mehr zu entfliehen vermag. In das schöne Mädchen, das ihm am Volant entgegenkommt, hat der Narr sich vernarrt. Fast hätte es ihn das Leben gekostet. Er hatte kein Vorfahrtsrecht.

So bezaubernd es auch immer sein mag, wenn ein schönes Mädchen einem Mann entgegenkommt, so nutzlos ist das, wenn sie es mit hundert Meilen Geschwindigkeit tut. Nun, der Narr mit dem Vergaserbrand bereute das Stück Geschwindigkeit, um das er an seinem Glück vorbeigeschossen war. Er wendete, um die Meilen, welche er zu schnell gewesen war, rückwärts wieder aufzuspulen. Nehmen wir den Fall an, daß die Liebe, die alte Zauberin, auch die zarte Seele des schönen Mädchens in Brand gesetzt hat, dann werden die beiden alsbald im Rasthaus bei einem

Cocktail einander gegenübersitzen. Der vorüberflitzende Augenblick, der Bruchteil einer Traumsekunde, in welcher in der Seele des Narren der Wunsch aufflammte, der Seele einer Närrin auf einem Regenbogen zu begegnen, hat es zuwege gebracht, 2 × 100 PS stillzulegen und in Gegenstände von edel verchromter Überflüssigkeit zu verwandeln.

Der Fehler, welchen Romeo und Julia, die beiden seelischen Vergaserbrände im Rasthaus, nunmehr begehen, dieser Fehler, zufolge dessen sich die 2 × 100 PS schließlich wieder mit Höchstgeschwindigkeit voneinander entfernen, ist, daß sie Traum und Wirklichkeit in beklagenswerter Weise miteinander verwechseln.

Der Traum ist vollkommen nur im ersten Augenblick. Was da einander gegenübersitzt, sind durchaus nicht zwei Menschen von der gleichen gegenständlichen Wirklichkeit wie die beiden Autos, die draußen einander gegenüber parken. Was da einander gegenübersitzt, sind zwei glänzende Bilder, zwei Eidola, welche von der schöpferischen Phantasie der Liebe soeben in die Welt hineingeboren wurden. Man braucht sich gar nicht mit der banalen Möglichkeit zu befassen, daß einer vom anderen ein Bild habe, das etwa der Wirklichkeit entspräche. Was kann das schon für eine Liebe sein, die nicht mehr hervorzubringen weiß als das, was ohnehin schon da ist! Auch ist niemand in diesem glanzvollen Augenblick, in dem der Blick der Augen zum ersten Male ineinandertaucht, sich selbst ähnlich. Hat doch gerade ein jeder, sich über sich selbst hinaus erhöhend, das Bild eines Menschen geschaffen, das ihm nunmehr lebendig gegenübersitzt.

Immer wieder haben uns die Poeten in den großen Dramen und Romanen der Weltliteratur von den erhabenen und heroischen Kämpfen berichtet, in welchen die Liebe ihren Traum gegen die Wirklichkeit verteidigt. Das Rasthaus kennt nur Kurzgeschichten. Hier hat man nur den Wunsch, den Traum sogleich in Wirklichkeit zu verwandeln. Wie einer, der ein Auto gekauft hat, damit beginnt, den Prospekt, in dem die Fehlerlosigkeit der 100 PS gepriesen wurde, mit den Fehlern zu vergleichen, die die Blechkiste tatsächlich zahlreich hat, so beginnt auch die Rasthausliebe alsbald damit, das kostbare Bild des tröstlichen Traumes, das sie selbst soeben erst erschaffen hat, mit der Wirklichkeit, die doch ohne Trost ist, zu konfrontieren. Nur die unglückliche Liebe, die nicht Auto fährt, sondern durch den Staub des Schmerzes zu Fuß dahinpilgert, verzichtet auf diese makabre Neugier. Darum sollte jeder Mann jeder Frau, welche ihn nicht erhört hat, dankbar sein. Sie hat ihm den Anlaß zu einer glanzvollen Schöpfung gegeben. Sie hat ihn verklärt. Sie hat ihn zu Taten angespornt, und gleichzeitig hat sie ihn verhindert, jemals zu erfahren, wie fragwürdig sein Ideal war.

Der Traum, den man zur Wirklichkeit machen will, dauert nicht so lange wie die Rast eines Kamels in einer Geschichte aus Tausendundeinenacht. Der Traum, der Traum bleiben will, dauert so viele Märchentage, wie die Liebe entschlossen ist, etwas zu verteidigen, was überhaupt nur in den Herzen der Liebenden existiert. Wenn die Liebe ihren Traum lange genug verteidigt, vermag sie schließlich das Wunder zu vollbringen, daß zwei Menschen dem Bild, welches sie voneinander im Herzen tragen, ähnlich werden.

Des Menschen Leben ist aus Traum gewoben. Shakespeare hat es uns gelehrt. Freilich, Shakespeare hat niemals in einem Rasthaus einen Cocktail getrunken. Sonst wäre Romeo Rennfahrer geworden und Julia filmte in Hollywood.

MODENSCHAU

Es gehört zu den Überlieferungen männlichen Selbstbewußtseins, die Dinge der Mode mit einer gewissen ironischen Skepsis zu betrachten. Wenn ein Mann in eine Wahlversammlung geht, wird er sich niemals lächerlich vorkommen, so viel Unsinn er dort auch zu hören bekommt. Wenn ein Mann in eine Modenschau geht, wird er immer in Sorge sein, sein Gesicht zu verlieren, so entzückend die Dinge auch sein mögen, die er dort zu sehen bekommt.

Wenn ein Mann und eine Frau auf eine Wahlversammlung gehen, bekommen sie dort das Gleiche zu hören. Wenn ein Mann und eine Frau auf eine Modenschau gehen, bekommen sie dort ganz verschiedene Dinge zu sehen.

Für den Mann ist die Mode ein Buch mit sieben Siegeln. Für die Frau ist sie eine Wissenschaft. Die Mode ist die Wissenschaft vom Charme.

Wenn man den Geheimnissen der Frauen auf die Spur kommen will, muß man sich mit der Wissenschaft der Mode befassen. Seien wir neugierig! Gehen wir zur Modenschau!

Allein natürlich traue ich mich nicht. Und selbstverständlich kann man sich auf einer Modenschau nur mit einer eleganten Frau sehen lassen. Ich rufe Marion an. Marion ist hübsch. Aber ist Marion eigentlich elegant? Noch nie hab' ich mir das überlegt! Nun, ich tröste mich – Marion ist eine wissenschaftlich gut fundierte Erscheinung. Sie arbeitet mit dem Objektiv. Marion ist Photographin.

Am Eingang werden wir von einigen Herren mit ausgeprägten Wildlederschuhen auf überschwerer Rubbersohle empfangen. Angesichts von so viel Make-up gewinne ich meine Haltung wieder. Mit sicherem Blick wähle ich einen angenehmen Tisch mit gutem Ausblick, um freilich wenig später zu entdecken, daß ich auf der Champagnerbalustrade gelandet bin. Aber noch ehe ich darüber zu erschrecken Zeit gehabt habe, flammen die Scheinwerfer auf. Eine Treppe herab schwebt ein Engel in Blau, und eine Stimme vom Himmel ertönt: »Rêve!« Und nach einiger Zeit flüstert die himmlische Stimme: »Rips moiré!«

Währenddessen schreitet der blaue Engel mit graziösen Schritten über die Aschenbahn der Schönheit von morgen, dreht sich, wendet sich, geht mit spielerischer Leichtigkeit einige Schritte zurück, stoppt. Dabei wird der Engel von den langen Falten des Rips moiré zärtlich umgaukelt.

Welch ein Bild! In einer Welt der Statistik – eine schlanke Göttin! In einer Welt der dröhnenden Maschinen – drei graziöse Schritte! In einer Welt des hastenden Business – der Charme selbst! Der blaue Engel kommt geradenwegs auf mich zu. Er lächelt ein hintergründiges, geheimnisvolles Lächeln, so zwischen Kleopatra und Mona Lisa. Natürlich ist's um mich geschehen! Der Engel entschwindet wieder treppauf. Die himmlische Stimme verkündet noch einmal »Rêve! Rips moiré!« Aber bevor ich mich richtig von dem Schicksalsschlag, der mich getroffen hat, erholt habe, schwebt ein grüner Engel die Treppe herab: »Adagio! Türkis! Tüll-Organdy!« Mit graziösen Schritten schreitet der grüne Engel über die Aschenbahn der Schönheit von morgen, dreht sich, wendet sich, geht mit spielerischer Leichtigkeit einige Schritte zurück, stoppt. Die langen Falten des Tüll-Organdy umstehen den Engel, daß er aussieht wie ein Porzellanfigürchen auf einer Spieluhr. Zauberhaft! Auch der Organdyengel kommt geradenwegs auf mich zu. Er lächelt ein hintergründiges, geheimnisvolles Lächeln, so zwischen Mona Lisa und Sphinx, Natürlich ist's um mich geschehen!

Was soll nur werden, wenn noch mehr solcher Engel kommen? Es kommen noch ihrer sechs! Ich werde ein Sanatorium aufsuchen müssen. Vorsichtig wende ich mich an Marion: »Ist die nicht entzückend?« Marion sieht mich kalt an und sagt: »Ich finde dieses Grün zu laut!«

Beim dritten Engel, Lächeln zwischen Sphinx und Olympia, entdecke ich, daß das Lächeln gar nicht mir gilt, sondern einem dicken Mann mit Glatze, der unter mir an der Balustrade sitzt und eine Zigarre raucht. Alle Engel lächeln dem dicken Mann auf eine ebenso bezaubernde wie beneidenswerte Weise zu, obwohl der dicke Mann nur Bier trinkt. Der Champagner ist offenbar für Marion und die Katz'. Wie mir der Kellner verrät, ist der dicke Mann nicht der Maharadscha von Kapurtala. Er ist der Einkäufer von Kerschensteiner & Co.

Die himmlische Stimme flüstert: »Fermate! Mauve! Crêpe Satin! – Zick-Zack! Taft! Taubengrau! – Broadway! Goldbrokat!«

Die himmlische Stimme gehört einer strengen Dame, die vor einem Mikrophon auf dem Podium steht. Wenn die Engel an ihr vorüberschweben, verneigen sie sich vor ihr. Sie tun sicher gut daran. Die strenge Dame trägt einen kleinen Hut mit angelegten Federn, eine jener Winzigkeiten, die so niederschmetternd teuer sind, obgleich oder vielleicht weil schier nichts an ihnen dran ist als der Hauch eines Einfalls. Dazu trägt die strenge Dame ein schwarzes Teagown, das auch aus weiter nichts besteht als daraus, glänzend geschnitten zu sein. Sie ist die Gouvernante der englischen Schönheit, und während sie so streng wie möglich aussieht, flüstert ihre Stimme: »Kongreß! Beachten Sie die Frivolitées!« Dies ist ein Ort, an welchem sogar bei einem Kongreß Frivolitäten der Beachtung wert sind.

Ich sage zu Marion: »Am besten gefällt mir die Blonde mit dem kleinen Leberfleck unter dem linken Auge.« Marion sieht sich auf der Balustrade um und fragt mich streng: »Welche Blonde?« Sie ist blind für die Schönheit, um derer willen sie hierhergekommen ist. Erst in der Dunkelkammer wird das Objektiv ihr die Schönheit und den kleinen Leberfleck enthüllen.

Der Reigen der Grazie und des Charmes geht weiter. Er erinnert an die Tempeltänze auf der Insel Bali. In strengem Ritus tragen die süßen, schlanken Engel über das Parkett die Einfälle eines Dichters, der, statt in Worten, in Samt und Seide dichtet. Für die juwelengeschmückten Damen, die die Frivolitäten der strengen Gouvernante der Schönheit beachten, ist die Sache ebenso nutzlos wie für Marion, die meine Frivolitäten ablehnt. Da die Juwelendamen die Hollywoodkur zu leicht nehmen, sind sie für die Schönheit zu schwer geworden. Marion ist für die Schönheit leicht genug. Aber die Brieftasche, die dafür schwer genug wäre, sitzt an der Balustrade unter ihr und trinkt Bier. Die Mode offenbar findet nur für die statt, die sie nicht mehr brauchen, oder für die, die sie noch nicht bezahlen können.

Die Schönheit – welch eine Entdeckung! – ist um ihrer selbst und um der süßen Engel willen da. Ich wäre glücklich, diese Entdeckung der Menschheit mitteilen zu können. Aber auf dem Heimweg ging Marion in einen Parfümerieladen, und als sie wieder herauskam, hatte sie ein Leberfleckchen unter dem linken Auge, was zu ihrem dunkelblonden Schöpfchen entzückend aussah. Und dann gingen wir ins Kaufhaus, und Marion begann zu wühlen. Nach einer Stunde sagte sie mit einem kleinen objektiven Seitenblick:

»Nicht wahr, du liebst doch Grün?«

Dann erlaubte sie mir, ihr sechsundeinenhalben Meter giftgrünen Rips moiré zu kaufen. Ich glaube nicht, daß ich so bald wieder eine Modenschau besuchen werde. Es ist besser, die Dinge der Mode mit einer gewissen ironischen Skepsis zu betrachten.

Madame Monika, die schöne Pianistin, saß hinter der Glasscheibe. Sie mußte niesen. Da sie ihr Taschentuch nicht finden konnte, schlug sie ihre weißen Hände vors Gesicht.

Wie wunderbar schön waren diese Hände! Mir schien, es könne auf der Welt keine schöneren Hände geben. Es sah bezaubernd aus. Der Eindruck war um so hinreißender, als man von dem ganzen Vorgang nicht den leisesten Laut vernahm. Nur das Band surrte. Dann drehte der Techniker am Schalttisch ein bißchen an den Knöpfen herum. Auf einmal ertönte laut das Niesen der großen Künstlerin, während sie selbst, hinter der Scheibe, ganz still vor dem Flügel auf ihrem Schemelchen hockte. Sie wiederum konnte ihr eigenes Niesen nicht vernehmen.

Danach hörte ich zwei Stunden lang ergriffen Mendelssohn, Ravel und Poulenc an. Mir wurde klar, daß irgend etwas nicht stimmte. Offenbar befand ich mich in Gefahr. Ich entdeckte, daß ich der wunderschönen Frau zwei Stunden lang durchaus nicht zugehört, sondern zugesehen hatte.

Dann sprach sie einige charmante Worte mit dem großen Dirigenten, der die Aufnahme geleitet hatte. Mich – hm, leider – sah sie gar nicht. Offenbar nahm sie an, ich hätte auch zugehört – ein nur allzu begreiflicher Irrtum! Wenn sie gewußt hätte, daß ich gar nicht zugehört hatte, zwei Stunden lang, vielleicht hätte die große Künstlerin mir zugelächelt. Wer weiß!

Abends auf dem Ball saß ich in einer Ecke, hinter einem großen Glas Wodka, unleugbar eine fragwürdige Figur. Zwischen dem markanten Profil des großen Dirigenten, und der eindrucksvoll gebuckelten Glatze des bedeutenden Musikkritikers schwebte, wie von Renoir gemalt, Monikas wundervoller Kopf. Renoir hatte ihr einen Champagnerkelch in die weiße Hand gemalt. Es war eine *Impression parfaitement accomplie.*

Ich überlegte. Derartige Überlegungen fangen damit an, daß man sich selbst »Alter Esel!« apostrophiert. Dies ist weniger eine Einsicht als eine List. Eine Dummheit zu begehen heißt, eine Weisheit lassen. Angesichts einer haarsträubenden Dummheit, welche zu begehen man so ziemlich entschlossen ist, erspart man sich durch einen »Alter Esel« vorher den Vorwurf hinterher, daß man nicht einmal gewußt habe, daß es eine erstklassige Dummheit sei.

Während dieser feinsinnigen Überlegungen setzte sich, ebenfalls mit einem großen Glas Wodka bewaffnet, Brüderchen Gregor Iwanowitsch neben mich. Er schwieg. Der heilige Gregor mag an seiner Wiege gestanden haben, aber er ist dann offenbar ziemlich bald weggegangen. Er mag anderes zu tun gehabt haben. So war Brüderchen Gregor Iwanowitsch im Lauf der sogenannten Zeit eine mindestens ebenso fragwürdige Figur geworden wie ich. Brüderchen Gregor Iwanowitsch folgte meinem Blick. Als er die *Impression parfaitement accomplie* entdeckte, war es in einem Augenblick um ihn geschehen. Auch er liebt Renoir. Man mag gegen uns sagen, was man will, Geschmack haben wir beide immer gehabt.

Sogleich versank Brüderchen Iwanowitsch aus seinem Schweigen um eine Stufe tiefer in dumpfes Brüten. Ich kenne Gregor Iwanowitsch lange genug, um versichern zu können, daß es ein »Alter Esel!« war, mit dem er sein dumpfes Brüten begann. So saßen wir nebeneinander, während Monika, nichtsahnend, mit ihrer wunderschönen weißen Hand den Champagner in den Renoir hineingoß – gar nicht wenig übrigens!

Sollen wir oder sollen wir nicht? Der alte Unsinn! Und dann wieder am Bahnsteig stehen, verzweifelt, mit heiterer Miene und teuren Blumen. Und auf Briefe warten, welche immer seltener kommen. Und hinter den Konzerten herreisen – für ein Lächeln! Und schließlich zusehen, wie entweder der große Dirigent oder der bedeutende Musikkritiker das Rennen macht. Was das dann wieder für Wodka kostet!

Bei diesem Punkt unseres Nachdenkens angekommen, griffen wir beide gleichzeitig zu unseren Gläsern, sahen uns ins Auge, wie nur zwei fragwürdige Figuren einander ins Auge sehen können, und sagten gleichzeitig: »Brüderchen – lassen wir!«

Dann verließ Gregor Iwanowitsch mich, wie seinerzeit der heilige Gregor seine Wiege verlassen hatte.

Einige Minuten später sah sich mein Freund, der große Dirigent, nach mir um. Als er mich so allein dasitzen sah, winkte er mich menschenfreundlich heran – hinein in den Kreis des großen Lichts. Es wäre unhöflich gewesen – natürlich! Man versteht!

Er schenkte mir Champagner ein. Ich begann, die schöne Frau zu bewundern. Sie schoß einen Blick ab und faßte die fragwürdige Figur ins Auge. Himmel! Es gibt so überraschende Dinge in der Liebe. Vielleicht hatte gerade diese wunderbare Frau ein Faible für fragwürdige Figuren. Man lese die Literatur! Fast alles kommt vor!

Als sie nunmehr dem bedeutenden Musikkritiker eine witzige Bemerkung wie einen silbernen Ball zuwarf und dabei den zweiten Blick auf die fragwürdige Figur abschoß, hatte ich einen jener Augenblicke, in denen man bereit ist, um der Geliebten willen vom Eiffelturm herabzuspringen. Ich fing den silbernen Ball in der Luft auf. Ein geistreicher Einfall blitzte durch mein Hirn. Sie sah mich an, gespannt wie Artemis, die einen Vogel im Flug schießen will.

In diesem Augenblick legte sich schwer eine Hand auf meine Schulter. Ich sah auf. Gregor Iwanowitsch! Traurig, mit einem Oblomowblick voll abgrundtiefer Melancholie sah er mich an: »Brüderchen, du hast mich verraten...!«

Niemals hat die schöne Frau erfahren, was Gregor Iwanowitsch gesagt hat. Niemals hat sie erfahren, was die fragwürdige Figur für eine brillante Bemerkung machen wollte.

Ich ließ den silbernen Ball fallen. Er zersprang am Boden in tausend Sterne. Ich erhob mich. Ich trank den Champagner aus. Ich warf einen letzten Blick auf die *Impression parfaitement accomplie*. Renoir ist wahrlich ein großer Mann.

Dann bin ich in den Garten gegangen und habe mich erschossen.

DER GLÜCKLICHE AUGENBLICK

Männer denken gern über das Problem der Ehe nach. Das ist eine hübsche Beschäftigung, deren philosophischer Wert daraus erhellt, daß die Frauen diese Zeit dazu benutzen, Monogramme in die Aussteuer zu sticken. Gleichwohl ginge man fehl, wenn man das Nachdenken über das Problem der Ehe für eine nutzlose Beschäftigung hielte. Freilich, es gehört ein wenig Mut dazu. Die brillanten Bemerkungen, die Schopenhauer in seinem Traktat über die Weiber zu dieser Sache gemacht hat, tun einem jeden wohl. Aber es ist Bluff, am Biertisch mit dergleichen um sich zu schmeißen. Es muß gefordert werden, daß einer, der sich diese Anmerkungen zu eigen machen will, sie zuerst einmal seiner Braut vorträgt. Übrigens ist, nachdem Schopenhauer die europäische Ehe in Grund und Boden verdammt hat, das Ergebnis, zu dem er kommt, hauptsächlich das, das er uns die konfuzianische Ehe empfiehlt. Mit diesem Ratschlag wären wir gar nicht schlecht dran, wenn wir nur Chinesen wären. Aber so leicht läßt sich unser 13. Jahrhundert nicht vergessen.

Die Kirchenväter haben ebenso gründlich über die Ehe nachgedacht wie der Philosoph vom Schaumainkai in Frankfurt am Main. Sie sind zu dem Ergebnis gekommen, sie eines Gelübdes für wert zu erachten. Man muß eine Weisheit bewundern, die einer Sache, die die Alltäglichkeit selber ist, eine Dauer verleiht, die ihr Würde gibt.

Natürlich ist durch Liebe noch niemals einer glücklich geworden. Aber mancher, der aus Liebe geheiratet hat, ist durch die Ehe glücklich geworden. Die meisten Leute freilich, die geheiratet haben, werden, wenn man sie fragt, behaupten, daß sie durch die Ehe nicht glücklicher geworden seien. Die Philosophen des menschlichen Wohls hören gewöhnlich an dieser Stelle zu fragen auf und sagen, je nachdem: »Aha!« oder »Na also!«

Aber an dieser Stelle sollten sie zu fragen anfangen! Das Fragen ist die sokratische Kunst in der Philosophie. Wenn sie die solchermaßen unglücklich Verheirateten fragten, was sie sich denn unter Glück eigentlich vorstellten, würden sie bald herausfinden, daß die Befragten vom Glück entweder eine vollständig schwachsinnige oder gar keine Vorstellung haben.

Das ist allerdings nicht allein die Schuld dieser bedauernswerten Leute. Die ganze abendländische Philosophie leidet an der eigentümlichen Arroganz, daß sie sich zu gut dafür ist, sich mit gewöhnlichen Dingen zu beschäftigen. Die Philosophen sind offenbar besorgt, ihre Würde zu verlieren, während es doch gerade ihre Aufgabe ist, den gewöhnlichen Dingen Würde zu geben.

Es gehört ein feineres Ohr dazu, die Stimme der Schöpfung im Gezwitscher eines Spatzen zu erkennen als sie im Donner des Niagarafalls zu vernehmen.

Ein dreibändiges Werk über die Wahrheit zu schreiben, verschafft hohe Ehre, selbst wenn es nur die halbe Wahrheit ist. Drei kleine Wahrheiten herauszufinden, gilt schier gar nichts. Dabei ist der Unterschied derselbe wie der zwischen einem, der eine großartige Theorie entwickelt, wie allen Leuten geholfen werden könne, und einem, der hingeht und einem braven Mann, der Hunger hat, eine warme Mahlzeit verschafft. Daß es Wahrheiten gibt, ist sicher. Ob es aber so etwas wie die Wahrheit gibt, ist jedenfalls zweifelhaft. Daß es das Glück nicht gibt, ist sicher. Daß es... Parbleu! Das Glück hat keinen Plural! Welche Überraschung! Darüber allein ließe sich ein dreibändiges Werk schreiben. Wir können also nur sagen, daß es glückliche Augenblicke gibt.

Wenn die Philosophen menschenfreundlich genug gewesen wären, sich mit etwas so Gewöhnlichem, wie es das Glück ist, abzugeben, hätten sie uns nicht zu sagen brauchen, daß es Glück nicht gäbe und daß es also keinen Sinn habe, danach zu streben. Sie hätten uns lehren können, daß es glückliche Augenblicke gibt, und nach welchen glücklichen Augenblicken zu streben wir uns zur Aufgabe machen sollten.

Die von Schopenhauer so geschätzten Chinesen haben viele Philosophen hervorgebracht, die sich mit diesen Gewöhnlichkeiten eingehend beschäftigt haben. Lin Yutang berichtet uns von den »Dreiunddreißig glücklichen Augenblicken im Leben des Chin Sheng-t'au«, eines berühmten chinesischen Schriftstellers aus dem 17. Jahrhundert. Er zeichnete die »Dreiunddreißig glücklichen Augenblicke« auf, als er, mit einem Freund zusammen, zehn Tage lang durch einen Regen in einem

Tempel festgehalten wurde. Es finden sich darunter drei Augenblicke, von denen jeder einzelne beweist, daß die Würde einer Sache niemals von der Sache abhängt, sondern allein von dem Menschen, der sie tut oder betrachtet.

»Mit einem scharfen Messer an einem Sommernachmittag auf einem großen, dunkelroten Teller in eine hellgrüne Wassermelone schneiden – ist das vielleicht nicht Glück?«

»Ganz zufällig in einer Kiste einen handschriftlichen Brief von einem alten Freund finden – ist das vielleicht nicht Glück?«

»Ein Fenster öffnen und eine Biene aus dem Zimmer lassen – ist das vielleicht nicht Glück?«

Sollten die Mädchen, während sie ihre Monogramme sticken, naiv genug sein, daß sie gar nicht nach dem Glück der Ehe streben, sondern nach dem glücklichen Augenblick des Heiratens?

EINMAL LIEB FÜR BÖSESEIN ...

Einmal in der Woche packt den Ehemann, auch wenn er noch so vernünftig ist, das dringende Bedürfnis, kegeln zu gehen. Die Kugel rollt donnernd über die Oberfläche ihrer Bahn dahin und verschwindet mit einem Krach im Hintergrund. Das Kegeln ist also sowohl eine oberflächliche als auch eine hintergründige Angelegenheit.

Ob das Kegeln ein Laster sei oder eine Tugend, darüber streiten sich seit Sokrates' Zeiten zwei Parteien auf das heftigste. Die eine Partei, die sokratische Partei, sagt, es sei eine Tugend. Die andere Partei, die xanthippische Partei sagt, es sei ein Laster. Die Ehemänner sind der Meinung, daß Kegeln ein herrliches Vergnügen sei. Die Ehefrauen meinen, daß Kegeln ein idiotischer Unsinn sei. Die philosophische Frage, ob Kegeln eine Tugend oder ein Laster sei, ist – wie fast alle Fragen der Philosophie – falsch gestellt. Es handelt sich nicht darum, ob Kegeln eine Tugend oder ein Laster, sondern darum, ob es eine für die Ehe nützliche Beschäftigung ist. Für eine Ehe ist ein bescheidenes und erträgliches Laster meistens vorteilhafter als eine hochmütige und unerträgliche Tugend.

Nun muß es nicht immer das Kegeln sein. Männer gehen auf die Jagd, zum Angeln, in den Tierschutzverein, in den Briefmarkenverein, in die Freiwillige Feuerwehr, zum Trompetenblasen oder in die Parteiversammlung. Aber all das kommt schließlich aufs Kegeln hinaus. Das Kegeln hat noch den feinen Vorteil, daß es erfreuliche Ergebnisse erzielt, die vollkommen ohne Nutzen sind. Alle Neune! Bitte schön!

Vom Kegeln kommt der Mann mit etwas schlechtem Gewissen nach

Hause. Möglicherweise bringt er einen Affen mit – einen lustigen kleinen Ohrenmaki oder einen überschweren Schimpansen, je nachdem. Denn das Überflüssige erzeugt ebensoviel Durst wie das Notwendige. Die Frau hat Socken gestopft, eine äußerst langweilige Beschäftigung. Infolge der Langeweile ist sie schlecht gelaunt.

Das ist eine der Grundsituationen der Ehe. Der Mann hat durchaus gute Gründe, heiter zu sein. Er hat seine Zeit und einiges Geld angenehm vertan. Die Frau hat guten Grund, schlecht gelaunt zu sein. Sie hat ihre Zeit nützlich verwendet, den Ankauf neuer Socken gespart und sich dennoch gelangweilt. Es entsteht ein heftiger Streit über die Frage, wer da nun im Recht sei. Und das eben ist die falsch gestellte Frage. Und eine falsch gestellte Frage hat keine Lösung zur Folge, sondern Krach.

Das wahre Problem steckt ganz woanders. Denn, sehen Sie, die umgekehrte Situation kommt doch genausohäufig vor. Der Mann macht sich einmal eine Stunde eher im Büro frei, um mit seiner Frau ins Kino zu gehen. Er hat sich das als Überraschung ausgedacht. Aber wie es uns so geht, mit Überraschungen haben wir meistens Pech. Als der Mann nach Hause kommt, ist die Frau nicht da. Sie ist schon ins Kino gegangen. Sie also kehrt heiter aus dem Kino zurück – Gary Cooper war wieder einmal ganz groß! – und er, der plötzlich Hunger bekommen hat, ist schlechter Laune.

Das wahre Problem liegt darin, daß die beiden zu verschiedenen Zeiten schlecht gelaunt sind. Gleichzeitig heiter zu sein, ist wahres Glück. Und gleichzeitig schlecht gelaunt zu sein, ist entschieden auch noch eine Form der Harmonie.

Könnte man die Heiterkeit des Kegelns mit der Heiterkeit des Kinos zusammenschließen und ebenso die Sockenstopflaune mit der Hungerwartelaune, nun, das wäre schlechthin eine glückliche Ehe. Es scheint unmöglich, die Heiterkeit des Kegelns vom Dienstagabend mit der Heiterkeit des Kinos vom Freitagnachmittag zeitlich zur Deckung zu bringen. Aber das scheint nur so. Der Transfer der Heiterkeit – das ist das Problem!

Manches Problem, das keine Philosophie lösen kann, läßt sich durch einen Trick lösen. Wenn man kein Geld hat – ein Problem, das keine Philosophie lösen kann – bedient man sich des Tricks, einen Wechsel auszuschreiben. Man transferiert den Reichtum der Zukunft in die Armut der Gegenwart. Bei der Heiterkeit läßt sich der Reichtum der Gegenwart in die Armut der Zukunft zu transferieren. Diesen Trick will ich hiermit zum Wohl meiner Mitmenschen verraten.

Sie hatten, meine schöne Dame, da Sie ja schließlich ein Herz haben, natürlich am Mittwochmorgen ein wenig Reue empfunden, daß Sie Ihrem Mann, der so schwer für Sie arbeitet, am Dienstagabend die Heiterkeit des Kegelns verdorben hatten. Sie möchten, daß Sie die gute Laune, die Sie heute, Freitagnachmittag, aus dem Kino mitgebracht haben, Dienstagabend hätten. Das können Sie haben!

Sie also kommen aus dem Kino nach Hause, und er, er sitzt schlecht gelaunt und hungrig in der Küche und liest die Zeitung. Hören Sie sich einmal – nur dieses eine Mal – seine Vorwürfe gelassen und schweigend an. Nehmen Sie einen Zettel und schreiben Sie darauf:

»Gutschein!
Einmal lieb für Bösesein! – Olga.«

Diesen Zettel überreichen Sie dem Teuren. Er wird Sie mißtrauisch ansehen. Aber dann wird er den Zettel wegstecken. Dienstage nähern sich seit jeher schnell. Kommt er dann am nächsten Dienstagabend vom Kegeln heiter in Ihre Schlecht-gestopfte-Socken-Laune hinein und überreicht Ihnen in dem Augenblick, in dem Sie gerade loslegen wollen, den Gutschein »Einmal lieb für Bösesein« – nun, teuerste Olga mit Herz, was werden Sie tun?

Sie werden lächeln, weil Sie lachen müssen. Ihre gute Laune, die Ihnen am Freitagnachmittag nichts nützte, haben Sie nunmehr am Dienstagabend, wenn Sie sie brauchen, zur Verfügung.

Natürlich müssen Sie sich sofort aus dem Überfluß der Heiterkeit des Kegelns einen Wechsel ausstellen lassen:

»Gutschein!
Einmal lieb für Bösesein! – Paul.«

Am besten ist's, diesen Gutschein schon so vorzubereiten, daß Paul ihn nur noch zu unterschreiben braucht. Männer unterschreiben gern.

Ein kleines Scheckbuch »Einmal lieb für Bösesein« ist ein hübsches Geburtstagsgeschenk in wertbeständiger Glücksvaluta, mit welcher Olga und Paul einander erfreuen können. Eine Ehe, in der ein Mann sorglos zu jeder Stunde vom Kegeln und eine Frau sorglos zu jeder Stunde aus dem Kino nach Hause kommen können, wie sollte das nicht eine glückliche Ehe werden!

Ein sehr kluger Mann hat einmal gesagt: »Das Gegenteil von Liebe ist nicht Haß, sondern Lieblosigkeit.«

»HERZ AUS DER HAND«

Vom Brückenspiel, von feinen Leuten Bridge genannt, ist man geneigt anzunehmen, daß es ein Bestandteil des englischen Nationalcharakters sei und daß es in England mindestens seit den Zeiten Heinrichs VIII. gespielt werde. Dem ist nicht so. Nicht einmal das Wort »Bridge« ist englisch.

Es hat mit dem Namen des Spiels soviel zu tun wie das Wort Felleisen mit dem »valise«, das die Handwerksburschen des Mittelalters über der Schulter trugen. Der eigentliche Name des Spiels ist »biritch«. Es ist ein russisches Spiel und erst vor etwa fünfzig Jahren über Amerika nach Europa gekommen. Bei uns wird es erst seit dem Ende des ersten Weltkriegs gespielt. Das Skatspiel dagegen ist von ehrwürdiger Tradition. Seine Anfänge gehen bis weit ins Mittelalter zurück.

Der Unterschied zwischen zweiunddreißig und zweiundfünfzig Karten scheint nicht so sehr groß. Aber zwischen Bridge und Skat klaffen Abgründe, die keine Brücke überbrückt. Bridge wird ohne Leidenschaft gespielt. Beim Skat kommt man in Rage. Beim Bridge verliert oder gewinnt man mit gleicher Chance. Beim Skat verliert man immer doppelt. Bridge spielen ist eine gesellschaftliche Beschäftigung. Skat spielen ist eine menschliche Tätigkeit.

Das Skatspiel kommt den Bedürfnissen der menschlichen Seele entgegen. Hier kommt es darauf an, einen hineinzulegen. Hier können immer noch zwei Schwache durch List einen Starken zu Fall bringen. Die Schadenfreude ist nicht nur erlaubt; sie gehört zum Wesen des Spiels. Blutiger Hohn triumphiert über den Besiegten.

Das Bridgespiel kommt den Bedürfnissen des gesellschaftlichen Lebens entgegen. Mit einem Bridge kann man langweilige Leute unschädlich machen, indem man sie an einem grünen Tisch isoliert, wie man Leprakranke auf einer grünen Insel isoliert.

Beim Bridge muß man verstehen, mit Grazie mäßig zu gewinnen. Beim Skat muß man verstehen, mit Haltung unmäßig zu verlieren. Es sind zwei verschiedene Welten. Und so war auch das Bridgespiel bisher ein Spiel der Frauen, das Skatspiel ein Spiel der Männer.

Doch wie leicht gerät die natürliche Ordnung der Dinge ins Wanken! Heuer, beim Skatkongreß, findet das erstemal ein weiblicher Preisskat statt. Ich möchte mich vorsichtig ausdrücken. Noch kann man nicht sagen, wie dieser weibliche Skat sich entwickeln wird. Wird er sehr weiblich, wird er ein Frauenskat. Wird er weniger weiblich, wird er ein Weiberskat. Wird er am Himmelfahrtstag gespielt, um die Herrenpartie zu übertrumpfen, wird er ein Damenskat.

Solange die Frauen unter sich sind, werden wir von ihrem Treiben so wenig erfahren, wie wir etwas davon wissen, was bei einem Weiber-, Frauen- oder Damenbridge vor sich geht. Wenn aber nun das weibliche Geschlecht in der Kenntnis des Skatspiels immer weiter fortschreitet, wird der »dritte Mann« zum Skat auf der Eisenbahn, am Regennachmittag, auf der Skihütte immer häufiger ein weibliches Wesen sein. Wir stehen da einer vollständig neuen historischen Situation gegenüber.

Das wird seine Reize haben, aber es entsteht dabei eine arge Verlegenheit. Das Skatspiel hat eine alte Tradition von Redensarten. Diese Redensarten sind witzig, poetisch, treffend, aber viele von ihnen entbehren der Wohlanständigkeit. Und gerade deswegen liegen sie einem doch so locker auf der Zunge.

Glücklicherweise entbehren Skatspieler nicht der Phantasie. Es gibt heute schon eine Menge gesetzter Redensarten, die beim gemischten Skat anstelle alter Überlieferungen treten. So heißt es beim Null ouvert ganz einfach: »Schürzchen runter!« Und wenn einer beim ersten Stich As und Zehn mit Trumpfas übernimmt, so kassiert er seine zweiunddreißig Augen mit der ruhigen Bemerkung: »Das hilft dem Reiter auf das Pferd!«

Der alte Skatspieler sieht schon, wo das hinaus will. Beim Schieberamsch ist eine Änderung nicht erforderlich. Denn wenn zum Schluß der »dritte Mann« erklärt: »Ich bin Jungfrau!«, ist allgemeiner Beifall sicher.

Es zeigt sich, wie auch hier der besänftigende Einfluß des weiblichen Geschlechts auf die Welt der Männer seine Wirkung ausübt. Der Skat wird an Vornehmheit gewinnen, was er an Würze verliert. Ob nicht dem Brückenspiel die umgekehrte Kur ebenso nützlich sein müßte? Wir werden darauf nicht lange zu warten brauchen. Denn wenn nun bald beim Fünfuhrtee im Kurhotel die Damenwelt Skat spielen wird, kann es nicht mehr lange dauern, daß die Taxichauffeure dazu übergehen werden, zum kleinen Hellen mit Bockwurst Bridge zu spielen. Bridge wird dann, was es an Vornehmheit verliert, an Würze gewinnen. Meine Phantasie reicht nicht aus, die Culbertsonschen Redensarten der Taxichauffeure vorauszuahnen. Aber ich werde zu gegebener Zeit darüber berichten, was davon etwa gerade noch druckbar sein sollte.

So sehr das Kartenspielen als ein allgemeines menschliches Laster allgemeine Bedeutung hat, gibt es doch genug Leute, die weder Bridge noch Skat spielen. Man braucht sich nicht zu wundern, daß man unter ihnen so viele hochgebildete Leute findet. Freilich ist es ein Irrtum zu glauben, daß sie nicht Karten spielen, weil sie hochgebildet sind. Wenn ein guter Skatspieler die Zeit, die er dazu gebraucht hat, ein solcher zu werden, auf die Literatur verwandt hätte, brauchte er sich vor den allergebildetsten Leuten nicht zu verstecken. Aber es ist eben nicht der Ehrgeiz eines guten Skatspielers, Eindruck auf hochgebildete Leute zu machen. Eindruck machen will er bloß auf gute Skatspieler. Und da tut er klug daran. Denn der Eindruck, den man mit einem gewonnenen Herz ohne acht in einer Kneipe erzielen kann, ist menschlich viel großartiger und wohltuender als irgendein Eindruck, den man mit einem noch so fabelhaften Bonmot in einem noch so feinen Salon erzielen könnte.

Der Skatbruder lebt in einer Dreisamkeit, die dem Laster des Kartenspielens menschliche Züge gibt. Der hochgebildete Mann dagegen hat keinen Bruder. Er ist allein. Oder haben Sie schon einmal einen Bildungsbruder gesehen?

»Wer gibt?«

»Immer, wer so hochgebildet daherfragt!«

DIE FEE DER INNEREN GEMÄCHER

Wenn sich der junge Adept der Wissenschaft in jenem edlen, aber unreifen Zustand, welcher durch die bestandene Reifeprüfung gekennzeichnet ist, entschließt, sich dem Heil der Menschheit zu widmen und das Studium der Medizin zu ergreifen, mag er an vieles denken, an Hiob oder an einen großen Mercedes, an Hippokrates oder an den Nobelpreis, an eines wird er bestimmt nicht denken, nämlich daß er zufolge seines edlen Entschlusses viele hundert Male in seinem Leben nachts geweckt werden wird. Das Heil der Menschheit kann man nicht nur am Tag betreiben. Unheil findet auch nachts statt.

In der Nacht gewinnt der ärztliche Beruf an dramatischer Würde. Welcher Arzt erinnerte sich nicht jenes erhabenen Gefühls, das ihn ergriff, als er, zum erstenmal in seinem Leben einen alten Landdoktor vertretend, auf dem Fahrrad im Novemberregen über die Landstraße einer verschleppten Querlage entgegenradelte! Die tausendjährige Pflicht spornte ihn zu Höchstleistungen an, während die Hosenklammer sich immer wieder löste und eine kleine Angst ihm im Halse saß, ob der Sprung in Rhodos gelingen werde. Ob man nicht doch lieber Jurist hätte werden sollen? Jurisprudenz findet am Tage statt. Termine lassen sich verschieben. Vor einer verschleppten Querlage muß man gerade stehen.

Die Rückfahrt – mit Gegenwind – war dann weniger dramatisch. Die Großmagd hatte Pflaumen mit Milch gegessen.

Der Choleriker ist in diesem Fall schlecht dran. Vor Zorn kommt er nicht wieder in Schlaf. Der Pykniker sagt sich, daß Meteorismus kein letales Symptom sei. Während er sanft entschlummert, beschließt er, am nächsten Morgen doch lieber noch einmal über die verschleppte Querlage nachzulesen.

Wenn der nächtliche Patient wenigstens seinerseits genötigt wäre, drei Meilen durch den Novemberregen radzufahren, um den Helfer der Menschheit zu holen. Aber der nächtliche Patient tut sich leicht. Er telephoniert. Während die Medizin das Leben des Menschen beträchtlich verlängert hat, verkürzt der Patient mit Hilfe des Telephons das Leben des Arztes. Eines Nachts dann ist nicht der Doktor selbst am Apparat. Eine weibliche Stimme meldet sich.

Die Großmagd wird bis auf den Plexus solaris telephonisch untersucht. »Ja, der Herr Doktor ist gerade zu einer Geburt!« So wird beschlossen, daß es bis zum frühen Morgen Zeit habe.

Dies ist die Lage, in der sich der ärgste Choleriker von den Vorzügen der Ehe überzeugt. Der Pykniker bedurfte diesbezüglich keiner Belehrung. Er wußte das schon vorher.

Wenn die edle Jungfrau, die reif ist ohne Prüfung, beschließt, eines Arztes Eheweib zu werden, haben die vornehmen Spezialisten keine größere Chance als irgendein braver Landarzt. Frauen wollen helfen. Es ist ihre Natur. Aber keineswegs hat der edle Jüngling, der der Menschheit helfen will, eine weniger zulängliche Vorstellung von seiner Aufgabe als die edle Jungfrau, welche dem Helfer der Menschheit helfen will.

In jener Anonymität, welche das wahre Merkmal der Noblesse ist, spielt sich neben der in alle Zweige des Lebens reichenden Tätigkeit des Arztes das Wirken seiner Frau ab. Tätig ist man immer mit einem gewissen Lärm. Wirken geht in der Stille vor sich.

Einen Arzt darf man nachts dreimal aufscheuchen. Seinen Nachmittagsschlaf bewacht die Fee der inneren Gemächer. Daß die Fee sich zuweilen genötigt sieht, die Maske eines Drachen zu tragen, ist eines jener heroischen Opfer, deren nur Frauen fähig sind.

Kein Arzt, der nicht eine Frau hat, würde je in seinem Leben auch nur zu einem Tag Urlaub kommen. Sie ist es, die ihm, wenn die Koffer gerade gepackt sind, den Hörer aus der Hand nimmt und den alten Rheumatiker vertröstet, welcher nicht nur gerade in diesem Augenblick Schmerzen bekommen, sondern doch auch so viel Vertrauen hat. Sie ist es, eine Sisyphe des Spasmus, die auf der Treppe noch die Nierensteine, zufolge welcher die Schlafwagenbetten leer von dannen zu rollen drohen, durch den Hinweis, daß nun endlich die Klinik nicht mehr zu umgehen sei, von ihrem Eheglück abwälzt.

Sie ist es, die jene erhabenen Gespräche an der Tür führt, welche dem chronisch Leidenden durch ihre meisterhafte Beherrschung der magischen Terminologie soviel mehr Trost zu spenden vermögen als jede wissenschaftliche Therapie. Welcher Arzt möchte behaupten, daß er wüßte, wieviel von seinem Rufe, diesem seinem kostbarsten Besitz, er der Klugheit seiner Frau verdankt!

Arztehen sind glücklich. Das kommt daher, daß, wenn ein Arzt seine silberne Hochzeit feiert, er mit seiner Frau zwar brutto fünfundzwanzig, aber netto höchstens fünf Jahre verheiratet gewesen ist. Wen bekommt eines Doktors Frau am seltensten zu sehen – den Doktor natürlich!

Glücklicherweise werden auch Ärzte krank. Die Mortalität der Ärzte wäre die höchste aller Berufe, wenn nicht die Frau des Arztes nicht nur all die Listen beherrschte, welche die Götter den Weibern schon in die Wiege gelegt haben, sondern auch noch die, mit denen man den Trotz des Patienten überspielt. Die Lächerlichkeit eines kranken Arztes, der doch außerstande ist, seine Krankheit ernst zu nehmen, wäre grotesk, hätte er nicht eine Frau. Sie aber bringt es nicht nur fertig, ihn in einen Prießnitz zu packen – ein Kunststück aus der Löwenarena! –, sie bringt es auch fertig, ihn an den Prießnitz glauben zu machen, eine Meisterleistung, wahrhaftig eines Nobelpreises wert.

Die stille Noblesse der Frau des Arztes ist mit Preisen nicht zu belohnen. Wirken trägt seinen Lohn in sich. Der alte Arzt, der vielleicht einmal in einer ruhigen Minute seines Jünglingstraumes, der Menschheit zu helfen, sich erinnert, erkennt auf einmal, daß er so viel nur helfen konnte, weil so viel ihm geholfen wurde. Ein langes Leben hat von seinem Traum einiges Wirklichkeit werden lassen. So wird er, hoffentlich, auf den Einfall kommen, auch von dem lebenslangen Traum seiner Frau einiges Wirklichkeit werden zu lassen.

»Elisabeth!«

»Ja, Heinrich?«

»Nach Weihnachten fahren wir eine Woche ins Gebirge!«

Zu Heinrichs Erstaunen ist Elisabeth nicht einen Augenblick erstaunt. Sie lächelt! Er, der große Menschenkenner, ahnt nicht, daß er soeben etwas überreicht hat, was der Fee der inneren Gemächer mehr wert ist als ein Nobelpreis.

Glückliche Reise!

»RIEN NE VA PLUS!«

ALS ICH NACHTWÄCHTER WAR...

Berlin, anno inflationis 1923

Sind Ihnen schon einmal die Männer aufgefallen, die abends, so von sieben Uhr an etwa, auf den Straßen vor den Geschäften stehen? Sie stehen auch um neun Uhr noch da, wenn die Kinos ihre Abendvorstellungen geben, und um elf Uhr, wenn die Theater aus sind, und um ein Uhr und noch später. Nur am Tag sind sie verschwunden. Bescheiden wie die Straßenlaternen, unauffällig wie diese, tun sie ihren Dienst. Denn das ist sicher, einen Dienst tun sie. Man erkennt das klar an einer gewissen

Uniformiertheit, sei es der Mütze, sei es der Gesichter, sei es der Hosen. Auch tragen sie alle die gleichen seltsamen Gebilde an Riemen um den Leib gehängt.

Früher sind sie mir auch nicht aufgefallen, so wenig wie die Straßenlaternen. Heute weiß ich, es sind die Nachtwächter der Großstadt. Eines Tages traten sie ins Zentrum meines Lebens.

Ich habe bessere Zeiten gesehen, nicht an der Wiege gesungen worden usw. usw.... Kurz, Sie wissen schon!

Also eines Tages ging ich die Straße entlang und dachte nach. Ich brauchte Geld. Meine Uhr war der letzten Goldhausse schon zum Opfer gefallen. Daß meine Tauflöffel Alpaka seien, erfuhr ich auch bei dieser Gelegenheit. Ich brauchte einen Beruf. Da ich mir den Luxus leistete – auch noch von früher her – an einer Klinik als Volontär zu arbeiten, brauchte ich einen Nachtberuf – um am Tage meinen unbezahlten Luxusbedürfnissen frönen zu können.

Ich sprach einen der Laternenmänner an. Er erzählte mir, was er da mache, wie die Dienstzeit sei, was er bekomme im Monat, mit Kinderzulage, mit Überstunden und dergleichen. Ich ließ mir die Adresse seines Büros geben. Vermutlich dachte er, ich wolle meine Villa im Grunewald bewachen lassen.

Am nächsten Morgen legte ich meinen Gummikragen an. Er gibt mir ein ärmliches Aussehen und hat sich im Umgang mit Behörden schon vielfach trefflich bewährt. Dann suchte ich das Büro auf.

Ich warte so zwei, drei Stunden, erfreue mich an zahlreichen bedruckten Papieren, die Dienstvorschriften heißen, sehe, daß ich nicht Nachtwächter, sondern Wachtmeister werden würde, daß ich in einem Jahr Oberwachtmeister sein könne, daß ich nicht Gehalt, sondern Löhnung empfinge, daß Gehorsam und Pflichttreue nicht nur lobenswerte militärische, sondern auch menschliche Eigenschaften seien.

Der Herr Leutnant überprüft mich mit dem Blick eines Staatsanwalts, der einen lange gesuchten Verbrecher erwischt hat. Daß ich Doktor bin, bringt ihn ein wenig aus der Fassung. Er schwankt, ob er sich vorstellen soll. Vielleicht bin ich in die falsche Abteilung geraten und komme doch wegen meiner Villa im Grunewald. Meine demütige Haltung und der Gummikragen machen ihn wieder sicher.

Schließlich schiebt er mir das Stempelkissen hin und nimmt auf eine Karte säuberlich und fein – meinen Fingerabdruck!

Ich sinke abgrundtief. Mein Gummikragen wächst mir am Hals fest. Mein Schädel sinkt ein. In meinem Schatten an der Wand glaube ich eine Ähnlichkeit mit dem Massenmörder Sternickel zu erkennen. Meine akademische Würde, meine Erziehung, meine Orden, alles schrumpft zusammen zu einem Nichts vor diesen beiden schwarzen Flecken. Der Daumen und der Zeigefinger der rechten Hand! Sie klebten beide noch und klebten mich an die Kriminalistik fest.

Ich habe nie in meinem Leben auch nur eine Briefmarke gestohlen. Ich bin vielleicht auf der Elektrischen schon schwarzgefahren, aber sonst habe ich ein reines Gewissen. In diesem Augenblick zuckte mir, aus den Sternickelgründen meiner Seele kommend, die Erkenntnis durch den Schädel, mit diesen beiden Fingern, Daumen und Zeigefinger der rechten Hand, faßt man den Dietrich, faßt man die Pistole an, drückt man dem Opfer die letzte Luft ab.

Lachen Sie nicht! Ihre Fingerabdrücke liegen in keiner Kartothek. Sie ahnen nicht, was das bedeutet. Sie können ruhig Ihre Verbrechen begehen. Man wird Sie nicht erwischen. Ich aber werde bis ans Ende meines Lebens das Gefühl nicht loswerden, diese teuflische Visitenkarte beim Staatsanwalt liegen zu haben. Mich hat man schon, ehe ich mich noch umgedreht habe. Wie ging es Sternickel?

Am Abend stand ich auf der Motzstraße. Das seltsame Gebilde, das ich mir nun auch umhängen mußte, war eine Stechuhr, eine Kontrolluhr, die einen Streifen enthielt, von dem der Leutnant am nächsten Morgen ablesen konnte, wie lange Zeit hintereinander ich geschlafen hatte, eine Art maschineller Oberwachtmeister, eine Büchse kondensiertes Mißtrauen. Nach weniger als zwei Minuten hatte mein Sternickelgehirn, eigentlich ohne mein Zutun, einen Automaten konstruiert, der die Uhr selbsttätig alle Viertelstunde stechen konnte. Ich dachte daran, meine Erfindung dem Betriebsrat vorzulegen. Aber die Unkosten standen in keinem Verhältnis zur Löhnung eines Wachtmeisters.

Zu meiner Station gehörten zwei große Bürohäuser, ein Obstgeschäft, ein Schuhladen und ein paar Privathäuser. In der Mitte lag noch eine Kneipe, Stammlokal der Chauffeure im Bayerischen Viertel.

Ich habe nie gewußt, daß Chauffeure so reizende Kerle sind. Man kennt sie doch nur, wenn sie ihre Kilometeruhr schief mit der Inflationslampe beleuchten, daß man die Zahl doch nicht erkennen kann. Dann multiplizieren sie mit einem astronomischen Index, und man geht stets weg mit dem Gefühl, gründlich hereingefallen zu sein. Ich aber kenne sie jetzt, wenn sie die astronomischen Indexeinnahmen in Wurst und Bier umsetzen. Wenn es kalt ist und regnet, dann lassen sie die armen Mädchen, die da gleich mir patrouillieren, stundenlang in ihren Polstern ausruhen.

Wir gehören alle zu einer großen Familie. Wir sind alle untereinander befreundet – die Streichholzmänner, die sich am Sonntagabend in die »Welt am Montag«-Männer verwandeln; die traurigen Freudenmädchen, die ich alle gut kenne – manchmal bringen sie mir Zigaretten, oder auch Schokolade –; die Portiers vor den Weinrestaurants, die nur so vornehm aussehen, denn wir duzen uns. Wir, die Nachtwächter, sind noch im besonderen mit der Polizei befreundet. Natürlich verachtet sie uns ein wenig. Aber es sind wohlerzogene Leute, die sich das nicht merken lassen.

Wir sind die Menschen der vierten Klasse, die ebenso unsichtbaren wie unentbehrlichen Stützen der öffentlichen Ordnung in der Motzstraße von sieben Uhr abends bis sechs Uhr morgens. Wir sind Straßenbild, Großstadtstatisten, Nachttarifler. Kaum noch, daß den eleganten Autos eine leise Sehnsucht nach Wärme nachflattert. Wir sind die bleichen Asphaltgewächse vollendeter Resignation.

Natürlich blieb nicht verborgen, daß ich ein Doktor sei. Man nimmt meine Ratschläge in Anspruch. Honorar verlange ich nicht. Man gibt mir freiwillig. Neulich hatte ich einen guten Tag – fünf Zigarren, einen wollenen Schal, eine Bockwurst. Und um sechs Uhr früh fuhr mich Freund Oswin mit seiner Taxe nach Hause. Das Schild blieb auf »Frei« stehen.

In der Nacht: »Du, Kamerad, haste noch een'n Stummel?«

Am Tag: »Herr Kollege, verzeihen Sie, dürfte ich Sie vielleicht um Feuer bitten?«

Wenn Sie heute abend wieder durch die Motzstraße gehen, laufen Sie nicht achtlos an mir vorüber, sondern bieten Sie mir ruhig eine Zigarre an! Ich werde mich freuen. Und meinen Sie nicht, daß ich ein Trinkgeld ablehne! Der Kamerad in der Nacht darf manches tun, was dem Kollegen amTag nicht erlaubt ist.

DER MÖBLIERTE HERR

Der möblierte Herr ist der Mönch der Zivilisation. Vielleicht wohnt auch in seinem Inneren eine Seele, zart und prächtig wie ein Schmetterling. Aber außen ist er grau und bescheiden. Er ist ein Ahasver der Rankentapete, ein Wanderer zwischen vier Wänden, ein Don Quichote der Gemütlichkeit, ein Abenteurer der Hoffnung, den die Jahre des kalten Kaffees und der sanften Bosheit gezähmt haben. Er ist ein Vagabund des Schicksals, das ihn vergessen hat. Er ist der Gefangene seiner eigenen Freiheit.

Wenn der Jüngling die Schwelle des elterlichen Hauses verläßt, blickt er sich nicht mehr um. Stolz schreitet er in das große, bunte Leben hinaus, die Fahne der Hoffnung in der Rechten, den Pappkarton mit Wäsche und dem Zarathustra in der Linken, entschlossen, die Welt zu erobern. Aber die Göttin, der er entgegenschreitet, ist die Pythia des Ultimo, Gartenhaus III links, die Frau möblierte Wirtin.

Der möblierte Herr ist von Natur weder reich noch arm. Er ist knapp an Mitteln. Entweder hat er einen Wechsel, der zu kurz ist, oder er hat ein Gehalt, das niemals langt. Der möblierte Herr ist ein Mann, der einen Tag im Monat reich und neunundzwanzig Tage im Monat arm ist. Das hat zur Folge, daß der möblierte Herr solide ist.

Es soll möblierte Zimmer geben, in denen man Orgien feiern kann. Aber die kennt man nur vom Hörensagen. Wenn die Götter vor die Tugend den Schweiß setzten, vor das Laster setzten sie die möblierte Wirtin, die ihr Haus rein hält für zweiundsiebzig Mark inclusive.

Nur die unsterbliche möblierte Seele ist frei. Während die Nacht ihren dunklen Bogen über die Erde spannt, geht das traumverlorene Ich des möblierten Herrn die Treppe des Schlosses hinab, die er am Abend zuvor im Kino gesehen hat, reist nach Indien und Burma und steigt in wenigen Traumsekunden die Leiter des Erfolges bis zum Generaldirektor empor.

Den möblierten Herrn weckt nicht der Sonne goldener Gruß, auch nicht des Hahnes froher Morgenschrei. Ihn weckt der harte Knöchel der Wirtin an der Tür. Die möblierte Seele versucht noch einmal verzweifelt, sich in das bessere Land des Schlafes zurückzuretten, aber das Gewissen schlägt. Draußen vor der Tür steht das Rasierwasser und wird kalt.

Mit einem Ruck schwingt der möblierte Herr sich auf des Bettes Kante. Dies ist der Augenblick, in dem die Welt ins Wanken gerät. Die Palme, die zweimal jährlich abgestaubte, beginnt, bis in die Beine des Ständers hinab zu erzittern. Das Fauteuil bläht sich auf wie ein Dinosaurier im Sumpf der Schachtelhalme. Das Kanapee fängt an zu wogen wie das Walroß im Zoo. Die Portieren blähen sich in einem mythischen Wind wie die zerrissenen Segel eines Wracks, das an Kap Horn vorübertreibt.

Das ist der Augenblick, in dem der möblierte Herr beschließt, Steuermann auf einem Walfischfänger in der Roßbay zu werden oder Diamanten zu graben in den Minen von Kimberley. Das ist der Augenblick, in dem der möblierte Herr beschließt, das Schicksal herauszufordern, alles auf eine Karte zu setzen, die Welt von sich reden zu machen, mit Größe zugrunde zu gehen.

Aber schon klopft der Knöchel des Schicksals erneut an die Pforte seiner Träume. Pythia setzt statt des Schicksals den Kaffee auf die Schwelle. Traum und Leben fließen wieder ineinander. Die Seele kehrt in den Leib zurück. Der möblierte Herr ist wieder komplett und beginnt, sich zu rasieren.

Dann nimmt er das Frühstück in Angriff. Auf der Butter liegt ein kleiner Zettel: »Bitte nicht wieder bis elf Uhr Radio spielen!«

Dann stürzt er davon, der Elektrischen zu. Die Tür knallt ins Schloß. Er weiß, der alte Drachen hat sich schon wieder hingelegt und wird nun noch einmal erschreckt hochfahren. Noch während er am Trittbrett hängt, gewährt ihm dieser Gedanke eine gewisse Befriedigung.

Der möblierte Herr, wenn er auf Wohnungssuche ist, hat im Grunde nichts anderes im Sinn, als seinen anspruchslosen Leib gegen geringes Entgelt unterzubringen. Aber wenn er seinen Vulkanfiberkoffer auf dem Axminster niedersetzt, wirft er Anker in der Seele seiner Wirtin. Und für zweiundsiebzig Mark ist er nun inclusive Innenleben untergebracht.

Die Seele der Wirtin ist mit Nippes und dem Bild des Seligen geschmückt. Es ist weniger gefährlich, einen Buddha aus einem tibetanischen Kloster zu rauben, als die Diana aus Alabaster in den Schrank zu stellen. Drei Tage kalter Kaffee und alte Brötchen – das ist die Mindeststrafe! Am vierten Tag schießt Diana wieder ihren Pfeil ab auf das Kameradschaftstreffen der 103er, auf dem der Selige mit Krätzchen und forschem Schnurrbart mit einem Bleistiftkreuz angehakt ist.

Ein Mann hat diese Welt verlassen, weil er mehr Paulanerbräu zu trinken liebte, als einer Leber gut ist. Aber sein Platz bleibt nicht leer. Der möblierte Herr zieht ein, und zwanzig Jahre Erfahrung in der Behandlung männlicher Laster stürzen sich auf ihn.

Es gibt weißhaarige, freundliche Matronen, die sich um die Wäsche kümmern. Aber der möblierte Herr weiß, daß die freundliche Matrone einen Drillbohrer hat, mit dem sie sich unerbittlich in sein Innenleben einbohrt. Für jedes Loch im Strumpf, das gestopft wird, muß er mit einem Loch in seiner Seele bezahlen.

Niemals darf man die Wirtin unterbrechen, wenn sie vom Seligen spricht. Selbst von einer Premiere im Staatstheater muß man den ersten Akt unweigerlich schießen lassen, wenn der Zorn der Götter Frau Schätzle um drei Viertel vor sieben auf Herrn Schätzle bringt. Der alte Schätzle würde sicher noch im Himmel lächeln, wenn er die Lobgesänge seiner Amalie hörte. Aber leider muß man annehmen, daß er in der Hölle sitzt, weil er bei Lebzeiten über Amalie zu viel geflucht hat.

Wenige nur sind heldenhaft und gemütlos genug, ein Leben lang mit dem Drachen zu kämpfen. Man heißt sie Hagestolze, und Sankt Georg ist ihr Patron. Aber schließlich können auch sie mit ihrer Freiheit nichts anderes anfangen, als stolz auf sie zu sein. Dafür tönen keine Lobgesänge über das Gras auf ihren einsamen Gräbern.

Der möblierte Herr wird schließlich seine Freiheit verschenken. Daß er es aus Verzweiflung tut, braucht niemanden zu bekümmern. Es ist die Sache der Frauen, die Freiheit, die sie geschenkt bekommen, mit Grazie zu tragen. Die möblierte Wirtin ist die Köchin des Schicksals. Sie kocht die möblierten Herren. So werden es entweder hartgesottene Junggesellen, oder sie werden für die Ehe weich gekocht.

Jeder möblierte Herr war einmal ein Jüngling. Jeder Ehemann war einmal ein möblierter Herr. Der Jüngling sehnt sich nach einer Freiheit, die er niemals haben wird. Der Ehemann sehnt sich nach einer Freiheit, die er niemals gehabt hat.

Niemand hat Nutzen von ihm außer Frau Schätzle, der Köchin des Schicksals, der Pythia, die am Ultimo kassiert.

ROULETTE DES LEBENS

Fast jeden Morgen, wenn man seine Frühstücksschrippe zu sich genommen hat, pflegt es zu klingeln. Das ist der erste dramatische Moment des Tages. Unten vor des Hauses Tor dreht das große Roulette des Lebens Hunderte von Menschen vorüber. Einer plötzlich krümelt sich aus dem Strom heraus und läuft in die Haustür ein. Zuerst muß er die Quarantänekommission passieren. Portiersfrauen, diese Schicksalsnornen des kleinen Mieters, sind morgens immer schlecht gelaunt.

»Zu wem woll'n Se denn?«

Dann erfährt der Unglückliche sein Schicksal.

»Fünfter Stock links!«

Er rüstet sich zum Anstieg. Er klettert Stufe für Stufe empor. Noch sitzt man währenddessen unschuldig und voller Frieden, eine Meise auf dem Fensterbrett beobachtend, seinem Tag gegenüber, der vielleicht Großes bringt.

Aber wenn es dann klingelt, ist's, als ob der Croupier des Glücks gesagt habe: »Rien ne va plus!« Die Würfel sind gefallen. Der Rubikon schäumt auf. Nichts mehr zu machen! Sieg oder Niederlage – alles hängt jetzt von der Türklinke ab.

Natürlich, man kann auch einfach nicht aufmachen. Aber ist das eines Menschen würdig, der weiß, daß er aus dem Paradies vertrieben ist? Eine Schlacht kann man nur gewinnen, wenn man bereit ist, sie zu verlieren. Ins Grab sich zögern kann unsere Aufgabe nicht sein.

Öffnen wir!

Es ist eine allgemeine Meinung, daß der angenehmste Mensch, dem man da öffnen könne, der Geldbriefträger sei. Tatsächlich, es sind freundliche Leute. Sind wir doch alle geneigt, die Wohltaten, die wir durch ihre Hand empfangen, ihnen selbst als Verdienst anzurechnen. Freilich verhalten wir uns da nicht viel geistreicher als König Dareios, der den Boten, der ihm die Nachricht von der verlorenen Schlacht von Marathon brachte, töten ließ. Doch glaube ich, daß die Geldbriefträger nicht nur die Spiegel unserer freundlichen Gefühle für sie sind, sondern daß sie von Natur aus freundlich sind. Alle Menschen, die viel mit Menschen zu tun haben, werden mit den Jahren mild und nachsichtig.

Dann gibt es die Bettler. Man sollte sie nicht gänzlich abschaffen. Es ist niemals ein schlechtes Zeichen, wenn als erster morgens ein Bettler klingelt. Die Bettler geben uns die Möglichkeit, den Göttern zu opfern. Man sollte die nicht mißachten, die uns für einen Groschen dem Olymp in Erinnerung bringen.

Vortrefflich auch, wenn Frau Klotz die frische Wäsche bringt. Das Oberhemd ist Linnen und geeignet, uns mit dem erhabenen Gefühl von Besitz und Wohlstand zu erfüllen.

Aber die Kugel des Glücks ist heute ins Zero gerollt. Vor der Tür steht ein würdiger Herr mit Aktentasche. Er entnimmt seiner ledernen Pandorabüchse ein amtliches Papier. Der Herr Vollstreckungsbeamte!

Niemand wird im ersten Augenblick allzu höflich gegen ihn sein. Wer möchte da um Mitleid flehen, wo Gerechtigkeit zu fordern er das edle Recht des Bürgers hat! Auch weiß man sich nicht frei von dem Verdacht, ein Gerichtsvollzieher müsse wohl ein grimmiger Herr sein. Denn die Würde des Staates verträgt keinen Spaß.

Also bittet man ihn mit gemessenen Worten, ins Zimmer zu treten, in das Zimmer, von dem man noch nicht weiß, ob es ihm nicht gehören wird, wenn er es wieder verläßt.

Scheu blickt man sich um. Die Kommode sieht aus, als ob sie Beine hätte und weglaufen wolle. Die Bilder pendeln sanft im Winde der Gefahr, und der Stuhl, auf den man sich setzt, scheint unter einem von dannen zu weichen.

Aber wahrhaftig, der Herr Vollstreckungsbeamte rückt alles das, was er ins Wanken bringt, selbst wieder zurecht. Ich glaube nicht, daß es sich mit irgendeinem Zeitgenossen angenehmer plaudern läßt als mit einem Vollstreckungsbeamten. Versteht er doch des Daseins Kummer besser als irgendeiner! Ist er doch bereit, einem Glauben zu schenken! Findet er doch, daß Schulden viel mehr ein Unglück als eine Schande seien! Welch ein Philosoph! Schließlich bekommt man etwas von dem souveränen Gefühl eines Königs, der sich noch auf dem Schafott leutselig mit seinem Scharfrichter unterhält.

Ich ziehe den Vollstreckungsbeamten einem Geldbriefträger vor. Die Konversation mit einem Geldbriefträger geht niemals über landläufige Redensarten hinaus. Die Unterhaltung mit einem Vollstreckungsbeamten geht dem Schicksal auf den Grund und erhebt sich in der Gemeinsamkeit einer zu lösenden Aufgabe zu wahrer Humanität.

Die zu lösende Aufgabe heißt: Wo sollen die achtundsechzig Mark fünfzig herkommen benebst den Gebühren, von denen der Herr Vollstreckungsbeamte mit so viel Delikatesse versichert, daß sie durchaus nicht für ihn selbst bestimmt seien? Ach, wie hätte man das auch vermuten mögen!

Man ist bereit, ihm Kasten und Schränke zu öffnen. Man bedauert förmlich, nicht durch ein altes Silberservice dem trefflichen Mann die Mühe seiner Berufswaltung erleichtern zu können. Aber, beim Jupiter, die achtundsechzig Mark fünfzig sind nicht da!

Doch ist es nicht notwendig, den Frack vom Bügel zu nehmen. Der Herr Vollstreckungsbeamte hat noch ein letztes Mittel zur Verfügung, mit dem er alle Schwierigkeiten beseitigt. Das Wunder heißt die Frist. Es ist, als hätte man auf Zero gesetzt und gewönne mit der Bank.

Drei Tage Frist! Was soll einem da noch passieren! Der Dichter zieht die Feder und bereichert die Nation um ein neues Meisterwerk. Es ist nicht sein Verdienst. Alle Ehre gebührt einzig der wahren Humanität des Vollstreckungsbeamten. Wie viele treffliche Werke mag die zeitgenössische Literatur enthalten, die nicht in der Begeisterung und nicht im schöpferischen Rausch, sondern in der Frist geschrieben worden sind!

Wenn ich mir in meinem Leben eine literarische Ehre wünsche, ist es die, Korrespondierendes Mitglied des Bundesverbandes Deutscher Vollstreckungsbeamter zu werden.

Niemand kann seinem Schicksal entgehen. Aber Schicksal mit Frist ist wahrhaftig zu ertragen.

HERRENPARTIE

Niemand weiß eigentlich, woher die Legende vom »schwachen Geschlecht« stammt. Gewiß, der Mann zieht in den Wald, den Bären zu töten. Aber alle ehrlichen Helden sind sich darüber einig, daß sie Angst vor dem Bären haben. Obgleich die Helden das, wenn sie unter sich sind, offen zugeben, sind sie sich merkwürdigerweise auch darüber einig, daß man so tun müsse, als ob man keine Angst vor dem Bären habe. Vor wem aber glauben sie, so tun zu müssen? Vor dem schwachen Geschlecht! Das ist es, warum die Helden sich den Bären aufbinden lassen.

Kommt der Bär, während der Mann im Walde ist, ihn zu töten, zufällig in die Höhle, in der Madame den Kleinen Honigbrote streicht, hat sie kein bißchen Angst vor ihm. Sie singt ihm etwas vor. Bären lieben Musik. Sie gibt ihm etwas Honig. Bären lieben Honig. Dann schiebt sie ihn wieder in den Wald hinaus. Das schwache Geschlecht läßt sich keinen Bären aufbinden.

Kommt der Mann dann, ohne den Bären natürlich, laut lärmend und froh, seine Angst hinter sich zu haben, in die Höhle zurück, lächelt sie leise. Alle Frauen sind sich darüber einig, daß ein Mann, der Angst gehabt und keinen Bären getötet hat, als Held zu betrachten, daß jeglicher Lärm ihm zu gestatten und alles ihm zu glauben sei, was er von den Gefahren erzählt, welche er soeben glücklich überstanden habe.

Das ist das allerälteste Gesellschaftsspiel der Welt. Es hat schon in der Steinzeit begonnen. Im Lauf der zehntausend Jahre Symbiose von lauter und leiser Macht, welche die Geschichte des menschlichen Geschlechts ausmacht, hat sich an der Sachlage wenig geändert. Am Himmelfahrtstag treffen sich die Bärentöter zur Herrenpartie.

Es wäre ein tiefes historisches Mißverständnis, die Herrenpartie im Automobil unternehmen zu wollen. Das mögen Politiker oder Sportsleute tun. Für den Bärentöter kommt nur ein Kremser in Frage, bespannt mit vier Rössern, welche aus einer Brauerei stammen müssen.

Im Kremser sitzt man einander gegenüber auf zwei Bänken, die an den beiden Seiten des Fahrzeugs entlanglaufen. Allein schon, daß man quer zur Fahrtrichtung sitzt, ist von tiefer symbolischer Bedeutung. Die Herrenpartie sitzt quer zum Ernst des Lebens. Ihr Ziel liegt nicht in der Fahrtrichtung. Ihr Ziel ist eine gewisse mittlere Trunkenheit. Ein antiker Kremser der klassischen Bauart hat Platz für zwölf Personen, sechs auf jeder Seite. Da aber Bärentöter es lieben, nicht nur den Bären, sondern auch den Dämonen Trotz zu bieten, gibt es einen dreizehnten Teilnehmer, der zum Kutscher auf den Bock gesetzt wird. Er hat das Privileg, seinen Jugendtraum erfüllt zu sehen und zuweilen mit der Peitsche knallen zu dürfen. Obgleich bei jeder Herrenpartie eine mittlere Knöchelfraktur die Mindestleistung der Dämonen ist, würden die Bärentöter lieber den Gerichtsvollzieher mitnehmen, als daß sie im Dutzend führen.

Die wichtigsten Requisiten einer Herrenpartie sind ein Faß besten Bieres und der Bärenschinken, der freilich, da Bären auf freier Wildbahn in unseren geographischen Breiten verhältnismäßig selten sind, meistens durch ein westfälisches Schwein ersetzt werden muß. Auch die Tradition muß Konzessionen machen.

Für eine Herrenpartie, die überlieferungsbewußt am alten Brauchtum festhält, kommt als Kopfbedeckung des Tages nur ein Strohhut in Frage, und zwar einzig und allein in Form der Kreissäge, welche in gewissen Gegenden unseres Vaterlandes auch Butterblume genannt wird.

Von tiefer Bedeutung ist der Spazierstock. Er ist unerläßlich, gerade weil bei keinem der dreizehn auch nur die leiseste Absicht besteht, sich jemals irgendwann im Lauf des Tages um mehr als zehn Schritte vom Faß des Bieres zu entfernen. Der Spazierstock ist vollkommen überflüssig und somit das Symbol wahrer männlicher Souveränität über den Zwang des Lebens. Höchstens kann der Spazierstock in spielerische Beziehungen zur Kreissäge gesetzt werden. Es gilt als Hauptspaß, den Spazierstock unversehens durch die Kreissäge des Nachbarn zu bohren. Freilich, den Spaß muß man verstehen.

Und schließlich trägt der Herr am Tag der Herrenpartie als dem einzigen Tag des Jahres Hosenträger. Es handelt sich da um ein soziologisches Phaenomen delikaten Charakters. Später nämlich werden die Röcke ausgezogen. Aber das geschieht keineswegs aus Gründen der Bequemlichkeit. Es ist eine revolutionäre Demonstration gegen die Langeweile der Konvention. Gürtel und elegantes Oberhemd würden diese Demonstration ihres Revoluzzcharakters berauben. Jeder ordentliche Bärentöter bewahrt zu diesem Zweck das Jahr über in seinem Schrank ein Paar alter Hosenträger auf und ein Hemd mit Piquéeinsatz, das vor allem diesen gewissen Knopfzipfel haben muß, in dessen Mitte das ungeknöpfteste Knopfloch der Schöpfung prangt.

Als besondere Feinheit wird es begrüßt, wenn ein liebenswürdiger Oberstudiendirektor die altfränkische Gewohnheit unserer Vorfahren wiederaufnimmt und als Manschetten sogenannte Röllchen wählt. Diese, auf den Spazierstock gestülpt, geben der revolutionären Demonstration gegen die Langeweile eine geradezu anarchistische Nuance. Freilich, in den Wirren des Krieges sind die meisten dieser Röllchen verlorengegangen.

So equipiert, kann die Herrenpartie ihren klassischen Verlauf nehmen. Das maliziöse Lächeln, das die Macht der Klugheit dem Bärentöter bei seinem Abschied von der Höhle nachschickte, ist bald vergessen. So rollen sie dahin durch die holde Frühlingslandschaft, die wackeren Träger einer alten Überlieferung, fröhlich lärmend, unter Absingen von Liedern teils patriotischen, teils obszönen Inhalts. Die Rösser wiehern. Die Peitsche knallt. Das Bier schäumt. Die mittlere Trunkenheit ist bald erreicht. Die alte Torheit feiert einen goldenen Tag.

Doch wäre es fehl am Platze, gering zu denken über die Macht einer Torheit, welche sich zehntausend Jahre lang gegen die Macht der Klugheit behauptet hat.

ÜBER DIE VORZÜGE DES RAUCHENS BEI MÄNNERN

Das Rauchen ist keine Sitte, sondern eine Unsitte. Aber selbst die Unsitte hat der Mode oder der Gewohnheit gegenüber den Vorzug des ehrwürdig Traditionellen. So wie man die Dummheit verteidigen muß, weil sie das wunderbarste Feld für die Bestätigung der Klugheit ist, muß man die Unsitten verteidigen, weil sie die Sittsamkeit nur um so leuchtender erscheinen lassen.

Viele Skribenten haben viele Spalten gefüllt mit der Erörterung, ob das Rauchen den Frauen gemäß sei oder nicht. Mir erscheint das ganz und gar nebensächlich. Lieben wir doch die Frauen sowohl ihrer Tugenden wie ihrer Laster wegen. Aber natürlich lieben wir die Frauen nicht um der Tugenden und Laster willen, die sie haben, sondern um derer willen, die sie nicht haben.

Die Problematik für die Frauen liegt durchaus nicht in den Unsitten, denen sie selber verfallen sind. Oh, was wäre das für ein schreckliches Dasein! Was für sie allein wichtig und von Bedeutung ist, sind die Unsitten, denen die Männer verfallen sind. Denn ihre eigenen Lippenstifte, Weltanschauungen und die behaarten Häute wilder Tiere, die sie zu tragen pflegen, machen ihnen Spaß. Über die Unsitten der Männer aber müssen sie sich ärgern.

Nun muß zum Ruhme der Männer gesagt werden, daß ihre Unsitten nicht sehr zahlreich sind. Dafür sind sie gründlich und sozusagen von höchster Unsittigkeit. In jedem Salon ein Krautfeuer zu entzünden, dessen Rauchschwaden das Licht verdunkeln und dessen Geruch nach Tagen noch in allen Vorhängen und Sesseln sitzt, dazu die Asche auf dem Teppich, die Brandlöcher in Anzug, Kleid und Decke – nein, wahrhaftig, schön ist es wirklich nicht!

Dennoch, gnädige Frau, wenn Sie einem sonst netten und sympathischen jungen Mann eine Zigarette anbieten, und er lehnt ab, weil er Nichtraucher sei, erfaßt Sie da nicht sofort ein geheimes und unerklärliches Gefühl des Mißtrauens? Muß man nicht sofort sich fragen, ob dieser junge Mann nicht etwa leberleidend oder Mitglied einer Sekte sei? Einer, der zum Nichtrauchen schamlos offen sich bekennt, verliert in einem Augenblick seine ganze erotische Aura. Um das wiedergutzumachen, müßte er schon ein Autogramm des Dalai Lama beibringen, mindestens, oder den Kandschendschönga besteigen, welcher von allen Bergen der Erde derjenige ist, welcher am schwersten auszusprechen ist.

In der Tat, ohne Laster kein Mann! Und wenn einer schon so bescheidener Laster wie der Leidenschaft des Rauchens entbehrt, wie sollte er da für die Leidenschaften des Herzens tauglich sein! Darum, gnädige Frau, versuchen Sie niemals, einem Mann das Rauchen abzugewöhnen. Ein kluger Arzt hat herausgefunden, daß das Schädliche am Rauchen nicht das Nikotin sei, sondern der Vorsatz, es sich abzugewöhnen. Das ist's, was die Leute nervös macht! Erklären Sie es nur so leichthin für wünschenswert, daß der Geschätzte ein wenig weniger rauche. Er wird dann immer ein bißchen ein schlechtes Gewissen haben. Dabei wird er Sie als liebenswürdig empfinden, und Sie haben ein Argument bis ans Ende Ihres Lebens.

Denken Sie daran, daß ein großer König, der seinem größeren Sohn ein Reich gründen half, durch ein Tabakskollegium berühmter geworden ist als durch seine Taten! Denken Sie daran, daß die hochherzigen Häuptlinge am oberen Mississippi mit dem großen Lederstrumpf als das Symbol des Friedens die Pfeife rauchten! Denken Sie an die Geschichte aus dem Lesebuch, in der einer dem alten Invaliden seine Meerschaumpfeife abhandeln will!

»Bei Prag verlor ich auf der Streife
Das Bein durch einen Schuß.
Da griff ich erst nach meiner Pfeife
Und dann nach meinem Fuß.«

Denken Sie immerhin auch daran, daß die alten Soldaten eine Pfeife rauchten nachts im Biwak, morgens im Schützengraben, abends nach dem kärglichen Feldkessel kalter Bohnensuppe! Helden und Nichtraucher, welch ein Gegensatz!

Und wenn Sie das alles ernsthaft erwogen haben, dann werden Sie reif sein für die Erkenntnis, daß das Rauchen mehr ist als nur eine Sitte oder Unsitte. Es ist ein geheimer Kult der Männer.

In den Wolken ihres Rauchwerks schweben die Philosophie, die Träume, die Entschlüsse, die Wünsche. Männer, die rauchen, sind gutmütig, lenkbar, ja großmütig. Sie beißen so wenig wie eine Dogge, die einen Hammelknochen zwischen den Zähnen hat. Und sie werden, wenn man ihnen ihren Krautstengel wegnimmt, so bösartig wie die Dogge, der man den Hammelknochen roh aus dem Maule raubt.

Darum tun Sie auch niemals Apfelkerne in den Aschenbecher! Das ist eine Entweihung des Opferaltars. Niemals wird ein Mann eine Frau heiraten, die Apfelkerne in den Aschenbecher tut.

Seien Sie froh und glücklich, wenn Sie einen Mann haben, der raucht. Die Nichtraucher sind Intriganten, Finsterlinge, Querulanten. Sie werden vom Ehrgeiz, vom Neid und von der Sparsamkeit geplagt. Sie denken an ihre Gesundheit, aber niemals an der Anderen Wohlbefinden.

Was sind dagegen ein paar Löcher im Teppich! Friede in den blauen Rauchwolken des Krautfeuers ist besser als kalter Haß im Nichtraucherabteil. Nur der Mann, der es liebt, sich blauen Dunst vorzumachen, ist fähig, die Frauen wahrhaft zu lieben. Mit einer Streichholzschachtel können Sie weiter kommen als mit allen Kosmetika der Welt. Und perhorreszieren Sie das Feuerzeug! Wenn der erste Kuß nach Benzin schmeckt, das ist so schlimm, als wenn der erste Kuß nach Seife schmeckt.

Der Nichtraucher von der Sekte der Abstinenz wird Ihnen vielleicht den Himmel zu Füßen legen. Der Mann mit der Zigarre wird Ihnen die Welt erobern!

DÄMON 39[2]

Früher waren die Seuchen eine wilde und apokalyptische Angelegenheit, die die Menschen mit Entsetzen erfüllten und an das Jüngste Gericht gemahnten. Die modernen Epidemien sind sachlich, zivilisiert und geschmackvoll zurückhaltend. Man bemerkt sie nur in den Bilanzen der Arzneifabriken, wo sie als lebhafte Umsatzsteigerungen erscheinen. Die Menschen, die von ihnen befallen werden, denken nicht an das Jüngste Gericht, sondern an die nächste Apotheke. Trotz aller unzweifelhaften Verbesserungen unserer Verkehrsmittel sind unsere Verbindungen mit dem Himmel schlechter geworden.

Die Sache fängt mit einem harten Husten an. Es klingt wie das Bellen eines heiseren Hofhundes in kalter Winternacht. Man ahnt schier noch nichts Böses. Man weiß nicht, daß der Dämon einen schon beim Wickel hat. Man wurstelt immer noch munter umeinand' – ein schönes Beispiel menschlicher Hybris auf der Grundlage der Ignoranz!

Aber schon zwölf Stunden später werden die Knochen weich. Der Dämon fängt an, sich einzurichten. In dem Maße, wie er langsam von einer Person Besitz ergreift, schrumpft deren Umwelt zusammen. Das Bellen wird kontinuierlicher, heiserer, etwas höher und nimmt einen atonalen Charakter an. Dies ist der Augenblick, da der alte Ratschlag am Platze ist: »Weiterrauchen und nicht verzweifeln!« Dies ist auch der Zustand, in dem nach alter Überlieferung große Mengen von heißem Grog von hohem Nutzen sein sollen. Aber wenn der Grog nicht so heiß ist, daß man ihn nicht trinken kann, dann soll man ihn nicht trinken. Ich bin weit davon entfernt, eine so ehrwürdige Überlieferung mit den oberflächlichen Mitteln rationalistischer Aufklärung widerlegen zu wollen. Es ist Tatsache, und jeder im Grogtrinken Erfahrene wird mir das bestätigen, daß man in diesem zweiten Stadium Grogmengen vertragen kann, die einen in gesunden Tagen umwerfen würden. Die Erklärung ist einfach genug. Es ist der Dämon, der den Grog säuft. Und sein Durst ist unersättlich.

So sitzt also am zweiten Tag abends, da, wo vorgestern noch ein würdiger und honoriger Bürger saß, der sich seiner Pflichten gegen die Gesellschaft bewußt war, eine febrile Hülse, von einem besoffenen Dämon erfüllt, mit einer Umwelt von der Größe einer mittleren Tonne.

Der nächste Tag bildet den tragischen Höhepunkt eines Verfalls, von dem die Gelehrten behaupten, daß sein Erreger ein ultravisibles Virus sei. Das ist, wenn man es recht versteht, eine Sache, die unsichtbar ist, weil man sie nicht sehen kann. Aber das erkläre man einem Mann, der geschüttelt wird von einem Dämon, der wieder nüchtern ist und einen Kater hat!

An diesem Punkt endlich, wo aller männliche Stolz nicht soviel wert ist wie ein Glas Wasser, verläßt Eva den Wigwam durch die hinteren Felle und holt den Magier, den Zauberer, den Medizinmann, der von Berufs wegen Dämonen k.o. schlägt.

Es ist ein wahrer Jammer, daß die Ärzte keine Bärte mehr tragen. Zweifellos würden die Dämonen vor bärtigen Ärzten mehr Respekt haben als vor solchen, die glatt rasiert sind.

Während man von dem Dämon zu einem immer formloseren Nichts zusammengebeutelt wird, sitzt auf einmal der freundliche Magier auf des Schlachtfelds Kante. Nachdem er eine Reihe von althergebrachten Klopf- und Horchriten vollzogen hat, sagt er schlicht: »Eine ganz gewöhnliche Grippe!«

Ein gerader Linker für den Dämon! Er hat einen Namen bekommen. Damit schon hat der Zauberer die erste Runde für das formlose Nichts gewonnen. Der Dämon hat einen Namen! Jetzt kann man ihn beschwören. Ha, und lächerlich gemacht ist er auch noch! Vor einem lächerlichen Dämon braucht man sich nicht mehr zu fürchten.

Das Zauberwort des Magiers erhebt das formlose Nichts zur Würde eines Kranken und den Zustand erbärmlicher Klapprigkeit zur Würde einer Krankheit. Die neue Umwelt ist geschaffen, die Umwelt des Kranken, der seine Rechte und seine Pflichten hat.

Zu seinen Rechten gehört der Anspruch auf unbeschränkte Mengen von Mitleid seitens Evas, die unterdessen wieder in Erscheinung getreten ist, als ob nichts gewesen wäre. Es ist ganz unglaublich, was für Mengen von Mitleid ein kranker Mann vertragen kann. Ich sage nur, soviel wie gesunde Frauen Komplimente. Mag Eva es sich selber ausrechnen.

Aber der Kranke hat auch Pflichten. Zum Beispiel Wünsche zu äußern, damit der Nächsten Liebe genügend Betätigungsmöglichkeiten findet. Und dann natürlich hat er die Pflicht, seinem reizenden Magier, der ihm seine menschliche Würde wiedergegeben hat, eine Freude zu machen. Es muß ihm also morgen besser gehen. Also bellt er heiser nach einem Filetbeefsteak mit Spiegelei und reichlich Meerrettich. Ein schwerer Uppercut für den Dämon! Wenn einer aufrichtig bemüht ist, seinem Doktor eine Freude zu machen – der arme Mann, der ist jetzt vierzehn Stunden täglich unterwegs –, dann sind auch die einfachsten Medikamente geeignet, ihm zu helfen. Allmählich fängt der Dämon an zu kränkeln. Am nächsten Morgen – welch reizende Szene!

»Na, wie gehts?«

»Ach, danke, Doktor! Danke! Bedeutend besser! Großartig das Chinin! Einfach wunderbar!«

»Na ja! Erprobte Sache das!«

Da krümmt der Dämon sich und haucht sein schwarzes Leben aus. Der reizende Magier aber zieht zufrieden von dannen, der Würde nicht bedürfend, die er so reichlich zu verschenken hat.

Nun heißt es nur noch, zweimal vierundzwanzig Stunden schlafen, von vier Filetbeefsteaks unterbrochen.

Dann ist die ganz gewöhnliche Grippe vorbei, und dann könnte man anfangen, wieder über die Krise in der Medizin nachzudenken.

Aber ich werde den Herren Doktoren etwas husten, tief, sonor und locker, und eine Flasche Rotwein auf das Wohl des Chinins trinken. Eva lächelt und hat gegen nichts etwas dagegen.

Vielleicht sollte man überhaupt von Zeit zu Zeit einmal krank werden. Ob gar das Kranksein im Leben vielleicht einen Sinn hat? Für die Ärzte sicher! Sie leben davon. Für die Versicherungsgesellschaften auch! Sie werden reich und mächtig davon. Auch für die Apotheker, auch für die imposante pharmazeutische Industrie hat die Krankheit ihren guten Sinn! Sie gibt ihnen die schöne Gelegenheit, ihren Mitmenschen zu helfen. Womöglich hat die Krankheit sogar für den Kranken einen Sinn.

Es wird Zeit, einen Urlaub zu nehmen und in den Kirchenvätern darüber ein wenig nachzulesen.

»CAESAR, HOPP!«

Im D-Zug ist der Reisende, nachdem er die Journale gelesen hat, endlich einmal völlig mit sich allein. Er muß, sozusagen, von seiner eigenen menschlichen Substanz im Hundertkilometertempo leben.

Es ist aufschlußreich, daß er schon nach sehr kurzer Zeit anfängt, Bockwürstchen zu essen. Ich vermute schon lange, daß den Bockwürstchen im Plan der Vorsehung eine metaphysische Rolle zugewiesen ist. Wie wir nunmehr sehen, sind die Bockwürstchen nicht dazu da, den Leib zu sättigen, sondern sie sind dazu da, die menschliche Substanz zu speisen. Sie sind die feurigen, mit Senf beschmierten Briketts der seelischen Lokomotive.

In Karlsruhe waren alle Leute ein wenig ungehalten, daß der D-Zug mehrere Minuten zu lange hielt. Aber schon in Bietigheim zeigte sich, daß unter der rasenden Oberfläche der Hundertkilometermenschen sich

Tiefpunkte befinden, die, wie die Mitte der Erde, sich in einem Tag nur ganz langsam einmal um sich selbst drehen.

Auf dem Bahnhof von Bietigheim stand ein Bauer. Er war sichtlich alles andere als ein D-Zugs-Bauer. An der allgemeinen Schnelligkeit hatte er keinen Anteil. Statt dessen hatte er einen Hund.

Es war ein ganz wunderschönes Tier. Ich, der ich nicht zur Gilde der Hundezüchter gehöre, sondern zur Gilde der Hundertkilometermenschen, habe von Hunden keine Ahnung. Aber selbst der blutigste Laie sah, daß es sich um ein sehr edles Tier von reiner Rasse handelte, einen langhaarigen braunen Hühnerhund, der noch diese entzückende Tapsigkeit in seinen Bewegungen hatte, die für die edlen Jünglinge unter den Hunden so charakteristisch ist wie das Rotwerden für die edlen Jünglinge unter den Menschen.

Wie alle D-Zugs-Menschen die Überzeugung von der Notwendigkeit der Schnelligkeit haben, so eignet der Gilde der Hundezüchter die Überzeugung von der Notwendigkeit der Beständigkeit in der Erziehung. Während die einen auf die Schnelligkeit schwören, schwören die anderen auf die Beständigkeit.

In dem Augenblick, da der Wagen Paris-Wien vor dem schwäbischen Bauern mit seinem schwäbischen Hund hielt, stieß die Beständigkeit mit der Schnelligkeit, die Antike mit der Moderne, der schwäbische Bauernschädel mit dem D-Zug zusammen.

Der Leser mag in diesem Augenblick noch mit irgendeinem erreichbaren Nachbarn, sei es ein Hundezüchter, sei es ein Hundertkilometermensch, eine Wette abschließen, wer bei diesem Zusammenstoß der Stärkere sein wird.

Das Bäuerle jedenfalls öffnete die Tür zwischen Paris und Wien und sagte: »Caesar, hopp!«

Aber Caesar hoppte nicht. Das Bäuerle wiederholte eindringlich seinen Befehl: »Caesar, hopp!«

Caesar dachte nicht daran. Ob nun Caesar in dem Trittbrett seinen Rubikon nicht erkannte, ob Caesar die Sonne von Bietigheim dem Geruch des internationalen, transkontinentalen Fernverkehrs vorzog oder ob Caesar nur schlechthin keine Lust hatte – wir wissen es nicht. Jedenfalls stand er auf dem Bahnsteig und wedelte mit dem Schweif.

Der Schaffner eilte herbei, um den Hund in den Wagen zu heben. Aber das Bäuerle wies einen derartigen Eingriff in die Beständigkeit der Erziehung entrüstet zurück. Es stand ja nicht nur Caesars Erziehung, seine eigene Ehre stand auf dem Spiel. Wie Cato wiederholte das Bäuerle auf dem Bahnsteig von Bietigheim sein:

»Ceterum censeo Caesar hopp!«

Der Bahnhofsvorsteher fing an, unruhig an seiner grünen Scheibe zu kauen. Aber einzugreifen wagte er nicht mehr. Sah er doch, angesichts der mit Hundertkilometermenschen gefüllten Abteilfenster, daß jetzt, bei schon drei Minuten Verspätung, nicht mehr nur das Prestige der Hundezucht in Frage gestellt war. Den Hund in den Wagen heben hieß, je weiter der Zeiger vorrückte, immer mehr, ganz Schwaben lächerlich machen.

»Caesar, hopp!«

Das konnte ein Schlachtruf des Hohns in der ganzen Welt werden.

Die Hundertkilometermenschen waren auf einmal nicht mehr böse. Sie lachten. Die Beständigkeit hatte über die Schnelligkeit gesiegt. Der schwäbische Bauernschädel zeigte sich, was freilich schon bekannt war, härter als eine D-Zugs-Lokomotive.

Wenn die Realitäten so hart im Raum aufeinanderstoßen, kann es eine Lösung nur in einer höheren Dimension geben. Da der Wagen sich zwischen Paris und Wien befand, wird es niemanden wundernehmen, daß er auch einen reisenden Mann aus Sachsen enthielt. Das sächsische Genie mit seinen besonderen Fähigkeiten für die höheren Dimensionen fand schließlich eine Lösung für die aufs äußerste zugespitzte Situation. Es brach einen Bockwurstzipfel Metaphysik aus dem Kosmos heraus und hielt ihn Caesar aus der Wagentür entgegen. Worauf Caesar mit einem Sprung über den Rubikon der schwäbischen Lächerlichkeit in den transkontinentalen Fernverkehr hineinsprang, um dem Mann aus Sachsen das Metaphysische aus der Hand zu fressen.

Das Bäuerle kletterte nach. Die Tür zwischen Paris und Wien wurde geschlossen. Die grüne Scheibe hob sich. Dampf zischte auf. Die Szenerie entrollte in den Horizont.

MAEANDRISCHE ÜBERLIEFERUNG

So eifrig und tiefgründig man sich seit Jahrhunderten mit den Problemen der Erziehung beschäftigt hat, selten noch hat jemand gefragt, was eigentlich aus all den Kenntnissen wird, die wir uns mit so viel Schweiß auf der Schulbank erwerben.

Diese Frage stellte endlich Professor William R. Cormich aus USA. Professor Cormich untersuchte eine Reihe von Leuten in den verschiedensten Lebensaltern. Er fand heraus, daß bei dem Durchschnitt der Menschen die Schulbildung zwischen dem vierzigsten und fünfundvierzigsten Lebensjahr vergessen ist.

Klopfe sich ein jeder nicht an die Brust, sondern vor den Kopf! Zweifellos ist derselbe voller Sorgen, voller Zahlen, voller Wissen. Aber wie steht es mit der Schlacht bei Cannae? Wo fließt der Sambesi? Wie zieht man die Wurzel aus π? Können Sie noch eine quadratische Gleichung lösen? Wann ist Walther von der Vogelweide geboren? Wann ist Gregor der Große gestorben?

Wir wollen eine noch viel einfachere Frage stellen. Wie wird ein großes deutsches x geschrieben? Lächeln Sie, Verehrtester, nicht so überlegen! Die ganze Redaktion hat sich darüber den Kopf zerbrochen. Wenn wir nicht den Setzer gehabt hätten, diesen braven Mann...!

Zuerst vergißt man, wie Professor Cormich feststellte, die Zahlen. Dann vergißt man die Daten. Am längsten behält man die Geographie. Statt der Zahl π hat man eine Menge Telephonnummern im Kopf und die Autonummern seiner Freundinnen. Die Daten von Cannae und von Leuthen sind verdrängt durch die Daten der Steuertermine. Nur die Geographie ist durch nichts verdrängt. Sie bleibt Wunsch und Traum bis ins hohe Alter hinein. So vergißt man ebensowenig, wo der Himalaya sich türmt, wie man vergißt, wo der Harz lieblich sich erstreckt.

Eine weise Einrichtung der Natur hat dafür gesorgt, daß, wenn Männer ins Schwabenalter kommen, ihre Söhne in die Sexta einziehen. Wunsch und Traum aller Väter ist, unverminderte Autorität über jene, welche sie gezeugt haben, zu behalten. Da Autorität am sichersten auf der Überlegenheit des Wissens ruht, sehen die Väter sich genötigt, just dann, wenn ihr Latein zu Ende ist, zum *Bellum Gallicum* zu greifen und die Verba auf μι einer Nachmusterung zu unterziehen. So vererbt sich die Bildung immer wieder vom Sohn auf den Vater in einem reizenden, durch die Generationen hindurch sich schlingenden maeandrischen Schnörkel.

»Vater, was ist Maeander?«

»Hm!«

»Vater, ist Maeander ein Filmschauspieler?«

»Mein Junge, ich werde es dir heute abend erklären!«

DAS LÄCHELN DES IPSOKINETEN

Die alte Erinnerung, wie treu das Roß dem Menschen durch Jahrtausende gedient hat, ist in der Abkürzung »PS« bewahrt geblieben. Das Vornehmste, was es ehedem gab, war, Sechse lang zu fahren. Heutzutage rollt schon der Gemüsewagen Zwölfe lang durch die Straßen. Merkwürdigerweise hat die Verdoppelung der Pferdestärken keine Verdoppelung der Vornehmheit mit sich gebracht.

Noch steckt die Technik des Automobils in ihren Anfängen. Es macht Lärm und verbreitet eine Menge Gestank. Nur in den Karosserien ist schon jetzt ein gewisses Niveau erreicht. Die gute Stube von einst mit Polstern und Kristallvase rollt mit hundert Meilen dahin, während die Fünfte Symphonie aus der kleinen Antenne ertönt. Da sind Fortschritte nicht zu leugnen! Wenn Beethoven adagio con sentimento an den Chausseebäumen im Schnellgang entlanghuscht, wird auch uns im Presto sentimental zumute.

Wenn man die Möglichkeit hat, achtzig Meilen durch seine Biographie zu sausen, wie sollte man da der altmodischen Idee anhängen wollen, zu Fuß zu gehen! Per pedes gingen die Apostel. Heute tun das nur noch die Landstreicher. Zweifellos sind die, die über das Land streichen, den Aposteln näher als die, die über die Straßen streichen. Wenn die Straßenstreicher an den Landstreichern vorbeistreichen, ahnen sie nicht, daß es ihre eigene Seele ist, der sie begegnen. Das Heil der Seele ist mit einem Motor auch unter Überschreitung der Höchstgeschwindigkeit nicht zu erjagen.

Zuweilen hat der Cadillac einen Plattfuß, rechts hinten. Wenn dieses Denkmal der verlorenen Luft am Straßenrand steht, taucht nach einer Weile der Landstreicher am Horizont auf. Er streicht heran, lächelt, streicht ab und verschwindet wieder hinter dem gegenüberliegenden Horizont. Nur einen Augenblick lang spiegelt sich im blitzenden Kühler des Cadillac sein landgestrichenes Lächeln. Dieses Lächeln ist so alt wie der Mensch. Es wird alle Cadillacs überdauern.

Motoren sind nicht so gesund wie Pferde. Von tausend Pferden kann ein Viechsdoktor nur knapp leben. An tausend PS verdienen drei Monteure ihr Brot. Möglicherweise sind die Automobile deshalb seelisch so anfällig, weil sie einen falschen Namen bekommen haben. Jeder Humanist, der sich niemals ein Automobil leisten kann, kann sich jederzeit einen gerechten Zorn leisten über diesen Zwitter aus Explosion und guter Stube. Das Wort Automobil ist halb aus dem Griechischen und halb aus dem Lateinischen. Gymnasiasten würden es das »Autokinet« nennen. Realschüler könnten sich mit dem »Ipsomobil« begnügen.

Wenn es eine Partei der Autokineten und eine Partei der Ipsomobilisten gäbe, wäre an und für sich das Automobil ein schöner Kompromiß. Aber selbst wenn die ganze Welt sich auf diesen Kompromiß geeinigt hätte, würde hierzulande immer noch einer herbeistreichen, die Partei der Ipsokineten zu gründen. Hoffen wir, daß man diesem Herbeistreicher die Lizenz verweigern wird! Denn zweifelsohne könnte ein jeder, der ohne Explosion sich von selbst bewegt, den Anspruch auf die Bezeichnung eines Ipsokineten erheben.

Alle diese Feststellungen brauchen aber den humanistisch verdorbenen Ipsokineten nicht zu hindern, sich die Automobilausstellung anzusehen.

Dorten kann man ein Bild davon gewinnen, welche Typen einem zur Verfügung stehen, wenn man einmal an der Landstraße steht, um mitgenommen zu werden. Kein Zweifel, Topolinos sind kleiner als Cadillacs. Aber ein verwittertes altes Daseinskamel zwängt sich leichter sowohl durch ein Nadelöhr als auch in einen Topolino, ehe denn ein Reicher ihn zur Fünften Cadillacsymphonie einlädt. Nur gut getrimmte jüngere Camelgirls haben die Auswahl. Das ist gut und weise eingerichtet; denn Zufriedenheit ist erst ein Ergebnis der Verwitterung. Ein Augenblick gelebt im Cadillacke...

Der alte, durch Verwitterung weise und zufrieden gewordene Landstreicher, der auf den Straßen des Lebens die Schönheit der Welt kennengelernt hat, bedarf des Cadillac nur für das kurzweilige Vergnügen, im blitzenden Chromnickel des Kühlers sein Lächeln sich spiegeln zu lassen.

DIE KLEINEN UNVOLLKOMMENHEITEN

Wenn ein Knabe sechzehn geworden ist, beginnt er, die Biographien großer Männer zu lesen, um ihnen ähnlich zu werden. Wenn er sechzig geworden ist, liest er die Biographien großer Männer, um festzustellen, daß sie ihm ähnlich sind. Der Knabe begeistert sich an der Vollkommenheit der großen Männer. Der alte Mann ist entzückt von ihren Unvollkommenheiten.

Daß Goethe sich mit zweiundachtzig Jahren in ein hübsches junges Ding verliebte, ist das graziöseste Vermächtnis, das je ein weiser Mann der Nachwelt hinterlassen hat. Durch nichts hat er sich besser dagegen geschützt, von den Dummköpfen mißverstanden zu werden, als daß er zeigte, daß eine hinreißende Torheit in des Menschen Brust neben der vollkommensten Weisheit Raum hat.

Zweifellos ist das hübsche junge Ding dem alten Weisen als ein vollkommenes Geschöpf erschienen. Darin ja liegt die Verzauberung der Liebe. Aber wie mag er entzückt gewesen sein, als er entdeckte, daß das vollkommene Geschöpf eine ziemlich unvollkommene Orthographie schrieb. Nichts an dem Liebesbrief einer Frau ist so liebenswert wie eine Ungeschicklichkeit des Stils, dieses kleine Stottern des Herzens, welches gerade durch die Unvollkommenheit des Ausdrucks die Vollkommenheit des Gefühls beweist.

Nichts auch im Gesicht einer schönen Frau macht die Vollkommenheit so eklatant wie einige kleine Sommersprossen. Ein so gescheites Jahrhundert wie das 18. hatte verstanden, daß die vollkommene Schönheit das Auge blende und nur zu einer Art starrer Bewunderung führen könne. So klebte man, um die Vollkommenheit wenigstens ein wenig zu mindern, ein oder zwei Pflästerchen auf, winzig kleine Kleckse der Unvollkommenheit, Landeplätze für die Schmetterlinge des Entzückens.

Die Vollkommenheit von Schönheitsköniginnen erschreckt uns. Sie sind zu vollkommen – Fassadengeschöpfe mit symmetrischer Seele. Sie wirken wie ausgesuchte Warenmuster aus einer Fabrik, wo dergleichen am laufenden Band hergestellt wird. Man könnte diese nehmen oder jede andere aus der Serie.

Der vollkommenen Schönheit der Schönheitsköniginnen entspricht die vollkommene Dummheit ihrer Bewunderer. Diese Feststellung erlaubt uns zu vermuten, daß Paris, Prinz von Troia, dumm war. Er liebte die Vollkommenheit. Welch beklagenswerte Folgen hat das für die Menschheit, auch für uns gehabt!

Nachdem Aphrodite von Paris den Goldenen Apfel empfangen hatte, war sie verpflichtet, ihm die schönste Frau der Welt zu verschaffen. Da sie eine Göttin war, wählte sie natürlich eine vollkommen schöne Frau. Sicherlich hätte Helena in Kalifornien Succès gehabt und die ganze Küste hinauf und hinunter die ersten Preise abgemäht. Aber daß diese Vollkommenheit dem Paris gefiel!

Als er den Goldenen Apfel der Aphrodite gab und nicht der Athene und nicht der Hera, hat er sich nicht dümmer benommen, als jeder Mann in seiner Lage sich benommen hätte. Hat nicht Perikles bei Aspasia die Politik vergessen und Caesar bei Kleopatra den Ruhm? So unvollkommen durfte Paris schon sein. Aber daß er nicht wenigstens so gescheit war, daß er ein Faible für Sommersprossen gehabt hätte! Ich wenigstens kenne keinen halbwegs gescheiten Mann, der im Intelligenzfragebogen bei der Frage: »Lieben Sie Sommersprossen?« nicht mindestens hinschriebe: »Einige schon!« In welch himmlische Verlegenheit wäre die Göttin der Liebe geraten!

Stellen wir uns die Szene vor, wie sie sich abgespielt hätte, wenn Paris ein wenig gescheiter gewesen wäre. Aphrodite, nachdem sie den Goldenen Apfel empfangen hat, hüllt also unseren gescheiten Paris in eine Fieselerstorchwolke und landet mit ihm auf dem Dach des Palastes des Menelaos, wo Helena soeben eine Dauerwelle bekommen hat. Voller Stolz zeigt Aphrodite dem Paris sein Preisschäfchen, bereit, es für ihn ins Trockene zu bringen. Tatsächlich ist Helena von der gleichen vollkommenen Schönheit, wie die Göttin Aphrodite selbst.

Paris versinkt in starre Bewunderung. Die Göttin wartet. Aber der gescheite Jüngling rührt sich nicht mehr. Schließlich stößt die Göttin ihn leise mit dem vollkommenen Finger an. Da entringt sich dem gescheiten Jüngling der Seufzer: »Ach, wenn sie doch wenigstens ein paar kleine

Sommersprossen hätte . . . !« Und dann bricht er, geblendet, in Tränen der Bewunderung aus.

Nunmehr erstarrt die Göttin. Sie begreift, daß eine Frau, deren Schönheit weniger vollkommen als ihre eigene ist, liebenswerter als die Göttin der Liebe sein kann. Das natürlich bringt sie in Rage. Keine Frau verträgt so etwas. Wütend wirft sie der schönen Helena einige Sommersprossen ins Gesicht, darunter ein ganz kleines süßes Sprößchen mitten auf die Nase. Dann verschwindet sie. Die Entführung findet nicht statt. Paris wird ein glücklicher Liebhaber – *et la Guerre de Troie n'aura pas lieu.*

Aber leider, Paris machte sich nichts aus Sommersprossen. Er ließ sich blenden. Er nahm die vollkommene Schönheit. Die Spannungen im östlichen Mittelmeer verschärften sich von Tag zu Tag. Selbst Giraudoux' Eingreifen in die Verhandlungen nach der Landung der griechischen Vorausabteilung in der Ebene von Troia konnte das Unglück nicht mehr aufhalten. So fand der Trojanische Krieg eben statt, und seitdem ist es halt so weitergegangen.

Balzac machte Schulden. Litaipe liebte die Trunkenheit. Winston Churchill rauchte zuviel. Ludwig XIV. war eitel. Sokrates gab seiner Frau kein Haushaltsgeld. Byron war leichtsinnig. Talleyrand war geldgierig. Diogenes war faul.

Was für eine kostbare und beruhigende Kollektion von kleinen Unvollkommenheiten! Man möchte wirklich die Frage aufwerfen, ob nicht die kleinen Unvollkommenheiten für die Taten der großen Männer ebenso wichtig sind wie ihre großen Vollkommenheiten.

Wenn Balzac ein reicher Mann gewesen wäre, hätte er mehr Geschäfte gemacht und weniger Romane geschrieben. Wenn Litaipe den Wein nicht so geliebt hätte, niemals hätte er im Rausch des Kaisers Gewänder an einen Bettler verschenkt. Er wäre ein Hofschranze geworden, und so wären seine schönsten Gedichte niemals geschrieben worden.

Vielleicht war es eine der Brasil, die Churchill zu viel geraucht hat, welche Anno 1940 die menschliche Zivilisation rettete. Die Eitelkeit Ludwigs XIV. baute Versailles. Daß Sokrates das Haushaltsgeld nie zusammenbringen konnte, vielleicht hat gerade das ihn vor dem Hochmut bewahrt, sich für vollkommen zu halten. Byrons Leichtsinn half, das Volk der Griechen von der Türkenherrschaft zu befreien. Talleyrands Geldgier ließ ihn die Régimes überdauern. So konnte er auf dem Wiener Kongreß Frankreich dienen. Und Diogenes, wenn er nicht so faul gewesen wäre, niemals wäre er so weise geworden.

Ganz offenbar gehören im allgemeinen Plan des Universums die kleinen Unvollkommenheiten zu den unentbehrlichen Betriebsmitteln.

Die große Kunst im Leben bedeutender Männer liegt darin, daß die Laster, die sie sich anschafften, zu den Tugenden paßten, welche sie von Natur aus hatten.

Ein großer Mann kann eine kleine Unvollkommenheit sich leisten. Aber Balzac durfte nicht faul sein. Er besaß die Tugend des Fleißes. Diogenes durfte nicht dem Bacchus opfern. Er besaß die Tugend der Enthaltsamkeit. Sokrates durfte nicht geldgierig und Winston Churchill nicht leichtsinnig sein. Ein geldgieriger Sokrates hätte niemals die Jugend belehren können. Ein leichtsinniger Churchill hätte die Zivilisation aufs Spiel gesetzt. Wenn wir entzückt sind von den kleinen Unvollkommenheiten eines großen Mannes, so sind wir darüber entzückt, wie ausgezeichnet seine Laster zu seinen Tugenden passen.

Wir, leider, wir können uns nicht viel leisten. Aber wenigstens das sollten wir zu erreichen versuchen, daß die Tugenden, die wir uns anschaffen, zu den Lastern passen, welche wir haben. Dies ist die einzige Möglichkeit, großen Männern nachzueifern, wenn man selber keiner ist. Wenn der Knabe mit sechzehn die Vollkommenheit großer Männer bewundert, weiß er noch nicht, wie viele Schlachten er in dem lebenslangen Krieg zwischen der Tugend und dem Laster verlieren wird. Wenn er dann mit sechzig weise genug geworden ist, von den kleinen Unvollkommenheiten der großen Männer entzückt zu sein, darf auch er sich mit Stolz der kleinen Vollkommenheiten erinnern, die ihm in einem langen Leben in Siegen über sich selbst zuweilen gelungen sind. Die feinste dieser Vollkommenheiten ist das Lächeln über die kleinen Unvollkommenheiten des großen Lebens.

ARABESKEN

MOUNT GOETHE

Der Ruhm ist ein Geschenk, das die Götter zuweilen einem Menschen überreichen. Über die Frage, ob es erstrebenswert sei, in dieser Sache von den Göttern ausgezeichnet zu werden, sind Poeten und Philosophen geteilter Meinung.

Die Poeten preisen den Ruhm. Die Weisen verachten ihn. Nun wird ein Weiser berühmt, wenn es ihm gelingt, die Vernunft der Menschen mit neuem Licht zu erfüllen, ein Poet dagegen, wenn er die Herzen der Menschen zu bewegen weiß. Für den Poeten ist der Ruhm der Beweis seines Genies. Für den Weisen ist die Verachtung des Ruhms der Beweis seiner Weisheit.

Der Ruhm ist der höchste Glanz, den die Götter einem Namen geben können, aber doch befriedigt er nur die lächerlichste aller Eigenschaften des Menschen, seine Eitelkeit. Darum ist der Bismarckhering eine so erbauliche Lösung des Problems. Der Bismarckhering ist millionenfacher Ruhm, in Tausenden von Dosen unverderblich aufgehoben, stumm und sauer die Gloria bis ins letzte Haus des Dorfes verkündend und dennoch ungeeignet, irgendeine Eitelkeit zu befriedigen.

Kolumbus wurde berühmt durch die Entdeckung eines Erdteils und ein Ei, Kleopatra durch Schönheit und eine Perle, Churchill durch einen Sieg und seine Zigarre, Diogenes durch Weisheit und ein leeres Faß, Karl v. durch Weltherrschaft und seine Uhren, Schiller durch Tragödien und einen Apfel. Zudem gibt es in Sachsen noch die Schillerlocke aus Blätterteig, mit Schlagsahne gefüllt.

Nichts dergleichen ist von Goethe bekanntgeworden. Nicht einmal das sächsische Genie hatte die schöpferische Kühnheit, die Goethe-Brezel mit Mohnfüllung zu schaffen.

So müssen wir uns damit begnügen, daß seit einiger Zeit ein kleiner Viertausender in der Sierra Nevada von Nordamerika »Mount Goethe« heißt. Zweifellos haben diejenigen, welche künftig diesen Berg besteigen werden, die Aufgabe, auf seinem Gipfel irgend etwas Passendes aus seinen Werken zu lesen. Die Dünndruckausgabe im Klettergepäck dessen, der zur Höhe strebt! Welch ein Fortschritt! Denn diejenigen, welche auf dem Gipfel eines Berges von der Höhe des Olymp Goethe im Kopf hätten, haben wiederum den Olymp nicht in den Beinen. So ist es sicher besser, den großen Mann auf einem Berggipfel im Rucksack zu haben statt im Tal im Schrank.

Wenn die Gallup-Indianer auf dem Kriegspfad der Fragestellung ein bißchen mehr Witz hätten, würden wir erfahren, wie viele Leute es gibt, die bereit sind, viertausend Meter zu steigen, um auf der Höhe Goethes zu sein.

So werden wir höchstens erfahren, daß die Leute den Bismarckhering zu 30% als Katerfrühstück schätzen, 15% ihn wegen seines politischen Gehalts ablehnen, und 55% keine Meinung haben, weder über den Hering, noch über Bismarck, noch über den Kater, noch über den Ruhm.

So bleibt dem Weisen, der den Olymp nicht in den Beinen hat, nichts anderes übrig, als zu Ehren des Ruhmes am Fuß des Mount Goethe einen Bismarckhering zu verspeisen.

Musik hat auf das menschliche Gemüt eine seltsam erweichende Wirkung. Allerdings kann man diese Wirkung leichter auf dem Hof eines Berliner Mietshauses feststellen als in der Philharmonie. Wenn vormittags so gegen elf Uhr ein harmonisches Trio seine getragenen Weisen an den Küchenfenstern empor zum viereckigen Himmel steigen läßt, öffnen sich die Fenster wie durch einen Zauber, und es fängt an, Geld auf die Musiker herabzuregnen. Dergleichen hat man in der Philharmonie noch nie beobachtet.

Von morgens bis abends werden dem Zeitgenossen reelle Werte gegen Barzahlung angeboten. Wie selten entschließt er sich, sein Geld für irgendeinen dieser Werte herzugeben. Von morgens bis abends denken kluge Leute darüber nach, wie sie den Zeitgenossen dazu veranlassen könnten, sich von seinem Groschen zu trennen. Wie wenigen gelingt es, ihn dazu zu bewegen. Dabei kann man doch für einen Groschen schon das »Neueste aus aller Welt« bekommen und für zwei Groschen einen ganzen Bahnsteig oder die Geliebte an die Strippe. Hier aber entschließt sich der Mensch, sich von seinen Groschen zu trennen für einige Töne, die schon in den viereckigen Himmel entschwebt sind, ehe der Groschen auf dem Hof angekommen ist.

Doch glaube man nicht, daß der Mensch in diesem Fall seinen Groschen für einen so unreellen Wert, wie es die Musik ist, hergibt. Für seinen Groschen kauft er sich Hochgefühl. Das Gefühl, ein edler Mensch, ein Wohltäter zu sein, ist gemeinhin mit hohen Ausgaben verbunden. Die Hofmusiker verdanken ihre guten Geschäfte der Tatsache, daß sie Hochgefühl schon für eine so erschwingliche Summe, wie zehn Pfennige es sind, vermitteln können. Die Küchenfeen in allen Hinterhöfen der großen Stadt sind ihnen dafür dankbar.

Den Beweis dafür erbrachte ein Berliner Müllkutscher. Dieser mit einem herrlichen Tenor begnadete Mann kam unlängst auf den Einfall, auf einem Hof, auf dem er den Müll abholen sollte, eine Kunstpause einzulegen. Von des Lebens Lust gepackt, fragte er zu den Küchenfenstern hinauf: »Was kann so schön sein wie deine Liebe?« Es hallte gewaltig im Schacht. Natürlich taten sich alsbald die Küchenfenster auf, und manche schöne Maid lächelte zurück dahingehend, daß nichts so schön sein könne wie gerade ihre Liebe. Eine Menge in Zeitungspapier gewickelter Groschen fielen auf den Mülltenor hinab. Der freilich war darüber eher verblüfft. Im Dienst nämlich darf man nicht durch Singen Geld verdienen. So brach er jählings ab, packte seine Müllkästen und verschwand. Einsam auf dem Hof blieben die Groschen liegen.

Die Gesichter an den Küchenfenstern waren ziemlich verdutzt. Doch wußte in jedem Fall die linke Hand noch, was die rechte getan hatte, nämlich, daß sie die Wohltat in Zeitungspapier geschlagen hatte. Und sogar die Füße wußten noch, was die Hände getan hatten. Aus allen Stockwerken stürzten die Wohltäter auf den Hof hinab, sich ihre Groschen wiederzuholen.

Die Musik hatten sie gehabt. Das Hochgefühl hatte der Mülltenor liegenlassen. So wurde auf einmal aus einer guten Tat, bei der es nicht darauf ankam, ein leichtfertiger Unsinn, zum Fenster hinausgeworfenes Geld.

Das Geld zum Fenster hinauszuwerfen galt bislang als eine der bequemsten Methoden, es loszuwerden. Aber man sieht, wenn nicht der Richtige unten steht, der es aufhebt, muß man fünf Stockwerke hinunterklettern, um es selber wieder aufzusammeln.

FLIMMERLUXUS

Diogenes verachtete den Reichtum. Maecenas liebte ihn. Aber Diogenes verachtete nicht die Reichen, sowenig Maecenas die Armen verachtete. Diogenes hatte herausgefunden, daß Reichtum keine absolute Größe, sondern eine Funktion der Ansprüche sei. Als er einen Knaben sah, der das Wasser an der Quelle mit der Hand schöpfte, warf er seine Trinkschale weg. Sie war Luxus. Maecenas hatte die gleiche Entdeckung gemacht. Dieser Fürst aus alter, vornehmer etruskischer Familie hatte so verfeinerte Ansprüche, daß nicht einmal sein Reichtum ausreichte, diese Ansprüche zu erfüllen. Das Gefühl, genug zu haben, hat Diogenes wahrscheinlich immer, Maecenas dagegen wahrscheinlich niemals gehabt. So kam es, daß Diogenes, der ärmste Mann Athens, zufrieden, Maecenas, der reichste Mann Roms, knapp an Mitteln war.

Es ist die Weisheit des Diogenes, die der Armut von heute fehlt. Es sind die Ansprüche des Maecenas, die dem Reichtum von heute fehlen.

Die Reichen unserer Zeit sind schlecht daran. Von den anderen werden sie beneidet, und selbst wissen sie mit ihrem Reichtum nichts anzufangen. Daß sie beneidet werden, liegt daran, daß Reichtum alt sein muß, um erträglich zu sein. Auch die Reichen selbst haben sich daran gewöhnt, den Reichtum von der Pauvreté her zu betrachten, aus der sie vor so kurzem erst gekommen sind. Daß sie mit ihrem Reichtum nichts anzufangen wissen, liegt daran, daß sie keine Phantasie haben.

Phantasie haben bedeutet, sich Dinge ausdenken zu können, die es noch nicht gibt. Insofern ist nicht einmal dem Reichtum verwehrt, schöpferisch zu sein. Aber der Reichtum hat auch noch die Möglichkeit, die Phantasie anderer in den eigenen Dienst zu stellen. Durch lange Jahrhunderte hindurch hat der Reichtum sich den Luxus geleistet, die Träume der Poeten, der Komponisten, der Maler, der Architekten Wirklichkeit werden zu lassen. Dieser Luxus ist aus der Mode gekommen. Soweit die Reichen heute noch Luxus treiben, tun sie das nur noch in jenen törichten Gesellschaftsspielen, bei denen sie einander mit nichts als ihrem Reichtum imponieren. Der Schmuck ihrer Frauen ist nicht kostbar, er kostet nur viel Geld. Die Dinners der Reichen sind nicht erlesen, sondern pompös. Die Unterhaltungen der Reichen sind nicht glänzend und voller Geist, sondern teuer.

Wie sind die Reichen unserer Zeit in diese Lage hineingeraten? Welch magisches Verhängnis hat sie dahin gebracht, sich mit ihrem Luxus zu langweilen?

Es ist die Strafe dafür, daß sie die Träume der Poeten mißachten, daß sie so phantasielos sind, daß sie, einen maecenatischen Luxus zu treiben, nicht Geschmack genug haben. Die Reichen haben vergessen, daß es die Aufgabe des Reichtums ist, ein wenig Glanz in diese graue Welt zu bringen.

So machten sich die Poeten, denen die Reichen keine Dotationen mehr aussetzten, damit sie Gedichte träumten, nach Hollywood auf, um Luxus zu träumen. Da der Luxus für die Armen bestimmt war, mußte es natürlich ein Luxus sein, welcher den Armen gefiel. Die Poeten hatten es bequem. Es war ein Luxus, der denen gefallen sollte, die keine Möglichkeit hatten, jemals in diesem Luxus wirklich zu leben.

Der Luxus der Traumfabrik erwies sich als eine bemerkenswert tragfähige Illusion. Die Armen der Welt drängten sich in die Flimmertempel, um sich endlich einmal wieder an einem Luxus zu erfreuen, der für sie getrieben wurde. So stark der Luxus dosiert war, der Arme konnte ihn schon aushalten. Nahm er doch höchstens zwei Stunden in der Woche daran teil. Aber nicht nur die Armen drängten sich in die Flimmertempel. Auch die Reichen kamen. So rächte sich die Göttin der Poesie an den Reichen dafür, daß sie an den Poeten Dotationen eingespart hatten. Die Reichen zeigten sich so arm an Phantasie, daß sie die Illusion, welche die Poeten für die Armen geschaffen hatten, in die Wirklichkeit umsetzten und den Luxus der Flimmertempel zu leben begannen.

So ist es gekommen, daß die Armen unserer Zeit die Reichen dahin gebracht haben, in einem Luxus zu leben, der kurzweilig zwar für die ist, welche nur zwei Stunden in der Woche daran teilhaben, langweilig aber für die, welche ihr ganzes Leben darin verbringen müssen.

Die Reichen hätten wahrhaftig einigen Grund, die Armen ein wenig zu beneiden. Und die Armen sollten ein wenig Mitleid mit den Reichen haben. Langeweile ist die bitterste aller Plagen.

So können Träume die Welt verändern und für Gerechtigkeit sorgen. Böte man Maecenas den Luxus von heute an, sicher zöge er es vor, zu Diogenes in die Tonne zu ziehen. Da Maecenas keinen Diogenes je und Diogenes keinen Maecenas je verachtet hat, werden sie gemeinsam ein friedliches Leben führen. Am Samstagabend schreiten sie dann selbander zum Flimmertempel. Dort sitzen sie behaglich und genießen Luxus, Diogenes des Kinobilletts wegen knapp an Mitteln, Maecenas voller Verachtung für den Reichtum unserer Zeit.

Die Poeten haben ihre Rache. Freilich, sie sind selber reich geworden dabei. Da sie angefangen haben, sich dabei zu langweilen, werden sie damit aufhören, daß ihnen nichts mehr einfallen wird.

Eines Tages wird ein junger Poet, der erst auf dem Wege nach Hollywood ist, an der Tonne der Weisheit vorbeikommen. Er wird Maecenas und Diogenes ein Gedicht vortragen, welches er geträumt hat. Da der Poet arm ist, ist das Gedicht natürlich der Traum vom Luxus. Maecenas und Diogenes werden den Poeten voller Wohlwollen anhören. Wenn der arme Tor dann gen Hollywood von dannen gezogen sein wird, werden der arme Weise und der weise Reiche sich den Luxus eines weisen Lächelns erlauben.

WHISKEY MIT VERSTAND

Vor einigen Wochen verschwand aus dem Hafen von New York eine mittlere Privatyacht. Der Besitzer der Yacht, ein wohlhabender Amerikaner, ließ den Grund des Hafens gründlich absuchen, weil er es für das Wahrscheinlichste hielt, daß sein braver Pott, den er wegen unzulänglicher Seetüchtigkeit seit Jahren nicht mehr benutzt hatte, schlicht abgesoffen sei. Aber außer drei übrigens vollen Whiskeyfässern wurde bei der Suche nichts gefunden. Der verständige Mann nahm die vollen Fässer für die verschwundene Yacht, dankte den Göttern und tröstete sich mit den ersteren über die letztere.

Nun waren aber am gleichen Tag wie die Yacht drei Buben, zwischen fünfzehn und siebzehn Jahren alt, verschwunden. Der Scharfsinn der Kriminaler verschränkte diese beiden Tatsachen logisch ineinander. Er nahm an, daß die Buben die Yacht entführt hätten. Es wurde eine größere Ozeanrazzia veranstaltet. Aber weder von der Yacht noch von den Buben wurde die geringste Spur entdeckt. Man hält es für sehr einfach, in einem tiefen Wald zu verschwinden, weil man da keine zwanzig Schritte weit gesehen werden kann. Aber kein Wald ist tief genug, daß einen die Kriminaler mit ihren Hunden nicht leichtlich aufstöberten. Viel einfacher ist es, da zu verschwinden, wo man meilenweit jedes Stück Holz erkennen kann – auf dem Meer oder in der Wüste. Wüsten und Ozeane sind größer, als wir uns mit aller Kraft der Phantasie vorstellen können.

Drei Wochen lang konnten die Kriminaler ihre Hypothese nicht beweisen. Denn die Yacht mit ihren Buben war und blieb verschwunden.

Jetzt ist sie nach einer Reise von über zweitausend Meilen in einem kleinen Hafen der Bucht von Mexiko aufgetaucht. Den Hafen hatten die Buben, eines drohenden Tornados wegen, eiligst angelaufen.

Die Kriminaler natürlich waren entzückt. Selbstverständlich nicht darüber, daß die Bengels noch am Leben waren, sondern darüber, daß ihre Hypothese gestimmt hatte. Sie warfen sich in die Brust, bereit, zur Verhaftung zu schreiten. Aber sie hatten die Rechnung ohne den Wirt gemacht. Der verständige Mann nämlich, der gerade das dritte Fäßchen Whiskey anbohrte, als ihm die Meldung gebracht wurde, daß Yacht und Knaben wieder da seien, bewies nun vollends, daß Neptuns Wohlwollen keinem Unwürdigen zuteil geworden war.

Der Whiskey war sein. Die Yacht war wieder sein. So war er über nichts so sehr entzückt wie darüber, daß die Knaben noch am Leben waren. Als er vernahm, wo sein braver Pott wiedergefunden worden war, schlug er sich lachend auf die Schenkel. Dann kabelte er an die seefahrenden Knaben, daß er sie zur Rückfahrt einlade, und wenn sie die Yacht wieder heil bis New York brächten, wolle er sie ihnen schenken.

So macht ein wenig Whiskey mit Verstand aus einer Dummheit eine Heldentat und aus einem wertlosen Besitz ein wertvolles Geschenk.

RÜBEZAHL IM HARZ

Die meisten Wohltaten, die auf der Welt nicht getan werden, unterbleiben deshalb, weil es immer ein wenig peinlich ist, Wohltäter zu sein. Es kommt einem, der etwas hat, meistens nicht auf einen oder hundert Taler an. Aber durch Wohltaten erwirbt man sich Dankbarkeit. Zwar gilt Undankbarkeit als etwas besonders Herzloses. Gleichwohl ist Dankbarkeit eine Sache, welche lästig ist sowohl für den, der sie haben muß, wie für den, dem sie erwiesen wird. Wohltaten lassen sich demnach am leichtesten da erweisen, wo man auf Undankbarkeit rechnen kann. Das ist einer der Gründe, warum die Bettler sich durch so viele Jahrhunderte und unter so vielen Völkern so lange haben halten können. Die Bettler wissen, daß sie dem, dem sie etwas abnehmen, die Chance geben, etwas für das Wohlbefinden seiner Seele zu tun. Bettler sind nie so dumm gewesen, bei ihren Wohltätern auf Dankbarkeit zu rechnen.

Das Wohltun hat eine gewisse Beziehung zum Einmaleins. Ich zeigte einmal einem berühmten amerikanischen Schriftsteller ein hervorragendes Bauwerk der Hauptstadt. Es gehörte gewissermaßen zu dem zu Zeigenden dazu, daß dort die Fremden von Werkstudenten geführt wurden, welche sich auf diese Weise ihr Brot verdienten. Ich informierte den berühmten Schriftsteller darüber, daß der nette junge Mann, der in einem ausgezeichneten Englisch alles vortrefflich erklärte, ein solcher Student sei. Sofort regte sich in dem berühmten Mann das Bedürfnis, etwas für diesen jungen Mann zu tun. Hatte er sich doch selber einstens durch Tellerwaschen den Zugang zu den höheren Bezirken erkämpft.

Da stand das Problem der Wohltat! Kein Zweifel, der junge Mann hätte zehn Mark ausgezeichnet brauchen können. Aber konnte man sie ihm anbieten, ohne ihn zu kränken? Kein Zweifel, der junge Mann würde unter allen Umständen zehn Mark lieber haben als nicht haben wollen. Aber würde er sie nehmen können, ohne sein Gesicht zu verlieren?

Der berühmte Mann, der eine einfache Seele hatte, entdeckte schließlich eine Lösung, die ebenso geistreich wie verblüffend war. Anstatt den jungen Mann mit zehn Mark zu kränken, machte er ihm eine Freude, indem er ihm hundert Mark schenkte. Es ist klar, daß auch der empfindlichste junge Mann ein Geschenk von hundert Mark ohne weiteres annehmen kann. Seitdem gebe ich verlegenen Wohltätern gern den Ratschlag, zu überlegen, ob sie nicht aus ihrer Verlegenheit herauskommen können, wenn sie ihre Wohltat mit zehn multiplizieren. Meistens geht es!

Dieser geistreiche Beitrag zum Problem der Wohltat, den wir dem berühmten Amerikaner verdanken, wird aufs vortrefflichste ergänzt durch einen Landbriefträger im Harz. Wir hätten niemals etwas von diesem Eulenspiegel des Wohltuns erfahren, wenn sein Tod nicht sein geheimnisvolles Tun enthüllt hätte. Bei seinem Hinscheiden ist alles herausgekommen. Erfüllen wir die ehrenvolle nekrologische Pflicht, über einen Mann zu berichten, der das Wohltun als Schwindel betrieb und so vielleicht der erste Mensch ist, dem der Ehrentitel eines Wohlstaplers zukommt.

Der brave Mann im Harz war Jahrzehnte hindurch bei Schnee und Sonnenschein über Berg und Tal getrabt. Statistiker rechnen gern aus, daß so ein Mann zwei und ein halbes Mal um den Aequator gelaufen sei. Nun hätte der Mann zwar, wenn er das getan hätte, die Erde besser kennengelernt. Aber da er den Aequator um die Bäume des Harzes geschlungen hatte, kannte er die Welt besser. Was er von dieser Welt am besten kannte, war ihr Elend.

Er wußte, in welchen Hütten ein wenig Wohltat fehlte. Wenn er sein Geld in den Wald trug, mußte er oft darüber nachdenken, daß es doch meistens die bekämen, die es nicht brauchten, und selten die, denen es bitter vonnöten war. Es ist der Wunschtraum eines Geldbriefträgers, das Geld einmal dahin zu tragen, wo es fehlt, und die Nachnahmen da zu kassieren, wo es etwas zu holen gibt.

Eines Tages nun begann eine merkwürdige Sache. Als der brave Mann im Harz alt und sein Bart grau geworden war, trat das ein, was er sich so lange gewünscht hatte. In seinem Revier bekamen auf einmal von einem unbekannten Wohltäter die Leute das Geld, die es brauchten. Manche Hütte, an der der Biedermann hundertmal hatte vorüberschreiten müssen, konnte er nun betreten und ein wenig Glück mit Überraschung gegen Quittung verteilen. Man kann sich vorstellen, was das dem Alten in seinen letzten Jahren für Freude gemacht haben muß. Man kann diese Freude einem Mann gönnen, der dreißig Jahre lang so wacker seine Pflicht getan hatte.

Der Witz der Sache ist, daß es der biedere Alte selber war, der sich diese Freude gönnte. Bei seinem Tod entdeckte man, daß er es gewesen war, der das Geld verschickt hatte, auf diese Weise eine Erbschaft verwertend, die er einige Jahre zuvor gemacht hatte.

Dieser listige alte Rübezahl hat alle Vorteile genossen, welche das Wohltun bietet, ohne je unter einem einzigen seiner Nachteile gelitten zu haben. Zum Schluß wurde ihm noch der seltene Lohn, daß die Leute freundlich hinter seinem Sarg hersprachen.

BLATZI

Blatzi ist ein Dackel, und zwar der berühmteste Dackel, den es zur Zeit auf unserem kleinen Erdball gibt.

Er macht krummbeinig seinen Weg durch die Weltpresse und wackelt mit dem Schwanz. Die Weltunion der Feuilletonisten hat beschlossen, ihm als Ehrengabe eine drei Pfund schwere Knackwurst zu überreichen.

Blatzi reiste auf dem Dampfer »Rosamond« nach Ostasien. Im Roten Meer fiel er über Bord. Wie das geschah, wird man nie erfahren, denn der einzige, der es weiß, Blatzi, wackelt nur mit den Ohren. Natürlich war die Trauer groß. Es gab viele Tränen. Seiner Herrin fielen die Haifische ein. Blatzi wurde verlorengegeben.

Aber während seine Herrin über ihn weinte, schwamm Blatzi ganz munter im Roten Meer umher. Im Roten Meer ist das Schwimmen leicht, weil das Wasser einen hohen Salzgehalt hat. Der Schwerkraft zum Trotz sank unser Blatzi durchaus nicht unter. Ganz lustig paddelte er durch das angenehm warme Wasser.

Man darf ohne weiteres vermuten, daß Blatzi die Sache nicht tragisch genommen hat. Hätte er sie tragisch genommen, wäre Absaufenlassen das einzig Wahre gewesen. Hätte Blatzi Erfahrungen mit Haifischen gehabt, wäre er wahrscheinlich vor Angst gestorben. So aber bellte er die Haifische böse an. Da die Haifische noch nie so einen braunen, bellenden Fisch mit Schwanz und Ohren gesehen hatten, ließen sie die Zähne davon. Was Blatzi Kummer machte, weit und breit war keine Knackwurst, kein Knochen, kein Hundekuchen zu entdecken.

Die Nacht sank hernieder. Blatzi schwamm weiter unter dem Firmament. Am Morgen, als eben die Sonne aufging, fuhr der Dampfer »Dagmar« dicht an Blatzi vorbei. Blatzi erhob ein munteres Geblafze. Der bellende Fisch im Roten Meer kam dem Kapitän so sonderbar vor, daß er stoppte, ein Boot ausschwingen ließ und Blatzi an Bord nahm. Jedermann war natürlich erstaunt, als der bellende Fisch sich als ein ganz gewöhnlicher Dackel entpuppte.

Der Funker hatte bald in Erfahrung gebracht, wo Blatzi ausgestiegen war. So wurde Blatzi unter »Kundendienst« ins Schiffsjournal eingetragen. Dann durfte er schlafen. In Aden fand er seine Herrin wieder.

Wir aber dürfen uns die Erfahrung zunutze machen, daß Erfahrungen nutzlos sind. Wo immer man einmal von einem Dampfer ins Meer fallen wird, soll man die Haifische anbellen und ruhig warten, bis man eine Gelegenheit findet, wieder einzusteigen.

»SCHLAFE, MEIN PRINZCHEN, SCHLAF EIN...«

Die Herabsetzung der Säuglingssterblichkeit in den letzten dreißig Jahren gehört zu den bemerkenswertesten Erfolgen der medizinischen Wissenschaft. Manch einer, der heute schon mit einem prächtigen Bart herumläuft, ist nichts weiter als ein ungestorbener Säugling. Ursprünglich war dieser Säugling vom Schicksal dazu ausersehen, ein kleiner Engel zu werden. Mit Hilfe von Soxleths Nährzucker ist er daran gehindert worden. Den Paediatern macht so ein eigenartiger Säugling natürlich Spaß. Den Scholastiker muß seine Existenz nachdenklich stimmen. Durch die Erfolge der Wissenschaft ist die Welt in Unordnung geraten.

Säuglinge bleiben nicht ewig so rosige kleine Paketchen, die stündlich abgewischt und trockengelegt werden müssen. Sie bekommen im Lauf der Zeit Bärte. Wenn man das einmal in Betracht zieht, schrumpfen die Verdienste der Paediater bedenklich zusammen. Sie haben dann nichts weiter erreicht, als daß eine Unmenge Ekel unter uns herumlaufen, die es sonst gar nicht gäbe.

Es ist, wie die Fortschritte der Wissenschaft beweisen, nicht übermäßig schwer, aus Engeln Ekel zu machen. Wäre es nicht eine edlere Aufgabe, aus Ekeln Engel zu machen?

Nun, auch die Wissenschaft ist angesichts der großen Menge von Ekeln, um die sich die Bestände der Welt vermehrt haben, stutzig geworden. Sie hat eingesehen, daß es nicht allein genügt, die Säuglinge am Leben zu erhalten. Man muß auch darauf achtgeben, was aus ihnen wird. Ein großer Universitätsgelehrter hat sich hingesetzt und alle bekannten Nährzucker und Nährmehle daraufhin durchforscht, welche geeignet wären, die englischen Eigenschaften des Menschen vorzüglich zur Entwicklung zu bringen gegenüber den ekligen. Er hat herausgefunden, daß alle Nährzucker und Nährmehle und selbst sterilisierte Milch in dieser Hinsicht völlig wirkungslos sind. Daraufhin hat er sich, als ein echter Forscher, aufs Nachdenken verlegt. Schließlich hat er entdeckt, woran es liegt. Diese Entdeckung hat unter den Kollegen wie eine Bombe eingeschlagen. Der Gelehrte hat mit unübertrefflichem Scharfsinn den Nachweis geführt, daß Nährmehle und Nährzucker gar nicht wirken können. Diese Stoffe wirken nur auf den Darm. Der Forscher fand, daß ein Säugling nicht nur aus einem Darmschlauch mit etwas Rosig-Süßem drumherum besteht. Der Forscher fand, daß auch der Säugling eine Seele habe. Er zog daraus unerbittlich seine Konsequenzen. Seitdem werden in seiner Klinik die Säuglinge abends mit Liedern in den Schlaf gesungen.

Es ist klar, daß dafür nur aseptische, hygienisch völlig einwandfreie und gut sterilisierte Lieder in Frage kommen. Aber Säuglinge verfügen über starke seelische Kräfte. Sie vermögen es, auch aseptische Lieder zu verdauen. Selig lächelnd nicken sie ein.

Der Vorteil dieser neuen Säuglingsnahrung liegt auf der Hand. Die Ekel werden rapide abnehmen, die Engel werden sich ungeahnt vermehren. Dazu kommt noch, daß es unseren Enkeln nicht so gehen wird wie uns, denen es nicht an der Wiege gesungen worden ist.

Denn in Kürze wird ein anderer Forscher entdecken, daß Lieder vom Säugling nur dann resorbiert werden, wenn sie an der Wiege gesungen werden. Die Betten werden aus den Kliniken verschwinden. Die Wiege wird zurückkehren. Im Kolleg wird man das schöne Bild erleben, wie der würdige Geheimrat im Kreis seiner Studenten als ein bärtiger Engel voll himmlischer Geduld einen Säugling nach wissenschaftlichen Grundsätzen in den Schlaf singt:

»Schlafe, mein Prinzchen, schlaf ein...«

Der Besitz eines Automobils erscheint jedermann erstrebenswert. Aber der Fußgänger, der den Besitz eines Automobils erstrebt, ahnt nicht, daß er an dem Tag, an dem er seinen neuen Wagen besteigt, eine Welt verläßt, um in eine andere einzusteigen.

Tatsächlich ist die gefahrene von der gelaufenen Welt so verschieden wie eine Autobahn von einem Waldpfad. Der »Spaziergang nach Syrakus« wäre heute kein Vergnügen mehr, und die »Spazierfahrt nach Syrakus« ist offensichtlich außerstande, die Form eines Buches anzunehmen.

Automobilisten und Fußgänger haben den gleichen Grad von Zorn aufeinander. Nur die Gründe, die sie haben, sind verschieden. Der Mobilist ist seiner Natur nach auf Schnelligkeit versessen. Daran wird er vom Fußgänger gehindert. Der Fußgänger ist auf alles andere aus außer auf Schnelligkeit, worüber die lyrische Literatur der Menschheit hinreichend Auskunft gibt. In seiner Beschaulichkeit wird er vom Mobilisten gestört. Über die Hinderung wie über die Störung sind beide gleich erbost. Ihr Verhältnis zueinander ist ein von Verkehrsvorschriften gebändigter Haß. Woraus man übrigens ersehen kann, daß Verkehrsvorschriften nicht technischer, sondern moralischer Natur sind. Denn ob man Duldung, Rücksicht und Demut von einem Philosophen oder von einem Schutzmann beigebracht bekommt, ist für den inneren Wert dieser Tugenden selbstverständlich ganz und gar gleichgültig.

Die Unterlegenheit des Mobilisten auf allen Gebieten liegt auf der Hand. Man kann sich kein Poem vorstellen, das anfinge: »Ich fuhr im Walde so für mich hin...« Denn sogleich müßte man fragen: »In welchem Gang?« Der alte Seume mit Knotenstock und Ränzel gibt ein prächtiges Denkmal ab. Aber der Mann, der mit acht Zylindern nach Syrakus fährt, wie sollte man ihn in Marmor konterfeien? Mit einem Schraubenschlüssel? Mit einem Reserverad? Mit dem Triptik in der Hand?

Alexander den Großen kann man in einem Streitwagen in Marmor hauen. Aber wenn man einen modernen Feldherrn im Automobil auf den Sockel stellte...

Sowohl für die Lyrik als auch für die Plastik also ist das Automobil unergiebig. Aber auch das Drama hat nur wenig Verwendung für dasselbe. Hamlet am Volant würde keine Zeit zu Monologen finden.

Nur in einem Fall ist das Automobil zum Unglück für den Fußgänger von peinlicher Überlegenheit, dann nämlich, wenn es zum Zusammenstoß kommt. Wenn ein Mobilist und ein Fußgänger zusammenstoßen, geht ganz gewöhnlich der Fußgänger zu Bruch, während das Auto nur ein paar Beulen bekommt oder sich ein wenig die Stoßstange verbiegt. So muß man der Vermutung Ausdruck geben, daß der Mobilist den Zusammenstoß mit dem Fußgänger nicht mit der gleichen Sorgfalt zu vermeiden versuchen, mit der der Fußgänger dem Zusammenstoß mit dem Mobilisten ausweichen möchte. In diesem Punkt steht die Partie entschieden nicht pari.

Nun ist der Fußgänger daran sicher ganz unschuldig. So vorausschauend die Natur sich hinsichtlich der Entwicklung des menschlichen Geschlechts gezeigt hat, an das Automobil hat sie offenbar nicht gedacht. Es wäre ihr ein Leichtes gewesen, den Menschen autofest zu bauen. Aber diesen Vorteil hat sie leider nur den Schildkröten zuteil werden lassen. Es wäre deshalb wünschenswert, daß die Technik endlich einmal sich dieses Problems annähme.

Zwar hat der Staat das seinige getan und uns mit einer juristischen Schutzschicht umgeben. Die Zertrümmerung wesentlicher Teile unserer Person kostet den Mobilisten hohe Strafen. Aber die Erfahrung zeigt, daß das nicht genügt. Wir müßten mit einer an eine kleine Atomzertrümmerungsstation in der Rocktasche angeschlossenen Strahlenmantille umgeben sein, die beim Zusammenstoß mit einem Automobil den Benzintank zur Explosion brächte. Dann erst stünde die Partie wieder pari. Es wäre sicherlich ein jedermann erfreuendes Bild, wenn man sähe, wie die Mobilisten schwersinnig – Sein oder Nichtsein! – um ihren eigenen Tod herumführen, anstatt daß sie leichtsinnigerweise auf anderer Leute ewige Seligkeit zusteuern. Unglücklicherweise sind die Techniker nur schwer für Projekte zu begeistern, durch die ihre Fortschritte wiedergutgemacht werden könnten.

EINSAME MÄNNER

Hin und wieder sieht man in der großen Stadt an der Mauer eines Kais einen Mann stehen, der angelt. Kaum je hat ein Passant beobachten können, daß so ein einsamer Mann wirklich einmal einen Fisch aus dem Wasser gezogen hätte. Aber das beweist nur, daß der Passant nicht genug Geduld im Zusehen gehabt hat.

Freilich, wenn man die braune Brühe betrachtet, die durch die große Stadt schleicht, kommt man nicht leicht auf die Idee, daß darin lebende Fische herumschwimmen könnten. Aber der Angler ist nicht nur ein Heros der Geduld. Er ist auch ein Prophet des Glaubens. Kein Wasser ist ihm zu trübe, als daß er nicht darin zu fischen versuchte. Zuweilen wird der Glaube durch einen Stint belohnt.

Der einsamen Männer an den Kaimauern der großen Städte sind wenige. Aber Angler gibt es in Deutschland achtzigtausend. Es ist eine Bruderschaft der Einsamen, die an den Bächen des Lebens sitzen. Sie sind so stumm wie die Fische, aber für die Ökonomie der Nation von höchster Bedeutung.

Wenn wir achtzigtausend Angler in Deutschland haben, dann ist nichts so sicher wie die Tatsache, daß wir achtzigtausend Philosophen in Deutschland haben. Die Männer haben sich hier ein Reich gebaut, das bis dato der öffentlichen Aufmerksamkeit entgangen ist.

Angeln als einen Sport zu bezeichnen hieße, ebensosehr den Sport wie das Angeln mißverstehen. Sport dient der Ertüchtigung von Körper und Charakter und wird ohne einen Lohn betrieben, wenn nicht den des Ruhms. Angeln dient der Ertüchtigung der Seele, und seine Resultate kann man mit Salz und Lauch zum Abendbrot verzehren. Angeln ist die einzige Art von Philosophie, von der man satt werden kann. Auch ist es die einzige Art von Arbeit ohne alle Tätigkeit. Wie man sieht, sind eine dergestalt beschaffene Philosophie und eine dergestalt beschaffene Arbeit geeignet, das Ideal von achtzigtausend erwachsenen Männern zu sein. Angeln übt in Geduld und in Hoffnung, zwei Eigenschaften, von denen die eine die nützlichste, die andere die unentbehrlichste ist, die Schwierigkeiten des Lebens zu ertragen.

Sitzen wir nicht alle am fließenden Wasser des Lebens und werfen die Schnur aus mit dem Gedanken an unser Glück? Es angelt der Zigarrenhändler nach dem Raucher, der Poet nach dem Einfall, der Friseur nach dem Kunden, der Arzt nach dem Patienten. Es angelt der Prophet nach dem Gläubigen, der Forscher nach dem Ruhm, der Politiker nach dem Erfolg. Wir alle angeln nach Geld. Und die Frauen alle angeln nach uns. Ohne Zweifel haben sie die längste Geduld und die meiste Hoffnung, und darum auch haben sie den größten Erfolg. Rings schwirren die Angelhaken. Und immer dann, wenn Angelschnüre sich verfitzen, gibt es Krach. Und weit öfter als den Nobelpreis erwischt man einen alten Lederstiefel.

Achtzigtausend Angler sitzen rings im Land, achtzigtausend Denkmäler der Geduld und der Hoffnung. Stundenlang ins Wasser sehen, Kieselsteine am Grund zählen und abends eine frische Forelle essen, ist das Leben, das man sich wünschen möchte. Achtzigtausend sind klug genug, wenigstens zuweilen sich dieses Leben zu beschaffen. Man sollte soviel Klugheit für die öffentlichen Angelegenheiten auswerten. Im Trüben zu fischen sind Angler weniger bedenklich als Politiker.

»Seit fünfundzwanzig Jahren Angler!«

Welch eine Empfehlung!

Sport findet im Freien statt. Man kann aber nicht ohne weiteres sagen, daß er deshalb auch in der Natur stattfände. Einen ledernen Ball über einen Rasen zu jagen ist keine zulängliche Methode, die Schönheit einer Wiese kennenzulernen. Dieser Rasen ist eine denaturierte Wiese. Das Sportfeld ist das einzige Feld, auf welchem aus vergossenem Schweiß nichts erblüht, was geerntet werden kann. Der Aufstieg über ein Schneefeld dagegen ist ein sicherer Weg, aus Schweiß zu ernten. Auf dem Schneefeld blüht die Schönheit des Winters. Mit dem Wintersport hat der Mensch das Kunststück fertiggebracht, seiner Welt die Kostbarkeiten einer ganzen Jahreszeit hinzuzuerobern.

Das Rad war zweifellos eine der genialsten Erfindungen, die je gemacht wurden. Mit dieser Erfindung wurde eine Reibung beseitigt, die schon viel Schweiß gekostet hatte. Es war ein Fortschritt der Kultur. Der Ski dagegen war keine Erfindung. Er war eine Entdeckung. Ursprünglich hatte der Mensch natürlich auch hier die Erfindung gemacht, durch Verteilung der Last auf eine größere Fläche das Einsinken in den Schnee zu verhindern. Als er diesen Gedanken auf zwei Brettern experimentell erprobte, fiel er rückwärts in den Schnee. Die Bretter waren schneller als er. Sie glitten! Daß diese Entdeckung, welche die Götter dem Erfinder, der hilflos im Schnee strampelte, zum Geschenk machten, viele tausend Jahre benötigte, um sich durchzusetzen, braucht uns nicht wunderzunehmen. Von Entdeckungen welcher Art auch immer macht der Mensch stets durch lange Zeiten hindurch einen höchst törichten Gebrauch, ehe er darauf kommt, welches ihre wahre Bedeutung ist. Man denke an die Entdeckung Amerikas!

Klopstock hat eine Ode auf den Eislauf gedichtet. Man kann sich schlechterdings nicht vorstellen, daß er das auch für den Boxkampf hätte tun können. In der Tat, dem Sport des Winters eignet eine humane Note. In nichts drückt sich dies deutlicher aus als darin, daß man beim Wintersport alt werden kann. Wenn man nicht mehr halsbrecherisch hinter galoppierendem Roß auf den Skiern über das Eis jagen will, schnallt man sich die Schlittschuhe an. »Ergrauter Cavalier, Dame im Schlitten übers Eis fahrend...« – das ist bestes 19. Jahrhundert, von Degas gemalt.

Curling ist das Wintergolf der Wohlbeleibtheit. Wenn die alten Herren gemächlich ihre Wärmflaschen über das Eis schieben, hat man den Eindruck, daß es große Vermögen sind, die da zu nichts weiter dienen, als in heiteren Carambolagen sich zu treffen und zu trennen. Und wenn man auch dazu zu alt geworden ist, kann man immer noch, in wärmende Pelze gehüllt, die Rolle eines Connoisseurs spielen, der die Technik bewundert, mit der eine Ballerina des Gleitens ihre Grazie über den Spiegel des Eises wirbelt.

Kein Wunder, daß über solchem Treiben die Sonne gern scheint. Ihr verdanken wir das Pigment der schönen Mädchen. Am Tag repräsentiert es die Tugend sportlicher Tüchtigkeit. Am Abend wird es zu einem wertvollen Bestandteil des Make-up.

Glücklicherweise findet die Eroberung des Winters nur in der Sonne statt. So wird die Gefahr des Pigmentpuritanismus vermieden. Nachdem die Tugend der Anstrengung den Menschen über Tag sittlich gehoben hat, darf er sich am Abend wieder absinken lassen. Das Pigment der Tugend wird mit einem leichten Hauch von Puder überstäubt. Danach darf das in der Sonne gespeicherte moralische Kapital an der Bar der Abenddämmerung wieder ausgegeben werden.

An der Theke des moralischen Ausgleichs besteht, einer der größten Vorzüge des Wintersports, die Möglichkeit, beträchtliche Kredite auf die Tugend des nächsten Tages aufzunehmen. Da Eroberer von Natur großzügig sind, wird von dieser Möglichkeit reichlich Gebrauch gemacht. Nichts davon bringt die Sonne an den Tag.

So dürfte die Sonne von den Tugenden der Eroberer des Winters eine ausgezeichnete Meinung haben. Und der Mond – ach, auf jeden Fall ist er unser Freund, und zu sehen bekommt er ohnehin nur diejenigen der braunen Pigmentmädchen, welche unter ihm wandeln, bereit, auch in der eisigsten Kälte noch ihre Tugend dahinschmelzen zu lassen. Das hat der Mond schon immer gern gesehen. Er strahlt, daß er darauf nicht bis in die Nachtigallen warten muß.

EIN RÄTSEL DER NATUR

Ein alter Herr hat es sich in diesen schönen Tagen nicht nehmen lassen, sich auf eine Bank im Park zu setzen. Es war ein dem lieben Gott besonders wohlgelungener alter Herr, mit einem immensen Vollbart von der Art derer, die eine rohe und zynische Jugend »Fußsäcke« nennt. Der Alte strich sich denselben und dachte vergangener Zeiten. Volle achtzig Jahre hatte der Bart gebraucht, um zu seiner heutigen Länge heranzuwachsen. Der Alte dachte an die Zeiten, da er selber noch im ersten Flaum der Jünglingsjahre mit gelben Nankinghosen im Rosengarten spazierengegangen war und ehrerbietig würdige Herren gegrüßt hatte, die immense Fußsäcke unter dem Kinn einhertrugen. Damals hatte er sich gewünscht, ein wenig mehr Bart zu haben, um ein wenig mehr Ehrerbietung einkassieren zu können. Denn selbst die Bewunderung junger Mädchen für gelben

Nanking ist nicht zu vergleichen mit der Ehrerbietung, die einem würdigen Greis erwiesen wird.

Nun hat er es also auf achtzig Jahre und vierzig Zentimeter Bart gebracht. Aber das nützt ihm wenig. Denn das Alter hat unter dem letzten halben Jahrhundert stark gelitten. Es notiert heute unter pari. Die Jugend ist auf dem Plan, stößt Kugel, schwimmt Crawl, wandert Gelände. Die Greise aber sitzen in den Ecken. Zwar sind sie der Weisheit voll, aber keiner will etwas von ihrer Weisheit wissen. Der Markt für Weisheit des Alters ist verstopft. Weder Kontingentierung noch Produktionsdrosselung können da helfen. Wie will man weise Greise hindern, weiterhin weise zu sein? Um jeden Greis liegt ein großer Haufen unverwertbarer Weisheit herum, zum Schrottwert abzugeben. Die Kinder spielen damit.

Glücklicherweise ist es ein Merkmal der Weisheit, daß sie ohne Leidenschaft ist. Den weisen Greisen ist es unmöglich, sich zu ärgern. Ein weiser Greis, der sich ärgerte, würde alsbald aufhören, weise zu sein. Er wäre nichts als ein seniler Meckerer. Und deren freilich haben wir ohnehin schon viel zu viele.

Auch dieser dem lieben Gott so wohlgelungene Bartgreis auf der Bank im Park war vollständig friedlich. Er war so friedlich, daß er nach kurzem Dämmerzustand ein kleines Schlummerchen einlegte.

Alsbald erhob sich in den Gaukelträumen des Alten ein leises Summen, das langsam lauter und lauter wurde. Mochte es nun sein, daß er von Ozeanfluggeschwadern träumte, oder daß das Sausen für ihn ein mehr himmlisches Gebrause war – er lächelte glücklich im Traum.

Nicht so einige Zeitgenossen, die zufällig des Weges daherkamen! Auch sie hörten das Sausen und Brausen, das die Träume des Alten durchzog. Aber der Anblick, der sich ihnen bot, war nichts weniger als geeignet, ein Lächeln hervorzurufen.

Im Bart des alten Herrn hatte sich ein Bienenschwarm niedergelassen. So war der von Natur schon so respektable Bart durch die Bienen noch um ein Beträchtliches vergrößert.

Allmählich sammelten sich mehr Leute, um die Verehrung der Bienen für das Greisenalter zu bestaunen, während der Alte noch immer ozeanisch lächelte.

Die Versammelten schwankten noch, ob das Überfallkommando, das agrarpolitische Amt oder die Feuerwehr die für einen Bienenschwarm zuständige Dienststelle sei. Aber während man sich schließlich auf die Feuerwehr einigte, erwachte der Alte.

Wenn Sie, lieber Leser, auf einer Bank erwachen und dreihundert Leute stehen in einer Entfernung von fünfzig Metern um Sie herum und

Sie entdecken, daß Sie nicht nur der Mittelpunkt des Interesses, sondern auch der Mittelpunkt eines Bienenstaates sind, was wohl werden Sie dann tun? In der Tat, es ist eine ungewöhnliche und schwierige Situation!

Der Alte tat das einzige, was er in seiner Lage tun konnte. Er blinzelte.

Wir haben alle in der Schule gelernt, daß die Biene einem nichts tue, wenn man sie nicht reize. Auch der Alte natürlich hatte das gelernt. Er verließ sich auf die Erfahrung seiner Lehrer. Es schlug ihm zum Heile aus. Unterdessen nämlich rückte die Feuerwehr an mit Wasserschlauch und Drahthelm. Vorsichtig wurde die Leitung gelegt. Dann wurde mit dreizehn Atmosphären Druck der Bienenfleiß von der Altersweisheit getrennt.

Manch gute Biene hat dabei ihr Leben lassen müssen. Aber das Alter zu ehren ist nun mal nicht ohne Gefahr. Der Bienengreis ist dabei fadennaß geworden. Er troff nur so. Aber selbst eine tropfende Weisheit ist immer noch besser als eine durch Bienenfleiß geschwollene.

Die Zuschauer gingen befriedigt von dannen. Die Feuerwehr packte ihre Schläuche wieder ein. Die Bienenkönigin sammelte den Rest ihrer geschlagenen Armee und beschloß, Würdebärte hinfort zu meiden. Inmitten des duftenden Rosengartens stand nun ein einsamer, tropfender Greis und dachte darüber nach, warum ein vierzig Zentimeter langer Riesenloreleybart heutigentags keine Ehrerbietung mehr einbringt, sondern nur eine Dusche aus dem städtischen Leitungsnetz. Er wird darüber bis ans Ende seines Lebens nachdenken können, und viel Weisheit wird noch herauskommen dabei.

Warum aber die Bienen den Bart gewählt haben, das wird ewig ein Geheimnis bleiben. Ob Bärte für Bienenköniginnen Sexappeal haben?

Ein Rätsel der Natur!

KIESELSTEINE

WENN ES KEINEN KRIEG GIBT...

Glücklich zu werden, ist des Menschen Streben hienieden. Sein Unglück ist, daß er nicht weiß, was Glück ist. Es wäre eine Aufgabe der Wissenschaft herauszufinden, wie des Menschen Glück beschaffen sein müßte, damit er es sowohl erreichen als auch ertragen könnte. Die alte Wissenschaft der Scholastik hat dieser Frage ein nicht geringes Maß von Aufmerksamkeit zugewendet. Die moderne Wissenschaft ist zu hochmütig, sich damit zu beschäftigen, daß so gewöhnliche Leute wie Sie und ich und die Gemüsefrau auf dieser alten Erde ein kleines bißchen glücklich werden. Die Wissenschaft, die zum Glück keine Beziehungen hat, beschäftigt sich damit, den Schall zu überholen.

Der flüchtige Hase der Intelligenz möchte schneller sein als der alte Swinegel der Besonnenheit. Es ist kein besonderes Unglück, daß der Hase schließlich tot umfällt. Auch dann nämlich, wenn die Wissenschaft den Schall überholt, ist sie außerstande, etwas anzugeben, was bedeutungsvoll genug wäre, um so schnell sein zu müssen. Lassen wir den Hasen laufen!

Der Bereich, den der Mensch auf der Jagd nach dem Glück durchmessen hat, ist ziemlich ausgedehnt. Er reicht von der Vita felice Dantes bis zum Happy-End von Hollywood. Gewöhnliche Menschen wie Sie und ich und die Gemüsefrau stehen dieser Mannigfaltigkeit ein wenig hilflos gegenüber. Das Glück Dantes ist unerreichbar geworden. Dazu fehlt es uns an Tugend. Das Glück von Hollywood wäre für uns nicht zu ertragen. Dazu sind wir nicht dumm genug. Es wäre eine Aufgabe der Philosophen, uns aus dieser Verlegenheit herauszuhelfen. Aber die Philosophen nützen uns bei unseren bescheidenen Bemühungen nichts. Philosophen sind darauf angewiesen, recht zu haben. Um das zu erreichen, bedienen sie sich eines ziemlich simplen Tricks.

Unzweifelhaft gibt es auf dieser Welt sehr viel mehr Dinge, welche schiefgehen, als solche, welche gut auslaufen. Das scheint im Plan der Schöpfung zu liegen. Wir wissen nicht warum. Die Philosophen machen es wie der Mann, der vor dem Pferderennen prophezeite, daß die meisten Pferde verlieren würden. Tatsächlich – er behielt recht! Nur ein einziges Pferd gewann! Das ist die Methode, durch welche die Philosophen erreichen, recht zu behalten. Man nennt das Pessimismus. Er gilt als vornehm.

Hat dagegen so ein billiger Optimist sein Vermögen auf das Pferd gesetzt, das gewinnt, hält niemand ihn für einen Philosophen, weil er recht behalten hat. Er gilt als leichtsinnig und sein Glück als unverdient.

Man sieht, die vornehmen Pessimisten mögen das Glück nicht. Wenn es unvermutet einmal eintritt, versuchen sie wenigstens, ihm einen moralischen Mangel anzuhängen, um den Spott über ihre Niederlage abzulenken.

So entgeht es der öffentlichen Aufmerksamkeit, wie oft die Philosophen unrecht hatten, und niemand beachtet, daß, wenn sie recht haben, nur ganz gewöhnliche Rechthaberei vorliegt, aber nicht die so erwünschte Sorge um die Zukunft von Ihnen, mir und der Gemüsefrau.

Das kleine Glück, welches wir erstreben, wie immer es beschaffen sein möge, auf jeden Fall liegt es in der Zukunft. So hören wir wohl oder übel denen zu, die prophezeien. Was uns daraus blüht, ist freilich kein Wohlstand, sondern der Übelstand, daß Pessimismus als vornehm und Optimismus als billig gelten.

Jedoch, Pessimismus ist nur bequem. Optimismus ist tapfer. Er ist um so tapferer, je weniger er zu hoffen hat. Zudem leben die vornehmen Pessimisten durchaus vom billigen Optimismus der Anderen. Teilte nämlich die Gemüsefrau des großen Philosophen den vornehmen Pessimismus ihres Kunden über den Atomkrieg, würde sie um Gottes willen keinen Blumenkohl mehr verkaufen, sondern in drei Teufels Namen ihre Gemüsebude schließen und bombenvergnügt das ihre verjubeln. So aber bekommt immer noch der vornehme Pessimist von der braven Gemüsefrau den kostbaren Kohl, von dem er sich ernährt.

Das, wovon wir alle leben werden, ist die Saat, die gesät werden muß, damit im nächsten Herbst geerntet werden kann. Die Pessimisten mag das nicht sehr freuen, aber es läßt sich nicht leugnen – Säen ist Optimismus. Zwar verkündet der vornehme Pessimist, daß die Welt bald untergehen werde; aber die neuen Schuhe, die er sich kauft, wählt er doch so, daß er in ihnen auch noch in dem Jahr nach dem Weltuntergang bequem und trockenen Fußes fürbaß schreiten kann. Auch ist nichts davon bekannt geworden, daß irgendein Pessimist seine Lebensversicherung, die ja beim Weltuntergang recht wenig Sinn hätte, zu Zwecken der Caritas aus seinem vornehmen Fenster geworfen habe.

Man sieht, die Pessimisten betragen sich nicht so, als ob das Wahrscheinliche eintreten werde. Die Optimisten aber bauen wacker ihren Kohl, als ob das Unwahrscheinliche Ereignis werden würde.

So wird es Zeit, die Frage zu stellen, was denn nun eigentlich werden soll, wenn es keinen Krieg gibt.

Die Wissenschaft, nachdem sie die Mittel bereitgestellt hat, den Untergang der Welt herbeizuführen, beruhigt sich dabei, daß die Philosophen über ein ganzes Arsenal von Beweisen verfügen, daß die Sache unvermeidlich sei. So verbessert die Wissenschaft, von Kongressen, Nobelpreisen und Ehrendoktoraten ermuntert, weiterhin in emsiger Kleinarbeit die Mittel, mit denen man gewöhnliche Leute wie uns zusammen mit ihrem kleinen Glück schließlich ins Weltall hinausprojizieren wird.

Sie, ich und die Gemüsefrau werden drei leuchtende Sternschnuppen im Haar der Berenice sein. Wir haben natürlich Angst vor dem Weltraum. Es soll leer da oben sein und ziemlich kühl. Dieses unser bißchen Angst scheint das einzige zu sein, was für die Philosophen einige Anziehungskraft hat. Über unsere Angst sind ganze Bibliotheken geschrieben worden. Das einzige, was man im Index dieser gewaltigen Geistesschöpfungen der abendländischen Kultur vergebens sucht, ist ein wenig Trost.

Die Staatsmänner der Welt haben für den Fall, daß das Wahrscheinliche Ereignis wird, großartige Arsenale von Gründen zur Verfügung. Für diese vorausschauende Klugheit werden sie hoch geehrt. Für den Fall, daß es keinen Krieg gibt, begnügt sich die vorausschauende Weisheit der Staatsmänner mit Fünfjahresplänen. Die vorausschauende Weisheit begnügt sich mit dem vierzehnhundertsten Teil der geschichtlichen Vergangenheit des Menschen. Was dann werden soll, darüber nachzudenken macht niemand sich die Mühe.

Man kann uns nicht zwingen, uns das gefallen zu lassen. Sollte sich herausstellen, daß weder Sie, noch ich, noch die Gemüsefrau im Haar der Berenice leuchten werden, haben wir eine Frage zu stellen. Es wird sich zeigen, daß die vornehmen und selbstzufriedenen Pessimisten nicht in der Lage sind, die Frage zu beantworten, welche wir, die unglücklichen und verzweifelten Optimisten, ihnen zu stellen haben. Es ist die alte Blumenkohlfrage – was nun?

Das, wozu es der Mensch in der ersten Hälfte dieses Saeculum gebracht hat, wurde durch ein Übermaß von Intelligenz ohne Besonnenheit erreicht. Was er in seiner zweiten Hälfte erreichen könnte, wenn er in einem Fünfzigjahresplan Besonnenheit mit Intelligenz verbände, wäre geeignet, unser hartes und karges Optimistendasein ein wenig zu erleichtern. Vielleicht wird es nützlich sein, die »Liga der kleinen Angst« zu gründen, mit der Gemüsefrau als Weltpräsidentin, oder einen Nobelpreis zu stiften, welchen wir denjenigen verleihen würden, die keine Fortschritte auf dem Gebiet der Ausrottung des menschlichen Geschlechts machten.

Möglicherweise werden wir uns damit begnügen, die Pessimisten zu zwingen, so zu handeln, wie sie reden. Vielleicht schweigen sie dann. Freilich, es steht zu befürchten, daß die Optimisten für alles das keine Zeit haben werden. Sie und ich und die Gemüsefrau, wir bedürfen zum Leben der Intelligenz der anderen nicht. Diese Intelligenz beschäftigt sich ohnehin nicht mit unserem Leben, sondern mit der Vorbereitung einer möglichst modernen und technisch hochqualifizierten Form unseres Untergangs. Jene aber können nicht leben, wenn nicht wir, in unbelehrbarer Torheit und unverbesserlicher Hartnäckigkeit, im Schweiß unseres Optimistenangesichts den Kohl vom nächsten Jahr bauen, damit die Pessimisten, die Philosophen und die Staatsmänner im Herbst etwas zu essen haben für den Fall, daß sie unrecht behalten und weder für ihre Prophezeiungen noch für ihre Arsenale von Gründen irgendeine vernünftige Verwendung haben.

Bei unserer harten Arbeit werden wir unser bißchen Angst vergessen. So können wir vielleicht für einige kurze Augenblicke sogar ein wenig glücklich werden. Der Optimismus, den wir pflanzen, ist der Blumenkohl der Zukunft. Mögen die Philosophen noch so scheele Blicke auf unsern Blumenkohl der Zukunft werfen, die Sonne des Frühlings wird ihn mit einem kleinen Glanz vergolden.

DAS GOLDENE NETZ

Bildung ist eine Sache, welche erworben wird. Aber gebildet werden zu wollen ist ebensowenig ein Ziel, wie es ein Ziel ist, weise werden zu wollen. Die Absicht schon gäbe dem Start eine falsche Richtung. Bildung ist ein Ergebnis. Das Ergebnis entsteht nicht daraus, daß ein Intellekt mit dem Stoff der Bildung zusammentrifft. Bildung entsteht aus dem Zusammentreffen eines Charakters mit dem Stoff der Bildung. Sie ist ein weites Feld, das von der Bescheidenheit beackert wird. Die Früchte werden meistens von Hochstaplern geerntet.

Ich, der Naturwissenschaftler, habe zwei Freunde, von denen der eine Literarhistoriker, der andere Theologe ist. Wenn der Literarhistoriker etwas über Gerhart Hauptmann sagt, ist das, was er sagt, kein Unsinn. Theologie und Naturwissenschaft hören zu. Er sagte neulich: »Gerhart Hauptmann ist der letzte dumme Dichter gewesen. Ein großer Mann! Seitdem wird die Literatur mit dem Gehirn gemacht.« Er wollte sagen, daß es so etwas wie eine chthonische Schicht gibt, die, um große Werke zu schaffen, des Intellekts kaum bedarf. Es ist die Äußerung eines gebildeten Mannes insofern, als dieser Mann seinen Stoff beherrscht. Er hat Gerhart Hauptmann gelesen. Aber es ist nur sein Stoff, den er beherrscht. Das weiß er. Käme er auf die Idee, sich für gebildet zu halten, Theologie und Naturwissenschaft würden alsbald eines ihrer seltenen Bündnisse eingehen, den hoffärtigen Literaten mit Hilfe Kierkegaards und der Heisenbergschen Unbestimmtheitsrelation zu Fall zu bringen.

Wenn wir wissen wollen, wie der Humanismus sich zum Christentum verhält, lauschen wir unserem Theologen. Wenn die Frage auftaucht, wie die Physik zur Schöpfungsgeschichte sich verhält, darf ich den Mund aufmachen. Wir drei zusammen gäben vielleicht einen leidlich gebildeten Menschen ab. Aber wir sind uns vollständig darüber einig, daß der einzige wirklich gebildete Mann, den wir kennen, unser alter Dorfschuster ist, der am Sonntagmorgen in seiner Bibel liest.

Der Schuster liest *seine* Bibel. Er hat sich ihren Stoff zu eigen gemacht. Zwischen seinem Charakter und seinem Wissen besteht eine völlig angemessene Beziehung. Die Heisenbergsche Unbestimmtheitsrelation beunruhigt ihn nicht, weil die Physik ihn nicht beunruhigt. Gerhart Hauptmann ist für ihn kein literarisches Problem. Er war ein literarisches

Problem für Gerhart Hauptmann. Gerhart Hauptmann hat ihn dargestellt. Wir spielen samstags mit ihm Tarock und bedienen uns in unseren Familienangelegenheiten seines klugen Ratschlags.

Das merkwürdige an der Bildung ist, daß sie als eine Prestigefrage gilt. Dabei ist »Sie ungebildeter Mensch!« ebenso eine Beleidigung wie »Und das will ein gebildeter Mensch sein!« Jedermann ist sich darüber klar, daß der Stoff in Literatur, Kunst und Wissenschaft heutzutage einen solchen Umfang hat, daß es unmöglich ist, ihn auch nur zu kennen, geschweige denn, ihn zu beherrschen. Auf der anderen Seite weiß man, daß niemand weniger gebildet ist als der Fachmann, der doch wenigstens einen Teil des Wissens beherrscht. Wer die Schmetterlinge und die Blumen nicht beim Namen nennen kann, ist sicherlich kein gebildeter Mensch. Wer aber nur die Namen von Schmetterlingen und Blumen kennt, ist es noch weniger.

Nach dem zweiten Weltkrieg wurde man von jungen Leuten zuweilen gefragt, wie sie es nun machen sollten, sich ein wenig zu bilden. Wie unlösbar war die Verlegenheit, in welche man da geriet!

Es gibt die berühmte Zusammenstellung »Faust, Parzival und die IX. Symphonie«. Diese Trias sprengte unser Theologe mit der Frage: »Warum eigentlich nicht die VIII.?« Es ist die gigantische Trias des Bildungsspießers, der, wie Schopenhauer sagt, zuweilen in der Sache, aber niemals in den Gründen recht hat. Wenn von der bis dahin verschwundenen europäischen Musik in ein paar tausend Jahren eine Partitur der IX. Symphonie gefunden würde, man würde aus ihr über unsere Musik weniger erfahren als aus Thomas Manns Beschreibung der nie komponierten Symphonie Adrian Leverkühns.

Es gibt noch einen anderen Test. Das ist die Frage, welche zehn Bücher man in eine neue Arche Noah mitnehmen würde. Es ist das dieselbe Frage, welche die jungen Leute nach dem Krieg einem stellten. Auf diese Frage gibt es keine allgemeine, sondern nur eine persönliche Antwort. Hier liegt keine glänzendere Gelegenheit, Eindruck zu machen.

Wenn ich Tristram Shandy bei jenen zehn Büchern dabeihaben möchte, so kann das ebensogut eine Narretei wie ein Snobismus sein. Aber dieses Buch hat mich auf etwas gebracht, was für meine Biographie entscheidend geworden ist. Eine solche Funktion kann natürlich auch Karl May haben. Wer sicherlich am wenigsten etwas dagegen hätte, Winnetou neben Tristram placiert zu sehen, wäre Sterne selber. Leibniz bekennt, daß er gern schlechte Bücher gelesen habe. Aus dem Widerspruch, den sie erweckten, bezöge er mehr Anregung als aus den guten Büchern, mit deren Inhalt er übereinstimmte. Leibniz war mehr als ein gebildeter Mann. Er schuf Bildung.

Dazu kommt die alte Diskrepanz zwischen Qualität und Geschmack. Stifter ist langweilig bei höchster Qualität. Wallace ist nie langweilig, aber die Qualitätsfrage taucht gar nicht auf. Chesterton ist amüsant und hat Qualität. Ein Merkmal des Bildungsspießers ist, daß er sich vorzuschwindeln sucht, daß ihm nur Qualität gefiele.

Das Prestigeziel des Bildungsspießers ist, mitreden zu können. Als ob es nicht hundertmal besser wäre, mitzuschweigen. Es gibt Autoren, die einem unerträglich werden können allein der Leute wegen, die von ihnen begeistert sind. Der Beifall der Falschen!

Aber was soll man dem jungen Mann sagen? Wenn man sich für einen gebildeten Mann hält, wird man ihm eine Liste von dreißig Büchern geben, welche man in den letzten dreißig Jahren vielleicht wirklich gelesen hat – jedes Jahr eines! Natürlich wird der junge Mann zunächst nicht weiterkommen als bis zur Nummer 1 dieser Liste. Und da tut er recht daran! Er hat noch neunundzwanzig Jahre Zeit. Wenn einem aber rechtzeitig der alte Schuster einfällt, der keines dieser dreißig Bücher je gelesen hat, wird man einen anderen Weg einschlagen. Man wird den jungen Mann vielleicht darauf aufmerksam machen, daß die beiden besten Darstellungen des Krieges – eine Sache, von der er etwas versteht – sich in der »Kartause von Parma« und in »Krieg und Frieden« finden.

Der junge Mann wird sich weder bei dem einen noch bei dem anderen Buch eine Sekunde langweilen. Wenn er sie beide gelesen hat, hat er einen Knoten geschürzt, von dem der eine Faden in die französische, der andere in die russische Welt läuft. Auf diesem Knoten sitzt die junge Spinne. Selbst wenn der junge Mann beiden Fäden nachgehen möchte, kann er das doch nur nacheinander tun. Wenn er nun ankommt und schlechthin nach einem dritten Buch fragt, schenke man ihm ein Kinobillett. Wenn er aber fragt, was er nun weiter von Stendhal lesen solle, gebe man ihm den »Candide«. Und wenn er fragt, was er nun weiter von Tolstoi lesen solle, gebe man ihm »Die toten Seelen«. Tschitschikoffs Listen werden ihn lehren, die Welt mit anderen Augen anzuschauen.

Von da an muß er sein Netz allein weiterspinnen. Die Bildung ist ein Netz goldener Fäden, das sich über das Ganze spannt. Das goldene Netz kann man nicht kaufen. Man muß es selber spinnen, ein Leben lang. Das Bewußtsein von seinen Lücken und von seiner Unvollständigkeit ist noch am ehesten ein Merkmal dafür, daß einer auf dem Weg ist, der zur Bildung führt.

Nur wenn der junge Mann mir nachzuweisen versucht, was ich nicht behauptet habe, daß der »Candide« nicht von Stendhal ist und »Die toten Seelen« nicht von Tolstoi, ist er auf dem Holzweg. Und alle Holzwege führen ins Kino, die Bildungsstätte der toten Seelen. Dort kann er dann bleiben, während Voltaire und Gogol mit der Anima candida des alten Schusters auf den asphodelischen Wiesen spazierengehen und sich von ihm die Namen der himmlischen Schmetterlinge nennen lassen.

DIE UNBEKANNTE MACHT

Wir befinden uns am Ende der letzten geschichtlichen Epoche, welche von den Frauen geschaffen wurde. Das Zeitalter der Ritterlichkeit, geboren im 13. Jahrhundert »aus den Traumgespinsten junger Mädchen in den stillen Kemenaten einsamer Burgen der Provence«, ist zu Ende. Wenn heutzutage ein junges Mädchen von einem grauhaarigen Herrn mit ausgesuchter Höflichkeit behandelt wird, sagt sie mit entzücktem Lächeln: »Ein Kavalier der alten Schule!« Aber sie schickt ihre Liebhaber durchaus nicht in diese siebenhundert Jahre alte Schule. Die jungen Mädchen nehmen es resigniert zur Kenntnis, daß ihre Liebhaber neue Schulen vorziehen, Schulen, in denen nicht Ritterlichkeit, sondern Autofahren gelehrt wird. Hundert PS ersetzen leicht das eine Roß, auf dem nur noch Don Quichote durch die Lande zieht.

Die Frauen haben falsche Wünsche. Sie wünschen nicht mehr, daß Poeten zu ihren Füßen sitzen. Sie wünschen sich einen Nerz. Sie wünschen nicht mehr, Männer von Geist und Witz zu lieben. Sie wünschen sich ein Bankkonto. Sie wünschen sich keinen Salon mehr, in dem sie Charme und Behagen verschenken können. Sie wünschen sich einen Sitz im Parlament. Sie wünschen nicht mehr, von Renoir gemalt zu werden, damit ihre Schönheit daure. Sie wünschen sich ein Abonnement bei Elizabeth Arden. Sie wünschen nicht mehr, im Alter Würde zu haben und Verehrung zu genießen. Sie wünschen, mit ihren Enkeln ins Kino zu gehen. Die Frauen sind bescheiden geworden! Sie sind schon zufrieden mit dem schäbigen Luxus, den die technische Zivilisation ihnen bietet.

Wäre die Macht der Frauen gebrochen, ließe sich an nichts mehr etwas ändern. Das Phaenomen Familie beweist, daß das nicht der Fall ist. Wenn Frauen sich Kinder wünschen, haben sie noch immer jenen großartigen alten Hochmut, eines Mannes ganzes Leben dafür in Anspruch zu nehmen. Die Macht, welche die Frauen haben, ist ungebrochen, aber sie liegt brach. Wenn die Frauen sich zu einer Noncooperation, einem passiven Widerstand gegen die technische Zivilisation entschlössen, sie könnten fast alles erreichen. Es käme darauf an, statt ins Kino zu gehen, neue Träume zu träumen und diese Träume, wie so oft schon in der Geschichte, Wirklichkeit werden zu lassen. Es gibt keine Mode, welche durchzusetzen die Frauen nicht die Macht hätten. Warum nicht, statt neuer Hüte, neue Ansprüche in Mode bringen?

Wir, die Kavaliere aller Schulen, wären glücklich, wenn man von uns endlich einmal etwas anderes verlangte als den langweiligen Rekord von tausend Stundenkilometern auf den noch langweiligeren Rekord von zweitausend Stundenkilometern zu bringen.

Aber die Frauen, eben, sind bescheiden geworden! Sie sind glücklich, wenn sie mit uns über die Erde dahinhuschen dürfen mit tausend Stundenkilometern. Sie sind glücklich, daß es so schnell geht. So sehen sie nicht mehr den Rauch, der aus den alten Kaminen ihrer alten Macht aufsteigt. So sehen sie auch nicht mehr den einsamen Ritter von der Mancha, der verloren über die Erde reitet, einen Traum zu verwirklichen, der in den Luxuspolstern der tausend Stundenkilometer nicht mehr geträumt wird.

Die unbekannte Macht raucht eine Zigarette.

$3 + 4 = ?$

$3 + 4 = ?$

Ist das ein Problem? Das ist doch wohl kein Problem, sondern 7. Aber das gilt nur für unsereinen, den gewöhnlichen Wald- und Wiesenmenschen, für welchen noch die Piepmätze am Morgen zwitschern, ohne daß er darüber nachdenkt, mit welcher Schallfrequenz diese kleinen Sendestationen des lieben Gottes ihr Jubilate in die Chlorophyllkulisse der erwachenden Natur schmettern.

Für einen Fünfjährigen ist das ebenso ein Problem wie für Professor Bertrand Russell. Der Fünfjährige braucht schon seine beiden kleinen Pfoten dazu, um das Problem zu lösen. Und um mathematisch zu beweisen, daß das Baby mit seinen kleinen schmutzigen Pfoten recht hat, braucht Professor Bertrand Russell die ganze Allgemeine Mengenlehre, die Antinomien des Zenon, einige Axiome des Euklid und ein Maß von Scharfsinn, das unsere Hochachtung vor dem Baby, welches ohne alles dieses auskommt, in ungemessene Höhen steigen läßt. Die geneigte Leserin möge nicht erschrecken. Den Integralen werden auch wir, scheu, wie Wald- und Wiesenmenschen sind, auszuweichen wissen. Aber wie wäre es mit der Frage $3^2 + 4^2 = ?$

Nun, rechnen wir das einmal aus! $3^2 = 3 \cdot 3 = 9$. $4^2 = 4 \cdot 4 = 16$. $9 + 16$ macht zusammen 25. $25 = 5 \cdot 5 = 5^2$. Also $3^2 + 4^2 = 5^2$.

Nett und harmlos, wie diese kleine Gleichung da auf dem Papier steht! Ist das ein Problem?

Ach, du lieber Himmel! So bieder diese kleine Gleichung aussieht, so voller Tücken ist sie unter dem Aspekt der Mathematik. Eine solche

Gleichung kommt nämlich in der Zahlenreihe für ganze Zahlen nur ein einziges Mal vor. Man weiß das. Man hat das bis in hohe Millionenzahlen nachgerechnet. Man hat Elektronengehirne auf diese Rechnung angesetzt. Aber man kann merkwürdigerweise nicht herausfinden, warum das so ist, und man kann auch trotz aller aufgewandten Mühe nicht beweisen, daß es für die ganze Zahlenreihe gilt.

Der alte Fermat, ein Zeitgenosse Pascals, hatte das Problem entdeckt. Der Fermatsche Satz lautet: »Der Gleichung $x^2 + y^2 = z^2$ genügt für $n > 2$ kein System ganzer Zahlen.«

Fermat selbst hatte einen Beweis für sein Theorem gefunden. Er hat das im Jahre 1637 auf den Rand eines alten Folianten notiert. Gleichzeitig bemerkt er, daß der Rand zu wenig Platz habe, den ganzen Beweis mitzuteilen. Der Foliant war ein Werk des Diophantos, eines griechischen Algebraikers, der um die Mitte des 3. Jahrhunderts vor Christi Geburt in Alexandreia gelebt hat.

In Göttingen raunte man sich noch zu meiner Zeit zu, daß auch der große Gauß den Beweis einmal gefunden gehabt habe. Er hatte ihn auf einen Zettel notiert. Unglücklicherweise sei es die Rechnung seines Schneiders gewesen, und so sei der Beweis für die Richtigkeit des Fermatschen Satzes zufolge eines Paares gebügelter Hosen in den Papierkorb gewandert – eine tragische Geschichte, über welche man die trockensten Mathematiker kieselsteingroße Integraltränen weinen sehen kann! Obwohl der Fermatsche Satz, selbst unbewiesen, die größten wissenschaftlichen Auswirkungen auf die Theorie der Zahlen gehabt hat, sind wir alle ein Leben lang blind an ihm vorbeigegangen. Jede gut durchschlafene Nacht war ein Verrat an der edlen Sache der Mathematik, am Ethos der Wissenschaft, an der Zukunft des Abendlandes.

Es ist gut, daß die Menschen so blind sind. Bei der ausgesprochenen Neigung zu geistigen Epidemien, welche ein Merkmal unserer Zeit ist, könnte es sonst leicht geschehen, daß plötzlich die ganze Menschheit anfinge, sich für $3^2 + 4^2 = 5^2$ zu begeistern. Die ganze Welt würde sich alsbald in Fermatisten und Antifermatisten aufspalten, solche nämlich, die meinen, das müsse bewiesen werden, und solche, die meinen, das könne nur geglaubt werden. Daß die Fermatisten gegen die Antifermatisten schließlich und endlich einen Krieg anzetteln würden, könnte man nicht mit Sicherheit vermeiden. Schon um weit weniger gescheite Sachen, als es der Fermatsche Satz ist, sind Kriege angezettelt worden.

Daß so etwas wie der Fermatsche Satz plötzlich in den Mittelpunkt des Weltinteresses rücken könnte, ist durchaus nicht so abwegig, wie es scheinen mag. Alle Welt interessiert sich heute für das zweiundneunzigste Elektron des Uran, das ganz kleine, wissen Sie, das ganz draußen am Rande kreist und immer so ein bißchen melancholisch ist, weil es gar nicht genau weiß, ob es noch zum Uranatom dazugehört. Dabei ist es des Kernes liebstes Kind. Denn wenn es davonläuft mit Lichtgeschwindigkeit, hat das Uran nur noch einundneunzig Elektronen und ist kein Uran mehr. Was für Tragödien sich da abspielen mögen! Und wie die alle geladen sind! Auch bei den Atomen ist das Leben ungemütlich geworden, seitdem Rutherford damit angefangen hat, ihr beschauliches Dasein mit harten Strahlen zu beschießen.

Das Problem des zweiundneunzigsten Elektrons im Uran ist aufschlußreich für unsere Zeit. Wie wenig Menschen haben je ein Stück Uran in der Hand gehabt, und kein einziger Mensch hat jemals das zweiundneunzigste Elektron gesehen. Seinen Schatten kann man photographieren, aber den Elektronenschlemihl dazu hat man noch nicht erwischt.

Wenn der Mensch morgens im Journal die letzten Neuigkeiten aus dem Leben des zweiundneunzigsten Elektrons zu sich genommen und dabei seine Milch ein Häutchen bekommen hat, ahnt er nicht, daß zufolge seines Bildungseifers ein nobelpreisfähiges Problem entstanden ist. Es handelt sich nämlich bei der Entstehung des Milchhäutchens um eine elektrophysikalische Veränderung der Oberflächenspannung einer kolloidalen Lösung zufolge eines irreversiblen Gerinnungsvorgangs einiger höherer Aminosäuren. Für ihn besteht das ganze Problem darin, ob er das Häutchen wegfischen und auf die Untertasse placieren oder ob er es auf ein Brötchen montieren und hinunterschlucken soll.

Mama hat früher immer befohlen, daß das Häutchen zu schlucken sei. Nicht nur die Milch, auch das Häutchen sei eine Gabe Gottes. Selbst die Montage auf das Brötchen empfand sie gewissermaßen schon als eine Verletzung der Grundsätze einer wirklich liebevollen, also strengen Erziehung. Aber da sie ein gutes Herz hatte, pflegte sie darüber stets hinwegzusehen.

Ist das Häutchen eine Gabe Gottes?

Welch merkwürdiges Problem! Der irreversible Gerinnungsvorgang einiger höherer Aminosäuren wirft eine scholastische Frage auf, der jedermann schon begegnet ist. Aber leider, als die Kolloidchemiker sich das Häutchen von der Milch fischten und es in ihr Laboratorium verschleppten, fischten sie den Theologen ein Problem weg, dessen Lösung sie uns bis heute schuldig geblieben sind.

Etwas so Anbetungswürdiges wie die tausendmal geküßte Locke der Geliebten – wenn sie in die Milch fällt, ist sie nicht mehr anbetungswürdig. Warum? Hier geht nicht einmal irgendeine physikalische oder kolloidchemische Veränderung vor sich. Der Vorgang ist reversibel. Aber die anbetungswürdige Locke in der Milch entwertet die Locke ebenso wie die Milch. An der Locke kann es nicht liegen. Wenn wir sie herausfischen und sauber zwischen zwei Löschblättern trocknen, wird sie sogleich wieder anbetungswürdig. An der Milch kann es auch nicht liegen. Wenn Kleopatra in ihrer ganzen Schönheit in Milch badete, gewann sowohl die Schönheit als auch die Milch. Die Eunuchen pflegten sich nach dem Bad um die Milch zu streiten. Ein Nobelpreis ist damit nicht zu gewinnen. Auch die Theologen sind für diese Frage nicht zuständig. Sie haben keine Geliebte, und die Badewanne Kleopatras ist entschieden kein Gebiet theologischer Forschung.

Wer hilft uns weiter?

Ein vierblättriges Kleeblatt in einem kleinen Becherchen aus Ton – was für eine süße Erinnerung kann das sein! Warum aber kann man das nicht mit einem Radieschen machen? Ein Radieschen mit seiner frischen Farbe, rot wie die Bäckchen eines hübschen Bauernkindes, mit seinem Büschel Grün darüber und dem lustigen kleinen Wurzelschwänzchen, wie reizend ist doch eigentlich ein Radieschen! Nun überreichen Sie aber einmal der anbetungswürdigen Geliebten einen Strauß Radieschen! Warum kann Klee, den die Kuh frißt, ein seelischer Valeur sein, Radieschen aber, welche der Mensch frißt, nicht? Muß eine Pflanze kuhmaulfähig sein, um die Trägerin seelischer Werte werden zu können? Welch ein Rätsel!

Wie glücklich ist doch der Mensch gebaut! Mit ganzen Herden von ungelösten Problemen zieht er durch die Auen und Einöden seines Daseins. Auf der anderen Seite löst er ununterbrochen Probleme, ohne sich über die Folgen seiner Lösungen die geringsten Gedanken zu machen.

Der Fermatsche Satz mag unbewiesen bleiben. Die Welt geht weiter. Aber ob man morgens die braunen oder die schwarzen Schuhe anzieht, dieses Problem muß gelöst werden. Pfarrer Kneipp war kein Modeberater. Barfuß kann man nicht auf die Straße gehen. Sie meinen vielleicht, es wäre nicht so wichtig? Aber, um aller Götter willen, bedenken Sie doch!

Der Tag ist, allem Anschein nach, in braunen Schuhen ganz normal verlaufen. Das sagen Sie! Aber hat es nicht nachmittags geregnet? Wurden Ihre hellen Flanells nicht durch einige Spritzer verunziert? Nun, sehen Sie! Da liegt der Hund begraben! An der Seepromenade, zwanzig Meter vor dem Eingang zum Yachtclub Royal, liegt das größte Malheur Ihres Lebens begraben, und Sie wissen nicht einmal etwas davon. Sie hatten die Entscheidung über Ihr ganzes ferneres Schicksal schon getroffen am Morgen, als Sie statt der schwarzen die braunen Schuhe wählten.

Hätten Sie nämlich die schwarzen Schuhe angehabt und wäre demgemäß Ihr sehr ehrenwertes Beinkleid von dunkler Couleur gewesen, hätten die Spritzer Sie nicht gestört. Sie wären in die Mexican Bar gegenüber gegangen, um den Regen abzuwarten. Dort aber wartete der Beelzebub persönlich auf Sie. Er hielt Ihnen die schönste Frau der Welt am Nebentisch parat. Nun natürlich, Sie hätten sich verliebt. Sie hätten sie kennengelernt. Lucienne natürlich hätte Sie erhört. Sie wären glücklich geworden. Sie wären glücklich gewesen. Sechs Wochen. Dann wären Sie ruiniert gewesen. Und, um eine überflüssige Erfahrung reicher, hätten Sie wieder von vorn anfangen müssen.

Vor dieser freilich amüsanten, aber doch höchst lästigen Unterbrechung Ihrer Biographie haben allein die braunen Schuhe Sie bewahrt. Wenn Sie klug sind, werden Sie froh und Ihren braunen Schuhen dankbar sein. Wenn Sie weise sind, werden Sie die schwarzen Schuhe traurig betrachten, betrübt, später im Rollstuhl eine Sünde weniger zu haben, deren Unbegangenheit Sie nachweinen müssen, anstatt ihrer Begangenheit nachlächeln zu können. Immer wieder ist erstaunlich zu erleben, wie schnell sich ein moralischer Kater in eine liebe Erinnerung verwandelt!

Sie ziehen also am nächsten Morgen die schwarzen Schuhe an. Ha! Wiederum verkehrt! Ein zweiter Hund wird an der Seepromenade begraben, zwanzig Meter vor dem Eingang zum Yachtclub Royal! Sie gehen schwarzen Schuhs in die Mexican Bar, aber nichts wird sich ereignen. Lucienne nämlich sitzt heute auf der Bank vor dem Yachtclub in der Sonne. Sie hätten, braunen Schuhs, sich danebengesetzt. Sie hätten sich natürlich in sie verliebt. Sie hätten sie kennengelernt. Lucienne natürlich – ach so, bitte oben nachzulesen!

So wandern Sie, teils schwarzen, teils braunen Schuhs, zwischen lauter unbekannten Hundegräbern durch eine Biographie, die gar nicht stattgefunden hat. Es ist kein Wunder, daß Sie mit derselben so wenig zufrieden sind. Es ist gar nicht die Ihre. Sie haben die falschen Schuhe angehabt!

Auf eine eigentümlich kurzsichtige Weise kümmert sich die Welt nur um die geschehenen Dinge. Für Engel sind die ungeschehenen Dinge von gleichem Wert. Für sie sind Möglichkeiten und Wirklichkeiten dasselbe. Es kostet sie nicht mehr als ein Lächeln, die einen in die anderen zu verwandeln.

Die ungeschehenen Dinge werden im Himmel aufgehoben. Keine Religion freilich hat uns das bisher verraten. Zu viele Menschen würden einfach aus Neugier sterben. Darum muß das auch künftig ein Geheimnis bleiben. Sie können die Möglichkeiten später im Himmel besichtigen. Bei den vielen Sünden, welche Sie unterlassen haben, werden Sie mit dem Visum keine Schwierigkeiten haben.

Dorten finden Sie die Geschichte der Päpste von Leopold v. Ranke, welche Sie nie gelesen haben, und können sich informieren über die

Folgen, welche ihre niemals gereiste Reise nach Rom für Sie gehabt hätte. Sie dürfen einen kleinen Blick ins Fegefeuer werfen, wo Schön-Elisabeth, welche Sie auf dieser Romreise kennengelernt hätten, noch immer auf dem Grill geröstet wird. Sie fand zur Sünde ohne sonderliche Mühe einen anderen als Sie. Noch auf dem Grill macht sie einen äußerst attraktiven Eindruck. Aber Sie dürfen nicht ins Fegefeuer. Auch die ewige Seligkeit hat ihre Grenzen.

Dorten auch finden Sie, der Sie doch nur Bier trinken, eine Batterie von Burgunderflaschen nebst einem Verzeichnis der illustren Einfälle, welche Sie bei der Vernichtung dieser Batterie gehabt hätten. Sie werden staunen, was in dem von Ihnen niemals benutzten Burgundersektor Ihres Geistes für Gedanken steckten. Sie werden entdecken, daß Sie den Witz Charlie Chaplins mit der Geistesschärfe Paul Sartres in sich vereinigten. Nur, Sie wußten nichts davon!

Aber Sie werden da auch manchen Trost erleben. Es wird zum Exempel Ihnen ein künstlerisch äußerst wertvolles Photo eines Ihnen völlig unbekannten, streng und magenkrank dreinblickenden siebzigjährigen Herrn in die Hand fallen. Zu Ihrem Erstaunen wird der diensthabende Engel Ihnen erklären, daß Sie das selber seien. So nämlich würden Sie mit siebzig ausgesehen haben, wenn Sie all die guten Vorsätze, welche Sie am frühen Vormittag schon durch einen Cocktail hinunterzuspülen pflegen, wirklich ausgeführt hätten. Sie wissen schon – täglich zwanzig Minuten turnen, nicht mehr rauchen, sparsam werden, schlanker werden, nicht mehr trinken, gute Bücher lesen und früh schlafen gehen! Mit siebzig würden Sie an Magenkrebs sterben infolge mangelhafter Ermunterung Ihrer Kupferschen Sternzellen durch die kostbaren Lipoide der Pommes frites.

Vergleichen Sie damit das Bild des behäbigen Großvaters, welches Sie mit siebzig bieten werden, dieses würdigen Mannes mit dem behaglichen Bauch, einigen Tabakresten auf der Weste, den immer noch locker in der Tasche sitzenden Zechinen und jenem listigen Zwinkern in den Augenwinkeln, das alle Ihre Enkel einmal so zärtlich lieben werden. Vergleichen Sie dann noch den von falscher Bescheidenheit tropfenden Dank der Enkel, wenn der magenkranke Diätgreis ihnen eine Mark für die Sparbüchse schenkt, mit dem Jubel der ganzen jungen Bande, wenn Sie mit ihnen Äpfel klauen gehen. Und Sie, versuchen Sie doch nicht zu leugnen! Natürlich werden Sie mit siebzig noch rüstig Äpfel klauen.

So ist es vielleicht doch besser, die Probleme Probleme sein zu lassen. Die Europäer in ihrem intellektuellen Raffinement haben sich der Notwendigkeit, Probleme zu lösen, entledigt, indem sie für diese Aufgabe die Wissenschaft erfanden. Möge sie lösen, während wir leben!

Das Häutchen von der Milch läßt sich vor dem Gerinnen abschöpfen. Man kann Schlagsahne daraus machen. Die Reise nach Rom kann man tun, auch ohne die Geschichte der Päpste gelesen zu haben. Ohnehin tanzt Elisabeth lieber, als daß sie gute Bücher liest. Die anbetungswürdige Geliebte wird Ihnen für einen Strauß Radieschen wahrscheinlich mit einem bezaubernden Lächeln und einer anbetungswürdigen Locke danken. Nur die Schallfrequenz der kleinen Sendestationen im blühenden Apfelbaum – ob sie nicht doch ein Problem ist? Klingt dieses Jubilate nicht geradezu himmlisch süß? Aber die Welt hört nicht hin. Nun, wenn die Welt dieses entzückende Motiv als Himmelfuge durchaus nicht akzeptieren will, vielleicht könnte es als »Chlorophyll Song« in Jazzinterpretationen die Welt erobern. Damit ließe sich eine Menge Geld verdienen! Ein Problem in der Tat!

Wir werden sogleich, ohne Rücksicht darauf, ob wir die schwarzen oder die braunen Schuhe anhaben, in die Mexican Bar eilen und den Meister der Kapelle befragen. Vielleicht läßt sich die Sache auch als Cha-Cha-Cha montieren...

DAS INTROVERTIERTE MÄUERCHEN

Moden sind Wellenschlag. Die Dünung der Zeit sind die großen Stile. Zuweilen leitet eine neue Mode einen neuen Stil ein. Zuweilen ist der Dernier cri nur der letzte Stoßseufzer eines sterbenden Stils.

Moden sind nicht auf Kleider und Hüte beschränkt. Sogar Weltanschauungen sind in Mode gekommen – vom Bubikopf über den Untergang des Abendlandes bis zum Existentialismus.

Weil Stilwandlungen am zuverlässigsten an der Architektur abgelesen werden können, unterliegen wir leicht dem Irrtum anzunehmen, daß Architektur nur von Stilwandlungen verändert werde. Aber Häuser haben auch ihre Moden.

Die kühnen Entwürfe moderner Architekten rufen immer zugleich Begeisterung wie Empörung hervor. Das ist ein Beweis dafür, daß mit den neuen Ideen eine Schicht getroffen wird, die tiefer als das Aesthetische liegt. Mit welcher Begeisterung haben wir vor einem Menschenalter die Avantgardisten der Konstruktionen aus Glas und Beton begrüßt! Es war jene Architektur, von der Cornelius Gurlitt einmal gesagt hat, daß sie sich für nichts so vorzüglich eigne wie dafür, auf Photographien glänzend auszusehen. Nachdem dreißig Jahre Regen über die Begeisterung und über den Beton dahingegangen sind, stellen wir fest, daß Beton eine Jugendliebe gewesen ist. Seine Reize sind Erinnerung.

Die Modernsten der Neuerer entschlossen sich damals, als letzte Konsequenz der technischen Zivilisation die vollelektrische Wohnmaschine zu fordern. In diesen Wunderwohnungen herrschte Höchstkomfort, bis an irgendeinem, meist historischen Tag die Götter den Strom abschalteten. Es stellte sich heraus, daß unter primitiven Bedingungen Höchstkomfort unbewohnbar wird. Daß im Luftkrieg eine Bombe genau in einen Brunnenschacht fällt, ist selten. Daß Wasserwerk und Elektrizitätswerk zerstört werden, ist mit Sicherheit zu erwarten.

Es ist zweifellos ein Bild schöner Freiheit, einen Menschen auf einer weit ausladenden Terrasse sitzen zu sehen oder in einem Raum, in den durch breite Glasfenster das Licht von allen Seiten hineinfällt. Wenn aber die Umwelt von Spähern und Spitzeln wimmelt, sind, die Behaglichkeit zu sichern, kleine Fenster und schöne dichte Holzläden ein weit angemesseneres Mittel.

Eine der Voraussetzungen der modernen Architektur ist die Sicherheit der Zivilisation. Man kann sie als extrovertiert, offen, der Welt zugewandt, bezeichnen. Die Erfahrung hat aber gezeigt, daß die Sicherheit der Zivilisation eine unsichere Sache ist. Der durch ein halbes Jahrhundert historischer Erfahrung gewitzte Mensch kehrt zu den Wohnvorstellungen seiner Ahnen zurück, zur Höhle, die Schutz gewährt und Sicherheit bietet. Man kann diese Haltung als introvertiert, nach innen gewandt, bezeichnen. Die introvertierte Vorstellung vom Wohnen ist zwar die primitivere, aber auch die natürlichere. Nun sind Introversion und Extroversion gegebene psychische Eigenschaften, mit denen der Mensch geboren wird. Es sind Eigenschaften seiner Konstitution, die sich im Lauf seines Lebens nicht ändern. Wirklich glücklich wohnt heutzutage nur der Introvertierte. Bei ihm stimmen die auf den Erfahrungen seines Lebens aufgebauten praktischen Bedürfnisse mit den psychischen seiner Konstitution überein.

Natürlich wird der in seiner kleinfenstrigen Wohnmaschine hinter seinen grünen Holzläden hausende Höhlenmensch den kühn durch eine gläserne Wand ins ungewisse Leben spähenden Terrassenmenschen wegen seines Leichtsinns ebenso verachten wie der Terrassenmensch den Höhlenmenschen wegen seiner primitiven Vorsicht. Vor allem aber werden sie beide des anderen Architekten verachten. Man wird das scheußlich finden, was nur praktisch ist. Man wird das unpraktisch finden, was nur schön ist.

Die Terrassenmenschen sind nicht zum Aussterben verurteilt. Es gibt sie noch. Sie können sich nur die Extroversion nicht mehr leisten. So hat die moderne Architektur in den Ländern des ungewissen Lebens viel von ihren Möglichkeiten eingebüßt. Doch sollte der moderne Architekt, bevor er anfängt, seinen extrovertiert verhinderten Klienten zu verachten, lieber ein psychiatrisches Gutachten über ihn einholen.

Ein kleines Mäuerchen um die Terrasse ist kein unbilliges Verlangen eines extrovertiert Verhinderten. Darüber braucht der Architekt nicht zu verzweifeln, auch wenn er noch so unerbittlich modern ist. Vielleicht kommen eines Tages die Zivilisation und ihre Sicherheit wieder in Mode. Dann kann das Mäuerchen wieder abgerissen werden, wenn man es nicht unterdessen zu lieben begonnen hat wegen der Eidechsen, die sich auf ihm von der Sonne bescheinen lassen.

SCHICKSALSDIENST AM KUNDEN

Das Glück hat es in unserer Welt ebenso eilig wie das Unglück. Es kommt zu uns durch ein Telegramm.

Auf dem Boden hinter der Flurtür liegt, mit einem Siegel versehen, das Dokument. Alles kann es enthalten, alles Glück der Erde und alles Unglück des Himmels. Dies ist der Augenblick, da man sich wünscht, in die Zukunft sehen zu können. Diese Zukunft wird im nächsten Augenblick Gegenwart sein. Aber das menschliche Gemüt enthält einen Kern von Philosophie, der es wünschenswert erscheinen läßt, dem Glück sowohl wie dem Unglück gewappnet entgegenzutreten. Man wünscht nicht mehr vorherzuwissen als Weiß oder Schwarz, Hell oder Dunkel, das Erwartete oder das Unerwartete. Denn wenn schon das unerwartete Glück einen Menschen taumeln läßt, das unerwartete Unglück schlägt ihn zu Boden.

Das Verhalten der Menschen in diesem Augenblick ist unterschiedlich. Einige gibt es, die, erregt, in Hut und Mantel, während die Tür noch offensteht, das Telegramm aufreißen und den Übergang der Zukunft in die Gegenwart mit einem untergeordneten Ausruf begleiten. Dies ist eine Art von Unhöflichkeit dem Schicksal gegenüber. Ein höflicher Mann wird selbst das Unglück, das über seine Schwelle tritt, nicht anders empfangen wie einen Gast, der, so unerwünscht er sein mag, doch beanspruchen darf, daß man wenigstens die Tür schließt, ehe man ihm Hut und Mantel abnimmt.

Besonders robuste Leute sind imstande, ein Telegramm einfach in die Tasche zu stecken und erst nach Stunden aufzumachen. Aber das sind die Akrobaten des Glücks, Seiltänzer des Lebens, die kein Mitleid verdienen, wenn sie abstürzen.

Wir wollen auch noch jenes Mannes gedenken, der schon im Bett liegt, als ein Telegramm kommt. Er legt sich ruhig erst einmal wieder hin und, nachdem er das Telegramm geöffnet und den Tod von Onkel Bertram daraus entnommen hat, dreht er das Licht aus, legt sich auf die andere Seite und seufzt nur, schon im Halbschlaf: »Nein, wird das ein Schmerz sein morgen früh!« –

Wir hätten nicht erwarten können, daß gerade in Afrika dem philosophischen Bedürfnis des menschlichen Gemüts nach einer Vorausschau in die Zukunft Genüge getan werden würde. Aber im Süden des dunklen Erdteils hat Merkur bei Athene einen Fünfuhrtee genommen, und so hat die südafrikanische Postverwaltung beschlossen, Telegramme künftig zu kennzeichnen. Telegramme mit guten Nachrichten sollen in Zukunft in blauem Umschlag ausgetragen werden und den Vermerk »Gute Nachricht« aufgedruckt bekommen.

Wir hätten Grund, die südafrikanische Postverwaltung ihres fürsorglichen Kundendienstes wegen zu beloben, wenn wir nicht noch viel mehr Grund hätten, sie ihres philosophischen Mutes wegen zu bewundern. Offenbar traut sich die südafrikanische Postverwaltung zu, woran die Philosophen der Menschheit bisher gescheitert sind, zu entscheiden, was eine gute Nachricht, das heißt, zu entscheiden, was Glück sei.

»Ankomme sechzehn Uhr elf.« Dies kann sowohl der Anfang wie das Ende einer Komödie, einer Tragödie oder einer Tragikomödie sein. Wenn wir das Geheimnis der südafrikanischen Postverwaltung besäßen, wüßten wir es vorher und würden uns nicht durch Illusionen lächerlich machen oder gar durch den Ankauf eines Straußes Margueriten unsere eigenen Hörner schmücken wie die eines Ochsen zu Pfingsten.

»Habe mich soeben mit Fritzi verlobt Edgar.« Wenn der große Philosoph der Post diese Nachricht in der Hand hält, woher nimmt er den Mut, sie in einen blauen Umschlag zu stecken? Vielleicht ist sie an eine Irene gerichtet, die bittere Tränen über diesen Edgar weinen wird.

»Paul letztmalig ermahnt stop verweigert Rückkehr.« Woher will der Richter über das Glück in der Kalahari wissen, daß das eine schlechte Nachricht ist? Vielleicht kommt Paul in fünf Jahren wieder als reicher Mann, dem sieben Diamantenminen gehören und der alles durch Barzahlung wiedergutmacht.

Wir wünschen dieses Geheimnis kennenzulernen. Wir hoffen, daß die Postverwaltung der Südafrikanischen Union nicht so egoistisch sein wird, diesen großen Philosophen, der über Glück und Unglück so wunderbar Bescheid weiß, für ihren Kundendienst zu beschlagnahmen. Wir wünschen uns, daß er einen Lehrstuhl bekommt. Der Stuhl müßte dreibeinig sein wie der Sessel der Pythia in Delphi.

Wie schön wäre es, zu einem Philosophen zu wallfahrten, dessen Sessel, erhaben über Glück und Unglück, umspielt von den Winden zweier Ozeane, am Kap der Guten Hoffnung stünde, wo die vielen guten Schiffe, die da zerschellt sind, und die vielen braven Seeleute, die da ertrunken sind, doch wenigstens den Vorteil hatten, in einer erhabenen Umgebung unterzugehen.

ÜBER DIE UNGESCHEHENEN DINGE

Wenn bedeutende Männer in die Jahre kommen, pflegen sie Erinnerungen zu veröffentlichen. Früher überließ man dergleichen seinem Biographen. Aber gerade die, die nicht ganz sicher sind, daß sie einen haben werden, tun es heutzutage lieber selber.

Wenn man diese Erinnerungen liest, gewinnt man den Eindruck, daß alle älteren, bedeutenden Herren ein fabelhaftes Gedächtnis haben. Bis in kleinste Einzelheiten erinnern sie sich an Dinge, die Jahrzehnte zurückliegen. Auf gewisse Weise muß man diese Leute bewundern. Ob man aber nicht weit mehr jenen Mann bewundern sollte, der im Geschichtsbuch seines Sohnes nachsehen mußte, wenn er sich der Schlachten, die er mitgemacht hatte, erinnern wollte?

Über den Wert eines fabelhaften Gedächtnisses läßt sich streiten. Da einem im Leben mehr Unbill als Bill zustößt, wird man sich mit Hilfe eines fabelhaften Gedächtnisses auch an weit mehr unangenehme Dinge erinnern als an angenehme.

Auch fragt es sich, ob es nicht besser ist, einen Mann, der einem hundert Mark schuldig geblieben ist, vollständig zu vergessen, als noch nach Jahrzehnten, statt einer Lücke im Gedächtnis, die man nicht spürt, eine Lücke im Portemonnaie zu haben, die schmerzt. Schließlich ist auch das fabelhafteste Gedächtnis nichts so Vollkommenes, als daß es nicht an Genauigkeit und Zuverlässigkeit leichtlich durch ein Tagebuch übertroffen würde.

Ob es noch viele Leute gibt, die ein Tagebuch führen? Und was mag in solchen Tagebüchern drin stehen? Das Wichtige natürlich! Aber woher weiß man, was wichtig ist?

»Heute morgen mit Erich zum Bratheringessen gegangen. Anschließend Skat gespielt. Zwei Mark zehn gewonnen! Herz ohne sieben! Alle drei Zehnen saßen blank!«

So etwa wird der 26. Januar in das Gedächtnis der Menschheit eingehen, wenn der Schreiber des Tagebuchs bei seiner Biographie an diesem Datum angekommen sein wird.

Erinnern Sie sich, geneigter Leser, was Sie zum Exempel im April 1934 getrieben haben? Waren Sie da etwa in Stuttgart? Sind Sie da einmal die Ameisenbergstraße entlanggegangen? Sie erinnern sich natürlich nicht mehr. Ein Tagebuch haben Sie nicht geführt. So gehen Sie am großen

Glücksfall Ihres Lebens ahnungslos vorüber, vorausgesetzt allerdings, daß Sie schwarz und groß sind. Wenn Sie klein und blond sind, haben Sie mit der Sache nichts zu tun und werden niemals etwas erben.

In einem großen süddeutschen Blatt fand sich dieser Tage folgende Anzeige:

»In Erbschaftssachen gesucht!
Derjenige schwarze, große Herr, der im April 1934 in Stuttgart die in der Ameisenbergstraße beschäftigte Köchin kurze Zeit kennenlernte und mit ihr einen Ausflug nach Cannstatt unternahm, wird dringend um seine Adresse gebeten unter...«

Da haben wir's! Wer hätte damals gedacht, daß da etwas zu erben wäre. Die ganze Tragödie steht vor unserem Auge auf, klarer als auf irgendeiner Leinwand der Welt. Der große, schwarze Herr verschwand. Er verschwand aus der Ameisenbergstraße, aus Cannstatt, aus Stuttgart. Nichts nötigt uns anzunehmen, daß er im brasilianischen Urwald von einem Kolibri gebissen oder in Kötzschenbroda von einer Elektrischen überfahren worden ist. Er hat geheiratet und wohnt in Billwärder. Aber er weiß von nichts.

Fast drei Dezennien hat die Köchin aus der Ameisenbergstraße auf den großen, schwarzen Herrn gewartet wie die Prinzessin im verwunschenen Schloß. Nur werden wir bei unseren Märchen leider älter, und nun ist die Gute an der Grippe gestorben. Niemals wird der große, schwarze Herr, der unterdessen grau geworden ist, etwas von jenem Unglück erfahren, das er angerichtet hat und von jenem Glück, das ihm daraus erblühen sollte. Wenn er seine Biographie schreiben sollte, wird man darin nicht den kleinsten Hinweis auf den Ausflug nach Cannstatt finden.

Die ungeschehenen Dinge auf der Welt sind weit dramatischer als die geschehenen. Die Dramen, die geschehen sind, können wir bewundern oder beweinen. Die ungeschehenen Dinge haben nicht einmal einen Zuschauer, wenn nicht der letzte Wille einer Köchin ins Blickfeld eines Reporters gerät. Hier nehmen wir teil an einer Tragödie, die darin besteht, daß nichts sich abgespielt hat. Traurig und erschüttert stehen wir daneben. Die Welt ist voll von ungeschehenen Dingen, aber die Unvollkommenheit der menschlichen Apperzeptionsfähigkeit läßt sie uns nicht zum Bewußtsein kommen.

Eine Briefmarke kaufen heißt, siebenmal nicht überfahren worden zu sein. Daran sollten wir denken, wenn wir mit unserem Los nicht zufrieden sind. Einen Schnupfen haben bedeutet, an keinem Typhus, keiner Pest, keiner Cholera zu sterben. Was für eine angenehme Sache, so ein Schnupfen! Wovor er uns bewahrt! Ein gebrochenes Bein bedeutet mindestens, daß das andere noch ganz ist. Welch ein Glücksfall!

Kurz und gut, leben heißt, nicht tot sein. Wem das nicht genug ist, dem ist nicht zu helfen.

Die ungeschehenen Dinge sind das wichtigste Element unserer seelischen Ökonomie. Das geschehene Unglück und das geschehene Glück sind morgen schon Vergangenheit. Das ungeschehene Unglück tröstet uns, und das ungeschehene Glück erfüllt uns mit Hoffnung. Denn der Mensch lebt nicht vom Gestern, sondern vom Morgen. Man sollte nicht damit anfangen, das Gestern zu beschreiben, ehe nicht das Morgen vorüber ist.

BAHNHOFSELEGIE

Hoch und nüchtern ragt aus Glas und Stahl im Dunst der großen Stadt die Bahnhofshalle. Rauch füllt ihre weiten, dunklen Wölbungen. Der Lärm der Menschen und Maschinen dröhnt chaotisch durch sie hin. Ihre Flanke steht offen. Der Wind bläst kalt und scharf herein.

Wie die Scheibe der Sonne über der Welt, schwebt über dem unendlichen Getümmel die Bahnhofsuhr. Ihre schwarzen Zeiger rücken unerbittlich wie der Wille der Götter Grad um Grad vorwärts. Was sie anzeigt, ist nicht nur die unendliche Zeit, es ist das Schicksal selber. Die kalte, nüchterne Halle ist ein von Ereignis, Entscheidung, Hoffnung, Verzweiflung und Ergebenheit schier überquellender Markt des Lebens.

Wir kommen und wir gehen. Wir kommen an, wir fahren ab – auf einem Bahnhof. Wenn der Mensch das Traumland seiner Jugend verläßt, ist es der Pfiff der Lokomotive, der ihn in die gefährliche Ferne reißt. Die Stationen seines Lebens sind die Bahnhöfe. Wenn er verzweifelt vor sich selber und seinem Schicksal flieht – es sind nicht mehr Zelte, die er hinter sich abbricht, es ist ein Billett, das er löst: »Eins Zweiter irgendwohin!« Wenn er freudig einem neuen Leben entgegeneilt – er sattelt nicht mehr das Roß, er grüßt nicht mehr die alte Linde, er löst ein Billett und zahlt Tribut für die Distanz, die Hoffnung, das bessere Morgen.

Freilich, nur der Abschied ist eine sichere Sache. Wenn die Tränen fließen, haben die Götter sich schon abgewandt. Die unerhörte und verzweifelte Hoffnung, daß noch im letzten Augenblick etwas Umstürzendes geschehen möge, hat nur Wert als Beweis für die bewundernswerteste Tugend des Menschen, seine Unbelehrbarkeit. Erfüllen wird sie sich niemals. Die Türen schlagen. Die Menschheit wird gespalten in die zwei Teile derer, die gehen müssen, und derer, die bleiben müssen.

Der Mann mit der roten Mütze hebt die Scheibe. Sekunden später ist die Tragödie vorüber, täglich hunderttausendmal an tausend Stellen.

Die Ankunft auf den Bahnhöfen des Lebens dagegen ist umgeben vom geheimnisvollen Schimmer des Unbekannten. Vielleicht ist es diesmal das letztemal, daß die kärgliche Habe dem treuen Wächter des Handgepäcks anvertraut wird. Vielleicht ist dies der Ort, an dem der Acker auf die Arme und den Schweiß eines Mannes wartet, der bereit ist, das Seine zu tun. Vielleicht wird aus dem alten guten Lederkoffer eine Kommode, ein Schrank, ein Haus mit Weib und Kind. In den bescheidenen Bündeln des Handgepäcks liegt manche große Möglichkeit verborgen. Freilich, niemand vermag etwas davon zu ahnen, so wenig man von den Früchten eines Baumes wissen kann, welche verfaulen, welche die Schweine fressen und welche noch den späten Enkeln Schatten spenden werden. Die große Ankunft im Dasein erkennt man selten, ehe Jahrzehnte verstrichen sind. Darum denken wir so viel an den Kummer, den der Bahnhof uns bedeutet, und so wenig an die Freuden, die an einem Bahnhof ihren Ausgang nehmen.

Es nützt dem Bahnhof nichts, wenn er nicht mehr sein will als eine technische Schaltstation für die Bedürfnisse der öffentlichen Kommunikation. Längst hat das Moos des Schicksals Stahl, Glas und Beton überwuchert. Welch andere Stätte noch könnte sich rühmen, so viele Seufzer zu bewahren, so viel Leid und Stolz, so viel Glück und Jammer gesehen zu haben wie eine Bahnhofshalle?

Der Bahnhof mag immerhin ein Wunderwerk der Technik sein, vor allem ist er eine Eroberung der menschlichen Seele. Die Bahnhöfe, das sind die Burgen stolz und kühn am gewundenen Lauf unseres Lebens. Der Efeu bedeutungsvoller Erinnerung umgibt sie mit einem eigenen Glanz.

Wenn der Bahnhof schon als tragischer Ort von keiner Ruine erreicht wird, so ist er vollends unübertrefflich im hundertfältigen Schmuck seiner Alltäglichkeit.

Auf dem Platz vor dem Bahnhof stehen die Droschkenchauffeure. Sie entführen den Fremdling in das Gewirr unbekannter Straßen. Mag die alte Karre in allen Fugen und Gelenken ächzen und klappern, ihre Leibmusik ist dennoch ein lieblicher Klang. Der Kamelreiter des Benzins und der verlorene Fremdling rasseln dahin auf der Straße des Vertrauens. Jener wird keine Umwege fahren, dieser wird in bar bezahlen. Beide haben so viel Vertrauen in die Ordnung der Welt, daß sie voneinander voraussetzen, es werde keiner den anderen hineinlegen. Hier werden Verträge gehalten, die noch nicht einmal abgeschlossen worden sind.

Die Gepäckträger ergreifen die Habe. Ihre schwieligen Hände machen keinen Unterschied zwischen dem Pompadour des Großmuttchens und der Partycase eines lebensfrohen Dämchens mit den Labels von Assuan und vom Excelsior Palace Hotel am Lido. Das kostet Stück für Stück fünf Groschen.

Das Leben der Gepäckträger spielt sich ab zwischen Moskau und Paris, zwischen Istanbul und Kopenhagen auf Bahnsteig drei. Mit fernen Metropolen stehen sie auf du und du.

Zwischen Istanbul und Kopenhagen trinken sie gern einen Köm. Irgendwo tief im Bauch des Bahnhofs ist eine Schwemme für Droschkenkutscher, Gepäckträger und Streckenarbeiter. Nirgends auf der Welt ist Köm so billig, und nirgends auf der Welt wird so gut Skat gespielt wie in des Bahnhofs tiefem Bauch. Ein Grand ohne drei mit nur zwei Assen im Keller, während zwei Stockwerke höher Mr. Gulbenkian zur Ölkonferenz nach Kairo fährt und Lilli Palmer der Wochenschau ins Okular lächelt, das sind Konstellationen, die als erhaben bezeichnet werden müssen.

In der Halle steht der Portier des Bahnhofs. An seiner Mütze steht »Auskunft«. Er ist der Vater der Aufgeregten. Er weiß, wie man von Kreiensen nach Sevilla kommt, und würde man ihn nach Buxtehude fragen, er würde nur streng blicken und sagen: »14 Uhr 32 über Hannover.«

Der Mann am Schalter ist hygienisch verschlossen. Man spricht zu ihm wie zu einem Eichhörnchen, das im Käfig sitzt. Er verteilt die braunen und die grünen Blättchen ohne Ansehen der Person und Sache. Nie fragt er, warum wohl dieser mit dem großen Vollbart nach Flensburg will und was er dort zu tun hat. Motive sind tariffrei. Der Tarif ist motivfrei. Freud und Leid des Lebens branden gegen den Schalter in ununterbrochenem Strom. Der Mann am Schalter schweigt und kassiert.

Auf dem Bahnsteig wird einem das Leben leicht gemacht. Ein Mann mit Keks geht spazieren. Man kauft Keks. Ein Mann mit Zeitungen geht spazieren. Man kauft Zeitungen. Und wer lauschte nicht gern und ergriffen den musikalischen Darbietungen des Mannes mit dem Weihnachtswunderwagen! Sein Ehrgeiz ist, seine Ware so unverständlich wie möglich anzupreisen. »iiier felli?«, das heißt »Bier gefällig?« Und dem Bahnhof zu Ehren hat sogar der Cognac hier einen eigenen Namen, der sonst nirgends vorkommt. Der Cognac auf dem Bahnhof heißt »Aromatixigarn!« Ein eigentümliches und aufregendes Wort, das leicht als Komplex sich festsetzen könnte, wenn man nicht durch Ankauf dem vorbeugte.

Der Stationsvorsteher hat eine rote Mütze und vollstreckt den Willen der Götter nach den heiligen Riten des Kursbuchs. Aber noch eindrucksvoller als er ist der Herr Zugführer. Er trägt ein rotes Lederbanderol wie ein Husarenrittmeister. Er ist es, dem wir unser Leben anvertrauen. Er ist es, der die Attacke gegen die Statistik der Unfälle reitet. Aber das sind immer so wahrhaft würdige und sichere Männer, daß es sie kränken hieße, wäre man besorgt.

Ganz zum Schluß kommt der Herr Reisende. Er ist dick und schwitzt und hat mehr Handgepäck, als er haben darf. Er spricht nach einer Minute schon und erzählt Witze von der Art: »Da saßen einmal ein Sachse und ein Preuße in einem Eisenbahnkupee...«

So flieht man aus dem Abteil ans Fenster im Gang. Auf dem Bahnsteig zerdrückt die Braut noch eine Träne. Der Geschäftsfreund gibt dem Geschäftsfreund noch einen letzten Tip für die Tapetenmuster der Herbstkollektion. Im allerletzten Augenblick entschließt sich noch einer zum Ankauf von Aromatixigarn. Und immer sind dann noch zehn Sekunden, in denen keiner mehr etwas zu sagen weiß.

Die grüne Scheibe wird gehoben. Dampf zischt auf. Ein Lächeln, ein Winken, ein letztes Reißen am Gemüt – der Zug rollt aus der Halle. Der Dicke hat die Stullen schon ausgepackt und schält mit einem Federmesser einen Apfel. Die Tragödie sitzt mit der Stulle in einem Abteil. Der Zug fährt in die Kurve. Im feierlichen Licht des Abends versinkt die Bahnhofshalle in der Vergangenheit. Donnernd braust der Zug in die Nacht hinein, einem neuen Morgen entgegen, mit Tragik und Stulle in einer Bahnhofshalle.

VON DER SCHOLLE ZUM PARKETT

Der Herbst ist, von einer höheren philosophischen Warte aus betrachtet, in erster Linie die Zeit der reifen Pflaumen. Zwar sind die Gedichte chinesischer Lyriker über den Duft von Pflaumenblüten von hervorragender Qualität, und wir dürfen uns glücklich schätzen, daß der menschliche Geist angesichts so vergänglicher Erscheinungen zu so unvergänglichen Leistungen fähig ist. Aber was ist ein Gedicht über den Duft der Pflaumenblüte, verglichen mit einer reifen Pflaume in der Hand!

Aus den Träumen des Frühlings wird im Herbst Marmelade gemacht. Darüber melancholisch zu werden bedeutet, die Weisheit der Schöpfung noch nicht verstanden zu haben. Wer auf einer Himmelschlüsselwiese sich verliebt hat, wird eine Martinsgans zum Hochzeitsschmaus haben. Wir sind irdische Wesen. Für die Seele haben wir Byron, die Wolken, Rousseau und die Ferienrückfahrkarte mit $33^1/_3\,\%$ Ermäßigung. Für den Leib sind die Martinsgans, der Wollsweater, die Klöße und ein gutes Bett. Nur der neue Wein stärkt Leib und Seele zugleich. Aber der Herbst ist nicht nur der wohlwollende Patron der heiteren Resultate. Er ist immer auch der fröhliche Gott der heiteren Verwandlungen.

Wir ziehen im Sommer aus unseren großen Städten hinaus, um etwas für unsere Gesundheit zu tun. Im Herbst ziehen wir wieder in die großen Städte hinein, vermutlich, um etwas gegen unsere Gesundheit zu tun. Unter diesem Aspekt ist der Frühling nur der bleiche Knabe der Rekonvaleszenz, der Herbst aber der höchste Punkt in der Jahreskurve unseres Wohlbefindens. Der Herbst ist die Peripetie unserer Verrücktheit. Wenn die Martinsgans in der Pfanne schmort, schlägt unsere Sommerverrücktheit jählings in die Winterverrücktheit um.

Man nehme den Badestrand von Norderney im Juli und werfe ihn in den Dezember. Ein barfüßiger Herr in schwarz-weiß gestreiftem Boxertrikot, der an einer Schlaufe in der Untergrundbahn hinge, wäre noch ganz angängig. Er könnte für einen Fanatiker des Vegetarismus gelten. Man würde ihm einen Groschen schenken. Merkwürdiger schon wäre der Herr Generaldirektor, der mit frohem Quietschen seinem Aufsichtsratsvorsitzenden ein Gummikrokodil an den Kopf würfe. Ein Magistratsobersekretär grübe im Salon die Diele um und baute für seine Kinder eine Sandburg. Über die Bordkanten der Automobile am Kurfürstendamm hingen Netze, um Fische für das Abendbrot zu fangen.

Oder man nehme das Parkett einer Dezemberpremiere und werfe es in den Juli. Auf einmal erhöbe sich der Herr im Frack in Loge drei und kletterte mit alpinistischem Geschick an der Brüstung hoch. Langsam zur Wölbung der Decke hinübertraversierend, gelangte er zum Kronleuchter, pflückte sich ein Kristallblümchen und steckte es sich ins Knopfloch. Die Dame in der dritten Reihe Parkett links, in dem märchenhaften blauen Samtkleid mit der bezaubernden Schleppe, holte sich aus der Garderobe einen vierzig Pfund schweren Rucksack, der akkurat in ihren Rückenausschnitt hineinpaßte, ergriffe einen Stock mit Zwinge und verließe das Foyer mit dem kräftigen Gesang: »Wem Gott will rechte Gunst erweisen…«

König Lear aber käme im dritten Akt in Gamsledernen auf die Bühne und sänge ein Schnadahüpferl. Von allen Rängen tönte ein fröhliches »Holliüüh! Holliooh!« als bergkräftiges Echo.

Der Philosoph unterbricht an dieser Stelle die Verwirrung, die ein Austausch des Julimenschen mit dem Dezembermenschen hervorrufen müßte, und erhebt die ernste und bedeutungsvolle Frage, welche der beiden Verrücktheiten unsere normale Verrücktheit ist. Sind wir Fischerknaben und Sennhirten, die sich winters in Fräcke verkleiden und den König Lear bewundern? Oder sind wir Magistratsräte und Generaldirektoren, die im Sand spielen und die Nordwand des Matterhorns erklettern?

Nun, sicher sind wir verkleidete Fischerknaben und Sennhirten. Diese hat es eher gegeben als Magistratsräte und Generaldirektoren. Wir müßten an der Wohlordnung der Welt verzweifeln, wenn wir nicht die Frauen hätten. Nur die Frauen bringen es fertig, im Juli wie im Dezember anmutig zu sein. Wenn Eva im Juli im Strandanzug Spagat oder die Kerze macht, verdient sie gleichermaßen die Bewunderung des Fischerknaben wie des Magistratsrates. Wenn sie im Dezember ins Theater fährt im blauen Samtkleid mit Schleppe, wird der Generaldirektor sie nicht weniger verehrungswürdig finden als der Sennhirt. Es ist der Herbst, der uns den Spaß bietet, zusehen zu dürfen, wie Eva sich verwandelt.

Freilich, wenn Eva der Anmut entbehrt, ist das kein Spaß, im Dezember nicht und nicht im Juli. Verrücktheit ist nur mit Anmut zu ertragen.

So loben wir zwischen unserer Sommerverrücktheit und unserer Winterverrücktheit den Herbst als normale Jahreszeit. Ohne lächerlich zu wirken, können wir mit Eifer uns der Martinsgans zuwenden, den neuen Wein erproben und reife Pflaumen zum Nachtisch essen. Auf alle Fälle ist es besser, mit Eva Pflaumen zu essen als einen Apfel. Der Apfel gehört in die Gans.

Möge ein jeder eine Eva haben, die ihm die Gaben des Herbstes mit Anmut zu reichen weiß!

AUFFORDERUNG ZUM UNFLEISS

Adam im Paradies war faul. So kann Faulheit nichts Negatives sein. Sie ist nicht der Gegensatz zum Fleiß. Fleiß kommt im Paradies nicht vor. So kann er dort auch keine Entsprechung haben. Der Gegensatz zum Fleiß ist Unfleiß. Diese Einsicht verdanken wir dem Göttinger Corpsstudenten cand. phil. Erwin Kahle. Kahle wurde »wegen Faulheit« von seinem Geheimrat aus dem Seminar ausgeschlossen. Der Corpsstudent, nicht faul, forderte den Geheimrat wegen Beleidigung auf schwere Säbel. Natürlich, er war schließlich Erster Chargierter des ehrenwerten Corps Inertia! Das ganze hat sich begeben, lange bevor Weltkriege in Mode kamen. Es war zu jener Zeit, als philosophische Fragen noch ernst genommen wurden.

Im Café Cron & Lanz auf der Weender Straße in Göttingen gab es große Aufregung. Nachdem sich auch Oberkellner Brüller, der seiner Erfahrungen wegen in Etikettefragen eine gewichtige Stimme hatte, der Seite der schweren Säbel zuzuneigen begann, war jedermann sich darüber im klaren, daß die Lage des Herrn Geheimrats, ehemaligen Ersten Chargierten ehrenwerten Corps Stultitia, prekär war. In die Enge getrieben, blieb ihm nur die Wahl, sein Gesicht zu verlieren oder einige scharfe Schnitte in dasselbe in Kauf zu nehmen. Doch fand der Oberkellner Brüller schließlich eine bessere Lösung.

Zweifellos war es – darüber waren alle Stammgäste im Café Cron & Lanz sich einig – das gute Recht des Geheimrats, ein Seminarmitglied wegen provozierender Indolenz aus dem Seminar auszuschließen. Aber zweifellos war es nicht sein Recht, einen so paradiesischen Famulus zu beleidigen. Oberkellner Brüller hatte den entscheidenden genialen Einfall. Dieser Einfall wurde in das Urteil des Ehrengerichts aufgenommen.

Der Geheimrat erklärte, daß ihm die Absicht, Ersten Chargierten Kahle Inertiae zu beleidigen, ferngelegen habe. Er nehme daher den Ausschluß desselben aus dem Seminar »wegen Faulheit« mit Bedauern zurück und schließe ihn nunmehr »wegen Unfleißes« aus.

Von dem Kommers, den das Corps Inertia daraufhin abgehalten hat, wurde noch Semester lang mit Achtung gesprochen!

Wenn wir versuchen, das Wesen der Sache vom Ontologischen her in den Griff zu bekommen, müssen wir feststellen, daß Unfleiß verwerflich, aber nicht beleidigend, Faulheit beleidigend, aber keine Sünde ist. Eine schwierige Angelegenheit!

Der Fleiß geht auf Leistung aus und verachtet die Faulheit. Die Faulheit verachtet weder Fleiß noch Leistung. Sie ist beiden gegenüber voller Respekt. Freilich ist sie das nicht ohne Ironie. Offenbar ist Fleiß nichts für einen Gentleman. Wie käme er dazu, die zu verachten, die in der Bibel mit den Lilien auf dem Felde verglichen werden? Der Gentleman zieht es vor, Lilie zu sein. Suchen wir nach weiteren Merkmalen, die die Faulheit vom Fleiß unterscheiden! Der Fleiß, als Mittel im Existenzkampf, ist offenbar existential. Ich stehe da in einem gewissen Gegensatz zu Professor Heidacker, der ihn zweifellos existentiell definieren wird. Der Fleiß läßt Schlote rauchen, aber er schwitzt. Die Faulheit ist kein Mittel im Existenzkampf, aber eine Möglichkeit des Daseins. Hier liegt der Grund, warum im Grund die Fleißigen die Faulen beneiden. Noch nie ist im Dasein der Faulheit einer auf die absurde Idee gekommen, die Existenz des Fleißes zu beneiden. Sogar die Sprache hüllt in liebenswürdiger Weise die Faulheit in einen weichen Pelz. Sie liebt den Faulpelz. Von einem Fleißpelz hat man noch nie etwas vernommen.

Der Fleiß hat den ungeheuren Nachteil, daß er keine moralische Befriedigung gewährt. Er gewährt nur eine technische Befriedigung, etwa wie die Abwicklung eines Pensums von fünfzig Kniebeugen. Zudem ist der Fleiß etwas ganz und gar Relatives. Es gibt immer die Möglichkeit, noch fleißiger zu sein. Die Faulheit ist etwas Absolutes. Von einem gewissen Maß von Gekonntheit an ist sie nicht mehr zu steigern. Der ideale Fleiß müßte eigentlich auch noch beim Rasieren englische Vokabeln lernen. Die ideale Faulheit kümmert sich platterdings nicht einmal darum, was Faulheit auf englisch heißt. Darum spielt die Faulheit in den Märchen vom Glücklichsein eine so große Rolle. Der Fleiß ist in der Fabel immer nur ein pädagogisches Element.

Wer mag schon die Ameise? Auf die Zikade kann man Gedichte machen!

Vielleicht fangen besorgte Gemüter angesichts von soviel Vorzügen der Faulheit und soviel Nachteilen des Fleißes an zu befürchten, die Menschheit könnte sich diese Einsichten zu eigen machen, die Welt könnte den Fleiß an den Nagel hängen. Keine Sorge! Weise Einsichten sind nicht geeignet, in Mode zu kommen. Fleißig sein zwar kann man kollektiv, aber faul ist jeder für sich allein. Über dem Vagabunden, der in der Sonne liegt und der heraufziehenden Gefahren des Winters nicht achtet, weht die alte Flagge des Individualismus.

Daß der Mensch von der Zeit, die er von der Ewigkeit geschenkt bekommt, einen fleißigen Gebrauch macht, liegt daran, daß er sonst mit seiner unsterblichen Seele allein wäre. Das verträgt er nicht. Auf dieser seiner Unfähigkeit beruht der Erfolg des Kinos. Eine ganze Industrie ist fleißig dabei, der menschlichen Seele Faulheit von der Stange zu liefern, weil sie mit Faulheit nach Maß nichts anzufangen weiß.

Geradezu tragische Züge bekommt der Fleiß, wenn man nunmehr zu der Feststellung vordringt, daß fleißige Leute gar nicht in der Lage sind, den Fleiß als Tugend zu betreiben. Der Fleißige kann nicht beanspruchen, daß sein Verzicht auf Faulheit einen moralischen Wert habe. Er verzichtet nur auf etwas, was er verachtet. Da der Fleiß des Fleißigen eine Art von Nikotin der Langeweile ist, entbehrt er des moralischen Verdienstes. Der eitle Stolz des Fleißigen auf so und so viele Stunden durch Tätigkeit verjagter Zeit erinnert lebhaft an den Stolz des Rauchers, der es durch Willenskraft auf fünfzig Zigaretten am Tag gebracht hatte.

Entschließt sich hingegen der Faule, aus der gelassenen Ruhe seines Daseins in die aufgeregte Existenz des Fleißes hinüberzuwechseln, ist das allemal eine großartige moralische Aktion. Bemächtigt er sich doch entschlossen einer Sache, die er respektiert!

Der Fleißige schließt, ohne nachzudenken, einen beliebigen Fleiß an den anderen an. Der Faule nimmt sich die Zeit abzuwarten, bis ein wichtiges Objekt den blauen Himmel seines Nichtstuns kreuzt. Es gibt kein dümmeres Sprichwort als das, daß Genie Fleiß sei. In Wahrheit ist Genie die Faulheit, die sich entschlossen hat, fleißig zu werden. Anders ist es gar nicht zu erklären, daß aus dem wimmelnden Ameisenhaufen der Fleißigen nichts weiter entstanden ist als die moderne Technik. Die Kunst entwächst dem Fleiß der Faulen.

Seien wir glücklich, daß der Mensch zur Weisheit des Daseins so wenig Talent hat! Wie er die Torheit der Existenz durchsteht, ist schon bewundernswert genug. Wollen wir ihn nicht in beleidigender Weise auffordern, faul zu werden. Für die Ökonomie des Daseins genügt es, wenn er sich von Zeit zu Zeit eines nicht beleidigenden Unfleißes befleißigt. Vielleicht benutzt er diese Gelegenheit, vom Fehltritt des Genies aus dem Dasein in die Existenz Notiz zu nehmen. Vielleicht auch liest er einmal ein Buch, das etwa das Dasein des Menschen zum Thema hätte.

ONKEL OTTO AN DEN NEFFEN KARL

Mein lieber Junge!

Ich erinnere mich noch mit Rührung daran, wie vernünftig Du Dich benommen hast, als ich Dich das erstemal in den Armen hielt. Während ich befürchtet hatte, daß Du mich in eine höchst lächerliche Lage bringen würdest, warst Du sorgfältig darauf bedacht, meine Würde nicht zu gefährden. Auch der Herr Pastor, der Dich taufte, sprach sich anerkennend über die stille Aufmerksamkeit aus, mit der Du der feierlichen Zeremonie folgtest, durch welche Du in die Christenheit aufgenommen wurdest.

Deine Jugend verlief unruhig. Die Christenheit, in die Du aufgenommen wurdest, zeigte sich nicht von ihrer besten Seite. Noch bevor Du auf die Welt gekommen warst, war das ausgebrochen, wovon Du später erfuhrst, daß es der zweite Weltkrieg war. Als Du drei Jahre alt warst, brach etwas aus, was man Frieden nannte. Jetzt bist Du neunzehn Jahre alt und willst die Universität beziehen.

Früher hatte man dafür die schöne Redensart »Karl tritt ins Leben hinaus«. Schon das zu sagen, wäre heute ein völliger Unsinn. Zu einer Zeit, als Du den Anspruch auf eine umhegte Kindheit hattest, brach das Leben in Deinen Garten ein und verwüstete ihn. Dein Vater fiel auf der Krim. Deine Mutter mußte das alte Städtchen verlassen. Wie sie das fertiggebracht hat, Dich zu einem gesunden jungen Burschen heranzuziehen, ist eine Leistung, die immer tiefen Respektes wert sein wird.

Wenn ich versuche, mir vorzustellen, wie die Welt sich Deinem klaren und hellen Verstand darstellen muß, komme ich zu dem Ergebnis, daß sie auf Dich eigentlich keinen anderen als einen vollständig blödsinnigen Eindruck machen kann. Doch kann ich Dir hier immerhin einen Wink geben. Wenn Du Dich einmal fragen solltest, wer eigentlich an diesem verwirrten Zustand unserer Zeit schuld ist, empfehle ich Dir, von der Annahme auszugehen, daß der Schuldige Dein alter Onkel Otto ist.

Es gibt keinen vernünftigen Mann meiner Generation, der nicht zugibt, das meiste falsch gemacht zu haben. Wir alle haben zu spät begriffen, daß unsere Aufgabe der Bau einer neuen Gesellschaft war. So spiegelten wir uns in einer Literatur, die auf die feinste Weise den verlorenen Idealen des 19. Jahrhunderts nachträumte – *à la recherche du temps perdu*. Sicherlich kann man uns zubilligen, daß wir die alten Überlieferungen des Humanismus zu bewahren versucht und einiges davon auch wirklich bewahrt haben. Aber die Überlebenden einer Jugend, die in den Materialschlachten des ersten Weltkrieges verblutet war, haben es nicht weiter gebracht als dazu, die Kommandeure einer Jugend zu werden, die auf den Schlachtfeldern des zweiten Weltkrieges fiel.

Ich will Dich nicht damit langweilen, Dir auseinanderzusetzen, warum die Entwicklung so verlaufen ist. Ich habe nicht die Absicht, mich zu verteidigen. Ich will versuchen, Dir zu erklären, daß Deine Lage, die nur Nachteile zu haben scheint, einige Vorteile hat.

Der erste Vorteil ist, daß Ihr eine Menge mehr wißt, als wir gewußt haben. Der kriegerische Held als solcher ist kein Ideal mehr. Er ist nur noch, unter gewissen Bedingungen, eine bittere Notwendigkeit.

Der zweite Vorteil ist, daß Ihr bedroht seid. Natürlich waren auch wir bedroht. Aber wir wußten es nicht. Irgendwo gab es noch die Illusion, daß die Welt zu den zivilisierten Zuständen des 19. Jahrhunderts zurückkehren werde. Ihr wißt von Anfang an, daß alles auf dem Spiel steht. Das ist die Eiszeitsituation des Menschen.

Der dritte ist, daß das Denkschema des Nationalismus zerbrochen ist. Der Egoismus einer Nation ist kein »sacro egoismo« mehr, sondern eine gewöhnliche Dummheit, die um so schrecklicher ist, als sie nicht nur die Schuldigen, sondern auch die Unschuldigen ins Verderben stürzt. So werdet Ihr leichter, als wir es waren, imstande sein, der geeinten Christenheit, der ältesten und nobelsten Überlieferung des Abendlandes, zur Wiedergeburt in der politischen Realität zu verhelfen.

Der vierte Vorteil für Euch ist, daß bei dem Versuch, das Ideal des Sozialismus zu verwirklichen, so entsetzliche Torheiten begangen worden sind, daß doch wenigstens die Chance besteht, künftig diese Torheiten zu vermeiden. Der Grundirrtum, der begangen wurde, war der, zu glauben, daß eine neue Gesellschaft der sozialen Gerechtigkeit konstruiert werden könne.

Eine Gesellschaft ist aber keine Konstruktion. Eine Gesellschaft ist ein lebendiges Wesen. Sie muß wachsen. Jeder einzelne hat die Aufgabe, durch seinen persönlichen Stil zum Wachstum dieses Wesens beizutragen. So kann ich Dir nur sagen: Tu, was Dir Spaß macht! Ein neuer Stil wird entstehen, wenn das Richtige Dir Spaß macht. Hier muß man es darauf ankommen lassen.

Der letzte Vorteil endlich, den Ihr uns gegenüber habt, ist in dem Augenblick, in welchem Du die Universität beziehst, der wichtigste von allen. Während die Welt von Terror, Schrecken und Kriegen widerhallt, hat sich in der Stille der Gelehrtenstuben und Laboratorien eine der aufregendsten Epochen abgespielt, die es je in der Geschichte der Wissenschaft gegeben hat.

Wissenschaft ist nicht das, wofür das 19. Jahrhundert sie gehalten hat. Sie ist mehr und sie ist weniger. Ihre Leistungsfähigkeit geht weit über das hinaus, was der kühnste Utopist sich je hat träumen lassen. Ihr Nutzen ist geringer, als der ärgste Pessimist je hätte vermuten können, solange es nicht gelingt, die Auswertung der Ergebnisse der Wissenschaft unter moralische Kontrolle zu bekommen. Dem Forscher ist die Aufgabe gestellt, sich diesen Ergebnissen gewachsen zu zeigen, die neuen Wahrheiten der Wissenschaft mit den alten Wahrheiten der Moral zu einer lebendigen und harmonischen neuen Welt zu vereinen. Diese großartige Aufgabe ist die Aufgabe Eurer Generation. Ich gestehe Dir, daß ich Dich beneide.

Wählst Du ein naturwissenschaftliches Fach, so schwänze Deine Kollegs so oft wie möglich und treibe Dich in den geisteswissenschaftlichen Kollegs herum. Wenn Du ein geisteswissenschaftliches Fach wählst, so gehe in die Anatomie, und vor allem höre Dir an, was in der Wissenschaft der Physik gespielt wird.

Wenn Du die Universität betrittst, bedenke, mein lieber Junge, daß es die »Universitas Litterarum« ist. Es ist die alte und gloriose Halle der Neugier des westlichen Menschen, in der seit vierhundert Jahren die glänzendsten Köpfe des Abendlandes versucht haben, einiges von den Geheimnissen der Schöpfung, in welche wir hineingeboren sind, zu enthüllen.

Du hast eine Zukunft. Ein verwitterter alter Kämpe, der nicht viel erreicht hat, wünscht Dir für diese Zukunft Glück.

Herzlichst
Dein Onkel Otto

CAPRICEN

BILLET DOUX AUS BERLIN

Berlin, im Mai 1952

Chère Antoinette,
ich muß es Ihnen berichten! Ich habe sie wiedergesehen! Ich habe unsere Freundin wiedergesehen, die wir so zärtlich geliebt haben in jenen goldenen Tagen, damals... Erinnern Sie sich noch? Während wir nicht einmal auf

die Idee gekommen sind, daß es sie überhaupt noch geben könnte, entzückt diese träumende Fee des Asphalts mit ihrem Charme noch immer und schon wieder alle Welt. Ihre Frische scheint unvergänglich!

Sie ahnen nicht, wen ich meine?

Nun, heute mittag kletterte ich in Frankfurt in ein Flugzeug, und zwei Stunden später landete ich auf dem Tempelhofer Feld. Ich nahm mir ein Taxi, um zu meinem Hotel am Kurfürstendamm zu fahren.

Der Taxichauffeur war eine dieser glänzenden Asphaltfiguren, die die Aristokratie des Berliner Witzes repräsentieren. Die Lage war wieder einmal gespannt. Seit meiner Studentenzeit darin geübt, der politischen Weisheit, die in den Mollenstampen Berlins von je eine attische Stätte hatte, habhaft zu werden, begann ich, kaum daß der Wagen rollte, mit dem Chauffeur ein Gespräch.

»Na, was halten Sie von der Lage?«

Der Chauffeur nahm gelassen den Fuß vom Gashebel, drehte sich ein wenig nach mir um, warf einen prüfenden Blick auf mich und antwortete:

»Wat woll'n Se 'n hör'n?«

So war ich in den ersten fünf Minuten »schon wieda mittenmang«.

Selbstverständlich habe ich dann, um den überlieferten Ritualen Berlins Genüge zu tun, erst einmal eine Stunde lang telephoniert. Was für den Tibetaner die Gebetsmühle, ist für den Berliner das Telephon. Er dreht und dreht, bis die Götter alle seine Wünsche erfüllt haben.

Dann ging ich auf die Straße. Auf den ersten Blick sieht der Kurfürstendamm aus, als ob Ihre Freunde in Hollywood eine Dreihundertmeterkulisse aufgebaut hätten, um den großen Film »The Story of the Golden Twenties« zu drehen. Dazu schickte sich die Sonne gerade an, in Technicolor Cinemascope Breitwand über dem Grunewald unterzugehen. Es sind aber tatsächlich richtige Häuser mit richtigen Läden, Wohnungen, Kinos und Theatern. Und auf den Terrassen der Caféhäuser sitzen als tapfere Komparsen der Weltgeschichte richtige Berliner. Der dunkelgraue Stein der Kaiser-Wilhelm-Gedächtniskirche fing langsam an, purpurn zu leuchten. Ein letzter waagerechter Strahl der Sonne ließ ein Mosaik an der Innenwand der Kirche golden aufblitzen. Diese Kirche ist eine der großartigsten Ruinen, die es auf der Welt gibt – frühes 20. Jahrhundert!

Ich nahm mir auf einer der Terrassen einen Stuhl. Ich bestellte einen Kaffee. Dann gab ich mich dem niemals endenden Vergnügen hin, den unerschöpflichen Film des menschlichen Gesichts an mir vorüberziehen zu lassen – splendeur et misère de l'homme!

Durch das verblassende Tageslicht schwebt noch immer der helle, kräftige Ton, den die Kiefernwälder der Mark Brandenburg über Berlin breiten. Dann fällt, wie ein Schleier, die Dämmerung von dem dunkler werdenden Himmel hernieder. Und da nun ist sie wieder, unsere alte, so lange, so zärtlich geliebte Freundin, die Fee der blauen Stunde –

L'Heure bleue de Berlin!

Was ist sie doch für eine Zauberin! In Minuten bringt sie das Kunststück fertig, das rasante Tempo der Großstadt zu einem Adagio con sentimento herabzudämpfen. In diesem Adagio beginnt jedermanns Seele, wie ein Schmetterling, der starten will, ein wenig die Flügel zu bewegen. Die Mädchen, die entzückenden Berliner Mädchen, lächeln leise vor sich hin. Zwischen sieben Bestellungen wirft die Kellnerin, kurz verhoffend, einen träumerischen Blick auf einen langsam vorübergleitenden Cadillac. Selbst der Zeitungsverkäufer an der Ecke unterlegt, obgleich schon ein wenig heiser, der Schlagzeile der Stunde eine einschmeichelnde Nuance. Rasant ansteigend sind nur die Einnahmen des Drehorgelspielers am Bordstein und der Umsatz der Blumenfrau in Veilchen, das Sträußchen zu »drei Jroschen det Stick«.

Erinnern Sie sich noch? Erinnern Sie sich daran noch unter der Sonne Kaliforniens? Wir haben dann nie viel gesagt. Und wenn wir tatsächlich einmal einen »Zoff« miteinander hatten, in der Heure bleue zerstob er wie eine Pusteblume, in die ein sanfter Hauch hineinfährt. Nach der Pusteblume pflegen wir uns an die Lösung des schwierigen Problems zu machen, was wir nun am Abend »unternehmen« sollten.

Bitte spotten Sie nicht! Vielleicht bin ich sentimental. Aber schließlich weiß ich, vielleicht sogar noch ein wenig besser als Sie, wie der Horizont dieser blauen Stunde aussieht und was von ihm zu halten ist. Aber zuweilen meine ich doch, wenn die Seele Berlins noch so lebendig ist...

Meinen Sie nicht auch?

Unsere zärtlich geliebte Freundin, unsere Asphaltfee, hat alle Leiden unserer alten Stadt überlebt. Ob wir wohl noch einmal einen Zoff miteinander haben werden, den die zärtliche Fee in die Dämmerung pusten wird, in die Dämmerung der Heure bleue am Kurfürstendamm in Berlin?

Und was werden wir nachher »unternehmen«?

Ich grüße Sie über einen Ozean und zwei Kontinente hinweg!

Ihr getreuer
Heinrich Jagemann

Da steht er nun und wartet, eine in Seidenpapier unbestimmt eingewickelte Sache in der Hand. Selbstverständlich, es könnte eine Mausefalle sein. Was schließlich ist natürlicher, als mit einer in Seidenpapier eingewickelten Mausefalle vierundfünfzig Minuten lang um eine Litfaßsäule herumzugehen! Liebhaber, welche mit zehn überschweren Chrysanthemen vor dem Portal von S. Giovanni auf und ab schreiten, stolz auf das Unglück, in die Mausefalle geraten zu sein, sind seit den Italienischen Novellen des Herrn Henri Beyle, weiland Konsul in Civitavecchia, ausgestorben. Während ehedem ein Liebhaber für niemanden lächerlich war, nicht einmal für sich selbst, ist heute ein Liebhaber für jedermann lächerlich, sogar für sich selbst.

Nehmen wir an, die schöne Dame habe sich um fünf Uhr mit ihm an der Litfaßsäule verabredet. Wann kann sie kommen?

Es gibt keinen größeren Unsinn als die Behauptung, Frauen seien unpünktlich. Frauen haben zwar keine Beziehung zu Uhren, außer zu denen, welche in den Schaufenstern der Juweliere liegen; aber Frauen haben eine wunderbare Beziehung zur Zeit. Für Männer hat die Zeit einen Wert. Für Frauen hat sie eine Bedeutung.

Sechs Minuten nach fünf Uhr da zu sein, würde bedeuten, eine heiße Leidenschaft zugeben. Zwölf Minuten wäre eine Art von liebenswürdiger Geneigtheit – für das erste Rendezvous entschieden zuviel. Zweiundzwanzig Minuten, das wäre vielleicht die richtige Dosis! Aber bei zweiunddreißig Minuten kann man schon die Treue erproben. Schließlich, man möchte einen treuen Liebhaber haben! Und bei zweiundvierzig Minuten erfährt man gleich, ob er ein Gentleman von Haltung und ein Mann von liebenswürdigen Manieren ist.

Während der wartende Gentleman das Personalverzeichnis von Gerhart Hauptmanns Biberpelz auswendig lernt und immer tiefer die Überzeugung in seine Seele sich eingräbt, daß Perlodont die beste Zahnpasta der Welt sei, spielt die schöne Frau mit der Zeit. Gewiß, bis vier Uhr neunundfünfzig ist auch sie ein wenig unruhig. Aber wenn die Glocken von S. Giovanni geschlagen haben, breitet sich tiefe Ruhe über ihr Gemüt. Von jetzt an wartet er. Welch ein Genuß! Wie köstlich nunmehr plätschert es sich in der Badewanne – drei Minuten noch!

Wenn die schöne Frau sich tatsächlich nach drei Minuten schon aus der warmen Welle reißt, hat sie das Gefühl, der Liebe ein Opfer gebracht zu haben. Sie findet, daß es dafür doch eigentlich noch ein wenig zu früh sei. Also muß dafür natürlich er büßen. So beschließt sie, daß er ruhig noch ein wenig warten könne.

Während sie sich ihrem Make-up zuwendet, hat er den Steckbrief studiert. Zehntausend Mark hat die Bank ausgesetzt. Mittelgroß, Gesicht oval, trägt karierte Mütze, über der linken Niere eine zehn Zentimeter lange Operationsnarbe. Wehe dem unglücklichen Defraudanten, käme er jetzt vorbei! An seiner Mittelgröße würde er ihn sogleich erkennen. Aber um Himmels willen, dann müßte er ja mit zur Polizei! Unterdessen natürlich käme die schöne Frau, und jener wäre gar nicht mittelgroß, und die schöne Frau ginge wieder weg. Ein wartender Liebhaber ist der einzige Mensch, von dem ein Defraudant vor seinem eigenen Steckbrief in Ruhe sich Feuer geben lassen kann.

Das Make-up ist vollendet. Der schwarze Pullover und der schwarze Rock sind gewählt worden. Es sieht so nach gar nichts aus, durchaus jedenfalls nicht, als ob man sich besonders zurechtgemacht habe. Aber sie weiß, schwarz steht ihr glänzend, und den Pullover hat ihr jemand aus Paris mitgebracht, mit den kleinen rumänischen Stickereien, die jetzt letzter Schrei und so chic sind.

Fünf Uhr zweiunddreißig! Nun gut, er ist sicher ein treuer Liebhaber. Nur zwei Tropfen »En attendant«! Was für ein hübscher Name für ein Rendezvous-Parfum! Und nun erfahre ich wenigstens gleich, ob er gute Manieren hat. Ich werde mich beeilen.

Wer nicht begreifen kann, daß die schöne Frau jetzt tatsächlich das Gefühl hat, sich unerhört zu beeilen, der sollte sich als Laienbruder auf dem Berge Athos anmelden. Von Frauen versteht er nichts.

Er hat unterdessen festgestellt, daß das Seidenpapier schon recht zerknittert ausschaut. So geht er in den Laden gegenüber, von wo aus er die Litfaßsäule im Auge hat, und kauft ein frisches Arrangement.

Dabei erwägt er, wie köstlich es wäre, wenn sie jetzt käme, unruhig auf und ab ginge, eine verzweifelte Miene zeigte, nach der Uhr blickte, und er in dem Augenblick, in dem sie zu gehen sich entschlossen hätte, aus dem Laden träte. Dann könnte das alte Spiel von neuem beginnen.

Jedoch, fünf Uhr zweiundvierzig – sie ist noch nicht da! An der Ecke stand kein Taxi. Nun sitzt sie in der 176, eingeklemmt, verzweifelt, von allen Seiten mißtrauisch betrachtet, und die 176 hat eine Betriebsstörung. Sie ist den Tränen nahe. Ach Gott, der Arme! Und ich, ich kann doch nichts dafür!

Wer nicht begreift, daß die schöne Frau wirklich unschuldig ist – siehe unter Athos!

Um fünf Uhr siebenundfünfzig meldet sich die männliche Würde. Alles hat seine Grenzen! Man kann sich doch nicht lächerlich machen! Mein Herr, Sie erinnern sich! So versenkt er das Seidenpapierpaket verächtlich in den Gully. Natürlich bleibt es halbwegs stecken. Die Leute drehen sich um. Er wird rot. Wütend eilt er in die Kneipe an der Ecke und bestellt einen doppelten Steinhäger. S. Giovanni schlägt die sechste Stunde!

Grimmig und mit der Welt zerfallen blickt er auf die Litfaßsäule. In diesem Augenblick wäre der Defraudant geliefert, selbst wenn er eine Melone trüge und sich einen Vollbart hätte wachsen lassen. Noch einen Doppelstöckigen!

S. Giovanni schlägt die Viertelstunde. Plötzlich sieht er sie an der Litfaßsäule stehen. Die 176 hatte sich schließlich wieder in Bewegung gesetzt.

Er knallt einen Schein auf die Theke, stürzt hinaus, rutscht auf seinem Blumenstrauß aus, welcher immer noch aus dem Gully herausspießt. Mit vorwurfsvollem Blick empfängt sie ihn.

»Ich wollte gerade gehen. Ich stehe seit zehn Minuten hier. Die Leute gucken schon!«

»???«

»Na, waren wir nicht um sechs Uhr verabredet?«

ZOOLOGIE DER STOFFTIERE

In der Biographie fast jedes Menschen gibt es einen Bären, einen Elefanten, einen Hasen oder einen Affen, den er mehr geliebt hat als irgendein Ding auf Erden. Das geliebte Stück pflegt er später zu vergessen.

Die Psychologie hat sich ausführlich mit dem Vergessen beschäftigt. Sie hat herausgefunden, daß das Vergessen eine oberflächliche Angelegenheit sei. Das, was der Mensch vergißt, verschwindet nicht vollständig aus seiner Seele. Es treibt sich in der Tiefe seines Unterbewußtseins umher. Von da aus kann das Vergessen beträchtliche Wirkungen auf den Menschen ausüben.

Das hervorstechendste Merkmal von Wissenschaft ist ihre entschlossene Einseitigkeit. Sie geriert sich als strenge Wissenschaft, so als ob Strenge etwas von Natur Besseres sei als Milde. Wir alle lassen uns von dieser Suggestion bluffen. Während, etwa bei einem Herrscher, Milde gerühmt wird, kommt eine so menschliche Betrachtungsweise bei Wissenschaft nicht in Frage. Eine milde Wissenschaft? Nun, wo auch immer sie auftauchte, von Akademien jedenfalls würde sie alsbald vertrieben werden.

Nicht nur wir, auch Wissenschaft selbst unterliegt der Suggestion, daß sie streng sein müsse. Die Psychologie hat bisher diese hintergründige Erscheinung des objektiven Selbstbluffs noch nicht in den Kreis ihrer Betrachtungen gezogen. Doch ist das nicht das einzige, was zu untersuchen sie unterlassen hat. Bei der Betrachtung und Untersuchung unseres Unterbewußtseins fand man, daß die vergessenen Dinge als Komplexe alle möglichen Erscheinungen krankhafter Art hervorzurufen imstande seien. Solcher verdrängter Komplexe gibt es eine hübsche Sammlung, und die Erscheinungen, die sie hervorrufen, machen die Neurasthenie zu einer bunt bewegten Angelegenheit.

In der Psychologie hat ein Komplex seine Ursache in einem Trauma, das griechische Wort für Verwundung, also etwas, was Schmerz bereitet. Was aber eigentlich wird aus der Freude, die wir vergessen? Die Einprägsamkeit einer Freude braucht doch nicht geringer zu sein als die eines Schmerzes.

Irgendwo in der Tiefe unseres Unterbewußtseins treiben sich eine Menge vergessener Freuden umher. Was mögen sie da in Gang setzen? Die Psychologie hat sich nie die Mühe gemacht, dieser Art von Verdrängungen nachzugehen. Vielleicht zu unserem Glück!

Wenn Sie plötzlich in der Badewanne laut zu singen anfangen, vom »Schwarzen Walfisch zu Askalon« zum Beispiel, eine offenbare und bisher gänzlich ungeklärte Verrücktheit, vielleicht ist das die Folge eines Freudentraumas Ihrer frühen Jugend!

Die Störungen, die die Folgen schmerzlicher Traumen von früher sind und als Komplexe im Unterbewußtsein sitzen, verschwinden sofort, wenn der vergessene Schmerz durch Analyse aus dem Unterbewußtsein ins Oberbewußtsein befördert wird. Unterzögen Sie sich einer Freudenanalyse, würde sich herausstellen, daß, als Sie drei Jahre alt waren, Onkel Billy Ihnen, zum Entsetzen Ihrer sehr ehrenwerten Eltern, einen Goldfisch geschenkt hat. Sie waren damals stumm vor Freude. Dieses Freudentrauma Ihrer kindlichen Seele sucht in dem Schwarzen Walfisch seinen psychoanalytisch verständlichen Ausweg. Nach Vornahme einer gründlichen Freudenanalyse werden Sie voraussichtlich nie mehr das Bedürfnis verspüren, in der Badewanne zu singen. Sie werden stumm baden. Vielleicht auch werden Sie überhaupt nicht mehr baden, sondern Buße tun.

Welch ein Glück für uns, daß Wissenschaft streng ist! Der Verein Deutscher Badewannenfabrikanten sollte ein strenges psychologisches Institut und ein mildes Liederbuch für Warmwassersongs stiften.

Wenn die Psychologie auf die Idee käme, die Wirksamkeit der verdrängten Freuden in unserem Unterbewußtsein zu untersuchen, die letzten Späße dieser Erde würden verschwinden. Niemand würde mehr faul des Morgens im Bett seinen Kaffee trinken, als wissenschaftlich so gut wie sichere Folge eines frühen kindlichen Wiegenfreudentraumas. Auch das merkwürdige Vergnügen, das Jäger, Soldaten und Landstreicher empfinden, wenn sie Schnaps aus der Flasche trinken, findet endlich in der Milchflasche eine wissenschaftlich befriedigende Erklärung.

Die Rummelplätze der Jahrmärkte sind Fundgruben solcher Freudentraumata. Der Hosenbodenkomplex, dem die Achterbahn so wundervoll entspricht! Die Porzellanbude, die davon lebt, welches Vergnügen es war, als Vater mit der Bratenschüssel über die Teppichkante in den Spiegel krachte! Die Figur, der man einen Ball ins offene Maul pfeffert, worauf sie herrlich zu schlenkern anfängt, lebt sie nicht von der vergessenen Erinnerung an jenen gloriosen Schneeball, mit dem man damals den Herrn Rektor auf freier Wildbahn platterdings zur Strecke brachte? Durch wissenschaftliche Analyse könnte man jeden Rummelplatz in ein psychologisches Laboratorium verwandeln. Die Wissenschaft ist zu streng dazu.

So ist jede hübsche Frau eine vollkommene Närrin, wenn es sich um einen kleinen Löwen handelt, den der Liebste aus Plüsch ihr geschenkt hat. In wieviel Luftschutzkoffern fand sich neben dem Familienschmuck ein Bär oder ein Hase, abgeschabt, zerdrückt und zärtlich geliebt. In wieviel eleganten Luftreisekoffern reisen lustige Komplextiere um die halbe Welt! Und hängt nicht im Volant der 100 PS als letzter Rest der Märchenwelt von einst der Affe Jim, der die Geschwindigkeit vor dem Unglück beschützt? Ach, und gestehen wir es nur! Jenes entzückende Elefäntchen, Hannibal geheißen, in einer Bretterbude am See gekauft in jenen glorreichen goldenen Tagen im Mai, ist es, wenn wir es wiederfinden in einem Karton mit vergilbten Briefen, nicht imstande, auch uns, dem strengen Volk der Männer, eine närrische Träne zu entlocken?

Sylvia, fünf Jahre alt, entführt das Elefäntchen. Vielleicht wird Hannibal der Grund sein, warum sie einmal so viel unerklärliches Vergnügen empfinden wird über die abstehenden Ohren ihres fernen Geliebten, der zur Zeit noch im Sandkasten spielt mit einem Hasen, der um genau eben die minime Nuance schielt, die Sylvias Blick so unbeschreiblich anziehend macht.

Die Zoologie der Stofftiere ist ein Zweig der Wissenschaft von der Narrheit des Menschen. Es ist gut, daß die Psychologie unsere Narrheit ungeschoren läßt. Wenn die Wissenschaft anfinge, die Stofftiere zu scheren, die zerdrückten und zärtlich geliebten Tiere würden schrecklich zu frieren anfangen. Es ist kaum anzunehmen, daß die Psychologie von der Decke, welche sie aus der gewonnenen Wolle unserer Narrheit weben könnte, den vernünftigen Gebrauch machen würde, ihre eigenen Narrheiten damit zu bedecken.

Eine englische Küstenstadt besaß ein von einem hochherzigen Spender gestiftetes Aquarium mit ein paar hundert Fischen darin. Eines Tages war kein Geld mehr da, die Fische zu füttern. So beschloß man, sie zu versteigern. Da die meisten der Fische zwar selten, aber nicht eßbar waren, kam kein Gebot zustande. Die ganze Stadt war traurig, weil nun die armen Fische voraussichtlich würden verhungern müssen. Da kam ein Eulenspiegel des Wegs daher. Er besaß gerade noch hundert Pfund. Das war genau die Summe, für die man die Fische kaufen konnte.

So ging er hin und erwarb das ganze Aquarium. Daß auch dem Eulenspiegel nun kein Geld mehr blieb, die armen Fische zu füttern, konnte ihn nicht stören. Er hatte in seinem Kampf gegen den Fischhunger einen Bundesgenossen, an den die Bürger der Stadt noch nicht gedacht hatten. Eulenspiegel borgte sich einen großen Eimer und schmiß das ganze Aquarium ins Wasser, sozusagen eine hochherzige Spende an das Meer.

Er befindet sich jetzt in der beneidenswerten Lage eines Mannes, der dem großen Nationalmuseum ein kleines Bild gestiftet hat, Katalognummer 1872, dritte Seitengalerie links, obere Reihe.

Der Eimer steht noch am Strand. Eulenspiegel, der schon weitergezogen ist, hat vergessen, ihn zurückzugeben. Wir aber müssen der historischen Genauigkeit wegen noch berichten, was mit dem Aquarium geschah, als es im Meer – fast hätte ich gesagt gelandet war. Aber natürlich, ist es nicht gelandet, es ist gemeert.

Die Fische hatten einen so gewaltigen Hunger, daß alsbald die Kleinen die Kleinsten fraßen. Dann fraßen die Mittleren die Kleinen. Dann fraßen die Großen die Mittleren. Die Großen waren davon so fett und faul und unbeweglich geworden, daß sie alle miteinander von einem Haifisch verschlungen wurden. So ordnete die Natur die hochherzige Spende in ihren weiten Rahmen wieder ein. Wir können Till Eulenspiegel, der, um hundert Pfund erleichtert und um eine gute Tat beschwert, fröhlich singend am Strand seines Naturmuseums entlangzog, nur beglückwünschen, daß er eine so unüberwindliche Abneigung gegen das Baden hatte. Sonst hätte der Haifisch vielleicht auch den hochherzigen Spender noch ins Magazin genommen.

Güte und Mitleid tragen ihren Lohn in sich.

Wenn Ommi ihren fünften Geburtstag feiert, steigt natürlich auch Onkel Bamm vom Dachstuhl der Philosophie zum Festkuchen kindlicher Lustbarkeit hinab, um in feierlicher Weise seine Glückwünsche zu überbringen. Handelt es sich doch darum, zu sehen, wie die jüngste der Generationen zu den Problemen der Zeit Stellung nimmt. Die Weisheit müssen wir nehmen, wo wir sie finden.

Nun, Ommi hat sowohl der Technik neue Wege zur Verinnerlichung gewiesen, als auch das Verhältnis von Ratio und Metaphysik einer weitgehenden Klärung zugeführt.

Unter den Geschenken, die Ommi bekommen hat, befinden sich zahlreiche wertvolle und nützliche Gegenstände, von denen man mit Fug annehmen darf, daß sie den Eltern viel Freude gemacht haben. Ommi dagegen wendet ihre Anteilnahme zwei Dingen zu, die weder wertvoll noch nützlich sind. Das eine ist ein Purzelaffe. Er ist von der Sorte, denen man einen Schlüssel zwischen die Rippen steckt, dergestalt, daß sie, wenn man den Schlüssel wieder herauszieht, nunmehr ganz von selbst Purzelbäume schlagen. Das Verhalten dieses Affen wurde von Ommi äußerst beifällig aufgenommen.

Man muß in Erwägung ziehen, daß Ommi diesem Affen Beifall zollte in der gleichen Woche, in der eines der größten Kraftwerke der Welt eröffnet wurde. Hier hingegen hat ein ernsthafter, erwachsener Mann sich hingesetzt und hat seine profunden Kenntnisse über die Gesetze von Ursache und Wirkung, hat das Geheimnis der Hebelarme und der Übersetzung zusammengefaßt zur Konzeption des Purzelaffen. Ommi hat begeistert in die Hände geklatscht. Wahrhaftig, das heißt man, etwas für die Zukunft der Menschheit tun. Sollte es nicht der eigentliche Sinn der Technik sein, daß wir einigen Spaß an ihren Ergebnissen hätten? Statt dessen machen die Leute einen Götzen daraus, und der Götze, natürlich, frißt sie. Ommi mit dem Purzelaffen wird die abendländische Zivilisation besseren Zielen entgegenführen.

Das zweite, was Ommis Billigung fand, ist eine walnußgroße Glaskugel mit einem grünen Elefanten drin. Nichts nützt es, daß sie die nützlichsten Schuhe bekommen hat, einen außergewöhnlich brauchbaren Sommerhut, einen eleganten neuen Schlabberlatz und dergleichen notwendige Gegenstände. Sie verachtet die Ratio der praktischen Werte. Sie stößt fasziniert auf die Metaphysik des grünen Elefanten in der gläsernen Murmel zu.

Tatsächlich, wenn man es sich recht überlegt, dieser grüne Elefant mit seinen gläsernen Begleitumständen ist ein vollkommenes Rätsel.

Was muß das wohl für ein Mensch gewesen sein, der das erstemal einen Elefanten in Glas schloß, grün noch dazu? War es ein Kinderfreund, ein schizophrener Schiffskoch, ein Spinoza der Anschauung? Jedenfalls zeigte er, daß unsere Welt nur eine von vielen möglichen Welten ist. Wenn man erwägt, daß wir in einer dieser anderen möglichen Welten vielleicht einen Rüssel hätten, lila wären und in Asphalt gebettet, dann erscheint es doch ganz empfehlenswert, den grünen Elefanten nicht um seine Beschaulichkeit zu beneiden. Dann erscheint sogar diese Welt recht erträglich, und wir wollen Ommi dankbar sein, daß sie uns einen Ausblick eröffnet hat in die Wege, die die Kosmogonie hätte nehmen können. Wir wollen Ommi Bonbons schenken und eine zweite Glaskugel mit einem gelben Krokodil darin.

WEISHEIT EINER SIEBZEHNJÄHRIGEN

Die Weisheit ist ein hochgeschätztes Gut. Die meisten Menschen legen denn auch ihr Leben so an, daß sie zum Schluß weise genug sind, einzusehen, daß alles richtig gewesen wäre, wenn sie alles anders gemacht hätten. Die Weisheit lebt sozusagen im Conjunktivus plusquamperfecti. So ist es nicht weiter zu verwundern, daß wir sie uns als uralt vorstellen.

Jede weise Einsicht ist irgendwann zum erstenmal gewonnen worden, und damals jedenfalls war sie jung. Auch wenn wir die Alten befragen, erfahren wir, daß die Göttin der Weisheit keineswegs eine alte Vettel, sondern eine wunderschöne Frau war. Die Gelehrten haben sich zwar noch nicht mit der Frage beschäftigt, wie alt Pallas Athene ist, aber Pheidias hat sie nach den Beschreibungen zeitgenössischer Chronisten als eine Dame in den guten Jahren dargestellt, so etwa Ende Dreißig. Auch wissen wir, daß sie sich, obgleich Göttin der Weisheit, an Schönheitskonkurrenzen beteiligte.

Hat man erst einmal damit begonnen, daran zu zweifeln, daß Weisheit ein hohes Alter haben müsse, erlebt man sein blaues Wunder. Ich habe neulich eine siebzehnjährige Weisheit entdeckt.

Diese siebzehnjährige Weisheit, mit Namen Muschi, ist bei der Verteilung der Gaben nicht schlecht weggekommen. Hauptsächlich hat sie Eigenschaften mitbekommen von der Art, wie sie den alten Pheidias erfreut hätten. Es liegt vielleicht ein Ausgleich darin, daß so antike Vorzüge unter einem so wenig klassischen Namen durch die Welt segeln. Gibt es doch noch genug gute Pferde, die ihre ausgezeichneten Eigenschaften unter den merkwürdigsten Bezeichnungen von Sieg zu Sieg tragen müssen. So ausgestattet, hätte Muschi wenig Veranlassung gehabt, noch besondere geistige Vorzüge zu besitzen. Bisher hatte sie auch noch keiner hinter dieser antiken Fassade vermutet. Eines Tages jedoch besuchte Muschi die große Stadt. Die siebzehnjährige, tief aus dem Wald gekommene Nymphe geriet in Begeisterung. Als sie, gefüllt mit metropoler Heiterkeit und mit Entzücken über das Dasein, auf dem Bahnsteig stand, um in den Wald zurückzukehren und dorten einiges von dem abzustrahlen, was ihr in der großen Stadt angestrahlt worden war, wollte ich ihr, in beklagenswerter Kurzsichtigkeit, noch eine heitere Lektüre mit auf den Weg geben. Aber die siebzehnjährige Weisheit lehnte das rundweg ab mit der Bemerkung:

»Ach, ich bin so fröhlich! Ich möchte lieber ein trauriges Buch lesen!«

Die Forschungsstelle der Autoren, Sektion Erfolg, sollte sich eingehend mit dieser Bemerkung befassen. Wir erfahren hier einiges über die Kunst, fröhlich zu sein. Das alte Leibnizsche Prinzip der Totalität des Weltalls ist hier auf eine einfache, siebzehnjährige Formel gebracht. Die universistische Kosmogonie der altchinesischen Mystik beruht auf eben dem Prinzip, das Muschi auf dem Bahnhof so klar zum Ausdruck brachte auf Bahnsteig 3. Wie die Helligkeit des Tages von der Düsternis der Nacht lebt, zeichnet die Fröhlichkeit sich hell und heiter auf dem dunklen Grund der Trauer ab.

Selbstverständlich hat Muschi mit den Pheidiasbeinen keine Ahnung, wer Leibniz war, noch auch was Kosmogonie ist. Warum sollte sie auch! Das läßt uns vermuten, daß Weisheit etwas ist, was vom Wissen unabhängig ist. Tatsächlich ist ja auch eine weise alte Amme, deren Ratschlägen zu lauschen wir geneigt sind, erst dann wirklich vollkommen, wenn sie weder schreiben noch lesen kann. Wir dürfen uns nur nicht mehr in durch Wissen verblendeter, kurzsichtiger Weise darauf beschränken, weisen alten Ammen zu lauschen. Auch siebzehnjährige Jungfern können uns die Geheimnisse der Götter verraten.

Einer der feinsten Gedanken, den Ortega y Gasset unter der Fülle seiner feinen Gedanken äußert, ist der über die Bedeutung der Träume siebzehnjähriger Mädchen für den Ablauf der europäischen Geschichte. Von den Träumen der jungen Mädchen hängt es ab, wie sie später ihre Gunst verteilen werden. Da junge Männer nichts mit größerem Eifer betreiben, als der Mädchen Gunst zu erwerben, sind sie genötigt, ihnen ihre Träume zu erfüllen. Darum darf man vermuten, daß im Lauf der Geschichte die Träume der jungen Mädchen einen größeren Einfluß auf die Entwicklung des menschlichen Geschlechts ausgeübt haben als alle Systeme der Philosophie. Jedenfalls können wir die jungen Männer, die sich mit der Erfüllung der Träume der siebzehnjährigen Jungfern zu befassen haben, beglückwünschen, daß sie auf dem Wege über eine Liebeserklärung leichter in den Besitz von Weisheit kommen können als durch alle noch so angestrengten Bemühungen.

Die Welt ist nicht so unvollkommen, wie wir denken. Nur das Denken ist das Unvollkommene daran.

PLAKATE! PLAKATE!

Als Gilbert Keith Chesterton, der der Schärfe seiner Zunge wegen ebenso bewunderte wie gefürchtete englische Schriftsteller, zum erstenmal in New York war, führten seine Freunde ihn auf den nächtlichen Broadway, damit er das phantastische Phaenomen der Lichtreklamen geziemend zu bestaunen Gelegenheit habe. Chesterton sah sich das berühmte Schauspiel eine Weile an. Dann sagte er: »Wie schön wäre das, wenn man Analphabet wäre!«

Warum ist das so witzig? Wir könnten über diesen skurrilen Ausspruch nicht lachen, wenn nicht in dem Aperçu eine Wahrheit verborgen steckte. Ich habe lange über diesen Ausspruch nachgedacht, bis ich eines Tages in Aleppo in der Syrischen Wüste auf die Lösung des Problems stieß. Chesterton hatte ein neues Prinzip der Kunst entdeckt, das über das Prinzip des L'art pour l'art einen Schritt hinausgeht – das Prinzip des L'art pour rien.

Auch in Aleppo preisen die Lichtreklamen nichts anderes an, als was sie auf dem Broadway anpreisen. Glücklicherweise aber leuchten die Neonröhren in Aleppo ausschließlich in arabischer Schrift. Und glücklicherweise kann ich kein Arabisch. Ich muß sagen, es ist ein wunderschönes Bild, rot und grün und blau, glitzernd und gleißend und flimmernd unter dem sternenübersäten Himmel der Wüste – et tout ça pour rien! Nicht einen Maravedi konnte dieser ganze Aufwand mir aus der Tasche locken.

Auf die listigste Weise von der Welt hat sich die Schönheit, welche zu Beginn unseres Jahrhunderts aus der Reklame auf brutale Weise vertrieben worden war, in die Plakate wieder eingeschlichen. Ganz dem Stil unserer Zeit entsprechend hat sich die Kunst, um nicht allzu schnell erkannt zu werden, einen Tarnnamen zugelegt. Sie nennt sich Gebrauchsgraphik. Das fällt den mächtigen Herren, die über die mächtigen Propagandaetats der Konzerne verfügen, nicht weiter auf. Denn natürlich dürfen diese mächtigen Herren niemals erfahren, daß die Schönheit sie heimlich zu Maezenen gemacht hat. Käme es je heraus, daß die vorzüglichen Honorare, welche die mächtigen Herren der Etats ohne Zögern den Gebrauchsgraphikern zahlen, nichts anderes sind als Wohltaten für die

Künstler des L'art pour rien, wer weiß, ob dann nicht eines Tages die mächtigen Herren statt mit Vergnügen das Geld zum Fenster, im Zorn die Schönheit wieder zur Tür hinauswürfen.

Freuen wir uns, daß es eine Schönheit gibt, die großmütig genug ist, sich in den Dienst der Eisenbahn zu stellen, klug genug, vom Whiskey zu leben, witzig genug, den Fasching und sogar den Kintopp mit ein wenig Esprit zu bereichern, listig genug, noch auf dem allermodernsten Bikini ein Plätzchen zu finden, wo sie sich sonnen kann. Dazu ist diese Schönheit tolerant genug, nichts dagegen zu haben, daß wir tatsächlich mit der Eisenbahn und einem Wickelkind im Arm in die Ferien fahren, daß wir uns einen echten Whiskeyrausch anschaffen, daß wir wirklich ins Kino und auf Faschingsbälle gehen, daß wir schließlich ein lebendiges Herz finden, das auch unter dem kleinsten Bikini, mit dem wir es verhüllt haben, noch für uns schlägt.

Whiskey für ein Bikiniherz! Wie sollte man nicht von Plakaten entzückt sein, wenn das ihnen innewohnende Prinzip des L'art pour rien so köstliche Konstellationen schafft!

PFEFFER NACH CAYENNE

Eulen nach Athen zu tragen ist seit je das klassische Exempel für eine vollständig überflüssige Handlung. Nachdem Athen zerstört worden war, gab es dort so viele Ruinen, daß in Athen mehr Eulen als Menschen lebten. Aber man darf das Kind nicht mit dem Bade ausschütten. Ohnehin melden die Statistiken der Kinderärzte, daß, als Folge von Belehrung und Aufklärung, die Zahl der mit dem Bade ausgeschütteten Kinder im Abnehmen begriffen ist.

Wenn einer seine Eule lieb hat, was eigentlich soll er anderes mit ihr tun als sie nach Athen zu tragen? Zwar gibt es genug Ruinen auch bei uns. Aber hierzulande sind Ruinen kalt und zugig, während auf der Akropolis die warme Sonne von Attika scheint. Auch sind unsere Eulenruinen aus schäbigem Beton, die Ruinen Athens dagegen aus leuchtendem pentelischem Marmor.

Welch erlesene Gesellschaft, die Gesellschaft der Eulenträger von Athen in der Kneipe »Zum Goldenen Überfluß«! Es ist die edle Kumpanei all der Narren, die Eulen nach Athen getragen haben. Mit klassisch leisem Flügelschlag umschweben ihre bezaubernden Überflüssigkeiten die Ruinen vergangener Schönheit. Tristram Shandy, Bouvard und Pécuchet, Father Brown, Don Quichote, sie alle sind eingeschrieben ins Buch der Gäste »Zum Goldenen Überfluß«. Der Hausknecht Diogenes hat ihnen beim Schein seiner alten Weltlaterne die staubigen Wanderschuhe geputzt, und Till Eulenspiegel hat ihnen den harzigen Wein vom Kap Sunion gereicht.

Pfeffer nach Cayenne, Gold nach Amerika, Fliegen in den Kuhstall zu tragen – noch immer hätte Eulenspiegel genug zu tun. Aber wer hat schon Gold! Und wer hat immer gleich eine Handvoll Fliegen zur Hand! Jedoch ein bißchen Pfeffer findet sich schließlich immer noch im Schubfach für Kümmel im Küchenschrank.

Käme Till Eulenspiegel, vom Eulengang nach Athen zurück, mit seiner Handvoll Pfeffer in Cayenne an, sicher, für einen Narren gehalten zu werden, er würde sein gepfeffertes Wunder erleben. Die Leute würden ihn als Wohltäter begrüßen und zum Ehrenbürger der Kolonie machen. Der zweite Weltkrieg hat dazu geführt, daß in Cayenne, welches seit Jahrhunderten die ganze Welt gepfeffert hat, die Plantagen verrottet sind und Cayenne seinen Pfeffer einführen muß.

Seien wir vorsichtig! Vielleicht sind die Eulen in Athen nur noch nachts auf dem schwarzen Markt zu sehen. Vielleicht gibt es im Kuhstall gar keine Fliegen mehr. Und wenn man Gold nach Amerika bringt, wer weiß, vielleicht wird man in ganz USA niemanden finden, der einen dafür zum Narren hält.

So wird schließlich, da Eulenspiegel dort geblieben ist, wo der Pfeffer wuchs, Don Quichote sich aufmachen und Eintracht zu den Windmühlen von Bonn tragen.

HINTER DER MASKE

Wenn zwei Freunde, die in ihrer Jugend miteinander Pferde gestohlen haben, sich nach Jahren unversehens wiedertreffen, kann es leicht geschehen, daß der eine den anderen mit »Na, du alte Maske!« begrüßt.

Es wäre das eines jener zärtlichen Schimpfworte, wie sie unter Männern überliefert sind. Sie haben eine alte, verborgene Bedeutung. Hier vielleicht soll nicht mehr damit gesagt sein, als daß das Gesicht eines Menschen nicht so viel von ihm verrät, wie die Kundigen meinen. Es trägt einer sein Gesicht immer so zur Schau, wie er es geschaut haben will. Es ist also in einem Gesicht immer etwas von dem drin, was einer ist, und etwas von dem, was er sein möchte.

Bei einem so alten und so weisen Volk, wie es die Chinesen sind, kann einem so etwas zustoßen wie, daß man sein Gesicht verliert. Und das letzte Gesicht, das wir auf dieser Erde zurücklassen, wenn wir schon keinen einzigen Gedanken mehr denken, ist unsere Maske.

Auf irgendeine Weise also hat der Pferdedieb in seiner verlegenen Einfalt eine sehr tiefsinnige Bemerkung gemacht. Er befindet sich in der Gesellschaft eines geistreichen Franzosen, der diesem Sachverhalt einen, natürlich witzigen Ausdruck gab.

Auf einem Fest des ersten Kaiserreiches betraten die geladenen Gäste den Saal in Maske und Kostüm. Die schon Anwesenden hatten zu raten, wer der Kömmling sei. Der Kaiser Napoleon kam als Mandarin herein. Da er aber seine Hand auf den Rücken gelegt hielt, eine Geste, die damals jedes Kind in Europa kannte, riefen alle schon bei seinem Eintritt: »Der Kaiser! Der Kaiser!« Er wechselte noch zweimal die Verkleidung, aber jedesmal wurde er sofort an seiner charakteristischen Haltung wiedererkannt. Sascha Guitry macht dazu die Bemerkung, wie sehr man es bedauern müsse, daß der Kaiser nicht auf die Idee gekommen sei, in der Maske Napoleons aufzutreten. Wie lange da wohl die Leute geraten hätten!

Irgendwann einmal will sich der Mensch von der unerhörten Anstrengung, stets sein eigenes Gesicht zu tragen, erholen. Man wird das um so eher begreifen, je genauer man sich die Gesichter ansieht, die die meisten Menschen zu tragen genötigt sind.

Es wäre nicht verwunderlich, wenn der Mensch sich diese Erholung gönnte, zum Exempel bei Begräbnissen von in Ehren gestorbenen Schurken, deren Tod ihn kalt läßt. Tatsächlich wäre das »Kleine Trauergesicht«, an der Krempe des Biberhuts befestigt, nur eine ganz geringfügige Ergänzung zu dem ohnehin schon sonderbaren Kostüm, das bei solchen Festen üblich ist.

Dieser ausbaufähige Gedanke würde dazu führen, daß man im Schrank neben den Schlipsen gleich die passenden Gesichter hängen hätte. Die »Edle Langeweile mit schwarzer, gestreifter Krawatte« käme für wissenschaftliche Vorträge so gut in Frage wie für Aufsichtsratssitzungen. Die »Kleine Demut mit Gummikragen« wäre das Gesicht, dessen man sich dem Finanzamt gegenüber mit Erfolg bedienen könnte.

Das Verlobungsgesicht mit dem Ausdruck einer gewissen dumpfen Entschlossenheit würde man am Hochzeitstag mit dem Heiratsgesicht tauschen, das den Charakter heiterer Resignation zu zeigen hätte. Gerade da, wo das Leben uns nötigt, ernst zu sein, hätte man – in der Schatulle stets bei sich zu tragen! – die tragische Maske der Würde bereit.

Vor wieviel Mühen würde das den Menschen bewahren! Hinter der tragischen Maske der Würde könnte er das sein, was einzig auf der Welt zu sein ihm Spaß macht, nämlich ein Narr. Und niemandem geschähe dadurch ein Leides. Aber die Welt nimmt keine Rücksicht auf die Bedürfnisse der Narren. Doch darf man vermuten, daß sie die Narren beneidet. Wenn der Fasching kommt mit seinen heiteren und leichtsinnigen Festen, mit denen wir dem Winter so viel von seiner Strenge nehmen, setzen die Leute, die von Natur voll tragischer Würde sind, die Narrenmaske auf. Und die Narren, die von Natur voll bezaubernder Albernheiten sind, nehmen die Maske der Würde vor ihre Knollennase.

Köstlich ist das Gefühl, dahinzuschreiten und nicht nur tun, sondern auch lassen zu dürfen, was man will. Nirgends auf der Welt ist man so wunderbar allein wie hinter einer Maske. Der alte Traum, sich unsichtbar zu machen, hier geht er in Erfüllung. Wenn man unsere Nase nicht mehr sieht, haben wir keinen Freund, keinen Bruder, keine Geliebte mehr. Wer von uns wäre Napoleons genug, daß man ihn an einer Geste erkennen könnte?

Aber der Mensch ist ein sonderbares Geschöpf. Das, was er sich so sehr ersehnt hat, das, was er endlich hier erreicht hat, die vollkommene Einsamkeit, die Unsichtbarkeit selbst, er will nicht in ihr bleiben. Colombine lockt mit schwarzen Augen, und Dr. Adam Pierrot steigt nach.

Namenlos zwar ist die Heiterkeit, und erlaubt ist, was gefällt. Aber über der Trauer dieser Erde wie über ihrer Heiterkeit thront die alte Göttin der Zeit. Um Mitternacht hebt sie die Hand. Jener zitternde Augenblick ist gekommen, da nach dem alten Gesetz der Maske die Maske fällt. Hier aber, auf dem höchsten Gipfel der Freude, erlaubt das alte Gesetz die Flucht, die das Leben nie erlaubt.

Zuweilen flieht Colombine. Sie hat Angst. Doch zumeist flieht Dr. Adam Pierrot. Er hat gute Gründe. Aber gute Gründe sind immer schlecht. Wer den Mut hat, das Schicksal herauszufordern, der lasse die Hand der Göttin herniederfallen und nehme Colombine in den Arm.

Ob das Glück oder Pech ist, kann erst die Zukunft zeigen. Wenn die Maske fällt, sehe Dr. Adam Pierrot Colombinen mutig ins Antlitz. Auf jeden Fall ist es ein Gesicht, das er von einer Göttin geschenkt bekommt.

BEITRAG ZUR PHILOSOPHIE DES KIKELKAKEL

Einer schönen Frau ein goldenes Armband zu schenken ist zweifellos ein nicht geringes Vergnügen. In einer Welt wie der unseren, in der der Wert der Dinge nach ihrem Nutzen gemessen wird, ist es ein Trost, daß das Nutzloseste zugleich das Wertvollste ist.

Was mag wohl das erste gewesen sein, womit Eva sich geschmückt hat? Sicher war es nur eine Kleinigkeit, ein paar Kirschen, die sie über die Ohren hängte, um Adam ein Lächeln zu entlocken, bis eines Tages Adam, der gern Austern aß, die erste Perle fand.

Seitdem ist die Perlenkette das Geschenk, das jede Frau, von der Königin bis zum Blumenmädchen, sich wünscht. So dürfen wir ziemlich sicher sein, keinen Fehler zu machen, wenn wir feststellen, daß ein Geschenk die Eigenschaft haben muß, sowohl nutzlos wie kostbar zu sein.

Hier nun treten anscheinend eine Menge Schwierigkeiten auf. Aber die Schwierigkeiten sind nur scheinbar.

Nutzlos und kostbar?

Nun, eine Sache zu erfinden, die nutzlos genug ist, um sie einer Frau zum Geschenk machen zu können, ist nicht übermäßig schwierig. Die Phantasie der Modeschöpfer erfindet ununterbrochen kleine zärtliche Dinge, die wahrhaft nutzlos sind und die dennoch oder gerade deswegen das Herz einer Frau erfreuen. Da gibt es Ansteckblumen aus Leder oder Organdy; kleine Tüchel aus einem Fetzen Seide von der Größe eines Handtellers mit irgend etwas drum herum; Bastgürtel, die sich mit zwei Schlangenköpfen schließen lassen; Clips aus echtem Gablonzer Gold; Kettchen mit vielen Dingen, die daran hängen. Alles das sind Gegenstände von der Art, die am besten unter dem philosophischen Begriff des »Kikelkakel« zusammengefaßt werden. Es sind Kleinigkeiten, deren Sinn darin liegt, daß sie Unsinn sind. Es ist der Unsinn, das Überflüssige, was diesen Kleinigkeiten ihren kosmischen Sinn gibt.

Das Merkwürdige ist, daß die Männer, die, weder vor den Geheimnissen interatomarer Zusammenhänge noch vor einem Kurzschluß im Radio zurückschreckend, die Welt bis in ihre letzten Bestandteile zerlegen, ohne sich Gedanken darüber zu machen, wie sie sie wieder zusammensetzen werden, daß dieselben Männer, die sich vor nichts zu fürchten scheinen, eine tiefe Scheu vor den Kleinigkeiten haben. Sie fürchten, bei Ankäufen in Kikelkakel ihre hoffnungslose Ignoranz auf diesem Gebiet preisgeben zu müssen.

Dabei riskiert man bei mutigen Kikelkakeleinkäufen so gut wie nichts. Sollte man wirklich einmal einer Frau ein Kettchen schenken, das zu keinem ihrer Kleider paßt, ist es sicher, daß sie mit strahlendem Lächeln alsbald in die Stadt entschweben wird, um zu der Kette ein passendes Kleid sich zu besorgen mit dazu passenden Schuhen, dazu passendem Hütchen und dazu passender Handtasche. Aus dem Unsinn einer Kleinigkeit läßt sich, damit sie einen Sinn bekommt, eine ganze Winterausstattung hervorzaubern. Die Kettenreaktion ist also keine Erfindung der Atomphysiker.

Betreten Sie also entschlossen irgendeinen dieser Kikelkakelläden, an denen Sie bisher so scheu vorübergestrichen sind! Sie werden das Vergnügen eines milden Verständnisses erleben, eines Verständnisses etwa von der Art, wie man es harmlosen Irren entgegenbringt. Wenn Sie dann den Laden mit einer Ansteckblume für drei Mark fünfzig verlassen, wird die Direktrice Sie bis zur Tür geleiten. Alle Verkäuferinnen werden zuerst bezaubernd Ihnen zulächeln und dann träumerisch in sich hinein mit dem Gedanken: »Ach ja, so einen Mann müßte man haben!«

Wenn Sie jedoch taktisch souverän vorgehen wollen, dann machen Sie es anders. Sie sehen sich am Morgen die Bluse, die Ihre Frau trägt, an. Da Sie das noch nie getan haben, werden Sie entdecken, daß es eigentlich ein ganz reizendes Blüschen ist und die Dame in diesem Blüschen eigentlich recht hübsch aussieht. Nun merken Sie sich die Farbe, die das Blüschen hat – vielleicht graues Leinen. Am besten, damit Sie es nicht vergessen, notieren Sie sich die Farbe. Dann fragen Sie im Kikelkakelladen nach einer Ansteckblume für eine graue Leinenbluse. Die Verkäuferin wird die Direktrice bitten, und Sie werden erfahren, daß es ein wissenschaftliches Problem ist, ob man zu einer grauen Leinenbluse eine Ansteckblume in Beige oder in einem gedeckten Bleu nimmt.

Sie werden die ersten Sachkenntnisse auf dem Gebiet des Kikelkakel erwerben. Sagen Sie nicht, daß das wertlos sei! Es gibt keine Frau auf der Welt, die nicht für eine graue Leinenbluse leicht einundzwanzig verschiedene Kleinigkeiten sinnvoll zu verwenden verstünde. Auch können Sie mit Sachkenntnissen in Kikelkakel auf eine Frau weit mehr Eindruck machen, als wenn Sie alle Jahreszahlen der assyrischen Könige auswendig wissen.

Das Nutzlose ist also keine Schwierigkeit. Aber erfüllt die Organdyblume für drei Mark fünfzig die Bedingung, kostbar zu sein?

Nun, wie gesagt, diese Schwierigkeit ist nur scheinbar. Sie läßt sich lösen Dienstagnachmittag um 17 Uhr 10. Natürlich, über Gemütstermine müssen Sie sich hinwegsetzen. Sehen Sie, was ist denn für die Frauen kostbar? Kostbar für die Frauen ist nur die Liebe. Es gibt keine Frau auf der Welt, für die nicht ein kleines Sträußchen Veilchen, das die Liebe ihr scheu und verlegen überreicht, unendlich viel kostbarer ist als ein Orchideenarrangement, mit dem man auf sie Eindruck machen oder sie bestechen will. Der Geburtstag freilich ist ein Gemütstermin. Ich glaube, die Frauen haben die Gemütstermine nur deshalb eingeführt, damit sie überhaupt einmal etwas geschenkt bekommen. Aber Dienstagnachmittag 17 Uhr 10 ist kein Gemütstermin. Die Überraschung – das ist für die Frauen der Beweis!

Sie werden mich noch fragen, wie man das macht, scheu und verlegen zu spielen. Nun, wenn Sie Dienstagnachmittag um 17 Uhr 10 Ihrer lieben Frau plötzlich ein Geschenk überreichen und noch dazu etwas so Albernes wie eine sinnlose Kleinigkeit, werden Sie ganz von selbst scheu und verlegen sein. Sie ahnen nicht, was aus dem Kikelkakel alles für Überraschungen erblühen können. Das einfachste ist, Sie versuchen es einmal! Auf dem Gesicht Ihrer lieben Frau wird ein Lächeln erblühen, das Sie schon lange nicht mehr gesehen haben. Machen Sie sich klar, daß es Ihre eigene Schuld ist, daß dieses Lächeln so selten geworden war!

MEDITATIONEN IM NOVEMBER

Sonnenblumen sind van-Gogh-Blumen. Wir sehen sie nicht mit unseren eigenen Augen. Wir sehen sie, wie der große Vincent sie gesehen hat, als geheimnisvolle, goldene Räder, Symbole eines uralten, versunkenen Kultes. Wenn im November der Regen eintönig und endlos auf das Fensterbrett trommelt, ist die abgrundtiefe Traurigkeit, die uns erfaßt, die Traurigkeit Verlaines.

»Les sanglots longs
Des violons
De l'automne...«

Wenn das prasselnde Feuer im Kamin die alte, von Sünden und Stürmen gegerbte Haut langsam zu wärmen beginnt, ist das fromme Behagen, das wir dabei empfinden, das Behagen des alten Matthias Claudius.

»So legt Euch denn, Ihr Brüder,
In Gottes Namen nieder!
Kalt ist der Abendhauch...«

Käme jetzt einer daher und sagte, das sei literarischer Snobismus, könnte man ihm nur antworten, daß nicht er es sei, für den Gott die Dichter und die Maler in die Welt geschickt habe.

Das Gewissen der Schönheit ist der gute Geschmack. Das ist ein sehr eigentümliches Wort. Ursprünglich kommt es von schmecken und bezeichnet eine rein sinnliche Eigenschaft. Später bedeutet es viel mehr. Es bedeutet, daß der gute Geschmack noch da eine gültige Kategorie sein kann, wo die moralischen Kategorien schon angefangen haben, in Verwirrung zu geraten. Sicher ist, daß Völker, bei denen der gute Geschmack im Topf kocht, nicht nur für Schönheit, sondern sogar für Weisheit mehr Sinn haben als Völker, bei denen schon gut zu essen ein Laster ist.

Die Chinesen hatten die beste Küche der Welt. So war nicht nur ihr Geschmack hervorragend, auch ihre Philosophen verstanden sich darauf, die Weisheit so zuzubereiten, daß jedermann Hunger darauf bekam und jedermann davon zehren konnte. Die Weisheit unserer Philosophen ist ein so zäher Braten, daß nur der ihn in die Zähne nehmen kann, der das logische Gebiß eines Wolfes hat. So bleiben bei uns die Wölfe unter sich. Dabei zerreißen sie sich gegenseitig. Manchmal freilich, eben im November, wenn der Regen auf das Fensterbrett trommelt und wir mit Verlaine traurig sind, müssen wir über die Wölfe heulen – dicke Tränen des Kummers, daß es uns nicht gelingt, ihren zähen Braten hinunterzuschlingen. Aber die Wölfe machen sich nichts daraus, weder daß man mit ihnen, noch daß man über sie heult. So vermischt sich das Mißtrauen gegen eine Weisheit, die die Philosophen uns nicht verständlich machen können, mit der Erfahrung, daß die Weisheit, welche wir verstehen können, bei den Philosophen nichts gilt.

»Der Mond ist aufgegangen,
Die gold'nen Sternlein prangen
Am Himmel hell und klar...«

ist keine Aussage, die sich mit dem Bild in Übereinstimmung bringen läßt, welches die Philosophen der Astrophysik von unserem Universum entworfen haben. Ebensowenig ist die poetische Trauer Verlaines, welche eine Trauer des Herzens ist, in Übereinstimmung mit dem nihilistischen Bild zu bringen, das die Philosophen der Angst von dem »in das Universum verlorenen Menschen« entworfen haben.

Wir leben in einer gespaltenen Welt. Obgleich jedermann weiß, daß die Erde sich um die Sonne dreht, hält der Mensch mit einer unbegreiflichen Hartnäckigkeit an den alten Bildern fest. Die Sonne geht immer noch auf. Vielleicht liegt der Grund seiner Hartnäckigkeit in nichts anderem als in der Erinnerung an den Trost, den die Poeten von jeher mit diesen alten Bildern ihm gespendet haben. Selbst die modernsten Lyriker sind noch nicht dazu übergegangen, die Geschwindigkeit der Erdumdrehung zu besingen oder ein Poem auf die Rotverschiebung im Spektrum des Cepheus zu dichten. Noch immer weint der Mensch Tränen der Trauer über die Melancholie des Herbstes einer Welt, die doch vom Standpunkt eines aufgeklärten Nihilismus aus kein Achselzucken wert ist. Noch immer hofft er, des goldenen Geheimnisses teilhaftig zu werden, welches der große Vincent ihm in den Sonnenblumen von fern gezeigt hat. Sie sind ihm ein kostbares Symbol seiner Sehnsucht.

So ist die einzige Hoffnung, die wir haben, daß der Mensch ein hoffnungsloser Fall ist. Von keiner Einsicht läßt er sich beirren. Ein bedrängter Kämpfer wider den Hunger seiner Seele, bringt er das Meisterstück zuwege, sein wahres Leben in einer Welt zu führen, die keine physikalische Realität hat.

Der Traummensch mit dem steifen Nacken wirft noch ein Scheit Holz in den Kamin, bis das Prasseln des Feuers das Trommeln des Regens übertönt, und wartet, traumverloren, bis ein Engel das erste kristallisierte Kondensationsprodukt einer simplen Wasserstoffsauerstoffverbindung als weiße Flocke vom Himmel herabschweben läßt...

HERR ANTROBUS MEINT...

Seit Thornton Wilder sein Theaterstück »Wir sind noch einmal davongekommen« über die Bühnen der Welt gehen ließ, ist Herr Antrobus ein Begriff. Es ist jener alte Adam, der von der Sintflut über die Völkerwanderung bis zur Gegenwart, von der Erfindung des Rades über die Erschaffung der Schrift bis zur Spaltung des Atoms Jahrtausende überlebt hat. Dieser Herr Antrobus ist der Zeitgenosse schlechthin. Er begnügt sich damit, die Dinge durch die Lupe seiner Erfahrung zu betrachten.

ONKEL PEKINGMENSCH

Mein Onkel in Peking war der Erfinder der Hände. Er galt damals als ein Sonderling. In der Familie hielt man nicht viel von ihm. Später ist er als der Pekingmensch in der Wissenschaft sehr berühmt geworden – Pithecanthropus erectus sinensis.

Er war als erster auf die Idee gekommen, aufrecht zu gehen. Natürlich wußte er zunächst nicht recht, was er mit seinen Vorderfüßen anfangen sollte. Er wußte ja nicht, daß es seine Hände waren. Wir fanden ihn damals alle sehr komisch. So kam es, daß er sich, unserer Torheit wegen, an den Kopf faßte. Diese praehistorische Geste hat nachher, in der Historie, vielfache Nachahmung gefunden.

Wie alle großen Erfinder sank er unbekannt ins Grab. Vor dreißig Jahren hat man seinen Schädel ausgegraben. Diese Ausgrabung war eine sehr unangenehme Überraschung für die Wissenschaft. Es stellte sich nämlich heraus, daß Onkel Pekingmensch 240000 Jahre älter war als der älteste Affe, den die Wissenschaft kennt. Lange hatte man gehofft, einen Affen zu finden, der älter wäre als Onkel Pekingmensch. Aber ehe es zu diesem Affen gekommen ist, haben die Ereignisse der Wissenschaft einen Streich gespielt. In China brach eine Revolution aus, und der Schädel des Pekingmenschen wurde gestohlen.

Man vermutet, daß der Dieb ein Philosoph ist, dem der eigene Kopf nicht mehr bedeutend genug war, um sich, der menschlichen Torheit wegen, an denselben zu fassen. Sicher ist, daß der Mensch es im Gebrauch der Vorderfüße so weit gebracht hat, daß er seine eigenen Ahnen stehlen kann. Ich, Herr Antrobus, würde mir darob an den Kopf fassen. Aber ich habe Rheuma im Kreuz. Ich habe das von Onkel Pekingmensch geerbt. Schon damals sagte Tante Pekingmensch, diese unnatürliche Aufrechthaltung würde Onkel Pekingmensch nicht lange durchhalten. Es scheint fast so, als ob die Tante, wie alle Tanten seit eh und je, schließlich doch noch recht behalten wird.

DIE REISIGMENSCHEN

Wenn Menschen meinen, daß sie in die Zukunft sähen, was tun sie dann? Sie kaufen Zucker! In diesen unruhigen Tagen voller unkontrollierbarer Gerüchte hat fast jedermann Zucker gekauft.

Das erinnert mich lebhaft an die Leute, die Reisig zu sammeln anfingen damals, als die Eiszeit so plötzlich über uns hereinbrach. Von den Reisigmenschen ist keiner am Leben geblieben. Sie sind alle erfroren. Übrigens sind sie auf eine höchst unwissenschaftliche Weise zugrunde gegangen. Sie wurden ausgemerzt, obwohl sie eine Auswahl der Tüchtigsten waren. Übrig geblieben sind ein paar Narren, die die Kälte nicht mochten. Mit einem Säckchen voll Sonnenblumenkernen wanderten sie tausend Meilen nach Süden. Von diesen Phantasten stammen die Zuckermenschen ab. Man sieht, es hat nichts genützt. Den Zuckermenschen würde es in der nächsten Katastrophe genauso ergehen, wie es damals den Reisigmenschen ergangen ist.

Eine Stunde Angst verwandelt zwanzigtausend Jahre Vernunft in einen Rauch. Mut besteht darin, daß der Mensch in seiner Angst die Vernunft nicht verliert und sich der zwanzigtausend Jahre erinnert, die er überlebt hat. Mut ist der Kern, aus dem die Sonnenblume der Zukunft erblüht. Was für Kerne sonst noch in dem Säckchen sein sollten, wird erst zwanzigtausend Jahre später ein gescheiter Historiker auf wissenschaftliche Weise feststellen.

In bin sicher, daß Sonnenblumenkerne in den nächsten Tagen nicht einmal mehr auf dem schwarzen Markt zu haben sein werden. Ich, Herr Antrobus, besitze davon noch ein Säckchen voll. Ich werde sie essen und die Schalen auf die Lage spucken.

Das politische Kind unterscheidet sich von anderen Kindern dadurch, daß es, zwanzigmal gebrannt, das Feuer nicht scheut. Es liebt den Mut zur Dummheit. Ein Mann hatte erklärt, daß er am Sonntag von der dreiunddreißig Meter hohen Brücke in Großhesselohe bei München, die man die Selbstmörderbrücke nennt, in den drei Meter dreißig tiefen Isarkanal springen werde. Schon die Dreiunddreißig hätte die politischen Kinder warnen sollen. Aber eine Menge Volkes hatte sich versammelt, entschlossen, einen Mann zu bewundern, von dem nichts so sicher feststand, als daß er tot unten ankommen würde. Das politische Kind ist also immer noch bereit, den Mut zu einer Dummheit zu bewundern, von der so bitter gebrannt es gerade eben erst sich zu erholen beginnt. Der Mann hätte nur in sein Verderben zu springen brauchen, er wäre des allgemeinen Beifalls sicher gewesen.

Der Mann ist nicht gesprungen. Ich, Herr Antrobus, wußte, daß er nicht springen würde. Ich kenne den Mann. Es ist Till Eulenspiegel. Auch ich habe ihm damals, wie jedermann in Mölln, meinen linken Schuh auf das hohe Seil gereicht. Als er dann die Schnur, an der er die Schuhe aufgereiht hatte, zerschnitten hatte und die linken Schuhe von Mölln in die Menge fielen, habe ich mir in einer mächtigen Prügelei einen falschen Schuh wiedererobert. Dieser Schuh hat mich bis vorigen Sonntag gedrückt.

Till Eulenspiegel machte eine Menge Kapriolen auf der hohen Balustrade der Brücke von Großhesselohe. Die Menge geriet in jenen Zustand der Faszination und Erregung, den wir alle so gut kennen. Als nach einer halben Stunde der Eulenspiegelaugenblick gekommen war, jene listige Sekunde der Vernunft, in welcher Till nichts weiter zeigte, als daß es gescheiter ist, anstatt von einer Brücke hinunterzuspringen, sie zu dem Zweck zu benutzen, für den sie gebaut ist, auf ihr sicher über den Abgrund dahinzuschreiten – was geschah?

Als Till sich über die Balustrade zurückschwang und sich trollte, begann die Menge zu schimpfen. Ich, Herr Antrobus, habe laut gelacht. Natürlich haben die politischen Kinder mich mächtig verprügelt. Immer verprügeln sie hinterher den Falschen. Aber meinen falschen Schuh, den habe ich gerettet.

Jetzt drückt er mich nicht mehr.

Einen Elefanten soll man sich nur anschaffen, wenn man wirklich einen braucht. Das ist eine alte Regel. Einen Regenschirm kann man sich anschaffen, auch wenn man nicht wirklich einen braucht. Nun ist zwar ein Elefant in Indien ebenso ein Zeichen von Würde wie ein Regenschirm in London. Aber der Unterschied stellt sich sogleich heraus, wenn die Würde vergessen wird. Wenn man einen Regenschirm vergißt, macht es nichts weiter aus. Wenn man aber einen Elefanten vergißt...

Der erste Elefant, der des Menschen Freund gewesen ist, wurde mit der Flasche großgezogen. Mein Großvater hatte ihn im Dschungel gefunden. Ich, Herr Antrobus, habe als kleiner Junge den Elefanten sehr geliebt. Der Elefant war fröhlich und hat immer getan, was ich von ihm wollte. Ich glaube, er hat mich auch ein bißchen lieb gehabt. Dann wurde der Elefant Soldat und mußte mit Alexander dem Großen kämpfen und mit Hannibal über die Alpen ziehen. Später diente er der Würde der Maharadschas. Als die Würde auf den Regenschirm überging, kam der Elefant in den zoologischen Garten. Seitdem ist er traurig. Zuweilen besuche ich ihn. Dann sind wir zusammen traurig.

Seit des Menschen Würde auf den Regenschirm übergegangen ist, bleibt die Würde häufig in einer Ecke stehen. Früher dachte man, das sei ein Zeichen von liebenswürdiger Vertrottelung. Aber die Psychoanalytiker haben herausgefunden, daß die Gegenstände eine symbolische Bedeutung haben. Man spannt, wenn es regnet, nicht nur den Schirm auf, sondern auch die Bedeutung, die er hat. Die Psychoanalyse beschäftigt sich mit dem Symbol, das man in der Ecke stehenläßt, in der man den Schirm vergißt.

Die Presse meldet, daß in einem Fundbüro in Delhi ein Elefant steht, der vergessen wurde. Es ist die alte Würde des Menschen, die in der Ecke, in der der Elefant vergessen wurde, stehengeblieben ist. Erst war der Elefant im Fundbüro traurig. Er hat wohl an meinen Großvater denken müssen. Aber das Fundbüro mußte täglich dreißig Regenschirme verkaufen, um das Heu zu bezahlen, das die alte Würde fraß. Gestern ist der letzte Regenschirm verkauft worden. Die alte Würde hat die neue Würde aufgefressen.

Seitdem ist der Elefant wieder fröhlich. Ich, Herr Antrobus, werde nach Delhi fahren, um den fröhlichen alten Elefanten zu besuchen. Wir werden von alten Zeiten plaudern, und wie schön es damals im Dschungel war. Der Elefant weiß natürlich, wer ihn stehengelassen hat. Und mir wird er es auch sagen. Aber ich, Herr Antrobus, werde ihn nicht verraten. Eher fresse ich meinen Regenschirm!

Als mein Großvater, der alte Herr Antrobus, seinerzeit durch eine unerhörte schöpferische Anstrengung im Denken das Einmaleins erfunden hatte, verlieh ihm das »Ministerium für öffentliche Wohlfahrt« zur Belohnung die höchste Auszeichnung, die es damals gab – den »Goldenen Klumpen am doppelten Riemen«. Seitdem hat der Ehrgeiz zu denken die Menschheit nicht mehr zur Ruhe kommen lassen.

Einige Jahrtausende lang haben die alten Weisen über den Menschen nachgedacht. Der Mensch hat versucht, sich nach dem zu richten, was die alten Weisen über ihn gedacht hatten. Das war das Goldene Zeitalter.

Aber das Denken kam nicht zur Ruhe. Es machte sich selbständig. Das selbständige Denken wandte sich vom Menschen ab und der Welt zu. Es begann das Zeitalter der Wissenschaft. Die Fortschritte, die dabei gemacht wurden, waren beachtenswert. Nur hat, was die Wissenschaft über die Welt gedacht hat, weniger zum Glück des Menschen beigetragen als das, was die Weisheit über den Menschen gedacht hatte. Es kam das Eiserne Zeitalter, die schöne Zeit, in der zur Zeit unser Leben verläuft.

Es scheint, als ob es damit zu Ende ginge. Die 1884 in New York gegründete »Society for Philosophical Inquiry«, die sich die Aufgabe der Erziehung zum selbständigen Denken gestellt hatte, hat sich in diesen eisernen Tagen wegen zu geringer Zahl der Mitglieder aufgelöst. Das Sekretariat begründete den Schritt mit der abschließenden Bemerkung: »Wir haben eingesehen, daß die Menschen nicht mehr denken wollen...«

Die öffentliche Meinung wird aller Wahrscheinlichkeit nach über diese Nachricht entsetzt sein. Mich, Herrn Antrobus, erfüllt sie mit Hoffnung. Leute, die das Denken als Gewohnheit betreiben, denken selten richtig. Auch im Zeitalter der Wissenschaft ist das richtige Denken bei denen verblieben, die es aus Leidenschaft betreiben. Wenn der Mensch die erst wenige hundert Jahre alte Gewohnheit, selbständig Falsches zu denken, aufgibt, wird er zu der Jahrtausende alten Gewohnheit zurückkehren, sich wieder nach dem zu richten, was Weise aus Leidenschaft Richtiges gedacht haben.

Das Goldene Zeitalter kann jeden Tag zurückkehren. Es steht vor der Tür. Die Tür, vor der es steht, ist die Tür des Herrn Referenten im »Ministerium für öffentliche Wohlfahrt«, der die »Goldenen Klumpen am doppelten Riemen« zu verleihen hat.

Wie man hört, ist der Antrag auf Bewilligung eines Etats für Doppelriemen im Vorentwurf fertig. Die wenigen Jahre freilich, die bis zur Bewilligung der erforderlichen Summe vergehen werden, muß ich, Herr Antrobus, noch selbständig Falsches weiterdenken. Im Rahmen der ungeheuren Menge von falsch Gedachtem, das bis dahin in der Welt noch eine selbständige Rolle spielen wird, spielt das selbstverständlich keine Rolle mehr.

VORSICHT MIT NÜTZLICHEN ERFINDUNGEN!

Der Mensch ist zu vielerlei begabt. Er hat die Gabe, dem Acker Frucht abzutrotzen, Gedichte an die Geliebte zu verfassen, Pferde zu züchten, faul zu sein. Er ist, was man einen begabten Menschen nennt.

Die Erfindungsgabe des Menschen hat die Kultur geschaffen. Über nichts kann der *homo ludens*, das spielende Kind der Schöpfung, so sehr in Entzücken geraten wie über etwas, was seine Gabe erfindet.

Mit dem, was der Mensch erfindet, verwandelt er die Welt. Dabei ist er ziemlich schnell von den Feuersteinkeilen zur Stratosphärenrakete vorgedrungen. Das Entzücken hat dabei langsam nachgelassen. Heute starrt der *homo ludens* nach oben in die Richtung, in der in Sekundenschnelle der Schatten seines Ingeniums im leeren Raum verschwindet. Das Entzücken ist mit dem Schatten enteilt. Der *homo ludens* hat dabei ein steifes Genick bekommen. Irgendeine uralte Erinnerung, daß er sich einmal mit der Welt in Harmonie befunden hat, taucht in ihm auf. Aber das war lange vor den Feuersteinkeilen.

So sah der Mensch sich schon vor einiger Zeit genötigt, den leidenschaftlichen und übertriebenen Gebrauch seiner Erfindungsgabe moralisch zu begründen. Er erfand »die nützliche Erfindung«.

Wie immer, wenn die Moral mit dem Entzücken zusammentrifft, entsteht eine säuerliche Nuance. Aber schließlich, eine nützliche Erfindung – das müßte doch etwas sein! Jetzt handelt es sich nicht mehr um das egoistische Entzücken eines einzelnen. Jetzt handelt es sich um das Wohl der Menschheit.

So betrat vor fünfundsiebzig Jahren, an einem sanften Herbsttag Anno Domini 1886, ein Genie der Erfindungsgabe das Patentamt der Vereinigten Staaten von Amerika. Es war ein großer Tag in der Geschichte der nützlichen Erfindungen. Der Wackere hatte nur ein bißchen Draht in der Hosentasche, einen halben Meter Draht. Es war nicht Edison, der eine so schreckliche Menge nützlicher Erfindungen gemacht hat. Es war ein schlichter Farmer aus Texas, der seine und aller seiner Nachbarn Kühe dazu bewegen wollte, daß sie nicht dahin liefen, wohin sie wollten, sondern daß sie da blieben, wo das spielende Kind der Schöpfung sie haben wollte. Das Land der Freiheit verlieh dem Erfinder ein Patent, das die Freiheit der Kühe ein wenig einschränkte.

Die Erfindung nahm einen ungeheuren Aufschwung. Ganze Staaten konnten auf der Erfindung des schlichten Texasfarmers vorübergehend fest begründet werden. Der Texasfarmer wurde ein reicher Mann. Die Kühe sind seitdem ein wenig melancholisch.

Fünfundsiebzig Jahre sind eine lange Zeit. Immerhin gibt es unter uns noch einige Zeitgenossen, die ihre erste Jugend vor der großen Aera der nützlichen Erfindung des Texasfarmers verbracht haben.

Was für eine glückliche Jugend muß das gewesen sein! Der Draht, den der Texasfarmer vor fünfundsiebzig Jahren im Land der Freiheit patentiert bekam, war Stacheldraht.

EINE TEUFELSKURVE

Die Leute sind heute nicht mehr fromm genug, um noch an den Teufel zu glauben. So ist es für Mephisto ein Leichtes, sich in der Technik eine führende Stellung zu verschaffen. Von da aus leistet er sich dann zuweilen einen seiner höllischen Späße.

Jene Meister des Konstruktiven, das dem Destruktiven dient, jene Männer, die die Wissenschaft zu nichts Besserem zu mißbrauchen wissen, als daß sie neue Waffen schaffen, überlegen sich nie, gegen wen diese Waffen sich richten werden. Gegen Menschen! Natürlich! Aber gegen welche? Die Erfahrung hat gezeigt, daß jeder Gegner genau drei Jahre nach einer großartigen Erfindung in der Lage ist, die großartige Erfindung nicht nur nachzumachen, sondern gleich immer auch ein wenig zu übertreffen. Die Matadore des Fortschritts merken nicht, daß sie beide ergebene Sklaven ein und desselben Unsinns sind.

Daß sie das nicht merken, ist so töricht, daß es nicht nur uns ärgert, sondern sogar den Teufel. Ganz ohne Menschheit könnten die Teufeleien dem Teufel keinen Spaß mehr machen. Mephisto ist durchaus darauf angewiesen, daß es uns gibt.

So beschloß der Teufel eines Tages, den konstruktiven Genies ihre Torheit eindrücklich zu demonstrieren. Er gab einem genialen Erfinder den genialen Gedanken ein, einen Torpedo zu konstruieren mit einem Elektronengehirn, das das Schraubengeräusch des zu zerstörenden Schiffes akustisch dazu auswertet, den Torpedo in sein Ziel zu steuern. Hat das Elektronengehirn des Torpedos das Schraubengeräusch des Gegners einmal erfaßt, landet der Torpedo unerbittlich und unausweichlich in der feindlichen Schraube.

Der erste große Versuch auf offener See wird angesetzt. Selbstverständlich ist der Teufel, als Sachverständiger der Regierung, mit eingeladen. Behaglich lehnt er an der Reeling und blickt hinüber nach dem automatisch gesteuerten Zielschiff, das langsam vor der Kimm dahinzieht. Der Versuchstorpedo mit dem Elektronengehirn und einer kleinen Sprengladung im Kopf wird abgeschossen. Alles beobachtet mit großen Ferngläsern gespannt den Lauf des Geschosses, das eine hübsche Blasenbahn durch die ruhige See zieht. Nach ein paar hundert Metern, als die Kraft des Abschusses verbraucht ist, verlangsamt das Elektronengehirn den Lauf seines Torpedos. Das Gehirn denkt nach. Das steht nicht im Programm. Die konstruktiven Männer werden unruhig. Der Sachverständige der Regierung lächelt. Aber Elektronengehirne sind sehr klug. Immer wieder versichern uns die Gazetten in eindringlicher Weise, daß sie sogar weit mehr als unsere Gehirne leisteten.

Plötzlich besinnt sich das Elektronengehirn und setzt den Torpedo wieder in schnelle Fahrt. Die konstruktiven Männer atmen auf. Offenbar hat das Elektronengehirn jetzt das Schraubengeräusch registriert. Der Sachverständige der Regierung bindet sich eine Schwimmweste um. Niemand achtet darauf.

Das Elektronengehirn hat in der Tat ein Schraubengeräusch erwischt. Der Torpedo macht eine große, elegante Kurve und nähert sich von achtern dem Schiff, von dem er abgeschossen wurde. Ehe sich die konstruktiven Männer von ihrer Verblüffung über die Teufelskurve des Elektronengehirns erholt hatten, war der Torpedo schon mit einem Knall in ihrer eigenen Schraube explodiert.

So macht die Technik ihre Fortschritte. Der Sachverständige der Regierung wurde, natürlich als erster, gerettet. Auch die konstruktiven Genies wurden gerettet. Aber gemerkt haben sie nichts. Es war, wie sie in einem solchen Fall zu sagen pflegen, ein teuflischer Zufall.

QUARTÄRER HOCHMUT

Gestern bin ich einem alten Freund auf den Optimismus getreten. Es hat mir sehr leid getan. Aber der alte Freund war selbst dran schuld. Er hatte unter meinem Fuß noch nichts zu suchen. Er war der erste Regenwurm des Jahres, der zu früh an die Sonne geglaubt hatte. Daß ich ihm einen Teil seines optimistischen Selbst lädiert habe, macht ihm glücklicherweise nichts aus. Das regeneriert er leicht. Sein Kummer sitzt tiefer. Es wird nützlich sein, daß wir uns mit dem Regenwurm beschäftigen.

Er lebt nun seit dem Praekambrium seine anderthalb Milliarden Jahre. Mich, Herrn Antrobus, hat es vor dem Quartär nicht gegeben. Ich bin noch so jung, so jung – keine Million Jahre alt!

Der Regenwurm war sogleich von unserem Anfang an sehr nett mit uns. Mit unserem Schweiß zusammen hat er unseren Boden gedüngt. Auf eine gesunde Wiese kommen je Hektar fünfzehn Doppelzentner Regenwürmer. Das ist genau soviel, wie das Gewicht der Kühe ausmacht, die auf der Wiese satt werden. Der alte Regenwurm weiß das. Vierzehnhundertundeinehalbe Million Jahre lang mußte der Regenwurm Erde fressen, ehe er sich für die Schöpfung überhaupt zu lohnen begann. Daß der Regenwurm das durchgehalten hat, ist eine beachtliche Langstreckenleistung auf dem Gebiet des schöpferischen Optimismus. Freilich, der Regenwurm hat sich auch nicht entwickelt. Diese Mode hat er nicht mitgemacht. Auf die Deszendenztheorie hat der Regenwurm Silur, Trias und Tertiär gepfiffen. Jetzt ist der Regenwurm traurig darüber, daß der Mensch nach einer knappen Million Jahre schlappzumachen droht und die Zukunft aufzugeben beginnt.

Die Angst des Menschen, daß er durch seine eigene Torheit zugrunde gehen werde, ist nichts weiter als der Hochmut zu glauben, daß des Menschen Torheit nicht zur Schöpfung dazugehöre. Obgleich der Regenwurm von allen Geschöpfen der Erde die längste Erfahrung im Existieren hat, ist er nicht Existentialist geworden. Der Regenwurm findet diesen Hochmut des Menschen komisch.

Ich, Herr Antrobus, gehe mit dem Regenwurm konform.

»DIE GNADE ALLAHS«

Die Sandwüste von El Alamein hat eine merkwürdige Veränderung erfahren. In der Zeitspanne seit der großen Panzerschlacht ist aus der Wüste eine Steppe geworden. Über fast tausend Meilen, von Alexandria bis zum Golf der Großen Syrte in der Kyrenaika, erstreckt sich eine riesige grüne Fläche von Chenopodae. Dieses bescheidene Meldengewächs hat die harte Welt der Beduinen in ein Paradies verwandelt. Von Chenopodae werden die Kamele der Beduinen satt.

Das Wunder der Wüste ist entstanden aus dem Zusammentreffen zweier Mängel. Die Wüste hat kein Wasser und Chenopodae hat keine Wurzeln, die Wasser aus der Tiefe heraufholen könnten. Die Pflanze hat nur ganz zarte und oberflächliche Wurzeln. Mit diesen Wurzeln hat Chenopodae gelernt, vom Morgentau zu leben.

Da die Beduinen keine Ahnung von den Zusammenhängen der Sache haben, glauben sie vernünftigerweise an ein Wunder und nennen Chenopodae mit schöner Bedeutung »Die Gnade Allahs«.

Die Wissenschaft konnte die Zusammenhänge schnell und einwandfrei klären. Truppen des Generals Auchinleck haben die Samen in den Futtersäcken ihrer Mulis aus Australien mitgebracht. Chenopodae fand günstige Wachstumsbedingungen. Das ist alles. So verzichteten die Botaniker vernünftigerweise darauf, in ihre Erklärung die Hypothese von der Gnade Allahs aufzunehmen.

Ich, Herr Antrobus, frage mich, ob nun die Botaniker recht haben oder die Beduinen.

Die Botaniker können sehr schön erklären, warum Chenopodae vom Morgentau leben kann. Was die Botaniker aber nicht erklären können, ist, warum die Schöpfung Australien mit Chenopodae beschenkte, Afrika aber nicht. Die Hypothese der Beduinen erklärt das mit. Sie ist nicht nur umfassender. Sie ist auch einfacher. Simplicitas sigillum veritatis!

Ich, Herr Antrobus, meine, daß die grüne Weide der Gnade Allahs doch wohl der dürren Wüste der Wissenschaft vorzuziehen sei. Von der Wissenschaft wird nur der Verstand des Menschen satt. Von der Gnade Allahs leben sogar Kamele wie im Paradies.

DER CORNOGPFIFF

Seit hundert Jahren macht der Mensch unerhörte Fortschritte in der Technik. Dabei hat er zunächst gar nicht gemerkt, daß die Fortschritte, die er dabei in Lärm gemacht hat, noch viel unerhörter sind. Aber dieser fortgeschrittene Lärm ist nicht mehr der fröhliche alte Lärm der Jahrmärkte und auch nicht mehr der fromme alte Lärm, welchen die Glocken auf den Türmen machen. Es ist der anarchische Lärm der Technik.

Noch ist die Achtung vor der Stille nicht ganz verschwunden. Einmal im Jahr eine Minute des Schweigens ist die höchste Ehrung, die der Mensch für die stummen Helden seiner Kriege zu vergeben hat. Diese eine Minute im Jahr ist still genug, daß man das Tropfen einer Träne hören kann.

Es grinst auch noch niemand, wenn von den »Stillen im Land« gesprochen wird. Irgendwie hat sogar der lärmendste Schreihals das Gefühl, daß die Stillen im Land über ein Geheimnis verfügen, das auch für ihn noch einmal von Bedeutung werden könnte. Ein großer Philosoph, der jüngst ein Buch über das Schweigen geschrieben hat, wird respektvoll gelesen und mit großem Lärm propagiert.

Jetzt hat zum erstenmal ein Fortschritt der Technik keinen Fortschritt in Lärm gebracht. Dr. J. Clyde Cornog von der Universität Pennsylvania hat ein Elektronenzusatzgerät für den Radioapparat erfunden, das, auf einen Pfiff vom Klubsessel aus, das Radio zum Schweigen bringt.

Man bedenke, was für eine große humane Bedeutung es hat, daß ein Fortschritt der Technik durch einen weiteren Fortschritt der Technik wieder aus der Welt geschafft wird. Da können sogar die Stillen im Land nicht umhin, einmal kurz durch die Zähne zu pfeifen.

Man sollte sich daranmachen, die Cornogologie als Wissenschaft auszubauen. Ein Elektronenzusatzgerät für jedes Auto! Es führe vorbei, der Kerl am Steuer gefiele einem nicht. Man pfiffe, und das Ding bliebe stehen. Sicher würde das Spazierengehen wieder in Mode kommen. Natürlich müßte das Pfeifen konzessioniert werden. Doch würde die Ausgabe der Lizenzen keine Schwierigkeiten machen. Es ist klar, daß nur die Stillen im Land die Pfeiflizenz bekommen könnten.

Noch schöner wäre das im Kragenknopf der Politik montierte Volkselektronengerät. Wenn die Politik Unsinn redete, pfiffe der Common sense, und der Politik bliebe das Wort im Halse stecken. Hier freilich ist die Lizenzfrage schwierig zu lösen. Ein Sokrates gesucht!

Auf jeden Fall möchte ich, Herr Antrobus, Dr. J. Clyde Cornog zum Nobelpreis vorschlagen. Er ist endlich einmal das, was man einen Wohltäter der Menschheit nennen kann, ohne daß man befürchten muß, daß seine Wohltat durch einen noch schlaueren Kopf alsbald in eine neue Waffe verwandelt wird. Zwischen den Elektronen des Atoms kreisen siebzehn Nobelpreise. Daran denken die Menschen im Lärm des Ruhmes nicht.

Ich, Herr Antrobus, liebe die ruhmlose Stille, in der die Elektronen dem Cornogpfiff des Common sense parieren.

SEIFENBLASEN

Zweifellos ist es für die Politik der Römischen Republik von größter Bedeutung gewesen, daß im Senat niemals ein Projekt wie eine Seifenblase geplatzt ist. Selbst Caesar, der große Caesar, hat nie in seinem Leben eine Seifenblase platzen sehen. Es gab damals noch keine Seife.

Hätte Caesar vermocht, Kleopatra die Welt in einer Wunderkugel vorzuspiegeln, vielleicht läge Washington heute im Sudan und der Kreml am Nordpol. Am Nordpol gäbe es keinen heißen und im Sudan keinen kalten Krieg. Die Welt sähe anders aus.

Als der Erfinder der Seife die Seife erfand, erfand er die Voraussetzung für die Hygiene und damit die Voraussetzung für die Zivilisation des 19. Jahrhunderts. Er hat nicht ahnen können, daß das Wichtigste an seiner Erfindung nicht die Sauberkeit war. Arnold Toynbee hat sechs respektable Bände über die Geschichte der Menschheit geschrieben. Er entdeckte, daß die Menschheit zwanzig Gesellschaften ohne Seife hervorgebracht hat und nur eine mit Seife. Diese leider ist ausgerechnet die unsere!

Alle Kinder der einundzwanzigsten Gesellschaft wurden in ihrer Jugend davon entzückt, daß die Welt sich in einem Wunder spiegeln kann, das aus nichts als einem Hauch besteht. Und alle Kinder der einundzwanzigsten Gesellschaft mußten die erschütternde Erfahrung machen, daß das Wunder platzt, wenn man es berührt. Das ist die Quelle, aus der das Gefühl für die Fragwürdigkeit unserer Welt, aus der die Lebensangst, der Existentialismus, der Nobelpreis, die Ortskrankenkasse und der kalte Krieg stammen.

Jetzt hat ein Genie der späten einundzwanzigsten Gesellschaft die Kolloidchemie auf die Seifenblase angesetzt. Das Genie hat eine Seifenblase erfunden, die man auf der Hand dahinrollen lassen kann. Die Kinder der späten einundzwanzigsten Gesellschaft werden vor der erschütternden Erfahrung bewahrt, daß Wunder platzen, wenn man sie berührt. Die Seifenblase ist stabil geworden mit einer Halbwertzeit von elf Sekunden. Das Wunder ist nicht mehr vom Zufall abhängig. Was soll diesen Kindern im Leben noch passieren?

Ich, Herr Antrobus, meine, daß das der Beginn der zweiundzwanzigsten Gesellschaft sein wird, und außerdem meine ich noch, daß hier wieder einmal der Falsche keinen Nobelpreis bekommen hat.

DER LETZTE PFENNIG

Nichts von dem, was ich, Herr Antrobus, je besessen habe, hat so viel Unheil auf der Welt angerichtet wie mein letzter Pfennig.

Damals, als ich friedlich in Makedonien saß und unter meinen Ölbäumen träumte, nahm mir Alexander der Große meinen letzten Pfennig ab und bezahlte damit seinen Feldzug nach Indien. Damals, als ich friedlich in der Steppe meine Schafe weidete, nahm mir Dschingis Khan meinen letzten Pfennig ab, damit sein Enkel Peking erobern konnte. Damals, als ich friedlich meinen Kohl bei Magdeburg baute, nahm mir Napoleon meinen letzten Pfennig ab und zog damit nach Moskau.

Ich, Herr Antrobus, weiß, daß mein letzter Pfennig der Wehrsold des Teufels ist. Darum habe ich von jeher etwas dagegen gehabt, meinen letzten Pfennig herauszurücken.

Es waren immer gute Zeiten, wenn ich mit dem Geld in der Tasche klimpern konnte, ohne daß einer gleich alles für eine neue Seite im Geschichtsbuch haben wollte. Aber es ist lange her, daß ich mit Geld klimpern konnte. Viele Jahre durfte ich nur rascheln. Das Raschelgeld hat den großen Nachteil, daß, wenn man es vergräbt, um den letzten Pfennig daran zu hindern, Unheil anzurichten, die Mäuse es sind, die den letzten Pfennig fressen. Dann gab es Groschen, mit denen man schon scheppern konnte. Jetzt darf ich wieder klimpern. Die neuen Kupfermünzen sind da. Sie sind tatsächlich aus Kupfer. Das könnte mich mit Hoffnung erfüllen. Spare in der Not, da hast du Zeit! Morgenstunde hat Kupfer im Munde! Wer das Scheppern nicht ehrt, ist des Klimperns nicht wert! Aber ich, Herr Antrobus, ich bleibe mißtrauisch. Mein letzter Pfennig ist mit meinem vorletzten unlöslich verschmolzen. Es gibt als gute Münze nur Zweipfennigstücke. Alexander der Große wäre darüber entzückt gewesen. Er hätte doppelt so weit marschieren können. Vielleicht hätte er die Mongolen in Peking getroffen und schrecklich besiegt. Auch Napoleons Armee wäre erst am Ural erfroren.

Ich habe mir meinen verschmolzenen Pfennig genau betrachtet. Die neue Münze trägt auf der Vorderseite die Zahl Zwei, von Ähren umrahmt, auf der Rückseite ein Eichenblatt.

Es wird also der Ruhm wieder auf dem Markt als Scheidemünze von Hand zu Hand gereicht. Schon immer war des Teufels Wehrsold mit dem Ruhm unlöslich verschmolzen. Kopf oder Adler? Ähre oder Ruhm?

Fortuna rollt nicht mehr auf einer goldenen Kugel durch die Welt. Sie radelt zwischen Ähre und Ruhm auf meines letzten Pfennigs Kupferrand dahin. Eines Tages wird mir wieder jemand meinen letzten verschmolzenen Pfennig abnehmen, um eine neue Seite im Geschichtsbuch zu schreiben. Die Göttin des Glücks wird dann zu Fuß gehen müssen.

Ich, Herr Antrobus, werden ihr auf diesem Fuße folgen.

PRIVILEGIEN

Wenn man den Lauf der Welt eine Weile betrachtet hat, kommt man zu dem Ergebnis, daß es kaum Dinge gibt, die wahrhaft erstrebenswert sind. Pascal schon hat darauf hingewiesen, wie wenig es sich lohne, sein Zimmer zu verlassen.

Eine Ausnahme machen Privilegien. Privilegien sind erstrebenswert. Ein schönes Privileg war, in Gegenwart des Königs den Hut aufbehalten zu dürfen. Ein schönes Privileg ist, in der Kneipe einen Stammplatz zu haben, auf den auch dann, wenn man gar nicht da ist, niemand sich setzen darf.

Neue Gesellschaften bilden neue Privilegien. Aus den neuen Privilegien kann man einiges über die geheimen Wünsche derer, die sie schaffen, erfahren.

Das Plenum des Bundestags hat vor kurzem beschlossen, elf Anträge des Staatsanwalts auf Aufhebung der Immunität wegen Beleidigung abzulehnen. Beleidigungen mit ausgesprochen politischem Charakter könnten nicht Anlaß sein, die Immunität eines Abgeordneten aufzuheben.

Der geheime Wunsch, der der Schaffung dieses neuartigen Privilegs zugrunde liegt, kann wohl kein anderer sein als der, die volle Wahrheit sagen zu wollen.

Die volle Wahrheit zu sagen ist aber eigentlich das Privileg der Philosophen. Werden nun die Abgeordneten alle Philosophen werden? Oder werden alle Philosophen Abgeordnete werden? Die Wahrheit als Verbalinjurie, die die Staatsanwaltschaft zähneknirschend schlucken muß!

Ich, Herr Antrobus, muß für jedes Kamel zehn Mark Strafe zahlen. Nur mich selbst darf ich so nennen. War ich ein Kamel, daß ich die Wahrheit ins Parlament gewählt habe?

BEGRIFFSBÜROKRATIE

Wenn man an das Oberverwaltungsamt in Köln die höfliche Anfrage richtete, warum es sich am 24. April in so heftigen Gegensatz zur Philosophie gesetzt habe, würde man wahrscheinlich die höfliche Antwort bekommen, daß die Philosophie nicht zum Verwaltungsbereich eines Oberverwaltungsamts gehöre und daß man dortorts auch nicht sagen könne, in welchem Ressort die Philosophie zuständig sei.

Anläßlich einer Differenz eines bildenden Künstlers mit seinem Arbeitsamt in Oldenburg erfährt man, daß das Oberverwaltungsamt in Köln am 24. April entschieden hat, daß der bildende Künstler in die Sparte der selbständigen Gewerbetreibenden einzureihen sei. Punkt!

Kunst und Gewerbe waren bisher zwei verschiedene Wörter und zwei verschiedene Dinge. Ganz offenbar kann es die Bürokratie nicht länger dulden, daß Begriffe bedeuten, was sie sollen. Sie hat sich entschlossen, nunmehr auch die Begriffe in Verwaltung zu nehmen. Bildende Kunst ist seit dem 24. April nicht mehr das, was sie von Ghiberti bis Maillol gewesen ist. Seit dem 24. April ist sie ein Gewerbe. Punkt!

Konfuzius hat gesagt: »Stimmen die Worte nicht, so gedeihen Moral und Kunst nicht. Gedeihen Moral und Kunst nicht, so trifft die Justiz nicht. Trifft die Justiz nicht, so weiß das Volk nicht, wohin Hand und Fuß setzen.«

Ich, Herr Antrobus, finde, daß die Sache Hand und Fuß hat. Weitere Vereinfachungen der Begriffsbürokratie werden unser Leben weiter vereinfachen. Dichtung ist das Gewerbe zu schreiben. Musik ist das Gewerbe, Lärm zu machen. Und auf jeden Fall ist es höchst beruhigend, daß offenbar auch das Verwaltungsgewerbe keine Kunst ist.

Ein kluger Zeltmacher aus Tarsos in Kilikien hat gesagt: »Das Wort ohne Geist tötet.«

Ich, Herr Antrobus, frage: »Wen?«

DIOGENES IN BONN

Wenn Diogenes unter den Strahlen der attischen Sonne mit seiner Laterne über die Agora von Athen ging, um einen Menschen zu suchen, lachten die Athener. Sie waren intelligente Politiker und nahmen den Diogenes für einen Narren. Sie wußten nicht einmal, wie recht sie damit hatten. In der Welt der intelligenten Politiker hatte die Weisheit eine Zuflucht schließlich nur noch bei einem Narren finden können. Die bescheidene Tonne des Diogenes stand unter dem Schutz der Göttin Pallas Athene.

Eines Tages aber verging den Bürgern von Athen das Lachen. Der große Alexander machte sich auf den Weg, Diogenes zu besuchen. Die Macht verließ ihren Palast, um sich zur Tonne der Weisheit zu begeben. Die Bürger von Athen wurden Zeugen eines der schönsten Augenblicke in der Geschichte der Menschlichkeit. Als Alexander der Große in seinen Palast zurückkehrte, hatte er die einzige Niederlage seines Lebens erlitten. Diogenes hatte ihm etwas demonstriert, was nicht einmal sein großer Lehrer Aristoteles ihn gelehrt hatte, daß zwar die Macht der Weisheit, die Weisheit aber nicht der Macht bedürfe.

Alexander der Große beneidete den Diogenes. Welch wahrhaft humaner Zug! Weit mehr um dieser königlichen Bescheidenheit als um aller seiner Siege willen hat Alexander es verdient, »der Große« genannt zu werden.

Vor dem Bonner Bundeshaus wandelte in diesen Tagen ein einsamer Mann auf und ab, der eine Laterne in der Hand trug und ein Schild geschultert hatte, auf dem geschrieben stand: »Ich suche Versöhnung und Menschlichkeit.« Auch die Bürger von Bonn haben natürlich über diesen Narren gelacht. Das ist ihr gutes Recht. Sie haben keinen Grund, weniger intelligent zu sein als die Bürger von Athen. Aber leider hat man nichts davon gehört, daß die Macht ihren Palast verlassen habe, um sich von einem Narren belehren zu lassen. Unsere regierenden Automobile bremsten wohl kurz, aber dann gingen sie um so schneller in die intelligente Kurve, die von der Weisheit wegführt, als es galt, einige verlorene Sekunden der Neugier wieder aufzuholen.

Ich, Herr Antrobus, gehe mit Pallas Athene jede Wette ein, daß, wenn sie den Diogenes persönlich auf die Agora unserer Intelligenz schickte, man der Weisheit nicht einmal eine Tonne genehmigen würde.

Nur wenn die Weisheit einen Flüchtlingsausweis hätte, dürfte sie, von keiner Macht gestört, in einer solchen wohnen.

EIN WEGELAGERER

Ich, Herr Antrobus, gehe, wie es dem Menschen seit seiner Erschaffung bestimmt ist, zu Fuß. Ich bin dabei durch die Geschichte leidlich hindurchgekommen, so schwierig die Geschichte war. Ich vermute, daß auch der Weg in die Zukunft ein Fußweg sein wird.

Wenn mein Urgroßvater das Paradies auf einem Motorrad verlassen hätte, mit Eva im Beiwagen, es wäre eine höchst lächerliche Angelegenheit gewesen. Auch den Propheten Mohammed kann man sich nicht in einem Jeep vorstellen, so praktisch für die Wüste dieses Fahrzeug auch immer sein mag. Der Mensch von heute hat das Gefühl dafür verloren, daß Geschwindigkeit an und für sich etwas Lächerliches ist. Schon ein Mensch, der rennt, ist ohne Würde. Würde ist langsam. Vornehm ist nicht, mit dem 100-PS-Kompressor zu fahren. Vornehm ist, Zeit zu haben. Nicht einmal mehr am Beginn der Ewigkeit wird dem Menschen Zeit gelassen. Mit fünfzig Stundenkilometern sausen die Toten durch unsere Straßen. Die schwarzen Rösser vom alten Wagen der Würde stehen im Stall der Vergangenheit. Charon hat einen Außenbordmotor bekommen. Die Toten haben nicht mehr Zeit, Lethe zu trinken. Kein Wunder, daß sie im Hades keine Ruhe finden.

Diese unsere Unruhe hat die Welt in beklagenswerter Weise verändert. Wenn ich denke, wie behaglich es doch früher auf den Straßen war, als man nur hie und da einmal von einem Räuber überfallen wurde! Wie haben die Räuber gelacht, wenn sie entdeckten, daß ich, der Überfallene, ärmer war als sie. Wenn man arm war, dann war man auf den Straßen so sicher wie der von seiner Leibwache beschützte König. Heutzutage darf einen jeder töten, der schnell genug die Kurve schneidet, auch wenn man keinen blutigen Maravedi in der Tasche hat.

So beginnen jetzt überall die Verkehrswochen, in denen ich, Herr Antrobus, geschult werden soll, damit die Narren der Geschwindigkeit sich noch ein wenig lächerlicher machen können. Ich freilich, ich habe andere Dschungel überlebt als den Verkehrsdschungel der Geschwindigkeit. Ich habe Zeit, mir das noch eine Weile anzusehen. Ich werde am Wege lagern und warten, bis sechsspännig die alte Würde vorbeikutschieren wird. Ich bin sicher, sie wird mich, Herrn Antrobus, einladen, mit ihr zu reisen – bis zu der Stelle, wo der Fußweg in die Zukunft abgeht.

ZWEI BOUILLONWÜRFEL LITERATUR

Der Bouillonwürfel enthält eine Menge Rindvieh auf kleinem Raum. In einem Kubikzentimeter Bouillonwürfel stecken viele Kilo Ochse drin. Dieses Konzentrationsprinzip ist nicht nur auf Ochsen anwendbar. Heute morgen hat mir mein Buchhändler eine veritable Bouillonpackung Literatur verkauft.

Ein tüchtiger Philologe hat die deutschen Romane von 1650 bis 1914 in zwei Bouillonwürfel zu je vierhundert Seiten gepackt, durchschnittlich eine Seite für jeden Roman, Goethe etwas mehr, Kretzer, verständlicherweise, etwas weniger.

»Keine Kritik! Beileibe nicht!« »Keine Würdigung!« So wird ausdrücklich versichert. Auch der Ochse wird im Bouillonwürfel nicht gewürdigt. Der Bouillonwürfel ist die reine Inhaltsangabe des Ochsen.

Eine wunderbare Sache ist das. Abends blättere ich ein wenig in den Jahrhunderten. Nach einem Jahr ungefähr werde ich ein gebildeter Mann sein, der Geschmack hat, Bouillongeschmack natürlich.

Wie nötig das Unternehmen war, ergab sich für mich schon aus der Tatsache, daß ich von den einhundertzwanzig vom Ruhm umwitterten Autoren des ersten Bandes vierzig nicht einmal dem Namen nach kannte. What price glory? Die Vergessenheit oder das Drehbuch! Wenn man es in einem durchläse, es wäre ein Durchdrehbuch. Aber das tut glücklicherweise niemand.

Nähme ein neuer Noah das Buch für die nächste Sintflut mit in die Arche, würde der Erfinder des literarischen Bouillonwürfels so berühmt werden wie Homer. Freilich, die paar Seiten, die Noah etwa anderweitig verbrauchte, würden das künftige Bild der Literatur entscheidend beeinflussen. Hoffentlich trifft es nicht gerade den armen Kretzer.

Ich, Herr Antrobus, werde mir jedenfalls ab jetzt den Kretzer merken.

KONTINGENTSTROH

Ich, Herr Antrobus, gehöre zu den Filmeseln. Seit dem Tag, an dem die Kinematographie erfunden wurde, trabe ich, verführt von köstlichen Plakaten, in den Kintopp. In der Hoffnung, dort ein wenig vom duftenden

Heu des Witzes zu finden, fresse ich seit Jahrzehnten geduldig ganze Wagenladungen von dem Stroh der Langeweile, das die Produzenten in ihren Amüsierscheunen zu dreschen pflegen.

Witz ist eine Gabe der Götter, und Stroh ist für einen Esel gesund. Jeder alte Esel weiß, daß die Götter den Witz nur als Goldkörner in den Sand des Alltags mischen. Zuweilen wurde ich belohnt.

Von dem Eselsbatzen, den ich für die Hoffnung auf ein wenig Witz bescheiden und regelmäßig am Tor der Amüsierscheune niederlege, hüllen sich die schönsten Frauen der Welt in die kostbarsten Pelze der Welt, und die Produzenten fahren sozusagen in meinem Superauto durch die Wüsten des Publikumsgeschmacks. Unsere lieben Produzenten! Wie sind sie rücksichtsvoll! Aus lauter Rücksicht auf den schlechten Geschmack der allgemeinen Filmesel verzichten sie auf die billige Methode, mit glänzenden Einfällen glänzende Geschäfte zu machen. Heroisch unterziehen sie sich der schweren Mühe, mit mäßigen Einfällen glänzende Pleiten zu machen. Natürlich muß man sie dafür ein wenig subventionieren, ein wenig natürlich nur.

Es stellt sich aber heraus, daß es mit den Subventionen nicht getan ist. Man braucht das Kontingent. Die Filmtheater sollen verpflichtet werden, eine bestimmte Anzahl Tage im Quartal nur heimische Produktion zu bringen.

Es handelt sich, wie man sieht, um einen Belang. Doch hart im Raume der Belange stoßen sich die Esel. Von jetzt an wird nicht mehr die Hoffnung auf Heu verkauft und Stroh geliefert. Von jetzt an wird nur noch Kontingentstroh gedroschen. Durch gute Beziehungen wird es möglich sein, den Kalender der Kontingenttage zu erfahren. Der alte Filmesel wird weniger Stroh zu fressen brauchen und eine Menge Batzen sparen.

Ich, Herr Antrobus, meine, daß das ein großer Vorteil ist. Unsere lieben Produzenten! Jetzt sparen sie mir auch noch mein eigenes Geld! Wovon werden sie nun bloß das Superauto bezahlen?

EIN EDLER WETTSTREIT

Ehre und Glück der Völker sind das Ziel des gewaltigen Aufwands der Politik. Freilich, wenn man genauer hinsieht, möchte es scheinen, als ob der Export und die Kanonen die Ehre und der Import und die Butter das Glück der Völker seien. Aber der Mensch lebt nicht vom Brot allein. Sieben edle Städte stritten sich einstens um die Ehre, der Geburtsort Homers zu sein. Heute streiten sich zwei edle Städte um das Glück Romeos und Julias.

Seit vielen Jahrhunderten schätzt die edle Stadt Vicenza als ihren edelsten Schatz das Bett, in dem das berühmteste Liebespaar der Welt geschlafen hat. Vor einiger Zeit ist dieses Bett aus der edlen Stadt Vicenza gestohlen worden. Einige Studenten der edlen Stadt Verona, die auf Ex- und Import von Ehre und Glück geschaltet waren, haben das kostbare Stück entführt. Woraufhin einige Studenten der edlen Stadt Vicenza den aus dem 13. Jahrhundert stammenden Panzer des Mastin della Scala in einer nächtlichen Aktion aus Verona exportierten.

Handelte es sich statt um einen Panzer aus dem 13. Jahrhundert um einen Tank aus dem 20. Jahrhundert, und wäre der Gegenwert nicht ein Geheimnis der Liebe, sondern ein Atomgeheimnis, wäre ein Krieg unvermeidlich. So hingegen haben sich die Würdenträger von Verona und von Vicenza in der edlen Stadt Mantua getroffen und einen Kompromiß geschlossen. Bett und Panzer werden getauscht. Ehre und Glück kehren an ihren alten Platz zurück. Damit aber auch der Gerechtigkeit Genüge geschehe, haben die Würdenträger der beiden edlen Städte beschlossen, daß sowohl die Studenten von Verona wie die Studenten von Vicenza demütig und reuevoll auf Mauleseln nach Mantua reiten müssen. Dorten sollen sie verurteilt, alsbald aber auch begnadigt werden.

Ich, Herr Antrobus, meine, daß Ehre und Glück der Völker leichter zu bewahren wären, wenn die Würdenträger, statt immer an Export und Kanonen zu denken, zuweilen im Homer läsen, und statt immer nur an Import und Butter zu denken, zuweilen von der Liebe Romeos und Julias träumten. Es ist schade, daß die meisten Würdenträger, statt auf Mauleseln geruhsam fürbaß zu trotten, so viel Automobil fahren müssen, daß sie weder zum Lesen noch zum Träumen Zeit haben.

SPRUDELNDER ÜBERFLUSS

Das Leben ist, wie jedermann weiß, von notwendigen und überflüssigen Dingen in gleicher Weise erfüllt. Ein Hahn, der auf einem Misthaufen steht, erweckt den Eindruck einer gewissen Notwendigkeit. Ein Hahn in einer Bahnhofshalle vermag diesen Eindruck nicht in gleicher Weise zu erzielen. Aber schließlich ein Bahnhofsvorsteher, der auf einem Misthaufen steht, vermag das auch nicht. Es scheint, als ob es sowohl für das Notwendige wie für das Überflüssige angemessene Orte gibt.

Daß eine Quelle aus einem Berghang sprudelt, findet jedermann in Ordnung. Wenn auf dem großen Platz in der großen Stadt zwischen Elektrischer und Würstelbude, zwischen Kiosk und Polizist ein Springbrunnen fröhlich eine Wassersäule in den holden Frühling steigen läßt, sind die Meinungen geteilt. Die einen stehen entzückt vor diesem Wunder, das Natur und Technik auf so vollkommene Weise vereint. Sie betrachten träumerisch den aus Sprühregen und Sonne gewobenen Schleier, der den Polizisten in eine goldene Aura hüllt. Die anderen kümmern sich um den goldenen Schleier einen feuchten Staub. Sie sehen nur ihre Steuern in die Luft sprudeln. Sie erklären den Versuch des hochwohllöblichen Magistrats der edlen alten Stadt, Natur und Technik in einem Wunder zu vereinen, für ruchlose Verschwendung.

Ich, Herr Antrobus, meine, daß das Überflüssige das Notwendige ist. Ich habe nicht das geringste dagegen, daß aus meinen Steuern goldene Schleier gewoben werden. Das Notwendige tropft kärglich auf den heißen Stein. Das Überflüssige sprudelt. Ich liebe Polizisten mit goldener Aura. Freilich meine ich, daß Polizisten mit goldener Aura ihren Dienstplatz an der Quelle am Berghang haben sollten. Auf diese Weise würde der hochwohllöbliche Magistrat der edlen alten Stadt das Wunder zustande bringen, die Polizei aus einer Notwendigkeit in eine Überflüssigkeit zu verwandeln.

Ich, Herr Antrobus, meine, daß Steuern in nichts Besserem angelegt werden könnten als in einer überflüssigen Polizei.

SEISMOGRAPHISCHES

In Tibet ist ein gewaltiges Erdbeben gewesen. Himatschal, der Thron der Götter, hat gezittert.

Die Gazetten bringen, wie immer bei solchen Gelegenheiten, ausführliche Nachrichten über das Verhalten der Seismographen. Ein Seismograph registriert Unglück nur, wenn es weit genug weg ist. Wenn das Unglück zu nahe ist, zeigt der Seismograph nichts mehr an. Er zerbricht.

Wie sehr müßte man einen Literaten bewundern, der auf den glänzenden Einfall käme, das gegebene Verhalten eines Menschen präzis damit zu beschreiben, daß er sagte: »Er verhielt sich wie ein Seismograph.« Unternähme dann der Literat, dem zu seiner glänzenden Metapher nur die Situation fehlte, auf welche er sie anwenden könnte, den Versuch, eine solche Situation aufzuspüren, würde er eine sehr merkwürdige Entdeckung machen. Er würde entdecken, daß genau so jedermann sich verhält.

Jedermann hat ein wenig Mitleid mit den armen Tibetanern, deren Häuser eingestürzt sind. Jedermanns seismographisches Gemüt ist nicht ohne Mitgefühl mit dem fernen Unglück. Aber jedermanns Gemüt ist zu fein und zu schwach, um zu registrieren, daß neben ihm ein Flüchtling verhungert. Bei so nahem Unglück zeigt jedermanns Gemüt nichts mehr an. Es zerbricht. Vielleicht ist das der Grund, warum in dem Großen Alten Buch von Gott und der Welt vom Menschen nicht verlangt wird, daß er seinen Fernsten lieben soll.

Ob ein so gewaltiges Ereignis wie das Erzittern des Daches der Welt etwas bedeutet? Die Wissenschaft erklärt uns das alles mit Physik. Damit gibt sie sich zufrieden. Sie meint, wenn alles mit Physik erklärt sei, sei der Beweis erbracht, daß die Sache keine Bedeutung und nichts mit Dämonen zu tun habe.

Ich, Herr Antrobus, möchte eins gern wissen. Ich habe eine halbe Million Jahre in einer magischen, von Dämonen erfüllten Welt gelebt, und erst seit ein paar hundert Jahren lebe ich in einer physikalischen Welt. Ich möchte noch die Frage stellen: »Was eigentlich haben die Dämonen für einen Grund, sich nicht der Physik zu bedienen?«

»EINS ZWEITER VORGESTERN!«

Die Welt hat ihre Tücken, von der Atombombe, die aller Tage Abend ist, bis zur Rückfahrkarte, die schon am vierten Tag zu Ende geht. Offenbar ist der Raum weniger wert als die Zeit. Wenn wir im Raum an dieselbe Stelle zurückkehren wollen, bekommen wir Fahrpreisermäßigung. Wenn wir in der Zeit an dieselbe Stelle zurückkehren wollen, müssen wir entsetzlich teuer dafür bezahlen. Die Rückfahrkarte der Zeit ist am Schalter der Selbsterkenntnis zu lösen. Der Preis ist in Reue zu entrichten.

Ob es den Tiger manchmal reut, das Lämmchen gefressen zu haben? Die Psychologen lachen über eine solche Frage. Sie halten nichts von Fabeln. Aber vielleicht haben die Tiere die allerschönsten Fabeln, in denen sie sich über uns lustig machen. Wenn ich ein Löwe wäre, kein Wort würde ich je mit einem Menschen wechseln. Es gibt eine alte Sage unter den Seeleuten, daß die Affen nur deshalb nicht Englisch lernen, weil sie nicht arbeiten wollen. Eine Geschichte, die das zu beweisen scheint, hat sich vor kurzem in der Wissenschaft ereignet.

Ein Tierpsychologe hatte in einem Zimmer einige komplizierte Apparate aufgebaut, um mit einem Affen eine Intelligenzprüfung zu veranstalten. Er führte den Affen in den Raum, schloß ab und bückte sich, um durch das wissenschaftliche Schlüsselloch zu spähen und zu sehen, wie der Affe sich verhalten werde. Neben sich hatte er eine hübsche Menge scharfsinniger Schlüsse liegen, die er zu ziehen gedachte.

Und wie verhielt sich der Affe?

Vor dem psychologischen Schlüsselloch, zu dem auf der einen Seite der

Forscher sich gebückt hatte, um zu spähen, hockte auf der anderen Seite, ebenfalls um zu spähen, der Affe.

Ein ernster Fall! Noch niemals hat sich der Psychologie eine so wunderbare Möglichkeit geboten, dem Problem des Lebendigen so tief ins Auge zu schauen. Wer, anstatt nunmehr scharfsinnige Schlüsse zu ziehen, darüber zu lachen anfängt, ist ein Tor, der das Affenpanier schon ergriffen hat.

Wenn die Atombombe die Zeit des Menschen ausgelöscht haben wird, dann wird auf einem Baum im Urwald ein alter Schimpanse sitzen und traurig und bekümmert sagen: »Seht Ihr, Ihr Affen! Ich hab' es Euch immer gesagt!« Dann werden die Affen die Herrschaft über die Erde antreten. Aber wahrscheinlich werden sie ziemlich nett zu denen sein, die mit dem Affen am Schlüsselloch über die Psychologie gelacht haben.

Die Magie der Zeit kann aus jeder Torheit eine Weisheit machen. Die Zeit braucht dazu nur ziemlich viel von sich. Die Reue kann das schneller.

»Eins Zweiter vorgestern!« ist die Fahrkarte der Zukunft.

EINE MORALISCHE HOHEIT

Echte Gauner sind Moralisten. Darum sind sie so selten. Das Merkmal einer echten Gaunerei ist, daß der Gesellschaft auf eine unmoralische Weise eine moralische Lehre erteilt wird. Über den Witz, der das zustande bringt, muß jeder lachen, dem die Moral höher als die Konvention steht. So genießen die echten Gauner, vom Roten Frieder bis zum Hauptmann von Köpenick, seit je den Beifall aller Gutgesinnten. Es ist die alte odysseeische List, über die die Gutgesinnten sich freuen.

Wie glücklich muß man ein Volk schätzen, das imstande ist, von Zeit zu Zeit noch einen echten Gauner hervorzubringen. Was aber soll man von einem Volk sagen, in dem es noch tausend echte Gauner gibt und einen Gaunerfürsten, der es fertigbekommt, tausend echte Gauner unter einen Hut zu bringen, einen Hut, der noch dazu ein spiegelblanker Zylinder war? Dieser fürstliche Gaunerstreich hat keiner anderen Absicht gedient als der, einem Kaiserlichen Großzeremonienmeister auf eine unmoralische Weise eine moralische Lehre zu erteilen.

In Teheran hatte der Kaiserliche Großzeremonienmeister die schöne Aufgabe, die Hochzeit des Kaisers auszurichten. Es geschah mit aller Pracht. Nur hatte der Kaiserliche Großzeremonienmeister der alten Sitte vergessen, Brot und Fleisch auch vor dem Palast verteilen zu lassen. Der Fürst der Gauner von Teheran, dessen Dynastie älter ist als die, welcher der Kaiserliche Großzeremonienmeister dient, rächte sich für diese Mißachtung seiner Untertanen.

Zur Hochzeit im Palast erschienen zu den tausend gebetenen tausend ungebetene Gäste – die tausend Gauner von Teheran. Sie tranken Champagner und aßen Kaviar. Wenn man auch hört, daß es ein wenig eng gewesen sei, die Gauner haben sich vortrefflich amüsiert, und das Volk von Teheran hat gelacht.

Der Kaiserliche Großzeremonienmeister hat nicht gelacht. Die Konvention steht ihm höher als die Moral. Er hat seinen Abschied genommen. Jetzt wird ein neuer Großzeremonienmeister gesucht, der an Witz den tausend Gaunern von Teheran über ist.

Ich, Herr Antrobus, meine, daß es in ganz Teheran keinen gibt, der dieser Aufgabe besser gewachsen sein könnte als Seine Moralische Hoheit, der Fürst der Gauner selbst.

DAS ERBE DES EMPIRE

Früher konnte sich jedermann, wenn der Sinn ihm danach stand, einen Affen kaufen. Jetzt muß sich jedermann, auch wenn der Sinn ihm gar nicht danach steht, einen Affen schenken lassen. Die Regierung von Madras hat sich an die ganze Welt mit der Bitte gewandt, sich Affen schenken zu lassen. Die Affen in Madras haben sich ungebührlich vermehrt. Sie sind eine Plage geworden. Sie fressen das Land kahl. Da die Hindus fromme Leute sind und keine Tiere töten, bleibt der Regierung nichts anderes übrig, als die Affen zu verschenken.

Ich habe, als ich diese Nachricht gelesen habe, wie jeder andere zuerst auch gelacht. Aber wer zuerst lacht, lacht am schlechtesten. Die Sache ist nicht so einfach. Wenn nämlich auf der ganzen Welt niemand sich einen Affen schenken lassen will, werden die Affen in Madras sich weiter vermehren, und die Hindus in Madras werden zu hungern anfangen. Auf einer Palme in Madras sitzt nicht nur mein, Herrn Antrobus', sondern jedermanns Affe. Jedermann, der sich keinen hungrigen Affen von der Palme holt, lädt sich einen hungrigen Hindu aufs Gewissen. Die ungebührliche Vermehrung einer Horde von Affen vermag die ganze Welt in moralische Verwirrung zu stürzen.

Früher hatten die Hindus für ihre Affen ihre Engländer. Die beschäftigten sich damit, die Affen waidgerecht zu dezimieren. Jetzt haben die Hindus für ihre Affen nur noch uns. Das Empire hat den Hindus die Freiheit und den Hunger und uns die Affen und das schlechte Gewissen vererbt.

Ich, Herr Antrobus, meine, daß das Erbe des Empire sowohl auf der Palme als auch auf dem Gewissen eine schwere Last ist.

AUF FALSCHER SOHLE

Wenn der Mensch die Vergangenheit ins Licht seines Bewußtseins rücken will, stehen ihm zwei Scheinwerfer zur Verfügung. Der eine ist das Gedächtnis, der andere die Erinnerung. Beide können glänzend sein. Das finstere Mittelalter und die gute alte Zeit sind ein und dasselbe – das finstere Mittelalter im Gedächtnis, die gute alte Zeit in der Erinnerung des Menschen. Das Gedächtnis bewahrt die Einzelheiten jenes Mosaiks der Unzulänglichkeiten, aus denen sich das Leben zusammensetzt. Die Erinnerung bewahrt den Glanz des Ganzen. Immer wieder versucht der Verstand mit seinem glänzenden Gedächtnis, dem Herzen zu beweisen, daß seine glänzenden Erinnerungen holde Täuschungen seien. Aber das Herz hört nicht auf den Verstand. Mit der List der Erinnerung verhindert das Herz, daß der Mensch über seinem glänzenden Gedächtnis den Verstand verliert.

Vor hundertfünfzig Jahren machte sich Johann Gottfried Seume von Leipzig aus auf den Weg nach Süden. Dieser sein »Spaziergang nach Syrakus« hat ihm Weltruhm eingebracht. Es war die finstere Zeit, die im Gedächtnis der Menschen als die Zeit der napoleonischen Wirren aufbewahrt wird. In Johann Gottfried Seumes Erinnerung ist es ein Spaziergang gewesen.

Am Ende des europäischen Spaziergangs schrieb der Dichter einen Brief an seinen sächsischen Schuster in Leipzig, in welchem er diesem Meister des Leistens seine Anerkennung für die gelieferten Stiefel aussprach, die, ohne besohlt werden zu müssen, den ganzen Weg zum Ruhm durchgehalten hätten.

Ich, Herr Antrobus, der ich in den Wirren dieser Zeit viele Tausende von Meilen auf den Wegen des Ruhmes marschiert bin, habe dabei die Sohle verloren und den Ruhm. Jetzt weiß ich, daß das einfach daran gelegen hat, daß ich mir die Stiefel beim falschen Schuster habe besohlen lassen.

So bin ich barfuß in die neue Zeit hineinspaziert. Ewig werden mir die kalten Füße dieses Anfangs im Gedächtnis bleiben. In der Erinnerung aber wird es ein europäischer Spaziergang gewesen sein.

SYLVESTER 1999

Wenn wir heute auf das zwanzigste Jahrhundert zurückblicken, müssen wir sagen, es war ein voller Erfolg. In der ersten Hälfte des Jahrhunderts herrschte noch die aus dem Mittelalter übernommene Sitte, daß vom

Staatsoberhaupt bis zum Gepäckträger ein jeder einem jeden am 1. Januar ein Glückliches Neues Jahr wünschte. Der Erfolg war, daß ein Unglück das andere jagte.

Von der Mitte des Jahrhunderts an begannen die Menschen, die Ironie dieses Zusammenhangs zu empfinden. Man begann, in großem Stil Unglück zu prophezeien. Die Kassandrabewegung wurde zu einer Massenbewegung der Zeit. Der hohe Stand der allgemeinen illustrierten Bildung machte es möglich, Herrn Antrobus ein Bild zu vermitteln von dem, was ihm bevorzustehen schien. Atombombe, Bakterienkrieg, Todesstrahlen waren die Teegespräche der Zeit.

Dieses pausenlos auf Parks und Schrebergärten niederprasselnde Trommelfeuer der Zukunft blieb zunächst ohne Wirkung. Insbesondere gab es in der Mitte Europas ein Volk, das zufolge eines gewissen seelischen Trainings sich sowohl gegen die Propaganda der Wahrheit als auch gegen die Propaganda der Lüge als gleichermaßen immun erwies. So glaubten die Manager der allgemeinen illustrierten Bildung, die Umdrehungszahl ihrer Suggestionsturbine ungestraft noch um einige hundert Touren erhöhen zu können. Da trat jenes Ereignis ein, das damals von niemandem beachtet wurde, uns aber heute aus der historischen Rückschau als das entscheidende Ereignis des Jahrhunderts erscheint.

In der Sylvesternacht von 1960 auf 1961, vor vierzig Jahren also, betrat Herr Antrobus die »X-Ray Bar«. Er hatte schon eine ganze Menge Punsch zu sich genommen. Kurz und gut, um der historischen Wahrheit die Ehre zu geben, Herr Antrobus hatte einen Schwips. Er setzte sich an die Theke, in der Hoffnung, daß die Messingstange, dieser bedeutende Beitrag der Neuen Welt zur Kultur des Abendlandes, ihm einigen seelischen Halt gewähren würde. Dergestalt verhältnismäßig sicher in der Welt der Atome verankert, bestellte Herr Antrobus seinen elften Punsch. Dabei fiel sein Blick auf das hinter dem Mixer aufgespannte Plakat des neuen sensationellen Atomgroßfilms »FP 2 antwortet nicht!« Das Plakat zeigte nichts als konzentrierte Strahlungen, die sich gegenseitig aufhoben. Der Immunitätspanzer, durch den die Seele von Herrn Antrobus bisher geschützt gewesen war, zersplitterte. In einem Augenblick wurde ihm klar, daß alles, was der Nebel der Utopie bisher verhüllt hatte, morgen Wirklichkeit werden konnte.

Herr Antrobus beschloß, Maßnahmen zu ergreifen. Schließlich, er hatte die Sintflut überstanden, er hatte die Eiszeit überstanden. Er sagte sich, daß man anständigerweise versuchen müsse, den Fortschritt der Wissenschaft auch noch zu überleben.

Am nächsten Tag teilte Herr Antrobus seiner Versicherungsgesellschaft mit, daß er die Zahlung von Prämien einstelle. Es schien ihm unwahrscheinlich, daß die Versicherungsgesellschaften, selbst mit Hilfe der Rückversicherungsgesellschaften, den Totalschaden Erde würden decken können. Ferner sagte sich Herr Antrobus, daß es zwar möglich, aber doch nicht besonders wahrscheinlich sei, daß das Finanzamt den Untergang des Planeten überleben würde. So nahm er das für die Bezahlung seiner Steuern zurückgelegte Geld von der Sparkasse und kaufte sich ein Geigergerät, jenen einfachen kleinen Kasten, der auf zuverlässige Weise das Vorhandensein gefährlicher Strahlen anzeigt. Er hielt es für wichtig, jederzeit in der Lage zu sein, radioaktives von eßbarem Korn unterscheiden zu können. Auch wollte er sichergehen, seine Flinte, falls sie radioaktiv werden sollte, nicht ins falsche Korn zu werfen. Dann begab sich Herr Antrobus auf die Suche nach dem neuen Berg Ararat, der von der Sintflut der Strahlen nicht erreicht werden würde.

Das alles wäre nicht von großer Bedeutung gewesen. Die öffentlichen Lügen zu glauben ist eine Torheit. Die öffentlichen Wahrheiten zu glauben ist eine Narrheit. Aber die Kassandrabewegung hatte den Boden aufgelockert. Die Maßnahmen von Herrn Antrobus wurden bekannt. Er kam sozusagen in Mode. Die Industrie witterte ein glänzendes Geschäft und stellte sich auf die Massenproduktion von Geigerzählern um. Geigerzähler stiegen rapid im Preis. Die Leute versuchten, ihre Autos zu verkaufen, um Geigerzähler erwerben zu können. Aber niemand wollte mehr ein Auto haben. Daraufhin entwickelte die Automobilindustrie einen billigen Volkszähler und begann, ihn in Massen auf den Markt zu werfen.

Man erinnert sich der fehlgeschlagenen Versuche, diese Epidemie wieder unter Regie zu bekommen. Die Finanzämter taten sich mit den Versicherungsgesellschaften zu einer großen illustrierten Propaganda zusammen:

»Alles nur halb so schlimm!«

Psychologische Kongresse traten zusammen und kamen zu dem Ergebnis, das Unterbewußtsein von Herrn Antrobus habe sich selbständig gemacht. Die Existentialisten feierten den Triumph der Angst. Herr Antrobus hätte sich auf breiter philosophischer Basis bestätigt finden können. Aber Herr Antrobus war verschwunden.

Da man annahm, daß es dem bewährten Genie von Herrn Antrobus auch diesmal gelingen werde, den Ararat zu finden, setzte man gewitzte Reporter auf seine Spur. Ein großer Zeitungslord stiftete sein eigenes Geigergerät, elfenbeinfourniert, als Preis für die Auffindung von Herrn Antrobus. Die Sache scheiterte. Die Reporter waren nicht allein. Viele Tausende hatten sich aufgemacht, auf Herrn Antrobus' Spuren den neuen Ararat zu suchen.

Die weiteren Ereignisse sind zu bekannt, als daß man sie noch einmal aufzuzählen brauchte. In den totalitären Staaten vermochte die Kassandrabewegung nicht, wirklich Fuß zu fassen. Es gab da nichts mehr zu prophezeien. Doch begannen dort die Säuberungsaktionen auf immer schnellere Touren zu kommen. Als das Verhältnis von Klägern zu Angeklagten auf den Quotienten 1 : 60000 gekommen war, traten die wohlbekannten Folgen ein, die es möglich machten, auf dem nachmals so berühmt gewordenen Berliner Kongreß von 1978 zu einer praktisch brauchbaren Übereinkunft zu kommen. Iwan Iwanowitsch Geigerow, der Erfinder des Geigergeräts, erhielt den Nobelpreis zusammen mit dem Leninpreis. Die Fortschritte, die Wissenschaft und Technik in der zweiten Hälfte des Jahrhunderts gemacht haben in der Bekämpfung der Folgen dessen, was sie in der ersten Hälfte geschaffen hatten, erfüllen uns alle mit froher Hoffnung.

Wenn wir heute, am letzten Tag des zweiten Jahrtausends nach Christi Geburt, ein Glückliches Neues Jahrtausend wünschen, wollen wir jenen Herrn Antrobus nicht vergessen, der in der Sylvesternacht von 1960 auf 1961 das Glück der Menschheit in Gang gesetzt hat.

Leider hat niemand jemals Herrn Antrobus wieder zu Gesicht bekommen. Er war schon immer von äußerster Bescheidenheit. Doch sollen, wie man hört, die United Nations beschlossen haben, ihm ein Denkmal zu errichten mit der Inschrift

»DEM UNBEKANNTEN MENSCHEN!«

INHALT